## Die Geschichte der Schweiz — Überblick

6 — Ur- und Frühgeschichte.
Von der Altsteinzeit bis zu den Römern

38 — Die römische Epoche.
Integration in die Mittelmeerwelt

80 — Entstehung eines sozialen Raumes
(5.–13. Jahrhundert)

136 — Vom offenen Bündnissystem zur selbstbewussten
Eidgenossenschaft. Das 14. und 15. Jahrhundert

192 — Unerwartete Veränderungen und die Herausbildung
einer nationalen Identität. Das 16. Jahrhundert

254 — Abwehr, Aufbruch und frühe Aufklärung (1618–1712)

310 — Beschleunigung und Stillstand.
Spätes Ancien Régime und Helvetik (1712–1802/03)

370 — Zwischen Angst und Hoffnung.
Eine Nation entsteht (1798–1848)

430 — Neuer Staat – neue Gesellschaft.
Bundesstaat und Industrialisierung (1848–1914)

490 — Krisen, Konfrontation, Konsens (1914–1949)

548 — Viel Zukunft – erodierende Gemeinsamkeit.
Die Entwicklung nach 1943

# Die Geschichte der Schweiz

Von Silvia Arlettaz, Susanna Burghartz, Olivier Christin, Justin Favrod, Bertrand Forclaz, Regula Frei-Stolba, Randolph Head, Irène Herrmann, André Holenstein, Rudolf Jaun, Elisabeth Joris, Marc-Antoine Kaeser, Béla Kapossy, Georg Kreis, Martin Lengwiler, Urs Leuzinger, Luigi Lorenzetti, Theo Mäusli, Anna Pia Maissen, Jon Mathieu, Jean-Daniel Morerod, Daniel Paunier, Christian Pfister, Philipp Sarasin, Lucie Steiner, Brigitte Studer, Andreas Suter, Laurent Tissot, Danièle Tosato-Rigo, Béatrice Veyrassat, Regina Wecker, Andreas Würgler, Sacha Zala

Herausgegeben von Georg Kreis

Schwabe Verlag Basel

# Inhalt

| | |
|---|---:|
| Vorwort des Verlags | X |
| Geleitwort — *Roger de Weck* | XI |

**Eine neue Schweizer Geschichte** ............................................... 1
*Georg Kreis*

**Ur- und Frühgeschichte. Von der Altsteinzeit bis zu den Römern** ............ 6
*Urs Leuzinger*
    Altsteinzeit – vom Faustkeil zum gravierten Rentier ........................ 8
    Mittelsteinzeit – Jagd mit Pfeil und Bogen im Haselwald .................. 10
    Jungsteinzeit – erste Bauern in der Schweiz ................................ 11
    Bronzezeit – das Goldene Zeitalter ........................................... 18
    Eisenzeit – ein Rohmaterial verändert die Welt ............................ 22

Helvetier, Römer und Pfahlbauer.
Die Archäologie und die mythischen Ahnen der Schweiz — *Marc-Antoine Kaeser* ... 30

Umwelt- und Klimageschichte — *Christian Pfister* ............................... 34

**Die römische Epoche. Integration in die Mittelmeerwelt** ..................... 38
*Regula Frei-Stolba, Daniel Paunier*
    Die Romanisierung ............................................................. 40
    Die historischen Ereignisse .................................................. 41
    Die Besiedlung und die Gesellschaft ........................................ 51
    Der städtische Raum .......................................................... 54
    Der ländliche Raum ........................................................... 56
    Alltagsleben und Kultur ...................................................... 58
    Das Wirtschaftsleben ......................................................... 60
    Religion und Bestattungssitten .............................................. 63
    Romanisierung und kulturelle Leistung des Römischen Reiches ............. 66
    Zum Stand der Forschung .................................................... 68

Die Archäologie des Frühmittelalters — *Lucie Steiner* ......................... 72

Archive und Überlieferungsbildung — *Anna Pia Maissen* ........................ 76

**Entstehung eines sozialen Raumes (5.–13. Jahrhundert)** .................... 80
*Jean-Daniel Morerod, Justin Favrod*
    Die Zeit der Kirchen und Germanen (5. bis 7. Jahrhundert) ................ 82
    Die Zeit der Königreiche (8.–13. Jahrhundert) ........................... 92
    Die Dynamik des 13. Jahrhunderts ..................................... 103
    Die Talschaften am Gotthard und das politische Schicksal der Habsburger
        am Übergang vom 13. zum 14. Jahrhundert .......................... 114
    Zum Stand der Forschung ............................................ 123

Bevölkerung und demographische Entwicklung — *Luigi Lorenzetti* .................. 128

Tagsatzungen und Konferenzen — *Andreas Würgler* ............................. 132

**Vom offenen Bündnissystem zur selbstbewussten Eidgenossenschaft.
Das 14. und 15. Jahrhundert** ................................................ 136
*Susanna Burghartz*
    Erzählte Geschichte: Die Anfänge des eidgenössischen Selbstbewusstseins ...... 138
    Zwischen Habsburg und Reich: Die Entwicklung im 14. Jahrhundert ........... 139
    «Krise des Spätmittelalters»: Pest, Demographie und wirtschaftliche Transformation .... 148
    Die Verfestigung des eidgenössischen Bündnissystems (1415–1450) ............. 155
    Territorialisierung, Herrschaftsintensivierung und Widerstand ............... 158
    Kirche, Frömmigkeit und Kultur im Spätmittelalter ........................ 165
    Die Eidgenossen als neuer europäischer Machtfaktor ....................... 172
    Die «alten und jungen Eidgenossen» um 1500 – eine neue Schweiz? ........... 179
    Zum Stand der Forschung ............................................ 181

Modalitäten und Perioden der Agrarentwicklung — *Jon Mathieu* .................. 184

Das Bild und die Reformation — *Olivier Christin* ............................. 188

**Unerwartete Veränderungen und die Herausbildung einer nationalen Identität.
Das 16. Jahrhundert** ...................................................... 192
*Randolph Head*
    Politik und Wahrnehmung der Politik im 16. Jahrhundert ................... 194
    Der Alltag: Kontinuität und neuer Druck ................................ 197
    Kriege, Macht und politischer Wandel bis zur Reformation ................. 204
    Unerwartete Veränderungen: Die religiöse Spaltung ab den schwierigen 1520er Jahren ... 210
    Politik in der gespaltenen Eidgenossenschaft nach 1531 .................... 225
    Der kulturelle Wandel einer konfessionell gespaltenen Gesellschaft ........... 231
    Zum Stand der Forschung ............................................ 242

Die Konfessionen in der Neuzeit — *Bertrand Forclaz* .......................... 246

Familie und Verwandtschaft — *Elisabeth Joris* ............................... 250

**Abwehr, Aufbruch und frühe Aufklärung (1618–1712)** . . . . . . . . . . . . . . . . . . . . . . . . . . . . . 254
*Danièle Tosato-Rigo*
    Ein Jahrhundert der Kriege . . . . . . . . . . . . . . . . . . . . . . . . . . . . . . . . . . . . . . . . 256
    Eine Gesellschaft mit knappen Ressourcen . . . . . . . . . . . . . . . . . . . . . . . . . . . . . . 266
    Regierte und Regierende . . . . . . . . . . . . . . . . . . . . . . . . . . . . . . . . . . . . . . . . . 274
    Das Erbe von Reformation und katholischer Reform . . . . . . . . . . . . . . . . . . . . . . . 284
    Zum Stand der Forschung . . . . . . . . . . . . . . . . . . . . . . . . . . . . . . . . . . . . . . . . 298

Republikanismus und Kommunalismus — *Béla Kapossy*      302

Neutralität und Neutralitäten — *Georg Kreis*      306

**Beschleunigung und Stillstand. Spätes Ancien Régime und Helvetik (1712–1802/03)** . . 310
*André Holenstein*
    Die Schweiz um 1800 im Spiegel ihrer Bevölkerungsverhältnisse . . . . . . . . . . . . . . . 312
    Die Dynamik des späten Ancien Régime . . . . . . . . . . . . . . . . . . . . . . . . . . . . . . . 313
    Labile Gleichgewichte und Stillstand . . . . . . . . . . . . . . . . . . . . . . . . . . . . . . . . . 335
    Neue Konstellationen und unerwartete Mobilisierungen . . . . . . . . . . . . . . . . . . . . 352
    Die Helvetische Republik – Vision und Scheitern nachholender Fundamentalmodernisierung    354
    Zum Stand der Forschung . . . . . . . . . . . . . . . . . . . . . . . . . . . . . . . . . . . . . . . . 358

Fremde in der Schweiz — *Silvia Arlettaz*      362

Direkte Demokratie — *Andreas Suter*      366

**Zwischen Angst und Hoffnung. Eine Nation entsteht (1798–1848)** . . . . . . . . . . . . . . . 370
*Irène Herrmann*
    Die erste Welle: Die Restauration als Reaktion auf die Revolution . . . . . . . . . . . . . . 372
    Die Restauration im europäischen Kontext . . . . . . . . . . . . . . . . . . . . . . . . . . . . . 376
    Die Restauration im Inneren . . . . . . . . . . . . . . . . . . . . . . . . . . . . . . . . . . . . . . . 380
    Die zweite Welle: Reaktionen auf die Restauration . . . . . . . . . . . . . . . . . . . . . . . . 386
    Die Regeneration in den Kantonen . . . . . . . . . . . . . . . . . . . . . . . . . . . . . . . . . . 390
    Die Regeneration und die Nation . . . . . . . . . . . . . . . . . . . . . . . . . . . . . . . . . . . 397
    Die dritte Welle: Die Unruhen um 1840 und ihre Vorläufer . . . . . . . . . . . . . . . . . . . 403
    Die Spaltung nach der Regeneration . . . . . . . . . . . . . . . . . . . . . . . . . . . . . . . . . 407
    Trotz allem die Schweiz . . . . . . . . . . . . . . . . . . . . . . . . . . . . . . . . . . . . . . . . . 413
    Zum Stand der Forschung . . . . . . . . . . . . . . . . . . . . . . . . . . . . . . . . . . . . . . . . 418

Dezentral und fragmentiert: Sozialpolitik seit dem späten Ancien Régime — *Martin Lengwiler*    422

Wachstumspfade einer kleinen, offenen Volkswirtschaft — *Béatrice Veyrassat*      426

**Neuer Staat – neue Gesellschaft. Bundesstaat und Industrialisierung (1848–1914)** ..... 430
*Regina Wecker*
    Das Ende einer Epoche? ..... 432
    Die wirtschaftliche Entwicklung des neuen Staates ..... 434
    Der neue Staat (1848–1874) ..... 450
    Neue Demokratie und neue Gesellschaft (1874–1914) ..... 457
    Vom Anfang zum Ende einer Epoche? ..... 475
    Zum Stand der Forschung ..... 478

Alpen, Tourismus, Fremdenverkehr — *Laurent Tissot* ..... 482

Mehrere Sprachen – eine Gesellschaft — *Georg Kreis* ..... 486

**Krisen, Konfrontation, Konsens (1914–1949)** ..... 490
*Sacha Zala*
    Konsolidierung unter dem Druck von Krisen ..... 492
    Der lange Schatten des Ersten Weltkriegs ..... 494
    Wirtschaft und Politik in der Zwischenkriegszeit ..... 503
    Die Gesellschaft zwischen Integration und Ausgrenzung ..... 509
    Die Schweiz im Zweiten Weltkrieg ..... 514
    Aufbruch in die Nachkriegszeit ..... 530
    Zum Stand der Forschung ..... 536

Die Schweizer Armee 1803 bis 2011 — *Rudolf Jaun* ..... 540

Die Geschichte des Frauenstimm- und -wahlrechts: Ein Misserfolgsnarrativ — *Brigitte Studer* ..... 544

**Viel Zukunft – erodierende Gemeinsamkeit. Die Entwicklung nach 1943** ..... 548
*Georg Kreis*
    Als der Krieg zu Ende war ..... 550
    Die jüngste Vergangenheit: Nah und doch in weiter Ferne ..... 552
    Sektorielle Entwicklungen ..... 554
    1943–1948: Die Aufbruchjahre ..... 575
    1948–1959: Wachstum und politische Stabilität ..... 577
    1959–1973: Reformbereitschaft und soziale Unrast ..... 581
    1973–1986: Verlangsamung und grössere Uneinheitlichkeit ..... 587
    1986–1992: Neue Öffnung im Zeichen Europas ..... 588
    Die Jahre nach 1992: Verstärkte Polarisierung ..... 592
    Zwischen Gestern und Morgen ..... 595
    Zum Stand der Forschung ..... 601

Audiovisuelle Überlieferung — *Theo Mäusli* ..... 606

Stadtgeschichte der modernen Schweiz — *Philipp Sarasin* ..... 610

**Anhang**
    Verzeichnis der Kantonskürzel . . . . . . . . . . . . . . . . . . . . . . . . . . . . . . . . . . . . . . . . 615
    Chronologie zur Schweizer Geschichte . . . . . . . . . . . . . . . . . . . . . . . . . . . . . . . . 616
    Glossar . . . . . . . . . . . . . . . . . . . . . . . . . . . . . . . . . . . . . . . . . . . . . . . . . . . . . . . . . . . . 624
    Allgemeine Bibliographie zur Schweizer Geschichte . . . . . . . . . . . . . . . . . . . . 629
    Autorinnen und Autoren . . . . . . . . . . . . . . . . . . . . . . . . . . . . . . . . . . . . . . . . . . . . 637
    Ortsregister . . . . . . . . . . . . . . . . . . . . . . . . . . . . . . . . . . . . . . . . . . . . . . . . . . . . . . . 638
    Namensregister . . . . . . . . . . . . . . . . . . . . . . . . . . . . . . . . . . . . . . . . . . . . . . . . . . . . 641

    Impressum . . . . . . . . . . . . . . . . . . . . . . . . . . . . . . . . . . . . . . . . . . . . . . . . . . . . . . . . 647

Die im Glossar (S. 624 ff.) aufgenommenen Begriffe sind mit einem ↑ Pfeil gekennzeichnet.

# Vorwort des Verlags

Sollte es neben dem *Historischen Lexikon der Schweiz*, dessen deutsche Ausgabe seit 2002 im Schwabe Verlag erscheint, nicht eine Darstellung der Schweizer Geschichte geben, die die Zusammenhänge in den Fokus rückt? Eine Gesamtdarstellung, die das in vierter, unveränderter Auflage immer noch bei Schwabe greifbare Standardwerk *Geschichte der Schweiz und der Schweizer* von 1986 ablösen kann? Solche Fragen waren es, die den Verlag bewogen, die Erarbeitung einer neuen Geschichte der Schweiz in Angriff zu nehmen. Ein ambitioniertes Vorhaben – das war allen Beteiligten von Anfang an klar. Und in der Tat gab es manche Hürde zu überwinden.

Zunächst galt es, ein Konzept zu entwickeln. Sollte die neue Geschichte der Schweiz als ein mehrbändiges Werk geplant werden, das die Forschung in aller Breite und Vielfalt dokumentiert und reflektiert, oder sollte an der bewährten, konzisen Darstellung in einem Band festgehalten werden? Sollte der Schwerpunkt auf die historiographische Forschung gelegt werden oder auf die didaktische Vermittlung? Der Verlag entschied sich für Letzteres. Der Anspruch an die Autorinnen und Autoren war ein doppelter: Profunde, auf eigener Forschung basierende Kenntnisse waren gefordert, vor allem aber die Bereitschaft, eine übergreifende Darstellung für ein breiteres Publikum zu verfassen. Wie aber war das Buch aufzubauen, um diesen unterschiedlichen Ansprüchen gerecht zu werden? Sollte die chronologische Gliederung beibehalten und in Kauf genommen werden, dass dabei zahlreiche Phänomene und Aspekte aus dem Blick geraten? Wir entschieden uns für eine pragmatische Lösung: Das Buch folgt in seinen elf «Epochenkapiteln» der Chronologie der Dinge; zwischen diese Kapitel schieben sich 22 kürzere Beiträge, die Fenster auf einzelne Themen öffnen und sich spezifischen Fragestellungen widmen.

Bei der Frage, wie die einzelnen Kapitel zu gliedern, welche Themen auf welche Weise zu behandeln seien, wollte sich das Autorenteam keine Einschränkungen auferlegen. Einerseits aus der Überzeugung, dass unterschiedliche historische Epochen eine je eigene Herangehensweise nahelegen, andererseits aber auch, weil kein Konsens über das «richtige» Vorgehen zu erzielen war. Der Horizont war offen – kein Wunder, dass die Wege in verschiedene Richtungen führten. Die Varietät, die unterschiedlichen Ansätze und Sichtweisen, die in der neuen *Geschichte der Schweiz* aufscheinen, selbst gewisse Differenzen der Interpretation lassen erkennen, dass es mehr als nur ein Deutungs- und Darstellungsmuster gibt. Vielleicht entspricht dies der alltäglichen Erfahrung in einer komplexen Welt auch besser als eine glatte Erzählung, die ausblendet und einebnet.

Eine weitere Herausforderung ergab sich aus der grundsätzlichen Entscheidung, Autorinnen und Autoren aus allen Landesteilen zur Mitarbeit einzuladen. Anspruchsvoll waren sowohl die Übersetzung von Texten und Terminologien als auch die Vermittlung unterschiedlicher wissenschaftlicher Kulturen.

An diesem Buch haben viele mitgearbeitet, auf der Impressumsseite sind sie namentlich aufgeführt. Ihnen allen gebührt unser grosser Dank, insbesondere den Autorinnen und Autoren und dem Herausgeber. Unser Dank gilt auch jenen, die uns mit Rat und Tat unterstützten, sowie der Ernst Göhner Stiftung, der Schweizer Kulturstiftung Pro Helvetia, der Schweizerischen Akademie der Geistes- und Sozialwissenschaften und den Kulturämtern von 16 Kantonen, die Beiträge an die Produktionskosten des Buches leisteten.

Abschliessend bleibt der Wunsch, dass die neue *Geschichte der Schweiz* die Leserinnen und Leser erreicht, dass sie zu Diskussionen anregt und zur Auseinandersetzung mit der Vergangenheit unseres Landes – um die Gegenwart zu verstehen und über Wege in die Zukunft nachzudenken.

Marianne Wackernagel, Mitglied der Verlagsleitung,
im Januar 2014

# Geleitwort —Roger de Weck

Ist es das Nationale, das uns verbindet? Eigentlich sind wir keine Nation, sonst würden wir uns nicht Willensnation nennen. Mit anderen Worten: Die Schweizerinnen und Schweizer haben von Generation zu Generation den Willen aufzubringen, Nation zu werden. Dieser Wille kann stark oder schwach sein. Nicht selten in ihrer Geschichte haben die Eidgenossen den eidgenössischen Gedanken aus den Augen und aus dem Sinn verloren. Stets von Neuem ist daran zu arbeiten, dass die Landesteile einander verstehen, dass die kleineren Sprachgruppen etwas gelten. Der Wille orientiert sich an Werten und an der eigenen Geschichte, lieber nicht mit nostalgischem Blick, sondern mit staatsbürgerlicher Neugierde: Geschichte erlaubt den Rückblick nach vorn.

Ein Fundament des Zusammenhalts ist die im Föderalismus verhaftete direkte Demokratie: weil sie Nähe schafft, weil sie trotz und wegen etlicher Wirrungen oder Irrungen des Volkswillens oft pragmatische Entscheide ermöglicht, und weil sie zwar weniger spektakulär, aber alles in allem effizienter ist als die meisten parlamentarischen Demokratien. Trotzdem lehren uns Geschichte und Gegenwart, die schweizerische Demokratie nicht zu überhöhen. Manchmal funktioniert sie gut, zuweilen nicht, und bis 1971 war sie nur halbwegs eine.

Uns halten auch die Alpen, der Alpenmythos zusammen. Aber die Berge werfen seit je Probleme auf, derzeit diejenigen der kalten Betten und der Dauerstaus am Gotthard. Berge und Gletscher sind überdies Schauplätze der Erderwärmung. Die Alpen bleiben, über die jüngere Schweizer Geschichte hinaus, nicht nur ein Kitt dieses Lands, sondern auch eine seiner Herausforderungen.

Zudem laufen durch die Bergwelt zwei Grundbewegungen schweizerischer Geschichte, die Jean-François Bergier auf den Punkt gebracht hat: Die Alpen gelten einerseits als Ort des Rückzugs vor den Wirrsalen auf dem Kontinent; andererseits sind die Alpenpässe Orte des Transits zwischen Nord- und Südeuropa, des Welthandels, des Austauschs und der Öffnung. Unsere Geschichte lässt sich als Widerstreit beider Traditionen interpretieren: Rückzug und Vernetzung, Réduit und Globalisierung. Wirtschaftlicher Internationalismus und politischer Nationalismus – wie passt das zusammen? Und wie lange? Beide alpinen Traditionen mögen ihren Wert haben – die zweite sollten wir nicht vernachlässigen.

Was uns zusammenhält, ist auch der wirtschaftliche Erfolg. Aber er ist fragil. Reich wurden wir mit Tüchtigkeit und viel Glück des Tüchtigen, mitunter auch des Tückischen. Wohlstand und Wohlfahrt jedoch sind verderbliche Güter, eines Tages könnten wir arm werden wie ehedem. Sollte unser Zusammenhalt auf der Ökonomie und – brüchiger noch – auf dem Ökonomismus beruhen, wird die Zukunft beschwerlich: Voraussichtlich gibt es weniger Wachstum. Deswegen auch weniger Schweiz? Umso härtere Verteilungskämpfe? Eine schwächere Konkordanz und schwindenden Pragmatismus, just in Zeiten, da sie hilfreich wären?

In der neuen *Geschichte der Schweiz* zeigen sich eine Vielfalt an Themen und Sichtweisen, ein ebenso anregender wie ausgewogener *débat d'idées de la Suisse*, die nicht unsymptomatisch sind für unser Land. Keine Stabilität ohne Balance, ohne die stete Suche nach dem helvetischen Gleichgewicht. Schweizer Wille zum Interessenausgleich bleibt der Schlüssel zum Erfolg. Ausgleich zwischen Realwirtschaft und Finanzwirtschaft, Kapital und Arbeit, zwischen dem Denken in langer und kurzer Frist, zwischen Gemeinsinn und Eigennutz, Produktion und Natur, Gesellschaft und Wirtschaft, zwischen Bund und Kantonen und Gemeinden, Stadt und Agglo und Land, Rand und Zentren, Berg und Tal, oben und unten, Reich und Arm, Deutsch und Welsch – nicht zuletzt zwischen der Eidgenossenschaft und der Europäischen Union, ihrem einzigen, komplexen Nachbarn. Das mühselige Austarieren von Interessen ist ein Schweizer Wert.

# Eine neue Schweizer Geschichte —*Georg Kreis*

Nach vielen Jahren und umfangreichen Vorbereitungen liegt jetzt wieder eine neue, in breit angelegter Teamarbeit entstandene Geschichte der Schweiz vor. Dieses Werk versteht sich einerseits als Fortsetzung einer langen Geschichtstradition, andererseits aber auch als ein neues Angebot. Besteht dafür ein Bedarf? Der Verlag, die beteiligten Historikerinnen und Historiker und die unterstützenden Institutionen haben diese Frage mit einem Ja beantwortet und gleich den Tatbeweis mitgeliefert. Trotzdem oder gerade deswegen sei hier nochmals die Frage nach Sinn und Zweck der Nationalgeschichte kurz angesprochen. Dann werden die historiographischen Vorläufer rekapituliert und schliesslich das neue Angebot präsentiert.

## Wozu noch Nationalgeschichte?

In jüngster Zeit hat man sich immer wieder gefragt, ob Nationalgeschichte noch eine Daseinsberechtigung habe. Diese Frage war indessen selbst ein Indiz dafür, dass es sie doch noch gibt, die Nationalgeschichte.[1] Inzwischen ist sogar der Eindruck aufgekommen, dass die Schweizer Geschichte einen Boom erlebe. Damit war und ist freilich eine ganz bestimmte Spezies der Geschichtsschreibung gemeint: die synthetisierende Gesamtgeschichte. Denn Beiträge zu einzelnen Bereichen der nationalen Geschichte hat es schon immer sozusagen am laufenden Band und zuhauf gegeben, in verschiedenster Weise und meistens von der Allgemeinheit wenig bemerkt: in historischen Zeitschriften, in gesamtschweizerischen und kantonalen Jahrbüchern, in den gewichtigen, meist mehrbändigen Kantonsgeschichten, in Reihen oder in Monographien. Eine der wichtigen Aufgaben des vorliegenden Werks besteht darin, diese neue Literatur zu verarbeiten und zu einem Gesamtbild zusammenzufügen.

Was macht eine Gesamtgeschichte zu dem, was sie ist und sein will? Es ist ihre diachrone Länge und ihre synchrone Breite, das heisst, es sind die Ausführungen zur ganzen Entwicklung seit den «Anfängen» und unter Einbezug aller massgebenden Teilbereiche. Und dies, wenn es gut geht, aus einem bestimmten, konsequent verfolgten Verständnis heraus, mit einem festen Bezugsrahmen und einem zusammenhängenden Narrativ, aber auch nicht angeleitet von der Vorstellung einer linearen Zielgerichtetheit. Angesichts des grossen Programms gab es keinen Platz für durchaus sinnvolle Spekulationen; bei der Lektüre darf man sich aber ruhig überlegen, ob die Geschichte der Schweiz in bestimmten Momenten nicht auch eine ganz andere Entwicklung hätte nehmen können.

Nationale Gesamtgeschichten waren in der Schweiz stets wichtig, in den letzten zwei Jahrhunderten sogar in zunehmendem Mass. Was heute als «Boom» bezeichnet wird, ist eher eine nachholende Rückkehr in die Normalität nach einer Zeit der leisen Ächtung oder des Desinteresses; eine Rückkehr zu einer Normalität, die dem gegebenen Bedürfnis von national organisierten Gesellschaften entspricht, ein historisierendes, das heisst diskutierbares Geschichtsbild von sich selbst zu haben. Dass dieses Bedürfnis in den 1980er und 1990er Jahren weniger gegeben war, wurde von Albert Tanner im Zusammenhang mit dem Jubiläum von 1998 festgestellt: «In den letzten Jahrzehnten hat sich die Geschichte, mehr noch die Geschichtsschreibung von der Nation befreit, ist die Nation nicht mehr das einigende Band, und die professionelle Geschichte ist stärker eine Sozialwissenschaft geworden.»[2]

Gesamtdarstellungen reproduzieren auf historiographischer Ebene eine Nation, die mittlerweile wegen zunehmender transnationaler Gemeinsamkeiten und weltweiter Verbundenheiten, aber auch wegen zunehmender Individualisierung und Privatisierung nicht mehr als kohärente Einheit wahrgenommen und «geglaubt» wird, jedenfalls weniger als in anderen Zeiten, vor allem der Aufbauzeit des 19. Jahrhunderts, der *nation-building*-Phase, oder in den Zeiten verstärkter äusserer Bedrohung während der beiden Weltkriege und im Kalten Krieg.

Es gibt eine ältere, aber auch in jüngerer Zeit wieder vertretene Meinung, dass im Falle der Schweiz die Nationalgeschichte als übergreifendes gesellschaftliches «Bindemittel» besonders wichtig sei; zum einen wegen der konfessionell, sprachlich wie kulturell besonders vielfältigen Gesellschaft, zum anderen aber auch wegen ihres republikanischen Charakters, der eine geteilte Vorstellung der gemeinsamen Geschichte als Referenzrahmen besonders benötige. Die Wichtigkeit der Geschichte für republikanisch organisierte, das heisst auf Elite- oder Basiskonsens angewiesene Gesellschaften wird immer wieder betont, schon gegen Ende des 18. Jahrhunderts, bezogen auf die Elite, bei Karl Viktor von Bonstetten[3] und dann, gegen Ende des 19. Jahrhunderts, bezogen auf die Basis, zum Beispiel bei Karl Dändliker.[4]

Die um 1900 von Paul Seippel zweisprachig herausgegebene Darstellung betonte einleitend, wie wichtig Geschichte gerade für die Schweiz sei: «Dem Schweizervolk ohne Unterschied der Sprachen, der politischen Parteien, der religiösen Überzeugungen widmen wir dieses Buch. Es soll ihm das Bild des nationalen Lebens entrollen, wie dasselbe sich im Laufe des zur Neige gehenden Jahrhunderts entfaltet hat.» Die Beiträger sollten darauf achten, dass ihre Feder nicht im Dienste einer kleinen Leserkaste, sondern aller Mitbürger stehe. Und weiter: «Ein Volk, das, wie das unsrige, zu voller Reife gelangt und berufen ist, in zahlreichen Abstimmungen Entscheide von grosser Tragweite zu treffen, muss – will es sich seiner selbst bewusst werden und gerade dadurch zu gerechter Beurteilung aller Verhältnisse gelangen – unbedingt seine Vergangenheit, namentlich die unmittelbare, das Verständnis der Probleme der Gegenwart erschliessende Vergangenheit kennen.»[5]

Auch in unserer Zeit wird betont, dass die Geschichte ein wichtiges, die Nation konstituierendes Element sei.[6] Ob dies tatsächlich zutrifft oder bloss ein weiteres Relikt des traditionellen Sonderfallglaubens ist, sei hier offengelassen. Die angebliche Gefahr, dass die Schweiz von der Europäischen Union «geschluckt» werde beziehungsweise in Europa aufgehe wie ein Stück Zucker im heissen Tee, könnte jetzt der historisierenden Gesamtschau des vermeintlich gefährdeten Objekts wieder Auftrieb verleihen. Nationalbewusstsein und Europabewusstsein müssen keinen Gegensatz bilden: Der Ausbau der europäischen Gemeinschaft verstärkt das Interesse an nationalen Geschichten eher, als dass er dieses schwächt. Auch Verleger tragen diesem scheinparadoxen Reflex Rechnung, indem sie seriell Nationalgeschichten als im gesamteuropäischen Markt verwertbare Buchreihen herausbringen.[7]

Ohne diesen Zusammenhang zu behaupten, lässt sich in jüngster Zeit sicher eine gewisse Intensivierung in der Produktion von Schweizer Geschichten feststellen. Das kann man, unabhängig von «Europa», auch als Folge eines allgemeinen, sich rückbesinnenden Interesses an Vergangenheit erklären, das als «Geschichtsverfallenheit» bezeichnet wird und seinerseits eine Reaktion auf rasante Modernisierung ist. Wie auch immer er gedeutet wird, dieser Trend manifestiert sich auch in der veränderten Präsentation des Landesmuseums Zürich. Im Sommer 2009 hat dieses Museum eine Dauerausstellung eröffnet, die neuerdings nicht nur eine objektorientierte Schau präsentiert, sondern ein kohärentes Geschichtsbild vermittelt.[8]

## Eine lange Vorgeschichte

Wer jedoch kann bei dem erhöhten Anspruch an Fachkenntnissen eine nationale Gesamtgeschichte, eine Art *histoire totale*, heutzutage noch leisten? Besteht nicht ein unlösbarer Gegensatz zwischen den Ansprüchen, eine allumfassende Geschichte zu schaffen und zugleich den Teilaspekten dieser Geschichte zu genügen? Vor dem Hintergrund der enzyklopädischen Ausbreitung unseres Wissens in Verbindung mit gewachsenen Ansprüchen bezüglich Spezialkenntnissen ist man schon um 1900 – im Falle der Schweizer Geschichte wie in den Weltgeschichten oder in der Geschichte Europas – dazu übergegangen, den Stoff und die Epochen von Gesamtgeschichten auf mehrere Spezialisten zu verteilen. Dem universalistisch eingestellten Geist des ausgehenden 19. Jahrhunderts entsprechend, versammelte das 1899 von Paul Seippel herausgegebene dreibändige Werk zum abgelaufenen Jahrhundert insgesamt 35 «berufenste Fachmänner aus allen Gauen der Schweiz» und aus verschiedenen Subdisziplinen, die in der erweiterten Herausgeberschaft aber global als «schweizerische Schriftsteller» präsentiert wurden.[9]

Während sich dieses Werk auf das 19. Jahrhundert beschränkte, erschien in der folgenden Zwischenkriegszeit die erste von mehreren Historikern verfasste Gesamtdarstellung der Schweizer Geschichte.[10] Historiographisch ein Novum, wurde sie als «Vier-Männer-Geschichte» bezeichnet. Sie schien jedoch «wie aus einem Guss» zu sein und ruhte in einer doppelten Übereinstimmung sowohl unter den Autoren – Hans Nabholz, Leonhard von Muralt, Richard Feller und Edgar Bonjour – als wohl auch zwischen den Autoren und ihrer Leserschaft. Etwas früher und in späteren Ausgaben gleichzeitig erschien die von Ernst Gagliardi als Einzelautor verfasste dreibändige Schweizer Geschichte.[11]

Werke mit mehreren Autoren sind mittlerweile zur Normalität geworden. Das schliesst freilich nicht aus, dass weiterhin auch Einzelautoren mit Gesamtdarstellungen antreten, bei denen eher als bei der kollektiven Variante eine durchgängig einheitliche Präsentation gewährleistet ist. Jüngste Beispiele dafür sind die Schweizer Geschichten von Volker Reinhardt[12], François Walter[13], Georges Andrey[14] und Thomas Maissen.[15]

Trotz des vorübergehenden Nachlassens des schweizergeschichtlichen Interesses in den 1990er Jahren haben die beiden auf 1291 und 1848 bezogenen Jubiläen zwei kleinere Konjunkturen ausgelöst, 1998 deutlicher als 1991. Das sogenannte 700-Jahr-Jubiläum konnte immerhin für das 1988 lancierte, breit angelegte *Historische Lexikon der Schweiz* genutzt werden, das inzwischen zu einem zentralen Referenzwerk geworden ist.[16] Speziell genannt zu werden verdient eine zum 150-Jahr-Jubiläum des Bundesstaats in einer deutschen Taschenbuchreihe herausgekommene *Kleine Geschichte der Schweiz*, eine «Fünf-Männer-Geschichte».[17] Bemerkenswerterweise hat dieses Jubiläum auf der offiziellen und offiziösen Seite aber keine eigenen Aktivitäten zur Stärkung oder gar Erneuerung des Geschichtsbildes ausgelöst.[18] Sozusagen das Maximum eines historischen Beitrags zum Jubiläum von 1998 bestand in einer privat publizierten Vortragsreihe der Zürcher Volkshochschule.[19]

Als eigene Kategorie von schweizerischen Gesamtgeschichten sind im Bereich der Lehrmittel und der Didaktik in den letzten Jahrzehnten mehrere Werke produziert worden, die zum Teil auch für nichtschulische Zwecke genutzt werden können und so die Zeit seit den 1980er Jahren gleichsam überbrücken. Im Wesentlichen sind es zwei Werke und ein Studienbuch zum Geschichtsunterricht, das zum Ziel hat, die nationale Geschichte wenigstens des 20. Jahrhunderts in ihrer europäischen Einbettung zu verstehen.[20]

Die vorliegende Geschichte soll nun diejenige ablösen, die unverändert während dreier Jahrzehnte zu Diensten stand und bis heute in einiger Hinsicht nicht überholt ist, die *Geschichte der Schweiz und der Schweizer*. 1982 bis 1983 in drei Bänden erstmals erschienen, richtete sie sich an ein breites und dennoch anspruchsvolles Publikum, sollte «Orientierung für möglichst viele Leser» bieten. Dagegen hatte sich das vorausgegangene zweibändige *Handbuch der Schweizer Geschichte* (1972–1977) noch klar an die enge Fachwelt gerichtet. Gleichzeitig wollte die *Geschichte der Schweiz und der Schweizer* erklärtermassen die in den zwei vorangegangenen Jahrzehnten wichtig gewordene Sozial- und Wirtschaftsgeschichte sowie die historische Demographie und die Mentalitätsforschung ins Zentrum rücken. Die bisher «ausgiebig» behandelten politischen und militärischen Vorkommnisse sollten hinter die Gesellschaftsgeschichte zurücktreten: «Nicht nur von der Schweiz, sondern auch von den Schweizern ist die Rede, ihr alltägliches Tun und Lassen soll ebenso aufgezeigt werden wie ihre gemeinsamen Erinnerungen und Erfahrungen.»[21]

Die «Geschichte der Schweizer» verpasste allerdings knapp, aber doch klar den *gender turn*, der die zuvor stets ausgeblendeten Lebensverhältnisse der Frauen zum Gegenstand des historischen Forschens machte. Georges Andrey, selbst noch am 1983er Werk beteiligt, vertrat eine milde Sicht auf dieses Manko mit der Bemerkung, dass die Frauen ja in der Sozialgeschichte berücksichtigt worden seien. In seine Gesamtdarstellung von 2007 bis 2009 streute er vierzig Frauenporträts ein und erklärte dann stolz, diese starke Präsenz sei «eine Première in der allgemeinen Geschichte der Schweiz».[22]

**Ein neues Angebot**

Das nun vorliegende Angebot ist in vierfacher Weise neu: einmal wegen der erwähnten Einarbeitung der jüngeren Literatur, sodann wegen der Fortschreibung des letzten Vierteljahrhunderts, aufgrund veränderter Akzentsetzungen und schliesslich wegen der modernisierten Präsentationsform. Das Neue lässt sich zum Teil im Vergleich mit der 1983 erschienenen «neuen» Schweizer Geschichte aufzeigen. Ein wenig anders als 1983 will diese Publikation aber nicht etwas Überholtes ihrerseits überholen; sie hält das 1983 postulierte Geschichtsverständnis noch immer für grundsätzlich gültig. Heute würde man vielleicht noch etwas kritischer, als es die Kollegen von damals für sich selbst schon getan haben, fragen, inwieweit das eigene Postulat auch wirklich eingelöst worden ist.

Die Verantwortlichen der jetzt vorliegenden neuen Schweizer Geschichte nehmen – vielleicht fast etwas postmodern – nicht für sich in Anspruch, etwas grundsätzlich Neues geleistet zu haben, sondern betonen die Erweiterung um inzwischen wieder wichtiger gewordene Dimensionen. Neu hinzu gekommen sind beispielsweise das Interesse für das Religiöse, von dem man unter unzutreffenden Säkularisierungserwartungen gemeint hat, es sei so etwas wie ein «Auslaufmodell», sowie ein Interesse für das Verhältnis zur natürlichen Umwelt, die aufgrund der schädlichen Folgen des Raubbaus an der Natur mehr und mehr ihre Beachtung einfordert.

Man darf auch hervorheben, dass die vorliegende Geschichte die erste schweizerische Gesamtgeschichte mit weiblicher Mitwirkung ist und die Historikerinnen für etwa die Hälfte der Hauptbeiträge verantwortlich zeichnen.[23] Damit sei allerdings nicht behauptet, dass *gender* automatisch zu spezifischer Geschichtsschreibung führt.[24] Für die hier präsentierte Geschichte ist die Berücksichtigung der Geschlechterdimension in der Historiographie weitgehend eine Selbstverständlichkeit geworden.

Eine andere Neuerung springt gleichsam ins Auge: der visuelle Auftritt mit zum Teil innovativem Bildmaterial, vielfach in neuer Bildqualität, den anspruchsvollen Karten und Graphiken, den Tabellen, Zitatblöcken und Textkästen; das ist mehr als bloss ein gestalterisches Novum, darin drückt sich auch eine eigene Haltung gegenüber dem Stoff und eine Offenheit gegenüber anderen Wissenskulturen aus.

Alles in allem lässt sich eine Renaissance (heute ein *revival*) des Politischen feststellen, das der klassischen Politikgeschichte, von der man sich in den 1970er und 1980er Jahren befreien wollte, wieder einen zentralen Platz einräumt. Das Nationale – so lässt sich argumentieren – kommt vor allem im fassbaren Funktionieren eines Systems obrigkeitlicher Herrschaft und später der politischen Maschinerie unter egalitäreren Verhältnissen zum Ausdruck, während «Alltag», zum Beispiel die Arbeitswelten der Bauern, Arbeiter und Angestellten, national, das heisst gesamtschweizerisch, schwer zu erfassen ist. Das Paradox besteht darin, dass gerade lokale Studien international beachtet werden, weil sie, eben jenseits des Nationalen, transnational vergleichbar sind. Die Kantonsgeschichten sind zwischen dem Nationalen und dem Lokalen auf der idealen Stufe angesiedelt, auf der sich neben Politik im erwünschten Mass auch Alltag erfassen und vor allem auch Nähe zu einem Publikum herstellen lässt, das sich für regionale Identität interessiert.[25]

Eine gewisse Wiederaufwertung hat die geistes- oder ideengeschichtliche Dimension erfahren. Zur Rückkehr des Politischen kommt im Weiteren eine verstärkte Wertschätzung der narrativen Dimension der Geschichte. Allerdings hatte die *Geschichte der Schweiz und der Schweizer*, die gegenüber dem Ereignishaften der *histoire évènementielle* auf Distanz gehen und sich vermehrt auf die Strukturen konzentrieren wollte, in ihrer Einleitung als Erstes doch auch festgehalten: «Alle Geschichte ist Erzählung ...» Dies beinahe als Vorankündigung einer heute besonders gepflegten und als *narrative turn* bezeichneten Ausrichtung.

Das Strukturelle und Wirtschaftliche ist dennoch sehr wichtig geblieben. Das zeigt sich an einer breit angelegten, kürzlich erschienenen Wirtschaftsgeschichte.[26] An ihr kann man übrigens eine das vorliegende Werk ebenfalls kennzeichnende Zurückhaltung erkennen, mit wissenschaftlich schwer vertretbaren Generalantworten aufzuwarten, etwa zu der scheinbar einfachen Grossfrage, warum die Schweiz «so reich» geworden ist.

Neu hinzugekommen ist im vorliegenden Werk eine grössere Freiheit in der Art des Erzählens, das heisst in der textlichen Inszenierung. Während man sich im Vorgängerwerk tendenziell an die Schule der *Annales*[27] und die Abfolge Bevölkerungsgeschichte, Wirtschaftsgeschichte, Mentalitätsgeschichte, Politikgeschichte hielt, werden derartige, heute als zu starr eingestufte Gliederungen kaum mehr verwendet, sondern viel mehr eigene Präsentationsarten entwickelt. Im Weiteren mag man als neu empfinden, dass den Autoren ein gewisser Spielraum für eigene «Inszenierungen» ihrer Texte gelassen wurde. Dies ermöglichte, dass sie in der Gestaltung den Eigenheiten der Epochen und Themen Rechnung tragen und sich unterschiedliche Herangehensweisen und Schwerpunktsetzungen erlauben durften.

Aus dem alten und nun wieder erstarkten Interesse am Politischen ergab sich die Frage nach den Machtstrukturen und der Bedeutung der Staatlichkeit beziehungsweise Herrschaft sowie nach der politischen Kultur der jeweiligen Zeiträume. Die demographischen, sozialen, geschlechtergeschichtlichen, zivilisatorischen, mentalen und lebensweltlichen Veränderungen waren selbstverständlich ebenso zu berücksichtigen wie die Frage, worin die konstituierende Einheit des behandelten Zeitraumes bestehe, was die räumliche Einheit konstituiere und woran deren Binnen- und Aussenbezüge zu erkennen seien.

Auch die frühen Kapitel befassen sich mit den Verhältnissen, die sich auf dem Territorium der heutigen Schweiz feststellen lassen, lange bevor es die Eidgenossenschaft gab. Im Zeitraum zwischen dem Spätmittelalter und 1815 sollen, in beschränktem Ausmass und wenn es die Verhältnisse erfordern, auch diejenigen Gebiete und politischen Kräfte interessieren, die noch nicht zum Bund gehörten. Genf zum Beispiel war bekanntlich lange vor der Zugehörigkeit zur Eidgenossenschaft aufgrund seiner Beziehungen zu dieser wichtig. Was das 19. und 20. Jahrhundert betrifft, mithin das Zeitalter des Nationalstaates, wird neuerdings vermehrt gesehen und anerkannt, dass die Schweiz selbst in diesen Phasen der stärkeren Abgrenzung keine Insel, sondern von externen Einflüssen mitgeprägt war. Eine Geschichte, die intensiv und konsequent den Aspekt der Verbindung von «Innerem» und «Äusserem» entlang der Zeitachse verfolgt, wäre allerdings noch zu leisten. Georges Andrey signalisierte immerhin die Absicht, die Schweizer Geschichte konsequent aus dem europäischen Kontext zu erklären; und er bemerkte, dass es entgegen der gängigen Ansicht «kein europäischeres Land» gebe als die Schweiz.[28]

Das vorliegende Werk kann, auch wenn dies nicht systematisch verwirklicht worden ist, die Bedeutung der Schweizer Geschichte im Kontext der allgemeinen Geschichte Europas aufzeigen. Dabei treten auch ohne Stilisierung des Sonderfalls einige Besonderheiten in Erscheinung. Die wichtigste dürfte die kleinräumige, anfänglich noch wenig demokratische, dann jedoch zunehmend breiter abgestützte Organisation der Politik sein. Das ist es auch, was Historiker und Sozialwissenschaftler anderer Länder nachweislich am «Fall Schweiz» immer wieder besonders interessiert. Ihnen kann diese auf den aktuellen Stand gebrachte Geschichte den Einstieg erleichtern. Im eigenen Land mag, was der frühere Schulunterricht mitzuverantworten hat, die eigene Geschichte als etwas leicht Langweiliges eingestuft werden. Bei erneutem Hinsehen mit offenem Geist kann man indessen feststellen, dass sie doch eine anregende, ja sogar spannende Geschichte ist. Von aussen jedenfalls wird sie als solche gesehen.[29]

Das Buch gliedert sich in elf Hauptbeiträge, die einen grösseren Zeitraum in der Entwicklung darlegen und chronologisch angeordnet sind. Diese Darstellungen schliessen in der Regel mit einem Abschnitt zum Stand der Forschung und der wissenschaftlichen Debatte. Dazwischen eingestreut sind «Fensterbeiträge», denen die Aufgabe zukommt, wichtige Einzelaspekte zum Teil auch stellvertretend für andere in einer problematisierenden Weise zu präsentieren, nicht als Lexikonartikel, wie man sie im *Historischen Lexikon der Schweiz* findet, sondern mit einer gewissen essayistischen Freiheit.

Es versteht sich, dass diese Geschichte nicht alles erfassen kann und vor allem der allgemeinen Orientierung dienen soll. Für detaillierte Faktenermittlung gibt es dank Internet heute andere Instrumente.[30] Das Werk bietet mit einer Reihe von Teilgesamtbildern eine umfassende Gesamtschau und macht Zusammenhänge zwischen Gegebenheiten sowie Entwicklungen sichtbar. Man soll hier durchaus das eine und andere nachschlagen können. Vor allem jedoch soll man durch die eingehende Lektüre der vorliegenden Beiträge der früheren Schweiz begegnen.

Man kann noch etwas weitergehen und mit Paul Seippel sagen: «Unsere Aufgabe würden wir als erfüllt betrachten, wenn das vorliegende Werk seinen Teil dazu beitragen sollte, dem Schweizervolk einen Schatz von Erfahrungen ins Gedächtnis zurückzurufen, aus welchem es zu Nutz und Frommen des Vaterlandes reiche Ausbeute zu schöpfen vermag.»[31] Heute würde man die Erwartung allerdings nicht auf das «Schweizervolk» beschränken, sondern auf die ganze schweizerische Wohnbevölkerung ausdehnen oder einen erweiterten «Volksbegriff» zugrunde legen. Die Ansicht, dass sich eine Landesgeschichte vor allem an Landsleute – im weitesten Sinn – richte, liegt nahe. Das Buch soll aber schlicht allen, also unabhängig von nationalen Territorien, und auch in anderen Sprachversionen zur Verfügung stehen. Und statt von «Vaterland» würde man eher von «Realheimat» reden. Paul Seippel würde dem sicher zustimmen.[32] Einverstanden wäre er wohl auch damit, dass nicht der «reiche Schatz an Erfahrungen» selbst zu uns spricht, sondern – einschränkend – das Bild und Verständnis, das wir von diesen Erfahrungen haben.

Von der Nationalgeschichte kann man sagen, dass sie im 19. Jahrhundert allen politischen Strömungen wichtig war. Inzwischen scheinen sich das geschichtspolitische Interesse und die entsprechende Instrumentalisierung auf die rechtspopulistischen Kräfte des Landes zu beschränken, während die politischen Konkurrenten sich für sie kaum und sicher zu wenig interessieren.[33] Die Berufung auf die gemeinsame Vergangenheit bleibt indessen für alle ein wichtiges Mittel der politischen Debatte und Ausgangspunkt der Entwicklung von Zukunftsperspektiven.

Es gibt, vereinfacht ausgedrückt, zwei unterschiedliche Grundverständnisse der nationalen Vergangenheit: In der einen Variante erscheint die Vergangenheit als eine statische Grösse und Quell ewiger Wahrheiten; in der anderen Variante ist sie eine im mehrfachen Sinne bewegliche Grösse – Schweizer Geschichte als ein sich wandelndes Bild aus sich wandelnden Einsichten zum historischen Wandel. Die hier präsentierte Gesamtsicht orientiert sich eindeutig am letzteren Verständnis.

Nationalgeschichte ist jedenfalls politisch. Sie fordert uns auf, Zusammenhänge und die Entwicklung der Gesellschaft, in der wir leben, in grösseren Zeiträumen zu erkennen und zu reflektieren. Die Bilder zum Auftakt der Hauptartikel zeigen jeweils ein zur Epoche passendes Wegmotiv. Sie erinnern uns daran, dass wir individuell wie kollektiv stets Wege zurücklegen.

## ANMERKUNGEN

**1** — Irène Herrmann / Thomas Maissen, Problem Schweizergeschichte?, Schweizerische Zeitschrift für Geschichte (SZG), Jg. 59, Nr. 1, 2009 (Beiträge eines Geschichtstages der SGG).

**2** — Albert Tanner (Hg.), Geschichte(n) für die Zukunft? Vom Umgang mit Geschichte(n) im Jubiläumsjahr 1998, Basel 1999, S. 7, vgl. Anm. 18.

**3** — Karl Viktor von Bonstetten, Ueber die Erziehung der Patrizischen Familien von Bern, in: Schweitzersches Museum, Jg. 2, Nr. 4, 1785.

**4** — Karl Dändliker, Geschichte der Schweiz mit besonderer Rücksicht auf die Entwicklung des Verfassungs- und Kulturlebens von den ältesten Zeiten bis zur Gegenwart, Bd. 1, Zürich 1884, S. 20.

**5** — Paul Seippel et al. (Hg.), Die Schweiz im neunzehnten Jahrhundert, 3 Bde., Bern/Lausanne 1899/1900.

**6** — Thomas Maissen, Die ewige Eidgenossenschaft. (Wie) Ist im 21. Jahrhundert Nationalgeschichte noch schreibbar?, in: SZG, Jg. 59, Nr. 1, 2009, S. 7–20 (vgl. Anm. 1); die Geschichtsschreibung sei in der Schweiz «mehr noch als anderswo» nicht nur Begleitphänomen der nationalstaatlichen Integration, sondern ihre Voraussetzung (S. 10).

**7** — Herausgegeben von Ulrich Herbert läuft seit 2010 die bei C. H. Beck, München, erscheinende Reihe *Europäische Geschichte im 20. Jahrhundert*. Bereits erschienen sind die Bände zu Grossbritannien, Italien, Jugoslawien, Polen und Spanien. Den Band zur Schweiz verfasst der Zürcher Historiker Jakob Tanner. – In ähnlichem Phänomen ist die bei Routledge herausgegebene Reihe *Europe and the nation state*, z.B. mit dem Beitrag von Clive H. Church, Switzerland and the European Union. A close, contradictory and misunderstood relationship, New York 2007.

**8** — Vgl. Begleitband: Geschichte Schweiz. Katalog der Dauerausstellung im Landesmuseum Zürich, Zürich 2009. Ähnliche Dauerausstellungen zu bestimmten Teilen der Geschichte sind in den Zweigstellen von Prangins (VD) und Schwyz vorausgegangen. Begleitband zu der im Herbst 2011 eröffneten neuen Dauerausstellung in Schwyz: Entstehung der Schweiz. Unterwegs vom 12. ins 14. Jahrhundert, Baden 2011. Nach der Eröffnung der Zürcher Ausstellung kam es zu einer Kontroverse zwischen dem Mediävisten Roger Sablonier und dem Museumsdirektor Andreas Spillmann. Angemeldet wurden, wie stets zu erwarten, materielle wie konzeptionelle Vorbehalte, etwa die Vernachlässigung der landwirtschaftlichen Binnenwirtschaft sowie des Spannungsverhältnisses von Geschichte und Gedächtnis; vgl. NZZ vom 30. und 31. Dezember 2009 sowie Leserbriefe am 7. Januar 2010. Sabloniers Beitrag veranlasste die Schweizerische Gesellschaft für Geschichte (SGG), im Sommer 2010 auf ihrer Homepage eine Forumsseite einzurichten. Mit drei Stellungnahmen bis zum März 2012 hielt sich die Debattierfreudigkeit jedoch in engen Grenzen.

**9** — Vgl. Anm. 5.

**10** — Hans Nabholz / Leonhard von Muralt / Richard Feller / Edgar Bonjour, Geschichte der Schweiz, 2 Bde., Zürich 1932–1938.

**11** — Ernst Gagliardi, Geschichte der Schweiz. Von den Anfängen bis auf die Gegenwart, 3 Bde., Zürich 1920–1927 (Ausgaben ab 1934 mit dem Untertitel «... bis zur Gegenwart»).

**12** — 2010 erschien von Volker Reinhardt, dem Frühneuzeit-Historiker der Universität Freiburg, unter dem Titel *Kleine Geschichte der Schweiz* eine erweiterte Version seiner *Geschichte der Schweiz* (München 2006); dann folgte ein grösseres Werk: Die Geschichte der Schweiz. Von den Anfängen bis heute, München 2011.

**13** — François Walter, Histoire de la Suisse, 5 Bde., Neuchâtel 2009/10.

**14** — Georges Andreys Schweizergeschichte kam 2007 zunächst in der französischen Version *L'histoire de la Suisse pour les nuls* auf den Markt, dann 2009 aus dem Amerikanischen (!) ins Deutsche übersetzt und vom wenig bekannten Verlag Wiley-VCH vertrieben als *Schweizer Geschichte für Dummies* (Weinheim 2009).

**15** — Thomas Maissen, Geschichte der Schweiz, Baden 2010 (3. Aufl. 2011). Das klassische Vorgängerwerk ist die von Ulrich Im Hof verfasste und seit 1974 in acht Auflagen erschienene *Geschichte der Schweiz*. Im Weiteren gab es die von Hanno Helbling, dem Koordinator des Handbuchs (vgl. unten Anm. 23), verfasste *Schweizer Geschichte* (Zürich 1963).

**16** — Auf 13 Bde. angelegt; seit 2001 jährlich mit einem Band erschienen, inzwischen in der deutschen Version bei Bd. 12 (Sti–Vin) angelangt.

**17** — Manfred Hettling / Mario König / Martin Schaffner / Andreas Suter / Jakob Tanner, Eine kleine Geschichte der Schweiz. Der Bundesstaat und seine Traditionen, Frankfurt a. M. 1998.

**18** — Es war die «Zunft» der in der Allgemeinen Geschichtsforschenden Gesellschaft der Schweiz (AGGS) organisierten Historiker und Historikerinnen, welche für ihre Eigenaktivität, aber auch für die gesellschaftliche Legitimation ihrer Existenz aus dem staatlichen Jubiläumsfonds Mittel zur Durchführung zweier Tagungen und einiger Publikationen beanspruchte. Vgl. die von Georg Kreis koordinierte vierbändige Publikationsreihe *Die Schweiz 1798–1998. Staat, Gesellschaft, Politik* (Zürich 1998). Das Interesse galt nicht nur dem gesetzten Jubiläum von «1848»; mindestens so intensiv galt es dem Gedenken von «1798» und damit der Helvetik und den Freunden einer «offenen Schweiz». Die List der Geschichte sorgte dafür, dass auch noch ein drittes Jubiläum zu begehen war, das eigentlich das erste war und «1648» galt und wegen der formellen Herauslösung aus dem Reich an die Erlangung der Souveränität erinnerte. Als Ergebnis einer Tagung auf Schloss Waldegg erschien dazu der von Marco Jorio herausgegebene Band *1648. Die Schweiz und Europa. Aussenpolitik zur Zeit des Westfälischen Friedens* (Zürich 1999). Parallel dazu, aber unabhängig davon veranstaltete das Historische Museum Basel eine Ausstellung zum schweizerischen Chefunterhändler Johann Rudolf Wettstein.

**19** — Thomas Hildebrand / Albert Tanner (Hg.), Im Zeichen der Revolution. Der Weg zum schweizerischen Bundesstaat 1798–1948, Zürich 1997 (mit Beiträgen von Albert Tanner, Beatrix Mesmer, Christian Simon, Elisabeth Joris, Margrit Müller, Marco Jorio und Carlo Moos). Beteiligt waren hier immerhin drei Historikerinnen. Hansjörg Siegenthaler hat damals mehrfach darauf hingewiesen, dass es ein grosses Desinteresse an der Geschichte der modernen Gründung des Bundesstaats gebe. Allerdings haben bereits die Staatsgründer von 1848 (*founding fathers*) ihrerseits die Vorstellung der alten «Gründung» am Ende des 13. Jahrhunderts gepflegt und sich in eine grosse Kontinuität gestellt, um den Revolutionscharakter ihres Projekts zu dämpfen und das Neue für ihre konservativen Gegner anschlussfähig zu machen; vgl. Hansjörg Siegenthaler, Wege der Vernunft in der Modernität. Vom Kampf um die Quellen der Wahrheit zur Gründung des Bundesstaates, in: Tanner (Hg.), Geschichte(n) für die Zukunft?, S. 18–24; vgl. Anm. 2. – Literaturberichte zu 1648, 1798 und 1848 in SZG, Jg. 48, Nr. 4, 1998.

**20** — Joseph Hardegger / Markus Bolliger / Franz Ehrler / Heinz Kläy / Peter Stettler, Das Werden der modernen Schweiz. Quellen, Illustrationen und andere Materialien zur Schweizergeschichte, 2 Bde. und Kommentarband, Basel/Luzern 1986–1989; Pierre Felder / Helmut Meyer / Heinrich Staehelin / Claudius Sieber-Lehmann / Walter Steinböck / Jean-Claude Wacker, Die Schweiz und ihre Geschichte, Zürich 2008 (2. Aufl. 2005); Markus Furrer / Kurt Messmer / Bruno H. Weder / Beatrice Ziegler, Die Schweiz in kurzen 20. Jahrhundert. 1914 bis 1989 – mit Blick auf die Gegenwart, Zürich 2008.

**21** — Die Geschichte der Schweiz und der Schweizer, 3 Bde., Basel 1982–1983, S. 8 (Einleitung).

**22** — Andrey, Dummies, S. 20.

**23** — Das *Handbuch der Schweizer Geschichte* (Zürich 1972–1977) war eine Dreizehn-Männer-Geschichte, die *Geschichte der Schweiz und der Schweizer* von 1982/83 eine Zehn-Männer-Geschichte, allerdings mit Beatrix Mesmer als Mitherausgeberin. Das zum Jubiläum von 1998 (vgl. Anm. 17) erschienene Taschenbuch *Eine kleine Geschichte der Schweiz* war eine Fünf-Männer-Geschichte. Der Schreibende war an einer Zwei-Männer-Geschichte beteiligt: Werner Meyer / Georg Kreis, Die Schweiz in der Geschichte, Bd. 1 bis 1700 (Zürich 1995), Bd. 2 bis heute (Zürich 1997). Vgl. auch die in Anm. 20 verzeichnete Sechs-Männer-Geschichte.

**24** — Catherine Bosshart-Pfluger / Dominique Grisard / Christina Späti, Geschlecht und Wissen / Gender et savoir. Beiträge der 10. Schweizerischen Historikerinnentagung, Zürich 2004.

**25** — Ähnlich Maissen, Ewige Eidgenossenschaft, S. 15.

**26** — Patrick Halbeisen / Margrit Müller / Béatrice Veyrassat (Hg.), Wirtschaftsgeschichte der Schweiz im 20. Jahrhundert, Basel 2012.

**27** — André Burguière, L'école des «Annales». Une histoire intellectuelle, Paris 2006.

**28** — Andrey, Dummies, S. 21.

**29** — Georg Kreis, Geschichtsschreibung nur als Nationalgeschichte? Anleitung zum Ausbruch aus dem Käfig der nationalen Historiographie, in: Catherine Bosshart-Pfluger / Joseph Jung / Franziska Metzger (Hg.), Nation und Nationalismus in Europa. Kulturelle Konstruktion von Identitäten. Festschrift für Urs Altermatt, Frauenfeld 2002, S. 347–374.

**30** — Peter Haber, Digital Past. Geschichtswissenschaft im digitalen Zeitalter, München 2011.

**31** — Seippel, Schweiz im neunzehnten Jahrhundert, S. 6.

**32** — Hans Marti, Paul Seippel, 1858–1926, Basel 1973. Seippel war ein aus der französischen Schweiz stammender ETH-Professor für Romanistik und Publizist.

**33** — Ähnlich Maissen, Ewige Eidgenossenschaft, S. 17.

# Ur- und Frühgeschichte. Von der Altsteinzeit bis zu den Römern — *Urs Leuzinger*

Die frühesten menschlichen Spuren finden sich im Gebiet der Schweiz bereits in der älteren Altsteinzeit. Klimaschwankungen führten aber immer wieder zu Eiszeiten; die Gletscher zerstörten nahezu alle Hinterlassenschaften, übrig blieben wenige Geröllgeräte und Faustkeile. Gegen Ende der letzten Eiszeit (16 000–9300 v. Chr.) durchstreiften Wildbeutergruppen des modernen Menschen die abwechslungsreiche Landschaft, wobei sie zahlreiche Rastplätze hinterliessen. Die Jungsteinzeit mit dem Übergang zur Sesshaftigkeit und zu Ackerbau und Viehzucht begann um etwa 5000 v. Chr. Aus der Zeit von 4300–800 v. Chr. stammen die bekannten Pfahlbausiedlungen an den Seen und Mooren. In der Bronzezeit (2200–800 v. Chr.) wurden auf Anhöhen befestigte Siedlungen errichtet, deren Bewohner Handelsbeziehungen in weite Teile Europas unterhielten. Aber erst während der darauffolgenden Eisenzeit berichten erste schriftliche Quellen von keltischen und rätischen Volksstämmen wie den Helvetiern, Raurikern oder Riguscern. Es entstanden erste stadtähnliche Siedlungen, die Anfänge heutiger Städte wie Zürich, Genf, Basel oder Bern. Das Kapitel endet um 15 v. Chr., den Jahren, in denen das gesamte Gebiet der Schweiz von den Römern erobert wurde.
Die Ur- und Frühgeschichte unterscheidet sich von der Geschichtsschreibung späterer Epochen in verschiedener Hinsicht. Zum einen umfasst sie einen Zeitraum, der um ein Vielfaches grösser ist, zum anderen kann sie nicht auf schriftliche Zeugnisse zurückgreifen, sondern muss anhand archäologischer Befunde ein zwangsläufig bruchstückhaftes Bild der prähistorischen Menschen und ihrer Lebenswelten konstruieren. Das Kapitel versucht, diese uns so fremden Welten und ihre spannende Erforschung im Rahmen eines Überblicks zugänglich zu machen.

**Jungsteinzeitlicher Weg innerhalb der Seeufersiedlung Champ des Piécettes in Marin-Epagnier (NE) (um 3400 v. Chr.),** © *Marc Juillard, Laténium, Neuchâtel.* — Die modernen Holzpflöckchen stecken in den Pfahlschatten, die prähistorischen Palisaden- und Bauhölzer sind mehrheitlich verrottet.

## ALTSTEINZEIT – VOM FAUSTKEIL ZUM GRAVIERTEN RENTIER

Die ältesten schriftlichen Zeugnisse der Menschheit datieren ins 4. Jahrtausend v. Chr. und stammen aus Mesopotamien; schriftliche Quellen über das Gebiet der Schweiz sind 3000 Jahre jünger. Dank der Methoden der Archäologie kann man aber mit Geländebegehungen und Ausgrabungen in den *geschichteten* Ablagerungen der Fundstellen die vor dem Einsetzen der Schriftlichkeit liegenden ältesten Abschnitte der Schweizer *Geschichte* zumindest ansatzweise lesen. Zusammen mit naturwissenschaftlichen Nachbardisziplinen wie der Geologie, der Botanik, der Zoologie, der Anthropologie, der Chemie und der Physik gelingt es, die ur- und frühgeschichtlichen Epochen im Gebiet der Schweiz, wenn auch nur lückenhaft, zu beschreiben. Glückliche Fundumstände, unterschiedliche Erhaltungsbedingungen und forschungspolitische Modeströmungen sind Faktoren, die unser Bild von der Geschichte der verschiedenen vorchristlichen Epochen beeinflussen und die Ur- und Frühgeschichte dementsprechend bunt und teilweise widersprüchlich erscheinen lassen.

Die Altsteinzeit, das sogenannte Paläolithikum, umfasst den Zeitraum von etwa 2,5 Millionen bis 9500 Jahre vor unserer Zeitrechnung. Während dieser enorm langen Periode lebten in Europa verschiedene Urmenschenarten wie der *Homo heidelbergensis,* später der *Homo neanderthalensis*; vor etwa 45 000 Jahren betritt der *Homo sapiens* die europäische Bühne. Die Menschen der Altsteinzeit lebten in kleinen Gruppen als Wildbeuter. Sie durchstreiften ihre ausgedehnten Territorien und ernährten sich vom Sammeln und vom Jagen. Schutz vor Kälte und Witterung fanden sie in Zelten, in Höhleneingängen sowie unter überhängenden Felsen. Sie nutzten spätestens vor 200 000 Jahren regelmässig das Feuer für die Nahrungszubereitung, als Wärme- und Lichtquelle sowie als Schutz vor gefährlichen Tieren. Obwohl bisher keinerlei Funde von Kleidungsstücken aus der Altsteinzeit vorliegen, darf man davon ausgehen, dass die Urmenschen über eine der kalten Witterung angepasste Kleidung aus Leder und Fell verfügten.

Starke Klimaschwankungen führten in diesem Zeitraum zu mehreren grossen Eiszeiten mit Gletschervorstössen bis in die Umgebung von Basel und Schaffhausen.[1] Die Erosion hat Spuren von Menschen, die vor der letzten, der sogenannten ↑Würm-Eiszeit (Beginn um 100 000 v. Chr.; Ende um 9500 v. Chr.) das Gebiet der Schweiz durchstreiften, in der Regel vollständig zerstört. Immerhin gibt es einige wenige Ausnahmen, zugeschlagene Gerölle (*choppers* und *chopping tools*) sowie Faustkeile, die teilweise vor deutlich mehr als 100 000 Jahren in Gebrauch waren: die Geröllgeräte aus dem bernischen Burgdorf, von Reinach im Baselbiet und Riehen bei Basel sowie die Faustkeile von Bettingen und Pratteln in derselben Region, von Magden und Zeiningen im Fricktal und von Schlieren bei Zürich.[2]

Betrachtet man die letzten 100 000 Jahre, so war diese Periode vor allem durch die Würm-Eiszeit geprägt. Klimatische Schwankungen führten im Alpenraum zu markanten Vorstössen oder während vergleichsweise «wärmerer» Phasen – der sogenannten Interstadiale – zu Rückzügen der Gletscher. Aus diesem Grund konnte das Gebiet der Schweiz während der letzten Eiszeit nur in klimatisch günstigen Phasen von Menschen als Lebensraum besiedelt werden. Wegen des glazialen Klimas kamen damals vorwiegend kälteresistente Pflanzen und Tiere vor.[3] In einer offenen, tundraartigen Landschaft bedeckten hauptsächlich Gräser und Beifussgewächse wie Artemisia sp. die ausgedehnten Moränen- und Sanderflächen (↑Sander). An besonders bevorzugten Standorten wuchsen vereinzelte Sträucher und Bäume wie Sanddorn, Zwergweiden, Zwergbirken, Wacholder und Kiefern. Typische Tiere der Eiszeit wie Mammuts, Rentiere, Wildpferde, Wollnashörner, Moschusochsen, Steinböcke, Höhlenbären, Schneehasen, Schneehühner und Lemminge bewohnten das Gebiet im Vorfeld der alpinen Gletscher. Gegen Ende der Eiszeit etwa 13 000 v. Chr. fand allmählich eine natürli-

### Neandertaler und Genetik

Im August 1856 kamen bei Steinbrucharbeiten in einem Tal 10 Kilometer östlich von Düsseldorf altertümlich wirkende Menschenknochen zum Vorschein. Das Tal ist nach dem reformierten Pastor und Kirchenliederdichter Joachim Neander («Lobe den Herren») benannt. Professor Johann Carl Fuhlrott erkannte damals als Erster, dass die Knochen von einer ausgestorbenen Urmenschenart stammen müssen. Diese Entdeckung löste – drei Jahre vor der Veröffentlichung der berühmten Evolutionstheorie von Charles Darwin *(The Origin of Species)* – einen heftigen Gelehrtenstreit über das Alter und die Entstehungsgeschichte der Menschheit aus. Erst nach weiteren Funden von Neandertalerskeletten in ganz Europa konnte diese Kontroverse beigelegt werden. Mittlerweile wird dem Neandertaler mit Methoden der Genetik auf den Leib gerückt. Dem Team um Svante Pääbo am Max-Planck-Institut, Berlin, ist es im Jahr 2010 gelungen, sein Genom zu über 60 Prozent zu entschlüsseln. Die rekonstruierte Neandertaler-DNA wurde anschliessend mit derjenigen des modernen Menschen verglichen; die Erbanlagen unterscheiden sich nur in geringem Masse. Allerdings war der Genfluss mit 1 bis 4 Prozent vom Neandertaler zum modernen Menschen äusserst bescheiden, sodass es wohl nur selten zu einer Vermischung der beiden Gruppen kam. Die Forschung ist sich noch nicht einig, ob man von zwei getrennten Arten sprechen soll. Man darf also gespannt sein auf zukünftige Forschungsergebnisse!

**Lochstab aus Rengeweih mit der Gravierung eines «weidenden» Rentiers** *(Rosgartenmuseum Konstanz).* — Die detailreiche Ritzzeichnung, eingraviert auf einem Lochstab aus Rengeweih, zeigt ein männliches Rentier auf der Fährte eines brünstigen Weibchens. Das Objekt ist circa 15 000 Jahre alt und stammt aus dem Kesslerloch bei Thayngen im Kanton Schaffhausen.

che Wiederbewaldung statt, was zu einer insgesamt veränderten Vegetation und Tierwelt führte.

### Neandertaler in der Schweiz

Seit der letzten Zwischeneiszeit vor etwa 120 000 Jahren durchstreifte der Neandertaler das Gebiet der Schweiz. Typisch für die nach der Fundstelle «Le Moustier» in Südwestfrankreich Mustérienkultur benannte Epoche sind Feuersteingeräte wie Schaber, Spitzen oder Messer, die aus sorgfältig präparierten Abschlägen gefertigt wurden. In der Schweiz sind bis heute nahezu dreissig Fundstellen mit Hinterlassenschaften des Neandertalers entdeckt worden. Diese Lagerplätze konzentrieren sich entlang des Juras, in der Region Basel sowie im Voralpenraum. In den Höhlen von Cotencher bei Rochefort am Jurasüdhang und von Saint-Brais im Tal des Doubs sind zudem Skelettreste von Neandertalern – ein Oberkiefer und ein Schneidezahn – entdeckt worden.

Die ältesten, seltenen Spuren im voralpinen Raum haben kleine Jägergruppen des Neandertalers auf der Jagd nach Steinböcken, Gemsen, Murmeltieren und Schneehasen hinterlassen. Die wohl bekanntesten Fundstellen aus dieser Zeit liegen in der Ostschweiz, es sind dies das Wildkirchli bei Schwende in Appenzell Innerrhoden sowie in St. Gallen das Wildenmannlisloch bei Alt St. Johann und das Drachenloch bei Vättis. Neben Steinwerkzeugen hatten sich in diesen Höhlen unzählige Knochen von Höhlenbären angesammelt. Die durch den St. Galler Emil Bächler von 1904 bis 1940 durchgeführten Grabungen und Auswertungen machten diese Fundstellen weit über die schweizerischen Landesgrenzen hinaus berühmt, nicht zuletzt aufgrund Bächlers populärer These des Höhlenbärenkults. Jüngere Forschungen haben inzwischen gezeigt, dass die meisten der Höhlenbärenknochen deutlich älter sein müssen als die Steinwerkzeuge, da sie in tiefer gelegenen Schichten lagen. Zudem suchten die Neandertaler die Höhlen jeweils im Sommer auf, die Bären dagegen nutzten die geschützten Stellen vorwiegend in der kalten Jahreszeit zum Überwintern. Deshalb gilt der postulierte Höhlenbärenkult seit Längerem nicht mehr als sicher belegt.

### Jüngere Altsteinzeit – kunstfertige Rentierjäger

Zur Zeit der maximalen Vergletscherung der Würm-Eiszeit, um 22 000 v. Chr., lagen weite Teile der Schweiz unter Eis. Lediglich die Berggipfel ragten aus den gewaltigen Eismassen heraus. In dieser Periode gab es im gesamten Alpenraum keine menschlichen Aktivitäten. Der moderne Mensch *(Homo sapiens)* des älteren und mittleren Jungpaläolithikums lebte in dieser extrem kalten Phase vorwiegend in Süddeutschland, Südwestfrankreich, Spanien und Italien. Erst wieder seit dem Magdalénien vor etwa 17 500 Jahren – die Epoche ist benannt nach dem berühmten «abri de la Madeleine» am Ufer der Vézère in der Dordogne – suchten Rentierjägergruppen entlang des Juras, im Mittelland sowie in der Gegend von Basel und Schaffhausen Höhlen, überhängende Felsen, Freilandplätze und Seeufer auf, wo sie zahlreiche Steinwerkzeuge und Speisereste hinterliessen. Wichtige Fundstellen aus dieser Zeit sind das Kesslerloch bei Thayngen im Kanton Schaffhausen, der überhängende Felsen «Schweizersbild» bei Schaffhausen selbst, Champréveyres und Neuchâtel-Monruz am Neuenburgersee, Moosbühl beim bernischen Moosseedorf und die Höhlen von Veyrier bei Genf sowie die zahlreichen Höhlen im Birstal und in der Umgebung von Olten.

Charakteristisch für das Magdalénien sind Werkzeuge wie Kratzer, Stichel, Lamellen mit steil bearbeiteter Kante, sogenannte Rückenlamellen, sowie Bohrer und Geschossspitzen aus langen und schmalen Feuersteinabschlägen. Ferner sind für diese Zeit Geweih- und Knochengeräte typisch, beispielsweise Speerspitzen, Harpunen und feinste Nähnadeln mit Öhr. Auch wenn bis heute auf Schweizer Boden keine Höhlenmalereien wie diejenigen von Lascaux im Südwesten Frankreichs zum Vorschein gekommen sind, so finden sich doch mehrere herausragende Objekte der Kleinkunst, darunter sehr schöne Tiergravierungen auf Knochen- und Geweihgeräten sowie rot bemalte Gerölle.[4]

## MITTELSTEINZEIT – JAGD MIT PFEIL UND BOGEN IM HASELWALD

Die Epoche zwischen der ausgehenden Altsteinzeit und der Jungsteinzeit wird als Mittelsteinzeit oder Mesolithikum bezeichnet. Sie erstreckte sich in der Schweiz von der Mitte des 10. bis in die Mitte des 6. Jahrtausends v. Chr. Die Menschen des Mesolithikums lebten weiterhin vom Jagen und Sammeln und durchstreiften als kleine, nicht sesshafte Gruppen weitläufige Territorien. Abgesehen von Hunden kannte man noch keine Haustiere. Erst gegen Ende der Mittelsteinzeit gibt es einige wenige Hinweise auf möglichen Getreideanbau in der Schweiz. Funde von Keramikgefässen fehlen in dieser Epoche noch vollständig, obwohl gebrannter Ton als Werkstoff seit Langem bekannt war, wie altsteinzeitliche Frauenstatuetten aus Tschechien und ein mittelsteinzeitlicher Tonstempel (Pintadera) mit Lochmuster aus dem Kanton Freiburg zeigen.[6] Letzterer wurde möglicherweise zur Körperbemalung oder zur Verzierung von Textilien verwendet.

Das Landschaftsbild wandelte sich seit dem Ende der letzten Eiszeit rasch.[7] Die offene Tundra mit vereinzelten lichten Birken- und Kieferngehölzen wich einer dichteren Waldlandschaft. Anhand von Holzkohleresten und Pollenanalysen aus mesolithischen Fundstellen kann die damalige Vegetation gut rekonstruiert werden. So entwickelte sich ab dem frühen Mesolithikum im schweizerischen Mittelland zuerst ein geschlossener Haselmischwald. Ab dem 7. Jahrtausend v. Chr., im Spätmesolithikum, dominierte der Eichenmischwald, und der Bestand an schattenliebenden Fichten, Weisstannen und Buchen nahm zu. Parallel zur Flora änderte sich auch die Fauna. Die eiszeitlichen Tiere zogen sich in kältere Gebiete nach Nordeuropa zurück – zum Beispiel das Rentier – oder in die Alpen wie der Steinbock und das Schneehuhn, oder sie starben wie das Mammut oder das Wollnashorn aus. Auf sie folgten Hirsch, Reh, Wildschwein, Auerochse sowie zahlreiche andere Waldtiere. Die mesolithischen Wildbeutergruppen passten ihre Lebensweise dieser veränderten Umwelt an. Das Verschwinden der eiszeitlichen Herdentiere in offener Landschaft führte zur Entwicklung neuer Jagdstrategien. So setzte sich in dieser Periode die Jagd mit Pfeil und Bogen endgültig durch, denn auf diese Weise liessen sich die scheuen, in kleinen Rudeln lebenden Tiere im dicht bewaldeten Jagdgebiet am besten erlegen.

In der Schweiz beschränken sich die archäologischen Relikte aus der Mittelsteinzeit mehrheitlich auf Ansammlungen von Steinwerkzeugen, Knochen von verspeisten Tieren und vereinzelte Feuerstellen. Die Hinterlassenschaften aus organischen Materialien wie Bekleidung, hölzerne Gefässe und Werkzeuggriffe sowie Hütten oder Zelte sind vollständig zersetzt. Aus diesem Grund sieht sich die Archäologie gezwungen, die Kultur und Tätigkeiten der mesolithischen Menschen anhand von Steinwerkzeugen und Knochen zu rekon-

### Birkenpech – Alleskleber der Steinzeit

Seit der Altsteinzeit benutzte der Mensch Klebstoffe, um Steinwerkzeuge in Holz zu schäften oder Geschossspitzen an Lanzen oder Pfeilen zu befestigen. Zu den frühesten Nachweisen gehören Funde im Nahen Osten, wo Neandertaler Steinwerkzeuge mit natürlichem Bitumen bestrichen, um sie so in einen Griff einzukleben. In Europa verwendete man mangels Bitumen Birkenpech, einen klebrigen Stoff, der sich aus Birkenrinde auf einfachste Weise gewinnen lässt. Dabei wird das Pech der Rinde durch einen Verschwelungsprozess, eine sogenannte trockene Destillation, entzogen; dies geschieht in einem mit Lehm luftdicht abgeschlossenen Gefäss aus Keramik, das auf 340–400 °C erhitzt wird. Kleine Mengen können auch auf offenem Feuer hergestellt werden; in zahlreichen steinzeitlichen Fundstellen Europas fanden sich Reste von Birkenpech. Aus Cham im Kanton Zug stammt eine Prunkaxt aus der Jungsteinzeit, deren Holm mit Birkenpech bestrichen und mit verzierter Birkenrinde umwickelt war.[5] Der berühmte Gletschermann «Ötzi» befestigte vor circa 5300 Jahren die Silexspitzen und die Befiederung mit diesem Klebstoff an seinen Pfeilschäften aus dem Holz des Wolligen Schneeballs. Birkenpech wurde jedoch nicht nur als Klebstoff verwendet. In den Pfahlbaufundstellen finden sich häufig Klümpchen, die möglicherweise als Kaugummis dienten. Man kaute das Pech einerseits, um es weich zu machen. Das in der Birke enthaltene Betulin wirkt andererseits entzündungshemmend. Es ist also denkbar, dass die Menschen der Steinzeit solche Zahnkaugummis gegen Zahnweh und Zahnfleischentzündungen verwendeten!

5400 Jahre alter Birkenpechklumpen mit Kauspuren aus der jungsteinzeitlichen Seeufersiedlung Arbon-Bleiche 3; die Grösse entspricht der eines modernen Kaugummis, © Amt für Archäologie Thurgau, www.archaeologie.tg.ch, Photo Daniel Steiner.

**Mesolithische Steinwerkzeuge von Wauwil-Obermoos** (Station 206) **im Kanton Luzern,** © *Kantonsarchäologie Luzern, Photo Ebbe Nielsen.* — Die geometrischen Mikrolithen aus Feuerstein wurden in Serie mit Birkenpech an den Pfeilschäften befestigt.

struieren. Viele Fragen bleiben dabei offen, da sich soziale Strukturen, religiöse Vorstellungen, Gebräuche und Sitten kaum in Steingeräten niederschlagen.

Je nach steinzeitlicher Epoche variieren die Fundtypen und deren statistische Zusammensetzung. Für das Mesolithikum sind auffallend kleine, oft geometrische Geschosseinsätze aus Feuerstein typisch, die sogenannten Mikrolithen. Diese Dreiecke, Trapeze, Segmente und Spitzen wurden aus langen und schmalen Abschlägen gefertigt. Die Mikrolithen wurden wahrscheinlich mit Birkenpech – einem klebrigen Destillat aus Birkenrinde – an die hölzernen Pfeile geschäftet. Neben den kleinen Geschosseinsätzen haben sich auch Kratzer, Bohrer und Messer aus Silex erhalten.

## JUNGSTEINZEIT – ERSTE BAUERN IN DER SCHWEIZ

Mit dem Übergang von der Mittel- zur Jungsteinzeit (Neolithikum) war eine grundlegende Veränderung in der Art zu leben und zu wirtschaften verbunden, gekennzeichnet durch das Aufkommen des Ackerbaus, der Viehzucht und der Sesshaftigkeit. Daneben blieben die Jagd und die Sammeltätigkeit weiterhin wichtig. Der australische Archäologe Vere Gordon Childe prägte 1936 für diesen für die Menschheit so wesentlichen Übergang von der aneignenden zur produzierenden Wirtschaftsweise den Begriff der Neolithischen Revolution. Allerdings dauerte diese «Revolution» mehrere Jahrtausende! Die Wurzeln dieser neuen Wirtschaftsform liegen im Nahen Osten, im Gebiet, das sich von der Levante bis zum Taurus- und Zagrosgebirge erstreckte. Dort, im sogenannten fruchtbaren Halbmond, begannen die Menschen bereits um 8000 v. Chr. Wildgetreide zu kultivieren sowie wilde Schafe und Ziegen zu domestizieren. Schon Jahrtausende zuvor hatten sie sich erstmals längerfristig in kleinen Weilern niedergelassen. Landwirtschaft und dorfartige Siedlungen verbreiteten sich ab dem 8. Jahrtausend v. Chr. rasch vom Vorderen Orient über die Mittelmeerküsten und das Donau-, Po- und Rhonetal bis in unsere Gegend und verdrängten nach und nach die wandernden Jäger und Sammler der Mittelsteinzeit. Je nach kultureller Beeinflussung über den östlichen Donauraum oder über das südwestliche Rhonetal unterscheiden sich die materiellen Hinterlassenschaften der jungsteinzeitlichen Bauern in der Ost- und in der Westschweiz. So sieht beispielsweise um 3700 v. Chr. das Geschirrensemble aus Pfyn am Rande des Thurtals völlig anders aus als dasjenige aus Cortaillod am Neuenburgersee. Schon damals verlief also ein «prähistorischer Röstigraben» im schweizerischen Mittelland.

Der Wechsel von der aneignenden zur produzierenden Wirtschaftsform hatte auch grundlegende Auswirkungen auf das soziale Leben. So lassen sich seit der Jungsteinzeit erste hierarchische Strukturen innerhalb der Gesellschaft belegen. Annäherungshindernisse um Siedlungen sowie seltene Massengräber sprechen für gewalttätige Auseinandersetzungen zwischen benachbarten Bevölkerungsgruppen.

Die ältesten neolithischen Siedlungsspuren der Schweiz wurden nördlich der Alpen in den Baselbieter Gemeinden Bottmingen und Liestal sowie in Gächlingen im Kanton Schaffhausen gefunden; sie stammen aus der zweiten Hälfte des 6. Jahrtausends v. Chr.[8] Solche Siedlungen der sogenannten La-Hoguette- und der bandkeramischen Kultur finden sich vor allem auf fruchtbaren Lössböden (↑Löss). Charakteristisch für die bandkeramischen Siedlungen sind bis zu 40 Meter lange Häuser. Auch im Süden der Schweiz sind altneolithische Siedlungsspuren vereinzelt bekannt, etwa aus Sion, aus dem bündnerischen Mesocco und vom Castel Grande bei Bellinzona. Ansonsten ist man über das Siedlungsgeschehen des 6. und frühen 5. Jahrtausends v. Chr. im Gebiet der Schweiz noch wenig informiert; vermutlich blieb

**Jungsteinzeitliche Fundstellen auf dem Gebiet der heutigen Schweiz**

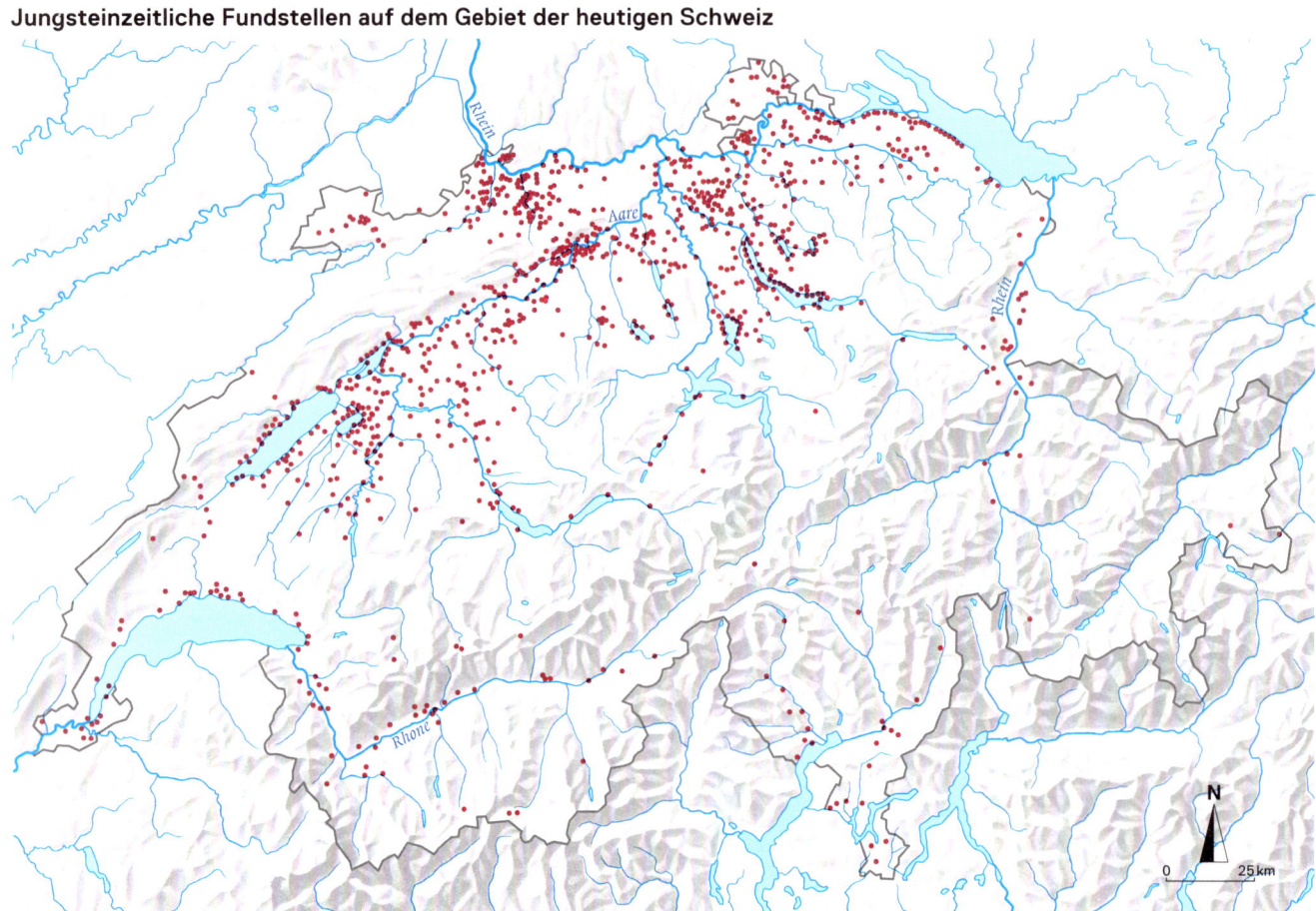

Quelle: Werner E. Stöckli et al. (Hg.), Die Schweiz vom Paläolithikum bis zum frühen Mittelalter (SPM), Bd. 2: Neolithikum, Basel 1995, S. 196 (geändert), © 2013 Schwabe AG, Verlag, Basel, und Kohli Kartografie, Kiesen.

Rodolphe-Auguste Bachelin, Village lacustre de l'âge de la Pierre, Öl auf Leinwand, 1867 (*Schweizerisches Nationalmuseum, Inv.-Nr. LM-44602*). — Dieses Idealbild einer Pfahlbauersiedlung wurde 1867 an der Weltausstellung in Paris gezeigt.

der grösste Teil der Schweiz dicht bewaldet und landwirtschaftlich wenig genutzt.

## Ein Schweizer Nationalmythos – die «Pfahlbauer»

Im Jahre 1854 publizierte der Zürcher Privatgelehrte Ferdinand Keller seinen ersten Pfahlbaubericht *Die keltischen Pfahlbauten in den Schweizer Seen*.[9] Vorausgegangen waren Entdeckungen von sehr gut erhaltenen Pfahlstellungen am Zürich-, Bieler- und Bodensee. Die Veröffentlichung löste ein wahres Pfahlbaufieber aus. Innerhalb kürzester Zeit wurden an allen Alpenrandseen und in vielen Mooren Pfahlbausiedlungen entdeckt. Der 1848 gegründete und damals noch junge schweizerische Bundesstaat reklamierte die Pfahlbauten als wichtigen Teil der Nationalgeschichte (siehe Beitrag von Marc-Antoine Kaeser, S. 30).[10] Für die stattliche Summe von 60 000 Franken – damals betrug der durchschnittliche Jahreslohn eines schweizerischen Textilarbeiters 825 Franken – kaufte der Bund im Jahr 1884 die Sammlung des Arztes, Archäologen und Antiquitätenhändlers Victor Gross (1845–1920) mit Funden aus dem Bielersee und stellte sie im Bundeshaus aus.[11] Zahlreiche Objekte und eigens in Auftrag gegebene Ölgemälde wurden an den Weltausstellungen von 1867 und 1889 in Paris und 1873 in Wien gezeigt. Die Geschichte der Schweiz begann nicht mehr in Rom oder Athen, sondern mit den Pfahlbauten von Arbon, Meilen oder Auvernier.

## Feuchtbodenerhaltung

Seit etwa 4300 v. Chr. sind Dörfer an den schweizerischen Seeufern und in Mooren überliefert.[12] In diesen Feuchtbodensiedlungen liegen die Fundschichten heute fast immer unter Wasser oder im Grundwasserbereich. Weil den zersetzenden Mikroorganismen in den wassergesättigten Fundschichten der lebensnotwendige Luftsauerstoff fehlte, blieben organische Materialien wie beispielsweise Gebäudereste aus Holz, Samen und Früchte, hölzerne Geräte sowie feinste Gewebe und Geflechte hervorragend erhalten. So lassen sich die Wirtschaftsweise, die Architektur und das Gerätespektrum der jungsteinzeitlichen Gesellschaften detailliert rekonstruieren. Die einmaligen Bedingungen dieser Fundorte für die Erhaltung der Hinterlassenschaften ihrer ehemaligen Bewohner veranlassten die UNESCO im Jahr 2011, die Pfahlbausiedlungen rund um die Alpen als Weltkulturerbe zu anerkennen.[13]

Dörfer, die auf trockenen Böden gebaut wurden, liefern nur vergleichsweise dürftige Hinweise auf die damalige Lebensweise. Die Holzgebäude sind vollständig zersetzt, die Speisereste aus organischem Material haben sich ebenfalls aufgelöst, und je nach Bodentyp sind sogar die Tierknochen und Gefässscherben aus gebranntem Ton verschwunden. Aus diesem Grund stammen die meisten Informationen zum Neolithikum der Schweiz aus den Feuchtbodensiedlungen und nicht aus den weniger gut erhaltenen Land- oder Höhensiedlungen auf Trockenböden. Ein Blick in die Fundstellenverzeichnisse der archäologischen Fachstellen in den Kantonen zeigt jedoch, dass ursprünglich nicht nur die Uferzonen, sondern auch die übrigen fruchtbaren Gebiete der Schweiz mehr oder weniger dicht besiedelt waren. Deshalb muss die Vorstellung einer auf die Seeufer beschränkten, reinen «Pfahlbaukultur» als Mythos bezeichnet werden.

Grabung in der jungsteinzeitlichen Siedlung Zürich-Opéra im Jahr 2010, © Photo Urs Leuzinger. — Beim Bau eines unterirdischen Parkhauses kamen mitten in Zürich die Siedlungsreste mehrerer Dörfer, unter anderem aus der Zeit von 3063 v. Chr., zum Vorschein. Die braunen Kulturschichten und die Pfähle sind gut erkennbar.

### Architektur und Siedlungsstruktur

Informationen zur Bauweise und zur Siedlungsstruktur stammen vorwiegend aus den grossflächig und gut untersuchten Pfahlbausiedlungen in Arbon, Concise, Egolzwil, Murten, Pfyn, Sutz-Lattrigen und Zürich.[14] Obwohl in der Schweiz bislang nur wenige Siedlungen vollständig freigelegt wurden, lässt sich der Umfang dieser steinzeitlichen Dörfer recht genau abschätzen. Sie bestanden in der Regel aus 30 bis 60 rechteckigen Gebäuden, deren Grundriss etwa 8 mal 4 Meter betrug und die in regelmässigen Reihen und Zeilen standen. In einigen Dörfern fanden sich aber auch zentrale Grossbauten oder kleine, quadratische Speicher, wie beispielsweise in Marin-Epagnier oder in Hauterive am Neuenburgersee.[15]

Anhand präziser dendrochronologischer Daten gelingt es bei einigen Fundstellen sogar, die Bauentwicklung des Dorfes Jahr für Jahr nachzuvollziehen. Bemerkenswert sind dabei die kurzen Besiedlungsphasen der Pfahlbaudörfer. Nach zehn bis zwanzig Jahren waren die Holzhäuser im feuchten Umfeld oft so stark verrottet, dass man das Dorf neu errichten musste – nicht selten verlagerte man den Standort um einige hundert Meter an derselben Bucht. Die Gebäude hatten, je nach Baugrund und Lage zum See, ebenerdige oder leicht abgehobene Böden, die mit dicht verlegten Holzstangen und gestampftem Lehm isoliert waren. Anhand von verziegeltem Lehmverputz und einzelnen Bauteilen aus Holz können Flecht-, Stangen- und Bretterwände nachgewiesen werden. Ein massives, 65 Zentimeter breites Weisstannenbrett mit Zapfen aus Robenhausen am Pfäffikersee oder eine aufwendig gearbeitete Haustüre aus Zürich liefern weitere Details zur Architektur und Ausstattung der Häuser. Über Fensteröffnungen ist bislang nichts bekannt. Als Dachbedeckungen werden Riedgras, Stroh, Schilf, Rindenbahnen und Brettschindeln angenommen; nachgewiesen sind bis heute jedoch nur Schindeln aus dünnen Weisstannenbrettern. Auch über die Inneneinrichtung der Häuser geben die erhaltenen Relikte nur wenig Aufschluss. Feuerstellen und Funde von Webgewichten und Handmühlen lassen zumindest erkennen, wo sich die verschiedenen Werkplätze und Aktivitätszonen innerhalb der Häuser befunden haben.

Die jahrgenauen Datierungen liefern auch interessante Erkenntnisse darüber, wie prähistorische Siedlungskammern organisiert waren. An vier Fundstellen des westlichen Thurgaus – Pfyn-Breitenloo, Gachnang/Niederwil-Egelsee, Hüttwilen-Nussbaumersee Inseli und Steckborn-Schanz – sind beispielsweise für das Jahr 3704 v. Chr. Fällaktivitäten festgestellt worden. Diese Dörfer liegen jeweils 6,5 bis 9,3 Kilometer auseinander, sodass sich Territorien mit einem Geländeradius von maximal 3 bis 5 Kilometern postulieren lassen. Angesichts der nachweislich geringen Distanz zwischen den Siedlungen kann man voraussetzen, dass sich die Dorfgemeinschaften kannten und verwandtschaftliche Beziehungen bestanden. Gerade bei Missernten, Brandkatastrophen oder Unfällen dürften gute nachbarschaftliche Kontakte die wirtschaftliche Subsistenz und die soziale Kontinuität berechenbarer und sicherer gemacht haben.

### Ernährungsgrundlage

Zur Landwirtschaft und Ernährung der jungsteinzeitlichen Bevölkerung liegen zahlreiche und detaillierte Informationen vor. Anhand unzähliger Pflanzenreste und Tierknochen aus den Pfahlbausiedlungen ist es möglich, die Wirtschaftsweise und den Speisezettel der jungsteinzeitlichen Menschen nahezu lückenlos zu rekonstruieren.[16] Der wichtigste Eckpfeiler der Subsistenz war der Getreideanbau: Gerste, Einkorn, Emmer und Hartweizen sind belegt. Daneben wurden Flachs, Schlafmohn und Erbsen angebaut. Auch die Techniken von Aussaat, Ernte und Verarbeitung sind durch Bodenfunde gut dokumentiert. Mit Holzhacken und einfachen Holzpflügen wurden die Felder bestellt. Spätestens um 3400 v. Chr. wurde die tierische Zugkraft eingesetzt. Dafür sprechen seltene Jochfunde sowie durch starke Belastung arthrotisch abgenützte Nackenwirbel- und Fusswurzelknochen von Rindern.

Geerntet wurde das Getreide mit Sicheln und Messern aus Feuerstein, wobei die Klingen mit Birkenpech in die Holzgriffe eingefügt wurden. Ob die neolithischen Bauern die Ernte mithilfe von

Karren mit Scheibenrädern vom Feld in die Siedlung einbrachten, muss offenbleiben. Die ältesten Räder der Schweiz wurden in Zürich gefunden und stammen aus der Zeit um 3000 v. Chr.[17]

Auf steinernen Handmühlen zerrieb man die Körner anschliessend zu grobem Mehl. Anhand von angebrannten Speisekrusten im Innern von Gefässen sowie von Fragmenten verkohlter Brötchen lässt sich die neolithische Koch- und Backkunst rekonstruieren. Das älteste Brötchen der Schweiz stammt aus Twann am Bielersee und lag in einer dendrochronologisch auf die Zeit um 3550 v. Chr. datierten Schicht.[18] Zur Kücheneinrichtung gehörten eine mit Steinen und Lehm geschützte Herdplatte, ein Feuerzeug aus Markasit (Katzengold beziehungsweise Eisen(II)-disulfid $FeS_2$), Feuerstein und Zunder sowie Kochtöpfe aus Keramik, Holzgefässe, geflochtene Körbe und Vorratsbehälter.

Anhand Hunderttausender von Haustierknochen aus den schweizerischen Pfahlbausiedlungen ist man sehr gut informiert über den Stand der Viehzucht, die verschiedenen Nutzung von Tieren sowie die Schlacht- und Verwertungstechniken. In der Jungsteinzeit wurden Rinder, Schweine, Schafe, Ziegen und Hunde gehalten, wobei Rinder und Schweine dominierten. Die Rinder hielt man nicht nur für die Fleischproduktion, sondern auch als Milchlieferanten und Zugtiere. Chemische Analysen an verkohlten Speisekrusten ermöglichten den direkten Nachweis des neolithischen Konsums von Fleisch- und Milchprodukten.[19]

Dank der hervorragenden Bedingungen haben sich in den Kulturschichten der Feuchtbodensiedlungen auch zahlreiche Fäkalien erhalten. Archäobotanische und paläoparasitologische Untersuchungen an diesen Kotresten liefern interessante Informationen über die Haltung, Ernährung und den Gesundheitszustand der Tiere. Im Winter wurden die Haustiere vorwiegend innerhalb des Dorfareals gehalten. Da im Neolithikum noch keine grossflächigen Wiesen bestanden, verfütterten die steinzeitlichen Bauern in dieser Jahreszeit vorwiegend Schneitellaub: Insbesondere Weisstannen-, Mistel- und Haselzweige sind als Viehfutter nachgewiesen. Im Gegensatz zu den menschlichen Fäkalien enthalten die tierischen Kotreste nur sehr selten Parasiteneier. Anscheinend waren die Weideflächen genügend gross und abwechslungsreich, sodass keine Ansteckung über kotverseuchtes Futter stattfand.

Neben der Landwirtschaft blieben im Neolithikum die Jagd, der Fischfang und das Sammeln weiterhin wichtige Pfeiler der Ernährung. Gerade in klimatisch ungünstigen Phasen oder bei Missernten waren die Menschen auf zusätzliche Nahrungsquellen angewiesen. Das wichtigste Jagdwild war der Rothirsch. Ausser dem Fleisch verwerteten die Pfahlbauer auch dessen Knochen, Sehnen und Fell; von den männlichen Tieren wurde zudem das Geweih als wertvolles Rohmaterial für Werkzeuge und Schmuck genutzt. Ebenfalls häufig erlegten die jungsteinzeitlichen Jäger Wildschweine; deren Hauer verwendeten sie für die Herstellung von Angelhaken.

Kleinere Säugetiere wie Biber, Dachse, Marder, Iltisse und Eichhörnchen wurden wohl vorwiegend wegen ihres Pelzes gejagt. «Geflügel» in Form verschiedenster Wasservögel stand im Vergleich zu Hirsch- oder Wildschweinfleisch deutlich seltener auf dem Speiseplan, dafür gab es häufig Froschschenkel. Zahlreiche Extremitätenknochen von Grasfröschen, die teilweise sogar Schnittspuren vom Zerlegen mit Feuersteinmessern aufweisen, belegen den Verzehr dieser «Delikatesse» an den schweizerischen Seen bereits vor 5400 Jahren.

Gejagt haben die jungsteinzeitlichen Jäger hauptsächlich mit Pfeil und Bogen. Die Pfeile aus dem Holz des Wolligen Schneeballs (Viburnum sp.) wurden mit Feuersteinspitzen oder Geweihbolzen bestückt. Mit grosser Wahrscheinlichkeit stellte man gewissen Tieren auch mit Fallen nach, obwohl

## Museen, Experimente und Reenactment

Für die Prähistorie sind Präsentationen mit originalem Fundmaterial essentiell. Zusammen mit den Strukturen und Beobachtungen auf der Fundstelle sind die Fundstücke die einzigen Hinterlassenschaften, die es erlauben, Rückschlüsse auf Umwelt, Wirtschaft, Lebensweise und Handwerk in vorgeschichtlichen Zeiten zu ziehen, also auf Gesellschaften, die selbst keine schriftlichen Quellen hinterlassen haben. Deshalb kommt Museen und deren Sammlungen als öffentlich zugänglichen Orten, an denen das interessierte Publikum – Schüler, Studenten und Wissenschaftler – die ausgestellten Originalquellen didaktisch aufbereitet untersuchen und besichtigen kann, für diesen Zeitraum eine besondere Bedeutung zu.[20] Seit Beginn der modernen Forschung interessiert auch die Art und Weise, wie in der Prähistorie Häuser errichtet, Geräte hergestellt oder Nahrungsmittel angebaut wurden. Die experimentelle Archäologie ist bestrebt, einen Beitrag zur Klärung dieser spannenden Fragen zu leisten. In wissenschaftlichen Experimenten werden Versuchsanordnungen aufgestellt, Herstellungsketten, Anbauversuche und Rekonstruktionen durchgeführt, protokolliert und schliesslich publiziert. Diese Forschungen liefern die wissenschaftlichen Vorbilder und Grundlagen für publikumswirksame Living-Science-Formate im Fernsehen.[21] Die archäologischen Erkenntnisse ermöglichen es sogenannten Reenactment-Gruppen zudem, die Urgeschichte und andere Epochen oft an Originalschauplätzen lebendig werden zu lassen und theatralisch Interessierte dazu einzuladen, Geschichte selbst aktiv zu erleben.

Titelbild der Living-Science-Sendung *Pfahlbauer von Pfyn*, ausgestrahlt im Schweizer Fernsehen im Sommer 2007, © Schweizer Radio und Fernsehen (SRF).

sich diese Jagdmethode archäologisch nicht direkt nachweisen lässt. Die Jagd war vermutlich mit einem gewissen Prestige verbunden. So enthält das Fundmaterial der Feuchtbodensiedlungen zahlreiche Zahn-, Geweih- und Knochenanhänger, die wahrscheinlich nicht nur als Schmuckstücke, sondern auch als Amulette und Trophäen dienten.

Die neolithischen Siedler wählten ihre Wohnplätze ganz gezielt im ufernahen Bereich. Einerseits dienten die grösseren Seen und Flüsse als günstige Verkehrsflächen für den Nah- und Fernverkehr, andererseits boten diese Gewässer reiche Fischgründe. Neben Fanggeräten wie Netzen, Angelhaken, Harpunen und Reusen fanden Archäozoologen in den Siebmaschen zahlreiche Überreste von Felchen, Flussbarschen (Egli), Hechten, Seeforellen, Rotaugen, Rotfedern und Welsen. Man kochte häufig Fischsuppen. Mit Sicherheit wurde Fisch auch über dem offenen Feuer gebraten. Ob und wie Fische allenfalls konserviert und gelagert wurden, ist unklar. Als Konservierungsmethoden kämen das Räuchern, das Trocknen und das Anbraten in Frage. Salz war, wenn es überhaupt zur Verfügung stand, vermutlich zu selten und zu kostbar, als dass man damit grössere Mengen von Fleisch oder Fisch eingepökelt hätte.

Wichtig blieb weiterhin die Sammeltätigkeit. In den gut erhaltenen Kulturschichten der Feuchtbodensiedlungen fanden sich unzählige Überreste von Sammelpflanzen. Besonders beliebt waren die ölhaltigen, kalorienreichen Haselnüsse, da diese gut zu lagern waren. Aber auch Wildäpfel, Brombeeren, Himbeeren, Walderdbeeren, Holunderbeeren, Schlehen, Blasenkirschen, Hagenbutten, Rübkohl, Eicheln, Bucheckern und Pilze wurden in grossen Mengen gesammelt und eingelagert. Dass damals bereits die Stachelsporige Mäandertrüffel (Choiromyces venosus) neolithische Gerichte verfeinerte, kann nur vermutet werden, seit in der 5700 Jahre alten Kulturschicht von Pfyn im Kanton Thurgau Sporen dieser Delikatesse entdeckt wurden.

**Perfektioniertes Handwerk mit Stein, Keramik, Holz und Fasern**
Betrachtet man die Fundinventare aus der Jungsteinzeit von der technologischen Seite, so fallen immer wieder die hervorragenden Materialkenntnisse der Handwerker sowie die optimale Ausnutzung der verfügbaren Rohmaterialressourcen auf. Exemplarisch lässt sich beispielsweise die Steinbeilfabrikation lückenlos nachvollziehen. Als Rohmaterial dienten in der Regel zähe Felsgesteine wie Serpentinite, die als Geröll in den umliegenden Moränen und Schottern des Mittellandes herausgesucht wurden. Die Rohlinge wurden mit Steinsägen aus Quarzsandstein angesägt, entlang dieser Sägeschnitte gebrochen und anschliessend mit Klopfsteinen zugerichtet. Die Werkstücke schliff man dann auf Sandsteinplatten in die endgültige Form. Zahlreiche Fabrikationsabfälle und halbfertige Objekte sowie Steinsägen und Schleifplatten belegen die Herstellung innerhalb der Dörfer. Von den aufwendig hergestellten Lochäxten finden sich noch die Bohrkerne, die bei der Durchbohrung entstanden sind.

Messer, Sicheln, Bohrer und Pfeilspitzen wurden aus dem sehr harten, aber brüchigen Feuerstein hergestellt. In der Schweiz ist der Feuersteinabbau unter anderem entlang der Lägern, in Wangen bei Olten, in Lampenberg im Baselbiet sowie im Weiler Löwenburg im jurassischen Pleigne nachgewiesen. Eher selten sind Geräte, die aus Feuerstein von weit entfernten Lagerstätten gefertigt wurden. Solche «Fernimporte» von fertigen Geräten erfolgten beispielsweise aus Grand-Pressigny im Westen Frankreichs, aus dem Pariser Becken, den Monti Lessini in Oberitalien sowie von der Halbinsel Gargano an der italienischen Adriaküste bis in die Schweiz.

Charakteristisch für die Jungsteinzeit sind Gefässe aus Keramik. Die Töpfe, Krüge, Schalen und Schüsseln sind je nach Epoche unterschiedlich geformt. Diese «Modeströmungen» helfen den Archäologen, die prähistorischen Schichten typologisch zu datieren.[22] Anhand dieser Geschirrensembles wurden Kulturen definiert, die nach Fundorten wie Egolzwil, Cortaillod, Pfyn, Horgen und Auvernier benannt sind. Die Begriffe Bandkeramik und Schnurkeramik beziehen sich hingegen auf charakteristische Verzierungen, während für die Glockenbecherkultur die Form der Gefässe namensgebend ist. Der Ton der Keramikgefässe wurde mit sogenannten Magerungskörnern – unter anderem zerklopfter Gneis, Feldspäte, Keramikbruchstücke – vermengt, um ein Zerspringen der Töpferwaren beim Brennen zu verhindern.

Auf der Systematik dieser keramischen Kulturen basiert die typologische Keramikdatierung. Daneben verfügt die Forschung über eine Datierungsmethode anhand von Jahrringen in Holz, die Dendrochronologie, die eine unabhängige, oft jahrgenaue Datierung der im Gebiet der Schweiz gefundenen Siedlungsreste der letzten 6500 Jahre erlaubt.[23] Dank dieser beiden sich ergänzenden Methoden lassen sich für das Neolithikum absolut und typologisch bestimmte Funde als charakteristische Ensembles definieren, mit denen weniger gut erhaltene Fundkomplexe verglichen werden können.

Die Funde aus den Feuchtbodensiedlungen liefern noch weitere Hinweise auf die aussergewöhnlichen Materialkenntnisse der jungsteinzeitlichen Handwerker. So nutzte man für hölzerne Beilholme vorwiegend Eschen und Buchen, für Pfeilschäfte die geraden Zweige des Wolligen Schneeballs, für Pfeilbögen Eibe und für Tassen und Schalen Maserknollen von Obstgehölzen oder Ahorn.

Zu den herausragendsten Pfahlbaufunden gehören die vielen Textilfragmente, die sich in den feuchten Sedimenten gut erhalten haben.[24] Die feinen Gewebe und Geflechte sind aus Baumbasten und Lein gefertigt. Ob allenfalls im ausgehenden Neolithikum bereits Schafwolle zu Stoffen verarbeitet wurde, ist noch umstritten. Im Allgemeinen geht man heute davon aus, dass frühestens ab der schnurkeramischen Kultur (2700 v. Chr.) Wollschafe in den Siedlungen gehalten wurden. Haut, Horn und Haare zersetzten sich jedoch im basischen Bodenmilieu. Die vermutlich eingefärbten pflanzlichen Fasern wurden mit Spindel und Spinnwirtel zu Fäden versponnen und anschliessend auf Standwebstühlen zu Stoffen verwebt. Von den Webstühlen finden sich meistens nur noch die Webgewichte aus Ton, welche die senkrechten Kettfäden spannten. Die Stoffe wurden anschliessend zu einfachen Gewändern zusammengenäht. Auch Sandalen und Hüte aus Bastfasern sind in den Pfahlbausiedlungen entdeckt worden. Neben den Stoffkleidern nutzten die Leute sicher auch Felle und Häute der Tiere. Seit der Entdeckung des «Mannes aus dem Eis» – Ötzi – im Herbst 1991 ist eine solche vollständige Lederbekleidung aus der Zeit um 3300 v. Chr. einmalig überliefert.[25] Auch in der Schweiz fanden sich spektakuläre jungsteinzeitliche Kleiderreste. Im Sommer 2003 entdeckten Bergwanderer auf einem abschmelzenden Schneefeld beim Schnidejoch in der Gemeinde Lenk im Berner Oberland einen neolithischen Köcher aus fein vernähter Birkenrinde, Pfeile aus Zweigen des Wolligen Schneeballs, Kleidungsstücke aus Leder – darunter ein Hosenbein aus Ziegenleder, das mit Lindenbast vernäht wurde – sowie zahlreiche Überreste von Lederschuhen.[26] Dass im Winter auch die Pfahlbauer im Flachland warme Fellkleider benötigten, zeigen Funde von Schneealgen-Zysten (Chlamydomonas nivalis) in der Siedlung Pfyn. Diese Zysten belegen im Zeitraum zwischen 3708 und 3704 v. Chr. überdurchschnittlich grosse Schneemengen, denn sie werden erst gebildet, wenn bis weit in den Spätfrühling hinein Schnee liegt.

### Leben, Sterben und Glauben

Über die jungsteinzeitliche Gesellschaft und die Menschen selbst ist allgemein sehr wenig bekannt. Gerade Gräber geben in dieser schwierigen Quellensituation wertvolle Hinweise auf die damaligen Bestattungssitten und Glaubensvorstellungen. In der Schweiz sind Bestattungen mit oder ohne Grabbeigaben in Höhlen, bei überhängenden Felsen, in Steinkisten, unter Grabhügeln und

### Altersbestimmung

Der Archäologie stehen verschiedene Datierungsmethoden zur Verfügung. Relativchronologische Datierungen ergeben sich, indem man Funde mit den jeweiligen Fundschichten verknüpft. Objekte aus tiefer gelegenen Schichten sind in der Regel älter als solche aus darüberliegenden Ablagerungen. Im Verlauf der Zeit ändern sich auch die Formen der Artefakte, sodass man mithilfe der Typologie ebenfalls eine relativ genaue Zeitbestimmung durchführen kann. Immer wichtiger werden naturwissenschaftliche Datierungsmethoden. Mit Tierknochenauswertungen, Sauerstoff-Isotopen-Messungen oder Pollenanalysen lassen sich archäologische Fundstellen zeitlich ebenfalls näher eingrenzen. So findet man beispielsweise Feuersteingeräte zusammen mit Rentierknochen und Pollen einer baumfreien Tundravegetation nur in einer altsteinzeitlichen Schichtablagerung. Mehr oder weniger genaue absolute Daten erlangt man mit Radiokarbonmessungen, der sogenannten C14-Methode, Thermolumineszenzanalysen oder mithilfe der Dendrochronologie. Eine interdisziplinäre Zusammenarbeit auf der Grundlage verschiedener geeigneter Methoden liefert somit das chronologische Instrumentarium, um prähistorische Hinterlassenschaften zu datieren.

in Urnen nachgewiesen.[27] Bedeutende Friedhöfe aus der Jungsteinzeit wurden beispielsweise im Schweizersbild bei Schaffhausen, in der Flur Le Petit-Chasseur bei Sion, in Chamblandes und Vidy am Genfersee sowie in Lenzburg und in Sarmenstorf im Aargau ausgegraben. Untersuchungen an einigen hundert Skeletten belegen, dass die Menschen im Neolithikum etwa 150 bis 165 cm gross waren und selten mehr als 40 Jahre alt wurden. Es bestand zudem eine hohe Kindersterblichkeit, die mittlere Lebenserwartung betrug lediglich 20 bis 25 Jahre.

In den Siedlungsschichten der schweizerischen Pfahlbaudörfer findet man immer wieder kleine Tonfigürchen, Miniaturgefässe, Modellschiffchen, kleine Pfeilbögen und seltsam geformte Steine, die wahrscheinlich als Spielzeug dienten und so das Leben der damaligen Kinder zumindest erahnen lassen. Zweifellos mussten die Kinder bei der Bewältigung des harten Alltags nach Kräften mithelfen.[28]

Arthrose, vereinzelt Karies, Atemwegserkrankungen – die Lunge von Ötzi ist stark verrusst infolge der ständigen Rauchbelastung durch Herdfeuer – sowie mehr oder weniger gut verheilte Knochenbrüche vermitteln ein Bild von Krankheiten und Unfällen. Die Zähne sind oft stark abgeschliffen, weil das Mehl mit Gesteinsstaub der Handmühlen vermischt war. Dieses unabsichtliche «Zähneputzen» verhinderte allerdings auch eine nennenswerte Kariesbildung.

Direkte Hinterlassenschaften sind auch in Form menschlicher Fäkalien nachgewiesen – in der Regel verstreut über das ganze Siedlungsgelände. Darin spiegeln sich die hygienischen Verhältnisse in den Dörfern. In den Fäkalien fanden Paläopara-

**Anthropomorphe Stele vom bekannten Fundort Le Petit-Chasseur in Sion (2700–2400 v. Chr.),** © *Kantonsmuseen Wallis, Photo Michel Martinez.* — Die zwischen 1961 und 1973 entdeckten Stelen zeigen stilisierte Menschen mit reich verzierten Kleidungsstücken, Gürteln, Pfeilbögen, Dolchen und Schmuck.

sitologen zahlreiche Eier unterschiedlichster Parasiten. Nachgewiesen sind unter anderen die Arten Diphyllobothrium sp. (Fischbandwurm), Opistorchis sp., Dioctophyma sp., Taenia sp., Fasciola sp., Trichuris sp. (Peitschenwurm) und Capillaria sp. Der Befall mit diesen gefährlichen Parasiten verursachte schwerste gesundheitliche Schäden, die zum Tod führen konnten. Bauchschmerzen dürften demnach noch die geringsten Beschwerden gewesen sein, die mit diesen Befunden naturwissenschaftlich nachgewiesen sind.

Der jungsteinzeitliche Alltag war mit Bräuchen verwoben, die ihrerseits einen religiösen Hintergrund hatten. Konkrete Glaubensvorstellungen lassen sich anhand der Befunde und Funde der jungsteinzeitlichen Seeufersiedlungen allerdings nur in Ansätzen fassen. Die Sonne und der Sternenhimmel dienten sicher zur jahreszeitlichen und geographischen Orientierung. Markante Geländepunkte wie Wasserfälle, charakteristische Bergspitzen oder Quellen bildeten ein örtliches Bezugssystem innerhalb einer Siedlungskammer. Dafür sprechen beispielsweise astronomisch ausgerichtete Grabenwerke und Megalithstellungen oder rituelle Deponierungen (Opferungen) an speziellen Plätzen.

In mehreren Seeufersiedlungen kamen speziell präparierte Schädel der Arten Hausrind, Ziege, Ur und Wisent zum Vorschein. Aufgrund ihrer Fundlage nahe bei den Hauswänden kann man annehmen, dass sie an den Häusern aufgehängt waren.[29] Solche Funde zeigen exemplarisch, wie schwierig es ist, eine schlüssige Antwort auf die ursprüngliche Funktion zu finden. Als Erstes stellt sich die Frage, ob den verschiedenen Tierarten eine tiefere Bedeutung zukommt. Die Rinder standen allenfalls für Kraft und Fruchtbarkeit, die gebogenen Hörner symbolisierten vielleicht auch die zu- und abnehmende Mondsichel; der Mond wiederum könnte auf einen Zusammenhang mit dem weiblichen Zyklus und damit wiederum auf Fruchtbarkeit hinweisen. Prosaischer wäre die Deutung der Tierschädel als Trophäen erfolgreicher Jäger, was speziell bei den Gehörnen von Wisent und Ur plausibel erscheint. Ebenfalls denkbar wäre, dass die Bewohner die Schädel als Abwehrzauber gegen Übel und Krankheiten an ihren Häusern befestigten. In einem solchen Zusammenhang stehen sehr wahrscheinlich die zahlreichen Amulette wie Anhänger aus Tierzähnen oder Hundepfoten, die in den neolithischen Kulturschichten gefunden wurden.

Es ist äusserst schwierig, anhand solcher spärlicher Funde und Befunde die damaligen rituellen Handlungen, Glaubensvorstellungen und Kulte zu rekonstruieren, geschweige denn, ein Bild des gesellschaftlichen Gefüges zu zeichnen. Die für uns selbstverständliche Trennung zwischen einem sakralen und einem profanen Bereich kannte man nicht.

## BRONZEZEIT – DAS GOLDENE ZEITALTER

Auf die Jungsteinzeit folgte die Bronzezeit, die in der Schweiz etwa den Zeitraum von 2200 bis 800 v. Chr. umfasst.[30] Im Verlauf dieser Periode kann die Klimaforschung anhand von Jahrring- und Radiokarbonkurven, Seesedimenten, Gletscherständen sowie Pollenanalysen eine markante Verschlechterung des Klimas nachweisen.[31] Am Übergang von der frühen zur mittleren Bronzezeit (um 1550 v. Chr.) führten verregnete Sommer und niederschlagsreiche Winter zum Anstieg der Seespiegel und zu massiven Problemen in der Landwirtschaft. Grossflächige Waldrodungen hatten zudem Hangerosionen zur Folge. Den Menschen war es nicht mehr möglich, im unmittelbaren Uferbereich der grösseren Gewässer zu siedeln, entsprechend fehlen Feuchtbodensiedlungen. Die Siedlungsplätze aus dieser Zeit finden sich auf den etwas höher gelegenen Uferterrassen. Wegen der dort vorherrschenden trockenen Böden haben diese Dörfer jedoch nur sehr wenige Spuren im Boden hinterlassen. In der nachfolgenden Spätbronzezeit verbesserte sich das Klima zusehends und die Seeufer wurden ab 1060 v. Chr. wieder als Siedlungsareale in Beschlag genommen.

## Metallverarbeitung – es ist nicht alles Gold, was glänzt

Der Name Bronzezeit besagt, dass in dieser Epoche Waffen, Geräte und Schmuck aus einer Legierung von etwa 90 Prozent Kupfer und 10 Prozent Zinn hergestellt wurden. Metallgegenstände kannte man zwar bereits in der vorangegangenen Jungsteinzeit – erwähnt seien zum Beispiel das Kupferbeil von Ötzi, Kupferdolche aus Vinelz am Bieler- und Saint-Blaise am Neuenburgersee, der Goldbecher von Eschenz im Thurgau oder der silberne Fingerring aus einem Dolmengrab (↑Dolmen) von Le Petit-Chasseur bei Sion. Sie waren jedoch aus gediegenem Gold, Silber oder Kupfer gefertigt, das heisst, sie waren nicht legiert.

Das in der Bronzezeit verwendete Kupfererz stammte mehrheitlich aus dem Alpenraum; in der Schweiz sind Lagerstätten im Wallis und in Graubünden bekannt. Konkrete Spuren von prähistorischem Kupferbergbau und der anschliessenden Verhüttung sind im Oberhalbstein im Kanton Graubünden belegt.[32] Die Versorgung mit Zinn war deutlich aufwendiger. Zinnreiche Regionen befinden sich im Erzgebirge, im Massif Central, in der Bretagne, im Nordwesten der iberischen Halbinsel und in Cornwall. Der intensive Handel über grosse Distanzen sowie die komplexen Arbeitsprozesse bei der Metallgewinnung und -verarbeitung führten zu einer «Europäisierung» der Gesellschaft und zu wesentlichen Veränderungen der Sozialstrukturen.

Gehandelt wurde Bronze als Rohmaterial in Form von Barren oder als ausgearbeitete Geräte. Funde von Gussformen und Werkabfällen bezeugen, dass das Metall in den bronzezeitlichen Siedlungen in kleinen, spezialisierten Giessereien verarbeitet wurde. Gewisse Gegenstände stellte man mittels komplizierter Techniken, etwa dem Überfangguss, oder mit dem Wachsausschmelzverfahren her. Die Verarbeitung von Bronze muss daher durch spezialisierte Handwerker erfolgt sein. Die formalen Veränderungen der Bronzegegenstände im Laufe der Zeit ermöglichen ihre zeitlich genaue Zuordnung. So unterscheiden sich zum Beispiel die Beile oder Schmucknadeln der Frühbronzezeit teilweise beträchtlich von denjenigen der Spätbronzezeit.

## Reich und mächtig – Wohnen hinter Wällen und Palisaden

Die Subsistenzgrundlage in der Bronzezeit bildete zwar nach wie vor die Landwirtschaft mit Ackerbau und Viehzucht. Um aber den grossen Bedarf an Metall zu decken, wurden Spezialisten wie Prospektoren, Verhütter, Metallhändler, Giesser und Schmiede benötigt. Sie mussten genauso wie die Händler ernährt werden; eine gewisse Überschussproduktion in der Landwirtschaft war also eine Voraussetzung für diese Arbeitsteilung. Die Kontrolle über den Bergbau und das Rohmaterial, über die Handelsrouten, über die Nahrungsmittelversorgung sowie über das technische Wissen der Metallverarbeitung führte somit zwangsläufig zu einer verstärkten Hierarchisierung der Gesellschaft. Diese spiegelt sich – archäologisch klar erkennbar – in gut befestigten Siedlungen und in der unterschiedlich reichhaltigen Ausstattung der Gräber mit Beigaben.

Die Schweiz war während der Bronzezeit im Vergleich zum Neolithikum bereits dichter besiedelt. Auf markanten Hügelkuppen und in Spornlagen wurden mit Wall und Graben befestigte Siedlungsplätze entdeckt, so beispielsweise auf dem jurassischen Mont Terri, in Schönholzerswilen und auf dem Sonnenberg im Thurgau, auf dem sankt-gallischen Montlingerberg oder auf dem Wittnauer Horn im Fricktal. In Schönholzerswilen schützte man den schmalen Zugang zum Plateau durch einen bis zu 5 Meter hohen, mit Steinen verblendeten Erdwall; eine palisadenartige Umwehrung aus Holz umgrenzte das übrige Siedlungsgelände. Die Bewohner dieser günstig gelegenen und gut zu verteidigenden Höhensiedlungen dürften das umliegende Territorium mit seinen nicht befestigten Siedlungen und die Verkehrswege kontrolliert haben.

Aber auch die grossen Pfahlbausiedlungen der Früh- und Spätbronzezeit entlang der Seeufer im Mittelland waren teilweise mit mehrfach gestaffelten Verteidigungsanlagen aus Holz umgeben.[33] Die frühbronzezeitlichen Pfahlbaudörfer von Sutz-Lattrigen am Bielersee (bewohnt von 1763 bis 1747 und von 1662 bis 1659 v. Chr.) sowie von Rapperswil-Jona am Zürichsee (um 1650 v. Chr.) waren beispielsweise von vier bis sechs hintereinander angeordneten Palisadenreihen umgeben. Trotz der normalerweise kurzen Siedlungsphasen der stein- und bronzezeitlichen Seeufersiedlungen wurde manchmal etwas gar kurzfristig und wenig nachhaltig geplant. Dies zeigt das Beispiel einer Pfahlbausiedlung am Greifensee, die taucharchäologisch vollständig untersucht werden konnte.[34] Das im Jahr 1051 v. Chr. gegründete Dorf wurde im Jahr 1047 v. Chr. mit einem dichten Dorfzaun und einem Annäherungshindernis mit schräg eingerammten Pfählen umgeben. Bereits zwei Jahre später baute man Häuser in Blockbautechnik ausserhalb und in zwei Fällen sogar direkt über die zuvor mit beträchtlichem Aufwand errichtete Umzäunung.

Die teilweise in mehrjährigen Grabungskampagnen sorgfältig untersuchten bronzezeitlichen Pfahlbaufundstellen von Arbon am Bodensee, Bevaix, Concise, Cortaillod, Grandson und Hauterive am Neuenburgersee, Morges am Genfersee, Ürschhausen am Nussbaumersee im Kanton Thurgau, Wollishofen am Zürichsee und weiteren Fundorten belegen, dass in der Bronzezeit entlang der Seeufer – heute klimabedingt teilweise unter Wasser liegend – grosse, wohlhabende Dörfer mit bis zu über hundert Häusern zu finden waren. Von ihrem Wohlstand zeugen die zahlreichen Bronzegegenstände, die in den jeweiligen Siedlungsschichten zum Vorschein gekommen sind.

Bemerkenswert ist auch die bronzezeitliche Fundstellendichte im Gebirge. Im Alpenrheintal, im Rhonetal, in der Leventina, im Berner Oberland oder im Unterengadin hielt man sich ganzjährig auf. Auf markanten Kuppen wie dem Padnal bei Savognin im Oberhalbstein, bei Ramosch im Unterengadin, bei Madrano im Tessin oder bei der heutigen Walliser Gemeinde Zeneggen hatte man Dörfer gebaut, von denen aus die wichtigen Achsen des transalpinen «Fernverkehrs» kontrolliert wurden. In den letzten Jahren intensivierten mehrere Archäologenteams die Fundstellensuche im alpinen und hochalpinen Gelände der Schweiz – seit der Entdeckung von Ötzi war und ist bis heute die archäologische Erforschung der Alpen en vogue.[35] Mittlerweile sind zahlreiche bronzezeitliche Einzelfunde, aber auch viele radiokarbondatierte Feuerstellen im Bereich von überhängenden Felsen und Blöcken auf über 2000 Metern über Meer entdeckt worden. Dieser Fundniederschlag dürfte verschiedene Ursachen haben: Denkbar sind Jagdexpeditionen über die Waldgrenze, Überquerungen der Alpen durch Händler (darauf deuten zum Beispiel die Funde beim Schnidejoch in der Lenk hin), kultische Niederlegungen von Opfergaben und besonders die Nutzung der alpinen Wiesen als Sommerweiden für das Vieh. Letzteres kann man unter anderem mit archäobotanischen Methoden nachweisen. In den Pollendiagrammen zeichnen sich seit der frühen Bronzezeit tiefgreifende Vegetationsveränderungen ab. Mit Brandrodung wurde in den Bergen die Waldgrenze gesenkt, deshalb zeigen die Pollendiagramme eine massive Zunahme an Pflan-

**Luftaufnahme vom Pfahlfeld der grossen spätbronzezeitlichen Siedlung Cortaillod Est (1009–955 v. Chr.) im Neuenburgersee,** © *Laténium Neuchâtel, Photo Béat Arnold.* — Die Häuserzeilen und Gassen sowie die Palisade sind im Luftbild gut erkennbar.

zen, die für genutzte Alpweiden typisch sind. Bislang fehlen aber bronzezeitliche Alphütten – die älteste der Schweiz liegt im Fimbatal und stammt aus der Eisenzeit, um 500 v. Chr.

### Vernetzt – Europa und der Sternenhimmel

Die Bronzezeit ist eine Epoche weitreichender Kontakte. Ähnliche Werkzeuge und Schmuckstücke finden sich in archäologischen Fundstellen von der Bretagne bis zu den Karpaten. Prestigeobjekte wie Bronzeschwerter exportierte man aus dem Mittelmeerraum bis nach Grossbritannien; teilweise wurden sie auch lediglich nachgeahmt. Bernstein aus dem Baltikum fand den Weg bis in den Mittelmeerraum, blaue Glasperlen von der Poebene gelangten über die Alpen in die Pfahlbausiedlung von Hauterive am Neuenburgersee. Keine Spuren hinterliess das wasserlösliche Salz. Dieses äusserst begehrte «weisse Gold» wurde beispielsweise in den bronzezeitlichen Salzbergwerken von Hallstatt und Dürrnberg in Österreich fachmännisch abgebaut und anschliessend weiträumig gehandelt.[36] Die grossen Distanzen wurden von den Händlern in der Regel wohl zu Fuss zurückgelegt; es ist allerdings mit einem regen Zwischenhandel zu rechnen. Neu steht seit der Bronzezeit aber auch das domestizierte Pferd als Fortbewegungsmittel zur Verfügung. Einflussreiche Leute besassen also ein Reit- oder Lasttier.

Gereist wurde auf einem verzweigten Wegnetz, das sich über weite Teile Europas erstreckte. Sumpfige Abschnitte wurden mit Prügelwegen überbrückt. Im Bereich des Seedamms zwischen dem Zürichsee und dem Obersee entdeckten Taucharchäologen hölzerne Überreste von ur- und frühgeschichtlichen Stegen.[37] Entlang dieser Übergänge fanden sie im Wasser zahlreiche Nadeln, Beile und Dolche aus Bronze. Die Fundposition dieser kostbaren Metallobjekte legt nahe, dass sie von den bronzezeitlichen Passanten als Weihegaben vom Steg in den See geworfen worden sind. Solche Deponierungen in Gewässern oder auf Bergkuppen waren in der Bronzezeit üblich.

Weitere Hinweise auf das komplexe Weltbild der Bronzezeit liefert die Himmelsscheibe von Nebra aus Sachsen-Anhalt.[38] Auf der um 1600 v. Chr. im Boden deponierten Bronzescheibe sind in Gold das Sternbild der Plejaden, 25 weitere, willkürlich verteilte Sterne (oder Planeten), der Vollmond, der Sichelmond, zwei Horizontbögen sowie möglicherweise ein Schiff abgebildet. Das Objekt wird als astronomischer Kalender zum Bestimmen der Sommer- und Wintersonnenwende interpretiert. Auch zahlreiche Schalensteine und Steinsetzungen aus der Schweiz wie beispielsweise die Menhirreihen (↑Menhir) von Falera im

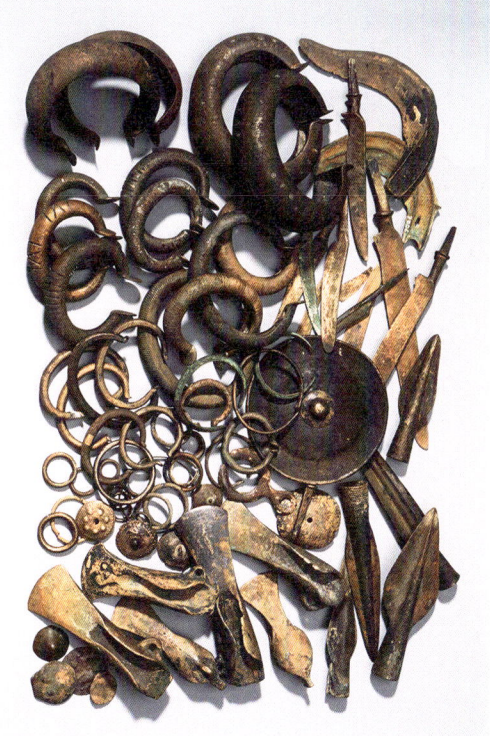

Schmuck, Alltagsgegenstände und Waffen aus Bronze von der bereits 1843 entdeckten spätbronzezeitlichen Fundstelle Mörigen am Bielersee *(Bernisches Historisches Museum, Bern),* © BHM, Photo Stefan Rebsamen. — Diese prachtvollen Museumsstücke wurden im 19. Jahrhundert aus dem Fundzusammenhang gerissen, sodass ihr wissenschaftlicher Aussagewert heute stark gemindert ist.

Kanton Graubünden werden von einigen Forschern in einen Zusammenhang mit astronomischen Beobachtungen gestellt.[39] Kalendarische Berechnungen waren für die damaligen Bauernkulturen von grosser Bedeutung, galt es doch, die richtigen Zeitpunkte für Aussaat und Ernte präzise ansetzen zu können. Ebenfalls einen kultischen Kontext könnten die Felszeichnungen von Carschenna bei Sils im Domleschg haben: Auf elf ursprünglich vom Gletscher blank polierten Steinplatten entdeckte man eingemeisselte konzentrische Kreise, Schalen, Symbole und Tiere, die sich stilistisch zumindest teilweise in die Bronzezeit datieren lassen. Mit Sicherheit datiert ist dagegen die einmalige Quellfassung von St. Moritz. Dank der Dendrochronologie gelang es, den Bau der Anlage in den Sommer des Jahres 1411 v. Chr. zu datieren. In der einen Röhre wurden als Weihegaben drei Schwerter, ein Dolch und eine Nadel aus Bronze deponiert.

### Vorsorge fürs Jenseits – ein prunkvolles Grab

Dank zahlreicher Grabfunde ist von den bronzezeitlichen Bestattungssitten einiges bekannt. In der Frühbronzezeit beerdigte man die Verstorbenen in Hockerstellung oder in gestreckter Rückenlage. In der mittleren Bronzezeit legte man über den Gräbern Hügel aus Steinen und Erde an. Solche Tumuli wurden in Löwenberg bei Murten, in Fällanden am Greifensee, in Wei-

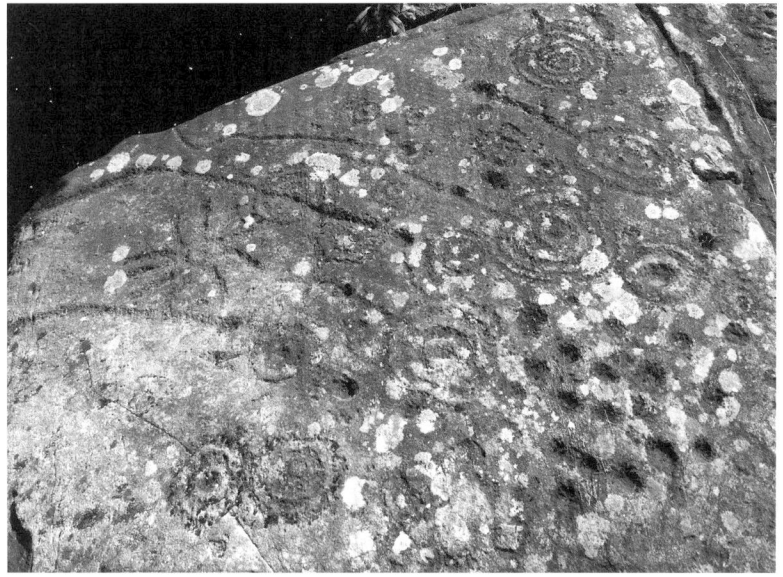

**Felsgravierungen mit Schalen und konzentrischen Kreisen auf der Platte III von Carschenna bei Sils im Domleschg,** © *Photo Archäologischer Dienst Graubünden.* — Stilistische Vergleiche erlauben eine Datierung dieser Verzierungen in die Bronze- und Eisenzeit (2. bis 1. Jahrtausend v. Chr.).

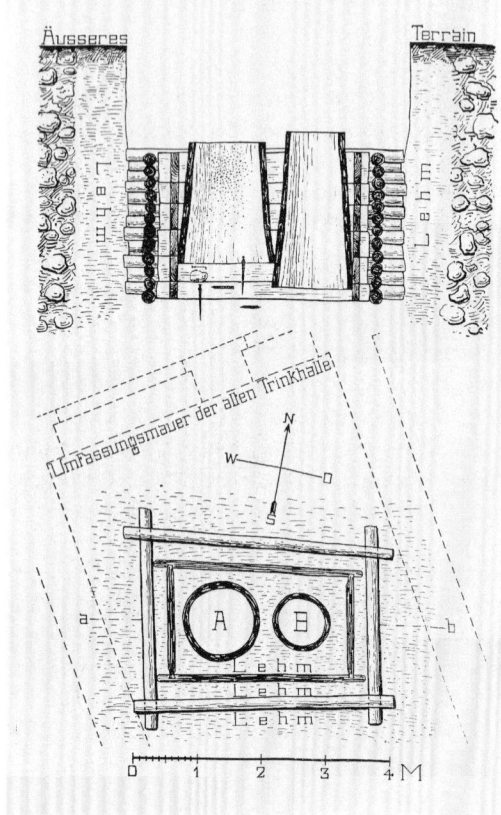

**Bronzezeitliche Quellfassung von St. Moritz. Befundskizzen von Jakob Heierli in: Anzeiger für Schweizerische Altertumskunde, Bd. 9, 1907, S. 268.** — 1853 stiessen Arbeiter bei der Neufassung der Mauritiusquelle in St. Moritz auf ausgehöhlte Baumstämme; im Jahr 1907 wurden diese ausgegraben. In einer Blockbaukonstruktion standen zwei senkrecht gesetzte Holzröhren, als Bauholz wurden Lärchen verwendet. Die massiven Röhren mit Durchmessern zwischen 1 und 1,4 Metern dienten als eigentliche Quellfassungen.

ins Jenseits. Selten sind Beigaben aus Gold; bislang sind spiralförmige Golddrähte und gepunzte, das heisst mithilfe von Schlagstempeln verzierte Goldbleche gefunden worden. Aussergewöhnlich sind einige Gräber, in denen sogar die Überreste von Wagen – so beispielsweise in Bern-Kirchenfeld, in Saint-Sulpice am Genfersee oder in Kaisten im Fricktal – zum Vorschein kamen. Interessant ist die Tatsache, dass bereits während der Bronzezeit Grabraube stattfanden. Dabei wurden vor allem die kostbaren Beigaben aus Metall entnommen. Solche, bestimmt schon damals tabuisierte Aktionen kennt man ja auch aus der Ägyptologie.

## EISENZEIT – EIN ROHMATERIAL VERÄNDERT DIE WELT

Auf 800 v. Chr. wird der Beginn der sogenannten Eisenzeit datiert.[40] Damals waren die Menschen von einer Verschlechterung des Klimas, der sogenannten Göschener Kaltphase, betroffen. Eine verringerte Sonnenaktivität führte zu nassen Sommern, hohen Seespiegelständen und kühleren Durchschnittstemperaturen. Verstärkt wurde dieses Phänomen durch mehrere Vulkanausbrüche, die die Atmosphäre trübten und die Sonneneinstrahlung zusätzlich minderten. Die Spuren dieser Vulkanausbrüche lassen sich in grönländischen Eiskernen nachweisen. Erst gegen Ende des 8. Jahrhunderts v. Chr. verbesserte sich die Lage allmählich wieder.

Die Eisenzeit wird in zwei Phasen unterteilt. Die ältere Eisenzeit – meist nach dem bereits erwähnten Fundort Hallstatt im Salzkammergut benannt – dauerte von 800 bis 450 v. Chr. Die jüngere Eisenzeit wird nach dem Fundort La Tène in der Gemeinde Marin-Epagnier am Neuenburgersee als Latènezeit bezeichnet. Sie dauerte bis in die letzten vorchristlichen Jahrzehnte, also bis zur vollständigen Eroberung der Schweiz durch römische Truppen im Jahr 15 v. Chr.

Charakteristisch für die Eisenzeit ist die Verwendung von Eisen für Waffen, Geräte und auch für Schmuck. Eisen ist wesentlich härter als Bronze und deshalb als Rohmaterial für die Herstellung von Waffen und Geräten der Bronze deutlich überlegen. In der Schweiz gibt es ausgedehnte Eisenerz-Lagerstätten im Jura, im Berner Oberland sowie am Gonzen bei Sargans und im bündnerischen Ferrera, die zum Teil vermutlich bereits damals ausgebeutet wurden. Das Eisenoxid reduzierte man bei Temperaturen um 1100 °C in ↑Rennöfen. Aus dem solothurnischen Hofstetten stammen Überreste von eisenzeitlichen Rennöfen mit vielen Eisenschlacken. Schmieden mit

ningen an der Limmat oder in Riehen bei Basel entdeckt. Ab 1350 v. Chr. wurden die Toten normalerweise kremiert, ihre Asche wurde unter anderem in Keramikgefässen beigesetzt. Deshalb wird die Spätbronzezeit beispielsweise in Deutschland auch Urnenfelderkultur genannt. Den Verstorbenen gaben die Angehörigen Beigaben wie Bronzeschmuck, Waffen, Geräte, Geschirr oder Speisereste mit ins Grab. Letztere dienten allenfalls als «Proviant» auf dem Weg

Essen, also speziellen offenen Feuerstellen mit Blasebalg, Eisenschlacke, Abfallprodukte (Hammerschlag) und typische Werkzeuge wie Hammer und Amboss fanden sich unter anderem in Sévaz beim Neuenburgersee oder auf der Halbinsel Rheinau.

**Glanz und Gloria –
eine klar strukturierte Gesellschaft**
Aus der Hallstattzeit sind vor allem die Hinterlassenschaften der Eliten bekannt. Reiche Personen – in der Forschung nicht unumstritten «Fürsten» genannt – lebten auf befestigten Anhöhen und liessen sich prunkvoll unter mächtigen Grabhügeln bestatten.

In der Schweiz sind zwei hallstattzeitliche «Fürstensitze» gut untersucht: die Grabungsorte Châtillon-sur-Glâne an der Saane und Üetliberg bei Zürich.41 Beide Höhensiedlungen waren mit mächtigen Wallanlagen befestigt. Von der ursprünglich dichten Innenbebauung sind allerdings nur noch wenige Pfostenlöcher und Balkengräbchen übrig geblieben. Umso bemerkenswerter sind die Funde aus diesen beiden Siedlungen. Fragmente von Gefässen aus dem Mittelmeerraum bezeugen den luxuriösen Geschmack der Oberschicht; man importierte unter anderem attische Trinkgefässe aus Griechenland. Scherben von Wein- und Ölamphoren belegen, dass Wein und Olivenöl in grösseren Mengen importiert wurden. Die exklusiven Waren gelangten per Schiff über Marseille und die Rhone hinauf bis in das Gebiet der heutigen Schweiz.

Die verstorbenen Mitglieder der Oberschicht wurden in der Hallstattzeit unter Grabhügeln (Tumuli) beerdigt; im Verlauf der Zeit wechselte der Ritus wieder von der Brand- zur Körperbestattung. Die Grösse des Tumulus und die Reichhaltigkeit der Grabbeigaben korrelieren wahrscheinlich direkt mit dem Rang der beigesetzten Person. Aussergewöhnlich reiche Begräbnisse bekamen beispielsweise der «Fürst» von Hochdorf in Baden-Württemberg oder die «Fürstin» von Vix im nördlichen Burgund. Etwas bescheidener ausgestattet sind die Verstorbenen in den hallstattzeitlichen Grabhügeln der Schweiz. Bestattungen mit Goldschmuck, Wagen oder Bronzegeschirr wurden beispielsweise im luzernischen Gunzwil, bei Ins im Seeland und in den Berner Gemeinden Jegenstorf, Mühleberg und Grächwil vorgenommen.

Neben den «Fürstensitzen» sind aus der älteren Eisenzeit auch einige Dörfer und Gehöfte (zum Beispiel in Frasses beim Neuenburgersee und im zürcherischen Otelfingen) bekannt. Eine sogenannt mehrphasige Siedlung entdeckte man 1987 im Zuge der Autobahngrabungen bei Brig-Glis im Wallis.42 Dieses grossflächig freigelegte Dorf lag am steilen Hangfuss des Glishorns, notabene auf der Schattenseite des Rhonetals – Überschwemmungen durch Bergbäche zerstörten die Gebäude nachweislich in regelmässigen Abständen. Trotzdem wählten die Menschen diesen gefährlichen Ort als Siedlungsplatz von der Eisenzeit bis ins frühe Mittelalter, weil man von dort aus die Passrouten über Nufenen, Albrun, Simplon, Rawyl oder Sanetsch sowie den Verkehr entlang des Rhonetals hervorragend kontrollieren konnte. Wahrscheinlich bot man auch Säumerdienste für transalpine Händlerkarawanen an. Die etwa 35 Quadratmeter grossen Holzhäuser mit Herdstellen und vereinzelten Backöfen wurden auf Terrassen aus Trockenmauern errichtet, um die Hangneigung auszugleichen. Neben den Wohnhäusern entdeckte man Speicherbauten mit abgehobenen Böden – vergleichbar mit den heute noch bestehenden «Spiichern» – zur Lagerung von Getreide, Heu und sonstigen Vorräten.

**Korisios & Co. –
erste historische Überlieferungen**
Zwischen 450 und 15 v. Chr., während der sogenannten Latènezeit, herrschten unruhige Verhältnisse. Eine erneute Klimaverschlechterung um 400 v. Chr. führte zu Missernten und zu wirt-

*Die sogenannte Hydria von Grächwil (Bernisches Historisches Museum, Bern), © BHM, Photo Stefan Rebsamen. —* Das 1851 in einem Grabhügel entdeckte Bronzegefäss wurde um 580 v. Chr. in Unteritalien hergestellt und gelangte über die Alpen ins Mittelland. Der Henkel zeigt die griechische Göttin Artemis als «Herrin der Tiere».

**Rekonstruktionszeichnung der am Fuss des Glishorns gelegenen eisenzeitlichen Siedlung Waldmatte auf dem Gemeindegebiet Brig-Glis im Wallis, um 650 v. Chr.,**
© *Kantonsmuseum Wallis, André Houot.*

schaftlichen Krisen.[43] Dies dürften mit Gründe dafür gewesen sein, dass mehrere keltische Stämme aus dem Norden Richtung Süden abwanderten. Solche Ströme von «Wirtschaftsflüchtlingen» verliefen nicht immer friedlich; im Jahr 387 v. Chr. drangen beispielsweise keltische Krieger bis vor Rom vor.

Seit der jüngeren Latènezeit stehen erstmals für das Gebiet der Schweiz schriftliche Quellen zur Verfügung, welche die archäologischen Befunde und Funde ergänzen. Allerdings sind dies ausschliesslich Aufzeichnungen von Dritten, das heisst von griechischen und römischen Schriftstellern, die über die hier ansässigen Stämme der Kelten und Räter berichten.

Aus diesen Quellen wissen wir, dass die Helvetier im Zusammenhang mit dem Kimbern- und Teutonenzug gegen Ende des 2. Jahrhunderts v. Chr. aus Süddeutschland ins schweizerische Mittelland einwanderten. Auch die Namen von weiteren keltischen und – im Osten der Schweiz – rätischen Stämmen sind überliefert, unter anderem die der Allobroger bei Genf, der Rauriker in der Gegend des Rheinknies, der Seduner, Uberer, Verager und Nantuater im Wallis, der Lepontier im Tessin[44], der Vennonter und Vindelicer im Bodenseeraum sowie der Riguscer und Suaneter an den Rheinquellen sowie der Eniater im Engadin. Von den griechischen und römischen Geschichtsschreibern wurden diese Stammesangehörigen pauschal als Kelten, Galater oder Gallier bezeichnet – eine solche einheitliche keltische Kultur hat aber nie bestanden, von einem herrschaftlichen Verband gar nicht zu reden. Ihre Lebensweisen und Sitten wurden von den antiken Geschichtsschreibern nicht immer schmeichelhaft dargestellt.

Die Kelten trügen auffällige Kleidungsstücke mit Karos und lange Hosen, die Frauen seien gleich gross und stark wie die Männer, die Krieger hätten lange Schnurrbärte und strichen sich Kalkschlamm ins wallende Haar, und sie kämpften äusserst tapfer, aber nahezu nackt, ausserdem sollen sie den Wein sogar unverdünnt getrunken haben! Diese farbige Schilderung geht auf den griechischen Universalgelehrten Poseidonios (geboren 135 v. Chr.) zurück, der 105 v. Chr. Reisen nach Hispanien und Gallien unternahm, über die er detailreich berichtete. Der griechische Historiker Diodor, der im 1. Jahrhundert v. Chr. lange Jahre in Rom an seiner Universalgeschichte arbeitete, übernahm von ihm das bildhafte Porträt des barbarischen Gebarens der Kelten. Caesar dagegen, der sich während seiner Kriegszüge (58–51 v. Chr.) längere Zeit in Gallien aufhielt, konnte als Zeitzeuge noch weitere Einzelheiten hinzufügen. Die Ausführungen in der Geographie des Strabon von Amaseia (circa 63 v. Chr. bis circa 25 n. Chr.) sind wiederum Übernahmen aus der Darstellung des Poseidonios, aber mit einigen eigenen Zusätzen. Weitere Informationen zur Lebensweise der Stämme in den Südalpentälern liefert zudem Cato der Ältere; diese flossen auch in die Naturgeschichte von Plinius dem Älteren ein.[45]

Dank eines Stempels auf einem Eisenschwert vom Fundort Alte Zihl bei Port am Bielersee kennen wir einen Personennamen aus der Zeit um 100 v. Chr.: Korisios. Das Schwert wurde verbogen und als Weihegabe in den Fluss geworfen. Weitere Personennamen sind von den ersten in der Schweiz geprägten Münzen aus dem 1. Jahrhundert v. Chr. oder aus Caesars Kommentaren zu den Gallischen Kriegen bekannt.

Die keltischen beziehungsweise galloromischen Gottheiten hiessen unter anderem Abnoba, Artio, Epona, Taranis oder Teutates. Ihre Namen sind aus römischen Quellen überliefert. Die Kultorte der Kelten lagen an Gewässern, auf Hügeln oder mitten in den Siedlungen. Am bekanntesten ist der 1857 entdeckte, für die jüngere Eisenzeit namensgebende Fundort La Tène in der Gemeinde Marin-Epagnier bei Neuenburg.[46] Am Ausfluss der Zihl aus dem Neuenburgersee entdeckte man zwischen hölzernen Brückenpfählen über 2500 Eisenobjekte, darunter hauptsächlich Schwerter, Lanzenspitzen, Schilder, Sicheln und Fibeln. Diese dürften ursprünglich als Weihegaben auf dort errichteten Brücken angebracht gewesen sein. Ein vergleichbarer Kultort befand sich auf dem Gebiet der heutigen Nachbargemeinde Cornaux. Dort entdeckte man neben Schwertern und Lanzen die Überreste von 19 Menschen, teils ganze Skelette, teils zerstückelte Leichen.

Auf dem Ochsenberg bei Wartau im St. Galler Rheintal war ein sogenannter Brandopferplatz. Dort übergab man die Weihegaben – Waffen, Geräte, Schmuck und Nahrungsmittel – dem Feuer. So wurden die Opfergaben dem profanen Gebrauch entzogen und gingen zum Teil buchstäblich als Rauch in den Himmel zu den Göttern. Eine spektakuläre Entdeckung fand 2006 auf dem Mormont bei Eclépens im Waadtland statt, anlässlich eines geplanten Kalkabbaus für die Zementgewinnung.[47] Zum Vorschein kamen über 250 Opferschächte, die zwischen 120 und 80 v. Chr. bis zu 5 Meter tief in die anstehende Moräne gegraben worden waren. In diesen Schächten wurden von den Helvetiern unter anderem Keramik- und Bronzegefässe, Eisenwerkzeuge, Schmuck, Mühlsteine, Münzen, Fleischstücke sowie menschliche Körper deponiert. Eine vergleichbare Deponierung von Bronze- und Keramikgeschirr in einer der zahlreichen Gruben innerhalb einer Siedlung wurde im Jahr 2010 in der spätlatènezeitlichen Fundstelle Basel-Gasfabrik entdeckt.

Im wahrsten Sinn als Glanzstück sei noch der 1962 entdeckte, als Weihegabe an eine Berggottheit gedeutete Goldschatz von Erstfeld im Kanton Uri erwähnt.[48] Die vier Hals- und drei Armringe aus Gold wurden um 380 v. Chr. niedergelegt, sie wiegen insgesamt 639,2 Gramm. Spektakulär sind die komplizierten Figurengeflechte, die ein herausragendes Beispiel für die Kunstfertigkeit der keltischen Goldschmiede bilden.[49]

### Brenodor, Genava und Turicum – Wohnen in der Stadt

Im 2. Jahrhundert v. Chr. entstanden die ersten stadtähnlichen Siedlungen, sogenannte *oppida*. Solche befestigte Anlagen wurden beispielsweise in Yverdon, in Genf, auf dem Münsterhügel in Basel, auf der Engehalbinsel bei Bern, an den bereits erwähnten Fundorten auf dem Mont Terri und der Halbinsel Rheinau sowie auf dem Mont Vully zwischen dem Murten- und dem Neuenburgersee lokalisiert. Sie waren in der Regel mit einem von Caesar detailliert beschriebenen *murus gallicus* befestigt, einer mehrere Meter hohen Trockenmauer mit stabilisierenden Pfosten und Ankern aus Holz und einem vorgelagerten Graben. Von einigen dieser Zentralorte kennt man sogar die Namen: Genava, Eburodunum (Yverdon-les-Bains) oder Brenodor (Bern). Im Fall von Zürich kann der antike Namen vermutet werden: Beim überlieferten Namen Turicum dürfte es sich um die spätkeltische Befestigung auf dem Lindenhof gehandelt haben. Über die interne Organisation der *oppida* ist bislang wenig bekannt. Entlang von

«Besitzermarke» des Korisios auf einem in der Zihl bei Port (BE) gefundenen Eisenschwert, datiert von 100 v. Chr. (*Bernisches Historisches Museum, Bern*), © BHM, Photo Stefan Rebsamen. — Die Inschrift in griechischen Buchstaben findet sich auf einem rituell verbogenen Eisenschwert aus dem Fundort Alte Zihl am Bielersee. Die daneben liegende Punzierung zeigt zwei Ziegenböcke, die an einer Palme hochsteigen.

### Keltomanie

Nirgendwo klaffen das wissenschaftliche und das populäre Geschichtsbild so weit auseinander wie beim Thema der Kelten der jüngeren Eisenzeit. Während die Archäologen anhand von Grabungsbefunden und Aussensichten zeitgenössischer griechischer und römischer Schriftsteller versuchen, Kultur und Umwelt der Zeit von 400 bis 15 v. Chr. zu rekonstruieren, bedient sich eine Mehrheit des Publikums bei den unbestritten attraktiven «Quellen» wie *Asterix und Obelix*, keltischem Baumhoroskop, Romanen wie *Die Nebel von Avalon* und entsprechenden Musikgruppen. So verständlich die Sehnsucht nach einer besseren, in der Vergangenheit liegenden Welt sein mag, gilt es dabei zu bedenken, dass diese Mythen, Riten und Legenden in der Regel nichts mit der Epoche der jüngeren Eisenzeit in der Schweiz zu tun haben. Viele dieser Überlieferungen stammen von Aufzeichnungen britischer und irischer Mönche aus dem 6. bis 11. Jahrhundert *nach* Christus! In Irland trafen sich heidnische Gedächtniskultur und christliche Schriftkultur. Das Baumhoroskop ist sogar eine reine Erfindung des 20. Jahrhunderts und geht auf das Buch *The White Goddess* (1946) des britischen Schriftstellers Robert Graves zurück. Aber auch ohne Goldsicheln und Mistelzweige bleibt die Latènezeit der Schweiz faszinierend: Zerstückelte Skelette von Menschen, Opferschächte, Götternamen, Deponierungen von Waffen oder Goldringen sowie Grabbeigaben zeugen vom komplexen religiösen Weltbild der Kelten in der Schweiz.

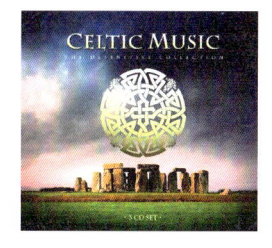

CD-Cover *Celtic Music – The Definitive Collection*.

Strassenachsen ist eine dichte Bebauung anzunehmen. Neben Wohnhäusern, Speicherbauten und Gewerbebetrieben müssen auch sakrale Bezirke vorhanden gewesen sein.

In diesen Grosssiedlungen wurden Handel, Handwerk und Landwirtschaft betrieben. Relikte von aus dem Süden importierten Gütern, etwa mit Wein gefüllten Amphoren, Schminke aus ↑Ägyptisch Blau, Bronzespiegeln, Öllämpchen, hochwertigem Tafelgeschirr und anderem mehr, belegen die regen Handelskontakte mit dem Mittelmeerraum. Solche Güter hatten ihren Preis. Aus schriftlichen Überlieferungen ist bekannt, dass diese Luxusprodukte gegen Gold, Sklaven, Honig und edle Hölzer eingetauscht wurden. Zudem entwickelte sich ab dem 2. Jahrhundert v. Chr. auch nördlich der Alpen ein funktionierendes Geldsystem.[50] Die Kelten prägten und gossen – nach den Vorbildern zunächst griechischer und später römischer Münzen – nun ihr eigenes Geld aus Gold, Silber und Bronze. Neben teilweise stark stilisierten Köpfen finden sich auf den Münzbildern auch unterschiedlich stark abstrahierte Tiere wie Eber oder Pferde. Prägestempel und sogenannte Tüpfelplatten – waffelförmige Tonplatten für die Produktion der noch ungeprägten Münzrohlinge, der Schrötlinge – belegen die lokale Münzproduktion in den keltischen *oppida*. Bereits damals wurde betrogen: Nicht selten waren Münzen aus vermeintlich reinem Edelmetall mit einem Kern aus Kupfer im Umlauf. Goldmünzen musste man deshalb mit feinen Balkenwaagen jeweils auf ihre Echt- und Reinheit prüfen.

In den spätkeltischen Städten blühte auch das Handwerk. An den Fundorten fanden sich beispielsweise Halbfabrikate und Werkabfall von Glasarmring-Ateliers, Fibelschmieden, Bronzegiessereien und Töpfereien. Seit der ausgehenden Hallstattzeit wurde vereinzelt bereits die Töpferscheibe eingesetzt; im 2. und 1. Jahrhundert v. Chr. war scheibengedrehte Ware in den *oppida* ein Massenprodukt. Archäobotanische Reste von Gerste, Weizen, Hirse, Hafer, Erbsen, Bohnen und Linsen sowie Knochen von Wild- und Haustieren – in der frühen Latènezeit erscheint das Haushuhn – belegen, dass nicht nur in den ländlichen Dörfern

**Der Goldschatz von Erstfeld (UR)** (*Schweizerisches Nationalmuseum, Inv.-Nr. A-52044*). — Der Schatz besteht aus vier Hals- und drei Armringen und datiert ins frühe 4. Jahrhundert v. Chr. Er wird als Weihgabe an eine Berggottheit gedeutet.

**Kultgrube in der spätkeltischen Siedlung Basel-Gasfabrik**, © *Archäologische Bodenforschung Basel-Stadt, Photo Denise Grossenbacher.* — In der späteisenzeitlichen Siedlung am Rheinknie entdeckten Archäologen 2010 in einer Grube zahlreiche, eng aufeinandergestapelte Bronze-, Holz- und Keramikgefässe. Diese wahrscheinlich kultische Deponierung stammt aus der Zeit zwischen 150 und 80 v. Chr.

und Gehöften, sondern auch im Umfeld der städtischen Siedlungen intensiv Landwirtschaft betrieben wurde.[51] Die Pollendiagramme zeigen zudem, dass in der Eisenzeit der Wald mit grossflächigen Rodungen zurückgedrängt wurde, was zu einer Öffnung der Landschaft führte.

### Münzen im Grab – Fährgeld ins Jenseits

Aus der jüngeren Eisenzeit sind viele Friedhöfe bekannt. Mehr oder weniger grosse Flachgräberfelder aus der Zeit vom 4. bis 1. Jahrhundert v. Chr. fanden sich beispielsweise in den Fundorten von Andelfingen, Basel-Gasfabrik, Bern-Engemeistergut, Münsingen, Saint-Sulpice, Giubiasco, Solduno bei Locarno, Sion und Trun. Die Toten wurden in mit Steinen gefassten Grabgruben, in Holzsärgen oder in Tücher eingewickelt begraben. Grabhügel waren in der Latènezeit nicht mehr «in Mode», die Gräber wurden jedoch vermutlich mit Stelen aus Stein oder Holz markiert. Aus der Leventina sind viele solche länglichen Steinplatten bekannt, die manchmal sogar noch Inschriften mit den Namen der Verstorbenen tragen: Tisios Piuotialos, Slania Uerkala, Minukos Komoneos.[52]

Die Toten wurden in ihrer Tracht, je nach Stand mehr oder weniger reich geschmückt und teilweise versorgt mit einer «Wegzehrung» fürs Jenseits bestattet. Den Kriegern gab man zudem die Waffen mit ins Grab. Bemerkenswert ist bei einigen mittellatènezeitlichen Gräbern, so zum Beispiel bei denjenigen von Bern-Reichenbach oder von Frauenfeld, die Beigabe einer Goldmünze im Mundbereich der Leiche. Diese Geldstücke waren allenfalls als Fährgeld für Charon bestimmt, der die Toten über den Styx ins Totenreich übersetzen sollte. Hier zeigt sich vermutlich ebenfalls die starke Beeinflussung der keltischen Gesellschaft durch die griechische Kultur. Mit dem Handel gelangten nicht nur Waren, sondern auch Ideen, Mythen und Moden aus dem Mittelmeerraum in unsere Gegend – eine Form des Kulturtransfers, die bis heute beobachtet werden kann.

### Das Ende der Unabhängigkeit von Rom

Der Anfang vom Ende der Unabhängigkeit der Helvetier vom Römischen Imperium wurde von Gaius Julius Caesar in seinen Kommentaren zu den Gallischen Kriegen ausführlich beschrieben.[53] Um dem Druck germanischer Bevölkerungsgruppen auszuweichen, hätten die Helvetier, zusammen mit den Tulingern, Raurikern, Latobrigern und Boiern, den Auszug nach Südwesten beschlossen. Obwohl ihr Anführer Orgetorix kurz zuvor Selbstmord begangen hatte, zogen die Stämme, nach dem Abbrennen ihrer Siedlungen, im Jahr 58 v. Chr. angeblich mit 368 000 Menschen, davon 92 000 Waffenfähigen, in Richtung Genfersee. Caesar liess deshalb die Rhonebrücke bei Genf, das damals bereits unter römischer Herrschaft war,[54] zerstören, sodass der Durchmarsch der Helvetier massiv behindert wurde. Nach einem langwierigen Übersetzen im Bereich einer Furt zogen sie weiter in Richtung Burgund. Dort kam es schliesslich bei Bibracte (heute im Depar-

**Die Holzstatue von Eschenz (TG)**, © *Amt für Archäologie Thurgau, www.archaeologie.tg.ch, Photo Daniel Steiner.* — Die männliche Figur mit Kapuzenmantel aus Eichenholz datiert dendrochronologisch in augusteische Zeit (circa 9 v. Chr.). Sie wurde in der Mitte des 1. Jahrhunderts n. Chr. in einem hölzernen Abwasserkanal des *vicus* Tasgetium versteckt.

**Um 1980 angefertigtes Modell des *murus gallicus* auf dem Basler Münsterhügel** (*Historisches Museum Basel*), © HMB, Photo Maurice Babey. — Das Trockenstein-Mauerwerk schützt den Innenaufbau der Befestigung aus Holz und Erde.

tement Sâone-et-Loire) zur Niederlage der Helvetier. Die geschlagenen Truppen samt Gefolge mussten auf Geheiss Caesars zurück in ihre zuvor verlassene Heimat. Archäologisch hat der Auszug der Helvetier praktisch keine Spuren hinterlassen. Mit Ausnahme einer mächtigen Brandschicht im *oppidum* auf dem Mont Vully wurden keinerlei Zerstörungsspuren in den spätlatènezeitlichen Fundstellen entdeckt.[55]

Ab der Mitte des 1. Jahrhunderts v. Chr. setzte die Kolonisierung und Romanisierung des schweizerischen Mittellandes ein: Zwischen 45 und 44 v. Chr. wurden gemäss schriftlicher Überlieferung die Colonia Iulia Equestris bei Nyon und die Colonia Raurica, wohl in Basel, gegründet.[56] Archäologisch lassen sich diese Koloniegründungen allerdings nicht fassen. Denkbar wäre, dass die römischen Veteranen nach der Ermordung Caesars ihre zugewiesenen Grundstücke gar nicht bezogen oder diese sofort wieder verlassen haben, um am neu ausbrechenden Bürgerkrieg im römischen Reich teilzunehmen.

Die Unabhängigkeit der keltischen Bevölkerung im Gebiet der Schweiz endete definitiv um 16/15 v. Chr. Kaiser Augustus führte damals den sogenannten Alpenfeldzug durch, der unter der Leitung seiner Stiefsöhne Tiberius und Drusus stand. Dank Neufunden im Umfeld des Septimerpasses sowie in der Crap-Ses-Schlucht zwischen Tiefencastel und Cunter in Graubünden kann die damalige Route von Einheiten der 3., 10. und 12. Legion rekonstruiert werden.[57] Bei umfangreichen Prospektionen kamen zahlreiche Waffen und militärische Ausrüstungsgegenstände wie Lanzenspitzen, Schleuderbleie mit Legionsstempeln, Schuhnägel von Militärsandalen, Zeltheringe sowie Wälle, Feuerstellen und Pfostenlöcher eines kleinen Militärlagers beim Septimerpass zum Vorschein. Nach einer von Strabon überlieferten Seeschlacht gegen die Vindeliker auf dem Bodensee im Jahr 15 v. Chr. war die römische Okkupation für die nächsten vierhundert Jahre besiegelt. Die einheimische Bevölkerung passte sich rasch an den römischen Lebensstil an. Allerdings verschwand das ältere Brauchtum nicht vollständig, Töpferwaren wurden im 1. Jahrhundert n. Chr. teilweise weiterhin im Spätlatènestil gefertigt, man verehrte immer noch die einheimischen, mittlerweile romanisierten Gottheiten, oder man kleidete sich in langen Kapuzenmänteln und die Männer trugen weiterhin lange Haare und Schnauzbärte wie vor der römischen Besetzung.[58]

## ANMERKUNGEN

1 — Jean-Marie Le Tensorer (wiss. Leitung), Die Schweiz vom Paläolithikum bis zum frühen Mittelalter (SPM), Bd. 1: Paläolithikum und Mesolithikum, Basel 1993, S. 15–38.
2 — Jean-Marie Le Tensorer, Le Paléolithique en Suisse, Grenoble 1998, S. 68–77.
3 — Pierre Crotti et al. (wiss. Leitung), Die ersten Menschen im Alpenraum von 50 000 bis 5000 vor Christus, Zürich 2002, S. 19–53.
4 — Andres Furger et al. (Hg.), Die ersten Jahrtausende. Die Schweiz von den Anfängen bis zur Eisenzeit, Zürich 1998, S. 90–93; Claus Stephan Holdermann / Hansjürgen Müller-Beck / Ulrich Simon, Eiszeitkunst im süddeutsch-schweizerischen Jura: Anfänge der Kunst, Stuttgart 2001, S. 105f.
5 — Eduard Gross-Klee / Stefan Hochuli, Die jungsteinzeitliche Doppelaxt von Cham-Eslen. Gesamtbericht über einen einzigartigen Fund aus dem Zugersee, in: Tugium, Bd. 18, 2002, S. 69–101.
6 — Michel Mauvilly, L'abri mésolithique d'Arconciel / La Souche. Bilan des recherches 2003–2007, in: Cahiers d'Archéologie Fribourgeoise, Nr. 10, 2008, S. 44–75.
7 — Le Tensorer, SPM, Bd. 1, S. 80f., 94–100.
8 — Christiane Erny-Rodmann / Eduard Gross-Klee / Jean Nicolas Haas / Stefanie Jacomet / Heinrich Zoller, Früher «human impact» und Ackerbau im Übergangsbereich Spätmesolithikum–Frühneolithikum im schweizerischen Mittelland, in: Jahrbuch der Schweizerischen Gesellschaft für Ur- und Frühgeschichte, Bd. 80, 1997, S. 27–56; Werner E. Stöckli et al. (Hg.), SPM, Bd. 2: Neolithikum, Basel 1995, S. 24–31.
9 — Ferdinand Keller, Die keltischen Pfahlbauten in den Schweizerseen, Zürich 1854.
10 — Marc-Antoine Kaeser, Les Lacustres. Archéologie et mythe national, Lausanne 2004; ders., Ansichten einer versunkenen Welt. Die Darstellung der Pfahlbaudörfer seit 1854, Hauterive / Zürich 2008.
11 — Marianne Flüeler-Grauwiler / Josef Gisler (Red.), Pfahlbaufieber. Von Antiquaren, Pfahlbaufischern, Altertümerhändlern und Pfahlbaumythen, Zürich 2004, S. 121.
12 — Francesco Menotti (Hg.), Living on the lake in prehistoric Europe, 150 years of lake-dwelling research, London / New York 2004.
13 — Peter J. Suter / Helmut Schlichtherle, Pfahlbauten. UNESCO Welterbe-Kandidatur «Prähistorische Pfahlbauten rund um die Alpen», Biel 2009.
14 — Urs Leuzinger, Die jungsteinzeitliche Seeufersiedlung Arbon-Bleiche 3. Befunde, Frauenfeld 2000; Arianne Winiger, Stratigraphie, datations et contexte environnemental, La station lacustre de Concise, Bd. III, Lausanne 2008; René Wyss, Die jungsteinzeitlichen Bauerndörfer von Egolzwil 4 im Wauwilermoos, Bd. 3: Die Siedlungsreste, Zürich 1988; Urs Leuzinger / Urs Breitenloo. Die jungsteinzeitliche Pfahlbausiedlung, Frauenfeld 2007; Albert Hafner / Peter J. Suter, –3400. Die Entwicklung der Bauerngesellschaften im 4. Jahrtausend v. Chr. am Bielersee aufgrund der Rettungsgrabungen von Nidau und Sutz-Lattrigen, Bern 2000, S. 49–71.
15 — Philippe della Casa / Martin Trachsel (Hg.), WES'04 – wetland economies and societies, Zürich 2005, S. 185–194.
16 — Renate Ebersbach, Von Bauern und Rindern. Eine Ökosystemanalyse zur Bedeutung der Rinderhaltung in bäuerlichen Gesellschaften als Grundlage zur Modellbildung im Neolithikum, Basel 2002; Stefanie Jacomet / Urs Leuzinger / Jörg Schibler, Die jungsteinzeitliche Seeufersiedlung Arbon-Bleiche 3: Umwelt und Wirtschaft, Frauenfeld 2004; Jörg Schibler et al., Ökonomie und Ökologie neolithischer und bronzezeitlicher Ufersiedlungen am Zürichsee, 2 Bde., Zürich / Egg 1997.
17 — Mamoun Fansa / Stefan Burmeister (Hg.), Rad und Wagen. Der Ursprung einer Innovation: Wagen im Vorderen Orient und Europa, Mainz am Rhein 2004, S. 295–314.
18 — Max Währen, Die Urgeschichte des Brotes und Gebäcks in der Schweiz, in: Helvetia Archaeologica, Jg. 25, Nr. 99, 1994, S. 80–83.
19 — Jorge Spangenberg et al., Chemical analysis of organic residues in archaeological pottery from Arbon-Bleiche 3, Switzerland – Evidence for dairying in the late Neolithic, in: Journal of Archaeological Science, Nr. 33, 2006, S. 1–13.
20 — www.museums.ch, Zugriff: 23. November 2011.
21 — Z.B. SWR, «Steinzeit – das Experiment», 2007; SF, «Pfahlbauer von Pfyn», 2007.
22 — Werner E. Stöckli, Chronologie und Regionalität des jüngeren Neolithikums (4300–2400 v. Chr.) im Schweizer Mittelland, in Süddeutschland und in Ostfrankreich, aufgrund der Keramik und der absoluten Datierungen, ausgehend von den Forschungen in den Feuchtbodensiedlungen der Schweiz, Basel 2009.
23 — Nils Bleicher, Altes Holz in neuem Licht (Berichte zu Ufer- und Moorsiedlungen Südwestdeutschlands, Bd. 5), Stuttgart 2009.
24 — Fabienne Médard, La préhistoire du fil en Europe occidentale: méthodes et perspectives, in: Dominique Cardon / Michel Feugère (Hg.), Archéologie des textiles des origines au V$^e$ siècle, Montagnac 2000, S. 23–33.
25 — Angelika Fleckinger, Ötzi, the Iceman. The Full Facts at a Glance, Wien / Bozen 2011.
26 — Peter J. Suter et al., Lenk-Schnidejoch, Funde aus dem Eis – ein vor- und frühgeschichtlicher Passübergang, Bern 2005, S. 511–514.
27 — Stöckli et al. (Hg.), SPM, Bd. 2: Neolithikum, S. 231–273; Patrick Moinat / Philippe Chambon (wiss. Leitung), Les cistes de Chamblandes et la place des coffres dans les pratiques funéraires du Néolithique moyen occidental, Lausanne / Paris 2007.
28 — Brigitte Röder, Perspektiven für eine theoriegeleitete prähistorische Kindheitsforschung, in: Mitteilungen der Anthropologischen Gesellschaft in Wien, Bd. 140, 2010, S. 1–22.
29 — Sabine Deschler-Erb / Elisabeth Marti-Grädel / Jörg Schibler, Bukranien in der jungsteinzeitlichen Siedlung Arbon-Bleiche 3 – Status, Kult oder Zauber?, in: Archäologie Schweiz, Jg. 25, Nr. 4, 2002, S. 25–33.
30 — Stefan Hochuli et al. (Hg.), SPM, Bd. 3: Bronzezeit, Basel 1998.
31 — Ebd., S. 137–140.
32 — Andrea Schär, Untersuchungen zum prähistorischen Bergbau im Oberhalbstein (Kanton Graubünden), in: Jahrbuch der Schweizerischen Gesellschaft für Ur- und Frühgeschichte, Bd. 86, 2003, S. 7–54.
33 — Albert Hafner, Ufersiedlungen mit Palisaden am Bielersee. Hinweise auf Verteidigungssysteme in neolithischen und bronzezeitlichen Pfahlbauten, in: Irenäus Matuschik et al. (Hg.), Vernetzungen. Aspekte siedlungsarchäologischer Forschung, Freiburg i. Br. 2010, S. 357–376.
34 — Beat Eberschweiler / Peter Riethmann / Ulrich Ruoff, Das spätbronzezeitliche Dorf von Greifensee-Böschen. Dorfgeschichte, Hausstrukturen und Fundmaterial, Zürich 2007.
35 — Thomas Reitmaier, Auf der Hut – Methodische Überlegungen zur prähistorischen Alpwirtschaft in der Schweiz, in: Franz Mandl / Harald Stadler (Hg.), Archäologie in den Alpen. Alltag und Kult, Haus im Ennstal 2010, S. 219–238; Claire Hauser-Pult (Hg.), Menschen in den Alpen. Die letzten 50 000 Jahre in der Schweiz, in: Archäologie Schweiz, Jg. 33, Nr. 2, 2010, S. 1–74.
36 — Anton Kern et al. (Hg.), Salz – Reich. 7000 Jahre Hallstatt, Wien 2008.
37 — Thomas Scherer / Philipp Wiemann, Freienbach SZ-Hurden Rosshorn. Ur- und frühgeschichtliche Wege und Brücken über den Zürichsee, Jahrbuch Archäologie Schweiz, Bd. 91, 2008, S. 7–38.
38 — Harald Meller (Hg.), Der geschmiedete Himmel. Die weite Welt im Herzen Europas vor 3600 Jahren, Stuttgart 2006, S. 44–47.
39 — Urs Schwegler, Schalen- und Zeichensteine der Schweiz, Basel 1992.
40 — Felix Müller (Hg.), SPM, Bd. 4: Eisenzeit, Basel 1999.
41 — Felix Müller / Geneviève Lüscher, Die Kelten in der Schweiz, Stuttgart 2004, S. 50–53.
42 — Ebd., S. 40–42.
43 — Müller et al. (Hg.), SPM, Bd. 4, Eisenzeit, S. 93–97.
44 — Schweizerisches Landesmuseum (Hg.), Die Lepontier. Grabschätze eines mythischen Alpenvolkes zwischen Kelten und Etruskern, Zürich 2001.
45 — Müller / Lüscher, Kelten in der Schweiz, S. 14–15; Müller et al. (Hg.), SPM, Bd. 4: Eisenzeit, S. 29–41.
46 — Matthieu Honegger et al. (Hg.), Le site de La Tène: bilan des connaissances – état de la question, Hauterive 2009.
47 — Eduard Dietrich / Claudia Nitu / Caroline Brunetti, Le Mormont. Un sanctuaire des Helvètes en terre vaudoise vers 100 avant J.-C., Lausanne 2009.
48 — Martin A. Guggisberg, Der Goldschatz von Erstfeld. Ein keltischer Bilderzyklus zwischen Mitteleuropa und der Mittelmeerwelt, Basel 2000.
49 — Felix Müller, Kunst der Kelten, 700 v. Chr. – 700 n. Chr., Bern 2009.
50 — Müller et al. (Hg.), SPM, Bd. 4: Eisenzeit, S. 222–227.
51 — Ebd., S. 102–115.
52 — Müller et al. (Hg.), SPM, Bd. 4: Eisenzeit, S. 261–270; Müller / Lüscher, Kelten in der Schweiz, S. 100–109.
53 — Caes. Gall., 1, 3–30.
54 — Marc R. Sauter, Genf zur Zeit der Allobroger und Römer, in: Helvetia Archaeologica, Jg. 3, Nr. 13, 1973, S. 12–17.
55 — Gilbert Kaenel / Philippe Curdy / Frédéric Carrard, L'oppidum du Mont Vully, un bilan des recherches 1978–2003, Fribourg 2004.
56 — Walter Drack / Rudolf Fellmann, Die Römer in der Schweiz, Stuttgart 1988.
57 — Stefanie Martin-Kilcher, Römer und gentes Alpinae im Konflikt – archäologische und historische Zeugnisse des 1. Jahrhunderts v. Chr., in: Günther Moosbauer und Rainer Wieges (Hg.), Fines imperii – imperium sine fine? Römische Okkupations- und Grenzpolitik im frühen Prinzipat, Rahden / Westf. 2011, S. 27–62.
58 — Eva Belz / Hansjörg Brem / Albin Hasenfratz et al., Neue Erkenntnisse zur Datierung der Holzstatue von Eschenz, in: Jahrbuch Archäologie Schweiz, Bd. 91, 2008, S. 134–140.

Die Entdeckung der Pfahlbauten im Jahr 1854 beförderte die Konstruktion einer nationalen Identität im jungen Bundesstaat von 1848. Fälschlicherweise ging man davon aus, dass jene vorgeschichtlichen Siedlungen auf wasserumspülten Plattformen im See errichtet worden seien. Diese Prämisse liess sie zu einem – der Rousseau'schen Vorstellung vom Ursprung der Gesellschaft entsprechenden – Sinnbild der Abgeschiedenheit der Eidgenossen in einem prähistorischen Goldenen Zeitalter werden. Im Unterschied zu den kriegerischen Kantonen der mittelalterlichen Urschweiz repräsentierten die Pfahlbauer eine pazifistische, egalitäre und arbeitsame Gesellschaft. Damit boten sie dem in der Schweiz dominierenden liberal-radikalen, gewerblich betriebsamen und mehrheitlich protestantischen Mittelland ein hohes Identifikationspotential.

*Pfahlbausiedlung, Aquarell von Karl Jauslin, 1891 (Museen Muttenz, Sammlung Karl Jauslin).*

# Helvetier, Römer und Pfahlbauer. Die Archäologie und die mythischen Ahnen der Schweiz

— *Marc-Antoine Kaeser*

Wie in anderen Ländern auch ist die Archäologie in der Schweiz immer ein Spiegel der aktuellen gesellschaftspolitischen Entwicklung gewesen. Das Bild, das man sich von den Ursprüngen und der fernen Vergangenheit macht, kann stets als Ausdruck des Umgangs mit der eigenen Identität in der Gegenwart gesehen werden, und zwar unabhängig davon, ob sich dieses Bild auf Mythen, heilige Texte oder historische und archäologische Quellen stützt.[1] Die Tatsache, dass die Eidgenossenschaft als loser Staatenbund entstanden war und schliesslich eine «Willensnation» bildete, war für die Suche nach gemeinsamen Gründervätern allerdings nicht gerade förderlich.

Nachdem bereits im Jahr 1515 der Dichter und Gelehrte Heinrich Loriti, besser bekannt unter dem Namen Glarean, Verse über die vergangene Grösse Aventicums verfasst hatte, war Aegidius Tschudi in der Mitte des 16. Jahrhunderts der erste Gelehrte, der sich ernsthaft für das antike Helvetien interessierte. Tschudi, der als erster Schweizer Historiker gilt, wollte mit seinem Hinweis auf die helvetischen Wurzeln einen Beitrag zur Überwindung der durch die Reformation aufgerissenen Gräben in der Eidgenossenschaft leisten. Die in Avenches gefundenen Inschriften erlaubten es ihm, das «helvetische» Volk an den Beginn der Geschichte, also zeitlich noch vor die Gründung des Heiligen Römischen Reiches, zu stellen.

Die Wiederentdeckung der Antike im Rom des Quattrocento fand an den europäischen Höfen ein unmittelbares Echo und machte sich auch in der Schweiz bemerkbar. In diesem Zusammenhang verdient die durch Basilius Amerbach im Jahre 1582 durchgeführte Untersuchung der «Neun Türme» genannten Ruinen in Augst, die sich als Überrest eines römischen Theaters entpuppen sollten, besondere Erwähnung: Da die Arbeiten vom Basler Rat beauftragt und teilweise auch finanziert wurden, handelt es sich um die erste offizielle, staatliche Ausgrabung nördlich der Alpen.[2]

Das Prestige, das sich aus den römischen Hinterlassenschaften der Region ziehen liess, sicherte der Antike einen prominenten Platz in der Selbstdarstellung der Basler Eliten. Nachdem der Gelehrte Beatus Rhenanus auf einer Sizilienreise die Grabinschrift des Lucius Munatius Plancus, des mutmasslichen Gründers der Colonia Raurica, identifiziert hatte, liess der Basler Rat den berühmten römischen Offizier an der Fassade des Hauses zum Pfauen am Marktplatz abbilden. Später wurde ihm zudem ein Denkmal im Rathaus errichtet.

Ähnliche Motive veranlassten zu Beginn des 18. Jahrhunderts die Berner Regierung, mit grosser Entschiedenheit einer Schmähschrift aus der Feder eines gewissen Pierre-Joseph Dunod entgegenzutreten. Dunod hatte mit Unterstützung des Sonnenkönigs Ludwig XIV. in Antre in der Freigrafschaft Burgund Grabungen durchgeführt, die ihn zur Lokalisierung Aventicums an diesem Ort veranlassten – eine These, die sich indes auf eine fehlerhafte Etymologie und mangelndes Quellenstudium stützte. In seiner Abkehr von der allgemeinen Ansicht, dass Aventicum mit Avenches zu identifizieren sei, rührte Dunod an den Stolz, den die Gnädigen Herren zu Bern aus ihrer Landeshoheit über die Waadt und deren glorreicher Vergangenheit zogen. Dass die Berner Regierung schliesslich den Leiter der Burgerbibliothek Marquard Wild beauftragte, die Argumentation Dunods zu widerlegen, und sich auf diese Weise in die Forschung einmischte, zeigt eindrücklich auf, welche politische Dimension die Antike in dieser Zeit erlangte.

In den letzten Jahrzehnten des 18. Jahrhunderts häuften sich die archäologischen Entdeckungen im Gebiet der Schweiz und es entstanden umfassende Sammlungen regionaler Antiquitäten. Diese Sammlungen – antiker Kunst, Münzen und Inschriften – dienten nicht mehr lediglich dazu, historisches Wissen zu dokumentieren, sondern sie ermöglichten auch eine Erweiterung dieses Wissens, indem sie die materiellen Relikte dem archäologischen Studium zugänglich machten.

Nichtsdestotrotz blieben derartige archäologische Aktivitäten Einzelfälle und zudem sehr exklusiven Kreisen vorbehalten. Dies ist nicht weiter erstaunlich, wenn man bedenkt, dass die regierenden Patrizier der Zeit zwar gerne auf die prestigeträchtige antike Vergangenheit der von ihnen beherrschten Gebiete verwiesen, dieses Wissen jedoch im Gegensatz zu den Landesfürsten Europas ideologisch nicht instrumentalisieren konnten: Während Letztere für sich reklamierten, in der Tradition des römischen Reiches zu stehen, verbot sich dies den eidgenössischen Ständen mit ihrer republikanischen Tradition. Im Vergleich zum Aufwand, der andernorts betrieben wurde, um das archäologische Erbe in Szene zu setzen, blieben die Obrigkeiten in der ganzen Schweiz in dieser Hinsicht ausgesprochen passiv. Aus liberalen Erwägungen begrüsste man zwar die entsprechenden Initiativen einiger aufgeklärter Privatgelehrter, war sich im Allgemeinen aber einig, dass sich der Staat in solche Angelegenheiten nicht einzumischen habe. Selbst wenn wie 1705 in Basel Grundstücke, auf denen Ruinen entdeckt worden waren, enteignet wurden, geschah dies nicht aus wissenschaftlichen Gründen, sondern um diese Ruinen als günstige Steinbrüche nutzen zu können – im Wortlaut der Zeit: «dieses Steinwerk, falls es zu Gebäuen tauglich, zu den Publici Handen zu ziehen».[3] Vor diesem Hintergrund wird auch verständlich, dass Goethe 1779 in einem Brief an Charlotte Stein die Zerstörung antiker Mosaike in Orbe und Yvonand im Waadtland mit dem Satz «Die Schweizer traktiren so etwas wie die Schweine» kommentierte.[4] Goethes Missfallen zeugt von einer neuartigen Sensibilität, die den historischen Überresten im aufgeklärten Europa zu Teil wurde und die den Weg für die im Zuge der Französischen Revolution erfolgte Schaffung des Begriffs «patrimoine national» freimachte.

**Die Helvetier – unangenehme Vorfahren**
Zur Zeit der Aufklärung im 18. Jahrhundert hatte das Adjektiv «helvetisch» Hochkonjunktur. Die 1761 kantonsübergreifend ge-

gründete *Helvetische Gesellschaft* beförderte unter Zuhilfenahme der Antike entlehnter Werte und Symbole die Herausbildung einer neuen schweizerischen Identität. Selbst der Misserfolg der aufgezwungenen ↑Helvetik konnte den liberalen Eliten die Hoffnung auf eine bundesstaatliche Einigung des Landes nicht nehmen.

Die Berufung auf die helvetischen Ahnen wurde mit der Gründung der Confoederatio Helvetica im Jahr 1848 quasi institutionalisiert. Dieser Bezugnahme haftet allerdings eine gewisse Mehrdeutigkeit an. Geleitet vom Wunsch nach Anerkennung im Kreis der modernen Nationen berief sich der junge Bundesstaat nicht mehr auf seine bis anhin geehrten Vorfahren, sondern auf jenes Volk der Antike, welches als Teil des Römischen Reiches seine eigene Identität zu bewahren gewusst hatte. Diese auf römischen Inschriften basierende Herleitung unterschied sich grundlegend von der essentialistischen Perspektive, mit der man damals eine direkte Linie von den protohistorischen Germanen und Galliern zu den modernen Völkern Deutschlands und Frankreichs zu ziehen pflegte. Doch obschon sich die helvetischen Ahnen im patriotischen Diskurs in mancher Hinsicht als nützlich erweisen sollten,[5] eigneten sie sich nicht uneingeschränkt als Anknüpfungspunkt nationalistischer Begeisterung. Das, was man von ihnen wusste, liess sich – im Unterschied etwa zur Geschichte der Gallier oder Germanen – in ideologischer Hinsicht kaum verwerten. Zwar hatte Julius Caesar in seinem Werk über den Gallischen Krieg die kriegerischen Qualitäten der Helvetier hervorgehoben. Doch war die Entschlossenheit, die er ihnen zusprach, vor allem darauf ausgerichtet, die Heimat im schweizerischen Mittelland zu verlassen und gegen fruchtbarere Gefilde im sonnigen Süden Galliens einzutauschen. Und einmal unterworfen, verdankten die Helvetier das ihnen von Rom entgegengebrachte Wohlwollen einzig der besonderen Rolle, die ihnen von den Besatzern zugedacht worden war: der eines Hilfstrupps zum Schutze Roms vor der germanischen Bedrohung – es war dies eine Rolle, die für den soeben gegründeten Bundesstaat nicht gerade als Vorbild taugte.

### Die «vaterländischen Alterthümer»

In der ersten Hälfte des 19. Jahrhunderts regte die Romantik zahlreiche Forschungen zu dem von der Aufklärung vernachlässigten kulturellen Erbe, zu «dunklen» Jahrhunderten und vernachlässigten Ruinen, an. In ganz Europa waren Antiquare bestrebt, die auf reinem Buchwissen basierende universalistische und rationale Sicht auf die griechisch-römische Antike hinter sich zu lassen und nun vielmehr die Besonderheiten und Ursprünge der Völker zu erkunden – anhand ihrer Folklore, Traditionen, Bräuche und insbesondere ihrer bislang von den Gelehrten ignorierten materiellen Relikte.

Auch die allenthalben spürbare Enttäuschung und Verbitterung über die Verweigerung der vom Volk geforderten Selbstbestimmungsrechte trugen dazu bei, dass sich Antiquare auf dem ganzen Kontinent daran machten, die Spuren der «Gründerväter» und Ahnen der modernen Nationen archäologisch zu erforschen. In der Schweiz, wo die Konstruktion einer gemeinsamen Identität nicht auf einem ethnischen Fundament erfolgen konnte, erwies sich dies jedoch als schwierig. Die Antiquare befanden sich hier im Dilemma zwischen einer kaum gerechtfertigten Bezugnahme auf die Helvetier einerseits und panischer Angst vor der Germanophilie andererseits. Während die Furcht vor Letzterer dazu führte, dass der alemannischen Landnahme jeglicher kulturelle Einfluss auf das spätere Staatswesen abgesprochen wurde,[6] schreckte man zugleich davor zurück, der keltischen Kultur jene Rolle zuzuweisen, da dies nur zu leicht als frankophile Haltung hätte interpretiert werden können. Die Folge war, dass sich die Antiquare auf die Idealisierung des Mittelalters verlegten. Auf diese Epoche führte man nun die Entstehung der eidgenössischen Wesenszüge zurück; Werte, die – so sah man es – im Zuge der konfessionellen Spaltung verraten worden seien.

Im Zuge der liberalen ↑Regeneration der Schweiz spielte die von Ferdinand Keller (1800–1881) im Jahr 1832 nach britischem Vorbild gegründete *Antiquarische Gesellschaft in Zürich* in geistig-ideeller Hinsicht eine herausragende Rolle. Ihre Mitglieder befassten sich mit den unterschiedlichsten Themen, etwa mit volkstümlichen Bräuchen, alpiner Folklore, der Philologie der alemannischen Dialekte, der Heraldik, der Entwicklung der Trachten oder mit der mittelalterlichen Architektur. In erster Linie zeichnet sich jene Gesellschaft jedoch durch ihren Beitrag zur archäologischen Forschung aus. Dank eines dichten Korrespondentennetzes vermochten Keller und seine Kollegen in der ganzen Schweiz die Erkundung archäologischer Stätten anzuregen. Im Zentrum des Interesses stand dabei alles, was die nationale Identität in irgendeiner Weise berührte; so bemühten sich die Antiquare vornehmlich um die Dokumentation der Sitten, Bräuche und Glaubensvorstellungen der vermeintlichen Vorfahren.

### Die Pfahlbauer und der Schweizer «Sonderfall»

Die im Jahr 1854 erfolgte Entdeckung der Pfahlbausiedlungen – zuerst bei Obermeilen am Zürichsee, dann an den Ufern der meisten Schweizer Seen – veränderte die Arbeitsweise der Antiquare grundlegend.[7] Der aussergewöhnlich gute Erhaltungszustand dieser Fundstätten führte dazu, dass zu deren Erforschung nun auch die Naturwissenschaften – Geologie, Paläontologie, Botanik und Chemie – herangezogen wurden. In der Folge sollten die Schweizer Altertumsforscher zu einer treibenden Kraft bei der Entwicklung jener neuen Wissenschaft, der prähistorischen Archäologie, werden.

Während es derweil als erwiesen gilt, dass der Pegel der Seen, an deren Ufern die stein- und bronzezeitlichen Pfahlbausiedlungen errichtet wurden, deutlich niedriger war als er es heute ist, vertraten die Altertumsforscher des 19. Jahrhunderts die These, dass die auf Pfählen errichteten Plattformen der Pfahlbausiedlungen mitten im Wasser gestanden hätten. Es war dies eine These, die tiefgreifende ideologische Folgen haben sollte, schien doch jene aussergewöhnliche Siedlungsform die Definition der «Pfahlbauer» als Volk mit einer eigenen und einzigartigen Kultur zu rechtfertigen, das sich seit jeher von seinen Nachbarn unterschieden habe.

Sechs Jahre nach der Gründung des Bundesstaates von 1848 und angesichts zunehmender Nationalisierungsbestrebungen in den autokratisch verfassten Nachbarstaaten kam eine solche These freilich nicht ohne Hintergedanken zustande. Die Pfahlbausiedlungen dienten als bildhafter Ausdruck der schweizerischen Neutralität: Verschanzt auf ihren künstlichen Plattformen symbolisierten sie die Vorstellung einer Schweiz, die – einer Insel des Friedens gleich – von den stürmischen Fluten der Geschichte umspült wird.

Dieser Diskurs basierte zwar in der Tat auf einigen – auch stets hervorgehobenen – archäologischen Besonderheiten, andererseits erwies sich jedoch die «Pfahlbaukultur» als bestens geeignet, um in sie Idealvorstellungen der schweizerischen Demokratie hineinzuprojizieren: So schienen die Forschungsergebnisse das Bild einer egalitären, friedlichen, spar- und arbeitsamen Solidargemeinschaft zu zeichnen.

Jener aus den Tiefen der Geschichte zu Tage geförderten Kultur wurde bald ein ausserordentliches Interesse entgegengebracht. In ihrer popularisierten Variante verliehen die Pfahlbausiedlungen den vertrauten heimatlichen Landschaften einen exotischen Hauch, von dem sich auch Historienmaler inspirieren liessen. Die entsprechenden Gemälde fanden sich schliesslich zuhauf in Zeitschriften, Almanachen und schliesslich auch in Schulbüchern reproduziert. Man komponierte Lieder, schrieb Gedichte und Theaterstücke zu diesem Thema, und im Rahmen von Volksfesten wurden historisierende Prozessionen organisiert, bei denen die Bürger als Pfahlbauer verkleidet durch beflaggte Strassen zogen.

Diese Verherrlichung war indes nicht auf die Schweiz beschränkt. Nach dem Wissensstand des 19. Jahrhunderts handelte es sich bei den Pfahlbauern um die erste archäologisch nachgewiesene sesshafte Kultur Europas. Man betrachtete sie daher als Ursprung der Zivilisation und stellte diesbezüglich eine erstaunliche Übereinstimmung mit dem Utopia des Thomas Morus und dem Goldenen Zeitalter Jean-Jacques Rousseaus fest. Rousseau zufolge war die erste menschliche Zivilisation auf einer Inselwelt am Übergang von Erde und Wasser entstanden. Aufgrund solcher Parallelen erschienen die Pfahlbaudörfer als Inbegriff eines verlorenen Ideals: Geschützt durch ihren unverdorbenen Charakter und ihre Tugendhaftigkeit hätten jene Urahnen von den Vorzügen sozialer Tauschbeziehungen profitieren können, ohne zugleich unter deren korrumpierenden Folgen leiden zu müssen. Ein solches Geschichtsbild korrespondierte zutiefst mit den Ängsten, welche die Umwälzungen des 19. Jahrhunderts allenthalben hervorriefen; entsprechend wurde es auch von Seiten der konservativen Kräfte stark gefördert. Im Zeitalter der industriellen Revolution und zunehmender Verstädterung bot die Überhöhung der prähistorischen Vergangenheit eine willkommene Zuflucht.

In den Reihen der liberalen und progressiven Eliten des Landes wurden jene Entdeckungen allerdings ganz anders interpretiert. Aus der Sicht der damals vieldiskutierten Evolutionstheorien erschienen die Pfahlbauer als Pioniere des Fortschritts und der Freiheit. Sie galten als Urheber der jungsteinzeitlichen Revolution, welche die technische und kulturelle Entwicklung bis zum Beginn des historischen Zeitalters bestimmt habe. Dass man nun in der Lage war, ebendiese prähistorische Epoche archäologisch zu erforschen, schien das «Gesetz des Fortschritts» seinerseits zu bestätigen.

Paradoxerweise sollten gerade jene gegensätzlichen Sichtweisen der enormen Verbreitung des Pfahlbauermythos den Weg bahnen. Es kann in diesem Zusammenhang von einem eigentlichen Geschichtsmythos gesprochen werden: einem Vergangenheitsdiskurs, dessen Mehrdeutigkeit unterschiedliche Interpretationen zulässt. Die von allen geteilte Identifikation mit den prähistorischen Vorfahren und die Zelebration dieses gemeinsamen Ideals liessen eine Überwindung der politischen Gegensätze möglich erscheinen. Dieses Ideal hoffte man – wenn auch in sehr unterschiedlicher Weise –, für die Zukunft reaktivieren zu können. Die Voraussetzung war, dass die Tugenden der prähistorischen Vorfahren aufs Neue gelebt werden würden. Von diesen Tugenden fanden sich Ende des 19. Jahrhunderts Bescheidenheit und Tüchtigkeit besonders hervorgehoben. Die Betonung dieser Eigenschaften besiegelte – vermittelt durch die Entfremdung der neuen grossen Masse der Arbeitenden – den politischen Zusammenschluss von Konservativen und progressiven Liberalen. Die Werte der «Pfahlbauernation» liessen die Forderungen der Arbeiterbewegung als übertrieben erscheinen.

**Gegen den Pangermanismus**
Gegen Ende der 1920er Jahre machten sich deutsche Wissenschaftler daran, die «Pfahlbautheorie» zu widerlegen. Obwohl ihre Thesen wissenschaftlich fundiert waren, wurden sie von den Schweizer Kollegen umgehend verworfen. Allerdings waren auch die deutschen Forscher nicht frei von politischen Motiven. Dies gilt im Besonderen für den stark nationalsozialistisch geprägten Archäologen Hans Reinerth (1900–1990), für den die Widerlegung der Vorstellung, dass die Pfahlbauer ihre Plattformen mitten im Wasser errichtet hätten, eine Chance darstellte, den prähistorischen Ahnen der Eidgenossenschaft eine eigenständige Kultur abzusprechen und auf diese Weise den germanischen Ursprung der Schweiz zu belegen.

Auf diesen Versuch einer ideologischen Vereinnahmung antworten die Vertreter der ↑ Geistigen Landesverteidigung (siehe Kapitel von Sacha Zala, S. 513f., S. 519) mit dem Verweis auf jene Vielfalt der Identitätsbezüge, die gerade die Besonderheit der «Willensnation» Schweiz ausmache. In dieser Angelegenheit erhielt die archäologische Forschung Unterstützung von Seiten der Bundesbehörden: Im Rahmen der Arbeitsbeschaffungsmassnahmen der 1930er Jahre wurden in Aventicum, Augusta Raurica und Vindonissa grossangelegte Grabungsprojekte in Angriff genommen. Anhand dieser Stätten liessen sich die keltoromanischen Ursprünge der Schweiz besonders anschaulich darlegen. Als unschätzbarer Glücksfall erwies sich der im April 1939 in Avenches getätigte Fund einer Goldbüste des römischen Kaisers Marc Aurel, die schon kurz nach ihrer Entdeckung an der Landesausstellung in Zürich einer grossen Öffentlichkeit zugänglich gemacht wurde. Dieses Meisterwerk provinzialrömischer Kunst der Kaiserzeit avancierte zur Ikone eines lateinisch geprägten Helvetiens und war trefflich dazu geeignet, den pangermanischen Expansionsbestrebungen entgegengehalten zu werden.

---

1 — Zur Geschichte der Archäologie in der Schweiz siehe Andres Furger / Calista Fischer / Markus Höneisen, Die ersten Jahrtausende, Zürich 1998; Marc-Antoine Kaeser, A la recherche du passé vaudois, Lausanne 2000; ders., L'Univers du préhistorien, Paris 2004.
2 — Marion Benz, Augusta Raurica, in: Archäologie der Schweiz, Jg. 26, Nr. 2, 2003, S. 15.
3 — Ebd., S. 15.
4 — Marie-France Meylan Krause, Aventicum, Avenches 2004, S. 69.
5 — Archäologie der Schweiz, Jg. 14, Nr. 1, 1991.
6 — Gerhard Fingerlin, Vom Schatzgräber zum Archäologen, in: Archäologisches Landesmuseum Baden-Württemberg (Hg.), Die Alamannen, Stuttgart 1997, S. 45–51.
7 — Marc-Antoine Kaeser, Les Lacustres, Lausanne 2004; ders., Ansichten einer versunkenen Welt, Hauterive 2008; Antiquarische Gesellschaft in Zürich, Pfahlbaufieber, Zürich 2004.

1778

1849

Um 1900

2008

Der Rhonegletscher zwischen Grimsel- und Furkapass ist einer der am besten beobachteten und vermessenen Gletscher der Alpen. Das Ölgemälde von Caspar Wolf von 1778 und das Photo von 1849 zeigen ihn bei Hochständen in jüngeren Abschnitten der Kleinen Eiszeit. Um 1900 war der Gletscher, wie eine Photochrom-Postkarte aus dieser Zeit zeigt, bereits deutlich zurückgeschmolzen, erreichte aber immer noch den Talboden. 2008 ist die Zunge von der gleichen Stelle aus kaum mehr sichtbar. Um 2100 dürfte der Gletscher verschwunden sein.

*Oben links: Caspar Wolf, Der Rhonegletscher von der Talsohle bei Gletsch gesehen, Öl auf Leinwand, 1778 (Aargauer Kunsthaus, Aarau); oben rechts: Photo von Daniel Dollfus-Ausset, aus: Paul L. Mercanton, Vermessungen am Rhonegletscher 1874–1915. Neue Denkschriften der Schweizerischen Naturforschenden Gesellschaft, Bd. 52, 1916; unten links: Photochrom-Postkarte um 1900 (US Library of Congress, Photograph unbekannt); unten rechts: Photo von 2008, © Jürg Alean.*

# Umwelt- und Klimageschichte —*Christian Pfister*

Umweltgeschichte ist Menschen- und Naturgeschichte in einem.[1] Seit den Jäger- und Sammlerkulturen sind ökologische Prozesse mit zunehmender Intensität in gesellschaftliche Aktivitäten einbezogen worden, zunächst durch die Gewinnung von Kulturland, später durch die Nutzung von Wind und Wasserkraft, im frühen 19. Jahrhundert durch einen substantiellen Zugriff auf den fossilen Energieträger Kohle, mit der Verfügbarkeit gigantischer Mengen an spottbilligem Öl seit den 1950er Jahren schliesslich durch eine weltweite und exponentiell beschleunigte Wirkungstiefe wirtschaftlicher Aktivitäten, welche die Ökosysteme der Erde und ihr Klimasystem stark und dauerhaft verändert haben. Zur Aufrechterhaltung von Lebensprozessen sind Gesellschaften wie Individuen auf die Aufnahme und Umwandlung von Energie und Material angewiesen. Angehörige von Agrargesellschaften nutzten ausschliesslich die von der Sonne eingestrahlte Energie in Form von Biomasse, Wind- und Wasserkraft. Diese fiel proportional zur Fläche an und konnte durch Arbeitsleistung nur in beschränktem Umfang gesteigert werden, was ein längerfristiges Wirtschaftswachstum pro Kopf nicht erlaubte. Ein solches wurde erst möglich, als die werdende Industriegesellschaft mit Hilfe eines Clusters von technischen Innovationen – der Eisenverhüttung mit Koks, der Dampfmaschine und der Massenproduktion von Steinkohle – auf nahezu unbegrenzte fossile Energiebestände zugriff und ein leistungsfähiges globales Verkehrsnetz aufbaute. Seit dem Zweiten Weltkrieg werden Materialien und Energieträger in so gewaltigem Umfang für die Herstellung von Gütern und Dienstleistungen genutzt, dass Boden, Wasser und Luft die anfallenden Reststoffe in weiten Teilen der Erde nicht mehr zu verkraften vermögen.

In der Perspektive des 21. Jahrhunderts steht die Umwelt als vierte historische Grundkategorie neben Herrschaft, Wirtschaft und Kultur. Die Umweltgeschichte untersucht Wechselwirkungen zwischen Gesellschaften und ihrer ökologischen Umwelt anhand von anthropogenen Quellen aller Art.[2] Thematisiert werden vor allem als störend bewertete menschliche Einwirkungen auf ökologische Prozesse sowie Auswirkungen von «Natur»-Katastrophen, die durch menschliche Massnahmen oder Unterlassungen ausgelöst, verschärft oder abgemildert werden. Die damit einhergehenden Diskurse erlauben Einblicke in Repräsentationen von «Natur» und «Umwelt», die letztlich allein handlungsrelevant sind.

**Die Bedeutung des Klimas**[3]
Witterung und Klima gehörten lange Zeit zu jenen natürlichen Prozessen, die menschlichem Einfluss weitgehend entzogen blieben und immer wieder störend in das tägliche Leben eingriffen. Bis zum Zeitalter der Eisenbahn um 1860 lebten die meisten Menschen im Rhythmus von guten und schlechten Ernten. Wärme und Sonnenschein in den Frühjahrs- und Sommermonaten beeinflussten – bei ausreichender Feuchtigkeit – die Erträge aller Kulturen sowie die Viehzucht grundsätzlich positiv, anhaltende Kälte und Nässe negativ. Längere warme und kalte Perioden schlugen sich in den Alpen in Form von Gletscherschwankungen nieder. Wie andere Eisströme drang der Walliser Fieschergletscher vom späten 16. Jahrhundert an bedrohlich ins Tal vor. Um ein weiteres Vorrücken des Eises zu bannen, gelobten die Fieschertaler im Jahr 1678, alljährlich eine Prozession durchzuführen. Mit dem raschen Gletscherschwund ist dieses Gelübde dahingehend abgeändert worden, dass die Prozession nun ein weiteres Rückschmelzen des Eises verhindern soll. Die Geschichte des benachbarten Aletschgletschers ist anhand von fossilen Hölzern und historischen Dokumenten für die letzten 3500 Jahre rekonstruiert worden. Die Schwankungen seiner Ausdehnung sind für das nordhemisphärische Klima repräsentativ. Wesentlich kleiner als heute war er in der Bronzezeit (1350–1250 v. Chr.) und in der späten Eisenzeit (200 v. Chr. bis 50 n. Chr.). In der Mitte des 13. Jahrhunderts erreichte er etwa die heutigen Dimensionen. Während der Kleinen Eiszeit von etwa 1300 bis 1860, der kältesten Periode der letzten 8200 Jahre, sind drei Maximalstände, um 1385, 1667 und 1860, nachgewiesen.[4] Die Abkühlung seit der Bronzezeit ist auf drei Ursachen zurückzuführen. Veränderungen der Erdachse und der Erdbahn um die Sonne hatten eine kurzfristig geringe, aber langfristig bedeutsame Abnahme der Sommertemperaturen zur Folge. Dieser Tendenz überlagerten sich Phasen schwächerer Sonnenaktivität sowie in den letzten 1000 Jahren eine Vielzahl klimawirksamer Vulkaneruptionen, die – letztmals 1816 – «Jahre ohne Sommer», Gletschervorstösse und Hungersnöte nach sich zogen. Die Industrialisierung schliesslich verstärkte den natürlichen Treibhauseffekt und setzte eine menschengemachte Erwärmung in Gang, die sich in den letzten Jahrzehnten bedrohlich beschleunigt hat.

Die Kleine Eiszeit war keine homogene Kaltperiode. Dies lässt sich aus dem Studium von Archiven erschliessen, die eine unüberblickbare Vielfalt von klimarelevanten Quellen enthalten. So ist in den Rechnungen von Klöstern und Gemeinden Jahr für Jahr der Zeitpunkt des Weinlesebeginns, teilweise auch des Beginns der Getreideernte, verzeichnet. Aus entsprechenden Zeitreihen ist mit statistischen Methoden die Temperatur von März bis Juli rekonstruiert worden. Witterungsaufzeichnungen von Pfarrern, Bauern und Gelehrten weisen eine zeitliche Auflösung von Tagen, Wochen oder Monaten auf. Sie erlauben es, Temperaturrekonstruktionen in Form von monatlichen Indizes feiner aufzuschlüsseln. Für jeden Monat seit 1500 liegt mittlerweile eine Temperaturschätzung für Deutschland, Tschechien und die Schweiz vor.[5] Zuständig dafür ist die Historische Klimatologie, deren Vertreter seit den 1990er Jahren international zusammenarbeiten. Ergebnisse sind für die Zeit ab 1500 zu jahreszeitlichen, ab 1659 sogar zu monatlichen Karten von Temperatur, Niederschlag und Luftdruck für ganz Europa verdichtet worden, wodurch verallgemeinernde Aussagen möglich werden. So waren bitterkalte Bisenlagen im Winterhalbjahr zwischen 1300 und 1900 häufiger und dauerten länger als im 20. Jahrhundert, wodurch zum Beispiel die Seen öfters zufroren.

Mikrogeschichten der Witterung thematisieren Wirkungen von klimatischen Extremen auf die Lebenswirklichkeit der Betroffenen und die damit verknüpften Deutungsmuster. Wie der Gelehrte und Staatsmann Renward Cysat (1545–1614) zur Warnung künftiger Generationen festhielt, häuften sich im späten 16. Jahrhundert endlose Regenperioden und unzeitige Schneefälle bis in tiefe Lagen – eine Auswirkung wiederholter Vulkanausbrüche in den Tropen, wie wir heute wissen. Damit gingen mehrere Missernten in Folge bei Getreide, Wein und Obst einher. Diese existenzbedrohende Entwicklung wurde von den Zeitgenossen unterschiedlich interpretiert. Cysat hielt an der in beiden Konfessionen verbreiteten Auffassung fest, wonach das Wetter in Gottes Hand liege. Daneben gewann ein alternatives Deutungsmuster an Überzeugungskraft, das «unnatürliche» Witterungsmuster einer Verschwörung von «Hexen» unter Anstiftung des Teufels anlastete. Der Dominikanermönch Heinrich Kramer hatte den Hexenglauben in seinem 1486 verfassten unseligen *Malleus maleficarum* (Hexenhammer) in ein System gefasst und öffentlichkeitswirksam publiziert. Er schrieb den Hexen unter anderem die Fähigkeit zu, durch Hagel und kalte Regen die Ernten zu verderben, die Milchleistung von Kühen und Ziegen wegzuzaubern sowie Menschen und Vieh durch Seuchen unter die Erde zu bringen; lauter Erscheinungen, die mit klimatischen Extremereignissen in Zusammenhang stehen. Breitenwirksam wurde der Hexenglaube jedoch erst auf dem zweiten Höhepunkt der Kleinen Eiszeit zwischen 1570 und 1630. Er bildete den Hintergrund für eine weltweit einzigartige Massenverfolgung, die in Europa – unabhängig von den Konfessionen – gegen 60 000 Menschen, meist Frauen, den Tod brachte.

Mit der Globalisierung der Märkte für Getreide und andere Agrarprodukte um 1880 verlor die Witterung ihre lebensweltliche Bedeutung und verblasste im medialen Bewusstsein. Die Geschichtswissenschaft setzte dem herrschenden Naturdeterminismus lange Zeit einen Kulturdeterminismus entgegen, der die gesellschaftlichen Auswirkungen natürlicher Einflüsse vernachlässigte. Dies änderte sich erst, als die Weltgesellschaft den Klimawandel als Thema zu entdecken begann.

**Konfliktfeld Wald**[6]
Holz war der weitaus bedeutendste Wärmespender und der wichtigste Grundwerkstoff der Agrargesellschaft. Neben Brenn-, Bau-, Werk- und Zaunholz bot der extensiv genutzte Wald auch Weideraum sowie Sammelgüter wie Beeren, Pilze, Laubstreu und Harz. Ferner diente er als «Werkplatz» für energieintensive Tätigkeiten wie den Bergbau und die Köhlerei. In Perioden schnelleren Bevölkerungswachstums wurde er zur Gewinnung neuer Acker- und Futterflächen gerodet, wodurch seine Produkte zu verknappen drohten. Diskussionen über Holzmangel reichen weit zurück, erlangten aber erst von der Mitte des 18. Jahrhunderts an überregionale Breitenwirkung. Mitglieder der aufkommenden ökonomischen Gesellschaften interpretierten die drohende Holzverknappung als Ergebnis einer mit Blick auf die Bedürfnisse künftiger Generationen verbesserungsfähigen Waldnutzung. Um die nachhaltige Bewirtschaftung mit dem erwünschten Bevölkerungs- und Wirtschaftswachstum zu verbinden, propagierten beispielsweise die Berner Ökonomen eine Doppelstrategie. Im Rahmen der verbreiteten Luxusdiskussion prangerten sie einerseits die auf neuen Behaglichkeitsstandards beruhende «Holzverschwendung» an. Andererseits hofften sie, die Produktivität der extensiv genutzten Wälder auf der Basis wissenschaftlicher Rationalität zu steigern, etwa durch die Saat von Eichen und Buchen und den Schutz des Jungwuchses vor dem Weidevieh. Flankierend dazu propagierten sie Holzsparstrategien wie Sparöfen und die Verfeuerung von Torf. Ausserdem versuchten sie, die Bedachung mit Ziegeln statt mit Stroh oder Schindeln und die Ersetzung von Holzzäunen durch «Lebhäge», also Hecken, durchzusetzen. Diese Innovationen waren jedoch an die bestehenden gesellschaftlichen Strukturen im ländlichen Raum nicht anschlussfähig, ökonomisch wie ökologisch nicht durchkalkuliert und im Rahmen eines «schlanken» Staatswesens nicht finanzierbar.

Mit der Wende von 1831 gelangten in vielen Kantonen die Liberalen an die Macht. Sie erwarteten, die Freiheit des Handels werde die unerschöpflichen Holzvorräte der Natur von selbst dahin leiten, wo man ihrer am meisten bedurfte. Der Boden sollte nach dem Prinzip des grösstmöglichen Geldertrags bewirtschaftet werden. Deshalb propagierten sie die Freiheit der Rodung und überführten die bisher gewohnheitsrechtlich genutzten Wälder in privates Eigentum. Aus dieser «Forstrevolution» erwuchsen massive soziale und ökologische Probleme. Durch die Abkehr von der nachhaltigen Bewirtschaftung, auch unter dem Einfluss der rasch wachsenden Bevölkerung, wurde der natürliche Aufwuchs um ein Mehrfaches übernutzt. Von 1800 bis zur Jahrhundertmitte wurden allein aus dem Kanton Bern mehr als zwei Millionen Kubikmeter Bau- und Brennholz exportiert. Um 1855 bedeckte der Wald in der Schweiz weniger als die Hälfte seiner heutigen Fläche. 1849 griff der Berner Oberförster Xavier Marchand in einer Denkschrift die Forstpolitik der Frühliberalen frontal an: «Je genauer man diese angebliche Gleichgewichtstheorie prüft, welche dem Holzpreise das unbeschränkte Recht und das Geschäft überlassen will, Wälder zu zerstören, zu schaffen und zu erhalten, um so gewisser muss man anerkennen, dass diese Theorie weiter nichts als ein Traum ist.»[7] Wie viele Kritiker der liberalen Forstpolitik argumentierte Marchand ökologisch, indem er auf den Einfluss des Waldes auf Klima und Abfluss verwies. Öffentlichkeits- und politikwirksam wurden solche Argumente jedoch erst in den folgenden Jahrzehnten, als die Schweiz in kurzen Abständen von verheerenden Überschwemmungen heimgesucht wurde. Die Kritiker schrieben diese Ereignisse hauptsächlich der Entwaldung der Gebirge zu, während die heutige Forschung die Bedeutung extremer Niederschläge stärker betont.[8] Nach dem Vorbild Frankreichs wurden daraufhin in zahlreichen Ländern, in der Schweiz 1876 und 1902, Gesetze zum Schutz des Waldes erlassen und Subventionen für Wiederaufforstungen ausgeschüttet.

Für den Vollzug der Forstgesetze bedeutsam war das nach 1852 in atemberaubendem Tempo gebaute Schweizer Eisenbahnnetz. Es öffnete dem fossilen Energieträger Steinkohle den Weg in die dicht besiedelten Teile des Mittellandes und ermöglichte den Zentren den Anschluss an die wachstumsträchtige thermoindustrielle Revolution. Die gebirgigen Landesteile blieben zunächst weiterhin auf Brennholz angewiesen, aber der Sog der Nachfrage aus dem Mittelland liess allmählich nach.

### Das Mittelland unter den Rädern des Fortschritts[9]

Um 1950 war die landwirtschaftliche Produktion noch in eine alle Lebensbereiche umfassende bäuerliche Kultur eingebettet. Mit Pferdezug, eigener Futterbasis, hofeigenem Dünger, frei lebenden Hühnern und einer Vielfalt von Pflanzensorten und Nutztierrassen produzierte sie mit einem hohen Arbeitsaufwand relativ umweltschonend. Der Landbedarf für die Urbanisierung war bescheiden und hatte sich seit 1912 durch verdichtetes Bauen und die geringe Ausweitung des Verkehrsnetzes verringert.

Ab den späten 1950er Jahren geriet dieses «Ancien Régime Ecologique» unter die Räder des Fortschritts. Im Verlauf des «kurzen Traumes immerwährender Prosperität»[10], der 1973 mit der «Erdöl*preis*krise»[11] endete, erfüllten sich die Hoffnungen der Menschen auf ein besseres Leben in einem Ausmass, das jede Vorstellungskraft sprengte. Im Alltag ersetzte der Überfluss den Mangel, die Freizeit die Arbeit und der Konsum die Produktion. Die weltgeschichtlich einzigartige Wachstumsperiode ist auf eine Vielzahl von Einflüssen lohn-, währungs-, und sozialpolitischer Natur zurückzuführen. Ausschlaggebend für die heutige Dringlichkeit der globalen und regionalen Umweltprobleme ist die Tatsache, dass diese Wachstumsperiode mit längerfristig sinkenden Preisen für fossile Energieträger zusammenfiel. Diese Anomalie – das «1950er Syndrom» – erklärt sich durch den gigantischen Umfang und die rasche Ausbeutung der mittelöstlichen Erdölfelder. Das stürmische Wirtschaftswachstum trocknete den Arbeitsmarkt aus, und günstige fossile und nukleare Energieträger ermöglichten es, teure Handarbeit durch automatisierte Produktion zu ersetzen. Der vom Volk geforderte rasche Bau eines dichten Autobahnnetzes und die stillschweigende Abkehr von einer ressourcenschonenden zu einer produktivitätsfixierten Agrarpolitik förderten diese Tendenz.[12]

In der Landwirtschaft wurde menschliche und tierische Arbeitskraft weitgehend durch Traktoren und motorisierte Maschinen ersetzt, und die Schweine- und Geflügelzucht wurden in bodenunabhängige Intensivbetriebe verlagert. Dabei stieg die Arbeitsproduktivität weit schneller als in den anderen Wirtschaftszweigen. Der Bund schuf mit festen Preisen Anreize zu einer übermässigen Ausweitung der Produktion von Milch, Fleisch und Getreide. Entsprechend stieg der Einsatz an Kunstdünger, Herbiziden, Pestiziden und importierten Futtermitteln. Es kam zu einer Überlastung der Böden und des Grundwassers, aber auch der öffentlichen Finanzen, besonders ausgeprägt im Kanton Luzern. Topfebene grossflächige Parzellen, wie sie die agrarische Grosstechnologie erforderte, wurden durch Güterzusammenlegungen und Meliorationen geschaffen, meist im Zusammenhang mit dem Autobahnbau. Die Fluren wurden mit geteerten «Güterstrassen» erschlossen, Unebenheiten aufgefüllt, Waldränder begradigt, das Land durch Eindolungen kleiner Bäche entwässert, Hunderttausende von Hochstammobstbäumen wurden eliminiert. Mit der Kleinräumigkeit wurden die bäuerliche Kultur und die Biodiversität zurückgedrängt. Einwänden aus Naturschutzkreisen und bäuerlicher Skepsis begegneten Kulturingenieure mit dem Argument, wo gehobelt werde, da würden eben Späne fallen. Übrig geblieben ist eine Agrarsteppe, die nur noch wenigen Kulturpflanzen als Substrat dient. Zwar verpflichtet die «neue Agrarpolitik» die Landwirtschaft seit 1996 zu schonender Bewirtschaftung, doch sind die anvisierten ökologischen Ziele infolge unzureichender Subventionierung und des verschärften Drucks, Nahrungsmittel zu international wettbewerbsfähigen Preisen zu produzieren, weitgehend verfehlt worden. Wenigstens sind die verbleibenden naturnahen Restflächen bewahrt worden.[13]

Seit den 1950er Jahren ist pro Sekunde ein Quadratmeter Kulturland überbaut worden. Die stürmische Urbanisierung ist Folge wohlstandsbedingt steigender individueller Bedürfnisse an Wohnraum, der Zuwanderung sowie der Entstehung eines Bandes von flächenintensiven Lager- und Verkaufsbetrieben, die sich an den am besten erreichbaren Standorten entlang der Autobahnen niederlassen. Warnungen vor einem unkontrolliert wuchernden Siedlungsband zwischen Bodensee und Genfersee wurden bereits in den 1950er Jahren laut. Den Nerv der Zeit traf 1973 der Künstler Jörg Müller mit seinem Protestbilderbuch, das den schrittweisen Umbau einer idyllischen Kulturlandschaft in ein «Shoppyland» zeigt.[14] Doch ist der Ausverkauf der wichtigsten natürlichen Ressource der Schweiz bisher nicht gestoppt worden.

---

1 — Christian Pfister, Die Katastrophenlücke des 20. Jahrhunderts und der Verlust traditionalen Risikobewusstseins, in: Gaia, Vol. 18, Nr. 3, 2009, S. 239–246; Rolf Peter Sieferle et al., Das Ende der Fläche, Köln 2006; Wolfram Siemann, Umwelt – eine geschichtswissenschaftliche Grundkategorie, in: ders. (Hg.), Umweltgeschichte, München 2003, S. 7–20.
2 — Christian Pfister, Umweltgeschichte, in: Antonietta di Giulio/Rico Defila (Hg.), Allgemeine Ökologie, Bern 2007, S. 51–64.
3 — Jürg Luterbacher et al., European seasonal and annual temperature variability, trends, and extremes since 1500, in: Science, Vol. 303, 2004, S. 1499–1503; Franz Mauelshagen, Klimageschichte der Neuzeit: 1500–1900, Darmstadt 2010; Christian Pfister, Wetternachhersage, Bern 1999; Heinz Wanner et al., Die Kleine Eiszeit, in: André Kirchhofer et al. (Hg.), Nachhaltige Geschichte, Zürich 2009, S. 91–108.
4 — Hanspeter Holzhauser et al., Glacier and lake-level variations in west-central Europe over the last 3500 years, in: The Holocene, Vol. 15, Nr. 6, 2005, S. 789–801.
5 — Petr Dobrovolny et al., Monthly, seasonal and annual temperature reconstructions for Central Europe derived from documentary evidence and instrumental records since AD 1500, in: Climatic Change, Vol. 101, Nr. 1–2, 2009, S. 69–107.
6 — Martin Stuber, Wälder für Generationen, Köln 2008.
7 — Xavier Marchand, Über die Entwaldung der Gebirge, Bern 1849, zit. in: Stuber, Wälder für Generationen, S. 39.
8 — Christian Pfister/Daniel Brändli, Rodungen im Gebirge, Überschwemmungen im Vorland: Ein Deutungsmuster macht Karriere, in: Rolf Peter Sieferle (Hg.), Natur-Bilder, Frankfurt a.M. 1999, S. 297–324.
9 — Christian Pfister, Energiepreis und Umweltbelastung, in: Wolfram Siemann (Hg.), Umweltgeschichte, München 2003, S. 61–86.
10 — Burkart Lutz, Der kurze Traum immerwährender Prosperität, Frankfurt 1984.
11 — Jens Hohensee, Der erste Ölpreisschock 1973/74, Stuttgart 1996.
12 — Christian Pfister, Energiepreis und Umweltbelastung, in: Siemann (Hg.), Umweltgeschichte, S. 61–86; ders., The «1950s Syndrome» and the transition from a slow-going to a rapid loss of global sustainability, in: Frank Uekötter (Hg.), Turning Points in Environmental History, Pittsburgh, PA 2010, S. 90–117.
13 — Klaus Christoph Ewald/Gregor Klaus, Die ausgewechselte Landschaft, Bern 2009.
14 — Jörg Müller, Alle Jahre wieder saust der Presslufthammer nieder, Aarau 1973.

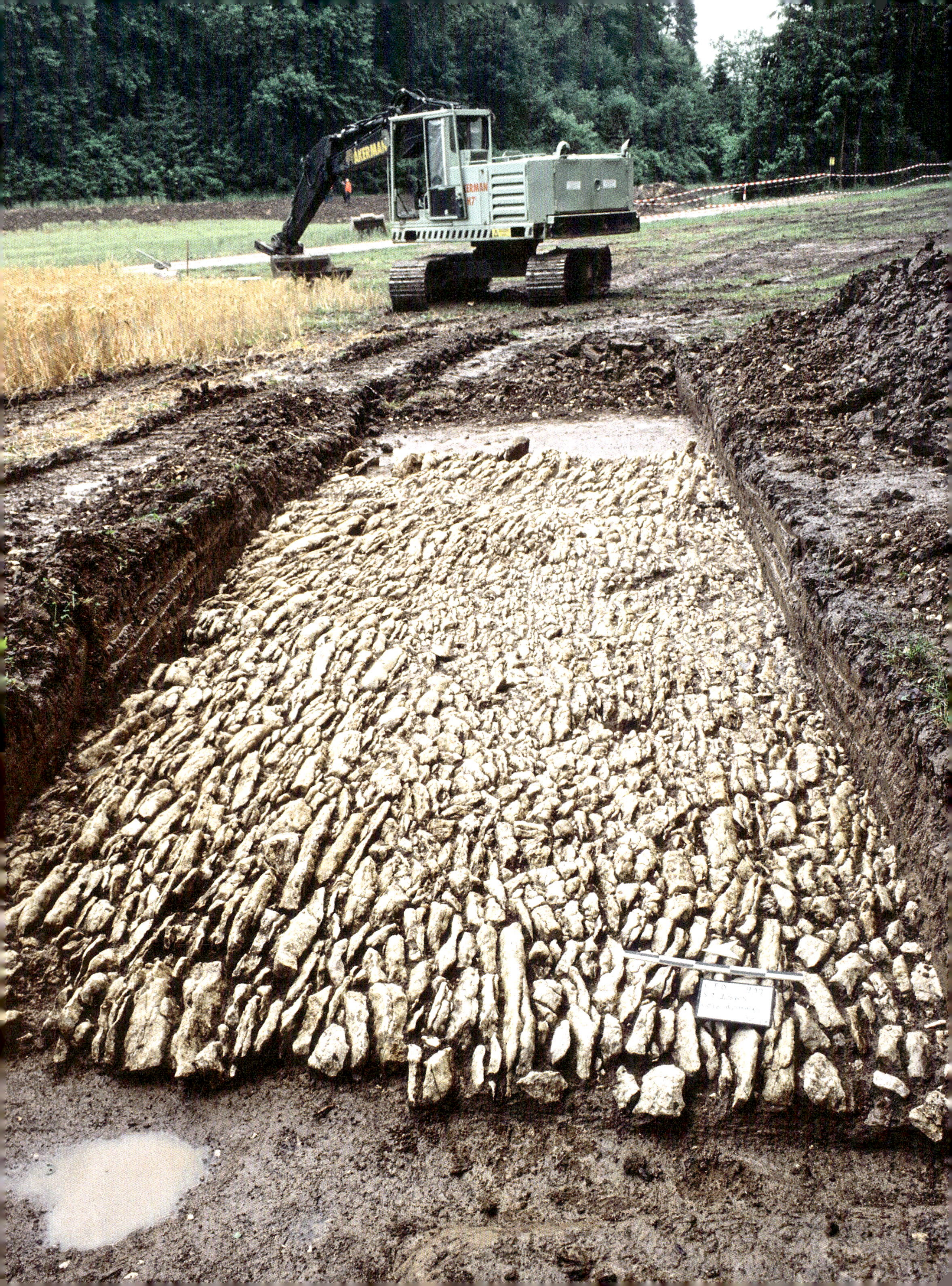
AKERMAN

# Die römische Epoche. Integration in die Mittelmeerwelt —*Regula Frei-Stolba, Daniel Paunier*

Vom 1. Jahrhundert v. Chr. bis zum 6. Jahrhundert n. Chr. war das Gebiet der heutigen Schweiz, ohne darin eine eigene Verwaltungseinheit zu bilden, Teil des Römischen Reiches, jenes riesigen Konglomerates, das auf einer gemeinsamen politischen, wirtschaftlichen und kulturellen Basis beruhte. Die von Rom anfänglich mit Gewalt erzwungene Unterwerfung zog grundlegende Veränderungen der Lebensart und der Lebensbedingungen der Völkerschaften nach sich, hatte jedoch keine grossen Auswirkungen auf deren ethnische Zusammensetzung. Dieser Prozess, die sogenannte Romanisierung, wurde schon lange zuvor durch Kontakte und Handelsbeziehungen mit dem Mittelmeerraum vorbereitet und nach der Eingliederung ins Reich durch verschiedene Faktoren gefördert: durch eine langandauernde Periode des Friedens und wirtschaftlichen Wachstums, eine weitgehende Autonomie für die einheimischen Eliten, die schon bald das volle römische Bürgerrecht erhielten, sowie durch den riesigen geeinten Raum, der der kulturellen Verschmelzung förderlich war.

Dieses Kapitel zeigt, dass die vielgestaltige kulturelle Identität der Schweiz zu einem grossen Teil auf das reiche Erbe des Römischen Reiches zurückgeht. Um diese Einflüsse als Ganzes zu beschreiben, stützt sich die Darstellung nicht nur auf die wenigen überlieferten Berichte von zeitgenössischen Historikern über die Schweiz, sondern es werden insbesondere auch Inschriften und archäologische Relikte herangezogen, deren sorgfältige Interpretation und eingehender Vergleich mit entsprechenden Zeugnissen aus anderen Teilen des Römischen Reiches ein Licht auf die hiesigen Verhältnisse werfen können.

**Abschnitt der römischen Strasse von Courtedoux bei Porrentruy (JU), vermutlich 40–50 n. Chr. erbaut,** © *Photo Office de la culture, Jura.* — Das Strassenbett (Breite 6,70 Meter) bestand aus senkrecht gestellten Kalksteinplatten, die mit Kies bedeckt waren; die Seiten waren durch Gräben gesichert. Diese Strasse führte sowohl nach Augst als auch zum *vicus* Petinesca auf dem Gebiet der heutigen Berner Gemeinde Studen.

Die Geschichte der Schweiz — *Regula Frei-Stolba, Daniel Paunier*

## DIE ROMANISIERUNG

In der römischen Zeit gehörte das Gebiet der heutigen Schweiz fünf Provinzen an und war weit davon entfernt, eine ethnische oder gar administrative Einheit zu bilden; jene fünf Provinzen, die Rom direkt unterstellt waren, umfassten eine viel grössere Fläche. Einzig die geographischen Gegebenheiten mit den alpenquerenden Pässen und dem Mittelland, das direkten Zugang zu den Verkehrskorridoren des Rhein- und Rhonetals besass, verliehen diesem Kreuzungspunkt grosser Verkehrsachsen eine historische Rolle als Verbindungs- und Begegnungsraum. Das Land war in politischer, administrativer und rechtlicher Hinsicht gänzlich in das römische Herrschaftsgebiet integriert und zog aus der anhaltenden Vermischung der Völker und der Kulturen gleichermassen Nutzen, wie andere Gebiete des Reiches auch. Die Bevölkerung setzte sich aus einem knappen Dutzend Völkerschaften zusammen, die meistens keltischer, seltener rätischer[1] Herkunft waren. Die Integration ins Römische Reich und die Begegnungen zwischen den verschiedenen Kulturen – einheimischer, römischer und italischer – haben tiefe Veränderungen in politischer, gesellschaftlicher und kultureller Hinsicht bewirkt, eine Form der Akkulturation, die man Romanisierung nennt.[2]

Allerdings ging das Phänomen der Romanisierung weit über eine vom Sieger den Besiegten auferlegte eindimensionale Akkulturation hinaus. Die davon betroffenen Kulturen, die römische und die italische ebenso wie die neu ins Reich integrierten, durchliefen einen Evolutionsprozess, in dessen Verlauf sie sich auf vielfältige Weise gegenseitig beeinflussten. Schon beträchtliche Zeit vor der politischen Integration wurde die Romanisierung gefördert, einerseits dadurch, dass sich die einheimische Elite rasch der römischen Lebensart annäherte; andererseits auch durch den politischen Realitätssinn der Römer, welche in den meisten Fällen den unterworfenen Völkern ihre Identität liessen und die gallische Aristokratie in die neuen Herrschafts-

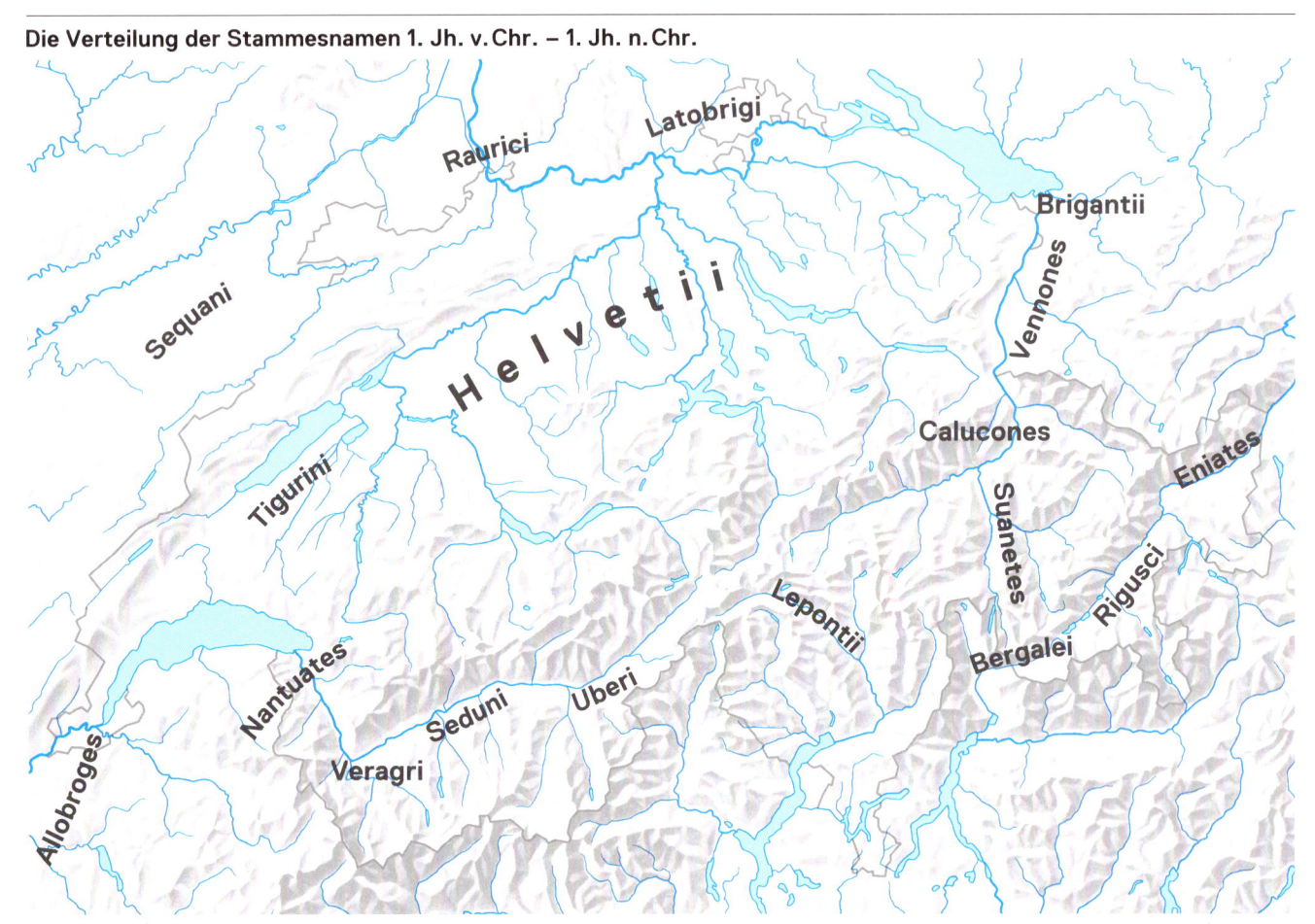

**Die Verteilung der Stammesnamen 1. Jh. v. Chr. – 1. Jh. n. Chr.**

Latobrigi: Die Lokalisierung ist unsicher. Suanetes: wohl auch im Vorderrheintal. Eniates: Der Name ist nicht überliefert, sondern aus frühmittelalterlichen Quellen erschlossen (bedeutet «Inntaler»). Vennones: Die Stammesnamen werden verschieden überliefert: Vennonenses, Vennonetes, Venontes, auch Vennioi. Dies gilt auch für die Rigusci und die Suanetes. Siehe dazu die entsprechenden Einträge im HLS: Hans Lieb: «Enniates», Regula Frei-Stolba: «Vennones», «Rigusci», «Suanetes».
Quelle: Felix Müller et al. (Hg.), *Die Schweiz vom Paläolithikum bis zum frühen Mittelalter (SPM)*, Bd. 4: Eisenzeit, Basel 1999, S. 30 (geändert),
© 2013 Schwabe AG, Verlag, Basel, und Kohli Kartografie, Kiesen.

strukturen integrierten. Geschwindigkeit und Intensität der Romanisierung variierten allerdings je nach Region und Umständen. Im Genferseegebiet und im Unterwallis scheint sie deutlich ausgeprägter gewesen zu sein als im nordwestlichen Mittelland oder in den Alpentälern, die länger an ihren althergebrachten Traditionen festhielten. Die Kolonien von Nyon, Avenches und Augst, aber auch das südliche Tessin zeigten sich dagegen viel stärker romanisiert als die Nordostschweiz, die damals spärlicher bevölkert war und abseits der grossen Verkehrsachsen lag.

### Ein lange vor der politischen Integration einsetzender Wandel

Noch vor dem Römischen Reich hatte die griechische Expansion mit Koloniegründungen im westlichen Mittelmeerraum, vor allem mit der Gründung der phokäischen Kolonie Marseille um 600 v. Chr., die Entwicklung der keltischen Gesellschaft in vielerlei Hinsicht beeinflusst: Die Regeln des Städtebaues, der Architektur, landwirtschaftliche Produktionsmethoden, neue Handels- und Konsumgewohnheiten und gesellschaftliche Normen orientierten sich ebenso am griechischen Vorbild wie künstlerische oder religiöse Vorstellungen. Die Wanderungen der Kelten im 4. Jahrhundert v. Chr., die Rom plünderten (387 v. Chr.) und von denen sich einige Stämme in Norditalien niederliessen, die Vervielfachung der Kontakte mit den städtischen Zivilisationen des Mittelmeerraumes im 3. Jahrhundert v. Chr., die Anwerbung zahlreicher keltischer Söldner für die hellenistischen Heere, die römische Eroberung der keltischen Gebiete zuerst südlich (Gallia Cisalpina) und dann nördlich der Alpen (Gallia Transalpina) – all dies förderte den kulturellen Austausch. Mit der Zeit führten diese Kontakte zu einer Neuordnung der keltischen Gesellschaft und mit der Kultur der *oppida* (↑Oppidum) zu einem ersten Urbanisierungsprozess auf dem Gebiet der heutigen Schweiz.

Vom 2. Jahrhundert v. Chr. an intensivierte sich der Austausch mit der römischen Machtsphäre: Rom schmiedete ein Bündnissystem, um die wichtigen Handelsrouten in Gallien zu kontrollieren, wo römische Kaufleute schon lange vor der Eroberung aktiv waren. Mehrere Völker, unter ihnen auch die Helvetier, reformierten in der Folge ihr Währungssystem, um es mit dem römischen kompatibel zu machen – eine wirtschaftliche Revolution! Im Gallischen Krieg (58–52 v. Chr.) dienten keltische Aristokraten in Caesars Stab, während weniger hochgestellte einheimische Krieger für Hilfstruppen angeworben wurden. Die Möglichkeiten des gegenseitigen Austausches waren dementsprechend zahlreich. Deshalb hatte die Romanisierung der keltischen Völker, als Augustus im Jahre 27 v. Chr. Kaiser wurde, bereits mehrere Jahrhunderte gedauert.[3]

### DIE HISTORISCHEN EREIGNISSE

Einige wichtige Begebenheiten der Geschichte der Schweiz in römischer Zeit wie die Begegnung Caesars mit den Helvetiern oder die Schlacht bei Bibracte mit der nachfolgenden Rückkehr der Helvetier wurden schon erwähnt (siehe Kapitel von Urs Leuzinger, S. 27f.). Wenn nun darauf zurückzukommen ist, dann nur, um diese Ereignisse in einen grösseren historischen Zusammenhang einzubetten. Das Gebiet der heutigen Schweiz wurde zwischen dem 2. Jahrhundert v. Chr. und dem Jahr 15 v. Chr., dem Datum des endgültigen Alpenfeldzuges, etappenweise in das römische Herrschaftsgebiet integriert. Nach den neuesten Erkenntnissen gehörte es danach bis ins 6. Jahrhundert n. Chr. zum Römischen Reich.[4]

### Die Zeit der Eroberung und die ersten Kolonien

Die erste Region der heutigen Schweiz, die in das Einzugsgebiet Roms geriet, war das Sottoceneri im Südtessin, welches integraler Bestandteil des antiken Italiens wurde. Zwar existieren keine direkten Zeugnisse der Unterwerfung dieses Territoriums, aber sie kann aus der Geschichte der Insubrer[5] abgeleitet werden. Dieses keltische Volk, dessen Hauptstadt Mediolanum (Mailand) war, bewohnte auch das Sottoceneri. Nachdem die Insubrer von den Römern im Jahr 194 v. Chr. unterworfen worden waren, wurden sie Bundesgenossen der Sieger, und ihr Gebiet Teil der Provinz Gallia Cisalpina. In Etappen erlangten sie das römische Bürgerrecht und wurden schliesslich den alteingesessenen Römern gleichgestellt: 89 v. Chr. erhielten sie das ↑*ius Latii*, 49 v. Chr. wurde ihnen das römische Bürgerrecht gewährt, und im Jahre 42 v. Chr. erklärte man die Gallia Cisalpina als Italien zugehörig. Augustus teilte später die Provinz in vier Regionen auf und schlug das Gebiet der Insubrer der *regio XI*, genannt Transpadanien, zu, also der Region «auf der anderen Seite des Po», von Rom aus gesehen. Die im Tessin entdeckten Inschriften bezeugen Verbindungen mit Como und Mailand.

Die Allobroger – auch sie ein keltisches Volk – bewohnten die Region zwischen der Isère, der Rhone, dem Genfersee und den Grajischen Alpen, mit Vienne als Hauptstadt. Genf (Genava) war ihr nördlichstes *oppidum,* damals am linken Ufer der Rhone. Von Rom wurden sie in derselben Weise wie die keltischen Völker Norditaliens behandelt. Nach ihrer Niederlage im Jahre 121 v. Chr. gegen den römischen Feldherrn Q. Fabius Maximus Allobrogicus wurde ihr Gebiet in die Provinz Gallia Narbonensis eingegliedert, die sich vom Genfersee bis zu den Pyrenäen erstreckte. Nach einer kurzen Revolte der Allobroger gegen die römische Herrschaft in den Jahren 62/61 kam Caesar 58 v. Chr. nach Genava, wo er sogleich die Brücke über die Rhone abbrechen und eine Verteidigungslinie zwischen dem *oppidum* und dem Vuache errichten liess, um den Zug der Helvetier anzuhalten. Dies war der Auslöser für den Gallischen Krieg.

Ab 52 v. Chr. – dem Jahr, in dem der gallische Krieg mit dem Sieg der Römer bei Alesia zu Ende ging – kann die Integration der Allobroger ins Römische Reich genau nachverfolgt werden. Es besteht kein Zweifel, dass Caesar schon kurz nach dem Krieg (46/45 v. Chr.) allen *civitates* der Gallia Transalpina das *ius Latii* verlieh. Die ↑*civitas* der Allobroger wurde unter Octavian (dem späteren Kaiser Augustus) im Jahr 40 v. Chr. als latinische Colonia Iulia Viennensium neu gegründet; Münzlegenden «C·I·V·» belegen dies.[6] Der einheimische Adel konnte dabei seine gesellschaftliche Stellung behaupten. Unter Kaiser Caligula, wohl 39/40 n. Chr., erlangte die latinische Kolonie den Status einer römischen Kolonie, wie die Änderungen der Beamtentitel beweisen.[7] Genava blieb bis in die Spätantike ein von Vienne abhängiger ↑*vicus*, bis es gegen Ende des 3. Jahrhundert anstelle von Nyon in den Rang einer *civitas* erhoben wurde. Nyon, die alte römische Kolonie, wurde teilweise verlassen und Genf mit einer dem neuen Status entsprechenden Stadtmauer umgeben. Im dritten Viertel des 4. Jahrhunderts wurde Genf Bischofssitz[8] und später die erste Hauptstadt des burgundischen Königreiches.

Zurück zu den anderen Regionen der heutigen Schweiz. Zuerst sollen an dieser Stelle zwei grundlegende Unterschiede angeführt werden, welche die Landschaft und deren Raumordnung im Vergleich zu heute prägten: Zwar spielte das Mittelland als Stammesgebiet der Helvetier mit seinen Land- und Wasserwegen bereits damals die Rolle einer Verkehrsdrehscheibe, doch führte der schnellste Weg vom Rhein nach Rom nicht über den Gotthard, sondern über den Grossen St. Bernhard. Ausserdem waren im Mittelland die unbewohnbaren Gebiete sehr viel ausgedehnter und zahlreicher. Die Talböden von Rhein-, Rhone- und Aaretal sowie die heutige Linthebene waren versumpft und ganze Regionen wie Appenzell, St. Gallen, Glarus und Teile der Innerschweiz von Wäldern beinahe lückenlos bedeckt. Aus diesen Gründen war die Westschweiz zwischen dem Genferseegebiet, dem Seeland und dem Wallis – mit Ausnahme des Goms – reicher, höher entwickelt, stärker urbanisiert, stärker romanisiert und dementsprechend wichtiger als die anderen Regionen des Landes.

Die Helvetier hatten sich, nachdem sie im Zuge der Wanderungsbewegungen der Kimbern und Teutonen den süddeutschen Raum verlassen hatten, spätestens gegen Ende des 2. Jahrhunderts v. Chr. im Schweizer Mittelland niedergelassen. Cicero erwähnte sie im Jahre 60 v. Chr.,[9] da er fürchtete, die Helvetier planten einen Einfall in die Provinz Gallia Narbonensis. Ihr Siedlungsgebiet erstreckte sich im 1. Jahrhundert v. Chr. von der Rhone und dem Genfersee im Süden entlang des Juras und des Rheins bis zum Bodensee. Zumindest berichtet dies der griechische Historiker Poseidonios (135 v. Chr. – 51 v. Chr.), eine Aussage, die später von Strabo (63 v. Chr. – 25 n. Chr.) wiederholt worden ist.[10] Die *civitas* der Helvetier war in vier *pagi* (Gaue, Bezirke) unterteilt, die vielleicht grössere Unabhängigkeit genossen, als man gemeinhin annimmt. Vor allem der in der Region um Avenches ansässige mächtige *pagus* der Tiguriner dürfte ziemlich eigenständig agiert haben.[11] Laut Caesar war der ehrgeizige Orgetorix der Initiator der geplanten Emigration in den Südwesten Galliens, wo die Helvetier neue Siedlungsgebiete zu finden hofften; vielleicht nahmen auch Söldner daran teil.[12] Der helvetischen Unternehmung schlossen sich drei abhängige Stämme an: die Tulinger, über die weiter nichts bekannt ist, die wahrscheinlich aus der Gegend um Iuliomagus (Schleitheim bei Schaffhausen) stammenden Latobriger und die Rauriker[13], die im Jura und im Oberelsass ansässig waren. Ausserdem verbündeten sich die Helvetier mit dem Stamm der Boier, der ebenfalls auf der Suche nach einer neuen Heimat war.

Nach ihrer Niederlage bei Bibracte im Jahr 58 v. Chr. ergaben sich die Helvetier Caesar auf Gnade oder Ungnade. Der römische Feldherr liess ihnen Leben und Besitz und schickte sie in ihre Heimat zurück, womit er die Inbesitznahme des unbewohnten Landes südlich des Rheins durch germanische Stämme verhindern wollte. Dieser Akt der Unterwerfung und die Wiedereinsetzung durch den Sieger liessen ein sehr starkes Loyalitätsverhältnis entstehen. Einige der von den Helvetiern nach ihrer Rückkehr bewohnten *oppida* sind bekannt: Sermuz in der Nähe von Yverdon beispielsweise oder Bois-de-Châtel südlich von Avenches, wo es bis heute keine Ausgrabung gegeben hat. An beiden Stätten wurden gallische Münzen gefunden, die als Namen von Lokalfürsten gedeutete Personennamen tragen (Vatico, Ninno und Viros).[14] Auch von den Raurikern sind solche *oppida* bekannt, zum Beispiel auf dem Basler Münsterhügel.

Caesar schrieb, die helvetische Gesellschaft habe aus Adligen, Druiden, gemeinem Volk und Sklaven bestanden, wobei der Adel über grossen Einfluss in Wirtschaft, Politik und Gesellschaft verfügt habe. Diese Sozialstruktur überdauerte die Unterwerfung durch Caesar und existierte – mit Ausnahme der Druiden – ohne Zweifel während der Kaiserzeit weiter. Trotz allem beteiligten sich die Helvetier und die Rauriker im Jahre 52 v. Chr. mit Hilfstruppen am Aufstand des Vercingetorix.[15] Nicht abschliessend geklärt ist die Frage, ob Caesar im Jahre 58 v. Chr. mit den Helvetiern ein Bündnis (*foedus*) abgeschlossen hat oder ob der in einem Plädoyer Ciceros[16] erwähnte Vertrag aus früherer Zeit stammte, das heisst vom Ende des 2. Jahrhunderts. Wie dem auch sei, er ist sicherlich mit der Beteiligung der beiden Völker am Aufstand und der endgültigen Niederlage der Gallier bei Alesia hinfällig geworden, womit die Helvetier endgültig unter römische Herrschaft gerieten.[17] Mit der Gründung von zwei Kolonien festigten Caesar und sein Nachfolger die römische Herrschaft. 45/44 v. Chr. – dieses aus dem offiziellen Kolonienamen erschlossene Datum wurde nun auch archäologisch bestätigt – liess Caesar für Veteranen der Kavallerie die Colonia Iulia Equestris, das spätere Nyon, in einem von den Helvetiern konfiszierten Gebiet errichten.[18] Die neue Siedlung befand sich im Süden des helvetischen Territoriums und sollte den Zugang zur Gallia Narbonensis sperren. Den Karrieren der Beamten nach zu schliessen,[19] war es eine Kolonie römischen Rechts. Ihr Territorium umfasste auch das Pays de Gex im Westen und erstreckte sich im Osten vermutlich bis an die Morges.

Kurz danach, im Jahre 44 v. Chr., gründete Lucius Munatius Plancus, der Statthalter der Gallia Transalpina, die Colonia Raurica, nachdem er einen Sieg über die Räter errungen hatte. Diese Gründung nahm die Grenze zwischen Gallien und Rätien, wie sie während des Kaiserreichs Gültigkeit haben sollte, vorweg.[20] Vermutlich haben die Römer mit diesem Feldzug auf rätische Einfälle reagiert, welche diese von den Bündnertälern aus entlang des Walen- und des Zürichsees bis an den Rhein unternommen hatten. Die drei römischen Wachttürme am Westende des Walensees in der Nähe von Weesen (Stralegg, Voremwald und Biberlikopf) stammen vermutlich aus der Zeit um 30 v. Chr. Die Colonia Raurica, deren ursprünglicher Standort nicht genau bekannt ist (Augst oder vielleicht Basel), wurde später von Augustus umstrukturiert, in Augusta Raurica umbenannt und auf dem Boden der heutigen Gemeinden Augst und Kaiseraugst neu gegründet. Dieser Statuswechsel und der neue, prestigeträchtige Name der Kolonie, «Colonia [Paterna] | [[Munatia Felix]] | [Apollin]aris | [Augusta Emerita] | [Raur]ica», «Die väterliche (Caesars) Kolonie, [[die Kolonie des Munatius, die Glückliche]], die dem Apoll geweihte, die kaiserliche, die Veteranenkolonie bei den Raurikern», wurde auf den Fragmenten zweier Bronzeinschriften entdeckt,[21] von denen die eine wohl Kaiser Augustus, die andere einem L. Octavius gewidmet war, bei dem es sich zweifellos um einen Verwandten des Augustus handelte. Die beiden Kolonien förderten die Romanisierung ihrer Umgebung, denn sie waren «wie Ableger der Stadt (Rom) und besassen alle Rechte und Institutionen des römischen Volkes», wie es der römische Autor Aulus Gellius im 2. Jahrhundert n. Chr. formulierte.[22] Dies bedeutete, dass eine Kolonie nach dem Vorbild Roms mit dessen Magistraturen und Senat von jährlich wechselnden Beamten (zwei *duumviri* [↑Duumvir], zwei ↑Ädilen, manchmal zusätzlich zwei ↑Quästoren) und dem ↑Dekurionenrat (*ordo decurionum*) regiert wurde.

Früher als bisher angenommen haben die Römer begonnen, den Alpenraum zu erobern. Nachdem ein erster, von Servius Sulpicius Galba, dem Legaten Caesars in den Jahren 57 und 56 v. Chr.[23], unternommener Versuch, die Nantuates, die Veragri und die Seduni zu unterwerfen und sich damit die Kontrolle des Grossen St. Bernhard zu sichern, fehlgeschlagen war, stiessen die Römer seit den 40er Jahren, verstärkt seit 30 v. Chr., nicht nur von Westen her, sondern auch über die Alpenpässe wiederholt vor, um die einzelnen Talschaften zu unterwerfen – archäologische Funde können dies belegen. Zwischen 25 und 15 v. Chr. folgte dann die

*Drei Büschelquinare und zwei Quinare vom Typ Vatico aus dem Waldhügel Bois-de-Châtel, zwei Kilometer südlich von Avenches* (Musée cantonal d'archéologie et d'histoire, Lausanne), © MCAH, Photo F. Roulet. — Büschelquinare, so benannt nach dem in Büschel aufgelösten Kopf auf der Vorderseite, und andere gallische Quinare waren Nachahmungen des römischen Quinars aus Silber (= ein halber Denar); jedoch wurde die Münze in schlechterem Metall ausgegeben («subaerat», mit Kern aus unedlem Metall und Silberüberzug). Vatico war offenbar ein helvetischer Lokalfürst.

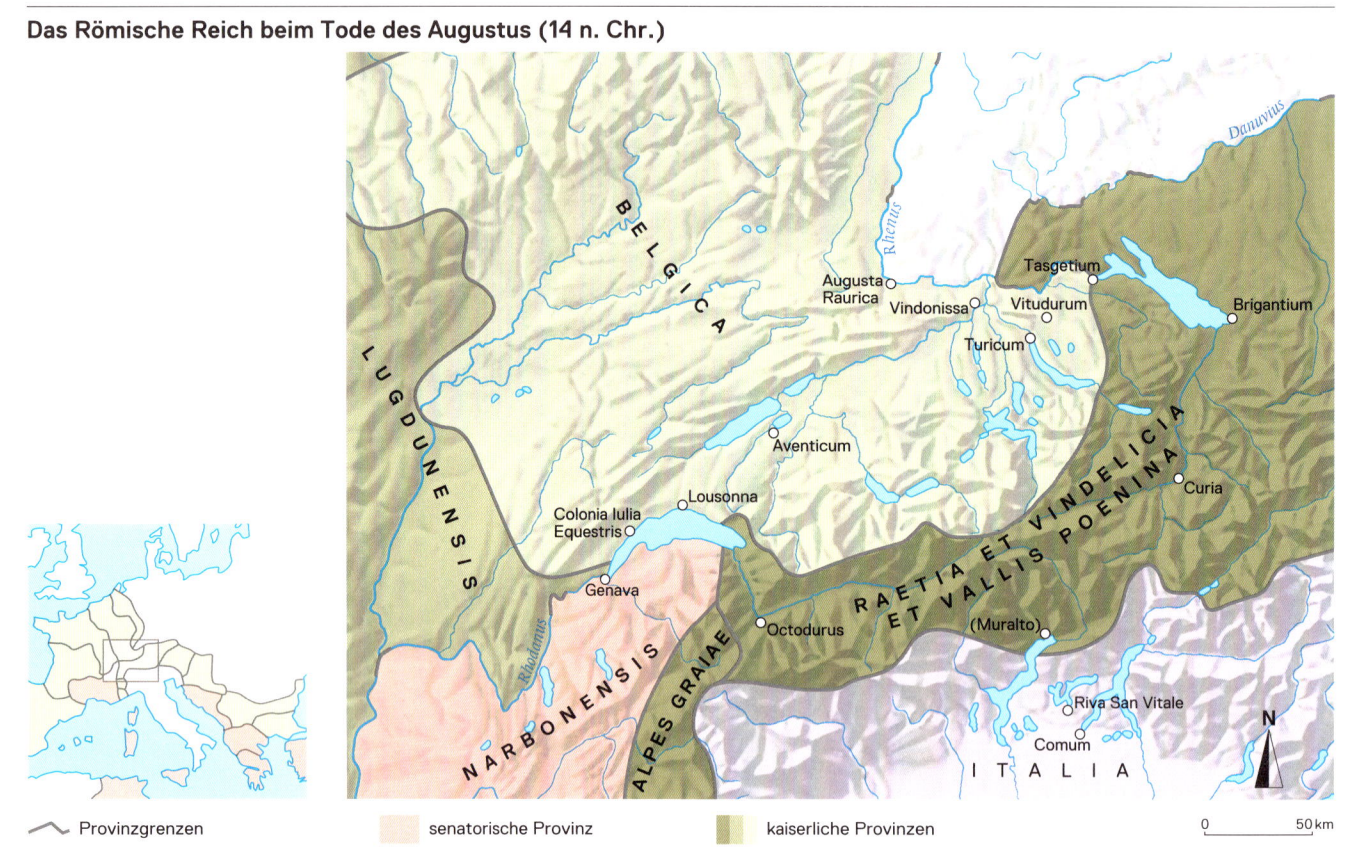

**Das Römische Reich beim Tode des Augustus (14 n. Chr.)**

Das Gebiet der Helvetier und Rauraker, zusammen mit jenem der Sequaner und Lingonen (nicht auf dem Territorium der Schweiz), gehörte vermutlich zuerst zur Lugdunensis.
Quelle: HLS, Bd. 10, S. 432, «Römisches Reich» (geändert), © 2013 Historisches Lexikon der Schweiz, Bern, Schwabe AG, Verlag, Basel, und Kohli Kartografie, Kiesen.

letzte und entscheidende Phase der Eroberung: So vernichtete und versklavte A. Terentius Varro Murena im Jahr 25 die Salasser, die den südlichen Zugang zum Pass kontrollierten. In ihrem Gebiet siedelte er anschliessend Veteranen der Prätorianergarde an und gründete damit die Colonia Augusta Praetoria (Aosta).

Ein Erkundungsvorstoss im Jahre 16 v. Chr. galt in erster Linie den Camunni im Val Camonica und diente der Vorbereitung weiterer Expeditionen, in welche auch helvetische und raurakische Orte einbezogen wurden; unter anderem wurde auf dem Basler Münsterhügel ein erster militärischer Posten errichtet.[24] Im darauffolgenden Jahr, 15 v. Chr., vollzogen Augustus' Adoptivsöhne Tiberius und Drusus in einem Zangenangriff die endgültige Eroberung der Alpen: Tiberius griff von Lyon aus an, während Drusus im Etschtal aufmarschierte und weitere Truppen die Täler des heutigen Graubünden sicherten. Die Funde im Oberhalbstein auf dem Weg zum Septimer sowie die jüngsten Ausgrabungen auf dem Pass (Reste von Waffen, Pfeilspitzen und vor allem Schleuderbleie mit Stempeln der Legionen III, X und XII sowie Zeltnägel und Befestigungsspuren als Beweise für die Existenz eines Militärlagers) bezeugen die Kämpfe bis zur Eroberung 15 v. Chr.[25] Die Lepontier im Sopraceneri ergaben sich den Römern ebenso wie die vier im Wallis lebenden Völker, wobei zu den schon genannten Stämmen noch die Uberi hinzugefügt werden müssen. Das 7/6 v. Chr. in La Turbie oberhalb von Monaco in den Seealpen zu Ehren des Augustus errichtete Tropaeum Alpium, ein ursprünglich wohl 50 Meter hohes Siegesmonument, erinnert mit der Aufzählung aller besiegten Völker an den erfolgreichen Feldzug. Nur durch dieses Denkmal sind die Namen der im Rheintal und in Graubünden lebenden Völker bekannt: Die Brixentes beim heutigen Bregenz, die Vennonetes im Rheintal, die Calucones in der Gegend um Chur, die Suanetes im Vorderrheintal und die Rigusci im Domleschg und Oberhalbstein, wobei es sich bei den beiden letzten Völkern um rätische, bei den übrigen um keltische Stämme handelte.[26] Obwohl der Feldzug in die Alpen nur einen Sommer lang dauerte, rekrutierten die Römer die jungen Männer der unterworfenen Völker zwangsweise für ihre Hilfstruppen, um sie aus ihrem Herkunftsgebiet zu entfernen.

Wahrscheinlich zwischen 16 und 13 v. Chr. reorganisierte Augustus die Verwaltung Galliens:[27] Das Land wurde in Provinzen unterteilt, eine Volkszählung vorgenommen, der Bau eines weitgespannten Strassennetzes begonnen und städtische Verwaltungszentren und kleinere Siedlungen urbanen Charakters wurden gegründet. Im Laufe dieser Verwaltungsreform erfolgte die Integration der Gebiete der Helvetier und der Rauriker mitsamt den Territorien der Kolonien von Nyon und Augst zuerst in die Gallia Lugdunensis, um sie einige Zeit später der Gallia Belgica zuzuschlagen, einer kaiserlichen Provinz, die von einem Senator mit Sitz in Reims regiert wurde. Die Alpentäler – das Wallis, die Leventina und die Bündnertäler – wurden einer grossflächigen «Provinz der Alpenübergänge» zugeteilt, deren Statthalter dem römischen Ritterstand angehörte.[28] In der Regel erhielten die Stammesgebiete der alteingesessenen Völker den Rang von *civitates*, das heisst von einem städtischen Zentrum aus verwaltete Gebietseinheiten, die dem römischen Verständnis der *urbanitas* entsprachen und weiterhin von den einheimischen Eliten dominiert wurden. Einige Stämme gingen in diesen Verwaltungseinheiten auf, während andere mit benachbarten zusammengefasst wurden. Gewisse Völker wie die Helvetier und die Allobroger behielten daneben ihre althergebrachten, *pagi* genannten Bezirke bei.

Wahrscheinlich auf kaiserlichen Befehl hin wurden von augusteischer Zeit an von den Verwaltungszentren abhängige, kleinere städtische Siedlungen (*vici*) als Bindeglieder zwischen Stadt und Land neu organisiert oder aus dem Nichts geschaffen. Auf dem Land selber verdrängten die nach römischem Vorbild errichteten *villae* (↑Villa) der gallischen Aristokratie langsam – aber nie vollständig – die einheimischen Bauerngüter. Eine neue Katasterorganisation diente als Bemessungsgrundlage für die Bodensteuern und ermöglichte, falls nötig, die Neuverteilung des Grundbesitzes.

Die politischen Institutionen der *civitates* wurden dem römischen System nachgebildet. Ein lokaler Senat (*ordo decurionum*) und zwei *duumviri*, die jeweils für ein Jahr gewählt wurden, waren für die allgemeine Geschäftsbesorgung zuständig. Zur Exekutive gehörten ferner Ädile, Quästoren und Präfekten. In den *vici* wurden die Volksversammlungen von *curatores* oder *magistri* geleitet, die ebenfalls immer für ein Jahr gewählt waren. In der Rechtsprechung setzte sich das kodifizierte und sehr komplexe römische Recht durch, welches vor allem im Hinblick auf Fälle, in die Personen ohne römisches Bürgerrecht, *peregrini* (↑Peregrinus), involviert waren, mit lokalen Ergänzungen versehen wurde. Die hohen Beamten in den Kolonien (*duumviri iure dicundo*) oder gegebenenfalls der Provinzgouverneur amteten als rechtsprechende (Strafprozesse) und rechtweisende (Zivilprozesse) Instanz. Besonders schwerwiegende Fälle wurden vor den Kaiser als höchste juristische Instanz gebracht.

Zwar hatte es auch bei den Galliern Gesetze und Gerichte gegeben, doch offenbart das neue Justizsystem eindrücklich den Bruch mit der Vergangenheit. Die territoriale Neuorganisation der augusteischen Epoche lehnte sich hingegen an bereits vorhandene Strukturen an: Seit dem 2. Jahrhundert v. Chr. hatten sich gleichzeitig die *oppida* und Streusiedlungen aus Bauerngütern und Adelsresidenzen entwickelt. Ein gut ausgebautes Wegenetz und eine parzellenartige Organisation des Bodens bildeten die Grundlage für die ausgeprägte Strukturierung des Landschaftsraumes in der Kaiserzeit. Diese Strukturen bestimmten auch noch viele Jahrhunderte später den Verlauf zahlreicher Wege und Grenzen.

**Das erste Jahrhundert nach Christi Geburt**
Sogleich nach der Unterwerfung bauten die römischen Truppen die Nordwest- und die Nordschweiz zur militärischen Basis aus: Im Hinblick auf den Alpenfeldzug oder wenig später errichteten sie auf dem Basler Münsterhügel einen Wachtposten; an gleicher Stelle entstand zwischen 17 und 20 n. Chr. eine zweite militärische Anlage. Ein weiterer Posten wurde auf dem Zürcher Lindenhof angelegt, zu dessen Füssen sich ein *vicus* entwickelte, und ein dritter Posten entstand 15 v. Chr. in Vindonissa, dem heutigen Windisch, im kleinen *oppidum* auf dem Geländesporn über dem Zusammenfluss von Aare, Reuss und Limmat. Die ersten dendrochronologischen Daten aus dem *vicus* von Eschenz am Bodensee stammen aus den Jahren 6 und 7 n. Chr., im *vicus* von Oberwinterthur aus dem Jahr 7 n. Chr. In Zurzach (Tenedo) wurde gegen 10 n. Chr. direkt am Rhein ein Lager für Hilfstruppen gebaut, das bis ins Jahr 50 eine Garnison beherbergte. Nach der Niederlage des römischen Feldherrn Varus im Teutoburger Wald 9 n. Chr. zogen sich die römischen Truppen auf das linke Rheinufer zurück, das Tiberius als neue Grenze befestigen liess. Als Folge davon wurde in Vindonissa anstelle des alten *oppidum* und des Wachtpostens spätestens 17 n. Chr. ein Legionslager errichtet.

Die Anwesenheit dreier Legionen hintereinander in Vindonissa, zusammen mit ihren Hilfstruppen etwa je 6000 Mann, hatte grossen Anteil an der Romanisierung des Gebietes.[29] Durch die Truppen kam die einheimische Bevölkerung in direkten Kontakt mit den Bräuchen und der Kultur der Römer. Sie profitierte durch die Versorgung der Truppen, Transporte importierter Waren und den Verkauf von Waren und Dienstleistungen an die Soldaten von einem beachtlichen wirtschaftlichen Aufschwung; gleichzeitig öffnete sie sich langsam der Zivilisation des Siegers, ohne freilich ihre Wertvorstellungen und ihre Traditionen

**Das römische Legionslager von Vindonissa (Windisch) und die zivilen Siedlungen. Rekonstruktionsvorschlag zur Situation um 90 n. Chr., Modell im Vindonissa-Museum Brugg.** © *Photo Kantonsarchäologie Aargau.* — Das Lager von Vindonissa wurde spätestens 17 n. Chr. errichtet und danach mehrfach erweitert. Zunächst bestanden die Bauten mehrheitlich aus Holz und Lehm; nach der Ankunft der *legio XXI Rapax* im Jahr 47 wurden in grossem Stil Stein und Ziegel verwendet. Zivilpersonen profitierten von der Präsenz des Militärs; sie liessen sich in der Nähe des Lagers nieder und boten ihre Waren und Dienstleistungen an, im 1. Jahrhundert in mehreren Teilsiedlungen um das Legionslager. Nach dem Abzug der Soldaten an die Donau 101 n. Chr. bestand eine zivile Siedlung im Bereich des ehemaligen Legionslagers.

aufzugeben. Die Rekrutierung Einheimischer für die Hilfstruppen und die kaiserliche Garde trug ebenfalls dazu bei, die neue Lebensart in der Bevölkerung zu verbreiten. Inschriften an den Orten der Stationierung nennen Kohorten, die aus Helvetiern, Raurikern oder aus Walliser Stämmen rekrutiert waren. Auch werden Soldaten aus dem Gebiet der heutigen Schweiz erwähnt, die am Einsatzort starben.[30]

Zum Ende ihrer 25 Jahre dauernden Dienstzeit erhielten die *peregrini* vom Kaiser eine Urkunde (oft in Bronze, ein sogenanntes Militärdiplom), die ihnen und ihren Nachfahren das römische Bürgerrecht, sowie das Recht, eine nach römischem Recht gültige Ehe einzugehen, verlieh; zudem wurden ihre Kinder bis ins 2. Jahrhundert n. Chr. ebenfalls in das römische Bürgerrecht aufgenommen. Sogar die regulären Legionen, deren Angehörige aus römischen Bürgern bestanden, aber als solche immer öfter aus den Provinzen stammten, wurden bereits im 1. Jahrhundert in sehr seltenen Fällen von adligen Kommandanten aus ursprünglich keltischen Familien befehligt, wie das Beispiel des Caius Iulius Camillus zeigt: Dieser ↑Militärtribun war der Spross einer helvetischen Adelsfamilie, jedoch als römischer Bürger geboren, da sein Vater das römische Bürgerrecht von Kaiser Augustus erhalten hatte.[31]

Die Veteranen liessen sich häufig in denjenigen Gebieten dauerhaft nieder, in denen sie gedient hatten, wurden zu Grundbesitzern und knüpften alsbald enge Kontakte mit der örtlichen Aristokratie. Dies ist auch für das Gebiet der Schweiz anzunehmen, obwohl bis heute eindeutige Zeugnisse, namentlich Inschriften, fehlen. Häufig beteiligte sich die Armee direkt am Aufbau der Provinzen, indem sie den Behörden Ingenieure und Spezialisten zur Errichtung von Strassen, Brücken, Aquädukten oder Monumenten zur Verfügung stellte. Möglicherweise wird ein solcher Fall durch zwei neu gefundene Grabinschriften aus Avenches beleuchtet.[32]

Der Bau des Legionslagers von Vindonissa hat wahrscheinlich zu einer Neuorganisation des helvetischen Stammesgebietes geführt. Einer neuen These zufolge reichte die *civitas* der Helvetier im Osten bis an die Limmat. Avenches (Aventicum) wurde in Forum Tiberii umbenannt. Das Gebiet östlich der Limmat, mit mehreren *vici*, unterstand wohl direkt der römischen Verwaltung.[33] Das Legionslager – und mit ihm dessen unmittelbare Umgebung

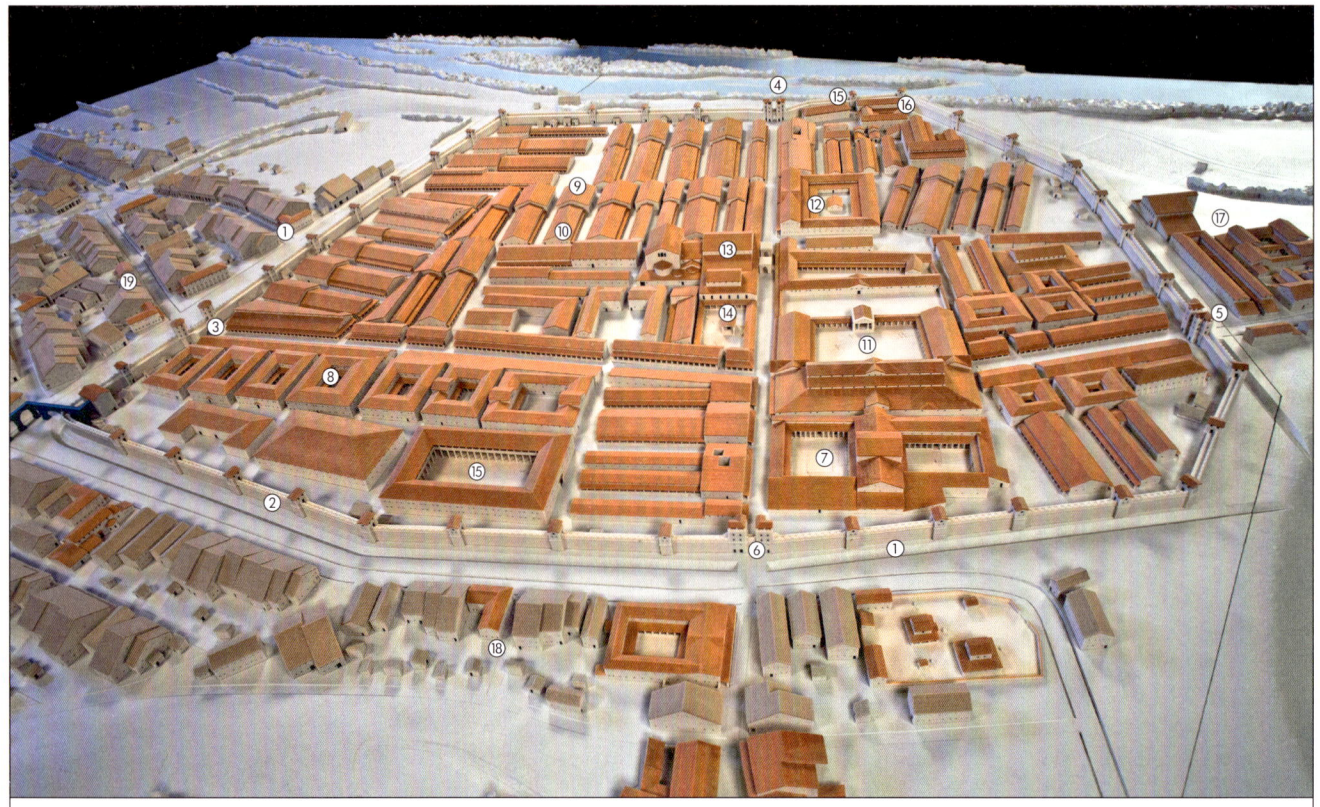

① Spitzgraben
② Lagermauer
③ Westtor
④ Nordtor
⑤ Osttor
⑥ Südtor
⑦ Legatenpalast (*praetorium*)
⑧ Tribunenhäuser
⑨ Zenturionen-Kopfbau
⑩ Legionärsunterkunft (*contubernia*)
⑪ Zentralgebäude (*principia*)
⑫ Lazarett (*valetudinarium*)
⑬ Lagerthermen
⑭ Lagerheiligtum
⑮ Magazinbau (*horreum*)
⑯ Werkstatt (*fabrica*)
⑰ Östliche Zivilsiedlung
⑱ Südliche Zivilsiedlung
⑲ Westliche Zivilsiedlung

mit einer Ausdehnung von maximal 2,2 Kilometern – war selbstverständlich nicht Teil der *civitas*. Wie oben gezeigt, erfuhr das Gebiet der Nord- und Nordwestschweiz im 1. Jahrhundert n. Chr. durch die Anwesenheit einer Legion mit ihren Hilfstruppen einen wirtschaftlichen Aufschwung.

Kaiser Claudius (41–54) führte die von Augustus eingeleitete Verwaltungsreform weiter: Er liess die Route über den Grossen St. Bernhard zur fahrbaren Strasse ausbauen, gründete Forum Claudii Vallensium als neuen Provinzhauptort in der Nähe des *vicus* Octodurus (Martigny) und vereinigte damit die vier Walliser *civitates* in einer einzigen. Diese *civitas Vallensium* erhielt sogleich das *ius Latii*, welches der einheimischen Elite nach der Ausübung eines hohen Amtes das römische Bürgerrecht garantierte. Das Wallis wurde gleichzeitig von der Provinz Rätien abgetrennt und wahrscheinlich mit der Tarentaise vereinigt, um fortan die Provinz der Grajischen und Penninischen Alpen (Alpes Graiae et Poeninae) zu bilden, dessen Prokurator seinen Sitz abwechslungsweise in Martigny und in Aime in der Tarentaise (Forum Claudii Ceutronum) hatte. Zu Beginn scheint das Gebiet der Grajischen Alpen innerhalb der Provinz dominiert zu haben; das Wallis gewann aber im Laufe der späten Kaiserzeit an Gewicht, wie die Präsenz von Familien mit senatorischem Rang bescheinigt.[34]

Nach der Regierungszeit Neros brach im Jahr 68 n. Chr. im Römischen Reich ein blutiger Bürgerkrieg aus, der auch für die *civitas* der Helvetier, welche beinahe ausgelöscht oder in die Sklaverei verkauft worden wären, schwerwiegende Folgen zeitigte. Bis vor kurzem sah eine national orientierte Geschichtsschreibung in diesem Krieg den letzten Versuch der Helvetier, das römische Joch wieder abzuschütteln; einen Versuch, der vom ersten Kaiser der flavischen Dynastie, Vespasian, mit der Gründung einer römischen Kolonie in Avenches bestraft worden sei.[35] Diese Interpretation ist überholt. In Wahrheit standen die Helvetier im Bürgerkrieg auf Seiten von Servius Sulpicius Galba, wohl aufgrund der persönlichen Kontakte, die der schon erwähnte Helvetier Caius Iulius Camillus zu diesem Senator geknüpft hatte. Als Galba nach Neros Tod Kaiser wurde, hielten sie ihm die Treue.

Im darauffolgenden Jahr, 69 n. Chr., überstürzten sich die Ereignisse: Am 2. Januar wurde Aulus Vitellius in Köln zum Kaiser erhoben, am 15. Januar ermordete die Prätorianergarde in Rom Galba, wovon die Helvetier allerdings nichts ahnten, und rief Marcus Salvius Otho zum Kaiser aus. Sogleich stellte Vitellius eine Expeditionsarmee auf, die auf zwei verschiedenen Routen nach Italien marschierte; die eine über Lyon, die andere unter dem Oberbefehl des Generals Caecina über das Mittelland und den Grossen St. Bernhard. Während die Helvetier weiterhin treu zu Galba hielten, schloss sich die in Vindonissa stationierte Legio XXI Rapax den Truppen des Vitellius an. Verärgert über die verweigerte Anerkennung seines Kaisers, verwüstete Caecina die *civitas* der Helvetier: Baden (Aquae Helveticae) wurde gebrandschatzt und eine helvetische Miliz in der Nähe des Bözbergs (Mons Vocetius) aufgerieben. Einzig die Stadtväter von Avenches konnten ihre Stadt durch eine Kapitulation retten.[36]

Der im Bürgerkrieg siegreiche Kaiser Vespasian war persönlich mit den Helvetiern verbunden, hatte doch sein Sohn Titus einen Teil seiner Jugend bei seinem Grossvater in Avenches verbracht.[37] Er erhob die *civitas Helvetiorum* in den Rang einer latinischen Kolonie und stärkte damit den einheimischen Adel, dem nach der Ausübung eines Amtes das römische Bürgerrecht zustand. Die übrigen Helvetier verblieben in ihrem Status als *peregrini*, wie die Cohors I Helvetiorum beweist (eine Hilfstruppe, die vor der Mitte des 2. Jahrhunderts n. Chr. aufgestellt wurde und am obergermanischen

**Statuenbasis, oben leicht beschädigt, für Caius Iulius Camillus aus Avenches** *(Musée Romain d'Avenches)*, © *Photo Musée Romain d'Avenches*. — Übersetzung der Inschrift: «Für Caius Iulius Camillus, Sohn des Caius, aus der fabischen Bürgerabteilung, Priester des Kaiserkultes, Beamter (?), Militärtribun der vierten makedonischen Legion, ausgezeichnet mit der reinen Lanze (aus Silber) und einem goldenen Kranz durch Kaiser Claudius, nachdem er, wieder vom Kaiser ins Heer einberufen, am Britannienfeldzug teilgenommen hatte. Die kaisertreue, flavische, standhafte Veteranenkolonie der Helvetier auf Beschluss des Stadtrates». — Die Inschrift zeugt von der Integration der helvetischen Aristokratie in die römische Gesellschaft: Caius Iulius Camillus, ein Mitglied der Adelsfamilie der Camilli (ein Vorfahre namens Camelus ist bekannt) und römischer Bürger wie sein Vater, wurde vom Kaiser in den Ritterstand, den zweithöchsten Stand, aufgenommen und stieg als Offizier bis zum Militärtribun auf. Kaiser Claudius berief ihn nochmals ein, damit er ihn im Jahr 43 auf den Britannienfeldzug begleite. Anschliessend wurde er, wie weitere Teilnehmer des Feldzuges, mit Orden ausgezeichnet. Nach seiner Rückkehr nach Avenches übernahm Camillus zwei (oder auch nur eine) hohe Positionen in der Hauptstadt der Helvetier; die Inschrift ist in diesem Punkt nicht klar und die Interpretationen gehen auseinander. Die letzten Zeilen besagen, dass das Denkmal errichtet wurde, nachdem die Stadt im Jahr 71 durch Vespasian in den Rang einer Kolonie erhoben worden war.

Limes stationiert war), denn in solchen Hilfstruppen dienten die freien Peregrinen, nicht etwa römische Bürger. Die neue Kolonie hiess Colonia Pia Flavia Constans Emerita Helvetiorum (Foederata), «die kaisertreue flavische standhafte Veteranenkolonie der Helvetier, die Verbündete». Ihr Name fasste die Ereignisse zusammen: Mit den drei Adjektiven «Pia Flavia Constans» wird der Treue gegenüber den Flaviern gedacht; «Emerita» zeigt, dass der Kaiser offenbar durch die Ansiedlung von Kolonisten in der *civitas* der Helvetier die im Krieg erlittenen Verluste an Menschenleben auszugleichen suchte.[38] Schwieriger ist die Erklärung von «Foederata», da dieser Titel erst auf einer Inschrift aus der Zeit Trajans genannt wird.[39]

Von 72 bis 74 eroberte der Kommandant der obergermanischen Armee Cnaeus Pinarius Cornelius Clemens das Dekumatenland, das ungefähr dem heutigen Baden-Württemberg entspricht, und verlegte damit die Reichsgrenze vom Rhein weiter in den Norden. Die in Vindonissa stationierte Legio XI Claudia Pia Fidelis nahm an diesem Feldzug teil, der die Einrichtung einer direkten Verbindung zwischen Strassburg und Rätien ermöglichte. Auch am erfolgreichen Krieg Domitians gegen die Chatten im Jahre 83 waren Truppenteile aus Vindonissa beteiligt. Die zwischen Rhein und Donau verlaufende Grenze wurde dabei begradigt und mit Stützpunkten, Palisaden und Wachttürmen gesichert, die untereinander durch eine Strasse verbunden waren; die ganze Anlage ist ein sogenannter Limes. Wie neueste Ausgrabungen in Rottweil und Windisch gezeigt haben, errichtete die 11. Legion mit Hilfstruppen zwischen 75 und 85 n. Chr. in Rottweil ein Lager (Kastell I) und vollzog ihrerseits die Verlagerung des militärischen Schwerpunktes in den Norden.[40]

Zwei Jahre später reorganisierte Domitian die Grenzregion, indem er die früheren Militärbezirke aus der Gallia Belgica herauslöste und aus ihnen die neuen Provinzen Germania Superior mit der Hauptstadt Mainz und Germania Inferior mit der Hauptstadt Köln bildete. Von nun an gehörte das Gebiet der Helvetier, Rauriker und der beiden römischen Kolonien mit einigen anderen *civitates* zur Germania Superior. Trotz dieser Zuteilung nahmen die Helvetier weiterhin am gallischen Provinziallandtag in Lyon teil, der dazu diente, Rom und den Kaiser im zentralen Heiligtum am Zusammenfluss von Rhone und Saône zu verehren, zugleich aber auch eine politische Versammlung war. Eine in die Mitte des 2. Jahrhunderts datierte Inschrift aus Avenches, die Quintus Otacilius Pollinus, dem Sohn des Quintus Otacilius Cerialis gewidmet ist, verrät, dass dieser nicht nur Vorsitzender mehrerer Zünfte (*collegia*) war, sondern auch Finanzbeamter (*inquisitor*) des gallischen Provinziallandtages.[41]

Im Jahr 101 verliess die Legio XI Claudia Pia Fidelis das Legionslager von Vindonissa, das seine Rolle als Grenzgarnison verloren hatte, in Richtung Donau,[42] wodurch im nunmehr weitab der Grenze gelegenen Mittelland und in den angrenzenden Regionen keine Truppen mehr stationiert waren. Nach diesem Abzug gab es bis zur Krise im 3. Jahrhundert mit Ausnahme einiger Benefiziarier zur Sicherung der Nachschubwege wie in Genf, Vevey oder Solothurn keine militärische Präsenz mehr.[43] Das lange gepflegte Bild eines über Jahrhunderte von Tausenden von Legionären besetzten und geknebelten Landes muss also schon allein aus diesem Grund revidiert werden.

**Vom 2. ins 3. Jahrhundert**
Das 2. Jahrhundert war für die Einwohner des Reiches und damit auch für die Bewohner des Mittellandes wie für die Angehörigen der anderen oben genannten Stämme, von denen keine weiteren Zeugnisse vorliegen, eine Zeit des Friedens. Der Fernhandel nahm grossen Aufschwung, Stadt und Land wurden wohlhabender, und überall wurde weitgehend die griechisch-römische Kultur angenommen. Die Verwaltung war effizient, das Gerichtswesen hierarchisch abgestuft, was die Möglichkeit zum Rekurs bot. Die römische Sozialstruktur wurde dem gesamten Reich übergestülpt, und 212 erhielten alle freien Einwohner das römische Bürgerrecht. Die Provinzen waren sehr grossräumige Gebilde, wie das Beispiel der Germania Superior zeigt.[44] Unter den verschiedenen Aufgaben des Provinzstatthalters waren zwei von grundlegender Bedeutung: den inneren und äusseren Frieden mit Hilfe der ihm unterstellten Truppenverbände zu sichern sowie als Vorsitzender des Berufungsgerichts der Provinz für die Rechtsprechung zu sorgen. Trotz eines sehr kleinen Verwaltungsapparats von circa hundert Personen und theoretisch weitreichender Befugnisse blieb die Macht des Statthalters beschränkt: Er hatte keine Kontrolle über die Verwendung der Finanzmittel; dies war Sache der Prokuratoren. Die Provinzverwaltung bildete nur einen Rahmen; die alltäglichen Geschäfte (inklusive der Verfolgung der Kleinkriminalität), welche das Leben der Bewohner bestimmten, besorgten die Amtsträger der Stadtgemeinden, das heisst der *civitates* und Kolonien.

Die relative Selbständigkeit der Stadtgemeinden war für das römische Staatswesen zentral. Der gewöhnliche Bürger kam nur äusserst selten mit einem Repräsentanten der Provinzverwaltung in Kontakt. Der Statthalter residierte zwar in der Provinzhauptstadt in einem Palast, brachte dort aber nur einen Teil seiner Zeit zu.⁴⁵ Wenn auch die Bürokratie recht hoch entwickelt war und die Dossiers zwischen den Amtsstellen zirkulierten, war die Präsenz des Statthalters – und auf höherer Stufe die des Kaisers – häufiger gefordert als die von Präsidenten in modernen Staaten. Gerade in Rechtsstreitigkeiten war der Statthalter gezwungen, vor Ort zu urteilen.

Von besser erforschten Provinzen ist bekannt, dass der Statthalter mit seinem Stab die grossen Zentren seiner Provinz in regelmässigen Abständen aufsuchte. Dies galt sicherlich auch für die Germania Superior, in welcher die Kolonie Aventicum mit der *civitas Helvetiorum* einen wichtigen Platz einnahm. Der weiter nördlich in Mainz residierende Gouverneur reiste zweifellos regelmässig hierher. Vermutlich pflegte er auch in Avenches haltzumachen, wo er einer neuen These zufolge im Palast von Derrière la Tour logierte.⁴⁶

### Die Krise des 3. Jahrhunderts und die Spätantike

Die Pax Romana wurde gegen Ende des 2. Jahrhunderts durch Bürgerkriege und den Kampf des Septimius Severus um die Macht gestört, worauf sich die Situation jedoch wieder beruhigte. Ein Teil der Auseinandersetzungen spielte sich in relativer Nähe der heutigen Schweiz ab, da Lucius Septimius Severus seinen Gegner in der Schlacht bei Lyon (Lugdunum) im Jahre 197 n. Chr. besiegte. Dazu kam als eine ganz andere Gefährdung eine Seuche, vielleicht eine virulente Pockenepidemie, die in der zweiten Hälfte des 2. Jahrhunderts das Römische Reich heimsuchte und viele Opfer in der Armee wie unter der Zivilbevölkerung forderte;⁴⁷ sie ist im Gebiet der Schweiz schwer nachzuweisen, da hier inschriftliche Zeugnisse fehlen.

Im Jahr 213 wird zum ersten Mal von einem alamannischen Einfall in der Maingegend berichtet. Die darauf folgende Krise erreichte ihren Höhepunkt um die Mitte des 3. Jahrhunderts.⁴⁸ Das Reich wurde im Norden und Osten bedrängt, wo Kaiser Valerian 260 in persische Gefangenschaft geriet; im Innern herrschte Chaos, da mehrere Usurpatoren die Macht an sich zu reissen versuchten. Die Alamannen fielen in die germanischen Provinzen und in Rätien ein, worauf Gallienus den *vicus* von Vindonissa befestigen liess.⁴⁹ Die Alamannen marschierten aber wahrscheinlich nicht durch das Mittelland, sondern zogen weiter westlich und östlich Richtung Süden, wo Gallienus sie in der Nähe Mailands besiegte. Erst einige Jahre später, circa 275 bis 277, wurden Augst und Avenches geplündert und teilweise zerstört, so dass Ammianus

**Das Römische Reich um die Mitte des 4. Jahrhunderts**

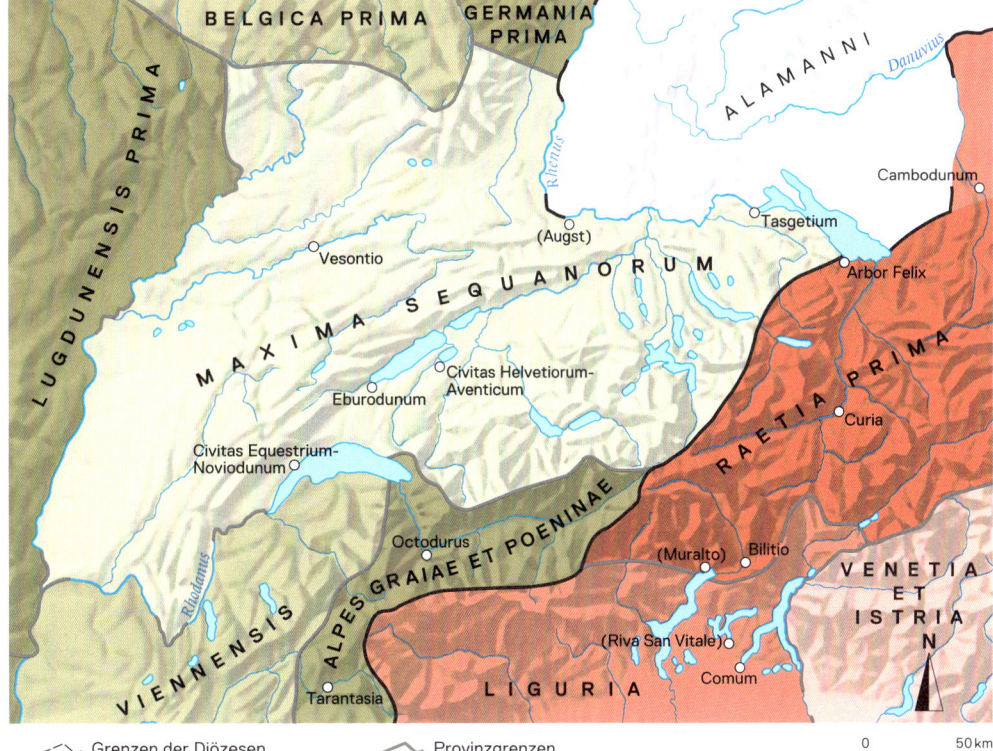

— Grenzen der Präfekturen  –·– Grenzen der Diözesen  — Provinzgrenzen  0  50 km

Auf der grossen Karte nicht eingezeichnet sind die Diözesen, das heisst die administrative Ebene zwischen Präfekturen und Provinzen, die im Römischen Reich keinen kirchlichen Bezug hatte. Ob Cambodunum zur Raetia Prima gehörte, ist unsicher.
Quelle: HLS, Bd. 10, S. 433, «Römisches Reich» (geändert), © 2013 Historisches Lexikon der Schweiz, Bern, Schwabe AG, Verlag, Basel, und Kohli Kartografie, Kiesen.

Marcellinus ein Jahrhundert später sagen konnte, Avenches sei eine halbverlassene Stadt mit einer glorreichen Vergangenheit.⁵⁰ Nachdem der obergermanisch-rätische Limes aufgegeben worden war, bildete der Rhein wieder die Reichsgrenze. Dies bedeutete aber nicht, dass die Alamannen, wie man lange meinte, nun sogleich in die aufgegebenen Gebiete einwanderten. Im Gegenteil herrschte von nun an eine längere Periode der Unsicherheit; die dortigen Bewohner waren sich selbst überlassen und wurden nur noch sporadisch vom Heer des Reiches geschützt.

Diokletian (284–305), der Schöpfer der Tetrarchie, der Herrschaft von zwei Senior- und zwei Juniorkaisern, reorganisierte den Staat grundlegend, indem er das Reich in vier Präfekturen aufteilte, die ihrerseits in Diözesen unterteilt waren – damals administrative Einheiten ohne jeden religiösen Bezug –, denen wiederum die verkleinerten Provinzen unterstellt waren. Das Gebiet der Schweiz wurde dabei zwischen den Präfekturen Gallien und Italien aufgeteilt.

Des Weiteren sicherten Diokletian und Konstantin (306–337) die Grenze mit Befestigungen: Vitudurum (Oberwinterthur) wurde ummauert, auf Tasgetium (Stein am Rhein, Stadtteil Burg) wurde ein Kastell gebaut⁵¹ und in Kaiseraugst eine grosse Festung (*castrum*) errichtet. Im Castrum Rauracense lag unter Konstantin die Legio I Martia in Garnison. Das Verteidigungssystem wurde in der Tiefe durch Festungen ergänzt, welche der Überwachung der grossen Verkehrsachsen dienten, wie das aus konstantinischer Zeit stammende Castrum Eburodunense (Yverdon-les-Bains).

Als die Alamannen erneut versuchten, ins Reich einzufallen, fügte ihnen Constantius I. im Jahre 302 in einer blutigen Schlacht bei Vindonissa eine vernichtende Niederlage bei.⁵² Ein halbes Jahrhundert später, im Jahr 352, forderte Constantius II. die alamannischen Kriegerscharen auf, gegen seinen Rivalen Flavius Magnentius zu ziehen. Bevor Kaiser Julian sie 357 in der Nähe von Strassburg endlich besiegen konnte,⁵³ legten sie das Castrum Rauracense in Schutt und Asche; zu diesem Zeitpunkt wurde der Schatz von Kaiseraugst vergraben. Julian und Valentinian I. (364–375) verstärkten den Limes entlang des Rheins mit Wachttürmen (*burgi*);⁵⁴ diese sollten die letzten Zeichen römischer Militärpräsenz auf dem Gebiet der heutigen Schweiz sein. Neben den in der Ebene errichteten Kastellen und den befestigten stadtähnlichen Siedlungen⁵⁵ wurden während der spätantiken mehr oder weniger langen Krisen vom Ende des 3. bis ins 5. Jahrhundert zahlreiche Höhenbefestigungen im Jura und im alpinen Raum aus prä- oder protohistorischer Zeit reaktiviert. Der tatsächliche Zweck der Stätten bleibt aber umstritten.⁵⁶ Handelte es sich um Fluchtburgen für die Zivilbevölkerung oder um militärisch besetzte Kontrollposten, wie es Funde von ↑Militaria nahelegen? Klar scheint einzig, dass nicht alle Höhenbefestigungen dem gleichen Zweck dienten.

**Das Ende des Weströmischen Reiches**
Im Jahr 400 zog der römische Heermeister Flavius Stilicho die Truppen von der Rheingrenze ab, um mit ihnen Italien gegen den Westgotenkönig Alarich zu verteidigen (402). Dieser Abzug bedeutete zwar nicht den formellen Verzicht auf die Gebiete nördlich der Alpen, jedoch konnten die Truppen später die Kontrolle der Rheingrenze und damit über das Schweizer Mittelland nicht mehr dauerhaft zurückgewinnen. Nach 400/401 wurden keine Münzen mehr aus einer kaiserlichen Münzstätte eingeführt, gab es doch keine Truppen mehr zu bezahlen.⁵⁷ Am 31. Dezember 406 überschritten Vandalen, Alanen und Sueben den zugefrorenen Rhein – wahrscheinlich in der Gegend von Mainz (Mogontiacum) – und überwanden die Grenztruppen, die von mit Rom verbündeten Franken gestellt wurden. Es war der Beginn einer Periode der Wirren im Westreich, die von umherziehenden germanischen Stämmen und Usurpationen geprägt war, deren Urheber behaupteten, die Ordnung in den betroffenen Provinzen wiederherstellen zu wollen.

**Die Wirtin Marie Schmid aus Kaiseraugst präsentiert mehrere Platten des Silberschatzes, Photographie von 1961**, © *Augusta Raurica, Photo Rudolf Laur-Belart.* — Die 352–353 n. Chr. im *castrum* von Augusta Raurica vergrabenen Prunkgefässe, Barren und Münzen des Silberschatzes, der im Dezember 1961 durch einen Bagger zufällig freigelegt wurde, wiegen zusammen circa 60 Kilogramm. Der Silberschatz ist heute im Museum Augusta Raurica in Augst ausgestellt.

Wenn auch das Schweizer Mittelland von den Einfällen nicht direkt betroffen war, so bekam es doch die Folgen zu spüren: Mit einer provisorischen Verfügung wurde der Sitz des Präfekten Galliens von Trier nach Arles verlegt, während die Verwaltungstätigkeit laufend zurückging. Noch einmal gelang es, die Eindringlinge zurückzudrängen, aber der Preis dafür war hoch: Ganze Landstriche wurden in Verträgen fremden Völkern überlassen, die im Gegenzug die Grenzen zu verteidigen hatten. Im Zuge dieser Politik siedelte Aëtius, Oberbefehlshaber Galliens unter Kaiser Valentinian III. (425–455), die Burgunder 443 in Savoyen (↑Sapaudia) und der Westschweiz an.[58] In der Mitte des 5. Jahrhunderts wurde die Verteidigung des Westreiches vollständig den Königen germanischer Stämme überlassen, über die Bretagne hatte das Reich gar jegliche Kontrolle verloren. Nachdem 476 der letzte weströmische Kaiser abgesetzt worden war, ging die Souveränität an den oströmischen Kaiser in Konstantinopel über.

Ein Jahrzehnt später, 486/487, unterlag Syagrius, der letzte römische General nördlich der Alpen, dem Frankenkönig Chlodwig, womit auch der von ihm unternommene Versuch, die kaiserliche Autorität in einem Rumpfgebiet rund um Soissons im heutigen Norden Frankreichs aufrechtzuerhalten, ein Ende fand. Die nördlichsten Gebiete waren somit der Autorität des Reiches entzogen.

Die durch die heutige Schweiz verlaufende Grenze zwischen den Präfekturen Gallien und Italien aber blieb erhalten. Die gut geschützten südlichen Alpentäler und die bis zum Bodensee reichende Provinz Raetia I mit der Hauptstadt Chur blieben vorerst Teil der Diözese Italien.[59] Im Jahr 457 wurde ein alamannischer Raubzug auf den Campi Canini in der Nähe Bellinzonas zurückgeschlagen. Gegen Ende des 5. Jahrhunderts gründete Theoderich der Grosse († 526) in Italien das Ostgotenreich und griff nach Norden aus, so dass sein Reich auch die Ostschweiz umfasste und auf dem Höhepunkt seiner Macht, im Jahr 508, bis an den Rhein und die Donau reichte. Allerdings wurden nach dem Untergang der Ostgoten (552) die nördlich der Alpen gelegenen Gebiete wieder vernachlässigt, was es den Alamannen und vereinzelten Franken ermöglichte, allmählich in der Nordschweiz Fuss zu fassen. Zugleich erfolgte im Laufe des 6. Jahrhunderts die Eingliederung der nördlichen Provinzen in das Fränkische Reich. Die Ablösung des gesamten Gebietes der Schweiz von Rom wurde durch den Einfall der Langobarden in Italien (ab 569) und die anschliessende Errichtung ihres Reiches begünstigt. Am Ende des 6. Jahrhunderts war die Trennung von Rom endgültig besiegelt.

Höhensiedlung von Châtel d'Arruffens, Luftaufnahme (Juni 1976) und Rekonstruktionszeichnung, © *Photo Archéologie cantonale vaudoise / Denis Weidmann; Zeichnung Musée cantonal d'archéologie et d'histoire, Lausanne / Max Klausener.* — Der Geländesporn von Châtel d'Arruffens liegt oberhalb von Montricher im Waadtländer Jura auf einer Höhe von 1420 Metern. In der Bronzezeit entstand hier eine befestigte Höhensiedlung, die im 4. und 5. Jahrhundert wiederbesiedelt wurde.

## DIE BESIEDLUNG UND DIE GESELLSCHAFT

Angesichts der tiefgreifenden gesellschaftlichen und kulturellen Veränderungen durch die römische Besatzung[60] liegt die Vorstellung nahe, die Eingliederung ins Imperium Romanum hätte sich auf die ethnische Zusammensetzung der Bevölkerung ebenso grundlegend ausgewirkt. Diese Annahme wird durch die literarischen, epigraphischen und archäologischen Quellen jedoch nicht bestätigt: Nach wie vor war die Bevölkerung grösstenteils einheimischer Herkunft, wobei bei den Eliten, insbesondere durch den Erwerb des römischen Bürgerrechts, eine weitgehende Romanisierung stattfand. Die entscheidende Neuerung betraf also vielmehr die Gesellschaftsordnung. Wie bereits erwähnt, können vor der römischen Eroberung in der keltischen Gesellschaft drei wesentliche Schichten unterschieden werden: die aus Rittern und Druiden bestehende aristokratische Elite, die die Herrschaft ausübte, das nahezu rechtlose

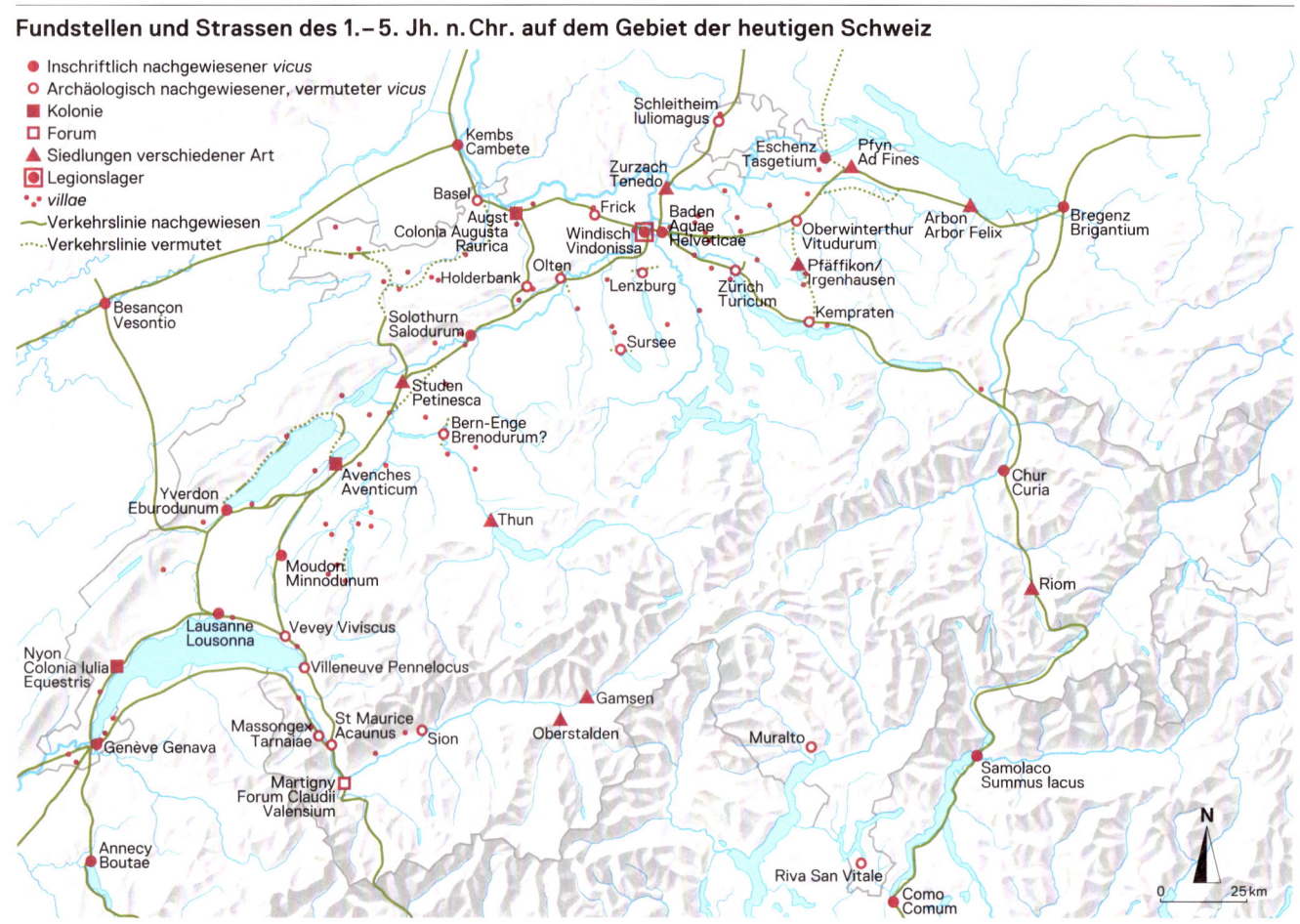

Die Geschichte der Schweiz — *Regula Frei-Stolba, Daniel Paunier*

## Fundstellen und Strassen des 1.– 5. Jh. n. Chr. auf dem Gebiet der heutigen Schweiz

- ● Inschriftlich nachgewiesener *vicus*
- ○ Archäologisch nachgewiesener, vermuteter *vicus*
- ■ Kolonie
- □ Forum
- ▲ Siedlungen verschiedener Art
- ▣ Legionslager
- •.• *villae*
- —— Verkehrslinie nachgewiesen
- ····· Verkehrslinie vermutet

▲ Siedlungen verschiedener Art: Studen/Petinesca: Heiligtum; Thun: Heiligtum; Pfyn/Ad Fines: Siedlung und Kastell; Arbon/Arbor Felix: Siedlung und Kastell; Riom: Strassenstation; Pfäffikon/Irgenhausen: spätrömisches Kastell; Zurzach/Tenedo: Auxiliarlager, Kastell; Gamsen: einheimisches Dorf; Oberstalden: Siedlung.
•.• *villae*: Wichtige archäologisch gesicherte *villa*. Daneben gibt es viele weniger wichtige oder nur zum Teil nachgewiesene Siedlungsspuren auf dem Land, die hier zugunsten einer besseren Lesbarkeit der Karte nicht aufgeführt werden.
Quellen: Laurent Flutsch et al. (Hg.), Die Schweiz vom Paläolithikum bis zum frühen Mittelalter (SPM), Bd. 5: Römische Zeit, Basel 2002, S. 19 (geändert); Sabine Bolliger / www.zeitlandschaft.ch, © 2013 Schwabe AG, Verlag, Basel, und Kohli Kartografie, Kiesen.

Volk und die Sklaven.[61] Demgegenüber umfasste die römische Gesellschaft – abgesehen vom Kaiser und seiner Familie – den Senatorenstand, den Ritterstand, den Stand der Dekurionen (Mitglieder der jeweiligen Stadträte), reiche Freigelassene sowie die Unterschichten, bestehend aus freien Personen, Freigelassenen und Sklaven, die ihrerseits in der Regel um das dreissigste Altersjahr freigelassen wurden.[62] In den von Rom unterworfenen Gebieten erhielten die freien Personen den Status von *peregrini*, also freien Nicht-Römern.

Charakteristisch für die Gesellschaft des Römischen Reiches war demnach neben der Hierarchie der Gesellschaftsschichten das heute schwierig zu verstehende Nebeneinander von verschiedenen Rechtsgemeinschaften, bei denen das Streben nach dem römischen Bürgerrecht eine der wesentlichen Triebkräfte der Romanisierung war. Das römische Bürgerrecht konnte entweder Einzelpersonen oder einer Gemeinschaft verliehen werden; beide Möglichkeiten sind belegt. In den Stadtgemeinden mit lateinischem Recht (*ius Latii*), wie etwa in der Kolonie Avenches oder im Wallis, erhielten Angehörige der Elite, die ein Amt ausgeübt hatten, ipso facto die Rechte und Privilegien römischer Bürger; auch der Eintritt in die Armee war ein Weg, um das Bürgerrecht zu erlangen.

Die lokale Aristokratie passte sich bereits in den ersten Jahren der römischen Herrschaft den gesellschaftlichen Strukturen des Reiches an, indem sie Ämter in der zivilen Verwaltung oder – falls möglich – beim Militär übernahm. Ein Beispiel dafür ist die bedeutende Familie der Camilli in Avenches, die die höchsten Ämter in der helvetischen *civitas* innehatte. Einige ihrer Mitglieder hatten das Bürgerrecht bereits von Kaiser Augustus erhalten, möglicherweise sogar noch von Julius Caesar. Caius Iulius Camillus erhielt das seltene Privileg, in den Ritterstand erhoben zu werden.[63] Die aus der Grundbesitzeraristokratie stammenden Eliten nahmen die neue römische Ordnung bereitwillig an und trugen massgeblich zum raschen und tiefgreifenden Wandel der einheimischen Gesellschaft bei. Die Übernahme römischer Gesellschafts- und Siedlungsstrukturen brachte ferner mit sich, dass es in der Kaiserzeit keinen Gegensatz zwischen «Stadt» und «Land» gab, wie etwa im Mittelalter und in der Frühen Neuzeit; eine Stadt- oder Stammesgemeinde (*civitas, colonia*) umfasste, einem Kleinstaat vergleichbar, jeweils die städtische Siedlung und das dazugehörige Territorium. Die grundbesitzende Aristokratie, welche die Dekurionen und die Amtsinhaber stellte, besass, wie es das Gesetz verlangte, ein Stadthaus und daneben ein oder mehrere Landgüter, die der Besitzer selbst bewirtschaftete oder durch Abhängige, oft Bauernfamilien, bewirtschaften liess.

Im Laufe der Zeit stieg eine allmählich reicher werdende Schicht von Händlern, Handwerkern und Gewerbetreibenden in die städtische Oberschicht auf, da sie über den dafür notwendigen Reichtum verfügte. Damit erhielten diese Menschen das römische Bürgerrecht, wenn sie es nicht schon vorher besessen hatten. Man kann hier allerdings nicht von einer Mittelschicht mit einer eigenen, von derjenigen der Oberschichten abgesetzten Ideologie sprechen, da die Betreffenden, wie zahlreiche Inschriften zeigen, in die Dekurionenschicht aufsteigen wollten und deren Verhaltensweisen übernahmen. Die Freigelassenen, die ebenfalls zu dieser reicher werdenden Schicht gehörten, waren durch ihre unfreie Geburt von den Ämtern ausgeschlossen, im Gegensatz zu ihren Söhnen, die häufig Dekurionen wurden. Im Jahr 212 n. Chr. wurde durch das Edikt des Kaisers Caracalla mit wenigen Ausnahmen allen freien Einwohnern des Reiches das römische Bürgerrecht verliehen; dies war jedoch keine revolutionäre Massnahme, sondern nur der Endpunkt einer schon zuvor verfolgten Politik.

In Hinblick auf die Frauen gilt dasselbe: Auch hier müssen peregrine Frauen von römischen Bürgerinnen unterschieden und Sklavinnen und Freigelassene gesondert betrachtet werden. Peregrine Frauen erscheinen als Namen oder schliesslich als Statuetten, wie die im Heiligtum von Thun-Allmendingen gefundene Pilgergruppe zeigt (siehe Bild auf S. 59).[64] Den römischen Bürgerinnen, die in

**Die Gesellschaftsordnung der Prinzipatszeit**

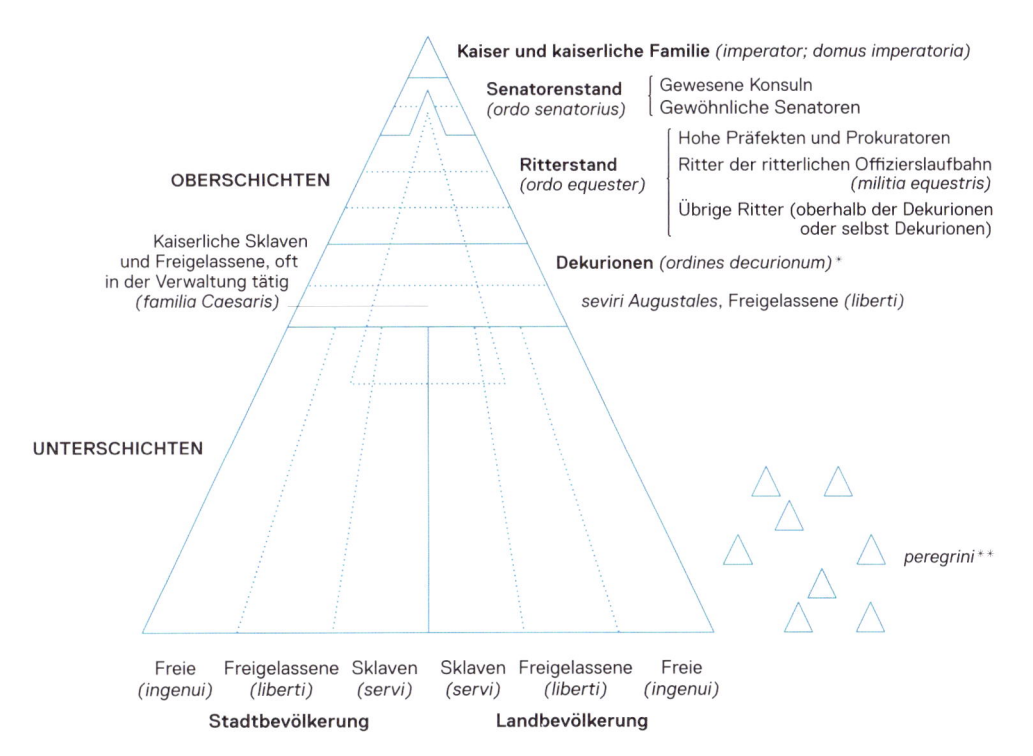

OBERSCHICHTEN
- Kaiser und kaiserliche Familie (*imperator; domus imperatoria*)
- Senatorenstand (*ordo senatorius*)
  - Gewesene Konsuln
  - Gewöhnliche Senatoren
- Ritterstand (*ordo equester*)
  - Hohe Präfekten und Prokuratoren
  - Ritter der ritterlichen Offizierslaufbahn (*militia equestris*)
  - Übrige Ritter (oberhalb der Dekurionen oder selbst Dekurionen)
- Kaiserliche Sklaven und Freigelassene, oft in der Verwaltung tätig (*familia Caesaris*)
- Dekurionen (*ordines decurionum*) *
- *seviri Augustales*, Freigelassene (*liberti*)

UNTERSCHICHTEN

Stadtbevölkerung: Freie (*ingenui*), Freigelassene (*liberti*), Sklaven (*servi*)
Landbevölkerung: Sklaven (*servi*), Freigelassene (*liberti*), Freie (*ingenui*)

*peregrini* **

\* Jede Stadtgemeinde hat einen an Grösse und Reichtum unterschiedlichen Dekurionenstand.

\*\* *peregrini* stehen ausserhalb; bis 212 erhielten alle das römische Bürgerrecht und konnten je nach persönlichem Reichtum und Leistung aufsteigen.

Die Gesellschaftspyramide umfasst nur die römischen Bürger und Bürgerinnen sowie ihre Abhängigen (Freigelassene, Sklaven und Sklavinnen). Es gab zwar eine vertikale Mobilität, jedoch keine «Tellerwäscherkarrieren»; üblich war vielmehr der Aufstieg von Familien über mehrere Generationen, mit der Aufnahme in die oberen Stände durch den Kaiser. In der Schweiz sind Angehörige der beiden oberen Stände sowie der Dekurionen aus einheimischen Familien nachgewiesen.
Quelle: Géza Alföldy, Römische Sozialgeschichte, Wiesbaden 2011, S. 196 (geändert), © 2013 Schwabe AG, Verlag, Basel, und Marc Siegenthaler, Bern.

### Der Sklave, die Sklavin

Sklaven[65] waren nach römischem Recht keine Personen, sondern gehörten als Sachen *(res)* einem Herrn oder einer Herrin. Die Zeugnisse vom 5. Jahrhundert v. Chr. bis zum 6. Jahrhundert n. Chr. bezeugen diesbezüglich Wandlungen, jedoch keine Versuche, die Sklaverei als solche in Frage zu stellen oder abzuschaffen. Die Wege der Versklavung waren vielfältig: Kriegsgefangenschaft, Menschenraub mit Verkauf auf dem Sklavenmarkt, Aussetzung als Kind armer Eltern, Bestrafung für gewisse Verbrechen oder – die häufigste Situation in der Kaiserzeit – die Geburt als Kind von Sklaven *(verna)*. Die soziale Lage der Sklaven war unterschiedlich; ihre Tätigkeiten reichten von harter Körperarbeit oder mühsamer handwerklicher Tätigkeit über Büroarbeit bei privaten Herren oder im öffentlichen Dienst, meist der kaiserlichen Verwaltung, bis hin zur Stellung als Arzt oder Hauslehrer. Die Beziehungen zum Sklaven konnten sowohl von Verachtung und Ausbeutung als auch freundschaftlich geprägt sein. Sehr viele Sklaven wurden um das dreissigste Altersjahr freigelassen, oft unter Freikauf durch ihr eigenes Vermögen; sie wurden so zu römischen Bürgern mit Einschränkungen. In der Schweiz sind Zeugnisse von Sklaven selten. Abgesehen vom Exvoto eines Sklavenhändlers auf dem Grossen St. Bernhard handelt es sich um Inschriften an Bauten von Sklaven der kaiserlichen Verwaltung: Es sind dies das Grabmal eines Steuereintreibers in Avenches, der Neubau des Jupitertempels in Vindonissa und der Weihaltar des Stellvertreters des Zolleinnehmers in Saint-Maurice. Aprilis, der Sklave des Caius Camillius Paternus, weihte in Avenches Silvanus, dem Gott des Waldes und des Schiffsbaus, und Neptun, dem Gott der Schifffahrt auf dem Fluss, eine grosse Säule mit Statuen. Weitere Nennungen von Sklaven finden sich auf Ziegelabrechnungen.

der Regel dem selben Stand wie ihre Männer angehörten, war, was die öffentlichen Funktionen anbetrifft, nur das Priesteramt zugänglich, insbesondere das des Kaiserinnenkultes, wofür es in der Schweiz acht Belege gibt. In der Kaiserzeit stand die römische Bürgerin als Ehefrau – und nur diese konnte eine nach römischem Recht gültige Ehe eingehen – nicht mehr unter der Vormundschaft ihres Mannes, ihres Vaters oder eines männlichen Angehörigen.

Die römischen Bürgerinnen waren besitzfähig, sie konnten sich Sklaven und Sklavinnen halten und diese auch freilassen; ebenso erscheinen sie in auf dem Gebiet der Schweiz gefundenen Inschriften als Testamentsvollstreckerinnen oder haben selbst testiert.[66] Abgesehen vom Dienst im Kaiserkult sind für Frauen berufliche Tätigkeiten oder inschriftlich fassbare Aktivitäten – im Handel, im Gewerbe (etwa in der Tuchwalkerei), als Ärztinnen, Hausangestellte oder Dienerinnen, wobei die Letzteren fast ausschliesslich Sklavinnen waren – in der Schweiz kaum nachgewiesen. Eine Ausnahme stellt die in Avenches gefundene Grabinschrift der Pompeia Gemella, der Amme und wohl auch Erzieherin des späteren Kaisers Titus, dar; doch stammten Pompeia Gemella und die beiden Grabstifterinnen, eine Freigelassene und eine Sklavin, sehr wahrscheinlich aus Italien.[67]

Abschliessend ist hinzuzufügen, dass in dieser aristokratischen Gesellschaft die Rente aus dem Grundbesitz für Männer wie für Frauen das erstrebenswerte Ziel darstellte und deshalb dem wie auch immer gearteten Beruf nie dieselbe ideelle Bedeutung zukam wie in der modernen bürgerlichen Gesellschaft. Der Grundbesitz verpflichtete aber auch zur Übernahme von Ämtern aller Art – Ämter, die Prestige bedeuteten und im Fall der Ritter und Senatoren Ausdruck der Loyalität gegenüber dem Kaiser waren, was die zahlreichen Ehrenmonumente in den Städten des Reiches augenfällig zeigten. Zu dieser Verpflichtung kam die Aufgabe, sich als *patronus* für niedriger gestellte Personen einzusetzen.[68]

## DER STÄDTISCHE RAUM

Heute werden die *oppida* allgemein als «keltische Städte» angesehen – in ihnen konzentrierte sich die wirtschaftliche, administrative, politische und kultische Macht.[69] Man kann sie allerdings nicht mit den städtischen Gründungen des Mittelmeerraumes vergleichen, wo der Städtebau als Ausdruck der griechisch-römischen Kultur schlechthin gilt. In Gallien entsprachen die verschiedenartigen Umfassungsmauern nicht immer den Erfordernissen einer wirksamen Verteidigung, Wege und Plätze fügten sich selten in ein streng orthogonales Raster ein, die öffentlichen Bauten wie Tempel und Umfriedungen von heiligen Bezirken waren bescheiden, der Wasserversorgung wurde offenbar keine besondere Bedeutung beigemessen, und das häusliche Leben der Eliten zeichnete sich, mit wenigen Ausnahmen, meist eher durch wertvolle Alltagsgegenstände sowie durch Raffinement in der Küche als durch eine luxuriöse Bauweise der Wohnhäuser aus.[70]

Der mit der Neuordnung Galliens durch Augustus einhergehende Urbanisierungsprozess war zum einen Ausdruck der Machtpolitik Roms, wurde andererseits aber auch von den lokalen Eliten – häufig auf eigene Kosten – bereitwillig vorangetrieben, um einen Rahmen zur Demonstration ihrer Macht nach römischem Vorbild zu schaffen. Dies führte zu einer vollständigen Umgestaltung der bestehenden städtischen Zentren. In der neuesten Forschung wird ein Bild der fortschreitenden Entwicklung des Städtebaus gezeichnet, das auf eingehenden historischen und auf einer verfeinerten Chronologie basierenden Analysen beruht und vor allem auch die regionalen Besonderheiten berücksichtigt.[71] Die einzelnen Städte entwickelten sich entsprechend ihrer jeweiligen politischen und wirtschaftlichen Situation unterschiedlich. In Nyon, Avenches und Augst entstanden bereits in augusteisch-tiberischer Zeit, in Martigny unter Claudius sämtliche nach dem städtebaulichen römischen Prinzip für das politische, religiöse, wirtschaftliche und soziale Leben notwendigen monumentalen Einrichtungen: ein rasterförmiges Netz aus breiten, von Portiken gesäumten Strassen mit Rinnstein; ein Forum mit einem klassisch-römischen Podiumstempel, der meist dem Kaiserkult vorbehalten war, aber auch dem Jupiter geweiht sein konnte; eine Basilika, das heisst ein multifunktionaler Bau, in dem vor allem das Gericht und die Handelsbörse untergebracht waren; öffentliche Bäder (Thermen), Orte der Erholung und der Entspannung; ein Amphitheater, ein Theater und ein Markt (macellum), Einrichtungen, die von Reisenden gern besucht wurden; Aquädukte und Abwassersysteme, wozu auch die Abfallentsorgung gehörte, sowie Brunnen und Nymphäen.

Neben den gewöhnlichen Häusern der einfachen Leute gab es nach mediterranem Vorbild errichtete Stadthäuser (domus) mit Innenhöfen, mit denen die Oberschicht ihren Wohlstand zur Schau stellen konnte.[72] Einige dieser Häuser waren reich mit Wandmalereien, Fussbodenmosaiken und Stuck sowie mit heute grösstenteils verlorenen Statuen geschmückt. Diese Werke zeigten die Bilder der klassischen Sagen – ein Zeichen dafür, dass die griechisch-römische Kultur auch die der hiesigen Oberschicht war und sie sie allenfalls mit ihren lokalen Traditionen verschmolz.[73] Besonders prachtvolle Beispiele sind der Palast von Derrière la Tour in Avenches im Besitz der Otacilier, der vermutlich dem Statthalter bei seiner Durchreise durch die Provinz als vorübergehende Residenz diente und in seiner Blütezeit eine maximale Ausdehnung von 15 000 Quadratmetern erreichte, sowie der Palast der insulae (↑Insula) 41 und 47 in Augst mit seinen elf Mosaiken aus severischer Zeit.[74]

Die Anlage des Strassenrasters sowie der Bau öffentlicher Gebäude wurden in den einzelnen Städten unterschiedlich umgesetzt, vor allem auch was die in die Planung einbezogene Fläche sowie die Grösse der insulae betrifft. Nur Avenches wurde vollständig mit einer wehrhaften, 5,5 Kilometer langen Mauer umgeben, als die Stadt unter Vespasian zur Kolonie aufstieg. In Augst wurde die ebenfalls aus flavischer Zeit stammende Umfassungsmauer nie vollendet. Die vier städtischen Zentren Martigny, Nyon, Avenches und Augst, in denen seit der zweiten Hälfte des 1. Jahrhunderts n. Chr. die Lehm- und Holzbauten sukzessive ersetzt wurden, haben die Siedlungslandschaft wesentlich verändert. Als sichtbare Beispiele römischer Kultur förderten sie den Wandel der Lebensformen und Vorstellungswelten. Wie viele Menschen lebten in solchen Städten? Es wird vermutet, dass Augst und Avenches im 2. Jahrhundert wahrscheinlich etwa 20 000 Einwohner hatten.[75]

Die kleineren Städte (vici) erfüllten als Zwischenglieder zwischen den grossen Städten und dem ländlichen Gebiet eine wichtige Funktion. Sie waren grösstenteils einheimischen Ursprungs – manche entstanden ex nihilo, also als Neugründungen – und lagen meist entlang der grossen Verkehrswege oder an wichtigen Knotenpunkten.[76] Auch sie bemühten sich um städtische Strukturen nach römischem Vorbild, doch aufgrund ihres untergeordneten rechtlichen Status sowie mangels finanzieller Mittel fielen diese meist bescheiden aus: Das Strassennetz war einfacher, klassische römische Tempel fehlten ganz, und in den ↑Streifenhäusern befanden sich sowohl Wohnungen als auch Werkstätten. Nur äusserst selten ist, wie in Genf und in Lausanne (Lousonna), eine domus belegt. Neben den gallorömischen Tempeln und den Thermen sind von den öffentlichen Gebäuden in Lausanne eine imposante Basilika sowie die gallorömischen Theater von Lausanne und Lenzburg besonders hervorzuheben.[77] Die Bevölkerung dieser vici umfasste zwischen 1000 und 5000 Personen. Mit einer einzigen Ausnahme – Riom an der höher gelegenen Route zum Julierpass – befanden sich alle heute im Alpenraum bekannten Marktflecken in den Talebenen, etwa bei beziehungsweise unter den heutigen Ortschaften Massongex, Saint-Maurice, Sion und Sierre im Wallis sowie Chur und Muralto.

Eine Besonderheit stellt die bis in die frühe Eisenzeit zurückreichende dörfliche Siedlung

**Luftaufnahme des Amphitheaters von Vindonissa,** © *Photo Walter Tschudin, Windisch.* — Zu erkennen ist die circa 64 × 52 Meter grosse Arena, die von zwei parallel verlaufenden Mauern begrenzt wird, sowie drei ihrer Zugangskorridore. Die ursprünglich wahrscheinlich aus Holz bestehenden Sitzstufen sind nicht erhalten. Dem um 50 n. Chr. errichteten Steinbau ging eine Holzkonstruktion aus der Zeit des Kaisers Tiberius (14–37 n. Chr.) voraus.

**Modell des Forums der Colonia Iulia Equestris, Nyon** *(Musée romain de Nyon; Konzeption Pierre André / Philippe Bridel; Ausführung Atelier Grange, Lyon),* © *Photo Alain Besson, Lausanne.* — Im Hintergrund des Modells ist die *area sacra* mit dem von Portiken umgebenen Tempel zu sehen. Im Vordergrund befindet sich die *area publica*, die von einer mächtigen Basilika, in welcher auch Gerichtsverhandlungen abgehalten wurden, und zwei Nebengebäuden abgegrenzt wird. Das linke Gebäude ist die *curia*, das Haus des Dekurionenrates.

**Rekonstruktion des Gutshofes von Boscéaz bei Orbe (VD) zur Zeit seiner grössten Ausdehnung im 3. Jahrhundert n. Chr.** *(Jeannine Gorgerat / Bastien Julita),* © *Photo Fibbi-Aeppli, Grandson.* — Das auf einer künstlich angelegten, mindestens 300 Meter langen Terrasse errichtete Herrenhaus bestand aus einem Hauptgebäude, von dem rechtwinklig drei Flügel ausgingen, die zwei grosse Innenhöfe mit Gärten umrahmten. Die Höfe waren an drei Seiten von Portiken umgeben und wurden an der vierten Seite von einem Gang abgeschlossen; dieser verband die beiden symmetrisch angelegten Seitenflügel und führte zu den Badeanlagen. Das Gesamtgebäude besass eine fast 250 Meter lange Fassade, die über der Ebene thronte.

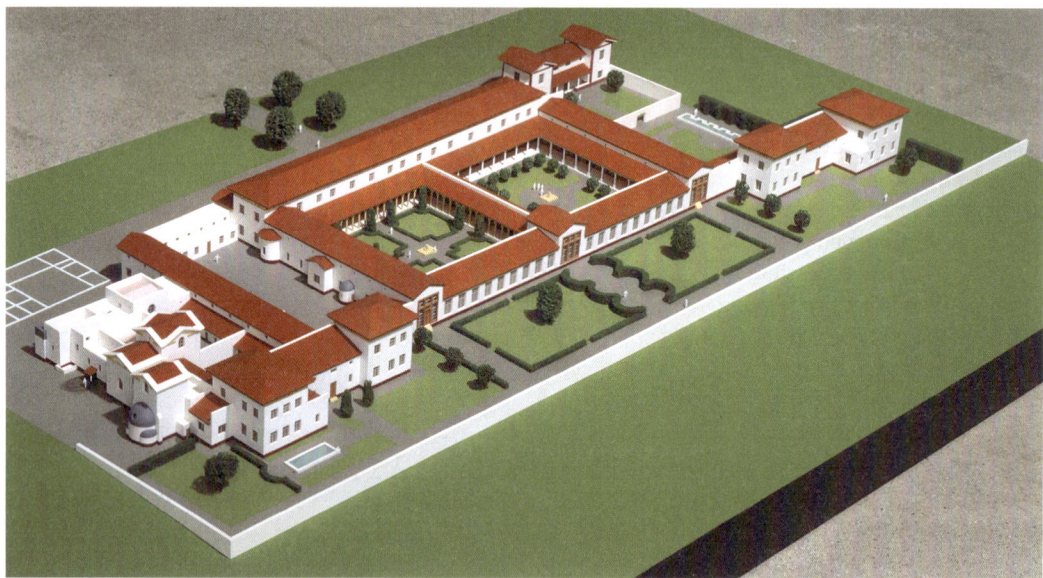

Gamsen-Waldmatte in der Gemeinde Brig-Glis dar: Offenbar ohne Unterbrechung wurde hier bis in die Mitte des 5. Jahrhunderts n. Chr. nach der traditionellen, den natürlichen Bedingungen angepassten Bauweise Lehm und Holz verwendet.[78] Die unsichere Lage am Ende des 3. Jahrhunderts führte dazu, dass Befestigungen entstanden, die an einigen Orten nur den Siedlungskern umfassten, eine sogenannte «enceinte réduite»; manchmal wurden diese in mehreren Phasen errichtet. Andernorts entstanden aber auch dauerhafte Festungen, wie in Augst, Genf, Yverdon, Solothurn oder Olten. In einigen Fällen wich man vollständig oder teilweise auf leichter zu verteidigende Anhöhen aus, so etwa in Lausanne und Avenches, wobei im letzteren Fall der westliche Teil der Stadt weiterhin besiedelt blieb und das Theater befestigt wurde. Andere Stätten wurden ganz aufgegeben, etwa Bern-Enge, Marsens im Bezirk Greyerz, Lenzburg oder Schleitheim bei Schaffhausen. Die restlichen städtischen Siedlungen waren bis ins 4. bis 5. Jahrhundert kontinuierlich besiedelt, einige sind es noch heute.[79]

## DER LÄNDLICHE RAUM

Die *villae* als Vorbilder der städtischen Kultur und des Wohlstands hatten entscheidenden Einfluss auf die Romanisierung der ländlichen Gebiete.[80] In augusteisch-tiberischer Zeit entstanden, häufig im Rahmen neuer Gebietseinteilungen, allmählich die ersten Siedlungen nach römischem Vorbild, zunächst in Holzbauweise, seit der Mitte des 1. Jahrhunderts n. Chr. auch in Stein. Sie ersetzten entweder an derselben Stelle oder in einer gewissen Distanz die einheimischen, von einem Grabensystem oder einem Pfostenbau umgebenen Gehöfte aus Holz und Lehm, so beispielsweise in Morat-Combette (Murten).[81]

Die Verdichtung und Ausdehnung dieser Besiedlung erreichte ihren Höhepunkt zwischen dem 2. und der ersten Hälfte des 3. Jahrhunderts. In diese Zeit gehen die luxuriös ausgestatteten herrschaftlichen Wohnbauten (*pars urbana*) zurück, die man als wahre Paläste bezeichnen kann, in denen bis zu 200 Bewohner lebten. Sie finden sich etwa an den Fundorten Orbe-Boscéaz und Yvonand-Mordagne im Waadtland, im neuenburgischen Colombier und in Dietikon.[82] Gleichzeitig gelangte der für den landwirtschaftlichen Betrieb und für handwerkliche Tätigkeiten bestimmte Bereich der *villa*, die *pars rustica*, auf seinen höchsten Entwicklungsstand. Andere Anlagen, wie der jurassische Gutshof von Boécourt, übernahmen zwar teilweise nach und nach die römische Bauweise und entsprechende Strukturen, blieben in ihrem Charakter jedoch insgesamt bescheiden.[83]

Die wichtigsten Grundlagen der landwirtschaftlichen Produktionsstätten waren ganz allgemein der Getreideanbau, die Viehzucht, der Obstbau und der Gemüseanbau. Im Zuge der Romanisierung kamen neue Pflanzen in die Region, etwa Koriander, Fenchel, Dill, Bohnenkraut, Sellerie, Melonen, Roggen, Hafer und Weizen sowie die Weinrebe zur Weinproduktion. War der Genuss von Wein bereits den Kelten geläufig gewesen, so gelangte die Weinrebe erst in der Kaiserzeit nach Mitteleuropa. Weinberge wurden im Wallis angelegt; umstritten ist ihre Existenz im Mittelland und im Jura.[84] Mit der Kenntnis der Veredelungstechnik des Pfropfens entwickelte sich der Obstbau; zu den bereits bekannten Baumsorten kamen der Walnuss-, der Aprikosen-, der Pfirsich- und der Pflaumenbaum hinzu. Auch bei den Nutztierarten gab es Neuerungen: Eingeführt wurden nun unter anderem der Esel, das Maultier, die Katze – um die Nagetiere zu verjagen – und die Taube. Beim Vieh konnten durch eine verbesserte Haltung sowie durch Kreuzungen mit Rindern aus Italien oder dem südlichen Gallien grössere und ertragreichere Rassen gezüchtet werden. In der Landwirtschaft wurden neue Methoden und ausgeklügeltere Gerätschaften angewandt, etwa die Verbesserung der Bodenqualität durch Düngung mit Mergel und Mist, weiterentwickelte Pflüge, ausgewähltes Saatgut, die Veredelung im Rebbau, hydraulische Mühlen, die Gärung oder Aufbewahrung in Fässern, die Haltbarmachung von Fleisch in Räucheröfen sowie das Trocknen von Früchten und Getreide in Darren.[85] Das Handwerk in diesem ländlichen Umfeld diente nicht ausschliesslich zur Deckung des Eigenbedarfs; im Gegenteil, einige Produkte wie Textilien, Keramik oder Ziegel wurden in ein lokales oder regionales Umfeld exportiert, so dass dieser Handel als Bestandteil einer zur Regel gewordenen Marktwirtschaft zu betrachten ist.

**Detail des Venatio-Mosaiks in der Villa von Vallon (FR), um 220 n. Chr.: Medaillon mit der Darstellung eines von einem Hund angegriffenen Hirschs,** © *Photo Service archéologique de l'Etat de Fribourg.* — Bei dem Mosaik handelt es sich um den Fussbodenschmuck eines repräsentativen Raums der Villa.

In Hinblick auf die *villae* ist jeweils das repräsentative Herren- oder Gutshaus (*pars urbana*) gut erforscht, der dazugehörige Wirtschaftsbereich (*pars rustica*) wird erst seit jüngster Zeit vermehrt untersucht. In den Gutshöfen von Biberist bei Solothurn und von Dietikon und Neftenbach im Kanton Zürich kamen Wohnbauten für den Verwalter (*vilicus*) und die Landarbeiter zum Vorschein;[86] bei Letzteren handelte es sich insbesondere um abhängige Bauernfamilien und nicht – wie in Italien und gemäss landläufiger Vorstellung im ganzen Reich – um Arbeitssklaven. Sklaven waren hier eher ein städtisches Phänomen; sie gehörten ganz reichen Familien oder waren Repräsentanten der kaiserlichen Verwaltung. Daneben gab es Speicher, Scheunen, Ställe, Werkstätten und Trockenkammern (in denen viele Funde von Tierknochen und pflanzlichen Resten gemacht werden konnten) aber auch kleine Heiligtümer (*fana*) und Grabmonumente, die sehr wahrscheinlich zum Gedenken an die Gutsbesitzer errichtet worden waren. Diese Funde liefern insgesamt wertvolle Informationen über die Art und die Entwicklung des gesellschaftlichen und wirtschaftlichen Lebens auf den Gutshöfen.[87]

Als Folge der kriegerischen Einfälle, der Epidemien und der allgemeinen Unsicherheit nahm die Besiedlungsdichte auf dem Land von der Mitte des 3. bis in die Mitte des 4. Jahrhunderts allmählich ab.[88] Leider können weder die Archäologie noch die Alte Geschichte auf statistisch sichere Daten zurückgreifen, so dass es nicht möglich ist, Zahlen zur Bevölkerung beziehungsweise zum Rückgang der Bevölkerung zu nennen. Bewohnte Anlagen des 5. Jahrhunderts sind selten; ein aussergewöhnliches Beispiel ist der Gutshof vom Parc de la Grange bei Genf, der, wie eindeutig belegt ist, vom 2. Jahrhundert v. Chr. bis ins Mittelalter kontinuierlich besiedelt war.⁸⁹ Für Liestal und für Vandœuvres⁹⁰ bei Genf konnte nachgezeichnet werden, wie sich aus dem römischen Gutshof ein mittelalterliches Dorf entwickelte. In der Spätantike wurden die *villae* der Kaiserzeit in vielen Fällen nur noch teilweise genutzt, die Reste der Bauten wurden umgestaltet, oder es wurden Pfostenbauten errichtet. Das reiche, aus einem Grubenhaus innerhalb der Umfriedung einer *villa suburbana* im Quartier Sous-le-Scex⁹¹ in Sion stammende Fundmaterial zeugt von einer aktiven, bis zum Ende des 5. Jahrhunderts florierenden Wirtschaft.

Im Alpenraum wurden die *villae* meist in den Flusstälern bis in eine Höhe von 600 Metern angelegt, etwa an der Rhone oder am Rhein, wo die Topographie mit den ausgedehnten Ebenen im Talgrund eine mittel- bis grossflächige landwirtschaftliche Nutzung ermöglichte. In den Hochtälern hatte die römische Eroberung kaum Auswirkungen auf die im Wesentlichen gemischte Wirtschaftsform mit Ackerbau und Alpwirtschaft, zu der aufgrund der topographischen und klimatischen Bedingungen jahreszeitliche Wanderungen gehörten. Die bis auf eine Höhe von 1600 bis 1800 Meter nachgewiesenen Bauten wurden, wie schon im Neolithikum und bis zum 5. Jahrhundert n. Chr., in der traditionellen Konstruktionsweise aus Holz oder Trockenmauerwerk errichtet. Ziegen blieben hier in den allermeisten Fällen die bevorzugten Nutztiere.⁹²

## ALLTAGSLEBEN UND KULTUR

Das Lateinische, Verwaltungssprache und Träger der römischen Kultur⁹³ im westlichen Teil des Römischen Reiches, hatte weitgehend Eingang in die Schulen gefunden, die für alle Bevölkerungsschichten und für Jungen wie für Mädchen offen standen. Auch wenn sich das Latein sehr schnell durchsetzte, diente es doch nicht, wie dies in Europa bis weit in die Neuzeit der Fall war, der Konstruktion einer gemeinsamen Identität.⁹⁴ Die Vielfalt der sowohl in Italien wie auch in den Provinzen gesprochenen Sprachen blieb im ganzen Römischen Reich weiterhin bestehen. Der Gebrauch der einheimischen Sprachen, insbesondere was die mündliche Kommunikation anbelangt, ist in unterschiedlicher Weise je nach Region bis mindestens in die Spätantike hinein belegt; dies gilt auch für das Gebiet der Schweiz.⁹⁵

Ebenso wie die lateinische Sprache verbreitete sich der Schriftgebrauch, der in Gallien im 2. Jahrhundert v. Chr. Fuss gefasst hatte, um den Bedürfnissen des Handels zu entsprechen, recht schnell. Seit augusteischer Zeit finden sich offizielle und private, in Stein gemeisselte oder in Bronze geritzte Inschriften sowie mit Wachs bestrichene Schreibtäfelchen aus Holz und Graffiti auf Gebrauchsgegenständen und Geschirr, die von einer fortschreitenden Alphabetisierung der einheimischen Bevölkerung zeugen.⁹⁶ Wie neuerdings die

**Weihgabe aus Bronze an die Bärengöttin Artio (keltisch «Bär»), Fundort Muri bei Bern, um 200 n. Chr., 15,6 × 28,6 cm** *(Bernisches Historisches Museum, Bern)*, © BHM, Photo Stefan Rebsamen. — Zunächst befanden sich auf dem Sockel nur der Baum und die gemäss der keltischen Tradition als Tier dargestellte Gottheit. Deren anthropomorphe Erscheinung, die Gestalt der römischen Göttin der Fruchtbarkeit, wurde erst später hinzugefügt. Auf dem Sockel ist die Inschrift «Deae Artioni / Licinia Sabinilla» zu lesen: «Für die Göttin Artio, / (gestiftet von) Licinia Sabinilla».

intensivierte Untersuchung der Kleininschriften zeigt, war die dabei verwendete Sprache meistens Latein,[97] sieht man einmal von wenigen gallischen Zeugnissen und einigen weiteren Inschriften mit einzelnen keltischen Namen oder Wörtern ab.[98]

Durch die neuen Formen städtischen Lebens und die strukturellen Veränderungen auf dem Land wandelten sich die Lebensbedingungen und der Alltag der Menschen. Im Bereich der privaten Wohnbauten zeigt sich die Romanisierung in der neuen Bauweise mit Mauerwerk und Ziegeln, in der dekorativen Ausgestaltung, in der Einrichtung der Wohnräume, in der Raumvielfalt mit Empfangsraum, Esszimmer, Schlafzimmer und Küche, im durch die Hypokaustheizung verbesserten Komfort, in der Beleuchtung mit Öllampen und Laternen oder in der Möblierung. Das typisch keltische Haus kannte im Gegensatz dazu in der Regel weder Bänke und hohe Tische noch die erhöhte Bettstatt; die Feuerstellen waren ebenerdig und «das Leben» fand auf dem Boden statt.

Anhand des Geschirrs lassen sich die Veränderungen der Essgewohnheiten nachvollziehen, die allerdings je nach sozialer Schicht und Region unterschiedlich waren.[99] Seit dem 1. Jahrhundert v. Chr. finden sich neben den traditionellen einheimischen Gefässen solche mit bisher unbekannten Formen, die aus dem Mittelmeerraum importiert oder in den lokalen Werkstätten entsprechend imitiert wurden, etwa Reibschüsseln, Krüge, Stielkasserollen, Wasserkessel, Vorratsgefässe, Tafelgeschirr aus roter Glanztonware und Feinkeramik. Amphoren zeugen vom Aufkommen importierter Produkte und Nahrungsmittel, die sich im mediterranen Raum besonderer Beliebtheit erfreuten, etwa Olivenöl, Wein sowie Gewürze und andere Spezereien wie Essig und eine Würzsauce auf Fischbasis (*garum*). Neue Kochtechniken kamen zur Anwendung, beispielsweise das Dämpfen und das Schmoren. Erstmals wurden – lange bevor die Gabel als Essbesteck aufkam – Löffel benutzt. Weitere Innovationen im häuslichen Bereich waren Räucherkammern zum Räuchern von Fleisch und Kuppelöfen zum Backen von Brot.[100]

Die Toga wurde von den römischen Bürgern vornehmlich bei offiziellen Anlässen getragen; die Arbeitskleidung, die je nach Region variieren konnte, bestand aus der Tunika (einem langen Hemd aus Leinen oder Wolle), einem Mantel oder einem Kapuzenmantel (*cucullus*, keltischen Ursprungs), der häufig mit einer Fibel zusammengehalten wurde; dazu trug man genagelte Schuhe.[101] Gewisse keltische Besonderheiten, etwa das Tragen zweier Fibeln an den Schultern bei den Frauen, lassen sich im Alpenraum bis in das 3. Jahrhundert verfolgen. Die Frauen passten sich, was Frisur, Schminke und Schmuck anging, dem modischen Vorbild der Kaiserinnen an. Die Männer gaben die Langhaartracht auf, der Schnurrbart wurde hingegen von manchen beibehalten.

Im Bereich der Hygiene und Körperpflege trat mit der Nutzung von Thermen und Sportanlagen, dem Bau von Kanalisationen und öffentlichen Latrinen und einer organisierten Müllbeseitigung eine deutliche Verbesserung ein;[102] dazu trugen auch die Fortschritte der Medizin und der Pharmazie bei. Die Lebenserwartung stieg an, auch wenn sie sich im Durchschnitt – aufgrund der hohen Kindersterblichkeit – nur leicht erhöhte. Einige Grabinschriften zeugen von Menschen mit einer aussergewöhnlich langen Lebensdauer, etwa Lucius Camillius Faustus in Avenches, der im Alter von 92 Jahren starb.[103] Das Angebot an Freizeit-

**Terrakotta einer Pilgergruppe, Fundort in Thun-Allmendingen, Höhe 13,2 cm** (*Bernisches Historisches Museum, Bern*), © BHM, Photo Stephan Rebsamen. — Die aus beigem Ton geformte und ursprünglich bemalte Pilgergruppe wurde 4,5 Meter südlich der Statuenbasis mit der Inschrift für die Alpengottheiten gefunden; diese befand sich in der *cella* des Tempels 6. Zu sehen sind vier grössere und drei vor diesen stehende kleinere Figuren im Kapuzenmantel (*cucullus*), einige mit Schal um den Hals. Zwei Köpfe fehlen. Es handelt sich um eine seltene Darstellung der grossen Bevölkerungsgruppe einfacher Leute, hier der Pilger dieses Heiligtums.

**Bronzekopf eines jungen Mannes, Fundort bei Lausanne-Vidy, um 100 n. Chr., Höhe 26,5 cm** (*Bernisches Historisches Museum, Bern*), © BHM, Photo Y. Hurni. — Der Bronzekopf könnte Teil der Statue eines Ehrenmonumentes gewesen sein. Auch wenn dem Bildtypus griechisch-römische Vorbilder zugrunde liegen, zeugen gewisse Details, wie die eher geringe Plastizität und die dekorative Ausführung der Frisur, des Schnurr- und Backenbartes sowie der Augenbrauen, von einem einheimischen Stil, was aber nicht zwangsläufig auf die Herkunft des Jünglings schliessen lässt. Jedoch spricht auch die Entstehungszeit des Kopfes um 100 n. Chr. dafür, dass der Dargestellte ein romanisierter Helvetier gewesen ist.

**Orny (VD), Luftaufnahme der Römerstrasse Lausanne–Yverdon (Juni 2003),** © *Archéologie cantonale vaudoise, Photo Patrick Nagy.* — Die sogar durch die Existenz von Meilensteinen nachgewiesene römische Strasse, genannt Vy d'Etraz, ist im Luftbild als gerade Linie in der Landschaft deutlich zu erkennen. Sie führte auf dem kürzesten Weg von Lausanne-Vidy nach Yverdon und von dort nach Avenches oder über den Jura nach Besançon.

vergnügungen war mit den öffentlichen Bädern, den Theatern – dem typischen Ort der Verbreitung der römischen Kultur – sowie den Amphitheatern im Zuge der Romanisierung insgesamt breiter geworden. Zur Aufführung kamen weniger Tragödien und Komödien, sondern eher mythologische Szenen; auch Mimen, Tänzer, Jongleure und Akrobaten traten auf. Neben der bereits bekannten Lyra, der Kythara und der keltischen Carnyx umfasste die Palette der Musikinstrumente nun auch die Flöte, Zimbeln und die Laute; in Avenches ist sogar ein Exemplar einer hydraulischen Orgel belegt.[104] Die Musik wurde im privaten Bereich gepflegt, wo Kinder Flöte oder Tamburin spielten, aber auch von Berufsmusikern bei privaten und öffentlichen Feiern vorgetragen. Mit dem Ende der Unabhängigkeit verschwanden die reiche keltische Kunst und die im Wesentlichen mündlich überlieferte Literatur fast ganz. Sie wichen Werken, die sich am Kanon der griechisch-römischen Kunst orientierten; diese war ihrerseits vielfältigen Einflüssen ausgesetzt, in fortwährender Entwicklung begriffen und stand im Dienst der offiziellen Ideologie.[105] Die keltische Vorstellung eines in Himmel und Unterwelt geteilten Kosmos wich dem geozentrischen Weltbild, wie es der grosse Astronom und Mathematiker Klaudios Ptolemaios im 2. Jahrhundert beschrieb: Sonne und Planeten, zu Gottheiten erhoben, umkreisen eine runde Erde und bildeten zusammen mit ihr ein harmonisches Universum – ein Abbild der als ideal vorgestellten imperialen Ordnung.

Das geographische Wissen über die bekannte bewohnte Erde wurde auf Karten festgehalten.[106] Neben Expeditionen, deren Ziel es war, die Welt besser kennenzulernen, erfreuten sich Vergnügungsreisen zu Lande und zu Wasser einer bisher nicht gekannten Beliebtheit.[107] Dazu gehörten Besuche von natürlichen oder kulturellen Sehenswürdigkeiten sowie Pilgerreisen zu den zahlreichen nahen und fernen Kultstätten (Ägypten, Griechenland), ganz zu schweigen von der regelmässigen Sommerfrische, die ein fester Bestandteil des Stadtlebens war.

## DAS WIRTSCHAFTSLEBEN

### Der Handel

Gegen Ende des 2. Jahrhunderts v. Chr. fand eine Intensivierung des bereits seit der Hallstattzeit (800 bis 450 v. Chr.) über weite Distanzen geführten Handels statt; zur selben Zeit passten einige keltische Stämme ihr Münzsystem dem römischen an.[108] Zudem ist bereits für die vorrömische Zeit ein gut entwickeltes Strassennetz durch Relikte von Holzbrücken und einzelnen Strassenabschnitten archäologisch nachgewiesen. Von einem echten wirtschaftlichen Aufschwung kann man jedoch erst in Hinblick auf die augusteische Zeit sprechen; er erreichte seinen Höhepunkt in der zweiten Hälfte des 1. und im 2. Jahrhundert n. Chr.[109] Die Hauptachsen des hauptsächlich von Reisenden, Händlern und Soldaten genutzten Strassennetzes verliefen durch das schweizerische Mittelland zwischen Genf und dem Bodensee und über die Alpen via den Grossen St. Bernhard, den Julier- und den Splügenpass. Als Wasserstrassen, vor allem für den Transport von Waren, dienten die Rhone und der Genfersee, daran anschliessend die Drei-Seen-Region mit der Zihl, alsdann die Aare und der Rhein. Die auf den Seen und Flüssen benutzten Transportmittel waren Barken und keltische Lastkähne aus Holz, von denen im Neuenburgersee drei Exemplare gefunden wurden.[110] Zwischen den Flusssystemen von

**Modelle von zwei römischen Holzbarken aus Yverdon-les-Bains (VD)** (Musée cantonal d'archéologie et d'histoire, Lausanne; Modell B. Moulin), © MCAH, Photo Y. André. — Die Holzbarken selbst wurden 1971 und 1984 gefunden und sind, restauriert, heute im Musée d'Yverdon et Région ausgestellt. Auf solchen Lastkähnen konnten im dichten voralpinen Gewässernetz grosse Warenmengen sicher und schnell von Ortschaft zu Ortschaft transportiert werden.

Rhone und Rhein mussten nur die zwischen Lausanne und Yverdon liegenden rund 30 Kilometer auf dem Landweg überwunden werden.

Die Übernahme der römischen Masse und Gewichte sowie des Währungssystems, eine flexible und effiziente Verwaltung, präzise Rechtsvorschriften und nicht zuletzt die Restrukturierung und Verbesserung der Verkehrswege mit gepflasterten Strassen, Stützmauern und Bauwerken wie beispielsweise dem Felsentunnel von Pierre Pertuis im Berner Jura, der die Verbindung zwischen Avenches und Augusta Raurica erleichterte, förderten den Warenverkehr.[111] Als Verkehrsmittel dienten Pferde und leichte Wagen (ausschliesslich zur Beförderung von Reisenden in staatlichem Auftrag) sowie Ochsen und Karren für den Transport schwerer Lasten, daneben kamen auch Maultiere und Esel als Zugtiere zum Einsatz. Entlang der grossen Reiserouten entstanden Rasthäuser und Pferdewechselstationen (*mansiones* und *mutationes*); an Zollstellen wie in Genf, Saint-Maurice und in Zürich wurden Steuern erhoben, die vorrömische Zollgebühren ersetzten.[112] An bestimmten Stellen kontrollierten von am Rhein stationierten Legionen abkommandierte Benefiziarier (Unteroffiziere) die Strassen, beispielsweise in Genf und in Vevey. Der Transport auf Flüssen und Seen wurde durch die Anlage von Häfen verbessert, wie etwa in Genf, Lausanne-Vidy und in Avenches.

Vertreter des Gewerbes und des Handels schlossen sich zu Berufsverbänden zusammen, die die Versorgung mit Waren gewährleisteten und den Handel regelten. Belegt sind unter anderem die Körperschaften der Schiffer des Genfersees, die ihr Kontor in Lausanne hatten, die der Schiffer der Aare und der Zihl, die *negotiatores Cisalpini et Transalpini* (diesseits und jenseits der Alpen tätige Kaufleute) sowie die *negotiatores salsarii et leguminari* (Händler von Eingesalzenem und Gemüse).[113] Zahlreiche Güter wie Nahrungsmittel, Geschirr, Glas, Metalle, Marmore und Mühlsteine, aber auch Stoffe oder Gewürze, die sich kaum erhalten haben, wurden aus dem Mittelmeerraum, aus Afrika, aus dem Orient, aus Gallien oder Britannien importiert. Ausgeführt wurden Pökelfleisch, Hölzer, handwerkliche Erzeugnisse, vor allem aus Bronze, Gefässe aus Lavez (Speckstein) und Bergkristalle.[114] Durch die in der Kaiserzeit überaus bedeutsam gewordene geographische Lage am Kreuzungspunkt der grossen Handelsstrassen über die Alpen und den Jura und entlang des Rhonetals war

**Gefässe aus Lavezstein, Fundort Zermatt-Furi (VS)** (Musée d'histoire du Valais, Sion / Collection Ivo Biner, Zermatt), © Musées cantonaux, Sion, Photo Bernard Dubuis. — In Furi, oberhalb von Zermatt auf einer Höhe von 1800 Metern gelegen, befand sich vom 2. bis zum 7. Jahrhundert eine Lavezstein-Werkstatt. Hier wurden mit einer wasserbetriebenen Töpferscheibe Gefässe geformt. Aus einem grob behauenen Stück Lavezstein (Speckstein) wurde zunächst nach und nach die äussere Form gebildet; der Kern wurde am Schluss herausgebrochen.

**Durchbrochener Messerfutteralbeschlag (Thekenbeschlag) mit dem Namen des Herstellers** (*Musée du Château de Montbéliard*), © Photo Augusta Raurica. — Zu lesen ist «Aquis Hel(veticis) Gemellianus»: «Gemellianus hat (dies) in Aquae Hel(veticae) [= Baden] (hergestellt)».

das schweizerische Territorium frühzeitig in das internationale Handelsnetz eingebunden.

Wie überall im Römischen Reich führten die unsicheren Zeiten seit dem 3. Jahrhundert auch hier zu einer wirtschaftlichen Krise, was sich durch eine deutliche Zunahme von Depotfunden mit Münzen und wertvollen Gegenständen belegen lässt, die von den Besitzern entweder nicht wiedergefunden oder aus anderen Gründen zurückgelassen wurden.[115]

### Handwerk und Technik

Mit der Romanisierung setzten sich, wie bereits erwähnt, neue Bauweisen durch,[116] auch wenn die traditionelle Holz- und Lehmarchitektur nie ganz verdrängt wurde. Eine Vielzahl von neuen Gewerben und Materialien kam hinzu: Zu nennen sind etwa die Maurerarbeiten, sei es mit Bruchstein oder sogar mit Marmor, der hauptsächlich aus dem Mittelmeerraum importiert wurde; neu war auch der Gebrauch von Dach-, Wand- und Hohlziegeln sowie von Glas für Fenster. Bisher nicht gebräuchlich waren zudem das Verputzen der Wände mit Kalkmörtel und der Bau von festen Böden aus Mörtel, Ziegelmörtel, Stein- oder Tonplatten. Ebenso verbreiteten sich die Spenglerei und die Schmiedekunst, der Gebrauch von Kalköfen sowie neuartige Hebevorrichtungen, welche die Errichtung von höheren Gebäuden erlaubten. Neben Wandmalereien und Mosaiken wurden die Räume der Häuser nun mit Wandverkleidungen aus Stein und Stuck verziert, der Komfort wurde durch den Bau von Hypokausten und Wandheizungen verbessert. Auch die Drainagen und Wasserleitungen aus Stein, Holz, Blei oder Ton sowie die Anlage von Abwassersystemen erforderten besondere Kenntnisse von ausgebildeten Berufsleuten.

Neue Steinbrüche wurden systematisch ausgebeutet – etwa in Concise am Neuenburgersee, in der Baselbieter Gemeinde Dittingen und in Würenlos im Kanton Aargau –, um den erhöhten Bedarf im Baugewerbe zu decken. Steinbrüche dienten aber auch zur Herstellung von Mühlsteinen, wie am Fundort Châbles-les-Saux am Neuenburgersee, oder von Lavezgefässen, die auf hydraulisch betriebenen Drehbänken gefertigt wurden, wie beispielsweise in der Werkstatt von Furi oberhalb von Zermatt.[117] Bisher unbekannt waren des Weiteren die zweihändig betätigte Spannsäge und der Hobel.

In den Werkstätten kamen römische Produktionstechniken zur Anwendung: das Abformen aus Modeln bei der Herstellung von Lampen, Statuetten und Reliefdekorationen; das Brennen von Glanztonkeramik in Töpferöfen mit Tonröhren, die Glasbläserei, welche die Verarbeitung eines wiederverwertbaren Materials in grossem Umfang erlaubte; die generelle Verwendung von Drehbänken bei der Herstellung von Objekten aus Bronze und aus Knochen. Letzteres trug zur Entwicklung des bei den Kelten kaum verbreiteten Beinhandwerks bei, dies nicht zuletzt, da auch die städtischen Metzgereien zahlreicher wurden und verwertbaren Abfall produzierten.

### Die römische Religion – eine «Staatsreligion»

Die römische Religion der Republik wie der Kaiserzeit war aufs engste verbunden mit den sie umgebenden gesellschaftlichen und politischen Strukturen; sie unterstand den gesetzlichen Bestimmungen des römischen Staates wie der verschiedenen Stadtgemeinden. Diese «eingebettete» Religion kannte weder göttliche Offenbarung noch Erlösung, weder Dogmen noch Transzendenz, weder den «richtigen Glauben» noch Theologie. Sie war primär Ausdruck einer Zugehörigkeit zur Gemeinschaft und nicht einer individuellen Heilserwartung. Grundlegend war die gewissenhafte Beachtung der Riten, um auf diese Weise das Wohlwollen und die Hilfe der Gottheiten für das Gedeihen der Gemeinschaft und in der Kaiserzeit für das Wohlergehen des Kaisers, des obersten Priesters *(pontifex maximus)*, zu erbitten. Die verschiedenen Priester – nur Beamte und gewesene Beamte konnten diese Funktion ausüben – erfüllten ihre priesterlichen und zugleich politischen Aufgaben, die einen im Namen Roms, die anderen in jenem der betreffenden Stadtgemeinden. Der Polytheismus nahm unaufhörlich neue Götter und Kulte auf, sogar unbekannte und fremde Gottheiten, welche die Götterwelt vielfältig, aber auch kompliziert machten. Jede Gemeinschaft und Stadtgemeinde des Reiches konnte ihre eigenen Götter und Göttinnen behalten, allerdings unter der zwingenden Voraussetzung, dass sie die angestammten Schutzgottheiten Roms, vor allem die Kapitolinische Trias – Jupiter, Juno und Minerva – nach den offiziellen Riten verehrte sowie dem regierenden und den vergöttlichten Kaisern und der kaiserlichen Familie kultisch huldigte.

Die meisten der zum Verkauf vorgesehenen Güter wurden in den Städten und grösseren Siedlungen hergestellt. Keramikmanufakturen gab es an zahlreichen Orten, zum Beispiel in Lausanne, in Avenches, im Militärlager von Vindonissa sowie in Augst, wo ungefähr zwanzig Töpfereien bekannt sind;[118] die Namen einiger Produzenten sind durch die erhaltenen Stempel überliefert. In der Eisenmetallurgie wurden zumeist importierte Stangen oder Barren verarbeitet; Schmiedewerkstätten sind unter anderem in Avenches, in Châbles am Neuenburgersee, in Augst und in Chur nachgewiesen. Das weitverbreitete Buntmetallhandwerk wurde beispielsweise in Avenches, in Marsens im Greyerzerland, in Augst und in Chur praktiziert. Dabei wurden verschiedene Kupferlegierungen verwendet – Bronze und Messing als Ersatz für Gold – und im Wachsausschmelzverfahren zu Statuetten, Schmuck, Toilettgeräten, Lampen, Wagenteilen und Möbelbeschlägen verarbeitet. Belegt ist unter anderem der Fabrikant Gemellianus aus Baden, dessen Name auf bronzenen Beschlägen von Schwertscheiden erscheint. Die Wiederverwendung von Metallen, vor allem von Bronze, ist durch zahlreiche, meist aus dem 3. Jahrhundert stammende Depotfunde nachgewiesen. Dass es auch Goldschmiedewerkstätten gab, wissen wir dank der Nennung zweier Goldschmiede, Camillius Polynices und seines Sohnes Camillius Paulus, auf einem Grabaltar aus Avenches.[119] Das Ausgangsprodukt für die Glasherstellung, Rohglas, stammte aus dem Vorderen Orient. Es wurde geschmolzen und dann mit der Glasmacherpfeife zu verschiedenen Gefässformen geblasen, etwa in Genf, Avenches, Martigny und in Augst.[120]

Die Holzbearbeitung, insbesondere für den Schiffbau, ist in Avenches nachgewiesen; daneben liegen zahlreiche Funde von Werkzeugen und Halbfabrikaten vor. Erwähnt werden ausserdem Vereinigungen von Zimmerleuten (*tignarii* oder *tignuarii*) in Avenches und in Lausanne.[121] Auch Lucius Cusseius Ocellio ist hier zu nennen, der eine Küferei in Nyon besass und kleine Fässchen herstellte und exportierte.[122] Abfälle und unvollendete Artefakte von Beinschnitzern fanden sich an mehreren Orten, so in Lausanne, Martigny, Augst, Oberwinterthur (Vitudurum) und im thurgauischen Pfyn.[123] Schliesslich ist im Rahmen einer Aufzählung der wichtigsten handwerklichen Tätigkeiten die Herstellung von Textilien zu nennen, von der beispielsweise die in Augst gefundenen Becken von Walkern zeugen, ausserdem die Verarbeitung von Leder, auf welche die als Bottiche wiederverwendeten Fässer in einer Gerberei in Vitudurum sowie Schuhe und Abfälle aus einer Schuhmacherei in Augst hinweisen.

**Bronzestatuette der Venus, Fundort Augusta Raurica, 2. Jahrhundert n. Chr., Höhe 16,7 cm** (*Römermuseum Augst*), © Augusta Raurica, Photo Susanne Schenker. — Die Göttin ist mit einem um die Hüften geschlungenen Mantel bekleidet. Zusätzlich zum mitgegossenen Schmuck, einem Diadem und Oberarmringen, trägt sie Reifen aus gedrehtem Golddraht um den Hals und an den Handgelenken.

Figürliche Skulpturen aus Holz, Stein und seltener aus Bronze sind inzwischen für die Kelten gut belegt; grössere Verbreitung, sowohl im öffentlichen als auch im privaten Bereich, fanden sie allerdings erst in römischer Zeit. Stilbildend war nunmehr die griechisch-römische Kunst, und nur wenige Beispiele zeigen noch Züge einer italischen oder keltischen Volkskunst. Wertvolle Bildwerke wurden seit augusteischer Zeit importiert;[124] sie schmückten Plätze und öffentliche Gebäude, die Anwesen der Reichen und die Mausoleen der Eliten. Daneben brachten lokale Ateliers Werke von hoher Qualität hervor. Die einheimische Bevölkerung, insbesondere die Angehörigen der Oberschicht, passte sich dem Stil und den Idealen der klassischen Kunst an; die einheimische Tradition lebte einzig in der Kleinkunst und im Kunsthandwerk weiter.

## RELIGION UND BESTATTUNGSSITTEN

### Religion

Die Romanisierung veränderte trotz diesbezüglich tief verankerter Traditionen auch den religiösen Alltag fundamental.[125] Die Druiden und ihre Religion, insbesondere die Menschenopfer, die Polygamie und die Weissagung des Endes der römischen

Weltherrschaft, waren mit der neuen römischen Werteordnung nicht vereinbar, weshalb sie verboten wurden. Um den Zusammenhalt des Römischen Reiches zu gewährleisten, wurde als kleinster gemeinsamer Nenner der Kaiserkult eingerichtet. Als erkennbares Zeichen seiner Einführung entstanden entsprechende Kultstätten, in denen anfänglich der regierende Kaiser neben der Göttin Roma, später auch die verstorbenen und vergöttlichten Kaiser, schliesslich die kaiserliche Familie als Ganzes verehrt wurden; der Kaiserkult ersetzte aber nie die traditionellen Götter und Göttinnen des Imperiums. Man darf dabei nicht vergessen, dass die griechisch-römische Antike im Gegensatz zum Christentum einen gleitenden Übergang von Mensch zu Gott kannte und der Kaiser immer auch oberster Priester war.[126]

Wie seit jeher in Rom wurde das religiöse Leben staatlich organisiert. In den Provinzen geschah dies durch die Verfassungen der Kolonien und Stammesgemeinden, die religiöse Vorschriften, besondere Götter und Opferriten sowie die Vergabe der Priesterämter regelten. Im römischen polytheistischen System war die Verehrung der alten einheimischen Gottheiten unter Beibehaltung ihrer Namen, zum Beispiel Cantismerta, Epona, Lugoves, Taranis, Naria, Drucoria und vieler anderer mehr, weiterhin möglich. Selbst deren Attribute und ihr naturhafter Ursprung wurden dabei übernommen, wie etwa im Falle von Poeninus, der Berggottheit auf dem Grossen St. Bernhard, des dreigehörnten Stiers oder der Bärengöttin Artio, auch wenn ihr Erscheinungsbild, ihr Status und manchmal auch ihre Namen sich veränderten.[127] An oberster Stelle in der Götterhierarchie stand Jupiter und unter ihm der regierende Kaiser; beider Tempel erhoben sich oft auf dem Forum im Zentrum der Stadt. In grossen, am Stadtrand von Hauptstädten wie Avenches oder Augst gelegenen Tempelbezirken, die für die offiziellen Götter der *civitas* bestimmt waren, wurden sowohl die dem römischen Pantheon zugehörigen als auch die einheimischen, nunmehr nach der *interpretatio romana* mit römischen Gottheiten identifizierten Götter verehrt, von denen einige, wie Caturix bei den Helvetiern, zu öffentlichen Gottheiten wurden.[128] Dasselbe gilt für die regionalen Kultstätten im bernischen Studen (Petinesca) und in Thun-Allmendingen,[129] wo die alten Götter den römischen Vorstellungen angepasst wurden und zusammen mit anderen Gottheiten neue kultische Einheiten bildeten.

Die Kultpraktiken und die Sakralarchitektur folgten nunmehr den griechisch-römischen Vorbildern. Die Form der Tempel veränderte sich; es gab einerseits den klassischen römischen Typus des Podiumstempels, vor dem sich der Opferaltar befand, andererseits den gallorömischen Umgangstempel mit einem erhöhten quadratischen, seltener runden oder polygonalen Kernbau *(cella)* und einem Umgang – ein neuartiger, stark römisch beeinflusster Bautypus, der einen Bruch mit der keltischen Tradition darstellte. Die Götter nahmen, mit wenigen Ausnahmen, menschliche Gestalt an, und die Tempel, in denen ihre Bildnisse standen, wurden zu Häusern der entsprechenden Gottheiten. Nur selten bestanden die traditionellen keltischen Heiligtümer oder die Viereckschanzen (Wallanlagen mit vorgelagertem Graben) weiter, wie es in Lausanne im heutigen Quartier Vidy bis in das 1. Jahrhundert n. Chr. belegt ist.[130]

Im privaten Bereich wurde fast überall, insbesondere bei den Eliten, der römische Hauskult übernommen, zu dem ein Kultschrein *(lararium)* gehörte, in dem sich die Statuetten der Schutzgottheiten befanden.[131] Neu war auch die mediterrane Praxis der feierlichen Versprechen oder Gelübde *(vota)*, die Votivgaben wie Münzen, Fibeln, Schmuck und Miniaturäxte mit Inschriften sowie Weihinschriften einschloss. Von den Mysterienkulten und orientalischen Religionen ist der Mithraskult durch die in Martigny und am Fundort Boscéaz in Orbe entdeckten Mithräen (↑Mithräum) am besten belegt.[132] In der zweiten Hälfte des 4. Jahrhunderts entstanden die ersten christlichen Kirchen auf dem Gebiet der Schweiz, etwa die Bischofskirche mit bischöflicher Residenz in Genf.

## Das keltische Erbe

Die politische und rechtliche Integration ins Römische Reich bedeutete weder das Verschwinden der althergebrachten Traditionen noch die Unterdrückung der Kreativität der eroberten Völker. Der einheimische Adel behielt die führende Stellung in den Stammesgemeinden bei. Die Römer profitierten vom hervorragenden keltischen Handwerk im Bereich der Wagnerei, der Zimmermannskunst, der Küferei oder der Email- und Schmelzglasarbeiten. Die römische Kavallerie übernahm den keltischen Sattel und die keltischen Sporen. Die einheimischen Götter wurden in die offizielle Götterwelt aufgenommen; sie behielten ihre Namen (Caturix, Taranis, Belenos, Poeninus, Naria und Artio) und ihre Attribute, manchmal sogar ihre Tierform. In kultischen Deponierungen (siehe Kapitel von Urs Leuzinger, S. 25) von unbrauchbar gemachten Waffen, Miniaturwerkzeugen (Votivbeilchen), Münzen, Fibeln und Gefässen ist das keltische Erbe ebenfalls fassbar. Von der bis in die Spätantike gesprochenen Sprache wurden einige Wörter ins Latein aufgenommen, wie *benna* (zweirädriger Wagen) (schweizerdeutsch «Bänne»), *carrus* (Wagen), *gladius* (Schwert). Ortsbezeichnungen keltischen Ursprungs auf *-dunum* (befestigte Anhöhe, Festung) und auf *-magos* (Feld, Ebene) sind ebenso bezeugt wie Personennamen. Die keltische Kleidung mitsamt ihrer Benennung wurde in den römischen Alltag übernommen und fand Eingang ins kaiserzeitliche Latein. Nicht zu vergessen sind das Bier *(cervisia)* und das keltische Längenmass, die *leuga* (2222 Meter), die seit dem Anfang des 3. Jahrhunderts in den gallischen und germanischen Provinzen auf den offiziellen Meilensteinen Verwendung fand.

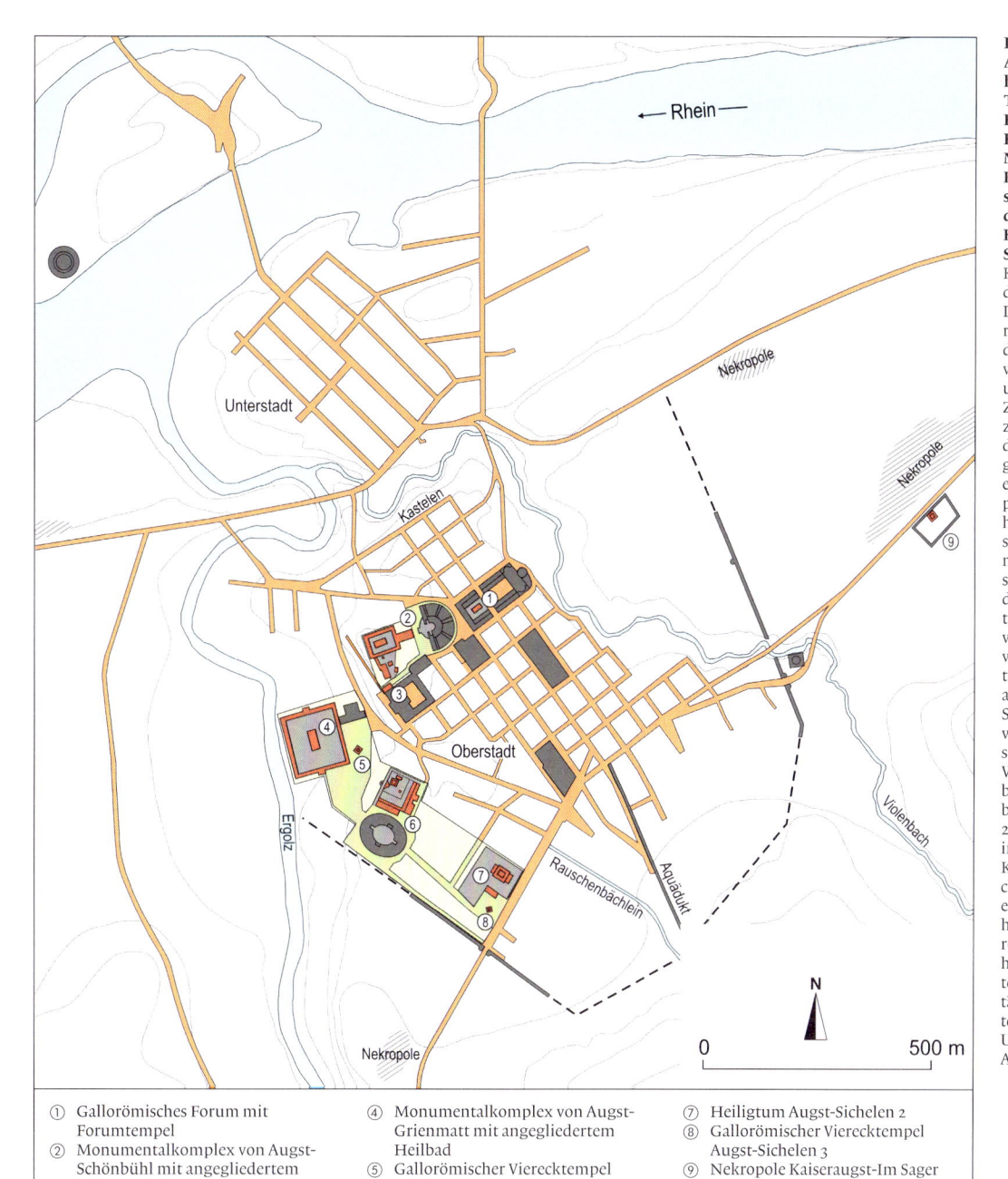

Die Heiligtümer von Augusta Raurica im 3. Jahrhundert n. Chr., aus: Thomas Hufschmid, Die Heiligtümer von Augusta Raurica, in: Daniel Castella / Marie-France Meylan Krause (Hg.), Topographie sacrée et rituels. Le cas d'Aventicum, capitale des Helvètes, Basel 2008, S. 137–153, Abb. 2. — Neun Kultstätten wurden bisher in der «Oberstadt» gefunden. Die bedeutendste, der Forumtempel (1), war vermutlich der Kapitolinischen Trias geweiht (Jupiter, Juno, Minerva) und entstand kurz nach der Zeitenwende. Zu dem in der zweiten Hälfte des 1. Jahrhunderts n. Chr. an der Stelle eines gallorömischen Heiligtums errichteten Monumentalkomplex von Schönbühl (2) gehörten ein klassischer römischer, von Portiken umgebener Tempel sowie ein dazu symmetrisch angelegtes, in derselben Achse ausgerichtetes Theater. Die Verbindung von Tempel und Theater war in der römischen Architektur geläufig und findet sich auch in Avenches wieder. Solche Kultensembles waren wahrscheinlich für den Kaiserkult sowie zur offiziellen Verehrung der für die *civitas* bedeutenden Gottheiten bestimmt. In der Mitte des 2. Jahrhunderts begann sich im Südwesten der Stadt ein Kultquartier (4–8) zu entwickeln, zu dem wie in Avenches ein Heiligtum für Heilgottheiten (4) und mehrere gallorömische Vierecktempel gehörten, die bisher unbekannten, von den lokalen Autoritäten offensichtlich anerkannten Göttern geweiht waren. Um 170 wurde zusätzlich ein Amphitheater (6) errichtet.

① Gallorömisches Forum mit Forumtempel
② Monumentalkomplex von Augst-Schönbühl mit angegliedertem szenischem Theater
③ Südforum mit mutmasslichem Tempel
④ Monumentalkomplex von Augst-Grienmatt mit angegliedertem Heilbad
⑤ Gallorömischer Vierecktempel in der Grienmatt
⑥ Heiligtum Augst-Sichelen 1 mit angegliedertem Amphitheater
⑦ Heiligtum Augst-Sichelen 2
⑧ Gallorömischer Vierecktempel Augst-Sichelen 3
⑨ Nekropole Kaiseraugst-Im Sager mit gallorömischem Vierecktempel

## Bestattungssitten

Die als heilige Stätten angesehenen Nekropolen befanden sich gemäss römischem Gesetz und Brauch entlang der Ausfallstrassen ausserhalb der Siedlungen. Zu Beginn der Kaiserzeit wurden aufgrund von Neugründungen oder der Umstrukturierung von Siedlungen die Friedhöfe neu angelegt. Dasselbe gilt für die seit dem 4. Jahrhundert befestigten Städte (*castra*), wo man Erweiterungen der ausserhalb der Wehranlagen liegenden Bestattungsplätze und häufig eine Kontinuität bis in das 7. Jahrhundert feststellen kann, wie in Kaiseraugst und Yverdon.[133] Was die Art der Bestattungen betrifft, so setzte sich die nach römischem Gesetz vorgesehene Brandbestattung durch, die bereits seit dem Ende der Latènezeit in den letzten Jahrzehnten vor Christus üblich war. Eine Ausnahme bildet der alpine Raum, wo die Körperbestattung während der gesamten römischen Zeit praktiziert wurde. Doch auch hier fand eine Romanisierung statt, die sich in der Art der Grabbeigaben sowie – im Tessin – in der Architektur der Gräber zeigt.

Bei der Brandbestattung wurden die Toten manchmal direkt am Standort des Grabes verbrannt *(bustum)*. Neugeborene und Kleinkinder hingegen erhielten eine Körperbestattung, gemäss einer bereits vor der römischen Zeit verbreiteten Praxis. Neu wurden die Gräber oberirdisch je nach gesellschaftlicher Stellung unterschiedlich gekennzeichnet: Entweder war diese Kennzeichnung so bescheiden, dass davon nichts mehr erhalten ist, oder sie bestand aus mit Relief geschmückten Grabstelen respektive Grabaltären, die eine Inschrift mit dem Namen, Alter, gesellschaftlichen Rang und der Ämterlaufbahn des Toten trugen. Seltener sind gemauerte *aediculae* und monumentale Mausoleen, wie in Avenches am Fundort En Chaplix, deren architektonische und ikonographische Vorbilder in der klassischen griechisch-römischen Kunst zu suchen sind. Solche Grabmonumente dienten den Mitgliedern der Oberschicht zur Selbstdarstellung; sie brachten dadurch selbstbewusst ihre gesellschaftliche und kulturelle Überlegenheit zum Ausdruck.[134]

Zu den in den Brandgräbern meist nur schlecht erhaltenen Grabbeigaben gehörten persönliche Gegenstände wie Schmuck und Toilettgerät, seltener Werkzeuge, aber auch Nahrungsmittel, wie anhand spezieller Gefässe sowie durch organische Reste von Tieren oder Pflanzen belegt werden konnte, zudem Gegenstände mit symbolischer Funktion, etwa Münzen, Amulette und Statuetten. Nur sehr selten finden sich Hinweise auf ehemals keltische Grabsitten, beispielsweise die Beigabe von Waffen, wie im aargauischen Remetschwil in einem galloromischen Grab aus dem beginnenden 1. Jahrhundert n. Chr. Im Lauf der Zeit ist eine kontinuierliche Abnahme der Grabbeigaben festzustellen, und im 5. Jahrhundert verlieren sich die Beigaben, zweifelsohne unter dem Einfluss des Christentums, vollständig. Römischem Brauch und Vorschriften gemäss wurden an den Gräbern das Totenmahl und Gedenkfeierlichkeiten abgehalten, und in einem Fall ist ein öffentliches Begräbnis für eine hohe Persönlichkeit bei den Häduern und bei den Helvetiern überliefert.[135]

Die Körperbestattung setzte sich endgültig gegen Ende des 3. Jahrhunderts in allen Gegenden des Reiches durch. Die bekannten mit Relief reich verzierten Sarkophage aus Stein oder aus Blei, die nur von einer Elite verwendet wurden, sind jedoch in unserem Gebiet sehr selten.

## ROMANISIERUNG UND KULTURELLE LEISTUNG DES RÖMISCHEN REICHES

Die oben beschriebene Romanisierung führte zu einem tiefgreifenden Umbruch der keltischen Gesellschaft mit erheblichen Auswirkungen auf die Lebenswelt der Bevölkerung, allerdings ohne dass sich dabei die ethnische Zusammensetzung merklich verändert hätte, also ohne grössere Zu- oder Abwanderungen.

Dazu trugen mehrere Faktoren bei: Zum einen bestanden bereits seit langer Zeit Kontakte und Handelsbeziehungen zu Völkern des Mittelmeerraumes, die zahlreiche Gemeinsamkeiten aufwiesen. Zum anderen bedeutete die Zugehörigkeit zum Imperium Romanum – nach einer Phase der schonungslosen Eroberung – eine mehrere Jahrhunderte während Zeit des innenpolitischen und aussenpolitischen Friedens sowie eine Epoche des Wohlstands bei festen staatlichen Strukturen und weitgehender Rechtssicherheit. Es existierte eine weitgehende Autonomie der mit dem vollen römischen Recht ausgestatteten *civitates*, die von einer einheimischen Elite geführt wurden, welche mit den Bitten und Forderungen aus Rom stets umzugehen wusste. Zu den Gründen zählen des Weiteren ein Geist der Offenheit und das Fehlen von «Nationalismen» innerhalb des Weltreiches[136] sowie die polytheistische Religion, welche eine Beibehaltung alter einheimischer Gottheiten und die Einführung neuer möglich machte.

**Rekonstruktion des südlichen Mausoleums von Avenches-En Chaplix, Höhe circa 25 Meter**, © *Musée romain d'Avenches, Zeichnung B. Gubler.* — In der grossen Nekropole En Chaplix nordöstlich von Avenches (heute nicht mehr sichtbar unter einer Autobahnbrücke) befanden sich zwei Grabanlagen mit je einem grossen Grabmonument, das nördliche erbaut 23–28 n. Chr., das südliche um 40 n. Chr. Auf der gegenüberliegenden Seite der Strasse lagen zwei 25 n. Chr. erbaute Tempelbezirke, einer von ihnen über dem kultisch verehrten Grab einer Frau aus augusteischer Zeit. Das farbig bemalte Grabdenkmal besass einen dreistufigen Aufbau und wies im oberen Teil eine *aedicula* mit drei Statuen auf: In der Mitte stand die überlebensgrosse Statue des Verstorbenen, flankiert von zwei Familienmitgliedern. Von der rechts stehenden Statue, einem in eine Toga gekleideten Mann, ist der ausdrucksstarke Kopf erhalten.

Je nach Schichtzugehörigkeit waren die Bewohner des Gebietes der heutigen Schweiz unterschiedlich in den Prozess der Romanisierung involviert und teilten die vielfältigen kaiserzeitlich-römischen Werte, die sich ihrerseits ständig fortentwickelten und zu einer neuen Identität führten, nicht in gleichem Masse. Die neue kaiserzeitliche Identität beruhte auf einer zweifachen Zugehörigkeit; erstens auf der Zugehörigkeit zur *civitas* oder *colonia,* in welcher man lebte und deren Bürger man war, und zweitens auf der Zugehörigkeit zum Römischen Reich, einer grösseren politischen Einheit, deren Bürger man ebenfalls wurde oder war. Man war zuerst Helvetier, Rauraker oder Walliser, dann Römer.

All diese Verhältnisse förderten den sozialen Zusammenhalt und die Bereitschaft der einheimischen Bevölkerung, sich mit den kaiserzeitlichen römischen Werten zu identifizieren. Die den Eliten von Rom und Italien nahestehenden Angehörigen der Oberschicht, die Vorbildcharakter sowohl füreinander wie auch für die unteren Schichten hatten, empfanden sich schon bald als römisch und übernahmen die Kultur der einstigen Eroberer. Als neue Anhänger einer städtischen Lebensweise waren sie aktiv am Ausbau der Städte beteiligt, sei es als Beamte oder als Stifter von öffentlichen Gebäuden und Tempeln, Amphitheatern und Theatern, Strassen und Brücken; sie wirkten zudem als Veranstalter eminent städtischer Veranstaltungen wie Aufführungen, Gladiatorenspiele und Bankette. Durch ihre Verwurzelung als Grundbesitzer waren sie aber auch die treibenden Kräfte der Romanisierung auf dem Land. Indem sie ihre Treue und Verbundenheit mit Rom deutlich zeigten, trugen sie wesentlich zur erfolgreichen Integration Galliens und damit auch des Gebietes der Schweiz ins Imperium bei.[137] Dabei muss man sicherlich im Auge behalten, dass nicht die gesamte Bevölkerung in gleicher Weise von den neuen Lebensbedingungen profitieren konnte. Zu denken ist dabei an weit weg von städtischen Zentren lebende oder zu den untersten sozialen Schichten gehörende Personen. Jedenfalls gilt es als gesichert, dass Gallien in der Spätantike als ein Zentrum der Mittelmeerkultur wahrgenommen wurde.[138]

Ist die Romanisierung – ein in der Geschichte bis heute einzigartiges Phänomen – als ein Erfolg der römischen Politik zu betrachten? Als ein kultureller Genozid? Als ein ohnehin unabwendbarer Umbruch, der durch die Eroberung nur beschleunigt wurde? Diese berechtigten Fragen müssen differenziert betrachtet werden, ohne dass man sich dabei, gewissermassen ahistorisch, von früheren oder gegenwärtigen politischen Diskussionen beeinflussen lässt. Lassen wir die Antike selbst sprechen: Rom förderte den Umbruch, den die Eliten unterstützten, und die «Barbaren», so schreibt der aus dem griechischen Osten stammende Senator und Historiker Cassius Dio (um 150 bis 235 n. Chr.), «merkten nicht, wie sie andere wurden».[139] Es darf dabei nicht verschwiegen werden, dass sich im Gebiet der Schweiz im Gegensatz zu den gallischen Regionen kaum Zeugnisse für ein lebendiges Weiterleben der an Traditionen reichen vorkaiserzeitlichen Kultur erhalten haben.[140] Was das Erbe der Kaiserzeit betrifft, so ist ebenfalls zu differenzieren: Fest steht, dass für die Westschweiz, Rätien und das Tessin für lange Zeit eine historische und sprachliche Kontinuität bestehen sollte, im Gegensatz zur Deutschschweiz, die allmählich von den Germanen besetzt wurde. Die Kolonien von Augst, Nyon und Avenches verloren zwar an Bedeutung im Vergleich zu Basel, Genf und Lausanne, das kaiserzeitlich-römische Erbe blieb jedoch erhalten, insbesondere durch die Kirche, die die lateinische Sprache weiterhin pflegte und eine administrative und hierarchische Struktur nach römischem Vorbild beibehielt. Gültig blieb auch das römische Recht, über das Mittelalter hinaus bis in heutige Zeit.

**Goldbüste des Kaisers Marc Aurel, 161–180 n. Chr., Höhe 33,5 cm** (*Musée romain d'Avenches*), © *Musée romain d'Avenches, Photo Jürg Zbinden, Bern.* — Die am 19. April 1939 im sogenannten Cigognier-Heiligtum in Avenches gefundene Büste wurde in der Zeit des Zweiten Weltkriegs zur Ikone der römischen Epoche in der Schweiz und zum Symbol für eine glorreiche Vergangenheit (siehe Beitrag von Marc-Antoine Kaeser, S. 30). Die aus 22-karätigem Gold bestehende Büste, deren Panzer mit einem Medusenhaupt geschmückt ist, wiegt 1,6 Kilogramm und wurde vermutlich von einem einheimischen Goldschmied gefertigt. Sie fand wahrscheinlich als Repräsentation des Kaisers bei Feierlichkeiten im Rahmen des Kaiserkultes Verwendung.

## ZUM STAND DER FORSCHUNG

Die Geschichte der römischen Epoche der Schweiz ist Teil der Geschichte der römischen Kaiserzeit, die ganz besonderen Bedingungen unterliegt und zu deren Erfoschung spezifische Methoden angewendet werden. Neue Quellengattungen haben in den letzten 30 bis 40 Jahren Eingang in Untersuchungen gefunden und prägen nun das Bild dieser Zeit.

Die Griechen erfanden die Geschichtsschreibung, wie wir sie heute noch kennen. So könnte man annehmen, dass unsere Kenntnisse über die Geschichte des Römischen Reiches wie über die Geschichte der «römischen Schweiz» auf noch erhaltenen historischen Werken beruhen, wobei bedauerlicherweise einiges verlorengegangen sei, was diese Informationen hätte ergänzen können. Doch dem ist nicht so; es gibt keine antike Geschichte der Reichsbevölkerung. Bereits die Geschichtsschreiber der römischen Republik beschäftigten sich ausschliesslich mit der Geschichte der Stadt Rom und ihres Volkes; selbst die Geschichte der italischen Völker wurde weitgehend ausgeblendet. Die späteren Historiker des Römischen Reiches taten dasselbe: Für sie standen mit wenigen Ausnahmen der Senat sowie der Kaiser und seine Familie im Zentrum des Interesses. Die Stämme und Stadtgemeinden der Provinzen wurden nur anlässlich von Eroberungen oder Kriegen erwähnt; später fallen Namen von Städten und Ortschaften lediglich dann, wenn der Kaiser auf seinen Reisen dort einen Erlass unterschrieben hatte. Einzig im griechischen Osten gibt es Geschichten einzelner Städte, die in Fragmenten fassbar sind. Auch für das Gebiet der Schweiz sind keine zeitgenössischen Chroniken verfügbar, die über die Stadtgemeinden oder Völker berichten, wie es in der Neuzeit üblich ist. Zufällig erhaltene Nachrichten, wie Verzeichnisse von Verkehrswegen, die Ortsnamen enthalten, oder Listen antiker Provinzen mit wichtigen Städten, können diese Lücken nicht füllen. Erst in der Spätantike entstand das neue literarische Genre der Märtyrerlegende, dessen Erzählungen an bestimmte Orte gebunden sind.

Alle heute interessierenden Bereiche, längerfristige Abläufe – die sogenannte *longue durée* – und gesellschaftliche Entwicklungen wurden von den antiken Historikern ausgeblendet. Es musste also auf andere Quellen und eine andere Methode zurückgegriffen werden, wollte man nicht bloss die politisch gefärbten Aussagen der antiken Historiker wiederholen oder allenfalls kritisieren. Dieses Material liegt mit den epigraphischen, numismatischen und archäologischen Quellen vor; Primärquellen, die ungefiltert antikes Leben reflektieren. Für die vorliegende Darstellung sind vor allem Inschriften herangezogen worden: Mit über 400 000 Steininschriften der römischen Kaiserzeit, zu welchen noch die grosse Zahl der Kleininschriften kommt, liegt ein immenser Schatz an Material vor, der die Grundlage der Sozialgeschichte der römischen Provinzen bildet. Die zahlreichen Einzeluntersuchungen der letzten Jahrzehnte ergeben ein klares Bild: Die peregrinen Reichsbewohner erhielten in grosser Zahl das römische Bürgerrecht; ablesbar ist dies an den Namen. Die Stände der steilen Gesellschaftspyramide – der Senatoren- und Ritterstand sowie der Stand der Dekurionen der einzelnen Städte – waren durchlässig und erneuerten sich laufend, wie Untersuchungen von Namen und Abstammungen gezeigt haben. So wurde der Senat in Rom zu einer Reichsvertretung, die Senatoren stammten aus allen grösseren Provinzen und waren untereinander durch Heiraten von West bis Ost verbunden, wie später nie mehr in der europäisch-nahöstlichen Geschichte. Durch die Übernahme der Sitte, Inschriften zu setzen, hatten auch die Bewohner der «römischen Schweiz» Teil an der griechisch-römischen Kultur; dabei treten sogar einige Familien deutlicher hervor. Die systematische Verwaltung des Reiches, eingeführt von Augustus, vorangetrieben durch Claudius (der von antiken Historikern schlecht benotet wurde) und ausgebaut von den Kaisern des 2. Jahrhunderts, war intensiver und präziser, als man früher angenommen hat. Die in der Schweiz gefundenen Inschriften geben Aufschluss über den rechtlichen Status der Kolonien und *civitates* und über die Verbreitung des römischen Bürgerrechts.

Zu den jüngsten Forschungsergebnissen zählt auch die aufgrund der inschriftlichen Zeugnisse vorgenommene Neubewertung der Stellung der römischen Frau, verbunden mit einer eingehenden Interpretation des Gesetzeswerks der ↑Digesten. Neu ist zudem die intensive Aufarbeitung des sogenannten *instrumentum domesticum*, Inschriften auf Wachstäfelchen sowie Graffiti auf Keramik und anderen Gegenständen. Diese liefern Hinweise auf den Grad der Alphabetisierung; untere Schichten, die in den Steininschriften keine Spuren hinterlassen haben, werden somit von der Forschung erfasst. Ebenso wie die Inschriften bestätigen die Münzen, die wesentliche Aufschlüsse hinsichtlich der Chronologie, der Wirtschaft, der Ikonographie, ja sogar der Kulte erlauben, dass das Gebiet der Schweiz nach denselben Prinzipien verwaltet wurde wie die anderen Teile des Römischen Reiches.

Neu ist ferner der enge Bezug der gegenwärtigen Geschichtsschreibung zur Archäologie, die als wesentliche Primärquelle nicht mehr – wie früher – nur illustrativen Charakter hat. Einen Teilbereich bilden die laufenden Studien zur Religion der

Provinzen und zur Reichsreligion, in denen die genannten Disziplinen eng zusammenarbeiten und neue Sichtweisen hervorgebracht haben. Die archäologischen Forschungen werden im Weiteren durch den Einbezug naturwissenschaftlicher Disziplinen wie der Archäobiologie, der Physik, der Chemie und der Genetik vertieft und ergänzt. So haben sich unsere Kenntnisse durch die inter- und pluridisziplinären Forschungen in den vergangenen Jahrzehnten nicht nur hinsichtlich der politischen und sozialen Organisation antiker Völker, sondern auch hinsichtlich ihrer Umwelt, der natürlichen Ressourcen, der Flächennutzung, der Landwirtschaft und des Handwerks, der Ernährung, des wirtschaftlichen und kulturellen Austausches sowie der religiösen Vorstellungen und der Riten wesentlich erweitert. Viele herkömmliche Ansichten konnten revidiert und verworfen werden, etwa die über eine von Rom aufgezwungene späte und schnelle Romanisierung, diejenige über den hohen Stellenwert militärischer Ereignisse, über die massive militärische Besetzung des Gebietes durch römische Legionen, diejenige über die abrupten und endgültigen Brüche nach der Unterwerfung unter die Macht Roms, über die religiöse Toleranz (ein den Römern unbekannter Wert, denn sie regelten die Beziehungen zu den Göttern gesetzlich), über die kulturelle Undurchlässigkeit der Grenzen des Reiches, über die weitreichenden und verheerenden Folgen der Barbareneinfälle, die eine allgemeine Verarmung und ein Zusammenbrechen der Wirtschaft nach sich gezogen hätten, oder diejenige über die Schaffung neuer römischer Städte und Siedlungen an unberührten, vorher nicht bewohnten Stätten.

Die neueren Forschungen haben nicht nur dazu beigetragen, das vorhandene Wissen zu erweitern und zu erneuern, sie haben auch zu einer umfassenderen Reflexion grundsätzlicher methodologischer Fragen geführt, die im Übrigen sehr aktuelle Themen wie die Akkulturation, personenbezogene oder kollektive Identitäten, Kulturmodelle oder das Verhältnis zwischen einer Ethnie und ihrer materiellen Kultur betreffen.

### ANMERKUNGEN

[1] Aegidius Tschudi, Die uralt warhafftig Alpisch Rhetia sampt dem Tract der anderen Alpgebirgen, Basel 1538.
[2] HLS, Daniel Paunier: «Romanisierung»; Patrick Le Roux, La romanisation en question, in: Annales. Histoire, Sciences Sociales, Bd. 59, Nr. 2, 2004, S. 287–311; Daniel Paunier (Hg.), La romanisation et la question de l'héritage celtique, Glux-en-Glenne 2006; ders., La romanisation et la question de l'héritage celtique, in: Christian Goudineau et al. (Hg.), Celtes et Gaulois. L'Archéologie face à l'histoire, Bd. 6 : Colloque de synthèse, Glux-en-Glenne 2010, S. 105–127.
[3] Christian Goudineau, Regard sur la Gaule, Paris 1998; Alain Ferdière, Les Gaules, IIe siècle av. – Ve siècle ap. J.-C., Paris 2005; Pierre Ouzoulias / Laurence Tranoy (Hg.), Comment les Gaules devinrent romaines, Paris 2010; Greg Woolf, Becoming Roman. The origins of provincial civilisation in Gaul, Cambridge 1998.
[4] Vgl. Imperium Romanum, Bd. 1: Römer, Christen, Alamannen – Die Spätantike am Oberrhein, Stuttgart 2005.
[5] Regula Frei-Stolba, Die schriftlichen Quellen, in: Felix Müller et al. (Hg.), Die Schweiz vom Paläolithikum bis zum frühen Mittelalter (SPM), Bd. 4: Eisenzeit, Basel 1999, S. 29–41; zu Norditalien: Titus Livius, Römische Geschichte, 34, 46, 1; Cassius Dio, Römische Geschichte, 41, 36, 3 und 48, 12, 5.
[6] Die Münzen (Andrew Burnett / Michel Amandry [Hg.], Roman Provincial Coinage, Bd. 1, London 1992, S. 152, Nr. 517) datieren spätestens aus dem Jahr 36 v. Chr.; vgl. Jacques Gascou / André Pelletier, Introduction, in: Bernard Rémy (Hg.), Vienne, Bd. 1, Paris 2004 (Inscriptions latines de Narbonnaise 5), S. 39 und Anm. 189.
[7] Gerold Walser, Römische Inschriften in der Schweiz, Bern 1979–1980, Nrn. 9 u. 16; Regula Frei-Stolba, Zum Stadtrecht von Vienna (Colonia Iulia Augusta Florentia Vienna), in: Museum Helveticum, Jg. 41, 1984, S. 81–95; Gascou/Pelletier, Introduction, S. 40.
[8] Vgl. Denis van Berchem, Les routes et l'histoire. Etudes sur les Helvètes et leurs voisins dans l'empire romain, Genève 1982, S. 253–263; Otto Seeck, Notitia Galliarum 9, 1 und 11, 4, in: ders., Notitia dignitatum. Accedunt notitia urbis Constantinopolitanae et laterculi provinciarum, Frankfurt a.M. 1962 (1. Aufl. Berlin 1876), S. 261–274. Zu den frühesten Gebäuden, einer Doppelkathedrale mit Baptisterium, vgl. Charles Bonnet et al., Les fouilles de la cathédrale Saint-Pierre de Genève, 2 Bde., Genf 2009–2012.
[9] Marcus Tullius Cicero, Atticus-Briefe, 1, 19, 2.
[10] Caius Iulius Caesar, Der gallische Krieg, 1, 2, 3; Stefan Radt (Hg.), Strabons Geographika, 10 Bde., Göttingen 2002–2011, 4, 3, 3–4; 7, 1, 5.
[11] Michel Tarpin, Les Tigurins étaient-ils des Helvètes?: prélude à l'histoire de la Suisse, in: Philippe Curdy et al. (Hg.), D'Orgétorix à Tibère. 60 BC–15 AD, Lausanne 1997, S. 11–20.
[12] Caesar, Gallischer Krieg, 1, 1–29; Söldner: Gerold Walser, Bellum Helveticum. Studien zum Beginn der caesarischen Eroberung von Gallien, Stuttgart 1998, S. 81–85.
[13] Die ältere Form des Namens ist «Rauriker», die vom 2. Jh. n. Chr. an geläufige Form «Rauraker».
[14] Pierre Blanc / Susanne Frey-Kupper / Regula Frei-Stolba, Die Anfänge der Hauptstadt der Helvetier, in: Archäologie der Schweiz (AS), Jg. 24, Nr. 2, 2001, S. 6–11; Anne Geiser, Le faciès monétaire des «oppida» de Sermuz et du Bois de Châtel (VD) et la filiation typologique des quinaires à la légende VATICO, in: Bulletin de l'Association des amis du Musée monétaire cantonal, Nr. 20, 2007, S. 7–29; Suzanne Frey-Kupper, Viros. A propos d'un type monétaire celtique découvert à Avenches, in: Bulletin de l'Association Pro Aventico (BPA), Nr. 50, 2008, S. 177–186.
[15] Caesar, Gallischer Krieg 7, 75, 3.
[16] Cicero, Rede für Lucius Cornelius Balbus, 14, 32.
[17] Regula Frei-Stolba, Recherches sur les institutions de Nyon, Augst et Avenches, in: Monique Dondin-Payre / Marie-Thérèse Raepsaet-Charlier (Hg.), Cités, Municipes, Colonies. Les processus de municipalisation en Gaule et en Germanie sous le Haut-Empire romain, 2. Aufl. (1. Aufl. 1999), Paris 2010, S. 31; Michel Tarpin, L'histoire, in: Laurent Flutsch / Frédéric Rossi (Hg.), SPM, Bd. 5: Römische Zeit, Basel 2002, S. 46.
[18] Frei-Stolba, Recherches, S. 32–40; zu den ältesten römischen Spuren in Nyon siehe Caroline Brunetti / Christophe Henny et al., Recherches sur l'area publica de la Colonia Iulia Equestris (Nyon VD, Suisse). Les basiliques, Lausanne 2012.
[19] Walser, Inschriften, Nrn. 13, 18 u. 47; Regula Frei-Stolba, Une grande famille équestre originaire de la colonia Iulia Equestris (Nyon) et de Genaua (Genève), in: Latomus, Bd. 63, 2004, S. 340–369.
[20] Regula Frei-Stolba, Der Alpenfeldzug und die Bedeutung der Schleuderbleie aus dem Oberhalbstein, in: Jahresberichte des Archäologischen Dienstes Graubünden und der Denkmalpflege Graubünden, Jg. 2003, S. 68.
[21] Peter-Andrew Schwarz, Ludwig Berger (Hg.), Tituli Rauracenses, Bd. 1: Testimonien und Aufsätze, Augst 2000, S. 20f., S. 72–75. Die eckigen Klammern [[ ]] bezeichnen ausgemeisselte Buchstaben und Zeilen. Neue Untersuchungen haben ergeben, dass es sich um die Fragmente von zwei parallelen Bronzeinschriften handelt.
[22] Aulus Gellius, Die attischen Nächte, 16, 13, 8; übers. von Fritz Weiss, leicht verändert.
[23] Caesar, Gallischer Krieg, 3, 1–6.
[24] Cassius Dio, Römische Geschichte 54, 20.
[25] Jürg Rageth, Weitere frührömische Militaria und andere Funde aus dem Oberhalbstein GR - Belege für den Alpenfeldzug, in: Jahrbuch der Schweizerischen Gesellschaft für Ur- und Frühgeschichte (JSGUF), Jg. 88, 2005, S. 303–312; ders., Ein frührömisches Militärlager auf dem Septimerpass. Untersuchungen 2007/2008, in: Helvetia archaeologica, Jg. 40, 2009, Nrn. 159–160, S. 97–112; neue Datierung: Stefanie Martin-Kilcher, Römer und gentes Alpinae im Konflikt – archäologische und historische Zeugnisse des 1. Jahrhunderts v. Chr. in: Günther Mossbauer / Rainer Wiegels (Hg.), Fines imperii – imperium sine fine. Römische Okkupations- und Grenzpolitik im frühen Principat, Rahden/Westf. 2011, S. 27–62.
[26] Corpus Inscriptionum Latinarum (CIL) V 7817; Plinius der Ältere, Naturgeschichte, 3, 136; Regula Frei-Stolba, Les Grisons, in: Elvira Migliario et al. (Hg.), Società indigene e cultura greco-romana, Roma 2010, S. 8–10; Raffaele C. De Marinis / Simonetta Biaggio-Simona (Hg.), I Leponti tra mito e realtà, 2 Bde., Locarno 2000.
[27] Marie-Thérèse Raepsaet-Charlier, Gallien und Germanien, in: Claude Lepelley (Hg.), Rom und das Reich in der Hohen Kaiserzeit: 44 v. Chr. – 260 n. Chr., Bd. 2, München 2001 (frz. Orig.: Rome et l'intégration de l'Empire (44 av. J.-C.–260 ap. J.-C., Paris 1998), S. 151–154, 169.
[28] François Wiblé, Deux procurateurs du Valais et l'organisation de deux districts alpins, in: Antiquité Tardive, Bd. 6, 1998, S. 186–191.
[29] Henner von Hesberg (Hg.), Das Militär als Kulturträger in römischer Zeit, Köln 1999; Yann Le Bohec, L'armée romaine sous le Haut-Empire, 3. Aufl. (1. Aufl. 1989), Paris 2002 (dt. frühere Ausgabe: Die römische Armee: von Augustus zu Konstantin d. Gr., Stuttgart 1993).
[30] Andreas Kakoschke, «Schweizer» in der Fremde: ein Beitrag zur Mobilität in der römischen Antike, in: Helvetia archaeologica, Jg. 41, Nr. 162, 2010, S. 52–72.
[31] Denis van Berchem, Notes sur la famille helvète des Camilli, in: JSGUF, Bd. 77, 1994, S. 109–114.
[32] Aurélie Schenk / Hugo Amoroso / Pierre Blanc, Des soldats de la Legio I Adiutrix à Aventicum. A propos de deux nouvelles stèles funéraires d'Avenches, in: BPA, Nr. 54, 2012, S. 227–260.
[33] Frei-Stolba, Recherches, S. 71; Hans Lieb, Forum Tiberii,

in: Bulletin de l'Association Pro Aventico, Nr. 31, 1989, S. 107f.
34 — Wiblé, Deux procurateurs, S. 186–191; Walser, Inschriften, Nrn. 254, 280, 281, 291.
35 — Andres Furger-Gunti, Die Helvetier, 4. Aufl. (1. Aufl. 1984), Zürich 1991, S. 132f., trotz Gerold Walser, Das Strafgericht über die Helvetier im Jahre 69 v. Chr., in: Schweizerische Zeitschrift für Geschichte (SZG), Jg. 4, Nr. 2, 1954, S. 260–270.
36 — P. Cornelius Tacitus, Historien 1, 67–69.
37 — Walser, Inschriften, Nr. 97: Inschrift der Erzieherin (*educatrix*) des Titus; Van Berchem, Les routes, S. 113–121.
38 — Tarpin, L'histoire, S. 57–59; Frei-Stolba, Recherches, S. 88–90.
39 — Inschrift aus der Zeit Trajans: Walser, Inschriften, Nr. 82; dagegen Walser, Inschriften, Nr. 86, vgl. Tafel 6. Siehe auch Frei-Stolba, Recherches, S. 88–89.
40 — Vgl. Jürgen Trumm / Matthias Flück (Hg.), Am Südtor von Vindonissa. Die Steinbauten der Grabung Windisch-Spillmannwiese 2003–2006 (V. 003.1) im Süden des Legionslagers, Brugg 2013.
41 — Stefan Oelschig, Kaleidoskop der Epigraphik. Katalog und Rekonstruktion der römischen Steininschriften von Avenches/Aventicum, Avenches, 2009, S. 227–254, Nr. 7159 (Neulesung).
42 — Jürgen Trumm, Der Weg der 11. Legion von Vindonissa an die untere Donau – eine archäologische Spurensuche, Jahresbericht der Gesellschaft pro Vindonissa, Jg. 2008 (2009), S. 15–20.
43 — Walser, Inschriften, Nr. 38 (Genf), 59 (Vevey), 130 (Solothurn; die Lesung des Namens wird jetzt verbessert).
44 — François Jacques / John Scheid, Rom und das Reich (44 v. Chr. – 260 n. Chr.), Bd. 1, Stuttgart 1998, S. 180–200 (frz. Orig.: Rome en l'intégration de l'Empire (44 av. J.-C. – 60 ap. J.-C.), Paris 1992).
45 — Regula Frei-Stolba, Les fragments de tables en bronze, in: Daniel Castella / Anne de Pury-Gysel (Hg.), Le palais de Derrière la Tour à Avenches, Bd. 2, Lausanne 2010, S. 348f.
46 — Besitz der mächtigen Familie der *Otacilii*, siehe obige Anm.
47 — Zur Zivilbevölkerung siehe Gernot Piccottini, Mithrastempel in Virunum, Klagenfurt 1994. Der griechische Arzt Aelius Galenus beschrieb auf Bitte von Mark Aurel die ausgebrochene Krankheit.
48 — Siehe auch Justin Favrod, Die Spätantike, in: Flutsch/Rossi (Hg.), Römische Zeit, S. 60–62.
49 — Walser, Inschriften, Nr. 155.
50 — Ammianus Marcellinus, Römische Geschichte, 15, 11, 12; Justin Favrod, La date de la prise d'Avenches par les Alamans, in: Franz E. König / Serge Rebetez (Hg.), Arculiana, Avenches 1995, S. 171–180.
51 — Walser, Inschriften, Nrn. 197 u. 199; vgl. Hans Lieb, Die römischen Inschriften von Stein am Rhein und Eschenz, in: Markus Höneisen (Hg.), Frühgeschichte der Region Stein am Rhein. Archäologische Forschungen am Ausfluss des Untersees, Basel, 1993, S. 160–162.
52 — Brigitte Müller-Rettig, Panegyrici Latini. Lobreden auf römische Kaiser, Bd. 1, Darmstadt 2008, Panegyricus des Jahres 310 (VII/VI), 4, 2 und 6, 3.
53 — Ammianus, Römische Geschichte, 16, 12, 1–67.
54 — Nachweise durch Mauerreste und Inschriften: Walser, Inschriften, Nrn. 199, 201, 202 u. 233.
55 — Michel Reddé et al. (Hg.), L'architecture de la Gaule romaine. Les fortifications militaires, Bordeaux 2006.
56 — Reto Marti, Spätantike und frühmittelalterliche Höhensiedlungen im Schweizer Jura, in: Heiko Steuer / Volker Bierbrauer (Hg.), Höhensiedlungen zwischen Antike und Mittelalter von den Ardennen bis zur Adria, Berlin 2008, S. 341–380; Max Martin, Höhensiedlungen in der Raetia I und in angrenzenden Gebieten der Maxima Sequanorum, in: ebd., S. 389–425.
57 — Zum provisorischen Charakter siehe Bruno Bleckmann, Honorius und das Ende der römischen Herrschaft in Westeuropa, in: Historische Zeitschrift, Bd. 265, 1997, S. 561–591; zum Münzumlauf siehe Suzanne Frey-Kupper, Trouvailles monétaires du Bas-Empire en Suisse. Etat de la recherche, in: Renata Windler / Michel Fuchs (Hg.), De l'Antiquité tardive au Haut Moyen-Age. Kontinuität und Neubeginn, Basel 2002, S. 110–111.
58 — Justin Favrod, Histoire politique du royaume burgonde (443–534), Lausanne 1997, S. 100–117, Text der Chronik S. 113; Reinhold Kaiser, Die Burgunder, Stuttgart 2004, S. 38–46.
59 — Vgl. Reinhold Kaiser, Churrätien im frühen Mittelalter: Ende 5. bis Mitte 10. Jahrhundert, 2., erg. Aufl. (1. Aufl. 1998) Basel 2008, S. 15–17; Hannes Steiner, Historisch-ereignisgeschichtlicher Rahmen, in: Renata Windler et al. (Hg.), SPM, Bd. 6: Frühmittelalter, Basel 2005, S. 33f. und S. 38–40.
60 — Zum ganzen Kapitel vgl. Caty Schucany / Maire-France Meylan Krause, Das tägliche Leben, in: Flutsch/Rossi (Hg.), Römische Zeit, Basel 2002, S. 217–265; Anne Bielman / Hansjörg Brem / Bettina Hedinger, Kultur und Gesellschaft, ebd., S. 268–303.
61 — Jean-Louis Brunaux, Les Gaulois, Paris 2005.
62 — Géza Alföldy, Römische Sozialgeschichte, 4., überarb. Aufl. (1. Aufl. 1975), Stuttgart 2011, S. 189–190.
63 — Regula Frei-Stolba, Claude et les Helvètes: le cas de C. Iulius Camillus, in: Yves Burnand et al. (Hg.), Claude de Lyon, empereur romain, Paris 1998, S. 255–276.
64 — Walser, Inschriften, Nrn. 36 (Sevva) u. 213 (Marulina); Gaële Feret / Richard Sylvestre, Les graffiti sur céramique d'Augusta Raurica, Augst 2008, S. 52; Stefanie Matin-Kilcher / Regula Schatzmann, Das römische Heiligtum von Thun-Allmendingen, die Regio Lindensis und die Alpen, Bern 2009, Taf. 8, Abb. 35.
65 — Alföldy, Römische Sozialgeschichte, S. 184–192.
66 — Anne Bielman / Hansjörg Brem / Bettina Hedinger, Die Stellung der Frau, in: Flutsch/Rossi (Hg.), Römische Zeit, S. 285–291.
67 — Walser, Inschriften, Nr. 97: Inschrift der Erzieherin (*educatrix*) des Titus; Van Berchem, Les routes, S. 113–121.
68 — Vgl. Alföldy, Römische Sozialgeschichte, S. 150–162; S. 199–201 zu den vertikalen persönlichen Beziehungen.
69 — Thomas Pauli-Gabi / Lucie Steiner / François Wiblé, Städte und Ortschaften, in: Flutsch/Rossi (Hg.), Römische Zeit, S. 75–133.
70 — Stephan Fichtl, La ville celtique. Les oppida de 150 av. J.-C. à 15 ap. J.-C., Paris 2000.
71 — Xavier Lafont, Urbanisation en Gaule romaine, in: Paunier (Hg.), Romanisation et héritage celtique, S. 67–79.
72 — Pauli-Gabi/Steiner/Wiblé, Städte und Ortschaften, S. 75–133; Ludwig Berger, Führer durch Augusta Raurica, 7., aktualisierte Aufl. (1. Aufl. Rudolf Laur-Belart, 1937), Augst 2012; AS, Jg. 24, Nr. 2, 2001: Avenches, Hauptstadt der Helvetier; Frédéric Rossi (Hg.), Nyon, une colonie romaine sur les bords du lac Léman, Dijon 1998; Véronique Rey-Vodoz / Pierre Hauser / Frédéric Rossi, Nyon, Colonia Iulia Equestris, Nyon 2003; François Wiblé, Martigny-la-Romaine, Martigny 2008.
73 — Zu kulturellen Mischformen: Peter J. Suter, Meikirch. Villa romana, Gräber und Kirche, Bern 2004; Walser, Inschriften, Nr. 55, und Claude Bérard, Une représentation de la chute d'Icare à Lousonna, in: Zeitschrift für Schweizerische Archäologie und Kunstgeschichte (ZAK), Bd. 23, 1963/64, S. 1–9.
74 — Jacques Morel et al. (Hg.), Le palais de Derrière la Tour à Avenches, Lausanne 2010; Debora Schmid, Die römischen Mosaiken aus Augst und Kaiseraugst, August 1993.
75 — Peter-Andrew Schwarz et al., Zur Einwohnerzahl von Augusta Raurica, in: Jahresberichte aus Augst und Kaiseraugst, Bd. 27, 2006, S. 67–108.
76 — Michel Tarpin, «Vici» et «pagi» dans l'Occident romain, Rome 2002.
77 — Marc-André Haldimann / Evelyne Ramjoué / Christian Simon, Les fouilles de la cour de l'ancienne prison de Saint-Antoine. Une vision renouvelée de la Genève antique, in: AS, Jg. 14, Nr. 2, 1991, S. 194–204; Nathalie Pichard-Sardet et al., Lousonna, la ville gallo-romaine et le musée, Lausanne 1993; Urs Niffeler, Römisches Lenzburg. Vicus und Theater, Brugg 1988.
78 — Olivier Paccolat, Le village gallo-romain de Brig-Glis/Waldmatte, in: AS, Jg. 20, Nr. 1, 1997, S. 25–36; Pauli-Gabi/Steiner/Wiblé, Städte und Ortschaften, S. 132f.
79 — Ebd., S. 126–131; Georg Matter, Das römische Theater von Avenches/Aventicum. Architektur, Baugeschichte, kulturhistorische Aspekte, Lausanne 2009.
80 — Alain Ferdière, Les transformations des campagnes et de l'économie rurale en Gaule romaine, in: Paunier (Hg.), Romanisation et héritage celtique, S. 109–130; Christa Ebnöther / Jacques Monnier, Ländliche Besiedlung und Landwirtschaft, in: Flutsch/Rossi (Hg.), Römische Zeit, S. 135–177.
81 — Frédéric Carrard, Organisation territoriale et espaces ruraux à La Tène finale en Suisse occidentale: un état des questions, in: Isabelle Bertrand et al. (Hg.), Actes du 31e colloque de l'Association française pour l'étude de l'Âge du Fer, Bd. 2, Chauvigny 2009, S. 321–361.
82 — Thierry Luginbühl et al. (Hg.), Vie de palais et travail d'esclave, Lausanne 2001; Claude-Alain Paratte / Yves Dubois, La villa gallo-romaine d'Yvonand VD–Mordagne, in: JSGUF, Bd. 77, 1994, S. 143–147; Christa Ebnöther, Der römische Gutshof in Dietikon, Zürich 1995.
83 — Olivier Paccolat, L'établissement gallo-romain de Boécourt, Les Montoyes (JU, Suisse), Porrentruy 1991.
84 — Stefanie Jacomet / Olivier Mermod, Der Gutshof als wirtschaftliche Produktionseinheit, in: Flutsch/Rossi (Hg.), Römische Zeit, S. 157.
85 — Noch im 18. Jahrhundert griffen die Physiokraten gerne auf die Handbücher der römischen Agrarschriftsteller zurück, siehe Silke Diederich, Römische Agrarhandbücher zwischen Fachwissenschaft, Literatur und Ideologie, Berlin 2007.
86 — Caty Schucany, Die römische Villa von Biberist-Spitalhof/SO (Grabungen 1982, 1983, 1986–1989). Untersuchungen im Wirtschaftsteil und Überlegungen zum Umland, 3 Bde., Remshalden 2006, S. 271–272; Stefanie Martin-Kilcher, Das römische Gräberfeld von Courroux im Berner Jura, Derendingen/Solothurn 1976, S. 102–107.
87 — Jürg Rychener, Der römische Gutshof in Neftenbach, 2 Bde., Zürich 1999.
88 — Die oben erwähnte «Pockenepidemie» war nur der erste Seuchenzug, der im gesamten Reich zu einer grossen Entvölkerung geführt hatte; ihm folgten in Wellen weitere Epidemien. Zur Krise des 3. Jhs. vgl. Regula Schatzmann / Stefanie Martin-Kilcher (Hg.), L'Empire romain en mutation. Répercussions sur les villes romaines dans la deuxième moitié du 3e siècle / Das Römische Reich im Umbruch. Auswirkungen auf die Städte in der zweiten Hälfte des 3. Jahrhunderts, Montagnac 2011.
89 — Marc-André Haldimann et al., Entre résidence indigène et domus gallo-romaine: le domaine du Parc de la Grange (GE), in: AS, Jg. 24, Nr. 4, 2001, S. 2–15; Jean Terrier, L'habitat en zone rurale. L'apport des fouilles genevoises, in: ZAK, Bd. 59, Nr. 3, 2002, S. 255–264.
90 — Jean Terrier / Marc-André Haldimann / François Wiblé, La villa gallo-romaine de Vandœuvres (GE) au Bas-Empire, in: AS, Jg. 16, Nr. 1, 1993, S. 25–34; Denis Genequand, La pars urbana de la villa de Vandœuvres, des Julio-Claudiens au Bas-Empire, in: AS, Jg. 32, Nr. 2, 2009, S. 32–37; Jean Terrier, Les églises rurales. Naissance des églises dans la campagne genevoise (5e–10e siècles), in: ebd., S. 45–53.
91 — Bertrand Dubuis / Marc-André Haldimann / Stefanie Martin-Kilcher, Céramique du Bas-Empire découverte à Sion «Sous-le-Scex», in: AS, Jg. 10, Nr. 4, 1987, S. 157–168.
92 — Olivier Paccolat, Une économie de montagnards, in: Philippe Curdy (Hg.), Vallis Poenina. Le Valais à l'époque romaine, Sion 1998, S. 83–89; Claude Olive, Traditions et changements dans l'élevage, ebd., S. 91; Olivier Paccolat, Besonderheiten im Alpenraum, in: Flutsch/Rossi (Hg.), Römische Zeit, S. 132f.; Regula Frei-Stolba, Viehzucht, Alpwirtschaft, Transhumanz. Bemerkungen zu Problemen der Wirtschaft in der Schweiz zur römischen Zeit, in: Charles Richard Whittaker (Hg.), Pastoral Economies in Classical Antiquity, Cambridge 1988, S. 143–169; Stefanie Martin-Kilcher / Andrea Schaer, Graubünden in Römischer Zeit, in: Handbuch der Bündner

**93** — Daniel Paunier, Langue, arts et vie quotidienne, in: Goudineau et al. (Hg.), Celtes et Gaulois, S. 115–116; Schucany / Meylan Krause, Das tägliche Leben; Bielman/Brem/Hedinger, Kultur und Gesellschaft, ebd., S. 267–303.
**94** — Alexander Demandt, Kulturenkonflikt im Römischen Reich? Eine zeitgemässe Betrachtung, in: Norbert Ehrhardt / Linda-Marie Günther (Hg.), Widerstand – Anpassung – Integration. Die griechische Staatenwelt und Rom, Stuttgart 2002, S. 61–76.
**95** — Der Jurist Ulpian († 223 n. Chr.) bestimmte, dass Testamente in jeder Sprache gültig seien.
**96** — Gaële Féret / Richard Sylvestre, Les graffiti sur céramique d'Augusta Raurica, Augst 2008; Michel Feugère / Pierre-Yves Lambert, L'écriture dans la société gallo-romaine. Eléments d'une réflexion collective, in: Gallia, Bd. 61, 2004, S. 3–192.
**97** — Benjamin Hartmann, Die römischen Schreibtafeln (tabulae ceratae) aus Tasgetium/Eschenz, in: Simone Benguerel et al., Tasgetium I. Das römische Eschenz, Frauenfeld 2011, S. 128–156; ders., Inschriften auf Fässern, in: Simone Benguerel et al., Tasgetium II. Die römischen Holzfunde, Frauenfeld 2012, S. 69–78.
**98** — Rudolf Fellmann, Die Zinktafel von Bern-Thormebodenwald und ihre Inschrift, in: AS, Bd. 14, Nr. 4, 1991, S. 270–273; Marino Maggetti et al., La fusaïole gallo-romaine inscrite de Nyon: provenance et technique, in: Jahrbuch Archäologie Schweiz (JbAS), Bd. 92, 2009, S. 252–255; Regula Frei-Stolba / Thierry Luginbühl, Une nouvelle inscription d'Yverdon-les-Bains/Eb(u)rodunum, in: JbAS, Bd. 94, 2011, S. 199–208.
**99** — Caty Schucany et al. (Hg.) Römische Keramik in der Schweiz, Basel 1999.
**100** — Armand Desbat et al., La cuisine et l'art de la table en Gaule après la conquête romaine, in: Paunier (Hg.), Romanisation et héritage celtique, S. 167–192.
**101** — Stefanie Martin-Kilcher, Römische Grabfunde als Quellen zur Trachtgeschichte im Zirkumalpenraum, in: Manuela Struck (Hg.), Römerzeitliche Gräber als Quellen zu Religion, Bevölkerungsstruktur und Sozialgeschichte, Mainz 1993, S. 181–203.
**102** — Pascal Ballet et al. (Hg.), La ville et ses déchets dans le monde romain: rebuts et recyclages, Montagnac 2003.
**103** — Schucany / Meylan Krause, Das tägliche Leben, S. 252; Jean-Nicolas Corvisier / Wieslaw Suder, La population de l'Antiquité classique, Paris 2000.
**104** — Friedrich Jakob / Anne Hochuli-Gysel / Markus Leuthard / Alexander C. Voûte, Die römische Orgel aus Avenches/Aventicum, Avenches 2000.
**105** — Robert Turcan, L'art romain. Six siècles d'expressions de la romanité, Paris 1995; Gilles Sauron, Les Romains et l'art, in: Hervé Inglebert (Hg.), Histoire de la Civilisation romaine, Paris 2005, S. 233f.
**106** — Claude Nicolet, L'inventaire du monde. Géographie et politique aux origines de l'Empire romain, Paris 1988; Jean-Louis Brunaux, Les Gaulois, Paris 2005, S. 158–160; Goudineau, Regard sur la Gaule, S. 311–324.
**107** — Bruneau, Les Gaulois, S. 249–251; Raymond Chevallier, Voyages et déplacements dans l'Empire romain, Paris 1988.
**108** — Goudineau, Regard sur la Gaule, S. 41f.
**109** — Markus Peter et al., Wirtschaft, in: Flutsch/Rossi (Hg.), Römische Zeit, S. 179–215.
**110** — Béat Arnold, Altaripa. Archéologie expérimentale et architecture navale gallo-romaine, Neuchâtel 1999; France Terrier (Hg.), Les embarcations gallo-romaines d'Yverdon-les-Bains, Yverdon 1997.
**111** — Anne Kolb, Transport und Nachrichtentransfer im Römischen Reich, Berlin 2000; Jean-Daniel Demarez / Blaise Othenin-Girard, Une chaussée romaine avec relais entre Alle et Porrentruy (Jura, Suisse), Porrentruy 1999; François Wiblé, Cols et communications, in: Curdy (Hg.), Vallis Poenina, S. 75–81.
**112** — Jérôme France, Quadragesima Galliarum. L'organisation douanière des provinces alpestres, gauloises et germaniques de l'Empire romain (I$^{er}$ siècle avant J.-C. – III$^e$ siècle après J.-C.), Rome 2001.
**113** — Walser, Inschriften, Nrn. 52, 88, 164 (nur ein Fragment); Stephanie Martin-Kilcher, Die römischen Amphoren aus Augst und Kaiseraugst. Ein Beitrag zur römischen Handels- und Kulturgeschichte, Bd. 2, August 1994, S. 537f.
**114** — Daniel Paunier, Peuplement et occupation du milieu alpin suisse, in: Raymond Chevallier (Hg.), Peuplement et exploitation du milieu alpin (antiquité et haut moyen-age), Tours/Torino 1991, S. 147–158; Paccolat, Economie de montagnards, S. 83–89.
**115** — Stefanie Martin-Kilcher / Heidi Amrein / Beat Horisberger, Der römische Goldschmuck aus Lunnern (ZH). Ein Hortfund des 3. Jahrhunderts und seine Geschichte, Zürich 2008. Der wichtige Silberschatz aus Kaiseraugst war der Besitz eines hohen, in Kaiseraugst stationierten Offiziers im Gefolge des Gegenkaisers Magnentius und wurde zwischen 350 und 352 vergraben, vgl. Herbert A. Cahn / Annemarie Kaufmann-Heinimann (Hg.), Der spätrömische Silberschatz von Kaiseraugst, Derendingen 1984; Martin A. Guggisberg (Hg.), Der spätrömische Silberschatz von Kaiseraugst: Die neuen Funde. Silber im Spannungsfeld von Geschichte, Politik und Gesellschaft der Spätantike, August 2003.
**116** — Thierry Luginbühl, Handwerk und Handwerker, in: Flutsch/Rossi (Hg.), Römische Zeit, S. 197–215; Anika Duvauchelle, L'artisanat dans les villes romaines de Suisse, in: Pascale Chardron-Picault (Hg.), Aspects de l'artisanat en milieu urbain: Gaule et Occident romain, Dijon 2010, S. 47–54.
**117** — Timothy J. Anderson et al., Des artisans à la campagne. Carrière de meules, forge et voie gallo-romaines à Châbles (FR), Fribourg 2003; Olivier Paccolat, Zermatt-Furi, Un haut lieu de production de pierre ollaire dans l'Antiquité, in: Bulletin d'Etudes préhistoriques et archéologiques alpines, Bd. 16, 2005, S. 123–145.
**118** — Schucany et al. (Hg.), Römische Keramik; Alex R. Furger, Die Töpfereibetriebe von Augusta Rauricorum, in: Jahresbericht aus Augst und Kaiseraugst, Bd. 12, 1991, S. 259–279; Thierry Luginbühl, Imitations de sigillée et potiers du Haut-Empire en Gaule occidentale. Archéologie et histoire d'un phénomène artisanal antique, Lausanne 2001.
**119** — Walser, Inschriften, Nr. 117.
**120** — Heidi Amrein, L'atelier de verriers d'Avenches. L'artisanat du verre au milieu du 1$^{er}$ siècle ap. J.-C., Lausanne 2001.
**121** — François Eschbach, Charpentiers au théâtre, in: Laurent Flutsch et al. (Hg.), Archéologie en terre vaudoise, Gollion 2009, S. 138f.
**122** — Marcus G. Meyer, Das Fässchen des Lucius Cusseius Ocellio aus Nyon VD: ein aussergewöhnliches Gefäss aus der Römerzeit, in: Helvetia archaeologica, Jg. 36, Nr. 144, 2005, S. 106–122.
**123** — Sabine Deschler-Erb, Römische Beinartefakte aus Augusta Raurica: Rohmaterial, Technologie, Typologie und Chronologie, 2 Bde., Basel, August 1998; Aurélie Schenk, Regard sur la tabletterie antique. Les objets en os, bois de cerf et ivoire du Musée romain d'Avenches, Avenches 2008.
**124** — Martin Bossert, Die figürlichen Skulpturen von Colonia Iulia Equestris, in: Cahiers d'archéologie romande, Bd. 92, Lausanne 2002, Nr. 9, S. 22–25.
**125** — Paunier (Hg.), Romanisation et héritage celtique, S. 113–115; Stefanie Martin-Kilcher / Daniel Castella, Glaube, Kult und Gräber, in: Flutsch/Rossi (Hg.), Römische Zeit: S. 305–355; John Scheid, La religion des Romains, Paris 1998; William van Andringa, La religion en Gaule romaine. Piété et politique (I$^{er}$–III$^e$ siècle ap. J.-C.), Paris 2002; Christian Goudineau (Hg.), Religion et société en Gaule, Paris 1996.
**126** — Jörg Rüpke, Die Religion der Römer. Eine Einführung, 2. Aufl. (1. Aufl. 2001), München 2006; zum in Rom und in den Provinzen unterschiedlichen Kaiserkult siehe Jörg Rüpke, Von Jupiter zu Christus. Religionsgeschichte in römischer Zeit, Darmstadt 2011, S. 102–103; zu den Religionen bei den Helvetiern in der Kaiserzeit siehe John Scheid, Introduction, in: Daniel Castella / Marie-France Meylan Krause (Hg.), Topographie sacrée et rituels. Le cas d'Aventicum, capitale des Helvètes, Basel 2008, S. 13–20.
**127** — Nicole Jufer / Thierry Luginbühl, Les dieux gaulois: répertoire des noms de divinités celtiques connus par l'épigraphie, les textes antiques et la toponymie, Paris 2001; Frei-Stolba/Luginbühl, Une nouvelle inscription.
**128** — Castella / Meylan Krause (Hg.), Topographie sacrée et rituels.
**129** — Martin-Kilcher/Schatzmann (Hg.), Das römische Heiligtum von Thun-Allmendingen.
**130** — Daniel Paunier / Laurent Flutsch, Le vicus gallo-romain de Lousonna-Vidy. Le quartier occidental, le sanctuaire indigène: rapport préliminaire sur la campagne de fouilles 1985, Lausanne 1989.
**131** — Annemarie Kaufmann-Heinimann, Götter und Lararien aus Augusta Raurica. Herstellung, Fundzusammenhänge und sakrale Funktion figürlicher Bronzen in einer römischen Stadt, August 1998.
**132** — François Wiblé, Le mithraeum de Forum Claudii Vallensium/Martigny (Valais), in: AS, Jg. 18, Nr. 1, 1995, S. 2–15; Luginbühl et al. (Hg.), Vie de palais, S. 92–96.
**133** — Max Martin, Das spätrömisch-frühmittelalterliche Gräberfeld von Kaiseraugst, Kt. Aargau, 2 Bde., Derendingen 1976–1991; Lucie Steiner / François Menna, La nécropole du Pré-de-la-Cure à Yverdon-les-Bains (IV$^e$–VII$^e$ s. ap. J.-C.), 2 Bde., Lausanne 2000.
**134** — Laurent Flutsch / Pierre Hauser, Le mausolée nouveau est arrivé. Les monuments funéraires d'Avenches-en Chaplix (Canton de Vaud, Suisse), 2 Bde., Lausanne 2000.
**135** — Walser, Inschriften, Nr. 95.
**136** — Vgl. Demandt, Kulturenkonflikt; ders., Rom – Weltmacht im Widerstreit, in: Cordula Scholz / Georgios Makris (Hg.), Polypleuros nous, München 2000, S. 1–9.
**137** — Vincent Guichard / Frank Perrin (Hg.), L'aristocratie celte à la fin de l'âge du Fer (du II$^e$ siècle av. J.-C. au I$^{er}$ siècle ap. J.-C.), Glux-en-Glenne 2002; Mireille Cébeillac-Gervasoni / Laurent Lamoine / Frédéric Trément, Les élites et leurs facettes. Les élites locales dans le monde hellénistique et romain, Rome 2003; Mireille Cébeillac-Gervasoni / Laurent Lamoine / Frédéric Trément, Autocélébration des élites locales dans le monde romain. Contexte, images, textes (II$^e$ s. av. J.-C. – III$^e$ s. ap. J.-C.), Clermont-Ferrand 2004.
**138** — Brigitte Müller-Rettig, Lobreden auf römische Kaiser: lateinisch und deutsch, Bd. 1, Darmstadt 2008, Nr. IX des Jahres 297/98 (Eumenius von Autun). Für das 4. Jahrhundert ist stellvertretend Ausonius von Bordeaux, für das 5. Jahrhundert Sidonius Apollinaris zu nennen.
**139** — Cassius Dio, Römische Geschichte, 56, 18, 3. Die Konfliktlinien lagen zwischen Zivilisation und Barbarei, siehe Demandt, Kulturenkonflikt, S. 63.
**140** — Yverdon und Umgebung stechen auf Inschriften durch keltische Namen und Gottheiten hervor, siehe Walser, Inschriften, Nrn. 62, 68; CIL XIII 5057 u. 5059; Frei-Stolba/Luginbühl, Une nouvelle inscription.

Seit ihrem Bau im 5. Jahrhundert n. Chr. wurden in der in Sitten am Fuss des Burghügels von Valère gelegenen Kirche Sous-le-Scex Bestattungen vorgenommen. Die Kirche bestand ursprünglich aus einem rechteckigen Saal, zu dem im Laufe der Zeit verschiedene Anbauten hinzukamen. Östlich schliesst eine grossräumige hufeisenförmige Apsis an, die in ihrem Innern eine weitere Apsis (mit Umgang) enthält. Inner- und ausserhalb der Kirche sind über 500 Gräber dokumentiert. Diese zeichnen sich zum Teil durch besondere Konstruktionsformen aus: Es handelt sich unter anderem um Särge, die aus ausgehöhlten Baumstämmen gefertigt wurden, um monolithische Sarkophage sowie um kastenförmige Gräber aus Platten oder Ziegeln, von denen einige gallorömische ↑Spolien aufweisen. Die Bestattungen datieren grösstenteils ins 5. und in die erste Hälfte des 6. Jahrhunderts, eine kleine Zahl ins 7. Jahrhundert. Um das Jahr 700 erfuhr die Kirche einige Umbauten und wurde schliesslich im Laufe des 9. oder 10. Jahrhunderts aufgegeben. In der Folge ging das Wissen um ihre Existenz vollständig verloren. Im Jahr 1984 wurde sie im Zuge archäologischer Sondiergrabungen wiederentdeckt. Südöstlich der Kirche fand man ausserdem zwei kleine Grabdenkmäler (memoriae) sowie circa 60 Bestattungen aus der Zeit zwischen dem 4. und dem beginnenden 7. Jahrhundert.

*Flugbild mit Blick auf die Kirche, circa 2005 (Photo Kantonsarchäologie Wallis/Büro Lehner, Sitten).*

# Die Archäologie des Frühmittelalters —*Lucie Steiner*

Man kann mit einigem Recht behaupten, dass die Archäologie des Frühmittelalters für das Gebiet der heutigen Schweiz bereits gegen Ende des 4. Jahrhunderts beginnt. Zu diesem Zeitpunkt stiess der Walliser Bischof Theodorus auf die Märtyrergräber der ↑Thebäischen Legion.[1] Es handelte sich indes nicht um eine zufällige Entdeckung: Nachdem der römische Kaiser Theodosius im Jahr 386 den Reliquienhandel untersagt hatte, machten sich die abendländischen Bischöfe allerorts daran, die Kirchen und Friedhöfe ihres eigenen Umfeldes nach Reliquien zu durchsuchen. Diese Praxis scheint sich während des ganzen Mittelalters fortgesetzt zu haben. Sie stand einer wissenschaftlichen Disziplin Pate, die als «christliche» Archäologie bezeichnet wird und das Ziel verfolgte, bestimmte Glaubensinhalte auf ihren Wahrheitsgehalt zu überprüfen.

### Eine alte und doch junge Wissenschaft

Die Archäologie im wissenschaftlichen Sinn entwickelte sich erst viel später, ab dem 18., vor allem aber im 19. Jahrhundert (siehe Beitrag von Marc-Antoine Kaeser, S. 31). Im Jahr 1838 begann der Waadtländer Archäologe Frédéric Troyon, auf seinem Besitz Bel-Air nördlich von Lausanne Grabungen durchzuführen. Die dabei angewandten Methoden künden in paradigmatischer Weise vom wissenschaftlichen Fortschritt der Zeit.[2] Die Gräber wurden sorgfältig beschrieben und nummeriert, ihre genaue Lage auf einem Plan vermerkt, die Skelette wurden untersucht und gezählt. Alle Fundstücke finden sich fein säuberlich inventarisiert – nach den Gräbern, in welchen sie gefunden worden waren –, und in grossen Aquarellalben zeichnerisch festgehalten.

Was Grabungen im Bereich von Friedhöfen betrifft, so blieb in der Archäologie des Frühmittelalters lange die ethnische Zuteilung der Funde nach ihrem Fundort selbstverständlich.[3] Die zutage geförderten Objekte wurden schlicht denjenigen Völkerschaften zugeordnet, welche den schriftlichen Quellen zufolge das betreffende Fundgebiet im vermuteten Zeitraum bewohnt hatten. Die Fundstücke bezeichnete man infolgedessen je nachdem als alemannisch, burgundisch oder lombardisch. Diese Tendenzen erfuhren generell mit dem Aufleben der Nationalismen gegen Ende des 19. Jahrhunderts eine Verstärkung. Erst durch die Forschungsarbeit von Max Martin in den 1970er Jahren erhielten auch die *romani*, die Nachkommen der gallorömischen Bevölkerung, den ihnen gebührenden Platz in der Nekropolenforschung.

Mit der Schaffung von Ämtern für Denkmalpflege in verschiedenen Kantonen begann man sich ab dem Ende des 19. Jahrhunderts um den Erhalt der Baudenkmäler vergangener Zeiten zu kümmern. Eine besondere Rolle spielten dabei die mittelalterlichen Kirchen; ihre Renovierungen motivierten verschiedentlich zu detaillierten Bauanalysen und zu Archivrecherchen über die Geschichte der entsprechenden Gebäude.[4] In den 1960er und 1970er Jahren wurden die Forschungsmethoden grundlegend professionalisiert: Genaue Planzeichnungen, stratigraphische Grabungen – also solche, die eine detaillierte Differenzierung nach Schichten im Boden vornehmen – sowie die Analyse der Beziehungen zwischen den im Boden erhaltenen Relikten und den Baustrukturen bilden seit dieser Zeit die grundlegenden Forschungsmethoden der mit Kirchen befassten Archäologie.

Erst die systematischen und grossflächigen Grabungen, die durch den Bau der Autobahnen in den 1970er und 1980er Jahren notwendig wurden und bei denen Methoden Anwendung fanden, die denjenigen der prähistorischen Archäologie ähneln, liessen schliesslich auch die frühmittelalterlichen Wohnstätten ins Zentrum des Interesses rücken.[5] Die in dieser Epoche verwendeten vergänglichen Baumaterialien wie Holz oder Lehm machen besonders umsichtige Grabungsmethoden erforderlich. Dies lässt verständlich erscheinen, wieso bis heute die Zahl der uns bekannten Fundorte von Wohnstätten, verglichen mit derjenigen der aus der selben Zeit dokumentierten Friedhöfe und Sakralbauten, in einem deutlichen Missverhältnis steht.

Die Archäologie des Frühmittelalters profitierte von der Professionalisierung der archäologischen Methoden, die im Zuge der grossen, in den 1970er und 1980er Jahren unternommenen Grabungen erzielt wurde. Im europäischen Kontext wird sie seit dieser Zeit generell als eigenständige, von der historischen Forschung unabhängige Disziplin – ähnlich der Kunstgeschichte – anerkannt.[6] Abgesehen von den drei bereits erwähnten hauptsächlichen Fundortkategorien (Friedhöfen, Kirchen und Wohnstätten), sind nur wenige weitere Arten von Fundstätten bekannt. Allerdings ergänzen diese, gleich neu hinzugekommenen Mosaiksteinen, unsere Vorstellung der Epoche um einzigartige Details. Zu solchen Stätten zählen befestigte Höhensiedlungen oder – im weitesten Sinne – Ökonomiebauten wie Strassen sowie die in den Wäldern des Jura gefundenen ↑Rennöfen. Neben den Überresten der Bauten sind es in erster Linie Kleinfunde aus Gräbern wie Schmuckstücke, Kleidungszubehör, Behältnisse, Waffen oder auch Münzen, die eine Datierung erlauben und Aufschluss über Fabrikationstechniken, Waren- und Personenverkehr oder Bestattungsbräuche zu geben vermögen. Der Einbezug naturwissenschaftlicher Analysen in die archäologische Forschung – man denke etwa an die Datierungsmethode der Dendrochronologie, die Paläobotanik oder die Archäozoologie – ermöglicht Einblicke in die Klima- und Umweltgeschichte sowie auf Anbaumethoden, Bautechniken und Essgewohnheiten der Bevölkerung im Frühmittelalter. Die Untersuchung der unzähligen menschlichen Überreste erlaubt es auch, den Gesundheitszustand und die demographische Entwicklung der Bevölkerung nachzuvollziehen.[7]

### Historische Erkenntnisse durch archäologische Forschung

Die Summe an Informationen, die anhand der archäologisch untersuchten Hinterlassenschaften gewonnen werden können, ermöglicht es heute auch, Schlussfolgerungen in Hinblick auf Themen zu ziehen, die Gegenstand historischer Forschung sind. Ein Beispiel hierfür ist die Frage nach der Entwicklung der Besiedlung und der Verwaltungsgliederung zwischen dem Ende der Antike und dem Hochmittelalter.[8] In diesem Zusammenhang spielen die Kartierung und die Verteilung der Fundorte eine grundlegende Rolle, da diese es erlauben, Verwaltungszentren und kleinere Agglomerationen römischen oder noch älteren Ursprungs, die den Untergang des römischen Reiches überdauert haben, sowie die sie umgebenden Landschaften zu identifizieren. In einigen Regionen weist die Zahl der bekannten Nekropolen auf eine Bevölkerungsdichte hin, die jener der römischen Zeit ähnlich ist. Wie schon während der römischen Epoche suchten die Menschen bevorzugt die Nähe von Seeufern und von Verkehrswegen. Frühmittelalterliche Friedhöfe und Kirchen finden sich zudem häufig in der Nähe römischer Bauten, wenn sie nicht gleich selbst innerhalb der Ruinen römischer *villae* errichtet wurden, wie in Vandœuvres bei Genf, im Quartier Serrières westlich der Stadt Neuenburg, in Baar im Kanton Zug oder auch in Bioggio beim Luganersee. Die archäologischen Grabungen und die Ergebnisse der Orts- und Flurnamenforschung zeigen ferner auf, dass die ländlichen Gebiete im 7. Jahrhundert eine Phase des Aufschwungs durchliefen.

Die Lokalisierung und Datierung der ersten Kirchen hilft uns heute auch, ein genaueres Bild vom Aufbau und von der Entwicklung der Kirchenorganisation ab dem 4. Jahrhundert n. Chr. zu gewinnen.[9] Die Ausgrabungen der frühesten Bischofskirchen in Genf und Chur unterstreichen die herausragende Stellung der Kathedralen im urbanen Gefüge der zu Bischofssitzen aufgestiegenen Verwaltungszentren. Ab dem 5. Jahrhundert entstanden Tauf- und Friedhofskirchen in der Nähe der städtischen Zentren, später auch in der Umgebung kleinerer Agglomerationen wie Vevey oder dem aargauischen Zurzach, schliesslich sogar in ländlichen Gebieten. Diese Grabungsbefunde zeugen von der Ausbreitung der neuen Religion, die mit der Gründung der ersten Pfarreien einherging. Die Errichtung grosser Klöster wie in Romainmôtier in der Waadt und in Saint-Maurice im Wallis oder später in St. Gallen und im bündnerischen Müstair vervollständigte die hohe Dichte an sakralen Bauten. Allerdings existierten noch bis ins 10., mancherorts gar bis ins 11. Jahrhundert kleinere Begräbnisplätze ohne Kirche. Da die untrennbare Einheit von Kirche und Friedhof eines der wichtigsten Merkmale einer Pfarrei darstellt, deutet dieser Befund darauf hin, dass das Netz von Pfarreien bis ins 11.–12. Jahrhundert hinein noch nicht flächendeckend ausgebildet war.[10]

Die ab dem 8. Jahrhundert wie überall in Europa auch im Gebiet der Schweiz – mit allerdings starken regionalen Unterschieden – feststellbare Abnahme von Grabbeigaben zeugt zweifellos vom zunehmenden Einfluss christlicher Vorstellungen auf die Bestattungsbräuche. Parallel dazu verbreitete sich der Brauch der *donationes pro anima,* der Seelstiftungen: Mittels einer Geldspende an eine Kirche konnte man erwirken, dass für das Seelenheil eines oder einer Verstorbenen gebetet wurde.

## Migration, Akkulturation und soziale Zugehörigkeit

In den frühmittelalterlichen Quellen werden die Bewohner der heutigen Schweiz als *romani* bezeichnet; es handelt sich dabei um die Nachfahren der galloromischen Bevölkerung. In ihren Gräbern finden sich meist keinerlei Grabbeigaben; seltene Ausnahmen sind ein Gürtel mit metallenen Schnallen, ein Kleidungsstück oder einzelne Schmuckstücke wie Ringe, Halsketten und Kleiderspangen. Die Häufigkeit und Art der Beigaben variieren je nach Region und Periode.[11]

Vor diesem Hintergrund lassen sich reich ausgestattete Gräber oder das Auftauchen besonderer Grabbeigaben wie Waffen oder Behältnisse als Fremdeinflüsse auf die regionalen Bestattungssitten interpretieren. Nur in wenigen Fällen weist das Vorkommen spezieller Kategorien von Fundstücken – in erster Linie bestimmter Formen von Fibeln (Kleiderspangen) oder Gürtelbeschlägen – jedoch auf die Existenz von Angehörigen fremder Ethnien wie Burgunder, Franken oder Alemannen unter den Bestatteten hin. Beispiele hierfür sind die mit Fibeln ausgestatteten Frauengräber der Genferseeregion, etwa in den Nekropolen Nyon-Clémenty, Vieux Moulin bei Saint-Prex, En Pétoleyres bei Saint-Sulpice oder Pré de la Cure bei Yverdon-les-Bains, datiert in die zweite Hälfte des 5. oder Anfang des 6. Jahrhunderts, deren Besitzerinnen als Burgunderinnen oder als Angehörige verbündeter, mit den Burgundern vermischter Völker gedeutet werden. Einige Skelette aus jenen Nekropolen weisen zudem künstliche Deformationen des Schädels auf, wie sie damals unter östlichen Völkern wie den Alanen oder Sarmaten gebräuchlich waren – Völker, die sich den schriftlichen Quellen zufolge mit den Burgundern vermischt haben sollen. Für das 7. Jahrhundert lassen sich im Innern einiger im zentralen und östlichen Mittelland gelegener Kirchen Männergräber nachweisen, in denen sich aus mehreren Plättchen geschmiedete und mit silbernen Intarsien versehene Gürtelbeschläge als Grabbeigaben fanden. Diese Gräber zeugen zusammen mit anderen archäologischen Indizien von Kontakten mit der alemannischen Bevölkerung Südwestdeutschlands oder deuten gar auf eine in dieser Zeit stattgefundene alemannische Immigration in die Nordschweiz hin. Da mittlerweile zahlreiche Siedlungen ergraben worden sind, dürfte bald auch eine Auswertung der dabei zutage getretenen Keramikfunde nach ethnischkulturellen Gesichtspunkten erfolgen.[12]

Neben solchen in kultureller Hinsicht bedeutsamen Aspekten liefern die Fülle und vor allem die Qualität von Grabbeigaben Hinweise auf die soziale Stellung der verstorbenen Personen.[13] So wurden etwa eine Reihe von in der Westschweiz aufgefundenen Männergräbern aus der Zeit zwischen dem Ende des 6. Jahrhunderts und dem ersten Drittel des 7. Jahrhunderts aufgrund der darin enthaltenen gleichartigen Grabbeigaben – Schwert, Gürtelbeschläge und Lederbeutel – als Bestattungen von Vertretern der fränkischen Staatsmacht interpretiert. Es kann jedoch nicht mit Sicherheit gesagt werden, ob es sich tatsächlich um Franken aus Nordgallien oder nicht doch um einheimische *romani* handelte, die lediglich die fränkischen Sitten teilweise übernommen hatten.

Auch die räumliche Verteilung der Bestattungen nach Alter und Geschlecht ist aussagekräftig, dies unabhängig davon, ob das betroffene Gräberfeld einen Bezug zu einer Kirche hatte oder nicht. In grossen Gräberfeldern wie La Tour-de-Peilz im Kanton Waadt lassen sich vor allem ab dem 7. Jahrhundert Gemeinschaftsgräber mit Überresten von Männern, Frauen und Kindern finden. Dieses Phänomen zeugt zweifellos von der Absicht, die Mitglieder einer Familie im selben Grab zu bestatten.¹⁴ Bei an Kirchen angegliederten Friedhöfen, zum Beispiel an der Fundstätte Sous-le-Scex in Sitten, zeigt sich, dass Männer deutlich häufiger innerhalb des Gotteshauses beerdigt wurden als Frauen. Kinder, vor allem die Kleinkinder, wurden nicht selten in eigens für sie vorbehaltenen Sektoren, zum Beispiel entlang der Aussenmauern, bestattet. Die Gräber in der Kirche des Kastells Burg bei Stein am Rhein waren (abgesehen von vier Ausnahmen) allesamt mit Neugeborenen oder Kleinkindern belegt. Einigen dieser Kinder gab man reiche Grabbeigaben mit: goldene Ohrringe, eine Halskette aus geschliffenen Amethysten, Glasbecher und anderes mehr – deutliche Indizien, dass es sich bei den Verstorbenen um Kinder begüterter Familien handelte.

Im Bereich von Siedlungen lassen eine gewisse Mächtigkeit der aufgefundenen Fundamente und die Exklusivität der ausgegrabenen Objekte auf einen hohen Lebensstandard schliessen. Beispielsweise förderten die Ausgrabungen im bündnerischen Tumegl/Tomils eine eindrückliche Menge an bratfertigen Hühnchen zutage, und auch die Reste von Schaf-, Ziegen- oder Schweinestücken sowie Gräten von Forellen legen ein beredtes Zeugnis von den üppigen Essgewohnheiten der Bewohner ab. Inschriften, die sich etwa auf Grabstelen, auf bronzenen Gürtelschnallen oder auf luxuriösen Goldschmiedearbeiten erhalten haben, geben Auskunft über die Namen von Personen und manchmal auch über deren Ämter. Ein diesbezüglich prominentes Beispiel ist der sogenannte Theuderich-Schrein aus dem Klosterschatz der Abtei Saint-Maurice im Wallis: Auf seiner Rückseite sind neben den beiden Auftraggebern Nordoalaus und Rihlindis auch der Stifter, der Priester Theuderich (Teuderigus), sowie die beiden ausführenden Handwerker Undinho und [T]ello aufgeführt (siehe Kapitel von Jean-Daniel Morerod und Justin Favrod, S. 87).

**Bautechnik, Handwerk, Handel**
Archäologische Ausgrabungen sind auch eine wichtige Quelle für die Architektur- und Kunstgeschichte.¹⁵ So geben etwa die Überreste von Holzbauten, wie sie beispielsweise in Develier-Courtételle im Kanton Jura und in Reinach im Baselbiet gefunden wurden, Aufschluss über Bautechniken, über die Funktion der verschiedenen Gebäudetypen – Wohnhäuser, Speicher, Ställe, Werkstätten und andere mehr – sowie über deren Lokalisierung im Hofverband. In den meisten Regionen war Holz das bevorzugte Baumaterial für Wohngebäude, doch lassen sich auch einige aus Holz erbaute Kirchen nachweisen. Die aufgefundenen Steinbauten – hauptsächlich städtische Gebäude und Sakralbauten – vermitteln wertvolle Auskünfte über den Reichtum der Dekoration im Inneren und am Aussenbau: So weisen die architektonischen Überbleibsel Kapitelle, reliefgeschmückte liturgische Ausstattung, Fragmente von Wandgemälden und Stuckaturen, Mosaike und sogar Glasfenster auf.

Trotz aller erhaltenen Relikte bleibt unser Bild des Frühmittelalters lückenhaft. Einige Materialien wie Keramik, Glas, Metalle oder Knochen vermögen sich in der Erde gut zu erhalten; hingegen können nur selten Objekte aus Holz, Leder, Weidengeflecht oder Textilien aus dem Boden geborgen werden. Bestimmte Objekte wurden zudem in gewissen Kontexten, vor allem im religiösen Bereich und als Grabbeigaben, kaum deponiert. Die aufgefundenen Stücke erlauben es gleichwohl, ein relativ genaues Bild der Umstände ihrer Entstehung, der Art ihrer Verbreitung und der damaligen Herstellungstechniken zu zeichnen. Derzeit sind es in erster Linie die Naturwissenschaften, denen wir neue Erkenntnisse verdanken. Sie ermöglichen es beispielsweise, das Landschaftsbild und das Klima eines bestimmten Ortes oder einer Region zu rekonstruieren; es kann festgestellt werden, welche Wildpflanzen wuchsen und welche Kulturpflanzen angebaut und konsumiert wurden. Selbst die Herkunft einer zur Herstellung von Keramik verwendeten Tonerde lässt sich heutzutage ermitteln. Obwohl die meisten Konsumgüter – im Unterschied zur römischen Epoche – vornehmlich für einen lokalen Gebrauch produziert wurden, scheinen einige Erzeugnisse wie Bernsteine oder Granate nach wie vor über grosse Distanzen transportiert worden zu sein. Die Bedeutung der alten Handelswege im Frühmittelalter erweist sich nicht zuletzt angesichts der in dieser Zeit erfolgten Gründung grosser, an den Zugangsstrassen der Alpenpässe gelegener Klöster wie Saint-Maurice oder Müstair.

---

1 — Max Martin / Hans-Rudolf Meier / Christoph Brombacher / André Rehazek / Andreas Cueni, Forschungsgeschichte, in: Renata Windler et al. (Hg.), Die Schweiz vom Paläolithikum bis zum frühen Mittelalter (SPM), Bd. 6: Frühmittelalter, Basel 2005, S. 13–31; Lucie Steiner, La nécropole du Clos d'Aubonne à La Tour-de-Peilz (Canton de Vaud). Origine, développement et abandon d'un ensemble funéraire du V<sup>e</sup> au IX<sup>e</sup> siècle, Bd. 1, Lausanne 2011, S. 17–27.
2 — Frédéric Troyon, Description des tombeaux de Bel-Air près Cheseaux sur Lausanne, Lausanne 1841; Werner Leitz, Das Gräberfeld von Bel-Air bei Lausanne. Frédéric Troyon (1815–1866) und die Anfänge der Frühmittelalterarchäologie, Lausanne 2002, S. 13–43.
3 — Siehe z. B. Pierre Bouffard, Nécropoles burgondes de la Suisse. Les garnitures de ceinture, Genève/Nyon 1945; Otto Tschumi, Burgunder, Alamannen und Langobarden in der Schweiz, Bern 1945; Rudolf Moosbrugger-Leu, Die Schweiz zur Merowingerzeit. Die Archäologische Hinterlassenschaft der Romanen, Burgunder und Alamannen, Bern 1971. Vgl. auch Max Martin, Bemerkungen zu den frühmittelalterlichen Gürtelbeschlägen der Westschweiz, in: Zeitschrift für Archäologie und Kunstgeschichte, Bd. 28, 1971, S. 29–57; ders., Das spätrömisch-frühmittelalterliche Gräberfeld von Kaiseraugst, Kt. Aargau, Derendingen/Solothurn 1991.
4 — Hans-Rudolf Sennhauser, Kirchenarchäologie in der Schweiz seit der Mitte des 19. Jahrhunderts, in: Zeitschrift für Schweizerische Archäologie und Kunstgeschichte, Bd. 59, Nr. 3, 2002, S. 189–194; Hans-Rudolf Meier, Kirchenarchäologie, in: SPM, Bd. 6, S. 25–27.
5 — Maruska Federici-Schenardi / Robert Fellner, Develier-Courtételle, un habitat rural mérovingien, 5 Bde., Porrentruy 2004–2008.
6 — Jean Chapelot (Hg.), Trente ans d'archéologie médiévale en France. Un bilan pour un avenir, Caen 2010; Steiner, La Tour-de-Peilz, S. 19–22.
7 — Siehe die verschiedenen Kapitel zu diesen Themen in SPM, Bd. 6.
8 — Renata Windler, Das Gräberfeld von Elgg und die Besiedlung der Nordostschweiz im 5.–7. Jh., Zürich 1994; Reto Marti, Zwischen Römerzeit und Mittelalter, Liestal 2000; Jacques Monnier, Les établissements ruraux de l'Antiquité tardive en Suisse, in: Les campagnes de la Gaule à la fin de l'Antiquité, Antibes 2001, S. 173–199; siehe auch Reto Marti / Jacques Monnier, Raum und Zeit: die Besiedlungsvorgänge, in: SPM, Bd. 6, S. 233–264.
9 — Zeitschrift für Schweizerische Archäologie und Kunstgeschichte, Bd. 59, Nr. 3, 2002, Session I: La topographie chrétienne de la ville, S. 143–194, Session II: L'architecture religieuse, S. 189–236; Reto Marti / Robert Fellner, Stadt und Land: die Siedlungen, in: SPM, Bd. 6, S. 96–101, Carola Jäggi / Jacques Bujard / Hans-Rudolf Meier, Les églises, in: ebd., S. 119–144.
10 — Cécile Treffort, L'église carolingienne et la mort. Christianisme, rites funéraires et pratiques commémoratives, Lyon 1996; dies., Du cimiterium christianorum au cimetière paroissial: évolution des espaces funéraires de Gaule du VI<sup>e</sup> au X<sup>e</sup> siècle, in: Henri Galinié / Elisabeth Zadora-Rio (Hg.), Archéologie du cimetière chrétien, Tours 1996, S. 55–63.
11 — Andreas Motschi / Lucie Steiner, Archäologische Kulturräume und kulturelle Interpretationen, in: SPM, Bd. 6, S. 317–329.
12 — Reto Marti, Frühmittelalterliche Keramikgruppen der Nordschweiz: ein Abbild unterschiedlicher Kulturräume, in: Renata Windler / Michel Fuchs (Hg.), De l'Antiquité tardive au Haut Moyen-Âge (300–800) – Kontinuität und Neubeginn, Basel 2002, S. 125–139.
13 — Lucie Steiner / Andreas Motschi, Identitäten und kulturelle Entwicklung, in: SPM, Bd. 6, S. 294–315.
14 — Steiner, Nécropole du Clos d'Aubonne, Bd. 1, S. 291–309.
15 — Reto Marti / Robert Fellner, Haus und Hof, in: SPM, Bd. 6, S. 107–116; Jäggi/Bujard/Meier, Kirchen; Jacques Bujard / Carola Jäggi, Gestalt, Typus und Ausstattung frühchristlicher und mittelalterlicher Kirchen, in: ebd., S. 282–292.

**Vergangene Zeiten: Als Papier und Pergament noch die einzigen Informationsträger in Archiven waren.**
*Das Staatsarchiv Luzern an seinem alten Standort an der Bahnhofstrasse, Photographie des Aktenmagazins im 2. Obergeschoss, aufgenommen nach dem Umbau von 1941/42 (aus: Das Staatsarchiv Luzern im Überblick. Ein Archivführer, Luzern/Stuttgart 1993, Abb. 3).*

# Archive und Überlieferungsbildung

— *Anna Pia Maissen*

Archive besitzen heute neben ihrer verwaltungstechnischen eine breit akzeptierte historische und kulturelle Funktion. Dies ist alles andere als selbstverständlich: Bis zur Aufklärung galten Archive vielmehr als Orte der Kontinuität und Legitimität der Herrschaft.

Der Begriff «Archiv» leitet sich aus dem griechischen ἀρχή [*arché*] her, «Anfang» oder «Herrschaft», aus dem sich griechisch ἀρχεῖο(ν) [*archeío(n)*] und lateinisch *archivum*, «Regierungs- oder Amtsgebäude», entwickelt hat. Unter einem Archiv verstand man damals wie heute den Aufbewahrungsort von offiziellen Dokumenten und anderen Zeugnissen administrativen Handelns.

Die Schweizer Archive verdanken ihre Entstehung ebenfalls dem Regierungshandeln, und die heutigen öffentlichen Archive sind in ihrem Kern immer noch Archive von Verwaltungssystemen. Die Schweizer Archivlandschaft, ihre Geschichte und ihre Bestände sind ein Abbild der verfassungsmässigen und politischen, historischen und gesellschaftlichen Organisation des Landes.[1] Die Zuständigkeiten und Kompetenzen im föderalistischen System der Schweiz sind auf der Ebene des Bundes, der Kantone und der Gemeinden genau festgelegt. Die öffentlichen Archive folgen dieser Struktur.[2]

## Geschichte der Schweizer Archivlandschaft

Die Geschichte der Schweizer Archive ist im Wesentlichen die Geschichte der Institutionen. Sie ist aufs Engste mit der Verbreitung der Schriftlichkeit und der Wichtigkeit von Rechtsansprüchen verbunden. Das Vorhandensein von Akten bedeutet jedoch noch lange nicht das Vorhandensein eines Archivs. Erst das Aufkommen einer gewissen Systematik in der Aufbewahrung und Erschliessung der Dokumente deutet auf ein Archiv hin. Bis heute gehören die Bewahrung, die Inventarisierung und das Wiederfinden dieser Dokumente zum Kerngeschäft aller Archive. Die frühesten noch erhaltenen Inventare stammen aus dem 8. Jahrhundert und wurden im Kloster St. Gallen verfasst. Bis ins 16. Jahrhundert vervielfachte sich die Produktion der Akten parallel mit dem Auf- und Ausbau der politischen Institutionen und der Administrationen durch Herrscherhäuser wie Habsburg und Savoyen, durch Städte wie Zürich, Bern, Luzern, Freiburg oder Basel. Eine professionelle und mit immer mehr Personal ausgestattete Verwaltung führte zu einer weiteren Systematisierung der Dokumentenablagen und zur Einrichtung der ersten wirklichen Archivräumlichkeiten.

Im späten Ancien Régime (1712–1798) entwickelten sich die Klassifikationssysteme, und es entstanden die wichtigsten Inventare, welche auch die Standorte der Unterlagen reflektierten. Damit verbunden war auch der sogenannte Aktenplan, also die Methode, die Unterlagen nach einem vorher festgelegten logischen Plan zu organisieren und abzulegen. Auch im 18. Jahrhundert waren das Archiv und seine Inventare immer noch vornehmlich Instrumente der Macht und der Durchsetzung von Rechten; die Öffentlichkeit war von den Archiven ausgeschlossen. Die Geschichtsschreibung im Ancien Régime wurde von den Regierenden streng kontrolliert, zensuriert und reglementiert.

Die Zentralisierungstendenzen der Helvetischen Republik 1798 und die Rekantonalisierung durch Napoleons Mediationsakte 1803 veränderten die politische, geographische *und* archivische Landschaft der Schweiz nachhaltig. Das 19. Jahrhundert brachte eine Konsolidierung der öffentlichen Archive. Die Gründung des Schweizerischen Bundesarchivs 1798 und die Etablierung der Kantons- beziehungsweise der Staats- sowie der Gemeindearchive mit der Aufteilung der Akten zwischen Kanton und Gemeinde legten die Basis für die heutige Landschaft der öffentlichen Archive.

Der Status der bis anhin geheimen Archive begann sich erst ab 1830, mit dem Aufkommen der Nationalbewegungen in Europa, zu ändern. Geschichte wurde zu einem Vehikel der öffentlichen kollektiven Identifikation; mittelalterliche Geschichtsmythen wurden überall in Europa fleissig wieder ausgegraben und dienten der historischen Legitimation der Nationen. Die allmähliche Öffnung der Archive – zuerst für ein ausgesuchtes Fachpublikum – und die Einrichtung von öffentlichen Lesesälen im Laufe des 19. und 20. Jahrhunderts machten die Archive zu primären Forschungsstellen für die Geschichtswissenschaft, aber auch für die interessierte Öffentlichkeit – ein einschneidender Paradigmenwechsel. Die Schutzfristen, während denen Sachakten aus der öffentlichen Verwaltung nicht zugänglich sind, wurden in den letzten dreissig Jahren generell verkürzt, und es sind Archivgesetze geschaffen worden, welche den grundsätzlichen Anspruch auf Zugang zu den archivierten Dokumenten als Norm festlegen und auf einer Interessenabwägung beruhen. In jüngster Zeit beginnt sich die Auffassung durchzusetzen, dass öffentliche Akten grundsätzlich zugänglich sein sollen, sofern sie nicht explizit und aus gutem Grund gesperrt sind; man nennt dies das Öffentlichkeitsprinzip. Weiterhin stark geschützt bleiben jedoch Personendaten, für die besondere Schutzfristen gelten.

Im ausgehenden 19. Jahrhundert begann sich auch in der Schweiz das Provenienzprinzip – im Gegensatz zum thematischen Pertinenzprinzip – durchzusetzen, das heisst die Zusammenfassung der Archivalien nach ihrer Herkunft, zum Beispiel nach Behördenorganisationen oder Institutionen, damit der Entstehungszusammenhang gewahrt bleibt.

## Die Schweizer Archivlandschaft heute

Die heutigen öffentlichen Schweizer Archive folgen ganz der föderalistischen Logik der Zuständigkeiten des Bundesstaates: Bundesarchiv, Kantons- beziehungsweise Staats- oder Landesarchive, Gemeindearchive und kirchliche Archive. Dazu kommen seit Beginn des 20. Jahrhunderts noch zahlreiche weitere, thematische Archive wie das *Schweizerische Sozialarchiv*, das *Schweizerische Wirtschaftsarchiv*, das *Archiv für Zeitgeschichte* oder das *Archiv zur Geschichte der schweizerischen Frauenbewegung (Gosteli-Archiv)*. Die augenfälligste Gemeinsamkeit all dieser Archive ist dabei die Diversität, welche die schweizerische Tradition des Liberalismus, des Föderalismus und des Rechts auf Privateigentum reflektiert. Deshalb gibt es in der Schweiz auch keine übergeordnete und zentrale Archivinstanz, welche ein Weisungsrecht in Archivsachen über alle schweizerischen Archivinstitutionen innehätte.

Der Bund und die meisten Kantone haben ihre öffentlichen Archive mit Archivgesetzen und Archivverordnungen für ihre Arbeit legitimiert.[3] In diesen Regelwerken werden auch die Behörden verpflichtet, ihre Dokumente korrekt abzulegen und ihre Geschäftsakten dem zuständigen Archiv anzubieten.

Heute präsentieren sich die öffentlichen Schweizer Archive nicht mehr nur als Orte der Geschichtsforschung, sondern vermehrt auch wieder unter dem Aspekt der Rechtssicherheit, der demokratischen Legitimation; das Archiv als Ort der Authentizität und des Vertrauens *(trusted repository, locus credibilis)*.

Private Archive werden oft über Stiftungen und eine Beteiligung der öffentlichen Hand finanziert und sind in diesen Fällen ebenfalls öffentlich zugänglich. Die Schweiz kennt jedoch keine Rechtsgrundlage für die Aufbewahrung von privaten Archivbeständen. Ausser der im Obligationenrecht aufgeführten Auflage für Gesellschaften, bestimmte Unterlagen für eine gewisse Zeit aufzubewahren, ist keine Firma, kein Verein und kein Verband verpflichtet, Archive zu führen und öffentlich zugänglich zu machen.

Die meisten Archive in der Schweiz sind kleine Institutionen mit wenig Personal. Um den fachlichen Austausch unter den Archiven zu pflegen, hat sich eine für die Schweiz typische intensive Verbandstätigkeit entwickelt. Dabei spielt der *Verein Schweizerischer Archivarinnen und Archivare* (VSA-AAS) als Berufsverband ebenso eine Rolle wie themenspezifische Institutionen, beispielsweise die *Koordinationsstelle für die dauerhafte Archivierung elektronischer Unterlagen* (KOST-CECO), oder die interarchivische Zusammenarbeit und regionale Netzwerke. Ein Ergebnis dieser Netzwerke ist auch die Professionalisierung des Berufs des Archivars und der Archivarin durch informationswissenschaftliche Ausbildungsgänge. Dank ständiger Aus- und Weiterbildung gelingt es den Archiven, mit den immer komplexer werdenden Herausforderungen angesichts des rasanten Wachstums an Informationen Schritt zu halten.

Die Schweizer Archivwelt ist auch international vernetzt; so arbeitet sie mit internationalen Archivierungsstandards, welche an die in der Schweiz angewendeten archivwissenschaftlichen Methoden angepasst wurden,[4] und 1997 hat der Berufsverband den «Internationalen Kodex ethischer Grundsätze für Archivarinnen und Archivare» unterzeichnet.[5]

Bei der Überlieferungssicherung ist in der Schweizer Archivlandschaft ein sektorielles Defizit festzustellen. Während die öffentlichen Archive gut und kontinuierlich dotiert sind, ist es um manche privaten Unternehmensarchive schlecht bestellt. Thematische Archive können dieses Manko nur teilweise ausgleichen. Das Problem der fehlenden Verpflichtung der privaten Unternehmen, ein auf Dauer ausgerichtetes Archiv zu bewirtschaften, bleibt bestehen und führt zu einer sehr lückenhaften privaten Überlieferung, auch wenn es inzwischen Unternehmen gibt, welche professionelle Archive für ihre Unterlagen geschaffen haben.

### Elektronische Archivierung

Die technologischen und gesellschaftlichen Veränderungen stellen Archivare und Archivarinnen vor neue Herausforderungen. Die rasante Entwicklung der Informations- und Kommunikationstechnologien hat zwar die Kernaufgaben der Archivierung nicht verändert, wohl aber die Arbeit der Archivarinnen und Archivare. Papier als primärer und einziger Informationsträger hat ausgedient – Dokumente entstehen bereits als digitale Unterlage, Informationen werden in Datenbanken bearbeitet und verwaltet, und wo Papier ein international verständliches Format darstellte, herrscht heute eine Vielfalt von unzähligen kurzlebigen Formaten, Versionen und Technologien, die sowohl in den öffentlichen Verwaltungen wie auch in privaten Unternehmungen nur über rigorose Organisationsvorschriften im Blick zu behalten sind.

Nicht zuletzt aufgrund dieser Entwicklungen befinden sich die Interventionspunkte der Archivarinnen und Archivare heute bereits auf der Ebene der Entstehung von Unterlagen. Sie müssen sich bei der Schaffung von Ablage- und Dokumentenmanagementsystemen einbringen und die Bewertung der Akten nicht mehr retrospektiv, sondern prospektiv vornehmen. Die Einführung des Öffentlichkeitsprinzips in die Verwaltungen hat diesen Trend noch verstärkt. Während die archivarische Arbeit früher erst nach der Aktenablieferung begann und sich deutlich von den Aktenbildnern absetzte, müssen sich die Schweizer Archive heute neu positionieren. Öffentliche Archive sehen sich je länger, je mehr als integrativen Teil der öffentlichen Verwaltung. Auch die privaten und thematischen Archive greifen bei ihren Donatoren systematisch zu einem früheren Zeitpunkt aktiv ein, arbeiten klare Sammelschwerpunkte heraus und suchen Kooperationen mit anderen Archiven.

### Archive und ihr Publikum

Archive pflegen schon seit ihrer Öffnung für ein breiteres Publikum ab Mitte des 19. Jahrhunderts eine ganz besondere Beziehung zu ihren Benutzern. Diese Beziehung hat sich im Lauf des 20. Jahrhunderts noch einmal verstärkt und gewandelt. Es ist ein kleinerer, spezialisierterer Kreis als bei verwandten Institutionen wie Bibliotheken oder Museen, denn die Hürde für einen Archivbesuch ohne vorhergehende Erfahrung ist höher. Je nachdem, ob es sich um ein Verwaltungsarchiv oder um ein thematisches Archiv handelt, setzt sich das Publikum eher aus internen oder externen Benutzerinnen und Benutzern zusammen. Die wichtigsten internen Benutzergruppen sind die zuständigen Instanzen der Archivträgerschaft, im Verwaltungsarchiv etwa Vertreter der politischen Gremien und der abliefernden Ämter. Zu den externen Benutzenden gehören die Forschenden, Medien und weitere interessierte Kreise.

All diese Benutzenden haben eine gemeinsame Erwartung an die Archive: Sie wollen nicht nur die richtigen Unterlagen finden, sondern auch den dazugehörigen Kontext erfahren, ohne den die Dokumente isoliert und oft nicht interpretierbar bleiben. Ohne das Verständnis des Entstehungszusammenhangs ist es kaum möglich, das wahre Potential von Archivbeständen auszuloten. Kontextualität wird über die sorgfältige Wahrung der Provenienz, über eine systematische Erschliessung und Indexierung der Unterlagen geschaffen. So ist beispielsweise ein einzelner Brief vielleicht amüsant zu lesen, jedoch ohne die weitere Korrespondenz kaum in seiner ganzen Aussage zu verstehen. Eine staatliche soziale Massnahme wie etwa die Unterstellung einer Person unter Vormundschaft ist als solche wohl verständlich, doch die Gründe dafür erschliessen sich erst über das gesamte Aktendossier und auf einer Metaebene über die zur betreffenden Zeit gültige Gesetzeslage und den damals herrschenden Zeitgeist.

Ebenso wichtig ist die Vermittlung dieser Kontextualität; sie entfaltet ihre grösste Wirkung im Dialog zwischen Archivmitarbeitenden und Benutzenden. Traditionellerweise findet dieser direkt im mündlichen Kontakt – zum Beispiel beim Besuch im Lesesaal – oder schriftlich statt, heute auch über interaktive digitale Informationssysteme, die die Benutzenden aktiv leiten. Durch verstärkte inhaltliche Kooperation können die Hauptanspruchsgruppen konkret an der Überlieferungsbildung mitarbeiten. Dies kann bereits vor der Archivierung beginnen, wo ein aktives Engagement von Forschenden den Archiven wichtige Hinweise für Bestandesakquisitionen aus privater Herkunft gibt, welche ihrerseits neue Forschungsfelder eröffnen. Auch bei Projekten zur Digitalisierung von Archivbeständen – die den Zugang zu den Archivalien erleichtern, nicht aber die Forschungsarbeit selbst – ist die Zusammenarbeit mit versierten Benutzenden wertvoll, genauso wie bei der Bewertung von elektronischen Archivunterlagen. Dazu gehört auch, dass Archive ganz generell ihre Bewertungskriterien und ihre Bewertungspolitik transparent machen.

Die wichtigsten Gruppen der Archivbenutzerinnen und -benutzer sollten den Entwicklungen auf dem Gebiet der Öffentlichkeits- und Datenschutzgesetze höchste Beachtung schenken, denn dort wird über Einschränkungen und Lockerungen des Zugangs zum Archivgut entschieden. Deshalb ist es wichtig, dass sich Verantwortliche von Archiven und die Geschichtswissenschaft über Möglichkeiten und Grenzen der verschiedenen Aspekte der Überlieferungssicherung permanent austauschen.

### Archive haben Zukunft

Öffentliche Archive sind ihrem eingangs genannten ursprünglichen Zweck entsprechend Dienstleistende für ein öffentliches oder privates Verwaltungssystem und dienen der Belegung von Rechtsansprüchen, der Dokumentierung staatlicher Tätigkeit und der demokratischen Rechenschaftsablegung gegenüber den Bürgerinnen und Bürgern. Hier ist die Archivierung Voraussetzung für ein funktionierendes Verwaltungssystem, sie ist in den Verwaltungsprozess eingebunden. Die Nutzung des Archivguts findet dann inner- und ausserhalb dieses Systems statt. Archive unterscheiden sich jedoch in Organisation und Überlieferungsbildung entscheidend von anderen Orten der Gedächtnisproduktion wie beispielsweise Bibliotheken oder Museen. Ein Archiv bewahrt in der Regel Unikate auf, welche als interne Arbeitsunterlagen ursprünglich nicht für die Öffentlichkeit bestimmt waren und in ihrem Entstehungszusammenhang verstanden werden müssen. Dies gilt auch für thematische Archive, welche nicht durch die Verwaltungstätigkeit alimentiert werden, sondern durch private Überlieferung. «Archiv» ist im Zusammenhang mit der Überlieferungsbildung ein Begriff für eine exakt umrissene Institution mit einem definierten Auftrag. Die Kernaufgabe der Archivierung schliesst die Akquisition, Bewertung, Erschliessung, dauerhafte Aufbewahrung von Unterlagen staatlicher und nichtstaatlicher Herkunft sowie das Zugänglichmachen dieses Archivguts ein. Und: Die Archivierung betrifft den auf das Langfristige ausgerichteten Teil des Lebenszyklus von Unterlagen.

Archive sind demnach nicht nur Orte der Aufbewahrung, sondern auch nach international festgelegten Regeln strukturierte und bewirtschaftete Informationsspeicher. Die Archivierung durch professionelle Archivarinnen und Archivare nach internationalen Standards und gemäss dem archivischen Ethikkodex dient der Qualitätssicherung und der Orientierung in einer Gesellschaft, die von unstrukturierten und schwer nachprüfbaren Informationen überflutet wird. Die neuen Technologien stellen die Archive vor permanente Herausforderungen, bieten aber auch neue Chancen: die Möglichkeit, sehr viel aktiver an der Gedächtnisproduktion mitzuarbeiten, die Visibilität ihrer Institutionen zu erhöhen und den Zugang zum Archivgut für interne und externe Benutzende zu erleichtern. Damit bleiben die Archive auch in Zukunft sichtbare Orte des Vertrauens und der demokratischen Legitimation; sie werden der Geschichtswissenschaft weiterhin als wichtige Partner und verlässliche Wissensspeicher zur Verfügung stehen und den Benutzenden als Orientierungsmarken und Garanten für Qualität innerhalb der Informationsgesellschaft dienen.

---

1 — Gilbert Coutaz et al. (Hg.), Archivpraxis in der Schweiz, Baden 2007.
2 — Randolph Head, Mirroring governance: archives, inventories and political knowledge in early modern Switzerland and Europe, in: Archival Science, Bd. 7, Nr. 4, 2007, S. 317–329.
3 — Vgl. z. B.: Bundesgesetz über die Archivierung (Archivierungsgesetz, BGA) vom 26. Juni 1998.
4 — Bettina Tögel / Graziella Borrelli, Schweizerische Richtlinie für die Umsetzung von ISAD(G) – International Standard Archival Description (General), Zürich 2009.
5 — Verein Schweizerischer Archivarinnen und Archivare VSA (Hg.), Kodex ethischer Grundsätze für Archivarinnen und Archivare, St. Gallen 1999.

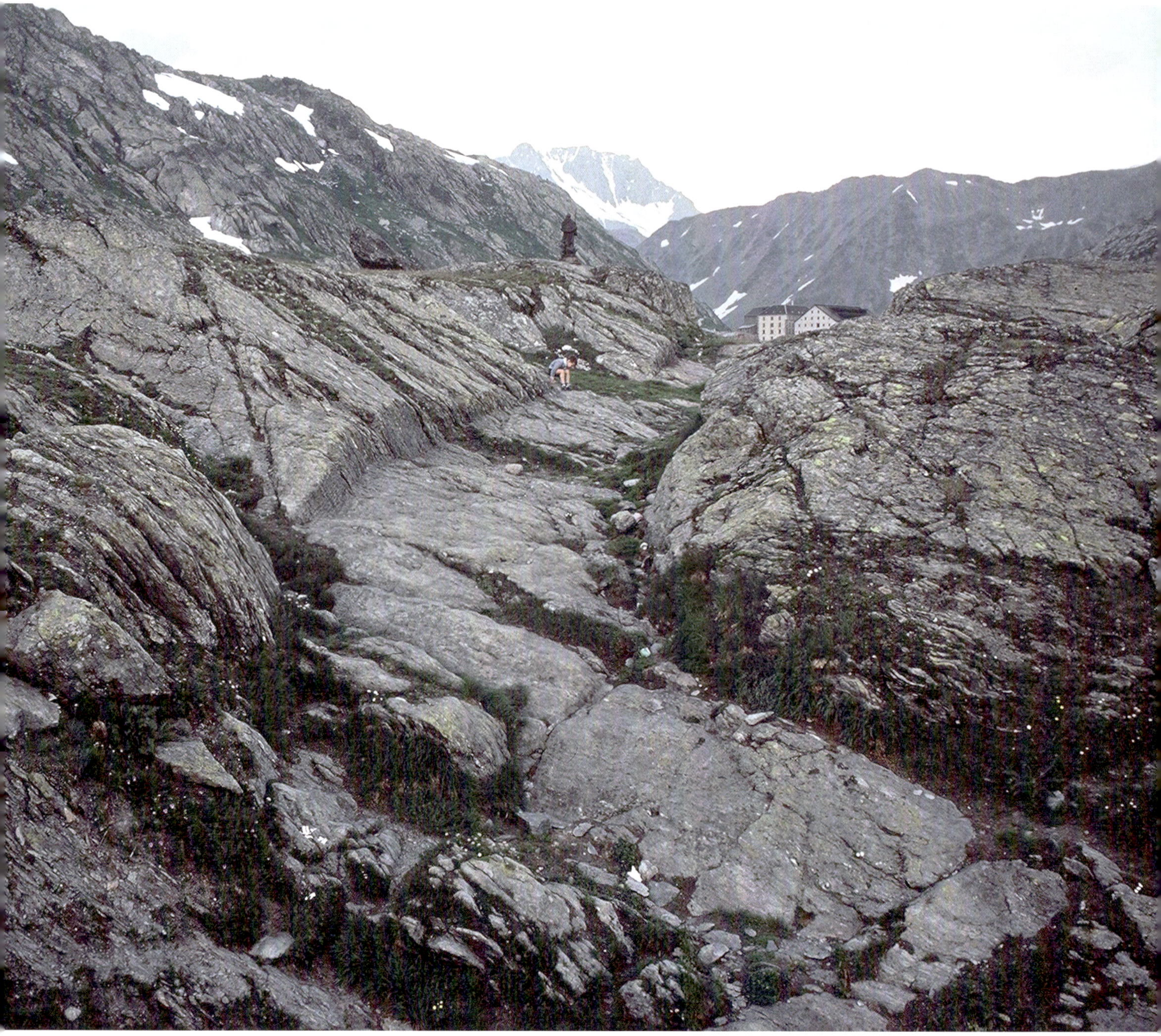

# Entstehung eines sozialen Raumes (5.–13. Jahrhundert) — *Jean-Daniel Morerod, Justin Favrod*

Die Schweizer Geschichte vom Altertum bis zum 13. Jahrhundert kann als Geschichte eines sich neu formierenden sozialen Raumes gelesen werden. Die mittelalterliche Gesellschaft des 13. Jahrhunderts entwickelte sich auf der Grundlage von Strukturen, die zu unterschiedlichen Zeiten entstanden waren: Die Sprachgrenzen gingen im Wesentlichen auf das Ende des Altertums zurück; die Bistümer waren ein ursprünglich römisches Element des Frühmittelalters; die Unterteilung in grosse Verwaltungseinheiten war ein Merkmal der Karolingerzeit und sollte die Bildung der Kantone beeinflussen; aus dem zwischen dem 9. und 12. Jahrhundert gebildeten lückenlosen Netz der Pfarreien entstanden nach und nach die Gemeinden mit ihren Grenzen. Seine geographische Lage und sein Charakter als Region an der Peripherie verschiedener Königreiche liessen den noch undefinierten Raum vom Aufschwung Europas im 13. Jahrhundert, vor allem von der Entwicklung des Fernhandels, profitieren. Die neue Rolle als Transitregion und der daraus resultierende Reichtum setzten in den Talschaften am Gotthard eine politische Entwicklung in Gang, die schliesslich zusammen mit jener der aufstrebenden Städte Bern und Zürich in die Entstehung der Eidgenossenschaft münden sollte.

Das Kapitel zeichnet die Geschichte eines beinahe tausendjährigen Zeitraumes nach. Dabei liegt das Augenmerk auf jenen Aspekten, welche die politische und wirtschaftliche Entwicklung des 13. und 14. Jahrhunderts beeinflussen sollten. Es geht indes nicht darum, in einzelnen, zum Teil sehr weit zurückreichenden Gegebenheiten nach Gründen für die Ereignisse um 1300 zu suchen. Die Geschichte verläuft nicht teleologisch, doch sie unterliegt strukturellen Faktoren, ohne deren Berücksichtigung sie nicht adäquat gedeutet werden kann.

**Grosser St. Bernhard, «römische» Passstrasse (Aufnahme um 1985), im Hintergrund das seit 1125 bezeugte Hospiz,** © *Photo François Wiblé, Martigny.* – Das Strassennetz entwickelte sich im frühen Mittelalter nur langsam. Mit dem Abzug der römischen Heere am Rhein und in England sowie der Aufgabe des Kaiserhofs in Trier verloren die Hauptachsen und die Pässe aus der römischen Antike zunehmend an Bedeutung. Der Grosse St. Bernhard im Süden und der Col de Jougne im Westen sowie die rätischen Pässe im Osten blieben für den Handel – besonders von Produkten aus dem Mittelmeerraum wie Olivenöl und Wein – und für die Kriegsführung im 5. und 6. Jahrhundert jedoch weiterhin wichtig.

## DIE ZEIT DER KIRCHEN UND GERMANEN (5.–7. JAHRHUNDERT)

Der Beginn des Mittelalters ist für die heutige Schweiz in verschiedener Hinsicht von eminenter Bedeutung. Wir verdanken dieser Zeit trotz aller in ihr vonstattengegangenen politischen und sozialen Umstürze nicht nur die Überlieferung des römischen Erbes; in ihr liegen auch die Ursprünge der Aufteilung und der Grenzen mehrerer Kantone, ja der politischen Landkarte Europas mit ihren politischen Zentren insgesamt; es kam zur Bildung und Festigung der Sprachräume – Strukturen, die wesentlich von der damals durch die Bevölkerung übernommenen christlichen Kultur mitgeprägt wurden. Auch wenn es uns oft nicht bewusst ist: Diese so weit zurückliegende und fremde Epoche wirkt bis heute in unseren Alltag hinein.

### Nachrömische Strukturen

Die germanischen Völker mit ihren Königen oder Stammeshäuptlingen, die das Gebiet der heutigen Schweiz besetzten, kamen nicht in eine «demographische Wüste». Zu Beginn des 5. Jahrhunderts lebte hier eine galloromanische beziehungsweise im Südosten rätoromanische Bevölkerung, die lateinisch sprach und sich gerade erst dem Christentum zugewandt hatte. Diese verstand sich selbst als eine in drei Schichten gegliederte Gesellschaft mit Adligen, Klerus und Volk. Die Adligen waren Grossgrundbesitzer, verzichteten in der Regel auf Militärkarrieren und hatten in den Kolonien (*civitates*) die lokalen Ämter inne. Zudem stellten sie die Kaderleute der Kirche; ein Bischof niederer Herkunft war im 5. und 6. Jahrhundert eine Seltenheit. Die Bedeutung des Klerus wuchs beständig, was sich mit dem Zerfall des Imperium Romanum noch verstärkte. In kurzer Zeit stiegen Bischöfe und Äbte zu regional bedeutenden Persönlichkeiten auf, empfahlen sich als Gesprächspartner der germanischen Könige und wurden manchmal gar deren Botschafter oder Berater.

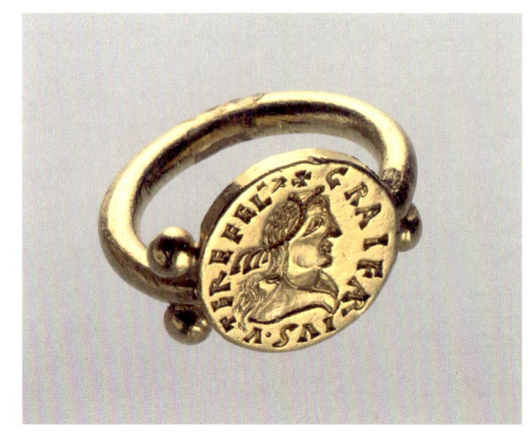

Das Volk schliesslich bildete eine schwer fassbare Masse. Einige zeitgenössische Texte unterscheiden das städtische Volk – Handwerker, Händler – vom ländlichen, vor allem den Bauern, die mehr oder weniger mit dem von ihnen bewirtschafteten Land verbunden waren. Zu diesen freien sozialen Gruppen kamen die vielen Sklaven hinzu, die besonders auf grossen Gutsbetrieben neben freien Arbeitern tätig waren. Die Frauen übernahmen den Status ihrer Ehemänner, der sich in dieser Zeit tiefer sozialer Mobilität selten von dem ihrer Väter unterschied.

Das Strassennetz entwickelte sich nur sehr langsam. Mit dem Abzug der römischen Heere am Rhein und in England sowie der Aufgabe des Kaiserhofs in Trier verloren die Hauptachsen und die Pässe aus der römischen Antike zunehmend an Bedeutung. Der Grosse St. Bernhard im Süden und der Col de Jougne im Westen sowie die rätischen Pässe im Osten blieben für den Handel – besonders von Produkten aus dem Mittelmeerraum wie Olivenöl und Wein – und für die Kriegsführung im 5. und 6. Jahrhundert jedoch weiterhin wichtig. Auch wurden nach wie vor Waren auf der Rhone, der Saône, dem Rhein und ihren Zuflüssen transportiert, ebenso auf dem Genfer-, dem Neuenburger-, dem Bieler-, dem Murten- und dem Bodensee. Dies erklärt zweifellos, weshalb auch die Standorte der Siedlungen entlang jener alten Routen im Allgemeinen beibehalten wurden. Schriftliche und archäologische Zeugnisse aus dem 5. und 6. Jahrhundert zeugen von dieser Kontinuität.[1]

Die Verwaltungsstruktur begann sich gegen Ende des Reichs allmählich zu verändern, ihre alten Grundzüge hinterliessen aber tiefe Spuren. Das Reich war seit seinen Anfängen in Provinzen unterteilt gewesen, die sich ihrerseits aus Kolonien, den *civitates*, zusammengesetzt hatten. Eine *civitas* war eine ländliche Gebietseinheit mit städtischem Zentrum; erst später wurde der Begriff primär für die Städte selbst gebraucht und wirkt so bis in die modernen Bezeichnungen «city» oder «cité» hinein. Darüber hinaus gab es *castra* und *villae*. Ein *castrum* oder *castellum* war eine städtische Siedlung, die im Gegensatz zu einer *civitas* nicht als Gebietseinheit galt; aus dem lateinischen *castrum* entstanden später die modernen Begriffe «castle» und «château». *Villae* nannte man die römischen Gutshöfe, von denen einige im Verlauf des Frühmittelalters verödeten; andere konnten sich später zu Dörfern («villages») oder gar Städten («villes») weiterentwickeln. Diese im Wesentlichen römischen Siedlungsstrukturen blieben bis ins 8. Jahrhundert, als erste Dörfer entstanden, weitgehend erhalten.

Die *civitas* bestimmte im 5. und 6. Jahrhundert die Zugehörigkeit der Menschen: Man nannte

**Goldring, vermutlich der Siegelring von Vaefarius, Herzog des Pagus Ultrajoranus in der zweiten Hälfte des 6. Jahrhunderts, Fundort wohl Géronde bei Sierre (VS)** (*Schweizerisches Nationalmuseum, Inv.-Nr. LM-A-10985*). — Vaefarius, ein hoher Provinzbeamter, zeigt sich auf Münzen wie sein Herrscher, König Guntram, mit langem Haar und Diadem. Offensichtlich diente ihm der Ring als Herzogssiegel zur Beglaubigung von Dokumenten; die in der römischen Epoche praktizierte Schriftlichkeit der weltlichen Verwaltung blieb in merowingischer Zeit erhalten.

ihren Namen, um sich anderen vorzustellen, und identifizierte sich über sie, auch wenn man Dutzende von Kilometern vom städtischen Zentrum jener *civitas* entfernt wohnte. So hätte ein Zürcher Mitte des 6. Jahrhunderts auf die Frage, woher er sei, wohl zur Antwort gegeben: «Ich gehöre zur Stadt Avenches», obwohl die beiden Orte mehr als 120 Kilometer trennen.

Auf dem Gebiet der heutigen Schweiz gab es sieben zu unterschiedlicher Zeit entstandene *civitates*, römische Städte mit ihren zugehörigen Verwaltungsbereichen: Genf, Nyon, Avenches (die «Stadt der Helvetier», wie man sie noch bis ins 6. Jahrhundert nannte, obwohl es sich bei den Bewohnern in ihrem Einflussbereich längst um Galloromanen handelte), Martigny (die Stadt des Wallis), Augst (die Stadt der Rauriker), Chur (die Hauptstadt der Raetia prima) und eine *civitas* mit städtischem Zentrum im italienischen Como, welcher der Süden des heutigen Tessins angegliedert war. Gegen Ende des Altertums geriet dieser Teil des Römischen Reichs wegen seiner Nähe zur germanischen Welt zunehmend unter Druck. Militärische und zivile Reformen veränderten stärker als andernorts die Verwaltungsstruktur. Einige dieser *civitates* wurden entmachtet und büssten so ihren Status ein, bei anderen wurde das städtische Zentrum versetzt. Die Überfälle am Ende des 3. Jahrhunderts ruinierten Augst und Avenches; diese Städte sollten sich nie mehr ganz erholen. Zugleich gewann Genf an Bedeutung und wurde im 3. oder 4. Jahrhundert von einer gewöhnlichen Stadt zu einer *civitas* erhoben. Neben der Region südlich des Sees wurde Genf auch die Gegend um Nyon zugeschlagen und wahrscheinlich das zu Avenches gehörige Gebiet (zuvor, am Ende des 4. Jahrhunderts, scheint vorübergehend die *civitas* Wallis ihren Einfluss auf Avenches und die östliche Hälfte der helvetischen *civitas* ausgedehnt zu haben).[2] Daraus entstand eine Region namens ↑Sapaudia, was auf Keltisch «Land der Tannen» bedeutet und dem heutigen Savoyen seinen Namen gab.

Im Rahmen der hier umrissenen administrativen und herrschaftlichen Strukturen konnte sich in den letzten Jahrhunderten des zerfallenden Reichs allmählich die Kirche als dominierende Kraft durchsetzen.

### Die christlichen Wurzeln

Die ältesten christlichen Zeugnisse der Schweiz datieren vom Ende des 4. Jahrhunderts: Auf einer Walliser Inschrift, heute eingemauert im Rathaus von Sitten, findet sich ein Chi-Rho, ein Christusmonogramm;[3] ein in Avenches entdecktes Grab einer jungen Frau enthielt Gläser, die höchstwahrscheinlich mit christlichen Symbolen ver-

### Naturkatastrophen

Die Chronisten und Hagiographen des Frühmittelalters zeigen ein besonderes Interesse für Katastrophen. So berichten zwei Autoren des 6. Jahrhunderts, Gregor von Tours und Marius von Avenches, von einer Flutwelle im Jahr 563. Beide sprechen davon, dass ein Bergsturz bei einem Berg namens Tauredunum eine Flutwelle ausgelöst habe, welche die Ufer im südwestlichen Bereich des Genfersees verwüstete. Die Schilderung von Gregor von Tours lässt auf einen Berg in Richtung der Dents du Midi schliessen. Durch den Bergsturz sei der Flusslauf der Rhone verstopft worden, so dass sich ein natürlicher See gebildet habe. Dessen Damm sei geborsten und habe seinerseits die Flutwelle zur Folge gehabt. In der Version von Marius von Avenches ereignete sich der riesige Erdrutsch nahe beim See; die todbringende Welle sei unmittelbar anschliessend losgebrochen. Im Seegrund in der Mitte des Sees durchgeführte Bohrungen des Jahres 2012 haben gezeigt, dass Marius recht hatte: Ein Teil des Grammont, nahe der Einmündung der Rhone, muss damals in das Rhonetal gestürzt sein. Die Erschütterung führte zu einer riesigen Sedimentverschiebung, die ihrerseits den 13 Meter hohen Tsunami ausgelöst haben muss.[4] Von einem weiteren aussergewöhnlichen Naturereignis erzählt ein Jahrhundert nach dieser Katastrophe Fredegar in seiner Chronik: «In diesem Jahr [dem Jahr 599] hat im Thunersee, in den die Aare mündet, ein so heisses Wasser gebrodelt, dass dadurch gleich eine Vielzahl von Fischen gekocht wurden.» («Eo anno aqua caledissima in laco Duninse, quem Arola flumensis influit, sic validae aebulivit, ut mulititudinem pissium coxisset.»)[5] Dies lässt an ein vulkanisches Ereignis denken, das sich in der Nähe des Sees oder in ihm selbst ereignet haben könnte.

ziert waren; in Yverdon und Kaiseraugst wurden Keramikbehälter mit eingravierten Kreuzen und Christusmonogrammen gefunden.[6] Kein bislang auf dem Gebiet der heutigen Schweiz gefundenes christliches Zeugnis stammt nach Einschätzung der Archäologen aus der Zeit vor der Mailänder Vereinbarung von 313 n. Chr., mit der die Religionsfreiheit der christlichen Kirche und die Rückerstattung ihrer enteigneten Güter garantiert wurden.

Es ist stets problematisch, aus dem Fehlen von Quellen Schlüsse zu ziehen. Dennoch bleibt der Eindruck, dass sich das Christentum in unserer Gegend spät ausgebreitet hat – verglichen etwa mit dem östlichen Teil des Römischen Reichs oder mit Nordafrika, wo Christen schon sehr früh schrittweise in allen Gesellschaftsschichten Fuss fassten. Für Gallien, namentlich für dessen nördlichen Teil, gehen Historiker davon aus, dass die ersten christlichen Gemeinschaften lediglich kleine Minderheiten in den grössten Städten darstellten und die Gesellschaft insgesamt bis ins 4. Jahrhundert tief heidnisch blieb. Die für Lyon im Jahr 177 überlieferte Christenverfolgung scheint eher ein isoliertes Ereignis gewesen zu sein als ein Indiz, das wie die Spitze eines Eisbergs auf einen starken Einfluss der neuen Religion schliessen liesse.

Im Orient und in Nordafrika benötigte das Christentum drei Jahrhunderte, um die Gesell-

**Gürtelschnalle aus Bronze mit einer Darstellung von Daniel in der Löwengrube, Fundort Daillens (VD), Ende 6. Jahrhundert**
*(Bernisches Historisches Museum Bern)*, © BHM, Photo Y. Hurni. — Solche Schnallen dienten als Hauptschmuck der Kleidung und finden sich daher häufig in Gräbern. Das hier gezeigte Exemplar illustriert das Vertrauen des Gläubigen in Gott. Die umlaufende lateinische Inschrift nennt einen Mann namens Daidius und erzählt: «Daniel lebt. Zwei Löwen leckten seine Füsse» («V[i]vi[t?] Dagnihil duo leones [p]e[d]e[s] evvus lengebant»).

schaft von unten zu durchdringen. In unseren Breitengraden setzte es sich zwar insgesamt spät, dann aber «von oben» sehr rasch in allen Gesellschaftsschichten durch. Aber was heisst sehr rasch? Um 450 n. Chr. bezeichnete Bischof Eucherius von Lyon die Präsenz eines Heiden im Wallis als Seltenheit.[7] Die oben erwähnte älteste exakt datierbare christliche Inschrift stammt aus dem Jahr 377 n. Chr. Innert zwei oder drei Generationen war das Christentum zur Regel geworden.

Die schnelle Verbreitung hatte aber auch zur Folge, dass das Christentum oft an der Oberfläche blieb. Heidnische Riten überlebten in unserer Gegend noch lange, wie etwa das Pastoralbüchlein des heiligen Pirmin zeigt, das im 7. Jahrhundert am Bodensee entstand.[8] Es prangert zahlreiche heidnische Praktiken an: den Kult der Wegkreuzungen, der Quellen, der Bäume und Steine, Fruchtbarkeitsriten oder magische Heilungen. Die schnell konvertierte ländliche Bevölkerung bewahrte uralte keltische Riten und war kulturell kaum romanisiert. Auch die Biographien der heiligen Kolumban und Gallus mit ihren Schilderungen von Ereignissen vom Anfang des 7. Jahrhunderts lassen darauf schliessen, dass die alteingesessene lokale Bevölkerung ebenso wie die neu hinzugekommenen Alemannen noch ihre heidnischen Riten ausübten.

Erst nachdem das Christentum im Römischen Reich zur Staatsreligion geworden war, begann die kirchliche Struktur Fuss zu fassen. Im Gebiet der heutigen Schweiz ist vor der Mitte des 4. Jahrhunderts lediglich der Bischof von Augst, der wahrscheinlich in Kaiseraugst lebte, belegt,[9] und auch das nur in einer einzigen Nennung. Es dauert bis zur Mitte des 7. Jahrhunderts, ehe der erste Bischof von Basel, der das Erbe von Augst übernommen hatte, in den Quellen fassbar wird.

In einer ersten Phase versuchte die Kirche, selbst nach dem Untergang des Römischen Reiches in der zweiten Hälfte des 5. Jahrhunderts, die römische Verwaltungsstruktur zu übernehmen. Die Hauptorte der römischen *civitates* wie Genf und Martigny wurden zu Bischofssitzen; die ersten Bischöfe sind hier am Ende des 4. Jahrhunderts belegt. In Chur geschah dasselbe; die erste Erwähnung eines Bischofs stammt dort aus dem 5. Jahrhundert. Das «Bistum der Helvetier», wie man es in Anlehnung an die alte helvetische *civitas* nannte, entstand offenbar erst zu Beginn des 6. Jahrhunderts und hatte wechselnde Hauptorte: zuerst Windisch, dann das ursprüngliche Zentrum der *civitas,* Avenches, schliesslich Lausanne. Das Bistum Como, dem das Tessin angegliedert war, ist älter; es geht auf die kirchliche Organisation Italiens zurück. Sein erster Bischof wurde 386 durch den Metropoliten von Mailand, den heiligen Ambrosius, eingesetzt. Wie erwähnt, verlegte das Bistum der Kolonie Augst seinen Sitz in besser befestigte *castra*, zuerst nach Kaiseraugst und dann nach Basel. Auch der Bischof des Wallis verliess Martigny im 6. Jahrhundert in Richtung Sitten. Einen speziellen Fall stellte das Bistum Konstanz dar, dessen Struktur nicht auf die römische Provinzverwaltung zurückging. Es wurde geschaffen, um dem Stammesherzogtum der eingewanderten und lange Zeit heidnisch gebliebenen Alemannen zu Beginn des 6. Jahrhunderts eine kirchliche Struktur zu geben.[10]

Die Archäologie hat nachgewiesen, dass sich die Unterteilung der Bistümer in Pfarreien im Wallis und in Genf sowie im Bistum der Helvetier über das ganze 5. und 6. Jahrhundert hinzog. Entweder gründeten die Bischöfe selbst Kirchen auf ihren Ländereien, oder sie ermunterten die Landbesitzer, Priester für die Kirchen einzusetzen, die diese auf dem Gebiet ihrer Gutshöfe, den *villae*, gegründet hatten.

Die grösseren Siedlungen in der nördlichen und östlichen Schweiz entstanden eher im Umfeld neuer Klöster als in der Nähe der Bischofssitze in Kaiseraugst, Basel, Windisch und Chur. Die ersten Abteien tauchen indes in der Westschweiz auf: Das erste Kloster wurde von jurassischen Mönchen gegen 480 im Waadtland, in Romainmôtier in der Nähe des Col de Jougne, gegründet. In Agaune im Wallis, wo sich das Martyrium des heiligen Mauritius und der ↑Thebäischen Legion ereignet haben soll, gründete der Burgunderkönig Sigismund im Jahr 515 die Abtei von Saint-Maurice, die schnell Berühmtheit erlangte.[11] Weiter nördlich entstand mit der Ankunft der irischen Mönche im 7. Jahrhundert eine Reihe von Klöstern, die einen grossen Einfluss auf die Christianisierung und das Geistesleben haben sollten, darunter Saint-Ursanne, Moutier-Grandval und St. Gallen.

## Die ersten Germanen

Im Lauf des 5. und 6. Jahrhunderts liessen sich auf dem Gebiet der Schweiz verschiedene germanische Völker nieder: im Südwesten die Burgunder, im Norden die Alemannen, im Südosten die Ostgoten und später die Langobarden. Bereits im 3. und 4. Jahrhundert hatten germanische Völker, besonders die Alemannen, mehrmals das Schweizer Mittelland und die Rätischen Alpen durchquert – es handelte sich dabei jedoch um Plünderungseinfälle. Erst ab dem 5. Jahrhundert fassten die «Germanen» (siehe Abschnitt zum Forschungsstand, S. 123) wirklich Fuss in diesem Gebiet.

Auch wenn es wissenschaftlich längst nicht mehr haltbar ist, von einer germanischen Ethnie zu sprechen, scheint es legitim, von kulturellen Merkmalen auszugehen, die für alle germanischen Völker im Frühmittelalter galten. So zeigen die Codizes der germanischen Stammesrechte und andere schriftliche Quellen, dass die verschiedenen germanischen Völker bezüglich ihrer sozialen Bräuche und Lebensformen zahlreiche Gemeinsamkeiten hatten,[12] etwa das Rechtssystem des Wergeldes, die Hochzeitsriten mit Morgengabe, die Vorstellung einer Dreiklassengesellschaft mit Adel, Mittelstand und niederem Volk, die Schwurfreundschaft,[13] das Konzept der Sippenhaft und anderes mehr. Solche Übereinstimmungen lassen sich kaum als Ergebnis von Zufällen oder als Ausdruck lediglich weitverbreiteter Praktiken erklären. Vielmehr scheint es, dass die vielen im Lauf des Altertums entstandenen Durchmischungen germanischer Völkerschaften, aber auch gemeinsame Ursprünge und eine ähnliche Mythologie zu kulturellen Merkmalen führten, die alle germanischen Stämme auszeichneten. Ihren eigenen Erzählungen zufolge übernahmen diese germanischen Völker, als sie Teil des Römischen Reiches wurden, in unterschiedlichem Ausmass die römische Kultur, genauso wie sich die bereits hier ansässigen Galloromanen Vorstellungen germanischer Herkunft zu eigen machten.

Der Fall der Burgunder ist diesbezüglich besonders interessant: Da sie in jenem Gebiet, in dem sie als neue Herren angesiedelt wurden, lediglich eine kleine Minderheit darstellten, waren die Burgunder auf die Unterstützung der stark romanisierten lokalen Aristokratie angewiesen. Mit dem in dieser Situation entstandenen Gesetzescodex *lex Burgundionum* versuchte man, das Burgunderrecht, zu romanisieren, etwa indem anstelle der Familien die Individuen als Rechtssubjekte eingeführt wurden. Ebenso römischen Ursprungs ist die Berücksichtigung der Absichtlichkeit im Strafrecht. Zugleich hielten mit dem Burgunderrecht aber auch Elemente germanischen Ursprungs Einzug ins galloromische Recht: Beispielsweise wurde nun dort der Eid – wenn er von mehreren Personen geleistet wurde – als Beweismittel anerkannt.

---

### Die germanischen Völker und das Sühnegeld

Jedes germanische Volk, das sich auf dem Gebiet der späteren Schweiz niederliess, hatte seine Eigenheiten, seine eigene Sprache und spezifischen Bräuche. Es gab aber auch gemeinsame Praktiken, zum Beispiel das System des Wergelds oder «Manngelds», der germanischen Form des Sühnegelds. Das Wergeld beinhaltete die Möglichkeit, sich durch eine gesetzlich festgelegte Geldsumme freizukaufen, anstatt hingerichtet oder auf andere Art für eine bestimmte Tat, selbst eine begangene Tötung, bestraft zu werden.

> *Wenn es der Zufall will, dass jemand einem vornehmen Burgunden oder edeln Römer einen Zahn einschlägt, da muss er 15 Schillinge bezahlen. Mittelfreien, so Burgunden wie Römern, büsst man den eingeschlagenen Zahn mit zehn Schillingen. Geringeren Leuten mit fünf Schillingen.»*

Aus dem Burgunderrecht, zit. nach: Ludovicus Rudolfus de Salis (Hg.), Leges Burgundionum, Hannover 1892, § 26, S. 63.

\* «Si quis quolibet casu dentem obtimati Burgundioni vel Romano nobili excusserit, solidos XV cogatur exsolvere. De mediocribus personis ingenuis, tam Burgundionibus quam Romanis, si dens excussus fuerit, X solidis componatur. De inferioribus personis, V solidis.»

> *Wenn jemand einen anderen im Zorn erschlagen hat, was die Alemannen ‹pulislac› [Beulschlag] nennen, wird er mit einem Schilling gebüsst. [...] Wenn er aber Blut vergiesst, so dass es den Boden befleckt, wird er mit anderthalb Schillingen gebüsst. [...] Wenn er ihn so geschlagen hat, dass die Hirnschale sichtbar und verletzt wird, so wird er mit drei Schillingen gebüsst.»*

Aus dem Alemannenrecht, zit. nach: Karl Lehmann (Hg.), Leges Alamanorum, Hannover 1888, § 59, S. 116.

\* «Si quis alium per iram percusserit, quod Alamanni 'pulislac' dicunt, cum uno solido conponat. [...] Si antem sanguinam fuderit, sic ut terra tangat, conponat solido uno et semis. [...] Si enim percusserit eum, ut testa apparaet et radatur, cum III solidis conponat.»

> *Wenn jemand die Hand eines anderen [durch einen Hieb] getroffen hat, jener dadurch behindert ist, die Hand aber selbst noch dran ist, so muss er 45 Schillinge bezahlen. [...] Wenn er aber die Hand ganz abgeschlagen hat, so muss er 100 Schillinge bezahlen. [...] Wenn jemand einem anderen einen Zahn einschlägt [gerichtlich ‹Zahnlücke› genannt], so muss er 15 Schillinge zahlen.»*

Aus dem Salischen Recht der Franken, zit. nach: Karl August Eckhardt (Hg.), Lex Salica, Hannover 1969, § 47, S. 85, 88.

\* «Si quis manu alterius capulaverit, unde mancus sit et ipsa manus ibidem pendat, solidos XLV culpabilis iudicetur. [...] Si vero ipsam excusserit, solidos C culpabilis iudicetur. [...] Si quis alterius dentem excusserit, mallobergo inchlauina solidus XV culpabilis iudicetur.»

> *Wer einen freien Mann, wenn sich ein Streit erhebt, kurzweg verprügelt und verletzt – Blut oder Blau –, der zahlt für einen Hieb 3 Schillinge, bei zweien [also] 6, bei dreien 9, bei vieren 12 Schillinge. Geht es noch weiter [derart] zu, so zählt man die Hiebe nicht mehr; er soll damit zufrieden sein.»*

Aus dem Recht der Langobarden im Edictum Rothari, zit. nach: Fridericus Bluhme (Hg.), Edictus ceteraeque Langobardorum leges, Hannover 1869, § 43, S. 20.

\* «Si quis hominem liberum subito surgente rexa percusserit et liborem aut vulnus fecerit, pro una ferita conponat ei solidos tres; si duas fecerit, solidos sex; si tres fecerit, solidos novem; si quattuor fecerit, solidos duodicem; si vero amplius duraverit, feritas non numerentur, et sit sibi contemtus.»

**Vermutete Ausdehnung der Sapaudia**

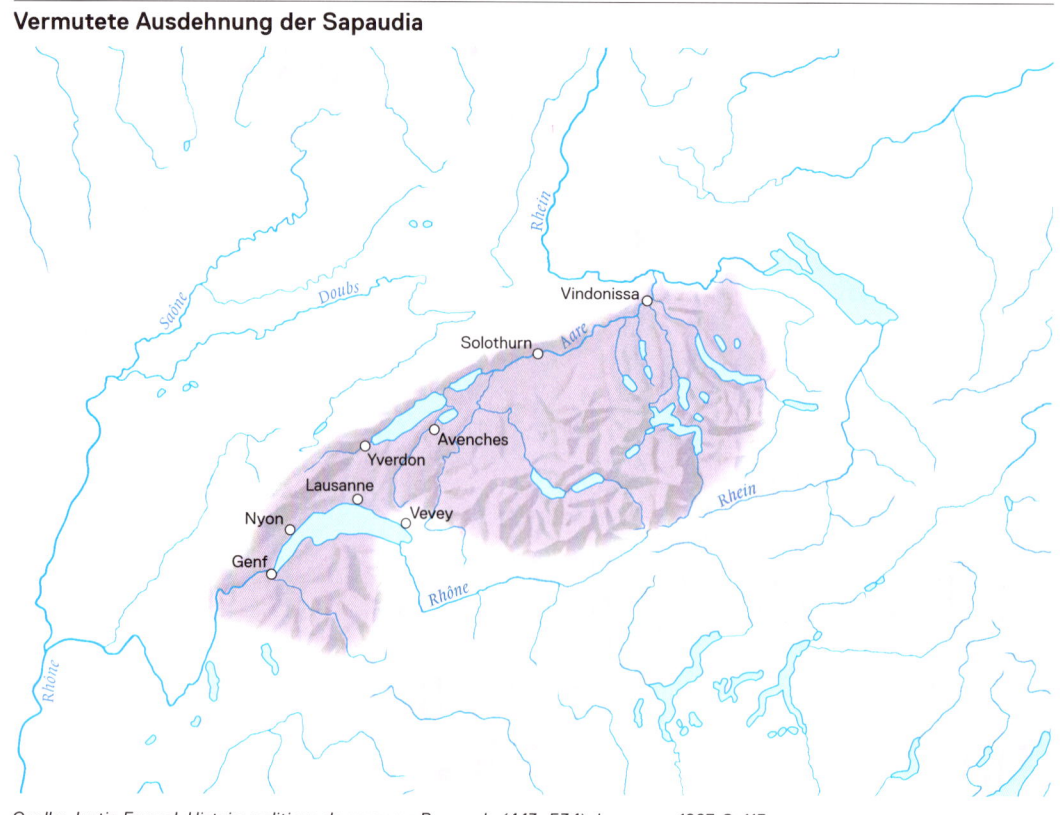

Quelle: Justin Favrod, Histoire politique du royaume Burgonde (443–534), Lausanne 1997, S. 113,
© 2013 Schwabe AG, Verlag, Basel, und Kohli Kartografie, Kiesen.

## Die Burgunder

Der mit den Goten verwandte und zu Beginn unserer Zeitrechnung am Ufer der Weichsel belegte Volksstamm der Burgunder war im Zuge seiner Wanderung in den Westen laufend gewachsen. Er nutzte die Invasion von 406, als Vandalen, Sueben und Alanen in Gallien, Spanien und Nordafrika eindrangen, um sich im Reich niederzulassen. Die Burgunder blieben vorerst nahe am Rhein und erhielten dort im Jahr 411 den Status von Reichsföderierten: Mit ihrer Niederlassung und dem von Rom erhaltenen Recht, von der einheimischen gallorömischen Bevölkerung Steuern zu erheben,[14] akzeptierten sie, unter den kaiserlichen Standarten zu dienen. Schliesslich wurden sie in Worms angesiedelt. 436 versuchten sie jedoch, aus ihrem Gebiet auszubrechen und die römische Provinz Gallia Belgica zu erobern. Aëtius, der römische General der Gallier, hetzte daraufhin hunnische Söldner auf sie. Die Burgunder wurden massakriert, ihr König Gundahar fiel in der Schlacht. Diese Episode bildet den historischen Kern der Nibelungensage. Einige Jahre später erneuerte Aëtius ihren Status als Föderierte und siedelte sie im Jahr 443 in der Sapaudia, also in der Region Genf (mit dem heutigen Hochsavoyen sowie einem Teil des heutigen Departements Ain), Nyon und Avenches an. Die Sapaudia dehnte sich damals vermutlich bis in die Gegend des Bodensees aus.[1]

Archäologische Funde weisen darauf hin, dass die Burgunder sich vor allem in der Nähe von Genf und des Genfersees niederliessen; jedenfalls gibt es keine Indizien für burgundische Siedlungen nördlich von Yverdon.[15] Die Nachfolger von Gundahar waren in Genf ansässig und wollten mit Sicherheit über Soldaten in ihrer Nähe verfügen, die sie im Bedarfsfall rasch mobilisieren konnten. Es besteht kein Zweifel, dass Aëtius seine Bundesgenossen dort ansiedelte, um die Städte im Rhonebecken und die Pässe nach Italien zu sichern, die immer wieder durch alemannische Einfälle bedroht waren.

Vorerst dienten die Burgunder dem Reich: Im Jahr 451 wurden sie an der Seite von Aëtius bei der Invasion von Attila und seinen Hunnen in Gallien auf den Katalaunischen Feldern massakriert. Nach und nach musste sich das Westreich aus Gallien zurückziehen, bevor es 476 ganz verschwand. Damit wurden die Burgunder wieder unabhängig und errichteten sich im Becken der Rhone und der Saône ein Königreich, das sich von Nevers in Zentralfrankreich bis nach Avignon im Süden erstreckte. Mit Lyon und Genf verfügten die burgundischen Könige über zwei Hauptstädte.

In einer frühen Phase waren die Burgunder wie die Goten und Vandalen arianischen Glaubens, das heisst, ihre Kirche beruhte auf den Ideen des ägyptischen Priesters Arius, der Christus als menschliche, nicht als göttliche Gestalt sah. Die Arianer anerkannten auch keine Vorherrschaft des Papstes und führten ihre Liturgien in regionalen Sprachen durch. Kurz vor dem Verschwinden ihres Königreichs im Jahr 532 konvertierten die Burgunderkönige jedoch zum Katholizismus und schlossen sich der katholischen Kirche an. Der erste katholische König, Sigismund, gründete 515 im Wallis das Kloster Saint-Maurice. Dieses erlangte wegen seines riesigen Reliquienbestandes – die angeblich an diesem Ort gefallene Legion des heiligen Mauritius soll 6600 Märtyrer hervorgebracht haben – und wegen der *laus perennis* rasch Berühmtheit. Bei der *laus perennis* handelt es sich um eine aus Konstantinopel eingeführte, im Westen zuvor unbekannte liturgische Praxis des ohne Unterbrechung von Mönchen dargebotenen Lobgesangs. Man weiss nicht, woher Sigismund den Brauch der *laus perennis* kannte. Es scheint, dass seine Mutter Caretene sehr gut mit den religiösen Praktiken des Ostens vertraut war. Sie war es auch, die in Lyon den Kult des Erzengels Michael einführte, zu einer Zeit, als es diesen im Westen – mit Ausnahme des süditalienischen Gargano – noch nirgends gab. Mehrere Frankenkönige liessen sich von Saint-Maurice inspirieren und versuchten ihrerseits, die *laus perennis* in gallischen Klöstern einzuführen.

In den übrigen Teilen des zerfallenden Römischen Reiches entstanden andere Königreiche, teils als Verbündete der Burgunder, öfters aber als deren Konkurrenten. So umgab sich in Italien Odoaker vom Stamm der Heruler mit Soldaten aus dem Westreich und liess sich von diesen zum König ernennen. Odoaker wurde im Jahr 493 von Theoderich dem Grossen gestürzt, der das ostgotische Königreich Italien gründete. Theoderichs Herrschaftsgebiet erstreckte sich über Rätien bis an den Rhein, das heisst über die heutige Ostschweiz. Diese Besetzung dürfte jedoch eher Anspruch denn Wirklichkeit gewesen sein; die ostgotische Präsenz in Rätien ist nur durch Texte und kaum durch archäologische Fakten belegt: So erwähnt eine Lobrede auf Theoderich den Rheinlachs als Gericht, das aus seinem Königreich stamme. Anzunehmen ist zumindest, dass sich der König die Kontrolle über die wichtigsten rätischen Pässe sicherte, um den Schutz Italiens zu garantieren; dies lassen Briefe von Cassiodor, einem Minister Theoderichs, vermuten, in denen von Festungen in den Alpen die Rede ist.

Im Norden Galliens baute der Frankenkönig Chlodwig seine Herrschaft schrittweise über die ganze nördliche Loire-Region aus, während im Süden und in Spanien die Westgoten, die zuerst rund um Toulouse ansässig waren, ihr Einflussgebiet bis zur italienischen Grenze ausdehnten.

Umzingelt von diesen oft bedrohlichen, von germanischen Stämmen gegründeten Königreichen, waren die Burgunder gezwungen, sich die Unterstützung der Galloromanen zu sichern, um zu überleben. Zudem mussten sie sich gegen die Angriffe der nördlich des Rheins siedelnden Alemannen wehren. Diese unternahmen in den letzten Jahrzehnten des 5. Jahrhunderts Raubzüge in den französischen Jura und wohl auch ins Schweizer Mittelland. Sie drangen bis nach Langres und Besançon in Frankreich vor und versuchten, wie es scheint, einen Angriff auf Genf.

### Die Alemannen kommen

Die Alemannen liessen sich gegen 506 im Gebiet der heutigen Schweiz nieder. Sie kamen nicht als unabhängiges Volk, sondern mussten sich, als sie in die Ostschweiz vordrangen, dem Ostgoten Theoderich unterwerfen. Kurz zuvor waren sie in der Schlacht bei Zülpich vom Franken Chlodwig geschlagen worden; dabei war der alemannische König umgekommen. Ein Teil der Alemannen hatte sich den Franken unterworfen, ein anderer Teil hatte sich dem verweigert, den Rhein überquert und Theoderich, den ostgotischen König in Italien, um die Erlaubnis gebeten, sich in einem Teilgebiet Rätiens, der Region vom Bodensee rheinaufwärts, niederlassen zu dürfen. Mit Theoderichs Einwilligung und unter seinem Schutz wurden die Alemannen somit in einer Region ansässig, die dem in Chur lebenden Anführer der Räter unterstand. Es war dies die erste ständige Niederlas-

**Sogenannter Theuderich-Schrein, 7. Jahrhundert, Stiftsschatz der Abtei Saint-Maurice (VS)**, © *Abbaye de Saint-Maurice d'Agaune, Photo Jean-Yves Glassey / Michel Martinez*. — Im 7. Jahrhundert schufen zwei Goldschmiede dieses kleine Bursenreliquiar; ihre Namen, Undinho und [T]ello, werden in einer Inschrift an der goldblechbeschlagenen Rückseite des Schreins genannt. Auftraggeber war der Priester Theuderich, der das Werk zu Ehren des heiligen Mauritius, des legendären Anführers der Thebäischen Legion, anfertigen liess (siehe Beitrag von Lucie Steiner, S. 72). Das luxuriös ausgestattete Reliquiar zeugt – zweihundert Jahre, nachdem das Christentum im Wallis hatte Fuss fassen können – vom Wohlstand einer Oberschicht und vom ersten wirtschaftlichen Aufschwung seit der Blüte zur Zeit des Imperium Romanum im 3. Jahrhundert.

sung der Alemannen auf dem Gebiet der heutigen Schweiz. Sie ernannten einen Theoderich unterstellten Herzog *(dux)* zum Oberhaupt der Grafen, die den verschiedenen sogenannten «Gauen» vorstanden – ein Begriff, der noch heute im Suffix von Deutschschweizer Kantonsnamen wie Aargau oder Thurgau erscheint.

Da die Alemannen nicht den Status von Reichsföderierten besessen hatten, waren sie kaum christlich respektive römisch geprägt und hatten sich, im Gegensatz zu den Burgundern, ihr germanisches Heidentum bewahrt. Als proportional grössere Volksgruppe waren sie zudem für ihr politisches Überleben weniger von der Unterstützung der Einheimischen abhängig als die Burgunder. Diese Faktoren erklären den schlechten Ruf, den die Alemannen bei christlichen und lateinischen Autoren ihrer Zeit hatten. Und sie erklären zweifellos auch, weshalb die lateinische Sprache dort, wo sich dieses Volk niederliess, nicht überlebte: Weil die Alemannen über den Rhein in dauerndem Kontakt mit germanischsprachigem Gebiet blieben, liefen sie nicht Gefahr, das Latein der lokalen Bevölkerung zu übernehmen. So konnte sich schliesslich das Alemannische gegen die einheimische Sprache durchsetzen. In den übrigen germanischen Königreichen des Westreichs erlangte Latein hingegen rasch die Oberhand.

Dreissig Jahre nach ihrer Ankunft auf Schweizer Gebiet erhielten die Alemannen eine neue Herrschaft. Im Jahr 536 befand sich der Nachfolger von Theoderich in einer sehr schlechten Lage: Justinian, Kaiser im Osten, hatte Nordafrika unterworfen und war nun im Begriff, Italien zu erobern. Die Ostgoten leisteten ihm in ganz Italien erbitterten Widerstand und versuchten, die Franken zu ihren Verbündeten zu machen. Deren König Theudebert I., der Enkel von Chlodwig, erhörte ihre Bitte, forderte jedoch von den Ostgoten im Tausch für seine Unterstützung Rätien als Geschenk. So wurde der Frankenkönig nicht nur Herr über den Herzog der in der Ostschweiz ansässigen Alemannen, sondern auch über den römischen *dux* von Rätien. Letzterer lebte in Chur und gehörte der einheimischen Familie der Zacconen-Viktoriden an, die seit dem 6. Jahrhundert die *praesides*, das heisst die Provinzstatthalter, und die Bischöfe stellte. Im 7. Jahrhundert wurden diese beiden Ämter, das weltliche und das geistliche, zusammengelegt. Die ersten Spuren romanischer Idiome, die sich vom Latein unterschieden, tauchten in Rätien ebenfalls in dieser Zeit auf; aus ihnen entwickelten sich im Laufe der Zeit die rätoromanischen Idiome.

Nachdem er Rätien erlangt hatte, zog der Frankenkönig Theudebert I. mit einer Armee nach Norditalien und besetzte für kurze Zeit das Tessin unter dem Vorwand, seinen Teil des Vertrags zu erfüllen und den Ostgoten zu Hilfe zu kommen. Tatsächlich griff er jedoch in die Kämpfe gegen Byzanz, die schliesslich zum Untergang des Ostgotenreiches führten, kaum ein.

Das Vordringen der Alemannen ins Schweizer Mittelland und in die Alpen ging schrittweise vonstatten und zog sich entlang der Aare bis ins 9. Jahrhundert hin. Die Sprachgrenze rückte bis ins 12. Jahrhundert noch ein wenig weiter ins Mittelland und die Alpen vor; dann scheint sie sich stabilisiert zu haben.[16] Da entsprechende Quellen fehlen, wissen wir fast nichts über die ersten Vorstösse der Alemannen in die später von ihnen besetzten Gebiete. Immerhin lässt die Hagiographie des heiligen Gallus, der im 7. Jahrhundert lebte, darauf schliessen, dass am Bodensee starke, vor allem städtische römische Gemeinschaften neben den Alemannen fortbestanden. Die Assimilation der Einheimischen durch die Alemannen erfolgte also langsam.

Die Beziehungen zwischen dem Klerus und den Alemannen gestalteten sich zunächst schwierig, denn Letztere blieben mehrheitlich, zumindest bis Anfang des 7. Jahrhunderts, heidnisch. Vermutlich zwischen 623 und 639 gründete der Frankenkönig Dagobert I. das Bistum Konstanz. Das bischöfliche Einzugsgebiet im Norden der *civitas Helvetiorum* und in der Region Rätien deckte sich sehr wahrscheinlich mit den Ländereien des Herzogs der Alemannen; dies sollte die Bekehrung zum Christentum beschleunigen. Als Erstes wurden die alemannischen Eliten christianisiert. So gründete Herzog Gundoin im 7. Jahrhundert das Kloster Moutier-Grandval mit Mönchen des irischen Ritus; diese kamen aus Luxeuil, einer Ende des 6. Jahrhunderts nördlich der heutigen Franche-Comté entstandenen Abtei.

Nach dem Tode Chlothars I. im Jahr 561 wurde das Gebiet der Franken unter mehreren miteinander verwandten Königen aufgeteilt. Daraus entstanden die drei Königreiche Neustrien, Austrasien und Burgund, von denen in der Regel jedes seinen eigenen fränkischen König besass.[17] Die burgundischen und alemannischen Untertanen der Franken waren deshalb nur selten demselben König unterstellt: Erstere waren Burgund zugeordnet, während Alemannen und Räter dem König von Austrasien dienten. Dieser benutzte die Alemannen häufig als Invasionsarmee gegen seine Feinde, insbesondere gegen jenen anderen Frankenkönig, der an der Spitze Burgunds stand. So kam es 610 in Wangen an der Aare zum Kampf zwischen den burgundischen Franken und den Alemannen, die auch die Umgebung von Avenches plünderten. Die Schaffung des alemannischen Bistums Kon-

## Das Frankenreich im Jahr 561

Quelle: http://www.euratlas.net/history/europe/600/600_Northwest.html (geändert), © 2013 Schwabe AG, Verlag, Basel, und Kohli Kartografie, Kiesen.

stanz und dieser Überfall erfolgten nur kurz nach der Verlegung des Bischofssitzes der Helvetier von Avenches nach Lausanne. Es liegt nahe, einen Zusammenhang zwischen diesen Ereignissen zu sehen: Der Bischof der Helvetier mit seinem Sitz im Norden des Bistums scheint die Gefahr geahnt und einen näher bei der burgundischen Hauptstadt Genf gelegenen Standort für sicherer befunden zu haben. Nachdem sich dieser Sitz in der ersten Hälfte des 6. Jahrhunderts in Vindonissa und später in Avenches befunden hatte, wurde er nun also noch weiter nach Südwesten verlagert.

### Die Franken setzen sich durch

Nach langem Hin und Her hatten die Franken das burgundische Königreich unterworfen und in ihre Reiche integriert. Der entscheidende Sieg wurde 534 errungen; er ging auf das Konto der Erben und Nachkommen des Königs Chlodwig, Chlothar, Childebert und Theudebert. Sie teilten sich das Burgunderreich auf, wagten aber nicht, dessen historisches Zentrum zu zerstören; Genf, Lyon und Vienne an der Isère verblieben gemeinsam im Anteil von Chlodwigs Sohn Childebert.

Die ehemaligen burgundischen Untertanen waren selbstsicher geworden. Das zeigte sich darin, dass es verschiedenen Rädelsführern genügte, sich als Nachkommen eines Burgunderkönigs zu erklären, um vom einheimischen Adel unterstützt zu werden, oder darin, dass das Wort «Burgundia» von nun an das ehemalige Königreich bezeichnete. Am deutlichsten kam dieses Selbstverständnis zum Ausdruck, als König Guntram, Chlothars Sohn, das alte Burgunderreich im Jahr 561 vollständig wiederherstellte und seine Politik an den burgundischen Vorgängern ausrichtete. Guntram schuf auch den Pagus Ultrajoranus, das «Land jenseits des Juras», ein fränkisches Herzogtum, das die ältesten Besitzungen des Burgunderreichs, Genf, Avenches und das Wallis, vereinte. Dieses Herzogtum, burgundischer als das übrige Burgund, wurde immer wieder zum Brennpunkt des Widerstands gegen die fränkische Besatzung.

Zum ersten Mal geschah dies 613: Die politische Lage war unübersichtlich; König Theudebert II. war soeben gestorben, und seine mächtige Grossmutter Brunhilde versuchte, ihrem Urenkel Sigibert II. den burgundischen Thron zu sichern. Doch die adligen Burgunder widersetzten sich und stellten einen anderen Franken, König Chlothar II. von Austrasien, an ihre Spitze. Dieser liess Brunhilde im Königspalast in Orbe im Waadtland festnehmen und unter schrecklicher Folter hinrichten. Darauf ernannte er einen Franken namens Herpo zum Herrscher des Pagus Ultrajoranus. Ein gewisser Aletheus, der sich durch Blut oder Heirat mit den Burgunderkönigen verbunden fühlte, liess jedoch Herpo töten und versuchte, Chlothar II. zu stürzen. Bevor er scheiterte, erhielt er im Pagus Ultrajoranus starke Unterstützung. In einem anderen Konflikt bekämpfte 643 der Burgunder Willibad, dessen Name auf ein königliches Geschlecht verweist, fränkische Beamte. Auch hier schien die unentschiedene Haltung des lokalen Adels Züge der Nostalgie für das burgundische Königtum zu tragen. Ein letztes Mal flammte der Widerstand Ende des 7. Jahrhunderts auf, als der heilige Leodegar von Autun im französischen Teil Burgunds einen fränkischen Hausmeier namens Ebroin für einige Zeit verdrängen konnte und an dessen Stelle Leudesius einsetzte, der sich rühmte, eine von den Burgunderkönigen abstammende Frau zu haben.

Die Frankenzeit des 7. Jahrhunderts brachte eine Festigung des irischen Mönchtums, das vom heiligen Kolumban und seinen – teilweise einheimischen – Schülern wie dem heiligen Gallus eingeführt worden war. Kolumban hatte gegen 590 die Abtei Luxeuil gegründet, die das Mönchtum besonders im Raum der heutigen Schweiz nachhaltig beeinflusste. So übernahm Romainmôtier unter dem Einfluss von Chramnelenus, Herzog des Pagus Ultrajoranus, gegen 642 die irische Regel. Ganz in der Nähe gründete Chramnelenus auch das Frauenkloster Baulmes, das seine Gattin zwischen 667 und 672 fertigstellen liess. Unmittelbar danach wurden weitere kolumbanische Klöster gegründet, so Moutier-Grandval, Saint-Ursanne und Saint-Imier, vermutlich auch Säckingen. Ragnachar, der in der ersten Hälfte des 7. Jahrhunderts als erster Bischof von Basel nachgewiesen ist, kam ebenfalls aus Luxeuil.

### Die Langobarden kommen nach Italien und ins Tessin

Rätien und das Tessin blieben lange Zeit im italienischen Einflussbereich. Der Ostgotenkönig Theoderich der Grosse und sein Nachfolger, die beide in Ravenna residierten, behielten die Kontrolle über Chur und die Gebiete bis zum Rhein und zur Donau. Der Krieg Konstantinopels zur Rückeroberung Italiens, der sich von 535 bis 552 hinzog, beendete schliesslich die Vorherrschaft der Ostgoten in Rätien und in Italien.

568 verliess das germanische Volk der Langobarden Pannonien im heutigen Westen Ungarns und zog in Italien ein. Die vorangegangenen Kriege hatten die Halbinsel stark geschwächt. So konnten die Langobarden rasch den grössten Teil Norditaliens und das südliche Tessin erobern. Bevor sie selbst geschlagen wurden, unternahmen sie auch verschiedene Angriffe gegen die Franken in Burgund, zum letzten Mal 574: Ein langobardisches Heer plünderte Saint-Maurice und veranstaltete dort ein Massaker. In der Ebene von Bex traf es auf ein fränkisches Heer und wurde vernichtet; die fast zeitgenössische Fredegar-Chronik spricht von nur vierzig Überlebenden, die den Rückweg über den Grossen St. Bernhard antreten konnten. Die moderne Geschichtsschreibung sieht in diesem Einfall ins Wallis einen Zusammenhang mit der Verlegung des Bischofssitzes von Martigny in das leichter zu schützende Sitten. Seit jenen Ereignissen standen die Franken häufig im Krieg gegen die Langobarden. Aber nun waren stets sie es, die Konflikte auslösten, etwa indem sie Feldzüge in Italien durchführten.

**Kolumban und Gallus werden von zwei Diakonen in einem Nachen über den Bodensee gerudert, Darstellung in der Gallus-Legende, entstanden von 1451 bis 1460, S. 33** (*Stiftsbibliothek St. Gallen, Codex Sang. 602*). — Diese für die Hagiographie des heiligen Gallus aufschlussreiche Darstellung stammt aus einem Band, der die deutschsprachigen Lebensgeschichten der St. Galler Heiligen Gallus, Magnus, Otmar und Wiborada umfasst.

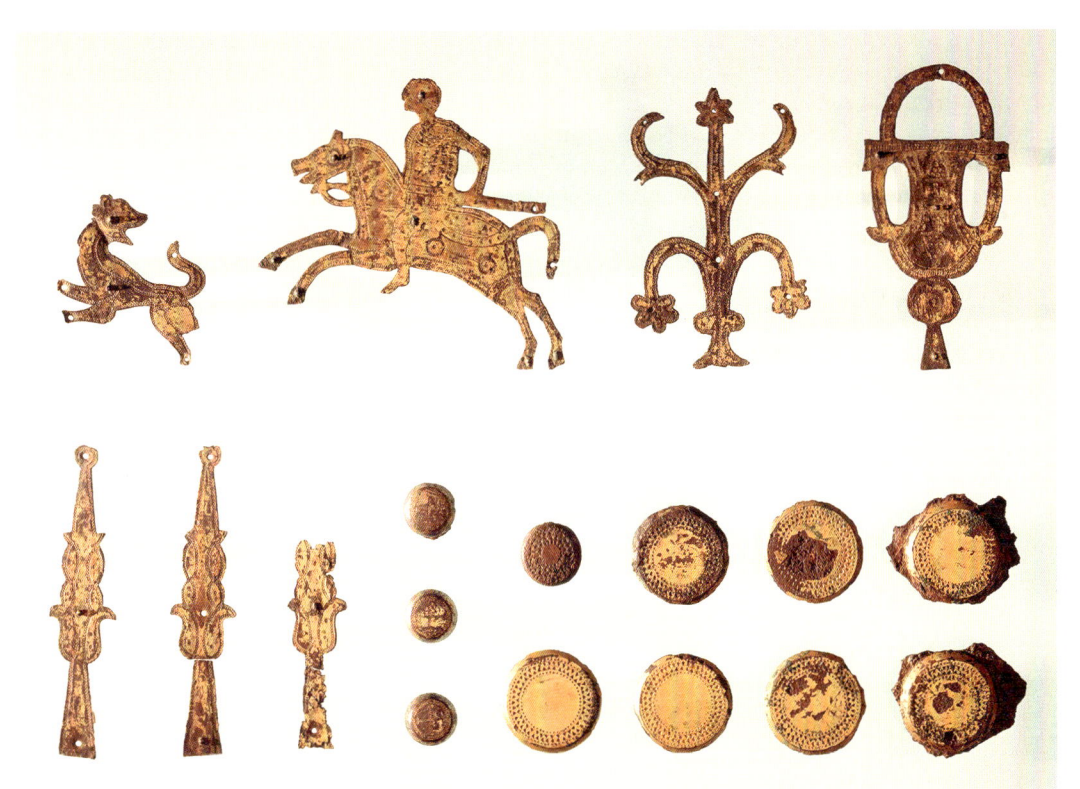

**Vergoldete Bronzeverzierung eines Schildes, Fundort Stabio (TI), langobardische Arbeit vom Beginn des 7. Jahrhunderts** *(Bernisches Historisches Museum Bern), © BHM, Photo S. Rebsamen.* — Bei diesen als Einzelfunde entdeckten Appliken handelt es sich um die Bestandteile des Prunkschildes eines Langobardenkriegers, vermutlich eines militärischen Anführers.

So bildete im Sommer 590 der Frankenkönig Childebert einen Expeditionstrupp gegen die Langobarden, an dessen Spitze zwanzig Herzöge standen. Es folgte eine Schlacht an der Tresa, am Abfluss des Luganersees. Die Franken gewannen zwar auf dem Schlachtfeld, aber die Langobarden konnten sich in ihre Befestigungen flüchten. Dort wurden sie von den Franken belagert; diese fanden sich jedoch von Epidemien heimgesucht. Für lange Zeit war dies die letzte Auseinandersetzung zwischen den beiden Völkern, denn ein Vertrag setzte jenem Konflikt ein Ende. Bestimmend wurde von nun an der Kampf zwischen den Langobarden und der oströmischen Herrschaft in Italien.

### Das Erbe einer Übergangsperiode

Das frühe Mittelalter hatte bedeutende Auswirkungen auf unsere heutige Sprach- und Kulturlandschaft. Mit der Niederlassung der verschiedenen Völker stellte sich die Frage der Verkehrssprache, die auch für die weitere Sprachentwicklung entscheidend sein sollte. Nur die Alemannen waren stark und zahlreich genug, um ihre Sprache in dem von ihnen besetzten Land durchzusetzen. Im Unterschied dazu nahmen die übrigen germanischen Völker – Burgunder, Franken, Langobarden – das Latein an, weil sie in der Bevölkerung von Anfang an eine Minderheit darstellten. Als Minderheit mussten sich etwa die Burgunder auf die galloromanische Bevölkerung stützen, um ihre Macht zu sichern. Sie schufen sogar ein galloromanisches Heer neben ihrem eigenen, das für die Verteidigung des Königreichs nicht gross genug war. Ähnlich verhielt es sich mit den Langobarden, welche die Unterstützung der lokalen Bevölkerung brauchten, um sich südlich der Alpen gegen die Franken und gegen Byzanz zu verteidigen. Und dasselbe widerfuhr den – zu Beginn ihrer Expansion in Nordostgallien zwar zahlreichen – Franken, deren Reich bald so gross wurde, dass sie darin wiederum nur noch eine kleine Minderheit darstellten, so auch im Gebiet der heutigen Schweiz.

Im Schweizer Mittelland liessen sich nur wenige Franken nieder. Und es war mehr ihr Prestige als ihre Grösse, das ihnen erlaubte, ihre Ortsnamen durchzusetzen; Namen, die übrigens lange den Burgundern zugeschrieben worden sind. Heute wird davon ausgegangen, dass es die Franken waren, welche Ländereien nach dem Namen des Besitzers benannten, ergänzt durch das Suffix -ingos, das «Besitz von» bedeutet. Dieser Brauch führte im Französischen zu Gemeindenamen, die auf -ens enden, im Deutschen auf -ingen.[18]

Im Laufe des frühen Mittelalters festigten sich auch die administrativen und kirchlichen Strukturen: Basel, Sitten, Lausanne und Konstanz wurden zu neuen Bistumshauptstädten, Genf und Chur behielten diesen Status und konnten sich als wichtige Zentren behaupten.

Aus den bisherigen Schilderungen des Geschichtsverlaufs im Frühmittelalter wird deutlich, dass die Schweiz als solche noch längst nicht exis-

**Statue Karls des Grossen (?) in der Kirche Müstair (GR), vermutlich 12. Jahrhundert,** © Photo Stiftung Pro Kloster St. Johann in Müstair. — Das Kloster Müstair wurde Ende des 8. Jahrhunderts als Männerkonvent gegründet und im 12. Jahrhundert in einen Benediktinerinnenkonvent umgewandelt. Möglicherweise unterstützte Karl der Grosse den Bischof von Chur bei diesem Bau; das Kloster hatte den Rang einer Bischofspfalz und diente vielleicht als Stützpunkt für den Herrscher. Die in der Kirche befindliche Stuckstatue stellt entweder Karl den Grossen oder einen anderen Herrscher aus seiner Familie dar. Sie entstand vermutlich nach der Heiligsprechung des Kaisers im Jahr 1165. Müstair ist auch heute noch einer der Orte in Europa, wo die Kirche den Karlskult erlaubt.

tierte: Das Land, das man erst viel später als *ein* Land zu betrachten begann, war aufgeteilt unter verschiedenen, einander häufig feindlich gesinnten Mächten. Dabei zeichnete sich die spezifische Eigenheit dieses Gebiets, das sich zwischen im Verlaufe der Zeit «natürlich» gewachsenen Machtblöcken befand, bereits ab: Es trug die Kennzeichen eines Durchgangsorts, eines Pufferstaates, eines Landes, das nicht wirklich zu Italien, nicht zum Frankenreich und auch nicht ganz zu Germanien gehörte. Die Basis für die Entstehung einer «Zwischenregion» war gelegt.

## DIE ZEIT DER KÖNIGREICHE (8.–13. JAHRHUNDERT)

Während ungefähr fünf Jahrhunderten – von der gewaltsamen karolingischen Besetzung Anfang des 8. Jahrhunderts bis zu Rudolf von Habsburgs Kriegspolitik Ende des 13. Jahrhunderts – unterstand das Gebiet der heutigen Schweiz Herrschern, deren Macht weit über diese Region hinausging. Das heisst, die jeweiligen Herrscher waren nicht unbedingt hier aktiv, und wenn doch, dann nicht immer in wichtigen Angelegenheiten: Vielleicht ging es um einen persönlichen Gefallen, eine Nachfolgeregelung, die Ernennung eines lokalen Beamten oder eine militärische Intervention. Über ihre Oberherrschaft hinaus verfügten sie über grosse Ländereien und übten Herrschaftsrechte über Städte aus.

### Die «Schweiz» und die Karolinger

Ab dem 12. Jahrhundert entstandene Bilder und Überlieferungen weisen darauf hin, dass die karolingischen Herrscher im Gebiet der heutigen Schweiz aktiv wurden: Die Statue Karls des Grossen in der Klosterkirche Müstair ist ein prägnantes Beispiel dafür. Zu nennen ist auch ein Fresko im Fraumünster zu Zürich, das die Gründungslegende dieser Kirche zeigt: Ein Hirsch mit brennenden Kerzen im Geweih soll den beiden Töchtern König Ludwigs des Deutschen – eines Enkels Karls des Grossen – den Weg von der Burg Baldern ins nahe Zürich geleuchtet haben, wohin sie kamen, um die heiligen Felix und Regula zu verehren. Auch die Kirche in Sitten baute ihre Legitimität auf Karl dem Grossen auf: Der Kaiser soll die Grafschaft Wallis dem legendären ersten Bischof, dem heiligen Theodul, vermacht haben, obwohl die beiden rund vier Jahrhunderte trennten.[19]

In zeitgenössischen Quellen finden sich jedoch kaum Berichte über hiesige Unternehmungen der karolingischen Herrscher; sie benutzten nicht einmal den Grossen St. Bernhard für ihre Italienreisen. Erst als ihr Reich zwischen 850 und 880 zerfiel, wurden die Karolinger aktiv: Bei den Reichsteilungen erhielt der alte Palast in Orbe im Waadtland unversehens eine besondere Rolle, lag er doch in der Nähe aller neu entstandenen Binnengrenzen und bot sich so als Treffpunkt für die verschiedenen Zweige der Familie an. Die Aare war bereits 843 zur Grenze zwischen Lothringen und Germanien geworden. Der plötzliche Bedeutungszuwachs der Region zwischen dem Jura und der Aare führte zu blutigen Kämpfen um ihre Kontrolle – die grösste Schlacht fand gegen 866 genau in Orbe statt[20] – und ab 888 zur Entstehung eines kleinen Königreiches Burgund, das bis 1032 Bestand hatte und die Region zu einer Art Überbleibsel des karolingischen Reichs machte.

Prägende Einflüsse der Karolinger im Gebiet der heutigen Schweiz lassen sich kaum in einzelnen Interventionen für spezifische Institutionen oder in der persönlichen Präsenz ihrer Herrscher ausmachen. Ihre wesentliche Hinterlassenschaft besteht vielmehr in den Gebietsreformen, die der Herrschaftssicherung dienten. Im Lauf des 8. Jahrhunderts wurden Grafschaften geschaffen, die das Schweizer Mittelland segmentierten. Dieses administrative Netz sollte nie mehr ganz verschwinden, auch wenn es sich neuen Entwicklungen – etwa der Gründung bald wichtiger Städte wie Bern und Freiburg in der zweiten Hälfte des 12. Jahrhunderts – oder veränderten dynastischen Gegebenheiten – beispielsweise der Annahme neuer Grafentitel durch die Neuenburger und die Toggenburger für Erblande nichtkarolingischer Herkunft – anpassen musste. Eine gewisse Kontinuität war dennoch gegeben; verschiedene Kantone sind gar ehemalige karolingische Grafschaften, etwa die Waadt, die seit 765 erwähnt wird, der Thurgau, der 731 zum ersten Mal bezeugt ist, ja selbst das gegen 860 vom Thurgau abgetrennte Zürich.

Nach der karolingischen Gebietsreform gab es immer wieder kaiserliche Amtsträger, die aus den ihnen anvertrauten Verwaltungsgebieten Erblande zu machen trachteten: So gelang es zu Beginn des 9. Jahrhunderts Hunfrid, der von Karl dem Grossen den Auftrag erhalten hatte, die Regionen Chur und Istrien zu verwalten, seinen beiden Söhnen je eine dieser Provinzen zu überlassen – Indiz eines Überganges hin zur Erblichkeit von Herrschaft.[21] Ähnlich verlief es bei den (später so genannten) Rudolfingern: Konrad II. ging 866 als Sieger aus dem Krieg um die Kontrolle des Gebiets zwischen Jura und Alpen hervor; er übernahm dessen Verwaltung, bevor ihn sein Sohn Rudolf I. beerbte und zum Stammvater einer Dynastie wurde, die später die Karolinger als Herrscher dieser Region ablöste. Ähnliche Familienschicksale prägten auch die Zeit vom 10. bis zum 12. Jahrhundert.

Die Effizienz der karolingischen Reform hatte auch damit zu tun, dass ihr die Bischofsmacht zum Opfer fiel. Gegen 700 gab es im Gebiet der heutigen Schweiz vermutlich keine Bischöfe mehr, mit Ausnahme des Bistums Chur, wo sich eine spezielle Mischung aus bischöflicher und weltlicher Macht in den Händen einer einzigen Familie, der Viktoriden, durchsetzte. Im Tessin blieb die Macht der Erzbischöfe von Mailand und der Bischöfe von Como ebenfalls erhalten, da die Karolinger hier vorerst nur Raubzüge unternahmen und die eigentliche Eroberung Norditaliens erst später erfolgte.

Die Bistümer wurden gemeinsam von Geistlichen der jeweiligen Bischofskirche verwaltet, und es ist vorstellbar, dass mit der Verdrängung der Bischöfe auch deren Güter verschwanden. Jedenfalls konnten sich die Grafen etablieren, ohne dass es zu einer Konkurrenz zwischen ihnen und Bischöfen oder Äbten gekommen wäre. Die Karolinger stellten auch St. Gallen unter ihre Vormundschaft, nachdem sie das alemannische Herzogtum nördlich des Rheins in den Jahren 742 bis 746 endgültig und gewaltsam unterworfen hatten.

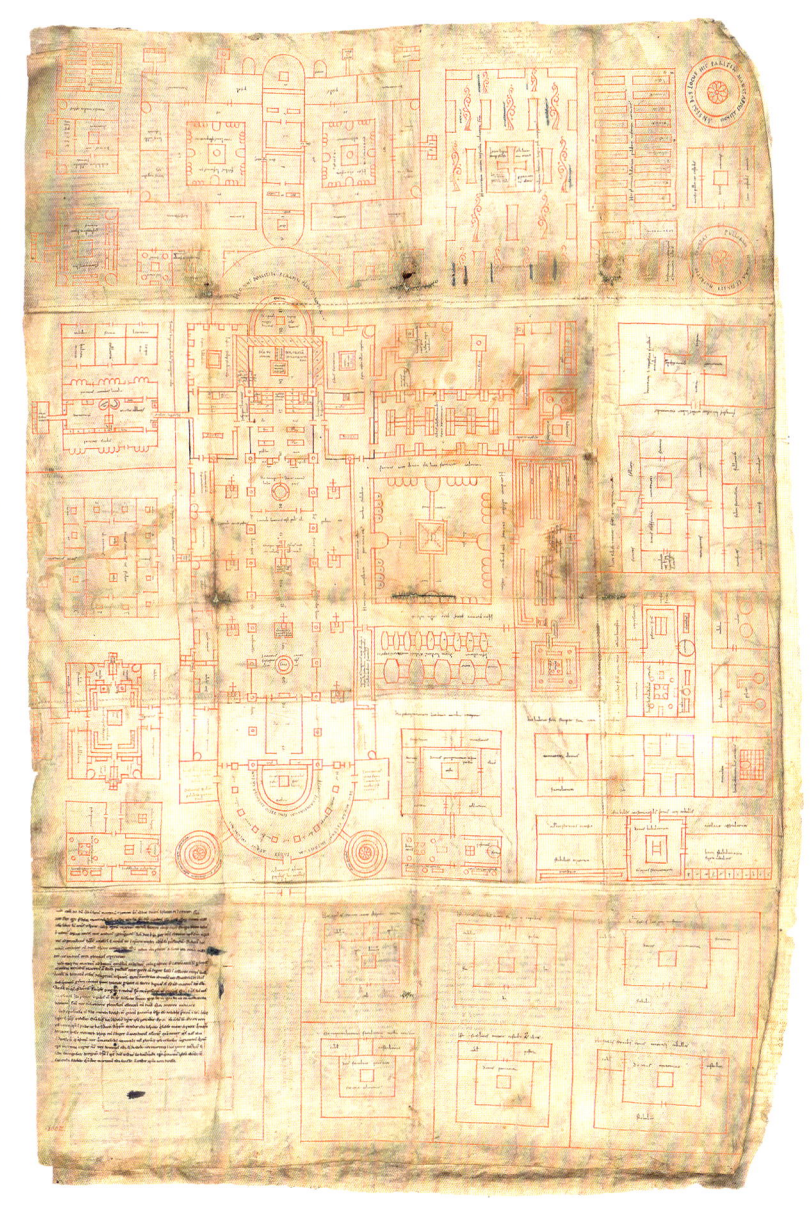

Erst später wurden Bischöfe oder Äbte von einzelnen grossen Abteien neu ernannt. Die Wiederherstellung der Macht von Bistümern und Abteien erfolgte oft parallel, wenn es eine grosse, von der Domkirche nicht allzu weit entfernt liegende Abtei gab: So wurde Konstanz mit St. Gallen verbunden, Basel mit Reichenau am Bodensee und Sitten mit Saint-Maurice. Diese Verbindungen überdauerten das Leben etlicher Würdenträger, die in Ämterkumulation das Amt des Bischofs und das des Abts zugleich innehatten.

Als sich die Bischöfe wieder etablieren konnten, was zum Beispiel in Lausanne nicht vor 814 bis 827 geschah, wurden sie in das karolingische

*Sogenannter St. Galler Klosterplan, wohl um 819–826* (*Stiftsbibliothek Sankt Gallen, Cod. Sang. 1092*). — Das in St. Gallen aufbewahrte, aber von der Insel Reichenau stammende einzigartige Dokument zeigt die zwischen Basel, Reichenau und St. Gallen in den 820er Jahren entwickelten – wohl idealtypischen – Planungen für eine Klosteranlage. Der Plan inspirierte den 830 unter Abt Gozbert begonnenen Neubau des Klosters St. Gallen und die Klosterkomplexe auf der Insel Reichenau. Er ist zudem Zeugnis für den Einfluss der Benediktsregel, die als Grundlage der unter Kaiser Ludwig vollzogenen Klosterreform diente.

Herrschaftsgefüge integriert und hielten sich mit den erworbenen Rechten zur Verfügung. So nahmen 848 die Bischöfe von Sitten, Lausanne, Genf und Basel an der militärischen Expedition von Kaiser Lothar I. nach Süditalien teil, die zur Eroberung von Benevento führte. Die neu eingesetzten Bischöfe wurden in eine klare hierarchische Struktur eingegliedert: 811 kanonisierte Karl der Grosse in seinem Testament 21 Zentren, meist ehemalige römische Provinzhauptstädte, die zu Erzbistümern wurden und die Bischofsstädte kontrollieren sollten, die ihnen bereits im Rahmen der römischen Provinzialverwaltung unterstellt gewesen waren. Damit wurde eine bereits am Ende des Altertums sichtbare Kirchenstruktur wiederbelebt und neu systematisiert. So wurde Genf von Vienne im Rhonetal abhängig, Lausanne und Basel von Besançon, Konstanz und – etwas später – Chur von Mainz, Como zuerst von Mailand, ab dem 7./8. Jahrhundert dann von Aquileja, und schliesslich Sitten von Moûtiers-Tarentaise. Dieser Rahmen bestimmte die kirchlichen Konzile und Versammlungen, ebenso das Vorgehen bei der Ernennung und Weihe von Bischöfen. Die karolingische Kirchenstruktur bot dem späteren Gebiet der Schweiz also keine Einheit, konnte dies auch nicht, da ein altes Modell als Grundlage diente. Der einzige Bruch mit diesem Modell erfolgte 843, als Chur von der Provinz Mailand zur Provinz Mainz überging, was die Germanisierung des damals vollständig romanischsprachigen Bistums mit sich brachte.

Die Herrschaftsstruktur mit der Zugehörigkeit zu einer Kirchenprovinz und die Beziehungen zu den jeweiligen Herrschern bestimmten die Tätigkeit der Bischöfe stärker als die Aktivitäten der Päpste; immerhin intervenierten diese, seit sie mit der karolingischen Dynastie verbunden waren, nun öfter. So hatten die Päpste etwa ein besonderes Augenmerk auf die Entwicklungen in St. Gallen, und im Jahr 880 löste Papst Johannes VIII. eine schwierige Nachfolgefrage im Bistum Lausanne.

Die wichtigste kirchliche Veränderung der Karolingerzeit betraf die **Entwicklung der Pfarreien**, vor allem hinsichtlich der Finanzierung ihrer Tätigkeit. Von nun an mussten alle Untertanen für den Unterhalt der Pfarrkirche den Zehnten (↑Zehnt) entrichten. So entstand eine einzigartige Verbindung zwischen den einzelnen Orten und den Kirchen, an die der Zehnt ging. Dessen Institutionalisierung führte ab dem 8. Jahrhundert auch zur Bildung klarerer Grenzen: Das Netz der Pfarreien bestimmte nun die Unterteilung der Gebiete und fügte sie lückenlos aneinander. So setzte sich die mittelalterliche Pfarrei als **Vorläuferin der späteren Gemeinden** mit ihren Gemeindegebieten und als identitätsstiftender Ort durch.[22]

In die Zeit der Karolinger fällt auch der weltliche und geistliche Aufstieg St. Gallens. Die Ländereien der grossen Abtei umfassten die heutigen Kantone St. Gallen und (beide) Appenzell sowie grosse Teilen des Thurgaus und des Kantons Zürich. Auf geistigem und geistlichem Gebiet wurde die Abtei eines der wichtigsten Zentren karolingischer Kultur, namentlich für das liturgische Schaffen, die Schreibtätigkeit und Buchmalerei und die Ausbreitung der irischen Spiritualität. Ebenso war sie einer der Orte, an denen sich dank der *Gesta Karoli Magni Imperatoris* des Dichters und Gelehrten Notker († 912) die Legenden um Karl den Grossen entfalten konnten.

Der kulturelle Glanz erfasste jedoch nicht nur St. Gallen, sondern die ganze Achse St. Gallen–Konstanz–Reichenau–Basel. Davon zeugen vor allem der in Reichenau gezeichnete und in St. Gallen aufbewahrte Plan eines idealen Klosters,[23] die Regelsammlung des Bischofs Haito von Basel (762/763–836) oder die Ausstrahlung des Abts von Reichenau Walahfrid Strabo (808/809–849), dessen theologische und mystische Texte in St. Gallen kopiert wurden. Einen Eindruck von der Grösse dieses Netzwerks vermitteln die Verbrüderungsbücher (*libri confraternitatum*), welche Zehntausende von Namen toter und lebendiger geistlicher und weltlicher Personen enthalten, die in irgend einer Weise mit dem Kloster zu tun hatten. Die Achse Basel–St. Gallen spielte auch für die Klosterreform des 9. Jahrhun-

**Evangelistar, sogenanntes *Liber viventium* aus Pfäfers (SG), erstes Viertel 9. Jahrhundert und 9. bis 14. Jahrhundert, S. 32** *(Stiftsarchiv St. Gallen, StiAPf, Cod. Fab. 1).* — Das Liber viventium Fabariensis, entstanden kurz nach 800, ist das wohl wichtigste überlieferte Werk der rätischen Buchkunst. Die Handschrift wurde ursprünglich als Evangelistar angelegt und mit Initialen, Kanonesbögen sowie ganzseitigen Darstellungen der vier Evangelistensymbole reich ausgestattet; später diente sie auch als Schatzverzeichnis des Klosters Pfäfers. Die Abbildung zeigt eine der an die Evangelienperikopen anschliessenden Darstellungen von Doppelarkaden, die mit den Namen von Mönchen, geistlichen und weltlichen Personen sowie mit Memorialaufzeichnungen verschiedener Art, etwa Inventaren, gefüllt wurden.

derts eine Rolle; namentlich das Bündner Kloster Pfäfers im Sarganserland wurde von Mönchen aus Reichenau bewohnt und von der von dort ausgehenden klösterlichen Bewegung erfasst.[24]

Vom künstlerischen Glanz dieser Zentren künden heute nur noch Manuskripte und einige wenige erhaltene Objekte. Die karolingische Architektur überlebte in Regionen, die durch ihre Abgeschiedenheit geschützt waren, vor allem in den Bündner Klöstern Müstair, wo sich Fresken aus der Zeit um 800 finden, und Mistail. Stein als Baumaterial war rar; er wurde nur für Heiligtümer (Sanktuarien) und ein paar wenige öffentliche oder halböffentliche Gebäude benutzt, etwa für den Neubau grosser *villae*, Grafen- oder Bischofsresidenzen in der Stadt oder auf dem Land, die noch aus der ausgehenden Antike stammten. Befestigungsanlagen waren die Ausnahme; höchstens Bischofssitze und königliche Domänen wie Solothurn wurden mit baulichen Mitteln gegen Angriffe gesichert.[25]

**Das Königreich der Rudolfinger**

Der politische Abstieg der Karolinger und ihr allmähliches Aussterben führten vor allem im Königreich Lothars I., dem Lotharii Regnum, auch Mittelreich genannt, zu einer Situation, die politische Abenteuer begünstigte: In der Provence, in Norditalien und in der Lorraine tauchten Anwärter für den Königstitel auf. Als besonders erfolgreich erwies sich dabei Graf Rudolf, Herr über die Region zwischen Jura und Alpen, der sich 888 zum König krönen liess. Rudolfs Familie konnte sich vier Generationen lang halten, ehe sie 1032 ausstarb.

Die sogenannten Rudolfinger waren keine Karolinger, aber mit der Kaiserfamilie verwandt. Sie blieben dem Karolingerreich und dessen Strukturen treu und trugen so in gewisser Weise auch zu dessen Überleben bei. Im Herrschaftsgebiet der Rudolfingerkönige gab es eine komplexe Hierarchie von Fürsten, Grafen und Getreuen; die *missi*, Gesandte des Königs zur Regelung spezifisch lokaler Fragen, wurden immer zahlreicher. Insgesamt war der Hof jedoch nie sehr gross und zog ständig von einer *villa* zur nächsten, manchmal mit Zwischenhalt in einer Stadt oder in einem Kloster.

Die Rudolfinger bezeichneten sich selbst als dem karolingischen Modell verpflichtete Könige, ohne geographische Präzisierung; die Zeitgenossen nannten sie Könige von Burgund. Doch der Ehrgeiz dieser Herrscher liess sie nicht nur über ihren ursprünglichen Einflussbereich, das Hochburgund mit dem Stützpunkt Saint-Maurice, dessen Laienäbte sie waren, hinausstreben, sondern auch über das Burgund im weiteren Sinne, beidseits des Juras. Die ersten beiden Rudolfingerherrscher versuchten, ihre Macht im Norden auszudehnen. Rudolf I. liess sich 888 nach einer ersten Krönung in Saint-Maurice zusätzlich in Toul beim heutigen Nancy krönen, allerdings ohne Wirkung; zudem übernahm er die Kontrolle über Basel. Rudolf II. annektierte den Aargau und drang noch weiter nach Osten wie auch nach Süden vor. Er wurde als König von Italien anerkannt, tauschte jedoch später seine italienischen Rechte gegen das Königreich Provence.

Im Gebiet der heutigen Schweiz umfasste das Rudolfingerreich das Bistum Genf, die zweisprachigen Bistümer Basel, Lausanne und Sitten sowie einen Teil des Bistums Konstanz. Die Ausdehnung gegen Osten wurde im Winter 919/20 in Winterthur vom Schwabenfürsten gestoppt. Interessanterweise wurde diese Niederlage zur Basis für ein nachhaltiges Bündnis, da König Rudolf II. die schwäbische Prinzessin Bertha heiratete und auf diese Weise deren Schwiegervater, Herzog Burchard, in seine Vorstösse nach Italien verwickelte. Bertha wurde ab dem 12. Jahrhundert als Stifterin von Kirchen und Klöstern und als Erbauerin von Schlössern und Festungen in Anspruch genommen, jedoch oft ohne historische Grundlage.[26]

Das Reich der stets zu abenteuerlichen politischen Unternehmungen neigenden Rudolfinger deckte somit einen Grossteil des Gebiets der heutigen Schweiz ab; den Rest teilten sich andere Herrscher: vor allem das bereits genannte Schwaben, welches ein sehr weites Herzogtum, nämlich die gesamten Gebiete östlich der Linie Aarau–Chiavenna umfasste, mit der Abtei St. Gallen über ein riesiges Vermögen verfügte, gegen das Ostfrankenreich kämpfte und nach blutigen Unruhen gegen 915 toleriert und zu einer konstanten Dynastie wurde; aber auch das Bistum Chur mit seiner Lage in der Nähe der Könige des Ostfrankenreichs, die dem Bistum weitreichende Privilegien (↑Privileg) gewährten, unter anderem hinsichtlich der Nutzung von Handelswegen. Schliesslich gab es noch die «Tessiner» Täler, welche sich immer noch unter der Kontrolle des Bischofs von Como und des Domkapitels Mailand befanden.

Die unter den beiden ersten Rudolfingern – Rudolf I. (888–912) und Rudolf II. (912–937) – kriegerisch geprägte Herrschaft wurde gegen Ende der Regentschaft Rudolfs II. und unter den letzten beiden Rudolfingerkönigen Konrad (937–993) und Rudolf III. (993–1032) stabiler und friedlicher. Die Herrscher pflegten nun vor allem die Schwurfreundschaften, die sich rund um das Ost- und das Westfrankenreich entwickelt hatten. So wurde im Jahr 926 ein Bündnis zwischen Rudolf II. und Heinrich I., König des Ostfrankenreichs, geschlossen. Das Königreich Burgund war damit nicht

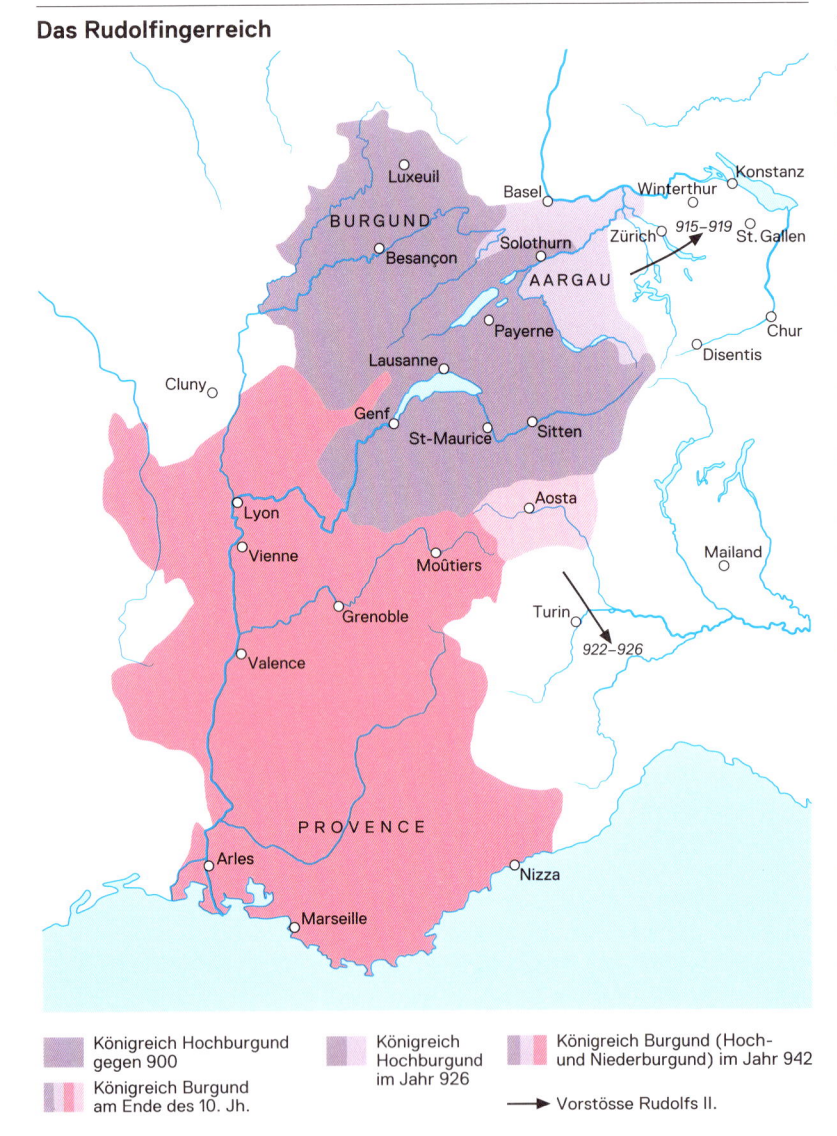

## Das Rudolfingerreich

**Königreich Hochburgund gegen 900**
**Königreich Burgund am Ende des 10. Jh.**
**Königreich Hochburgund im Jahr 926**
**Königreich Burgund (Hoch- und Niederburgund) im Jahr 942**
→ Vorstösse Rudolfs II.

Von 888 bis etwa 920 war das Rudolfingerreich klein, doch seine Herrscher betrieben eine expansive Kriegspolitik. Nach Verhandlungen wurde das Reich um die Provence erweitert und stiess somit bis zum Mittelmeer vor. Ab 1032 bildete Burgund, nach der Stadt Arles auch Königreich Arelat genannt, den frankophonen Teil des Heiligen Römischen Reichs.
Quelle: François Demotz, La Bourgogne, dernier des royaumes carolingiens (855–1056), Lausanne 2008, S. 216, © 2013 Schwabe AG, Verlag, Basel, und Kohli Kartografie, Kiesen.

Adelheid, die deutsche Königin und erste Kaiserin des Heiligen Römischen Reiches, die bis zu ihrem Tod 999 eine grosse politische Rolle spielte, eine Burgunderprinzessin, nämlich die Schwester von Konrad. Sie wachte über die Stabilität des familiären Königreiches und die guten Beziehungen zwischen den beiden Grossmächten. Als klar war, dass der letzte burgundische König Rudolf III. ohne Erben bleiben würde, konnte die ostfränkische Kaiserfamilie diesem das Versprechen abnehmen, dass er ihnen sein Reich vermachen werde.

Das Königreich der Rudolfinger hatte sein Zentrum vorerst im Hochburgund; als es sich ab Mitte des 10. Jahrhunderts bis nach Arles in der Provence ausdehnte, wurde auch die Region Vienne zu einem Knotenpunkt der königlichen Macht. Im Hochburgund war die Abtei Saint-Maurice nicht nur das symbolische Zentrum des Königreichs, sondern stellte auch dessen wichtigstes Reservoir an Gütern dar. Andere Klöster oder Bistümer wie Romainmôtier und Lausanne standen ebenfalls mit dem königlichen ↑Patrimonium, den Erbgütern der Königsfamilie, in enger Verbindung: Es kam zu ständigen Eigentumsübertragungen zwischen ihnen und dem Königshaus; die kirchlichen Institutionen traten dem Herrscher oder seinen Getreuen freiwillig oder unter Zwang Güter ab, manchmal gegen eine Entschädigung oder in der Hoffnung auf eine Rückgabe in besseren Zeiten. Jedenfalls behielten die Rudolfinger Saint-Maurice während der ganzen Dauer ihrer Herrschaft unter direkter Kontrolle, während andere kirchliche Institutionen durch Abtretungen an das burgundische Kloster Cluny oder dank Privilegien mit der Zeit mehr Autonomie erlangten.

Insgesamt betrieben die Rudolfinger – abgesehen vielleicht von Rudolf II. – eine Politik der Kirchenstärkung.[28] Die Bischöfe von Sitten, Lausanne und Basel erhielten umfangreiche Privilegien und konnten der Rivalität mit königlichen Beamten, vor allem durch die Abtretung von Grafenrechten, ausweichen. Nur im Bistum Genf war dies nicht der Fall, so dass es als einziges den Aufstieg einer Grafendynastie erdulden musste und sich in den folgenden Jahrhunderten nicht als territoriale Macht etablieren konnte.

Sehr nahe stand den Rudolfingern das aufstrebende Kloster Cluny, Ausgangspunkt einer weitreichenden Reformbewegung. Ihm traten sie die Abteien Romainmôtier, Saint-Victor in Genf und indirekt auch Payerne ab, das für die ostfränkischen Kaiser eine besondere Bedeutung besass, war es doch von Kaiserin Adelheid zum Gedenken an ihre Mutter, Königin Bertha, gestiftet worden. Die Nähe zu Cluny zeigte sich sowohl kirchlich als auch politisch: So wohnte Rudolf III. Odilos Einsetzung als

mehr gefährdet; im Gegenzug übergab Rudolf II. in einem Akt symbolischer Unterwerfung die «Heilige Lanze der Kreuzigung Christi», eine äusserst begehrte Reliquie, die in der Folgezeit zu einer kaiserlichen Insignie wurde, an Heinrich. «Unter Drohungen entriss König Heinrich dem König Rudolf die Heilige Lanze» («Heinricus rex lanceam sacram a rego Rodulfo minis extorsit»), heisst es dazu unverblümt in einer Salzburger Chronik.[27]

So kam es noch vor der Bildung des Heiligen Römischen Reiches im Jahr 962 zu einer Beruhigung der Beziehungen mit dem Ostfrankenreich; Konrad wurde circa 937 bis 942, als er noch minderjährig war, unter den Schutz des späteren Kaisers Otto, des Sohns von Heinrich, gestellt. Zudem war

Abt von Cluny im Jahr 994 bei; Odilo wiederum begleitete im Jahr 999 Rudolfs Tante, Kaiserin Adelheid, auf ihrer letzten Reise ins Burgund und verfasste dabei seine Vita.[29]

Die schon unter ihren ersten Herrschern spürbaren Grundzüge der rudolfingischen Kirchenpolitik verstärkten sich unter Rudolf III. Den kirchlichen Würdenträgern wurden Privilegien zuteil, zuungunsten der königlichen Beamten. Der Versuch des Herrschers, die Territorialisierung der Macht der Notabeln des Reiches zu verhindern, führte ab circa 995 beidseits des Juras zu einem Aufstand der Aristokratie. Kaiserin Adelheid unterbrach ihre letzte Pilgerfahrt, um im Königspalast in Orbe in der Waadt Halt zu machen und ihren Neffen mit dem Reichsadel zu versöhnen. Fortan sicherte sich der Herrscher die Unterstützung der Kirchen namentlich zwischen dem Jura und den Alpen, wo es ihm gelang, das Aufkommen grösserer Territorialmächte zu verhindern. Jedenfalls ist es schwierig, eine genealogische Verbindung zwischen der königlichen Entourage oder den Notabeln des Reiches und den späteren regionalen Herrscherfamilien herzustellen. Wahrscheinlich waren es schliesslich zweitrangige, Rudolf III. nahestehende Personen, die sich lokal durchzusetzen vermochten. So sind beispielsweise die Herren von Mont im Waadtland bereits Ende des 10. Jahrhunderts belegt, was vom Beginn eines gewissen herrschaftlichen Aufschwungs zeugt. Diese Herren verfügten wie andere auch über ein Gebiet, in dem sie den von ihnen beherrschten Bauern Schutz boten, in diesem Fall etwa – so ist es überliefert – im «Dorf der heiligen Maria, welches man Burg Mont nennt» («vico sancte Mariae que dicitur castello Mont»).[30] Im Laufe der Bildung solcher Verhältnisse kamen allmählich ortsspezifische Familiennamen und ein Lehnsvokabular mit Wörtern wie «Vasalle» und «Lehen» (*feodum*) auf; zudem wurden erste Stadtbefestigungen und Burgen gebaut. Der von den beiden letzten Rudolfingern geführte Kampf gegen entstehende lokale Herrschaften, der wie ein spätes Echo aus der Karolingerzeit erscheint, bremste den gesellschaftlichen Prozess der Feudalisierung jedoch stark. Dies zeigen im 11. Jahrhundert die vielen Ländereien in freiem Besitz, deren Bauern noch von keinem Herrn abhängig waren, oder die Regelung von Konflikten durch gerichtliche Versammlungen.

Möglicherweise stützte sich die Herrschaft der Rudolfinger auch auf die Kontrolle der Strassen, insbesondere der Pässe: Dies würde bestimmte politische Vorstösse, etwa die Unternehmungen zur Erlangung der Krone Italiens durch Rudolf II., erklären. Die Schenkung Rudolfs III. an seine zweite Frau Irmingard im Jahr 1011 enthielt Orte an der

### Die mythologische Königin Bertha

Zu Lebzeiten hinterliess Bertha († 955/962) kaum Spuren in der Geschichte, posthum aber erlangte sie aussergewöhnlichen Ruhm: Im 12. Jahrhundert stellten sich die Mönche von Payerne, welche die Unabhängigkeit von Cluny anstrebten, unter ihren Schutz und verfassten das «Testament der Königin Bertha», eine feierliche Schenkungsurkunde. Bei dieser handelt es sich nur um eine von vielen Fälschungen, die sich den guten Ruf der Königin zunutze machten. Sicher als Folge dieser Inanspruchnahme, aber auch weil andere Stifterinnen – die Mutter Karls des Grossen und die Frau von Kaiser Heinrich IV. – denselben Namen trugen und dieser dadurch einen besonderen Klang erhielt, wurde Bertha ab dem 14. Jahrhundert unverhofft als Gründerin von Kirchen wie St. Ursen in Solothurn oder Notre-Dame in Neuenburg ausgegeben und später, mit der Tour de Gourze bei Lausanne am Genfersee oder mit den Befestigungsanlagen des Städtchens Cudrefin am Neuenburgersee, gar zur Schlosserbauerin. Diesen Ruf, in den seit dem 17. Jahrhundert Elemente der sagenhaften Spinnerin Perchta einflossen, welche ihrerseits Ähnlichkeiten mit der Figur der Frau Holle besitzt, behielt sie bis ins 20. Jahrhundert. Im jungen Kanton Waadt, wo man Königin Bertha seit der im Jahr 1803 erlangten Unabhängigkeit glorifizierte, glaubte man 1817 ihren Körper gefunden zu haben und errichtete ihr in Payerne ein Grabmal. All diese Überlieferungen wurden schliesslich 1947 im Buch *La reine Berthe et sa famille* des Schweizer Schriftstellers Charles-Albert Cingria versammelt; das gut informierte, aber die historischen Fakten stark überzeichnende Werk stellt den literarischen Höhepunkt des Mythos der Königin dar.

---

Strasse über den Grossen St. Bernhard bis hin nach Neuenburg, das bei dieser Gelegenheit zum ersten Mal erwähnt wird. Diese Orte lagen an einem bevorzugten Weg der von Rom gen Norden wandernden Pilger. Noch 1027, als sich abzeichnete, dass er keine Nachkommen haben würde, und als er seine Macht nurmehr passiv ausübte, schloss Rudolf III. ein Abkommen zur Alpenüberquerung mit dem dänischen König Knut, der ihn zu diesem Anlass als «Beherrscher der höchsten Gipfel» («Qui maxime ipsarum clausarum dominator») bezeichnete.[31]

Doch die kirchenfreundliche Entwicklung und das Fehlen von Dynastien mit grossen Ambitionen – abgesehen von den aussterbenden Rudolfingern – stellten keine Friedensgarantie dar: Der zwischen seiner Treue zum König und seinen Verbindungen zu Kaiser Heinrich II. hin und hergerissene Bischof Heinrich von Lausanne wurde 1018 von Getreuen König Rudolfs III. umgebracht und durch einen nahen Verwandten des Herrschers ersetzt. Die Gewaltakte rund um die Absicht der nachfolgenden Kaiser, sich als Erben von Rudolf III. bestätigen zu lassen, führten zu einem harten Kampf um die Nachfolge im Burgund. Kaiser Konrad II. griff nach dem Tod von Rudolf rasch ein und liess sich 1033 in der Abtei Payerne zum König von Burgund krönen und in Genf bestätigen. Doch der

Adel war gespalten. Bis 1037 litten das Unterwallis, Murten, Neuenburg, das Schloss von Joux im heute französischen Jura und andere Orte unter blutigen Kämpfen, bei denen sich der Kaiser und ein Bewerber aus der Verwandtschaft der Rudolfinger, Odo II. von Blois, gegenüberstanden.

Angesichts der ansonsten weitgehend fehlenden Quellen stellen die Erwähnungen dieser wenigen Orte gewaltsamer Auseinandersetzungen neben literarischen Schilderungen – vor allem in Form von Gedichten – wichtige Indizien für heftige, wohl bedeutsame Kämpfe dar. Bemerkenswerterweise verschwinden Neuenburg und Murten während eines Jahrhunderts aus den Quellen – vielleicht ein Zeichen für radikale Zerstörungen. Auch wenn Odos Tod auf dem Schlachtfeld den Sieg des kaiserlichen Lagers markierte, war der Widerstand des ehemaligen Burgunderreichs gegen eine Annexion so gross, dass es geschont wurde: Ein 1038 in Solothurn organisierter Hoftag – die Quellen sprechen von einem «generale colloquium» – bestätigte feierlich die Gewohnheitsrechte des Burgunds und inthronisierte den Sohn des Kaisers, den zukünftigen Kaiser Heinrich III., der gleichenorts gekrönt wurde.

Dass die Kirche von Lausanne zwischen 1032 und 1037 eine Art Provinzkonzil mit den Erzbischöfen und Bischöfen der Provinzen Vienne und Besançon organisierte, um einen Gottesfrieden *(pax dei)* auszurufen, kann als Zeichen für die politische Verhärtung und Wirrnis dieser Jahre gedeutet werden. Der Organisator der Synode, Bischof Hugo, war ein naher Verwandter des verstorbenen Königs Rudolf III., den Hugo auch in seiner Kathedrale bestatten liess. Das Konzil wurde abseits des Erbfolgekrieges abgehalten und versammelte in Montriond unterhalb von Lausanne die vom Ende des alten Königreichs am stärksten betroffenen Bischöfe. Auf seine Weise symbolisierte es – wie der Hoftag in Solothurn – eine Art Weiterführung des untergegangenen Königreichs.

### Die Schweiz im Heiligen Römischen Reich

Innert eines Dreivierteljahrhunderts wurde das ganze Gebiet der heutigen Schweiz ins Heilige Römische Reich integriert. Nach Ottos Krönung zum Kaiser des neuen, das Ostfrankenreich und das Königreich Italien umfassenden Reichs im Jahr 962 fielen zuerst die östlichen und südlichen Teile an ihn, nach dem Burgunder Erbfolgekrieg in den Jahren 1032 bis 1038 auch der westliche Teil, wobei das Königreich Burgund in gewissem Sinne schon zuvor zum Heiligen Römischen Reich gehört hatte: Die Burgunder Bischöfe nahmen an den vom Kaiser einberufenen Synoden teil, und die Kaiser bestätigten wichtige Entscheide des Königs von Burgund – so zum Beispiel Heinrich II. im Jahr 1000 die Schenkung von Moutier-Grandval an das Bistum Basel durch König Rudolf III. im Jahr zuvor. Die Burgunderkönige liessen sich auch für militä-

**Kloster Romainmôtier (VD)**, © *Photo Claude Bornand, Lausanne.* — Romainmôtier ist das älteste auf Schweizer Boden erbaute Kloster; es entstand wohl um die Mitte des 5. Jahrhunderts. Nach einer bewegten Geschichte in den ersten Jahrhunderten seines Bestehens wurde es im 10. Jahrhundert zum Cluniazenserpriorat und erlebte eine bis ins 15. Jahrhundert andauernde Blütezeit. Als Lieblingsort zweier grosser Äbte von Cluny, Majolus und Odilo, erhielt Romainmôtier zwischen 990 und 1030 eine prächtige, im Wesentlichen bis heute erhaltene Kirche.

rische Feldzüge einspannen, etwa um im Gegenzug die Erlaubnis zu erhalten, selbst einen Nachfolger bestimmen zu können. Die Zusammenkünfte der beiden Herrscher waren jeweils Zeichen der Unterwerfung des Königs von Burgund unter den Kaiser. So reiste der betagte Rudolf III. 1027 nach Rom und nahm an der Krönung von Kaiser Konrad II. teil.[32]

Das Gebiet der Schweiz befand sich also in einem machtpolitischen Umfeld, das an die frühe Karolingerzeit erinnert – mit drei markanten Unterschieden: der im Heiligen Römischen Reich ständig präsenten Möglichkeit eines Wiederauflebens des Königreichs Burgund – auch Königreich Arelat genannt – als Fortführung des ehemaligen Rudolfingerreichs, der fehlenden räumlichen Mobilität der weltlichen Eliten, die sich nun auf ihren Lehen fest installierten, und der Rivalität zwischen Papst und Kaiser.

Die feierliche Bestätigung der Bräuche des Königreichs Burgund am Hoftag in Solothurn im Jahr 1038 trug zur Entstehung eines gewissen regionalen Bewusstseins bei und liess den Grenzverlauf zwischen Burgund und dem Heiligen Römischen Reich zu einer besonderen Herausforderung werden. Die Gründung von Städten und Klöstern erfolgte hier wohl in höherer Dichte als anderswo und hatte stets eine grössere politische Tragweite.

Es waren zumeist einheimische Familien, die sich die – nun immer öfter erbliche – Gunst des Kaisers sicherten: Das Schweizer Mittelland dominierten die Grafen von Lenzburg, deren Dynastie 1173 ausstarb, sodann bis 1218 die Zähringer und bis 1264 die Grafen von Kyburg. Anschliessend stritten sich Habsburger und Savoyer um dieses Erbe; beide deutschsprachigen Familien erhielten Güter und Ämter sowohl beidseits der Sprachgrenze als auch der politischen Grenze zwischen dem Königreich Burgund und dem Heiligen Römischen Reich.

Die Rivalität zwischen den weltlichen Herrschern und der Kirche verleiht der Geschichte der «Schweiz» von der Mitte des 11. bis zur Mitte des 13. Jahrhunderts chaotische Züge. Der gelegentlich einen Anschein von Harmlosigkeit verbreitende Charakter einzelner überlieferter Anekdoten kann nicht über die Gewalt hinwegtäuschen, die de facto herrschte: Der päpstliche Legat Bernhard von Marseille wurde 1077 im Schloss Lenzburg inhaftiert;[33] 1238 wurde der aus Brüssel stammende Lausanner Bischof Bonifatius Opfer eines aggressiven Übergriffs, angestiftet durch die Behörden der Reichsstädte Bern und Murten, was bald darauf zu seinem Rücktritt führte.[34] Die vielen Gewaltakte, die in den Biographien der Bischöfe auftauchen, sind geradezu typisch für jene Zeit der Zugehörigkeit zum Heiligen Römischen Reich: Die Hälfte der Bischöfe von Basel und Lausanne in diesen beiden Jahrhunderten übte kein «normales» Bischofsamt aus, also eines, das mit einem friedlichen Tod im Bistum zu Ende ging. Es gelang ihnen nicht, geweiht zu werden, sie mussten zurücktreten oder starben im Krieg, sei es hierzulande oder in Italien im Dienst des Kaisers. 1179, im Jahr des dritten Laterankonzils, das den endgültigen Sieg des römischen Papstes im zwanzigjährigen Kampf gegen Kaiser Friedrich Barbarossa brachte, wurden die Bischöfe sämtlicher «Schweizer» Sitze – inklusive Konstanz – ausgetauscht. Eine Ausnahme bildete Genf, wo der Bischof schon lange vor diesem Kampf im Amt war.

### Das Heilige Römische Reich als Quelle der Macht

Die Rechte, über die eine Stadt, ein Kloster oder eine Herrschaft verfügte, waren nach damaligem Verständnis ursprünglich stets kaiserlich, unabhängig davon, ob ein Herrscher sie je formell wirklich gewährt hatte oder nicht. So prägten die Bischöfe ab dem 11. Jahrhundert Münzen mit Motiven aus dem Karolingerreich, auch wenn nur

> «Im Jahre des Herrn 1033 feierte Kaiser Konrad mit König Heinrich, seinem Sohne, das Geburtsfest des Herrn in der Stadt Strassburg. Von hier aus drang er mit seinem Heeresaufgebot über Solothurn in Burgund ein, wurde nach seiner Ankunft im Kloster Peterlingen am Feste der Reinigung Mariens von grossen und kleinen Herren des Reiches zum Herrscher von Burgund erwählt und noch am gleichen Tage zum Könige gekrönt. Dann belagerte er einige der von Odo besetzten Burgen, aber das harte Winterwetter behinderte ihn damals schwer. [...] Das aber war für den Kaiser noch kein Grund zum Abbruch des Kampfes. Auf seinem Rückwege wandte sich der Kaiser nach der Burg Zürich. Hier traf er auf viele Burgunder, die eben verwitwete Königin von Burgund, Graf Humbert und andere, die infolge Odos feindlicher Haltung den Kaiser nicht in Burgund hatten aufsuchen können und ihren Weg über Italien genommen hatten; sie huldigten, verpflichteten sich eidlich ihm und seinem Sohne, König Heinrich, und kehrten dann aufs Reichste beschenkt wieder heim.»*

Der Beginn des Burgunder Erbfolgekrieges aus der Sicht von Wipo, möglicherweise ein Solothurner, Hofkaplan der Kaiser Heinrich II., Konrad II. und Heinrich III., zit. nach: Werner Trillmich / Rudolf Buchner (Hg.), Quellen des 9. und 11. Jahrhunderts zur Geschichte der hamburgischen Kirche und des Reiches, Darmstadt 1961, S. 592–593.

---

* «Anno Domini MXXXIII. imperator Chuonradus cum filio suo rege Heinrico natalem Domini in Argentina civitate celebravit. Inde collecto exercitu per Solodurum Burgundiam intravit et veniens ad Paterniacum monasterium in purificatione sanctae Mariae a maioribus et minoribus regni ad regendam Burgundiam electus est et in ipsa die pro rege coronatus est. Deinde quaedam castella quae Uodo invaserat, obsedit, sed propter nimiam asperitatem hiemis, quae tunc fuerat, valde impediebatur. [...] Vix haec causa fuit, quod caesar bella reliquit. Imperator reversus ad Turicum castrum pervenit; ibi plures Burgundionum, regina Burgundiae iam vidua et comes Hupertus et alii, qui propter insidias Uodonis in Burgundia ad imperatorem venire nequiverant, per Italiam pergentes occurrebant sibi et effecti sui fide promissa per sacramentum sibi et filio suo Heinrico regi mirifice donati redierunt.»

**Grabplatte eines heiligen Bischofs ohne Namen, Cham (ZG), Pfarrkirche St. Jakob. Sandstein, Kopie aus dem 17. Jahrhundert wohl nach einer Grabfigur des 12. Jahrhunderts; Photo aus dem Bestand des Eidgenössischen Archivs für Denkmalpflege** *(Schweizerische Nationalbibliothek).* — Die in Hochrelief präsentierte Lebendfigur des Bischofs zeigt diesen mit niedriger Mitra auf dem kurzbärtigen Haupt, gekleidet in Albe, Stola, Manipel und Glockenkasel mit aufgelegtem Pallium. Die Linke hält das 1867 erneuerte Pedum, die Rechte ist im Lehrgestus segnend erhoben. Der Ornat sowie die strenge Linienführung und Axialität belegen, dass es sich um die Kopie eines mittelalterlichen Originals wohl des 12. Jahrhunderts handeln muss. Um jenen in Cham verstorbenen Bischof auf Pilgerschaft, von dem weder Name noch Bischofssitz überliefert sind, konnte sich im Lauf der Zeit ein erstaunlicher Kult etablieren.

einzelne von ihnen – etwa der Bischof von Chur – das Recht dazu explizit erhalten hatten.

Der Kaiser konnte weitreichende Entscheide für die Zukunft einer Region oder Familie fällen, etwa wenn er Pfleger *(curatores)* und Kastvögte für Klöster oder Stifte ernannte oder eine Nachfolge regelte. So kam Friedrich Barbarossa 1173 persönlich nach Lenzburg, als die dort ansässige gleichnamige Familie ausstarb. Die Beziehungen zum nicht sesshaften und oft weit entfernt liegenden Kaiserhof waren entscheidend, um Bürgschaften und Begünstigungen wie Einladungen zur Teilnahme an Hoftagen oder Synoden zu erhalten. Ebenso wichtig war es, den Kaiser bei seinen militärischen Unternehmungen, etwa in der Lombardei oder im Osten, zu unterstützen. Auch über die Kunst wurde eine – indes vor allem symbolische – Nähe zum Kaiser gesucht. Von Graf Rudolf von Neuenburg († 1196) bis hin zu Graf Werner von Homberg († 1320) partizipierten zahlreiche adlige «Schweizer» Herren an den Dichterzirkeln der Minnesänger, und es liegt nahe, hinter einer literarischen und musikalischen Tätigkeit die politische Absicht zu vermuten, in die Nähe des Kaisers zu gelangen. Denn ähnlich wie bei Ritterturnieren hatte dieser auch bei den damals beliebten Wettstreiten der Dichter den Vorsitz – wenn nicht realiter, so doch zumindest symbolisch.[35]

In ökonomischer Hinsicht bestand das Heilige Römische Reich aus einem grossen Patrimonium – in erster Linie Ländereien –, dessen Verteilung – durch Akte der Abtretung oder Usurpation – den Klöstern und Bistümern ebenso wie den Städten und Herrschaften Reichtum einbrachte. Es dauerte ungefähr dreihundert Jahre, vom Anfang des 11. bis zum 14. Jahrhundert, bis dieser Verteilungsprozess mehr oder weniger abgeschlossen war und die einzelnen regionalen Amtsträger eine weitgehende Unabhängigkeit vom Reich erlangt hatten. Um nur eines von zahlreichen Beispielen zu nennen: Erst ab etwa 1310 verschwanden in der Region Broye die kaiserlichen Beamten, die sich um die Interessen des Klosters Payerne oder der Stadt Murten gekümmert hatten.

Die Verteilung des kaiserlichen Patrimoniums im Gebiet der heutigen Schweiz erfolgte im Lauf der Jahrhunderte kaskadenartig: So machte etwa Kaiser Otto III. im Jahr 994 der Abtei Selz im Elsass – einer Gründung seiner Grossmutter, der Kaiserin Adelheid – eine grosse Schenkung, bestehend aus Ländereien und Rechten in der Nähe von Burgdorf und Thun. Selz brauchte wiederum ein halbes Jahrtausend, um diese Güter an lokale Herren wie die Thorberg und Wädenswil sowie an die Stadt Bern oder Klöster wie die Chorherrenstifte Interlaken, Amsoldingen und Därstetten zu veräussern.

Die Herkunft dieser Vermögen ging indes nicht vergessen. So betonte 1310 der Herr von Wädenswil, dass seine Familie die Rechte, die er dem Kloster Interlaken angeboten hatte, «bis anhin von den ↑Römischen Königen oder vom Römischen Reich, und somit von der heiligen Adelheid und anderen» zu Lehen gehabt hätte («que vel quas hactenus a Romanis regibus seu ab imperio Romano, tam in bonis sancte Adelheidis et quam aliis, in feodum tenuimus»).[36]

Die Distribution der kaiserlichen Güter ging mit der Urbarmachung der zugehörigen Gebiete einher. Die Zunahme des Ackerlandes seit dem Jahr 1000 hatte offensichtlich mit dem damals – im Vergleich zum Frühmittelalter – milderen Klima und der Bevölkerungszunahme zu tun und betraf oft Wälder und Berggebiete, die dem Kaiser als oberstem Lehnsherren gehörten.

Das Konzept des Reiches *(imperium)* mit seinem Herrschaftsanspruch und seiner Legitimität wurde nicht nur von den Herrschern des Heiligen Römischen Reichs, also von den karolingischen oder römisch-deutschen Kaisern, in Anspruch genommen, sondern auch von den Königen des Ostfrankenreichs oder den Rudolfingern. Brüche in der institutionellen oder dynastischen Kontinuität vermochten daran nichts zu ändern, wobei auch die Renaissance des römischen Rechts und die Integration von Bestimmungen zeitgenössischer Herrscher, etwa Kaiser Friedrich Barbarossas, in die antiken Regelwerke zu dieser Inanspruchnahme beigetragen haben mögen.

Im 12. Jahrhundert entstand auf diese Weise eine Art imaginäre Legitimität, für die einstige Herrscher unterschiedlichster Provenienz herhalten mussten.[37] Die Grenzen des Bistums Konstanz wurden etwa mit Dagobert I., einem Frankenkönig aus dem 7. Jahrhundert, legitimiert, die Gründung des Fraumünsters Zürich mit Karl dem Grossen. Nicht selten handelte es sich bei solchen mit Bezug auf angebliche ehemalige Herrscher begründeten Ansprüchen um reine Erfindungen. Die Verleihung der Herrschaftsrechte an den Bischof von Sitten, «Graf und Präfekt des Wallis», wurde der Dankbarkeit Karls des Grossen zugeschrieben; eine ganze Reihe liturgischer Texte wurde in Sitten nur dazu geschaffen, Herrschaftsansprüche auf bestimmte Gebiete mit Karl dem Grossen in Verbindung zu bringen, dem von düsteren Legenden umrankten Monarchen, der durch die mythische Gestalt des im 4. Jahrhundert lebenden heiligen Theodul, des ersten Bischofs von Martigny, von seinen Sünden erlöst worden sein soll. Das Testament der zwischen 955 und 962 verstorbenen Königin Bertha von Burgund wurde von den Mönchen in Payerne im 12. Jahrhundert so umgearbeitet, dass es als Legitimation ihres Gesuchs um Autonomie gegenüber Cluny zu dienen vermochte.

Die Legitimität des «Reiches» im weitesten Sinne blieb letztlich bis in die Zeit des ↑Ancien Régime erhalten, ja die damit verbundenen Ansprüche trotzten sogar noch dem offiziellen Ende des Heiligen Römischen Reiches im Jahr 1806: Die Bischöfe von Sitten und Lausanne bezeichneten sich bis 1875 beziehungsweise bis 1891 als «Fürsten des Heiligen Römischen Reiches».

Die Gelegenheiten, bei denen der Kaiser auf dem Gebiet der heutigen Schweiz persönlich eingriff oder seine direkten Vertreter entsandte, waren selten: Im Burgunder Erbfolgekrieg (1032–1038) und in den Jahren bis 1045, als die neue Macht noch instabil war, intervenierten die Kaiser Konrad II. und Heinrich III.; Kaiser Heinrich IV. kämpfte gegen den Rivalen, den ihm die Papsttreuen eingebrockt hatten, den Gegenkönig Rudolf von Rheinfelden (1077–1080) – letzteres Ereignis verlieh insbesondere Zürich den Glanz einer Königspfalz, denn die Stadt diente nicht nur als Konferenzstätte, sondern auch als Rückzugsbasis und Aufenthaltsort Heinrichs IV. Paradoxerweise sollte aber erst, als das Reich hierzulande nur noch über eine geringe Machtbasis verfügte, ein Herrscher eine wirklich grosse politische und militärische Rolle spielen: Rudolf I. von Habsburg in seinen letzten Jahren, 1281 bis 1291.

Auch die Bedeutung der zahlreichen kaiserlichen militärischen Operationen dieser Zeit – von Neuenburg im Jahr 1034 bis Bern im Jahr 1288 – ist nicht zu hoch anzusetzen, selbst wenn diese gelegentlich von wichtigen politischen und wirtschaftlichen Massnahmen flankiert waren; etwa der durch Heinrich IV. geleisteten Übertragung der grossen kaiserlichen Güter von Lavaux auf den Bischof von Lausanne, um diesen für seine Hilfe gegen Rudolf von Rheinfelden zu entschädigen. Ungleich folgenreicher für die spätere Geschichte der Schweiz war eine andere obrigkeitliche Massnahme: die im Jahr 1127 durch den römisch-deutschen König Konrad III. getroffene Erbfolgeregelung der Grafen von Burgund – eine Nachfolge, die später mit der Vergabe des Titels «Rektor von Burgund» (*rector Burgundiae*) einhergehen sollte. Diese Erbfolgeregelung fiel zugunsten der Zähringer aus, eines schwäbischen Geschlechts, Erben der Grafen von Rheinfelden, mit grossem Besitz im Mittelland.

Während die Herrschaft der Grafen von Burgund sich von West nach Ost ausdehnte und ihr Einfluss sich abschwächte, je weiter man sich vom Jura entfernte und in die Nähe der Aare und der deutschsprachigen Gebiete kam, entfaltete sich die Herrschaft der Zähringer[38] in umgekehrter Richtung, von Ost nach West. Die Zähringer zogen vielfach den Zorn lokaler Adelsfamilien auf sich; gelegentlich kam es sogar zu Aufständen, wie Gedächtnisinschriften zeigen. Der Hintergrund dieser Konflikte lag in der Siedlungspolitik dieses Geschlechts: An der Ostgrenze Burgunds liessen sie neue Städte erbauen, von denen sie sich viel erhofften, darunter Freiburg (gegen 1157) und Bern (gegen 1191). Die rasche Entwicklung dieser beiden Städte veränderte das regionalpolitische Gleichgewicht; zugleich breitete sich das Recht der Zähringerstädte[39] im ganzen Mittelland aus, was die Stadtrechte der deutsch- und französischsprachigen Städte aneinander anglich. Erfolge und Misserfolge der Zähringerdynastie betrafen weite Teile des Gebiets der heutigen Schweiz, vom Genfersee bis nach Zürich, über die Sprachgrenze hinweg.

Ein interessantes, aber schwieriger zu bewertendes Ereignis stellt die nicht genau datierbare Belehnung der Grafen von Lenzburg in der Leventina und im Bleniotal durch Konrad III. – vermutlich zu Beginn von dessen Regierungszeit (1138–1152) – dar. Dieser Schritt ist möglicherweise vor dem Hintergrund der Verkehrspolitik des Reichs zu sehen: Die Kontrolle des Lukmanierpasses und die Aussicht auf die Erschliessung weiterer Verkehrswege könnten dabei eine Rolle gespielt haben. Auf jeden Fall liessen 1182, kurz nach dem Aussterben der Grafen von Lenzburg, die Vertre-

### Friedrich Barbarossa und das feudalistische Gesellschaftsmodell

In den Jahren 1154 und 1158 berief Kaiser Friedrich I., genannt Barbarossa (um 1122–1190), in Absprache mit Rechtsgelehrten der Universität Bologna zwei Hoftage nach Roncaglia nahe Piacenza in Oberitalien ein.[40] Die in diesem Rahmen getroffenen Entscheide, die sich kaum eindeutig dem einen oder anderen der beiden Hoftage zuordnen lassen, zeichnen das Bild einer Gesellschaft, in der Friedrich I. Gesetzgeber nach antikem Vorbild ist. Einige Bestimmungen liess der Kaiser sogar in den *Codex Iustinianus* – einen der vier Teile des *Corpus Iuris Civilis* aus den Jahren 528 bis 534 – einfügen, darunter insbesondere das sogenannte Scholarenprivileg, die *authentica habita*. Friedrich I. ernannte sich selbst zum obersten Hüter des Friedens und begründete eine auf der Grundlage des regionalen Gleichgewichts beruhende Reichspolitik, die besonders während der Landfriedensbewegung (↑Landfrieden) im 13. Jahrhundert ihre Wirkung entfalten sollte. In Roncaglia übernahm er theoretisch die Kontrolle über die Übertragungen kaiserlicher Rechte und entwarf eine feudale Pyramide, an deren Spitze er selbst stand. Bei allen Vertragsabschlüssen im Reich sollten die Rechte des Reiches von nun an ausdrücklich gewahrt bleiben. Mit diesen Satzungen beabsichtigte Friedrich I., die Wiederherstellung der kaiserlichen Rechte zu begünstigen und die Ambitionen der Städte Norditaliens im Zaum zu halten. Die Niederlage Friedrichs I. gegen Mailand und das Papsttum schadete der Verbreitung der in Roncaglia getroffenen Beschlüsse. Die drei wichtigsten Texte – die für den Prozess der Feudalisierung Modellcharakter besassen – galten bis zu ihrer Wiederentdeckung im Jahre 1967 als verschollen.

**San Materno d'Ascona (TI), Majestas Domini, Fresko, vermutlich 12. Jahrhundert**, © *Photo Repubblica e Cantone Ticino, Ufficio dei beni culturali*. — Die aussergewöhnliche künstlerische Qualität des Freskos verweist auf den Einfluss Mailands und internationaler Kunstströmungen. Ascona gehörte zeitweise zum Bistum Mailand, wovon der Schutzheilige der Kirche, Maternus, zeugt, ein Mailänder Erzbischof am Beginn des 4. Jahrhunderts. Die romanische Kirche San Materno war Bestandteil einer Schlossanlage, die bis ins 12. Jahrhundert als Sitz einer bedeutenden Herrschaftsfamilie, der «de Castelletto», diente.

ter des Mailänder Domkapitels die Talschaften von Blenio und der Leventina den sogenannten «Schwur von Torre» ablegen – der Name leitete sich von einer dem Heiligen Römischen Reich wohlgesinnten Herrschaft im Bleniotal ab. Dieser gegenüber den kaisertreuen Adligen wie den Torre sehr feindselig formulierte Text beinhaltet Themen, die hundert Jahre später, im Kontext der Entstehung der Eidgenossenschaft, verblüffend ähnlich wieder in den Quellen auftauchen, wie die angedrohte Zerstörung neuer Burgen oder Bestimmungen bezüglich der Herkunft von Beamten.[41] Während es für das Mailänder Domkapitel um die Wiederherstellung seiner Herrschaft ging, konnten die Talschaften auf diesem Weg ihre politischen Rechte innerhalb der Gemeinden stärken und ihren Grundbesitz ausbauen.

### Zwischen Heiligem Römischem Reich und Papsttum

Nicht alle Ereignisse und Charakteristika der Zeit lassen sich geradlinig auf den Kaiser und seine politischen Ziele und auf den kaiserlich-päpstlichen Antagonismus zurückführen. Zweifelsohne hatten diese Umstände aber einen massgeblichen Einfluss auf viele Lebensbereiche, gerade auch in kultureller und geistlicher Hinsicht. Genannt seien hier nur die Gründung neuer geistlicher Orden oder der Übergang zur gotischen Architektur. Zisterzienser, Prämonstratenser und Kartäuser kamen in grosser Zahl von Westen her, aus dem Burgund oder der Dauphiné, und ihre im Vergleich zu anderen Ländern frühzeitige Ankunft hatte weitreichende Folgen: Das dichte Netz von Klöstern mit den zu diesen gehörenden Ökonomiegebäuden, das die Landschaft bald überzog, liess die Anzahl landwirtschaftlicher Betriebe in die Höhe schnellen; ebenso erlebten gewerbliche Zentren, die sich rund um das Berg- und Hüttenwesen gebildet hatten, einen Aufschwung. Bedeutsam waren die Klöster der erwähnten Orden auch in Hinblick auf die Entwicklung der Schriftkultur: Besonders in Konfliktfällen wurde dort häufiger als in anderen kirchlichen oder weltlichen Herrschaftszentren Gebrauch von schriftlichen Dokumenten gemacht.

Die zunehmend professionelle Organisation der geistlichen Orden hatte auch eine politische Dimension, die in der Geschichte einzelner Institutionen durchscheint. Die Gründung von abhängigen Klöstern durch den heiligen Bernhard von Clairvaux war nicht zuletzt ein Mittel, die Zähringer daran zu hindern, aus ihrer Einsetzung als Erben der Grafen von Burgund vollen Nutzen zu ziehen, und diente zugleich dazu, die Rivalen der Zähringer, etwa die Grafen von Genf, zu schützen. Mit dem Ausbau seines Ordens unterlief Bernhard im Grunde einen Beschluss des Kaisers – zumindest in Krisenzeiten stand der Orden dem Papst also näher als dem Kaiser. Ganz im Sinne der politischen Absichten Bernhards lenkte die Präsenz der vielen Zisterzienserklöster die Aufmerksamkeit zeitgenössischer Beobachter gegen Westen und Süden, in Richtung der später entscheidenden Achse Italien–Frankreich.

In jenem Gebiet, das aus dem «Schweizer» Teil des Königreichs Burgund, dem Herzogtum Schwaben und den «Tessiner» Tälern bestand, war das Kloster St. Gallen für lange Zeit das einzige bedeutende Zentrum der Schriftkultur. Die Mönche Notker der Deutsche († 1022) und Ekkehard IV. († gegen 1056) waren herausragende Verfasser liturgischer und historischer Texte und setzen Massstäbe hinsichtlich der Übersetzung und der Aktualisierung von Texten aus der Antike, etwa von Boethius, Martianus Capella oder Terenz. Ab der zweiten Hälfte des 11. Jahrhunderts verlor St. Gallen seine Bedeutung als Hort der Kultur. Rund hundert Jahre später sollte das Kloster Einsiedeln mit seinem Schrifttum und der Modernisierung der Musiknotation sowie als liturgisches Zentrum zu einem, wenn auch bescheideneren Nachfolger St. Gallens werden.

In Payerne und in Romainmôtier im Waadtland liess der von den Burgunderkönigen und den Kaisern stark geförderte Cluniazenserorden imposante Kirchen erbauen. Es waren Orte, an denen sich die Äbte von ihren anstrengenden Aufenthalten in Cluny erholten. Von einem regen Geistesleben war hier allerdings – wie übrigens auch in Saint-Maurice oder in Bischofsstädten wie Genf und Lausanne – wenig zu spüren, sieht man einmal von den Jahren 1144 bis 1159 ab, dem Episkopat des berühmten Theologen Amadeus von Lausanne.

In architekturgeschichtlicher Hinsicht geschah Bedeutendes: Gegen Ende des 12. Jahrhunderts wurde mehr und mehr der aus Frankreich und England stammende gotische Stil übernommen. Die dadurch häufig bewirkten stilistischen Brüche in der Baugeschichte von Kirchen konnten wiederum politische Gründe haben: Mit dem Entscheid, einen Sakralbau nach französischer oder englischer Art zu gestalten, also gewissermassen eine verkleinerte Version der riesigen in den beiden Königreichen entstandenen Kathedralen zu schaffen, konnte man seine Vorliebe für eine Rom nahestehende Kirche ausdrücken.

## DIE DYNAMIK DES 13. JAHRHUNDERTS

Die «Modernität» des 13. Jahrhunderts, die sich in einem wirtschaftlichen und demographischen Aufschwung, dem Trend zur Schriftlichkeit, grosser Ausstrahlung der Universitäten, bedeutenden Aktivitäten des Papstes und der geistlichen Orden, vor allem der Bettelorden, der Formulierung kommunaler Ansprüche und zunehmenden Ambitionen innerhalb der weiblichen Bevölkerung äusserte, ist natürlich keine auf das Gebiet der heutigen Schweiz begrenzte Erscheinung. Doch mag sie hier besonders gut wahrnehmbar gewesen sein, vor allem, weil neue Verkehrswege die Verbindungen zwischen den Regionen förderten und die Zunahme der Kommunikationsmöglichkeiten zu einer Aufbruchstimmung führte. All dies ermöglichte auch jenes folgenreiche politische Wagnis, das in der Gotthardregion begann: der Versuch eines nachhaltigen Bündnisses zwischen Talgemeinschaften, die so handelten, als wären sie souverän.

### Die Schriftlichkeit

Im Gegensatz zur Antike beruhte die Verwaltung zur Zeit des Frühmittelalters nicht auf Schriftlichkeit; auch die Karolingerzeit mit ihren spärlichen kirchlichen Aufzeichnungen bildet diesbezüglich nur eingeschränkt eine – vor allem in St. Gallen spürbare – Ausnahme. Selbst im Hochmittelalter blieben schriftliche Dokumente bis in die ersten Jahrzehnte des 13. Jahrhunderts selten, obgleich von den Cluniazenser- (Romainmôtier) und den Zisterzienserklöstern Impulse in Richtung einer Verschriftlichung ausgingen. Doch dann erfolgte in den grossen kirchlichen Institutionen und später auch in weltlichen Herrschaften eine bemerkenswerte Steigerung der Urkundenproduktion und -archivierung. Im Kloster St. Gallen gibt es hundert Mal mehr erhaltene Dokumente aus der zweiten Hälfte des 13. Jahrhunderts als aus der zweiten Hälfte des 11. beziehungsweise der ersten Hälfte des 12. Jahrhunderts, und auch in der Westschweiz sind es lokal dreissig bis fünfzig Mal mehr Dokumente im späteren Zeitraum.

Jene nun zahlreichen Dokumente tragen formelhafte Züge, die immer öfter auf Aufenthalte der Verfasser an Universitäten – vielfach auf ein Rechtsstudium in Bologna – schliessen lassen. Das zeigt sich beispielsweise in Lausanne und in St. Gallen, wo zwei Gelehrte den Trend zur Schriftlichkeit massgeblich prägten: Cono von Stäffis, 1202 bis 1242 Probst von Lausanne, weilte zweimal in Paris; Ulrich von Sax, 1204 bis 1220 Abt in St. Gallen, hielt sich in Paris und in Bologna auf.[42] Offensichtlich konnte sich auch das Gebiet der heutigen Schweiz diesem europäischen Trend nicht mehr entziehen, so nahm etwa die Anzahl ehemaliger Studenten in den hiesigen kirchlichen und weltlichen Verwaltungen im Lauf des Jahrhunderts zu. Ein diesbezüglich eindeutiges Indiz ist auch die Schaffung des Amts eines bischöflichen Richters, des ↑Offizials: zunächst in Genf (1226), gefolgt von Lausanne (1245), Basel (1252), Konstanz (1254), Sitten (1271) und schliesslich in Chur (1279); diese zeitlich erstaunlich nahe beieinanderliegenden Daten zeigen, wie schnell der Übergang zur Schriftlichkeit erfolgte. Die Offizialate kontrollierten wie die grossen Herrschaftshöfe und die Verwaltungen der nichtbischöflichen Städte das Abfassen von Urkunden. Im französischen Sprachraum waren

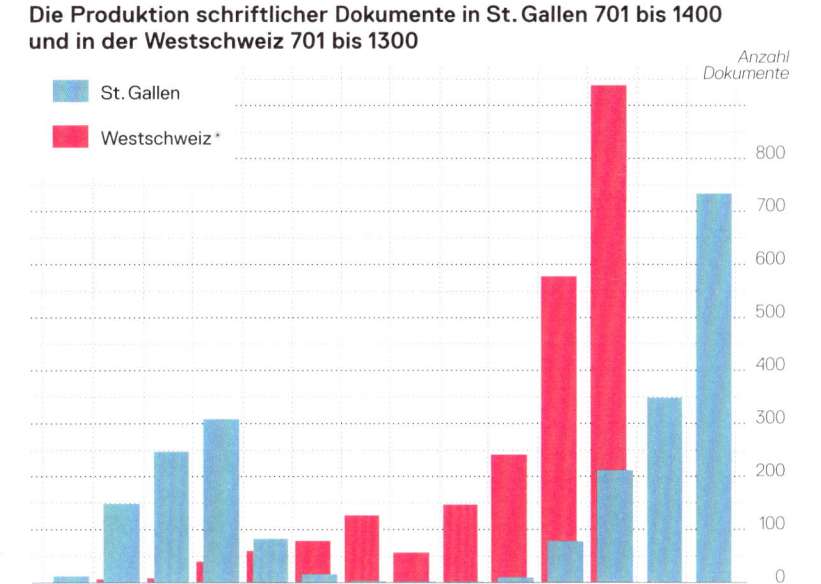

**Die Produktion schriftlicher Dokumente in St. Gallen 701 bis 1400 und in der Westschweiz 701 bis 1300**

* Das den Westschweizer Zahlen zugrundeliegende Regest bildet die Produktion von Dokumenten für den grössten Teil des Zeitraums umfassend ab, nicht jedoch für die Periode ab Beginn des 14. Jahrhunderts.

Quellen St. Gallen: Catherine Santschi, Les évêques de Lausanne et leurs historiens des origines au XVIII$^e$ siècle, Lausanne 1975, S. 90, nach: Historischer Verein des Kantons St. Gallen (Hg.), Urkundenbuch der Abtei Sanct Gallen, 4 Bde., Zürich 1863–1899; Quellen Westschweiz: François Forel, Régeste, soit répertoire chronologique de documents relatifs à l'histoire de la Suisse romande, 2 Bde., Lausanne 1862–1864; Agostino Paravicini Bagliani et al. (Hg.), Les pays romands au Moyen Age, Lausanne 1997, S. 410 (nach Forel), © 2013 Schwabe AG, Verlag, Basel, und Marc Siegenthaler, Bern.

den Offizialaten die Notare unterstellt, deren Anzahl vom 13. ins 14. Jahrhundert ebenfalls rasch zunahm.[43]

Nach dem Bereich des Urkundenwesens erfasste die Schriftproduktion bald auch die Rechnungsführung. Dabei ging es um die Aufteilung der grossen Herrschaften in einzelne Kastellaneien (↑Kastellan) oder Vogteien (↑Vogt); **die Beamten mussten ihre Verwaltungsarbeit und vor allem die Eintreibung der von den Bewohnern geschuldeten Steuern belegen.** Das Anfertigen dieser Belege ging seinerseits einher mit der Schaffung von Inventaren der lokalen Rechte, den ↑Urbaren, die als Grundlage für die Steuererhebung dienten. In ihnen wurde auch der Bodenbesitz dokumentiert, und es entstand eine Art **schriftlicher Kataster, der jede einzelne Parzelle eines Gemeinwesens erfasste.** Dank der Urbare kann das Schicksal der Ländereien und ihrer Besitzerfamilien ab dem 13./14. Jahrhundert bis in unsere Tage nachverfolgt werden. Die Urbare setzten sich in der zweiten Hälfte des 13. Jahrhunderts zuerst in den Gebieten Savoyens durch, insbesondere im Chablais südlich des Genfersees und im nördlichen Genferseegebiet. Dann breitete sich jenes «Savoyer Modell» langsam auf weitere Institutionen in der Umgebung aus. In den östlichen Landesteilen gab es – abgesehen von den Ländereien der Habsburger – solche Dokumentationen im 13. Jahrhundert noch nicht.

Die zunehmende **Bedeutung der Schriftlichkeit ist auch mit einer damals erfolgten Intensivierung der Beziehungen zu Rom in Verbindung zu bringen.** Das seit den 1170er Jahren aus dem Kampf gegen den Kaiser gestärkt hervorgegangene Papsttum hatte nicht nur – im dritten und vierten Laterankonzil 1179 und 1215 – die christlichen Glaubensinhalte neu definiert; es griff auch immer mehr in die Belange der lokalen Kirchen ein, wenn es von diesen dazu aufgerufen wurde oder indem es selber die Initiative ergriff, und stützte sich dabei auf das sich **entwickelnde kanonische Recht.** Durch die rechtlichen Anforderungen der päpstlichen Verwaltung und ihrer Kommunikation wuchs ab den 1220er Jahren die Anzahl der Dokumente auch in diesem Bereich. Parallel dazu **entwickelte sich im Verlauf des 13. Jahrhunderts ein Steuersystem, das im Dienst der grossen politischen Projekte des Pontifikats stand.** Dieses System besteuerte den Ertrag der ↑Pfründe (*beneficium*) mit meist 10 Prozent, die in die Finanzierung der politischen Unternehmungen der Päpste und weltlichen Kirchenfürsten flossen. Die Erhebung dieser Steuer wurde in spezifischen Verzeichnissen der Pfründe mit ihren jeweiligen Erträgen dokumentiert, die uns ein genaueres Bild der Bistümer mit ihren äusseren und inneren Grenzen und ihren Währungszonen – das heisst den Zonen, in denen Preise und Abgaben in einer bestimmten Währung angegeben wurden, beispielsweise in der Zürcher, Berner oder in der Lausanner Währung – zeichnen.[44] Das Bedürfnis, sich auf Schriftstücke zu stützen, abzurechnen, zu inventarisieren, zu klassifizieren – ein typisches Merkmal der Entwicklungen des 13. Jahrhunderts – wurde also von aussen in das Gebiet der heutigen Schweiz hineingetragen und entfaltete seine Wirkung zugleich von innen.

### Freiheitsbriefe und neue Städte

Der Trend zur Schriftlichkeit war von einer **Rückkehr zur Stadt** begleitet. Zwar ging es dabei nur um kleinere demographische Verschiebungen, doch konzentrierten sich die Macht und die wirtschaftliche Tätigkeit nun tendenziell in den Städten: Dies zeigte sich an alten Bischofsstädten, die sich vergrösserten, an Siedlungen in der Nähe von Klöstern, die wuchsen und sich in Quartiere aufteilten, oder – noch eindrucksvoller – an Städten, die von Grund auf neu errichtet wurden.

Die **Bischofsstädte antiken Ursprungs (Genf, Lausanne, Basel, Chur, Sitten) entwickelten sich im 13. Jahrhundert weiter;** ihre Bürger erhielten das Recht, sich politisch zu organisieren und die für Bau und Betrieb der Stadtbefestigung nötigen Steuern – vor allem auf den Wein – zu erheben. Im gleichen Zuge entwickelten sich auch die Stiftsbezirke, das heisst die klar abgetrennten Quartiere mit Wohn- und Ökonomiegebäuden eines Klosters oder Bischofssitzes, weiter. Die Kathedralen verschiedener Städte wurden mit erstaunlicher zeitlicher Übereinstimmung neu erbaut: Jene in Chur wurde 1272 neu geweiht, jene in Lausanne 1275. Diese Entwicklung erreichte auch die antiken oder mittelalterlichen Städte, die sich – wie Solothurn und Zürich – erhalten hatten oder zumindest nicht ganz verschwunden waren, wie Avenches, das im 13. Jahrhundert durch den Bischof von Lausanne neu gegründet wurde, und Windisch, das von den Habsburgern wiederaufgebaut wurde. Der Aufschwung erfasste ebenso die Siedlungen, die sich im Umkreis von Klöstern gebildet hatten, beispielsweise Luzern rund um ein Priorat der Elsässer Abtei Murbach, Payerne um ein Cluniazenserpriorat und – das herausragendste Schweizer Beispiel – St. Gallen mit seiner Benediktinerabtei.

Die grösste Veränderung jedoch brachten Städtegründungen mit sich, die quasi aus dem Nichts erfolgten – an manchen dieser Orte hatte zuvor vielleicht eine Pfarrei des Frühmittelalters oder eine Befestigung bestanden. Die Welle der Städtegründungen begann in der Mitte des 12. Jahrhunderts, hatte ihren Höhepunkt im

13. Jahrhundert und ging in der Mitte des 14. Jahrhunderts zu Ende. Gegen 1100 gab es vielleicht zwanzig Städte auf dem heutigen Gebiet der Schweiz; um 1300 waren es zehnmal mehr.

Auch wenn wichtige Städte wie Biel auf bischöfliche Gründungen – in diesem Fall des Bistums Basel – zurückgehen, waren die Stadtgründer in den meisten Fällen weltliche Herren. Sie gehörten eher Fürstenfamilien als dem lokalen Adel an. Am aktivsten waren sicher die Kyburger mit Thun, Zug, Aarau, Winterthur, Baden und Sursee, um nur einige ihrer Gründungen zu nennen, und die Savoyer Fürsten, vor allem mit den im Waadtland gelegenen Städten Rolle, Morges und Yverdon, mit Romont und Châtel-St-Denis im Freiburgerland und mit Saillon im Wallis. Zu erwähnen sind auch die verschiedenen Zweige der Herrscher von Neuenburg, die unter anderem als Gründer von Neuenburg, Le Landeron, Nidau und Büren an der Aare in Erscheinung traten. Die zwei wichtigsten neuen Städte der Schweizer Geschichte gingen jedoch auf das Konto der Zähringer und entstanden gleich zu Beginn jener Blütezeit der Städtegründungen: Freiburg in den 1150er Jahren und Bern gegen 1190.

Viele dieser Städte blieben zwar klein, jedoch nur wenige gingen gänzlich wieder ein, wie etwa Glanzenberg an der Limmat oder Arconciel an der Saane. Im Lauf von zwei Jahrhunderten wurde das Schweizer Mittelland geradezu mit Kleinstädten übersät, während die Alpentäler von diesem Phänomen nicht betroffen waren. Das durch die Städte bewirkte demographische Wachstum darf jedoch nicht überbewertet werden; der weitaus grössere Anteil der Bevölkerung lebte nach wie vor auf dem Land. Es war auch nicht die Anzahl der Einwohner, die eine Stadt definierte. Von Bedeutung waren vielmehr – wie bereits erwähnt – die den Städten zugebilligten Rechte und zudem die Fläche des überbauten Raumes. Die Ausdehnung dieser Fläche wurde in der Regel bereits im Rahmen der Gründung mitbestimmt, oder sie war das Ergebnis von zwei, drei Phasen städtebaulicher Tätigkeit. Bis ins 19. Jahrhundert sollte sich dieser Raum kaum mehr verändern, im Gegensatz zur Entwicklung der Bevölkerung, die sich aber eher verdichtete, als dass neue Quartiere geschaffen wurden. Unter diesen Städten des Mittelalters muss man sich also zumindest teilweise befestigte Orte mit Marktrechten, genauer Parzellierung, zusammenhängenden Gebäuden und Einwohnern mit einem besonderen Status vorstellen.

Ähnlich wie dies im 12. Jahrhundert besonders auf die Zisterzienserklöster zutraf, waren es nun die Städte, die dank ihres Marktes, des florierenden Kunsthandwerks, der Handelsmöglichkeiten, die sich etwa durch eine Zollstelle ergaben, der Schmieden und anderer Institutionen und Umstände neuen Reichtum schufen. Die Bevölkerungsverdichtung und verstärkte Nutzung der Ressourcen liessen aber auch ein neues Bewusstsein für die Erhaltung des natürlichen Gleichgewichts entstehen. Als etwa kirchliche Würdenträger 1207 einen zwischen den Habsburgern und der Äbtissin des Damenstifts von Säckingen ausgebrochenen Konflikt um die Stadt Laufenburg schlichten wollten, mussten sie sich mit ungewohnten Themen wie der Verhinderung von überhandnehmendem Fischfang – die Lachse von Laufenburg waren bis ins 19. Jahrhundert berühmt – oder dem Schutz der Wälder befassen. So galt es, die Giessereien und Schmieden, die Eisenerz aus dem Fricktal verarbeiteten,[45] daran zu hindern, die Wälder der Umgebung zu übernutzen.

Alle Städte erhielten in der Regel schriftlich abgefasste Rechte und Freiheitsbriefe. Dasselbe galt für Landschaften, die der Herrscher bevorteilen wollte, etwa um die Ansiedlung von Menschen in einer Bergregion zu beschleunigen.

**Langhaus der Kathedrale von Lausanne, mit Blick in den Chor, ab 1190 entstanden,** © *Photo Claude Bornand, Lausanne.* — Die im Jahr 1275 in Anwesenheit von Papst Gregor X. und König Rudolf I. von Habsburg geweihte Kathedrale Notre-Dame ist die ehemalige Bischofskirche des Bistums Lausanne und heutige reformierte Hauptkirche der Stadt Lausanne. Sie gilt als eines der bedeutendsten Bauwerke der Gotik in der Schweiz und beeinflusste massgeblich die weitere Entwicklung der gotischen Baukunst in der Region.

Trotzdem waren diese Urkunden in erster Linie den Städten vorbehalten. Sie kamen mit dem Trend zur Schriftlichkeit und damit eher spät auf: Die ↑Handfeste von Neuenburg aus dem Jahr 1214 ist der erste Freiheitsbrief im vollumfänglichen Sinne. Schon vorher verfügten gewisse Städte, vor allem die Zähringerstädte, über ein kodifiziertes Recht, das jedoch nicht in Form einer Handfeste vorlag. Das auf diese Weise verbriefte Recht einer Stadt konnte für andere Städte Modellcharakter gewinnen, so dass sogenannte Stadtrechtsfamilien entstanden – die Zähringerstädte, darunter Freiburg, Bern und Murten, sind ein gutes Beispiel dafür. Bei den Savoyern war es der Freiheitsbrief von Moudon aus dem Jahr 1285, der weitherum als Vorbild diente.[46]

Natürlich führte ein solcher Freiheitsbrief nicht alle lokalen Gewohnheitsrechte (*consuetudines*) explizit auf, umfasste diese aber implizit. Die Gewohnheitsrechte wurden selbst in grossen Städten oft nur mündlich überliefert: So finden sich etwa die Rechte von Genf oder Lausanne erst im 14. Jahrhundert schriftlich festgehalten; zuvor wurden sie anlässlich jährlich wiederkehrender Festlichkeiten mündlich tradiert. Dieses Beispiel zeigt, wie wichtig die ritualisierte Mündlichkeit für die Überlieferung der Gewohnheitsrechte und Gepflogenheiten paradoxerweise – in Anbetracht der immer bedeutsamer werdenden Schriftlichkeit – war.[47] Die Bestimmungen der Freiheitsbriefe und die Gewohnheitsrechte hatten bis zur Französischen Revolution, ja teilweise sogar bis 1848 Bestand, und während dieser Zeit kam es auch zu ständigen Interaktionen zwischen schriftlicher und mündlicher Tradierung.

**Die Romania**
Während Jahrhunderten spielten die sprachlichen Unterschiede kaum eine Rolle: Das Königreich Burgund hatte sich als zusammenhängender kultureller Raum östlich des Juras deutlich ausgedehnt und war dort auch auf deutschsprachiges Gebiet vorgestossen. Die Bistümer Basel und Lausanne waren zweisprachig, ohne dass dies einen Einfluss auf ihre innere Organisation gehabt hätte; die Unterteilung in die mehrere Pfarreien umfassenden Dekanate erfolgte nicht entlang der Sprachgrenze. Dies sollte sich erst Ende des 12. Jahrhunderts ändern. Man fragt sich, ob es Zufall ist, dass jener Mann, der im Jahr 1180 als Erstes eine Differenzierung der beiden Sprachgebiete vornahm, ausgerechnet ein hoher Beamter des Papstes war, Roger de Vico Pisano, der spätere Bischof von Lausanne, ein von Juristen umgebener Verwalter mit wachem Geist.[48] Ihm fielen die Ungleichheiten im Feudalrecht auf, als er sich mit der Situation des Grafen von Neuenburg befasste, der Ländereien in beiden Sprachgebieten besass.

In der ersten Hälfte des 13. Jahrhunderts finden wir zwei Adelsfamilien, die Herren von Belp-Montenach (Montagny) und die Grafen von Neuenburg, welche die Sprachgrenze wählten, um ihre Gebiete zwischen den Erben aufzuteilen, vielleicht in erster Linie zur Vereinfachung der Verwaltung.[49] In der zweiten Hälfte des 13. Jahrhunderts kam das sprachliche Kriterium dann mehr und mehr zur Anwendung. 1287 benutzte der Berner Ritter Ulrich von Thorberg den Begriff «Romania», um relativ vage und weitgefasst die westlichen Gebiete zu bezeichnen, die sich mehr oder weniger mit jenen Savoyens deckten.[50] Auf jeden Fall wurde die Romania nun als Region wahrgenommen und diese Bezeichnung aufgrund der dort verwendeten Sprache gewählt.

Andere Faktoren spielten ebenfalls eine Rolle: So machten sich etwa die Bettelorden – die häufig auch ausserhalb der Städte, in denen sie ansässig waren, predigten – Gedanken über die Sprache ihrer potentiellen Zuhörer. Wenn sie ihr Tätigkeitsgebiet festlegten, beschrieben sie grob den Verlauf der Sprachgrenze, was vor ihnen noch niemand unternommen hatte. Den Eintreibern des päpstlichen Zehnten wurden vielfach benachbarte Bistümer anvertraut, auch wenn diese in unterschiedlichen Erzbistümern lagen; so bildeten die «Westschweizer» Bistümer für die Erhebung des Zehnten ein einheitliches Gebiet, obwohl sie verschiedenen Kirchenprovinzen angehörten.[51]

Regionale Sprachverhältnisse konnten sich schliesslich auch im Bereich der Politik auswirken. Rudolf von Habsburg gab dem Fürstbistum Basel eine neue Gestalt, indem er 1283 Pruntrut einnahm, es dem Bistum einverleibte und den Bau von Burgen zur Verteidigung der neuen Bistumsgrenzen finanzierte.[52] Wir wissen nicht, ob er sich bewusst war, dass er auf diese Weise auch das sprachliche Gleichgewicht des Fürstbistums veränderte. Andere jedenfalls zogen ihre Schlüsse: Die damals in Avignon residierenden französischsprachigen Päpste ernannten gegen den Willen der mehrheitlich deutschsprachigen Kirche von Basel frankophone Bischöfe. 1307 sorgte König Albrecht I. von Habsburg für einen Skandal, als man ihm den neuen Bischof von Basel, Otto von Grandson, vorstellte und Albrecht die Tatsache, dass er diesen nicht verstand, als Vorwand benutzte, ihm die Einsetzung in seine weltlichen Rechte zu verweigern.[53] Etwa zur selben Zeit begann man, von der Stadt Freiburg *in Alemannia* zu sprechen, obwohl diese zweisprachig war und sich auf ihrem Siegel aus der Mitte des 13. Jahrhunderts der Zusatz *in Burgundia* findet.[54]

## Alte und neue Orden

Die zu Beginn des 13. Jahrhunderts aufgekommenen sogenannten Bettelorden, allen voran die Dominikaner und die Franziskaner, breiteten sich rasch im Gebiet der heutigen Schweiz aus. Dominikanerklöster wurden 1230 in Zürich, 1233 in Basel und 1234 – oder kurz zuvor – in Lausanne gegründet. Die ersten Franziskanerklöster tauchten gegen 1230 in Locarno, vor 1238 in Basel und gegen 1240 in Zürich auf. Noch früher als die Franziskaner erkannten die Dominikaner die Zeichen der Zeit: Insbesondere scheinen sie ein Gespür für die damals auf Seiten der Bürger und in Teilen auch der weiblichen Bevölkerung aufgekommenen Autonomiebestrebungen besessen zu haben. In Lausanne weigerten sich etwa die Dominikaner, ihr Gotteshaus auf dem Boden der Kirche von Lausanne zu errichten. Als die Kirche sich darüber beklagte, hielten die Dominikaner ihr entgegen, dass sie mit einem Bau auf kirchlichem Grund «den Hass der Bürgerschaft auf sich ziehen würden» («ipsi incurrerent odium burgensium»).[55] In Basel verfasste Heinrich, der Prior des dominikanischen Predigerklosters, Verse in deutscher Sprache für die «gütigen und demütigen Frauen» («bonis mulieribus ac devotis»).[56] Die Bettelorden hatten auch einen guten Instinkt für die politische Lage: Als Kaiser Friedrich II. auf dem Konzil von Lyon 1245 mit dem Kirchenbann belegt wurde, verhielten sich die Franziskaner im von den Sanktionen ebenfalls betroffenen kaisertreuen Zürich so geschickt, dass sie als einzige Geistliche den Gegenmassnahmen der Stadt entgingen.[57]

Die Bettelorden erneuerten die christliche Botschaft oder wussten zumindest deren zentrale Aspekte packend zu vermitteln. Als Johannes von Winterthur gegen 1340 seine Chronik schrieb, widmete er mehrere Seiten der Wirkung des Franziskanerpredigers Berthold von Regensburg, der achtzig Jahre zuvor die Einwohner von Zürich begeistert, die Stadt Winterthur hingegen wegen eines als ungerecht empfundenen Zolls boykottiert hatte.[58]

Auch der wachsende Einfluss der Städte wurde von den Bettelorden wahrgenommen; ihre im 13. Jahrhundert gegründeten Klöster können geradezu als Indikatoren für die wirtschaftliche Vitalität der Zeit verstanden werden. Wenn man sich verdeutlicht, an welchen Orten Dominikaner- und Franziskanerklöster entstanden, ergibt sich eine Achse Genf–Lausanne–Bern–Basel–Zürich als jenen Städten, an denen beide Orden existierten, neben solchen, später weniger bedeutsamen, mit nur einem Orden (etwa Freiburg, Solothurn, Schaffhausen, Luzern, Locarno oder Chur) und jenen, die ganz ohne Ordensniederlassung blieben, wie etwa Sitten oder St. Gallen. Die Bettelorden scheinen ein fast unfehlbares Gespür für das zukünftige Gedeihen von Städten gehabt zu haben, die sich damals in ihrer Grösse noch nicht so deutlich unterschieden.

Die «Modernität» der geistlichen Orden zeigte sich nicht nur in dieser Strukturierung des Territoriums durch ein Netz von Niederlassungen und in ihren vielfältigen Kontakten; sie brachte auch einen neuen Typus von Verwaltern hervor. Im 13. Jahrhundert waren die wichtigsten dieser Orden – Zisterzienser, Dominikaner, Franziskaner – nach einem gleichsam parlamentarischen Modell organisiert oder, wie die Cluniazenser, reorganisiert: Die Generalkapitel stellten mit ↑Visitationen die Kontrolle der Klöster und die Verbreitung der Regeln sicher; die Orden waren in Provinzen eingeteilt, wodurch eine bessere Organisation gewährleistet werden sollte. Im Zuge dieser Entwicklungen tauchten geistliche Würdenträger mit vielfältigen rechtlichen und administrativen Kompetenzen auf, die gleichermassen in der Lage waren, ihre jeweilige Ordensniederlassung zu verwalten wie mit der römischen Kurie zu verhandeln oder lokale Fürsten zu beraten; häufig hatten sie durch ein universitäres Studium der Jurisprudenz oder der Theologie oder im Rahmen ihrer Tätigkeit den Titel eines ↑Magisters erworben.

Die bewegten Karrieren mancher führender Ordensangehöriger zeugen von deren Vielseitig-

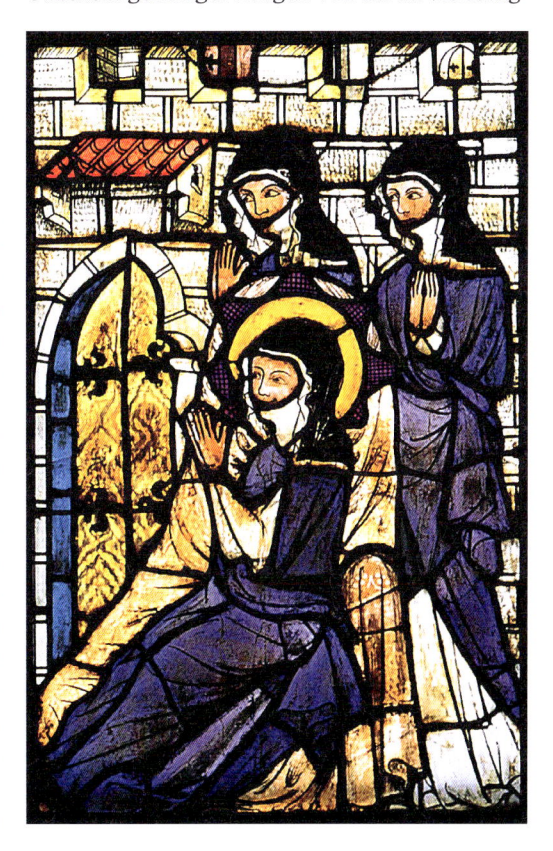

**Die heilige Klara vor den Mauern von Assisi, Glasfenster (Detail), Klosterkirche Königsfelden (AG), 1325–1330,**
© *Photo Museum Aargau.*

keit: Der Prior des Cluniazenserklosters St. Alban in Basel, Heinrich, der lange am päpstlichen Hof im italienischen Viterbo gelebt hatte, wurde 1260 Bischof von Genf; sein im Jahr 1267 berufener Nachfolger Aymon de Cruseilles war zuvor Prior der Dominikaner von Lausanne und ein naher Berater von Peter II. von Savoyen gewesen.[59] Es waren Persönlichkeiten, die sich oft auch im Rahmen der grossen kirchenpolitischen Unternehmungen der Zeit – etwa des Aufbaus eines lateinischen Bistums in Byzanz nach der Eroberung von 1204 oder der Festigung der politischen und rechtlichen Strukturen, die vom Römischen Reich noch übrig geblieben waren – engagierten. Stellvertretend seien hier die Brüder Jean und Géraud de Charpigny (bei Ollon im Kanton Waadt) genannt. Sie entstammten einer kleinadligen Familie im Bistum Sitten; Jean starb als Bischof von Paphos auf Zypern, Géraud 1237 als Patriarch von Jerusalem in Akkon. Als Zeichen seiner Kompetenz trug Jean den Titel eines Magisters, während Géraud in seiner Laufbahn unter anderem auch Abt von Cluny gewesen war.[60] Am Beispiel solcher Karrieren lassen sich die in früheren Jahrhunderten undenkbaren Möglichkeiten und die neue Mobilität der Eliten ermessen, welche das 13. Jahrhundert mit sich brachte.

## Die Kultur

Nach dem Niedergang des Klosters St. Gallen in der Mitte des 11. Jahrhunderts gab es auf dem Gebiet der heutigen Schweiz für längere Zeit kein kulturelles Zentrum von europäischer Bedeutung mehr. Zwar lassen sich punktuelle Höhepunkte ausmachen, so das Kloster Engelberg unter Abt Frowin in der Mitte des 12. Jahrhunderts, auch einzelne charismatische Persönlichkeiten wie der Minnesänger Rudolf II. von Neuenburg († 1196), der die okzitanische Lyrik ins Deutsche übertrug, oder der in der ersten Hälfte des 13. Jahrhunderts wirkende Rudolf von Ems, ein Chronist und Romancier im Stile Chrétien de Troyes. Die einzige weiter ausgreifende – das heisst weltliche und geistliche, adelige und bürgerliche Impulse umfassende – kulturelle Blüte lässt sich für Zürich ab der zweiten Hälfte des 13. Jahrhunderts rekonstruieren: Die Diplomatik des Kantors Konrad von Mure († 1281), die Minnesangpoesie des mit diesem verwandten Johannes Hadlaub, die aristokratische Nostalgie des Geschlechts der Manesse – Förderer der letzten Minnesänger und zweifellos Retter dieser poetischen Tradition – sowie die mystischen und autobiographischen Schriften der Dominikanerinnen des Klosters Oetenbach trafen hier glückhaft zusammen. Von Oetenbach

**Niederlassungen der Bettelorden (Franziskaner und Dominikaner) auf dem Gebiet der heutigen Schweiz im 13. Jahrhundert**

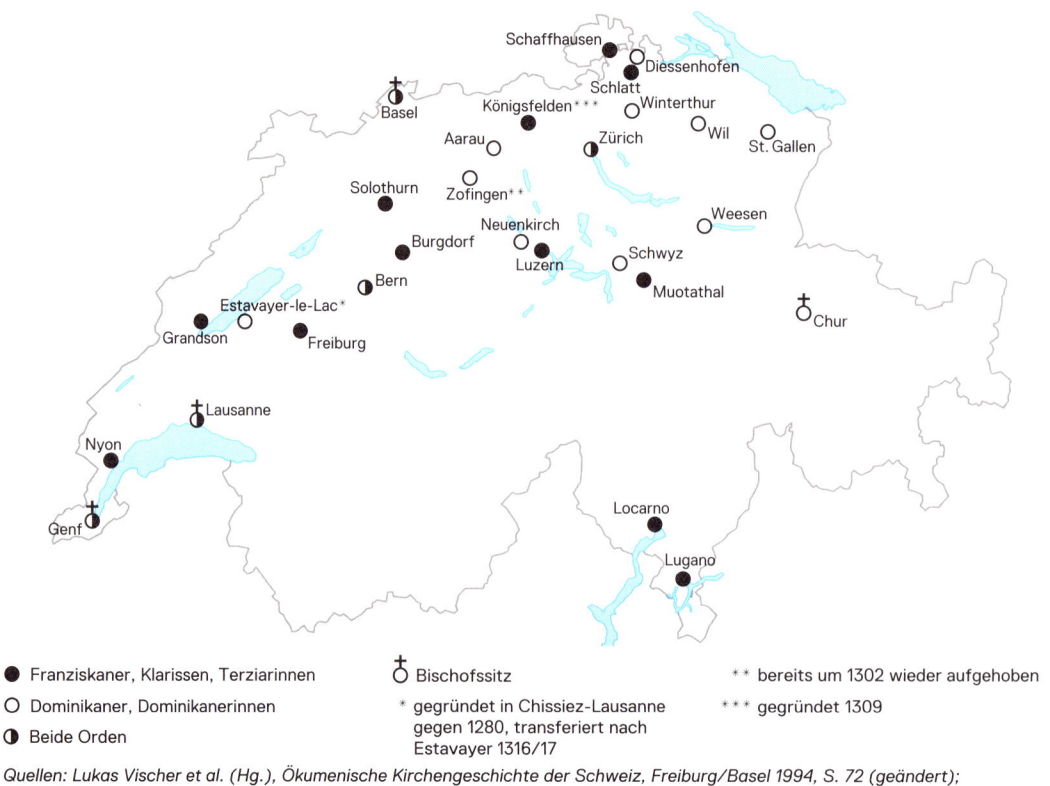

● Franziskaner, Klarissen, Terziarinnen
○ Dominikaner, Dominikanerinnen
◐ Beide Orden
✝ Bischofssitz

\* gegründet in Chissiez-Lausanne gegen 1280, transferiert nach Estavayer 1316/17
\*\* bereits um 1302 wieder aufgehoben
\*\*\* gegründet 1309

Quellen: Lukas Vischer et al. (Hg.), Ökumenische Kirchengeschichte der Schweiz, Freiburg/Basel 1994, S. 72 (geändert); http://www.helvetiasacra.ch, © 2013 Schwabe AG, Verlag, Basel, und Kohli Kartografie, Kiesen.

wissen wir, dass mit Ita von Hohenfels, einer adeligen Witwe, die sich 1285 in dieses Kloster zurückzog, drei weitere Frauen kamen, «der kond eine schreiben und luminieren [Handschriften und Bücher vergolden, gestalten und verzieren], die andre malen die dritt würken in der dicht das peste werk [Gewebe], das man finden mocht».⁶¹¹¹⁴

Architektonisch erfolgte eine langsame Annäherung an die Gotik, beginnend gegen 1190 mit den Arbeiten am Chor der Kathedrale von Lausanne, des ersten gotischen Baus nördlich der Alpen. Auch im Bereich der Skulpturen und Fenster wurde an dieser Bauhütte Pionierarbeit geleistet, was den Zeitgenossen nicht verborgen blieb. Zu Beginn des 13. Jahrhunderts tauchen erneut gotische Stilmerkmale auf, zunächst an der Kathedrale von Genf, anschliessend auch an den Kathedralen in Sitten und Basel.⁶²⁰¹¹⁵

Nicht zuletzt die Bettelorden übernahmen ab der Jahrhundertmitte die gotische Architektur und trugen so zu deren Verbreitung nach Osten hin bei. Gegen 1300 sind besonders bei den Kirchenbauten der Zisterzienser in Kappel am Albis und des Deutschen Ordens in Köniz bei Bern entsprechende Einflüsse feststellbar. Der neue Stil sollte schliesslich im Franziskanerkloster von Königsfelden bei Windisch zu einem Höhepunkt geführt werden: Die «Sühnekirche» für den Mord an König Albrecht I. von Habsburg – der Bau wurde 1309, ein Jahr nach seinem Tod, begonnen – erhielt einen Fensterzyklus, der zu den herausragendsten Werken der europäischen Glasmalerei des Spätmittelalters zählt.⁶³ Der Triumph der Gotik muss indes als klares Zeichen der damaligen künstlerischen Vormachtstellung von Paris verstanden werden.

### Die dunklen Seiten

Wer dynamische geschichtliche Prozesse beschreibt, neigt dazu, Ereignisse und Zusammenhänge auszuwählen, die er als wichtig und positiv erachtet. Zweifelsohne fänden sich andere Gesichtspunkte, die das 13. Jahrhundert als eine Periode erscheinen liessen, die primär durch eine sich hochschaukelnde Welle politisch und religiös begründeter Gewaltakte geprägt war. Man kann sich also dafür entscheiden, den Aufbau eines Staates in den Vordergrund zu stellen, der unter anderem auf dem gegenseitigen Eid des Fürsten und der Untertanen und auf der territorialen Vernetzung beruhte, die wiederum dank einer Verwaltung mit klaren finanziellen und rechtlichen Kompetenzen entstehen konnte. Man kann aber auch – gerade umgekehrt – die Konsequenzen betrachten, die sich durch die Gestaltung der rechtlichen Institutionen im 13. Jahrhundert ergaben: Sich an der römischen Tradition auszurichten bedeutete nämlich auch, auf die Herrschaftsinstrumente ebendieser Tradition zurückzugreifen. Das hatte in der Tat Folgen für die Untertanen: Sie bürgten mit ihrem Leben und ihren Gütern für ihren Gehorsam; sie waren verpflichtet, verdächtige Umtriebe zu melden, sie durften nicht an Bündnisschlüssen und Versammlungen teilnehmen, an denen nicht auch der Fürst oder seine Beamten beteiligt waren. So vermochte sich eine Form staatlicher Gewalt durchzusetzen, die bis zur Französischen Revolution bestehen sollte. Dies ist keine neue Erkenntnis, zeigt aber, dass die Obrigkeiten der zukünftigen Schweiz, die von aussen betrachtet als etwas Besonderes, ja sogar als der üblichen sozialen Ordnung auf geradezu skandalöse Weise diametral entgegengesetzt erschienen, letztlich den gleichen Gehorsam einforderten wie die Herrscher im übrigen Europa.

**Rosette der Kathedrale von Lausanne, Zeichnung im Skizzenheft des Villard de Honnecourt, S. 31** (*Paris, Bibliothèque nationale de France, Ms. français 19093*). — Das Skizzenheft des Villard de Honnecourt, eines Baumeisters aus dem 13. Jahrhundert, ist ein einzigartiges Dokument, dessen Zweck jedoch bis heute umstritten ist. Es könnte als privates Skizzenbuch, als Bauhüttenbuch oder auch als Lehrbuch gedient haben. Das Album spielte ab dem 17. Jahrhundert bei der Wiederentdeckung des gotischen Stils eine bedeutende Rolle. Bei der hier dargestellten Rosette der Kathedrale von Lausanne handelt es sich vermutlich um jene aus der Bauphase vor dem grossen Brand von 1235.

**Reiterschild mit Wappen des Ritters Arnold von Brienz**, Erlenholz, lederbezogen, bemalt, 1200–1220, Herkunft: Seedorf (UR), Kloster *(Schweizerisches Nationalmuseum, Inv.-Nr. LM-3405.178)*. — Bei diesem künstlerisch und heraldisch bedeutsamen Stück handelt es sich um einen Kampfschild, der nachträglich als Totenschild verwendet wurde.

Von den harten Auseinandersetzungen der Zeit zeugen zum Beispiel die für Lausanne am Übergang vom 13. zum 14. Jahrhundert belegten politischen Gefangenen und zum Tode Verurteilten. Wie in italienischen Städten gab es hier zudem Verbannte (*forissus*), Bürger, die der Wut eines Bischofs zum Opfer gefallen waren. Umgekehrt versuchten die Bürger von Zürich, allerdings vergeblich, die Wahl der Fraumünsteräbtissin – seit 1218 Reichsfürstin und de facto Stadtherrin – hinauszuzögern, um ihre eigene Vorherrschaft über die Stadt durchzusetzen.[64]

Zwiespältig erscheint auch die im Zuge einer immer detaillierteren Rechnungsführung durch neue Dokumente, etwa Urbare, bewirkte Monetarisierung der territorialen Kontrolle. Herrschaftliche Institutionen, denen die Anpassung an diese veränderten Verwaltungsmethoden nicht gelang, verschwanden. Generell wirkte sich die Rivalität zwischen der aufkommenden Fürstenmacht und den Städten für den Adel im Gebiet der heutigen Schweiz immer fataler aus. Selbst innerhalb der in diesen Kämpfen erfolgreichen Fürstenfamilien kam es zu grossen Spannungen, die mehrfach zu Verwandtenmorden – vom Brudermord 1226 bei den Toggenburg bis zur Ermordung von König Albrecht I. von Habsburg durch seinen Neffen im Jahr 1308 – führten.

Als typisches Beispiel für die dunklen Seiten der Zeit kann auch das Schicksal der Juden und der Häretiker gelten. Ein gewisser spiritueller Hunger konnte von den neuen geistlichen Orden gestillt werden – andere Gruppen wurden jedoch kriminalisiert. So wurden im Jahr 1277 «Ketzer» in der Herrschaft Schwarzenburg – damals noch Grasburg – und gegen 1280 ↑Waldenser in Les Clées im Waadtländer Jura getötet.[65]

Heterodoxe und Juden stehen geradezu sinnbildlich für den damaligen wirtschaftlichen Aufschwung und die zunehmende Mobilität von Menschen und Ideen; zugleich wurden sie Opfer von stereotypen Handlungsmustern, oft mit tödlichen Folgen. Jüdische Gemeinschaften entstanden seit den ersten Jahren des 13. Jahrhunderts zuerst in Basel, dann auch in anderen grösseren Städten.[66] Dies war offenbar ein Novum: Während alte jüdische Gemeinschaften in den Regionen rund um das heutige Schweizer Gebiet nachgewiesen sind, gibt es für unser Land diesbezüglich keine zuverlässigen Spuren aus der Zeit vor 1200. Die Immigration und Ausbreitung der Juden erfolgte parallel zu jener von Bankiers aus Italien oder aus dem damals zu einem der wichtigsten Finanzplätze Europas aufgestiegenen südfranzösischen Cahors und stand offensichtlich in Zusammenhang mit der florierenden Wirtschaft des 13. Jahrhunderts mit ihrem erhöhten Liquiditätsbedarf. Zudem brachten die Juden ein grosses buchhalterisches Know-how mit; besonders der Herzog von Savoyen setzte sie als Zolleintreiber ein. Dies führte zu heftigen Reaktionen, wie erste Ausweisungen in Bern im Jahr 1294 zeigen und wie auch in Überlieferungen sichtbar wird, die stereotype Vorstellungen kolportieren: So bildete sich in Bern ab 1288 der Märtyrerkult des Knaben Ruoff (Rudolf), der angeblich von einem jüdischen Geldverleiher geopfert worden war (siehe Bild im Kapitel von Susanna Burghartz, S. 152).[67]

### Strassen und Politik

Am 24. August 1230 erfolgte auf einem Monte Tremulo genannten Berg die Weihe einer Kirche an den heiligen Gotthard durch den Erzbischof von Mailand; kurz darauf taucht in einer Quelle auch jener Berg beziehungsweise der dort befindliche Passübergang unter dem Namen des Heiligen auf. Auch die fünf Jahre später erstmals erwähnte Kirche von Simplon im Wallis ist dem heiligen Gotthard gewidmet, doch wurde dort der bestehende Name des Passes beibehalten.[68] Gotthard war ein Hildesheimer Bischof, der 1038 starb und 1131 heiliggesprochen wurde. Seine Vita berichtet von seinen Romreisen, was zweifellos erklärt, wieso er zum Schutzheiligen der Passkirchen wurde. Die Wahl desselben Schutzheiligen und die Übereinstimmung der Daten verweisen auf die parallele Entwicklung dieser beiden neuen Verkehrswege über die Alpen.

Die für die Route durch das Wallis erhaltenen Rechnungen des Savoyer Zolls in Saint-Maurice und in Villeneuve sowie die wenigen für den Gotthard überlieferten Zahlen stammen vom Ende des Jahrhunderts und weisen auf ein starkes Verkehrsaufkommen hin, das am Gotthard ungefähr doppelt so hoch war wie im Wallis; entsprechend klafften die Einnahmen aus den Zöllen an den beiden Alpenübergängen zunehmend auseinander.[69] Die Einnahmen am Gotthard waren beträchtlich: Der beim Kauf von Luzern im Jahr 1291 angefallene Betrag entsprach lediglich sieben bis acht Jahreserträgen, welche die Habsburger aus dem Gotthardtransit erzielten.

Das 13. Jahrhundert ist im Besonderen gekennzeichnet durch jenen Aufschwung des transalpinen Verkehrs, der in den betroffenen Regionen für Wohlstand sorgte und sie insgesamt nachhaltig veränderte. Vor den 1230er Jahren gibt es kaum Anzeichen für die Existenz solchen Fernverkehrs, und zu Beginn des 14. Jahrhunderts ging er bereits wieder zurück, während nun die Seewege an Bedeutung gewannen, wovon vor allem Spanien profitierte. Die Erfahrung des während einiger Jahrzehnte genossenen Wohlstands scheint sich allerdings in den Köpfen der Bevölkerung festgesetzt zu haben: Verschiedentlich findet man in Testamenten Vermächtnisse für den Bau von Brücken oder die Ausbesserung der Verkehrswege.[70]

Diese Phase bestimmte zudem das Schicksal der nach Autonomie strebenden Talschaften in der gesamten Gotthardregion, auch wenn Pässe und Verkehr im Freiheitsmythos letztlich keinen Platz finden sollten. Die zwei grossen Herrscherfamilien der Habsburger und Savoyer profitierten mit ihren Zöllen vom Transitverkehr über die Alpen und kämpften lange um die Kontrolle der wichtigsten Verkehrswege – ein Konflikt mit strukturellen territorialen Folgen. Die Savoyer konzentrierten sich dabei auf die Strassen im Wallis und die Zölle in Les Clées im Jura und in Genf, die Habsburger auf die Strassen und Zölle am Gotthard und in Basel; Letztere unterstützten aber auch den Herrn von Chalon, der über Jougne, eine wenige Kilometer hinter Les Clées gelegene Zollstelle, wachte.

**Der transalpine Warenverkehr durch das Wallis von 1281 bis 1300 am Beispiel der in Saint-Maurice verzollten Wollballen**

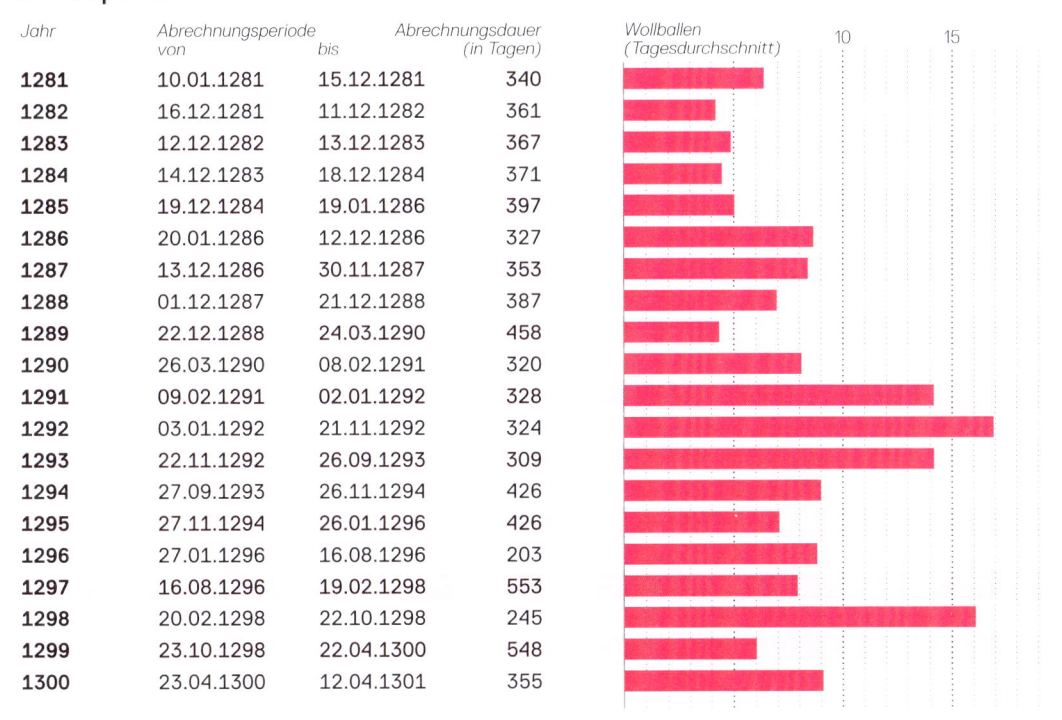

| Jahr | Abrechnungsperiode von | bis | Abrechnungsdauer (in Tagen) |
|------|------------------------|------------|------|
| 1281 | 10.01.1281 | 15.12.1281 | 340 |
| 1282 | 16.12.1281 | 11.12.1282 | 361 |
| 1283 | 12.12.1282 | 13.12.1283 | 367 |
| 1284 | 14.12.1283 | 18.12.1284 | 371 |
| 1285 | 19.12.1284 | 19.01.1286 | 397 |
| 1286 | 20.01.1286 | 12.12.1286 | 327 |
| 1287 | 13.12.1286 | 30.11.1287 | 353 |
| 1288 | 01.12.1287 | 21.12.1288 | 387 |
| 1289 | 22.12.1288 | 24.03.1290 | 458 |
| 1290 | 26.03.1290 | 08.02.1291 | 320 |
| 1291 | 09.02.1291 | 02.01.1292 | 328 |
| 1292 | 03.01.1292 | 21.11.1292 | 324 |
| 1293 | 22.11.1292 | 26.09.1293 | 309 |
| 1294 | 27.09.1293 | 26.11.1294 | 426 |
| 1295 | 27.11.1294 | 26.01.1296 | 426 |
| 1296 | 27.01.1296 | 16.08.1296 | 203 |
| 1297 | 16.08.1296 | 19.02.1298 | 553 |
| 1298 | 20.02.1298 | 22.10.1298 | 245 |
| 1299 | 23.10.1298 | 22.04.1300 | 548 |
| 1300 | 23.04.1300 | 12.04.1301 | 355 |

Das Aufkommen der öffentlichen Rechnungsführung im savoyischen Einflussbereich ab Mitte des 13. Jahrhunderts liess genaues wirtschaftliches Faktenwissen entstehen, beispielsweise über die bei geschäftlichen Transaktionen involvierten Parteien, das Handelsvolumen und die spezifischen Belastungen für die Bewohner. So sind etwa der Umfang des transalpinen Güterverkehrs und die Art der transportierten Waren ab 1281 dank der Zollbücher der Savoyer in Saint-Maurice genau bekannt. Die Aufzeichnungen sind so präzis, dass der Tagesdurchschnitt pro Rechnungsjahr berechnet werden kann. Die Zahlen zeigen starke Fluktuationen im Warenverkehr. Die Spitzen in den Jahren 1291 bis 1293 und 1298 stehen in engem Zusammenhang mit der politischen Lage am Gotthard: In Zeiten von Spannungen zwischen Habsburg und den Waldstätten verdoppelte sich der Verkehr durch das Wallis.
Quelle: Zahlen nach Franco Morenzoni, Le mouvement commercial au péage de Saint-Maurice d'Agaune à la fin du Moyen Age (1281–1450), in: Revue historique, Jg. 117, Bd. 289, Nr. 1, 1993, S. 3–63, aufbereitet von Clémence Thévenaz Modestin und Jean-Daniel Morerod, Gotthard- und Simplonachse um 1291, in: Der Geschichtsfreund: Mitteilungen des Historischen Vereins der fünf Orte Luzern, Uri, Schwyz, Unterwalden ob und nid dem Wald und Zug, Nr. 155, 2002, S. 181–207, © 2013 Schwabe AG, Verlag, Basel, und Marc Siegenthaler, Bern.

## Der Eid von 140 Männern vor dem Bischof von Lausanne

Wie andere Stadtherren der Zeit hatten auch die Bischöfe von Lausanne mit den Bürgern ihrer Stadt zu kämpfen. In der Zeit zwischen 1220 und 1320 kam es besonders häufig zu Auseinandersetzungen. Die Themen – das Recht zur Münzprägung, die Stadtbefestigung, die Beziehungen zu Savoyen und andere mehr – änderten sich dabei kaum, doch die Machtrhetorik wurde ab den 1270er Jahren zusehends schärfer. So diente die Diskussion über die herrschaftlichen Rechte des Bischofs diesem als Grundlage für neue Drohungen gegen seine ungehorsamen Untertanen. Nach einem erfolglosen Aufstand um das Jahr 1304 mussten die Initianten einen Eid leisten und mit ihrem Leben und ihrem Hab und Gut für dessen Einhaltung bürgen: «Wir haben geschworen und schwören über den vor uns liegenden heiligen Evangelien Gottes, dass wir nie und nimmer den Herrn Bischof von Lausanne, der jetzt im Amt ist oder der es einmal sein wird, noch die Kirche von Lausanne noch die Mitglieder der Kirche von Lausanne verletzen [...]. Sollte es aber geschehen, dass wir im Gegensatz zum Gesagten oder zu irgendetwas davon handeln, so stellen wir unsere Leiber dem Willen des Herrn Bischof von Lausanne zur Verfügung und schenken der Kirche von Lausanne unverzüglich und unwiderruflich all unsere beweglichen und unbeweglichen Güter, wo und wem sie auch seien, und geben demselben Herrn Bischof und seinen Leuten die besondere Vollmacht, die genannten Güter nach seinem Willen an sich zu nehmen, zu besitzen, zu teilen, und wegzugeben; und es wird kein Urteil und keinerlei Bestimmungen geben, welche dagegen gültig sind.»* [71]

### Der Aufstieg der Habsburger und der Savoyer

Die Geschehnisse, die sich im Gebiet der heutigen Schweiz zwischen 1260 bis 1310 ereigneten, sind nicht zu verstehen, wenn man sie nicht in Bezug zum Herrschaftsausbau der Habsburger und Savoyer setzt. Diese beiden Fürstenhäuser kämpften um das Mittelland und das Erbe einer wichtigen Herrscherfamilie, der Kyburger, denen unter anderem Freiburg, Thun, Zug und Aarau gehört hatten. Bei beiden handelte es sich um Aufsteigermächte, die über Ländereien verfügten, welche weit über die Region zwischen Jura und Saane hinausreichten, in der sie aufeinandertrafen.

Die Macht der Savoyer lässt sich historisch relativ weit zurückführen. Ihr Ursprung liegt im 11. Jahrhundert in der Maurienne, etwa 100 Kilometer südlich von Genf. Von dort vermochten sie ihren Einfluss vor allem seit dem Beginn des 13. Jahrhunderts auf die Gegend nördlich des Genfersees auszuweiten. Trotz gewisser Rückschläge im Kampf gegen die Habsburger konnten die Savoyer ihr Herrschaftsgebiet im Norden konsolidieren und einen stabilen Verwaltungsrahmen bilden, etwa mit der Vogtei Chablais mit Sitz in Chillon und der Vogtei Waadt mit Sitz in Moudon. Heiratsbeziehungen zur englischen Königsfamilie verschafften ihnen weitere Ressourcen und diplomatische Unterstützung, was ihre Herrschaft zusätzlich stärkte. Die territoriale Expansion der Savoyer zwischen 1291 und 1316 war geprägt von Konflikten und Verträgen mit dem Bischof von Lausanne. Gleichzeitig konnten sie sich zu Lasten des Bistums Sitten im Unterwallis und in Genf festsetzen. Doch mehr noch als die Kirchen in Sitten, Lausanne und Genf mussten die Grafen von Genf den Preis für die savoyische Expansion bezahlen: Sie verloren den zentralen Teil ihres riesigen Besitzes nördlich des Genfersees.

Die Herrschaft der Habsburger entwickelte sich ab dem 11. Jahrhundert im Elsass und entlang des Rheins, dann in der Region Zürich. Das Schloss Habsburg im Aargau ist Sinnbild für die Anfänge der habsburgischen Geschichte. Die Habsburger waren bereits vor der Mitte des 13. Jahrhunderts in zwei Zweige gespalten und erlebten verschiedene Krisen, aber auch Phasen rasanter Vergrösserung ihres Herrschaftsgebietes, vor allem zu Zeiten, in denen sie die Reichskrone innehatten. Unter Rudolf I. von Habsburg, der 1273 römisch-deutscher König wurde, konnte die Hausmacht vor allem ins heutige Österreich, aber auch ins Schweizer Mittelland ausgedehnt werden. Nach der Konsolidierung der Herrschaft Rudolfs in Österreich bedeutete vor allem die zweite Hälfte seiner Regierungszeit eine Belastung für das Gebiet der heutigen Schweiz: Ab 1281 war Rudolf regelmässig in der Gegend, er belagerte 1282 Pruntrut und Payerne sowie 1288 Bern, verwaltete 1284 und 1285 anstelle des Bischofs Lausanne, erwarb 1277 Freiburg für seine Familie und 1291 Luzern. Zum ersten Mal seit der Mitte des 11. Jahrhunderts agierte somit ein römisch-deutscher König – zum Kaiser wurde Rudolf nie gekrönt, er verfügte jedoch über alle entsprechenden Vollmachten – direkt und folgenreich im Raum zwischen St. Gallen und Genf. Zugleich erwarben er und seine Söhne Güter und Rechte vor allem in der Region Luzern, der sie anschliessend eine Verwaltung gaben.

Nach Rudolfs Tod am 15. Juli 1291 brach ein breiter antihabsburgischer Aufstand aus. Der Chronist Johannes von Winterthur notierte Mitte des 14. Jahrhunderts, dass die Alten von jener Epoche als von der «Zeit des grossen Streites» («tempora magni prelii») gesprochen hätten.[72] Fritsche Closener, ein anderer Chronist des 14. Jahrhun-

---

* «Nos promisimus et promittimus, iuramentis nostris super sancta Dei euvangelia corporaliter prestitis, quod nos imperpetuum, per nos vel per alium, non offendemus dominum episcopum Lausannensem qui nunc est vel qui pro tempore fuerit ac ecclesiam Lausannensem nec gentes ecclesie Lausannensis [...] et sy [sic] contingeret quod nos contra faceremus vel veniremus in predictis vel aliquo eorumdem, corpora nostra ponimus et abandonamus ad voluntatem domini episcopi Lausannensis et eidem ac ecclesie Lausannensi ad hoc donamus ex nunc prout ex tunc perpetuo et irrevoca[biliter] omnia bona nostra mobilia et immobilia presentia et futtura [sic] ubicumque sint et quocumque nomine censeantur, dantes eidem domino episcopo et familie sue potestatem et specialem mandatum, in casu predicto, dicta bona tamquam sue apprehendi, occupandi, vendendi, distrahendi et alienandi pro sue libito voluntatis, nullo iudicio super hoc expectato nec obstantibus aliquibus statutis vel consuetudinibus que videantur contrarie in hac parte, quibus renunciamus expresse.»

derts, hielt fest: «Zehant [sogleich] do er gestarb, do wurdent alle friden zerbrochen, als were fride nie vormals gewesen.»[73] Die Krise dauerte über ein Jahr; schliesslich konnte sie von Rudolfs Erben um den Preis einiger territorialer Verluste und unter Verzicht auf die Krone überwunden werden. Rudolfs Sohn Albrecht überliess die Krone Adolf von Nassau, gegen den er sich allerdings bereits 1297 aufzulehnen begann. Adolf von Nassau fiel in einer entscheidenden Schlacht im Jahr 1298, und Albrecht liess sich selbst zum Herrscher krönen. 1308 wurde König Albrecht I. vor dem Hintergrund einer Familienfehde ermordet; als Machthaber im Heiligen Römischen Reich wurde er ersetzt durch Heinrich von Luxemburg, welcher der habsburgischen Herrschaft nicht besonders wohlgesonnen war. Nach dem Tod Heinrichs VII. im Jahr 1313 führten schliesslich Albrechts Söhne Friedrich und Leopold von Habsburg lange Kriege, um ihre Hausmacht zu festigen und Friedrich im Kampf gegen seinen Rivalen Ludwig von Bayern die Krone zu sichern. Die Jahre nach 1314, im Anschluss an diese Zwistigkeiten, sollten die Dynastie für lange Zeit schwächen.

Für den Bereich der heutigen Schweiz lässt sich die nach Rudolfs Tod 1291 eingetretene Krise an der Beziehung der Habsburger zu ihren Nachbarn ablesen. Die Autorität der Reichskrone wurde instrumentalisiert, sowohl von den Habsburgern, wenn diese gerade an der Macht waren, als auch von ihren Feinden, anderen Geschlechtern, welche die Krone ebenfalls zeitweilig innehatten. Das Hin und Her zwischen Habsburgern und anderen Familien an der Spitze des Reichs entwickelte sich zu einem Pingpongspiel. Um nur ein Beispiel zu nennen: Im Laufe eines Vierteljahrhunderts wechselte in Murten und Payerne viermal der Herrscher: Rudolf von Habsburg nahm die beiden Städte 1282 im Namen der Verteidigung der Reichsrechte gegen Graf Philipp von Savoyen ein; 1291 wurden sie gleich nach Rudolfs Tod von Savoyen besetzt; 1298, als Albrecht I. von Habsburg die Reichsherrschaft übernahm, wurden sie ihm von den Savoyern vorsichtigerweise zurückgegeben. Nach Albrechts Tod führte Heinrich VII. eine komplexe Finanztransaktion durch, die es den Savoyern ermöglichte, die beiden Städte wieder zu besetzen, diesmal für Jahrhunderte.[74]

## Strukturierung des zukünftigen schweizerischen Territoriums?

Der gleichzeitige territoriale Aufstieg der konkurrierenden Häuser Habsburg und Savoyen und der Ausbau der Verkehrswege führten in gewisser Weise zu einer gegenseitigen Abhängigkeit der Regionen im Gebiet der heutigen Schweiz. So sind etwa der Gotthard- und der Simplonpass als *ein* System, eine zusammengehörige Alpentransitregion zu verstehen: Der im Jahr 1299 gefällte Entscheid König Albrechts I., die Zollstelle von Jougne, eine Schlüsselstelle des Walliser Transitverkehrs, nach Luzern, an den Fuss des Gotthards, zu verlegen, weist in diese Richtung.[75] Und bereits 1266 liessen sich Zürcher Händler in Villeneuve, einer in der Nähe des Schlosses Chillon am Genfersee gelegenen Kleinstadt, nieder.[76]

Die politischen Ereignisse trugen ebenfalls zu dieser Annäherung und Vernetzung der Regionen bei: 1291 beförderte der Bischof von Konstanz den aufgekommenen Widerstand gegen die Herrschaft der Erben Rudolfs von Habsburg, indem er ein Bündnis gegen diese initiierte, den Konstanzer Bund. Am 17. September des Jahres, nur zwei Monate nach Rudolfs Tod, überschritt Graf Amadeus V. von Savoyen die Nordgrenze seiner Ländereien und traf in Kerzers beim Murtensee mit dem Bischof, der sich aus Konstanz herbeigegeben hatte, eine Vereinbarung über gegenseitige militärische Hilfe, die sich explizit gegen die Erben Rudolfs richtete, auf deren Patrimonium sie es abgesehen hatten.[77] Ebenso schloss im Jahr 1315 der Bischof von Lausanne, traditionsgemäss ein Verbündeter der Habsburger, ein Militärbündnis – zweifellos im Zusammenhang mit dem Kampf um die Reichskrone – mit Graf Hartmann II. von Kyburg, einem Vertreter des neukyburgischen Geschlechts, das nun lehnsrechtlich von den Habsburgern abhängig war.[78]

Die Folgen der Rivalitäten dieser Jahre zeigten sich vor allem in den Grenzziehungen. Die zuletzt erfolgreichen Versuche der Savoyer, die Stadt Genf und ihre Zölle unter ihre Kontrolle zu bringen, trugen zur Trennung von Stadt und Grafschaft bei. Die Grenzen der Ajoie genannten Region des Tafeljuras sind das Ergebnis der Bemühungen Rudolfs von Habsburg, den Bischof von Basel in Pruntrut – also ausserhalb seines Bistums – zu etablieren, ein Wirtschaftsgebiet rund um den dortigen Stadtmarkt aufzubauen und daselbst gar Befestigungen zu errichten, all dies mit dem Ziel, die Handelsbeziehungen zwischen den Regionen dies- und jenseits des Juras zu unterbinden und Basel zu begünstigen. Eine vergleichbare Strategie mag auch der bereits erwähnten Verlegung der Zollstelle von Jougne an den Fuss des Gotthards zugrunde gelegen haben: Beim Transitverkehr sollte möglicherweise die Gotthardachse gefördert werden, die vollständig unter habsburgischer Kontrolle war.

Auch wenn sich die Konflikte und Rivalitäten, in welche die Habsburger und Savoyer verstrickt waren, äusserlich gleichen, war ihr geopolitisches

Umfeld doch nie dasselbe: Die Savoyer verfügten nur über Bischofsstädte; mit der Aufteilung der bischöflichen Gerichtsbarkeit erhielten sie eine Art Kontrollrecht über diese Städte. Ihr Herrschaftsgebiet nördlich des Genfersees umfasste zudem keine Talschaften. Die Habsburger hatten es hingegen – abgesehen von ihren Unternehmungen in Lausanne und in Basel – mit Landgemeinden und nichtbischöflichen Städten zu tun, die darüber hinaus miteinander verbündet waren. Diese unterschiedlichen Voraussetzungen bestimmten das Schicksal der beiden Dynastien im Gebiet der späteren Schweiz. Gleichwohl waren sowohl Habsburger als auch Savoyer seit dem Ende des 13. Jahrhunderts mit der bernischen Expansion konfrontiert, die jegliches Vorrücken der Savoyer gegen Nordosten blockierte und die Macht der Habsburger untergrub.

## DIE TALSCHAFTEN AM GOTTHARD UND DAS POLITISCHE SCHICKSAL DER HABSBURGER AM ÜBERGANG VOM 13. ZUM 14. JAHRHUNDERT

Würde ein europäischer Mittelalterspezialist das Ende des 13. Jahrhunderts geschlossene Bündnis dreier Talschaften am Gotthard beziehungsweise das zwischen zweien dieser Talschaften und der Stadt Zürich geschlossene Bündnis examinieren, er würde kaum Überraschendes finden. Er würde darin wohl vornehmlich ein Beispiel des Bemühens um Privilegien sehen, das damals sowohl Städte als auch Talschaften in den Bergen antreiben konnte, die Rechte ihrer Herren einzuschränken. Da beide erwähnten Bündnisse aus der zweiten Hälfte des Jahres 1291 datieren, würde der Historiker in ihnen möglicherweise auch einen Reflex der unmittelbar nach dem Tod König Rudolfs I. von Habsburg gebildeten antihabsburgischen Koalitionen ausmachen.

Vor allem deutsche und französische Historiker wie Harry Bresslau (1848–1926) und Bernard Guenée (1927–2010) haben die Dokumente dieser Bündnisse studiert und in der Tat nichts Aufregendes in ihnen gefunden.[79] Das ist interessant, darf aber auch nicht überbewertet werden. 1291 ist für die Schweizer Geschichte mithin kein unverfängliches Datum. Es hat eine solche Bedeutung erlangt, dass eines der Dokumente aus diesem Jahr, der Bundesbrief, der drei Gemeinschaften in den Bergen vereinte, überinterpretiert wurde: Er wurde in der Zeit nach 1891 mehr als ein Jahrhundert lang als Gründungsurkunde der Schweiz gefeiert.[80] In den letzten Jahren ist seine Echtheit stark angezweifelt worden;[81] die entsprechende Diskussion ist noch nicht abgeschlossen; ausser Frage steht jedoch, dass es vom 14. bis zum Ende des 18. Jahrhunderts im Zusammenhang mit der Gründungsfrage mehrmals zu Manipulationen an den entsprechenden Dokumenten gekommen ist. Aus dieser Perspektive besteht also durchaus Anlass zu Zweifel.

Jene jüngste Debatte rund um das Bündnis von 1291 betrifft indes nur eine der vielen Fragen bezüglich des Ursprungs der Eidgenossenschaft, die bereits seit dem Ende des Mittelalters auf verschiedenste Art gestellt wurden und noch immer Aktualität besitzen. Die geringe Anzahl der Quellen, die sich auf jenen Ursprung beziehen lassen, kontrastiert mit der Vielzahl der diesbezüglichen Interpretationen und der sich teilweise diametral widersprechenden Schlussfolgerungen. Da es unter den Historikern keine Einigkeit gibt, ist ein knapp gefasstes Kapitel zu diesem Thema unmöglich, und der Historiker muss sich für einen Weg entscheiden.

Kühn wäre es, sich dabei auf die grossen Städte, allen voran Bern und Zürich, zu konzentrieren, die als spätere Pfeiler der Eidgenossenschaft gelten. Aus einer solchen Perspektive würde das Bündnis der «ursprünglichen» Talschaften nur noch einen Nebenschauplatz darstellen, das mit Verspätung zum Gründungsakt erhoben worden wäre: Ein Bündnis unter vielen im 13. und 14. Jahrhundert, auserkoren, als zeitlicher und geographischer Ausgangspunkt der Schweizer Geschichte zu dienen.[82]

Hier soll jedoch der Versuch unternommen werden, sich der Thematik gerade von der anderen Seite anzunähern – mit Blick auf die Innerschweiz und aus der Innerschweiz, inklusive ihrer Beziehungen nach aussen. Was können wir über jene Zeit sagen, in der die Eidgenossen später mit zunehmender Deutlichkeit die Anfänge ihres Bundes gesehen haben? Welche zentralen Dokumente und Ereignisse lassen sich identifizieren? Dies ist auch dann von Interesse, wenn man die Zeit von 1291 bis 1315 nicht als Gründungszeit versteht. Es gilt, einen weiten Fokus zu wählen und sich zumindest auf die glaubwürdigsten, im Original erhaltenen Dokumente zu stützen, wobei natürlich auch hier das Risiko, dass wir es mit Fälschungen zu tun haben, nie ganz auszuschliessen ist.[83] Jener Fokus muss die gesamte Zeit von 1291 bis 1315 umfassen, das ganze von den beiden Bündnissen von 1291 und 1315 eingegrenzte Vierteljahrhundert. Von den Bündnissen selbst wird hier jedoch nur wenig die Rede sein, zumal die Echtheit der entsprechenden Dokumente in Frage gestellt worden ist – vielmehr sollen die zeitlich dazwischen liegenden Prozesse und Dynamiken genauer betrachtet werden.

Lassen die in Betracht zu ziehenden Dokumente bei genauer Prüfung auf eine Übereinkunft zwischen den Talschaften schliessen – oder gar auf

Entstehung eines sozialen Raumes (5.–13. Jahrhundert)

**Bundesbrief von 1291** (*Eigentümer ist der Kanton Schwyz; das Dokument wird im Bundesbriefmuseum Schwyz aufbewahrt*). — Der Brief ist das älteste Zeugnis der Übereinkunft der drei Waldstätte; die Exemplare der übrigen Beteiligten sind verloren. Wie die späteren Bündnisse, die seinen Text weitgehend übernehmen, erwähnt auch dieser Brief keine Intervention eines Herrschers oder Garanten, was vielleicht seine bescheidene Grösse und Formel erklärt. Zunächst rasch in Vergessenheit geraten, wurde das Dokument erst 1760 veröffentlicht und seit dem 19. Jahrhundert als Gründungsurkunde der Schweiz glorifiziert. In letzter Zeit ist seine Echtheit angezweifelt worden; eventuell handelt es sich um ein später entstandenes Dokument, das vordatiert wurde.

Versuche, sie als Einheit zu bezeichnen? Sagen jene Dokumente etwas über die Spannungen mit den Habsburgern aus? Lassen sich in den Quellen Passagen, welche diese Talschaften nicht ausdrücklich nennen, möglicherweise als ein Echo auf diese Spannungen lesen? Die Analyse der Ereignisse soll zudem zeigen, wieso die Eidgenossen auf der Suche nach ihren politischen Anfängen gerade in dieser Zeit und in dieser spezifischen Region ihre Wurzeln zu erkennen glaubten.

**Politische Dokumente und Spannungen**
Für jede wichtige Epoche der Habsburger Geschichte auf dem Gebiet der heutigen Schweiz lassen sich vergleichbare Typen lokaler und regionaler Dokumente heranziehen. Einerseits handelt es sich um Waffenruhen und Friedensbündnisse, die zwischen den Habsburgern als Herren von Luzern und den Talschaften Uri, Schwyz und Unterwalden am Gotthard geschlossen wurden, andererseits um Vereinbarungen über die Sicherheit der Verkehrswege, wobei wiederum Luzern eine wichtige Rolle spielte: Die habsburgische Stadt diente als Riegel, wenn ihre Herren die Blockade des Gotthards als politische Waffe einsetzten. Aus diesem Grund mussten Luzerner in Italien alle möglichen Schikanen erdulden – so kam es zu Beschlagnahmungen und Inhaftierungen, wenn Opfer der Habsburger Politik versuchten, sich zu rächen oder entschädigen zu lassen.

Drei weitere Städte spielten eine zentrale Rolle: Zürich, Basel und Mailand. Alle drei handelten aus wirtschaftlichem Interesse, wobei in Zürich strategische Zwänge hinzukamen. Im November 1291, in der Krise nach dem Tod Rudolfs von Habsburg am 15. Juli desselben Jahres, begannen Schwierigkeiten mit Luzern, die im Zusammenhang mit dem Fernhandel standen, den Baslern Sorgen zu bereiten. Die Zürcher wiederum verhandelten mit den Bündnern, zweifellos, um eine Alternative zum Transit über den Gotthard zu finden. Schon am 4. September 1291 sicherte ihnen der Bischof von Chur Geleit und Schutz in seinem ganzen Hoheitsgebiet zu; dass es dabei um den Verkehr ging, zeigt die Tatsache, dass der Bischof nicht die Besitzungen, sondern die Handelswaren der Zürcher erwähnte. Am 16. Oktober schloss Zü-

> «*Werner, Vogt von Baden, des hochgeborenen Herrn Albrecht, des Herzogs von Österreich, Prokurator vom Aargau, hat untersagt, dass unsere Wollballen wegen Ungehorsamkeit der Bewohner der Talschaft Uri durch dieses Gebiet transportiert werden dürfen, und ordnet mit einer einstweiligen Verfügung an, dass diese in der Stadt Luzern vorläufig zurückgehalten werden sollen.»*

Urkunde vom 10. April 1293, zit. nach: Der Geschichtsfreund, Nr. 20, 1864, S. 310 (Nr. 11).

rich militärische Bündnisse mit den Talschaften Schwyz und Uri, am 28. November 1291 mit Elisabeth, der Gräfin von Homberg und Herrin von Rapperswil, einer Aristokratin, die namentlich in der Gotthardregion Ländereien besass. Das Bündnis mit Elisabeth richtete sich explizit «gegen den herzogen von Österrich und allen ir helfern».[84]

Rudolfs Sohn und Erbe Albrecht war an verschiedenen Fronten bestrebt, sein Erbe zu verteidigen: Zwischen Mai und Oktober 1292 war er gemäss den raren Quellen im Gebiet der heutigen Schweiz aktiv, im Mai in Luzern und im Oktober in der Nähe von Zug. Mit seinen Bemühungen gelang es ihm, seinen grössten Gegner, die Stadt Zürich, zu unterwerfen und die Beteiligten des Konstanzer Bundes, in dem sich seine in der Region ansässigen Gegner zusammengeschlossen hatten, am 24. August 1292 zu einem Frieden zu bewegen. Bei den Talschaften am Gotthard dauerte es länger, bis ein Friedensschluss zustande kam: Dies geschah erst, als die Habsburger davon absahen, Luzern als strategische Operationsbasis, etwa für die Blockade des Gotthards, zu benutzen. Die vom 30. März 1293 datierte Bekanntgabe eines Habsburger Vogts *(advocatus)*, die Stadt habe für drei Jahre den Eid des ↑Reichsfriedens abgelegt, zeugt von dieser Entwicklung.[85] Italienische Händler verzichteten auf eine Klage, als ihre für den Export nach Italien bestimmten Wollballen nach der Beschlagnahmung in Luzern am 10. April 1293 wieder freigegeben wurden: Sie wurden von der Stadt Mailand zurückgepfiffen, die auf diese Weise ihre Verantwortung für eine Beruhigung der Lage wahrnahm.

Für eine Instrumentalisierung des Verkehrs sprechen möglicherweise auch bestimmte Zahlen: Zwischen dem Tod Rudolfs im Juli 1291 und der Aufhebung der Blockade im April 1293 verdoppelte sich der Warenumschlag an der savoyischen Zollstelle Saint-Maurice im Unterwallis (siehe Tabelle auf S. 111).[86] Die Verlagerung des Warentransits an den Simplon ist ein klares Zeichen dafür, dass es am Gotthard grössere Störungen gab.

Auch andere Krisenmomente lassen sich auf diese Weise illustrieren: Der Sturz des – sicher von Schwyz und zweifellos auch von den übrigen Talschaften am Gotthard unterstützten – Königs Adolf von Nassau durch Albrecht I. von Habsburg in der ersten Hälfte des Jahres 1298 fiel mit einer Blockade in Luzern und einer Verdoppelung des Walliser Transitvolumens zusammen. Dies hatte zur Folge, dass Basel sich um eine Verbesserung der Verkehrssicherheit bemühte, ein Anliegen, welches von König Albrecht auch erfüllt wurde, nachdem er sich die Krone gesichert hatte. Albrechts Ermordung im Jahr 1308 und der habsburgische Verlust der Kaiserkrone – sie ging an Heinrich VII. von Luxemburg – hatten am Gotthard keine grösseren Störungen zur Folge. Hingegen verursachte die im Sommer 1313 einsetzende Vakanz mit der anschliessenden Doppelwahl von Friedrich von Habsburg und Ludwig dem Bayern eine lange Krise, die lokal von der Plünderung des Klosters Einsiedeln durch die Schwyzer am 6. Januar 1314 und der Schlacht bei Morgarten am 15. November 1315 geprägt war; wieder wurde in Luzern der Warenverkehr blockiert und seine Wiederaufnahme und Sicherung von Mailand mit den Habsburgern ausgehandelt.

### Innen- und Aussenansicht eines Bündnisses

Der Bundesbrief von 1291 enthält – so man seine Echtheit anerkennt – die erste Erwähnung einer gemeinsamen Handlung der drei Talschaften. Es finden sich darin Anspielungen auf einen älteren Text; jedoch ist kein Dokument erhalten, das zeigen würde, dass das Bündnis bereits früher aktiv gewesen wäre oder dass zumindest zwischen zwei der drei Talschaften schon zuvor Beziehungen bestanden hätten. Lediglich Uri und Schwyz werden vor dem Bundesbrief einmal gemeinsam genannt, und zwar 1252 im Zusammenhang mit Solddiensten für den Abt von St. Gallen,[87] wobei jedoch unklar bleibt, ob die beiden Talschaften hier nur als Herkunftsorte der Soldaten Erwähnung finden oder ob sich Uri und Schwyz hinsichtlich der Rekrutierung abgesprochen hatten. Eine solche Erwähnung reicht natürlich nicht aus, um daraus auf einen dauerhaften Zweierbund zu schliessen.

Hält man den Bundesbrief von 1291 für unecht, so lassen sich gemeinsame Handlungen oder Erwähnungen der drei Talschaften erst in den Jahren nach 1310 ausmachen.[88] Dass die drei Talschaften als Einheit wahrgenommen wurden, ist dem Wirken von zwei nichthabsburgischen Kaisern, Heinrich VII. im Jahr 1309 und Ludwig dem Bayern im Jahr 1315, zu verdanken. Vor 1309 hatten Uri und Schwyz nur jeweils separat mit dem Kaiser zu tun gehabt, Unterwalden überhaupt nicht. Am 3. Juni 1309 gewährte Heinrich VII. allen drei Talschaften Privilegien. Und auch wenn die drei Talschaften in

---

* «*Guarnerus, advocatus de Baden, yllustris domini Alberti, ducis Austrie, per Argoyam procurator, ballas nostras propter discordiam hominibus vallis de Ure motam per eandem vallem duci vetuit et sub interdicto detineri precepit in oppido Lucerum.*»

diesem Zusammenhang je ein eigenes Dokument mit unterschiedlichem Text erhielten, so tragen diese Dokumente doch alle das gleiche Datum – ein Zeichen dafür, dass der Kaiser die Gesandten der Talschaften gemeinsam empfing.[89] In einem Brief an Unterwalden spricht der Kaiser dann auch von seinem Vogt («advocato nostro provinciali»); in der Tat ernannte er einen «kaiserlichen Pfleger [phleger] für die Waldstätte». Dabei handelte es sich um einen antihabsburgischen Aristokraten und Erben der Herren von Rapperswil, Werner von Homberg, Sohn der Elisabeth, der mit diesem Titel erstmals am 22. Juni des gleichen Jahres 1309 erwähnt wird.[90] Am 25. Mai 1315 schrieb Ludwig der Bayer den drei Talschaften einen einzigen, identischen Brief;[91] er nahm sie folglich ebenso als Einheit wahr wie Heinrich VII.

Der Ausdruck «Waldstätte» (civitates silvanae),[92] eine Mehrzahlform, wird in den Quellen der Entscheide Heinrichs VII. als Bezeichnung für die drei Talschaften verwendet, jedoch nicht in einer das Ländliche abwertenden Weise – die Habsburger benutzten ihn ebenso wie ihre Gegner. Im Zuge des Streits, der schliesslich zur Schlacht am Morgarten führen sollte, diente der Terminus «Waldstätte» sowohl in Briefen Ludwigs des Bayern an die Talschaften am Gotthard als auch in einem von den Habsburgern gegen sie abgeschlossenen Militärbündnis als Referenzbegriff. Es ist deshalb zu vermuten, dass «Waldstätte» bereits kurz vor 1309 als institutionelles Pendant des Wortes «Waldleute» existierte, das 1293 beim Friedensschluss zwischen Luzern und seinen Nachbarn erstmals auftauchte, um die drei Talschaften zu bezeichnen. Der Begriff «Waldleute» wurde ansonsten recht unterschiedlich gebraucht, im Besonderen aber für die ländlichen Untertanen von Einsiedeln. Ein gemeinsamer Begriff für die drei Talschaften dürfte sich also genau in der Zeit durchgesetzt haben, in der auch ihre gegenseitige Annäherung stattgefunden hat.

Kurz nach dem Auftauchen des Ausdrucks in den Quellen wurde «die Waldstätte» durch den Terminus «die drei Waldstätte» ergänzt, der die Dauerhaftigkeit ihres Bündnisses unterstreicht. Das älteste Beispiel dafür stammt aus dem Jahr 1318: «den Landluten gemeinlich in dryen Walstetten ze Ure, ze Zwitz und ze Underrwalden»; der Ausdruck «vier Waldstätte», der die drei ursprünglichen Talschaften zusammen mit Luzern bezeichnet und im Namen des Vierwaldstättersees weiterlebt, taucht in den Quellen erst im 15. Jahrhundert auf.[93] In der sich rasch verändernden Welt der Bündnisse – man denke nur an die unzähligen Verbindungen Berns in dieser Zeit – war eine solche Dauerhaftigkeit keine Selbstverständlichkeit. Das heisst aber nicht unbedingt, dass zwischen den drei Waldstätten eine gemeinschaftliche Dynamik gewirkt hätte, die stärker gewesen wäre als die politischen Ziele der einzelnen Talschaften – über diese wissen wir nichts.

Die drei Talschaften waren nicht die einzigen ländlichen Gemeinschaften, die sich in Europa am Ende des 13. und zu Beginn des 14. Jahrhunderts einander annäherten. Man findet auch in anderen Alpenregionen, besonders in der Dauphiné und in Norditalien, vergleichbare Abkommen, doch handelte es sich dabei eher um Fusionen, aus denen neue Einheiten mit neuen Institutionen erwuchsen.[94] Von etwas ganz anderem berichten die Schweizer Quellen: Hier ging es um eine politische und rechtliche Übereinkunft zwischen Talschaften, die so handelten, als seien sie souverän, und die dies auch blieben. Diese Form eines Bündnisses zwischen ländlichen Gemeinschaften gab es andernorts nicht; bei den meisten Bündnissen der Zeit handelt es sich um Allianzen zwischen einem – mit dem Abschluss von Verträgen vertrauten – Herrn oder einer Stadt auf der einen Seite und einer um ihre Sicherheit besorgten ländlichen Gemeinschaft auf der anderen Seite.

### Die Talschaften am Gotthard und ihre Unterschiede

Es ist nicht einfach, die drei Talschaften am Gotthard eindeutig zu charakterisieren. Zunächst ist zu betonen, dass sie sich hinsichtlich ihrer Beziehungen zum Reich mindestens bis 1309 klar voneinander unterschieden; ebenso, was die Abhängigkeitsverhältnisse anbelangt, in denen sie standen, sei es zu Klöstern – nahe gelegenen wie Einsiedeln oder weiter entfernten wie dem Zürcher Fraumünster –, sei es zu den Habsburgern oder zu anderen Hochadligen. Gerade Letztere waren in dieser Zeit wegen finanzieller Schwierigkeiten vielfach gezwungen, ihre Güter zu veräussern, wie das Beispiel der Herren von Rapperswil zeigt, die kurz vor 1291 Urner Besitz an das Kloster Wettingen verkauften. Auch die Formen der Herrschaft und die sozialen und politischen Strukturen und Institutionen der drei Waldstätte unterschieden sich voneinander. Schwyz ist uns hinsichtlich seiner Regierungsform einigermassen gut bekannt, Uri etwas weniger gut und Unterwalden, von dem es vor 1315[95] weder eine Erwähnung der Talschaft noch des Siegels gibt, überhaupt nicht, sieht man einmal vom Bundesbrief von 1291 ab, dessen Authentizität aber wie erwähnt nicht gesichert ist. Es kann deshalb nicht darum gehen, das Porträt einer Idealgemeinschaft zu entwerfen, in welchem Grundzüge der drei historischen Talschaften, der Bündnisse und der Freiheitsrhetorik miteinander vermischt werden.

**Schloss Rudenz in der Urner Gemeinde Flüelen,** © *Photo Thomas Bitterli, Basel.* — Die Burg Rudenz wurde im 13. Jahrhundert gegründet und diente ursprünglich als befestigter Wehrturm zur Kontrolle der Gotthardstrasse und als Reichszollstätte. Der Reichszoll befand sich um 1300 im Besitz der Herren von Attinghausen. Die aus dem Haslital stammenden Ritter von Ruttenze gelangten um 1360 in den Besitz der Burg; das Geschlecht erlosch jedoch bereits 1383. Das heutige Erscheinungsbild des Schlosses stammt im Wesentlichen aus dem 17. Jahrhundert.

Uri, seit den 1240er Jahren im Besitz eines Siegels und als Talschaft erwähnt,[96] scheint die Institutionen der Herrschaft und der Talschaft kombiniert zu haben, wie eine Urkunde von 1290 belegt: «Hierauf habe ich, Werner, Edelmann von Attinghausen, aus freiem Willen und mit ausdrücklicher Zustimmung der Talgemeinschaft von Uri das mir anvertraute Siegel des ganzen Tales dieser Urkunde angebracht und angehängt.»*[97] Das öffentliche Leben dieser Waldstätte – dies lässt sich aus dem Wenigen, was dazu überliefert ist, schliessen – hing offensichtlich stark von den Einkünften aus dem Transitverkehr und der Vermietung von Schiffen ab, da Uri den Weg über den Gotthard und den Zugang zum Vierwaldstättersee kontrollierte: «Für die Überquerung der Berge und des Sees von Luzern 12 Pfund» («por les mons passer et le lac de Lucerne XII lb»), lautet ein Ausgabenposten in einer zuhanden Rudolfs von Habsburg ausgestellten Abrechnung flämischer Gesandter, die 1280 die Gotthardroute gewählt hatten.[98]

Schwyz hatte seit den Jahren 1270 bis 1280 ein eigenes Siegel und ist seither auch als Talschaft erwähnt.[99] Offensichtlich handelte es sich bei dieser Waldstätte um eine Gesellschaft, die über ausreichend Stärke und Selbstbewusstsein verfügte, um in Eigenregie Normen zu erlassen. So besagt eine Schwyzer Verordnung von 1294: «In gottes namen. Wir die landlute von Swiz kunden allen dien, die disen brief horent oder sehent lesen, das wir uberein sin komen mit gemeinem rate des landes und mit gesworen eiden, das nieman verschofen [verkaufen] sol dekeineme chloster in dem lande dehein ligendes gut.»[100] Erwähnt sei auch das Gedicht *Capella Heremitana* – entstanden kurz nach dem im Jahr 1314 erfolgten Angriff der Schwyzer auf das Kloster Einsiedeln –, das detailliert den Ablauf dieses Angriffs beschreibt.[101] Der Text ist umso interessanter, als er das Werk eines leidenschaftlichen Feindes der Schwyzer ist: Rudolf von Radegg, Schulmeister in Einsiedeln, schildert hier eine Talschaft, die sich über Beratungen organisierte und die es – diplomatisch geschickt – verstand, Einsiedeln anzugreifen, zugleich aber auch den Habsburgern und den Grafen von Toggenburg respektvoll Gehör zu schenken, als diese sich für die gefangenen Einsiedler Mönche einsetzten. Der Pfarrer von Schwyz scheint einflussreich gewesen zu sein und eine Rolle als Vermittler gespielt zu haben. Die Talschaft verfügte über ein beachtliches militärisches Potential, das auch berittene, mit Rüstung und Armbrust ausgestattete Kräfte umfasste, und sie verstand es offenbar, eigene Plünderungen und Brandschatzungen politisch zu rechtfertigen. Ihr Reichtum muss beachtlich gewesen sein: Es gab Steinhäuser, von denen einige gross genug waren, um neben den Bewohnern auch Gefangene aufzunehmen. Interessanterweise kommt dieses «kriminalisierende» Bild der Schwyzer Gesellschaft dem Ideal der frühen Eidgenossenschaft, wie es von der späteren Tradition übermittelt wurde, recht nahe. Zudem kann es uns helfen, den Ausgang der Schlacht bei Morgarten besser zu verstehen.

### Morgarten

Die klassische Variante der alten Schweizer Geschichtsschreibung ist bekannt: Am Vorabend des 15. November 1315, dem Namenstag des heiligen Otmar, erlitt Herzog Leopold von Habsburg am Morgarten gegen die Schwyzer eine Niederlage. Die siegesgewissen Habsburger Truppen wussten mit dem abschüssigen Gelände nicht umzugehen, wurden massakriert oder ertranken im Ägerisee; der Herzog

---

* «Insuper ego Wernherus nobilis dictus de Attingenhusen, de voluntate et consensu libero et expresso universitatis vallis Uranie, sigillum universitatis vallis eiusdem michi commissum huic instrumento apposui et appendi.»

selbst konnte nur knapp entkommen. Die Schwyzer, die im Vorfeld durch Vermittlung des Grafen von Toggenburg, des Schwagers des kaiserlichen Pflegers Werner von Homberg, versucht hatten, eine Eskalation des seit Längerem schwelenden Konfliktes zu verhindern, hatten sich nach Ausschlagung aller Angebote durch die Habsburger zum Kampf entschlossen. Sie konnten offenbar auf die Hilfe anderer Talschaften zählen und zeigten sich erbarmungslos, schonten niemanden und plünderten gar die Leichen. Nach Bekanntwerden der Niederlage traten andere in die Region vorgedrungene Habsburger Truppen umgehend die Flucht an, namentlich die vom Reichsvogt Otto von Strassberg angeführten Truppen des Berner Oberlandes, die den Auftrag hatten, Unterwalden zu unterwerfen.[102]

Was wir von der Schlacht am Morgarten wirklich wissen, beruht im Wesentlichen auf einem Bericht, der mehr als eine Generation später, im Jahr 1357, zu Papier gebracht wurde; in diesem erscheint auch erstmals der Name Morgarten, der in früheren Berichten fehlt. Dies könnte darauf hindeuten, dass wir es hier mit einem gewöhnlichen nachbarschaftlichen Konflikt zu tun haben, der später hochstilisiert wurde. Eine solche Interpretation würde sich auch wegen der in diesem Fall – im Gegensatz etwa zur Schlacht von Sempach 1386 – kaum vorhandenen Berichte aus europäischen Quellen aufdrängen, deren Fehlen allerdings möglicherweise eher darauf zurückzuführen ist, dass Herzog Leopold – im Gegensatz zu seinem Neffen gleichen Namens in Sempach – die Schlacht überlebte.

Lediglich eine zeitgenössische Erwähnung der Schlacht ist bekannt: Es handelt sich um eine Notiz der Zisterzienserabtei von Königsaal bei Prag. Der Chronist schreibt hier über das Jahr 1315, dass die zwei Anwärter auf den Kaiserthron – Ludwig der Bayer und Friedrich von Habsburg – Schicksalsschläge erlitten hätten und «in der Provinz namens Sweycz [Schwyz] und Uherach [Uri], [wo] ungefähr zweitausend Soldaten durch kaum bewaffnetes und niedriges Volk mit Waffengewalt getötet wurden oder im Fluss ertrunken sind, wobei Leopold, sein Bruder, nur mit Mühe entkam» («In provincia que Sweicz et Uherach dicitur, Leupoldo, fradre suo vix evadente, fere duo millia pugnantium, per populum satis inermem et humilem, ferro et fluvio sunt extincta»).[103] Im Kern sind in diesem kurzen Satz bereits die zentralen Elemente der späteren Erzählung enthalten: die unterschiedliche militärische Stärke und Erfahrung der beiden feindlichen Lager, der See als Falle, die grossen in der Schlacht erlittenen Verluste. Und für den Chronisten fand die Schlacht am Morgarten eindeutig vor dem Hintergrund des Kampfes um die Kaiserkrone statt.

Die militärischen Expeditionen der Habsburger gegen die Waldstätte im November 1315 waren Machtdemonstrationen und verfolgten das Ziel, im Hinblick auf den Kampf um die Kaiserkrone die Anerkennung der Habsburger Herrschaft auch in den entlegensten Tälern durchzusetzen. Als die Habsburger im selben Jahr, sechs Monate vor Morgarten, ihre Herrschaft über Schwaben und das Elsass rechtlich absichern konnten, bedeutete dies einen grossen Erfolg.[104] Die gleiche Politik – den Ausbau der Hausmacht – verfolgte Leopold auch am Gotthard. Die Tatsache, dass er zwölf Tage vor der Schlacht mit seinen Verwandten, den Grafen von Neu-Kyburg, ein Bündnis schloss, zeigt, dass er im Kampf gegen den – von Habsburg nicht anerkannten – römisch-deutschen König Ludwig des Bayern und die Feinde des Reichs auf deren Hilfe zählte, die er insbesondere gegen die Schwyzer und die gesamten Waldstätte benötigte.[105]

Der militärische Auszug Habsburgs gegen die Waldstätte sollte auch Einsiedeln zugutekommen. Ludwig der Bayer, jener andere Thronanwärter, versuchte in der gleichen Zeit, den Waldstätten zu helfen, indem er die im Jahr zuvor wegen der Plünderung des Klosters Einsiedeln gegen diese verhängten kirchlichen Sanktionen aufhob – auch das ein klares Zeichen, dass der Angriff

### Eide und Schwüre

In der Gesellschaft des Spätmittelalters spielten Eide und Schwüre eine ausserordentlich wichtige Rolle,[106] und zwar sowohl im Zusammenhang mit Gehorsamsbekundungen als auch im Rahmen von Revolten. Der Eid verband Verhalten und Heil einer Person; seine universelle Funktion zeigt sich beispielsweise darin, dass man Juden beim Leisten eines Eides auf das Gesetz Mose schwören liess. Durch das Schwören eines Eides wurde die Treue der Untertanen, aber auch von Beamten, Notaren und Zeugen gegenüber der Obrigkeit gewissermassen besiegelt. Personen, die einen Eid abgelegt hatten, galten hernach als *iurati*. Aber auch diejenigen, welche sich gegen die Obrigkeit auflehnten, versicherten sich ihrer Treue mit Eiden; sie wurden dadurch zu *coniurati*. Der Unterschied zwischen den beiden Konzepten war gering: Eine Versammlung ohne obrigkeitliche Vertretung galt bereits als Verschwörung; mit einer solchen Vertretung zählte sie als Institution. Parlamente, Stände und Stadträte mussten stets unter Oberaufsicht tagen; Emanzipationsbestrebungen auf dieser Seite sorgten regelmässig für Probleme. Der Begriff *iuramentum*, «Eid», ist so zweideutig, dass er in einem einzigen Satz sowohl im positiven wie im negativen Sinn auftauchen konnte. Dies ist zum Beispiel der Fall in der Unterwerfungsurkunde der Lausanner, die im Jahr 1312/13 gegen ihren Bischof revoltiert hatten und von denen es heisst, dass sie mit diesem Eid [schwören], dass sie mit keiner Person einen Eid geschlossen haben und nie schliessen werden, noch mit einer Bundesgenossenschaft, noch mit einer Bruderschaft» («promittens per idem iuramentum […] quod iuramentum, confederationem, confratriam cum aliquot non fecit, nec faciet»).[107]

## Das Versprechen des französischen Königs Karl IV. an Herzog Leopold von Habsburg vom 27. Juli 1324

Im 13. Jahrhundert erreichte das kapetingische französische Königtum seinen Höhepunkt: Es hatte einen vorzüglichen Ruf, verfügte über ein grosses Territorium, konnte in anderen Reichen wie Neapel oder Ungarn den Thron übernehmen und Franzosen zum Pontifikat verhelfen. Doch diese in ihrer Zeit einzigartige Machtposition trübte offenbar den politischen Blick des Königs von Frankreich: Er und seine Rechtsberater trachteten danach, einen Kapetinger auf den Kaiserthron zu setzen. Verschiedenste politische Manöver wurden zu diesem Zweck in Angriff genommen, allerdings ohne Erfolg. Als ein solches Manöver ist auch das am 27. Juli 1324 in Bar-sur-Aube zwischen Karl IV., dem letzten direkten Kapetinger, und Leopold von Habsburg getroffene Abkommen zu verstehen: «Im Fall, dass wir, so Gott will, als König der Römer akzeptiert werden, so werden wir den Besitz der beiden Täler Switz und Unterwalden mit Verlaub demselben Landesfürsten übertragen, mit allem, was rechtlich dazugehört; von diesen Tälern sagt derselbe Herzog, dass sie ihm nach dem Erbrecht und seinen Brüdern, den Herzögen von Österreich, gehören würden, und den Herzog selbst werden wir, so gut es geht, in seinem Besitz verteidigen.» * [108]

der Habsburger im Kontext des Erbfolgekrieges zu sehen ist.[109]

In der Folge übten die Waldstätte zumindest an einigen von Leopolds Helfern Vergeltung; bekannt ist der Fall des Klosters Interlaken, dessen Besitzungen in Grindelwald und Unterseen verwüstet wurden. Es scheint, dass aus diesem Erfolg rasch ein identitätsstiftendes Ereignis wurde, indem man alljährlich des Sieges gedachte – entsprechende Hinweise finden sich schon in den 1340er Jahren bei Johannes von Winterthur. Vielleicht führte der Schlachterfolg auch zu einer Erneuerung des Bündnisses, denn die im Bundesbrief von 1291 eher zurückhaltend formulierten politischen Klauseln wurden im Dezember 1315 verstärkt und sahen nun insbesondere vor, dass die Pflicht, die Herrschaftsrechte zu respektieren, erlöschen solle, sobald der Lehnsherr eine der Talschaften mit seinem Heer angreife.

Im Nachhinein zollten die Nachbarn der Waldstätte diesem Sieg und der damit erlangten Autonomie durchaus Respekt: In der Mitte des 14. Jahrhunderts schloss der Chronist Matthias von Neuenburg – der aus einer im Breisgau gelegenen Ortschaft dieses Namens stammte, aber in Basel lebte – seine Beschreibung der Schlacht mit den Worten «Und so sind jene Täler später nicht besiegt worden» («Sicque valles ille postea sunt invicte»).[110] Und der Nachfolger von Matthias schilderte in seinem Rapport des Besuchs Kaiser Karls IV. in Zürich im Jahr 1353 diesen als Schiedsrichter im Konflikt zwischen den Habsburgern und den «Tälern der Swizia» («vallibus Swizie»): Nach ihrem Treueeid hätten «die Täler ihren König [anerkannt], sie, die 36 Jahre lang niemandem gehorcht hatten» («et obedierunt regi valles que in XXXVI annis nulli parebant»)[111] – eine Berechnung, die ziemlich genau auf Morgarten zurückführt. Bereits das drei Wochen nach der Schlacht geschlossene Bündnis von 1315 zeigte im Übrigen, dass die drei Talschaften in jenem Moment ohne Lehnsherr waren. Diese von innen wie von aussen wahrgenommene politische Freiheit darf allerdings nicht zu dem Schluss verführen, dass damit sämtliche Herrschaftsbeziehungen und finanziellen Verpflichtungen gegenüber auswärtigen Herren aufgehoben gewesen wären. Doch war es nun wohl nicht mehr möglich, militärischen Druck auf die Waldstätte auszuüben.

Auf Seiten der Habsburger war die Verbitterung offenbar gross und anhaltend. Der Chronist Johannes von Winterthur erinnerte sich in den 1340er Jahren, dass er als Schüler Herzog Leopold durch Winterthur hatte ziehen sehen, mit leerem Blick, in Trauer um seine in der Schlacht verlorenen Kameraden.[112] Trotz eines im Jahr 1318 geschlossenen und mehrfach verlängerten Waffenstillstands blieb das territorialpolitische Interesse der Habsburger an den Talschaften am Gotthard bestehen. Nachdem Leopold die Hoffnung aufgegeben hatte, seinen Bruder Friedrich als Kaiser einsetzen zu können – dieser war bei Ludwig dem Bayern in Gefangenschaft geraten –, unterstützte er die kaiserlichen Ambitionen des Königs von Frankreich. Nicht ohne Hintergedanken: Tatsächlich wäre Leopold, hätte der Kapetinger Karl IV. die Kaiserkrone erlangt, wieder als Lehnsherr der beiden Täler Schwyz und Unterwalden eingesetzt worden; diese werden im Abkommen von Bar-sur-Aube vom 27. Juli 1324 als Erbbesitz der Herzöge von Österreich aufgeführt.

## Die Anfänge der Eidgenossenschaft und ihr Territorium

Gegen Ende des 14. Jahrhunderts umfasste das Gebiet der Eidgenossenschaft eine Fläche von rund 15 000 Quadratkilometern, was knapp einem Drittel der heutigen Schweiz entspricht. Dieser Raum, halb Gebirge, halb Ebene, stellt sich geographisch als ziemlich kompaktes Gebilde dar; doch hatten seine Bewohner vor dem 13. Jahrhundert keine gemeinsame Identität oder Geschichte – und es hätte durchaus sein können, dass es dabei geblieben wäre. Zwar bestanden zwischen den Innerschwei-

* «In casum illum quo annuente domino essemus in regem Romanorum assumpti, nos eundem ducem, prout nobis liceret, mittemus in possessionem duarum vallium, videlicet Switz et Unterwalden, et pertinenciarum suarum cum suis juribus, quas quidem valles idem dux dicit ad se et fratres suos, duces Austrie, iure hereditario pertinere, et ipsum ducem in possessione earum defendemus, quantum bono modo possemus.»

## Die kirchliche Einteilung um 1300

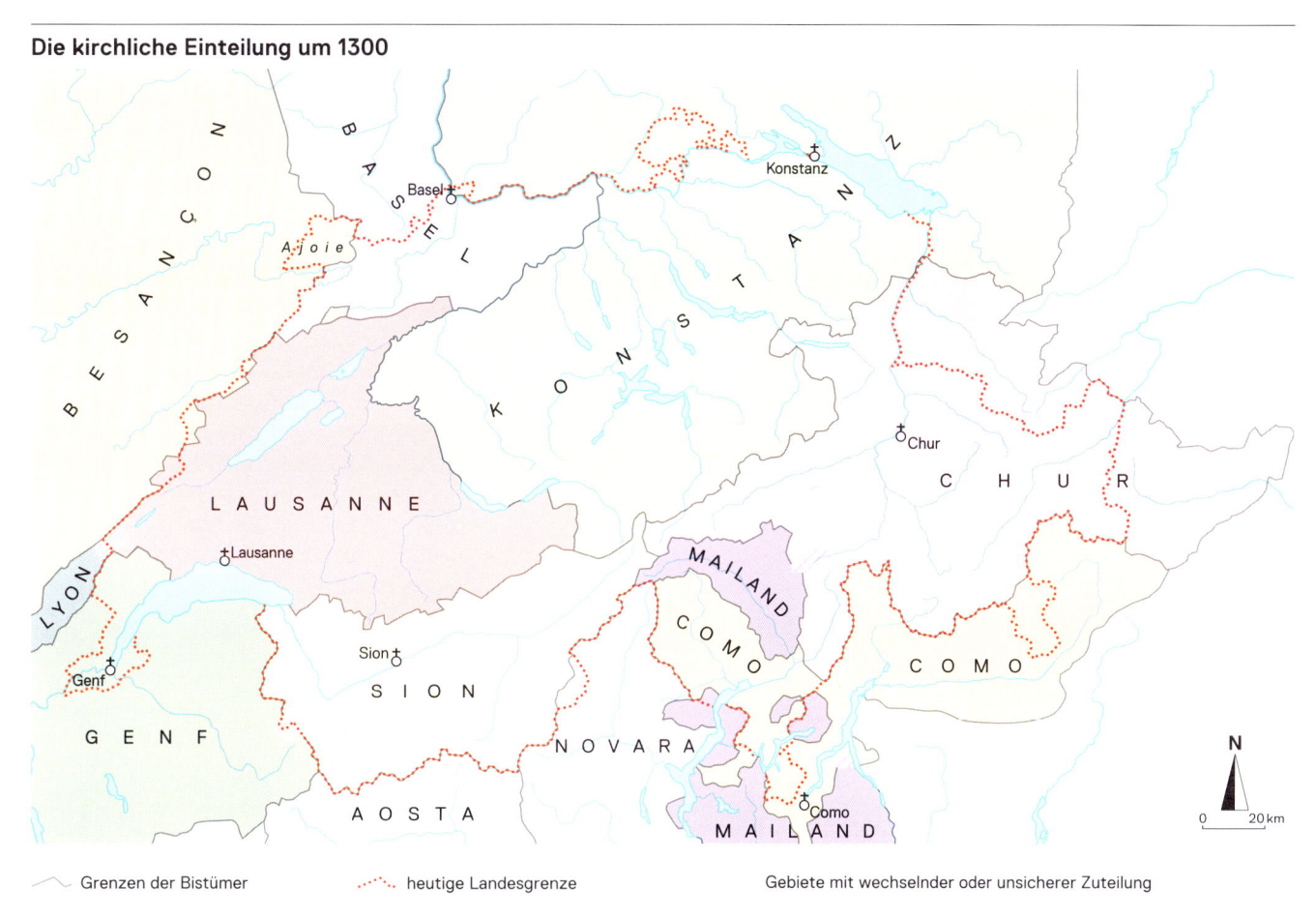

— Grenzen der Bistümer    ····· heutige Landesgrenze    Gebiete mit wechselnder oder unsicherer Zuteilung

*Quelle: Hektor Ammann / Karl Schib, Historischer Atlas der Schweiz, Aarau 1951, S. 13 (geändert), © 2013 Schwabe AG, Verlag, Basel, und Kohli Kartografie, Kiesen.*

zer Talschaften und Zürich rechtliche Abhängigkeiten und gemeinsame Interessen – etwas weniger offensichtlich waren die Verbindungen mit Bern –, und die Bündnisse, welche die ersten Mitglieder der Eidgenossenschaft schlossen, beruhten ganz selbstverständlich auf nachbarschaftlichen Interessen. Aber dies ist nicht das Wesentliche; interessant ist vielmehr, warum jenes Bündnissystem erfolgreicher war als andere Verbindungen und warum es so lange Bestand hatte. Um dies zu verstehen, gilt es, den Raum zu betrachten, in dem es sich entwickelte.

Als diesbezüglich besonders aufschlussreich erweist sich paradoxerweise ein Vergleich der Bistumsgrenzen der alten und der modernen Schweiz. Die Bistumsgrenzen hatten sich weitestgehend in der Karolingerzeit etablieren können, wobei zugleich eine Eingliederung der Bistümer in die – somit wiederhergestellte – römische Provinzialstruktur vollzogen worden war. Die Eidgenossenschaft aber vermochte sich weit weg von jeder Bischofsmacht zu entwickeln: an der Peripherie des riesigen Bistums Konstanz, des grössten Bistums Deutschlands, und an der Grenze zu den drei Bistümern Lausanne, Sitten und Chur. Sie war zwar von mehreren Bischofssitzen aus der römischen Provinzialstruktur umgeben, dies aber in einer gewissen Distanz: So waren Lausanne, Sitten, Chur und Basel zwischen 70 und 150 Kilometer von Schwyz – um ein Beispiel zu nennen – entfernt, Konstanz lag 80 Kilometer entfernt.

Die Städte, welche die Basis für den politischen Erfolg und Fortbestand der Eidgenossenschaft bilden sollten, verfügten zwar über eine gewisse Macht, waren aber allesamt keine Bischofsstädte. Denn entweder waren sie – wie Bern und Luzern – erst jüngst gegründet worden, oder sie blickten, wie im Falle Zürichs, auf lediglich bescheidene antike Ursprünge zurück. Während das Schicksal von Bischofsstädten und deren Umgebung weitestgehend durch die Bischöfe und Domkapitel als Inhaber von finanziellen Mitteln und umfassenden politischen und kirchlichen Rechten bestimmt werden konnte, befand sich eine Stadt ohne Bischof in einer weniger eingeschränkten Ausgangslage.

Indes gehörten auch die nichtbischöflichen ↑Städteorte Bern, Luzern und Zürich und die Innerschweizer Talschaften zu Bistümern – zu Konstanz oder zu Lausanne –, und sie waren direkt von der Politik betroffen, die von den dortigen Kirchenfürsten verfolgt wurde. So bekundete etwa Bern durch sein militärisches Engagement in den nach 1240 ausgebrochenen Konflikten um die Nachfolge in Lausanne sein Interesse an jener Stadt mit ihrem Bischofssitz. Dieses Berner Interesse an Lausanne sollte niemals verschwinden. Es ist aufschlussreich zu sehen, wie rasch die Entwicklung der Eidgenossenschaft dank Bern und dessen 1353 erfolgtem Beitritt im östlichen Teil des Bistums Lausanne voranschritt – eine deutliche Dynamik, die nicht unbedingt von Eroberungen ausging, aber zumindest zahlreiche herrschaftspolitische Eingriffe mit sich brachte, und dies in einer frankophonen Region.

Diese Dynamik lässt sich – nicht nur für das Bistum Lausanne – auch von Landkarten ablesen: Für das gesamte 14. und 15. Jahrhundert sind kein Zeitpunkt und kein Ort auszumachen, an dem die damaligen Grenzen der Eidgenossenschaft mit den Bistumsgrenzen übereinstimmen, mit Ausnahme von einigen Kilometern Urner Grenze, die sich mit den Grenzen des Bistums Konstanz deckten. Dennoch besitzt die heutige Schweiz Grenzen, die zu einem grossen Teil auf die alte Diözesanstruktur zurückzuführen sind, von Graubünden über das Wallis und die Jurakette bis ins Gebiet östlich von Basel – die bemerkenswerten Ausnahmen sind Genf, Basel und die Ajoie. Diese erstaunliche Ähnlichkeit des heutigen Grenzverlaufs mit dem der alten Bistümer hat damit zu tun, dass die Peripherie der Schweiz zu einem grossen Teil durch Eroberungen oder aussenpolitische Allianzen entstanden ist und nicht, wie im Falle der Alten Orte, durch eigentliche Beitritte zum eidgenössischen Bündnissystem. Die neue Welt der nichtbischöflichen Städte und der Talschaften absorbierte die alte Welt der Bistümer.

## ZUM STAND DER FORSCHUNG

Der Überblick zur Historiographie muss sich im Falle dieses Kapitels, das einen Zeitraum von beinahe tausend Jahren thematisiert, auf einige aktuelle Diskussionen und Entwicklungen beschränken. Auch lässt die Tatsache, dass insbesondere im Frühmittelalter zwischen den einzelnen Regionen der heutigen Schweiz mehrheitlich keine besonderen Verbindungen bestanden, jegliche Geschichtsforschung zur «Schweiz» als geographischem Raum zu einem mehr oder weniger künstlichen Unterfangen werden.

Von zwei aktuellen Diskussionen zum frühen Mittelalter werden indes interessante Ergebnisse erwartet. Die eine betrifft die Frage, ob man von einer Ethnogenese der Germanen sprechen kann, die andere, ob sich für den Übergang von der Antike zum Mittelalter eine Kontinuität in der Verwaltung und in den kirchlichen Strukturen feststellen lässt.

Der Begriff des Germanentums ist seit dem Ende des Zweiten Weltkriegs kontrovers diskutiert worden, insbesondere als Reaktion auf die Geschichtsideologie der Nationalsozialisten, die aus den Germanen eine «Rasse» – und noch dazu eine allen anderen überlegene – gemacht hatten. Diese sinnvolle und berechtigte Gegenbewegung verdanken wir dem deutschen Historiker Reinhard Wenskus.[113] Er vertrat die Ansicht, dass es überhaupt keine gemeinsame Abstammung der Germanen gibt – also keine biologische Grundlage des Germanentums. Im Laufe der Geschichte seien vielmehr verschiedene germanische Stämme aufgetaucht, bei denen es sich um Verbände gehandelt habe, das heisst um Ansammlungen von Personen, die sich um einen König oder Fürsten scharten. Individuen mit sehr unterschiedlichem Hintergrund konnten so zu ein und demselben Volk gehören, ohne eine gemeinsame Herkunft zu besitzen. Diese These von Wenskus gilt heute als Standarderklärung, die wissenschaftlich allgemein anerkannt ist.

Andere Historiker sind im Gefolge von Wenskus noch viel weiter gegangen. Sie verneinen selbst die Existenz einer germanischen Kultur sowie von Verhaltensweisen und gesellschaftlichen Vorstellungen, die für die Personengruppen, die eine germanische Sprache sprechen, spezifisch gewesen wären. Inwiefern diese von Ian Wood[114] und Herwig Wolfram[115] postulierten Thesen Gültigkeit haben, ist noch nicht geklärt. Ist etwa die Verwandtschaft der zu Beginn des Mittelalters gesprochenen germanischen Sprachen einfach zu ignorieren? Als was sind die zahlreichen, unterschiedlich bedeutungsvollen gemeinsamen Sitten und Bräuche zu verstehen? Haben sich diese Gemeinsamkeiten zufällig ergeben, oder gingen sie vielleicht aus einem Brauchtum mit einer viel grösseren als der germanischen Verbreitung hervor? Oder wäre es möglich, dass sich diese gemeinsamen kulturellen Merkmale erst durch die vielen Vermischungen der germanischen Stämme in der Antike, durch eine gemeinsame Herkunft und ähnliche Mythologie, ausgebildet haben? Wie auch immer: Während es gemäss dem derzeitigen wissenschaftlichen Erkenntnisstand unzutreffend wäre, von einer einzigen germanischen Ethnie zu sprechen, ist es zweifelsohne legitim, die These zu vertreten, dass alle Germanisch sprechenden Volksgruppen im Frühmittelalter eindeutige kulturelle Gemeinsamkeiten aufweisen.

Bis in die 1990er Jahre galt es als erwiesen, dass die Verwaltungsstrukturen des spätrömischen Reiches die Strukturen der sich im Gebiet der späteren Schweiz herausbildenden germanischen Fürstentümer wesentlich geprägt haben. Die Kontinuität sah man vor allem in der Kirche begründet: Die in die römische Zeit zurückgehenden Bischofs- und Metropolitansitze blieben erhalten. Dabei seien aus den einstigen *civitates* die Diözesen hervorgegangen, und die einzige substantielle Veränderung sei der Wechsel der Hauptstädte gewesen. So wurde Sitten zum Bischofssitz des Bistums von Martigny, der Bischofssitz von Windisch wurde zunächst nach Avenches, dann nach Lausanne verlagert, jener von Augst nach Basel. Die einzige wirkliche Neuerung ex nihilo sei die Schaffung des Bistums Konstanz gewesen, vollzogen mit der Absicht, auf das Vordringen der Alemannen in das schweizerische Mittelland mit einer neuen kirchlichen Verwaltungseinheit zu reagieren.[116]

Allmählich setzt sich in Hinblick auf diese Fragen jedoch eine andere Ansicht durch, auch wenn hier noch beträchtlicher Klärungsbedarf besteht. Zum einen scheint die spätrömische Verwaltungsstruktur in der Schweiz doch erheblich modifiziert worden zu sein, dies zweifellos, weil man sich an der Grenze zur germanischen Welt befand. Zum anderen lässt sich zeigen, dass sich die germanischen Fürstentümer offenbar nicht nur passiv verhielten, sondern dass sie selbst die Initiative ergriffen, indem sie neue Bistümer errichteten, Hauptstädte verlegten oder alte, im Laufe der Zeit verschwundene Strukturen wiederaufleben liessen. Dabei beriefen sie sich auf Schriften aus der spätantiken Verwaltung, die sie als normative Grundlage für die kirchlichen Strukturen heranzogen.[117]

Die neuesten Forschungen[118] machen deutlich, dass in der römischen Zeit im Verlauf von Einfällen und Kriegen einige *civitates* verschwunden sind und sich Grenzen verschoben haben. So ging beispielsweise der nördliche Teil der *civitas* von Avenches an Chur über, und die Territorien von Avenches und Basel gehörten zeitweise zu Genf, zeitweise sogar zum Wallis. Entsprechend handelt es sich bei Diözesen wie denjenen von Basel und Avenches um späte, willkürliche Gründungen, denen eher militärische und machtpolitische als kirchliche und religiöse Erwägungen zugrunde lagen. Somit erhärtet sich der Eindruck, dass sich die Burgunder- und später die Frankenkönige durch eine viel grössere Gestaltungskraft auszeichneten als bisher angenommen. Manche Aspekte bedürfen gewiss noch weiterer Abklärung, nicht zuletzt auf der Grundlage neuerer archäologischer und epigraphischer Funde beziehungsweise einer Neubewertung bereits bekannter Quellen. Die zu einfache Annahme einer Kontinuität der Strukturen scheint jedoch aufgrund des komplexen Bildes, das sich abzuzeichnen beginnt, auf jeden Fall überholt.

Die Geschichte des frühen Mittelalters stützt sich in viel höherem Masse als diejenige der nachfolgenden Epochen auf die Archäologie. Methoden wie die Typologie oder auch die Chronologie, insbesondere die Dendrochronologie, welche immer weiter verfeinert worden sind, können weit mehr und mindestens ebenso präzise Informationen liefern wie die schriftlichen Quellen aus dieser Zeit. Entsprechende Erkenntnisse existieren für alle Regionen der Schweiz, vom Jurabogen bis Graubünden.[119] Gerade in Bezug auf die Erforschung von Bereichen wie Alltagsleben, Bevölkerung und Handel werden kommende Untersuchungen auf einer engen Zusammenarbeit mit der Archäologie basieren müssen, da die schriftlichen Quellen zu diesen Themen mit wenigen Ausnahmen – darunter die St. Galler Handschriften aus der Karolingerzeit[120] – erst ab dem 13./14. Jahrhundert weitergehende Erkenntnisse ermöglichen.

Auch in Hinblick auf die Ordensgeschichte erscheint ein solcher Rekurs auf die Archäologie unabdingbar. In diesem Bereich wird man ohnehin noch längere Zeit benötigen, um den historischen Kontext umfassend zu rekonstruieren, das heisst, die bekannten Fakten mit Begleitumständen wie politischen Spannungen oder der Existenz und Dynamik von Sprachgebieten in Beziehung zu bringen, wie es beispielsweise Gerold Hilty und Max Schär für den heiligen Gallus getan haben.[121] Generell müssen die künftigen Ergebnisse einer gründlichen und systematischen Ortsnamenforschung für sämtliche Regionen der Schweiz miteinbezogen werden, wie dies schon im *Lexikon der schweizerischen Gemeindenamen* (LSG) gefordert wird.[122]

Als Desiderat erscheint auch die Fortsetzung von Arbeiten wie diejenigen von Bernhard Stettler,[123] François Demotz[124] oder Matthieu de La Corbière[125] zur langen Geschichte der Verwaltungsgliederung in den verschiedenen Herrschaftsgebieten, angefangen bei den – in Zusammenhang mit den Grundherrschaften und dem ↑*Incastellamento* stehenden – Anfängen der Pfarreien bis hin zur Herausbildung einer «staatlichen» Lehnsherrschaft mit ihrem Netz von Burgvogteien und der parallelen Krise des alten Adels, womit sich nach Roger Sablonier[126] auch Bernard Andenmatten[127] beschäftigt hat.

Eine andere Möglichkeit, die offenen Forschungsfragen anzugehen, besteht vielleicht darin, sich zunächst einmal die Unterschiede der in der Romandie und in der Deutschschweiz angewandten Methodiken stärker bewusst zu machen und genau an diesem Punkt mit weiteren Forschungen anzusetzen. Hier würde sich etwa das Beispiel des Umgangs mit den Rechtsquellen anbieten, die in der Deutschschweiz aus der soziologischen Perspektive und in der Westschweiz unter juristischen und administrativen Gesichtspunkten gedeutet werden. Eine Annäherung der beiden Positionen findet sich in einer Studie von Simon Teuscher,[128] und eine Fülle von bereits geordnetem Material liegt in den *Coutumes et coutumiers* von Jean-François Poudret[129] vor.

Einige Forschungsrichtungen wie die Wirtschaftsgeschichte[130] haben – in Hinblick auf den hier thematisierten Zeitraum – in den vergangenen Jahren zwar an Bedeutung verloren; dennoch sollte man sie nicht ganz aufgeben. Neuere Forschungsinteressen wie die Gender Studies oder die Umweltgeschichte thematisieren das Frühmittelalter bisher nur am Rande.[131] Diese neuen Bereiche, zu deren Erschliessung kaum zeitgenössisches Quellenmaterial überliefert ist, müsste man vielleicht ausgehend vom Ende des Mittelalters, also rückblickend, bearbeiten.[132]

Für die im Zusammenhang der Diskussion zu den Anfängen der Eidgenossenschaft wichtige Geschichte der Verkehrswege und des Transportwesens gilt es, sämtliche bereits für das 13. Jahrhundert verfügbaren Daten noch besser zu nutzen, unter anderem die verschiedenen Verträge, die zwischen Kaufleuten und der einheimischen Bevölkerung geschlossen wurden.[133]

Die Debatte um die Entstehung der Eidgenossenschaft wird wohl vor allem dank des Zürcher Mediävisten Roger Sablonier auch stark unter Einschluss der Öffentlichkeit geführt. Die Veröffentlichung von *Gründungszeit ohne Eidgenossen*,[134] eines Werks, das sich durch seinen minutiösen wissenschaftlichen Ansatz inklusive eines entsprechenden Apparats, etwa mit sehr genauen Analysen von Pergamenthandschriften, auszeichnet, stellt den Höhepunkt von Sabloniers Forschungstätigkeit dar. Leider verstarb der Autor kurz nach der Publikation, was die Debatten, die dieses radikale und komplexe Buch unmittelbar nach seinem Erscheinen hervorgerufen hat, zunächst etwas leiser werden liess.

Wie lässt sich eine Geschichte der Anfänge der Eidgenossenschaft schreiben? Vom 15. bis zum 18. Jahrhundert verfassten die Historiker geschichtliche Darstellungen ohne quellenmässig gesicherte Grundlagen. Sie erzählten vielmehr packende Geschichten, versehen mit ihnen vertrauenswürdig erscheinenden, jedoch historisch wertlosen Fakten. Diese Art von Erzählungen bezeichnen wir als Gründungslegenden; sie wurden von der Mehrzahl der Menschen in jener Zeit sehr wahrscheinlich für authentisch gehalten. Die Historiker des 19. und der ersten Hälfte des 20. Jahrhunderts wagten sich daran, Synthesen aus den verfügbaren Informationen und den in ihren Augen glaubwürdigen Elementen der traditionellen Geschichtsschreibung zu bilden. Nach den Entwicklungen der schweizerischen Historiographie in den letzten fünfzig Jahren sind solche Synthesen undenkbar geworden. Strukturalistisch orientierte Historiker haben gezeigt, dass die Gründungslegenden als mythische Geschichten eine in sich kohärente Struktur und einen Anschein von Wahrscheinlichkeit aufweisen – deshalb waren sie so erfolgreich. Doch beruhen sie vielleicht nicht einmal auf wirklich alten Elementen. In jedem Fall wäre es reine Willkür, irgendwelche authentischen Elemente aus ihnen herauslösen zu wollen. Unter den Schweizer Historikerinnen und Historikern besteht diesbezüglich – wie andernorts auch – ein allgemeiner Konsens: Mythen können dazu dienen, die Zeiten, in denen sie entstanden sind, und das diesen eigene historische Bewusstsein zu verstehen, jedoch nicht die Zeiten, von denen sie berichten. Ein Schritt zurück zur älteren Auffassung ist heute kaum mehr denkbar.[135]

In den vergangenen 25 Jahren ist man, angeregt vor allem durch Roger Sablonier, dazu übergegangen, nicht nur die Gründungslegenden, sondern auch Dokumente rechtlicher Art als Quellen in Frage zu stellen. Ihre historische Aussagekraft gilt heute nicht mehr als unumstösslich; dies betrifft vor allem auch den Bundesbrief von 1291. Bei ihm handelt es sich um ein Dokument von genau jener Art, wie es das 19. Jahrhundert benötigte, um Gründungslegenden wirksam umzugestalten. Inzwischen bezweifelt man auch die Echtheit des Korpus von Verträgen und kaiserlichen Privilegien[136] aus dieser Zeit und beruft sich dabei auf $C_{14}$-Analysen. Gleichzeitig ist die Frage aufgekommen, ob die wahren Anfänge einer territorial und als Institution funktionierenden Eidgenossenschaft nicht eher auf das Ende des 14. Jahrhunderts angesetzt werden müssen und die Rolle der Städte in diesem Zusammenhang einer Neubewertung bedarf.

Ein in den letzten Jahren zunehmend zu beobachtender Ansatz besteht eben darin, sich parallel zu den Entwicklungen in der Innerschweiz auf die grossen Städte, allen voran Bern und Zürich, zu konzentrieren, die sich bereits in dieser Zeit als Eckpfeiler der entstehenden Eidgenossenschaft hätten etablieren können. Das Bündnis der Talschaften in der Innerschweiz habe dabei nur einen weiteren Eckpfeiler gebildet, der erst später mit Bedeutung aufgeladen und zum alleinigen Gründungselement erhoben worden sei. Gemäss dieser Betrachtungsweise ist das Bündnis von 1291 nur eines unter vielen im 13. und 14. Jahrhundert. Verantwortlich für seine ihm später zugeschriebene Bedeutung als zeitlicher und geographischer Ausgangspunkt der Schweizer Geschichte waren die äusseren Umstände und Konstellationen, nicht sein innerer Gehalt.

Die traditionelle Geschichte der Anfänge der Eidgenossenschaft ist also zweimal radikal verworfen worden. Zunächst betraf dies die mythische Version, mit Wurzeln im 15./16. Jahrhundert, die sich bis zur Wende vom 18. zum 19. Jahrhundert herausgebildet hatte, sodann dann die positivistische Variante, die sich der ersten Hälfte des 20. Jahrhunderts etablieren konnte. Diese zweite Version – mit wissenschaftlichem Anspruch – stellte eigentlich einen Kompromiss dar, da seit den Feierlichkeiten von 1891 das Bündnis von 1291 mit der ganzen Bedeutungsfracht, die der Rütlischwur in der mythischen Version besass, beladen wurde.[137] Es war nur eine Frage der Zeit, bis dieses aus politischen Gründen instrumentalisierte Bündnis in Zweifel gezogen werden würde.

Ohne Antwort blieb jedoch die von allen Historikern gestellte Frage, wann genau dieses Bündnis geschlossen beziehungsweise die mit dem Jahr 1291 datierte Urkunde tatsächlich verfasst worden ist. Etwa fünfhundert Jahre lang war man der Meinung, dass um die Wende vom 13. zum 14. Jahrhundert etwas Entscheidendes stattgefunden habe. Die Erzählung von der Befreiung von den Habsburgern datierte das grundlegende Ereignis, den «Rütlischwur», zwischen den Tod von König Rudolf im Jahr 1291 und die Schlacht von Morgarten 1315. Von der zweiten Hälfte des 16. Jahrhunderts an wurden stets die Jahre 1307 und 1308, die vom Chronisten Aegidius Tschudi ohne dokumentarische Grundlage vorgeschlagen worden waren, als Gründungszeitpunkt der Eidgenossenschaft genannt. Im 19. Jahrhundert schliesslich rückte der bis ins 18. Jahrhundert unberücksichtigt gebliebene Bundesbrief mit der Jahresangabe 1291 ins Zentrum des Interesses, und dieses Datum konnte sich schliesslich durchsetzen. Roger Sablonier seinerseits hat, ohne damit ein Gründungsdatum postulieren zu wollen, eine neue Datierung des Bundesbriefes von 1291 vorgeschlagen, und zwar das Jahr 1309.[138]

Die eigentliche Herausforderung bestand für Sablonier indes nicht in einer noch detaillierteren und sorgfältigeren Erarbeitung der Geschichte der Waldstätte als den Gründungsmitgliedern eines Bündnisses, aus welchem die Eidgenossenschaft hervorgegangen sein soll. Es ging ihm im Gegenteil darum, die einem solchen Ansatz zugrundeliegenden Sichtweisen zu falsifizieren. Die wesentliche Frage, die er in seiner Arbeit stellt, ist die, ob die Geschichte des Bündnisses und der Anfänge der Eidgenossenschaft ebenso wie jene von Wilhelm Tell oder des Rütlischwurs in den Bereich der Legende fällt. Diese Frage ist legitim: Die «grossen historischen Ereignisse» – die Abfassung des Bundesbriefes und die Schlacht am Morgarten – und die legendären Heldentaten wurden im Befreiungsmythos, der zugleich die Geschichte eines Bündnisses ist, stets eng miteinander verknüpft. Die zukünftigen Bündnispartner, unter anderem die kulturellen Metropolen Zürich, Basel und Bern, anerkannten die Talschaften der Waldstätte als Gründer samt den mit dieser Rolle verbundenen Legenden. Besonders stark war diese Anerkennung im 16. und im 19./20. Jahrhundert. Das ist natürlich ein wichtiges kulturelles Faktum, aber kein Beweis dafür, dass diese Gründerrolle eine historische Tatsache ist. Die zukünftige Geschichtsforschung hat also die Frage nach dem Realitätsgehalt dieser Gründerrolle zu klären. Es lässt sich noch nicht sagen, ob diesbezüglich eine historische Tradition, von der man heute meint, dass sie jeglicher Grundlage entbehre, wird verschwinden müssen. Oder ob ganz im Gegenteil deutlich wird, dass die Versuchung, mit dieser jahrhundertealten Geschichte zu brechen, vielleicht auf dem Wunsch beruht, der heutigen, städtisch geprägten Schweiz eine ebenso städtisch geprägte Gründungsgeschichte zu verleihen. Ob man sich für die eine oder für die andere Richtung entscheidet: Ein Konsens wird in der Erkenntnis liegen müssen, dass die Echtheit der Dokumente aus dieser Zeit durch die Quellenkritik nicht nur verworfen, sondern auch gestützt werden kann.

## ANMERKUNGEN

**1** — Pierre-Joseph Varin (Hg.), La Vie de saint Eutrope d'Orange par Verus son successeur, Bulletin du comité historique des monuments écrits de l'Histoire de France, Bd. 1, 1849, S. 58f., Nr. 1; Ludovicus Rudolfus de Salis (Hg.), Lex Burgundionum, in: Monumenta Germaniae Historica (MGH), Leges nationum Germanicarum, Bd. 2, Tl. 1, Hannover 1892, § XLVI, S. 162f.
**2** — Jean-Daniel Morerod, L'Eglise du Valais et son patrimoine dans le diocèse de Lausanne. Contribution à une préhistoire des diocèses romands, in: Vallesia. Jahrbuch des Staatsarchivs, der Kantonsbibliothek und der Dienststelle für Museen, Archäologie und Denkmalpflege des Kantons Wallis, Bd. 54, 1999, S. 137–160.
**3** — Gerold Walser, Römische Inschriften in der Schweiz. Für den Schulunterricht ausgewählt, photographiert und erklärt, Bd. 3, Bern 1980, Nr. 255.
**4** — Katrina Kremer / Guy Simpson / Stéphanie Girardclos, Giant Lake Geneva tsunami in AD 563, in: Nature Geoscience, Nr. 5, 2012, S. 756–757.
**5** — Bruno Krusch (Hg.), Fredegarii et aliorum chronica: vitae sanctorum, in: MGH, Scriptores rerum Merovingicarum, Bd. 2, Hannover 1888, S. 128 (Liber IV, Kap. 18).
**6** — Lukas Vischer et al. (Hg.), Histoire du christianisme en Suisse. Une perspective œcuménique, Genève/Fribourg 1995, S. 21 (dt. Orig.: Ökumenische Kirchengeschichte der Schweiz, Freiburg/Basel 1994).
**7** — Bruno Kusch (Hg.), Passio martyrum Acaunensium, in: MGH, Scriptores rerum Merovingicarum (SRM), Bd. III, Hannover 1896, § 17, S. 39.
**8** — Ursmar Engelmann (Hg.), Der heilige Pirmin und sein Pastoralbüchlein, Sigmaringen 1976.
**9** — Reto Marti, Zwischen Römerzeit und Mittelalter. Forschungen zur frühmittelalterlichen Siedlungsgeschichte der Nordwestschweiz (4.–10. Jahrhundert), 2 Bde., Liestal 2000, S. 286–298.
**10** — Vischer et al. (Hg.), Christianisme, S. 31f.
**11** — François Masai, La «Vita patrum iurensium» et les débuts du monachisme à Saint-Maurice d'Agaune, in: Johanne Autenrieth / Franz Brunhölzl (Hg.), Festschrift Bernhard Bischoff zu seinem 65. Geburtstag, dargebracht von Freunden, Kollegen und Schülern, Stuttgart 1971, S. 43–69.
**12** — Justin Favrod, De la «Germanie» de Tacite à la germanité des Burgondes: Permanence de quelques coutumes, in: Etudes de Lettres, Nr. 267, Bd. 1/2, 2004, S. 211–221.
**13** — Wolfgang Fritze, Die fränkische Schwurfreundschaft der Merowingerzeit, ihr Wesen und ihre politische Funktion, in: Zeitschrift der Savigny-Stiftung für Rechtsgeschichte, Germ. Abt., Jg. 71, 1954, S. 74–125.
**14** — Jean Durliat, Le salaire de la paix sociale dans les royaumes barbares (V–VIᵉ siècles), in: Herwig Wolfram / Andreas Schwarcz (Hg.), Anerkennung und Integration. Zu den wirtschaftlichen Grundlagen der Völkerwanderungszeit 400–600, Wien 1988, S. 21–72.
**15** — François Menna / Lucie Steiner, La nécropole du Pré de la Cure à Yverdon-les-Bains (IVᵉ–VIIᵉ s. ap. J.-C.), 2 Bde., Lausanne 2000.
**16** — Agostino Paravicini Bagliani et al. (Hg.), Les pays romands au Moyen Age, Lausanne 1997, S. 49–54.
**17** — Eugen Ewig, Die fränkischen Teilungen und Teilreiche (511–613), Mainz 1952, S. 652–715.
**18** — Renata Windler et al. (Hg.), Die Schweiz vom Paläolithikum bis zum frühen Mittelalter (SPM), Bd. 6: Frühmittelalter, Basel 2005, S. 63–65.
**19** — Hans Rudolf Sennhauser, Kloster Müstair, Gründungszeit und Karlstradition, in: Rainer Loose / Sönke Lorenz (Hg.), König, Kirche und Adel. Herrschaftsstrukturen im mittleren Alpenraum und angrenzenden Gebieten (6.–13. Jahrhundert), Lana 1999, S. 125–150; Margrit Werder, Das Nachleben Karls des Grossen im Wallis, in: Blätter aus der Walliser Geschichte, Bd. 16, Nr. 3/4, 1976/1977, S. 301–476; Gregor von Wyss, Geschichte der Abtei Zürich, 2 Bde., Zürich 1851–1858, S. 23.
**20** — François Demotz, La Bourgogne, dernier des royaumes carolingiens (855–1056). Roi, pouvoirs et élites autour du Léman, Lausanne 2008, S. 55.
**21** — Karl Schmid, Von Hunfrid zu Burkard. Bemerkungen zur rätischen Geschichte aus der Sicht von Gedenkbucheinträgen, in: Ursus Brunold / Lothar Deplazes (Hg.), Geschichte und Kultur Churrätiens, Disentis 1986, S. 181–209.
**22** — Josef Ackermann / Sebastian Grüninger, Christentum und Kirche im Ostalpenraum im ersten Jahrtausend, in: Hans Rudolf Sennhauser (Hg.), Frühe Kirchen im östlichen Alpengebiet. Von der Spätantike bis in ottonische Zeit, Bd. 2, München 2003, S. 793–816; Paravicini Bagliani et al. (Hg.), Pays romands, S. 228–238.
**23** — Peter Ochsenbein / Karl Schmuki (Hg.), Studien zum St. Galler Klosterplan II, St. Gallen 2002.
**24** — Roland Rappmann / Alfons Zettler, Die Reichenauer Mönchsgemeinschaft und ihr Totengedenken im frühen Mittelalter, Sigmaringen 1998.
**25** — Demotz, La Bourgogne, S. 189–192.
**26** — Marianne Rumpf, The legends of Bertha in Switzerland, in: Journal of the Folklore Institute, Bd. 14, Nr. 3, 1977, S. 181–195.
**27** — Demotz, La Bourgogne, S. 211, Nr. 37.
**28** — Zur umstrittenen Frage der Rolle der Bischöfe in der herrschaftlichen Politik und zum Begriff des Reichskirchensystems siehe Ludger Körntgen und Dominik Wassenhoven (Hg.), Patterns of episcopal power. Bishops in tenth and eleventh century Western Europe – Strukturen bischöflicher Herrschaftsgewalt im westlichen Europa des 10. und 11. Jahrhunderts, Berlin 2011.
**29** — Herbert Paulhart (Hg.), Die Lebensbeschreibung der Kaiserin Adelheid von Abt Odilo von Cluny (Odilonis Cluniacensis abbatis Epitaphium domine Adelheide auguste), Graz 1962, S. 38–44 (S. 12–21); Patrick Corbet et al. (Hg.), Adélaïde de Bourgogne. Genèse et représentations d'une sainteté impériale, Dijon 2002.
**30** — Demotz, La Bourgogne, S. 390.
**31** — Ebd., S. 604, Nr. 111.
**32** — Ebd., S. 604.
**33** — Max Buhlmann, Abt Wilhelm von Hirsau und die St. Georgener Klostergründung, in: Vertex Alemanniae, Schriftenreihe des Vereins für Heimatgeschichte St. Georgen, Bd. 42, Nr. 2, 2010, S. 21, 24, 36.
**34** — Jean-Daniel Morerod, Genèse d'une principauté épiscopale. La politique des évêques de Lausanne (IXᵉ–XIVᵉ siècle), Lausanne 2000, S. 233–235.
**35** — Ingo F. Walther (Hg.), Codex Manesse. Die Miniaturen der Grossen Heidelberger Liederhandschrift, Frankfurt a.M. 1988.
**36** — Corbet et al. (Hg.) Adélaïde, S. 109–120.
**37** — Monumenta Germaniae Historica (Hg.), Fälschungen im Mittelalter, 6 Bde., Hannover 1988.
**38** — Ulrich Parlow, Die Zähringer. Kommentierte Quellendokumentation zu einem südwestdeutschen Herzogsgeschlecht des hohen Mittelalters, Stuttgart 1999.
**39** — Thomas Zotz, Von Zürich 1098 bis Breisach 1198. Zum Stellenwert der Städte für die Herrschaft der Zähringer im Südwesten des Regnum Teutonicum und in Burgund, in: Hans-Joachim Schmidt (Hg.), Stadtgründung und Stadtplanung – Freiburg/Fribourg während des Mittelalters, Zürich 2010; Hubert Foerster / Jean-Daniel Dessonaz (Hg.), Die Freiburger Handfeste von 1249, Freiburg 2003.
**40** — Gerhard Dilcher / Diego Quaglioni, Gli inizi del diritto pubblico. Die Anfänge des öffentlichen Rechts, Bd. 1: L'età di Federico Barbarossa: legislazione e scienza del diritto. Gesetzgebung im Zeitalter Friedrich Barbarossas und das Gelehrte Recht, Bologna 2007.
**41** — Paolo Ostinelli, Bündnisse im südalpinen Raum. Zur Bedeutung der oberitalienischen Bündnispraxis in der Ausformung einer neuen territorialen Ordnung in kommunaler Zeit (12. Jahrhundert – anfangs 13. Jahrhundert), in: Regula Schmid Keeling et al. (Hg.), Bündnisdynamik. Träger, Mittel und Ziele politischer Bünde im Mittelalter (im Druck); Allgemeine Geschichtsforschende Gesellschaft der Schweiz (Hg.), Quellenwerk zur Entstehung der Schweizerischen Eidgenossenschaft (QW), Abt. I, Bd. 1: Von den Anfängen bis Ende 1291, Aarau 1933, S. 787–789, Nr. 1689.
**42** — Helvetia sacra, Abt. I, Bd. 4: Le diocèse de Lausanne (VIᵉ siècle–1821), de Lausanne et Genève (1821–1925) et de Lausanne, Genève et Fribourg (depuis 1925), Basel 1988, S. 375–376; ebd., Abt. III, Bd. 1: Frühe Klöster, die Benediktiner und Benediktinerinnen in der Schweiz, Bern 1986, Tl. 2, S. 1296–1298.
**43** — Michele Luminati, Geschichte des Notariats auf dem Gebiet der Schweiz, in: Mathias Schmoeckel et al. (Hg.), Handbuch zur Geschichte des Notariats der europäischen Traditionen, Baden-Baden 2009, S. 279–318.
**44** — Gerlinde Person-Weber, Der Liber Decimationis des Bistums Konstanz, Freiburg i.Br. 2001.
**45** — QW, Abt. I, Bd. 1: Von den Anfängen, S. 105, Nr. 219.
**46** — Foerster/Dessonaz (Hg.), Freiburger Handfeste.
**47** — Simon Teuscher, Erzähltes Recht. Lokale Herrschaft, Verschriftlichung und Traditionsbildung im Spätmittelalter, Frankfurt a.M. 2007.
**48** — Paravicini Bagliani et al. (Hg.), Pays romands, S. 118.
**49** — Ebd., S. 179.
**50** — Ebd., S. 194.
**51** — Jean-Daniel Morerod, Taxation décimale et frontières politiques en France aux XIIIᵉ et XIVᵉ siècles, in: Ecole française de Rome (Hg.), Aux origines de l'Etat moderne. Le fonctionnement administratif de la papauté d'Avignon, Rome 1990, S. 329–350.
**52** — Ulrike Kunze, Rudolf von Habsburg. Königliche Landfriedenspolitik im Spiegel zeitgenössischer Chronistik, Frankfurt a.M. et al. 2001.
**53** — Paravicini Bagliani et al. (Hg.), Pays romands, S. 132.
**54** — Donald Lindsay Galbreath, Inventaire des sceaux vaudois, Lausanne et al. 1937, S. 112, Nr. 1; Paravicini Bagliani et al. (Hg.), Pays romands, S. 193.
**55** — Morerod, Genèse, S. 223.
**56** — Helvetia sacra, Abt. IV, Bd. 5: Die Dominikaner und Dominikanerinnen in der Schweiz, Basel 1999, Tl. 1, S. 232.
**57** — Ebd., S. 300.
**58** — Friedrich Baethgen (Hg.), Die Chronik Johanns von Winterthur, Berlin 1924, S. 18–20.
**59** — Helvetia sacra, Abt. I, Bd. 3: Le diocèse de Genève. L'archidiocèse de Vienne en Dauphiné, Bern 1980, S. 81–85.
**60** — Jean-Loup Lemaître, Un nouveau témoin du nécrologe de Cluny. Mabillon et le nécrologe de Souvigny, in: Frühmittelalterliche Studien, Bd. 17, 1983, S. 445–458.
**61** — Helvetia sacra, Abt. IV, Bd. 5: Die Dominikaner, Tl. 2, S. 1030f.
**62** — Peter Kurmann / Martin Rohde (Hg.), Die Kathedrale von Lausanne und ihr Marienportal im Kontext der europäischen Gotik, Berlin et al. 2004.
**63** — Brigitte Kurmann-Schwarz, Die mittelalterlichen Glasmalereien der ehemaligen Klosterkirche Königsfelden, Bern 2008.
**64** — Helvetia sacra, Abt. III, Bd. 1: Frühe Klöster, Tl. 3, S. 2004f.
**65** — Clémence Thévenaz Modestin / Georg Modestin, Le supplice des Vaudois aux Clées en 1280 d'après le témoignage d'une source comptable savoyarde, in: Revue suisse d'histoire religieuse et culturelle, Jg. 99, 2005, S. 239–249; Sacha Ragg, Ketzer und Recht. Die weltliche Ketzergesetzgebung des Hochmittelalters unter dem Einfluss des römischen und kanonischen Rechts, Hannover 2006.
**66** — Aaron Kamis-Müller et al. (Hg.), Vie juive en Suisse, Lausanne 1992.
**67** — Jakob Stammler, Die Ermordung des Knaben Rudolf von Bern durch die Juden (1288?), Luzern 1888.
**68** — Josef Fellenberg, Die Verehrung des heiligen Gotthard von Hildesheim in Kirche und Volk, Bonn 1970; Der Geschichtsfreund: Mitteilungen des Historischen Vereins der fünf Orte Luzern, Uri, Schwyz, Unterwalden ob und nid dem Wald und Zug, Nr. 155, 2002, S. 185.
**69** — Vgl. die Zahlen bei Rudolf Maag, Das Habsburgische Urbar (2 T. in 3 Bde.), Basel

1894–1904, und bei Franco Morenzoni, Le mouvement commercial au péage de Saint-Maurice d'Agaune à la fin du Moyen Age (1281–1450), in: Revue historique, Jg. 117, Bd. 289, Nr. 1, 1993, S. 3–63.
70 — Paravicini Bagliani et al. (Hg.), Pays romands, S. 77, Nr. 28.
71 — Morerod, Genèse, S. 549–550 (Nr. 28).
72 — Baethgen (Hg.), Chronik Johanns von Winterthur, S. 35.
73 — Historische Commission bei der Königl. Academie der Wissenschaften (Hg.), Die Chroniken der oberrheinischen Städte. Strassburg, Bd. 1, Leipzig 1870, S. 56.
74 — Giovanni Tabacco, Il trattato matrimoniale sabaudo-austriaco del 1310 e il suo significato politico, in: Bollettino storico-bibliografico subalpino, Jg. 49, 1951, S. 5–62.
75 — QW, Abt. I, Bd. 2: Von Anfang 1292 bis Ende 1332, S. 101, Nr. 217.
76 — Geschichtsfreund, Nr. 155, 2002, S. 192, Anm. 62.
77 — QW, Abt. I, Bd. 1: Von den Anfängen, S. 786–787, Nr. 1686.
78 — Archivio di Stato di Torino (ASTO), Corte, Materie ecclesiastiche, Arcivescovadi e vescovadi stranieri, Losanna, mazzo 1 non inventariato.
79 — Harry Bresslau, Das älteste Bündnis der Schweizer Urkantone, in: Jahrbuch für Schweizerische Geschichte, Bd. 20, 1895, S. 1–36; Bernard Guenée, Les origines de la Confédération, in: ders., L'Occident aux XIVᵉ et XVᵉ siècles. Les états, Paris 1971, S. 292–296.
80 — Georg Kreis, 1291 oder 1307 oder: Das Datum als Quelle. Zum Streit über das richtige Gründungsdatum, in: Geschichtsfreund, Nr. 160, 2007, S. 53–66.
81 — Roger Sablonier, Der Bundesbrief von 1291, eine Fälschung? Perspektiven einer ungewohnten Diskussion, in: Josef Wiget (Hg.), Die Entstehung der Schweiz: vom Bundesbrief 1291 zur nationalen Geschichtskultur des 20. Jahrhunderts, Schwyz 1999, S. 127–146; ders., Gründungszeit ohne Eidgenossen. Politik und Gesellschaft in der Innerschweiz um 1300, Baden 2008.
82 — Vgl. ebd.; diesem Ansatz näher steht das hier folgende Kapitel von Susanna Burghartz, S. 136.
83 — Monumenta Germaniae Historica (Hg.), Fälschungen.
84 — QW, Abt. I, Bd. 1: Von den Anfängen, S. 790, Nr. 1692.
85 — Ebd., Abt. I, Bd. 2: Von Anfang 1292 bis Ende 1332, S. 18–19, Nr. 41.
86 — Morenzoni, Le mouvement commercial, S. 32.
87 — QW, Abt. I, Bd. 1: Von den Anfängen, S. 308, Nr. 680.
88 — Ebd., Abt. I, Bd. 2: Von Anfang 1292 bis Ende 1332, S. 249, Nr. 512 (1309); siehe auch ebd., S. 426–428, Nr. 833 (1316) und S. 460, Nr. 906 (1317).
89 — Ebd., S. 230–233, Nr. 479–481.
90 — Ebd., S. 233–234, Nr. 483.
91 — Ebd., S. 386–387, Nr. 769. Es gibt bereits einen anderen vom 17. März desselben Jahres (ebd., S. 379, Nr. 756), doch ist dessen Echtheit nicht gesichert.
92 — Ebd., S. 258, Nr. 534 (1310).
93 — Urkundensammlung zur Geschichte des Kantons Glarus, Bd. 1, Glarus 1865, S. 145, Nr. 41 (30. Juli 1318).
94 — Pierre Vaillant, Les origines d'une libre confédération de vallées. Les habitants des communautés briançonnaises, in: Bibliothèque de l'Ecole des Chartes, Bd. 125, 1967, S. 301–348; Pierre Toubert, Les statuts communaux et l'histoire des campagnes lombardes au XIVᵉ siècle, in: Ecole française de Rome, Mélanges d'Archéologie et d'Histoire, Bd. 72, 1960, S. 397–508.
95 — Unterwalden wurde mit seinem Siegel im Bündnis von 1315 erwähnt und einige Monate zuvor in einer Urkunde vom 7. Juli (QW, Abt. I, Bd. 2: Von Anfang 1292 bis Ende 1332, S. 396, Nr. 785).
96 — Erste Erwähnung der Urner: 30. August 1196 (QW, Abt. I, Bd. 1: Von den Anfängen, S. 95, Nr. 196); von allen Leuten: 26. Mai 1231 (ebd., S. 152f., Nr. 325); erste Erwähnung der Talschaft: 24. August 1243 (ebd., S. 217, Nr. 463); erste Erwähnung des Siegels der Talschaft: 24. August 1243 (ebd., S. 217, Nr. 463); erstes erhaltenes Siegel: 15. November 1246 (ebd., S. 241f., Nr. 513); erste Urkunde der Talschaft oder sie als Teil enthaltend: 23. Dezember 1257 (ebd., S. 377f., Nr. 825); gemeinsamer Schwur von Rudolf I. von Habsburg und den Leuten von Uri: 20. Mai 1258 (ebd., S. 382–384, Nr. 833).
97 — Ebd., S. 745, Nr. 1620.
98 — Geschichtsfreund, Nr. 155, 2002, 1871, S. 186, Anm. 28.
99 — Erste Erwähnung der «cives de villa Svites»: 10. März 1114 (QW, Abt. I, Bd. 1: Von den Anfängen, S. 48–50, Nr. 104); aller Leute: Dezember 1240 (ebd., S. 197f., Nr. 422); erste Erwähnung der Talschaft: 7. Januar 1275 (ebd., S. 520f., Nr. 1155); erstes erhaltenes Siegel: April 1286 (ebd., S. 683f., Nr. 1485); erste Urkunde der Talschaft: 25. Dezember 1281 (ebd., S. 620f., Nr. 1358).
100 — QW, Abt. I, Bd. 2: Von Anfang 1292 bis Ende 1332, S. 39–41, Nr. 89.
101 — Rudolf von Radegg, Cappella Heremitana, hg. von Paul J. Brändli, Aarau 1975.
102 — Gottlieb Studer (Hg.), Die Chronik des Matthias von Neuenburg, Bern 1866, S. 59.
103 — Theodor von Liebenau, Berichte über die Schlacht am Morgarten, Einsiedeln 1884; Jana Nechutova, Die Lateinische Literatur des Mittelalters in Böhmen, Köln 2007, S. 154–160; zit. in: Josef Emler (Hg.), Fontes Rerum Bohemicarum, Bd. 4, Prag 1884, S. 370; Kronika Zbraslavská. Chronicon Aulae Regiae, Prag 1952, S. 504.
104 — Heinrich Finke (Hg.), Acta Aragonensia, Bd. 3, Berlin 1922, S. 287, Nr. 127.
105 — QW, Abt. I, Bd. 2: Von Anfang 1292 bis Ende 1332, S. 405, Nr. 800.
106 — Françoise Laurent (Hg.), Serment, promesse et engagement. Rituels et modalités au Moyen Age, Montpellier 2008.
107 — Morerod, Genèse, S. 558–559.
108 — QW, Abt. I, Bd. 2: Von Anfang 1292 bis Ende 1332, S. 614, Nr. 1218.
109 — Ebd., S. 386, Nr. 769.
110 — Studer (Hg.), Matthias von Neuenburg, S. 59.
111 — Ebd., S. 204.
112 — Baethgen (Hg.), Chronik Johanns von Winterthur, S. 80.
113 — Reinhard Wenskus, Stammesbildung und Verfassung. Das Werden der frühmittelalterlichen Gentes, Köln 1961.
114 — Ian Wood, Franks and Alamanni in the Merovingian period. An ethnographic perspective, Woodbridge 1998.
115 — Herwig Wolfram, Gotische Studien. Volk und Herrschaft im frühen Mittelalter, München 2005.
116 — Heinrich Büttner / Iso Müller, Frühes Christentum im schweizerischen Alpenraum, Einsiedeln, 1967; Hans Lieb, Das Bistum Windisch und die Entstehung der Bistümer Lausanne und Konstanz, in: Protokoll über die Arbeitssitzung vom 6.11.1971 des Konstanzer Arbeitskreises für mittelalterliche Geschichte, Nr. 170, 1971, S. 2–11.
117 — Jill Harries, Church and State in the Notitia Galliarum, in: Journal of Roman Studies, Bd. 68, 1978, S. 26–43.
118 — Reinhold Kaiser, Bistumsgründungen im Merowingerreich im 6. Jahrhundert, in: Rudolf Schieffer (Hg.), Beiträge zur Geschichte des Regnum Francorum, Sigmaringen 1990, S. 9–35; Eric Chevalley / Justin Favrod, Soleure dans le diocèse de Genève? Hypothèse sur les origines du diocèse d'Avenches/Vindonissa, in: Zeitschrift für schweizerische Kirchengeschichte, Nr. 86, 1992, S. 47–68; Morerod, L'Eglise du Valais; Marti, Zwischen Römerzeit und Mittelalter. S. 286–298.
119 — Jacques Bujard / Christian de Reynier, Les châteaux et les villes du Pays de Neuchâtel au Moyen-âge. Apports récents de l'archéologie, in: Mittelalter. Zeitschrift des Schweizerischen Burgenvereins, Bd. 11, 2006, S. 69–102; Sennhauser (Hg.), Frühe Kirchen.
120 — Rupert Schaab, Mönch in Sankt Gallen. Zur inneren Geschichte eines frühmittelalterlichen Klosters, München 2003.
121 — Gerold Hilty, Gallus und die Sprachgeschichte der Nordostschweiz, St. Gallen 2001; Max Schär, Gallus. Der Heilige in seiner Zeit, Basel 2011.
122 — Centre de dialectologie, Université de Neuchâtel (Hg.), Lexikon der schweizerischen Gemeindenamen LSG, Frauenfeld 2005.
123 — Bernhard Stettler, Studien zur Geschichte des obern Aareraums in Früh- und Hochmittelalter, Thun 1964.
124 — Demotz, La Bourgogne.
125 — Matthieu de la Corbière, L'invention et la défense des frontières dans le diocèse de Genève. Étude des principautés et de l'habitat fortifié (XIIᵉ–XIVᵉ siècle), Annecy 2002.
126 — Roger Sablonier, Adel im Wandel. Eine Untersuchung zur sozialen Situation des ostschweizerischen Adels um 1300, Zürich 1979.
127 — Bernard Andenmatten, La maison de Savoie et la noblesse vaudoise (XIIIᵉ–XIVᵉ s.). Supériorité féodale et autorité princière, Lausanne 2005.
128 — Teuscher, Erzähltes Recht.
129 — Jean-François Poudret, Coutumes et coutumiers. Histoire comparative des droits des pays romands du XIIIᵉ à la fin du XVIᵉ siècle, 6 Bde., Bern 1998–2006.
130 — Hans-Jörg Gilomen, Schweizer Wirtschaftsgeschichte des Mittelalters. Forschungen seit 1990, in: Sandra Bott et al. (Hg.) Wirtschaftsgeschichte in der Schweiz – eine historiographische Skizze, Zürich 2010, S. 17–46.
131 — Franz Josef Schmithüsen, Les forêts: témoins des besoins du passé et espaces de développement future, in: Schweizerische Zeitschrift für Forstwesen, Jg. 155, Nr. 8, 2004, S. 328–337; Roger Sablonier, Waldschutz, Naturgefahren und Waldnutzung in der mittelalterlichen Innerschweiz, in: Schweizerische Zeitschrift für Forstwesen, Jg. 146, Nr. 8, 1995, S. 581–596.
132 — Gilomen, Schweizer Wirtschaftsgeschichte, S. 27–28 (Kap. «Gender»); Wolfram Schneider-Lastin, Literaturproduktion und Bibliothek, in: Helvetia sacra, Abt. IV, Bd. 5: Die Dominikaner, Tl. 2, S. 1029–1035.
133 — Rainer Christoph Schwinges (Hg.), Strassen- und Verkehrswesen im hohen und späten Mittelalter, Ostfildern 2007; Marie-Claude Schöpfer Pfaffen, Verkehrspolitik im Mittelalter. Bernische und Walliser Akteure, Netzwerke und Strategien, Ostfildern 2011.
134 — Roger Sablonier, Gründungszeit ohne Eidgenossen. Politik und Gesellschaft in der Innerschweiz um 1300, Baden 2008.
135 — Guy P. Marchal, Neue Aspekte der frühen Schweizergeschichte, in: Allgemeine Geschichtforschende Gesellschaft der Schweiz (Hg.), Geschichtsforschung in der Schweiz. Bilanz und Perspektiven – 1991, Basel 1992, S. 325–338.
136 — Sablonier, Gründungszeit, S. 113–127 und S. 218–229; Bernhard Stettler, Die ältesten Königsbriefe der drei Waldstätte in der Überlieferung des Aegidius Tschudi, in: Allgemeine Geschichtforschende Gesellschaft der Schweiz (Hg.), Quellen zur Schweizer Geschichte. Neue Folge. Abt. 1, Bd. 7: Aegidius Tschudi, Tl. 3, Basel, 1980, S. 129–159.
137 — Catherine Santschi, La mémoire des Suisses. Histoire des fêtes nationales du XIIIᵉ au XXᵉ siècle, Genève 1991; Georg Kreis, Der Mythos von 1291. Zur Entstehung des schweizerischen Nationalfeiertags, Basel 1991.
138 — Sablonier, Gründungszeit, S. 170–172; ders., Politischer Wandel und gesellschaftliche Entwicklung 1200–1350, in: Historischer Verein des Kantons Schwyz (Hg.), Geschichte des Kantons Schwyz, Bd. 1: Zeiten und Räume. Frühzeit bis 1350, Zürich 2012, S. 221–271.

Herzförmiges Blatt mit einem Trostspruch für die Eltern eines frühverstorbenen Kindes, überreicht vom Paten, aus dem Zürcher Oberland, datiert 1810. Die Inschrift lautet (in Auszügen und teilweise angepasst an moderne Orthographie): «Hier ligt begraben und in dem Herren seelig ehntschlaffen des ehrenbrachten Bürger Benjamin Rüd sein ehrlich [ehelich] erzeugtes Söhnlein mit Namen Hans Conrath Rüd aus dem Kelhoff seines Alters 7 Jahr und 9 Monat und hat das Sacrament der Heiligen Taufe empfangen Den 27 Weinmonat Anno 1802. // In meiner zarten Jugendblust/ mir mein Gott zum Tode ruft./ Mein Geist lebt jetzt in Gottes Ruh./ Mein leib deckt mann mit Erden zu./ Da ruhe ich bis zu der Zeit,/ da Gott den Toden rufen wird./ Wan Gott aufwecken wird die Frommen,/ wird auch mein auf Erstehen kommen./ Es werth nicht lang mein Jugend Meyen,/ da mus ich schon an Todes Reyen./ Ich hoft zu Leben noch vill Jahr,/ Jetzt Leyt mann mich auf Toden Bahr./ Von Lieben mein muss ich jetzt scheiden/ und wandren nach des Himmels Freuden. [...]»[1]

*Sammlung Paul Hugger, Chardonne, © Photo Paul Hugger.*

# Bevölkerung und demographische Entwicklung

— *Luigi Lorenzetti*

Erst seit 1850, dem Jahr, in dem Bundesrat Stefano Franscini die erste Volkszählung durchführen liess, verfügt die Schweiz über ein gesamthaftes demographisches Bild ihrer Bevölkerung. Für die Zeit davor liegen nur dürftige und mitunter ungenaue Informationen vor, die jedoch nützlich sind, um die demographische Entwicklung des Landes zu rekonstruieren und verschiedene Phasen sowie regionale Besonderheiten zu identifizieren.

**Phasen und Faktoren der demographischen Entwicklung**
Als sich Ende des 13. Jahrhunderts die Eidgenossenschaft herauszubilden begann, lebten auf dem Gebiet der heutigen Schweiz zwischen 700 000 und 850 000 Einwohner.[2] Im Laufe der drei vorausgegangenen Jahrhunderte hatte die Bevölkerung dank der wirtschaftlichen Entwicklung, des Siedlungsausbaus und der Gründung von Städten deutlich zugenommen. Doch schon im ausgehenden 13. Jahrhundert verschlechterten sich infolge der in mehreren Regionen des Mittellandes erreichten hohen Bevölkerungsdichte und zunehmender wirtschaftlicher Schwierigkeiten die Lebensbedingungen. Die Bevölkerung wurde anfälliger für Krankheiten, insbesondere die Pest, die zwischen 1347 und 1348 viele Opfer forderte. Besonders schlimm wütete die Epidemie in den Städten. Einige von ihnen verloren mehr als die Hälfte der Einwohner, was ihren unaufhaltsamen Niedergang zur Folge hatte; anderen gelang es, die Verluste durch Zuwanderung vom Land wettzumachen. Die Pest betraf zwar nicht alle Regionen in gleichem Masse, doch wirkte sie sich über einen langen Zeitraum negativ auf die demographische Dynamik aus. So erreichte die Bevölkerungszahl erst zu Beginn des 16. Jahrhunderts wieder ihren früheren Stand – vor allem dank der Berggebiete, die weniger unter der Krise gelitten hatten und früher in eine Wachstumsphase eintraten.

Im Laufe der folgenden drei Jahrhunderte verdoppelte sich die Bevölkerung der alten Eidgenossenschaft und stieg von rund 800 000 auf 1,66 Millionen Einwohner um 1800 an.[3] Das Wachstum verteilte sich dabei nicht nur unterschiedlich auf die verschiedenen Regionen, es erfolgte auch schubweise: In den ersten beiden Dritteln des 16. Jahrhunderts verlief es recht schnell; die jährliche Zuwachsrate übertraf damals 0,6 Prozent. Dann brachten eine konjunkturelle Verschlechterung sowie wiederholte Agrarkrisen und Epidemien die demographische Entwicklung erneut zum Stillstand. Um 1650 zeichnete sich eine weitere Wachstumsphase ab. Auch diese war jedoch vorübergehender Natur und kam gegen Ende des Jahrhunderts, als das Gebiet der heutigen Schweiz rund 1,2 Millionen Einwohner zählte, zum Abschluss.[4]

Im 18. Jahrhundert blieb das Bevölkerungswachstum insgesamt ziemlich bescheiden und lag bei einer durchschnittlichen jährlichen Zuwachsrate von 0,3 Prozent. Aufgrund ihrer unterschiedlichen wirtschaftlichen Dynamik hatten die einzelnen Regionen an dieser Entwicklung jedoch ungleichen Anteil. Die höchsten Zuwachsraten verzeichneten das Hügelland und die voralpinen Zonen, die von der Protoindustrialisierung (↑Protoindustrie) profitierten, während andere – besonders die alpinen Gebiete – in wirtschaftlicher Stagnation verharrten oder den Aderlass der Auswanderung verkraften mussten. Gerade das demographische Gewicht der Alpen, wo bis an die Schwelle zur Frühen Neuzeit die meisten Einwohner der Schweiz lebten, war stetig im Rückgang begriffen: Um 1500 betrug ihr Anteil an der Bevölkerung auf dem Gebiet der heutigen Schweiz rund 50 Prozent, zu Beginn des 18. Jahrhunderts sank er auf ein Drittel und zu Beginn des 19. Jahrhunderts belief er sich nur noch auf ein knappes Fünftel. Aber auch der Anteil der Städte am gesamten Bevölkerungswachstum war beschränkt. Ihre fast durchwegs negativen Geburtenbilanzen und die restriktiven Einwanderungsbestimmungen beschnitten ihr Wachstum und verminderten ihre Anziehungskraft. So bot die urbane Landschaft, abgesehen von einer höchst bescheidenen Zunahme ihrer Einwohner, im ausgehenden 18. Jahrhundert im Wesentlichen das gleiche Bild wie drei Jahrhunderte zuvor.

Die wirtschaftliche Modernisierung, die das Land im 19. Jahrhundert erfuhr, erschütterte die bis dahin gekannten Wachstumsrhythmen. Hatte die Schweiz im ↑Ancien Régime drei Jahrhunderte gebraucht, um ihre Bevölkerung zu verdoppeln, so wurde die folgende Verdoppelung im Laufe eines einzigen Jahrhunderts erreicht, zwischen 1800 und 1900, als die Einwohnerzahl auf 3,3 Millionen anstieg. Zu einer weiteren Verdoppelung kam es zwischen 1900 und 1985, als die Bevölkerung auf 6,65 Millionen anwuchs. Im Jahr 2010 erreichte sie die Zahl von 7,8 Millionen. Analog zu den zeitlichen Wachstumsschwankungen zeigte auch die räumliche Verteilung der Bevölkerung in dieser Periode erneut starke Unterschiede. Die Urbanisierung, bei der die Schweiz bis dahin europaweit zu den Ländern mit den niedrigsten Raten gehört hatte, nahm im 19. Jahrhundert rasch zu.[5] Zählte man um 1800 nur ein Dutzend Gemeinden mit über 5000 Einwohnern, waren es im Jahr 1900 schon 60 und im Jahr 2000 sogar 293. Der Anteil der städtischen Bevölkerung, der um 1800 noch 6 Prozent betrug, stieg bis 1900 auf 33 Prozent und erreichte im Jahre 2000 58 Prozent (siehe Beitrag von Philipp Sarasin, S. 610).

**Die demographische Dynamik im Ancien Régime**
Das langsame Bevölkerungswachstum, das die gesamte Frühe Neuzeit prägt, findet seine Entsprechung in den demographischen Indikatoren. Die Sterbeziffer konnte kaum zurückgehen, da die prekären Lebensbedingungen und die immer wieder auftretenden Seuchen die Lebenserwartung senkten. Aus diesem Grund hing das Wachstum der Bevölkerung vom Geburtenüberschuss und von der Wanderungsbilanz ab. Während der Zeit des Ancien Régime kam es wiederholt zu verheerenden Epidemien,

die sich auf lokaler und regionaler Ebene negativ auf die wirtschaftliche und demographische Dynamik auswirkten. Ausser dem Typhus, den Pocken und der Tuberkulose wütete zwischen dem 16. und 17. Jahrhundert mehrmals die Pest, besonders dramatisch in den Jahren 1519 und 1541, und erneut 1611 und 1630, als sie einen grossen Teil der Schweiz erfasste.

Der beinahe endemische Charakter der Pest zeigt sich im Falle Genfs, wo ganze 31 Jahre des Zeitraums zwischen 1500 und 1649 im Zeichen dieser Seuche und eines jeweils sprunghaften Anstiegs der Sterbeziffern standen. Die Pestepidemie, welche die Stadt zwischen 1568 und 1572 heimsuchte, forderte mindestens 3000 Opfer, rund ein Fünftel der Stadtbevölkerung. Die Sterbeziffer betrug in diesen Jahren rund 85 Promille und lag damit dreimal so hoch wie gewöhnlich.[6] Andernorts hatte die Pest noch schlimmere Auswirkungen. In Basel raffte sie von 1609 bis 1611 fast ein Drittel der Stadtbevölkerung dahin.[7] Auch im Alpenraum waren die Folgen mitunter schwerwiegend. Als die Pest 1629 im Kanton Uri ausbrach, kostete sie über ein Viertel der Bevölkerung das Leben,[8] und im Tessin kam es in jenem Jahr in nicht wenigen Talschaften zu drastischen Bevölkerungsrückgängen, die in einigen Fällen ein Drittel der Bevölkerung überstiegen.

Obwohl die Häufigkeit und Heftigkeit der Pestepidemien im Laufe der Zeit abnahmen, forderten die Seuchen weiterhin einen hohen Tribut an Menschenleben. Im Kanton Bern brachte die Ruhr 1750 mehr als 5 Prozent der Bevölkerung den Tod, und zwischen 1728 und 1803 zählte man alleine hier 69 Pockenausbrüche.[9] Zu den im engeren Sinne epidemischen Risiken kamen noch jene hinzu, die im Zusammenhang mit der allgemeinen Pathozönose, das heisst der Gesamtheit aller Krankheiten in einer Bevölkerung zu einem bestimmten Zeitpunkt, zu sehen sind. Man schätzt, dass in der zweiten Hälfte des 18. Jahrhunderts mindestens ein Drittel der Menschen einer Generation vor Erreichen des fünfzehnten Altersjahres starb;[10] in einigen Gebieten der Ostschweiz, wo die Protoindustrialisierung eine markante Verschlechterung der Lebensbedingungen mit sich gebracht hatte, stieg dieser Anteil gar auf 50 Prozent.[11] Die hohe Kinder- und Jugendsterblichkeit wirkte sich entsprechend auf die Lebenserwartung aus, die gemäss einigen Schätzungen bei unter 35 Jahren lag.

Allerdings blieben nicht nur die Mortalität, sondern auch die Nuptialität und die Fruchtbarkeit während des Ancien Régime zumeist auf einem ausgesprochen hohen Niveau. Auf dem Land wie in der Stadt zählte man durchschnittlich vier bis sechs Kinder pro Frau, und in jenen Gebieten, in denen eine strenge Kontrolle der Nuptialität herrschte, wie insbesondere dem Alpenraum, lag die eheliche Fruchtbarkeit sogar noch höher.

Im Laufe des 17. Jahrhunderts veranlassten jedoch der Rückgang der Epidemien und die abnehmende Zahl lebensbedrohlicher Krisen die Obrigkeiten der eidgenössischen ↑Orte in verschiedenen Gebieten zu einer verstärkten Regulierung des demographischen Wachstums, um auf diese Weise einem Ungleichgewicht zwischen Bevölkerungszahl und Ressourcen entgegenzusteuern. In einigen Regionen der Alpen und des Mittellandes erfolgte diese Regulierung durch eine strengere Kontrolle der Nuptialität, was sich in einem höheren Heiratsalter und einer wachsenden Zahl zeitlebens ledig bleibender Frauen ausdrückte.

In anderen Gebieten vertraute man diesbezüglich auf die Migration, die, gleich einem Ventil, den Druck auf die Ressourcen zu verringern vermochte. Im Kanton Glarus beispielsweise lösten zu Beginn des 18. Jahrhunderts sowie während der Revolution und der napoleonischen Epoche wirtschaftliche Schwierigkeiten und die anschliessende Krise der Textilindustrie Auswanderungswellen aus; eine Entwicklung, die durch die Nachfrage der europäischen Mächte nach eidgenössischen Söldnern zusätzlich befördert wurden.[12]

In einzelnen Städten erfolgte die Kontrolle des Bevölkerungswachstums zunehmend über den Faktor der ehelichen Fruchtbarkeit. Ab der Mitte des 17. Jahrhunderts ist – vorerst nur innerhalb der protestantischen Elite, ab dem 18. Jahrhundert auch im städtischen Mittelstand – ein kontinuierlicher Rückgang der durchschnittlichen Kinderzahl pro Paar zu verzeichnen, der mit einem immer niedrigeren Alter der Mütter zum Zeitpunkt der letzten Geburt und länger werdenden Pausen zwischen den einzelnen Geburten in Verbindung steht. Ein wichtiger Grund für diese Entwicklung ist in den vom Genfer und Zürcher Protestantismus vermittelten Werten zu sehen, die nicht nur die Beziehung zwischen den Ehepartnern neu definierten,[13] sondern auch das Aufkommen einer neuartigen, auf der individuellen Verantwortung aufbauenden ehelichen Moral begünstigten: Die Reproduktion gehörte zu dieser hinzu, galt nun aber nicht mehr als alleiniger Zweck der Ehe.[14] Solche Tendenzen blieben indes nicht auf die Bevölkerung innerhalb der Stadtmauern begrenzt.[15] Auch in ländlichen Gebieten wie beispielsweise einigen protestantischen Talschaften des Kantons Glarus und des Neuenburger Juras[16] sind bereits in der ersten Hälfte des 19. Jahrhunderts – dies allerdings mit grossem Vorsprung gegenüber der allgemeinen Tendenz in der Eidgenossenschaft – Anzeichen einer sinkenden Fruchtbarkeit zu erkennen.

**Die demographische Modernisierung**
Der demographische Wandel erfuhr eine weitere Beschleunigung, als die Mortalität in der Schweiz ab der zweiten Hälfte des 19. Jahrhunderts dank des damals zu verzeichnenden wirtschaftlichen Aufschwungs sowie Fortschritten in Hygiene und Medizin erheblich sank. Überstieg die Sterbeziffer um die Mitte des 19. Jahrhunderts noch 25 Promille, so lag sie im Jahr 1900 unter 20 Promille. Nach einer letzten schweren Krise – verursacht durch die Spanische Grippe, die 1918 über 20 000 Opfer forderte – fiel die Sterbeziffer in den dreissiger Jahren des 20. Jahrhunderts unter 12 Promille. Noch deutlicher wirkten sich die Fortschritte in Hinblick auf die neugeborenen Kinder aus: Die Kindersterblichkeit, die noch 1850 bei nahezu 250 Promille gelegen hatte, sank bis zum Ende des Jahrhunderts auf 150 Promille und betrug nach 1930, dank weiterer Verbesserungen in Hygiene, Medizin und speziell der Säuglingspflege, schliesslich weniger als 50 Promille. Einen weiteren Fortschritt brachte in den Jahren nach dem Zweiten Weltkrieg die Entdeckung der Antibiotika gegen Tuberkulose, einer Infektionskrankheit, die noch in den zwanziger Jahren des 20. Jahrhunderts für 12 Prozent der Todesfälle verantwortlich gewesen war. Das Verschwinden der Tuberkulose und die auf unter 10 Promille gesunkene Kindersterblichkeit führten endgültig zu einem Wandel der Mortalität,

die inzwischen mehrheitlich von Alterskrankheiten, etwa Herz-Kreislauf-Erkrankungen, geprägt ist.

Die andere Seite der demographischen Modernisierung betrifft das Reproduktionsverhalten, das seit den ersten Jahrzehnten des 20. Jahrhunderts – mit einer zeitlichen Verschiebung gegenüber der sinkenden Mortalität – ebenfalls einen raschen Wandel erlebt hat.[17] Mit Ausnahme einiger Gebiete, etwa den erwähnten Städten, den protestantischen Regionen des Kantons Glarus, den Bezirken des Zürcher Oberlands, der Genfer Landschaft oder einigen Gegenden im Kanton Waadt, die sich bereits zuvor um eine Kontrolle der Fruchtbarkeit bemüht hatten, war die Schweiz um 1870 immer noch weitestgehend von einer «natürlichen» Fruchtbarkeit geprägt. Drei Jahrzehnte später, um 1900, hatte die Geburtenregelung dann in weiten Teilen des Landes – in etwa 60 Prozent der Bezirke – Fuss fassen können; den genannten Regionen hatten sich nun ein Grossteil der Ostschweiz und die Bezirke des Unterwallis angeschlossen. Weiterhin ausgenommen blieben jedoch grosse Teile der alpinen Schweiz[18] sowie der Kanton Freiburg und Teile der Kantone Bern und Luzern. 1930 schliesslich war die Geburtenregelung fast im gesamten Territorium der Schweiz etabliert. Nur in wenigen Regionen, etwa einigen katholischen Bezirken Graubündens und des Wallis sowie Gebieten der Zentralschweiz und des Kantons Freiburg, dominierte nach wie vor ein «traditionelles» Reproduktionsverhalten.

Bei diesem Prozess des sogenannten demographischen Übergangs sind zwei Vorläufer zu nennen – beide verbunden durch das diesbezüglich bedeutsame Element der protestantischen Konfession: einerseits Genf, von wo aus sich das Phänomen zum Genfersee hin, auf den Waadtländer Jura, über die protestantischen und industriellen Gebiete Neuenburgs und schliesslich bis ins Wallis hinein ausdehnte;[19] andererseits Zürich und das Zürcher Oberland, von wo aus die Entwicklung auf die Ost- und Zentralschweiz sowie einen grossen Teil des Mittellandes übergriff. In der Anfangsphase korrelierte die Fruchtbarkeit vor allem mit der Mortalitätsrate der jeweiligen Region. In der Folge gewannen andere – vornehmlich sozioökonomische – Faktoren an Gewicht, darunter der Urbanisierungsgrad, der sich umgekehrt proportional zur Fruchtbarkeit verhielt, und der zunehmende Bildungsgrad, der wohl am gravierendsten zum Geburtenrückgang beitragen sollte.[20]

Der demographische Übergang war Ende der dreissiger Jahre abgeschlossen. Doch das neu gewonnene Gleichgewicht hatte nur vorübergehend Bestand. Nach einer langen Phase des Geburtenrückgangs, in der die Fruchtbarkeit unter zwei Kinder pro Frau gesunken war, kam es mit dem Beginn des Zweiten Weltkriegs in der Schweiz zu einem unerwarteten Wiederanstieg der Fruchtbarkeit. Der Babyboom, der bis Mitte der sechziger Jahre andauerte und die Geburtenziffer auf den Stand der zwanziger Jahre ansteigen liess, beruhte in einer ersten Phase auf dem Phänomen, dass Frauen, die während der wirtschaftlich schwierigen zwanziger und dreissiger Jahre keine oder weniger Kinder als gewünscht zur Welt gebracht hatten, diesen Verzicht nun auszugleichen bestrebt waren. In einer zweiten Phase basierte er vornehmlich auf der höheren Fruchtbarkeit ausländischer Frauen, die mit den Einwanderungswellen der fünfziger Jahre in die Schweiz gekommen waren. Die geburtenstarken Jahre endeten um 1965. In nur zehn Jahren – von 1966 bis 1975 – sank nun die Geburtenziffer von 19 auf 12 Promille, während die Fruchtbarkeit unter den Wert von 1,6 Kindern pro Frau fiel.[21]

Seit dem letzten Viertel des 20. Jahrhunderts zeichnet sich ein erneuter demographischer Wandel ab. Er ist geprägt von einem immer höheren Heiratsalter, einer steigenden Zahl von Scheidungen sowie der Verlagerung der Fruchtbarkeit ins fortgeschrittene Alter. Der durch den Geburtenrückgang in der ersten Hälfte des 20. Jahrhunderts bewirkte Prozess der Überalterung der Bevölkerung hat durch den Babyboom von 1940 bis 1965 eine vorübergehende Verlangsamung erfahren. Die zunehmende Lebenserwartung sowie die Stagnation der Fruchtbarkeit, die konstant unter der Schwelle der gesellschaftlichen Reproduktion liegt, tragen jedoch zu einer Beschleunigung bei.[22] Während sich 1950 der Anteil der über 65-Jährigen auf 9,6 Prozent der Bevölkerung belief, betrug er im Jahr 2000 16,6 Prozent und wird in den kommenden Jahrzehnten weiter steigen. Die zunehmende Bedeutung der Migration für die Bevölkerungsentwicklung der Schweiz widerspiegelt eine demographische Realität, welche mit der Nachfrage des internen Arbeitsmarktes nicht Schritt zu halten vermag. Zugleich sind diese Wanderungsbewegungen Kennzeichen einer immer offeneren Wirtschaft in einem Land, das mit einem raschen Wandel der gesellschaftlichen und politischen Szenarien diesseits und jenseits seiner Grenzen konfrontiert ist.[23]

---

1 — Transkription nach Paul Hugger (Hg.), Kind sein in der Schweiz. Eine Kulturgeschichte der frühen Jahre, Basel 1998, S. 21.
2 — Anne-Lise Head-König / Eduard Maur / Rudolf Andorka, L'Europe centrale et danubienne: La Suisse, in: Jean-Pierre Bardet / Jacques Dupâquier (Hg.), Histoire des populations de l'Europe, Bd. 1, Paris 1997, S. 527–532.
3 — Andere Schätzungen gehen für die Zeit um 1500 von etwa 600 000 Einwohnern aus, siehe Kapitel von Randolph Head, S. 198f.
4 — Markus Mattmüller, Bevölkerungsgeschichte der Schweiz, Basel 1987, S. 4f.
5 — Anne-Lise Head-König, La population de la Suisse, in: Bardet/Dupâquier (Hg.), Histoire des populations, Bd. 2, Paris 1998, S. 454–461.
6 — Alfred Perrenoud, La population de Genève du seizième au début du dix-neuvième siècle, Genève 1979, S. 446–448.
7 — Wilhelm Bickel, Bevölkerungsgeschichte und Bevölkerungspolitik der Schweiz seit dem Ausgang des Mittelalters, Zürich 1947, S. 82.
8 — Anselm Zurfluh, Une population alpine dans la Confédération, Paris 1988, S. 88.
9 — Christian Pfister, Im Strom der Modernisierung, Bern 1995, S. 116–121.
10 — Silvio Bucher, Bevölkerung und Wirtschaft des Amtes Entlebuch im 18. Jahrhundert, Luzern 1974, S. 87.
11 — Markus Schürmann, Bevölkerung, Wirtschaft und Gesellschaft in Appenzell Innerrhoden im 18. und frühen 19. Jahrhundert, Appenzell, 1974, S. 97–103.
12 — Anne-Lise Head, Quelques remarques sur l'émigration des régions préalpines, in: Schweizerische Zeitschrift für Geschichte (SZG), Jg. 29, Nr. 1, 1979, S. 181–193.
13 — Perrenoud, Population de Genève; für Zürich: Ulrich Pfister, Die Anfänge von Geburtenbeschränkung, Bern 1985.
14 — Alfred Perrenoud, Malthusianisme et protestantisme, in: Annales. Economies, Sociétés, Civilisations, Jg. 29, Nr. 4, 1974, S. 975–988.
15 — Angus McLaren, A history of contraception, Oxford, 1990; Etienne Van de Walle, Comment prévenait-on les naissances avant la contraception moderne?, in: Population et Sociétés, Nr. 418, 2005, S. 1–4.
16 — Anne-Lise Head-König, Le contrôle de la fécondité en milieu préalpin, in: Annales de démographie historique, 1988, S. 99–109; Béatrice Sorgesa-Miéville, De la société traditionnelle à l'ère industrielle, Neuchâtel 1992.
17 — Francine Van de Walle, One hundred years of decline, Philadelphia 1977.
18 — Luigi Lorenzetti, Transizione della mortalità e regolazione demografica nelle Alpi svizzere, in: Popolazione e Storia, Jg. 2, Nr. 2, 2002, S. 17–33; Didier Chambovay, Le déclin de la fécondité dans le canton du Valais, Lausanne 1992.
19 — Reto Schumacher, Structures et comportements en transition, Bern 2010.
20 — Anne-Françoise Praz, De l'enfant utile à l'enfant précieux, Lausanne 2005.
21 — François Höpflinger, Bevölkerungswandel in der Schweiz, Grüsch 1986.
22 — Bundesamt für Statistik (Hg.), Deux siècles d'histoire démographique suisse, Bern 1998, S. 29–31; François Höpflinger et al., Une société de longue vie, Zürich/Vevey 2001.
23 — Luigi Lorenzetti, Demographie und Wirtschaftsentwicklung, in: Patrick Halbeisen et al. (Hg.), Wirtschaftsgeschichte der Schweiz im 20. Jahrhundert, Basel 2012, S. 223–264.

Die Abbildung in der Chronik des Basler Kaufmanns, Politikers und mehrfachen Tagsatzungsgesandten Andreas Ryff (1550–1603) zeigt eine vollzählig versammelte Tagsatzung im Rathaus von Baden. Am Tisch links sitzen der Bürgermeister des ↑Vororts Zürich und sein Begleiter sowie als Gast der französische Botschafter. Die Sitzordnung entspricht der unter anderem für die Wortmeldung wichtigen offiziellen Reihenfolge der an sich ständisch gleichrangigen Eidgenossen, wobei die ↑Dreizehn Orte im linken Bereich den inneren Kreis der vollberechtigten Mitglieder bilden. Von diesen unterscheiden sich die nur locker assoziierten ↑Zugewandten Orte im äusseren Kreis in der rechten Bildhälfte. Der Landschreiber in der linken unteren Ecke nimmt Notizen der mündlichen Verhandlungen für die ↑Abschiede, ein Bote bringt Neuigkeiten, und etliche Gäste erscheinen – barhäuptig – zur Audienz. Die Schlichtheit des Raumes und die kreisförmige Anordnung der Personen auf einem Niveau betonen die trotz subtiler Rangfolge prinzipielle Gleichheit der Teilnehmer dieser «republikanischen» Tagung – eine Gleichheit, die in scharfem Kontrast zu den Ständeversammlungen mit Podesten und Baldachinen, Thronen, Sitz- und Stehplätzen in anderen Ländern Europas stand.

*Tagsatzung in Baden (nicht vor 1597), aus: Chronik von Andreas Ryff, Circkell der Eidtgnoschaft, fol. 173v-174r (Ville de Mulhouse – Musée Historique / colletion Société Industrielle de Mulhouse).*

# Tagsatzungen und Konferenzen
—*Andreas Würgler*

Die Schweizerische Eidgenossenschaft ist wohl das langlebigste politische Bündnissystem der Weltgeschichte. Diese Tatsache ist umso erklärungsbedürftiger, als es sich um ein kleines Gebilde im Spannungsfeld der dominanten europäischen Mächte Frankreich und Habsburg-Österreich handelte und als es aus Partnern bestand, die hinsichtlich Grösse, Wirtschafts- und Sozialstruktur, politischer Organisation und konfessioneller Prägung sehr heterogen waren. Welche *kohäsiven Kräfte* hielten also diesen Bund ungleicher und oft genug untereinander zerstrittener Mitglieder zusammen? Organisiert wurde diese bemerkenswerte Kontinuität bis zum Jahr 1798 – und wieder von 1803 bis 1848 – im Rahmen der Tagsatzung.[1] Die Teilnehmer dieser wichtigsten dauerhaften Institution der Eidgenossen entwickelten aus der Praxis eine Reihe von Verfahren und Ritualen der Entscheidungsfindung und sicherten so die kontinuierliche Kommunikation.

**Bündnis und Besitz**
Aufgrund der vielen Bündnissysteme zur Sicherung des Landfriedens[2] im spätmittelalterlichen Europa war es gar nicht selbstverständlich, dass ausgerechnet das eidgenössische länger Bestand haben würde als die an sich homogeneren Städtebünde im Reich, denn bereits in der Mitte des 14. Jahrhunderts gab es unter den acht Bündnispartnern einen strukturellen Gegensatz zwischen den agrarischen ↑Länderorten und den kaufmännischzünftigen, später patrizischen Städten. Da zudem einige der Mitglieder in andere Bündnissysteme integriert waren – Bern in die «Burgundische Eidgenossenschaft», Zürich in Städtebünde im Reich –, brauchte es für die Intensivierung der Zusammenarbeit triftige Gründe. Zu diesen gehörten gegenseitige Hilfsverpflichtungen und gemeinsame Kriegsführung, wie zum Beispiel im Jahr 1386 gegen Habsburg im Sempacherkrieg, doch machten die Wechsel Zürichs auf die Seite Habsburgs 1393 und 1442 deutlich, dass diese Waffenbrüderschaft zwar situativ funktionierte, aber keine langfristige Kooperation garantierte.[3] Ein in der *longue durée* tragfähiges Fundament bot vielmehr der dauerhafte gemeinsame Besitz, der 1415 mit der Eroberung des habsburgischen Aargaus in kaiserlichem Auftrag Tatsache wurde. Bis 1798 verwalteten die Bündnispartner die ↑Gemeinen Herrschaften Baden und Freie Ämter gemeinsam.[4]

Bei dieser administrativen Tätigkeit entwickelten die Eidgenossen verschiedene Verfahren und Institutionen, die wesentlich zur Kohäsion des Bündnisgeflechtes beitrugen. Für die gemeinsame Nutzung der Herrschaftsrechte und Einkünfte stellten die Anteilseigner – acht Orte im Falle von Baden, sieben bei den Freien Ämtern – nach dem Rotationsprinzip für je zwei Jahre den ↑Landvogt. Diese «eidgenössischen» Vögte mussten vor den Gesandten der regierenden Orte jährlich Rechnung legen. Solche Rechnungslegungen in Baden sind von 1418 bis 1797 mit ganz wenigen Ausnahmen für jedes Jahr in Quellen erwähnt und ab etwa 1450 zunehmend detailliert dokumentiert.

Die Jahrrechnungskonferenzen in Baden bildeten das Rückgrat der eidgenössischen Tagsatzung. Hier wurden die Amtsführung des Vogtes und viele andere Geschäfte behandelt. Dabei waren solche Versammlungen in den ersten Bündnisverträgen gar nicht vorgesehen. Diese nannten zwar für allfällige militärische Absprachen oder Schiedsgerichte Treffpunkte wie Kienholz bei Brienz, Willisau und Zofingen, die jedoch kaum je genutzt wurden. Dagegen bildeten die Tagsatzungen, die regelmässig und ab den 1470er Jahren in stark zunehmender Frequenz einberufen wurden, das realhistorische Fundament für jenes zeitgleich sich festigende eidgenössische Bewusstsein, das mit der Telllegende im Weissen Buch von Sarnen[5] dokumentiert und bald populär wurde.

**Versammlungstypen und -frequenzen**
Neben den periodischen Jahrrechnungstagsatzungen in Baden trafen sich die Gesandten auch zu anderen gemeinherrschaftlichen Konferenzen. Die die Vogteien im Tessin regierenden zwölf Orte tagten in Lugano ab 1513 und in Locarno ab 1516, die acht Orte im Rheintal ab 1490, sieben Orte im Thurgau ab 1460 und in Sargans ab 1483. Die zwei besitzenden Orte, Bern und Freiburg, hielten ihre Sitzungen ab dem späten 15. Jahrhundert in Murten, Grasburg, Orbe und Echallens ab, zweieinhalb Orte – Uri, Schwyz und Nidwalden – ab 1503 in Bellinzona und Blenio; weitere gemeinherrschaftliche Konferenzen liessen sich nennen.[6]

Politisch bedeutsamer aber wurden die «Tage» oder «Tagsatzungen» aller vollberechtigten Orte, die zunächst meist in Luzern, oft in Zürich oder an zahlreichen anderen Treffpunkten zur Beratung weiterer gemeinsamer Angelegenheiten stattfanden. Von der Reformationszeit bis 1712 wurden auch diese gemeineidgenössischen Tagsatzungen fast immer nach Baden ausgeschrieben, wodurch der Hauptort der ältesten Gemeinen Herrschaft zum Versammlungszentrum der Alten Eidgenossenschaft avancierte. Im 18. Jahrhundert verlagerte sich die Tagsatzung nach Frauenfeld und für die Treffen mit dem französischen Ambassador nach Solothurn.

Im Unterschied zu den Ständeversammlungen im monarchischen Europa handelte es sich bei den Tagsatzungen und Konferenzen um «autonome» Versammlungen ohne königlichen Ladungsbefehl. Jedes Mitglied oder die Versammlung als solche konnte eine Sitzung einberufen, an der jeder Kanton seine einzige Stimme von meist ein bis zwei instruierten Gesandten vertreten liess, die je nach Kanton vom Kleinen oder Grossen Rat, vom Landrat oder von der ↑Landsgemeinde gewählt wurden.

Dokumentiert sind die Sitzungen der Eidgenossen in den Abschieden, einer Art offizieller Sitzungsnotizen, von denen der junge Bundesstaat von 1856 bis 1886 eine so umfangreiche wie bisher unersetzte, aber wissenschaftlich ambivalente Regestenedition – die *Amtliche Sammlung der ältern eidgenössischen Abschiede* (EA) – publizierte. Dort sind allein für die Jahre von 1470 bis 1798 – zuvor sind die Daten zu lückenhaft[7] für eine statistische Auswertung – über 10 000 «Versammlungen» dokumentiert. Vorsichtig lassen sich Zahlen für die vier wichtigsten Versammlungstypen der Eidgenossen ermitteln. 1. Von der Teilnehmerzahl her waren jene Treffen die bedeutendsten, an die alle Vollmitglieder – und darüber hinaus auch einige der Zugewandten Orte oder Gesandte fremder Mächte – eingeladen wurden. Gut 2000 derartige *Tagsatzungen* sind von 1470 bis Februar 1798 belegt. 2. Im selben Zeitraum fanden knapp 1000 *gemeinherrschaftliche Versammlungen* mit mindestens drei vollberechtigten Orten statt. 3. Am häufigsten war der zuletzt entstandene Typ der *konfessionellen Konferenzen* mit über 2500 belegten Zusammenkünften; davon betrafen über 1800 die katholischen und knapp 700 die evangelischen Orte. Die übrigen 5000 Nummern der Eidgenössischen Abschiede dokumentieren weitere gemeinherrschaftliche Konferenzen mit weniger als drei regierenden Orten, regionale Zusammenkünfte im Zusammenhang mit spezifischen Problemen, Schiedstage und Vermittlungssitzungen sowie Ereignisse, die nicht als eidgenössische Versammlungen zu bewerten sind, etwa Bundstage der ↑Drei Bünde.

Diese vielfältigen Sitzungstypen funktionierten nach denselben Verfahren und hängen insofern zusammen, als Entscheide der gemeinherrschaftlichen Konferenzen an die Tagsatzung weitergezogen werden konnten und die konfessionellen Konferenzen zu einem grossen Teil der Vor- und Nachbereitung der Tagsatzungen dienten. Die Frequenz der Tagsatzungen sank von rund 20 jährlichen Sitzungen von 1480 bis 1530 auf rund vier von 1531 bis 1712 und noch zwei im 18. Jahrhundert. «Zusehends verkümmerte das Bundesleben der Eidgenossenschaft»[8], kommentierte die ältere Historiographie diesen Rückgang.

Doch so eindeutig ist der Befund nicht, wenn man den massiven Anstieg der katholischen Konferenzen auf rund zehn und der evangelischen auf etwa vier pro Jahr als Kompensation versteht. Ausserdem darf der deutliche Rückgang der Sitzungsfrequenz nicht mit der Abnahme der Kommunikation gleichgesetzt werden: Die Entwicklung der Sitzungsdauer, die für etwa 10 Prozent der Tagsatzungen bekannt ist, sowie der Anzahl der behandelten Traktanden zeigt, dass die Phase der geringsten Aktivität der Eidgenossen an Tagsatzungen und Konferenzen in die Zeit der konfessionellen Entfremdung von 1620 bis 1650 fiel, dass aber im 18. Jahrhundert die Zusammenarbeit wieder zunahm; jetzt dauerten die Tagsatzungen mit durchschnittlich 17 Tagen fast drei Mal länger als im 15. und ein Drittel länger als im 17. Jahrhundert. Entsprechend wuchs die Zahl der protokollierten Traktanden der Tagsatzungen auf rund 40 pro Sitzung im 18. Jahrhundert im Vergleich zu rund 20 im 17. Jahrhundert und lediglich 11 bis 17 im 15. und 16. Jahrhundert deutlich, so dass die Zahl der behandelten Traktanden vom 17. zum 18. Jahrhundert von knapp 5800 auf über 7000 anstieg. Die an den gemeinherrschaftlichen Versammlungen zur Sprache gebrachten Geschäfte nahmen von knapp 3000 im 16. auf knapp 2000 im 17. Jahrhundert ab, um dann im 18. Jahrhundert auf fast 4000 zu steigen. Gegenläufig dazu erreichte die Zahl der Geschäfte an konfessionellen Konferenzen im 17. Jahrhundert mit über 10 000 ihren Höhepunkt, um dann im 18. wieder auf rund 3600 abzunehmen. Statt vom generellen Niedergang der Institution Tagsatzung sollte von deren flexibler Diversifizierung gesprochen werden.

**Verfahren und Geselligkeit**
Die Aussenpolitik war neben den Gemeinen Herrschaften für die Kantone das wichtigste Feld gemeinsamer Beratungen. In diesen Bereichen war der Bedarf an Koordination und der Zwang zur Kooperation am grössten. Für die schwierigen Aushandlungsprozesse zwischen den ungleichen Partnern entwickelten die Orte ein differenziertes Arsenal von Verfahren. Wegen der bündischen Grundlage der Eidgenossenschaft, die den einzelnen Mitgliedern ihre Autonomie beliess, konnten die Tagsatzungen und Konferenzen – ausser in Fragen, die die Gemeinen Herrschaften betrafen – keine bindenden Mehrheitsbeschlüsse fassen. Die einzelnen Kantone fühlten sich nur an Entscheide gebunden, die mit ihrer Zustimmung und einstimmig zustande gekommen waren.

Daher mussten die Gesandten die Entscheide der Tagsatzung den kantonalen Gremien, dem Kleinen und Grossen Rat oder der Landsgemeinde, zur Ratifikation «heimbringen». So wurden viele Geschäfte mehrfach zwischen Tagsatzung und Kantonen hin- und hergeschoben. Dieses Prozedere war eine Konsequenz der bündischen Struktur und diente der langfristigen Zusammenarbeit: In der Praxis konnten einzelne abweichende Orte ihre Position in Fragen, die mehrmals *ad referendum* gebracht, also erneut behandelt werden mussten, schrittweise annähern, ohne ihr Gesicht zu verlieren. In Notsituationen konnten allerdings abweichende Kantone «vermächtigt», das heisst, gegen ihren Willen als zustimmend betrachtet werden. Die Langsamkeit der Entscheidungsprozesse an eidgenössischen Tagsatzungen und Konferenzen wurde von zeitgenössischen europäischen Diplomaten ebenso beklagt wie von der Geschichtsschreibung des 19. und 20. Jahrhunderts. Neuere Deutungen unterstreichen jedoch die funktionale Logik dieser Verfahren in einem bündischen System ohne autoritative Zentralgewalt: Mochte die Herstellung des Konsenses auch lange dauern – die Bereitschaft zur Umsetzung konnte nur von Zustimmenden erwartet werden.[9]

Die Bedeutung dieser Versammlungstradition ging weit über die offiziell protokollierten Beratungen hinaus. Da die Tagungen den herausragenden Treffpunkt der eidgenössischen Politikerelite darstellten, zogen sie weitere in- und ausländische Interessenten an. Hier verhandelten in offiziellen Sitzungen oder an informellen Essen Tagherren und Gesandte fremder Mächte, Armeelieferanten und Kriegsmaterialexporteure, Werber und Soldunternehmer, Kaufleute und Diplomaten. Vor Ort präsent zu sein lohnte sich für «fremde» Diplomaten schon alleine aufgrund der Möglichkeit, Kontakte zu knüpfen oder zu pflegen, selbst wenn sie kein Geschäft vorzubringen hatten. Als Kommunikationsplattform war die Tagsatzung attraktiv, obwohl sie als Institution ohne Personal, Siegel, Kasse, zentrales Archiv oder eigenes Haus kurzgehalten wurde.

**Konflikt, Mediation, Kohäsion**
Die Diversität und Heterogenität der Eidgenossenschaft führten zwar zu mehreren heftigen Konflikten und Bürgerkriegen, aber letztlich nicht zum Zerfall der Eidgenossenschaft. Die Tagsatzung stellte als institutionalisierte Plattform für Mediation und Kommunikation einen wesentlichen Faktor der eidgenössischen Kohäsion dar. Die sowohl politische als auch ökonomi-

sche Konfliktlinie zwischen Stadtrepubliken und Landsgemeindekantonen blieb bis zum Ende der Alten Eidgenossenschaft und darüber hinaus latent, wie die Debatten rund um die ↑Regeneration 1830/31, den Sonderbundskrieg 1847 und heute über das Ständemehr zeigen. Dieser Antagonismus verstärkte sich mit der Reformation und der Gegenreformation und wurde von der konfessionellen Frage überlagert. Die Kirchenspaltung führte zwar nicht zur Spaltung der Tagsatzung, wohl aber zur Entstehung zusätzlicher Konferenzen der beiden konfessionellen Lager. Weil jedoch die Konfliktlinien zwischen Stadt- und Landkantonen sowie zwischen katholischen und reformierten Orten nicht deckungsgleich verliefen, generierte die Reformation nicht nur Spaltungen, sondern auch neue Vernetzungen. Symbolisch zeigt sich die Spannung zwischen Konfessionskonflikt und Kooperationswille bei der Bundesbeschwörung: Weil sich die konfessionellen Blöcke nach der Reformation nicht auf eine gemeinsame Schwurformel einigen konnten, verweigerten die *Eidgenossen* den Eid auf ihre alten Bünde; diese blieben aber, da sie auf «ewig» geschlossen waren, dennoch in Kraft. Gewissermassen als Ersatz für diese feierliche Zeremonie entwickelte sich der «eidgenössische Gruss», mit dem sich die Tagsatzungsgesandten zu Beginn der Sitzungen gegenseitig ihre Treue und Hilfe versicherten. Für Situationen, in denen der Eid unverzichtbar war, beispielsweise bei der Huldigung der Untertanen in den Gemeinen Vogteien, erfanden die Eidgenossen kreative Lösungen, um das Schwurritual trotz konfessioneller Divergenzen zu vollziehen.

Verbindend wirkte auch die Vermittlungstätigkeit der Tagsatzung, ihrer Mediatoren und der von ihr angeregten oder eingesetzten Schiedsgerichte.[10] Sie kam bei konfessionellen, sozialen oder politischen Konflikten zwischen zwei oder mehreren Orten, zwischen Orten und Zugewandten Orten und fremden Mächten sowie innerhalb einzelner Orte zum Zuge. So erzielte die eidgenössische Vermittlung Lösungen in den konfessionellen Streitigkeiten etwa in Glarus (1532–1683) und in Appenzell, mit dem Resultat der Landesteilung im Jahr 1597. Die Tagsatzung setzte die Befriedung bei zahlreichen städtischen und ländlichen Rebellionen vom Spätmittelalter bis zum Ende des Ancien Régime durch, wobei sie zunehmend neben und anstelle von Verhandlungen die militärische Repression einsetzte. Gerade für die langfristige Anbindung der Zugewandten Orte an die Eidgenossenschaft war die Vermittlungstätigkeit wichtig, etwa in Genf und in der Fürstabtei St. Gallen (Toggenburg), in Graubünden und im Fürstbistum Basel, aber auch im Wallis und in Neuenburg. Und nach jedem der vier kurzen Bürgerkriege trafen sich die Kontrahenten relativ schnell wieder an der Tagsatzung zum Verhandeln.

Einigend wirkten zudem die aussenpolitischen Verflechtungen der Eidgenossenschaft, in erster Linie die Ewigen Bündnisse mit Österreich und Frankreich.[11] Obwohl nicht immer alle Orte in die Soldallianz mit Frankreich integriert waren, führte diese Bindung zur permanenten Präsenz eines französischen, ab 1530 in Solothurn residierenden Ambassadors in der Eidgenossenschaft, der an den Tagsatzungen aus Eigeninteresse präsent war und die Einheit der Kantone zu fördern versuchte. Da die Kantone als Einzelne auf dem internationalen Parkett zu unbedeutend waren, mussten sie gezwungenermassen miteinander kooperieren. Umgekehrt strukturierte die konfessionelle Spaltung auch die Aussenbeziehungen. Nur die katholischen Orte verbündeten sich mit Savoyen, dem Heiligen Stuhl, dem Fürstbistum Basel und Spanien-Mailand, nur die reformierten Bern und Zürich hingegen mit Genf, Strassburg, der Markgrafschaft Baden, der Republik Venedig und den Vereinigten Niederlanden; die ebenfalls reformierten Orte Basel und Schaffhausen sowie Appenzell durften aufgrund ihres Bundesvertrages ohne die mehrheitliche Zustimmung aller Orte keine Allianzen schliessen. Da aber nie alle katholischen oder reformierten Orte in diese konfessionellen Allianzen eingebunden waren, verstärkten diese nicht nur die konfessionelle Entfremdung, sondern schufen auch neue Interessenkonstellationen, die neue Klammern für den labilen Bund bildeten. Aufgrund dieser wechselseitigen Verflechtungen und Blockierungen waren die Eidgenossen politisch und militärisch zu schwach für eine machtorientierte Aussenpolitik. Ihnen blieb die Nichteinmischung oder die fallweise proklamierte Neutralität.

Der Tagsatzung wurde vorgeworfen, sie habe auf die doppelte Bedrohung durch die Helvetischen Revolutionen im Innern und die sich ausbreitende Französische Revolution von aussen nur mit symbolischen Ersatzhandlungen wie der Bundesbeschwörung im Januar 1798 zu reagieren vermocht. Für die inneren Probleme waren jedoch primär die Kantone zuständig. Und gegen die äussere Bedrohung durch Frankreich hatte niemand in Europa ein Rezept. Die überlegene französische Organisation von Machtressourcen funktionierte von 1789 bis 1815. Die Tagsatzung der Eidgenossen versammelte sich regelmässig von 1415 bis 1798. Die von ihr regierten Untertanengebiete, selbst die französisch- und italienischsprachigen, verfolgten 1798 zwar emanzipatorische, nicht aber separatistische Ziele: «liberi e svizzeri» hiess die Parole im Tessin. Darüber hinaus – und das zeigt die grosse Symbolisierungsleistung der Tagsatzung – wurden ab der Helvetik alle Reform- und Restaurationsversuche immer an eine erneuerte «Tagsatzung» geknüpft, die von 1802 bis 1848 in verschiedenen Formen existierte und sowohl die neue Bundesverfassung von 1848 ausarbeiten liess und in Kraft setzte als auch sich selbst zugunsten der neuen Organe im Bundesstaat auflöste. Im Ständerat lebt sie bis heute in gewisser Weise weiter, jedoch mit Gewaltenteilung und repräsentativer Demokratie mit freiem Mandat der Parlamentarier.

---

1 — Alle Zahlen aus: Andreas Würgler, Die Tagsatzung der Eidgenossen, Epfendorf 2013.
2 — Peter Blickle, Friede und Verfassung, in: Historischer Verein der Fünf Orte (Hg.), Innerschweiz und frühe Eidgenossenschaft, Bd. 1, Olten 1990, S. 15–202.
3 — Bernhard Stettler, Die Eidgenossenschaft im 15. Jahrhundert, Menziken 2004.
4 — Würgler, Tagsatzung; Daniel Schläppi, Das Staatswesen als kollektives Gut, in: Historical Social Research, Bd. 32, Nr. 4, 2007, S. 169–202.
5 — Guy P. Marchal, Die «Alten Eidgenossen» im Wandel der Zeiten, in: Innerschweiz und frühe Eidgenossenschaft, Bd. 2, S. 307–403.
6 — Vgl. HLS, Andreas Würgler: «Eidgenossenschaft», «Tagsatzung»; ebd., André Holenstein: «Gemeine Herrschaften»; ebd., unter den entsprechenden Vogteinamen.
7 — Michael Jucker, Gesandte, Schreiber, Akten, Zürich 2004.
8 — Johannes Dierauer, Geschichte der Schweizerischen Eidgenossenschaft, Bd. 4, 2. Aufl. (1. Aufl. 1912), Gotha 1921, S. 288.
9 — Andreas Würgler, «Reden» und «mehren», in: Tim Neu et al. (Hg.), Zelebrieren und Verhandeln, Münster 2009, S. 89–106.
10 — Ernst Walder, Das Stanser Verkommnis, Stans 1994.
11 — Hans Conrad Peyer, Verfassungsgeschichte der alten Schweiz, Zürich 1978.

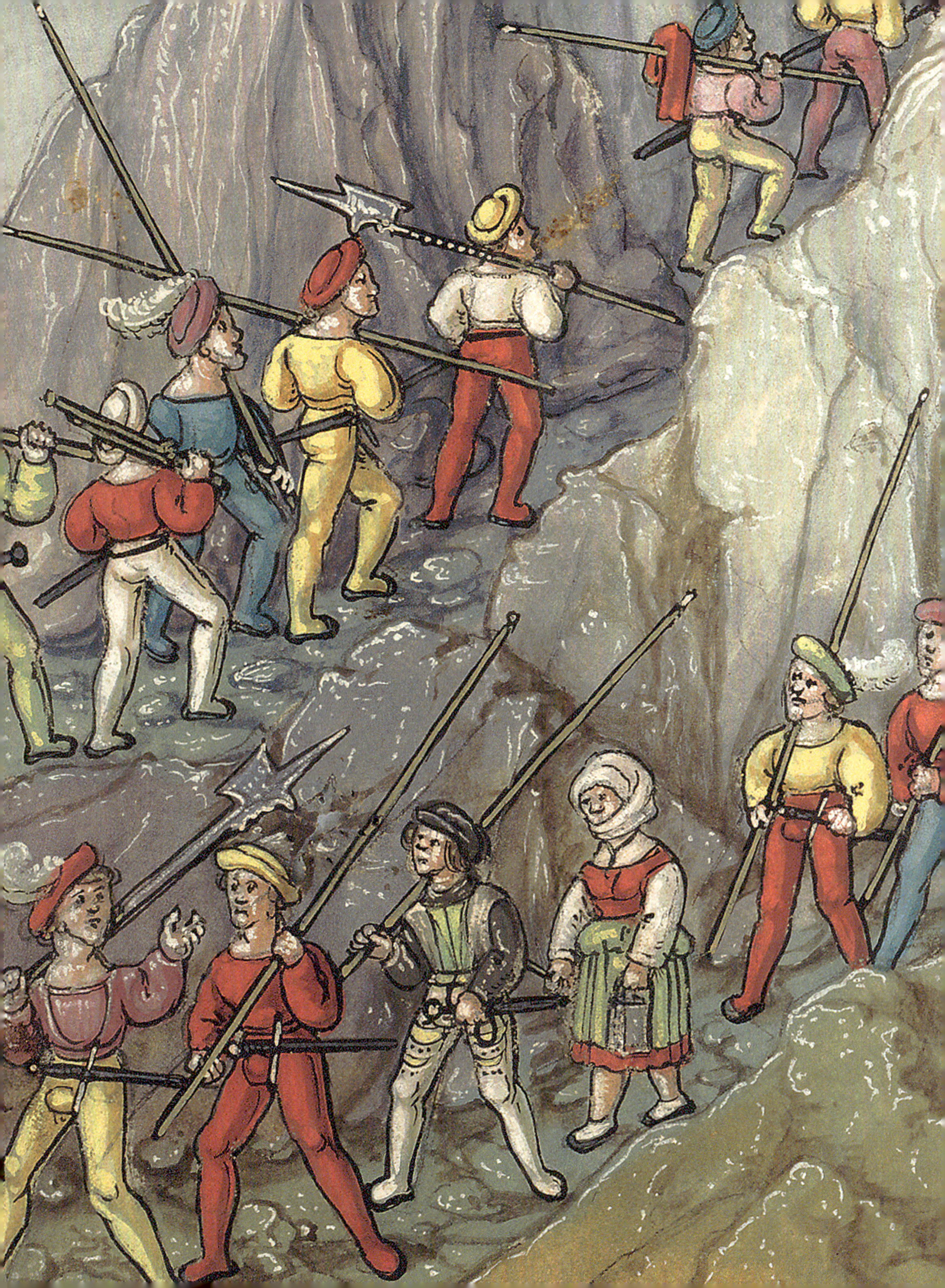

# Vom offenen Bündnissystem zur selbstbewussten Eidgenossenschaft. Das 14. und 15. Jahrhundert —*Susanna Burghartz*

Am Ende des 15. Jahrhunderts betrat die Eidgenossenschaft als selbständiger Akteur die Bühne der Geschichte und etablierte sich als eigenständiges Herrschaftsgebilde mit reichsrechtlichem Sonderstatus. Bis in die zweite Hälfte des Jahrhunderts aber waren die historischen Perspektiven und die Nachhaltigkeit dieser Konfiguration alles andere als sicher gewesen. Innerhalb von zweihundert Jahren hatten wechselnde Konstellationen in der Reichspolitik, der Aufstieg der Habsburger und die Verschiebung der europäischen Machtblöcke zu einer vollständigen Neuordnung der Herrschaftsverhältnisse geführt. Länder- und Städteorte – allen voran Zürich und Bern – konnten sich als Territorialherrschaften etablieren und ihre Macht ausbauen. Aus zunächst situativ geschlossenen Bündnissen entstand in der zweiten Hälfte des 15. Jahrhunderts ein Bündnissystem, das von aussen als Einheit wahrgenommen wurde und allmählich auch selbst ein Eigenbewusstsein entwickelte. Parallel dazu wurde das Gebiet der heutigen Schweiz von demographischen, sozioökonomischen und kulturellen Transformationsprozessen erfasst: Verheerende Pestzüge beeinflussten die Bevölkerungsentwicklung nachhaltig, die Landwirtschaft wurde stärker in regionale und überregionale Märkte integriert, Frömmigkeitsbewegungen und kirchliche Reformbestrebungen prägten den religiösen Alltag; auf den internationalen Söldnermärkten wurden Schweizer Reisläufer zunehmend nachgefragt.

Der neueren Forschung folgend legt dieser Beitrag besonderes Gewicht auf den Fundamentalprozess der Territorialisierung, die strukturellen Veränderungen der Innerschweizer Gesellschaft und die überregionalen und europäischen Verflechtungen eidgenössischer Geschichte im Spätmittelalter.

**Diebold Schilling, Eidgenössische Söldner ziehen über die Alpen** (Detail), **Luzerner Chronik, 1511–1513, fol. 327r** (*ZHB Luzern, Sondersammlung*), © *Eigentum Korporation Luzern*. — Im Zug der Reisläufer befindet sich auch eine Frau, die – vielleicht als Lagerdirne – zum Tross, der Versorgungstruppe vormoderner Heere, gehörte.

## ERZÄHLTE GESCHICHTE: DIE ANFÄNGE DES EIDGENÖSSISCHEN SELBSTBEWUSSTSEINS

Für die Entstehung der späteren Schweiz bildeten Chroniken und Pamphlete, in denen sich im Laufe des 15. Jahrhunderts allmählich die Vorstellung einer eigenständigen Eidgenossenschaft mit eigener Geschichte ausgebildet hat, wichtige Kristallisationspunkte. In einem langen, polemischen Kampf um die Deutungshoheit entstanden in den ersten gut hundert Jahren nach der Schlacht von Sempach im Jahr 1386 zwischen Habsburg und seinen Gegnern zwei widersprüchliche Geschichten über den Ursprung dieser Eidgenossenschaft, die eng aufeinander bezogen waren.[1] «Böse, grobe und schnöde Bauersleute»[2], so disqualifizierte König Maximilian I. im Jahr 1499 in einem Einblattdruck seine Kontrahenten im Schwaben- beziehungsweise Schweizerkrieg und meinte damit die Obrigkeiten der Innerschweizer ↑Länderorte ebenso wie diejenigen von Zürich und Bern oder der Konzilsstadt Basel. Diesem Negativstereotyp vom groben, unzivilisierten «rusticus» setzte die eidgenössische Seite den «frommen, edlen puren» als rhetorische Kampffigur entgegen. Negatives Fremdbild und eigene Idealisierung verbanden sich zu einem höchst wirksamen Konglomerat. Schon bald nach 1386 hatte die erste österreichische Landeschronik von den Innerschweizern als einem groben Bauernvolk gesprochen, «Sweinczer gehaissen»[3]. Die habsburgische ↑Kanzlei hatte das Dictum geprägt, bei Sempach sei Herzog Leopold von seinen eigenen Leuten in seiner eigenen Herrschaft getötet worden.

Die Eidgenossen waren damit zu Aufrührern erklärt. Diese These von der Rebellion vertrat in der Mitte des 15. Jahrhunderts auch der Zürcher Chorherr Felix Hemmerli, dem damals das Idealbild von Zürich als selbständiger ↑Reichsstadt mit Vormachtstellung im Gebiet der östlichen Schweiz vorschwebte. Dem Negativbild des unrechtmässigen Rebellen setzte die proeidgenössische Publizistik und Geschichtsschreibung nicht nur den «frommen, edlen puren» entgegen, sondern als Steigerung auch die Figur des freiheitsliebenden Tyrannenmörders, dessen Tat durch die Willkür der Vögte und deren Übergriffe auf die einheimischen Frauen mehr als gerechtfertigt erschien. Um 1470 berichtete Hans Schriber im Weissen Buch von Sarnen über die Anfänge der Geschichte der Eidgenossenschaft und erzählte von Wilhelm Tell, dem redlichen, aufrechten Mann, der den ↑Landvogt Gessler mit einem Pfeil seiner Armbrust getötet habe. Obwohl es diesen Tell nie gegeben hat, spielte er als Figur durchaus eine historische Rolle und war gegen Ende des 15. Jahrhunderts bereits Teil eines ganzen Komplexes von Vorstellungen, denen eine wichtige integrative Funktion für die Entstehung eines eidgenössischen Eigenbewusstseins und dessen Legitimierung zukam.[4]

Zu den besonderen Merkmalen, durch die sich die Eidgenossen von ihren Gegnern unterscheiden wollten, gehörten ebenso das Beten «mit zertanen [ausgestreckten] Armen» vor der Schlacht, das sich zu einem eigentlichen Sonderritual entwickelt hatte, wie die Vorstellung von der göttlichen Auserwähltheit des eigenen Volkes. Entsprechend wurde dieses Sonderbewusstsein keineswegs nur im gelehrten Diskurs einer Bildungselite verhandelt, sondern manifestierte sich auch in den Schimpfworten «Küghyer» («Kuhficker») und «Sauschwaben», die sich Innerschweizer und Süddeutsche etwa an Kirchweihfesten gegenseitig zuriefen.[5] Die unterschiedlichen Negativzuschreibungen der Gegner konnten in Schlachtenliedern und Spielen erfolgreich umgedeutet werden: «Edellüt sind buren worden und die buren edellüt», hiess es nun.[6] An dieser positiven Neubewertung arbeitete auch die Chronistik. So setzte Petermann Etterlin in der ersten gedruckten Schweizerchronik, die 1507 in Basel erschien, die Gründungs- und Herkunftsgeschichte mit einer eigens geschaffenen Bildfindung, die den

**Petermann Etterlin, «Wie in die wildnüs Ury, Switz und Underwalden erstmalen lütt darin kamen und wie ein Track da wonet, der ouch gedöt ward»**, Illustration in: Kronica von der loblichen Eydtgnoschaft jr harkommen und sust seltzam stritenn und geschichten, Basel 1507, Blatt 7 *(UB Basel, Sign. Geigy 455)*. — In dieser Illustration zur Schweizergeschichte des Luzerner Gerichtsschreibers Etterlin werden drei Szenen zu einer Ursprungsgeschichte der Eidgenossenschaft zusammengefügt: Im Vordergrund sieht man den Freiheitsbund der Eidgenossen, dahinter Winkelried, der einen Drachen als Symbol der wilden Natur bezwingt, im weiteren Bildhintergrund die rodenden Innerschweizer.

Freiheitsbund der drei Eidgenossen, den Drachentöter Winkelried und die rodenden Innerschweizer vereinte, positiv in Szene.⁷

Einen nochmals anderen Akzent im Bemühen um die Rechtfertigung der eidgenössischen Sonderentwicklung im Reich setzte Heinrich Brennwald mit seiner Geschichte der «dryzehen orten gemeiner löblicher Eidgnosschaft» von 1516. Er liess die eidgenössische Geschichte im Jahr 1332 mit dem Bundesbeitritt von Luzern und der Vertreibung des Adels durch die Bauern beginnen, der durch seine eigene Gewalttätigkeit und Willkür sein Schicksal selbst verschuldet habe. So waren um 1500 die wesentlichen Elemente versammelt, die in Abgrenzung gegen antieidgenössische Polemiken das positiv konnotierte eidgenössische Selbst- und Geschichtsbild ausmachten: Freiheitskampf und Tyrannenmord, gute, moralisch überlegene Bauern, göttliche Auserwähltheit und antiadlige Einfachheit.

## ZWISCHEN HABSBURG UND REICH: DIE ENTWICKLUNG IM 14. JAHRHUNDERT

Die Stabilisierung der Eidgenossenschaft als konsolidiertes Bündnisgefüge in der zweiten Hälfte des 15. Jahrhunderts verdankte sich nicht zuletzt einer veränderten überregionalen europäischen Mächtekonstellation, die für die Herrschaftsentwicklung zwischen 1300 und 1500 im Gebiet der heutigen Schweiz bestimmend wurde. Im Norden und Osten, aber auch im schweizerischen Mittelland war Habsburg erfolgreich im Aufbau seiner Landesherrschaft auf Kosten des regionalen Adels. Im Südwesten entwickelte sich Savoyen, zunächst als Grafschaft und ab 1416 als Herzogtum, zur überregionalen Macht, die im Laufe des 13. und 14. Jahrhunderts eine intensive administrative Modernisierung durchlief. Im Süden war das Herzogtum Mailand unter den Visconti mit seinem Interesse am Alpentransit ein gewichtiger Machtfaktor. Es strahlte auch wirtschaftlich über den Gotthard als Verbindungsachse bis in die Innerschweiz aus und zeichnete sich durch eine intensive Kommerzialisierung aus. Im Westen geriet die Franche-Comté im Verlauf des 13. und 14. Jahrhunderts zunehmend unter burgundisch-französischen Einfluss. Und schliesslich spielten die Reichspolitik und die ↑Reichsunmittelbarkeit eine zunehmend wichtige Rolle als Machtfaktoren, die regionale und lokale Herrschaft legitimierten und immer wieder ein wirksames Gegengewicht zu fürstlichen Territorialisierungsbestrebungen bildeten.

> « *Am neunten Juli 1386 ist der hochberühmte Fürst und Herr Leopold, Herzog von Österreich, in seiner eigenen Herrschaft für seine eigene Sache und durch sein eigenes Volk von den Luzernern und Schwyzern auf einem Feld nahe bei Sempach in der Gegend von Luzern getötet worden.»* *

Jahrzeitbuch von Königsfelden, lat. Original, angelegt um 1331, Eintrag zum Jahr 1386, zit. nach: Theodor von Liebenau, Die Schlacht bei Sempach, Luzern 1886, S. 339.

Als eigener politischer Raum entstand so bis zum Ende des 15. Jahrhunderts die Eidgenossenschaft als Resultante überregionaler, europäischer Machtkonstellationen, die sich ihrerseits ständig veränderten. Im Innern dieses Gebietes prägten im Laufe des 14. und 15. Jahrhunderts Territorialisierungsprozesse verschiedener Akteure die historische Entwicklung: der Aufbau der habsburgischen Landesherrschaft, die Formierung von Bern und Zürich als erfolgreichen, städtisch beherrschten Territorialmächten, das Scheitern der Zürcher Expansionsbemühungen in der Innerschweiz und die dadurch mögliche Territorialisierung der Länderorte, die ebenfalls eigene Untertanengebiete aufbauten. All dies ging Hand in Hand mit Prozessen der Herrschaftsintensivierung von Klöstern und Städten, der Kommerzialisierung und Marktintegration der Agrarwirtschaft und -gesellschaft und Prozessen der Kommunalisierung und horizontalen Disziplinierung. Strukturelle Transformationsprozesse im Bereich von Herrschaft, Wirtschaft und Gesellschaft einerseits und politische Ereignisse und Entscheidungen andererseits griffen auf lokaler, regionaler und überregionaler Ebene ineinander und liessen im Verlauf von mehr als hundertfünfzig Jahren eine in ihren Grundzügen konsolidierte, sich ihrer selbst bewusste Eidgenossenschaft entstehen.

### Die Innerschweiz um 1300

Mit der Wahl Rudolfs IV. zum deutschen König im Jahre 1273 hatten die Habsburger ihre Machtstellung, die vor allem auf ihren ausgedehnten Besitzungen am Oberrhein, im Aargau und in Tirol beruhte, deutlich ausbauen können. Als König Albrecht I. am 1. Mai 1308 bei Windisch ermordet wurde, endete eine Phase erfolgreicher habsburgischer Machtpolitik. Mit seinem Tod verlor das Haus Habsburg den deutschen Königstitel, und der Versuch, Hausmachtpolitik und königliche Reichspolitik dauerhafter zu verbinden und eine Erbmonarchie im Reich durchzusetzen, war einmal mehr gescheitert. Dennoch konnten die Habsburger im Verlauf des 14. Jahrhunderts ihre Territorialherrschaft vor allem im Osten mit Kärnten und der Eingliederung der Grafschaft Tirol, aber auch im Westen mit dem Erwerb von Freiburg im Breisgau

---

* «Anno Domini 1386 nona die mensio Julii occisus est illustrissimus princeps et Dominus Leopoldus dux Austriae in terra propria, pro re propriaque genteque de propria a Lucernensibus et Suitensibus in campo prope oppidum Sempach versus Luceriam.»

und der Landgrafschaft Montfort-Feldkirch weiter ausbauen und sich im Regensburger Frieden von 1355 als Hegemonialmacht im östlichen Mittelland gegen Zürich behaupten.[8]

Zunächst aber wurde im November 1308 der Luxemburger Heinrich VII. gegen französische und habsburgische Interessen zum neuen deutschen König gewählt. Damit blieb das Reich ein polyzentrisches Gebilde, in dem mehrere Dynastien und grosse Territorien um die Vorherrschaft rangen. Diese als «offene Verfassung»[9] bezeichnete Konfiguration sollte die Geschichte der Eidgenossenschaft und die Herrschaftsentwicklung im Gebiet der späteren Schweiz in den folgenden Jahrzehnten nachhaltig beeinflussen. So war es während des 14. Jahrhunderts charakteristisch für die Geschichte des Reichs wie für die Entwicklung von Herrschaft im meist als «königsfern» zu bezeichnenden Gebiet der späteren Schweiz, dass Entwicklungen lange widersprüchlich und wenig zielgerichtet verliefen und immer wieder neue politische Bündnisse mit wechselnden Interessenlagen aufeinanderfolgten.

Nach seiner Wahl betrieb Heinrich VII. eine intensive ↑Revindikationspolitik von Reichsgut, die im Falle der Innerschweiz gegen Habsburg gerichtet war. Er reihte sich damit in eine längere Tradition deutscher Könige und Kaiser ein, die ihre Machtbasis durch die Wiederherstellung königlicher Rechte gegenüber den landesherrlichen Konkurrenten sichern und vergrössern wollten. So bestätigte er schon im Juni 1309 die ↑Reichsfreiheit von Schwyz und ernannte wohl auch Werner von Homberg, der in der Innerschweiz das Erbe des Hauses Rapperswil antreten wollte, zum Reichsvogt in den Waldstätten.[10] Auf diese Weise sicherte er sich die Dienste des Soldunternehmers von Homberg und das Schwyzer Söldnerpotential für seine Romfahrt, mit der die Kaiserkrönung als eines seiner wichtigsten politischen Ziele verbunden war. Nach Heinrichs frühem Tod führte die Doppelwahl von Friedrich dem Schönen von Habsburg und Ludwig dem Bayern im September 1314 zu einer Pattsituation im Reich und zu einer erneuten Schwächung der königlichen Reichsgewalt, die die Innerschweizer Länderorte zur Stärkung ihrer Rechtsposition gegenüber der Herrschaft nutzen konnten.

Die politischen Entwicklungen und der Prozess der Territorialisierung, der auch die Innerschweiz erfasste, standen in enger Wechselbeziehung mit Transformationen der dortigen Sozialstruktur. Hier hatte die Gruppe der *nobiles*, zu der die Hoch- oder Edelfreien wie etwa die Grafen von Lenzburg, Habsburg, Kyburg, Frohburg und Rapperswil zählten, aber auch zahlreiche kleinere Adelsgeschlechter, für den Landesausbau des 11. bis 13. Jahrhunderts eine wichtige Rolle gespielt. Diese ältere Adelsgruppe verschwand um 1300 weitgehend aus der Region, mit Ausnahme der Attinghausen, die bis 1357 die Urner Landammänner stellten, und der Herren von Ringgenberg mit Brienz als Verwaltungszentrum ihrer Besitzungen. Interne Auseinandersetzungen im Adel führten seit dem 13. Jahrhundert dazu, dass dessen Besitz an Klöster überging oder sich bei der habsburgischen Herrschaft konzentrierte und von dort zunächst an den kleinen und mittleren Ritteradel und schliesslich an neue private Inhaber und an städtische und ländliche Kommunen gelangte. Es lässt sich hier wie auch im Mittelland und in der Ostschweiz ein ausgeprägter sozialer Abstieg der *nobiles*-Gruppe mit Ausnahme der Landesherren konstatieren. Gleichzeitig nahm die Bedeutung des niederen Adels, des sogenannten Ritteradels, im 13. Jahrhundert zu, und seine Angehörigen zeichneten sich im 14. und 15. Jahrhundert durch eine erhebliche regionale Mobilität aus. Sie gaben ihre Burgen auf, wanderten in die Städte,

**Europäische Mächte in der 2. Hälfte des 14. Jh. (vereinfacht)**

Quelle: Anja Rathmann-Lutz / Susanna Burghartz, © 2013 Schwabe AG, Verlag, Basel, und Kohli Kartografie, Kiesen.

nach Zürich, Luzern, Zug und Bern, aber auch Schaffhausen oder Bremgarten, ab oder suchten neue Erwerbsmöglichkeiten im Solddienst. Karrierechancen im Dienste der österreichischen Landesherrschaft standen ihnen in der Innerschweiz nicht mehr offen, dagegen wuchsen vermögende Städter und reiche Bauern zu ernstzunehmenden politisch-sozialen Konkurrenten heran. Im Verlauf des 14. Jahrhunderts verlor daher für die politische Führungsgruppe der ländlichen Potentaten die Zugehörigkeit zum Adel immer mehr an Bedeutung; stattdessen rekrutierte sie sich nun immer häufiger aus dem genossenschaftlich-bäuerlichen Milieu. Das Beispiel der Vertreibung des Hunwil-Clans aus Obwalden im Jahr 1382 zeigt, dass sich in Konflikten innerhalb der Führungsgruppen

**Das Bündnisgeflecht im süddeutsch-schweizerischen Raum im 13. und 14. Jahrhundert**

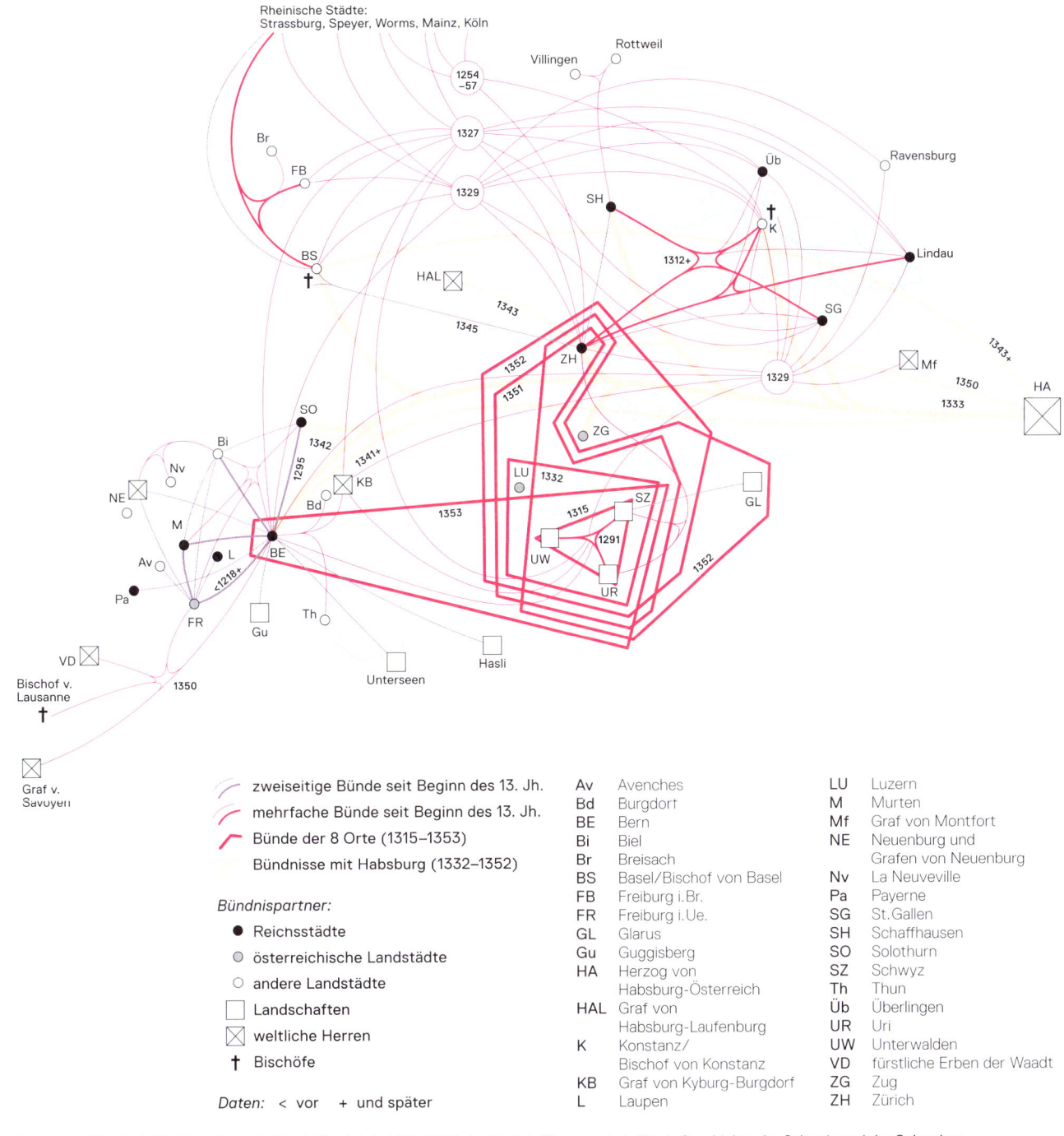

*Legende:*

- zweiseitige Bünde seit Beginn des 13. Jh.
- mehrfache Bünde seit Beginn des 13. Jh.
- Bünde der 8 Orte (1315–1353)
- Bündnisse mit Habsburg (1332–1352)

*Bündnispartner:*
- ● Reichsstädte
- ◐ österreichische Landstädte
- ○ andere Landstädte
- ☐ Landschaften
- ⊠ weltliche Herren
- † Bischöfe

*Daten:* < vor   + und später

| Abk. | | Abk. | |
|---|---|---|---|
| Av | Avenches | LU | Luzern |
| Bd | Burgdorf | M | Murten |
| BE | Bern | Mf | Graf von Montfort |
| Bi | Biel | NE | Neuenburg und Grafen von Neuenburg |
| Br | Breisach | Nv | La Neuveville |
| BS | Basel/Bischof von Basel | Pa | Payerne |
| FB | Freiburg i.Br. | SG | St. Gallen |
| FR | Freiburg i.Ue. | SH | Schaffhausen |
| GL | Glarus | SO | Solothurn |
| Gu | Guggisberg | SZ | Schwyz |
| HA | Herzog von Habsburg-Österreich | Th | Thun |
| | | Üb | Überlingen |
| HAL | Graf von Habsburg-Laufenburg | UR | Uri |
| K | Konstanz/Bischof von Konstanz | UW | Unterwalden |
| | | VD | fürstliche Erben der Waadt |
| KB | Graf von Kyburg-Burgdorf | ZG | Zug |
| L | Laupen | ZH | Zürich |

Quelle: Guy P. Marchal, Die Ursprünge der Unabhängigkeit (401–1394), in: Beatrix Mesmer et al. (Hg.), Geschichte der Schweiz und der Schweizer, Basel 1986, S. 186–187 (geändert), © 2013 Schwabe AG, Verlag, Basel, und Marc Siegenthaler, Bern.

zunehmend diejenigen Angehörigen der ländlichen Oberschicht durchsetzten, die in den neuen, marktorientierten Bereichen der Viehwirtschaft und des Viehhandels tätig waren, einen entsprechenden Lebensstil pflegten und vor allem lokal gut verankert waren.[11]

Die Innerschweiz lässt sich als relative Armutsgesellschaft charakterisieren. Für die zahlenmässig grösste, quellenmässig aber nur schwer zu fassende Gruppe der Bauern lassen sich erhebliche wirtschaftliche und soziale Unterschiede vermuten. In die Gruppe der Bauern gehörten auch die «Bergleute», die Bewohner einer eigenen Nutzungszone oberhalb des Talbodens. Insbesondere die zunehmende Marktintegration durch die wachsende Ausrichtung der Landwirtschaft auf Viehhaltung förderte eine erhebliche soziale Auf- und Abstiegsmobilität und eine deutliche Tendenz zum Ausschluss der «Fremden». In ihrer übergrossen Mehrheit lebte die Innerschweizer Bevölkerung auf dem Land; dennoch spielten Städte wie Luzern oder das noch deutlicher landwirtschaftlich geprägte Zug für diese Agrargesellschaft eine zunehmend wichtige Rolle. Noch im 14. Jahrhundert waren die Grenzen zwischen Stadt und Land keineswegs scharf ausgeprägt. Die Zuwanderung in die Stadt war, wie das Beispiel der Kleinadligen zeigt, erheblich. Das Ausburgerwesen (↑Ausburger), also die Aufnahme von Bewohnern des Umlandes ins städtische Bürgerrecht, war von erheblicher Bedeutung; gleichzeitig wuchs die Gruppe der städtisch-bürgerlichen Herrschafts- und Rentenbesitzer auf dem Land.

**Ferdinand Hodler, Wilhelm Tell, 1896/97, Öl auf Leinwand** (Kunstmuseum Solothurn), © Photo Kunstmuseum Solothurn.

### Wilhelm Tell
In den 1470er Jahren fand die Figur von Tell erstmals Eingang in die Chronistik. Bereits im 16. Jahrhundert erreichte seine Geschichte dank Aegidius Tschudi und Josias Simmler ein breiteres Publikum. Noch populärer wurde er durch andere Medien wie Tellenspiele, Gedenkkapellen und durch das erste, 1583 errichtete Telldenkmal. In der Aufklärungszeit kamen Zweifel an der historischen Authentizität der Figur auf, die nicht länger mit der urkundlichen Überlieferung in Einklang gebracht werden konnte. Im Zusammenhang mit den grossen Revolutionen entstand um 1800 eine eigentliche Tellbegeisterung. Sein Bild verband sich dank Schillers Drama von 1804 nachhaltig mit dem Mythos des unverdorbenen Bergvolks. Im Kontext der 600-Jahr-Feier zur Gründung der Eidgenossenschaft wurden in den 1890er Jahren zwei konträre Tell-Bilder geschaffen: Das traditionsverbundene Denkmal von Richard Kissling in Altdorf zeigte Vater und Sohn, während Ferdinand Hodler eine Formulierung fand, die Tell sakralisierte und ihn als mythischen Helden darstellte, der die für den jungen Bundesstaat so wichtige Idee der Einheit verkörperte.

Ganz besonderes Gewicht hatten in dieser bäuerlichen Gesellschaft Güterübertragungen im familiären Rahmen durch Heiraten und Erben. Auffällig häufig treten Frauen in den entsprechenden Quellen auf. Während im Mittelland die Freizügigkeit in der Wahl der Ehepartner zwischen verschiedenen Hofgenossenschaften oft nicht gegeben war, finden sich für die Innerschweiz nur wenige solche Heiratsverbote. Seit dem 14. Jahrhundert kam es hier zu kommunalen Regelungen, die vor allem güter- und nutzungsrechtliche Interessen der einheimischen Männer etwa an Alprechten berücksichtigten. Gerade im Bereich der Güterübertragungen war die Kernfamilie in ein grösseres Verwandtschaftsgefüge eingebunden und privilegierte die männliche Verwandtschaft.

Zu Beginn des 14. Jahrhunderts war die Gesellschaft der Innerschweiz nur sehr unvollständig feudalisiert. Gewalt und Anomie stellten in diesem herrschaftsfernen Raum für den Alltag der Bevölkerung wie für die politische Ordnung ein erhebliches Problem dar. Ordnung basierte hier weder ausschliesslich auf Zwang und Unterordnung noch einfach auf Solidarität und freiwilliger Kooperation. Verwandtengruppen spielten besonders im Zusammenhang mit der Blutrache für die Rechts- und Friedenswahrung eine wichtige Rolle. Seit dem 14. Jahrhundert lässt sich hier wie andernorts die allmähliche Zurückdrängung ihrer Rechte im Zusammenhang mit gesellschaftlichen Befriedungsanstrengungen beobachten. Ob bei Fehden, Gewalttätigkeiten im Kontext von Kirchweihfesten oder bei Strassenraub und Erpressung, als Friedensstörer spielten «Gesellen» – oft junge, unverheiratete Männer – eine besondere Rolle. Als bewaffnete Gruppen traten allerdings nicht nur Jungmännerbünde auf, wie das Beispiel des Schwyzer ↑Landammans Kupferschmid und seiner «socii» um 1400 zeigt.[12] Die Kontrolle derartiger «protostaatlicher» Verbände war schon im 14. Jahrhundert ein obrigkeitliches Anliegen.

In diesem Prozess der Vergesellschaftung und Vergemeinschaftung in der Innerschweiz nahmen Alpgenossenschaften und Nutzungsgenossenschaften für die ↑Allmend eine wesentliche Funktion ein. Weil die dörfliche Flurverfassung mit ↑Dreizelgenbrachwirtschaft weitgehend fehlte, waren hier kollektive Regelungen im Zusammenhang mit den Weiden für die Agrarverfassung weit wichtiger als im Mittelland und bildeten zusammen mit der Organisation der Kirche zentrale Faktoren der Gemeinschaftsbildung. Im 14. Jahrhundert modernisierten die Klöster, allen voran Einsiedeln und Engelberg, ihre Herrschaftsformen. Gleichzeitig verfestigten sich die insbesondere aus der Regelung von Nutzungsrechten hervorgegangenen Formen ländlicher Gemeindebildung. Herrschaftsferne und der nach 1400 zu konstatierende Ausfall von Landesherrschaft führten dazu, dass die kommunale Selbstverwaltung mit ländlichen Potentaten als zentralen Figuren an diese Stelle trat und Sicherheit und Stabilität garantieren musste. So wurden seit der Mitte des 13. Jahrhunderts in der Innerschweiz städtische Kommunen wie Luzern und Zug einerseits, die Talgemeinden von Uri, Schwyz, Nidwalden, Urseren oder Glarus andererseits zu Instanzen der Friedenswahrung, denen es gelang, in einem langwierigen Prozess frühe Formen von Staatlichkeit zu entwickeln.

### Marchenstreit und Morgarten

Zu Beginn des 14. Jahrhunderts waren das Kloster Einsiedeln und die Schwyzer Landleute in eine bereits seit längerem andauernde heftige Auseinandersetzung um Nutzungsrechte verwickelt. Dieser Konflikt eskalierte 1314 im sogenannten Marchenstreit, als die Schwyzer das Kloster überfielen und seine Insassen verschleppten, woraufhin sie umgehend mit dem päpstlichen ↑Interdikt belegt wurden. Im Hintergrund der Streitigkeiten, die endgültig erst 1350 beigelegt werden konnten, lassen sich sowohl sozioökonomische Konflikte um neue, intensivierte Nutzungsformen kommerzialisierter Viehhaltung wie auch politische Auseinandersetzungen zwischen Schwyz, dem Kloster Einsiedeln und Habsburg um Herrschaftsrechte aus Ansprüchen um das Rapperswiler Erbe ausmachen. Dass es noch im gleichen Jahr zur Doppelwahl von Ludwig dem Bayern und Friedrich dem Schönen von Habsburg kam, verschärfte die Lage weiter. Während Zürich auf der Seite von Habsburg stand, anerkannten die Waldstätte den Gegenkönig und wurden daher von Friedrich mit der ↑Reichsacht belegt. Zum Schutz des Klosters zog im November 1315 der Habsburger Leopold I. über Zug in Richtung Einsiedeln und wurde am oberen Ende des Ägerisees von den Schwyzern angegriffen. Während die neuere Forschung von einem Überfall spricht, stellte die ältere Geschichtsschreibung vor allem im 19. Jahrhundert die Vorgänge am Morgarten in den Kontext der sogenannten Befreiungstradition und sah in ihnen die erste Freiheitsschlacht der Eidgenossen. Hier – so die traditionelle Lesart – entschied sich bereits das Schicksal des jungen Bundes.

Sicher ist, dass die Schwyzer das Heer Leopolds nach kurzem, blutigem Nahkampf in die Flucht schlagen konnten. Mit diesem Erfolg waren allerdings die Schwierigkeiten noch keineswegs beendet. Schon am 9. Dezember 1315 schlossen die «Landleut von Uri, Schwyz und Unterwalden» daher ein Bündnis zur gegenseitigen Hilfeleistung und Friedenswahrung. Dieser sogenannte «Morgartenbrief» sicherte, wohl unter Führung von Schwyz, die Weiterexistenz der Reichsvogtei in der Innerschweiz und damit die Anerkennung als Reichsland.[13] Ihre Stellung als Reichsländer versuchten die Waldstätte auch in den folgenden Jahren der Rivalität zwischen Wittelsbachern und Habsburgern um die Königswürde weiter zu festigen. Der Waffenstillstand vom Juli 1318 zwischen den Amtsleuten von Leopold und den Waldstätten zeigt, dass die Habsburger trotz der Niederlage ihre Position behaupten konnten. Im Verlauf des 14. Jahrhunderts verfolgten sie auch im Westen den Ausbau ihrer Territorialherrschaft weiter.

Auch wenn der Sieg bei Morgarten also nicht die fundamentale Wende herbeiführte, die ihm in der Befreiungstradition zugeschrieben wurde, hat doch die spätere Erinnerungskultur mit ihrer Wertung der Schlacht als zentrales Element der eidgenössischen Gründungsgeschichte eine eigene historische Wirkung entfaltet: Schon im Spätmittelalter wurden die kirchlichen Schlachtjahrzeiten zu lokalen Erinnerungsfeiern. Darüber hinaus etablierte sich im 19. und 20. Jahrhundert eine weltliche Erinnerungskultur mit Gedenktagen, Schlachtfeiern und der Errichtung eines Denkmals.[14] Wesentlich wurde das Bild der Schlacht durch das von Ferdinand Wagner 1891 geschaffene Wandbild am Schwyzer Rathaus geprägt. Mit der filmischen Bearbeitung des Geschehens durch Leopold Lindtberg im *Landammann Stauffacher* wurde «Morgarten» schliesslich in neuer medialer Form Teil der ↑Geistigen Landesverteidigung.[15]

### Das Bündnis der Waldstätte mit Luzern

In der zweiten Hälfte des 13. Jahrhunderts hatten die Habsburger den Kyburger Besitz in ihr Hausgut integrieren können und auf diese Weise den alten Plan der Lenzburger und Kyburger weiterverfolgt, im Aargau eine geschlossene Landesherrschaft zu errichten.[16] Unter den vielen kleinen südlich des Rheins gelegenen österreichischen Landstädten spielten die beiden Städte mittlerer Grösse, Luzern und Freiburg, eine besondere Rolle. 1352 hatte Luzern, dessen Bevölkerung sich rasch vermehrte, um die 4000 Einwohner. Wirtschaftlich wurde die Stadt durch ihre Lage am Übergang vom Mittelland zum Gebirge und durch ihre günstige Verkehrslage an der Route zum Gotthard geprägt. Die allmähliche Entwicklung des Gotthardtransits und die um 1305 erfolgte Zusammenlegung aller zur österreichischen Verwaltung gehörenden Zölle zwischen Hospental und Reiden in Luzern trug mit dazu bei, dass der Luzerner Markt allmählich eine regionale Bedeutung gewann. Der wachsende Einfluss der Stadt mit ihrer intern ungleichen Ressourcen- und Machtverteilung führte zu neuen

**Filmplakat** *Landammann Stauffacher*, 1941, © *Praesens-Film* AG. — Der Film des nach der nationalsozialistischen Machtergreifung 1933 in die Schweiz emigrierten Regisseurs Leopold Lindtberg entstand 1941 im Zeichen der Geistigen Landesverteidigung zum 650-Jahr-Jubiläum der Schweizerischen Eidgenossenschaft.

Interessenkonflikten im Zusammenhang mit der stärkeren Marktintegration der Innerschweizer Talschaften wie auch mit der zunehmenden Konkurrenz gegenüber Zürich und dessen Salzmarkt.

Wie in der Innerschweiz war auch in Luzern um 1300 die Friedenssicherung ein zentrales Thema. Gleichzeitig versuchte die Stadt in den zwanziger und dreissiger Jahren des 14. Jahrhunderts gegenüber der neuen Herrschaft Österreich ihre frühere Autonomie, die sie sich nicht zuletzt unter König Rudolf I. um 1280 durch reichsrechtliche Privilegierungen hatte sichern können, möglichst weitgehend zu wahren und dabei ihrerseits einen Beitrag zur Friedenssicherung zu leisten. Nach der Niederlage von Morgarten stärkte Österreich Luzern und seine Bürger, die in diesen Jahren eine – wenn auch nur undeutlich erkennbare – Mittlerrolle im Konflikt zwischen Österreich und den Waldstätten spielten. Dennoch kam es zwischen 1315 und 1330 mehrfach zu Konflikten zwischen den Luzerner Bürgern und dem österreichischen Vogt.[17] Wachsende Spannungen führten schliesslich am 7. November 1332 zu einem für die Stadt neuartigen, zeitlich unbefristeten Bündnis mit den drei Waldstätten. Die Luzerner, die explizit die Rechte der Herrschaft Österreich vorbehielten, hofften auf diese Weise ihre frühere Autonomie gegenüber der landesherrlichen Verwaltung zu sichern.[18] Den drei Ländern, die vor allem ihre Reichsunmittelbarkeit stärken wollten, war damit erstmals ein unbefristeter Bund mit der nächstgelegenen bedeutenden Stadt gelungen. Zugleich war ein festes, auf Dauer angelegtes Friedensgebiet geschaffen worden, ein Bündnis, das schnell und wirksam gegenseitige Hilfe mobilisieren konnte.

## Urkunden und Bündnisbriefe

Urkunden, im Mittelhochdeutschen als «brief» bezeichnet, bezeugen in schriftlicher Form einen rechtlichen Vorgang. Im Falle der Bundesbriefe dienten sie der Sicherung von Herrschaft, etwa durch Erteilung königlicher Privilegien oder durch die Vereinbarung gegenseitiger Hilfeleistungen, meist für einen bestimmten Zeitraum. Die neuere Schriftlichkeitsforschung betont ihren symbolischen Wert als Objekte zur visuellen Präsentation, die in Truhen und Laden aufbewahrt und zu Legitimationszwecken hervorgeholt und vorgezeigt werden konnten. Immer wieder kam es zu Abschriften und sogenannten Nachherstellungen, mit denen frühere Dokumente den Erfordernissen der aktuellen Situation angepasst werden konnten, ohne dass deswegen die Datierung zwingend erneuert worden wäre. Für die Entstehungsgeschichte der frühen Eidgenossenschaft spielen die Bundes- beziehungsweise Königsbriefe eine wichtige Rolle. Ihre quellenkritische Einschätzung ist schwierig und ihre historische Interpretation entsprechend umstritten. Die moderne Forschung misst dabei nicht mehr nur Originalen, sondern auch Abschriften, Nachherstellungen und sogar Fälschungen einen eigenen historischen Informationswert bei.

## Kurswechsel auf Zeit: Das Bündnis von Zürich mit den Eidgenossen

Zürich war zu Beginn des 14. Jahrhunderts eine von der Vormacht Habsburg vollständig umgebene schwäbische Reichsstadt, deren Politik durch ihr Verhältnis zum Reich, zu Österreich und zur im Entstehen begriffenen Eidgenossenschaft bestimmt wurde.[19] 1330 verpfändete Ludwig der Bayer die Stadt an Österreich, was allerdings schon 1331 wieder rückgängig gemacht werden konnte. 1336 eskalierte die Situation in einem innerstädtischen Machtkampf, den der ritterbürtige Rudolf Brun zusammen mit den Handwerkern gegen die bürgerlichen Notabeln gewann; er setzte für Zürich eine Zunftverfassung nach Strassburger Vorbild durch und konnte das Bürgermeisteramt auf Lebenszeit besetzen. 1337 anerkannte Ludwig der Bayer diese «Brun'sche Verfassung».

Die im Zuge der sogenannten Brun'schen Revolution verbannten Räte unternahmen im Jahr 1350 von Rapperswil aus einen Umsturzversuch in der Stadt. Die Situation eskalierte, als Bürgermeister Brun den gescheiterten Versuch mit der Eroberung Rapperswils beantwortete und Habsburg in der Folge klar gegen Zürich Partei ergriff. Zunehmend isoliert, schloss Zürich mit den Waldstätten ein Bündnis, das im Wesentlichen die Zusicherung gegenseitiger Hilfeleistung enthielt und in einer vorübergehenden Interessenkongruenz gegenüber Habsburg begründet lag. Als Herzog Albrecht II. in den Konflikt eingriff, eroberten Zürich und die Waldstätte gemeinsam Glarus und Zug, mit denen 1352 Bündnisse abgeschlossen wurden.

Aber schon 1355 normalisierten sich im Regensburger Frieden die Beziehungen zu Österreich, und Brun garantierte als Rat Rudolfs IV. künftig die österreichische Herrschaft im Land Glarus. Nach 1360 konnten die Zürcher mit dem Erwerb zahlreicher Reichsprivilegien davon profitieren, dass der Luxemburger, Kaiser Karl IV., die Stadt als Gegengewicht zu den Machtansprüchen Rudolfs in Schwaben aufzubauen begann. Dem entsprach das mehrfach erneuerte Schutzbündnis des Kaisers mit Zürich, Uri, Schwyz und Unterwalden und zeitweise auch mit Bern, was zugleich die formelle kaiserliche Anerkennung der eidgenössischen Bünde bedeutete. Diese Bünde erhielten im Jahr 1370 mit der ersten gemeinsamen Rechtssatzung, dem sogenannten Pfaffenbrief, eine gewisse Konsolidierung und Weiterentwicklung, indem die Beteiligten die Fehde untersagten, Rechtsverfahren für Geldsachen, Pfand und Strafverfolgung festlegten und so in ihren Orten wie auch im nun erstmals als «unser Eydgnoschaft» bezeichneten Bündnisgeflecht ihre Herrschaftsrechte im

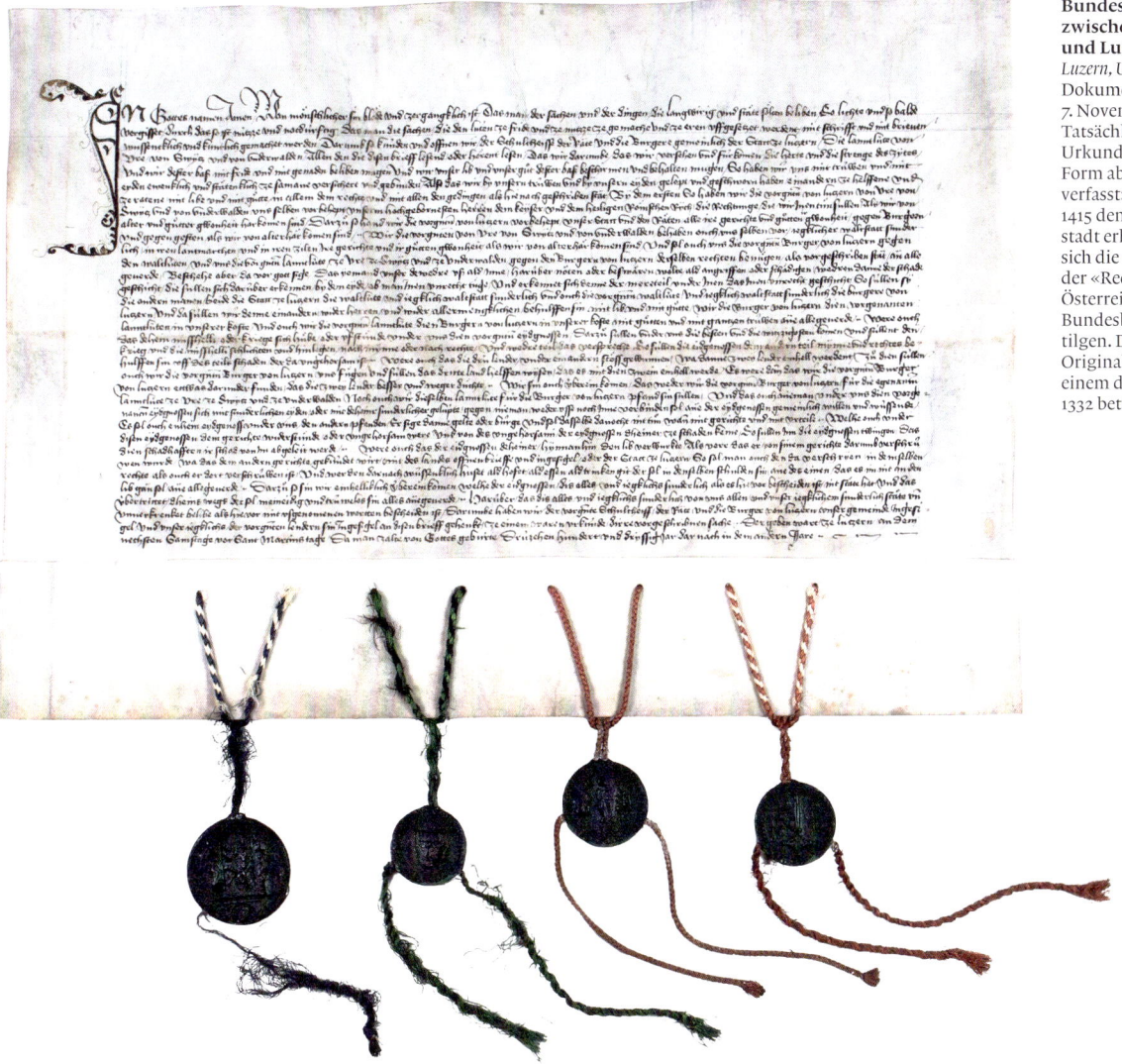

Vom offenen Bündnissystem zur selbstbewussten Eidgenossenschaft. Das 14. und 15. Jahrhundert

**Bundesbrief von 1332 zwischen den Waldstätten und Luzern** (*Staatsarchiv Luzern, URK 45/965*). — Das Dokument ist auf den 7. November 1332 datiert. Tatsächlich wurde die Urkunde in der vorliegenden Form aber erst 1454/55 verfasst: Nachdem Luzern 1415 den Status einer Reichsstadt erlangt hatte, bemühte sich die Stadt, den Vorbehalt der «Rechte der Herrschaft Österreich» aus den alten Bundesbriefen von 1332 zu tilgen. Daher ist heute keine Originalurkunde mehr aus einem der vier am Bund von 1332 beteiligten Orte erhalten.

Bereich von Gerichts- und Kriegswesen durchzusetzen versuchten.[20]

Auch die folgenden Jahrzehnte zeigten, dass das Bündnis von 1351 für die Zürcher Politik nicht überschätzt werden sollte. Noch lange lavierte Zürich vor allem in konflikthaften Situationen zwischen den beiden Antagonisten. So war es einmal mehr erst ein innerstädtischer Putsch, der 1393 im sogenannten Schönohandel den österreichfreundlichen Kurs von Bürgermeister Rudolf Schön beendete und zum Abschluss des Sempacherbriefes führte. Auch im 15. Jahrhundert wandte sich Zürich noch mehrfach Habsburg-Österreich zu, ein letztes Mal im Alten Zürichkrieg, als noch einmal deutlich wurde, wie wenig stabil das eidgenössische Bündnissystem lange gewesen war.

### Innerschweiz und Burgundische Eidgenossenschaft: Das Bündnis mit Bern

Eine Politik der Balance zwischen den verschiedenen Machtblöcken verfolgte auch Bern, das auf diese Weise seine eigenen Herrschaftsinteressen optimal zu fördern gedachte. Der Aufbau eines grossen spätmittelalterlich-frühneuzeitlichen Territorialstaates im nördlichen Alpenvorland erstreckte sich im Falle Berns vom 13. bis ins 16. Jahrhundert. Zwischen Emme und Saane, Oberland und Jurafuss sah sich die Stadt im 14. Jahrhundert vor allem den Grafen von Savoyen, den Grafen von Habsburg und den Grafen von Kyburg als Konkurrenten gegenüber. Zusammen mit Freiburg und Solothurn griff Bern seit Beginn des 14. Jahrhunderts in die machtpolitischen Auseinandersetzungen ein und konnte so wesentlich am Erbe des königlichen Einflusses im westlichen Mittelland partizipieren.

In dieser Phase wurde die Expansionspolitik vor allem durch den Kauf von Herrschaftsrechten wie auch durch die Schaffung von politischen, rechtlichen und wirtschaftlichen Abhängigkeiten geprägt, die durch situativ geschlossene, zum Teil rasch wechselnde Bündnisse, ↑Burgrechte und ↑Schirmverträge aufgebaut wurden. In den zwanziger und dreissiger Jahren des 14. Jahrhunderts ging es für Bern darum, gegen Österreich die Vorherrschaft im Aareraum durchzusetzen und zu behaupten. In der Schlacht von Laupen im Jahr 1340 gelang es der Stadt, gemeinsam mit ihren Verbündeten, dem Freiherrn von Weissenburg, den Waldstätten und den Oberhaslern, eine erdrückende Koalition des burgundischen Adels mit Freiburg zu besiegen, die indirekt auch von den Herzögen von Österreich und Ludwig dem Bayern unterstützt wurde. In der Folge bemühte sich Bern, den Einfluss seiner Gegner durch eine geschickte Bündnispolitik zu neutralisieren und seine Kontakte zu Österreich und Freiburg wie auch die Verbindungen mit Savoyen und den Waldstätten auszubauen. Im Zuge dieser Expansionspolitik ging Bern 1353 ein zeitlich unbeschränktes Bündnis mit Uri, Schwyz und Unterwalden ein, in das indirekt auch Zürich und Luzern eingeschlossen wurden.[21] Es war vor allem gegen die Interessen des Hauses Habsburg gerichtet und sollte den Einfluss von Bern im Aareraum weiter stärken. Zudem konnte Bern damit auch seinen Einfluss im östlichen Oberland auf Kosten von Obwalden rechtlich absichern. Wie Zürich vollzog auch Bern 1353 keinen definitiven Politikwechsel, sondern verfolgte seine Interessen zwischen Savoyen, Österreich und den Waldstätten und sicherte sich damit den notwendigen Freiraum für den weiteren Aufbau seines Territoriums.

Auch im Fall von Bern gingen der Aufbau einer dominanten Position im Aareraum und die erfolgreiche Territorialpolitik mit internen Auseinandersetzungen um die politische Führung in der Stadt einher. Mehrheiten und Parteibildungen wechselten mehrfach zwischen Adels- und Notabelnfamilien, Handwerksmeistern und Kaufleuten. An Ostern 1350 gelang es opponierenden Notabelnfamilien, aufgrund der Belastungen durch die Pest von 1349 und der wachsenden Zahl von Darlehen an mit der Stadt verburgrechtete Adlige, den langjährigen ↑Schultheissen und Sieger von Laupen, Johannes II. von Bubenberg, zu stürzen.[22] In den folgenden Jahrzehnten fanden immer wieder Kämpfe um die Besetzung des Schultheissenamtes und die Organisation und Kontrolle des kommunalen Finanzhaushaltes statt. Dabei wehrten sich die in Zünften organisierten Handwerker gegen wohlhabende Angehörige des Kleinen Rates, die wiederholt über Steuern in Stadt und Landschaft den Erwerb neuer Herrschaften ermöglichten und umfangreiche Kreditgeschäfte finanzierten. Anders als Basel, Zürich, Schaffhausen, St. Gallen und Chur führte Bern aber keine Zunftverfassung ein. Vielmehr wurde hier wie auch in Luzern, Solothurn, Freiburg und Biel den Zünften prinzipiell die politische Betätigung verboten. Als es 1384 wegen der städtischen Verschuldung erneut zu Unruhen kam, gelang es aber den Pfistern (Bäckern), Metzgern, Schmieden und Gerbern, die Wahl der Venner aus den Mitgliedern ihrer Gesellschaften für die folgenden Jahrzehnte durchzusetzen und abzusichern. Diese Venner waren zunächst Vorsteher der vier Stadtviertel und städtische Bannerträger bei militärischen Auszügen gewesen, bevor sie im Laufe des 14. und 15. Jahrhunderts neben Schultheiss und Säckelmeister zu den wichtigsten städtischen Amtsträgern aufstiegen.

In der Mitte des 14. Jahrhunderts schloss die Innerschweizer Eidgenossenschaft also erste Bündnisse mit den Städten Zürich und Bern, die sich beide im Verlauf der weiteren Geschichte als zentrale Protagonisten erweisen sollten. In beiden Städten stand der Abschluss dieser Bündnisse im Zusammenhang mit innerstädtischen Parteikämpfen. Solche zum Teil gewalttätige Abgrenzungs- und Ausgleichsbewegungen waren – strukturell bedingt – in den städtischen Gesellschaften des Spätmittelalters weit verbreitet. Sie hatten ebenso sehr mit der internen sozialen Dynamik und dem Kampf unterschiedlicher sozialer, familiärer und politischer Gruppen um Einfluss in der Stadt zu tun wie mit den finanziellen und sonstigen Belastungen durch die städtische Expansion auf die Landschaft. Bündnispolitik, Expansionspolitik und innerstädtische Konflikte hingen demnach oft aufs Engste zusammen. Entsprechend waren die einzelnen Orte keineswegs immer homogene Akteure mit gleichgerichteten Interessen, als die sie in einer auf die nationale Geschichte und die grossen Machtblöcke fokussierten Historiographie nur allzu leicht erscheinen.

### Sempach – ein Wendepunkt im Verhältnis zu Habsburg?

Seit Anfang des 14. Jahrhunderts verlagerte sich der Herrschaftsschwerpunkt der Habsburger nach Osten. Dennoch versuchten sie im Verlauf des Jahrhunderts auch im Westen, auf dem Gebiet der heutigen Schweiz, unter Vermeidung von offenen Konflikten eine geschlossene Landesherrschaft zu errichten. Ab der Mitte des 14. Jahrhunderts manifestierten sich die neuen territorialpolitischen Interessen der Städte auch im Aargau deutlicher; Bern war vor allem an den neukyburgischen Besitzungen im Oberaargau interessiert, Luzern am südlichen Aargau und Zürich an den Verbindungslinien in die Innerschweiz und den Gebieten entlang der Limmat.

Zu einem zentralen Herrschaftsinstrument entwickelte sich im Aargau wie auch andernorts die für den Aufbau spätmittelalterlicher Territorialherrschaften typische Verpfändung von Hoheitsrechten. Gleichzeitig veränderte sich damit auch der Charakter der Herrschaft, die nun verstärkt als einseitiges, freies Verfügungsrecht der Herren über ihre Hoheitsrechte aufgefasst wurde.[23] Als Folge der wachsenden Bedeutung der Geldwirtschaft und der damit eng zusammenhängenden zunehmenden Marktintegration war die aktive Pfandschaftspolitik Ausdruck langfristig wachsender sozialer und wirtschaftlicher Mobilität. Sie erhielt dadurch eine besondere Eigendynamik, dass die durch sie freigesetzten Geldmittel wiederum für eine aktive Territorialpolitik genutzt wurden. Für die Pfandgeber lag in dieser Politik vor allem dann ein erhebliches Risiko, wenn die Pfandnehmer eigene Interessen entwickelten, denn die Verpfändungen führten zu einer Mediatisierung von Herrschaft. Die Pfandnehmer ihrerseits begannen ihre als Pfand erworbenen Rechte intensiver zu nutzen; dies wiederum führte zu einem höheren Steuer- und Abgabendruck und einem gesteigerten Interesse an der Ausübung von Herrschaftsrechten. Für die Bevölkerung wurden die Auswirkungen dieser Strukturveränderung als zunehmende Herrschaftsverdichtung und Herrschaftsnähe spürbar.

Von der habsburgischen Pfandpolitik in den Ämtern Rothenburg und Wolhusen war auch Luzern ganz direkt betroffen. Die Stadt reagierte im Winter 1385/86 mit der Zerstörung von Verwaltungssitzen der Pfandherren in Rothenburg und Wolhusen und einer Masseneinbürgerungsbewegung, in deren Verlauf das Entlebuch und Sempach ins Luzerner Bürgerrecht aufgenommen wurden. Zur gleichen Zeit hatte der zunehmende fürstliche Territorialisierungsdruck in Süddeutschland und im Rheinland zur Bildung des Rheinischen und des Schwäbischen Städtebundes geführt, die sich 1381 zum Süddeutschen Städtebund zusammenschlossen. Zürich, Bern, Solothurn und Zug schlossen ihrerseits mit diesem Städtebündnis im Februar 1385 einen Hilfspakt für das Gebiet zwischen Aare, Hoch- und Alpenrhein, in den auch Luzern indirekt eingebunden war.[24]

Die Luzerner Übergriffe und die Anschläge von Zürich gegen Rapperswil führten ab dem Ende des Jahres 1385 zum offenen Konflikt mit den Habsburgern. Den drohenden Städtekrieg konnte Leopold III. durch einen Vergleich mit den süddeutschen Städten abwenden. Unterstützt durch die rheinischen und süddeutschen Rittergesellschaften und verstärkt durch italienische, französische und deutsche Söldner begann der Herzog im Frühsommer einen Schädigungskrieg gegen die Eidgenossenschaft. Aufgrund einer Fehleinschätzung der Lage kam es bei Sempach zur direkten Konfrontation, in offener Schlacht wurde das Ritterheer nach anfänglichen Erfolgen von den Innerschweizern und Luzern besiegt und 700 Adlige wurden getötet, unter ihnen auch der Herzog selbst.[25] Zum schicksalhaften Wendepunkt im eidgenössischen Kampf gegen Habsburg wurde die Schlacht vor allem in den Propagandaschriften des 15. Jahrhunderts und in der späteren Geschichtsschreibung. Hier hiess es nun von österreichischer Seite, der Herzog sei widerrechtlich «auf dem Seinen von den Seinen um das Seine» gebracht worden.

Österreich setzte den Krieg auch nach der Niederlage von Sempach fort und konnte in der Mordnacht von Weesen im August 1386 seine strategische Position am Walensee zurückerobern. In der Folge gelang es den Eidgenossen 1388, ein österreichisches Adelsheer in der Schlacht von Näfels zu schlagen, während umgekehrt die süddeutschen Städte in der Schlacht von Döffingen von

*Diebold Schilling, Die Schlacht von Sempach am 9. Juli 1386, Spiezer Chronik, 1484/85, S. 456* (Burgerbibliothek Bern, Mss.h.h.I.16). — In der 1484/85 für Rudolf von Erlach fertiggestellten Spiezer Chronik zeigt Diebold Schilling Herzog Leopold mit gekröntem Helm und Pfauenstoss als Helmzier im Heer der habsburgischen Ritterschaft; ihm tritt ein Eidgenosse mit federgeschmücktem Barett entgegen. Im österreichischen Heer ist zudem der Narr zu sehen, der den Herzog vor dem Zug gewarnt hatte. Auf beiden Seiten liegen zahlreiche Gefallene. Im Hintergrund sind unter einem Baum die Schnäbel der Schuhe zu sehen, die die Ritter vor der Schlacht hatten abschneiden müssen.

den Adligen besiegt und der Städtebund aufgelöst wurde. Längerfristig erwies sich der Sieg der Eidgenossen bei Sempach als Teil einer Gesamtentwicklung, die unter anderem dazu führte, dass die österreichische Landesherrschaft durch die Herrschaft von Luzern abgelöst wurde. Zunächst aber war Habsburg auch nach dem Sieg der Eidgenossen bei Sempach durchaus noch präsent, der Zusammenhalt unter den eidgenössischen Orten weiterhin gering; insbesondere zwischen Zürich und Schwyz bestanden grosse Interessenkonflikte.

Nach Sempach war das bisherige, von Habsburg dominierte Ordnungsgefüge erschüttert, ohne dass sich die Eidgenossen bereits als neue Ordnungsmacht etablieren konnten. Die folgenden Jahre waren entsprechend von Raub- und Schädigungszügen und einer unkontrollierten Gewaltbereitschaft geprägt. Erst als in Zürich mit dem Sturz des österreichfreundlichen Bürgermeisters Rudolf Schön 1393 die eidgenössische Partei an die Macht kam, konnten Zürich und die anderen Eidgenossen sich im Sempacherbrief auf minimale Regeln zur Eindämmung der Gewalt verständigen und damit zugleich die Voraussetzungen für einen dauerhaften Frieden mit Österreich schaffen. Im Friedensvertrag von 1394, der zwischen Österreich und der Eidgenossenschaft unter Einschluss von Glarus und Solothurn zustande kam, wurde ein Befriedungsmechanismus etabliert, der die gewaltbereiten Länderorte mit Hilfe von Zürich, Bern und Solothurn disziplinieren sollte und so einen Beitrag zur weiteren Entwicklung der Eidgenossenschaft als staatliches Gebilde leistete.[26]

### «KRISE DES SPÄTMITTELALTERS»: PEST, DEMOGRAPHIE UND WIRTSCHAFTLICHE TRANSFORMATION

Seit dem 14. Jahrhundert kam es im Gebiet der heutigen Schweiz, wie in ganz Mitteleuropa, zu weitreichenden demographischen und ökonomischen Veränderungen, die in der Literatur oft mit dem Begriff der «Krise» belegt wurden, auch wenn sie regional und phasenspezifisch sehr unterschiedliche Auswirkungen auf Alltag und Lebensweise der Bevölkerung haben konnten. Die erste Hälfte des 14. Jahrhunderts war durch einen nachhaltigen Umschwung in der Bevölkerungsentwicklung und den Beginn einer weitreichenden wirtschaftlichen Transformation gekennzeichnet. Schätzungen zufolge war die Bevölkerung im Gebiet der späteren Schweiz bis 1300 auf etwa 700 000 bis 850 000 Einwohner angewachsen.[27]

Der in ganz Europa zu beobachtende hochmittelalterliche Landesausbau hatte dazu geführt, dass die landwirtschaftlich genutzte Fläche im Mittelland um ein Viertel bis ein Drittel erweitert und zahlreiche neue Städte gegründet worden waren. Diese Entwicklung kam im Spätmittelalter weitgehend zum Stillstand. Von den insgesamt etwa 200 Städten im Gebiet der heutigen Schweiz gehörten am Ende des Mittelalters nur Basel und Genf mit zeitweise ungefähr 10 000 Einwohnern in die Gruppe der sogenannten Grossstädte, während Bern, Zürich, Freiburg, Lausanne, Luzern, St. Gallen, Schaffhausen, Solothurn, Sitten, Chur, Lugano, Locarno und Bellinzona mit weniger als 6000 Einwohnern zur Gruppe der Mittel- oder sogar Kleinstädte gehörten. Im Spätmittelalter spezialisierte sich die Landwirtschaft stärker, was mit einer wachsenden Marktorientierung der Produzenten einherging und zu einer teils klein-, teils grossräumigen Regionalisierung führte, wie sich am Beispiel des Rebbaus im St. Galler Rheintal, der Viehwirtschaft im Appenzellerland oder des Getreideanbaus im östlichen Mittelland zeigen lässt. Generell nahm die Arbeitsteilung auch zwischen Stadt und Land zu, und die strukturellen Abhängigkeiten intensivierten sich.

#### Demographische Katastrophe und langfristige Bevölkerungsentwicklung
Insgesamt sind wir für das Spätmittelalter über die Bevölkerungszahlen nur sehr lückenhaft und punktuell anhand von Feuerstättenzählungen und Steuerrödeln (↑Rodel) unterrichtet. Entsprechend beruhen Angaben zur Bevölkerungsentwicklung auf mehr oder weniger groben Schätzungen und Annahmen. Vor allem über Seuchenzüge liegen chronikalische Nachrichten vor, die zumindest qualitative Aussagen zu einschneidenden demographischen Ereignissen erlauben.

In einigen Regionen, vor allem in der Westschweiz, zeichnete sich schon um 1320 ein verlangsamtes Bevölkerungswachstum ab. Seit der Mitte des 14. Jahrhunderts nahm die Bevölkerung – regional unterschiedlich ausgeprägt – massiv ab. In

---

**Raubzüge, Plündern, Beutemachen**
Für die mittelalterliche Kriegsführung und Kriegsökonomie spielten Plünderungszüge, die den Gegner an Land und Leuten durch den Raub von Gütern, Tieren und Menschen schädigten, eine grosse Rolle. In Form von Geld, Waffen und Nahrung konnte der kollektive Anteil an der Beute wieder direkt in die Kriegsökonomie zurückfliessen. Für die Einzelnen war die Beute lange Teil der Entlöhnung, bevor sich das Verbot der Plünderung immer mehr durchsetzte. Als Folge des Soldwesens entstand im 15. und 16. Jahrhundert ein eigentlicher Markt für Menschen, Waffen und andere Beutestücke; lukrativ waren vor allem Geiselnahmen, Viehdiebstahl und der Raub von Pferden. Eine grosse symbolische Bedeutung kam der Erbeutung von Fahnen zu, die als Siegeszeichen ein besonderes kulturelles Kapital darstellten und dem Kreislauf der Beute- und Kriegsökonomie entzogen waren.

den Jahren 1342 bis 1347 kam es zu einer Folge nasser und teilweise extrem kalter Sommer, die die Alpengletscher bis um 1380 auf einen Hochstand anwachsen liessen. Sie sind Indikatoren für eine allgemeine Klimaveränderung, die in der Forschung als «Kleine Eiszeit» bezeichnet wird. Diese Klimaverschlechterung setzte zwischen dem späten 13. und frühen 14. Jahrhundert ein und endete im 19. Jahrhundert. Für den Alpenraum charakteristisch sind drei Vorstossphasen der Gletscher mit Hochständen um 1380, im frühen 17. Jahrhundert und um 1860, denen jeweils kalte Frühjahre und kalt-feuchte, in den Alpen schneereiche Hochsommer vorausgingen (siehe Beitrag von Christian Pfister, S. 34). Darunter litten der Getreide- und Weinbau ebenso wie die Milchwirtschaft.

Nachdem die Pest 1347 zum ersten Mal in Europa in italienischen und französischen Hafenstädten aufgetreten war, erreichte sie die Schweiz Ende des Jahres von Süden her durch das Rhonetal und das Tessin. In den beiden folgenden Jahren brach die Krankheit grossräumig im Mittelland von Genf bis St. Gallen aus: Betroffen waren Orte wie Pfäfers oder das Kloster Disentis ebenso wie St. Gallen oder Genf, Basel, Zürich oder Rapperswil. Die demographischen Folgen der Pest in den Jahren 1347 bis 1349 waren katastrophal: In Saint-Maurice starb beispielsweise ein knappes Drittel der Bevölkerung, während für Europa insgesamt mit einer Mortalität zwischen 25 und 50 Prozent gerechnet wird. Bis ins 17. Jahrhundert traten von nun an alle zehn bis zwanzig Jahre grössere oder kleinere Epidemien auf. Auch wenn sich die Bevölkerungszahlen nach einzelnen verheerenden Pestzügen relativ schnell wieder erholten, wurde das Bevölkerungswachstum durch die Tatsache, dass sich ein neues Seuchenmuster mit immer neuen Pestwellen entwickelte, langfristig nachhaltig gebremst. Einfallstore für die Seuchenzüge waren vor allem die grossen Handelswege im Norden über Basel, im Westen über Genf; aber auch in Graubünden und im Tessin verbreitete sich die Pest entlang der Transitrouten. Regional bestanden erhebliche Unterschiede: Aufgrund vieler kleinerer regionaler Ausbrüche war die Westschweiz am stärksten betroffen, wogegen die Süd- und die Zentralschweiz die wenigsten Pestopfer zu beklagen hatten. Insgesamt war die durch den Menschenfloh verbreitete Beulenpest dominant, während die von Mensch zu Mensch übertragene Lungenpest vermutlich deutlich seltener auftrat.

Das massive Auftreten der Pest seit 1348/49 hatte aber nicht nur langfristige demographische Strukturveränderungen zur Folge, sondern auch gravierende soziale Auswirkungen auf den Alltag, die sich am Einzelfall besonders anschaulich zeigen lassen. Stellvertretend soll hier das Beispiel von Bern vorgestellt werden: Im Frühsommer 1349 trat die Pest in Bern zum ersten Mal auf und traf sowohl die Stadt wie auch die Landschaft besonders schwer.[28] Der Chronist Konrad Justinger spricht von bis zu 60 Toten pro Tag. Auf der Landschaft kam es zu einer Verringerung der Ernteerträge und entsprechend auch der Einkünfte, in der Stadt verteuerten sich in der Folge die Lebensmittel; gleichzeitig nahmen die Vergabungen (Schenkungen) von Geld und Grundeigentum an Klerikergemeinschaften in der Stadt deutlich zu. Auf diese Weise versuchten die von der Pest betroffenen Familien ihr Seelenheil zu sichern. Die Seuche wurde als Strafe Gottes interpretiert, und so gehörten kirchliche Bitt- und Bussprozessionen ebenso zu den Massnahmen gegen die Krankheit wie die individuelle Fürbitte an Jesus, Maria und die Pestheiligen Sebastian und Rochus. Für Bern ist zum Beispiel eine Massenwallfahrt zu den Beatushöhlen angesichts der herannahenden Pestwelle für das Jahr 1439 belegt. Nach 1349 sind für das spätmittelalterliche Bern mindestens sechs weitere Pest- und Seuchenzüge bekannt, von denen allein drei verheerende Epidemien zwischen 1478 und 1493 insgesamt mehr als 2000 Menschen das Leben kosteten. Während im 14. Jahrhundert die Bevölkerungsverluste noch weitgehend durch eine aktive

**Diebold Schilling, Berner verwüsten das Schwarzenburger Land, Spiezer Chronik, 1484/85, S. 320** (*Burgerbibliothek Bern, Mss.h.h.I.16*). — Weil die Leute der Herrschaft Grasburg – unter diesem Namen war das Schwarzenburgerland im Mittelalter bekannt – die Freiburger bei einem Raubzug auf den Längenberg ungehindert hatten durchziehen lassen, verwüsteten die Berner vermutlich im Sommer 1339 das Schwarzenburgerland. Im Hintergrund sind brennende Dörfer und Weiler zu sehen, während im Vordergrund die Berner mit reicher Beute abziehen. Auch eine Frau, die mithilft, das Vieh wegzutreiben, hat offensichtlich am Raubzug teilgenommen.

«*Deuxièmment, qu'on s'abstienne de fréquenter le lieu de l'épidémie et de rendre visite à ceux qu'elle a atteints. Troisièmement, il faut, tant que dure l'épidémie, brûler à fenêtres closes des feuilles de laurier, de genévrier et d'absinthe, une, deux ou trois fois par semaine, le soir avant le coucher. On respirera cette fumée par la bouche et par les narines. Quatrièmement, ne mangez pas le matin et, chaque fois que vous le pouvez, consommez des aliments acides, comme des pommes gâtées ou des prunes. Cinquièmement, n'entrez en aucun cas dans les bains publics. Sixièmement, si vous vous sentez malades, soyez joyeux, calmes et affables; fuyez les pensées sérieuses. Septièmement, si l'on vous parle de l'épidémie, faites comme si l'on ne vous avait rien dit. De même, si quelqu'un est atteint de la peste, qu'il prenne de la thériaque, des grains de sénevé et des feuilles de sureau. Qu'il triture le tout dans un mortier et mette le produit sur les bubons.»*\*

Conseils medicaux aux temps de peste, recopiés par un notaire de Sion vers 1460, zit. in: Pierre Dubuis, Les vifs, les morts et le temps qui court: familles valaisannes, 1400–1550, Lausanne 1995, S. 219.

Förderung der Zuwanderung aus den angrenzenden Landgebieten ausgeglichen werden konnten, blieben die verwaisten Herdstellen im 15. Jahrhundert zunehmend unbesetzt. Entsprechend sank die Einwohnerzahl von Bern, das im Jahr 1389 noch ungefähr 6000 Personen gezählt hatte, bis 1458 auf einen Tiefststand von etwa 4500 Einwohnern, von dem sich die Stadt auch während der folgenden Expansionsphase der Burgunderkriege bis zum Ende des 15. Jahrhunderts kaum erholte.

Neben den Pest- und Seuchenzügen wurde die Entwicklung auch durch Hungersnöte, wirtschaftliche Probleme im städtischen Handwerk und Abschliessungstendenzen der verschiedenen sozialen Gruppen gebremst. Die zunehmende rechtliche Einbindung der Landbevölkerung im Zuge des Territorialaufbaus führte zudem zu einem Rückgang der Zuwanderung vom Land in die Stadt. Aber nicht nur in der Stadt, sondern auch im Berner Umland ging die Bevölkerung im gesamten 15. Jahrhundert zurück und wuchs erst in der ersten Hälfte des 16. Jahrhunderts allmählich wieder an. Ganz anders verlief die Entwicklung im Berner Oberland: Hier war während des ganzen Spätmittelalters ein ungebrochenes Wachstum zu verzeichnen. Aber nicht nur regional konnten die Auswirkungen von Seuchen und Katastrophen unterschiedlich sein. Dass solche Katastrophen für die Überlebenden auch zur Chance werden konnten, zeigt für Bern der Umgang mit dem Stadtbrand von 1405: Nach dem grossen Brand ergriffen Rat und Bürgerschaft städtebauliche Massnahmen, die dazu führten, dass die Bebauungsdichte in der Stadt im Laufe des 15. Jahrhunderts kontinuierlich abnahm. Wohlhabende Bürger erhielten Platz für repräsentative Steinbauten, es wurden neue Plätze angelegt und der Wohnkomfort nahm insgesamt analog zum wachsenden Repräsentationsbedürfnis der führenden Familien zu.

Regional unterschiedliche Auswirkungen der Seuchenzüge lassen sich nicht nur für Bern konstatieren. Während auch in Zürich, in Basel und im Wallis die Bevölkerung zurückging, nahm sie wie im Berner Oberland auch im Neuenburger Jura zu. Im Glarnerland entstanden neue Pfarreien und in der Zentralschweiz gab es ebenfalls deutliche Anzeichen für ein anhaltendes Bevölkerungswachstum. Neue Untersuchungen zur demographischen Entwicklung im Wallis zeigen, dass hier schon zu Beginn des 14. Jahrhunderts ein Rückgang des Bevölkerungswachstums einsetzte und sich die These, wonach die Berggebiete aufgrund ihrer abgeschiedenen Lage von der Pest relativ verschont blieben, nicht halten lässt. Dagegen entwickelten sich hier seit dem 15. Jahrhundert die Berggebiete ökonomisch besser als die Ebenen.[29] Generell scheint die Bevölkerung in den Berggebieten im 15. Jahrhundert stärker und regelmässiger gewachsen zu sein als im Mittelland, was möglicherweise zusammen mit der Umstellung auf die Viehwirtschaft zu einer Zunahme der Migration und insbesondere der Reisläuferei aus diesen Gebieten führte.[30] Der schnelle Bevölkerungsumsatz im Zeitalter der Pest bot schliesslich für manche der Überlebenden neue Chancen: So sind für Luzern eine erleichterte Zuwanderung in die Stadt und Möglichkeiten des raschen Aufstiegs in die städtische Elite, die durch die erhöhte Sterblichkeit aufgrund des Solddienstes noch zusätzlich gefördert wurden, gut belegt.[31]

**Mobilität und Migration**

Die spätmittelalterliche Gesellschaft war durch eine erhebliche Mobilität gekennzeichnet. Im Alpenraum erfolgte auch nach dem hochmittelalterlichen Landesausbau noch im 14. Jahrhundert die Zuwanderung einzelner Walsergruppen. Um 1300 erreichten sie beispielsweise von Westen her das Sarganserland und hatten bis etwa zur Jahrhundertmitte die Umrisse ihrer Siedlungsräume abgesteckt. Ihre durch Einzelhofwirtschaft und ↑Anerbenrecht charakterisierte Wirtschaftsweise entwickelte eine

---

\* [Pestrezept] «Zweitens soll man weder Orte, an denen die Epidemie wütet, noch Leute, die von ihr betroffen sind, besuchen. Drittens soll man, solange die Epidemie andauert, bei geschlossenen Fenstern Lorbeer-, Wacholder- und Wermutblätter verbrennen, ein- bis zweimal pro Woche, abends vor dem Zubettgehen. Man atme diesen Rauch durch Mund und Nase ein. Viertens, essen Sie nicht am Morgen und konsumieren Sie, so oft Sie können, saure Nahrungsmittel wie faule Äpfel oder Zwetschgen. Fünftens, gehen Sie keinesfalls in öffentliche Bäder. Sechstens, wenn Sie sich krank fühlen, seien Sie fröhlich, ruhig und freundlich; meiden Sie schwere Gedanken. Siebtens, wenn Ihnen jemand etwas von der Epidemie erzählt, tun Sie so, als ob Sie nichts gehört hätten. Schliesslich soll jemand, wenn er die Pest hat, Theriak nehmen, Senfkörner und Holunderblätter. Dies alles soll er in einem Mörser zerreiben und das Produkt auf die Beulen legen.»

Eigendynamik, die die jüngeren Söhne zur weiteren Migration zwang. Nachdem aber auch höchstgelegene Böden urbar gemacht worden waren, geriet diese Wirtschaftsform in eine existentielle Krise. Verschärft durch die zunehmende Vergletscherung der Pässe und die generell schwierigeren agrarischen Bedingungen kam es in vielen Walsersiedlungen seit dem 16. Jahrhundert zu saisonaler oder auch gänzlicher Auswanderung.[32]

Ganz allgemein spielte für die sogenannte Binnenwanderung das Gesinde eine besondere Rolle, das zum Teil nur für die Zeit bis zur Heirat und Gründung eines eigenen Haushaltes, zum Teil aber auch für längere Phasen oder gar lebenslang in fremden Haushalten in der Stadt oder auf dem Land in Dienst blieb.[33] Hinzu kamen saisonale Wanderarbeiter und Tagelöhner, Männer und Frauen, die zum Teil als eigentliche Arbeitspaare ihren Verdienst suchten. Insgesamt gab es in den Städten mehr Haushalte mit Gesinde als auf dem Land. Trotz aller demographischen Schwankungen blieben die Städte im gesamten Spätmittelalter und darüber hinaus auf Zuzug vom Land angewiesen. Entsprechend entstand hier für das jugendliche Gesinde aus den unterbäuerlichen Schichten vom Land und aus den Kleinstädten ein eigentlicher Arbeitsmarkt. Dabei variierte das Zahlenverhältnis zwischen weiblichem und männlichem Gesinde je nach örtlicher Gewerbestruktur. Während ländliche Haushalte tendenziell mehr Knechte beschäftigten, wurden in den Städten häufig mehr Mägde angestellt. So weisen verschiedene spätmittelalterliche Städte einen deutlichen Frauenüberschuss auf: In Zürich kamen im Jahr 1467 auf 100 erwachsene Männer 127 Frauen, in Freiburg lag 1447 der Anteil weiblicher Dienstboten mit 9 Prozent der Gesamtbevölkerung etwa doppelt so hoch wie derjenige der Männer. In der patriarchalen Gesellschaft des Spätmittelalters waren Mägde wie Knechte in den jeweiligen Haushalt integriert und der Befehls- und Strafgewalt des Hausherrn beziehungsweise der Hausfrau unterstellt. Für zeitlich befristete Formen der Mobilität spielte in der spätmittelalterlichen Eidgenossenschaft der Solddienst seit den Burgunderkriegen eine zunehmend wichtige Rolle; seine längerfristigen demographischen Auswirkungen sind umstritten.

### Verfolgung und Vertreibung: Die Geschichte der jüdischen Gemeinden

Nach 1150 lässt sich eine Zuwanderung von Juden aus Frankreich, Savoyen und vom Oberrhein feststellen, die bis 1300 zu jüdischen Niederlassungen in Genf, Basel, Zürich, St. Gallen, im Bodenseeraum, Bern, Solothurn, im Aargau, in Luzern, in Biel und in Neuenburg führte.[34] Als sogenannte Kammerknechte unterstanden sie seit 1236 dem Schutz des Kaisers, der sein ↑Regal an die Städte verkaufte. Die Städte liessen sich ihrerseits den an sie übertragenen Schutz von den Juden durch hohe Abgaben bezahlen und diskriminierten sie durch die lediglich befristete Aufnahme ins Bürgerrecht, die Schlechterstellung vor Gericht oder die Einschränkung ihrer wirtschaftlichen Tätigkeit auf Geld- und Pfandleihe. Über die Grösse der jüdischen Gemeinden ist wenig bekannt. Immerhin sind für das Spätmittelalter Synagogen in Basel, Diessenhofen, Genf, Lausanne, Luzern, Murten, Schaffhausen, Solothurn und Zürich nachgewiesen.[35] Für Zürich verfügen wir auch über genauere Informationen: In den ersten Jahrzehnten des 14. Jahrhunderts scheint die jüdische Gemeinde hier eine gewisse Blüte erlebt zu haben. 1334 und 1347 betrug die «Judensteuer» jeweils 25 Goldgulden. In der Brunngasse fanden sich im Hause zweier wohlhabender Geldverleiher, Moses und Gumprecht, Wandmalereien, wie sie sonst für die adlige oder patrizische Repräsentationskultur der Zeit typisch sind. Doch trotz ihrer ungewöhnlich intensiven Teilhabe an der Mehrheitskultur entlud sich die latent feindselige Haltung gegenüber den Juden mehrfach in gewalttätigen Übergriffen, Verfolgung und Vertreibung. Noch 1345 hatte der Zürcher Rat erklärt, seine Juden schützen zu wollen; dennoch wurde die erste jüdische Gemeinde im Februar 1349 Opfer der Welle von Pogromen im Kontext der Pest, die weite Teile Europas erfasste.[36]

1348 verbreitete sich von Savoyen her das Gerücht, die Juden hätten die Brunnen vergiftet, um

**Diebold Schilling, Überschwemmung des Krienbaches in Luzern, Luzerner Chronik, 1511–1513, fol. 88r** *(ZHB Luzern, Sondersammlung)*, © *Eigentum Korporation Luzern*. — Im Jahr 1473 schwoll der Krienbach in Luzern nach einem heftigen Gewitter am Pilatus so stark an, dass er die Brücke zwischen Barfüssertor und Ketzerturm wegriss und die Stadt überflutete. Entsprechende Überschwemmungen ereigneten sich aufgrund der exponierten Lage des Pilatus häufig. Der Chronist führte das Unwetter allerdings auf die frevelhafte Ruhestörung des kleinen Sees am Fräkmünt oben am Pilatus zurück, in dem angeblich ein Gespenst liege.

**Diebold Schilling, «Das die Juden zu Bernn ein kind gar jemerlich ermurtent», Amtliche Berner Chronik, 1478, Bd. 1, S. 44** *(Burgerbibliothek Bern, Mss.h.h.I.1).* — Die 1483 abgeschlossene sogenannte Amtliche Berner Chronik berichtet zum Jahr 1288 vom angeblichen Ritualmord der Berner Juden an einem jungen Knaben namens Ruoff im Haus des Juden Joeli in der Marktgasse. Ritualmord und Hostienfrevel gehörten zu den klassischen antijüdischen Stereotypen, auf die seit dem Spätmittelalter immer wieder zurückgegriffen wurde, um die Verfolgung und Vertreibung der jüdischen Gemeinden zu rechtfertigen.

durch die Pest die ganze Christenheit auszurotten. In diesem Zusammenhang spielte Bern für die Weiterverbreitung des Brunnenvergiftungsgerüchts von den französisch- in die deutschsprachigen Gebiete eine aktive Rolle. Das schweizerische Mittelland wurde zu einem eigentlichen Transmissionsraum für die Pogromwelle, die 1348 im Rhonetal begonnen hatte und sich über das Genferseegebiet, dem Aaretal entlang über Basel und Zürich ins Oberrheingebiet und nach Süddeutschland ausdehnte. In Zürich wurde den Juden neben der Brunnenvergiftung auch Ritualmord zur Last gelegt, ein konstruierter Vorwurf, der 1294 zum ersten Mal in Bern und 1401 auch in Diessenhofen belegt ist.

1348 und 1349 wurden die Juden in Bern, Solothurn, Zofingen, Rapperswil, Basel, Burgdorf, Baden, Diessenhofen, Freiburg, Luzern, Rheinfelden, Schaffhausen, Winterthur, Zürich und St. Gallen verfolgt. Damit fügten sich die Schweizer Städte in die Welle der europäischen Judenpogrome zur Zeit des Schwarzen Todes ein. Wie andernorts auch wurden in verschiedenen Städten schon bald Juden zu nochmals schlechteren Bedingungen wieder aufgenommen.[37] Bereits 1397 mussten sie Basel endgültig verlassen und wurden 1401 in Schaffhausen und Winterthur und 1404/05 in Bern erneut verfolgt. In den 1420er Jahren wurden die Juden in Genf ghettoisiert, in Zürich und Bern aufgrund von Vorwürfen wegen angeblichen Ritualmordes oder Hostienfrevels mit immer neuen Repressionen bedrängt und schliesslich im Laufe des 15. Jahrhunderts aus allen Schweizer Städten endgültig vertrieben. 1489 beschloss die Tagsatzung die Ausweisung aus der ganzen Eidgenossenschaft für das Jahr 1491. Die weitere Geschichte der Mitglieder der jüdischen Gemeinden ist bislang kaum erforscht.[38] Gelegentlich haben sie sich zumindest vorüber-

### Frauen, die Hälfte der mittelalterlichen Gesellschaft

Über Frauen und ihr Leben in der spätmittelalterlichen Eidgenossenschaft wissen wir vergleichsweise wenig. Adlige Frauen konnten, sofern die Männer ihrer Familien abwesend waren, als Repräsentantinnen ihres Standes und Adelsgeschlechts herrschaftliche Aufgaben übernehmen. In der ländlichen Gesellschaft arbeiteten Frauen vor allem in und um Haus und Hof im Gemüseanbau, in der Klein- und teils auch Grossviehhaltung. An der Heu- und Getreideernte waren beide Geschlechter beteiligt. In den Städten waren Frauen vor allem im Textilhandwerk, etwa als Weberinnen, Spinnerinnen oder Näherinnen, tätig, oder sie arbeiteten als Kleinhändlerinnen oder im Laden des Meisterhaushaltes. Frauen und Mädchen fast aller sozialen Schichten in Stadt und Land dienten in fremden Haushalten. Für die rechtliche Stellung von Frauen war ihr Zivilstand entscheidend. Während Verheiratete der Geschlechtsvormundschaft ihrer Ehemänner unterstanden, verlor diese für Witwen und Unverheiratete allmählich an Bedeutung. Mit dem wachsenden politischen Einfluss von Zünften und Patriziern und der zunehmenden Kommunalisierung von Herrschaft nahmen die Möglichkeiten von Frauen zur Ausübung politischer Macht immer mehr ab.

gehend auf dem Land niedergelassen, meist aber in benachbarten Gebieten: in Norditalien, im Burgund und in Süddeutschland.

### Die Transformation der Agrarwirtschaft

Bis zur Mitte des 14. Jahrhunderts war im schweizerischen Mittelland die im Dreizelgensystem organisierte Mehrfelderwirtschaft stark ausgebaut worden. Die Getreidewirtschaft dominierte, die Viehhaltung wurde zur Ergänzungswirtschaft, wobei vor allem das Kleinvieh der bäuerlichen Selbstversorgung diente. In der Hügel- und Gebirgszone dagegen konnte sich das Zelgensystem nicht etablieren, dort dominierte bis etwa 1400 eine subsistenzorientierte Mischwirtschaft mit Viehzucht und Ackerbau. Im Spätmittelalter intensivierte sich die Grossviehhaltung deutlich; schon früh betrieben vor allem klösterliche Grundherren grosse, herrschaftliche Eigenbetriebe, sogenannte Schwaighöfe, die auf Viehwirtschaft spezialisiert waren. Seit dem 14. Jahrhundert entwickelte sich die Innerschweiz zum Viehexportgebiet und wurde so in die Versorgung der Städte des schweizerischen Mittellandes und des städtisch geprägten lombardischen Wirtschaftsraumes eingebunden. Entsprechend wurde im Laufe des 15. Jahrhunderts die agropastorale Subsistenzwirtschaft von der exportorientierten Grossviehhaltung abgelöst. Damit verbunden war eine Neuorganisation des alpinen Raumes in Form der integrierten Tal-Berg-Bewirtschaftung mit den das Landschaftsbild prägenden Sommeralpen.

Analoge Entwicklungen sind für die westlichen und östlichen Voralpen und die inner- und südalpinen Gebiete festzustellen: Das Freiburgerland exportierte Vieh und Molkereiprodukte ins Mittelland und allenfalls nach Frankreich, die Ostschweiz ins Mittelland und nach Süddeutschland, Graubünden und das Wallis belieferten Oberitalien und das Berner Oberland die Lombardei und die westlichen Städte im Mittelland. Ganz generell setzte sich im 15. Jahrhundert eine verstärkte ökonomische Regionalisierung und Spezialisierung durch, die auch im agrarischen Bereich zu intensiveren Stadt-Land-Beziehungen führte.[39] Für das 14. Jahrhundert wurde eine Verlagerung des ländlichen Gewerbes in die Stadt und seit der zweiten Hälfte des 15. Jahrhunderts eine eigentliche Reagrarisierungstendenz festgestellt. Im Zuge dieser Entwicklung verloren städtische Exportgewerbe an Bedeutung und wurden langfristig teilweise aufs Land verschoben. Dementsprechend wird die Zeit von 1350 bis 1450 als Blütezeit der Stadt und Krise des Landes, die Jahre von 1450 bis über 1500 hinaus werden umgekehrt als Krise der Stadt und Blüte des Landes bewertet.[40]

### Städtisches Gewerbe und Handel

Generell expandierten bis zur Mitte des 15. Jahrhunderts das städtische Gewerbe und der Handel, dann setzte eine strukturelle Kontraktion ein.[41] In Freiburg führte die Produktion von Wolltuch seit den 1380er Jahren zur Entwicklung eines nennenswerten Exportgewerbes, das seinen Höhepunkt um die Mitte des 15. Jahrhunderts erreichte, bevor es gegen Ende des Jahrhunderts wieder bedeutungslos wurde.[42] Gleichzeitig verfünffachte sich zwischen 1400 und 1530 die Leinwandproduktion in St. Gallen. Hier entstand eine langfristig erfolgreiche Textilregion.[43] An der seit dem Ende des 14. Jahrhunderts aufkommenden oberdeutschen Barchentweberei hatten die Schweizer Städte dagegen kaum Anteil. Gesamthaft hat sich das Exportgewerbe in den grösseren Schweizer Städten gegen die Mitte des 15. Jahrhunderts hin negativ entwickelt.

Seit dem 13. Jahrhundert wurden neben den bestehenden aufstrebenden Handelszentren wie Luzern oder Zürich mit Privilegien ausgestattete Messeplätze geschaffen, die den kontinentalen Handelsverkehr, der zu einem erheblichen Teil über das Gebiet der heutigen Schweiz lief, abwickelten. Die Genfer Messen sind seit 1262 bezeugt; im 14. und in der ersten Hälfte des 15. Jahrhunderts war die Stadt ein europäisches Zentrum für den Handel mit kostbaren Gütern und Geld, nach 1460 erstarkte die Konkurrenz von Lyon. Von regionaler Bedeutung war seit dem 14. Jahrhundert auch die Messe von Zurzach, die Teil eines ganzen Netzes deutscher Messen war, von denen im 16. Jahrhundert Frankfurt an Bedeutung gewann. Genf und Zurzach lagen zwar beide an der Peripherie des eidgenössischen Gebietes, waren aber günstig positioniert an den grossen Verkehrsachsen, so dass sie von den Kaufleuten aus allen Städten der Eidgenossenschaft besucht wurden, die ihrerseits im schweizerischen Raum wichtig, international aber von zweitrangiger Bedeutung waren.

Der Niedergang der Messen in der Champagne und der Aufstieg derjenigen von Lyon führten zu einer Verlagerung des Alpentransits vom Grossen St. Bernhard und Simplon vor allem zum Mont Cenis und in geringerem Masse auch zum Gotthard. Generell hat die jüngere Forschung die grosse Bedeutung der Schweizer Pässe und insbesondere des Gotthards für den internationalen Handel im Spätmittelalter relativiert. So übertraf der Brenner mit 4500 Tonnen Warenverkehr um 1500 das gesamte Transitvolumen des Gotthards und der Bündner Pässe zusammen deutlich.[44] Von Bedeutung aber war der Gotthard für die wirtschaftliche Entwicklung Mailands, des Tessins, der Innerschweiz, des Mittellandes, Basels und auch des

**Der jüdische Minnesänger Süsskind von Trimberg im Codex Manesse (Detail), circa 1300–1340, fol. 355r** *(UB Heidelberg, Cod. Pal. germ. 848).* — Die Darstellung eines jüdischen Minnesängers in der Manessischen Liederhandschrift, die Anfang des 14. Jahrhunderts in Zürich entstand, verweist auf die Teilhabe einzelner Juden an Formen der höfischen Kultur.

**Wildleute verrichten die Arbeit der Bauern** (Detail), Bildteppich, um 1460 (*MAK – Österreichisches Museum für angewandte Kunst/Gegenwartskunst, Wien*), © *MAK, Photo Georg Mayer.* — Der in Basel entstandene Wirkteppich zeigt die «wilden Leute» bei der Feldarbeit vom Pflügen und Säen bis zur Kornernte. Im gezeigten Ausschnitt schneiden bekränzte Schnitter und Schnitterinnen im Sommer das Korn und binden die Garben, während rechts eine Frau Verpflegung aufs Feld bringt. «Wilde Leute» gehörten zu den beliebtesten Bildthemen des sogenannten Basler und Strassburger «Heidnischwerks» (Bildteppiche). Als ideale Naturwesen bevölkern sie hier einen imaginären Raum und thematisieren das Verhältnis von wilder Natur und Zivilisation.

südwestdeutschen Raums. Für Uri und die Innerschweiz war seit der Eröffnung der Schöllenenschlucht für den Gotthardtransit der rasche Zugang zu den lombardischen Märkten im Kontext der Umstellung auf Viehwirtschaft, die seit etwa 1400 erfolgte, besonders wichtig. Sie wurden nun vermehrt in einen Tauschzyklus von Vieh und Käse gegen Getreide, Wein und Reis eingebunden.

Nördlich der Alpen entstanden seit Ende des 14. Jahrhunderts Handelsgesellschaften, die meist zwischen vier und fünfundzwanzig Kaufleute oder Gesellschafter mit Kapitaleinlagen umfassten.[45] Für Freiburg lässt sich die Perroman-Gesellschaft (1396–1438) nachweisen, für Basel neben der Halbisen-Gesellschaft (circa 1415–1430), die mit Safran und Tuch handelte, vor allem die sogenannte Grosse Gesellschaft, die als lockerer, aber doch effizienter Wirtschaftskomplex mit Wolle, Baumwolle, Häuten, Eisen und anderen Gütern Handel trieb. Erhebliches Gewicht erlangten die Handelsgesellschaften vor allem im Bodenseeraum. Die wichtigste unter ihnen war die im Textilienhandel tätige Diesbach-Watt-Gesellschaft (circa 1420–1460), die ihren Hauptsitz bis 1440 in Bern, danach in St. Gallen hatte. Bis 1499 waren zahlreiche Ostschweizer Kaufleute zudem an der noch wichtigeren Ravensburger Gesellschaft beteiligt.

Zunächst noch von Lombarden, ↑Kawertschen und Juden beherrscht, entwickelte sich im Spätmittelalter und insbesondere im 15. Jahrhundert das Bankenwesen auch im Gebiet der späteren Schweiz. Zunehmend verzichteten die Städte auf die Dienste dieser Sondergruppen und richteten meist zeitlich befristete amtliche Wechselstuben ein, die sogenannten Stadtwechsel – so etwa Luzern 1383 oder Zürich 1419.[46] Die wachsende Verflechtung zwischen Städten in der Schweiz und in benachbarten Regionen begünstigte wechselseitige Darlehens- und Anleihengeschäfte. Ein struktureller Umbruch im Grundpfandrecht führte dazu, dass sich langfristig die hohen Zinsen der kurz- und mittelfristigen Kredite und die tiefen Zinssätze der Hypothekardarlehen aufeinander zu bewegten. Das Kleinkreditgeschäft gegen Pfand, das von erheblicher ökonomischer und sozialer Bedeutung war, verlor damit für die Bankiers an Interesse und wurde zum lokalen oder regionalen Geschäft von Stadtwechsel und ↑Säckelämtern. Im 14. und vor allem 15. Jahrhundert war die Genfer Messe über italienische Privatbankiers aus Florenz und Lucca ins internationale Geldgeschäft integriert. Einige italienische Banken, vor allem die Medici, unterhielten während des Basler Konzils (1431–1438) auch Niederlassungen in der Stadt.

Als sich die Italiener nach dem Ende des Konzils und dem Aufstieg der Lyoner Messen zurückzogen, entwickelte sich das lokale und regionale Bankgeschäft in vielen Schweizer Städten weiter. Basler und St. Galler Kaufleute blieben im internationalen Geschäft tätig, zu dessen Abwicklung sie über ein eigenes, gut ausgebautes Netz für den Umlauf ihrer Wechsel verfügten. Vor allem der Basler Stadtwechsel wurde für die Abwicklung der Pensionen- und Solddienstzahlungen seit den Mailänderkriegen wichtig. Im Spätmittelalter hatte sich in der Eidgenossenschaft wie im übrigen Europa ein eigentliches Militärunternehmertum ausgebildet. Spätestens seit den Burgunderkriegen wurde darüber hinaus der Solddienst zu einer auch quantitativ relevanten Beschäftigungsmöglichkeit für junge Männer und zu einer zunehmend wichtigen Einkommensquelle für städtische Honoratioren und Finanzhaushalte.

## DIE VERFESTIGUNG DES EIDGENÖSSISCHEN BÜNDNISSYSTEMS (1415–1450)

Seit dem 13. Jahrhundert war es einzelnen Städten und Talgemeinden gelungen, sich mit Hilfe von Reichsprivilegien direkt dem König zu unterstellen und so, wie zuvor schon verschiedene Klöster, reichsunmittelbar zu werden. Von entsprechender Bedeutung war daher die Frage, welche Dynastie den deutschen König stellte und welche Interessen der jeweilige König mit der geographisch zentralen, aber im Reich peripher gelegenen Region verband. Am Ende des 14. Jahrhunderts war die Präsenz des deutschen Königs im eidgenössischen Raum nach wie vor gering. Da nach der Schlacht von Sempach auch Habsburg als landesherrliche Ordnungsmacht zunehmend ausfiel, war das Potential an anomischer Gewalt im Gebiet der heutigen Schweiz gross; die zentrifugalen Kräfte waren stark und die Eidgenossenschaft königsfern.

### Die Eroberung des Aargaus und die Entstehung der Gemeinen Herrschaften

Dies änderte sich 1415 unter König Sigismund zumindest vorübergehend. Mit dem Konzil von Konstanz eskalierten die latenten Spannungen zwischen dem deutschen König und Friedrich IV. von Habsburg. Sigismund verhängte die Acht über den Habsburger, nachdem dieser dem Gegenpapst Johannes XXIII. zur Flucht verholfen hatte. Nun konnten die Eidgenossen der königlichen Aufforderung nachkommen, die habsburgischen Besitzungen im Namen des Reichs zu besetzen, und unter Führung von Bern den Aargau erobern. Im Frühjahr 1415 gelang Bern die rasche Eroberung der Städte Aarburg, Aarau, Zofingen, Lenzburg, Brugg und zahlreicher Burgen. Luzern eroberte Sursee und die Ämter Meienberg und Richensee. Durch einen Waffenstillstandsvertrag gingen auch Bremgarten und der Rest des Freiamts an die Eidgenossen. Nach heftigem Widerstand ergab sich schliesslich Baden, das auch Sitz des habsburgischen Landvogtes war, dem gemeinsamen eidgenössischen Angriff. Damit ging die Vogtei Baden ebenfalls an die Eidgenossen über, das habsburgische Archiv wurde mitsamt dem habsburgischen ↑Urbar nach Luzern gebracht und dort unter den Eidgenossen verteilt, so dass vermutlich einige, vor allem Innerschweizer Gebiete betreffende Teile dieses besonders frühen landesherrlichen Herrschaftsinstrumentes verloren gegangen sind. Mit dem Kauf der Pfandschaft über die Vogtei Baden und die Städte Baden, Mellingen, Bremgarten und Sursee durch Zürich wurde formal der Reichsanspruch gewahrt. Mit der Errichtung einer Gemeinen Herrschaft über die Grafschaft Baden und die Freien Ämter entstanden erstmals in der Eidgenossenschaft gemeinschaftlich regierte Untertanengebiete, deren Besitz für die Ausbildung eines gesamteidgenössischen Verwaltungshandelns auf den sogenannten ↑Tagsatzungen von Bedeutung war und das Substrat für eine gemeinsame eidgenössische Herrschaft bildete.

### Der Alte Zürichkrieg: Die Wende vom Bündnisgeflecht zum Bundessystem

Mit der Eroberung des Aargaus hatte sich die machtpolitische Positionierung von Zürich deutlich verschoben; die Expansion nach Westen war abgeschlossen, und im Osten begann sich ein Interessenkonflikt mit Schwyz abzuzeichnen. Mittelfristig führte dies zwischen 1439 und 1450 zu bewaffneten Auseinandersetzungen zwischen Zürich und Schwyz um ihre Einflusssphären in der Ostschweiz.

Lange wurde der sogenannte Alte Zürichkrieg als Bürgerkrieg oder «Bruderkrieg» im Rahmen einer prinzipiell konsolidierten Eidgenossenschaft interpretiert, die damals auseinanderzubrechen drohte. Die neueste Forschung erkennt dagegen in diesem Konflikt eine weitere Etappe in der Rivalität zwischen Zürich und Schwyz um die Vorherrschaft in der Ostschweiz, den Versuch Österreichs, seine 1415 verlorene Vorherrschaft in den «Vordern Landen» wiederherzustellen, Parallelen zu den Auseinandersetzungen zwischen den Städten und

## Der Gotthardpass

Obwohl der Gotthard weder im Mittelalter noch in der Frühen Neuzeit den Handel zwischen Italien und Nordeuropa dominierte, war er doch ein wichtiger Verbindungsraum zwischen der Innerschweiz und den lombardischen Märkten. Seit dem 13. Jahrhundert waren Saumgenossenschaften für den Unterhalt der Wege und den Transport zuständig. Mit der Einrichtung der Urner Herrschaft beidseits des Gotthards ab 1439 wurde deren Monopol allmählich aufgehoben und der schnellere «Strackverkehr» durch auswärtige Säumer ohne Umladen eingeführt. Bis 1798 kontrollierte Uri vom Vierwaldstättersee bis vor die Tore Bellinzonas die gesamte Passstrecke. Der Pass war das ganze Jahr über offen, denn die Säumer waren zugleich auch Bauern und mussten den Sommer abgesehen vom Saumverkehr auch für die Landwirtschaft nutzen. Im Winter erleichterte zudem der Einsatz von Schlitten den Warentransport. Verschiedene Reisende berichteten über die Schrecken und Strapazen der Passüberquerung und schilderten spezielle Techniken, etwa das Auslösen künstlicher Lawinen, mit denen die Säumer die Strecke sicherten, oder den Einsatz von Rindern, die mit ihrem Körpergewicht einen Pfad in die Schneedecke brachen und so den Pass im Winter begehbar machten.

der sich konsolidierenden Macht der Landesfürsten in Süddeutschland und schliesslich den von Schwyz erzwungenen Wechsel von einem auf Adhoc-Bündnissen basierenden System zu einer auf Dauer angelegten Bundesgenossenschaft. Mit dem Alten Zürichkrieg erreichte die Eidgenossenschaft einen Konsolidierungsgrad, der künftige Konflikte zwischen den Bundesgenossen zu internen Konflikten werden liess.[47]

Nach dem Tod König Sigismunds, unter dem die eidgenössischen Orte ihre Reichsunmittelbarkeit beträchtlich hatten ausbauen können, kam mit Albrecht II. im Jahr 1438 erstmals nach 130 Jahren wieder ein Habsburger auf den Königsthron. Damit ging auch für die Eidgenossen eine Epoche zu Ende, die sich durch eine bemerkenswert städtefreundliche Reichspolitik ausgezeichnet hatte. Reichsstädtische Selbständigkeit stand nunmehr vor allem in Süddeutschland gegen landesfürstliche Macht; dies sollte sich auch auf die Machtkonstellationen in der Ostschweiz, konkret auf das Verhältnis zwischen Schwyz, Zürich und Habsburg, auswirken. Als nur zwei Jahre später der habsburgische Herzog als Friedrich III. zum deutschen König gewählt wurde, begann für die Eidgenossen eine Zeit der Ungewissheiten vor allem hinsichtlich der Bestätigung ihrer Reichsprivilegien. Nicht zuletzt aufgrund seiner enorm langen Regierungszeit von 53 Jahren und seinen administrativen Fähigkeiten gelang es Friedrich III., eine rigorose Restitutionspolitik durchzusetzen und den Besitz des Hauses Habsburg weitgehend in einer Hand zu vereinen.

Ein wesentliches Moment, das zu einer weiteren Komplizierung der Situation beitrug, war der Streit um das Erbe des 1436 verstorbenen Grafen von Toggenburg, Friedrich VII., mit dem Zürich bereits im Jahr 1400 qua Burgrecht in ein besonderes rechtliches Verhältnis eingetreten war. In den folgenden Jahren hatten die Zürcher mit dem systematischen Aufbau ihres Territoriums begonnen und waren dabei immer deutlicher in Konkurrenz zu den Schwyzer Interessen geraten, die ihrerseits mit dem Toggenburg und mit Glarus landrechtliche Verbindungen (↑Landrecht) eingegangen waren. Die Situation spitzte sich zu, als Schwyz mit finanzieller Unterstützung durch Bern 1437 die Grafschaft Uznach und im folgenden Jahr das Gaster als Pfandschaften erwerben konnte und Zürich im Hungerjahr 1438 mit einer Kornsperre auf diese Entwicklung reagierte. Im Mai 1439 ging Schwyz militärisch gegen Zürich vor, das in einem Gefecht am Etzel eine Niederlage hinnehmen musste. Nach einer weiteren Niederlage im darauffolgenden Jahr musste Zürich Pfäffikon und Wollerau an Schwyz abtreten.

In dieser schwierigen Situation nahm die Stadt Verhandlungen mit Friedrich III. auf, mit dem sie sich im Kriegszustand befand. Dank der Abtretung der Herrschaft Kyburg gelang es Zürich, ein Bündnis mit der Herrschaft Österreich zu schliessen, in dem der König der Stadt Unterstützung beim Erwerb des Toggenburgs zusicherte. Auf seiner Krönungsreise auch durch eidgenössisches Gebiet erneuerte Friedrich die Reichsprivilegierung nur für Zürich, Solothurn, Uri und Bern, während Schwyz, Unterwalden, Luzern, Zug und Glarus ausgeschlossen blieben. Das führte zu wesentlichen Umgruppierungen in den bisherigen Parteiungen, und der Konflikt nahm ganz neue Dimensionen an. Zürich geriet nun klar unter den Einfluss der Herrschaft Österreich, die von schwäbischen Kriegsunternehmern, dem südwestdeutschen Adel und den Städten Rapperswil, Winterthur, Frauenfeld und Diessenhofen unterstützt wurde. Schwyz und Glarus dagegen erhielten Beistand von Bern und den Toggenburger Erben. König Friedrich ging es um eine klarere Restitutionspolitik im Aargau, die die Gemeinen Herrschaften als wesentlichen Bestandteil der Eidgenossenschaft in Frage stellte, aber auch um eine Verschärfung der ideologischen Auseinandersetzung. Nun wurden eidgenössische Vorstösse als Angriffe auf das Reich interpretiert und schliesslich zu einem Kampf zwischen Adel und Stadt- und Landkommunen stilisiert.

Im Frühsommer 1443 führten weitere kriegerische Auseinandersetzungen zwischen den Eidgenossen und Zürich zur Niederlage der Stadt unter Führung von Bürgermeister Rudolf Stüssi bei St. Jakob an der Sihl. Die Überlegenheit der Eidgenossen auf offenem Feld liess einen endgültigen Sieg für den König allein mit Hilfe des süddeutschen Adels als aussichtslos erscheinen. Daraufhin begannen Unterhandlungen mit Burgund und Frankreich, die schliesslich im folgenden Sommer zum Einsatz der ↑Armagnaken und damit zur Europäisierung des Zürichkriegs führten. Am 26. August 1444 kam es zur äusserst verlustreichen Schlacht bei St. Jakob an der Birs. Trotz der Niederlage konnten die Eidgenossen den französischen Vormarsch stoppen.

In der Folge wurden immer wieder Plünderungs- und Zerstörungszüge in die Landschaft unternommen. Nachdem der König den Reichskrieg gegen die Eidgenossen ausgerufen hatte, konnte schliesslich 1446 auf Vermittlung der Kurfürsten ein vorläufiger Frieden zwischen Zürich und den Eidgenossen einerseits, Österreich und den Eidgenossen andererseits geschlossen werden. Immer deutlicher waren die negativen Folgen der andauernden Kriegshandlungen für die Landbevölkerung, aber auch für die Städte spürbar gewor-

**Werner Schodoler, Schlacht bei St. Jakob an der Sihl vor den Toren von Zürich am 22. Juli 1443, Eidgenössische Chronik, 1510–1535, Bd. II, fol. 72v** (*Stadtarchiv Bremgarten*). — Der Zürcher Bürgermeister Rudolf Stüssi tritt den siegreichen Eidgenossen bei St. Jakob allein entgegen, um den Rückzug der Zürcher zu decken, und wird dabei getötet.

den: In Zürich ging die Bevölkerung von 5000 auf 4000 Einwohner zurück, im Berner Oberland leisteten die Landleute im sogenannten Bösen Bund gegen die wachsende Belastung durch militärische Dienste Widerstand, und im Zürichbiet mussten die klösterlichen Grundherren das Überleben der Bauern durch den Erlass von Abgaben sichern.

1447 brach ein offener Krieg zwischen Bern und Freiburg aus, der 1448 nicht zuletzt wegen mangelhafter Unterstützung durch Österreich für Freiburg mit einem demütigenden und finanziell desaströsen Frieden endete und dazu führte, dass sich die Stadt 1452 Savoyen unterwarf. Damit war Österreich im Westen endgültig als politischer Faktor ausgeschaltet. Im Norden dagegen gelang es den Habsburgern 1448, Rheinfelden und das Fricktal auf Kosten von Basel und Bern zurückzuerobern. Im Süden versuchten die Urner die Machtvakanz nach dem Tode des letzten Visconti in Mailand zur Durchsetzung ihrer Interessen im Tessin zu nutzen. Im Sommer 1449 eskalierte der Konflikt zwischen Fürsten und Reichsstädten in Süddeutschland. Als Zürcher Söldner in fürstlichen Diensten kämpften, führte dies zu einer wachsenden Entfremdung Zürichs von den Reichsstädten, und gleichzeitig wuchs die Isolation der Stadt gegenüber den Eidgenossen. Veränderungen der Herrschaftsorganisation innerhalb des Hauses Österreich machten schliesslich den Weg zum Friedensschluss zwischen Zürich und den Eidgenossen frei, der im Sommer 1450 zustande kam und festlegte, dass sich künftig auch Zürich in zwischenörtischen Fragen dem eidgenössischen Urteil unterwerfen musste.

Für die Geschichte der Eidgenossenschaft war damit ein wichtiger Schritt getan; aus dem bisher lockeren Bündnisgeflecht wurde ein Bündnisverband, welcher der Eidgenossenschaft weit über eine Landfriedenseinung hinaus Verbindlichkeit verlieh. Noch immer beruhte die Herrschaft in der Eidgenossenschaft auf den Reichsprivilegien der einzelnen Orte. Allerdings wurde die Bindung ans Reich geringer und zunehmend spielten auch die Verflechtungen mit Savoyen, Mailand, Burgund und Frankreich im Rahmen der europäischen Gesamtkonstellation eine Rolle. Für die internen Beziehungen gewann das eidgenössische Schiedsgericht zunehmend an Bedeutung.[48] Im 14. und auch noch im 15. Jahrhundert war die Eidgenossenschaft neben den Städte- und Ritterbünden eines von verschiedenen Bündnissystemen im Südwesten des Reichs. Solche Bündnissysteme hatten zwar eine gewisse Kontinuität, sie transformierten sich aber durch Ein- und Austritte permanent. Seit der Mitte des 15. Jahrhunderts konsolidierten sich

Die Geschichte der Schweiz — *Susanna Burghartz*

> «*Denn auch ich musste als kleiner Junge von vielleicht acht oder neun Jahren weinen, als ich einmal ausserhalb von Zürich in Diessenhofen war und hörte, [...] dass die Zürcher Schweizer genannt wurden.*»\*

Fratris Felicis Fabri Descriptio Sueviae, lat. Original, circa 1488/89, zit. nach: Hermann Escher (Hg.), Quellen zur Schweizer Geschichte, Bd. 6, Basel 1884, S. 201.

die fürstlich-landesherrlichen Territorien auf Kosten derartiger Bündnissysteme immer deutlicher. Nicht zuletzt dank ihres allmählich entstehenden gemeinsamen Selbstverständnisses und eines entsprechenden Minimums an verbindlichem Zusammenhalt konnte sich die Eidgenossenschaft unter diesen für eine solche Formation eigentlich ungünstigen Bedingungen als längerfristig überlebensfähige Bündnisgruppe etablieren. Dass die Bezeichnung als «Schweizer» noch in der Mitte des 15. Jahrhunderts von manchen Zürchern als Schande erlebt wurde, zeigen Äusserungen von Felix Fabri aus den 1480er Jahren.

### TERRITORIALISIERUNG, HERRSCHAFTSINTENSIVIERUNG UND WIDERSTAND

Das Spätmittelalter war durch den Übergang vom personalen zum territorialen Herrschaftsprinzip geprägt. Entsprechende Anstrengungen zur Territorialisierung und Verdichtung von Herrschaft unternahmen im Laufe des 14. und 15. Jahrhunderts ganz unterschiedliche Akteure im Raum der späteren Schweiz:[49] Städte wie Bern, Zürich, Luzern, Freiburg, Basel und Schaffhausen, Bischöfe wie diejenigen von Basel oder Lausanne, der Abt von St. Gallen und schliesslich Fürstenhäuser, insbesondere die Habsburger, aber auch Savoyen. Solche Bemühungen waren im Kontext der spätmittelalterlichen Reichsgeschichte, aber auch mit Blick auf die Entwicklung der norditalienischen Kommunen nicht aussergewöhnlich. Erst längerfristig sollte sich die erfolgreiche Etablierung von grösseren Territorialstaaten unter städtischer Herrschaft, wie sie vor allem mit Bern und Zürich charakteristisch wurden, als eidgenössische Besonderheit erweisen. Denn im übrigen Europa dominierten seit dem Spätmittelalter und in der Frühen Neuzeit neben der Ausbildung zunehmend zentralisierter Monarchien ganz eindeutig die fürstlichen Territorien und mit ihnen der landesherrliche Adel.

#### Fürstliche Territorialisierungspolitik im 14. Jahrhundert: Das Haus Habsburg

Aus dem Raum der späteren Schweiz war an diesem Prozess des Aufstiegs fürstlicher Territorialstaaten insbesondere das Haus Habsburg beteiligt, das seine Macht- und Ressourcenbasis allerdings im Laufe dieses Ausbauprozesses definitiv weiter nach Osten verschob. Dieser Verlagerungsprozess war im 14. und 15. Jahrhundert aber noch keineswegs deutlich erkennbar oder gar abgeschlossen. Vielmehr betrieben die Habsburger im 14. Jahrhundert auch im Westen eine energische, durch informelle Formen der Herrschaftsausübung geprägte Territorialpolitik.[50] Mit Königsfelden als habsburgischer Grablege und Nebenresidenz von Agnes von Ungarn bildeten Brugg und Baden gemeinsam bis in die Mitte des 14. Jahrhunderts ein dynastisches Zentrum der Habsburger.

Spätestens ab 1360 wurde Baden zum Verwaltungssitz der oberen Lande, mit einer in Bezug auf Ordnung und Systematik zumindest für den Raum nördlich der Alpen besonders modernen Archivpolitik. Hier entstand zwischen 1303 und 1307 auch das Habsburger Urbar, dessen Erbeutung den Eidgenossen 1415 so sehr am Herz lag und dessen Rückgabe in den Jahren danach ein permanentes habsburgisches Desiderat werden sollte. Dennoch richteten die Habsburger auch im 14. Jahrhundert keine feste Residenz in der Nordwestschweiz ein. Die wichtigsten Städte der Region – Zürich, Bern, Basel oder Strassburg – blieben für sie unerreichbar. Nach der Ächtung Herzog Friedrichs IV. auf dem Konstanzer Konzil und der folgenden Eroberung des Aargaus ging das höfische Zentrum definitiv verloren; die habsburgische Residenz wurde nach Tirol verlagert.

Aufgrund des fehlenden Hofes entwickelten sich im Westen der habsburgischen Herrschaft die alten Hofämter schon früh zu Landesbeamtungen; ihnen waren alle Landvögte in den einzelnen Landvogteien und deren untergeordnete Vogteien und Ämter unterstellt. Mit einem auf weitgehender Schriftlichkeit beruhenden Instanzenzug von den Pfandherren über die Landvögte und die Oberlandvögte hatten die Habsburger eine aussergewöhnlich moderne Verwaltung etabliert. Der hohe Grad an Verschriftlichung macht es zugleich möglich, eine weitgehende Bilanz der Verpfändungen und Verschuldungen von Einkünften und Herrschaftsrechten im westlichen Herrschaftsgebiet der Habsburger zu erstellen; sie lassen sich als Indiz für eine Kapitalisierung von Herrschaftseinkünften verstehen. Ein erheblicher Teil des so in der ersten Hälfte des 14. Jahrhunderts erlösten Kapitals wurde von den Habsburgern zur Finanzierung von Kriegsunternehmungen, zur Bewahrung der deutschen Reichskrone und zum Kampf gegen die Eidgenossen eingesetzt, ein anderer Teil in eine expansive Territorialpolitik im deutschen Südwes-

---

\* «*Nam et ego, puerulus forte octo vel novem exsistens annorum, flevi, cum tamen extra Turegum essem in Diessenhofen, audiens Turicenses Sviceros fore factos, quia omnibus stupor fuit tam subita mutatio de extremo in extremum, ut Turicenses dicerentur Sviceri.*»

ten investiert. Verpfändungen waren also eine interessante Finanzierungsmöglichkeit der spätmittelalterlichen Territorialisierungspolitik und zugleich ein Moment der Herrschaftsintensivierung, denn Pfandnehmer setzten vor Ort im Allgemeinen die habsburgischen Rechte schärfer durch als traditionelle Lehnsträger. Erst im 15. Jahrhundert führten Verpfändungen häufiger auch zu Entfremdung und Verlust des verpfändeten Gutes oder Rechtes, vor allem bei Zweit- oder Drittverpfändungen an potente Territorialherren.

Im Habsburger Urbar manifestierte sich nicht nur die stringente Erfassung eines Herrschaftsgebietes, sondern auch die Tatsache, dass sich die Habsburger damit in den Besitz der Rechtstitel brachten, die ihnen eine rechtliche Durchdringung weit über den Rahmen der Grundherrschaft erlaubt hätten. Erst mit der Ächtung Herzog Friedrichs auf dem Konstanzer Konzil 1415 gingen schliesslich die Bindungen des sich der Eidgenossenschaft zuwendenden regionalen Adels an Österreich verloren. So wurde zugleich auch ein früher Ansatz zur Ständebildung mit Schwerpunkt in der Nordwestschweiz beendet.

### Territorialisierung durch Stadtbürger: Zürich

Im ostschweizerischen Einflussbereich und damit im unmittelbaren Kontakt und in direkter Auseinandersetzung mit Habsburg vollzog sich der Aufbau des zürcherischen Territorialstaates.[51] Die Stadt hatte sich nach dem Aussterben der Zähringer schon im 13. Jahrhundert die Reichsunmittelbarkeit und zu Beginn des 14. Jahrhunderts die faktische Kontrolle über das Amt des Reichsvogtes sichern können. 1353 erhielt Zürich das kaiserliche Privileg, Vorladungen vor auswärtige Gerichte nicht mehr nachkommen zu müssen; ab 1362 übernahm die Stadt sukzessive selbst die Reichsrechte und erhielt schliesslich 1433 durch Kaiser Sigismund die Garantie, dass sämtliche künftig von der Stadt erlassenen Verordnungen Gültigkeit besitzen würden. Damit erlangte die Stadt die Landeshoheit und wurde in Rechts- und Verfassungsfragen zur letztinstanzlichen Macht.

Erwerb und Bestätigung kaiserlicher Privilegien waren ein zentrales Mittel für den Aufbau des zürcherischen Territorialstaates. Die Konkretisierung der Herrschaftsansprüche, die auf diese Weise legitimiert erschienen, fand nach 1350 vor allem durch den Erwerb von Gerichtsrechten statt. Um 1300 gelang es einer kleinen Gruppe des Stadtzürcher Adels aus dem Rittertum und der bürgerlichen städtischen Nobilität, zusätzlich zu ihrer führenden Stellung in der Stadt auch auf dem Land Herrschaftsrechte aufzubauen, sich damit Karrierechancen in österreichischen Diensten zu eröffnen und zugleich ihre Position gegenüber Wechselfällen der städtischen Politik abzusichern. In Zeiten einer österreichfeindlichen Stadtpolitik, die immer wieder vorkamen, konnte das Ausweichen des Stadtadels aufs Land zu einer eigentlichen Abwanderung führen. Ab etwa 1360 wurde es jedoch zunehmend schwieriger, sich ausserhalb der Stadt einer nichtzürcherischen Oberhoheit zu unterstellen und zugleich die Politik der Stadt mitzubestimmen; die Entscheidung für eine Karriere im adlig-österreichischen oder aber städtisch-zürcherischen Umfeld wurde für die entsprechenden Familien unausweichlich. Dies führte seit der zweiten Hälfte des 14. Jahrhunderts zu einem raschen Wandel der städtischen Elite, die zunehmend österreichische Pfänder als reines Geldgeschäft ohne politische Konsequenzen betrachtete und damit den alten Typus der konventionellen Adelslehen ablöste. Diese neuen bürgerlichen Gerichtsherren ohne besonderen österreichischen Rückhalt förderten eine aktive Territorialpolitik der Stadt. Unter diesen Bedingungen baute Zürich zwischen der

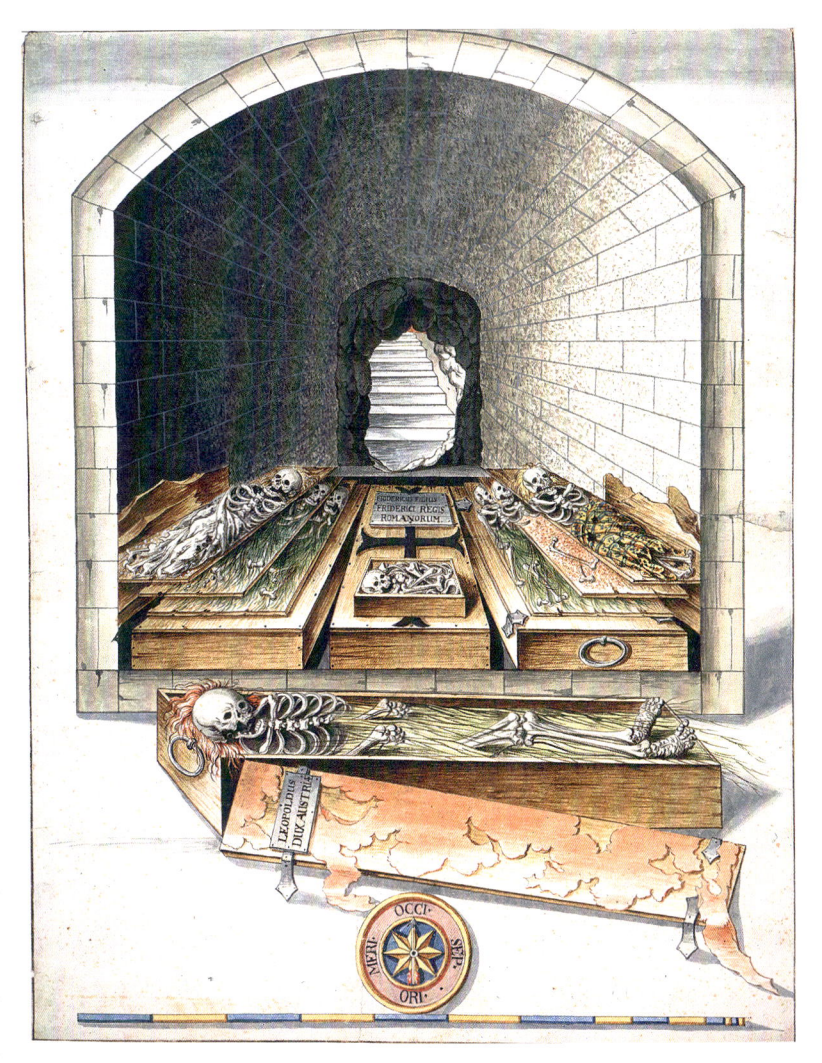

**Blick in die geöffnete Habsburgergruft in der Klosterkirche Königsfelden, Zeichnung von Meinrad Keller, 1739** *(Staatsarchiv Aargau, Sign. CH-000051-7 AA/0458a).*

Mitte des 14. und der Mitte des 15. Jahrhunderts ein Territorium auf, das im Wesentlichen bereits das Gebiet des heutigen Kantons umfasste.

Noch 1350 verfügte die Stadt über kein Herrschaftsgebiet ausserhalb der Stadtmauern. Bis 1393 wuchs das beherrschte Gebiet auf das Vierzigfache, um sich bis zum Beginn des Alten Zürichkriegs 1439 nochmals zu verzwanzigfachen. Zürich erwarb dieses Gebiet nicht in erster Linie mit kriegerischen Aktionen, sondern vielmehr durch eine Erwerbspolitik, die sich von Gelegenheitskäufen gegen Ende des 14. Jahrhunderts zu einer systematischen Expansionspolitik gewandelt hatte. Ausschlaggebend für diesen Politikwechsel waren der Wunsch der Stadtzürcher Nobilität, durch den Erwerb von Herrschaften auf dem Land ein standesgemässes Leben führen zu können, das Interesse der Zünfte und Kaufleute, über Stützpunkte zur Friedenssicherung entlang der Fernhandelsrouten (Bündner Pässe) zu verfügen, und die Attraktivität von Burgrecht und Ausburgerstatus für Landadlige, Landklöster, oberbäuerliche Schichten und gelegentlich auch Landstädte, die es der Stadt erlaubten, ihren Einfluss auszudehnen.

Vor allem Letzteres führte um 1400 zu einer aktiven zürcherischen Territorialpolitik: Als die Herrschaft Österreich nach Sempach und Näfels während des auf zwanzig Jahre verlängerten Friedens von 1394 ihre eigenen territorialpolitischen Aktivitäten aus der Ostschweiz hinaus nach Osten verschob, wuchs das Interesse der Herrschaften in diesem Gebiet, nicht nur gegen die aufrührerischen Appenzeller, sondern auch gegen aufständische Untertanen die Stadt als neue Schutzgewalt zu gewinnen. Durch Pfandkauf erwarb Zürich ab 1400 Hottingen, Fluntern, Ober- und Unterstrass, Wiedikon, Erlenbach und Männedorf, aber auch die Vogtei Greifensee, Maschwanden-Eschenbach-Horgen, Grüningen und Regensberg/Bülach. 1415 folgte die militärische Eroberung des Frei- und des Kellerramtes. 1424 schliesslich konnte Zürich mit Unterstützung König Sigismunds gegen den Willen der österreichischen Pfandträger als wichtigste territoriale Erweiterung die Ämter Kyburg und Winterthur, Embrach und Kloten als Reichspfand übernehmen. Damit erreichte die Stadt bis auf die Zugewinne im Osten die Grenzen ihrer Expansionsmöglichkeiten, nicht zuletzt weil auch ihre finanziellen Ressourcen erschöpft waren. Eine letzte Lücke im Innern konnte 1467 mit dem Kauf der Stadt Winterthur geschlossen werden.

Auf die Gebietserwerbungen folgte die Intensivierung von Herrschaft im Innern: So erhöhte Zürich seine Forderungen gegenüber den Untertanen

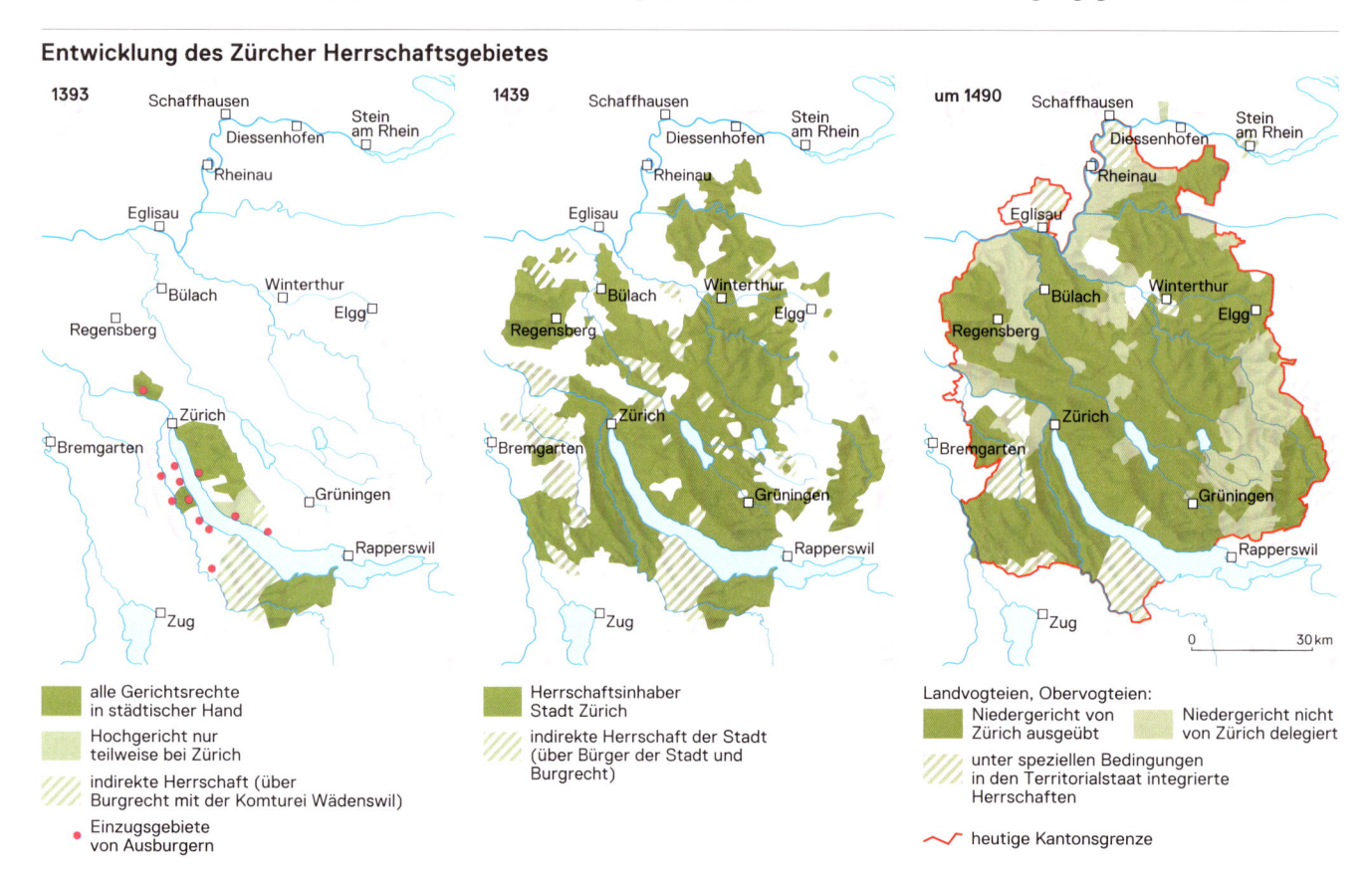

### Entwicklung des Zürcher Herrschaftsgebietes

**1393**
- alle Gerichtsrechte in städtischer Hand
- Hochgericht nur teilweise bei Zürich
- indirekte Herrschaft (über Burgrecht mit der Komturei Wädenswil)
- Einzugsgebiete von Ausburgern

**1439**
- Herrschaftsinhaber Stadt Zürich
- indirekte Herrschaft der Stadt (über Bürger der Stadt und Burgrecht)

**um 1490**
Landvogteien, Obervogteien:
- Niedergericht von Zürich ausgeübt
- Niedergericht nicht von Zürich delegiert
- unter speziellen Bedingungen in den Territorialstaat integrierte Herrschaften
- heutige Kantonsgrenze

Quelle: HLS, Bd.13, «Zürich (Kanton)» (in Vorbereitung), © 2013 Historisches Lexikon der Schweiz, Bern, und Kohli Kartografie, Kiesen.

im Laufe des 15. Jahrhunderts massiv und erhob zusätzliche Abgaben, Kriegssteuern und ausserordentliche Landessteuern, die etwa 1468 im Wädenswiler Handel heftig kritisiert wurden. «Steuer und Reis», Zahlungen und Militärdienstpflicht, von den Landleuten zu verlangen passte ins überregionale Muster territorialer Vereinheitlichung im Spätmittelalter. Nach 1439 entwickelte die zürcherische Territorialpolitik jedoch spezifische Züge: Zunehmend waren nicht mehr handelspolitische und wirtschaftliche Interessen für diese Politik ausschlaggebend, sondern vielmehr die Durchsetzung und Intensivierung der direkten Beherrschung der Landgebiete selbst. Mit der sinkenden Bedeutung des Fernhandels im 15. Jahrhundert wurde insbesondere nach dem Alten Zürichkrieg eine durch Grund- und Herrschaftsbesitz gestützte Karriere zum neuen Ideal der städtischen Elite. Eine deutliche Tendenz zur Verbeamtung und staatlichen Durchdringung der Herrschaften liess ein neues Verwaltungspatriziat entstehen, das sich durch Ritterschlag, kaiserlichen Wappenbrief und die Nachahmung adliger Lebensweise von den anderen Bürgern abzuheben versuchte und gleichzeitig ein genuines Interesse an einer wirtschaftlichen Kontrolle der Landschaft ausbildete. Bussen wurden rigoros eingezogen, Vogt- und Frondienste ausgedehnt, die «Telle» als unregelmässig erhobene Steuer immer häufiger eingezogen und schliesslich 1467 durch eine jährliche Kopfsteuer abgelöst; der habsburgische «Rechtspflegestaat» wurde auf diese Weise durch eine fiskalische Staatlichkeit zürcherischer Prägung ersetzt.

Unmittelbar mit dieser Entwicklung verbunden war der Auf- und Ausbau der Verwaltung und ihrer Schriftlichkeit.[52] Intensivierung wurde immer mehr auch mit Zentralisierung vor allem im Gerichtswesen verbunden, ein Bereich, in dem Zürich systematisch Rechte an sich zog und seine Monopolstellung als letzte Instanz ausbaute. Deutlich versuchte die Stadt auch die politische Autonomie der ländlichen Gemeinden zurückzubinden und in die Organisation der ländlichen Wirtschaft einzugreifen. So entstand strukturell ein Spannungsverhältnis zwischen der herrschaftlichen Verdichtung auf der einen Seite und der Kommunalisierung der Landgemeinden auf der anderen Seite, das im 15. Jahrhundert zu mehr oder weniger dramatischen Formen bäuerlichen Widerstands führte.

**Savoyen: Ein feudaler Beamtenstaat**
Im Südwesten und Süden der heutigen Schweiz entwickelte sich mit der Grafschaft beziehungsweise dem Herzogtum Savoyen ein für spätmittelalterliche Verhältnisse moderner, starker Alpenstaat, der zu einem wichtigen Faktor für die Machtkonstellation in diesem Raum, den Territorialisierungsprozess insbesondere von Bern und die eidgenössische Bündnisentwicklung wurde. Im Reichskontext geriet mit der Wahl Rudolf von Habsburgs zum deutschen König Ende des 13. Jahrhunderts die aufstrebende savoyische Grafenherrschaft mit ihren Machtansprüchen im Waadtland in die Defensive und musste 1282/83 auf Murten und Payerne verzichten. Erst mit der Ermordung Albrechts und der Wahl des Luxemburgers Heinrich VII. zum deutschen König öffneten sich neue Perspektiven für das Haus Savoyen, und es gelang ihm, den Grafen von Genf und den Bischöfen von Genf, Lausanne und Sitten Schirmherrschaften aufzuzwingen.

Als langfristig wirksam erwies sich die schon im 13. Jahrhundert einsetzende Stärkung der Verwaltungs-, Finanz- und Gerichtsorganisation, die, zuerst in den Gebieten nördlich des Genfersees ausgebildet, wesentlich auf Kastellaneien (↑Kastellan) und Vogteien beruhte und mit einer Intensivierung der Schriftlichkeit und einer ausgedehnten Archivierungspraxis verbunden war.[53] Bei der Entstehung einer mobilen «Beamtenschaft» und der zunehmenden Zentralisierung von Rechtsetzung und Rechtsprechung mit Hilfe des ↑*ius commune* für die Transformation von Praktiken des herrschaftlichen Zugriffs auf die lokalen Herrschaftsstrukturen wurde schon früh auf die Schrift zurückgegriffen.

Die Entwicklung der Territorialherrschaft machte weitere Fortschritte, als Savoyen 1356 das ↑Reichsvikariat erlangte. Etwa zur gleichen Zeit konnte das Verhältnis zur Dauphiné und damit zum französischen König stabilisiert werden, als Savoyen zu Beginn des Hundertjährigen Krieges sein Bündnis mit England aufgab und mit mehreren Kontingenten auf der Seite Frankreichs an Feldzügen und Schlachten teilnahm.[54] Im Laufe des 14. Jahrhunderts verlor das Wallis als Transitland für Savoyen mehr und mehr an Interesse; die Bedeutung der Champagner Messen sank, so dass der Verkehr am Grossen St. Bernhard und am Simplon spürbar zurückging; wie bereits erwähnt wurden infolgedessen der Gotthard und der Mont Cenis wichtiger. Der savoyische Staat orientierte sich für seine weitere Entwicklung stärker nach Süden, vor allem nach Piemont. Entsprechend gewannen seit der Mitte des 14. Jahrhunderts das Sittener Bistum und die ↑Zehnden an Eigenständigkeit, es entstand parallel ein eigener Landrat und der Zugriff der savoyischen Verwaltung auf das westliche Wallis lockerte sich seit Anfang des 15. Jahrhunderts.[55] Etwa zur gleichen Zeit, im Jahr 1416, erhielt Amadeus VIII.

vom deutschen Kaiser die Herzogswürde. Angeblich liess er zu diesem Anlass auf einem fürstlichen Bankett als Nachtisch eine riesige Patisserie servieren, die eine Reliefkarte des Herzogtums von Savoyen darstellte und auf diese Weise die Konzeptualisierung seines Herrschaftsgebietes als Territorium zum Ausdruck brachte.

### Der Aufbau des grössten Stadtstaates nördlich der Alpen: Bern

Folgt man dem von der Berner Chronistik schon im 15. Jahrhundert gezeichneten Bild, das die schweizerische Historiographie auch im 19. und 20. Jahrhundert noch massgeblich beeinflussen sollte, so gelang es Bern vor allem dank seines militärischen Potentials, vom 14. bis zum 16. Jahrhundert, den grössten Stadtstaat nördlich der Alpen zu errichten. Entsprechend präsent sind Kriegsschilderungen und Schlachtenbilder in den bekannten Berner Darstellungen etwa von Konrad Justinger, Benedikt Tschachtlan oder Diebold Schilling. Die neuere Forschung ist sich dagegen einig, dass auch in Bern der Territorialisierungsprozess vor allem durch den geschickten Einsatz politischer, rechtlicher und wirtschaftlicher Instrumente vorangetrieben wurde.[56]

Um seine Position zwischen den verschiedenen konkurrierenden dynastischen Ansprüchen von Savoyen, Habsburg und Kyburg zu festigen, hatte Bern bereits im 13. Jahrhundert versucht, sich durch Bündnisse, Burgrechte und Schirmverträge mit seinen direkten Nachbarn Handlungsspielräume zu verschaffen. Nach ihrem Sieg bei Oberwangen gegen eine Koalition von Freiburg und grossen Teilen des burgundischen Adels konnte die Stadt um 1300 mit den Kirchspielen Vechigen, Stettlen, Bolligen und Muri erstmals eigene Herrschaften erwerben. Zu diesem Zeitpunkt war Habsburg zur stärksten Macht im nördlichen Alpenvorraum und zum wichtigsten Nachbarn von Bern geworden. Dies führte dazu, dass zu Beginn des 14. Jahrhunderts vor allem das Oberland mit den Besitzungen des Klosters Interlaken und der Herren von Weissenburg, die Saane- und Senseregion mit Laupen und Gümmenen und die Herrschaften des Hauses Kyburg mit Thun und Burgdorf zu Konfliktzonen zwischen den beiden Protagonisten wurden.

Gegen die wachsende Präsenz der Habsburger setzte Bern im Laufe des 14. Jahrhunderts auf Bündnisse im burgundischen Raum. Neben dieser «Burgundischen Eidgenossenschaft» trugen vor allem Ausburgeraufnahmen und wirtschaftliche Abhängigkeiten zur Stärkung der Berner Machtposition und zur Durchlöcherung der bisherigen Herrschaftsverbände bei. Sie liessen Bern zur wichtigsten regionalen Macht im Aareraum werden. Mit dem unerwarteten Sieg im Laupenkrieg von 1339 gegen eine übermächtige Koalition, an der unter anderem die Grafen von Savoyen, Neuenburg, Nidau und Kyburg, Vertreter des kleineren burgundischen Adels, die Bischöfe von Lausanne und Basel und die Stadt Freiburg beteiligt waren, trat Bern in eine neue Phase seiner Territorialpolitik ein, in der es der Stadt gelang, die wichtigsten Gegner durch Bündnisse mit den Antagonisten Österreich und Freiburg einerseits, Savoyen und den Waldstätten andererseits zu neutralisieren und in ihrem Einfluss zurückzudrängen. Während das Bündnis mit Savoyen für die Stadt unproblematisch war, weil sich das Grafenhaus anderen Räumen für seine Herrschaftsausdehnung zugewandt hatte, bestand zu Österreich eine klare Konkurrenz. Nicht zuletzt mit Hilfe der «Burgundischen Eidgenossenschaft» und dank der Möglichkeiten, wirtschaftliche und persönliche Abhängigkeiten des kleinen Adels für die Stadt gezielt auszunutzen, war Bern in dieser Konkurrenz langfristig erfolgreich.

Als Bern 1353 mit den Waldstätten einen unbefristeten Bündnisvertrag schloss, gelang es der Stadt, das Ausgreifen von Obwalden ins Oberland zu unterbinden, ihre eigene Expansionspolitik vor allem mit Blick auf das Kloster Interlaken zu sichern und ihre Stellung in den kommenden Auseinandersetzungen um mehr Einfluss im Aareraum zu stärken. Bern vollzog mit dem Bündnis von 1353 keinen klaren Politikwechsel, sondern lavierte vielmehr auch in den folgenden Jahren mit grossem Erfolg zwischen Savoyen, Österreich und den Waldstätten und brachte so seine eigenen territorialen Interessen voran.

Ende des 14. und zu Beginn des 15. Jahrhunderts konnte die Stadt Bern im Burgdorferkrieg, der 1384 zur Entmachtung der Grafen von Kyburg und zum Erwerb der kyburgischen Zentren Burgdorf und Thun führte, erfolgreich sowohl militärische wie finanzielle Mittel nutzen. Dies gelang ihr auch im Umfeld des Sempacherkrieges, als sie nach Kriegszügen ins Oberland 1386, ins Seeland 1388 und in den Aargau 1389 im anschliessenden Frieden von 1389 unter anderem das Obersimmental, Unterseen, Oberhofen, Nidau, Ligerz, Twann und Büren erhielt, und erneut 1415 bei der Eroberung des Aargaus. Damals kam Bern der Aufforderung König Sigismunds und des Konstanzer Konzils nach, besetzte in einem gegen Herzog Friedrich IV. von Habsburg-Österreich gerichteten Feldzug den grössten Teil des Aargaus und errichtete Vogteien. Damit war die erste Phase im Aufbau des Berner Territoriums im Wesentlichen abgeschlossen. Die endgültige Arrondierung erfolgte schliesslich im 16. Jahrhundert, mit der Eroberung der Waadt im

Jahr 1536 und dem Erwerb der Landschaft Saanen im Jahr 1555.

In der zweiten Hälfte des 15. und in der ersten Hälfte des 16. Jahrhunderts war die Stadt bestrebt, die direkte Herrschaft über die ihr nur mittelbar unterstellten Herrschaftsgebiete zu erlangen. Als Mittel dienten die Homogenisierung der rechtlichen Situation durch die Übertragung der städtischen Gerichtsbarkeit auf die Landschaft sowie die Beseitigung der verschiedenen regionalen Sonderrechte einerseits und die Intensivierung der Abgabenpflicht durch die Ausdehnung der städtischen Steuer- und Kriegsdienstpflicht auf alle Einwohner andererseits. Im Laufe des 15. und beginnenden 16. Jahrhunderts setzte die Aarestadt allmählich die Aufhebung der Sonderrechte von adligen und geistlichen Herren, die Schaffung einer frühmodernen Verwaltungsstruktur und die Einführung des Schriftlichkeitsprinzips durch.

In diesen Kontext gehört auch die Auseinandersetzung des städtischen Rates mit den ↑Twingherren zwischen 1469 und 1471. Mit dem Loskauf von Eigenleuten durch Bern wurden zunehmend mehr Einwohner der Berner Landschaft zu städtischen Untertanen. Während es im 14. Jahrhundert mit Freiburg und Solothurn immer wieder zu Konflikten wegen der Aufnahme von Ausburgern ins städtische Bürgerrecht gekommen war, regelte die Stadt nun die Ausburgerfrage vertraglich, weil sie jetzt daran interessiert war, die Grenzen gegenüber anderen Herrschaften klarer zu ziehen. Zum Aufbau einer funktionierenden Verwaltung gehörte die Einrichtung von Landvogteien und Ämtern anstelle der alten Gerichtsbezirke und der Ausbau von Verwaltungssitzen wie etwa der Schlösser von Burgdorf und Thun. Auf der Landschaft waren Vögte, Schultheissen und ↑Tschachtlane mit ihren militärisch-polizeilichen, gerichtlichen und fiskalischen Funktionen die Schlüsselstellen im Kontakt zwischen dem städtischen Rat und den Landleuten.

Neuere Forschungen interessieren sich nun auch für die Perspektive von «unten» und die «Justiznutzung» durch die Untertanen. Am Beispiel von Thun etwa wird sichtbar, wie intensiv die Bewohner der Landschaft den städtischen Rat mit der Lösung von alltäglichen Konflikten wie Grenzstreitigkeiten, Mitgiftverhandlungen oder Ehe- und Nachbarschaftskonflikten befassten. Dabei zeigt sich zugleich, wie präsent die städtische Herrschaft vor Ort durch ihre intensive schriftliche Kommunikation bereits war.[57] Diese Form von Präsenz führte zusammen mit der Politik der Stadt, die wichtigsten Ämter durch Stadtbürger zu besetzen, in Bern wie übrigens auch in Zürich dazu, dass Verwaltungsstrukturen entstanden, die im Unterschied zu den fürstlichen Territorien etwa nördlich des Rheins auf institutionalisierte Vertretungen der Ehrbarkeit ihrer Landstädte verzichteten. Typisch für Bern wurden die Ämterbefragungen, mit denen die Kommunikation von Stadt und Land institutionalisiert und zugleich entpersonalisiert wurde. So entwickelte sich Bern nicht nur zum grössten Stadtstaat nördlich der Alpen, sondern es entstand dort auch eine vergleichsweise zentralistische Verwaltung, die durch das Fehlen institutionalisierter Vertretungsformen der ↑Landstände in einem eigenen Landtag charakterisiert war.

### Das Pfandschaftswesen – ein Modernisierungsphänomen

Seit dem 12. Jahrhundert wurde das Pfandschaftswesen im Zuge der wachsenden Geldwirtschaft und der einsetzenden Territorialisierungsprozesse allmählich zu einer wichtigen Form der Herrschaftsausübung. Alle möglichen Arten von Herrschafts- und Nutzungsrechten des Königs oder eines Territorialherren, einschliesslich Diensten und später auch Ämtern, konnten in einem rechtlich-formalen Akt verpfändet werden. Solche Pfandschaften dienten nicht der Absicherung einer vorgängigen Sach-, Dienst- oder Geldforderung, sondern schufen ein eigenständiges Rechtsverhältnis zwischen den beteiligten Parteien. Im 14. Jahrhundert erreichte das Pfandschaftswesen seinen Höhepunkt und diente vor allem dazu, eindeutige Herrschaftsbeziehungen im Rahmen des Territorialisierungsprozesses herzustellen, während parallel zu dieser Entwicklung die politische Funktion des Lehnswesens abnahm. Verpfändungen waren zeitlich nicht befristet und konnten theoretisch jederzeit durch Ablösung der Pfandsumme beendet werden. Nominell behielt der Pfandgeber so die Oberhoheit über das verpfändete Recht oder Amt, während Ausübung und Nutzung an den Pfandnehmer übergingen. Im Unterschied dazu blieb in der Westschweiz der Pfandgeber Inhaber des Pfandobjekts, solange er seinen aus dem Pfandvertrag resultierenden finanziellen Verpflichtungen nachkam.

### Widerstand und Aufruhr

Der Prozess der Territorialisierung und die mit ihm verbundene Herrschaftsintensivierung zogen auch im Bereich der Eidgenossenschaft innerstädtischen, innerterritorialen und interterritorialen, vor allem bäuerlichen Widerstand nach sich, der bis zum offenen Aufstand eskalieren konnte. Exemplarisch sollen im Folgenden ausgewählte Konfliktformen behandelt werden, die Art und Ausmass der möglichen Verwerfungen deutlich machen.

In den Appenzellerkriegen setzten sich zwischen 1401 und 1429 das Land Appenzell und die Stadt St. Gallen als genossenschaftlich organisierte Kräfte mit dem Fürstabt von St. Gallen und dem Haus Österreich auseinander. Seit den 1360er Jahren kam es zwischen den Appenzellern und dem Abt von St. Gallen zu Streitigkeiten um ↑Fallrechte, Zinsen und Zehnten (↑Zehnt), die dessen Herrschaft und den Landfrieden in zunehmendem Masse gefährdeten. Der Abt verbündete sich 1392 mit der regionalen Vormacht Österreich, während Appenzell

**Bewaffneter Aufmarsch der Bauern vor der Stadt Zürich, Titelillustration der «Höngger Relation» über den Waldmannhandel von 1489, um 1500** *(Depot im Staatsarchiv ZH, Sign. X225; Abdruckrechte im Privateigentum).*

1401 einen Bund mit der Stadt St. Gallen abschloss und 1403 in ein Landrecht mit Schwyz eintrat.

Nach ersten Auseinandersetzungen und einem vorübergehenden Waffenstillstand wurde das österreichische Heer 1405 in der Schlacht am Stoss von den Appenzellern und der Stadt St. Gallen geschlagen. Aus dem anschliessenden Bündnis der beiden entstand schon bald der Bund ob dem See, mit dem sich eine politische Neuordnung in der Ostschweiz und im Bodenseeraum anbahnte. Anfang des Jahres 1408 wurden die Appenzeller allerdings vom neu gegründeten Ritterbund St. Jörgenschild militärisch geschlagen, der Bund ob dem See löste sich wieder auf und die Volksbewegung, die zeitweise riesige Ausmasse angenommen hatte, konnte wieder auf Appenzell eingegrenzt werden.

Zur Stärkung ihrer Position gegenüber dem Abt traten die Appenzeller 1411 in ein Burg- und Landrecht mit den Eidgenossen ein. Schliesslich wurde nach einem eidgenössischen Schiedsspruch zugunsten des Abts im Jahr 1421 und der wiederholten Reichsacht 1426 das Interdikt über die Appenzeller verhängt. 1429 konnten die Auseinandersetzungen endlich durch eidgenössische Schiedssprüche beigelegt werden, die für die Appenzeller die Loslösung von der fürstäbtlichen Herrschaft und die Annäherung an die Eidgenossenschaft brachten.[58]

War es den Appenzeller Bauern um den Wechsel der Herrschaft gegangen, so setzte sich der «Böse Bund» im Berner Oberland vor allem gegen Kriegsdienste und Steuern zur Wehr, die Bern im Kontext des Alten Zürichkrieges erhob. Im Mai 1445 verbündeten sich in Aeschi bei Spiez die Oberländer ↑Landsgemeinden Aeschi, Ober- und Niedersimmental mit Saanen, der Stadt Unterseen und den Gotteshausleuten des Klosters Interlaken. So kam es zur grössten Bauernrevolte des 15. Jahrhunderts im Berner Oberland. Dennoch verzichtete Bern auf eine militärische Intervention und unterwarf sich den eidgenössischen Schiedsgerichten, die im Jahr darauf die Auflösung des Bundes verfügten. Weil neue Konflikte im Oberland drohten, wurde einer der Anführer, Hänsli Schumacher aus Brienz, als Rädelsführer im Entlebuch gefangen genommen und in Luzern hingerichtet. Erst fünf Jahre später, 1451, gelang auch der Ausgleich mit Saanen.[59]

Konflikte, die aus neuen Herrschaftsformen und ihren Modernisierungserfordernissen resultierten, kamen auch im Berner Twingherrenstreit in den Jahren 1469 bis 1471 zum Ausdruck. Hier handelte es sich aber im Unterschied zu den bereits genannten Konfliktformen um eine innerstädtische Auseinandersetzung, in der es um die Kontrolle von Machtressourcen im Umgang mit der Landschaft ging. Der Streit entstand aus dem Versuch der Ratsmehrheit, die Herrschaftsrechte auf der Landschaft an die Stadt zu ziehen und zu vereinheitlichen. Dabei ging es vor allem um das Recht auf Transportleistungen, Kriegsdienst, ↑Harnischschau, Landgericht und Steuerleistungen, das bei den Twingherren und Klöstern gelegen hatte. Die Twingherren hatten als städtische Bürger bislang den Kleinen Rat dominiert. Als am Ostermontag des Jahres 1470 neu der Metzgermeister Peter Kistler zum Schultheissen gewählt wurde und gleich darauf die Ratsmehrheit ein gegen die Adelsmode gerichtetes Kleidermandat erliess, kam es in der Stadt zu einem offenen Kampf zwischen der bisherigen adligen Führung und den neuen handwerklichen Machthabern. Die Twingherren mobilisierten im Verlauf der eskalierenden Auseinandersetzungen die Bauern gegen die städtischen Handwerker und nutzten ihre politischen und verwandtschaftlichen Verbindungen zu den anderen eidgenössischen Führungsgruppen. Auch wenn die meisten Twingherren ihre umstrittenen Rechte an die Stadt abgeben mussten, konnten die Adligen ihre Vorherrschaft erfolgreich gegen die Stadtbürger verteidigen und ihre Position in der Stadt auf Dauer sogar stärken. Andererseits wurden die im Twingherrenstreit formulierten Forderungen der Stadtbürger längerfristig zur Grundlage für den Machtanspruch der Stadt Bern auf das umliegende Land – obwohl Metzgermeister Kistler das Amt des Schultheissen bereits 1471 wieder verlor.[60]

Eine weitere Facette im Kampf um Machtressourcen, der zwischen Stadt und Land, aber auch zwischen einzelnen Orten ausgetragen wurde, zeigt der Amstaldenhandel von 1478. Entstanden im Kontext des Burgrechtsstreits, in dem die Innerschweizer Länderorte aus Furcht vor einer städtischen Dominanz gegen den Beitritt von Luzern zum eidgenössischen Städtebündnis opponierten, liess der Amstaldenhandel gefährliche Spaltungstendenzen innerhalb der Eidgenossenschaft sichtbar werden. Vor allem Obwalden, das sich im Entlebuch noch Hoffnungen auf territoriale Expansion machte, versuchte die latente Unzufriedenheit der Entlebucher Landleute gegen die Luzerner Herrschaft zu nutzen. Als Führungsfigur profilierte sich der Schüpfheimer Wirt Peter Amstalden mit seiner Forderung nach Einsitz von Entlebuchern in den Luzerner Räten. Nachdem ein von ihm organisierter Überfall auf die Stadt gescheitert war, wurde Amstalden in Luzern verhaftet und zum Tode verurteilt. Seine Hinrichtung, die mit dem Verlust der Ehre verbunden war, diente als abschreckendes Beispiel. Dagegen erwies die Stadt Luzern dem Entlebuch einen demonstrativen Vertrauensbeweis, indem sie unter grossem Aufwand eine Harnischschau der Entlebucher in der Stadt durchführen liess, die zugleich die öffentliche Anerkennung der städtischen Herrschaft wirksam in Szene setzte. Das Verhalten Obwaldens während der Unruhen belastete das Verhältnis Luzerns zur übrigen Innerschweiz noch bis zum Stanser Verkommnis im Jahr 1481.[61]

Nur knapp zehn Jahre später entwickelte sich der Waldmannhandel in Zürich zum grössten spätmittelalterlichen Aufruhr in der Eidgenossenschaft. Mit Bürgermeister Hans Waldmann stand eine schillernde Figur im Mittelpunkt dieses Konfliktes um die Folgen von Territorialisierung und Herrschaftsverdichtung. Wie in einem Brennglas bündelten sich in seiner Person strukturelle und individuell-persönliche Konfliktlinien. Als ↑*homo novus* erreichte Waldmann, der sich an den meisten Fehde- und Kriegsunternehmungen der Zürcher in den 1450er und 1460er Jahre beteiligt hatte, während der Burgunderkriege höchste militärische Erfolge und persönliche Anerkennung und wurde selbst zu einer Figur auf der Bühne internationaler Machtpolitik. Als eidgenössischer Beauftragter verhandelte er in Frankreich und Mailand und erzielte dank seiner diplomatischen Aktivitäten erhebliche Einnahmen. Seine Vermittlungstätigkeit zugunsten von Mailand, die Affäre um Frischhans Teiling, der Zürich und vor allem Waldmann massiv geschmäht hatte und deswegen schliesslich hinge-

» *Und under anderm erdacht er [Hans Waldmann] und bracht zuowaegen, das in allem dero von Zürch gepiet und herlicheit alle buwlüt uff dem land ire hund, groß und clein, in die stat bringen und muosten lassen toeten oder selber ze tod schlahen. Des sich nuo die guoten lüt uff dem land vast uebel gehatten, wann ir hund kamend inen wol by iren hüsern zuo dem veh und inn ander vil waeg, alß dann ein jeglicher biderman wol kan betrachten, und warlich Zürch damaln gerett, das menger hund in die statt bracht wart, der mit seinem meister weinet, alß ob er ein moensch waere. Aber es halff sy alles nüt, wann die hund muostend staerben.»\**

Diebold Schilling, Luzerner Chronik, 1511–1513, fol. 144v.

richtet wurde, und die proösterreichische Politik von Waldmann erregten in der Eidgenossenschaft erheblichen Unwillen; seit 1483 im Amt als Bürgermeister, wurde er zunehmend auch für die Intensivierung der städtischen Herrschaftspolitik verantwortlich gemacht. Die Zunahme der obrigkeitlichen Eingriffe in der Stadt und auf der Landschaft, die sich exemplarisch in den berüchtigten Sittenmandaten vom November 1488 und in der Bestimmung von 1489, die Bauernhunde zu töten, manifestierte, nahm unter seiner Führung eine besonders rücksichtslose Form an.

In der Folge eskalierten die Ereignisse schnell. Es kam zu einer Flut von Beschwerden, die Bauern belagerten mit insgesamt etwa zweitausend Mann die Stadt und unter eidgenössischer Vermittlung musste die Obrigkeit daraufhin weitgehende Konzessionen machen. Waldmanns weiteres Vorgehen auf Kosten der Landleute führte zu einer gemeinsamen Front von Stadt und Landgemeinden. Innerhalb weniger Tage verlor der Bürgermeister seine Machtstellung in der Stadt; er wurde abgesetzt, verhaftet und nach einem kurzen Prozess am 6. April 1489 hingerichtet. In einem gemeinsam von Stadtbewohnern und Landleuten getragenen Aufstand waren die Grenzen als willkürlich empfunder Herrschaftsintensivierung deutlich geworden. Der Sturz Waldmanns führte darüber hinaus zum Verlust der Vormachtstellung Zürichs in der Eidgenossenschaft.[62]

## KIRCHE, FRÖMMIGKEIT UND KULTUR IM SPÄTMITTELALTER

Die Eidgenossenschaft und der Raum der heutigen Schweiz waren nicht nur in die politischen Herrschaftskonstellationen der umliegenden Länder eingebunden, sondern auch in die kirchliche Organisation, Struktur und Entwicklung in Europa und

\* «Und unter anderem dachte sich Hans Waldmann aus und setzte durch, dass im ganzen Zürichbiet alle Bauern auf dem Land ihre Hunde, ob gross oder klein, in die Stadt bringen und töten lassen oder selbst tot schlagen mussten. Das erzürnte die guten Leute auf dem Land sehr, weil ihnen ihre Hunde für das Vieh und auch sonst sehr von Nutzen waren, wie sich jedermann leicht vorstellen kann. Und so wurde tatsächlich in Zürich berichtet, dass mancher Hund in die Stadt gebracht wurde, der mit seinem Meister zusammen weinte, wie wenn er ein Mensch wäre. Aber es half alles nichts, die Hunde mussten sterben.»

## Heinrich Rost, Kirchherr, Chorherr und Minnesänger

Heinrich Rost ist in der Manessischen Liederhandschrift zu Beginn des 14. Jahrhunderts mit neun Minneliedern vertreten, die er möglicherweise noch vor seiner Weihe zum Subdiakon verfasst hat. Vermutlich stand Rost als Schreiber im Dienst der Äbtissin des Zürcher Fraumünsters Elisabeth von Matzingen; 1313 wurde er zum ↑Kirchherrn von Sarnen ernannt. Er erhielt damit eine einträgliche Innerschweizer ↑Pfründe, die er von Zürich aus verwaltete, wo er bis zu seinem Tod 1330 durchgehend urkundlich belegt ist. Seine Ernennung zum Chorherrn des Fraumünsters im Jahre 1321 lässt ihn als Vertrauensmann der Äbtissin erscheinen. Am Beispiel von Rost wird die enge kirchenorganisatorische Verbindung des Fraumünsters mit der Innerschweiz deutlich, aber auch die Teilhabe der Zürcher Führungsschicht an der ritterlich-höfischen Minnekultur mit ihrem idealisierenden Frauendienst.[63]

dessen frömmigkeitsgeschichtlichen Bewegungen.[64] Charakteristisch für das Spätmittelalter, das viele Entwicklungen des 13. Jahrhunderts weiterführte und akzentuierte, waren vor allem die Kommunalisierung der Kirchenorganisation auf der politisch-organisatorischen Ebene, die anhaltende Diskussion um Reformen von Kirche und Klerus, die Intensivierung und Verinnerlichung der Laienfrömmigkeit und der Ausbau von Stiftungswesen und Jenseitsökonomie.

### Kommunalisierung der Kirchenorganisation

Spätestens seit dem 13. Jahrhundert verfügte das Gebiet der heutigen Schweiz über ein stabiles Netz von Pfarreien. In der Innerschweiz hatte das Haus Habsburg zumindest seit dieser Zeit in grossem Umfang Patronatsrechte erworben. Es waren vor allem Ritteradlige und Angehörige patrizischer Familien, die im 13. und 14. Jahrhundert innerschweizerische Kirchenpfründen einnahmen.[65] Um 1400 erfolgte eine Ablösung, nun kamen die Pfründeninhaber aus bürgerlichen und bäuerlichen Geschlechtern aus dem Zugerland, dem Luzernischen, dem Aargau, der Innerschweiz und aus süddeutschen Bürgerfamilien. Die Abkehr vom Adel bei der Besetzung von Niederkirchenpfründen ist ein allgemeines Phänomen; in der Innerschweiz aber steht sie nach der Schlacht von Sempach im spezifischen Kontext der Verdrängung oder Abwanderung des Adels aus diesem Gebiet und dem damit verbundenen Wechsel der Führungsschicht. Mit der schrittweisen Auflösung der österreichischen Herrschaftsrechte im Laufe des 15. Jahrhunderts fielen die habsburgischen Patronate an die Gemeinden der Städte oder auch an die Talgemeinden. Im Laufe dieses Prozesses verlor der feudale Kirchherr seine Funktion. In der Folge griffen die Obrigkeiten in Gemeinden und Ländern zunehmend in das lokale Kirchenwesen ein und eigneten sich die Verwaltung des Kirchenvermögens ebenso wie die Wahl des Priesters an, drängten die geistliche Gerichtsbarkeit zurück und kontrollierten die Amtsführung der Seelsorger. Dabei ging es nicht darum, die lokale Kirche aus dem universalen Verband herauszulösen oder die geistliche Autorität von Papst und Bischof prinzipiell in Frage zu stellen, sondern vielmehr darum, Herrschaftsrechte und Einflussmöglichkeiten vor Ort zu vergrössern, Kompetenzen zwischen weltlichen und geistlichen Gerichten zu bereinigen, die ↑Pastoral im Alltag zu intensivieren und Reformen nicht zuletzt mit Blick auf die klerikale Lebensführung durchzuführen.

Seit dem späten 13. Jahrhundert wuchs das Selbstbewusstsein der Pfarrgenossen auch in ländlichen Gemeinden und sie versuchten im Laufe der folgenden beiden Jahrhunderte ihrerseits, grösseren Einfluss auf das lokale Kirchenwesen zu erhalten und sich von ihren geistlich-klösterlichen Besitzern zu emanzipieren. Um die Seelsorge weiter zu verbessern, die regelmässige Teilnahme am Gottesdienst vor Ort zu erleichtern, die Taufe der Neugeborenen in erreichbarer Nähe zu garantieren und die Beisetzung der Toten nahe beim Wohnort zu ermöglichen, setzten sie sich für mehr Eigenständigkeit ihrer Gemeinden, den Bau zusätzlicher Dorfkirchen und die Investition eines Teils der Abgaben vor Ort ein, ohne allerdings die rechtlichen Verhältnisse grundlegend in Frage zu stellen.

Auf diese Weise kam es allmählich zu einer tieferen Durchdringung des Alltags mit christlichen Formen. Dieser Prozess wurde im 14. Jahrhun-

**Der Minnesänger Heinrich Rost, Kirchherr von Sarnen, im Codex Manesse, circa 1300–1340, fol. 285r** *(UB Heidelberg, Cod. Pal. germ. 848).* — Die Anfang des 14. Jahrhunderts in Zürich entstandene Manessische Liederhandschrift zeigt den Minnesänger Heinrich Rost, wie er der verehrten Dame anzüglich unter den Rock greift, während sie eine Borte webt und dafür Webgatter und Haspel nutzt. Mit einem goldenen Webschwert schneidet sie die Kettfäden und weckt damit zugleich Assoziationen zur biblischen Delila, die Samson durch das Scheren des Haares seiner Stärke beraubte, aufgrund ihrer Pose und ihres dunkelblauen Gewands aber auch zu Darstellungen Mariens als Tempeljungfrau. Ihre Dienerin widmet sich ebenfalls einer typischen Frauenarbeit, dem Sticken.

dert unterstützt durch eine Welle von Kaplanei- und Messstiftungen von Laien, die das Abhalten von Messen, das Spenden der Sakramente und die Totensorge und damit die Seelsorge in den traditionellen Kernbereichen ganz allgemein intensivierten. Insbesondere ab 1470 wurden überall neue Pfarrkirchen gebaut oder die bestehenden erneuert; in der Innerschweiz wurde auf diese Weise die Grundlage für eine Sakrallandschaft gelegt, die in der Barockzeit ihre noch heute bestehende Form annahm. Dieses Bauphänomen ist nicht nur als Ausdruck demographischen und wirtschaftlichen Wachstums gelesen worden, sondern auch als Zeichen des wachsenden kommunalen Bewusstseins. Für die Pfarrgenossen waren allerdings weder der Kirchherr noch der ↑Patronatsherr, sondern vor allem der ↑Leutpriester von Interesse, wobei sie das Recht zu dessen Wahl seit dem 14. Jahrhundert allmählich durchsetzen konnten. Diese Pfarrgeistlichen, denen immer wieder Unmoral, konkret Konkubinat und Alkoholismus, und mangelnde Bildung vorgeworfen wurden, hatten meist eine Art praktische Lehre bei einem älteren Pfarrer absolviert, zunehmend häufiger aber auch ein mehrjähriges Universitätsstudium absolviert. Entsprechend nahm etwa im Bistum Genf die Nicht-Residenz der Pfarrer im Laufe des 15. Jahrhunderts von einem Drittel auf vier Fünftel zu. Entsprechende Visitationsprotokolle vermitteln dennoch das Bild eines einigermassen mit den moralischen und bildungsmässigen Vorschriften der Kirche übereinstimmenden Weltklerus.

Neben den kircheninternen Spannungen war es vor allem eine Veränderung im Verhältnis der weltlichen Obrigkeiten zu den kirchlichen Institutionen, die langfristig für weitreichende Veränderungen sorgen sollte: Die Obrigkeiten in den Städten versuchten vermehrt, das religiöse Leben unter ihre Kontrolle zu bringen, und beanspruchten ein Mitspracherecht bei den neu eingerichteten ↑Prädikaturen, die mit dem Typus des Prädikantengottesdienstes das zunehmende Bedürfnis bürgerlicher Frömmigkeit nach Predigt und Unterweisung durch einen neuen Klerus mit verbessertem Bildungshintergrund bedienen konnten. Der personalpolitische Einfluss von aussen auf die Besetzung von Prädikantenstellen – exemplarisch sichtbar etwa in den Auseinandersetzungen um die Wahl Zwinglis zum Leutpriester in Zürich im Jahre 1518 – stellte die Kirchen in ein neues Kommunikationsgefüge kommunaler Art, das seinerseits Ausdruck eines immer deutlicher alle Lebensbereiche erfassenden christlichen Selbstverständnisses war. Die stärkere Partizipation der Bürger führte zu wachsender Kritik am Klerus. Der fast topische Antiklerikalismus am Ende des 15. Jahrhunderts begünstigte zusammen mit dem intensivierten obrigkeitlichen Kontrollbedürfnis in Gemeindeangelegenheiten und dem Ausgreifen der städtischen Gerichtsbarkeit in den bislang der kirchlichen Justiz unterstellten Bereich von Ehe- und Sittenrecht die Ausbreitung der Reformation in den eidgenössischen Städten, allen voran Zürich, St. Gallen, Bern, Basel und Schaffhausen.

### Krisenerscheinungen, Reformversuche und Frömmigkeitsbewegungen

Schon vor 1300 hatten sich Dominikaner und Franziskaner in den wichtigsten Schweizer Städten etabliert und sich unter Missachtung der bereits bestehenden älteren Diözesanstrukturen entlang der Sprachgrenze in die jeweilige deutsche oder französische beziehungsweise burgundische Ordensprovinz eingeordnet.[66] Schnell knüpften die Bettelorden in den Städten intensive Beziehungen zu den Eliten. Sie beeinflussten mit ihren monumentalen, peripher gelegenen Kirchenbauten die sakrale Topographie der Städte und versuchten, die städtischen Gesellschaften ebenso über ihre Predigttätigkeit wie über ihre Bestattungsangebote zu erreichen. Um 1300 wurden sogar eigentliche adlige Nekropolen franziskanischer Observanz auf dem Land gegründet, am berühmtesten wohl das Doppelkloster Königsfelden (↑Klarissen/↑Minoriten), das Elisabeth von Habsburg zum Gedenken an ihren Ehemann, König Albrecht I., 1309, ein Jahr nach seiner Ermordung, gründete. Es sollte sich im 14. Jahrhundert zur wichtigsten habsburgischen Grablege entwickeln. Mit seinen Glasfenstern von europäischem Rang diente es italienischen Vorbildern folgend der geistlichen Erbauung der Ordensangehörigen, vor allem aber – zusammen mit Grab und Ablassbrief – dem Totengedenken der königlichen Familie; Königsfelden wurde damit zum habsburgischen Memorial-Monument.[67] Als Seelsorgeorden konzentrierten sich die Bettelorden auf das Gewissen der Einzelnen und prägten damit das spätmittelalterliche Christentum wesentlich mit. Zu dieser Fokussierung auf das Seelenheil des Einzelnen trug auch die vom Dominikanerorden getragene Inquisition mit ersten Prozessen in der Schweiz gegen ↑Beginen ab 1375 und ↑Waldenser ab 1399 bei.

Am Ende des 13. Jahrhunderts erreichte eine von Laien initiierte Bewegung von Süden her das Gebiet der heutigen Schweiz. Sie setzte sich für ein gottgefälliges Leben und gegen den einsamen Tod ein und organisierte sich zunächst in der Westschweiz in Heiliggeistbruderschaften. Dieses Bruderschaftswesen professionalisierte sich im Rahmen des Zunftwesens zusehends. Entsprechend nahm der Anteil der Frauen, die zunächst integriert

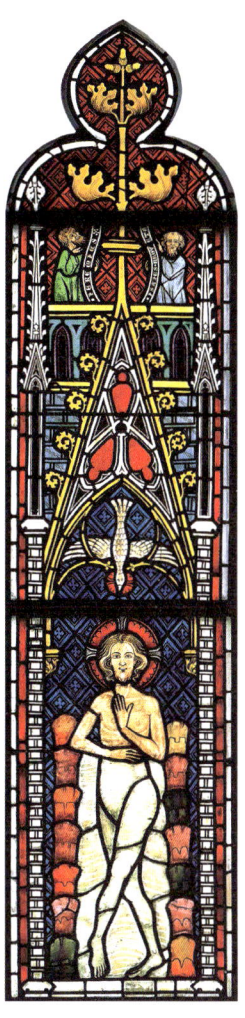

**Taufe Christi, Glasfenster, Kloster Königsfelden,** © *Photo Museum Aargau.* — Nach der Ermordung Albrechts I. gründeten seine Witwe Elisabeth und seine Tochter Agnes, verwitwete Königin von Ungarn, 1309 das Kloster Königsfelden. Die zwischen 1320 und 1360 entstandenen Fenster gehören zu den herausragenden Werken der europäischen Glasmalerei im Spätmittelalter. Sie zeigen neben der Lebensgeschichte Christi auch die Ordensgründer Franziskus und Klara und verschiedene Donatoren.

*Elsbeth Stagel am Schreibpult, Darstellung in der Initiale S des Tösser Schwesternbuchs, um 1340, fol. 3r* (Stadtbibliothek Nürnberg, Cent. V, 10a).

*Jörg Keller (?), Niklaus von Flüe, Lindenholz, um 1504* (Landratssaal, Rathaus Stans, Depositum des Nidwaldner Museums), © Photo Christian Hartmann. — Die älteste erhaltene Skulptur von Niklaus von Flüe, um 1504 für den Altar der unteren Ranftkapelle in Flüeli angefertigt, zeigt den Einsiedler mit asketischen Zügen.

gewesen waren, rasch ab. Als selbstorganisierte, auf vertraglichen Vereinbarungen beruhende Gebetsgemeinschaften lösten die religiösen Bruderschaften vor allem in den Städten das Modell der religiösen Versorgung durch Orden zumindest ein Stück weit ab. Im 15. Jahrhundert wurden sie in den Städten ein eigentliches Massenphänomen, auf dem Land sogar erst in der Frühen Neuzeit.

Eine weitere Bewegung, die ganz wesentlich von Frauen getragen wurde, erreichte das Gebiet der späteren Schweiz von Norden her, aus dem Rheinland: Beginengemeinschaften lassen sich in Basel seit dem Ende des 13. Jahrhunderts nachweisen. Sie verpflichteten sich zu Keuschheit auf Zeit und lebten von Almosen oder ihrer eigenen Hände Arbeit; besonders engagiert waren sie in der Kranken- und Sterbebetreuung. In Basel kam es 1318 bis 1321 zu einer ersten Verfolgungswelle, 1405 und 1411 dann zu einem eigentlichen Inquisitionsprozess, der mit der Verbannung der Frauen endete. In Zürich lebten die Frauen unter dominikanischer Oberaufsicht in einem eigenen Quartier und in Bern standen sie unter der Aufsicht, aber auch unter dem Schutz des städtischen Rates. Nach Westen hin nahm ihre Zahl ab; so lassen sich in Lausanne nur noch vereinzelte Beginen nachweisen. Über das geistlich-religiöse Leben dieser Frauen wissen wir wenig. Besser orientiert sind wir dagegen durch das Schwesternbuch der Elsbeth Stagel (gestorben um 1360) über die Frauenmystik im Dominikanerinnenkloster Töss. Hier standen Kindheit und Passionszeit des gemarterten und gekreuzigten Christus im Zentrum der Kontemplation; damit verbunden war eine ausgeprägte Eucharistiefrömmigkeit.

Allgemein nahmen im religiösen Leben der Laien nicht nur Jahrzeitstiftungen, die zu einem intensivierten Totengedenken, einer stetig steigenden Zahl an Messen und einer immer reicheren Ausstattung der Kirchen führten, sondern auch der Heiligen- und Reliquienkult und spezifische neue Frömmigkeitsformen wie das Rosenkranzgebet zu. Sie waren in eine Sorge um das Seelenheil und eine zunehmend auch durch den intensivierten Geldumlauf geprägte Jenseitsökonomie eingebunden. Deutlich zeigte sich der Einbezug weiterer Bevölkerungskreise auch bei den Wallfahrten, wo anstelle der klassischen Pilgerziele wie Jerusalem, Rom oder Santiago de Compostela regionale Wallfahrtszentren wie Einsiedeln oder Lausanne an Bedeutung gewannen. In den ländlichen Gebieten etwa der Innerschweiz oder im Wallis häufen sich im 14. Jahrhundert zudem Hinweise auf Eremiten und Reklusen, die in der Abgeschiedenheit ein gottgefälliges Leben zu führen suchten. Das berühmteste Beispiel für ein solch heiligmässiges Leben in der spätmittelalterlichen Schweiz bietet der 1417 geborene Niklaus von der Flüe in Obwalden, der sich 1467 von Frau und Kindern in eine Klause auf dem Ranft zurückzog, nachdem er zuvor am Alten Zürichkrieg und an der Eroberung des Thurgaus teilgenommen hatte. Seine Askese war geprägt von jahrelangem Fasten und seiner Eucharistiefrömmigkeit. Auch als weltabgewandter Einsiedler und Gottsucher wurde er von seinen Besuchern immer wieder um politischen Rat gebeten. Besonders bekannt wurde seine Vermittlung zuhanden der Tagsatzung von 1481 in Stans, dank der die drohende Auflösung des eidgenössischen Bundes abgewehrt werden konnte.

Nicht nur in diesem Fall überschnitten sich Politik und Religion. Das durch die Wahl von zwei Päpsten ausgelöste grosse abendländische Schisma von 1378 zog vor allem in den Jahren nach Sempach (1386) in den Bistümern Basel, Chur, Konstanz, Lausanne und Sitten Doppelwahlen von Bischöfen und entsprechende Streitigkeiten und Erschütterungen nach sich. Zur allgemeinen Beendigung dieses schismatischen Zustandes wurde schliesslich auf Druck des deutschen Königs Sigismund das Konzil von Konstanz (1414–1418) einberufen; nach der Flucht des Gegenpapstes Johannes' XXIII. – mit ihren weitreichenden politischen Folgen für die Herrschaft der Habsburger im Aargau und in der Eidgenossenschaft – gelang dem Konzil mit der Wahl Martins V. tatsächlich die Überwindung des Schismas. Den sonst königs- und papstfernen Schweizer Städten brachte die unmittelbare Nähe des Tagungsortes Besuche des Königs und des Papstes. Grosse und anhaltende Aufmerksamkeit erregte vor allem die Verurteilung und Verbrennung von Jan Hus als Ketzer im Jahr 1415. In Konstanz wurde nicht nur die Überordnung des

Konzils über den Papst beschlossen, sondern mit dem Dekret «Frequens» auch die regelmässige Einberufung von Konzilien.

Dreizehn Jahre später, im Jahr 1431, wurde das übernächste Konzil nach Basel einberufen. Es tagte bis 1439, machte die Stadt für mehrere Jahre zum Zentrum der Christenheit und brachte ihr wirtschaftlich einen enormen Aufschwung.[68] Die Auseinandersetzung mit den Hussiten wurde auf dem Basler Konzil intensiv geführt und führte 1433 zur Annahme der Basler beziehungsweise Prager ↑Kompaktaten, die den Böhmen die Kommunion in beiderlei Gestalt erlaubten. Ebenso nahm das Konzil von Basel die Reformdiskussionen zu Fragen wie innerkirchlichen Wahlen und Ämterbesetzungen, Gottesdienst und Priesterkonkubinat, Papstwahl und Ordensreform auf, ohne sie zum Abschluss bringen zu können. Entsprechend beschäftigten Reformanliegen in den folgenden Jahrzehnten die Kirche auch im Gebiet der heutigen Schweiz intensiv.

Ekklesiologisch erreichten die Diskussionen um eine monarchische beziehungsweise korporatistische Verfassung der Gesamtkirche und damit um die konziliare Suprematie auf dem Basler Konzil einen Höhepunkt und nahmen konstitutionalistische Konzeptionen der frühneuzeitlichen Verfassungsdiskussionen vorweg. Die Frage nach der Ortswahl für die Unionsverhandlungen mit der Ostkirche führte zur Spaltung und zur Verlegung eines Teils des Konzils unter Papst Eugen IV. nach Ferrara. In der Folge wählte das Basler Konzil am 5. November 1439 Herzog Amadeus VIII. von Savoyen zum neuen (Gegen-)Papst Felix V. Als Kommunikationszentrum, Bücher- und Kunstmarkt spielte das Basler Konzil für die Verbreitung des italienischen Humanismus im 15. Jahrhundert eine zentrale Rolle. Basel wurde so – noch vor der Erfindung des Buchdrucks – für einige Jahre zum grössten Buchmarkt Europas und baute eine Papierindustrie auf, die für die spätere Erfolgsgeschichte des Buchdrucks in Basel eine wichtige Rolle spielte. Gut zehn Jahre nach dem Abschluss des Konzils gelang es der Stadt, den neugewählten Papst Pius II., den früheren Konzilsteilnehmer Enea Silvio Piccolomini, als Stifter der Universität zu gewinnen. Die 1459 gegründete Universität sollte für Jahrhunderte die einzige Universität der Eidgenossenschaft werden.

Die Auseinandersetzung mit häretischen Bewegungen wurde allerdings nicht nur auf den Konzilien von Konstanz und Basel geführt. Schon 1399 kam es unter erstmaligem Einbezug von Inquisitoren zur Verfolgung einer Waldensergemeinde in Bern, die zur Verurteilung von 130 Anhängern führte, und zu einem weiteren Prozess in Freiburg, der allerdings mit einem Freispruch endete. In den gleichen Jahren fanden im Obersimmental Prozesse gegen eine angebliche Sekte von Zauberern statt. Eine Generation später beendete im Jahr 1430 ein weiterer Prozess in Freiburg die Existenz der letzten städtischen Waldensergemeinde; es folgte ihr Rückzug aufs Land und in die Alpen. Gleichzeitig setzte die Hexenverfolgung in der späteren Westschweiz ein, die zu dem Gebiet mit der höchsten Prozessdichte und Hinrichtungsrate von Hexen im europäischen Vergleich werden sollte. Auffällig ist die enge Verzahnung von häretischen und magischen Elementen in den Beschuldigungen.[69] Die Praxis ging hier der Theorie voraus. 1428 berichtete Hans Fründ in einer Chronik über Hexenverfolgungen im Wallis, um 1440 entstanden verschiedene dämonologische Traktate, die von einer «neuen Hexensekte» handelten – so etwa die *Errores Gazariorum* aus dem Aostatal oder der *Formicarius* des Dominikaners Johannes Nider, der in seinem Predigthandbuch Zaubereifälle aus dem Berner Oberland zu Beginn des Jahrhunderts mit den Verfolgungen der «neuen Hexensekte» in der Diözese Lausanne um 1437 in Verbindung brachte.

Nider, der am Basler Konzil teilnahm und dort wohl auch Informationen über die jüngsten Verfolgungen jener Sekte in der Westschweiz und in Savoyen erhielt, wurde damit zum ersten universitär geschulten Theologen, der die frühen Verfolgungen und die neu entstehende dämonologische Hexenlehre kommentierte. Allerdings

**Agnus-Dei-Ostensorium mit Pius II. als Stifter (Detail), 1460–1466** (*Staatliche Museen zu Berlin, Preussischer Kulturbesitz, Kunstgewerbemuseum*), © bpk / Kunstgewerbemuseum, SMB, Photo Hans Joachim Bartsch. — Das vom Basler Domkapitel unter Johann von Flachslanden gestiftete Ostensorium diente zur Aufbewahrung eines von Pius II. geweihten und der Stadt Basel geschenkten Agnus Dei. Es zeigt auf der Rückseite den Papst als Stifter. Der lateinische Text lautet übersetzt: «Papst Pius II., von grosser Frömmigkeit, hat selbst dieses Agnus Dei geweiht. Dir, berühmtes Basel, sendet er es zu grosser Zierde, und aus der alten Freundschaft, mit der er Dich unter seinem wohlwollenden Herzen beschliesst, hat er darüber hinaus grosse Gnaden hinzugefügt. Wer zu dieser Kirche eilt und nach Bekennen seines Vergehens von Herzen seine traurigen Sünden darlegt, wird gelöst werden und reich zu den Anfängen des Himmels zurückgehen. Dies schenkt Dir, Basel, Eneas, der zweite Pius. 1460.»

Die Geschichte der Schweiz — *Susanna Burghartz*

## Das neue Hexenbild

Seit dem 15. Jahrhundert entwickelte sich die Vorstellung von der Existenz von Hexen, die mit Hilfe des Teufels Schadenzauber anrichten konnten. In diesem Konstrukt kumulierten Vorstellungselemente unterschiedlichen Ursprungs. Den Hexen wurden verschiedene Formen von Schadenzauber – das Anhexen von Krankheiten, Tod, Impotenz oder Unfruchtbarkeit bei Menschen und Tieren, zudem Misserfolg bei der Milchverarbeitung und Wetterzauber, insbesondere Hagel – vorgeworfen. Mit dem Teufelspakt wurden ihnen zugleich häretische Praktiken und die Mitgliedschaft in einer teuflischen Sekte unterstellt. Elemente dieses Hexenglaubens kamen in regional unterschiedlichen Varianten vor: Der Hexensabbat mit der Verehrung des Teufels und gemeinsamem Essen und Trinken, der nächtliche Flug zur Hexenversammlung, der sexuelle Pakt mit dem Teufel und die Ausstattung der Hexen mit Salben und Pulvern für den Schadenzauber. Diese neuen Ideen von der Hexensekte und der gemeinschaftlichen Teilnahme am Hexensabbat sollten in den grossen Prozesswellen wesentlich für die Verfolgung ganzer Gruppen Verdächtiger werden.

**Flug der «Vaudoises», Illustration in: Le Champion des Dames, 1451, fol. 105v** *(Paris, Bibliothèque nationale de France, Ms. fr. 12476).* — Im *Champion des Dames*, den der Lausanner Domprobst Martin Le Franc um 1440 als Lob der Frauen verfasste, findet sich eine frühe, ausführliche und besonders frauenfeindliche Schilderung des Sabbats. Die Marginalie des Pariser Exemplars von 1451 zeigt zwei Hexen («Vaudoises»), die auf Besen durch die Luft reiten.

war der spätmittelalterliche Hexenglaube kein einheitliches, geschlossenes intellektuelles System. Im Bereich der späteren Schweiz lassen sich für das 15. Jahrhundert vielmehr verschiedene «Prozesslandschaften» feststellen:[70] Spielte im Osten für die von der Stadt Luzern geführten Prozesse gegen Frauen vor allem der Schadenzauber eine zentrale Rolle, so dominierte in der Westschweiz eine von der Inquisition getragene, am Vorbild der Häresieprozesse orientierte Verfolgung von Männern und Frauen, die als Mitglieder einer eigentlichen Hexensekte angesehen wurden. In einigen Regionen bildeten sich spezifische Mischformen aus: Im bischöflichen Ober- und Mittelwallis verurteilten weltliche Richter seit der Mitte des 14. Jahrhunderts «Loswerferinnen». In der Leventina ging seit der Mitte des 15. Jahrhunderts das Talgericht mit dem Inquisitionsverfahren gegen Frauen und Männer vor, die angeklagt waren, am Sabbat teilzunehmen, dem allerdings alle Merkmale einer sexuellen Orgie fehlten.[71] Diese neuen Entwicklungen lassen sich alle im westlichen Alpenraum fassen, der sich zu dieser Zeit nicht durch seine Abgelegenheit – gewissermassen als Rückzugsgebiet archaischer Weltbilder – auszeichnete, sondern vielmehr in vielfältiger Weise an die Kommunikationsströme der Zeit angeschlossen war und von Prozessen der Herrschaftstransformation und Territorialisierung intensiv erfasst wurde. Handelswege, überregionale kirchliche Organisationsformen wie die Bettelorden oder die Inquisition, offizielle kirchliche Verwaltungsstrukturen oder kommunikative Grossereignisse wie das Basler Konzil spielten dabei eine wesentliche Rolle.

Insgesamt war vor allem das 15. Jahrhundert im Bereich von Kirche und Religion durch widersprüchliche Entwicklungen gekennzeichnet: In den Benediktinerklöstern Schaffhausen und St. Gallen, aber auch bei den Bettelorden waren innerkirchliche Reformbemühungen, inspiriert zum Beispiel von den Klöstern Melk in Österreich und Kastl in Bayern, zu beobachten. In den Basler Klöstern besann man sich auf die alte Observanz. In der ↑Devotio moderna richtete sich die Frömmigkeit ganz auf die Passion aus. Es kam zur Verbreitung und Intensivierung von Frömmigkeitspraktiken wie den regionalen Wallfahrten, zu einer Fokussierung auf die Eucharistie im Kontext von Fronleichnamsprozessionen und zu immer mehr Messfeiern, die durch eine Zunahme sowohl von Stiftungen als auch von Klerikern bedingt und ermöglicht wurden. All diese Phänomene kontrastierten mit dem Gefühl einer wachsenden Bedrohung der Christenheit durch innere Feinde, einer Intensivierung der Kirchenkritik und einem zunehmenden Antiklerikalismus. So entsteht ein ambivalentes Bild von der materiellen Blüte kirchlicher Institutionen und frommer Stiftungen, der Intensivierung der Frömmigkeitspraxis und der gleichzeitigen Veräusserlichung und Ökonomisierung der Jenseitsvorsorge.

## Stiftungen, Jenseitsökonomie und Bilderlandschaften

Trotz aller Konflikte und Kirchenkritik war das 15. Jahrhundert im deutschen Sprachraum eine der kirchenfrömmsten Zeiten.[72] Als kulturelle Zentren lösten die Städte im Spätmittelalter die Klöster auch im Bereich der kirchlichen Kunst ab. Die in weiten Kreisen der Bevölkerung praktizierte Frömmigkeit führte vor allem seit der Mitte des 15. Jahrhunderts zu einer ausserordentlich grossen Zahl an Stiftungen – geschnitzte und gemalte Altäre, Einzelfiguren, Tapisserien, Wandmalereien, Gold- und Silberschmiedearbeiten, die die Kirchen in eine «grosse Bilderlandschaft»[73] verwandelten. In den Städten stifteten Laien und Geistliche, Handwerker, Bürger und Bauern, aber auch kollektive Organisationen wie Bruderschaften, Gesellschaften und Zünfte bis in die zwanziger Jahre des 16. Jahrhunderts und engagierten sich auf diese Weise für alle sichtbar in der Jenseitsfürsorge, zu der neben den Kunststiftungen auch Mess- und Armenstiftungen gehörten.

Der gotische Stil hatte sich von Westen her schon im 13. und 14. Jahrhundert beim Bau der Kathedralen und grossen Bettelordenskirchen durchgesetzt; dabei spielten ebenso oberrheinische wie nordfranzösische und burgundische, im Falle Lausannes sogar englische Einflüsse eine Rolle. Mit dem Baubeginn des Berner Münsters kamen Künstler aus unterschiedlichen Regionen Europas in die Stadt und machten ab 1459 die Berner Münsterbauhütte neben Strassburg, Köln und

Wien vor allem mit der Bildhauerei zur führenden Bauhütte im deutschsprachigen Raum. In der Malerei dominierte die «internationale Gotik», die als höfischer Stil um 1400 ganz Europa beherrschte, auch im Alpenraum, wo von Süden her kommend im 14. Jahrhundert zudem Maler der italienischen Protorenaissance arbeiteten.[74]

Schon lange spielten der Bodenseeraum und der Oberrhein für die Kunstentwicklung im Gebiet der späteren Schweiz eine zentrale Rolle. Im 14. und zu Beginn des 15. Jahrhunderts war Basel das überragende künstlerische Zentrum des deutschschweizerischen Raumes; während des Konzils wurde die Stadt zu einem Kunstmarkt von europäischem Format. Neu kam in dieser Zeit wohl in Folge des «grossen Sterbens» von 1439 die Darstellung des Totentanzes auf. Das Basler Konzil brachte auch Konrad Witz nach Basel und schliesslich nach Genf, wo er mit dem «Wunderbaren Fischzug» des Petrusaltars das erste realistische Landschaftsbild nördlich der Alpen schuf.[75] Die Basler Malerei beeinflusste unter anderem die sogenannten Nelkenmeister, eine Gruppe anonym auftretender Maler in den Jahren 1479 bis 1510. Im Zeichen einer roten und einer weissen Nelke scheinen sie sich bewusst als eidgenössische Malergeneration verstanden zu haben, die sich – in Freiburg, Solothurn, Baden, Bern und Zürich aktiv – auf sakrale Kunst beschränkte.[76]

Eine wichtige Rolle für die Eidgenossenschaft spielte auch die Glasmalerei. Schon im 14. Jahrhundert gehörten die Glasfenster von Königsfelden zu den erstrangigen Leistungen der europäischen Kunst, dafür sorgten hier die Kirche und die habsburgische Dynastie. Unterstützt von bürgerlichen Stiftern entstand im 15. Jahrhundert im Auftrag des Rates die Verglasung des Berner Münsterchores, die neu das Motiv der zehntausend Ritter aufnahm. Gegen Ende des Jahrhunderts entwickelte sich in der Schweiz und in Süddeutschland die Praxis, dass der Kaiser ebenso wie Adlige, Städte, Klöster, Zünfte, Bruderschaften, Schützengesellschaften oder Private Wappenscheiben zur Ausstattung von Neubauten schenkten und die eidgenössischen Orte Ämterscheiben anfertigen liessen.[77] Beliebt waren in den eidgenössischen Städten auch Brunnenfiguren nach Ulmer und Nürnberger Vorbildern, die ihren Ursprung in der lombardischen Frührenaissance hatten. Das Stadtpatriziat hatte schon im 14. Jahrhundert etwa in Zürich seine

**Berner Münster, Darstellung des Jüngsten Gerichts im Tympanon über dem Hauptportal der Westfassade, um 1490,** © *Photo Andreas Brechbühl, Münchenbuchsee.* — Der Erzengel Michael als Seelenwäger, im Vordergrund im Kampf mit dem Teufel, scheidet die Verdammten, die rechts in den Höllenschlund stürzen, von den Auserwählten links, die den Propheten und Heiligen durch die Himmelspforte nachfolgen.

**Konrad Witz, Môle und Mont-Blanc-Massiv (Detail aus dem «Wunderbaren Fischzug», linker Aussenflügel des Petrusaltars),** Öl auf Holz, 1444 (*Musée d'art et d'histoire, Genève*), © Musée d'art et d'histoire, Genève, Photo Bettina Jacot-Descombes. — Auf der linken Aussentafel des vom Genfer Bischof und Kardinal François de Metz für die Petrus-Kathedrale gestifteten Altars verlegt Konrad Witz die biblische Szene in die Genfer Hafenbucht. Neuartig ist die topographische Genauigkeit der Landschaftsdarstellung, die etwa im Bildhintergrund – wie in diesem Ausschnitt zu sehen – den spitzen Môle und die Schneeberge des Mont-Blanc-Massivs zeigt.

Repräsentationsräume mit Wandmalereien versehen, in denen eine eigene imaginäre Welt geschaffen wurde. Ab der Mitte des 15. Jahrhunderts entstand das beliebte oberrheinische «Heidnischwerk» – Wirkarbeiten wie Kissenbezüge, Teppiche und Antependien mit profanem oder religiösem Inhalt, deren Bezeichnung auf die fremde morgenländische Textiltechnik verwies.[78] In diesen Bildteppichen schuf sich das städtische Bürgertum einen Imaginationsraum zum Thema der rechten Ordnung, der von Minneallegorien, dem Kampf zwischen Tugend und Laster und «wilden Leuten» bevölkert wurde, die ihren Alltagsbeschäftigungen nachgingen (siehe die Abbildung auf S. 154).[79] Die eigene Geschichte, die zunächst als städtische Lokalgeschichte erzählt wurde, fand im letzten Viertel des 15. Jahrhunderts vor allem in Bern und Luzern, ähnlich wie in Augsburg, mit den Bilderchroniken zu einer nachhaltig wirksamen Anschauung. Auch wenn sich um 1500 erste Anzeichen für eidgenössische Charakteristika in der Kunstproduktion feststellen lassen, zeichnete sich die Kunst während des gesamten Spätmittelalters doch vor allem durch ihre europäischen Bezüge, die Mobilität von Künstlern und den intensiven überregionalen Austausch von Techniken und Themen aus.[80]

## DIE EIDGENOSSEN ALS NEUER EUROPÄISCHER MACHTFAKTOR

In den Jahren nach dem Alten Zürichkrieg konsolidierte sich die Eidgenossenschaft auf wenig spektakuläre, aber langfristig wirksame Weise. Im Sommer 1454 wurde die neue Geschlossenheit auch symbolisch unterfüttert, indem Luzern und Zug ihre Verpflichtungen gegenüber den Herzögen von Österreich, die sie sich in den ursprünglichen Bündnisbriefen des 14. Jahrhunderts vorbehalten hatten, in neuen Bündnistexten entfernten und die entsprechenden Urkunden auf 1332, 1351 und 1352 rückdatierten. Alle ursprünglichen Dokumente – mit Ausnahme eines Exemplars des Zürcherbriefes – wurden vernichtet und so die Erinnerung an die habsburgische Vergangenheit von Luzern und Zug in den zentralen Dokumenten gelöscht (siehe die Abbildung auf S. 145). Entsprechend wurden die alten Bünde zu Kampfbünden uminterpretiert, die in den Kontext des neu entstehenden Mythos vom jahrhundertelangen Befreiungskrieg reichsfreier Kommunen gegen die Unterdrückung durch Österreich und den Adel passten. Zeitgleich zu dieser ideologischen Neuorientierung folgten weitere mehr oder weniger punktuelle eidgenössische Expansionsversuche: 1454 wurden Schutzbündnisse mit Schaffhausen und St. Gallen geschlossen, 1458 eskalierte eher zufällig ein ↑Gesellenschiessen in Konstanz zum sogenannten Plappartkrieg, in dem eidgenössische Krieger Konstanz brandschatzten und den Thurgau heimsuchten, und 1460 konnten die Eidgenossen die Oberherrschaft im Thurgau, in Frauenfeld und in Diessenhofen übernehmen. Zu Beginn der 1460er Jahre hatten sie ihre Position am Rhein und am Bodensee so weit konsolidiert, dass nach 1461 trotz späterer schwerer Kämpfe keine wesentlichen Gebietsveränderungen mehr erfolgten.

Zur gleichen Zeit änderte sich im Westen mit der Thronbesteigung von Ludwig XI. in Frankreich (1461) und Karl dem Kühnen in Burgund (1465) die politische Gesamtkonstellation, was in den folgenden Jahren dazu führte, dass die Eidgenossen unter der Führung von Bern zu selbständigen Akteuren in der europäischen Politik wurden. Für die eben erst konsolidierte Eidgenossenschaft wurde diese neue Rolle schnell zur Belastungsprobe. Wandte sich die Mehrzahl der Orte dem seit 1463 mit Frankreich verbündeten Mailand zu, so hielt sich Bern zunächst an Burgund, um den wachsenden französischen Einfluss in Savoyen einzugrenzen. Diese machtpolitische Konfliktlinie wurde durch Spannungen zwischen den Orten untereinander verschärft. Auseinandersetzungen zwischen dem Habsburger Herzog Sigmund und den Eidgenossen führten schliesslich dazu, dass Sigmund im Vertrag von Saint-Omer im Jahr 1469 den Sundgau, die Grafschaft Pfirt und die Waldstädte, Rheinfelden, Säckingen, Laufenburg und Waldshut, an den Herzog von Burgund verpfändete, der ihm dafür seine Unterstützung gegen die Eidgenossen zusicherte und damit eine Neuorientierung der Berner Politik provozierte.

### Die Burgunderkriege

Mit den darauffolgenden Burgunderkriegen (1474–1477), in die als Nebenakteure auch Savoyen, Mailand, Bayern, Böhmen, Ungarn und das Osmanische Reich involviert waren, wurden die Eidgenossen unter Berner Führung neben Österreich, Burgund und Frankreich zu Hauptakteuren der europäischen Geschichte.[81]

Zu dieser Zeit politisierte Ludwig XI. gegen Savoyen, Herzog Sigmund von Österreich war in der Ostschweiz in Konflikte mit den Eidgenossen verstrickt, und Bern verfolgte in der Westschweiz und am Genfersee eine offensive Interessenpolitik. Seit dem Vertrag von Saint-Omer sah sich Bern von Waldshut am Hochrhein über die Freigrafschaft Burgund bis zum Genfersee mit einem zunehmend feindlichen Burgund konfrontiert. Aus den ehemaligen Bündnispartnern wurden allmählich Konkurrenten – eine Entwicklung, die weiter eskalierte, nachdem Burgund Peter von Hagenbach, der wegen seiner Amtsführung bald verhasst war, als Landvogt über die oberrheinischen Pfandlande eingesetzt hatte.

Trotz interner Auseinandersetzungen in Bern selbst, wo während des Twingherrenstreits die adligen Befürworter einer expansiven Machtpolitik vorübergehend durch ein Zunftregiment abgelöst wurden, und trotz divergierender Interessen zwischen Bern und den übrigen eidgenössischen Orten kam es 1470 zum Bündnis mit Frankreich. Wachsende Spannungen zwischen Karl dem Kühnen und Kaiser Friedrich III. führten schliesslich dazu, dass Herzog Sigmund von Österreich und die Eidgenossen ihre jahrzehntelang andauernden Auseinandersetzungen 1474 mit der sogenannten ↑Ewigen Richtung beendeten und den französischen König als Vermittler anerkannten. Gleichzeitig schlossen die Eidgenossen mit Basel, Colmar, Schlettstadt, Strassburg und den Fürstbischöfen von Basel und Strassburg ein antiburgundisches Bündnis auf zehn Jahre, das durch den Beitritt von Herzog Sigmund zur sogenannten Niederen Vereinigung wurde und ihm erlaubte, die an Burgund verpfändeten Gebiete mit Hilfe der elsässischen Reichsstädte wieder einzulösen. Im Oktober sagte Ludwig XI. den Eidgenossen in einem Soldvertrag militärische Hilfe gegen den Herzog von Burgund, Karl den Kühnen, zu und verpflichtete sich zu jährlichen Pensionszahlungen von 20 000 Gulden. Im Gegenzug erhielt er das Recht, in der Eidgenossenschaft Söldner anzuwerben.

Mit der Belagerung der Stadt Neuss am Niederrhein im Jahr 1474 löste Karl der Kühne einen Reichskrieg aus. Die Eidgenossen erklärten «als helffer uff manung des richs» dem Herzog den Krieg.[82] Trotz der Einnahme von Héricourt bei Belfort wurde der Angriff auf die Freigrafschaft Burgund abgebrochen, weil die französische Hilfe ausblieb. In der Folge entschloss sich Bern gemeinsam mit Freiburg zum Alleingang in der Waadt. Nach einem Freischarenzug in den Sundgau und in die Freigrafschaft Burgund eroberte Bern unter Führung von Niklaus von Diesbach Grandson, Echallens, Orbe und Jougne. Ohne Unterstützung durch die übrigen Eidgenossen griffen die Berner gemeinsam mit Freiburg, Solothurn und der Niederen Vereinigung die Freigrafschaft an. Als Diesbach noch während des Vorstosses starb, wurde der Feldzug abgebrochen und die antiburgundische Koalition schien auseinanderzubrechen. Dennoch eroberte Bern gemeinsam mit Freiburg und dem Wallis die Waadt und nahm dabei 16 Städte und 43 Burgen ein. Die Walliser ihrerseits bemächtigten sich des Rhonetals bis nach Saint-Maurice. Schlossbesatzungen wurden massakriert, das offene Land geplündert.

**Der burgundische Machtbereich zur Zeit der Burgunderkriege**

Quelle: Claudius Sieber-Lehmann, Die Schweiz im Spätmittelalter, in: Helmut Meyer et al. (Hg.), Die Schweiz und ihre Geschichte, Lehrmittelverlag des Kantons Zürich 1998, S. 151, © 2013 Schwabe AG, Verlag, Basel, und Kohli Kartografie, Kiesen.

**Fahne des Grossen Rates der Stadt Zug, sogenanntes Saubanner, vermutlich zweite Hälfte 17. Jahrhundert** *(Museum Burg Zug).* — Das Banner zeigt das Motiv des Narren, der eine Sau und ihre Jungen füttert. Es diente vermutlich dem «Grossen Rat der Stadt Zug», einer Gesellschaft junger, lediger Männer, für ihre Rügebräuche, mit denen sie während der Fasnachtszeit anstelle des offiziellen Rates sittlich-moralische Verfehlungen anprangerten. Dass es sich um das Feldzeichen des Saubannerzuges von 1477 handelt, wie immer wieder vermutet wurde, ist unwahrscheinlich.

In diesem Moment griff Karl der Kühne ein, der zuvor bereits mit dem französischen König einen mehrjährigen Waffenstillstand und mit dem Kaiser einen zeitlich unbefristeten Frieden geschlossen hatte. Im Februar 1476 eroberte er Grandson zurück und liess seinerseits die eidgenössische Besatzung hinrichten. Kurz darauf gelang es den Eidgenossen, in einem Überraschungsangriff am 2. März 1476 die sagenhafte Burgunderbeute zu erobern: Das gesamte burgundische Kriegsmaterial mitsamt dem herzoglichen Lager fiel in ihre Hände. Karl der Kühne stellte daraufhin umgehend ein neues Heer zusammen, erklärte seine Schirmherrschaft über Savoyen und gab die Verlobung seiner Tochter Maria mit dem Kaisersohn Maximilian bekannt. Im Juni 1476 folgte die Belagerung von Murten. Den Eidgenossen und ihren Verbündeten gelang es, die Belagerung zu sprengen und einen grossen Teil des burgundischen Heeres zu vernichten. Karl der Kühne entkam nur mit knapper Not und brach den Feldzug ab. Mit Hilfe eidgenössischer Söldner gelang es Herzog René von Lothringen, sein Herzogtum in der Schlacht von Nancy am 5. Januar 1477 zurückzuerobern; Karl der Kühne wurde nach der Schlacht von Unbekannten erschlagen.

Savoyen erhielt zwar schon 1476 die Waadt zurück, faktisch aber begann eine Doppelherrschaft, die es den Bernern ermöglichte, die künftige Eroberung der Waadt vorzubereiten. Das Burgunderreich wurde im Frieden von 1477 zwischen Frankreich und Österreich aufgeteilt. Bern konnte seine Hoffnungen auf Gebietsgewinne und die Übernahme des Salzhandels in der Freigrafschaft nicht verwirklichen. Auf der europäischen Ebene aber veränderte der Ausgang der Burgunderkriege die europäischen Machtkonstellationen nachhaltig: Das von Karl dem Kühnen geeinte neuburgundische Reich verschwand endgültig und der jahrhundertelange Konflikt zwischen Frankreich und Habsburg nahm seinen Anfang – er erreichte seinen Höhepunkt bereits zu Beginn des 16. Jahrhunderts im Kampf um Italien. Die Eidgenossen wurden mit den Burgunderkriegen zur umworbenen europäischen Militärmacht. Eine entsprechende Grossmachtpolitik konnte sich aber nicht nachhaltig etablieren, denn die einzelnen Städte- und Länderorte waren nicht bereit, ihre Selbständigkeit aufzugeben. Vielmehr verfolgten sie weiterhin und zunehmend rücksichtslos ihre Einzelinteressen. Entsprechend gross wurde die Distanz zwischen Städte- und Länderorten, die Ende der 1470er Jahre zum Grundsatzkonflikt führte.

Die Länderorte Schwyz, Uri und Obwalden waren für ihre wirtschaftliche Versorgung mit Getreide, Wein und Salz dank der zunehmenden Spezialisierung auf die Viehwirtschaft und dem entsprechenden Export von Grossvieh und Milchprodukten in der ennetbirgischen Politik stark engagiert. In der Innerschweiz, aber auch in Zürich, Freiburg und Solothurn wurden zudem der Solddienst und die damit verbundenen Pensionenzahlungen zu einem immer wichtigeren Wirtschaftsfaktor, der zu Interessenkonflikten zwischen einzelnen Orten führte. Darüber hinaus war in den Landsgemeindeorten, zu denen auch die drei rätischen Bünde zählten, die Durchsetzung des Gewaltmonopols durch die Obrigkeiten erst in Ansätzen gelungen; noch immer waren einzelne Anführer aus Adelsgeschlechtern oder den neuen Häupterfamilien in der Lage, spontane Auszüge von Freischaren zu organisieren. So entstand in der zweiten Hälfte des 15. Jahrhunderts ein mehrschichtiges Spannungsgeflecht von Interessengegensätzen, aber auch Abhängigkeiten zwischen Länder- und Städteorten, die in der Folge der Burgunderkriege ein erhebliches zentrifugales Potential entwickelten.

In der Fasnachtszeit des Jahres 1477 formierte sich in der Innerschweiz ein von der Obrigkeit nicht sanktionierter militärischer Auszug. Dieser «Gesellschaft vom torechten Leben» schlossen sich immerhin an die 2000 Mann an, um in Genf einen noch ausstehenden ↑Brandschatz selbst einzutreiben. Diesen «Saubannerzug», wie er nach dem mitgeführten Banner genannt wurde, nahmen die Berner als Bedrohung des Landfriedens in ihrem Herrschaftsgebiet wahr. Als Reaktion schlossen sie mit den Städten Freiburg, Solothurn, Luzern und Zürich einen eigentlichen Sonderbund, gegen den die Länderorte Ende des Jahres 1477 ein Rechtsverfahren eröffneten. Die Beilegung des Konfliktes wurde durch einen zunächst eigenmächtigen Zug der Urner in die Leventina, der mit einem Sieg über das mailändische Heer bei Giornico endete, und den Amstaldenhandel im Entlebuch erschwert. Erst im Dezember 1481 konnte eine Einigung erzielt werden. Im Stanser Verkommnis trafen die Mitglieder der Eidgenossenschaft Vereinbarungen über die Friedenssicherung zwischen den Orten: Überfälle auf Miteidgenossen oder deren Verbündete wurden verboten, ebenso wie eigenmächtige Versammlungen und Zusammenrottungen oder das Aufstacheln von Miteidgenossen gegen ihre jeweiligen Obrigkeiten. Zusätzlich wurden Freiburg und Solothurn ins Bündnis aufgenommen und den anderen ↑Zugewandten Orten, St. Gallen, Schaffhausen und Appenzell, gleichgestellt. Damit gelang es, die internen Konflikte auf der Grundlage des bestehenden Bündnisrechts beizulegen und zumindest für den Moment ein Gleichgewicht zwischen den Städte- und Länderorten herzustellen. Die Eidgenossenschaft wurde nun auch von aussen erkennbar zu einem Komplex mit einem Kern von acht Orten und weiteren Bündnispartnern minderen Rechts. So entstand die sogenannte achtörtige Eidgenossenschaft, die traditionellerweise von der Geschichtsschreibung in die Mitte des 14. Jahrhunderts datiert wurde.[83]

### Schwaben- versus Schweizerkrieg

Die Konsolidierung der Eidgenossenschaft als gefestigtes Bündnissystem und die verstärkte Verflechtung der eidgenössischen Geschichte mit der europäischen Politik manifestierte sich am Ende des 15. Jahrhunderts im sogenannten Schwabenkrieg,[84] der andernorts auch als Schweizerkrieg in die Geschichtsschreibung einging und sich durch ein «vielschichtiges und verworrenes Geschehen»[85] auszeichnete.

1488 schlossen sich auf Initiative des Habsburger Kaisers Friedrichs III. der Adel, der Ritterbund St. Jörgenschild und die süddeutschen Städte unter Führung von Ulm zum Schwäbischen Bund zusammen, um die Machtverhältnisse im Bodenseegebiet zu konsolidieren und die bayerische Expansionspolitik von Herzog Albrecht IV. einzudämmen. 1493 gelang es Habsburg-Österreich und Frankreich, ihren Konflikt um das Burgundererbe beizulegen. Daraufhin wurde der französische König Karl VIII. in Italien aktiv. Entsprechend wurde auch für die Habsburger der italienische Schauplatz und mit ihm die Verbindung von Österreich nach Mailand wichtiger, zumal König Maximilian I. von Habsburg im Jahr 1494 in zweiter Ehe Bianca Sforza, die Nichte des Mailänder Herzogs Ludovico Sforza, genannt «Il moro»,

> « *Die Schweitzer sind die rechte edellüt: ir tugent innen den adel vorußgit.*»
>
> «Die Schweizer sind die wahren Edelleute, ihre Tugend gibt ihnen den Adel als Vorzug.» — Balthasar Spross, Das Spiel von den alten und jungen Eidgenossen [1513], hg. von Friederike Christ-Kutter, Bern 1963, S. 75.

geheiratet hatte. So gerieten die Herrschaftsverhältnisse im östlichen Mittelland und in Graubünden – zwischen Bodensee und Vintschgau – stärker ins Blickfeld der europäischen Machtpolitik. Zugleich wurde in den 1480er Jahren die Diskussion um die Reichsreform mit dem Ziel wieder aufgenommen, die Reichsgewalt gegen innere und äussere Bedrohungen zu stärken: Konkret sollte der Landfrieden durch eine bessere Gerichtsorganisation, das neue ↑Reichskammergericht, wirkungsvoller geschützt werden, und die Reichsstände sollten in einem Reichsregiment organisiert die inneren Reichsgeschäfte führen.

Erste Ergebnisse wurden 1495 sichtbar, als auf dem Reichstag zu Worms ein Ewiger Landfrieden proklamiert, das Reichskammergericht, das als erste Instanz zwischen reichsunmittelbaren Landesfürsten und Reichsstädten dienen sollte, eingerichtet und der ↑Gemeine Pfennig als neue Steuer zur Finanzierung der Türkenkriege bewilligt wurden. Die Eidgenossen waren in Worms nicht offiziell vertreten. Als sich die neuen Beschlüsse im Zusammenhang mit dem Gemeinen Pfennig konkret auszuwirken begannen, erklärten sie, sie wollten keine «nüwerungen», sondern in der bisherigen Form beim Reich bleiben.[86] Zu Beginn des Jahres 1499 eskalierte der Konflikt um den Vintschgau im Südtirol, als der Churer Gotteshausbund das Münstertal besetzte, nachdem Tiroler Truppen im Etschtal eingegriffen hatten. Das folgende Beistandsgesuch an den Grauen Bund löste eine ganze Kette von weiteren Bündnisverpflichtungen aus. Denn seit den 1460er Jahren waren der Gotteshausbund, der Graue Bund und der Zehngerichtenbund direkt und indirekt miteinander verbündet; seit 1497/98 bestand ausserdem ein Bündnis der sieben östlichen Orte der Eidgenossenschaft mit dem Grauen Bund und dem Gotteshausbund, das die politischen Beziehungen Bündens zur Eidgenossenschaft akzentuierte. Ein schon Ende Januar 1499 vermittelter Waffenstillstand wurde nicht eingehalten, und es kam zur weiteren Konflikteskalation im oberen Rheintal und im Sarganserland, nachdem Österreich seinerseits den Schwäbischen Bund zu Hilfe gerufen hatte. Als wichtigste Kriegsgebiete im nun folgenden allgemeinen Landkrieg erwiesen sich im Osten Graubünden, Tirol und Vorarlberg, am Bodensee das Gebiet um Konstanz sowie der Hegau und der Klettgau, im Westen das Rheintal

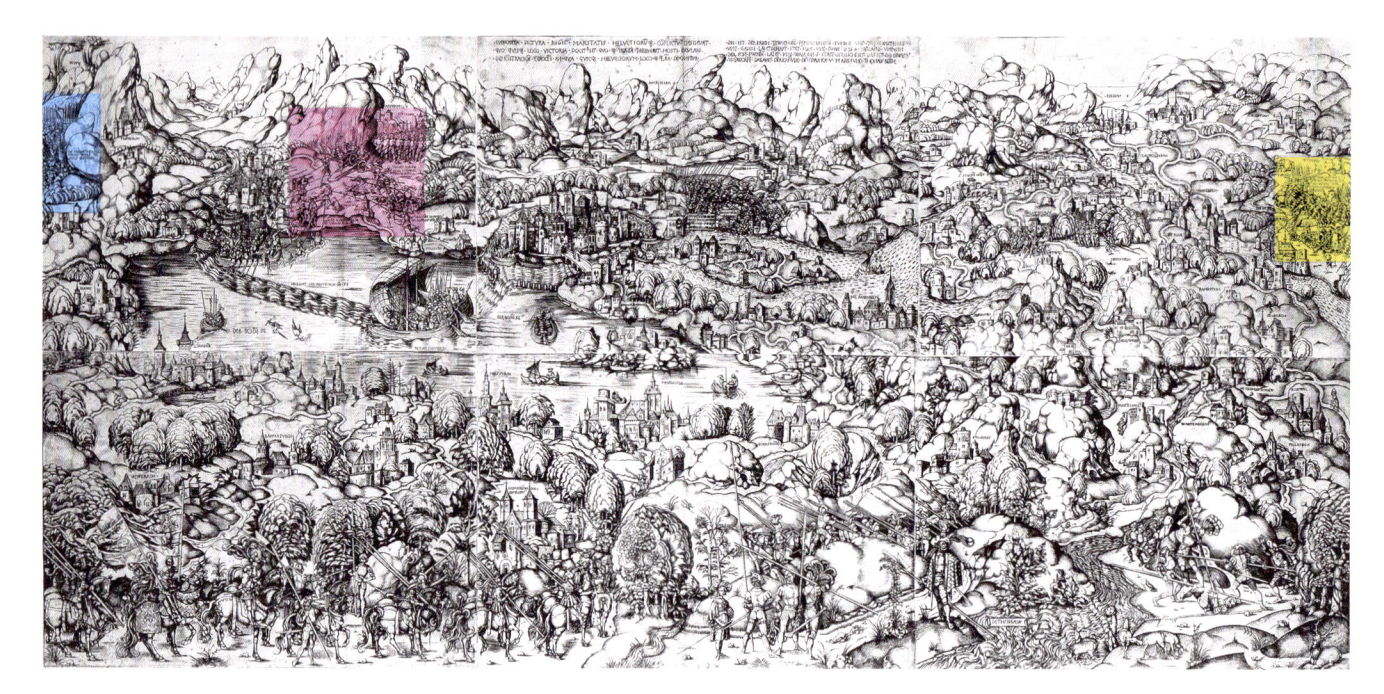

**Der Schwabenkrieg (sogenannte Bodenseekarte), Kupferstich des Monogrammisten P.P.W., 1499** *(Germanisches Nationalmuseum, Nürnberg, K 12121-12125 u. K 162), © Germanisches Nationalmuseum, Photo Monika Runge.* — Die Karte des sogenannten Meisters P.P.W. entstand wohl im Umfeld von Kaiser Maximilian. Mit Blick nach Süden zeigt sie verschiedene Schauplätze des Schwabenkrieges, vom Sundgau über die Bodenseeregion und Vorarlberg bis ins Vintschgau. Farbig markiert sind hier drei wichtige eidgenössische Siege:
- 🟦 die Schlacht an der Calven (22. Mai 1499),
- 🟥 die Schlacht im Schwaderloch (11. April 1499),
- 🟨 die Schlacht bei Dornach (22. Juli 1499).

zwischen Waldshut und Basel bis in den Sundgau hinein.

Der Schwabenkrieg spielte sich im Wesentlichen als rasche Folge gegenseitiger Raub- und Zerstörungszüge ab, eine übergeordnete militärische Strategie lässt sich nicht erkennen. Am 20. April 1499 erzielten die Eidgenossen bei Frastanz nahe Feldkirch einen grossen Schlachterfolg. Maximilian, der noch zu Beginn des Jahres mit der Niederschlagung eines Aufstandes in Geldern am Niederrhein beschäftigt gewesen war, erliess daraufhin einen Aufruf zum Reichskrieg gegen die Eidgenossen, den er propagandistisch durch die Darstellung der Geschichte der Eidgenossenschaft als anhaltende Rebellion von «bösen groben und schnöden gepurslüten»[87] überhöhte. In der Schlacht an der Calven im Münstertal vom 22. Mai waren die Eidgenossen erneut siegreich, am 22. Juli schlugen sie in der Schlacht bei Dornach ihre Gegner vernichtend. Dennoch waren es vor allem allgemeine Kriegsmüdigkeit, aber auch Versorgungsengpässe und wirtschaftliche Schwierigkeiten auf Seiten der Eidgenossen, die schliesslich nach entsprechenden Verhandlungen am 22. September zum Frieden von Basel führten.

Als einzigen territorialen Gewinn konnten die Eidgenossen das Landgericht im Thurgau verbuchen und so ihre Herrschaft konsolidieren. Mit dem Schwabenkrieg verfestigte sich die Nordgrenze der Eidgenossenschaft mit Hochrhein, Bodensee und Alpenrhein, ihre expansive Bündnispolitik nach Norden musste sie in der Folge aufgeben. 1501 traten Basel und Schaffhausen der Eidgenossenschaft bei, 1513 folgte Appenzell. Die Beziehungen zum deutschen König konnten weitgehend normalisiert werden, und schon 1500 erneuerte Maximilian sein Bündnis mit Zürich, Bern, Uri und Unterwalden und bestätigte so indirekt auch die Ewige Richtung aus dem Jahre 1474.

Mit dem Friedensschluss gelang es den Eidgenossen, formell ihre Sicht durchzusetzen, wonach sie nie gegen das Reich in den Krieg gezogen waren; mit diesem Argument konnten sie zudem ihre traditionelle Reichszugehörigkeit sichern, ohne die Neuerungen der Reichsreform von 1495 zu akzeptieren. Faktisch erreichten sie damit eine Sonderstellung im Reich, dessen Jurisdiktion zumindest die acht Alten Orte nicht unterstellt wurden. Auf diese Weise konnte die Eidgenossenschaft eine ähnlich privilegierte Stellung gegenüber dem Reich erlangen wie Österreich. Im gleichen Zeitraum entwickelte die Eidgenossenschaft auch ein neues, eigenständiges Selbstbewusstsein. War das Bild der Eidgenossen zunächst vor allem durch die Negativstereotype der Gegner formuliert worden, die von Österreich und seinen Parteigängern nach der Schlacht von Sempach, vor allem aber im Kontext des Alten Zürichkriegs polemisch gegen die Eidgenossen gerichtet worden waren, so wird in der propagandistischen Produktion im Kontext des Schwabenkriegs ein neues, positives Selbstbild fassbar, das den österreichischen Vorwurf Maximilians, als schnödes Bauernvolk keine Tugend zu besitzen, ins Gegenteil verkehrte (siehe Zitat S. 175).

### Die Mailänderkriege: Das Ende eidgenössischer Grossmachtambitionen

Die veränderten europäischen Machtkonstellationen und das neue «schweizerische» Selbstverständnis zeitigten auch auf dem oberitalienischen

Schauplatz Folgen. Mailand hatte seine Herrschaft ausgehend von der mittleren und westlichen Lombardei seit der Mitte des 14. Jahrhunderts in bedeutendem Masse ausdehnen können;[88] auch das Gebiet des heutigen Tessins befand sich zu diesem Zeitpunkt unter mailändischer Herrschaft. Gian Galeazzo Visconti, unter dem diese expansive Tendenz ihren Höhepunkt erreichte, wurde schliesslich im Jahr 1395 von König Wenzel von Luxemburg die Herzogswürde zugesprochen. Die Schwäche der Visconti nach dem Tod Gian Galeazzos konnten verschiedene eidgenössische Orte nutzen, um ihren Einfluss nach Süden auszudehnen. Schon im 14. und 15. Jahrhundert waren die Innerschweizer und insbesondere die Urner an der Ausdehnung ihres Herrschaftsgebietes auf der Südseite der Alpen im Tessin interessiert. Walliser und Berner hatten Interesse am Val d'Ossola als Zubringer des Simplons und die Bündner interessierten sich für Chiavenna, das Veltlin und Bormio. Im Zuge ihrer Expansionspolitik nach Süden schlossen Uri und Obwalden 1403 ein Bündnis mit der Leventina. In den folgenden Jahrzehnten fanden immer wieder Auseinandersetzungen mit Mailand statt, bis schliesslich die Urner mit dem Sieg bei Giornico im Jahr 1478 ihre Herrschaft über die Leventina endgültig sichern konnten. Zehn Jahre später erfolgten erste militärische Vorstösse der ↑Drei Bünde in die mailändischen Herrschaften Veltlin und Bormio.

Mit dem Neapelfeldzug des französischen Königs Karl VIII. im Jahre 1494 wurde Oberitalien zum europäischen Kriegsschauplatz, auf dem der Kampf um die Oberherrschaft in Italien ausgetragen wurde.[89] Neben dem Herzogtum Mailand, Frankreich, Habsburg, Aragon, Venedig und dem Papst waren auch die Eidgenossen in die Auseinandersetzungen involviert und versuchten damit zum ersten Mal, aktiv eine eigene europäische Machtpolitik zu betreiben. Hierfür aber waren die vergleichsweise lockeren Bundesstrukturen wenig geeignet: Wie sich schnell zeigte, gingen die einzelnen eidgenössischen Orte in Oberitalien ihren je eigenen Interessen nach und konnten sich nicht auf eine einheitliche Politik einigen. Während Bern auf der Seite Mailands stand und wegen Savoyen und seiner Expansionsbestrebungen im Waadtland antifranzösisch eingestellt war, versuchte etwa Uri zusammen mit Frankreich gegen Mailand und Habsburg vorzugehen. Gleichzeitig wurden die eidgenössischen Reisläufer von den verschiedenen Kriegsparteien umworben. Söldnerscharen aus Uri besetzten 1495 das Bleniotal und die Riviera. Nach der französischen Eroberung von Mailand und der Gefangennahme von Ludovico Sforza übernahmen Uri, Schwyz und Nidwalden im Jahr 1500 die Herrschaft in Bellinzona, dem Hauptort der alpinen Territorien Mailands. Im Frieden von Arona 1503 konnten sie ihre Gebietsgewinne als gemeinsamen Besitz sichern.

Als es in den Kämpfen zwischen Frankreich und Spanien um Neapel, an denen auch eidgenössische Söldner beteiligt waren, zu hohen Verlusten kam, löste dies in den eidgenössischen Orten Diskussionen um Pensionszahlungen und Fremde Dienste sowie Auseinandersetzungen zwischen den Orten um die eidgenössische Bündnispolitik aus. In der Folge wurde das Soldbündnis mit Frankreich nicht mehr erneuert und der Fürstbischof von Sitten, Matthäus Schiner, konnte 1510 eine Allianz zwischen den Eidgenossen und Papst Julius II. vermitteln, die dazu führte, dass die Eidgenossen sich an den Feldzügen der Heiligen Liga beteiligten, die der Papst 1511 mit Venedig, Spanien und England gründete, um die französische Vorherrschaft in Oberitalien zu brechen. Die Eidgenossen konnten im Frühjahr 1512 Cremona, Pavia und Mailand einnehmen und die Franzosen aus der Lombardei vertreiben. Im Gegenzug gelang es den eidgenössischen Orten und den Drei Bünden, Geldzahlungen und erhebliche Gebietsabtretungen (Lugano, Locarno, Maggiatal, Domodossola, Veltlin, Drei Pleven) zu erhalten und so die Grundlage für den Einbezug des Tessins in das eidgenössische Herrschaftsgebiet als Gemeine Herrschaft zu legen. Im folgenden Jahr, 1513, sicherten sich die Eidgenossen mit ihrem Sieg in der Schlacht von Novara die Vorherrschaft über Mailand und erreichten mit dem erfolgreichen Kriegszug gegen Dijon den Höhepunkt ihrer Macht. Entsprechend bewundernd äusserten sich zeitgenössische Kommentatoren wie Niccolò Machiavelli, der in ihnen Bürgersoldaten nach altrömischem Vorbild sah, deren archaisch-ländliche Unverdorbenheit der humanistisch-individualistischen Elitekultur Italiens überlegen sei.[90]

Aber schon kurz darauf änderte sich die machtpolitische Konstellation in Oberitalien erneut und die Eidgenossen wurden isoliert. Gleichzeitig wurde deutlich, dass sie mit den komplexen Anforderungen einer Herrschaft über Mailand überfordert waren. Dem neuen französischen König Franz I., der überraschend schnell in Oberitalien erschien, gelang es, einen Sondervertrag mit Bern, Freiburg, Solothurn und Biel abzuschliessen. Die übrigen Eidgenossen stellten sich am 13. September 1515 bei Marignano in der Nähe von Mailand der Schlacht.[91] Ihre Niederlage führte zum endgültigen Verlust Mailands und zum Ende eidgenössischer Grossmachtambitionen. Im folgenden Friedensvertrag von 1516 gelang es den Eidgenossen immerhin, das Gebiet des heutigen Tessins als Gemeine Herrschaft zu sichern, und den Drei Bünden, das Veltlin

**Urs Graf, Fähnrich und Dirne, Federzeichnung, 1516** (*Kunstmuseum Basel, Kupferstichkabinett*), © Öffentliche Kunstsammlung Basel, Photo Martin Bühler. — Urs Graf zeigt den Fahnenträger in der typisch modischen Kleidung der Reisläufer mit Schweizerdolch und Schwert im Blickkontakt mit einer jungen Frau, die durch ihr geschürztes Kleid und den prall gefüllten Beutel als Dirne gekennzeichnet ist. Auch sie trägt auf dem Rücken einen Schweizerdolch und überschreitet damit die Grenze zwischen den Geschlechtern.

mit Chiavenna und Bormio zugesprochen zu erhalten. Der französische König konnte sich mit diesem Frieden für Jahrhunderte einen privilegierten Zugang zu den eidgenössischen Reisläufern sichern; ein Faktum, dass die Geschichte der Eidgenossenschaft in der Frühen Neuzeit nachhaltig prägen sollte.

### Reislauf – zwischen Ökonomie, Politik und Moral

Um 1500 waren die Schweizer Reisläufer zum Inbegriff für die politisch-militärische Stärke der Eidgenossen und zugleich auch für deren wilde Rohheit und Käuflichkeit geworden. In Texten, Liedern und Bildern verherrlicht und verspottet, wurden sie zu medialen Figuren, deren Bedeutung für die Geschichte der Eidgenossenschaft bis heute ebenso umstritten ist wie ihre gesellschaftsgeschichtliche Beurteilung. Seit dem Spätmittelalter wurden «Schweizer» Söldner in Europa zunehmend nachgefragt. Zwischen den Mailänderkriegen und der Französischen Revolution spielten die Fremden Dienste ihre grösste Rolle.[92] Mit diesem Begriff wurden sowohl von Militärunternehmern individuell angeworbene Reisläufer wie auch im Auftrag der Obrigkeit aufgrund zwischenstaatlicher Verträge rekrutierte Truppen bezeichnet.

Reisläufer aus dem Gebiet der heutigen Schweiz lassen sich bereits im 13. Jahrhundert im Dienste der Kaiser nachweisen, Ende des Jahrhunderts kämpften sie für Rudolf von Habsburg. Zu Beginn des 14. Jahrhunderts zog Werner von Homberg, Reichsvogt in den Waldstätten, als Soldunternehmer mit dem deutschen König nach Italien. In diesem Jahrhundert stieg die Zahl der Reisläufer beträchtlich an. Seit 1370 nahmen die Visconti Schweizer Söldner in ihren Dienst und seit dem eidgenössisch-französischen Bündnis von 1453 und den Siegen in den Burgunderkriegen nahm die Anwerbung von Schweizer Söldnern vor allem durch den französischen König erheblich zu. Gleichzeitig traten sie nun häufiger auch in italienische und vor allem in mailändische Dienste.

Wie generell in Europa kamen auch in der Eidgenossenschaft im Spätmittelalter eigentliche Militärunternehmer auf, die als Zwischenhändler für die auswärtigen Herrscher die Rekrutierung von Truppen besorgten. Seit den Burgunderkriegen sind in der Eidgenossenschaft öffentliche wie auch geheime Zahlungen von sogenannten Pensionen belegt, die ebenso zur Beeinflussung politischer Entscheidungen wie zur Sicherung des Zugangs zum eidgenössischen Söldnerpotential dienten und die Entstehung und den Aufstieg eigentlicher Honoratioren und Kriegsunternehmer ermöglichten. Exemplarisch gilt dies für Hans Waldmann, den Zürcher Bürgermeister, der Ende des 15. Jahrhunderts selbst in den Krieg zog, als Militärunternehmer arbeitete und für die Pensionenzahlungen berüchtigt war, die er von Mailand ebenso wie von Frankreich erhielt. Längerfristig sicherten sich schliesslich die Orte selbst einen Teil der Gewinne, indem sie die Verhandlungen mit den auswärtigen Herrschern und den Truppenführern übernahmen.

Seit den Mailänderkriegen standen zeitweise 10 000 bis 20 000 Mann in französischen Diensten. Die demographischen Auswirkungen dieser Entwicklung sind umstritten. Insgesamt hat sich das Bevölkerungswachstum durch die Tatsache, dass ein erheblicher Anteil der Reisläufer im Krieg getötet wurde, wohl verlangsamt; allerdings waren die Auswirkungen des Reislaufens regional sehr unterschiedlich. Die Zunahme der Bevölkerung in den Berggebieten seit dem 15. Jahrhundert und die

Spezialisierung auf die weniger arbeitskräfteintensive Viehwirtschaft werden als Ursache dafür angesehen, dass ein wachsendes Bevölkerungsreservoir zur Rekrutierung von Reisläufern zur Verfügung stand.

Ökonomisch bot der Solddienst jungen Männern aus den wachsenden ländlichen Unterschichten, aber auch aus dem Handwerkermilieu und mittleren Bürgertum kurzfristige Verdienstmöglichkeiten und den Militärunternehmern und Pensionenherren zum Teil beträchtliche Gewinnchancen. Pensionenzahlungen beeinflussten politische Entscheidungen und trugen vor allem in den Länderorten wesentlich zum Staatshaushalt bei. Finanzpolitisch waren die Pensionengelder ein wichtiger Faktor beim Aufbau des international agierenden Basler Stadtwechsels. Wirtschaftspolitisch erlaubten es Solddienstkapitulationen, wie sie ab 1474 mit dem französischen König geschlossen wurden, den Orten, sich einen privilegierten Zugang für ihre Salzversorgung zu sichern. Ob auch Frauen im Tross zur Versorgung der Truppe an den Kriegszügen teilnahmen, wie dies für die Frühe Neuzeit ausserhalb der Schweiz belegt ist,[93] und ob sie sich damit zumindest temporäre Verdienstmöglichkeiten erschliessen konnten, wird aus den schriftlichen Quellen nicht deutlich. Als Prostituierte dagegen sind sie fester Bestandteil der Berichterstattung über die eidgenössischen Feldzüge wie der Bilderchroniken und vor allem der Reisläuferdarstellungen.

Die hohen Verluste auf den Schlachtfeldern, die Berichte über Gräueltaten, der politische Zwist und der Vorwurf der Käuflichkeit führten zu einer intensiven Debatte über die Reisläufer und das Geschäft mit dem Solddienst, das vor allem von Zwingli heftig verurteilt wurde. 1503 versuchten die eidgenössischen Orte im sogenannten Pensionenbrief erfolglos, Pensionszahlungen aller Art zu verbieten – «fleisch und bluot verkouff»[94], wie es in Ämterbefragungen 1516 kritisch hiess. Vor allem nach der Schlacht von Novara 1513 kam es zu heftigen Unruhen (siehe Kapitel von Randolph Head, S. 209): Nach der Kirchweih in Köniz zogen Gesellen plündernd in die Stadt Bern, in Luzern waren es mehrere tausend Aufständische, die empört über die städtischen Pensionenherren vor der Stadt aufmarschierten, und auch in Zürich empörte sich die Bevölkerung nach der Niederlage von Marignano im sogenannten Lebkuchenkrieg über vermutete französische Zahlungen. Damit war die Frage, wer von den Kriegszügen und Soldwerbungen profitierte und wer die Kosten – vor allem an Menschenleben – zu tragen hatte, zum Politikum geworden.

Reisläufer und eidgenössische Krieger waren aber auch in anderer Hinsicht ein brisantes Thema. Schon während des Schwabenkrieges fand ein Propagandakrieg statt, in dem die deutschen Landsknechte ihre eidgenössischen Konkurrenten als Kuhschweizer, Sodomiten und prunkvoll aufgeputzte Gecken verhöhnten, während die Schweizer Söldner den Landsknechten Undiszipliniertheit und Feigheit vorwarfen. Trotz grosser struktureller Gemeinsamkeiten zwischen den beiden Gruppen, die auf dem internationalen Söldnermarkt miteinander konkurrierten, entstanden so scharfe diskursive und imaginäre Grenzziehungen mit paranationalen Obertönen; Grenzziehungen, die das «Wir-Gefühl» der jeweiligen Gruppen markant stärkten und zu einer Fülle von Texten, Liedern und bildlichen Darstellungen führten.[95] Besonders präsent im schweizerischen Bildgedächtnis sind die Darstellungen von Urs Graf und Niklaus Manuel, zwei Künstlern, die beide selbst an Kriegszügen nach Oberitalien zu Beginn des 16. Jahrhunderts teilgenommen hatten. Ihre Zeichnungen, Drucke und Glasscheiben mit Darstellungen von Reisläufern, Bannerträgern und Dirnen sind ebenso Ausdruck eines neuen Selbstbewusstseins wie Teil des reformatorischen Diskurses über Sittenzerfall, ambivalente Männlichkeit und weibliche Verführung. In ihnen wurden Fragen der rechten Ordnung verhandelt, die ebenso Politik und Krieg wie Moral und Geschlechterverhältnisse betrafen.

## DIE «ALTEN UND JUNGEN EIDGENOSSEN» UM 1500 – EINE NEUE SCHWEIZ?

Am Ende des 15. Jahrhunderts erreichte die Eidgenossenschaft mit den Schlachtensiegen in den Burgunderkriegen und im Schwabenkrieg und ihrem

*Der alte und der junge Eidgenosse, Allianzwappenscheibe von Hans Funk (Detail), 1530er Jahre (Bernisches Historisches Museum, Bern), © Photo BHM.*

militärischen Engagement in Oberitalien für ein knappes halbes Jahrhundert den Status einer für die europäische Machtpolitik relevanten Militärmacht. Das eidgenössische Bündnissystem, das noch bis zur Mitte des 15. Jahrhunderts ausserordentlich plastisch funktioniert hatte und in immer wieder wechselnden Koalitionen vor allem durch die situative Vorteilsnahme der einzelnen Bündnispartner charakterisiert war, erreichte 1481 mit dem Stanser Verkommnis einen langfristig wirksamen Interessenausgleich zwischen Städte- und Länderorten. Damit verfestigte sich eine historisch ungewöhnliche Konfiguration, die in den folgenden Jahrhunderten wesentlich durch die umliegenden Grossmächte stabilisiert wurde. In der damaligen europäischen Gesamtkonstellation, die vor allem durch die Interessen von Frankreich auf der einen und des Habsburgerreiches auf der anderen Seite bestimmt wurde, erschien die Schweiz als Resultante zwischen sich neu formierenden Machtblöcken, deren Entwicklungsdynamik in den folgenden Jahrhunderten die Eidgenossenschaft jenseits aller inneren Spaltungspotentiale fortbestehen liess.

Seit dem 13. Jahrhundert hatten Adelsherrschaften im Gebiet der späteren Schweiz sukzessive an Bedeutung verloren. Mit der definitiven Verlagerung der habsburgischen Hausmachtpolitik nach Osten und dem Verschwinden des reichsfreien Adels aus der Eidgenossenschaft wandelte sich die Grundlage der Herrschaftsbildung. Der gesamteuropäische Prozess der fürstlichen Territorialisierung führte in der Eidgenossenschaft ebenfalls zur Ausbildung von Territorialherrschaften, er wurde hier aber von den Städten, allen voran Bern, Zürich und Luzern, und den Länderorten getragen. Die Herrschaftsintensivierung in den einzelnen Orten führte zur Ausbildung obrigkeitlicher Eliten und kontrastierte zugleich mit der schwachen Machtintegration des eidgenössischen Bündnissystems. Durch das Stanser Verkommnis wurde das eidgenössische Bündnis gegen aussen stabilisiert und gleichzeitig in den einzelnen Orten die Entwicklung von ausgeprägten Territorialherrschaften, die über eine weitgehende «aussenpolitische» Autonomie verfügten, sichergestellt. Hier verschoben sich rechtliche und kirchliche Kompetenzen nachhaltig von den übergeordneten Ebenen von Reich und Bistümern beziehungsweise Gesamtkirche auf die Ebene der lokalen Herrschaften und Gemeinden.

Nicht nur im Bereich der politischen und rechtlichen Systeme lassen sich gegenläufige Trends konstatieren. Während die überregionale Marktintegration durch die Spezialisierung auf Viehwirtschaft seit etwa 1300 insbesondere in den Länderorten der Innerschweiz erheblich zunahm, fand in den Städten, vor allem in Bern, Zürich, Freiburg, aber auch in Basel eine wirtschaftliche Regionalisierung statt und der Fernhandel und das Exportgewerbe gingen im Laufe des 15. Jahrhunderts deutlich zurück. Trotz dieser zunehmenden Binnenorientierung stiegen gerade diese Orte, allen voran Bern, zur gleichen Zeit zu Faktoren in der europäischen Machtpolitik auf. Als fragiles politisches Gebilde konnte die acht- beziehungsweise dreizehnörtige Eidgenossenschaft allerdings die Rolle einer europäischen Mittelmacht nur kurzfristig übernehmen.

Aber auch nach der einschneidenden Niederlage von Marignano und den erbitterten Auseinandersetzungen um Solddienst und Pensionenzahlungen in den einzelnen Orten spielten eidgenössische Söldner und Militärunternehmer wirtschaftlich und machtpolitisch für die eidgenössischen Orte noch jahrhundertelang eine wichtige Rolle. Pensionszahlungen bestimmten lokale Patronagesysteme und Ämtervergabe und ermöglichten über die Ausbildung einer neuen Schicht eidgenössischer Honoratioren und Kriegsunternehmer die Entwicklung frühmoderner Herrschaftsstrukturen und frühmoderner Staatlichkeit.[96]

Die grossen politischen, sozialen und ökonomischen Transformationen waren um 1500 nicht mehr zu übersehen. Sie brachten neue Formen von Herrschaft, Distinktion und sozialer Ungleichheit hervor und führten schon bei den Zeitgenossen zu heftigen Diskussionen und einer eigentlichen Zeitenschelte. So beklagte das humanistisch ausgerichtete *Spiel vom alten und jungen Eidgenossen*, das zum Neujahr 1514 in Zürich von Schülern aufgeführt wurde, den Verlust der alten Einfachheit und politischen Gradlinigkeit und kritisierte die Orientierung der jungen Eidgenossen am höfischen Luxus und äusserlichen Statuskonsum. Damit war ein aktueller Diskurs aufgerufen, der auch in anderen Lebensbereichen zu Umkehr und Reform mahnte und in den folgenden Jahren im Zeichen der Reformation zu einer grundlegenden Veränderung der Eidgenossenschaft führen sollte.

## ZUM STAND DER FORSCHUNG

Am Ende des 19. Jahrhunderts hatte die Nationalgeschichte und mit ihr die frühe Geschichte der Eidgenossenschaft in den Darstellungen von Johannes Dierauer, Karl Dändliker und Wilhelm Oechsli eine Form gefunden, in der «die Geschichte ein konstitutives Element des imaginierten Nationalen darzustellen vermochte».[97] Als Auseinandersetzung um die Wahrheit der Befreiungstradition und des Freiheitskampfes der alten Eidgenossen beschäftigte sie die Geschichtswissenschaft noch bis weit ins 20. Jahrhundert; neuerdings ist sie selbst zum Gegenstand historiographischer Untersuchungen geworden.[98] Schon vor längerer Zeit hat die Forschung das lineare, auf die Entstehung des modernen Nationalstaates ausgerichtete Narrativ von «Staatsgründung» und Befreiungstradition ad acta gelegt und statt dessen den Bündnisbrief von 1291 als damals übliches Landfriedensbündnis im Rahmen der Reichsgeschichte interpretiert. In seiner *Verfassungsgeschichte der alten Schweiz* hat Hans Conrad Peyer diese Perspektive bereits 1978 prägnant formuliert und zugleich die Zeit zwischen 1350 und 1415 als eigentliche Formierungsphase der Frühform eidgenössischer Staatlichkeit ausgemacht. Die verfassungsgeschichtliche Perspektive hat Peter Blickle weitergeführt und dabei vor allem den um 1300 einsetzenden Transfer politischer Macht vom Adel auf die Lands- und Stadtgemeinden zum Spezifikum der eidgenössischen Geschichte erklärt.[99]

Die wachsende Bedeutung von Gemeindebildungsprozessen seit dem 13. Jahrhundert ist in der Forschung unumstritten. Allerdings hat sie die neuere Forschung vor allem im Kontext intensivierter Vergesellschaftungsprozesse[100] und der Entstehung frühmoderner Staatlichkeit verortet und so in eine Entwicklungsgeschichte von Herrschaft eingeschrieben. Besonders intensiv hat sie sich in den letzten Jahren mit der Ablösung personaler Herrschaftsformen durch Territorialisierungsprozesse beschäftigt, die im Gebiet der späteren Schweiz ebenso für die Länder- und Städteorte wie auch für fürstliche Herrschaften wie diejenigen der Habsburger oder der Herzöge von Savoyen zu beobachten sind. Dabei wurde neben dem Erwerb entsprechender Herrschaftsrechte zunehmend auch nach der Verwaltungsgeschichte und dem damit verbundenen Ausbau von Schriftlichkeit gefragt.[101] Im Zusammenhang mit der Ausbildung von Territorialherrschaften hat die neueste Forschung die Entstehung der Alten Eidgenossenschaft im Wesentlichen ins 15. Jahrhundert verlegt. Damals verfestigten sich, wie Bernard Stettler in seiner Monographie *Die Eidgenossenschaft im 15. Jahrhundert. Die Suche nach dem gemeinsamen Nenner* deutlich gemacht hat, in der Folge des Alten Zürichkriegs die zuvor noch lange recht flexibel und situativ gehandhabten Bündnisse nachhaltig. Stärker akzentuiert wird zudem die Führungsrolle der Städte Bern und Zürich, deren Bündnispolitik nun deutlicher zugleich auch im Kontext interner Spannungen und Parteikämpfe interpretiert wird.[102]

Wesentliche Impulse für die ältere Schweizer Geschichte gingen in den letzten Jahren von historiographie- und mentalitätsgeschichtlichen Arbeiten aus. Die Verschiebung der Entstehungsgeschichte der Eidgenossenschaft vom Ende des 13. in die Mitte des 15. Jahrhunderts folgte für Stettler aus seiner langjährigen editorischen Bearbeitung der Chronik von Aegidius Tschudi. Zur gleichen Zeit konnte Guy Marchal zeigen, wie im letzten Drittel des 15. Jahrhunderts in der Eidgenossenschaft in Abgrenzung von negativen Fremdstereotypen ein positives Selbstbild und eine eigene Geschichtserzählung entstanden, die bis in die Gegenwart hinein immer wieder aktualisiert wurden.[103] Die Fiktionalität dieser historisch nachhaltig wirksamen Erzählung, in der die sogenannte Befreiungstradition mit Rütlischwur, Tellentat, Burgenbruch und dem antihabsburgischen Freiheitskampf formuliert wurde, konnte von Werner Meyer auch archäologisch fundiert werden.[104]

Spätestens ab den 1970er Jahren hatte die französische Annales-Schule die schweizerische Geschichtsschreibung massgeblich beeinflusst. Ihrer klassisch gewordenen Einteilung in Bevölkerung, Wirtschaft, Gesellschaft und Kultur, zu der auch die Politik zählte, folgte schon die letzte grössere Überblicksdarstellung, die *Geschichte der Schweiz und der Schweizer*. Mit der im Jubiläumsjahr 1991 erschienenen Publikation *Innerschweiz und frühe Eidgenossenschaft*[105] wurde erstmals eine umfassende Gesellschaftsgeschichte der Länderorte vorgelegt, die Roger Sablonier im Jahr 2008 mit seiner Monographie *Gründungszeit ohne Eidgenossen. Politik und Gesellschaft in der Innerschweiz um 1300* in wirtschafts- und sozialgeschichtlicher Hinsicht vertiefen und um wesentliche Aspekte der Herrschaftsgeschichte erweitern konnte. Grundlegend war hier das von Sablonier und seinen Schülern in zahlreichen Einzelstudien vor allem für die Innerschweiz und die Ostschweiz genutzte Konzept der «ländlichen Gesellschaft», das Sablonier wesentlich ergänzte, indem er die Diskussion um die zentralen Urkunden der frühen eidgenössischen Geschichte aufnahm und weiterführte.

Auch für andere Regionen der späteren Schweiz hat sich durch den Einbezug der Wirtschafts- und Sozialgeschichte, aber auch von Kunst und Kultur, Kirchengeschichte und Fragen der Historischen Anthropologie nach Alltag und Formen der Lebensbewältigung das Bild deutlich erweitert und verschoben. Die entsprechenden – insbesondere lokal- und regionalgeschichtlichen – Forschungsergebnisse sind mittlerweile gut zugänglich in zahlreichen Kantonsgeschichten, die seit den 1980er Jahren entstanden sind.[106] Die Geschichte derjenigen Regionen, die im vorliegenden Überblick zur entstehenden Eidgenossenschaft des 14. und 15. Jahrhunderts fehlen oder nur punktuell berücksichtigt werden konnten, kann in diesen nachgelesen werden.[107] Wichtige Entwicklungen der spätmittelalterlichen Kirchen- und Frömmigkeitsgeschichte und der entsprechenden Reformanstrengungen in Bezug auf Klöster und (Welt-)Klerus, aber auch kirchenorganisatorische Kommunalisierungsprozesse sind in der *Ökumenischen Kirchengeschichte der Schweiz* im Überblick dargestellt; mit dem Abschluss der Reihe *Helvetia Sacra* im Jahr 2007 liegt eine umfassende Darstellung der kirchlichen Institutionen in der Schweiz, der Bistümer, Stifte und Klöster vor.

Die Kritik an einer allzu linear auf den Nationalstaat des 19. Jahrhunderts ausgerichteten Geschichtserzählung hat immer wieder zu Versuchen geführt, die Entstehung der Eidgenossenschaft im grösseren Kontext der Entwicklung und Verschiebung europäischer Mächtekonstellationen zu verstehen. Traditionell stand dabei das Verhältnis der Eidgenossenschaft zum Reich im Vordergrund,[108] in jüngerer Zeit sind aber auch Untersuchungen von Agostino Paravicini Bagliani und seinen Schülern zur savoyischen Geschichte oder ein Blick auf die Schweizer Geschichte aus habsburgischer Sicht hinzugekommen, wie ihn Bruno Meier unter dem sprechenden Titel *Ein Königshaus aus der Schweiz*[109] vorgelegt hat. In einer eidgenössischen «Verflechtungsgeschichte», die den anachronistisch-begrenzten Blick überwindet, liegt noch ein erhebliches historiographisches Potential, das in jüngster Zeit auch unter dem Stichwort «lokal–global» diskutiert wird. Allerdings sind entsprechende Untersuchungen gerade im Kontext der Entstehungsgeschichte der Eidgenossenschaft und der damit verbundenen frühmodernen Staatlichkeit angesichts nach wie vor dominant national organisierter Historiographien nicht leicht zu realisieren.

## ANMERKUNGEN

**1** — Guy P. Marchal, Die Antwort der Bauern. Elemente und Schichtungen des eidgenössischen Geschichtsbewusstseins am Ausgang des Mittelalters, in: Hans Patze (Hg.), Geschichtsschreibung und Geschichtsbewusstsein im späten Mittelalter, Sigmaringen 1987, S. 757–790; ders., Schweizer Gebrauchsgeschichte. Geschichtsbilder, Mythenbildung und nationale Identität, Basel 2006.
**2** — Valerius Anshelm, Die Berner-Chronik, Bd. 2, Bern 1886, S. 180.
**3** — Leopold von Wien, Österreichische Chronik von den 95 Herrschaften, in: Monumenta Germaniae Historica (MGH). Deutsche Chroniken und andere Geschichtsbücher des Mittelalters, Bd. 6, S. 214.
**4** — Marchal, Gebrauchsgeschichte, S. 302.
**5** — Helmut Maurer, Schweizer und Schwaben. Ihre Begegnung und ihr Auseinanderleben am Bodensee im Spätmittelalter, Konstanz 1983.
**6** — Guy P. Marchal, Die «Alten Eidgenossen» im Wandel der Zeiten. Das Bild der frühen Eidgenossen im Traditionsbewusstsein und in der Identitätsvorstellung der Schweiz vom 15. bis ins 20. Jahrhundert, in: Historischer Verein der Fünf Orte (Hg.), Innerschweiz und frühe Eidgenossenschaft, Bd. 2, Olten 1990, S. 309–438, bes. S. 362.
**7** — Bernhard Stettler, Die Eidgenossenschaft im 15. Jahrhundert. Die Suche nach einem gemeinsamen Nenner, Menziken 2004, S. 382–384.
**8** — Bruno Meier, Ein Königshaus aus der Schweiz. Die Habsburger, der Aargau und die Eidgenossenschaft im Mittelalter, Baden 2008.
**9** — Peter Moraw, Von offener Verfassung zu gestalteter Verdichtung. Das Reich im späten Mittelalter 1250 bis 1490, Frankfurt a. M. 1989.
**10** — V.a. Roger Sablonier, Gründungszeit ohne Eidgenossen. Politik und Gesellschaft in der Innerschweiz um 1300, Baden 2008; Bernhard Stettler, Die ältesten Königsbriefe der drei Waldstätte in der Überlieferung des Aegidius Tschudi, in: Aegidius Tschudi, Chronicon Helveticum, Bd. 3, Bern 1980, 129–159.
**11** — Roger Sablonier, Innerschweizer Gesellschaft im 14. Jahrhundert, Sozialstruktur und Wirtschaft, in: Historischer Verein der Fünf Orte (Hg.), Innerschweiz, Bd. 2, S. 11–233, zu den sozialen Strukturen bes. S. 14–62.
**12** — Ebd., S. 75f., bes. S. 79.
**13** — Sablonier, Gründungszeit, S. 160.
**14** — Vgl. ebd., S. 141–143.
**15** — HLS, Josef Wiget: «Morgarten».
**16** — Zum Luzerner Bund Fritz Glauser, Luzern und die Herrschaft Österreich 1326–1336. Ein Beitrag zur Entstehung des Luzerner Bundes von 1332, in: Historische Gesellschaft Luzern (Hg.), Luzern und die Eidgenossenschaft. Beiträge zur Stellung Luzerns in der politischen Landschaft von 1332, im jungen Bundesstaat und in der Schweiz von heute, Luzern 1982, S. 9–135.
**17** — Ebd., S. 46.
**18** — Ebd., S. 90–100.
**19** — Christian Sieber, Die Reichsstadt Zürich zwischen der Herrschaft Österreich und der werdenden Eidgenossenschaft, in: Niklaus Flüeler / Marianne Flüeler-Grauwiler (Hg.), Geschichte des Kantons Zürich, Bd. 1, Zürich 1995, S. 471–498.
**20** — Hans Nabholz / Paul Kläui, Quellenbuch zur Verfassungsgeschichte der Schweizerischen Eidgenossenschaft und der Kantone von den Anfängen bis zur Gegenwart, 3. Aufl. (1. Aufl. 1940), Aarau 1947, S. 33–36.
**21** — Urs Martin Zahnd, Bündnis- und Territorialpolitik, in: Rainer C. Schwinges (Hg.), Berns mutige Zeit. Das 13. und 14. Jahrhundert neu entdeckt, Bern 2003, S. 469–504, besonders S. 490–498.
**22** — Roland Gerber, Die innerstädtischen Unruhen, in: ebd., S. 252–255; Oliver Landolt, Spätmittelalterliche Bürger- und Verfassungskämpfe, in: ebd., S. 255–257.
**23** — Guy P. Marchal, Sempach 1386: von den Anfängen des Territorialstaates Luzern, Basel 1986.
**24** — Ders., Luzern und die österreichische Landesherrschaft zur Zeit der Schlacht bei Sempach, in: Historische Gesellschaft Luzern (Hg.), 600 Jahre Stadt und Land Luzern, Luzern 1986, S. 34–47.
**25** — Ders., Zum Verlauf der Schlacht bei Sempach. Ein quellenkritischer Nachtrag, in: Schweizerische Zeitschrift für Geschichte (SZG), Jg. 37, Nr. 4, 1987, S. 428–436.
**26** — Bernhard Stettler, Der Sempacher Brief von 1393 – ein verkanntes Dokument aus der älteren Schweizergeschichte, in: SZG, Jg. 35, Nr. 1, 1985, S. 1–20.
**27** — Markus Mattmüller, Bevölkerungsgeschichte der Schweiz, Bd. 1, Basel 1987.
**28** — Roland Gerber, Rückgang und Stagnation. Die Bevölkerungsentwicklung im 15. Jahrhundert, in: Ellen J. Beer et al. (Hg.), Berns grosse Zeit. Das 15. Jahrhundert neu entdeckt, Bern 1999, S. 97–102.
**29** — Pierre Dubuis, Le jeu de la vie et de la mort. La population du Valais (XIVᵉ–XVIᵉ s.), Lausanne 1994; ders., Les vifs, les morts et le temps qui court. Familles valaisannes 1400–1550, Lausanne 1995.
**30** — HLS, Anne-Lise Head: «Bevölkerung».
**31** — Kurt Messmer / Paul Hoppe, Luzerner Patriziat. Sozial- und wirtschaftsgeschichtliche Studien zur Entstehung und Entwicklung im 16. und 17. Jahrhundert, Luzern 1976, S. 1–28.
**32** — HLS, Anne-Lise Head: «Binnenwanderung»; Werner Meyer, Die Walser, in: Verein für Bündner Kulturforschung (Hg.), Handbuch der Bündner Geschichte, Bd. 1: Frühzeit bis Mittelalter, Chur 2000, S. 174–178; Enrico Rizzi, Geschichte der Walser, Anzola d'Ossola 1993.
**33** — HLS, Dorothee Rippmann: «Gesinde».
**34** — Ulrich Bär / Monique R. Siegel (Hg.), Geschichte der Juden im Kanton Zürich, Zürich 2005.
**35** — Hans-Jörg Gilomen, Aufnahme und Vertreibung von Juden in Schweizer Städten im Spätmittelalter, in: ders. / Anne-Lise Head-König / Anne Radeff, Migration in die Städte, Zürich 2000, S. 93–118.
**36** — František Graus, Pest – Geissler – Judenmorde. Das 14. Jahrhundert als Krisenzeit, Göttingen 1987.
**37** — Susanna Burghartz, Juden – Eine Minderheit vor Gericht (Zürich 1378–1436), in: dies. et al. (Hg.), Spannungen und Widersprüche, Sigmaringen 1992, S. 229–244.
**38** — Vgl. Anna C. Fridrich, Zur Entstehung von Landjudengemeinden im Nordwesten der heutigen schweizerischen Eidgenossenschaft (16.–18. Jahrhundert), in: Rolf Kiessling et al. (Hg.), Räume und Wege. Jüdische Geschichte im Alten Reich 1300–1800, Berlin 2007, S. 23–45.
**39** — HLS, Dominik Sauerländer: «Viehwirtschaft»; Pierre Dubuis, Une économie alpine à la fin du Moyen Age. Orsières, l'Entremont et les régions voisines 1250–1500, 2 Bde., Sion 1990; Stefan Sonderegger, Landwirtschaftliche Entwicklung in der spätmittelalterlichen Nordostschweiz, St. Gallen 1994; Sablonier, Innerschweizer Gesellschaft.
**40** — Hans Conrad Peyer, Die Schweizer Wirtschaft im Umbruch in der zweiten Hälfte des 15. Jahrhunderts, in: Ferdinand Elsener et al., 500 Jahre Stanser Verkommnis. Beiträge zu einem Zeitbild, Stans 1981, S. 59–70; ders., Schweizer Städte des Spätmittelalters im Vergleich mit den Städten der Nachbarländer, in: ders., Könige, Stadt und Kapital, Zürich 1982, S. 262–270 und 317–319.
**41** — Hans-Jörg Gilomen, Sozial- und Wirtschaftsgeschichte der Schweiz im Spätmittelalter, in: Geschichtsforschung in der Schweiz. Bilanz und Perspektiven – 1991, Basel 1992, S. 41–66; ders., Neuere Forschungen zur Schweizer Wirtschaftsgeschichte des Mittelalters, in: Vierteljahrschrift für Sozial- und Wirtschaftsgeschichte, Jg. 96, 2009, S. 482–510.
**42** — Hans Conrad Peyer, Wollgewerbe, Viehzucht, Solddienst und Bevölkerungsentwicklung in Stadt und Landschaft Freiburg i.Ü. vom 14. bis 16. Jh., in: Hermann Kellenbenz (Hg.), Agrarische Nebengewerbe und Formen der Reagrarisierung im Spätmittelalter und 19./20. Jahrhundert, Stuttgart 1975, S. 79–95.
**43** — Ders., Leinwandgewerbe und Fernhandel der Stadt St. Gallen von den Anfängen bis 1520, 2 Bde., St. Gallen 1959–1960.
**44** — Fritz Glauser, Der Gotthardtransit von 1500 bis 1660. Seine Stellung im Alpentransit, in: SZG, Jg. 29, Nr. 1, 1979, S. 16–52.
**45** — HLS, Martin Illi: «Handelsgesellschaften».
**46** — HLS, Martin Körner: «Banken»; ders., Solidarités

financières suisses au XVIe siècle, Lausanne 1980.
47 — Stettler, Eidgenossenschaft, Kap. 7; Peter Niederhäuser / Christian Sieber (Hg.), Ein «Bruderkrieg» macht Geschichte. Neue Zugänge zum Alten Zürichkrieg, Zürich 2006.
48 — Michael Jucker, Gesandte, Schreiber, Akten. Politische Kommunikation auf eidgenössischen Tagsatzungen im Spätmittelalter, Zürich 2004; HLS, Andreas Würgler: «Tagsatzung».
49 — Hans Conrad Peyer, Verfassungsgeschichte der alten Schweiz, Zürich 1978.
50 — Franz Quarthal, Residenz, Verwaltung und Territorialbildung in den westlichen Herrschaftsgebieten der Habsburger während des Spätmittelalters, in: Peter Rück (Hg.), Die Eidgenossen und ihre Nachbarn im Deutschen Reich des Mittelalters, Marburg a.d. L. 1991, S. 61–85.
51 — Erwin Eugster, Die Entwicklung zum kommunalen Territorialstaat, in: Flüeler / Flüeler-Grauwiler (Hg.), Geschichte des Kantons Zürich, Bd. 1, S. 299–335.
52 — Simon Teuscher, Erzähltes Recht. Lokale Herrschaft, Verschriftlichung und Traditionsbildung im Spätmittelalter, Frankfurt a.M. 2007; Jeannette Rauschert, Herrschaft und Schrift. Strategien der Inszenierung und Funktionalisierung von Texten aus Luzern und Bern am Ende des Mittelalters, Berlin 2006.
53 — Bernard Demotz, Le comté de Savoie du XIe au XVe siècle. Pouvoir, Château et Etat au Moyen Age, Genève 2000.
54 — Bruno Galland, La place de l'Empire dans la politique de la Maison de Savoie au XIIIe et au XIVe siècle, in: Jean-Daniel Morerod et al. (Hg.), La Suisse occidentale et l'Empire, Lausanne 2004, S. 267–287.
55 — Pierre Dubuis, Fin du Moyen Age, XIVe–XVe siècles, in: Société d'histoire du Valais romand (Hg.), Histoire du Valais, Bd. 2, Sion 2002, S. 237–261.
56 — Zahnd, Bündnis- und Territorialpolitik.
57 — Simon Teuscher, Threats from above on request from below: dynamics of the territorial administration of Berne, 1420–1450, in: Wim Blockmans et al. (Hg.), Empowering interactions. Political cultures and the emergence of the state in Europe, 1300–1900, Farnham 2009, S. 101–114.
58 — HLS, Karl Heinz Burmeister: «Appenzeller Kriege»; Peter Blickle, Bäuerliche Rebellion im Fürststift St. Gallen, in: ders. (Hg.) Aufruhr und Empörung? Studien zum bäuerlichen Widerstand im Alten Reich, München 1980, S. 215–295; Alois Niederstätter, «Dass sie alle Appenzeller woltent sin», in: Schriften des Vereins für Geschichte des Bodensees und seiner Umgebung, Nr. 110, 1992, S. 10–30.
59 — Peter Bierbrauer, Freiheit und Gemeinde im Berner Oberland, 1300–1700, Bern 1991, S. 170–177.
60 — Regula Schmid, Reden, rufen, Zeichen setzen. Politisches Handeln während des Berner Twingherrenstreits 1469–1471, Zürich 1995.
61 — HLS, Gregor Egloff: «Amstalden, Peter» u. «Amstaldenhandel»; Dora Suter-Schmid, Koller-, Mötteli- und Amstaldenhandel. Ein Beitrag zur Politik Unterwaldens in der 2. Hälfte des 15. Jahrhunderts, Zürich 1974.
62 — Otto Sigg, Hans Waldmann, der 1489 hingerichtete Zürcher Bürgermeister. Person, Macht, Herrschaft und sozio-agrarische Aspekte am Ausgang des Spätmittelalter, Zürich 1989.
63 — Max Schiendorfer, Heinrich Rost, Kirchherr von Sarnen, Zürcher Abteischreiber und Minnesänger. Eine kunstgeschichtliche und historisch-biographische Spurenlese, in: Amsterdamer Beiträge zur Älteren Germanistik, Bd. 43–44 (1995), S. 409–432; Claudia Brinker / Dione Flühler-Kreis (Hg.), Edele frouwen – schoene man. Die Manessische Liederhandschrift in Zürich, Zürich 1991, S. 70f.
64 — Lukas Vischer et al. (Hg.), Ökumenische Kirchengeschichte der Schweiz, 2., korr. Aufl. (1. Aufl. 1994), Freiburg/Basel 1998, Tl. 1: «Spätmittelalter» und «Kirche und religiöses Leben im ausgehenden Mittelalter»; Thomas Kaufmann / Raymund Kottje (Hg.), Ökumenische Kirchengeschichte, Bd. 2, Darmstadt 2008, Abschnitt V.
65 — Carl Pfaff, Pfarrei und Pfarreileben. Ein Beitrag zur spätmittelalterlichen Kirchengeschichte, in: Historischer Verein der Fünf Orte (Hg.), Innerschweiz, S. 205–282.
66 — Vischer et al. (Hg.), Ökumenische Kirchengeschichte; Helvetia Sacra, Abt. IV, Bd. 5: Die Dominikaner und Dominikanerinnen in der Schweiz, Basel 1999, und Abt. V, Bd. 1: Die Franziskaner, die Klarissen und die regulierten Franziskaner-Terziarinnen in der Schweiz. Die Minimen in der Schweiz, Bern 1978.
67 — Brigitte Kurmann-Schwarz, Die mittelalterlichen Glasmalereien der ehemaligen Klosterkirche Königsfelden, Bern 2008, S. 237; Ablassbrief für das Kloster Königsfelden aus Avignon 1329 (Historisches Museum Bern), ebd., Abb. 286.
68 — Johannes Helmrath, Das Basler Konzil, 1431–1449. Forschungsstand und Probleme, Köln 1987.
69 — Andreas Blauert, Frühe Hexenverfolgungen. Ketzer-, Zauberei- und Hexenprozesse des 15. Jahrhunderts, Hamburg 1989; Georg Modestin / Kathrin Utz Tremp, Hexen, Herren und Richter. Die Verfolgung von Hexern und Hexen auf dem Gebiet der heutigen Schweiz am Ende des Mittelalters, in: SZG, Jg. 52, Nr. 2, 2002, S. 103–162; Kathrin Utz Tremp, Von der Häresie zur Hexerei. «Wirkliche» und imaginäre Sekten im Spätmittelalter, Hannover 2008.
70 — Utz Tremp, Von der Häresie zur Hexerei, S. 615–623.
71 — Niklaus Schatzmann, Verdorrende Bäume und Brote wie Kuhfladen. Hexenprozesse in der Leventina 1431–1459 und die Anfänge der Hexenverfolgung auf der Alpensüdseite, Zürich 2003.
72 — Franz-Josef Sladeczek, Künstler, Stifter, und Pilger: Facetten spätmittelalterlicher Kunstproduktion, in: Beer et al. (Hg.), Berns grosse Zeit, S. 367–380.
73 — Ebd., S. 370.
74 — Christoph und Dorothee Eggenberger, Malerei des Mittelalters, Disentis 1989.
75 — Konrad Witz, Ausstellungskatalog Kunstmuseum Basel 2011, S. 137f.
76 — Charlotte Gutscher-Schmid, Nelken statt Namen, Bern 2007.
77 — Barbara Giesicke / Mylène Ruoss, In honor of friendship: Function, meaning, and iconography in civic stained-glass donations in Switzerland and Southern Germany, in: Barbara Butts / Lee Hendrix, Painting on light. Drawings and stained glass in the age of Dürer and Holbein, Los Angeles 2000, S. 43–55; HLS, Peter F. Kopp: «Wappen».
78 — Katharina Simon-Muscheid, Die Dinge im Schnittpunkt sozialer Beziehungsnetze. Reden und Objekte im Alltag (Oberrhein, 14.–16. Jahrhundert), Göttingen 2004.
79 — Anna Rapp / Monica Stucky-Schürer, Zahm und wild. Basler und Strassburger Bildteppiche des 15. Jahrhunderts, Mainz 1990.
80 — Dario Gamboni, Kunstgeographie, Disentis 1987, S. 67–101.
81 — Stettler, Eidgenossenschaft, Kap. 10; HLS, Claudius Sieber-Lehmann: «Burgunderkriege».
82 — Stettler, Eidgenossenschaft, S. 245.
83 — Ebd., S. 304.
84 — Ders., Reich und Eidgenossenschaft im 15. Jahrhundert, in: Peter Niederhäuser (Hg.), Vom «Freiheitskrieg» zum Geschichtsmythos. 500 Jahre Schweizer- oder Schwabenkrieg, Zürich 2000, S. 9–28; Horst Carl, Der Schwäbische Bund 1488–1534, Leinfelden-Echterdingen 2000, Kap. 8.
85 — Stettler, Eidgenossenschaft, S. 309.
86 — Ebd., S. 332.
87 — Das kaiserliche Manifest an die Reichsstände, in: Carl Hilty (Hg.), Politisches Jahrbuch der Schweizerischen Eidgenossenschaft, Jg. 13, 1899, S. 26.
88 — Giorgio Chittolini / Annamaria Ambrosioni, Mailand, in: Lexikon des Mittelalters, Bd. 6, Stuttgart 1999, Sp. 113–124.
89 — Volker Reinhardt, Die Geschichte der Schweiz. Von den Anfängen bis heute, München 2011, S. 140.
90 — HLS, Volker Reinhardt: «Machiavelli, Niccolò».
91 — Walter Schaufelberger, Marignano. Strukturelle Grenzen eidgenössischer Militärmacht zwischen Mittelalter und Neuzeit, Frauenfeld 1993.
92 — HLS, Philippe Henry: «Fremde Dienste»; ebd., Alain-Jacques Czouz-Tornare: «Reisläufer»; ebd., Valentin Groebner: «Pensionen»; ebd., Hermann Romer: «Militärunternehmer»; ders., Herrschaft, Reislauf und Verbotspolitik. Beobachtungen zum rechtlichen Alltag der Zürcher Solddienstbekämpfung im 16. Jahrhundert, Zürich 1995; Bruno Koch, Kronenfresser und deutsche Franzosen. Zur Sozialgeschichte der Reisläuferei aus Bern, Solothurn und Biel zur Zeit der Mailänderkriege, in: SZG, Jg. 46, Nr. 2, 1996, S. 151–184; Hans Conrad Peyer, Die wirtschaftliche Bedeutung der Fremden Dienste für die Schweiz vom 15. bis 18. Jh., in: ders., Könige, Stadt und Kapital, Zürich 1982, S. 219–231.
93 — Matthias Rogg, Landsknechte und Reisläufer: Bilder vom Soldaten. Ein Stand in der Kunst des 16. Jahrhunderts, Paderborn 2002, S. 43–66.
94 — Valentin Groebner, Gefährliche Geschenke. Ritual, Politik und die Sprache der Korruption in der Eidgenossenschaft im späten Mittelalter und am Beginn der Neuzeit, Konstanz 2000, S. 178; Arnold Esch, Mit Schweizer Söldnern auf dem Marsch nach Italien, in: ders., Alltag der Entscheidung. Beiträge zur Geschichte der Schweiz an der Wende vom Mittelalter zur Neuzeit, Bern 1998, S. 249–328.
95 — Claudius Sieber-Lehmann / Thomas Wilhelmi (Hg.), In Helvetios – Wider die Kuhschweizer. Fremd- und Feindbilder von den Schweizern in antieidgenössischen Texten aus der Zeit von 1386 bis 1532, Bern 1998.
96 — Ulrich Pfister, Politischer Klientelismus in der frühneuzeitlichen Schweiz, in: SZG, Jg. 42, Nr. 1, 1992, S. 28–68.
97 — Sascha Buchbinder, Der Wille zur Geschichte. Schweizergeschichte um 1900 – die Werke von Wilhelm Oechsli, Johannes Dierauer und Karl Dändliker, Zürich 2002, S. 94.
98 — Ebd.; Marchal, Gebrauchsgeschichte.
99 — Zusammenfassend erst jüngst Peter Blickle, Kommunalisierung der politischen Macht, in: Schweizerisches Nationalmuseum (Hg.), Entstehung Schweiz. Unterwegs vom 12. ins 14. Jahrhundert, Baden 2011, S. 126–131.
100 — Roger Sablonier, Das Dorf im Übergang vom Hoch- zum Spätmittelalter. Untersuchungen zum Wandel ländlicher Gemeindeformen im ostschweizerischen Raum, in: Lutz Fenske / Werner Rösener / Thomas Zotz (Hg.), Institutionen, Kultur und Gesellschaft im Mittelalter. Festschrift für Josef Fleckenstein, Sigmaringen 1984, S. 727–745.
101 — Vgl. z.B. Simon Teuscher, Erzähltes Recht. Lokale Herrschaft, Verschriftlichung und Traditionsbildung im Spätmittelalter, Frankfurt a.M. 2007; Michael Jucker, Gesandte, Schreiber, Akten. Politische Kommunikation auf eidgenössischen Tagsatzungen im Spätmittelalter, Zürich 2004; Thomas Hildbrand, Herrschaft, Schrift und Gedächtnis. Das Kloster Allerheiligen und sein Umgang mit Wissen in Wirtschaft, Recht und Archiv (11.–16. Jh.), Zürich 1996.
102 — Hierzu v.a. Schwinges (Hg.), Berns mutige Zeit; Beer et al. (Hg.), Berns grosse Zeit; Flüeler/Flüeler-Grauwiler (Hg.), Geschichte des Kantons Zürich, Bd. 1.
103 — Marchal, Gebrauchsgeschichte.
104 — Werner Meyer, Die Eidgenossen als Burgenbrecher, in: Der Schweizerfreund, Bd. 145, 1992, S. 5–95.
105 — Historischer Verein der Fünf Orte (Hg.), Innerschweiz und frühe Eidgenossenschaft, Bd. 2, Olten 1990.
106 — Vgl. Beatrice Schumacher, Sozialgeschichte für alle? Ein Blick auf die neuere Kantonsgeschichtsschreibung, in: Traverse: Zeitschrift für Geschichte, Nr. 1, 2011, 270–299.
107 — Vgl. v.a. Dorothea A. Christ et al. (Hg.), Nah dran, weit weg. Geschichte des Kantons Basel-Landschaft, Bd. 2, Liestal 2001; Schwinges, Berns mutige Zeit; Beer et al. (Hg.), Berns grosse Zeit; Verein für Bündner Kulturforschung (Hg.), Handbuch der Bündner Geschichte, Bd. 1, Chur 2000; Amt für Kultur des Kantons St. Gallen (Hg.), Sankt-Galler Geschichte 2003, Bd. 2, St. Gallen 2003; Société d'histoire du Valais romand (Hg.), Histoire du Valais; Flüeler/Flüeler-Grauwiler (Hg.), Geschichte des Kantons Zürich, Bd. 1.
108 — Karl Mommsen, Eidgenossen, Kaiser und Reich. Studien zur Stellung der Eidgenossen innerhalb des heiligen römischen Reiches, Basel 1958; Peyer, Verfassungsgeschichte; Sablonier, Gründungszeit.
109 — Bruno Meier, Ein Königshaus aus der Schweiz. Die Habsburger, der Aargau und die Eidgenossenschaft im Mittelalter, Baden 2008.

**Die Karikatur aus einer bäuerlichen Streitschrift von 1889** zeigt Bauern und Bäuerinnen, die mit «18 Stunden Arbeit» und «Sklaverei» zwei Karren ziehen: Auf dem ersten sitzen landwirtschaftliche Verbandsführer und andere «Federhelden», die nebst ihrer «hohen griechischen Bildung» auch über hohe «Besoldungen und Pensionen» verfügen – auf dem zweiten freut sich eine Schar von Arbeitern über «8 Stunden tägliche Arbeit und billige Lebensmittel».
*Karikatur aus: Konrad Keller, Die Bauernsclaverei der Neuzeit oder die Bauern im Kampfe mit den Federhelden, Zürich 1889 (Schweizerische Nationalbibliothek); unten: ganzes Blatt; oben: Detail.*

# Modalitäten und Perioden der Agrarentwicklung —*Jon Mathieu*

Der Grossteil der Bevölkerung auf dem Gebiet der heutigen Schweiz war bis in die Mitte des 19. Jahrhunderts in der Landwirtschaft tätig, deren klein- und mittelbäuerliche Struktur in enger Beziehung zur Machtverteilung in den öffentlichen und privaten Bereichen der Gesellschaft stand. Die Landwirtschaft hatte seit langem das demographische und ökonomische Wachstum getragen und beeinflusste die Art der Industrialisierung. Im 19. und 20. Jahrhundert ging die bäuerliche Bevölkerung zwar stark zurück, wurde aber zunehmend von bedeutsamen Prozessen der Politisierung und Folklorisierung geprägt. Als weitflächige Tätigkeit gestaltet die Agrarwirtschaft bis heute das äussere Landschaftsbild der Schweiz.

Unmittelbar verknüpft mit verschiedenen Bereichen der Gesellschaft – Bevölkerung, Wirtschaft, Politik und Kultur – bestimmte die landwirtschaftliche Entwicklung die Lebenswelt und die Handlungsspielräume vieler Generationen. Im Folgenden sollen einige langfristige Entwicklungslinien seit dem Spätmittelalter nachgezeichnet werden. Der erste Abschnitt befasst sich mit dem Verhältnis von Bevölkerung und Landwirtschaft; der zweite skizziert verschiedene Dimensionen der Agrarverfassung; im dritten geht es um den Wandel von Technologie, Politik und Umweltbezug im 19. und 20. Jahrhundert. Den theoretischen Hintergrund bildet die neuere Forschungsliteratur, welche das Potential der vormodernen Landwirtschaft oft höher einschätzt, als es frühere Lehrmeinungen getan hatten.[1]

**Bevölkerung, Boden, Arbeit**
Man geht davon aus, dass die Besiedlung auf dem Gebiet der heutigen Schweiz ungefähr parallel zur europäischen Entwicklung verlief. Nach der grossen Welle des Landesausbaus im Hochmittelalter folgte die Krise des 14. Jahrhunderts, die erst nach etwa hundert Jahren wieder in eine Wachstumsphase mündete. Um 1500 zählte die Bevölkerung wahrscheinlich 0,6 Millionen, um 1800 rund 1,7 Millionen, um 1900 dann 3,3 Millionen und um 2000 schon 7,2 Millionen. Bis 1850 oder 1880 stieg die Zahl der landwirtschaftlichen Bevölkerung, ihr Anteil an der Gesamtbevölkerung war aber schon damals rückläufig. Während langer Zeit hatte sich dieser Anteil im Bereich von vier Fünfteln bewegt, um 1850 betrug er noch die Hälfte, um 1900 ein knappes Drittel und um 2000 wenige Prozent.

Allgemein lässt sich die Beziehung zwischen Bevölkerung und Landwirtschaft bis ins 19. Jahrhundert nach zwei Richtungen hin betrachten. Einerseits setzte die agrarische Ertragslage der demographischen Entwicklung Grenzen; andererseits war das demographische Wachstum ein Faktor der Agrarintensivierung und Ertragssteigerung. Die erste Betrachtungsweise ist vor allem für das kurzfristige Geschehen relevant, die zweite für die langfristige Entwicklung.

Die agrarische Ertragslage war immer Schwankungen ausgesetzt, die vor allem von den Witterungsbedingungen herrührten. Die moderne Klimageschichte zeigt mit hohem Detaillierungsgrad, wie variabel und manchmal überaus ungünstig sich die Wetterlagen gestalteten. Ungünstige Wetterlagen führten zu Ernteausfällen und Teuerungen, sodass die Ernährung der Bevölkerung gefährdet war und man zu vielen Notbehelfen greifen musste. Ob es zu eigentlichen Hungersnöten kam und wie sich diese in der Bevölkerung ausbreiteten, hing auch von soziostrukturellen Faktoren ab, etwa vom Schichtungsgefüge, den kommerziellen Interessen der grösseren Bauern oder der Krisenvorsorge der Obrigkeit. Demographische Bestandesaufnahmen zeigen in der Regel ein erhebliches Mass an lokaler Variabilität und weisen darauf hin, dass man bei der Untersuchung von agrarwirtschaftlichen Effekten auf Bevölkerungsprozesse eine Vielzahl von Ursachen ins Auge fassen muss. Sehr wichtig für hohe Sterblichkeitsziffern waren Seuchen, die von Witterung und Ernten beeinflusst sein konnten, aber auch eine starke Eigendynamik aufwiesen. Als die Pest 1347 erstmals im Gebiet der heutigen Schweiz auftrat, forderte sie extrem viele Opfer. In der Folge wurde sie mehr oder weniger endemisch. Zwischen 1500 und dem Verschwinden der Pest um 1670 kennen wir vierzig Fälle von überregionalen Epidemien.[2]

Langfristig betrachtet bildete das demographische Wachstum einen Faktor der Agrarintensivierung und Ertragssteigerung. Während der Frühen Neuzeit, als die Landwirtschaft eine dominierende Rolle spielte, kam es in der Schweiz fast zu einer Verdreifachung der Bevölkerung. Bei steigender Bevölkerungsdichte wurden neue, raumsparende Formen der Bodennutzung notwendig, die eine höhere Flächenproduktivität erlaubten. Solche Formen waren unter vorindustriellen Verhältnissen in der Regel arbeitsintensiv, also auf einen bestimmten Bevölkerungsstand angewiesen. Dabei stiegen die erzielten Erträge oft nicht im selben Mass wie der Aufwand, sodass ältere, extensive Formen der Bodennutzung eine höhere Arbeitsproduktivität (Ertrag pro aufgewendete Zeiteinheit) ermöglichten und solange beibehalten wurden, wie es die vorhandenen Landressourcen erlaubten. Beispiele dafür finden sich in vielen Bereichen, etwa bei der Verlagerung von der Schaf- zur intensiveren Grossviehhaltung im Übergang vom Mittelalter zur Neuzeit, bei der Reduktion von Bracheperioden durch erhöhte Erntefrequenz oder bei der Einführung von neuen Pflanzen. Die aus Amerika stammende Kartoffel war schon im 16. Jahrhundert bekannt, zum Anbau im grossen Massstab kam es jedoch erst im späten 18. und vor allem im 19. Jahrhundert, als sich die demographischen Rahmenbedingungen verändert hatten. Mit der neuen Nutzpflanze liess sich zwar ein höherer Flächenertrag als mit dem herkömmlichen Getreide erzielen, doch der dafür notwendige Arbeitsaufwand übertraf diese Ertragssteigerung und hat die Einführung für lange Zeit verzögert.[3]

Es ist anzunehmen, dass die bäuerliche Initiative bei vielen Intensivierungsschritten eine erhebliche Rolle spielte. Welchen Einfluss die Agrarschriftsteller und ihre Publikationen darauf ausübten, ist vorläufig schwer zu sagen. Diese Ebene lässt sich vor allem in der Ratgeberliteratur fassen, die schon seit dem 16. Jahrhundert von einfachen Volkskalendern bis zu vornehmen

Hausbüchern reichte. In der zweiten Hälfte des 18. Jahrhunderts kam das Schrifttum der Agrarreformer hinzu, die in der Schweiz oft als «ökonomische Patrioten» firmierten und an einigen Orten zu Sozietäten zusammengeschlossen waren. In Anlehnung an internationale Diskurse der Aufklärung propagierten sie neue Pflanzen, Techniken und Betriebsrichtungen und redeten einer Individualisierung von Bodennutzung und -eigentum das Wort. Ihre wichtigste Argumentationslinie galt der Hebung des Getreideanbaus mittels vermehrter Futterproduktion, Tierhaltung und Düngerwirtschaft. Die Literatur der Agrarreform neigte zu technischen Lösungen und klammerte die bäuerliche Arbeitsbelastung weitgehend aus. Inwieweit der Getreideanbau tatsächlich im Zentrum stand oder nur als öffentlich akzeptiertes Argument vorgeschoben wurde (für den Staatshaushalt spielte Getreide eine grosse Rolle), lässt sich nicht immer sicher beurteilen. Ausserdem hingen Tierhaltung und Düngeraufkommen weniger eng zusammen, als es oft dargestellt wurde – schliesslich gab es auch andere Mittel der Bodenanreicherung. Sukkurs erhielten die Reformbemühungen von Geistlichen beider Konfessionen und von Schulmeistern, welche die Arbeitsmoral des «gemeinen Volkes» zu verbessern trachteten. Im 18. und 19. Jahrhundert führten sie eine regelrechte Kampagne zur «Verfleissigung» ihrer Untergebenen. Tatsächlich dürften nun besonders Frauen und Kinder stärker in die landwirtschaftlichen Pflichten eingebunden worden sein als in früheren Perioden.[4]

### Siedlung, Gesellschaft, Region

Der Landbau ist eine Flächenbewirtschaftung und damit auch ein «Transportgewerbe wider Willen». Die Bewegungen von Menschen, Tieren, Arbeitsgeräten, Hilfsstoffen und Erntegütern erfolgten oft über beachtliche Distanzen. Ihre Modalitäten hingen eng mit den Siedlungsmustern zusammen. In Regionen mit Streusiedlung lag das Nutzland in der Regel rund um die Einzelhöfe. Bei Dörfern befanden sich die Parzellen dagegen meist in Gemengelage ausserhalb der Siedlung. Zu ihrer Bearbeitung musste man längere Wege in Kauf nehmen und Felder von anderen Bauern überqueren, was Konflikte mit sich brachte und Koordinationsbemühungen notwendig machte. Die Dörfer hatten dafür den Vorteil, dass zentrale Einrichtungen wie Kirchen leichter zu erreichen und zu unterhalten waren. In der Schweiz zog sich eine Zone mit Dorfsiedlungen von Genf durch das Mittelland bis nach Schaffhausen. Dorflandschaften prägten auch Teile des Juras und die inneren und südlichen Alpentäler bis ins Südtessin. Ausgeprägte Streusiedlungen sah man dagegen in den nördlichen Voralpen vom Greyerzerland bis nach Appenzell. Eine Reihe von Landschaften zwischen diesen Zonen kannte gemischte Formen mit Dörfern, Weilern und eingestreuten Höfen. Dort hatte sich der langfristige, aber meist nicht sehr ausgeprägte Trend zur Siedlungskonzentration am stärksten bemerkbar gemacht.

Zur Vermeidung von Konflikten kam es in ↑Dorffluren mit Gemengelage oft zur Verzelgung des Ackerlands: Auf den Parzellen eines Bodenkomplexes (↑Zelge) wurde jeweils zur gleichen Zeit dasselbe Getreide angebaut und abgeerntet. Im Mittelland dominierte die Dreizelgenbrachwirtschaft, in der eine Zelge zuerst Wintergetreide und dann Sommergetreide trug und im dritten Jahr brach gelassen wurde. Es gab auch andere Formen der Zelgenwirtschaft, und in gewissen Gebieten blieb das Ackerland aus verschiedenen Gründen unverzelgt. Auf dem arrondierten Nutzland der Streusiedlungsgebiete betrieb man den weniger verbreiteten Ackerbau oft als Feldgraswirtschaft. Ein geeignetes Stück Grasland wurde dazu umgebrochen, eine Zeit lang als Acker genutzt, dann wieder grünfallen gelassen und durch einen anderen Umbruch abgelöst.

Im Zuge der Agrarintensivierung kam es auch in Gebieten mit Gemengefluren zur Individualisierung der Nutzung. Das «Einschlagen» und «Einhegen» von Boden betraf verzelgtes Ackerland, zur ↑Allmende gehöriges Weidegebiet oder auch Waldparzellen. Während der Aufklärung vermischten sich diese pragmatischen Initiativen der Bauern mit den Anschauungen der Agrarreformer, bei denen das individuelle Eigentum prinzipiell im Mittelpunkt stand. Die Aufteilung der Allmend wurde nach 1750 zu einem verbreiteten Anliegen und Konfliktpunkt. Die Entflechtung von Nutzung und Rechtsansprüchen erfolgte aber auch nach Massgabe der jeweiligen Gegebenheiten. So wurde der koordinierte Anbau im Dreizelgengebiet oft erst nach 1850 aufgegeben, als die einzelnen Parzellen durch neue Wege erschlossen wurden, was das Konfliktpotential reduzierte. Dort, wo eine Intensivierung nur sehr begrenzt möglich war, wie bei vielen hochgelegenen Alpweiden, blieben weiterhin genossenschaftliche oder kommunale Eigentumsformen vorherrschend.[5]

Wie die nachbarrechtlichen Dimensionen der Agrarverfassung mit der Aufklärung zu einem viel diskutierten Thema wurden, so verhielt es sich mit den herrschaftsrechtlichen Dimensionen. Als «Feudallasten» galten damals Abgaben und Verpflichtungen, die einen unbefristeten, unablösbaren Charakter und einen statusbezogenen Aspekt aufwiesen. Im Jahr 1798 schaffte die neue Helvetische Republik nach französischem Vorbild die «persönlichen» Lasten ersatzlos ab. Darunter verstand man Ansprüche wie die Leibeigenschaft und Fronen, die zwar nicht stark ins Gewicht fielen, aber für die Abhängigen einen entwürdigenden Symbolwert hatten. Ökonomisch wesentlich wichtiger und weiter verbreitet waren die «dinglichen» Lasten, vor allem die Zehnten und die Grundzinse. Für sie wurde nun der moderne Grundsatz der Loskäuflichkeit statuiert, der auch die anschliessende konservative Wende von 1803 überlebte, als die Agrarpolitik wieder eine kantonale Angelegenheit wurde. Im Gefolge der politischen Erschütterungen von 1830 und 1848 setzten dann viele Kantone die Ablösungssummen herab und erklärten den Loskauf für obligatorisch. Aufgrund der Entschädigungspflicht fiel dabei auch die Agrarkonjunktur ins Gewicht: Die Entschädigung erhöhte vor allem in schlechten Jahren die Verschuldung der Bauern, die so in neue Abhängigkeiten gerieten. Andererseits stellten die Kantone ihre Finanzstruktur auf eine breitere Basis, was dem überproportional belasteten Agrarsektor insgesamt zugute kam.[6]

In den Berggebieten spielte die Ablösungsfrage eine geringere Rolle als im Flachland, da hier die dinglichen Lasten im Durchschnitt wesentlich kleiner waren. Diese Differenz verweist auf die regionalen Formen der Staatsbildung und die unterschiedliche Rolle von städtischen Herrschaftszentren. Auf der gesellschaftlichen Ebene lassen sich regionale Varianten des

Schichtungsgefüges fassen. Während man im Mittelland und in einigen weiteren Gegenden einen formellen Unterschied zwischen den hablichen «Bauern» (mit eigenem Hof und Zugvieh) und der wachsenden Zahl von «Taunern» (auf Zusatzverdienst angewiesenen Kleinstbauern) machte, war diese Unterscheidung in vielen Bergtälern unbekannt. Eine wichtige regionale Differenzierung entstand mit der Herausbildung des sogenannten «Hirtenlandes» in nordalpinen Regionen: Im Übergang zur Neuzeit und bis ins 18. Jahrhundert vollzog sich hier ein Wandel von einer gemischten Land- und Alpwirtschaft mit Ackerbau und Schafhaltung hin zur spezialisierten und arbeitsintensiven Rindviehhaltung auf der Basis von Wiesenbau und winterlicher Stallfütterung. Die neue marktorientierte Produktionsweise bezog ihre Dynamik aus der überregionalen Nachfrage nach Rindvieh und Käse und war vor allem auf das stark urbanisierte Norditalien ausgerichtet («Welschlandhandel»).[7]

Insgesamt stehen wir vor einer Vielzahl arbeitsorganisatorischer und sozioökonomischer Unterschiede, mit denen die wandlungsfähige Landwirtschaft der vormodernen Schweiz zu charakterisieren ist. Fasst man sie zu geographisch abgegrenzten «Agrarzonen» zusammen, so läuft man Gefahr, ein unrealistisches Bild zu entwerfen.

### Technologie, Politik, Umwelt

In der zweiten Hälfte des 19. Jahrhunderts begann eine neue Periode der Agrarentwicklung. Während vor dem Hintergrund der wachsenden Bevölkerung bis anhin Boden durch Arbeit ersetzt worden war, erhielt die Technologie jetzt einen immer grösseren Stellenwert und veränderte und ersetzte allmählich die bäuerliche Arbeit. Die Arbeitsproduktivität, die lange Zeit tendenziell rückläufig gewesen war, begann rasch anzusteigen. Bei der ersten eidgenössischen Betriebszählung von 1905 konnte man bereits die Verbreitung verschiedenster Arten von Motoren und Maschinen erheben (Dampfmotoren, Elektromotoren; Maschinen zum Säen, Mähen, Heuwenden, Dreschen usw.), und im 20. Jahrhundert folgten sich die Neuerungen in immer rascherer Kadenz. Auch die Berglandwirtschaft, die infolge der erschwerten maschinellen Bodenbearbeitung stark benachteiligt war, verwandelte sich nach 1950 in ein technologisches Unternehmen.[8]

Wichtige Impulse erhielt die Technisierung vom Weltmarkt für Agrargüter, der mit den neuen Verkehrsmitteln im 19. Jahrhundert entstand. Dadurch wurden Getreideimporte aus Gebieten mit grossen Landressourcen und entsprechend billigen Anbaumethoden möglich, was die Getreideproduktion in der Schweiz unter Druck setzte. Die Versorgung des Landes, die schon die Obrigkeiten des ↑Ancien Régime beschäftigt hatte, erhielt nun einen hohen Stellenwert in der politischen Agenda des Bundesstaates. Dazu trugen auch ideologische Bedürfnisse des aufkommenden Nationalismus und später die schwierige Situation in den beiden Weltkriegen bei. Wie in andern Ländern war die Industrialisierung begleitet von romantischen und konservativen Strömungen, welche herkömmliche Lebensweisen idealisierten und die bäuerliche Bevölkerung zu einem Kern der Nation machten. In der Schweiz konnte sich diese Überhöhung auf längere Traditionen berufen und war besonders leicht zu etablieren. Ein politisches Interesse daran hatte das Wirtschaftsbürgertum, das die Bauern für seine Auseinandersetzungen mit der industriellen Arbeiterschaft brauchen konnte. Ernst Laur, der erste Geschäftsführer des 1897 gegründeten *Schweizerischen Bauernverbands*, schuf sich vor diesem Hintergrund eine bedeutende Macht. In Perioden der Kriegswirtschaft und eingeschränkten Möglichkeit des Lebensmittelimports während der beiden Weltkriege wurde die ideelle und politische Position der organisierten Bauernschaft noch durch ihre starke Marktstellung untermauert.[9]

In der zweiten Hälfte des 20. Jahrhunderts blieb die enge Verflechtung von Landwirtschaft und Staatswesen bestehen und konkretisierte sich in einer Subventionspraxis, die in Zeiten des schnellen Wandels und ansteigenden Wohlstands breiter Bevölkerungsschichten die bäuerliche Produktion weiter ermöglichen sollte. Gleichzeitig betrieb man aber eine Modernisierungspolitik, die zum massiven Rückgang der Betriebszahl beitrug. Mit der Politisierung der Umwelt in den Jahren um 1970 erhielt die Landwirtschaft partiell eine neue Richtung. Es entstand nun ein Markt für «biologische» Produkte, und in der staatlichen Förderung wurden «ökologische» Leistungen der Landschaftspflege immer wichtiger. Die Schweiz war dafür speziell geeignet: Ihre klein- und mittelbäuerliche Struktur erschwerte die Konkurrenz auf dem Massenmarkt, und das Tourismusaufkommen machte ihren Ruf als schönes Land zu einer Ressource. Gleichwohl schritten der Landschaftswandel und die Polarisierung der Nutzung rasch voran: Während in spärlich bevölkerten Berggebieten die Waldfläche stark zunahm, dehnten sich im stark besiedelten Flachland städtische Agglomerationen weiter aus.[10]

---

1 — Robert McC. Netting, Smallholders, Householders, Stanford 1993. Im Folgenden kann nur sehr selektiv zitiert werden.
2 — Markus Mattmüller, Bevölkerungsgeschichte der Schweiz, 2 Bde., Basel 1987; Christian Pfister, Wetternachhersage, Bern 1999.
3 — Jon Mathieu, Geschichte der Alpen 1500–1900, Wien 1998.
4 — André Holenstein et al. (Hg.), Nützliche Wissenschaft und Ökonomie im Ancien Régime, Heidelberg 2007; Martin Stuber et al. (Hg.), Kartoffeln, Klee und kluge Köpfe, Bern 2009.
5 — Markus Mattmüller, Die Dreizelgenwirtschaft – eine elastische Ordnung, in: Benedikt Bietenhard et al. (Hg.), Ansichten von der rechten Ordnung, Bern 1991, S. 242–253; Jon Mathieu, Eine Agrargeschichte der inner en Alpen, Zürich 1992; Andreas Ineichen, Innovative Bauern, Luzern 1996.
6 — Jakob Stark, Zehnten statt Steuern, Zürich 1993.
7 — Historischer Verein der Fünf Orte (Hg.), Innerschweiz und frühe Eidgenossenschaft, 2 Bde., Olten 1990.
8 — Hans Brugger, Die schweizerische Landwirtschaft 1850 bis 1914, Frauenfeld 1979; allgemein Pedro Lains / Vincente Pinilla (Hg.), Agriculture and economic development in Europe since 1870, London 2009.
9 — Werner Baumann, Bauernstand und Bürgerblock, Zürich 1993.
10 — Werner Baumann / Peter Moser, Bauern im Industriestaat, Zürich 1999.

Gestaltet im Jahr 1544 durch den vor allem in Freiburg, aber auch in Solothurn, Zürich und St. Gallen tätigen Bildhauer Hans Gieng, zeugt die Brunnenfigur des Berner Samsonbrunnens exemplarisch von den zugleich politischen und kirchlich-religiösen Zielen, welche die städtischen Obrigkeiten mit dem Bau solcher Monumente verbanden. Unübersehbar im Stadtbild platziert, erweisen diese Brunnen sowohl den christlichen Vorbildern als auch den Obrigkeiten, die den Einwohnern der Stadt das lebensspendende Wasser verfügbar machen, die Ehre. Sie sind somit ein Ausdruck des neuen Selbstbewusstseins der Städte im 16. Jahrhundert.
*Photo Wikimedia Commons / Mike Lehmann, Bern.*

# Das Bild und die Reformation — Olivier Christin

Die aus dem 16. und 17. Jahrhundert erhaltenen Bildwerke können dazu beitragen, die Geschichte der Eidgenossenschaft ihres jeweiligen Entstehungszeitraums zu illustrieren – in dieser Hinsicht unterscheiden sie sich nicht von den Bildwerken anderer Epochen. Doch die in dieser Zeit geschaffenen Bilder spielten selbst eine Art Hauptrolle im Geschehen. Sie sind nicht nur *Abbilder* grosser Ereignisse und berühmter Persönlichkeiten, von Ideen und Überzeugungen, sondern sie *produzierten* diese mitunter erst. Im festen Glauben an die den Bildern innewohnende Macht, ihre Fähigkeit, Dinge auszudrücken und Realitäten zu schaffen, schrieben die Zeitgenossen ihnen eine geradezu magische Wirkung zu – und dies ungeachtet der konfessionellen Differenzen, die sie in Bezug auf die Bilderfrage trennten. So können sowohl die in der Chronik der Klarissin Jeanne de Jussie (1503–1561) enthaltenen Berichte über Statuen und Bilder, die sich für ihre Entweihung rächen,[1] als auch Aussagen des Zürcher Reformators Rudolf Gwalther, dem es Sorgen bereitete, dass bildliche Darstellungen stets ein «Fenster zum Götzendienst» öffneten,[2] eine solche Sichtweise bezeugen. Zahlreiche weitere Texte des 16. und 17. Jahrhunderts inszenieren Bildwerke als Akteure, welche die Gefühle und Leidenschaften der Massen bewegen; es ist die Rede von Bildern, die sprechen und weinen. Indes finden sich auch Schriften, die das genaue Gegenteil besagen, nämlich dass die Bilder «nichts» oder «tot» seien.

### «Hier frieren die Künste» (Erasmus)

Gemäss einer an die Debatten des 16. Jahrhunderts anschliessenden historiographischen Tradition wäre die Reformation als Zäsur in der Geschichte der bildenden Kunst und hinsichtlich des Umgangs mit Bildwerken in der Schweiz zu verstehen. Die Kritik der Schweizer Reformatoren, insbesondere Zwinglis und Calvins, am Bild hebt sich durch ihre Schärfe in der Tat stark von den eher vorsichtigen Äusserungen Luthers zu diesem Thema ab. Ihnen zufolge sind Bilder – das Kreuz eingeschlossen – keineswegs die Bibel derer, die nicht lesen können, oder gar eine dem Seelenheil dienliche Richtschnur des Glaubens und Hilfe beim Gebet. Vielmehr blendeten sie diejenigen, die ihnen vertrauten. Die Schweizer Reformatoren vertraten eine pessimistische Anthropologie; sie glaubten an die «verdorbene Natur des Menschen», die «uns immer zum Aberglauben»[3] hinziehe. Die Bilder würden den Menschen zur Idolatrie verführen und widersprächen dem alttestamentlichen Bilderverbot. Zwingli wünschte sich daher einen Gläubigen, der den Mut hätte, mit den falschen Göttern aufzuräumen: «Ach Herr, verlych uns einen unerschrockenen Mann, wie Elias, der die Götzen von den ougen der glöubigen dannen thueje!».[4]

Die Ausbreitung jenes neuen Gedankenguts ging einher mit zahlreichen bilderstürmerischen Vorgängen. Viele dieser Vorfälle ereigneten sich anlässlich lokaler Abstimmungen, bei denen die Gemeinden über die Entfernung oder Bewahrung von Bildwerken und liturgischen Gegenständen befinden sollten. Auch spielte das Vorbild der städtischen Zentren eine wichtige Rolle: In Zürich (1524), Bern (1528), Basel (1528/29) und an vielen anderen Orten bildete die Elimination, die Verstümmelung oder Zerstörung von Bildwerken die Geburtsstunde der Reformation und eine der ersten symbolischen Handlungen der neuen konfessionellen Mehrheit. Der Bildersturm stellte eine politische, rechtliche und symbolische Besitzergreifung des liturgischen und des städtischen Raumes dar. Von dieser brutalen Zäsur zeugt etwa der Fall des Malers Hans Holbein des Jüngeren: 1526 verliess er die Schweiz in Richtung England, und er führte mit sich ein Empfehlungsschreiben von Erasmus, in dem dieser klagt: «Hic frigent artes» («Hier frieren die Künste»).[5] Bildwerke und Bilderkult, die sichtbare Präsenz der himmlischen Fürsprecher in Kirchen, Strassen und Wohnstätten, wurden damals zu konfessionellen Markierungen, mit denen Menschen, Individuen wie Gruppen, ihren Glauben zur Schau tragen und sich so voneinander distanzieren konnten. Im öffentlichen Raum – heute erobert von Bildern aus Werbung und Politik – sind diese Unterschiede zwischen reformierten und katholischen Orten noch immer sichtbar.[6]

Die Erkenntnis, dass die Bildwerke nichts sind als aus Holz, Stein oder Papier gefertigte Objekte und jeglicher heiligen Präsenz oder Nützlichkeit für das Heil entbehren, konnte so bitter sein, dass sie zur Konversion führte. Mitunter wurden so aus den eifrigsten «Götzendienern» die aktivsten Bilderstürmer. Ein besonders prägnantes Beispiel hierfür ist der Werdegang des Berner Künstlers Niklaus Manuel (um 1484–1530), Mitglied des Grossen Rates, der mit zahlreichen städtischen und kirchlichen Aufträgen betraut war, sich jedoch ab den frühen 1520er Jahren für die Reformation einzusetzen begann – und zwar gleichermassen als Gesandter der Stadt, als Autor und als bildender Künstler. In Zürich vollzog der Maler Hans Asper (um 1499–1571), wenn auch etwas später, eine ähnliche Entwicklung.[7] Die berühmten, während der Berner Fasnacht aufgeführten Theaterstücke von Niklaus Manuel, etwa *Die Totenfresser* aus dem Jahr 1523, denunzierten den römischen Klerus und dessen Praktiken und mobilisierten gegen die Anhänger des Papstes. Niklaus Manuel kontrollierte, zusammen mit dem Goldschmied Bernhard Tillman, auch das Inventar der Güter, die in den Berner Kirchen 1528 eingezogen worden waren. Derjenige Maler, dem sich grosse Altartafeln in den Kirchen der Stadt und der berühmte Totentanz an der Mauer des Dominikanerfriedhofs verdanken, in welchem er sich sogar selbst dargestellt hat, partizipierte somit persönlich an der Beseitigung der Bilder.

Haben die Ereignisse der Jahre von 1520 bis 1540 die Schweiz – zumindest in den reformierten Teilen – künstlerisch verarmen lassen, wie die Auswanderung wichtiger künstlerischer Exponenten, etwa der Zürcher Nelkenmeister, nach 1520 nahelegen könnte? Ist die damals einsetzende Verlagerung vieler Künstler auf profane Bildthemen als Folge des Versiegens kirchlicher Aufträge zu betrachten? Tatsächlich lassen sich nur wenige direkt von reformiertem Gedankengut inspirierte Werke aus dieser Zeit anführen, etwa die Holzschnitte im Werk *Antithèse des faicts de Jésus Christ et du pape* aus dem Jahr 1533. Und doch würde es zu kurz greifen, die Reformation als eine Zeit künstlerischen Niedergangs in der Schweiz zu bezeichnen, und sei es nur schon deshalb, weil sich die katholisch gebliebenen Orte im Kampf der Konfessionen in eine Bekräftigung ihres Glaubens stürzten, die ihren Niederschlag nicht zuletzt in barocken Dekorationskampagnen oder im Aufschwung des Wallfahrtswesens fand. Doch auch für die reformierte Schweiz erweist sich diese Sicht der Dinge als unangemessen. Gewiss, manch konvertierter Künstler scheint damals weniger produziert oder seine künstlerische Tätigkeit sogar unterbrochen zu haben. Und zweifelsohne war es aufgrund des hiesigen Fehlens mächtiger Fürstenhöfe und grosser Mäzene schwierig, einen neuen Markt zu schaffen, der die Kirche als Auftraggeberin hätte ersetzen können – obschon der Bildersturm selbst spezifische Formen von Sammeltätigkeit freizusetzen vermochte: So wurde es etwa in Zürich, Bern oder Lausanne den ehemaligen Stiftern von Kunstwerken respektive deren Nachfahren während einer kurzen Zeitspanne erlaubt, diejenigen Stücke zurückzuholen, die sie oder ihre Vorfahren einst Kirchen und Klöstern geschenkt hatten. Auf diese Weise entgingen einige Werke durch Privatisierung der Zerstörung: Holbeins Gemälde des Abendmahls beispielsweise, 1529 beschädigt und abmontiert, gelangte, mehrfach restauriert, in den 1560er Jahren in die Hände des von Holbein auch porträtierten Basler Juristen Bonifacius Amerbach, eines Freundes von Erasmus. Doch solche Einzelbeispiele reichen nicht aus, die These von der Reformationszeit als einer kunstgeschichtlich uninteressanten Periode in der Schweiz gesamthaft zu widerlegen.

### Eine Politik der Bilder

Will man die Entwicklung bildlicher Praktiken in der Schweiz verstehen, muss man die Bedeutung der – von den Künstlern selbst tatsächlich oft verhältnismässig leicht überwundenen – konfessionellen Grenzen relativieren, und man muss davon absehen, die Kunstgattungen in althergebrachter Weise voneinander zu scheiden. Die Reformation und ihre Inhalte mögen sich vielleicht nicht in originär «religiösen» Werken niedergeschlagen haben, sie fanden jedoch Ausdruck in einer eigenen und wirkmächtigen Bildsprache.

Weder Calvin noch Zwingli beabsichtigten, alle Bilder unabhängig von Ort oder Art ihrer Verwendung zu verbieten. Wenn es verboten wäre, etwas darzustellen, dürfe man nicht einmal eine Hand in einer Sonnenuhr zeichnen oder ein Wirtshausschild aufhängen, meinte Zwingli. Auch Calvin präzisierte, dass es zulässige, ja sogar nützliche Bilder gebe, darunter Historien (*historiae*) und Darstellungen von Ereignissen (*res gestae*) sowie Porträts. In der französischen Ausgabe der *Institutio* von 1560 bezog er auch die Darstellung von Städten und Landschaften in seine Empfehlungen ein.[8] A priori gab es also nichts, was den Künstlern verboten hätte, die in der Renaissance aufgekommenen Techniken, Sujets und Gattungen weiterzuentwickeln, solange es sich um Bilder handelte, die der Erinnerung dienten. Unter diese Kategorie fallen einige bedeutende Werke der Kunst des 16. Jahrhunderts in der Schweiz, etwa die reich illustrierte Chronik des Johannes Stumpf.

An zwei Bildtypen lässt sich die Entwicklung bildlicher Praktiken im 16. Jahrhundert besonders gut beobachten und aufzeigen, in welcher Weise dabei die konfessionelle Frage zum Tragen kam: Dies sind zum einen Einzelporträts und zum anderen Darstellungen von Kollektiven, etwa Korporationen, Räten, Städten und nicht zuletzt der Eidgenossenschaft selbst. Betrachten wir zunächst die Kollektivdarstellungen: Eine tragende Rolle bei der Repräsentation der christlichen Gesellschaftsordnung war Bildern von Heiligen zugekommen. Heilige, das heisst die mit ihnen verbundenen Namenstage, strukturierten den Kalender und ermöglichten somit etwa, Termine für das Abhalten von Märkten oder die Bezahlung von Schulden festzulegen. Heilige dienten als Schutzpatrone von Gemeinden und Städten; mit ihrer Ikonographie gaben sie den Zünften eine sichtbare Identität. Sie wurden daher oft und in verschiedensten Zusammenhängen dargestellt, sei es an Toren, auf Fahnen, Münzen, Fenstern oder auch in komplexen szenischen Kontexten, zum Beispiel bei Konrad Witz, dessen für die Genfer Kathedrale St. Peter im Jahr 1444 geschaffenes Altarbild eine detaillierte Ansicht von Genf mit der biblischen Episode des wunderbaren Fischfangs verbindet. Die reformatorische Kritik des Heiligenkults stellte nur einen Teil der mit diesem Kult verbundenen Bilder in Frage; Heiligendarstellungen verschwanden nach der Reformation nicht ganz, wie etwa eine im Jahr 1549 entstandene Zürcher Glasmalerei des Spitals mit zwei Schutzheiligen belegt. Dennoch standen die Obrigkeiten vor der Aufgabe, neue Wege zu finden, um ihre Macht visuell darzustellen und zu demonstrieren.

Eine der in dieser Hinsicht gelungensten Unternehmungen stellt die Ausschmückung des Berner Ratssaals (1584–1586) durch Humbert Mareschet dar. Besorgt um die Folgen der konfessionellen Spaltung für den Fortbestand und Zusammenhalt der Eidgenossenschaft, beauftragte die Stadt diesen hugenottischen, in die Westschweiz geflüchteten Künstler mit einem Zyklus, der verschiedene Themen verbindet: die Verherrlichung der Einheit der Kantone, dargestellt durch die dreizehn Bannerträger; die Ermahnung zur Gerechtigkeit, zu der eine gute Obrigkeit verpflichtet ist, verkörpert durch eine Darstellung des Urteils Salomons; die Geschichte der Stadtgründung, verbildlicht anhand dokumentarischer Tatsachen, vor allem durch eine Schilderung des Gründungsaktes Herzog Berchtolds IV. von Zähringen. Der Stadtheilige Vinzenz taucht in diesem Bilderzyklus nicht auf. Indem die Berner Obrigkeit auf die Darstellung der himmlischen Schutzpatrone und einer übernatürlichen Gründung verzichtete, schuf sie hier einen wirkungsvollen Diskurs über sich selbst, die Stadt Bern und deren zentrale Rolle in der Eidgenossenschaft.

Obschon besonders eindrücklich, steht dieser Fall nicht alleine da: Die Zeit des 16. und 17. Jahrhunderts brachte in der Schweiz generell eine Erneuerung der Darstellung von Obrigkeiten, Städten und anderen herrschenden Gruppen mit sich. Deutlich wird dies etwa auch in den Werken Hans Aspers, der in Zürich in der kleinen Ratsstube und im Haus des Stadtschreibers bildnerisch tätig war, oder in der Tätigkeit Christoph Murers, des Schöpfers der Radierungen *Woher der Eydgenoss'n Ursprung sey* und *Vermanung an ein Lobliche Eydgnoschafft zuor Einigkeit* (1580), der ferner eine Karte der Eidgenossenschaft sowie Wappenscheiben und Glasmalereien mit mythologischen Motiven für Zünfte und Räte in St. Gallen und Luzern fertigte.

Zudem sei auf die Brunnen verwiesen, die damals in vielen Schweizer Städten entstanden. So arbeitete Asper in den 1540er Jahren an den Brunnen am Rennweg und am Neumarkt in Zürich; Hans Gieng, der Bildhauer von Freiburg, schuf für seine Stadt die Figuren von sieben Brunnen und war unter anderem auch in Bern – etwa am Kindlifresserbrunnen, am Pfeiferbrunnen und am Samsonbrunnen – tätig. Auch in Solothurn errichtete man im 16. Jahrhundert einige Brunnen, von denen zumindest einer, der Samsonbrunnen, von Hans Gieng stammt. Diese Brunnen mit ihren schmückenden Figuren sind weit mehr als bloss «nützliche» Bauwerke – sie können als Aneignung des Raumes durch den Rat der jeweiligen Stadt verstanden werden, der sich hier als weise und wohltätige christliche Obrigkeit inszeniert; die Häufigkeit der Darstellung des Richters Samson, eines Vorläufers Christi, vermag dies zu belegen: Samsonbrunnen finden sich unter anderem in Bern, Basel, Solothurn und Freiburg. Die Brunnen aus dieser Zeit sind als eine Art «Verkörperung» der Stadt zu begreifen. Mit visuellen Mitteln setzen sie eine rhetorische Strategie um, wie sie sich ähnlich auch bei Guillaume de Pierrefleur in seiner Chronik der Reformation in Orbe findet: Angesichts der Unfähigkeit der Bewohner und der Obrigkeit, ihre Stadt gegen die Häresie zu verteidigen, lässt Pierrefleur die Stadt selbst, gleich einer Person, verkörpert in der Statue des Bannerherren, sprechen und ihren Zorn ausdrücken.

Die Reformation brachte also keineswegs einen aller Bildwerke entledigten städtischen Raum hervor; auch führte das Fehlen eines Hofes oder eines mächtigen adeligen Mäzenatentums nicht zum Verschwinden des hiesigen Kunstmarkts. Die städtischen Obrigkeiten, zentrale Akteure der konfessionellen Auseinandersetzung, drückten den künstlerischen Aktivitäten ihren Stempel auf und trugen zur Entstehung einer eigenständigen Bildsprache bei, in der sich verschiedene bildliche Gattungen und Traditionen, darunter Emblematik, Fahnen- und Wappenkunde sowie religiöse Ikonographie, miteinander verbinden.

**Die Demokratisierung des Bildes**
Das zweite Beispiel, das die über den Bildersturm hinausreichende, im 16. und 17. Jahrhundert weiterwirkende Existenz einer «Politik des Bildes» belegen kann, ist das künstlerische Genre des Einzelporträts. Es wurde lange als eine profane Gattung betrachtet, die von der Ächtung der Reformatoren nicht betroffen gewesen sei. Dem entgegen ist kürzlich die Seltenheit von Porträts der Schweizer Reformatoren hervorgehoben worden, die mit der Fülle der überlieferten Darstellungen Luthers und anderer Persönlichkeiten aus dessen Umkreis scharf kontrastiert[9] und als Indiz gewertet werden kann, dass auch das Einzelporträt der reformierten Kritik nicht völlig entging. Dies änderte sich jedoch nach dem Ableben der ersten Reformatoren. Innert kurzer Zeit entwickelte sich nun eine beachtliche Produktion gemalter und gestochener Porträts: Nach einem ersten Gemälde von Zwingli, entstanden kurz nach dessen Tod im Jahr 1531, schuf Hans Asper bis 1564 zahlreiche weitere Porträts von Zürcher Ratsherren und von Reformatoren, darunter Johannes Oekolampad, Theodor Bibliander, Konrad Pellikan und Petrus Martyr Vermigli. Ende der 1550er Jahre scheinen bereits so viele Porträts von Calvin – unter anderem von Pierre Woeiriot oder René Boyvin – im Umlauf gewesen zu sein, dass sich die reformierten Obrigkeiten beunruhigt zeigten. Diese Bilder dienten zugleich der Gelehrsamkeit, der Erinnerungskultur wie auch der konfessionellen Polemik. Es waren stets dieselben Persönlichkeiten, deren Porträts von den Sammlern nachgefragt wurden: Anfang der 1550er Jahre bestellte etwa der junge englische Adelige Christopher Hales bei Rudolf Gwalther Porträts von Zwingli, Bullinger, Pelikan, Bibliander, Oekolampad und von Gwalther selbst, um seine Bibliothek zu schmücken, und man weiss, dass Theodor Beza in den 1580er Jahren Porträts von Calvin, Wolfgang Musculus und Petrus Martyr Vermigli sein Eigen nannte. Nach und nach begann man zudem in gelehrten – katholischen wie reformierten – Kreisen, Münzen und Medaillen, darunter auch solche mit Porträts der berühmten Protagonisten des 16. Jahrhunderts, zu sammeln und zu tauschen.

Grösste Innovationskraft besassen die seit der zweiten Hälfte des 16. Jahrhunderts entstandenen gedruckten Sammlungen von Viten berühmter Persönlichkeiten der Reformation, etwa die *Icones* des Theodor Beza. Diese monumentalen editorischen Unternehmen schufen, unter Berufung auf Vorbilder aus der Antike und der Renaissance, endlose virtuelle Ahnengalerien der Vorläufer und Akteure der Reformation – dies nicht nur, um die Erinnerung an diese wachzuhalten, sondern auch, um dazu beizutragen, die Spannungen zwischen den untereinander rivalisierenden protestantischen Kirchen zu überwinden: So wurden etwa die Viten und Bilder Calvins, Zwinglis, Luthers und Martin Bucers bewusst in ein und demselben Band versammelt. Vor allem aber ging es darum, eine allgemeine Geschichte des protestantischen Glaubens zu schreiben: die Geschichte eines neuen auserwählten Volkes – verfolgt, doch schliesslich der Hilfe des Schöpfers gewiss. Diese virtuellen Ahnengalerien dienten somit letztlich denselben Zwecken wie die zuvor erwähnten Beispiele bürgerlicher Repräsentation. In allen Fällen handelte es sich um Bildwerke, welche es Kollektiven erlaubten, sich unabhängig von den Vorgaben der römisch-katholischen Kirche darzustellen und zu legitimieren. Im Zuge dieser Entwicklungen wurde das «Recht auf ein Bild», um mit dem Kosmographen André Thévet (1516–1590) zu sprechen, auch denjenigen Leuten zuteil, die sich nicht durch Geburt oder Rang, sondern durch ihre Fähigkeiten, ihren Durchhaltewillen oder ihren Mut besonders auszeichneten. Die Ehre des Porträts wurde nun zahllosen Ratsherren und Professoren, Theologen und Ärzten, Juristen und Gelehrten zuteil. Jene Demokratisierung des Bildes seit der Reformation vermag das Klischee vom «Frieren der Künste» in der Schweiz zweifelsohne zu entkräften.

---

1 — Jeanne de Jussie, Kleine Chronik, Mainz 1996.
2 — Mary G. Winckler, A divided heart, in: The sixteenth century journal, 1987, Jg. 18, Nr. 2, S. 213–230.
3 — Jean Calvin, Institution de la Religion Chrétienne (1. Aufl. 1541), Genève 2008, Bd. 2, Kap. 5.
4 — Huldreich Zwingli's Werke, Bd. 1, Zürich 1828, S. 299.
5 — Opus epistolarum Desiderii Erasmi Roterodami, Bd. 6, Oxford 1926, Nr. 1740, S. 391–392.
6 — Cécile Dupeux et al. (Hg.), Bildersturm, Zürich 2000.
7 — Marianne Naegeli et al., Zürcher Kunst nach der Reformation, Zürich 1981.
8 — Calvin, Institution, Bd. 1, Kap. 11.
9 — Olivier Christin, Mort et mémoire, in: SZG, Jg. 55, Nr. 4, 2005, S. 383–400.

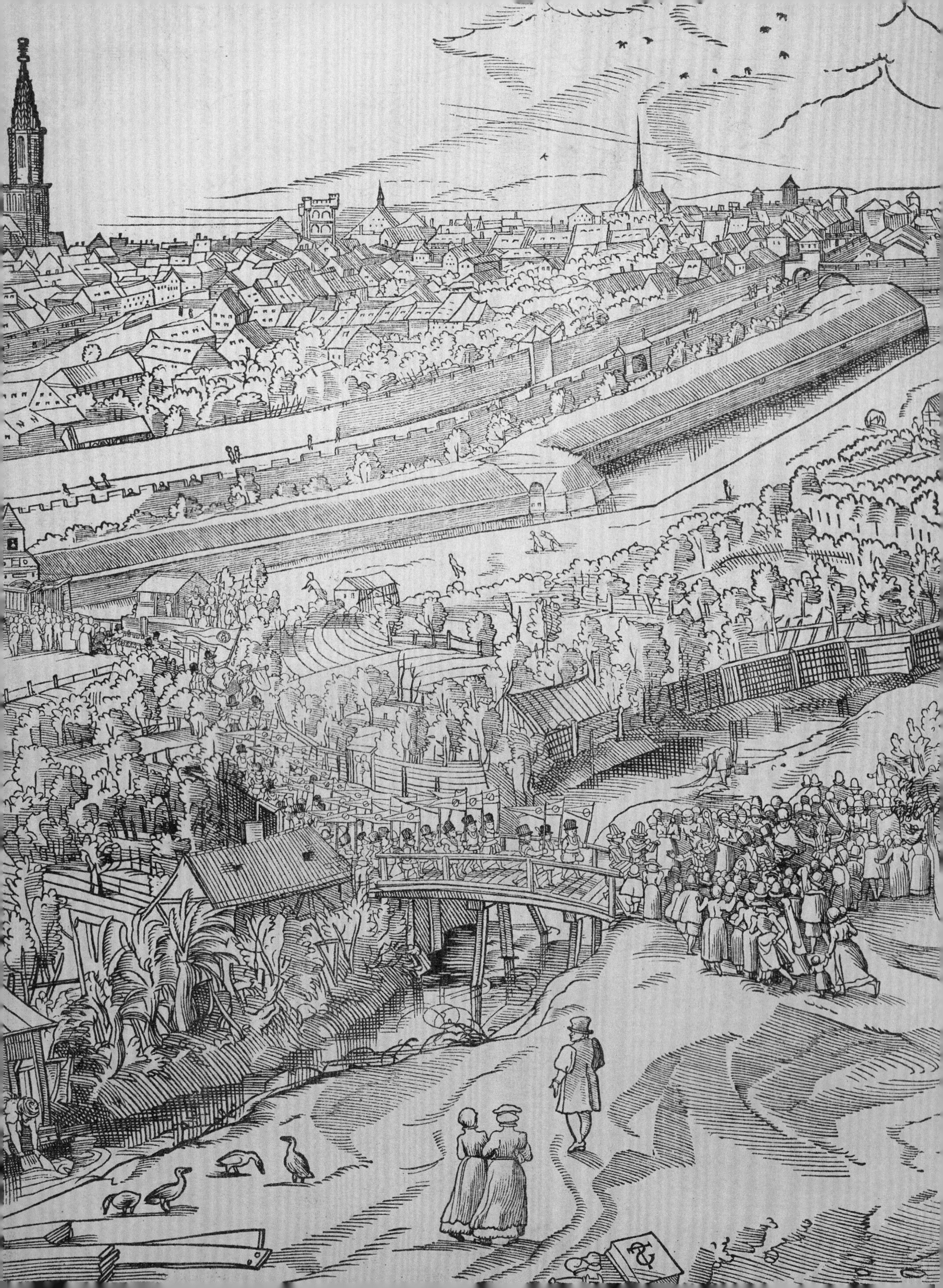

# Unerwartete Veränderungen und die Herausbildung einer nationalen Identität. Das 16. Jahrhundert —*Randolph Head*

Im 16. Jahrhundert erlebten die Menschen in den eidgenössischen Orten tiefgreifende Veränderungen der politischen, kirchlichen und wirtschaftlichen Verhältnisse. Länderübergreifende Prozesse – die Mailänderkriege und Entwicklungen im Militärwesen, die Reformation, das Bevölkerungswachstum und die Klimaveränderung – wirkten sich direkt oder indirekt auf Gemeinschaften und Individuen aus. Vor allem aber führten die Spaltung der bisher als Einheit empfundenen Kirche und die Herausbildung unterschiedlicher Konfessionskulturen zu einer Verunsicherung, der im Rahmen der bestehenden politischen Strukturen kaum beizukommen war. Aus der mächtigen, offenen und in ihrem Zusammenhalt scheinbar gefestigten Eidgenossenschaft von 1500 wurde bis um 1600 ein passives, verschlossenes und tief gespaltenes Land. Zugleich erhielt die Idee der Schweiz als staatliches Gebilde in jenen Jahren dauerhafte Gestalt. Zwischen 1500 und 1600 wurde eine schweizerische Identität – entstanden aus einer Verbindung von Geschichte, Mythen und charakteristischen Praktiken – sowohl für die europäischen Nachbarn als auch für die Eidgenossenschaft selbst sichtbar und für deren weitere Entwicklung bestimmend.
Die Darstellung folgt zwei unterschiedlichen Narrativen, jenem der Veränderungen in den Lebenswelten und jenem der Nationenbildung. Erst in der Verbindung dieser Perspektiven werden die Wandlungen des 16. Jahrhunderts verständlich. Dabei erscheinen die 1520er Jahre als Zäsur: Aus der Perspektive der europäischen Historiographie bleibt die Reformation das herausragende Ereignis des Jahrhunderts, das andere Veränderungen in den Hintergrund treten lässt.

Tobias Stimmer, Eidgenössisches Schiessen in Strassburg, mehrteiliger Holzschnitt, 1576. Detail: Das Volk strömt zur Spitze des Festzugs, der sich auf dem Weg zum Schützenplatz befindet; auf der Brücke die Bannerträger der Stadt. Nach dem Faksimile von **August Schricker, Strassburg 1880** (*UB Basel*). — Obwohl die Eidgenossenschaft im 16. Jahrhundert dauerhafte Grenzen und eine gefestigte Identität erlangte, pflegte sie weiterhin Kontakte zu verbündeten Städten und Gemeinden ausserhalb ihres Territoriums. Es herrschte ein starkes Gefühl der Zugehörigkeit zum Reich. Zum Strassburger Schützenfest von 1576 waren auch Schweizer Delegationen geladen. Die Zürcher, die auf dem Wasserweg nach Strassburg anreisten, sollen auf ihrem Boot einen grossen Topf Hirsebrei mitgeführt haben, der so warm geblieben sei, dass «er einen an die lefzen gebrennet hat». Der Brei spielt auf ein angeblich im Jahr 1456 abgegebenes Versprechen an, wonach Zürich seinem Verbündeten rascher zu Hilfe eilen würde, als ein Topf Hirsebrei zum Erkalten brauche.

## POLITIK UND WAHRNEHMUNG DER POLITIK IM 16. JAHRHUNDERT

1576 veröffentlichte der Zürcher Theologe und Pfarrer Josias Simmler (1530–1576) *De Republica Helvetiorum libri duo,* ein Buch, das die politische Ordnung und Kultur der Eidgenossenschaft beschreibt und nach kurzer Zeit in ganz Europa zum Standardwerk wurde. Simmlers lebendige Darstellung der Geschichte, Organisation und Kultur der Schweizer als eines eigenständigen Volkes prägte das Selbstverständnis und die Aussenwahrnehmung der Eidgenossenschaft für Jahrhunderte.[1] Da sich anhand dieses Werkes wichtige Aspekte der Entwicklung im 16. Jahrhundert verdeutlichen lassen, folgt dieser erste Abschnitt dessen Darstellung, und auch im weiteren Verlauf des Kapitels wird immer wieder auf Simmler verwiesen.

Das Buch *De Republica* befasst sich vorwiegend mit der Politik, denn diese machte für Simmler das Wesentliche der Eidgenossenschaft aus. Sein Bericht endet mit dem Jahr 1521 – also noch bevor die Eidgenossenschaft konfessionell gespalten wurde und sich das Gesicht Europas durch die Entwicklung der Nationalstaaten grundlegend veränderte. Faktoren wie das Klima, die Wirtschaft und die Demographie, die die Entwicklung nachhaltig beeinflussten, blendet das Werk ebenso aus wie die Lebensverhältnisse von Frauen, Bedürftigen und anderen Randgruppen. Eine nähere Betrachtung zeigt, dass Simmlers Darstellung sehr stark von seiner persönlichen Sicht der Geschichte der Eidgenossenschaft und seinen Hoffnungen für ihre Zukunft bestimmt war. Er betonte den Zusammenhalt des Bundes und die Einmütigkeit unter den Eidgenossen, insbesondere unter den – zu seiner Zeit konfessionell gespaltenen! – Orten; dies in einer Weise, die angesichts dessen, was wir aus historischen Quellen wissen, kaum gerechtfertigt erscheint. Um zu einem umfassenden Verständnis des 16. Jahrhunderts zu gelangen, gilt es, die zeitgenössischen Wahrnehmungen den Ergebnissen heutiger Forschung gegenüberzustellen. Eine vergleichende Betrachtung kann helfen, die komplexen Realitäten der eidgenössischen Orte im 16. Jahrhundert und die Vorstellungswelten der damaligen Zeitgenossen besser zu verstehen.

### Die politische Ordnung in der Alten Eidgenossenschaft

Wie im vorhergehenden Kapitel dargelegt wurde, schweisste ein komplexes Geflecht von Beziehungen die sehr unterschiedlichen politischen Körperschaften – Städte, Länder, Klöster und weitere kommunale Gebilde – im Alpenraum und unmittelbar nördlich der Alpen um 1500 immer enger zusammen. Dieses Netzwerk entwickelte sich zur vorherrschenden politischen Kraft in seinem Gebiet und erwies sich als zunehmend eigenständiger Akteur im Heiligen Römischen Reich. Simmler vereinfachte die komplizierten Verhältnisse, indem er nur zwischen ↑Orten, ↑Zugewandten und ↑Gemeinen Herrschaften unterschied. Diese Unterteilung liefert bis heute einen praktischen Schlüssel für das Verständnis der politischen Struktur der Alten Eidgenossenschaft, wie sie zwischen 1500 und 1600 definitiv Gestalt annahm.[2]

### Die Dreizehn Orte

Die angesehensten Mitglieder dieses Bündnisgeflechts waren ab dem 16. Jahrhundert die ↑Dreizehn Orte, die sich in die acht Alten und die fünf neuen Orte unterteilten. Die acht Alten Orte umfassten die drei Städte Zürich (das immer mehr den Rang eines privilegierten ↑Vororts beanspruchte), Bern und Luzern sowie die fünf Länder Uri, Schwyz, Unterwalden, Zug und Glarus. Die acht Alten Orte – die drei Vororte vorweg, danach in der Reihenfolge

**Titelkupfer mit Darstellung des Rütlischwurs, in: Josias Simmler, Helvetiorum respublica, Leiden 1627** *(ZB Zürich).* — Simmlers Buch wurde bald nach seinem erstmaligen Erscheinen im Jahr 1576 zum massgeblichen Nachschlagewerk für Europäer, die sich ein Bild von der Eidgenossenschaft machen wollten. Es lieferte detaillierte Informationen zu ihrem Bündnissystem, ihrer Geschichte bis 1521 sowie zu den Bräuchen ihrer Einwohner und trug dazu bei, dass Wilhelm Tell zur Ikone der eidgenössischen Identität innerhalb und ausserhalb der Eidgenossenschaft wurde. In der niederländischen Ausgabe von 1627 wird der Rütlischwur von drei in der Mode der Zeit bekleideten Edelleuten geleistet.

## Die politische Struktur der Alten Eidgenossenschaft 1536–1798

**Dreizehn Orte der Alten Eidgenossenschaft**

- FR 1481
- SO 1481
- BA 1501
- SH 1501
- AP 1513

**Acht Alte Orte**

- BE 1353
- ZH 1351
- GL 1352
- VD 1536

**Fünf Innere Orte**

- UW 1291
- LU 1332
- ZG 1352
- UR 1291
- SZ 1291

**Zugewandte***

- Mülhausen 1515
- GE** 1536
- Biel 15. Jh.
- Sieben Zehnden (VS) 1416
- SG (Fürstabt : Stadt) 1451/1454
- Drei Bünde (GR) 1497
- Rottweil 1463

**Gemeine Herrschaften**

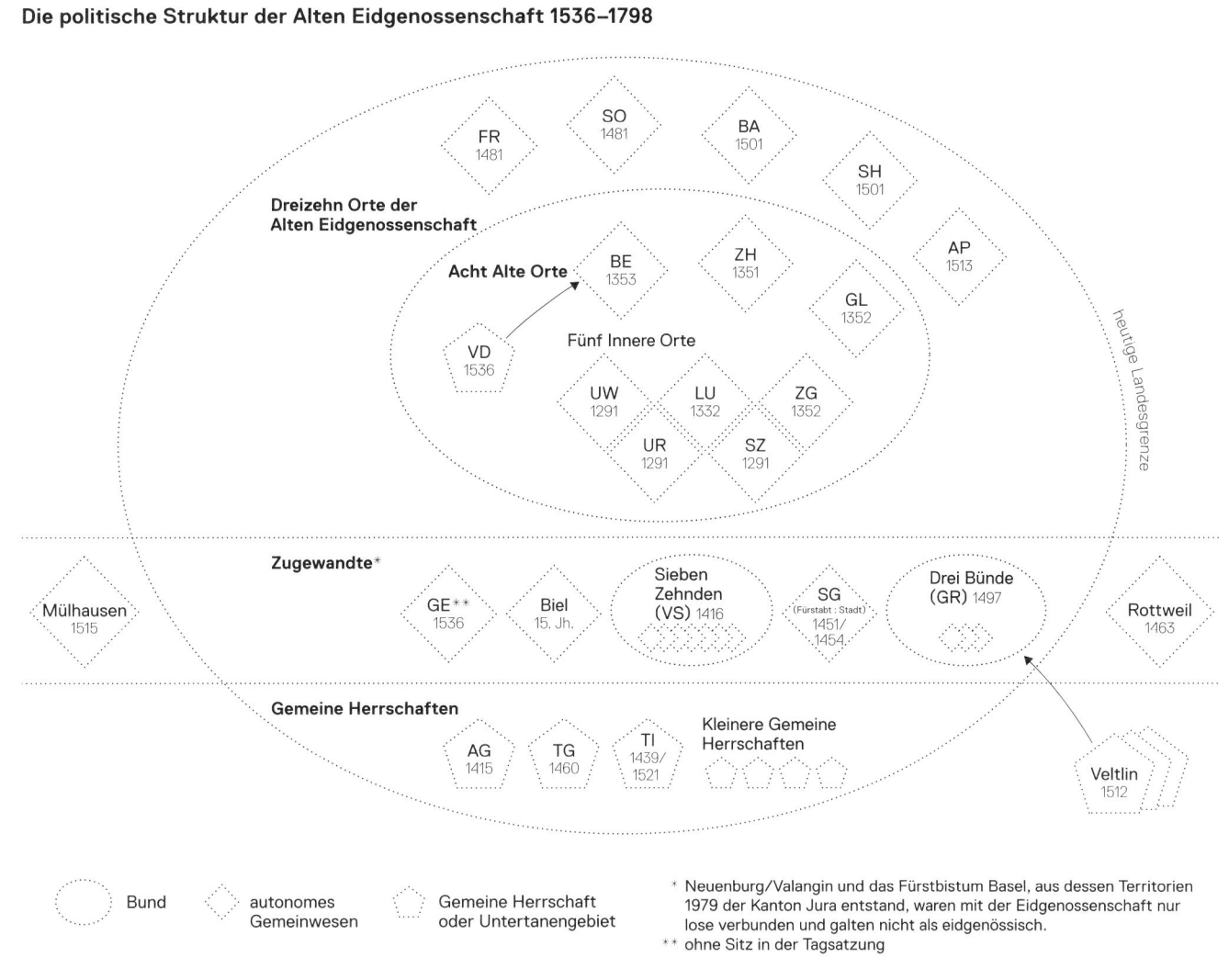

- AG 1415
- TG 1460
- TI 1439/1521
- Kleinere Gemeine Herrschaften
- Veltlin 1512

heutige Landesgrenze

Legende: Bund — autonomes Gemeinwesen — Gemeine Herrschaft oder Untertanengebiet

\* Neuenburg/Valangin und das Fürstbistum Basel, aus dessen Territorien 1979 der Kanton Jura entstand, waren mit der Eidgenossenschaft nur lose verbunden und galten nicht als eidgenössisch.
\*\* ohne Sitz in der Tagsatzung

Die Jahreszahlen verweisen auf den Zeitpunkt des Bündnisses oder der herrschaftlichen Verbindung mit der entstehenden Eidgenossenschaft. Die Kantonskürzel entsprechen dem Standard, ausser AP (Appenzell), 1597 geteilt, BA (Basel), 1833 geteilt, und UW (Unterwalden).
Quelle: Randolph Head, © 2013 Schwabe AG, Verlag, Basel, und Marc Siegenthaler, Bern.

ihres Beitritts – verhandelten an den häufig einberufenen ↑Tagsatzungen über militärische und diplomatische Themen und beteiligten sich an der Verwaltung verschiedener Gemeiner Herrschaften (siehe Beitrag von Andreas Würgler, S. 132). Die fünf neuen Orte wurden nach 1481 Vollmitglieder der Eidgenossenschaft: Freiburg und Solothurn nach dem Stanser Verkommnis, Basel und Schaffhausen 1501 nach dem Schwabenkrieg und Appenzell 1513 während der Mailänderkriege. Obwohl alle diese neueren Orte über alte Verbindungen zu den Acht Orten verfügten, mussten sie bei ihrer Aufnahme als Vollmitglieder im Vergleich zu den Alten Orten erhebliche politische Einschränkungen hinnehmen.

### Zugewandte und Gemeine Herrschaften

Der sich nach 1481 manifestierende Trend in Richtung einer rechtlichen Gleichstellung der Dreizehn Orte wirkte sich auf die Position der Zugewandten innerhalb der Eidgenossenschaft kaum aus. Diese blieben eine heterogene Ansammlung von Gemeinden und Herrschaften, geeint weniger durch ihre Rolle in der eidgenössischen Politik als durch die Tatsache, dass sie in den Augen der europäischen Nachbarn als Eidgenossen galten. Die grossen kommunalen Bünde im Wallis und in Graubünden nahmen an den Italienfeldzügen der Eidgenossen teil, besuchten jedoch die Tagsatzungen nur sporadisch und blieben aussen- und innenpolitisch weitgehend unabhängig. Im Verlauf des 16. Jahrhunderts rückten sie etwas näher zu den Dreizehn Orten, wurden aber aufgrund ihrer strategischen Lage zu einer Quelle der Instabilität, wie die Bündner Wirren des frühen 17. Jahrhunderts deutlich zeigen sollten.

Dagegen wurden die innereidgenössischen Beziehungen zu den Zugewandten Biel, Neuenburg sowie zum Kloster und zur Stadt St. Gallen im 16. Jahrhundert intensiver, aber auch ungleicher, was auf verburgrechtete (↑Burgrecht) ländliche Zugewandte wie Toggenburg, Greyerz und Saanen sogar in noch höherem Mass zutraf. Die engen Verbindungen zu den Eidgenossen boten der Bevölkerung dieser kleineren Zugewandten Schutz und Stabilität. Die Beziehungen zu den zwei am weitesten entfernten Zugewandten, den Reichsstädten Mülhausen und Rottweil, verloren im Verlaufe des 16. Jahrhunderts zunehmend an Bedeutung.

Mit dem geringsten Status ausgestattet, aber von zentraler Bedeutung für die Innenpolitik waren die Gemeinen Herrschaften im Aargau, Thurgau, Tessin, im Rheintal oberhalb des Bodensees sowie im Sarganserland. Diese Regionen, dank deren Integration die Konsolidierung der Eidgenossenschaft im 15. Jahrhundert vorangetrieben werden konnte, entwickelten sich nach der Reformation zu wichtigen Schauplätzen konfessioneller Streitigkeiten, da sie von Orten unterschiedlicher Konfession regiert wurden und aus der frühen Reformation mit konfessionell gespaltener Bevölkerung hervorgingen. Die Gemeinen Herrschaften waren ein typisch schweizerisches Phänomen: Sie verbanden traditionelle Vorstellungen von Herrschaft – mit den Orten als Herren – mit einem hohen Mass an lokaler Selbstverwaltung in Politik und Religion.

Verschiedene Zusammenschlüsse von Orten regierten über die einzelnen Herrschaften. Diejenigen Untertanengebiete, in denen sich nur zwei oder drei Orte die Herrschaft teilten – etwa Orbe-Echallens unter der gemeinsamen Herrschaft von Freiburg und Bern oder Bellinzona und das Val Blenio unter dem Regiment von Uri, Schwyz und Nidwalden – spielten in der eidgenössischen Politik eine geringere Rolle. Die Vogteien im Aargau und im Thurgau, die seit dem 15. Jahrhundert mindestens sieben Orten unterstanden, verursachten grössere Probleme. Die regierenden Orte entsandten im Zweijahresturnus Landvögte, die die Feudalherrschaft der Eidgenossen über diese Gebiete repräsentierten. Diese Landvögte bestimmten in ihrer Amtszeit die Politik und die Rechtsprechung, obwohl die Verwaltung der Vogteien in der Praxis meist quasi hereditär in den Händen von Landschreiberfamilien lag, die oft aus der Innerschweiz stammten.

Da eine Ernennung zum ↑Landvogt mit Prestige verbunden und einträglich war, zahlten manche Bewerber Geld, um an dieses Amt zu gelangen. An den ↑Landsgemeinden der ↑Länderorte bildeten die Vergabe von Geldgeschenken und das Offerieren von Essen und Trinken an die männlichen Stimmbürger regelmässige Bestandteile des Amtseinsetzungsverfahrens. In den Stadtkantonen waren solche Praktiken zwar verpönt, doch erwiesen sich hier politische Manöver als unverzichtbar, um eine Ernennung zu erreichen. In der Folge versuchten die Landvögte oft, ihre Investitionen zu amortisieren, indem sie in Rechtshändeln Bestechungsgelder annahmen, falsche Anschuldigungen erhoben, um Zahlungen zu erpressen, oder indem sie das Rechtssystem nutzten, um ihre Verwandten zu begünstigen, die beispielsweise Grundeigentum zu reduzierten Preisen erwerben wollten. Als die Korruptesten galten – trotz wiederholter Reformbemühungen – die von den ↑Drei Bünden über ihre Gemeinen Herrschaften im Veltlin eingesetzten Vögte.[3]

## Das Staatswesen der Schweiz im 16. Jahrhundert

Eine zentrale Behauptung, die Simmler in *De Republica Helvetiorum* aufstellte, war, dass die «lobliche Eydtgnoschafft» trotz ihrer komplizierten inneren Struktur und ihrer nach wie vor bestehenden Bindung an das Reich ein *einziges* Staatswesen, eine *einzige* Republik sei. Diese Behauptung Simmlers zeugt vom ausgeprägten schweizerischen Identitätsbewusstsein, das sich ab den 1460er Jahren hatte herausbilden können. Innerhalb der Eidgenossenschaft manifestierte sich dieses Identitätsbewusstsein in Geschichten über Wilhelm Tell, die Vertreibung der Habsburger, die bösen Vögte und die Anfänge des Bündnissystems in der Innerschweiz, die nicht nur in offiziellen Chroniken, sondern auch in Dramen sowie in Kunst und Kunstgewerbe, etwa in der Glasmalerei, dargestellt wurden. Ausserhalb der Eidgenossenschaft standen diesen Bildern Beschreibungen der Schweizer als arrogante Bauern gegenüber,

**Wappenscheibe des Christoph Froschauer d. Ä., Zürich, um 1530** (*Schweizerisches Nationalmuseum, Inv.-Nr. LM-13255*). — Das zentrale Bildfeld zeigt Wilhelm Tell, kniend und zum Schuss auf seinen Sohn Walterli anlegend, vor einer Seelandschaft. Im rechten Oberlicht schreitet Tell an Vogt Landenbergs Hut auf der Stange vorbei, im linken erschlägt Konrad von Baumgarten den Vogt von Wolfenschiessen im Bade. Die Geschichte Tells fand um 1500 Eingang in die eidgenössischen Chroniken und stützte symbolisch die Legitimation des sich herausbildenden Staatswesens. Tells Taten – vor allem der Apfelschuss – wurden von nun an zahlreich und in den unterschiedlichsten künstlerischen Medien dargestellt (siehe etwa Bild auf S. 234).

die sich der naturgegebenen Ordnung des Adels und des Reichs widersetzten.[4] Da die Einheit der Eidgenossenschaft nicht durch einen einzigen Herrscher oder durch natürliche Grenzen definiert war –, sie erstreckte sich bis südlich der Alpen und bis nördlich des Rheins –, muss ihr wachsender Zusammenhalt anders erklärt werden. Was machte die Eidgenossenschaft in den Augen der Zeitgenossen zu dem, was sie war?

Auch hier vertritt Simmler frühneuzeitliche Ansichten über die Entwicklung der Eidgenossenschaft hin zu einem souveränen Staat.[5] Verteidiger der Eidgenossenschaft mussten sich zwei kritische Fragen stellen: Erstens, wie waren ihre Allianzen mit europäischen Fürsten und ihre Befreiung vom Reichsgesetz und von der Reichssteuer mit ihrer Position innerhalb des Reiches zu vereinbaren? Und zweitens, wie passte die gewaltsame Loslösung von der Habsburger Herrschaft zu den rechtmässigen Beziehungen zwischen Herren und Untertanen? Der Adel und die Eliten in ganz Europa fürchteten die Rebellion, und die in der Eidgenossenschaft so populäre – aus der Sicht der europäischen Mächte jedoch besonders subversive – Erzählung einer solchen Rebellion war als Gründungsmythos dieses Staatswesens nicht unproblematisch, wollte man als achtenswert und ebenbürtig wahrgenommen werden. Jedoch stimmten sowohl Kritiker als auch Fürsprecher in der Sicht überein, dass es sich bei der Eidgenossenschaft um einen eigenständigen politischen Akteur auf der europäischen Bühne handelte.[6]

Im Europa des 16. Jahrhunderts waren solche Fragen mit moralischen und religiösen Implikationen belastet, zumal man in den katholischen genauso wie in den protestantischen Orten die Obrigkeit als gottgegeben verstand. Weder Simmler noch irgendein anderer bedeutender schweizerischer Denker des 16. Jahrhunderts lehnte die universelle Idee des christlichen Reiches und die Feudalherrschaft ab. Stattdessen schuf man Geschichten über die rechtmässige Entstehung der Eidgenossenschaft auf der Grundlage von ↑Privilegien, die es ihren Mitgliedern erlaubten, Gerichtsbarkeit zu üben und Krieg zu führen. In diesem Punkt unterscheide man sich nicht von anderen reichsfreien Städten und Fürsten, so wurde argumentiert. Was das Verhältnis zu den Habsburgern betrifft, so griff Simmler auf die erwähnte Befreiungssage, den eidgenössischen Gründungsmythos, zurück, um die Habsburger in die Kategorie jener stolzen und hassenswerten Adeligen einzureihen, deren charakterliche Defizite sie als Herren disqualifizierten. Am Ende seiner Apologie hebt Simmler die militärische Tapferkeit der Eidgenossenschaft hervor. Seine Behauptung, dass die eidgenössischen Orte ihre Legitimität auf kriegerischem Wege errungen hätten, und zwar notgedrungen, weil «die Fürsten von Oesterreych / unterstanden habend / unseren Vorderen jre freyheit zuonemmen / und darumb schier biß in die 200 jar mit jnen krieget»*[7], blieb bis zum Ende des ↑Ancien Régime ein zentraler Glaubenssatz im schweizerischen politischen Denken.

Das Werk Josias Simmlers erklärt und verteidigt somit die politische Organisation der Eidgenossenschaft, wie sie sich bis zum späten 16. Jahrhundert hatte entwickeln können, obwohl seine Erzählung de facto im Jahr 1521 endet: Simmlers durch die politische Situation in der zweiten Hälfte des 16. Jahrhunderts geprägte Sichtweise bestimmte den Blick auf die Ereignisse der Vergangenheit. Trotz dieser aus heutiger Sicht eingeschränkten Perspektive trug seine Schilderung zur Konsolidierung eines eidgenössischen Selbstbildes bei, das die Ansichten des Volkes wie auch der Gelehrten massgeblich prägte.

## DER ALLTAG: KONTINUITÄT UND NEUER DRUCK

Für die Bewohner der Alpen und Voralpen veränderte sich der Alltag zwischen 1500 und 1600 nur unerheblich, denn die Formen der Produktion, der Reproduktion und des Konsums blieben, zumin-

### Die Privilegien der Eidgenossen im Reich

Das Heilige Römische Reich war zwar formell eine Monarchie, seine Politik wurde aber weitgehend über die Verleihung von Privilegien gesteuert, die von feudalrechtlich höherer Position niedriger gestellten Fürsten oder Bürgerschaften gewährt werden konnten. Diese Privilegien beinhalteten etwa die Erlaubnis, Gericht zu halten, das Ausüben von Herrschaftsfunktionen oder – im Falle von Bürgerschaften – das Ernennen eigener Obrigkeiten. Die Orte der Eidgenossenschaft, aber auch andere Körperschaften wie Klöster besassen eine Vielzahl an Privilegien, die sie vom Reich, von den Habsburgern und von anderen Fürsten erhielten. Der Geltungsbereich dieser Privilegien in der Praxis war allerdings, ebenso wie ihre Echtheit, oft umstritten. Das Privileg der Reichsfreiheit, das heisst der Freiheit von jeglicher externer Rechtsprechung ausser derjenigen des Reiches, beanspruchten alle Orte für sich. Als Bündnissystem besass die Eidgenossenschaft jedoch keine Privilegien, da sie nicht über die dafür erforderliche Identität als eine einzige Körperschaft verfügte. Von allen Orten getragene eidgenössische Abkommen wie der 1499 geschlossene Frieden von Basel, der den Schwabenkrieg beendete, verweisen deshalb auf das erst später etablierte Prinzip der völkerrechtlichen Souveränität, dies, obwohl die Eidgenossen im 16. Jahrhundert in den Privilegien die Grundlage ihrer Freiheiten sahen.

---

* «sich die Fürsten von Österreich erdreisteten, unseren Vorfahren ihre Freiheit nehmen zu wollen, und darum beinahe 200 Jahre lang gegen sie Krieg führten.»

dest oberflächlich betrachtet, weitgehend dieselben. Um 1600 verfügte die Schweiz immer noch, wie zu Beginn des Jahrhunderts, über eine vorwiegend agrarische Wirtschaft; hochwertige handwerklich gefertigte Produkte wurden vor allem in grösseren Ortschaften und Städten hergestellt. Die für die Arbeit benötigte Energie stammte zum grossen Teil aus tierischer und menschlicher Muskelkraft. Wasser trieb Mühlen an, und mit Brennholz wurden Schmieden, Badhäuser und menschliche Behausungen beheizt, womit bereits alle wesentlichen Energiequellen genannt sind.

In verschiedenen Bereichen mit unmittelbarer Auswirkung auf den Alltag der Menschen fanden jedoch längerfristig bedeutende Veränderungen statt, namentlich hinsichtlich der klimatischen Bedingungen und der Bevölkerungsentwicklung, in Handel und Gewerbe sowie im wirtschaftlichen und politischen Kontext. Einige dieser Faktoren trugen dazu bei, dass die Eidgenossenschaft als begünstigtes Gebiet auf einem konfliktreichen Kontinent gelten konnte, andere erschwerten im Lauf des Jahrhunderts einem Grossteil der hier ansässigen Menschen das Leben. Die im 14. und 15. Jahrhundert durch die grossen Epidemien stark dezimierte Bevölkerung nahm trotz gelegentlicher Rückschläge im Allgemeinen zu. Die Eidgenossenschaft war eines der wenigen Gebiete Europas, die von den seit 1490 tobenden Kriegen profitieren konnten: Indem sie sich aus diesen Kriegen heraushielten, gleichzeitig aber Kriegsdienste verkauften, häuften die eidgenössischen Städte Kapital an und verhalfen damit den Eliten zu Wohlstand und ihren Untertanen zu moderaten Steuern. Das Geschäft mit den Passübergängen blieb für manche Alpentäler eine wichtige Einnahmequelle, obwohl der Aufschwung der atlantischen Handelsrouten die Bedeutung dieser Transversalen schmälerte. Extreme Formen ökonomischer Ausbeutung, wie sie etwa zu dieser Zeit in Osteuropa aufkamen, wurden durch die hiesigen politischen Verhältnisse nicht begünstigt. Ebenso wenig belastete eine aufkommende Zentralisierung staatlicher Strukturen – wie in Frankreich und Spanien – die Bevölkerung. Insbesondere in der ersten Jahrhunderthälfte verschafften die wirtschaftlichen Verhältnisse einem Grossteil der Bevölkerung eine gewisse materielle Sicherheit, wenn nicht sogar bescheidenen Wohlstand.

Im späten 16. Jahrhundert machten sich jedoch Anzeichen eines erhöhten ökonomischen Drucks und verminderter Geschäftsmöglichkeiten bemerkbar. Mit wenigen Ausnahmen ging das städtische Gewerbe im Lauf des Jahrhunderts zurück, während das später wichtige Gewerbe auf dem Lande nur langsam wuchs. Durch das Bevölkerungswachstum wurden soziale Aufstiegschancen verbaut, die in früheren Zeiten noch existiert hatten. Die saisonale und permanente Auswanderung erlebte einen Anstieg, während die unterprivilegierten, nicht mit dem Bürgerrecht ausgestatteten ↑Hintersassen in den Städten und auf dem Land zahlreicher wurden. Veränderungen in den Grundbesitzverhältnissen und in den verwandtschaftlichen Beziehungen verstärkten die sozialen Unterschiede in den Dörfern. Dadurch wandelten sich nicht nur die Beziehungen zwischen Arm und Reich, sondern auch die zwischen Männern und Frauen sowie zwischen älteren und jüngeren Kindern und zwischen Personen mit und ohne Zugang zum Patronagesystem, das heisst persönlichen Verbindungen zu einflussreichen «Herrschaften», die bei Bedarf Schutz gewähren konnten. Diese Tendenzen verstärkten sich, als um 1560 eine Klimaverschlechterung eintrat, die wiederholt zu Landwirtschaftskrisen führte. Bevölkerungswachstum und häufige Missernten verbesserten die Position von Grundbesitzern und Arbeitgebern gegenüber derjenigen von Bauern und Arbeitern und führten dazu, dass in Stadt und Land mehr und mehr Kredite in Anspruch genommen wurden.[8]

### Klima, Krankheit und Bevölkerung

Das Bevölkerungswachstum im vormodernen Europa wurde sowohl durch Umweltfaktoren wie das Nahrungsangebot als auch durch soziale und kulturelle Gegebenheiten bestimmt. Die Geburtenrate hing von der Altersstruktur der weiblichen Bevölkerung und von sozialen Praktiken ab, die die Fruchtbarkeit beeinflussten, beispielsweise dem Heiratsalter. Auch die Sterberate war eng verknüpft mit Umweltfaktoren und menschlichem Verhalten, doch waren hier epidemische Erkrankungen der wichtigste Faktor für Schwankungen. Die Pestpandemie, die ab 1347 ganz Europa erfasste, dezimierte die Bevölkerung auf Werte, die weit unterhalb der Tragfähigkeit der Agrarwirtschaft lagen. Aufgrund einer allmählichen Immunisierung der Menschen, vor allem jedoch, weil man im Laufe der Zeit mit der Krankheit umzugehen lernte, nahm die Virulenz der Pest um 1500 ab, und es setzte ein rasches Bevölkerungswachstum ein. Mit diesem wurde die Produktivität der Landwirtschaft für das Wohlergehen der Menschen zentral. Die steigende Nachfrage nach Getreide und Nahrungsmitteln führte dazu, dass die Gesamtproduktion erhöht wurde – dies auch durch den Anbau in weniger günstigen Zonen, die allerdings anfälliger für eine Erschöpfung der Böden und hinichtlich klimatischer Unwägbarkeiten waren.

Während direkte Belege für die Bevölkerungsgrösse und das Fortpflanzungsverhalten im frü-

---

**Bevölkerungsentwicklung in der Schweiz**

| | |
|---|---|
| 2. Jh. n. Chr. | ca. 190 000 |
| um 1000 | ca. 500 000 |
| um 1300 | 700 000 –850 000 |
| um 1400 | keine Schätzung |
| um 1500 | 580 000 –600 000 |
| um 1600 | 900 000 –940 000 |
| um 1700 | ca. 1 200 000 |
| 1798 | 1 666 000 |
| 1850 | 2 393 000 |
| 1900 | 3 315 000 |
| 1950 | 4 715 000 |
| 2000 | 7 288 000 |
| 2012 | 8 000 000 |

*Quellen: Markus Mattmüller, Bevölkerungsgeschichte der Schweiz, Bd. 1, Basel 1987, S. 4; HLS, Anne-Lise Head-König: «Bevölkerung».*

hen 16. Jahrhundert dünn gesät sind, geben die um 1600 aufkommenden Pfarrbücher, in denen Geburten, Eheschliessungen und Todesfälle verzeichnet wurden, diesbezüglich einigen Aufschluss. Sie zeigen im Allgemeinen ein ähnliches Bild, wie es auch für andere nordwesteuropäische Länder in diesem Zeitraum beobachtet werden kann: Männer und Frauen heirateten relativ spät, meist in den Zwanzigern; ein erheblicher Teil der Frauen blieb jedoch unverheiratet. Die späten Heiraten reduzierten die Zahl der Kinder, welche Frauen im Laufe ihres Lebens durchschnittlich gebaren; gleichzeitig herrschte eine hohe Säuglingssterblichkeit, was sich im Verlauf des 16. Jahrhunderts kaum veränderte. Der soziale Druck, eine Heirat aufzuschieben, bis Haus und Hof verfügbar waren, half mit, die Akzeptanz der Ehelosigkeit aufrechtzuerhalten; zur Weiterverbreitung einer solchen Lebensform trugen auch – insbesondere vor der Reformation – die zahlreichen Männer und Frauen bei, die eine zölibatäre geistliche Laufbahn einschlugen. Religiöse und soziale Kontrollen schränkten die voreheliche Sexualität ein, was zu relativ geringen Raten unehelicher Geburten führte. Auf plötzliche Rückgänge der Bevölkerung in einer Region, zum Beispiel infolge von Epidemien oder Nahrungsmittelknappheit, folgte oft eine drastische Häufung von Heiraten und Geburten, was eine relativ rasche Erholung ermöglichte, ohne jedoch das Bevölkerungswachstum langfristig zu beschleunigen.[9]

Um 1500 lebten unter günstigen klimatischen Bedingungen etwa 600 000 Menschen auf dem Gebiet der heutigen Schweiz.[10] Einige ländliche Regionen, zum Beispiel das Appenzell, wiesen eine überraschend hohe Bevölkerungsdichte auf. Am deutlichsten fiel die Zunahme in den folgenden Dekaden wohl im zentralen Mittelland und in den Voralpen aus, wo die Wachstumsrate möglicherweise den hohen Wert von 1,4 Prozent pro Jahr erreichte.[11] Insgesamt wuchs die städtische Bevölkerung sehr viel langsamer, bedingt durch die höheren Erkrankungsraten und die strengen Restriktionen im Einwanderungs- und Einbürgerungswesen. Bis zur Mitte des Jahrhunderts konnte die Schweizer Bevölkerung im Vergleich zum Stand um 1500 erheblich zunehmen.

Eine in den 1560er Jahren einsetzende Klimaverschlechterung hatte jedoch schwerwiegende Folgen. Immer wenn die Zahl der sehr kalten oder sehr nassen Monate zunahm, führten Missernten und Versorgungskrisen zu einer Erhöhung der Sterberate und zu einem Rückgang der Geburten. Der Temperaturverlauf und das Wachstum der Gletscher – die sogenannte Kleine Eiszeit – korrelierten aber nicht direkt mit der Bevölkerungsentwicklung, da die Gesellschaft bereits Mittel und Wege gefunden hatte, um die Auswirkungen von natürlichen klimatischen Schwankungen mit Hilfe von Handel, Transport und Vorsorgemassnahmen abzufedern. Am schlimmsten war die Situation in den Jahren 1571/72, als die Seen infolge der grossen Kälte zufroren, und 1587, als es im Mittelland bis in den Sommer hinein schneite; im darauffolgenden Jahr regnete es wiederum übermässig. Solche Extremereignisse führten stets umgehend zu Getreidemangel und zu Ausfällen bei den Nutztieren. Das harsche Wetter zwang die Menschen schliesslich, klimatisch ungünstig gelegene Siedlungen aufzugeben, besonders im Hochgebirge.

Alle Indizien weisen darauf hin, dass sich das Bevölkerungswachstum der Schweiz in der zweiten Hälfte des 16. Jahrhunderts zwar deutlich verlangsamte, jedoch nicht ganz zum Stillstand kam. In Gegenden, wo – wie etwa in Graubünden im Jahr 1618 – Krieg und politisches Chaos zu den genannten Problemen hinzukamen, nahm die Bevölkerung in absoluten Zahlen sogar ab. Die glaubwürdigsten Schätzungen der Bevölkerungsstatistik für 1600 gehen von gut 900 000 Menschen für das ganze Gebiet der heutigen Schweiz aus.[12]

### Eine Agrargesellschaft

Wie in fast allen Ländern Europas blieb die Volkswirtschaft das ganze 16. Jahrhundert hindurch überwiegend agrarisch ausgerichtet. Die meisten Einwohner lebten in Weilern, Dörfern oder Kleinstädten und bebauten den Boden selber oder betätigten sich anderweitig in der Feld- oder Viehwirtschaft. Um die wachsende Bevölkerung zu versorgen, wurde die Produktion gesteigert, etwa durch Erweiterung des Kulturlandes oder durch

**Wölfe fallen Menschen an**, kolorierte Federzeichnung, in: Johann Jakob Wick, Sammlung von Nachrichten zur Zeitgeschichte, angelegt um 1560 bis 1587, fol. 191r (ZB Zürich, Handschriftenabteilung, MS F 19). — Johann Jakob Wick, 1552 bis 1557 Pfarrer an der Predigerkirche in Zürich und danach Chorherr und zweiter Archidiakon am Grossmünster, ist Namensgeber der «Wickiana», einer chronologisch angelegten und mit Bildern bestückten Sammlung von Zeitzeugnissen und historischen Notizen. Hier illustrierte er die schauerliche Anekdote dreier Näherinnen aus Chur, die im harten Winter des Jahres 1571, der zahlreiche Todesopfer forderte, auf ihrem Weg nach Zizers von Wölfen angefallen und getötet wurden. Die Darstellung kombiniert Elemente der mündlichen Überlieferung mit Bildern des zugefrorenen Zürichsees. Für Wick waren solche Ereignisse vor allem im Licht der Heilsgeschichte zu betrachten; für heutige Historiker liefern sie interessante Hinweise, wie etwa in diesem Fall zu Klimaveränderungen.

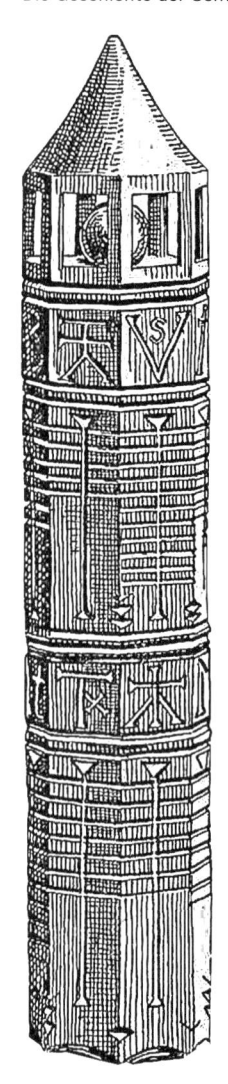

Alptessel, Abbildung aus: Johann Focke, Die hölzernen Milchrechnungen des Tavetschthals (Graubünden), Schweizerisches Archiv für Volkskunde, 7. Jg., 1903. — Obwohl viele Angehörige des einfachen Volks, besonders auf dem Land, des Lesens und Schreibens unkundig waren, führten sie dennoch differenziert über wirtschaftliche und finanzielle Vorgänge Buch. So protokollierten Alphirten in Graubünden, im Wallis und in anderen Gegenden mittels holzgeschnitzter *Stialas da Latg* oder Alptesseln die Milchqualität und Milchleistung jeder Kuh. Die Alptesseln waren meist vieleckig, damit mehrere Kühe auf einem Stab erfasst werden konnten, und wurden von den Hirten gelegentlich mit Verzierungen, Köpfchen oder Türmchen versehen. Am Ende des Sommers konnte anhand der Kerbmarken berechnet werden, welcher Anteil an Käse und Butter dem jeweiligen Besitzer von Kühen zustand.

einen intensiven Einsatz von Arbeitskräften.[13] Überall, wo die Landschaft und das Klima es erlaubten, wurde Getreide angebaut, sogar in höher gelegenen Tälern im Unterengadin oder im Oberwallis. In den nördlichen Voralpen konzentrierten sich die Bauern auf die Grossviehzucht; in manchen Gegenden wurden aber weiterhin Schafe und Ziegen gehalten.[14] Die Möglichkeit, hochwertige Güter wie Butter und lebendes Vieh zu exportieren, half den Bergregionen, die fast in jedem Jahr nötigen Getreideimporte aus Schwaben oder der Lombardei auszugleichen.

Die Tierproduktion und insbesondere die genossenschaftliche Organisation der Beweidung hochgelegener Sommerwiesen begünstigten die Entwicklung ausgeklügelter Methoden der Protokollführung. Obwohl nur wenige Hirten des Lesens und Schreibens kundig waren, ermöglichten es die im Sommer geführten ↑Alprodel oder Alptesseln – wie man im Wallis diese Kerbhölzer nannte – jedem Eigner, die Produktivität seiner Kühe zu verfolgen und sicherzustellen, dass er einen sorgfältig berechneten Anteil an Butter, Käse und anderen Produkten erhielt. Diese konnten gegen Getreide oder andere Erzeugnisse aus schweizerischen, italienischen und deutschen Regionen eingetauscht werden, wodurch die wirtschaftlichen Verbindungen zu den Nachbargebieten gestärkt wurden. Die zunehmende Ausrichtung der Alpwirtschaft auf entfernte Märkte bereitete den Boden für die spätere Industrialisierung der Käseproduktion.

Im Mittelland blieb die Produktion von Getreide als Grundnahrungsmittel zentral; zusätzliche Erzeugnisse für den Export wie Flachs, Hopfen, Obst sowie Vieh und Pferde beförderten aber auch hier eine Integration in die regionalen und europäischen Märkte.[15] Die relativ bescheidenen Abgaben und Steuern, die die Schweizer Bauern entrichten mussten, bewirkten, dass der Verarmung der Landbevölkerung – trotz ihrer zahlenmässigen Zunahme – Grenzen gesetzt waren. Einen positiven Effekt hatten auch die in verschiedenen Soldverträgen ausgehandelten günstigen Handelsbedingungen. Und dennoch blieb die Schweiz bis in den letzten Winkel anfällig für Missernten und kurzfristige Notlagen.

Ein Indiz dafür, dass die Bevölkerungsgrösse den Bedarf an landwirtschaftlichen Arbeitskräften überstieg, ist in der grossen Verfügbarkeit junger Männer für den Solddienst zu sehen. Ende des 16. Jahrhunderts dürften rund 50 000 Schweizer in fremden Regimentern gedient haben, was etwa 10 Prozent der männlichen Bevölkerung entspricht.[16] Viele von ihnen kehrten nie mehr zurück.[17] Auswanderung fand aber nicht nur im Rahmen von Solddiensten statt, sondern war auch abhängig von spezifischer Nachfrage nach Arbeitskräften in den benachbarten Regionen. Ein grosser Teil dieser Menschen waren saisonale Auswanderer, zum Beispiel Erntehelfer, die in Schwaben Arbeit suchten; diese Art von Beschäftigung hat jedoch kaum schriftliche Spuren hinterlassen. Bessere Aussichten bestanden für Emigranten, die über spezifische Fähigkeiten verfügten, wie etwa die Tessiner Künstlerfamilien, die in Italien ganze Dynastien begründeten. So fanden zum Beispiel die Serodine, eine Handwerker- und Malerfamilie aus Ascona, in Rom und in anderen Städten Italiens Beschäftigung. Der Baumeister und Stuckateur Cristoforo Serodine liess sich im späten 16. Jahrhundert in Rom nieder. Sein Sohn Giovanni wurde Maler in der stilistischen Nachfolge Caravaggios und hatte mit Aufträgen in Rom und Umgebung beachtlichen Erfolg. Ende der 1620er Jahre schenkte er der Kirche seiner Heimatgemeinde Ascona eine von ihm gemalte Marienkrönung – ein Beispiel, das zeigt, welch enge Beziehungen selbst Emigranten in Nachfolgegenerationen zu ihrer Heimat pflegten. Andere Tessiner Kunsthandwerker übten ihr hochspezialisiertes Gewerbe in so entlegenen Ländern wie Ungarn oder Spanien aus.[18]

Wie in den meisten Agrargesellschaften wurde die Arbeit den vorhandenen Arbeitskräften nach einfachen Prinzipien zugeteilt, insbesondere was die Geschlechter betrifft. Der Solddienst galt als ausschliesslich männliche Beschäftigung; über Frauen, die ihren Männern in den Dienst folgten, ist kaum etwas bekannt. Generell wurde die meiste Arbeit, die ausserhalb von Heim und Herd anfiel, von Männern geleistet. Feldarbeit – abgesehen von der Ernte – und Viehhüten waren primär männliche Tätigkeiten, während Spinnen und Weben sowie die Nahrungszubereitung zum Pflichtenheft der Frau gehörten. Diese Rollenteilung, die auch die ausschliesslich den Frauen vorbehaltene Kinderbetreuung einschloss, blieb bis weit ins 17. Jahrhundert stabil, als die ländliche ↑Protoindustrie die Geschlechterrollen zu verändern begann. Die in den Städten im Zuge des Bevölkerungsschwunds ab 1348 entstandenen Beschäftigungsmöglichkeiten für Handwerkerinnen verschwanden im Gefolge der Bevölkerungszunahme wieder, was dazu führte, dass Frauen von der formellen Mitgliedschaft bei Zünften ausgeschlossen wurden. Abgesehen von den reichsten Geschlechtern war jedoch im Allgemeinen die Arbeit jedes Einzelnen für das wirtschaftliche Überleben einer Familie essentiell. Mit anderen Worten: Männer und Frauen kooperierten im Rahmen ihrer Arbeitsteilung auf vielfältige Art und Weise, ein Umstand, der allerdings in den erhaltenen Quellen nicht immer auszumachen ist.

Die günstigen Wirtschaftsbedingungen und das starke Bevölkerungswachstum zwischen 1500 und 1570 hatten zur Folge, dass sich das Gleichgewicht des Wertes von Konsumgütern einerseits und von Arbeit andererseits verschob. Am deutlichsten ablesbar ist dies an der langsamen, aber stetigen Inflation der Getreidepreise in ganz Europa bei zugleich stabil bleibenden oder sinkenden Löhnen. Die Inflation wurde durch den blühenden interregionalen Handel angeheizt, der den Geldverkehr beschleunigte und die Entwicklung des Kreditwesens förderte. Die steigenden Preise betrafen die Menschen in unterschiedlichem Masse: Denjenigen, die Kapital besassen oder als Bürger einer Gemeinde Privilegien genossen, ging es oftmals gut, während Personen, die ohne diese Vorteile auskommen mussten, anfälliger für wirtschaftliche Risiken waren. Als sich das Klima nach 1560 verschlechterte, traten die Grenzen der wirtschaftlichen Leistungsfähigkeit klar zutage. Zu überregionalen Hungersnöten kam es nur in den schlimmsten Jahren, aber Armut und Stagnation griffen generell um sich, dämpften den Handel und führten im wirtschaftlichen wie auch im politischen Leben zu einer defensiven Haltung der Menschen. Ähnliche Entwicklungen in den Nachbarregionen, zusätzlich verschärft durch die Hugenottenkriege in Frankreich und den wirtschaftlichen Kollaps in Italien, wirkten sich erschwerend auf die hiesigen Probleme aus. Ende des 16. Jahrhunderts mussten die Menschen in der ländlichen Schweiz unter Bedingungen leben, die so hart waren wie seit dem 14. Jahrhundert nicht mehr.

### Stadtbevölkerung im 16. Jahrhundert

Wie die ländliche Ökonomie, so änderte sich auch die Wirtschaft in den Schweizer Städten im 16. Jahrhundert nur in kleinen Schritten. Bis um 1500 war das Textilgewerbe, das im Mittelalter Zürich, Freiburg und anderen Städten Wohlstand gebracht hatte, mit Ausnahme der Leinenherstellung in St. Gallen fast überall zurückgegangen. Die europäischen Messen, die vor 1500 entscheidend zum Wohlstand Genfs beigetragen hatten, zogen nach Lyon, zum Nachteil der «schweizerischen» Rhonestadt. Obwohl die regionalen Märkte das Geschäft der Städte belebten und die wachsenden Einkünfte aus Pensionen und Söldnergeschäften die dortigen Finanzhaushalte im Gleichgewicht hielten, entstanden im 16. Jahrhundert kaum neue Gewerbezweige.[19] Eine wichtige Ausnahme bildete das Druckereigewerbe, das spezifisch ausgebildete Arbeitskräfte anzog. Basel wurde ein internationales Zentrum des Buchdrucks; auch in anderen Städten entstanden kleinere Werkstätten. Alles in allem waren es jedoch die politischen Funktionen der Städte, die deren Wirtschaft stützten: Als Zentren, in denen Steuern eingezogen, Beamte ernannt und politische Entscheidungen getroffen wurden, sowie als Wohnsitze reicher Familien genossen die Städte ökonomische Vorteile.

Auf dem Gebiet der Eidgenossenschaft und ihrer Zugewandten gab es viele kleine Städte, deren Bevölkerungszahl sich kaum veränderte. Selbst in guten Zeiten sorgten schlechte sanitärische Bedingungen und Armut für anhaltend hohe Sterberaten. Wie andernorts in Europa konnten die Städte ihre Bevölkerungsgrösse nur dank Zuwanderung stabil halten. Ausserdem bot das städtische Umfeld einen idealen Nährboden für die Pest, die die Einwohnerzahl wiederholt dezimierte. Die Bevölkerung von Basel dürfte infolge der Pestepidemie des Jahres 1502 auf 4500 Einwohner zurückgegangen sein, erreichte aber bald wieder den langfristigen Durchschnitt von rund 10 000 Bewohnern. Städte erholten sich von solchen Rückgängen rascher als ländliche Gebiete, da sie aufgrund ihrer Unterbevölkerung Zuwanderer aus den umgebenden Landgebieten anzogen. Ende des 16. Jahrhunderts wurde Basel als grösste Stadt der Schweiz abgelöst durch Genf, dessen Bevölkerungsgrösse von etwa 10 000 Einwohnern im Jahr 1464 auf rund 17 000 um das Jahr 1580 anstieg, eingerechnet die zahlreichen Glaubensflüchtlinge aus Frankreich, anschliessend jedoch auch wieder abnahm.[20] Die Einwohnerzahl von Zürich lässt sich für das Jahr 1477 ziemlich genau abschätzen: Sie betrug etwa

*Wandbehang mit ländlichen und häuslichen Tätigkeiten (Detail), Leinenstickerei, um 1600 (Schweizerisches Nationalmuseum, Inv.-Nr. LM-22202).* — Als Tätigkeiten der Männer figurieren hier das Weiden und Versorgen des Viehs; Frauen werden beim Wasserholen, bei der Herstellung und Verarbeitung von Textilien und beim Kinderhüten in der häuslichen Umgebung gezeigt. Bestimmte landwirtschaftliche Tätigkeiten, wie etwa die Heuernte, erforderten in der Praxis jedoch die Mitarbeit aller Mitglieder einer Gemeinschaft. Die Wappen auf der Leinenstickerei verweisen auf den Besitzer des Wandbehangs, Hans Thomas Habicht, Mitglied der Metzgerzunft in Schaffhausen.

4700 Einwohner.[22] In der Stadt Bern lebten um 1450 circa 5500 Einwohner, wobei diese Zahl danach ebenfalls wieder rückläufig war. Luzern zählte bis zum Ende des 17. Jahrhunderts nie mehr als 4000 Seelen, und Landstädtchen wie Chur blieben stets unter der Grösse von 2000 Einwohnern. Alles in allem bewirkten die Stagnation des Gewerbes, stabile Bevölkerungszahlen und die zunehmende Konzentration der politischen Macht auf wenige Patrizierfamilien in den meisten Städten – mit Ausnahme Genfs –, dass sich die urbane Landschaft der Eidgenossenschaft während des 16. Jahrhunderts kaum veränderte.

### Die Schweizer Wirtschaft in europäischen Netzwerken

Die Eidgenossenschaft der Frühen Neuzeit war keine nach aussen abgegrenzte Volkswirtschaft. Vielmehr pflegten die verschiedenen Landesteile Beziehungen mit ihren jeweiligen Nachbarregionen. Aus diesem Grund trug die Entwicklung von Handel und Produktion in Europa zur wirtschaftlichen Vielfalt in der Eidgenossenschaft bei. Wichtige, wenngleich allmählich an Bedeutung verlierende Handelsrouten durchquerten das Land von Süden nach Norden und von Westen nach Osten, so dass in den meisten Gegenden Verbindungen selbst zu entlegenen Handelspartnern bestanden. Wirtschaftliche Privilegien, wie zum Beispiel die durch die französischen ↑Kapitulationen ermöglichten Salzlieferungen oder die Befreiung von den Mailänder Zöllen, banden die Eidgenossen an die entsprechenden Regionen. Alles in allem ist für Schweizer Handel und Gewerbe im 16. Jahrhundert jedoch eher eine Stagnation als ein Aufschwung zu konstatieren. Dies bedeutete einen relativen Rückgang gegenüber der Entwicklung im übrigen Europa, das sich nun langsam von der spätmittelalterlichen Wirtschaftsdepression erholte.[23]

Das Schweizer Mittelland zwischen Bodensee und Genf profitierte von den beiden Typen von Handelswegen, die dieses Gebiet durchquerten. Die wichtigsten Alpenübergänge – der Grosse St. Bernhard und der Simplon im Wallis, der Gotthard in den Zentralalpen sowie in Graubünden die «Obere Strasse» über den Julier- und Malojapass und die «Untere Strasse» über den Splügen- und San-Bernardino-Pass – ermöglichten den Transport italienischer Handelsgüter von Venedig und Mailand nach Österreich und Süddeutschland. Die kleineren Pässe dienten vornehmlich den lokalen Bedürfnissen, etwa dem Transport von Vieh zum Mailänder Markt, während der internationale Verkehr die Hauptrouten benutzte. Bezüglich Handelsvolumen und Transporttechnologie sind im Verlauf des 16. Jahrhunderts nur geringfügige Änderungen zu verzeichnen. Die mittelalterliche Ost-West-Route, die Nürnberg und Augsburg über Zurzach sowie die Schweizer Flusstäler und die Waadt mit Genf, Lyon und Genua verband, wurde weiterhin genutzt und diente dem Transport von Erzeugnissen wie Ostschweizer Leinen ins Mittelmeergebiet.

Im Vergleich zum explosionsartigen Aufschwung des Seehandels waren diese Landwege für Europa indes von sekundärer Bedeutung. Schweizer Kaufleute zögerten jedoch, in überseeischen Märkten ihr Glück zu versuchen. Wie überall in Europa waren auch gebildete Schweizer von den «neuen Welten» fasziniert, die in den Jahren nach 1500 zugänglich wurden, sie verfügten aber kaum über die Mittel, um an dieser Entwicklung teilzuhaben. Immerhin trug der ländliche Handel Schweizer Kaufmannsfamilien stattliche Vermögen ein und ernährte die Alpenbewohner, die Handelsgüter über die Pässe beförderten.[24] Insbesondere der Salzhandel mit Frankreich schuf bedeutenden Wohlstand, wie das Beispiel von Hans Heinrich Lochmann aus Zürich zeigt, der seine in diesem Bereich erwirtschafteten Gewinne in den 1570er und 1580er Jahren wiederum in Eisenbergwerke, Textilien und andere Unternehmungen investierte. Auch in Basel und Genf verbanden erfolgreiche Kaufleute Unternehmergeist mit politischem Einfluss und generierten auf diese Weise Kapital. Glaubensflüchtlinge mit Verbindungen zu finanziel-

**Miniatur aus dem handschriftlichen Reisebüchlein des Andreas Ryff, 1600** *(UB Basel, Sign. A lambda II 44a).* — Der Basler Andreas Ryff berichtet im *Reis Biechlin* von seinen als Kaufmann und Diplomat in der Zeit zwischen 1575 und 1600 in der Eidgenossenschaft und in Europa unternommenen Reisen. Die Illustration am Anfang des Büchleins, welche die von Ryff verwendeten Transportmittel darstellt, stammt vermutlich vom Miniaturisten Hieronymus Vischer, der zwischen 1580 und 1620 in Basel aktiv war.[21]

len Netzwerken im Ausland wie der entstehenden *Banque protestante* (siehe Kapitel von Danièle Tosato-Rigo, S. 271) spielten dabei oft eine wichtige Rolle. In einzelnen Fällen konnte sich im Handel erworbener Wohlstand über Heirat mit Vermögen zusammenschliessen, das auf Pensionen und dem Söldnergeschäft beruhte; am berühmtesten ist wohl das Beispiel des «Schweizerkönigs» Ludwig Pfyffer (1524–1594) aus Luzern, der seinen Erfolg als militärischer Führer seines Ortes und Offizier in Fremden Diensten mit Salzhandel, Textilgewerbe und Finanzgeschäften verband und so zum reichsten Schweizer seiner Generation aufstieg. Wohlhabende Familien in den Städten teilten ausserdem die Neigung aller nichtadligen Patrizier jener Zeit, Grundbesitz und Adelstitel zu erwerben, um ihr gesellschaftliches Ansehen zu erhöhen.

Nach 1500 begann sich die Wirtschaft im Gebiet der heutigen Schweiz in folgenreicher Art und Weise von der ihrer Nachbarn zu unterscheiden: Da Orte und Zugewandte sich an den europäischen Kriegen nur als Söldnerlieferanten beteiligten und auf diese Weise die mit der Kriegsführung verbundenen enormen Kosten vermieden werden konnten, generierte jede noch so bescheidene wirtschaftliche Tätigkeit neues Kapital in öffentlicher und privater Hand. Im Gegensatz dazu bedeuteten die Kriegskosten in den meisten europäischen Ländern nach 1450 eine immer schwerer werdende Bürde. Die Bezahlung der Soldaten, der Erwerb von Waffen und der Bau von Festungen brachten viele Regierungen an den Rand des finanziellen Ruins, während die Kriege selbst zu Plünderungen, zur Erpressung von Schutzgeldern, zum Niedergang des Handels und zu Bevölkerungsrückgang führten.

Fremdeinkünfte und niedrige Ausgaben erlaubten es den Schweizer Städten, die im 15. Jahrhundert eingeführten Vermögenssteuern wieder abzuschaffen. Konsumsteuern, die auf den Märkten erhoben wurden, sowie Abgaben und Gebühren von Seiten der Untertanen auf dem Land generierten hohe Einkünfte. Die Schatzkammern waren ab 1500 derart gut gefüllt, dass die Schweizer Städte innerhalb und ausserhalb der Eidgenossenschaft als Kreditgeber auftreten konnten. Basel betrieb das ganze 16. Jahrhundert hindurch eine sehr erfolgreiche öffentliche Bank, und Genf begann gegen Ende des Jahrhunderts – nicht zuletzt dank der Verbindungen hugenottischer Flüchtlinge aus Frankreich – das private Bankgeschäft aufzubauen. In Luzern wurden bereits 1484 Überschüsse aus ausländischen Pensionen zur Finanzierung von Kredittransaktionen verwendet, und in der Folgezeit wuchs das Staatsvermögen praktisch kontinuierlich an.[25] Die Kapitalanhäufung in öffentlichen und privaten Händen ermöglichte die Schaffung eines Grundstocks an Vermögen, der grosse Bedeutung erlangte, als nach 1600 die Protoindustrialisierung der Landgebiete begann. Obwohl detaillierte historische Studien zu diesem Themenbereich immer noch fehlen, ist etwa anzunehmen, dass das hohe Liquiditätsniveau im Mittelland ansässige Landwirte ermunterte, Kredite für ihre Bauernhöfe aufzunehmen.[26]

### Die Abriegelung der Gemeinschaften und Gemeinden

Der Wandel der Schweizer Wirtschaft im 16. Jahrhundert wirkte sich in verschiedener Weise auf die sozialen Beziehungen aus. Die vielleicht einschneidendste Veränderung bestand in der ökonomischen Abriegelung von Körperschaften unterschiedlicher Art gegenüber neuen Mitgliedern, dies parallel zur Abriegelung der politischen Gremien und Bürgerschaften. In einer Gesellschaft, in der die Zugehörigkeit zu einer Gemeinde ein zentrales Identitätsmerkmal war, kam solchen Prozessen der Abriegelung grosse Bedeutung zu. Am deutlichsten war diese Erscheinung in den Städten, wo eine schrumpfende Zahl von Familien, die «Ratsfähigen», das politische Leben bestimmte und exklusive wirtschaftliche Vorteile genoss. So waren in Luzern zwischen 1510 und 1520 rund 48 Familien im Rat vertreten, zwischen 1590 und 1600 aber nur noch deren 30. In Graubünden stellten rund 40 Familien die Mehrheit der Vorsitzenden von Gerichtsgemeinden und der Abgeordneten an den Bundstagen.[27] Überall in der Eidgenossenschaft, auch in Graubünden und in Luzern, vermochte sich jedoch ein viel grösserer Kreis von Familien die wirtschaftlichen Vorteile einer passiven Mitgliedschaft in den Gemeinden zu erhalten und riegelte sich somit in gleicher Weise gegen niedriger gestellte Bevölkerungsschichten ab.

Generell waren öffentliche Ämter Gemeindebürgern vorbehalten. Dadurch blieben nicht nur die Einwohner der ländlichen Untertanengebiete ausgeschlossen – auch Zugewanderten war die Teilnahme an politischen und wirtschaftlichen Entscheidungsprozessen versagt. War es im 15. Jahrhundert für neue Familien noch leicht gewesen, in die Stadträte und Zünfte einzuziehen, wenn sie ihr Vermögen vermehrt hatten, so kam diese Entwicklung nach 1500 fast zum Stillstand. Die Gebühren für neue Bürger stiegen insbesondere ab 1550 rasch an, und die Zahl der neuen Vollbürger nahm drastisch ab. Was auf diese Weise entstand, bezeichnen einige Historiker als «Aristodemokratie», andere sehen darin eine Oligarchie.[28]

Eng verbunden mit diesen Entwicklungen war die Rolle, die politische Seilschaften und Gönnerschaft in der Politik des 16. Jahrhunderts spielten.

**Globuspokal, Zürich, 1550–1552, Silber, gegossen und getrieben, graviert, teilweise vergoldet** (*Historisches Museum Basel*), © HMB, *Photo Peter Portner.* — Die zunehmende Erkundung des Erdballs nach 1492 und damit einhergehend die Entwicklung der kartographischen Darstellung stiessen auch in der Eidgenossenschaft auf reges Interesse. Der Globuspokal des Zürcher Goldschmieds Jakob Stampfer, der sich im Besitz des Basler Patriziers und Humanisten Bonifacius Amerbach befand und zeitweise als Trinkpokal genutzt wurde, diente nicht nur der Zurschaustellung des Reichtums seines Besitzers und der Wertschätzung edlen Kunsthandwerks, sondern versinnbildlicht auch das gelehrte Wissen der Zeit über die entlegenen Gegenden der Welt.

Die relativ schwach entwickelte Autorität der staatlichen Institutionen in der Eidgenossenschaft hatte zur Folge, dass persönliche Beziehungen – sowohl Loyalitäten als auch Rivalitäten – unter den mehr oder weniger Privilegierten für die Verwaltung der Ressourcen und den Umgang mit Konflikten von entscheidender Bedeutung waren. Gönnerschaft findet sich in den Reihen von Grundbesitzern, die ihren Pächtern oder landlosen Arbeitern Kredite und Almosen gaben, bis hin zu den hocheffizienten Netzwerken, die die Pensionenherren errichteten, um französische, spanische und venezianische Pensionen zu verteilen. Die durch Verwandtschaften oder Gönnerschaft vermittelten «Freundschaftsbande» bildeten eine wesentliche Dimension des sozialen Lebens und der politischen Netzwerke.[29]

## KRIEGE, MACHT UND POLITISCHER WANDEL BIS ZUR REFORMATION

Richten wir den Blick noch einmal auf die grösseren Zusammenhänge und den europäischen Kontext: Um 1500 erschien die Eidgenossenschaft mächtig und offen. Sie wurde auf der Bühne der europäischen Machtpolitik als aktive Teilnehmerin wahrgenommen, die möglicherweise – durch die Aufnahme neuer Mitglieder in den Verbund der Orte oder die Eroberung von Gebieten – expandieren würde.[30] Um 1600 dagegen – nach den folgenreichen Jahren 1515, der Schlacht bei Marignano, und 1521, als das Soldbündnis mit Frankreich geschlossen wurde – hatte die Eidgenossenschaft ihre Grossmachtambitionen vollständig aufgegeben; ihr waren jetzt wieder enge Grenzen gesetzt. Die militärischen und politischen Verschiebungen von 1515 bis 1525 fielen mit der frühen Reformation zusammen. Diese veränderte die Politik nachhaltig, indem sie eine völlig neue Konfliktachse – die konfessionellen Gegensätze – ins Spiel brachte. Ab 1530 beherrschen konfessionelle Spannungen, flankiert von äusseren Allianzen mit rivalisierenden Mächten, die eidgenössische Politik. Die neue Konstellation ebnete dann auch den Weg für eine allmähliche Abkehr vom Reich, dies nachdem der Frieden von Basel im Anschluss an den Schwabenkrieg im Jahr 1499 die Zugehörigkeit zunächst noch bekräftigt hatte.

Das politische Leben in den Orten widerspiegelt einen in ganz Europa zu beobachtenden Trend zur Vorsicht, zur Abschottung und zum Schutz erworbener Rechte. Überall in der Eidgenossenschaft waren Körperschaften – von Alpgenossenschaften bis hin zu den sogenannten Geheimräten – um den Erhalt ihrer Privilegien besorgt und verschlossen sich gegenüber neuen Mitgliedern.[31] Allerdings brachte das Privileg der männlichen Gemeindemitglieder, auf lokaler Ebene am politischen Entscheidungsprozess teilzunehmen, das in der Schweiz selbst dann noch ein hohes Mass an Legitimität behielt, als es andernorts durch den Absolutismus ausgehöhlt wurde, die Eidgenossen mehr und mehr in eine Sonderposition. Im Wallis, in Graubünden und in den Landsgemeindeorten konnten die vollberechtigten Mitglieder ihre Stimme direkt abgeben, und es war durchaus möglich, dass sie Gewalt anwandten, wenn sie das Gefühl hatten, dass ihre Ansichten nicht zur Kenntnis genommen wurden. Selbst in den Städteorten sahen sich die Obrigkeiten bis weit ins 16. Jahrhundert gezwungen, in kritischen Momenten sowohl die Stadtbürger als auch die Untertanen in den Landgebieten um ihre Meinung anzufragen.[32] Spannungen zwischen «grossen Hansen» – wie die städtischen Herrschaftsvertreter auf dem Land mitunter verächtlich genannt wurden – und «gemeinem Pöbel» konnten leicht in politischen Widerstand oder offene Rebellion umschlagen. Meist bestand ein prekäres Gleichgewicht zwischen den in der Regel wenigen Familien, die die Politik beherrschten, und den übrigen Bürgern, die sich auf dem Wege konsultativer Befragungen politisches Gehör zu verschaffen versuchten.

Eine weitere entscheidende Entwicklung, in der Eidgenossenschaft wie in ganz Europa, ist im zunehmenden Formalismus und in der wachsenden Komplexität der Verwaltung zu sehen. Von den Gemeindebehörden über die ↑Kanzleien der Orte bis hin zur eidgenössischen Tagsatzung machten nun nicht nur Amtspersonen, sondern auch Untertanen vermehrt Gebrauch von schriftlichen Dokumenten, etwa um Land zu verwalten oder Familienangelegenheiten zu regeln sowie im Zuge von Verhandlungen zwischen Obrigkeit und Untertanen.

### Die Eidgenossen und das Reich

Die Beziehung zwischen den Eidgenossen und dem Reich im 16. Jahrhundert war so komplex, wie es das Reich selber war. Bei diesem handelte es sich gleichermassen um ein spirituelles Konstrukt – die gottgewollte höchste Schutzmacht der Christenheit in der Welt –, um ein System zur Herrschaftsverwaltung in Mitteleuropa und um eine von der Familie der Habsburger beherrschte Wahlmonarchie. Die Eidgenossen unterstützten die Idee des universalen Reichs lebhaft und nahmen gemäss ihren eigenen Vorstellungen am Herrschaftssystem teil – die dynastische Autorität der Habsburger wiesen sie jedoch zurück. Der 1499 geschlossene Frieden von Basel zementierte juristisch das eidgenössische Verständnis der Beziehung zum Reich. In

## Die Eidgenossenschaft im Jahr 1515 (vor Marignano)

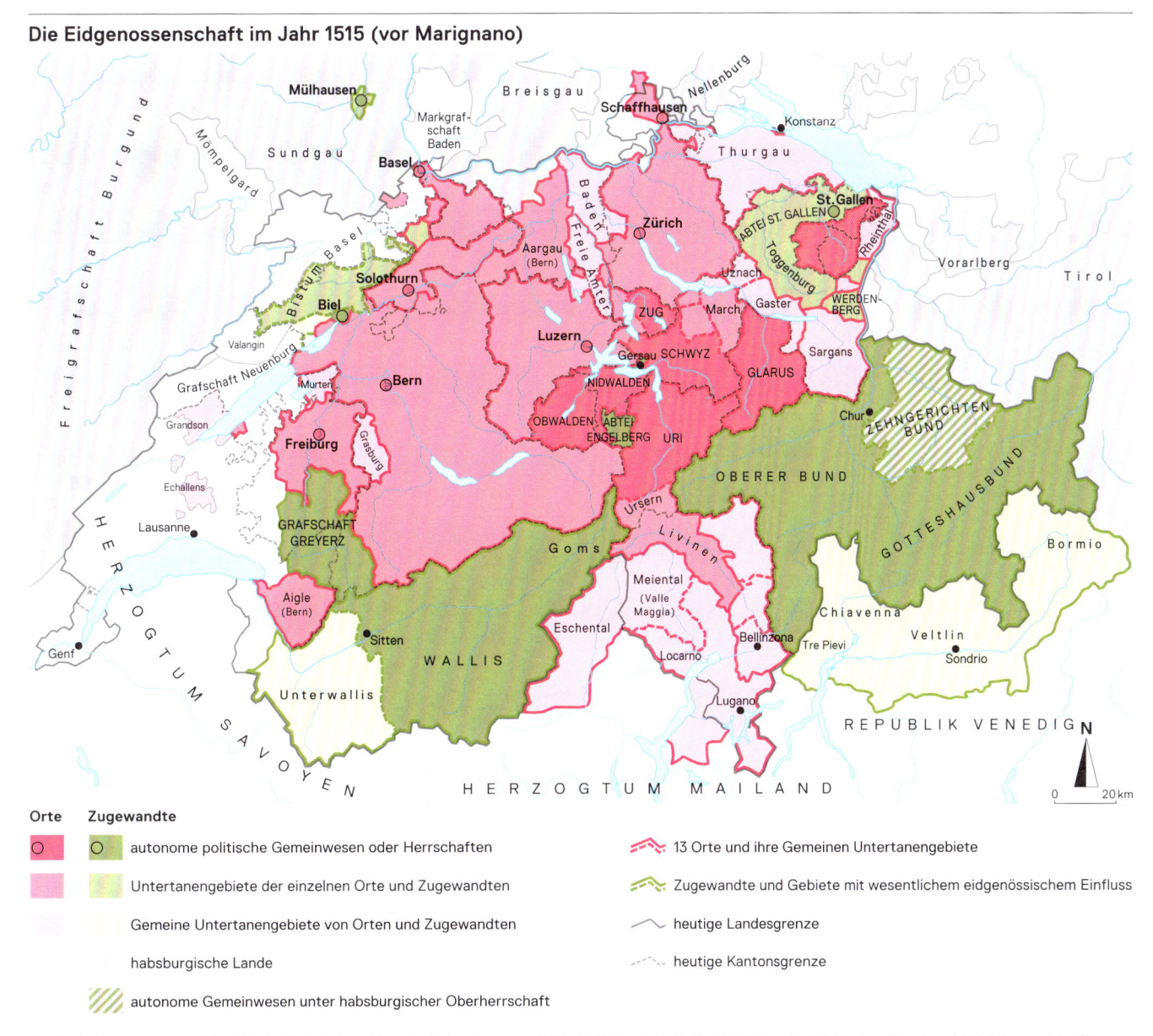

**Orte** | **Zugewandte**
- ○ ○ autonome politische Gemeinwesen oder Herrschaften
- Untertanengebiete der einzelnen Orte und Zugewandten
- Gemeine Untertanengebiete von Orten und Zugewandten
- habsburgische Lande
- autonome Gemeinwesen unter habsburgischer Oberherrschaft
- 13 Orte und ihre Gemeinen Untertanengebiete
- Zugewandte und Gebiete mit wesentlichem eidgenössischem Einfluss
- heutige Landesgrenze
- heutige Kantonsgrenze

Quelle: Hektor Ammann / Karl Schib, Historischer Atlas der Schweiz, Aarau 1951, S. 28 (geändert), © 2013 Schwabe AG, Verlag, Basel, und Kohli Kartografie, Kiesen.

den Verhandlungen beharrten die Schweizer Vertreter darauf, dass der Schwabenkrieg nicht ein Reichskrieg, sondern eine private Auseinandersetzung mit der Familie der Habsburger gewesen sei. Letztlich bekräftigte der Friedensvertrag die Zugehörigkeit der Eidgenossenschaft zum Reich, bewirkte aber zugleich die Freistellung von zahlreichen Institutionen des Reichs, einschliesslich der jüngsten, die im Zuge der Reichsreform von 1495 gebildet worden waren.

Anstatt sich vom Reich zu trennen, entschieden sich die Eidgenossen 1499 mit dem Frieden von Basel für den gleichen Weg wie andere grössere Herrschaften im Reich – unter ihnen nicht zuletzt die österreichischen Gebiete Habsburgs – und strebten eine Verbesserung ihrer Stellung im Rahmen der ↑Reichsfreiheit an.[33] Ironischerweise beendete der Vertrag aber auch eine Periode der Feindschaft gegenüber dem Hause Habsburg und leitete eine Phase verstärkter diplomatischer Beziehungen mit dessen Vertretern ein. Maximilian I. erneuerte 1511 die Erbeinung – das auf die «Ewige Richtung» von 1474 zurückgehende Vertragswerk – und ersuchte die Eidgenossen um militärische Unterstützung für seine zahlreichen kriegerischen Unternehmungen. Das eidgenössische Engagement für die weltpolitischen Ziele des Reiches wurde durch das 1512 abgeschlossene Bündnis mit Papst Julius II. nochmals intensiviert. In der Folge trugen die eidgenössischen Truppen stolz das päpstliche Wappen und das Bild der Jungfrau Maria auf ihren Bannern.

Bis ins späte 16. Jahrhundert klammerten sich Schweizer Denker und Politiker an den Status der Eidgenossenschaft als privilegiertes Gebiet innerhalb des Reiches – auch dann noch, als die faktischen Entwicklungen diese Sichtweise längst als juristische Fiktion entlarvten. Die engen diplomatischen Beziehungen zu Frankreich nach 1521 und die Exemtion von den Reichsgerichten belegen, dass der regelmässige Verkehr mit den Institutionen des Reiches im Laufe des Jahrhunderts zunehmend an Bedeutung verlor – eine Tendenz, die durch die religiöse Abspaltung der reformierten Orte sowohl von den Lutheranern wie auch von den Katholiken noch verstärkt wurde. In den 1530er Jahren beteiligten sich einige Orte an Streitigkeiten um das Herzogtum Württemberg, aber nach der Jahrhundertmitte wurden selbst regionale Bindungen wie die zu den Zugewandten Orten Rottweil oder Mülhausen immer schwächer.

### Die strategische Neuorientierung nach den Mailänderkriegen

Die militärischen Triumphe der Eidgenossen und die zunehmend aggressiven Übergriffe auf das Ausland erreichten zwischen 1476 und 1512 einen Höhepunkt, auf den seinerseits eine Dekade des Rückzugs folgte. Die Überlegenheit der eidgenössischen Fusstruppen wurde den europäischen Herrschern erstmals vor Augen geführt, als diese 1476 Karl den Kühnen von Burgund vernichtend schlugen, und die ab 1494 in den Mailänderkriegen und im Schwabenkrieg von 1499 errungenen militärischen Erfolge bestätigten diesen Eindruck. So erstaunt es nicht, dass das Interesse an Schweizer Regimentern bei europäischen Feldherren zunahm. Trotz der Bemühungen der Orte, den Solddienst der ausschliesslichen Kontrolle der Tagsatzung zu unterstellen, blieb die Zahl der Eidgenossen, die in inoffiziellen Regimentern dienten, hoch. Selbst nach schweren Verlusten war es möglich, Tausende eidgenössische Söldner in sehr kurzer Zeit zu rekrutieren. So warben zum Beispiel Frankreich und Habsburg weniger als ein Jahr nach der Katastrophe von Marignano im Jahr 1515 rund 25 000 eidgenössische Söldner an.[34]

Das eidgenössische militärische Engagement in Oberitalien dominierte das politische Leben bis in die 1520er Jahre. Verschiedene Orte und Zugewandte ergriffen die Gelegenheit, nach Süden in die italienischen Voralpen vorzudringen; sie brachten das Veltlin, das Tessin und für kurze Zeit das Val d'Ossola unter ihre Kontrolle (siehe Kapitel von Susanna Burghartz, S. 177). Die militärischen Erfolge liessen die Eidgenossen sogar davon träumen, Mailand, das grösser und reicher als jeder eidgenössische Ort war, der Eidgenossenschaft einzuverleiben. Doch die Voraussetzungen, die den eidgenössischen Truppen solche spektakulären Erfolge ermöglicht hatten, wandelten sich mit der Zeit. Fortschritte in der militärischen Taktik der europäischen Heere unterminierten nun die Überlegenheit der eidgenössischen «Haufen» so gründlich, wie diese Horden eine Generation zuvor die schwerfällige aristokratische Kavallerie in Chaos und Verderben gestürzt hatten.

Nachdem sich die streitenden Dynastien Europas von den Konflikten des 15. Jahrhunderts erholt hatten, verfügten sie über Geld- und Machtmittel, wie sie für die Eidgenossenschaft gänzlich unerreichbar waren. Schweizer Söldner blieben für die Grossmächte jedoch interessant, besonders für Frankreich, das keine ausgeprägte Infanterietradition besass. In diesem Kontext nahm die Eidgenossenschaft allmählich eine neue Rolle ein: Statt nach 1515 den Zerfall ihrer diplomatischen Interessen zu riskieren, handelte sie eine dauerhafte und gewinnbringende Einigung mit der Grossmacht Frankreich aus, den Ewigen Frieden von 1516.

Was sich nach 1515/16 veränderte, war also weniger die Tatsache, dass sich Eidgenossen ausserhalb der Schweiz militärisch betätigten, sondern in wessen Interesse dies geschah. Auf den Ewigen Frieden mit Frankreich, der die eidgenössische Expansion nach Italien beendete, folgte das Soldbündnis von 1521 mit König Franz I., das alle Orte ausser Zürich sowie die Drei Bünde und das Wallis als Zugewandte einschloss. Beide Verträge waren finanziell sehr vorteilhaft für die Eidgenossenschaft, da 1516 bedeutende Reparationszahlungen

**Standesscheibe von Uri mit zwei harsthornblasenden Schildhaltern und zwei Standesbannern**, Glasgemälde von Lukas Zeiner, Zürich, um 1501 (*Schweizerisches Nationalmuseum, Inv.-Nr. IN-2*). — Obwohl die Eidgenossen die Rechtsprechung der Reichsgerichte nach dem Schwabenkrieg und dem Frieden von Basel von 1499 ablehnten, tat dies ihrem Gefühl der Zugehörigkeit zum Reich keinerlei Abbruch. In einer Serie von Standesscheiben, die gleich nach dem Krieg für den Tagsatzungssaal in Baden angefertigt wurden, sind die Wappen der Orte jeweils unmittelbar unter dem Reichsadler und der deutschen Krone dargestellt. Derlei explizite Bezugnahmen auf das Reich nahmen in bildlichen Darstellungen der Eidgenossenschaft nach 1500 deutlich zu.

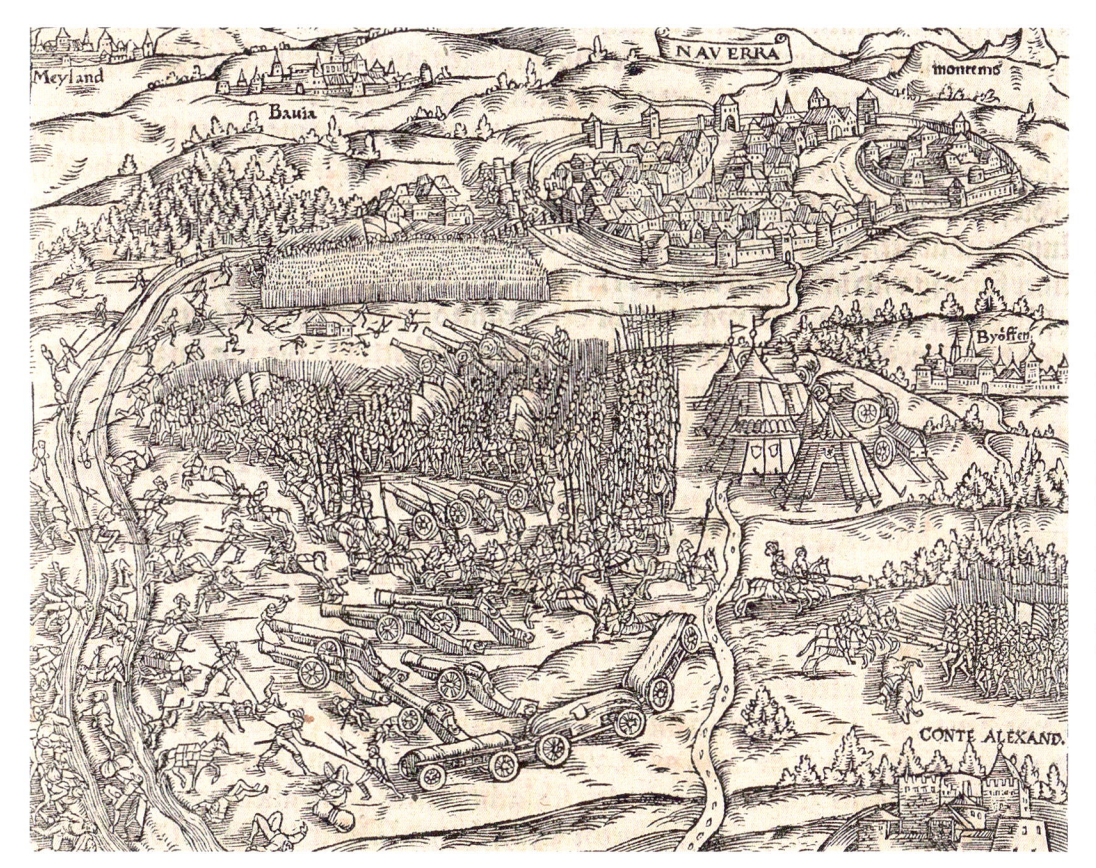

**Eidgenössische Truppen und Kanonen in der zweiten Schlacht bei Novara, 1513** (Detail), aus der Chronik des Johannes Stumpf von 1547/48, 13. Buch, fol. 461v *(ZB Zürich).* — Das 13. Buch der reich illustrierten topographischen und historischen Chronik des Johannes Stumpf widmet sich der Geschichte der Eidgenossenschaft, beginnend beim Bundesbrief von 1315 bis zur damaligen Gegenwart. Der siegreich geführte Angriff auf die französischen Truppen bei Novara im Juni 1513 bedeutete für die Eidgenossenschaft den Höhepunkt ihres Einflusses in Norditalien. Auf diesem Bild stehen sich der dicht gedrängte Schweizer «Haufen» und die damals immer wichtiger werdenden Artillerietruppen gegenüber. Letztere sollten nur zwei Jahre später bei Marignano zu einer verheerenden eidgenössischen Niederlage beitragen.

für den Verlust Mailands anfielen und 1521 den Orten erhöhte Jahresrenten zugesprochen wurden. Der französische König erwarb das Recht, jeweils bis zu 16 000 Fusssoldaten für seine Feldzüge anzuwerben.[35] Neben anderen günstigen Vertragsbestimmungen sollten sich gewisse Zoll- und Handelsprivilegien in Mailand und Frankreich sowie der privilegierte Zugang zu den französischen Salzmärkten langfristig vorteilhaft auswirken.[36] Unterdessen hatten die Habsburger 1511 die Erbeinung erneuert, die ihre Beziehung zur Eidgenossenschaft regelte, und 1518 schlossen sie einen ähnlichen Vertrag mit den Drei Bünden ab. Um 1521 hatten sich die Beziehungen der Orte und Zugewandten zu den beiden mächtigsten Nachbarstaaten stabilisiert.

Neben den öffentlichen Pensionen, mit denen die Eidgenossenschaft im 16. Jahrhundert ihren Staatshaushalt zum grossen Teil finanzierte, bezahlten die fremden Mächte private Pensionen an führende Politiker und erfahrene Offiziere. Frankreich, Spanien und Venedig bauten Patronagenetzwerke auf, um sich den Zugang zu den begehrten Schweizer Söldnern zu sichern und um Einfluss auf die Politik der Orte zu nehmen.[37] Da private Pensionen eine wichtige Finanzquelle der massgeblichen Familien darstellten, wirkte sich das Söldnerwesen auch auf die Politik aus. Viele Bürger lehnten indes das Pensionenwesen und insbesondere die privaten Pensionen ab, entweder weil sie fanden, dass solche Einkünfte an alle Bürger verteilt werden sollten, oder weil sie ein derartiges kaum verhülltes Bestechungssystem für korrupt und unklug hielten. In Zürich verband sich die Ablehnung des Reislaufens so nachhaltig mit reformatorischem Gedankengut, dass sich die Stadt bis zum Ende des 16. Jahrhunderts weigerte, dem Bündnis mit Frankreich beizutreten.[38] In Graubünden löste die Opposition gegen die ausländischen Pensionen wiederholt kommunale Aufstände – sogenannte Fähnlilupfe – aus, die zwar einzelne Pensionenempfänger, nicht aber das System als solches zu Fall brachten.[39]

### Innere Struktur und Grenzen der Eidgenossenschaft

Die Struktur der Eidgenossenschaft um 1500 – ein Netz von konzertiert operierenden Allianzen – ermöglichte prinzipiell die Aufnahme neuer Mitglieder. Vor allem die militärischen Erfolge der Eidgenossen im Burgund und in Italien im späten 15. Jahrhundert begünstigten in vielen Nachbarstädten die Bildung von Gruppen, die offen mit der Eidgenossenschaft sympathisierten.[40] Nach dem Schwabenkrieg entfremdete etwa eine solche Partei in Basel die Stadt ihren elsässischen Verbündeten und trieb sie in die Arme der Eidgenossen. Auch Schaffhausen nutzte die Gelegen-

**Niklaus Manuel, Allegorie auf das Reislaufen und seine gesellschaftlichen Folgen, links ein prosperierender Reisläufer, rechts ein invalider Bettler** (*Staatliche Museen zu Berlin, Preussischer Kulturbesitz, Kupferstichkabinett*), © bpk/Kupferstichkabinett, SMB, Photo Jörg P. Anders. — Bereits die Zeitgenossen erkannten, dass der Solddienst den einen zu ausserordentlichem Reichtum und Einfluss verhalf, während andere Verstümmelungen davontrugen oder verarmten. Die Schweizer Söldner waren berüchtigt dafür, dass sie ihren Lohn für luxuriöse Kleider und lasterhafte Vergnügungen verprassten und deshalb oft in Not gerieten. Niklaus Manuel, einer der bedeutendsten Künstler der Renaissance in der Schweiz, war an seinem Wohnort Bern auch als Politiker aktiv und einflussreich.

heit, den Status des Verbündeten gegen den eines Mitglieds einzutauschen, obwohl diese Mitgliedschaft die Möglichkeit, eine unabhängige Politik zu betreiben, einschränkte. Mülhausen akzeptierte 1505 den Status des Zugewandten Orts, um seine Verbindung mit den neuen Bündnispartnern Basels zu stärken, dies zu einem Zeitpunkt, als die Habsburger ihre Herrschaft im Elsass ausbauten.

Die Konsolidierung der benachbarten Territorien durch die grossen europäischen Mächte verhinderte jedoch eine weitere Expansion der Eidgenossenschaft. Nachdem die Habsburger und die Valois die Herrschaft über das Elsass, Burgund, Mailand, Tirol und Schwaben errungen hatten, gab es kaum mehr Möglichkeiten, weitere Mitglieder zu gewinnen oder neue Untertanengebiete zu erobern. Bezeichnenderweise lag der zuletzt aufgenommene Ort – Appenzell – nicht an der Aussengrenze der Eidgenossenschaft. Seine Aufnahme in den Bund im Jahr 1513 unterstrich lediglich den bereits 1452 anerkannten Status Appenzells als «ewiger Eidgenosse» und brachte die gleichberechtigte Teilnahme der Appenzeller an den Ennetbirgischen Feldzügen zum Ausdruck. Trotz der Einwände der Abtei und der Stadt St. Gallen, die Zugewandte blieben, traten die Appenzeller dem Bund unter ähnlichen Bedingungen bei wie zuvor Basel und Schaffhausen. Um 1520 bestand nur noch in Savoyen und in der Freigrafschaft Burgund Raum für Veränderungen.

## Die Bewältigung des Krieges: Orte, Tagsatzung und Menschen

Die Beteiligung der Eidgenossen an den Mailänderkriegen brachte den Tod unzähliger Männer auf den italienischen Schlachtfeldern mit sich und liess enorme Geldsummen in die Schatztruhen der Orte und in die Taschen militärischer Unternehmer fliessen. Tatsächlich handelte es sich dabei um das wichtigste gemeinsame Geschäft der eidgenössischen Orte in den ersten beiden Jahrzehnten des 16. Jahrhunderts.

Die häufig notwendigen Verhandlungen, sowohl mit fremden Gesandten als auch unter den Tagsatzungsdelegierten, führten oft zu Streit. Zu den bestehenden Spannungen zwischen Städten und ländlichen Orten und alten Rivalitäten wie etwa denjenigen zwischen Schwyz und Zürich kamen neue Konflikte hinzu: Bern und Freiburg suchten eidgenössischen Rückhalt für ihre Expansion in die Waadt; die Innerschweiz, das Wallis und Graubünden forderten Unterstützung für ihre vom Val d'Ossola bis zum Veltlin reichenden Aquisitionen; Zürich und Schaffhausen strebten den Frieden mit den Nachbarn der Eidgenossenschaft an – nicht zuletzt, um ihre Interessen als Handels- und Gewerbezentren zu verfolgen. Die Tagsatzung bot eine Plattform, um solche Fragen zu diskutieren, doch wurden Verhandlungen auch ausserhalb dieses Gremiums geführt, da sich etwa manche an Schweizer Söldnern interessierte ausländische Gesandte entweder an die Ratsgremien einzelner Orte wandten oder führende örtliche Politiker direkt kontaktierten – und natürlich auch bestachen.[41] Um 1500 verfestigte sich bei den Obrigkeiten der meisten Orte der Eindruck, dass sie die Kontrolle über die militärischen Aushebungsverfahren verloren hätten. Sie sahen ihr Gewaltmonopol im eigenen Herrschaftsgebiet bedroht und befürchteten, dass ihnen einträgliche Pensionen und Bestechungsgelder entgingen.[42]

Die hohen Verluste auf den italienischen Schlachtfeldern und die Verärgerung über das Luxusleben und korrupte Verhalten der «Pensionenherren» liessen eine weitverbreitete Abneigung gegenüber dem Söldnergeschäft entstehen. Behörden und Bevölkerung verurteilten die Reisläuferei einhellig und sahen in den Rekrutierern gefährliche, verantwortungslose Verführer. 1503 führten diese Bedenken zum Abschluss des «Pensionenbriefes», der private Söldneraushebungen verbot und forderte, dass Soldverträge von der Mehrheit der Tagsatzungsmitglieder bewilligt werden müssten. Es stellte sich aber heraus, dass die Orte unfähig waren, diesen gemeinsamen Beschluss umzusetzen, denn schon bald wurden neue Soldverträge mit Militärunternehmern eingegangen. Im Jahr 1508 beschloss die Tagsatzung, den Orten wieder freizustellen, ihre eigenen Militärkapitulationen abzuschliessen. Dies sollte für Jahrhunderte die geltende Regelung bleiben.⁴³

Mächtige Persönlichkeiten der Eidgenossenschaft wurden in dieser Zeit zu wichtigen Vermittlern für die sich befehdenden fremden Dynastien. Der wohl berühmteste von ihnen war Matthäus Schiner, Bischof von Sitten und Kardinal, der sich während der Mailänderkriege als bedeutender Unterhändler für die Päpste und für Kaiser Maximilian I. hervortat. Selbst nachdem die Eidgenossenschaft 1516 den Ewigen Frieden mit Frankreich abgeschlossen hatte, machte sich Schiner für engere Beziehungen zum Hause Habsburg stark. Führende Angehörige der grossen Familien in Bern, Luzern, Graubünden und an anderen Orten agierten auf ähnliche Weise. Für einen fremden Fürsten einzutreten konnte einträglich, aber auch gefährlich sein.

Bedingt durch eine wechselhafte wirtschaftliche Konjunktur kam es in Süddeutschland und in der Schweiz in den ersten Jahrzehnten des 16. Jahrhunderts wiederholt zu Unruhen. Beide Gebiete hatten militärische Verluste erlitten, und in beiden gab es Konflikte wegen Abgaben, Zinsen und obrigkeitlicher Rechtsprechung. Während es sich bei den Bauernunruhen in Schwaben jedoch um Verschwörungen handelte, die vom Adel und den herrschenden Städten energisch unterdrückt wurden, konnten sich die ländlichen Untertanen in der Eidgenossenschaft zur Bekundung ihres Unmutes traditioneller Formen der politischen Meinungsäusserung bedienen. Es existierten Institutionen des Machtausgleichs zwischen Regierenden und Regierten, die in Schwaben zusehends abgeschafft wurden. In den eidgenössischen Länderorten versammelten sich die männlichen Bürger in der jährlichen Landsgemeinde, und Bern und Zürich hatten sich nach Tumulten bereit erklärt, «Ämterbefragungen» durchzuführen, um vor wichtigen Entscheidungen die Meinung der Untertanen einzuholen. Als die Behörden jedoch ab circa 1510 Proteste der Landbevölkerung zu ignorieren begannen, schritten zahlreiche bäuerliche Gemeinden in der Schweiz zur Tat. 1513 besammelten sich unzufriedene Untertanen von Bern am Kirchweihfest in Köniz und stürmten die Stadt; dabei erhielten sie Unterstützung von Scharen Gleichgesinnter aus dem Oberland. Sie forderten, dass Allianzen mit fremden Fürsten der Genehmigung durch die Landsgemeinden unterliegen sollten. Ende 1515 marschierten die ländlichen Untertanen von Zürich im «Lebkuchenkrieg» in die Stadt ein; sie waren überzeugt, dass die Niederlage der Eidgenossen bei Marignano und verschiedene Soldbündnisse mit Frankreich durch französische Bestechungsgelder zustande gekommen seien. In beiden Fällen – in Bern und Zürich – mussten die Behörden ihren Untertanen schliesslich das Recht zugestehen, an Entscheidungen über Krieg und Frieden mitzuwirken, und beide Regierungen hielten bis weit ins 16. Jahrhundert hinein die Praxis der Ämterbefragungen aufrecht.⁴⁴

Das Ende der Teilnahme an den Mailänderkriegen im Jahr 1516 führte nicht zu grösserer Stabilität innerhalb der Eidgenossenschaft. Die Verhältnisse änderten sich kaum: Tausende von Söldnern strömten nach dem Soldbündnis von 1521 in französische Dienste, und die privaten Anwerber machten gute Geschäfte. Wie die schweren Niederlagen der Schweizer Regimenter in Bicocca im Jahr 1522 und in Pavia 1525 zeigten, waren die Tage der militärischen Unbesiegbarkeit der Eidgenossenschaft jedoch gezählt. Der Unmut über diese Verluste, der Hass auf die reichen Pensionenherren und der durch das Bevölkerungswachstum bewirkte wirtschaftliche Konkurrenzkampf bereiteten den Boden für eine Reform der gesamten Gesellschaftsordnung. Nur wenige erwarteten jedoch, dass religiöse Themen im Brennpunkt des Wandels

### Matthäus Schiner (circa 1465–1522)

Während der Ennetbirgischen Feldzüge, in deren Verlauf die eidgenössischen Orte zur europäischen Grossmacht aufstiegen, nutzten einige Schweizer die Gelegenheit, ihrerseits zu Macht und internationalem Ansehen zu gelangen. Niemand kommt dem Typus des ehrgeizigen Schweizer Politikers jener Tage näher als der Walliser Matthäus Schiner, Bischof von Sitten, Graf von Wallis, Kardinal und internationaler Diplomat. Schiner war kein gewöhnlicher Bauernjunge, wie einige Quellen behaupten: Bereits sein Onkel war Pfarrer von Ernen gewesen und hatte als Bischof von Sitten amtiert; Schiner selbst wurde in Como und Rom ausgebildet, bevor er 1489 die Priesterweihe erhielt. Als Anhänger von Erasmus führte er in seinem Sittener Bistum Reformen ein und nahm 1521 am Wormser Reichstag teil, in dessen Zuge Martin Luther verurteilt wurde. Um ein Bündnis zwischen Papst Julius II., der ihn zum Kardinal ernannte, und der Eidgenossenschaft voranzutreiben, nutzte Schiner seine römischen Netzwerke. Nach dem französischen Triumph in Marignano agitierte er weiterhin zugunsten der Habsburger, doch verlor er nun zunehmend an Einfluss. Nachdem Schiner 1517 vom Despoten Georg Supersaxo (auch genannt Jörg auf der Flüe) aus dem Wallis verbannt worden war, lebte er in Zürich. Im Anschluss an eine Reise nach England, die er mit dem Ziel unternommen hatte, Heinrich VIII. für die Sache des Reiches zu gewinnen, kehrte er nach Rom zurück. 1522 war er einer der Kandidaten für das päpstliche Amt und half, die Wahl Hadrians VI. vorzubereiten, doch starb er noch im selben Jahr an der Pest.

Matthäus Schiner, Stich von Tobias Stimmer, in: Paulus Jovius, Elogia virorum bellica virtute illustrium, Basel 1575, liber V, S. 249 (UB Basel, Sign. EV I 16).

stehen würden. Die heraufziehende Reformation entpuppte sich als Quelle einer Erneuerung, die die Geschichte der Eidgenossenschaft für das restliche 16. Jahrhundert prägen sollte.

## UNERWARTETE VERÄNDERUNGEN: DIE RELIGIÖSE SPALTUNG AB DEN SCHWIERIGEN 1520ER JAHREN

Die Rolle und Bedeutung von Kirche und Religion in der westeuropäischen Kultur veränderten sich im Lauf des 16. Jahrhunderts fundamental. Es handelt sich um eine Entwicklung, die besonders für die Eidgenossenschaft zu einem wichtigen Wendepunkt werden sollte.

Um 1500 wurde die Autorität der katholischen christlichen Lehre, verkörpert durch eine einzige institutionelle Kirche, in allen Bevölkerungskreisen anerkannt. Religiöse Aussenseiter, einschliesslich der wenigen noch verbliebenen jüdischen Gemeinden in Westeuropa und der islamischen Welt im Südosten, wurden mit Furcht oder Feindseligkeit betrachtet. Auch die zuweilen laut werdende Kritik der anerkannten Institutionen tat dem breiten Konsens keinen Abbruch, dass es lediglich eine einzige, göttlich inspirierte Kirche gebe – und man auch nur einer einzigen bedürfe. Analog dazu änderten regionale Unterschiede in der Art und Weise, den Glauben zu praktizieren, nichts an der allgemein vorherrschenden Überzeugung, dass die Europäer ein einheitliches Corpus Christianum bildeten.

In der Schweiz kam es um 1500 zu einer Welle von Gründungen kirchlicher Gemeinden und zu Modifikationen bestehender Verhältnisse, die deutlich werden lassen, dass die Bevölkerung in Stadt und Land grossen Wert auf die geistliche Versorgung mit Sakramenten, Predigten, kirchlichen Festlichkeiten und Seelsorge legte. Die Gemeinden waren bereit, ihre Kirchen grosszügig finanziell zu unterstützen, in der Erwartung, spirituell zu profitieren und von Unheil verschont zu bleiben. Viele Stimmen plädierten für eine *bessere* Kirche – solche Appelle konnten dank des Buchdrucks weit zirkulieren. Jedoch riefen nur wenige zu radikalen Veränderungen auf.

Um 1600 hatte sich das Bild fundamental verändert: Europa war in verfeindete Konfessionen gespalten, deren Angehörige ihre Widersacher als Ketzer und Diener des Antichrists beschimpften. Unterstützt – und weitgehend kontrolliert – von ihren weltlichen Herrschaften, waren protestantische wie katholische Priester bestrebt, eine jeweils in ihrem Sinne einheitliche Lehre zu vermitteln und das Kirchenvolk zu disziplinieren. Man fürchtete sich voreinander und zudem vor verschiedenen im Untergrund tätigen Sekten, die radikalere Auffassungen des Christentums verbreiteten. In Norddeutschland und Skandinavien herrschten protestantische Kirchen vor, deren Lehren auf den Schriften Martin Luthers beruhten. Zürich, Bern, Basel und Schaffhausen bekannten sich zur von Huldrych Zwingli in Zürich begründeten Richtung der Reformation, während sich in Appenzell, Glarus und Graubünden ebenso wie in anderen Zugewandten Orten und Gemeinen Herrschaften zwei konfessionelle Lager gegenüberstanden. In England, Schottland und den Niederlanden waren weitere reformierte Kirchen entstanden, inspiriert vom Wirken Jean Calvins in Genf. Auch in Frankreich, Teilen Deutschlands und weiten Teilen Osteuropas verbreitete sich der reformierte Glaube Calvins und Zwinglis als im Untergrund wirkende oder widerstrebend geduldete Sekte. Dem alten Glauben blieben im Bereich der Eidgenossenschaft die fünf Orte der Innerschweiz (Uri, Schwyz, Unterwalden, Luzern und Zug) treu ergeben; nach einigem Schwanken entschieden sich Freiburg und Solothurn, zusammen mit Teilen der übrigen Orte, ebenfalls für den Katholizismus.

Auch die katholische Kirche erneuerte ihre Organisation; sie überprüfte ihre Lehre am Konzil von Trient und ergriff ab 1550 entschiedene Massnahmen, die Gläubigen im religiösen Alltag zu unterstützen. Obwohl die katholischen Konzilsteilnehmer die evangelische Theologie explizit ablehnten, setzten auch sie sich für organisatorische Reformen der Kirche sowie für eine Verbesserung der Katechese und der geistlichen Betreuung der Gläubigen ein. Rom stellte die protestantischen

### Der Jetzerhandel

Im Sommer und Herbst 1507 versetzten Berichte, wonach einem Novizen des Berner Dominikanerkloster, dem ehemaligen Schneiderlehrling Hans Jetzer, die heilige Maria und andere Gestalten erschienen seien, die Stadt Bern in Aufregung. Jetzers Schilderung der Erscheinung der Gottesmutter unterstützte die Interpretation der Dominikaner, dass diese selbst nicht unbefleckt empfangen worden sei. Auch habe Maria blutige Tränen angesichts der Koruptheit der Berner Patrizier vergossen. Eine Untersuchung ergab, dass die Erscheinungen, vermutlich durch den Prior und andere Angehörige des Klosters, inszeniert worden waren. Die Verantwortlichen wurden gefoltert, bis sie ein Geständnis ablegten, schliesslich wurden sie ausserhalb der Stadt hingerichtet; Jetzer hingegen liess man frei. Die Affäre erregte in ganz Europa Aufsehen, insbesondere, seit verschiedene Pamphlete zum Thema – darunter eines mit Illustrationen des Basler Künstlers Urs Graf – zirkulierten. Der elsässische Franziskaner Thomas Murner, der nach Bern geschickt worden war, um den Prozess zu beobachten, verfasste einen Bericht *Von den fier ketzeren [des] Prediger orde[n]s*, in dem er die Dominikaner wegen ihres Betrugs und die Schweizer generell wegen ihres gewalttätigen Wesens harsch kritisierte. In der Frühzeit der Reformation wurde das betrügerische Verhalten, das die Dominikaner im Jetzerhandel offenbart hatten, erneut ins Feld geführt.[45]

Kirchen vor grosse Herausfoderungen, indem es Missionare in alle Welt entsandte, vehement Propaganda betrieb und «rechtgläubige» Obrigkeiten politisch unterstützte.

Neben den von Calvin und Zwingli begründeten reformatorischen Zweigen hatten auch verschiedene radikale Bewegungen ihre Wurzeln in der Eidgenossenschaft, insbesondere die sogenannten Täufer, deren Lehre zu Beginn der Reformation unter Anhängern Zwinglis aufkam. Weil sie mit erbarmungsloser Verfolgung rechnen mussten, gingen einige radikale Kirchen in den Untergrund, und manche ihrer Anhänger wanderten in Gegenden aus, wo sie ihren Glauben unbehelligt leben konnten.

Die Schweiz spielte für alle diese Entwicklungen und Bewegungen eine wichtige Rolle. Schon seit geraumer Zeit war Basel eine Hochburg des Humanismus, jener von der italienischen Renaissance inspirierten philosophischen und spirituellen Bewegung, die mit dem Werk Erasmus' von Rotterdam (circa 1466–1536) ihren Höhepunkt erreichte. Unmittelbar beeinflusst von Erasmus' Gedankengut war Huldrych Zwingli, der 1519 als Leutpriester ans Grossmünster in Zürich berufen wurde, wo er evangelische Theologie predigte und für sozialpolitische Reformen eintrat. In den unruhigen Jahren ab 1520 lösten Zwinglis Ideen in Verbindung mit den Lehren Luthers und anderer Reformatoren im ganzen Gebiet der Schweiz evangelische Bewegungen aus. Glaube und Autorität waren in der Vorstellungswelt des Spätmittelalters untrennbar miteinander verbunden. Und so mussten die in den einzelnen Orten getroffenen divergierenden Entscheidungen für die eine oder andere Lehre unweigerlich zum Zerwürfnis führen, das im Kappelerkrieg von 1531 gipfeln sollte.

Als sich die Konfessionsgrenzen nach 1531 verfestigten, wurden Bildung und Disziplin zunächst der Geistlichkeit, später auch der Laien zum drängenden Problem. Die selbstverständliche Koexistenz von offizieller Lehre auf der einen Seite und davon abweichender Praxis und Volksglaubens auf der anderen, die frühere Perioden gekennzeichnet hatte, wurde nunmehr als Versagen der religiösen Instanzen und als Schwäche vor dem konfessionellen Gegner gedeutet. In reformierten Gegenden hatte neben der religiösen Unterweisung das Ehe- und Sittengericht hohe Priorität. In katholischen Gebieten fand die vom Tridentiner Konzil kodifizierte moralische Strenge nur allmählich Verbreitung, doch gegen Ende des Jahrhunderts waren Frömmigkeit und gesellschaftliche Normen tiefgreifend durch sie geprägt.[46] Suggestive Formen der Predigt und intensivierte Methoden der Überwachung schürten bei Katholiken wie Reformierten Ängste vor Ketzern und vor dem Teufel, was sich in der Verfolgung von Andersdenkenden und der wachsenden Furcht vor schwarzer Magie und Hexerei äusserte.[47]

Auch im späten 16. Jahrhundert bestimmten konfessionelle Fragen das Leben in der Schweiz. Humanistisch gebildete protestantische Geistliche wie der bereits erwähnte Josias Simmler oder Johann Jakob Wick, zweiter Archidiakon und Chorherr am Zürcher Grossmünster, führten sorgsam Buch über Prophezeiungen und Zeichen von Gottes Zorn angesichts der Korruptheit so vieler Christen.[48] Ihr jüngerer katholischer Zeitgenosse Renward Cysat, Stadtschreiber in Luzern, war in konfessionellen Fragen nicht weniger engagiert: Er trieb Luzerns Allianzen mit anderen katholischen Orten und europäischen Mächten energisch voran und ging Hinweisen auf konfessionelle Streitigkeiten in Frankreich nach. Mit dem Kappeler Landfrieden von 1531 wurde erstmals der Versuch unternommen, die politische Koexistenz verschiedener christlicher Glaubensrichtungen zu regeln, doch lehnten die meisten Geistlichen und Gelehrten derartige pragmatische Lösungsversuche ab. Nur wenige Zeitgenossen konnten sich damals eine konfessionell gespaltene, aber politisch geeinte Eidgenossenschaft vorstellen.

### Die Kirche um 1500

Die Kirche des spätmittelalterlichen Europa unterhielt ein umfassendes, vom Heiligen Stuhl bis zur einzelnen Pfarrei reichendes Netz an Institutionen, um die geistliche Betreuung der Bevölkerung zu gewährleisten. Das Gebiet der heutigen Schweiz gehörte dabei in erster Linie zum Erzbis-

**Posthumes Porträt Huldrych Zwinglis von Hans Asper** (Teil eines Doppelbildnisses Zwinglis und seiner Tochter Regula Gwalther-Zwingli), **Öl auf Holz, 1549** (*ZB Zürich, Graphische Sammlung*). — Mit der zunehmenden Verbreitung der neuen Lehre in Europa begannen auch Porträts der führenden Reformatoren – insbesondere Martin Luthers, Huldrych Zwinglis und Jean Calvins – in unterschiedlicher Form zu zirkulieren, etwa als Buchillustrationen, Einblattdrucke oder auf Flugschriften. Diese Bildnisse gaben den neuen Kirchen mit ihren theologischen und gesellschaftlichen Reformvorstellungen sozusagen ein menschliches Gesicht und fungierten als Identifikationspunkte für die Mitglieder der jeweiligen Gemeinschaft (siehe Beitrag von Olivier Christin, S. 188).

> «*Item des ersten so hand wir ain frye pfar kilchen, die lichent wir ainem pfarrer alle jar ainest lutterlich durch gotz willen und suss um enkine zins. Ist ain priester naiswz minem herren von Chur [...] schuldig, sol er usrichten, der kilchen und dem land an schaden und nit ze wort haben, die kilchä sy sin, wie wol man joch in ain jar gedinget hat.»\**

Aus der vorreformatorischen Kirchenordnung von Davos, zit. nach: Fritz Jecklin, Das Davoser Spendbuch vom Jahre 1562, in: Jahresbericht der historisch-antiquarischen Gesellschaft von Graubünden, Jg. 54, Chur 1924, S. 197f.

tum Mainz, teilweise aber auch zu Vienne, Tarentaise, Besançon, Mailand und Aquileia, und auf der darunterliegenden organisatorischen Ebene zu den Bistümern Konstanz, Chur, Como, Sitten, Genf, Lausanne und Basel.[49] Überall gab es Frauen- und Männerklöster, von alten Gründungen wie St. Gallen, Engelberg und dem waadtländischen Romainmôtier bis hin zu winzigen Prioraten, etwa im bündnerischen Churwalden oder in Vautravers, dem heutigen Val-de-Travers. In allen grösseren Städten fanden sich Häuser von Dominikanern, Franziskanern und anderen Bettelorden. Studenten besuchten die einzige Schweizer Universität in Basel oder gingen an Universitäten im Ausland, etwa nach Bologna, Wien (wie auch Zwingli), Heidelberg, Montpellier. Die Kirchgemeinden und Klöster orientierten sich in allen Belangen an Rom, wo der Papst gleichzeitig der königliche Nachfolger des heiligen Petrus und der *servus servorum Dei* – der alles überragende «Diener der Diener Gottes» – war. Die Menschen begegneten den kirchlichen Institutionen auf Schritt und Tritt: Nicht nur Taufen, Trauungen und Sterbesakramente waren Sache der Kirche, auch Eidleistungen, Schuldangelegenheiten und Konflikte mit der Geistlichkeit kamen vor die klerikalen Gerichte.

Gerade diese Allgegenwart der kirchlichen Einrichtungen liess sie – überall in Europa – zur Zielscheibe der Kritik werden. Kirchenvertreter waren nicht weniger anfällig für Habgier und andere Laster als andere Menschen auch, doch ihre geistliche Berufung liess derlei Vergehen schwerer wiegen. Ein weiteres Problem war die Finanzschwäche der Pfarreien, deren Einkünfte oft an externe Kirchenverwalter oder weltliche Geldgeber flossen. Die geistliche Betreuung der Gemeinden oblag meist verarmten Vikaren oder jungen Mönchen eines Klosters, das die Einkünfte erworben hatte. Kirchengerichte waren für manche Prozessierende attraktiv, die Mehrheit der Involvierten litt jedoch schwer unter der Last der Kosten, langen Wartezeiten und als ungerecht empfundenen Urteilen, besonders wenn es am Ende nicht nur zu einer materiellen Strafe, sondern vielleicht gar zu einer Exkommunikation kam. Die meisten Laien schuldeten der Kirche als grösster Grundbesitzerin Zehnten und andere Abgaben. Bereits vorhandener Groll wurde geschürt, wenn Schuldner der Kirche Kleriker beobachteten, die im Luxus lebten.

Die Eidgenossenschaft war in kirchlichen Angelegenheiten in verschiedener Hinsicht ein Sonderfall, insbesondere aufgrund der Schwäche ihrer Bischöfe. Der grösste Teil der heutigen Deutschschweiz gehörte zur riesigen Diözese Konstanz, deren Bischöfe in der Regel süddeutsche Adelige waren, die die eidgenössische politische Kultur mit ihrer ausgeprägten Gemeindeautonomie ablehnten. Wenn die Kirche in der Schweiz Probleme hatte, war Konstanz meist anderweitig zu sehr beschäftigt, um helfen zu können. Ähnlich war es um die Bischöfe in Basel, Chur, Sitten und Lausanne bestellt, die verschiedenen Erzdiözesen angehörten und zu arm oder zu stark von der Lokalpolitik abhängig waren, um wirksam intervenieren zu können. Viele Gemeinden hatten derweil das Recht erworben, ihre Pfarreien selbst zu verwalten. Zwar war es überall in Europa den Laien gestattet, Kandidaten für Priesterstellen zu ernennen; die Zahl der kommunal verwalteten Pfarreien in der Eidgenossenschaft war indes besonders hoch. Viele Dörfer verfügten über genügend Mittel, um entweder eine eigene Pfarrei zu gründen, deren Besetzung sie selber regelten, oder um die Kollatur, also das Recht zur Ernennung eines Priesters, zu erwerben.[50] Natürlich erwarteten sie in diesem Falle auch, Einfluss auf die Anstellungsmodalitäten und das Verhalten ihrer Geistlichen nehmen zu können. In den Städten wurden Stiftungen für Prediger und Leutpriester, die die Bevölkerung geistlich betreuten, von den Stadträten verwaltet, die die kirchliche Botschaft auf diese Weise mitbestimmen konnten.

Bestrebungen, die Kirche von innen zu reformieren, führten manchmal sogar zu einer Verschärfung der an ihr geäusserten Kritik. In St. Gallen veranlasste der Abt Ulrich Rösch im späten 15. Jahrhundert weitreichende Verwaltungsreformen, um Einkünfte zurückzugewinnen, die in die Hände der örtlichen Behörden gelangt waren. Da diese Massnahmen mit den Interessen der Stadt und Landschaft St. Gallen kollidierten, bescherte die Reform der Abtei im Speziellen und der Kirche im Allgemeinen neue Feinde.[51] Als im Zuge der Reformation der Rückhalt der Abtei in der Bevölkerung bröckelte, traten viele Untertanen des Klosters im Appenzell und in Toggenburg – obwohl der Abt sie daran zu hindern versuchte – zum reformierten Glauben über. Nur der katholische Sieg

---

\* «Erstens, wenn wir eine freie Pfarrstelle haben, so verpachten wir sie einem Pfarrer lediglich um Gotteslohn, ansonsten zinslos. Ist ein Priester unserem Bischof von Chur etwas schuldig, soll er das diesem bezahlen, ohne dass die Kirche oder das Land dabei Schaden nehmen, und er darf nicht behaupten, dass die Pfarrstelle ihm gehöre, da man sie ihm nur für ein Jahr verpachtet hat.»

von 1531, errungen im Zuge der Kappelerschlacht und des Zweiten Kappeler Landfriedens, konnte die drohende Aufhebung der Abtei verhindern.

## Humanismus und Kritik

Ausgehend von Italien verbreitete sich der Renaissance-Humanismus im 15. Jahrhundert unter den Gelehrten in ganz Europa. Insbesondere in seiner nördlichen Variante stärkte das humanistische Gedankengut das Geschichtsbewusstsein und die Reform des geistigen Lebens und wirkte sich massgeblich auf das Denken der Reformatoren einschliesslich Zwinglis aus. Schweizer Autoren bedienten sich etwa der vom Humanismus beeinflussten geographischen Methoden und der Tradition der Chronikschreibung, um die entstehende Eidgenossenschaft zu beschreiben und die Kultur der deutschsprachigen Gebiete gegen den Spott der Italiener zu verteidigen. Im Zuge einer Edition von Quellentexten über ihre Heimat verfeinerten Schweizer Literaten ihren lateinischen Stil, so etwa Albrecht von Bonstetten (circa 1442–1504) in seinem 1479 erschienenen Werk *Superioris Germaniae Confederationis Descriptio*. Spätere Autoren, unter anderem die beiden Glarner Gelehrten Heinrich Loriti (genannt Glarean, 1484–1563) und Aegidius Tschudi (1505–1572), folgten diesem Beispiel. Glarean veröffentlichte 1514 eine *Helvetiae Descriptio* in lateinischen Versen, und Tschudi nahm klassische Quellentexte über die Alpenregion in sein 1538 erschienenes Opus *De prisca ac vera Alpina Rhaetia* auf. Solche Werke trugen dazu bei, in der Bildungselite innerhalb und ausserhalb der Eidgenossenschaft das Bewusstsein für eine genuin schweizerische Identität zu etablieren – eine Entwicklung, die wie gezeigt mit Simmlers *De Republica Helvetiorum* ihre Fortsetzung fand.

Glarean verbrachte geraume Zeit in Basel, wo er vielen jungen Schweizern eine humanistische Bildung vermittelte und weitere gelehrte Werke, unter anderem zur Musiktheorie, verfasste. Die Synergien zwischen dem Basler Buchdruckergewerbe und der Universität liessen die Stadt zum einzigen eidgenössischen Ort werden, an dem der Humanismus zu wirklicher Blüte gelangte. Basels Anziehungskraft für Gelehrte wurde entscheidend gestärkt, als Erasmus von Rotterdam, der prominenteste Exponent des Humanismus im Norden, seine Werke ab 1514 beim Basler Drucker Johannes Froben herausgab und ab 1521 in der Stadt seinen Wohnsitz nahm. Erasmus und Froben verantworteten gemeinsam die erste Veröffentlichung des Neuen Testaments in Griechisch und brachten Werke der lateinischen Kirchenväter heraus, was weitere Experten der lateinischen, griechischen und hebräischen Philologie nach Basel zog. Zum Gelehrtenzirkel um Erasmus gehörten Persönlichkeiten wie Glarean, Bonifacius Amerbach, Beatus Rhenanus, Konrad Pellikan und der Maler Hans Holbein der Jüngere. Der Kreis zerbrach jedoch, als die jüngeren Humanisten – insbesondere Johannes Oekolampad (1482–1531) und Konrad Pellikan – die Reformation zu unterstützen begannen, während Erasmus jeden Schritt ablehnte, der zu einer Kirchenspaltung führen konnte. Nachdem der Basler Rat dem Druck der Bevölkerung nachgegeben und 1529 die Messe abgeschafft hatte, zog Erasmus vorübergehend nach Freiburg im Breisgau.

Unabhängig davon, ob die Exponenten des christlichen Humanismus in der katholischen Kirche verblieben oder nicht, ihr Gelehrtentum war von entscheidender Bedeutung für die Reformation. Die Autoren rund um Erasmus traten nicht nur für die Bibellektüre und für eine schlichte Frömmigkeit ein, sondern ritten auch schonungslose Attacken gegen den Dogmatismus der Kirche und die komplizierten Riten des spätmittelalterlichen Christentums, mit seinen Fastenbräuchen und Festtagen, dem Heiligenkult und den Pilgerfahrten. Die Humanisten lehnten derlei Praktiken als Aberglaube oder gar als Resultat geistlicher Habgier und als Augenwischerei ab. Erasmus machte sich in seinen *Colloquia* über die aus Angst geleisteten Schwüre leichtgläubiger Menschen lustig und spottete über die prunkvollen Reliquienschreine, vor denen sie diese Schwüre leisteten. Er selbst hoffte auf eine geläuterte Kirche, die in der Lage wäre, die Laien zu erziehen und zu lenken, doch ermutigten seine Schriften viele jüngere Humanisten und Kleriker, die bestehende Institution der Kirche rundweg abzulehnen.

Am nachhaltigsten wirkte sich der Humanismus im Bereich der Bildung aus. In den protestantischen Städten übernahmen neue Lateinschulen den humanistischen Lehrplan für die Ausbildung junger Pfarrer. An der Universität Basel wurde ab 1540 eine Lehrplanreform im Sinne des Humanismus und der Reformation durchgeführt, zu der Bonifacius Amerbach und die städtische Geistlichkeit beitrugen.[52] Durch die neu gegründeten Jesuitenkollegien in Luzern (1577) und Freiburg (1582) kamen die katholischen Eliten – und nicht wenige Protestanten – mit der auf Ignatius von Loyola zurückgehenden humanistisch beeinflussten *Ratio studiorum* (1598) in Berührung. Das humanistische Curriculum legte grossen Wert auf gute Lateinkenntnisse, rhetorische Überzeugungskraft und persönliche Disziplin und bot somit eine optimale Vorbereitung auch für angehende Juristen, die zunächst oftmals in Kanzleien und Ratsstuben arbeiteten und später vielfach politische Ämter bekleideten.

## Konrad Gessner (1516–1565)

In den Jahren nach der Reformation florierte in Zürich das geistige Leben. Junge Männer unterschiedlicher Herkunft sogen das humanistische Wissen in sich auf und stellten sich den mit der Reformation aufgekommenen Herausforderungen. Einer von ihnen war der gebürtige Zürcher Konrad Gessner, der trotz bescheidener Herkunft in Bourges und in Basel studieren konnte. Dank seiner hervorragenden Griechischkenntnisse wurde er 1537 als Professor an die neugegründete Akademie in Lausanne berufen. Nachdem er 1541 in Basel zum Doktor der Medizin promoviert hatte, kehrte er nach Zürich zurück, wo er als Lehrer und später als Stadtarzt wirkte. Wie seine Kollegen, der Arzt und Dramatiker Jakob Ruf und der Theologe und Historiker Josias Simmler, war Gessner in vielen verschiedenen Disziplinen tätig. Neben der Herausgabe eines Griechischwörterbuchs, verschiedener Werke klassischer Autoren, medizinischer Handbücher und seiner bahnbrechenden *Historia Animalium* (1551–1558) schuf er mit der *Bibliotheca Universalis* (1545), der ersten systematischen Bibliographie Europas, ein völlig neuartiges Genre. Mit dem Ziel, die Gelehrten durch die Flut neu gedruckter Bücher zu leiten, kompilierte die *Bibliotheca* Informationen zu rund 10 000 Bänden – eine Zahl, die erahnen lässt, in welchem Umfang neues Wissen damals kursierte.

Konrad Gessner, Holzschnitt (Detail) nach einem Ölgemälde von Tobias Stimmer im Museum zu Allerheiligen in Schaffhausen, 1564 *(ZB Zürich, Graphische Sammlung)*.

### Die Ära Zwingli (1519–1531)

1484 als Sohn einer alteingesessenen Toggenburger Familie in Wildhaus geboren, verkörpert Huldrych Zwingli (1484–1531) eine Generation intellektuell ambitionierter Kleriker, die das Reich ab 1500 allenthalben prägen sollte. Nachdem er von seinem Onkel, einem Pfarrer in Weesen am Walensee, in Latein unterrichtet worden war, besuchte er Lateinschulen in Basel und Bern und studierte anschliessend, von 1499 bis 1506, in Wien, wo er seinen Magister Artium erwarb. Immer mehr Pfarreien suchten damals gebildete Pfarrer, so dass bereits vor der Reformation etwa die Hälfte aller Geistlichen in der Schweiz – selbst in Bergregionen – eine Universitätsausbildung besass.[53] Zwinglis humanistische Ausbildung machte ihn für solche Posten interessant – auch ohne eigentliches Theologiestudium: 1506 wurde er als Gemeindepfarrer nach Glarus berufen, wo er zehn Jahre diente. Zu seinen Pflichten gehörte es, Soldaten auf den Feldzügen in Italien zu begleiten, so auch zu den Schlachten von Novara und Marignano – es waren dies erschütternde Erfahrungen, die ihn zum entschiedenen Kritiker von fremden Allianzen und Pensionen werden liessen.

Eine neue Stellung als Leutpriester in Einsiedeln bot Zwingli die Gelegenheit, sich ab 1516 auf theologische und humanistische Studien zu konzentrieren. Die Korrespondenz mit seinem Kommilitonen Joachim von Watt (genannt Vadianus, 1484–1551) aus St. Gallen zeigt, dass er eifrig Erasmus und die spätantiken Kirchenväter las. Zwingli lernte auch Griechisch und las das griechische Neue Testament, das Erasmus 1516 herausgegeben hatte. Für die Zeit seiner Ernennung zum Leutpriester in Zürich gegen Ende des Jahres 1518 ist belegt, dass er ausserdem verschiedene frühe Werke von Luther besass. Neben seinem Gelehrtentum und seiner guten Reputation als Prediger in Einsiedeln, wo er regelmässig vor Pilgern aus Zürich sprach, tat er sich auch als Gegner des französischen Soldbündnisses hervor. Dies trug ihm zusätzliche Sympathien beim Zürcher Rat ein, der seine Meinung in dieser brisanten politischen Frage teilte.[54]

Zwinglis erste zwei Jahre in Zürich fielen mit jener Phase zusammen, in der sich Luther als Kirchenkritiker von Rang zu profilieren begann. Wie Luther war Zwingli ein leidenschaftlicher Prediger, der nicht zögerte, mit der traditionellen Interpretation des Evangeliums zu brechen. Seine Predigten, die er – wie zu jener Zeit üblich – auf Deutsch hielt, wurden vom Publikum mit wachsendem Interesse verfolgt. Durch die Kritik der Humanisten sensibilisiert, begrüssten Obrigkeiten in ganz Europa Vorschläge für Reformen, und beim einfachen Volk stiessen antiklerikale Attacken gegen den Reichtum und die Macht der Kirche ihrerseits auf offene Ohren. Spirituell orientierte Menschen aus allen sozialen Schichten erlebten die Ausführungen des Reformators zu Reue und Gottvertrauen als inspirierend, aber es gab auch solche, welche die Angriffe auf die Jungfrau Maria, die Heiligen und die kirchlichen Zeremonien als zutiefst verstörend empfanden. Dies wirft ein Licht darauf, wie die Reformation seit ihren Anfängen die Bildung engagierter Minderheiten sowohl für als auch gegen die neuen Ideen bewirkte; und diese Minderheiten waren es schliesslich, die oftmals den Lauf der Dinge bestimmen sollten.

In Zürich erreichten Zwinglis Predigten nicht nur die Führungsschicht, sondern auch die Zunftleute, deren Familien und die Untertanen der Landgebiete. Wie in anderen Reichsstädten brachten auch hier derlei populäre, aber kontroverse Predigten die Behörden in eine schwierige Lage. Manche Regierungen versuchten zuerst, die aufmüpfigen Prediger zum Schweigen zu bringen oder zu vertreiben, aber öffentliche Proteste und Tumulte zwangen die Obrigkeiten wiederholt, ihre Massnahmen zurückzunehmen. Zwingli vermochte mit seinen Predigten einen beträchtlichen Teil des Grossen Rates von Zürich für seine Ideen einzunehmen, und seine vehemente Verteidigung der städtischen Politik zur Eindämmung des Söldnerwesens trug ihm Unterstützung seitens des mächtigeren Kleinen Rates ein. Manche junge Leute aus einflussreichen Familien nahmen die neue Lehre mit Begeisterung auf und gewannen ihre Angehörigen dafür, den beliebten Leutpriester zu schützen. Als der päpstliche Legat 1520 die Schweizer Städte ersuchte, Luthers Werke zu verbieten, erklärte sich die Regierung in Zürich bereit zu fordern, dass Predigten aus dem Evangelium ohne «lutherische Zusätze» zu halten seien, weigerte sich aber zugleich, Zwingli Grenzen zu setzen.[55]

Der Bruch mit der alten Kirche wurde offenkundig, als der Zürcher Buchdrucker Christoph Froschauer (nach 1490–1564) seinen Arbeitern während der Fastenzeit des Jahres 1522 Würste zum Abendbrot reichte; eine Handlung, welche die im Stadtgesetz verankerten kirchlichen Regeln für das vorösterliche Fasten verletzte. Froschauer erklärte gegenüber dem Rat, dass er daran sei, eine Ausgabe von Erasmus' Werken für die Frankfurter Buchmesse fertigzustellen, eine Arbeit, für die «muess» (Brei) nicht sättigend genug, Fisch jedoch zu teuer sei. In der darauffolgenden Woche predigte Zwingli über die Befreiung der Christen von Fastenvorschriften und liess Froschauer die Predigt drucken. Auf diese Weise wurde Zwinglis Herausforderung der Kirche öffentlich, und sie gewann zusätzlich an Gewicht, als der Stadtrat seine Position unterstützte, indem er sich weigerte, die Fehlbaren zu bestrafen. Weitere Predigten über Themen wie den Priesterzölibat und die Bilderverehrung liessen die Kluft im Laufe des Jahres tiefer werden und machten deutlich, dass neue religiöse Vorstellungen in der Eidgenossenschaft nun rasch an Boden gewannen.

Als Reaktion darauf mehrten sich die Anstrengungen, die «neue Ketzerei» zu unterdrücken, sowohl seitens des für die Stadt Zürich zuständigen Bischofs von Konstanz als auch in den übrigen eidgenössischen Orten. Die Diskussion religiöser Fragen setzte 1522 an der Tagsatzung ein. Im Dezember wurde entschieden, «dass nu hinfür sölichen nüwen predigen nit mer beschechint [vorkommen sollen] sunder by dem alten bruch zuo bliben».[56] Anfang des Jahres 1523 kam die Zürcher Obrigkeit nicht mehr umhin, eine öffentliche Entscheidung zu fällen: Sollte Zwingli zum Schweigen gebracht oder ihm der Rücken gestärkt werden? Um ihre Unterstützung des Leutpriester zu bekräftigen, beriefen die Zürcher Stadtväter eine Disputation ein und beschlossen, dass diese sich an der Heiligen Schrift zu orientieren habe und gemäss einer von Zwingli eingereichten Tagesordnung abgehalten werden solle. Die Versammlung tagte am 29. Januar 1523 mit über 600 Teilnehmern, darunter Bürger, Vertreter von verbündeten Städten und zwei Theologen, die vom Bischof den Auftrag erhalten hatten, «ze losen und ze hören». Der Bischof beharrte darauf, dass nur ein Kirchenrat befugt wäre, Entscheidungen über religiöse Fragen zu fällen, und wies damit Zwinglis Behauptung, der Stadtrat könne im Namen der «christlichen Gemeinschaft» volle Autorität ausüben, zurück. Die Disputation wurde dennoch durchgeführt; im Anschluss erliess der Stadtrat erneut die Order, dass nur «im Sinne des Evangeliums» gepredigt werden solle, und unterstützte auf diese Weise seinen Leutpriester.

In den folgenden beiden Jahren lieferten Zwinglis Thesen für die Disputation – veröffentlicht unter dem Titel *Usslegen und Gründ der Schlussreden oder Artickeln* – einen Bauplan für die Gründung einer städtischen, behördlich verwalteten Kirche.[57] Mit der Unterstützung einer Mehrheit des Grossen Rats und wichtiger Persönlichkeiten des Kleinen Rats wurde 1525 die Messe abgeschafft, die bildlichen Darstellungen wurden entfernt, die Armenunterstützung säkularisiert und das Ehe- und Sittengericht der Stadtregierung übertragen. Diese Massnahmen hatten unmittelbare Auswirkungen auf die Stadtbewohner und ebneten den Weg für die Schaffung neuer, von den Stadtbehörden beaufsichtigter kirchlicher Einrichtungen.

### Reformatorische Doktrin und Kirchenorganisation

Da die katholische Kirche nahezu jeden Aspekt des spätmittelalterlichen Lebens geprägt hatte, erwiesen sich auch die Folgen der Reformation als weit-

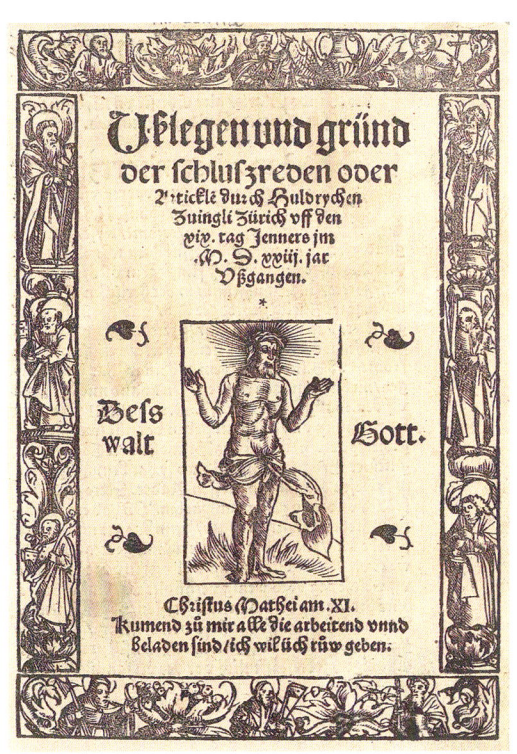

**Titelblatt aus: Huldrych Zwingli, Usslegen und Gründ der Schlussreden oder Articklen, Zürich 1523** (ZB *Zürich*). — Mit den in dieser Schrift versammelten und rasch zum Druck gebrachten Thesen erklärte und verfestigte Huldrych Zwingli seine Interpretation des Christentums, die einen Angriff auf die alte Kirche und ihre Ordnung bedeutete. Solche Thesensammlungen bildeten den Ausgangspunkt verschiedener, in den 1520er Jahren geführter Disputationen, die nicht zuletzt zur theologischen Abgrenzung und Standortbestimmung der beginnenden Reformation und damit zur Herausdifferenzierung der neuen Konfession beitragen.

reichend. Obwohl für die Generation der um 1520 tätigen Reformatoren Fragen der Doktrin an erster Stelle standen, wirkten sich ihre Schlussfolgerungen tiefgreifend auf die Organisation der Kirche, das Verhältnis zwischen geistlichem und weltlichem Leben und die Beziehung des Individuums zum Sakralen aus. Für die wichtigsten Denker der Reformation – Martin Luther, Huldrych Zwingli und Jean Calvin – waren spätmittelalterliche religiöse Praktiken wie der Ablasshandel blasphemische Versuche des Menschen, mit Gott über das Seelenheil zu verhandeln. Obwohl diese Kritik nicht neu war, machte insbesondere Luther die Ablehnung einer solchen «Werkgerechtigkeit» zu einem Angelpunkt seines Denkens. Wenn die Menschen Gott nicht zu beeinflussen vermögen, so argumentierten er und andere Reformatoren, dann könnten auch die Kirche und die Heiligen keine privilegierten Vermittler sein, wie dies die katholische Kirche lehrte, und ebenso wenig könnten Zeremonien wie die Sakramente dem Menschen zur Erlangung seines Seelenheils verhelfen.

Obwohl Luther, Zwingli und Calvin einmütig die Position vertraten, dass der Mensch «sola fide», allein durch den Glauben, gerettet werden könne, gingen ihre Meinungen bezüglich der Folgen, die dieser Grundsatz für die Gläubigen in einer christlichen Gesellschaft zeitigen müsse, auseinander. Für Luther implizierte die Sündhaftigkeit des Menschen, dass kein menschliches Handeln die göttlichen Gebote je erfüllen könne. Die weltlichen Herrscher seien zwar durch Gottes Gebote verpflichtet, die Ordnung aufrechtzuerhalten, die christliche Andacht zu fördern und Häresie zu bekämpfen, aber man könne sich nicht auf sie verlassen. Ebenso habe der einzelne Sünder keine Möglichkeit, sich aus eigener Kraft zu bessern. Nur unbeschränktes Vertrauen in Gott und passive Akzeptanz einer zerrütteten politischen Welt blieben dem wahren Christen somit übrig. Zwingli und nach ihm Calvin hingegen vertraten die Meinung, dass eine wohlgeordnete, wenn auch fehlerbehaftete christliche Gemeinschaft in der Lage sei, ihre Mitglieder einem gottgefälligeren Leben zuzuführen. Zu dieser optimistischeren Sicht mag die Erfahrung eines in Süddeutschland und in der Schweiz vielfach starken Gemeindewesens beigetragen haben; vielleicht vermochte auch der reformerische Geist des Humanismus Zwingli und Calvin stärker als den scholastisch ausgebildeten Luther zu beeinflussen.

Zwingli, sein Nachfolger Heinrich Bullinger und Calvin waren jedenfalls sehr bemüht zu beschreiben, wie eine christliche Gesellschaft organisiert sein solle und wie sie die Menschen in ihrem Leben und mit ihren Sünden begleiten könne.

Der prophetische Impetus Zwinglis verlieh seinen Äusserungen besonderes Gewicht, wie der frühe Entschluss der Zürcher Behörden zeigt, die Kontrolle über das Ehe- und Sittengericht zu übernehmen. Nach dem Wegfall der charismatisch autorisierten Kirche konnten nur die politischen Institutionen, als Vertreter der Gesamtheit der Gläubigen, die Verantwortung für derlei zentrale Angelegenheiten übernehmen. Für diese neue Verantwortlichkeit ebnete Zwingli den Weg in der ersten Zürcher Disputation von 1523, in deren Zuge der Rat entschied, über religiöse Fragen zu befinden, ohne die Stellungnahme des Bischofs abzuwarten.

Die zentralen Punkte, bezüglich deren die Reformatoren übereinstimmten, bildeten die Grundlage für fundamentale Veränderungen des gesellschaftlichen Lebens und der Kirchenorganisation. Doch schon bald entwickelten die neuen Kirchen voneinander abweichende Auffassungen der christlichen Lehre. Eine folgenschwere Meinungsverschiedenheit zwischen Zwingli und Luther betraf das Verständnis der Sakramente. Zwar waren sich beide hinsichtlich der Ablehnung der meisten katholischen Sakramente einig, doch ihr Disput über das Abendmahl nahm theologische Streitfragen wieder auf, die schon in der frühen Christenheit und zur Zeit der mittelalterlichen Scholastik debattiert worden waren. Im Wesentlichen ging es darum, dass für Luther Leib und Blut Christi im Brot und im Wein der Kommunion tatsächlich anwesend waren, wenn auch nicht durch die Transsubstantiation, wie es in der katholischen Theologie gelehrt wurde. Demgegenüber vertraten Zwingli und sein Basler Kollege Oekolampad die Meinung, Brot und Wein würden Leib und Blut Christi repräsentieren, statt in sie verwandelt zu werden.

Als Landgraf Philipp I. von Hessen, veranlasst durch die politische Entwicklung im Heiligen Römischen Reich, im Jahr 1529 eine theologische und politische Einigung der sächsischen, süddeutschen und schweizerischen Reformationsbewegung vorschlug, reisten Zwingli und Oekolampad persönlich nach Marburg, um Luther und andere führende deutsche Theologen zu treffen. Die Versammlung, die als «Marburger Religionsgespräch» in die Geschichte eingegangen ist, war insofern erfolgreich, als eine Einigung in vierzehn theologischen Streitfragen erzielt wurde. Die unterschiedlichen Auffassungen bezüglich der Eucharistie konnten jedoch nicht überwunden werden. Die endgültige Trennung der Reformierten – und später der Calvinisten – und der Lutheraner wird in der Regel mit dieser Zusammenkunft angesetzt.

## Radikale religiöse Gruppierungen

Es waren mehrere und unterschiedlich ausgerichtete religiöse Bewegungen, die um 1520 in Zürich in Erscheinung traten. Neben der von Zwingli inspirierten reformierten Kirche schlugen Leute aus seinem unmittelbaren Umkreis Richtungen ein, die er und der Rat ablehnten. Gestützt auf denselben Biblizismus und dieselben Forderungen nach Reinheit des Lebenswandels wie die Reformatoren vertraten diese Radikalen, unter ihnen Laien ebenso wie ausgebildete Kleriker, Überzeugungen, welche die Verhältnisse in der Kirche und in der Welt grundsätzlich in Frage stellten. Diese Männer – zu ihnen gehörten etwa Konrad Grebel und Felix Manz, Söhne bedeutender Zürcher Persönlichkeiten – betrachteten in erster Linie die Apostelgeschichte als Leitfaden für ein christliches Leben. Sie plädierten für eine kirchliche Gemeinschaft freiwillig Bekennender, die jeden Zusammenhang mit der säkularen Politik und damit so zentrale Aspekte wie Eide, Kriegsdienst und Zehnten verneinte und verweigerte und zum Teil sogar das Privateigentum ablehnte. Selbst die Verfolgung, der sie später ausgesetzt waren, wurde akzeptiert, ja begrüsst, weil die Radikalen es geradezu als Zeichen einer wahren Kirche betrachteten, unterdrückt zu werden. Einige von ihnen wiesen zusätzlich darauf hin, dass Jesus und seine Jünger erst als Erwachsene getauft worden seien, und argumentierten deshalb, dass die Kindstaufe nicht im Sinne der Bibel sei. Andere machten geltend, dass die weitverbreitete Verwendung von Bildern in den Kirchen die Gebote sowohl des Alten als auch des Neuen Testamentes verletze, und forderten, dass diese zu entfernen seien. Wenn sich Kirche und Obrigkeiten weigerten, dies zu tun, kam es in Gegenden, wo die Radikalen mit ihren Predigten die Laien aufgestachelt hatten, vielfach zu gewalttätigen Bilderstürmen. So wurde etwa in Zollikon der Palmesel in den See geworfen und in Stadelhofen ein grosses Kruzifix abgerissen (siehe Beitrag von Olivier Christin, S. 188).

In der Folge solcher Bilderstürme kam es 1523 zu einer zweiten Zürcher Disputation, die trotz der unter den Theologen herrschenden Uneinigkeit in dieser Sache mit dem Verbot mutwilliger Zerstörungen von Bildern endete.[58] Enttäuscht von diesem Urteil, trat Konrad Grebel daraufhin in einen Briefwechsel mit deutschen Theologen, darunter Thomas Müntzer und Andreas Bodenstein, genannt Karlstadt; Luther liess seine Briefe unbeantwortet.[59] Ausserdem versammelte er im örtlichen Umfeld weitere Personen um sich, die ebenfalls mit Zwinglis vorsichtiger Haltung unzufrieden waren. Anfang des Jahres 1525 tauften sich Grebel und Georg «Blaurock» Cajakob, ein ehemaliger Priester aus dem bündnerischen Trin, der gerade nach Zürich gekommen war, gegenseitig in Zollikon. Zur Bewegung dieser sogenannten Anabaptisten oder Wiedertäufer – eine Bezeichnung, die sie selber ablehnten – gehörten von Anfang an Gläubige mit ganz unterschiedlichem Hintergrund. Zu den Schlüsselfiguren zählten ehemalige Priester wie Cajakob und die aus Schwaben stammenden Wilhelm Reublin und Balthasar Hubmaier, gebildete Patrizier wie Grebel und Manz sowie einfache, von den neuen Ideen begeisterte Bürger wie der Bündner Buchhändler Andreas Castelberger.

Anhänger der alten Kirche und gemässigte Reformer setzten die Lehren der Radikalen bald mit sozialer Unruhe gleich; dies besonders, nachdem der deutsche Bauernkrieg von 1525 gezeigt hatte, wohin der weitverbreitete Wunsch nach Veränderung in Kirche und Religion führen konnte. Die Bauern, die in Deutschland rebellierten, hatten spezifische weltliche Ziele, doch verbanden sie diese mit Forderungen, die auch die Kirche direkt betrafen: So sollte man ihnen das Evangelium «lauter vnd klar predigen one allen menschlichen zuosatz, leer vnd gebot».[60] Ausserdem verlangten sie die Kontrolle der Gemeinden über die Geistlichkeit. Schweizer Bauern erhoben ähnliche Forderungen und nahmen die Sache wiederholt in die eigene Hand. In der Gemeinen Herrschaft Thurgau kam es 1524 zu einem grossen Aufstand, nachdem der Landvogt Josef Amberg aus Schwyz im Juli den reformierten Pfarrer Johannes Oechsli hatte verhaften lassen. Dieser war der Anstiftung zur Bilderstürmerei angeklagt; ausserdem – so hiess es – habe er gepredigt, dass «sy söllend theiner [keiner] geischlichen Oberkeit gehorsam sin; item der weltlichen Oberkeit ouch nitt, wo sy gebietend, das da were wider den nüwen Glauben und Evangelion».[61] Mehrere tausend Thurgauer Bauern stürmten nach der Verhaftung des Pfarrers das Kloster It-

Bauern stürmen im Juli 1524 die Kartause Ittingen und setzen sie versehentlich in Brand. Kolorierte Federzeichnung, in: Kopienband zur zürcherischen Kirchen- und Reformationsgeschichte (Heinrich Bullinger u.a.), von der Hand von Heinrich Thomann, 1605, f. 139r (ZB Zürich, Handschriftenabteilung, Ms. B 316).

tingen, verbrannten Akten und bedienten sich am Wein der Mönche. Am Ende wichen sie jedoch vor den Truppen des Landvogts zurück und überliessen Oechsli der Strafverfolgung. Indes waren die in vielen Orten untereinander zerstrittenen Obrigkeiten in den meisten Fällen gezwungen, bei ihren Verhandlungen mit den aufgebrachten Untertanen auf geistliche wie auf weltliche Forderungen einzugehen.

**Kirchenreform und Reformation im Verlauf der 1520er Jahre**

In den 1520er Jahren versuchten durch Luther und Zwingli beeinflusste Prediger – die meisten von ihnen bereits geweihte Priester – im gesamten Gebiet des Heiligen Römischen Reichs, ihre Kirchen auf der Grundlage reformatorischer Ideen umzugestalten. Überall – auch in der Schweiz – wurden diese Impulse sehr unterschiedlich aufgenommen. In der Innerschweiz wiesen die Behörden und Landsgemeinden den Reformgedanken ohne Umschweife zurück. In anderen Teilen der Eidgenossenschaft gelangte man nach ausgiebigen Diskussionen und reiflicher Überlegung dazu, den neuen Glauben entweder zu übernehmen oder zu verbieten. Welcher Weg gewählt wurde, hing vielfach von den persönlichen politischen und gesellschaftlichen Verbindungen der Obrigkeiten ab. In der Stadt St. Gallen, die ihren Rivalen, den Abt, grundsätzlich beargwöhnte, unterstützte Zwinglis ehemaliger Kommilitone Joachim von Watt als Bürgermeister die Reformation, was 1527 zum Beschluss führte, die katholische Messe abzuschaffen, und 1529 in die Besetzung der Abtei mündete. Ein weiterer Weggefährte Zwinglis, Sebastian Hoffmeister (circa 1494–1533) aus Schaffhausen, trat ab 1522 in seinen Predigten für den neuen Glauben ein und erhielt dabei von den Zunftleuten seiner Stadt Unterstützung. Ein formeller Beschluss fiel in Schaffhausen aber erst 1529, nachdem sich Bern für die Reformation entschieden hatte.

Da Bern der bevölkerungsreichste Ort der Eidgenossenschaft war, sollte der Entscheid, wie man sich hier zur Reformation stellte, für den weiteren Verlauf der Dinge von besonderer Bedeutung sein. Obwohl in den Kreisen der Bürger viel Sympathie für das Gedankengut der Reformation vorhanden war und selbst der aristokratische Berner Kleine Rat eine Reform der bestehenden Kirche befürwortete, verhielten sich die Behörden zunächst zurückhaltend. Zwar wurden Kleriker, die die neuen Ideen verkündeten, nicht zensuriert, zumindest, solange sie keine Unruhen verursachten. Auch weigerte sich die Stadt, sich an den von der Tagsatzung beschlossenen Massnahmen gegen Zürich zu beteiligen. Zugleich aber adaptierte die Obrigkeit die konservativen Reformartikel der Tagsatzung von 1525 und führte eine Umfrage in der Landschaft durch, von der sie wusste, dass diese die traditionellen Praktiken unterstützen und die Ideen der «Lutherischen» verwerfen würde. Doch die Volksmeinung innerhalb der Stadt favorisierte zunehmend die neue Lehre und vermochte schliesslich auch eine Mehrheit im Grossen Rat davon zu überzeugen. Unter dem Druck der Ereignisse veranstaltete der Kleine Rat 1528 eine Disputation und ebnete damit den Weg, den neuen Glauben in Bern einzuführen und ihn auch der widerstrebenden Landschaft aufzunötigen. Eine wichtige Folge dieses Beschlusses war, dass der Rat durch seine neu gewonnene Macht in Fragen von Religion, Sittlichkeit und Moral auch zu mehr Einfluss in der Landschaft gelangte und auf diese Weise den Berner Stadtstaat zu stärken vermochte.[62]

Nachdem in den frühen 1520er Jahren nach wie vor hauptsächlich die Bündnisse mit externen Mächten die Geschäfte der Tagsatzung dominiert hatten, beschäftigte sich diese ab 1523 mehr und mehr mit der Frage, wie sie sich gegenüber einem Phänomen verhalten sollte, das in den Augen der einen eine Reform, in den Augen der anderen aber Ketzerei war. Ab 1525 wurde der religiöse Wandel zum häufigsten Traktandum überhaupt. Die zunehmende Dynamik der Reformation führte dazu, dass auch auf den Landschaften Forderungen nach Reformen der Kirche laut wurden, besonders im Osten des Landes. Im Juli 1523 beschloss eine Landsgemeinde in der Gemeinen Herrschaft Sargans Artikel, in denen bessere Leistungen des Klerus gefordert und die rechtlichen Befugnisse des Bischofs von Chur eingeschränkt wurden; Ähnliches geschah im Rahmen einer Versammlung des Oberen Bunds in Ilanz.[63] Während die ländlichen Orte dazu tendierten, katholisch zu bleiben – mit Ausnahme von Teilen Appenzells und des grösseren Teils von Glarus –, kam es in den meisten städtischen Orten Mitte der 1520er Jahre zu Reformbewegungen, die jedoch in einigen – in Freiburg, Solothurn und, besonders wichtig, in Luzern – auch rasch wieder verebbten. Bei den Zugewandten fielen die Entscheidungen entsprechend deren Heterogenität unterschiedlich aus: In Graubünden und Biel gab es starke Reformbewegungen, das Wallis und Rottweil blieben hingegen der alten Kirche treu.

Nach 1525 führten wachsende Differenzen darüber, wie man auf die Entwicklungen in Zürich und im ganzen Reich reagieren solle, zu Polarisierung und vermehrter Konfrontation. Unverrückbare Überzeugungen auf beiden Seiten erschwerten es, Kompromisse zu finden, und das Aufkommen radikaler Positionen liess die neue

Klaus Hottinger und seine Gefährten werfen im Oktober 1523 in Stadelhofen ein Kreuz um und zerstören es. Kolorierte Federzeichnung, in: Kopienband zur zürcherischen Kirchen- und Reformationsgeschichte (Heinrich Bullinger u.a.), von der Hand von Heinrich Thomann, 1605, f. 99r *(ZB Zürich, Handschriftenabteilung, Ms. B 316)*. — Für den Zürcher Schuhmacher Klaus Hottinger und seine Gesinnungsgenossen war diese Tat gerechtfertigt, denn sie betrachteten jegliche bildliche Darstellung Gottes als Götzendienst. Die ersten Versammlungen von Radikalen fanden, sehr zum Leidwesen Zwinglis und des Stadtrats, im Zürcher Untertanengebiet statt. Klaus Hottinger wurde aus Zürich verbannt und ein halbes Jahr später in Luzern hingerichtet.

Bewegung als Ganzes noch bedrohlicher erscheinen, als sie es ohnehin schon war. In den Augen der Traditionalisten waren Zwinglis Angriffe auf die Messe, die Heiligen und fünf der sieben Sakramente schon verwerflich genug; die Bilderstürme und die Ablehnung von Zehnten, Eid und Kriegsdienst seitens der Radikalen wurden als vollständige Enthüllung einer in der Reformation liegenden destruktiven Kraft gesehen.

Die allenthalben wachsende Nervosität kam zum Ausdruck, als die Tagsatzung im Jahr 1524 der Hinrichtung von Klaus Hottinger, einem der Zolliker Bilderstürmer, zustimmte und verlangte, dass Zürich «lutherische» Aktivitäten verbieten solle. Als Zürich dieser Aufforderung nicht Folge leistete, versammelten sich Abgeordnete der fünf Innerschweizer Orte in Beckenried in Nidwalden und gaben ein Manifest heraus, in dem sie ihre Loyalität gegenüber «cristenlicher kirchen ordnung, wie von alter har»[64] erklärten. Breiter Reformdruck in der ganzen Eidgenossenschaft führte im weiteren Verlauf des Jahres 1524 zu Verhandlungen eines erweiterten Kreises von zehn Orten; mit Ausnahme Berns erliessen diese im Januar 1525 ein Mandat, das die traditionelle Lehre und die alten Zeremonien verteidigte, aber ein angemesseneres Verhalten der Geistlichkeit und beschränkte Macht für Bischöfe und Papsttum forderte. Im Mai 1526 berief eine Mehrheit der Tagsatzung in Baden eine eidgenössische Disputation ein, in deren Rahmen die führenden deutschen Theologen Johannes Eck, Johannes Faber und Thomas Murner, allesamt überzeugte Katholiken, im Verlauf von 18 Sessionen mit Johannes Oekolampad aus Basel und Berchtold Haller aus Bern debattierten – Zwingli, besorgt um seine Sicherheit, nahm nicht teil. In der Schlussabstimmung wurde die Gültigkeit der traditionellen Lehre anerkannt, dies jedoch ohne Unterstützung von Bern, Basel, Schaffhausen und natürlich Zürich. Die Disputation bewirkte, dass sich die Front zwischen den beiden Konfessionen nun deutlicher als zuvor abzeichnete, was wiederum den Druck auf die Unentschiedenen erhöhte.

Zwischen 1525 und 1529 stiegen die schon vorhandenen Spannungen immer dann an, wenn die Behörden eines weiteren Ortes zum Beschluss gelangten, ob der neue Glaube anzunehmen oder abzulehnen sei. Zwingli veröffentlichte weitere Werke, in denen er seine theologische Position zum Ausdruck brachte; diese stiessen über die Grenzen der Eidgenossenschaft hinaus auch in süddeutschen Reichsstädten wie Strassburg, Augsburg, Konstanz und Ulm auf Resonanz. Mit Zwinglis Einfluss wuchs auch sein missionarischer Eifer: Die Überzeugung von der Dringlichkeit und Wichtigkeit seiner Mission, die ganze Christenheit zu reformieren, bestärkte ihn in seiner Forderung nach aktivem politischem und geistlichem Handeln zur Verbreitung des seiner Ansicht nach rechten Glaubens.

Im Zuge der Einführung von Zwinglis Lehre traten Bern und Basel einem Defensivbündnis bei, dem Christlichen Burgrecht, dem bereits St. Gallen, Konstanz und Mülhausen angehörten. Die fünf katholischen Innerschweizer Orte schmiedeten daraufhin eine Allianz mit Habsburg-Österreich, die Christliche Vereinigung vom 22. April 1529. Ferdinand I. von Habsburg versprach, die Katholiken vor Angriffen der Zürcher zu beschützen; im Gegenzug forderte er das Recht, 6000 Söldner auszuheben. Die Orte suchten sich also auch auswärtige Bündnispartner, die der gleichen Konfession angehörten wie sie selbst. Die auf diese Weise verursachten Spannungen sollten schliesslich in einen Bürgerkrieg münden.

### Die Kappelerkriege von 1529 und 1531

Im Jahr 1529 war die Eidgenossenschaft durch heterogene politische Interessen innerhalb der Eliten und unterschiedliche Reaktionen auf das reformatorische Gedankengut in der Bevölkerung tief gespalten. Zwinglis Lehren fanden in manchen Städten und Untertanengebieten gute Aufnahme, andernorts wurden sie jedoch von Behörden und Bevölkerung abgelehnt.[65] Mit Unterstützung Zürichs besetzten die Obrigkeiten der Stadt St. Gallen das hiesige Kloster, als dessen Abt Franz von Gaisberg im Februar 1529 im Sterben lag, und führten in den Landgemeinden der Abtei trotz Protesten der Schirmorte Luzern und Schwyz die Reformation ein. Im Juni 1529 erklärte die Zürcher Regierung den fünf Inneren Orten den Krieg, und die Stadt und Schwyz brachten ihre Truppen bei Kappel gegeneinander in Stellung. Die Verhandlungen wurden jedoch weitergeführt, da die übrigen reformierten Orte gegen einen Krieg waren. Möglicherweise kam es auch zu einer Verbrüderung der Truppen beider Lager – die Legende einer gemeinsam zubereiteten «Kappeler Milchsuppe» ist allerdings nicht sicher belegt.[66] Am 26. Juni 1529 wurde der Erste Kappeler Landfrieden abgeschlossen, und beide Seiten zogen ihre Heere zurück. In diesem Vertrag gelobten die Orte, in Glaubensfragen künftig keinen Zwang auszuüben, und gestanden ihren Untertanen in den Gemeinen Herrschaften das Recht zu, aufgrund eines Mehrheitsbeschlusses zu entscheiden, ob man beim alten Glauben bleiben oder

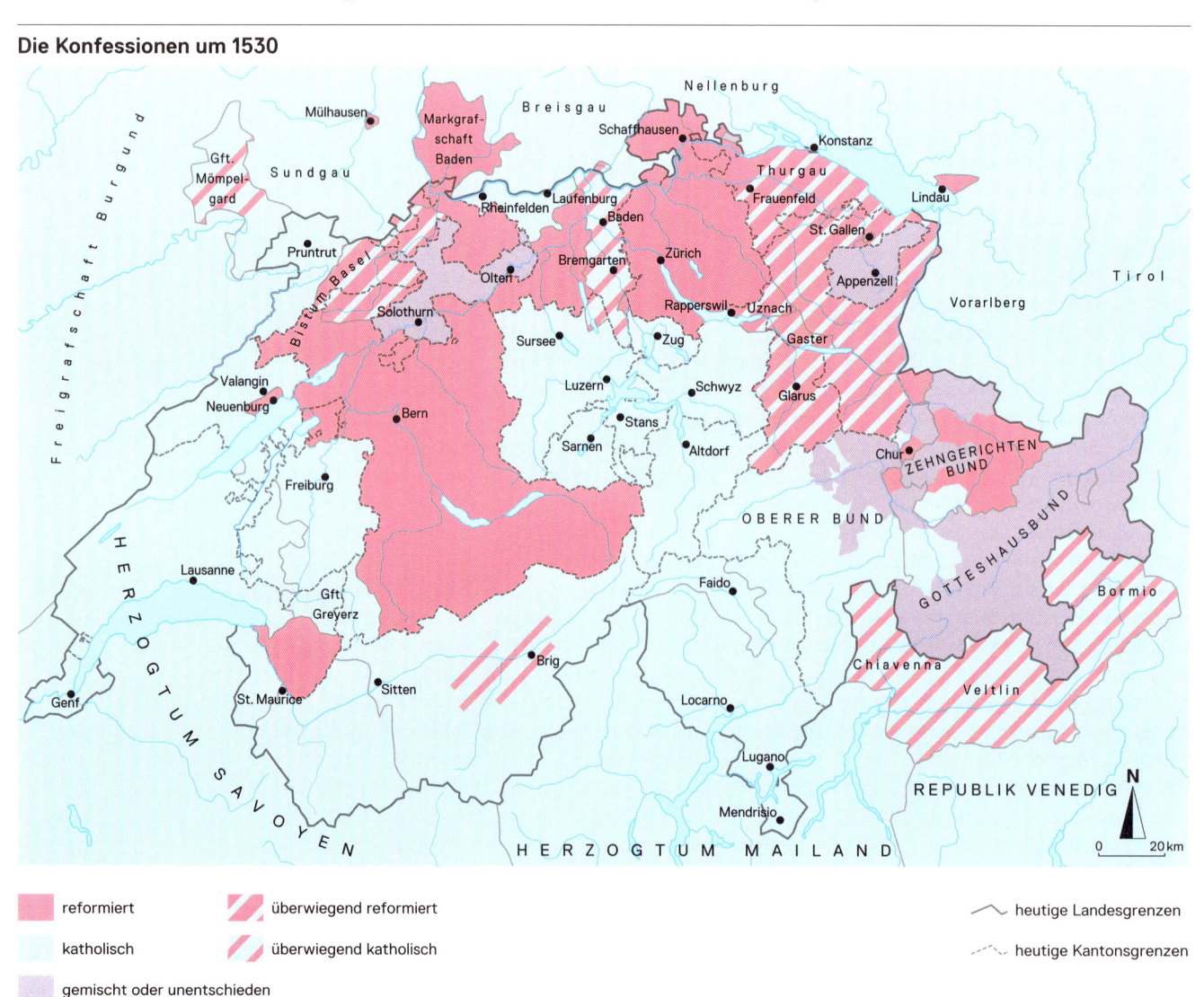

**Die Konfessionen um 1530**

- reformiert
- katholisch
- gemischt oder unentschieden
- überwiegend reformiert
- überwiegend katholisch
- heutige Landesgrenzen
- heutige Kantonsgrenzen

Quelle: Hektor Ammann / Karl Schib, Historischer Atlas der Schweiz, Aarau 1951, S. 32 (geändert), © 2013 Schwabe AG, Verlag, Basel, und Kohli Kartografie, Kiesen. Siehe auch die Karte der Konfessionen um 1700 im Kapitel von Danièle Tosato-Rigo, S. 285.

zur Reformation wechseln solle. Alles in allem begünstigte das Abkommen jedoch eher die zürcherische Position und schob die moralische Schuld und die Kostenübernahme den katholischen Orten zu.

Der erste Landfrieden brachte dann auch nur eine vorübergehende Beruhigung der Lage. Zwar schützte er das örtliche Recht der Selbstbestimmung in Kirchenangelegenheiten, doch nutzten der Rat und die Prediger von Zürich die für sie vorteilhaften Bedingungen des Vertrags, um die Pfarreien in den Gemeinen Herrschaften, insbesondere im Thurgau, zu ermuntern, zum neuen Glauben überzutreten und sich politisch der Stadt anzuschliessen. Gegen Ende des Jahres 1531 führten die Frustration der katholischen Orte und der Druck Zürichs, das weitere Zugeständnisse forderte, zu einer erneuten und umso heftigeren Konfrontation: Mit einem Nahrungsmittelembargo gegen die Innerschweiz provozierte Zürich den Konflikt und drängte in aggressiver Manier auf eine bewaffnete Auseinandersetzung, dies obwohl Bern, sein mächtigster Verbündeter, und Basel nur widerstrebend beziehungsweise überhaupt nicht bereit waren, Truppen zu entsenden. Auch in Zürich selbst stiess die Kriegstreiberei auf wenig Zustimmung: Das Jahr 1531 brachte einen Rückgang der Unterstützung Zwinglis im Grossen Rat, teilweise auch bedingt durch von ihm geforderte unpopuläre Massnahmen; im entscheidenden Kleinen Rat hatten Zwinglis Anhänger jedoch die Macht fest im Griff.

Als die fünf Innerschweizer Orte im September 1531 ihre Truppen mobilisierten, fiel die militärische Reaktion Zürichs konfus und unentschlossen aus, und die folgenden Kämpfe brachten den Zürchern – insbesondere Zwinglis Anhängern – zwei vernichtende Niederlagen. Zwingli selbst starb in der Schlacht bei Kappel am 11. Oktober 1531 an der Spitze des kleinen und schlecht vorbereiteten Heers, das sich den Innerschweizern in den Weg stellte. Um keine Reliquien des «Häretikers» zu hinterlassen, wurde seine Leiche von den Siegern verbrannt. Am 24. Oktober erlitt Zürich am Gubel eine zweite Niederlage, die den Kampfeswillen der Stadtbürger und ihrer Alliierten weiter schwächte. Da Bern und die übrigen reformierten Orte eine weitere Unterstützung der Kriegshandlungen ablehnten, fiel der am 20. November 1531 abgeschlossene Zweite Kappeler Landfrieden zugunsten der Innerschweiz und der religiösen Traditionalisten aus.

Der mit diesem Vertrag erzielte konfessionelle Frieden, der die Existenz zweier Glaubenslehren anerkannte und Richtlinien für ihre Koexistenz aufstellte, sollte sich in der Folge zu einem wesentlichen Bestandteil der eidgenössischen Gesetze entwickeln. Mit ihm etablierte sich der Grundsatz der souveränen Wahl, der im Augsburger Religionsfrieden von 1555 wieder aufgenommen und in dessen Zuge für das ganze Reich postuliert wurde. Dennoch blieb die Eidgenossenschaft konfessionell gespalten, und der permanent drohende Ausbruch neuer religiös motivierter Bürgerkriege war weiterhin eine Realität, wie die Villmergerkriege in den Jahren 1656 und 1712 zeigen sollten (siehe Kapitel von Danièle Tosato-Rigo, S. 261 f. und S. 264).

### Die Folgen der Kappelerkriege

Der Krieg von 1531 stellte für beide Parteien in verschiedener Hinsicht ein politisches Desaster dar. Im Falle Zürichs war dies besonders augenfällig: Als die siegreichen Schwyzer Zwinglis Leiche verbrannten, schien es vielen, als habe Gott gesprochen. Die militärischen Siege trugen allerdings auch nicht dazu bei, die Probleme im katholischen Lager zu lösen. Trotz der Ungewissheit, die in Zürich auf den Krieg folgte, blieb Bern ein mächtiger Befürworter der Reformation, und die protestantischen Städte waren weiterhin die Knotenpunkte, an denen Wohlstand und internationale Verbindungen der Eidgenossenschaft zusammenkamen. Die katholischen Eidgenossen mussten sich auch fragen, ob die von ihnen unterstützte Vision Kaiser Karls V. eines wiedervereinten, rechtgläubigen Reiches genügend Raum bieten konnte, um ein Überleben der Eidgenossenschaft als fragiles Bündnis zu gewährleisten. Spätere Ereignisse sollten erweisen, dass Karls Pläne utopisch waren; in den 1520er Jahren scheinen diese jedoch eine existentielle Bedrohung der eidgenössischen Sonderstellung im Reichsverband dargestellt zu haben.[67] Die neu geschaffenen Allianzen überlagerten zudem altbewährte Bindungen und blieben deshalb prekär. Aus diesem Grund bewiesen die Sieger von Kappel viel Klugheit, als sie einen moderaten Vertrag zur Beendigung der Feindseligkeiten aushandelten.

### Die neue Führung der reformierten Zürcher Kirche ab 1531

Der Zweite Kappelerkrieg setzte der von vielen gehegten Hoffnung, die Zwingli'sche Reformation könne sich über die ganze Eidgenossenschaft ausbreiten, ein Ende. In Zürich bestanden nun die unmittelbaren Herausforderungen in der Konsolidierung der Reformation und in der Regelung des Verhältnisses zwischen der neuen Kirche und den Stadtbehörden. Zudem stand die Stadt unter dem Druck der Landschaft. Deren Vertreter versammelten sich Ende 1531 in Meilen und beklagten sich darüber, dass die Stadtbehörden ihr Versprechen von 1515, keinen Krieg ohne vorherige Konsultation der Landschaft zu führen, gebrochen hatten.

Zudem verlangten sie, dass die Geistlichkeit sich künftig nicht mit Politik, sondern mit dem Predigen beschäftigen solle. Zu einer Rückkehr zum alten Glauben wurde indes nicht aufgerufen, und auch in der Stadt gewannen die Verfechter der katholischen Kirche ihren Einfluss nicht zurück. Mit Unterstützung des Grossen Rates entschloss sich die städtische Obrigkeit, Zürichs neue Kirche weiterzuentwickeln, wobei die Kontrolle nunmehr fest in der Hand der Stadtbehörden lag.

Zunächst galt es, nach dem Tod Zwinglis einen neuen Vorsitzenden der Pfarrsynode zu ernennen, den sogenannten Antistes. Statt dem ebenfalls zur Verfügung stehenden Kandidaten Leo Jud, der in religiösen Fragen einen harten Kurs verfolgte, wählte die Behörde schliesslich Heinrich Bullinger (1504–1575) aus Bremgarten. Bullinger hatte von 1523 bis 1529 an der Kappeler Klosterschule evangelische Lehre unterrichtet; zur Zeit seiner Ernennung war er in seiner Heimatstadt – in der Nachfolge seines Vaters – als Pfarrer tätig. Im Einklang mit den in Meilen erhobenen Forderungen insistierte der Stadtrat darauf, dass Bullinger und der Klerus sich verpflichten sollten, sich nicht in säkulare Angelegenheiten einzumischen. Bullinger reagierte darauf mit seiner Abhandlung *De Officio Prophetae,* in der er die Freiheit des Geistlichen verteidigte, über jedwede Glaubenssache predigen zu dürfen, auch wenn diese weltliche Implikationen hatte. Nach einigem Zögern akzeptierte der Rat Bullingers Position. Der Zürcher Geistlichkeit wurde das Recht der freien Predigt zugestanden, dies einzig unter der Bedingung, sich vorher mit dem Rat zu besprechen, wenn es um politische Fragen gehen sollte. Diese Bestimmung führte zur spezifischen Einrichtung der Synodalvorträge, in deren Rahmen Zürcher Pfarrer dem Rat ihre Meinung kundtaten.[68]

In Bern befand sich die Geistlichkeit in einer ähnlich schwierigen Situation. Besonders hoch schlugen die Wogen, als der Rat den Münsterpfarrer Kaspar Megander wegen politischer Predigt in seinem Amt suspendierte. Um den Frieden wiederherzustellen, wurde der Strassburger Pfarrer Wolfgang Capito herbeigezogen. Dieser wirkte an der Abfassung des «Berner Synodus» von 1532 mit, eines Grundlagendokuments, das die hinsichtlich weltlicher Fragen bestehende Macht der Behörden über die Kirche definierte, zugleich aber spirituelle Angelegenheiten ausschliesslich dem Bereich des persönlichen Gewissens und der Zuständigkeit des Klerus zuwies.

Bullinger blieb in Zürich während über vierzig Jahren im Amt und übte in dieser Zeit entscheidenden Einfluss nicht nur auf die reformierten Kirchen Zürichs und der Schweiz, sondern auf die Reformation in ganz Europa aus. In über 12 000 Briefen korrespondierte er mit Würdenträgern und Gelehrten aus zahlreichen Ländern, erteilte Ratschläge, bezog Stellung und verzweifelte gelegentlich, wenn die Wogen zwischen Politik und Religion wieder einmal hochschlugen. Bullingers besondere Bedeutung liegt darin, dass er eine Reihe von theologischen Erklärungen der reformierten Lehre formulierte, die – mit wachsender Präzision – auf die sich zwischen Katholiken, Lutheranern und Reformierten entwickelnde Diskussion doktrinärer Fragen Bezug nahmen. Sein Konzept eines Bündnisses zwischen Gott und den Christen wirkte prägend für die reformierte Theologie. Wie es typisch war für seine Zeit, widmete sich der vielseitig interessierte Bullinger jedoch nicht nur dogmatischen Fragen, sondern auch anderen geistlichen und weltlichen Themen. Er verfasste einflussreiche Abhandlungen, darunter indes auch eine, die sich gegen die Täufer richtete, und eine weitere zur Befürwortung von Hexenverfolgungen. Ferner stellte er eine detaillierte Chronik der Schweizer Geschichte zusammen und schrieb Dramen mit patriotischen Themen. Durch die Vermittlung protestantischer Flüchtlinge aus England, die damals in grosser Zahl Zuflucht in der Schweiz suchten, konnte Bullinger in seiner Funktion als Antistes der Zürcher Kirche auch Einfluss auf die spätere Entwicklung der anglikanischen Kirche nehmen; für mehrere Jahrhunderte sollte er in diesem Umfeld ein bedeutender Theologe bleiben.[69]

### Die Genfer Reformation und Jean Calvin

Genfs exponierte politische Stellung zwischen Savoyen und Bern liess die Frage der Reformation besonders dringlich werden, nachdem Bern 1528 zum

«Eigentliche Conterfehtung Heinrichen Bullingers Dieners der Kirchen zuo Zürich», Holzschnittflugblatt von Tobias Stimmer mit Knittelversen von Johann Fischart (hier ohne Text abgebildet), Strassburg 1571 *(ZB Zürich, Graphische Sammlung)*. — Kurz nach Zwinglis Tod im Jahr 1531 wurde Heinrich Bullinger vom Zürcher Stadtrat zum Antistes, dem Vorsteher der Zürcher Kirche, gewählt; vorausgegangen waren zähe Verhandlungen mit dem Rat über das Verhältnis zwischen weltlicher und geistlicher Macht. Dank seiner langen Amtszeit, seiner umfangreichen Korrespondenz und zahlreicher Veröffentlichungen wirkte Bullinger prägend auf die zwinglianische Reformation in Zürich und später auch auf die Reformation in ganz Europa.

## Die Reichweite von Heinrich Bullingers Korrespondentennetz 1524–1575

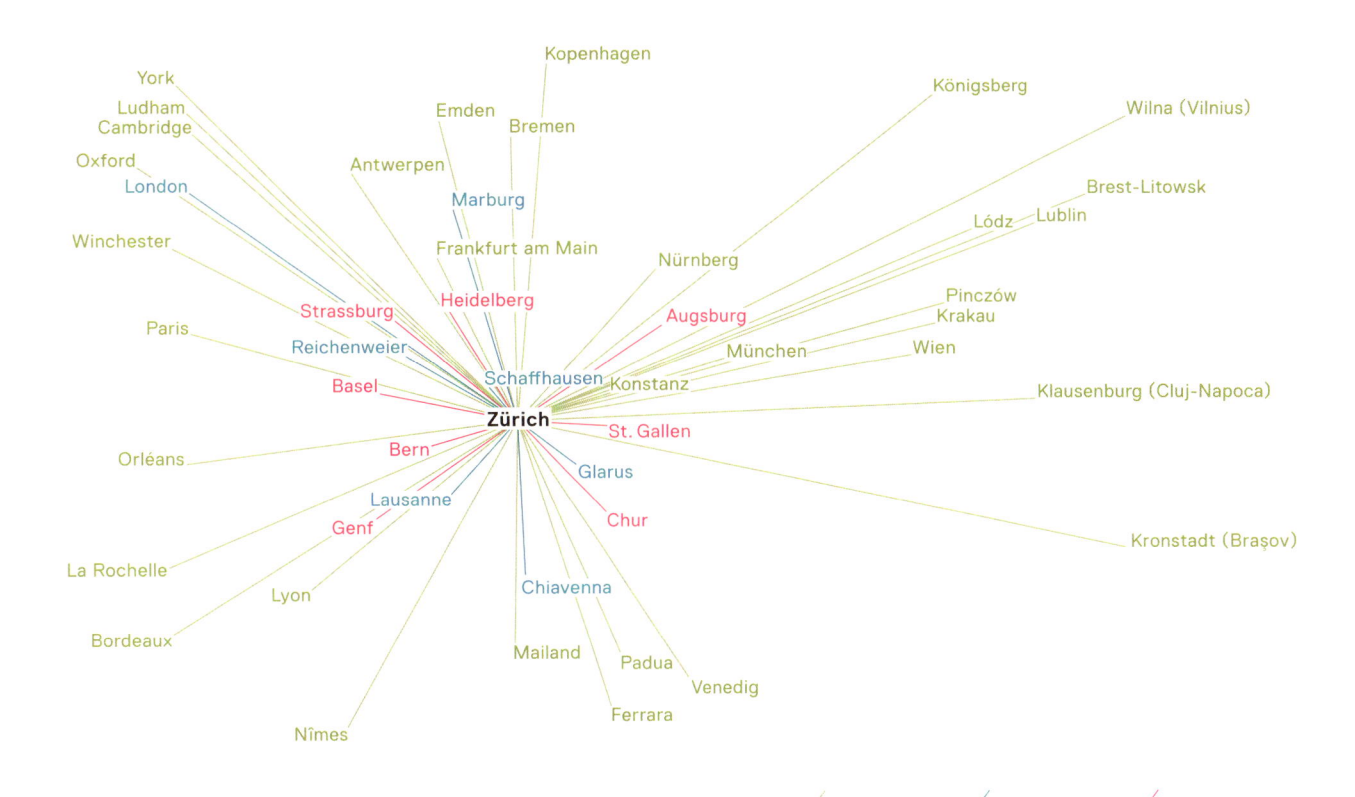

Briefe von und an Heinrich Bullinger: / bis 100 Briefe / 100–300 Briefe / mehr als 300 Briefe

Aufgrund seiner weitläufigen Korrespondenz wurde Heinrich Bullinger zu einer Schlüsselfigur für die Ausbreitung reformiert-zwinglianischen Gedankengutes in ganz Europa. Seine rund 12 000 erhaltenen Briefe – wesentlich mehr als von Luther, Zwingli und Calvin zusammen – erreichten Korrespondenten von Frankreich bis Litauen und Rumänien; deutliche Schwerpunkte ausserhalb des deutschsprachigen Raumes liegen in England und Polen. In der Graphik sind nicht alle Korrespondenzorte Bullingers dargestellt.
Quelle: HLS, Bd. 10, S. 172, «Reformation», © 2013 Historisches Lexikon der Schweiz, Bern, und Marc Siegenthaler, Bern.

neuen Glauben übergetreten war. Die neue Lehre gelangte Anfang der 1530er Jahre dank der Partei der «Eidguenots» erstmals nach Genf. Die Suche nach französischsprachigen Pfarrern mit entsprechenden Kenntnissen führte die Genfer Anhänger dieser Partei und ihre Verbündeten in Bern zu evangelischen Humanisten aus Frankreich, insbesondere aus dem Kreis von Meaux. Jüngere Mitglieder dieses Zirkels gründeten in Paris eine evangelische Bewegung, die in den 1530er Jahren ins Visier der zunehmenden staatlichen Ketzerverfolgung geriet. Zu den Flüchtlingen dieser Gruppe gehörte auch Guillaume Farel, der nach Aufenthalten in Basel und Strassburg in den 1520er Jahren seine reformatorische Tätigkeit in den französischsprachigen Berner Gebieten Aigle und Montbéliard ausübte. Die Wirkung von Farels Predigten strahlte auch auf Neuenburg und die Herrschaft Valangin aus; der Berner Einfluss ermunterte diese französischsprachigen Zugewandten schliesslich dazu, dem Beispiel von Biel zu folgen, das 1530 zur Reformation übergetreten war. Nachdem der Genfer Rat 1532 durch eine Verordnung die evangelische Predigt zugelassen hatte, liess sich Farel mit einem jüngeren Kollegen, dem Waadtländer Pierre Viret, in der Rhonestadt nieder.

Als Bern 1536 die Waadt eroberte und auch Genf für kurze Zeit besetzte, entschied sich der Stadtrat unter Berner Schutz definitiv für die Reformation und schaffte – gegen den Widerstand vieler Angehöriger der städtischen Elite – die Messe ab. Die rasche Einführung der Reformation und die zeitgleichen Entwicklungen in Frankreich und der Eidgenossenschaft brachten einen weiteren französischen Gelehrten in die Stadt, der Geschichte schreiben sollte – Jean Calvin (1509–1564). Calvin hatte während seines Studiums der Rechtswissenschaften und Philologie in Paris, Bourges und Orléans erste Bekanntschaft mit der evangelischen Bewegung gemacht. Als der Druck der französischen Krone auf häretische Bewegungen um die Mitte des Jahres 1533 zunahm, wählte er – wie vor ihm Farel und viele andere – den Fluchtweg über Strassburg nach Basel. Während seines Aufenthaltes in Basel gab Calvin 1536 die *Christianae Religionis Institutio* heraus, ein systematisch-theologisches

Am 5. September 1528 werden Jacob Falk und Heini Reimann als Täufer in der Limmat ertränkt. Kolorierte Federzeichnung aus: Kopienband zur zürcherischen Kirchen- und Reformationsgeschichte (Heinrich Bullinger u.a.), von der Hand von Heinrich Thomann, 1605, fol. 336v *(ZB Zürich, Handschriftenabteilung, Ms. B 316).* — Ende der 1520er Jahre wurde die Frage der Kindstaufe zum zentralen Streitpunkt, der die aufkommende Bewegung der Täufer (Anabaptisten) von der zwinglianischen, lutheranischen und katholischen Kirche trennte. Für die Täufer kam einzig die Erwachsenentaufe in Betracht, weshalb sie es auch ablehnten, als «Wiedertäufer» (Anabaptisten) bezeichnet zu werden. Weigerten sie sich, ihren Überzeugungen abzuschwören, drohten den Täufern Verfolgung und Hinrichtung. Letztere erfolgte häufig durch Ertränken, weil diese Hinrichtungsart als adäquate Bestrafung für den angeblichen Missbrauch des Taufwassers erachtet wurde.

Handbuch des Glaubens im reformatorischen Sinn. Dieses Opus, das er mehrmals überarbeitete, wurde in den folgenden Jahrzehnten zu einem Grundlagenwerk der reformierten Theologie und machte Calvin auf einen Schlag berühmt.

Noch im selben Jahr kehrte Calvin für kurze Zeit nach Frankreich zurück, musste aber bald wieder fliehen. Diesmal führte ihn sein Weg über Genf. Farel, der vom Aufenthalt des berühmten Autors in der Stadt erfahren hatte, konnte Calvin überzeugen, zu bleiben und mit ihm für die Sache der Reformation einzutreten. In der Folge hielt er zunächst Vorlesungen über die Heilige Schrift und wirkte dann als Pfarrer an der Genfer Stadtkirche. Dreissig Jahre lang war Calvin überwiegend in Genf tätig und kämpfte dort gegen die Opposition von Seiten des Klerus und aus den Reihen der Politik für die Verwirklichung einer Kirche, wie er sie in seiner *Institutio* vorgestellt hatte. Mit der Zeit wurde das Netzwerk der von Calvin geförderten Pfarrer, Ältesten *(anciens),* Dekane und Lehrer zu einem mächtigen Instrument, mit dem der neue Glaube in ganz Europa – sowohl in verbündeten als auch in verfeindeten Gebieten – Verbreitung fand. In seiner Theologie entwickelte Calvin Kerngedanken weiter, die er bei Luther und Zwingli vorgefunden hatte – vor allem jene der Souveränität Gottes, der Entfremdung des Menschen von Gott und der Rolle der Kirche im Rahmen der Erneuerung des spirituellen Lebens und der Welt. Calvins religionsgeschichtliche Bedeutung liegt zum einen darin, dass er an der Grenze zu Frankreich eine Kirche aufbaute, welche die evangelische Bewegung und deren politische Verbündete energisch förderte; zum anderen darin, dass es ihm gelang, die reformierte Vorstellung von der Kirche in ein kohärentes theologisches System zu bringen.

Es waren Glaubensflüchtlinge wie Calvin, aus verschiedenen Kontexten und unterschiedlicher Herkunft, die der Verbreitung des neuen Gedankenguts den Weg ebneten. Davon profitierte indes nicht nur Calvins eigene Lehre, sondern auch diejenige der Täufer und anderer radikaler Gruppierungen. Die intensive Verfolgung der Täufer, die in Zürich mit der Ertränkung von Felix Manz im Jahr 1527 einsetzte, führte zu einem Exodus von Glaubensflüchtlingen aus der Schweiz. Manche zogen in nördlicher Richtung entlang des Rheins und trafen im Rheinland und in den Niederlanden auf verwandte religiöse Bewegungen. Hingegen wurden viele der ostwärts Geflohenen von den habsburgisch-österreichischen Behörden hingerichtet; einige fanden jedoch in Mähren und anderen osteuropäischen Ländern Zuflucht, wo sie Kirchgemeinden gründeten, die oftmals überdauerten und ihrerseits weiter missionierten.

Auch in der Schweiz spielten ausländische Glaubensflüchtlinge eine wichtige Rolle, insbesondere die englischen Protestanten, die 1553 vor dem Katholizismus der Königin Maria Tudor flohen. Flüchtlinge mit radikaler Gesinnung waren allerdings in der Eidgenossenschaft ebenso wenig willkommen wie andernorts im westlichen Europa. Der wohl berühmteste Fall eines solchen Radikalen ist der des spanischen Arztes und Humanisten Michel Servet (Michael Servetus, 1511–1553), der dem französischen Inquisitionsgefängnis entkommen war und auf seiner Flucht nach Genf gelangte. Servetus hatte zuvor bereits mit Calvin korrespondiert, der seine Ideen – besonders die Leugnung der Dreifaltigkeit – jedoch nicht nur für häretisch, sondern gar für blasphemisch erachtete. Von Calvin bei einem Gottesdienstbesuch erkannt, wurde Servetus verhaftet und nach einem Prozess hingerichtet. Der Feuertod des Servetus führte zu einer heftigen Kontroverse innerhalb der reformierten Elite. Theodor Beza, Calvins Nachfolger, veröffentlichte eine Verteidigung der Todesstrafe von Gotteslästerern, die allgemein akzeptiert wurde, obwohl es auch einzelne Denker gab, unter ihnen Sebastian Castellio (1515–1563) – ein weiterer Glaubensflüchtling aus Frankreich, der in Basel wirkte –, die gegen solche Hinrichtungen argumentierten.

### Von den einzelnen evangelischen Bewegungen zu einer einheitlichen Reformkirche

Da weiterhin grundlegende Differenzen zwischen den einzelnen Glaubensrichtungen bestanden und man zudem endlich einen Konsens mit den Lutheranern finden wollte, bemühten sich die Reformierten in der Eidgenossenschaft ab Mitte der 1530er Jahre verstärkt um eine einheitliche Definition der neuen Lehre. Eine Grundlage dafür bot Zwinglis *Fidei Ratio,* eine knappe Zusammenfassung seiner Position, die er bereits 1530 dem Reichstag unterbreitet hatte. Die *Ratio* differenzierte Zwinglis Auffassung in der Abendmahlsfrage, bezüglich der Riten sowie hinsichtlich des Verhältnisses zwischen Kirche und weltlichen Behörden gegenüber jener der Katholiken und Luthers. Das Erste Helvetische Bekenntnis von 1536 ist im Zusammenhang dieser damals auflebenden Bemühungen um die Einheit der Kirche zu sehen; es fand bei Luther wie auch bei katholischen Denkern wenig Resonanz, bedeutete aber einen ersten Schritt hin zur Einigung der reformierten Glaubensrichtungen innerhalb der Schweiz. Von grösserer Bedeutung war der 1549 zwischen den Genfer und Zürcher Theologen abgeschlossene Consensus Tigurinus. Durch dieses Abkommen wurde eine einheitliche schweizerische reformierte Kirche geschaffen, die sich dem von Seiten des Reiches verschärft ausgeübten Druck besser widersetzen konnte – schliesslich hatte Karl V. 1547 die lutherischen Fürsten im Schmalkaldischen Krieg besiegt und trachtete nach einer Wiedervereinigung aller Kirchen im Sinne des Katholizismus.[70] Zuletzt sei das von Heinrich Bullinger 1564 als persönliche Bekenntnisschrift verfasste Zweite Helvetische Bekenntnis erwähnt. Dieses wurde nicht nur von allen reformierten Kirchen der deutschsprachigen Schweiz (mit Ausnahme Basels) sowie in Genf, sondern auch von Reformierten in Schottland, Polen, Österreich und Ungarn übernommen und beeinflusste somit die Reformationsbewegung insgesamt.

### Katholische Reform und Gegenreformation

Auch die katholische Kirche durchlief im 16. Jahrhundert einen tiefgreifenden Wandel; es waren dies jedoch Entwicklungen, die die Schweiz – im Gegensatz zur Reformation – vor allem von aussen erreichten. Die rasante Ausbreitung der Ideen Luthers, Zwinglis und Calvins in weiten Teilen Europas trug dazu bei, dass von katholischer Seite ein ökumenisches Konzil einberufen wurde, das in Trient mit Unterbrechungen von 1542 bis 1563 tagende sogenannte Tridentinum. Die Protestanten, obwohl formell eingeladen, blieben dem Konzil jedoch fern; die Bischöfe und Klöster der Schweiz waren zwar vertreten, hatten aber keinen wesentlichen Einfluss auf das Geschehen. Das Tridentinum reagierte auf die Herausforderung der reformatorischen Theologie mit einer Bekräftigung und Klärung der katholischen Dogmen, und die in seiner Folge veranlassten weitreichenden organisatorischen Reformen zielten darauf ab, die Tätigkeit des katholischen Klerus und die römische Kirche als Ganzes zu stärken.

Die Beschlüsse des Konzils vermochten die fragmentierte katholische Kirche der Eidgenossenschaft in der Praxis erst mit Verspätung zu erreichen. Es waren vor allem neue und zu neuem Leben erweckte Ordensgemeinschaften, welche die katholischen Laien in ihrem religiösen Alltag unterstützten und die zudem die Obrigkeiten der katholischen Orte in ihrem Kampf gegen die «Häretiker» anspornten. Talentierte junge Männer erhielten Stipendien, die ihnen eine theologische Ausbildung an den katholischen Kollegien in Mailand oder Rom oder am 1582 gegründeten Jesuitenkolleg in Freiburg ermöglichten. Im späteren 16. Jahrhundert begannen Kapuzinermönche auch auf dem Land zu predigen, dies geschah selbst in konfessionell gemischten Regionen wie Graubünden. Dabei wurden sie von den zuständigen Bischöfen unterstützt, die wenn immer möglich Visitationen durchführten. In Luzern bezog ein päpstlicher Nuntius seinen Sitz. Am Ende des Jahrhunderts war der Katholizismus in der Eidgenossenschaft in organisatorischer und kultureller Hinsicht, besonders in Hinblick auf die Prinzipien und Institutionen der Erziehung und Ausbildung, grundlegend umgestaltet. Dennoch verwiesen die Katholiken stolz auf die nach ihrer Ansicht bestehende Kontinuität ihrer Kirche mit derjenigen, der bis 1520 alle Eidgenossen angehört hatten.

## POLITIK IN DER GESPALTENEN EIDGENOSSENSCHAFT NACH 1531

Die Reformation und die Kappelerkriege führten nach 1531 zu einer völlig neuen politischen Ausgangslage für die einzelnen Orte und die Eidgenos-

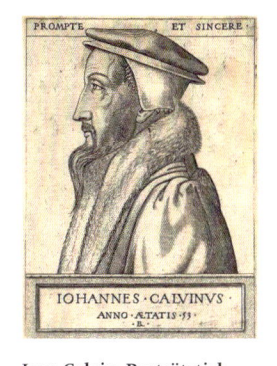

**Jean Calvin, Porträtstich von René Boyvin, um 1565, aus: Iconographie Calvinienne, Lausanne 1909** (*UB Basel*). – Dass Jean Calvin 1536 zufällig nach Genf kam und sich 1541 für immer dort niederliess, hatte weitreichende Folgen. Der Verfasser der 1536 erstmals veröffentlichten, streng systematischen *Institutio Religio Christianae* baute in der Rhonestadt ein wichtiges Zentrum der reformierten Theologie mit vielfältigen Missionsaktivitäten auf und übte mit seinen Ansichten über die christliche Lehre und insbesondere die Kirchenorganisation grossen Einfluss auf die Reformation in ganz Europa aus.

senschaft insgesamt. Vergleichbare Entwicklungen in den deutschen Fürstentümern und Stadtstaaten veränderten auch das weitere politische Umfeld, dies parallel zur Entstehung mächtiger, zentralisierter Staaten rund um die Eidgenossenschaft. Das Bündnissystem musste daher in der zweiten Hälfte des 16. Jahrhunderts neue Wege suchen – wenn auch oft im Rückgriff auf bestehende Traditionen. Besonders nach dem Schmalkaldischen Krieg (1546–1547) und dem Augsburger Religionsfrieden von 1555 verschoben sich die politischen Interessen der Eidgenossenschaft weg von den deutschen Gebieten hin zu Frankreich und (vermittelt über Mailand) zu Spanien.[71] Eine zweite grosse Veränderung erfuhr der Einsatz eidgenössischer Truppen in Europa: Die Eidgenossenschaft verlagerte sich von den zuvor in eigener Sache in Norditalien, Savoyen und Burgund durchgeführten militärischen Aktivitäten auf den Export von Söldnern, die für die Interessen der Monarchen kämpften, die sie bezahlten.

1536 wurde die Waadt durch Bern, Freiburg und das Wallis aus den Händen Savoyens erobert. Dieses auf militärischer und diplomatischer Ebene bedeutende Ereignis riss die Eidgenossenschaft aus ihrer in internationalen Angelegenheiten zunehmend passiven Haltung. Die Berner waren in der Vergangenheit bald Verbündete, bald Rivalen des Hauses Savoyen gewesen und hatten 1475 zusammen mit Freiburg die Waadt schon einmal vorübergehend erobert. Die wiederhergestellte Autorität Savoyens blieb danach, aufgrund der fortgesetzten Streitigkeiten des Herzogs mit den betreffenden Herrschaften und Bürgerschaften sowie mit den französischen Königen, stets prekär. Zugleich spielten die schweizerischen Interessen am Waadtland und an der benachbarten Grafschaft Burgund weiterhin eine wichtige Rolle. Bern und Freiburg schritten in den 1520er Jahren immer wieder zu kriegerischen Aktionen.

In Genf konnte die proeidgenössische Partei nach 1500 rasch an Boden gewinnen, da die Wirren im Haus Savoyen eine Unterstellung der Stadt unter savoyische Herrschaft wenig attraktiv erscheinen liessen. Die savoyischen Herzöge vermochten weder die Handelsinteressen Genfs zu schützen noch den Frieden zu sichern. Der Stadtrat strebte deshalb engere Beziehungen zu Bern und Freiburg an; die dortigen Tuchhändler belieferten die Genfer Messen weiterhin mit ihren Waren, obwohl das Genfer Messwesen nach 1500 insgesamt einen Niedergang erlebte. Die Spannungen zwischen Savoyen und den proeidgenössischen Genfern erreichten ihren Höhepunkt, als Herzog Karl III. von Savoyen im Jahr 1525 den Genfer Stadtrat in einem von bewaffneten Soldaten umstellten Saal empfing und ein Ende der Beziehungen mit der Eidgenossenschaft forderte. Die «Eidguenots» wurden jedoch durch diesen Vorfall in ihrer Haltung nur bestärkt und schlossen kurz darauf ein Burgrecht mit Bern und Freiburg ab. Der 1530 zwischen Bern und den Herzögen von Savoyen unterzeichnete erste Frieden von Saint-Julien bestätigte die schwache Position Savoyens in der Region; Bern wurde die Befugnis zugesprochen, im Namen der Genfer Regierung zu intervenieren und sogar die Waadt zu besetzen, falls der Vertrag nicht eingehalten würde.

Der wachsende Einfluss Berns hatte auch zur Folge, dass – nachdem die Stadt im Jahr 1528 zur Reformation übergetreten war – die neue Konfession in der Westschweiz vermehrt Fuss fassen konnte. Unter Führung von Guillaume Farel gründeten die Genfer Anhänger des neuen Glaubens um 1534 eine reformierte Gemeinde. Als der Druck Frankreichs auf Savoyen Mitte der 1530er Jahre zunahm, witterten die Berner Ratsherren eine günstige Gelegenheit. Im Januar 1536 marschierten Berner Truppen in die Waadt ein, stürmten Adelsschlösser, liessen die Bevölkerung den Treueeid leisten und besetz-

**Herrenporträt des Wilhelm Frölich von Hans Asper, Öl auf Holz, 1549** (*Schweizerisches Nationalmuseum, Inv.-Nr. LM-8622*). — Zürich hatte sich aus politischen Gründen dem Soldbündnis mit Frankreich von 1521 nicht angeschlossen und verfolgte Bürger, die sich dem städtischen Verbot von unbewilligten Söldnerdiensten offen widersetzten. So verlor Wilhelm Frölich, der 1522 in französische Dienste getreten war und katholisch blieb, als sich die Stadt in den späten 1520er Jahren für die Reformation entschied, im Jahr 1544 das Zürcher Bürgerrecht und wurde Bürger von Solothurn.

ten Genf. Gleichzeitig nahmen Walliser Truppen savoyisches Gebiet im Chablais in Besitz; französische Soldaten besetzten den übrigen Teil des savoyischen Herzogtums, den sie bis 1559 halten konnten. Die Berner beanspruchten nun Lausanne und Genf als durch die Eroberung rechtmässig erworbene Untertanengebiete, doch vermochte sich der Genfer Rat, unterstützt von Abgeordneten anderer Orte, erfolgreich gegen diese Übernahme zu wehren. Lausanne aber wurde gezwungen, als bernisches Untertanengebiet der Waadt beizutreten. Es waren dies die letzten Gebiete, die Bern im Zuge seiner lange erfolgreichen Territorialpolitik hinzugewinnen konnte. Genf wurde zu einem Zugewandten Ort, dessen politischer Status aufgrund diplomatischer und konfessioneller Streitfragen und bedingt durch das ausgedehnte waadtländische Untertanengebiet Berns jedoch unsicher blieb. Freiburg und Bern teilten sich weiterhin die Herrschaft über kleinere Gebiete in der Region einschliesslich der Reste von Greyerz und einiger bereits in den 1470er Jahren eroberten Ländereien. Mit diesen territorialen Veränderungen erreichte die frühneuzeitliche Eidgenossenschaft ihre endgültige Ausdehnung.

> « *Es achtend aber etliche es sye gefaarlich wenn das Regiment an der gantzen gmeind stande / da ein yeder zun sachen radten und reden dörffe / unnd nit an den besten und weysisten allein. Dises aber ist uff den Tagleistungen unnd zämmenkommnussen der Eydgnossen nit zuo besorgen / dann dahin werdend von allen Orten weyse und verständige leüt gesendt und abgefertiget.*»*

Josias Simmler, Regiment Gmeiner loblicher Eydgnoschafft: Beschriben und in zwey Bücher gestelt, Zürich 1577, fol. 159r.

### Pensionsherren und Räte

Das Ende der räumlichen Expansion der Eidgenossenschaft fand eine Parallele in der zunehmenden Erstarrung der Hierarchien in ihrem Inneren. In *De Republica* folgte Simmler der Auffassung der meisten Schweizer Gelehrten, wenn er betonte, dass eine demokratische Regierung nicht eine Regierung der ganzen Bevölkerung bedeute. Nach seiner Ansicht verbanden die eidgenössischen Orte die besten Eigenschaften aristokratischer und demokratischer Staatskunst – mit grösserem Gewicht des aristokratischen Elements.

Tatsächlich vermochte im späten 15. und im 16. Jahrhundert nur eine überschaubare Zahl an Familien dauerhaften Einfluss zu gewinnen. Ein solcher Aufstieg stand zumeist in Zusammenhang mit dem Pensionenwesen: Es handelte sich in der Regel um Familien, die bei der Annahme öffentlicher und privater Pensionen von fremden Herrschern und bei der Rekrutierung und Führung eidgenössischer Söldner eine führende Rolle spielten.[72] Der durch die Pensionen generierte Reichtum wurde seinerseits in Grundeigentum, Bankgeschäfte und Bildung investiert und ermöglichte es seinen Trägern, sich durch Geschenke und Gönnertum die Gefolgschaft weniger begüterter Bürger zu sichern. In den Länderorten waren es Angehörige von Familien der Beroldinger, Reding, Tschudi, Zelger und Wirz, die regelmässig als Landammänner und Tagsatzungsabgeordnete auftraten. In den Städten erkämpften sich neben den alteingesessenen Geschlechtern wie den Erlach, Diesbach und May in Bern oder den Hertenstein und Feer in Luzern Familien ihren Platz, die erst in jüngerer Zeit zu Ansehen gekommen waren.[73] Ein Beispiel für ein solches Aufsteigertum ist der bereits erwähnte Luzerner Ludwig Pfyffer.

Diese Entwicklungen stiessen nicht nur den Armen übel auf: Selbst das offizielle Protokoll des Gotteshausbunds in Graubünden machte seiner Verärgerung gegenüber den arroganten Magnaten Luft: «Ey es ist mit unseren grosen hansen vergebens, und würdt nit besser werden, wier fachen dan ein nüwe ufhuor widerumb, und howent dann solichen grosen hansen die köpf allen ab».**[74] Die Aristokratisierung war in der Schweiz mit einem stetigen Widerstand von Seiten der Armen und der in der sozialen Rangordnung unterhalb der tonangebenden Geschlechter stehenden Bürger konfrontiert.

### Solddienst und Diplomatie

Gegen Mitte des 16. Jahrhunderts war Europa durch Kriege und religiöse Konflikte zerrissen. Im Südosten sah sich das Heilige Römische Reich einem starken Druck seitens des Osmanischen Reiches ausgesetzt; dieser wurde durch den Verlust von Ungarn im Jahr 1532 noch verstärkt. Der dynastische Streit zwischen den Habsburgern und den Valois verschärfte sich im Zuge des spanischen Machtzugewinns. Der zwischen den 1520er und den 1550er Jahren tobende Krieg, an dem viele Schweizer Söldner teilnahmen, kam mit dem Frieden von Cateau-Cambrésis 1559 kurz zum Stillstand, flammte aber bald wieder auf. Unterdessen nahm die konfessionelle Spaltung der lateinischen Christenheit rasch zu. Dabei kam es jedoch zu beträchtlichen regionalen Unterschieden; in England, den Niederlanden und in Osteuropa

---

* «Etliche meinen, es sei gefährlich, wenn die Herrschaft bei der ganzen Gemeinde liege, wenn also jeder über die Geschäfte beraten und reden dürfe und nicht alleine die Besten und Weisesten. Diesbezüglich besteht aber bei den Tagsatzungen und Zusammenkünften der Eidgenossen kein Grund zur Sorge, denn dahin werden von allen Orten nur weise und verständige Leute entsandt.»

** «Hei, es ist mit unsern ‹Grosshansen› aussichtslos und würde nicht besser, wenn wir nicht wiederum einen Aufruhr anzettelten und all diesen ‹Grosshansen› die Köpfe abschlügen …»

> « *Was die Schweizer betrifft, so müsst Ihr vorsichtig sein und sie nicht in Euren Dienst nehmen, wenn Ihr keinen Mangel an Deutschen habt, dies habe ich stets für den sichersten Kurs gehalten. Im Übrigen ist es am besten, wenn man ihnen wohlwollend und freundlich begegnet, sie gut behandelt und sie angemessen und rechtzeitig bezahlt, gemäss dem Erbbündnis, das das Haus Österreich und Burgund mit ihnen unterhalten – und dies auch, wenn es sich um andere Dinge handelt, insbesondere diejenigen, welche Ihr in Italien betreibt, und falls das Bündnis, das jetzt mit ihnen verhandelt wird, zerbrechen sollte.»* *

Kaiser Karl V. am 18 Januar 1547 an seinen Sohn Philipp II. von Spanien, zit. in: Corpus Documental de Carlos V, Bd. 2, Salamanca 1975, S. 582 (Brief ccclxxix).

konnten sich protestantische Stammgebiete herausbilden. Indem sich die Reformation vielfach quer zu früheren, oft seit alters bestehenden Allianzen ausbreitete, wirkte sie sich auf die europäische Politik – insbesondere im Heiligen Römischen Reich – destabilisierend aus.

Ungeachtet ihrer geographischen Lage zwischen Frankreich und Österreich und mit der habsburgischen Grafschaft Burgund im Westen und Spanisch-Mailand im Süden gelang es der Eidgenossenschaft, sich nicht direkt in europäische Kriege verwickeln zu lassen. Besonders Frankreich schätzte den Status quo der Schweiz, weil er die Rekrutierung von Söldnern erlaubte, ausserdem sah man in der Eidgenossenschaft eine Pufferzone für das französisch besetzte Savoyen. Die meisten Orte entsandten regelmässig Regimente, die Frankreich in seinen Kriegen dienten, und selbst aus Zürich zogen zahlreiche Offiziere und Soldaten in französische Dienste.[75] Auch die Beziehungen mit Habsburg stabilisierten sich. Die Erbeinungen mit den Eidgenossen verschafften den Habsburgern bescheidene Vorteile, zum Beispiel die Neutralisierung des Burgunds unter eidgenössischem Schutz. Zugleich war Kaiser Karl V. andernorts so sehr gefordert, dass es nur politischer Klugheit entsprach, auf aktive Interventionen in der Schweiz zu verzichten.[76]

Die reformierten Orte wiederum vermieden es – zum Teil aus theologischen Gründen –, dem von protestantischen deutschen Fürsten und Städten gegründeten Schmalkaldischen Bund beizutreten; ebenso ignorierten sie weitgehend das 1548 erlassene Augsburger Interim, mit dem Kaiser Karl V. eine christliche Einheitskirche wiederherzustellen trachtete.[77] Die in jenen Jahren aufgekommene Politik der Vorsicht und des «Stillsitzens» kann als Vorwegnahme späterer – freilich formellerer – Bekundungen der schweizerischen Neutralität in europäischen Konflikten begriffen werden (siehe Beitrag von Georg Kreis, S. 306).[78]

## Konfessionelle Bündnisse

Durch die 1555 erzielte religiöse Einigung im Reich und die Beilegung des um Italien geführten Konflikts zwischen den Häusern Habsburg und Valois im Jahr 1559 kam es zu einer Verschiebung der Machtverhältnisse in der europäischen Aussenpolitik. Diese Entwicklung verstärkte sich, nachdem der französische König Heinrich II. während der Feierlichkeiten anlässlich des Friedensschlusses von Cateau-Cambrésis durch einen Unfall verletzt wurde und kurze Zeit später verstarb. Die Schwäche des französischen Königshauses, verbunden mit der raschen Ausbreitung protestantischen Gedankenguts in Frankreich und den habsburgischen Niederlanden, liess die zweite Hälfte des 16. Jahrhunderts zu einer Periode der Konfessionskriege werden. Initiiert wurden die meisten Konflikte auf beiden Seiten von der jeweiligen Geistlichkeit. Im katholischen Lager bereiteten der Abschluss des Konzils von Trient 1563 und das Aufkommen neuer religiöser Orden, allen voran des Jesuiten- und des Kapuzinerordens, den Boden für einen verstärkten religiösen Aktivismus (siehe Kapitel von Danièle Tosato-Rigo, S. 289ff.). Auf der gegnerischen Seite ermunterten die nach 1550 ausserhalb der Schweiz erfolgte Ausbreitung reformierter Kirchen und spektakuläre Konversionen ihrerseits zahlreiche Vorkämpfer für die reformierte Sache, unter ihnen viele in Genf und anderen Schweizer Städten ausgebildete Pfarrer und Missionare.[79] Zuvor diffuse konfessionelle Grenzen begannen sich nun zu verfestigen, und die im Zuge dieser Entwicklung innerhalb der Eliten eintretende religiöse Polarisierung verschärfte die bereits bestehenden dynastischen und geopolitischen Konflikte. Die innereidgenössischen Allianzen und Rivalitäten lassen sich dabei gewissermassen als Spiegel der konfessionellen Spaltung Europas begreifen.

In der Zeit nach 1560 tobten die heftigsten politischen Unruhen in Frankreich, wo sich eine geschwächte Monarchie mit mächtigen Adelsgeschlechtern konfrontiert sah, die gegensätzliche konfessionelle Positionen vertraten. Schweizer Söldner nahmen an allen Fronten der von 1561 bis 1593 dauernden Hugenottenkriege teil. Die mit den Bourbonen liierte Hugenottenpartei unterhielt enge Beziehungen mit Genf und anderen reformierten Städten in der Eidgenossenschaft, während die vom Adelsgeschlecht der Guise angeführte erzkatholische Partei auf die Unterstützung seitens Spaniens, Savoyens und der katholischen Orte zählte.[80] Als sich der Bürgerkrieg nach 1560 ver-

---

* «Y cuanto a los suizos, debéis tener la misma advertencia, y de no tomarlos en vuestro servicio, cuando no os faltaren alemanes, porque he siempre hallado que es lo más cierto; mas es bien mostralles buena voluntad y afeción, y hacelles bien tratar y bien pagar a sus plazos, por lo que se les da por la liga hereditaria que tiene la Casa de Austria y Borgoña con ellos; y también si otra cosa se tratare, señaladamente por la que tenéis en Italia, si se acaba lo de la liga que aora se tracta con ellos.»

schärfte, erhöhte sich das Risiko, dass er auch die Eidgenossenschaft erfassen würde: Zum einen gab es in den Gemeinen Herrschaften bereits beträchtliche interne Spannungen. Zum anderen war Herzog Emmanuel Philibert von Savoyen entschlossen, seine verlorenen Ländereien zurückzugewinnen. Einen weiteren Risikofaktor bildete die spanische Feindseligkeit gegenüber Genf, dem «protestantischen Rom».[81]

Nachdem Emmanuel Philibert im Frieden von Cateau-Cambrésis das französisch besetzte Savoyen zurückerhalten hatte, nahm er Verhandlungen mit Bern, Freiburg und dem Wallis auf, um die 1536 von den Eidgenossen eroberte Waadt wieder in seinen Besitz zu bringen; gleichzeitig bemühte er sich um ein Bündnis mit der katholischen Schweiz. Der unter Vermittlung der nichtbeteiligten Orte zustande gekommene Lausanner Vertrag von 1564 führte zur Rückgabe von Teilen des savoyischen Territoriums, sprach jedoch die Waadt den Bernern zu und anerkannte das Bündnis Berns mit Genf. In der Zwischenzeit – im Jahr 1560 – unterzeichneten die fünf Innerschweizer Orte und Solothurn, nicht aber Freiburg, einen Vertrag mit Savoyen, der ihnen für den Fall eines Angriffs von Zürich oder Bern militärische Unterstützung zusicherte.

Die Hugenottenkriege unterminierten das Bündnis der Eidgenossenschaft mit Frankreich; dies umso mehr, nachdem in der Bartholomäusnacht 1572 in Paris Tausende von Hugenotten ermordet worden waren. Die wachsenden religiösen Spannungen führten dazu, dass Savoyen 1577 erneut ein Bündnis mit den fünf Innerschweizer Orten – diesmal auch mit Freiburg – einging, während sich gleichzeitig eine Gegenallianz zwischen Frankreich, Solothurn (das zwischen den Fronten schwankte) und Bern formierte, mit dem Ziel, die Unabhängigkeit Genfs zu sichern. Hinter Savoyen stand die Grossmacht Spanien, Bollwerk des politischen Katholizismus und Herrscherin über Mai-

---

**Die wichtigsten Verträge, Vereinigungen und Bündnisse der Dreizehn Orte und Zugewandten 1499 bis 1603**

| Jahr | Vertrag | Beteiligte | Partner |
|---|---|---|---|
| 1499 | Soldvertrag in Italien | Dreizehn Orte | Frankreich |
| 1499 | Frieden von Basel | Eidgenossen (Dreizehn Orte, Zugewandte) | Reich, Habsburg |
| 1503 | Vertrag von Arona | UR, SZ, NW | Mailand, Frankreich |
| 1510 | Bündnis und Schweizergarde | Zwölf Orte | Papst Julius II. |
| 1511 | Erbeinung | Dreizehn Orte | Habsburg |
| 1513 | Vertrag von Dijon (nicht umgesetzt) | Dreizehn Orte | Frankreich |
| 1516 | Ewiger Frieden | Dreizehn Orte | Frankreich |
| 1518 | Erbeinung | GR | Habsburg |
| 1521 | Soldbündnis | Zwölf Orte (ohne ZH) | Frankreich |
| 1526 | Burgrecht | BE, FR | Genf |
| 1527–29 | Christliches Burgrecht | ZH, BE, BA, SH, Stadt SG, Biel, Mülhausen | Konstanz |
| 1529 | Christliche Vereinigung | Fünf Innere Orte | Habsburg |
| 1530 | Bündnis | ZH, BA | Strassburg, Hessen |
| 1530 | (1.) Frieden von Saint-Julien | BE, FR, GE | Savoyen |
| 1560 | Bündnis | Sechs katholische Orte (ohne FR) | Savoyen |
| 1564 | Vertrag von Lausanne | BE | Savoyen |
| 1565 | Bündnis | Fünf Innere Orte | Papst Pius IV. |
| 1569 | Vertrag von Thonon | VS | Savoyen |
| 1577 | Bündnis | Fünf Innere Orte | Savoyen |
| 1579 | Vertrag von Solothurn | BE, SO | Frankreich |
| 1579 | Bündnis | Sieben katholische Orte | Bischof von Basel |
| 1587 | Bündnis | UR, SZ, UW, LU, ZG, FR | Spanien |
| 1588 | Bündnis | BE, ZH | Strassburg |
| 1602 | Soldbündnis (Erneuerung) | Dreizehn Orte (ZH 1614) | Frankreich |
| 1603 | (2.) Frieden von Saint-Julien | GE | Savoyen |
| 1603 | Bündnis | GR | Venedig |

Obwohl sich die Eidgenossenschaft als politisches Gebilde wie auch ihr europäisches Umfeld im Verlauf des 16. Jahrhunderts verfestigten, blieben die Aussenbeziehungen ein komplexes und vielfältiges Geflecht, das auf eidgenössischer Seite jeweils verschiedene Beteiligte einschloss. Die Tabelle zeigt die drei wesentlichen Abschnitte der Aussenbeziehungen während des 16. Jahrhunderts: Zuerst die frühen Verträge nach dem Frieden von Basel, dann die verschiedenen, im Zusammenhang mit den Mailänderkriegen getroffenen Abkommen und schliesslich die Bündnisse, welche im Gefolge der konfessionellen Verhärtung nach etwa 1550 geschlossen wurden.
*Quelle: Randolph Head.*
Siehe auch die Übersicht zum 17. Jahrhundert im Kapitel von Danièle Tosato-Rigo, S. 263.

## Fähnlilupfe und Mazzen

Die Herausbildung der Bürgergemeinden als zentrale politische Institutionen brachte ein zunehmendes und teils übersteigertes Machtbewusstsein ihrer Mitglieder mit sich. Insbesondere in den Walliser ↑Zehnden und in den Drei Bünden verstanden die waffentragenden Mitglieder der einzelnen Gemeinden ihre eigenen Versammlungen als letzte und höchste politische Instanz, sowohl in Hinblick auf die eigene Gemeinde als auch für den übergeordneten Bund. Wenn jedoch innerhalb einer Gemeinde deutlich wurde, dass bestimmte Personen die Entscheidungsgewalt monopolisierten, versammelten sich die Mitglieder, um die übermächtigen Magnaten zu bestrafen. Solche rituellen Zusammenkünfte nannte man im Wallis Mazzen, nach einer symbolischen, mit Protestnägeln versehenen Holzkeule, und in Graubünden Fähnlilupfe, weil bei diesen Gelegenheiten oft die militärischen Banner der Gemeinde zum Einsatz kamen. Im Wallis führten Mazzen in den Jahren 1496, 1517 und 1527 zur Absetzung von mächtigen Politikern, unter ihnen Matthäus Schiner. In Graubünden erreichte die Welle der Fähnlilupfe etwas später ihren Höhepunkt. So kam es im Zuge eines Fähnlilupfs im Jahr 1572 zur Hinrichtung von Johann von Planta, Landeshauptmann im Veltlin und Herr von Schloss Rhäzüns und Hohentrins; bei einem anderen wurde 1585 eine Reihe von Reformen durchgesetzt. Nach 1607 führten konkurrierende Fähnlilupfe, zu denen rivalisierende politische Fraktionen mobilisiert hatten, zu weitreichenden Unruhen in Graubünden.

---

land, das für die alpinen eidgenössischen Orte nach wie vor von grosser Bedeutung war. Da Spanien auf die Existenz militärischer Verbindungswege zwischen Italien und den aufständischen Niederlanden angewiesen war, sandte es Agenten in die Schweiz, die dort Geldgeschenke verteilen und sich im Gegenzug politischen Einfluss, Schweizer Söldner und den Zugang zu den Alpenpässen sichern sollten.[82] Während die meisten Orte zögerten, das altbewährte Bündnis mit Frankreich aufzukündigen, scheint sich in Graubünden die Wahl zwischen Frankreich und Spanien weitgehend auf die Frage reduziert zu haben, wer besser bezahlte: So zettelten im Jahr 1565 protestantische Engadiner einen Aufstand zugunsten einer Allianz mit Spanien an, dies, nachdem sie grosszügige Bestechungsgelder vom spanischen Botschafter entgegengenommen hatten.[83]

Die zunehmende religiöse Polarisierung innerhalb der Eidgenossenschaft erreichte Mitte der 1580er Jahre einen ersten Höhepunkt. Abgesehen von den andauernden Disputen um den Status Genfs lagen sich in Basel der – seit der Reformation in Pruntrut residierende – Fürstbischof und die städtische Obrigkeit in Hinblick auf diverse Landgebiete in den Haaren, und in Freiburg sorgte ein polemisches Buch mit dem Titel *Fragstück des christlichen gloubens an die neuwe sectische predicanten*, das mit Unterstützung des dort lehrenden Jesuitenrektors Peter Canisius veröffentlicht worden war, für heisse Köpfe. Im Jahr 1585 wurden von allen in die Hugenottenkriege verwickelten Parteien Gesuche um eidgenössische Söldner eingereicht. Die protestantischen Städte erhielten eine Anfrage von König Heinrich von Navarra, während Luzern die Entsendung von Truppen an die Heilige Liga erwog. Obwohl man eine solche brisante Konstellation aus der eigenen Geschichte bestens kannte, bewegte man sich erneut auf eine Situation zu, in der sich eidgenössische Truppen auf dem Schlachtfeld gegenüberstehen würden.[84] Ende 1585 bereiste eine Vertretung der protestantischen Städte die fünf Innerschweizer Orte, um sie zur Zurückhaltung aufzurufen, und wurde freundlich empfangen. Die Innerschweiz mit Solothurn und Freiburg entsandte 1586 eine Gegendelegation, die eine ähnlich freundliche, letztlich aber unverbindliche Reaktion auslöste – keine der beiden Parteien zeigte sich kompromissbereit.[85]

Im selben Jahr gingen die katholischen Orte untereinander eine neue Allianz ein, den sogenannten Goldenen Bund, den sie mit einer von Bildern des Rütlischwurs verzierten Urkunde aus Pergament besiegelten. Die Protestanten zeigten sich im Besonderen verärgert über eine in diesem Vertrag befindliche Klausel, die nicht nur den katholischen Glauben zu schützen versprach, sondern zudem bereits bestehende Bündnisse zu ersetzen trachtete: «dhein elltere noch ouch jüngere pündtnuss, so uffgericht oder in künfftigem uffgericht werden möcht, uns an söllichem schirmen gantz nit hindern [...] soll.»*[86] 1587 schlossen die Innerschweizer und Freiburg – trotz erneuter Missmutsbekundungen der protestantischen Orte – einen Schutz- und Handelsvertrag mit dem spanischen König ab; die wichtigsten Artikel dieses Abkommens betrafen militärische Durchzüge, den Solddienst, Pensionen, Stipendien (zumeist für Söhne aus den Familien der Oberschicht), den Warentransit und Zollbegünstigungen. In den folgenden Jahrzehnten standen Schweizer Söldner in Mailand und in Flandern in spanischen Diensten, und spanische Truppen nutzten zuweilen den Gotthard, um von Italien in die Niederlande und umgekehrt zu gelangen.[87]

Besonders stark wirkten sich die konfessionellen Spannungen in Graubünden aus. Da die Bündner die Alpenpässe zwischen Venedig und Südwestdeutschland und zwischen Mailand und Österreich kontrollierten, war es für fremde Mächte besonders interessant, in diesem Gebiet Einflussmöglichkeiten zu gewinnen.[88] Teils als Antwort auf die Bündnisse der katholischen Orte mit Spanien und Savoyen, teils auf Initiative Venedigs gingen die

---

* «dass weder ältere und auch jüngere Bündnisse, die geschlossen wurden oder in Zukunft geschlossen werden, uns daran hindern sollen, uns gegenseitig [...] solchen Schutz zuzusichern.»

Drei Bünde um 1600 Allianzen mit Bern und mit dem Wallis ein. In der Folge kam es zu einer Eskalation von Konflikten zwischen den Konfessionen und Parteiungen in Graubünden, angefacht von aggressiv agierenden Gesandten, die freigebig Bestechungsgelder und Pensionen verteilten. Ab 1607 versuchten kommunale Truppen in diversen Volksaufständen, sogenannten Fähnlilupfen, der einen oder der anderen Partei zum Sieg zu verhelfen. Am meisten Aufsehen erregte das Strafgericht von Thusis, das im Jahr 1618 den im Vorjahr verhafteten Erzpriester von Sondrio, Nicolò Rusca, unter der Aufsicht eines Ausschusses von protestantischen Pfarrern zu Tode folterte. Im Unterschied zur restlichen Eidgenossenschaft wurden die Drei Bünde verschiedentlich in den Dreissigjährigen Krieg verwickelt, was mit wiederholten Invasionen, Besetzungen und Verwüstungen verbunden war.

In den eidgenössischen Orten war der Einfluss fremder Mächte in der Regel weniger spürbar als in den Drei Bünden. Die meisten Amtspersonen zeigten nur geringe Bereitschaft, die Interessen ausländischer Zahlmeister über die innerhalb ihres Ortes herrschende Solidarität zu stellen. Wenn es doch einmal zu einem offenen Ausbruch konfessioneller Unruhen kam, wie zum Beispiel im thurgauischen Gachnang im Jahr 1610, bewies die Tagsatzung ihre Fähigkeit, bei Streitigkeiten zu vermitteln. Obwohl Enttäuschung und Misstrauen das Klima nachhaltig prägten, verstanden es die Dreizehn Orte und ihre Untertanen, grössere Tumulte zu vermeiden. Die konfessionellen Differenzen und Auseinandersetzungen verhinderten zwar, dass die Orte als Gruppe handeln konnten, aber mit Glück und einem Mindestmass an Kooperation gelang es dem Staatenbund, zu überleben. Die literarischen Verklärungen der schweizerischen Einheit im 16. Jahrhundert, wie sie sich beispielsweise bei Simmler finden, stehen jedoch in schroffem Gegensatz zu einer Realität, die von konfessioneller Spaltung, Parteiengezänk und Oligarchisierung geprägt war.

## DER KULTURELLE WANDEL EINER KONFESSIONELL GESPALTENEN GESELLSCHAFT

Die nach 1531 sowohl in politischer als auch religiöser Hinsicht grundlegend veränderten Gegebenheiten wirkten sich in der Eidgenossenschaft auch auf kultureller Ebene aus. Die konfessionellen Spannungen bestimmten nicht nur die politischen Ereignisse, sondern standen zugleich im Hintergrund des Handelns vieler Kleriker und Laieneliten, die ihre Aufgabe darin sahen, der Bevölkerung die neuen Glaubenssätze und Verhaltensregeln einzuschärfen. Man spricht in diesem Zusammenhang von der Herausbildung neuer und eigenständiger Konfessionskulturen sowohl auf Seiten der Katholiken als auch der Reformierten. Diese Konfessionskulturen bestimmten nicht nur das kirchliche Leben, sondern den gesamten Alltag von Familien und Gemeinden, etwa in Hinblick auf Eheschliessungen (siehe Beitrag von Bertrand Forclaz, S. 246).

Zwei Faktoren begünstigten die konfessionelle Disziplinierung von Klerus und Laien. Zum einen führte die von den Reformatoren so eindringlich hervorgehobene Notwendigkeit einer Erneuerung des christlichen Lebens dazu, dass die weltlichen Behörden ihre Untertanen verstärkt beobachteten und Einfluss auf deren Lebenswandel zu nehmen begannen. Die in reformierten Städten und Landschaften geschaffenen Ehegerichte oder Konsistorien unterstellten Sexualität und Moral faktisch denselben Behörden, die das Leben der Einwohner auch in allen anderen Bereichen regelten. Die Obrigkeiten fühlten sich vor Gott verpflichtet, «unmoralisches» Verhalten zu verbieten. Sie befürchteten, dass ein Verlust der Kontrolle über die ärmeren Bürger zu Widerstand führen oder gar – wie es tatsächlich oft geschah – in offene Rebellion münden könnte. Nach Meinung der Amtspersonen bedeutete religiöser Dissens stets auch eine Infragestellung des obrigkeitlichen Herrschaftsanspruchs.

Im ganzen Land, vom Bodensee bis zum Genfersee, verboten reformierte Gemeinden Tanz und Luxus; es gab Versuche, die Sexualität der Heran-

**Die politischen Verhältnisse im Dreibündenstaat, Aquarell/Gouache, um 1620** (*Rätisches Museum Chur*). — Wachsende parteiliche, diplomatische und konfessionelle Spannungen brachten in Graubünden die schwachen politischen Institutionen an den Rand des Zusammenbruchs. Nach 1616 kam es immer häufiger zu rivalisierenden «Fähnlilupfen» verschiedener Parteien, die am Vorabend des Dreissigjährigen Krieges zu innerer Zerstrittenheit und aussenpolitischer Hilflosigkeit führten. Eine zeitgenössische satirische Darstellung zeigt die Personifikation der Bündner Verfassung: Ein reformierter und ein katholischer Pfarrer sowie Führer von Bündner Adelsgruppierungen und lasterhafte Tierallegorien streiten sich darum, als Haupt zu befehlen. Die Hände sind durch die Schnüre von Geldsäcken gebunden, welche die Wappen Venedigs, Frankreichs und Spaniens tragen. Damit ist angezeigt, dass fremde Bestechungsgelder der Wiederherstellung des innerbündnerischen Friedens im Weg standen.[89]

> *[Obervogt:] Ob jm nit ze wüssen, von m[inen] g[nedigen] h[erren] angesehen, das ein ieder das gotzwort zuo hören in der pfarr, da er sesshafft, schuldig und ghorsam sin sölle, sich der toeüferen und winckelpredgeren entschlachen. Dan wo das übersächen, wellind sie denselbigen nit ungestrafft lassen, auch jm wun und weid in siner gmeindt verhafften.*
> *[Michel antwortet:] Es hat mich meer den wun und weidt antrifft kostet. Es haben mine herren mir min vetterlich erb gnomen.*
> *[Pfarrer:] So dan dir an wun und weid nüt glegen, so hand m. g. h. nach [d.h. noch] den Wellenberg verhanden, dich ghorsam ze machen. Du wirst nit herr im landt sin, das mann dir werde ein eignen oder bsunderbaren kilchgang gstatten. Was leerend doch toeüffer?*
> *[Michel:] Ich begaer nit herr ze werden, aber zuo den toefferen will ich gan. Dan sy leerend mich, wie ich möge selig werden, unnd wo man das leert, will ich hingan.»* *

Aus dem Verhör des Täufers Michel Nespler in Bülach im Jahr 1564, Staatsarchiv Zürich, Sign. E I 7.2, Nr. 112, zit. in: Urs B. Leu / Christian Scheidegger (Hg.), Die Zürcher Täufer 1525–1700, Zürich 2007, S. 105f.

wachsenden zu kontrollieren, und Ehebruch und Unkeuschheit wurden mit säkularen und kirchlichen Strafen geahndet.[90] Vergleichbare Anstrengungen wurden auch in katholischen Gebieten unternommen. Die Beschlüsse des Konzils von Trient umfassten verschiedene Regelungen über die Heirat und rieten dazu, Klerus und Laien der Diözesen regelmässig zu inspizieren. Darüber hinaus verordnete das Konzil eine schriftliche Registrierung der Geburten, Heiraten und Todesfälle – Massnahmen, die wiederum teils auch in den reformierten Orten ergriffen wurden.

Der zweite Grund, weshalb vermehrte Anstrengungen zur Disziplinierung der Gesellschaft unternommen wurden, betrifft die Rivalität zwischen den beiden konkurrierenden Konfessionen. Vor der Folie dieses Wettstreits sahen beide Seiten ab 1530 eine vordringliche Aufgabe darin, einen mustergültigen Klerus heranzubilden, der die Laien möglichst wirksam unterweisen sollte. Eine Schwierigkeit auf dem Weg zu diesem Ideal bestand für die Reformierten darin, dass es im ganzen Land zahlreiche Geistliche gab, die die Reformation ihrer Gemeinden nur widerwillig akzeptiert hatten, nur wenig über die theologischen Hintergründe der neuen Kirche wussten und deshalb den reformierten Glauben kaum adäquat vermitteln konnten. Manche Priester gaben lieber ihre Stellen auf als die behördliche Entscheidung für die neue Lehre hinzunehmen, was zu einem Priestermangel in den neuen Kirchen führte.[91] Aus katholischen Gebieten geflüchtete ehemalige Priester – Italiener, Franzosen und Deutsche – halfen zwar, die so entstandenen Lücken zu schliessen, doch vertraten diese Einwanderer manchmal Auffassungen, die von der orthodoxen Lehrmeinung der Reformierten abwichen. Ein Beispiel hierfür ist Pier Paolo Vergerio, der nach einer glänzenden Karriere als Bischof und päpstlicher Nuntius zum neuen Glauben übergetreten war und 1549 aus Italien floh. Er liess sich zunächst als Pfarrer in Graubünden nieder, zog aber nach wiederholten Konflikten bezüglich der Doktrin und seines Status weiter in das lutherische Württemberg. In katholischen Gebieten hinterliessen Abgänge konvertierter Geistlicher ebenfalls Lücken, und von jenen, die im Amt blieben, widersetzten sich manche den durch das tridentinische Konzil verordneten Reformen. Sowohl auf Seiten der katholischen als auch der reformierten Kirchen reagierte man auf solche Entwicklungen mit Bildungsinitiativen und einer engmaschigeren Überwachung des Klerus in den Kirchgemeinden.

Ein noch grösseres Problem bestand darin, sicherzustellen, dass die Laien die angewiesene Doktrin auch befolgten und sich den Ritualen der jeweiligen Kirche anpassten. In beiden konfessionellen Lagern gab es eine engagierte Minderheit, die versuchte, diesbezüglich eine Vorbildfunktion einzunehmen, aber die Mehrheit der Schutzbefohlenen – oftmals ungebildet und mit existentiellen ökonomischen Problemen beschäftigt – war für die religiöse Unterweisung wenig empfänglich und reagierte im schlimmsten Fall mit abweichlerischem Verhalten. In Berner Dörfern wurden engagierte Kleriker willkommen geheissen und neue Massnahmen unterstützt, solange diese als förderlich für die eigene Gemeinde betrachtet wurden, doch zeigte man wenig Interesse an neuen theologisch begründeten Regulierungen. Trotz jahrzehntelang aufrechterhaltener oder mehrfach erneuerter Verbote fanden junge Leute stets Wege, sich beim Tanz zu vergnügen, und nicht selten wussten die älteren Generationen darum und drückten beide Augen zu.[92] Reformierte Dorfbewohner gingen weiterhin in katholische Gegenden, um dort Dienstleistungen in Anspruch zu nehmen, die die neue Kirche nicht anbot, etwa die Taufe totgeborener Kinder.[93] In Pfarreien der katholischen Gebiete, insbesondere in der italienischsprachigen Schweiz, konnten bischöfliche Visitationen um die Jahrhundertmitte eine höhere Akzeptanz der offiziellen Lehre und Praxis nachweisen, obwohl fehlende Kenntnisse

---

* «Obervogt: Ob er nicht wisse, im Angesicht unserer gnädigen Herren, dass ein jeder verpflichtet ist, das Gotteswort in der Pfarrkirche, wo er sesshaft ist, zu hören, und dass er es sich nicht bei Täufern und Winkelpredigern anhören darf. Diejenigen, die dieses Gebot übertreten, werden nicht ungestraft bleiben, und haften mit ihrer Wohnung und Weide in ihrer Gemeinde. / Michel: Es hat mich mehr als Wohnung und Weide gekostet. Meine Herren haben mir mein väterliches Erbe genommen. / Pfarrer: Falls dir an Wohnung und Weide nichts gelegen ist, so habe ich im Angesicht unserer gnädigen Herren noch den Wellenberg [Gefängnisturm in Zürich] zu Verfügung. Du wirst nicht Herr im Lande sein, nämlich ein Herr, dem man gestatten wird, seinen eigenen und besonderen Kirchgang zu haben. Denn was lehren doch die Täufer? / Michel: Ich begehre nicht, Herr zu werden, aber zu den Täufern werde ich gehen, denn sie lehren mich, wie ich selig werden kann, und wo man das lehrt, will ich hingehen.»

der Dogmen, gepaart mit einer Neigung zu Praktiken, die von Rom als abergläubisch verurteilt wurden, auch hier nach wie vor weit verbreitet waren.[94]

## Konfessionskulturen in der Eidgenossenschaft

In der Eidgenossenschaft des 16. Jahrhunderts vermochte die konfessionell bedingte Spaltung schliesslich nahezu jeden Aspekt des Alltags, von der Politik über das Familienleben bis hin zu den Lesegewohnheiten, zu erfassen. Die regionalen Konstellationen boten dabei ein heterogenes Bild: Das Spektrum reichte diesbezüglich von grossen konfessionell einheitlichen Blöcken wie der Innerschweiz oder den Berner Gebieten bis zu in einem einzigen Dorf nebeneinander existierenden katholischen und reformierten Glaubensgemeinschaften mit gemeinsamer Nutzung einer Kirche, wie dies in einigen Gemeinen Herrschaften sowie in manchen Bündner Gemeinden vorkam.[95] Selbst in konfessionell homogenen Gebieten waren Kontakte über die Konfessionsgrenze infolge der zahlreich bestehenden wirtschaftlichen und sozialen Verbindungen unvermeidlich. Für geistliche wie für weltliche Autoritäten war dieser kulturelle Austausch ein Anlass zu beständiger Sorge, da sie um den Erfolg ihrer Bemühungen um Belehrung und Disziplinierung der Gläubigen fürchteten. Zugleich brachte diese Situation mit sich, dass beinahe jeder Bewohner in der Schweiz über – manchmal sehr persönliche – Erfahrungen mit Angehörigen der anderen Konfession verfügte.

Die räumliche Nähe von Bevölkerungsgruppen unterschiedlicher Konfession führte zu Meinungsverschiedenheiten, als die Orte darangingen, die mit dem Zweiten Kappeler Landfrieden von 1531 erwirkte Regelung der religiösen Koexistenz umzusetzen. Zudem stellten sowohl die reformierten Kirchen als auch die nachtridentinische katholische Kirche bisher nicht gekannte Anforderungen an ihre Gläubigen. Im Gebiet der Eidgenossenschaft resultierten aus diesen Entwicklungen wie gezeigt unterschiedliche Konfessionskulturen, zugleich aber jene besonderen Formen der religiösen Durchmischung, wie sie in konfessionell gespaltenen Orten wie Appenzell und Glarus und in konfessionell durchmischten Gemeinen Herrschaften wie dem Aargau, dem Thurgau oder Orbe-Echallens auftraten sowie im Rahmen der Tagsatzungen zum Zuge kamen, an denen Vertreter aller Orte teilnahmen. Die Spaltung in getrennte Konfessionskulturen war auf der Ebene der Politik besonders wahrnehmbar, reichte jedoch noch weit über diese hinaus.

In Momenten, in denen die politische Stimmung besonders angespannt war, wurde mehrmals – und von beiden Seiten – die Forderung laut, das Projekt einer gemischtkonfessionellen Eidgenossenschaft aufzugeben und stattdessen getrennte Wege zu gehen. Auf diese Weise hoffte man, die konfessionelle Einheit in den einzelnen Gebieten wiederherstellen zu können. Heinrich Bullinger richtete nach der als Katastrophe empfundenen militärischen Niederlage von 1531 einen Appell an den Zürcher Rat, in dem er seine Zweifel äusserte, ob die Eidgenossenschaft gerettet werden könne, da der Bereitschaft der katholischen Orte, die Ausübung des neuen Glaubens zu tolerieren, nicht zu trauen sei.[96] Langwierige Auseinandersetzungen im Rahmen des sogenannten Glarnerhandels führten 1564 im Zweiten Glarner Landesvertrag zur Schaffung separater politischer Institutionen für Katholiken und Reformierte; in Appenzell kam es im Jahr 1597 zur vollständigen Kantonsteilung. Ab den 1550er Jahren wurde das bisher regelmässig praktizierte Beschwören der alten Bünde zwischen den Acht Orten durch die unterschiedlichen Konfessionen verunmöglicht; so stritt man beispielsweise über die Erwähnung der Heiligen im Wortlaut des Schwurs. Anlässlich der Spannungen um den Goldenen Bund von 1586 wurden Stimmen laut, die warnten, dass die Eidgenossenschaft dem Untergang geweiht sei, wenn sich die rivalisierenden konfessionellen Lager mit ausländischen Mächten verbündeten. In den 1630er Jahren schliesslich erklärten Abgeordnete von Schwyz, sie wollten die Gemeinen Herrschaften lieber geteilt sehen, als sie weiterhin gemeinsam zu regieren.

Doch gab es stets auch Stimmen, die sich für die alten Bünde und die eidgenössische Eintracht stark machten. Ungeachtet der seitens des Klerus geäusserten Befürchtungen sandten die Zürcher und Berner Räte 1585 eine Delegation nach Luzern, um dort für die eidgenössische Einigkeit zu plädieren, und empfingen anschliessend eine Gegendelegation der fünf Innerschweizer Orte. Ein paar Jahre später lehnte der Zürcher Rat das aus einer Gemeinen Herrschaft, dem thurgauischen Uesslingen, ergangene Gesuch, Katholiken und Protestanten mögen in getrennten Friedhöfen beigesetzt werden, mit der Bemerkung ab «Söllent wir tod von einandern Inn der begrebtnuss syn gsünderet, so habe man glych lebendig ouch khein gmeinschafft mitt einanderen.»*[97] Die ständige Spannung zwischen der Suche nach konfessioneller Homogenität und Abgrenzung auf der einen Seite und dem Wunsch, die Einheit der alten

---

* «Wenn wir als Tote in unseren Gräbern voneinander getrennt wären, würden wir auch als Lebende keine Gemeinschaft bilden.»

Bünde zu bewahren, auf der anderen Seite wirkte sich auf die Konfessionskulturen in der Eidgenossenschaft prägend aus.

Wo Katholiken und Protestanten Seite an Seite lebten, nahm das Potential für Spannungen, aber auch der Druck, Lösungen zu finden, zu. In den ersten Jahren nach der Reformation bestand – wie bereits erwähnt – auf beiden Seiten des konfessionellen Grabens die grösste Sorge darin, genügend geistliches Personal zu finden. In den gemischtkonfessionellen Gemeinen Herrschaften bedeutete dies in der Regel, dass die Finanzmittel von Pfarreien, die vor der Reformation nur einen einzigen Priester zu entlohnen hatten, nun aufgeteilt werden mussten. Streitigkeiten um die jeweiligen Anteile konnten in solchen Fällen jahrzehntelang dauern, involvierten sowohl regionale Akteure als auch mitunter die Tagsatzung und endeten vielfach in komplizierten Kompromissen.[98] Es kam auch vor, dass ein einziger Kleriker noch lange für beide Glaubensgemeinschaften tätig war, so zum Beispiel Valentin Tschudi in Glarus bis weit in die 1540er Jahre; in anderen Orten mussten sich die Gläubigen der einen Konfession in ein Nachbardorf zur Andacht begeben, wie die Protestanten in Zizers, Trimmis und Undervaz bis ins Jahr 1610.[99] Gegen Ende des Jahrhunderts waren es Belange wie Friedhöfe, Kirchenglocken und Taufbecken, um die sich fortgesetzte Streitigkeiten entspannen. Oft mündeten solche Auseinandersetzungen in endlose Prozesse, denen manchmal nur durch den Ausbruch von Tumulten oder die Schaffung vollendeter Tatsachen auf der einen oder anderen Seite ein Ende gesetzt werden konnte.[100] Obwohl sich in den Archiven ganze Stapel von Zeugnissen aggressiver Rhetorik – oft von Geistlichen verfasst – finden, waren jedoch Ausbrüche offener Gewalt vor 1600 selten. Und wenn es doch einmal zu Ausschreitungen kam, so steckten meist nicht nur theologische Differenzen, sondern auch anderweitige Streitigkeiten dahinter.

### Die Herausbildung einer schweizerischen Identität

Im Verlauf des 16. Jahrhunderts konnte sich trotz aller Spannungen eine spezifische Identität herausbilden, die sich auf das politische System, die Geschichte und die Gebräuche eines Gebietes bezog, das man in Europa als «Schweiz» zu bezeichnen begann. In politischer Hinsicht wurde die komplexe Realität der Bünde in Chroniken und Geschichtswerken als einheitliches Gebilde beschrieben: als «Eydgnoschaft» in Petermann Etterlins 1507 veröffentlicher *Kronica von der loblichen Eydtgnoschaft* oder bei Josias Simmler 1576 als «Republica Helvetiorum». Dieses Gebilde lieferte seinerseits einen gemeinsamen Bezugspunkt für die durch politische Konflikte, wirtschaftliche Not und religiöse Tumulte aufgeriebenen Menschen jener Zeit. Obwohl die Umwälzungen, die die Eidgenossenschaft betrafen, vielfach dieselben waren wie im übrigen Europa, begannen die hier vorhandenen spezifischen Erwartungen und Handlungsmuster – kurz: die hier existierende Kultur –, eigene Ausprägungen anzunehmen.

Der kulturelle Wandel fand auf vielen verschiedenen Ebenen statt: Lokale und regionale Entwicklungen trugen zu grosser Vielfalt innerhalb der Eidgenossenschaft bei, während übergreifende kulturelle Phänomene wie Humanismus, Konfessionalisierung oder Bürokratisierung die Schweizer Kultur mit europaweiten Tendenzen verbanden. Die – im Zuge der Etablierung der Territorialstaaten – wachsende Bedeutung nationaler Identitäten in Europa verlieh auch der «schweize-

**Tells Apfelschuss, Holzrelief, um 1523** (*Schweizerisches Nationalmuseum, Inv.-Nr. SLM-2448*). — Darstellungen von Wilhelm Tell kamen nach 1500 in grosser Zahl und in den unterschiedlichsten künstlerischen Medien auf. Das Holzrelief der Apfelschussszene wurde vermutlich vom Zürcher Zimmermann Hans Küng geschnitzt und diente als Wandschmuck. Möglicherweise stammt es aus dem Haus Corragioni d'Orelli in Luzern.

rischen» Kultur mehr Gewicht. In diesem Zusammenhang fallen einige für die Eidgenossenschaft typische Elemente auf: Zu nennen ist vor allem die in den Gemeinden verankerte politische Kultur, die auch in verschiedensten Formen staatsbürgerlicher Repräsentation, etwa in bildlichen Darstellungen, Theaterstücken und Literatur, zum Ausdruck kommt. Ein weiteres Element bilden die spezifischen Geschlechterbeziehungen mit ausgeprägter Rollenteilung und einem spürbaren Einfluss der kriegerischen Tradition. Schliesslich sind – in engem Zusammenhang mit Gemeindepolitik und Geschlechterbeziehungen – Prozesse der Zivilisierung und eine intensive soziale Kontrolle zu nennen, ohne die die gesellschaftliche Ordnung der eidgenössischen Orte nicht denkbar gewesen wäre.

**Politische Kulturen in der Schweiz des 16. Jahrhunderts**

Die Bildung eines konsistenten Bündnisgeflechts im 14. und 15. Jahrhundert hatte für die auf dem Gebiet der Eidgenossenschaft lebenden Menschen noch keine gemeinsame Identität entstehen lassen. Bis um 1500 bedienten sich denn auch die meisten Beschreibungen der hiesigen Bevölkerung traditioneller Kategorien – etwa «Adlige und Bauern» bei Felix Hemmerli (circa 1388–1461) in den 1440er Jahren –, oder die Autoren nahmen, wie Diebold Schilling der Ältere (circa 1445–1486), die Perspektive eines einzelnen Ortes ein, selbst wenn sie die Eidgenossen als kohärente Gruppe behandelten. Entsprechend bezog sich das reichhaltige mythologische Material, das seit etwa 1470 im Weissen Buch von Sarnen gesammelt vorlag, zunächst lediglich auf die Geschichte Obwaldens und der Innerschweiz, griff in der Folgezeit aber rasch über diesen Raum hinaus.[101] Aufgrund der militärischen Erfolge nach den 1470er Jahren und der gemeinsamen internationalen Allianzen seit 1500 konnte sich bei Politikern und Gelehrten die Wahrnehmung herausbilden, dass die Schweiz als ein zusammenhängendes Staatswesen zu betrachten sei. Verbreitung fand dieser Gedanke, befördert durch das neue Medium des Buchdrucks, in Werken wie Etterlins *Kronica* und Glareans *Helvetiae Descriptio* von 1514, der ersten Publikation, in welcher der humanistische Begriff der «Patria» auf die Eidgenossenschaft angewandt wurde.[102]

Die in diesen Werken beschworene Einheit des Territoriums, der Menschen und ihrer Geschichte schuf die Grundlage für eine neue Vision des Landes und seiner Bewohner, mithin dafür, es als «Nation» zu begreifen. Die Erzählung von der durch Eide und unbändigen Kampfgeist erwirkten Befreiung von der Tyrannei – gipfelnd in der Figur des Wilhelm Tell – vermochte sich im Bewusstsein grosser Teile der Bevölkerung festzusetzen. Im Verlauf des 16. Jahrhunderts tauchen Tell und die «drei Eidgenossen» mit zunehmender Häufigkeit in Dramen, bildlichen Darstellungen und im Rahmen der politischen Rhetorik auf. In der zweiten Jahrhunderthälfte, zu jener Zeit, als Simmler älteres Material in seine *Republica* einzuarbeiten begann, waren nicht nur die Inhalte, sondern auch die Formen der Darbietung dieser «Schweizer» Geschichte bereits zum Standard geworden. Die meisten Darstellungen gingen dabei von einem ursprünglichen Freiheitszustand der «Helvetii» bis zur römischen Eroberung aus, gefolgt von einem Jahrtausend der Unterjochung durch die Römer, das sie schliesslich, um 1300, in die traditionelle Befreiungssage münden liessen. Die Orte traten in diesen Berichten in der Regel stets in derselben Reihenfolge auf, und auch die Erzählung vom Apfelschuss und Burgenbruch bis zu den Burgunderkriegen folgte einem festen Ablauf. Zwar kam es überall in Europa im Zuge des Humanismus zu einer verstärkten Suche nach den geschichtlichen Ursprüngen, doch spielte im Fall der Eidgenossenschaft die Geschichtsschreibung für die Entstehung einer gemeinsamen Identität eine besondere Rolle, da man hier auf keinen antiken Gründungsmythos und keine entsprechende Gründergestalt aus grauer Vorzeit zurückgreifen konnte.[104] Während die gelehrten Philologen des 15. und 16. Jahrhunderts sich über die Rolle der Helvetier in der antiken Welt respektive die ungesicherten Verbin-

## Renward Cysat und der «Krieg der drei Heinriche» in Frankreich

Die Hugenottenkriege in Frankreich drohten die in gegnerischen Lagern an allen Fronten eingesetzten Schweizer Söldnertruppen miteinander zu konfrontieren. König Heinrich III. und sein hugenottischer Erbe Heinrich von Navarra warben Truppen in den reformierten Städten an, während Spanien die katholischen Orte ermunterte, die Vorstösse Heinrichs von Guise zu unterstützen. Der Luzerner Stadtschreiber Renward Cysat (1545–1614), ein glühender Katholik, verfolgte die Ereignisse mit grosser Besorgnis in seiner *Cysatiana*, einer Sammlung von Notaten zu verschiedensten Themen. Cysats Aufzeichnungen geben eindrücklich die Ängste und Spannungen wieder, die der «Krieg der drei Heinriche» in der Schweiz auslöste. So ist für das Jahr 1585 zu lesen, der spanische Gesandte habe den katholischen Orten mitgeteilt, die französischen Katholiken unter Heinrich von Guise hätten «sich [...] zu einem Gottsäligen Krieg vereinbaret wider die Hugenotten oder sectischen [Sektierer], die understanden [vorhätten] sy die Catholischen sampt der Catholischen Religion im gantzen Königrych überal uszerütten.» 1588 protokollierte Cysat, dass die «4 Zwinglische Stett, [...] Wie auch Glaruss, Wölches Ort beiden Partheyen den Catholisch und Hugenotten hilff schickt, in grosser und gfaarlicher unrüw under ire selbs von dises krieges wegen.»[103] Nur dem Glück war es zu verdanken, dass es auf den Schlachtfeldern nicht zu direkten Zusammenstössen zwischen Schweizer Söldnertruppen kam.

dungen zwischen den Helvetiern und den Einwohnern der späteren Eidgenossenschaft die Köpfe zerbrachen, schmückten weite Teile der Bevölkerung ihre Häuser und öffentlichen Plätze bereits mit Bildern Tells und der «frommen Altvorderen».

Das gelehrte Konstrukt einer politischen Identität der Eidgenossenschaft vermochte sich im Zuge seiner zunehmenden Verbreitung mit der bestehenden politischen Kultur zu verbinden, die sich einerseits durch kommunale Autorität und Reichstreue, andererseits aber auch durch die Ablehnung der Aristokratie und das Beharren auf lokale Autonomie auszeichnete. Die Erzählungen von überlieferten Privilegien, gesetzloser Tyrannei und tapferem Widerstand, jene Konzepte also, die die städtischen Intellektuellen um 1500 nicht zuletzt bemühten, um den politischen Druck seitens des Reiches abzuwehren, stiessen in der breiten Bevölkerung auf grossen Widerhall. Darunter befanden sich indes auch Teile der Bevölkerung, die auf die sich zunehmend verfestigenden Oligarchien nicht immer gut zu sprechen waren. So konnten bäuerliche Pächter, die Johannes Stumpfs Behauptung vernommen hatten, dass die Eidgenossenschaft «vor alten zeyten mannheit, krafft und freyhait gehebt hat, zevor und ee kein Adel ye darin entsprungen ist»,[105] leicht auf den Gedanken verfallen, dass der Zürcher Patrizier oder der Berner Twingherr, der die Herrschaftsrechte über sie besass, möglicherweise im Begriff war, eine neue und ebenso ungerechte adelige Herrschaft wie die überwundene habsburgische zu errichten. Die Rothenburger Bauern, die sich im Jahr 1570 in der Nähe von Luzern erhoben, beriefen sich auf ihre überlieferten Privilegien und hielten zugleich fest, dass die Situation «wol eines Wilhelm Tellen»[106] bedürfe. Und einer der Hauptanklagepunkte der 1572 mit einem Fähnlilupf revoltierenden Bündner Gemeinden gegen den in Folge verurteilten und hingerichteten Johann von Planta lautete, dieser habe versucht, eine «absolut herrschafft» in Rhäzüns einzurichten.[107] Mit ihrer Verherrlichung vergangenen Widerstands legitimierte die politische Kultur der Eidgenossenschaft also auch handfeste Aktionen von solchen, die glaubten, dass diese Werte in der Gegenwart korrumpiert würden.

Die Sprache der Korruption, das heisst das Sprechen über moralischen Verfall, Bestechlichkeit und Verderbtheit der Eidgenossenschaft, nahm ihrerseits kommunale Werte und die Rhetorik der Befreiungssage in sich auf. Die Vergabe und das Empfangen von Geschenken bildeten ein wichtiges Element der spätmittelalterlichen Politik, eines, an dem auch eidgenössische Amtspersonen aktiv teilhatten. Geschenke, mit denen man das Verhalten der Beschenkten zu beeinflussen trachtete, unterminierten jedoch den kollektiven Charakter der Entscheidungsfindung in der Eidgenossenschaft. Die Zeitgenossen des 16. Jahrhunderts begannen daher, zwischen dem «schenk», das heisst der rechtmässigen Ehrbezeugung durch Gaben, und dem «miet», der korrupten Praxis, sich politische Entscheidungen zu erkaufen, scharf zu unterscheiden. Doch wurden dergleichen Bemühungen von den um 1500 herrschenden Prinzipien der hohen Diplomatie zunichte gemacht: Die immensen Einsätze, mit denen in diesem Rahmen gepokert wurde – oft ging es dabei um Tausende von Gulden und riesige Truppenkontingente –, standen in direktem Widerspruch zur landläufigen Auffassung, wie politische Entscheidungsfindung funktionieren solle, und erregten deshalb den Unmut der Bevölkerung.[108]

Die Befreiungssage hatte auch einen moralischen Kern: Im Gegensatz zu den tyrannischen Aristokraten, so hiess es, hätten die «frommen Altvorderen» das Gemeinwohl vor den privaten Gewinn gestellt. Dieses Argument diente um 1500 zur Rechtfertigung heftiger literarischer Attacken auf das Pensionenwesen sowie gegen die Korruption und den Hang zum Luxus der immer reicher werdenden städtischen Eliten und avancierte schliesslich selbst zu einem festen Bestandteil der eidgenössischen politischen Mythologie der Zeit. Die Gründerväter finden sich in diesem Diskurs als «Puren» charakterisiert, deren angeblich schlichtes Wesen und Rechtschaffenheit als Gegenbild zu den Verhältnissen der Zeit um 1500 beschworen werden. Als Maximilian I. die Eidgenossen 1499 despektierlich als «böse, grobe und schnöde Bauersleute» bezeichnete, stärkte er damit letzlich die im Land herrschende Selbstwahrnehmung, dass die Bewohner tugendhafte Bürger seien.[109] Der Autor eines 1514 in Zürich verfassten Schuldramas – *Das Spiel von den alten und jungen Eidgenossen* – erklärte die im Kontrast zur Korrumpiertheit des Adels stehende Tugend der Schweizer folgendermassen: «edellüt sind buren worden unnd die buren edellüt [...]. So sind die Schwizer all edelman.»[110] Eine solche Behauptung moralischer Überlegenheit wäre in dieser Form in deutschen Städten oder italienischen Republiken undenkbar gewesen und verweist auf die Entstehung einer spezifisch schweizerischen politischen Kultur.[111]

Die konfessionellen Wirren ab den 1520er Jahren verliehen der politischen Kultur der Eidgenossenschaft eine neue Dimension. Die etablierten Mythen eidgenössischer Einigkeit vermochten wenig zum Verständnis des konfessionellen Konflikts beizutragen. In der Tat liessen die mit der Fortschreibung der Befreiungssage befassten Historiker und Chronisten des 16. Jahrhunderts – unter ihnen auch

Simmler – ihre Erzählung in der Zeit vor der Reformation zu einem Ende kommen. Dennoch prägen die konfessionellen Auseinandersetzungen sowohl die gelehrte Geschichtsschreibung als auch den populären Diskurs. Zum einen bewirkte die erlebte Spaltung eine gesteigerte Wertschätzung der Einheit – einer verlorenen Einheit wohlgemerkt, aber einer, die nun ebenso intensiv erwünscht wurde wie die Wiedervereinigung der Kirchen. Simmlers Insistieren darauf, dass in der Eidgenossenschaft «so vil Länder unnd Stett / in wenig jaren sich zuosamen verbunden / unnd glych als ein Commun worden sind»,[112] illustriert diese Tendenz. Zum anderen nahmen auch die geistigen Exponenten der Reformation und der Gegenreformation direkt Bezug auf die Politik. Zwingli beschuldigte in seinen Schriften die hereditäre Monarchie und den erblichen Adel, dass sie Europa mit Krieg und Chaos überzogen hätten, und plädierte für eine Aristokratie der Tugendhaften, die von ihren Mitbürgern ins Amt gewählt werden sollten.[113] Noch weiter ging Bullinger, wenn er die Eidgenossen als Gottes auserwähltes Volk bezeichnete, das untereinander durch seine Eide und durch die Taufe mit Gott verbunden sei, und indem er den kollektiven Widerstand gegen die Tyrannei in seinem Stück *Lucretia und Brutus* verherrlichte.[114] In den katholischen Orten trat derweil Renward Cysat vehement sowohl für den Goldenen Bund als auch für die Beteiligung an der Heiligen Liga mit Frankreich ein, doch finden sich auch bei ihm Beschwörungen der früheren Einheit der Eidgenossenschaft.

Eine weitere Veränderung der politischen Kultur der Schweiz bewirkte auch der in allen Lebensbereichen zunehmende Gebrauch schriftlicher Dokumente. Zwar hatte es schriftliche Aufzeichnungen, etwa zur Fixierung von politischen Abkommen und Handänderungen, schon lange zuvor gegeben, doch nahm ihre Vielfalt und Menge nach 1450 explosionsartig zu. In den urbanen Zentren begannen sogenannte Stadtschreiber jedwede administrative Angelegenheit aufzuzeichnen und die entsprechenden Papiere zu archivieren. Um 1500 erfolgte eine Standardisierung der Dokumentationspraxis der Tagsatzung einschliesslich Instruktionsbriefen und ↑Abschieden; im Verlauf des 16. Jahrhunderts wurden die in diesem Zusammenhang getätigten Aufzeichnungen immer detaillierter.[115] Die neuen Ehegerichte und Konsistorien erzeugten ebenfalls eine Flut von Akten. Etwas langsamer setzte sich die Schriftlichkeit in den Verwaltungen ländlicher Gebiete und den Gemeinen Herrschaften durch, in denen die Vögte ständig wechselten. So wurde im Thurgau ein Leitfaden für die Kanzlei, das sogenannte Locher'sche Buch, erst 1561 vollendet, und auf dem Land blieben die Gerichtsprotokolle noch lange Zeit sehr skizzenhaft.[116] Die steigende Menge, die grössere Verfügbarkeit und die Diversifikation der Textgattungen wirkten sich auch auf die Abfassung neuer Dokumente aus: In Verträgen und Abkommen wurde nun jedes einzelne Wort wichtig, und mündliche Verhandlungen mächtiger Persönlichkeiten machten formellen, schriftlich dokumentierten Rechtsverfahren Platz.[117]

### Eine Männerrepublik? Geschlechterrollen und Moralvorstellungen

Die überlieferten Aufzeichnungen zur eidgenössischen Politik und Gesellschaft des 16. Jahrhunderts dürfen noch in einer anderen Hinsicht als bemerkenswert gelten: Frauen sind hier weitestgehend unsichtbar – dies wohlgemerkt in einer Epoche, in der es in Europa viele aussergewöhnliche Frauen in Führungsrollen gab, unter ihnen Margarete von Navarra, Katharina von Medici und zwei Königinnen von England. Das heisst natürlich nicht, dass Frauen hierzulande keine Aufgaben im Rahmen der Gesellschaft zugekommen wären. Die lokalen Aufzeichnungen sind im Gegenteil voll von Frauen, die etwa als Klägerinnen und Verteidigerinnen, Steuerzahlerinnen und Arbeiterinnen, als Gattinnen und Töchter auftreten und aktenkundig werden. Wir erfahren, dass sie mit ihren Nachbarinnen stritten – manchmal bis vor ein Gericht –,

**Verkehrte Welt, Darstellung auf einer Silberschale, Zürich, um 1590–1600** (*Schweizerisches Nationalmuseum, Inv.-Nr. SLM Dep. 265*). — Eine Frau schlägt ihren Mann, Hunde werden von Hasen verfolgt, ein Stier häutet einen anderen, kopfüber aufgehängten Mann – es ist der zeitlose Topos der verkehrten Welt, der hier illustriert wird. Die umgebende Inschrift lautet: «All ding hand iets verkeret sich, / Drum Hund mit Hasen hetze ich, / Dasst andre schindist clagt man sich, / Drum wil ich ietz schinden dich, / Nichtz hast in rechter Ordnung sich, / Drum mag on Straff ich schlahen dich.» («Alle Dinge haben sich jetzt verkehrt / Weshalb ich jetzt die Hunde mit den Hasen hetze / Dass du andere schindest, wird beklagt / Darum will ich jetzt auch dich schinden. / Nichts ist mehr in rechter Ordnung / Darum darf auch ich dich ohne Strafe schlagen.») Die Umkehrung der Machtbeziehungen im Bild gipfelt in der Darstellung einer Frau, die ihren Mann schlägt: Im Denken des 16. Jahrhunderts war dies das Sinnbild einer gestörten gesellschaftlichen Ordnung.[118]

ihre Miete rechtzeitig oder verspätet zahlten und geselligen Umgang pflegten, dies in der Regel im häuslichen Umfeld, während sich die Männer meist in Schenken oder Gasthöfen trafen.[119] Auf Bildern und Stichen der Zeit begegnen wir sowohl Männern als auch Frauen; sie geben Beispiel von, je nach Sicht des Künstlers, angemessenem oder unangemessenem Verhalten. Was jedoch das öffentliche Leben anbelangt, ist eine – im Vergleich zu anderen europäischen Ländern, in denen Frauen vornehmer Abstammung gelegentlich ein Aufstieg möglich war – bemerkenswerte und wohl grösstenteils der republikanischen Verfasstheit der Eidgenossenschaft geschuldete Absenz der Frauen in den historischen Quellen festzustellen.

Die männerzentrierte Sphäre der Politik und des Krieges wurde von Künstlern wie Urs Graf gleichzeitig gefeiert und kritisiert.[120] Die energisch ausschreitenden Reisläufer in Grafs Stichen und Zeichnungen, überbordend männlich mit riesigen Schamkapseln, wirken attraktiv und bedrohlich zugleich (siehe das Bild im Kapitel von Susanna Burghartz, S. 178). Graf verstand es, die zwiespältige Natur des Söldnerwesens kongenial einzufangen, indem er es mit einer sexuellen Symbolik auflud. Die Schweizer Soldaten, die die mächtigsten Herren Europas besiegt hatten, verdienten Bewunderung, und der Reichtum aus den Pensionen und den durch den Söldnerhandel erlangten Handelsvorteilen stimulierte die Schweizer Wirtschaft. Doch das Geschäft mit dem Tod belastete die Gesellschaft, und die ständige Gegenwart der Gewalt bedeutete eine permanente Bedrohung.

In Hinblick auf die Ehe brachte die Reformation sowohl für Katholiken als auch für Protestanten bedeutende Veränderungen, sie bewirkte jedoch keine Verbesserung der Verhältnisse von Frauen. Im Gegenteil, die rechtlichen Vorteile und gesellschaftlichen Privilegien, welche Männer gegenüber Frauen genossen, wurden im Laufe des 16. Jahrhunderts sogar noch ausgebaut. Was sich jedoch veränderte, war die Art und Weise, wie Geschlechterbeziehungen verstanden wurden und wie man über sie sprach. Die reformierte Theologie lehnte die katholische Auffassung der Ehe als Sakrament ab und sprach den Kirchengerichten die Befugnis ab, in Ehesachen und bei sittlichen Verstössen wie Ehebruch und Unzucht Recht zu sprechen. Stattdessen führten die reformierten Städte die bereits erwähnten Ehe- und Sittengerichte ein; diese liessen Trennungen und in seltenen Fällen auch Scheidungen zu. Zugleich aber verweigerten sie jungen Leuten das Recht, ohne die Einverständniserklärung ihrer Eltern zu heiraten. Ein Eheschluss war zudem nur dann gültig, wenn er vor versammelter Kirchgemeinde geschlossen wurde anstatt – wie im katholischen Sakrament – vor Gott.[121] Ehebruch und andere sexuelle Vergehen wurden viel systematischer verfolgt als vor der Reformation. Allerdings zeigten jene Gerichte – wie die Quellen belegen – oftmals ein gewisses Verständnis für menschliche Schwächen und bewiesen gelegentlich ein überraschendes Mass an Flexibilität.[122]

Nach dem Konzil von Trient, also nach 1563, gab es auch auf Seiten der katholischen Kirche Initiativen zu einer verschärften Regulierung von Ehe und Sexualität, dies besonders in Hinblick auf den Klerus. Als den Priestern 1576 befohlen wurde, ihre Konkubinen und jegliches nichtverwandtschaftliches Verhältnis zu Frauen aufzugeben, erhob sich unter den Vertretern der fünf Innerschweizer Orte Protest. Dabei wiesen sie nicht nur den Machtanspruch des päpstlichen Nuntius im Allgemeinen zurück, sondern sie machten auch geltend, dass Priester ohne Konkubinen ein grösseres Risiko für ihre eigenen Frauen und Töchter darstellten. Die Priester selbst reichten ebenfalls eine Petition ein, in der sie erklärten, dass ihre Armut sie dazu zwinge, Landwirtschaft zu betreiben, was ohne weibliche Hilfe nicht möglich sei, da «kein rechte hushaltung on wibspersonen [...] kan und mag verwaltet werden».[123]

In der gemischtkonfessionellen Gemeinen Herrschaft Thurgau verstanden es die protestantischen Untertanen, die konfessionelle Spaltung zu ihrem Vorteil auszunutzen. Die reformierte Lehre verbot Heiraten zwischen nahen Verwandten – eine damals häufig genutzte Strategie, um den Familienbesitz zu erhalten –, während die katholische Kirche diesbezüglich flexibler war. Thurgauer Protestanten, die dem Zürcher Ehegericht unterstanden, fanden jedoch mit der Zeit heraus, dass sich die Behörden erpressen liessen, wenn man ihnen drohte, zum katholischen Glauben zu konvertieren. Auf diese Weise konnte eine Heirat etwa zwischen Cousin und Cousine vielfach doch noch erwirkt werden.[124] Ganz allgemein wurden im 17. Jahrhundert Konversionen und Mischheiraten zu einem wichtigen Streitpunkt und Gegenstand von Verhandlungen. Da Konversionen die Patronageverhältnisse des Konvertiten massgeblich ändern konnten, spiegeln sich in ihnen nicht nur persönliche Überzeugungen respektive eine durch den Klerus herbeigeführte Gesinnungsänderung, sondern vielfach auch Familienzwistigkeiten und lokale Parteistreitigkeiten.[125] Es waren dies unvermeidliche Konsequenzen einer Gesellschaft, in welcher die Religion den Alltag tief durchdrang; konfessionelle Auseinandersetzungen und Konfessionskulturen wurden durch derlei Aspekte entscheidend geprägt.

Ehen und sexuelles Verhalten waren sowohl ein praktisches Problem als auch Themen, in denen sich Moralvorstellungen der Zeit – Auffassungen, wie es um die Reinheit und Ordnung in der Welt bestellt sein sollte – spiegelten.[126] Diesbezügliche Bedenken waren in der Reformationszeit aus verschiedenen Gründen besonders ausgeprägt. Für die Reformatoren stellte die Kritik am Sexualverhalten von Angehörigen des Klerus ein geeignetes Mittel dar, die Autorität und das Charisma der alten Kirche zu unterhöhlen. Geschichten über wollüstige Nonnen, sodomitische Mönche und über Priester, die den Beichtstuhl als Ort sexueller Befriedigung nutzten, trugen dazu bei, den Ruf des Klerus zu unterminieren. Reformierte in Deutschland und in der Schweiz zögerten nicht, das Verbrechen der Sodomie – unter dem man damals alle nicht der Fortpflanzung dienenden sexuellen Praktiken, insbesondere homosexuelle, verstand – als ein angeblich «uss welschen Landen» kommendes Laster mit der Kirche in Rom in Verbindung zu bringen.[127] Auch der Terminus «Ketzer» implizierte im Frühneuhochdeutschen sexuelle Perversion.

Zur gleichen Zeit wurde die Institution der Familie von der geistlichen Rhetorik beider Seiten zur Metapher und zum Modell einer guten Ordnung erhoben. Die heilige Familie und die Mutterrolle der Jungfrau Maria boten sich diesbezüglich als etablierte Leitbilder an. Heiratsmetaphern durchziehen die gesamte Theologie der Zeit; sie finden sich etwa – auf katholischer Seite – im Bild der Heirat Christi mit der Kirche oder in Luthers Vergleich der theologischen Rechtfertigung (*iustificatio*) mit der Ehe. Gerade die Reformatoren propagierten die ordnungsgemäss geschlossene Ehe als Fundament einer funktionierenden sozialen Ordnung und einer guten Religion, und sie nutzten ihre neuen Gerichte, um die Ehe in ihrem Sinne zu fördern und abweichendes Verhalten zu bestrafen. In der katholischen Rhetorik galt weiterhin das Ideal spiritueller und physischer Keuschheit, doch erfuhr auch hier die Ehe eine gesteigerte Wertschätzung.

## Die dunklen Seiten der Moral: Hexenverfolgungen

Der religiöse Eifer im Bereich von Ehe und Sexualität hatte freilich auch dunkle Seiten. So war namentlich die Furcht vor weiblicher Macht im damaligen Europa weit verbreitet. Die daraus resultierende und im Lauf der Zeit zunehmende Verfolgung, etwa wegen angeblicher Ausübung schwarzer Magie, betraf zumeist Frauen in ländlichen Gegenden. Einige der frühesten derartigen Verfolgungen im europäischen Raum fanden bereits im 15. Jahrhundert in der savoyischen Dauphiné, im Wallis und in der Diözese Lausanne statt.[128] Im Hintergrund der nach 1500 zunehmenden Welle an Verfolgungen stand, dass sich in dieser Zeit die gerade auf dem Land bereits zuvor nicht unüblichen volkstümlichen Ängste vor Schadenzauber (*maleficia*) mit neuen theologischen Theorien über eine durch konspirative Hexenzirkel ausgeübte Satansverehrung zu vermischen begannen; jene Theorie wurde vor allem im sogenannten Hexenhammer, dem *Malleus Maleficarum,* von 1487 ausgeführt. In diesem Werk wurden dem Katalog der angeblichen Verbrechen von «Hexen» noch die vieldeutigen Begriffe des Ketzertums und der Blasphemie hinzugefügt, was den Hexenzauber – auch aus Sicht der Gerichte – noch viel gefährlicher erscheinen liess. Die in weiten Teilen der Schweiz im frühen 16. Jahrhundert nachweisbaren Verfolgungen von «Hexen» wegen Schadenzaubers standen indes zumeist in Verbindung mit lokalen Streitigkeiten. Oft ging es dabei um kränkliche Kinder und Tiere oder um Hagelschäden auf den Feldern; nur selten wurden solche Ereignisse explizit als Werk des Satans betrachtet.[129]

Um die Jahrhundertmitte durchlief das Muster der Hexenverfolgungen in der Eidgenossenschaft wie in ganz Europa nochmals eine markante Veränderung, indem die Zahl der Verfolgungen Einzelner wie auch grosser Personengruppen stark zunahm. Einige Historiker haben auf die damalige abrupte Klimaverschlechterung als mögliche Ursache hingewiesen, weil diese verheerende Unwetter und damit möglicherweise mehr Anklagen wegen *maleficia* mit sich brachte. Andere sahen die Gründe eher in der zu jener Zeit erfolgten Ausbreitung von Prinzipien des römischen Rechts, darunter auch die Anwendung von Folter, wieder andere in der Tatsache, dass eine Generation nach der Reformation die Hoffnungen auf religiöse Einheit zu schwinden begannen, was

**Hexenverbrennung, kolorierte Federzeichnung, in: Johann Jakob Wick, Sammlung von Nachrichten zur Zeitgeschichte, angelegt um 1560 bis 1587, fol. 239v** (ZB Zürich, Handschriftenabteilung, MS F 19). — Im Hexenwahn, der im 15. Jahrhundert einsetzte und sich im 16. Jahrhundert weiter ausbreitete, verbindet sich die Furcht vor der Magie der Hexen mit der Überzeugung, dass Satan eine stete Bedrohung für das Christentum darstelle. In der Sammlung von Johann Jakob Wick finden sich daher Zeichnungen wie die Darstellung einer Hexenverbrennung, über die im Jahr 1571 aus Genf berichtet wurde, neben Illustrationen bemerkenswerter Naturphänomene, die als Zeichen für Gottes Vorsehung und die bevorstehende Apokalypse gedeutet wurden.

**Wandteppich mit der Darstellung einer tafelnden Gesellschaft (Detail), Wollstickerei, Zürich, 1528** *(Schweizerisches Nationalmuseum, Inv.-Nr. LM-2725.a).* — In der Kultur des 16. Jahrhunderts kam der ehelichen Harmonie als Vorbild für die gesellschaftliche Ordnung ein hoher Stellenwert zu. Hochzeitsbilder zeigen das neuvermählte Paar oftmals im Rahmen eines festlichen Banketts, wobei Motive der Häuslichkeit, des verwandtschaftlichen Zusammenseins und das Ideal eines wohlgeordneten Haushalts miteinander verbunden werden.

dahingehend interpretiert werden konnte, dass es dem Teufel gelungen sei, die Christenheit zu spalten.[130] Wahrscheinlich trugen alle diese Entwicklungen dazu bei, die Häufigkeit und Intensität der Hexenverfolgungen zu erhöhen. In der ganzen Schweiz kam es diesbezüglich ab den 1560er Jahren zu einer merklichen Zunahme, dies insbesondere in Gebieten, wo die Gerichte nur unzureichend organisiert und daher stark auf die Unterstützung des Volkes angewiesen waren.

Nach neuesten Forschungen erfolgten zwischen 1580 und 1655, auf dem Höhepunkt des Hexenwahns, in der Waadt über 1700 Verurteilungen; in Graubünden sind vom späten 16. bis zum 18. Jahrhundert rund 1000 Anklagen belegt.[131] In jenen Regionen der Eidgenossenschaft, in denen die weltlichen Behörden die Zügel fester in der Hand hatten, gab es bedeutend weniger Prozesse: So wurden etwa im gesamten Herrschaftsgebiet Zürichs in derselben Periode nur achtzig Personen verfolgt. Die Beschuldigungen wegen Hexerei betrafen zumeist Frauen; als die Zahl der Anklagen infolge der Anwendung der Folter stieg, waren vermehrt auch Männer betroffen. Allerdings kam es in der Schweiz nie zu einem flächendeckenden Hexenwahn, wie es ihn etwa in Deutschland in Franken und dem Rheinland gegeben hat.

### Vielfältige Bürgerkultur

Im Verlauf des 16. Jahrhunderts konnte sich eine spezifisch schweizerische Bürgerkultur entwickeln, die sich in der Literatur, der Geschichtsschreibung und den bildenden Künsten manifestiert und ein Licht auf die gesellschaftlichen Verhältnisse wirft, wie sie etwa zwischen Führungsschicht und Bürgern, Männern und Frauen oder Einheimischen und Auswärtigen bestanden. Diese Kultur umfasste katholische und protestantische, ländliche und städtische, patrizische und volkstümliche Varianten, doch erweist sie sich insgesamt als erstaunlich kohärent und dauerhaft; sie sollte die Eidgenossenschaft in den folgenden Jahrhunderten massgeblich prägen. Einen besonders gut wahrnehmbaren Ausdruck dieser Kultur stellen Theaterproduktionen dar, die mit Unterstützung der Öffentlichkeit realisiert wurden und an denen zahlreiche Menschen teilhatten. Solche Aufführungen fanden sowohl in Städten als auch in ländlichen Gebieten wie im Kanton Uri oder im Engadin statt; sie boten eine Plattform, auf der öffentliche Tugenden gefeiert und spezifische religions- und staatspolitische Anliegen propagiert werden konnten. Die meisten Dramen des 16. Jahrhunderts unterscheiden sich deutlich von den seit dem Mittelalter üblichen Fasnachts- und Osterspielen und den Schauspielen mit religiös-lehrhaftem Charakter, den sogenannten Moralitäten. Zu den neu aufgekommenen Formen gehören Schuldramen wie *Das Spiel von den alten und jungen Eidgenossen,* das besonders in Bern florierende Reformationsdrama und das aufkommende Genre des vaterländischen Dramas, das Wilhelm Tell und andere Nationalhelden feierte. Bereits zu Beginn des 16. Jahrhunderts avancierten patriotische Themen zum Gegenstand öffentlicher Darbietungen. Ein wohl auf Etterlins Version der Sage basierendes Tellspiel wurde 1512 oder 1513 in Altdorf erstmals aufgeführt und danach regelmässig wiederholt.[132] Im *Spiel von den alten und jungen Eidgenossen* finden wir dieselben moralischen Elemente, wie sie uns in zeitgenössischen Chroniken begegnen: «Hoffart unnd grosser übermuot / thett nie die lenge guot; das hannd die Schwizer nit wellen lyden / unnd also ir adel thuon vertryben.»[133] Die Umrisse des schweizerischen Selbstbildes treten hier klar zutage: Schlichtheit und moralische Integrität kontrastieren mit der Verschwendungssucht und der korrupten Natur des Erbadels. Die Tatsache, dass die Schweizer Städte zu dieser Zeit selbst eine Phase der sozialen Abriegelung und oligarchischer Tendenzen durchliefen, tat der allgemeinen Verbreitung dieser verklärenden Sichtweise keinen Abbruch.

Zu Beginn der 1520er Jahre rückten im Zuge der sich abzeichnenden Reformation religiöse Fragen in den Vordergrund des literarischen Schaffens. In Bern verfasste der Maler, Politiker und Diplomat Niklaus Manuel (circa 1484–1530) zwei Schauspiele, *Von Papsts und Christi Gegensatz* und *Vom Papst und seiner Priesterschaft,* die die evangelische Kritik an der katholischen Kirche im Rahmen einer «multimedialen» Aufführung mit gemalten Kulissen, Worttheater und Musik zum Ausdruck brachten. Nach diesem prägnanten Auftakt unterstützte der Berner Rat die Produktion öffentlicher Dramen zu biblischen Stoffen – mit dem Ziel der Erbauung und Erziehung des Volkes – während weiterer dreissig Jahre.[134] Im Engadin wandte sich Johann (Gian) Travers (1483–1563), ein einflussreicher und mächtiger Politiker bedeutender Abstammung, biblischen Dramen zu, mit dem Ziel, die Reformation zu propagieren. Seine 1534 auf dem Dorfplatz von Zuoz uraufgeführte *Histoargia da Ioseph* war das erste einer ganzen Reihe von ladinischen Dramen, die sich mit der Frage befassten, ob das Oberengadin zum neuen Glauben übertreten solle.[135]

In Zürich begann der aus Konstanz zugewanderte Arzt Jakob Ruf (circa 1505–1558) in den 1540er Jahren Dramen mit biblischen Stoffen zur Aufführung zu bringen, so zum Beispiel *Spil von dess herren wingartten* und *Adam und Eva*. Daneben verfasste Ruf auch politische Dramen, die das Pensionenwesen und die moralische Korruption in seiner Wahlheimat kritisierten.[136] 1545 setzte er ausserdem eine aktualisierte und erweiterte Fassung des Urner Tellenspiels in Szene und hatte damit grossen Erfolg.

In Luzern wiederum wurden die traditionellen Fasnachts- und Osterspiele auch dann noch weitergeführt, als die Reformation bereits einen Keil zwischen die Orte getrieben hatte. 1583 begann Renward Cysat diese Spiele zu immer aufwendigeren Aufführungen auszubauen. Zudem verfasste er eine Fasnachts-«Tragicocomedi», den sogenannten *Convivii process,* der 1593 auf die Bühne gebracht wurde. Cysat hatte den Stoff einem älteren französischen Drama entnommen und wies ausdrücklich darauf hin, dass er seine Vorlage habe bearbeiten müssen, um sie «hieländischer [zu machen und] unser sitten gebrüchen und landsarten» anzupassen.[137]

» *Es sind auch vil / die / ob sy glych nicht Latin gstudiert / nüt destweniger guote alte Bücher / als Historien / oder die guote zucht / das Regiment / und auch die Religion anträffend / in Teutscher unnd Frantzösischer spraach fleiyssig läsend.»*

Josias Simmler, Regiment Gmeiner loblicher Eydgnoschafft: Beschriben und in zwey Bücher gestelt, Zürich, 1577, fol. 165v.

Das Medium des Theaters mag die gemeinsamen – freilich auch oft umstrittenen – Werte der eidgenössischen Bürgerkultur am öffentlichkeitswirksamsten zum Ausdruck gebracht haben; die Formen, in denen diese Kultur zum Ausdruck kam, waren jedoch allgegenwärtig. Josias Simmler beschwor ihre Werte in seiner *Republica Helvetiorum* auf eine Art und Weise, die die Schweiz von der umfassenderen europäischen Kultur abhob und zugleich mit dieser verband. Beispielsweise lobte er – wie dies allgemein üblich war – die Wehrhaftigkeit der Eidgenossenschaft, legte dabei aber besonderen Wert auf die Tatsache, dass die militärischen Sitten der Schweizer Söldner sich von denen der süddeutschen Landsknechte deutlich unterschieden, und fügte sogar an, dass diese Unterschiede selbst in der Militärmusik wahrnehmbar seien.

Die bei Simmler feststellbare Kombination aus stolzer Distanzierung von Europa und sorgsam bemühter Teilhabe am grossen Kontinent sollte für lange Zeit ein schweizerisches Charakteristikum bleiben. Um 1600 gingen Eidgenossen und Europäer darin einig, dass es sich bei «der Schweiz» um ein unterscheidbares Staatswesen und eine spezifische Gemeinschaft handele, die von europäischen Normen abweiche und sich diese zugleich zu eigen mache. Die gravierenden Veränderungen des militärischen, kirchlichen, wirtschaftlichen und kulturellen Lebens, mit denen noch hundert Jahre zuvor niemand hatte rechnen können, hatten ein politisches Gebilde entstehen lassen, dessen Erzählung einer mythischen Vergangenheit den eigenen Blick auf den komplexen Entwicklungsweg der Schweiz zumindest teilweise verstellte – einen Weg, der doch zu grossen Teilen auf der Bühne Europas und der Weltgeschichte zurückgelegt worden war.

## ZUM STAND DER FORSCHUNG

In den vergangenen fünfzig Jahren entwickelte sich die Forschung zur schweizerischen Geschichte des 16. Jahrhunderts weitgehend parallel zu den internationalen Trends im Bereich der europäischen Geschichte. Im Gegensatz zum Bereich der Geschichte des Mittelalters, in dem lebhafte Debatten über das Wesen der Eidgenossenschaft und die Bedeutung der Befreiungssage gewährleisteten, dass man ein offenes Ohr für gegenwartsbezogene Fragestellungen behielt, bewegten sich die Forschungen zum 16. Jahrhundert von der Verfassungsgeschichte hin zur Sozial- und Kulturgeschichte, ohne den Debatten über nationale Identität vergleichbare Aufmerksamkeit zu schenken. Statt sich wieder und wieder mit der Befreiungssage zu beschäftigen, bedienten ältere Studien zum 16. Jahrhundert oft einen anderen Gemeinplatz – jenen der *felix culpa*, des «glücklichen Falls». Nach dieser Auffassung bewirkte das Scheitern der eidgenössischen Ambitionen als Führungsmacht nach 1500 einerseits den politischen Abstieg sowie Ohnmacht und Zersplitterung, dies besonders im Gefolge der religiösen Spaltung ab den 1520er Jahren. Andererseits, so wurde konstatiert, hätte aber gerade dieser Misserfolg die Eidgenossenschaft in die Lage versetzt, sich in Richtung der internationalen Neutralität und des Friedens im Inneren zu bewegen, die das Land ab 1815 mehrheitlich kennzeichneten. Spaltung und Schwäche – ja moralischer Verfall, Bestechlichkeit und Verderbtheit, kurz «Korruption» – waren demnach ein bescheidener Preis für die relative Ruhe, die sich ab den 1530er Jahren einstellte. Historiographisch fokussierte eine solche Betrachtungsweise der eidgenössischen Vergangenheit vor allem auf die ersten drei Dekaden des Jahrhunderts, wohingegen die meisten späteren Ereignisse – also solche, die stattfanden, nachdem der angebliche Entwicklungsweg der Eidgenossenschaft vorgezeichnet war, – vergleichsweise nebensächlich wirken mussten. Neuere Forschungsergebnisse, etwa von Bernhard Stettler, haben das Interesse erneut auf die Bedeutung des 16. Jahrhunderts für die Verfestigung der historischen Identität der Schweiz gelenkt.

Eine weitere Möglichkeit der Annäherung an die Eidgenossenschaft des 16. Jahrhunderts bot lange Zeit die Reformationsgeschichte – es handelte sich dabei um eine Form der Annäherung, die sich eher an europäischen als an nationalen Fragestellungen orientierte. Doch das allmähliche Verschwinden des kulturellen Grabens zwischen Katholiken und Protestanten unterminierte die herkömmliche Reformationsgeschichte zeitgleich mit dem Niedergang der traditionellen politischen Geschichte in den 1970er Jahren. Forschungen über die einzelnen Konfessionen, insbesondere die Täufer, wurden indes weitergeführt.[138] Aufgrund der Abkehr von der politischen Geschichte und der Religionsgeschichte sind ältere Untersuchungen teils bemerkenswert wichtig geblieben. Die Studien von Hans Conrad Peyer und Karl Mommsen haben für die schweizerische Verfassungsgeschichte nach wie vor eine besondere Bedeutung, und für das Verständnis der Rolle der Schweiz in den Mailänderkriegen ist Ernst Gagliardis Studie von 1919 immer noch grundlegend.[139] Erst seit kurzem ist die Diplomatiegeschichte über die älteren Arbeiten von Paul Schweizer und Edgar Bonjour hinausgegangen, etwa mit Valentin Groebners Studien zur Kultur des diplomatischen Handelns oder Thomas Maissens neuer Interpretation des Westfälischen Friedens.[140] Calvin-Studien wurden – vor allem von internationalen Autoren – beständig weitergeführt, hingegen brach der Strom von Arbeiten über Zwingli in den 1980er Jahren ab. Die traditionelle katholische Kirchengeschichte fand eine Fortsetzung in der monumentalen *Helvetia Sacra*-Reihe, die vom sich wandelnden Stil der Geschichtsschreibung weitgehend unbeeinflusst blieb.[141]

Der in den 1970er Jahren erfolgte Aufschwung der Sozialgeschichte und quantitativ arbeitender Forschungszweige wie der Demographie war an sich ein internationales Phänomen. Diese neuen Ansätze fanden jedoch in der Schweiz – wegen der dort reichhaltig erhaltenen Quellen zum Sozial- und Wirtschaftsleben – ein kongeniales Forschungsterrain. Gerade jüngere Forscher wandten sich oft mit Begeisterung diesen neuen Untersuchungsmethoden zu, dies vielfach in bewusster Opposition gegen die politischen Grosserzählungen, an denen die von der eigenen Kriegserfahrung, von Kaltem Krieg und Geistiger Landesverteidigung geprägte erste Nachkriegsgeneration von Historikern noch gearbeitet hatte. Gleichzeitig widmeten sich manche Forscher der Wirtschaftsgeschichte, unter ihnen Jean-François Bergier und Martin Körner, was bald zu wichtigen Ergebnissen über das schweizerische Wirtschafts- und Finanzsystem des 16. Jahrhunderts führte.[142] Christian Pfisters bahnbrechende klimageschichtliche Forschungen, die Sozial- und Wirtschaftsgeschichte mit naturwissenschaftlichen Befunden verbanden, begründeten eine neue Subdisziplin, die sich international etablieren konnte.[143]

Sozialgeschichte ist immer auch oppositionelle Geschichte oder «Geschichte von unten» gewesen; ihr Ziel bestand darin, den Sorgen und Nöten der Bauern, gemeinen Stadtbewohner und gesellschaftlichen Aussenseiter von Hexen bis zu Ketzern gegenüber den Ansichten und Interessen der politischen und wirtschaftlichen Eliten mehr Gehör zu verschaffen und historisches Gewicht einzuräumen. Vor diesem Hintergrund entstand zu Beginn der 1980er Jahre die *Geschichte der Schweiz und der Schweizer*, deren frühneuzeitliche Kapitel, verfasst von Nicolas Morard, Martin Körner und François de Capitani, das Thema der formellen Politik detaillierten Ausführungen über Klima, Wirtschaft und Gesellschaft unterordneten. Trotzdem blieb damals, wie Bergier in seiner *Wirtschaftsgeschichte der Schweiz* 1983 erklärte, manches unerforscht, besonders was die Geschichte der Agrargesellschaft betrifft. Die Arbeiten von Jon Mathieu haben später geholfen, diese Lücke zu schliessen; in anderen wichtigen Bereichen – etwa zum Söldnerwesen oder zur Protoindustrialisierung – sind jedoch bis heute nur sporadische Beiträge zu verzeichnen.[144]

Die Forschungen von Peter Blickle – insbesondere jene nach seiner Berner Berufung getätigten – haben eine wichtige Brücke zwischen der neuen Sozialgeschichte und der Reformationsgeschichte geschlagen. Seine Studie von 1975 über den deutschen Bauernkrieg *Die Revolution von 1525* bettete die frühe Reformation in das gesellschaftliche und wirtschaftliche Leben der südwestdeutschen Bauern ein und lieferte damit einen Kontrast zur theologischen Ausrichtung der älteren Geschichtsschreibung.[145] Blickle machte sich die Fortschritte der Sozialgeschichte – bezeichnenderweise auch hervorragende Beiträge ostdeutscher Forscher – zunutze, um die politische und ideologische Ökonomie des frühen 16. Jahrhunderts zu erforschen. 1985 erweiterte er seine Perspektive, indem er in seinem Werk *Gemeindereformation*[146] die Reformation Zwinglis als geistige Bewegung in ihrem sozialen Kontext darstellte. Trotz Kritik, vor allem seitens politisch links orientierter Historiker, an Blickles Optimismus bezüglich der Fähigkeit der Gemeinde, Klassenunterschiede auszugleichen, vermochte seine Studie neues Interesse an der Geschichte der Schweizer Politik zu wecken – einer Politik allerdings, die alle Einwohner des Landes und nicht nur die in der älteren Historiographie dominierenden aktiven Eliten betraf –[147] und ebenso eine Reihe von sozialgeschichtlichen Studien über regionale reformatorische Bewegungen im Gebiet der alten Eidgenossenschaft auszulösen.[148]

Seit den 1990er Jahren ist der internationale Trend hin zur Kulturgeschichte auch in der Schweiz deutlich spürbar. Das Interesse an Frauengeschichte des 16. Jahrhunderts hat unter dem Eindruck von Susanna Burghartz' brillanter Studie über Basel[149] stetig zugenommen; seither sind einige geschlechtergeschichtliche Untersuchungen auf der Grundlage von Schweizer Quellen entstanden.[150] Die Forschungen über das Hexenwesen, zu dem in der Schweiz reichlich Quellenmaterial vorhanden ist, wurden fortgesetzt, nun aber unter stärkerem Einbezug der kulturanthropologischen und mikrohistorischen Methodik.[151] Untersuchungen über die Lesefähigkeit und Kommunikation haben sich seit den 1990er Jahren als spezielle Stärke der Schweizer Mediävisten erwiesen und vermochten auch Studien über das 16. Jahrhundert anzuregen.[152] Einige der kreativsten Beiträge, etwa Valentin Groebners Studien über visuelle Gewalt und körperliche Identitäten,[153] zeugen vom fortgesetzten Potential der historischen Anthropologie, wobei herkömmliche Unterscheidungen, etwa zwischen mittelalterlichen und frühneuzeitlichen Studien, mittlerweile wegfallen.

Seit 2000 hat die Forschungstätigkeit zur Schweizer Reformation bedeutend zugenommen. Internationale Historiker haben die Schweiz von jeher als wichtigen Schauplatz dieser Bewegung berücksichtigt, so Robert M. Kingdon, Carlos Eire, Lee Palmer Wandel, Bruce Gordon, Olivier Christin und Amy Nelson Burnett.[154] Einen Forschungsschwerpunkt ab den 1990er Jahren bildete die Persönlichkeit Heinrich Bullingers, dessen langes Wirken als Antistes in Zürich mit der Konsolidierung der reformierten Kirchen in der Schweiz zusammenfiel und der wesentlich zur Verbreitung der reformatorischen Bewegung von England bis nach Osteuropa beitrug.[155] Spezialisten für die Geschichte der Reformation haben sich ausserdem Themen wie den Glaubensflüchtlingen in der Schweiz oder den reformatorischen Bewegungen in den italienischsprachigen Gebieten des Landes zugewandt. Auch über die katholische Reform und die Gegenreformation sind vielversprechende Studien verfasst worden, oft unter Anwendung historisch-anthropologischer Methoden.[156] Schliesslich sind Arbeiten zu den Konfessionskulturen in der Schweiz erschienen, die die Aufmerksamkeit weg von den ersten auf die Reformation folgenden Jahrzehnten hin zum späten 16. und frühen 17. Jahrhundert verlagert haben.[157]

Faszinierende Forschungsaufgaben sind nach wie vor in grosser Fülle vorhanden. Sie lassen sich grob in zwei Kategorien unterteilen: Zum einen bieten sich viele herkömmliche Themen der Politik- und Militärgeschichte für eine Erforschung mit sozial- und kulturgeschichtlichen Methoden an; zum anderen ist die Periode ab 1550 bislang nur spärlich erforscht, obwohl sie reichlich Quellenmaterial und interessante Problemstellungen bereithält. Von besonderer Bedeutung innerhalb der ersten Kategorie sind wohl Studien über die von Eidgenossen als Söldner in ganz Europa gemachten Erfahrungen, dies sowohl vor als auch nach dem dramatischen Einschnitt von 1515. In der zweiten Kategorie bleiben sozial- und kulturgeschichtliche Untersuchungen zur späten Reformation und zur Gegenreformation vielversprechend. Schliesslich verdient auch die politische Geschichte der Eidgenossenschaft neues Interesse: Mit Thomas Maissens beindruckender Studie *Die Geburt der Republic* und Andreas Würglers Habilitationsschrift über die Tagsatzung ist für weitere innovative Ansätze zur Deutung der politischen Kultur und Praxis des 16. Jahrhunderts der Boden bereitet.[158]

### ANMERKUNGEN

1 — Ernst Reibstein, Respublica Helvetiorum. Die Prinzipien der eidgenössischen Staatslehre bei Josias Simler, Bern 1949; Thomas Maissen, Die Geburt der Republic. Staatsverständnis und Repräsentation in der frühneuzeitlichen Eidgenossenschaft, Göttingen 2006.

2 — Hans Conrad Peyer, Verfassungsgeschichte der alten Schweiz, Zürich 1978, S. 36–40.

3 — Randolph C. Head, Shared lordship, authority and administration. The exercise of dominion in the «Gemeine Herrschaften» of the Swiss Confederation, 1417–1600, in: Central European History, Bd. 30, Nr. 4, 1997, S. 489–512.

4 — Claudius Sieber-Lehmann / Thomas Wilhelmi (Hg.), In Helvetios – Wider die Kuhschweizer. Fremd- und Feindbilder von den Schweizern in antieidgenössischen Texten aus der Zeit von 1386 bis 1532, Bern 1998.

5 — Maissen, Geburt.

6 — Vgl. Petermann Etterlin, Kronica von der loblichen Eydtgnoschaft, jr harkommen und sust seltzam stritten und geschichten, Nachdruck (Orig. Basel 1507), Zürich 2011.

7 — Josias Simmler, Regiment Gmeiner loblicher Eydgnoschafft. Beschriben und in zwey Bücher gestelt (Orig.: De republica Helvetiorum libri duo, Zürich 1576), Zürich 1577, fol. 16or.

8 — Jean-François Bergier, Histoire économique de la Suisse, Lausanne 1984, S. 78 (dt. Die Wirtschaftsgeschichte der Schweiz. Von den Anfängen bis zur Gegenwart, Zürich 1983).

9 — Jeffrey R. Watt, The making of modern marriage. Matrimo-

nial control and the rise of sentiment in Neuchâtel, 1550–1800, Ithaca (N.Y.) 1992; Thomas Max Safley, Let no man put asunder. The control of marriage in the German southwest. A comparative study, Kirksville (MO) 1984; Susanna Burghartz, Zeiten der Reinheit – Orte der Unzucht. Ehe und Sexualität in Basel während der Frühen Neuzeit, Paderborn 1999.
10 — Nach Markus Mattmüller, Bevölkerungsgeschichte der Schweiz., Tl. 1: Die frühe Neuzeit, 1500–1700, 2 Bde., Basel 1987. Kürzliche Diskussion in: Anne-Lise Head-König, Démographie et histoire des populations de la Suisse de l'an mil au XIX$^e$ siècle: un état de la recherche récente, in: Allgemeine Geschichtforschende Gesellschaft der Schweiz (Hg.), Geschichtsforschung in der Schweiz, Basel 1992, S. 114–136; Jon Mathieu, Geschichte der Alpen 1500–1900. Umwelt, Entwicklung, Gesellschaft, Wien 1998.
11 — Christian Pfister, The population in late medieval and early modern Germany, in: Sheilagh C. Ogilvie / Bob Scribner (Hg.), Germany. A new social and economic history, 3 Bde., London 1996–2003, Bd. 1, S. 33–62; ders., Weeping in the snow. The second period Little Ice Age-type impacts, 1570–1630, in: Wolfgang Behringer et al. (Hg.), Kulturelle Konsequenzen der «Kleinen Eiszeit», Göttingen 2005, S. 81.
12 — Ebd., S. 56–69; Mathieu, Geschichte der Alpen.
13 — Otto Sigg, Bevölkerungs-, agrar- und sozialgeschichtliche Probleme des 16. Jahrhunderts am Beispiel der Zürcher Landschaft, in: Schweizerische Zeitschrift für Geschichte (SZG), Jg. 24, Nr. 1, 1974, S. 1–25.
14 — Bergier, Histoire, S. 78; Jon Mathieu, Eine Agrargeschichte der inneren Alpen. Graubünden, Tessin, Wallis 1500–1800, Zürich 1992.
15 — Andreas Suter, Der schweizerische Bauernkrieg von 1653. Politische Sozialgeschichte – Sozialgeschichte eines politischen Ereignisses, Tübingen 1997.
16 — Bergier, Histoire, S. 48.
17 — Hermann Romer, Herrschaft, Reislauf und Verbotspolitik. Beobachtungen zum rechtlichen Alltag der Zürcher Solddienstbekämpfung im 16. Jahrhundert, Zürich 1995.
18 — Roberto Contini / Gianni Papi (Hg.), Giovanni Serodine 1594/1600–1630 e i precedenti romani, Lugano 1993; Aldo Crivelli, Artisti ticinesi nel mondo, Bd. 3, Locarno 1970.
19 — Kurt Messmer / Peter Hoppe, Luzerner Patriziat. Sozial- und wirtschaftsgeschichtliche Studien zur Entstehung und Entwicklung im 16. und 17. Jahrhundert, Luzern 1976; Martin Körner, Luzerner Staatsfinanzen, 1415–1798. Strukturen, Wachstum, Konjunkturen, Luzern 1981; Bergier, Histoire.
20 — Paul Guichonnet (Hg.), Histoire de Genève, Toulouse 1974, S. 106; Antony Babel (Hg.), Histoire économique de Genève. Des origines au début du XVI$^e$ siècle, Genève 1963, Bd. 2, S. 595–596.
21 — HLS, Hans Stadler: «Handel».
22 — Werner Schnyder, Die Bevölkerung der Stadt und Landschaft Zürich vom 14. bis 17. Jahrhundert. Eine methodologische Studie, Zürich 1925, S. 78.
23 — Bergier, Histoire, S. 136.
24 — Ebd., S. 278–284.
25 — Körner, Luzerner Staatsfinanzen, insbes. S. 36; Bergier, Histoire.
26 — Vgl. Govind P. Sreenivasan, The peasants of Ottobeuren, 1487–1726. A rural society in early modern Europe, Cambridge 2004.
27 — Hans Conrad Peyer, Die Anfänge der schweizerischen Aristokratie, in: Messmer/Hoppe, Luzerner Patriziat, S. 26; Paul Eugen Grimm, Die Anfänge der Bündner Aristokratie im 15. und 16. Jahrhundert, Zürich 1981.
28 — Peyer, Anfänge.
29 — Ulrich Pfister, Politischer Klientelismus in der frühneuzeitlichen Schweiz, in: SZG, Jg. 42, Nr. 1, 1992, S. 28–68; Valentin Groebner, «Gemein» und «Geheym». Pensionen, Geschenke, und die Sichtbarmachung des Unsichtbaren in Basel am Beginn des 16. Jahrhunderts, in: SZG, Jg. 49, Nr. 4, 1999, S. 445–469; Simon Teuscher, Bekannte – Klienten – Verwandte. Sozialität und Politik in der Stadt Bern um 1500, Köln et al. 1998.
30 — Karl Mommsen, Eidgenossen, Kaiser und Reich. Studien zur Stellung der Eidgenossenschaft innerhalb des heiligen römischen Reiches, Basel 1958.
31 — Peyer, Anfänge, S. 1–28.
32 — Ämterbefragungen bis in die 1550er Jahre: Christian Moser / Hans Rudolf Fuhrer, Der lange Schatten Zwinglis. Zürich, das französische Soldbündnis und eidgenössische Bündnispolitik, 1500–1650, Zürich 2009.
33 — Mommsen, Eidgenossen.
34 — Ernst Gagliardi, Geschichte der Schweiz von den Anfängen bis auf die Gegenwart, Bd 1: Bis zum Abschluss der italienischen Kriege (1516), Zürich 1920, S. 243, 280.
35 — Amtliche Sammlung der ältern eidgenössischen Abschiede, Bd. 3, Abt. 2, [s. l.] 1869, S. 1406–1415.
36 — Vgl. Hans Conrad Peyer, Leinwandgewerbe und Fernhandel der Stadt St. Gallen von den Anfängen bis 1520, Bd. 2, St. Gallen 1960, S. 7.
37 — Rudolf Bolzern, Spanien, Mailand und die katholische Eidgenossenschaft. Militärische, wirtschaftliche und politische Beziehungen zur Zeit des Gesandten Alfonso Casati (1594–1621), Luzern/Stuttgart 1982.
38 — Moser/Fuhrer, Schatten Zwinglis.
39 — Randolph C. Head, Early modern democracy in the Grisons. Social order and political language in a Swiss mountain canton, 1470–1620, Cambridge 1995, S. 143–149.
40 — Thomas A. Brady, Jr., Turning Swiss. Cities and Empire, 1450–1550, Cambridge 1985.
41 — Michael Jucker, Gesandte, Schreiber, Akten. Politische Kommunikation auf eidgenössischen Tagsatzungen im Spätmittelalter, Zürich 2004.
42 — Romer, Herrschaft.
43 — Martin Körner, Zur eidgenössischen Solddienst- und Pensionendebatte im 16. Jahrhundert, in: Norbert Furrer et al. (Hg.), Gente ferocissima. Solddienst und Gesellschaft in der Schweiz (15.–19. Jahrhundert), Zürich/Lausanne 1997, S. 193–204.
44 — Niklaus Flüeler / Marianne Flüeler-Grauwiler (Hg.), Geschichte des Kantons Zürich, Bd. 2, Zürich 1996, S. 178–183; André Holenstein (Hg.), Berns mächtige Zeit. Das 16. und 17. Jahrhundert neu entdeckt, Bern 2006, S. 101–108.
45 — Romy Günthart (Hg.), Von den Vier Ketzern: «Ein erdocht falsch history etlicher prediger münch» und «Die war History von den vier ketzer prediger ordens», Zürich 2009, S. 17–21.
46 — Marc R. Forster, Catholic revival in the age of the baroque. Religious identity in southwest Germany, 1550–1750, Cambridge 2001.
47 — Gary K. Waite, Eradicating the devil's minions. Anabaptists and witches in reformation Europe, 1525–1600, Toronto 2007.
48 — Franz Matthias Mauelshagen, Wunderkammer auf Papier. Die «Wickiana» zwischen Reformation und Volksglaube, Zürich 2008.
49 — Zur vorreformatorischen und katholischen Schweiz siehe Helvetia Sacra, 32 Bde., Basel 1972–2007.
50 — Immacolata Saulle Hippenmeyer, Nachbarschaft, Pfarrei und Gemeinde in Graubünden 1400–1600, 2 Bde., Chur 1997; Peter Blickle, Warum blieb die Innerschweiz katholisch?, in: Mitteilungen des Historischen Vereins des Kantons Schwyz, Nr. 86, 1994, S. 29–38; Carl Pfaff, Pfarrei und Pfarreileben. Ein Beitrag zur spätmittelalterlichen Kirchengeschichte, in: Historischer Verein der Fünf Orte (Hg.), Innerschweiz und frühe Eidgenossenschaft, Bd. 1: Verfassung, Kirche, Kunst, Olten 1990, S. 205–281.
51 — Philip Robinson, Die Fürstabtei St. Gallen und ihr Territorium 1463–1529, St. Gallen 1995.
52 — Amy Nelson Burnett, Teaching the reformation. Ministers and their message in Basel, 1529–1629, New York 2006, S. 92–94; Karin Maag, Seminary or university? The Genevan Academy and reformed higher education, 1560–1620, Aldershot/Brookfield (VT) 1995.
53 — Oskar Vasella, Über das Problem der Klerusbildung im 16. Jahrhundert. Nebst Protokollen von Weiheprüfungen des Bistums Chur (1567–1572), in: Mitteilungen des Instituts für Österreichische Geschichtsforschung, Bd. 58, 1950, S. 441–456.
54 — Bruce Gordon, The Swiss Reformation, Manchester 2002, S. 46–85.
55 — Ebd., S. 51–53
56 — Amtliche Sammlung der ältern eidgenössischen Abschiede, Bd. 4, Abt. 1a, [s. l.] 1873, S. 255, zit. in: Handbuch der Schweizer Geschichte, Bd. 1, Zürich 1972, S. 476, Fn. 353.
57 — Gordon, Swiss Reformation, S. 59.
58 — Ebd., S. 63f.; Lee Palmer Wandel, Voracious idols and violent hands. Iconoclasm in Reformation: Zurich, Strasbourg, and Basel, Cambridge 1995; Carlos Eire, War against the idols. The Reformation of worship from Erasmus to Calvin, Cambridge 1986.
59 — John S. Oyer, Lutheran Reformers Against Anabaptists. Luther, Melanchthon and Menius and the anabaptists of central Germany, Den Haag 1964, S. 244.
60 — Zit. in http://stadtarchiv.memmingen.de/918.html., Zugriff: 30.3.2012.
61 — Peter Kamber, Der Ittinger Sturm. Eine historische Reportage, Ittingen 1997, S. 2of.
62 — Peter Bierbrauer, Freiheit und Gemeinde im Berner Oberland 1300–1700, Bern 1991.
63 — Gisela Mönke, Ilanzer und Sarganser Artikel in einer Flugschrift aus dem Jahre 1523, in: Zeitschrift für Kirchengeschichte, Bd. 100, Nr. 3, 1989, S. 370–388.
64 — Zit. in Handbuch der Schweizer Geschichte, Bd. 1, S. 468.
65 — Blickle, Warum blieb die Innerschweiz katholisch?, S. 29–38
66 — Georg Kreis, Die Kappeler Milchsuppe. Kernstück der schweizerischen Versöhnungsikonografie, in: SZG, Jg. 44, Nr. 3, 1994, S. 288–310.
67 — John M. Headley, The emperor and his chancellor. A study of the imperial chancellery under Gattinara, Cambridge 1983.
68 — André Holenstein, Reformatorischer Auftrag und Tagespolitik bei Heinrich Bullinger, in: Emidio Campi / Peter Opitz (Hg.), Heinrich Bullinger. Life – thought – influence, 2 Bde., Zürich 2007, S. 177–232.
69 — Charles S. McCoy / J. Wayne Baker, Fountainhead of federalism. Heinrich Bulliger and the covenantal tradition, Louisville (KY) 1991.
70 — Thomas Maissen, Die Eidgenossen und das Augsburger Interim. Zu einem unbekannten Gutachten Heinrich Bullingers, in: Luise Schorn-Schütte (Hg.), Das Interim 1548/50: Herrschaftskrise und Glaubenskonflikt, Gütersloh 2005, S. 76–104.
71 — Mommsen, Eidgenossen.
72 — Christian Padrutt, Staat und Krieg im Alten Bünden. Studien zur Beziehung zwischen Obrigkeit und Kriegertum in den Drei Bünden vornehmlich im 15. und 16. Jahrhundert, Zürich 1965.
73 — Peyer, Anfänge; Messmer/Hoppe, Luzerner Patriziat.
74 — Staatsarchiv Graubünden, Sign. AB IV 1/003, S. 212.
75 — Romer, Herrschaft.
76 — Corpus Documental de Carlos V, Bd. 2, Salamanca 1975, S. 582.
77 — Maissen, Augsburger Interim, S. 76–104.
78 — Paul Schweizer, Geschichte der schweizerischen Neutralität, 2 Bde., Frauenfeld 1895; Edgar Bonjour, Geschichte der schweizerischen Neutralität. Vier Jahrhunderte eidgenössischer Aussenpolitik, Bd. 1, 5. Aufl. (1. Aufl. 1946), Basel 1970.
79 — Robert M. Kingdon, Geneva and the coming of the Wars of Religion in France, 1555–1563, Genf 1956.
80 — Albert Müller, Der Goldene Bund 1586, Zug 1965; Zentral- und Hochschulbibliothek Luzern (ZHB Luzern), Cysateana V: Msc. 16.
81 — Kingdon, Geneva.
82 — Geoffrey Parker, The army of Flanders and the Spanish Road, 1567–1659, Cambridge 1972; Bolzern, Spanien.
83 — Fritz Jecklin, Der Engadiner Aufruhr des Jahres 1565, Chur 1904; Christian Windler, «Ohne Geld keine Schweizer»: Pensionen und Söldnerrekrutierung auf den eidgenössischen Patronagemärkten, in: ders. / Hillard v. Thiessen (Hg.), Nähe in der Ferne. Personale Verflechtungen in den Aussenbeziehungen der Frühen Neuzeit, Berlin 2005, S. 105–133.
84 — Moser/Fuhrer, Schatten Zwinglis.
85 — Müller, Der Goldene Bund, S. 37–84.
86 — Ebd., S. 104.
87 — Bolzern, Spanien.
88 — Parker, Army of Flanders; Horatio Brown, The Valtelline (1603–1639), in: A. W. Ward et al. (Hg.), The Cambridge Modern History, Bd. 4, Cambridge 1906, S. 35–63; Martin Bundi, Frühe Beziehungen zwischen Graubünden und Venedig (15./16. Jahrhundert), Chur 1988.
89 — Thomas Maissen, Schweizer Geschichte im Bild, Baden 2012, S. 98
90 — Heinrich Richard Schmidt, Dorf und Religion. Reformierte Sittenzucht in Berner Landgemeinden der Frühen

Neuzeit, Stuttgart 1995; ders., Über das Verhältnis von ländlicher Gemeinde und christlicher Ethik. Graubünden und die Innerschweiz, in: Peter Blickle (Hg.), Landgemeinde und Stadtgemeinde in Mitteleuropa. Ein struktureller Vergleich, München 1991, S. 455–487.
**91** — Bruce Gordon, Clerical discipline and the rural reformation. The synod in Zurich, 1532–1580, Bern et al. 1992; Burnett, Teaching.
**92** — Schmidt, Dorf und Religion.
**93** — Oskar Vasella, Über die Taufe totgeborener Kinder in der Schweiz, in: Zeitschrift für schweizerische Kirchengeschichte, Jg. 60, Nr. 1–2, 1966, S. 1–75.
**94** — Ders., Das Visitationsprotokoll über den schweizerischen Klerus des Bistums Konstanz von 1586, Bern 1963; Anthony David Wright, Post-tridentine Reform in the archdiocese of Milan under the successors of Saint Charles Borromeo, 1584–1631, Diss. Univ. Oxford 1973.
**95** — Daniela Hacke, Zwischen Konflikt und Konsens. Zur politisch-konfessionellen Kultur in der Alten Eidgenossenschaft des 16. und 17. Jahrhunderts, in: Zeitschrift für Historische Forschung, Jg. 32, Nr. 4, 2005, S. 575–604.; Randolph C. Head, Fragmented dominion, fragmented churches. The institutalisation of the Landfrieden in the Thurgau, 1531–1610, in: Archiv für Reformationsgeschichte, Jg. 96, 2005, S. 117–114; ders., Religiöse Koexistenz und konfessioneller Streit in den Vier Dörfern: Praktiken der Toleranz in der Ostschweiz, 1525–1615, Bündner Monatsblatt, Nr. 5, 1999, S. 323–344.
**96** — Hans Ulrich Bächtold, Bullinger und die Krise der Zürcher Reformation im Jahre 1532, in: Ulrich Gäbler / Erland Herkenrath (Hg.), Heinrich Bullinger: 1504–1575. Gesammelte Aufsätze zum 400. Todestag, Bd. 1, Zürich 1975, S. 283–288.
**97** — Staatsarchiv Luzern, Sign. F1 161 (1592).
**98** — Head, Fragmented dominion; Frauke Volkland, Konfession und Selbstverständnis. Reformierte Rituale in der gemischtkonfessionellen Kleinstadt Bischofszell im 17. Jahrhundert, Göttingen 2005.
**99** — Head, Religiöses Zusammenleben; über Glarus siehe Gordon, Swiss Reformation, S. 98.
**100** — Daniela Hacke, Der Kirchenraum als politischer Handlungsraum. Konflikte um die liturgische Ausstattung von Dorfkirchen in der Eidgenossenschaft, in: Susanne Wegmann / Gabriele Wimböck (Hg.), Konfessionen im Kirchenraum. Dimensionen des Sakralraums in der Frühen Neuzeit, Korb 2007, S. 137–157.
**101** — Georg Kreis, Geschichten zur Gründungsgeschichte, in: Schweizerisches Nationalmuseum (Hg.), Entstehung Schweiz. Unterwegs vom 12. ins 14. Jahrhundert, Baden 2011, S. 170–175.
**102** — Thomas Maissen, Ein «helvetisch Alpenvolck». Die Formulierung eines gesamteidgenössischen Selbstverständnisses in der Schweizer Historiographie des 16. Jahrhunderts, in: Krzysztof Baczkowski / Christian Simon (Hg.), Historiographie in Polen und der Schweiz, Kraków 1994, S. 69–86, S. 74.
**103** — Zentral- und Hochschulbibliothek Luzern, Cysateana: Msc. 117, S. 8; Msc. 100, S. 425.
**104** — Guy P. Marchal, Die frommen Schweden in Schwyz. Das «Herkommen der Schwyzer und Oberhasler» als Quelle zum schwyzerischen Selbstverständnis im 15. und 16. Jahrhundert, Basel/Stuttgart 1976; Frank L. Borchardt, German antiquity in renaissance myth, Baltimore (Md.) 1971; Maissen, Geburt; Giatgen-Peder Fontana, Rechtshistorische Begriffsanalyse und das Paradigma der Freien, Zürich 1987.
**105** — Maissen, «Alpenvolck», S. 80.
**106** — Benedikt Vögeli, Der Rothenburger Aufstand von 1570. Eine Studie zum bäuerlichen Widerstand im Kanton Luzern der frühen Neuzeit, in: Jahrbuch der Historischen Gesellschaft Luzern, Bd. 10, 1992, S. 2–40, S. 28f.
**107** — Staatsarchiv Graubünden, Sign. B 707/3; s. dazu Head, Early modern democracy, S. 130.
**108** — Groebner, «Gemein» und «Geheym».
**109** — Sieber-Lehmann/Wilhelmi (Hg.), In Helvetios, S. 90.
**110** — Balthasar Spross, Das Spiel von den alten und jungen Eidgenossen, hg. v. Friederike Christ-Kutter, Bern 1963, S. 75; dazu allg. Guy P. Marchal, Die Antwort der Bauern. Elemente und Schichtungen des eidgenössischen Geschichtsbewusstseins am Ausgang des Mittelalters, in: Hans Patze (Hg.), Geschichtsschreibung und Geschichtsbewusstsein im späten Mittelalter, Sigmaringen 1987, S. 757–790.
**111** — Matthias Weishaupt, Bauern, Hirten und «frume edle puren». Bauern- und Bauernstaatsideologie in der spätmittelalterlichen Eidgenossenschaft und der nationalen Geschichtsschreibung der Schweiz, Basel 1992.
**112** — Simmler, Regiment, fol. 9r.
**113** — Maissen, Geburt, S. 302f.
**114** — Hildegard Elisabeth Keller, God's plan for the Swiss Confederation. Heinrich Bullinger, Jakob Ruf, and their uses of historical myth in reformation Zürich, in: Randolph C. Head / Daniel Christensen (Hg.), Orthodoxies and heterodoxies in early modern German culture. Order and creativity, 1550–1750, Leiden 2007, S. 139–167; Andries Raath / Shaun De Freitas, Rebellion, resistance, and a Swiss Brutus?, in: The historical journal; Jg. 48, Nr. 1, 2005, S. 1–26; Randolph C. Head, William Tell and his comrades. Association and fraternity in the propaganda of fifteenth and sixteenth century Switzerland, in: The Journal of Modern History, Bd. 67, Nr. 3, 1995, S. 527–557.
**115** — Jucker, Gesandte; Andreas Würgler, Die Tagsatzung der Eidgenossen. Politik, Kommunikation und Symbolik einer repräsentativen Institution im europäischen Kontext 1470–1798, Epfendorf 2013.
**116** — Über Kanzleipraktiken in Frauenfeld s. das «Locher'sche Buch», Staatsarchiv Thurgau, Sign. 0,08,0.
**117** — Randolph C. Head, Collecting testimony and parsing texts in Zurich. Documentary strategies for defending reformed identities in the Thurgau, 1600–1656, in: Marjorie Elizabeth Plummer / Robin Barnes (Hg.), Ideas and cultural margins in early modern Germany, Aldershot 2009, S. 289–305.
**118** — Alain Gruber, Weltliches Silber. Katalog der Sammlung des Schweizerischen Landesmuseums Zürich, Bd. 1, Zürich 1977, S. 118, Katalog-Nr. 193.
**119** — Pascale Sutter, Von guten und bösen Nachbarn. Nachbarschaft als Beziehungsform im spätmittelalterlichen Zürich, Zürich 2002, passim.
**120** — Keith Moxey, Peasants, warriors and wives. Popular imagery in the Reformation, Chicago/London 1989, S. 87; Maike Christadler, Zwischen Tod und Versuchung. Landsknechte, Reisläufer und andere Männer, in: L'Art Macabre, Nr. 8, 2007, S. 43–52.
**121** — Safley, Let no man; Watt, Modern marriage.
**122** — Robert M. Kingdon, Adultery and divorce in Calvin's Geneva, Cambridge (MA)/London 1995.
**123** — Oskar Vasella, Klerus und Volk im Kampf um die tridentinische Reform in der Schweiz, in: Historisches Jahrbuch, Bd. 84, Tl. 1, 1964, S. 86–100.; Dominik Sieber, Jesuitische Missionierung, priesterliche Liebe, sakramentale Magie. Volkskulturen in Luzern, 1563–1614, Basel 2005, S. 95–105.
**124** — Frauke Volkland, Gemeine Herrschaft und ehegerichtliche Zuständigkeiten. Zur Macht der Beherrschten im Thurgau des 17. Jahrhunderts, in: Ulrich Pfister / Maurice de Tribolet (Hg.), Sozialdisziplinierung – Verfahren – Bürokraten. Entstehung und Entwicklung der modernen Verwaltung, Basel 1999, S. 53–64.
**125** — Dies., Konfession.
**126** — Burghartz, Zeiten der Reinheit.
**127** — Helmut Puff, Sodomy in Reformation Germany and Switzerland, 1400–1600, Chicago 2003, S. 131, zit. bei Johannes Geiler von Kaysersberg, Die brösamlin doct. Keiserspergs uffgelesen von Frater Johann Paulin barfuser ordens, Strassburg 1517, fol. 7v.
**128** — Niklaus Schatzmann, Verdorrende Bäume und Brote wie Kuhfladen. Hexenprozesse in der Leventina 1431–1459 und die Anfänge der Hexenverfolgung auf der Alpensüdseite, Zürich 2003.
**129** — Andreas Blauert, Hexenverfolgung in einer spätmittelalterlichen Gemeinde. Das Beispiel Kriens/Luzern um 1500, in: Geschichte und Gesellschaft, Jg. 16, Nr. 1, 1990, S. 8–25.
**130** — Waite, Eradicating.
**131** — HLS, Ulrich Pfister: «Hexenwesen» (Neuzeit); ders., Konfessionskirchen, Glaubenspraxis und Konflikt in Graubünden, 16.–18. Jahrhundert, Würzburg 2012, S. 344.
**132** — Jean Rudolf von Salis, Ursprung, Gestalt und Wirkung des schweizerischen Mythos von Tell, in: Lilly Stunzi (Hg.), Tell. Werden und Wandern eines Mythos, Bern/Stuttgart 1973, S. 9–29.
**133** — Spross, Das Spiel von den alten und jungen Eidgenossen, S. 68.
**134** — Glenn Ehrstine, Theater, culture, and community in Reformation Bern, 1523–1555, Leiden 2002.
**135** — Caspar Decurtins, Rätoromanische Chrestomathie, Bd. 5: Oberengadinisch, Unterengadinisch: das 16. Jahrhundert, Erlangen 1900, S. 17–42.
**136** — Stefan Schöbi, Der Ludius auf Zürichs Bühne, in: Hildegard Elisabeth Keller (Hg.), Jakob Ruf. Ein Zürcher Stadtchirurg und Theatermacher im 16. Jahrhundert, Zürich 2006, S. 143–159.
**137** — Heidy Greco-Kaufmann (Hg.), Spiegel dess vberflusses vnd missbruchs. Renward Cysats «Convivii Process». Kommentierte Erstausgabe der Tragicomedi von 1593, Zürich 2001, S. 60.
**138** — Urs B. Leu / Christian Scheidegger (Hg.), Die Zürcher Täufer 1525–1700, Zürich 2007.
**139** — Peyer, Verfassungsgeschichte; Mommsen, Eidgenossen; Ernst Gagliardi, Der Anteil der Schweizer an den italienischen Kriegen 1494–1516, Zürich 1919.
**140** — Schweizer, Neutralität; Bonjour, Neutralität; Valentin Groebner, Gefährliche Geschenke. Ritual, Politik und die Sprache der Korruption in der Eidgenossenschaft im späten Mittelalter und am Beginn der frühen Neuzeit, Konstanz 2000; Maissen, Geburt, v.a. S. 165–296.
**141** — www.helvetiasacra.ch
**142** — Z. B. Bergier, Histoire; Körner, Luzerner Staatsfinanzen.
**143** — Christian Pfister, Das Klima der Schweiz von 1525 bis 1860 und seine Bedeutung in der Geschichte von Bevölkerung und Landwirtschaft, 2 Bde., Bern 1984.
**144** — Mathieu, Agrargeschichte; ders., Geschichte der Alpen; Romer, Herrschaft; Ulrich Pfister, Protoindustrialisierung: Die Herausbildung von Gewerberegionen, 15.–18. Jahrhundert, in: SZG, Jg. 41, Nr. 2, S. 149–160.
**145** — Peter Blickle, Die Revolution von 1525, München/Wien 1975.
**146** — Ders., Gemeindereformation. Die Menschen des 16. Jahrhunderts auf dem Weg zum Heil, München 1985.
**147** — Bierbrauer, Freiheit; Head, Early modern democracy; Caroline Schnyder, Reformation und Demokratie im Wallis (1524–1613), Mainz 2002.
**148** — Schmidt, Dorf und Religion.
**149** — Burghartz, Zeiten der Reinheit.
**150** — Puff, Sodomy.
**151** — E. William Monter, Ritual, myth and magic in early modern Europe, Brighton 1983; Tiziana Mazzali, Il martirio delle streghe, Milano 1988; Fabienne Taric Zumsteg, Les sorciers à l'assaut du village Gollion (1615–1631), Lausanne 2000; Schatzmann, Bäume und Brote.
**152** — Teuscher, Bekannte – Klienten – Verwandte; Katja Hürlimann, Soziale Beziehungen im Dorf. Aspekte dörflicher Soziabilität in den Landvogteien Greifensee und Kyburg um 1500, Zürich 2000; Mauelshagen, Wunderkammer.
**153** — Valentin Groebner, Ungestalten. Die visuelle Kultur der Gewalt im Mittelalter, München 2003; ders., Der Schein der Person. Steckbrief, Ausweis und Kontrolle im Europa des Mittelalters, München 2004.
**154** — Kingdon, Geneva; ders., Adultery; Eire, War against the idols; Lee Palmer Wandel, Always among us. Images of the poor in Zwingli's Zurich, Cambridge Ma. 1990; dies., Voracious Idols; Gordon, Clerical discipline; ders., Swiss Reformation; Olivier Christin, La paix de religion. L'autonomisation de la raison politique au XVIe siècle, Paris 1997; Burnett, Teaching.
**155** — Bruce Gordon / Emidio Campi (Hg.), Architect of Reformation. An introduction to Heinrich Bullinger, 1504–1575, Grand Rapids 2004; Campi/Opitz (Hg.), Heinrich Bullinger.
**156** — Sieber, Jesuitische Missionierung.
**157** — Volkland, Konfession und Selbstverständnis; Daniela Hacke, Koexistenz und Differenz. Konfession, Kommunikation und Konflikt in der Alten Eidgenossenschaft (1531–1712), Manus. Univ. Zürich 2011.
**158** — Maissen, Geburt; Würgler, Tagsatzung.

Im jungen Kanton Waadt, in dem der reformierte Glaube Staatsreligion war, erlaubte ein Gesetz aus dem Jahr 1810 den Katholiken zwar die Führung von Gotteshäusern, es verbot ihnen aber Kirchtürme und Glocken («ni clocher ni cloches ni aucun signe extérieur de sa destination»); die Zweckbestimmung der Gebäude durfte nur mittels einer schlichten Inschrift sichtbar gemacht werden. Ein solches Verbot hatte es bereits in der Frühen Neuzeit in den mehrheitlich reformierten Vereinigten Niederlanden gegeben, wo die Gotteshäuser nicht nur der Katholiken, sondern auch die der Täufer und Lutheraner keine Kirchtürme besitzen durften. Im Waadtland war unter Berner Herrschaft der katholische Glaube seit der Reformation (1536) verboten gewesen – ausser in der Gemeinen Herrschaft Echallens, einem Untertanengebiet von Bern und Freiburg, in dem in einigen Gemeinden beide Konfessionen erlaubt waren. 1832 entstand unter diesen schwierigen Bedingungen mit Notre-Dame du Valentin in Lausanne die erste katholische Kirche der Stadt seit der Reformation. Das erwähnte Gesetz wurde nach dem Kulturkampf im Jahr 1878 aufgehoben; Notre-Dame du Valentin erhielt aber erst 1935 einen Turm, und erst 1948 wurde dieser mit Glocken ausgestattet. An dieses Beispiel wurde 2009 in den Debatten rund um die eidgenössische Volksinitiative «Gegen den Bau von Minaretten», die sogenannte Anti-Minarett-Initiative, erinnert.

*Kirche Notre-Dame du Valentin; oben: kolorierte Photographie, circa 1900–1920; unten: Aufnahme nach 1935, © Musée historique de Lausanne.*

# Die Konfessionen in der Neuzeit
— Bertrand Forclaz

Die Erforschung der konfessionellen Koexistenz in der neuzeitlichen Schweiz zeigt einerseits die mit dieser Koexistenz verbundenen Schwierigkeiten, andererseits aber auch, wie durch pragmatische Lösungen und die Einführung von Konfliktlösungsmechanismen Religionskriege begrenzt werden konnten. Allerdings sind die Vereinbarungen zwischen Katholiken und Reformierten sowie die gegenseitigen Anpassungen nach wie vor schlecht erforscht, insbesondere in Hinblick auf die konfessionellen Grenzgebiete. Insgesamt spielten die beiden Konfessionskulturen eine wichtige Rolle im religiösen und politischen Leben der verschiedenen Regionen der Schweiz. Man muss sich jedoch auch bewusst sein, dass die Gegenwart des Anderen die Entfaltung dieser Konfessionskulturen begrenzte und Kompromisserfahrungen mit sich brachte.

**Konfessionalisierung und Konfessionskulturen**
Die Schweizer Historiker haben sich lange und aus verschiedenen Gründen vor allem für die Konflikte zwischen den Konfessionen interessiert. Sie übernahmen die konfessionelle Perspektive der Kirchen, betteten ihre Forschungen aber gleichzeitig in einen kantonalen Rahmen ein, der ebenfalls konfessionell geprägt war. Zudem trug auch das politisch-kulturelle Erbe der Kämpfe, die zur Schaffung des Bundesstaats von 1848 führten, zu diesem Phänomen bei, da die liberale wie auch die konservative Geschichtsschreibung in der Regel zumindest implizit einen konfessionellen Standpunkt einnahmen. Seit den 1990er Jahren näherte sich die Geschichtsforschung der konfessionellen Koexistenz auf neue Weise an, und es kam zu einer Öffnung.

Die Historiker, die sich mit Religion beschäftigten, interessierten sich nun für ein Modell, das in den 1980er Jahren insbesondere in Deutschland ausgehend vom Konzept der Konfessionalisierung entstanden ist. Dieses Konzept, entwickelt von Wolfgang Reinhard und Heinz Schilling, betonte nicht die Gegensätze, sondern die Parallelen zwischen den Konfessionen – Parallelen bei der Klärung der Glaubenssätze, in der Art und Weise der Disziplinierung der Gläubigen wie auch in der Durchsetzung der konfessionellen Einheit in den verschiedenen Hoheitsgebieten. Die Kirchen hätten sich in diesen Prozessen auf die weltlichen Machtträger gestützt und somit ihrerseits die neuzeitliche Staatsbildung gefördert, lautete die neue These.

Dieser Aspekt war es, der hierzulande am meisten Kritik auslöste, besonders mit Blick auf die Schweiz des ↑Ancien Régime, die durch einen schwachen Staat geprägt war. Andere, die Schweiz wie auch Europa betreffende Kritikpunkte zielten auf die teleologische Ausrichtung des Konzepts, das konfessionelle Kategorien auf die gerade im 16. Jahrhundert sehr viel komplexeren und flexibleren Realitäten anzuwenden versucht. Schliesslich ist dem Konfessionalisierungskonzept auch vorgeworfen worden, die Vielfalt innerhalb der Konfessionen zu vernachlässigen. Verschiedene Historiker haben daher vorgeschlagen, das Konzept zu korrigieren. So hat Heinrich Richard Schmidt von einer «Selbstdisziplinierung» der Gläubigen gesprochen und gezeigt, wie Kirchgemeinden selbst eine Sittenkontrolle eingeführt haben, unabhängig von den zentralen – sowohl kirchlichen wie auch weltlichen – Obrigkeiten der ↑Orte. Randolph Head hat für Graubünden auf eine Konfessionalisierungsbewegung «von unten» hingewiesen, die sich in der zweiten Hälfte des 16. und zu Beginn des 17. Jahrhunderts in einem immer stärker werdenden Bewusstsein der konfessionellen Spaltung geäussert habe.

Vor einigen Jahren schliesslich hat Thomas Maissen das vom deutschen Kirchenhistoriker Thomas Kaufmann entwickelte Konzept der Konfessionskulturen in die Diskussion eingebracht: Während mit dem Begriff der Konfessionalisierung vor allem die Parallelen zwischen den Konfessionen betont werden, geht es Maissen darum, die Besonderheiten einer jeden Konfession wie auch deren innere Vielfalt hervorzuheben. Und nicht zuletzt konzentrieren sich Historiker, die von Konfessionalisierung sprechen, besonders auf die Zeitspanne von 1550 bis 1650, wogegen das Konzept der Konfessionskulturen auch Entwicklungen in der *longue durée* erfasst – ein Aspekt, der in der Schweiz besonders wichtig ist, da die konfessionellen Unterschiede die kantonalen Identitäten bis in die zweite Hälfte des 20. Jahrhunderts prägen. Aufgrund der Begriffe der Konfessionskulturen und des «barocken Katholizismus»[1] wurden schliesslich in den letzten Jahren insbesondere die Merkmale des Katholizismus in der frühneuzeitlichen Eidgenossenschaft sowie seine Beziehungen zu den umliegenden Gebieten hervorgehoben.[2]

Trotz dieser Einschränkungen hat das Konzept der Konfessionalisierung die Erforschung der Schweizer Kirchengeschichte der Neuzeit stark befördert, indem es konfessionell und kantonal geprägte und voneinander getrennte Geschichtstraditionen aufgebrochen und Parallelen zwischen den rivalisierenden Konfessionen aufgedeckt hat. Darüber hinaus hat es dazu geführt, dass systematisch über das Verhältnis zwischen Kirchengeschichte und politischer Geschichte nachgedacht worden ist. Allerdings hat das Konfessionalisierungskonzept den Bereich des Religiösen auf die Kategorie der Konfession reduziert und dazu geführt, dass wichtige Gesichtspunkte wie die Beziehungen und die Kontakte zwischen den Konfessionen vernachlässigt wurden. Diesen Aspekten sind die folgenden Ausführungen gewidmet.

**Schwierige Koexistenz**
Nach den Kappelerkriegen (1529–1531) unterzeichneten die katholischen und die reformierten Orte Landfriedensbünde, die die konfessionelle Koexistenz bis zum Beginn des 18. Jahrhunderts – in mancher Beziehung sogar bis zum Ende des Ancien Régime – regelten. Diese Verträge garantierten jedem Stand die Freiheit, seine Konfession selbst zu wählen, und führten in den meisten Orten zur Durchsetzung der konfessionellen Einheit. In den ↑Gemeinen Herrschaften hingegen – das heisst in den Gebieten, die entweder von allen oder von einzelnen Mitgliedern der acht Alten Orte der Eidgenossenschaft mit unterschied-

lichen Konfessionen verwaltet wurden – blieben die Rechte einer jeden Konfession gewahrt – allerdings in ungleicher Weise. Die Konversion zum Katholizismus war erlaubt, die Konversion zum reformierten Glauben hingegen nicht; zudem war in den Gemeinden mit einer katholischen Minderheit die Messfeier zugelassen.[3]

In den gemischtkonfessionellen Gebieten kam es institutionell zu verschiedenen Situationen: In manchen Gemeinden mussten Katholiken und Reformierte nach dem Prinzip des ↑Simultaneums eine einzige Kirche teilen; in anderen, so etwa im Thurgau, war die reformierte Mehrheit gezwungen, der Messe beizuwohnen und die katholischen Gebete zu lernen; anderenorts ernannte ein katholischer Prälat die reformierten Pfarrer. In all diesen Gebieten lässt sich jedoch im Verlaufe des 16. Jahrhunderts eine ähnliche Entwicklung beobachten: Mit der Entfaltung und Etablierung der Konfessionen wurde die Spaltung tiefer und wurden die Grenzen zwischen den Konfessionen undurchlässiger. So verlangten die Reformierten in gemischtkonfessionellen Bündner Gemeinden die Aufteilung der Pfarreimittel und die Einrichtung des Systems des *Simultaneums*. Ähnlich verlief dieser Prozess auf der Ebene der Individuen: In Graubünden wurden Gläubige gezwungen, sich für eine Konfession zu entscheiden, und interkonfessionelle Patenschaften – reformierte Eltern, die für ihre Kinder katholische Paten oder Patinnen wählten – wurden von der reformierten Kirche sanktioniert.[4] Im späten 16. und im 17. Jahrhundert spalteten sich denn auch die gemischtkonfessionellen Orte Appenzell und Glarus entlang ihrer konfessionellen Grenzen: Appenzell in zwei Halbkantone (1597), Glarus in zwei politisch weitgehend unabhängige Einheiten (1683).

Wenn man von den unterschiedlichen Kräfteverhältnissen zwischen den Konfessionen einmal absieht, fallen in Hinblick auf die gemischtkonfessionellen Gebiete Ähnlichkeiten in den konfessionellen Konflikten auf, sowohl in Bezug auf die Streitgegenstände als auch bei den Konfliktlösungsmechanismen. Die Konflikte betrafen die kollektive Äusserung konfessionsspezifischer Formen der Frömmigkeit wie Prozessionen, die Feiertage und den Kalender sowie die Konversionen von Gemeindemitgliedern.[5] In den etwa vierzig Gemeinden, die das System des *Simultaneums* kannten, löste insbesondere die gemeinsame Nutzung des kultischen Raums Spannungen aus: Die Reformierten verstopften mitunter das Schlüsselloch des katholischen Sakramentshäuschens.[6] Die Katholiken wiederum hinderten die Reformierten daran, die Taufbecken zu nutzen, indem sie die Taufsteine mit spitzen Deckeln abschlossen.[7] Diese Konflikte spielten sich auf mehreren Ebenen ab, da die lokalen Akteure die Orte anriefen, die die Gemeinen Herrschaften verwalteten. So kam es, dass die eidgenössische ↑Tagsatzung aufgrund der konfessionellen Solidaritäten oft zum Schauplatz der Auseinandersetzungen wurde, insbesondere zwischen dem reformierten Zürich und den katholischen Innerschweizer Orten. Mit der Zeit wurden neue Verfahren der Konfliktlösung eingeführt: Anstelle der Mehrheitsentscheidung an der Tagsatzung, die für die katholischen Orte günstiger war als für die reformierten, wurde im Verlauf des 17. Jahrhunderts und insbesondere nach dem Zweiten Villmergerkrieg (1712) für religiöse Angelegenheiten in den Gemeinen Herrschaften eine paritätisch besetzte Schiedsgerichtsbarkeit eingerichtet.

Indes wäre es falsch, nur die Konflikte zu betonen. In erster Linie führte die Institutionalisierung der Landfriedensbünde dazu, die konfessionellen Gegensätze zu entschärfen, und die Kommunikation zwischen den katholischen und den reformierten Orten machte es möglich, von Fall zu Fall Lösungen auszuhandeln. Die Zustimmung zu den Landfriedensbünden scheint in der Tat tief verwurzelt gewesen zu sein, einerseits bei den Eliten der verschiedenen Orte, die untereinander persönliche Beziehungen pflegten, andererseits auch bei der Bevölkerung, wie beispielsweise die während des Ersten Villmergerkrieges (1656) publizierten Flugschriften zeigen, welche das Einvernehmen zwischen den beiden gegnerischen Lagern rühmen.[8] Wenngleich die Quellen insbesondere die Konflikte erhellen – ein Umstand, der unsere Wahrnehmung der konfessionellen Koexistenz verfälscht –, gibt es doch Dokumente, die auf den friedlichen Charakter und die «brüderlichen» Beziehungen zwischen Angehörigen der einander gegenüberstehenden Konfessionen hindeuten.[9] In diesem Punkt sind sich die Historiker und Historikerinnen jedoch nicht einig.

### Kontakte zwischen den Konfessionen

Aufgrund der komplexen konfessionellen Topographie, die mit den Kappelerkriegen entstanden war, lagen die meisten Gebiete nicht weit von solchen mit anderer Konfession entfernt. In der Romandie war etwa Freiburg von protestantischen Gebieten umgeben, während in der Deutschschweiz zum Beispiel Basel und Schaffhausen in die Gebiete des katholischen Vorderösterreich hineinragten und in den Gemeinen Herrschaften Aargau und Thurgau, aber auch in den Drei Bünden (dem heutigen Kanton Graubünden) die konfessionelle Landkarte einem Flickenteppich glich.

In den Grenzgebieten scheinen die noch wenig untersuchten Beziehungen zwischen den Konfessionen äusserst komplex gewesen zu sein. Einerseits sprechen die vor allem in Zeiten von Konflikten zwischen den umliegenden Grossmächten regelmässig auftauchenden Gerüchte, man werde vom Nachbarn überfallen, für das gegenseitige Misstrauen, andererseits bezeugen der wirtschaftliche Austausch und das Zusammenleben den Pragmatismus im Alltag der Bevölkerung. In der Stadt Basel wurde zum Beispiel Bediensteten aus der katholischen Umgebung erlaubt, an den Sonntagen die Stadt zu verlassen und in einer katholischen Ortschaft die Messe zu besuchen. Anderenorts zogen die katholischen Priester mit Heilungszeremonien für Menschen und Tiere auch Bauern aus reformierten Gebieten an. Selbst für Zeiten von konfessionellen Konflikten lässt sich eine überkonfessionelle Solidarität beobachten, beispielsweise in Hinblick auf das Fürstbistum Basel während des Dreissigjährigen Krieges (1618–1648). Während der Besetzung des zum Fürstbistum gehörenden Jura durch Truppen unterschiedlicher Herkunft fanden Katholiken Zuflucht in benachbarten reformierten Gegenden.[10] Wie es für die Neuzeit bezeichnend ist, trennte die Grenze nicht nur, sondern sie vereinte auch.

In manchen dieser Fälle fiel das Überschreiten der politischen Grenzen mit dem der konfessionellen Grenzen zusammen. Bei diesem Thema hat die Forschung in den letzten Jahren die grössten Fortschritte erzielt, so dass das Bild von unüberwindlich voneinander getrennten konfessionellen Blöcken revidiert werden konnte. Konversionen und gemischtkonfessionelle Heiraten verweisen zugleich auf die individuellen Handlungsspielräume wie auch auf die damit verbundenen Probleme: Da die meisten Territorien auf dem Gebiet der heutigen Schweiz konfessionell homogen waren, bedeuteten Konversionen und gemischtkonfessionelle Ehen zwangsläufig Mobilität, das heisst den Wechsel an einen Wohnort mit anderer Konfession. Zudem konnten solche Entscheidungen innerfamiliäre Konflikte auslösen. Unsere Kenntnisse in diesen Fragen sind allerdings noch lückenhaft.[11]

**Widersprüchlicher Wandel**
Für das 18. und 19. Jahrhundert lassen sich widersprüchliche Transformationen beobachten: Während es im Verhältnis zwischen den Konfessionen zu Beginn des 18. Jahrhunderts mit dem Zweiten Villmergerkrieg (1712) zu einer Verhärtung kam, ist die zweite Hälfte des Jahrhunderts umgekehrt durch eine gewisse Annäherung insbesondere der intellektuellen Eliten der katholischen und reformierten Orte geprägt. So nahmen einige der für die Aufklärung typischen Gesellschaften katholische *und* reformierte Mitglieder auf, namentlich die wichtigste, die *Helvetische Gesellschaft*, wobei dieses Phänomen nicht nur die Städte, sondern auch ländliche Gebiete betraf.[12] Die Reichweite dieser Annäherung darf allerdings nicht überbewertet werden. Sie hielt auch nicht lange an, da der politisch-konfessionelle Gegensatz infolge der gesellschaftlichen Umwälzungen des 18. und 19. Jahrhunderts – die Helvetische Republik (↑Helvetik) und die ↑Mediation, dann die ↑Restauration – erneut aufgeladen wurde.

Ab 1830 verstärkten sich die liberalen und radikalen politischen Kräfte insbesondere in den reformierten städtischen, aber auch in einigen katholischen (Solothurn und Tessin) und gemischtkonfessionellen Orten (Aargau, St. Gallen), während die ländlichen katholischen Stände die bestehende Verfassung verteidigten. Dieser Konflikt gipfelte im Sonderbundskrieg von 1847 bis 1848. Die Gründung des Bundesstaats 1848 brachte die politische Marginalisierung der Katholisch-Konservativen mit sich, akzentuiert durch den Kulturkampf, das heisst durch die Massnahmen, welche die weltlichen Behörden in den 1870er Jahren gegen die katholische Kirche ergriffen, nachdem der Heilige Stuhl das antiliberale Unfehlbarkeitsdogma verkündet hatte. Dies führte sogar so weit, dass im Jura der katholische Klerus und die Gläubigen vor der Repression der reformierten Berner ins benachbarte Frankreich auswichen und dort ihre Messen heimlich abhielten. Manche dieser Massnahmen hatten dauerhafte Folgen: Die sogenannten Ausnahmeartikel der Bundesverfassung von 1874, die unter anderem das Jesuitenverbot zur Folge hatten, wurden erst zwischen 1973 und 2001 schrittweise aufgehoben.[13]

Das Prinzip der Niederlassungsfreiheit, das 1848 mit der Bundesverfassung anerkannt wurde, sowie die Industrialisierung führten insbesondere in den städtischen Kantonen zu einer konfessionellen Durchmischung. Zunächst äusserte sich diese Koexistenz jedoch vor allem in der Diskriminierung der Katholiken, denen mancherorts verboten wurde, Kirchtürme zu bauen oder Prozessionen im öffentlichen Raum durchzuführen. Mit der neuen konfessionellen Durchmischung entstand vornehmlich in den Städten eine katholische Diaspora, und das für viele ungewohnte Zusammenleben führte anfänglich zu einer Verstärkung gegenseitiger Vorurteile. Die in der Frühen Neuzeit entstandenen Konfessionskulturen existierten weiter und prägten das gesellschaftliche Leben, zum Beispiel über Vereine und Gesellschaften mit konfessioneller Bindung, die der sozialen Integration und aktiven Freizeitgestaltung ihrer entweder katholischen oder reformierten Mitglieder dienten. Ihr Einfluss ist bis in die Mitte des 20. Jahrhunderts stark geblieben, obschon sich in den Kantonen der Diaspora ein grosser Teil der Katholiken assimilierte.[14]

---

1 — Peter Hersche, Musse und Verschwendung, 2 Bde., Freiburg i. Br. 2006.
2 — Wolfgang Reinhard, Zwang zur Konfessionalisierung?, in: Zeitschrift für Historische Forschung (ZHF), Jg. 10, 1983, S. 257–277; Heinz Schilling, Die Konfessionalisierung im Reich, in: Historische Zeitschrift, Bd. 246, 1988, S. 1–46; Heinrich Richard Schmidt, Dorf und Religion, Stuttgart 1995; Randolph Head, Catholics and protestants in Graubünden, in: German history, Jg. 17, Nr. 3, 1999, S. 321–345; Thomas Maissen, Konfessionskulturen in der frühneuzeitlichen Eidgenossenschaft, in: Schweizerische Zeitschrift für Religions- und Kulturgeschichte (SZRKG), Jg. 101, 2007, S. 225–246; André Holenstein, Reformation und Konfessionalisierung in der Geschichtsforschung der Deutschschweiz, in: Archiv für Reformationsgeschichte (ARG), Jg. 100, 2009, S. 65–87; Hersche, Musse und Verschwendung; Christian Windler, «Allerchristlichste», und «Katholische» Könige, in: ZHF, Jg. 33, Nr. 4, 2006, S. 585–629; Bertrand Forclaz, La Suisse frontière de catholicité, in: SZRKG, Jg. 106, 2012, S. 567–583.
3 — HLS, Hans Ulrich Bächtold: «Landfriedensbünde».
4 — Randolph Head, Religiöse Koexistenz und konfessioneller Streit in den Vier Dörfern, in: Bündner Monatsblatt, Nr. 5, 1999, S. 323–344; Daniele Papacella, Parallele Glaubensgemeinschaften, in: Georg Jäger / Ulrich Pfister (Hg.), Konfessionalisierung und Konfessionskonflikt in Graubünden, Zürich 2006, S. 251–273.
5 — Ulrich Pfister, Konfessionskonflikte in der frühneuzeitlichen Eidgenossenschaft, in: SZRKG, Jg. 101, 2007, S. 257–312; Frauke Volkland, Konfession und Selbstverständnis, Göttingen 2005.
6 — Jakob Winteler, Geschichte des Landes Glarus, Bd. 2, Glarus 1954, S. 75.
7 — Daniela Hacke, Church, space and conflict, in: German History, Jg. 25, Nr. 3, 2007, S. 285–312.
8 — Randolph Head, Fragmented dominion, fragmented churches, in: ARG, Jg. 96, 2005, S. 117–144; ders., Thinking with the Thurgau, in: Christopher Ocker et al. (Hg.), Politics and Reformations., Leiden 2007, S. 239–258; Thomas Lau, «Stiefbrüder», Köln 2008, S. 72f., 99, 157f.
9 — Andreas Wendland, Mission und Konversion im kommunalen Kontext, in: Jäger/Pfister (Hg.), Konfessionalisierung, S. 207–231; Danièle Tosato-Rigo, Vivre dans un bailliage mixte, in: André Holenstein (Hg.), Berns mächtige Zeit, Bern 2006, S. 127.
10 — Lau, Stiefbrüder, S. 76; Bruno Z'Graggen, Tyrannenmord im Toggenburg, Zürich 1999, S. 232–234; Wolfgang Kaiser, Der Oberrhein und sein «konfessioneller Grenzverkehr», in: Wolfgang Kaiser et al. (Hg.), Eidgenössische «Grenzfälle», Basel 2001, S. 155–185; Dominik Sieber, Jesuitische Missionierung, priesterliche Liebe, sakramentale Magie, Basel 2005, S. 146f., 163; Francisca Loetz / Dominik Sieber, Vivre la religion dans la Suisse de l'époque moderne, in: Wolfgang Kaiser (Hg.), L'Europe en conflits, Rennes 2008, S. 79–100; Bertrand Forclaz, Solidarités supraconfessionnelles, in: Schweizerische Zeitschrift für Geschichte, Jg. 62, Nr. 3, 2012, S. 373–389.
11 — Heike Bock, Konversionen in der frühneuzeitlichen Eidgenossenschaft, Epfendorf 2009; Volkland, Konfession und Selbstverständnis, S. 138–187; Pierre-Olivier Léchot, De l'intolérance au compromis, Sierre 2003, S. 91–94, 138–146.
12 — Lukas Vischer et al. (Hg.), Ökumenische Kirchengeschichte der Schweiz, 2. Aufl. (1. Aufl. 1994), Freiburg/Basel 1998, S. 203f.
13 — Peter Stadler, Der Kulturkampf in der Schweiz, Frauenfeld 1984; Urs Altermatt, Der Weg der Schweizer Katholiken ins Ghetto, Zürich 1972.
14 — Urs Altermatt, Katholizismus und Moderne, Zürich 1989.

Das betagte Ehepaar Gustav (1846–1928) und Luise (1856–1930) Hürlimann-Wehrli liess sich anlässlich des 70. Geburtstags von Luise im Herbst 1926 im Park der Villa «Marienburg» in Zürich-Fluntern photographieren, umringt von Nachkommen und Verwandten. Gustav Hürlimann stammte aus bäuerlichem Milieu und verwaltete seine Güter als «Land-Ökonom». Seinen umfangreichen Grundbesitz verdankte er der Heiratspolitik der früheren Generationen. Exponenten der Bauernfamilie Hürlimann waren seit dem 18. Jahrhundert mit anderen reichen Bauernfamilien aus Fluntern, wie den Nägeli und Feh, mehrfach verschwägert. Die in die Familie Hürlimann eingeheirateten Frauen hatten jeweils ein bedeutendes Frauengut mitgebracht und so eine stetige Vermehrung und Arrondierung des Bodens ermöglicht. Dank seines ererbten Besitzes konnte Gustav Hürlimann trotz dörflich-bäuerlicher Herkunft in zweiter Ehe das «arme, aber vornehme Fräulein Luise Wehrli» aus altem Stadtzürcher Geschlecht ehelichen. Luise Hürlimann-Wehrli kümmerte sich um den Stiefsohn und die sieben eigenen Kinder, betreute später mit Hilfe ihrer ledigen Tochter Frieda jeden Mittwoch ihre Enkelkinder und nach dem Tode ihrer Schwägerin 1912 auch die drei Kinder ihres Bruders Robert. Die Söhne aus der Familie Hürlimann-Wehrli studierten und waren als Ehemänner von Stadtbürgerinnen bald Mitglieder äusserst angesehener Zürcher Kreise, in die auch zwei Töchter der Familie einheirateten. Nach dem Tod von Gustav und Luise Hürlimann-Wehrli organisierten sich die jüngeren Nachkommen im «Enkelrat», in den auch die Kinder und Enkel von Robert Wehrli integriert wurden.[1]

*Photographie von Frieda Hürlimann im Archiv von Marie-Luise Albers-Schönberg – Hürlimann, Zürich.*

# Familie und Verwandtschaft

— *Elisabeth Joris*

In der Geschichte von Familie und Verwandtschaft zeigt sich die Verwobenheit von ökonomischen und machtpolitischen Faktoren, von rechtlichen Bestimmungen und gelebten Austauschbeziehungen. Während «Geschlecht» sich bis zur Französischen Revolution auf die patrilineare Deszendenz sowie auf ständische Zugehörigkeit und die damit verbundene Weitergabe von Privilegien bezog, impliziert «Familie» als Begriff seit dem 19. Jahrhundert vor allem die Ehegatten und deren Kinder.[2]

**Heiratspolitik, Kooperation, obrigkeitliche Kontrolle**
Zur Ausdehnung und Konsolidierung von Besitz und Herrschaftsrechten spielte im Mittelalter die Heiratspolitik für den hohen und niederen Adel eine wichtige Rolle. Auch die patrizischen Geschlechter in den Städten bedienten sich im ausgehenden Mittelalter der Heiratspolitik, um ihre Macht zu festigen. So bildeten um 1500 in der Stadt Bern die «fründe», die Gruppe mütterlicher und väterlicher Blutsverwandter und Verschwägerter, eine zusammengehörige Gruppe, von der in bestimmten Situationen Unterstützung unterschiedlicher Art zum Nutzen der Verwandten erwartet wurde. Die durch solche Verwandtschaftspraktiken akkumulierten Verdienste wurden den einzelnen patrilinear organisierten Geschlechtern zugeschrieben und vom Vater an den Sohn weitervererbt. Die Übertragung staatlicher Amtsfunktionen an die solchermassen zu Einfluss gekommenen Geschlechter war gleichzeitig Ausdruck und Rechtfertigung ihrer Privilegien.[3] Das von der katholischen Kirche bereits im Mittelalter verordnete und auch nach der Reformation in protestantischen Herrschaftsgebieten noch eine Zeitlang aufrechterhaltene Verbot der Ehe zwischen Blutsverwandten bis zum vierten Grad – also einschliesslich Cousins und Cousinen dritten Grades – sollte diese Machtakkumulation der Geschlechter begrenzen.

Auch bei grenzüberschreitenden Geschäften kooperierten die einflussreichen Familien in der Frühen Neuzeit mit Verschwägerten und Blutsverwandten. So betrieben Innerschweizer Herren ihr Soldgeschäft als erbliches Verwandtschaftsunternehmen, in dem Frauen wichtige Funktionen ausüben konnten. Beispielsweise waren Schwestern und Ehefrauen der Familie Zurlauben im Zuger Geschäftssitz für viele Transaktionen, aber auch für die Anwerbung und den selbständigen Abschluss rechtmässiger Dienstverträge mit Söldnern zuständig, während ihre Ehemänner und Brüder mit den Truppen im Dienst weilten.[4] Dagegen erstreckte sich auf der Landschaft die «usuelle Verwandtschaft» im Sinne situationsbedingter Zusammenarbeit in der Regel kaum über die enge Familie hinaus, etwa in Graubünden, wo im landwirtschaftlichen Alltag die nachbarschaftliche Hilfe wichtiger war als diejenige von Verwandten. Doch bei allem, was mit Ehre, Ämtern, Repräsentation oder Parteinahme zusammenhing, kam der Familie und Verwandtschaft auch auf dem Land eine zentrale Rolle zu; ihre Bande trugen hier wie in den patrizischen Städten zur Macht einzelner Familien bei.[5]

Im Gefolge der Reformation verschob sich die Gewichtung von Verwandtschaft und Familie. Nach der Meinung des Zürcher Reformators Heinrich Bullinger bildete die Ehe als von Gott eingesetzter Stand die Grundlage jeder menschlichen Ordnung.[6] So gewann die Beziehung zwischen der Ehefrau und dem Ehemann ideell an Bedeutung, doch festigte sich zugleich die rechtliche Vorherrschaft des Mannes, der in der Regel über das zusammengelegte Vermögen beider Ehegatten verfügen konnte. Über die neu gegründeten Sittengerichte kontrollierten Kirche und städtische Obrigkeit gemeinsam die Ehen und bestimmten über die Verwandtschaftsgrade hinaus ökonomisch bedingte Heiratsverbote. So mussten die Pfarrer vor der Ehe sicherstellen, dass die Brautleute nicht armengenössig zu werden drohten. Auch Erwerbsaussichten und Charaktereigenschaften konnten für die Erteilung einer Heiratserlaubnis relevant sein.[7] Im Laufe des 17. Jahrhunderts wurde die Einsprachemöglichkeit von den Heimatgemeinden auf alle Verwandten und Bekannten der Ehewilligen ausgedehnt, um auch deren Interessen zu berücksichtigen. Hürden wie Vermögensnachweis und Einzugsgebühren, das heisst ein an die Gemeinde zu entrichtender Geldbetrag im Falle der Heirat mit einer ortsfremden Braut, betrafen die Zuzügerinnen. Hingegen richtete sich die Strafandrohung wegen vorehelicher Schwangerschaft an die einheimischen Armen; sie hatte das Ziel, die an solche Schwangerschaften oft anschliessenden «Bettelehen» zu verhindern.

In vermögenden Kreisen stieg gegen Ende des 18. Jahrhunderts die Angst vor Mésalliancen, da die «Liebesheirat» im gesellschaftlichen Diskurs zum Thema wurde. Doch die Interessen der Familien waren bei einer Heirat weit zentraler als persönliche Gefühle, und dementsprechend bedeutsam blieb die Kontrolle der ehelichen Verbindungen. Das Austarieren der verschiedenen Interessen der involvierten Familien und Personen war vielschichtig und widersprüchlich. Dabei konnten Frauen ebenso als Vertreterinnen der Interessen ihrer Herkunftsfamilie als auch der angeheirateten Familie und somit ihrer eigenen Nachkommen agieren. Geradezu exemplarisch zeigt sich dies am Beispiel der Witwe Marie-Julienne de Rivaz (1725–1791). Dank ihres weit verzweigten Beziehungsnetzes konnte sie sich gegen den Neffen ihres verstorbenen Gatten durchsetzen und ihrem Sohn das Amt des Burgrichters im Grenzgebiet zwischen Frankreich und dem Wallis sichern; zugleich verheiratete sie ihn mit einer Nichte aus ihrer eigenen Familie, also mit einer Cousine.[8]

**Verwandtenehen und sozialer Aufstieg, Kapitalakkumulation und weibliche Dienste**
Im Zuge der Industrialisierung und zusätzlich befördert durch die Französische Revolution schwächte sich zwar die obrigkeitliche Kontrolle über Familie, Haus und Ökonomie als Teil der gesellschaftlichen Ordnung ab. Trotzdem ermöglichten erweiterte Ehehindernisse in kantonalen Gesetzgebungen noch in der Mitte des 19. Jahrhunderts eine Verschärfung der obrigkeitlichen Heiratspolitik. Erst die revidierte Bundesverfassung von

1874 untersagte zum «Schutz der Ehe» Heiratsverbote, was auch das Ende der ökonomischen Schranken bedeutete. Die in einzelnen Kantonen gesetzlich verankerte «Geschlechtsvormundschaft» fungierte als Steuerungsinstrument, das bis zur eidgenössischen Regelung von 1881 dazu diente, über die Verwendung der Vermögenswerte von ledigen, verwitweten und geschiedenen Frauen zu bestimmen. Auch die Vorrechte des Ehemannes und die eingeschränkten Handlungsmöglichkeiten von Ehefrauen wurden über das kantonal unterschiedlich ausgestaltete Ehe-, Güter- und Erbrecht zementiert und 1912 mit dem Zivilgesetzbuch (ZGB) vereinheitlicht.[9] Damit unterlag die Nutzung des Vermögens wie der Arbeitskraft der verheirateten Frau der Kontrolle des Gatten. Dagegen wurde das Verbot der Ehe zwischen Blutsverwandten durch Dispenserteilung und Gesetzesbestimmungen selbst für ehewillige Cousinen und Cousins ersten Grades zunehmend aufgeweicht oder wie im Zürcher Privatrecht von 1854 gänzlich aufgehoben. Das parallel zur revidierten Verfassung von 1874 eingeführte «Bundesgesetz betreffend die Feststellung und Beurkundung des Zivilstands und die Ehe» verallgemeinerte die Beseitigung der Ehehindernisse. Zwar blieb im kanonischen Recht die Heirat zwischen Blutsverwandten für Katholikinnen und Katholiken weiterhin verboten, doch selbst in katholischen Regionen stieg die Zahl der kirchlichen Ehedispensen im 19. Jahrhundert stark an. Die Ehe zwischen Geschwisterkindern wurde in der ganzen Schweiz entsprechend dem europäischen Trend zur gängigen Praxis.

Im System des freien Wettbewerbs und der frei wählbaren Allianzen statt der rechtlich abgesicherten ständischen Privilegien waren informelle Verbindungen wichtig, um sowohl den sozialen Aufstieg zu sichern wie den Abstieg zu verhindern, denn bis in die zweite Hälfte des 19. Jahrhunderts war das nun tonangebende Bürgertum noch kaum in klar definierten Interessenverbänden und politischen Parteien organisiert. Eine umso grössere Bedeutung kam der Verwandtschaft als vorgegebenem Beziehungsnetz zu, das durch neue eheliche Verbindungen gestaltet und ausgeweitet werden konnte. Heiratspolitik erwies sich als zentraler Faktor der Kapitalbildung, der Aneignung von ökonomischen Ressourcen und von sozialem Status; die Verwandtschaftsendogamie – die Heiraten zwischen Cousinen und Cousins sowie die mehrfachen ehelichen Verbindungen zwischen Geschwistern der gleichen Familie – wurde zu einem zentralen Faktor der Klassenbildung.[10]

Die Familienfirma als wichtigste Form dynamischer Geschäftsbetriebe im 19. Jahrhundert war auf flexibles Kapital in Form von privaten Investitionen und Krediten angewiesen. Frauen wurden bei Erbgängen in der Regel ausbezahlt. Das in die Ehe eingebrachte Frauengut bildete die Grundlage für Kapitalaufstockungen, und Heiraten übers Kreuz garantierten, dass die Vermögen der Frauen innerhalb derselben Unternehmensfamilien langfristig eingebunden blieben und nicht als Mitgift der Töchter herausgelöst wurden. Oft waren daher grosse Vermögen von Ehefrauen, Müttern, Töchtern, Schwestern, Schwiegertöchtern und Schwägerinnen als langfristige Darlehen in Unternehmen angelegt. Als Treuhänder investierten Ehemänner das Vermögen ihrer Ehefrauen, und ebenso selbstverständlich verwalteten Söhne, Neffen, Brüder und Schwäger das Geld lediger oder verwitweter Frauen. Heiraten vermittelten Geschäftspartnerschaften und diese wiederum Heiraten. Dabei wurde Kapital transferiert, aber auch Know-how, Geschäftsverbindungen und Kreditwürdigkeit.[11] So heiratete Johann De Bary 1823 als Teilhaber im väterlichen Geschäft Susette Sarasin, Tochter eines anderen Basler Seidenfabrikanten. Auch in der Folge ermöglichten die Heiraten mit Frauen aus denselben Familien den De Barys immer wieder die Aufstockung des Firmenkapitals.[12]

Im Prozess der verwandtschaftlichen Verdichtung kam den Frauen der Part der Beziehungspflege zu. Sie schufen die Bedingungen, welche die Familie als emotionalen Raum definierten und zugleich Druck und Kontrolle ermöglichten. Im intensiven Austausch von Briefen und Geschenken, in gegenseitigen Visiten und regelmässigen Zusammenkünften, in der sorgfältigen Auswahl der Töchterpensionate und Kuraufenthalte sowie in der Gestaltung von Bällen und Hochzeiten als Orten der Begegnung zwischen jungen Männern und Frauen zeigte sich das Bemühen, individuelle Liebesansprüche von Brautpaaren mit klassenspezifischen Erwartungen der Familie zu vereinbaren und Widersprüche zwischen emotionalen und materiellen Interessen zu vermeiden. Im Konfliktfall gingen materielle Interessen vor. So waren die Ostschweizer Textilfabrikantenfamilien ebenso mehrfach untereinander verschwägert wie die alteingesessenen Fabrikanten- und Kaufmannsfamilien von Winterthur und Basel oder das standesbewusste Berner Patriziat. Es verbanden sich aber auch neureiche Industrielle mit altem Patriziat und ländliche Aufsteiger mit städtischer Oberschicht.

So wie die Verwandtschaftsverdichtung seit den 1830er Jahren zur Konstituierung eines freisinnig-liberalen Milieus beitrug, war Heiratspolitik gegen Ende des 19. Jahrhunderts ein Faktor der Konstituierung eines gesamtschweizerischen katholischen Milieus. Mit kantonsübergreifenden Heiratsverbindungen zwischen den ökonomisch und politisch führenden katholischen Familien gelang es katholisch-konservativen Politikern, nach Jahrzehnten des Rückzugs im Gefolge der im Sonderbundskrieg erlittenen Niederlage neuen Einfluss auf die schweizerische Bundespolitik zu gewinnen. Die nun auch verwandtschaftlich gefestigte Dichte dieses Milieus sollte in der Zwischenkriegszeit des 20. Jahrhunderts ihren Höhepunkt erreichen.

Selbst wenn Frauen dem Ehemann und seiner Familie wirtschaftlichen und politischen Erfolg vermittelten, traten die Männer gegen aussen als Persönlichkeiten mit individuellem Leistungsausweis auf; Frauen dagegen galten als Repräsentantinnen ihrer Familie – der Herkunftsfamilie ebenso wie der angeheirateten Familie. Die Arbeit der Ehefrauen oder auch der Schwestern und der Töchter behielt den Charakter des Diensts. Verwandte nahmen die Dienste lediger wie verheirateter Frauen selbstverständlich in Anspruch, wenn es um die Pflege von Eltern und Schwiegereltern ging, um Hausarbeit für Brüder oder Schwestern, um die Betreuung von Enkelkindern, Nichten und Neffen oder um Näharbeiten für die Aussteuer. Muster flexibler Kooperation zwischen weiblichen Verwandten waren in Pfarr- und Arztfamilien, im kleinbürgerlichen Milieu sowie in städtischen und ländlichen Unterschichten bis ins 20. Jahrhundert weit verbreitet.[13] Mütter, Schwiegermütter oder andere weibliche Verwandte unterstützten Fabrikarbeiterinnen bei der Betreuung der Kinder, verheiratete Schwestern erzogen die unehelichen Kinder der ledigen Schwester, ledige Frauen nahmen gescheiterte Geschwister in ihrem Haushalt auf, halfen dem Bruder im Geschäft oder heirateten aus Sorge um die Kinder der verstorbenen Schwester den verwitweten Schwager.

**Familienschutz, Sozialpolitik und Ernährerdiskurs**
Seit Beginn des 20. Jahrhunderts lässt sich eine Abnahme der Heiraten zwischen nahen Verwandten beobachten. Dies war zum einen auf die Umwandlung von Firmen in Aktiengesellschaften und die Konsolidierung der wirtschaftlichen und politischen Netzwerke über Verbände, Parteien und Militär zurückzuführen. Zum anderen war – neben weiteren Gründen – auch die zunehmende Abwanderung aus ländlichen Regionen in Zentren des Handels und der Industrie von Bedeutung. Während weibliche Verwandte und Familienangehörige in sozialer und emotionaler Hinsicht in allen Kreisen weiterhin eine zentrale Rolle spielten, konnten Verwandte in ärmeren Schichten aufgrund der Binnenwanderung ihre Stützfunktion für kranke und alte Familienangehörige nur noch ungenügend wahrnehmen. Während die alten Geschlechter mit der Konstruktion von Stammbäumen weiterhin den Stellenwert der ständischen verwandtschaftlichen Verflechtungen zu bezeugen suchten,[14] zeigte sich gleichzeitig im rechtlichen Diskurs eine auf das Ehepaar fokussierte, aber dennoch patriarchal geprägte Sicht von Familie.

Das Zivilgesetzbuch von 1912 verstand die Familie als Kernfamilie von Gatten und Kindern. Der Vater galt als der «Ernährer» der Familie sowie als Vertreter der «ehelichen Gemeinschaft» – ein Begriff, der die geschlechtshierarchischen Herrschaftsverhältnisse vernebelte. Denn die Frauen hatten nach Meinung der juristischen Experten individuelle Ansprüche der Familie unterzuordnen, um deren Zusammenhalt in Zeiten rascher Veränderungen zu garantieren.[15] Bereits die zum Schutz der Schwangeren und Wöchnerinnen eingeführten Sonderschutzregeln im Fabrikgesetz von 1877 bedeuteten gleichzeitig eine Benachteiligung der Frauen. Sie unterstellten in einseitigem Rekurs auf deren mögliche Funktion als Gebärende alle Frauen speziellen Bestimmungen (etwa dem Nachtarbeitsverbot), was deren Position in der Sozialgesetzgebung des 20. Jahrhunderts, von der Krankenkasse über die Familienzulagen bis zur AHV, schwächen sollte.[16] Katholisch-konservative Politiker wollten die ausserhäusliche Lohnarbeit von Müttern überhaupt verbieten. In der Verbesserung der «Ernährerlöhne» trafen sich deren Anliegen mit den Forderungen der politischen Linken.

In der Zwischenkriegszeit wurde Familienpolitik in Zusammenhang mit Fördermassnahmen – von Kinderzulagen über Wohnungssubventionen bis zu Steuererleichterungen – breit diskutiert.[17] Neben sittlich-moralischen Argumenten beeinflussten in den 1930er Jahren zunehmend eugenische sowie völkische und bevölkerungspolitische Perspektiven diesen Diskurs, Letztere prononciert vertreten durch den katholisch-konservativen Bundesrat Philipp Etter. Die von dessen Partei im Jahr 1941 lancierte Volksinitiative «Für die Familie» lehnten Sozialdemokraten und Freisinnige ab, da sie implizit den individuellen Leistungslohn der Männer ebenso in Frage stellte wie den allgemeinen Anspruch auf eine Altersrente. Nach dem Rückzug der Initiative wurde mit der Annahme des bundesrätlichen Gegenvorschlags die Familienpolitik 1945 in der Verfassung verankert. Verwandtschaft spielte darin keine Rolle, wohl aber das geschlechtshierarchische Konzept von Ehe und Kernfamilie. So avancierte die Absage an die Erwerbstätigkeit von Müttern im Zeichen des Kalten Kriegs zum Bollwerk gegen Sozialismus und Kommunismus; Kinderkrippen galten als Symbol verstaatlichter Erziehung. Die Schweizerische Ausstellung für Frauenarbeit, Saffa, erhob 1958 das «Dreiphasenmodell» – Berufstätigkeit, Mutterschaft, beruflicher Wiedereinstieg – zur allgemeingültigen Richtlinie für die Frauen. Dieses Modell wurde in der Folge vom stark steigenden Anteil an Teilzeiterwerbstätigen bei verheirateten Frauen unterlaufen, was den tatsächlichen Einbezug von Frauen in den Arbeitsmarkt bis heute statistisch verzerrt.

Familienpolitisch bedeutete die Realisierung von Familienzulagen eine faktische Erhöhung des Männerlohns, während die Einführung der Mutterschaftsversicherung, die vorwiegend erwerbstätige Frauen betrifft, bis zum Beginn des 21. Jahrhunderts auf sich warten liess. Sie ist zusammen mit dem Gleichstellungsartikel von 1981, dem Eherecht von 1988, der 10. AHV-Revision und der Unterstützung bei der Schaffung neuer Kindertagesstätten durch den Bund Ausdruck der gewachsenen gesellschaftlichen Akzeptanz veränderter Familienformen, zu denen Alleinerziehende, Patchworkfamilien und die Gleichzeitigkeit von Berufstätigkeit und Betreuungsfunktionen als gelebte Normalität gehören.

---

1 — Zusammengestellt nach Heinz Albers-Schönberg (Hg.), Die Geschichte der Familie Hürlimann von Fluntern, Zürich 1993.
2 — Jon Mathieu, Verwandtschaft als historischer Faktor, in: Historische Anthropologie, Jg. 10, Nr. 2, 2002, S. 225–244.
3 — Simon Teuscher, Bekannte – Klienten – Verwandte, Köln 1998.
4 — Nathalie Büsser, Die «Frau Hauptmannin» als Schaltstelle für Rekrutenwerbungen, Geldtransfer und Informationsaustausch, in: Hans-Jörg Gilomen et al. (Hg.), Dienstleistungen, Zürich 2007, S. 143–153; dies., A Family Affair, in: Rudolf Jaun et al. (Hg.), Schweizer Solddienst, Birmensdorf 2010, S. 105–114.
5 — Jon Mathieu, Bauern und Bären, Chur 1987; Albert Schnyder-Burghartz, Alltag und Lebensformen auf der Basler Landschaft um 1700, Liestal 1992.
6 — Susanna Burghartz, Zeiten der Reinheit – Orte der Unzucht, Paderborn 1999.
7 — Anne-Lise Head-König, Les femmes et la Justice matrimoniale dans les cantons suisses, XVIIᵉ–XIXᵉ siècles, in: Rudolf Jaun/Brigitte Studer, Weiblich-männlich, Zürich 1995, S. 59–70; Eva Sutter, «Ein Act des Leichtsinns und der Sünde», Zürich 1995, S. 184–190.
8 — Sandro Guzzi, Donne, uomini, parentela, Torino 2007.
9 — Claudia Töngi, Um Leib und Leben, Zürich 2004, S. 210–224; Silke Redolfi, Das Bündner Zivilrecht und die Frauen, in: Silvia Hofmann et al. (Hg.), FrauenRecht, Zürich 2003, S. 17–40; Annamarie Ryter, Die Geschlechtsvormundschaft in der Schweiz, in: Ute Gerhard (Hg.), Frauen in der Geschichte des Rechts, München 1997, S. 494–506.
10 — David Sabean, Kinship in Neckarhausen, 1700–1870, Cambridge 1998.
11 — Elisabeth Joris, Kinship and Gender, in: David Warren Sabean et al. (Hg.), Kinship in Europe, New York 2007, S. 231–257; Albert Tanner, Arbeitsame Patrioten – wohlanständige Damen, Zürich 1995, S. 177–202.
12 — Irene Amstutz/Sabine Strebel, Seidenbande, Baden 2002.
13 — Elisabeth Joris/Heidi Witzig, Brave Frauen – aufmüpfige Weiber, Zürich 1992, S. 208–271; Heidi Witzig, Polenta und Paradeplatz, Zürich 2000, S. 92–136; Arlette Schnyder, Geschwistergeschichten, Baden 2008.
14 — Katrin Rieder, Netzwerke des Konservatismus, Zürich 2008, S. 150–156.
15 — Caroline Arni, Entzweiungen, Köln 2004, S. 4–45.
16 — Regina Wecker / Brigitte Studer / Gaby Sutter, Die «schutzbedürftige Frau», Zürich 2001.
17 — Beatrice Schumacher, Herzenssache Familie, in: dies., Freiwillig verpflichtet, Zürich 2010, S. 277–311.

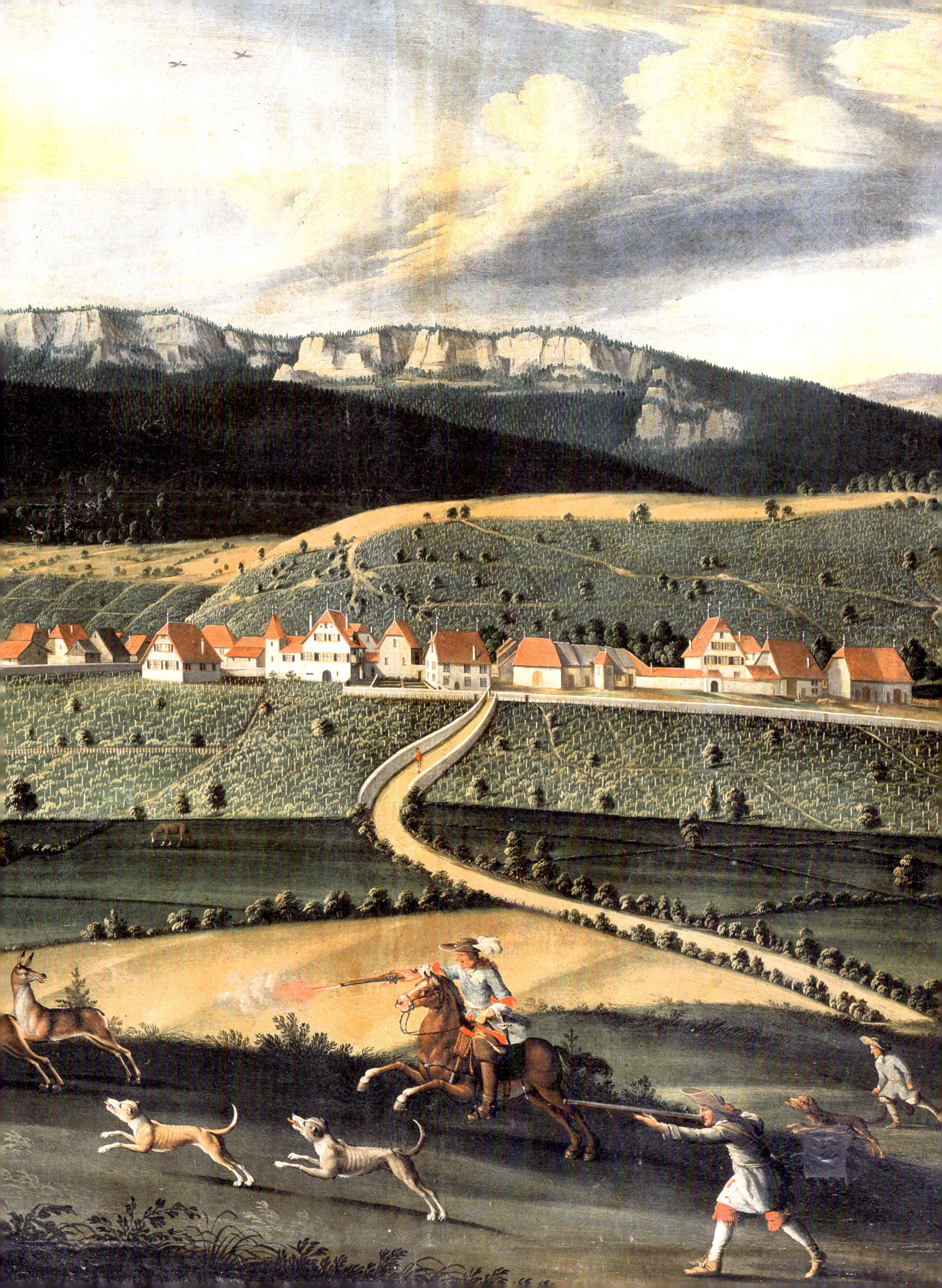

# Abwehr, Aufbruch und frühe Aufklärung (1618–1712) —*Danièle Tosato-Rigo*

Bewaffnete Konflikte in den Nachbarstaaten und eine durch demographischen Druck verstärkte generelle Abwehrhaltung prägen die Schweiz im 17. Jahrhundert. Bereits im Dreissigjährigen Krieg zeichneten sich jene Konflikte ab, die das Land im Laufe eines Jahrhunderts konfessioneller Verhärtung entzweien sollten. Auf der Grundlage regelmässig erneuerter Bündnisse mit kriegführenden Mächten dienten Tausende Schweizer Söldner im Ausland. Die starke Hierarchisierung und die Ausbildung des Territorialstaates standen im Hintergrund latenter Spannungen zwischen Regierenden und Regierten, die im Bauernkrieg von 1653 – dem herausragenden Ereignis des Jahrhunderts – zum Ausbruch gelangten.
Die Darstellung der vielen Gegensätze, welche die Gesellschaft des 17. Jahrhunderts kennzeichnen, bildet den roten Faden des Kapitels. Es soll gezeigt werden, dass diese Antagonismen keineswegs – wie in der Schweizer Historiographie lange angenommen – zur Erstarrung führten. Die allgegenwärtigen Bedrohungen bewirkten auf der Ebene des politischen Handelns und des Alltags zahlreiche Reaktionen und Neuerungen. Aus dieser Sicht ergibt sich das Bild einer nach innerem Gleichgewicht und Stabilität strebenden Gesellschaft, die sich auf einer prekären Ressourcenbasis organisieren musste. Widerstand und Rebellion waren feste Bestandteile der politischen Kommunikation. Die Herausbildung der konfessionellen Grenzen und Identitäten barg zwar Konfliktpotential, begünstigte aber zugleich die Entstehung rechtlicher Grundlagen der religiösen Koexistenz. Diesen Entwicklungen sowie dem langsamen Vordringen der neuen Denk- und Lebensweisen der frühen Aufklärung wird hier besondere Aufmerksamkeit geschenkt.

**Albrecht Kauw, Valeyres-sous-Rances (VD), Ansicht von Süden (Detail), Öl auf Leinwand, 1678** *(Bernisches Historisches Museum, Bern),* © BHM, Photo Yvonne Hurni. — Das Dorf Valeyres-sous-Rances war im 17. Jahrhundert ein beliebter Sommer- und Herbstsitz einiger bedeutender Berner Familien. Das Adelsprivileg der Jagd bildet im Vordergrund eine stilllebenhafte Szenerie. Auf dem Weg, der zum Dorf führt, befindet sich ein einzelner Spaziergänger in farblich auffälliger Kleidung. Der Arbeitsalltag kommt in dieser Inszenierung des adeligen Lebens nicht vor.

## EIN JAHRHUNDERT DER KRIEGE

Die Rivalitäten zwischen den Grossmächten – Bourbonen und Habsburgern in Madrid und Wien –, die sich um die Vormachtstellung in Europa stritten, führten im Laufe des Jahrhunderts zu einer Reihe militärischer Auseinandersetzungen, dem Dreissigjährigen Krieg (1618–1648), dem Devolutionskrieg (1667–1668), dem Holländischen Krieg (1672–1679), dem Pfälzischen Erbfolgekrieg (1688–1697) und schliesslich dem Spanischen Erbfolgekrieg (1701–1714). Mehrfach drohte die Eidgenossenschaft zum Kriegsschauplatz zu werden. Obwohl sich die Konflikte ausserhalb ihrer Grenzen abspielten, bestand eine sich stets erneuernde Bedrohungssituation für die Schweizer Bevölkerung, ausgelöst von durchziehenden Heeren, Grenzverletzungen und dem Druck der Monarchien auf kleinere Staatsgebilde, die nur mit Mühe ihre Existenz zu verteidigen vermochten. Dass derlei Befürchtungen berechtigt waren, bewies Frankreich mit der Annektierung der Franche-Comté (1674) und Strassburgs (1681).

Da die Schweiz kein stehendes Heer unterhielt, lag die Verteidigung der ↑Orte bei den ländlichen Milizen. Jeder wehrfähige Mann zwischen sechzehn und sechzig Jahren konnte einberufen werden, hatte sich auf eigene Kosten auszurüsten und wurde im Zuge regelmässiger Inspektionen gedrillt. Bei den zahlreichen Alarmen sahen sich Frauen und Kinder in dieser Bauern- und Hirtengesellschaft oft gezwungen, die Arbeit der Einberufenen zu übernehmen. Tausende von Männern waren durch die sogenannten Fremden Dienste in die europäischen Konflikte involviert. Daher verwundert es nicht, dass Kriegsdienste und Militär eine entscheidende Rolle bei der Herausbildung einer Aristokratie der regierenden Familien gespielt und die gesellschaftliche und politische Kultur der Schweiz in verschiedener Hinsicht nachhaltig geprägt haben.

Der grösste Konflikt des Jahrhunderts, der Dreissigjährige Krieg, hatte tiefgreifende Auswirkungen auf die Schweiz. Hier – wie in ganz Europa – fanden die Kriegsnachrichten durch die Medien eine starke Verbreitung. Die Propagandamaschinerien der Kriegführenden produzierten eine Flut von Pamphleten, die bis in die entlegensten Dörfer gelangten und zur Politisierung der öffentlichen Meinung beitrugen. Der ausserordentliche Erfolg des *Theatrum Europaeum*, einer Chronik des Baslers Matthäus Merian, welche die jährlichen Geschehnisse des Krieges anschaulich darstellt, gibt eine Vorstellung von der Gier nach Neuigkeiten, die dieser immer wieder aufflammende Konflikt erzeugte. Damals erschienen auch die ersten Wochenzeitungen (Basel 1610, Zürich 1623, Genf 1634, Luzern 1639, Bern 1656, Schaffhausen 1688, Solothurn 1695, Chur 1706). Sie erfassten neben Regierenden und Händlern breitere Bevölkerungskreise und erweiterten mit regelmässigen, aktuellen, ausländischen Informationen den Horizont der Leserschaft.

Die Geistlichkeit, fest verankert im Glauben an Vorzeichen, interpretierte den Krieg als göttliche Warnung, und die breite Masse der Gläubigen folgte ihr. Der spektakuläre Bergsturz von 1618, der das Bündner Dorf Plurs unter sich begrub, erschien den zeitgenössischen Kommentatoren als göttlicher Fingerzeig. Ein Pestzug, der die Schweiz Ende der 1620er Jahre erreichte, verstärkte das Trauma des Krieges und verlieh dem Millenarismus und dem Glauben an eine nahe Apokalypse Auftrieb. Zur Besänftigung von Gottes Zorn wurden Fasttage eingeführt und von der reformierten Obrigkeit in dieser Zeit erlassene grosse Sittenmandate verbreiteten eine Moral, die auf dem pessimistischen Bild des von der Erbsünde geprägten Menschen gründete.

Unmittelbar betroffen vom Dreissigjährigen Krieg waren die nördlichen Grenzregionen und die ↑Drei Bünde. Weil dem Veltlin, Untertanenland der Drei Bünde, mit seinen Pässen, die das spanisch-habsburgisch beherrschte Mailand und die österreichischen Erblande verbanden, eine Schlüsselfunktion zukam, besetzten zunächst Österreich und danach Frankreich zwischen 1620 bis 1634 das Gebiet. Nach dem ersten ↑Mailänder Kapitulat zwischen den Drei Bünden und den habsburgischen Mächten im Jahr 1639 wurde die Region rekatholisiert, und Graubünden, Schauplatz blutiger Kämpfe zwischen den rivalisierenden Parteien, verlor einen Teil seiner Herrschaftsrechte.[1] 1635 erhob der spanische Botschafter an der eidgenössischen Tagsatzung, Marc Claude de Rye, Marquis d'Ogliani, Anspruch auf die Herrschaft Valangin und bedrohte somit die Grafschaft Neuenburg.[2] Zwischen 1634 und 1640 fand sich das Fürstentum Basel aufeinanderfolgend und zum Teil gleichzeitig von schwedischen, französischen und kaiserlichen Truppen besetzt, und Tausende von Elsässern flüchteten vorübergehend nach Basel.

» *Es würdt die Jugendt in den waaffen wohl geübet, unndt ist keiner nicht baldt 12 Jahr alt, der nicht wisse mit seiner musquet umb zu gehen. Auch ist ein Jeder in seinem Haus wohl versehen mit gewehr, dz [sic] also der geringste fast zwen oder trey ins feldt setzen köndte. Es gibt auch sehr viel Schweitzer, in städten unndt auf dem Landt, welche des kriegswesens wohl erfahren seindt, unndt endtweders under dem König in Franckreich oder in Italien gedient haben.*«

Ausschnitt aus dem Bericht über eine Schweizerreise in den 1640er Jahren: Elie Brackenhoffer, Reysz Beschreibung mein Eliä Brackenhoffers von Strasburg, Musée historique de la ville de Strasbourg, Ms. 729, S. 92.

**Zürcher «Trüllvorschrift», in: Hans Conrad Lavater, Kriegs – Büchlein. Das ist Grundtliche Anleitung zum Kriegswesen, Zürich 1644** *(ZB Zürich).* — Zürich und Bern führten in der ersten Hälfte des 17. Jahrhunderts Heeresreformen nach niederländischem Muster durch: Die Lineartaktik, die die Karrees ersetzte, erforderte eine Ausbildung mit Drill.

Wegen des Zustroms von Menschen, alle auf der Flucht vor den überall tobenden Kämpfen in die Schweiz, forderten die Gemeinden immer wieder das Eingreifen der Obrigkeit. 1635 wies Zürich 7400 Bettler aus.[3] Elsässer, Pfälzer, Flüchtlinge aus dem Veltlin und aus den Drei Bünden hatten dort Zuflucht gefunden. Auch die wenigen in der Eidgenossenschaft ansässigen Juden bekamen die Folgen des stets schwelenden Gefühls der Bedrohung zu spüren. Waren sie anfänglich noch an verschiedenen Orten geduldet, wo sie Handel mit Remonten (Nachwuchspferden) für die Armee betrieben, zwang man sie später, sich ausschliesslich in den beiden Aargauer Gemeinden Lengnau und Endingen niederzulassen.

Wie andernorts in Europa trug der Dreissigjährige Krieg auch in der Eidgenossenschaft vor allem in den städtischen Orten zur Stärkung des politischen Regimes bei. Um die kostspieligen Stadtbefestigungen zu finanzieren, erhoben die bedeutendsten Städte Steuern, meist ein Tausendstel auf dem Vermögen, das die Steuerzahler selbst schätzen mussten. Hinzu kamen Massnahmen, die Lebensmittelversorgung der Bürger sicherzustellen, beispielsweise Kontingentierungen, Ausfuhrverbote für landwirtschaftliche Produkte oder das staatliche Salzmonopol (Zürich 1622, Bern 1623, Genf 1625, Solothurn 1629, Luzern 1641, Freiburg 1651), das sich zu einer wichtigen Einnahmequelle entwickelte.

Die durch den Abfluss grosser Silbermünzen ins Heilige Römische Reich noch verstärkte Währungskrise bekämpften die meisten Orte zwischen 1622 und 1623 mit der Abwertung ihrer Zahlungsmittel. Bern erprobte eine neuartige währungspolitische Massnahme und führte für den Batzen einen Zwangskurs ein, der für zwanzig Jahre seine Gültigkeit behielt.[4] Umfassend reorganisiert wurde auch das Militärwesen. Nach holländischem Vorbild verbesserten Bern (1628), Zürich (1629), Genf und Freiburg (1631) den Ausbildungsstand und organisierten Materialbeschaffung und Vorratshaltung neu. Der Zürcher Kartograph Hans Conrad Gyger veröffentlichte 1620 eine militärische Landeskarte der Nordostschweiz. Diese einzigartige realistische Landschaftsabbildung ist eine Pionierleistung und bildete im Kanton Zürich zugleich die Grundlage für die moderne militärische Einteilung nach Quartieren.[5]

Die Schweiz wirkte in ihrem Umfeld wie eine Insel des Friedens und des Überflusses. Hans Jakob Christoffel von Grimmelshausen bezeugt das in seinem berühmten Roman *Die Abenteuer des Simplicius Simplicissimus*: «da sah ich die Leute in dem Frieden handeln und wandeln, die Ställe standen voll Vieh».[6] Die Bauern profitierten vom Dreissigjährigen Krieg, da die Lebensmittelpreise ab 1620 in der Schweiz und im Ausland massiv anstiegen. Die Landwirtschaft exportierte massenhaft Milchprodukte – Käse, Butter, Zieger – und Wein (vor allem aus dem Thurgau und aus dem Kanton Zürich) ins verwüstete Deutschland. Der Frieden in der Schweiz begünstigte auch den Warenverkehr, besonders jenen über den Simplon und den Gotthard sowie den Transit auf dem Rhein. Amsterdamer Kaufleute, die Basel als künftigen Warenumschlagplatz sahen, beteiligten sich im Jahr 1625 an der Planung der neuen Idealstadt Henripolis im

Fürstentum Neuenburg. Dieser Freihafen sollte dem internationalen Handel Aufschwung verleihen. Die Idee wurde jedoch nie verwirklicht.[7] Der Entreroches-Kanal hätte im Grossprojekt der Verbindung Niederlande–Mittelmeerraum eine Schlüsselfunktion einnehmen sollen. Finanziert durch niederländische, französische, Berner und Genfer Mittel wurde in den Jahren 1638 bis 1648 lediglich ein Abschnitt des ursprünglich geplanten Kanals gebaut, der fortan den Warenverkehr zwischen Lyon, Basel und St. Gallen erleichterte.

Der Zustrom der Flüchtlinge aus den Kriegsgebieten verlieh auch dem religiösen und kulturellen Leben in der Eidgenossenschaft neue Dynamik. In den katholischen Orten beteiligten sich zahlreiche Immigranten an Gründungen von religiösen Stiftungen, unter ihnen auch Frauen, so die Kapuzinerinnen, Ursulinen und Visitandinnen in Freiburg, Solothurn und Luzern. Bestehende Institutionen wie die der Jesuiten erhielten ebenfalls personellen Zuwachs.

**Die Schweiz – Pulverfass und Festung**
Der Dreissigjährige Krieg verstärkte die bereits zwischen katholischen und reformierten Orten bestehenden Spannungen und liess neue Konflikte entstehen. Mehrfach belasteten im 16. Jahrhundert abgeschlossene Bündnisse, welche die Kantone beider Lager an gegeneinander kriegführende Mächte banden, den schwachen eidgenössischen Zusammenhalt. Ab 1620 standen die Hilfskontingente der reformierten Orte zur Verteidigung der Glaubensgenossen im Bündnerland den Truppen der katholischen Orte im Dienst des Reichs gegenüber. Zunächst stärkten die Siege der kaiserlichen Truppen und das Restitutionsedikt von 1629, in dem Kaiser Ferdinand II. die Rückgabe aller von den Protestanten seit der Reformation Mitte des 16. Jahrhunderts säkularisierten Bistümer, Klöster und Güter verfügte, das katholische Lager. Der Fürstabt von St. Gallen forderte die Wiedereinführung der Ehegerichtsbarkeit über die reformierten Untertanen in der Gemeinen Herrschaft Rheintal. Mit der Unterstützung der fünf katholischen Orte führte dieser Anspruch beinahe zu einer militärischen Auseinandersetzung. Erst das Eingreifen Gustav II. Adolfs von Schweden in den Krieg und dessen Sieg in Lützen bei Leipzig im Jahr 1632 brachten eine Kehrtwende zugunsten der Reformierten. Die katholischen Orte sahen sich gezwungen einzulenken und stimmten dem Vertrag von Baden 1632 zu. Erstmals war bei religiösen Streitigkeiten in den Gemeinen Herrschaften nicht mehr die Tagsatzung zuständig, sondern ein mit Vertretern beider Konfessionen paritätisch besetztes Schiedsgericht. Zu dieser Zeit unterstützte Johann Jakob Breitinger, der ↑Antistes der Zürcher Kirche, den Plan eines Bündnisses mit dem protestantischen Schweden. Die Zurückhaltung Berns und der Tod des schwedischen Monarchen bedeuteten das Ende des Projekts. Diese Annäherung auf reformierter Seite veranlasste jedoch 1634 die katholischen Orte zur Erneuerung ihres Bündnisses mit Savoyen. Das Gleichgewicht der europäischen Mächte hatte somit unmittelbare Auswirkungen auf die Schweiz. Da es sich aber ständig veränderte, gelang es auch hierzulande keiner Partei, sich dauerhaft durchzusetzen. Weder Katholiken noch Reformierte bildeten einen einheitlichen Block, um das Corpus helveticum in zwei klare Lager spalten zu können. Rivalitäten bestanden auf katholischer Seite besonders zwischen den kleinen Orten der Zentralschweiz und Luzern, bei den Reformierten zwischen Bern und Zürich.

Unzählige Zwischenfälle, meist die Gemeinen Herrschaften betreffend, drohten sich jeweils zu offenen Konflikten auszuweiten, was zu Überlegungen führte, diese Gebiete aufzuteilen. Ein kleiner, zur Unterstützung der verbündeten Stadt Mülhausen ausgeschickter Berner Trupp wurde 1632 in der Klus von Balsthal von der Solothurner Wachmannschaft beschossen, neun Berner verloren dabei das Leben. Bern reagierte heftig. Zur Wiedergutmachung und zur Verhinderung eines Waffengangs musste Solothurn einen Strafprozess einleiten. Drei Bauern wurden hingerichtet, während den beiden verantwortlichen Landvögten, Urs Brunner und Philipp von Roll, nach rechtzeitiger Warnung die Flucht gelang. Zwei Jahre später fielen die Truppen des schwedischen Generals Gustav Karlsson Horn auf dem Weg zur Belagerung von Konstanz bei Stein am Rhein ein. Dieser Zwischenfall führte zum sogenannten Kesselringhandel. Die katholischen Orte bezichtigten Kilian Kesselring, den reformierten Kommandanten der Grenzverteidigung, der Kollaboration, liessen ihn foltern und verurteilten ihn zu einer hohen Busse.

Meistens wurden Gewaltausbrüche durch die Zurückhaltung Berns und die Praxis der Schiedsgerichte gebremst. Basel und Schaffhausen nahmen besonders gegenüber dem kriegstreibenden Zürich, wo die Geistlichkeit den Einfluss, den sie zur Zeit Zwinglis besessen hatte, zurückgewinnen wollte, regelmässig eine Vermittlerrolle ein. Auf katholischer Seite spielte Luzern eine mässigende Rolle. Man scheute bewaffnete Konflikte aus Furcht, schliesslich deren Hauptlast tragen zu müssen. Die eindrücklichen Befestigungen, deren Bau die städtischen Orte während und nach dem Krieg an die Hand nahmen, zeugen vom Klima gegenseitigen Misstrauens. So dokumentiert die 1673 von Bern fertiggestellte Festung Aarburg an der

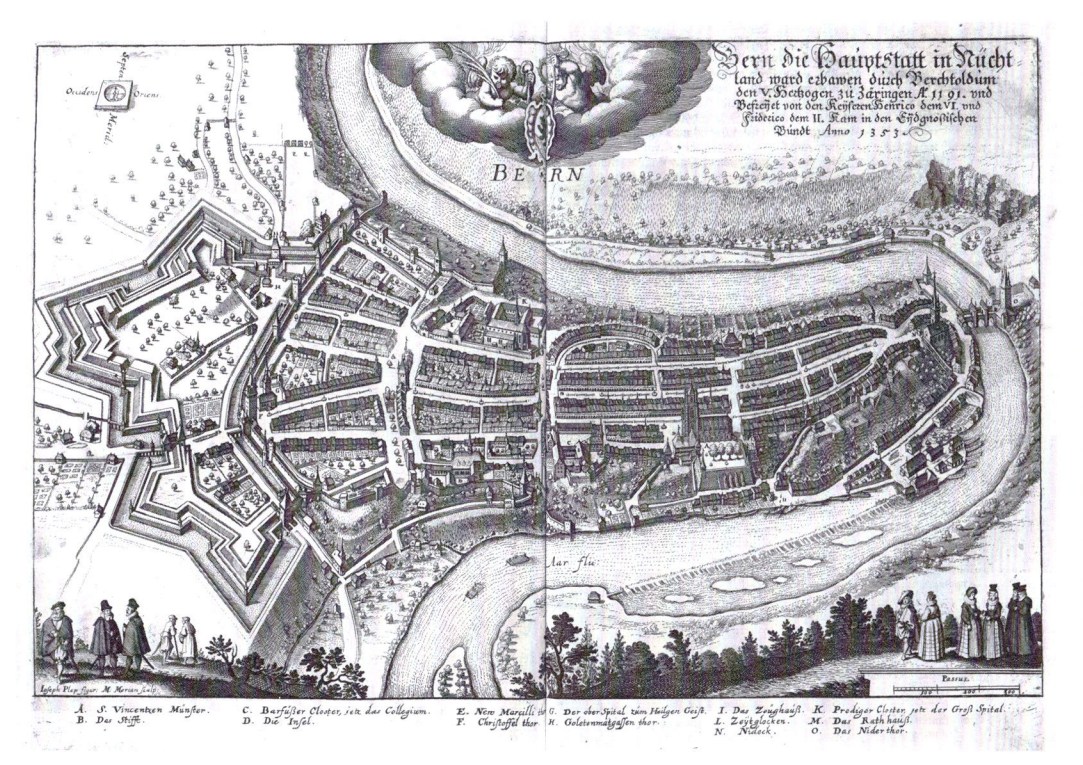

Ansicht Berns mit den neuen, 1622 bis 1642 errichteten Befestigungen, in: Matthäus Merian, **Topographia Helvetiae, Rhaetiae et Valesiae**, Frankfurt 1654 *(Burgerbibliothek Bern, Sign. Mül S 108)*. — Auf dieser Planvedute, die die Stadt Bern in Vogelschau von Süden darstellt, nimmt die neue Wehranlage im Westen, ausgeführt zwischen 1622 und 1642 nach dem Plan des in Genf ansässigen Kriegsingenieurs und französischen Hugenotten Théodore Agrippa d'Aubigné, beträchtlichen Raum ein. Mit seinen minutiös gezeichneten Planveduten, die in illustrierten Serien erschienen und grosse Beachtung fanden, verbreitete der Basler Kupferstecher Matthäus Merian (1593–1650) das Bild der Schweizer Städte bei einem internationalen Publikum, das bisher holländische und italienische Ansichten bevorzugt hatte.

Grenze zu Solothurn und Luzern den Willen, sich mehr noch als gegen Übergriffe aus dem Ausland gegen Aggressionen eidgenössischer Nachbarn katholischer Konfession schützen zu wollen.

Für ständige Spannungen sorgte auch der Durchzug fremder Truppen. Das von der Tagsatzung 1638 ausgesprochene Verbot gilt als Beginn einer Neutralitätspolitik oder genauer gesagt, einer Politik des «Stillesitzens», wie sie die einzelnen Orte im Innern bereits zuvor praktizierten. Sie ist allerdings mit dem heutigen Begriff Neutralität nicht zu vergleichen. Sie verbot weder das Anwerben von Söldnern noch die Versorgung der kriegführenden Parteien mit Waffen und Lebensmitteln. Trotzdem erweist sich diese Praxis als ihrer Zeit voraus, befand sich das völkerrechtliche Prinzip der Neutralität im 17. Jahrhundert doch erst am Anfang seiner Entwicklung (siehe Beitrag von Georg Kreis, S. 306).

Obwohl immer wieder in Frage gestellt, entwickelt sich dieses Verständnis von Neutralität zu einer Art Maxime der Aussenpolitik, die der jeweiligen politischen Situation angepasst wurde. Sie diente primär dem Schutz eines kleinen, konfessionell gespaltenen Staates im kriegführenden Europa[8] und bewirkte eine Entwicklung der Selbstwahrnehmung der Eidgenossenschaft, das Bewusstsein, einen als gemeineidgenössisch erklärten Raum bewahren und Grenzverletzungen entgegentreten zu müssen.

Die Neutralitätsverpflichtung entsprach den Interessen Frankreichs, entlastete sie doch den Nachbarstaat von der Verteidigung der langen gemeinsamen Grenze mit der Schweiz. Diesen Konsens besiegelten mehrere Neutralitätsverträge zwischen Ludwig XIV. und den Eidgenossen. Auf die erste Neutralitätserklärung der Tagsatzung, die schon damals Ergebnis eines starken inneren und äusseren Drucks war, folgte anlässlich einer weiteren Krise, der Besetzung der Franche-Comté durch Frankreich im Jahr 1674, eine erneuerte, weiterentwickelte Vereinbarung. Sie widerspiegelte die defensive Selbstwahrnehmung der Eidgenossenschaft, wie es auch verschiedene bildliche Darstellungen der Epoche zum Ausdruck bringen, welche die Schweiz als Festung zeigen.

### Rücken an Rücken:
### Alpen- und Mittellandkantone

Am Ende des Dreissigjährigen Krieges erfolgte im Westfälischen Frieden (1648) die juristische Ablösung der Schweiz vom Heiligen Römischen Reich – faktisch hatten sich die Orte schon seit dem Ende des 15. Jahrhunderts zunehmend vom Reich distanziert. Die neue rechtliche Situation schlug sich aber weder in der Aussenpolitik der ↑Stände nieder, noch wirkte sie sich unmittelbar auf die Entwicklung ihrer staatlichen Strukturen aus. Nur allmählich, selten vor Ende des Jahrhunderts, verschwand der kaiserliche Adler aus den Hoheitszeichen der Orte, und in den städtischen und ländlichen Ständen begann sich ein republikanisches Souveränitätsbewusstsein herauszubilden.[9] In Zürich wurde das Reich bereits ab 1654 beim Akt der

Vereidigung nicht mehr erwähnt, in Solothurn ab 1681 und in Schaffhausen erst ab 1714, und das erste, 1678 bestellte Siegel der Republik Bern (*Sigillum reipublicae Bernensis*) sollte erst 1716 jenes der Stadt (*Sigillum communitatis villae Bernensis*) ersetzen.

Die damalige Schweiz besass eine zweifache politische Struktur. Sie bestand einerseits aus den verschiedenen kantonalen Staatsgebilden und andererseits aus der sehr lockeren Vereinigung der ↑Dreizehn Orte und ↑Zugewandten, die paradoxerweise im Ausland, wo sich die Bezeichnung «Corpus helveticum» zuerst durchsetzte, stärker als Einheit empfunden wurden als unter den Schweizern selbst, die sich weiterhin «Eidgenossen» nannten. Die Entwicklung dieser beiden Ebenen bildeten den Kern der zahlreichen Diskussionen und Konflikte, die sich durch das ganze Jahrhundert hinzogen und zwei politische Stossrichtungen erkennen liessen. Die eine, von den städtischen Orten, insbesondere von Zürich und Bern vertretene Richtung, wollte die Tagsatzung als zentrale Institution stärken, die andere Gruppe, die kleinen Kantone, widersetzte sich diesem Ansinnen. Alle Versuche, das Funktionieren des Corpus helveticum auf eine neue Grundlage zu stellen und der Tagsatzung mehr Gewicht zu verleihen, schlugen fehl. Die Organisation einer gemeinsamen militärischen Verteidigung, in der die reformierten Orte einen ersten Schritt zu einem allgemeinen und immerwährenden Bündnis sahen, zeichnete sich erst mit dem ↑Defensionale von Wil 1647 gegen Ende des Dreissigjährigen Krieges ab. Es legte die Modalitäten der Verteidigung der helvetischen Grenzen bis zum Ende des ↑Ancien Régime fest. Diese Vereinbarung wurde im Defensionale von Baden 1668 und 1673 erweitert, provozierte nun jedoch die Opposition von Schwyz, das 1677 davon zurücktrat und Obwalden, Uri, die katholischen Gemeinden von Glarus sowie Zug, Appenzell Innerrhoden und Nidwalden mit sich zog. Begründet wurde der geleistete Widerstand mit der Verteidigung der religiösen Identität: Der katholische Landammann von Glarus, Daniel Bussi, rief seine Mitbürger dazu auf, das Defensionale zu verurteilen, denn dieser Vertrag würde sie dazu verpflichten, «den calvinistischen Orten ihre geraubten Kirchengüter schützen [zu] helfen und die Stadt Genf und das Pays de Vaud in den gemeinen eidgenössischen Schirm aufzunehmen», was am Ende des 16. Jahrhunderts für das Waadtland tatsächlich der Fall sein sollte, «alles Dinge, welche die alte Religion schwächen, wenn nicht gar unterdrücken würden».[10]

Dieselben gegensätzlichen politischen Stossrichtungen waren auch verantwortlich für das Scheitern einer geplanten Bundesrevision der Eidgenossenschaft. Das Projekt, die bestehenden vertraglichen Bindungen in einem einzigen Bundes-

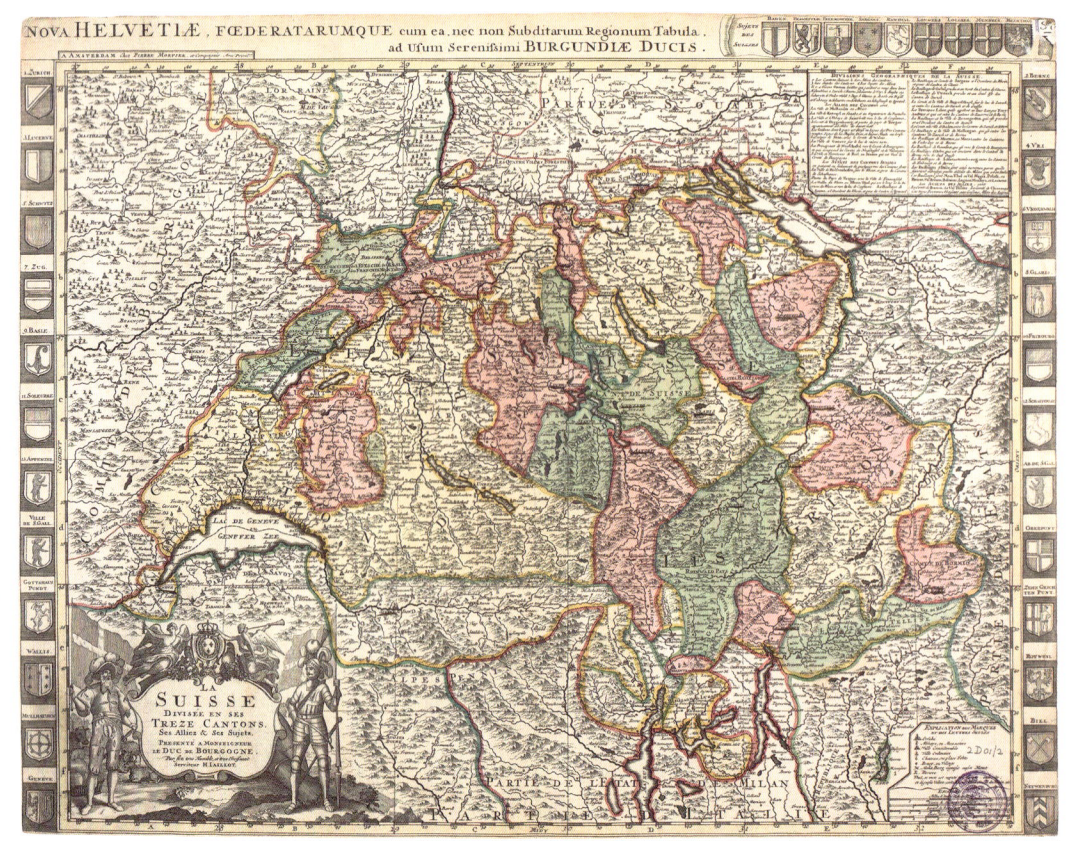

«La Suisse divisée en ses treze cantons, ses alliez & ses sujets, presenté a Monseigneur le Duc de Bourgogne», kolorierte Karte von Alexis Hubert Jaillot im Atlas Mortier, Amsterdam, um 1700 (*Bibliothèque de Genève*). — Diese vom erfolgreichen Kartenproduzenten Alexis Hubert Jaillot herausgegebene Karte der Schweiz wurde auf der Grundlage einer Karte des Zürchers Hans Conrad Gyger (1657) von Nicolas Sanson hergestellt, der als Vater der Kartographie in Frankreich gilt. Links und rechts sind die Wappen der Orte und Zugewandten dargestellt; oben rechts die Wappen der Gemeinen Herrschaften. Die königlichen Herrschaftszeichen in der Titelkartusche zeigen an, dass diese Karte unter der Patronage von Ludwig XIV. steht. Sie soll auch im Unterricht des Herzogs von Burgund, des ältesten Enkels des Sonnenkönigs, zum Einsatz gekommen sein.

brief zusammenzufassen, wurde 1655 besonders von Zürich und Bern unterstützt, die auf die Revision des Zweiten Landfriedens aus dem Jahr 1531 hofften. Zu den Befürwortern gehörten auch Luzern und – wenngleich weniger deutlich – Solothurn, während die übrigen Orte der Zentralschweiz ihre Zustimmung verweigerten. Diese Ablehnung war die Antwort auf die zunehmende demographische und wirtschaftliche Bedeutung, welche die reformierten Orte in weniger als einem Jahrhundert hatten gewinnen können, eine Machtverschiebung, die bei den kleinen Orten unweigerlich einen Abwehrreflex auslösen musste. Aus demselben Grund hatten sie bereits zuvor die von Genf, Neuenburg, Strassburg und vom Fürstbistum Basel eingereichten und von den reformierten Städteorten positiv beurteilten Gesuche um Aufnahme in das Corpus helveticum abgelehnt. Überdies trennten unterschiedliche politische Kulturen die Orte mit Landsgemeinde, in denen das Gewohnheitsrecht und die Ausübung der Versammlungsdemokratie verwurzelt waren, von den städtischen Orten, die sich auf kodifiziertes Recht stützten und den Ausbau ihrer Verwaltungen vorantrieben.

Die unterschiedlichen Ansichten über die staatliche Entwicklung der Eidgenossenschaft und die Rivalitäten rund um die ↑Gemeinen Herrschaften bildeten auch die wesentlichen Beweggründe zweier Kriege, der Villmergerkriege, deren Schauplatz in der Gemeinen Herrschaft der Freien Ämter lag. Das Ereignis, welches den ersten Krieg auslösen sollte, unterschied sich zunächst kaum von den Zwischenfällen, die zur Zeit des Dreissigjährigen Krieges so zahlreich vorgefallen waren. Ende 1655 fand sich eine ihren Glauben verdeckt praktizierende Gruppe von Reformierten, sogenannte Nikodemiten, die Schwyz sonderbarerweise jahrzehntelang in Arth geduldet hatte, plötzlich in ihrem weiteren Aufenthalt bedroht. Die Flucht eines Teils von ihnen wurde von Zürcher Pfarrern organisiert, die das Ereignis rasch zur Bildung einer antikatholischen Front nutzten.[11] Die Beschlagnahmung der Güter der Flüchtlinge, auf die Zürich sogleich Anspruch erhob, und die Hinrichtung von vier Verbliebenen machten diese zu Märtyrern. Dieses Mal gab es kein Schiedsgericht, das den Streit hätte beilegen können. Schwyz verteidigte seine Souveränität in religiösen Belangen und sprach der Tagsatzung, gegen den Willen Zürichs, jede diesbezügliche Kompetenz ab. In der Folge formierten sich katholische und reformierte Orte um die beiden Grundpositionen, und nach dem Fehlschlagen eines letzten Schlichtungsversuchs der Tagsatzung erklärten Zürich und Bern im Januar 1656 den fünf katholischen Orten der Zentralschweiz, Luzern, Uri, Schwyz, Unterwalden und Zug, den Krieg.

**Bi- und multilaterale Treffen eidgenössischer Standesvertreter in den Jahren 1632 bis 1712**

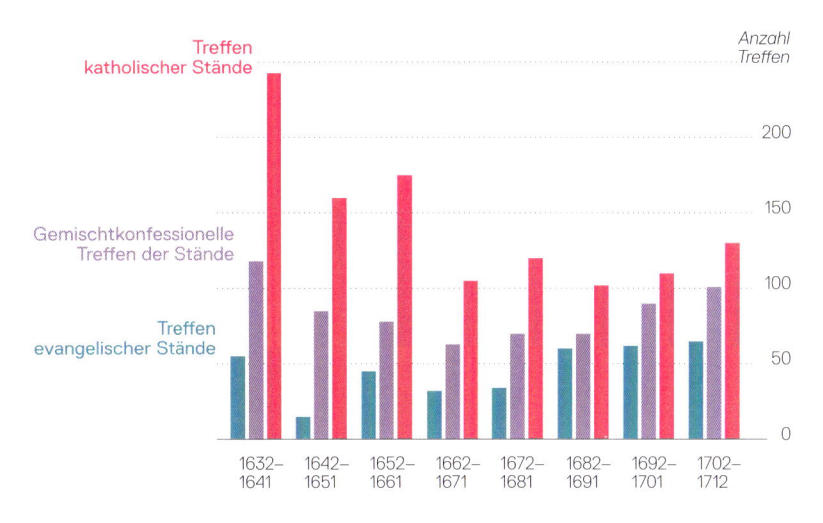

Die konfessionell getrennten Konferenzen, die seit der Reformation vor, während und manchmal ausserhalb der Tagsatzung abgehalten wurden, dominierten das 17. Jahrhundert. Viel häufiger waren jene der katholischen Orte – entweder nur der Länderorte oder dann der Länderorte und Städteorte, die sich 1586 im Goldenen Bund zur Erhaltung des katholischen Glaubens zusammengeschlossen hatten. Angesichts der Zahl der beteiligten Orte und der sie trennenden Interessenkonflikte erstaunt es nicht, dass sich die Konferenzen in Kriegszeiten (1618–1648), im Falle von Krisen (1653) oder anlässlich der Erneuerungen von Allianzen (1652–1661) häuften. Auf reformierter Seite führte die Aufhebung des Edikts von Nantes zu einer Intensivierung der Kontakte. Die im letzten Drittel des 17. Jahrhunderts aufkommende Tendenz zu vermehrten Treffen der Vertreter beider Konfessionen parallel zu ihren getrennten Konferenzen zeigt, wie subtil das Gleichgewicht war, auf dem die diplomatischen Aktivitäten zwischen den Orten beruhten (siehe Beitrag von Andreas Würgler, S. 132).
Quelle (Graphik): Thomas Lau, «Stiefbrüder». Nation und Konfession in der Schweiz und in Europa (1656–1712), Köln 2008, S. 69, © 2013 Schwabe AG, Verlag, Basel, und Marc Siegenthaler, Bern.

Die Niederlage, die Bern einen Monat später beim Dorf Villmergen erlitt, wurde von zeitgenössischen Beobachtern mit Verblüffung aufgenommen. Das Eingreifen von vermittelnden Kantonen, insbesondere von Basel, verhinderte eine Fortsetzung der Feindseligkeiten und sorgte im selben Jahr dafür, dass die Bestätigung der faktischen Vormachtstellung der Reformierten für ein weiteres halbes Jahrhundert ausblieb.

Erst der Vierte Landfrieden nach dem Zweiten Villmergerkrieg 1712, ausgelöst durch die Parteinahme von Bern und Zürich für die Toggenburger Aufständischen gegen den Abt von St. Gallen, brachte den Sieg der beiden reformierten Städte über die fünf katholischen Orte und die Umkehr der Machtverhältnisse. Der Krieg hatte über 3000 Soldaten das Leben gekostet und Hunderte von Verletzten gefordert.[12]

Die Spannungen zwischen den beiden konfessionellen Blöcken wirkten sich auf die Gedächtniskultur der Eidgenossenschaft aus. Ab 1656 gedachte man der Schlacht bei Näfels nicht mehr gemeinsam. 1669 wurde Niklaus von Flüe auf Ersuchen der katholischen Orte, die ihn zur Galionsfigur der Gegenreformation stilisiert hatten, selig gesprochen. Im Rahmen dieser Strategie des

Monogrammist JS (wohl Johann Franz Strickler), Zug der Innerschweizer in die Schlacht von Villmergen am 25. Juli 1712, Detail: Der Anführer der Truppe zu Pferd mit Säbel und Kruzifix, Öl auf Leinwand, kurz nach 1712 (*Schweizerisches Nationalmuseum, Inv.-Nr. LM-16808*).

Kampfes mit Symbolen versuchten die katholischen Orte auch, die Figur von Wilhelm Tell enger an sich zu binden.

Die Konflikte zwischen den Eidgenossen lösten eine Flut von Flugschriften aus.[13] Satirische Texte und Lieder in Dialogform, wie etwa der *Tanz des Bären* oder das *Rezept gegen die Tollheiten des Bären* (1656), wurden Hausierern und Ausrufern buchstäblich aus den Händen gerissen. Bern beklagte sich nach dem Ersten Villmergerkrieg bei Freiburg über den Verkauf dieser Flugschriften und das Anstimmen der Lieder auf öffentlichen Märkten.[14] Nachdem die Tagsatzung mehrmals aufgefordert worden war, solche Schmähschriften zu verbieten, hiess sie 1659 einen gemeinsamen Vorstoss Berns und Zürichs gut, der in dieselbe Richtung zielte. Dieser Beschluss scheint im 17. Jahrhundert jedoch nicht umgesetzt worden zu sein. Die rhetorischen Kampfinstrumente, mit denen die politischen Diskussionen aus den Sitzungszimmern der Obrigkeit und der Geheimräte in die Öffentlichkeit getragen wurden, genossen offenbar in weiten Teilen der Bevölkerung eine ausserordentliche Wertschätzung.

## Lebhafte Diplomatie

Im Europa jener Tage, in dem die Grossmächte militärisch um die Vormacht stritten, verfügten die Schweizer Orte über zwei wesentliche Trümpfe: ihr Reservoir an Soldaten und ihre strategische Position für Truppendurchmärsche. Die aktiv um die Schweiz buhlenden kriegführenden Mächte bezogen die Eidgenossenschaft in die internationale Diplomatie ein. Seit Ende des 16. Jahrhunderts residierten die Abgesandten des Papstes, des Hauses Habsburg und Savoyens in Luzern. Mailand war dort durch vier Generationen der adeligen Familie Casati aus der Lombardei vertreten. Deren letztem Exponenten, der 1687 zum Botschafter ernannt worden war, hatte Luzern ausserordentlicherweise sogar das Bürgerrecht verliehen.[15] Frankreich unterhielt in der Botschaft in Solothurn einen regelrechten Hof und nutzte dort die Vorteile der Extraterritorialität. Im ehemaligen, zum barocken Palast umgebauten Franziskanerkloster verteilte man Geschenke und Pensionen. Der Botschaftssekretär Jean de la Chapelle liess es sich nicht nehmen, diesen Hof als «Vierzehnten Ort» zu bezeichnen: «Elle ressemble plutôt à une petite république qu'à une simple famille. Au milieu de toute la simplicité des mœurs suisses, la magnificence plaît au peuple et accrédite extrêmement un ambassadeur.»*[16] Im Jahr 1679 erhielt Genf einen diplomatischen Vertreter Frankreichs, und die Messe, die im Zuge der Reformation abgeschafft worden war, konnte nun – in der Kapelle der Residenz – wieder stattfinden. Österreich hatte seit 1678 einen Repräsentanten in Baden. Die Vereinigten Niederlande und England unterhielten nach einer sporadischen Präsenz in der ersten Jahrhunderthälfte seit den 1690er Jahren ständige Vertretungen in Genf, Basel, Bern und Zürich. Während des Spanischen Erbfolgekriegs handelte der englische Sonderbeauftragte Abraham Stanyan mit Bern ein Darlehen von 150 000 Pfund für die englische Krone aus.[17] Einigen dieser Diplomaten (darunter Ranuccio Scotti, Thomas Coxe, Abraham Stanyan, Robert Brulart de Puysieux [Puysieulx] und Vendramino Bianchi) sowie dem Reisenden Gilbert Burnet, dem späteren Bischof von Salisbury, verdanken wir die detailliertesten Beschreibungen der Schweiz in dieser Epoche.

Die politische Struktur des Corpus helveticum und das Fehlen eines echten Hofes als Mittelpunkt des diplomatischen Lebens verblüfften die ausländischen Vertreter immer wieder. Hatten die Diplomaten bestimmte Persönlichkeiten für ihre Interessen gewonnen, so setzten die Vielzahl der Machtzentren oder die Kämpfe der regierenden Familien um Einflussnahme in den jeweiligen Kantonen die Karrieren jener Amtsträger vielleicht gerade ausser Kraft. Insbesondere die Verspätung von Soldzahlungen an die Militärunternehmer, die ihrerseits die Söldner aus dem eigenem Vermögen bereits bezahlt hatten, erschwerte den Aufbau von längerfristigen, stabilen Beziehungen. Es galt, Augen und Ohren überall zu haben. Unter den unverzichtbaren Informanten fanden sich auch Frauen, die einen gewissen Bekanntheitsgrad erlangten, etwa die Witwe eines Berner Ratsherrn aus der Familie Tillier, deren Informationen als so

---

* «Er gleicht eher einer kleinen Republik als einer einfachen Familie. Inmitten der einfachen Schweizer Sitten gefällt der Prunk dem Volk und bringt dem Botschafter ausserordentliches Ansehen.»

wichtig eingeschätzt wurden, dass sie mit einer Pension des französischen Königs von 1200 Pfund entlohnt wurde.[18] Enorme Summen wurden besonders anlässlich der Tagsatzungen für Bankette ausgegeben. Während der «Legitimationskonferenz» vom 26. Mai 1698 feierte der französische Botschafter Puysieux seine Ankunft in Solothurn mit 200 aus allen Himmelsrichtungen angereisten Abgeordneten, denen er während sechs Stunden die besten Weine ausschenkte.

Als Gegenleistung für die Rekrutierung von Söldnern legten die Schweizer die Auszahlung von Pensionen fest, «Staatspensionen» für die öffentlichen Kassen und «Privatpensionen» für die Notabeln, die sich der ausländischen Macht gegenüber als loyal erwiesen und die Gelder dann weiterverteilten.[19] In diesem Rahmen handelte die Obrigkeit auch Offiziersstellen aus. Sie erwirkte Handelsfreiheit für Schweizer Waren, wovon vor allem in Frankreich und Venedig tätige Zürcher und St. Galler Textilunternehmer und Schweizer Kaufleute im Herzogtum Mailand profitierten, und schloss Verträge für die Einfuhr unverzichtbarer Güter wie Getreide und Salz ab.

Die Beziehungen zum Ausland waren nach wie vor vom Grundsatz der konfessionellen Solidarität geprägt. Doch der Beitritt Zürichs zum französischen Soldbündnis 1614, ein 1617 zwischen Savoyen und Bern abgeschlossener Vertrag, der die Berner Herrschaft über das Waadtland bestätigte, sowie eine weitere Übereinkunft von Bern und Zürich mit Venedig von 1706 zeugen von einer beginnenden Säkularisierung der Aussenpolitik.

Seit 1614 vereinigte das Bündnis mit Frankreich alle Orte. Es verlieh dem Hauptanwerber von Söldnern die Vorherrschaft im Corpus helveticum, da die Habsburger nur in der Zentralschweiz über Einfluss verfügten. Als dieser Vertrag auslief, bemühte sich der französische Botschafter Jean de La Barde ganze zehn Jahre lang, bis er 1663 eine Erneuerung unter Dach und Fach hatte. Solothurn trat im Jahr 1653 bei, danach folgten die katholischen (1654/55) und seit 1658 nach und nach auch die reformierten Orte, die allerdings mehrere Zusatzklauseln aushandelten, wie das Verbot, ihre Soldaten gegen Glaubensgenossen einzusetzen, oder die Zusicherung des Königs, nicht in Konflikte zwischen den Eidgenossen einzugreifen. Zürichs Kaufleute, die an den Handelsprivilegien interessiert waren, hatten auf eine Erneuerung des Bündnisses gedrängt. Der aus diesem Milieu stammende spätere Bürgermeister Johann Heinrich Escher verkörperte eine neue Generation von Zürcher Politikern, die sich von der konfessionellen Diplomatie distanzierten und stattdessen wirtschaftliche Überlegungen in den Vordergrund rückten.

---

**Erneuerung der wichtigsten Bündnisse der 13 Orte mit ausländischen Mächten 1602 bis 1712**

| 1602 | 13 Orte (Zürich: 1614) | Frankreich |
| 1604 | LU, UR, SZ, UW, ZG, FR, AI | Spanien (M) |
| 1615/18 | BE/ZH (neues Bündnis) | Venedig |
| 1617 | BE | Savoyen |
| 1634 | LU, UR, SZ, UW, ZG, FR, AI | Spanien (M) |
| 1634 | LU, UR, SZ, UW, ZG, FR | Savoyen |
| 1651 | LU, UR, SZ, UW, ZG, FR | Savoyen |
| 1663 | 13 Orte | Frankreich |
| 1664 | LU, UR, SZ, UW, ZG, FR, AI | Spanien (M) |
| 1671 | LU, UR, SZ, UW, ZG, FR | Savoyen |
| 1684 | LU, UR, SZ, UW, ZG, FR (1685), Kath.-GL, AI, SO | Savoyen |
| 1705 | LU, UR, SZ, UW, ZG, FR, AI (nur bis 1706 in Kraft) | Spanien (Bourbonen) (M) |
| 1706 | BE, ZH | Venedig |
| 1712 | BE (neues Bündnis) | Vereinigte Niederlande |

(M) = Mailänder Kapitulate

*Quelle: Danièle Tosato-Rigo.*
*Siehe auch die Übersicht zum 16. Jahrhundert im Kapitel von Randolph Head, S. 229.*

---

Da die katholischen Orte Frankreich verdächtigten, die protestantischen Orte zu bevorzugen, erneuerten sie ihre Bündnisse mit Spanien durch die erweiterten Mailänder Kapitulate und mit Savoyen, um ein Gegengewicht zu schaffen. Bündnisse zwischen reformierten Orten und ausländischen protestantischen Staaten kamen nicht zustande, auch wenn der 1689 gekrönte englische Monarch Wilhelm III. von Oranien Oliver Cromwells in der Mitte des Jahrhunderts eingeleitete Öffnung fortsetzte und Thomas Coxe zur Wahrnehmung seiner Interessen in die Schweiz schickte. Nur Bern, wo die frankreichfreundliche Partei seit der Besetzung der Franche-Comté 1674 und der Aufhebung des Edikts von Nantes 1685 beträchtlich geschwächt war, ging 1712 ein Bündnis mit den Vereinigten Niederlanden ein. Allerdings scheint hier die Konfession eine weniger wichtige Rolle gespielt zu haben als die republikanische Affinität.[20] Das weit stärker auf Frankreich ausgerichtete Zürich beschränkte sich 1693 auf eine einfache militärische ↑Kapitulation mit den Vereinigten Niederlanden. Die Zürcher Geistlichkeit und das Kleinbürgertum hatten sie der regierenden frankophilen Elite der Händler abgepresst, weil sie sich von den Vereinigten Niederlanden Kornlieferungen erhofften, die das Reich nicht mehr erbringen konnte.[21] Das Bündnis zog dann auch die Suspendierung der französischen Pensionen und Salzlieferungen nach sich.

Die zwischenstaatlichen Aussenbeziehungen waren noch nicht in einem abstrakten, völkerrechtlichen Sinn geregelt und hatten einen stark klientelären Charakter. Dem «König vom Simplon», ↑Kastellan und Unternehmer Kaspar Stockalper (1609–1691) aus Brig, der gleichzeitig mit Frankreich und Spanien verhandelte, verlieh der Gouverneur von Mailand nicht nur das ausschliessliche Recht für den Verkauf von venezianischem Salz im Wallis, er ging 1648 sogar so weit, ihm ein Regiment und das Val d'Ossola im Piemont anzubieten, um sich im Gegenzug die Erlaubnis für den Durchzug seiner Truppen zu sichern.[22] Einige Familien, beispielsweise die Zurlauben in Zug, waren klar frankreichtreu, doch die meisten hielten ihre Beziehungen zwischen den Habsburgern und den Bourbonen im Gleichgewicht, um sich gegen plötzliche Rückschläge in der Gunst der Mächtigen zu wappnen.[23] Die Akteure auf dem Feld der Diplomatie stammten aus den herrschenden Familien, da dieses Geschäft beträchtliche finanzielle Mittel erforderte und als Teil eines *cursus honorum* galt. So weigerte sich Bern, den erfahrenen Diplomaten und Drahtzieher eines 1712 mit den Vereinigten Niederlanden geschlossenen Bündnisses, François-Louis de Pesmes de Saint-Saphorin, als Vertreter des Kaisers und 1716 als Vertreter des englischen Königs Georg I. zu akkreditieren, da er als waadtländischer Untertan nicht zu den regimentsfähigen Familien gehörte.

Die Steuerung der Beziehungen zum Ausland war für die herrschenden Schichten ein entscheidender Faktor zur Bereicherung und zum Erwerb von Prestige. Das erlaubte ihnen, vorher mehr oder weniger getrennte Bereiche miteinander zu verbinden: die Einfuhr von Salz, die Ausfuhr von Käse, Vieh und Textilien sowie die Vermittlung von Soldaten.[24] Das Projekt einer Stationierung ständiger Vertreter im Ausland, mit dem vor allem Bern liebäugelte und das 1663 nach dem Abschluss des Bündnisses mit Frankreich neuen Auftrieb erhielt, scheiterte an der Zurückhaltung der kleineren Orte, welche die damit verbundenen Ausgaben fürchteten und ihre volle Unabhängigkeit bewahren wollten. Im Allgemeinen zog man die an der Tagsatzung praktizierte Entsendung von Sondergesandten, wie sie in der innerschweizerischen Diplomatie üblich war, vor. Die Elastizität des Systems erlaubte eine stetige Anpassung an die Veränderungen der politischen Kräfte.

### Der Zwyerhandel (1656–1661)

Sebastian Peregrin Zwyer von Evibach (1597–1661), Sonderbeauftragter von Kaiser Ferdinand III. in der Schweiz und Landammann von Uri, war als militärischer Befehlshaber während des Dreissigjährigen Kriegs zu Ruhm gelangt und rasch gesellschaftlich aufgestiegen. Er verfügte über ein weites persönliches Beziehungsnetz, zu dem auch ausländische Herrscher und reformierte Staatsmänner zählten, darunter der Basler Bürgermeister und eidgenössische Gesandte Johann Rudolf Wettstein. Zwyer hatte wesentlich zur Annäherung zwischen Zürich und Habsburg beigetragen und den Einfluss des Kaisers in der Zentralschweiz gestärkt. Deshalb war er schon 1646, anlässlich seiner Wahl zum Landammann und Vertreter von Uri in der Tagsatzung, vom französischen Botschafter angegriffen worden. Sein wachsender Einfluss beunruhigte die grossen frankophilen Familien der Zentralschweiz, die schliesslich beschlossen, sich seiner zu entledigen. Im Frühjahr 1658 setzten Schwyz und Luzern ein Kopfgeld auf Zwyer aus. Insbesondere von Schwyz wurde er des «Hochverrats an der katholischen Sache» und der Zusammenarbeit mit dem reformierten Feind während des Ersten Villmergerkrieges angeklagt. Dieser Anklagepunkt wurde indes von Uri abgelehnt, das auf sein Recht beharrte, den Urner Zwyer selbst zu verurteilen. Keinem der einberufenen Schiedsgerichte gelang es, die Einheit im katholischen Block wiederherzustellen. Der sogenannte Zwyerhandel hielt das Land über Jahre in Atem; erst der Tod der Hauptfigur vermochte ihm ein Ende zu setzen. Diese Staatsaffäre zeigt die Verflechtungen der «inneren» und «äusseren» Politik, zweier Sphären, die in dieser Epoche kaum voneinander zu trennen sind.

**Sebastian Peregrin Zwyer, Kupferstich von Johann Schwyzer (Detail), 17. Jahrhundert** (*ZB Zürich, Graphische Sammlung*).

### Der Lebensnerv des Staates: die Fremden Dienste

Die Fremden Dienste ermöglichten es der Eidgenossenschaft, jederzeit auf gutausgebildete militärische Befehlshaber zählen zu können und dabei die Ausgaben zu vermeiden, die ihren Nachbarn durch den Unterhalt stehender Heere entstanden. Die Erträge aus dem Söldnerwesen flossen in die Staatskassen und ermöglichten es den Schweizer Ständen, die steuerliche Belastung der Untertanen tief zu halten. Den Fremden Diensten kam damit eine wichtige Rolle in der Staatsbildung zu, die sich ohne direkte Steuern und stehendes Heer formierte.[25]

Seit jeher gaben sie aber auch Anlass zu Kritik. Zwar stand das religiöse Element nicht mehr im Vordergrund, denn Zürich hatte inzwischen das in der Reformation erlassene Verbot des Söldnerwesens aufgehoben. Doch wurden jetzt der Verlust der Unabhängigkeit und die moralische Verderbtheit der zurückgekehrten Söldner beklagt. In Frankreich kursierte das Bild der geldgierigen, skrupellosen, mit einem Wort «barbarischen» Schweizer, das man gerne brauchte, um auf die Überlegenheit der französischen Zivilisation hinzuweisen.[26] Diese Kritik zog jedoch keine konkreten Massnahmen zur Begrenzung der tief im wirtschaftlichen, politischen und gesellschaftlichen Leben der Schweiz verankerten Praxis des Söldnerwesens nach sich. Sie sollte in diesem Jahrhundert sogar erst ihren Höhepunkt erreichen.

Für die angeworbenen jungen Männer, deren Anzahl schwierig zu schätzen ist, weil die offiziellen Zahlen den tatsächlichen nicht entsprechen und in den sogenannten Schweizer Truppen mitunter bis zu 50 Prozent Ausländer dienten, stellten die Fremden Dienste zeitweise eine Art ökonomisch bedingte Auswanderung dar. Vielleicht trugen die Fremden Dienste sogar zur Verringerung der Armen in der Schweiz bei. Sie stellten jedoch ein hohes Risiko dar. Selten erhielten die Männer den ganzen Sold, und ein Drittel von ihnen kehrte nie zurück. Das Anwerben sogenannter Freikompanien, das nicht auf Kapitulationen zwischen fremden Mächten und eidgenössischen Orten beruhte, ermöglichte die Umgehung geltender Reglemente, beispielsweise der Klausel, Söldner nur zur Verteidigung einsetzen zu dürfen. In der Schlacht von Malplaquet standen sich im Spanischen Erbfolgekrieg 1709 Schweizer Söldner in feindlichen Lagern gegenüber, auf der einen Seite im Dienst Frankreichs, auf der anderen im Dienst der alliierten Kräfte. Der Tod von 8000 Offizieren und Soldaten hinterliess ein tiefes Trauma. Dramatisch entwickelten sich auch zwei Feldzüge im Dienst Venedigs, das entgegen getroffener Vereinbarungen Schweizer auf dem Meer einsetzte. In Dalmatien wurde 1648 über die Hälfte der 2200 Berner und Zürcher Söldner vom Fieber hingerafft, und von den 2500 Männern aus katholischen Orten, die 1687 gegen die Türken zogen, kehrten fünf Jahre später nur noch 200 vom Peloponnes zurück.[27]

Die Auswirkungen der Fremden Dienste auf das Familienleben in den Dorfgemeinschaften und in den Städten sind noch weitgehend unerforscht. Festhalten lässt sich jedoch, dass der Druck mit der Einführung der stehenden Söldnerheere durch die meisten Monarchien im letzten Drittel des Jahrhunderts zunahm. Der Einsatz der Soldaten beschränkte sich nun nicht mehr auf einzelne Feldzüge mit einer Dauer von etlichen Wochen bis zu drei Monaten, er galt für Friedens- wie für Kriegszeiten und unterwarf die Teilnehmer neuen Methoden des Drills. In Wirtshäusern vereinbarte Zwangsrekrutierungen häuften sich ebenso wie Desertionen. Das abgesehen von den Schweizer Garden in Frankreich erste ständige Regiment war das 1671 ausgehobene, nach seinem Oberst benannte Berner Regiment Erlach im Dienste Frankreichs. Es wurde entgegen den entsprechenden Klauseln im Bündnisvertrag mit den Eidgenossen von Frankreich 1663 im Holländischen Krieg eingesetzt.

Zuweilen gelang es Offizieren dank der Fremden Dienste, in den Adel aufzusteigen und durch den Handel mit den damit verbundenen Ressourcen wie Pensionen, Offiziersstellen und Salz jene Mittel zu generieren, die zur Schaffung und stetigen Erweiterung einer Klientel für eine allfällige spätere politische Karriere nötig waren.[28] In der ersten Jahrhunderthälfte waren die Fremden Dienste oftmals Sprungbrett für den gesellschaftlichen Aufstieg. So gelang es dem Urner Sebastian Peregrin Zwyer von Evibach, in eine Diplomatenkarriere einzusteigen, und Franz Peter König (circa 1594–1647), dem Sohn eines vom Lande stammenden, eingebürgerten Freiburger Anwalts, dank seinem Generalsrang und dem Titel eines Barons des Heiligen Römischen Reichs das Schultheissenamt in Freiburg zu erringen.[29] Allerdings mussten sich die Vertreter der nicht regimentsfähigen Familien im Laufe der Zeit immer öfter mit untergeordneten Posten begnügen. Als die Tagsatzung das Verbot von Freikompanien erneuerte, ermächtigte sie den französischen König, einige «alte wohlverdiente ansehnliche Familien und Häuser der Eidgenossenschaft» mit einer privaten Kompanie zu belohnen.[30] 1702 löste der Entscheid Ludwigs XIV., den Waadtländer Untertanen Charles de Chandieu zum Befehlshaber eines Regiments der Aarestadt, des sogenannten Régiment de Villars-Chandieu, zu ernennen, in Bern einen Skandal aus. Hier zeigte sich die Monopolstellung, die sich die herrschende Klasse gesichert hatte.

Immer häufiger tauschten Offiziere die Rolle des militärischen Befehlshabers mit der des Militärunternehmers. Einige kamen so zu ungeheurem Reichtum, beispielsweise Kaspar Stockalper, dem Ende der 1670er Jahre eine einzige Kompanie den Gegenwert von 120 000 Kühen einbrachte.[31] Allerdings verursachten die Fremden Dienste auch

**Allegorie gegen die Fremden Dienste (Detail), Öl auf Leinwand, um 1625**
*(Schweizerisches Nationalmuseum, Inv.-Nr. LM-24998).* — Ein Schweizer Rekrutierungsbeamter wartet, angekettet an die Tür eines Fürstenhofes, auf das zu seinen Füssen schon bereitgestellte Geld der Pensionen. Die wichtigsten Staatsoberhäupter aus der Zeit der Religionskriege sind im Begriff, den Fürstenhof zu verlassen. Der König von Spanien ist schräg von hinten zu sehen. Er trägt – anachronistisch – die Züge von Philipp II., rechts von ihm stehen der französische König (vielleicht Heinrich von Navarra), der Doge von Venedig und der Kaiser, möglicherweise Ferdinand II. Der Papst mit Tiara könnte Paul V. sein (Camillo Borghese); über seine Schulter schaut Kardinal Richelieu. Auf dem Balkon des Gebäudes hinter ihnen hebt ein Kanzler eine militärische Kapitulation in die Höhe.

### Lohn eines Söldners in Fremden Diensten im Vergleich mit verschiedenen Arbeitslöhnen

| Jahr | Söldner pro Monat | Maurergeselle in Zürich pro Monat | Verschiedene Löhne in der Schweiz pro Monat | |
|---|---|---|---|---|
| 1480 | 9 lb | 5 lb | | |
| 1550 | 15/18 lb | 9 lb | 8/9 lb | Erntearbeiter in Zürich |
| 1600 | 15/18 lb | 10 lb | | |
| 1650 | 13/18 lb | 20 lb | 12 lb | Landarbeiter im Wallis |
| 1700 | 13/18 lb | 20 lb | | |

lb = Pfund

Der mittlere Monatslohn eines Söldners in Fremden Diensten machte noch Anfang des 16. Jahrhunderts beinahe das Doppelte eines städtischen Maurerlohnes aus. Seit der Mitte des 17. Jahrhunderts verdienten Maurergesellen deutlich mehr als Soldaten, und sogar die Löhne von Landarbeitern kamen deren Einkommen nahe.
Quelle: Hans Steffen, Die soziale und wirtschaftliche Bedeutung der Stockalperschen Solddienste, in: Louis Carlen / Gabriel Imboden (Hg.), Wirtschaft des alpinen Raums im 17. Jahrhundert, Brig 1988, S. 179–203, hier S. 193.

Konkurse, oft weil die Soldzahlungen der ausländischen Staaten – vor allem aus Frankreich und Venedig – verspätet eintrafen. Dass verwandtschaftliche Netzwerke und die Mitarbeit der Gattinnen für die Anwerbung von Rekruten im Land besonders wichtig waren, zeigt sich an den Beispielen der Stadt Solothurn und der Zurlauben in Zug.[32]

Ab 1670 reduzierten tiefgreifende Umgestaltungen der Fremden Dienste deren Anziehungskraft. Die Verwendung eigener Untertanen in den Armeen der Monarchien enthob die Offiziere ihrer Aufsichtsfunktion. Die verschärfte Kontrolle der Truppenstärke, eine wachsende Hierarchie, ein fixer Sold und die Ausstattung mit der Ausrüstung – ausser der Bewaffnung – senkten die Rentabilität für den Militärunternehmer beträchtlich, denn auch er war jetzt lediglich ein besoldeter Offizier, und gegen Ende des Jahrhunderts zogen sich ein paar Militärdynastien aus dem Dienst zurück.

Die Fremden Dienste hatten zum Zusammenhalt der herrschenden Schichten in den Orten und im Corpus helveticum beigetragen. Der Kreis der Familien, welche die Offiziersstellen unter sich aufteilten, stabilisierte sich im Laufe des Jahrhunderts. So stellten in Luzern zwei Drittel der Familien, die zwischen 1620 und 1680 im Kleinen Rat sassen, mindestens einen Offizier.[33] Im *cursus honorum* der Zeit bildeten die Fremden Dienste eine unumgängliche Etappe, sie gehörten zur Laufbahn eines allfälligen künftigen Schwyzer ↑Landammanns oder eines Solothurner Ratsherrn und galten als Kaderschmiede der Militäraristokratie. Man begann als Page an einem Fürstenhof, diente dann als Kadett in der Kompanie der Familie und erklomm dort nach und nach die militärische Karriereleiter.

Nach der Rückkehr waren die meisten Offiziere von der höfischen, vor allem französischen Kultur geprägt. Sie liessen sich prunkvolle Sommerresidenzen wie Schloss Waldegg in Solothurn oder den Freulerpalast in Glarus erbauen. Davon zeugen auch ein starkes Mäzenatentum, das in den katholischen Orten im grossen Reichtum von barocker Kunst und Architektur im kirchlichen Bereich augenfällig wird, ebenso wie das Beispiel der eindrücklichen Galerie der 54 Porträts französischer Generäle, Staatsmänner und Fürsten auf dem Landsitz des Zürcher Hauptmanns Heinrich Lochmann.

Die Kultur der Fremden Dienste bildete ein vereinendes Element unter den führenden Kreisen der eidgenössischen Orte, ungeachtet aller diese sonst entzweienden Rivalitäten. So überwog etwa der Vorteil, den ein gemeinsames Vorbringen finanzieller Forderungen gegenüber auswärtigen Mächten bot, die partikularen Ambitionen zweifellos. Das 1663 feierlich besiegelte Bündnis mit Frankreich, das schliesslich alle Orte vereinte, war vor allem den Versicherungen der Monarchie geschuldet, die ungeheuren Rückstände der Soldzahlungen zu begleichen. Bezeichnenderweise stellte die Ratifikationszeremonie in der Kathedrale Notre-Dame von Paris eine in dieser Epoche seltene Gelegenheit dar, bei der das Corpus helveticum kollektiv in Erscheinung trat.

## EINE GESELLSCHAFT MIT KNAPPEN RESSOURCEN

Die Schweizer Volkswirtschaft des 17. Jahrhunderts war geprägt von der Knappheit der natürlichen Ressourcen. Die Ausdehnung der für den landwirtschaftlichen Anbau genutzten Flächen schien an ihre Grenzen zu stossen. Es gab keine Möglichkeit, den landwirtschaftlichen Ertrag noch weiter zu steigern. Zusätzlich ungünstig wirkten sich die klimatischen Bedingungen auf dem Höhepunkt der Kleinen Eiszeit (1688–1701) (siehe Beitrag von Christian Pfister, S. 34) und das anhaltende Bevölkerungswachstum aus. Dies führte dazu, dass die überwiegende Mehrheit der Menschen ums Überleben zu kämpfen hatte. Wenn es in dieser Zeit vermehrt zu Abwehrreaktionen der Bevölkerung kam – etwa gegen Neuankömmlinge und Arme oder ganz generell gegen jede Neuerung beim Zugang zu den gemeinsamen Ressourcen –, geschah das im Zusammenhang mit dieser materiellen Lage.

Das bereits im 16. Jahrhundert einsetzende Wachstum der Bevölkerung dauerte zu Beginn des neuen Jahrhunderts an, verlangsamte sich in den 1640er und 1650er Jahren, um dann ab der Jahrhundertmitte bis 1690 wieder zuzunehmen. Aller-

Abwehr, Aufbruch und frühe Aufklärung (1618–1712)

**Die Erneuerung der Soldallianz zwischen Frankreich und der Eidgenossenschaft in Paris 1663, Öl auf Leinwand, um 1665** (*Schweizerisches Nationalmuseum, Inv.-Nr. LM-4351*). — Im «Sockel» des Bildes ist der feierliche Einzug der Schweizer Delegation in Paris, eskortiert von der Leibgarde des Königs, der *Cent-Suisses*, und den höchsten Magistraten der Stadt, zu sehen. Das Zentrum der Zeremonie, die unter einem mächtigen Triumphbogen stattfindet, nimmt die Schweizer Delegation ein, in deren Namen Johann Heinrich Waser auf das Evangelium schwört, das ihm Kardinal Antonio Barberini reicht. Links von ihnen erscheint Ludwig XIV., umgeben von seiner Familie. Die Schweizer hatten immer wieder auf ihr Recht gepocht, das Haupt wie der Monarch bedeckt halten zu dürfen – ein wichtiges Attribut der Souveränität. Doch konnten sie ihren Willen in diesem Punkt nicht durchsetzen. Der Maler dieses Bildes hat die Schweizer Delegation dennoch mit aufgesetzten Hüten dargestellt, und auch sonst finden sich hier alle Merkmale des hohen Ansehens der Schweizer, welche die damalige Symbolik bereithielt, versammelt.

dings vollzog sich diese Entwicklung in den einzelnen Regionen sehr unterschiedlich. Im Gegensatz zur übrigen Schweiz stagnierte das Wachstum in den alpinen Regionen. Hatte ihr Anteil Ende des 15. Jahrhunderts noch die Hälfte der Schweizer Bevölkerung ausgemacht, fiel er bis 1600 auf 43 Prozent und bis 1700 auf 34 Prozent.[34] Zwischen 1600 und 1700 stieg die Einwohnerzahl der Schweiz von ungefähr 900 000 auf 1,2 Millionen an. Insgesamt war das Wachstum auf dem Land stärker ausgeprägt als in den Städten, besonders betroffen waren die Regionen mit protoindustrieller Entwicklung (↑Protoindustrie), Glarus, das Zürcher Oberland, das Toggenburg, der Thurgau und Appenzell.[35]

Als bedeutendstes Phänomen des Jahrhunderts ist in diesem Zusammenhang zweifelsohne das plötzliche Verschwinden der Pest anzusehen, vielleicht dank der strikteren Überwachung des Personen- und Warenverkehrs und der Errichtung eines «Cordon sanitaire», den die Mailänder Obrigkeit und die Innerschweizer Orte gegen die Seuche errichtet hatten. Dennoch kam es weiterhin zu Ausbrüchen, so in den Jahren 1610 bis 1611, 1628 bis 1630 und 1633 bis 1636. Die letzte Epidemie grassierte zwischen 1665 und 1670 in der Region zwischen Schaffhausen und dem Zürcher und dem Berner Oberland. Als sich die Seuche auszubreiten begann, verfassten Ärzte der reformierten Städte – der Schaffhauser Johannes Ammann und die Lausanner Jacob Girard des Bergeries und Benjamin Bourgeois – auf Ersuchen der Obrigkeit Anweisungen, in denen sie die zuvor stets angezweifelte Gefahr der Ansteckung beschrieben. Darin drückt sich eine neue Haltung gegenüber der Seuche aus, die zwar nach wie vor in einem religiösen Kontext als göttliche Strafe gedeutet wird, zugleich aber die Isolierung der Kranken und die Desinfektion verlangt. Noch vierzig Jahre zuvor hatte die Berner Regierung in einem an das Waadtland gerichteten Mandat, Pfarrer, Notare und Eltern aufgefordert, die Kranken zu besuchen und nicht alleine zu lassen. Im Unterlassungsfall würden sie sonst ihr Amt oder ihre Erziehungsberechtigung verlieren.

Das Verschwinden dieser Epidemie, der bisher regelmässig ein grosser Teil der Bevölkerung zum Opfer gefallen war, wirkte sich spürbar auf das Verhältnis der Einwohnerzahl und die schwache, nicht mehr zu steigernde Produktivität der Lebensmittelressourcen aus. Verstärkt durch konjunkturelle Krisen, zeigten sich die Folgen des Ungleichgewichts auf verschiedenen Ebenen und in allen Kantonen, wenn auch in unterschiedlichem Ausmass. Auf die Verknappung der Ressourcen reagierten die Obrigkeiten in Stadt und Land mit höheren Aufnahmegebühren der Gemeinden, mit der Beschränkung oder der vollständigen Sistierung der Einbürgerungen und mit der Einschränkung bei der Nutzung öffentlicher Güter. Neuzuzüger mussten sich oft mit dem prekären Hintersassenstatut (↑Hintersassen) begnügen. Auch die durch die Pest, die 1629 in St. Gallen ein Drittel der Bevölkerung hinwegraffte, verursachte «natürliche»

### Heini Sprecher: Bauer, Taglöhner, Bettler

Um das Jahr 1680 übereignete der Bauer Heini Sprecher in Ottenbach im Kanton Zürich seinen «schönen Hof», – als solcher wurde er vom örtlichen Pfarrer deklariert – seinen vier Söhnen und sicherte sich damit selbst ein bescheidenes Jahreseinkommen und eine Bleibe im gemeinsamen Haus. Die Erträge des Hofs reichten aber bald nicht mehr aus, um die Grossfamilie zu ernähren. Die Situation verschärfte sich zusätzlich, als die Ernten schlecht ausfielen und sich der Getreidepreis zwischen 1685 und 1690 verdoppelte. Die Söhne mussten Kredite aufnehmen. Sie verschuldeten sich und wurden bald von den Kreditgebern in den Konkurs gezwungen. Heini Sprecher eröffnete zu Hause eine Spinnereiwerkstatt. Da das auf diese Weise erwirtschaftete Einkommen aber gering blieb, war er zusätzlich auf Almosen angewiesen. Im Frühling 1690 entschied sich Heinis Sohn Ruedi, mit seiner Ehefrau, seinen fünf Kindern und seinem Vater ins Elsass zu ziehen. Die Reise fand jedoch im Aargau ein frühes Ende, als Ruedi erkrankte. Seine Frau wurde in Mellingen tot in einem Bettlerkarren aufgefunden. Ruedi selbst kehrte nach Ottenbach zurück, mit den Kindern und dem Vater, der mittlerweile gebrechlich geworden war. Sie waren nun von der Gemeinde und der Barmherzigkeit einzelner wohlhabender Bauern abhängig und mussten gar betteln gehen. Diese dramatische Familiengeschichte wurde anlässlich einer Umfrage, die der Zürcher Rat im Mai 1692, zur Zeit der grassierenden Hungersnot durchführen liess, von Dekan Johann Kaspar Huber geschildert. Sie zeigt eindringlich, wie schnell man in Krisenzeiten armengenössig werden konnte, sobald man nicht mehr imstande war, sich selbst und seine Familie durch eigene Arbeit zu ernähren.[36]

Fluktuation bei Stellen und Ämtern in Politik und Verwaltung war nicht mehr gewährleistet.

In den alpinen Gebieten führte das Bevölkerungswachstum rascher zu problematischen Zuständen, wobei jedoch zwischen den einzelnen Regionen grosse Unterschiede bestanden.[37] Insgesamt war die herrschende Schicht, die sich etwa durch die Ausfuhr von Käse und Vieh ökonomisch abgesichert hatte und – wie die führenden Familien in den städtischen Orten – auf die Beschränkung der Zahl der Nachkommen achtete, weniger betroffen als die unteren Klassen. Die Bewohner des Mittellandes, wo noch einige höher gelegenen Flächen für den landwirtschaftlichen Anbau hinzugewonnen werden konnten, sahen sich später mit der Begrenzung der Lebensmittelversorgung konfrontiert. Verschiedene Städte legten Kornvorräte an, um die Versorgungskrisen abzumildern. Genf richtete 1628 eine städtische Kornkammer ein und zwang die Kaufleute, selbst nur minimale Vorräte zu horten und das gelagerte Getreide in Zeiten der Teuerung zu einem tiefen Preis zu verkaufen. 1652 folgte Bern diesem Beispiel und belieferte Gemeinden in den Waadtländer Voralpen in Phasen der Teuerung oder schlechter Ernten mehrmals mit Getreide. Auch Luzern liess zwischen 1684 und 1686 ein imposantes Kornhaus, das Museggmagazin, bauen.

Nach zwei Perioden landwirtschaftlicher Hochkonjunktur während des Dreissigjährigen Krieges und ab den 1660er Jahren verschlechterte sich die Situation am Ende des Jahrhunderts auch im Mittelland. Während der von Frankreich geführten Kriege – dem Pfälzischen Erbfolgekrieg gegen das Heilige Römische Reich und dem Spanischen Erbfolgekrieg gegen eine Allianz des österreichisch-habsburgischen Kaisers, des Reichs und Englands – blieben die unverzichtbaren Korneinfuhren aus Süddeutschland aus, was eine Teuerung auslöste. Die ungünstigen klimatischen Verhältnisse trugen zur Verschärfung der Lage bei. In den Jahren 1688 und 1689 erfasste eine grosse Hungersnot, die einzige des Jahrhunderts, die Schweiz. In Zürich starb ein Drittel der Bevölkerung. Die Getreidepreise verdoppelten sich im Vergleich zu normalen Jahren zwischen 1685 und 1690/91, verdreifachten sich 1692 bis 1694 und verfünffachten sich zeitweise sogar. Im Jahr 1689 verteilte Pfarrer Hans Ulrich Weber (1622–1694) im Laufe dreier Monate 1600 «Zädeli», die es den Einwohnern der Zürcher Gemeinde Steinmaur ermöglichten, Getreide der Stadt zu einem ermässigten Preis zu kaufen.[38] In Genf fiel die Lebensmittelknappheit mit einer allgemeinen Wirtschaftskrise, ausgelöst durch die Schliessung des deutschen Marktes für die mit Gold und Silber durchwirkten Seidenstoffe der

Stadt, zusammen. 1698 waren hier infolge der Lebensmittelverteuerung 7000 Personen, darunter 1500 Flüchtlinge, und somit 41,2 Prozent der Bevölkerung nicht imstande, sich kraft eigenen Einkommens zu ernähren.[39]

## Wirtschaftliche Veränderungen

Insgesamt war das 17. Jahrhundert in der Schweiz jedoch entgegen anderslautenden Annahmen kein Krisenjahrhundert.[40] Verschiedene Arbeiten haben gezeigt, dass sich die hiesige wirtschaftliche Konjunktur von der anderer europäischer Staaten deutlich unterschied. Sicher gilt es dabei zwischen landwirtschaftlicher Konjunktur und Handelskonjunktur, die selten parallel verliefen, zu unterscheiden. Gestalteten sich die Umstände in der Landwirtschaft vergleichsweise günstig, litt der Handel unter den Kriegen und im letzten Drittel des Jahrhunderts unter dem ausgeprägten Merkantilismus der Nachbarstaaten, vor allem Frankreichs und des Kaiserreichs.

Um 1650 arbeiteten vier Fünftel der berufstätigen Bevölkerung in der Landwirtschaft.[41] Dieser Sektor veränderte sich im Untersuchungszeitraum nicht grundlegend, zeigte aber eine bereits seit dem Mittelalter feststellbare Tendenz zur Intensivierung und Diversifizierung des Anbaus. Dabei verstärkten sich die Unterschiede zwischen Mittelland und Berggebieten. Nur Graubünden und das Wallis bewahrten eine gemischte Landwirtschaft. In den Alpen und Voralpen spezialisierte man sich ganz auf Viehzucht und Käseproduktion. Im Greyerzerland und im Pays d'Enhaut wurde der Ackerbau beinahe vollständig aufgegeben. Im Mittelland hingegen betrieb man Acker- und Rebbau, und in den etwas höher gelegenen Gemeinden nahm gleichzeig mit der Viehzucht gegen Ende des Jahrhunderts auch die Heimarbeit, etwa in der Basler Landschaft, zu.[42] Eine Ausdehnung der Weiden war jedoch nur möglich, wenn die Bevölkerung über andere Quellen der Getreideversorgung als den Anbau verfügte.

Vom landwirtschaftlichen Innovationsgeist, der in Studien für die Luzerner Landschaft nachweisbar ist, zeugen die Versuche von Einhegungen, die Aufgabe des Brachfelds und die Teilung der Allmend.[43] Auch wenn diese Neuerungen noch nicht die Dimensionen aufwiesen, wie sie das 18. Jahrhundert kennzeichneten, signalisieren sie doch ein grundsätzliches Umdenken hinsichtlich der Nutzung von Ressourcen. Die städtischen Obrigkeiten, darauf bedacht, einen möglichst grossen Kornvorrat anzulegen und eine Verminderung des ↑Zehnten zu vermeiden, reagierten auf derlei Veränderungen stets mit grosser Beunruhigung. In Basel erinnerte die Obrigkeit in den Jahren 1668, 1688 und 1700 mit Mandaten an die Genehmigungspflicht von Einhegungen, wenn diese schon nicht zu verhindern waren.

Aus ähnlichen Gründen wurde auch die Entwicklung des Rebbaus, die der Dreissigjährige Krieg doch zunächst begünstigt hatte, von den Behörden gebremst. Im Lavaux bekämpfte die Berner Obrigkeit eine Initiative der Winzer, welche die entsprechenden Anbauflächen ausdehnen wollten, da ihnen die Viehwirtschaft in den Höhenlagen ausreichend Dünger lieferte. Die Behörden befürchteten nicht nur einen Rückgang des Ackerbaus, sondern bei sinkenden Weinpreisen auch die Verringerung der Ohmgeld oder Ungeld genannten Verbrauchs- und Umsatzsteuer. Die Berner Regierung war im Übrigen eine der letzten, die den Anbau und die Konsumation des von Soldaten während des Dreissigjährigen Krieges eingeführten Tabaks erlaubte, dies nachdem ein 1671 abgeschlossenes interkantonales Abkommen von Zürich, Luzern, Unterwalden, Freiburg, Solothurn und Bern die Verbreitung des Tabaks nicht zu bremsen vermochte.[44]

Der schon seit dem Ausgang des Mittelalters in Gang befindliche tiefgreifende Strukturwandel setzte sich auch im Prozess des Übergangs von kleinen Handwerksbetrieben zu moderneren Produktionsstrukturen fort. In der Umgebung der Städte Genf, Neuenburg und Zürich entstanden

### Preisindex für Kornmärkte in der Deutschschweiz 1686 bis 1700

| Jahr | Basel | Zürich | Luzern | Aarau | Schaffhausen | Durchschnitt |
|---|---|---|---|---|---|---|
| 1686 | 86,7 | 63,7 | 76,5 | 24,3 | 66,9 | 63,6 |
| 1687 | 67,5 | 77,2 | 76,5 | 66,4 | 66,9 | 70,9 |
| 1688 | 96,4 | 141,3 | 103,3 | 108,4 | 120,6 | 114,0 |
| 1689 | 154,2 | 154,0 | 120,6 | 143,8 | 141,0 | 142,7 |
| 1690 | 183,1 | 152,6 | 150,1 | 250,0 | 179,5 | 183,1 |
| 1691 | 192,8 | 143,1 | 155,9 | 227,9 | 179,5 | 179,8 |
| 1692 | 192,8 | 259,1 | 205,4 | 221,2 | 276,9 | 231,1 |
| 1693 | 192,8 | 217,6 | 196,8 | 256,6 | 276,9 | 228,1 |
| 1694 | 163,9 | 235,7 | 101,2 | 278,8 | 226,5 | 201,2 |
| 1695 | 77,1 | 106,1 | 76,5 | 256,6 | 75,5 | 118,4 |
| 1696 | 53,0 | 70,9 | 76,5 | 92,9 | 60,3 | 70,7 |
| 1697 | 62,7 | 82,6 | 147,1 | 95,1 | 90,6 | 95,6 |
| 1698 | 192,8 | 153,0 | 148,6 | 104,0 | 120,6 | 143,8 |
| 1699 | 192,8 | 213,1 | 135,3 | 137,2 | 181,3 | 171,9 |
| 1700 | 115,7 | 123,7 | 122,0 | 232,3 | 120,6 | 142,9 |

Alle Schweizer Orte, genauso wie andere europäische Staaten, waren in den 1690er Jahren von der Teuerung betroffen. Betrug die Teuerung über 40 Prozent in einem Jahr, wurde das tägliche Überleben schwierig. Auf der Grundlage einiger durchschnittlicher lokaler Kornpreise während der beiden vorangehenden Jahrzehnte (1671 bis 1690 = 100 Prozent) hat Markus Mattmüller aufgezeigt, wie unterschiedlich die Teuerungsrate von 1691 bis 1700 in den einzelnen Orten war: Am höchsten war sie in Aarau (190,3), dann folgen Schaffhausen (161,0), Zürich (160,7) und Luzern (136,5). Klar ersichtlich sind die sechs Teuerungsjahre von 1689 bis 1694 mit den beiden Höhepunkten 1692 und 1693 und die erneute Hochpreisphase von 1698 bis 1700.
Quelle: Markus Mattmüller, Bevölkerungsgeschichte der Schweiz, Bd. 1, Basel/Frankfurt a.M. 1987, S. 262.

die ersten Manufakturen. Die Heimarbeit verbreitete sich jedoch vornehmlich auf dem Land, wo sie weniger Reglementierungen unterworfen war. Die Schweiz besass vier protoindustrielle Zentren: St. Gallen, Basel, Zürich und Genf. Die Leinwandherstellung fasste im Umkreis von St. Gallen und Appenzell, in Arbon, Rorschach und Bischofszell sowie auf Berner Gebiet im Ober- und Niederaargau Fuss. Gegen Ende des Jahrhunderts blühte im Emmental die Leinenweberei, die auch auf der Luzerner Landschaft, insbesondere im Entlebuch, von der ärmeren Bevölkerung betrieben wurde. Die Strumpfstrickerei und die Seidenbandweberei oder Posamenterie entwickelten sich in erster Linie in der Umgebung von Luzern und in der Basler Landschaft, im Laufental, in der Gegend von Delsberg und in angrenzenden Solothurner Dörfern. Die Seidenbandweberei erlebte einen Aufschwung, als Emanuel Hoffmann 1667 den ersten mehrgängigen Bandwebstuhl, den sogenannten Kunststuhl, aus Holland einführte, mit dem mehrere Seidenbänder gleichzeitig gewoben werden konnten.[46] Zürich rekrutierte die Arbeitskräfte für den florierenden Woll- und Seidensektor bis in den Thurgau und in die Zuger Landschaft. Die Baumwollverarbeitung erlebte zwischen 1590 und 1620 eine erste und zwischen 1660 und 1690 eine zweite Wachstumsphase. In Genf erfolgte ein Durchbruch in der Indiennesdruckerei, nachdem Frankreich 1668 die Indiennesfabrikation verboten hatte. Als die Seidenindustrie wegen der Konkurrenz aus Lyon ab der Mitte des Jahrhunderts stark zurückging, spezialisierte man sich hier zudem auf die Produktion von Litzen und Spitzen aus Gold und Silber und auf die Fertigung von Luxusuhren. Im Jahr 1680 waren in diesen Bereichen 680 Uhrmachermeister, Gesellen und Goldschmiede sowie 1800 Golddrahtzieher beschäftigt, was ungefähr einem Drittel der berufstätigen Bevölkerung Genfs entsprach.[47] Am Ende des Jahrhunderts erlitten die Genfer Golddrahtzieherei und die Seidenindustrie sowie die Leinwandproduktion in St. Gallen jedoch eine schwere Krise, die etwa von 1690 bis 1710 dauerte.

Die wirtschaftliche Entwicklung auf dem Land wurde massgeblich von der Heimarbeit befördert. Diese funktionierte nach dem ↑Verlagssystem oder dem älteren Kaufsystem.[48] Das Kaufsystem übertrug dem einzelnen, verhältnismässig selbständigen Produzenten auf dem Land die Verantwortung für die Produktion, das Verlagssystem hingegen schuf ein Abhängigkeitsverhältnis zwischen dem Hersteller auf dem Land und dem Händler in der Stadt, dem das Rohmaterial und die Arbeitswerkzeuge gehörten. Die Produzenten und Hersteller auf dem Land versuchten immer wieder, sich von dieser Vormundschaft zu befreien. In einigen Regionen, etwa in Appenzell Innerrhoden oder auf der Zürcher Landschaft, gelang es ihnen, sich als Vermittler zwischen den Arbeitskräften und den städtischen Geldgebern durchzusetzen. Auf diese Weise gewannen sie vermehrt Einfluss auf die kleineren städtischen Baumwollproduzenten und verdrängten so auch die Wiederverkäuferinnen und jene Frauen vom Markt, die kleine Unternehmen leiteten und denen man einige Jahrzehnte zuvor den Zugang zum zünftigen Handwerk verwehrt hatte. Die hauptsächlichen Nutzniesser des Aufschwungs in der Textilindustrie waren jedoch Händler und Privatiers in den Städten – der Zürcher Maler Samuel Hofmann hat einige in beeindruckenden Porträts verewigt.

Der gut erforschte Fall des Zürcher Oberlandes zeigt die Entwicklung in den ländlichen Gebieten und liefert Hinweise für die Entstehung eines ländlichen Proletariats, das rasch marginalisiert wurde und eine spezifische Kultur entwickelte.[49] Da das System der Heimarbeit sowohl von den landwirtschaftlichen Strukturen als auch vom internationalen Markt abhing, erwies es sich als ausserordentlich unstabil. In Zeiten der Hochkonjunktur brachte es gute Einkünfte, während es in Krisenzeiten, wenn die Löhne ausblieben und es auf dem Land mehr noch als in der Stadt an Brot mangelte, die Armut tendenziell sogar verstärkte.

Protoindustrie, Handel und Fremde Dienste bewirkten eine starke Akkumulation öffentlicher und privater Gelder, die der Binnenmarkt nicht zu absorbieren vermochte. Die Herausforderung für die Regierenden bestand daher nicht im Ausgleich von Defiziten der Staatskasse, sondern im Aufspüren lohnenswerter Investitionsmöglichkeiten.[50] Nach der kriegsbedingten Drosselung in der ersten Hälfte des Jahrhunderts begannen die städti-

**Strumpfstricker und strümpfetragender Mann, Zeichnung von Conrad Meyer, um 1650** (*Schweizerisches Nationalmuseum, Inv.-Nr. LM-25863*). — Die Ausbreitung und Intensivierung des Verlagssystems bot der Bevölkerung auf dem Land neue Erwerbsmöglichkeiten. Zahlreiche landlose Familien ernährten sich etwa in Rümlang (ZH) vom Erlös der Strumpfstrickerei.[45]

schen Orte wieder, Gelder in den grossen europäischen Märkten anzulegen. Gegen 1700 fanden sich am wichtigsten europäischen Finanzplatz London auch Bern und Zürich als Kunden. Genf, dessen Bedeutung als Drehscheibe des Handels zwischen Frankreich, Deutschland und den Vereinigten Niederlanden stetig zunahm, war zugleich die Heimatstadt von Philippe Burlamaqui (1575–1644), einem der mächtigsten Bankiers in der Londoner City während der 1620er Jahre. Die Genfer Bank Calandrini eröffnete 1652 eine Filiale in London. Selbst in überseeische Plantagen wurde investiert, wie das Beispiel von François Fatio (1622–1704) in Surinam zeigt. Um 1700 betätigten sich mehrere Familien, die zuvor auch Handel betrieben hatten, nur noch im Bankwesen. Dabei konnten sie vom Netzwerk der *Banque protestante*, den reformierten Privat- und Handelsbankiers in der Schweiz und deren Partnern in ganz Europa profitieren.[51]

**Die Versuchungen des Merkantilismus**
Die Erschliessung neuer Seerouten und der Kampf der Grossmächte um die Vorherrschaft in Europa fielen im 17. Jahrhundert mit dem Höhepunkt des Merkantilismus zusammen. Die einzelnen Staaten waren um die Steuerung der Volkswirtschaft, die ihnen neben einer autarken Versorgung mit Lebensmitteln die Begünstigung im Binnenhandel und im Export sichern sollte, bemüht. Die Schweizer Orte liessen sich von solchen Tendenzen der Wirtschaftspolitik in unterschiedlichem Mass beeinflussen.

Zur Beschleunigung und Kontrolle des stetig zunehmenden Informationsaustauschs, aber auch aus steuerlichen und politischen Gründen, begannen die städtischen Orte, das Postregal zu beanspruchen. Dieses wurde zumeist verpachtet, wie etwa 1622 in Zürich den Kaufleuten Hess oder 1652 in Schaffhausen an Niklaus Klingenfuss. Der Berner Seckelmeister Beat Fischer schuf das erste umfassende Postnetz der Schweiz mit Niederlassungen in Bern (1675), Solothurn (1691), Neuenburg (1695) und Freiburg (1698) und errichtete einen Postdienst zwischen Deutschland und Spanien.[52] In Basel vertraute der Kleine Rat 1682 den Postdienst dem Direktorium der Kaufmannschaft an.

Die an wichtigen Handelsachsen gelegenen Orte waren bestrebt, die Einkünfte aus dem Wegzoll zu kontrollieren und den Transit zu monopolisieren. Bern setzte 1695 im Waadtland einen Regiebetrieb mit Angestellten an den wichtigsten Wegzollpunkten und einem Hauptbüro in Morges durch, eine Massnahme, welche die Einnahmen augenblicklich steigen liess.[53] Luzern erhöhte die Anzahl der Zollposten und versuchte, den Süd-Nord-Transit durch eine sogenannte Ordinarifuhr zu monopolisieren, dabei handelte es sich um ein offizielles, zwischen Basel und Luzern verkehrendes Transportgewerbe, das ein Basler und ein Luzerner abwechslungsweise führte. Der gesamte Transit zwischen Basel und Mailand wurde den Luzerner Familienunternehmen Balthasar und Meyer anvertraut, anderen Unternehmern blieben nur kleine Teile des Warentransports.[55] Der Solothurner ↑Schultheiss Johann Viktor Besenval wiederum liebäugelte mit dem Projekt, aus Olten eine Handelsstadt zu machen. Besenval war es auch, der 1692 die erste kantonale Volkszählung mit der Absicht durchführen liess, der Solothurner Obrigkeit den Grad der Selbstversorgung der Bevölkerung zur Kenntnis zu bringen.[56]

Die in den umliegenden Monarchien Europas praktizierte merkantilistische Wirtschaftspolitik schätzte den Reichtum als insgesamt begrenzt ein und sah in einer positiven Handelsbilanz die Stärke eines Staates. In Zürich, Bern, Luzern und Schaffhausen wurde die Aufsicht über die Handelstätigkeit seit 1662 Kommissionen übertragen. Diese Handelskammern ergriffen verschiedene unterstützende Massnahmen für den Export. Sie schützten die einheimischen Fabriken vor Konkurrenz,

### Elisabeth Baulacre (1613–1693) – eine Erfolgsgeschichte

Die Genferin Elisabeth Baulacre übernahm im Jahr 1641 die Golddrahtzieherei ihres verstorbenen Gatten Pierre Perdriau. Die Branche, eine der ersten Luxusgüterindustrien der Schweiz, befand sich im Aufschwung, das Geschäft florierte. Bereits nach wenigen Jahrzehnten beschäftigte Baulacre mehrere hundert Heimarbeiter und Heimarbeiterinnen, dies bei insgesamt zweitausend Genfer Beschäftigten in diesem Metier zur damaligen Zeit. Als Händlerin-Verlegerin stellte Baulacre den Heimarbeitern die Werkzeuge und Rohmaterialien zur Herstellung der Gold- und Silberfäden zur Verfügung; alles andere – bis hin zu den Bestellungen und Verkäufen – erledigte sie selbst. Bei ihrem Tod konnte sie ihrem einzigen Sohn das zweitgrösste Vermögen der Stadt hinterlassen. Die Laufbahn dieser innovativen Frau, die bei Bedarf auch politische Register zu ziehen verstand, ist in verschiedener Hinsicht aussergewöhnlich: Aufgewachsen in einer Flüchtlingsfamilie aus dem französischen Tours – ihre Mutter entstammte der italienischen protestantischen Emigration – genoss Elisabeth eine sorgfältige Erziehung und wurde schon früh in das gesellschaftliche und politische Leben ihrer Familie eingeführt. Nach dem Tod ihres ersten Ehemannes, im Alter von 28 Jahren, war es ihr lediglich aufgrund ihres Witwenstatus erlaubt, einen eigenen Gewerbebetrieb zu führen. Die Zunftordnung der Uhren- und Textilgewerbe im letzten Drittel des 16. Jahrhunderts untersagte es verheirateten und ledigen Frauen, ein Geschäft zu betreiben – im Namen der Moral, die die gemeinsame Arbeit von Männern und Frauen im selben Betrieb verbot. Noch häufiger, vor allem in Zeiten angespannter Konjunktur, wurde indes die Konkurrenz der Frauen gegenüber den Männern angeführt. Aus diesen Gründen überstieg der Anteil der Lehrtöchter in Genf im 17. Jahrhundert nie 16 Prozent, von denen wiederum allein 75 Prozent zu Schneiderinnen und Näherinnen ausgebildet wurden.[54]

> « *Uß ihr Gnaden statt und landt [werden] umb saltz, wein, zucker, spetzerey, baumöhl, gesaltzne fisch, oliven, capres, pomeranzen, citronen, mandlen, rosin, weinberen, medicinalia exotica, baden- und saurbrunnnen fahrten, eisen, stahl, sturtz [Wismut], kupfer, mösch [Messing], quecksilber, schwebel, zinn, bley, claincaillerey [Eisenwaren], glaß, bücher, farben, roht und gälb läder, sowohl rauw alß verarbeitete seiden und wullen, fein hollendschen leinwand, beltzwerch, hüet, frömbde gwehr und waaffen, faden und seidene spitzen, galantereyen, edelgstein, tapißereyen, sack- und andere uhren, [...] eins jahr [...] durchs ander über die 700 000 Reichstaler enteüsseret.* »

Art und Wert der in Bern in einem Jahr verkauften Waren, aus einem Memorial des Berner Kommerzienrats, 8. Sept. 1687, zit. in: Blätter für bernische Geschichte, Kunst und Altertumskunde, Jg. 12, H. 1, 1916, S. 88.

ermöglichten Darlehen zu niedrigem Zinsfuss und förderten die Bildung von Monopolen. Die Importe wurden anhand der gleichzeitig etablierten sogenannten Aufwandsnormen zur Regulierung des Konsums begrenzt (siehe S. 274). In Zürich gab das Kaufmännische Direktorium unter dem Druck der Zünfte strenge Reglemente für die Fabrikation heraus und schützte auf diese Weise die Interessen der städtischen Produzenten.

Der Erfolg all dieser staatlichen Eingriffe sollte sich letztlich jedoch als eher bescheiden herausstellen. Hemmend wirkte sich zweifellos das Fehlen von Rohstoffen aus. Selbst die den Böden und den klimatischen Bedingungen der Schweiz am besten angepassten Schafrassen lieferten Wolle von minderer Qualität, die sich lediglich zur Herstellung grober Stoffe eignete. Auch die harte Konkurrenz zwischen städtischen Handwerkern, stets darauf bedacht, ihre Vorrechte zu wahren, und den Unternehmern in Stadt und Land war dem wirtschaftlichen Gedeihen nicht gerade förderlich. In Basel gelang es den Behörden 1667, die erste Bandmühle, den Kunststuhl – einen frühen Ansatz zur Mechanisierung des Gewerbes –, erst nach einer harten Auseinandersetzung durchzusetzen. In Genf, Zürich und in verschiedenen deutschen Städten blieb diese Form der Bandproduktion unter dem Druck der Handwerkermeister verboten. Die Luzerner Regierung unterstüze nach dem Ersten Villmergerkrieg eine Fabrik für Florettspinnerei – sogenannte Schappe –, um ein katholisches Gegengewicht zum Wirtschaftsaufschwung in den reformierten Gebieten zu schaffen. 1714 wies das Unternehmen ein gigantisches Defizit von 83 000 Gulden aus.[57] Einzig im Kanton Bern, wo Gesellschaften und Zünfte der Stadt keine Verbote für das Handwerk auf dem Land erlassen hatten, gelang es besonders im Oberaargau nach und nach, die Wirtschaft anzukurbeln. In der Folge konnten hier die Textilimporte reduziert werden, die 1687 noch ein Drittel der Einfuhren ausgemacht hatten.

Die Gebirgskantone kannten keine solchen Formen von Interventionismus, sieht man einmal von den allgemein üblichen Preis- und Ausfuhrkontrollen und einzelnen protektionistischen Versuchen Uris auf der Gotthardroute ab. Die staatlichen Strukturen waren in diesen Gebieten immer noch schwach ausgebildet, und in einigen katholischen Orten stellten die Fremden Dienste eine Konkurrenz für die sich entwickelnde Protoindustrie dar. Im reformierten Teil von Glarus hingegen wurde der Aufschwung des heimischen Handels mit Vieh, Tuch und Schiefer durch eine gezielte Wirtschaftspolitik des Staates gefördert. Dank strikter Preis- und Qualitätskontrollen für Lebensmittel und der obligatorischen Ablieferung eines Teils aller in den Alpen hergestellten Produkte gelang es, ausländische Mitbewerber aus allen Zweigen der produzierenden Wirtschaft zu verdrängen.[58] Die Freiburger Regierung unternahm jedoch 1652, 1663 und 1670 erfolglose Versuche, den hiesigen Käsehandel in ein Regalrecht umzuwandeln. Das Monopol, das man dem Patrizier François-Pierre Castella und zwei Mitgliedern des Grossen Rats übertragen hatte, liess sich wegen der entschlossenen Opposition der Greyerzer nicht durchsetzen.

### Der Umgang mit der Armut

Alles in allem war die Schweiz des 17. Jahrhunderts ein armes Land und darum ein Auswanderungsland. Zu den zeitlich begrenzten militärischen oder auch zivilen Abwanderungen – wie die der Bündner nach Venedig oder der Tessiner in die Lombardei – kam eine bedeutende, definitive Emigration. Es handelte sich dabei um die letzte und vielleicht grösste Auswanderungsbewegung in ein Nachbarland überhaupt.[59] Eine erste Welle während des Dreissigjährigen Kriegs führte ins Elsass, in die Pfalz, nach Württemberg, Baden und Brandenburg, eine zweite, die 1653 auf den Bauernkrieg folgte und eine dritte im letzten Viertel des 17. Jahrhunderts zerstreuten die Auswanderer in ganz Deutschland. Allein in Zürich verliessen zwischen 1649 und 1662 schätzungsweise 45 000 Personen die Stadt für immer.[60] Die Obrigkeit liess die Armen anstandslos ziehen, von den Wohlhabenden erhob sie mitunter eine Auswanderungssteuer.

Der Anteil an fürsorgebedürftigen Personen machte in normalen Zeiten ungefähr ein Fünftel der Bevölkerung aus, in Krisenzeiten konnte er jedoch bis auf 50 Prozent ansteigen.[61] Die Ursachen der Armut waren im Wesentlichen dieselben wie im 16. Jahrhundert, das Bevölkerungswachstum und die zunehmende Zerstückelung des Grundbesitzes durch Erbteilungen. Faktoren wie die teilweise oder vollständige Unterbindung von

Neuaufnahmen in die Bürgerschaft, eine stärkere soziale Differenzierung, strengere Verordnungen die Rodung der Wälder betreffend, vor allem aber die Aufteilung der Allmenden und der Ankauf der Alprechte durch die herrschenden Familien in den alpinen Gegenden trugen zu einer verstärkten Proletarisierung in den ländlichen Regionen bei. Für einfache Handwerker konnten der Verlust von Arbeit oder Krankheit schnell den Abstieg in die Armut bedeuten, ebenso für Taglöhner, deren Saläre seit langem stagnierten. In Zürich etwa entsprach ihr durchschnittlicher Tageslohn für zwölf bis vierzehn Stunden Arbeit dem Preis von vier Kilo Brot. In Luzern liessen die aus dem Ausland heimkehrenden Söldner am Ende des Jahrhunderts die Zahl der Bedürftigen stark ansteigen. Besonders prekär war auch die Lage der Witwen und Kinder.

Die städtischen Orte, deren Fürsorgeinstitutionen, vor allem Spitäler und Hilfsfonds ausländischer Gemeinschaften, von der Lage überfordert waren, entwickelten mit der Zeit zwei Ansätze zur Lösung der Armutsproblematik. Neben der Neuorganisation der Fürsorge war dies vor allem die Strategie des Wegsperrens. Man versuchte, die «guten Armen», Kinder, Alte, Kranke und Gebrechliche, von den «schlechten Armen», den Müssiggängern, zu trennen.[62] Einzelne Orte schickten Bettler, Vagabunden und Randständige, die sie im Zuge regelrechter «Bettlerjagden» festnahmen, auf die gegen die Türken eingesetzten venezianischen Galeeren. Die reformierten Orte richteten Zucht- und Waisenhäuser ein, mit dem Ziel, deren Bewohner durch Gebet und Arbeit «umzuerziehen», so in Genf 1631, in Zürich 1637, in Bern 1653, in St. Gallen 1661 und in Basel 1667. Man orientierte sich am Vorbild der Vereinigten Niederlande, das in Europa allenthalben Schule machte. Der Kampf gegen den Müssiggang, ein wesentliches Element der protestantischen Ethik, war im Zeitalter des Merkantilismus nicht frei von wirtschaftlichen Erwägungen. Zwar operierten die Institutionen der Fürsorge zumeist alles andere als gewinnbringend, als das Spital von Genf jedoch den Seidenbandwebern der Stadt mit dem erwirtschafteten Umsatz ernsthaft Konkurrenz zu machen begann, beschwerten sich diese, allerdings erfolglos, bei der Obrigkeit.[63]

In einer Reihe von Mandaten wälzten die städtischen Orte, wie von der Tagsatzung bereits 1551 empfohlen, die Unterstützung der Armen auf Gemeinden und Pfarreien ab. In den kleinen Orten der Innerschweiz oblag die Unterstützung der armen Gemeindemitglieder deren Familien. So wurden etwa in Glarus Angehörige bis zum dritten Verwandtschaftsgrad zur Verantwortung gezogen, diese hatten also beispielsweise für den armengenössigen Grossonkel, seine Kinder und Enkelkinder aufzukommen.[64]

Im Jahr 1681 bestätigte die Tagsatzung die Fürsorgepflicht der Gemeinden. Arme, die ausserhalb ihres Heimatkantons vagabundierten oder bettelten, und Bedürftige ohne genügende Unterstützung durch die Heimatgemeinde waren nun an diese zu überstellen. Umgehend ins Leben gerufene «Almosenkammern» in den Städten befassten sich mit den entsprechenden Fällen – erste Schritte in Richtung eines territorial organisierten Armenwesens. Auf dem Land wurde diese Politik jedoch nicht immer akzeptiert. Die Fürsorge gehörte

Adelige und Gemeine Bürger, aus: Hans Heinrich Glaser, Basler Kleidung aller hoh- und nidriger Standts-Personen, Basel 1634, S. 21 und 46
(UB Basel, Sign. Falk 1464).

> *Von sammetigem und seidigem Zeug. So soll männiglichen ohne Underschid zu allen Zeiten und an allen Orten zu tragen verbotten seyn aller glatter und blümter Sammet, Atlas, Procatels […], von was Farb und Gattung das immer seyn mag. […] Von Gold und Silber. Denne soll jedermänniglich ohne Underschid zu tragen verbotten seyn alle Gold- und Silberstuck: item allerley Arbeit von Gold- oder Silberfaden, als da seyn mögen guldine und silberne Fransen, Schlingen, Spitzen […] Der Mannspersonen halber ins besonders. Erstlich die Perruques belangend, so sind dieselben denen Personen, so unter zwentzig Jahren Alters begriffen, gäntzlichen verbotten und abgestellt. […] Der Weibspersonen halben. Von den Kappen. Diejenigen Frauen und Töchtern, so die bräuekappen [mit Pelzbesatz] tragen, sollen selbige in gezimmender Bescheidenheit und Grösse tragen, je nach Beschaffenheit einer jeden Person Statur, ohn verübenden Exceß. […] Junge Kinder. Sollend auch dieser Ordnung gemäss bekleidet, aller Uberfluss mit Rybänderen und Federen auff ihren Hüeten und Käpplenen underlassen, und sie also von Jugend auff zur Bescheidenheit, Zucht und Ehrbarkeit gezogen. […] Damit aber die Ubertretter desto leichter entdeckt und abgestrafft werden mögen, soll die Reformation-Cammer […] sonderbahre Auffseher darzu bestellen, unter der Belohnung des dritten Theils der fallenden Bussen.»*

Ordnung wider den Pracht und Uberfluss in Kleideren, wie auch andere Excessen und Uppigkeiten in der Statt Bern, Bern 1703, S. 5–31.

seit je zu den familiären und nachbarschaftlichen Pflichten und stand in katholischen Gebieten mit zahlreichen religiösen Traditionen und Vorschriften in Verbindung, und man war nicht bereit, diese Strukturen einfach preiszugeben. Die neuen Institutionen fassten im Laufe des 18. Jahrhunderts nur allmählich Fuss. Darin zeigte sich die für das Ancien Régime typische Kluft zwischen starkem Kontrollbedürfnis des Staates auf der einen Seite und der noch schwach ausgebildeten Kontrollfähigkeit auf der anderen Seite.

Unter den vielen Massnahmen, mit denen die Obrigkeit die Ausbreitung der Armut zu verhindern suchte, findet sich neben dem üblicherweise praktizierten Heiratsverbot ein zusätzliches Instrument: die von Sittengerichten und neu geschaffenen ↑Reformationskammern (Genf 1646, Basel 1660, Bern und Solothurn 1676) erlassenen sogenannten Aufwandsnormen zur Regelung des Konsums. Sie umfassten unter anderem die Einschränkung oder das Verbot der Aufnahme eines Kredits, das Verbot für die unteren Schichten, teure Stoffe und Schmuck zu tragen, und die Beschränkung der Ausgaben für Hochzeiten, Taufen und andere Festivitäten.

Die nun vermehrt erlassenen Kleidermandate wurden nicht nur wegen der Armutsfrage ausgestellt, sie beschrieben vielmehr detailliert, was den einzelnen Ständen zu tragen erlaubt war. Im letzten Drittel des Jahrhunderts dienten diese normierenden Vorschriften als Unterscheidungsmerkmale der Leute von Stand, um sich von den übrigen Stadtbewohnern, den nicht regimentsfähigen Bürgern, Handwerkern, ↑Ewigen Einwohnern, ↑Beisassen, Dienern und Fürsorgeempfängern abzugrenzen. Gemäss einem Luzerner Luxusmandat waren nur Leute von Stand ermächtigt, sich in Seide zu kleiden und versilberte oder vergoldete Gürtel – allerdings ohne Perlen und Edelsteine – zu tragen. Bürger und Handwerker durften ihre Kleider aus Halbseide nur an Sonntagen anlegen.[65] Derlei Normen waren aber keineswegs unveränderlich, sie entwickelten sich mit den Moden und wurden mehrfach angepasst. Die unteren Schichten bemühten sich fortwährend um Nachahmung, obwohl zahlreiche Sanktionen darauf abzielten, die Auswirkungen der sozialen Mobilität einzuschränken und die bestehenden Hierarchien zu bewahren. Die Kleiderordnungen dienten auch dazu, den immer stärker ausufernden Luxusexzessen der Eliten, die damit ihre Macht zeigten, Grenzen zu setzen. Die Obrigkeit wollte vermeiden, dass sich der Graben zwischen den politisch Privilegierten und dem Rest der Bevölkerung noch weiter vergrösserte. Für die auf einen gewissen Konsens angewiesenen eidgenössischen Republiken war dies zweifellos eine weise Politik.

## REGIERTE UND REGIERENDE

Überall in Europa war eine Verstärkung der Macht der Fürsten zu beobachten; die exemplarische Verkörperung dieser Entwicklung bildete die prachtvolle Inszenierung Ludwigs XIV. in Versailles. Auch in der Schweiz machten sich absolutistische Strömungen bemerkbar, sie wurden jedoch durch starke Gemeinden, aktiven Widerstand der Regierten und die besondere Struktur der eidgenössischen Orte ohne direkte Steuern und ohne stehendes Heer abgeschwächt. Dies verhinderte die Entstehung eines eigentlichen Staatsapparates. Die Obrigkeiten der Schweiz sahen sich genötigt, beim Ausüben ihrer Regierungstätigkeit ihren Herrschaftsanspruch stets mit der Suche nach Konsens zu verbinden.

Die Gemeinden bildeten im städtischen und ländlichen Umfeld den Rahmen für das bürgerliche Gemeinschaftsleben. Sie verwalteten die öffentlichen Güter – Nutzungsrechte, Armenpflege, Schulen, öffentliches Bauwesen – und regulierten den gemeinsamen Alltag. Zwar gab es bezüglich des Grades der Autonomie beträchtliche Unterschiede – diese war insgesamt stärker ausgebildet in den Gemeinden Graubündens, des Wallis, der Ennetbirgischen Vogteien, des Entlebuchs, des Toggenburgs, weniger stark in den Regionen des Mittellandes, doch sah sie überall eine Beteiligung der männlichen Bürger an der lokalen Politik vor.

Die vollberechtigten Bürger waren befugt, das Bürger- und Hintersassenrecht zu verleihen, lediglich in einigen Städten fiel diese Aufgabe in die Zuständigkeit des Grossen Rats. Sie stellten auch die Unteroffiziere der Milizarmee und beteiligten sich so an der Verteidigung des Staates. Versuche, die Armee auf eine professionellere Grundlage zu stellen, wie sie etwa in Bern zu Beginn des Dreissigjährigen Krieges unternommen wurden, stiessen auf vehemente Opposition. Das Waffentragen galt als Recht jeden freien Mannes.

Die Gemeinden schufen auch selbst Rechtsnormen. Lokales und regionales Gewohnheitsrecht ergänzten sie mit erneuerbarem Satzungsrecht, das den Erfordernissen der jeweiligen Situation angepasst werden konnte, beispielsweise um Armensteuern festzulegen oder Ausfuhrverbote zu erlassen.[66] Die gesetzgeberische Tätigkeit war ein fester Bestandteil der eidgenössischen politischen Kultur. Allerdings brachte dies die Gemeinden im Alpenraum und im Mittelland häufig in Konflikt mit der Obrigkeit, die das Monopol über die Rechtsprechung beanspruchte.[67] Die Landgemeinden fühlten sich ganz allgemein durch die Kodifizierung des städtischen Rechts in den Hauptorten (Solothurn 1604, Biel 1610, Bern 1614, Lausanne 1618, Zürich 1620, Basel 1648, Freiburg 1648) bedroht. Sie befürchteten eine Beschneidung ihrer Rechte durch die seit Beginn des Jahrhunderts immer zahlreicher erlassenen obrigkeitlichen Mandate, auch wenn die Gemeinden die Sorge der Obrigkeit um die Aufrechterhaltung der öffentlichen Ordnung öfters teilten, so etwa den Wunsch nach einem effizienteren Vorgehen der Polizei gegen Bettler und Müssiggänger im Bernbiet.[68]

Für die Organisation der Verwaltung orientierten sich die grösseren Landstädte in den Untertanengebieten meist am Vorbild der Hauptorte. Die Anzahl der Familien der Standesvertreter in den Räten wurde beschränkt, und die Schaffung von Kammern und Kommissionen brachte eine Spezialisierung. Der Schriftgebrauch wurde verfeinert, und man begann, protostatistische Daten zu sammeln. Ein Beispiel für diese Entwicklung ist der «Plan Rebeur», der die Herrschaft Lausanne nach einem völlig neuen Verfahren inventarisierte, indem jede Parzelle kartographisch mit dem Namen des Besitzers, der Lage des Hauses und der Auflistung der zugehörigen Rebberge, Wiesen, Felder und Wälder versehen wurde.

Die vollberechtigten Bürger nahmen zudem – wenn auch in unterschiedlichem Ausmass – an der Ausübung der Gerichtsbarkeit teil. Nur die Bündner Gemeinden und einige Herrschaften mit besonderen Privilegien waren noch im Besitz der hohen Gerichtsbarkeit. Sittengerichte in den reformierten Orten und Vogtgerichte in den katholischen Gebieten bezogen die lokalen Notabeln in den Prozess der sozialen Regulierung und Befriedung der Gesellschaft ein. In den reformierten Städten verstärkten diese Gerichte in der zweiten Hälfte des 17. Jahrhunderts die gesellschaftliche Kontrolle der weiblichen Bevölkerung und nahmen den Kampf gegen das «Verbrechen der Unzucht» und die ausserehelichte Schwangerschaft auf.[69]

Der Graben, der zwischen Regierten und Regierenden bestand, war tief. Die herrschenden Schichten legitimierten ihre Macht als von Gott gegeben. Ausdrücklich formuliert findet sich dieser Anspruch etwa in der Ausgabe des Berner Katechismus von 1619 oder auf der Regimentstafel, die das Appenzeller Rathaus schmückt: «Dargegen solt du Underthan dein oberkait in ehren han die weil sy dir von Gott ist geben Ihr ordnung solt nid widerstreben.»[70] Den Untertanen war auf dieser Basis jedes Widerstandsrecht verwehrt. Zwar blieb das Recht auf Bittschriften erhalten, unersetzliches Mittel für die Obrigkeit, sich ein Bild von der im Volk herrschenden Stimmung zu machen, es gab jedoch kein Versammlungsrecht ausserhalb anerkannter Körperschaften wie Bruderschaften und Zünfte. Argwöhnisch beobachtete die Obrigkeit jede Versammlung von Personen, und die städtischen Kantone betonten mehrmals mit Nachdruck, dass das Versammlungsrecht von einer Bewilligung abhinge, so in Bern in den Jahren 1622, 1647, 1653 und 1681. Die Bildung zahlreicher Vereinigungen und Gesellschaften, beispielsweise Schützenvereine, Berufskorporationen oder Musikkollegien, ermöglichte es, eine zwar fast ausschliesslich männliche Geselligkeit in ungezwungenerem Rahmen zu pflegen. Neben den üblichen Orten gesellschaftlicher Zusammenkunft – Märkten, Kirchen und lokalen Festen – blieb das Wirtshaus Keimzelle des politischen Austausches, ein schwierig zu kontrollierender Raum, oft Ausgangspunkt von Aufständen.

Im Gegensatz zu den Beobachtungen der Geschichtsforschung zum süddeutschen Gebiet kam es in der Schweiz im 17. Jahrhundert also nicht zu einer Schwächung der Gemeinden. Wohl stellten einige städtische Regierungen zu Beginn des Jahrhunderts die Tradition der Ämterbefragung zu politisch sensiblen Themen ein, dafür wurden im Bedarfsfall Delegationen vor Ort geschickt, um den Standpunkt der Obrigkeit darzulegen. Zwar waren die Gemeinden jetzt weniger umfassend über die politischen Pläne der Obrigkeit orientiert, die vielen neuen im Zuge der Herausbildung des Territorialstaates entstandenen Aufgaben machten jedoch eine enge Zusammenarbeit mit den lokalen Institutionen erforderlich. Gestärkt wurde die Rolle der Gemeinden mit der Übertragung der Verantwor-

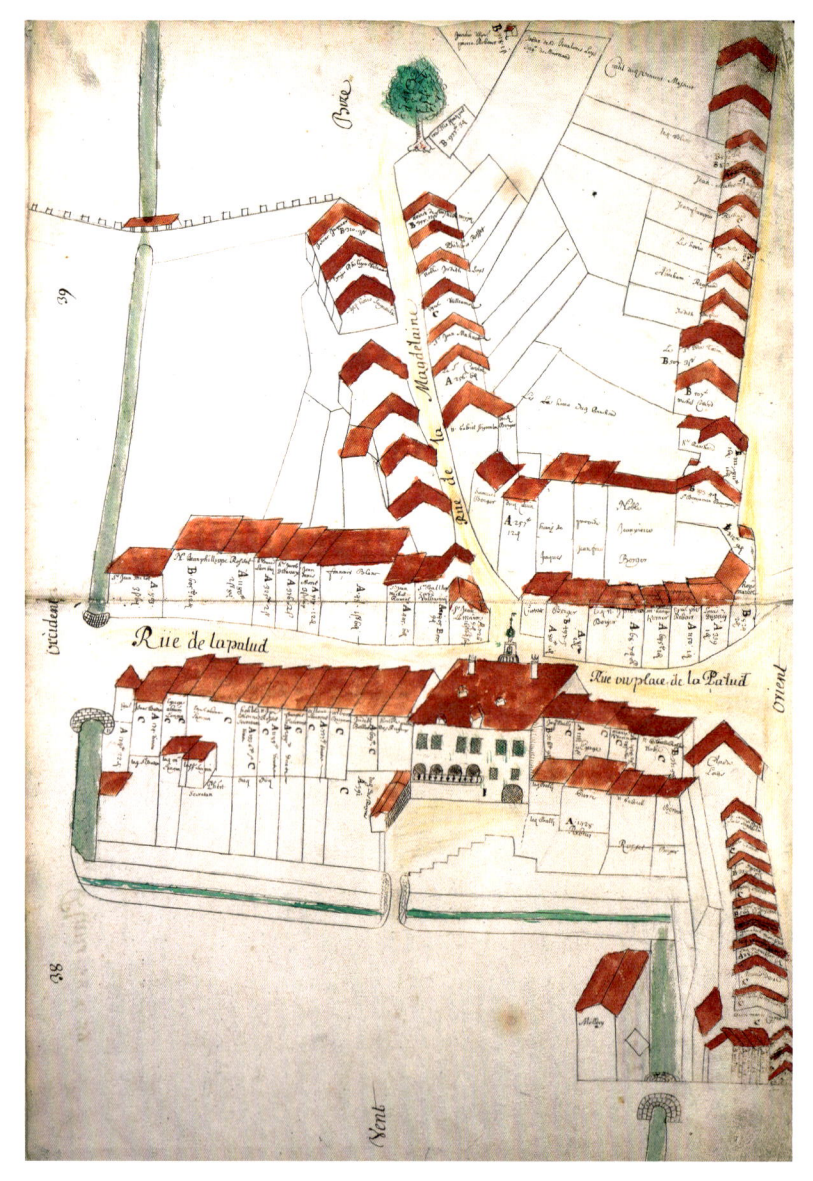

Die Geschichte der Schweiz — Danièle Tosato-Rigo

Ausschnitt aus dem «Plan Rebeur», 1670–1680, fol. 38–39 *(Archiv der Stadt Lausanne; inventaire Chavannes, C 351).* — Lausanne wurde als erste Stadt der Schweiz vermessen. Das Ziel bestand darin, die Besitzverhältnisse zwischen der Stadt Bern, der Stadt Lausanne und den lokalen Grundherren abzuklären und ein Güterverzeichnis zu erstellen. Der Burgunder Landvermesser Pierre Rebeur und sein Sohn benötigten mehrere Jahre, um in freihändiger Darstellung jede Parzelle der Stadt aufzunehmen, versehen mit dem Namen des Besitzers (A für Bern, B für Lausanne, C für die lokalen Grundherren) und einem Bezug auf die Seiten des Urbars, in dem der Besitz verzeichnet war. Die Häuser sind im Aufriss dargestellt, wobei die Privathäuser typisiert, die öffentlichen Gebäude wie etwa das Rathaus jedoch detailgenau gezeichnet sind.[71]

tung in den Bereichen Fürsorge, Sittlichkeit und Fremdenüberwachung. In Gebieten, in denen sich keine zentrale Oberhoheit zu etablieren vermochte, wie den Drei Bünden, im Wallis und in den Ennetbirgischen Vogteien, blieben die Gemeinden die wahren Zentren des politischen Lebens.

Überall teilten sich die männlichen Einwohner in zwei Gruppen, jene mit politischen Rechten und jene stetig wachsende Zahl ohne diese Rechte, Ewige Einwohner, Kleinburger, bedingte Bürger, Habitanten oder Neubürger, Hintersassen, «natifs» in Genf, «avventizi» oder «divisi» (Neuangekommene) in Lugano und im Mendrisiotto, die Liste der lokalen Unterscheidungen ist endlos. Verschlungenste Bande persönlicher Abhängigkeiten wie der Zugang zu Weiden, Anleihen vor der Aussaat, der Gebrauch eines Pflugs, die Taglöhnerei, der Kauf von Salz oder die Fremden Dienste trugen zur Stabilisierung der gesellschaftlichen Ordnung mit ihren feinen Abstufungen bei. Die «Herrschaften» waren omnipräsent und traten in unterschiedlichster Gestalt auf, als Vertreter von Vögten oder einer städtischen oder kirchlichen Institution, als bürgerliche oder adelige Bewohner eines in der Nähe gelegenen Schlosses, als Geistliche oder als einflussreiche Bauern.[72]

### Die Macht – eine Familienangelegenheit

Die Kluft zwischen den zwar regimentsfähigen, durch das Bürgerrecht zur Regierung legitimierten Bürgern, die aber keinen Anteil an der politischen Macht hatten, und den tatsächlich regierenden Patriziern wurde im 17. Jahrhundert fast unüberwindbar. In den städtischen Orten kam es zu einer Art «Aristo-Demokratie», in der Regel stärker aristokratisch als demokratisch geprägt, in der entweder die Zünfte eine entscheidende Rolle spielten (Zürich, Basel, Schaffhausen) oder ein Patriziat regierte, das wie in Freiburg (ab 1627) und Bern (ab 1643) für neue Mitglieder vollständig verschlossen war oder wie in Luzern, Solothurn und Genf noch teilweise offen blieb. Die Tendenz sich abzuschotten erreichte im letzten Viertel des 17. Jahrhundert ihren Höhepunkt, als mit Ausnahme von Genf alle Städte Neuaufnahmen in die Bürgerschaft stoppten. Auch in den Länderorten dominierten einige Familien die ↑Landsgemeinde, sie bildeten eine Art ländliches Patriziat, auch wenn es sich hier als unmöglich erwies, dem Volk sein souveränes Recht wegzunehmen.

Die herrschenden Familien praktizierten eine deutliche Endogamie. So war 1707 von 28 Kleinräten in Genf lediglich ein einziger, der Staatssekretär David Sartoris, nicht mit anderen Räten verwandt. Der Fall des späteren Schultheissen von Bern, Emanuel von Graffenried, ist bezeichnend für das familiäre Netzwerk des Patriziats: Durch seine eigene Ehe war er mit den von Werdt verbunden, durch die Ehe seiner Söhne mit den Familien Steiger, von Muralt und von Wattenwyl, durch die Heiraten seiner Töchter mit den Tscharner und Willading.[73] Zwar existierte ein älteres Gebot, das besagte, dass sich politische Amtsträger zurückzuziehen hätten, wenn anstehende Entscheide Familienmitglieder beträfen. Angesichts der dichten familiären Verflechtungen hätte dieser Grundsatz die Ratsgeschäfte kontinuierlich lahmgelegt. Er wurde folglich zur Wahrung der vielen Einzelinteressen zunehmend aufgeweicht. Für den Zugang zu den nach dem Kooptationsprinzip besetzten Räten und für die Vorherrschaft in diesen Gremien kam strategischen Heiraten entscheidende Bedeutung zu. Sie halfen den Familien, das eigene Vermögen zu mehren und schwächere, im Rat kaum unterstützte Verwandtschaftszweige zu eliminieren. In diesem Zusammenhang spielten die Frauen eine tragende Rolle. Die Ehe mit einer Frau aus einflussreicher Familie bildete nicht selten das Sprungbrett für die politische Karriere eines Mannes. Nur in wenigen Fällen gelang es Frauen – wie der Lausannerin Judith de Loys oder der Solothurnerin Gertrud Sury –, sich einer im Sinne der Familienraison geschmiedeten Ehe zu entziehen. Der politische Einfluss von Frauen wurde in der Öffentlichkeit heftig angeprangert. Als Beispiel steht das Schicksal von Salome Burckhardt (1640–1691), die zu vier Jahren Hausarrest verurteilt wurde, weil sie zu Beginn der 1690er Jahre versucht hatte, die Wahlen des Kleinen Rats von Basel zu beeinflussen.[74]

Die Magistraten in den städtischen Orten betrachteten ihre politischen Ämter als angestammtes Erbe und liessen sich beim Ausbau der administrativen Ebene von den staatstheoretischen Reflexionen des berühmten flämischen Humanisten Justus Lipsius inspirieren. Zahlreiche, in der zweiten Jahrhunderthälfte neu entstandene Institutionen – etwa Reformations-, Almosen- und Zehntkammern oder Johannitterkollegien – zeugen vom Bestreben, die Verwaltung im Namen des Gemeinwohls (bonum publicum) zu rationalisieren und zu spezialisieren. Als diesbezüglich besonders innovativ erwies sich die Berner Obrigkeit. Sie schuf eine zentralisierte Verwaltung, deren neu gebildete Kommissionen und Kammern eine Flut von Mandaten – zu Themen der Wirtschaft, der Sicherheit und der Religion – erliessen, dies in einem Ausmass, wie es in den deutschen Staaten erst im 18. Jahrhundert erreicht wurde.[75]

Das Verhältnis der Zentren zur Peripherie entwickelte sich zwar stetig, war aber kaum wahrnehmbar. Der allen Bürgern von der Obrigkeit abverlangte Treueeid verwischte die Unterschiede zwischen Landbewohnern und Städtern. Der Untertanenstatus bildete das verbindende Element. In den Städteorten war bezeichnenderweise nun nicht mehr von «lieben Ausburgern» die Rede, sondern nur noch von «treuen Untertanen». Der Eid, den alle Amtsinhaber sowohl in den Städten als auch auf dem Land ablegen mussten, verpflichtete sie zur Erfüllung ihrer Aufgaben und zu unbedingtem Gehorsam. Selbst in den ländlichen Orten, deren Verwaltung noch schwach entwickelt war, vermochte sich ein Antagonismus zwischen dem Kernbereich und den Rändern der Macht herauszubilden.[76] So mussten etwa die Untertanen von Schwyz ab dem 17. Jahrhundert die Landsgemeinde um eine Bestätigung ihrer Privilegien bitten. Aufschlussreich erscheint auch, dass die Ratsherren der Länderorte sich nun als «Gnädige Herren und Obere» ansprechen liessen.

### Die Herrschaft von L'Isle und ihre Hexer

Die zweihundert Einwohner der am Fusse des Waadtländer Juras gelegenen Gemeinde Gollion waren der Gerichtsbarkeit des Herrn von L'Isle, Esaïe de Chandieu (1576–1646/47), unterstellt. Als Untertanen schuldeten sie diesem bestimmte Leistungen – etwa Frondienste und Zahlungen für Fuhrwesen und Bewachung –, und sie mussten gewissen Pflichten nachkommen, darunter der Erledigung von Nachtwachen und der Begleitung des Gutsherrn auf Feldzügen. Hinzu kam die Entrichtung jährlicher Zinsen für das gepachtete Ackerland. Dieses Land war in viele kleine Parzellen unterteilt, was unter den Nachbarn wiederholt zu Grenzkonflikten führte. Zwischen 1615 und 1631 wurden 28 Dorfbewohner durch Mitbürger der Hexerei beschuldigt und vor das Herrschaftsgericht gestellt. Unter den Angeklagten waren sowohl Männer als auch Frauen unterschiedlichen Alters und sozialer Herkunft; bei den Anklägern handelte es sich mehrheitlich um wohlhabende Bürger. Die Hexenverfolgung von L'Isle muss zweifelsohne vor dem Hintergrund der vielfältigen Bedrohungen gesehen werden, denen die Gemeindemitglieder ausgesetzt waren und die ihre Wahrnehmung prägten. Die Angeklagten wurden zu Sündenböcken gemacht, als «Viehmörder», «Zauberer» und «Pestverbreiter» bezeichnet. Auch private zwischenmenschliche Konflikte und die Bekämpfung der Wegelagerei spielten dabei eine Rolle. Nur unwillig verurteilte schliesslich der ↑ Kastellan Jean-François Escherny die Beschuldigten zum Scheiterhaufen. Er folgte damit den Anweisungen der Berner Obrigkeit, die dem Dämonenglauben eigentlich kritisch gegenüberstand. Die Justiz aber nötigte den Angeklagten unter Folter Geständnisse ab und kreierte auf diese Weise die Kriminellen, die sie dann verurteilte. Für Esaïe de Chandieu stellte der vollzogene Rechtsspruch in erster Linie ein Herrschaftsinstrument dar.[77]

Ebenso lassen sich Herausbildung und Festigung von Zentren der Macht im architektonischen Bereich nachvollziehen. Insbesondere betraf dies den Bau oder Umbau von Rathäusern. In Solothurn wurde das Rathaus im Innern aufwendig umgestaltet und um einen neuen Kanzleitrakt erweitert, in Freiburg erhielt der bestehende Bau eine Monumentaltreppe, und in Zürich schmückte man das zwischen 1694 und 1698 erbaute Rathaus mit 23 Büsten republikanischer Helden. Das Rathaus von Luzern wiederum konnte im Jahr 1698 eine neue Kanzlei zur Unterbringung seiner Archive eröffnen.

Die öffentlichen Baudenkmäler der Zeit – man denke etwa an die zahlreichen Gerechtigkeitsbrunnen – priesen in allegorischer Weise die gute Regierung, die *Gute Policey*, und propagierten Werte wie Ehrlichkeit und Redlichkeit, Einfachheit und Sparsamkeit. Das Vorbild der «Staatsdiener» vermittelte jedoch ein ganz anderes Ideal. Das Postulat der unter Christen, unter Dorfgenossen wie unter Republikanern herrschenden Gleichheit stand dabei in scharfem Kontrast zu einem Adelsmodell, dessen Anziehungskraft beständig wuchs. Prächtige Stammbäume der herrschenden Familien vermittelten ein idealisiertes Bild von Geschlechtern,

### Verwandtschaftsverhältnisse im Kleinen Rat von Genf im Jahr 1707

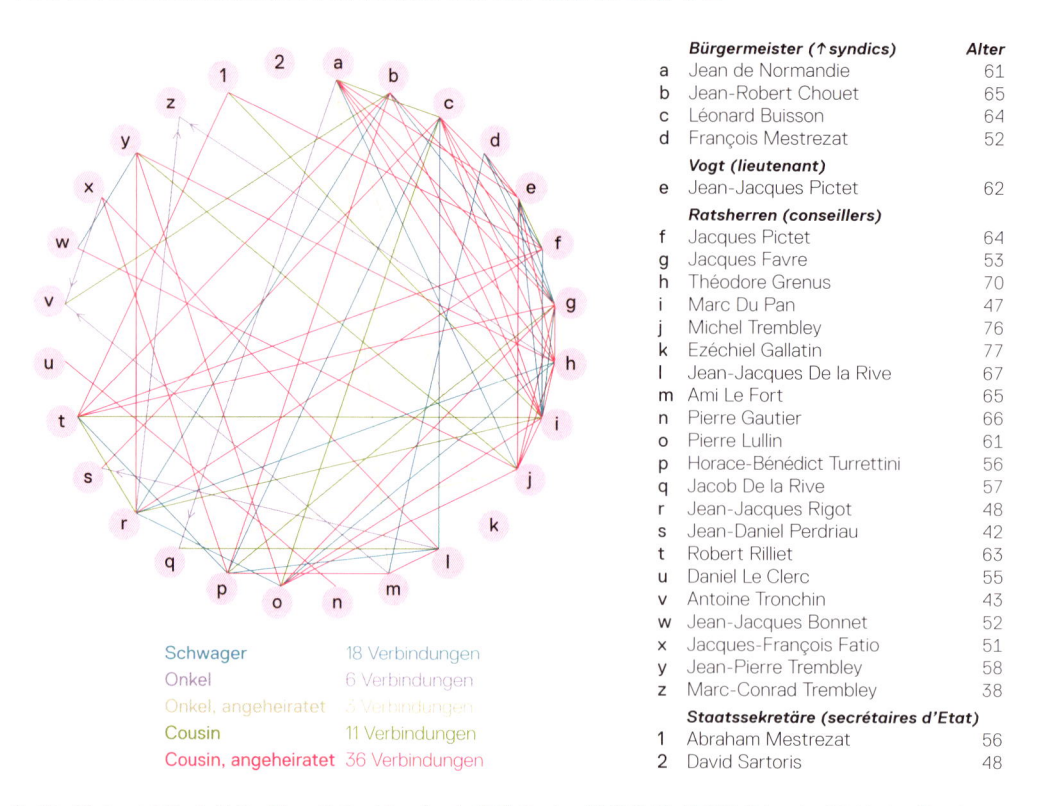

| | **Bürgermeister (↑ syndics)** | **Alter** |
|---|---|---|
| a | Jean de Normandie | 61 |
| b | Jean-Robert Chouet | 65 |
| c | Léonard Buisson | 64 |
| d | François Mestrezat | 52 |
| | **Vogt (lieutenant)** | |
| e | Jean-Jacques Pictet | 62 |
| | **Ratsherren (conseillers)** | |
| f | Jacques Pictet | 64 |
| g | Jacques Favre | 53 |
| h | Théodore Grenus | 70 |
| i | Marc Du Pan | 47 |
| j | Michel Trembley | 76 |
| k | Ezéchiel Gallatin | 77 |
| l | Jean-Jacques De la Rive | 67 |
| m | Ami Le Fort | 65 |
| n | Pierre Gautier | 66 |
| o | Pierre Lullin | 61 |
| p | Horace-Bénédict Turrettini | 56 |
| q | Jacob De la Rive | 57 |
| r | Jean-Jacques Rigot | 48 |
| s | Jean-Daniel Perdriau | 42 |
| t | Robert Rilliet | 63 |
| u | Daniel Le Clerc | 55 |
| v | Antoine Tronchin | 43 |
| w | Jean-Jacques Bonnet | 52 |
| x | Jacques-François Fatio | 51 |
| y | Jean-Pierre Trembley | 58 |
| z | Marc-Conrad Trembley | 38 |
| | **Staatssekretäre (secrétaires d'Etat)** | |
| 1 | Abraham Mestrezat | 56 |
| 2 | David Sartoris | 48 |

| | |
|---|---|
| Schwager | 18 Verbindungen |
| Onkel | 6 Verbindungen |
| Onkel, angeheiratet | 3 Verbindungen |
| Cousin | 11 Verbindungen |
| Cousin, angeheiratet | 36 Verbindungen |

Quelle: Olivier und Nicole Fatio, Pierre Fatio et la crise de 1707, Genève 2007, S. 21, © 2013 Schwabe AG, Verlag, Basel, und Marc Siegenthaler, Bern.

die einfach durch Tradition eine Legitimation zum Regieren besassen. Freilich kam es im Zuge solcher genealogischer Bestrebungen – namentlich im Rückgriff auf das 12. Jahrhundert – mitunter zu groben Verzerrungen der Tatsachen.

Adelstitel waren nach wie vor begehrt. Das Unterscheidungsmerkmal des Adels par excellence, die Perücke, wurde anfänglich zwar bekämpft und in Bern 1637 sogar verboten. Doch schliesslich setzte sich das Tragen von Perücken überall – selbst in den alpinen Regionen – durch. Nicht selten machte sich das Volk über die «Perüquenmänli», so im Wallis, oder die «Paruquen buoben» in Luzern lustig. Während die Söhne aus Zürcher, Basler, Genfer, Bündner oder Zentralschweizer Kaufmannsfamilien, deren Väter durch ihren Beruf reich geworden waren, vielfach das Dasein eines Privatiers wählten, strebten die Söhne von Grossgrundbesitzern danach, öffentliche Ämter zu bekleiden. Letztere zeigten zudem ein lebhaftes Interesse für das Landleben und die Landwirtschaft sowie die Gestaltung und den Unterhalt von Gärten – auch dies ein Charakteristikum des aristokratischen Lebensstils. Als Inspirationsquelle diente ihnen dabei der *Pflantz-Gart* des Vogtes Daniel Rhagor aus dem Jahr 1639.[78]

In den Residenzen der Zeit, für deren Ausschmückung man keinen Aufwand scheute, entwickelten sich neue Formen der Geselligkeit. Das durch den Berner Albrecht von Wattenwyl in den Jahren 1666 bis 1668 erbaute Schloss Oberdiessbach beherbergte einen Festsaal, einen gediegenen kleinen Salon und ein Boudoir mit Alkoven, wo man die Kunst der Konversation praktizierte, wie sie in französischen Salons schon seit längerem üblich war.[79] Die Bündnerin Hortensia von Salis orientierte sich – wie viele andere auch – in ihren 1696 publizierten *Conversations Gesprächen* an den berühmten *Conversations* der Mademoiselle de Scudéry. Was die Rolle der Frauen betraf, nahm sie jedoch einige Anpassungen an die helvetischen Gegebenheiten vor: Selbst in der besten Gesellschaft leiteten diese den Haushalt und kümmerten sich um die Erziehung der Kinder.[80]

> «*The whole business in which all Bern is ever in motion is the catching of the best Baliages, on which a family will have its Eye for many years before they fall, for the Counsellors of Bern give a very small share of their Estates to their Children when they marry them: all that they propose is to make a Baliage sure to them.*»

«Alles, worum es sich in Bern dreht, ist das Ergattern der besten Landvogteien. Schon Jahre bevor sie vergeben werden, haben die Familien ein Auge auf sie, denn die Berner Ratsherren schenken ihren Kindern zur Hochzeit nur einen sehr kleinen Teil ihres Besitztums. Alles, was sie ihnen anbieten, ist, ihnen eine Landvogtei zu sichern.» — Gilbert Burnet, Some letters containing an account of what seemed most remarkable in Switzerland, Italy, &c, Rotterdam 1686, S. 17.

Abwehr, Aufbruch und frühe Aufklärung (1618–1712)

**Wappen der regierenden Freiburger Familien aus dem *Livre des Drapeaux*, 1647** (Staatsarchiv Freiburg). — Im Jahr 1646 beauftragte der Kleine Rat von Freiburg den Künstler Pierre Crolet, die von den Freiburger Truppen in den Burgunder- und Mailänderkriegen erbeuteten Fahnen, Festtagskleider und Teppiche darzustellen. Eine Kompilation von Wappen bildet den Auftakt dieses «Fahnenbuches», mit dem sich das Patriziat zum Erben einer glorreichen militärischen Vergangenheit ernannte. Archaisierende Elemente wie die pergamentenen Schriftbänder bekräftigen die Identität jener nach aussen abgeriegelten gesellschaftlichen Gruppe.

**Titelseite aus: Daniel Rhagor, Pflantz-Gart, Bern 1639**
*(UB Basel, Sign. hr VII 5).* — Den Titel des ersten praxisbezogenen Werks deutscher Sprache in der Schweiz über den Anbau von Gemüse, Obst und Wein säumen die Figuren der Könige Salomon (als Personifikation der Weisheit) und Cyrus (als Förderer der Landwirtschaft). In den Fenstern darunter finden sich Illustrationen zu den drei Hauptteilen des Buches. Verfasser war der Aargauer Daniel Rhagor, der sich als Landvogt zu Gottstatt und Thorberg (BE) intensiv mit einer Verbesserung der Pflanzmethoden befasste.

### Eine Politik der Streitbarkeit: Widerstand und Rebellion

Wie in den angrenzenden Ländern kam es im Lauf des Jahrhunderts auch im Gebiet der Schweiz zu zahlreichen Widerstandsbewegungen – Aufständen, Erhebungen und sonstigen Konflikten –, welche die Regierungen schnell als Aufstand oder gar als Krieg einstuften. In einer Gesellschaft mit schwacher Integrationskraft, in der das Individuum auf lokaler Ebene verschiedenen Korporationen und Gruppen – einer Pfarrei, einer Gemeinde, Vereinen, einer Nachbarschaft, der Verwandtschaft – angehörte, aber praktisch ohne direkte Bindung zum Staat lebte, bildete eine solche «Politik der Streitbarkeit» einen festen Bestandteil der politischen Kommunikation.[81] Zusätzliche Verstärkung erfuhr sie durch die Spannung zwischen den absolutistischen Ambitionen der Regierenden und den Autonomiebestrebungen der Gemeinden. Regelmässig führten Bestätigungen lokaler Privilegien oder deren Missbrauch seitens gewisser Vertreter der Obrigkeit, wie etwa die Eintreibung von Geldstrafen durch die Landvögte, zu Auseinandersetzungen. Unterschiedlichste Ereignisse lösten solche Konflikte aus, die Anfechtung einer Steuer (1638 in Luzern, 1641/1646 in Bern, Basel und Zürich, 1689 in Schaffhausen, 1707 in Genf), eine Teuerung (1691 in Basel und 1698 in Genf), aber auch Entscheidungen der Religionspolitik (im Toggenburg 1621 und im Prättigau 1622) beziehungsweise der Aussenpolitik (Bündnis mit Frankreich, Zürich 1658, Defensionale von Wil, Schwyz 1677–1679, Villmergerkrieg, Luzern 1712). Während in den reformierten Orten die Geistlichkeit seit der Reformation in der Regel auf der Seite der Regierenden stand, unterstützte die katholische Geistlichkeit, vor allem der Kapuzinerorden, oft die Aufständischen. Insgesamt scheint es in den reformierten Orten häufiger zu Konflikten gekommen zu sein.

Bis zur Mitte des Jahrhunderts fanden solche Aufstände meist auf dem Land statt und richteten sich vor allem gegen Massnahmen im steuerlichen Bereich. Auf Widerstand stiessen etwa die Versuche der Orte, neue Gebühren auf die Ein- und Ausfuhr zu erlassen, die Staatsmonopole steuerlich zu nutzen und aus der Ausübung der Rechtsprechung Profit zu schlagen. So machten im Jahr 1626 die Einwohner des Dorfes Hallau ihren Eid gegenüber dem neuen Schaffhauser Vogt vom Zugeständnis des freien Salzerwerbs abhängig. 1641 erhoben sich das Emmental und der Bezirk Thun, die durch stark gesunkene Landwirtschaftspreise in Bedrängnis geraten waren, gegen eine von der Berner Regierung vorgesehene Besteuerung in Höhe eines Tausendstels des Vermögens. Die hochverschuldeten Gemeinden der Herrschaft Kyburg widersetzten sich drei Jahre später einer ähnlichen Steuer, die ihnen die Zürcher Regierung auferlegen wollte, und in Wädenswil war der Unmut im Sommer 1646 so gross, dass vierzig Bewohner ein Pamphlet unterschrieben, das dem Vogt mit dem Tode drohte, sollte er nicht auf diese Steuer verzichten.

In solchen Ereignissen manifestierte sich die Funktionsfähigkeit dieser streitbaren Politik. Der Widerstand wurde jeweils von einer ländlichen Elite angeführt, die sich ihrer Rechte voll und ganz bewusst war und sich zumeist auf eine wirtschaftlich prekäre Lage als auslösenden Faktor berufen konnte. In den meisten Fällen stützten sich die Aufständischen zu Recht auf lokale Satzungen. Im Verlauf eines Konflikts konnten jedoch auch andere

Forderungen auftauchen, etwa die Bekämpfung der Wucherei durch den Staat oder das Zugeständnis für freien Kornhandel. Von Seiten der Tagsatzung oder einzelner Kantone eingesetzte Abordnungen versuchten in der Folge, zwischen den Parteien zu schlichten. Waren die Untertanen bereit, ihrer Gehorsamsverweigerung abzuschwören und dies auch mit dem Kniefall feierlich zu bekunden, zeigte sich die Obrigkeit in der Regel gnädig. Weigerten sie sich jedoch wie im Fall Wädenswil, ihre Unterwerfung symbolisch zu bezeugen, statuierte die obrigkeitliche Justiz ein Exempel: Es wurden sieben Hinrichtungen verfügt und 160 Geldstrafen verhängt. Anerkannten die Aufrührer die Souveränität der Obrigkeit, war meist mit Zugeständnissen zu rechnen. So erhoben schliesslich weder Bern noch Zürich die in den 1640er Jahren angefochtene Steuer.

Der wichtigste ländliche Aufstand des Jahrhunderts, der als Schweizer Bauernkrieg in die Geschichtsschreibung eingegangen ist, nahm im wirtschaftlich problematischen Umfeld der Bauern nach dem Dreissigjährigen Krieg seinen Ausgang. Auf die Inflation dieser Jahre reagierten die Städte Bern, Freiburg und Solothurn zunächst mit der Einführung von Batzen minderer Qualität. Diese Münzpolitik mussten die Obrigkeiten im Dezember 1652 aufgeben. Bern sah sich gezwungen, das realistische Verhältnis zwischen Metall- und Nominalwert des Batzens wiederherzustellen, und wertete daraufhin den Batzen auf seinem Territorium um 25 Prozent ab. Diese Massnahme verminderte die Kaufkraft der Bauern und erschwerte ihnen die Rückzahlung der Kredite, die sie während der zur Zeit des Dreissigjährigen Kriegs herrschenden Hochkonjunktur aufgenommen hatten, um ihre Höfe auszubauen. Als besonders empörend empfanden die Bauern diesen sogenannten Batzenabruf, weil er ein Regalrecht betraf. Die Berner Regierung hatte in den 1620er Jahren versichert, dieses Regalrecht niemals zu Ungunsten ihrer Untertanen anzutasten, und versprochen, dass «ein Batzen ein Batzen bleibe».

Im Entlebuch, das spät unter Luzerner Oberhoheit gekommen war und sich weitgehende Freiheiten bewahrt hatte, sahen die Bauern ihre Interessen in besonderem Masse verletzt. Auch hier zirkulierten grosse Mengen der abgewerteten Münzen. Da die drei abwertenden Orte Bern, Freiburg und Solothurn ihren Untertanen die Währungsverluste – lediglich während drei Tagen – ersetzten, gelangte die Talschaft Entlebuch mit der Forderung an den Rat der Stadt Luzern, die Abwertungsverluste zu kompensieren. Die Luzerner Regierung aber lehnte dieses Ansinnen ab, weil die eigentlichen Verantwortlichen, die drei abwertenden Orte Bern, Freiburg und Solothurn, sich weigerten, für die Währungsverluste fremder Untertanen aufzukommen.

Der Aufstand, der sich infolge dieser Abwertungsmassnahme entwickelte, kann in verschiedener Hinsicht als aussergewöhnlich bezeichnet werden, vor allem wegen seiner Länge und seines Ausmasses. Zwischen den ersten Bauernversammlungen im Januar 1653 und der Niederschlagung der Bewegung lagen über sechs Monate, in denen sich rund um das im Emmental und im Entlebuch gelegene Epizentrum nicht nur Berner und Luzerner, sondern auch Solothurner und Basler bäuerliche Untertanen erhoben. Sie belagerten die Hauptstädte, kämpften gegen Regierungsheere und formulierten ihre gemeinsamen Forderungen im Bundesbrief von Huttwil, einem Verteidigungsbündnis gegen jede Form militärischer Intervention und gegen als ungesetzlich gewertete Neuerungen seitens der Regierung.

Dieser am 14. Mai 1653 beschworene Bundesbrief ist ein einzigartiges Dokument, zum einen lehnt er sich bewusst an den Gründungsmythos der Eidgenossenschaft an, zum anderen findet sich

> «Am meisten habe ich bedauert und werde es mein ganzes Leben lang bedauern, dass ich gezwungen war, ein Land zu durchreisen, das so wunderbar und aussergewöhnlich ist wie die Schweiz, voller Berge, Felsen, Wasserfälle, Bäche und bewundernswerter Horizonte, ohne den Mut zu mehr Zeichnungen gehabt zu haben. Hätten die Bauern, die zu jener Zeit im Krieg waren, einen Mann beim Zeichnen bemerkt, so hätten sie ihn als Spion verhaftet und ohne weiteren Prozess aufgehängt.»

Vincent Laurensz van der Vinne über seine Schweizer Reise im Jahr 1653 (übers. aus dem Niederl./Frz.), zit. in: Sven Stelling-Michaud, Saint-Saphorin et la politique de la Suisse pendant la guerre de succession d'Espagne (1700–1710), Lyon 1934, S. 351.

**Porträt von Jost Moser und seinem Sohn gleichen Namens, Öl auf Leinwand, erste Hälfte des 17. Jahrhunderts** *(Bernisches Historisches Museum, Bern)*, © BHM, Photo Yvonne Hurni. — Jost Moser junior, dem der Vater auf dem Bild sein Amt als Freiweibel von Biglen übergibt, nahm am Bauernkrieg von 1653 teil. Eine «rebellische» Schrift der Delegierten aus Biglen und fünf Nachbargemeinden brachte diesen Vertretern einer ländlichen, selbstbewussten Elite eine kollektive Busse von 1800 Kronen ein, die die Berner Regierung 1663 auf 600 Kronen reduzierte. Moser bezahlte seinen Anteil – 15 Kronen – ein Jahr später.

« *So hant mir zuosamen geschworen in disem ersten artikel, dass mir den ersten eydgnösischen pont, so die uralten eydtgnossen vor ettlich hundert jaren zusamen hand geschworen, wellen haben und erhalten, und die ungrechtigkeit helfen ein anderen abthun, schütz und schirmen mit lyb, haab, guott und bluott, also dz wass den herren und oberkeiten gehört sol ihnen bliben und gäben werden, und wass unss buren und underthonen gehörte, sol auch uns bliben und zuogestelt werden, diss zu aller seyts den religionen unbegriflich und unschedlich.* »

Aus dem Huttwiler Bundesbrief, zit. nach: André Holenstein, Der Bauernkrieg von 1653. Ursachen, Verlauf und Folgen einer gescheiterten Revolution, in: Jonas Römer (Hg.), Bauern, Untertanen und «Rebellen». Eine Kulturgeschichte des Schweizerischen Bauernkrieges von 1653, Zürich 2004, S. 79.

**Titelseite (Detail) einer Luzerner obrigkeitlichen Flugschrift gegen die aufständischen Bauern aus dem Jahr 1653** *(ZHB Luzern, Sondersammlung).* — Das Pamphlet, ein Beispiel für die obrigkeitliche Propaganda, wird durch eine Darstellung der grobschlächtigen Waffen illustriert, die die Bauern aus dem Entlebuch im Krieg von 1653 verwendet haben sollen. Es klagt die Aufständischen an, dass sie sich Gott widersetzt und die bösen Absichten unter dem Deckmantel der Verteidigung des ↑Alten Herkommens versteckt hätten: «Der Krieg, der war gantz ohne Noht / Desperiert, wider Gotts Gebott. / Gschah mehr auß einer Passion / Als guter Meinung und Raison [...] / Den Krieg laß seyn, zahl d Schulden dein / Laß diß dein beste Freyheit seyn.»

darin die seltene Auflistung gemeinsamer Klagen der Bauernschaft.[82] Es erstaunt nicht, dass der Text Anlass zu verschiedenen Interpretationen gegeben hat. Einige Historiker, wie etwa Ulrich Imhof, sehen darin vor allem wirtschaftliche Aspekte und den Kampf um den Erhalt der Gemeindeautonomie,[83] andere wie Andreas Suter stufen den Text als politisches Manifest und den Versuch ein, demokratischere Strukturen zu schaffen, wobei dieser Text die städtischen Obrigkeiten auch bewogen habe, allzu absolutistische Tendenzen durch eine vermehrt paternalistisch ausgerichtete Regierung abzuschwächen. Wie dem auch sei, dieser Aufstand, der Tausende von Bauern über die konfessionellen Grenzen hinweg in einem «Gegenbund» vereinigte, erzeugte die Wirkung eines Erdbebens, das schliesslich auch die Obrigkeit ihre konfessionellen Divergenzen vergessen liess und diese bewog, sich ebenfalls zusammenzuschliessen. Die brutale Niederschlagung des Aufstands, die auf der Landschaft durchgeführten militärischen Strafexpeditionen, die über dreissig Hinrichtungen und die Vielzahl von hohen Geldstrafen lassen ermessen, welche Verunsicherung der «Bauernbund» für die Obrigkeit bedeutete. In der Folge wurde gar ein Verbot erlassen, diesen Bund in Wort und Schrift oder in Liedern zu erwähnen. Die Landleute liessen sich jedoch durch die obrigkeitlichen Mandate weder von den Liedern noch von der Verehrung ihrer Helden abhalten. Schon unmittelbar nach den Prozessen begannen im Entlebuch die «Galgenfahrten», in deren Zuge die Menschen zu den Richtstätten ihrer Anführer pilgerten.[84]

## Machtkämpfe und die Frage der Souveränität

Die herrschenden Eliten sahen sich im 17. Jahrhundert von Seiten der jüngeren Generation mit einer Nachfrage nach politischen Ämtern konfrontiert, die das Angebot an Sitzen, die auf «natürlichem» Weg frei wurden, bei weitem überstieg.[85] Es standen weniger Posten zur Verfügung, die zudem länger besetzt blieben, es herrschte eine harte Konkurrenz. Der Klientelismus, den der pfälzische Auswanderer Hans Franz Veiras in seiner Satire *Heutelia* (1658) auf beissende Weise thematisiert hat, verstärkte sich durch diesen Verdrängungskampf zusehends. Das subtile Gleichgewicht der unter den herrschenden Familien aufgeteilten Macht geriet in Gefahr.

Während des ganzen Jahrhunderts wurden daher immer wieder Massnahmen getroffen, die das «Praktizieren», das heisst ungesetzliche Mittel der Wahlbeeinflussung, verhindern sollten. So mussten die Kandidaten einen Eid ablegen, sich weder empfohlen noch Geschenke gemacht zu haben. In Basel hielt man ab 1688 auch die Wähler an zu schwören, dass sie nichts erhalten hatten. Eine Zuger Verordnung von 1628 legte in 28 Punkten minutiös das Verhalten der Kandidaten fest. Um Absprachen vor Wahlen einzudämmen, führte die reformierte Landsgemeinde von Glarus im Jahr 1640 in den Wahlverfahren das Los ein, die katholische Landsgemeinde folgte diesem Beschluss 1649, ebenso Freiburg. Solothurn und Zürich erliessen mehrere Mandate, die sich gegen die kostspieligen Mahlzeiten und Umtrünke richteten, welche die Kandidaten im Vorfeld von Wahlen offerierten. Und in Bern verbot 1710 die letzte einer langen Reihe von Verordnungen sogar jene Geschenke, die ein Mandat des Jahres 1652 sowie die 1616 erlassenen *Lois et Statuts du Pays de Vaud* noch als «présens non suspects, comme venaison, poissons et autres semblables victuailles» («unverdächtige Präsente wie Wildbret, Fisch und ähnliche Lebensmittel») eingestuft hatten.[86]

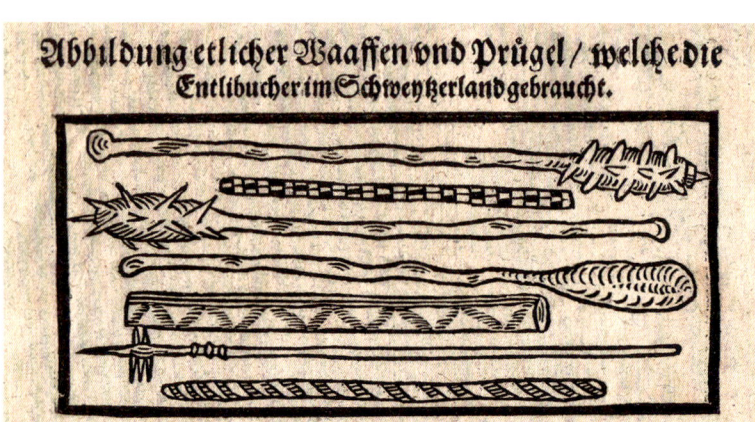

Ähnliches galt für die von den eidgenössischen Orten teilweise gemeinsam verwalteten Ennetbirgischen Vogteien. Die Vögte mussten bei ihrer Einsetzung schwören, ihr Amt nicht durch Geschenke oder durch das Anbieten von Getränken oder Lebensmittel erhalten zu haben. Wie andernorts auch waren die Ämter jedoch in der Regel gekauft, teils sogar für hohe Summen, die in Bezug zu den erhofften Einnahmen gesetzt wurden. So verlangte Schwyz 1665 für das Amt des Vogts von Lugano 600 Gulden, einzahlbar in die Kasse des Standes. Der von Obwalden gewählte Melchior Wirz entrichtete vierzig Jahre zuvor für das gleiche Amt einen noch höheren Betrag.[87] Auch in den Gemeinen Herrschaften der Freien Ämter versuchte man zwischen 1634 und 1659 verschiedentlich, die in den ländlichen Kantonen weit verbreitete Käuflichkeit der Ämter durch Verwaltungsreformen einzudämmen.

Alle diese Massnahmen vermochten nicht zu verhindern, dass sich die Macht in den Händen einer immer kleineren Zahl von Familien konzentrierte. Hatten in Solothurn im Jahr 1660 noch zwanzig Familien ihren Sitz im Grossen Rat, blieben 1690 nur noch vier übrig, auch aus dem Kleinen Rat waren diese Familien allesamt verschwunden. Auch in Bern sank die Zahl der herrschenden Familien im Rat der Zweihundert von 139 im Jahr 1630 auf 88 im Jahr 1701. In der Zunftstadt Zürich besetzten zu Beginn des 18. Jahrhunderts neun Familien von Händlern und Kaufleuten 30 Prozent der Sitze im Grossen Rat und 40 Prozent der Sitze im Kleinen Rat, in dem die Handwerker praktisch nicht mehr vertreten waren. Dasselbe Phänomen ist in den Orten mit Landsgemeinden zu beobachten, obwohl dort die Tendenz zur personellen Erneuerung insgesamt etwas ausgeprägter war.[88] Die Wirz in Obwalden stellten 92 Jahre lang stets einen Vertreter für das Amt des regierenden oder des alt Landammanns! Doch ging die Vorherrschaft dieser Familie, die im Dienst des Reiches, Spaniens und Neapels stand, im Laufe des Jahrhunderts auf Offiziere in französischen Diensten über, vor allem aus den Familien Imfeld und von Flüe. Ähnliches geschah in Appenzell Ausserrhoden, wo sich Ende des Jahrhunderts die Offiziere in Fremden Diensten von den Leinwandhändlern verdrängt fanden. Seit der Jahrhundertmitte beklagten sich Bürger, Teilnehmer von Landsgemeinden und Mitglieder des Grossen Rats in den Städten, dass man sie fortwährend überging, insbesondere was die Ämterbesetzung, das Aushandeln von Privilegien, die Entsendung von diplomatischen Delegationen zu ausländischen Herrschern oder den Abschluss militärischer Kapitulationen betraf – alles Bereiche, die im Zuge der absolutistischen Ambitionen der herrschenden Familien unter dem Deckmantel geheimer Räte jedem äusseren Einfluss entzogen worden waren. In Graubünden 1684 eingeleitete Reformen richteten sich gegen das Machtmonopol der herrschenden Familien. Diese Reformen beinhalteten unter anderem das Verbot, von ausländischen Potentaten Pensionen anzunehmen, und die Pflicht zur Rückzahlung erhaltener Gelder in die Gemeindekassen. Doch gelang es den herrschenden Familien fast überall, aufkommende Protestbewegungen im Keime zu ersticken. Im Wallis waren sie es, die den allzu mächtig gewordenen Kaspar Stockalper aus dem Weg schafften, indem sie ihn der Veruntreuung anklagten. Der Schwyzer Josef Anton Stadler wurde zum Tode verurteilt, nachdem er in der Landsgemeinde einige Reformen durchgebracht hatte, welche die Praxis der Kooptation abgeschwächt und der Volksversammlung das Recht gegeben hatten, Initiativen zu ergreifen.[89] In Basel, wo ein Aufstand der Handwerkerzünfte zur Absetzung der regierenden Räte geführt hatte, sowie in Genf wurden die Anführer hingerichtet.

Zu dieser Zeit stellte sich die grundsätzliche Frage, wem in den einzelnen Städte- und Länderorten des Corpus helveticum die Souveränität zustand. In Genf meldete der Conseil général, die Versammlung aller Bürger, bei dem die Souveränität gemäss Verfassung noch immer lag, klare Forderungen an, darunter jene nach regelmässigen Zusammenkünften, nach der Beschränkung der Anzahl von Vertretern aus einer Familie in den Räten und um die allgemein übliche Beeinflussung der Stimmenzähler zu verunmöglichen, nach geheimen Wahlen. Im Jahr 1707 stimmte der Kleine Rat dem Beschluss einer alle fünf Jahre stattfindenden Einberufung des Conseil général zu, doch gab man diese Praxis bereits bei der ersten Gelegenheit wieder auf. Dort, wo der Territorialstaat und die Sorge um den sozialen Frieden ein Gleichgewicht der Kräfte unabdingbar machten – in Bern, Solothurn, Zürich, Basel und Schaffhausen –, anerkannten die Regierenden ausdrücklich die Souveränität des Grossen Rats und erklärten sich zu einigen Zugeständnissen bereit, wie die Einführung des Losentscheids in Wahlverfahren. Erstmals formalisierte Bern die Befugnisse des

*Hinrichtung von Johannes Fatio auf dem Rathausplatz von Basel, undatierte Radierung* (Staatsarchiv BS, Sign. Falk A 486). — Johannes Fatio (1649–1691) wurde zusammen mit Johannes Müller und seinem Schwager Hans Conrad Mosis als Führer des Basler Ratsaufstands von 1691 am 28. September desselben Jahres enthauptet. Alle Schriften des erfolgreichen Chirurgen und Geburtshelfers wurden vernichtet, ausser seiner erst sechzig Jahre später gedruckten, sehr fortschrittlichen Abhandlung *Helvetisch-Vernünftige Wehe-Mutter* (Basel 1752).

Kleinen Rats 1687 und schränkte die Macht der ↑Vennerkammer deutlich ein.

In Basel ging 1691 die Kompetenz, Einbürgerungen vorzunehmen und die wichtigsten politischen Ämter und Kommissionen zu besetzen, vom Kleinen an den Grossen Rat über. Zürich erhielt 1713 seine erste gedruckte Verfassung, den «Siebten Geschworenen Brief», der das ↑Alte Herkommen bestätigte und die Souveränität der Bürgergemeinde in ihrer Gesamtheit unterstrich. Neben dem Rat war von nun auch die Bürgergemeinde im Falle von Kriegserklärungen, Friedensschlüssen oder Bündnissen sowie bei Verfassungsänderung zu konsultieren.[90] War die Obrigkeit geschwächt wie in Uri nach der Niederlage von Villmergen, verpflichtete man sie noch zu weitergehenden Konzessionen. So erreichten die Bewohner der Leventina nicht nur wesentliche Zugeständnisse wie den freien Erwerb von Vieh, die Wahl der Priester durch die Gemeinden und die Beteiligung an den Urner Militärpensionen aus Frankreich, sondern erwirkten auch die Verfügung, dass die Bezeichnung «Untertanen» in den offiziellen Urkunden durch «liebe und treue Gemeindemitglieder» («cari fedeli apparenti compaesani») ersetzt werden musste.[91]

Alle diese Konflikte lassen, was die politische Gesinnung anbelangt, eine Vermengung bereits bestehender und neuer Tendenzen erkennen. Man verteidigte die errungenen zünftischen, bürgerlichen oder kommunalen Rechte und forderte politische Partizipation – sprich Autonomie –, stellte gleichzeitig die familiären Seilschaften in der Politik, die auf eine Trennung zwischen dem Staat und seinen Vertretern abzielte, in Frage und orientierte sich an einer abstrakteren Vorstellung des Staates.

### Herrschaftskonflikte um 1700

| | | |
|---|---|---|
| 1677–1679 | Schwyz | Landsgemeinde gegen Regierende |
| 1678 | Wallis | Sturz von Kaspar Stockalper |
| 1681–1690 | Bern | Grosser Rat gegen Kleinen Rat |
| 1684–1700 | Graubünden | Strafgerichte (Delikte gegen die Staatssicherheit) |
| 1689 | Schaffhausen | Zünfte gegen Rat |
| ab 1690 | Solothurn | Grosser Rat gegen Kleinen Rat |
| 1691 | Basel | Zünfte gegen Kleinen Rat |
| 1696–1712 | Toggenburg | Dorfgenossen gegen den Abt von St. Gallen |
| 1701–1708 | Schwyz | Landsgemeinde gegen Regierende (Stadler gegen Reding) |
| 1704–1707 | Genf | Bürger gegen Kleinen Rat |
| 1710 | Bern | Bürger gegen Kleinen Rat |
| 1712 | Luzern | Bauern gegen Kleinen Rat |
| 1712–1713 | Uri | Aufstand in der Leventina |
| 1713 | Zürich | Zünfte gegen Rat |

Quelle: Danièle Tosato-Rigo.

## DAS ERBE VON REFORMATION UND KATHOLISCHER REFORM

Die konfessionelle Spaltung im Nachgang der Reformation wirkte sich tiefgreifend auf die Schweiz des 17. Jahrhunderts aus. Bis zum Ende des Jahrhunderts waren Katholiken und Reformierte sogar in Hinblick auf die Zeitmessung geschieden: Der gregorianische Kalender, 1584 von den sieben katholischen Orten eingeführt, wurde von den reformierten Orten – ausser von Appenzell Ausserrhoden und dem reformierten Teil von Glarus – sowie von Genf und Neuenburg erst im Jahre 1701, nachdem auch die protestantischen Staaten des Reiches diesen Schritt vollzogen hatten, angenommen.

Das Nebeneinander der Konfessionen löste immer wieder Konflikte aus und lähmte die Staatsbildung im Corpus helveticum. Zugleich aber trugen die Verhältnisse in beiden Lagern zu Neuerungen bei, etwa im Bereich der Bildung. Überdies gelang es meist stets, die Gegensätze zu überwinden, wenn die gesellschaftliche oder politische Ordnung auf dem Spiel stand. Die aus der Bewältigung solcher Krisen hervorgegangene religiöse Koexistenz bewährte sich auf eidgenössischer Ebene dauerhaft. In den einzelnen katholischen wie in den reformierten Orten kam es jedoch zu massiven staatlichen Bestrebungen, die Kirche und das religiöse Leben zu kontrollieren.

Bis in die 1620er Jahre schienen Änderungen der konfessionellen Grenzen noch möglich, in der Folgezeit begannen sich diese jedoch endgültig zu verfestigen. Von den katholischen Orten berufene Kapuziner und Jesuiten predigten landauf, landab. Die Reformierten wurden aus dem Wallis verbannt; verschiedene Notabeln, so Michael Mageran, traten hier im ersten Drittel des Jahrhunderts zum Katholizismus über. Dem Fürstbischof von Basel gelang es, die wichtigsten Gemeinden, in die – von Basel ausgehend – die Reformation vorgedrungen war, zum alten Glauben zurückzuführen. Eine Ausnahme bildeten die südlichen, von Bern unterstützten Besitzungen Erguel, Biel und La Neuveville. Den Versuchen des Hauses Orléans-Longueville, im Fürstentum Neuenburg den Katholizismus zu erneuern, war hingegen kein Erfolg beschieden, Le Landeron und Cressier bewahrten in diesem Gebiet als einzige Gemeinden den alten Glauben. Auch in den Drei Bünden erlahmten die anfänglichen Versuche zur Rekatholisierung, und die Reformierten blieben dort in der Überzahl. Im besonderen Fall von Glarus teilte man in den 1680er Jahren nach verschiedenen Konflikten und der Vermittlung durch die Tagsatzung die katholische und die reformierte Verwaltung endgültig in zwei Einheiten, eine vollkommen neuartige Lösung, die eine

## Die Konfessionen um 1700

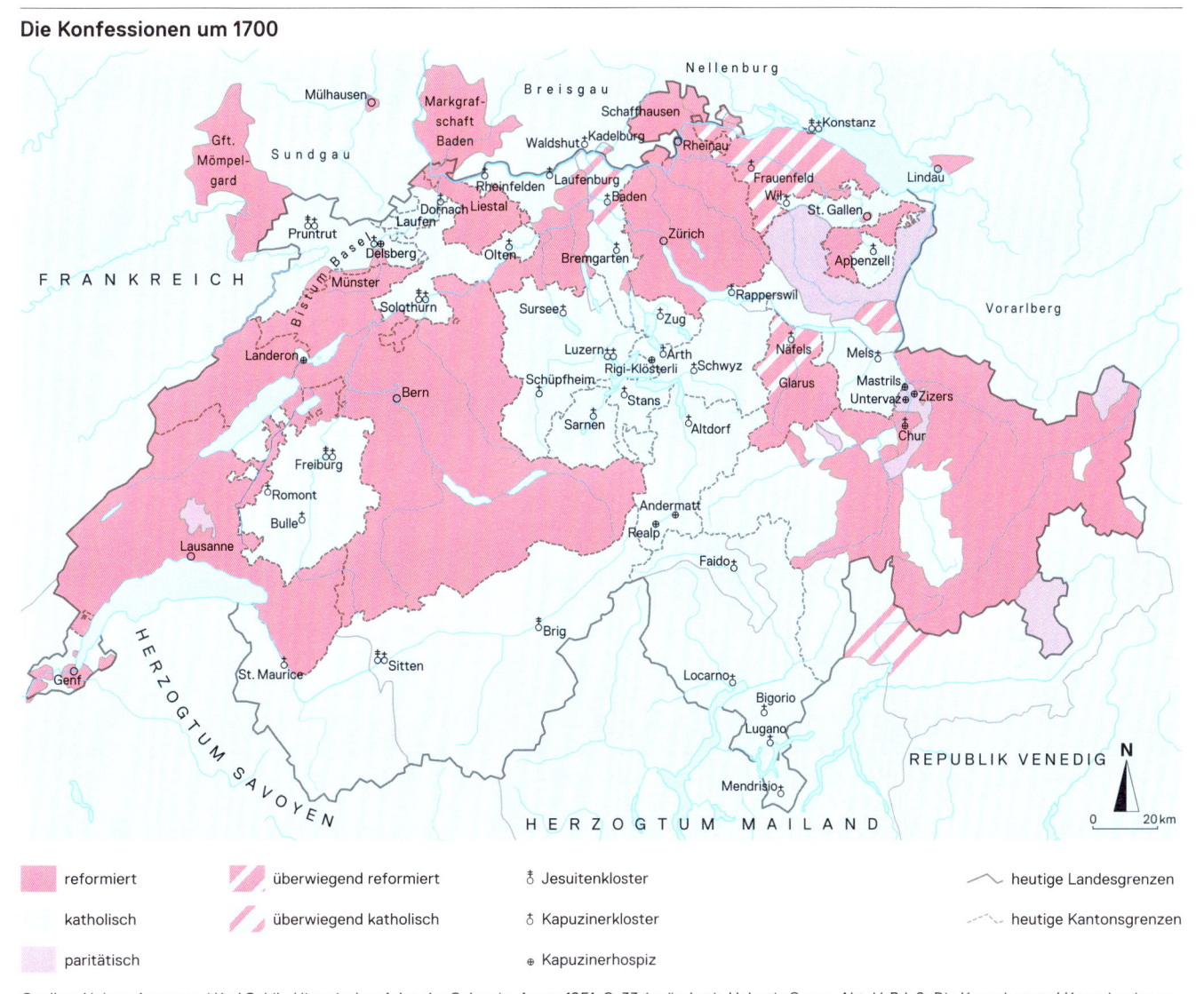

| | | | | | |
|---|---|---|---|---|---|
| ▰ reformiert | ▰ überwiegend reformiert | ⚣ Jesuitenkloster | ⌒ heutige Landesgrenzen |
| ▰ katholisch | ▰ überwiegend katholisch | ♂ Kapuzinerkloster | ⌒ heutige Kantonsgrenzen |
| ▰ paritätisch | | ⊕ Kapuzinerhospiz | |

Quellen: Hektor Ammann / Karl Schib, Historischer Atlas der Schweiz, Aarau 1951, S. 33 (geändert); Helvetia Sacra, Abt. V, Bd. 2: Die Kapuziner und Kapuzinerinnen in der Schweiz, Bern 1974, © 2013 Schwabe AG, Verlag, Basel, und Kohli Kartografie, Kiesen.
Siehe auch die Karte der Konfessionen um 1530 im Kapitel von Randolph Head, S. 220.

Teilung des Standes verhinderte, wie sie ein Jahrhundert früher, 1597, in Appenzell erfolgt war. Die Positionen in beiden appenzellischen Halbkantonen hatten sich im Lauf des 17. Jahrhunderts sogar noch verhärtet, und die Mitglieder der jeweiligen religiösen Minderheit verloren ihr Bürgerrecht.

In den von Freiburg und Bern gemeinsam verwalteten Herrschaften Orbe-Echallens, Murten, Grandson und Schwarzenburg ordnete Bern zahlreiche Abstimmungen an, um die katholischen Minderheiten zur Annahme des Protestantismus zu bewegen. Die beginnende Unterstützung Freiburgs durch die katholischen Orte setzte dieser Politik ein Ende, nach 1619 gab es keine Abstimmungen mehr zur Konfessionszugehörigkeit. In der Gemeinen Herrschaft Thurgau stärkten die Dominanz der regierenden katholischen Orte und der Ankauf von Herrschaften den alten Glauben. Eine konfessionelle Einheit in Gemeinen Herrschaften gab es einzig in den ehemals von den Inneren Orten eroberten Ennetbirgischen Vogteien. Die reformierten Vögte legten beim Amtsantritt hier sogar einen Eid ab, der «Heiligen katholischen Kirche gegenüber treu und ergeben» zu sein.[92]

Die unsichtbaren religiösen Grenzen hatten sich in der Schweiz im Lauf des Jahrhunderts verfestigt und sollten diese für lange Zeit prägen. Die Obrigkeit wachte mit Unterstützung der Geistlichkeit über die Einhaltung der entsprechenden Normen, sie bekämpfte Mischehen und kontrollierte die Taufe der Neugeborenen. Parallel dazu entwickelte sie in gemischtkonfessionellen Gebieten die Modalitäten der religiösen Koexistenz weiter, die geteilte Nutzung der Kultorte (das *Simultaneum*) und das paritätische System, wie sie sich seit dem 16. Jahrhundert bewährten. Im kleinen Waadtländer Marktflecken Echallens setzten sich Rat und Gerichte zu gleichen Teilen aus Vertretern der beiden Konfessionen zusammen, und es bestand die Regelung, dass auf jede Einbürgerung eines Katholiken automatisch die eines Reformierten zu folgen hatte. Eine 1702 zwischen Bern und Freiburg getroffene Vereinbarung verbot beiden konfessionellen Lagern, Veränderungen an den gemeinsam genutzten Kirchen vorzunehmen. Das bündnerische Puschlav regelte die finanziellen Verpflichtungen beider Parteien exakt, man führte eine Quote von zwei zu eins für die Ernennung der katholischen und der reformierten Vertreter auf lokaler und kantonaler Ebene ein. Die konfessionelle Koexistenz erforderte dort zwischen dem 16. und dem Beginn des 18. Jahrhunderts nicht weniger als zwölf Schiedsgerichte.[93] Insgesamt lässt sich feststellen, dass die von den Obrigkeiten erlassenen Regeln – darunter auch das seit dem Zweiten Landfrieden von 1531 bestehende Verbot der Verleumdung, das sogenannte Schmähverbot – vielleicht nicht immer respektiert wurden, dass sie aber im Grossen und Ganzen den religiösen Frieden in der Schweiz zu sichern vermochten und die auf Konflikte zumeist folgenden Verhandlungen in der Regel eine stabilisierende Wirkung hatten.[94]

Die religiösen Grenzen erwiesen sich jedoch als weniger undurchdringlich, als man lange angenommen hat. Auch in den gemischtkonfessionellen Gebieten fanden nicht selten Bekehrungen statt, die allerdings – wie für den Thurgau gezeigt werden konnte – oft wirtschaftliche Ursachen hatten.[95] Es scheint auch geraten, den persönlichen Spielraum, der innerhalb der konfessionellen Normen bestand, nicht zu unterschätzen. Der Basler Arzt Felix Platter beschreibt anlässlich einer Frankreichreise ausführlich die Faszination, die katholische Riten auf ihn ausübten.

Individuelle religiöse Praktiken haben indes kaum Spuren hinterlassen; meistens finden sich diese in den Verzeichnissen der Sittengerichte oder der Räte, die abweichende Verhaltensweisen bestraften. Die Quellen zeigen, dass auch in reformierten Gebieten Bilder und Kruzifixe sowie der Glaube an Weihwasser und «heilkräftige» Brunnen überlebten. In beiden Konfessionen prägten die Affinität zum Magischen und zur Astrologie die religiösen Vorstellungen weiterhin stark, wobei etwa der Glaube der Pastoren sicher weniger zwitterhaft war als jener der gewöhnlichen Gemeindemitglieder.

Sozialgeschichtliche und nachbarschaftliche Bande brachten in konfessioneller Hinsicht entzweite Menschen zuweilen zusammen, so geschehen im Bauernkrieg von 1653, der katholische und reformierte Aufständische vereinte. Es ist bezeichnend, dass die Luzerner Regierung gleich nach dem Krieg, im Jahr 1655, in der im Entlebuch gelegenen Gemeinde Schüpfheim ein Kapuzinerkloster errichten liess. Zweifelsohne ging es hier darum, sich gegenüber der reformierten Berner Nachbarschaft konfessionell deutlicher abzugrenzen.

Die von den politischen und kirchlichen Obrigkeiten seit dem letzten Drittel des Jahrhunderts angelegten Verzeichnisse der Konvertiten geben Einblick in die grosse Häufigkeit von Konversionen. So registrierten die Jesuiten in Pruntrut zwischen 1623 und 1697 – trotz der Unterbrechung ihrer Tätigkeit durch die Franzoseneinfälle während des Dreissigjährigen Krieges – 576 zum katholischen Glauben übergetretene Personen.[96] Es handelte sich um ein Phänomen, das durch den damals herrschenden Bekehrungseifer einerseits stark befördert wurde, sich andererseits aber als ausgesprochen schwierig zu kontrollieren erwies.

**Orthodoxie und radikale Strömungen**
Dem Bibelwort wurde im Laufe des Jahrhunderts wachsende Bedeutung zugemessen, dies sowohl in den Reihen der Reformierten als auch bei den Katholiken, wo die Beschlüsse des Konzils Wirkung zu zeigen begannen. In den katholischen Orten liess die religiöse Erbauungsliteratur, die im 16. Jahrhundert nur knapp 1 Prozent der gesamten in der Schweiz erschienenen Bücher ausgemacht hatte, die Menge der Druckerzeugnisse erheblich ansteigen. Auf reformierter Seite ging man mit der Besinnung auf den Grundsatz *sola scriptura* dazu über, die Bibel in den lokalen Sprachen anstatt in Latein zu drucken. Die Kirchen der deutschsprachigen Schweiz übernahmen die Zürcher Bibel (Thurgau, Luzern) oder die Lutherbibel (Schaffhausen, St. Gallen, Appenzell, Graubünden, Basel). Bern erklärte 1684 die deutsche Übersetzung von Johannes Fischer (Piscatorius) zur offiziellen Bibel und liess diese in 6000 Exemplaren drucken. Der Genfer Jean Diodati veröffentlichte 1607 eine italienische Übersetzung, die 1641 in einer zweiten, verbesserten Auflage erschien und ausser von den Tessinern und den italienischen Refugianten in Genf besonders von den italienischen Kirchen Graubündens sowie von den Reformierten in Italien verwendet wurde. Engadiner Pfarrer übersetzten die Bibel im Jahr 1679 in die rätoromanischen Idiome Surselvisch und Ladinisch. In der französischsprachigen Schweiz, wo die calvinistische Genfer Bibel verbreitet war, verwendete man ab 1707 eine neue, durch den französischen Theologen David Martin überarbeitete Version.

Unterstützt von den Regierungen, die sich als «christliche Obrigkeit» verstanden und sich dementsprechend auch für die kirchlichen Belange zuständig fühlten, setzte in den reformierten Orten ab den 1640er Jahren eine Verhärtung der theologischen Doktrin ein. Die aufkommende Bibelkritik veranlasste die Obrigkeiten, jegliche Diskussion über den Wert der biblischen Texte, die Erbsünde oder die göttliche Gnade zu untersagen. Als erster Stand verbot Zürich im Jahr 1647 seinen Studenten den Besuch der Akademie von Saumur in Frankreich, wo der Theologe Moyse Amyraut ein liberales Verständnis der Prädestination lehrte. Basel genehmigte im Jahr 1642 eine neue Verordnung zum Abendmahl, welche die Hostien durch Brot ersetzte, und nahm zwei Jahre später das Zweite Helvetische Bekenntnis an, das 1566 das reformierte Dogma festgeschrieben hatte. An der Akademie von Lausanne zeigte sich die verschärfte Orthodoxie ab 1616 in der Verbannung aller «heidnischen» Autoren der Antike, etwa des damals gern gelesenen Terentius, aus dem Studienprogramm.

Jeglicher Versuch einer Annäherung an andere reformierte Kirchen in Europa, seien sie nun lutherisch oder anglikanisch, wurde verworfen. Das Projekt einer konfessionellen Einigung, das der schottische Theologe John Dury mit Unterstützung Cromwells in den Jahren 1633 und 1654/55 den reformierten Orten vorlegte, lehnten diese – ungeachtet der offenen Haltung einiger Theologen – kategorisch ab. Zur Wahrung der konfessionellen Einheitlichkeit zwang man den Geistlichen und Professoren der reformierten Orte 1675 ein Glaubensbekenntnis, die *Formula Consensus* auf, welche die Doktrin in den strittigen Punkten festlegte. Die *Formula* erwies sich allerdings als letztes Verteidigungsmanöver einer bereits allseits erschütterten Orthodoxie. Neuenburg lehnte sie von Anfang an ab, Basel gab sie bereits 1686 wieder auf und Genf, wo man sie erst 1679 angenommen hatte, liess schon 1706 wieder von ihr ab. In Bern kam es im Jahr 1725 zur Abschaffung der *Formula*, dies in Folge einer Krise an der Lausanner Akademie, in deren Verlauf es die Mehrheit der Professoren im Namen der Gewissensfreiheit vorgezogen hatte, ins Exil zu gehen, anstatt das Glaubensbekenntnis zu unterzeichnen.

Die Durchsetzung der konfessionellen Orthodoxie in den reformierten Staatskirchen gab paradoxerweise den Dissidenten Auftrieb. Verschiedene Bewegungen, allen voran Täufer und Pietisten, predigten eine Rückkehr zur Kirche der frühen Christen und zu den Werten der protestantischen Reformation. Gerade auf dem Land fanden solche Ansätze starke Unterstützung. Eine besondere Bedeutung kam in diesem Zusammenhang auch der weiblichen Bevölkerung zu. Frauen organisierten sogenannte Konventikel, private religiöse Zusammenkünfte, die zum offiziellen Kult in Konkurrenz standen, und sie bezogen in der Öffentlichkeit verschiedentlich Stellung zu Glaubensfragen.[97]

In Basel gab es bis in die 1630er Jahre Konflikte zwischen den Pietisten und der Obrigkeit. In der zweiten Hälfte des Jahrhunderts spielte diese Bewegung hier nur noch eine marginale Rolle. Die Täufer erlitten mehrere Wellen von Repressionen. In Zürich zwang man sie 1639 zur Auswanderung, nachdem es bereits im Jahr 1613 zur Verfolgung ihrer Anhänger und zur Hinrichtung ihres Anführers Hans Landis gekommen war. Mehr noch als ihre religiösen Überzeugungen erregte ihre Weigerung, den militärischen Bürgerpflichten nachzukommen, den Unmut der Obrigkeit. Dies war aus ihrer Sicht im Kontext des Dreissigjährigen Krieges nicht tolerierbar. Bern folgte dem Zürcher Vorbild mit der 1659 vollzogenen Einrichtung einer speziellen «Täuferkammer», deren Aufgabe unter anderem in der Organisation von Verhaftungsaktionen und der Verwaltung konfiszierter Täufergüter bestand. Eine Flut von Mandaten – in den Jahren 1691, 1693, 1695, 1707, 1708, 1722, 1729 – verbot sowohl den Pietismus als auch das Täufertum. Die Täufer emigrierten zu Hunderten nach Deutschland, Holland und Amerika oder erhielten sogar Aufnahme in einigen Orten, etwa in Luzern und Solothurn und im Fürstbistum Basel. In Genf fand zwischen 1659 und 1666 der Prophetismus einen charismatischen Anführer in Jean de Labadie (1610–1674). Die Bewegung entwickelte zwanzig Jahre später in den Kreisen hugenottischer Flüchtlinge erneut eine starke Wirkung. Genf wies sie im Jahr 1689 aus der Stadt. Gegen den Pietismus, der aus dem Waadtland, insbesondere aus Vevey kommend in Genf Fuss gefasst hatte, ging die Obrigkeit nicht mit Repressionen vor.[98]

**Gefangennahme einer Täuferin im Knonauer Amt um 1638, Radierung von Jan Luyken aus: Tieleman Jansz van Braght, Het bloedig tooneel, of Martelaers spiegel der doops-gesinde of weereloose Christenen, Amsterdam 1685** (ZB Zürich). — Die Unterdrückung der Zürcher Täufer wurde in den Niederlanden stark zur Kenntnis genommen. Der berühmte Poet und Kupferstecher Jan Luyken setzte sie in der zweiten Auflage des vom mennonitischen Pastor Tieleman Jansz van Braght verfassten Märtyrerspiegels, eines Bestsellers der damaligen Zeit, eindrücklich ins Bild. Dank der Solidarität ihrer Familien und Nachbarn gelang es den meisten der gesuchten Männer, rechtzeitig zu fliehen; dies führte jedoch dazu, dass sich die Gewalt vornehmlich gegen die zu Hause gebliebenen Frauen und Kinder richtete.[99]

Sowohl die Anhänger der orthodoxen Glaubenslehre als auch deren Abtrünnige nahmen für sich in Anspruch, das reformatorische Erbe treu zu verwalten. Diese Treue wurde jedoch auf sehr unterschiedliche Weise interpretiert. Die Obrigkeiten und die in ihrem Kontext wirkenden Theologen legten den Akzent im Allgemeinen auf die Reinheit der Doktrin, was dem religiösen Leben einen abstrakten und spröden Charakter verlieh. Die Predigten der Pfarrer, die entgegen der ausdrücklichen Anweisung der weltlichen Autoritäten häufiger vorgelesen als frei vorgetragen wurden, entsprachen selten den Erwartungen der Gläubigen. Einer Religion, die sich derart stark am geschriebenen Wort orientierte, fehlte etwas, das auch die Sinne hätte ansprechen und andere Gefühle hätte auslösen können als die blosse Angst vor einem Rachegott.

**Die Pflicht zur Solidarität: gegenseitige Hilfe unter Reformierten**
Im August 1635 erteilte das Sittengericht der kleinen Berner Pfarrgemeinde Wynigen einem der hier ansässigen Gläubigen eine Rüge, weil dieser sich geweigert hatte, Geld für die Reformierten in der deutschen Pfalz zu spenden. Vor Gericht monierte der Angeklagte, «was in die in der Pfalz angangind, so ihme ettwas hieoben begegnete [zustossen würde], die in der Pfalz werdind nicht kommen und ihnen helfen er welle nütt geben».[100] Diese von den Richtern als unbarmherzig empfundenen Worte widersprachen einer in den reformierten Städten und Gemeinden der Eidgenossenschaft bereits seit dem 16. Jahrhundert bestehenden Verpflichtung zur Solidarität, die sich im 17. Jahrhundert durch die Kriege in den Nachbarländern und die Rekatholisierungspolitik einiger Monarchen nochmals verstärkte.

Besonders zur Zeit des Dreissigjährigen Krieges führten Pfarreien immer wieder Kollekten – man sprach von der «Liebessteuer» – durch.[101] Die Gelder gingen an Lehrer und Pfarrer – mehrheitlich Calvinisten, manchmal Lutheraner – und waren für den Wiederaufbau von Kirchen und Schulen bestimmt. Entsprechende Gesuche der reformierten Minderheiten in den deutschen Kleinstaaten, im Elsass, in Ungarn, Böhmen, Mähren und Polen trafen während des ganzen Jahrhunderts ein. Am stärksten unterstützen die reformierten Orte die Pfalz, mit zwischen 1625 und 1630 sowie zwischen 1635 und 1639 beinahe jährlich durchgeführten Sammlungen und einer Zuwendung von 2000 Reichstalern, die nach der Invasion der Region durch Ludwig XIV. im Jahr 1691 jährlich erfolgte. Zwischen 1661 und 1674 erarbeiteten die reformierten Orte einen Schlüssel, der es ermöglichte, die Höhe der aufzubringenden Hilfeleistungen proportional zu den Mitteln der einzelnen Orte zu errechnen. Obwohl kleinere Orte wie Schaffhausen und Glarus Vorbehalte äusserten und die Konferenz der evangelischen Orte gar kein Verfügungsrecht hatte, kam dieser Schlüssel mitunter zur Anwendung. Im Fall Berns betrugen die an die reformierten Glaubensgenossen geflossenen Hilfsmittel in den Jahren 1638 bis 1640 und 1709 bis 1714 etwas mehr als 1 Prozent der staatlichen Ausgaben.

Die reformierten Orte leisteten gelegentlich auch politische Unterstützung für bedrohte reformierte Gemeinden im Ausland. So setzten sich mehrere diplomatische Abordnungen in den Jahren 1655, 1662/63 und 1686 beim Herzog von Savoyen für die ↑Waldenser im Piemont ein. Die Lausanner Obrigkeit liess sich diesbezüglich sogar in ein militärisches Unternehmen verwickeln, die «glorieuse rentrée»: Im Jahr 1689 sorgte ein Trupp von tausend Soldaten unter der Führung des Waldenserpfarrers Henri Arnaud auf der gegenüberliegenden Seite des Genfersees dafür, dass die Waldenserkirchen gegen den Willen des Herzogs von Savoyen wieder geöffnet wurden. Während in England die katholische Restauration in vollem Gang war, erlaubte die Berner Regierung einigen ehemaligen puritanischen Ministern Oliver Cromwells, die für die Exekution von Karl I. von England gestimmt hatten, sich in Vevey niederzulassen. Einer von ihnen – John Lisle – wurde am 11. August 1664 vor der Kirche Saint-François in Lausanne ermordet, wobei auch die französischen Geheimdienste ihre Hände im Spiel hatten.[102]

Die Aufhebung des Edikts von Nantes im Jahr 1685 stellte das Prinzip der konfessionellen Solidarität auf eine harte Probe. In der Folgezeit erlebten die reformierten Orte die grösste Flüchtlingswelle der Eidgenossenschaft im gesamten Ancien Régime. An die 60 000 Hugenotten suchten damals Zuflucht im Land. Es zeigte sich jedoch schnell, dass die Schweiz für diese nur eine Durchgangsstation sein konnte. Die Kleinheit des Landes und die Knappheit der hiesigen Ressourcen, ebenso wie politische Überlegungen – die Furcht vor Repressalien Frankreichs, insbesondere gegenüber Genf und die Angst vor Übergriffen der katholischen Orte – waren die Gründe, welche die reformierten Orte bewogen, den Hugenotten zwar Nothilfe zu leisten, in der Folge aber deren Weiterreise in andere Länder zu organisieren. Mehrere harte Winter, die Kriege in den Nachbarländern und neue Flüchtlingswellen verzögerten die Ausweisung. Der von den Obrigkeiten regelmässig angekündigte «grand départ» erfolgte in Zürich 1692 und in Bern von 1699 bis 1700.

Die reformierten Obrigkeiten führten die Nothilfe wie gewohnt unter Anwendung des Schlüssels zur Aufteilung der Lasten durch. Neu geschaffene sogenannte Refugiantenkammern waren für die Hilfeleistungen zuständig. Daneben setzte man Instrumente wie die regelmässige Zählung der Flüchtlinge zu Kontrollzwecken ein. Die meisten Flüchtlinge kamen in die Städte, wo die Behörden und Bewohner für ihre Unterkunft zu sorgen hatten. Aus sprachlichen und geographischen Gründen waren die Städte des Waadtlands am stärksten betroffen. Im Jahr 1698 machten die hugenottischen Refugianten ein Fünftel der 7000 Einwohner von Lausanne aus. In den meisten reformierten Städten spielten die von emigrierten französischen Notabeln verwalteten Hilfsfonds – eigentliche Körperschaften – eine wichtige Rolle bei der materiellen Unterstützung und der religiösen und gesellschaftlichen Eingliederung der Flüchtlinge. In Deutschschweizer Städten wie Aarau, St. Gallen, Schaffhausen, Winterthur und Zürich entstanden durch die Tätigkeit der französischen Kirchen neue Kontakte zur französischen Kultur. In Basel und Bern existierte diese Nähe bereits seit der ersten Flüchtlingswelle im 16. Jahrhundert. Die Tatsache, dass es – insbesondere in der Republik Bern – zwischen schweizerischen und hugenottischen Pfarrern regelmässig zur Zusammenarbeit bei den Predigten kam, zeigt, dass die theologischen Divergenzen, die etwa die göttliche Gnade und die Prädestination betrafen, in den Hintergrund rückten. Die lokale Geistlichkeit pochte nur dann auf diese Dogmen, wenn es darum ging, den Franzosen die wenigen und äusserst begehrten Pfarrstellen vorzuenthalten.[103]

Was den Flüchtlingen zum Vorteil gereichte, war ihre wirtschaftliche «Nützlichkeit». Bern versprach sich von den in der Stadt zahlreich aufgenommenen Hugenotten einen Aufschwung der hiesigen Textilindustrie. In Genf wurden ungeachtet eines offiziellen Aufnahmestopps zahlreiche Flüchtlinge als Hausangestellte beschäftigt. In den Bittschreiben, mit denen die Hugenotten ihre jeweiligen Orte um Bleiberecht ersuchten, betonten sie dann auch regelmässig ihre Verdienste um die lokale Wirtschaft.

Etwa 20 000 Hugenotten, rund ein Drittel der Flüchtlinge, durften schliesslich in der Eidgenossenschaft bleiben. Weniger zahlreich waren sie in den deutschsprachigen Orten vertreten. Die Obrigkeiten betrieben dort unter dem Einfluss der Kaufleute und Handwerker, welche die Konkurrenz der Hugenotten fürchteten, eine restriktivere Politik. Deutliche Spuren hinterliessen die Hugenotten hingegen in der Waadt. Die Waadtländer Gemeinden erteilten etwa 800 Flüchtlingsfamilien

### Das hugenottische Sittengericht in Bern

Am 9. Juli 1689 wurden die Inspektoren des hugenottischen Sittengerichts in Bern über beunruhigende Vorkommnisse informiert: Während der sonntäglichen Spaziergänge seien hugenottischen Flüchtlingsfrauen von einer unerkannt gebliebenen Täterschaft die Trachtenhauben von den Köpfen geschlagen worden. Die Inspektoren entschieden daraufhin, allen Flüchtlingsfamilien ausrichten zu lassen, dass die Frauen ihre gefalteten Häubchen gemäss der herrschenden lokalen Kleiderordnung durch einheitliche Mützen zu ersetzen und fortan auf diese Sonntagsspaziergänge zu verzichten hätten. – Bei dem von den Flüchtlingen selbst organisierten Sittengericht handelte es sich um eine Institution zur religiösen Erbauung und gesellschaftlichen Kontrolle. Seine Aktivitäten sind für die Dauer von fünf Jahren schriftlich dokumentiert. Eine Aufgabe des Gerichts bestand in der Schlichtung zwischenmenschlicher Konflikte durch ritualisierte Formen der Versöhnung: Beispielsweise konnte eine Mutter, die ihrer Tochter eine Ohrfeige gegeben hatte, zu einem Versöhnungskuss gezwungen werden. Das zentrale Anliegen stellte jedoch – wie auch der oben geschilderte Fall der Sonntagsspaziergänger zeigt – die Gewährleistung eines ruhigen, anständigen und konformen Benehmens der hugenottischen Flüchtlinge dar. In grosser Sorge über jeglichen gegenüber Flüchtlingen aufkommenden Verdacht fixierten die hugenottischen Notabeln in einer ihrer ersten Sitzungen im März 1689 Regeln, die neben Frömmigkeit und Moral auch die friedliche Koexistenz mit der ansässigen Bevölkerung gewährleisten sollten. So wurde den hugenottischen Landsleuten angeordnet, ein Gotteshaus nicht zu betreten, bevor nicht «les Allemands» es wieder verlassen hätten. In den Kirchen musste die strikte Trennung der Männern und Frauen zugedachten Sitze respektiert werden. Dem Abendmahlstisch durfte man sich nur «selon l'ordre qui se pratique en ce pays» nähern – eine Bank nach der anderen. Und erst ausserhalb der Kirche war es erlaubt, den Hut wieder aufzusetzen.[104]

beziehungsweise deren Oberhäuptern das Hintersassen-, seltener das Bürgerrecht,[105] zwischen diesen und Familien von Waadtländer Notabeln kam es auch zu Heiratsverbindungen. Entschieden förderte Lausanne mit stillschweigender Zustimmung Berns die Ausbildung hugenottischer Pfarrer, von denen viele anschliessend nach Frankreich zurückkehrten, um im Rahmen kirchlicher Versammlungen im Untergrund, im sogenannten Désert, zu predigen. Auch Genf unterstützte diese Männer durch heimliche Zusendungen von Bibeln. Mit den Hugenotten kamen schliesslich auch neue, aus Frankreich stammende gesellschaftliche Moden auf, etwa die Tee-, Kaffee- und Schokoladenhäuser, welche die Berner Obrigkeit entschieden bekämpfte.

### Die katholische Erneuerung

Das 17. Jahrhundert brachte der katholischen Schweiz einen starken Aufschwung des kirchlichen Lebens sowie der religiösen Riten und Kunst. Besonders bei der Ausbildung der Geistlichen und mit der verstärkten Einbindung der Gläubigen in das gemeinschaftliche Leben der Pfarreien zeigten

**Rosenkranzgemälde, Kapelle Alpe Bel, Naters, heute Pfarrhaus Naters, 1640**, © *Photo Heinz Preisig.* — Bei diesem Werk handelt es sich um ein Exvoto, das Angehörige der angesehenen Familien Gertschen und Lerjen aus Naters der Mutter Jesu widmeten. Wie im Aufsatz einer Monstranz reihen sich 15 durch Rosenkranzperlen miteinander verbundene Szenen aneinander – eine bildliche Zusammenfassung der christlichen Heilslehre: oben die mit der Verkündigung beginnenden freudenreichen Rosenkranzgeheimnisse, dann im Uhrzeigersinn die bis zur Kreuzigung reichenden schmerzhaften Rosenkranzgeheimnisse, schliesslich die Szenen des glorreichen Rosenkranzes, die Auferstehung Jesu und die Krönung Marias. Vor Ordensleuten, Würdenträgern der Kirche und Gläubigen knien unten der heilige Dominikus und die heilige Katharina von Siena.

sich die Auswirkungen des Konzils von Trient und der gegenreformatorischen Doktrin. Über einige Jahrzehnte hinweg wuchs eine neue Geistlichkeit heran, und in den Klöstern fand eine tiefgreifende Erneuerung statt.[106] Das Netz der Kapuzinerklöster erweiterte sich dank vieler Neugründungen beträchtlich (Mendrisio 1619, Chur 1623, Delsberg 1626, Sitten 1631, Sarnen 1642, Olten 1646, Laufenburg und Mels 1651, Wil SG 1653, Schüpfheim, Pruntrut und Arth 1655, Bulle 1665, Dornach-Brugg 1672, Näfels 1674, Gotthard-Hospiz 1683). In der Stadt Freiburg, die der Bischof von Lausanne im Jahr 1620 zu seiner Residenz wählte – seit der Reformation hatten sich seine Vorgänger allesamt im Ausland aufgehalten –, gehörten in der Mitte des Jahrhunderts 2000 von insgesamt 5000 Bewohnern dem geistlichen Stand an, darunter nicht weniger als 900 Frauen. Neben den Klosterkirchen, die auch den Bürgern offenstanden, trugen zahlreiche neu errichtete Oratorien und Kalvarienberge – sakrale Bauanlagen, welche die Passion Christi mit zumeist skulpturalen Mitteln inszenierten – zu einer «Sakralisierung des Territoriums» bei.[107] Zu einem wichtigen klösterlichen Zentrum in den Schweizer Alpen entwickelte sich ab den 1630er Jahren die Benediktinerabtei von Disentis. Die Benediktinerabtei von Einsiedeln verzeichnete auf dem Höhepunkt der katholischen Reformbewegung in den 1640er Jahren 85 Novizen, eine ähnliche Entwicklung erlebte das Luzerner Kloster Muri. Die Patrizierfamilien investierten massiv in diese Institutionen. Ein Grund dafür waren die durch Staatsdienst und Söldnerwesen nicht mehr ausreichend vorhandenen Berufsaussichten, der Eintritt in einen Orden galt als standesgemäss.

Auch das klösterliche Leben der Frauen erlebte mit der Gründung zahlreicher neuer Konvente – durch Kapuzinerinnen, Ursulinen, Visitandinnen oder Salesianerinnen, Annuntiatinnen und Servitinnen – eine Blüte. Die katholische Erneuerung stützte sich stark auf die Initiative von Laien, deren Tätigkeit sich besonders im Rahmen zahlreicher Bruderschaften entwickelte. Im Tessin bestanden schon vor dem Konzil von Trient zwischen 30 und 40 Bruderschaften, zu Beginn des 17. Jahrhunderts stieg ihre Zahl auf über 200 und bis 1700 auf 600 an.[108] In einer Welt voller Unsicherheiten verhiessen die Bruderschaften einen sicheren Hort, so versprachen sie neben geistlicher Stärkung auch Schutz gegen Naturgewalten. Riten wurden in Zusammenhang mit meteorologischen Unwägbarkeiten, aber auch zur Abwendung der Pest und anderer Übel durchgeführt. Weitere Vorteile der Mitgliedschaft in einer Bruderschaft bestanden in der Möglichkeit, von anderen Mitgliedern Darlehen zu erhalten, sowie in der Übernahme von Begräbniskosten oder der Unterstützung der Familien von Kranken.

Im Kontext des blühenden Marienkults erfuhren die Rosenkranz- und Skapulierbruderschaften (*scapularium*: Überwurf) die grösste Verbreitung, hinzu kamen die Sakraments- und die Christenlehrbruderschaften und solche, die nach verschiedenen Heiligen benannt wurden. Mit der Unterstützung der von der Geistlichkeit geführten Kampagne zugunsten einer verbesserten Volkskatechese beförderten die Bruderschaften die Ziele der Gegenreformation massgeblich. Die im Rahmen ihrer Festivitäten vielfach gewährten Ablässe zogen die Menschen in Scharen an. So versammelten sich allein zum Fest des heiligen Sebastian im Jahr 1663 an die 3000 Personen in der kleinen Pfarrei von Eschenbach bei Luzern.[109] Die Bruderschaften vereinigten die Mehrheit der erwachsenen Bevölkerung einer Pfarrei, Frauen und Kinder oft eingeschlossen, auf der Basis des Glaubens an die «Gemeinschaft der Heiligen» und an die Sakramente. Darüber hinaus verband ihr hoher Vernetzungsgrad die lokale Gemeinschaft mit der gesamten katholischen Welt. Durch eine Kollekte zugunsten der Gefangenen in den Händen der Türken partizipierte man etwa am Krieg gegen das Osmanische Reich.

In den katholischen Gebieten bildete sich eine Religiosität heraus, die eher auf den Sinnen und dem Sichtbaren als auf Erkenntnis gründete. Insbesondere manifestierte sich diese Entwicklung in Prozessionen und Wallfahrten und bei den äusserst populären Translationen von Reliquien. Allein im kleinen Kanton Solothurn zählte man im 17. Jahrhundert nicht weniger als 37 Wallfahrtsorte, im Kanton Luzern waren es 36. Der zweitgrösste Wallfahrtsort in der Schweiz nach Einsiedeln war das Franziskanerkloster Wertenstein im Entlebuch, das jährlich zwischen 40 000 und 80 000 Pilger anzog. Die Jesuiten und noch stärker die Kapuziner, die sich auf die Seelsorge der Massen spezialisiert hatten, waren die wichtigsten Förderer solcher Formen der Volksfrömmigkeit. Die weltlichen und kirchlichen Obrigkeiten befürchteten eine Schwächung ihrer Autorität und sahen auch der Möglichkeit von Massenausschreitungen mit Sorge entgegen. Aus diesen Gründen wurden verschiedene Kontrollmechanismen entwickelt, darunter ein Verfahren für die Anerkennung von Wundern, denn Wunder liessen die Zahl der Wallfahrtsorte beständig anschwellen.

Die barocke Kunst entfaltete ihre ganze Pracht im Bereich der sakralen Architektur. Als Promotoren dieses Bereichs dürfen die Jesuiten gelten. Die eindrücklichen Dimensionen der dritten Jesuitenkirche von Luzern (entstanden ab 1666), der Kirche des Kollegs von Brig (ab 1673) und deren 1689 eingeweihter Nachbildung in Solothurn versinnbildlichen exemplarisch den jesuitischen Willen zu einer spirituellen Führerschaft.[110]

Die Rolle der Kirchen bestand indes nicht nur darin, als Kunstdenkmäler wirksam zu sein; die Kirchen der damaligen Zeit waren die zentralen Schauplätze eines religiösen Lebens in voller Blüte. Im Zentrum stand dabei die Messe mit einer erneuerten Liturgie, bereichert durch barocke Vokal- und Instrumentalmusik, in der nach und nach auch das deutschsprachige Liedgut Eingang fand.[111] Luzern, die Zentralschweiz, die Umgebung von St. Gallen, das Oberwallis und gewisse Teile des Tessins dürfen ohne Zweifel als katholische Barocklandschaft bezeichnet werden. Im Kanton Luzern entstand nach 1660 ein Dutzend Kirchen nach Modellen der Tiroler Architektenfamilien Singer und Purtschert. Ebenso emsig war man in der Zentralschweiz am Werk, wo die Initiativen von Gemeinden ausgingen. Diese Dynamik, diese demonstrative Üppigkeit trugen möglicherweise dazu bei, den kulturellen Graben zwischen katholischen und reformierten Orten, deren Sparsamkeit bei der Förderung religiöser Architektur in der Kargheit ihrer Kirchen sichtbar wird, zu vertiefen.[112]

## Die Entwicklung der Bildung und der höheren Studien

Die konfessionelle Spaltung trieb den Ausbau der Grundschulbildung voran, war diese doch dazu bestimmt, ein sowohl im Rahmen der reformierten als auch der katholischen Reformen formuliertes Programm zu konkretisieren. Es ging darum, die Individuen zu guten Christen zu erziehen und sie in ihrem jeweiligen Glauben zu bestärken. Befördert wurde diese Entwicklung durch das Interesse der Obrigkeiten, den Zugang zur Schriftkultur, die für die Staatsverwaltung von immer grösserer Bedeutung war, zu institutionalisieren.

Die Alphabetisierung unterschied sich nur wenig von der Katechese. Sie basierte auf der Bibel, den Psalmen und dem Katechismus, im Falle der Katholiken meist jener von Peter Canisius, bei den Reformierten der Heidelberger Katechismus. Der Hauptgrund für die niedrigen Raten des Schulbesuchs auf dem Land bestand in der Unterordnung des praktischen, unmittelbar einsetzbaren Wissens unter die religiöse und moralische Erziehung des Volkes, die zudem oft in den Händen unterqualifizierter Lehrer lag. Der Alphabetisierungsgrad dieser Epoche ist nur für die männliche Bevölkerung des Kantons Zürich untersucht worden. Er näherte sich um 1700 40 Prozent an – mit starken Schwankungen je nach sozioökonomischem Status –, was im europäischen Vergleich einem hohen Wert entspricht.[113] Dabei gilt es zu präzisieren, dass die Alphabetisierung nicht allein in der Schule erfolgte. Dörfer ohne Schule stellten für eine gewisse Zeit wandernde Lehrer an, auch gab es nicht wenige Autodidakten. Selbst Handwerksmeister fügten sich mitunter in dieses Unterrichtsschema ein. Der im Oktober 1669 zwischen Giovanni Torriani aus Mendrisio und zwei Zimmermeistern abgeschlossene Vertrag zeigt, dass die Meister den Auftrag hatten, dem fünfjährigen Sohn Torrianis neben dem Handwerk auch das Lesen, Schreiben und Rechnen beizubringen.[114]

Zur Förderung der religiösen Erziehung auf dem Land liessen die reformierten Orte die ersten für ein ganzes Gebiet gültigen Schulverordnungen drucken (Bern 1628/1675, Zürich 1637/1658, Schaffhausen 1645, Appenzell Ausserrhoden 1637/1650/1676). Diese Verordnungen stellten einen deutlichen Eingriff in die elterliche Entscheidungsfreiheit dar, da sie die Schulzeit in gewissen Fällen auf das ganze Jahr ausdehnten. Die Eltern wurden ermutigt, ihre Kinder zur Schule zu schicken, sobald deren Auffassungsgabe es erlaubte, und der Schulbesuch sollte bis zum sechzehnten Altersjahr erfolgen. Die Zulassung zum Abendmahl galt als Bestätigung, dass ein Kind sich die Grundlagen der reformierten Religion angeeignet hatte. Am Ende des Winters fanden jeweils Examen vor den Vertretern der Geistlichkeit und der ländlichen oder städtischen Obrigkeit statt.

In den katholischen Orten zeigte die Obrigkeit in schulischen Belangen weniger Initiative. Die Förderung der Primarschule fand entsprechend den Beschlüssen des Konzils von Trient und den Konstanzer Synodalstatuten (1567 und 1609) statt. Die grösseren Gemeinden wurden zur Anstellung von Lehrern verpflichtet. Andernorts erging die Aufforderung an Priester oder Kaplane, den Unterricht zu übernehmen. Die Entwicklung verlief jedoch – in Abhängigkeit von lokalen Gegebenheiten – sehr unterschiedlich. Die katholischen Gemeinden Graubündens schufen geistliche Pfründen (↑Pfrund), die ausschliesslich für den Unterricht zuständig waren. Die Ennetbirgischen Vogteien verzeichneten besonders in den Gebieten mit starker Auswanderung eine hohe Nachfrage nach Bildung und verfügten schon um 1630 über ein dichtes Netz von etwa siebzig Pfarrschulen. Diese wurden in der Regel von Emigranten, durch Legate oder die Gemeinden selbst finanziert oder waren Gründungen wohltätiger Pfarrer. Durch die Initiative der Gemeinden, denen die Berner Konkurrenz Sorgen bereitete, erlebten die Landschulen in Solothurn zwischen 1640 und 1650 einen Aufschwung. Noch ein halbes Jahrhundert später führten die Vertreter des Konstanzer Bischofs bei Besuchen an den Schulen des Kantons Luzern die reformierten Orte als Vorbild für die hohe Bedeutung der Volksbildung an.[116]

Die spektakulärste Entwicklung erfuhr das Bildungswesen im Laufe des Jahrhunderts im mittleren und höheren Schulwesen, sie betraf diesmal ganz besonders die katholischen Kantone. Die entsprechenden Schulen wurden von den Eliten, welche die Ausbildung zunehmend als Kapital begriffen, stark gefördert. Dieses Phänomen schloss auch die Ausbildung der Töchter mit ein. So wie die Visitandinnen in Freiburg und Solothurn eröffneten auch die Ursulinen kostenlose Schulen für Mädchen an verschiedenen Orten (Pruntrut 1619, Puschlav 1629, Freiburg 1634, Mendrisio 1637, Luzern 1659, Brig 1661, Delsberg 1698). Das Luzerner Kloster Mariahilf, in dem die Ausbildung der Mädchen das Niveau der Knabenschulen erreichte, gründete zusätzlich ein Lehrerinnenseminar.[117]

Mit dem Zustrom von Lehrern und Schülern aus den süddeutschen Jesuitenkollegien erlebten die im 16. Jahrhundert in der Schweiz gegründeten Jesuitenschulen, die im Gegensatz zu Schulen anderer religiöser Orden auch Nichtmitglieder aufnahmen, ein Goldenes Zeitalter. Das Luzerner Kolleg zählte Ende der 1640er Jahre nahezu 500 Schüler. Hier gab es nicht nur Unterricht in Theologie, im Angebot standen auch – durch die Patrizier der Stadt grosszügig unterstützt – Lehrgänge in Philosophie, Metaphysik, Logik, Physik und Mathematik. Das Kolleg hatte damit faktisch das Profil einer Akademie. Ein vom Rat im Jahr 1647 gestelltes Gesuch für die Umwandlung in eine Universität wurde vom Papst jedoch nicht bewilligt; Grund dafür waren Spannungen zwischen dem Nuntius, der Luzerner Regierung und der Gesellschaft Jesu. Das Projekt einer katholischen Hochschule, das nach den 1530er Jahren regelmässig in den Traktanden der Tagsatzung figurierte, wurde nie verwirklicht.[118]

Das Pruntruter Kolleg führte einen dreijährigen Lehrgang in Philosophie ein und schuf im Jahr 1620 einen Lehrstuhl für Kontroverstheologie. Einen solchen Lehrstuhl erhielt 1635 auch Freiburg, das mit seinen 600 Schülern für eine Weile das drittgrösste Kollegium in der oberdeutschen Provinz des Jesuitenordens war, nach München und Augsburg. Im Bereich der Ausbildung besassen die Jesuiten eine Art Monopolstellung und agierten nahezu ohne Konkurrenz. Trotz Widerständen konnten sie daher immer neue Schulen gründen, so im Veltlin (Ponte 1621, Bormio 1632), in Solothurn (1646), Bellinzona (1646, 1675 geschlossen), Feldkirch (1649) und Brig (1662). Bis zum Ende des Jahrhunderts standen die Jesuitenkollegien für eine gewisse Modernität. Es waren vor allem der kostenlose Unterricht, die gemäss der Studienordnung *Ratio studiorum* von 1599 vorgenommene Differenzierung der Schulstufen, die Betonung humanisti-

**Titelseite (Detail) aus: Johann Heinrich Müslin (Musculus), Stabulum Augiae expurgatum, seu oratio invectiva in Jacobum Schullerum, sacrificulum Friburgi Helvetiorum, Bern 1652** (*ZB Zürich*). — Ein Jesuit, der nicht hören will, dass die bernische Schule durch die Reformation «gereinigt» worden sei, muss durch einen reformierten Geistlichen diesbezüglich belehrt werden: Die Arbeit des Herkules, das Ausmisten im Stall des Augias, sei zum Wohl der Berner Schüler bereits verrichtet worden.[115]

scher Disziplinen, der Wetteifer der Disputationen (sie erschienen anschliessend im Druck), der pädagogische Einsatz des Theaters und die Öffnung der Fächer für aktuelle Fragestellungen – bis hin zu Vorlesungen über Festungsbau! –, die jene Modernität ausmachten.

Zahlreiche seit alters etablierte Lateinschulen, etwa die Benediktinerabteien von Engelberg, Rorschach und Einsiedeln, orientierten sich an den Jesuitenkollegien, indem sie ihr Angebot durch Lektionen in Geschichte, Kirchenrecht und Naturwissenschaften ergänzten. Auf diese Weise entstand im katholischen höheren Bildungswesen eine gewisse Einheitlichkeit. Sowohl die Lateinschulen als auch die Kollegien in den reformierten Orten pflegten eine Art gelehrte Frömmigkeit. Diese umfasste die Vermittlung von Religion, Logik, Rhetorik, griechischer und lateinischer Grammatik, des Neuen Testaments und des Katechismus und legte einen Schwerpunkt für künftige Theologiestudien auf den besonders wichtigen Bereich der alten Sprachen. Die Schüler des Kollegs in Vevey lasen beispielsweise gemäss einem neuen, ab 1671 geltenden Reglement die *Colloquia* des Erasmus von Rotterdam, jene des Humanisten Mathurin Cordier sowie die neue, 1631 erschienene Sprachschule *Janua linguarum reserata* des bedeutenden mährischen Pädagogen Johann Amos Comenius auf Lateinisch. Mit dem Unterricht in Arithmetik und Naturwissenschaften waren die reformierten Schulen gegenüber den Jesuitenkollegien im Rückstand: Diese Fächer fanden erst im folgenden Jahrhundert in den dortigen Lehrplänen Platz.

### *Peregrinatio academica*: im Ausland studieren

Die reformierten Akademien, deren Ziel bis in die 1660er Jahre vor allem darin bestand, als Hochburgen der Orthodoxie zu fungieren und eine entsprechende Geistlichkeit heranzubilden, diversifizierten ihr Profil im Laufe des Jahrhunderts kaum. Im gleichen Zeitraum begannen in den Städten Bürger und Angehörige der regierenden Elite auf die gestiegenen Bildungsbedürfnisse mit der Gründung öffentlicher Bibliotheken zu reagieren, so beispielsweise in Zürich 1629, in Schaffhausen 1636, in Winterthur 1660, in Solothurn 1687 und in Zofingen 1693. Obwohl die Basler Universität als einzige im Gebiet der Eidgenossenschaft ein Medizinstudium anbot, verlor sie an Bedeutung. Bis zur Mitte des Jahrhunderts schrumpfte die Zahl der Studierenden auf die Hälfte, und die Professoren stammten fast ausschliesslich aus einigen wenigen Basler Familien. Auch die zu 80 Prozent von Ausländern besuchte Akademie in Genf verzeichnete einen Rückgang. Zwischen 1675 und 1685 studierten hier 206 Studenten, zwischen 1695 und 1705 waren es nur noch 53. Die Hohen Schulen von Bern und Lausanne hatten ebenfalls nur eine beschränkte Ausstrahlung.

Erst gegen Ende des Jahrhunderts begann mit der frühen Aufklärung in den reformierten akademischen Kreisen ein frischer Wind zu wehen. Der im Jahr 1697 durch den Staatsanwalt Théodore Grenus geäusserte Vorschlag zur Umwandlung der Genfer Akademie in ein vielseitigeres Institut mit einem akademischen Rat von Gelehrten, die über eine gewisse internationale Erfahrung verfügen sollten, stiess zwar noch auf taube Ohren. Doch ab 1703 lassen sich verschiedene Veränderungen feststellen: In einigen Vorlesungen dozierten die Professoren nun Französisch statt Lateinisch, der Philosophieunterricht wurde reformiert, die Mathematik eingeführt und ein akademischer Senat geschaffen, in dem sowohl Pfarrer als auch Laien sassen.[119] Die Lausanner Akademie erlebte im Jahr 1708 die Einrichtung eines Lehrstuhls für Recht und Geschichte. Der Hugenottenflüchtling Jean Barbeyrac lehrte dort ab 1711 erstmals in der Schweiz und in französischer Sprache Naturrecht. Die Hohe Schule von Bern schuf zwar 1679 einen Lehrstuhl für Recht, der aber nur bis 1686 besetzt blieb. Jene von Zürich, die sich unter Johann Heinrich Hottinger als Zentrum für Kirchengeschichte und orientalische Sprachen hatte etablieren kön-

### Höheres Bildungswesen im 17. Jahrhundert

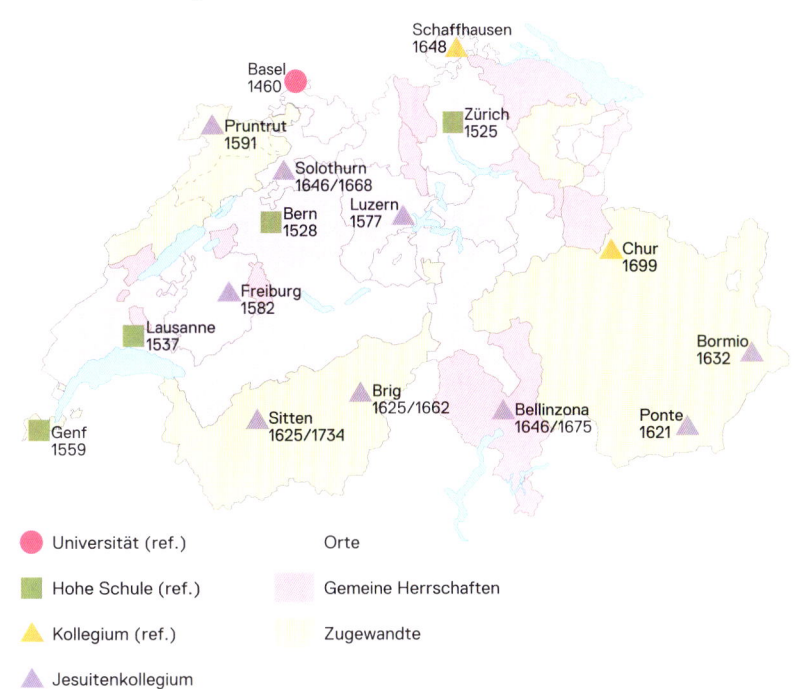

- Basel 1460 — Universität (ref.)
- Schaffhausen 1648 — Kollegium (ref.)
- Pruntrut 1591 — Jesuitenkollegium
- Zürich 1525 — Hohe Schule (ref.)
- Solothurn 1646/1668 — Hohe Schule (ref.)
- Bern 1528 — Hohe Schule (ref.)
- Luzern 1577 — Jesuitenkollegium
- Chur 1699 — Kollegium (ref.)
- Freiburg 1582 — Jesuitenkollegium
- Lausanne 1537 — Hohe Schule (ref.)
- Bormio 1632 — Jesuitenkollegium
- Genf 1559 — Hohe Schule (ref.)
- Sitten 1625/1734 — Jesuitenkollegium
- Brig 1625/1662 — Jesuitenkollegium
- Bellinzona 1646/1675 — Jesuitenkollegium
- Ponte 1621 — Jesuitenkollegium

Legende: Universität (ref.); Hohe Schule (ref.); Kollegium (ref.); Jesuitenkollegium; Orte; Gemeine Herrschaften; Zugewandte

Quelle: Ulrich Im Hof / Suzanne Stehelin (Hg.), Das Reich und die Eidgenossenschaft 1580–1650, Freiburg 1986, S. 53–54; Basiskarten BFS, ThemaKart, 2008 (geändert), © 2013 Schwabe AG, Verlag, Basel; Kartographie Timothée Becker.

nen, zeigte sich hingegen wenig aufgeschlossen für Reformen. Dies trug ihr denn auch im Jahr 1713 die Kritik der Bürgerschaft ein, welche die Einführung der politischen Wissenschaften und die Aufhebung von «unnötigen Fächern» forderte.[120]

Die schwache Entwicklung der Universitäten in der Schweiz und die immer noch verbreitete Praxis der *peregrinatio academica*, der «akademischen Wanderung», hatten zur Folge, dass Schweizer Studenten in Scharen ins Ausland zogen, um sich in die höheren Bildungsanstalten Europas einzugliedern. Exemplarische Beispiele diesbezüglich sind der Genfer Theologe Jean-Baptiste Turrettini, der in Frankreich, den Vereinigten Niederlanden und in England studierte, oder der Zürcher Mediziner Johann Jakob Wagner, der die in seiner Heimatstadt begonnenen Studien in Heidelberg und in Holland fortsetzte und schliesslich in Orange promovierte. Der Besuch ausländischer Universitäten bot jenen, die von Haus aus die Mittel dazu hatten oder ein Stipendium erhielten, eine spezifische Ausbildung in Theologie, Medizin oder Jurisprudenz oder einen eher allgemeinen Bildungsgang. Manchmal überbrückten die Studenten mit ihrer Auslandszeit auch nur das Warten auf ein in ihrer Heimat freiwerdendes politisches Amt. Zweifelsohne eröffneten sich ihnen dabei wertvolle Erfahrungen und vielfältige Kontakte, auf die sie später als Magistraten und Gelehrte zurückgreifen konnten. Wichtig ist aber auch, dass auf diese Weise neue Ideen ihren Weg in die Schweiz fanden. Während eines Auslandsstudiums bestand etwa für Theologiestudenten die Möglichkeit, mit unorthodoxen Strömungen in Kontakt zu treten, und für Juristen, umstrittene Autoren wie Hobbes, Decartes oder Spinoza zu lesen. Den Medizinstudenten bot sich gegebenenfalls die Chance, sich mit neuen Erkenntnissen wie der 1628 von William Harvey formulierten Theorie der Blutzirkulation oder mit der pathologischen Anatomie vertraut zu machen.

Welches die beliebtesten Studiendestinationen von Schweizer Studenten des 17. Jahrhunderts waren, lässt sich quantitativ nicht bestimmen. Als sicher kann einzig gelten, dass die konfessionelle Zugehörigkeit bei der Wahl der Universität eine entscheidende Rolle spielte; nur die Medizinstudenten, die in besonders grosser Zahl die französischen Universitäten besuchten, entziehen sich einer solchen konfessionellen Logik. Studenten aus der katholischen Schweiz bevorzugten im Allgemeinen den süddeutschen Kulturraum: Man ging an die Universität Dillingen, eine Hochburg der Gegenreformation, und später, in der zweiten Hälfte des Jahrhunderts, nach Freiburg im Breisgau, nach Ingolstadt in Oberbayern, wo die Schweizer im 17. Jahrhundert die Hälfte der Immatrikulierten ausmachten, nach Wien und an die 1669 gegründete Universität in Innsbruck. Heterogener stellt sich das Bild der beliebtesten Studiendestinationen der reformierten Schweiz dar. Ein Ziel waren hier zum Beispiel die deutschen calvinistischen Universitäten. So studierten im hessischen Herborn von 1584 bis 1725 183 Schweizer, davon 61 Zürcher, 36 Berner und 20 Schaffhauser. Beliebt waren auch die reformierten französischen Akademien wie Saumur – bis zu deren Schliessung durch Ludwig XIV. in den 1680er Jahren – oder Orléans, wo die Zahl der Berner und Westschweizer, vor allem der Genfer und Freiburger, die Zahl der Reformierten aus anderen Gegenden, insbesondere der Basler und der Bündner, bald zu übersteigen begann. Andere wiederum gingen an die Universität Padua, wo von 170 Schweizern im 17. Jahrhundert ein Drittel aus Graubünden, ein Fünftel aus Zürich und ein Zehntel aus Basel stammte. Die unter den Reformierten am häufigsten gewählte Destination waren jedoch die Vereinigten Niederlande. Dort studierten im Laufe des Jahrhunderts die meisten, etwa 640 Schweizer Studenten. Über die Hälfte von ihnen besuchte die Universität von Leiden, mehrheitlich Theologiestudenten, wobei ab 1676 die Zahl der Jurastudenten etwa derjenigen der Theologen entsprach. Als grösste Universität des Landes war Leiden für seine liberale Theo-

**Kantonszugehörigkeit der Schweizer Studenten in den Vereinigten Niederlanden 1620 bis 1700**

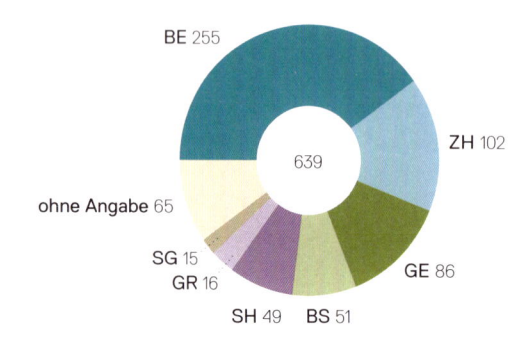

BE 255
ZH 102
GE 86
BS 51
SH 49
GR 16
SG 15
ohne Angabe 65
Total: 639

Die Bedeutung der Vereinigten Niederlande für die *peregrinatio academica* der reformierten Studenten aus der Schweiz steht in Zusammenhang mit den zahlreichen nicht nur konfessionellen, sondern auch kommerziellen und militärischen (Fremde Dienste) Banden, die zwischen den reformierten Orten und den Vereinigten Niederlanden bestanden. Die starke Vertretung der Berner Studenten erklärt sich damit, dass Bern der bevölkerungsreichste Stand der Eidgenossenschaft war; in dieser Zahl sind die Waadtländer eingeschlossen. Von mehr als 600 Schweizer Studenten, die im 17. Jahrhundert an einer der vier Universitäten der Vereinigten Niederlande immatrikuliert waren, führten lediglich 22 ihre Studien bis zur Erlangung eines universitären Grades fort.
Quelle: Frieder Walter, Niederländische Einflüsse auf das eidgenössische Staatsdenken im späten 16. und frühen 17. Jahrhundert, Zürich 1979, Beilage 1; Willem Frijhoff, La Société néerlandaise et ses gradués 1575–1814, Amsterdam 1981, S. 380; Graphik Danièle Tosato-Rigo, © 2013 Schwabe AG, Verlag, Basel, und Marc Siegenthaler, Bern.

logie bekannt. Die restlichen Studenten verteilten sich auf die Universitäten von Groningen, Franeker und Utrecht.[121]

Im 17. Jahrhundert widmeten sich nicht nur künftige Literaten humanistischen Studien, sondern auch Söhne von Kaufleuten und Handwerkern. Die auf diese Weise erzielten Fortschritte in der höheren Bildung führten sowohl auf katholischer Seite – hier vor allem dank der Jesuitenkollegien und ihres Netzwerks an Universitäten im deutschen Sprachraum – als auch bei den Reformierten zu einer Erneuerung der Eliten. Solothurn verfügte am Ende des Jahrhunderts erstmals über Ratsherren, die eine akademische Ausbildung vorweisen konnten. In Genf besassen um 1620 nur einige wenige Magistraten einen Universitätsabschluss, 1707 waren über drei Viertel des Kleinen Rats Akademiker.[122] Auch in Bern erwarb ein Drittel der öffentliche Ämter bekleidenden Angehörigen der Elite im Laufe des Jahrhunderts eine akademische Ausbildung, eine juristische Bildung galt dabei als entscheidender Vorteil. Ab den 1660er Jahren erfreuten sich hier zudem Studien im neuen Fach der Politologie grosser Beliebtheit.[123]

### Die frühe Aufklärung

Die durch den französischen Historiker Paul Hazard konstatierte «Krise des europäischen Geistes» erfasste im letzten Drittel des Jahrhunderts auch die Schweiz.[124] Diese lange Übergangsphase, die sich etwa in den Jahren von 1680 bis 1715 verorten lässt, führte auf Seiten von Gelehrten und kultivierten Eliten zur Herausbildung einer neuen Weltanschauung. Noch war sie von tiefer religiöser Überzeugung geprägt, gleichzeitig aber auch Zweifeln unterworfen. Die alte Autoritätsgläubigkeit und die damit verbundene Stabilität der Verhältnisse wichen dem Glauben an die Möglichkeit, durch menschliche Urteilsfähigkeit Veränderungen bewirken zu können.

Zu den Bereichen des intellektuellen und religiösen Lebens, in denen die frühe Aufklärung ihren Niederschlag fand, zählten der Philosophieunterricht, die Theologie und die Naturwissenschaften. Mit dem Physiker und Philosophen Jean-Robert Chouet (1642–1731) hielt 1669 der Cartesianismus Einzug in die Genfer Akademie; an den französischen Universitäten sollten die entsprechenden Prinzipien und Methoden nur wenig später verbannt werden. Chouets Experimente – unter anderem jene mit Schlangengift, dessen Wirkung er an Tauben und Katzen erprobte – markieren auch den Beginn der Experimentalphysik, die der Arzt Theodor Zwinger wenig später, im Jahr 1687, an der Universität Basel einführen sollte. In anderen reformierten Orten waren Descartes, Spinoza und Hobbes verboten und wurden von Theologen, etwa dem Dekan Johann Heinrich Hummel in Bern, bekämpft. Die umstrittenen Autoren verhalfen den Buchhändlern zu guten Geschäften. Darauf lassen zumindest die in Lausanne wiederholt an diese ergangenen Aufforderungen schliessen, die entsprechenden Werke nicht zu verbreiten. Jedoch vermochten solche und ähnliche behördliche Massnahmen die Rezeption des Heliozentrismus und des Cartesianismus in den aufgeklärten Kreisen nicht zu verhindern.

Während die Lehre Chouets noch klar zwischen (cartesianischer) Philosophie und Offenbarungsreligion unterschied, entwickelte sich am Ende des Jahrhunderts ein Christentum, das selbst stark vom Cartesianismus geprägt war. Für seine Verbreitung sorgte das Triumvirat der Theologen Jean-Frédéric Ostervald (1663–1747) in Neuenburg, Jean-Alphonse Turrettini (1671–1737) in Genf und Samuel Werenfels (1657–1740) in Basel. «Gemässigt rationalistische Theologie», «aufgeklärte» oder «vernünftige Orthodoxie» – die verschiedenen Etiketten, mit denen diese theologische Erneuerungsbewegung von Seiten der Historiker

> « *Pour la Philosophie, elle fleurit ici [à Genève] extremement. Mr Chouet fils du libraire, et neveu de Mr Tronchin, enseigne celle de Mr Descartes, avec grande reputation et un grand concours d'étrangers; aussi faut-il avouër que c'est un esprit extrêmement délicat et également poli et solide … Il fait tous les mercredis des expériences fort curieuses où il va beaucoup de monde. C'est le genie du siècle et la méthode des philosophes modernes.* »

«Die Philosophie blüht hier [in Genf] über alle Massen. Herr Chouet, der Sohn des Buchhändlers und Neffe von Herrn Tronchin, lehrt jene von Herrn Descartes, er geniesst einen guten Ruf und hat einen grossen Zulauf von auswärtigen Studierenden; man muss auch sagen, dass er ein äusserst feinsinniger und gleichermassen höflicher und standhafter Mensch ist … Jeden Mittwoch macht er sehr seltsame Experimente, zu denen sich die Welt einfindet. Das ist das Genie des Jahrhunderts und die Methode der modernen Philosophen.» — Aus einem Brief von Pierre Bayle an seinen Vater, am 21.9.1671, zit. in: Maria-Cristina Pitassi, De l'orthodoxie aux Lumières: Genève, 1670–1737, Genève 1992, S. 25.

«Astronomia. Die Gestirn Kunst», Radierung von Johannes Meyer d. J. im Neujahrsblatt der Burgerbibliothek Zürich, 1707 (*Schweizerisches Nationalmuseum, Inv.-Nr. LM-52237.60*). — Der Allegorie der Astronomie gegenüber sitzen: Ptolemäus als Vertreter des geozentrischen Weltbildes, Tycho Brahe mit dem intermediären System und (ganz links) Kopernikus mit dem heliozentrischen Weltbild. Die Radierung geht vermutlich zurück auf eine Anregung Johann Jakob Scheuchzers, eines grossen Verfechters des Heliozentrismus. Beinahe ein halbes Jahrhundert nach der Verurteilung des Pfarrers und Kopernikaners Michael Zingg (1599–1676) wegen Ketzerei durch die Zürcher Behörden wohnte einer solchen Darstellung noch immer ein subversiver Zug inne.

## Der *Hinkende Bote*

Im Jahr 1676 erschienen in Basel – gleichzeitig bei Henri Decker und Jean Conrad Mechel – die zwei ersten Exemplare einer neuen Kalenderreihe, genannt *Hinkender Bote*. Ab 1707 wurde einer der Almanache von Vevey aus auch auf Französisch vertrieben *(Messager boiteux)*; er erscheint bis heute ohne Unterbruch. Der *Hinkende Bote* wurde zum Vorbild vieler Kalender in der Schweiz, in Frankreich und in Deutschland. Der Inhalt umfasste jeweils einen Kalenderteil, in dem die Mondstände, Messen, Märkte, Adressen der Behörden und weiteres mehr verzeichnet waren, daneben ein Sammelsurium aus Horoskopen, Berichten über sonderbare Vorkommnisse sowie Anekdoten, die der Erbauung dienen sollten. Die Figur des hinkenden Boten, eines Mannes aus dem Volk, vielleicht eines Kriegsinvaliden, zugleich aber Astrologen und Historiographen, versinnbildlicht die langsame und vertrauenswürdige Informationspraxis der Zeit. Vermittelt wurden jahrhundertealte, aber auch vollkommen neue Regeln zur Nutzung des positiven Einflusses der Planeten, etwa auf das bäuerliche Leben (Aussaat, Ernte), die Arbeit, Reisen oder die Genesung von Krankheiten (Aderlässe, Abführmittel, Medikamente). Im Rahmen der astrologischen Ratschläge war indes auch Platz für Gott und die Mathematik. Viel Raum nahmen politische Ereignisse ein, insbesondere Kriege im Ausland. Die Auflagenhöhe von 100 000 Exemplaren im Jahr 1698 bezeugt die ausserordentliche Popularität des *Hinkenden Boten*, der sich vor allem an ein schwach alphabetisiertes Publikum richtete, das ausser diesem Kalender oft nur die Bibel las.

**Vignette aus dem *Hinkenden Boten* in der ersten, von Vevey aus vertriebenen Ausgabe, 1707** *(Säuberlin et Pfeiffer, Châtel-Saint-Denis).*

versehen wurde, zeigen, dass es darum ging, der Heiligen Schrift treu zu bleiben, zugleich aber den Verstand zu gebrauchen. Der 1702 publizierte Katechismus des Neuenburger Theologen Jean-Frédéric Ostervald, im 18. Jahrhundert in der Westschweiz weit verbreitet, stellte die Ethik in den Mittelpunkt der Theologie, mit einem Schwerpunkt auf der biblischen Geschichte und den christlichen Pflichten. Ostervald, der auch einen Briefwechsel mit Leibniz pflegte, erarbeitete mit seinem Kollegen Bénédict Pictet (1655–1724), wie er ein Mitglied der umtriebigen *Society for promoting Christian Knowledge* (SPCK), ein Projekt zur Vereinigung der reformierten Kirchen, das vom preussischen und vom englischen Hof unterstützt wurde.

In einem ganz anders geprägten Umfeld, jenem der Pietisten, Täufer und Hugenottenflüchtlinge, die allesamt die Erfahrung der Verfolgung teilten, fand die Idee der Gewissensfreiheit zahlreiche Anhänger. Formuliert wurde sie vom 1702 aus Bern verbannten Pietisten Samuel Güldin (1664–1745) in dessen 1718 – in Pennsylvania – veröffentlichten Werk *Kurtze Lehr- und Gegensätze zu Erläuterung und Rettung der göttlichen Wahrheit*. Güldin rief darin die Berner Regierung auf, dem Beispiel seiner neuen Heimat zu folgen: «Inzwischen wird niemand nichts zu glauben aufgedrungen / sondern alles eines jeden Prüfung und Freyheit völlig überlassen: gleichwie man hingegen auf der andern Seiten [in Europa] solche auch niemand nemmen noch wehren soll.»[125]

Vor allem aber liess die frühe Aufklärung ein starkes Bedürfnis entstehen, die physische Welt anders zu erklären, als es die Kirche tat. Dieser Weg war im Ausland offenbar leichter gangbar als hierzulande. In der Tat wurden zwischen 1670 und 1708 etwa zwanzig Schweizer Wissenschafter Mitglied der Akademien von Berlin, London und Paris: Es handelte sich um Jakob Bernoulli, Johannes Bernoulli, Louis Bourguet, Johann Konrad Brunner, Jean Christophe Fatio, Johann Jakob Harder, Jakob Hermann, Leonhard Hurter, Emanuel König, Daniel Le Clerc, Johannes von Muralt, Johann Conrad Peyer, Johann Heinrich Rahn, Johann Jakob Scheuchzer, Johann Scheuchzer, Heinrich Screta, Stephan Spleiss, Johann Jakob Wagner und Theodor Zwinger.[126] Einige, meist im Ausland ausgebildete Gelehrte stellten den von den Kirchen neu interpretierten weltanschaulichen Lehrgebäuden aus der Antike zunehmend die allgemeingültigen Methoden der Beobachtung und des Experiments gegenüber.

Aus diesen Keimzellen von Forschenden entwickelten sich nach und nach die wissenschaftlichen Gesellschaften. In Genf entstand etwa ein Kreis von Gelehrten um den bereits erwähnten Jean-Robert Chouet und Théophile Bonnet, dessen anatomische Abhandlungen auf eigenen Obduktionen beruhten. In Schaffhausen – wo der Cartesianismus im Rektor des Gymnasiums, Stephan Spleiss (1623–1693), einen entschiedenen Verfechter gefunden hatte – konnte Johann Jakob Wepfer (1620–1695), ein Wegbereiter der pathologischen Anatomie, eine gelehrte Gesellschaft um sich versammeln. Auch am Zürcher *Collegium Insulanum* wurden ab 1685 Anatomiekurse mit Obduktionen durchgeführt. Die unter den Mitgliedern des Kollegiums – Notabeln und Gelehrten der Stadt – geführten und stets ordentlich protokollierten Diskussionen über Politik, Geschichte, Wissenschaft und Bibelkritik liessen eine für die Schweiz neue Form der wissenschaftlichen Geselligkeit entstehen.[127] Ein Mitglied dieses Zirkels, der Arzt Johann Jakob Wagner (1641–1695), publizierte 1680 die erste grosse Naturgeschichte der Schweiz, die *Historia naturalis Helvetiae curiosa*, die in den berühmten *Philosophical Transactions* in London rezensiert wurde. Sein Kollege Johann Jakob Scheuchzer (1672–1733), ein Pionier der Alpenforschung, der sich mehrmals in England aufhielt, liess die Beschreibung seiner Reisen durch die Alpen im Jahr 1708 von der *Royal Society* veröffentlichen *(Ouresiphoites Helveticus sive Itinera Alpina tria)*.

Mit den *Nova literaria Helvetica* (1702–1715) machte Scheuchzer dem interessierten gelehrten Publikum naturkundliches Wissen in grosser Breite zugänglich – was auch die Beschreibung besonders aussergewöhnlicher und bemerkenswerter Phänomene wie Erdbeben, Lawinen, Kometen, Monster und Drachen umfasste.

Die meisten dieser Wissenschaftler verkörpern das Ideal des Polyhistorikers, indem sie zugleich Theologen, Naturforscher und Philosophen waren. In der Natur und der Vielfalt ihrer Erscheinungsformen sahen sie zweifelsohne ein Werk Gottes. Sie waren leidenschaftliche Sammler und strebten danach, vollständige, gar vollkommene Inventare der Naturphänomene zu erstellen. Dieses Interesse führte dann auch zu einer Konjunktur der sogenannten Kuriositätenkabinette oder Kunst- und Wunderkammern, besonders in den Städten Bern, Zürich und Basel. Das Basler Amerbach-Kabinett war in den 1660er Jahren das erste in Europa, das – jeweils sonntags nach dem Gottesdienst – für ein grösseres Publikum geöffnet war.[128]

In den meisten Werken der Gelehrten der frühen Aufklärung geht die rationale Erklärung der Naturphänomene mit Gedanken zur religiösen Erbauung einher. So sah man in den Kometen weiterhin eine göttliche Warnung, obwohl man mittlerweile imstande war, dieses Phänomen aufgrund von Beobachtungen mit dem Fernglas und mit Hilfe der Mathematik auch physikalisch zu beschreiben. Es erstaunt deshalb kaum, dass die von Seiten mehrerer Gelehrter unternommenen Versuche, das Publikum mittels Broschüren und wissenschaftlicher Demonstrationen über die tatsächlichen Sachverhalte aufzuklären – man denke etwa an die Kometentheorie des Basler Mathematikers Jakob Bernoulli –, an den Vorstellungen einer grossen Mehrheit der Bevölkerung wenig zu ändern vermochten.

Somit brachte die Frühaufklärung entgegen einer lange vertretenen Ansicht trotz des Grabens zwischen den Eliten, die des Lateins mächtig waren, und dem heterogen alphabetisierten Volk keine klare Trennung in ihrer Weltanschauung. Gewiss, die neuen, auf Methoden der Beobachtung beruhenden Erkenntnisse verbreiteten sich zunächst in den Kreisen der Eliten. Doch die Gelehrten der Zeit kappten in ihrer Faszination für aussergewöhnliche Phänomene weder die Bande zur Astrologie noch jene zur Dämonologie. Die zahlreichen Facetten der Dämonologie beschrieb der Appenzeller Pfarrer Bartholomäus Anhorn[129] im Jahr 1674 in seiner *Magiologia* auf 1100 Seiten so detailliert, dass man das Werk vielerorts aus Furcht, die Schilderungen würden die Leute weniger abschrecken als vielmehr Nacheiferer ermuntern, verbot. Dazu kam die Tatsache, dass man sich bei der Behandlung von Krankheiten noch immer vornehmlich auf die antike Säftelehre, die Methode des Aderlasses und die naturheilkundliche Pharmakopöe stützte, und jedermann in der «weissen Magie» mit ihren Amuletten, Exorzismen, Balsamen und verschiedenen Ritualen nach Hilfe suchte, um seine Lebenschancen zu erhöhen. Über diese und andere Themen tauschten sich die verschiedenen Gesellschaftsschichten fortwährend aus. Zwar ging die Zahl der Hexenprozesse zurück, sie wurden in verschiedenen Orten gegen Ende des Jahrhunderts sogar ganz eingestellt. Doch das Übernatürliche vermochte sich seinen Platz zu bewahren. Es ist Teil jener Schweiz des Barock, die gerade durch die sie zutiefst prägende Gegensätzlichkeit der Suche nach Ordnung und Rationalität einerseits und der Huldigung des Spektakulären andererseits fasziniert.

» *Mais, M[onsieu]r, de toutes les choses remarquables qui se voyent dans ces Cabinets, il n'y en a point de plus curieuse que la peau d'une femme qu'on nous montra. [...] Un paisan du voisinage de Zurich perdit sa femme il y a quelques années. [...] Il s'adressa à un Medecin de Zurich qui passe pour un grand Anatomiste. Il luy dit que dans l'estat ou il se trouvoit, il seroit bien aise de vendre sa femme, qu'il luy en feroit bon party, & le Medecin l'achetta. Vous ne vous imagineriez jamais ce que ce Medecin en fit. Il l'êcorcha & donna la peau à un Taneur qui la prepara admirablement. [...] Mais les femmes firent tant de bruit, que le Senat en prit connoissance. Le Medecin et le Taneur furent condamnez à une grosse amende, & le mari à quelque peine. La peau fut remise entre les mains du Magistrat. C'est par un Arret du Conseil qu'elle est aujourd'huy dans les Cabinets de la Bibliotheque [de Zurich].»*

Paul Reboulet / Jean de Labrune, Voyage de Suisse. Relation historique contenue en douze lettres, Den Haag 1686, S. 138–140, zit. in: Claudia Rütsche, Die Kunstkammer in der Zürcher Wasserkirche, Bern 1997, S. 149–150.

---

* «Aber, meine Herren, unter all den aussergewöhnlichen Dingen, die man in diesen Kabinetten zu sehen bekommt, gibt es nichts Seltsameres als die Haut einer Frau, die man uns gezeigt hat. [...] Ein Bauer aus der Umgebung von Zürich hatte einige Jahre zuvor seine Frau verloren. [...] Er wandte sich an einen Arzt aus Zürich, der als hervorragender Anatom gilt. Dieser sagte ihm, dass es in seiner Situation doch eine gute Sache sei, seine Frau zu verkaufen, er würde damit ein gutes Geschäft machen, und der Arzt kaufte sie daraufhin. Sie können sich nicht vorstellen, was dieser Arzt damit machte. Er enthäutete sie und gab die Haut einem Gerber, der sie wundersam präparierte. [...] Aber die Frauen machten ein derartiges Aufsehen, dass der Kleine Rat davon Kenntnis bekam. Der Arzt und der Gerber wurden zu einer hohen Busse verurteilt und auch der Ehemann zu irgendeiner Strafe. Die Haut wurde von der Regierung konfisziert. Aufgrund eines Ratsbeschlusses befindet sie sich heute im Kabinett der Bibliothek [von Zürich].»

## ZUM STAND DER FORSCHUNG

Das 17. Jahrhundert stand in der Geschichtsschreibung der Schweiz lange im Schatten des Jahrhunderts der Reformation und der Periode von Aufklärung und Revolution. Der nach nationalem Konsens strebenden Historiographie des 19. und frühen 20. Jahrhunderts galt es als dunkle Zeit, die von den Kriegen der Bundesgenossen und dem Bauernkrieg überschattet war. Das primäre Interesse galt der Suche nach den Voraussetzungen für die Bildung des Bundesstaats im Jahr 1848. In den Überblicksdarstellungen zur Schweizer Geschichte der ersten Hälfte des 20. Jahrhunderts standen die Wirtschaftskrise, die Aristokratisierung der führenden Eliten und die religiöse Orthodoxie während dieser Periode im Vordergrund. Die Gemeinschaftswerke der 1970er und 1980er Jahre legten den Schwerpunkt auf die Gegenreformation, was dazu führte, die zweite Hälfte des 16. Jahrhunderts und die Zeit bis 1648 als Einheit aufzufassen. Die inzwischen stark relativierte Zäsur des Westfälischen Friedens[130] teilt nach dieser Auffassung das 17. Jahrhundert in zwei Hälften. Galt diese Periode lange als Zeit des Stillstands, hat sich in den letzten Jahren die Erkenntnis durchgesetzt, dass dieses Zeitalter sozioökonomisch, politisch und kulturell von grosser Dynamik geprägt war. Seither sind soziale Differenzierungsprozesse und sich im 17. Jahrhundert verschärfende Gegensätze vermehrt in den Fokus der Geschichtsschreibung gerückt.

Die von Markus Mattmüller und Christian Pfister vorangetriebenen Forschungen zur Demographie-, Wirtschafts- und Klimageschichte haben insbesondere das regional unterschiedliche Wachstum, die Konsequenzen der Epidemien und der Emigration sowie die Bedeutung des klimatischen Verlaufs für die Agrarwirtschaft hervorgehoben.[131] Angeregt durch eine Pionierstudie von Walter Bodmer in den 1960er Jahren beleuchteten Studien die Auswirkungen der grossen Migrationswelle der Hugenottenflüchtlinge näher, speziell die ambivalente Wahrnehmung der Einwanderung, die sich zwischen konfessioneller Solidarität und wirtschaftlichem Kalkül bewegte.[132] Untersuchungen haben die besonderen Bedingungen für die Ausbreitung der Protoindustrie in der Ostschweiz, in Basel und Genf ermittelt[133] und Forschungen für den Alpenraum die bisher weitverbreitete Annahme der Autarkie der inneralpinen Zone in Frage gestellt und zugleich auf die wirtschaftliche Bedeutung von gesellschaftlichen und familiären Netzwerken[134] sowie auf das Aufkommen des spezifischen Typus des «alpenländischen Unternehmers»[135] hingewiesen. Eine Gesamtstudie zu den von der Viehwirtschaft geprägten Regionen steht bis heute aus.

Die Entwicklung kulturanthropologischer Ansätze in der internationalen Geschichtsforschung hat die Geschichte der Politik, der Diplomatie und der Religion des 17. Jahrhunderts perspektivisch erweitert. Erstere wurde durch Studien zur Wahrnehmung und Instrumentalisierung von Konzepten der Nation, des Republikanismus und der Souveränität bereichert, in denen diese Thesen sowohl im internationalen Kontext als auch unter dem Aspekt der Erfindung von Traditionen untersucht wurden.[136] Die Zusammenarbeit zwischen Historikern und Kunsthistorikern inspirierte Forschungen zur Inszenierung der Macht, der Republik und der aristokratischen Lebensweise.[137] Die Pionierarbeiten von Hans Conrad Peyer bildeten die Grundlage zur Erforschung der wirtschaftlichen und staatspolitischen Rolle der Fremden Dienste in der spezifisch politischen Entwicklung der Schweiz. Das besondere Interesse galt dabei den «Familienunternehmen», in deren Händen die Organisation der Fremden Dienste lag und in denen – wie einzelne Beispiele zeigen – auch Frauen Einfluss nahmen.[138] Die politischen Praktiken wurden weiterhin aus einem prosopographischen (↑Prosopographie), biographischen und mentalitätsgeschichtlichen Blickwinkel beleuchtet.[139] Auch in diesem Kontext ist die Rolle der Frauen weitgehend unbekannt. Wenig erforscht, besonders in den soziokulturellen Aspekten, ist der wichtigste Konflikt des Zeitalters, der Dreissigjährige Krieg. Ausnahmen stellen die exemplarische Fallstudie über Graubünden und ein aktuelles Forschungsprojekt zum Bistum Basel dar.[140]

Die Geschichte der Diplomatie wurde hauptsächlich durch Ansätze der historischen Anthropologie und der Soziologie neu belebt und erweitert. Im Rahmen einer mikrohistorischen Perspektive rückten die grösseren und kleineren Protagonisten auf dem Gebiet der Aussenbeziehungen in den Fokus. Was die ältere Historiographie noch als Verhältnisse zwischen modernen Staaten betrachtete, verstehen neuere Forschungen als zwischenmenschliche, stark vom klientelistischen politischen System geprägte Beziehungen. Auf der Grundlage dieser Forschungen wird heute auch die Bedeutung ausländischer Einflüsse für die Konsolidierung der politischen Eliten in der Schweiz des 17. Jahrhunderts deutlich stärker gewichtet.[141] Das tiefe Ineinandergreifen von Partikular- und Staatsinteressen erscheint als wichtiges Charakteristikum der Aussenbeziehungen. Diese begannen für die Vertreter der Schweizer Kantone indes bereits in Hinblick auf die mit ihnen verbündeten Eidgenossen im Rahmen einer Institution, deren Funktionsweise und Symbolik in der Zwischenzeit ebenfalls näher untersucht worden ist (siehe Beitrag von Andreas Würgler, S. 132).[142] Ähnliches gilt für die allmählich im Wandel begriffene Neutralität, die heute eher als Gegenstand von Verhandlungen denn als immerwährende Staatsmaxime verstanden wird (siehe auch den Beitrag von Georg Kreis, S. 306).[143]

Als Gegenstück zu den Studien, bei denen die Regierenden im Zentrum standen, haben auch die Analysen von Protestbewegungen und Volksaufständen stark an Bedeutung gewonnen. Dabei wurden insbesondere die kurz-, mittel- und langfristigen Auswirkungen des bäuerlichen Widerstandes gegen den fortschreitenden Ausbau des Staates analysiert, mit Schwerpunkt auf der sozialen Zusammensetzung, dem Verhalten und der Weltanschauung der Aufständischen.[144]

Im Bereich der Religions- und Glaubensgeschichte interessiert sich eine nicht mehr konfessionell geprägte Forschung vermehrt für die sogenannten Konfessionskulturen[145] (siehe Beitrag von Bertrand Forclaz, S. 246), die etwa mittels Studien zur religiösen Koexistenz, zu interkonfessionellen Kontakten und zu Konvertierungen[146] sowie zu Selbstdarstellungen der Reformierten untersucht worden sind.[147] Fallstudien über religiöse Konflikte in den gemischtkonfessionellen Untertanengebieten führten zur Erkenntnis, dass deren rechtliche Reglementierung einen wichtigen Beitrag zum grösstenteils vorherrschenden religiösen Frieden innerhalb der Eidgenossenschaft leistete; interne Kriege blieben insgesamt eine Ausnahme.[148] Grosse Aufmerksamkeit kommt nach wie vor den radikalen Bewegungen innerhalb des Protestantismus zu, insbesondere in Hinblick auf die hier vorhandenen internationalen Verbindungen.[149] Die im 17. Jahrhundert neu belebten Formen der katholischen Frömmigkeit werden vermehrt unter dem Blickwinkel der diesbezüglich bestehenden Interaktionen zwischen dem Handeln der weltlichen und kirchlichen Behörden einerseits und der lokalen Nachfrage andererseits untersucht.[150] Die katholische Erneuerung würde allerdings, gerade aufgrund der Nähe der Schweiz zu Zentren der Gegenreformation wie Mailand oder Savoyen, noch etwas mehr Aufmerksamkeit verdienen. Das gleiche gilt für dissidente Strömungen innerhalb der katholischen Schweiz.

Trotz des neu erwachten kulturgeschichtlichen Interesses bleiben Themenfelder wie die häusliche Erziehung oder die Ausbildung und Bildung im 17. Jahrhundert paradoxerweise bislang wenig erforscht, mit einigen Ausnahmen besonders hinsichtlich Zürich und Bern.[151] Andere Impulse, die weiter verfolgt werden sollten, sind Werken zu verdanken, die die Integration der Schweiz in die Bildungsnetzwerke anderer Kulturräume behandeln.[152] Ein weiterer vielversprechender Forschungszweig, der sich in den letzten drei Jahrzehnten etabliert hat, betrifft die frühe Aufklärung. Dass diese weit mehr als ein Vorläufer der eigentlichen schweizerischen Aufklärung war, zeigen verschiedene Studien, die sich dem Thema ideen- oder gesellschaftsgeschichtlich angenähert oder einzelne bedeutende Gelehrtenpersönlichkeiten in den Mittelpunkt gestellt haben.[153]

## ANMERKUNGEN

**1** — Andreas Wendland, Der Nutzen der Pässe und die Gefährdung der Seelen. Spanien, Mailand und der Kampf ums Veltlin (1620–1641), Zürich 1995.
**2** — Alexandre Dafflon, Neutralité et appartenance au Corps helvétique: Neuchâtel à l'épreuve de la Guerre de Dix Ans, in: Jean-François Chanet / Christian Windler (Hg.), Neutralités, sauvegardes, accomodements en temps de guerre (XVIe–XVIIIe siècles), Rennes 2009, S. 63–82.
**3** — Otto Sigg, Das 17. Jahrhundert, in: Niklaus Flüeler / Marianne Flüeler-Grauwiler (Hg.), Geschichte des Kantons Zürich, Bd. 2, Zürich 1996, S. 287.
**4** — Alain Dubois, Eins gleich Eins: Einige Überlieferungen zur Theorie und zur Geschichte der Wechselkurse vom Hochmittelalter bis zum Ausgang des Ancien Régime, in: Jan S. Krulis-Randa et al. (Hg.), Geschichte in der Gegenwart, Zürich 1981, S. 129.
**5** — Sigg, 17. Jahrhundert, S. 351.
**6** — Hans Jacob Christoph von Grimmelshausen, Der abenteuerliche Simplicissimus. München 1956, S. 391.
**7** — Sabine Pellaux, Une ville nouvelle neuchâteloise précurseur des Lumières: Henripolis, Manus. Univ. Lausanne 2011.
**8** — André Holenstein, L'enjeu de la neutralité. Les cantons suisses et la Guerre de Trente Ans, in: Chanet / Windler (Hg.), Ressources des faibles, S. 47–62; Thomas Maissen, L'invention de la tradition de la neutralité helvétique. Une adaptation au droit des gens naissant du XVIIe siècle, in: ebd, S. 17–46.
**9** — Marco Jorio (Hg.), 1648, die Schweiz und Europa. Aussenpolitik zur Zeit des Westfälischen Friedens, Zürich 1999; Thomas Maissen, Die Geburt der Republic. Staatsverständnis und Repräsentation in der frühneuzeitlichen Eidgenossenschaft, Göttingen 2006; Bernd Marquardt, Die alte Eidgenossenschaft und das Heilige Römische Reich (1350–1798). Staatsbildung, Souveränität und Sonderstatus am alteuropäischen Alpenrand, Zürich 2007.
**10** — Zit. nach Jakob Winteler-Marty, Geschichte des Kantons Glarus, Bd. 2, Glarus 1954, S. 59.
**11** — Thomas Lau, «Stiefbrüder». Nation und Konfession in der Schweiz und in Europa (1656–1712), Köln 2008.
**12** — Gregor Egloff, Das Gleichnis vom frommen Soldaten. Gewalterfahrung und Erzählungen aus der Schlacht von Villmergen vom 14./24. Januar 1656, in: Der Geschichtsfreund. Mitteilungen des Historischen Vereins Zentralschweiz, Bd. 159, 2006, S. 81–131; Der Geschichtsfreund, Tagungsband zu 1712, Bd. 166, 2013.
**13** — Daniel Guggisberg, Das Bild der «Alten Eidgenossen» in Flugschriften des 16. bis Anfang 18. Jahrhunderts (1531–1712), Bern et al. 2000.
**14** — Danièle Tosato-Rigo, La chronique de Jodocus Jost. Miroir du monde d'un paysan bernois au XVIIe siècle, Lausanne 2009, S. 257.
**15** — Andreas Behr, Les diplomates de la Cour d'Espagne auprès des XIII cantons et des Grisons au XVIIe siècle, in: Eva Pibiri / Guillaume Poisson (Hg.), Le diplomate en question (XVe–XVIIIe siècles), Lausanne 2010, S. 163–180.
**16** — Le secrétaire de l'ambassadeur de France Puysieulx, Jean de la Chapelle, au ministre des Affaires étrangères Torcy, 3 février 1706, zit. in: Ministère des Affaires étrangères (Hg.), Recueil des instructions données aux ambassadeurs et ministres de France des traités de Westphalie jusqu'à la Révolution française, T. 30, Bd. 1, Paris 1983, S. XCVI.
**17** — Christopher Storrs, British diplomacy in Switzerland (1689–1789) and eighteenth century diplomatic culture, in: Pibiri/Poisson (Hg.), Le diplomate, S. 188.
**18** — Estat de la dépense faite en Suisse pour le service du Roy depuis le 1er janvier 1704 jusqu'au 1er août, Archives du Ministère des Affaires étrangères, MAE (Paris), Suisse 152, fol. 418, zit. in: Sven Stelling-Michaud, Saint-Saphorin et la politique de la Suisse pendant la guerre de succession d'Espagne (1700–1710), Lyon 1934, S. 368.
**19** — Andreas Suter, Korruption oder Patronage? Aussenbeziehungen zwischen Frankreich und der Alten Eidgenossenschaft als Beispiel, in: Zeitschrift für historische Forschung, Bd. 37, Nr. 2, 2010, S. 188–218.
**20** — Thomas Maissen, Petrus Valkeniers republikanische Sendung. Die niederländische Prägung des neuzeitlichen schweizerischen Staatsverständnisses, in: Schweizerische Zeitschrift für Geschichte (SZG), Vol. 48, Nr. 2, 1998, S. 149–176.
**21** — Sigg, 17. Jahrhundert, S. 348.
**22** — Hans Steffen, Kaspar Jodok von Stockalper und sein Soldunternehmen, in: Hans Rudolf Fuhrer / Robert-Peter Eyer (Hg.), Schweizer in fremden Diensten, Zürich 2006, S. 160.
**23** — Daniel Schlaeppi, «In allem übrigen werden sich die Gesandten zu verhalten wissen». Akteure in der eidgenössischen Aussenpolitik des 17. Jahrhunderts, in: Der Geschichtsfreund, Bd. 151, 1998, S. 5–90.
**24** — Jean Steinauer, Patriciennes, fromagers, mercenaires. L'émigration fribourgeoise sous l'Ancien Régime, Lausanne 2000, S. 176.
**25** — Christian Windler, Diplomatie als Erfahrung fremder politischer Kulturen. Gesandte von Monarchen in den eidgenössischen Orten (16. und 17. Jahrhundert), in: Geschichte und Gesellschaft, Jg. 32, Nr. 1, 2006, S. 11.
**26** — Marysia Morkowska, Vom Stiefkind zum Liebling. Die Entwicklung und Funktion des europäischen Schweizbildes bis zur Französischen Revolution, Zürich 1997.
**27** — Viktor Ruckstuhl, Aufbruch wider die Türken. Ein ungewöhnlicher Solddienst am Ende des 17. Jahrhunderts, Zürich 1991.
**28** — Christian Windler, Ohne Geld keine Schweizer. Pensionen und Söldnerrekrutierung auf den eidgenössischen Patronagemärkten, in: Hillard von Thiessen et al. (Hg.), Nähe in der Ferne. Personale Verflechtungen in den Aussenbeziehungen der Frühen Neuzeit, Berlin 2005, S. 105–133.
**29** — Verena Villiger / Jean Steinauer / Daniel Bitterli, Im Galopp durchs Kaiserreich. Das bewegte Leben des Franz Peter König, Baden 2006.
**30** — Zit. in Barbara Braun-Bucher, Der Berner Schultheiss Samuel Frisching (1605–1683), Bern 1991, S. 302.

31 — Steffen, Stockalper, S. 166.
32 — Nathalie Büsser, Die «Frau Hauptmannin» als Schaltstelle für Rekrutenwerbungen, Geldtransfer und Informationsaustausch, in: Hans-Jörg Gilomen et al. (Hg.), Dienstleistungen. Expansion und Transformation des «dritten Sektors» (15.–20. Jahrhundert), Zürich 2007.
33 — Rudolf Bolzern, In Solddiensten, in: Silvio Bucher (Hg.), Bauern und Patrizier. Stadt und Land Luzern im Ancien Régime, Luzern 1986, S. 34.
34 — Markus Mattmüller, Bevölkerungsgeschichte der Schweiz, Tl. 1, Bd. 1, Basel 1987, S. 379.
35 — Ebd., S. 153.
36 — Lukas Meyer, La disette des années 1690 dans la seigneurie de Zurich, in: Sylvie Lambelet / Bernhard Schneider (Hg.), La Suisse au quotidien depuis 1300, Carouge 1991, S. 136–137.
37 — Mattmüller, Bevölkerungsgeschichte, S. 381–382.
38 — Sigg, 17. Jahrhundert, S. 289.
39 — Laurence Wiedmer, Pauvreté et assistance, in: Anne-Marie Piuz / Liliane Mottu-Weber (Hg.), L'économie genevoise (XV$^e$–XVIII$^e$ siècles), S. 138–139.
40 — Jean-François Bergier, Histoire économique de la Suisse, Lausanne 1984.
41 — Martin Körner, Die Schweiz 1650–1850, in: Handbuch der Europäischen Wirtschafts- und Sozialgeschichte, Bd. 4, Stuttgart 1993, S. 608.
42 — Mattmüller, Bevölkerungsgeschichte, S. 193.
43 — Christoph Dinkel / Albert Schnyder, Das Kornland in der frühen Neuzeit, in: André Schluchter (Hg.), Die Agrarzonen der Alten Schweiz, Basel 1989, S. 8–27; Andreas Ineichen, Innovative Bauern. Einhegungen, Bewässerung und Waldteilungen im Kanton Luzern im 16. und 17. Jahrhundert, Luzern 1996.
44 — Christoph Maria Merki, Berns vergeblicher Kampf gegen das «edel Wundkrut» Tabak, in: André Holenstein (Hg.), Berns mächtige Zeit. Das 16. und 17. Jahrhundert neu entdeckt, Bern 2006, S. 555.
45 — Margrit Irniger, Landwirtschaft in der frühen Neuzeit, in: Flüeler/Flüeler-Grauwiler (Hg.), Geschichte des Kantons Zürich, Bd. 2, Zürich 1996, S. 116.
46 — Georg Kreis, Beat von Wartburg (Hg.), Basel – Geschichte einer städtischen Gesellschaft, Basel 2000, S. 125.
47 — Anne-Marie Piuz, A Genève à la fin du 17$^e$ siècle: un groupe de pression, in: Annales: économies, sociétés, civilisations, Jg. 25, Nr. 2, 1970, S. 459.
48 — HLS, Ulrich Pfister: «Kaufsystem».
49 — Ulrich Pfister, Die Zürcher Fabriques. Protoindustrielles Wachstum vom 16. zum 18. Jahrhundert, Zürich 1992.
50 — Martin Körner, The Swiss Confederation, in: Richard Bonney (Hg.), The rise of the fiscal state in Europe, ca. 1200–1815, Oxford 1999, S. 350.
51 — Herbert Lüthy, La banque protestante en France de la Révocation de l'Edit de Nantes à la Révolution, 2 Bde., Paris 1959–1961.
52 — Hans Braun et al., Beat Fischer (1641–1698). Der Gründer der bernischen Post, Bern 2004.
53 — Marianne Stubenvoll / Nathalie Bretz, Les chemins historiques du canton de Vaud, Bern 2003.
54 — Liliane Mottu-Weber, L'évolution des activités professionnelles des femmes à Genève du XVI$^e$ au XVIII$^e$ siècle, in: Simonetta Cavaciocchi (Hg.), La donna nell'economia, secc. XIII–XVIII, Firenze 1990, S. 345–357 ; Anne-Marie Piuz, La fabrique de dorure d'Elisabeth Baulacre, in: dies., A Genève et autour de Genève aux XVII$^e$ et XVIII$^e$ siècles. Etudes d'histoire économique, Lausanne 1985, S. 166–180.
55 — Anne-Marie Dubler, Luzerner Wirtschaftsgeschichte im Bild, Luzern 1975, S. 34.
56 — Bruno Amiet / Hans Sigrist, Solothurnische Geschichte, Bd. 2, Solothurn 1976, S. 416.
57 — Anne-Marie Dubler, Handwerker, Heimarbeiter und Kleinhändler, in: Bucher (Hg.), Bauern und Patrizier, S. 46–54.
58 — Anne-Lise Head et al. (Hg.), Famille, parenté et réseaux en Occident (XVII$^e$–XX$^e$ siècles), Genève 2001, S. 184.
59 — Mattmüller, Bevölkerungsgeschichte, S. 339, 336.
60 — Hans Ulrich Pfister, Die Auswanderung aus dem Knonaueramt 1648–1750, Zürich 1987.
61 — Körner, Schweiz 1650–1850, S. 604.
62 — Anne-Lise Head et al. (Hg.), Armut in der Schweiz (17.–20. Jh.), Zürich 1989; André Holenstein (Hg.), Reichtum und Armut in den schweizerischen Republiken des 18. Jahrhunderts, Genf 2010.
63 — Liliane Mottu-Weber, Rouets, navettes et dévidoirs à l'Hôpital général de Genève (XVI$^e$–XVIII$^e$ siècles), in: Bernard Lescaze (Hg.), Sauver l'âme, nourrir le corps. De l'Hôpital général à l'Hospice général de Genève (1535–1985), Genf 1985, S. 125.
64 — Head et al., Famille, S. 193f.
65 — Beatrice Höchli, Luzernische Luxus- und Sittenmandate des 17. und 18. Jahrhunderts, in: Bucher (Hg.), Bauern und Patrizier, S. 46–54.
66 — Vgl. HLS, Anne-Marie Dubler: «Offnungen».
67 — Vgl. Nathalie Büsser, «Erneuwert, verbeßeret, proiectiert und in ein richtige ordnung gebrocht». Zur Rechtsgeschichte und politischen Kultur Appenzell Ausserrhodens um 1650, in: Lukas Gschwend (Hg.), Grenzüberschreitungen und neue Horizonte. Beiträge zur Rechts- und Regionalgeschichte der Schweiz und des Bodensees, Zürich 2007, S. 161–194.
68 — André Holenstein, «Vermeintliche Freiheiten und Gerechtigkeiten». Struktur- und Kompetenzkonflikte zwischen lokalem Recht und obrigkeitlicher «Policey» im bernischen Territorium des 16./17. Jahrhunderts, in: Heinrich R. Schmidt et al. (Hg.), Gemeinde, Reformation und Widerstand, Tübingen 1998, S. 69–84.
69 — Susanna Burghartz, Ordonner le discours, ordonner la société? Structures et évolution de la politique morale et consistoriale en Suisse et en Allemagne au temps de la Réforme et de la Contre-Réforme, in: Danièle Tosato-Rigo / Nicole Staremberg Goy (Hg.), Sous l'œil du consistoire. Sources consistoriales et histoire du contrôle social sous l'Ancien Régime, Lausanne, 2004, S. 29–40.
70 — Zit. in Fabian Brändle, Demokratie und Charisma. Fünf Landsgemeindekonflikte im 18. Jahrhundert, Zürich 2005, S. 60.
71 — Anne Radeff, Les premiers plans terriers de Suisse occidentale (XVII$^e$ siècle), in: Mireille Touzery (Hg.), De l'estime au cadastre en Europe, Paris 2007, S. 43–55.
72 — François Walter, Histoire de la Suisse, Bd. 2., Neuchâtel 2009, S. 104.
73 — Marie Therese Bätschmann, Amt und Familie, in: Holenstein (Hg.), Berns mächtige Zeit, S. 479.
74 — Susanna Burghartz, Frauen – Politik – Weiberregiment. Schlagworte zur Bewältigung der politischen Krise von 1691 in Basel, in: Anne-Lise Head-König / Albert Tanner (Hg.), Frauen in der Stadt, Zürich 1993, S. 113–134.
75 — Claudia Schott-Volm, «Gute Policey». Gemeinwohl und Gesetzgebung, in: Holenstein (Hg.), Berns mächtige Zeit, S. 43.
76 — Urs Kaelin, Die Urner Magistratenfamilien. Herrschaft, ökonomische Lage und Lebensstil einer ländlichen Oberschicht, 1700–1850, Zürich 1991, S. 14.
77 — Fabienne Taric Zumsteg, Les sorciers à l'assaut du village. Gollion (1615–1631), Lausanne 2000.
78 — Georges Herzog, «Zu Lust und Nutz». Voraussetzungen und Hintergründe einer bernisch geprägten Stillebenmalerei im 17. Jahrhundert, in: Georges Herzog et al. (Hg.), Im Schatten des Goldenen Zeitalters. Künstler und Auftraggeber im bernischen 17. Jahrhundert, Bd. 2, Bern 1995, S. 239–255.
79 — Brigitte Schnegg, Von der Zunftstube zur Salongesellschaft. Der Wandel der Geselligkeitsformen in den schweizerischen Stadtrepubliken an der Wende vom 17. zum 18. Jahrhundert, in: Wolfgang Adam (Hg.), Gesellschaft und Geselligkeit im Barockzeitalter, Wiesbaden 1997, S. 361.
80 — Rosemarie Zeller, Konversation und Freundschaft. Die Conversations Gespräche der Hortensia von Salis, in: Ferdinand van Ingen / Christian Juranek (Hg.), Ars et amicitia. Beiträge zum Thema Freundschaft in Geschichte, Kunst und Literatur, Amsterdam/Atlanta 1998, S. 331–342.
81 — Vgl. Michael Hanagan et al. (Hg.), Challenging Authority. The Historical Study of Contentious Politics, Minneapolis 1998.
82 — Andreas Suter, Der schweizerische Bauernkrieg von 1653. Politische Sozialgeschichte – Sozialgeschichte eines politischen Ereignisses, Tübingen 1997, S. 550–575; Jonas Römer (Hg.), Bauern, Untertanen und «Rebellen». Eine Kulturgeschichte des Schweizerischen Bauernkrieges von 1653, Zürich 2004.
83 — Ulrich Im Hof, Geschichte der Schweiz, Stuttgart 1974, S. 82.
84 — Urs Hostettler, Der Rebell vom Eggiwil. Aufstand der Emmentaler 1653, Bern 1991, S. 701–702.
85 — Michel Guisolan, Aspekte des Aussterbens in politischen Führungsschichten im 14. bis 18. Jahrhundert, Zürich 1981.
86 — Regula Matzinger-Pfister (Hg.), Les sources du droit du Canton de Vaud, Tl. C.: Epoque bernoise (1536–1798), 2 Bde., Basel 2003, S. 392f.
87 — Raffaello Ceschi (Hg.), Storia della Svizzera italiana: dal Cinquecento al Settecento, Bellinzona 2000, S. 65.
88 — Jon Mathieu / Hansruedi Stauffacher, Alpine Gemeindedemokratie oder aristokratische Herrschaft? Eine Gegenüberstellung zweier schweizerischer Regionen im Ancien Régime, in: Markus Mattmüller (Hg.), Wirtschaft und Gesellschaft in Berggebieten, Basel 1986, S. 320–360; Fabian Brändle, Demokratie und Charisma. Fünf Landsgemeindekonflikte im 18. Jahrhundert, Zürich 2005.
89 — Kaspar Michel, Volkspartei wider die führenden Familien. Der Stadlerhandel von 1708, in: Schwyzer Hefte, Nr. 90, 2007, S. 39–43; Fabian Brändle, Der demokratische Bodin. Joseph Anton Stadler: Wirt, Demokrat, Hexenjäger, in: SZG, Vol. 56, Nr. 2, 2008, S. 127–146; ders., «Es seye ja grad gleich, die Toggenburger singen die psalmen oder sye bettens, sye bettens oder sye blärents». Macht, Konfessionalismus, Opposition und Toleranz in Schwyz 1650 bis 1712, in: Schweizerische Zeitschrift für Religions- und Kulturgeschichte, Jg. 104, 2010, S. 307–334.
90 — Otto Sigg, Zwei Verfassungsänderungen 1498 und 1713, in: Staatsarchiv des Kantons Zürich (Hg.), Kleine Zürcher Verfassungsgeschichte 1218–2000, Zürich 2000, S. 32–34.
91 — Sandro Guzzi-Heeb, Ribelli innovativi. Conflitti sociali nella Confederazione svizzera, in: Studi Storici, Jg. 48, Nr. 2, 2007, S. 387.
92 — Raffaello Ceschi, Magistrati riformati e sudditi cattolici. Il caso della Svizzera italiana, in: Bollettino della Società di Studi Valdesi, Jg. 112, Nr. 177, 1995, S. 159–171.
93 — Daniela Papacella, Parallele Glaubensgemeinschaften. Die Institutionalisierung interner Konfessionsgrenzen im Puschlav, in: Georg Jäger / Ulrich Pfister (Hg.), Konfessionalisierung und Konfessionskonflikt in Graubünden, 16.–18. Jahrhundert, Zürich 2006, S. 251–273.
94 — Daniela Hacke, Church, Space and Conflict: Religious Co-Existence and Political Communication in Seventeenth-Century Switzerland, in: German History, Vol. 25, Nr. 3, 2007, S. 285–312; Ulrich Pfister, Konfessionskonflikte in der frühneuzeitlichen Schweiz, in: Revue suisse d'histoire religieuse et culturelle (RSHRC), Jg. 101, 2007, S. 257–312.
95 — Frauke Volkland, Konfession und Selbstverständnis. Reformierte Rituale in der gemischtkonfessionellen Kleinstadt Bischofszell im 17. Jahrhundert, Göttingen 2005.
96 — André Schneider / Michel Boillat (Hg.), Annales du Collège des Jésuites de Porrentruy, 1588–1771, Bd. 1, Porrentruy 1995.
97 — Lukas Vischer et al. (Hg.), Histoire du christianisme en Suisse. Une perspective œcuménique, Genève/Fribourg 1995, S. 177 (Orig.: Ökumenische Kirchengeschichte der Schweiz, Freiburg/Basel 1994).
98 — Maria-Cristina Pitassi, De l'orthodoxie aux Lumières. Genève 1670–1737, Genève 1992, S. 69.
99 — Philipp Wälchli et al. (Hg.), Täufer und Reformierte im Disput. Texte des 17. Jahrhunderts über Verfolgung und Toleranz aus Zürich und Amsterdam, Zug 2010.
100 — Zit. in Tosato-Rigo, Jodocus Jost, S. 220, Anm. 71.
101 — Walter Meyrat, Die Unterstützung der Glaubensgenossen im Ausland durch die reformierten Orte im 17. und 18. Jahrhundert, Bern 1941.

102 — Hans Peter Treichler, Die Brigantin oder Cromwells Königsrichter, Zürich 2002.
103 — Isabelle Fiaux, Des frères indésirables? Les pasteurs vaudois face aux ministres huguenots à l'époque du Grand Refuge (1670–1715), Genève 2009.
104 — Staatsarchiv des Kantons Bern, Sign. BXII 208: Livre des délibérations des Inspecteurs des Réfugiés 1689–1695.
105 — Marie-Jeanne Ducommun / Dominique Quadroni, Le refuge protestant dans le Pays de Vaud (fin XVII$^e$ – début XVIII$^e$ s.), Genève 1991.
106 — Vischer et al. (Hg.), Christianisme, S. 151.
107 — Jean Steinauer, 1500–1650. Une cité, une citadelle, in: Hermann Schöpfer et al., L'image de Fribourg, Fribourg 2007, S. 48.
108 — Davide Adamoli, Le confraternità nei bagliaggi svizzero-italiani in epoca moderna, Manus. Univ. Fribourg / Univ. degli Studi di Milano 2010.
109 — Hans Wicki, Staat, Kirche, Religiosität. Der Kanton Luzern zwischen barocker Tradition und Aufklärung, Luzern/Stuttgart 1990, S. 224.
110 — Heinz Horat, L'architecture religieuse, Disentis 1988, S. 76.
111 — Vischer et al. (Hg.), Christianisme, S. 168f.
112 — Peter Hersche, Katholische Opulenz kontra protestantische Sparsamkeit. Das Beispiel des barocken Pfarrkirchenbaus, in: Beat Kümin (Hg.), Landgemeinde und Kirche im Zeitalter der Konfessionen, Zürich 2004, S. 111–127.
113 — Marie-Louise von Wartburg-Ambühl, Alphabetisierung und Lektüre. Untersuchung am Beispiel einer ländlichen Region im 17. und 18. Jahrhundert, Zürich 1981.
114 — Sandro Bianconi, Leggere e scrivere e far conti, in: Ceschi (Hg.), Svizzera italiana, S. 321.
115 — Franz Bächtiger / François de Capitani, Lesen, schreiben, rechnen. Die bernische Volksschule und ihre Geschichte. Historisches Museum Bern, Bern 1983, S. 215.
116 — Pietro Scandola, Von der Standesschule zur Staatsschule. Die Entwicklung des Schulwesens in der schweizerischen Eidgenossenschaft 1750–1830 am Beispiel der Kantone Bern und Zürich, in: Wolfgang Schmale / Nan L. Dodde (Hg.), Revolution des Wissens? Europa und seine Schulen im Zeitalter der Aufklärung (1750–1825), Bochum 1991, S. 599.
117 — Wicki, Staat, Kirche, Religiosität, S. 456.
118 — Rudolf Bolzern, Das höhere katholische Bildungswesen der Schweiz im Ancien Régime (16.–18. Jahrhundert), in: Zeitschrift für Schweizerische Kirchengeschichte, Jg. 83, 1989, S. 10.
119 — Pitassi, De l'orthodoxie aux Lumières, S. 64f.
120 — Michael Kempe / Thomas Maissen, Die Collegia der Insulaner, Vertraulichen und Wohlgesinnten in Zürich 1679–1709. Die ersten deutschsprachigen Aufklärungsgesellschaften zwischen Naturwissenschaften, Bibelkritik, Geschichte und Politik, Zürich 2002, S. 271f.
121 — HLS, Hanspeter Marti: «Herborn», «Orléans», «Padua», «Leyden».
122 — Olivier Fatio / Nicole Fatio, Pierre Fatio et la crise de 1707, Genève 2007, S. 26.
123 — Braun-Bucher, Samuel Frisching, S. 145.
124 — Paul Hazard, La crise de la conscience européenne (1680–1715), Paris 1934.
125 — Vorrede, Abs. 20 (zit. in Vischer et al. (Hg.), Christianisme, S. 192.
126 — Eduard Fueter, Geschichte der exakten Wissenschaften in der schweizerischen Aufklärung (1680–1780), Aarau 1941, S. 289–291.
127 — Kempe / Maissen, Collegia der Insulaner.
128 — Sabine Söll-Tauchert, Ein ansehenlicher Schatz von allerley alten Müntzen, Kunst vnd Rariteten, Basel 2011.
129 — Ursula Brunold-Bigler, Teufelsmacht und Hexenwerk. Lehrmeinungen und Exempel in der «Magiologia» des Bartholomäus Anhorn (1616–1700), Chur 2003.
130 — Jorio, 1648, die Schweiz und Europa.
131 — Mattmüller, Bevölkerungsgeschichte; Pfister, Klimageschichte.
132 — Jérôme Sautier / Louise Martin / Olivier Fatio / Liliane Mottu-Weber / Michel Grandjean / Cécile Holtz, Genève au temps de la Révocation de l'Edit de Nantes, 1680–1705, Genève/Paris 1985; Quadroni/Ducommun, Le refuge protestant, Genève 1991; Markus Küng, Die bernische Asyl- und Flüchtlingspolitik am Ende des 17. Jahrhunderts, Genève 1993.
133 — Pfister, Zürcher Fabriques; Viktor Abt-Frössl, Agrarrevolution und Heimindustrie. Ein Vergleich zwischen Heimarbeiter- und Bauerndörfern des Baselbiets im 17. und 18. Jahrhundert, Liestal 1988; Piuz / Mottu-Weber, L'économie genevoise.
134 — Mathieu, Bauern und Bären. Eine Geschichte des Unterengadins von 1650 bis 1800, Chur 1987; ders., Eine Agrargeschichte der inneren Alpen. Graubünden, Tessin, Wallis 1500–1800, Zürich 1992; Anne-Lise Head-König, Typologie et fonctionnement des entreprises commerciales dans le monde préalpin. Les spécialisations glaronnaises, le rôle des réseaux sociaux et familiaux, du clientélisme et du patronage (XVI$^e$–XVIII$^e$ siècles), in: Ulrich Pfister (Hg.), Regional development and commercial infrastructure in the Alps, fifteenth to eighteenth centuries, Basel 2002, S. 73–94; Luigi Lorenzetti, Controllo del mercato, famiglie e forme imprenditoriali tra le élite mercantili sudalpine, dalla fine del Cinquecento al Settecento, in: Simonetta Cavaciocchi (Hg.), La famiglia nell'economia europea, sec. XIII–XVIII, Firenze 2009, S. 517–526.
135 — Louis Carlen / Gabriel Imboden (Hg.), Wirtschaft des alpinen Raums im 17. Jahrhundert, Brig 1988; dies. (Hg.), Kräfte der Wirtschaft, Unternehmergestalten des Alpenraums im 17. Jahrhundert, Brig 1992; Pascal Ladner / Gabriel Imboden (Hg.), Alpenländischer Kapitalismus in vorindustrieller Zeit, Brig 2004.
136 — Lau, Stiefbrüder; Maissen, Geburt der Republic.
137 — Dario Gamboni / Georg Germann (Hg.), Zeichen der Freiheit. Das Bild der Republik in der Kunst des 16. bis 20. Jahrhunderts, Bern 1991; Georg Herzog et al. (Hg.), Im Schatten des goldenen Zeitalters. Künstler und Auftraggeber im bernischen 17. Jahrhundert, 2 Bde., Bern 1995.
138 — Windler, Ohne Geld kein Schweizer; Steinauer, Patriciens; Steffen, Kaspar Jodok von Stockalper; Büsser, Die «Frau Hauptmannin».
139 — Braun-Bucher, Samuel Frisching; Villiger/Steinauer/Bitterli, Im Gallopp; Alexander Pfister, Georg Jenatsch. Sein Leben und seine Zeit, 4., um ein Kap. v. Jon Mathieu erw. Aufl. (1. Aufl. Basel 1938), Chur 1984; Anshelm Zurfluh, Sebastian Peregrin Zwyer von Evebach, 8 Bde., Zürich 1993–2001.
140 — Wendland, Nutzen der Pässe; Bertrand Forclaz, Identités de frontière. La principauté épiscopale de Bâle pendant la Guerre de Trente ans, in: ders. (Hg.), L'expérience de la différence religieuse dans l'Europe moderne (XVI$^e$–XVIII$^e$ siècles), Neuchâtel 2012.
141 — Ulrich Pfister, Politischer Klientelismus in der frühneuzeitlichen Schweiz, in: SZG, Jg. 42, Nr. 1, 1992, S. 28–68; Windler, Diplomatie; Pibiri / Poisson, Le diplomate; Thomas Lau, Fremderfahrung und Kulturtransfer – der Ambassadorenhof in Solothurn, in: Michael Rohrschneider / Arno Strohmeyer (Hg.), Wahrnehmungen des Fremden. Differenzerfahrungen von Diplomaten im 16. und 17. Jahrhundert, Münster 2007, S. 313–341; Suter, Korruption oder Patronage?, S. 187–218.
142 — Schlaeppi, «In allem übrigen …», S. 5–90.
143 — Chanet / Windler (Hg.), Les ressources des faibles.
144 — Suter, Bauernkrieg; Römer; Holenstein, Bauern, Untertanen und «Rebellen»; Niklaus Landolt, Untertanenrevolten und Widerstand auf der Basler Landschaft im 16. und 17. Jahrhundert, Liestal 1996; Martin Merki-Vollenwyder, Unruhige Untertanen. Die Rebellion der Luzerner Bauern im Zweiten Villmergerkrieg (1712), Luzern/Stuttgart 1995.
145 — Thomas Maissen, Konfessionskulturen in der frühneuzeitlichen Eidgenossenschaft, Schweizerische Zeitschrift für Religions- und Kulturgeschichte, Jg. 101, 2007, S. 225–246; Thomas Kaufmann et al. (Hg.), Frühneuzeitliche Konfessionskulturen, Gütersloh 2008.
146 — Kaspar von Greyerz (Hg.), Interkonfessionalität – Transkonfessionalität – binnenkonfessionelle Pluralität. Neue Forschungen zur Konfessionalisierungsthese, Gütersloh 2003; Volkland, Konfession und Selbstverständnis; Bock, Konversionen.
147 — Lorenz Heiligensetzer, Getreue Kirchendiener – gefährdete Pfarrherren. Deutschschweizer Prädikanten des 17. Jahrhunderts in ihren Lebensbeschreibungen, Köln 2006; Heike Bock, Pfarrer und Mönche in Gewissensnot. Eidgenössische Geistliche zwischen den Konfessionen im 17. Jahrhundert, in: Ute Lotz-Heuman et al. (Hg.), Konversion und Konfession in der Frühen Neuzeit, Gütersloh 2007, S. 353–392.
148 — Jäger/Pfister, Konfessionalisierung und Konfessionskonflikt, Zürich 2006; Pfister, Konfessionskonflikte; Daniela Hacke, Church, space and conflict. Religious co-existence and political communication in seventeenth-century Switzerland, in: German History, Bd. 25, Nr. 3, 2007, S. 285–312.
149 — Philipp Wälchli et al. (Hg.), Täufer und Reformierte im Disput. Texte des 17. Jahrhunderts über Verfolgung und Toleranz aus Zürich und Amsterdam, Zug, 2010; Urs B. Leu, Täuferische Netzwerke in der Eidgenossenschaft, in: Anselm Schubert et al. (Hg.), Grenzen des Täufertums – Boundaries of Anabaptism, Göttingen 2009, S. 168-185; Rudolf Dellsberger, Der radikale Pietismus in der Schweiz und seine Beziehung zu Deutschland, in: Wolfgang Breul et al. (Hg.), Der radikale Pietismus. Perspektiven der Forschung, Göttingen 2010, S. 171–188.
150 — Wicki, Staat, Kirche, Religiosität; Albert Fischer, Reformatio und Restitutio. Das Bistum Chur im Zeitalter der tridentinischen Glaubenserneuerung. Zugleich ein Beitrag zur Geschichte der Priesterausbildung und Pastoralreform (1601–1661), Zürich 2000; Wendland, Mission und Konversion.
151 — Von Wartburg-Ambühl, Alphabetisierung; Thomas Maissen, Das Zürcher Schulwesen in der Frühen Neuzeit, in: Jonas Flöter / Günther Wartenberg (Hg.), Die sächsischen Fürsten- und Landesschulen. Interaktion von lutherisch-humanistischem Erziehungsideal und Eliten-Bildung, Leipzig 2004, S. 215–231; Otto Sigg, Wissenschaft und Kultur, in: ders., 17. Jahrhundert, S. 319–332; Hanspeter Marti, Die Zürcher Hohe Schule im Spiegel von Lehrplänen und Unterrichtspensen (1650–1740), in: Zürcher Taschenbuch, Jg. 128, 2008, S. 395–409; Hanspeter Marti / Karin Marti-Weissenbach (Hg.), Reformierte Orthodoxie und Aufklärung. Die Zürcher Hohe Schule im 17. und 18. Jahrhundert, Köln 2012; Barbara Braun-Bucher, «Gott gäb mir gnad // dass mir diss buch nüt schad». Zum Bildungshintergrund des Berner Patriziats im 17. Jahrhundert, in: Georg Herzog et al. (Hg.), Im Schatten des goldenen Zeitalters. Künstler und Auftraggeber im bernischen 17. Jahrhundert, Bd. 2, Bern 1995, S. 1–33; dies., Samuel Frisching.
152 — Bolzern, Das höhere katholische Bildungswesen, S. 7–38; Ulrich Im Hof / Suzanne Stehelin (Hg.), Das Reich und die Eidgenossenschaft 1580-1650. Kulturelle Wechselwirkungen im konfessionellen Zeitalter, Freiburg 1986.
153 — Pitassi, De l'orthodoxie aux Lumières; Michael Heyd, Between orthodoxy and the enlightenment. Jean-Robert Chouet and the introduction of cartesian science in the Academy of Geneva, Den Haag/Jerusalem 1982; ders., «Be sober and reasonable». The critique of enthusiasm in the seventeenth and early eighteenth centuries, Leyden 1995; Kempe/Maissen, Die Collegia; Simona Boscani Leoni (Hg.), Wissenschaft – Berge – Ideologien. Johann Jakob Scheuchzer (1672–1733) und die frühneuzeitliche Naturforschung, Basel 2009.

Nach dem Ausscheiden aus dem Reich waren die ↑Orte der Eidgenossenschaft um die bildliche Darstellung ihres neuen politischen Selbstverständnisses bemüht. Die vom Berner Künstler Joseph Werner (1637–1710) 1682 gemalte Allegorie der Republik Bern vereinigt die einzelnen Attribute dieses vormals expandierenden und nun um die Verwaltung seiner Herrschaft bemühten freien Gemeinwesens. Eine dem Betrachter frontal entgegenschreitende Minerva, versehen mit dem Schwert der Souveränität, wird von den drei Ständen umgeben: *Abundantia* (Überfluss), die Landbevölkerung (Dritter Stand) darstellend, mit Füllhorn und Ruder; *Fides* (Glaube), mit dem Laienkelch, die für die Geistlichkeit (Erster Stand) steht; schliesslich, in Gestalt eines Bären, *Fortitudo* (Stärke und Mut) als Sinnbild eines patriotischen, militärisch gesinnten Patriziats (Zweiter Stand). Die am rechten Bildrand sitzende Figuration der *Sapientia*, ein alter Mann mit Eule, Buch und janusköpfiger Büste, symbolisiert die von den Mitgliedern des Grossen Rats stets geforderte Weisheit und Klugheit, während die über ein Liktorenbündel steigende weibliche Figur der *Virtus* mit Palmwedel, Siegeskranz und Richtbeil die entscheidende Kraft des Kleinen Rats zum Ausdruck bringt. Erst das Zusammenkommen all dieser allegorisch dargestellten Mächte und ihrer jeweiligen Tugenden ermöglicht die Erhaltung der Freiheit, für welche die phrygische Mütze steht, die der Minerva von *Abundantia* zum Schutz gereicht wird. Das Werk musste aufgrund einer Umgestaltung der Burgerstube des Berner Rathauses, für die es konzipiert war, noch vom Künstler selbst in zwei ungleiche Stücke geteilt werden, die in der vorliegenden Reproduktion zusammengefügt sind.

*Joseph Werner, Allegorische Darstellung der Republik Bern, Öl auf Holz, 1682 (Bernisches Historisches Museum Bern), © Photos BHM.*

# Republikanismus und Kommunalismus — *Béla Kapossy*

Republikanismus und Kommunalismus sind Begriffe relativ neuen Datums, welche seit den 1960er beziehungsweise 1980er Jahren besonders innerhalb der Ideengeschichte und der politischen Sozialgeschichte zunehmend an Bedeutung gewonnen haben. In beiden Fällen geht es um die Erforschung der Staatsbildung innerhalb Europas, wobei beim Republikanismus in besonderem Masse die Anbindung an die zeitgenössische politische Theorie gesucht wird.

**Von der freien Gemeinde zur modernen Demokratie**
Sowohl im Denken des Republikanismus als auch des Kommunalismus findet das moderne Staatswesen seine Ursprünge in den spätmittelalterlichen und frühneuzeitlichen Gemeinden; im Kommunalismus bleibt die Frage nach der Souveränität jedoch von zweitrangiger Bedeutung. Während nämlich der Republikanismus die Staatsformen der freien Stadtgemeinden zu erfassen versucht und sich somit insbesondere für die Verfassungen und politischen Theorien der unabhängigen Stadtrepubliken interessiert, wird gemäss dem Konzept des Kommunalismus die Gemeinde als Lebensform verstanden, in der das tägliche Zusammenleben gemeinschaftlich und dem allgemeinen Nutzen entsprechend organisiert wird. Dies beinhaltet unter anderem die genossenschaftliche Regelung des Handwerks, die Kontrolle des Marktes, die Bewirtschaftung des Gemeindebesitzes ↑Allmende und Wald, die Bestimmung der Dorfsatzung sowie die Verteidigung des eigenen und gemeinen Hab und Guts. Somit werden aus kommunalistischer Perspektive auch die zahlreichen Landgemeinden erfasst, welche zwar eine gewisse Autonomie erlangt hatten, zugleich jedoch in einen übergeordneten Herrschaftsverband eingebunden blieben.

**Der Kommunalismus und die freien Gemeinden des Mittelalters**
Die Kommunalismusforschung setzt mit der aus dem Verfall der früh- und hochmittelalterlichen Grundherrschaften hervorgegangenen neuen Wirtschaftsform des Familienbetriebes oder Hauses ein, in welcher die Produktion landwirtschaftlicher und gewerblicher Güter nicht mehr durch herrschaftliche Lenkung, sondern aufgrund individueller und, soweit nötig, genossenschaftlicher Organisation erfolgt. Ein zentrales Anliegen der Kommunalismusforschung besteht darin zu zeigen, dass die bei diesem Prozess entstandenen, in einem eingeschränkten, vormodernen Sinne demokratisch verfassten Gemeinden nicht bloss privatrechtlicher Natur waren, sondern einen öffentlichen und nachweislich politischen Charakter besassen, was sich mitunter im Einbezug der Städte, Dörfer und Provinzen in ständische Repräsentationsversammlungen erkennen lässt.

Der eigentliche Beitrag des Kommunalismus zur Entwicklung eines modernen Gemeinwesens wird dabei vor allem in der Schaffung von Werten gesehen, welche das zunehmend komplexe Zusammenleben gleichgestellter Bauern und Bürger überhaupt erst ermöglichen. Dazu gehören die in Stadt- und Dorfsatzungen festgelegte gemeinsame Rechtsprechung, die Wahrung des inneren und äusseren Friedens und, wohl am wichtigsten, der sogenannte gemeine Nutzen. Wo sich der Kommunalismus ausbildete, etwa in den deutschen Landschaften des Reichs, konnten spezifische Formen des frühen Parlamentarismus entstehen. In denjenigen Fällen, in denen eine Stadtgemeinde territoriale Unabhängigkeit erlangte, sieht die Kommunalismusforschung einen Übergang zum Republikanismus. Zentralisierung und moderne Volkssouveränität führten zur allmählichen Auflösung der freien Gemeinden, so dass nach Peter Blickle, der den Begriff des Kommunalismus in den 1970er Jahren geprägt und die entsprechende Forschungsrichtung begründet hat, der Kommunalismus als historisches Phänomen ab 1800 zunehmend an Schärfe verliert. Dennoch erkennt die Forschung auch noch im 19. Jahrhundert Fälle, die auf die Verträglichkeit des Kommunalismus mit einem modernen Staatswesen hinweisen. Ein Beispiel sind die demokratisch verfassten Gemeinden Nordamerikas, in denen Alexis de Tocqueville (1805–1859) den wahren Grundstein des amerikanischen Staatswesens zu erkennen glaubte. Ein noch wichtigeres Beispiel für die Kommunalismusforschung stellen die städtischen und ländlichen Gemeinden der Eidgenossenschaft dar, die selbst nach Einführung der Bundesverfassung wesentliche Elemente ihrer politischen Autonomie, etwa die Vergabe des Bürgerrechts, bewahren konnten.[1]

**Der Republikanismus und die Lehre der Antike**
Im Unterschied zum Kommunalismus sieht der Republikanismus die Ursprünge der modernen parlamentarischen Demokratie in den Verfassungen der italienischen Stadtstaaten verortet. Die in Florenz, Venedig, Genua, Lucca, Siena und anderen Städten teilweise seit dem 12. Jahrhundert praktizierte Idee eines *governo civile*, einer von Bürgern gestalteten Regierung, fand im Laufe der folgenden Jahrhunderte ihre Fortsetzung und weitere Ausformung: zunächst in den Niederlanden, wo sich ein Republikanismus herausbildete, bei dem staatliche Macht weniger auf Territorialbesitz als auf durch Handel erlangtem Reichtum beruhte; dann in England, hier zuerst während des kurzlebigen Commonwealth (1649–1660) und anschliessend unter der Herrschaft von Georg III. von 1760 bis 1820, als Britannien zum Modell einer monarchischen Republik avancierte; in den Vereinigten Staaten, welche den Beweis erbrachten, dass sich eine republikanische Regierungsform mittels einer Föderation selbst in grossflächigen Staaten verwirklichen lässt, und schliesslich im revolutionären Frankreich, welches den Republikanismus, der in der europäischen Tradition eine Affinität zur Regierungsform der Aristokratie aufwies, mit den Prinzipien der Demokratie verband.[2]

So unterschiedlich diese Formen von Republikanismus auch sein mögen, so verbinden sie doch einige wichtige Elemente. Zu diesen gehört der Stellenwert, den republikanische Autoren in ihren Schriften den Historikern und politischen Denkern der römischen und der griechischen Antike beimessen. Philosophen von Niccolò Machiavelli, John Milton, James Harrington bis zu

Jean-Jacques Rousseau und zum amerikanischen Gründervater Alexander Hamilton liessen sich nicht bloss vom Stil dieser Autoren inspirieren, sondern waren überzeugt, dass die Lehren, die Titus Livius (circa 59 v. Chr.–17 n. Chr.) aus dem Verfall der römischen Republik gezogen hatte, ihre Gültigkeit bewahrt hätten und seine Schriften auch weiterhin einen Fundus an politischen Maximen bereithielten. In diesen brachte Livius seine Ablehnung stehender Heere zum Ausdruck, kritisierte eine zu grosse soziale Ungleichheit innerhalb der Bürgerschaft und wandte sich gegen die reine Monarchie, welche, gerade aus Sicht der kleinen Freistaaten, die wohl grösste Gefahr für die Bewahrung der Freiheit darstelle.

Ausgehend von der dem römischen Recht zugrundeliegenden Unterscheidung zwischen Bürger und Sklave haben republikanische Denker Unfreiheit als denjenigen Zustand beschrieben, der sich durch die Abhängigkeit vom Willen einer anderen Person auszeichnet, wobei es für die Autoren unbedeutend war, ob diese Person ihren Willen auch tatsächlich durchzusetzen versucht. Für Machiavelli wie auch für Rousseau stellte allein schon die Möglichkeit, dem Willen einer anderen Person folgen zu müssen, eine grundsätzliche Infragestellung der Freiheit dar. Republikanische Freiheit existiert dementsprechend nur dort, wo Bürger ausschliesslich allgemeingültigen Gesetzen unterworfen sind und wo sie eine solche Rechtsordnung auch fortwährend im Innern wie gegen aussen zu verteidigen bereit sind. Freiheit kann somit keinem Fürsten anvertraut werden. Dies bedeutet, dass Bürger zur Aufrechterhaltung der äusseren Freiheit nicht nur ihren persönlichen Besitz, sondern letztlich auch ihr Leben zu opfern bereit sein müssen. Die Verehrung römischer Helden ist denn auch einer der gängigsten Topoi der republikanischen Literatur und Ikonographik bis ins 19. Jahrhundert, auch in der Eidgenossenschaft.

Zugleich muss Freiheit auch im Innern geschützt werden, vor allem vor den gefürchteten *grandi,* den in der Stadt ansässigen reichen Adeligen, deren Einfluss republikanische Denker durch eine Mischverfassung, welche monarchische, aristokratische und demokratische Elemente miteinander vereinte, kontrollieren zu können hofften. Das Primat der Verteidigung gegen aussen sowie die vom Reichtum einzelner Bürger ausgehende Gefahr der Korruption erklären die ambivalente Haltung, die viele republikanische Denker dem Handel gegenüber einnehmen. So hielt beispielsweise Charles de Montesquieu Republikanismus und Handel – vom Ausnahmefall der Niederlande abgesehen – für unverträglich. Das Bestreben, mit den wesentlich mächtigeren, auf Ungleichheit aufbauenden Monarchien wirtschaftlich gleichzuziehen, müsse früher oder später die Verwässerung derjenigen politischen Tugenden zur Folge haben, welche für das Fortbestehen von Republiken notwendig seien. Nur eine stete Rückbesinnung auf die anfänglich erlittenen Opfer sowie die Ideale, welche zur Gründung der Republik geführt hätten, könnten Gemeinwesen vor dem Verlust ihrer Unabhängigkeit bewahren.

**Republikanismus und Aufklärung**
Die Aufarbeitung des Republikanismus und Kommunalismus hat der schweizerischen Geschichtsforschung wichtige Impulse verliehen und dazu beigetragen, dass die politische Kultur der Eidgenossenschaft in der Frühen Neuzeit hier wieder vermehrt wahrgenommen wird. Diese politische Kultur weist starke Parallelen zum im Republikanismus idealisierten bürgerlichen Humanismus auf, so dass ein Vergleich mit den italienischen Republiken durchaus erhellend ist. Tatsächlich nannte Machiavelli die Schweizer bewundernd «armatissimi e liberissimi»[3] («bestens bewaffnet und sehr frei») und führte die Schlagkraft der eidgenössischen Milizen des späten 15. Jahrhunderts als historischen Beweis für die fortwährende Überlegenheit einer republikanischen Politik an.

Dennoch scheint die frühneuzeitliche Eidgenossenschaft nur bedingt dem als «klassischer Republikanismus» bezeichneten Ideal eines unabhängigen, auf antike Vorbilder zurückgreifenden Freistaates zu entsprechen.[4] Zum einen blieb sie bis 1648 Teil des Heiligen Römischen Reiches; zum andern fehlte es bis gegen Ende des 17. Jahrhunderts an theoretischen Schriften, die sich mit dem Wesen eines Freistaates auseinandersetzen und denjenigen eines Machiavelli, Francesco Guicciardini oder Milton vergleichbar wären. Selbst nach dem formellen Ausscheiden der Eidgenossenschaft aus dem Reich bekundeten Schweizer Autoren Mühe, eine dem neuen Status der Eidgenossenschaft entsprechende Staatstheorie zu entwickeln. Die verwendete Ikonographie weist eher darauf hin, dass besonders die kleinen ↑Länderorte eine symbolische Nähe zum Heiligen Römischen Reich weiterhin wünschten – nicht nur aufgrund aussenpolitischer Überlegungen, sondern auch zur Legitimation der eigenen Privilegien und zur Abgrenzung gegenüber den mächtigeren Stadtrepubliken (siehe Kapitel von Danièle Tosato-Rigo, S. 259f.).[5] Aber auch die von Peter Blickle postulierte Genealogie der modernen Republik vom Kommunalismus hin zum Parlamentarismus und Republikanismus lässt sich nur bedingt auf das Gebiet der Eidgenossenschaft anwenden. Die historische Verfassungsentwicklung nahm hier einen anderen Verlauf als in den deutschen Landschaften, was sich zum Beispiel in der kritischen Einstellung der eidgenössischen Länderorte mit Landsgemeindeverfassung gegenüber dem parlamentarischen Modell zeigt.

Obwohl sich in den frühneuzeitlichen eidgenössischen Orten eine ausgeprägte republikanische Praxis feststellen lässt, verbreitete sich das Konzept der Republik erst im Lauf des 17. Jahrhunderts – mit aufschlussreichen regionalen und kantonalen Unterschieden. Als Republiken verstanden sich zuerst die Stadtorte Bern und Zürich, die in der Idee des souveränen Freistaates eine neue Legitimation und ein neues Staatsverständnis fanden. Zur Rezeption des Republikbegriffs durch die eidgenössische Staatslehre und in der politischen Praxis trugen verschiedene Faktoren bei. Einerseits hatte sich ein neues, letztlich auf Jean Bodin zurückgehendes Souveränitätsdenken durchgesetzt; andererseits war es zu folgenreichen Veränderungen in der Aussenpolitik gekommen, in deren Verlauf sich einzelne eidgenössische Orte von Frankreich distanzierten und sich den Niederlanden zuwandten. Letztere hatten in der zweiten Hälfte des 17. Jahrhunderts eine diplomatische Kampagne gestartet, um die Eidgenossen von den gemeinsamen antifranzösischen Interessen zu überzeugen.[6] Eine intensivere Auseinandersetzung mit Machiavelli und anderen republikanischen Autoren lässt sich denn auch erst für das 18. Jahrhundert feststellen, so beispielsweise bei Johann Jakob Bodmer (1698–1783), Jean-Jacques Rousseau und Johannes von Müller (1752–1809), dessen ab 1780 erschienene *Geschichten der Schweizer* stilistisch bewusst bei antiken Vorbildern ansetzen und gerade hinsichtlich der Frage nach der Stärkung der Eidgenossenschaft als souveränes Staatswesen auf Machiavelli zurückgreifen.

Ausgangspunkt für viele Autoren war die Überzeugung, dass sich die politischen und wirtschaftlichen Zukunftsaussichten für die kleinen Freistaaten Europas seit der zweiten Hälfte des 17. Jahrhunderts merklich verschlechtert hätten. Der Fernhandel wurde zunehmend von den Monarchien selbst getätigt, zudem hatte die Entwicklung eines modernen Kreditwesens, welches für die Finanzierung stehender Heere benötigt wurde, eine eigentliche Revolutionierung des Kriegswesens ermöglicht, dem selbst die als wehrhaft geltende Eidgenossenschaft letztlich nichts entgegenzusetzen hatte – obschon einzelne Kantone durch ihre Investitionen in ausländische Staatsschulden massiv profitierten.[7] Auch wurde ein neues, durch die Luxusgütermanufaktur in Frankreich beeinflusstes Konsumverhalten von den um sozialen Frieden und eine strikte Regulierung des Marktes bemühten Schweizer Obrigkeiten als Bedrohung wahrgenommen. Im Gegensatz zu Frankreich, wo Autoren wie Voltaire die Entwicklung von Mode und Luxus als Grundlage einer modernen und zivilisierten Gesellschaft priesen, sahen manche Schweizer Autoren darin vor allem eine Gefahr für den Fortbestand von Werten, welche zur Sicherung und moralischen Entfaltung von kleinen christlichen Gemeinwesen unabdingbar erschienen.[8]

Die zu Beginn des 18. Jahrhunderts erfolgte Kampfansage des Berners Beat Ludwig von Muralt (1665–1749) an die kulturelle Hegemonie Frankreichs sowie die von ihm daraus abgeleitete Forderung nach der Schaffung einer eigenen republikanischen Identität müssen in diesem Zusammenhang gesehen werden. Muralt verglich die Freiheit eines stets nach der letzten Mode gekleideten Franzosen mit der Freiheit eines Gefangenen, dem regelmässig die Fesseln gewechselt würden. Die einzige Möglichkeit, dem Joch unkontrollierbarer Modeströmungen zu entkommen, bestehe in der Rückkehr zu den hausväterlichen Werten, aus welchen die Eidgenossenschaft dem eigenen Geschichtsbild gemäss hervorgegangen sei, nämlich Mut, Sparsamkeit, gegenseitige Hilfe, Vertrauen in das eigene Urteilsvermögen und Verachtung höfischer Pracht.

Der Ruf nach republikanischen Tugenden akzentuierte sich merklich während der äusserst angespannten Periode des Siebenjährigen Krieges (1756–1763), als Reformkreise die Idee einer tugendhaften Enthaltsamkeit und eines kriegerischen Patriotismus zum eigentlichen Credo erhoben. Hans Kaspar Hirzels *Kleinjogg* von 1760, Bodmers politische Theaterstücke, die von seinen Anhängern herausgegebene Zeitschrift *Der Erinnerer* sowie Johann Caspar Lavaters 1767 erschienene *Schweizerlieder*, in denen die frühen Siege der Eidgenossen und deren Helden besungen werden, gehören zu den beredtesten Zeugnissen dieses schweizerischen kommunalen Republikanismus, welcher das Überleben der Eidgenossenschaft durch eine möglichst grosse Autonomie vom wirtschaftlichen und kulturellen Leben in Europa zu sichern hoffte.[9]

Es ist wohl kein Zufall, dass der Wunsch nach landwirtschaftlicher Autarkie gerade innerhalb der Elite der beiden grössten Stadtorte Bern und Zürich am meisten Anklang fand. Anders sah es in den Handelsrepubliken, wie etwa Basel, aus. Auch hier wurden der mit dem Luxus in Zusammenhang gebrachte Sittenverfall aufs schärfste kritisiert und die christlichen und politischen Werte des Gemeinwesens hochgehalten. Im Gegensatz zu einigen Berner Reformdenkern schätzte jedoch der Basler Isaak Iselin (1728–1782) die Chancen für landwirtschaftliche Autarkie, vor allem angesichts der Abhängigkeit vieler Kantone von ausländischen Getreideimporten, als gering ein. Die Einbindung Basels in die europäische Wirtschaft schien bereits zu weit fortgeschritten zu sein, als dass der von einigen Bürgern idealisierte Wirtschaftskreislauf zwischen Stadt und Land ohne massive Einbussen im kulturellen Leben hätte durchgesetzt werden können. Den Schweizer Republiken blieb somit keine andere Wahl, als sich den Herausforderungen der von den grossen europäischen Nationen gestalteten Wirtschaftspolitik zu stellen. Für Iselin bedeutete dies nicht nur eine Einschränkung der Zünfte, die den Binnenmarkt kontrollierten, es erforderte auch die Öffnung des Bürgerrechts für qualifizierte Arbeitskräfte aus dem Ausland – und somit ein grundsätzliches Umdenken bezüglich der Konzepte von Bürgertum, Bürgerlichkeit und republikanischer Souveränität. Trotz seiner Kritik der korporativen Strukturen und seiner Bewunderung für den englischen Parlamentarismus verstand sich Iselin als Schweizer Patriot und Republikaner.

Die Entwicklung des Handels und einer wettbewerbsfähigen Industrie war mit den Idealen einer republikanischen Politik vereinbar, solange der Modernisierungsprozess von einem konstanten technischen Fortschritt, Reformen im Erziehungswesen und der Verbreitung christlicher Werte sowie einer besseren politischen Einbindung der neuen Eliten auf dem Lande begleitet wurde. Iselins Überlegungen zum wirtschaftlichen Patriotismus wurden von Johann Heinrich Pestalozzi (1746–1827) und Philipp Albert Stapfer (1766–1840) weiterentwickelt, womit ein Hinweis auf die engen Bezüge zwischen modernem Republikanismus und dem Schweizer Frühliberalismus gegeben ist.[10]

---

[1] — Peter Blickle, Kommunalismus, Parlamentarismus, Republikanismus, in: Historische Zeitschrift, Bd. 242, 1986, 529–556; ders. Kommunalismus, in: ders. (Hg.), Landgemeinde und Stadtgemeinde in Mitteleuropa, München 1991, S. 5–38; ders., Kommunalismus, 2 Bde., München 2000.
[2] — Martin van Gelderen / Quentin Skinner (Hg.), Republicanism, 2 Bde., Cambridge 2002; Georg Schmidt et al. (Hg.), Kollektive Freiheitsvorstellungen im frühneuzeitlichen Europa (1400–1850), Frankfurt a. M. 2006.
[3] — Niccolò Machiavelli, Il Principe, hrsg. v. Nicoletta Marcelli, Rom 2006, S. 187.
[4] — Simone Zurbuchen, Patriotismus und Kosmopolitismus, Zürich 2003.
[5] — Dario Gamboni / Georg Germann (Hg.), Zeichen der Freiheit, Bern 1991.
[6] — Thomas Maissen, Die Geburt der Republik, Göttingen 2006.
[7] — Stefan Altorfer-Ong, Staatsbildung ohne Steuern, Baden 2010.
[8] — André Holenstein et al. (Hg.), The republican alternative, Amsterdam 2008.
[9] — Bettina Volz-Tobler, Rebellion im Namen der Tugend, Zürich 1997; Daniel Tröhler, Republikanismus und Pädagogik, Bad Heilbrunn 2006.
[10] — Olivier Zimmer, A contested nation, Cambridge 2003; Barbara Weinmann, Eine andere Bürgergesellschaft, Göttingen 2002.

**Die Schweiz – ein Leuchtturm im Weltenmeer:** Dank der Neutralität konnte sich die Schweiz als Agentur des humanitären Wirkens darstellen. Solche Bilder nationaler Selbstvergewisserung richteten sich an Betrachter im In- und Ausland.
*Kolorierte Lithographie auf Karton; Lithograph X. Wehrli; datiert nach Quelle 30. Juni 1917 (Schweizerisches Nationalmuseum, Inv.-Nr. 73693.42).*

# Neutralität und Neutralitäten
— *Georg Kreis*

Die Schweiz hat die Neutralität nicht erfunden. Darauf haben bereits andere Autoren hingewiesen, und es müsste hier nicht erneut festgehalten werden, wenn die Neutralität nicht bis in die heutigen Tage als etwas spezifisch Schweizerisches empfunden würde. Im ersten gedruckten Traktat zur Neutralität, demjenigen von Giovanni Botero aus dem Jahr 1598,[1] kommt die Schweiz nicht vor. Und auch in der Haager Landkriegsordnung von 1907 ging es nicht primär und nicht einzig um die Neutralität der Schweiz. Es gibt verschiedene Auffassungen von Neutralität, und selbst innerhalb der Schweiz manifestierten sich im Laufe der Zeit unterschiedliche Verständnisse. Deshalb ist hier von Neutralität auch im Plural die Rede.

Wichtig ist, zwischen Theorie und Praxis der Neutralität zu unterscheiden, zwischen dem Umgang mit dem Schlüsselbegriff einerseits und der oft wortlosen Praxis andererseits. Die theoretische Seite ist besser fassbar; entsprechend steht sie in historischen Betrachtungen meist im Vordergrund. Weil die Neutralität bis heute ein wichtiges Element schweizerischer Identität ist, kommt der Frage nach ihren Ursprüngen besondere Bedeutung zu. Nicht zufällig gibt es eine Tendenz, diese Anfänge in der Geschichte der Schweiz möglichst früh anzusiedeln, entweder im ausgehenden 15. Jahrhundert oder zu Beginn des 16. Jahrhunderts. So wird die in der Chronik des Luzerner Chronisten Hans Salat aus dem Jahr 1537 dem Bruder Klaus zugeschriebene Mahnung, sich nicht «in fremde Händel» einzumischen, unkritisch als authentische Äusserung aus dem Jahr 1481 (Stanser Verkommnis) verstanden. Der Satz wird als historisches Bekenntnis zur Neutralität interpretiert, obwohl in diesem Text das Wort Neutralität nicht vorkommt. In diesem vermeintlichen Beleg sowie im Rückzug von der Grossmachtpolitik nach der Niederlage von Marignano im Jahr 1515 werden die Anfänge der Neutralität gesehen.[2] Beide Bezüge blieben in der Folge für die Befürworter einer isolationistischen Haltung bis in unsere Zeit wichtig; sie wurden beispielsweise auch 1992 bei der Bekämpfung des Beitritts zum *Europäischen Wirtschaftsraum* (EWR) bemüht.

In den ↑Abschieden der Tagsatzung wird dann und wann durchaus von «Neutralität» gehandelt; sie wird als eingeschränkte Handlungsfreiheit negativ wahrgenommen. Innerhalb des eidgenössischen Bündnissystems gibt es die «stillesitzende» Position, wie sie bei den Bundesbeitritten von Basel und Schaffhausen 1501 vereinbart worden ist; das heisst, den neu aufgenommenen Mitgliedern wurde verboten, Position zu beziehen; vielmehr sollten sie bei innereidgenössischen Konflikten zwischen den Orten vermitteln.[3]

## Negative Einschätzungen

Noch während des Dreissigjährigen Krieges (1618–1648) war die eidgenössische Einschätzung der Neutralität trotz ihrer positiven Konsequenzen – der weitgehenden Verschonung vom Krieg – bemerkenswert negativ; sie wurde als «egoistisch», «unchristlich» beziehungsweise unkatholisch oder unprotestantisch wahrgenommen. Die Neutralität wurde erst mit dem säkularen Völkerrecht, sozusagen ab 1648, als legitime Option denkbar. Gegen Ende des 17. Jahrhunderts, zwischen 1673 und 1688, wurde die als «hergebracht» bezeichnete Neutralität so etwas wie eine Staatsdoktrin, eine «Grundfeste». Die Ausformulierung zu einer solchen Maxime erfolgte 1674 während der Kriege zwischen Frankreich einerseits und Holland, Spanien und dem römisch-deutschen Kaiser andererseits. Fortan galt im eidgenössischen Söldnerwesen der Grundsatz der gleichmässigen Begünstigung aller Kriegführenden.

Die Schweiz konnte mit ihrer Neutralität eine besondere Glaubwürdigkeit beanspruchen, weil sie gegen Ende des Dreissigjährigen Krieges eine gesamteidgenössische Wehrordnung einrichtete. In ihrem Selbstverständnis wurde die militärische Wehrbereitschaft auch als «Dienst» an der Neutralität gedeutet, weil sie gewährleistete, dass sich keine Macht durch die Besetzung von schweizerischem Territorium oder mit Transitbewegungen durch die Eidgenossenschaft Vorteile verschaffen konnte. Vor diesem Hintergrund ist die bis heute gültige Formel der «bewaffneten Neutralität» zu verstehen.

Der hochgehaltenen Neutralität kam zudem die Funktion zu, indirekt die schweizerische Souveränität zu verteidigen, konnte doch nur ein souveräner Staat ein Staat im Sinne des Völkerrechts sein, das sich seit dem Westfälischen Frieden 1648 zu etablieren begann. Ein weiteres Charakteristikum sollte der schweizerischen Neutralität besondere Glaubwürdigkeit verschaffen: Sie wurde nicht als «occasionell», sondern als konsequent «immerwährend» oder, gemäss älterem Sprachgebrauch, als «ewig» verstanden. Neunzig Jahre später, 1758, verfasste der Neuenburger Völkerrechtler Emer de Vattel ein allgemeines, aber auch die Schweiz betreffendes Traktat zur Neutralität.[4]

Eine weitere wichtige Etappe in der Geschichte der Neutralität stellt der Beschluss des Wiener Kongresses vom 20. März 1815 dar, wonach die «neutralité perpétuelle de la Suisse et [...] l'inviolabilité de son territoire» anerkannt und garantiert seien. Die Neutralität wurde als im wahren Interesse von ganz Europa liegend bezeichnet. Mit «Interesse» war gemeint, dass die Schweiz nicht von einer benachbarten Macht in Anspruch genommen werden sollte, damit das bestehende Gleichgewicht erhalten blieb. Für die Schweiz war stets klar, dass die mit der Anerkennung verbundene Garantie im Falle einer Neutralitätsverletzung für die Garantierenden kein Interventionsrecht einschloss. Österreich und Preussen sahen dies zuweilen anders.

Um 1848 gab es eine Tendenz, im «universalen» Konflikt zwischen konservativen und liberal-radikalen Kräften die Neutralität als verwerflich einzustufen. Der zeitweise in der Schweiz agierende Italiener Giuseppe Mazzini, ein führender Vertreter des Risorgimento, sprach mit grösster Abscheu von der schweizerischen Neutralität, die der «Brüderlichkeit» und der europäischen Solidarität im Wege stünde.[5] Es fanden sich damals auch in der schweizerischen Politik bemerkenswert starke Kräfte, die sich sehr «unneutral» für eine internationale Solidarität im liberalen Kampf für die Freiheit einsetzten – vom philhellenischen Engagement der 1820er Jahre bis zur «Polenbegeisterung» der 1860er Jahre.[6]

### Ideologische Aufrüstung

Noch zu Beginn des 19. Jahrhunderts sah man keinen engen Zusammenhang zwischen «Marignano» und der Neutralität. Die Schweiz sei mit diesem Debakel im Jahr 1515 in das «politische Nichts» herabgesunken und zu einem «Miethling Frankreichs» geworden, klagte 1827 der Verfasser einer grossen Schweizer Geschichte.[7] Gegen Ende des 19. Jahrhunderts hingegen galt gemäss dem vorherrschenden Verständnis der geordnete und darum «ehrenvolle Rückzug» in die Heimat als Ursprung der Neutralität. Stimuliert durch das Erlebnis einer kleinen schweizerisch-deutschen Staatsaffäre von 1889, der sogenannten Wohlgemuth-Affäre,[8] verfasste der Historiker Paul Schweizer die 1895 erschienene erste grosse Geschichte der schweizerischen Neutralität. Er versuchte darin nachzuweisen, dass die schweizerische Neutralität, entgegen der Ansicht der Völkerrechtler, für welche die Neutralität eine «Erfindung der neuesten Zeit» war, bereits auf eine lange Tradition zurückblicken könne. Mit Verweis auf ihr ehrwürdiges Alter verteidigte er die schweizerische Neutralität gegen von anderer Seite vorgenommene Gleichsetzungen, etwa mit der jungen Neutralität des Kongos beziehungsweise der «Congoneger», und erklärte, sie verdanke ihre Existenz nicht fremden Mächten, sondern sei «die eigene in jahrhundertelanger Entwicklung entstandene Schöpfung der Schweiz».[9]

Der später in diese Debatte eingebrachte Hinweis auf die ideologische Auflandung der Neutralität gegen Ende des 19. Jahrhunderts war zwar sehr zutreffend, damit verband sich aber die Tendenz, die schon früh real betriebene Neutralitätspolitik und deren Wertschätzung in der damaligen Eidgenossenschaft zu unterschätzen.[10] Nur wenige Jahre vor der angeblich späten «Erfindung» der Neutralität – im Sinne von Eric Hobsbawms *invention of tradition* – markierte die Schweiz bereits im Deutsch-Französischen Krieg von 1870/71 deutlich die Neutralitätsposition, und zwar nicht nur völkerrechtlich, sondern ebenso kulturell als überparteiliche, humanitär engagierte Nation zwischen den Fronten.[11]

Beim Ausbruch des Ersten Weltkriegs zeigte sich, von welcher geradezu existentiellen Bedeutung die auch schon früher innenpolitisch wichtige Neutralität war, weil sie durch Zurückhaltung gegen aussen die Kohäsion im Innern stärkte. 1914 versuchten besonnene Kräfte, mit der Anrufung der Neutralität dafür zu sorgen, dass sich die Sympathien der französischen Schweiz für Frankreich und der deutschen Schweiz für Deutschland in Grenzen hielten und sich der «Graben» zwischen den grossen Landesteilen nicht zu weit öffnete.[12] Die Rolle, welche die Schweiz im Ersten Weltkrieg insbesondere als «Sanitätsfestung»[13] spielen konnte, wurde als eindrückliche Bestätigung der Neutralität erlebt.

An der Londoner Konferenz vom Februar 1920, welche die Basis für den Völkerbund legte, erwirkte die Schweiz, dass sie in Würdigung ihrer «situation unique» und ihrer «tradition de plusieurs siècles» ihre Neutralität im System der kollektiven Sicherheit teilweise behalten konnte. Lediglich zur Teilnahme an wirtschaftlichen, nicht aber an militärischen Sanktionen war sie fortan verpflichtet. Damit begann für die Schweiz die Phase der sogenannten «differentiellen Neutralität». 1938 kehrte sie mit Billigung des Völkerbunds zum früheren Status der «integralen Neutralität» zurück, und zwar aus einer doppelten Rücksichtnahme: zum einen auf die sie umgebenden und aus dem Völkerbund ausgetretenen Achsenmächte, welche am liebsten den Austritt auch der Schweiz aus der ihrer Meinung nach zu sehr im Sinne der westlichen Siegermächte agierenden Genfer Liga – dem Völkerbund – gesehen hätten; zum anderen nahm man Rücksicht auch auf rechtsnationale Kräfte im eigenen Land, die gedroht hatten, mit einer Volksinitiative die Wiederherstellung eines «absoluten» Neutralitätsverständnisses zu erzwingen.[14]

Im Zweiten Weltkrieg wurde die Neutralität real wie im öffentlichen Diskurs besonders wichtig. In diesen bedrohlichen Zeiten trat neben anderen auch der Historiker Edgar Bonjour mit staatspolitischen Vorträgen und Schriften über die Neutralität an die Öffentlichkeit.[15] Nach dem Krieg verfasste er eine von Auflage zu Auflage umfangreicher werdende Geschichte der Neutralität, in der er diese zu einem zentralen staatspolitischen Leitprinzip erhob. Dabei betonte er stets, dass die Neutralität kein Selbstzweck, sondern nur ein Mittel sei.

In der Ära des Kalten Kriegs erlangte die Neutralität in der Schweiz eine Wertschätzung, welche die Raison d'être gleichsam umkehrte, so dass ausdrücklich auch die Meinung vertreten wurde, das Land solle sich unter Umständen sogar gegen seine eigenen Interessen zur Dienerin der Neutralität machen.[16] Bezogen auf die ersten Nachkriegsjahre erlaubte sich der Politikwissenschaftler Daniel Frei 1980 die zurückhaltend formulierte Frage, «ob mit dieser traditionalisierenden und ideologisierenden Überhöhung der Neutralität nicht Geister gerufen wurden, die man seither nicht mehr los wird».[17]

In der Nachkriegszeit wurde die Neutralität wiederholt als wohlfeiles Argument benutzt, um in internationalen Institutionen nicht mitwirken zu müssen (siehe Kapitel von Georg Kreis, S. 571f.). So blieb man über ein Jahrzehnt lang auf Distanz zum Europarat, während es zugleich überhaupt kein Problem darstellte, sich am Marshallplan des Westlagers und damit am Aufbau der *Organization for European Economic Cooperation* (OEEC), der späteren OECD, zu beteiligen. Bei der Weigerung, Sanktionen, zum Beispiel gegen das Apartheidregime in Südafrika, mitzutragen, musste neben Argumenten wie der Universalität der Wirtschaftsbeziehungen wiederum die Neutralität herhalten.

Noch im Integrationsbericht «Schweiz – Europäische Union» vom Februar 1999 erklärte der Bundesrat dezidert, gerade weil es bestritten wurde: «Es ist unbestritten, dass die EU-Mitgliedschaft mit dem Status der dauernden Neutralität vereinbar ist.»[18] Die Mitwirkung in der EU wurde anfänglich vor allem mit Berufung auf die Neutralität abgelehnt; die Bewahrung der direktdemokratischen Mitbestimmung avancierte erst im Laufe der 1990er Jahre zum wichtigsten Argument gegen eine Mitgliedschaft.[19]

### Multiple Funktionen

Der Politikwissenschaftler Alois Riklin leistete wenig später klärende Beiträge, indem er einen differenzierten Katalog der

Neutralitätsfunktionen entwickelte. Die klassische *Schutz- oder Unabhängigkeitsfunktion* sollte die Position der Schweiz im internationalen System sichern. Die *Freihandelsfunktion* habe die Aufgabe, in Kriegszeiten das wirtschaftliche Überleben des rohstoffarmen Kleinstaates zu gewährleisten. Die *Integrationsfunktion* würde die inneren Gegensätze infolge grenzüberschreitender Religions-, Sprach- und Kulturverwandtschaften dämpfen, sei aber in ihrer Bedeutung stark rückläufig. Die *Dienstleistungsfunktion* dagegen bezeichnete Riklin als die «heute vielleicht wichtigste». Es dränge sich eine Anpassung der Neutralität im Sinne einer Verstärkung der mitgestaltenden, friedensfördernden und solidarischen Ausrichtung auf.[20] Nach 1989 kam er angesichts der sich seit dem Ende des Kalten Krieges rasant verändernden internationalen Beziehungen zum Schluss: «Aus heutiger Sicht ist die Neutralität nur noch als Reserveposition begründbar.» Dennoch sei ein Neutralitätsverzicht nicht opportun.[21]

In einzelnen Arbeiten wird seit den 1980er Jahren die Auffassung angezweifelt, dass die Schweiz während des Zweiten Weltkrieges dank der «bewaffneten Neutralität» unversehrt geblieben sei. Forschungsarbeiten der gegen Ende der 1990er Jahre eingesetzten ↑Bergier-Kommission führten zu weiteren Korrekturen an diesem Bild. Verschiedene Autoren gelangten dabei zum Schluss, dass sich die Schweiz in mehreren Fällen Neutralitätsverletzungen zuschulden hatte kommen lassen, so etwa im russisch-finnischen Winterkrieg 1939 mit der einseitigen Belieferung Finnlands mit Kriegsmaterial, im Sommer 1940 mit dem einseitigen Lieferstopp gegenüber Grossbritannien, mit der Unterlassung der Kontrollen des Eisenbahntransits zwischen Deutschland und Italien und mit der einseitigen Kreditvergabe an das Dritte Reich.[22]

## Zurückstufung und neuerliche Aufladung

Im Sommer 1990 trat im Vorfeld des Zweiten Golfkrieges eine grundlegende Änderung ein: Der Bundesrat erklärte sich bereit, an den wirtschaftlichen Sanktionen der internationalen Staatengemeinschaft gegen den Irak mitzuwirken und sogar gewisse militärische Transitbewegungen durch die Schweiz zuzulassen.

In den folgenden Jahren erlebte die Neutralität ein Maximum an Relativierung:[23] Sie wurde nur noch in ihrem Kerngehalt beachtet, das heisst ohne Verpflichtung, mit einer extensiven Neutralitätspolitik präventiv die Glaubwürdigkeit der Neutralität für den Ernstfall zu pflegen.

Rechtsnationale Kräfte versuchten in den Jahren nach 2005, die geschwächte Position der Neutralität aufzuwerten, indem sie sie mit verschiedenen Vorstössen als Extrabestimmung in der Bundesverfassung verankern wollten. Wie in den 1930er Jahren wird auch heute immer wieder mit einer entsprechenden Volksinitiative gedroht. Die Verfassungsväter von 1848 hatten, dem wenig dogmatischen Neutralitätsverständnis ihrer Zeit entsprechend, der Neutralität keinen eigenen Artikel gewidmet, sondern sie nur in der Kompetenzregelung von Bundesrat und Bundesversammlung gleichsam untergebracht.

Die in den Jahren nach 1945 geführten Diskussionen um die Neutralität waren recht intensiv, verharrten aber insofern an der Oberfläche, als ihnen keine ernsthafte Infragestellung zugrunde lag.[24] Die Fragen bezüglich der Neutralität, die sich in der Realpolitik stellten, spielten in diesen Debatten keine Rolle, beispielsweise die Mitwirkung in der Kommission zur Überwachung des Waffenstillstandsabkommens nach dem Koreakrieg im Jahr 1953 als «westlicher Neutraler», die einseitige Anerkennungspraxis gegenüber den geteilten Staaten (Deutschland, Korea und Vietnam) oder die von den USA diktierten Aussenhandelsbedingungen gegenüber dem Osten (*Coordinating Committee on Multilateral Export Controls*, COCOM).[25]

Die konkreten und praktischen Fragen rund um die Neutralität in der Schweiz haben seit über zwei Jahrzehnten stark an Bedeutung eingebüsst. Dennoch wird die Schweizer Bevölkerung von der ETH Zürich seit 1993 jedes Jahr weiterhin zu ihrer Einstellung gegenüber der Neutralität befragt. Die Resultate bestätigen jeweils höchste Wertschätzung: Die Zustimmung in der Kategorie «Neutralität beibehalten» schwankte zunächst zwischen dem Minimum von «nur» 79 Prozent in den Jahren 1991 und 1998 und 89 Prozent in den Jahren 2002 bis 2004, um 2006 bis 2011 von 90 auf 94 Prozent zu klettern.

---

**1** — Giovanni Botero, Discorso della neutralità, in: ders., Aggiunte di Gio. Botero alla sua ragion di Stato, Pavia 1598.
**2** — Georg Kreis, Schweizerische Erinnerungsorte, Zürich 2010, S. 47–57 und 71–86.
**3** — Thomas Maissen, L'invention de la tradition de neutralité helvétique, in: Jean-François Chanet / Christian Windler (Hg.), Les ressources des faibles, Rennes 2010, S. 17–45, sowie ebd., André Holenstein, L'enjeu de la neutralité, S. 47–61; Thomas Maissen, Wie aus dem heimtückischen ein weiser Fuchs wurde, in: Michael Jucker et al. (Hg.), Rechtsformen internationaler Politik, Berlin 2011, S. 241–272.
**4** — Emer de Vattel, Le droit des gens, Londres, 1758.
**5** — Edgar Bonjour, Geschichte der schweizerischen Neutralität, 9 Bde., versch. Aufl. (1. Aufl. 1946), Basel 1965–1976, S. 255f.
**6** — HLS, Ekkehard Wolfgang Bornträger: «Philhellenismus»; Marianne Ludwig, Der polnische Unabhängigkeitskampf von 1863 und die Schweiz, Basel 1968.
**7** — Johann Conrad Vögelin, Geschichte der Schweizerischen Eidgenossenschaft, 3 Bde., 2. Aufl. (1. Aufl. 1820–1825), Zürich 1827–1838, hier Bd. 1, S. 757.
**8** — Hansjörg Renk, Bismarcks Konflikt mit der Schweiz, Basel 1972.
**9** — Paul Schweizer, Geschichte der Schweizerischen Neutralität, Frauenfeld 1895, S. 86; ders., Geschichte der Schweizerischen Neutralität, in: NZZ vom 2. bis 11. Juli 1889.
**10** — Andreas Suter, Neutralität, in: Manfred Hettling et al. (Hg.), Eine kleine Geschichte der Schweiz, Frankfurt a. M. 1998; Daniel Möckli, Neutralität, Solidarität, Sonderfall, Zürich 2000; Daniel Trachsler, Neutral zwischen Ost und West?, Zürich 2002.
**11** — Daniel Frei, Neutralität – Ideal oder Kalkül?, Frauenfeld 1967, insbes. S. 35f.
**12** — Carl Spitteler, Unser Schweizer Standpunkt, Zürich 1915.
**13** — Roland Gysin, Sanitätsfestung Schweiz, Liz.-Arb. Univ. Zürich 1993.
**14** — Gilbert Grap, Differenzen in der Neutralität. Der Volksbund für die Unabhängigkeit der Schweiz (1921–1934), Zürich 2011.
**15** — Bonjour, Schweizerische Neutralität.
**16** — Walter Lüthi, Neutralität und Humanität, Zürich 1956.
**17** — Daniel Frei, Die Ära Petitpierre 1945–1961, in: Louis-Edouard Roulet (Hg.), Max Petitpierre, seize ans de neutralité active, Neuchâtel 1980, S. 168; Möckli, Neutralität, Solidarität, Sonderfall; Trachsler, Neutral zwischen Ost und West?
**18** — Schweizerischer Bundesrat, Schweiz – Europäische Union: Integrationsbericht 1999. Vom 3. Februar 1999, [Bern] 1999, S. 382.
**19** — Georg Kreis, Immerwährende Neutralität, in: Dieter Freiburghaus et al. (Hg.), Beziehungen Schweiz–EU, Zürich 2010, S. 59–76.
**20** — Alois Riklin, Die Neutralität der Schweiz, in: ders. et al. (Hg.), Neues Handbuch der schweizerischen Aussenpolitik, Bern 1992, S. 209.
**21** — Ebd., S. 191–209.
**22** — Unabhängige Expertenkommission Schweiz – Zweiter Weltkrieg (UEK), Die Schweiz, der Nationalsozialismus und der Zweite Weltkrieg, Zürich 2002, S. 418f.
**23** — Schweizerischer Bundesrat, Bericht zur Neutralität. Anhang zum Bericht über die Aussenpolitik der Schweiz in den 90er Jahren vom 29. November 1993, in: Schweizerisches Bundesblatt, Bd. 1, Nr. 3, 1994, S. 153–242.
**24** — Georg Kreis, Kleine Neutralitätsgeschichte der Gegenwart, Bern 2004.
**25** — André Schaller, Schweizer Neutralität im West-Ost-Handel, Bern 1987.
**26** — Tibor Szvircsev Tresch / Andreas Wenger (Hg.), Sicherheit 2011, Zürich 2011, S. 118.

Ausweis
der k.k. Zoll Direction
über
die zu Conservation der
Haupt-Straßen im Lande
und
zu Verbeßerung der
Straßen im Stadt-Bezirk
von hochobrigkeitlicher Seite
zu Feld bestimmten Gelder
für das ganze Jahr
1795.

# Beschleunigung und Stillstand. Spätes Ancien Régime und Helvetik (1712–1802/03) —André Holenstein

Dynamik kennzeichnet die Schweiz im späten Ancien Régime. Bevölkerung und Wirtschaft wachsen, der Warenverkehr nimmt zu, die soziale Ungleichheit in Stadt und Land verschärft sich, ständischer Status und individuelle Konsum- und Lebensformen lösen sich voneinander, geistig-kulturelle Wahrnehmungs- und Deutungsmuster pluralisieren sich. Allerdings erfassen diese Prozesse die Bevölkerungsgruppen und Regionen sehr unterschiedlich. Mit der zunehmenden Ressourcenknappheit häufen sich Verteilungs- und Nutzungskonflikte, und die unterschiedliche wirtschaftliche Dynamik verstärkt den Partikularismus der Kantone. Stillstand kennzeichnet hingegen die politische Verfassung. Das Corpus helveticum als Ganzes verharrt wie die einzelnen Klein- und Kleinststaaten in den ständisch-korporativen und feudalen Strukturen. Diese werden selbst in politisch-sozialen Konflikten nur ausnahmsweise – in Genf – grundsätzlich in Frage gestellt. «Patriotische» Intellektuelle reflektieren kritisch die zurückgebliebene Staatlichkeit der Eidgenossenschaft. Vor diesem Hintergrund erscheint die Helvetische Republik als der gescheiterte Versuch reformerischer Kreise, das Machtvakuum von 1797 und Frankreichs Interventionsbereitschaft für eine nachholende Fundamentalmodernisierung der Staatsgewalt zu nutzen.

Das Kapitel erlaubt insofern einen neuen Blick auf die Zeit des 18. Jahrhunderts, als es die bisher nur wenig gewürdigte und doch bestehende Innovationskraft sichtbar macht, aber auch den Gegensatz, der sich daraus zu den starren politischen Strukturen ergibt. Erkennbar wird zudem, dass man die Helvetik nicht nur als radikalen Neuanfang, sondern auch als Weiterführung eines Strangs der vorangegangenen Zeit lesen kann.

**Titelblatt zur Jahresrechnung der bernischen Zolldirektion, 1795, Kupferstich von Balthasar Anton Dunker** (*Staatsarchiv des Kantons Bern, Sign. StAB B X 128*). — Strassenarbeiter kümmern sich um den Unterhalt einer der vielen Kunststrassen, die im 18. Jahrhundert zur Erleichterung der Landtransporte und Förderung des Handels sowie zur Steigerung der staatlichen Zolleinnahmen angelegt wurden. Der in eine Felswand «gemeisselte» Titel lautet: «Rechnung M[eine]r h[och] g[eachten] H[err]en der Zoll-Direction über die zu Conservation der Haupt=Strassen im Lande und zu Verbesserung der Strassen im StadtBezirck hochoberkeitlich ertheilte Gelder für das ganze Jahr 1795.»

## DIE SCHWEIZ UM 1800 IM SPIEGEL IHRER BEVÖLKERUNGSVERHÄLTNISSE

Im Herbst 1798 führte der helvetische Innenminister Albrecht Rengger (1764–1835) die erste gesamtschweizerische Volkszählung durch.[1] Mit der Enquête wollte die Verwaltungselite der jungen Republik zeigen, wie Politik von nun an als rationales, planvolles Geschäft betrieben werden sollte. Gemäss Zählung lebten damals rund 1,665 Millionen Einwohner im Gebiet der ehemaligen ↑Dreizehn Orte und ihrer ↑Zugewandten. Seit dem Jahr 1700, als die Zahl der Einwohner schätzungsweise 1,2 Millionen betrug, hatte die Bevölkerung um circa 40 Prozent zugenommen. Das Land bot um 1800 wesentlich mehr Menschen ein Auskommen als noch hundert Jahre zuvor. Wirtschaftswachstum hatte den Nahrungsspielraum erweitert.

Die Grösse und Dichte der Bevölkerung variierten je nach Kanton beträchtlich. Die Kantone Bern, inklusive der Waadt und des bernischen Aargaus mit 423 000 Einwohnern, und Zürich mit 180 000 Einwohnern wiesen gemeinsam mehr als 59 Prozent der Gesamtbevölkerung der Dreizehn Orte auf, was die politische Vorherrschaft der beiden reformierten Städte im späten ↑Ancien Régime auch hinsichtlich ihrer Bevölkerungsstärke unterstrich. Der katholische Vorort Luzern dagegen zählte nur 91 000 Einwohner; die katholischen Kantone insgesamt stellten nur 28 Prozent der Bevölkerung der Dreizehn Orte.

Besonders bevölkerungsreich waren ländliche Gebiete in der Ostschweiz (Appenzell Ausserrhoden, Rheintal, Zürcher Oberland) und im bernischen Aargau, wo sich auf einem Quadratkilometer zwischen 100 und 216 Personen drängten, während in den inneralpinen Kantonen – rechnet man allein die nutzbaren Areale – auf gleicher Fläche nur 10 bis 25 Personen lebten.

Um 1800 wohnten die allermeisten Menschen auf dem Land, während in den zwanzig grössten Städten mit jeweils mehr als 2000 Einwohnern nur knapp 9 Prozent der Bevölkerung zu Hause waren. Die Hälfte der Schweizer Bevölkerung konzentrierte sich auf das Mittelland, das 23 Prozent der Fläche umfasste, wobei die Bevölkerungsdichte von West nach Ost deutlich zunahm. In den Alpen, die 55 Prozent des Territoriums ausmachten, lebte dagegen nur noch ein knappes Fünftel der Schweizer und Schweizerinnen (19 Prozent).

**Bevölkerungswachstum und Protoindustrialisierung im Kanton Zürich**

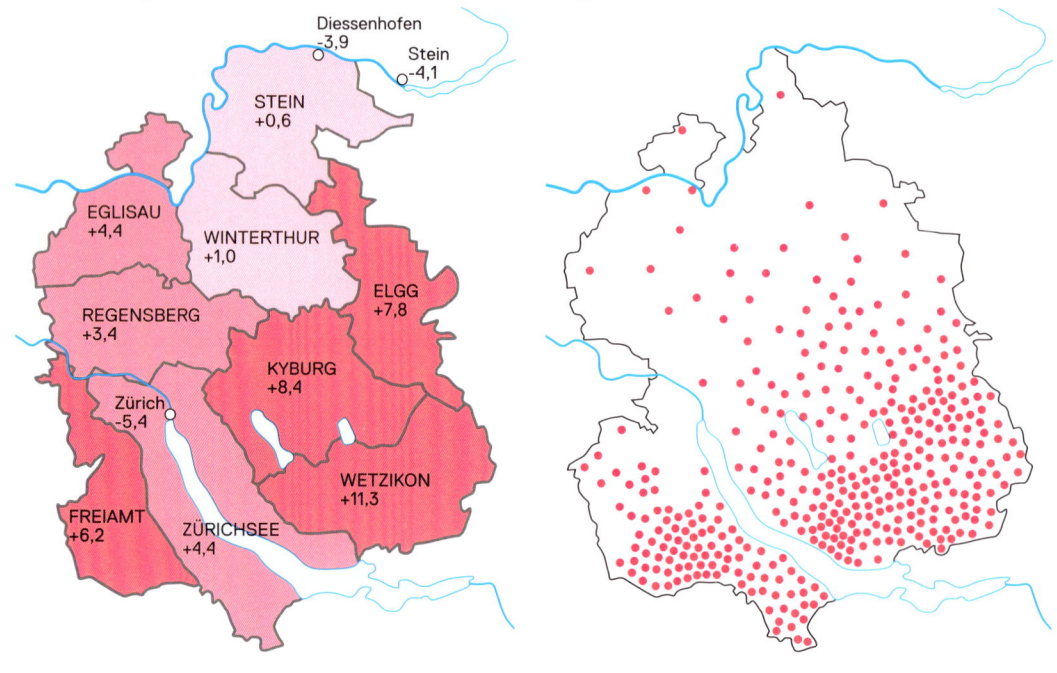

— Zürcher Dekanatsgrenzen im 18. Jh.
+4,4 Bevölkerungswachstum in Prozent (1781–1790)

— Grenzen des zürcherischen Territoriums im 18. Jh.
• Räumliche Verteilung der in der Textilindustrie tätigen Heimarbeiter im Jahr 1787.
Ein Punkt entspricht 100 Heimarbeitern.

Die Bezirke mit zahlreichen Heimarbeitern im hügeligen Südwesten und Südosten des Kantons waren zugleich die Räume mit dem stärksten Bevölkerungswachstum. Die Bevölkerung nahm aber auch in den stärker agrarisch ausgerichteten Bezirken im Norden zu.
Quelle: François de Capitani, Beharren und Umsturz (1648–1815), in: Beatrix Mesmer et al. (Hg.), Geschichte der Schweiz und der Schweizer, Basel 1986, S. 448, © 2013 Schwabe AG, Verlag, Basel, und Kohli Kartografie, Kiesen.

Starke Gegensätze auf kleinstem Raum kennzeichneten die Bevölkerungssituation von 1798. Sie bildeten die regional variable Dynamik des zu Ende gehenden Jahrhunderts ab, die das Zusammenspiel von Bevölkerungsgeschehen und gesellschaftlich-wirtschaftlichem Wandel ausgelöst hatte.

## DIE DYNAMIK DES SPÄTEN ANCIEN RÉGIME

### Bevölkerungswachstum: Neue Brennpunkte und regionale Disparitäten

Anders als in den von Kriegen heimgesuchten Nachbarländern hatte in der Eidgenossenschaft bereits im 17. Jahrhundert ein stetiges Wachstum der Bevölkerung eingesetzt, das sich trotz allen krisenbedingten Rückschlägen im 18. Jahrhundert fortsetzte.[2] Die Einwohnerzahl hatte sich zwischen 1500 und 1700 ein erstes Mal verdoppelt, für die nächste Verdoppelung reichten bereits die 150 Jahre von 1700 bis 1850 (siehe Beitrag von Luigi Lorenzetti, S. 128). Das Wachstum verstärkte sich besonders ab dem zweiten Drittel des 18. Jahrhunderts, allerdings mit bemerkenswerten Unterschieden zwischen den Kantonen sowie zwischen Stadt und Land. Die Zentren der Bevölkerungsdynamik verschoben sich in dreifacher Richtung: erstens von den Städten zum Land, zweitens von den inneralpinen Gebirgskantonen zum ausseralpinen Raum und drittens von den agrarisch-bäuerlichen Gegenden zu den Gebieten der Heimindustrie. Mit der Verlagerung der demographischen Schwerpunkte veränderten sich die gesellschaftlichen Strukturen und die soziale Verteilung von Besitz- und Nutzungsansprüchen. Die Verteilung der politischen Macht zwischen Stadt und Land entsprach immer weniger den sozioökonomischen Verhältnissen. Die politischen Konflikte in der ersten Hälfte des 19. Jahrhunderts sollten hier den Ausgleich suchen.

Waren auch auf dem Gebiet der heutigen Schweiz zwischen dem 12. und 14. Jahrhundert zahlreiche Städte gegründet und vergrössert worden, so trat die Stadt in der Frühen Neuzeit als Anziehungs- und Brennpunkt des Bevölkerungsgeschehens zurück. Die Bürgerschaften erschwerten die Zuwanderung in die Städte und schützten sich so vor unerwünschter Konkurrenz. Während im Ausland neue Stadttypen wie Residenz-, Garnisons- oder Refugiantenstädte entstanden, kamen in der Schweiz mit Ausnahme von Carouge, das das Königreich Sardinien-Piemont in den 1770er und 1780er Jahren planmässig zur Stadt entwickelte, keine neuen Städte mehr dazu. Auch die Ausdehnung und das Erscheinungsbild der Städte veränderten sich kaum, sieht man vom Neubau markanter Einzelgebäude (Kirchen, Rat-, Korn- und Zeughäuser) und der Anlage mächtiger Schanzengürtel um die grösseren Hauptstädte im 17. Jahrhundert ab. Einzig Genf entwickelte sich als Zufluchtsort für reformierte Glaubensflüchtlinge und als dynamischer Wirtschaftsstandort mit nur kleinem Territorium stark und avancierte zur grössten Stadt des Schweizer Raums.

Ländliche Gewerbe-, Handels- und Marktorte wie Herisau (5930 Einwohner im Jahr 1780), La Chaux-de-Fonds (4930 Einwohner im Jahr 1800) oder Langnau im Emmental (3500 Einwohner im Jahr 1798) zählten mehr Einwohner als manche Stadt. Vergleicht man die bescheidene Bevölkerungsgrösse der regierenden Hauptstädte mit der Zahl ihrer Untertanen (Bern: 12 267 Stadtbewohner – 410 000 Untertanen; Zürich: 21 086 Stadtbewohner – 159 000 Untertanen; Luzern: 4314 Stadtbewohner – 87 000 Untertanen; Solothurn: 3600 Stadtbewohner – 42 000 Untertanen), so tritt die numerische Überlegenheit der Untertanenschaft zutage, welche sich noch verschärft, wenn man für die Städte allein die Angehörigen der regierenden Geschlechter zählt. Diesem Ungleichgewicht zwischen der grossen Zahl der Beherrschten und der geringen Zahl der Herrschenden trugen die politischen Eliten mit einem kalkulierten Einsatz ihrer Macht und einem paternalistischen Regierungsstil Rechnung.

Das demographische Übergewicht des Landes gegenüber der Stadt verstärkte sich im 18. Jahrhundert, wenn auch mit regionalen Unterschieden. Während in den Alpen die Entwicklung bisweilen ganz stagnierte (Tessin, Uri), verzeichneten die ländlichen Gebiete der Westschweizer Uhren- und Textilindustrie (Neuenburg) und der Deutschschweizer Textilindustrie (Basler Landschaft, bernischer Aargau, Zürcher Oberland, Glarus, Toggenburg, Appenzell Ausserrhoden, Rheintal) spektakuläre Zuwachsraten. In Appenzell Ausserrhoden verdoppelte sich die Bevölkerung zwischen 1667 und 1794 von 19 300 auf 39 400 Einwohner.[3] Das starke Bevölkerungswachstum in den Gebieten der ↑Heimindustrie[4] wurde selbst durch die anhaltend hohe beziehungsweise noch steigende Säuglings- und Kindersterblichkeit nicht aufgehalten. Ausserrhoden avancierte bis 1800 zum am dichtesten bevölkerten Kanton, auch wenn dort im späten 17. und in der ersten Hälfte des 18. Jahrhunderts wegen der prekären Lebensbedingungen in den Heimarbeiterfamilien fast jedes zweite Kind das Erwachsenenalter nicht erreichte. In den agrarisch-bäuerlichen Gebieten sowie in den Städten ging die Sterblichkeitsrate dank besserer Ernährung und Fortschritten in Hygiene und Medizin schon im Verlauf des 18. Jahrhunderts zurück.

**Bevölkerungsgrösse schweizerischer Städte 1798**

| Stadt | Einwohnerzahl |
|---|---|
| Genf | 25 226 |
| Zürich | 21 086 |
| Basel | 15 524 |
| Bern | 12 267 |
| Lausanne | 8 818 |
| Winterthur | 8 264 |
| St. Gallen | 8 000 |
| Schaffhausen | 5 482 |
| Freiburg | 5 117 |
| Altstätten/Rheintal (1800) | 4 900 |
| Luzern | 4 314 |
| Lugano | 4 121 |
| Neuenburg | 4 043 |
| Solothurn | 3 600 |
| Biel | 3 297 |
| Thun | 2 961 |
| Chur | 2 494 |
| Aarau | 2 458 |
| Sitten | 2 201 |
| Zug | 2 041 |
| Pruntrut | 2 032 |

Quellen: André Schluchter, Die Bevölkerung der Schweiz um 1800, Bern 1988, S. 76; Anne Radeff, Du café dans le chaudron, Lausanne 1996, S. 56–58.

## Ein interessierter Buchhalter des Todes – Pfarrer Jean Nicati und die Rote Ruhr in Moudon 1750

Im Spätsommer 1750 fielen zahlreiche Menschen der Roten Ruhr (Dysenterie) zum Opfer. Im Kanton Bern raffte die Epidemie in kürzester Zeit mehr als 5 Prozent der Bevölkerung dahin. In den Kirchgemeinden führten die Pfarrer als Vorläufer der heutigen Zivilstandsbeamten die ↑Totenrödel. Diese spiegeln sowohl die Dramatik des Sterbens als auch den Blick der Pfarrer auf das Geschehen wider. In seiner Gemeinde Moudon verzeichnete Pfarrer Jean Nicati (1693–1771) zwischen dem 12. September und dem 4. Oktober 40 Todesfälle. Wie überall waren hauptsächlich kleine Kinder, Jugendliche und alte Menschen betroffen. Nicati registrierte das Alter der Verstorbenen, den Zeitpunkt des Todes und der Beerdigung sowie die Todesursache. Seine Einträge verraten das steigende «wissenschaftliche» und statistische Interesse der Pfarrer an Fragen des Bevölkerungsgeschehens, der Medizin und der staatlichen Gesundheitspolitik.[5]

Mit der Erhöhung des Heiratsalters suchten die lokalen Gesellschaften in Berggebieten ohne Protoindustrie, in traditionell bäuerlichen Gegenden sowie in den Städten die Kinderzahl zu beschränken. Dort lag das Heiratsalter im 17. Jahrhundert für Frauen durchschnittlich bei 28 Jahren, für Männer bei 31 Jahren. Deutlich früher heiratete man dagegen in den Gebieten der Heimindustrie: die Frauen durchschnittlich mit 25–26 Jahren, die Männer mit 27–28 Jahren. In den reformierten Städten kontrollierten Familien der Oberschicht die Geburtenzahl über kontrazeptive Sexualpraktiken.[6] Familienplanung, die Anhebung des Heiratsalters und die Inkaufnahme einer steigenden Zahl lediger Erwachsener sollten in diesen Kreisen das begrenzte Angebot an Stellen im Staatsdienst mit der steigenden Nachfrage in Einklang bringen und der Gefahr des sozialen Abstiegs vorbeugen.

Das Bevölkerungswachstum trug in den Augen der politischen Eliten auch beängstigende Züge, weil es besonders die land- und besitzarme Schicht vergrösserte. Einige eidgenössische Kantone versuchten deshalb, mit gesetzlichen Massnahmen die Heirat von Angehörigen der Unterschicht einzuschränken, was ebenfalls ein Grund war, dass in deren Reihen uneheliche Geburten im 18. Jahrhundert stark zunahmen (siehe Beitrag von Elisabeth Joris, S. 250).

Die Auswanderung war im 18. Jahrhundert anhaltend hoch. Die Söldner in Fremden Diensten stellten weiterhin den Hauptanteil der Auswanderer, auch wenn sich die Anwerbung wegen neuer, attraktiverer Erwerbsmöglichkeiten in der Heimindustrie immer schwieriger gestaltete. Ihre Zahl wird für das 18. Jahrhundert auf circa 135 000 bis 205 000 geschätzt; 10 bis 15 Prozent der Männer über 16 Jahren dürften folglich als Soldaten im Ausland gedient haben. Regional ins Gewicht fielen die saisonalen Wanderarbeiter aus den Bündner und Tessiner Tälern. Gepäckträger, Hutmacher oder Kastanienbrater waren vor allem in den grossen Städten Italiens tätig. Diese saisonale Wanderarbeit der südalpinen Täler war das eine tragende Element einer zweipoligen Ökonomie mit geschlechterspezifischer Arbeitsteilung: Die Frauen sicherten mit ihrer Feldarbeit zu Hause die Subsistenz der Familie, während die Männer monetäre Einkünfte aus der Fremde heimbrachten. Bündner und Tessiner Kaminfeger und Zuckerbäcker waren auch in Städten Nord- und Osteuropas tätig, denen gleichzeitig Baumeister, Freskomaler, Stuckateure und Maurer aus ebendiesen Alpentälern ihr spätbarockes und klassizistisches Gepräge verliehen.

Das langfristige Bevölkerungswachstum sollte die häufigen Mortalitätskrisen nicht vergessen lassen, welche Missernten (1770/71), Teuerung und Hunger sowie Epidemien verursachten. Die Zahl der Todesfälle erhöhte sich dann jeweils in kurzer Zeit dramatisch, wodurch sich wiederum die Aussichten der Überlebenden verbesserten. Zahlreiche Heiraten und eine überdurchschnittliche Geburtenrate bewirkten in der Regel eine rasche Erholung der Bevölkerungslage.

### Wirtschaftswachstum und sektorielle Differenzierung

Die Schweiz war auch im 18. Jahrhundert eine Agrargesellschaft. Die Landwirtschaft behauptete sich als wirtschaftlicher Leitsektor,[7] obgleich

**Bevölkerungskrisen am Beispiel der Pfarrei Entlebuch**

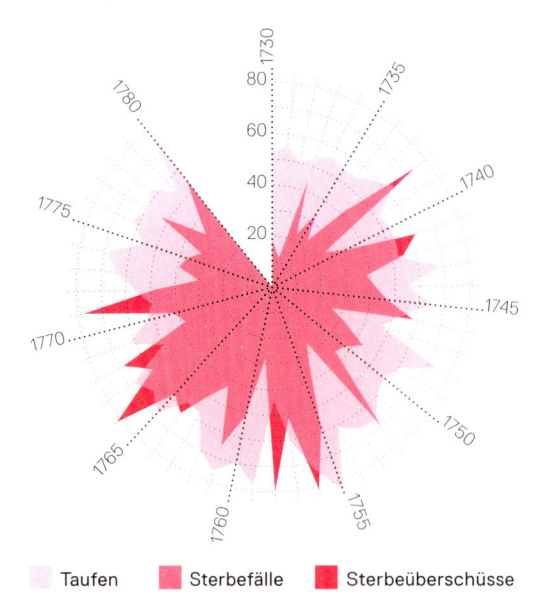

Taufen — Sterbefälle — Sterbeüberschüsse

Die Krisenjahre 1738, 1741–1742, 1746, 1756, 1758, 1764, 1766, 1768 und 1771 fallen durch die hohe Sterblichkeit auf.
Quelle: HLS, Bd. 2, S. 371, «Bevölkerungspolitik», © 2013 Historisches Lexikon der Schweiz, Bern, und Marc Siegenthaler, Bern.

sie zunehmend durch die gewerbliche Warenproduktion konkurrenziert wurde. Sie beschäftigte zwischen 70 und 80 Prozent der arbeitsfähigen Bevölkerung. Die fiskalische Abschöpfung der agrarischen Produktion durch Zehnten und Grundzinsen alimentierte grösstenteils die Staats- und Kirchenfinanzen. Die tiefen Erträge der Landwirtschaft begrenzten die Zahl der Beschäftigten in den nicht-agrarischen Sektoren.

Die Landwirtschaft war – sieht man von regionalen Spezialisierungen beim Anbau von Reben, Obst und Gewerbepflanzen ab – auf Getreideanbau und die Vieh- und Milchwirtschaft ausgerichtet, die sich im 18. Jahrhundert unterschiedlich entwickelten. Im «Kornland» des Mittellandes wurde im Rahmen der ↑Dreizelgenwirtschaft Getreide (Dinkel, Weizen, Roggen, Hafer) angebaut. In diesen Gebieten der geschlossenen Dorfsiedlung verteilten sich die schmalen Ackerparzellen der einzelnen Höfe auf drei kompakte Areale in der ↑Dorfflur (Winter-, Sommer-, Brachzelg). Damit sollten die Anlage von Feldwegen und der Landverlust auf ein Minimum beschränkt werden. Ausserhalb der verzelgten Ackerflur lagen die Weiden für das Vieh und die ↑Allmende auf ertragsärmeren Böden. Die Dorfgemeinde legte die Rahmenbedingungen für die Bewirtschaftung (Zeitpunkt der Feldbestellung und Ernte, Überfahrts- und Beweidungsrechte) fest und setzte diese im kollektiv praktizierten Flurzwang durch (siehe Beitrag von Jon Mathieu, S. 184).

Die strukturellen Grenzen dieses Anbausystems machten sich unter dem Einfluss der wachsenden Bevölkerung bemerkbar. Um die tiefen Flächenerträge beim Getreide zu erhöhen, die pro ausgesätes Korn bei 5 bis 6 Körnern für Dinkel, 5 Körnern für Roggen und 4,5 Körnern für Hafer lagen,[8] musste mehr Dünger produziert werden. Weil das disproportionale Verhältnis zwischen Ackerfläche und Grünlandfläche den Viehbestand beschränkte, verfügten die Höfe über zu wenig Dünger. Das Missverhältnis von Ackerland und Wiesland war wiederum eine Folge der tiefen Getreideerträge, welche die Bauern dazu zwangen, viel Korn anzubauen. Auch der Bevölkerungsdruck begünstigte die Ausweitung des Ackerlands auf Kosten der Wiesen, weil dieselbe Nutzfläche mit Getreide mehr Menschen ernährte als mit Viehhaltung. Schliesslich wirkte sich das obrigkeitliche Interesse am Getreidezehnten strukturerhaltend aus.

An der geringen Produktivität des Getreidebaus setzte seit der Mitte des Jahrhunderts die Kritik der ökonomisch-patriotischen Agrarreformer an. Die Erträge sollten mit innovativen Massnahmen gesteigert werden. Dazu zählten die Gewinnung zusätzlichen Grünfutters durch den Anbau neuer, den Boden mit Nährstoffen anreichernder Futterpflanzen (Klee, Luzerne), die Düngung beziehungsweise Wässerung der Wiesen, die Stallfütterung des Viehs, die gezieltere Düngung der Äcker, die Aufhebung der Gemeinweide, die Besömme-

**Markt am Stadtrand von Lugano, aquarellierte Federzeichnung von Rocco Torricelli, um 1800**
*(Collezione Città di Lugano).* © *Photo Archivio fotografico del Dicastero Attività Culturali Città di Lugano.* — Der jährlich im Oktober stattfindende Viehmarkt von Lugano war eine Drehscheibe des sogenannten Welschlandhandels. Im 18. Jahrhundert wurden jährlich 6000 bis 10 000 Stück Grossvieh aus der Zentral- und Ostschweiz sowie aus Österreich über die Tessiner Märkte nach Norditalien verkauft.

rung der Brache und die Einführung einer Vorstufe der Fruchtwechselwirtschaft. Die bislang kollektiv genutzte Allmende sollte auf die einzelnen Höfe aufgeteilt und damit das individuelle Interesse der Bauern an einer intensiveren Bewirtschaftung des Bodens geweckt werden. Mit der Verbesserung der Dreizelgenwirtschaft und dem Angriff auf die Allmende berührten diese Reformvorschläge auch tragende Elemente der Agrarverfassung. Deshalb scheiterte der Umbau der Agrarverfassung im 18. Jahrhundert noch an den traditionellen Strukturen und Interessen wie dem kommunalen Flurzwang oder den Zehntrechten von Staat und Kirche. Quellenmässig schlechter fassbar als die publizistisch erörterten agrarreformerischen Ideen von Magistraten und Gelehrten sind die Veränderungsbestrebungen der Agrarproduzenten selber. Besonders die Einschläge in der Allmende, die Parzellen dem kollektiven Weidgang entzogen und für die individuelle Nutzung aussonderten, der Anbau von Leguminosen und Futterpflanzen auf der Brache, die Einführung des Kartoffelanbaus oder der Jauchewirtschaft zeugen von der Bereitschaft der vielfach als traditionalistisch gescholtenen Bauern und Kleinbauern, aus eigener Initiative die Erträge zu steigern.[9]

Die Zucht von Grossvieh dominierte die Landwirtschaft der vor- und nordalpinen Regionen. Seit dem Spätmittelalter belieferten diese die Städte des Mittellandes, Süddeutschlands und Norditaliens mit Fleisch und Molkereiprodukten. Mit der Herstellung von haltbaren, exportfähigen fetten Hartkäsen entwickelte sich seit dem 16. Jahrhundert im Greyerzer- und Saanenland, im Emmental und Entlebuch, in Unterwalden und Appenzell – seit dem 18. Jahrhundert auch im Hochjura – eine kapitalintensive, exportorientierte Landwirtschaft. Charakterisisch war hierfür die Küher- und Sennenwirtschaft. Die Küher betrieben – als Angestellte oder als Besitzer einer Kuhherde ohne eigene Alp, Hof und Grundbesitz – eine nomadisierende Landwirtschaft. Im Frühling trieben sie das Vieh auf gepachtete Alpen, wo sie im Sommer Käse für den Markt herstellten. Für den Winter zogen sie mit ihrer Familie und Herde ins Tal und mieteten sich bei Bauern ein. Alpen als Kapitalanlagen wurden bei städtischen Institutionen und Patriziern – vorab bernischen und freiburgischen – zunehmend begehrt. Solche «protoagrarkapitalistischen» Betriebsformen unterstreichen die im Vergleich zum ackerbäuerlichen «Kornland» frühere Bereitschaft der vor- und nordalpinen Berg- und Alpwirtschaft zur Marktintegration.[10] Allerdings blieb der Grad der Kommerzialisierung in den Gebieten der Vieh- und Milchwirtschaft von Rahmenbedingungen wie dem Verkehrs- und Handelsnetz sowie den Marktbeziehungen und Eigentumsverhältnissen an den Alpen abhängig. Wo die Alpen Privateigentum waren, beispielsweise in Appenzell, Bern und Freiburg, erfolgte die Umstellung auf die exportorientierte Käseherstellung leichter als in Kantonen wie Graubünden, Wallis oder Uri, wo diese sich hauptsächlich im Besitz von Korporationen oder Gemeinden befanden.

Die Agrarkonjunktur entwickelte sich im 18. Jahrhundert günstig für Produzenten, die regelmässig überschüssige Erträge vermarkten konnten. Das Bevölkerungswachstum zog langfristig steigende Agrarpreise nach sich. Seit den 1760er Jahren nahmen die Kornpreise kontinuierlich zu und lagen am Ende des Jahrhunderts doppelt so hoch wie noch in der Mitte des Jahrhunderts.[11] Noch stärker als die Preise für Getreide kletterte der Preis für Käse nach oben. Käsehändler erzielten hohe Gewinne mit dem Export ins Mittelland, nach Norditalien und nach Marseille, wo dieses Schweizer Produkt als Verpflegung für Schiffsbesatzungen gefragt war.[12]

Die Preise für gewerbliche Waren und Löhne stiegen im 18. Jahrhundert nicht im selben Mass wie die Agrarpreise, so dass sich das Leben für jene sozialen Gruppen verteuerte, die sich nicht oder nur teilweise aus eigenem Anbau ernähren konnten (Kleinbauern, Heimarbeiter, Handwerker, Tagelöhner, Gesinde). Die witterungsunempfindliche Kartoffel, die seit etwa 1700 zuerst in vor- und nordalpinen Zonen – nachweisbar in Glarus, im Entlebuch und in Brienz – angepflanzt wurde und sich dann ausbreitete, stellte für die arme Bevölkerung eine willkommene Entlastung dar und minimierte das Hungerrisiko in ertragsschwachen Jahren. Häufig überliessen die Gemeinden ihren Armen Parzellen für den Anbau von Kartoffeln auf der Allmende, während die Obrigkeiten aus Sorge

**Le Grand Chalet in Rossinière (Pays d'Enhaut, VD), erbaut 1752 bis 1756 für den Käseproduzenten und -händler, Notar und Richter Jean-David Henchoz (1712–1758),** © *Michael Peuckert*. — Das Gebäude mit 113 Fenstern, geschnitzten Friesen, Inschriften und Malereien diente als Wohn- und Geschäftshaus. Seine Grösse wurde durch die Ausmasse der Keller für die Reifung des Käses vorgegeben.

um Einbussen beim Getreidezehnten der Ausbreitung der Kartoffel lange misstrauisch begegneten. Die Hungerkrise von 1770/71 verhalf ihr schliesslich zum Durchbruch als Grundnahrungsmittel.[13]

Struktureller Wandel und konjunkturelle Dynamik waren im 18. Jahrhundert im gewerblich-industriellen Sektor wesentlich ausgeprägter als in der Landwirtschaft.[14] Bis um 1800 entwickelte sich die Schweiz zum am stärksten (proto-)industrialisierten Land des Kontinents. Konstitutive Merkmale der Protoindustrialisierung – der auf Verlag und Heimarbeit basierenden gewerblichen Warenproduktion – waren erstens die Verlagerung der verarbeitenden Wirtschaft von der Stadt auf das Land, zweitens die Ausrichtung der Produktion auf die Herstellung und den Export von Waren für den Massenkonsum und drittens die kapitalistische Organisation der Produktion, die nicht mehr in der Hand von Handwerkern als selbständigen Produzenten, sondern von städtischen Verlegern lag. Diese besassen die Produktionsmittel in Form von Rohstoffen und Arbeitsgeräten und trugen die Herstellung der Ware entlöhnten Heimarbeitern auf. Die Verleger kontrollierten Produktion und Absatz und legten das nötige Kapital vor. Die Waren konnten dezentral in den Haushalten der Heimarbeiter gefertigt werden, weil der Produktionsfaktor Technologie im Unterschied zur mechanisierten Fabrikindustrie des 19. Jahrhunderts noch eine untergeordnete Rolle spielte. Anders als der selbständige Zunfthandwerker verkaufte der Heimarbeiter nicht mehr das Produkt seiner Arbeit, sondern nur noch seine eigene Arbeitskraft und die der Angehörigen seines Haushalts. Frauen und Kinder besorgten das Spinnen, das Weben war Männerarbeit. Um das eigene Risiko für den Fall von Teuerungskrisen bei Lebensmitteln in Grenzen zu halten, betrieben Heimarbeiterhaushalte eine bescheidene Garten- und Landwirtschaft.

Naturräumliche, agrarstrukturelle und rechtliche Rahmenbedingungen erleichterten die Ausbreitung der textilen Heimindustrie. Es bildeten sich komplementäre Wirtschaftsräume aus, denn die Gewerberegionen der Nord- und Ostschweiz deckten fortan ihren Bedarf an Getreide durch Importe aus dem Elsass und aus Süddeutschland. In den betroffenen Regionen stimulierte die protoindustrielle Wachstumsdynamik das Bevölkerungsgeschehen und veränderte die Lebensweise der Menschen, das heisst ihre Wohnformen, Konsumgewohnheiten und die Arbeitsteilung der Geschlechter, grundlegend.

Ländliche Gewerberegionen entstanden im 17. Jahrhundert zuerst in reformierten und erst im darauffolgenden Jahrhundert auch in katholischen Gebieten. Die Konfession wirkte sich auf die Arbeitsmoral und Wirtschaftsgesinnung aus – ablesbar etwa an den hohen Investitionen in barocke Sakralbauten oder an der Vielzahl arbeitsfreier Feiertage auf katholischer Seite.[15] Die ökonomischen Effekte der unterschiedlichen Konfessionskulturen verstärkten sich mit der Niederlassung hugenottischer Glaubensflüchtlinge in der Westschweiz nach der Widerrufung des Edikts von Nantes durch den französischen König 1685. Eine unternehmerische Elite unter diesen Refugianten nutzte im 18. Jahrhundert die Grenzlage Genfs, der Waadt und Neuenburgs zu Frankreich aus und verhalf dort der Verlagsindustrie, dem Handel und dem Bankenwesen, die eng mit den französischen und nordwesteuropäischen Märkten verflochten waren, zum Aufschwung.

Für den Druck von Baumwolltüchern mit waschechten Farben, sogenannten Indiennes, gründeten französische Refugianten ab 1691 in Genf zentralisierte Manufakturen. Weitere Fabrikationsbetriebe entstanden ab den 1720er Jahren zuerst im Drei-Seen-Land mit Zentren um die Neuenburger Gemeinden Boudry und Cortaillod, im freiburgischen Greng und in Biel, später dann in der deutschen Schweiz in Bern und Basel, in der

**Die Seidenbandproduktion in der Stadt und Landschaft Basel**

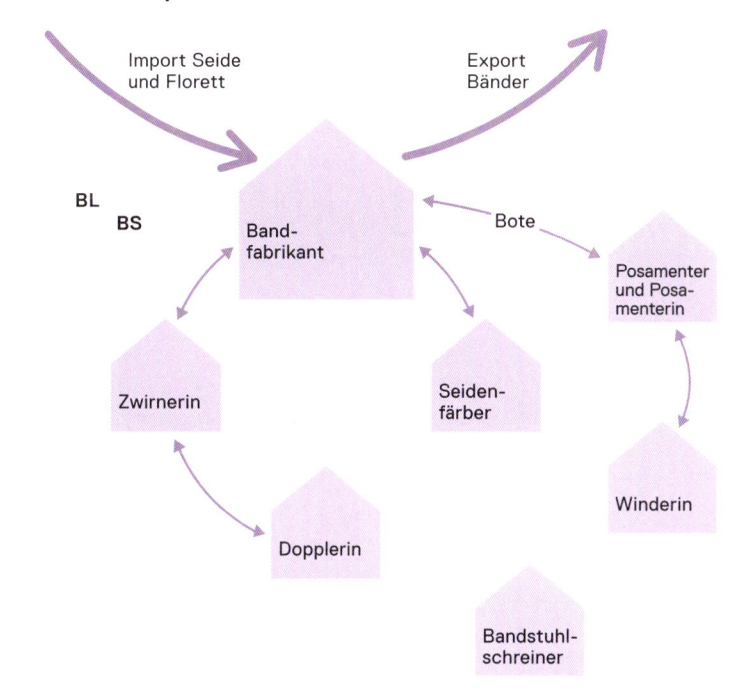

Der in der Stadt Basel wohnende Verleger (Bandfabrikant) importierte die Rohstoffe Seide und Florett (Fasern aus Seidenabfällen). Die Rohseide musste vor dem Weben durch Doppeln und Zwirnen zu Garn verarbeitet und anschliessend gefärbt werden. Die Dopplerinnen und Zwirnerinnen stammten meist aus der städtischen Unterschicht, während die Seidenfärber sich als Zunft formieren konnten. Boten brachten das veredelte Seidengarn zu den Seidenbandwebern (Posamentern) aufs Land, wo die Garne zu Seidentuch verwoben wurden. Das Endprodukt gelangte wieder in die Stadt zum Verleger-Fabrikanten, der es vermarktete.
Quellen: Anna C. Fridrich et al. (Hg.), Nah dran, weit weg. Geschichte des Kantons Basel-Landschaft, Bd. 3, Liestal 2001, S. 51, © 2013 Schwabe AG, Verlag, Basel und Marc Siegenthaler, Bern.

**Musterbuch für Stoffdrucke der Firma Christoph Burckhardt & Comp., um 1800** (*Historisches Museum Basel*), © HMB, Photo Peter Portner. — Das grossformatige Musterbuch (Höhe 44 cm, Breite 28 cm, Dicke 13 cm) präsentiert zahlreiche Stoffmuster in Form von Abdrucken auf Papier. Abgesehen von der Nummerierung enthält es keinerlei Benennungen und Informationen, etwa zu Kosten, technischen Aspekten oder Bestellern. Es lag möglicherweise im Büro des Firmeninhabers auf und diente zur Demonstration der Mustervielfalt.

Region Zofingen-Lenzburg, in Zürich und Herisau sowie im elsässischen Mülhausen. Diese kapitalintensive, arbeitsteilige Produktion erforderte die Zusammenarbeit zahlreicher Arbeiterinnen und Arbeiter wie Zeichner, Maler, Stecher, Farbmischer und Drucker in einer einzigen Produktionsstätte sowie die Durchsetzung einer entsprechenden Zeitdisziplin bei den Arbeitskräften.

Die schweizerische Verlags- und Heimindustrie war auf die Herstellung von Textilien – Baumwoll-, Leinen-, Seidenstoffe – und Uhren spezialisiert, wobei deutliche regionale Schwerpunkte existierten, die sich im Verlauf des Jahrhunderts verlagerten: Der Vormarsch der Baumwolle – die Schweiz war in den 1780er Jahren hinter dem britischen Lancashire der zweitwichtigste Standort der Baumwollindustrie in Europa – verdrängte die Leinenindustrie aus deren ursprünglichen Zentren in der Ostschweiz; nun entwickelten sich das Emmental, der Oberaargau (Langenthal) und das angrenzende Luzernische zu Leinwandregionen. Die Seidenindustrie ihrerseits strahlte in die katholische Innerschweiz (Gersau, Engelberg, Zug und Teile der Luzerner Landschaft) aus, wo Seidenabfälle zu Schappe beziehungsweise Florettseide versponnen wurden, um neuen Rohstoff zu gewinnen. Damit wurde in einer protoindustriellen Wachstumsphase, als die Löhne stiegen und anspruchsvollere Produkte mit höherer Wertschöpfung hergestellt wurden, die Herstellung von Rohmaterialien und Halbfabrikaten in schweizerische Billiglohngebiete ausgelagert.

Die Uhrenindustrie besass ihr Zentrum in Genf sowie im Waadtländer und Neuenburger Jura. Die Stadt Genf war neben London die zweite Metropole der Uhrmacherei. Während in der Stadt spezialisierte Handwerker unter Aufsicht der Verleger die Endfertigung der Uhren besorgten, stellten Heimarbeiter im Genfer Umland Zifferblätter, Zeiger und Ketten her. In Verbindung mit der Uhrenfabrikation entwickelte sich Genf auch zu einem Zentrum der Schmuckherstellung, das seine Luxusartikel an Höfe und kaufkräftige Kunden in Europa, im Vorderen Orient und in Indien lieferte.

Die Konjunktur für Textilien entwickelte sich zwischen den 1740er Jahren und der Revolutionszeit günstig. Mehrere Jahrzehnte starken Wachstums wurden nur kurzzeitig durch den Siebenjährigen Krieg (1756–1763) und die Teuerungskrise von 1770/71 unterbrochen. Ein französisches Importverbot für Indiennes im Jahr 1785, die Revolutionskriege und die ab 1790 spürbare Konkurrenz des englischen Maschinengarns stürzten die Textilindustrie am Ende des Jahrhunderts in die Krise und konfrontierten sie mit den Grenzen ihres technologisch noch wenig entwickelten Produktionssystems.

Bei allen Unterschieden hinsichtlich des technologischen Niveaus und der Produktionsorganisation besteht eine Kontinuität zwischen der vormodernen Protoindustrie und der Industrialisierung des 19. Jahrhunderts. Die Protoindustrie formte ein Unternehmertum, sie legte die Branchen und die regionalen Schwerpunkte der Frühindustrialisierung fest und bildete ein Reservoir an Arbeitskräften, die «an Lohnarbeit gewöhnt und auf sie angewiesen waren».[16]

Parallel zur Verdichtung exportorientierter ländlicher Gewerberegionen differenzierte sich im 18. Jahrhundert das Landhandwerk aus. Wäh-

**Die Tuchindustrie im Aargau, in St. Gallen und in Neuenburg**

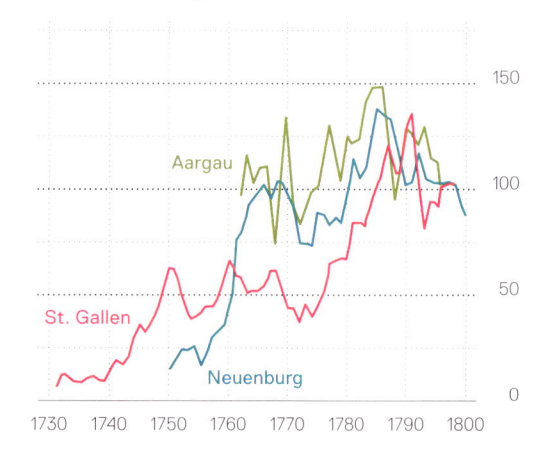

Bezogen auf das Basisjahr 1796 (Index = 100) zeigt die Graphik die Entwicklung der Aargauer Tuchproduktion 1762 bis 1796 und der St. Galler Baumwollfabrikation 1731 bis 1796 sowie der Zahl der Beschäftigten in den Indiennesmanufakturen des Fürstentums Neuenburg 1750 bis 1800.
*Quelle: Rudolf Braun, Das ausgehende Ancien régime in der Schweiz, Göttingen 1984, S. 141, © 2013 Schwabe AG, Verlag, Basel, und Marc Siegenthaler, Bern.*

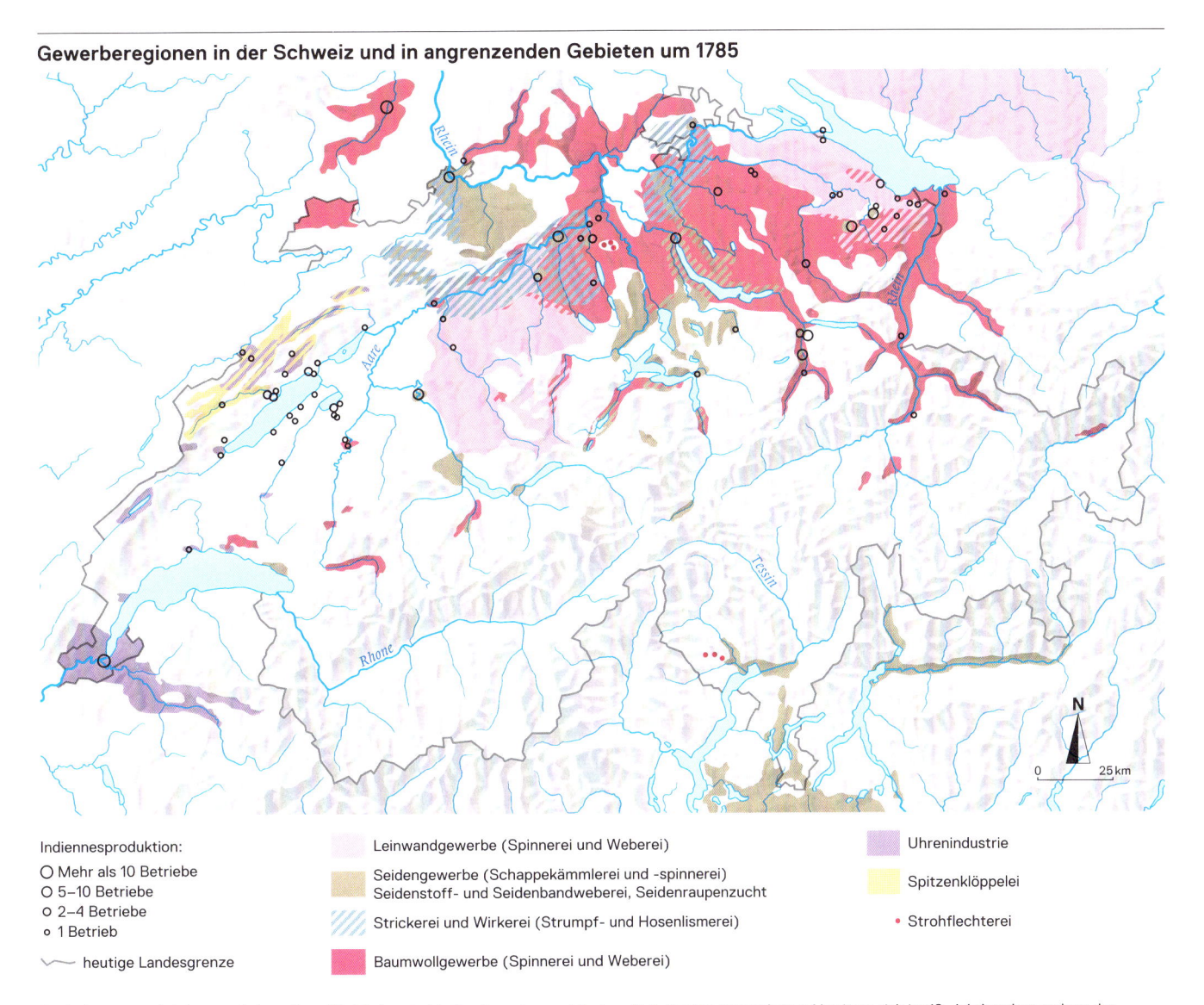

## Gewerberegionen in der Schweiz und in angrenzenden Gebieten um 1785

Indiennesproduktion:
○ Mehr als 10 Betriebe
○ 5–10 Betriebe
○ 2–4 Betriebe
∘ 1 Betrieb

⌒ heutige Landesgrenze

▨ Leinwandgewerbe (Spinnerei und Weberei)

▨ Seidengewerbe (Schappekämmlerei und -spinnerei) Seidenstoff- und Seidenbandweberei, Seidenraupenzucht

▨ Strickerei und Wirkerei (Strumpf- und Hosenlismerei)

▨ Baumwollgewerbe (Spinnerei und Weberei)

▨ Uhrenindustrie

▨ Spitzenklöppelei

• Strohflechterei

Die Indiennesproduktion wurde im späten 17. Jahrhundert in Genf von hugenottischen Refugianten eingeführt und breitete sich im 18. Jahrhundert entlang des Jurasüdfusses in östlicher Richtung aus. Die Karte verzeichnet auch Orte, an denen im Verlauf des 18. Jahrhunderts nur zeitweilig Indiennes hergestellt wurden.
Quelle: HLS, Bd. 5, S. 376, «Gewerberegionen» (geändert), © 2013 Historisches Lexikon der Schweiz, Bern, Schwabe AG, Verlag, Basel, und Kohli Kartografie, Kiesen.

rend die Zunftstädte die korporative Organisation der Landhandwerker in Landzünften nicht zuliessen, um die Interessen der Handwerker in der Stadt zu schützen, förderten patrizische Orte wie Bern und Luzern die Selbstorganisation der Landhandwerker. Die Handwerker und Gewerbler auf dem Land, sogenannte «Professionisten», befriedigten – häufig im kostengünstigen ↑Störbetrieb, das heisst ausserhalb jeder zünftischen Ordnung – die Grundbedürfnisse der Landbevölkerung an Waren und Dienstleistungen (Textilien, Bekleidung, Bau, Metallwaren). Sie bewirtschafteten vielfach neben ihrem Handwerk ein bescheidenes Gütlein, um ihre Existenz krisenresistenter zu machen. Selbst in Kerngebieten des «Kornlandes» wie dem Zürcher Unterland erwarb in den letzten Jahrzehnten des Jahrhunderts schon mehr als jeder dritte Erwerbstätige einen Teil seines Einkommens im ausseragrarischen Sektor.[17]

Die Handelsbeziehungen mit dem Ausland wurden im 18. Jahrhundert dank des Aufschwungs der Uhren-, Schmuck- und Textilindustrie sowie mit dem Export von Vieh und Hartkäse enger.[18] Die Hauptexportartikel der einheimischen Ökonomie hingen ihrerseits von der Einfuhr von Rohstoffen und Grundnahrungsmitteln wie Salz, Getreide, Baumwolle, Rohseide, Edelmetallen und Edelsteinen ab. Die Schweiz blieb selbst in witterungsgünstigen Jahren auf Getreideimporte aus Süddeutschland, dem Elsass, der Freigrafschaft Burgund und Italien angewiesen. Mit dem Aufschwung der Heimindustrie spitzte sich diese Abhängigkeit zu. Um Versorgungs- und Teuerungskrisen (1693–1700, 1709, 1739–1743, 1770–1771, 1789–1790, 1793–1795) und sozialen Unruhen vorzubeugen, legten die Obrigkeiten in den neu erbauten Kornhäusern Getreidevorräte an. Neue Konsumbedürfnisse, zum Beispiel die Nachfrage nach Nahrungs- und Genussmitteln aus Übersee (Kaffee, Zucker, Schokolade, Tee), stiessen den grenzüberschreitenden Warenverkehr zusätzlich an.

Die wichtigsten Handelsdestinationen für die Schweiz lagen in Frankreich, Oberitalien, Süddeutschland und Österreich, doch weiteten sich die kommerziellen Beziehungen im 18. Jahrhundert auch auf die Niederlande, England und Übersee aus. Die Verbindungen zu den französischen Häfen am Atlantik (Bordeaux, Nantes) wurden wichtiger als diejenigen zu den Mittelmeerhäfen Marseille, Genua und Venedig. Handelshäuser aus der Ostschweiz (Schaffhausen, St. Gallen, Altstätten, Rorschach, Trogen, Herisau, Glarus, Ennenda), aus Zürich, Basel, Neuenburg und Genf unterhielten Niederlassungen in Italien, Spanien, Frankreich, England, den Niederlanden und in Wien. Lyon spielte als Zwischenlager und Durchgangsort für Schweizer Kaufleute eine wichtige Rolle. Handelshäuser erwarben Baumwoll- und Zuckerrohrplantagen in der Karibik und bewirtschafteten diese mit Sklaven. Während der jeweils auch als Handelskriege geführten Konflikte der grossen europäischen Koalitionen gegen das Frankreich von Ludwig XIV. nutzten Schweizer Handelshäuser die mit der Neutralität gegebene Vorzugsstellung des Landes aus und zogen den Zwischenhandel zwischen Frankreich und Deutschland an sich. Sie handelten mit kriegswichtigen Waren wie Metallen, Schiffs- und Munitionsbedarf sowie Pferden, welche sie zum Eigenbedarf aus dem Reich bezogen und verbotenerweise in Frankreich weiterverkauften.[19] Wegen hoher Schutzzölle und Importverbote in Frankreich und England wurden die bedruckten Baumwolltuche und die Uhren der Westschweizer Protoindustrie auch in Friedenszeiten in der Regel als Schmuggelware exportiert.

Die Schweizer Kaufleute konnten ihre in den Allianzen mit Frankreich festgelegten Handelsprivilegien seit dem 17. Jahrhundert im westlichen Nachbarland immer weniger zur Geltung bringen, weil die Finanzlage der französischen Krone den Verzicht auf diese Zolleinnahmen nicht mehr erlaubte.[20] Die politische Struktur der Eidgenossenschaft erschwerte eine einheitliche schweizerische Handelspolitik. In den führenden Handelsrepubliken Zürich, Basel, Schaffhausen, St. Gallen und Genf nahmen die Kaufleute ihre wirtschaftspolitischen Interessen aber sowohl über ihre Vertretung in den Räten als auch über besondere korporative Organisationen («Kaufmännische Direktorien») wahr.

Mit der Intensivierung des Aussenhandels verdichtete und diversifizierte sich die kommerzielle Infrastruktur im Lande,[21] so stiegen etwa Emmentaler Leinwandfirmen oder Luzerner Kornimporteure nun auch in den Käsehandel ein. Neben den grossen Handelshäusern waren auch die Klein- und Zwischenhändler wichtige Bindeglieder eines ausgreifenden Warenhandels. Über Hausierer kamen die gewöhnlichen Leute mit den Warenströmen einer sich globalisierenden Ökonomie in Berührung – sei es als Käufer eines baumwollenen Halstuchs, eines Seidenbandes oder als Konsumenten von Kaffee und Zucker. (Vieh-)Bauern waren als Produzenten, Konsumenten und Händler in den Kleinhandel eingebunden, der wegen des chronischen Mangels an Münzgeld weiterhin vielfach über Tauschgeschäfte und Kredit abgewickelt wurde.

Die Städte konnten ihre traditionelle Vorrangstellung als Markt- und Handelsorte immer weniger behaupten. So wie sich die gewerbliche Warenproduktion mit der Protoindustrie auf das Land

**Bezugs- und Absatzgebiete von vier schweizerischen Handelsfirmen im 18. Jahrhundert (in Prozent des Umsatzes)**

|  | Basel Burckhardt | Neuenburg Pourtalès | Schaffhausen Ammann | Zürich Pestalozzi |
|---|---|---|---|---|
| Schweiz | 33,6 | 27,1 | 55,0 | 49,6 |
| Deutsches Reich | 6,8 | 7,7 | 15,1 | 21,5 |
| Frankreich | 14,8 | 39,7 | 4,1 | 7,7 |
| Oberitalien | 1,2 | 0,4 | 6,2 | 8,6 |
| Österreich | 1,8 |  | 3,9 | 0,6 |
| Osteuropa | 3,9 |  |  | 4,4 |
| Amsterdam | 10,7 | 0,2 | 12,7 | 6,3 |
| Cadix | 9,0 |  |  | 0,9 |
| Den Haag |  |  |  | 0,04 |
| Konstantinopel | 1,0 |  |  |  |
| Kopenhagen | 2,4 |  |  | 0,2 |
| Lissabon | 2,4 |  |  |  |
| London | 2,4 | 24,2 | 0,7 |  |
| Messina | 2,4 |  |  |  |
| Neapel | 0,2 |  |  |  |
| Porto | 2,4 |  |  |  |
| Quebeck | 4,8 |  |  |  |
| Rotterdam |  |  | 0,9 | 1,1 |
| Savoyen |  | 0,4 |  |  |
| Stockholm | 0,2 |  |  |  |

Die Bilanz der Basler Handelsfirma Burckhardt stammt aus dem Jahr 1773, jene der Firma Pourtalès aus Neuenburg von 1747, jene der Schaffhauser Firma Ammann von 1762 und jene der Zürcher Firma Pestalozzi von 1787. Die Unternehmerfamilie Burckhardt betrieb Grosshandel mit Baumwolle aus den Kolonien in Westindien sowie mit Garn, gefärbten und bedruckten Tuchen. Zudem handelte sie mit Färbstoffen, mit Kolonialwaren wie Kaffee, Zucker und Gewürzen, mit Salz, Leder und Eisenwaren sowie mit Textilien aus Indien und China. Die Pourtalès waren hauptsächlich im Handel mit Baumwoll- und mit Indiennesstoffen tätig. Bei den Ammann standen neben Kolonialwaren Stoffe und Garne im Vordergrund. Die Pestalozzi hatten sich auf den Export von Seidenstoffen sowie auf Kolonialwaren und Indiennes spezialisiert.
Quelle: Niklaus Röthlin, Ein Blick auf die Bezugs- und Absatzgebiete des schweizerischen Grosshandels anhand einiger Bilanzen aus dem 18. Jahrhundert, in: Paul Bairoch/Martin Körner (Hg.), Die Schweiz in der Weltwirtschaft, Zürich 1990, S. 99.

## Jahr- und Wochenmärkte im alten Bern: Marktentwicklung im 18. Jahrhundert

- Marktgründung vor 1700
- Marktgründung vor 1700, zusätzliche Märkte im 18. Jh. eingeführt
- Marktgründung im 18. Jh.
- wichtigste Marktorte in den angrenzenden Gebieten

Die Orte können mehrere Jahr- und Wochenmärkte aufweisen.

- - - Grenze des Berner Territoriums
- - - heutige Landesgrenze

Quelle: HLS, Bd. 8, S. 298, «Märkte», © 2013 Historisches Lexikon der Schweiz, Bern, und Kohli Kartografie, Kiesen.

verlagerte, so wurde auch der Warenhandel vielfach zur Domäne ländlicher Kleinhändler und Hausierer. Die Orte eines geregelten Warenhandels vermehrten sich besonders auf der Landschaft, wo neue Jahr- und Wochenmärkte, Gast- und Wirtshäuser sowie Dorfläden entstanden.[22]

Der Bau neuer Landstrassen und die Verdichtung des Postverkehrs beschleunigten den Transport von Waren und Personen. Bern übernahm wegen seiner dominierenden Lage im Mittelland die Vorreiterrolle beim Chausséebau, von dem die Stadt sich höhere Zolleinnahmen versprach. Die neuen Kunststrassen zwischen Bodensee und Genfersee zeichneten sich durch einen geraden Verlauf, gleichmässige Steigungen, die Ableitung des Wassers und eine kompakte Oberfläche aus; dies erleichterte die bis dahin beschwerlichen Transporte auf dem Landweg.[23]

Aus Handel und protoindustriellem Verlagswesen gingen die Finanz- und Bankgeschäfte von Schweizer Kaufleuten hervor.[24] Das Wirtschaftswachstum und der vergleichsweise zurückhaltende Ausbau von Staat und Verwaltung ermöglichten seit dem späten 17. Jahrhundert die Akkumulation öffentlicher und privater Vermögen. Die Anlagemöglichkeiten auf dem Binnenmarkt wie der Kauf von Herrschaften, Alp- und Sömmerungsrechten sowie von Gülten (↑Gült) oder die Verleihung von Darlehen konnten den Kapitalüberhang nicht mehr absorbieren. Auf der Suche nach Alternativen profitierten Obrigkeiten und Private im 18. Jahrhundert vom System der Staatsschuld, welches die europäischen Staaten zur Deckung ihrer steigenden Ausgaben für Repräsentation und Hofkultur, Bürokratie und stehende Heere entwickelten. Handelsbankiers vorab aus den führenden

Handelsrepubliken Genf, Zürich, St. Gallen und Basel, aber auch aus Bern, Neuenburg und Lausanne spezialisierten sich auf Finanz- und Kreditgeschäfte im In- und Ausland. Sie legten Staatsgelder und Privatvermögen in ausländischen Staatsobligationen, Rentenanleihen (Leibrenten), Wirtschaftsunternehmen und im Kolonialhandel an und betätigten sich in der Kriegsfinanzierung auswärtiger Mächte. Vielfältig familiär und geschäftlich miteinander verflochten hatten diese Handelsbankiers mit Niederlassungen in London, Paris, Lyon, Genua oder Amsterdam Zugang zu ausländischen Regierungen und entwickelten neuartige, mitunter risikoreiche Anlage- und Kreditinstrumente. Nicht zufällig war mit Jacques Necker ein erfolgreicher Genfer Bankier 1777 bis 1781 und 1789/90 französischer Finanzminister.

Auch die Republik Zürich gab Ende des 17. Jahrhunderts ihre zurückhaltende Anlagepolitik auf, welche bis dahin von politisch-konfessionellen Rücksichtnahmen geprägt und über persönliche Beziehungen zu den Schuldnern abgesichert gewesen war. Fortan platzierte sie Teile ihres Staatsvermögens nicht mehr hauptsächlich in Ostschweizer Gerichtsherrschaften und in Krediten an süddeutsche Fürsten und Klöster; 1726/27 folgte sie dem Berner Vorbild und legte erstmals circa 100 000 Gulden in England an. 1755 beauftragte der Zürcher Rat eine Kommission damit, nicht nur Staatsgelder gewinnbringend im Ausland anzulegen, sondern diese Geschäftsbeziehungen auch den Bürgern anzubieten und deren Ersparnisse gegen eine Verzinsung von 3 bis 3,5 Prozent entgegenzunehmen. Die grosse Nachfrage nach diesen «Rathausobligationen» zwang die Kommission bisweilen, die Annahme neuer Kundengelder zu sperren oder zu rationieren. Hatten die eidgenössischen Obrigkeiten bisher den Kreditbeziehungen zu grossen Staaten aus Angst vor politischen Schwierigkeiten und drohender Insolvenz misstraut, so boten die von Bankhäusern zur Zeichnung aufgelegten Staatsschuldenverschreibungen mit ihrer Stückelung und Handelbarkeit sowie mit der Möglichkeit, die Risiken durch weitgestreute Platzierungen zu minimieren, mehr Sicherheit; zwischen Gläubigern und Schuldnern entstanden neuartige, weitgehend unpersönliche Geschäftsbeziehungen.[26] Zu den frühen Erfahrungen des grenzüberschreitenden Kapitalmarktes gehörte es allerdings auch, dass staatliche und private Anleger bei Börsenkrisen beträchtliche Vermögenswerte verlieren konnten, so etwa im Jahr 1721 beim Platzen der «South Sea Bubble».

## Soziale Ungleichheit und konsumptive Distinktion

Im ausgehenden Ancien Régime erodierten tragende Vorstellungen der ständischen Gesellschaftsordnung. Die sozioökonomische Entwicklung setzte die korporativ-familialen Privilegienverbände (Zünfte, Bürgergemeinden) unter Druck. Aufstrebende Gruppen stellten der geburtsständischen Ordnung mit ihren ungleichen Chancen des Zugangs zu Macht und Ansehen, zu ökonomischen Ressourcen sowie kulturellem und symbolischem Kapital zunehmend ein meritokratisches, bürgerliches Ideal entgegen. Neue Konsumbedürfnisse höhlten die alten Aufwandsvorschriften aus. Die Kohäsions- und Integrationskraft des Hauses und der Gemeinde als traditioneller Sozialisationseinheiten stiess bei der Einbindung der steigenden Zahl der Menschen mit rechtlich zurückgesetztem Status (↑Beisassen/Hintersassen, ↑Ewige Einwohner) oder mit sozioökonomisch prekärer Lebenslage (↑Landarme/Landlose) an ihre Grenzen. Daraus erwuchsen nicht so sehr politische Unruhen zwischen Obrigkeiten und Untertanen, sondern vielmehr soziale Konflikte um die Verteilung von materiellen Ressourcen und Nutzungschancen.

Das sozial und regional ungleich verteilte Wachstum von Bevölkerung und Wirtschaft sowie die Tendenz zur ständisch-korporativen Abschliessung der Eliten in Stadt und Land bestimmten den Wandel der Gesellschaft im 18. Jahrhundert. Beide Prozesse bedingten einander. Besitz und Nutzungsrechte konzentrierten sich bei bürgerrechtlich privilegierten Minderheiten, in Stadt und Land verschärfte sich die soziale Ungleichheit.

Die regierenden Städte erschwerten im 17. Jahrhundert wegen der stärkeren Konkurrenz um die mit dem Bürgerrecht verknüpften wirtschaftlichen und politischen Privilegien den Zugang zu diesem Rechtsstatus oder versperrten ihn ganz.[27] Die Räte

## Prekäre Existenzen in der Unterschicht – Johann Rudolf Wäber aus Brüttelen (1736 – nach 1795)

Die soziale Stellung spiegelt sich in den Quellen wider, die jemand hinterlässt. Mitglieder der Elite wurden porträtiert, Angehörige der Unterschicht in Verwaltungsakten registriert. Johann Rudolf Wäber wird am 12. Februar 1736 als Kind von Kleinbauern in Brüttelen (BE) getauft. Der Ehevertrag von 1756 bezeichnet ihn als Kleinbauern mit wenig Besitz. Ab 1766 führen ihn Kompanierödel als Soldaten in niederländischen, sardischen und französischen Diensten. 1784 desertiert er. In der Heimat verdingt er sich als Tagelöhner, wird bald wegen Mordverdachts verhört, mangels Beweisen aber freigelassen. 1785 wegen unerlaubter Werbungen von Söldnern gesucht, flieht er in die Niederlande, wo er vier Jahre in einem bernischen Regiment dient. 1786 werden seine Güter versteigert. Nach seiner Rückkehr in die Schweiz 1790 verdient Wäber sein Brot in der Indiennesmanufaktur von Grandchamp und als Landarbeiter. Letztmals wird er 1796 in einem Signalement der bernischen Polizei aktenkundig, die ihn wegen «Falschwerbungen» für zehn Jahre des Landes verweist.[25]

verliehen Zuzügern allenfalls noch ein minderes Bürgerrecht, welches diesen sogenannten Ewigen Einwohnern oder Habitanten zwar die bürgerlichen Handels- und Gewerbefreiheiten einräumte, sie aber dauerhaft von Räten und Ämtern und damit von der Teilhabe an der politischen Macht und deren Nutzen ausschloss. Immer mehr hoben sich in der Folge innerhalb des Verbands der vollberechtigten Bürger die regierenden Ratsgeschlechter des Patriziates von denjenigen Familien ab, die rechtlich zwar regimentsfähig, faktisch aber kaum mehr in den Räten vertreten waren. Während der enger werdende Kreis der patrizischen Geschlechter sein Auskommen im Staats- und Verwaltungsdienst, im Militärunternehmertum in Fremden Diensten oder in der Industrie und im Handel fand und seine exklusive Standesehre mitunter mit der kollektiven Selbstnobilitierung (Freiburg 1782, Bern 1783[28]) krönte, betätigten sich die einfachen Bürgerfamilien im Handwerk und Gewerbe und besassen allenfalls die Aussicht auf eine Pfarrstelle oder auf einen Zuerwerb in niedrigen städtischen Chargen. Ausserhalb des Bürgerverbands verblieben die Hintersassen, die ihr Aufenthaltsrecht in der Stadt jährlich mit einer Abgabe zu erneuern hatten und von zünftischen Aktivitäten und bürgerlichen Nutzungsrechten ausgeschlossen waren, wiewohl die Stadt auch ihnen die Lasten für die Allgemeinheit wie die Brandhilfe, den Wehrdienst und andere gemeinwirtschaftliche Pflichten aufbürdete.

In den grossen Städten variierte die soziale und rechtliche Zusammensetzung der Bevölkerung erheblich. Während in Genf um 1780 nur noch 27 Prozent der Stadtbewohner das Bürgerrecht besassen, machten damals in Zürich die Bürger noch 62 Prozent der Stadtbewohner aus. Umgekehrt stellten die Hintersassen 1756 in Zürich gut 5 Prozent der Haushaltungen, während diese in Bern 1764 mehr als 52 Prozent ausmachten. Offensichtlich bestimmten die jeweilige politische Ökonomie und die Interessen der politischen Elite die Zusammensetzung der städtischen Gesellschaft. Zürich betrieb eine restriktive Niederlassungspolitik; der politisch-wirtschaftlichen Elite erschien es ökonomisch vorteilhafter und politisch klüger, die Heimarbeiter der Textilindustrie auf dem Land zu belassen. In Genf dagegen, wo die Stadt nur über ein bescheidenes Territorium regierte, erforderte die Kontrolle des Arbeitsmarkts die Aufnahme zahlreicher Textil- und Uhrenarbeiter in die Stadt. Bern wiederum öffnete den zahlreichen nichtbürgerlichen Haushaltungen nahezu das gesamte wirtschaftliche Tätigkeitsfeld. Die patrizische Führungsschicht bekundete ihr Interesse an billigen Arbeitskräften und an einem gewissen Wettbewerbsdruck in der Stadt, deren Verfassung dem Zunfthandwerk keinen starken politischen Einfluss einräumte. Zudem behielt Berns Patriziat angesichts des grossen Herrschaftsgebiets gegenüber einer stadtwirtschaftlich-zünftisch verengten Perspektive immer auch die territorialwirtschaftlichen Interessen im Blick. In all diesen Städten bildete das meist ledige Gesinde die mobilste und zugleich am stärksten wachsende soziale Gruppe. In der Mehrzahl handelte es sich um junge Frauen aus dem Umland, die als Mägde für eine bestimmte Lebensphase in den Dienst patrizischer und bürgerlicher Haushalte traten; mit ihrer arbeitsbedingten Präsenz im öffentlichen Raum prägten sie das Strassenbild.

Im ländlichen Raum hing das Ausmass des gesellschaftlichen Wandels davon ab, ob die protoindustrielle Wachstumsdynamik neue Erwerbsquellen ausserhalb der Landwirtschaft schuf oder ob die regionale Wirtschaft weiterhin agrarisch-bäuerlich dominiert blieb. Grundsätzlich förderte aber auch hier der demographische Druck auf die beschränkten Ressourcen Abschliessungstendenzen und die soziale Differenzierung. Seit der zweiten Hälfte des 16. Jahrhunderts reagierten Landgemeinden mit der Erhöhung der sogenannten Einzugsgelder für Zuzüger und mit der Schliessung des Bürgerrechts auf den wachsenden Bevölkerungsdruck. Die Zahl der Hintersassen stieg. Je nach Gemeindeverfassung waren diese gegenüber den Ortsbürgern in verschiedener Hinsicht benachteiligt. In personalrechtlich verfassten Gemeinden waren sie von der Nutzung der «Gemeinheiten» (Allmende, Gemeinweide, Wald) und von der Gemeindeversammlung ausgeschlossen und wurden bei Armut nicht von der kommunalen Fürsorge unterstützt. In realrechtlich verfassten Gemeinden trat das Bürgerrecht als Diskriminierungsfaktor in den Hintergrund, weil dort der Grundbesitz in der Gemeinde über die Zulassung zur Gemeindeversammlung und die Teilhabe an kommunalen Nutzungen entschied. Vielfach besetzten die Hintersassen ökonomische Nischen in der ländlichen Gesellschaft und übten ein Gewerbe oder Handwerk aus, das Bedürfnisse der örtlichen Bauernschaft befriedigte. Ihr Anteil an der Ortsbevölkerung lag häufig zwischen 5 und 15 Prozent. Aussergewöhnlich war die Situation im Emmental, wo die Hintersassen in gewissen Gemeinden bis zu 50 Prozent der Bevölkerung stellten und am politischen Leben beteiligt waren. Weil dort die Gemeinden im 16. Jahrhundert die Zelgenwirtschaft aufgegeben und die Allmende auf die Höfe verteilt hatten und somit fortan meist ohne eigenen Besitz geblieben waren, war der Erwerb des Bürgerrechts im Emmental unattraktiv geworden.

**Löwenhof, Rheineck (SG),** © *Kantonale Denkmalpflege St. Gallen, Moritz Flury-Rova.* — Johannes Heer (1680–1756), Kauf- und Handelsherr in Verona und Rheineck, baute zwischen 1746 und 1748 diesen palastartigen Kaufherrensitz, der als einer der bedeutendsten barocken Profanbauten der Ostschweiz gilt.

Stärker als die Hintersassen prägen die zahlreichen Tauner das Bild der ländlichen Gesellschaft. Landarmut oder Landlosigkeit und der fehlende Besitz an Spanntieren – das heisst der Mangel an den wichtigsten agrarischen Produktionsmitteln – unterschieden diese sozioökonomisch definierte Gruppe von den (Voll-)Bauern, mithin von jenen selbständigen agrarischen Produzenten, deren Höfe die eigene Subsistenz gewährleisteten. Als «Bauern» galten allein noch die Besitzer solcher Vollstellen. Sie bildeten die lokale Oberschicht, die die wichtigen kommunalen Ämter (Gemeindevorsteher, Dorf-, Ehe- und Sittenrichter) besetzte und obrigkeitliche Aufgaben in der Lokalverwaltung übernahm. Während Tauner Gütlein mit einer Nutzfläche bis zu einer Hektare sowie eine Kuh und etwas Kleinvieh besassen, verfügten bäuerliche Familien mit fünf bis sechs Personen über mindestens vier bis fünf Hektaren Acker- und Wiesland.

Der Anteil der Taunerhaushalte an der Landbevölkerung schwankte regional.[29] Im luzernischen Suhrental belief er sich um 1800 auf 80 bis 90 Prozent der Haushalte. 1774 besassen im Kirchspiel Sissach in der Landschaft Basel die Bauern, 13 Prozent der Berufstätigen, knapp die Hälfte des Landes, während die Tauner, gut 22 Prozent der Berufstätigen, über weniger als 14 Prozent des Bodens verfügten; der übrige Boden war im Besitz von Landhandwerkern, die knapp 24 Prozent der Berufstätigen mit einem Anteil von 18 Prozent am Landbesitz stellten, sowie Heimarbeitern, die mit 41 Prozent der Berufstätigen knapp 20 Prozent des Landes besassen. Die ländliche Unterschicht wuchs im Mittelland und in der Nordschweiz, wo geschlossene Dorfsiedlungen, Dreizelgenwirtschaft und die erbrechtliche Realteilung mit fortschreitender Güterzersplitterung vorherrschten, stärker an als in den voralpinen Zonen der Streusiedlung und Feldgraswirtschaft.

Die Konzentration des Grundbesitzes in der Hand einer Minderheit von Bauern sowie das Anwachsen der landarmen und landlosen Unterschicht veränderten das ökonomisch-soziale Gefüge in den Dörfern. Die Tauner waren auf einen Zuerwerb als Heimarbeiter in der Protoindustrie, als (Stör-)Handwerker oder Tagelöhner auf Bauernhöfen angewiesen. Für die Bearbeitung ihrer kleinen Landparzellen mussten sie Spanndienste der Bauern beanspruchen; ihr weniges (Klein-)Vieh fand mit Erlaubnis der Gemeinde Futter auf der Gemeindeweide. Die grossen Bauern wiederum waren in den arbeitsintensiven Phasen von der billigen Arbeitskraft der Tauner abhängig und rekrutierten unter diesen – etwa mit Darlehen oder Nahrungsmittelhilfe in Notzeiten – eine Klientel, um ihren Einfluss im Dorf zu stärken.

Der enger werdende Nahrungsspielraum verschärfte die Interessengegensätze zwischen den sozialen Gruppen auf dem Land. Um die knappen kollektiv genutzten Ressourcen in der Dorfflur (Gemeindeweide, Allmende, Gewässer, Wald) und um die Verteilung der allgemeinen Lasten wie etwa die Armensteuer entbrannten Nutzungs- und Verteilungskonflikte, deren Aushandlung vielfach für neue Auseinandersetzungen sorgte, weil die Bauern mit Verweis auf ihren umfangreicheren Besitz an Land und Vieh einen grösseren Anteil für sich beanspruchten, während die Tauner den gleichen Zugang zu den «Gemeinheiten» forderten.

In den protoindustriellen Regionen setzte das Wachstum von Wirtschaft und Bevölkerung eine dynamischere gesellschaftliche Mobilität in Gang als in agrarisch-bäuerlichen Gebieten. Im Geschäftsverkehr zwischen den Heimarbeitern und den Kaufleute-Verlegern in der Stadt stiegen Zwischenhändler («Trager», «Fergger», «Tüchler») auf und bildeten die Basis für ein wohlhabendes, gesellschaftlich und kulturell selbstbewusstes Landbürgertum. Vor allem aber bot die Heimarbeit der ländlichen Unterschicht Erwerbsmöglichkeiten ausserhalb der Landwirtschaft. Die Emanzipation von Strukturzwängen der agrarisch-bäuerlichen Gesellschaft drückte sich in der starken Zunahme von Heiraten in der ländlichen Unterschicht und einem entsprechenden Bevölkerungswachstum aus. Einen Einblick in die dennoch prekären Lebensverhältnisse der ländlichen Unterschicht eröffnen die Schriften des Toggenburger Söldners, Kleinbauern und Garnhändlers Ulrich Bräker (1735–1798).[30]

Zwei miteinander verschränkte Vorgänge verdeutlichen die strukturellen Folgen des Wirtschaftswachstums und des gesellschaftlichen Wandels. Das Vordringen der Ware-Geld-Beziehungen machte Geld allgemein verfügbarer. Warenkonsum und das Dienstleistungsgewerbe weiteten sich aus. Gleichzeitig wurde die Gesellschaft mit der Einbindung grösserer Bevölkerungsgruppen in die Marktwirtschaft anfälliger für die Unwägbarkeiten der Konjunktur.

Ein markant gestiegener, wenn auch sozial sehr ungleich verteilter Wohlstand äusserte sich in einer neuartigen materiellen Kultur des Konsums, die alle Schichten der Gesellschaft erfasste. Ausländischen Reisenden fielen die Wohlhabenheit und der urbane Lebensstil vieler Bauernhaushalte auf. In den Städten registrierten sie die neuen repräsentativen Zweckbauten (Kirchen, Rat- und Kornhäuser), die Verschönerung der Häuserzeilen und die Säuberung von Strassen und Plätzen. Erfolgreiche Kaufleute, Bankiers und Militärunternehmer inszenierten ihren sozialen Aufstieg mit dem Bau repräsentativer Landsitze. Besonders in der alten Adelslandschaft der Waadt war damit oft der Kauf einer Herrschaft mit Schloss verknüpft.

Der kommerzielle Erfolg der bedruckten Baumwolltuche und Seidenbänder zeigt die Verfeinerung des Geschmacks und steigende Konsumbedürfnisse in dieser Zeit an. Indiennes fanden bei der Anfertigung eleganter Bekleidung ebenso Verwendung wie bei der Ausstattung gehobener Intérieurs mit Vorhängen, gepolsterten Fauteuils und Canapés. Einfache Seidenbänder der Baselbieter ↑Posamenter zierten aber auch die Kleider gewöhnlicher Leute. Besonders die Konsumgewohnheiten der Heimarbeiterinnen und Heimarbeiter, welche in guten Zeiten Weissbrot, Fleisch, Kaffee, Tabak und «Kleiderputz» kauften, erregten wegen ihres demonstrativen Charakters die Kritik von Pfarrern, Bauern und traditionellen Eliten, die solches Verhalten als unsittlich und verschwenderisch tadelten – zumal es einen unbekümmerten Umgang mit dem Geld zu verraten schien.

Die Ausweitung des Warenangebots und der Wandel in der Mode zeigten neue kulturelle Umgangsformen mit der Welt jener Dinge an, welche das Leben der Menschen bequemer und angenehmer gestalteten. Das ökonomische, politik- und moraltheoretische Schrifttum des 18. Jahrhunderts hat diesen Wandel im Rahmen der sogenannten Luxusdebatte kontrovers erörtert. Im Verlauf des Jahrhunderts wurde die überkommene, religiös-sittlich motivierte Zurückweisung allen unnötigen Konsums von der zivilisationstheoretisch begründeten Auffassung zurückgedrängt, es sei dem Menschen angeboren und letztlich natürlich, dass er sich sein Leben zu verschönern trachte und sich der Fortschritt der Menschheit folglich auch in der Entwicklung der materiellen Kultur niederschlage. Zudem hiess es, die Ausweitung der Warenproduktion und des Konsums «bringe die Armen in Brot und Arbeit» und lehre sie frühzeitig Fleiss, der als Basis eines rechtschaffenen Lebenswandels galt. Die Durchsetzung der alten, ständisch-christlich begründeten Aufwandsnormen für Kleider und Nahrung fiel auch den im 17. Jahrhundert eigens dafür eingerichteten Behörden (Reformationskammern in Zürich, Genf, Bern, Basel) immer schwerer, zumal gerade Angehörige der Oberschicht dank ihrer finanziellen Möglichkeiten und wegen ihres Bedürfnisses nach kultureller Distinktion diese Vorschriften besonders häufig übertraten. Bedürfnisartikulation und Konsumverhalten weichten ständische Ordnungsvorstellungen auf, sie waren «je länger[,] desto weniger standesgebunden, sondern [wurden selber] zu standes- oder statusbildenden Faktoren».[31]

Bei den städtischen Oberschichten ging die Wertschätzung des raffinierten Konsums mit neuen Formen der Geselligkeit einher. Deren männliche Angehörige zogen sich aus den traditionellen Räumen zunftbürgerlicher Geselligkeit (Zunftstuben) zurück und brachten ihre Mussestunden, oft gemeinsam mit Frauen und Töchtern, in Salons und Abendgesellschaften bei gepflegter Konversation und gemeinsamer Lektüre, beim Spiel und Konsum von Kaffee, Schokolade, Tee und Tabak, bei Musik, Tanz und anderen Lustbarkeiten zu. Mit dem Rückzug der vornehmen Gesellschaft ins Private wandelten sich auch die Beziehungen zwischen den Geschlechtern. War die Zunftstube ein Raum exklusiv männlicher Vergemeinschaftung gewesen, so begegneten sich in den Salons die Männer und Frauen der mondänen Gesellschaft in scheinbarer Spontaneität und Ungezwungenheit.[32]

**Weberhaus («Webhöckli») in Grub (AR), Baujahr 1703,** © *Denkmalpflege AR.* — Die textile Heimarbeit brachte einen besonderen Haustyp hervor. Das Weberhaus war Wohn- und Arbeitshaus zugleich und besass weder Scheune noch grösseren Umschwung. Im Keller mit seinen Klappläden stand der Webstuhl der Weberfamilie. Im Erdgeschoss befanden sich die Küche, die Stube als einziger direkt beheizbarer Wohn- und Arbeitsraum der Familie und die Nebenstube, im ersten Stock die Schlafkammer und die seitlich abgeschrägten Estriche mit Belüftungsöffnungen.

**Von der obrigkeitlichen Almosenkammer in Bern bewilligte Unterstützungsgesuche in den Ämtern Nidau und Büren 1730–1797**

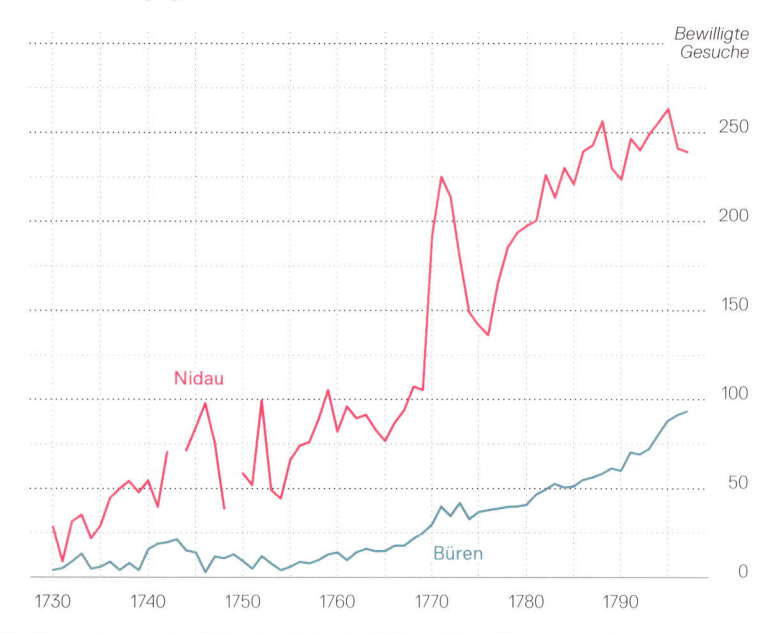

Die Almosenkammer bewilligte eine steigende Zahl von Unterstützungsgesuchen aus Gemeinden, die mit den wachsenden Ausgaben für die Armenfürsorge überfordert waren. Markant sticht die Krise der frühen 1770er Jahre heraus. Im letzten Viertel des Jahrhunderts verschärfte sich die Lage.
Quelle: Erika Flückiger-Strebel, Zwischen Wohlfahrt und Staatsökonomie, Zürich 2002, S. 143, © 2013 Schwabe AG, Verlag, Basel, und Marc Siegenthaler, Bern.

Die Kehrseite der «Geburt» einer ersten Konsumgesellschaft zeigte sich in der höheren Anfälligkeit für die Wechsellagen der Konjunktur und in einem strukturell verschärften Armutsrisiko. Tauner wie Heimarbeiter – die beiden signifikant gewachsenen sozialen Gruppen – waren in doppelter Hinsicht marktabhängig: für den Kauf ihrer Nahrung und für den Verkauf ihrer Arbeitskraft und Ware. Die steigenden Preise für Grundnahrungsmittel bekamen sie bei Erntekrisen ebenso rasch zu spüren wie den Verfall ihres Einkommens bei Absatzkrisen, zumal sie in Normalzeiten ihre Subsistenz sichern, aber keine Vorräte anlegen und Krisenvorsorge betreiben konnten. In den letzten drei Jahrzehnten des Jahrhunderts stieg die Zahl der unterstützungsbedürftigen Personen und Familien stark an. Neuartig war diese Armut insofern, als sie nicht mehr nur die traditionellen Armen – Witwen, Alte, Kranke und Behinderte – erfasste, sondern zunehmend intakte Familien mit einem Erwerb, der die eigene Subsistenz nicht mehr zu sichern vermochte. Immer öfter waren die für die Armenfürsorge zuständigen Gemeinden mit Unterstützungsleistungen überfordert und mussten subsidiär die finanzielle Hilfe der Obrigkeit in Anspruch nehmen, was diese mit Blick auf die wachsende Belastung der Staatsfinanzen mit Besorgnis registrierte.[33]

### Wissen und Ideen: Pluralisierung, Diskursivierung, Verzeitlichung

Die sozioökonomische Dynamik des Jahrhunderts wirkte sich auch auf die philosophisch-theoretische Reflexion und die Praxis der Wissenschaften aus. Denker wie Beat Ludwig von Muralt (1665–1749), Johann Jakob Bodmer (1698–1783), Isaak Iselin (1728–1782) oder Jean-Jacques Rousseau (1712–1778) erkannten die zunehmende Bedeutung der Gelehrsamkeit und der Wissenschaften für den Gang der Zivilisation und die Auswirkungen von Handel und Konsum auf das moralisch-politische Fundament von Staat und Gesellschaft; beides erörterten sie kontrovers. Natur und Mensch wurden zentrale Themen einer aufklärerischen, diskursiven Wissenskultur, die vom kritischen Prinzip angeleitet wurde und sich von der metaphysisch-theologischen Tradition löste. Die äussere, physische Natur und die Grundlagen und Formen menschlicher Vergemeinschaftung in Staat und Gesellschaft wurden ebenso zum Gegenstand methodischer Analyse wie die Psyche, Moral und Religion als konstitutive Faktoren der inneren Natur des Menschen. Wachstum und Beschleunigung als Kennzeichen der einsetzenden Moderne erfassten auch das Geistesleben und die Wissenschaften, die sich neue Tätigkeitsbereiche erschlossen, sich institutionell neu formierten, die möglichst ungehinderte Kommunikation von Wissen und Ideen medial neu organisierten und mit den Leitideen der Nützlichkeit und Glückseligkeit die Relevanz der eigenen Praxis für die Analyse der Wirklichkeit und die Verbesserung der herrschenden Verhältnisse unterstrichen. Nützlichkeit implizierte die Kritik an den luxus- und konsumorientierten höfisch-adligen und patrizischen Schichten. Die Erhebung der Glückseligkeit zum Staatszweck nahm die Obrigkeit in die Pflicht; ihre Tätigkeit konnte fortan an einem frühbürgerlichen Leistungs- und Verdienstdenken gemessen werden.[34]

Der als Aufklärung rubrizierte Wandel in der Geistes- und Wissenskultur des 18. Jahrhunderts manifestierte sich in einem wachsenden Bedürfnis nach Wissen und Information, nach (Selbst-)Bildung und diskursiver Verständigung – vorab bei Gelehrten, dann aber je länger, je mehr auch bei einem interessierten, gebildeten Publikum.[35]

Dies zeigte sich prägnant in den circa 150 Gesellschaften, welche Angehörige der soziopolitischen Führungsschicht, Vertreter freier Berufe, wirtschaftlich erfolgreiche Bürger sowie Geistliche zum Zweck des Wissensaustauschs und der Bildung zwischen 1600 und 1798 ins Leben riefen. Mehr als drei Viertel dieser Gesellschaften wurden zwischen 1760 und 1799 gegründet. Von den 109 konfessionell eindeutig zuzuordnenden Sozietäten wirkten 101 (93 Prozent) in reformierten und acht (7 Prozent) in katholischen Gebieten. Die meisten entstanden in den Städten Zürich, Bern, Basel, Genf und St. Gallen, die sich als Brennpunkte des kulturellen und geistigen Wandels profilierten. Im Verlauf des Jahrhunderts weitete sich die Sozietätenbewegung auch auf Kleinstädte und den ländlichen Raum aus,[36] wobei die meisten Gesellschaften lokal oder regional verankert blieben. Die 1761/62 gegründete *Helvetische Gesellschaft* hingegen verstand sich als überkonfessioneller Treffpunkt einer schweizerischen, patriotisch-aufklärerisch gesinnten intellektuellen Elite, der es um die Stärkung des überkantonalen, helvetischen Zusammenhalts ging; dies allein genügte schon, um das Misstrauen der Obrigkeiten in den Orten zu wecken.[37]

Nach Zweck und Tätigkeitsbereich lassen sich vier Typen solcher Vereinigungen unterscheiden: 1. Gelehrte Gesellschaften, die Gelehrte zur fachlichen Diskussion und zum Wissensaustausch zusammenführten, Experimente veranstalteten und Naturalienkabinette aufbauten; sie engagierten sich besonders in der Naturforschung. 2. Literarische Gesellschaften und Lesegesellschaften, die ihren Mitgliedern kostengünstig den Zugang zu Druckschriften eröffneten und als Diskussionsforen dienten. Mehrere solcher Sozietäten entstanden auch im ländlichen Raum. So verschaffte die Mitgliedschaft in der *Moralischen Gesellschaft* von Lichtensteig (SG) dem oben erwähnten Ulrich Bräker Zugang zur Literatur. 3. Gemeinnützige Gesellschaften mit dem Hauptanliegen, neues Wissen praktisch für die Hebung des Allgemeinwohls anzuwenden. Charakteristische Tätigkeitsfelder waren der Ausbau der Infrastruktur in Städten, etwa die Pflästerung der Gassen und Plätze und die Strassenbeleuchtung, sowie die Verbesserung der hygienischen Verhältnisse, des Schul- und Bildungswesens und die Armenfürsorge. 4. Als besonderer Untertyp der gemeinnützigen Gesellschaften gelten die sogenannten ökonomisch-patriotischen Gesellschaften, die Verbesserungen in der Ökonomie, insbesondere in der Landwirtschaft, anstrebten.

Die Sozietäten des späten Ancien Régime zielten allgemein auf Verbesserungen der Verhältnisse im Rahmen der herrschenden Ordnung. Sie gingen aus dem freien Entschluss Gleichgesinnter hervor, die sich im Hinblick auf eine grundsätzlich egalitäre, ständisch nicht präjudizierte Zusammenarbeit vereinigten. Ausserhalb der etablierten staatlichen und kirchlichen Lehrinstitutionen angesiedelt, entzogen sich die Gesellschaften als private Organisationen der engen Kontrolle von Obrigkeit und Kirche, was ihre Handlungs- und Diskussionsautonomie stärkte. Mit praktischer Tätigkeit und agrarischen Experimenten, deren Erfolg die Bauern zur Nachahmung motivieren sollte, mit der Vermittlung von materiellen und symbolischen Anreizen für innovative Projekte (Ausrichtung von Prämien und Ehrungen, Ausschreibung von Preisschriften), mit dem Druck belehrender Abhandlungen und der Vernetzung mit gleichgesinnten Gesellschaften im In- und Ausland machten die gelehrten und gemeinnützigen Sozietäten ihre Anliegen in der Gelehrtenrepublik und beim Publikum bekannt. Damit entwickelten sie ein neuartiges Konzept der arbeitsteiligen Produktion und Umsetzung von Wissen, das gesellschaftlich relevant und allgemein verfügbar sein sollte.

Den gemeinnützigen und ökonomischen Gesellschaften ging es auch um «Volksaufklärung». Die Bevölkerung sollte zu mehr Fleiss und zu einer vernünftigen, das heisst vorurteilsfreien, traditionskritischen sowie innovationsoffenen Einstellung erzogen werden. Zu diesem Zweck propagierten die «ökonomischen Patrioten» den moralischen, sozialen, wirtschaftlichen und kulturell-zivilisatorischen Nutzen der Arbeit: Arbeit bekämpfe Armut und Bettel, Müssiggang und Laster, sie schaffe neue Nahrung und Mehrwert, lasse die Bevölkerungszahl ansteigen und vermehre die individuelle und gesellschaftliche Glückseligkeit des Menschen so-

**Titelblatt aus: Abhandlungen und Beobachtungen, durch die oekonomische Gesellschaft zu Bern gesammelt, Bern 1768** *(UB Basel, Sign. Falk 241:16).* — In ihrer deutsch- und französischsprachigen Zeitschrift veröffentlichte die 1759 gegründete Oekonomische Gesellschaft zu Bern neben gelehrten Traktaten – etwa zu Reformen in der Landwirtschaft oder zur Volksbildung und Armenfürsorge – auch die Preisfragen, die die Sozietät dem gelehrten Publikum zur Erörterung unterbreitete. Seit 1763 vergab die Gesellschaft eine Ehrenmedaille für besondere Verdienste. Eine Reproduktion dieser Medaille zierte auch das Titelblatt der Zeitschrift: Auf dem Pflug sitzt die Allegorie der Freiheit mit Pileus (Freiheitshut). Die Umschrift – «Hinc Felicitas» – zeigt an, dass die Glückseligkeit von Staat und Gesellschaft aus der Förderung der Landwirtschaft erwachsen soll. Die patriotischen Ökonomen wollten mit der Steigerung der agrarischen Produktivität die Schweiz von Nahrungsmittelimporten unabhängiger machen und die Souveränität des Staates festigen.

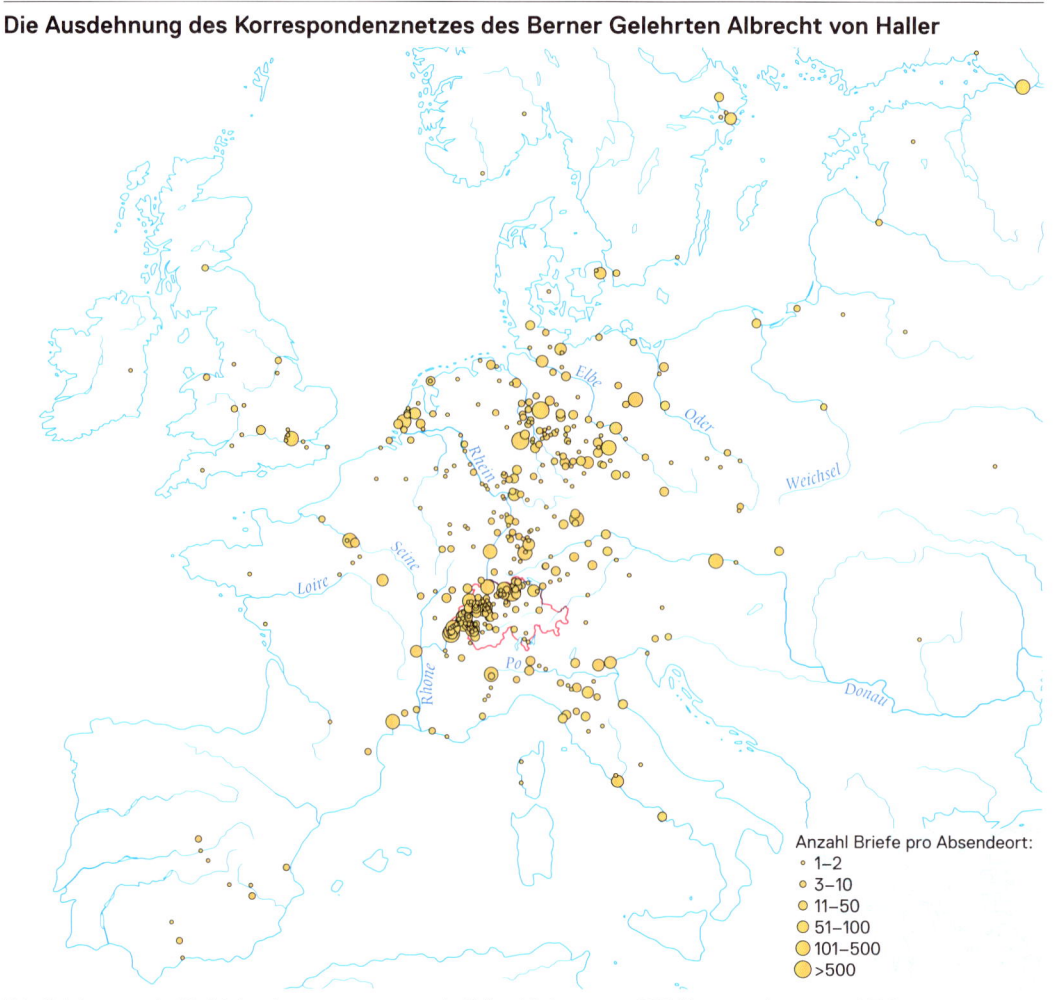

## Die Ausdehnung des Korrespondenznetzes des Berner Gelehrten Albrecht von Haller

Anzahl Briefe pro Absendeort:
- 1–2
- 3–10
- 11–50
- 51–100
- 101–500
- >500

Kein Gelehrter war im 18. Jahrhundert so gut vernetzt wie Haller. Mit insgesamt 1200 Korrespondenten aus 447 Orten in ganz Europa hat er Briefe ausgetauscht. 3700 Briefe von Haller an diesen Kreis sind erhalten, ebenso 13 300 Briefe aus diesem Kreis an Haller. Mit Haller zu korrespondieren machte den Stolz vieler Gelehrter aus. Auf der Karte sind nur die Briefe an Haller dargestellt.
Quelle: Haller Datenbank, www.albrecht-von-haller.ch, © Idee und Konzeption: Richard Stuber, Bern; Ausführung: 2013 Schwabe AG, Verlag, Basel, und Kohli Kartografie, Kiesen.

wie den Wohlstand und die Macht der Staaten. Machte für die ökonomischen Patrioten erst die Arbeit den Menschen zu einem nützlichen Glied der Gesellschaft, so war sie für reformierte Pfarrer, die sich nicht von ungefähr prominent an der aufklärerischen Erziehung und Bildung des «Volkes» beteiligten, der Schlüssel zu sittlichem Wohlverhalten. Allerdings blieben die Angemessenheit und Reichweite einer Aufklärung der breiten Bevölkerung selbst unter den Befürwortern dieses Zieles durchaus kontrovers diskutierte Fragen.[38]

Das steigende Bedürfnis nach grenzüberschreitender Kommunikation unter den Gelehrten sowie das breiter werdende Interesse des Publikums an gedruckter Information, literarischer Belehrung und Unterhaltung äusserten sich in vielfältiger Weise. Führende Wissenschaftler wie die Basler Mathematiker aus der Familie Bernoulli oder Leonhard Euler (1707–1783), die Mediziner Albrecht von Haller (1708–1777)[39] und Johann Georg Zimmermann (1728–1795) oder der Philosoph Johann Georg Sulzer (1720–1779) wirkten mangels Aussichten auf eine akademische Karriere im eigenen Land an den grossen europäischen Universitäten und Akademien. Sie bildeten – allen voran Haller – mit ihren Veröffentlichungen und ihrer Korrespondenz Knotenpunkte im Netzwerk der europäischen Gelehrtenrepublik.[40]

Neue Verlags- und Buchhandelsgesellschaften entstanden in Genf, Lausanne, Yverdon, Bern, Neuenburg, Basel, Zürich und Lugano.[41] Die aufkommenden Zeitungen und Zeitschriften wie die nur 1721 bis 1723 erscheinenden «Discourse der Mahlern» in Zürich, der «Mercure Suisse, ou recueil de nouvelles historiques, politiques, littéraires et curieuses» beziehungsweise das «Journal helvétique» (1732–1784) in Neuenburg oder die «Nuove di diverse corti e paesi» (1746–1799) aus Lugano beschleunigten die Zirkulation gelehrten Wissens und befriedigten ein wachsendes Bedürfnis an periodischen Nachrichten zum politischen und kulturellen Zeitgeschehen. Ein wissbegieriges, lernendes Publikum konstituierte sich, zumal sich die durchschnittliche Lesefähigkeit vielerorts verbesserte. Um 1780 konnten 80 Prozent der Männer auf der Zürcher Landschaft lesen;[42] 1798 lasen auf der Basler Landschaft neun von zehn Kindern beiderlei Geschlechts. In Marktorten vermittelte die Elementarschule vermehrt praktisches Wissen wie Rechnen, Schreiben und geometrisches Zeichnen; lebensweltliche Bedürfnisse begannen das Lehrangebot der Schulen zu bestimmen, wodurch deren konfessionelle Ausrichtung an Bedeutung verlor.[43]

Die steigende Buchproduktion, das Entstehen eines Marktes für Unterhaltungsliteratur sowie die zahlreichen Nachdrucke erfolgreicher Titel zeigten, dass sich das Leseverhalten veränderte und das Buch eine Ware, also ein Konsumgut, wurde, mit dem Verleger und Buchhändler gute Geschäfte machen konnten. Schriften in den Volkssprachen verdrängten die lateinischen Drucke. Der Anteil theologischer Titel an der Buchproduktion ging zurück, neue Wissensfelder – die Pädagogik, Natur- und Handelswissenschaften – wurden wichtiger. Besonders beliebt waren Bücher zu geschichtlichen, philosophischen und politischen Themen, Reisebeschreibungen, Gedichtbände und Romane. Von Lugano aus belieferte der Verlag der Agnelli Italien mit aufklärerischer und kirchenkritischer Literatur. Westschweizer Verlage nutzten die Grenzlage zu Frankreich und ihren Zugang zu den deutschen Buchmessen nicht nur, um das zunehmende Interesse an französischer Literatur im deutschsprachigen Raum zu bedienen, sondern auch um Werke zu drucken beziehungsweise nachzudrucken, die in Frankreich entweder verboten oder besonders erfolgreich waren. Damit unterliefen sie die staatliche Zensur, die dies- und jenseits der Grenze mit der Buchproduktion immer weniger Schritt zu halten vermochte. Sie druckten in den 1770er und 1780er Jahren die *Encyclopédie* von Denis Diderot (1713–1784) und Jean Le Rond d'Alembert (1717–1783) nach, veröffentlichten eigene Zeitschriften und Enzyklopädien, beispielsweise die von Fortunato Bartolomeo de Felice (1723–1789) herausgegebene *Encyclopédie d'Yverdon*, und befriedigten die wachsende Nachfrage nach Allgemeinwissen unter den gebildeten Ständen.[44]

Die geistige Auseinandersetzung der Bildungselite mit dem zeitgenössischen Wandel und die Entfaltung einer neuartigen Wissenskultur manifestierten sich besonders im forschenden Interesse an der Natur und in der Erkundung des Alpenraums, in der Beschäftigung mit der Gründungszeit der Eidgenossenschaft im Rahmen einer kulturkritischen Analyse der Gegenwart sowie in der sogenannten Luxusdebatte, welche die moralischen und gesellschaftlichen Auswirkungen der ökonomischen Dynamik reflektierte.

Ein neuartiger, ambivalenter Umgang mit der Natur zeigte sich. Physikotheologen wie der Zürcher Arzt und Naturforscher Johann Jacob Scheuchzer (1672–1733) betrachteten die Natur als zweites Buch der Offenbarung und wollten mit der Erforschung der Naturgesetze den göttlichen Schöpfungsplan erkunden, Bibelglauben und neue Empirie miteinander harmonisieren.[45]

Ein positives Naturverständnis brach durch. Es pries den unerschöpflichen Reichtum der Natur, den sich der Mensch mit Hilfe von Wissenschaft und

**Nachdrucke und Absatzmärkte der Enzyklopädie von Denis Diderot und Jean Le Rond d'Alembert in den beiden Jahrzehnten nach der Erstveröffentlichung (1751–1772)**

| Ausgabe | Exemplare | in Frankreich | ausserhalb Frankreichs | überzählige Drucke |
|---|---|---|---|---|
| Folio Paris | 4 225 | 2 000 (?) | 2 050 | 175 |
| Folio Genf | 2 150 | 1 000 (?) | 1 000 | 150 |
| Folio Lucca | 1 500 (+100) | 250 (?) | 1 250 | (150) |
| Folio Livorno | 1 500 (+100) | 0 (?) | 1 500 | (100) |
| Quart Genf-Neuenburg | 8 525 | 7 257 | 754 | 514 |
| Oktav Lausanne-Bern | 5 500 (+300) | 1 000 (?) | 4 500 | (300) |
| | 23 400 | 11 507 | 11 054 | 839 (+500) |

Bei den Nachdrucken taten sich Westschweizer Verleger besonders hervor. In Genf erschien 1771–1776 ein Nachdruck der Pariser Ausgabe in Folio. In Genf und Neuenburg kam 1777–1779 eine Ausgabe im Quartformat und schliesslich in Lausanne und Bern 1778–1782 eine kleinformatige Oktavausgabe heraus.
Quelle: Robert Darnton, Glänzende Geschäfte, Berlin 1993, S. 43 (geändert).

Johann Jacob Scheuchzer im Alter von circa 35 Jahren, Kupferstich von Joseph Nutting nach einem Porträt von Johann Melchior Füssli, entstanden um 1707, abgedruckt in Scheuchzers *Museum diluvianum*, 1716 (ZB Zürich). — Das Porträt zeigt Scheuchzer als Alpen- und Naturforscher vor alpiner Berglandschaft. Er präsentiert fossile Pflanzenreste, vor ihm liegen eine Muschel, Steine, ein Kristall und Versteinerungen, die Objekte seiner Forschung.

Arbeit aneignen sollte. Gleichzeitig schärfte der enger werdende Nahrungsspielraum das Bewusstsein für die Begrenztheit der natürlichen Ressourcen und für die Belastung der Umwelt, was sich in einem verstärkten Ressourcenmanagement der Obrigkeiten, etwa in Forstordnungen, und im Intensivierungs- und Meliorationsprogramm der ökonomischen Gesellschaften widerspiegelte. Beide Tendenzen trugen zur «Ökonomisierung der Natur» bei.[46]

Die naturgeschichtliche Forschung löste sich von der Tradition der theoretisch-systematischen Naturphilosophie. Schon im 17. Jahrhundert hatten sich Naturforscher der Beobachtung empirischer Einzeltatsachen zugewandt und aufgehört, Wissenschaft als philologisch-hermeneutischen Kommentar der gelehrten literarischen Überlieferung zu betreiben. Wissenschaft wandelte sich zur Forschung mittels Experiment und empirischer Beobachtung. Der Empirismus erweiterte, unterstützt durch Mikroskop und Teleskop, angetrieben aber auch durch Expeditionen in bislang nicht erkundete Räume, die Grenzen der sinnlich wahrnehmbaren Welt ins unendlich Grosse und Kleine. Das Feld der Tatsachen, die als Gegenstand der Wissenschaft gelten konnten, weitete sich aus. Wissenschaft wandelte sich zu einem offenen, unabgeschlossenen Prozess der Wissensakkumulation, welcher wiederum die Erfahrung des Verfalls der Gültigkeit von Wissen mit einschloss. Dynamisierung und Verzeitlichung gingen Hand in Hand.

Ein positiv gewendetes Bild der Natur zeigte sich auch in der neuen Wahrnehmung der Alpen, deren Nützlichkeit als Wasserschloss Europas Naturforscher und Dichter wie Johann Jacob Scheuchzer und Albrecht von Haller würdigten, nicht ohne in den Bergen auch ein ästhetisch überragendes und das Gemüt aufwühlendes Bauwerk zu verehren, dessen Architekt Gott selbst war.[47]

Neues empirisches Wissen zur Flora, Fauna und zum Klima der Alpen prägte nicht nur das Bild von deren Schönheit und Nützlichkeit, es floss auch in die Charakterisierung des Alpenbewohners ein, dessen angebliche Stärke, Gesundheit und natürliche Freiheitsliebe wissenschaftlich mit dem rauen Klima der Berge und der frugalen Lebensweise begründet wurden. In der Anthropologie des Alpenbewohners konstruierten gelehrte Autoren den noch nicht von der Zivilisation korrumpierten Nachkommen der alteidgenössischen Gründungsväter. Im Rahmen des zeitgenössischen europäischen Nationendiskurses wurde der Bergbewohner als authentische Verkörperung des schweizerischen «Nationalcharakters» vorgestellt (siehe Beitrag von Laurent Tissot, S. 482).[48]

Die Typisierung des *homo alpinus* verknüpfte sich wirkungsvoll mit der verstärkten historischen Rückbesinnung auf die Staat und Nation begründenden Tugenden der Ahnen aus dem alteidgenössischen Gründungsmythos. Der kulturkritische Impuls zur moralischen Erneuerung in einer in vielerlei Hinsicht als dekadent empfundenen Zeit leitete die gelehrten historischen Sozietäten zur Beschäftigung mit der Gründungsgeschichte an. Die Rückbesinnung auf die heroischen Anfänge erschloss neu jene Tugendideale der Tapferkeit, Einfachheit und Selbstgenügsamkeit, die das zugrundeliegende mythisch-statische Geschichtsverständnis als politisch-moralisches Fundament der ersten Eidgenossenschaft betrachtete. Von deren Wiederbelebung machte dieses in der Tradition des klassischen Republikanismus verankerte Verständnis das Gelingen einer zeitgemässen Erneuerung der Eidgenossenschaft abhängig.[49]

In einem Diskurs über das zeitgenössische ökonomische Wachstum und die neuen Konsumgewohnheiten, welche traditionelle ständische Ordnungsvorstellungen aufweichten, diagnostizierten Gelehrte und Politiker das Abhandenkommen alter, identitätsstiftender Tugendideale, was unweigerlich zum Niedergang der Eidgenossenschaft führen müsse. Der steigende, sozial ungleich verteilte Wohlstand, die Akkumulation von Kapital in öffentlichen und privaten Haushalten, die kommerzielle Verflechtung der einheimischen Unternehmer, Verleger und Financiers mit der globalen Ökonomie und die Erfahrung einer gestiegenen Abhängigkeit von anonymen Marktkräften und einer sich verschärfenden Knappheit agrarischer Ressourcen waren allesamt Impulse für eine intensive Reflexion ökonomischer Zusammenhänge. Kontrovers wurde die Frage des sogenannten «Luxus» erörtert, welche im schweizerischen Kontext besondere Virulenz erlangte, denn gemäss humanistischer Überlieferung und der im alteidgenössischen Geschichtsbild wurzelnden Selbstre-

> « *Wer in disem Studio etwas fruchtbarliches wil außrichten, der muß nicht immer hinter dem Ofen sizen, und phantastische Grillen außbruten, sondern die Natur selbs einsehen, Berge und Thäler durchlauffen, alles aller Ohrten genau in acht nehmen [...]; weiters gute Bücher, nicht alte verlegene Plackereyen, schimlichte Stempeneyen [billige Druckerzeugnisse] wissen und lesen; alles genau abwägen, das gewisse von dem ungewissen, das falsche von dem wahrhaften unterscheiden; nicht von seinem eingebildeten Systemate, sondern von der Natur anfangen; insonderheit aber seine Gedanken und Arbeit dahin richten, das nicht so fast das Hirn mit allerhand eitelen Speculationen angefüllet, sondern GOTT, der ganzen Welt Urheber erkennet, geehret, und dessen unendtliche Eigenschafften, seine Allmacht, Weißheit und Güte verherrlichet werden.*»

Johann Jakob Scheuchzer, Helvetiae stoicheiographia, orographia et oreographia Oder Beschreibung Der Elementen, Grenzen und Bergen des Schweizerlands. Der Natur=Histori des Schweizerlands Erster Theil, Zürich 1716, S. 2.

präsentation höhlte übertriebener Aufwand das moralische und politische Fundament der Republik aus und zog deren Niedergang nach sich.

Die Debatte zeigt, wie sich das politisch-ökonomische Denken von christlichen Moralvorstellungen emanzipierte, wirtschaftliche Gesetzmässigkeiten autonome Geltung erlangten und die Theologie ihren hegemonialen Status als Leitwissenschaft verlor. Hatte man im Kreis der ökonomischen Gesellschaften zunächst noch allen unnötigen Konsum bekämpft und deswegen – mit Modellen ökonomischer Autarkie – einer Abschottung gegenüber dem Ausland und der rigorosen Durchsetzung christlich-ständischer Aufwandsvorschriften das Wort geredet, so setzte sich im letzten Drittel des Jahrhunderts zunehmend eine mittlere Position durch, welche den Luxuskonsum der Reichen begrüsste, weil er den Wohlstand der exportorientierten Handelsrepubliken begründete und die wachsende Bevölkerung ernährte. Im Denken des Baslers Isaak Iselin zeigt sich diese Adaptation exemplarisch. Anfänglich wie die Zürcher Republikaner um Johann Jacob Bodmer ein Warner vor den schädlichen Folgen von Luxus, Handel und Kommerz für den Zusammenhalt der kleinen eidgenössischen Republiken, entwickelte Iselin im Anschluss an die Krise der 1770er Jahre in der Luxusfrage eine vermittelnde Position, wie sein Urteil zur einschlägigen Preisfrage der von ihm gegründeten *Gesellschaft zur Aufmunterung und Beförderung des Guten und Gemeinnützigen* zeigt.[50]

Dieselbe kritische Distanzierung gegenüber dem statischen Geschichtsdenken, das der republikanischen Luxuskritik zugrunde lag, kennzeichnete auch Iselins Wirken als Geschichtsphilosoph. Seine gegen Rousseaus Zivilisationskritik gewendeten *Philosophische[n] Muthmassungen über die Geschichte der Menschheit* des Jahres 1764 machten ihn zum Pionier des geschichtsphilosophischen Genres in Europa. Er übertrug ein psychogenetisches Modell auf die Menschheitsgeschichte und vertrat auf der Grundlage eines breiten historischen und ethnographischen Wissens die Vorstellung, dass die Menschheit sich dank des Gebrauchs von Vernunft und Wissenschaft im Verlauf der Geschichte stetig vervollkommnet habe.[51]

Dieses radikal säkularisierte Geschichtsdenken offenbarte die Krise religiöser Weltdeutung. Die Entfaltung neuer Wissenskulturen, Repräsentationen und Deutungskategorien von Wirklichkeit berührte auch den Status der Kirche als Verwalterin des religiösen Heilswissens. Institutionell blieb zwar für beide Konfessionen im ausgehenden Ancien Régime ein starkes Staatskirchentum bestimmend. Der Vierte Landfrieden von 1712 regelte formell die gegenseitige Duldung und die Parität

**Isaak Iselin, Porträt von Anton Hickel, Öl auf Leinwand, 1784**
*(Historisches Museum Basel),*
© *HMB, Photo Peter Portner.*

zwischen den Konfessionen. Die Geistlichen waren – stärker in reformierten als in katholischen Gebieten – als Repräsentanten der Obrigkeit vor Ort vielfältig in den Staatsdienst eingebunden, indem sie deren Mandate verkündeten, das Armen- und Schulwesen und den sittlichen Lebenswandel der Bürger und Untertanen beaufsichtigten und die Kirchenbücher führten.[52] In der zweiten Jahrhunderthälfte arbeiteten besonders reformierte Pfarrer als Naturforscher und Statistiker in gelehrten und gemeinnützigen Gesellschaften mit. Allerdings gerieten die orthodoxe Lehre und die anstaltlich kontrollierte Frömmigkeitspraxis der reformierten und katholischen Staatskirche von Seiten verschiedener Erneuerungsbewegungen unter Druck. In reformierten Gebieten sowie auf der Luzerner Landschaft strebten pietistische Bewegungen in privaten Hausversammlungen die geistliche Wiedergeburt des Individuums ausserhalb des pfarrkirchlichen Rahmens an und wurden dafür von Kirche und Obrigkeit verfolgt, wie etwa der Berner Samuel König (1671–1750) oder der Luzerner Jakob Schmidlin (1699–1747).[53]

Seit der Wende zum 18. Jahrhundert artikulierte sich in reformierten Kantonen in der Kritik an der Formula Consensus von 1671 und an der zwangsweisen Verpflichtung der Kirchendiener auf die protestantische Orthodoxie ein humanistischeres Verständnis von Religion, welches den Akzent auf die sittliche Bewährung des Glaubens im Leben statt auf dogmatische Spekulation setzte.[54] Im letzten Drittel des Jahrhunderts schlugen katholische Reformaufklärer aus dem Patriziat Luzerns und Freiburgs nach dem Vorbild des Josephinismus in Österreich die Aufhebung von

## Kulturkampf avant la lettre

Im katholischen Europa entzweite im 18. Jahrhundert der Streit um die Verminderung der Feiertage eine reformgesinnte kirchlich-weltliche Elite und grosse Teile des niederen Klerus und Kirchenvolks. Das Luzerner Feiertagsgesetz von 1601 schrieb neben den 52 Sonntagen noch 40 gebotene und 20 halbe Feiertage vor, wobei an den halben Feiertagen werktägliche Arbeit nach dem Besuch des Gottesdienstes gestattet war. In den Pfarreien kamen noch bis zu 16 Festtage für lokale Heilige hinzu. Die Reformer des 18. Jahrhunderts wollten mit der drastischen Reduktion der Anzahl der Feiertage die Gläubigen zu mehr Arbeitsamkeit und Sittlichkeit erziehen und sie ein von Äusserlichkeiten gereinigtes Glaubensverständnis lehren. Entsprechende Gesetze der Patriziate von Luzern (1763), von Freiburg (1780) und von Solothurn (1783) stiessen auf Widerstand in der Bevölkerung, die diese «lutherischen Mandate» als Verrat des katholischen Glaubens und als Eingriffe in die eigene Lebenswelt ablehnte.[55]

Klöstern und die Reduktion der zahlreichen kirchlichen Feiertage vor, die sie für die wirtschaftliche und zivilisatorische Rückständigkeit katholischer Territorien verantwortlich machten – eine verbreitete Argumentation, die in dieser Einfachheit zu kurz griff. Sie erregten damit nicht nur Widerstand in den Räten (Luzern), sondern ebenso bei der Landbevölkerung, welche im Freiburger Chenaux-Handel im Jahr 1781 unter ihrem Anführer Pierre Nicolas Chenaux den Aufstand probte und sich dem rationalistisch-utilitaristischen Grundzug solcher Reformprojekte verschloss. Die breite Bevölkerung blieb der katholisch-barocken Frömmigkeitstradition verbunden, was sich auch in der finanziellen Unterstützung zahlreicher Neubauten von Pfarrkirchen und Kapellen manifestierte.[56]

Über die ganze Schweiz gesehen schwächte sich im Verlauf des Jahrhunderts die kirchlich-konfessionelle Glaubens- und Lebensorientierung dennoch deutlich ab. Die Geistlichkeit beklagte den abnehmenden Kirchenbesuch, das lückenhafte Wissen um religiöse Inhalte und die Missachtung der Sonntagsheiligung bei den Laien. Neue moralische Einstellungen machten sich in der nachlassenden Bereitschaft der Sittengerichte zur Verfolgung vorehelicher sexueller Beziehungen und in der steigenden Zahl unehelicher Geburten bemerkbar.[57]

Obwohl die Aufklärung grundsätzlich eine grenzüberschreitende Bewegung mit universalistischem Anspruch war und ihre Träger in der Schweiz in engem Austausch mit den Vertretern der europäischen Strömungen standen, verliehen diverse Faktoren ihrer schweizerischen Spielart ein besonderes Gepräge.[58] In Anlehnung an die allgemeine Tendenz in Deutschland und in Absetzung von den religions- und kirchenkritischen *philosophes* Frankreichs waren die Schweizer Aufklärer bestrebt, die neuartigen Ansätze einer empirischen Anthropologie, welche das Individuum und die Gattung Mensch in ihren historisch-kulturellen Variationen untersuchte, mit der christlichen Tradition zu verbinden. Die Mehrsprachigkeit des Landes prädestinierte die Schweizer Aufklärer und Verlage zur Mittlerstellung zwischen Deutschland, Frankreich und Italien. Die französischen Übersetzungen von Werken Samuel von Pufendorfs, Hugo Grotius' oder Christian Wolffs durch die naturrechtlichen Staats- und Völkerrechtler Jean Barbeyrac (1674–1744) und Emer de Vattel (1714–1767) zeigen dies ebenso wie die vielfältig vernetzte, grenzüberschreitende Korrespondenz der führenden Gelehrten oder die Geschäftsstrategie von Schweizer Verlagen. Zwischen 1758 und 1762 gaben Vinzenz Bernhard von Tscharner (1728–1778) und Fortunato Bartolomeo de Felice in der Berner *Typographischen Gesellschaft* eine italienischsprachige literarische Zeitschrift heraus.[59] Die Berner *Société des citoyens* verlieh schon 1765 Cesare Beccaria einen Preis für dessen Schrift *Dei delitti e delle pene*, in der er die Abschaffung von Folter und Todesstrafe forderte.

Analog zur politischen und konfessionellen Kleinkammerung des Landes konzentrierte sich auch das Geistesleben nicht in einem einzigen Zentrum. Mittelpunkte des gelehrten und wissenschaftlichen Lebens waren die reformierten Städte, wobei Zürich mit seinen zahlreichen Sozietäten und mit Johann Jacob Bodmer (1698–1783) und Johann Kaspar Lavater (1741–1801) – zwei massgeblichen Repräsentanten der geistig-literarischen Bewegungen ihrer jeweiligen Zeit – weit über die Grenzen des Landes ausstrahlte.[60] Die katholischen Städte und Kantone wurden allgemein später und weniger stark vom neuen Denken erfasst. Weil es in der Schweiz kein höfisches Zentrum und keine Wissenschaftsakademien gab und auch die Universität Basel zeitgenössischen Vorstellungen einer Reformuniversität nicht zu entsprechen vermochte, folgten zahlreiche Gelehrte einem Ruf ins Ausland. Hallers Tätigkeit an der Göttinger Universität und die Schweizer Netzwerke an den Akademien von St. Petersburg und Berlin sind hier zu nennen.[61]

Zahlreich waren aber auch die Schweizer Gelehrten und Theologen, die wie zum Beispiel Elie Bertrand (1713–1797) aus Orbe in der Waadt als Erzieher, Hauslehrer, Sekretäre und Berater in den Dienst europäischer Fürsten traten, wo sie besonders gefragt waren, weil sie französische Sprache und Kultur mit dem protestantischen Glaubensbekenntnis verbanden.

### Das spannungsvolle Erbe des Ancien Régime

Der Strukturwandel des späten Ancien Régime brachte auf engstem Raum eine komplexe Gemengelage höchst unterschiedlicher Verhältnisse und Lebensformen hervor, die vielfach miteinander konkurrierten. Treibende Kräfte des Wandels waren die gewerbliche Warenproduktion im Rahmen der Verlags- und Heimindustrie, die Verflechtung der Exportindustrie und des Finanzsektors mit der globalen Ökonomie, die Produktivitätsfortschritte in der Landwirtschaft und die damit zusammenhängende Erweiterung des Nahrungsspielraums sowie das Wachstum der Bevölkerung. Die sozialen Unterschiede und Spannungen in Dörfern und Städten wurden grösser. Es zeichneten sich die Konturen einer ersten Konsumgesellschaft mit ihren wachsenden, sich ausdifferenzierenden Bedürfnissen nach verfeinerten Waren sowie nach Bildung, Wissen, Information und kultureller Unterhaltung ab. Im Hinblick auf die langfristigen Auswirkungen dieser miteinander verschränkten Wachstums-, Differenzierungs- und Pluralisierungsprozesse bleibt hervorzuheben, dass die Regionen und sozialen Gruppen sehr ungleich an diesen Veränderungen der materiellen und geistigen Kultur teilhatten.

Der strukturelle Gegensatz von Stadt und Land verschärfte sich in zweierlei Hinsicht: 1. bezüglich des Verhältnisses zwischen den regierenden Städten und ihren ländlichen Untertanengebieten und 2. bezüglich des Verhältnisses zwischen den überwiegend reformierten, meist industriell-kommerziell ausgerichteten Stadtkantonen und den mehrheitlich katholischen, stärker agrarisch-bäuerlichen Länderorten. Von der Helvetik bis zur Gründung des Bundesstaats sollten diese Gegensätze in staatspolitischen und konstitutionellen Grundsatzkonflikten manifest werden.

1. Die ländlichen Untertanengebiete der regierenden Städte, die Länderorte und Untertanengebiete in der Ostschweiz, im Waadtländer und Neuenburger Jura sowie das Drei-Seen-Land waren im 18. Jahrhundert Treibhäuser des sozialen, demographischen und ökonomischen Wandels. Dort lagen die Zentren der gewerblichen Warenproduktion. Dort verdichtete sich die kommerzielle Infrastruktur und bildeten sich ein differenziertes ländliches Handwerk und Gewerbe aus. Dort wuchs die Bevölkerung überproportional stark; die ländlichen Unterschichten kombinierten agrarische und ausseragrarische Tätigkeiten und schufen sich so ein karges Auskommen. Ebenfalls dort entstand auf der Grundlage eines neuen Wohlstands ein selbstbewusstes Landbürgertum mit entwickelten Konsum- und Bildungsbedürfnissen, urbanem Lebensstil und kulturellen Ansprüchen, dessen wirtschaftliches Leistungs- und Innovationspotential, Bildungsniveau und geistiger Horizont durchaus vergleichbar waren mit denjenigen der privilegierten Zunfthandwerker in den regierenden Städten. Diese büssten zunehmend Standortvorteile ein, die ihnen bisher die Herrschaft über ihre grossen Untertanengebiete gesichert hatten. Nicht von ungefähr führten die patrizischen Eliten die vorrevolutionären Emanzipationsbestrebungen der städtischen ↑Honoratioren in den Landstädten der Waadt und der Untertanen auf der Zürcher Landschaft in den frühen 1790er Jahren auf die Wirkung zurück, welche die Staatslehre eines Voltaire oder Rousseau auf die Meinungsbildung eines durch Wohlstand «stolz» – mit anderen Worten: selbstbewusst – gewordenen Landbürgertums ausübte.[62]

2. Die voralpinen und alpinen katholischen Länderorte der Ost- und der Innerschweiz wurden dagegen weniger vom Wandel erfasst. Damit entstand erst eigentlich das sozioökonomische Gefälle zwischen dem Alpenraum und dem urbaneren, entwickelteren Umland. Zudem blieben die alpinen katholischen Kantone der traditionellen Orthodoxie und kirchlich-barocken Frömmigkeitskultur verhaftet. Aus der einseitig kritischen Beurteilung dieser Unterschiede erwuchs bei den urbanen Eliten die Vorstellung einer wirtschaftlichen und kulturellen Rückständigkeit der Berggebiete und ihrer Bewohner, die in einem scharfen Kontrast zu ihrer gleichzeitigen Idealisierung stand.

### Fremd- und Selbstbilder der Schweiz im Wandel

Das öffentliche, im Wesentlichen von den geistigen Eliten geprägte Bild der Schweiz wandelte sich im 18. Jahrhundert grundlegend. Die Schweiz

### Hallers Zerrissenheit zwischen wissenschaftlicher Karriere und familiärer Verpflichtung

Der Berner Albrecht von Haller (1708–1777) zählt zu den bedeutendsten Gelehrten des 18. Jahrhunderts. 1736 nach Göttingen berufen, trug er mit seinen Forschungen massgeblich zur Reputation der jungen Reformuniversität bei. Umso mehr stiess seine Rückkehr nach Bern im Jahr 1753 in der Gelehrtenwelt auf Unverständnis. Für diesen Schritt brach Haller eine glänzende universitäre Karriere ab; sie bedeutete den Verzicht auf Forschungseinrichtungen, da es solche in Bern nicht gab. Haller ging es bei seiner Heimkehr um die Zukunft seiner Familie. Seit 1745 war er Mitglied des Berner Grossen Rats und wusste, dass nur die Anwesenheit in Bern ihm und seinen Nachkommen die Aussicht bot, in die Ämter gewählt zu werden, die ein Auskommen im Staatsdienst sicherten. Neun gescheiterte Bewerbungen für einen Sitz im Kleinen Rat machten Haller allerdings klar, dass die Zugehörigkeit zur richtigen Familie für eine erfolgreiche Ämterkarriere in der patrizischen Republik wichtiger war als ein wissenschaftlicher Ruf.[63]

Albrecht von Haller, undatierte Feder- und Kreidezeichnung, zugeschrieben Johann Caspar Füssli (*ZB Zürich, Graphische Sammlung*).

hatte im Ausland bis dahin als unwirtliches, unzivilisiertes Bergland gegolten. Die politische Organisation dieses Geflechts von dreizehn Orten ohne beschlussfähige zentrale Institutionen und einheitlichen politischen Willen galt in einem Europa der Monarchien als instabil, unruhig und abnorm. Ausländischen Diplomaten verlangten Verhandlungen mit dieser Föderation eigensinniger Kleinstaaten einiges Geschick, viel Geduld und noch mehr Geld ab. Die aus dem Solddienst erwachsene Geldgier der Schweizer war sprichwörtlich.

Im 18. Jahrhundert aber hellte sich das negative Urteil mächtig auf.[64] Der naturgeschichtliche, anthropologische und ökonomische Blick der Gelehrten entdeckte die Schönheit, Erhabenheit und Nützlichkeit der Alpen sowie die natürliche Unverdorbenheit und Freiheit ihrer Bewohner. Abraham Ruchats Reiseführer durch die Schweiz *Les Délices de la Suisse* von 1714, Albrecht von Hallers Gedicht *Die Alpen* (1728; Erstdruck 1732) oder Jean-Jacques Rousseaus Briefroman *Julie ou La Nouvelle Héloïse* (1761) verbreiteten beim lesenden europäischen Publikum das Bild der Schweiz als glückliches Alpenland. Das Interesse an diesem imaginierten Hort ursprünglicher Natur und Freiheit war geweckt. Die Schweiz wurde zur unverzichtbaren Station auf Bildungsreisen des europäischen Adels und der bürgerlichen Elite (siehe Beitrag von Laurent Tissot, S. 482). Zahlreiche Beschreibungen von Reisen in die Schweiz gingen in Druck. Die Schweizbegeisterung breitete sich aus in verzückten Schilderungen eines im Schutz seiner Berge vom Krieg verschonten Landes, dessen Bürger und Bauern einen hohen Wohlstand genossen und das mit lieblichen Landschaften, schönen Städten und freiheitlichen, republikanisch-demokratischen Einrichtungen wie der Landsgemeinde gesegnet war. Am Genfer- und am Neuenburgersee liessen sich wohlhabende Fremde, vorab Briten, nieder, welche hier neben dem milden Klima und der schönen Landschaft auch den Schutz vor politischer Verfolgung in ihrer Heimat und die Bildungseinrichtungen für ihre Kinder schätzten. Ihre Kolonien verliehen Genf und Lausanne ein kosmopolitisches Gepräge und trugen zur Prosperität der «Riviera» am Genfersee bei.[65]

Seit den 1780er Jahren mischten sich aber auch kritischere Stimmen in den idealisierenden Lobpreis dieses bewunderten Landes. Sie tadelten die Oligarchisierung der Regierungen, die Kriegsuntauglichkeit des Militärs, die fehlende Öffentlichkeit und Pressefreiheit, die mangelhafte Bildung der politischen Elite oder Justizskandale wie die Hinrichtungen des Zürcher Pfarrers und Statistikers Johann Heinrich Waser (1742–1780) oder der der Hexerei angeklagten Glarner Magd Anna Göldi (1734–1782).[66]

Berichte ausländischer Reisender und Abhandlungen von Schweizer Intellektuellen wie etwa Karl Viktor von Bonstettens (1745–1832) *Briefe aus dem Hirtenland* (1782) stilisierten die Alpenbewohner – wenn nicht gar die Schweizer insgesamt – zum Volk der Hirten. Im Hirten erblickten sie – analog zum Stereotyp des «edlen Wilden» in zeitgenössischen Expeditionsberichten über aussereuropäische Völker – den urwüchsigen Menschen, der in der Abge-

**Frontispiz, entworfen von Balthasar Anton Dunker, aus: Merkwürdige Prospekte aus den Schweizer Gebürgen und derselben Beschreibung, Bern 1776** *(Schweizerische Nationalbibliothek).* — Die von Abraham Wagner herausgegebene, international beachtete Stichfolge war das Produkt eines durch mehrere Exkursionen ins Gelände vorbereiteten wissenschaftlichen, künstlerischen und kommerziellen Unterfangens. Der Aargauer Maler Caspar Wolf (1735–1783) – in der Bildmitte vor seiner Staffelei neben Verleger Wagner und der Alpenverehrerin «Fräulein Müller» abgebildet – lieferte die Vorlagen für die Stiche, der Berner Pfarrer und Naturforscher Jakob Samuel Wyttenbach (1748–1830) steuerte die Erläuterungen bei. Am rechten Bildrand stehend trägt er Messwerte in sein Notizbuch ein, die ihm ein Bauer mit Messstock gerade mitteilt. Mit dem am Messstock befestigten langen Seil, das von einem zweiten Bauern getragen wird, wurde – nach Wyttenbachs Aufzeichnungen – am 28. Juli 1776 die Höhe des berühmten Staubbachfalls im Lauterbrunnental gemessen. Albrecht von Haller – im Medaillon abgebildet – nobilitierte das Werk mit einem Vorwort.

schiedenheit und im rauen Klima der Berge dank einer gesunden Lebensweise ein natürliches Menschentum und die republikanischen Tugenden unverfälscht bewahrt habe. Der Hirte bot sich als Projektionsfläche für die luxuskritische Dekadenzdebatte der geistigen Elite an. Im Hirten als positiver Gegenfigur zum dekadenten Städter schrieb sich eine kulturkritische Haltung eidgenössischer Intellektueller und Gelehrter fort. Seit Beat Ludwig von Muralts *Lettres sur les Anglois et les François, et sur les voiages* (1725) distanzierten sich diese vom gespreizten, höfisch-adeligen Lebensstil Frankreichs und empfahlen den Zöglingen des Patriziats, Reisen ins Ausland zu unterlassen, weil sie Charakter und Moral verderben würden.[67] In der Projektion des Hirten verschmolzen die Idee der politischen Freiheit und der Lebensraum der Alpen. Diese «imagologische Bastelei», wie es der Schweizer Historiker Guy P. Marchal treffend nannte, okulierte die traditionelle, mythische Identitätsrepräsentation der Alten Eidgenossen aus dem späten 15. Jahrhundert mit naturwissenschaftlichen und anthropologischen Argumenten des 18. Jahrhunderts und verlieh ihr damit neue Überzeugungskraft. Die Natur der Alpen brachte gemäss dieser wissenschaftlichen Betrachtungsweise den schweizerischen «Nationalcharakter» hervor.[68] Die neue Perspektive stellte eine umso erstaunlichere Identitätskonstruktion dar, als die darin bemühte Figur des idealen Alpenbewohners nichts mehr mit der Lebenswirklichkeit der allermeisten Schweizerinnen und Schweizer des 18. Jahrhunderts gemein hatte. Die gelehrte Konstruktion des schweizerischen Nationalcharakters und das Innewerden der spezifischen Differenz der Schweiz zum Ausland erfolgten gleichzeitig mit einer nie zuvor erreichten wirtschaftlich-kommerziellen und kulturellwissenschaftlichen Verflechtung mit Europa.

## LABILE GLEICHGEWICHTE UND STILLSTAND

### Das Corpus helveticum unter dem Vierten Landfrieden von 1712

Im diplomatischen Schriftverkehr der europäischen Mächte mit der Eidgenossenschaft setzte sich im 18. Jahrhundert der Ausdruck «Corpus helveticum» als Bezeichnung für die Gesamtheit der eidgenössischen Orte und ihrer Zugewandten durch. Bezeichnenderweise gab der Ausdruck eine Sicht von aussen auf das Land wieder. Er spiegelte eine Geschlossenheit dieses Konglomerats kommunal-republikanischer und fürstlicher Kleinstaaten vor, die sich ausländische Potentaten und Gesandte zwar wünschen mochten, wenn sie bei Verhandlungen mit den Kantonen ob deren Uneinigkeit verzweifelten. Mit der politischen Realität hatte er jedoch wenig gemein. Unklar war sogar, wer überhaupt zum Corpus helveticum gehörte. In den Friedensschlüssen von Rijswijk 1697, Utrecht 1713 und Baden (Aargau) 1714, in welche die Grossmächte die Eidgenossenschaft gewohnheitsmässig einschlossen, war die Aufzählung der Zugewandten Orte uneinheitlich, indem meist entweder Neuenburg oder das Fürstbistum Basel fehlten.

Gleichwohl verklammerten die grossen Friedensschlüsse der europäischen Mächte um 1700 und deren diplomatische Beziehungen zu den Eidgenossen die Orte mindestens so gut miteinander, wie dies das eidgenössische Bündnissystem mit seiner nachlassenden Bindekraft zu tun vermochte.[69] Unübersehbar waren die Anzeichen der Entfremdung zwischen den Orten. Seit der zweiten Hälfte des 17. Jahrhunderts artikulierte sich – zuerst bei den grossen reformierten Städteorten, deutlich später bei den katholischen Länderorten – ein gesteigertes republikanisches, das heisst freistaatliches Souveränitätsbewusstsein.[70] Die Kantone wollten alleine über ihre Angelegenheiten befinden und wünschten bei der Beilegung von inneren Konflikten keine Vermittlung der übrigen Orte mehr. Eine Reform der Bündnisverträge war seit dem Scheitern der Bemühungen Zürichs und Berns in der Mitte des 17. Jahrhunderts kein Thema mehr. In der langen Geschichte der ↑Tagsatzung sticht die Zeit zwischen 1712 und 1798 als Phase der geringsten Aktivität heraus. Die Vertreter der Dreizehn Orte kamen höchstens noch zu zwei Sitzungen im Jahr zusammen, und selbst die getrennten Konferenzen der katholischen und der reformierten Orte, die nach der Reformation viel häufiger als die allgemeinen Tagsatzungen stattfanden, wurden im 18. Jahrhundert seltener. Relativierend ist allerdings in Rechnung zu stellen, dass die einzelnen Tagungen im 18. Jahrhundert jeweils 15 bis 20 Tage und damit wesentlich länger als früher dauerten (siehe Beitrag von Andreas Würgler, S. 132).[71]

Am deutlichsten manifestierte sich die Entfremdung im Zweiten Villmerger Krieg 1712, der sich aus der Eskalation eines Herrschaftskonflikts zwischen dem St. Galler Fürstabt und dessen mehrheitlich reformierten Toggenburger Untertanen entspann. Die militärische Intervention Berns und Zürichs zugunsten der Toggenburger provozierte die Reaktion der Inneren Orte. Den Waffengang nutzten die beiden Städte, um die auf den Kappeler Krieg von 1531 zurückgehende Hegemonie der katholischen Orte zu brechen und ihre demographische und wirtschaftliche Stärke nun auch politisch auf eidgenössischer Ebene zur Geltung zu bringen (siehe Kapitel von Randolph Head, S. 220 f.).

Nach ihrem Sieg bei Villmergen am 25. Juli 1712 diktierten Bern und Zürich den unterlegenen Inneren Orten im Vierten Landfrieden vom 11. August 1712 einen Macht- und Religionsfrieden. Die Inneren Orte wurden von der Mitregierung strategisch wichtiger ↑Gemeiner Herrschaften (Baden, nördliches Freiamt, Rapperswil) ausgeschlossen, wo fortan allein Berner, Zürcher und reformierte Glarner Landvögte regierten. Die Forderung der Inneren Orte nach Wiedereinsetzung in die gemeinsame Regierung dieser Gebiete belastete auf Jahrzehnte hinaus die Beziehungen zwischen den Orten. Bern erweiterte zudem seinen Einfluss nach Osten und trat nach 1712 neu in die Verwaltung der Gemeinen Herrschaften Oberes Freiamt, Thurgau, Rheintal und Sargans ein. Die beiden führenden Städte stellten damit eine durchgehende, von Eingriffen der Inneren Orte ungestörte territoriale Verbindung zwischen dem Genfersee und der Ostschweiz her. Strittige Konfessionsfragen in den Gemeinen Herrschaften wurden dem Mehrheitsentscheid der Tagsatzung entzogen und einem paritätischen Schiedsgericht überantwortet, womit die seit der Niederlage von Kappel 1531 bestehende konfessionspolitische Benachteiligung der reformierten Orte beseitigt wurde. Erst 1718 wurden auch die Herrschaftsverhältnisse in der Fürstabtei St. Gallen geklärt. Die Toggenburger mussten ihr Projekt einer eigenständigen Landsgemeinderepublik aufgeben. Die Herrschaft des Fürstabts über seine Lande wurde wiederhergestellt, wobei die weitreichende Selbstverwaltung des Toggenburgs bestätigt und die Rechtsstellung der Reformierten im Land verbessert wurde.

### Aussenbeziehungen im Zeichen von Verflechtung und Neutralität

Der Ausgang des Zweiten Villmerger Krieges beeinträchtigte auch das Verhältnis der Dreizehn Orte zu Frankreich. Die Allianz von 1663 wäre zwar erst 1723 ausgelaufen, doch erneuerte Frankreich diese unter dem Eindruck des neuen politischen Übergewichts der reformierten Städte Bern und Zürich bereits 1715. Allerdings gelang dies nur mit den katholischen Orten und ihren Zugewandten, ohne den kaiserlich gesinnten Fürstabt von St. Gallen. Die reformierten Kantone waren seit dem späten 17. Jahrhundert als Reaktion auf die aggressive Macht- und Religionspolitik Ludwigs XIV. auf Distanz zu Frankreich gegangen und hatten sich aussenpolitisch den protestantischen Seemächten Holland und England angenähert. Bern, Zürich und die Drei Bünde erlaubten den Niederlanden seit den 1690er Jahren Truppenwerbungen in ihren Gebieten. Seit 1712 beziehungsweise 1713 standen Bern beziehungsweise die Drei Bünde in einer Allianz mit den Generalstaaten, der 1748 die übrigen reformierten Orte ohne Glarus und Ausserrhoden beitraten. Sie balancierten damit die einseitige Ausrichtung auf die Hegemonialmacht im Westen aus. Frankreich, das schon 1714 mit Österreich eine militärische Intervention zugunsten der katholischen Orte erwogen hatte,[72] nahm 1715 – entgegen seiner traditionellen, auf Ausgleich unter sämtlichen Orten bedachten Diplomatie – die katholischen Kantone gegen innere und äussere Feinde in Schutz. Den Allianzvertrag ergänzte der französische Ambassador Charles-François de Vintimille Du Luc in einem geheimen Zusatz, dem sogenannten Trücklibund, um die Zusage, Frankreich unterstütze die Inneren Orte notfalls auch militärisch bei der Restitution der 1712 verlorenen Gemeinen Vogteien.[73] Erst 1777 traten nach jahrzehntelangen diplomatischen Bemühungen die Orte erneut und zum letzten Mal vor der Revolution gesamthaft in die Allianz mit Frankreich ein.[74] Allerdings hatten sich in der Zwischenzeit die Kräfteverhältnisse auf dem europäischen Kontinent verschoben und Frankreich seine hegemoniale Stellung verloren, die es unter Ludwig XIV. um 1700 behauptet hatte.

Die Eidgenossenschaft hatte mit der Exemtion vom Reich 1648 den Status eines Völkerrechtssubjekts erlangt und seitdem erfahren, wie schwer es ihr als losem Verbund souveräner Kleinstaaten fiel, eine kohärente Interessen- und Aussenpolitik zu verfolgen. Während die grossen Mächte die Machtverteilung auf dem Kontinent in zahlreichen Kriegen aushandelten, mussten die Orte auf aussenpolitische Strategien bedacht sein, die sie davor bewahrten, zum Spielball der Mächte und zum leichten Opfer einer Hegemonialmacht zu werden. Diese Gefahr bestand auch in wirtschaftlicher Hinsicht, waren doch die Orte wegen ihrer Abhängigkeit von Getreide- und Salzimporten leicht mit Blockaden oder Wirtschaftssanktionen unter Druck zu setzen.[75]

Bedrohlich wurde die Lage für die Eidgenossenschaft jeweils dann, wenn das Gleichgewicht der Kräfte zwischen Frankreich, dem Reich und Österreich gestört war. Dies war zu Beginn, in der Mitte und am Ende des 18. Jahrhunderts der Fall. Die Übermacht Frankreichs auf dem Höhepunkt der Regierung Ludwigs XIV. wurde in den Friedensschlüssen von Rijswijk 1697 und von Utrecht 1713 wieder zurückgebunden. In der Mitte des Jahrhunderts nahm die neue Allianz zwischen den vormaligen Erbfeinden Frankreich und Österreich aus dem Jahre 1756 – man sprach vom «renversement des alliances» – die Eidgenossenschaft in die Zange und liess besonders nach der ersten polnischen Teilung im Jahr 1772 Befürchtungen aufkommen, das Land könnte das Schicksal Polens erleiden und den Ex-

| Anno. | Lauwis. | Luggarus. | Maythal. | Mondris. | Baden. | Rinthal. | Turgeüw. | Freyämpt. | Sargans. |
|---|---|---|---|---|---|---|---|---|---|
| 1690. | Bärn. | Lucern. | Zürich. | Ury. | Underwalden. | Underwalden. | Ury. | Zürich. | Lucern. |
| 1691. | Bärn. | Lucern. | Zürich. | Ury. | Statt. Zug. | Underwalden. | Ury. | Lucern. | Ury. |
| 1692. | Schweitz. | Underwalden. | Ury. | Schweitz. | Statt. Zug. | Egerin. Zug. | Schweitz. | Lucern. | Ury. |
| 1693. | Schweitz. | Underwalden. | Ury. | Schweitz. | Glarus. | Egerin. Zug. | Glarus. | Ury. | Schweitz. |
| 1694. | Glarus. | Basel. | Mentzigē. Zug. | Underwalden. | Glarus. | Glarus. | Underwalden. | Ury. | Schweitz. |
| 1695. | Glarus. | Basel. | Mentzigē. Zug. | Underwalden. | Bärn. | Glarus. | Underwalden. | Schweitz. | Underwalden. |
| 1696. | Solothurn. | Schaffhausen. | Freyburg. | Baar. Zug. | Bärn. | Appenzell. | Statt. Zug. | Schweitz. | Underwalden. |
| 1697. | Solothurn. | Schaffhausen. | Freyburg. | Baar. Zug. | Zürich. | Appenzell. | Statt. Zug. | Underwalden. | Egerin. Zug. |
| 1698. | Lucern. | Zürich. | Bärn. | Glarus. | Zürich. | Zürich. | Glarus. | Underwalden. | Egerin. Zug. |
| 1699. | Lucern. | Zürich. | Bärn. | Glarus. | Lucern. | Zürich. | Glarus. | Statt. Zug. | Glarus. |
| 1700. | Underwalden. | Ury. | Schweitz. | Basel. | Lucern. | Lucern. | Zürich. | Statt. Zug. | Glarus. |
| 1701. | Underwalden. | Ury. | Schweitz. | Basel. | Ury. | Lucern. | Zürich. | Glarus. | Zürich. |
| 1702. | Basel. | Mentzigē. Zug. | Glarus. | Freyburg. | Ury. | Ury. | Lucern. | Glarus. | Zürich. |
| 1703. | Basel. | Mentzigē. Zug. | Glarus. | Freyburg. | Schweitz. | Ury. | Lucern. | Zürich. | Lucern. |
| 1704. | Schaffhausen. | Freyburg. | Solothurn. | Solothurn. | Schweitz. | Schweitz. | Ury. | Zürich. | Lucern. |
| 1705. | Schaffhausen. | Freyburg. | Solothurn. | Solothurn. | Underwalden. | Schweitz. | Ury. | Lucern. | Ury. |
| 1706. | Zürich. | Bärn. | Lucern. | Schaffhausen. | Underwalden. | Underwalden. | Schweitz. | Lucern. | Ury. |
| 1707. | Zürich. | Bärn. | Lucern. | Schaffhausen. | Baar. Zug. | Underwalden. | Schweitz. | Ury. | Schweitz. |
| 1708. | Ury. | Schweitz. | Underwalden. | Zürich. | Baar. Zug. | Statt. Zug. | Underwalden. | Ury. | Schweitz. |
| 1709. | Ury. | Schweitz. | Underwalden. | Zürich. | Glarus. | Statt. Zug. | Underwalden. | Schweitz. | Underwalden. |

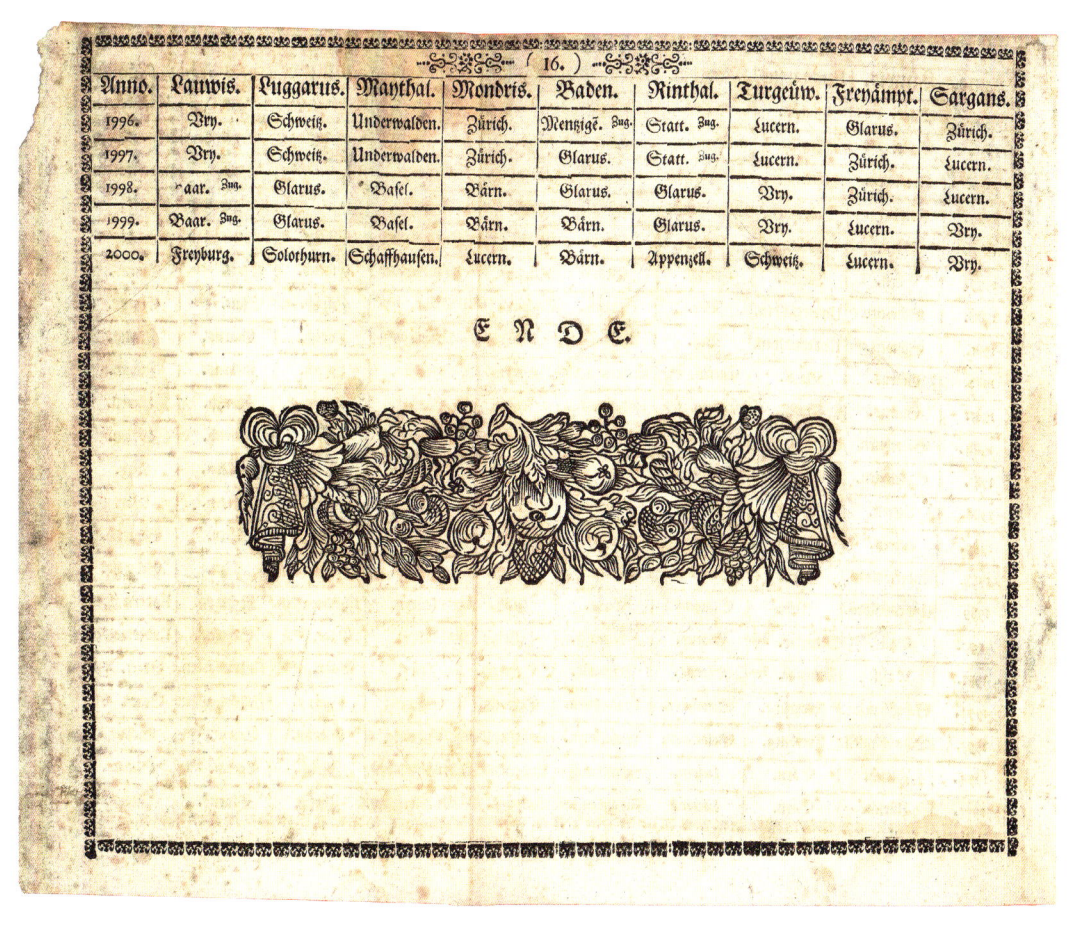

| Anno. | Lauwis. | Luggarus. | Maythal. | Mondris. | Baden. | Rinthal. | Turgeüw. | Freyämpt. | Sargans. |
|---|---|---|---|---|---|---|---|---|---|
| 1996. | Ury. | Schweitz. | Underwalden. | Zürich. | Mentzigē. Zug. | Statt. Zug. | Lucern. | Glarus. | Zürich. |
| 1997. | Ury. | Schweitz. | Underwalden. | Zürich. | Glarus. | Statt. Zug. | Lucern. | Zürich. | Lucern. |
| 1998. | Baar. Zug. | Glarus. | Basel. | Bärn. | Glarus. | Glarus. | Ury. | Zürich. | Lucern. |
| 1999. | Baar. Zug. | Glarus. | Basel. | Bärn. | Bärn. | Glarus. | Ury. | Lucern. | Ury. |
| 2000. | Freyburg. | Solothurn. | Schaffhausen. | Lucern. | Bärn. | Appenzell. | Schweitz. | Lucern. | Ury. |

E N D E.

Erste und letzte Seite der Tabelle aus: Carl Franz Kreuel, Distribvtio Oder Deütlich- und ordentliche Außtheilung der neun Landvogteyen / als Turgeüw / Baden / Reinthal / Freyämpter / Sargans / Lauwis [Lugano] / Luggarus [Locarno] / Maythal [Maggiatal] und Mondris [Mendrisio] / so die Hochlobl. regierende Orth der Eydtgnoschafft von Jahr zu Jahr dem Vmbgang nach zu besetzen pflegen. Fangt an von Anno 1690. biß auff Anno 2000, Einsiedeln 1691 *(UB Basel, Sign. Falk 2947:33).* — Die von Carl Franz Kreuel, dem Zuger Ammann und eidgenössischen Landvogt in Lugano (1686–1688), verfasste und 1691 gedruckte Tabelle listet die Verteilung der gemeineidgenössischen Landvogteien auf die berechtigten Orte bis ins Jahr 2000 auf. Sie wurde bereits 1712 durch die Bestimmungen des Vierten Landfriedens überholt.

pansionsgelüsten seiner grossen Nachbarn – insbesondere Österreichs – zum Opfer fallen. Die militärischen Erfolge Preussens unter Friedrich dem Grossen, die in den reformierten Kantonen bewundert wurden, sowie die Erneuerung der Allianz mit Frankreich – nunmehr wieder durch alle Orte – im Jahr 1777 bildeten in dieser Situation ein Gegengewicht zu den hegemonialen Ansprüchen Österreichs. 1798 schliesslich erwies sich – unter ganz neuen Voraussetzungen – die Wehrlosigkeit der eidgenössischen Kleinstaaten gegenüber einer aggressiven Hegemonialmacht, als die Republik Frankreich ihre Übermacht auf dem Kontinent für die Revolutionierung der Schweiz und deren Einbindung in ihr System von Satellitenrepubliken nutzte.

Neutralität und Verflechtung kennzeichneten gemeinsam die aussenpolitische Strategie der Orte. In einem Europa der kriegerischen Monarchien machte diese Doppelstrategie die aussenpolitische Handlungsunfähigkeit der Orte wett und sicherte ihnen das Überleben.[76] Als sich in Europa eine staats- und völkerrechtlich gefasste Gemeinschaft souveräner Staaten bildete, drängte sich der Eidgenossenschaft die Neutralität als adäquates aussenpolitisches Konzept auf (siehe Beitrag von Georg Kreis, S. 306). Sie bewahrte die untereinander zerstrittenen Kantone davor, in die grossen zeitgenössischen Kriege verwickelt, in gegnerische Kriegsparteien aufgespalten und gegeneinander aufgerieben zu werden. In der Allianz des Jahres 1777 mit Frankreich wurde die bewaffnete Neutralität der Orte festgeschrieben, von der sich Frankreich den militärischen Schutz seiner Grenze erhoffte. Eine neutrale Eidgenossenschaft lag allgemein im Interesse der europäischen Mächte, weil damit der strategisch bedeutsame Alpenraum und die Pässe zwischen dem Reich und Oberitalien dem Zugriff einer einzelnen Macht entzogen waren.

Die Eidgenossenschaft blieb bis in die 1790er Jahre von den grossen Kriegen verschont. Die exponierten Gebiete im Westen und Norden wurden jeweils durch Grenzbesetzungen im Rahmen der Defensionalordnungen (↑Defensionale) leidlich geschützt. Immer mehr erschien die Schweiz als neutrale Friedensinsel in einem kriegsversehrten Europa. Die Lage im «Auge des Hurrikans» brachte es aber auch mit sich, dass sich dem Land weder Verbesserungen der militärischen Verteidigung aufdrängten noch Schocks von Niederlagen verarbeitet werden musste. Es entstand nie jener massive Reformdruck, der im 18. Jahrhundert in Preussen, Österreich, Frankreich und Grossbritannien die Modernisierung der staatlichen Strukturen vorantrieb. Allerdings erschöpfte sich damals die Neutralität der Orte nicht im einseitigen Abseitsstehen und in der militärischen Verteidigung des Landes. Vielmehr blieben diese vielfältig mit dem Ausland verflochten und machten damit ihre Zurückhaltung auch für die Grossmächte interessant. Die Schweiz bot sich ihnen weiterhin als unversehrtes Söldnerreservoir dar, wobei die Kantone je nach konfessions- und aussenpolitischer Orientierung mit unterschiedlichen, bisweilen auch verfeindeten Mächten Soldverträge abschlossen.

Frankreichs Bedeutung als Dienstherr eidgenössischer Soldtruppen beider Konfessionen schwächte sich im 18. Jahrhundert ab. Daneben dienten Söldner aus katholischen Orten in Spanien und Neapel, solche aus reformierten Orten in den Niederlanden, während das Königreich Sardinien-Piemont und Österreich zeitweilig Truppen aus der katholischen und der reformierten Schweiz unterhielten. Neben Söldnern lieferte die Eidgenossenschaft den Mächten auch kriegswichtige Güter wie Pferde und Salpeter und bot Dienstleistungen

**Die Erneuerung der Allianz zwischen dem König von Frankreich und der Eidgenossenschaft im Jahr 1777. Feierlicher Einzug der Gesandten der Vertragsparteien in die St.-Ursen-Kirche in Solothurn. Kupferstich von Laurent Louis Midart** (Paris, Bibliothèque nationale de France).

an, indem Schweizer Handelshäuser während der Blockadekriege die Neutralität auch für verbotenen Zwischenhandel nutzten. Genfer und St. Galler «marchands-banquiers» waren entscheidend an der Finanzierung der französischen Armeen und Kriege beteiligt.[77] Wenn die Eidgenossenschaft 1748 und 1763 im Anschluss an den Österreichischen Erbfolgekrieg und den Siebenjährigen Krieg nicht mehr in die grossen Friedenswerke eingeschlossen wurde, so zeigte dies, dass das Corpus helveticum zum Kreis der Souveräne gestossen und Teil der europäischen Staatenwelt geworden war, auch wenn es diesen Status nicht wirklich ausfüllte, etwa mit residierenden Gesandten in den wichtigsten Hauptstädten. Eine Ausnahme bildete auch hier die Republik Genf, deren Gesandte am französischen Hof – in der Regel Genfer Bankiers – die finanzpolitischen Interessen des Genfer Patriziats in Frankreich wahrnahmen.

Das Rückgrat der Aussenbeziehungen der Orte bildeten weiterhin die Soldallianzen mit den Mächten, obwohl die ökonomische Bedeutung der Fremden Dienste im 18. Jahrhundert rückläufig und der Solddienst nur noch für die katholischen Orte existentiell wichtig war. Die Fremden Dienste waren Teil eines umfassenden Systems des Austauschs finanzieller, materieller und symbolischer Ressourcen zwischen den Allianzpartnern.[78] Viehzucht und Käseherstellung waren von Salzimporten abhängig, die Frankreich in den Allianzen zu günstigen Bedingungen zusicherte. Die offiziellen Pensionen der auswärtigen Mächte alimentierten die Staatskassen der Orte und Zugewandten. Sie schlugen besonders in den ökonomisch schwachen Länderorten der Innerschweiz zu Buche. So entsprach in Uri die Höhe der französischen Pensionen des Jahres 1751 den durchschnittlichen jährlichen Staatsausgaben in der zweiten Hälfte des Jahrhunderts.[79]

Die darüber hinaus bezahlten heimlichen Pensionen flossen in die Taschen der regierenden Familien, welche ihre Machtstellung als Häupter und Ratsherren zu Hause strategisch mit ihrer – im 18. Jahrhundert allerdings riskanter werdenden, mitunter verlustreichen – Tätigkeit als Militärunternehmer im Ausland verknüpften. Diese Familien bestimmten die aussenpolitische Ausrichtung ihres Kantons; sie besetzten die Offiziersstellen in den eigenen Soldkompanien, für welche sie Soldaten aus ihrer lokalen Klientel rekrutierten. Umgekehrt gelangten sie dank der engen Beziehungen zu einer auswärtigen Macht zu Informationen, sozialem Kapital und Patronageressourcen, welche sie in die Pflege von klientelären Netzwerken investierten, auf die sie ihre politische Karriere und die Wahrung ihrer Macht in der Heimat abstützten. So wirkten die Aussenbeziehungen der Orte unmittelbar auf die inneren Verhältnisse zurück.[80] Nicht von ungefähr brachen in den Länderorten im 18. Jahrhundert Konflikte zwischen einer frankreichtreuen und einer frankreichfeindlichen Partei aus, als Sparmassnahmen und die Reorganisationen der eidgenössischen Soldtruppen in Frankreich den Zufluss von Ressourcen aus dem Ausland beschnitten und die politischen Beziehungen zu den Orten belasteten.[81]

### Der paternalistisch-korporative Staat des ausgehenden Ancien Régime

Die Aussenbeziehungen der Kantone bildeten eine entscheidende Voraussetzung für den besonderen Verlauf der Staatsbildung in der Schweiz. In zentralen Aspekten wich die Entwicklung in der Eidgenossenschaft als Ganzer und in den Kantonen im Einzelnen vom verbreiteten europäischen Muster ab. Beim Vergleich zwischen den eidgenössischen Republiken und den fortgeschritteneren Monarchien in Europa stellte sich reformaufklärerischen Köpfen immer drängender die Frage nach der Überlebens- beziehungsweise Reformfähigkeit dieses archaisch anmutenden Verbunds von Kleinstaaten mit seinen stark spätmittelalterlich-ständischen Zügen.[82]

Der ausgeprägt föderale Charakter des Bündnisgeflechts erschwerte die Ausbildung zentraler Institutionen, wie sie etwa die niederländischen Generalstaaten – die zweite grosse alteuropäische Republik nördlich der Alpen – in der zweiten Hälfte des 16. Jahrhunderts unter dem Druck der Befreiungskriege gegen Spanien mit dem Statthalteramt geschaffen hatten. Als Kongress der Gesandten der souveränen Orte diente die Tagsatzung den

---

**Französische Pensionen in der Innerschweiz 1751 (in *livres*)**

| | UR | SZ | OW | NW | ZG |
|---|---|---|---|---|---|
| Standespension | 4 000 | 4 000 | 2 000 | 2 000 | 3 000 |
| Rollenpension | 6 000 | 8 840 | 2 666 | 1 333 | 6 933 |
| Partikularpension | 8 800 | 6 800 | 3 155 | 2 000 | – |
| Stipendien | 400 | 400 | 200 | 200 | 400 |
| Verschiedenes | 680 | 330 | 280 | 280 | 6 200 |
| Gratifikationen und geheime Pensionen | 3 985 | 6 094 | 600 | 810 | 3 000 |
| | 23 865 | 26 464 | 8 901 | 6 623 | 19 533 |

1751 stellte der Ambassador einen Etat über die aktuellen französischen Ausgaben für Pensionen und Gratifikationen in den Ländern der Innerschweiz zusammen. Die Standespension diente in Uri zur Äufnung eines Staatsschatzes. Ob- und Nidwalden deckten damit teilweise ihre laufenden Ausgaben, Zug entschädigte daraus seine Ratsherren, und Schwyz verteilte sie auf die Landesviertel. Die sogenannte Rollenpension wurde als Kopfgeld an die stimmberechtigten Landleute ausgegeben. Die Partikularpensionen konnten von den Pensionenausteilern (*distributeurs*) – lokalen Vertrauenspersonen im Dienst Frankreichs – nach Gutdünken verteilt werden. Die Vergabe von Gratifikationen und heimlichen Pensionen an besonders frankreichtreue Personen behielt sich der Ambassador grundsätzlich vor.
Quellen: Urs Kälin, Salz, Sold und Pensionen, in: Der Geschichtsfreund 149, 1996, S. 114; Original: BA Bern A.E., Bd. 325, vol. 24.

eidgenössischen politischen Eliten als Kommunikationsplattform, sie besass aber abgesehen von ihrer Zuständigkeit für die Verwaltung der Gemeinen Herrschaften keine formellen hoheitlichen Kompetenzen. Auch die einzelnen Orte und Zugewandten, in denen sich die eigentliche Staatsbildung in der Eidgenossenschaft vollzog, blieben in ihrer Staatlichkeit hinter dem damaligen Entwicklungsstand der Gross- und Mittelstaaten in Europa zurück. Dies galt selbst für die grossen Stadtrepubliken Bern und Zürich, von den Länderorten ganz zu schweigen, deren Staatlichkeit noch im späten Ancien Régime nicht über rudimentäre Ansätze hinausgelangt war. Zum einen verzichteten die Orte auf militärische und politisch-administrative Innovationen, welche in der Frühen Neuzeit in den grossen Monarchien die Staatsbildung vorantrieben: So ist – nach dem Scheitern entsprechender Bemühungen einzelner Städte in der ersten Hälfte des 17. Jahrhunderts – nirgendwo ein stehendes Heer aufgestellt worden. Damit entfiel auch die Notwendigkeit zum Ausbau einer Zentralverwaltung, welche regelmässig die hierfür notwendigen Steuern hätte eintreiben müssen. In den republikanischen Kleinstaaten entstanden keine Repräsentationskosten für eine Herrscherdynastie mit Ausgaben für die Hofhaltung, den Residenzbau, die Förderung der Künste oder die Einrichtung von Wissenschaftsakademien. Zum anderen begnügten sich die Kantone weitgehend mit jenem Minimum an herrschaftlicher Vereinheitlichung ihrer Untertanengebiete, das sie bereits im 15. und 16. Jahrhundert durchgesetzt hatten. In ihren Herrschaftsgebieten respektierten die Obrigkeiten grundsätzlich das lokale Recht und die landschaftlich-kommunale Selbstverwaltung. Grösseren Landstädten (Burgdorf, Lausanne, Sempach, Stein am Rhein, Sursee, Thun, Winterthur) und einzelnen Landschaften – dem Entlebuch, dem Haslital, bis 1755 der Leventina, Saanen und dem Toggenburg – räumten sie eine weitgehende Autonomie ein.

Die Aussenverflechtung der Orte sowie die Labilität ihrer Herrschaft im Innern waren entscheidende Faktoren für die besondere Staatsentwicklung und prägten ihre politische Ökonomie.[83] Auf die kostspielige Modernisierung des Militärs konnten die Orte verzichten, weil sie sich aus den Kriegen der Mächte heraushielten und nur indirekt mit dem Export ihrer Söldner daran teilnahmen. Sie profitierten zudem – wie oben im Zusammenhang mit der entstehenden Neutralität bereits erwähnt – von der geopolitischen Balance zwischen den konkurrierenden europäischen Mächten, die selber an einer befriedeten Eidgenossenschaft interessiert waren, zumal sie hier weiterhin ihren hohen Bedarf an Söldnern decken wollten. Die Ausgaben der Soldmächte für den Unterhalt von Schweizer Soldtruppen kamen indirekt auch den Kantonen zugute. Die Allianzen räumten ihnen das Recht ein, die Soldtruppen im Notfall zurückzurufen, was den Schweizer Regimentern faktisch den Charakter fremdfinanzierter stehender Heere im Ausland verlieh. So lagerten die Orte die Kosten für die Modernisierung ihrer Verteidigung zulasten der auswärtigen Mächte und der dortigen Steuerzahler aus; sie hielten damit ihre Sicherheitskosten tief und konnten langfristig eine «Friedensdividende» generieren. Bis ins 17. Jahrhundert hatten sie ihre Staatsschulden abgetragen und äufneten seitdem ihre Staatsschätze. Nur selten – so im Zweiten Villmerger Krieg oder bei längeren Grenzbesetzungen wie in den 1790er Jahren – stiegen die Militärausgaben kurzfristig stark an und liessen erahnen, wie prekär die finanzielle Basis der Verteidigungsorganisation der Orte war.[84] Ihre Verteidigung vertrauten die Orte weiterhin ihren Miliztruppen an, die allenfalls in den grösseren Städteorten moderat modernisiert wurden.

Der Verzicht auf die direkte Besteuerung der Vermögen der Untertanen – seit dem Bauernkrieg im Jahr 1653 – und auf einen forcierten Ausbau des Staates ist den städtischen Obrigkeiten aber auch durch Widerstand abgetrotzt worden.[85] Zürich, Luzern, Basel und Bern hatten im späten 16. und im 17. Jahrhundert mit Steuervorhaben den Widerstand ihrer Untertanen mehrmals provoziert und dabei erfahren müssen, wie labil ihre Herrschaft über die Untertanengebiete war. Einzig Städte mit kleinem Herrschaftsgebiet wie St. Gallen und Genf erhoben im 18. Jahrhundert direkte Steuern. Allerdings relativiert sich die These von der fiskalischen Zurückhaltung der eidgenössischen Orte wieder etwas, wenn die steigenden Kosten in Rechnung ge-

**Einnahmenstruktur der Stadt Zürich 1789/90**

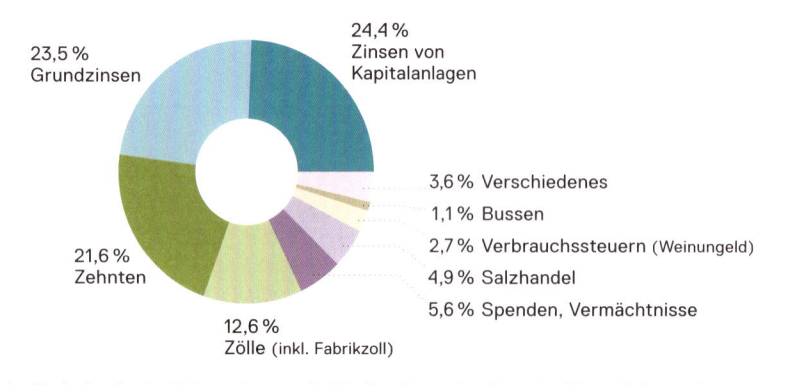

- 24,4 % Zinsen von Kapitalanlagen
- 23,5 % Grundzinsen
- 21,6 % Zehnten
- 12,6 % Zölle (inkl. Fabrikzoll)
- 5,6 % Spenden, Vermächtnisse
- 4,9 % Salzhandel
- 2,7 % Verbrauchssteuern (Weinungeld)
- 1,1 % Bussen
- 3,6 % Verschiedenes

Am Ende des Ancien Régime fussten die Zürcher Staatseinnahmen im Wesentlichen auf Abgaben der Bauern (Grundzinsen, Zehnten), auf Zolleinnahmen aus dem Handel und zu knapp 25 Prozent auf den Erträgen von Kapitalanlagen im In- und Ausland.
Quelle: Niklaus Flüeler/Marianne Flüeler-Grauwiler (Hg.), Geschichte des Kantons Zürich, Bd. 2, Zürich 1996, S. 60, © 2013 Schwabe AG, Verlag, Basel, und Marc Siegenthaler, Bern.

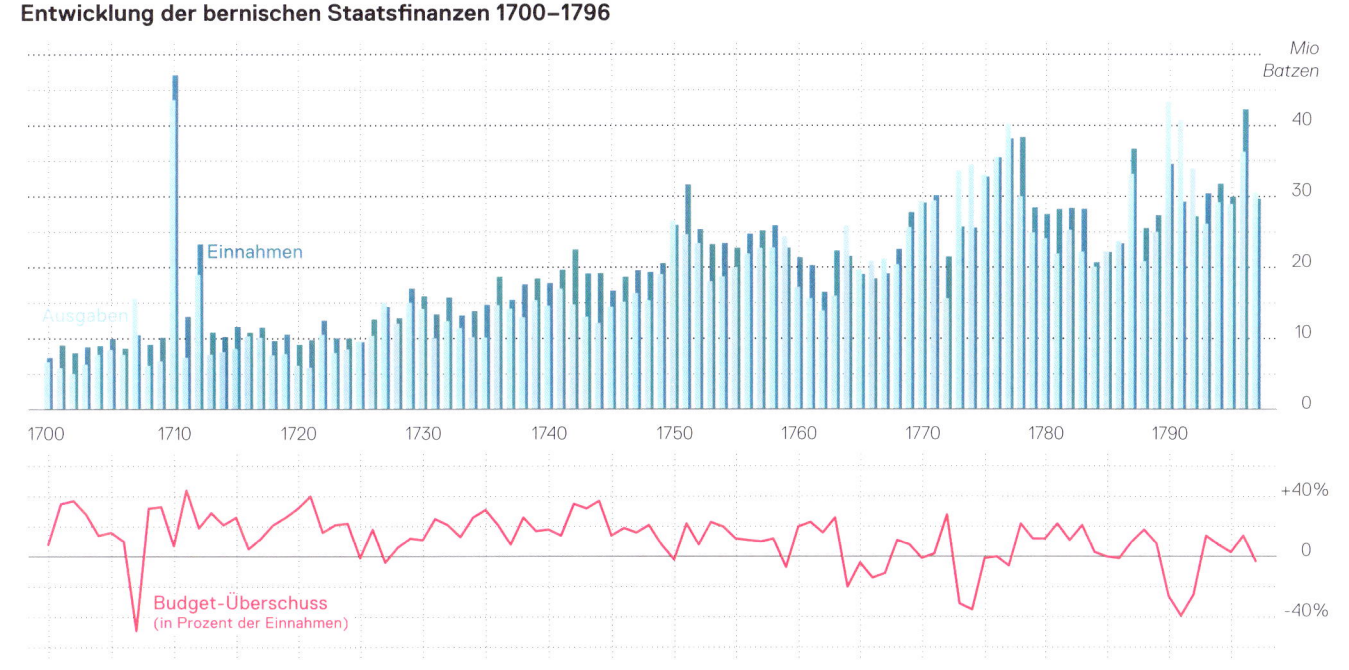

## Entwicklung der bernischen Staatsfinanzen 1700–1796

Die Republik Bern nahm im 18. Jahrhundert im langfristigen Durchschnitt mehr ein, als sie ausgab. Im letzten Drittel des Jahrhunderts gingen die Überschüsse tendenziell zurück. Militärausgaben (Neuenburger Sukzessionskrise 1707, Zweiter Villmergerkrieg 1712, Revolutionsjahre und Bündnishilfe für Genf 1792), Finanzanlagen im Ausland (v. a. 1710) sowie Nothilfemassnahmen in Krisenzeiten (1770er Jahre) liessen die Staatsausgaben jeweils rapide ansteigen.
Quellen: André Holenstein et al. (Hg.), Berns goldene Zeit, Bern 2008, S. 466; Stefan Altorfer-Ong, Staatsbildung ohne Steuern, Baden 2010, S. 130, © 2013 Schwabe AG, Verlag, Basel, und Marc Siegenthaler, Bern.

stellt werden, welche die Obrigkeiten im 18. Jahrhundert ihren Gemeinden für die Armenfürsorge, für den Bau und Unterhalt von Strassen oder für die militärische Ausrüstung der Miliz überbürdeten.[86]

Da direkte Vermögenssteuern von den Untertanen allenfalls auf dem Verhandlungsweg und somit um den Preis der Teilung der Macht zu erheben gewesen wären, schauten sich die Obrigkeiten im 17. und 18. Jahrhundert nach alternativen Finanzierungsquellen um. Auf diese Weise wollten sie von der Zustimmung ihrer Untertanen unabhängig bleiben und sich die exklusive Nutzung der politischen Macht bewahren. Dabei profitierten die Machteliten in mehrfacher Hinsicht vom wirtschaftlichen Aufschwung des Landes. Neben den Erträgen aus der Bewirtschaftung von Regalien – dem Salz- und dem Postmonopol – und den aus der Landwirtschaft erhobenen Geld- und Naturalabgaben (Zehnten) fielen die Zölle ins Gewicht, die dank des zunehmenden Warenverkehrs und einer strafferen Zollpolitik höhere Einnahmen erbrachten.

Bern trieb im 18. Jahrhundert den Bau von Kunststrassen voran und steigerte seine Zolleinnahmen aus dem Transithandel zwischen 1732 und 1782 um das Neunfache.[87] Seit den 1730er Jahren wechselten die Gerichtsherrschaften in der Waadt immer häufiger ihren Besitzer, wobei die damit verbundenen schönen Sitze am Genfersee besonders attraktiv für Käufer aus Genf und dem Ausland waren, die im Bankgeschäft reich geworden waren. Als Lehnsherrin profitierte die Republik Bern von dieser rasanten Kommerzialisierung alter Feudalrechte und strich bei jeder Handänderung eine Feudalabgabe, den sogenannten Ehrschatz (laudemium, lods), ein, die zwischen 1750 und 1790 jährliche Erträge zwischen 50 000 und 100 000 Gulden einbrachte.[88] Ausserdem profitierten die Orte von der Verschuldung der europäischen Staaten. Nachdem sich ansehnliche Kapitalreserven in den Gewölben der Rathäuser angehäuft hatten, gingen etliche Orte seit dem frühen 18. Jahrhundert dazu über, Teile ihres Staatsschatzes langfristig auf europäischen Finanzplätzen wie London in Staatsanleihen anzulegen. Bern erzielte mit den daraus resultierenden Kapitalerträgen im Jahr 1732 14,7 Prozent und im Jahr 1782 17 Prozent seiner Staatseinnahmen. Die absolute Höhe dieser Erträge stieg im selben Zeitraum um 71 Prozent.[89]

Der Zustand der Staatsfinanzen spiegelte nicht nur herrschaftspolitische Rücksichtnahmen wider. Ein haushälterischer Umgang mit Ressourcen, eine kostengünstige Staatsverwaltung sowie die Bewirtschaftung der Regalien und des Staatsvermögens sicherten der Staatskasse nachhaltig Überschüsse und finanzierten jene einträglichen Stellen in Regiment und Verwaltung, welche das politische System der regierenden Orte verfassungsrechtlich den Korporationen der Bürger und Landleute und faktisch dem engen Kreis der regierenden Familien vorbehielt.

Die Geschichte der Schweiz — André Holenstein

## Zusammensetzung des Schrankens in Evangelisch-Glarus (18. Jahrhundert)

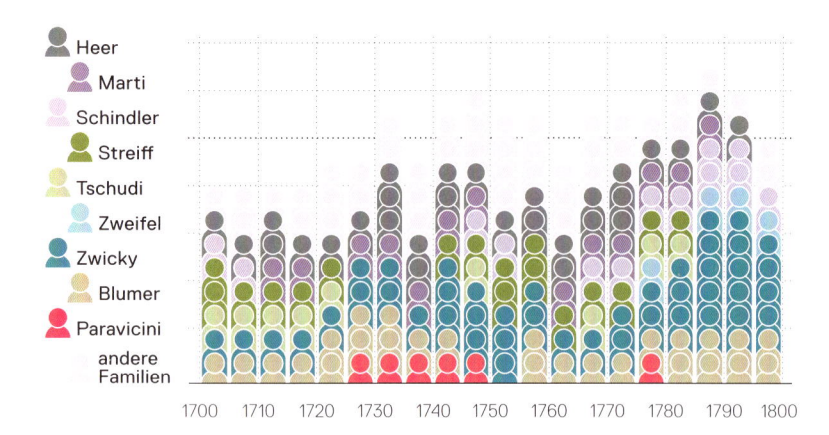

Heer, Marti, Schindler, Streiff, Tschudi, Zweifel, Zwicky, Blumer, Paravicini, andere Familien

1700 1710 1720 1730 1740 1750 1760 1770 1780 1790 1800

Der Schranken (Regierung) von Evangelisch-Glarus umfasste im 18. Jahrhundert zwischen acht und dreizehn Mitglieder. Er wurde von neun sogenannten Häupterfamilien dominiert. Im 18. Jahrhundert waren die Familien Heer, Marti, Zwicky und Blumer praktisch durchgehend im Schranken vertreten, die Familien Schindler, Streiff, Tschudi, Zweifel und Paravicini mit zeitlichen Unterbrechungen. Die neun Häuptergeschlechter machten im Jahr 1774 5,4 Prozent aller Familien aus.
Quelle: HLS, Bd. 5, S. 457, «Glarus (Kanton)», © 2013 Historisches Lexikon der Schweiz, Bern, und Marc Siegenthaler, Bern.

## Zusammensetzung der Räte in Freiburg 1763

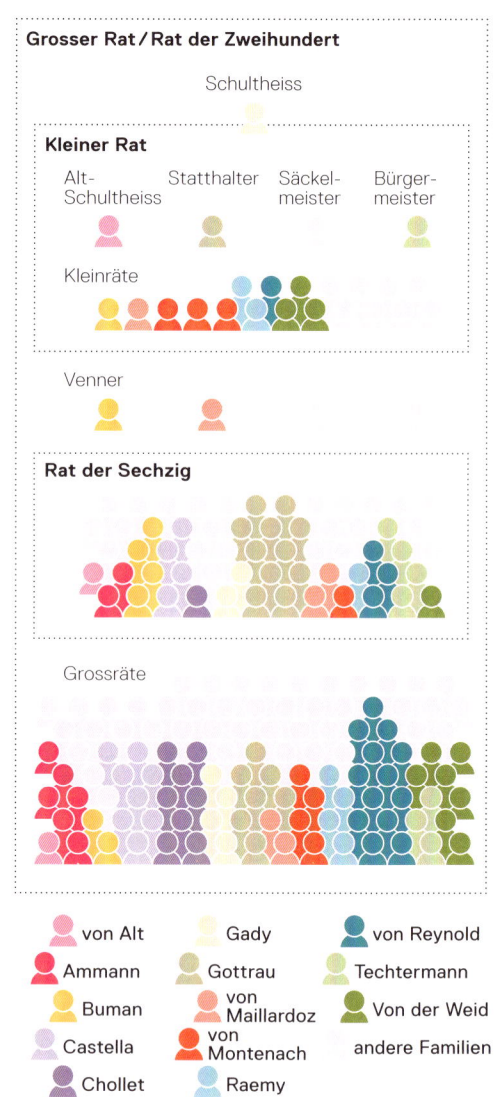

**Grosser Rat / Rat der Zweihundert**

Schultheiss

**Kleiner Rat**

Alt-Schultheiss, Statthalter, Säckelmeister, Bürgermeister

Kleinräte

Venner

**Rat der Sechzig**

**Grossräte**

von Alt, Ammann, Buman, Castella, Chollet, Gady, Gottrau, von Maillardoz, von Montenach, Raemy, von Reynold, Techtermann, Von der Weid, andere Familien

Im Jahr 1763 nahmen in den Räten der Stadt Freiburg 48 Familien Einsitz. Die 13 am stärksten vertretenen Familien besetzten mehr als 60 Prozent der Ratssitze.
Quelle: HLS, Bd. 4, S. 735, «Freiburg (Kanton)», © 2013 Historisches Lexikon der Schweiz, Bern, und Marc Siegenthaler, Bern.

Die politische Organisation der Orte fusste im ausgehenden Ancien Régime immer noch auf den schon im Spätmittelalter ausgebildeten Institutionen. In den Städten regierten ein Kleiner und ein Grosser Rat, welche die höchste Regierungs-, Gesetzgebungs- und Gerichtsgewalt ausübten und gegenüber den Untertanen als Obrigkeit auftraten. In gewissen Städten behandelte zudem ein enger Ausschuss des Rates dringende und vertrauliche Geschäfte und agierte als eigentliches Machtzentrum frei von jeglicher Rechenschaftspflicht gegenüber beiden Räten und der Gemeinde; in Basel war dies der Dreizehnerrat, in Bern der Geheime Rat und in Freiburg die Geheime Kammer. Die Bürgerschaft wurde – wenn überhaupt – nur noch zum jährlichen Schwörtag versammelt, wo sie ihren Bürgereid erneuerte und die höchsten Amtsträger der Stadt wählte oder bestätigte. In der Stadt Genf allerdings nahm die Bürgerversammlung, der Conseil général, im Verlauf des 18. Jahrhunderts zunehmend die Rolle einer Opposition gegen die patrizische Regierung ein und setzte in mehreren Verfassungskonflikten eine breitere Teilhabe der Bürgerschaft an der Macht durch.

Die Verwaltung der grösseren Städteorte wurde durch die Einrichtung zahlreicher Kommissionen, den sogenannten Kammern, professionalisiert. Diese ständigen Ausschüsse aus fachkundigen Ratsherren bearbeiteten im Auftrag des Rats die steigenden Verwaltungsaufgaben ihres Ressorts und bedienten sich mit der Durchführung statistischer Erhebungen auch neuer, kameralistischer Instrumente (↑Kameralismus) politischer Planung. Statt fremde, akademisch gebildete Fachkräfte zu verpflichten, die aus den Staatseinnahmen hätten entlöhnt werden müssen, vertraute man auf die eigene praktische Erfahrung: Die Patriziate besetzten diese Stellen mit ihren Angehörigen und verschafften ihnen ein Auskommen im Staatsdienst.

Das politische System der Länderorte war geprägt durch die bisweilen spannungsvolle Polarität zwischen der Landsgemeinde einerseits, die alle erwachsenen Männer im Besitz des ↑Landrechts versammelte und als höchste Gewalt im Land die wichtigsten Ämter besetzte sowie über Gesetze, Krieg und Frieden und den Abschluss von Allianzen entschied, und den Trägern der wichtigsten Landesämter andererseits, den sogenannten Häuptern – Landammann, Landesstatthalter, Bannerherr, Säckelmeister –, welche dank ihres Wissens, ihrer Erfahrung und Abkömmlichkeit die Politik im Alltag bestimmten. In den Ländern spielte der Landrat als Vertretungsorgan der Gemeinden oder Landesteile nur eine nachgeordnete Rolle.

Für die Verwaltung ihrer Untertanengebiete behielten die regierenden Orte die schon im 15. Jahrhundert ausgebildete Vogteiverwaltung bei.⁹⁰ Ratsherren aus der Stadt oder Angehörige einflussreicher Familien aus den Ländern nahmen als Landvögte jeweils für eine Amtszeit von zwei bis sechs Jahren die Rechte der Obrigkeit in ihrem Amtsbezirk wahr, wo sie meist mit ihrer Familie in einem Schloss residierten. Als wichtigste Repräsentanten der Obrigkeit vor Ort nahmen sie den Untertanen den Treue- und Gehorsamseid, die Huldigung, ab, sie sassen den Gerichten vor, kontrollierten die Verwaltung und Rechnung der Gemeinden, zogen die herrschaftlichen Bussen und Abgaben, den Zehnten und die Grundzinsen, ein und boten im Verteidigungsfall die lokale Miliz auf. In einer regierenden Stadt wählte der Grosse Rat die Landvögte aus seiner Mitte. In den Länderorten oblag die Wahl der Landsgemeinde. Mit der jährlichen Rechnungsprüfung beaufsichtigten die vorgesetzten Organe – in den Städten der Grosse Rat, für die Gemeinen Herrschaften die Tagsatzung – die Amtstätigkeit der Vögte. Selbst in den grossen Territorien der Städte Bern, Zürich und Luzern blieb diese dezentrale Landvogteiverwaltung personell nur schwach besetzt. Der Landvogt wurde für die landvogteilichen Kanzleigeschäfte durch einen Landschreiber unterstützt. Für die Wahrnehmung seiner vielfältigen Aufgaben blieb der Vogt aber hauptsächlich auf das gute Einvernehmen mit den Gemeinden und auf die Mitarbeit der lokalen kleinstädtischen und dörflichen Eliten angewiesen. Er stützte sich insbesondere auf die Untervögte, in der Romandie die «lieutenants baillivaux», die als seine lokalen Vertreter das höchste für Untertanen zugängliche Amt in der obrigkeitlichen Verwaltung und damit eine wichtige Schnittstelle zwischen Obrigkeit und Untertanenschaft besetzten. In der Waadt sassen lokale städtische Honoratioren und Adelige, andernorts vielfach Grossbauern, Wirte oder Müller auf diesen angesehenen, einflussreichen Stellen, welche im 17. und 18. Jahrhundert nicht selten innerhalb derselben Familie faktisch vererbt wurden.

Die Übernahme einer Landvogtei war für Angehörige der regierenden Familien doppelt attraktiv. Sie bot einen aussichtsreichen Einstieg in eine Magistratskarriere, weil sie Regierungs- und Verwaltungserfahrung vermittelte und für die Wahl in den Kleinen Rat oder den Einsitz in die Ratskommissionen qualifizierte. Sodann waren diese Stellen finanziell interessant. Weil der Landvogt bestimmte Anteile der Amtseinkünfte als Entschädigung für seine Arbeit einbehalten konnte, ernährte das Amt den Amtsträger und dessen Familie und gestattete darüber hinaus die Bildung eines je nach Einkommensklasse der Landvogtei durchaus ansehnlichen Vermögens, welches die Familie für die generationenübergreifende Absicherung ihres Status innerhalb der regierenden Elite benötigte.

Während die hergebrachten Verfassungsstrukturen im 17. und 18. Jahrhundert sich nicht wesentlich wandelten, veränderte sich die soziale Zusammensetzung des Regiments in den Städte- und Länderorten deutlich. Mit der sogenannten Aristokratisierung konzentrierte sich der Zugang zu den Ämtern, die Einfluss und Einkünfte verschafften, auf einen immer kleineren Kreis von Geschlechtern.

Der Grad der Exklusivität der Geschlechterherrschaft hing von den Wahlverfahren und der politischen Ökonomie der Orte ab. In Städten, wo die Zünfte noch als Wahlkörper für die Räte fungierten und führende Familien sich nicht nur im Regiment, sondern auch unternehmerisch im Verlagswesen und Handel betätigten, wie in Basel, Zürich,

### Die Urner Magistratenfamilien und ihr Anteil an den «Vorsitzenden Ämtern» 1700–1797

| Name | LA | Lsth | PH | Lhptm | Lfhr | ZH | LSM |
|---|---|---|---|---|---|---|---|
| Schmid | 13 | 11 | | 3 | 2 | 1 | 6 |
| Bessler | 7 | 4 | 6 | | | 1 | 2 |
| Püntener | 11 | 5 | | 2 | 1 | | |
| Schmid v. B. | 1 | | | | 2 | | |
| Crivelli | 4 | 3 | | | | | 1 |
| Müller | 3 | 2 | | | 2 | | 1 |
| Jauch | 3 | 2 | | | 1 | 1 | 2 |
| Brand | 2 | 2 | | 1 | | | |
| von Roll | 1 | 1 | | | 1 | | |
| Lauener | 1 | 1 | | | | | |
| Scolar | 1 | 1 | | | | | |
| Epp | 1 | 1 | | | | | |
| Arnold | | 1 | | | 1 | | |
| Tanner | | | | | 1 | | |
| Imhof | | | | | 1 | | |
| Kuon | | 1 | | | | | |
| Lusser | | | | | | | 1 |
| Straumeyer | 1 | 1 | | | | | |
| Zwyssig | | 1 | | | | | |

Im 18. Jahrhundert teilten sich 19 Familien die «Vorsitzenden Ämter» (LA: Landammann, Lsth: Landesstatthalter; PH: Pannerherr; Lhptm: Landeshauptmann; Lfhr: Landesfähnrich; ZH: Zeugherr; LSM: Landessäckelmeister).
Zu den Häuptergeschlechtern zählten die Schmid, Bessler, Püntener, Schmid von Bellikon, Crivelli, Müller, Jauch und Brand, die zusammen 77 Prozent der «Vorsitzenden Herren» stellten.
*Quelle: Urs Kälin, Die Urner Magistratenfamilien, Zürich 1991, S. 29.*

Schaffhausen und St. Gallen, schottete sich das Patriziat weniger stark von der breiten Bürgerschaft ab. In Bern, Freiburg, Solothurn oder Luzern hingegen, wo die Zünfte weniger politisches Gewicht besassen und die Angehörigen der einflussreichen Geschlechter sich vorwiegend als Magistraten, Militärunternehmer, Soldoffiziere und Rentner betätigten, führten die Kooptation der Räte und die Nominationsrechte der Ratsherren zur sozialen Abschliessung des Patriziats.

Grundsätzlich erfasste die Tendenz zur Aristokratisierung alle Orte der Eidgenossenschaft. Selbst in den Gemeinderepubliken Graubünden und Wallis oder in den Länderorten, wo die Landsgemeinde ihr Wahlrecht für die wichtigen Ämter in Regierung und Verwaltung behauptete, bildete sich ein eigentlicher Magistratenstand aus einem engen Kreis einflussreicher, vermögender Familien, der sein Auskommen im Staatsdienst und in den damit verbundenen Chargen (Militärunternehmer, Pensionenverteiler) suchte. In den Ländern verstärkten die sogenannten Auflagen – eine Variante des frühneuzeitlichen Ämterkaufs – diese Tendenz. Das Auflagensystem verpflichtete die in ein Amt Gewählten zur Entrichtung einer von der Einträglichkeit des Amtes abhängigen Amtsgebühr an das Land sowie an jeden einzelnen Landmann, und zwar noch vor dem Stellenantritt. Einerseits schränkte dieses System den Kreis der wählbaren Kandidaten auf die männlichen Angehörigen zahlungskräftiger Familien ein. Andererseits liess es die einfachen Landleute am materiellen Nutzen teilhaben, den sie dem Gewählten mit ihrer Stimme und der Wahl in ein einträgliches Amt verschafften. Diese Beteiligung am Nutzen des Landes band die einfachen Landleute symbolisch in den politischen Verband des Landes ein, welches damit auch in deren Wahrnehmung als privilegierte Nutzergenossenschaft in Erscheinung trat.

Die Aristokratisierung der Herrschaft machte Politik und Machtausübung zum Spielball eines Familiensystems. Die Geschlechter richteten ihre Familienpolitik – Heiratsallianzen, Wahlabsprachen, Pflege von Verwandtschafts- und Freundschaftsbeziehungen im Ort, in der Eidgenossenschaft und zu äusseren Mächten – und die Bildung ihrer Klientel strategisch auf das Ziel aus, möglichst in jeder Generation in den Räten beziehungsweise unter den Häuptern vertreten zu sein, um mittels Kooptation und Nomination den Nachkommen den Zugang zu den Ämtern und damit zu Macht und materieller Versorgung sichern zu können.

Kulturell und symbolisch pflegte diese soziopolitische Elite im 18. Jahrhundert einen distinktiven Lebensstil. Mit dem Bau von repräsentativen Stadthäusern und Landsitzen, deren Innenausstattungen mit Fauteuils, Sofas, Pendulen, Spiegeln, Leuchtern, Porzellandekor und Bildergalerien eine gehobene Wohnkultur zur Schau stellten, mit der Beschäftigung von Bediensteten oder der Pflege neuer Formen einer mondänen Geselligkeit in Salons und Soiréen ahmte diese Schicht das Vorbild der französischen höfischen Gesellschaft nach und hob sich als Stand auch kulturell von der gewöhnlichen Stadt- und Landbevölkerung ab.

Im Verlauf des 18. Jahrhunderts geriet der patrizische Magistratenstand in den regierenden Städten von zwei Seiten her unter Druck und sah sich zunehmend dem Vorwurf der Oligarchie ausgesetzt. Einerseits regte sich in der breiten Bürgerschaft der Unmut über die eigene systematische Zurücksetzung und die Monopolisierung des Standesnutzens durch einen abgeschlossenen Kreis von Familien, welche der grossen Zahl der übrigen regimentsfähigen Familien nur noch niedere Chargen in der Stadtverwaltung überliessen. Andererseits wuchs im Kreis der regierenden Familien angesichts des Aussterbens vieler Geschlechter, des allgemeinen Rückgangs der Kinderzahl sowie der Zunahme der Zahl kinderloser Ehen und unverheirateter Personen die Sorge um die langfristige generative Absicherung der eigenen Vorherrschaft. Vorschläge, den Rückgang der Zahl der patrizischen Familien mit der Verleihung des Bürgerrechts an ausgewählte Adelige und an städtische Honoratioren im Untertanengebiet aufzufangen und das absehbare Aussterben des Standes abzuwenden, wurden innerhalb der Elite kontrovers diskutiert und nur ansatzweise umgesetzt.[91] Solche Überlegungen zeigen, dass die familial-korporativ fundierte Privilegienordnung der alteidgenössischen Republiken die soziale Mobilität wesentlich stärker einschränkte als die zeitgenössischen Monarchien, wo bürgerliche Experten im Staats- und Beamtendienst aufsteigen konnten.[92]

Insgesamt zeugen das politische System und die Oligarchisierungstendenzen in den eidgenössischen Orten des Ancien Régime von einem vormodernen, eigentumsrechtlichen und nutzungsorientierten Staats- und Amtsverständnis der regierenden Eliten und Korporationen. Diese fassten den Staat als ihr kollektives Gut – als ihre Allmende – auf, welches sie aufgrund ihres Herkommens und ihrer Vormachtstellung exklusiv zu nutzen vermochten.[93] Entsprechend definierten die von dieser Elite dominierten politischen Institutionen die Funktionsregeln des korporativen Staates. Sie erteilten das Bürger- beziehungsweise Landrecht, legten die Wahlverfahren fest und entschieden über den Zugang zu den nutzbaren Stellen. Die Kooptations- und Nominationsverfahren in den regierenden Städten schränkten ebenso

Beschleunigung und Stillstand. Spätes Ancien Régime und Helvetik (1712–1802/03)

**Berner Regimentstafel von Johann Grimm (1675–1747), Öl auf Holz und Metall, 1726–1735** *(Burgerbibliothek Bern).* — Die Regimentstafel zeigt die Republik Bern als monumentales Staatsgebäude, das sich auf Familien gründet. Auf der «Immerwährenden Ehrenpforte» sitzen oben in der Mitte die Allegorie der Republik mit Freiheitshut, links die Verkörperung der Staatsgewalt mit Herzogskrone und Liktorenbeil, rechts das Volk mit Lorbeerkranz, Lyra, Kelch und Füllhorn. Zwei Bären tragen das Berner Wappen. Das Schriftband SUPREMUS MAGISTRATUS REIPUBLICAE BERNENSIS verweist auf die Angehörigen des Kleinen und Grossen Rates, deren Wappen die inneren Pfeiler zieren: Neben der Innenansicht des Berner Ratsaals befinden sich die Wappen der beiden Schultheissen und darunter, um das Berner Münster, die Wappen der übrigen Kleinräte. Auf den langen äusseren Pfeilern sind die kleiner dargestellten Wappen der Mitglieder des Grossen Rates appliziert. Die auf dem Hauptsockel angebrachten zahlreichen Wappen der deutschen und welschen Vogteien verdeutlichen die Ausdehnung des bernischen Territoriums. Darüber zeigen neben einer Stadtansicht in der Mitte die Abbildungen des Burgerspitals (links) und des Kornhauses (rechts) die Fürsorge des landesväterlichen Obrigkeitsstaates an.

**Konzert im Saal des Zürcher Zunfthauses der Schuhmacher**, Gemälde eines unbekannten Zürcher Malers, um 1745
*(Privatbesitz)*, © Photo Punktum Bildarchiv.

wie das Auflagensystem in den Ländern den Kreis der wählbaren Kandidaten für die Stellen in Regiment und Verwaltung von vornherein auf Angehörige gewisser Geschlechter aus der regierenden Korporation, also der Bürgerschaft oder der Landleute des jeweiligen Ortes, ein. Diese legten auch die Regeln für die Verteilung des Staatsnutzens unter sich fest. Aufschlussreich ist etwa das Bemühen des bernischen Patriziats, bei der Besetzung der begehrten Vogteistellen distributive Gerechtigkeit in den eigenen Reihen walten zu lassen. Die mehr als fünfzig bernischen Landvogteien waren in vier Einkommensklassen eingeteilt; ein Grossrat, der bei seiner ersten Wahl auf eine einkommensschwache Landvogtei, zum Beispiel Saanen, gewählt wurde, konnte sich nach seiner ersten Amtszeit noch ein zweites oder drittes Mal um eine Vogteistelle bewerben, während nach der Wahl auf eine einkommensstarke Vogtei wie Lausanne oder Lenzburg keine weitere Bewerbung mehr erlaubt war. Solchem Nutzungsdenken entsprach es auch, wenn jeweils nach dem Tod eines amtierenden Landvogts keine Neuwahl stattfand, sondern dessen Familie einen Nachfolger aus ihrer Mitte bestimmen und damit sicherstellen konnte, dass sie die in die Wahl des verstorbenen Amtsinhabers investierten Kapitalien amortisieren und den mit dem Amt in Aussicht gestellten materiellen Nutzen in vollem Umfang realisieren konnte. Schliesslich wurden auch Verfahren für die materielle und symbolische Umverteilung des Staatsnutzens auf die grosse Zahl der nicht gewählten oder faktisch nicht wählbaren Bürger und Landleute definiert. In diesem Sinne trugen in den Länderorten die Auflagen zugunsten aller Landleute dem Erfordernis der Gegenseitigkeit und des Ausgleichs ebenso Rechnung wie die sogenannten Promotionsgelder, welche neugewählte Amtsträger in den Städteorten ihrer jeweiligen Zunft entrichteten. Solche Praktiken der Umverteilung hielten den zentralen Grundsatz der formalen Gleichheit unter allen Angehörigen der Korporation hoch, und sie dienten der Einbindung der zurückgesetzten Bürgerschaft in ein System, in dem sich im Zuge der Aristokratisierung der Graben zwischen patrizischen und nichtpatrizischen Bürgerfamilien immer mehr vertiefte.

Die Kohäsion und Legitimität dieses korporativen Staates beruhten auf der allgemeinen, wenn auch sozial ungleich verteilten Teilhabe an öffentlichen Ressourcen. Die Befolgung dieses Grundsatzes in der politischen Praxis schuf Loyalität, gegenseitige Verpflichtungen und Erwartungen. Die regierenden Eliten befolgten diese Regel nicht nur gegenüber den nicht in die Ämter gelangenden, zurückgesetzten Angehörigen der eigenen bürgerrechtlichen Korporation. Sie taten dies als Obrigkeit auch gegenüber den a priori von aller Beteiligung an der Herrschaft ausgeschlossenen Untertanen, die gemäss dem Urteil vieler ausländischer Reisender im 18. Jahrhundert unter dem vergleichsweise milden Regiment einer landesväterlichen Obrigkeit lebten. Im Paternalismus verdichtete sich das politische Selbstverständnis der Obrigkeiten, die sich selbst als gütige, fürsorgliche und gerechte Landesväter sahen, die ihre Autorität nötigenfalls auch mit Strafen durchzusetzen wussten. Obrigkeit bedurfte demzufolge keiner Legitimation durch das unmündige Volk, denn sie verantwortete ihr Tun und Lassen allein vor Gott, in dessen Auftrag sie ihre Herrschaft ausübte.

Konkret äusserte sich das zurückhaltende Regiment der Orte in den Augen der ausländischen Reisenden besonders in der grundsätzlichen Garantie der hergebrachten lokal-kommunalen Selbstverwaltung und im Verzicht auf die Erhebung von Vermögenssteuern. Die Reisenden registrierten aber auch die Anlage von Kornhäusern, die bei Ernte- und Versorgungskrisen die Ernährung der Bevölkerung sicherstellten,[94] oder den Bau von Spitälern für Arme und Kranke. Mit solchen Massnahmen suchten die Obrigkeiten, sich der Loyalität ihrer Untertanen zu versichern, ohne die Partizipations- und Repräsentationsfrage ausdrücklich beantworten zu müssen: Wie die Reaktionen auf Steuerprojekte im 17. Jahrhundert gezeigt hatten, reagierten die Untertanen auf Belastungen mit finanziellen und militärischen Verpflichtungen sehr sensibel, bis hin zur Forderung, bei der Entscheidung über die Höhe und die Verwendung der Steuern mitreden zu dürfen. Der Paternalismus war also Teil einer Strategie zur Machterhaltung der regierenden Eliten im korporativen Staat. Erst aufklärerische Prinzipien legitimer staatlicher Herrschaft, welche 1789 in Frankreich politisch zum Durchbruch gelangten, haben ihn grundsätzlich in Frage gestellt. Vor den naturrechtlich begründeten Ideen des Gesellschafts- und Herrschaftsvertrags und der unveräusserlichen, individuellen Menschen- und Bürgerrechte konnte die Herrschaft einer privilegierten Elite mit ihrem besitzrechtlichen Anspruch auf die exklusive Nutzung der Staatseinkünfte nicht mehr bestehen.

Der milde Regierungsstil zahlte sich für die Obrigkeiten insofern aus, als offene Aufstände der Untertanen im 18. Jahrhundert bis zum Beginn der 1790er Jahre seltener, lokal begrenzter und weniger radikal blieben als in den drei Jahrhunderten davor. Die Unruhen im schaffhausischen Wilchingen (1717–1729), in der Glarner Landvogtei Werdenberg (1721–1722), in der von Uri beherrschten Leventina (1755), in der Stadt Neuenburg (1768), auf der Freiburger Landschaft mit dem Chenaux-Handel (1781) oder in der auf ihre alten Reichsfreiheiten pochenden zürcherischen Landstadt Stein am Rhein (1784) wurzelten in Konflikten um die Nutzung des für viele Haushalte knapper werdenden Nahrungsspielraums oder um die Gültigkeit und Reichweite lokaler Selbstverwaltungsrechte, die mit dem akzentuierten Souveränitätsverständnis der Obrigkeit kollidierten. Die einzige überlokale Revolte von Untertanen – die sogenannten «Troublen» im Fürstbistum Basel (1726–1740) – richtete sich gegen die expansive merkantilistische Politik der absolutistischen Fürstbischöfe, die eine gezielte Fiskalisierung und Ökonomisierung der Landesherrschaft auf Kosten der Nutzungsrechte der Gemeinden und Untertanen betrieben. Die Beteiligung der fürstbischöflichen ↑Landstände am Widerstand und die formelle Klageerhebung der Untertanen gegen ihren Landesherrn beim Reichshofrat in Wien sind aufschlussreiche Hinweise darauf, dass die Untertanen im feudal-ständischen Reichsterritorium ihren Protest über Institutionen und Verfahrenswege artikulieren konnten, welche den Untertanen in den kommunal verfassten Dreizehn Orten nicht zur Verfügung standen.[95]

Die zunehmende soziale Differenzierung erschwerte im 18. Jahrhundert die Verständigung zwischen den unterschiedlichen sozioökonomischen Interessengruppen innerhalb der Untertanenschaft. Statt in Aufständen gegen die Obrigkeit äusserten sich die Spannungen in der ländlichen Gesellschaft in einer zunehmend verrechtlichten Konfliktkultur. Vor obrigkeitlichen Gerichten prozessierten je nach Streitgegenstand Bauern, Hintersassen, Tauner und lokale Nutzungsverbände um die Verteilung von Nutzungen und Lasten.

> «*In Summa, ein Landvogt soll sein ein Vater des Landes und sorgen, schaffen und arbeiten, dass die Unterthanen in guter Zucht, Ordnung und Einigkeit unter einander leben, mithin ein jeder bei dem Seinigen geschützt werde. Wer die Landvogtei Kyburg ansiehet als ein Gewerb, durch den man müsse reich werden, [...] der [...] ist nit werth, daß er den schönen Namen eines Vogtes und Vaters des Landes trage; sondern er ist ein Wucherer und schandtlichen Gewinnes Begieriger. Er ist nit ein Hirt, sondern das Verderben der Herd. [...] Es soll mithin ein Landvogt jedermann umsonst den freien Zugang zu ihm vergünstigen, die Leute mit Geduld und Weil verhören, dabei aufmerksam und in Worten und Werken die Unterthanen traktiren als solche, von welchen im Nothfall das gemeine Vaterland mit Leib und Gut muß beschützet werden. Sie sind Commilitones [Waffenbrüder] nit Servi [Sklaven].»*

Johann Kaspar Escher (Landvogt auf Kyburg 1718–1723), Bemerkungen über die Regierung der Grafschaft Kyburg, zit. nach: Archiv für Schweizerische Geschichte, Bd. 4, 1846, S. 249–298, hier S. 252f.

Während die Zahl der gewaltsamen Protest- und Widerstandshandlungen von Untertanen gegen ihre Obrigkeiten zurückging, nahmen im Zuge der Aristokratisierung des Regiments seit der zweiten Hälfte des 17. Jahrhunderts die sozialen und politischen Konflikte innerhalb der regimentsfähigen Korporationen der Orte zu. Der gemeinsame Nenner dieser Konflikte ist darin zu sehen, dass Angehörige oder Faktionen der regierenden Eliten Grundregeln in der Funktionslogik des korporativen Staates missachteten. Besonders in den Städten provozierten die Gegensätze zwischen den zahlreichen theoretisch regimentsfähigen Familien einerseits und der immer exklusiveren Minderheit der faktisch regierenden Geschlechter andererseits den Widerstand der zurückgesetzten Bürgerschaften (Genf 1707, 1734–1738, 1762–1768, 1781–1782; Zürich 1713, 1777; Bern 1749; Freiburg 1782). Hier waren integrative Umverteilungsmechanismen wie das Auflagensystem der Länder deutlich schwächer ausgebildet; zudem war mit den zahlreichen Vogteien ein ungleich grösserer Standesnutzen zu verteilen als in den Ländern. Besonders im Vorfeld von Ergänzungswahlen in die Räte oder bei wichtigen politischen Entscheidungen wie dem Abschluss von Soldallianzen regte sich Opposition; die breite Bürgerschaft monierte Manipulationen und die eigene Benachteiligung bei der Vergabe von Ratsstellen und Ämtern sowie bei der Verteilung des Standesnutzens, die Missachtung der kommunal-zünftischen Mitsprache oder die Bestechlichkeit und ungetreue Amtsführung von Magistraten. In Streitschriften forderte die sich teils in offenen Protestversammlungen, teils in heimlichen Konspirationen formierende Bürgeropposition Chancengleichheit und begründete dies mit Verweis auf spätmittelalterliche Satzungen, die der Gemeinde noch wesentlich mehr Mitwirkungsrechte eingeräumt hatten. Grundsätzlich verharrten diese Bewegungen in den Grenzen des korporativen Staatsverständnisses, ging es doch immer um mehr Gleichheit innerhalb der regierenden Bürgerschaften und keinesfalls um die rechtliche Gleichstellung der städtischen Hintersassen, geschweige denn der Untertanen auf der Landschaft.

Die grosse Ausnahme bildeten die Verfassungskonflikte in der Stadt Genf. Dort erhielten die Auseinandersetzungen zwischen Patriziat, Bürgerschaft und Hintersassen – den «natifs» und den «habitants» – im letzten Drittel des Jahrhunderts eine den ständisch-korporativen Rahmen sprengende und auf den modernen, frühliberal-demokratischen Konstitutionalismus vorausweisende Virulenz. Voraussetzungen dafür waren die ausgeprägte sozioökonomische und politische Konkurrenz zwischen den unterschiedlichen Gruppen der Stadtbevölkerung, die Sprengkraft der Staatstheorie Jean-Jacques Rousseaus, der als Genfer Bürger mit seiner Theorie vom Gesellschaftsvertrag und der Volkssouveränität direkt auf den Konflikt in Genf Bezug nahm, sowie eine sich im Gleichschritt mit den bisweilen gewaltsam ausgetragenen Auseinandersetzungen etablierende politische Öffentlichkeit und Publizistik.[96] Eine anonyme, dem Genfer Akademieprofessor Antoine Léger zugeschriebene Schrift von 1718 vertrat gegen die «engeren Räte» – den Grossen und den Kleinen Rat – die Überzeugung, dass die souveräne Gewalt in der Republik Genf beim Volk, das heisst bei der Bürgerversammlung, dem Conseil Général, liege: «Il s'agit donc de savoir si le Droit de mettre des Impots apartient au Peuple, c'est à dire au corps des Bourgeois et des Citoyens qui composent l'assemblée generale, ou si le Conseil des 200 peut établir des impots sans demander qu'ils soient autorisez par le Conseil General. Le Peuple, ou le corps des Bourgeois, qui est un peuple libre, soutient que ce droit lui appartient, et que le Conseil des 200 ne peut se l'attribuer sans faire une chose injuste, entierement opposée au droit du Peuple, et qui tend à sapper sa liberté. [...] La liberté, c'est ce droit qui dans un Etat rend Souverains ceux qui en jouissent, qui empeche que rien ne se fasse sans le consentement de ceux qui sont en possession de ce droit. [...] c'est là un Droit que la nature a donné aux hommes, et que tous les peuples sages et prudens se sont conservé pour s'opposer à la tirannie de ceux à qui ils confioient le gouvernement et l'autorité, un droit pour lequel ils doivent sacrifier leurs biens et leurs vies.»*[97]

Auch die sich häufenden «Händel» in den Länderorten verrieten die Anfälligkeit der regierenden Korporationen für Nutzungs- und Verteilungskonflikte.[98] Die sogenannten «Harten- und Lindenhändel» in der Innerschweiz (1. Harten- und Lindenhandel in Zug 1728–1736; Harten- und Lindenhandel in Schwyz 1763–1765; 2. Harten- und Lindenhandel in Zug 1764–1768) sowie die Konflikte in den beiden Appenzell (Landhandel in Ausserrhoden 1732–1734; Sutterhandel 1784 in In-

---

* «Es fragt sich also, ob das Recht, Steuern zu erheben, dem Volke zusteht, also der Bürgerschaft, die die Bürgerversammlung bildet, oder ob der Rat der 200 Steuern ausschreiben kann, ohne dazu vom Conseil Général ermächtigt worden zu sein. Das Volk – oder die Bürgergemeinde – ist ein freies Volk; es ist der Meinung, dass dieses Recht ihm zustehe und dass der Rat der 200 es sich nicht zuerkennen kann, ohne etwas Unrechtes zu tun, das den Rechten des Volkes gänzlich widerspricht und dessen Freiheit zu untergraben droht. [...] Die Freiheit ist jenes Recht, das in einem Staat diejenigen, die es innehaben, souverän macht, das verhindert, dass irgendetwas ohne die Zustimmung derjenigen getan wird, die in seinem Besitze sind. [...] Es handelt sich also um ein Recht, das die Natur den Menschen gegeben hat und das sich alle weisen und klugen Völker bewahrt haben, um sich gegen die Tyrannei derjenigen zu wehren, denen sie die Regierung und die Autorität anvertraut haben, ein Recht, für das sie ihr Hab und Gut und ihr Leben [zu] opfern [bereit sein] müssen».

nerrhoden) drehten sich um die Modalitäten der Verteilung der ausländischen Pensionen und der Erträge aus dem lukrativen Salzhandel. Die stark personalisierten Machtkämpfe zwischen rivalisierenden Familien spalteten die Bevölkerung entlang politischer, regionaler und klientelistischer Loyalitäten jeweils in zwei Faktionen. Charismatische Figuren aus Aufsteigerfamilien führten die Opposition gegen die etablierten Magistratenfamilien an und suchten die Mehrheit der Landsgemeinde zu gewinnen, um die Vormacht der herrschenden Geschlechter zu brechen und sich an deren Stelle zu setzen. Die Landsgemeinde wurde zur tumultuösen Kampfarena. In der Innerschweiz stiessen dort jeweils die Anhänger einer französischen Partei, die «Linden» oder «Franzosen», und einer dem Kaiser zugewandten habsburgischen Partei, die «Harten», «Vaterlandsfreunde», «Patrioten», aufeinander. Diese Parteien waren keine organisierten Gebilde mit konstanter Massenbasis, sondern bildeten sich aus der erweiterten Klientel der Anführer der rivalisierenden Familien. Die Franzosenpartei ist in den Innerschweizer Ländern über Generationen hinweg stets von denselben Familien angeführt worden – den Reding in Schwyz, den Zurlauben in Zug, den Schmid in Uri, den Achermann in Nidwalden und den von Flüe in Obwalden. Diese verdankten ihre Machtposition der Verfügungsgewalt über Patronageressourcen aus französischen Quellen (Pensionen, Salzhandel, Einkünfte aus Soldkompanien) und übten ihren politischen Einfluss im Ort und auf der Tagsatzung im Interesse Frankreichs und seines Ambassadors in Solothurn aus. Auch die Konflikte in den Länderorten zielten keineswegs auf grundsätzliche Änderungen des politischen Regelsystems ab.

## Das Ende der Alten Eidgenossenschaft – die Alte Eidgenossenschaft am Ende?

Die Unruhen und Protestbewegungen des 18. Jahrhunderts bildeten – sieht man vom Ausnahmefall Genf ab – nicht die Vorgeschichte der helvetischen Revolution.[99] Erst in den 1790er Jahren erhielten Protestbewegungen von Untertanen unter dem Eindruck der Revolution in Frankreich eine Wendung ins Grundsätzliche. Allerdings zeigte sich bald darauf am Widerstand gegen die Helvetische Republik, wie stark auch die kohäsiven Kräfte der korporativen Ordnung in gewissen Orten am Ende des Ancien Régime noch waren.

> «*An Aristocratical Government is compared to a Pyramid inverted, or set on the little end, which must soon be crush'd by its own Weight, or else overturn'd by a small Force from without […]. I know this form of Government has subsisted for several Ages in these Cantons, and may probably do so longer, while they live in Peace; but upon any violent Concussion of these States, whether the Blow come from within or without, it is much to be feared, the Pyramid will be shoved down, and the Government overturned. In the space of Eight Years, I have seen Civil Commotions in Geneva, Lucerne and Zurich, occasioned by the Discontents of the Citizens with their Governors […]. For it is observed of late Years, that the Citizens gain Ground upon the Governors, and force them to re-instate them in several Privileges […]. But all these Reformations end only in the greater or less Number of Privileges granted to the Citizens of the Capital, and no way concern the Bulk of the People, that live in the rest of the Canton.*»*

Abraham Stanyan, An Account of Switzerland. Written in the Year 1714, London 1714, S. 105–107.

Obwohl kritische Intellektuelle und Magistratspersonen – vorab aus den regierenden Städten – in der zweiten Hälfte des Jahrhunderts Reformen des Corpus helveticum anmahnten und an dessen Überlebens- und Reformfähigkeit zu zweifeln begannen, hat doch keiner das politische Modell antizipiert, welches seit der Französischen Revolution 1789 den Horizont des politisch Denkbaren und Machbaren erheblich erweiterte. Ihre Konzepte zielten vielmehr auf Reformen, welche aufgeklärte Obrigkeiten von oben initiieren und kontrollieren sollten. Es fehlte bei Repräsentanten der regierenden Städte nicht an der Einsicht in die Notwendigkeit von Veränderungen, doch zeugen die Schwierigkeiten, denen die Erörterung und Umsetzung kritischer Vorschläge begegneten, von den institutionellen und kulturellen Hindernissen, die einer offenen Reformdebatte und -politik im Weg standen.

Die Kritik der geistigen Elite am Zustand der Eidgenossenschaft kleidete sich in den Gestus eines um das Wohl des Vaterlandes besorgten Patriotismus. Die patriotische Debatte über die Zukunft der Eidgenossenschaft und über notwendige Reformen war eng mit der theoretischen Erörterung der moralischen Grundlagen des Republikanismus, des politisch-ökonomischen Fundaments der Republik sowie mit Bildungs- und Erziehungsfragen verklammert. Sie drehte sich zentral um die historische und moralphilosophische Erörterung der Tugend, welche in der humanistischen und alteidgenössischen Tradition sowie von zeitgenössischen Staatstheoretikern wie

---

* «Eine aristokratische Regierung gleicht einer Pyramide, die auf ihrer Spitze steht und die bald unter ihrem eigenen Gewicht zusammenbricht oder beim geringsten Stoss von aussen umkippt. […] Ich weiss, dass diese Regierungsform in diesen Kantonen seit Jahrhunderten existiert und vielleicht noch lange so bleiben wird, sollte der Frieden andauern. Aber bei jeder gewaltsamen Erschütterung dieser Staatsgebilde, ob sie von innen oder von aussen kommt, ist zu befürchten, dass die Herrschaftspyramide umgestossen und die Regierung gestürzt wird. Innerhalb von nur acht Jahren habe ich Unruhen der Bürger in Genf, Luzern und Zürich gesehen, ausgelöst von der Unzufriedenheit der Bürger mit den Regierenden […] in den letzten Jahren sah man, wie die Bürger gegenüber den Regierenden Boden gut machten und von diesen die Rückgabe alter Rechte erzwangen […]. Aber all diese Reformen führen nur dazu, dass den Bürgern des Hauptortes mehr oder weniger Rechte gewährt werden, während die Masse des Volkes im übrigen Kanton davon unberührt bleibt.»

Montesquieu als Fundamentalkategorie der Republik schlechthin betrachtet wurde. Die Erneuerung der staatstragenden Tugend galt vielen Intellektuellen grundsätzlich als Bedingung der Möglichkeit für eine Verjüngung der Eidgenossenschaft überhaupt. Bezeichnend hierfür ist der Titel eines Schlüsseltextes des Luzerner Patriziers Franz Urs Balthasar (1689–1763), *Patriotische Träume eines Eidgenossen von einem Mittel, die veraltete Eidgenossenschaft wieder zu verjüngern*, aus dem Jahr 1744 (Druck 1758).

Ein Anliegen patriotischer Kritik war die Erneuerung des Bundes im Sinne einer Stärkung des gesamteidgenössischen Zusammenhalts. Gelehrte wie Johann Jacob Bodmer (1698–1783), Isaak Iselin (1728–1782) oder der Geschichtsschreiber Johannes von Müller (1752–1809) dachten dabei an einen einheitlichen Bundesvertrag für alle Kantone, an eine mit Mehrheit beschliessende Tagsatzung, an die Gleichstellung der Zugewandten Orte und die Aufhebung der Gemeinen Herrschaften und Untertanenverhältnisse oder an einen Repräsentativstaat mit Gewaltenteilung.[100]

Der patriotische Diskurs fand in der zweiten Jahrhunderthälfte in den gelehrten und ökonomisch-patriotischen Sozietäten statt. Zwar wurde er auch publizistisch geführt, blieb aber aus Furcht vor Repressionen der Obrigkeit vielfach der freundschaftlichen Korrespondenz unter Gleichgesinnten anvertraut. Vereinfachend lassen sich zwei patriotische Reformströmungen unterscheiden. Die radikalere, kulturkritisch orientierte Spielart trat in Zürich in den 1760er und 1770er Jahren an den Tag und stellte eine heftige Reaktion auf die wachsende Kommerzialisierung der Gesellschaft dar. Im Rückgriff auf die griechische Polis und die altrömische Republik, die sie mit der Eidgenossenschaft der Gründungszeit verglichen, und begeistert von der Lektüre von Jean-Jacques Rousseaus Staats- und Gesellschaftstheorie geisselten junge Zürcher Patrizier und Bürger Luxus- und Dekadenzerscheinungen in ihrer Stadt. Diese stark von ihrem Mentor Johann Jacob Bodmer beeinflusste «Jugendbewegung» setzte ihr republikanisches Tugendideal praktisch in die Tat um und klagte öffentlich korrupte Machenschaften und Amtsvergehen von Vertretern der politischen Elite Zürichs an.[101] Demgegenüber zielte die gemässigte Variante des Reformpatriotismus auf die Leistungssteigerung und Rationalisierung des Systems, was die entsakralisierte Staatszwecklehre der Zeit als Beförderung der «Glückseligkeit» von Staat und Gesellschaft bezeichnete. Fassbar wurde dieser reformpatriotische Strang in den Bemühungen der ökonomisch-patriotischen Sozietäten um Verbesserungen in der Landwirtschaft oder in Isaak Iselins fortschrittsoptimistischer Überzeugung, welche nicht zuletzt im Interesse christlich-philanthropischer Ziele ökonomischen Wettbewerb und gemeinnützige Ideale miteinander zu versöhnen trachtete.[102]

Im Zentrum der reformpatriotischen Konzepte stand die Idee der Erziehung sowie der methodischen Bildung und Selbstbildung. Der Bildungsgedanke trieb den Aufstieg der Pädagogik als Wissenschaft voran. Institutionell war er in den zahlreichen Sozietäten verankert, er zeigte sich aber auch in Bemühungen um Schulreformen, in der Einführung besonderer Bildungsanstalten für Mädchen und für arme Kinder – erinnert sei an das Wirken von Johann Heinrich Pestalozzi (1746–1827) – und in Schulexperimenten.[103] In der *Helvetischen Gesellschaft* wurde die Einrichtung einer nationalen, republikanischen Erziehungs- und Bildungsanstalt für die künftige politische Elite des Landes angeregt. Isaak Iselin behauptete gegen Rousseaus wissenschaftskritische Auffassung, in Republiken sei die Bildung der Magistratspersonen besonders notwendig.[104] In den 1780er Jahren entstand an der Berner Akademie auf Anregung Karl Viktor von Bonstettens ein *Politisches Institut*, an dem juristische, historische und staatswissenschaftliche Kurse die künftigen Magistraten zeitgemäss auf ihre Aufgabe vorbereiten sollten. Solche Massnahmen trugen der gerade von ausländischen Reisenden vorgetragenen Kritik Rechnung, die jungen Patrizier würden ihre Wartezeit bis zur Wahl in die Räte im Müssiggang statt mit Bildung zubringen.[105]

Die Mehrheit in den regierenden Patriziaten verfolgte solche Bestrebungen misstrauisch, lief doch der ihnen zugrundeliegende Bildungs- und Leistungsgedanke ständisch-familialen und korporativen Vorstellungen von der sozialen Reproduktion der Macht durch die herkömmlichen Rekrutierungsverfahren der Magistraten zuwider. Für die

> «*Was unsre Eidsg. Republiken betrifft, so sein dieselben alle Werke des Zufalls. Keiner war bestimmt und keiner war eingerichtet, ein freier unabhängiger Staat zu werden. Sie wurden in der Zeit der Barbarei nach und nach freier; und nach den Absichten und dem Eigennuzzen derienigen, die darinne Meister sein wollten, ohne auf die wahren Erfordernisse eines Staates zu sehn, gebildet. Nun stehn sie in einer vollkommnen Unmöglichkeit verbeßert zu werden, ihrer Schwäche und Verwirrung da und erwarten biß sie endlich durch ihre innerliche Krankheit nach und nach verzehret oder von einem mächtigen Fremden aufgefreßen werden.*»

Isaak Iselin am 23. Mai 1758 in einem Brief an Salomon Hirzel, zit. nach: Ulrich Im Hof, Isaak Iselin. Sein Leben und die Entwicklung seines Denkens bis zur Abfassung der «Geschichte der Menschheit» von 1764, Basel 1947, S. 207.

staatstragenden Familien mussten Reformen, die ihr besitzrechtliches, nutzungsorientiertes Staatsverständnis in Frage stellten, notwendig die politische und materielle Basis ihrer Vorherrschaft untergraben. Für das Ausbleiben einer grundlegenden Erneuerung der politischen Ordnung der alten Eidgenossenschaft waren diese dem korporativen Staatsverständnis inhärenten Beharrungskräfte entscheidend.

Auch das eidgenössische Bündnisgeflecht als Ganzes war am Ende des Ancien Régime in einer strukturellen Blockade gefangen und aus eigener Kraft unfähig zur Überwindung des Status quo. Die heterogene Zusammensetzung des Corpus helveticum immunisierte die bündische Verfassung gegenüber jeder Veränderung zu Lasten der einzelnen Orte. Insbesondere die ländlichen Orte der Innerschweiz lehnten Massnahmen ab, die ihre unter dem Vierten Landfrieden seit 1712 ohnehin zurückgesetzte Lage noch verschlechtert hätten. In den Länderorten liessen die spezifische politische Ökonomie und die schmale Basis der Staatsfinanzen kostspielige Reformmassnahmen wie etwa die Professionalisierung und Bürokratisierung von Verwaltung und Militär nicht zu. Diese Orte mussten von einer forcierten Reformpolitik auf Bundesebene ihre noch empfindlichere Marginalisierung gegenüber den wirtschaftlich und finanziell leistungsfähigeren Städteorten befürchten. In dieser lähmenden Verspannung der Beziehungen zwischen den Orten mussten Vorschläge zugunsten einer stärkeren Bündelung der Kräfte irritieren und die ohnehin angespannten Bündnisbeziehungen belasten. Die in der *Helvetischen Gesellschaft* fassbaren Anläufe zur Belebung des gesamtschweizerischen Zusammenhalts und zur Bildung einer gemeinsamen frühnationalen Wertebasis unter reformgesinnten Angehörigen der Eliten erregten den Argwohn der Obrigkeiten und konnten als latente Kritik am Partikularismus der Orte aufgefasst werden. Bezeichnenderweise haben sich Angehörige der Eliten aus den katholischen Länderorten kaum an den Treffen der *Helvetischen Gesellschaft* eingefunden. Im Gegensatz dazu war das Engagement von Luzerner Patriziern auffallend stark. Reformaufklärerische Vertreter dieser Elite aus dem katholischen Vorort richteten sich im 18. Jahrhundert neu auf die geistige Kultur der führenden reformierten Städte der Eidgenossenschaft aus, alte Innerschweizer Solidaritäten wurden brüchig.[106]

Die Repression und Zensur, mit der Obrigkeiten in der zweiten Hälfte des Jahrhunderts mitunter auf Projekte und Einlassungen reformgesinnter Sozietäten und Einzelpersonen reagierten,

« *Heut zu Tage beurtheilt man, sowohl in dem geselligen Umgang aller Stände, als in den zahllosen Zeitschriften [...] die Verfassungen und Regenten aller Staaten, mit einer vormals unbekannten Furchtlosigkeit und Zuversicht. Diese neue Gewohnheit [...] und das allgemein verbreitete Interesse [...] an Staatssachen haben zwar unstreitig, hin und wider, in Rücksicht auf grössere und kleinere Despoten, manche heilsame Folge gehabt. Aber unverkennbar ist auch der nachtheilige Einfluß jener ungezähmten Dreistigkeit, womit so viele hirnlose, oder was noch schlimmer ist, halbaufgeklärte Leute, ihre Zunge und Feder, mit den Gebrechen aller europäischen Staaten, mit leichtsinnigem Tadel ihrer Regierungs-Maßregeln, oder wohl gar mit zerstörenden Verbesserungs-Plänen, – unaufhörlich beschäftigen. Dieses Uebel ist wirklich von so anstekender Natur, daß bald jeder Schulknabe bestimmt zu wissen wähnt, wie die Verfassung seines Vaterlandes besser einzurichten und ganze Nationen zu beglüken wären.* »

David von Wyss, Politisches Handbuch für die erwachsene Jugend der Stadt und Landschaft Zürich, Zürich 1796, S. 3f.

zeigen an, wie eng der Rahmen für den reformpatriotischen Diskurs gesteckt war. Das kritische Räsonnement staats- und gesellschaftspolitischer Fragen, das im geschützten Rahmen der Sozietäten und in der vertraulichen Korrespondenz noch möglich war, scheiterte als öffentliche Veranstaltung, weil die Obrigkeit Staatsgeschäfte und Politik als Arkanum auffasste. Darunter fiel auch die im 18. Jahrhundert aufkommende Kritik am Solddienst, der in reformaufklärerischen Kreisen aus bevölkerungs-, wirtschafts- und staatspolitischen Gründen immer mehr in Misskredit geriet.[107] Die Machtelite verfolgte solche Äusserungen mit Argwohn. So tadelte David von Wyss (1763–1839), Sohn des gleichnamigen letzten Bürgermeisters von Zürich vor der Helvetischen Revolution, im Jahr 1796, unter dem Eindruck der vorrevolutionären Bewegungen in der Eidgenossenschaft, das allgemein aufkommende kritische Räsonnement über Fragen von Politik und Verfassung.

Die Entwicklungen in der Schweiz wurden europaweit aufmerksam mitverfolgt. Beispielsweise kommentierte die ausländische Presse die Hinrichtung des wegen der Veröffentlichung angeblicher Staatsgeheimnisse verurteilten Zürcher Pfarrers und Statistikers Johann Heinrich Waser im Jahr 1780 als Justizmord und als Beweis für die Unfreiheit in der Schweiz. Damit deutete sich das Scheitern obrigkeitlicher Immunisierungsstrategien gegenüber einer sich formierenden Öffentlichkeit an, die territoriale Grenzen überschritt und deren kulturelle und politische Dynamik sich auch in den Genfer Verfassungskonflikten der 1760er bis 1780er Jahre in der Gründung zahlreicher Debattierzirkel («cercles») manifestierte.[108]

## NEUE KONSTELLATIONEN UND UNERWARTETE MOBILISIERUNGEN

### Die Revolution in Frankreich und die Krise der Alten Eidgenossenschaft

Rudolf Braun hat im Sinne einer kontrafaktischen Geschichte die Frage aufgeworfen, wohin die zunehmende Spannung zwischen der sozioökonomischen und kulturellen Dynamik einerseits und den Beharrungsmomenten korporativer Staatlichkeit andererseits die Eidgenossenschaft ohne die äussere Einwirkung von Frankreich am Ende der 1790er Jahre geführt hätte. Nach seiner Hypothese hätten sich die Spannungen wahrscheinlich irgendwann gewaltsam entladen und das Land auch wirtschaftlich zurückgeworfen.[109] Nun hat gerade die Intervention Frankreichs der Schweiz diese Erfahrung nicht etwa erspart. Vielmehr lässt sich das Eingreifen der Grossmacht als entscheidende Voraussetzung dafür ansehen, dass die Helvetische Republik (1798–1802/03) als ehrgeiziger Versuch einer radikalen staatlichen Modernisierung letztlich gerade an der gewaltsamen Entladung dieser Spannungen gescheitert ist. Für das eben noch unvorstellbare konstitutionelle Experiment der Helvetik schuf die Revolution in Frankreich seit 1789 die machtpolitischen Voraussetzungen.[110]

Mit der Staatsumwälzung in Frankreich ging die Ära der besonderen Allianzbeziehungen zwischen der Eidgenossenschaft und dem Nachbarland zu Ende. Die französische Nationalversammlung hob die Handelsprivilegien der Eidgenossen auf, die Salzlieferungen blieben aus. Mit der Aufhebung des Feudalsystems in Frankreich stellten die Elsässer Bauern ihre Abgaben an Basler Grundherren ein. Die Schweizer Regimenter sollten in die reguläre französische Armee eingegliedert werden. Im Anschluss an den Tuileriensturm und das Massaker an der Schweizergarde am 10. August 1792 wurden sie aufgelöst; viele der entlassenen Soldaten traten in die französische Armee ein. In den Augen des neuen Régimes und der Bevölkerung waren die Schweizer Soldtruppen zum Symbol der royalistischen Reaktion geworden. Zahlreiche französische Adelige und Geistliche flohen in die Schweiz und begannen von hier aus, gegen die Revolution in ihrer Heimat zu agitieren.

In der Schweiz war das Publikum dank Zeitungen, Zeitschriften und der trotz Zensur zirkulierenden pro- und kontrarevolutionären Propaganda rasch über die Entwicklung in Frankreich im Bild. Die Reaktionen waren ambivalent. Bei den Obrigkeiten, in den Familien der herrschenden Patriziate, bei vielen Geistlichen beider Konfessionen, unter Zunfthandwerkern der regierenden Städte und bei der ländlichen Bevölkerung der katholischen Kantone überwog die Ablehnung, die sich unter dem Eindruck des Tuileriensturms 1792 und der kirchen- und religionsfeindlichen Radikalisierung der Revolution unter den Jakobinern noch verstärkte. In reformaufklärerischen Kreisen der Elite, unter Vertretern der freien Berufe, bei Kaufleuten, wohlhabenden Fabrikanten und Gewerbetreibenden in den Hauptstädten, vor allem auch in den aufstrebenden Markt- und Gewerbeorten der Protoindustrieregionen und in den Untertanengebieten der Orte stiessen die Ideen aus Frankreich besonders in einer ersten, vorjakobinischen Phase auf Sympathie und weckten die Hoffnung auf grundlegende konstitutionelle Reformen auch in der Schweiz.

Die Ausrufung der unveräusserlichen natürlichen Menschen- und Bürgerrechte in Frankreich 1789 machte in verschiedenen Untertanengebieten der Orte und Zugewandten Eindruck. Schon bald kam es auf der Schaffhauser Landschaft (Hallau 1790), in Aarau (1790), im Unterwallis (1790/1791), in der Waadt (1791), auf der Zürcher Landschaft (Memorial- und Stäfner Handel 1794/95) und in der Alten Landschaft St. Gallen (1793–1795) zu Protestbewegungen, die meist von arrivierten, wohlhabenden und gebildeten Angehörigen der lokalen, bäuerlichen oder bürgerlichen Eliten angeführt wurden. Mit Ausnahme des Fürstabts von St. Gallen, der sich mit den Landschaftsausschüssen im sogenannten «Gütlichen Vertrag» im Jahr 1795 auf weitgehende politische und wirtschaftliche Reformen zugunsten der Landbevölkerung einigte und den neuen Oppositionsbewegungen zum ersten Erfolg in der deutschen Schweiz vor 1798 verhalf, reagierten die betroffenen Obrigkeiten – aus Furcht vor den präjudizierenden und un-

### Schicksale an der Epochenwende

Aus Diskussionen über die Lage der Landbevölkerung entstand in den Lesegesellschaften am oberen Zürichsee das Memorial, eine politische Bitt- und Denkschrift, die Heinrich Nehracher (1764–1797) – ein Ofenbauer, belesener Autodidakt und Autor – am 11. November 1794 der Stäfner Lesegesellschaft vortrug und die wenig später bei einer Geheimversammlung in Meilen Gesandten aus den Seegemeinden übergeben wurde. Noch bevor sie ihren Aufruf der Obrigkeit überreichen konnten, wurden Nehracher, der Wundarzt Johann Kaspar Pfenninger (1760–1838) und der Landchirug Andreas Staub verhaftet und im Januar 1795 zu mehrjährigen Landesverweisen verurteilt. Während Pfenninger im Januar 1798 unter dem Druck der revolutionären Stimmung von der Zürcher Obrigkeit begnadigt werden musste und als Symbolfigur des Widerstands in der Helvetik und danach leitende politische Ämter im Kanton besetzte, erlebte Nehracher den Umsturz nicht mehr; er war kurz davor im elsässischen Exil gestorben. Über das weitere Schicksal von Andreas Staub ist nichts Zuverlässiges bekannt.[111]

kontrollierbaren Folgen von Konzessionen – mit der exemplarischen Bestrafung der Anführer und der militärischen Besetzung der unruhigen Gemeinden.

Das Memorial, die politische Bitt- und Denkschrift einer kleinen Gruppe von Fabrikanten, Intellektuellen und Honoratioren aus den Gemeinden am oberen Zürichsee von 1794, ist – trotz seines devoten Tonfalls – das prägnanteste Zeugnis dafür, wie in den Augen eines kritischen Landbürgertums die Legitimität des alten Systems seit 1789 erodiert war und neue Grundsätze legitimer staatlicher und gesellschaftlicher Ordnung in das Denken Eingang gefunden hatten. Unter Berufung auf die alteidgenössische Freiheitstradition, auf verbriefte Rechte und das Naturrecht forderten die Memorialisten die Ausarbeitung einer Konstitution und die Gleichstellung der Landbewohner mit den Stadtbürgern, die allgemeine Handels- und Gewerbefreiheit und Aufhebung der Wirtschaftsvorrechte der Stadtzürcher Zünfte und Verleger-Kaufleute, die Zulassung der Landbewohner zu höheren Studien, Pfarr- und Lehrerstellen und zu den höheren Offiziersgraden sowie die Einführung allgemeiner, direkter Vermögenssteuern. Damit wären die Staatsfinanzen auf eine neue Grundlage gestellt worden, indem die allein auf den Bauern lastenden Zehnten und Grundzinsen beseitigt und auch die kapitalkräftigen Stadtbürger fiskalisch in die Pflicht genommen worden wären. Die Denkschrift atmete mit ihrem naturrechtlich begründeten, individualistischen Freiheitsverständnis und mit der Betonung des auf Besitz und Bildung basierenden Leistungsprinzips ganz den gegen die korporativ-ständischen Privilegien gewendeten Geist der Revolution, deren Grundsätze sie kritisch auf die herrschenden Zürcher Verhältnisse übertrug.[112]

## Französische Hegemonie und Helvetische Revolutionen 1797/98

Die Revolution setzte die eidgenössischen Obrigkeiten nicht nur von innen unter Druck. Entscheidender für den Kollaps der alten Ordnung im Jahr 1798 war die neue Mächtekonstellation, die mit dem unerwarteten Ausgang des Ersten Koalitionskrieges auf dem Kontinent entstanden war. Seit dem Frühjahr 1792 befand sich die revolutionäre Republik Frankreich im Krieg gegen die Koalition der europäischen Monarchien. Die neutrale Eidgenossenschaft lag am Rand der Kriegsschauplätze in Süddeutschland und Oberitalien und wurde vorderhand nicht in den Krieg verwickelt, weil die kriegführenden Mächte sie als Flankenschutz benötigten und Frankreich sich über den Zwischenhandel durch die Schweiz mit kriegswichtigen Gütern versorgte. Eidgenössische Kontingente bewachten die Grenze bei Basel. Der Krieg griff aber bald auf Gebiete über, die die Orte zu ihrer Interessensphäre zählten. Im April 1792 marschierten französische Truppen in die nördlichen, zum Reich gehörenden Vogteien des Fürstbistums Basel ein und besetzten diese bis an die Grenze zu den südlichen Vogteien des Fürstbistums, welche unter dem Schutz der eidgenössischen Neutralität standen. Noch im selben Jahr wurde in den nun von Frankreich kontrollierten, ehemals fürstbischöflichen Gebieten die kurzlebige Raurachische Republik ausgerufen, welche schon 1793 als Departement Mont-Terrible Frankreich angeschlossen wurde. Im Westen gab die Besetzung Savoyens durch Frankreich den revolutionären Kräften in der Republik Genf Auftrieb. Nachdem Bern und Zürich ihre Hilfstruppen unter dem Druck Frankreichs aus Genf abgezogen hatten, beseitigten die Genfer Revolutionäre im Dezember 1792 die patrizische Regierung. Im April 1798 wurde Genf französisch, nachdem die Stadt eine mit der jakobinischen Entwicklung in Frankreich vergleichbare Radikalisierung der Revolution durchgemacht hatte.[113]

Angesichts der Kriegsbedrohung und des unsicheren Ausgangs des Kräftemessens auf dem Kontinent waren sich die eidgenössischen Obrigkeiten uneinig über die einzuschlagende Strategie, zumal sowohl Frankreich als auch die Koalitionsmächte die Stimmung im Land zu ihren Gunsten zu beeinflussen suchten und zahlreiche französische Flüchtlinge, aber auch britische Agenten die Eidgenossenschaft als Operationsbasis für die Restauration der alten Ordnung in Frankreich benutzten. Die konterrevolutionären Bestrebungen fanden bei jenen Räten Unterstützung, welche in der raschen Beseitigung der Republik in Frankreich die Voraussetzung für den Erhalt ihrer Macht und der alten Ordnung erblickten. Diese sogenannte Kriegspartei hatte ihre Anhänger vorab in den patrizischen Orten Bern, Freiburg, Solothurn und Luzern und in den Ländern der Innerschweiz. Die vor allem in Zürich und Basel anzutreffenden Vertreter einer versöhnlicheren Haltung gegenüber Frankreich – die Friedens-, Reform- oder Neutralitätspartei – widersetzten sich jeglicher militärischen Nachsicht gegenüber den Koalitionsmächten und optierten für eine strikte Neutralitätspolitik. Sie setzten auf die militärische Überlegenheit der Koalitionsmächte, doch gab es unter ihnen auch reformorientierte Köpfe, die an die Möglichkeit einer friedlichen Modernisierung der Schweiz in Anlehnung an Frankreich glaubten. Keine der beiden Seiten konnte sich durchsetzen.

Mit dem Ausscheiden Preussens und Spaniens (Friede von Basel 1795) sowie Österreichs (Friede von Campo Formio 1797) aus dem Krieg fand der Erste Koalitionskrieg ein unerwartetes Ende. Die Eidgenossenschaft war nun als letzte Bastion der Gegenrevolution auf dem Kontinent politisch isoliert, und Frankreich hatte freie Hand, die staatlichen Verhältnisse in der Schweiz im Interesse seiner expansiven Aussenpolitik neu zu ordnen. Das französische Direktorium wollte die patrizischen Régimes beseitigen und die Schweiz als Schwesterrepublik eng an Frankreich binden. Damit sollte nicht nur die französische Ostgrenze abgesichert, sondern auch Frankreichs Kontrolle über die Alpenübergänge gefestigt werden. Der Zugriff auf die Staatsschätze der Orte sollte die enormen Kosten der französischen Expansionspolitik decken. Die Republik vollendete die alte, seit Ludwig XIV. bestimmende Hegemonialpolitik Frankreichs und rechtfertigte dies ideologisch mit der Mission, die Völker Europas vom Joch des Feudalismus und der tyrannischen Monarchen zu befreien. Im Dezember 1797 besetzte die französische Armee die südlichen Teile des ehemaligen Fürstbistums Basel und gab damit zu verstehen, wie wenig Frankreich die eidgenössische Neutralität noch wert war.

Im Machtvakuum des Winters und Frühjahrs 1797/98 brach die alte Ordnung in den Helvetischen Revolutionen – einer Kette einheimischer, kaum koordinierter, revolutionärer Bewegungen mit sich gegenseitig verstärkender Dynamik – zusammen. Im Untergang der Alten Eidgenossenschaft erwies sich letztlich die Schwäche des alteidgenössischen Modells der Staatsbildung: Der korporativ-paternalistische Staat hatte es nicht vermocht, eine schlagkräftige militärische Abwehr zu organisieren und die Untertanen als gleichgestellte Staatsbürger politisch zu integrieren. Die Dreizehn Orte waren unter dem äusseren Druck der französischen Armee, die Ende Januar 1798 in die bernische Waadt einmarschierte, und angesichts der im Innern aufbrechenden Emanzipationsbewegungen der Untertanen nicht mehr zu einer koordinierten Abwehr in der Lage. Einzig Bern und die Länderorte der Innerschweiz setzten sich militärisch gegen die Invasion zur Wehr und unterlagen im März und im Mai 1798. Innerhalb weniger Wochen ging unter dem doppelten Druck der französischen Invasion und der Oppositions- und Freiheitsbewegungen im Lande selber die Alte Eidgenossenschaft unter.[114] Die Orte entliessen in allerletzter Minute die Gemeinen Herrschaften in die Freiheit, worauf sich die meisten von ihnen nach dem Vorbild der Länderorte als Landsgemeinderepubliken konstituierten. Auch die ehemaligen Tessiner Vogteien wollten weiterhin zur Eidgenossenschaft gehören, weil sie darin, angesichts ihrer Grenzlage zu Italien, die beste Garantie ihrer Autonomie und ihrer Wirtschaftsinteressen erblickten. Die Untertanenverhältnisse in den einzelnen Orten wurden abgeschafft und Stadt und Landschaft verfassungsrechtlich einander gleichgestellt. Damit bildeten auch die Verfassungsordnungen die gesellschaftliche und wirtschaftliche Aufwertung der Landschaften im Ancien Régime ab. In den städtischen Kantonen und in der Waadt wurden Nationalversammlungen gewählt, welche neue, repräsentativ-demokratische Verfassungen ausarbeiteten. Bis zum März 1798 liessen die Helvetischen Revolutionen Dutzende neuer Klein- und Kleinststaaten auf Schweizer Boden entstehen.

In diesen Umwälzungen spielten Angehörige der alten Eliten eine führende Rolle, wobei neben vereinzelten radikalreformerischen Magistratspersonen vor allem die traditionellen Honoratioren aus Landstädten und Landgemeinden aus der Waadt, dem Unterwallis, Bern, Zürich und den Gemeinen Herrschaften der Ostschweiz zu nennen sind. In Basel stellten sich radikalreformerische Kreise aus der alten städtischen Elite an die Spitze der Bewegung. In Luzern setzte gar ein verschworener Zirkel reformaufklärerischer Ratsherren in einem Staatsstreich die Revolution ins Werk und verkündete einer überraschten Landbevölkerung die neue Freiheit. Zur gewaltsamen Konfrontation zwischen der alten Obrigkeit und den revolutionären Bewegungen kam es allein im Kanton Zürich, wo die Erinnerung an die demütigende Niederwerfung des Memorial- und Stäfnerhandels 1794/95 durch die Stadt und das zögerliche Taktieren und Nachgeben der alten Obrigkeit die Entwicklung eskalieren liess und schliesslich zur militärischen Besetzung der Stadt durch die Landmiliz führte.

## DIE HELVETISCHE REPUBLIK – VISION UND SCHEITERN NACHHOLENDER FUNDAMENTALMODERNISIERUNG

Das französische Direktorium liess die konstitutionellen Experimente in der Schweiz im Frühjahr 1798 solange gewähren, bis es auf den Trümmern der alten Ordnung seine eigene Vorstellung einer erneuerten Schweiz durchsetzen konnte. Mit der Proklamation der Helvetischen Republik und Verfassung am 12. April 1798 in Aarau oktroyierte Frankreich der Schweiz ein Staatsmodell, das der Basler Oberstzunftmeister und Radikalreformer Peter Ochs (1751–1821) in Paris während des Jahreswechsels 1797/1798 in enger Absprache mit dem französischen Direktorium entworfen hatte und das weder mit der Tradition des Landes noch mit der bunten Vielfalt konstitutioneller Lösungen vereinbar war, welche aus den Helvetischen Revolutionen zwischen Januar und März 1798 hervorgegangen war. 121 Abgeordnete aus den Kantonen Aargau, Basel, Bern, Freiburg, Léman, Luzern, (Berner) Oberland, Schaffhausen, Solothurn und Zürich nahmen in Aarau an der konstituierenden Sitzung des ersten schweizerischen Parlaments teil. Die politische Landschaft der Schweiz hatte sich verändert. Unter den führenden Politikern der Helvetik begegnete man auffallend vielen Baslern, Waadtländern und Aargauern, die erstmals in der Geschichte des Landes auf nationaler Ebene eine massgebliche politische Rolle spielten. Weite Teile des Landes – die Ostschweiz, die Länder der Innerschweiz und das Wallis – waren in Aarau jedoch nicht vertreten, weil sie die neue Verfassung ablehnten.

Die Helvetische Republik war der Versuch, die Schweiz in einem Parforceakt auf das Entwicklungsniveau moderner Staaten der damaligen Zeit zu hieven.[115] Die Verfassung von 1798 proklamierte einige individuelle Menschen- und Bürgerrechte. Sie führte die (unvollkommene) Gewaltenteilung und parlamentarische Demokratie ein. Der neue Staat wurde nach dem Grundsatz der Volkssouveränität errichtet, doch wurde damit keine fundamentale Demokratisierung des Landes bezweckt. Für die Masse der Staatsbürger beschränkte sich die politische Mitwirkung auf die Teilnahme an sogenannten Urversammlungen, wo Wahlmänner gewählt wurden, die allein die Wahl der Parlamentsabgeordneten und die Besetzung aller entscheidenden Ämter besorgten. Mochte dies für die chemaligen Untertanen durchaus ein Mehr an politischer Partizipation bedeuten, so büssten die Landleute aus den Landsgemeindeorten unter der neuen Ordnung wesentliche politische Rechte ein. Die Staffelung von Urversammlungen und Wahlmännerversammlungen bezeugte das fehlende Vertrauen der neuen staatstragenden Elite in die Politikfähigkeit der breiten Bevölkerung. Die Helvetiker sahen in der Proklamation der Volkssouveränität vielmehr die Möglichkeit, die Staatsgewalt in zuvor unbekanntem Ausmass zu stärken. Im Namen der Volkssouveränität wurde in letzter Konsequenz Jean Bodins klassisches Konzept des souveränen Staates aus dem Jahr 1576 umgesetzt, indem die ständisch-korporativen Zwischen- und Konkurrenzgewalten im Staat (Kirche, Stände, Zünfte, Adels- und Klosterherrschaften, Gemeinden) als privilegierte Rechtskreise beseitigt werden sollten und die Staatsgewalt nurmehr mit einer rechtlich nivellierten Gesellschaft von Staatsbürgern konfrontiert war. Gestützt auf ihre konstitutionelle Legitimation hoffte die junge

« *La République helvétique est une et indivisible. Il n'y a plus de frontières entre les cantons et les pays sujets, ni de canton à canton. L'unité de patrie et d'intérêt succède au faible lien qui rassemblait et guidait au hasard des parties hétérogènes, inégales, disproportionnées et asservies à de petites localités et des préjugés domestiques. On était faible de toute sa faiblesse individuelle; on sera fort de la force de tous.»*\*

Art. 1 der helvetischen Verfassung vom 12. April 1798, zit. nach: Amtliche Sammlung der Acten aus der Zeit der Helvetischen Republik, Bd. 1, Bern 1886, S. 567.

Republik, viel effizienter auf ihre Staatsbürger zugreifen und weit mehr fiskalische und militärische Ressourcen in der Gesellschaft mobilisieren zu können, als dies ehedem den absoluten Monarchien, geschweige denn den alteidgenössischen Republiken möglich gewesen war.

Die unteilbare nationale Einheit und die gleichmässige staatliche Integration aller Gebiete sollten das lose Geflecht heterogener Einzelteile der alten Zeit ablösen, eine Staatsbildung nach Vernunftkriterien die Zufälligkeiten und Beliebigkeiten der historisch gewachsenen, kommunalistisch-föderalen Tradition der Alten Eidgenossenschaft überwinden (siehe Beitrag von Béla Kapossy, S. 302). Der neue Staat sollte stark und leistungsfähig werden, indem er lokale Partikularismen und Sonderinteressen überwand. Prägnantester Ausdruck dieses traditionsfeindlichen Rationalismus war die Beseitigung der Eigenstaatlichkeit der Kantone, welche von souveränen Staaten zu Verwaltungsdistrikten herabgestuft wurden. Hierzu gehörte auch die Schaffung eines allgemeinen Schweizer Staatsbürgerrechts, das insofern unvollkommen blieb, als nicht nur die Juden davon ausgeklammert blieben, sondern auch die Integration aller Staatsbürger in die Ortsbürgerschaften scheiterte. Das Direktorium musste dem massiven Protest von Gemeinden und Korporationen gegen diese Nivellierung der Bürgerrechte nachgeben. Die Gemeinde- und Korporationsgüter blieben weiterhin den Ortsbürgern zur Nutzung vorbehalten. Hieraus ging der schweizerische Gemeindedualismus von Munizipal- oder Einwohnergemeinde und Bürger- beziehungsweise Burgergemeinde hervor.[116]

Die helvetischen Verfassungsväter richteten das Institutionengefüge des neuen Staates konsequent auf die Stärkung der Staatsgewalt aus und brachen so mit wesentlichen Traditionen alteidgenössischer Staatlichkeit. Die Exekutivgewalt wurde mit besonderer Machtfülle ausgestattet, die Verwaltung dreistufig, zentralistisch und hierarchisch organisiert. Das Parlament war in seiner politischen

\* «*Die helvetische Republik macht einen unzertheilbaren Staat aus. Es giebt keine Grenzen mehr zwischen den Cantonen und den unterworfenen Landen noch zwischen einem Canton und dem andern. Die Einheit des Vaterlandes und des allgemeinen Interesse's vertritt künftig das schwache Band, welches verschiedenartige, außer Verhältnis ungleich große, und kleinlichen Localitäten oder einheimischen Vorurtheilen unterworfene Theile zusammenhielt und auf Gerathewohl leitete. Man verspürte nur die ganze Schwäche einzelner Theile; man wird aber durch die vereinigte Stärke Aller stark sein.*»

Die Geschichte der Schweiz — *André Holenstein*

## Staatsaufbau der Helvetischen Republik 1798–1800 (vereinfacht)

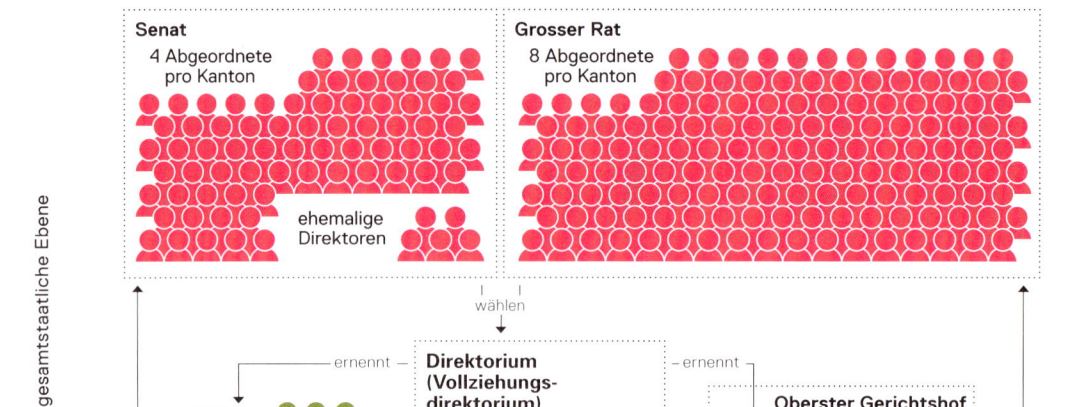

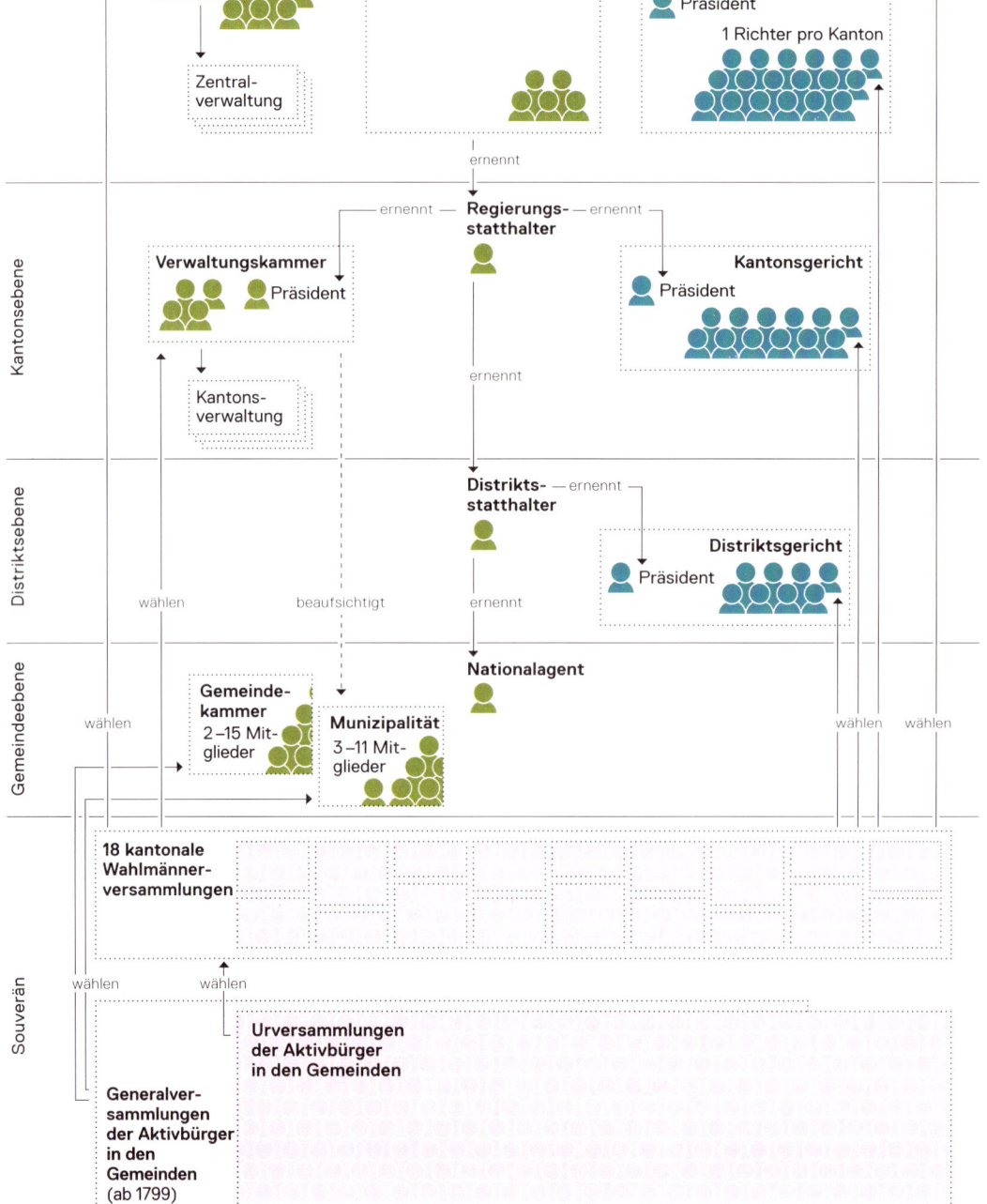

**gesamtstaatliche Ebene**

- **Senat** – 4 Abgeordnete pro Kanton / ehemalige Direktoren
- **Grosser Rat** – 8 Abgeordnete pro Kanton
- **Direktorium (Vollziehungsdirektorium)** – wählen
- **Minister** → Zentralverwaltung (ernennt)
- **Oberster Gerichtshof** – Präsident, 1 Richter pro Kanton (ernennt)

**Kantonsebene**

- **Regierungsstatthalter** (ernennt)
- **Verwaltungskammer** – Präsident → Kantonsverwaltung
- **Kantonsgericht** – Präsident

**Distriktsebene**

- **Distriktsstatthalter** (ernennt)
- **Distriktsgericht** – Präsident

**Gemeindeebene**

- **Nationalagent**
- **Gemeindekammer** 2–15 Mitglieder
- **Munizipalität** 3–11 Mitglieder (beaufsichtigt)

**Souverän**

- 18 kantonale Wahlmännerversammlungen (wählen)
- Urversammlungen der Aktivbürger in den Gemeinden (wählen)
- Generalversammlungen der Aktivbürger in den Gemeinden (ab 1799) (wählen)

🔴 Legislative
🟢 Exekutive
🔵 Judikative

Der Helvetische Staat basierte auf dem Grundsatz der Volkssouveränität, räumte dem Volk aber nur ein Minimum an demokratischen Rechten ein. Die Männer, welche mindestens 20 Jahre alt waren und seit fünf Jahren in einer Gemeinde wohnten, nahmen an den Urversammlungen teil und bestimmten dort Wahlmänner, deren Zahl anschliessend durch Losentscheid noch um die Hälfte reduziert wurde. Die kantonalen Wahlmännerversammlungen, die die Abgeordneten für die beiden Parlamentskammern, die Mitglieder der kantonalen Verwaltungskammern und die Angehörigen der Gerichte wählten, repräsentierten damit 0,5 Prozent der Aktivbürger. Die grundsätzliche Skepsis der helvetischen Elite gegenüber der Politikfähigkeit der breiten Bevölkerung äusserte sich in der Verfassungsdebatte der Jahre 1800 und 1801 in Verfassungsmodellen, die die demokratische Mitwirkung der männlichen Bevölkerung noch stärker als die Verfassung von 1798 einschränkten. Quelle: HLS, Bd. 6, S. 263, «Helvetische Republik», © 2013 Historisches Lexikon der Schweiz, Bern, und Marc Siegenthaler, Bern.

Gestaltungsfähigkeit gegenüber dem Direktorium, dem zentralen Exekutivorgan, zurückgesetzt. Auf allen staatlichen Ebenen sollten Berufsbeamte die politischen Entscheidungen umsetzen. Die junge Republik löste einen Schub administrativer Schriftlichkeit aus. Professionalisierung kennzeichnete auch die zentralisierte Militärorganisation. Der Schutz der inneren und äusseren Sicherheit der Nation wurde einer Berufsarmee übertragen, die aus Freiwilligen rekrutiert werden sollte. Damit versprach die neue Armee, ein mächtigeres Instrument in den Händen des Helvetischen Direktoriums zu werden, als es der Tagsatzung je zur Verfügung gestanden hatte. Die Staatsfinanzierung wurde auf eine neue Grundlage gestellt; im helvetischen Staat wurde erstmals in der Schweiz ein modernes Steuersystem realisiert. Professionalisierung, Bürokratisierung und Fiskalisierung waren Ausdruck einer Staatsorganisation nach Effizienzkriterien.[117]

Im Anschluss an die Debatten der Reformpatrioten in den Sozietäten des Ancien Régime suchten die Helvetiker, den Helvetismus für die Idee des ersten schweizerischen Nationalstaates zu mobilisieren. Neben Ansätzen zur nationalen Vereinheitlichung der Gesetzgebung, der Währung, Masse und Gewichte kam die helvetische Nationalideologie in der Schul- und Kulturpolitik von Kulturminister Philipp Albert Stapfer (1766–1840) und seinen Projekten für eine Nationaluniversität und -bibliothek sowie für ein Nationalmuseum und -archiv prägnant zum Ausdruck. Zu diesen Bestrebungen gehörte auch die Ausarbeitung einer nationalen, helvetisch-republikanischen Staatslegitimation.[118] Diese machte das Fehlen einer einheitlichen nationalen Sprache, Kultur oder Abstammung mit dem Rückgriff auf die alteidgenössischen Gründungsmythen wett und bezeichnete die junge Republik als Garantin der zeitgemäss erneuerten schweizerischen Freiheit. Eine neue Staatssymbolik mit Freiheitsbäumen, helvetischer Trikolore und Kokarde sowie die Ausrichtung von Nationalfesten und Bürgereidfeiern sollten der Bevölkerung das Gefühl nationaler Zusammengehörigkeit einpflanzen. In vielen ihrer Projekte erwies sich die Helvetik als Vollenderin und Umsetzerin von Ideen und Anregungen aus den Reformdiskursen des späten Ancien Régime, so wie ihr Staatsverständnis – trotz aller Anleihen bei der französischen Direktorialverfassung – auch Vorbildern reformabsolutistischer Staaten des 18. Jahrhunderts verpflichtet blieb.[119]

Innen- und aussenpolitisch blieb die Helvetische Republik stark von Frankreich abhängig, zumal sie im August 1798 eine Offensiv- und Defensivallianz mit Frankreich einging. In der Folge wurde die Schweiz 1799 in den Zweiten Koalitionskrieg Frankreichs gegen Österreich und Russland verwickelt, das Land wurde zum Kriegsschauplatz. Die französische Armee war das Rückgrat und der wichtigste Ordnungsfaktor der Helvetischen Republik. Aber je länger die französische Besetzung dauerte und je stärker sie die Zivilbevölkerung belastete, desto mehr wurde sie zur Bürde für die Republik und provozierte den Widerstand der Bevölkerung selbst dort, wo die neue Ordnung zuerst begrüsst worden war.

Grundsätzlicher Art blieb der Widerstand gegen die neue Ordnung im Wallis, im Tessin und insbesondere in den Länderorten, wo die Verbundenheit der Landleute mit der Landsgemeindeverfassung und die Ablehnung des repräsentativ-demokratischen Modells die Beharrungskraft des traditionellen korporativen und nutzungsorientierten Staatsverständnisses bezeugte. Zudem stiess die Helvetik wegen ihrer religions- und kirchenkritischen Seite bei der an der barocken katholischen Kultur und Frömmigkeitspraxis hängenden Landbevölkerung auf Ablehnung.[120] Gegen den inneren Widerstand sowie gegen die antihelvetische Agitation schweizerischer Exilanten aus dem süddeutschen Raum ging der helvetische Staat mit der Einschränkung der Pressefreiheit, mit Eingriffen in die Persönlichkeitsrechte, mit militärischen Sondergerichten sowie mit dem Aufbau eines Staatsschutzes und einer politischen Polizei vor. In Nidwalden hat die französische Armee im September 1798 aber auch ein Exempel gewaltsamer militärischer Repression statuiert und mit einem Massaker an der Zivilbevölkerung den Widerstand gegen die neue Republik zu brechen versucht.

Gescheitert ist die Helvetik schliesslich auch am Unvermögen, die für die Implementierung der radikalen Reformen notwendige Stabilität und Ressourcenbasis bereitzustellen. Die Republik litt unter der chronischen Finanzmisere, welche sie mit der überstürzten Aufhebung der traditionellen Einnahmequellen aus Zehnt und Grundzinsen und der verspäteten und mangelhaften Einführung des neuen Steuersystems selber verursacht hatte. Die helvetischen Politiker verstrickten sich in endlose konstitutionelle Grundsatzdebatten – zuerst zwischen sogenannten «Patrioten» und «Republikanern», später zwischen den sogenannten «Unitariern» und «Föderalisten» –, die ihre krisenhaften Höhepunkte in nicht weniger als vier Staatsstreichen zwischen 1800 und 1802 erlebten.

Letztlich ist die Helvetische Republik mit ihren fulminanten Modernisierungsvorhaben nie wirklich über das Experimentierstadium hinausgelangt. Die zeitgemässe Erneuerung und Belebung schweizerischer Staatlichkeit über die Ebene der Kantonalstaatlichkeit hinaus blieb als Herausforderung weiterhin bestehen.

## ZUM STAND DER FORSCHUNG

Die Geschichtsschreibung beurteilte das 18. Jahrhundert lange massgeblich im Licht der ihrerseits kontroversen Bewertungen der Helvetischen Revolution und Republik. Die liberale Historiographie des 19. und frühen 20. Jahrhunderts sprach vom Ancien Régime als einer Epoche der Erstarrung und des Niedergangs, welche das Bürgertum im nachfolgenden Zeitalter der Revolutionen zwischen 1798 und 1848 erfolgreich überwunden habe. Diese Sichtweise betonte den Bruch durch die Revolution und verkürzte das 18. Jahrhundert auf eine Vorgeschichte der Umwälzung. Einer bis in die Mitte des 20. Jahrhunderts wirksamen konservativen Tradition erschien das 18. Jahrhundert hingegen als «goldene Zeit» der alteuropäischen Stände- und Herrschaftsordnung, deren gewaltsame Beseitigung in die individualistische Moderne und zur Entfesselung zerstörerischer Kräfte in Staat und Gesellschaft geführt habe. Während diese beiden Narrative die Zäsur zwischen Alteuropa und nachrevolutionärer Moderne betonten, akzentuierte eine stärker entideologisierte Forschung im Anschluss an Reinhart Kosellecks Periodisierungsvorschlag einer «Sattelzeit» (circa 1750–1850) in den letzten Jahrzehnten die Kontinuitätslinien, welche aus dem Ancien Régime in die Moderne führten.[121] Die Jahrzehnte vor der Revolution erscheinen in dieser Sichtweise als Laboratorium der Moderne und als Auftakt des Übergangs von der korporativ-ständisch-feudalen Ordnung der Alten Eidgenossenschaft in die bürgerlich-kapitalistische, liberale Industrie- und Massengesellschaft der Schweiz im 19. Jahrhundert. Diese Betrachtungsweise gesteht dem 18. Jahrhundert innovatorische, modernisierende Züge zu, und sie fasst die Helvetik nicht einseitig als Bruch und als Beginn einer neuen Zeit, sondern als Resultante von Reformanliegen und Modernisierungsprozessen auf, deren Antriebskräfte vielfach in der Dynamik des 18. Jahrhunderts wurzelten. Gerade die Interferenzen und die gegenseitigen Blockaden zwischen dynamischen, in die Moderne weisenden Prozessen und beharrenden, durchaus noch vitalen Kräften der alten Ordnung zeichneten das Jahrhundert vor der Revolution aus.

Seit den letzten handbuchartigen Überblicksdarstellungen zur Schweizer Geschichte in den 1970er und 1980er Jahren und den beiden weiterhin wichtigen Synthesen von Hans Conrad Peyer[122] und Rudolf Braun[123] hat sich die Forschung zur Schweizer Geschichte des 18. Jahrhunderts in vielerlei Richtung entwickelt.

Unter dem heuristischen und konzeptionellen Einfluss der französischen Annales-Schule untersuchten der Basler Sozial- und Wirtschaftshistoriker Markus Mattmüller und seine Mitarbeiter in den 1970er und 1980er Jahren den demographischen, gesellschaftlichen und wirtschaftlichen Strukturwandel des ländlichen Raums.[124] Christian Pfister (siehe seinen Beitrag, S. 34) erweiterte diesen Ansatz in den 1980er Jahren um die Klima- und Umweltgeschichte und führte das Klima als Grösse für das Verständnis des vormodernen Bevölkerungsgeschehens und der agrarischen Wachstumsgrenzen ein.[125] Fokussierten diese Studien stärker auf die bäuerlichen und unterbäuerlichen Lebenswelten, so untersuchten Arbeiten, die teilweise in der Nachfolge der Pionierstudie von Rudolf Braun aus dem Jahre 1960 entstanden, die sozioökonomische und kulturelle Dynamik der Protoindustrialisierung in der Ostschweiz.[126]

Die Verfassungs- und Herrschaftsgeschichte des späten Ancien Régime ist in verschiedene Richtungen perspektivisch erweitert worden. Die bereits in Hans Conrad Peyers Verfassungsgeschichte für die Deutung der Staatsbildung in den Orten fruchtbar gemachte Konflikt- und Unruhenforschung ist um weitere Fallstudien zu Bewegungen ländlicher Untertanen,[127] zu den städtischen Bürgeroppositionen[128] sowie zu den Faktionskämpfen («Händel») in den Länderorten[129] ergänzt worden. Allerdings sind bislang die weniger spektakuläre Ebene der gerichtlichen Konfliktaustragung und die Bedeutung der Verrechtlichung von Konflikten noch weitgehend unerforscht geblieben.

Die Ursachen, Verlaufsformen und Auswirkungen des Aristokratisierungs- und Oligarchisierungsprozesses in den regierenden Korporationen und die entsprechende Elitenbildung und -reproduktion sind in prosopographischen (↑ Prosopographie), sozial- und kulturgeschichtlichen Fallstudien untersucht worden.[130] Dabei ist in Absetzung von verfassungsgeschichtlichen Ansätzen die Bedeutung des politischen Klientelismus als konstitutiver Faktor für die soziale Reproduktion von Herrschafts- und Machtbeziehungen in den staatlich nur schwach durchgebildeten Orten betont worden.[131] Dank Studien zur gemeineidgenössischen Verfassungsinstitution der Tagsatzung, zur Struktur der Staatsfinanzen und zur politischen Ökonomie einzelner Orte, zur politischen Ideengeschichte des alteidgenössischen Republikanismus und Staatsverständnisses sowie zur Funktionslogik und zum Selbstverständnis korporativer Verbände sind die Eigentümlichkeiten alteidgenössischer Staatsbildung im späten Ancien Régime wesentlich schärfer herausgearbeitet worden, als dies in früheren, konzeptionell der europäischen Absolutismusforschung verhafteten Arbeiten der Fall gewesen ist.[132]

Auf anhaltend starkes Interesse stiess in den vergangenen Jahrzehnten die Aufklärungsforschung, die seit 1991 in einer interdisziplinär ausgerichteten nationalen Fachgesellschaft (*Schweizerische Gesellschaft zur Erforschung des Achtzehnten Jahrhunderts*, SGEAJ) organisiert ist.[133] Besondere Beachtung fanden in diesem Zusammenhang die Sozietäten, die im Anschluss an die früher stärker ideen- und geistesgeschichtlich orientierten Ansätze seit den 1980er Jahren mit prosopographischen, sozial- und wissensgeschichtlichen Fragestellungen untersucht wurden.[134] Neben der traditionell starken Zuwendung zu einzelnen herausragenden Gelehrten und Aufklärern[135] haben unter dem Einfluss der Sozietätenforschung auch die pädagogischen Bemühungen um die Erziehung und Bildung des Volkes im Rahmen der sogenannten Volksaufklärung vermehrt Beachtung gefunden.[136] Medien- und kommunikationsgeschichtliche Ansätze haben die Erforschung des Verlagswesens und Buchhandels, der Gelehrtennetzwerke sowie der Entwicklung der Wissenschaften inspiriert.[137] Untersuchungen zur Frage nach dem spezifischen Charakter der Aufklärung in der Schweiz[138] und zum Wandel des Selbst- und Fremdbildes der Schweiz im ausgehenden Ancien Régime haben besonders von der in der Forschung zum 18. Jahrhundert gut verankerten Interdisziplinarität profitiert.[139]

Im Umfeld der Säkularfeier von 1998 ist die Helvetische Republik stärker in den Fokus der Geschichtswissenschaft getreten.[140] In der einen Perspektive wird die kurzlebige Republik als ein trotz allen vorläufigen Scheiterns zukunftsträchtiges Konzept einer modernen Schweiz gesehen, das sein ganzes Modernisierungspotential erst im Verlauf des 19. Jahrhunderts entfaltet habe.[141] Aus einem anderen Blickwinkel erscheint sie eher als Versuch einer Umsetzung unterdrückter und unerfüllter reformaufklärerischer Ideale und Visionen aus der zweiten Hälfte des 18. Jahrhunderts – und weniger als radikaler Neuanfang.[142]

**ANMERKUNGEN**

1 — André Schluchter, Die Bevölkerung der Schweiz um 1800, Bern 1988.
2 — Markus Mattmüller, Bevölkerungsgeschichte der Schweiz, Basel 1987.
3 — Albert Tanner, Spulen – Weben – Sticken. Die Industrialisierung in Appenzell Ausserrhoden, Zürich 1982, S. 107–146.
4 — HLS, Ulrich Pfister: «Protoindustrialisierung».
5 — Archives cantonales vaudoises, Eb 88/11 (frdl. Mitteilung von Dr. Norbert Furrer).
6 — HLS, Ursula Gaillard: «Geburtenregelung».
7 — Rudolf Braun, Das ausgehende Ancien Régime in der Schweiz. Aufriss einer Sozial- und Wirtschaftsgeschichte des 18. Jahrhunderts, Göttingen 1984, S. 59–109; Christian Pfister, Klimageschichte der Schweiz 1525–1860, Bern/Stuttgart 1984; Jon Mathieu, Eine Agrargeschichte der inneren Alpen, Zürich 1992; Dominique Zumkeller, Le paysan et la terre, Genève 1992.
8 — Christian Pfister, Im Strom der Modernisierung. Bevölkerung, Wirtschaft und Umwelt 1700–1914, Bern 1995, S. 173–175; Zumkeller, Paysan, S. 203.
9 — HLS, Niklaus Landolt: «Einschlagsbewegung».
10 — Braun, Ancien Régime, S. 60–75; Jean Steinauer, Patriciens, fromagers, mercenaires. L'émigration fribourgeoise sous l'Ancien Régime, Lausanne 2000.
11 — Silvio Bucher, Bevölkerung und Wirtschaft des Amtes Entlebuch im 18. Jahrhundert, Luzern 1974, S. 234–247; Zumkeller, Paysan, S. 257–286; Peter Giger, Verwaltung der Ernährung. Obrigkeitliche Kontrolle des Zürcher Kornmarktes im 18. Jahrhundert, in: Sebastian Brändli et al. (Hg.), Schweiz im Wandel. Studien zur neueren Gesellschaftsgeschichte, Basel/Frankfurt a. M. 1990, S. 317–329, hier S. 325; Anne Radeff, Du café dans le chaudron. Economie globale d'Ancien Régime (Suisse occidentale, Franche-Comté et Savoie), Lausanne 1996, S. 17.
12 — Walter Bodmer, L'évolution de l'économie alpestre et du commerce de fromages du XVIe siècle à 1817 en Gruyère et au Pays d'Enhaut, in: Annales fribourgeoises, Bd. 48, 1967, S. 5–162, hier S. 158; Bucher, Entlebuch, S. 234–247.
13 — Roger Peter, Wie die Kartoffel im Kanton Zürich zum «Heiland» der Armen wurde. Ein Beitrag zur Sozialgeschichte der Kartoffel in der Schweiz, Zürich 1996.
14 — Rudolf Braun, Industrialisierung und Volksleben, Veränderungen der Lebensformen unter Einwirkung der verlagsindustriellen Heimarbeit in einem ländlichen Industriegebiet (Zürcher Oberland) vor 1800, Winterthur/Zürich 1960; Tanner, Industrialisierung; Ulrich Pfister, Die Zürcher Fabriques. Protoindustrielles Wachstum vom 16. bis 18. Jahrhundert, Zürich 1992.
15 — Peter Hersche, Musse und Verschwendung. Europäische Gesellschaft und Kultur im Barockzeitalter, 2 Bde., Freiburg 2006, S. 446–451, 892–899.
16 — HLS, Ulrich Pfister: «Protoindustrialisierung».
17 — Thomas Meier, Handwerk, Hauswerk, Heimarbeit. Nichtagrarische Tätigkeiten und Erwerbsformen in einem traditionellen Ackerbaugebiet des 18. Jahrhunderts (Zürcher Unterland), Zürich 1986.
18 — Herbert Lüthy, Die Tätigkeit der Schweizer Kaufleute und Gewerbetreibenden in Frankreich unter Ludwig XIV. und der Regentschaft, Aarau 1943; ders., La banque protestante en France de la Révocation de l'Edit de Nantes à la Révolution, Paris 1959–1961; Philippe Gern, Aspects des relations franco-suisses au temps de Louis XVI, Neuchâtel 1970; Radeff, Café.
19 — Lüthy, Kaufleute, S. 77–96; Niklaus Stettler / Peter Haenger / Robert Labhardt, Baumwolle, Sklaven und Kredite. Die Basler Welthandelsfirma Christoph Burckhardt & Cie. in revolutionärer Zeit (1780–1815), Basel 2004.
20 — HLS, Ulrich Pfister: «Handelsprivilegien».
21 — Radeff, Café.
22 — Tanner, Industrialisierung, S. 30 f.; Beat Kümin / Anne Radeff, Markt-Wirtschaft. Handelsinfrastruktur und Gastgewerbe im alten Bern, in: Schweizerische Zeitschrift für Geschichte (SZG), Bd. 50, Nr. 1, 2000, S. 1–19; Beat Kümin, Drinking Matters. Public Houses and Social Exchange in Early Modern Central Europe, Basingstoke 2007.
23 — Hans-Ulrich Schiedt, Chausseen und Kunststrassen: Der Bau der Hauptstrassen zwischen 1740 und 1910, in: SZG, Bd. 56, Nr. 1, 2006, S. 13–21.
24 — Lüthy, Banque protestante; Hans Conrad Peyer, Von Handel und Bank im alten Zürich, Zürich 1968.
25 — Norbert Furrer, Stationen eines bewegten Lebens: Johann Rudolf Wäber von Brütteln im Amt Erlach (1736 – nach 1795), in: André Holenstein et al. (Hg.), Berns goldene Zeit, Bern 2008, S. 484.
26 — Peyer, Handel und Bank, S. 130–135.
27 — Braun, Ancien Régime, S. 143–210.
28 — Nadir Weber, Auf dem Weg zur Adelsrepublik. Die Titulaturenfrage im Bern des 18. Jahrhunderts, in: Berner Zeitschrift für Geschichte und Heimatkunde, Bd. 70, 2008, S. 3–34.
29 — Fridolin Kurmann, Das Luzerner Suhrental im 18. Jahrhundert, Luzern/Stuttgart 1985, S. 125–147, 224; Franz Gschwind, Bevölkerungsentwicklung und Wirtschaftsstruktur der Landschaft Basel im 18. Jahrhundert, Liestal 1977, S. 349–352; André Schluchter, Das Gösgeramt im Ancien Régime. Bevölkerung, Wirtschaft und Gesellschaft einer solothurnischen Landvogtei im 17. und 18. Jahrhundert, Basel/Frankfurt a. M. 1990, S. 273–296; Zumkeller, Paysan, S. 189.
30 — Ulrich Bräker, Lebensgeschichte und natürliche Ebentheuer des Armen Mannes im Tockenburg, Zürich 1789.
31 — Braun, Ancien Régime, S. 137.
32 — Brigitte Schnegg von Rütte, «Die zweyte Seite auf dem Blatte der Menschheit». Geschlechterdiskurse und Geschlechterverhältnisse in der Schweizer Aufklärung, Diss. Univ. Bern 1999; dies., Geschlechterkonstellationen in der Gesellschaft der Aufklärung, in: SZG, Bd. 52, Nr. 4, 2002, S. 386–398.
33 — Erika Flückiger Strebel, Zwischen Wohlfahrt und Staatsökonomie. Armenfürsorge auf der bernischen Landschaft im 18. Jahrhundert, Zürich 2002.
34 — André Holenstein et al. (Hg.), Nützliche Wissenschaft und Ökonomie im Ancien Régime, Heidelberg 2007.
35 — René Sigrist, Les origines de la Société de physique et d'histoire naturelle (1790–1822), Genève 1990; Rolf Graber, Bürgerliche Öffentlichkeit und spätabsolutistischer Staat. Sozietätenbewegung und Konfliktkonjunktur in Zürich 1746–1780, Zürich 1993; Michael Kempe / Thomas Maissen, Die Collegia der Insulaner, Vertraulichen und Wohlgesinnten in Zürich 1679–1709. Die ersten deutschsprachigen Aufklärungsgesellschaften zwischen Naturwissenschaften, Bibelkritik und Politik, Zürich 2002; Daniel Kriemler, Die Anfänge der Basler Lesegesellschaft im Kontext von Aufklärung und Sozietätenwesen 1787–1800; in: Basler Zeitschrift für Geschichte und Altertumskunde, Bd. 105, Basel 2005, S. 157–195.
36 — Emil Erne, Die schweizerischen Sozietäten. Lexikalische Darstellung der Reformgesellschaften des 18. Jahrhunderts in der Schweiz, Zürich 1988.
37 — Ulrich Im Hof / François de Capitani, Die Helvetische Gesellschaft, Frauenfeld/Stuttgart 1983.
38 — Holger Böning / Reinhart Siegert, Volksaufklärung. Biobibliographisches Handbuch zur Popularisierung aufklärerischen Denkens im deutschen Sprachraum von den Anfängen bis 1850, 2 Bde., Stuttgart/Bad Cannstatt 1990–2001.
39 — Hubert Steinke et al. (Hg.), Albrecht von Haller. Leben – Werk – Epoche, Göttingen 2008.
40 — Martin Stuber et al. (Hg.), Hallers Netz. Ein europäischer Gelehrtenbriefwechsel zur Zeit der Aufklärung, Basel 2005; Marino Buscaglia et al. (Hg.), Charles Bonnet, savant et philosophe (1720–1793), Genève 1994; René Sigrist, Correspondances scientifiques du 18e siècle, in: SZG, Bd. 58, Nr. 2, 2008, S. 147–177.
41 — Michel Schlup (Hg.), La société typographique de Neuchâtel. L'édition neuchâteloise au siècle des Lumières, Neuchâtel 2002.
42 — Marie-Louise von Wartburg-Ambühl, Alphabetisie-

Die Geschichte der Schweiz — André Holenstein

rung und Lektüre. Untersuchungen am Beispiel einer ländlichen Region im 17. und 18. Jahrhundert, Bern 1981.
43 — Heinrich Richard Schmidt, Schweizer Elementarschulen im 18. und 19. Jahrhundert zwischen Konfession und Lebenswelt, in: Claudia Crotti et al. (Hg.), Pädagogik und Politik. Historische und aktuelle Perspektiven, Bern 2007, S. 31–52.
44 — Jean-Daniel Candaux et al. (Hg.), L'Encylopédie d'Yverdon et sa résonance européenne, Genève 2005; Robert Darnton, The Business of Enlightenment. A Publishing History of the Encyclopédie 1775–1800, Cambridge Mass./London 1979 (dt. Glänzende Geschäfte, Berlin 1993).
45 — Michael Kempe, Wissenschaft, Theologie, Aufklärung. Johann Jakob Scheuchzer und die Sintfluttheorie, Epfendorf 2003; Simona Boscani Leoni (Hg.), Wissenschaft – Berge – Ideologien. Johann Jakob Scheuchzer (1672–1733) und die frühneuzeitliche Naturforschung, Basel 2010.
46 — François Walter, Les Suisses et l'environnement. Une histoire du rapport à la nature du XVIII$^e$ siècle à nos jours, Carouge/Genève 1990, S. 23–51; Günter Bayerl, Die Natur als Warenhaus. Der technisch-ökonomische Blick auf die Natur in der Frühen Neuzeit, in: Sylvia Hahn et al. (Hg.), Umwelt-Geschichte. Arbeitsfelder, Forschungsansätze, Perspektiven, Wien/München 2001, S. 34–52.
47 — Claude Reichler, La découverte des Alpes et la question du paysage, Genève 2002; Jon Mathieu et al. (Hg.), Die Alpen! Zur europäischen Wahrnehmungsgeschichte seit der Renaissance, Bern 2005.
48 — Guy P. Marchal, Das Geschichtsbild von den «Alten Eidgenossen» im Wandel der Zeiten vom 15. Jahrhundert bis zum Ende des Zweiten Weltkriegs, in: ders., Schweizer Gebrauchsgeschichte, Basel 2006, S. 21–171, hier S. 68–70 (1. Publ. in: Historischer Verein der Fünf Orte (Hg.), Innerschweiz mit frühe Eidgenossenschaft, Bd. 2, Olten 1990, S. 309–403); Oliver Zimmer, A Contested Nation. History, Memory and Nationalism in Switzerland, 1761–1891, Cambridge 2003, S. 74f.; Thomas Lau, «Stiefbrüder». Nation und Konfession in der Schweiz und Europa (1656–1712), Köln 2008, S. 378–386, 470–473.
49 — Zimmer, Contested Nation; Marchal, Geschichtsbild; Michael Böhler et al. (Hg.), Republikanische Tugend. Ausbildung eines Schweizer Nationalbewusstseins und Erziehung eines neuen Bürgers, Genf 2000; Daniel Tröhler, Republikanismus und Pädagogik. Pestalozzi im historischen Kontext, Bad Heilbrunn 2006.
50 — Isaak Iselin, Filosofische und patriotische Träume eines Menschenfreundes, Freiburg 1755, S. 104–112; Braun, Ancien Régime; Tröhler, Republikanismus; Béla Kapossy, Iselin contra Rousseau. Sociable Patriotism and the History of Mankind, Basel 2006.
51 — Andreas Urs Sommer, Geschichte als Trost. Isaak Iselin als Geschichtsphilosoph, Basel 2002; Lucas Marco Gisi, Einbildungskraft und Mythologie. Die Verschränkung von Anthropologie und Geschichte im 18. Jahrhundert, Berlin 2007.
52 — Christian Simon, Untertanenverhalten und obrigkeitliche Moralpolitik. Studien zum Verhältnis zwischen Stadt und Land im ausgehenden 18. Jahrhundert am Beispiel Basels, Basel/Frankfurt a.M. 1981.
53 — Hans Wicki, Staat, Kirche, Religiosität. Der Kanton Luzern zwischen barocker Tradition und Aufklärung, Luzern 1990, S. 127–144; Rudolf Dellsperger, Der Pietismus in der Schweiz, in: Martin Brecht et al. (Hg.), Der Pietismus im achtzehnten Jahrhundert, Göttingen 1995, S. 589–616.
54 — Lukas Vischer et al. (Hg.), Ökumenische Kirchengeschichte der Schweiz, Freiburg/Basel 1994, S. 190f.
55 — Wicki, Staat, Kirche, Religiosität, S. 351–357; Hersche, Musse, S. 601–666.
56 — Peter Hersche, Katholische Opulenz kontra protestantische Sparsamkeit. Das Beispiel des barocken Pfarrkirchenbaus, in: Beat Kümin (Hg.), Landgemeinde und Kirche im Zeitalter der Konfessionen, Zürich 2004, S. 111–127; ders., Musse, S. 543–545.
57 — Paul Wernle, Der schweizerische Protestantismus im XVIII. Jahrhundert, Bd. 2, Tübingen 1924, S. 528–604; Kurmann, Suhrental, S. 86f.; Stefan Röllin, Die Relativierung der konfessionellen Grenzen und Lebensformen im 18. Jahrhundert unter dem Einfluss von Pietismus und Aufklärung, in: Vischer et al. (Hg.), Ökumenische Kirchengeschichte, S. 182–204, 337–339; Heinrich R. Schmidt, «Verfall der Religion». Epochenwende um 1700?, in: Peter Blickle et al. (Hg.), Die Säkularisation im Prozess der Säkularisierung Europas, Epfendorf 2005, S. 245–258.
58 — Patrick Coleman et al. (Hg.), Reconceptualizing nature, science, and aesthetics. Contribution à une nouvelle approche des Lumières helvétiques, Genève 1998; Markus Winkler, Einleitung, in: Böhler, Republikanische Tugend, S. 8–16; Simone Zurbuchen, Schweiz, in: Werner Schneiders (Hg.), Lexikon der Aufklärung, München 1995, S. 375–379; Simone Zurbuchen, Patriotismus und Kosmopolitismus. Die Schweizer Aufklärung zwischen Tradition und Moderne, Zürich 2003.
59 — Stephan Bösiger, Aufklärung als Geschäft. Die Typographische Gesellschaft Bern, in: Berner Zeitschrift für Geschichte, Bd. 73, 2011, S. 3–46.
60 — Anett Lütteken / Barbara Mahlmann-Bauer (Hg.), Johann Jakob Bodmer und Johann Jakob Breitinger im Netzwerk der europäischen Aufklärung, Göttingen 2009.
61 — André Bandelier, Des Suisses dans la République des Lettres, Genève 2007.
62 — [Albrecht von Frisching], Eine Berner Denkschrift über die Unruhen in der Waadt von 1790 und 1791, mitgeteilt von P. Hirzel, W. Oechsli, in: Politisches Jahrbuch der Schweizerischen Eidgenossenschaft, Bd. 12, 1898, S. 107–149, hier S. 125f.
63 — Hubert Steinke et al. (Hg.), Albrecht von Haller. Leben – Werk – Epoche, Göttingen 2008.
64 — Marysia Morkowska, Vom Stiefkind zum Liebling. Die Entwicklung und Funktion des europäischen Schweizbildes bis zur Französischen Revolution, Zürich 2009.
65 — Valéry Cossy et al. (Hg.), Genève, lieu d'Angleterre, 1725–1814, Genève 2009.
66 — Claude Reichler / Roland Ruffieux (Hg.), Le voyage en Suisse, Paris 1998; Uwe Hentschel, Mythos Schweiz. Zum deutschen literarischen Philhelvetismus zwischen 1700 und 1850, Tübingen 2002.
67 — Simone Zurbuchen, Barbarei oder Zivilisation? Beat Ludwig von Muralts «Lettres sur les Anglais et les Français et sur les Voyages» und ihre Bedeutung für die Schweizer Aufklärung, in: dies., Patriotismus und Kosmopolitismus, Zürich 2003, S. 25–48.
68 — Guy P. Marchal, Das «Schweizeralpenland»: eine imagologische Bastelei, in: ders., Schweizer Gebrauchsgeschichte, Basel 2006, S. 431–444 (1. Publ. in: ders./Aram Mattioli [Hg.], Erfundene Schweiz – Konstruktionen nationaler Identität, Zürich 1992, S. 37–49).
69 — Hans Conrad Peyer, Verfassungsgeschichte der alten Schweiz, Zürich 1978, S. 80–84.
70 — Thomas Maissen, Die Geburt der Republic. Staatsverständnis und Repräsentation in der frühneuzeitlichen Eidgenossenschaft, Göttingen 2006.
71 — Andreas Würgler, Die Tagsatzung der Eidgenossen. Politik, Kommunikation und Symbolik einer repräsentativen Institution im europäischen Kontext (1470–1798), Epfendorf 2013.
72 — Rolf Stücheli, Der Friede von Baden (Schweiz) 1714, Freiburg 1997.
73 — Fredy Gröbli, Ambassador Du Luc und der Trücklibund von 1715, Basel 1975.
74 — Gern, Aspects.
75 — Steinauer, Patriciens.
76 — Thomas Maissen, L'invention de la tradition de neutralité helvétique: une adaptation au droit des gens naissant du XVII$^e$ siècle; André Holenstein, L'enjeu de la neutralité: les cantons suisses et la guerre de Trente Ans, beide in: Jean-François Chanet et al. (Hg.), Les ressources des faibles. Neutralités, sauvegardes, accommodements en temps de guerre (XVI$^e$–XVIII$^e$ siècles), Rennes 2009, S. 17–46 bzw. S. 47–61.
77 — Lüthy, Kaufleute; ders., Banque protestante.
78 — Urs Kälin, Die Urner Magistratenfamilien. Herrschaft, ökonomische Lage und Lebensstil einer ländlichen Oberschicht, 1700–1850, Zürich 1991; ders., Salz, Sold und Pensionen. Zum Einfluss Frankreichs auf die politische Struktur der innerschweizerischen Landsgemeindedemokratien im 18. Jahrhundert, in: Der Geschichtsfreund, Bd. 149, 1996, S. 105–124, hier S. 119f.; Christian Windler, «Ohne Geld keine Schweizer»: Pensionen und Söldnerrekrutierung auf den eidgenössischen Patronagemärkten, in: ders./Hillard von Thiessen (Hg.), Nähe in der Ferne. Personale Verflechtung in den Aussenbeziehungen der Frühen Neuzeit, Berlin 2005, S. 105–133.
79 — Kälin, Salz, Sold und Pensionen, S. 114.
80 — Daniel Schläppi, «In allem Übrigen werden sich die Gesandten zu verhalten wissen». Akteure in der eidgenössischen Aussenpolitik des 17. Jahrhunderts: Strukturen, Ziele, Strategien am Beispiel der Familie Zurlauben von Zug, in: Der Geschichtsfreund, Bd. 151, 1998, S. 3–90.
81 — Fabian Brändle, Demokratie und Charisma. Fünf Landsgemeindekonflikte im 18. Jahrhundert, Zürich 2005.
82 — Peyer, Verfassungsgeschichte, S. 146f.
83 — Ebd., S. 127–133.
84 — Kälin, Urner Magistratenfamilien, S. 73–76; Martin Körner, The Swiss Confederation, in: Richard Bonney (Hg.), The Rise of the Fiscal State in Europe, c. 1200–1815, Oxford 1999, S. 327–357; Stefan Altorfer-Ong, Staatsbildung ohne Steuern. Politische Ökonomie und Staatsfinanzen im Bern des 18. Jahrhunderts, Baden 2010.
85 — Peyer, Verfassungsgeschichte, S. 119; Andreas Suter, Der schweizerische Bauernkrieg von 1653, Tübingen 1997, S. 563–577.
86 — Flückiger Strebel, Armenfürsorge, S. 312–314; Altorfer-Ong, Staatsbildung, S. 221–235; Daniel Flückiger, Strassen für alle. Infrastrukturpolitik im Kanton Bern 1790–1850, Baden 2011, S. 42–45.
87 — Altorfer-Ong, Staatsbildung, S. 193.
88 — Marianne Stubenvoll, Un tout petit monde. La noblesse vaudoise pendant l'Ancien Régime, Université de Lausanne 2006 (Ms.), S. 459–475.
89 — Körner, Swiss Confederation, 1999, S. 344–346; für Bern: Altorfer-Ong, Staatsbildung, S. 236–281.
90 — Hans-Rudolf Dütsch, Die Zürcher Landvögte von 1402–1798, Zürich 1994.
91 — Ferdinand Schwarz, Der Kampf um die Wiederaufnahme neuer Bürger in Basel (1757–1762), in: Basler Zeitschrift für Geschichte und Altertumskunde, Bd. 26, 1927, S. 152–174; François de Capitani, La République de Berne. Evolutions et ruptures, in: François Flouck et al. (Hg.), De l'ours à la cocarde. Régime bernois et révolution en pays de Vaud (1536–1798), Lausanne 1998, S. 221–228.
92 — Peter Hersche, Reformen im «Ancien Régime». Ein Vergleich Österreich–Schweiz, in: Bundesministerium für Wissenschaft und Forschung Österreichische Akademie der Wissenschaften (Hg.), Österreich im Europa der Aufklärung. Kontinuität und Zäsur in Europa zur Zeit Maria Theresias und Josephs II., Wien 1985, S. 397–419, S. 410; Maissen, Republic, S. 584.
93 — Daniel Schläppi, Das Staatswesen als kollektives Gut: Gemeinbesitz als Grundlage der politischen Kultur in der frühneuzeitlichen Eidgenossenschaft, in: Historical Social Research, Bd. 32, Nr. 4, 2007, S. 169–202; Körner, Swiss Confederation, S. 333.
94 — Anton Brandenberger, Ausbruch aus der «Malthusianischen Falle», Versorgungslage und Wirtschaftsentwicklung im Staate Bern 1755–1797, Bern 2004.
95 — Andreas Suter, «Troublen» im Fürstbistum Basel (1726–1740), Göttingen 1985.
96 — Gabriella Silvestrini, Alle radici del pensiero di Rousseau. Istituzioni e dibattito politico a Ginevra nella prima metà del Settecento, Milano 1993; Helena Rosenblatt, Rousseau and Geneva. From the «First Discourse» to the »Social Contract», 1749–1762, Cambridge 1997; Anja Victorine Hartmann, Reflexive Politik im sozialen Raum. Politische Eliten in Genf zwischen 1760 und 1841, Mainz 2003.
97 — «Reflexions communiquées à un nouveau Bourgeois de cette Ville», zit. nach: André Gür, Les lettres «séditieuses» anonymes de 1718, étude et texte, in: Bulletin de la Société d'Histoire et d'Archéologie de Genève, Bd. 17, Nr. 2, 1981, S. 129–205, hier S. 180f.

**98** — Brändle, Demokratie und Charisma; Kälin, Salz, Sold und Pensionen.
**99** — Peyer, Verfassungsgeschichte, S. 138f.
**100** — Peyer, Verfassungsgeschichte, S. 100; Ulrich Im Hof, Isaak Iselin und die Spätaufklärung, Bern/München 1967, S. 138–140.
**101** — Graber, Bürgerliche Öffentlichkeit; Zurbuchen, Patriotismus und Kosmopolitismus; Tröhler, Republikanismus.
**102** — Kapossy, Iselin contra Rousseau.
**103** — Hersche, Reformen; Fritz Osterwalder, Die Aufklärung in der Schweiz. Anthropologie zwischen Historizität und Innerlichkeit, in: Daniel Tröhler (Hg.), Pestalozzis «Nachforschungen», Bd. 2: kontextuelle Studien, Bern et al. 1999, S. 45–65.
**104** — Im Hof / de Capitani, Helvetische Gesellschaft; Iselin, Träume eines Menschenfreundes, S. 125f., 128f.
**105** — Friedrich Haag, Beiträge zur Bernischen Schul- und Kulturgeschichte, Bern 1898–1900; Hersche, Reformen, S. 410.
**106** — Hersche, Reformen, S. 408.
**107** — Hans Dubler, Der Kampf um den Solddienst der Schweizer im 18. Jahrhundert, Frauenfeld 1939; Rudolf Bolzern, The Swiss foreign service and Bernese reform politics in the late eighteenth century, in: History of European Ideas, Bd. 33, 2007, S. 463–475.
**108** — Andreas Würgler, Politische Öffentlichkeit in der Schweiz im 18. Jahrhundert, in: SZG, Bd. 46, 1996, S. 26–42.
**109** — Braun, Ancien Régime, S. 312f.
**110** — Holger Böning, Der Traum von Freiheit und Gleichheit. Helvetische Revolution und Republik (1798–1803) – Die Schweiz auf dem Weg zur bürgerlichen Demokratie, Zürich 1998.
**111** — Ebd., S. 79–94; Rolf Graber, Zeit des Teilens: Volksbewegungen und Volksunruhen auf der Zürcher Landschaft 1794–1804, Zürich 2003, S. 117.
**112** — Barbara Weinmann, Eine andere Bürgergesellschaft. Klassischer Republikanismus und Kommunalismus im Kanton Zürich im späten 18. und 19. Jahrhundert, Göttingen 2002; Graber, Zeit des Teilens.
**113** — Eric Golay, Quand le peuple devint roi. Mouvement populaire, politique et révolution à Genève de 1789 à 1794, Genève 2001.
**114** — Böning, Traum, S. 95–162; HLS, Andreas Fankhauser: «Helvetische Revolution»; Daniel Schläppi (Hg.), Umbruch und Beständigkeit. Kontinuitäten in der Helvetischen Revolution, Basel 2009.
**115** — HLS, Andreas Fankhauser: «Helvetische Republik», S. 258–267; André Holenstein, Die Helvetik als reformabsolutistische Republik, in: Schläppi (Hg.), Umbruch und Beständigkeit, S. 83–104.
**116** — Silvia Arlettaz, Citoyens et étrangers sous la République Helvétique (1798–1803), Genève 2005; André Holenstein, Aporien der Gleichheit. Probleme der Armenfürsorge beim Übergang zum Einheitsstaat, in: André Holenstein et al. (Hg.), Reichtum und Armut in den Republiken, Genève 2010, S. 227–236.
**117** — Andreas Fankhauser, Die «Staats=Machine» der Helvetischen Republik. Institutionelle und personelle Kontinuität innerhalb eines revolutionären Verwaltungsapparats, in: Schläppi (Hg.), Umbruch und Beständigkeit, S. 65–82.
**118** — Daniel Frei, Die Förderung des schweizerischen Nationalbewusstseins nach dem Zusammenbruch der Alten Eidgenossenschaft 1798, Zürich 1964; Adolf Rohr, Philipp Albert Stapfer – eine Biographie: im alten Bern vom Ancien Régime zur Revolution (1766–1798), Bern 1998; Adolf Rohr, Philipp Albert Stapfer: Minister der Helvetischen Republik und Gesandter der Schweiz in Paris 1798–1803, Baden 2005.
**119** — Andreas Staehelin, Helvetik, in: Handbuch der Schweizer Geschichte, Bd. 2, 2. Aufl. (1. Aufl. 1977), Zürich 1980, S. 835f.; Hersche, Reformen; Holenstein, Helvetik.
**120** — Sandro Guzzi, Logiche della rivolta rurale, Bologna 1994; ders., Widerstand und Revolten gegen die Republik. Grundformen und Motive, in: André Schluchter et al. (Hg.), Helvetik – neue Ansätze, Basel 1993, S. 84–104; Andreas Suter, Direkte Demokratie – historische Reflexionen zur aktuellen Debatte. Nachwort, in: Benjamin Adler, Die Entstehung der direkten Demokratie. Das Beispiel der Landsgemeinde Schwyz 1780–1866, Zürich 2006, S. 219–278 Eric Godel, Die Zentralschweiz in der Helvetik (1798–1803). Kriegserfahrungen und Religion im Spannungsfeld von Nation und Religion, Münster 2009.
**121** — Vgl. die Periodisierung der jüngsten Schweizer Geschichte von François Walter, Histoire de la Suisse, Bd. 3, Neuchâtel 2010.
**122** — Peyer, Verfassungsgeschichte.
**123** — Braun, Ancien Régime.
**124** — Bucher, Entlebuch; Gschwind, Bevölkerungsentwicklung; Mattmüller, Bevölkerungsgeschichte; Kurmann, Suhrental; Schluchter, Gösgeramt; ausserhalb des Basler Zusammenhangs Zumkeller, Paysan.
**125** — Pfister, Klimageschichte.
**126** — Tanner, Industrialisierung; Pfister, Fabriques; ders. Protoindustrialisierung: Die Herausbildung von Gewerberegionen, 15.–18. Jahrhundert, in: Allgemeine Geschichtsforschende Gesellschaft der Schweiz (Hg.), Geschichtsforschung in der Schweiz. Bilanz und Perspektiven – 1991, Basel 1992, S. 67–78.
**127** — Dieter Schindler, Werdenberg als Glarner Landvogtei, Buchs 1986; Suter, «Troublen»; Andreas Würgler, Unruhen und Öffentlichkeit. Städtische und ländliche Protestbewegungen im 18. Jahrhundert, Tübingen 1995; Mario Fransioli / Fabrizio Viscontini (Hg.), La rivolta della Leventina, Locarno 2006.
**128** — Würgler, Unruhen und Öffentlichkeit; Rosenblatt, Rousseau; Hartmann, Reflexive Politik.
**129** — Brändle, Demokratie und Charisma.
**130** — Hans Rudolf Stauffacher, Herrschaft und Landsgemeinde. Die Machtelite in Evangelisch-Glarus vor und nach der Helvetischen Revolution, Glarus 1989; Kälin, Urner Magistratenfamilien; Hartmann, Reflexive Politik.
**131** — Ulrich Pfister, Politischer Klientelismus in der frühneuzeitlichen Schweiz, in: SZG, Bd. 42, Nr. 1, 1992, S. 28–68.
**132** — Würgler, Tagsatzung; Körner, Swiss Confederation; Altorfer-Ong, Staatsbildung; Maissen, Republic; Schläppi, Staatswesen.
**133** — www.sgeaj.ch, Zugriff: 19. August 2013.
**134** — Im Hof / de Capitani, Helvetische Gesellschaft; Erne, Sozietäten; Graber, Bürgerliche Öffentlichkeit; Kempe/Maissen, Collegia; Holenstein et al. (Hg.), Nützliche Wissenschaft.
**135** — Sommer, Iselin als Geschichtsphilosoph; Kempe, Wissenschaft; Kapossy, Iselin contra Rousseau; Gisi, Einbildungskraft; Steinke et al. (Hg.), Haller; Lütteken/Mahlmann (Hg.), Bodmer.
**136** — Böning/Siegert, Volksaufklärung; Tröhler, Republikanismus.
**137** — Darnton, Business; Schlup (Hg.), Société typographique; Candaux et al. (Hg.), L'Encyclopédie d'Yverdon; Urs Boschung et al. (Hg.), Repertorium zu Albrecht von Hallers Korrespondenz, 1724–1777, Basel 2002; Stuber et al. (Hg.), Hallers Netz.
**138** — Coleman et al. (Hg.), Reconceptualizing nature; Böhler et al. (Hg.), Republikanische Tugend.
**139** — Morkowska, Stiefkind; Reichler/Ruffieux (Hg.), Voyage; Reichler, Alpes; Hentschel, Mythos Schweiz.
**140** — Matthias Manz, Die Basler Landschaft in der Helvetik. Über die materiellen Ursachen von Revolution und Konterrevolution, Liestal 1991; Schluchter et al. (Hg.), Helvetik; Böning, Traum; Christian Simon, Die Helvetik – eine aufgezwungene und gescheiterte Revolution?, in: Thomas Hildbrand et al. (Hg.), Im Zeichen der Revolution. Der Weg der Schweiz zum schweizerischen Bundesstaat 1798–1848, Zürich 1997, S. 29–49; ders. (Hg.), Widerstand und Proteste zur Zeit der Helvetik, Basel 1998; ders. (Hg.), Blicke auf die Helvetik, Basel 2000.
**141** — Böning, Traum; Schluchter et al. (Hg.), Helvetik.
**142** — Hersche, Reformen; Schläppi (Hg.), Umbruch und Beständigkeit.

Die italienische Masseneinwanderung hat im schweizerischen Bewusstsein ihren festen Platz. Wenig bekannt ist, dass bereits Ende der 1950er Jahre auch spanische Arbeitskräfte in grösserer Zahl Beschäftigung fanden und dieser Zustrom im März 1961 staatsvertraglich geregelt wurde. Während man bei den Italienern befürchtete, dass sie den Kommunismus importieren würden, war man sich bei den Spaniern sicher, dass sie die Franco-Diktatur nicht als Exportartikel mitbrächten. Und noch ein weiterer Vorteil der einsetzenden spanischen Einwanderung wurde ausgemacht: «Einzelne Italiener hielten den Kopf sehr hoch, so dass eine gewisse Konkurrenz durch spanische Arbeitskräfte nichts schaden kann» (Votum in der Ständeratskommission, vom 11. September 1961; zit. nach: Mauro Cerutti, in: Hans Mahnig [Hg.], Histoire de la politique de migration, d'asile et d'intégration en Suisse depuis 1948, Zürich 2005, S. 106).

*Photographie von Daniel Vittet, Genf, Anfang der 1970er Jahre (Fotostiftung Schweiz), © Daniel Vittet.*

# Fremde in der Schweiz

— *Silvia Arlettaz*

«Die beträchtliche Anzahl der im Gebiete der Schweizerischen Eidgenossenschaft wohnenden Fremden ist gewiss der Beachtung werth»[1], konnte man bereits 1848 in der *Neuen Statistik der Schweiz* lesen. Im frühen 19. Jahrhundert nahm die Migration in der Schweiz ein bisher ungekanntes Ausmass an. Während einerseits eine starke Auswanderung nach Übersee einsetzte, liessen sich andererseits immer mehr Ausländer, vor allem aus den Nachbarstaaten, in unserem Land nieder.

Zwischen 1848 und 1890 wanderten über 250 000 Schweizer nach Übersee aus. Im gleichen Zeitraum nahm die Zahl der Ausländer in der Schweiz von 71 570 im Jahr 1850 auf 229 650 im Jahr 1888 oder von 3 Prozent auf 7,9 Prozent der Gesamtbevölkerung zu. Ein wichtiges Ergebnis der Volkszählung von 1888 war, dass die Migrationsbilanz ins Positive drehte. Zwischen 1888 und 1914 wurde der jährliche Migrationsgewinn auf 2,1 Promille der Bevölkerung geschätzt; 1910 betrug der Ausländeranteil an der Bevölkerung 14,7 Prozent. Zusammen mit Frankreich war die Schweiz eines der wenigen Länder, die schon früh eine massive Einwanderung von Arbeitskräften verzeichneten. Zwischen 1914 und 1945 verlor die Schweiz vorübergehend ihre Anziehungskraft als Einwanderungsland, und die Migrationsbilanz wurde wieder negativ. Bis 1941 fiel der Ausländeranteil auf 5,2 Prozent. Nach dem Zweiten Weltkrieg nahm die Zuwanderung einen erneuten Aufschwung, wohingegen die Auswanderung an Bedeutung verlor.

Heute ist die Schweiz zusammen mit einigen Kleinstaaten eines der Länder mit der höchsten Ausländerdichte, was namentlich auf die komplexen und restriktiven Einbürgerungsverfahren zurückzuführen ist. 2012 zählte die ausländische Bevölkerung 1 869 969 ständige Einwohner (23,3 Prozent der Gesamtbevölkerung), von denen 63,7 Prozent aus einem EU- oder EFTA-Mitgliedsstaat stammen und 19,5 Prozent in der Schweiz geboren wurden.

### Die Abgrenzung gegenüber «Fremden» (bis 1848)

Der im 14. Jahrhundert aufgekommene Begriff des «Fremden» diente zur Bezeichnung verschiedener juristischer, politischer, sozioökonomischer und kultureller Gegebenheiten und Status. Auf der Ebene der politischen Gemeinden wurden Personen, die die Voraussetzungen für die Einbürgerung nicht erfüllten, weil sie eine andere ethnische Herkunft hatten oder aus einer anderen Gegend stammten, als «Fremde» bezeichnet. In der Alten Eidgenossenschaft und noch im 19. Jahrhundert galt als «fremd», was jenseits der Gemeinde- oder Kantonsgrenze lag.

Im ↑Ancien Régime gründeten die gesellschaftlichen Strukturen auf den politischen und sozialen Normen des Bürgertums: Nur Bürger, die in ihrer Heimatgemeinde wohnten, genossen sämtliche Rechte. Weil die Bürgerschaften ein soziales Gleichgewicht bewahren und ihre Güter schützen wollten, wurde der Zugang zu ihnen ab dem 16. Jahrhundert zunehmend eingeschränkt oder ganz blockiert. Selbst der Status der Habitanten, die keine politischen Rechte besassen und im Erwerbsleben Einschränkungen hinnehmen mussten, unterstand einer strengen Kontrolle. Für viele dauerhaft niedergelassene Bewohner einer Gemeinde bedeuteten diese Barrieren nicht nur existentielle Unsicherheit, sondern sie verhinderten auch ihre rechtliche Eingliederung.

Diese Situation zeitigte schwerwiegende Konsequenzen, nachdem in der helvetischen Verfassung von 1798 ein schweizerisches Heimatrecht geschaffen worden war. Da nur die Bürger und die ↑Ewigen Einwohner beziehungsweise Habitanten als Schweizer anerkannt wurden, sah sich ein grosser Teil der Bevölkerung auf den Status von Landesfremden reduziert. Die vielen Personen, denen es nicht gelang, sich einen Heimatschein zu beschaffen, liessen die Zahl der ↑Heimatlosen stark ansteigen.[2]

Die Verfassung von 1798 markierte mit ihrer scharfen juristischen Trennung zwischen Ausländern und Schweizern einen historischen Wendepunkt.[3] Was die Gewährung des Bürgerrechts betrifft, brachte die Einführung eines einzigen Heimatrechts eine radikale Änderung der Verfahren mit sich, die jedoch ihren restriktiven und selektiven Charakter behielten. Von derselben defensiven Haltung war auch die Gesetzgebung zur Aufenthalts- und Niederlassungsbewilligung geprägt. Nach dem Untergang der Helvetischen Republik nahmen die Kantone und Gemeinden diese historischen Vorrechte wieder für sich in Anspruch. Helvetische Bürger, die sich ausserhalb ihres Heimatkantons niedergelassen hatten, wurden erneut als Fremde behandelt.

Einige Kantone führten jedoch Reformen ihres Bürgerrechts durch. Im frühen 19. Jahrhundert – in einem Umfeld politischer Instabilität angesichts revolutionärer Umtriebe gegen konservative Regierungen und aufkeimender nationalistischer Tendenzen – suchten immer mehr politische Flüchtlinge Zuflucht in der Schweiz. Diese Verfechter liberalen Gedankenguts wurden von politisch gleichgesinnten Kantonsbehörden wohlwollend aufgenommen. Gleichzeitig öffneten die Kantone ihre Tore für Einwanderer, von denen sie sich eine Belebung der Wirtschaft versprachen. Flüchtlings- und Immigrantenströme begannen sich somit immer stärker zu überlagern.[4] Gemäss einer Erhebung im Jahre 1837 betrug der Ausländerbestand 56 340 Personen oder 2,6 Prozent der Gesamtbevölkerung, die meisten von ihnen Taglöhner, Dienstboten, Arbeiter oder Händler.

### Die Entstehung der Nation und die «Ausländerfrage» (1848–1917)

In der zweiten Hälfte des 19. Jahrhunderts setzte sich der Zustrom von Flüchtlingen fort. Vor allem aber kam es infolge des industriellen Wachstums und der vermehrt anfallenden Erschliessungsarbeiten (Strassen- und Leitungsbau) zu einem massiven Andrang von Arbeitskräften, auf den die Schweiz nicht vorbereitet war.[5] Die Art und Weise, wie die Ausländer aufgenommen wurden, widerspiegelt die komplexe juristische und politische Struktur des mehrstufigen eidgenössischen Gemeinwesens.[6] Im Sinne einer freiheitlichen und auf die Entwicklungsmöglichkeiten des Landes vertrauenden Vision beschränkte sich der junge Bundesstaat darauf, mit den Herkunftsländern der Zuwandernden auf dem Prinzip der Niederlassungsfreiheit beruhende bilaterale Verträge auszuhandeln. Modalitäten und Bedingungen des Aufenthalts, die Regulierung der Erwerbstätigkeit und die Überwachung der Fremden dagegen fielen in den Kompetenzbereich der Kantone. Die 1889 erlassenen Massnahmen des Bundes zur politischen Überwachung der Ausländer stellten eine erste Etappe auf dem Weg zu einer zentralisierten Fremdenpolizei dar.

Insgesamt wurde der Status der Ausländer schrittweise und parallel zum Integrationsprozess der Kantone angepasst, der mit der Schaffung des Bundesstaates im Jahre 1848 noch nicht abgeschlossen war. In einer ersten Phase wurden Kantons- oder Landesfremden – die Gesetzestexte machten hier oft keinen Unterschied – beschränkte Rechte in zahlreichen Bereichen zugestanden. Mit der Verfassungsrevision von 1874 trat der Wille zu einer konsequenteren Umsetzung des Staatsbürgerkonzeptes in den Vordergrund. Die allmähliche Nationalisierung der Zivilgesellschaft und der Rechtsräume begünstigte eine schärfere Grenzziehung zwischen Einheimischen und Fremden. In Debatten über die Einführung staatlicher Massnahmen zum Schutz des Individuums wurde der Grundsatz der Andersbehandlung von Nicht-Schweizern propagiert, was dazu beitrug, dass die nationale Zugehörigkeit zum entscheidenden Kriterium der Integration wurde.

Der massive Zustrom von Fremden in eine Gesellschaft, die im Begriffe war, sich zu nationalisieren und zu vergesellschaften, liess die Einwanderung zu einem akuten politischen und sozialen Problem werden, das rasch als Symptom eines tiefgreifenden Wandels der Gesellschaft gedeutet wurde. In einem Kontext, der durch die Hinterfragung politischer Entscheidungen und des verbreiteten Materialismus geprägt war, neigte ein Teil der Elite dazu, den Fremden die Verantwortung für die unerwünschten Auswirkungen der Modernisierung und für den durch die Ausländer angeblich verursachten Zerfall kollektiver moralischer und patriotischer Werte zuzuschieben.

Die Fremden galten schon allein aufgrund ihrer hohen Zahl als «gefährlich» – man witterte eine sogenannte «friedliche Kolonisation». Als Bedrohung für die Gesellschaft wurden sie auch mit Blick auf die Stärkung eines kämpferischen Proletariats und, damit zusammenhängend, auf das Risiko der Verarmung der Gesellschaft insgesamt wahrgenommen. Volkswirtschaftlich fürchtete man eine deutsche Vorherrschaft, in kultureller Hinsicht die Präsenz nicht assimilierbarer Ausländer und die Gefahr nationalistischer Strömungen. In strategischem Betracht galten die Einwanderer als Risiko im Falle von Konflikten. Nach 1900 fanden alle diese Ängste Eingang in das Konzept der sogenannten Ausländerfrage,[7] die bald als existielles nationales Problem angesehen wurde. Die Mehrheit der politischen Handlungsträger, die sich weiterhin zu den Idealen der freiheitlichen Demokratie bekannte, wollte jedoch die wirtschaftlich unentbehrliche Einwanderung nicht behindern. Sie befürwortete stattdessen eine Politik der «Assimilation», die auf die Einbürgerung der Zuwanderer abzielte.[8] Andere Stimmen begannen jedoch die «Ausländerfrage» aus patriotischer Sicht zu thematisieren, wobei sie die moralischen und ethnischen Grundlagen der nationalen Gemeinschaft herausstrichen. In der Folge entspann sich eine umfangreiche Debatte über den Zugang zur schweizerischen Staatsbürgerschaft.

### «Überfremdung» – Die Institutionalisierung der Fremdenkontrolle (1917–1945)

Im Verlauf des Ersten Weltkriegs sank die Zahl der in der Schweiz lebenden Ausländer um rund 156 000. Die «Ausländerfrage» verlor dadurch jedoch keineswegs an Brisanz. Die Tatsache, dass eine relativ gut assimilierte Ausländerpopulation teilweise durch «Kriegsflüchtlinge» – Deserteure und Refraktäre – ersetzt wurde, löste in der Schweiz heftige und widersprüchliche Reaktionen aus. In der öffentlichen Meinung wurden die kriegsbedingten politischen und sozialen Probleme zunehmend den Ausländern angelastet, bis diese von 1917 an systematisch als «unerwünscht» bezeichnet wurden. Das Schlagwort der «Überfremdung» implizierte fortan einen ganzen Wust von «Überlastungen», die auf die Anwesenheit von Ausländern zurückgeführt wurden.[9] Die Schweiz sollte demnach nicht mehr die einzelnen Zuwanderer «assimilieren» und zu Schweizern machen, sondern vielmehr die Zuwanderung als solche kontrollieren und einschränken. Die Fundamente dieser neuen Politik wurden mit der bundesrätlichen Verordnung betreffend die Grenzpolizei und die Kontrolle der Ausländer vom 21. November 1917 gelegt, mit der die Behörden auf Bundesebene eine Zentralstelle für die weiterhin kantonalen Fremdenpolizeien einrichten konnten.[10]

Als der Krieg beendet und die Furcht vor einem Ansturm von demobilisierten Angehörigen fremder Armeen gewichen war, verlagerte sich das Konzept der «Überfremdung» auf die ökonomischen und sozialen Aspekte. Ein neuer Konsens umfasste drei Ziele: die Begrenzung der Zuwanderung, die Stabilisierung und Nationalisierung der Arbeitskräfte durch die Schaffung von Sozialversicherungen und die selektive Eingliederung der niedergelassenen Ausländer. Mit der fortschreitenden rechtlich-kulturellen Herausbildung eines nationalen Raumes ging eine neue, von einer patriotischen Sensibilität geprägte Politik einher, die eine auf demokratischen und nationalistischen Grundlagen beruhende Ordnung schaffen sollte. Sie gab den Anstoss für eine erste fremdenfeindliche Volksinitiative im Jahre 1922, die jedoch abgelehnt wurde.

Am 25. Oktober 1925 nahm das Volk den Verfassungsartikel 69[ter] an, der den Bund ermächtigte, Gesetze betreffend Aufenthalt und Niederlassung von Ausländern in der Schweiz zu erlassen. Der Bundesrat schlug eine Reihe von protektionistischen Massnahmen vor, um die «ausländische Überbevölkerung» wirksam zu bekämpfen und den Arbeitsmarkt – unter Wahrung der von der Industrie benötigten Flexibilität – zu schützen. Der Kurzaufenthalt für Ausländer wurde zum Prinzip erhoben. Die Begriffe der «Aufnahmekapazität» des Landes und der Verteidigung der Identität und der «schweizerischen» Werte wurden zu grundlegenden Elementen der eidgenössischen Politik und lieferten die Basis für das erste Bundesgesetz über den Aufenthalt und die Niederlassung von Ausländern vom 26. März 1931. Gleichzeitig erfuhren die Vorstellungen bezüglich der

Einbürgerung einen grundlegenden Wandel: Die Verleihung des Bürgerrechts war nunmehr eine Konsequenz einer gelungenen «Assimilation»; es konnte nur Ausländern gewährt werden, deren Gesinnung der «schweizerischen Mentalität» entsprach und die eine lange Aufenthaltsdauer in der Schweiz nachzuweisen vermochten. Diese Ziele wurden im Bundesgesetz über den Erwerb und Verlust des Schweizer Bürgerrechts vom 29. September 1952 konkretisiert.

Während des Zweiten Weltkriegs stand die Aufnahme von Flüchtlingen im Zeichen der Landesverteidigung, wobei das Konzept der «Überfremdung» durch den Kampf gegen die «Verjudung» der Schweiz noch verschärft wurde.[11] Die unselige Verquickung der schweizerischen Formen des Antisemitismus mit der Entwicklung der nationalen Ausländerpolitik erklärt die hohe Zahl der Wegweisungen. Tatsächlich wurde der Wegweisungsbefehl für Juden erst im Dezember 1943 aufgehoben und im Juli 1944 durch die Bestimmung ersetzt, dass alle an Leib und Leben gefährdeten Menschen Aufnahme finden sollten.

**Zuwanderung – Asyl – Integration:
Die Umsetzung der Abwehrziele**
Nach dem Zweiten Weltkrieg nahm die Zuwanderung im Zuge der wirtschaftlichen Entwicklung einen erneuten Aufschwung.[12] Zwischen 1949 und 2001 kamen über drei Millionen ausländische Arbeitskräfte mit einer Aufenthalts- oder Niederlassungsbewilligung in die Schweiz, zuzüglich rund sieben Millionen ↑Saisonniers.[13]

Zunächst verfolgte der Bundesrat eine zuwanderungsfreundliche Politik, wobei er mit der Vergabe von Saisonnierbewilligungen nach einem Rotationssystem eine dauerhafte Niederlassung der Ausländer in der Schweiz zu verhindern versuchte.[14] Diese «liberale» Praxis stiess jedoch zunehmend auf Opposition, und schliesslich gewann der Begriff der «Überfremdung» im Diskurs erneut die Oberhand.[15] Zwischen 1965 und 1974 wurden fünf Volksinitiativen für eine drastische Verringerung der Ausländerpopulation eingereicht, von denen allerdings vier verworfen und eine zurückgezogen wurde.[16] Freilich ergriff der Bundesrat im selben Zeitraum eine Reihe von Massnahmen, um den Ausländerbestand zu reduzieren und die Integration von dauerhaft mit ihrer Familie niedergelassenen Ausländern zu erleichtern. Er erhob ausserdem die Herkunft der Zuwanderer zum Selektionskriterium und schlug die Beurteilung nach ethnischen und kulturellen Kriterien vor, um eine Aufnahme von Personen mit allzu stark abweichenden politischen, sozialen und religiösen Überzeugungen oder Lebensgewohnheiten auszuschliessen. Die Einbürgerung als möglicher Lösungsweg erhielt neue Aktualität, allerdings stets im Sinne einer letzten Etappe des Assimilationsprozesses. Obwohl die Debatten in der Schweiz geborene oder aufgewachsene Ausländer betrafen, verliefen sie wegen der mannigfachen Widerstände traditioneller und föderalistischer Strukturen und angesichts der Opposition nationalistisch und patriotisch gesinnter Kräfte im Sande.

1979 wurde in der Schweiz das erste Asylgesetz verabschiedet. Die Diskussion über die Einwanderungspolitik wurde immer stärker von der Flüchtlingspolitik bestimmt.[17] In den frühen 1980er Jahren kam der Bundesrat zum Schluss, dass die Massnahmen zur Regulierung des Ausländerbestands infolge einer neuen Form unkontrollierter Zuwanderung – jener der arbeitsuchenden Asylbewerber – zu versagen drohten. Nun war man bestrebt, ein ausgewogenes Verhältnis zwischen der schweizerischen und der ausländischen Bevölkerung zu erreichen, um die nationale Identität zu bewahren und den sozialen Frieden zu gewährleisten.

1991 erreichte die Zahl der Asylgesuche den Rekordwert von über 40 000. Der Bundesrat entwarf ein ausgedehntes Aktionsprogramm, um das Problem der «Wirtschaftsflüchtlinge» zu bekämpfen. Gleichzeitig propagierte er eine auf dem Kriterium der «kulturellen Nähe» beruhende restriktive Politik einer selektiven Rekrutierung von Arbeitskräften nach dem sogenannten Drei-Kreise-Modell, bei dem die EU als erster Kreis, die USA und Kanada als zweiter und der «Rest der Welt» als dritter Kreis figurieren. Am 1. Juni 2002 wurde mit dem Inkrafttreten des bilateralen Abkommens über die Personenfreizügigkeit zwischen der Schweiz und der EU das Saisonnierstatut abgeschafft. Das Abkommen unterstrich auch die Notwendigkeit einer neuen Politik, wie sie schliesslich durch das Bundesgesetz über die Ausländer vom 16. Dezember 2005 sanktioniert wurde. Dennoch hat die Schweiz bis heute Mühe, offiziell anzuerkennen, dass sie ein Einwanderungsland ist.

---

**1** — Stefano Franscini, Neue Statistik der Schweiz, 3 Bde., Bern 1848–1851, S. 45 (ital. Orig.: Nuova statistica della Svizzera, 3 Bde., Lugano 1847).
**2** — Thomas Dominik Meier / Rolf Wolfensberger, «Eine Heimat und doch keine», Zürich 1998.
**3** — Silvia Arlettaz, Citoyens et étrangers sous la République Helvétique 1798–1803, Genève 2005.
**4** — Klaus Urner, Die Deutschen in der Schweiz, Frauenfeld/Stuttgart 1976.
**5** — Erich Gruner, Arbeiterschaft und Wirtschaft in der Schweiz, 1880–1914, Zürich 1987/88; Ernst Halter (Hg.), Das Jahrhundert der Italiener in der Schweiz, Zürich 2003; Mauro Cerutti, Un secolo di emigrazione italiana in Svizzera (1870–1970), Bern 1994, S. 11–104.
**6** — Gérald et Silvia Arlettaz, La Suisse et les étrangers, Lausanne 2004; Marc Vuilleumier, Immigrés et réfugiés en Suisse, Zürich 1987; ders., Schweiz, in: Klaus J. Bade et al. (Hg.), Enzyklopädie Migration in Europa, 2. Aufl. (1. Aufl. 2007), Paderborn 2008, S. 189–204; Silvia Arlettaz, Immigration et présence étrangère en Suisse, in: traverse, Jg. 18, Nr. 1, 2011, S. 193–216.
**7** — Gérald Arlettaz, Démographie et identité nationale (1850–1914), Bern 1985, S. 83–180; Rudolf Schlaepfer, Die Ausländerfrage in der Schweiz vor dem Ersten Weltkrieg 1969.
**8** — Brigitte Studer / Gérald Arlettaz / Regula Argast, Das Schweizer Bürgerrecht, Zürich 2008.
**9** — Patrick Kury, Über Fremde reden, Zürich 2003.
**10** — Uriel Gast, Von der Kontrolle zur Abwehr, Zürich 1997.
**11** — Unabhängige Expertenkommission Schweiz – Zweiter Weltkrieg (UEK), Die Schweiz und die Flüchtlinge zur Zeit des Nationalsozialismus. Schlussbericht, Zürich 2002; Georg Kreis, Die schweizerische Flüchtlingspolitik der Jahre 1933–1945, in: Schweizerische Zeitschrift für Geschichte (SZG), Jg. 47, Nr. 4, 1997, S. 552–579; Alfred A. Häsler, Das Boot ist voll, Zürich 1967; Aram Mattioli (Hg.), Antisemitismus in der Schweiz 1848–1960, Zürich 1998.
**12** — Etienne Piguet, L'immigration en Suisse depuis 1948, Zürich 2005; ders., L'immigration en Suisse, 2., erg. Aufl. (1. Aufl. 2004), Lausanne 2009.
**13** — Hermann-Michel Hagmann, Les travailleurs étrangers, Lausanne 1966.
**14** — Marc Perrenoud, La politique de la Suisse face à l'immigration italienne (1943–1953), in: Michel Dumoulin (Hg.), Mouvements et politiques migratoires en Europe depuis 1945, Bruxelles 1989, S. 113–141.
**15** — Thomas Buomberger, Kampf gegen unerwünschte Fremde, Zürich 2004.
**16** — Silvia et Gérald Arlettaz, Les initiatives populaires liées à l'immigration et à la présence étrangères, in: Andreas Kellerhals-Maeder / Silvia Arlettaz (Hg.), Werkstatt Bundesverfassung, Bern 1998, S. 89–140.
**17** — Josef Martin Niederberger, Ausgrenzen, Assimilieren, Integrieren, Zürich 2004; Hans Mahnig (Hg.), Histoire de la politique de migration, d'asile et d'intégration en Suisse depuis 1948, Zürich 2005.

Für die Entwicklung der direkten Demokratie spielte neben der Helvetik und der Französischen Revolution die bis ins Spätmittelalter zurückreichende kulturelle Tradition der Landsgemeindedemokratie eine Schlüsselrolle. Die revolutionäre Volksbewegung in St. Gallen von 1830 orientierte sich nachweislich an den ausgedehnten Gesetzgebungsrechten, über die die Landleute der benachbarten Landsgemeindeorte Appenzell Innerrhoden und Ausserrhoden, Schwyz und Glarus verfügen konnten. Die modernen Landsgemeinden unterscheiden sich allerdings in grundlegender Weise von den vormodernen Landsgemeinden, die bis 1848 existierten. Die modernen Landsgemeindekantone behielten zwar die ausgedehnten Gesetzgebungsrechte der versammelten Bürger bei, trugen aber ebenso dem Erbe der europäischen Aufklärung, der Französischen Revolution und des Sonderbundkriegs von 1847 Rechnung, indem sie die neuen Prinzipien der Gewaltenteilung, der Repräsentation durch das Parlament und der Gleichstellung aller Einwohner als Bürger einführten. Als Ergebnis dieser Doppelwirkung von Tradition und revolutionären Brüchen hat sich nach 1848 auch in den Landsgemeindekantonen die aufkommende direkte Demokratie durchgesetzt. Lange zu Diskussionen Anlass gegeben hat das Frauenstimmrecht (siehe Kapitel von Sacha Zala, S. 508): Auf eidgenössischer Ebene seit 1971 Wirklichkeit, führte es Appenzell Innerrhoden am 29. April 1990 als letzter Kanton ein. Der Nachbarkanton Appenzell Ausserrhoden hatte sich unter dem Eindruck dieser Debatte am 28. September 1997 zur Abschaffung der Landsgemeinde entschlossen; eine kantonale Initiative zu ihrer Wiedereinführung wurde im Jahr 2010 an der Urne mit 70 Prozent Nein-Stimmen abgelehnt.

*Teilnehmer und Teilnehmerinnen der Landsgemeinde von Appenzell Innerrhoden am Sonntag, 26. April 2009, © Keystone/Ennio Leanza.*

# Direkte Demokratie —*Andreas Suter*

Bei der Erforschung westlicher Demokratien zeigt die Entwicklung in der Schweiz im internationalen Vergleich spezifische Eigenheiten. Namentlich kam es nicht zur Ausbildung der repräsentativen, sondern der direkten Demokratie, also des Rechts aller stimmberechtigten Bürger auf persönliche Mitbestimmung an politischen Sachentscheidungen. Promotoren der direkten Demokratie waren ländliche Oppositionsbewegungen im 19. Jahrhundert (siehe Kapitel von Irène Herrmann, S. 392, 405 f.). Sie entwickelten Staats- und Demokratievorstellungen, die sich von denen der liberalen Partei erheblich unterschieden. Die Einführung der direkten Demokratie erfolgte zuerst in den Kantonen und wurde später auf den Bundesstaat ausgedehnt. In diesem Prozess lassen sich drei Phasen unterscheiden. In einer ersten Phase ab den 1830er Jahren führten Pionierkantone mit dem Kanton St. Gallen an der Spitze das System der direkten Demokratie ein. In der zweiten Phase von 1860 bis 1870 wurde das System der direkten Demokratie ausser in vier in allen übrigen Kantonen eingeführt. In der dritten Phase wurde das System der direkten Demokratie mit der Einführung des ↑Referendums 1874 und der ↑Initiative 1891 auf die Ebene des schweizerischen Bundesstaates übertragen.

## Forschungsdebatten

Die Frage der Entstehung der direkten Demokratie wird von Historikern unterschiedlich beantwortet. Nach der von Peter Blickle aus der Perspektive des Kommunalismus entwickelten *Kontinuitätsthese* setzt die direkte Demokratie die politische Kultur der Vormoderne fort.[1] In seinem Kommunalismuskonzept erfasst Blickle ein gesellschaftliches Organisationsprinzip, das sich vom vertikal organisierten feudalen Ständestaat grundsätzlich unterscheide und sich im Spätmittelalter in ganz Europa, jedoch in besonders ausgeprägter Form in Süddeutschland und Österreich, Oberitalien und der Schweiz ausgebildet habe. Konkret geht es dabei um das Entstehen von Stadt- und Landkommunen, in denen im Prinzip gleichgestellte Gemeindebürger ihren Alltag autonom und ohne Einfluss ständisch-feudaler Herrschaft regelten. Entscheidend ist, dass nach Blickle zwischen dem Kommunalismus des ↑Ancien Régime und der Ausbildung direktdemokratischer Systeme in der Schweiz des 19. Jahrhunderts in verschiedener Hinsicht eine starke inhaltliche Kontinuität besteht, der insofern eine Erklärungskraft zukommt. Der Verfassungshistoriker Alfred Kölz dagegen vertrat gerade umgekehrt die *These der Diskontinuität*, die von aktuellen Darstellungen zur Schweizer Geschichte oft unverändert übernommen wird.[2] Nach ihm verdankt die moderne Schweiz ihre direktdemokratische Prägung der Französischen Revolution. In der stark von Sansculotten dominierten zweiten Phase der Revolution der Jahre 1792 bis 1794 seien dort direktdemokratische Elemente diskutiert und projektiert, jedoch nicht realisiert worden. In der Schweiz dagegen seien die direktdemokratischen Verfassungskonzepte der Französischen Revolution dank günstiger Rezeptionsbedingungen handlungsanleitend geworden und hätten zuerst in einige Kantonsverfassungen, später in die Verfassung des Schweizer Bundesstaates Eingang gefunden. Die neuesten Forschungen wiederum distanzieren sich von den beiden Positionen in doppelter Weise.[3] Im Entstehungsprozess der direkten Demokratie wurden demnach mittelalterliche Traditionsbestände nicht bloss fortgeführt, wie Blickle meint. Die direkte Demokratie wurde aber auch nicht als ein revolutionäres Modell aus Frankreich importiert, das die alten Systeme nach und nach verdrängt habe, wie Kölz behauptet. Vielmehr war die direkte Demokratie das Ergebnis eines aktiven, originellen, konfliktreichen Aneignungsprozesses der Akteure in der ersten Hälfte des 19. Jahrhunderts, der gleichermassen von Kontinuität und Diskontinuität, von Tradition und revolutionären Brüchen geprägt war.

## St. Gallen als Pionierkanton

Auf welche Weise die Momente der Kontinuität und Diskontinuität bei der Entstehung der direkten Demokratie zusammenspielten, zeigt das Beispiel des Kantons St. Gallen.[4] Hier wurde nach den konfliktreichen Jahren 1830 und 1831 die erste direktdemokratische Verfassung der Schweiz überhaupt eingeführt. Wie in allen anderen Kantonen der Schweiz hatte die ↑Helvetik in St. Gallen das ständisch-feudale Regiment der Vormoderne beseitigt. Unter der Gewalt französischer Bajonette musste der Fürstabt von St. Gallen, der seit dem Mittelalter als Landesherr über mehrere Territorien im Umfeld der Stadt regiert hatte, zurücktreten. Das fürstäbtische Regiment wurde durch eine repräsentativ-demokratische Verfassung nach französischem Vorbild ersetzt, welche alle zentralen Prinzipien der modernen Demokratie – die Gewaltenteilung, die naturrechtlich begründete Rechtsgleichheit aller Einwohner als Bürger und das Repräsentationsprinzip – enthielt und aus den St. Galler Untertanen des Fürstabtes Bürger machte. Dieser revolutionäre Bruch sollte folgenreich sein. In der anschliessenden ↑Mediations- und ↑Restaurationszeit kehrte der Kanton St. Gallen nämlich nicht zum alten fürstäbtischen Regiment zurück, und die repräsentativdemokratische Verfassung blieb erhalten. Allerdings sorgte ein starker Zensus, der die Ausübung der bürgerlichen Rechte an umfangreichen Besitz und hohes Einkommen band, bis ins Jahr 1830 für die Monopolisierung der Macht durch städtische ↑Honoratioren aus der Stadt St. Gallen, eine kleine Gruppe von Kaufleuten, Rentnern und Unternehmern mit grossem Landbesitz, Vermögen und überdurchschnittlicher Bildung.

Die neuen politischen Spielräume, die sich durch die am 27. Juli 1830 in Paris ausgebrochene Revolution gegen den französischen König in ganz Europa und auch in der Schweiz öffneten, ermöglichten in St. Gallen einen zweiten Demokratisierungsschub. 1830 formierte sich eine breite politische Oppositionsbewegung von Stadt- und Landbewohnern, die sich für die Stärkung der Volksrechte einsetzte und die Honoratiorenherrschaft abschaffen wollte. 1831 trat als Ergebnis der Verfassungskämpfe eine neue Verfassung in Kraft, welche den Zensus vollkommen beseitigte und die Bürger unabhängig von ihren Einkommens- und Vermögensverhältnissen in gleichberechtigter Weise am politischen System beteiligte. Zugleich wurde mit dem Veto, einer Frühform des Gesetzesreferendums, erstmals in der Schweiz ein Instrument der direkten Volksbeteiligung am ansonsten parlamentarischen Gesetzgebungsprozess institutionalisiert. Seine Einführung war das Ergebnis eines Kompromisses zwischen divergierenden Verfassungsvorstellungen, die auf zwei unterschiedliche Strömungen innerhalb der revolutionären Oppositionsbewegung St. Gallens zurückgingen. Zwar bestand ein breiter Konsens darüber, dass am Prinzip der Volkssouveränität festgehalten und der Zensus abgeschafft werden sollte. Dies wurde mit dem militärischen Leistungsprinzip begründet: Da alle Bürger, unabhängig von Besitz, Vermögen und Stellung, Militärdienst leisten mussten, sollten folglich auch alle zu diesem souveränen Volk gehören und über die gleichen politischen Rechte verfügen. Erbittert gestritten wurde dagegen über die Frage, wie denn das Volk seine Souveränität genau ausüben solle.

Die eine oppositionelle Strömung, die als «Liberale», die «bessere Classe», die «Besseren» oder abschätzig «Geld-Aristokraten» oder «Studierte» bezeichnet wurde, vertrat die Ansicht, dass das bisherige repräsentativ-demokratische Modell der Helvetik beibehalten werden und die politischen Rechte des Volkes auf die Wahl der Parlamentsabgeordneten beschränkt bleiben sollten. In der Optik der Liberalen waren die gewöhnlichen Bauern, Handwerker und Heimarbeiter entweder von vornherein nicht oder noch nicht fähig zum verantwortungsvollen politischen Urteilen und Handeln. Sie seien nämlich mangels Bildung und Besitz nicht in der Lage, ihre wirklichen Interessen zu erkennen und als richtig erkannte Interessen unabhängig von ökonomischen Abhängigkeiten zu verfolgen. Der beste Beweis für die fehlende Politikfähigkeit der gewöhnlichen Leute war für die St. Galler Liberalen die Landsgemeindedemokratie (↑Landsgemeinde), mit deren Funktionieren sie nach eigenen Aussagen gut vertraut waren. Tatsächlich waren mehrere Nachbarkantone von St. Gallen bis zum Ende des Ancien Régime und darüber hinaus als Landsgemeindedemokratien organisiert. Die Liberalen jedoch – in bewusster oder unbewusster Fortsetzung der elitären Deutung der allermeisten Staatstheoretiker und Philosophen der Frühen Neuzeit – nahmen diese politische Kultur der vormodernen Demokratie ausgesprochen negativ wahr. Für sie herrschte in diesen Nachbarkantonen «Anarchie», in der «Demagogen» die einfachen Leute verführten.

Das Staatskonzept der anderen Strömung, in den Quellen als «Demokraten», «Bauern», «das Volk» oder abschätzig «Pöbel», «Plebs» oder «Demokrätler» bezeichnet, hätte gerade in diesem letzten Punkt nicht gegensätzlicher sein können. Im Unterschied zu den Liberalen betrachteten die St. Galler Demokraten das in den Landsgemeindedemokratien praktizierte politische Entscheidungsverfahren, welches dem versammelten Volk das letzte und entscheidende Wort bei der Formulierung und dem Erlass der Gesetze zubilligte, durchaus wohlwollend. Sie sahen darin den Beweis für die Politikfähigkeit des Volkes, die von den Liberalen negiert wurde. Umgekehrt lehnten die Demokraten das von den Liberalen hochgeschätzte Prinzip der Repräsentation der Bürger durch Parlamente als ein «aristokratisches Verfahren» ab. Die Parlamentarier würden nämlich trotz ihres Besitzes und ihrer umfassenden Bildung nicht das Wohl aller, sondern ihr Eigeninteresse als Angehörige der «besseren Classe» verfolgen, wie die Entwicklung in St. Gallen seit der Helvetik gezeigt habe. Folgerichtig forderten die Demokraten 1830 einmal mehr genau das, was ländliche Oppositionsbewegungen in St. Gallen in der jüngsten von Verfassungskämpfen und politischen Zäsuren geprägten Vergangenheit bereits vier Mal, nämlich 1795, 1798, 1802 und 1814, erfolglos durchzusetzen versucht hatten: Sie forderten nach dem Vorbild der Entscheidungsverfahren der vormodernen Landsgemeindedemokratie die gänzliche Abschaffung des fürstäbtischen Regiments und später des Parlaments. Das Parlament sollte durch Volksversammlungen oder eben Landsgemeinden ersetzt werden, die fortan anstelle der Parlamentarier die Gesetze beratschlagen und in Kraft setzen sollten.

In der verfassungsgebenden Versammlung St. Gallens, die im Winter 1830/31 tagte, trafen diese unvereinbaren Vorstellungen hart aufeinander. Während die «Liberalen» die verfassungsgebende Versammlung mit Hilfe der Presse zu beeinflussen versuchten, übten die «Demokraten» mit bewaffneten Demonstrationen und Volksaufläufen Gegendruck aus. Die Blockade konnte nur durch einen Kompromiss aufgelöst werden, der das Prinzip der Repräsentation mit dem der Landsgemeindedemokratie verband. Die am 1. März 1831 erlassene Kantonsverfassung bestimmte einerseits, dass das Gesetzgebungsrecht beim Parlament verbleiben solle. Andererseits wurde den Bürgern als Konzession an die Demokraten im Rahmen des Vetoverfahrens das Recht zugestanden, die vom Parlament erlassenen Gesetze durch Bezirkslandsgemeinden zu sanktionieren, das heisst anzunehmen oder abzulehnen. In der Abstimmung über die Annahme der neuen Verfassung lehnte allerdings eine Mehrheit der St. Galler Stimmbürger das neue System der direkten Demokratie ab. Viele Anhänger der St. Galler Demokraten stimmten dagegen, weil für sie die Einschränkung der gesetzgeberischen Allgewalt der Volksversammlung durch das Parlament einen Verrat an der «wahren» oder «reinen» Form der Demokratie nach dem Vorbild der vormodernen Entscheidungsverfahren darstellte. Ein Teil der liberalen Parteigänger stimmte dagegen, weil für sie umgekehrt die Einschränkung der gesetzgeberischen Allgewalt des Parlamentes durch das Veto des Volkes einen Verrat an den neuen Prinzipien der Demokratie und insbesondere am Prinzip der Repräsentativität bedeutete, wie sie durch die europäische Naturrechtsbewegung und Aufklärung vorgedacht und durch die Französische Revolution verwirklicht worden waren. Schliesslich galt die Verfassung nur deshalb als angenommen, weil die Stimmen all derer, die sich nicht an der Abstimmung beteiligt hatten, als Ja-Stimmen gezählt wurden.

### Entstehungsbedingungen

Die Entstehung der direkten Demokratie verlief in vielen, aber nicht in allen Kantonen nach demselben Muster wie in St. Gallen. Namentlich die ehemaligen Landsgemeindeorte fanden angesichts ungleicher Ausgangsbedingungen auf einem anderen Weg zur direkten Demokratie.[5] Wenn sich aber trotz der sehr unterschiedlichen Voraussetzungen bis zum Ende der 1860er Jahre die meisten Kantone direktdemokratische Verfassungen gaben, dann lässt sich das mit zumindest vier Faktoren erklären.

Erstens bildeten die Französische Revolution und die Helvetik eine zentrale Bedingung für die demokratische Transformation der Schweiz und auch für die Entstehung der direkten Demokratie. Ohne die revolutionäre Gewalt von aussen wären die stabilen eidgenössischen Regimente des Ancien Régime nicht zu beseitigen gewesen, und die modernen Grundsätze der Demokratie – Gewaltenteilung, Rechtsgleichheit und Repräsentationsprinzip – hätten als Ideen zu Beginn des 19. Jahrhunderts in der Schweiz nicht eine derart starke Verbreitung gefunden, von ihrer Realisierung ganz zu schweigen.

Die bis ins Spätmittelalter zurückreichende, lebendige Tradition der Landsgemeindedemokratie bildete die zweite wichtige Voraussetzung. Zwar sollte man sich von der Charakterisierung dieses Systems in den frühneuzeitlichen Quellen als «democratisch» nicht täuschen lassen. Die Landsgemeindedemokratie wies keine Gewaltenteilung auf und besass kein Parlament, und vor allem fehlte ihr das naturrechtlich begründete Prinzip der Rechtsgleichheit aller Einwohner als Staatsbürger. Demokratische Partizipation war mit anderen Worten kein allgemeines Bürgerrecht, sondern das ständisch-feudale Privileg der historisch ausgezeichneten Gruppe der Landleute. Insofern fügten sich die Landsgemeindeorte genauso wie die aristokratisch regierten Städteorte oder die Fürstabtei St. Gallen nahtlos in die ständisch-feudale Ordnung Europas ein und stellten keineswegs ein Gegenmodell zu dieser dar. Aber die vormoderne Landsgemeindedemokratie hatte ein Prinzip in hohem Masse verwirklicht, das der modernen repräsentativ-demokratischen Verfassung fehlt und an dem sich die St. Galler Demokraten des 19. Jahrhunderts nachweislich orientierten. Gemeint ist das Prinzip der Allgewalt des versammelten Volkes, das wie ein ständisch-feudaler König als Souverän alle Gesetze erliess, Recht sprach und die Regierung wählte. Die direkte Demokratie konnte nur deshalb entstehen, weil diese denkbar unterschiedlichen Demokratievorstellungen der Vormoderne und der Moderne in der Schweiz seit der Helvetik auf engstem Raum präsent waren, die Vorstellungen der Akteure in unterschiedlicher, ja konträrer Weise prägten und eine konfliktreiche Konkurrenzsituation entstehen liessen. Als Ergebnis dieses Konflikts entstand die direkte Demokratie, welche das Prinzip der gesetzgeberischen Allgewalt der Volksversammlung nach dem Vorbild der alten Landsgemeindeverfassung mit dem Prinzip der gesetzgeberischen Allgewalt des Parlamentes nach dem Vorbild der repräsentativ-demokratischen Verfassung der Französischen Revolution als Kompromiss im selben System vereinte und dadurch die Souveränität des Volkes wie des Parlaments gleichermassen einschränkte.

Eine dritte Bedingung für die Entstehung der direkten Demokratie lag in der Stärke und Durchschlagskraft der demokratischen Oppositionsbewegungen in verschiedenen ländlichen Gebieten der Schweiz, die mit vorteilhaften politischen, wirtschaftlichen, sozialen und kulturellen Rahmenbedingungen zu erklären sind. Dazu gehörte, dass die kantonalen Truppen unverändert nach dem Prinzip der «Hausvätermiliz» organisiert waren. Diese Miliztruppen waren jedoch für eine entschlossene militärische Bekämpfung der demokratischen Oppositionsbewegungen, deren Angehörige ebenfalls in dieser Miliz dienten, nicht zu gebrauchen. Hinzu kamen die frühe und starke Protoindustrialisierung und Industrialisierung der ländlichen Gebiete und die damit einhergehende Verbreitung kultureller Kompetenzen, welche die Politikfähigkeit der gewöhnlichen Bauern, Handwerker und Heimarbeiter in der ersten Hälfte des 19. Jahrhunderts nachhaltig verbesserten.

Das Fehlen einer ländlichen Klassengesellschaft bildete als vierte Bedingung auch die Grundlage für die Zusammenarbeit zwischen der demokratischen und der liberalen Oppositionsbewegung, die sich ja aus unterschiedlichen Schichten von Bauern, Handwerkern, Heim- und Industriearbeitern einerseits sowie von städtischen Besitz- und Bildungsbürgern andererseits rekrutierten. Ungeachtet der grossen Unterschiede an Besitz und Vermögen, die die Anhänger der Liberalen und Demokraten trennten, war dieser Abstand doch nicht so gross, dass sich daraus entgegengesetzte Konzeptionen von Eigentum entwickelten. Bei allen Divergenzen über die Frage, wie das Volk an demokratischen Prozessen beteiligt werden sollte, waren sich Liberale und Demokraten im Grundsatz einig, dass Besitz und Privateigentum unbedingt geschützt werden sollten, und zwar sowohl gegenüber ständisch-feudalen Ansprüchen wie auch gegenüber einem neuen revolutionären Staat. Forderungen nach Enteignung, wie sie in der radikalen Phase der Französischen Revolution formuliert und durchgesetzt worden waren, blieben den demokratischen Bewegungen in der Schweiz fremd. In diesem Sinn waren die Bauern, Handwerker und Arbeiter in der Schweiz immer auch Bürger – oder «Kleinbürger», wie Karl Marx abschätzig beklagte. Diese geteilte Orientierung machte trotz aller Unterschiede die Zusammenarbeit zwischen ländlicher und städtischer Opposition möglich, was für den Erfolg des demokratischen Transformationsprozesses unabdingbar war.

Die Entstehungsgeschichte der politischen Verfassung der Schweiz, welche die Momente der Kontinuität und Diskontinuität gleichermassen berücksichtigt, macht einerseits deutlich, dass die direkte Demokratie der Schweiz genauso wie die repräsentative Demokratie anderer westlicher Länder auf Ideen der Aufklärung und der Französischen Revolution beruht. Auch in dieser Hinsicht stellt die Schweiz keinen Sonderfall dar. Andererseits lässt sich daraus erkennen, dass angesichts spezifischer Ausgangsbedingungen und Traditionen diese modernen konzeptionellen Grundlagen eine andere Realisierung als in vielen anderen westlichen Ländern erfahren haben. Die Unterstellung der direktdemokratischen Volksrechte unter den Vorbehalt der Menschenrechte, die ebenfalls ein Erbe der europäischen Aufklärung sind, ist in dieser Optik nur konsequent.

---

1 — Peter Blickle, Kommunalismus, 2 Bde., München 2000, insbes. Bd. 2, S. 99.
2 — Alfred Kölz, Die Bedeutung der Französischen Revolution, in: Andreas Auer (Hg.), Les origines de la démocratie directe en Suisse, Basel et al. 1996, S. 105–117; Thomas Maissen, Geschichte der Schweiz, Baden 2010, S. 192.
3 — Andreas Suter, Direkte Demokratie, in: Benjamin Adler, Die Entstehung der direkten Demokratie, Zürich 2006, S. 219–278.
4 — Bruno Wickli, Politische Kultur und die «reine Demokratie», St. Gallen 2006.
5 — Siehe Adler, Entstehung der direkten Demokratie, sowie Bildlegende.

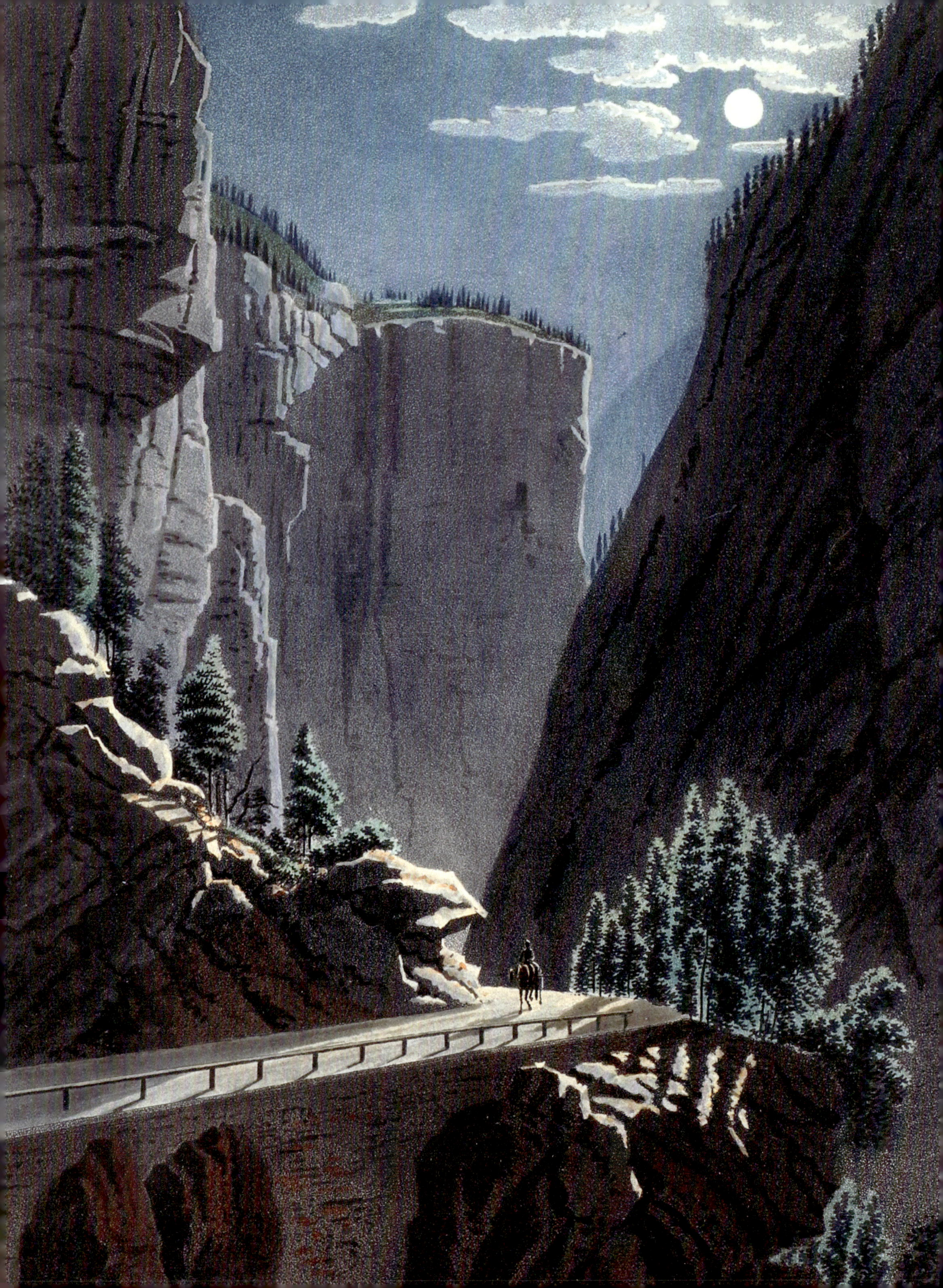

# Zwischen Angst und Hoffnung. Eine Nation entsteht (1798–1848) —*Irène Herrmann*

Die Helvetische Revolution war für die Eidgenossenschaft eine ambivalente Erfahrung. Mit der von ihr erzeugten Spannung zwischen Wunsch nach Veränderung und Furcht vor dem Wandel prägte sie das nachfolgende halbe Jahrhundert. Diese fünf Jahrzehnte waren gekennzeichnet durch heftige politische Reaktionen, die in drei Wellen erfolgten: Die erste war eine konservative Antwort auf die Revolution, während die zweite in den 1830er Jahren zugleich als Spätfolge der Helvetik und als Reaktion auf die vorhergehende Phase zu verstehen ist und den Durchbruch der liberalen Regime in vielen Kantonen brachte. Diese sogenannte Regenerationszeit setzte eine dritte, zum Teil parallel verlaufende, jedoch in den 1840er Jahren kumulierende Welle zweier gegensätzlicher Bewegungen in Gang: Während die Anhänger der einen die Errungenschaften des Liberalismus zu festigen suchten, strebten die anderen nach traditionellen Gesellschaftsmodellen. Dieser Antagonismus mündete zwar zunächst in den Sonderbundskrieg, ebnete aber zugleich den Weg zur Schaffung des Bundesstaates.

Das Kapitel will die unterschiedlichen ideologischen und politischen Strömungen, die diese Periode des Umbruchs charakterisieren, nachzeichnen und verständlich machen. Dabei folgt die Darstellung weder einem streng chronologischen noch einem strukturalistischen Muster. Die Gliederung ergibt sich aus den erwähnten drei Wellen der Reaktion auf die Helvetische Revolution, die jeweils analog beschrieben und in Hinblick auf ihre Ursachen und Folgen untersucht werden. Auf diese Weise wird die dialektische Dynamik deutlich, welche die Epoche geprägt hat.

**Gabriel Lory fils, Die Gondoschlucht, kolorierte Aquatintaradierung, aus: Voyage pittoresque de Genève à Milan par le Simplon, Paris 1811** (*Viaticalpes / Médiathèque Valais-Sion, Inv.-Nr. RH 490–022*). — Der Berner Maler Gabriel Lory (1784–1846) gab, teilweise gemeinsam mit seinem Vater, eine Reihe von Schweizer Ansichten heraus, darunter auch eine Sammlung von Darstellungen der unter Napoleon neu erbauten, am 9. Oktober 1805 eingeweihten Simplonstrasse. Dieses technische Meisterwerk beendete die geographische Isolation des Wallis und zog Reisende aus ganz Europa in seinen Bann.[1]

## DIE ERSTE WELLE: DIE RESTAURATION ALS REAKTION AUF DIE REVOLUTION

### Eine Gesellschaft im Griff der Gewalt

In der Nacht vom 27. auf den 28. August 1802, weniger als einen Monat nach dem Abzug der französischen Besatzungstruppen, griffen Männer aus Unterwalden ein Soldatenkorps der helvetischen Regierung an. Dieses Gefecht war der Auftakt zum Stecklikrieg,[2] einem bewaffneten Konflikt zwischen Bürgern, in dem die Föderalisten als Anhänger der alten Ordnung und die gemässigten Unitarier, die eigentlich die Macht innehatten, einander während mehrerer Wochen bekämpften. Die Föderalisten beherrschten zu diesem Zeitpunkt die Zentralschweiz und den Osten des Landes, während die Unitarier ihr Rückzugsgebiet im Westen hatten. Mitte September beschossen Unitarier die aufständische Stadt Zürich, wurden aber rasch zurückgeworfen und am 3. Oktober an der freiburgisch-waadtländischen Grenze in einer Schlacht geschlagen, die von den Angreifern ebenso wie von englischen Kommentatoren als Sieg der Gegenrevolution dargestellt wurde.

Dem Stecklikrieg – seine Bezeichnung rührt von der teilweise dürftigen Bewaffnung der Aufständischen her – waren mehrere ungewohnt gewaltvolle Jahre vorausgegangen. Am 28. Januar 1798 hatten die Soldaten des französischen ↑Direktoriums die Grenze überschritten, um die Schweizer «Patrioten», die im Waadtland die Revolution entfachen wollten, militärisch zu unterstützen. Die französischen Truppen verfolgten eine gut eingespielte Taktik, die unter dem Vorwand, die nach Freiheit dürstende Bevölkerung zu unterstützen, auf die Kontrolle der grenznahen Gebiete Frankreichs abzielte – und dazu zählte die Eidgenossenschaft. Zwar wurde die Eidgenossenschaft, im Unterschied zu anderen europäischen Regionen, nicht annektiert, sondern nur besetzt. Dennoch kam es beim Vormarsch der Truppen der Grande Nation zu mehreren blutigen Gefechten.

Einige dieser Gefechte waren klassische Militäroperationen, beispielsweise die Einnahme Berns, der Hauptstadt des wichtigsten Schweizer Kantons, die mit drei blutigen und sinnlosen Schlachten in Neuenegg, Fraubrunnen und im Grauholz, geschlagen am 5. März – einen Tag nach der Kapitulation der städtischen Behörden –, verbunden war. Bei anderen handelte es sich eher um Niederschlagungen bewaffneter Rebellionen, etwa der gewaltsamen Widerstandsaktionen, die die Soldaten des Direktoriums bei ihrer Ankunft in Gebieten mit «direkter» Demokratie jeweils auslösten. Das gewalttätigste Ereignis dieser Art war die Schlacht vom 9. September 1798 zwischen Milizen und Bürgern von Nidwalden und den Soldaten des franzö-

**Johann Baptist Seele, Kampf der Russen und Franzosen auf der Teufelsbrücke am St.-Gotthard-Pass im Jahre 1799, Öl auf Leinwand, 1802** *(Staatsgalerie Stuttgart, Inv.-Nr. L 16),* © *Photo Staatsgalerie Stuttgart.* — Bereits für die Zeitgenossen stellte der Zusammenprall der Mächte in der sagenumwobenen Schöllenenschlucht ein reizvolles Bildmotiv dar.

sischen Generals Balthasar von Schauenburg, die mehr als vierhundert Tote forderte.³

1799 wurde die Schweiz durch die Okkupation in den Zweiten Koalitionskrieg hineingezogen, den Russland, Österreich und Grossbritannien in Allianz gegen Frankreich führten. Dieser Konflikt erfasste zunächst Graubünden und verwandelte daraufhin den östlichen Landesteil in den Jahren 1799 und 1800 während mehrerer Monate in ein europäisches Schlachtfeld.⁴ Aufgrund einer am 19. August 1798 unterzeichneten Offensiv- und Defensivallianz, die dem Direktorium in Paris schweizerische Truppen zusicherte, stiessen die mit helvetischen Kontingenten verstärkten französischen Armeen mit russischen und österreichischen Truppen zusammen, die ebenfalls zahlreiche Schweizer in ihren Reihen zählten.

Doch es war vor allem die Zivilbevölkerung, die in dieser Situation unter den Verwüstungen und Entbehrungen zu leiden hatte. Aus diesem Grund wurde das Land, obwohl es zwischen 1800 und 1802 auch einige Monate des Friedens gab, immer wieder von sozialen Unruhen und politischen Aufständen erschüttert. So kam es in diesen rund drei Jahren in kurzen Abständen zu vier Staatsstreichen: Der erste stürzte im Januar 1800 die Anhänger eines Unitarismus nach französischem Vorbild und brachte die gemässigten, ebenfalls von Paris unterstützten Republikaner an die Macht. Diese wiederum mussten im August einer offen jakobinischen Regierung Platz machen, die ihrerseits im Oktober 1801 von den Föderalisten gestürzt wurde, an deren Stelle im April 1802 dann die Patrioten traten.

Diese politischen Umschwünge konnten die Aufstände nicht verhindern, mit denen die einfachen Bürger ab 1798 gegen ihre jeweilige offizielle Regierung rebellierten. Aufschlussreich ist der Verlauf dieser Ereignisse: Während die Wirren anfänglich vor allem von den Anhängern des ↑Ancien Régime und den Landsgemeindekantonen (↑Landsgemeinde) ausgingen, waren sie später zunehmend für jene Bevölkerungsteile charakteristisch, die zuerst von den revolutionären Ideen eingenommen waren, dann aber durch die Art ihrer Umsetzung bitter enttäuscht wurden. Die Revolte der Bourla-Papay, der unzufriedenen Waadtländer Bauern, die im Frühling 1802 die herrschaftlichen Archive zu verbrennen suchten, kann hier als Beispiel angeführt werden.⁵

Im Sommer 1802 glich die Schweiz einem Pulverfass, dem nur noch ein Funke zur Explosion fehlte. Wurde diese Situation von Napoleon verkannt oder hat er sie herbeigewünscht? Jedenfalls zog er nach der Befreiung der Waadt und der Annahme einer neuen helvetischen Verfassung seine Truppen zurück. Und auf diesen Abzug folgte unmittelbar der Bruderzwist des Stecklikriegs, gleichsam Höhepunkt und Endstadium einer ausserordentlich konfliktreichen Konstellation, deren Gründe im Folgenden erörtert und deren Auswirkungen anschliessend betrachtet werden sollen.

### Die Hoffnungen von 1798 ...

Welches auch immer die Urheber oder die Ziele all dieser Gewaltakte waren und in welcher Intensität sie letztlich ausfielen, ihre Ursachen waren im Kern immer dieselben. Die Aufstände wurden hervorgerufen durch Veränderungen, die das schweizerische System umgestaltet hatten oder im Begriff waren, es umzugestalten. Einige dieser Reformen waren schon lange ins Auge gefasst worden, namentlich unter dem Einfluss reformaufklärerischer Diskussionen im deutschsprachigen Raum (siehe Kapitel von André Holenstein, S. 339 f.). Doch ihre Konkretisierung – sowohl in Worten wie in Taten – war direkt mit den Interventionen Frankreichs verbunden.

In den meisten der dem Direktorium unterstellten Länder bedeutete der militärische Einmarsch den Sturz der bestehenden Regierung und förderte den Aufbau einer neuen Gesellschaft. Die Schweiz stellt in dieser Hinsicht keine Ausnahme dar: Ein kleiner Kreis der intellektuellen Elite begann, die politischen, wirtschaftlichen und sozialen Strukturen der Alten Eidgenossenschaft umzugestalten. Das Grundmuster dieses Umbaus wurde durch die Verfassung vorgegeben, die der Basler Patrizier Peter Ochs (1752–1821) unter dem Einfluss und der Kontrolle Frankreichs schon Ende des Jahres 1797 verfasst hatte.⁶ Dieser am 12. April 1798 ratifizierte Text sah die Zentralisierung des Landes vor. Die über Jahrhunderte gewachsene territoriale Struktur der Orte wurde aufgelöst, und die neu geschaffenen und sogar mit neuen Namen versehenen Kantone bildeten nur noch Verwaltungseinheiten. Diese waren einer nationalen Exekutive unterstellt, der ein aus zwei Kammern bestehendes und vom Volk gewähltes Parlament zur Seite stand. Das Volk selbst wurde zum Souverän erklärt und erhielt ein beschränktes, aber reales Stimmrecht. Im Rahmen der indirekten Demokratie, zu der die Schweiz damit geworden war, dekretierte die Verfassung die Rechtsgleichheit der (männlichen) Bürger und anerkannte ausdrücklich die verschiedenen Sprachen und Konfessionen.

Alle helvetischen Bürger – mit Ausnahme der Juden – erhielten die Niederlassungsfreiheit. Diese Massnahme sollte nicht nur alte Zwänge aufbrechen, sondern auch dazu beitragen, die Wirtschaft zu modernisieren. Dasselbe Ziel wurde mit der Aufhebung der Zunftpflicht verfolgt. Darüber hinaus sah Artikel 13 des Grundgesetzes die Abschaffung der Feudallasten vor, denn diese symbolisierten die Unterdrückung des Volkes und wurden als Hindernis für dessen Vorankommen und Wohlergehen wahrgenommen. Am 10. November 1798 erfolgte die Ratifizierung durch ein Gesetz, das den Kleinen ↑Zehnt auf Obst und Gemüse kurzerhand aufhob. Der Grosszehnt auf Getreide und Wein und der Grundzins wurden gegen Entschädigung abgeschafft. Der Verlust dieser Einnahmen wurde durch die Einführung von Steuern und die Errichtung von Staatsmonopolen auf Salz und Schiesspulver sowie auf dem Gebiet des Postwesens kompensiert.

Schliesslich versuchte man, die politische und wirtschaftliche Konstruktion des helvetischen Staates mit sozialen und kulturellen Massnahmen zu konsolidieren. In Übereinstimmung mit den Theorien der Aufklärung schuf die Verfassung die Zensur ab und überliess dem Gesetzgeber die Aufgabe, das Erziehungswesen völlig neu zu organisieren. Der für dieses Dossier zuständige Minister Philipp Albert Stapfer (1766–1840) strebte parallel dazu Verbesserungen in der Kulturpolitik an.[7] Der soziale Bereich, das Gesundheits- und das Fürsorgewesen, wurde den Gemeinden oder der privaten Wohltä-

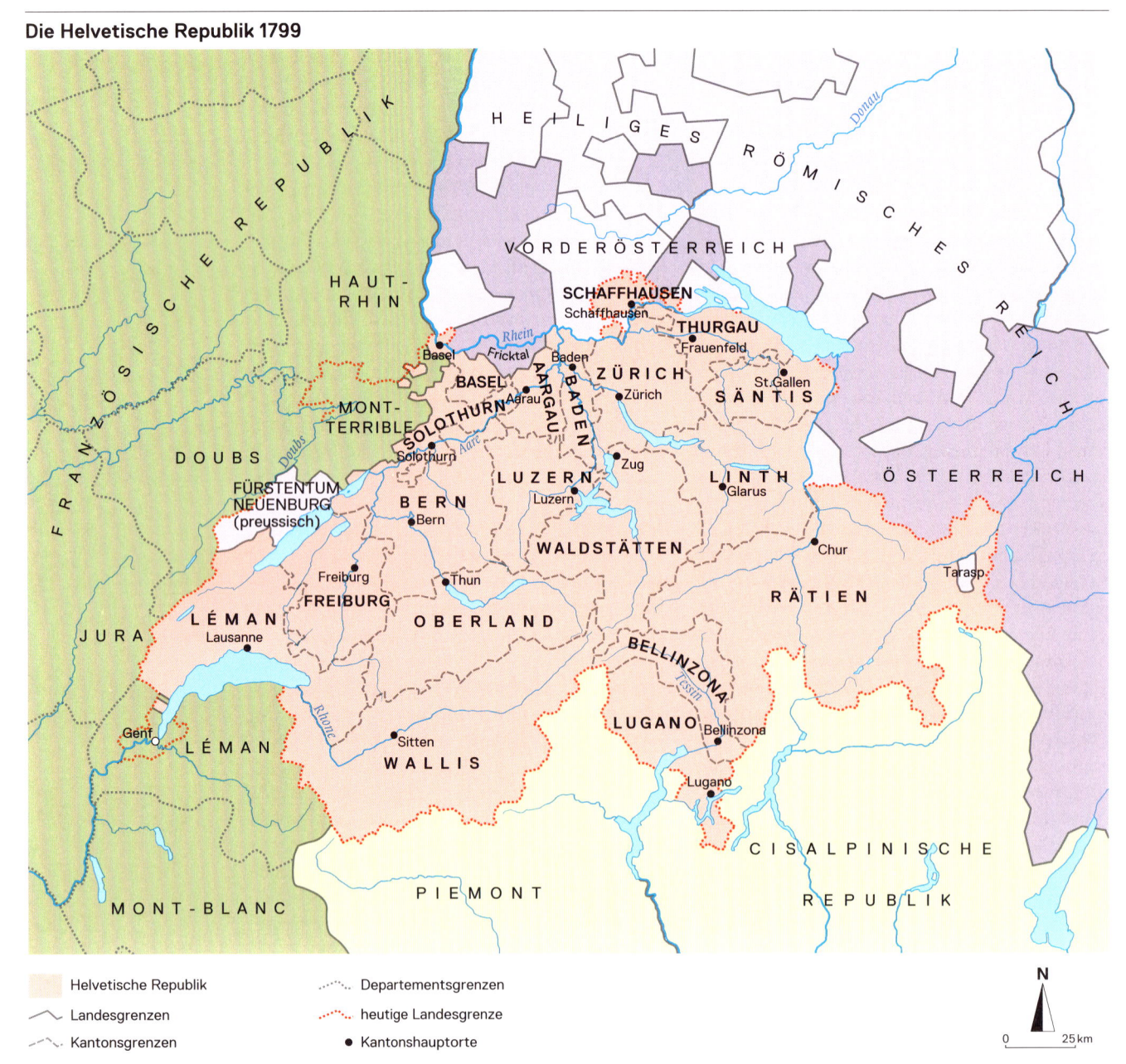

**Die Helvetische Republik 1799**

Die Zahl der während der Helvetischen Republik neu geschaffenen Kantone schwankte zwischen 10 und 22. Die Bezeichnungen der städtischen Kantone wandelten sich nicht, aber ihre Grenzen wurden neu gezogen. Die Landkantone änderten darüber hinaus auch ihre Namen. Erst 1802 kehrte man mehr oder weniger zu den früheren Grenzen und Bezeichnungen zurück, wobei der Aargau, der Thurgau, St. Gallen, Graubünden, das Tessin und die Waadt als neue Kantone fortbestanden.
Quelle: HLS, Bd. 6, S. 260, «Helvetische Republik», © 2013 Historisches Lexikon der Schweiz, Bern, und Kohli Kartografie, Kiesen.

tigkeit überlassen. Die nie ratifizierte Verfassung vom 5. Juli 1800 ging hier allerdings einen Schritt weiter: «Arbeit soll den Dürftigen, Unterstützung den Unvermögenden […] gegeben, und kein Bettel mehr geduldet werden»,[8] lautete dort der im Artikel 14 festgehaltene Grundsatz.

### … und ihre Zerstörung

Der in der Verfassung vom 5. Juli 1800 enthaltene Artikel 14 ist aufschlussreich sowohl in Bezug auf seinen Gegenstand als auch hinsichtlich seiner eigenen Wirkungslosigkeit. Zunächst drückt er eine unverkennbare Sorge um das Wohl der Menschen aus und zeugt damit von den schweren materiellen und moralischen Problemen der Zeit. Die Gewaltakte hatten nicht nur die Bevölkerung schwer traumatisiert, sondern auch Hungersnöte und gravierenden Geldmangel verursacht. Diese Probleme verschärften die sich türmenden Schwierigkeiten im Bereich der Innenpolitik. Die beabsichtigten Reformen zum Umbau des politischen Systems waren kostspielig. Sogar in Friedenszeiten hätte ein solches Programm der Bevölkerung beträchtliche Opfer abverlangt. Unter den Bedingungen der Okkupation, der Anwesenheit fremder Kriegsmächte und der politischen Instabilität stellte sich dieses ehrgeizige Projekt als nicht realisierbar heraus.

Damit wird verständlich, warum ein Grossteil der in dieser Periode ausgearbeiteten Pläne aufgegeben werden musste. In dieser Situation bemühten sich die helvetischen Behörden, ein Chaos zu verhindern, wie es oft aus unvollendeten Reformen resultiert. Manche Reformen wurden gänzlich zurückgenommen. Dieses Los war namentlich der Pressefreiheit beschieden, die im November 1798, nur wenige Monate nach ihrer Einführung, wieder aufgehoben wurde. Das gleiche Schicksal traf die Abschaffung der Feudallasten: Aus Geldmangel entschied die Regierung am 15. September 1800, die entsprechenden Abgaben wieder einzuführen – dies sogar rückwirkend für die beiden vergangenen Jahre – und zusätzlich zu den neu erhobenen Steuern! Damit vergrösserten die Behörden schlagartig das Heer der Unzufriedenen: Zu den Gegnern der Zehntabschaffung kamen jetzt noch all jene hinzu, die sich über die Wiedereinführung ärgerten.

Dieses Beispiel zeigt die Widersprüchlichkeit der ab dem Frühling des Jahres 1798 eingeführten Reformen, von denen die meisten nur mit Unterstützung von aussen und mithilfe beträchtlicher Geldmittel in zufriedenstellender Weise umsetzbar waren. Als die fremde Hilfe zu präsent wurde und die eingeleiteten Massnahmen die Staatsfinanzen schwer zu belasten begannen, erwies sich das Projekt der gesellschaftlichen Erneuerung als immer weniger durchführbar. Vor diesem Hintergrund entluden sich schliesslich verschiedene Ressentiments in Form von dumpfer Gewalt. Diese kontrastierte mit den eher friedlichen Verhältnissen, welche die Eidgenossenschaft zuvor mehr als ein Jahrhundert lang erlebt hatte,[10] und artete am Ende – kaum dass sich mit dem Wegfall der ausländischen Unterstützung für die Zentralregierung die Gelegenheit dazu bot – in einen Bürgerkrieg aus. In dieser Hinsicht ist der Auslöser des bewaffneten Konflikts doppelt bedeutsam: Der Stecklikrieg begann weniger als zwei Monate nach der umstrittenen Verabschiedung einer Verfassung, der wegen ihrer Annahme in einer Volksabstimmung Novitätscharakter zukam, und nach dem darauffolgenden Abzug der in der Schweiz stationierten französischen Besatzungstruppen.

Aus all diesen Gründen brachte die Gewalt in den Jahren der Helvetischen Republik ein fatales Amalgam hervor, das aus starkem Reformwillen einerseits und der Angst vor einer Invasion von

### Die Aufhebung der Zünfte

Die 1798 aufgehobene Verpflichtung, dass man einer Zunft angehören müsse, um ein Handwerk ausüben zu können, wurde schon 1803 in Basel, Schaffhausen, Solothurn und Zürich wieder eingeführt. In der ↑ Restauration folgten weitere Kantone, jedoch wurden die Zünfte nun meist als blosse wirtschaftliche Korporationen ohne politische Vorrechte organisiert.[9] In der ↑ Regeneration schafften die neuen Verfassungen die Zünfte erneut ab. Es handelte sich um eine ambivalente Massnahme: Einerseits befreite sie wagemutige Unternehmer und Industrielle von erheblichen Zwängen, andererseits beraubte sie zahlreiche Handwerker und Arbeiter einer schützenden Struktur; schonungslos waren sie nun dem Gesetz von Angebot und Nachfrage ausgesetzt, das nicht selten schlicht dem Recht des Stärkeren entsprach. Dazu kam der Wegfall eines bewährten Berufsbildungswesens. Die endgültige Aufhebung der Zünfte erfolgte schweizweit erst mit der neuen Bundesverfassung von 1874.

Adam Töpffer (1766–1847), «La Machine a percevoir l'Impot» (Die Steuererhebungsmaschine), in: Daniel Baud-Bovy, Les caricatures d'Adam Toepfer et la Restauration Genevoise, Genève 1917, Tafel XV. — Die Projekte der napoleonischen Periode stellten sich als finanzielles Desaster heraus; es mussten neue Steuern erhoben werden. Die Genfer fühlten sich von der Steuerlast erdrückt. Die Legende über der «Bürgerpresse» lautet: «Petit appareil servant à diminuer ou augmenter la générosité des citoyens» (Kleiner Apparat zur Verringerung oder Vergrösserung der Freigebigkeit der Bürger).

> « *Habitants de l'Helvétie! [...] Vous vous êtes disputés trois ans sans vous entendre: si l'on vous abandonne plus longtemps à vous-mêmes, vous vous tuerez trois ans sans vous entendre davantage. Votre histoire prouve d'ailleurs que vos guerres intestines n'ont jamais pu se terminer que par l'intervention efficace de la France. Il est vrai que j'avais pris le parti de ne me mêler en rien de vos affaires. [...] Mais je ne puis ni ne dois rester insensible aux malheurs auxquels vous êtes en proie; je reviens sur ma résolution: je serai le médiateur de vos différends. [...] Il n'est aucun homme sensé qui ne voie que la médiation dont je me charge est pour l'Helvétie un bienfait de cette Providence qui, au milieu de tant de bouleversements et de chocs, a toujours veillé à l'existence et à l'indépendance de votre nation.»* \*

Napoleon Bonaparte am 30. September 1802, zit. in: Carl Hilty, Les Constitutions fédérales de la Suisse, Neuchâtel 1891, S. 358–360.

aussen respektive vor Chaos im Inneren andererseits bestand.¹¹ Diese konfliktträchtige Ambivalenz wirkte sich auf sämtliche Lösungen aus, die zur Bewältigung der Krise und des Stecklikriegs von 1802 ins Auge gefasst wurden, und prägte auch die nachfolgenden Generationen massgeblich. Sie schuf das politische und emotionale Spannungsfeld, in dem sich die Entwicklung des Landes und der gesellschaftlichen Akteure vollzog. Während der gesamten ersten Jahrhunderthälfte standen dem in den Projekten der Helvetischen Republik kurz aufblitzenden Optimismus und der Hoffnung auf die Gestaltung eines besseren Lebens Angst, Misstrauen und ein Gefühl der Erniedrigung gegenüber.

## DIE RESTAURATION IM EUROPÄISCHEN KONTEXT

### Die Schweiz in der napoleonischen Ordnung

In ihrer Ohnmacht angesichts des die Eidgenossenschaft entzweienden Bürgerkrieges baten die helvetischen Behörden Napoleon Bonaparte im September 1802 um Intervention. Napoleon konnte in dieser Lage die Art seines Eingreifens nach Belieben wählen. Rasch setzte er die aufständischen Föderalisten schachmatt und bot seine «médiation» an. Das ersparte ihm den kostspieligen Einsatz von Streitkräften zur Aufrechterhaltung der helvetischen Ordnung und beliess ihm sowohl die politische Kontrolle als auch die militärischen Vorteile, die Frankreich bereits jetzt aus dieser Abhängigkeit zog.

Am Ende des Jahres 1802 lud Napoleon rund sechzig Schweizer Abgeordnete, mehrheitlich Unitarier, nach Paris ein und nahm ihre Berichte mit den darin enthaltenen divergierenden Vorstellungen über den künftigen Weg der Eidgenossenschaft entgegen. Die Aufmerksamkeit, die er diesen Berichten schenkte, erklärt sich aus seiner Absicht, jede andere fremde Macht daran zu hindern, die helvetischen Wirren zum eigenen Vorteil auszunützen. Seine Absicht war es, sich die Unterstützung des kleinen Nachbarlandes für die in absehbarer Zeit ausbrechenden Kriege zu sichern.

Diese europäische Perspektive wird in den Befriedungsbemühungen der sogenannten Mediationsakte sichtbar, jener von Bonaparte garantierten Verfassung, die fortan die innere Organisation der Schweiz regeln sollte. Ihr Text ist darauf angelegt, mit der revolutionären Periode abzuschliessen, die gemässigte Rückkehr zu den früheren Regierungsstrukturen jedoch mit der Schaffung einer neuen Institution und einer neuen Funktion zu konsolidieren: der eines ↑Landammanns der Schweiz. Dieser sollte im Wesentlichen als Verbindungsglied zwischen dem künftigen Kaiser und den Regierungen der Kantone dienen.¹²

Auf diesem Weg konnte Napoleon den führenden Mitgliedern der alten Oberschicht, welche die Geschicke des Landes nun wieder in Händen hielten, Anordnungen und Mahnungen zukommen lassen. Bis zu ihrer Abschaffung im Jahre 1813 sicherte jene neue Institution die Ruhe im Land. Die acht Männer, die nacheinander die Funktion des Landammanns ausübten, drohten bereits bei den geringsten Anzeichen von Chaos oder von Racheplänen gegenüber den Anhängern des früheren Regimes mit einer militärischen Intervention Frankreichs. Die Besetzung des Tessins und die Umwandlung der unabhängigen Republik Wallis ins französische Département Simplon im Jahr 1810 liessen eine solche Drohung durchaus glaubhaft erscheinen, obwohl jene territorialen Anpassungen mit den Gegebenheiten der aktuellen Machtverhältnisse in Europa zusammenhingen und nichts mit dem Verhalten der Schweizer zu tun hatten.

Über die Schlüsselposition des Landammanns konnte Napoleon zudem Soldaten anwerben, die sein Kaiserreich in immer grösserer Zahl benötigte. Durch die Militärkapitulation vom 27. September 1803 waren die Kantone verpflichtet, Frankreich 16 000 Mann zu stellen. Diese Zahl übertraf bei weitem den Bestand der eigenen Armee und entsprach nahezu 1 Prozent der gesamten Schweizer Bevölkerung. Zwar wurde sie nachträglich auf 12 000 reduziert, doch das militärische Engagement der hel-

---

\* *«Bewohner Helvetiens! [...] Ihr habt drei Jahre lang miteinander gestritten, ohne eine Verständigung zu erreichen. Wenn Ihr noch länger Euch selbst überlassen bleibt, wird es drei weitere Jahre Totschlag geben – und ebensowenig Verständigung. Im Übrigen zeigt Eure Geschichte, dass Eure inneren Kriege stets nur durch die tatkräftige Intervention Frankreichs ein Ende fanden. Es ist zwar richtig, dass ich beschlossen hatte, mich in keiner Weise in Eure Angelegenheiten einzumischen. [...] Aber weder kann noch darf ich unberührt bleiben von dem Unglück, das Euch heimsucht. Daher komme ich auf meinen Entschluss zurück: Ich werde der Vermittler in Euren Streitigkeiten sein. [...] Jeder vernünftige Mensch wird einsehen, dass die Vermittlung, die ich auf mich nehme, für Helvetien ein Segen ist, ein Wink jener Vorsehung, die durch so viele Umwälzungen und Erschütterungen hindurch immer über dem Fortbestand und der Unabhängigkeit Eurer Nation gewacht hat.»*

vetischen Truppen in den napoleonischen Kriegen blieb hoch. Geradezu legendär wurde die Opferbereitschaft dieser Truppen in der Schlacht an der Beresina. Andere Schweizer verpflichteten sich in den Armeen der verbündeten Monarchen, so dass sich am 19. Juli 1808 in der Schlacht von Bailén in Spanien eidgenössische Söldner beider Lager gegenüberstanden.

Diese militärischen Engagements belasteten die Bevölkerung schwer. Da sich die Schweiz in der französischen Einflusssphäre befand, war sie ab 1806 zudem von den mit der Kontinentalsperre einhergehenden wirtschaftlichen Schwierigkeiten betroffen. Allerdings hatte das Land dank seiner anerkannten – wenngleich nur teilweise respektierten – Neutralität weniger zu leiden als andere Gebiete in Europa. Den Mutigen eröffneten sich indes phantastische Karrieremöglichkeiten. Das ist besonders in den von Frankreich annektierten Gebieten erkennbar, beispielsweise im Falle Genfs. Nachdem die Calvinstadt im Jahr 1798 Hauptstadt des Département Léman geworden war, boten sich den jungen Leuten unerwartete Bildungs- und Berufsperspektiven. Der spätere General Guillaume-Henri Dufour (1787–1875) etwa erhielt seine Ingenieursausbildung und seine militärische Schulung innerhalb des französischen Systems; er erwarb damit einen Teil der Kenntnisse, die er später an die eidgenössischen Offiziere weitergab.[13] Andere wiederum nutzten die Gelegenheit, ein Vermögen von solchem Ausmass anzuhäufen, wie es in der kleinräumigen Eidgenossenschaft mit ihrem ruhigen Wirtschaftsleben kaum vorstellbar gewesen wäre.

Im Herbst 1813 schlug für die Schweiz mit Napoleons Niederlage bei Leipzig die Stunde der Befreiung. Dies führte zu einer Situation, die frappierende Analogien zu früheren Szenarien erkennen lässt. In dem sich selbst überlassenen Land brachen einmal mehr schwelende innere Spannungen auf, die es möglich machten, dass fremde Mächte über sein Schicksal entscheiden konnten.

**Die Schweiz im postnapoleonischen Europa**
Kaum war Napoleon gezwungen, die Umklammerung der Eidgenossenschaft zu lockern, meldeten die bernischen Eliten ihren Anspruch auf den Aargau und das Waadtland wieder an. Damit schürten sie die Restaurationsgelüste der alten Kantone, während sie bei den neugeschaffenen Kantonen für erhebliche interne Spannungen sorgten, die sogar in bürgerkriegsähnliche Zustände umzuschlagen drohten. Die tiefen Zerwürfnisse der Eidgenossen beunruhigten auch Österreich, das sich gemeinsam mit den übrigen Siegermächten um die Wiederherstellung des Friedens in Europa bemühte, wobei man grossen Wert auf den Fortbestand der territorialen und staatlichen Grenzen legte.[14] Um ihr Vorhaben abzusichern, beschlossen die Alliierten, Frankreich mit einem Gürtel von Pufferstaaten zu umgeben. Dieser Plan konnte aber nur funktionieren, wenn die Schweiz genü-

«Vorstellung der Herren mit den Scheren», Holzschnittillustration aus einem zeitgenössischen Kalender, 1815 (*Schweizerische Nationalbibliothek*). — Europa, versinnbilicht in der mittleren Gestalt, steht im Spannungsfeld zwischen der «gottgewollten Ordnung», einem Putto, der die Insignien kirchlicher und weltlicher Fürsten verstreut, der realen Macht von Politikern, die mit ihren Scheren Territorien zuschneiden, und dem das Ganze kritisch beäugenden Kalendermann, der als Identifikationsfigur des Betrachters fungiert.

gend Zusammenhalt aufwies, um sich selbst verteidigen zu können.[15]

Zu Beginn des Jahres 1814 nahmen daher die internationalen Pressionen zur Vermeidung eines Bürgerkriegs im Lande zu. Die eidgenössischen Behörden wurden ultimativ «eingeladen», sich zusammenzutun und einvernehmlich die politischen Institutionen zu konzipieren, mit denen die Eidgenossenschaft neu ausgestattet werden sollte. Die Rechtsgleichheit der Kantone – ein besonderes Anliegen von Zar Alexander I. von Russland, dem Schüler des Waadtländer Patrioten Frédéric-César de La Harpe (1754–1838)[16] – sollte dabei erhalten bleiben. Die Wendung, welche die Verfassungsdiskussionen nahmen, gefiel jedoch nicht allen; Schwyz und Nidwalden beschlossen sogar, aus der Eidgenossenschaft auszutreten. Angesichts der offensichtlichen Notwendigkeit, in einem sich verändernden Europa geeint zu bleiben, legten sich zwar die meisten dieser sezessionistischen Anwandlungen bald wieder, aber es bedurfte doch einer Abordnung von Bundestruppen, um das kleine Nidwalden im historischen und geografischen Zentrum des Landes Mitte August 1815 zur Vernunft zu bringen.

Vor diesem Hintergrund legten die in Zürich zusammengekommenen Abgeordneten der Schweiz als Ergebnis ihrer Arbeit schliesslich einen neuen Bundesvertrag vor, der erst nach dem Wiener Kongress in Kraft treten sollte. Im Verlauf mehrerer Konferenzen vor und nach Napoleons Herrschaft der Hundert Tage machten es sich die Vertreter der Grossmächte zur Aufgabe, die Grenzen der Eidgenossenschaft neu zu ziehen, so dass das Land gegen eventuelle Eroberungsversuche Frankreichs gut zu verteidigen war – wobei sie bestimmte schweizerische Gebiete in zähen internationalen Verhandlungen als Tauschobjekte benutzten. So wurden das Wallis, Neuenburg, Genf und das Fürstbistum Basel der Schweiz, das Veltlin hingegen dem Lombardo-Venezianischen Königreich zugeschlagen. Damit war die Kleinheit der italienischsprachigen Schweiz, die fortan nur noch aus dem Tessin und aus Italienischbünden bestand, besiegelt. Das Dappental, das wegen seiner strategischen Bedeutung noch bis 1862 ein Streitobjekt zwischen der Schweiz und Frankreich blieb, wurde der Waadt angegliedert.

Bei diesen Gebietsverhandlungen wurden die eidgenössischen Gesandten kaum angehört. Allerdings konnten sich diese auch nicht einigen und brachten gelegentlich einander widersprechende Anliegen vor. Einer der wenigen, deren Stimme Gehör fand, war Charles Pictet de Rochemont (1755–1824), der als Genfer und somit als Neuling unter den Vertretern des eidgenössischen Staatenbündels noch wenig in die Streitigkeiten involviert war, die das Land in Unruhe versetzten. Es verdankte sich seinen Arbeiten und seiner Gewandtheit, dass der Wiener Kongress beschloss, über die Anerkennung einer «immerwährenden Neutralität» der Schweiz zu befinden. In Anbetracht dieser Tatsache grenzt es an Ironie, dass eidgenössische Truppen zwischen der zu Beginn der Herrschaft der Hundert Tage abgegebenen Neutralitätserklärung und ihrer offiziellen Ratifizierung acht Monate später in Paris noch Zeit fanden, in Hochburgund einzufallen und sich anschliessend wieder von dort zurückzuziehen. Die Anerkennung ihrer Neutralität war gleichwohl ein wichtiges Anliegen der Schweizer; sie kam aber nur zustande, weil sie auch den Interessen der Grossmächte entgegenkam.

Mit ihrer Zustimmung zur militärischen Abseitsposition der Eidgenossenschaft bezweckten die Grossmächte eine Konsolidierung des politischen und militärischen Gleichgewichts und damit eine Sicherung des Friedens in Europa (siehe Beitrag von Georg Kreis, S. 306).[19] Die Neutralität der Schweiz sollte verhindern, dass die Eidgenossenschaft unter die Hegemonie Frankreichs oder Österreichs geriet. Zugleich legte man den Bundesbehörden nahe, in ihrem Land eine militärische Organisation aufzubauen, die diesen Namen verdiene. Im Januar 1817 wurde die Schweiz Mitglied der Heiligen Allianz, die von Zar Alexander I. von Russland angeregt worden war, um den Frieden und die Abkommen zwischen den Mächten auf ein christliches Fundament zu stellen.

## Die beginnende Blüte des Schweizer Tourismus

Das Ende der napoleonischen Kriege wirkte sich belebend auf die Entwicklung touristischer Aktivitäten aus. Gewiss waren diese in der Eidgenossenschaft nie ganz zum Stillstand gekommen, wie etwa der Erfolg des zweiten Unspunnenfests im Jahr 1808 belegt. Dieses Fest galt gleichzeitig dem Gedenken der damals noch in das Jahr 1308 datierten Gründung der Eidgenossenschaft und zog auch zahlreiche Fremde an, darunter die Malerin Elisabeth Vigée-Lebrun (1755–1842) und die als Madame de Staël bekannte Baronin Anne Louise Germaine de Staël-Holstein (1766–1817). Beide trugen massgeblich dazu bei, die Schönheit der Schweizer Alpen unter den Gebildeten Europas bekannt zu machen. Die aktivsten Förderer der Schweizer Berge und Landschaften wurden jedoch ab 1815 – nach einem längeren kriegsbedingten Unterbruch – erneut die Engländer; durch ihre Präsenz kam der Tourismus erst richtig in Fahrt. Die Aufnahme, Beförderung, Unterbringung und Betreuung der Gäste geschahen, wie man befand, mit so viel «docilité, flexibilité, maniabilité, compréhension [et] bienveillance»,[17] dass nach 1830 eine regelrechte Schweizer Tourismusindustrie entstand (siehe Beitrag von Laurent Tissot, S. 482). Auch die Schweizer selbst fanden zunehmend Gefallen daran, die Schönheiten ihres Landes zu entdecken, besonders jene der Alpen. Dieses Freizeitvergnügen war indes vielfach von pädagogischen oder patriotischen Absichten motiviert, wie beispielsweise die von Rodolphe Töpffer organisierten Reisen zur Erbauung und Belehrung seiner Privatschüler belegen.[18]

**Rigi-Kulm, Ankunft von Touristen. Federzeichnung, 1844** (*Burgerbibliothek Bern, Sign. Gr. B. 862*). — Die englische Beschriftung des Blattes (rechts unten: «Inn on the top of the Rigi. 6 o'clock P.M. Thursday July 5th») lässt vermuten, dass es von einem der zahlreichen britischen Touristen stammt, die seit dem 18. Jahrhundert gerne auf die Rigi stiegen, um von dort die Aussicht auf den Vierwaldstättersee und die Alpen zu geniessen.

### Die Schweiz und das Europa Metternichs

Das Einvernehmen auf internationaler Ebene hatte konkrete Auswirkungen auf Leben und Alltag der Bürger; so wurden die Beziehungen mit dem Ausland vielfältiger und erreichten eine grössere Spannweite. Der Sturz Napoleons liess für kurze Zeit die Militärkapitulationen neu aufleben – mit Holland, Frankreich und dem Königreich Neapel wurden solche Kapitaltionen abgeschlossen –, und Schweizer Soldaten kamen wieder ausserhalb der Landesgrenzen zum Einsatz. Im Lauf der Jahre verringerte sich aber die Zahl der Schweizer Regimenter, da das Söldnertum vor allem aus moralischen Gründen immer stärker in die Kritik geriet.

Der Zusammenbruch des französischen Empire und das Wiedererwachen revolutionärer Bestrebungen in Europa führten zu einem Zustrom politischer Flüchtlinge. Zahlreiche Aufständische, die vom eben zurückgewonnenen Asylrecht der Kantone profitierten, flohen vor der in ihren Ländern drohenden Repression und liessen sich in der Schweiz nieder, der einzigen Republik auf dem Kontinent.[20] Diese Situation verärgerte die Grossmächte, und dieser Unmut wuchs mit der Zunahme der Proteste. Die revolutionären Umtriebe in Italien und Spanien zu Beginn der 1820er Jahre veranlassten schliesslich die Alliierten, die Garantie der schweizerischen Neutralität mit der Auflage zu verbinden, dass jene Flüchtlinge, welche die Mächte selbst als unerwünscht betrachteten, aus der Eidgenossenschaft auszuweisen seien. Auf die Ausflüchte der Schweizer Behörden, die den Föderalismus als Grund für ihre verzögerten Antworten vorschoben, reagierten sowohl die Österreicher als auch die Franzosen mit Invasionsdrohungen.

In dieser äusserst angespannten Situation wurde am 14. Juli 1823 das Presse- und Fremdenkonklusum (↑Konklusum) verabschiedet. Mit diesem Beschluss verpflichtete sich die Schweiz, eine rigorose Zensur der Presse auszuüben – sie wurde zu grösster Vorsicht bei der Kommentierung der ausländischen Ereignisse ermahnt – und die Anwendung des Asylrechts strengstens zu überwachen. Dem Willen der Grossmächte wurde grösstenteils Folge geleistet, auch wenn sich die Waadt und Genf dem Diktat nur widerstrebend beugten.[21]

Trotz des Nachgebens seitens der Schweiz stieg die internationale Spannung in den folgenden Monaten weiter an und machte sich schliesslich auf wirtschaftlichem Gebiet negativ bemerkbar. Um den Auswirkungen der klassischen Nachkriegsdepression entgegenzutreten, hatten die meisten europäischen Staaten in der nachnapoleonischen Zeit hohe Zollschranken errichtet. Die schon damals stark von Exporten abhängige Eidgenossenschaft bekam vor allem die Folgen der Marktabschottung Frankreichs zu spüren. Zu Beginn der 1820er Jahre verhärtete sich die französische Position derart, dass die Schweiz unter dem Einfluss des Grossherzogtums Baden sowie Württembergs eine entsprechende Erhöhung der eigenen Zölle in Erwägung zog. Dabei gerieten aber die Eliten der vier Wirtschaftsregionen des Landes aneinander: Die auch im Bankgeschäft tätigen Handelsleute von Genf und Basel sowie der Innerschweizer Landadel distanzierten sich vom sogenannten Retorsionskonkordat, das die Vorreiter der Ostschweizer Textilindustrie und die ländlichen Kantone des westlichen Mittellands anstrebten.[22] Im Oktober 1824 wurde die Idee einer eidgenössischen Zollverordnung aufgegeben[23] – ein Entscheid, der von der ökonomischen Verwundbarkeit der in der Mitte des Kontinents gelegenen Eidgenossenschaft kündet.

Ein Jahrzehnt nach dem Ende der französischen Schutzherrschaft reagierte die Schweiz also immer noch stark auf Pressionen von aussen. Immerhin wurde der politische Druck auf die Geschicke des Landes nicht mehr nur von einem einzigen Staat ausgeübt, sondern gemeinsam von Österreich und Frankreich, später noch von Russland und Preussen. Und diese Mächte waren selbst durch zahlreiche Differenzen entzweit – durch Konflikte, die oft von Grossbritannien, das wenig Interesse an einer neuen hegemonialen Macht auf dem Kontinent hatte, geschlichtet oder auch geschürt wurden. Auf diese Weise neutralisierten sich die Grossmächte in ihrem Einfluss gegenseitig und trugen damit zum Überleben der Eidgenossenschaft bei. Allerdings blieb ein Gefühl von Abhängigkeit und Ohnmacht bestehen; ja, die durch die Ereignisse von 1802 ausgelösten negativen Emotionen wie Furcht und Erniedrigung wurden sogar noch verstärkt. Diese Wahrnehmung prägte fortan nicht nur die Aussenpolitik des Landes, sondern insbesondere auch seine Innenpolitik.

## DIE RESTAURATION IM INNEREN

### Politische Neuordnung

Gemäss der Mediationsakte vom 19. Februar 1803 bestand die Schweiz aus neunzehn rechtsgleichen Staaten: den dreizehn Alten Orten und – neu – den Kantonen Waadt, Tessin, Aargau, Thurgau, St. Gallen und Graubünden. Allerdings hatten die sechs bevölkerungsreichsten Kantone, das heisst Bern, Zürich, Waadt, St. Gallen, Aargau und Graubünden, in der ↑Tagsatzung je zwei Stimmen; ein Privileg, das sie jedoch am 29. Dezember 1813 wieder verloren. Der am 31. August 1815 ratifizierte und als völkerrechtliches Abkommen nicht revidierbare Bundesvertrag brachte weitere Neuerungen, die den Aufbau und das Funktionieren der Eidgenossenschaft sichern sollten. So wurde die Anzahl der Kantone offiziell auf 22 erhöht, und es wurde ihnen ausdrücklich verboten, untereinander separate Allianzen einzugehen oder sich mit ausländischen Mächten zu verbünden. Der Bundesvertrag schuf auch die nutzlos gewordene Funktion des Landammanns ab. Die Zahl der Vorortskantone (↑Vorort), in denen die Tagsatzung turnusgemäss tagte, wurde auf drei reduziert: Im Zweijahresrhythmus fanden die Versammlungen abwechslungsweise in Zürich, Bern oder Luzern statt. Parallel dazu wurde die Bundesverwaltung ausgebaut. Die vom Kanzler verfassten ↑Abschiede wurden jetzt in speziellen Archiven aufbewahrt. Zudem gaben sich die Orte ansatzweise eine gemeinsame Militärorganisation, die 1817 mit der Gründung einer Offiziersschule konkretisiert und mittels Einnahmen aus den an Landesgrenzen erhobenen Zollgebühren bezahlt wurde (siehe Beitrag von Rudolph Jaun, S. 540). Der Bundesvertrag garantierte schliesslich die Existenz der Klöster und sicherte deren Besitzstand.

Von der ab 1815 auf Bundesebene errichteten Verwaltung darf man sich keine falschen Vorstellungen machen. Wenige Jahre zuvor hatte Napoleon mit der Mediationsakte die Macht an die Kantone zurückgegeben, da das Einheitssystem nicht zu einer Schweiz «constituée fédérale par la nature» passe, wie es in der Präambel der Akte heisst.[24] Napoleon förderte auch die Rückkehr der durch die Helvetische Republik entmachteten Familien und überliess es ihnen, die internen Angelegenheiten in ihren Kantonen zu regeln. Damit gelang es ihm, die Ruhe im Inneren der Eidgenossenschaft wiederherzustellen. Als Folge dieser eigennützigen Grosszügigkeit erlebten die meisten Kantone eine Restauration avant la lettre und kehrten mehr oder weniger zu dem politischen System zurück, das vor der Revolutionszeit geherrscht hatte.

Von 1803 an besass die Schweiz drei verschiedene politische Herrschaftsformen zur gleichen Zeit. Die neuen Stände neigten zum System der repräsentativen Demokratie – ein Erbe der Helvetik. Die alten Stadtkantone erhielten erneut patrizische Regime, und die alten Landkantone setzten die Landsgemeinden wieder ein. Trotz dieser Unterschiede waren sich die Regierungen in vielem ähnlich. Die Kantone wurden von wenigen Exekutivmitgliedern regiert, die zum Teil auch der Legislative angehörten. Diese war zwar grösser, besass aber weniger Einfluss und wurde ebenfalls aus einem eingeschränkten Kreis rekrutiert. Meist hinderten bürgerrechtliche Unterschiede und komplexe Wahlverfahren oder der Zensus die Landbevölkerung und die ärmeren Stadtbewohner daran, aktiv am politischen Leben ihres Kantons teilzunehmen.

Die Ursachen dieser Einschränkungen waren vielfältig und lagen grösstenteils in der jüngeren Geschichte des Landes. Nach fünf besonders traumatisierenden Jahren waren die alten Führungsschichten ab 1803 bestrebt, das Regierungssystem, das sie unter dem revolutionären Druck hatten aufgeben müssen, zu restaurieren. Dieser politische

Konservatismus bedeutete jedoch nicht, dass die von Bonapartes Gnaden wiedereingesetzten und dann von den Grossmächten an der Macht gehaltenen Eliten der Meinung gewesen wären, sie hätten sich früher in einer perfekten Welt bewegt, in der die Massen grundlos versucht hätten, sie zu stürzen. Doch glaubten sie sehr wohl, sie seien am besten befähigt, die hohe Kunst des Regierens auszuüben, und sie waren überzeugt, dass das beste Mittel, zukünftige Rebellionen zu vermeiden, nicht in der Erweiterung der Rechte des Volkes liege, sondern in der Verbesserung und sittlichen Gestaltung seiner Lebensbedingungen.

### Wirtschaftlicher und sozialer Wandel

Möglicherweise wurden die Obrigkeiten in dieser Sicht durch den Fortgang der Ereignisse bestärkt, genauer: durch die Reaktionen, welche die Wiedereinsetzung der alten Eliten an der Spitze der Kantone hervorrief. Denn der Preis, der für die Mediation zu zahlen war, gefiel bei weitem nicht allen. Im Frühling 1804 brach auf der Zürcher Landschaft eine Revolte aus, deren Gründe zum einen die Wiedereinführung schreiender Ungleichheiten bei den Volksrechten und zum anderen der hohe Preis für die Ablösung des Grosszehnten waren. Dieser unter dem Namen Bockenkrieg bekannt gewordene Aufstand beunruhigte die Tagsatzung so sehr, dass sie ihn ohne Nachsicht niederschlagen liess.

Für die kompromisslose Haltung der Magistraten müssen indes auch strukturelle Gründe verantwortlich gemacht werden, namentlich der starke demographische Druck, der damals in den meisten Regionen der Schweiz zu spüren war. Aufgrund der tiefgreifenden Veränderungen, die das 18. Jahrhundert mit sich gebracht hatte, verzeichnete die Schweiz in der ersten Hälfte des 19. Jahrhunderts eine deutliche Bevölkerungszunahme (siehe Beitrag von Luigi Lorenzetti, S. 128). Die Einwohnerzahl stieg – allerdings mit grossen kantonalen Unterschieden – zwischen 1798 und 1850 von 1 680 000 auf 2 392 742 Einwohner an. Dies entspricht einer durchschnittlichen Jahreswachstumsrate von über 8 Promille, während sie in den vorhergehenden fünf Jahrzehnten unter 5 Promille gelegen hatte und zwischen 1850 und 1888 erneut lediglich 5,77 Promille erreichte.[25] Der grösste Teil dieses beträchtlichen Zuwachses fällt in die Zeit zwischen 1798 und 1837 und ist auf eine relativ hohe Geburtenziffer zurückzuführen (ungefähr 37 Prozent) – dies trotz eines hohen Anteils Eheloser von rund 20 Prozent bei beiden Geschlech-

**Geburten und Sterblichkeit 1801–1900**

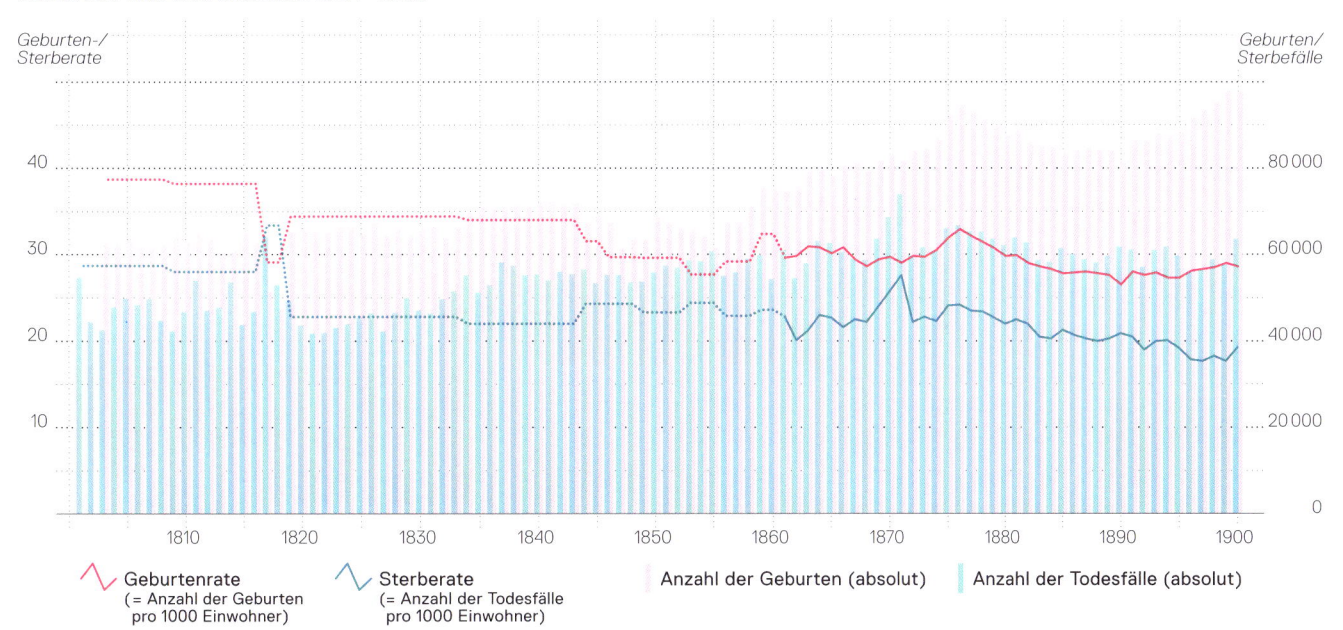

In Notzeiten, etwa 1817/18 und 1846–1855, sank die Anzahl der Geburten, ab 1860 stieg sie infolge von Zuwanderung und Wirtschaftsaufschwung langsam, nach 1900 (hier nicht abgebildet), unter anderem infolge der Erleichterung der Eheschliessung, stark an. Die Sterberate spiegelt zunächst die Geburtenrate, das heisst, in Notzeiten, in denen es weniger Geburten gab, stieg sie an. Ab ca. 1875 ist dank verbesserter hygienischer Bedingungen ein kontinuierliches Sinken feststellbar. Einzelne Ausschläge sind in einigen Fällen auch durch eine ungünstige Altersstruktur bedingt; für die Mortalitätskrise des Jahres 1871 wurde von Berner Statistikern der damaligen Zeit der Deutsch-Französische Krieg verantwortlich gemacht: «Doch ist die Ansicht gerechtfertigt, dass in diesen beiden Jahren der deutsch-französische Krieg, die daherigen Truppenaufgebote und die grössere Schwierigkeit der Existenz, infolge der Stockung vieler Industrien, für die ärmern Arbeiterklassen nicht ohne Einfluss auf die Vitalität unserer Bevölkerung geblieben ist.» [vgl. Kantonales statistisches Bureau (Hg.), Statistisches Jahrbuch für den Kanton Bern, Jg. VI und VII für 1871 und 1872, S. 232 f.].
Quellen (Daten): Bundesamt für Statistik / Observatoire Démographique Européen; Hansjörg Siegenthaler, Heiner Ritzmann-Blickenstorfer (Hg.), Historische Statistik der Schweiz, Zürich 1996, S. 189–190 (die Geburten- und Sterberaten vor 1861 beruhen auf Schätzungen),
© 2013 Schwabe AG, Verlag, Basel, und Marc Siegenthaler, Bern.

tern, einem der höchsten in Europa. Dazu kam ein deutlicher Rückgang der Mortalität, vor allem der Kindersterblichkeit.[26] Diese für eidgenössische Verhältnisse enorme, etwa im Vergleich zur britischen Entwicklung jedoch bescheidene Dynamik betraf hauptsächlich die ländlichen Gegenden im Norden und in der Innerschweiz, und war von der Konfession unabhängig. Hingegen korrelierte sie eng mit Verbesserungen in der Landwirtschaft, in der damals noch nahezu 60 Prozent der aktiven Bevölkerung beschäftigt waren. In den ersten Jahrzehnten des Jahrhunderts verstärkte sich eine schon im 18. Jahrhundert einsetzende Entwicklung, die von einigen Agrarhistorikern als veritable Revolution beschrieben worden ist (siehe auch den Beitrag von Jon Mathieu, S. 184). Es handelte sich

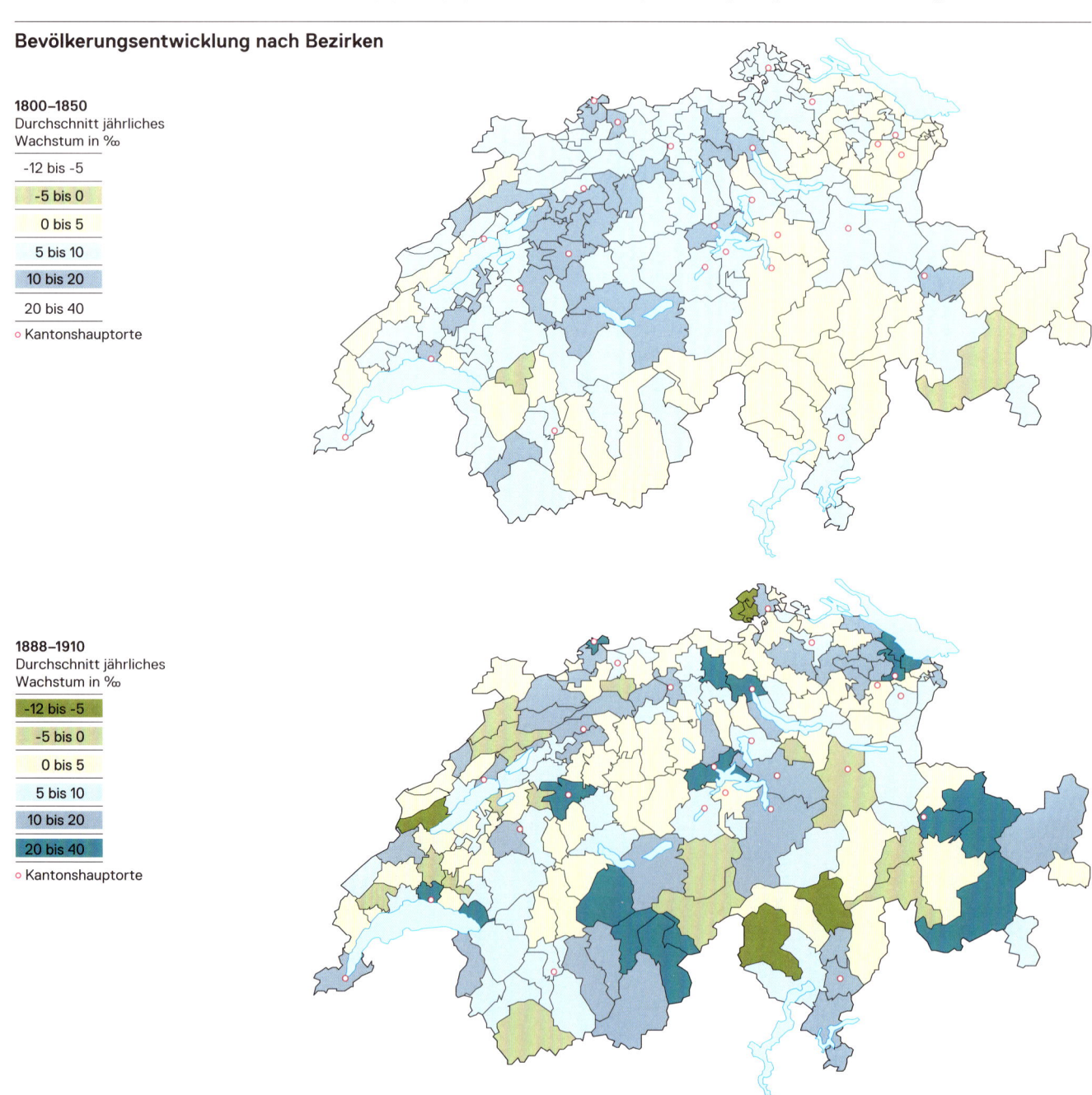

## Bevölkerungsentwicklung nach Bezirken

**1800–1850**
Durchschnitt jährliches Wachstum in ‰

- -12 bis -5
- -5 bis 0
- 0 bis 5
- 5 bis 10
- 10 bis 20
- 20 bis 40
- ○ Kantonshauptorte

**1888–1910**
Durchschnitt jährliches Wachstum in ‰

- -12 bis -5
- -5 bis 0
- 0 bis 5
- 5 bis 10
- 10 bis 20
- 20 bis 40
- ○ Kantonshauptorte

Die obere Karte zeigt die demographische Dynamik in den ländlichen Gegenden, die aufgrund des Rückgangs der Brache oder deren Aufgabe von der steigenden Agrarproduktivität profitierten. Die industrialisierten Gebiete entwickelten sich dagegen weniger schnell; sie hatten durch die Protoindustrialisierung im vorhergehenden Jahrhundert bereits einen demographischen Aufschwung erlebt. Ab 1850 – hier nicht abgebildet – wuchs die Bevölkerung in den Städten und ihrem Umland stark an, die ländlichen Gebiete verloren hingegen Einwohner; die Niederlassungsfreiheit seit 1848 spielte dabei eine Rolle. Nach Jahren der Depression kam es ab 1888 – wie auf der unteren Karte zu sehen – in den städtischen und einigen ländlichen Industrieregionen zu einem eigentlichen Fin-de-Siècle-Boom, der bis zum Ersten Weltkrieg andauerte. Die Schweiz war zu einem Einwanderungsland geworden.
Quelle: Bruno Fritzsche / Thomas Frey / Urs Rey / Sandra Romer, Historischer Strukturatlas der Schweiz.
Die Entstehung der modernen Schweiz, Baden 2001, S. 19 (geändert), © 2001 hier und jetzt, Baden.

dabei um einen vielschichtigen Innovationsprozess, der die Blockaden, die den Fortschritt in der Landwirtschaft zuvor behindert hatten, aufzubrechen vermochte. In denjenigen Kantonen, in denen die ländliche Oberschicht die Neuerungen als nützlich erkannte und akzeptierte, konnten die in der Helvetischen Republik eingeleiteten Initiativen eine schon zuvor in Gang gekommene Bewegung verstärken, deren Ziel es war, die Bewirtschaftung des Bodens durch die Ablösung der Feudallasten oder mittels Einhegung des Besitzes von den Zwängen der kollektiven Nutzung zu befreien.

Einer der wichtigsten Schritte in diesem Prozess war die allmähliche Aufgabe der Brache (↑Dreizelgenbrachwirtschaft) und die Einführung der Feldgraswirtschaft, schliesslich der Fruchtwechselwirtschaft. Jedes dritte, dann jedes zweite Jahr wurden andere Pflanzen als Getreide angebaut. Auf den früher brachliegenden Feldern wurden nun Klee oder Luzerne ausgesät, die wie bestimmte Hülsenfrüchte Stickstoff aus der Luft im Boden binden und somit eine vom Getreidebau ausgelaugte Erde anzureichern vermögen. Manchmal wurden auch Zuckerrüben oder, seltener, Mais kultiviert. Diese Diversifizierung brachte besseres Viehfutter und machte die Stallfütterung auch im Sommer möglich. Dadurch wiederum konnte der ebenfalls zur Anreicherung der Böden genutzte Mist gesammelt und gezielt ausgebracht werden. Die Folge dieser gesamten Umstellung waren bessere Getreideerträge und reichere Ernten auch bei der Kartoffel, die zwar mehr Dünger benötigt, im Vergleich zu anderen Nutzpflanzen aber die meisten Kalorien für Mensch und Tier liefert.[27]

Indem dieser komplexe Mechanismus die Produktivität der landwirtschaftlichen Kulturen erhöhte, wurde Weidefläche für das Vieh frei und die ganzjährige Rinderhaltung im Tal ermöglicht, wo sich parallel dazu auch der Obstbau zu entwickeln begann. Auswirkungen hatten diese Veränderungen zudem auf die bereits von den Physiokraten in der zweiten Hälfte des 18. Jahrhunderts eingeleiteten Bemühungen um eine verbesserte Zuchtwahl, dies nicht nur beim Rindvieh, sondern auch bei den Ziegen und vor allem den Schweinen, deren Masthaltung intensiviert wurde. Diese Entwicklung steigerte wiederum die Düngermenge. Der Prozess, dass die Tiere den Boden düngen, auf dem ihr Futter wächst, welches wiederum ihre Entwicklung fördert, verwandelte sich somit in einen wahren Circulus virtuosus, das heisst einen sich positiv verstärkenden Kreislauf, der sich auch auf das Leben der Menschen auswirkte.

Tatsächlich gewährleistete diese Entwicklung eine höhere Rentabilität der Nahrungsmittelproduktion und erlaubte eine bessere Ressourcenverteilung der Haushalte. Im selben Zuge verstärkte sie die Tendenz eines grösser werdenden Teils der ärmeren Bauernschaft, die freie Zeit auf Heimarbeit zu verwenden. Die Praxis der Heimarbeit war an sich nicht neu; sie ging auf die zunächst hauptsächlich im Norden des Landes angesiedelte Textilindustrie zurück. Die Wohnung diente hier als Fabrikationsstätte, deren Gerätschaften oft der jeweiligen Arbeiterfamilie gehörten. Diese wurde nach den Regeln des ↑Verlagssystems von einem Unternehmer mit bearbeitetem oder unbearbeitetem Rohmaterial beliefert; das fertige Produkt der Arbeit wurde einige Zeit später abgeholt. Das System fusste weitgehend auf der Organisationsform des Familienbetriebs, das heisst auf der gemeinsamen Arbeit der Männer, der Frauen und auch der Kinder. Die Baumwollspinnerei, etwas später – nach systematischer Mechanisierung – die Baumwollweberei,[28] die Strohflechterei und die Seidenbandherstellung beschäftigten im Verlagssystem 120 000 bis 130 000 Personen, vor allem im Osten des Landes und in den Kantonen Zürich, Aargau und Basel-Landschaft (siehe auch Kapitel von André Holenstein, S. 318 f.).

Diese vielschichtige Entwicklung führte zwar zu einer raschen Bevölkerungszunahme, brachte aber zugleich materielle Unsicherheit und Not. Das demographische Wachstum war in seinen Auswirkungen ambivalent: Es hielt einerseits den Wirtschaftsaufschwung in Gang, reduzierte aber andererseits den materiellen Nutzen, der den Arbeitenden hätte zugutekommen können. Besonders hart traf die Armut die Gemeinden in den Alpen und Voralpen, wo seit jeher Überbevölkerung herrschte. Zudem war die Schweiz von verschiedenen, teils auch konjunkturell bedingten Krisen betroffen: 1811 bis 1812 ging sie durch eine schlimme Rezession, 1816 bis 1817 erlebte sie eine der letzten Phasen von Nahrungsmittelknappheit, und 1845

**Ansicht der Linthbrücke von Hans Conrad Escher, Feder und Aquarell, 1798** (*Graphische Sammlung der ETH Zürich*). — H. C. Escher notierte anlässlich der Eröffnung des Linthkanals am 8. Mai 1811: «Fliesse nun also, bezähmter Bergstrom, ruhig deiner neuen Bestimmung entgegen! Auf Jahrtausende hinaus wirst du ein schönes Beispiel dessen sein, was brüderlicher Gemeinsinn eines kleinen Volkes auch in drückenden Zeitverhältnissen vermag.»[29] Die Linthkorrektion brachte Abhilfe gegen die damals immer häufigeren Überschwemmungen und die damit einhergehende Bedrohung durch die Malaria.

**Plakette in Form einer Blüte zum Andenken an die Teuerung des Jahres 1817** *(Heimatmuseum Sissach).* — Im Blütenteller ist eine Ansicht von Schaffhausen zu sehen, im Himmel schweben eine Garbe und ein Füllhorn, das über der Stadt ausgeleert wird; ganz oben erscheint die Hand Gottes. Unter der Garbe und dem Füllhorn ist zu lesen «Gedenke, dass noch ein Gott ist». Auf den Blütenblättern sind die Höchstpreise von Lebensmitteln im Juni 1817 verzeichnet.[30] Die letzte grosse Hungersnot, verursacht durch Konjunktureinbrüche in der Textilindustrie und Missernten, traf vor allem Gebiete mit starker Protoindustrie.

**Die Abreise von Estavayer-le-Lac am Sonntag, dem 4. Juli 1819, Aquarell eines unbekannten Malers** *(Musée d'art et d'histoire, Fribourg),* © *Photo MAHF.* — Die Hungerjahre von 1816/17 führten zu einer erhöhten Bereitschaft, bessere Lebensbedingungen ausserhalb der Schweiz zu suchen. 1819 schob der Kanton Freiburg 2000 Randständige, darunter vor allem Heimatlose, Greise, Behinderte und Kranke, nach Brasilien ab, wo in der Folge die heute noch bestehende Stadt Nova Friburgo entstand. Das Votivbild verweist auf die religiöse Stiftung, die der mit der Durchführung der Emigration beauftragte Unternehmer zum Schutz der Kolonie ins Leben rief. Es verschleiert den eigentlichen Charakter des Unternehmens, einer behördlichen «Aufräumaktion» («déblaiement»). Mit verschiedenen Druckmitteln wurden die zukünftigen Kolonisten zum Unterzeichnen der Auswanderungsverträge gedrängt. Auch aus anderen Kantonen wurden Leute auf die Reise geschickt.

bis 1846 verursachte die Kartoffelfäule – wie beinahe überall in Europa – grosse Ernteausfälle, die sich gravierend auswirkten, da die Kartoffel inzwischen das – nahezu einzige – Grundnahrungsmittel vieler Haushalte darstellte.

Diese Ereignisse hatten keine eigentlichen Hungersnöte zur Folge, schwächten die Bevölkerung aber doch so stark, dass sie für Epidemien anfällig wurde. 1816 bis 1818 war die Schweiz besonders hart vom Typhus betroffen. Zwar entging das Land der Cholera, die Europa zu Beginn der 1830er Jahre heimsuchte, doch wurde die Tagsatzung durch die drohende Seuche so sehr beunruhigt, dass sie bereits im Vorfeld die entsprechenden Gegenmassnahmen koordinierte.[31] In verschiedenen Kantonen wurden die solche Epidemien begünstigenden sozialen Umstände neu als «Pauperismus» bezeichnet, und es wurden Massnahmen zur Eindämmung dieses Phänomens eingeleitet.

Auf kommunaler Ebene griff man zunächst auf altbewährte Rezepte zurück. Im Ancien Régime hatte die Fürsorge nicht allein in der Verantwortung von Familie und Kirche gelegen, sondern befand sich auch im Zuständigkeitsbereich der Gemeinden.[32] Diese Regelung wurde in der Mediationszeit wieder aufgenommen, führte aber in den ihrerseits notleidenden Gemeinden gelegentlich zu grausamer Kreativität. So entstand etwa die Idee, die «unnützen Mäuler» zur Verringerung der drückenden Lasten zu expatriieren. In Brasilien wurde als Antwort auf die Hungerkrise von 1816/17 die Kolonie Nova Friburgo gegründet; zweitausend Greise, Behinderte und Kranke, die die Stadt Freiburg nicht mehr ernähren wollte, sollten dorthin übersiedeln. Doch der ausgeklügelte Plan, das Elend zu exportieren, wurde zum menschlichen Drama.[33]

Manchmal wurden die Behörden durch Katastrophen bewogen, landesweit Hilfe zu organisieren. So kam es nach Grossfeuern oder dramatischen Erdrutschen, die vor allem die ärmere Bevölkerung in den betroffenen Ortschaften ihres ganzen

Hab und Guts beraubten, zu aufwallender Solidarität, die nicht an den Kantonsgrenzen haltmachte.³⁴ Nach dem Bergsturz von Goldau im Jahre 1806 und nach den verheerenden Überschwemmungen in den Zentralalpen 1834 und 1839 entstand eine schweizweite Bewegung gegenseitiger Hilfe. Auch wurden grosse, kantonübergreifende Bauwerke in Angriff genommen, dank deren sich den Arbeitssuchenden neue Erwerbsmöglichkeiten boten. Diese Projekte, wie zum Beispiel der Bau des Linthkanals, betrafen entweder die Verbesserung der Verkehrswege oder die Entsumpfung landwirtschaftlicher Gebiete.

Der Kampf um die Verbesserung der Lebensbedingungen wurde im Wesentlichen innerhalb der kantonalen Grenzen geführt. Auf der Basis von Vorarbeiten aus der Zeit des Ancien Régime und von Erfahrungen, die man während der Helvetischen Republik gesammelt hatte, gaben sich die meisten Kantone nach und nach institutionelle oder gesetzliche Strukturen, welche die Existenzbedingungen ihrer Bürger verbessern sollten. Angesichts des Zustroms von Notleidenden vor allem in den Städten spezialisierten sich die Fürsorgeeinrichtungen entsprechend den Bedürfnissen und unterschieden beispielsweise deutlicher die allgemein Bedürftigen von den geistig Verwirrten und den Kranken, für die man ab den 1830er Jahren Spitäler zu errichten begann. Ganz allgemein bemühten sich die Regierungen, die Medizinalberufe besser zu kontrollieren und die Volksgesundheit mit verschiedenen Massnahmen zu fördern.

1815 wurden in den Kantonen Thurgau und Zürich erstmals Vorschriften zur Kinderarbeit erlassen. In Zürich, wo die industrielle Entwicklung rasch und erbarmungslos verlief, beschloss man, die Arbeitszeit von Kindern in den Fabriken zu begrenzen und die Nachtarbeit für Kinder unter neun Jahren generell zu verbieten.³⁵ Anstoss für den europaweit ersten Versuch dieser Art waren eine offensichtliche Verschlechterung des Gesundheits- und Bildungsniveaus sowie der «moralische Verfall» der Jugend; Beobachtungen, die unter den Eliten zu einer gewissen Beunruhigung führten. Das Elend wurde allgemein als Zeichen und Resultat einer geistigen Verwahrlosung verstanden – das Übel sollte deshalb präventiv behandelt werden.

### Moralische Erneuerung

Ein zentrales Anliegen sowohl der Aufklärung als auch der Zeit nach der helvetischen Revolution war die Erziehung. Deren grundsätzliche Bedeutung wurde auch in der Mediationszeit nicht bestritten, doch über Ausrichtung und Ziele gingen die Meinungen zwischen Stadt und Land und zwischen den einzelnen Kantonen auseinander. Man-

### Emigration

Obwohl das Ausmass der schweizerischen Emigration nicht genau ermittelt werden kann, so lässt sich doch konstatieren, dass sie stärker war als die anderer europäischer Länder. Der Hauptgrund dafür lag eindeutig im Unvermögen, angemessen auf den starken Bevölkerungsdruck zu reagieren, der im beginnenden 19. Jahrhundert den meisten Regionen zu schaffen machte. Die Migration fand in der Regel in gewohnten Bahnen statt – temporär und auf den Kontinent beschränkt. In einem geographisch engeren Radius emigrierten vor allem Frauen, um in angrenzenden Siedlungsgebieten Hausarbeit zu finden. Zahlreiche Fachleute, meist Männer, boten ihr Handwerk und ihr Wissen – zum Teil im saisonalen Rhythmus – in verschiedenen Regionen Europas an (siehe auch den Beitrag von Silvia Arlettaz, S. 362). Schliesslich verzeichnete man eine verstärkte Auswanderung zur Gründung von Siedlungen. Diese Form der Emigration konnte – wie im Falle der 1803 und 1822 in Russland gegründeten Schweizer Kolonien – auf Einladung eines Herrschers erfolgen. Mit Beginn des 19. Jahrhunderts fand sie jedoch immer häufiger ohne eine solche Anbindung und in Richtung anderer Kontinente statt. Generell fällt eine offensichtliche Korrelation zwischen schlechten Ernten und Migrationsspitzen auf.³⁶

---

cherorts orientierte man sich an Philipp Emanuel von Fellenberg (1771–1844), an Pater Gregor Girard (1765–1850) oder an Johann Heinrich Pestalozzi (1746–1827). Bei allen dreien handelte es sich um einflussreiche Pädagogen, die für denkende statt lediglich mit Wissen vollgestopfte Köpfe, für die Bildung von verantwortungsbewussten statt von unterwürfigen Bürgern und für Lernen durch Verstehen statt durch Nachplappern plädierten. Entsprechend forderten sie bald einen an der Lancasterschule orientierten wechselseitigen Unterricht, der an die Stelle der Unterweisung ex cathedra treten sollte.³⁷

Nicht alle Anhänger dieser Ideen waren fortschrittlich eingestellt; etliche unterstützten sie nur, weil sie die Volkserziehung für eine besondere Tradition ihres jeweiligen Kantons hielten. Mit den Konservativen waren sich diese auch in Hinblick auf das Bildungsziel einig, das in der Hebung der Sittlichkeit im Geiste der christlichen Gebote bestand.³⁸ Nicht zuletzt aufgrund der unter der französischen Vorherrschaft erduldeten Leiden kamen religiöse Strömungen auf, die eine starke Glaubenssehnsucht zum Ausdruck brachten: So fanden in der protestantischen Welt die Erweckungsbewegungen, die eine Art individuellen Mystizismus predigten, beträchtlichen Zulauf. In den katholischen Gebieten manifestierte sich diese Tendenz namentlich im ↑Illuminismus und in der Rückkehr der Jesuiten, deren Orden im Jahr 1814, ein gutes halbes Jahrhundert nach seiner durch den Papst erwirkten Aufhebung, wiederhergestellt wurde.³⁹

Der hohe Sittlichkeitsanspruch findet sich nach 1802 allenthalben, wenn auch in unterschiedlicher Gestalt. Deutlich zeigen sich darin die Ängste und Hoffnungen jener, die damals (erneut) an die Macht kamen. Das Gebot der Sittlichkeit stellte eine Mässigung der Regierenden und den Gehorsam der Regierten in Aussicht und schien auf diese Weise die Ängste zu bannen, von einer auswärtigen Militärmacht besetzt zu werden, in die Anarchie abzugleiten und im Elend zu versinken. Die Forderung nach Sittlichkeit flankierte auch die Rückkehr zu bereits mehr oder weniger bekannten politischen Systemen und bildete das Fundament der Bemühungen um soziale Fortschritte in den wohlvertrauten kantonalen Grenzen. Das Bedürfnis nach Ordnung, das hier zum Ausdruck kam, ist nicht Zeichen einer Rückkehr zum Ancien Régime, wie oft behauptet wurde, sondern des offensichtlichen Willens, eine Rückkehr der Revolution zu verhindern. Es ist eine klassische Ironie der Geschichte, dass gerade solche Versuche der Absicherung gegen Unruhen oftmals zu einer der wichtigsten Ursachen für deren Wiederausbruch werden.

## DIE ZWEITE WELLE: REAKTIONEN AUF DIE RESTAURATION

### Politische Unzufriedenheit

Trotz der internationalen Garantien und der politischen, sozialen und moralischen Vorkehrungen der Kantone zur Vermeidung neuer Unruhen ergriffen Unzufriedenheit und Unrast schon gegen Ende der 1820er Jahre erneut die Gemüter und intensivierten sich deutlich zu Beginn des folgenden Jahrzehnts. Ein erster Reflex dieser breiten Opposition lässt sich in einer Reihe von Massnahmen sehen, welche die amtierenden Behörden zur Flexibilisierung der bestehenden Gesetzgebung ergriffen. So lancierte der Genfer ↑Syndic Jean-Jacques Rigaud (1785–1854) in der Mitte der 1820er Jahre eine Politik des sogenannten graduellen Fortschritts, die insbesondere die Bedingungen für die Ausübung des aktiven und passiven Wahlrechts lockerte und damit die aristokratischen Züge der Regierung seines Kantons milderte. In der ganzen Eidgenossenschaft folgten nun die Reformen in immer schnellerem Rhythmus: 1826 verbesserte zum Beispiel Schaffhausen die Repräsentativität seiner Institutionen, mehrere Kantone verzichteten auf die Zensur, und 1829 führte Appenzell Innerrhoden das Recht wieder ein, an der Landsgemeinde Themen vorzubringen, die die Behörden nicht behandeln wollten. Zürich beschloss, die Gesetzesinitiative nicht dem Kleinen Rat vorzubehalten, und die Waadt schaffte zu Beginn der 1830er Jahre die Mandate auf Lebenszeit ab.[40]

Zu dieser Aufweichung der in den Händen der alten Eliten konzentrierten Macht kam es aus verschiedenen Gründen. Entweder entsprachen die Modifikationen der ideologischen Überzeugung der Machthaber selbst, oder – was häufiger vorkam – sie waren das Resultat von Pressionen, die von aussen auf die politischen Entscheidungsträger ausgeübt wurden. In beiden Fällen sollten die geleisteten Zugeständnisse verhindern, dass die Bevölkerung ihren Forderungen mit Gewalt Ausdruck verlieh. Es erschien opportun, kleine reformerische Schritte aus freien Stücken zuzugestehen, anstatt gezwungen zu werden, Rechte abzutreten, auf die man in keinem Fall verzichten wollte. Allerdings sind halbherzig durchgeführte Massnahmen selten von Bestand – diese Erfahrung sollte weniger als ein Jahr später die ganze Schweiz machen.

1830, noch vor der Julirevolution in Frankreich, veränderte im Tessin ein Machtkampf zwischen den beiden gesetzlichen Landammännern die Verhältnisse in der Schweiz grundlegend. Einer der beiden dortigen Amtsinhaber brachte den anderen mit der Forderung nach einer Verfassungsrevision in Verlegenheit – ein Vorschlag, der sogleich die Massen in Erregung versetzte. In der Folge fiel das Tabu revolutionärer Veränderungen, das sich seit der napoleonischen Ära gehalten hatte: Das Tessiner Volk stimmte am 4. Juli 1830 einem neuen Grundgesetz zu. Dieses Ereignis und die kurz darauf ausbrechende Julirevolution gaben das Signal für eine zweite Oppositionswelle in der Schweiz.[41]

Zwischen Oktober und Dezember 1830 fanden im Thurgau und im Aargau, in Luzern, Zürich, St. Gallen, Freiburg und Lausanne rund ein Dutzend Volksversammlungen statt. Es ging vor allem darum, Druck auf die Behörden auszuüben, um Veränderungen zu erreichen, welche die meisten der im Prinzip nicht revidierbaren Kantonsverfassungen und der starren, personell abgeriegelten politischen Systeme ohne Durchbrechung der gesetzlichen Schranken nicht zuliessen. Wie im Fall der in Uster am 22. November 1830 abgehaltenen Versammlung reichten friedliche Machtdemonstrationen im Allgemeinen aus, um den Aufbau neuer Regierungsstrukturen auszulösen.

In einigen Fällen reagierten die Obrigkeiten hart, etwa in den Kantonen Waadt, Freiburg und Schaffhausen, wo es ihnen dennoch nicht gelang, den liberalen Lauf der Dinge aufzuhalten. Im Wallis, in Neuenburg und in Schwyz kam es zu bewaffneten Konfrontationen, aus denen die Konservativen als Sieger hervorgingen. In Basel brach ein kleiner Bürgerkrieg aus, der 1833 zur Teilung des Kantons führte.

Bis zur Mitte der 1830er Jahre blieben neun ↑Stände und ein Halbkanton (Basel-Stadt) bei ihren alten Gesetzen und politischen Eliten, während zwölf Kantone und ein Halbkanton (Basel-Landschaft) sich «regenerierten». Die nach demographischem Gewicht wie nach wirtschaftlicher Dynamik wichtigsten Regionen der Schweiz hatten nun eine liberale Verfassung. Diese war allerdings von Kanton zu Kanton politisch unterschiedlich gefärbt: eher gemässigt liberal in Bern, Solothurn, Zürich, Luzern, Freiburg, im Aargau, Thurgau, in der Waadt und im Tessin, radikaler in St. Gallen, in Basel-Landschaft und, nach 1835, in Glarus und Schaffhausen.[42] Dennoch lassen sich gemeinsame Züge und Tendenzen feststellen, die aufgrund ihrer Bedeutung auf eidgenössischer Ebene schliesslich die Zukunft des ganzen Landes prägen sollten.

### Die soziale Dimension der politischen Unzufriedenheit

Der Zusammenhalt im regenerierten Lager beruhte weder auf der Sprache noch auf der Religion. Das verbindende Element – über alle regionalen und volkswirtschaftlich bedingten Unterschiede hinweg – kann wohl vor allem in der Frustration der Akteure gesehen werden, einer Frustration, die sich durch die Art, wie mit ihrer Bekundung umgegangen wurde, noch verstärkte. Ein wichtiger Aspekt war zudem, dass einige Vordenker der Regeneration bereits in der Helvetischen Republik wichtige Funktionen innegehabt hatten, etwa Paul Usteri (1768–1831) oder Heinrich Zschokke (1771–1848).

Zu diesen altehrwürdigen Führungspersönlichkeiten gesellten sich jüngere Protagonisten, die dem radikal-liberalen Lager einen gewissen generationenübergreifenden und sozioökonomischen Zusammenhalt gaben. Zur Zeit der Helvetik waren sie zumeist noch Kinder oder Jugendliche gewesen und hatten, im Gegensatz zu vielen Älteren, keine lebendigen Erinnerungen an die Schrecken dieser Zeit. Zudem entstammten sie grösstenteils dem liberalen Bürgertum, das von den durch die Revolution beschleunigten strukturellen Veränderungen profitiert hatte[43] und in dem jenes Wissen geschätzt wurde, welches auf einer rationalen Erfassung der Welt beruht. Da sie vor allem in der Medizin, der Jurisprudenz oder im höheren Unterrichtswesen tätig waren, erreichten sie in der Gesellschaft ein gewisses Ansehen und besassen intellektuelle Fähigkeiten, die von den Obrigkeiten der Restauration nicht immer gebührend anerkannt wurden. Einige Kantone versuchten zwar, die Ungerechtigkeit des Zensus auszugleichen, indem sie all jenen, die ein Amt oder eine langjährige akademische Bildung nachweisen konnten, Möglichkeiten zur aktiven Teilnahme am politischen Leben anboten. Diese Zugeständnisse kamen jedoch zum einen zu spät, und zum anderen blieben sie zu vereinzelt, als dass sie der bereits in Gang gekommenen Dynamik hätten Einhalt gebieten können.

> « *Ruhig, nach dem erhaltenen Bericht, dass die [eidgenössischen] Truppen in Sissach angelangt seien, legten wir uns zu Bette, als wir auf eine unangenehme Weise durch starkes, unaufhörliches Schiessen geweckt wurden. Wir hörten gleich, dass es ganz vor unserem Hause war, aber ich weiss nicht, ich hatte im Geringsten keine Angst [...] Geliebte Mutter[,] ich kann nicht sagen, dass ich vor den Kugeln Angst habe, aber zu wissen, dass Leute, denen man gewiss nie keinen Anlass zu solchem gab, und die immer so freundlich gegen uns taten, Leute aus der Gemeinde, solches tun könnten, das ist fast nicht zu ertragen.*»

Auszüge aus einem Brief von Esther Emilie Sarasin-Forcart in Tenniken an ihre Mutter, Margaretha Forcart-Iselin in Basel, vom 17./18. Sept. 1831, zit. in: Sara Janner, Mögen sie Vereine bilden ...: Frauen und Frauenvereine in Basel im 19. Jahrhundert, Basel 1995, S. 144f.

Sympathisanten der politischen Reformen fanden sich auch unter jenen Familien, welche die mit den Umwälzungen von 1798 entstandenen unternehmerischen Möglichkeiten genutzt hatten. Das gilt etwa für die Grundbesitzer, die sich die neuen landwirtschaftlichen Techniken angeeignet hatten und damit ihre Erträge hatten steigern können, noch deutlicher aber für jene Unternehmer, die am Anfang des industriellen Aufschwungs in der Schweiz standen. Sie profitierten nicht nur vom gemeinsamen Markt, den das Revolutionsregime geschaffen hatte, sondern auch von der Kontinentalsperre, die einen Schutz vor der Konkurrenz englischer Produkte bot. Günstig wirkte sich auch das demographische Wachstum aus, dank dem die Schweiz über relativ gut qualifizierte, zugleich aber bezahlbare Arbeitskräfte verfügte. In diesem Umfeld hatten einige Pioniere mit der mechanischen Baumwollspinnerei und -weberei begonnen. Gewiss bremsten die Mediationszeit, in der die Binnenzölle wiedereingeführt wurden, und die derlei Tendenzen noch verstärkende Restauration den Schwung beträchtlich. Doch all dies vermochte die längerfristige Entwicklung nicht zu stoppen (siehe Graphik im Kapitel von Regina Wecker, S. 435). Zwar kam es auch zu zahlreichen Konkursen, aber die solidesten Firmen hielten stand, indem sie die Qualität ihrer Ware verbesserten oder Diversifizierungen vornahmen. Die Industrien breiteten sich in der Landschaft entlang der Wasserläufe, die ihnen die nötige Energie lieferten, aus. So entstand ausserhalb der Städte allmählich eine Schicht von dynamischen, mutigen und oft wohlhabenden Bürgern.

Wegen ihres Wohnorts oder aufgrund ihrer Herkunft besassen die Männer aus dieser neuen Schicht meist keine politischen Rechte oder nur solche von geringer Relevanz. In der Regel hatten sie lediglich die Möglichkeit, einen Repräsentanten in ein ineffizientes Parlament zu wählen, in dem überdies die Städte von vornherein viel besser vertreten waren. In dem Masse aber, in dem die ökonomische Macht der als Unternehmer tätigen Bürger wuchs, verlangten diese auch, ihrem Wohlstand und ihren Kompetenzen entsprechend an der politischen Gestaltung beteiligt zu sein und reagierten enttäuscht und verärgert, wenn sich diesbezüglich nichts veränderte. Die Regierungen gerieten besonders dann in arge Bedrängnis, wenn sich solcher Unmut mit der Unzufriedenheit weniger privilegierter Bevölkerungsgruppen verband.

Die Petitionen und Gesuche, die im Hinblick auf die Ausarbeitung neuer Kantonsverfassungen zusammengetragen wurden, geben die Stimmungslage in der Bevölkerung anschaulich wieder. Alles in allem sind es desillusionierte Berichte über die Gegenwart, durchzogen von Vergangenheitssehnsucht und Zukunftsangst. Trotz der Vielfalt der Eingaben lassen sich drei dominierende Themen unterscheiden: Wie die Unternehmer forderten auch einige dieser Gesuchsteller eine bessere Vertretung der Landschaft, das heisst mehr Mitspracherechte bei Entscheidungen, die schliesslich in erster Linie sie betrafen. Die Eingaben verraten zudem die Verbitterung der Bauern angesichts der hohen Preise für die Ablösung der Feudallasten oder der extremen Langsamkeit des Reformprozesses. Und sie drücken eine grosse Beunruhigung über die Verbreitung der neuen Maschinen aus, die den Reichtum der Unternehmer begründeten, zugleich aber das Gespenst der Arbeitslosigkeit, der Armut und des Elends umgehen liessen.[44]

Die von den kantonalen Behörden der Mediation und dann der Restauration angeordnete Abschliessung der politischen Institutionen förderte Missmut und Frustration. Ab dem Ende der 1820er Jahre ideologisierte und organisierte sich das Lager der Unzufriedenen in zunehmendem Masse.

**Versammlung vor einer Sennhütte in Ayent im Wallis**, in: Die Schweiz, historisch, naturhistorisch und malerisch dargestellt, Neuchâtel 1836 *(UB Basel, Sign. Falk 72).* — Der Verfasser trifft auf einer Wanderung jene seltsame Versammlung von Männern «mit langen, schwarzen Haaren und trotzigen Mienen» an; «ein einziger von ihnen sass und schien der Präsident zu sein; er führte das Wort und zeichnete auf ein Stück Papier [...] eine Art von Hieroglyphen». Worüber hier so ernsthaft debattiert wird, bleibt dem Wanderer verborgen, doch eine in der Nähe weidende grosse Kuhherde lässt ihn begreifen, dass «alle diese Männer irgend ein Eigenthumsrecht an diese [sic] Herde hatten, und sich hier versammelten, um den Gewinn zu theilen».

Das Bewusstsein, in ihren jeweiligen Kantonen einer Minderheit anzugehören, brachte sie dazu, sich über alle politischen Differenzen und die sprachlichen und religiösen Unterschiede hinweg zusammenzuschliessen.[45] Durch Presseorgane wie die 1828 gegründete «Appenzeller Zeitung» oder Vereine wie die 1819 entstandene Studentenverbindung *Zofingia*,[46] aus der 1832 ein radikaler Flügel, die *Helvetia*, hervorging, entwickelte und verbreitete sich liberales Gedankengut. Die auf diesem Wege propagierten Ideen waren nicht einheitlich und variierten oft von Kanton zu Kanton. Verbindend war die Forderung nach einer Erweiterung der Grundrechte, auch wenn die praktische Ausübung dieser Rechte durch diverse Vorkehrungen wieder eingeschränkt werden sollte. Wesentlich für die Herausbildung des Liberalismus schweizerischer Prägung war das mehrstufige Verwaltungssystem, das gelegentlich auch den liberalen Theoretikern und Vordenkern erlaubte, ein öffentliches Amt auszuüben und sich auf diesem Weg mit den Tücken der Machtausübung vertraut zu machen – zumindest auf kommunaler Ebene. Der schweizerische Liberalismus unterschied sich fortan von anderen europäischen Varianten durch seinen im Allgemeinen pragmatischeren Ansatz.

### Europäische Hintergründe und Verwicklungen

Neben dem liberalen Gedankengut aus Frankreich und England beeinflusste auch die Haltung der Grossmächte gegenüber der Eidgenossenschaft die Anfänge der schweizerischen Regeneration. Tatsächlich fällt das Anschwellen der Protestströmungen zeitlich mit einer gewissen Lockerung der internationalen Kontrolle über die Schweiz zusammen. Nach dem Tod Alexanders I. von Russland und der Ablösung der reaktionärsten ausländischen Gesandten wie des österreichischen Botschafters Franz Alban von Schraut, des französischen Marquis Clément-Edouard de Moustier oder des Bayern Johann Franz Anton von Olry war ab Mitte der 1820er Jahre der ultrakonservative Druck der europäischen Grossmächte weniger stark spürbar. Aus diesem Grund war es der Tagsatzung 1829 möglich, das Presse- und Fremdenkonklusum aufzuheben, ohne dass jemand in Europa ihr deswegen Vorhaltungen gemacht hätte.

Mit dem Nachlassen der Bedrohung von aussen nahm automatisch die Erhitzung der Gemüter im Inneren zu. Doch für den entscheidenden Schritt von der Reform zur Revolution bedurfte es erneut eines Beispiels aus dem Ausland – in diesem Fall war es die Julirevolution. Die Nachricht vom Umsturz in Paris verbreitete sich rasch, vor allem über die Schweizer Söldner, die vom neuen französischen «Bürgerkönig» Louis Philippe verabschiedet worden waren. Die Julirevolution lieferte einen zusätzlichen Beweis für die Veränderbarkeit einer vermeintlich fest verankerten Ordnung und für die wichtige Rolle, die dem Volk bei einer solchen Umwälzung zukommen konnte. Auf internationaler Ebene führte sie ausserdem vor Augen, dass nicht jeder Regimewechsel zwangsläufig mit einer Invasion fremder Armeen sanktioniert werden musste. Entgegen den Bestrebungen des Zaren gelang es England, das Eingreifen der Grossmächte in Frankreich zu verhindern. Der französische König Louis Philippe schloss sich der britischen Sicht der Dinge rasch an und veränderte damit das Allianzgefüge in Europa merklich. Im Schutze dieser Konstellation führten die Schweizer Kantone ihre Regeneration durch – doch sollte sich dieser Schutz bald als fragil und wenig dauerhaft erweisen.[47]

Die Geschehnisse in Frankreich regten auf dem ganzen Kontinent zur Nachahmung an. Mit Ausnahme des Aufstands in Belgien müssen diese Umwälzungsversuche aber als gescheitert betrachtet werden. Die Unruhen führten im Gegenteil bei den umstrittenen Machthabern zu Verhärtungstendenzen, die sich rasch auch auf die Schweiz auswirkten. Ende des Jahres 1830 war die internationale Situation so angespannt, dass die Tagsatzung eine Mobilisierung der Truppen beschloss, um die Grenzen zu schützen.

Im Bereich des Asylwesens kam es schliesslich erneut zu verstärktem Druck von aussen. Die gescheiterten Revolutionen führten zahlreiche Flüchtlinge in die regenerierten Kantone, die nicht unglücklich darüber waren, jene verbannten Gesinnungsgenossen aufnehmen zu können, und die vor den revolutionären Aktivitäten, die diese Exilanten von der Schweiz aus weiterhin gegen ihre monarchischen Regierungen betrieben, oft die Augen verschlossen. Diese Situation verärgerte vor allem Österreich, das die eidgenössischen Behörden mit diplomatischen Noten geradezu überschwemmte. Von da an schwankte die Tagsatzung zwischen Lavieren und Sichfügen. Wenn eine Angelegenheit und ihre Protagonisten zu bedeutend waren, als dass man sie in den verschlungenen Wegen der Verwaltung hätte versickern lassen können, zogen es die Magistraten vor, sich zu beugen oder gar den Forderungen der Grossmächte zuvorzukommen. So entschuldigten sie sich 1834 bei Sardinien dafür, dass Giuseppe Mazzini[48] in seinem Schweizer Exil ungehindert polnische, deutsche und italienische Emigranten zu einer Revolte hatte aufwiegeln können. Eine gescheiterte Expedition zwang Mazzini schliesslich dazu, in der Schweiz zu bleiben, wo er die Bewegung *Junges Europa* gründete, einen Geheimbund mit mehreren nationalen Sektionen, von dem man glaubte, dass er den Kontinent revolutionieren und auf republikanische Grundlagen stellen wolle. 1836 wurde Mazzini ausgewiesen, dies, nachdem die meisten Kantone – nicht ohne Protest – einem ↑Konkordat zugestimmt hatten, das die Ausweisung von Fremden vorsah, deren revolutionäre Umtriebe die internationalen Beziehungen der Schweiz gefährden konnten.[49] Diese Haltung war Ausdruck einer – manchmal widerstrebenden – Politik der Willfährigkeit, zugleich aber auch Anzeichen eines in der Luft liegenden grösseren Umschwungs.

Nach dem Attentat Giuseppe Fieschis auf Louis Philippe vom 28. Juli 1835 und der darauf folgenden Conseil-Affäre[50] begann Frankreich der Schweiz unmissverständlich zu drohen. Aber die Stimmung hatte sich in der Zwischenzeit geändert, so dass die Drohungen das Gegenteil der erhofften Wirkung erzielten. Aufgeschreckt durch die Intrigen, die Charles Louis Napoléon Bonaparte vom Thurgau aus schmiedete, um auf den Thron seines Onkels zu gelangen, forderten die französischen Behörden die Ausweisung des Prinzen – gegen den Willen des Kantons, dessen Bürgerrecht dieser bekommen hatte. Ende des Sommers 1838 hob Frankreich eine Armee von 25 000 Mann aus und verlegte sie an die Grenze zur Schweiz. Diese Einschüchterungsversuche empfanden die Schweizer Politiker als Demütigung, und sie beschlossen, sich den Zumutungen aus Paris energisch zu widersetzen, ungeachtet der damit verbundenen Invasionsgefahr. Grossbritanniens Bemühungen um Entspannung der Lage und die Abreise von Charles Louis Napoléon Bonaparte nach England am 15. Oktober 1838 setz-

**Johann Baptist Kirner, Ein Schweizer Gardist erzählt in seiner Heimat seine Erlebnisse während der Pariser Julirevolution von 1830**, Öl auf Leinwand, 1831 (*Staatliche Kunsthalle Karlsruhe*). — Schweizer Söldner verteidigten 1830 das Bourbonen-Königtum erfolglos gegen die aufständischen Bürger von Paris, die für mehr Freiheit kämpften. Es wäre interessant zu hören, was sie zu Hause einer gebannt lauschenden Zuhörerschaft berichteten. Schilderungen von Schweizer Söldnern in französischen Diensten, welche die Unruhen zu Beginn der 1830er Jahre miterlebt hatten, ermutigten jedenfalls zu den Revolutionen, die in der Eidgenossenschaft schliesslich allenthalben ausbrachen.

ten der Episode schliesslich ein Ende. Dieser diplomatische Zwischenfall spiegelt exemplarisch die vom Bewusstsein der internationalen Schwäche der Schweiz und von ihrem Streben nach nationaler Behauptung geprägte Atmosphäre jenes langen Jahrzehnts. Auch macht die Affäre die scheinbar paradoxen Bemühungen um Liberalisierung einerseits und Nationalisierung andererseits verständlich, die sich im Wesentlichen vorerst innerhalb der kantonalen Grenzen auswirken sollten, wo sich, geschützt vor den interventionistischen Absichten der Grossmächte, ein neues Zusammengehörigkeitsgefühl herauszubilden begann.

## DIE REGENERATION IN DEN KANTONEN

### Die politische Regeneration

Die Häufung der liberalen Staatsstreiche zu Beginn der 1830er Jahre hing nicht nur mit dem Unmut wachsender Bevölkerungsgruppen und der vorübergehend gesunkenen Wachsamkeit der Grossmächte zusammen. Die damals vorherrschende politische Atmosphäre ist auch auf die Anziehungskraft der liberalen Ideologie zurückzuführen, die sich als idealer Weg zur Lösung der wirtschaftspolitischen Probleme der Kantone anbot, als Weg, der zudem ohne die Exzesse der Revolutionszeit auszu-

**Vergleichende und chronologische Tabelle der Errungenschaften in den verschiedenen regenerierten Verfassungen**

| Jahr | Erworbenes Recht | Kanton |
|---|---|---|
| **1830** | Abschaffung der erbl. Rechte von Handel und Gewerbe | TI |
| | Petitionsrecht | TI |
| | Eigentumsgarantie | TI |
| | Niederlassungsfreiheit auf dem ganzen Kantonsgebiet | TI |
| | Pressefreiheit | TI |
| | Rechtsgleichheit, Handels- und Gewerbefreiheit | TI |
| | Wahl eines Verfassungsrats | AG, BE, FR, LU, SH, VD |
| | Obligatorisches Verfassungsreferendum | TI |
| | Volkssouveränität | TI |
| **1831** | Abschaffung der Folter | BE, FR, ZH |
| | Abschaffung der erbl. Rechte von Handel und Gewerbe | SG, SO, TG |
| | Keine Vorrechte für Handel und Gewerbe | FR, LU, VD |
| | Recht auf konfessionell gemischte Ehen | SG |
| | Verfassungsinitiativrecht | AG, LU, SH, TG |
| | Beschränkte Handels- und Gewerbefreiheit | AG, BE, SH, ZH |
| | Petitionsrecht | AG, BS, BE, FR, LU, SG, SH, SO, TG, VD, ZH |
| | Vetorecht | SG |
| | Wahl der Parlamentarier in direkter Volkswahl | SG, TG, VD |
| | Wahl durch gemischtes Verfahren | AG, SH, SO, ZH |
| | Wahl durch Wahlmänner | BE, FR, LU |
| | Eigentumsgarantie | AG, BE, FR, LU, SG, SH, SO, TG, VD, ZH |
| | Parlamentarische Immunität | VD |
| | Entschädigung für die gewählten Volksvertreter | FR, TG, VD |
| | Verbot der Errichtung von Allodien (↑Allod) | SG |
| | Niederlassungsfreiheit für Bürger anderer Kantone | BE, TG |
| | Niederlassungsfreiheit auf dem ganzen Kantonsgebiet | AG, BE, FR, LU, SG, SH, SO, TG, VD, ZH |
| | Meinungsäusserungsfreiheit | AG, LU, TG |
| | Glaubens- und Gewissensfreiheit | AG, BE, TG, ZH |
| | Pressefreiheit | AG, BE, FR, LU, SG, SH, SO, TG, VD, ZH |
| | Freiheit, ohne staatliche Erlaubnis zu unterrichten | ZH |
| | Rechtsgleichheit, Handels- und Gewerbefreiheit | AG, BE, FR, LU, SG, SH, TG, VD, ZH |
| | Wahl eines Verfassungsrats | BL |
| | Unschuldsvermutung in Gerichtsprozessen | BE |
| | Obligatorisches Verfassungsreferendum | AG, BE, LU, SG, SH, SO, TG, VD, ZH |
| | Volkssouveränität | AG, BE, FR, LU, SH, SO, TG, VD |
| **ab 1831** | Abschaffung der Feudallasten | überall |

*(Fortsetzung auf Seite 391)*

kommen versprach. Indem die Umwälzungen direkt zu Verfassungsänderungen führten, leisteten sie zudem Gewähr für ihre eigene Dauerhaftigkeit. Denn die neuen Grundgesetze einte, bei aller Unterschiedlichkeit, das Bemühen um die Bewahrung der liberalen Vorherrschaft im politischen und sozioökonomischen Leben der regenerierten Kantone.

Die gleichen Überlegungen, die in Frankreich bei der Einführung des ↑Zensuswahlrechts nach dem Staatsstreich vom «18 Brumaire» massgebend gewesen waren,[51] veranlassten nun die Eliten der regenerierten Kantone, jenes staatliche Organ mit den meisten Befugnissen auszustatten, in dem sie selbst am besten vertreten sein würden. Dies führte unweigerlich zur Beschneidung der Rechte und Kompetenzen des Kleinen Rats. Sicherlich spielte dabei auch das Bedürfnis nach Rache an jenem ehemals mächtigen Organ eine Rolle. Allerdings musste die Zahl der Exekutivmitglieder aus praktischen Gründen beschränkt bleiben. Schon allein deswegen entsprach der Kleine Rat den Ambitionen der zahlreichen Unternehmer, freiberuflich Tätigen und reich gewordenen Vertreter des tertiären Sektors nicht mehr, die sich deutlich bessere Chancen auf angemessene Repräsentation im Grossen Rat ausrechnen konnten.

Es ist daher nicht verwunderlich, dass die entscheidenden Kompetenzen der Legislative zugesprochen wurden. Auch hier gab es erhebliche Unterschiede zwischen den Kantonen, aber in allen revidierten Verfassungen wurde das Parlament zum wichtigsten Rad im Getriebe des Staates: Es war das Parlament, das die Gesetze vorschlug und ratifizierte. Das Parlament bestimmte die Politik des Kantons, entschied über Budgetfragen und beschloss die Instruktionen für die Tagsatzungsgesandten. In allen grossen Kammern war nun die Landschaft besser vertreten als in der Vergangenheit. Zudem wurden die Vertreter vom Volk gewählt, bei dem nunmehr – wie immer wieder betont wurde – die Souveränität lag.

In Hinblick auf die Stimmberechtigung herrschten allerdings grosse Ungleichheiten. Die Diskriminierung betraf zum einen Frauen generell,[52] zum anderen aber auch Männer, etwa jene, die wegen Unmündigkeit, Unselbständigkeit oder Nichtzugehörigkeit zum Kanton vom Wahlprozess ausgeschlossen waren. In den meisten Kantonen konnten die Kantonsbürger ihre Vertreter selbst und ohne Diskriminierung aufgrund des Vermögens wählen, in den konservativsten Kantonen wie Bern herrschte jedoch ein indirektes, das heisst über die Bestimmung von Wahlmännern ausgeübtes, Zensuswahlrecht.

Die regenerierten Verfassungen führten eine beträchtliche Anzahl von Grundrechten ein: persönliche Freiheit, Niederlassungs-, Gewerbe-, Petitions- und Pressefreiheit sowie die Eigentumsgarantie. Vordergründig gewann also die Bevölkerung zahlreiche Rechte, die ihr bei der Verwaltung des Gemeinwesens mehr Gewicht geben sollten. Bei genauerem Hinsehen stellt man jedoch fest, dass diese Errungenschaften vor allem ihren jeweiligen unmittelbaren Förderern zugutekamen und dem gemeinen Volk nur in sehr beschränktem Masse zu mehr Einfluss verhalfen. Die führenden Persönlichkeiten der Regeneration waren nämlich der Überzeugung, dass sie am besten in der Lage seien, für das Wohl des Volkes zu sorgen. Vor al-

*(Fortsetzung von Seite 390)*

| Jahr | Erworbenes Recht | Kanton |
|---|---|---|
| **1832** | Abschaffung der erbl. Rechte von Handel und Gewerbe | BL |
| | Recht auf Schadenersatz und Rehabilitierung | BL |
| | Verfassungsinitiativrecht | BL |
| | Wahl der Parlamentarier in direkter Volkswahl | BL |
| | Eigentumsgarantie | BL |
| | Parlamentarische Immunität | BL |
| | Entschädigung für die gewählten Volksvertreter | BL |
| | Verbot der Errichtung von Allodien | BL |
| | Verbot der lebenslänglichen Dienstverpflichtung | BL |
| | Verbot der Todesfallabgabe | BL |
| | Vereinsfreiheit | BL, ZH |
| | Niederlassungsfreiheit für Bürger anderer Kantone | BL |
| | Niederlassungsfreiheit auf dem ganzen Kantonsgebiet | BS |
| | Meinungsäusserungsfreiheit | BL |
| | Glaubens- und Gewissensfreiheit | BL |
| | Pressefreiheit | BS |
| | Freiheit, ohne staatliche Erlaubnis zu unterrichten | BL |
| | Rechtsgleichheit, Handels- und Gewerbefreiheit | BS |
| | Obligatorisches Verfassungsreferendum | BS |
| | Volkssouveränität | BL, ZH |
| **1833** | Petitionsrecht | SZ |
| | Vetorecht | BL |
| | Eigentumsgarantie | SZ |
| | Niederlassungsfreiheit auf dem ganzen Kantonsgebiet | SZ |
| | Pressefreiheit | SZ |
| | Rechtsgleichheit, Handels- und Gewerbefreiheit | SZ |
| | Obligatorisches Verfassungsreferendum | SZ |
| | Volkssouveränität | SZ |
| **1836** | Recht auf konfessionell gemischte Ehen | GL |
| | Petitionsrecht | GL |
| | Eigentumsgarantie | GL |
| | Niederlassungsfreiheit auf dem ganzen Kantonsgebiet | GL |
| | Glaubens- und Gewissensfreiheit | GL |
| | Pressefreiheit | GL |
| | Rechtsgleichheit, Handels- und Gewerbefreiheit | GL |
| | Obligatorisches Verfassungsreferendum | GL |
| | Volkssouveränität | GL |
| **1838** | Verfassungsinitiativrecht | SG |

Quelle: Irène Herrmann.

lem aber wollten sie nicht von der Masse überrollt werden und den Staat ins revolutionäre Chaos stürzen sehen.

In St. Gallen führten die heftigen Proteste, die sich zu Beginn der 1830er Jahre entluden, jedoch letztlich zur Ausarbeitung eines Kompromisses (siehe auch den Beitrag von Andreas Suter, S. 366): Der in der Mediation durch die Vereinigung diverser Gebiete geschaffene Kanton hatte keine traditionelle, ihre Macht eifersüchtig verteidigende Elite und war aus Bevölkerungsgruppen verschiedener politischer Kulturen zusammengesetzt. Die Bürger, die den Liberalen geholfen hatten, die konservative Regierung zu stürzen, beabsichtigten nun, ein Landsgemeindesystem zu errichten. Und diese direkte Demokratie – damals auch «reine» Demokratie genannt – wollten sie nicht wie die Landsgemeindekantone auf historische Rechte gründen, sondern auf das während der Helvetik populär gewordene Naturrecht. In die Enge getrieben, gewährten die neuen Behörden des Kantons ihren Bürgern im Jahre 1831 immerhin das Vetorecht, also die Möglichkeit, vom Grossen Rat erlassene Gesetze abzulehnen.[53] Dieser Entscheid schlug eine Bresche ins repräsentative System, indem er ein direktdemokratisches Element integrierte. Dennoch blieben die Mittel der St. Galler, ihren Willen kundzutun, in der Praxis eng beschränkt, ja selbst das zugestandene Vetorecht unterlag einer ganzen Reihe von Restriktionen. Der Vergleich mit der diesbezüglich noch unbefriedigenderen Situation in anderen europäischen Staaten vermochte die Enttäuschung darüber zwar etwas zu lindern, doch kultivierte man gleichwohl eine idealisierte Sicht der Vergangenheit.

Die Bevölkerung der übrigen regenerierten Kantone hatte noch mehr Grund, ungehalten zu sein. Sie hatte an der Seite der Liberalen für Rechte gekämpft, von denen sie sich eine Verbesserung ihrer Lebensbedingungen erhoffte. Doch die institutionellen Instrumente, die man ausgehändigt bekam, erwiesen sich als stumpf. Mehr noch, der Kampf hatte der liberalen Führung grössere politische Befugnisse und wirtschaftliche Möglichkeiten gebracht, aber nicht zur unmittelbaren Verbesserung der materiellen Situation des Volkes beigetragen.

### Die wirtschaftliche Regeneration

Der Beginn der Regeneration fiel mit einer Wirtschaftsdepression zusammen. Die spürbare Verlangsamung der Konjunktur zwischen 1830 und 1833 beförderte den Reformhunger der liberalen Anführer, genauer: den Willen, die Wirtschaftsstrukturen ihres jeweiligen Kantons zu modernisieren und einen Teil der rechtlichen Hindernisse zu beseitigen, die Handel und Industrie hemmten. In der Tat brachten einige der neuen Rechtsnormen Relikte des Ancien Régime zum Verschwinden, etwa im Bereich der Landwirtschaft. So erklärten die Kantone

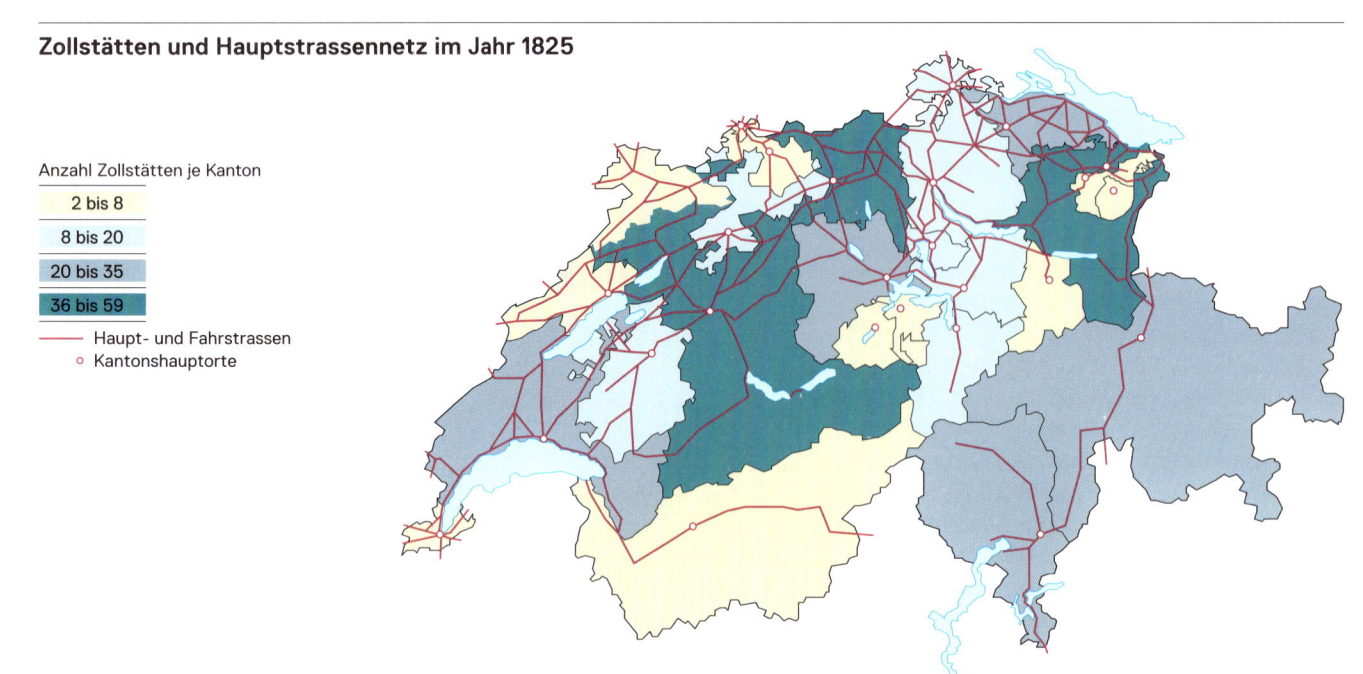

**Zollstätten und Hauptstrassennetz im Jahr 1825**

Anzahl Zollstätten je Kanton
- 2 bis 8
- 8 bis 20
- 20 bis 35
- 36 bis 59

— Haupt- und Fahrstrassen
○ Kantonshauptorte

Jeder Ort gilt jeweils nur als eine Zollstätte. In den meisten Städten existierten mehrere Zollstätten, doch sind diese in der historischen Quelle (Zollkarte von Zellweger / Keller von 1825) nicht einzeln ausgewiesen.
Das Hauptstrassennetz wurde in der Folgezeit weiter ausgebaut. Dies diente nicht nur dem aufstrebenden Transportwesen, sondern förderte auch den gesellschaftlichen Zusammenhalt.
Quellen: Bruno Fritzsche / Thomas Frey / Urs Rey / Sandra Romer, Historischer Strukturatlas der Schweiz. Die Entstehung der modernen Schweiz, Baden 2001, S. 55 (geändert), nach: Johann Kaspar Zellweger / Heinrich Keller, Zollkarte der Schweiz, 1825, © 2001 hier und jetzt, Baden.

Thurgau und Solothurn die Ablösung des Zehnten für obligatorisch und ersetzten die Feudallasten durch ein Steuersystem, das den Bedürfnissen des Staates besser entsprach.

Es ist jedoch nicht verwunderlich, dass diese Reformen in erster Linie auf die Entwicklung der Industrie und die Absatzförderung der von ihr hergestellten Produkte zielten. Verschiedene in den neuen Verfassungen verankerte Bestimmungen erleichterten den Personenverkehr, daneben bemühten sich zahlreiche Kantone um die Förderung des Güterverkehrs. Dabei ging es in der Regel darum, alte Vorrechte von Gemeinden oder von Privatpersonen auf den Staat zu übertragen. Die meisten der regenerierten Regierungen schenkten der Entwicklung des Gütertransports auf dem Landweg besondere Aufmerksamkeit. Sie griffen damit ein Anliegen auf, das bereits zu Beginn des Jahrhunderts verschiedentlich zum Bau von Strassen über die wichtigsten Alpenpässe geführt hatte; nun bemühte man sich um die Verdichtung des regionalen Hauptstrassennetzes.[54] Ausserdem wurden einige Binnenzölle wie Brückengelder, Warenumsatzsteuern und spezifische lokale Zollgebühren über Konkordate vereinheitlicht.[55] Die Eidgenossenschaft war nach wie vor von Zollstellen in hoher Dichte übersät, so dass internationale Kaufleute sie oftmals – etwa um Waren von St. Gallen nach Genf zu transportieren – unter Inkaufnahme grosser Umwege durch andere Länder umgingen. Aus diesem Grund ergriffen liberale Regierungen die Initiative zur Vereinfachung des Zollsystems, und Zürich gab im Jahr 1835 das seine zugunsten direkter Steuern ganz auf.

Der kantonale Rahmen dieser verschiedenen Massnahmen hemmte allerdings all jene Initiativen, die eine zusammenhängende Entwicklung anstrebten. In der politischen Kleinräumigkeit, zu der noch technische und die öffentlichen Finanzen betreffende Probleme von unvorstellbarem Ausmass hinzukamen, liegt sicherlich auch einer der Gründe für die Verspätung, mit der sich die Schweiz der Entwicklung des Eisenbahnwesens zuwandte:[56] Die erste Teilstrecke des schweizerischen Eisenbahnnetzes wurde erst 1844 von Strassburg her kommend in Basel eröffnet. Nicht auszuschliessen ist jedoch, dass auch die starke Zunahme der Dampfschifffahrt in der Mitte der 1830er Jahre[57] sowie die Verbesserung des Transports auf der Strasse den Zeitpunkt hinausgezögert haben, von dem an die Eisenbahn ihre Faszination auf Regierungen, Bürger und Investoren auszuüben begann.[58]

Nach der Krise Anfang der 1830er Jahre trugen die neuen Massnahmen und Rechtsnormen zum wirtschaftlichen Aufschwung der Schweiz – und zum Wohlstand ihrer Unternehmer – bei. Wie stets in solchen Situationen, hatte die Rezession zu

### Die Vereinheitlichung der Gewichte, Masse, Münzen und des Postwesens

Die Vereinfachung des Handels verlief über die Vereinheitlichung der Gewichte, Masse und Münzen. Ein erster Schritt in diese Richtung war schon zur Zeit der Helvetischen Republik getan worden, als es den vom französischen Vorbild inspirierten Patrioten gelungen war, das metrische System bei Massen und Gewichten und den Schweizer Franken einzuführen. Die Mediation gab jedoch den Kantonen die Kompetenz auf diesen Gebieten zurück und bewog so die meisten von ihnen zur Rückkehr zu ihren alten Massen und Gewichten. Die praktischen Schwierigkeiten, die aus der nun (wieder) entstandenen Vielfalt resultierten, waren wiederum Anlass für eine gewisse Standardisierung in einigen Regionen. Vor allem in der Westschweiz hielt man sich wegen des gestiegenen Handelsvolumens mit Frankreich weiterhin an das metrische System. 1828 packte die Tagsatzung das Problem erneut an, aber sie brauchte zehn Jahre, um ein Konkordat von nicht mehr als zwölf Kantonen in Kraft treten zu lassen. Nicht besser erging es der Münzvereinheitlichung. In der Mitte des 19. Jahrhunderts, als ein Gesetz auf der Grundlage der neuen Bundesverfassung den Franken als einzige Geldeinheit durchsetzte, zirkulierten gegen 900 verschiedene Münzsorten im Land. Dieser Tatbestand verkomplizierte seinerseits die Beförderung der Postsachen. Auch hier war man nach der Helvetik zu dem Usus zurückgekehrt, dass jeder Kanton seine eigenen Tarife festlegte. Einige Versuche, das Postwesen auf dem Konkordatsweg zu modernisieren, stiessen auf grossen Widerstand, was etwa dazu führte, dass in Genf der Erhalt eines Briefes aus Rorschach ebenso teuer war wie der eines Briefes aus Istanbul. Erst mit der Verfassung von 1848 gelang es, diese Probleme zu regeln.[59]

---

einem Selektionsprozess in der Wirtschaft geführt. In dieser Hinsicht nahm die Textilindustrie eine Sonderstellung ein, obwohl auch sie, bedingt durch die Mechanisierung, einige Veränderungen erfuhr. So profitierte namentlich die Seidenverarbeitung vom technischen Fortschritt und erlebte eine Blütezeit. Die noch weitgehend von der Heimarbeit abhängige Herstellung von grobem Tuch siedelte sich vor allem im Zentrum und im Norden des Landes an, während die Qualitätsweberei und die Spinnerei sich im Norden und Nordosten des Landes konzentrierten, wo Wasserkraft und das für die Maschinen benötigte Kapital vorhanden waren (siehe Karte im Kapitel von André Holenstein, S. 319).

Im Norden und Nordosten wurden zwischen 1798 und 1849 auch die meisten der landesweit insgesamt 130 Sparkassen gegründet, die in erster Linie für die Ersparnisse der Arbeiter gedacht waren. Zu den klassischen Privatbanken kamen die ersten Diskontbanken und Kantonalbanken hinzu, in Bern war dies im Jahr 1834, in Zürich und in St. Gallen 1837 der Fall. Das Kreditsystem alimentierte die Entwicklung der Textilbranche – und wurde durch sie alimentiert. Der Textilsektor hatte aber noch andere Auswirkungen auf den Wirtschaftsaufschwung des Landes. Die immer stärkere Mechanisierung der Stoffproduktion bildete auch die

**Johann Heinrich Bleuler, «Ouchy Seehaven von Lausanne», Gouache, 1824–1830** *(Musée historique de Lausanne), © Photo Musée historique de Lausanne.* — Im Vordergrund sind an den noch kaum befestigten Uferböschungen traditionelle Fischerboote festgemacht, im Hintergrund ist jedoch zudem ein mit einer Schweizerfahne geschmücktes Dampfschiff zu erkennen. Es handelt sich vielleicht um die «Guillaume Tell», den ersten Dampfer der Schweiz, der 1823 auf dem Genfersee in Betrieb genommen wurde. Das Beispiel machte rasch Schule, so dass die Werkstätten von Escher, Wyss & Cie. am Ende der 1830er Jahre mit grossem Engagement in den Schiffbau einstiegen.[60]

Grundlage für die Entstehung einer eigentlichen Maschinenindustrie. Der erste diesbezügliche Impuls war zur Zeit der Kontinentalsperre erfolgt, als das Verbot, Webstühle aus England zu importieren, einzelne Unternehmer zum lokalen Nachbau angeregt hatte. Kurz vor Anbruch der 1830er Jahre stellten sich im Bereich des Maschinenbaus erste Erfolge ein, und vor allem in der Region Zürich wurden mehrere Betriebe gegründet.

Schon bald kam es zu einer Diversifikation der Produktion in Sektoren, einem Prozess, zu dem die Unternehmen letztlich selbst beitrugen – so etwa jene Firmen, die hydraulische Installationen herstellten und auf diese Weise von den Problemen profitierten, die sie mitverursachten: Die starke Zunahme von Fabriken hatte nämlich Energiebedürfnisse geschaffen, die das klassische Schaufelrad nicht mehr befriedigen konnte, ebensowenig die Verwendung von Holz, das durch die intensive Nutzung teuer und rar geworden war. Dies beunruhigte im Übrigen auch die Behörden, die Mühe hatten, das fragile Gleichgewicht zwischen Natur und Kultur zu bewahren, das die technischen Innovationen eigentlich stabilisieren sollten.

Daneben entstanden Firmen wie Escher, Wyss & Cie., die ab 1837 am Bau von Dampfschiffen beteiligt waren, welche den Transport der maschinell produzierten Waren ermöglichten. Dies war nicht unbedeutend, da die stets defizitäre Subsistenzwirtschaft der Kantone stark vom Export abhängig war. Tatsächlich legten Industrielle und Unternehmer diesbezüglich eine erstaunliche Dynamik an den Tag: Während die einen neue Absatzmärkte im Innern erschlossen, suchten die anderen jenseits der Grenzen und sogar in Übersee Abnehmer für ihre Waren (siehe Graphik und Tabelle im Kapitel von Regina Wecker, S. 450f., und den Beitrag von Béatrice Veyrassat S. 426). Schon im Jahr 1830 war die Schweiz im Verhältnis zu ihrer Einwohnerzahl das meistexportierende Land Europas.[61] Diese verblüffende Tatsache hängt mit der Qualität der Schweizer Produkte zusammen, war aber auch eine Folge der niedrigeren Herstellungskosten. Es handelte sich um einen Preisvorteil, der nicht auf eine – in der Schweiz nicht vorhandene – unmittelbare Nähe von Rohstoffen zurückzuführen war, sondern in Zusammenhang mit den hier im Überfluss vorhandenen und daher günstigen Arbeitskräften stand. Dieser Umstand war eine wesentliche Voraussetzung für die Mechanisierung, die sehr hohe Startinvestitionen erforderte. Nicht zu vergessen ist in diesem Zusammenhang auch, dass die Eidgenossenschaft über keine eigenen Kolonien verfügte und Investoren sich höchstens an Kolonialunternehmen beteiligen konnten.

### Die gesellschaftliche Regeneration

Der noch zögerliche Aufschwung der Industrie machte zwar einzelne Unternehmer reich, bot aber keine Gewähr für das Wohl der Arbeitenden. Die neue mechanische Produktionsweise brachte für diese oft schwierige Existenzbedingungen und für das soziale Gefüge häufige Belastungsproben mit sich. Durch die Mechanisierung vervielfachte sich die Anzahl der Fabriken; seit dem Ende des 18. Jahrhunderts entstanden immer mehr Betriebe, die Dutzende von Personen an einer einzigen Produktionsstätte versammelten, so dass im zweiten Viertel des Jahrhunderts etwa 20 000 Männer, Frauen und Kinder in Fabriken arbeiteten, vor allem in der Textilindustrie. Diese Entwicklung veränderte den Arbeitsalltag der Menschen radikal. Was die weiblichen Arbeitskräfte anbelangt, so machten diese zwar auch bei den Bauern, im Gewerbe oder bei den Dienstleistungen einen erheblichen Anteil – insgesamt rund die Hälfte – aller Arbeitenden aus, doch wiesen die Fabriken im Zürcher Oberland und in Glarus besonders hohe Zahlen beschäftigter Frauen auf.[62]

Im Unterschied zum Alltag in anderen Produktionssektoren wie der Heimarbeit, dem Landwirtschafts- oder Handwerksbetrieb waren in der Fabrikarbeit tätige Familienmitglieder oft voneinander getrennt, was eine deutliche Verschlechterung der Lebensqualität zur Folge hatte. Dieser Umstand mag auch dem für diese Zeit feststellbaren Wiederanstieg der Kindersterblichkeit zugrunde liegen[63] und zur Verlangsamung des demographischen Wachstums ab Mitte der 1830er Jahre beigetragen haben. Interne Fabrikordnungen gewährleisteten eine strengere Regulierung der Arbeitsabläufe, insbesondere eine Zunahme der Arbeitszeit auf rund 14 Stunden, in einigen Fällen sogar auf 18 Stunden pro Tag.[64] Dadurch verringerte sich die Autonomie der Arbeiter; eine Situation, die Einzelne zur Emigration veranlasste und immer wieder zu Revolten führte.

Schliesslich wirkte sich auch der Arbeitskräfteüberschuss abträglich auf die Löhne sowohl der Arbeiter als auch der in einem Nebengewerbe tätigen Bauern aus. 1840 verdiente zum Beispiel ein Zürcher Textilarbeiter 400 Franken im Jahr. Die durchschnittlich 967 Franken, die der Unterhalt der Familie kostete, konnten nur aufgebracht werden, wenn seine Frau und seine beiden Kinder noch ihre Löhne (circa 225 und je 150 Franken) dazulegten.[65] Auch wenn die Entwicklung der Lohnsituation von Branche zu Branche variierte und sie sich nach einem Tiefpunkt in der Mitte der 1830er Jahre insgesamt wieder leicht verbesserte, konnten sich die meisten Arbeiter nur schon das Allernötigste kaum leisten.

Die vom sozialen Elend Betroffenen vermochten auf diese Zustände in der Regel nur mit der spontansten Form des Protests zu reagieren, dem Aufstand. Wie in anderen Ländern – man denke an den Luddismus in England oder an den Aufstand der Seidenweber in Lyon im Jahr 1831 – kam es auch in der Schweiz zu einem Fall der Zerstörung von Maschinen, denen man die Schuld an Arbeitslosigkeit und Verelendung gab. Am 22. November 1832 setzten Heimsticker, aufgeschreckt durch die Ankunft mechanischer Webstühle, die sie als unweigerliche Konkurrenz ihrer eigenen Arbeit wahrnahmen, eine Fabrik in Uster in Brand. Das Ereignis erregte die Gemüter nicht nur aufgrund seines gewaltsamen Charakters, sondern auch, weil es sich genau an jenem Ort abspielte, an dem das Zürcher Volk zwei Jahre zuvor die Liberalen an die Macht gebracht hatte.[66] Von hoher Symbolkraft ist es auch, weil hier das grundlegende Missverständnis der Regeneration zusammengefasst erscheint, von der sich alle, Arm und Reich, eine Verbesserung ihres Loses erhofft hatten, ohne sich darüber im Klaren zu sein, dass – wie so oft – die einen ihr Glück weitgehend auf Kosten der anderen machen würden.

So einschneidend dieses Ereignis auch war, es stellte nicht den Regelfall dar, und im Allgemeinen setzte man weniger auf Kampf als auf private Wohltätigkeit und Solidarität. Gemeinnützige Gesellschaften und Hilfsvereine gründeten Institutionen, zum Beispiel Heime, oder suchten auf dem Weg wissenschaftlicher Studien nach geeigneten Ideen zur Unterstützung der Bedürftigen. Die neuen Verhältnisse in der Arbeitswelt regten zudem die Schaffung von Hilfskassen an, in welche die Mitglieder regelmässig einzahlten, um im Notfall auf die Einlagen zurückgreifen zu können. In einigen Kantonen wurde diese Idee durch deutsche Emigranten neu belebt; sie gaben den Anstoss zur

**Grosse Taschenuhr mit türkischen Ziffern für den Export, Courvoisier & Cie, La Chaux-de-Fonds, um 1820** (*Musée international d'horlogerie, La Chaux-de-Fonds*), © Photo MIH.

### Uhrenindustrie und Arbeitsorganisation

Die Schweizer Uhrmacherei weist im Vergleich zur Industrialisierung anderer Bereiche in der Schweiz eine leicht verschobene Entwicklung auf. Sie erlebte in der Mitte des 18. Jahrhunderts eine erste Blüte und wurde im Verlauf der zweiten Hälfte des 19. Jahrhunderts mechanisiert. In der Zwischenzeit entwickelte sie sich weiter und spielte im Wirtschaftsleben der Westschweiz eine wichtige Rolle. Zunächst siedelte sie sich in Genf an, wo man sich auf Luxusuhren spezialisierte. Von dort breitete sie sich im gesamten Jurabogen – vor allem im Kanton Neuenburg – aus, wo Handwerker frei von zünftischen Zwängen die Herstellung von Produkten geringerer Qualität übernahmen. Diese ursprünglich komplementären Branchen traten schliesslich zueinander in Konkurrenz und entwickelten in der Folge ähnliche Strategien: Beide intensivierten die Arbeitsteilung, so dass fortan der ganze Prozess – in kleinen Ateliers oder zu Hause – in mehrere Dutzend hochspezialisierter Tätigkeitsfelder aufgeteilt war. Zudem trieben beide ihre Spezialisierung weiter – Genf wurde das unbestrittene Zentrum der Produktion von Uhren der gehobenen Preisklasse. Schliesslich versuchte man, einzelne Etappen der Verarbeitung zu mechanisieren und Einzelteile zu standardisieren. Diese Bemühungen waren lange nur halbwegs erfolgreich. Dennoch stellt die Uhrenindustrie einen wichtigen Zweig der Schweizer Wirtschaft des beginnenden 19. Jahrhunderts dar, nicht nur, weil fast die gesamte Produktion für den Export bestimmt war, sondern auch, weil sie einer zunehmenden Zahl von Handwerkern einen vergleichsweise hohen Lebensstandard ermöglichte.[67]

**Aufbau des Zürcher Schulwesens nach 1834**

| | | |
|---|---|---|
| Alter | | |
| 18 | Erwerbsleben | Universität |
| 17 | | Lehrerseminar 2 Jahre, für Sekundarlehrer 3 Jahre |
| 16 Konfirmation | Singschule* 2 Stunden wöchentlich meist sonntags / Kirchliche Unterweisung 2 Std. wöch. | Singschule* 2 Stunden wöchentlich meist sonntags / Kirchliche Unterweisung 2 Std. wöch. |
| 15 | | |
| 14 | Repetierschule 3–6 Std. wöchentlich | Sekundarschule | «Präparandenklasse» / «Praktikum» bei einem Musterlehrer | Gymnasium Industrieschule | Höhere Privatinstitute |
| 13 | | | |
| 12 | | | |
| 11 | Alltagsschule | Realschule (4.–6. Klasse) | |
| 8 | Elementarschule (1.–3. Klasse) | | |
| 5 | | | |

Legende: Staatlicher Unterricht / Kirchlicher Unterricht / Erwerbsleben

\* Als Singschüler gelten in den Quellen im Allgemeinen die über 14-Jährigen, welche nur noch die kirchlichen Sing- und Unterweisungsschulen besuchen.

Die Schule der liberalen Ära beanspruchte den Vorrang gegenüber dem kirchlichen Unterricht und leitete ein System mit differenzierten Ausbildungsgängen ein. Das Beispiel des Schulsystems im Kanton Zürich veranschaulicht den Willen, den Einfluss der Kirche im Erziehungswesen zurückzubinden, wie auch die Tatsache, dass sie dennoch sehr präsent blieb.
Quelle: Bruno Fritzsche / Max Lemmenmeier, Die revolutionäre Umgestaltung von Wirtschaft, Gesellschaft und Staat 1780–1870, in: Niklaus Flüeler / Marianne Flüeler (Hg.), Geschichte des Kantons Zürich, Bd. 3, Zürich 1994, S. 20–157, hier S. 135 (geändert), © 2013 Schwabe AG, Verlag, Basel, und Marc Siegenthaler, Bern.

Gründung der später zahlreichen berufs- oder herkunftsspezifischen Kassen. Auch die Arbeitgeber sahen einen Vorteil in dieser Art der Vorsorge; nicht wenige zogen die entsprechenden Beträge umgehend von den Löhnen ihrer Arbeiter ab.[68]

Schliesslich griff auch der Staat in den Kampf gegen die Armut ein. Die Gemeinden übernahmen ihre traditionelle fürsorgerische Aufgabe allerdings oft eher ratlos oder nur widerwillig. Einige gründeten Armenfonds, die nach dem Prinzip der obligatorischen Spende funktionierten.[69] Aber da die Erhöhung der Hilfeleistungen die Bettelei zu fördern schien, zogen es einige Gemeinden vor, sich ihrer Fürsorgeempfänger zu entledigen, indem sie sie zu ↑Heimatlosen machten (siehe Kapitel von Regina Wecker, S. 456f., und Graphik im Kapitel von André Holenstein, S. 326) – dieser offizielle Status hatte den Entzug jeglichen Rechts auf öffentliche Unterstützung zur Folge[70] – oder indem sie die Emigration der Armen förderten.

Einige Kantone nahmen sich des Problems selbst an und gaben Umfragen in Auftrag, um die Bedürfnisse zu ermitteln, die sich in Zusammenhang mit der sozialen Frage ergeben hatten, oder sie liessen Studien durchführen, die als Grundlage für die Ausarbeitung entsprechender Gesetze dienen sollten. Der Kanton Zürich erliess 1837 ein Gesetz zur Kinderarbeit, um die Folgen abzufedern, die durch die Aufhebung des Zunftwesens mit seinem Ausbildungssystem entstanden waren, und griff die zu diesem Zweck bereits 1815 formulierten, aber nie wirklich umgesetzten Vorschriften wieder auf. Wie jenes Vorhaben aus der Restauration verraten auch diese neuen Bestimmungen starke Befürchtungen in Bezug auf die moralische Gefährdung der Jugend. Zudem widerspiegeln sie eine Ethik, welche die Härte der Lebensbedingungen von mehr als 30 Prozent der Bevölkerung nicht hinterfragte.

Die gesetzliche Regelung der Beschäftigung von Minderjährigen schuf freie Zeit für Schule und Lehre. Die heranwachsenden Bürger sollten in den entsprechenden Institutionen die Möglichkeit erhalten, sich auf ihre künftigen Pflichten vorzubereiten – wobei natürlich längst nicht alle von den veränderten Strukturen des Bildungssystem profitieren konnten.[71]

### Die geistig-moralische Regeneration

Zwar war das zürcherische Gesetz zur Regelung der Kinderarbeit das erste seiner Art und sollte auch lange das einzige bleiben, doch die dahinterstehende Haltung entsprach durchaus dem Zeitgeist. Die meisten der vom Wirtschaftsaufschwung oder von der politischen Liberalisierung erfassten Kantone bemühten sich nun gezielt, die jüngeren Generationen für eine Gesellschaft heranzubilden, wie man sie sich selbst herbeiwünschte. Das Thema der Volksbildung war indes nicht neu. Spätestens seit dem 1758 publizierten Werk *De l'Esprit* von Claude Adrien Helvétius, einem einflussreichen französischen Philosophen materialistischer und atheistischer Prägung, war der Glaube an die Vernunft eng mit dem Postulat der Wissensvermehrung verknüpft. In der Helvetischen Republik hatte sich Philipp Albert Stapfer nach Kräften bemüht, diesen Leitgedanken in einem neuen öffentlichen Schulsystem zu verankern. Gewiss blieben alte Befürchtungen bestehen: Würden Bildung und Erziehung des Volkes nicht wieder zu politischen Forderungen, sozialen Unruhen und Chaos führen? Dieser Einwand hatte Gewicht, aber er trat hinter anderen Überlegungen zurück.

In der Theorie stützten sich die Regeneration und der für sie charakteristische Liberalismus im Wesentlichen auf den Rationalismus. Es erschien wichtig, auch das Volk mit den grundlegenden Gedanken dieser Philosophie vertraut zu machen – was nur gelingen konnte, wenn man die traditionelle Macht der Kirche auf dem Gebiet des Unterrichtswesens einschränkte. Hinzu kamen zwei praktische Gründe: Die Industrialisierung und die Fortschritte in der Landwirtschaft verlangten neuartige Kenntnisse, wenigstens bei jenen, die Schlüsselpositionen auf diesen Gebieten besetzen sollten. Ausserdem erforderte die Ausübung des allgemeinen Wahlrechts – ungeachtet seiner nach wie vor bestehenden Beschränkungen – nicht nur die Schreib- und Lesefähigkeit, sondern auch staatskundliche Grundlagen.

Es erstaunt daher nicht, dass alle regenerierten Kantone die Primarschule für obligatorisch erklärten. Abgesehen von dieser grundsätzlichen Übereinstimmung fielen die gesetzlichen Regelungen im Einzelnen jedoch sehr unterschiedlich aus. Die Dauer der Schulzeit variierte zwischen sechs und zehn Jahren, der Unterricht wurde nicht überall staatlich kontrolliert, und die Ausbildung der Primarlehrer war in quantitativer wie qualitativer Hinsicht oft ungenügend. Auch die Resultate nahmen sich eher bescheiden aus; in den überfüllten, manchmal in baufällige Räumlichkeiten eingepferchten Klassen erwarben die Schüler im Allgemeinen nur Basiskenntnisse. Noch düsterer war der Befund auf dem Land, wo saisonal bedingte bäuerliche Arbeiten regelmässig die Schulbänke leerten, sowie bei den Mädchen, deren schulische Bildung nur von untergeordneter Bedeutung erschien.[72] Auch in den auf Kinderarbeit angewiesenen Bevölkerungsschichten wurde das ganze pädagogische Projekt als unliebsamer Zwang empfunden.

Darüber hinaus bestand ein starkes Interesse, den Begabtesten und Privilegiertesten eine Gelegenheit zum Besuch weiterführender Schulen zu bieten. Die meisten der regenerierten Kantone ermöglichten daher den Jugendlichen, ihre Studien noch einige Jahre über die obligatorische Schulzeit hinaus fortzusetzen. Zudem setzten sie die schon im 18. Jahrhundert ausgearbeitete Idee der Schaffung einer neuen, stärker auf technische und praktische Kenntnisse ausgerichteten Spezialbildung um, was eine Differenzierung der Bildungswege ermöglichte. Ziel war es, einen Teil der heranwachsenden Staatsbürger darauf vorzubereiten, den wirtschaftlichen Fortschritt ihres jeweiligen Kantons weiterzuführen, ohne dass diese dazu die üblichen humanistischen Bildungsgänge zu durchlaufen hätten. Doch auch die klassischen Bildungswege blieben selbstverständlich bestehen, ja in Zürich und Bern kam es 1833/34 sogar zur Gründung von Universitäten, die den Willen zur Etablierung einer neuen Ordnung symbolisierten.

Innerhalb von weniger als zehn Jahren wurden die meisten Kantone, die die Reform ihrer Verfassung in die Hand genommen hatten, nach liberalen Grundsätzen regiert. Dass sich die wesentlichen Veränderungen auf der Ebene der einzelnen Kantone vollzogen, hat mit der für die Restaurationszeit charakteristischen Überbetonung des Föderalismus zu tun, die ihrerseits eine Folge der negativen Erinnerungen an den Zentralismus der Helvetischen Republik war. Dieses Phänomen erklärt zum Teil das Scheitern der ersten behutsamen Versuche, die Regeneration auf die Ebene des Bundes zu übertragen. In gewisser Weise könnte man sogar sagen, dass die Konzentration auf die Kantone das Ergebnis der Bemühungen war, die Regeneration national durchzusetzen.

## DIE REGENERATION UND DIE NATION

### Helvetisierung in praktischen Angelegenheiten

Die führenden Köpfe der Regeneration hatten schon früh signalisiert, dass sie beabsichtigten, ihre Botschaft im Rahmen einer Nationalisierungs-

**Kirche und Schulhaus Reigoldswil (BL), Aquarell von Matthias Bachofen, um 1800** (*Archäologie und Museum Baselland, Kunstsammlungen, Inv.-Nr. 1995*). © *Photo Museum.BL, Liestal*. — Das 19. Jahrhundert ist die grosse Zeit des Schulhausbaus; die Behörden verwendeten besondere Sorgfalt auf diesen Gebäudetypus. Schulen wurden oft, wie hier in Reigoldswil im Kanton Basel-Landschaft, neben der Kirche situiert oder selbst mit einem Glockenturm und einer Turmuhr versehen.

**«Satirisches Bild betr. den Kampf zwischen Reaktion und Aufklärung»**, 1847, nach einer Kreidelithographie von Hieronymus Hess *(Schweizerische Nationalbibliothek)*. — Während zwei Personen eine vor einer Klostermauer befindliche Laterne anzuzünden versuchen, um damit sinnbildlich die Stadt Luzern mit dem Licht der Vernunft zu erleuchten, bläst ein bocksfüssiger Geistlicher auf die Flamme, um sie auszulöschen. Obwohl das Bild in der Zeit des Sonderbunds veröffentlicht wurde, illustriert es doch gut den Kampf, den die Liberalen gegen den «Obskurantismus der Kirche» führten.

kampagne landesweit zu verbreiten, und zwar mit dem Ziel, in der Eidgenossenschaft ein gemeinsames Handeln und Denken zu befördern. Zum Jahreswechsel 1830/31 erschien ein Text, der in vielerlei Hinsicht – Publikationsdatum, Zielpublikum, Redaktor und Inhalt – bezeichnend ist. Die Abhandlung mit dem Titel *Zuruf an den eidgenössischen Vorort Luzern bei Übernahme der Leitung der Bundesangelegenheiten auf Neujahr 1831* ist an die Behörden adressiert, welche die Leitung der eidgenössischen Tagsatzung übernehmen sollten, und liest sich wie eine Zusammenfassung der Gründe für die Helvetisierungsbestrebungen der Liberalen und zugleich wie ein politisches Programm zur Erreichung dieses Ziels.

Verfasst zu einem Zeitpunkt, als die Schweiz Truppen für einen europäischen Krieg mobilisierte, betont der Text die Schwäche des Landes im Fall eines bewaffneten Angriffs von aussen. Obwohl von Kasimir Pfyffer (1794–1875) unterschrieben, war der eigentliche Autor Ludwig Snell (1785–1854), ein unerbittlicher Anti-Ultramontaner (↑Ultramontanismus), der den übersteigerten Föderalismus des Landes beklagte.[73] Er plädierte für die Förderung eines echten Nationalgefühls in der gesamten Bevölkerung. Der beste Weg, dieses Ziel zu erreichen und damit ein Heilmittel gegen die Übel zu finden, unter denen die Schweiz leide, sei es, den Bundesvertrag von 1815 im Sinne der regenerierten Kantone zu revidieren, damit sich die Bürger des Landes von der Bundesgewalt angesprochen fühlen könnten.[74]

Entsprechend diesem Programm starteten die Liberalen umgehend eine regelrechte Kampagne für die Überarbeitung des Vertrags. Aber bei einer Tagsatzung, die sich nur ein bis zwei Mal im Jahr versammelte und deren Gesandte sich zudem genau an die Instruktionen ihrer Kantone halten mussten, konnte es leicht geschehen, dass aktuelle Geschehnisse zwischen den Sitzungen ihre Wirkung entfalteten. So erschütterten von dem Moment an, da die Revisionsfrage vor den Gesandten offiziell zur Sprache gebracht worden war, bis zu dem Zeitpunkt, an dem ihnen Verfassungsentwürfe präsentiert werden konnten, mehrere gewaltsame Konflikte die Schweiz. In Anbetracht der aufgewühlten Atmosphäre, in der die Diskussionen stattfanden, bemühten sich die Anhänger einer Vertragsrevision, gemässigte Lösungen vorzuschlagen. So präsentierte der St. Galler Gallus Jakob Baumgartner Ende 1832 einen Text, der dem Bundesstaat grössere Macht zusprach und doch den kleinen Kantonen ein beachtliches Gewicht liess. Die Neuheit dieses gesetzgeberischen Vorhabens führte zu Meinungsverschiedenheiten zwischen den Gesandten, zum einen über die Reform selbst und zum anderen über die Annahmemodalitäten. Die Versammlung verlangte daraufhin eine zweite Vorlage. Dieses zweite Projekt, der Rossi-Plan, benannt nach dem Genfer Pellegrino Rossi (1787–1848), welcher die zu diesem Zweck ernannte Kommission präsidierte, trägt deutliche Spuren zurückliegender Erfahrungen mit Verfassungen und ist Ausdruck des damals allgegenwärtigen Zögerns und Zauderns. So sollte der Vertrag revidierbar sein und die Gleichheit der Kantone respektieren. Aber er sollte auch die Grundlage für eine echte Zentralregierung mit Sitz in Luzern legen. Vorgesehen waren ein Bundesgericht, eine nationale Legislative und eine aus vier Ministern und einem Landammann bestehende Exekutive.

Der Rossi-Plan wurde im Frühling 1833 eher kühl aufgenommen. Nur achteinhalb regenerierte Kantone nahmen ihn an. Noch entscheidender aber war, dass er am 7. Juli vom Luzerner Stimmvolk deutlich abgelehnt wurde – trotz der wichtigen Rolle, die Luzern als Hauptstadt in Folge zugekommen wäre. Den einen war die Verfassung zu gemässigt, den anderen zu radikal. Erstere hätten die Volkswahl eines schweizerischen Verfassungsrats gewünscht, Letztere, weitaus zahlreicher, wollten schlicht und einfach keine Reform des Bundesvertrags und fürchteten um die kantonale Souveränität. Und schliesslich reagierten sie mit ihrer Ablehnung auf die Bedrohung, die sie in der Gründung des sogenannten Siebnerkonkordats erkannten. Dieses separate Bündnis war am 17. März 1832, also fast ein Jahr zuvor, zwischen den

Kantonen Zürich, Bern, Luzern, Solothurn, St. Gallen, Aargau und Thurgau abgeschlossen worden und beinhaltete die gegenseitige Garantie der neuen Kantonsverfassungen. Die Mitglieder dieses Bündnisses waren zum einen der Ansicht, die Tagsatzung sei nicht in der Lage, die regenerierte Ordnung zu verteidigen, zum anderen glaubten sie, politischen Druck aufbauen zu können, um die Revision des Bundesvertrages von 1815 voranzutreiben, zu deren Scheitern ihr Konkordat aber nun gerade beitragen sollte.

Die Ablehnung des Rossi-Plans markierte nicht nur das vorläufige Ende des liberalen Vorstosses auf nationaler Ebene, sondern machte auch die wirtschaftlichen Hoffnungen zunichte, die seine Ausarbeitung befördert hatten. Das Projekt hätte insbesondere die Vereinheitlichung des Postwesens, der Währungen, Gewichte und Masse vorgesehen, das Zollsystem vereinfacht und allen Schweizern das Recht der freien Niederlassung in der gesamten Eidgenossenschaft garantiert.[75]

Man hätte erwarten können, dass die Kantone die Situation nun über Konkordate regeln würden; diese hatten den extremen Föderalismus, der in der Schweiz herrschte, stets erträglicher gemacht. Aber die Zahl der interkantonalen Abkommen nahm gerade in dieser Phase tendenziell ab. In Deutschland kam es zur selben Zeit zu einer Intensivierung der Zollvereinsbewegung. 1829 behinderten der bayrisch-württembergische Zollverein und 1833/34 vor allem der Deutsche Zollverein die schweizerischen Exporte.[76] Einige Schweizer Unternehmer wollten ihr Land an letztere Organisation anbinden, andere schlugen vor, sich auf ein ähnliches Abkommen innerhalb der Schweiz zu einigen. Beide Stimmen fanden kein Gehör. Nach den Erfahrungen der Wirtschaftskrise gegen Ende der 1830er Jahre stand das Thema zu Beginn des folgenden Jahrzehnts in der Tagsatzung erneut zur Debatte, und man führte weitere Umfragen durch. Aber entgegen dem ausdrücklichen Wunsch Zürichs beschloss man, das Problem der Zölle nicht auf nationaler Ebene, sondern interkantonal zu regeln. Bis 1847 scheiterten sowohl die Versuche zur Schaffung eines eidgenössischen Zollvereins wie auch die Entwicklung eines dichten Netzes von Wirtschaftskonkordaten an der protektionistischen Haltung des einen oder anderen der erhofften Partner, die jeweils vor allem ihre eigene Wirtschaft gegen die der Nachbarn verteidigen wollten.[77]

Eine Kapitulation infolge früherer Misserfolge? Oder eine Inkonsequenz aufgrund übertriebener Sorge um die eigenen Interessen? Vor dem Hintergrund des noch sehr fragilen Industrialisierungsprozesses und der – aufgrund der ungenügenden Versorgung durch die eigene Landwirtschaft – stets

« *Aus der innigsten Überzeugung wünschen jetzt alle Eidgenossen von Einsicht und Bildung ein vollkommeneres Bundesgesetz; sie sehen ein, dass die jetzige schwache Vereinigung der Kantone keine gemeinsame Schöpfung, keine National-Unternehmung möglich macht, dass die Industrie in den engsten Spielraum eingeschlossen, der Handel überall gehemmt, und den geistigen Kräften der grösste und edelste Reiz, das Bewusstsein, für eine Nation zu arbeiten, fehlt; sie sehen nun, dass in dieser Zerrissenheit die Schweiz stets schwach, ohnmächtig und kraftlos in der Mitte der andern Staaten erscheinen muss. [...] Das sehen alle Eidgenossen ein und wünschen daher einen Bundesstaat und keinen Staatenbund.»*

Kasimir Pfyffer, Zuruf an den Vorort Luzern auf Neujahr 1831, zit. nach: Wilhelm Oechsli, Quellenbuch zur Schweizergeschichte, kleine Ausgabe, 2. Aufl. (1. Aufl. 1886), Zürich 1918, S. 512.

schwelenden Angst vor Nahrungsmittelknappheit erscheint das ängstliche, zögerliche Verhalten durchaus verständlich. Es widerspiegelt auch die Zweifel, die angesichts der Konzessionen bestanden, welche die Realisierung eines nationalen Wirtschaftsraums erforderte. In dieser Hinsicht legten die regenerierten Regierungen auf wirtschaftlichem Gebiet eine Kleinmütigkeit an den Tag, die an die Opposition der nicht-regenerierten Kantone auf politischer Ebene und auch an den Widerstand des grössten Teils der Schweiz auf dem Gebiet der Religion erinnert, wo die Nationalisierungsbemühungen freilich schon älteren Datums waren.

### Helvetisierung des Denkens

Schon zu Beginn der Restauration gab es Bemühungen, die politischen Grenzen und die Grenzen der Bistümer in Übereinstimmung zu bringen. So teilte man 1819 die katholischen Gemeinden, die Genf bei seiner Aufnahme in die Eidgenossenschaft angegliedert wurden und die ursprünglich zum Bistum mit Sitz im französischen Chambéry gehörten, dem Bistum Lausanne und Freiburg zu.

Seit Ende der 1820er Jahre setzte sich das Land aus mehreren Bistümern zusammen, die zu keinem Erzbistum gehörten, sondern direkt dem Heiligen Stuhl unterstellt waren – aus den Bistümern Genf-Lausanne, Basel, Sitten sowie dem kurzlebigen Doppelbistum Chur und St. Gallen. Die daraus resultierende Unmittelbarkeit verstärkte die Macht des Papstes im Land beträchtlich. Die Enzyklika «Mirari vos», die Gregor XVI. am 15. August 1832 gegen den Liberalismus und dessen Verstösse gegen die christliche Glaubenslehre erliess, bewirkte ein grosses Echo in den katholischen Gebieten der Eidgenossenschaft. Die Führer mehrerer regenerierter Kantone, katholischer und gemischtkonfessioneller, empfanden den Text des Pontifex maximus als Provokation. Nach dem Tod des Bischofs von St. Gallen, Rudolf von Buol-Schauenstein (1760–1833), beschlossen sie zu reagieren. Dabei griffen sie die schon im 18. Jahrhundert formulierte und seit der Restauration regelmässig

## Wichtige Konkordate 1803 bis 1840

| Datum | Konkordat (im Originalwortlaut) | Kantone |
|---|---|---|
| 6. Juni 1806, bestätigt am 9. Juli 1818 | wegen gegenseitiger Auslieferung der Ausreisser von besoldeten Kantonstruppen | alle Kantone ausser SZ, SH, AR, AI, SG |
| 13. Juni 1806 und 20. Juni 1809, bestätigt am 9. Juli 1818 | betreffend gemeineidsgenössische Gesundheits-Polizei-Anstalten | alle Kantone ausser VD |
| 8. Juli 1808, bestätigt am 9. Juli 1818 | wegen des Heimathrechts der in einen andern Kanton einheirathenden Schweizerin | alle Kantone |
| 8. Juni 1809, bestätigt am 8. Juli 1818 | betreffend die Ausschreibung, Verfolgung, Festsetzung und Auslieferung von Verbrechern oder Beschuldigten; die diessfälligen Kosten; die Verhöre und Evokazion von Zeugen in Kriminalfällen; und die Restitution gestohlener Effekten | alle Kantone ausser VD, GE |
| 7. Juni 1810, bestätigt am 9. Juli 1818 | wegen gegenseitiger Stellung der Fehlbaren in Polizeifällen | alle Kantone ausser AG, VD, VS, GE; TI erst ab dem 4. Juli 1820 |
| 11. Juni 1812, bestätigt am 7. Juli 1819 | betreffend die Ehen zwischen Katholischen und Reformierten | alle Kantone ausser UR, SZ, NW, OW, AR, AI, VS |
| 17. Juni 1812 und 9. Juli 1818 | betreffend die Polizeiverfügungen gegen Gauner, Landstreicher und gefährliches Gesindel, so wie die Verbannungsurtheile | alle Kantone ausser NE; TI erst ab dem 4. Juli 1820 |
| 22. Juni und 2. Juli 1813; 9. Juli 1818 | betreffend die Ertheilung und Formulare der Reisepässe | alle 22 Kantone; SZ, AI und NW erst ab dem 13. Juli 1829; FR und NE ab 6. Juli 1830; OW ab 25. Juli 1831 |
| 8. Juli 1819 | wegen Folgen der Religions-Änderung in Bezug auf Land und Heimathrecht | alle Kantone ausser BE, UR, SZ, NW, OW, AR, AI; BA (Basel) erst ab 5. Juli 1820 |
| 10. Juli 1819 | betreffend das Niederlassungsverhältniss unter den Eidgenossen | LU, ZH, BE, GL, FR, SO, AG, TG, TI, VD, NE, GE |
| 14. Juli 1819 | wegen gegenseitiger Mittheilungen zwischen den Kantonen in Münz-Angelegenheiten | alle Kantone ausser VD |
| 3. August 1819 | [betreffend] Ertheilung von Heimathrechten an die Heimathlosen | alle Kantone ausser SZ, GR |
| 4. Juli 1820, abgeändert am 15. Juli 1842 und am 27. Juli 1843 | [betreffend] Eheeinsegnungen und Kopulationsscheine | alle Kantone ausser SZ, GR; UR ab 13. Juli 1821 |
| 6. Juli 1821 | [betreffend] Behandlung der Ehescheidungsfälle | ZH, BE, GL, BA, SH, GR, AG, TG, AR, AI, LU, ZG, FR, SO |
| 24. Juli 1826 | [betreffend] Erbfälle aus einem Kanton in den andern, Reziprozitätsgrundsatz bei denselben | alle Kantone ausser OW, GL, FR, SH, GR |
| 13. Juli 1829 | [betreffend] Folgen der Anwerbung schweizerischer Angehöriger in solche Kriegsdienste, welchen die betreffenden Stände fremd geblieben sind | alle Kantone ausser NW, OW |
| 26. August 1836 | wodurch das Verfahren gegen unruhige Flüchtlinge in Zukunft geregelt werden soll | alle Kanone ausser GL, SG, TI |

Quelle: Irène Herrmann.

wiederholte Forderung nach der Schaffung eines schweizerischen Erzbistums wieder auf.[78]

Im Januar 1834 versammelten sich Vertreter der Kantone Bern, Luzern, Solothurn, Basel-Landschaft, St. Gallen, Aargau und Thurgau in Baden und unterzeichneten vierzehn Artikel zur «Nationalisierung der Religion». Vorgesehen war, die katholische wie die reformierte Geistlichkeit den politischen Behörden zu unterstellen, und zwar durch ein Paket von Massnahmen, von denen einige in einzelnen Kantonen schon in Kraft waren. In Luzern oder in Bern praktizierte man zum Beispiel das sogenannte Placet, das heisst die Verpflichtung, die kirchlichen Erlasse dem Staat zur Zustimmung zu unterbreiten. In Solothurn, Luzern und im Thurgau wirkte die Regierung bei der Ernennung der Priester mit, und im grössten Teil des Kantons Genf hatte der zivile Ehevertrag Vorrang gegenüber dem kirchlichen Segen.[79]

Doch die Badener Artikel enthielten auch Wiederaufnahmen von Elementen unseligen Angedenkens. So sahen sie etwa die Wiedereinführung des Treueeids der Priester auf die Verfassung vor, obschon dieser bereits den Behörden der Helvetischen Revolution viele Probleme bereitet hatte. Tatsächlich atmet der Text den Geist der Helvetischen Republik. Dieser Beigeschmack, zusammen mit dem Schock, den allein schon die Vielzahl der Bestimmungen hervorrief, sowie den Gewissenskonflikten, die manche Artikel verursachten, trug entscheidend zum Scheitern des Reformversuchs bei. Nur die Initianten beschlossen, die verschiedenen Punkte umzusetzen. So löste sich die Idee eines schweizerischen Erzbistums in Luft auf.

Die Versuche, politisch, wirtschaftlich und kirchlich zu einer nationalen Einheit zu gelangen, zeitigten nur bescheidene Resultate, was sowohl dem zögerlichen Verhalten als auch dem missionarischen Eifer der regenerierten Kantone zuzuschreiben ist. Dieser Befund ist weniger paradox, als er scheint. Es war nun einmal schwieriger, die Nation konkret zu verwirklichen, als bloss mit Worten für sie einzutreten und sie in den Köpfen zu verankern.

Indes verliefen auch die Konstruktion und die Verbreitung der Idee eines schweizerischen Nationalbewusstseins über mehrere Stufen. Die meisten dieser Etappen, von der Bildung eines konsistenten Nationalgefühls bis hin zu seiner Propagierung in der Bevölkerung waren bereits zur Zeit der Helvetischen Republik in Angriff genommen worden. Um genau zu sein, war das Ideal einer schweizerischen Identität aber auch damals schon einige Jahrhunderte alt. Es war ursprünglich um ein mythisches Bild herum entstanden, das aus dem «Schweizer» einen Vertreter des von Gott auf seinem Weg geleiteten Volkes machte, dazu ausersehen, den Adel in seine Schranken zu weisen (siehe Kapitel von Susanna Burghartz, S. 138f.). Unter dem Einfluss der Aufklärung entstand das Bild des typischen Bewohners dieses Landes: eines vernunftbeseelten Hirten, den es seit eh und je nach Freiheit dürstete (siehe Beitrag von Laurent Tissot, S. 482). Eine immer reichere Historiographie belegte und illustrierte dieses Bild gleichermassen.[80] Allerdings blieben jene Allegorie und das nationale Zusammengehörigkeitsgefühl, das sie beschwor, bis zum Ende des 18. Jahrhunderts eine Angelegenheit der kultivierten Eliten, die sich in den Vereinen, den neuen Orten geselliger Zusammenkunft, trafen. In der Bevölkerung begann sich das schweizerische Zusammengehörigkeitsgefühl erst dank der Anstrengungen zu verbreiten, die Philipp Albert Stapfer, Heinrich Zschokke[81] und andere namhafte Propagandisten während der Helvetischen Republik in diesem Sinne unternehmen: Nach dem Vorbild ähnlicher Aktivitäten im revolutionären Frankreich lancierten sie Publikumszeitungen und organisierten Feste, an denen Behörden und Volk in patriotischer Aufwallung zusammenkamen.

Die Liberalen der ersten Stunde griffen diese Instrumente wieder auf und versuchten sie zu perfektionieren. Von theoretischer Warte aus interpretierten Historiker wie der Waadtländer Charles Monnard (1790–1865) das Schicksal der Eidgenossenschaft neu im Sinne einer Entwicklung, die ganz «natürlich» zu den «Wohltaten des Liberalismus» führen musste. Im gesellschaftlichen Alltag wurden die Ideen durch diverse gesellige Vereinigungen verbreitet, die weniger elitär waren als die aufklärerischen Zirkel des vergangenen Jahrhunderts. Und da eine wachsende Zahl dieser Vereine – beispielsweise die Schützenvereine (1824), die Turnvereine (1832) oder die Offiziersvereine (1833) – sich eine nationale Struktur gab und damit explizit die Schweiz als Mittelpunkt ihrer Organisation begriff, erhielt ein immer breiteres Publikum die Möglich-

**Hochzeitszug in Maisprach (BL) im Jahr 1823, Aquarell von M. Oser** *(Archäologie und Museum Baselland, Kunstsammlungen, Inv.-Nr. 459), © Photo Museum.BL, Liestal.* — Die Darstellung eines Hochzeitszuges in der Baselbieter Gemeinde Maisprach im Jahr 1823 bietet einen interessanten Einblick in den Wandel der Kleidung. Die Männer im Festzug tragen beinah ausnahmslos lange Hosen und Zylinder. Beide Kleidungsstücke waren ursprünglich revolutionäre Symbole, geschaffen als Gegenstück zum aristokratischen Dreispitz und den Kniehosen. Hier scheinen sie jedoch bereits zur Sonntagskleidung zu gehören.[82]

keit, sich über das Land zu informieren und es als erweiterte Heimat zu sehen, die sich über die traditionellen Grenzen der Gemeinde oder des Kantons hinaus erstreckte.

Studentenverbindungen, Gesangsvereine oder gemeinnützige Gesellschaften erwiesen sich als wahre Laboratorien des politischen Denkens und Handelns, in denen die Nation sozusagen erprobt wurde.[83] Zum einen postulierten sie die Gleichheit der – meist ausschliesslich männlichen – Mitglieder und führten ihr Publikum in die Kultur der Debatte und des geregelten Streitgesprächs ein.[84] Zum anderen reproduzierte und akzentuierte ihre Organisation – in den meisten Fällen handelte es sich um mehrere kantonale Sektionen, denen ein nationaler Verband vorstand – die föderalistische Struktur des Landes und förderte somit auf Seiten der Mitglieder deren Verinnerlichung beziehungsweise das Verständnis der mehrstufigen Loyalität, die für das institutionelle Gefüge der Schweiz charakteristisch ist.[85]

Mehr noch, die Organisationsform der Vereine und Gesellschaften regte auch dazu an, die Vielfalt der Schweiz im wahrsten Sinne des Wortes zu «erfahren». Die nationalen Verbände versammelten ihre Mitglieder gerne in wechselnden Regionen der Eidgenossenschaft. Bei diesen Zusammenkünften konnte es sich um festliche Veranstaltungen mit Hunderten oder gar Tausenden von Personen handeln. Da die Hotelinfrastruktur nicht immer in der Lage war, so viele Teilnehmer und Besucher aufzunehmen, wurden diese vielfach bei Privatpersonen untergebracht, wie etwa 1826 beim Fest des *Eidgenössischen Musikvereins* in Genf.[86] Konzerte und Bankette waren besonders geeignete Orte zur Verbreitung der Idee eines nationalen Bundes. In den 1830er Jahren mehrten sich derlei Anlässe, und sie brachten die Bevölkerung nolens volens dazu, zu verstehen und zu fühlen, dass sie die schweizerische Nation ausmachte, auch wenn sich die Bedeutung, die einer solchen Identität beigemessen wurde, von Kanton zu Kanton, ja von Individuum zu Individuum sicher stark unterschieden haben wird.

Wie stark das nationale Zusammengehörigkeitsgefühl der Bürger war, ist schwer einzuschätzen. Es wird jedoch gewiss nicht das zentrale Thema der einfachen Leute gewesen sein. Sogar in den prosperierenden Kantonen war der Alltag der meisten Menschen nach wie vor von der Sicherung des blossen Überlebens geprägt. Es erstaunt daher nicht, dass das, was die Weltanschauung der ärmeren Bevölkerungsschichten am stärksten beeinflusste, die Religion war. Dieser Befund war in den katholischen Gebieten sicher insgesamt deutlicher ausgeprägt. Aber auch bei den Protestanten bestimmten weiterhin der Glaube und seine Riten den Rhythmus von Arbeit, Ruhezeit, Geselligkeit, Leben und Tod. Der revolutionäre Geist hatte keine Popularisierung des Atheismus mit sich gebracht – es handelte sich immer noch um ein eher seltenes Phänomen –, doch kann man ihn sich als Katalysator der Ökumene vorstellen, die sich in einigen der gemischtkonfessionellen Kantone damals entwickelte. In Genf wurden Gottesdienste regelmässig von Gläubigen beider Konfessionen besucht, auch nahm dort die Zahl der Hochzeiten zwischen Katholiken und Reformierten zu; der Anteil gemischter Ehen stieg von 15 Prozent im Jahr 1816 auf 28 Prozent im Jahre 1843.[87] Um 1835 zeichnete sich jedoch im ganzen Land eine Verhärtung im Verhältnis zwischen den beiden Konfessionen ab, während sich gleichzeitig das Gefühl einer schweizerischen Identität immer deutlicher herauszubilden begann.[88]

### Helvetisierung von unten?

Mehr als von der Sache selbst schien das Volk oftmals von der Bedeutung beeindruckt zu sein, welche die liberale Führung dem Zusammengehörigkeitsgefühl beimass. Deshalb wurde dieses Zusammengehörigkeitsgefühl zu einem Argument, das man gern bei Anliegen an Behörden vorbrachte, um gut vor diesen dazustehen und sie günstig zu stimmen. Mitunter zeigten die Akteure jedoch eine persönliche und aufrichtige Verbundenheit mit der Sache. Dies geschah namentlich zu Beginn der 1830er Jahre, als die Frage der Vereini-

**«Die Prozession»**, Illustration in: Der Wanderer in der Schweiz, Basel 1836–1837 *(UB Basel, Sign. Falk 2213).* — Darstellungen der Religiosität sollten diese entweder bekräftigen oder kritisieren. Dieses Bild gehört ohne Zweifel zur ersteren Kategorie: ein zur Nachahmung ermunterndes Bild katholischer Gläubigkeit.

gung die deutschen Staaten aufwühlte. Vermittelt über die Einwanderer und aufgrund der gemeinsamen Sprache erreichte diese Debatte auch die Eidgenossenschaft. Doch zur grossen Überraschung der württembergischen und badischen Schuhmacher und Schneider, die ihre Schweizer respektive Deutschschweizer Kollegen für die deutsche Sache zu gewinnen versuchten, beriefen sich diese auf ihr Schweizertum. Offensichtlich war man im Milieu der kleinen Handwerker in gewisser Hinsicht nationaler gesinnt als in den Kreisen der grossen Unternehmer, wie sich angesichts der Haltung mancher Industrieller in der Frage des Zollvereins gezeigt hatte.[89]

Das Nationalbewusstsein der Bevölkerung manifestierte sich auch in militärischen Angelegenheiten. Die Erstellung der topographischen Landeskarten ab 1838 durch Guillaume-Henri Dufour hatte zwar noch nicht die integrierende Wirkung, die ihr später zugeschrieben wurde,[90] und auch die Rekrutenschule spielte noch nicht die Rolle einer «Schule der Nation», als die man sie am Ende des Jahrhunderts sehen sollte. Die Ausbildung der Soldaten erfolgte noch weitgehend innerhalb der Kantone, und nur wenige gemeinsame Übungslager in Wohlen oder Bière boten einigen Tausend Mann die Möglichkeit, sich als nationale Schicksalsgemeinschaft zu erleben (siehe Beitrag von Rudolf Jaun, S. 540). Was die nationale Bewusstseinsbildung durch das Militär jedoch verstärkte, war die Bedrohung von aussen. Die vor dem Hintergrund einer befürchteten französischen Intervention in den Jahren 1830 und 1838 vollzogenen Truppenaufgebote verliehen den Forderungen der liberalen Führungsfiguren nach nationaler Einheit eine greifbare Realität.[91]

Die Pressionen von aussen trieben nicht nur die liberalen Eliten dazu an, die Bildung der Nation auf politischer, wirtschaftlicher und konfessioneller Ebene zu forcieren und ihre Kantone nach liberalen Grundsätzen zu organisieren; sie trugen auch dazu bei, das Zusammengehörigkeitsgefühl in der Bevölkerung zu festigen. Doch die Nationalität blieb nur eine Facette innerhalb einer Vielfalt von Identitätskonstellationen. Mit anderen Worten: Niemand – nicht einmal auf liberaler Seite – wäre wirklich bereit gewesen, die Nachteile in Kauf zu nehmen, welche die Verwirklichung des nationalen Projektes mit sich gebracht hätte. Niemand hätte gezögert, dieses Projekt aufs Spiel zu setzen, wenn es andere, für wichtiger erachtete Interessen persönlicher, kantonaler oder religiöser Art gefährdet hätte. Jene Nation, eine der Helvetischen Republik entliehene Idee, erwies sich als unfähig, die Rückkehr der Wirren zu vermeiden, an die sie sich doch mit Schrecken erinnerte.

«Le trompette est l'ami du bourgeois», Karikatur von 1846, © Photo BGE, Centre d'iconographie genevoise. — Die militärischen Übungslager, die in den verschiedenen Kantonsverfassungen vorgesehen waren, waren oft Schauplatz ausgedehnter Zechereien. Dies war nicht nur der Leistung der Soldaten abträglich, sondern zog auch die unmittelbare Umgebung der Schiessplätze in Mitleidenschaft, die vielfach von verirrten Kugeln durchlöchert war. Andererseits steigerten solche Gelage den Umsatz der Schankwirte und förderten die Entstehung und Festigung eines schweizerischen Nationalgefühls.

## DIE DRITTE WELLE: DIE UNRUHEN UM 1840 UND IHRE VORLÄUFER

Gegen Ende der 1830er Jahre setzte auf mehreren ausländischen Absatzmärkten des Schweizer Handels ein Schrumpfungsprozess ein, was eine schwere industrielle Krise in der Schweiz selbst hervorrief. Ob als Folge davon oder aus rein zufälliger Koinzidenz erschütterte dann zwischen 1839 und 1841 eine Reihe neuer Aufstände die Eidgenossenschaft, die als Reaktionen auf die Regeneration betrachtet werden können.

Die Unruhen konzentrierten sich zunächst auf Zürich und erfassten in der Folgezeit einen erheblichen Teil der Eidgenossenschaft. Sie gingen insofern unterschiedlich aus, als sie nicht alle zu Regierungswechseln oder Verfassungsänderungen führten. Die Bewegungen waren zwar ideologisch uneinheitlich, aber stets politisch und nicht konfessionell. Einige waren tendenziell fortschrittsorientiert, wie diejenige im Wallis 1839, und lassen sich als späte Nachbeben der Regeneration interpretieren. Andere waren religiös-konservativ, so im reformierten Zürich (1839) und im katholischen Luzern (1841). In den Kantonen Bern (1839), Solothurn (1840), Aargau (1841) und Thurgau (1841) wurden reaktionäre Aufstände von der progressiven Mehrheit unterdrückt, während in Genf ein von entschiedenen Liberalen angeregter Aufruhr zur Wahl einer Regierung führte, die später ebendiese Liberalen bekämpfte.

Trotz ihrer Unterschiede und ihrer Komplexität weisen diese Volksbewegungen mehrere gemeinsame Züge auf, die sie von der Welle der vorangegangenen «Revolutionen» der Regeneration unterscheiden. Während jene eine tiefe Unzufriedenheit mit den zur Vermeidung eines erneuten Chaos getroffenen Massnahmen der restaurierten

Eliten ausdrückten, verraten die neuerlichen Wirren nicht nur die Frustration, die das liberale System erzeugt hatte, sondern – beinahe eine Ironie – ihrerseits die Furcht vor einem Chaos. Diese Angst wurde zweifellos durch die internationalen Pressionen genährt, die böse Erinnerungen weckten und ein Aufflackern des Schweizer Nationalstolzes auslösten. Die Beunruhigung verstärkte sich zusätzlich durch die Verlangsamung der Wirtschaftstätigkeit in einigen Industriezweigen ab Anfang der 1840er Jahre. Vor diesem Hintergrund schlug die Unzufriedenheit rasch in Verbitterung um und trieb zur Suche nach anderen Wegen an. Der auffälligste Unterschied zur zweiten Welle der Reaktion besteht darin, dass die Aufstände in den 1840er Jahren nicht von Abkömmlingen ehemaliger Patrizierfamilien in den Hauptorten, sondern von der Landbevölkerung getragen wurden.

Die neuen politischen Lösungsansätze wurden von den lokalen Umständen, den sozialen Akteuren und vor allem von den ihnen zugrundeliegenden ideologischen Forderungen geprägt. Bei näherer Betrachtung zeigt sich die Bewegung als eine Art Amalgam gleich zweier Protestbewegungen gegen die Regeneration und zugleich als deren Vollendung: des Protests gegen die neuen Strukturen in der Politik und des Protests gegen Veränderungen im Bereich der Religion. Das politische Malaise war vor allem dort spürbar, wo sich die liberalen Ideale nicht oder nur schlecht durchgesetzt hatten. Das war beispielsweise in jenen Regionen der Fall, in denen die gewaltsamen Reaktionen auf die liberale Erneuerungswelle eine militärische Intervention des Bundes nach sich gezogen hatten, so in Neuenburg (1831), Basel (1831/32) und Schwyz (1833). Diese drei Fälle sollen hier noch einmal näher betrachtet werden, denn sie sind symptomatisch für die verschiedenen Richtungen, die sich als Reaktion auf die von den Liberalen angestrebten institutionellen Veränderungen ergaben.

### Die konservative Dimension der Reaktionen

Gewiss, der Fall Neuenburg ist singulär. Keine andere Regierung hatte es mit einer fortschrittsorientierten Revolte zu tun, die nicht nur die Volksrechte erweitern, sondern sich zugleich von der preussischen Bevormundung befreien wollte. Gleichwohl forderten die Behörden des Fürstentums und Kantons Neuenburg 1831 Bundestruppen an, mit deren Hilfe sie die Bewegung niederschlugen und daraufhin mehr oder weniger den Status quo ante wiederherstellten.[92]

Der feste Wille, die alten Strukturen beizubehalten, kam nicht nur in Neuenburg, sondern auch in anderen Ständen zum Ausdruck. Er war namentlich typisch für die Landsgemeindekantone, deren Entscheidungssystem sowohl den Regierenden wie den Regierten zuzusagen schien. Logischerweise ging mit dem Wunsch, die Dinge nicht zu verändern, die Befürchtung einher, Reformbestrebungen könnten auch im eigenen Kanton Auftrieb erhalten oder ihm von aussen aufgedrängt werden. Als nun die Tagsatzung die Frage der Bundesvertragsrevision anging – was Auswirkungen auf die interne Organisation dieser Stände gehabt hätte –, wiesen die vor jeder Veränderung zurückschreckenden Kantone das Ansinnen im Namen ihrer Souveränität zurück, und bald wurde aus der Ablehnung offener Widerstand.

Die Schaffung des Siebnerkonkordats der regenerierten Kantone im März 1832 wurde in der Tat als Bedrohung für die etablierte Ordnung wahrgenommen. Der sechs Monate später gefasste Beschluss der Tagsatzung, die provisorische Teilung des Kantons Basel anzuordnen, verstärkte das Gefühl der Gefährdung zusätzlich. In erster Linie weckte die Trennung Unzufriedenheit beim Basler Patriziat und Unbehagen bei der Schwyzer Oberschicht, die mit ähnlichen Spaltungsabsichten konfrontiert war. Darüber hinaus schien sie zu beweisen, dass die Tagsatzung nicht unbedingt Partei für die restaurierten Obrigkeiten ergriff, selbst wenn diese fest entschlossen waren, ihre Macht zu erhalten.

Am 14. und 15. November 1832 versammelten sich in Sarnen Vertreter von Uri, Unterwalden, Neuenburg, Basel-Stadt und der inneren Bezirke des Kantons Schwyz und gründeten dort ebenfalls ein Separatbündnis, den Sarnerbund. Diese «Retorsionsallianz» wollte vor allem die Bundesvertragsrevision und die Kantonsteilungen verhindern. 1833 beschlossen die Mitglieder, sich in einer separaten Tagsatzung zu versammeln, um gegen die offizielle Tagsatzung zu protestieren, die weiter über die Ausarbeitung einer neuen Bundesverfassung diskutierte und die Spaltung verschiedener Kantone zu akzeptieren schien. Vor diesem Hintergrund und obwohl sie gegenüber dem Siebnerkonkordat nicht die gleiche Standhaftigkeit gezeigt hatte, löste die Tagsatzung am 12. August 1833 den Sarnerbund auf – ohne grössere Proteste seitens der betroffenen Stände auszulösen. Zu diesem Zeitpunkt hatte sich die Stimmung im Volk bereits wieder beruhigt, und die konservativen Regierungen, die sich an der Macht halten konnten, wie diejenige von Neuenburg, sassen wieder fest im Sattel. Ausserdem war der Rossi-Plan von Luzern schon abgelehnt worden, und die Waffen hatten zwar zugunsten der Forderungen der Basler Landschaft entschieden, jene der Ausserschwyzer Bezirke jedoch zunichte gemacht.

«Les patriotes au château de Neuchâtel», Lithographie, zugeschrieben César-Henri Monvert, 1831 *(Musée d'art et d'histoire, Neuchâtel)*. — Diese satirische Darstellung der Neuenburger Revolution will offenbar die Patrioten diskreditieren, die hier ihren Freiheitsdrang mit Trinklust verwechseln. Mit mannigfachen Vergnügungen und Streitereien beschäftigt, dürften sie kaum noch in der Lage sein, die hohen Ideale zu verteidigen, in deren Namen sie sich zusammengefunden haben.

## Die radikale Dimension der Reaktionen

Basel vereinigte in einem einzigen Konflikt zwei Arten von Reaktionen auf die Regeneration. Zum einen gab es hier die nunmehr klassische Opposition der alten Elite, die wenig Neigung zu einer gerechteren Teilung ihrer Vorrechte zeigte. Zum andern waren da sogenannte Radikale, Männer, die von den Versprechungen des Liberalismus begeistert waren und davon träumten, dessen Lehren zu verbreiten. Die erste Erwähnung des Begriffs «radikal», bezogen auf die so charakterisierte politische Richtung, datiert aus dem Jahre 1829 – im Unterschied zu Grossbritannien, wo jene Bezeichnung bereits geläufig war.[93] Die Radikalen empfanden sich als die leidenschaftlicheren Liberalen, aus deren Reihen sie auch zweifellos hervorgegangen waren. Soziologisch unterschieden sie sich nicht fundamental von der liberalen Führungsschicht; vielleicht waren sie im Durchschnitt ein wenig jünger[94] und entstammten einem etwas volksnäheren Milieu. Es handelte sich etwa um Söhne von Gastwirten, Händlern oder begüterten Landwirten.

Was diese Männer als leidenschaftlicheres Temperament erachteten, war jedoch viel mehr als eine blosse Charakternuance. Dahinter steckte ein wesentlicher Unterschied, nämlich ein grösseres Vertrauen in die politischen Fähigkeiten und in die Reife des «gemeinen Volkes». Diese Überzeugung erklärt die Energie, mit der die Anführer der Radikalen trotz interner Divergenzen die Volkssouveränität und die Nation voranzubringen suchten. Sie ist aber auch für ihren Regierungsstil verantwortlich, der sich durch einen weniger zurückhaltenden Umgang mit der Macht der Massen auszeichnete, sowie für das Interesse, das einige von ihnen bald für die Instrumente der direkten Demokratie zeigten, in erster Linie für das Vetorecht.

Der junge Kanton Basel-Landschaft bietet diesbezüglich ein gutes Beispiel. Hier begehrten die ehemaligen Untertanengebiete gegen die konservative Basler Regierung auf. Kaum hatten sie sich vom städtischen Teil und von drei stadttreuen Landgemeinden getrennt und waren dank eines militärischen Sieges im August 1833 als Halbkanton bestätigt worden, nahmen sie die sogenannten Fortschrittsideale mit Begeisterung auf. Schon 1832 hatten die frisch formierten Baselbieter ein Grundgesetz verfasst, das nicht nur von liberalen Idealen, sondern auch von demokratischen Prinzipien durchdrungen war. Nach dem Vorbild von St. Gallen gewährte der Halbkanton dem Volk das Vetorecht, jedoch nicht ohne dessen Ausübung durch rechtliche Hürden wirksam einzuschränken.[95]

In den anderen Regionen des Landes vollzog sich die «Radikalisierung» im Allgemeinen später. Erste Anzeichen lassen sich in der Unzufriedenheit über die Zaghaftigkeit der liberalen Gesetzesrevisionen erkennen. Die radikale Tendenz verstärkte sich, indem den bereits bestehenden politischen Foren der Liberalen eine neue Richtung gegeben wurde. Dies zeigte sich beispielsweise in den ausdrücklich als schweizerisch bezeichneten Vereinigungen wie der Studentenverbindung *Helvetia* (1832) oder dem *Schweizerischen Nationalverein* (1834), und es machte sich im Rahmen eidgenössischer Volksfeste bemerkbar. Schliesslich nahm die Bewegung in mehreren regenerierten Kantonen konkrete Formen an – dank des Einflusses, den einige

**«Der Kirchhof zu Muttenz am Abend des 3ten August 1833», Aquarell von Peter Toussaint** *(Archäologie und Museum Baselland, Kunstsammlungen, Inv.-Nr. 43),* © *Photo Museum.BL, Liestal.* — Das Aquarell illustriert angebliche Gräueltaten der Baselbieter nach dem entscheidenden Gefecht vom 3. August 1833 an der Hülftenschanz bei Frenkendorf. Im Kirchhof von Muttenz wurden gefallene Stadtbasler Soldaten, Gemeine wie Offiziere, in einem Massengrab beerdigt. Im Hintergrund ist dargestellt, wie den Leichen die Ohren abgeschnitten werden. Belegt sind solche Szenen nicht; Erzählungen von Kannibalismus und Verstümmelung gehörten zum Repertoire der Kriegspropaganda.[96]

ihrer Anführer auf die betreffenden Regierungen ausüben konnten. Dieser Einfluss auf das Gemeinwesen ging in einigen Fällen direkt auf einen politischen Linksrutsch zurück, wie vermutlich in Schaffhausen im Jahr 1838. Er konnte aber auch das Ergebnis eines Zusammenspiels verschiedener anderer Faktoren sein. In Glarus, wo keine Regeneration stattgefunden hatte, wurde im Jahr 1837 das Ansinnen bekundet, die Sitze in den politischen Institutionen zwischen den Anhängern der beiden Konfessionen anteilsmässig aufzuteilen, was eine empörte Reaktion der katholischen Minderheit auslöste und die Einführung einer von den Radikalen geprägten Gesetzgebung zur Folge hatte.

Die Verbreitung der radikaldemokratischen Ideologie wurde durch den neuen und vernunftbestimmten Unterricht befördert, wie ihn beispielsweise die Zürcher Behörden zu implementieren versuchten. Die gerechtere Vertretung der verschiedenen Bevölkerungsgruppen in den Grossen Räten, die etwa in Schaffhausen erwirkt wurde, oder die Einführung des Vetorechts im Thurgau, im Wallis und im Aargau taten ihr Übriges, um das «gemeine Volk» aktiv in die Politik einzubeziehen. Ungeachtet der Fortschrittlichkeit, die dem Vetorecht im Rahmen einer Geschichte des Ausbaus der Volksrechte im Rückblick zugeschrieben wurde, fand dieses jedoch nicht die einmütige Zustimmung aller Radikalen, umso weniger, als es auch von manchen Konservativen unterstützt wurde.

### Die demokratisch-konservative Dimension der Reaktionen

In den Landsgemeindekantonen war die Politik durch zahlreiche direktdemokratische Elemente geprägt. Doch obwohl die Regierungen hier dem Volk die Möglichkeit gaben, sich zu Fragen der Souveränität zu äussern, wurde der Gang der Dinge in Tat und Wahrheit von kleinen, in sich geschlossenen Eliten gesteuert. Diese Regime bestanden überdies schon lange vor der Regeneration und genossen im politischen Denken der Liberalen kein hohes Ansehen, zumal sich der Liberalismus nicht als ihre Inspirationsquelle betrachten liess. Hingegen förderten die Unruhen, die 1832/33 den Kanton Schwyz erschütterten, die Entstehung institutioneller Mischformen, einer Art Mittelweg zwischen den beiden so gegensätzlichen Reaktionen, zwischen dem Willen, den Status quo zu bewahren, und dem Wunsch nach radikaler Veränderung.

Der bewaffnete Konflikt zwischen den äusseren und den inneren Bezirken des Kantons, bei dem es um eine bessere Vertretung der Ersteren ging, endete im August 1833 mit einem innovativen Kompromiss. In ihrem Bestreben, die Spaltung zu vermeiden und den Forderungen des Volkes Genüge zu tun, schöpften die alten Schwyzer Eliten sowohl aus dem Fundus der traditionellen Institutionen wie auch aus dem Erbe der Helvetik. Sie statteten den Kanton mit einer Exekutive und einer Legislative aus, zwei voneinander getrennten

Gremien, die über gewisse Rechte verfügen sollten, welche früher bei der Landsgemeinde gelegen hatten. Die Landsgemeinde spielte weiterhin eine wichtige Rolle in der Verwaltung des Kantons und setzte sich fortan aus gleichberechtigten Männern zusammen, die in dieser Versammlung aufgrund des Rechts und nicht aufgrund der Geschichte zugelassen waren.[97]

Die demokratischen Instrumente waren also weder ausschliesslich ein Vermächtnis der Vergangenheit noch die alleinige Errungenschaft der Rebellen (siehe auch den Beitrag von Andreas Suter, S. 366). Die meisten Unruhen am Ende der 1830er Jahre sollten im Übrigen gerade von sozialen Akteuren ausgehen, die von den liberalen Regierungen enttäuscht waren und nach einem typisch schweizerischen Modell der Entscheidungsfindung suchten. Ihre Entschlossenheit beruhte auf der traditionellen Konzeption einer Gesellschaft, in der jeder seinen Platz kennt und seine Rechte gebraucht, um sein Vertrauen in die etablierte Ordnung zu bekräftigen.

Im September 1839 kam es in Zürich zu heftigen konservativen Unruhen. Die regenerierte Regierung wurde gestürzt, und in zahlreichen Petitionen wurde eine Ausweitung der Volksrechte verlangt. Die neue Zürcher Führungsequipe befasste sich allerdings erst ab 1842 mit der Gewährung des Vetorechts, das heisst zu einem Zeitpunkt, als sie ihre eigene Machtposition wanken spürte und sich auf das Beispiel von Luzern stützen konnte. Mit dem konservativen Umsturz von 1839 machte Zürich den Weg definitiv frei für ähnliche Entwicklungen in anderen Kantonen.

Die jurassischen Gebiete des Kantons Bern (1839) und Solothurn (1840) erlebten ebenfalls konservative Unruhen, die aber von den amtierenden Machthabern erstickt wurden.[98] Im Tessin nahmen die Liberalen die Zügel rasch wieder in die Hand. In Luzern hingegen stürzte die Bevölkerung 1841 ihre regenerierten Behörden und veränderte die Verfassung in einem konservativen und zugleich demokratischen Sinne.

## DIE SPALTUNG NACH DER REGENERATION

### Divergenzen und Konvergenzen

Die Umschwünge der späten 1830er Jahre waren weniger politisch als religiös sowie durch soziale Unzufriedenheit motiviert. Die Regeneration hatte sich nicht nur als eine Bewegung zur Reform der kantonalen Institutionen erwiesen, sondern sie hatte auch zu einem tiefgreifenden Wandel der Gesellschaft und der Art, über diesen Wandel nachzudenken, geführt.

Den politischen und sozioökonomischen Veränderungen, welche die Regeneration mit sich brachte, lag ein Gedankensystem zugrunde, dessen höchste Legitimation nicht mehr Gott war, sondern die Vernunft. Nicht, dass die Liberalen Agnostiker oder gar Atheisten gewesen wären. Die meisten von ihnen waren gläubig, jedoch zugleich von der Aufklärung geprägt, die sich auch auf die zwei christlichen Konfessionen des Landes ausgewirkt hatte. Einer solchen Lebensauffassung stand jenes Weltbild gegenüber, in dem die höchste Instanz jeglichen sozialen Lebens Gott war. Die Anhänger der religiös-konservativen Weltsicht waren angesichts der Umwälzungen der dreissiger Jahre schockiert. Die anfängliche Missbilligung der Ereignisse verwandelte sich zusehends in Beunruhigung. Dieser Prozess hatte bereits mit den Diskussionen über die Revision des Bundesvertrags eingesetzt und sich nach der Enzyklika «Mirari vos» von 1832 beschleunigt. Mit der Unterzeichnung der Badener Artikel durch einige liberal regierte Kantone im Jahr 1834 war der Bruch gewissermassen vollzogen. Der Graben verlief im Wesentlichen nicht entlang alter politischer oder konfessioneller Grenzen, sondern entsprach ideologischen Differenzen, genauer gesagt unterschiedlichen Vorstellungen von Staat und Gesellschaft.[99]

Der in den Badener Artikeln vom Januar 1834 deutlich zum Ausdruck gebrachte Wunsch, die Kirche dem Staat zu unterstellen, alarmierte vor allem katholisch-konservative Kreise, zu denen die meisten der nicht-regenerierten Kantonsregierungen gehörten. Ihre Erregung wurde noch verstärkt durch die Enzyklika «Commissum divinitus» vom 17. Mai 1835, in welcher der Papst sein extremes Missfallen über die Badener Artikel ausdrückte. Die Einmischung des Papstes in die internen Debatten der Schweiz machte Eindruck auf

**Ein Liberaler wird vom Beichtstuhl weggewiesen, Illustration in: Martin Disteli, Schweizerischer Bilderkalender für das Jahr 1843** (UB Basel, Sign. VB 297). — Im «Schweizerischen Bilderkalender» wetterte der Solothurner Martin Disteli von 1839 bis zu seinem Tod im Jahr 1844 immer wieder gegen die Konservativen. Hier prangert er die Ausgrenzung an, der die Liberalen im Wallis ausgesetzt waren, wo der Klerus, wie in den meisten konservativen Kantonen, einen erbitterten Krieg gegen sie führte.

» *Ehrwürdige Brüder und geliebte Söhne, was sich im Januar vergangenen Jahres in der Stadt Baden im Kanton Aargau in frevelhafter Weise zugetragen hat, erfüllt auch euch mit bitterster Trauer und bereitet euch jetzt noch Angst und Sorge. [...] Eines geht aus den Akten der genannten Versammlung ganz klar hervor, [...] aus den wörtlich wiedergegebenen Reden und den dort abgefassten Artikeln. Wenn Wir diese lesen, sind Wir entsetzt, denn sie enthalten Prinzipien, die Neuerungen in die Katholische Kirche einführen würden, die im Gegensatz zu deren Lehre und Disziplin stehen und die die Seelen verderben. Dies kann in keiner Weise geduldet werden. Er, der alles in höchster Weisheit geschaffen und umsichtig geordnet hat, will, dass in Seiner Kirche Ordnung herrsche, dass also die einen Ihr vorstehen und in Ihr herrschen, die anderen aber Ihr untertan und gehorsam seien.»* *

Auszug aus der Enzyklika «Commissum divinitus» Papst Gregors XVI. an den schweizerischen Klerus (1835), in: L'Invariable: nouveau mémorial catholique, Bd. 7, Fribourg 1835, S. 33–34.

den Klerus, und die aus ihr sprechende Besorgnis ging auch auf die Gläubigen über. In den gemischtkonfessionellen Kantonen Bern und Aargau zeigte sich die katholische Bevölkerung gegenüber der Anwendung der Badener Artikel sogar so widerspenstig, dass sich die kantonalen Behörden veranlasst sahen, ihre Religionspolitik mit Waffengewalt durchzusetzen.

Die heftigen Reaktionen des Volkes müssen mit dem Zeitpunkt ihres Auftretens in Zusammenhang gebracht werden: Sie ereigneten sich in einem Moment, in dem sich weite Teile der Bevölkerung vom wirtschaftlichen und politischen System der Regeneration im Stich gelassen fühlten. Die Veränderungen des Alltags, der durch diese verursachte Unmut und die Verschlechterung der Lebensbedingungen Ende der 1830er Jahre verleiteten viele Menschen zur Rückbesinnung auf traditionelle Werte und zur Suche nach Antworten im von der Kirche vorgegebenen Rahmen. Die Tatsache, dass die Rolle ebendieser Kirche durch die neue Ordnung bedroht wurde, deren Unzulänglichkeiten man gerade zu entfliehen suchte, stellte einen zusätzlichen Grund dar, in ihrem Schoss Schutz zu suchen.

Die katholische Kirche bot altbewährte Lösungen für gesellschaftspolitische Probleme an, standen doch die Krankenpflege, das Armenwesen und die Schule in der katholischen Schweiz noch weitgehend unter ihrer Kontrolle. In Luzern bemühten sich die Reaktionäre, die unter dem Druck des Volkes erneut an die Macht gekommen waren, den Gemeinden wieder mehr Autonomie zu geben und den Einfluss der Kirche auf das Erziehungswesen zu stärken.[100] In Freiburg wachten sie ebenfalls über die Religion und das Unterrichtswesen, behielten aber die liberalen Wirtschaftsgesetze bei.[101] Doch die katholischen Konservativen erprobten auch neue Wege. So hatte Schwyz schon 1836 damit begonnen, regenerationsfeindlich gesinnte Eliten auszubilden, und 1841 wurde der *Schweizerische Studentenverein* gegründet, der diese Eliten in einer nationalen Organisation vereinen sollte.[102]

Von dieser Rückzugsbewegung wurden auch weite Kreise der Reformierten erfasst – eine ihrer Stimmen sollte Jeremias Gotthelf (1797–1854) werden. Die protestantische Reaktion war heterogener, verrät aber eine ebenso tiefe Verunsicherung. Das ist zumindest die Schlussfolgerung, die sich aus dem Züriputsch – auch bekannt als «Straussenhandel» – ziehen lässt: Nachdem die Universitätsberufung von David Friedrich Strauss (1808–1874), des Autors der unter Theologen sehr umstrittenen Schrift *Das Leben Jesu, kritisch bearbeitet*, das Fass zum Überlaufen gebracht hatte, stürzte am 6. September 1839 die Zürcher Bevölkerung die Behörden, die seit Beginn der Regeneration die Regierung gebildet hatten, und wählte an ihrer Stelle Vertreter der konservativen Richtung. Allerdings erlebten nicht alle reformierten Kantone eine solche Phase der Reaktion, wie die Niederschlagung eines konservativen Aufruhrs in den jurassischen Gebieten des Kantons Bern im Frühling des gleichen Jahres zeigt.[103]

Paradoxerweise war Strauss' Ernennung Teil einer Politik, die immer radikaler die Verbesserung des öffentlichen Unterrichts anstrebte. Der Wunsch nach rationalerem Wissen stellte eine Antwort der Fortschrittsgläubigen auf die von ebendiesem Fortschritt hervorgebrachten sozialen Ungleichheiten dar. Dies offenbart die Ähnlichkeit der Sorgen, die den Differenzen zugrunde lagen: Auf beiden Seiten widerspiegelt sich hier der Wille, die vom regenerierten System ans Licht gebrachten oder von diesem geschaffenen Mängel zu korrigieren. Auch die für diese Probleme gefundenen Lösungen weisen gewisse Ähnlichkeiten auf.

Zunächst sympathisierten sowohl Konservative als auch Radikale mit der Einführung beziehungsweise der Beibehaltung von Elementen, die der «reinen» Demokratie entstammten. Diese Übereinstimmung beunruhigte wiederum die Liberalen, die laut protestierten gegen «quelques énergumènes, soidisant radicaux, [qui] n'ont pas eu honte de donner la main d'association aux aristocrates, les

---

* «Intelligitis jam Venerabiles Fratres, Dilecti Filii, de iis Nos loqui, quæ mense Januario elapsi anni in urbe Bada Pagi Argoviensis nefarie gesta, vel potius perpetrate sunt; quæque Vos ipsos acerbissimo confecerunt mærore, anxiosque adhuc et solicitos habent. [...] At rem certam nimis exploratamque Nobis fecerunt ipsa memorati conventus acta [...], tum sermones [...], tum demum confectos ibidem articulos integre exhibent. Perhorruimus vero sive sermones sive articulos hosce legentes, et ejusmodi in iis contineri principia, easque inde in Catholicam Ecclesiam induci novitates intelleximus, quae utpote illius doctrinæ ac disciplinæ repugnantes, aperteque ad perniciem animarum pertinentes, ferri nullo modo possunt. Profecto qui omnia sapientissime fecit, ac providentissima ordinatione disposuit, is voluit ut multo magis in Ecclesia sua vigeret ordo, et alii quidem præssent, atque imperarent, alii subessent et parerent.»

plus signalés, et de prétendus amis des Lumières, à ceux qui oppriment le peuple par l'ignorance! Tant ces fougueux apôtres d'un faux libéralisme sont éloignés d'aimer la liberté pour elle-même!»[104] («diese paar Verrückten, die sich selber Radikale nennen und sich nicht schämen, den bekanntesten Aristokraten die Hand zum Bund zu reichen – angebliche Freunde der Aufklärung, die sich mit jenen verbünden, die das Volk unterdrücken, indem sie es in Unwissenheit halten! Wie weit sind doch diese feurigen Apostel eines falschen Liberalismus davon entfernt, die Freiheit um ihrer selbst willen zu lieben!»).

Trotz solcher Kritik fuhren die Radikalen fort, die Volksrechte auszuweiten, sie taten dies nun – um 1840 – jedoch mit mehr Bedacht. Zwar waren sie immer noch bereit, das Volk als Druckmittel einzusetzen, sie glaubten aber nicht mehr blindlings an dessen vermeintliche und scheinbar naturgegebene Fortschrittlichkeit, sondern machten es sich zur Aufgabe, die Bevölkerung im Sinne der Aufklärung im Gebrauch der Vernunft auszubilden, um auf diese Weise die egalitäre Gesellschaft zu schaffen, die sie ersehnten. Diese Entwicklung liess die Kluft zwischen den Zielen der Radikalen und denjenigen der Konservativen immer unüberbrückbarer erscheinen – trotz gewisser Ähnlichkeiten hinsichtlich der von beiden Strömungen favorisierten politischen Mittel.[105]

Eigenartigerweise stand auf beiden Seiten die alte Angst vor dem Niedergang und Zerfall des Landes im Hintergrund des Handelns. Diese Angst hatte ihre Wurzeln in den Erfahrungen der Helvetischen Republik. Für die linke Seite rührte die Gefahr zu Beginn der 1840er Jahre von den Schwierigkeiten her, die Institutionen des Landes im Sinne der Nationalisierung rasch zu verbessern, und von der möglichen Ausnützung der sich daraus ergebenden Situation durch das Ausland. Für die rechte Seite war die Gefahr das Resultat eines moralischen Niedergangs, der Zerstörung der göttlichen Ordnung und des Umstands, dass die Lehren der Vergangenheit vergessen worden seien.[106]

Die Befürchtungen waren durchaus begründet. Die Umsetzung der liberalen Prinzipien war nicht ohne Beschneidung der kantonalen Souveränität und nicht ohne Umgestaltung der internen Machtstrukturen möglich. Andererseits genossen die Gegner der Regeneration die Sympathie der meisten Grossmächte, so Österreichs und Preussens, die gerne zugunsten der Vertreter des Status quo interveniert hätten. Die Gefahren waren fundamental, denn sie bedrohten die Zukunftspläne der meisten führenden Köpfe der Schweiz. Mit anderen Worten, die unterschiedlichen Lösungsansätze zur Bekämpfung der um sich greifenden Angst vor dem Niedergang führten zu Beginn der 1840er Jahre zur Herausbildung zweier antagonistischer Lager, von denen das eine auf die Nation, das andere auf die Tradition setzte. Diese grundlegende Differenz bezüglich des angepeilten Gesellschaftsprojekts bestätigte noch einmal

**Flucht der Putschisten über die Zürcher Münsterbrücke, lavierte Zeichnung, 1839** (*ZB Zürich, Graphische Sammlung*). — In Zürich wird aufständisches Landvolk am 6. September 1839 von Regierungstruppen über die Münsterbrücke zurückgetrieben. Der «Züriputsch» ist dennoch ein politischer Erfolg: Die liberal-radikale Regierung dankt ab, Neuwahlen führen zu einer konservativen Mehrheit im Grossen Rat. Die Berufung des radikalen Theologen David Friedrich Strauss an die Universität Zürich wird rückgängig gemacht, der radikale Direktor des Lehrerseminars, Thomas Scherr, entlassen.

den zwischen den politischen Lagern verlaufenden Graben: Die protestantischen und die industrialisierten Kantone waren im Allgemeinen eher geneigt, ihr Glück in einer nationalen Zukunft zu suchen, während sich die katholischen und ländlichen Kantone zumeist stärker auf die Tradition stützen wollten. Es gab jedoch zahlreiche Ausnahmen: Basel-Stadt, das Tessin und Solothurn tendierten beispielsweise zu Positionen, die im Gegensatz zu dem standen, was ihre Konfession hätte vermuten lassen. Noch deutlicher kommt die Komplexität der politischen Konstellation darin zum Ausdruck, dass die erbittertsten Feinde der Konservativen die katholischen Radikalen waren.

**Die Gewalt**

Ungeachtet dieser Verwicklungen blieben die beiden Lager klar voneinander unterscheidbar. In der ersten Hälfte der 1840er Jahre wurde der Graben zwischen ihnen sogar noch tiefer, und ihr Handeln radikalisierte sich.

Die konservativen Umschwünge, die diesen Zeitabschnitt charakterisieren, stärkten die Entschlossenheit der radikalen Führer. Zwischen 1844 und 1847 gaben sich die Kantone Zürich (1844/45), Waadt (1845), Bern (1845), Genf (1846) und St. Gallen (1847) Regierungen mit radikalen Zielsetzungen, mal infolge von Wahlen, mal von Volksaufständen. Diese zukunftsweisenden Erfolge der Radikalen gingen auf eine grundlegende Erkenntnis zurück: Die Unzufriedenheit der Bevölkerung musste in bestimmte Bahnen gelenkt werden, um die erhofften Wirkungen zu erzielen. Daraus ergab sich die Notwendigkeit, sowohl die Organisation der Massen als auch die Verbreitung der für sie bestimmten Botschaft zu verbessern. Unter diesem Gesichtspunkt wurden nun Vereine und Feste von einem stärker als bisher auf die Nation ausgerichteten Diskurs erfasst. Die radikale Rhetorik setzte dabei auf die Geschichte als Argumentationshilfe, indem sie die Forderung nach auf dem Naturrecht basierenden Neuerungen als ein Pochen auf uralte Rechte darstellte, die widerrechtlich usurpiert worden seien.

Dieses Verfahren war nicht neu. In den 1840er Jahren bot die politische Deutung und Instrumentalisierung der Vergangenheit jedoch mehrere, eng mit der damaligen Situation verbundene Vorteile. Zum einen konnte auf diese Weise der revolutionäre Ursprung der Forderungen verschleiert werden. Zum anderen ermöglichte die Instrumentalisierung der Geschichte, das natürliche Streben nach Freiheit als charakteristischen Zug der Schweiz darzustellen.[107] Und schliesslich machte sie den Konservativen eine mächtige Waffe streitig, die damit ihre Weltanschauung nicht mehr unangefochten auf die Vergangenheit stützen konnten.

Der Kampf um Symbole war umso wichtiger, als das gegnerische Lager seine Haltung ebenfalls verschärfte – besonders auffällig in Luzern. Tatsächlich schloss die 1841 eingesetzte regenerationsfeindliche Regierung auch stramm Konservative mit ein, beispielsweise den kompromisslosen Konstantin Siegwart-Müller (1801–1869) oder den ultramontanen Josef Leu (1800–1845). Fortan bekam der Graben, der die Schweiz spaltete, eine neue Dimension; die bisher im Wesentlichen defensive Haltung beider Seiten ging in eine aggressive über. Erste

«Aargau und die Klöster», Karikatur aus dem Satiremagazin «Guckkasten» vom 25. März 1841 (*Schweizerische Nationalbibliothek*). — Die zwei seit Beginn des Jahres 1841 bestehenden politisch-ideologischen Lager stehen einander im Kampf gegenüber. Links der zukünftige Sonderbund, gekleidet in ein Mönchsgewand und unterstützt von Bauern und Geistlichen. Er sitzt auf einem an das Urner Wappen erinnernden Stier und auf dem Sattel der Legitimität, die der Bundesvertrag verleiht; auf seinem Rücken trägt er die Weisung des Nuntius: «Bethen und Fasten». Rechts der moderne Volkstribun Augustin Keller, ein gegen den Einfluss des Vatikans engagierter liberaler Katholik, in traditioneller Rüstung mit der polarisierenden Parole: «Klöster oder Aargau». Die beiden duellieren sich vor den entsetzten Augen des Niklaus von Flüe, der eine mit einem Kruzifix, der andere mit einer Lanze bewaffnet.

Zeichen von Gewaltbereitschaft lassen sich bereits in den Provokationen erkennen, mit denen sich die Kantone Aargau und Luzern ab Januar 1841 gegenseitig überboten.[108]

Der Aargau, der sich gerade eine Verfassung gegeben hatte, die für die katholische Minderheit weniger vorteilhaft war als das bisherige Grundgesetz, versuchte, den ungelegenen Manifestationen religiöser Unzufriedenheit durch die Schliessung der Klöster den Boden zu entziehen. Dieser nicht zuletzt dank des Einsatzes des radikalen katholischen Abgeordneten Augustin Keller (1805–1883) zustandegekommene Beschluss, der dem Kanton nebenbei eine hübsche Summe Geld einbrachte, stand im Widerspruch zum Bundesvertrag von 1815. Dennoch löste er nur eine gemässigte Rüge der Tagsatzung aus, die lediglich die Wiedereröffnung der Frauenklöster verlangte. Vor diesem Hintergrund wählte Luzern 1841 eine konservative Regierung, die weniger als drei Jahre später, im Oktober 1844, die Jesuiten einlud, den Unterricht an den höheren Schulen des Kantons zu übernehmen. Der Orden war bekannt als «Katalysator» im Volk vorhandener Ängste. Nach seiner Aufhebung im Jahr 1773 war er 1814 im Wallis wieder zugelassen worden, 1818 in Freiburg und 1836 in Schwyz. Aber seine Rückberufung nach Luzern, einem der regelmässigen Tagsatzungsorte, wurde von vielen als unerträgliche Provokation empfunden.

Im Dezember 1844 kamen rund hundert empörte Männer aus den Kantonen Aargau, Solothurn, Basel-Landschaft und dem Luzerner Umland spontan überein, die Regierung Luzerns zu stürzen. Trotz des Wohlwollens mehrerer namhafter liberaler und radikaler Politiker scheiterte dieser als erster Freischarenzug (↑Freischaren) bekannt gewordene Angriff. Die darauffolgende Repression war hart und löste Ende 1845 eine zweite Operation aus, an der sich 3500 Freiwillige beteiligten, angeführt von dem radikalen Hauptmann Ulrich Ochsenbein.[109] Auch sie endete mit einer Niederlage der Angreifer. Diese gewaltsamen Ereignisse veränderten die Lage in zweierlei Hinsicht: Zum einen forderten sie mehr als hundert Tote, die als Opfer eines regelrechten Bürgerkriegs gelten können. Zum anderen verstärkten sie die Konfessionalisierung der politischen Gegensätze. Dabei wurden zunehmend Protestantismus und Fortschritt auf der einen und (Ultra-)Katholizismus und Konservativismus auf der anderen Seite miteinander assoziiert. Diese Gleichsetzung verstärkte sich in den folgenden Monaten, nachdem der Luzerner Regierungsrat Josef Leu von einem – obzwar katholischen – enttäuschten Radikalen, Jakob Müller, ermordet worden war. Die Luzerner Regierung reagierte am 11. Dezember 1845 mit der

**«Wie eine wohlorganisirte Freischaar ausziehen thät», aquarellierte Bleistiftzeichnung von Johannes Ruff, 1845** (ZB Zürich, Graphische Sammlung). — Die Karikatur zeigt den Schriftsteller Gottfried Keller (1819–1890) als Tambour der Zürcher Freischärler. Oben links ist zu lesen: «ich will euch exerziren ihr / Heiligen sagerment. / rechts schwenkt euch / arrrsch.»

Schaffung einer katholischen Schutzvereinigung, bestehend aus Uri, Schwyz, Unterwalden, Luzern, Zug, Freiburg und dem Wallis, die bald unter dem Namen Sonderbund bekannt wurde.

Erst im Juni 1846 erfuhren die anderen Kantone von diesem Separatbündnis, das natürlich sogleich zu einem erbittert diskutierten Thema wurde. Doch erst nach den Regimewechseln in Genf und in St. Gallen ergab sich in der Tagsatzung eine klare, das heisst mehrere katholische Kantone einschliessende Mehrheit, die am 20. Juli 1847 die Auflösung des Sonderbunds anordnen konnte. Die Betroffenen hatten allerdings nicht die Absicht, dem Befehl Folge zu leisten. Trotz gegenteiliger Beteuerungen trachteten beide Parteien danach, die institutionelle Blockade, das «Patt»,[110] mit Waffengewalt zu beenden. Bei den einen hing diese Entschlossenheit wesentlich mit der damaligen Situation des Landes zusammen, bei den anderen hatte sie eher mit den Zukunftsaussichten zu tun. In den Augen der Konservativen schien nur ein militärischer Sieg die Respektierung der kantonalen Souveränität in der bestehenden Form zu garantieren, für ihre Gegner schien nur Waffengewalt die Möglichkeit zu bieten, die Lähmung des Systems zu überwinden, die alle Bestrebungen zur Bildung einer Nation blockierte.[111]

### Der Krieg[112]

Die beidseitige Bereitschaft zu einem Kräftemessen erklärt nicht nur den Ausbruch des Krieges, der sofort begann, kaum dass sich die Mehrheit der Kantone für die Auflösung des Sonderbunds ausgesprochen hatte, sondern auch die Art und Weise, wie dieser geführt wurde. Während seiner ganzen Dauer wurden Weisungen herausgegeben, die die Schäden in Grenzen halten sollten. Die militärischen Operationen der Tagsatzungstruppen wurden mit äusserster Schnelligkeit durchgeführt; dementsprechend verlief der Krieg ganz in ihrem Sinne. Er begann am 4. November 1847 und endete am 29. November desselben Jahres mit der Übergabe des Wallis, nachdem nacheinander Freiburg, Zug, Luzern und die Waldstätte kapituliert hatten.

Die kurze Dauer des Krieges ist auf die militärische Überlegenheit der Sonderbundsgegner zurückzuführen, zugleich aber auch auf den festen Willen zur Zurückhaltung. Zwar traf dieser Vorsatz im Lager der national Gesinnten nicht sofort auf einhellige Zustimmung, wie die Schwierigkeiten belegen, die im Zuge der Ernennung von Guillaume-Henri Dufour zum General auftraten. Nachdem er aber einmal mit dem Kommando beauftragt war, scheint der Genfer alles daran gesetzt zu haben, die Zahl der Opfer möglichst niedrig zu halten. Während etwa im amerikanischen Sezessionskrieg rund 620 000 Soldaten umkamen, waren in der Schweiz «nur» 98 Tote und 493 Verletzte zu beklagen.[113] Auf dem Schlachtfeld versuchten die Angreifer, den Feind mit den Waffen mehr zu beeindrucken, als von diesen wirklich Gebrauch zu machen. Derselbe Geist der Zurückhaltung lag den wiederholten Appellen zur Respektierung von Hab und Gut zugrunde. Die späteren Sieger bemühten sich, die Bevölkerung der rebellischen Kantone zu schonen, mit Ausnahme ihrer wichtigsten Anführer.

Der eigentliche Beweggrund dieser Milde war indes das nationale Ziel. Dieses Ziel beugte Gewaltexzessen vor und verhinderte, dass Ausschreitungen und gegenseitige Rachegefühle einen Teufelskreis in Gang setzten, der die Bildung eines geeinten Landes erschwert hätte. In diesem Sinne wurde den Besiegten in den Sonderbundskantonen von den Anhängern einer neuen Schweiz eine Kapitulation auferlegt, deren allgemeine Bedingungen sich als programmatisch erwiesen. Neben anderen Forderungen sah sie die Übernahme der Kriegskosten, die Ernennung neuer kantonaler Behörden und nicht zuletzt die Ausweisung der Jesuiten vor.

Als finanzielle Entschädigung wurde eine Kriegsschuld in Höhe von sechs Millionen Franken eingefordert, was in einer Zeit, in der beispielsweise die Zentralkasse der reformierten Orte rund 10 000 Franken enthielt, einer enormen Summe entsprach. Besatzungstruppen sollten die Bezahlung sicherstellen. Schon bald setzten sich jedoch die Tagsatzungsbehörden für die Entlastung der Bewohner in den unterworfenen Gebieten ein. Sie erlaubten ihnen, von gewissen Unterstützungen zu profitieren, die eigentlich für die Familien der verletzten oder getöteten Soldaten bestimmt waren. Nach und nach wurden die Bundestruppen aus den besetzten Kantonen abgezogen, noch bevor diese ihre Schuld vollständig beglichen hatten.[114]

Ein solcher Sinneswandel war nicht oder zumindest nicht nur Ausdruck eines plötzlichen Mitleids mit der Bevölkerung der kleinen Kantone. Im Zuge der Kapitulationen hatte man die Ernennung einer provisorischen, den neuen Verhältnissen entsprechenden Regierung arrangiert. Diese unter der Kontrolle der Tagsatzungsbataillone gewählten Magistraten waren meist Anhänger der Radikalen. Um nun die konservativen Gebiete für die Sache des Fortschritts zu gewinnen, erschien es geboten, sich versöhnlich zu zeigen. Darum beschlossen die Sieger, die installierten Regierungen als politische Partner zu entlasten, denn es war heikel, eine so grosse finanzielle Anstrengung von einer Bevölkerung zu fordern, die man sich doch als Verbündete auf ideologischer, religiöser, gesellschaftlicher, ja auf nationaler Ebene wünschte.

Sei es aus Kalkül oder in voller Aufrichtigkeit: Die eidgenössischen Behörden achteten stets darauf, die sezessionistischen Umtriebe des Sonderbunds als Resultat eines Komplotts darzustellen.[115] Indem man den Bruderkrieg den Machenschaften eines staatsfeindlichen Klüngels zuschrieb, leugnete man die tiefen Risse, die der Konflikt offenbarte. Mehr noch, durch die deutliche Benennung von «Schuldigen» trug man dazu bei, die beiden gegnerischen Parteien auf der Basis einer geteilten Ablehnung wieder zusammenzuschweissen. Der eine an den Pranger gestellte Feind waren die Jesuiten, die der willentlichen Zerstörung der Schweiz und des blinden Gehorsams gegenüber einer fremden Macht, dem Heiligen Stuhl, bezichtigt wurden. Der andere Sündenbock waren die kantonalen Regierungen, die man beschuldigte, ihre Bürger in Bruderkämpfe verwickelt zu haben. Aus Gründen des Machterhalts hätten sie die von der Tagsatzung abgegebenen Garantien verheimlicht und das Vertrauen ihrer Mitbürger missbraucht. Auf der Grundlage dieser Vorwürfe entstand eine Art

« *Eidgenössische Wehrmänner! Ihr werdet in den Kanton Luzern einrücken. Wie Ihr die Grenzen überschreitet, so lasst Euren Groll zurück und denkt nur an die Erfüllung der Pflichten, welche das Vaterland Euch auferlegt. Zieht dem Feinde kühn entgegen, schlagt Euch tapfer und steht zu Eurer Fahne bis zum letzten Blutstropfen! Sobald aber der Sieg für uns entschieden ist, so vergesset jedes Rachegefühl, betragt Euch wie grossmütige Krieger, denn dadurch beweist Ihr Euren wahren Muth. Thut unter allen Umständen, was ich Euch schon oft empfohlen habe. Achtet die Kirchen und alle Gebäude, welche dem Gottesdienst geweiht sind! Nichts befleckt Eure Fahne mehr, als Beleidigungen gegen die Religion.»*

General Guillaume-Henri Dufour am 22. November 1847, zit. nach: Wilhelm Oechsli, Quellenbuch zur Schweizergeschichte, kleine Ausgabe, 2. Aufl. (1. Aufl. 1886), Zürich 1918, S. 528.

stillschweigendes Einvernehmen zwischen Siegern und Besiegten des Sonderbundskrieges.

Die Rhetorik der Sieger entlastete die Bevölkerung der unterlegenen Kantone. Diese sei getäuscht worden und trage daher nicht die geringste Schuld. So hoffte man, Strafexpeditionen und gegenseitige Racheakte zu verhindern, die in einem Land, das geeint werden soll, stets fatal sind. Die Wahl der Jesuiten und Oligarchen als Sündenböcke lässt spiegelbildlich erkennen, wie sich die Radikalen die Zukunft der Schweiz vorstellten: Für die kommenden Jahrhunderte sollte sie eine unabhängige Nation sein, regiert vom Volk, das seinerseits von einem vernünftigen – das heisst den Regeln eines zentralisierteren und demokratischeren Staates unterstellten – Christentum geleitet würde.

## TROTZ ALLEM DIE SCHWEIZ

### Die Vision der (späteren) Verlierer[116]

Aber blenden wir noch einmal zurück. Gewiss hegten die Sonderbundskantone nicht die gleichen Ambitionen für die Zukunft des Landes. Als die militärische Konfrontation unausweichlich erschien, nahmen sie jedoch eine resignierte und zugleich unversöhnliche Haltung ein. Militärisch erwiesen sie sich als eindeutig unterlegen. Ihren Führern mangelte es, bedingt durch den fehlenden territorialen Zusammenhang, an Koordination. Zudem herrschte unter ihnen eine tiefe Uneinigkeit über Sinn und Zweck der alles entscheidenden Konfrontation mit den übrigen Kantonen. So standen die Eroberungsabsichten des Kriegsratspräsidenten Konstantin Siegwart-Müller den Verteidigungsvisionen des Truppenkommandanten, des Bündners Johann Ulrich von Salis-Soglio (1790–1874), diametral gegenüber, und dieser Gegensatz machte schliesslich ihre gemeinsamen Anstrengungen zunichte.

Auch zeigten sich die Truppen, die von der Gerechtigkeit ihrer Sache und daher von der Hilfe Gottes für ihr Unternehmen überzeugt waren, meist kaum in der Lage, den Angreifern ernsthaften Widerstand entgegenzusetzen. Unter diesen Bedingungen wurden die ersten Rückschläge als offensichtliche Beweise göttlicher Abwendung interpretiert. Sie lösten eine allgemeine Demoralisierung aus und hemmten die Kampfeslust, was den Gegnern wiederum erlaubte, das Tempo ihres Feldzugs zu steigern. Doch wenn die Geschlagenen nun auch ihre Waffen niederlegten, gaben sie deswegen noch lange nicht alle ihre Forderungen auf. In Zug zeigte die Bevölkerung keine Eile, sich radikal eingestellte Behörden zu geben. Nidwalden und daraufhin die ganze Urschweiz besassen nach der unumgänglichen Kapitulation sogar die Kühnheit, von der Tagsatzung eine Bestätigung der «in ihrer Proklamation vom 20. Weinmonat abhin feierlich gegebenen Versicherung der Garantie der heiligen Religion und der Rechte und Freiheiten aller Kantone»[117] zu verlangen. Diese wenigen den Kapitulationsvereinbarungen hinzugefügten Zeilen vermochten die Hauptbetroffenen wieder etwas zu beruhigen, ohne sie jedoch davon abzubringen, weitere Forderungen zu stellen.

Um ihre Kriegsschulden zu reduzieren, verfassten die Sonderbundskantone zahlreiche Bittschriften. Die Bundesbehörden, selbst knapp bei Kasse, zeigten anfänglich wenig Bereitschaft, die finanzielle Last ihrer Mitbürger zu mindern. Bizarrerweise ermunterte diese Haltung die Unterlegenen zu einer Rückzugsstrategie, für die sie sich gleich doppelt beim Argumentarium der Sieger bedienten. Zum einen griffen die meisten der durch Akklamation gewählten provisorischen Regierungen ebenfalls auf die religiösen, politischen und nationalen Sündenböcke zurück, welche die offizielle Propaganda geschaffen hatte. Sie sahen in der klaren Benennung der Schuldigen eine bequeme Möglichkeit, ihren eigenen Platz zu rechtfertigen und dem Volk ein direktes Ventil für eventuelle Frustrationsentladungen zu bieten. Als es um die Bezahlung der Kriegsschulden ging, gerieten die «Verantwortlichen» der schwierigen Nachkriegssituation ins Visier, also die alten geistlichen und weltlichen Eliten, die noch immer Reichtümer besassen. Zum anderen bezogen sich die Gesuche an die Tagsatzung ausdrücklich auf die einigenden Werte, die während des Krieges von Seiten der national Gesinnten so leidenschaftlich beschworen worden waren. Man wollte also die Sieger milder stimmen, nicht nur mit Berichten über die herrschende Armut, sondern auch mit einem Appell an die Gefühle der Brüderlichkeit, die in einer Nation zum Ausdruck kommen sollten. Diese Vereinnahmung nationaler Werte fand sich nun plötzlich auch in der Rhetorik der alten Elite und ihrer – trotz gegenteiliger Behauptungen – noch immer zahlreichen Anhänger.

Die Gesuche der Verlierer lassen sowohl eine latente Unzufriedenheit als auch, nolens volens, eine gewisse Anpassung an das geistige Rüstzeug der Radikalen erkennen. Dies blieb den Siegern nicht verborgen; sie sollten sich später daran erinnern, als es darum ging, den Frieden zu gewinnen.

### Das Recht der Sieger?

Erwartungsgemäss erfolgte der Wiederaufbau der politischen Institutionen nach dem Krieg über die Ausarbeitung einer neuen Verfassung. Man hatte es ja nicht zuletzt deshalb zum Sonderbundskrieg kommen lassen, weil man das Dauerthema der

Bundesvertragsrevision einer Lösung zuführen wollte. Jetzt beabsichtigten die Sieger, ganz dem Zeitgeist entsprechend, ihre Sicht der Dinge in einer Verfassung zu verankern und auf diese Weise mit der gewünschten Legitimität auszustatten.[118]

Dieser Wunsch war nicht neu. Schon am 16. August 1847 hatte man eine Kommission aus Vertretern der sonderbundsfeindlichen Kantone ernannt, die die Grundlagen für eine neue Verfassung erarbeiten sollte. Die zunehmenden Spannungen und der anschliessende Kriegsausbruch hatten den Beginn dieses Unterfangens jedoch blockiert. Nach dem Ende des Konflikts konnte es auf verbreiterter Basis angepackt werden. Am 17. Februar 1848 beschlossen die Sieger, die Bundesrevisionskommission einem erweiterten Personenkreis zu öffnen. Das Gremium zählte fortan 23 Mitglieder und umfasste nicht nur Männer aus dem siegreichen Lager, sondern auch aus dem unterlegenen. Die Einzigen, die von dem Unternehmen ausgeschlossen wurden, waren Neuenburg und Appenzell Innerrhoden, die den Fehler begangen hatten, keine Soldaten für die Bekämpfung des Sonderbunds zu stellen – es zeigte sich, dass es im entstehenden, ge-

### Ignaz Paul Vital Troxler (1780–1866) oder: Von oben oder von unten?

Der im luzernischen Beromünster geborene Arzt und Philosoph Ignaz Paul Vital Troxler war einer der Vordenker und Wegbereiter des schweizerischen Radikalismus. Sein Denken war geprägt durch die Erfahrung der helvetischen Revolution und ihres Scheiterns. Mehrmals in seinem Leben war Troxler gezwungen zu fliehen: zweimal vor der Luzerner Obrigkeit in den Kanton Aargau, und 1832 aus Basel, wo er kurze Zeit sogar Rektor der Universität gewesen war, die separatistischen Landschäftler jedoch zu offen unterstützt hatte. Das Ausmass seiner Aktivität war gewaltig: Allein im Jahre 1831 schrieb Troxler, oft unter Pseudonym, 296 Zeitungsartikel, in denen er sich unter anderem für die Schaffung eines Bundesstaates einsetzte.[119] Aufgrund seines Katholizismus und Radikalismus war es nur konsequent, dass er im Straussenhandel (siehe S. 408) wie auch im Zuge anderer konservativer Reaktionen mit philosophischen Argumenten für die Interessen des Volkes und gegen die liberalen Regierungen Stellung bezog. Er erkannte in diesen Volksbewegungen Zeichen einer neuen Zeit und nicht eine Bedrohung liberaler Errungenschaften. Vor allem aber wehrte er sich gegen eine Reform von oben, wie sie 1847/48 von einer Tagsatzungskommission dann auch tatsächlich durchgeführt wurde, und forderte vergeblich eine Reform von unten durch einen vom Volk gewählten Verfassungsrat. Mehr Erfolg hatte er mit seinem Vorschlag, nach dem Vorbild der Vereinigten Staaten von Amerika das Zweikammersystem – eine nationale Volksvertretung neben einer kantonalen Ständevertretung – zu etablieren.

Ignaz Paul Vital Troxler um 1830, nach einer Lithographie von Bernhard Egli, in: Martin Hürlimann (Hg.), Grosse Schweizer. Hundertzehn Bildnisse zur eidgenössischen Geschichte und Kultur, Zürich 1938, S. 496.

gen aussen neutralen Bundesstaat für die Kantone nicht immer ratsam war, sich bei Konflikten im Innern in die Neutralität zu flüchten und abseits zu stehen. Die Sonderbundskantone hingegen wurden in den kleinen Kreis, der das Fundament der künftigen Verfassung legen sollte, aufgenommen. Allerdings handelte es sich dabei entweder um Mitglieder von Regierungen, die unter Gewaltandrohung gewählt worden waren, oder um Vertreter der radikalen Elite dieser Kantone, die den Krieg ausgenutzt oder sogar vorangetrieben hatten, um selbst an die Macht zu gelangen[120] – auch wenn sie diese dann, wie etwa in Freiburg, noch viel autoritärer als ihre konservativen Vorgänger ausübten. Aber es war besser, bei der Errichtung der neuen Ordnung auf die Mitwirkung aller – oder fast aller – Kantone der Eidgenossenschaft verweisen zu können und so zumindest einem Teil des Widerstands, den die Verfassung unweigerlich auslösen würde, den Wind aus den Segeln zu nehmen. Ausserdem waren die gemässigten Liberalen nicht unglücklich darüber, die radikale Ausrichtung des Gremiums auf diese Weise etwas ausgleichen zu können.

Die so zusammengestellte Kommission scheint ihre Entscheidungen, wenn auch nicht einvernehmlich, so doch relativ rasch getroffen zu haben. Um Pressionen von aussen zu vermeiden, arbeitete sie unter Ausschluss der Öffentlichkeit, was es der Geschichtsforschung erschwert, ihre interne Dynamik zu durchschauen. Man weiss jedoch, dass die Debatten, die oft stürmisch verliefen, die wohlbekannten Gegensätze der Vorkriegszeit zwischen leidenschaftlichen Verteidigern der kantonalen Souveränität einerseits und Anhängern eines deutlich stärker zentralisierten Staates andererseits noch einmal aufbrechen liessen. An der Verfassung, die aus diesen Diskussionen hervorging, fallen drei wesentliche Züge auf, die im Folgenden genauer betrachtet werden sollen. Dabei erscheint bemerkenswert, dass eine ganze Reihe von Bestimmungen die Handschrift der Sieger trägt, zugleich aber auch Ausdruck deren ideologischer Divergenzen ist. Darüber hinaus atmet das Dokument zweifelsohne den Geist seiner Epoche.

Erstens: Ein aufschlussreiches Beispiel für diesen allgemeinen Geist findet sich in Artikel 21, der dem Bund das Recht zuspricht, «im Interesse der Eidgenossenschaft» öffentliche Werke zu finanzieren, womit Bauvorhaben zum Schutz der Bevölkerung vor Naturgefahren gemeint waren. Diese Bestimmung verankerte ein wichtiges soziales Anliegen der Fortschrittlichen, zugleich widerspiegelt sie eine «prometheische» Beziehung zur Umwelt, die als wilde und feindliche Umgebung durch den zivilisierten Menschen gebändigt werden sollte (siehe Beitrag von Christian Pfister, S. 34).[121] Die in diesem Rahmen vollzogene Ausklammerung der Eisenbahn hatte zur Folge, dass die ersten Bahnstrecken später von privater Hand erbaut wurden. Vor allem aber sagt dieser Punkt etwas aus über die kantonalen Rivalitäten innerhalb des Gremiums und die Bemühung, allzu heftigen Streit zu vermeiden.

Zweitens: Grundsätzlich lässt sich sagen, dass die Verfassung die Krönung des Erfolgs der Liberalen und des Liberalismus darstellt. Der Text verrät diese soziale Herkunft zum Beispiel im Artikel über die Abschaffung der Binnenzölle, welche die Wettbewerbsfähigkeit der schweizerischen Unternehmen behinderten. Mit diesem Artikel beendete die Verfassung endgültig die zu Beginn der 1840er Jahre wiederaufgenommene Debatte, in der die Verfechter einer Liberalisierung von Handel und Industrie stets auf die beharrliche Ablehnung der Anhänger des Status quo gestossen waren.[122] Indes war diese Regelung, ungeachtet der wirtschaftlichen Vorteile, die sie zu versprechen schien, vor allem ein Ausdruck einer bereits in Gang gekommenen Entwicklung. Im September 1847 waren rund zehn Kantone gerade im Begriff, sich per Konkordat über die Zollfrage zu einigen. Die Verfassung verstärkte diese Bestrebungen lediglich und gab ihnen eine allgemeine, also gesamtschweizerische Gültigkeit.[123]

Das oberste Ziel der neuen Verfassung war allerdings – in Anbetracht der politischen Situation und im Einklang mit liberalen Überzeugungen – die Umgestaltung der Institutionen. So legte die Verfassung vor allem die Vormachtstellung des Parlaments gegenüber der Exekutive fest und übertrug die wichtigsten, in den regenerierten Kantonen bereits garantierten Grundrechte auf die nationale Ebene. Wichtige Anliegen der Radikalen wurden ebenfalls verankert: die Revidierbarkeit der Verfassung per Volksreferendum und die Förderung der allgemeinen Wohlfahrt. Zwar enthielt die Verfassung darüber hinaus Bestimmungen wie das Verbot der Todesstrafe für politische Delikte oder die der Schaffung einer eidgenössischen Universität, doch blieb sie in ihren Forderungen nach fortschrittlichen Reformen insgesamt moderat.

Drittens: Der Einfluss der Besiegten fällt vielleicht nicht unmittelbar auf, denn er versteckt sich in den Punkten, über die sich die Verfassung ausschwieg und die sie damit ausdrücklich den Kantonen überliess. Tatsache ist, dass sie auf diese Weise der kantonalen Souveränität eine entscheidende Bedeutung einräumte. Besonders deutlich kommt dies im sozialen und kulturellen Bereich zum Ausdruck. Das Schulwesen, die Ausbildung der Lehrer, die Polizei sowie die Fürsorge wurden weiterhin – und werden bis heute – kantonal geregelt. Die Kantone blieben damit die massgeblichen Einheiten des politischen Lebens in der Eidgenossenschaft. Die Verfassung sah natürlich keine Volkswahl des Bundesrats vor. Andererseits legte die Bundesrevisionskommission jedoch fest, dass ein Kanton nicht mehr als einen Bundesrat stellen dürfe. Dieser Entscheid rundete jenes Element ab, das oft als die klügste institutionelle Einrichtung der Bundesverfassung bezeichnet wird: das Zweikammersystem. Anfänglich scheint dieser Vorschlag allerdings eher eine Kompromisslösung gewesen zu sein. Die Umsetzung eines modifizierten amerikanischen Modells war zwar schon rund fünfzehn Jahre zuvor von radikalen Denkern angeregt worden, so von Ignaz Paul Vital Troxler[124] oder James Fazy (1794–1878).[125] Der Zürcher Jonas Furrer (1805–1861) nahm die Idee in der Kommission wieder auf, um eine Entscheidung herbeizuführen zwischen den Voten aus den bevölkerungsreichsten Kantonen, die Anhänger einer parlamentarischen Vertretung nach demographischer Grösse waren, und jenen aus der historischen Wiege der Eidgenossenschaft, die für eine strikt kantonale Vertretung plädierten. Die vorgeschlagene Lösung überzeugte nicht sogleich: Sie sei in keiner lokalen Tradition verwurzelt, sie werde den Ablauf der Geschäfte verlangsamen und sei zu teuer. Schliesslich wurde sie von der Tagsatzung dennoch angenommen. Allerdings sah diese darin nur einen vorläufigen Beschluss, der helfen sollte, eine Blockade aufzubrechen, deren Andauern mit einem hohen politischen Risiko verbunden gewesen wäre.[126]

Die Gefahr des Scheiterns drohte von zwei Seiten, von innen und von aussen, und sie erklärt das hohe Tempo der Kommission, die ihre Arbeit schon am 8. April abschliessen konnte. Die in diesem Zusammenhang feststellbare Fügsamkeit der unterlegenen Sonderbundskantone war kein Ausdruck ihrer plötzlichen Bekehrung zu den Prinzi-

**Karikatur auf die Rivalität um den Bundessitz zwischen Bern, Zürich und Luzern, um 1848** (*Schweizerische Nationalbibliothek*). — Die Wahl der Bundesstadt Ende November 1848 veranschaulicht die komplexen Probleme, mit denen man es bei der Ausarbeitung der neuen Verfassung zu tun hatte. Aus Angst, die Erfahrungen mit dem Rossi-Plan zu wiederholen, entschied man sich, diese Frage nicht im neuen Grundgesetz zu regeln. Man sprach sich gegen das unpraktische System des Vororts mit seinen wechselnden Versammlungsorten aus, privilegierte aber dennoch die Kandidatur der ehemaligen Tagsatzungssitze. Luzern schied rasch wegen mangelnder politischer Kompatibilität aus, Zürich erlitt das gleiche Schicksal aufgrund seines dem Föderalismus nicht dienlichen Übergewichts. Blieb noch Bern, das zudem den Vorteil hatte, näher bei den Westschweizer Kantonen zu liegen.

> *Messieurs, Daignez agréer les félicitations et les vœux de deux hommes qui, les premiers, ont combattu dans leur pays l'ennemi que vous venez de chasser du vôtre […] Vous avez consolé la France – Pères, ancêtres et maîtres de la liberté républicaine, du Gouvernement de l'avenir, continuez d'en donner au monde la véritable tradition. Tandis que la Calabre, la Pologne, toute la terre fume du sang de nos martyrs, des martyrs de la Liberté, – là où elle règne et triomphe point de sang, point de violence, la paix dans la force – que tous voyent [sic], reconnaissent, à ce spectacle, où est la cause de Dieu! […] L'unité nationale, que vous cherchez et voulez, serait compromise, autant que l'humanité, par toute violence partielle. Constituez, hommes de la Suisse, votre unité par la clémence!»\**

Brief der französischen Republikaner Edgar Quinet (1803–1875) und Jules Michelet (1798–1874) vom 12. Dezember 1847 an die Mitglieder der eidgenössischen Tagsatzung, Archives d'Etat de Genève, Genf, RC Ann AF 1847 II, 254.

pien der Sieger, sondern ihrer Demütigung. Mit anderen Worten, sie konnte jederzeit in eine unversöhnlichere und weniger leicht zu kontrollierende Haltung umschlagen. Es war daher geraten, die politische Lähmung der Verlierer so schnell wie möglich zu nutzen, um eine neue Ordnung zu errichten. Ein erneutes Aufflammen der Feindseligkeiten, welches das oberste Ziel der Sieger zunichte gemacht hätte, wollte man um jeden Preis verhindern. Dieses Ziel, das auch die taktischen Rückzieher rechtfertigte, bestand in der Bildung der Nation oder, um die Rhetorik der Zeit aufzugreifen, in der Wiedererrichtung jenes alten Bunds der Schweizer, dessen Seele die Fortschrittlichen wiedererweckt zu haben glaubten und dessen «Einheit, Kraft und Ehre» mit der neuen Verfassung gefestigt werden sollten.[127]

Jene Aufgabe erschien umso dringlicher, als es den Anschein hatte, dass die Besiegten auf Unterstützung von aussen zählen konnten. Schon während des Bürgerkriegs hatten die Bundestruppen die mit so vielen unheilvollen Erinnerungen verbundene und den nationalen Ambitionen abträgliche Intervention fremder Mächte nur verhindern können, indem sie ohne Zeitverzug handelten. Die militärische Auseinandersetzung war bereits nach weniger als drei Wochen beendet. In der Zwischenzeit hatte England in Sorge um das europäische Gleichgewicht alles Erdenkliche getan, die Behandlung der Angelegenheit unter den Grossmächten zu verschleppen. Aus diesen Gründen stellten Frankreich, England, Preussen, Russland und Österreich ihr (in drohendem Ton gehaltenes) Vermittlungsangebot erst am 30. November 1847 zu, also einen Tag nach dem Ende der Feindseligkeiten. Dieser Vorfall erlaubte es den Siegern des Sonderbundskrieges, ein ironisch gefärbtes Dankesschreiben zu verfassen, in dem sich unter anderem folgende Aussage findet: «Les peuples des 22 cantons, malgré leurs diversités d'origines, de mœurs, d'institutions locales et de religion, forment une seule et même nation, la nation suisse»[128] («Die Völkerschaften der 22 Kantone, ungeachtet ihrer unterschiedlichen Herkunft, Sitten, Institutionen und Konfession, bilden zusammen eine Nation, die schweizerische Nation»).

Am 18. Januar 1848 jedoch drohten die autoritären Monarchien abermals, im Falle einer Verfassungsrevision militärisch zu intervenieren. Vor diesem Hintergrund bedeutete der Ausbruch der Februarrevolution in Paris am 22. Februar, nur fünf Tage nach der ersten Sitzung der Bundesrevisionskommission, eine Atempause in einer heiklen Lage und zugleich einen Ansporn, die Vollendung des grossen Projekts zu beschleunigen. Gewiss konnte niemand voraussehen, dass sich die Ereignisse in Frankreich rasch zu einem allgemeinen Flächenbrand auf dem Kontinent entwickeln würden. Sicher ist hingegen, dass die Garantiemächte des Bundesvertrags von 1815 wegen der revolutionären Umtriebe so sehr mit eigenen Problemen beschäftigt waren, dass sich für die Sieger des Sonderbundskrieges ein Zeitfenster öffnete, das sie nutzen mussten: Es galt, das neue Regime auf eine verfassungsmässige Grundlage zu stellen, um das Risiko einer Einmischung von aussen zu eliminieren. Und in der Tat, die neue Verfassung der Schweiz war ausgearbeitet, genehmigt und erprobt, lange bevor in Europa wieder Ruhe einkehrte.

### Eine Nation entsteht

Auch wenn dieses Ergebnis der zügigen Arbeit der Kommissionsmitglieder zu verdanken ist, so lässt es sich doch in eine umfassendere, die gesamte Periode kennzeichnende Dynamik einordnen. Die erste Hälfte des 19. Jahrhunderts war geprägt von einer sich allmählich abschwächenden Einflussnahme der ausländischen Mächte auf die Eidgenossenschaft: Am Anfang stand eine militärische Besetzung, diese ging über in eine Schutzherrschaft, ausgeübt erst durch einen, dann durch mehrere Staaten, und mündete in einem gewissen Kontrollvakuum. Diese Entwicklung stärkte das schweizerische Nationalgefühl in doppelter Hinsicht. Zum einen regten die materiell und moralisch uner-

---

\* «Hochgeachtete Herren! Gestattet zwei Männern, die in ihrem Land als Erste den Feind bekämpft haben, den Ihr soeben vertrieben habt, Euch die besten Glück- und Segenswünsche darzubringen. […] Ihr habt Frankreich Trost zugesprochen – Ihr Väter, Vorfahren und Meister der republikanischen Freiheit, der Staatsform der Zukunft, fahrt fort, deren wahre Tradition der Welt zu schenken. Während Kalabrien, Polen, ja die ganze Erde vom Blut unserer Märtyrer dampft, der Märtyrer für die Freiheit – ist da, wo Freiheit herrscht und triumphiert, nicht Blut noch Gewalt, sondern Frieden in Kraft und Stärke, auf dass alle sehen und erkennen, wo Gottes Werk vollbracht wird! […] Die nationale Einheit, die Ihr sucht und wünscht, wäre gefährdet, die Menschlichkeit befleckt durch jede einseitige Gewalt. Errichtet daher, Ihr Männer der Schweiz, Eure Einheit mit Milde und Grossmut!»

freulichen Auswirkungen der Bevormundung die Formulierung des Anspruchs auf Anerkennung als Nation an, zum anderen spornte die fortschreitende Abschwächung der Einflussnahme die sozialen Akteure dazu an, das Konglomerat von Kantonen de facto und de iure in ein einheitlicheres Staatsgebilde umzuformen.

Dass dieses Ziel sich nicht konfliktfrei verwirklichen liess, hing mit den unterschiedlichen Erinnerungen an die einzige einheitsstaatliche Periode zusammen, welche die Schweiz gekannt hatte: die Helvetik. Die Divergenzen im kollektiven Gedächtnis führten zu einer bemerkenswerten politischen Kreativität. Tatsächlich sind die erweiterten Volksrechte in der Verfassung von 1848 nicht allein Ausdruck liberaler Prinzipien. In diesen Rechten haben sich auch demokratische Prinzipien niedergeschlagen, die mit zwei ganz unterschiedlichen Argumenten begründet wurden. Nach klassischer Auffassung stellen sie die konsequente Weiterführung und Erweiterung des Prinzips der Volkssouveränität dar, der rechtlichen Basis jedes Repräsentativsystems. Eigenwilliger ist ihre Konzeption als historisches Erbe und ihre Legitimation durch die Tradition. Erst in diesem Sinne überzeugten sie auch die Konservativen. So trafen sich die beiden gegensätzlichen Auffassungen auf dem Gebiet des Wahlrechts, und man näherte sich einander auch in gesellschaftspolitischen Fragen an. Dennoch fand jedes ideologische Lager wieder andere Antworten, als es um die praktische Umsetzung ging.

Tatsächlich hatten die während des Sonderbundskrieges scharf hervorgetretenen Gegensätze das gemeinsame Interesse jenseits der Kluft zwischen links und rechts einerseits und katholisch und reformiert andererseits vielfach überdeckt. Die theoretischen Berührungspunkte – jenseits der ideologischen Differenzen – fanden sich zwar erst auf einer relativ hohen Abstraktionsebene: zum einen in einem geschichtsphilosophischen Konzept der Eidgenossenschaft, die über die Jahrhunderte zur Nation zusammenwachsen sollte, zum anderen in einem modernen proceduralistischen Staatsverständnis, das den notwendigen Raum für die Integration der divergierenden Vorstellungen bot. Wesentlich bei diesem Findungsprozess war jedoch die Angst vor Niedergang und Chaos – eine allgegenwärtige Angst, welche schliesslich die, wenn auch noch fragile, Übereinstimmung darüber hervorbrachte, dass es von Vorteil sei, sich miteinander zu vertragen, auch wenn man sich noch nicht wirklich verstand.

Dieser Gedanke vermochte die zur letzten Tagsatzung zusammengekommenen Delegierten der Kantone offenbar zu überzeugen, denn nur die Abordnung aus Schwyz lehnte die neue Verfassung ab. Bis zu einem gewissen Grad kam es auch in der Bevölkerung, die zur Abstimmung aufgerufen war, zu einem Einvernehmen. In Obwalden und Appenzell Innerrhoden lag der Anteil der Ja-Stimmen allerdings unter 10 Prozent. Dieses schwache Abstimmungsergebnis lässt sich als Kompensation für die erlittenen Demütigungen und als deutliche Zurückweisung der vorgeschlagenen Lebensformen interpretieren; nichts deutet darauf hin, dass es sich dabei um die Ablehnung der Idee einer schweizerischen Nation als solcher handelte. Die Resultate der anderen neutralen oder unterlegenen Kantone waren deutlich positiver. Sie reichten von einer Zustimmung von 14 Prozent in Uri bis zu 95 Prozent in Neuenburg. Indes müssen Freiburg und Graubünden hier ausgenommen werden, da dort jeweils nur der Grosse Rat den Verfassungstext ratifizierte, ebenso Luzern, wo nach verbreiteter Gewohnheit die Stimmenthaltungen zu den Ja-Stimmen gezählt wurden.

Dank des entscheidenden Einflusses der städtischen Wählerschaft nahmen nahezu 60 Prozent der Stimmenden die neue Verfassung an. In diesem Resultat spiegelt sich die grundsätzliche Zustimmung der Bevölkerung zu einer spezifischen Form des Zusammenlebens als Nation, zugleich aber auch die relativ bescheidene Überlegenheit der zustimmenden Mehrheit. In einigen Fällen hatte die Zurückhaltung allerdings eher materielle als ideologische Gründe, wie etwa die Ablehnung der Tessiner zeigt, die weniger gegen den Geist des Textes als vielmehr gegen gewisse Zollbestimmungen opponierten. Bezeichnenderweise haben gerade jene Bevölkerungssegmente, welche die Verfassung und das ihr inhärente Gesellschaftsprojekt guthiessen, später durch sozialen Aufstieg von ihrer Entscheidung profitiert und damit dem neuen Staat ein Fundament gegeben, wie es die Auseinandersetzungen und Befürchtungen im Vorfeld seiner Gründung sicherlich nicht hätten erwarten lassen.

## ZUM STAND DER FORSCHUNG

Das Kapitel von Georges Andrey in der *Geschichte der Schweiz und der Schweizer*, das sich mit dem hier vorgestellten Zeitraum befasst, bietet eine ausgezeichnete Synthese der historischen Kenntnisse und Problemstellungen, wie sie zu Beginn der 1980er Jahre vorherrschten. Andreys besondere Aufmerksamkeit galt den bis zu diesem Zeitpunkt in der Geschichte der Schweiz vernachlässigten sozioökonomischen Faktoren. Seine Darstellung drückt zudem gewisse Vorbehalte gegenüber den rein ereignisgeschichtlichen Aspekten des von ihm behandelten Zeitabschnitts aus, wenngleich ein besonderes Interesse an politischen Phänomenen ebenfalls nicht zu verkennen ist.[129]

Andreys Text gab die Richtungen vor, welche die Forschung in den folgenden Jahren einschlagen sollte. Ein Teil der Untersuchungen befasste sich weiterhin mit der Wirtschafts- und Sozialgeschichte. Die Arbeiten von Erich Gruner behandelten die Arbeiterfrage in nahezu erschöpfender Weise,[130] doch liessen sie auch Raum für die Vertiefung oder gar Entdeckung weiterer, mehr oder weniger mit ihr verbundener Bereiche. Besondere Faszination übte etwa die Demographie aus, nicht zuletzt aufgrund des wachsenden Interesses an familiären Netzwerken (siehe Beitrag von Elisabeth Joris, S. 250), insbesondere im Zusammenhang mit Migration. Mit der Demographie vermochte sich auch die Klimageschichte als Forschungsfeld zu etablieren. Dieser Ansatz bereicherte wiederum die Studien zur Landwirtschaft, die in der Schweiz oft mit der Untersuchung der Heimarbeit und der beginnenden Industrialisierung einhergehen (siehe Beitrag von Jon Mathieu, S. 184). Die Überschneidungen und Interdependenzen der Forschungsfelder weisen auch darauf hin, warum solche Studien häufig in Kantonsgeschichten enthalten sind: Die Kantone bilden einen in sich homogenen und somit besser fassbaren Rahmen als die Eidgenossenschaft als Ganzes. So erstaunt es nicht, dass sich die Textgattung der Kantonsgeschichten seit Mitte der 1980er Jahre in starkem Aufschwung befindet. Ihr Erfolg ist aber auch Ausdruck und Resultat einer Rückkehr der politischen Geschichte.

Diese bereits bei Andrey erkennbare Tendenz zur politischen Geschichte sollte sich in den neunziger Jahren anlässlich der Feier mehrerer Jahrestage akzentuieren. Das erste dieser Jubiläen war kein schweizerisches, sondern ein europäisches, ja sogar ein weltweites: die Zweihundertjahrfeier der Französischen Revolution. Dieses Ereignis regte die Produktivität der Historiker merklich an und lenkte beispielsweise den Blick auf soziale Praktiken, deren Anfänge auf das Jahr 1789 zurückgehen: Nacheinander traten nun Feste, Vereine und Lieder ins historiographische Blickfeld und motivierten zur Untersuchung der verschiedenen Formen des *nationbuilding*. Die Auswirkungen dieses neuen Forschungsinteresses auf die Schweiz liessen nicht lange auf sich warten: In Fortsetzung der Pionierarbeiten von Daniel Frei oder Ulrich Im Hof[131] wiesen Historiker wie Hans Ulrich Jost oder Albert Tanner auf die entscheidende Bedeutung des zu Beginn des 19. Jahrhunderts florierenden Fest- und Vereinslebens für die politische Zukunft der Eidgenossenschaft und die Entstehung einer nationalen Identität hin.[132] Die zuletzt genannten Publikationen erschienen um das Jahr 1990, im Vorfeld eines Jubiläums, in dessen Mittelpunkt nun tatsächlich die Schweiz stand. Die Siebenhundertjahrfeier der Eidgenossenschaft regte die Fachleute dazu an, jene Epoche, die traditionell als Gründungszeit des Landes gilt, neu zu betrachten. Die von den Mediävisten angeregte Überprüfung hatte indes auch bedeutende Konsequenzen für die mit dem 19. Jahrhundert befasste Geschichtsschreibung. Denn in der Tat kristallisierte sich damals eine deutlich auf den Aspekt der Nationsbildung ausgerichtete Sicht jener «Gründungszeit» des Mittelalters heraus. Die Arbeiten des Mediävisten Guy P. Marchal – zum Teil Weiterführungen seiner früheren Studien – fanden ein ausserordentliches Echo.[133] Zwar lag sein Fokus weder auf der Restauration noch auf der Regeneration, doch konnte er anhand der Geschichte des Mittelalters aufzeigen, wie sich der Gebrauch der Geschichte zu politischen Zwecken entwickelte und welch entscheidende Rolle diese Instrumentalisierung 1848 bei der Transformation des Konglomerats von Kantonen in einen eigentlichen Nationalstaat spielte.

Dieses Thema bildete auch die Grundlage vieler Publikationen, die aus Anlass eines dritten Jubiläums im Jahre 1998 erschienen. Die Zweihundertjahrfeier der Helvetischen Republik sowie die Hundertfünfzigjahrfeier des Bundesstaates wurden bereits im Vorfeld von geschichtswissenschaftlichen Studien begleitet, welche die Wahrnehmung der ersten Hälfte des 19. Jahrhunderts massgeblich veränderten. Zahlreiche Autorinnen und Autoren vertieften in ihren Arbeiten frühere Forschungsansätze. Das Verständnis der Revolutionsperiode, deren (Neu-)Erkundung bereits rund ein Dutzend Jahre vor dem Jubiläum eingesetzt hatte, konnte dadurch wesentlich verbessert werden. Nach einem Jahrzehnt engagierter Neuinterpretation und Rehabilitation, getragen von der Bewunderung für die Modernität der damals in Angriff genommenen Reformen und ihre Promotoren, schien es schliesslich jedoch ruhiger zu werden rund um jenes Themenfeld. Als greifbares Zeichen der Entwicklung hin zu einer weniger emotionalen Debatte kann der 1998 erschienene kleine Sammelband *Widerstand und Proteste zur Zeit der Helvetik* angeführt werden, der auf eine ausgesprochen sachliche Weise die

Gründe des Missbehagens analysiert, welches mit den Bemühungen um Vereinheitlichung einherging.¹³⁴ Darüber hinaus entstanden zahlreiche Studien zu den Anfängen der Nationsbildung, die sich an neuen methodologischen und historischen Erkenntnissen orientierten. Durch diese Arbeiten konnten Fortschritte in drei zusammenhängenden Bereichen erzielt werden: Es kam zu einer Vertiefung der neuen Forschungsansätze, gängige Interpretationen wurden in Frage gestellt, und es eröffneten sich neue Arbeitsfelder. Die Untersuchungen bestätigten zum einen die grosse Bedeutung der Vereinsarbeit und des Schulsystems sowie diejenige von kollektiven Bildern und Vorstellungen. Angeregt von Gruners grundlegenden Werken wurden nun zum anderen die soziologischen Aspekte des Kampfes herausgearbeitet, den die Freisinnigen für die Modernisierung ihres Kantons und ihres Landes führten.

Diese Wiederentdeckung des Politischen hat unweigerlich zur – manchmal polemischen – Neuinterpretation von Problemen geführt, die bis anhin strikt ökonomisch erklärt worden waren, oder, häufiger noch, zur erneuten Beschäftigung mit Fragen, die gerade wegen dieser Tendenz zu ökonomischen Sichtweisen seit Jahrzehnten nicht mehr im Mittelpunkt des Forschungsinteresses gestanden hatten. Beachtliche Anstrengungen wurden etwa unternommen, um einen genaueren Einblick in die Regulierungs- und Klassifizierungssysteme im Handelsverkehr zu erhalten, was namentlich ein besseres Erfassen der Zollorganisation erlaubte. Wesentlich stärker umstritten ist der Ansatz, die lange Zeit ebenso rein ökonomisch interpretierten Gründe und Ziele der Verfassung von 1848 aus nationaler oder klassenkämpferischer Sicht neu zu beurteilen.¹³⁵

Die Neubewertung und damit die Kontroversen betreffen vor allem eine protestantische, freisinnige und «nationalisierende» Lesart der Vergangenheit. Dies zeigt sich etwa im Zuge von Debatten wie jener über die Zahl der Todesopfer des Sonderbundskrieges;¹³⁶ Debatten, die zunächst unbedeutend erscheinen, tatsächlich aber die Grundvoraussetzungen der schweizerischen Geschichtsschreibung in Frage stellen. Neue Forschungsergebnisse zur Verkehrsgeschichte haben die Zäsur relativiert, die gewöhnlich zwischen Restauration und Regeneration gesehen wurde. Zudem hat sich gezeigt, dass die «Nationalisierung» der Kantone, das heisst deren Zusammenschluss um den Preis der Aufgabe ihrer Souveränität als eigenständige Republiken, selbst unter Liberalen nicht unumstritten war. Und ferner hat sich das Bild der Landsgemeinde, einer Institution, die zuvor oft als eigentliche Stätte des Machtmissbrauchs dargestellt worden ist, zum Positiven gewendet.¹³⁷

Der Wunsch, sich von den früher in der Geschichtswissenschaft etablierten Sichtweisen zu lösen, seien es klassisch-traditionalistische oder solche aus den 1960er Jahren, hat seinerseits zur Entdeckung neuer Themenfelder geführt. Auf theoretischer Ebene versuchen etwa Autoren wie Andreas Ernst in überzeugender Weise, soziologische und politologische Modelle auf die Schweizer Geschichte anzuwenden. Eher von empirischen Fragestellungen geleitet, befassen sich zudem immer mehr Forscherinnen und Forscher mit der Lebensweise von benachteiligten Gruppen wie den Frauen, den Heimatlosen oder den Juden. Eine wachsende Zahl von Forschenden erkundet die Lebenswelt der Verlierer des Sonderbundskrieges. Damit werden nicht nur neue Perspektiven eröffnet, sondern es wird auch eine Darstellung ermöglicht, welche jene Epoche unausweichlich auf eine Entscheidung zusteuern sieht, ohne sie jedoch quasi schicksalshaft in den Erfolg der Radikalen und Reformierten von 1848 münden zu lassen.

Die Erforschung der ersten Hälfte des 19. Jahrhunderts wird durch Jubiläen, vor allem aber auch durch aktuelle Ereignisse ständig vorangetrieben. Gerade die heutigen gesellschaftlichen Herausforderungen legen einerseits nahe, die typischen Themen der Wirtschaftsgeschichte erneut aufzugreifen und damit an die Fragestellungen anzuknüpfen, die seinerzeit der *Geschichte der Schweiz und der Schweizer* zugrunde lagen. Andererseits fordert die Aktualität die Geschichtsschreibung auch dazu auf, an die Tradition der grossen Schweizer Geschichten anzuknüpfen, denn epochenübergreifende Darstellungen bieten einen Schlüssel zu einem neuen und tieferen Verständnis der Vergangenheit. Gerade in Hinblick auf die Schweizer Geschichte der ersten Hälfte des 19. Jahrhunderts, in der verschiedene langfristige Entwicklungsstränge in der Schaffung des Nationalstaats kulminieren, können solche «grossen Erzählungen» zu einem besseren und vor allem spezifisch historischen Verständnis beitragen.¹³⁸

**ANMERKUNGEN**

**1** — Zur Simplonstrasse siehe Arthur Fibicher, Walliser Geschichte, Bd. 3.1, Sitten 1993, S. 89–96.
**2** — Jürg Stüssi-Lauterburg, Föderalismus und Freiheit. Der Aufstand von 1802: ein in der Schweiz geschriebenes Kapitel Weltgeschichte, Brugg 1994.
**3** — Historischer Verein Nidwalden (Hg.), Nidwalden 1798. Geschichte und Überlieferung, Stans 1998, S. 118f.
**4** — Jürg Stüssi-Lauterburg / Hans Luginbühl / Richard Munday / Ueli Stump, Weltgeschichte im Hochgebirge. Entscheidung an der Grimsel, 14. August 1799, Baden 1999.
**5** — Christian Simon (Hg.), Bd. 1: Widerstand und Proteste zur Zeit der Helvetik / Résistance et contestation à l'époque de l'Helvétie, Basel 1998; Jacques Besson, L'insurrection des Bourla-Papey (ou brûleurs de papiers) dans le Canton du Léman du 15 septembre 1800 à fin septembre 1802 et l'abolition des droits féodaux dans le canton de Vaud (loi du 31 mai 1804), Le Mont-sur-Lausanne 1997.
**6** — Alfred Dufour et al. (Hg.), Bonaparte, la Suisse et l'Europe. Actes du Colloque européen d'histoire constitutionnelle pour le bicentenaire de l'Acte de médiation (1803–2003), Bruxelles/Berlin/Zürich 2003.
**7** — Adolf Rohr, Philipp Albert Stapfer: Minister der Helvetischen Republik und Gesandter der Schweiz in Paris 1798–1803, Baden 2005.
**8** — Art. 14 der Verf. vom 5. Juli 1800, in: Alfred Kölz, Neuere Schweizerische Verfassungsgeschichte. Ihre Grundlinien vom Ende der Alten Eidgenossenschaft bis 1848, Bern 1992, S. 138.
**9** — Anne-Marie Dubler, Handwerk, Gewerbe und Zunft in Stadt und Landschaft Luzern, Luzern/Stuttgart 1982, S. 169f.
**10** — Vgl. Traverse, Jg. 8, Nr. 3, 2001: Die Schweiz – Land des Konsenses?, darin insb. Andreas Würgler, Aushandeln statt Prozessieren. Zur Konfliktkultur der alten Eidgenossenschaft im Vergleich mit Frankreich und dem Deutschen Reich (1500–1800), S. 25–38, und Thomas Maissen, Disputatio de Helvetiis, an natura consentiant. Frühneuzeitliche Annäherungen an die Schweizer Konsensbereitschaft, S. 39–56.
**11** — Irène Herrmann / Corinne Walker (Hg.), La mémoire de 1798 en Suisse romande: représentations collectives d'une période révolutionnaire, Lausanne 2001.
**12** — Georges Andrey / Alain-Jacques Czouz-Tornare, Louis d'Affry, 1743–1810: premier landamman de la Suisse: la Confédération suisse à l'heure napoléonienne, Genève/Givisiez 2003; Irène Herrmann, Un intermédiaire en deçà du Médiateur: le Landamman, in: Société vaudoise d'histoire et d'archéologie (Hg.), Vaud sous l'Acte de Médiation. 1803–1813. La naissance d'un canton confédéré, 2002, S. 119–123.
**13** — Roger Durand (Hg.), Guillaume-Henri Dufour dans son temps (1787–1875), Genève 1991; Jean-Louis Rieu, Mémoires de Jean-Louis Rieu, ancien premier syndic de Genève, Genève/Basel 1870.

14 — Matthias Schulz, Normen und Praxis. Das Europäische Konzert der Grossmächte als Sicherheitsrat, 1850–1860, München 2009, S. 46f.
15 — Agatha Ramm, Germany 1789–1919. A political History, London 1982 (1. Aufl. 1967), S. 138.
16 — Olivier Meuwly (Hg.), Frédéric-César de La Harpe, 1754–1838, Lausanne 2011.
17 — Laurent Tissot, Naissance d'une industrie touristique. Les Anglais et la Suisse, Lausanne 2000, S. 224.
18 — Philippe Kaenel, Les «Voyages illustrés». Rodolphe Töpffer (1799–1846), in: Musée d'art et d'histoire (Hg.), Aventures graphiques, Genève 1996, S. 24–33; Tissot, Naissance.
19 — Andreas Suter, Neutralität: Prinzip, Praxis und Geschichtsbewusstsein, in: Manfred Hettling et al. (Hg.), Eine kleine Geschichte der Schweiz. Der Bundesstaat und seine Traditionen, Frankfurt a.M. 1998, S. 156f.
20 — Thomas Busset, La politique du refuge en Suisse 1820–1870, réalité et mythe, in: Studien und Quellen. Zeitschrift des Schweizerischen Bundesarchivs, Nr. 25, 1999, S. 29–64.
21 — Peter Scholla, Untersuchungen zur Rechtsstellung der Fremden in der Schweiz des 19. Jahrhunderts, Freiburg 1987, S. 55–59.
22 — Cédric Humair, 1848. Naissance de la Suisse moderne, Lausanne 2009, S. 14–16.
23 — Ders., Développement économique et Etat central (1815–1914). Un siècle de politique douanière suisse au service des élites, Bern 2004, S. 114f.
24 — Präambel der Mediationsakte, in: Alfred Kölz (Hg.), Quellenbuch zur neueren schweizerischen Verfassungsgeschichte. Bd. 1: Vom Ende der Alten Eidgenossenschaft bis 1848, Bern 1992, S. 159f.
25 — Jean-François Bergier, Histoire économique de la Suisse, Lausanne 1984, S. 28–30 (dt. Die Wirtschaftsgeschichte der Schweiz. Von den Anfängen bis zur Gegenwart, Zürich 1983).
26 — Christian Pfister, Das Klima der Schweiz von 1525–1860 und seine Bedeutung in der Geschichte von Bevölkerung und Landwirtschaft, Bd. 2, Bern 1984, S. 105f.
27 — Anne-Lise Head-König / Lucienne Hubler / Christian Pfister, Évolution agraire et démographique en Suisse (XVIII$^e$–XIX$^e$ siècles), in: Evolution agraire et croissance démographique, Liège 1987, S. 251, Tabelle 5.
28 — Beatrix Mesmer, Die andere Seite der Schulgeschichte, in: Georg Kreis (Hg.), Der Weg zur Gegenwart. Die Schweiz im 19. Jahrhundert, Basel 1986, S. 85.
29 — Zit. nach Hans Konrad Escher von der Linth-Gesellschaft (Hg.), Das Linthwerk – ein Stück Schweiz, Mollis [1993], S. 85.
30 — Albert Schnyder, Die Restaurationszeit 1815–1830: Vorgeschichte der Trennung, in: Nah dran, weit weg. Geschichte des Kantons Basel-Landschaft, Bd. 5, Liestal 2001, S. 164.
31 — Joëlle Droux, Un rivage de Syrtes. Genève face au choléra (1831–1832), in: Equinoxe, Nr. 8, 1992, S. 97–120.
32 — Bernard Degen, Entstehung und Entwicklung des schweizerischen Sozialstaates, in: Geschichte der Sozialversicherungen, Zürich 2006, S. 19f.
33 — Martin Nicoulin, La genèse de Nova Friburgo. Emigration et colonisation suisse au Brésil: 1817–1827, Fribourg 1973.
34 — François Walter, Catastrophes. Une histoire culturelle: XVI$^e$–XX$^e$ siècle, Paris 2008, S. 135.
35 — Bruno Fritzsche / Max Lemmenmeier, Die revolutionäre Umgestaltung von Wirtschaft, Gesellschaft und Staat 1780–1870, in: Niklaus Flüeler / Marianne Flüeler (Hg.), Geschichte des Kantons Zürich, Bd. 3, Zürich 1994, S. 109–125.
36 — Beatrix Mesmer (Hg.), Der Weg in die Fremde / Le chemin d'expatriation, Basel 1992.
37 — Philipp Gonon, Schule im Spannungsfeld zwischen Arbeit, elementarer Bildung und Beruf, in: Hans Badertscher / Hans-Ulrich Grunder (Hg.), Geschichte der Erziehung und Schule in der Schweiz im 19. und 20. Jahrhundert, Bern 1997, S. 57–88.
38 — Henri Willemin, Mémoire sur les écoles de campagne, Neuchâtel 1811.
39 — Lukas Vischer et al. (Hg.), Histoire du christianisme en Suisse: une perspective œcuménique, Genève/Fribourg 1995, S. 199–207 (dt. Ökumenische Kirchengeschichte der Schweiz, Freiburg/Basel 1994).
40 — François Walter, Histoire de la Suisse, Vol. 3: Le temps des révolutions (1750–1830), Neuchâtel 2010, S. 144.
41 — Andrea Ghiringhelli, La formazione dei partiti (1830–1848), in: Raffaello Ceschi (Hg.), Storia del Cantone Ticino, Bd. 1, Bellinzona 1998, S. 90f.
42 — Kölz, Verfassungsgeschichte, Bd. 1, S. 367f.
43 — Albert Tanner, Arbeitsame Patrioten, wohlanständige Damen. Bürgertum und Bürgerlichkeit in der Schweiz, 1830–1914, Zürich 1995, S. 487–494.
44 — Kölz, Verfassungsgeschichte, Bd. 1, S. 218f.
45 — Hansjörg Siegenthaler, Supranationalität, Nationalismus und regionale Autonomie: Erfahrungen des schweizerischen Bundesstaates – Perspektiven der Europäischen Gemeinschaft, in: Traverse, Jg. 1, Nr. 3, 1994, S. 117–142.
46 — Marco Marcacci, Lieux de sociabilité: l'exemple des sociétés d'étudiants, in: Alfred Dufour et al. (Hg.), Le libéralisme genevois, du Code civil aux constitutions (1804–1842), Basel/Frankfurt a.M./Genève 1994, S. 183–199.
47 — Schulz, Normen, S. 102f.
48 — Giannino Bettone, Mazzini e la Svizzera, Pisa 1995.
49 — Luzius Lenherr, Ultimatum an die Schweiz. Der politische Druck Metternichs auf die Eidgenossenschaft infolge ihrer Asylpolitik in der Regeneration (1833–1836), Bern et al. 1991.
50 — HLS, François Genoud: «Conseil-Affäre».
51 — Werner Giesselmann, Die brumairianische Elite. Kontinuität und Wandel der französischen Führungsschicht zwischen Ancien Régime und Julimonarchie, Stuttgart 1977.
52 — FemmesTour (Hg.), Mit Geld, Geist und Geduld. Frauen und ihre Geschichte zwischen Helvetik und Bundesstaat, Bern 1998.
53 — Bruno Wickli, Politische Kultur, politische Erfahrungen und der Durchbruch der modernen direkten Demokratie im Kanton St. Gallen (1831), in: Rolf Graber (Hg.), Demokratisierungsprozesse in der Schweiz im späten 18. und 19. Jahrhundert, Frankfurt a.M. et al. 2008, S. 35–65.
54 — Hans-Ulrich Schiedt, Chausseen und Kunststrassen. Der Bau der Hauptstrassen zwischen 1740 und 1910, in: Schweizerische Zeitschrift für Geschichte (SZG), Jg. 56, Nr. 1, 2006, S. 13–20.
55 — Christian Pfister, Im Strom der Modernisierung: Bevölkerung, Wirtschaft und Umwelt im Kanton Bern, 1700–1914, Bern 1995, S. 246–250.
56 — Paul Bairoch, Les spécificités des chemins de fer suisses des origines à nos jours, in: SZG, Jg. 39, Nr. 1, 1989, S. 36–38.
57 — Marc Gigase, Navigation à vapeur et essor touristique au XIX$^e$ siècle dans l'arc lémanique, in: Revue historique vaudoise, Nr. 114, 2006, S. 149–161.
58 — Schiedt, Chausseen, S. 15f.
59 — Arthur Wyss, La poste en Suisse. 2000 ans d'histoire, Lausanne 1987, S. 203f. (dt. Die Post in der Schweiz. Ihre Geschichte durch 2000 Jahre, Bern/Stuttgart 1987); Helmut Kahnt, Bernd Knorr, Alte Masse, Münzen und Gewichte, Leipzig 1986.
60 — HLS, Charlotte Kunz Bolt «Schiffbau», Kap. 2: «Industrieller Schiffbau».
61 — Paul Bairoch, La Suisse dans le contexte international aux XIX$^e$ et XX$^e$ siècles, in: ders. / Martin Körner (Hg.), La Suisse dans l'économie mondiale, Genève 1990, S. 106.
62 — Anne-Lise Head-König, L'industrie et les femmes dans les montagnes de l'Europe: modèles d'insertion et de fonctionnement des ménages, in: Nelly Valsangiacomo / Luigi Lorenzetti (Hg.), Donne e lavoro. Prospettive per una storia delle montagne europee XVIII–XX secc., Milano 2010, S. 101.
63 — HLS, Alfred Perrenoud: «Mortalität», Kap. 2: «Mortalität der Erwachsenen».
64 — Erich Gruner, Die Arbeiter in der Schweiz im 19. Jahrhundert: soziale Lage, Organisation, Verhältnis zu Arbeitgeber und Staat, Bern 1968, S. 118.
65 — Ebd., S. 141f.
66 — Erwin Bucher, Ein sozioökonomisches und ein politisches Kapitel aus der Regeneration, in: SZG, Jg. 32, Nr. 1, 1982, S. 5–124.
67 — David Hiler / Bernard Lescaze, Révolution inachevée, révolution oubliée, 1842: Les promesses de la Genève moderne, Genève 1992, S. 33–59.
68 — HLS, David Sanchez: «Hilfsvereine».
69 — Jean-Pierre Tabin, L'importance de la question des destinataires de l'assistance publique pour la construction de l'identité nationale: l'exemple de la Suisse, in: Hans-Jörg Gilomen et al. (Hg.), Von der Barmherzigkeit zur Sozialversicherung: Umbrüche und Kontinuitäten vom Spätmittelalter bis zum 20. Jahrhundert / De l'assistance à l'assurance sociale: ruptures et continuités du Moyen Age au XX$^e$ siècle, Zürich 2002, S. 344.
70 — Thomas Dominik Meier / Rolf Wolfensberger, «Eine Heimat und doch keine». Heimatlose und Nicht-Sesshafte in der Schweiz (16.–19. Jahrhundert), Zürich 1998, S. 33–35, 435–454.
71 — Fritzsche/Lemmenmeier, Revolutionäre Umgestaltung, S. 134f.
72 — Linda Mantovani Vögeli, Wie Mädchen lernen, Frau zu sein. Die Entwicklung der Mädchenbildung im 19. und 20. Jahrhundert, in: Badertscher/Grunder (Hg.), Erziehung und Schule in der Schweiz, S. 381f.
73 — Ludwig Snell, Dokumentirte pragmatische Erzählung der neuern kirchlichen Veränderungen sowie der progressiven Usurpationen der Römischen Kurie in der katholischen Schweiz bis 1830, Sursee 1833.
74 — Casimir Pfyffer, Zuruf an den eidgenössischen Vorort Luzern, bei Uebernahme der Leitung der Bundes-Angelegenheiten, Sursee 1831, in: Kölz, Verfassungsgeschichte, Bd. 1, S. 375.
75 — Bundesurkunde der schweizerischen Eidgenossenschaft, entworfen von der am 17. Juli 1832 durch die Tagsatzung ernannten Revisionscommission, § 36. Für die wirtschaftlichen Fragen s. ebd. § 14–29, in: Kölz, Quellenbuch, Bd. 1, Bern 1992, S. 348–368.
76 — Josef Inauen, Brennpunkt Schweiz. Die süddeutschen Staaten Baden, Württemberg und Bayern und die Eidgenossenschaft 1815–1840, Freiburg 2008.
77 — Margrit Müller, Nationale Einigung aus wirtschaftlicher Notwendigkeit?, in: Thomas Hildbrand / Albert Tanner (Hg.), Im Zeichen der Revolution. Der Weg zum schweizerischen Bundesstaat 1798–1848, Zürich 1997, S. 99f.; Patrick Halbeisen / Margrit Müller, Ökonomische Motive und Erwartungen – ihr Einfluss auf die Bundesstaatsgründung, in: Andreas Ernst et al. (Hg.), Revolution und Innovation. Die konfliktreiche Entstehung des schweizerischen Bundesstaates von 1848, Zürich 1998, S. 117–136.
78 — Vischer et al. (Hg.), Christianisme, S. 204–206.
79 — Alfred Dufour, Mariage civil et Restauration: Les aléas et les implications juridiques et politiques de l'introduction du mariage civil obligatoire à Genève sous la Restauration (1816–1824), in: Heinz Mohnhaupt (Hg.), Zur Geschichte des Familien- und Erbrechts: politische Implikationen und Perspektiven, Frankfurt a.M. 1987, S. 221–225.
80 — Guy P. Marchal, Schweizer Gebrauchsgeschichte: Geschichtsbilder, Mythenbildung und nationale Identität, Basel 2006.
81 — Werner Ort, Der modernen Schweiz entgegen: Heinrich Zschokke prägt den Aargau, Baden 2003.
82 — Daniel Hagmann, Ländliche Kultur im Wandel, in: Nah dran, weit weg. Geschichte des Kantons Basel-Landschaft, Bd. 5, Liestal 2001, S. 113.
83 — Beatrice Schumacher, Freiwillig verpflichtet. Gemeinnütziges Denken und Handeln in der Schweiz seit 1800, Zürich 2010.
84 — Kari Palonen, The struggle with time. A conceptual history of «politics» as an activity, Hamburg 2006, S. 172.
85 — Hans Ulrich Jost / Albert Tanner (Hg.), Geselligkeit, Sozietäten und Vereine – Sociabilité et faits associatifs, Zürich 1991.
86 — Société de musique du Canton de Genève (Hg.), Rapport de la Société de musique du canton de Genève: fait à l'assemblée générale des sociétaires le 26 janvier 1826, Genève 1826.
87 — Michel Oris / Olivier Perroux, La minorité catholique dans la Rome protestante. Contribution à l'histoire démographique de Genève dans la première moitié du XIX$^e$ siècle, in: Jean-Pierre Poussou et al. (Hg.), Histoire des familles, de la démographie et des comportements, Paris 2007, S. 220.
88 — François de Capitani / Georg Germann (Hg.), Auf dem Weg zu einer schweizerischen

Identität, 1848–1914. Probleme, Errungenschaften, Misserfolge, Freiburg 1987.
89 — Irène Herrmann, Genève entre République et Canton. Les vicissitudes d'une intégration nationale (1814–1846), Genève/Québec 2003, S. 216.
90 — David Gugerli / Daniel Speich, Topografien der Nation. Politik, kartografische Ordnung und Landschaft im 19. Jahrhundert, Zürich 2002.
91 — Emile Buxcel, L'armée suisse mobilise. Petite histoire de mise sur pied, XIV$^e$–XX$^e$ siècle, Lausanne 2003, S. 25f.
92 — Jean-Marc Barrelet (Hg.), Histoire du Pays de Neuchâtel, Bd. 3, Hauterive 1993, S. 23–27.
93 — Hans-Ulrich Jost, Le courant radical, in: Andreas Auer (Hg.), Les origines de la démocratie directe en Suisse – Die Ursprünge der schweizerischen direkten Demokratie, Basel/Frankfurt a. M. 1996, S. 123.
94 — Dieter Wicki, Der aargauische Grosse Rat 1803–2003. Wandel eines Kantonsparlaments – eine Kollektivbiografie, Baden 2006, S. 117–122.
95 — Silvano Möckli, Das Gesetzesveto und -referendum. Ein Stolperstein wird zum Grundstein, in: Auer (Hg.), Les origines, S. 211.
96 — Martin Leuenberger, 1830 bis 1833: Der neue Kanton, in: Nah dran, weit weg. Geschichte des Kantons Basel-Landschaft, Bd. 5, Liestal 2001, S. 178.
97 — Benjamin Adler, Die Entstehung der direkten Demokratie. Das Beispiel der Landsgemeinde Schwyz 1789–1866, Zürich 2006.
98 — Johannes Dierauer, Geschichte der Schweizerischen Eidgenossenschaft, Gotha 1917, Bd. 5, Kap. XIII/4, S. 632–634.
99 — Fabrizio Panzera, L'Eglise en Suisse: de la fin de l'Ancien Régime à la Restauration (1798–1835), in: Guy Bedouelle / François Walter (Hg.), Histoire religieuse de la Suisse. La présence des catholiques, Paris/Fribourg 2000, S. 272–276.
100 — Heidi Bossard-Borner, Im Spannungsfeld von Politik und Religion. Der Kanton Luzern 1831 bis 1875, Basel 2008, S. 260–264.
101 — François Walter, Economie et société à l'époque libérale, in: Roland Ruffieux (Hg.), Histoire du Canton de Fribourg, Bd. 2, Fribourg 1981, S. 850–858.
102 — Urs Altermatt (Hg.), «Den Riesenkampf mit dieser Zeit zu wagen …». Schweizerischer Studentenverein: 1841–1991, Luzern 1993.
103 — Vischer et al. (Hg.), Christianisme, S. 208.
104 — Observations sur le projet d'Acte Fédéral de la Confédération suisse, projeté par la commission de révision nommée par la Diète, le 17 juillet 1832, délibérées par l'Assemblée générale de la section vaudoise de l'Association de sûreté fédérale dans sa séance du 24 février 1833, Lausanne 1833, S. 34.
105 — Benoît Girard, Presse et liberté. La presse conservatrice catholique dans le canton de Fribourg et le Jura sous la Régénération (1830–1847), Porrentruy 2008.
106 — Hildbrand/Tanner (Hg.), Im Zeichen der Revolution, insb. Albert Tanner und Marco Jorio.
107 — Ursula Meyerhofer, Wir sind die Nation. Der radikale Nationsbegriff des «Schweizerischen Republikaners», 1830–1846, in: Urs Altermatt et al. (Hg.), Die Konstruktion einer Nation. Nation und Nationalisierung in der Schweiz, 18.–20. Jahrhundert, Zürich 1998, S. 49–59.
108 — Carlo Moos, Dimensionen eines Bürgerkriegs. Für eine Neubewertung des Geschehens um den Sonderbund, in: Brigitte Studer (Hg.), Etappen des Bundesstaates. Staats- und Nationsbildung der Schweiz, 1848–1998, Zürich 1998, S. 22f.
109 — Rolf Holenstein, Ochsenbein. Erfinder der modernen Schweiz, Basel 2009.
110 — Maissen, Disputatio, S. 43, 45.
111 — Joachim Remak, A Very Civil War: The Swiss Sonderbund War of 1847, Boulder 1993 (dt: Bruderzwist, nicht Brudermord. Der Schweizer Sonderbundskrieg von 1847, Zürich 1997).
112 — Irène Herrmann, Les cicatrices du passé. Essai sur la gestion des conflits en Suisse (1798–1918), Bern 2006, S. 109f.
113 — Irène Herrmann / Daniel Palmieri, Devoir de mémoire ou devoir d'oubli? Les guerres civiles suisse et américaine comme ferment d'union nationale, in: SZG, Jg. 51, Nr. 2, 2001, S. 143–165.
114 — Kreis (Hg.), Weg zur Gegenwart, S. 108f.
115 — Herrmann, Les cicatrices, S. 115f.
116 — Der berühmte Titel von Nathan Wachtel wurde in diesem Zusammenhang schon aufgegriffen von Roland Ruffieux, Le Sonderbund: la vision des vaincus, in: Roger Durand (Hg.), Guillaume-Henri Dufour, S. 327–347.
117 — Kapitulation mit Unterwalden vom 27. November 1847, in: Abschied der ordentlichen eidgenössischen Tagsatzung (51 Bde.), [S.l.] 1813/14–1848, EA 1847 II, S. 78.
118 — Oliver Zimmer, A Contested Nation. History, Memory and Nationalism in Switzerland, 1761–1891, Cambridge 2003.
119 — Emil Spiess (Hg.), Bibliographie Troxler, Bd. 1, Glarus 1966 , S. 113.
120 — Joseph Lang, Vernünftig und katholisch zugleich. Katholische Radikale und antiklerikale Dynamik, in: Ernst et al. (Hg.), Revolution und Innovation, S. 259–270.
121 — François Walter, Les Suisses et l'environnement. Une histoire du rapport à la nature du XVIII$^e$ siècle à nos jours, Genève 1990, S. 55.
122 — Cédric Humair, Etat fédéral, centralisation douanière et développement industriel de la Suisse, 1798–1848, in: Ernst et al. (Hg.), Revolution und Innovation, S. 111f.
123 — Müller, Nationale Einigung, S. 106–111.
124 — Ignaz Paul Vital Troxler, Die eine und wahre Eidgenossenschaft im Gegensatz zur Centralherrschaft und Kantonsthümelei sowie zum neuen Zwitterbunde beider; nebst einem Verfassungsentwurf, Rapperswyl 1833.
125 — James Fazy, Projet de Constitution fédérale, Genève 1837.
126 — Annemarie Huber-Hotz, Das Zweikammersystem, Anspruch und Wirklichkeit, in: Parlamentsdienste (Hg.), Das Parlament – «Oberste Gewalt des Bundes»?, Bern/Stuttgart 1991, S. 165–182.
127 — Präambel der Bundesverfassung der Schweizerischen Eidgenossenschaft von 1848, in: Kölz, Quellenbuch, Bd. 1, S. 447.
128 — Brief der Tagsatzungskommission vom 7. Dezember 1847 an seine Exzellenz, den Minister der auswärtigen Angelegenheiten in Paris, in: Abschied der ordentlichen eidgenössischen Tagsatzung (51 Bde.), [S.l.] 1813/14–1848, EA 1847 II, S. 173.
129 — Vgl. Kreis (Hg.), Weg zur Gegenwart.
130 — Gruner, Arbeiter.
131 — Daniel Frei, Die Förderung des schweizerischen Nationalbewusstseins nach dem Zusammenbruch der Alten Eidgenossenschaft 1798, Zürich 1964; Ulrich Im Hof / François de Capitani, Die Helvetische Gesellschaft. Spätaufklärung und Vorrevolution in der Schweiz, Frauenfeld/Stuttgart 1983.
132 — Jost/Tanner (Hg.), Geselligkeit.
133 — Guy Marchal, Nouvelles approches des mythes fondateurs suisses: l'imaginaire historique des Confédérés à la fin du XV$^e$ siècle, in: Marc Comina (Hg.), Histoire et belles histoires de la Suisse. Guillaume Tell, Nicolas de Flüe et les autres, des chroniques au cinéma, Basel 1989, S. 1–24.
134 — Christian Simon (Hg.), Widerstand und Proteste zur Zeit der Helvetik, Basel 1998.
135 — Halbeisen/Müller, Ökonomische Motive; Humair, Naissance.
136 — Daniel Osterwalder, Tote im Bundesarchiv. Die vergessenen Gefallenen und Verwundeten des Bürgerkrieges von 1847 in der Traverse, Jg. 6, Nr. 1, 1999, S. 59–66.
137 — Andreas Suter, Historische Reflexionen zur aktuellen Debatte (Nachwort), in: Benjamin Adler, Die Entstehung der direkten Demokratie: das Beispiel der Landsgemeinde Schwyz 1780–1866, Zürich 2006.
138 — Thomas Maissen, Geschichte der Schweiz, Baden 2010; Walter, Histoire, Vol. 3: Le temps des révolutions (1750–1830), Vol. 4: La création de la Suisse moderne (1830–1930), Neuchâtel 2010.

## Biblisches.

**Einer für Alle, Alle für Einen!**

**Kranken- und Unfall-Versicherung.**

„Und dieweil Mose seine Hände empor hielt, siegete Israel; wenn er aber seine Hände niederließ, siegete Amalek. Aber die Hände Mose waren schwer; darum nahmen sie einen Stein und legten ihn unter ihm, daß er sich darauf setzte. Aron-Usteri aber und Chur-Hirter stützten seine Hände, auf jeglicher Seite Einer."

(II. Buch Mose. 17. 11-12)

Das Kranken- und Unfallversicherungsgesetz kam erst 1912 nach einem langen Gesetzgebungsprozess zustande. Bereits 1890 hiess die schweizerische Stimmbevölkerung einen Verfassungsartikel gut, der den Bund ermächtigte, ein solches Gesetz zu erlassen. Ein erster Entwurf scheiterte allerdings 1900 überraschend an der Urne. Den Ausschlag gaben föderalistische Vorbehalte gegenüber einer Zentralisierung des Krankenversicherungswesens und populistisch geschürte Ängste um allfällige Steuererhöhungen als indirekte Folge der zusätzlichen Staatsausgaben. Einzig ein kleiner, unbestrittener Teil der Vorlage, die Kranken- und Unfallversicherung für Militärangehörige, wurde 1902 in Kraft gesetzt. In den folgenden Jahren reduzierten die Bundesbehörden das ursprüngliche Vorhaben auf eine Verstaatlichung der Unfallversicherung, während sie in der Krankenversicherung gleichsam eine Politik der Hintertüren beschritten: Hier wurde ein Subventionsanreiz geschaffen, indem der Bund jenen Kantonen und Gemeinden einen finanziellen Beitrag versprach, die obligatorische Krankenversicherungssysteme auf kantonaler oder kommunaler Basis einrichteten. Diese zweite Vorlage übersprang 1912 erfolgreich die Abstimmungshürde und führte 1918 zur Gründung der Schweizerischen Unfallversicherungsanstalt (Suva).

*Der Sozialstaat als göttliches Gebot: Die Rolle des Mose und seiner zwei Begleiter übernehmen der für das Kranken- und Unfallversicherungsgesetz verantwortliche Bundesrat Ludwig Forrer und die Präsidenten der parlamentarischen Kommissionen Paul Emil Usteri (Ständerat) und Johann Daniel Hirter (Nationalrat). Quelle: «Nebelspalter», 37/5 vom 3. Februar 1912 (ZB Zürich).*

# Dezentral und fragmentiert: Sozialpolitik seit dem späten Ancien Régime

— *Martin Lengwiler*

Die Betreuung von Armen und Kranken war in der Vormoderne eingebettet in einen christlich-karitativen Kontext und oblag zunächst der Familie und näheren Verwandtschaft. Darüber hinaus existierte eine Vielzahl ständischer Einrichtungen zur Armenfürsorge, darunter körperschaftliche Selbsthilfekassen von Zünften, Armenfonds von Gemeinden und Städten oder Wohlfahrtseinrichtungen von Klöstern, Stiftungen und Pfarreien. Innerhalb dieser heterogenen Welt ständischer Sozialpolitik verschob sich seit der Reformationszeit der Schwerpunkt zunehmend von kirchlichen zu weltlichen Akteuren. Im Zuge dieses Säkularisierungsprozesses richteten viele ländliche Gemeinden weltliche Armenfonds ein, die sie durch Schenkungen, Bussen oder Darlehenszinsen speisten.[1]

Der Zugang zu den frühneuzeitlichen Fürsorgeeinrichtungen wurde höchst selektiv gewährt. Ausgegrenzt wurden zunächst jene Arme, die an ihrem Wohnort kein Bürgerrecht besassen. Auf dem Gebiet der Eidgenossenschaft galt seit 1551 der Grundsatz, dass sich jede Bürger- und Pfarrgemeinde selber um ihre Angehörigen zu kümmern habe. Dieses Heimatprinzip wurde im 18. Jahrhundert zunehmend restriktiv durchgesetzt, zuerst in den Städten, später auch in ländlichen Gemeinden. Versorgungsberechtigt war oft nur die Bürgerschaft; die niedergelassene Bevölkerung dagegen blieb von der bürgerlichen Armenhilfe ausgeschlossen. Gemeinden und Städte verschärften parallel dazu auch die Hürden zur Erlangung des Bürgerrechts. Auf dem Höhepunkt dieser Abschliessungspolitik, im 18. Jahrhundert, erteilten viele Städte und Gemeinden ihr Bürgerrecht zugewanderten Ansässigen nur noch in Ausnahmefällen, und wenn diese verarmten, verwies man sie häufig an ihre Heimatgemeinden.[2]

Solche Abschliessungstendenzen wurden noch verstärkt durch eine moralisierende Unterscheidung zwischen unterstützungswürdigen und -unwürdigen Formen der Armut. Unterstützungsleistungen waren zunehmend den «ehrbaren», «unverschuldeten» und arbeitsfähigen Armen vorbehalten, während andere Bittsteller ausgegrenzt und verfolgt wurden. Die Tagsatzung verbot bereits 1681 das Betteln ausserhalb der Kantonsgrenze und erlaubte den lokalen Behörden, aufgegriffene Bettler in ihre Heimatgemeinden zurückzuweisen. Ehrbare Ansässige, aber auch durchreisende Handelsleute oder Handwerksgesellen auf Wanderschaft konnten im städtischen Kontext auf die Hilfe zünftischer Hilfskassen zählen. Arme, die sich als Bettler, Vaganten oder Kleinkriminelle durchzubringen versuchten, wurden dagegen im 18. Jahrhundert in eigentlichen «Bettlerjagden» zusammengetrieben, ihren Heimatgemeinden überstellt oder in Arbeits- oder Zuchthäuser eingewiesen. Frauen waren in diesem ständischen Umfeld höheren Armutsrisiken ausgesetzt, insbesondere wenn sie verwitwet waren und Kinder hatten. Zugleich galten sie im Vergleich zu verarmten Männern häufiger als ehrbare oder würdige Arme. Die Unterscheidung zwischen ehrbaren und ehrlosen Armen blieb auch im 19. Jahrhundert ein grundlegendes Element der bürgerlichen Sozialpolitik.[3]

### Industriegesellschaftliche Formen von Armut und Sozialpolitik im 19. Jahrhundert

Ein Umbruch in der Erfahrung und Wahrnehmung von Armut zeichnete sich erst Mitte des 19. Jahrhunderts, im Zuge der fortschreitenden Industrialisierung, ab. Einerseits schuf der industrielle Sektor neue Arbeitsplätze und reduzierte die Gefahr traditioneller Formen von Massenarmut im Zuge agrarischer Hungerkrisen, wie zuletzt 1846/47. Andererseits brachten die neuen Arbeitsformen neue Armutsrisiken mit sich, etwa die Abhängigkeit von einem Lohneinkommen und der zyklisch schwankenden Beschäftigungslage. Spätestens in den 1870er und 1880er Jahren manifestierten sich die ersten modernen Wirtschaftskrisen und damit verbunden neue Formen der Massenarmut. Parallel dazu verschob sich auch die Wahrnehmung der Armut. Das sozialpolitische Augenmerk galt nun nicht mehr den traditionellen Armutsformen wie der ländlichen Armut, sondern den neuen, industriegesellschaftlichen Notsituationen. Die neuen sozialpolitischen Instrumente zielten seit den 1860er Jahren zunehmend auf die sichtbaren Probleme einer weitgehend männlichen Industriearbeiterschaft.

Als Folge dieser Entwicklungen kam das bisherige Fürsorgesystem unter Druck. In industrialisierten Regionen waren die kirchlichen und kommunalen Armenfonds nicht mehr in der Lage, die massenhaften Armutsfälle in wirtschaftlichen Krisenjahren zu bewältigen. Seit den 1860er Jahren wurde intensiv über die Frage debattiert, wie die Armenfürsorge strukturell zu entlasten sei. Als Alternative schob sich zunehmend das Versicherungsmodell in den Vordergrund. Das Versicherungswesen hatte sich seit der Mitte des 19. Jahrhunderts in zwei Formen ausgebreitet: einerseits als kommerzielle Lebensversicherung, die sich primär an eine bürgerliche Kundschaft richtete, andererseits als genossenschaftliche Hilfskassen, die vor allem in der Industriearbeiterschaft verankert waren. Das Hilfskassenwesen sicherte primär männliche Vollzeiterwerbstätige gegen krankheits- oder invaliditätsbedingte, unverschuldete Lohnausfälle ab – allerdings auf sehr niedrigem finanziellem Niveau. Es bildete in der zweiten Jahrhunderthälfte den Kern, aus dem heraus sich die privaten Kranken-, Alters- und Pensionskassen und in einer zweiten Phase, im 20. Jahrhundert, die modernen Sozialversicherungen entwickelten.

Der Versicherungsgedanke fand vor allem im Bürgertum viel Unterstützung. Sowohl die freiwillige wie auch die erzwungene Selbstvorsorge – bei obligatorischen Versicherungen – war einer bürgerlichen Sozialethik verpflichtet, nach der sich Arbeiter- und Mittelschichten aus eigener Kraft vor drohenden Armutssituationen zu schützen hatten, um nicht der öffentlichen Fürsorge zur Last zu fallen. Von diesem puritanischen Geist zeugte auch die Koppelung des Versicherungsprinzips an ein Lohnarbeitsverhältnis. Nur wer einer ordentlichen Arbeit nachging, zahlte über Lohnabzüge regelmässig Versicherungsbeiträge und kam in den Genuss von Versicherungsleistungen. Benachteiligt waren dabei nicht nur die Nicht-Erwerbstätigen, sondern auch Teilzeitbeschäftigte oder Geringverdienende – eine mehrheitlich weibliche Bevölkerungsgruppe. Dies traf grundsätzlich sowohl für die Hilfskassen als auch für die seit den 1880er Jahren diskutierten Modelle von obligatorischen Sozialversicherungen zu. Der Aufstieg des modernen Sozialstaats als Alternative zu den traditionellen Fürsorgeeinrichtungen bedeutete also für Frauen zunächst eine Beschränkung ihres Zugangs zu Unterstützungsleistungen.

Vor dem Hintergrund dieser bürgerlichen Versicherungsethik überrascht es kaum, dass der Auf- und Ausbau der schweizerischen Sozialversicherungen – und damit des Grundsteins des heutigen Sozialstaates – nicht so sehr auf sozialdemokratische Postulate zurückging, sondern vom freisinnigen Bürgertum vorangetrieben wurde. Bis in die 1950er Jahre wurden sämtliche Sozialversicherungen unter freisinniger Ägide eingeführt, vom Kranken- und Unfallversicherungsgesetz im Jahr 1912 unter dem freisinnig-demokratischen Bundesrat Ludwig Forrer, das 1918 die Schaffung der Schweizerischen Unfallversicherungsanstalt (Suva) ermöglichte, bis zur Alters- und Hinterlassenenversicherung (AHV) im Jahr 1948. Die AHV nahm zwar ein langjähriges Postulat der sozialdemokratischen Partei auf, ihre konkrete Ausgestaltung ging aber auf Vorarbeiten im Umfeld des wirtschaftsfreisinnigen Bundesrats Walther Stampfli zurück. Der Einfluss katholisch-konservativer Kreise auf die Entwicklung des Sozialstaats manifestierte sich vor allem in der Familienpolitik, etwa in den Vorarbeiten für den Verfassungsartikel über den Familienschutz, der 1945 angenommen wurde.[4]

**Ausbau der Sozialversicherungen im 20. Jahrhundert**
Die Sozialversicherungen entwickelten sich in mehreren Phasen. In einem ersten Zeitabschnitt, der von 1880 bis zum Ende des Ersten Weltkriegs reicht, konzentrierten sich die Arbeiten auf die Kranken- und die Unfallversicherung. Dabei orientierte sich der Bundesstaat primär an der Bismarck'schen Sozialgesetzgebung des Deutschen Kaiserreichs. Bereits 1885 war in ersten Vorstössen im eidgenössischen Parlament eine staatliche Unfallversicherung verlangt worden, zeitgleich mit der Verabschiedung der deutschen Kranken- und Unfallversicherungsgesetze. Auch die ersten Forderungen nach einer staatlichen Alters- und Invalidenversicherung um 1900 orientierten sich am deutschen Modell. Nach einem langen, hürdenreichen Gesetzgebungsprozess wurde schliesslich 1918 die erste grössere staatliche Sozialversicherung, die Schweizerische Unfallversicherungsanstalt (Suva), gegründet. Im Bereich der Krankenversicherung hingegen scheiterte der Bund mit seinen Plänen.[5] Der schleppende Gesetzgebungsprozess führte dazu, dass die Entwicklung des Sozialstaats – zum Beispiel im Vergleich mit Deutschland und Österreich – schon früh ins Hintertreffen geriet.

Der zweite Zeitabschnitt umfasst die drei Jahrzehnte zwischen 1918 und 1948, zwischen der Gründung der Suva und jener der Alters- und Hinterlassenenversicherung (AHV). In dieser Phase erlebten die Sozialversicherungen vor allem auf dezentral-föderalistischen und privatrechtlichen Pfaden einen Aufschwung – man könnte von einer «Sozialstaatsentwicklung von unten» sprechen. Im europäischen Vergleich zeichnete sich damit ein spezifisch schweizerischer Weg ab. Der Prozess erfasste vor allem die Krankenversicherung und das Pensionskassenwesen. Zunächst erwies sich ein Subventionsanreiz für Krankenversicherungen als effizientes Instrument, um sozialstaatliche Obligatorien auf kantonaler und kommunaler Ebene zu fördern. Der Föderalismus erwies sich hier für einmal nicht als Hindernis, sondern führte im Gegenteil zu einem dynamischen Wettbewerb zwischen sozialpolitisch aufgeschlossenen Kantonen und Städten. Praktisch alle Kantone diskutierten in der Zwischenkriegszeit eine sozialstaatliche Regelung der Krankenversicherung; in rund der Hälfte der Stände fiel der Entscheid positiv aus. Dabei wurden entweder bestimmte Bevölkerungsgruppen – in der Regel die Geringverdienenden – direkt der Versicherungspflicht unterstellt oder indirekt die Gemeinden ermächtigt, kommunale Obligatorien einzuführen. Zu den ersten Kantonen mit solchen sozialstaatlichen Regelungen gehörten Basel-Stadt (1914), Luzern (1915), Zug (1916), Zürich (1916) sowie Schwyz (1917); nach dem Kriegsende folgte eine zweite Welle. In den allermeisten Fällen blieb die praktische Umsetzung den bestehenden privaten Kassen überlassen. Nur in Ausnahmefällen wie in Basel-Stadt wurden staatliche Monopolkassen errichtet. Der Erfolg dieses dezentralen Ausbaus des Sozialstaats war beachtlich. 1935 betrug der Anteil der Krankenversicherten an der Gesamtbevölkerung bereits 48 Prozent.[6]

Vergleichbares gilt für die Pensionskassen im Bereich der Altersversicherung. Da die Schweiz während des Ersten Weltkriegs noch über keine staatliche Altersvorsorge verfügte, förderte der Bund auch hier die privaten Vorsorgeeinrichtungen über finanzielle Anreize. So konnten Unternehmen ihre Einlagen in die beruflichen Pensionskassen von den Steuern absetzen. In der Folge expandierte das Pensionskassenwesen stark. Die bedeutende Stellung privater Akteure in der Geschichte des schweizerischen Sozialstaats erwies sich allerdings als Hypothek für dessen spätere Entwicklung. So sperrten sich die Interessenvertreter der Pensionskassen im Vorfeld der AHV-Gründung erfolgreich gegen eine gut ausgebaute staatliche Altersvorsorge. Als die AHV 1948 schliesslich ihre Tätigkeit aufnahm, waren die Leistungen auf ein Rentenniveau beschränkt, das teilweise unter dem Existenzminimum lag. Nur wer neben der AHV auch eine Pensionskassenrente bezog, konnte das Risiko, nach der Pensionierung zu verarmen, sicher ausschliessen.

Mit der Nachkriegszeit kam die Entwicklung des Sozialstaats in Gang. Sie führte in den 1950er Jahren zu einem moderaten, später zunehmend dynamischen Ausbau der Sozialversicherungen (siehe Kapitel von Georg Kreis, S. 576f.). Beispielhaft für diese Phase steht die Altersvorsorge. Die Pensionskassen und die mit ihnen verbündeten Lebensversicherer liessen auch in den 1950er und 1960er Jahren nur eine komplementäre und bescheiden ausgestattete staatliche Vorsorge zu;

das Rentenniveau der AHV blieb im internationalen Vergleich bis in die 1970er Jahre bescheiden. Zugleich wurden die Pensionskassen als «zweite Säule» ins schweizerische Modell der Altersvorsorge integriert. Unter dem programmatischen Titel des «Drei-Säulen-Modells» – die dritte Säule bezeichnete das freiwillige private Sparen – wurde diese fragmentierte Strategie der Altersvorsorge seit den 1970er Jahren weiterverfolgt, zunächst im Rahmen eines 1972 gutgeheissenen Verfassungsartikels, seit 1985 auf der Basis des Bundesgesetzes über die berufliche Alters-, Hinterlassenen- und Invalidenversicherung (BVG), welches das Pensionskassenwesen regelte. Vor allem die zweite Säule erlebte seit den 1980er Jahren ein starkes Wachstum, sowohl an Versicherten wie an versicherten Guthaben.[7]

Im Bereich der Krankenversicherung blockierten die privaten Kassen, oft sekundiert durch die Ärzteschaft, grundlegende Reformvorhaben. Veränderungen wie die Einführung eines nationalen Obligatoriums oder eines einkommensabhängigen Prämienmodells – nach deutschem Vorbild – scheiterten in der Nachkriegszeit am Widerstand von Krankenkassen und Ärzten. Auch als 1996 die allgemeine Versicherungspflicht schliesslich eingeführt wurde, blieben privatwirtschaftliche Traditionen bestehen, zum Beispiel mit dem Beitragssystem, dem sogenannten Kopfprämienmodell. Vergleichbares lässt sich auch über die Arbeitslosenversicherungen sagen, die sich seit der Zwischenkriegszeit in privatrechtlichen, durch Bundessubventionen geförderten Einrichtungen, etwa den gewerkschaftlichen, den öffentlichen und den paritätischen Arbeitslosenkassen, ausbreiteten. Diese dezentral-föderalistischen Kassen waren gut organisiert und verteidigten ihre Autonomie gegenüber Zentralisierungs- und Verstaatlichungsabsichten. Der Bundesrat schreckte deshalb bis 1976 vor einem nationalen Obligatorium zurück und überliess die neue Pflichtversicherung auch danach den bestehenden Kassen.[8]

**Das schweizerische Sozialstaatsmodell als problematische Hypothek**

Bis in die 1980er Jahre verzeichneten die schweizerischen Sozialversicherungen im internationalen Vergleich, nicht zuletzt aufgrund der guten Beschäftigungssituation, ein geringes Ausgabenniveau. Entsprechend lobten die OECD oder die Weltbank die Schweiz wiederholt als Musterknaben eines schlanken Sozialversicherungssystems. Erst in den 1990er Jahren haben sich die Sozialausgaben im Vergleich zum Bruttoinlandsprodukt, vor allem infolge von Kostensteigerungen in der Arbeitslosen-, der Alters-, der Kranken- und der Invalidenversicherung, denen anderer westeuropäischer Staaten angenähert. Seither hat sich auch ein sozialstaatliches Krisenbewusstsein ausgebreitet, das teilweise auf Strukturproblemen einzelner Sozialversicherungen, teilweise aber auch auf einer veränderten Wahrnehmung beruht, denn zu Kostensteigerungen kam es in einzelnen Sozialversicherungen lange vor der neueren Krisendebatte. In der Kranken- oder der Invalidenversicherung verlief das Ausgabenwachstum in den 1960er Jahren sogar steiler als seit den neunziger Jahren, nur galt damals der Ausbau des Sozialstaats als ein politisch erwünschtes Korrelat der Wohlstandsgewinne der frühen Nachkriegszeit, während er heute, im Kontext stagnierender öffentlicher Haushalte, stärker problematisiert wird.[9]

Trotz anhaltender Kritik am wachsenden Ausgabenvolumen der Sozialversicherungen ist eine substantielle Reduktion der sozialstaatlichen Aufwendungen auf absehbare Zeit nicht in Sicht. Die letzten Jahre haben vielmehr gezeigt, dass Armut auch in der Wohlstandsgesellschaft weiter besteht und dass der Sozialstaat diesen neuen Formen von Armut erst noch gerecht werden muss. In den letzten Jahrzehnten hat sich insbesondere der Arbeitsmarkt grundlegend gewandelt. Der Dienstleistungssektor hat mit seinem Aufstieg die traditionell starke Industrie in den Schatten gestellt, die Arbeitsverhältnisse wurden generell flexibilisiert, der Anteil der Teilzeitstellen und prekären Arbeitsverhältnisse nahm zu, ebenso die Frauenerwerbsarbeit.

Seit den 1980er Jahren bildete sich zudem eine anhaltende Sockelarbeitslosigkeit, und die Kluft zwischen dem Hoch- und dem Billiglohnsektor verbreiterte sich, es entstanden neue Armutsrisiken. Sie betreffen beispielsweise geringverdienende Teilzeitbeschäftigte oder Selbständige mit prekärem Einkommen, die sogenannten *working poor* – insgesamt mehr Frauen als Männer. In städtischen Zentren leben heute bis zu 15 Prozent der Bevölkerung unter dem Existenzminimum.[10] Gegen diese neuen Formen der Armut bietet das bestehende Sozialversicherungssystem nur ungenügenden Schutz. Dafür verantwortlich sind nicht zuletzt die Charakteristika des schweizerischen Sozialstaats mit seiner engen Koppelung der Sicherung an die Lohnarbeit, seiner fragmentierten Struktur und der tragenden Rolle privater Akteure im Sicherungssystem. Dieser eigene Entwicklungsweg des Sozialstaats erweist sich deshalb auch als problematische Hypothek.

---

1 — Rudolf Braun, Das ausgehende Ancien Régime in der Schweiz, Göttingen 1984, S. 247–251.
2 — Ebd., S. 148.
3 — Ebd., S. 286f.; Anne-Lise Head / Brigitte Schnegg (Hg.), Armut in der Schweiz (17.–20. Jh.), Zürich 1989; Beatrice Schumacher, Freiwillig verpflichtet, Zürich 2010.
4 — Matthieu Leimgruber, Solidarity without the state?, Cambridge 2008, S. 30–56.
5 — Bernard Degen, «Haftpflicht bedeutet den Streit, Versicherung den Frieden», in: Hansjörg Siegenthaler (Hg.), Wissenschaft und Wohlfahrt, Zürich 1997, S. 137–154; Martin Lengwiler, Risikopolitik im Sozialstaat, Köln 2006.
6 — Ders., Das verpasste Jahrzehnt, in: ders. / Matthieu Leimgruber (Hg.), Umbruch an der «inneren Front», Zürich 2009, S. 165–184.
7 — Leimgruber, Solidarity, S. 57–186.
8 — Carola Togni, Arbeitslosenversicherung, in: Lengwiler/Leimgruber (Hg.), Umbruch, S. 101–124; Matthieu Leimgruber, Die Auseinandersetzung um die Altersversorgung, in: ebd., S. 125–138; Lengwiler, Das verpasste Jahrzehnt.
9 — Ders., Das Drei-Säulen-Konzept und seine Grenzen, in: Zeitschrift für Unternehmensgeschichte, Jg. 48, Nr. 1, 2003, S. 29–47.
10 — Ueli Mäder, Armut im Kanton Basel-Stadt, Basel 1991, S. 9–14; Stefan Kutzner / Ueli Mäder / Carlo Knöpfel (Hg.), Working poor in der Schweiz – Wege aus der Sozialhilfe, Zürich 2004.

Die Firma Diethelm & Co. Ltd. hat sich seit dem Ende des 19. Jahrhunderts bis zur gegenwärtigen Welle der Globalisierung zu einem der grössten in Asien tätigen westlichen Handelskonzerne entwickelt, der DKSH Holding AG. 1871 wanderte der junge Thurgauer Kaufmann Wilhelm Heinrich Diethelm (1848–1932) nach Singapur aus und wurde dort 1877 Teilhaber der damals niederländischen Firma Hooglandt & Co., die ihrerseits Handelspartnerschaften mit einem Londoner Haus und einer Buntweberei im Kanton St. Gallen pflegte (die in der Ostschweiz fabrizierten Sarongs und bunten Damaste wurden damals in grossen Mengen in den Fernen Osten, von Indonesien bis Japan, exportiert). 1887 gründete Diethelm in Zürich eine eigene Exportfirma, die für die nun holländisch-schweizerische Hooglandt & Co. als europäische Generalagentur fungierte. Damals unterhielt das Unternehmen rege Verbindungen zur Schweizer Industrie, etwa zu Nestlé, den Gebrüdern Sulzer, Brown Boveri & Co. oder der Maschinenfabrik Oerlikon. Die historischen «Trade Marks» – Schutzmarken-Vignetten der von Diethelm & Co. gehandelten Waren – zeigen meist südostasiatische Motive mit bunt bekleideten Einheimischen, Kokospalmen oder Elefanten. Schweizerische Motive wie die hier abgebildete Gemse sind seltener. Die Vignette des Überseedampfers stammt wahrscheinlich aus der Zeit des Ersten Weltkriegs, denn sie enthält den Vermerk «Incorporated in Switzerland», den alle von Diethelm vertriebenen Marken damals tragen mussten.[1]

*Historische Markenvignetten von Diethelm & Co. Ltd., © by Diethelm Keller Holding Ltd.*

# Wachstumspfade einer kleinen, offenen Volkswirtschaft

— *Béatrice Veyrassat*

Die wirtschaftliche Entwicklung der Schweiz in der Moderne ist bezeichnend für die Geschichte kleiner europäischer Länder, die sich wegen ihrer starken Abhängigkeit vom Zugang zu ausländischen Märkten den Wandlungen und Herausforderungen der internationalen Wirtschaftsbeziehungen stellen müssen und damit stetem äusserem Druck ausgesetzt sind.[2] Die Geschichtsschreibung hat diese Problematik zu Recht immer wieder betont.

Zu den offenen Volkswirtschaften zählte die Schweiz seit jeher; weltwirtschaftlich integriert wurde sie jedoch erst in der Belle Epoque (1870–1914), als verbesserte Transportmöglichkeiten und neue Informationstechniken die Märkte grundlegend internationalisierten und sinkende Kosten den weltweiten Personen-, Waren- und Kapitalverkehr beschleunigten. Bereits in den 1820er Jahren – nach über zwei Jahrzehnten kriegerischer Auseinandersetzungen – begann ein Globalisierungsprozess die Schweiz ebenso wie andere Staaten zu erfassen. Grund dafür war weniger die starke, bis zum Ersten Weltkrieg anhaltende Zunahme des Welthandels, an dem die Schweiz aktiv teilnahm, als vielmehr die steigende Vernetzung und Integration der internationalen Märkte.[3] Der veränderte weltwirtschaftliche Kontext hatte auf die sozioökonomische Lage breiter Bevölkerungsschichten, besonders der bäuerlichen Gesellschaft Ende des 19. Jahrhunderts, tiefgreifende Auswirkungen. In der kleinen, offenen Schweiz verlief der Strukturwandel besonders stürmisch.

**Weltoffenheit – Abhängigkeit – Interdependenz**
Der in den 1870er und 1880er Jahren zu verzeichnende markante Rückgang der Beschäftigtenzahlen in der Landwirtschaft und die damit einhergehende spektakuläre Abwanderung der Arbeitskräfte in den Industrie- und Dienstleistungssektor (siehe Graphik im Kapitel von Regina Wecker, S. 435)[4] sind primär auf eine autonome, binnenwirtschaftliche Dynamik zurückzuführen: zum einen auf den Übergang vom arbeitsintensiven Brotgetreideanbau zur rentabler gewordenen Milch- und Viehwirtschaft, zum anderen auf den Rückgang protoindustrieller Produktionsformen. Die Bauernschaft litt jedoch unter der massenhaften Einfuhr von billigem Getreide und Fleisch aus Übersee – die Schweiz hielt bis 1887 am Freihandel fest –; zahlreiche in ihrer Existenz bedrohte Bauernfamilien wanderten nach Nord- und Südamerika aus. Vor dem Hintergrund der sozialen Folgen löste dieser Globalisierungsschub politische Kontroversen um die künftige Ausrichtung der Handelspolitik aus, die bisher liberal gewesen war, nun aber die gegensätzlichen Interessen der Verlierer wie der Gewinner der Öffnung und des Strukturwandels berücksichtigen sollte.[5] In dieser Periode gegen Ende des 19. Jahrhunderts wurden die ersten Schutzmassnahmen getroffen, die gewisse Bereiche der Wirtschaft, insbesondere die Agrarproduktion, in den kommenden Jahrzehnten schrittweise vom freien Spiel der Marktkräfte entkoppeln sollten.

Es wäre indes verfehlt, die Globalisierung der Schweizer Volkswirtschaft allein äusserem Druck zuzuschreiben, da sich schon lange vor dem 19. Jahrhundert Exponenten aus dem Netzwerk eidgenössischer Militärunternehmer, der Hochfinanz und der Obrigkeiten in einem westeuropäischen, ja überseeischen Wirtschaftsraum durchgesetzt und verschiedenste Dienstleistungen angeboten hatten, wie zum Beispiel die Entsendung von Reisläufern in den Solddienst ausländischer Herrscher. Gegen eine rein externe Kausalität spricht auch das Angebot an Kapital und an weltweit vermittelten Handels- und Finanzdienstleistungen durch eine vornehmlich protestantische Elite, die im 18. Jahrhundert in diverse Staatsanleihen, ausländische Industrieunternehmen, den Kolonialhandel mit Indien, China und Amerika, den Sklavenhandel sowie in die karibische Plantagenwirtschaft investierte.[6] Diese Elite zeichnete den Weg zu den grossen Geschäftsbanken des 19. Jahrhunderts vor, die schliesslich aus der Hochfinanz und den Privatbanken des 18. Jahrhunderts hervorgingen und die Schweiz im 20. Jahrhundert zu einer Drehscheibe des internationalen Kapitalverkehrs machen sollten. Auch trug die in der zweiten Hälfte des 18. Jahrhunderts geleistete Vorarbeit im Bereich der Handelslogistik und des Kreditwesens zur Entwicklung und weltweiten Expansion der Exportindustrie bei.

Die weltwirtschaftliche Integration war ein diskontinuierlicher Prozess, in dem Phasen der Öffnung und solche der Abschottung sich abwechselten. Gegen 1913 war die Öffnung bereits weit fortgeschritten; in der Industrie und im Finanzwesen war man grenzüberschreitend tätig, der Arbeitsmarkt war stark internationalisiert. Während der beiden Weltkriege und der Weltwirtschaftskrise (1929–1936) zeigten die Handelsbeziehungen und das internationale Währungssystem Zerfallserscheinungen. Im protektionistischen Umfeld der Zwischenkriegszeit, insbesondere während der Grossen Depression der 1930er Jahre, durchlief die Schweiz eine Periode wirtschaftlicher Abschirmung, von welcher der Binnenmarkt, vor ausländischer Konkurrenz hinter Schutzzöllen verschanzt und durch Kartellbildungen sowie öffentliche Aufträge gestützt, profitieren konnte. Gleichzeitig aber verlagerten aufstrebende Sektoren wie die Maschinen- und die Chemieindustrie ihre Produktion teilweise ins Ausland. Nach 1950 führten die zunehmende Liberalisierung der Märkte und der stetige Deregulierungsprozess zur Verlegung von Arbeitsplätzen und Wertschöpfungsprozessen ins Ausland. In einer seit den 1980er Jahren anhaltenden Phase hat sich die Globalisierung unter dem Einfluss der multinationalen Konzerne und dank der vollständigen Vernetzung der Kapitalmärkte noch verstärkt.

Die Auslandsorientierung der Schweizer Wirtschaft, wesentliches Merkmal ihrer Entwicklung, war und ist immer wieder Gegenstand von Debatten und Kontroversen. Dabei geht es zum einen um kritische Aspekte einer Expansion, die für den Kleinstaat Schweiz erstaunlich ausgeprägt war, Aspekte wie den Anteil des Landes am Sklavenhandel – allerdings auch am Kampf für den Abolitionismus –, die trotz der Apartheid ständig wachsenden Direktinvestitionen in Südafrika[7] oder die Kultur des Bankgeheimnisses.[8] Zum anderen werden die Leistungen der

Exportwirtschaft gewürdigt, in der Generationen von Ökonomen und Historikern die Hauptantriebskraft für die wirtschaftliche Entwicklung des Landes gesehen haben. Zusätzlich legitimiert wurde diese Überzeugung dadurch, dass sie seit dem Ende des 19. Jahrhunderts auch im wirtschaftspolitischen Diskurs fest verwurzelt und allgegenwärtig war, während hingegen der Binnenwirtschaft nur wenig Aufmerksamkeit geschenkt und ihr Einfluss auf das Wirtschaftswachstum der Schweiz stets unterschätzt wurde. Ist die Schweiz *im* Ausland oder *durch* das Ausland zu Wohlstand gelangt?

**Wege zum Wohlstand**

Die sozioökonomischen Verhältnisse der Schweiz haben sich in relativ kurzer Zeit grundlegend gewandelt: In der ersten Hälfte des 19. Jahrhunderts war die Wanderungsbilanz wegen der verbreiteten Armut noch negativ. Seit 1890 entwickelte sich die Schweiz zum Einwanderungsland, da man in den Expansionsphasen, insbesondere nach dem Zweiten Weltkrieg, dringend ausländische Arbeitskräfte benötigte. Arbeitsmarktregulierung und Migrationspolitik avancierten nun zu ständigen Themen der hiesigen politischen Debatte.

Zudem liegen Welten zwischen der modernen, postindustriellen Informationsgesellschaft einer Schweiz, die am Ende des 20. Jahrhunderts mit ihrem Bruttoinlandsprodukt pro Kopf an der Spitze der westeuropäischen Länder stand, und jenen vereinzelten Gewerberegionen mit exportierender Textil- und Uhrenproduktion, die sich einst auf eine überwiegend landwirtschaftlich geprägte Eidgenossenschaft verteilten. Und doch kann die duale Funktionsweise der Protoindustrie mit ihrer Verknüpfung lokaler und international tätiger Wirtschaft als Vorbote der für die moderne Schweiz charakteristischen zweiteiligen Struktur begriffen werden: einem binnenorientierten Sektor, der sich seit 1848 auf die politische Verwirklichung eines einheitlichen Inlandsmarktes stützte, und einem klar auf den Welthandel ausgerichteten Sektor.

In der ersten Hälfte des 19. Jahrhunderts zählten die Reallöhne von Schweizer Arbeitern zu den niedrigsten in ganz Europa, was für Exportbranchen mit hochspezialisierten Produkten einen Wettbewerbsvorteil bedeutete.[9] Ab den 1870er Jahren wurde dieser Rückstand jedoch aufgeholt, so dass die Schweiz am Ende des 20. Jahrhunderts innerhalb Europas als eine ausgesprochene Hochlohn-, aber auch Hochpreisinsel galt. Diese Entwicklung lässt sich einerseits auf vermehrte Handels- und Wettbewerbshemmnisse im Inland zurückführen, darunter den selektiven Protektionismus je nach Branche oder Region, die starke Regulierung des Produktmarktes sowie Kartellabsprachen und Staatsmonopole. Andererseits verdankt sich der Wohlstand einer Exportspezialisierung auf qualitativ hochwertige Güter und Dienstleistungen sowie der Konzentration von Kompetenzen in kapital- und technologieintensiven Branchen.

Wo liegen letztlich die bestimmenden Faktoren und Antriebskräfte des schweizerischen Wirtschaftswachstums im 20. Jahrhundert – im Aussenbeitrag oder in den binnenorientierten Aktivitäten? In der liberalen Öffnung oder in der staatlichen Regulierung, in der Selbstregulierung der Privatwirtschaft oder in der durch die Kartelle? In der Stärke der multinationalen Unternehmen schweizerischer wie ausländischer Herkunft? Im wissenschaftlichen und technischen Know-how der Schweiz, das auf einem hohen Bildungsstandard basiert, oder in der internationalen technologischen Zusammenarbeit? Die Einbindung des Landes in die Weltwirtschaft allein hätte nicht ausgereicht, den Wohlstand der Schweiz nachhaltig zu sichern, denn dieser ist in erster Linie das Resultat einer inneren Dynamik. Ohne die positiven Auswirkungen der Marktöffnung gegenüber dem Ausland zu leugnen, sprechen gute Gründe dafür, die Stärken – ebenso wie die Schwächen – der schweizerischen Volkswirtschaft gerade auch in ihren inneren Voraussetzungen und Gestaltungsmöglichkeiten zu verorten.

Ein erster Grund liegt in dem bedeutenden Gewicht der Binnenwirtschaft (gemessen an ihrem Anteil an der Beschäftigung wie an der Wertschöpfung), das heisst der Branchen, die hauptsächlich für den Absatz im Inland arbeiten. Dazu gehören Bereiche wie Handwerk, Bauwesen, Industrie und Banken, Detailhandel, Verkehr und Telekommunikation, Energie- und Wasserversorgung und andere mehr. Ihr Beitrag zum Wirtschaftswachstum war bis in die 1980er Jahre substantiell, abgesehen von Rezessionsphasen und während des Zweiten Weltkriegs.[10] Man beachte zum Beispiel die seit Mitte des 19. Jahrhunderts erfolgten massiven Investitionen in die moderne Infrastruktur, etwa in das Eisenbahnnetz, die Alpentunnel, Staumauern, Elektrizitätswerke oder die Autobahnen, die das Agrarland Schweiz in eine urbane Industriegesellschaft überführt haben. Als in den 1930er Jahren die Konjunktur einbrach, konzentrierten sich etliche Unternehmen, die ihre internationale Wettbewerbsfähigkeit eingebüsst hatten, stärker auf den geschützten nationalen Markt; dies, obwohl die internationale Verflechtung der Exportindustrien auch in dieser Periode noch weiter zunahm. In der Folge und bis in die 1970er Jahre hinein gewann die nun stark tertiarisierte Binnenwirtschaft zunehmend an Bedeutung: Bevölkerungswachstum und Kaufkraft stimulierten die inländische Nachfrage und kompensierten die relative Enge des Binnenmarktes.

Ein zweiter Grund ist in der Bedeutung der politischen und institutionellen Faktoren zu sehen. Die zyklische Abfolge von Globalisierung und weltwirtschaftlicher Desintegration betraf die aussen- und binnenorientierten Branchen in je unterschiedlichem Masse. Dies wirkte sich zwangsläufig auf das Kräfteverhältnis zwischen einer liberalen, international tätigen Elite auf der einen Seite und Binnenakteuren, die eher zu staatlichen Eingriffen neigten, auf der anderen Seite aus und hatte immer wieder politische Spannungen zur Folge: Sowohl in den Krisen der 1840er Jahre, der Jahre 1876 bis 1885, der 1930er, 1970er und 1990er Jahre als auch in Expansionsperioden prägten Verteilungskonflikte und Auseinandersetzungen über teilweise sehr gegensätzliche gesellschafts- und wirtschaftspolitische Ziele das öffentliche Leben. Trotzdem ermöglichte die institutionelle Ordnung – dank deren die Wirtschaftsverbände grossen Einfluss auf die politischen Entscheidungsträger ausüben konnten – jeweils Kompromisse, die sich politisch stabilisierend und investitionsfördernd auswirkten.

Gerade die erste «globale» Krise Ende des 19. Jahrhunderts war diesbezüglich ein Meilenstein: Sie brachte die politische Annäherung von Industriepatronat, Gewerbe und Landwirtschaft mit sich, woraus eine bürgerlich-bäuerliche Allianz – der sogenannte «Bürgerblock» – entstand, der bis zum Zweiten Weltkrieg die Politik auf Bundesebene massgeblich beeinflusste. Unter Ausschluss der Arbeiterklasse erarbeiteten diese Koalitionen einen Konsens, der auf eine defensive, ja nationalistische Stärkung der Schweizer Wirtschaft abzielte. Die Arbeitgeberorganisationen und später die Sozialpartner sprachen sich zunächst auf informeller Basis ab, bevor ihre Zusammenarbeit sich an der Wende vom 19. zum 20. Jahrhundert politisch institutionalisierte und in ein nachhaltiges Regulierungsmodell mündete: den Arbeitsfrieden von 1937 und die Wirtschaftsartikel von 1947, die in der Bundesverfassung im Rahmen der sogenannten Vernehmlassung den Einbezug der Verbände in die Entscheidungsfindung verankerten.

Zu den inneren wohlstandsgenerierenden Faktoren zählen bei einem rohstoffarmen Land wie der Schweiz zweifellos auch die Synergien zwischen Wissenschaft, Bildung und Forschung, das heute so genannte «nationale Innovationssystem». Dieses System zeichnet sich, als schweizerische Besonderheit, durch eine – im Vergleich zum relativ niedrigen Anteil staatlicher Aufwendungen – hohe Konzentration von Forschungsressourcen in der Privatindustrie aus; dies, obschon es auf einer Arbeitsteilung zwischen staatlichen Einrichtungen wie den Eidgenössischen Technischen Hochschulen und kantonalen Universitäten auf der einen Seite und privatwirtschaftlicher Forschung und Entwicklung auf der anderen beruht.[11] Zwar hat die öffentliche Hand parallel zur Entwicklung der Wissensgesellschaft im 20. Jahrhundert nationale Strukturen in den Bereichen Bildung und Technologie vermehrt unterstützt. Dennoch fallen in diesem Zusammenhang gerade die hohen Investitionen von privaten Unternehmen in Entwicklungs-, Bildungs- und Kompetenzzentren ins Auge. Diese zumeist grossen Firmen haben den internationalen Wissenstransfer erfolgreich für eigene Innovationen genutzt und exportieren weltweit technische Lösungen für hochspezialisierte Bedürfnisse.

**Wirtschaft Schweiz – ein Modell?**
Ist die Schweizer Erfolgsgeschichte demnach ein Sonderfall, Frucht eines – gegebenenfalls – liberalen Beziehungsmodells zwischen Wirtschaft und Staat? Die Bezeichnung «Modell» würde freilich eine Kohärenz implizieren, die es in dieser Form in der Schweiz nie gegeben hat, da das staatliche Handeln unter dem Einfluss der auf es einwirkenden Kräfte ständigen Wandlungen unterworfen gewesen ist.

In den beiden hier berücksichtigten Jahrhunderten, in denen zuerst der Bundesstaat nach und nach kantonale Kompetenzen an sich zog und anschliessend die nationale Souveränität unter den Druck der politischen und wirtschaftlichen Globalisierung geriet, war die allgemeine Auffassung von der Rolle des Staates stets starken Schwankungen ausgesetzt. So gelangte die liberale Ordnung des noch jungen Bundesstaates rasch in interventionistische Fänge, was als Reaktion auf den Strukturwandel und die Erwartungen von Wirtschaft und Bevölkerung zu deuten ist. Ende des 20. Jahrhunderts war die Interventionskompetenz des Staates, obwohl ihr von Beginn an drei Gegenkräfte – die Kantone, teils sehr einflussreiche Wirtschaftsorganisationen und die direkte Demokratie – gegenüberstanden, ungleich grösser als Ende des 19. Jahrhunderts. Indes kennt die immer dichtere Vernetzung staatlicher und privatwirtschaftlicher Akteure keine geradlinige Geschichte, da sie auf gegensätzliche, ja widersprüchliche Art und mit unterschiedlicher Intensität Liberalismus und Interventionismus verbindet. Dazu nur ein Beispiel: Die Depression von 1876 bis 1885 löste protektionistische Massnahmen aus, während gleichzeitig das grosse Projekt der Freisinnigen, eine staatlich garantierte obligatorische Kranken- und Unfallversicherung, im Jahre 1900 vom Stimmvolk verworfen wurde.

Wenn der Begriff «Modell» überhaupt angemessen ist, dann hinsichtlich einer Verhandlungsdemokratie, die geprägt ist von Spannungen und Absprachen zwischen den verschiedenen Akteuren. Die politischen Eliten der Schweiz mussten und müssen sehr divergierende Interessen miteinander vereinbaren: Auf der einen Seite bestehen politische, wirtschaftliche und symbolische Ansprüche im nationalen Inneren, das immer wieder starkem äusserem Druck ausgesetzt ist, auf der anderen Seite gibt es die Herausforderung durch eine zunehmende, weltweite Verflechtung, die das Bewusstsein für die Verletzbarkeit des Landes auf internationalem Parkett geschärft hat. Es ist der Politik gelungen, einen zwar gewundenen, aber doch gangbaren Weg zwischen diesen beiden Polen zu finden, indem sie neben den wirtschaftspolitischen Voraussetzungen zur Stärkung der internationalen Wettbewerbsfähigkeit des Landes zugleich selektive Schutzmechanismen entwickelt hat, mit denen sich die Globalisierungskosten abfedern lassen.

---

1 — Jakob Eggenberger, Das Haus Diethelm im Wandel der Zeit, 1887–1987, Zürich 1987, besonders S. 144 und 166.
2 — Peter J. Katzenstein, Small states in world markets, London 1985.
3 — Kevin H. O'Rourke / Jeffrey G. Williamson, When did globalisation begin?, in: European Review of Economic History, Jg. 6, Nr. 1, 2002, S. 23–50.
4 — Bruno Fritzsche / Thomas Frey / Urs Frey / Sandra Romer, Historischer Strukturatlas der Schweiz, Baden 2001, S. 90.
5 — Cédric Humair, Développement économique et Etat central (1815–1914), Bern 2004.
6 — Béatrice Veyrassat, Négociants et fabricants dans l'industrie cotonnière suisse, 1760–1840, Lausanne 1982, S. 89–105.
7 — Thomas David / Bouda Etemad / Janick Marina Schaufelbuehl, La Suisse et l'esclavage des Noirs, Lausanne 2005 (dt. Schwarze Geschäfte, Zürich 2005); Konrad Kuhn / Béatrice Ziegler, Die Schweiz und die Sklaverei, in: Traverse, Jg. 16, Nr. 1, 2009, S. 116–130 (bibl. Überblick); Georg Kreis, Die Schweiz und Südafrika, 1948–1994, Bern 2005; Sandra Bott / Sébastien Guex / Bouda Etemad, Les relations économiques entre la Suisse et l'Afrique du Sud durant l'apartheid, Lausanne 2005.
8 — Sébastien Guex, Place financière suisse et secret bancaire au XXe siècle, in: Dominique Froidevaux (Hg.), La Suisse dans la constellation des paradis fiscaux, Lausanne 2002, S. 54–79; Robert U. Vogler, Das Schweizer Bankgeheimnis, Zürich 2005.
9 — Roman Studer, When did the Swiss get so rich?, 1800–1913, in: Journal of European Economic History, Jg. 37, Nr. 2, 2008, S. 405–452; Veyrassat, Négociants et fabricants, S. 33f.
10 — Patrick Halbeisen / Margrit Müller / Béatrice Veyrassat (Hg.), Wirtschaftsgeschichte der Schweiz im 20. Jahrhundert, Basel 2012, S. 122–129.
11 — David Gugerli / Patrick Kupper / Daniel Speich, Die Zukunftsmaschine, Zürich 2005.

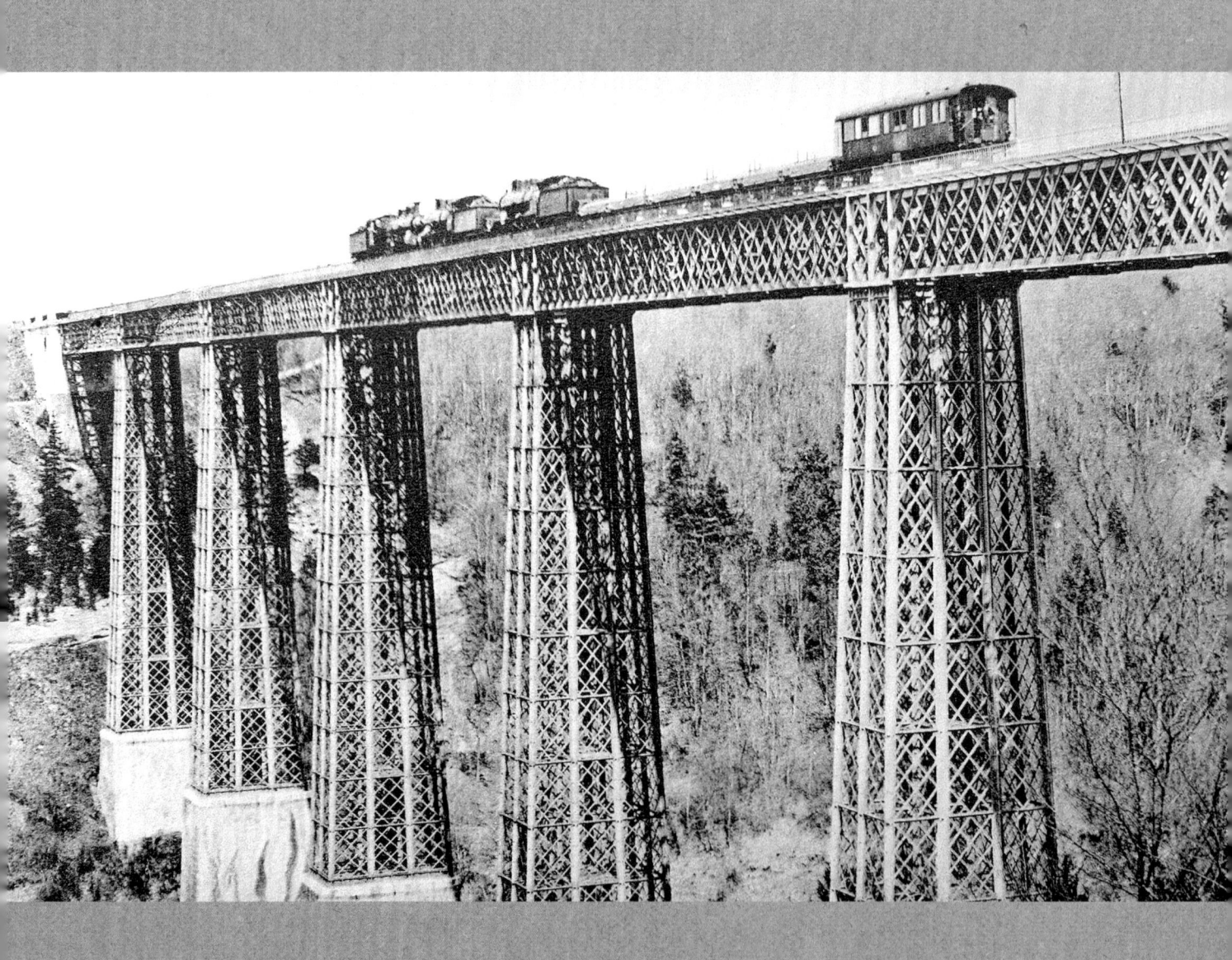

# Neuer Staat – neue Gesellschaft. Bundesstaat und Industrialisierung (1848–1914) — Regina Wecker

Im Zeitraum, der 1848 beginnt, wird in der Schweiz der wichtige Schritt vom Staatenbund zum Bundesstaat vollzogen. Die «Gründung der modernen Schweiz» markiert jedoch nur den Anfang eines lang anhaltenden und umkämpften Prozesses. In der Aussenpolitik gelang es der Schweiz, die von den europäischen Grossmächten im Jahr 1815 oktroyierte Neutralität zum eigenen Vorteil zu interpretieren und die politischen Konstellationen zu nutzen. Die Industrialisierung schuf die wirtschaftliche Grundlage für die politische und gesellschaftliche Entwicklung des Landes. Neben der Stärkung des Bundesstaates, den Schritten zur Rechtsvereinheitlichung und der fortschreitenden Industrialisierung stellen im Zeitabschnitt von 1848 bis 1914 der Bevölkerungsanstieg und die Migrationsbewegungen, die Popularisierung neuerer wissenschaftlicher, insbesondere medizinischer Erkenntnisse, die Durchsetzung der Rechtsgleichheit und die konfliktreichen Bemühungen um eine staatliche Sozialpolitik die dominierenden Entwicklungslinien dar.
In der Darstellung wird diesen Prozessen und dem Aufkommen neuer politischer Kräfte – Parteien und Bewegungen – besondere Aufmerksamkeit geschenkt, beispielsweise der Frauenbewegung, die in diesem Zeitraum ihre prägenden Anfänge erlebte. Der heutige Forschungsstand erlaubt es zudem, für einige Bereiche die Frage nach der Rolle von Frauen und den unterschiedlichen Lebens- und Arbeitsbedingungen von Männern und Frauen einzubeziehen. Das Augenmerk auf Brüche und Widersprüche des Zeitraumes soll einen Einblick in den Wandel der Lebenswelten und der Einstellungen gegenüber Staat und Gesellschaft ermöglichen.

**Grandfey-Viadukt, Photographie, um 1880** (*SBB Historic*). — Die 334 Meter lange und 82 Meter hohe Brücke über die Saane bei Grandfey (FR) wurde 1858 bis 1862 erbaut. Im Inneren des Fachwerkträgers, auf dem der Oberbau der Schienen lag, befand sich eine Passage für Fussgänger und kleine Karren. Damit erschloss das Grandfey-Viadukt die unwegsame Schlucht der Saane.

## DAS ENDE EINER EPOCHE?

Am 15. Mai 1914 wurde in Bern feierlich eine Landesausstellung eröffnet. Es war nach der Zürcher und der Genfer Veranstaltung von 1883 beziehungsweise 1896 die dritte ihrer Art. Den Anlass für die Berner Ausstellung hat die Eröffnung der Lötschbergbahn im Juli 1913 gegeben. Das Ziel bestand gemäss den Vorstellungen des Bundesrates darin, «ein vollständiges Bild der Leistungen des Schweizervolkes»[1] zu bieten. Damit war natürlich vor allem die Leistungsfähigkeit der Schweizer Industrie gemeint. Die Schweiz gehörte zu den am frühesten und am stärksten industrialisierten Ländern Europas: 1910 waren etwa 44 Prozent der Erwerbstätigen im industriellen Sektor tätig. Seit der Mitte des 19. Jahrhunderts hatte der Landwirtschaftssektor entsprechend an Bedeutung verloren.

Die Ikonographie der Ausstellung wies allerdings nicht auf die Bedeutung der Industrie hin: Das Plakat zeigt Reiter und Ross vor einer bäuerlich-idyllischen Landschaft, als Logo diente eine Ähre. Auch die Presse verwies weniger auf die Landesausstellung als Ort der Präsentation der wirtschaftlichen Leistung und der Innovationskraft der Schweiz; vielmehr warb sie mit dem Charme der Schau, bei der ein traditionelles Unterhaltungsprogramm geboten werden sollte.

Eine euphorische Vorschau in der «Neuen Zürcher Zeitung» wurde ergänzt um die Hinweise auf die Ausstellungsbauten im «Dörfli» und auf das Unterhaltungsprogramm, in dem die Tellspiele, das Volkslied, die Dialekte und die Lesungen zeitgenössischer Schriftsteller unter dem Titel «Deutsch und Welsch» ihren Platz hatten. Eine Mischung aus Inszenierungen von Tradition und Leistungsschau war typisch für die Landesausstellungen, die aus den lokalen Kunst-, Gewerbe- und Industrieausstellungen hervorgegangen waren.[2] Das Fehlen der technischen Exponate im Bericht der NZZ mag weniger dahin gehend interpretiert werden, dass das wirtschaftliche Interesse an Technik geschwunden war, als vielmehr mit der Tatsache, dass die Schweiz endgültig zu einem Industriestaat geworden war und Technik als Unterhaltungsfaktor an Anziehungskraft eingebüsst hatte, selbst wenn berücksichtigt werden muss, dass von den Ausstellungsgegenständen technischer Art zum Zeitpunkt dieser Vorschau noch nicht viel zu sehen war. Offensichtlich stärker als die wirtschaftlichen Errungenschaften der Schweiz wurden identitätsstiftende Faktoren betont, die auf nationale Wunschvorstellungen verweisen: die «Einigkeit» der Schweiz, einig im Nebeneinander von Stadt und Land, von Industrie und Landwirtschaft, von Kapital und Arbeit, von Deutschschweiz und Romandie.

Die Werbung für den Anlass verdeckt recht genau die Konfliktlinien, die – anders als bei den vorangegangenen Ausstellungen 1883 und 1896 – bereits bei der Vorbereitung der Veranstaltung aufgetreten waren. Sie können in einem weiteren Sinne als Entwicklungslinien wie auch als Konflikte gesehen werden, die die zweite Hälfte des «langen» 19. Jahrhunderts prägten. So zeigten weder Industrielle noch die organisierte Arbeiterschaft grosses Interesse an dem nationalen Projekt. Einige Industrielle erwogen sogar einen Boykott, als der Auftrag zum Bau eines zweiten Simplontunnels an ein ausländisches Unternehmen ging. Zudem hatte der Konflikt zwischen dem auf Tradition bedachten Gewerbe und der «profitorientierten» Industrie zu dieser skeptischen Haltung beigetragen. Schliesslich kritisierten Industrieunternehmer die «einseitige» Sozialpolitik des Bundes zugunsten der Arbeiterschaft, die in der Revision des Fabrikgesetzes zum Ausdruck gekommen sei, sowie die finanzielle Unterstützung, die der Auftritt des *Arbeiterbundes* erhalten sollte.[3]

Die Unstimmigkeiten im Vorfeld der Landesausstellung, die schliesslich nur wenige Monate vor dem Ausbruch des Ersten Weltkriegs eröffnet wurde, spiegeln ebenso die Auseinandersetzung um die sogenannte soziale Frage wie die Bedeutung, die der Erweiterung der Eisenbahnnetzes zukam. Die Kritik der Romands an der Gestaltung, die sie als «Style de Munich» charakterisierten, die Auswahl der Aussteller, die zu stark auf Deutschland ausgerichtet erschien, verweisen zudem auf einen Konflikt zwischen der Deutschschweiz und der Romandie, der sich bereits verschärft hatte und der später, in der Kriegszeit, eine noch deutlichere Ausprägung, ja Sprengkraft entwickeln sollte.[4]

Das architektonische Gesicht der Landesausstellung sollte die ersehnte Einheit signalisieren. Das «Village suisse», das in der Genfer Ausstellung 1886 noch durch ein buntes Gemisch mit Häusern in den Baustilen aller Regionen versinnbildlicht worden war, musste einem einheitlichen, berni-

> «*Nicht nur die Feststadt selbst hätte ein schöneres, seiner Bestimmung würdigeres Riesenfeld nicht zur Verfügung stellen können, man darf den Ausspruch wagen, dass im Schweizerlande überhaupt in der Nähe einer grösseren Stadt nicht viele ähnliche Plätze von gleicher Wucht und Pracht zu finden sein dürften. Schon zwei der Hauptstrassen, die zur Ausstellung führen, werden den Besuchern unvergesslich bleiben: unter dem Schatten so riesenhafter Bäume dürfte überhaupt noch zu keiner Ausstellung der Weg geführt haben. Die Art und Weise, wie gegenwärtig diese beiden Strassen um- und ausgebaut werden, wird sie erst recht in ihrem Zweck, als via triumphalis zu dienen, heben.*»

Vorschau auf die Landesausstellung von 1914, NZZ vom 17. November 1913.

schen Dorf weichen. Die Darstellung der «Leistungsfähigkeit» war nicht so sehr auf die Aussenwahrnehmung gerichtet; zumindest sollte sie auch der inneren Kohäsion dienen. So wählte Bundespräsident Arthur Hoffmann in seiner Eröffnungsrede ein «Lernen wir uns kennen!» als «Wahlspruch für unsere innerpolitischen Verhältnisse».[5] Zielgerichteter drückte sich Bundesrat Gustave Ador aus, als er sich wünschte, «das ganze Volk» solle in der Landesausstellung erfahren, «dass man alles daran wenden muss», um den Antagonismus der Klassen zu vermeiden».[6]

Die Rückschau der NZZ erfolgte am 4. November 1914 nach dem Ende der Landesausstellung, die trotz des Ausbruchs des Ersten Weltkriegs nicht geschlossen, sondern nur für zwei Wochen unterbrochen worden war. Anders als in den an die nationale Einheit appellierenden Eröffnungsreden orientierte man sich nun wieder stärker an den Anforderungen einer Leistungsschau. Es war von einem «grossen Fest der nationalen Arbeit» die Rede, von der «Arbeitstüchtigkeit einer Nation», der «vaterländischen Schule», vom «Reichtum seiner [des Volkes] Werte, die hier durch Wucht und Grösse, dort durch minutiöse Sorgfalt, Feinheit und Gediegenheit hervorragten». Die NZZ artikulierte aber ebenso die Unsicherheit bezüglich der weiteren politischen Entwicklung. Die Frage, «ob der Sturm, der über dem Erdball tobt, vor unserem Schweizerhause Halt machen wird», gipfelte in der beschwörenden Formel, dass «unser Staat ein opferfreudiges Volk nötig haben wird, ein Volk, in dem in gleicher Stärke der Solidaritätsgedanke und der Zukunftsglaube lebendig sein müssen».

Gleichzeitig wird in der Rückschau der NZZ eine Vorahnung erkennbar, dass mit dem Ende dieser Ausstellung und mit dem Ausbruch des Krieges eine Epoche zu Ende gegangen war, auf die man schon bald verklärend zurückblicken würde. Die NZZ griff zu einem Vers des sächsischen Dichters Karl Förster: «Was vergangen, kehrt nicht wieder, aber ging es leuchtend nieder, leuchtet's lange noch zurück.»

Wie beginnt diese Epoche zwischen 1848 und 1914, die in den historischen Dokumenten zur Berner Landesausstellung gefangen erscheint in ihrer Darstellung nationaler Erfolge und Errungenschaften, in ihrer Vorstellung und Beschwörung von nationaler Einheit, aber auch in ihren spezifischen Ängsten, Problemen und Konflikten und die 1914 wohl endgültig zu Ende geht?

Das Jahr 1848 kann in politischer Hinsicht als Anfang der Epoche gelten: Aus dem Staatenbund wird der Bundesstaat. Oft wird mit Bezug auf 1848 von der «Gründung» der (modernen) Schweiz gesprochen. Wer sich allerdings auf ein genaueres Gründungsdatum festlegen möchte, stösst schnell auf Schwierigkeiten, wie eine Interpellation aus dem Jahr 2009 zeigt, in der der Bundesrat gebeten wird, sozusagen analog zum 1. August festzulegen, «welcher Tag des Jahres 1848 als Gründungstag der Schweizerischen Eidgenossenschaft gelten kann». Die Interpellantin bietet selbst gleich mehrere Daten an: zum Beispiel den 12. September 1848, als die Tagsatzung zum letzten Mal tagte und offiziell festhielt, dass Volk und Stände die neue Bundesverfassung angenommen hatten. Oder sollte es der 6. November 1848 sein, als die inzwischen in allen Kantonen neu gewählten National- und Ständeräte zur ersten Sitzung in Bern zusammentraten? Dem Versuch, 1848 als Gründungsjahr der heutigen Schweiz mehr Gewicht zu geben, stellt sich der Bundesrat entgegen und schreibt in seiner Interpellationsbeantwortung, dass die Schweiz als föderalistischer Rechtsstaat «keine allein verbindliche amtliche Geschichtsschreibung [hat], sondern Meinungs-, Informations- und Forschungsfreiheit (Art. 16 und Art. 20 der Bundesverfassung)». Obwohl mit dem 1. August als Nationalfeiertag ein einzelner historischer Bezug politisch anerkannt wird, schliesst der Bundesrat aus diesem Artikel, dass er kein «verbindliches Datum für die Geburtsstunde der heutigen Schweiz» festzulegen habe. Er weist hingegen darauf hin, dass die Eidgenossenschaft über Jahrhunderte entstanden sei und dass «grosse Zäsuren» – er nennt den Bund der dreizehn Alten Orte 1513, die Helvetische Republik 1798, die Mediation 1803 und die Schweiz der 22 Kantone 1815 – dabei ebenso eine Rolle gespielt hätten wie Rückschläge und Umwege der Entwicklung. «Dass im Verlaufe des Jahres 1848 innerhalb dieses grossen säkularen Prozesses mehrere wichtige Daten den endgültigen Übergang vom Staatenbund zum Bundesstaat markieren, unterliegt hingegen kaum einem Zweifel.» Abschliessend hält er fest, dass entscheidender als alle Daten der

**Das «Dörfli» der Landesausstellung in Bern 1914 auf einer zeitgenössischen Ansichtskarte** (*Privatbesitz*). — Die Landesausstellung befand sich im Bereich des heutigen Neufeldtunnels. Die Kirche, mitten im Dorf, war ein guteidgenössischer Kompromiss: katholisch mit einem protestantischen Seitenschiff. Der vom Berner Architekten Karl Indermühle konzipierte Komplex wurde später grösstenteils abgerissen, nur einzelne kleinere Gebäude wurden an anderer Stelle wieder aufgebaut.

**Plakat zur Schweizerischen Landesausstellung in Bern 1914, gestaltet von Emile Cardinaux** (*Museum für Gestaltung Zürich, Plakatsammlung*). — Das offizielle Plakat der Landesausstellung mit dem grünen, gefleckten Pferd sorgte als «Spinatross» für Spott. In der Romandie wurde deshalb auf ein Plakat mit einem traditionellen Alpenmotiv zurückgegriffen.

Umstand gewesen sei, «dass sich die unterlegenen Sonderbundskantone, welche die Bundesverfassung abgelehnt hatten, dem Übergang zum Bundesstaat beugten, die verordneten Wahlen für den Nationalrat vollzogen und die neuen Bundesbehörden nicht boykottierten. Diese Haltung hatte ihren Grund auch im Zusammenbruch der ↑Restauration rund um die Eidgenossenschaft und in den Erfahrungen aus dem verlorenen Sonderbundskrieg. In diesem Sinne kann der 12. September 1848 nicht als das einzige, aber als das vielleicht wichtigste Datum angesehen werden: An diesem Tag verloren die Kantonsverfassungen ihren Rang als vorbehaltlos höchste Verpflichtung, und auch die unterlegenen Kantone nahmen dies hin.» [7]

Der Streit über die Festlegung eines einzigen, politisch verbindlichen Gründungsdatums – gewissermassen einer «Stunde null» des gegenwärtigen Staats – kann aus historiographischer Sicht nicht eindeutig entschieden werden. Das Neue ist historisch nie voraussetzungslos. Unstrittig ist aber, dass am Jahr 1848 der Beginn eines Zeitraums festgemacht werden kann, der als prägend für die Entwicklung der modernen Schweiz gilt, für Wirtschaft und Politik ebenso wie für die Entwicklung der Verfassung und der Individualrechte. Der Zeitraum zwischen 1848 und 1914 war allerdings nicht in allen Entwicklungssträngen so sehr durch Einheitlichkeit und Kontinuität gekennzeichnet, wie man es von einer «Epoche» denken könnte. Ebenso wenig verliefen die Entwicklungen so zwingend in die Richtung eines bestimmten Ziels, wie es die bundesrätliche Interpellationsantwort mit Begriffen wie «Rückschlag» und «Umweg» oder mit der Vorstellung des Rangverlustes der Kantone suggeriert. Ausserdem war die Epoche nicht so glanzvoll, wie es in der Rückschau auf die Landesausstellung und auf die zu Ende gegangene Zeit vor dem Krieg in der NZZ vom November 1914 erscheinen mag. So wurde das wirtschaftliche Aufblühen von Phasen der Rezession unterbrochen, welche die strukturelle Armut nur zu deutlich hervortreten lassen. In der Rechtsentwicklung steht die erfolgreiche Schaffung des Zivilgesetzbuches, das 1912 in Kraft trat, einem sehr langen und zögerlichen Kodifizierungsprozess des Strafrechts gegenüber, der zur Folge hatte, dass die Kantone noch bis 1942 die allein gültige Instanz in Strafrechtsfragen blieben. Die rasche Umsetzung der in der Verfassung von 1848 garantierten Niederlassungs-, Presse- und Versammlungsfreiheit und die kontinuierliche und vergleichsweise frühe Ausdehnung der politischen Rechte, etwa mit der Schaffung eines zensusunabhängigen Wahlrechts (↑Zensuswahlrecht), kontrastiert mit der langsamen Entwicklung im Bereich der Gleichstellung konfessioneller oder ethnischer Gruppen und der Geschlechter.

Dominante Entwicklungslinien des Zeitabschnitts von 1848 bis 1914 waren der Bevölkerungsanstieg und die Migrationsbewegungen, die fortschreitende Industrialisierung, die Stärkung des Bundesstaates und die Verbreitung und Popularisierung wissenschaftlicher Erkenntnisse. Sie werden im Folgenden in ihrer Bedeutung für die politische, gesellschaftliche und wirtschaftliche Entwicklung dargestellt. Ein besonderes Augenmerk gilt dabei den Brüchen und Widersprüchen dieser «Epoche».

## DIE WIRTSCHAFTLICHE ENTWICKLUNG DES NEUEN STAATES

### Industrialisierung und Bundesverfassung (1848–1875)

Trotz der Ablösung der Kantonsverfassungen als höchster Verpflichtung, die der Bundesrat in seiner oben erwähnten Interpellationsbeantwortung angesprochen hat, brachte die Bundesverfassung zunächst neben aussenpolitischen Befugnissen (Krieg und Frieden, Staatsverträge, Verkehr mit anderen Staaten) nur wenige innenpolitische Kompetenzen für die Zentralgewalt. Dazu gehörte das Münzregal, das heisst das Hoheitsrecht, Geld in Umlauf zu bringen, und zwar in der neuen einheitlichen Währung, dem Franken. Die Post wurde Bundesregal und Anfang der 1850er Jahre durch die Telegraphie ergänzt. Mit der Abschaffung der Binnenzölle, für welche die Kantone entschädigt wurden, und der Zentralisierung des neuen Zollwesens trugen diese unmittelbaren Ergebnisse der Gründung des Bundesstaates zu den günstigen Bedingungen für die wirtschaftliche Entwicklung der Schweiz bei. Sie verstärkten das optimistische Investitionsklima, das bereits vor 1848 das wirtschaftliche

---

**Der Lötschbergtunnel und die Landesausstellung von 1914**
Beim Bau des Lötschbergtunnels war es zu einem folgenschweren Unfall mit 25 Toten gekommen, der zur Verzögerung der Eröffnung der Strecke und in der Folge zur Verschiebung der ursprünglich für das Jahr 1913 geplanten Landesausstellung führte. Mit dem Grossanlass sollte nämlich auch die Inbetriebnahme der Bern-Lötschberg-Simplon-Bahn (BLS) gefeiert werden. Der Lötschbergtunnel war das letzte und grösste einer Reihe von Bahnprojekten in der Westschweiz, die durch den Bau des Simplontunnels angeregt wurden. Für die Industrialisierung stellte der Ausbau des Eisenbahnnetzes einen wichtigen Faktor dar. Die Kontrolle über Bau, Betrieb, Tarif- und Rechnungswesen der zunächst von privaten Gesellschaften erstellten und betriebenen Bahnen sowie das Recht der Konzessionserteilung wurden 1872 dem Bund übertragen. Zwischen 1900 und 1909 hatte die Eidgenossenschaft die fünf grossen Eisenbahngesellschaften des Landes erworben. Die von Anfang an elektrifizierte Bern-Lötschberg-Simplon-Bahn wurde nicht übernommen und weiterhin als Aktiengesellschaft betrieben.

Leben bestimmt hatte, und schufen ein Vertrauen in die Stabilität des Staates, das wohl schon als «Regelvertrauen»[8] bezeichnet werden kann. Die wirtschaftliche Entwicklung war seit dem frühen Take-off der Industrialisierung in der Schweiz nach 1800 weiterhin durch eine fortschreitende Mechanisierung gekennzeichnet.

Leitindustrie war die Textilindustrie, insbesondere die Baumwollverarbeitung, die in den 1820er Jahren die Leinenherstellung verdrängt hatte. Die Spinnereien zeigten die auffallendsten Wachstumsraten: Bei einer gleichbleibenden Anzahl von Unternehmen und einer Verdoppelung der Personalbestände hatte sich die Zahl der Spindeln zwischen 1844 und 1870 mehr als verdreifacht.[9] Der Dampfantrieb, der die Wassernutzung ergänzte, und automatische Garnwinden waren die technischen Voraussetzungen der Produktionssteigerung. Die Weberei durchlief einen langsameren Mechanisierungsprozess. Hier blieben die traditionelleren Organisationsformen der Heimarbeit und des ↑Verlagssystems länger erhalten, nicht zuletzt weil in diesen Bereichen auf einem hohen, konkurrenzfähigen technischen Niveau gearbeitet wurde. Die gleiche, gegenüber der Spinnerei verzögerte Entwicklung durchliefen auch die Basler und die Aargauer Seidenbandweberei und die Ostschweizer Stickerei.

Ein Nebeneinander von industrieller Fertigung und Handwerk beziehungsweise Kunsthandwerk lässt sich ebenso in der Uhrenindustrie beobachten. Das günstige, wenngleich nicht ungebrochene konjunkturelle Wachstum ermöglichte dieses Nebeneinander der schon bald auf den Export ausgerichteten Industriezweige. Die Maschinenindustrie, zunächst aus der Textilindustrie zur Produktion entsprechender Maschinen entstanden, produzierte bald über den schweizerischen Bedarf hinaus und wurde ebenfalls zur Exportindustrie.

Erstaunlich ist, dass sich die Schweizer Industrie trotz ungünstiger Rahmenbedingungen auf dem Weltmarkt durchsetzen konnte. Im Gegensatz zu England verfügte sie nicht über eigene Rohstoffe (Kohle, Erze) und musste bei Import- und Exportgeschäften die vergleichsweise weiten Transportwege und den fehlenden Zugang zu den Weltmeeren einkalkulieren. Noch um 1850 berechnete ein Beobachter, dass die Transportkosten eines Toggenburger Unternehmers durchschnittlich zehnmal so hoch waren wie die seiner ausländischen Konkurrenten.[10]

Es war das Zusammentreffen verschiedener Faktoren, das diese frühe Entwicklung trotzdem vorantrieb und es ermöglichte, die Nachteile der geographischen Lage auszugleichen:

**Entwicklung der Schweizer Wirtschaftssektoren (in Prozent der aktiven Bevölkerung)**

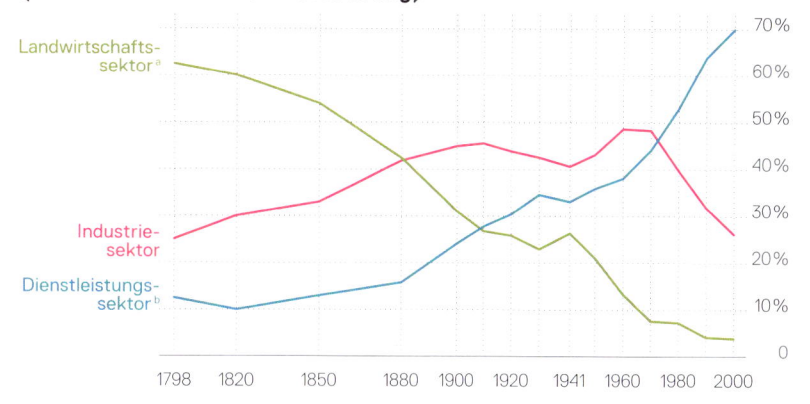

[a] Wegen der Heimarbeit sowie zahlreicher Personen, die gleichzeitig im landwirtschaftlichen und industriellen Sektor arbeiten, bleibt die Unterscheidung zwischen diesen beiden Sektoren fliessend, jedenfalls bis 1880.
[b] Gemeint sind öffentliche und private Dienstleistungen (inklusive Dienstboten, deren Zahl im 19. Jahrhundert beträchtlich war und vielleicht teilweise mit den landwirtschaftlichen Arbeitskräften vermengt wurde).
Quellen: Zahlen nach Jean-François Bergier, Die Wirtschaftsgeschichte der Schweiz, Bern 1983, S. 226; eidgenössische Volkszählungen (Bundesamt für Statistik), © 2013 Schwabe AG, Verlag, Basel, und Marc Siegenthaler, Bern.

Dank einem anhaltenden Bevölkerungswachstum waren Arbeitskräfte in ausreichender Zahl vorhanden. Der demographische Anstieg hatte bereits vor dem 19. Jahrhundert begonnen (siehe Graphik und Karten im Kapitel von Irène Herrmann, S. 381f.). Zwischen 1850 und 1910 verzeichnete man eine Zunahme von 2 392 740 auf 3 753 293 Einwohner. Die Ursache des Bevölkerungswachstums nach 1850 lag – anders als in der ersten Hälfte des Jahrhunderts – in der gesunkenen Mortalität, die trotz ebenfalls sinkender Fruchtbarkeit zu einer Wachstumsrate von jährlich 0,65 Prozent führte, und das, obwohl die Schweiz bis in die 1880er Jahre hinein ein Auswanderungsland blieb und der Bevölkerungsverlust durch Auswanderung in die europäischen und überseeischen Gebiete erheblich war. Die Überforderung von Landwirtschaft und Kleingewerbe, die aufgrund des Bevölkerungswachstums gestiegene Zahl der verfügbaren Arbeitskräfte aufzunehmen, drückte das Lohnniveau und schuf für Unternehmer günstige Produktionsbedingungen: Sie konnten niedrige Löhne zahlen, obwohl sie auf qualifizierte Arbeitskräfte angewiesen waren. Die erforderlichen Qualifikationen hatten sich die Industriearbeiter und -arbeiterinnen in der auf hohem technischem Niveau produzierenden ↑Protoindustrie erworben. Der erhebliche Frauenanteil in der Fabrikarbeiterschaft trug ebenfalls zum tiefen Lohnniveau bei.[11]

In der Textilindustrie als der zunächst einzigen Industrie konzentrierte man sich neben der Produktion von Waren für den steigenden Bedarf im Inland zunehmend auf die Herstellung von Waren für den Export, die konkurrenzlos und

**Arbeitersiedlung Schappe in Reinach (BL), Photographie, 1920er Jahre** (*Privatbesitz der Familie Dollinger, Reinach*). — Besonders in den industrialisierten Gegenden hatte der Wohnungsbau nicht mit dem Bedarf an Wohnraum Schritt gehalten. Wohnungsnot, schlechte und enge Wohnverhältnisse, sanitäre Probleme durch Zimmer- und Bettenvermietungen waren die Folge. Mit dem Bau von Arbeiterwohnungen versuchten philanthropische Gesellschaften wie die Basler *Gesellschaft für das Gute und Gemeinnützige* (GGG) nach dem Vorbild der Cité ouvrière in Mülhausen Abhilfe zu schaffen. Auch Unternehmer folgten diesem Beispiel. Die 1892 von der Baselbieter Fabrik Schappe errichteten sechs Doppelhäuser mit je drei Zimmern banden die Arbeiter an den Betrieb; Selbstversorgungsmöglichkeiten in Gärten sollten helfen, Zeiten von Auftragsmangel und Arbeitslosigkeit zu überbrücken. Der Eindruck behäbiger Einfamilienhäuser täuscht über die Enge in den Zweifamilienhäusern hinweg, die gleichwohl begehrter Wohnraum waren.

deshalb sehr ertragreich waren, etwa hochwertige Stoffe, Seidenbänder und Spitzen. Zwischen 1851 und 1870 stieg der Wert der Exporte bei den Baumwollgarnen um das Fünffache, bei den Baumwollgeweben um die Hälfte und bei den Seidenwaren um ein Drittel. Die Weltwirtschaftskrise von 1857 – eine Folge der Blockade gegen die amerikanischen Südstaaten, die eine Verteuerung der Baumwolle mit sich brachte – beschleunigte die Veränderungen im Textilsektor: Man wollte weg von groben Baumwollstoffen und dafür die Produktion von Seidenwaren und anderen Spezialitäten verstärken, die eine erhöhte Wertschöpfung versprachen.

In diesem Prozess der fortschreitenden Mechanisierung nutzte die Schweizer Industrie die Wasserkraft der Flussläufe, wann immer sich die Möglichkeit bot. Dabei verdrängte sie die gewerbliche Flussschifffahrt, für welche die Wehre der Mühlen und die Wasserwerke der Spinnereien zu unüberwindlichen Hindernissen wurden. Begünstigt durch den Ausbau der Überlandstrassen im 19. Jahrhundert, wurde der Landweg schon vor dem Bau der Eisenbahn zum vorherrschenden Verkehrsweg.[12]

Damit das vorhandene Arbeitskräftepotential der Dörfer genutzt werden konnte, musste die Industrialisierung dezentral vorangetrieben werden. So kam es zu einem starken Einsatz weiblicher Arbeitskräfte, denen trotz gleicher Qualifikation tendenziell niedrigere Löhne bezahlt wurden. Obwohl die Binnenmigration durchaus zu Verstädterungsprozessen führte, war die Entwicklung nicht mit der Konzentration und Ballung englischer Industriezentren vergleichbar. Dies wirkte sich für Unternehmer durchaus vorteilhaft aus, trugen doch die günstigeren Landpreise dazu bei, die Kapitalkosten niedrig zu halten und die Gewinne zu erhöhen. Die Möglichkeit der Arbeiterschaft, in den angestammten Regionen zu bleiben und damit von günstigerem Wohneigentum und bezahlbaren Mieten im ländlichen Raum zu profitieren, bildete eine weitere Grundlage für das niedrige Schweizer Lohnniveau. Zudem bearbeiteten viele Fabrikarbeiterfamilien – auch in der zweiten Hälfte des 19. Jahrhunderts – ein Stück Land und hielten Vieh, was insbesondere bei Auftragsmangel und Arbeitslosigkeit die Lebenssituation trotz fehlender sozialgesetzlicher Absicherung erträglicher gestalten sollte.

### Die Eisenbahn: Bau und Betrieb (1844–1901)

Wollte man allerdings die Vorteile der frühen Industrialisierung in der zweiten Hälfte des 19. Jahrhunderts wahren, so mussten die Hemmnisse, die durch die ungünstige Verkehrssituation bestanden, vermindert werden, zumal die Schaffung von Eisenbahnnetzen den umliegenden Ländern erneut Vorteile brachte. Die elsässische Linie Strassburg–Basel erreichte 1844 als erste Eisenbahnlinie die Schweiz. Um die Linienführung in die Stadt, die damals noch von der Stadtmauer umschlossen war, zu ermöglichen, wurde ein Tor gebaut, das abends über den Geleisen verschlossen werden konnte. Mit anderen Worten: Die Schweiz öffnete sich dieser für die spätere Entwicklung der Verkehrsströme so wichtigen Neuerung nur zögernd. Die Gründe waren vielfältig: die Angst vor der noch unbekannten Technologie und das Misstrauen der Öffentlichkeit, die topographische Situation, die föderalistische Struktur der Schweiz und die Tatsache, dass der Bundesstaat keine Initiative übernehmen wollte, sowie unzureichende Geldmittel, gepaart mit Ängsten vor der Konkurrenz durch andere Schweizer Unternehmer. Zwar hatte es in den 1830er Jahren, als in den Nachbarländern mit dem Bau von Eisenbahnen begonnen wurde, erste Bahnprojekte gegeben, dann aber verzögerten Auseinandersetzungen um die Linienführung sowie der Sonderbundskrieg deren Realisierung. Der von der Schweizerischen Nordbahn in Angriff genommene Bau der Strecke von Zürich nach Basel blieb 1847 in Baden stecken, da die Kantone Aargau und die beiden Basel die Konzessionen für eine Weiterführung der Strecke verweigerten.

Durch die zunehmende Nachfrage nach Transportmöglichkeiten verstärkte sich der politische Druck jedoch, und man erarbeitete neue Projekte, die allerdings noch lange die Folgen der föderalistischen Struktur und der Rivalitäten spüren liessen: Aufgrund des Eisenbahngesetzes von 1852 blieben die Ausführung der Projekte sowie der Betrieb der Eisenbahnlinien zunächst Privaten vorbehalten. Nach langen Auseinandersetzungen zwischen dem «Eisenbahnkönig» Alfred Escher und dem Berner Radikalen Jakob Stämpfli, einem prominenten An-

**Basler Eisenbahntor der elsässischen Eisenbahnlinie, Aquarell von Johann Jakob Schneider, 1861** (*Staatsarchiv BS, Bild Schn. 196*). — Das Tor, durch das die 1844 erbaute Linie Strassburg–Basel den innerhalb der Stadtmauern gelegenen Bahnhof erreichte, wurde jede Nacht mit einem Gitter verschlossen und von einer Schildwache kontrolliert.

hänger der «Staatsbahnlösung», wurde der Privatbahn der Vorrang gegeben.

Die Befugnis zur Erteilung von Konzessionen lag bis 1872 bei den Kantonen.[13] Um das Schweizerische Mittelland kämpften die grossen Bahngesellschaften und ihre Aktionäre. Schliesslich begann der Konkurrenzkampf zwischen der Basler Schweizerischen Centralbahn (SCB) und der Schweizerischen Nordostbahn (NOB) den Eisenbahnbau zu beschleunigen: Die SCB erbaute die Eisenbahnstrecke Basel–Olten durch den Hauenstein mit Abzweigungen in Olten nach Aarau, Luzern und in Richtung Burgdorf–Bern–Thun beziehungsweise Herzogenbuchsee–Solothurn–Biel. Die NOB erschloss die Kantone Zürich und Thurgau; ihr Netz umfasste die Bodenseelinien sowie Strecken nach Schaffhausen, Zürich und später nach Luzern. Die Vereinigten Schweizerbahnen (VSB) führten ihre Linien von Winterthur über Rorschach und von Wallisellen über Rapperswil und Sargans nach Chur. Im selben Zeitraum wuchsen die Westschweizer Bahnen zu durchgehenden Strecken zusammen: von Genf dem Seeufer entlang über Lausanne bis nach Bex im Rhonetal und von Morges nach Yverdon. Nicht selten kam es beim Bau der Eisenbahnlinien zu Auseinandersetzungen unter den Gemeinden, weil sie entweder angeschlossen werden wollten oder im Gegenteil einen Anschluss verhindern wollten. Die Verbindung zwischen der Deutsch- und der Westschweiz von Bern nach Lausanne über Freiburg und Romont kam wegen Auseinandersetzungen um die Linienführung erst 1862 zustande.

Die Kapitalbeschaffung erwies sich insgesamt als ausgesprochen schwierig. Bis zur Gründung der Schweizerischen Kreditanstalt stand wenig inländisches Kapital zur Verfügung, und man war von ausländischen Investoren abhängig. Trotzdem wurde eine durchgehende Verbindung von Genf durch das Mittelland an den Bodensee geführt, und bis 1870 waren die übrigen Hauptstrecken erstellt. Da die umliegenden Länder eine Alpentransversale wünschten, floss insbesondere französisches Kapital in die Schweizer Eisenbahngesellschaften, sowohl in der West- als auch in der Ostschweiz. Nur der vom Zürcher Industriellen und langjährigen Nationalrat Alfred Escher geleiteten Nordostbahn gelang es, über die von ihm nach dem Vorbild der französischen Crédit Mobilier zu diesem Zweck mitgegründeten Schweizerischen Kreditanstalt Schweizer Kapital anzuziehen.

Viele der Streckenführungen waren unsinnig angelegt und unrentabel, und so erstaunt es nicht, dass bereits 1865 von 16 Gesellschaften 14 defizitär waren.[14] 1870 begann eine Eisenbahnkrise, die den Bund zum Eingreifen veranlasste und Zusammenschlüsse sowie Rationalisierungen und die Sicherung vor Spekulanten erzwang.

Um 1870 bestanden noch keine Nord-Süd-Verbindungen nach Italien, und über die Frage der Linienführung durch die Alpen war erneut ein Kampf zwischen den Kantonen entbrannt. Die angrenzenden Staaten Italien und Deutschland, die befürchteten, von den bereits bestehenden Bahnlinien von Österreich und Frankreich abhängig zu werden, versuchten, den Entscheidungsprozess zu beschleunigen. 1869 wurde schliesslich das Gotthardprojekt für verbindlich erklärt. Für die Linienführung zwischen Rotkreuz und Chiasso (273 Kilometer) rechnete man mit einem Finanzbedarf von 187 Millionen Franken. Circa 80 Millionen Franken

## Die Entwicklung des Eisenbahnnetzes bis 1914

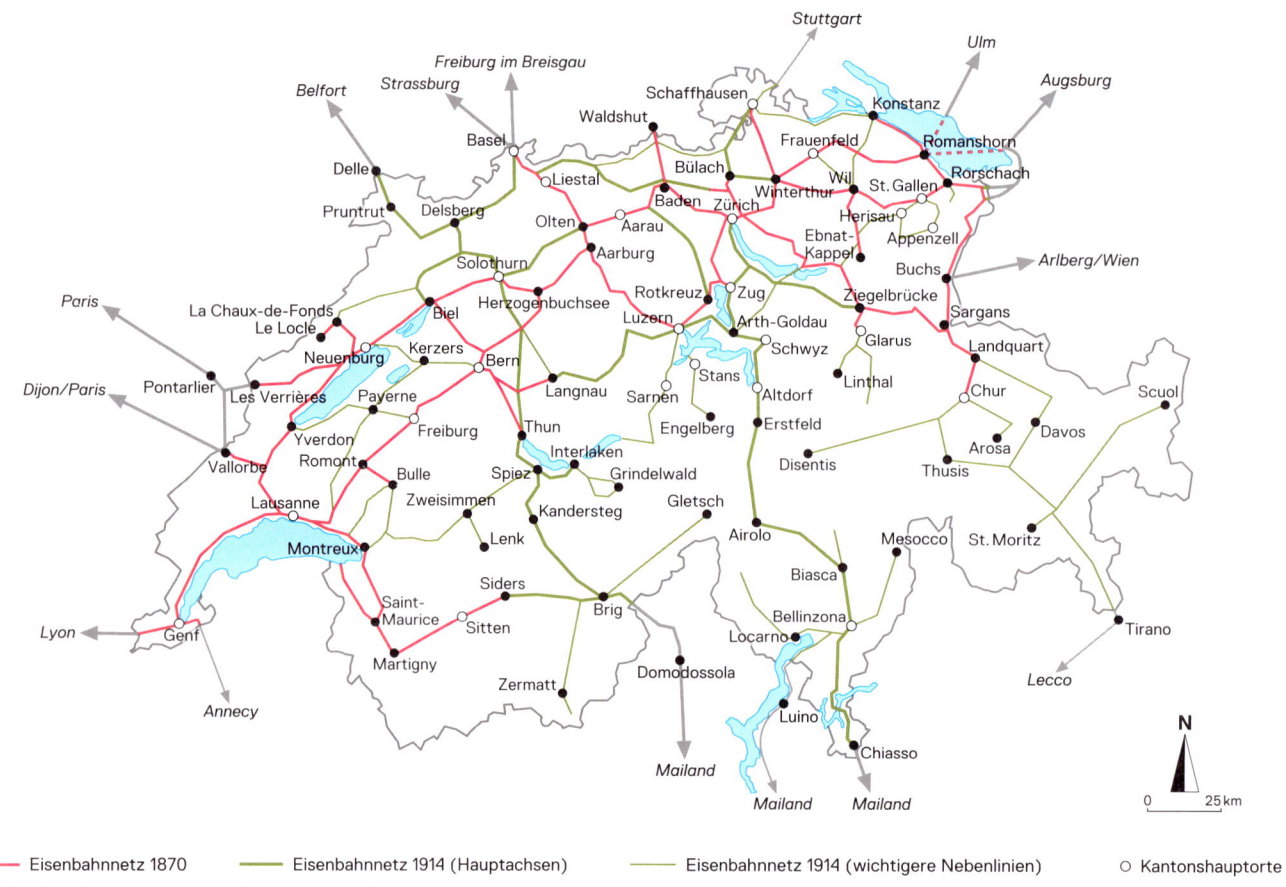

*Quelle: HLS, Bd. 4, S. 154, «Eisenbahnen», © 2013 Historisches Lexikon der Schweiz, Bern, und Kohli Kartografie, Kiesen.*

Legende: Eisenbahnnetz 1870 — Eisenbahnnetz 1914 (Hauptachsen) — Eisenbahnnetz 1914 (wichtigere Nebenlinien) — ○ Kantonshauptorte

steuerten staatliche ausländische Geldgeber bei, die restlichen 100 Millionen kamen aus privaten Quellen. Aber bereits 1874 wurde klar, dass weitere 102 Millionen Franken benötigt wurden. Da gdiese Summe nicht aufzubringen war, einigte man sich auf eine Reduktion des ursprünglich geplanten Netzes, zu dessen Erstellung nun noch zusätzlich 40 Millionen Franken benötigt wurden. Deutschland und Italien sollten je 10 Millionen, die Schweiz 8 Millionen und die Gotthardbahn-Gesellschaft 12 Millionen Franken übernehmen. Nach mühsamen Verhandlungen wurde das entsprechende Subventionsgesetz 1878 in den Räten angenommen und die Zahlungen von Deutschland und Italien wurden in Staatsverträgen zugesichert.[15]

Das epochale Werk des Tunnelbaus am Gotthard unter Leitung des Genfer Unternehmers Louis Favre begann 1871 mit Hilfe in Italien rekrutierter Arbeitskräfte unter schwierigen sozialen, wirtschaftlichen und sanitären Bedingungen. Nach offiziellen Darstellungen forderte er bis zum Ende 30 Todesopfer durch Arbeitsunfälle; darüber hinaus starben 147 Arbeiter infolge von Krankheiten, die direkt auf die unmenschlichen Arbeitsbedingungen zurückgeführt werden können. Ein Streik, Ende 1875 von den Mineuren ausgerufen, wurde von einer Bürgerwehr niedergeschlagen und forderte vier Tote. Dieser Arbeitskampf wurde auch im Ausland viel beachtet und löste Untersuchungen der hygienischen und sozialen Verhältnisse auf der Baustelle am Gotthard durch zwei eidgenössische Kommissionen aus; allerdings änderten sich die Arbeitsbedingungen bis zum Ende der Bauzeit kaum. Für die Gemeinde Göschenen und den Kanton Uri hatte der Tunnelbau grosse Veränderungen zur Folge: Wohnten vor dessen Beginn in Göschenen etwa 300 Einwohner und Einwohnerinnen, so zählte man 1880 genau 681 Frauen und 2990 Männer. Man brauchte mehr Wohnraum, Nahrungsmittel wie Pasta wurden erstmals in die Schweiz importiert und bald heimisch. Die Männer waren fast alle im Tunnelbau beschäftigt, die Frauen verdienten ihren Lebensunterhalt mit Handel, Gastwirtschaft, Krankenbetreuung, als Näherinnen oder auch mit Prostitution.[16]

Ähnliche Veränderungen vollzogen sich später im Umfeld der anderen Tunnelbaustellen, etwa beim Simplon- und beim Lötschbergtunnel. Auch hier veränderten die Migranten und Migrantinnen Lebensraum und Lebensstil nachhaltig.

1882 wurde die Gotthardstrecke in Betrieb genommen. Als bedeutendstes Schweizer Verkehrsprojekt des 19. Jahrhunderts hatte die Linie weitreichende Auswirkungen auf die Wirtschaftsgeografie. Die Güter- und teilweise die Personenströme konzentrierten sich auf diese Achse, begünstigt durch das neue Eisenbahngesetz von 1872, das den Bau neuer Bahnlinien Richtung Gotthard ermöglichte. Zusammen mit späteren Tunnelbauten stellte die neue Transversale den Anschluss der Schweiz an den europäischen Wirtschaftsraum her, der durch die Freihandelsabkommen mit Frankreich (1864), Österreich (1868), Italien (1869) und Deutschland (1870) bereits vorgespurt war. Die Gotthardbahn spielte auch für das nationale Selbstverständnis der Schweiz eine Rolle: Sie wurde als Element der Versöhnung der ländlichen Schweiz mit der Technik auf der einen Seite und zwischen Arbeiterschaft und Bauern auf der anderen Seite wahrgenommen. Damit hat sie die Rolle des Gotthards für das Schweizer Selbstverständnis neu definiert.[17]

Infolge von Krisen, Konkursen, Streiks und einer massiven finanziellen Beteiligung des Auslandes gewannen die Vertreter einer Verstaatlichung an Einfluss. 1892 war der Kauf der Privatbahnen durch den Bund in einem ↑Referendum noch verworfen worden. 1897 wurde das sogenannte Rückkaufgesetz nach einem heftigen Abstimmungskampf und bei einer sehr hohen Stimmbeteiligung mit einem Mehr von zwei Dritteln der Stimmenden angenommen. In den Jahren von 1900 bis 1909 erwarb die Eidgenossenschaft die fünf grossen Eisenbahngesellschaften. Vom Rückkaufrecht der Gotthardbahn machte der Bundesrat zuletzt Gebrauch. Die 1901 neu gegründeten Schweizerischen Bundesbahnen (SBB) übernahmen vorerst die Rückkaufsumme von einer Million Franken. Durch diese Last waren sie in ihrer Entwicklung im 20. Jahrhundert stark behindert.

Die Eisenbahn veränderte das Verkehrs- und Transportwesen der Schweiz in der zweiten Hälfte des 19. Jahrhunderts tiefgreifend. Aber nicht in jedem Fall bedeutete dies einen Rückgang in der Nutzung der traditionellen Transportmittel und -wege, ganz im Gegenteil. Zwar verstärkte der Eisenbahnverkehr den Niedergang des ohnehin schon stark unter Druck geratenen Schiffsverkehrs auf Flüssen, erhöhte aber den Speditionsbedarf bei Bahnhöfen, der zunächst weiterhin mit Kutschen und Fuhrwerken erfolgte. Der Bau von Strassen, der bereits seit dem 18. Jahrhundert deutlich zugenommen hatte, wurde nochmals intensiviert: Die Strassen dienten als Zubringer zu Städten und Ortschaften, die bereits mit der Eisenbahn erreichbar waren. Aufgrund des stark ansteigenden Transportvolumens nahm die Zahl der Zugpferde bis weit ins 20. Jahrhundert zu.[18]

### Die Landwirtschaft

Die Industrialisierung ist für die Geschichte der Schweiz im 19. Jahrhundert eine so dominante Entwicklung, dass daneben der Wandel der Landwirtschaft leicht übersehen wird. Zu Unrecht, denn das 19. Jahrhundert brachte tiefgreifende Veränderungen, die zu Voraussetzungen für den

**Der Wirt August Steiner, wohl mit seiner Ehefrau und zwei Kindern, vor dem «Café International» im Barackendorf Goppenstein, Ansichtskarte, circa 1910** (*Lötschentaler Museum, Kippel*). — Die Gemeinde Goppenstein überliess dem aus dem oberen Rhonetal übersiedelten Wirt August Steiner am 11. Oktober 1909 ein Stück Land von fünf Metern Länge und vier Metern Breite zur Überbauung durch eine Baracke und erteilte ihm ein paar Monate später die Bewilligung zur Führung eines Cafés für die Dauer der Tunnelbauzeit.

### Produktionsstruktur der Landwirtschaft 1885–1998 (in Prozent*)

|  | um 1885 | 1911 | 1931–40 | 1951–60 | 1971–80 | 1986–90 | 1995–98 |
|---|---|---|---|---|---|---|---|
| Getreidebau | 7,2 | 2,6 | 5,0 | 6,8 | 4,9 | 4,9 | 8,9 |
| Kartoffelbau | 4,5 | 3,7 | 3,1 | 3,1 | 1,9 | 1,8 | 2,4 |
| Weinbau | 9,1 | 3,3 | 3,4 | 3,7 | 5,3 | 7,3 | 6,7 |
| Obstbau | 9,1 | 8,1 | 6,7 | 5,3 | 4,8 | 3,8 | 4,2 |
| Gemüsebau | 4,8 | 7,4 | 5,1 | 5,0 | 3,0 | 3,4 | 5,3 |
| übrige pflanzl. Produktionszweige | 1,2 | 0,9 | 0,7 | 1,3 | 2,1 | 2,8 | 3,6 |
| **Total Pflanzenbau** | **35,9** | **26,0** | **24,1** | **25,2** | **22,1** | **24,0** | **31,1** |
| Milch/Molkerei | 32,5 | 38,5 | 35,6 | 34,6 | 31,7 | 33,3 | 35,7 |
| Rindviehmast | 17,7 | 18,2 | 18,3 | 17,4 | 20,7 | 19,3 | 12,9 |
| Schweine | 7,0 | 10,9 | 12,5 | 15,3 | 19,5 | 16,9 | 13,9 |
| übrige tier. Produktionszweige | 7,0 | 6,5 | 9,6 | 7,4 | 6,0 | 6,5 | 6,5 |
| **Total Tierproduktion** | **64,2** | **74,1** | **75,9** | **74,8** | **77,9** | **76,0** | **69,0** |

\* Anteil der wichtigsten Zweige am Rohertrag. Abweichungen vom Total von 100 Prozent ergeben sich durch gerundete Werte. Aktuelle Angaben auf vergleichbarer Basis stehen nicht zur Verfügung.
Quelle: HLS, Bd. 7, S. 626, «Landwirtschaft».

ökonomischen Wandel insgesamt wurden. Die erste Agrarrevolution mit der Abschaffung des ↑Dreizelgensystems war zwar um 1850 beendet, während die praktische Aufhebung des Flurzwangs bis weit in die zweite Hälfte des 19. Jahrhunderts dauerte (siehe Beitrag von Jon Mathieu, S. 184). Mit der Aufhebung der Brache ging eine Steigerung der Produktivität durch Düngung und Fruchtwechselwirtschaft sowie durch die Mechanisierung einher. War vor 1880 die Landwirtschaft – gemessen an der Zahl der Arbeitskräfte – der grösste Wirtschaftssektor, so wurde sie nun vom industriellen und bereits 1910 vom Dienstleistungssektor überholt.

Schon in den 1860er Jahren hatte eine zweite Veränderungswelle eingesetzt: Vieh- und Milchwirtschaft lösten vor allem im Mittelland den Getreideanbau ab, die Produktion von Käse, aber auch von Nahrungsmitteln wie Kondensmilch und Schokolade entwickelte sich zu einem spezialisierten Wirtschaftsbereich, der eng mit der Landwirtschaft verbunden war. Neben dem durch das Bevölkerungswachstum ansteigenden inländischen Bedarf wurden andere Länder zu Absatzmärkten dieser Produkte: Seit 1880 exportierte die Schweiz mehr als ein Viertel ihrer Milchprodukte. Nahm der Ackerbau in der Mitte des 19. Jahrhunderts noch über die Hälfte der landwirtschaftlichen Nutzfläche ein, so schrumpfte dieser Anteil bis zum Ersten Weltkrieg auf einen Fünftel. Die Intensivierung des Obst- und Gemüseanbaus schuf nach 1900 die Möglichkeit für eine bessere Versorgung der städtischen Haushalte und den Aufbau einer Konservenindustrie. Allerdings wird der Eigenanbau, das Gemüse vom eigenen «Pflanzplätz», auch in den Städten noch lange den Speisezettel bereichern und das familiäre Budget entlasten.

### Die Banken

Bereits vor der Gründung des Bundesstaates waren zur Deckung des Kapitalbedarfs von Wirtschaft und Kantonen erste kantonale Bankinstitute entstanden. Der wirtschaftliche Zusammenschluss des Landes im Jahr 1848 bremste allerdings ihre Entwicklung. Es folgten die Gründungen mehrerer staatlicher Hypothekarkassen sowie gemischtwirtschaftlicher Banken in der Form von Aktiengesellschaften mit Staatsbeteiligung.

Die Schwierigkeiten der Kapitalbeschaffung im Zusammenhang mit dem Eisenbahnbau förderten die Gründung von weiteren Banken, die auf die Bedürfnisse und den Kapitalbedarf der Grossindustrie ausgerichtet waren. Diese Banken waren wichtig, um den Kreditbedarf der Wirtschaft zu decken und vor allem um der Dominanz von ausländischem Kapital entgegenzuwirken. Die Industriebetriebe waren es bisher eher gewohnt, ihre Investitionen mit Eigenkapital zu tätigen, während für die nun entstandenen Grossunternehmen diese Art der Finanzierung nicht mehr ausreichte. Als

50-Franken-Schein der ersten Emission der Schweizerischen Nationalbank, der sogenannten Interimsnoten, aus dem Jahr 1907, dem Gründungsjahr der Nationalbank
(Archiv der Schweizerischen Nationalbank, ASNB 211.301), © Photo SNB, Bern.

erstes auf das neue Kundensegment spezialisiertes Unternehmen wurde in Genf 1853 die Banque Générale Suisse gegründet, jedoch bereits 1869 wieder liquidiert. 1856 folgte Alfred Eschers Schweizerische Kreditanstalt in Zürich, nach dem Muster der französischen Crédit Mobilier zum Teil mit deutschem Kapital gegründet. 1862 kamen die Bank in Winterthur, die 1912 mit der Toggenburger Bank zur Schweizerischen Bankgesellschaft fusionierte, und die Basler Handelsbank hinzu. 1863 entstand die Eidgenössische Bank, 1869 die Schweizerische Volksbank (SVB) in Bern und 1872 der Basler Bankverein, aus dem nach mehreren Fusionen im Jahr 1898 der Schweizerische Bankverein (SBV) hervorging. Eine Zentralbank, die Schweizerische Nationalbank, erhielt 1905 ihre gesetzliche Grundlage als Notenbank; 1907 wurde sie anstelle von etwa dreissig lokalen Banken gegründet, die diese Aufgabe bisher nebeneinander aufgrund von Konzessionen erfüllt hatten.

Neben diesen «Grossbanken» wurden zwischen 1860 und 1880 in einer zweiten Gründungswelle zahlreiche kantonale und lokale Kreditinstitute gegründet. Sie sollten vor allem die Schwierigkeiten der Kapitalbeschaffung der kleinen und mittleren Betriebe lösen, da diese von den Grossbanken kaum Kredite erhielten. Allerdings spielte auch die Beschaffung neuer Einnahmen für die Kantonskassen eine Rolle. Die neuen Gründungen standen in engem Zusammenhang mit der Demokratischen Bewegung und waren durch Verfassungsrevisionen und Volksabstimmungen legitimiert.

**Schul-, Berufs- und Universitätsbildung**
Bildung wird in der Schweiz gerne als wirtschaftliche Ressource gesehen – als «einziger Rohstoff», über den die Schweiz verfüge – und damit als Vorbedingung für Industrialisierung, technischen Fortschritt und Entwicklung. Für die Förderung einer guten Allgemeinbildung breiter Bevölkerungskreise, einschliesslich der Kinder der Landbevölkerung und der Unterschicht, wurden aber auch andere Gründe angeführt: Nach der Losung von Heinrich Zschokke beispielsweise bedeutete Volksbildung Volksbefreiung. Das war für die regenerierten Kantone schon in den 1830er Jahren ein wichtiges Argument für den Ausbau der Primarschulen. Genauso wurde bei der Einführung der Fabrikgesetze in den 1860er und 1870er Jahren angeführt, dass eine funktionierende Demokratie bei den Stimmbürgern eine gewisse Allgemeinbildung voraussetze. Vor diesem Hintergrund ist seit der ↑Regeneration ein neues Schulsystem entstanden, von der Volks- oder Primarschule über die Berufsbildungssysteme bis zur Universität.

Beispielsweise führte der Kanton Zürich 1832 in der Zeit der Regeneration eine sechsjährige Primarschule ein, an die eine dreijährige zunächst nicht obligatorische Ergänzungs- oder Repetierschule anschloss.[19] Die Kantone Thurgau, St. Gallen, Schaffhausen und Glarus folgten diesem Vorbild. Andere Ostschweizer Kantone kannten eine achtjährige obligatorische Schulpflicht. Im Kanton Tessin wurde dem Staat 1830 die Verantwortung für den Elementarschulunterricht übertragen, während im Kanton Genf die Primarschulen unter der Aufsicht der reformierten Kirche standen. In der Gründung von kantonalen Lehrerseminaren, die für eine Verbesserung der Lehrerausbildung sorgen sollten, sah man einen wirksamen Ansatz zur Hebung der Qualität des Schulunterrichts.

Auch im neuen Bundesstaat blieb die Schule Angelegenheit der Kantone. Die Bundesverfassung von 1874 änderte daran nichts, obwohl die Zentralisierung der Schule auf Bundesebene zu den wichtigen Anliegen der Radikalen und Liberalen gehört hatte. Hingegen nahm die neue Bundesverfassung auf, was in den meisten Kantonen bereits Wirklichkeit war: den obligatorischen, unentgeltlichen, konfessionell neutralen, öffentlichen Schulunterricht. Die Schaffung eines eidgenössischen Schulsekretärs, die eine stärkere Zentralisierung mit sich

**Treppenaufgang der Kassenhalle des Zürcher Bankvereins, Photographie um 1901** *(Baugeschichtliches Archiv Zürich).* — Das 1897 bis 1899 erbaute Gebäude am Paradeplatz 6 wurde 1956 abgetragen. In der Mitte der Treppenanlage befand sich die heute im Zellweger Park in Uster aufgestellte Kolossalstatue der Helvetia von Richard Kissling.

gebracht hätte, wurde 1882 in einer Volksabstimmung mit dem Schlagwort «Schulvogt» abgelehnt. Der Bundesstaat versuchte nun, seinen Einfluss auf die Schulen durch Qualitätskontrollen geltend zu machen.

Eine wichtige, obgleich nur teilweise zielführende Massnahme waren die Rekrutenprüfungen.[20] Anfänglich wollte man damit nur die Tauglichkeit der Soldaten für bestimmte militärische Aufgaben feststellen. Ab 1854 evaluierte man auf diesem Weg zusätzlich die Leistungen der Schule, wobei die Vorschriften für diese Prüfungen bis zum Ersten Weltkrieg laufend verfeinert und ergänzt wurden. Die Ergebnisse erlauben beispielsweise einen guten Überblick über den durch die Primarschulpflicht erreichten Alphabetisierungsgrad der jungen Männer in der Schweiz: So konnten im Jahr 1861 10 Prozent der Luzerner Rekruten gar nicht und weitere 10 Prozent nur mit Mühe schreiben. 1864 besassen 20 Prozent im Lesen und 30 Prozent im Schreiben sehr geringe oder fast keine Kenntnisse. 1879 galten noch 1,6 Prozent der geprüften Schweizer Stellungspflichtigen als Illiteraten. Bis 1913 sank die entsprechende Quote jedoch auf 0,04 Prozent.

Mädchen hatten den gleichen Zugang zu den Primarschulen wie Knaben, allerdings wurden sie nicht immer in den gleichen Fächern unterrichtet, das heisst, sie erhielten zusätzlich zum Unterricht der Knaben oder auch durch die Verringerung der Stundenzahlen bestimmter Fächer wie Mathematik Unterricht in Hauswirtschaft und Handarbeit. Zudem wiesen Mädchen verschiedentlich bedeutend grössere Fehlzeiten in den Schulen auf, da die Familien sie mit weniger Bedenken für familiäre Betreuungs- und Hausarbeiten zu Hause behielten. Dennoch lassen sich in Bezug auf die Grundfertigkeiten die positiven Auswirkungen der Primarschulpflicht für die Frauen nachweisen: Eine Analyse nach Altersklassen zeigt, dass zwischen 1820 und 1849 die Lese- und Schreibfähigkeit der Männer regelmässig, jene der Frauen sprunghaft angestiegen war. Trotzdem unterzeichneten in den Jahren von 1855 bis 1865 noch 10 Prozent der Männer und 35 Prozent der Frauen die Heiratsurkunde mit dem Kreuz.

In den Städten wurden die Primarschulen nach Geschlechtern getrennt geführt, auf dem Lande erlaubten die Zahl der Kinder und die Finanzlage der Gemeinden diese Trennung meist nicht. Im Kontext der Debatten über die Notwendigkeit von Frauenbildung wurde über die Vor- und Nachteile der Koedukation auf den verschiedenen Schulstufen diskutiert. Die Ablehnung der Koedukation und der gleichen Unterrichtsanforderungen wurde mit der Gefährdung der Sittlichkeit und mit der Vorstellung der geringeren intellektuellen Kapazität von Mädchen begründet. Darüber hinaus führte man die Anforderungen der bürgerlichen Geschlechterordnung ins Feld, die für

**Schulklasse aus Wintersingen (BL), Photographie von 1896** *(Staatsarchiv BL).* — Kinder mehrerer Jahrgänge wurden auf dem Lande oft in einer Klasse unterrichtet. Im Gegensatz zur gängigen Praxis in den Städten gab es in diesen Schulen keine Trennung nach Geschlechtern.

**Albert Anker, Die Ziviltrauung, Öl auf Leinwand, 1887,** © *Photo 2013 Kunsthaus Zürich*. — Albert Anker (1831–1910) wird häufig als Maler der Schweizer ländlichen Idylle und Tradition rezipiert und auch instrumentalisiert. Dabei wird gerne übersehen, dass sein Œuvre zeitkritische Elemente enthält und zumindest als «Idylle mit Programm» bezeichnet werden muss. Jenes Programm ist die neue Schweiz, die Schweiz der einfachen, aber mündigen Bürger, die Schweiz der Bildung – für Knaben und Mädchen – und der Schulpflicht für alle. Diese Modernisierungsprojekte waren durchaus umstritten, wie etwa auch die von Anker in einem späteren Gemälde thematisierte Zivilehe, die nach einer Abstimmung im Jahr 1874 eingeführt wurde.

Frauen die Rolle als Hausfrau vorsah – trotz ihrer im internationalen Vergleich zu dieser Zeit hohen Erwerbsquote.

Typisch für das Schweizer Bildungssystem ist die Tradition der Berufsausbildung durch eine Berufslehre. Lange Zeit waren die Zünfte für die Ausbildung von Lehrlingen verantwortlich. Je nach der Stärke ihres wirtschaftlichen Einflusses konnten sie sehr unterschiedliche Ausbildungsmodelle und -möglichkeiten anbieten. Mit der Durchsetzung der Gewerbefreiheit erhielt nun jeder das Recht, einen Betrieb zu eröffnen und Lehrlinge einzustellen. Da jedoch weder Dauer noch Abschluss der Lehre, weder Rechte noch Pflichten von Lehrlingen und Lehrmeistern geregelt waren, befürchtete man einen Qualitätsverlust in der Ausbildung und damit einen Konkurrenznachteil gegenüber ausländischen Firmen, aber auch gegenüber in die Schweiz einwandernden Ausländern. Nach und nach bemühte man sich in den Sektionen des 1878 gegründeten *Gewerbevereins* um die Erstellung von Lehrlingsregulativen und eine fachgerechte und methodisch aufbauende Lehre. Eines der ersten Regulative entstand 1886 durch eine Absprache zwischen dem *Schweizerischen Buchdruckerverein* und der Gewerkschaft *Typographia*.

Auf der politischen Ebene fanden diese Bestrebungen ebenfalls Unterstützung: 1884 verabschiedeten die eidgenössischen Räte einen Beschluss zur Förderung der gewerblichen und industriellen Berufsausbildung. Zwar wurde die Einrichtung von speziellen Lehrwerkstätten diskutiert, langfristig gab man aber der Meisterlehre den Vorzug und führte die Lehrlingsprüfungen – in Anlehnung an das traditionelle Gesellenstück der Zünfte – sowie die Ausstellung und Prämierung von Lehrlingsarbeiten wieder ein. Die Prüfungen wurden gegen die Jahrhundertwende zentral geregelt, blieben aber in der Obhut des *Gewerbevereins*. Neben den handwerklichen Fähigkeiten mussten Berufskenntnisse und Schulbildung nachgewiesen werden. Dennoch betrug der Anteil derer, die sich einer Prüfung stellten, im Jahr 1902 lediglich rund 20 Prozent. Deshalb verlangte man bereits 1896 die staatliche Anerkennung als Voraussetzung zur freien Berufsausübung. Schliesslich entschieden sich die Kantone nach und nach für das Obligatorium der Abschlussprüfungen, das im Freiburger Lehrlingsgesetz bereits im Jahr 1895 eingeführt worden war.[21]

Neben der gewerblichen erfuhr auch die kaufmännische Ausbildung eine Neustrukturierung. Die früher übliche Form der informellen Praktika in befreundeten Handelshäusern reichte nicht mehr, um die Anforderungen an die Qualität der Ausbildung zu erfüllen und vor allem den steigenden Bedarf an Kaufleuten zu decken, die für moderne Unternehmensführung qualifiziert waren. Um die Mitte des 19. Jahrhunderts entstanden Handelsschulen und Handelsabteilungen von Fortbildungsschulen, die die Grundlagen für die anschliessende Aufnahme eines Volontariats vermitteln sollten. Damit waren aber die Fragen der praktischen Ausbildung oder Lehre und der Überprüfung der Kenntnisse noch nicht gelöst. Hier übernahm der 1873 durch einen Zusammenschluss verschiedener kantonaler Vereine entstandene *Schweizerische Kaufmännische Verband* (SKV) die Initiative. Ab 1895 organisierte er gemeinsam mit dem Bund die Lehrabschlussprüfungen der künf-

« *Die [...] sanitarischen Verhältnisse unseres Berufes lassen [...] es als ein absolutes, dringendes Gebot auch der allerprimitivsten Humanität erscheinen, dass in Zukunft den Frauenspersonen der Zutritt in unseren Beruf absolut verschlossen wird und die zur Stunde darin beschäftigten in einer Anzahl Jahre daraus entfernt werden.*»

Petition der *Typographia* Bern an den Bundesrat, Januar 1889, Bundesarchiv, E 7171 (A), Schachtel 23,20.

tigen Kaufleute. Die Ausweise wurden bald zur Grundlage für anspruchsvollere Tätigkeiten und Anstellungen in Handelshäusern.

Frauen konnten nur selten eine vergleichbar formalisierte Ausbildung wie Männer absolvieren. So verbot die *Typographia* 1906 zunächst die Anstellung von Ungelernten und 1912 formell, unter Androhung von Kampfmassnahmen, die Ausbildung von Frauen in den Druckereien.[22] Begründet wurde die Ablehnung mit der Sorge um deren Gesundheit.

Andere Berufszweige stellten traditionellerweise keine Frauen ein. Im Bereich der Textilindustrie war eine formalisierte Ausbildung eher selten. Der *Kaufmännische Verband* (SKV) verweigerte Frauen explizit den Zutritt zu den Handels- und Fortbildungsschulen und das Ablegen der Lehrabschlussprüfung. Gerechtfertigt wurde dieser Ausschluss mit der Abwertung der Ausbildung durch Frauen, da für sie eine Berufsausbildung immer nur zweitrangig sei. Dahinter standen aber – wie bei der *Typographia* – Konkurrenzängste. Im Jahr 1899 griff der Bundesrat schliesslich ein und zwang den SKV unter Androhung einer Subventionskürzung, Frauen zur Ausbildung und Prüfung zuzulassen.[23]

Die neu gegründeten Universitäten Zürich (1833) und Bern (1834) blieben kantonale Institutionen, genauso wie die seit 1460 bestehende Basler Universität. Etwas später folgten die ebenfalls kantonalen Westschweizer Gründungen: 1873 in Genf, 1889 in Freiburg, 1890 in Lausanne und 1909 in Neuenburg; auch diese Universitäten blieben kantonale Bildungsstätten. Die 1899 in St. Gallen als *Handelsakademie* gegründete Ausbildungsstätte im Bereich Handel, Verkehr und Verwaltung wurde 1911 zur *Handelshochschule* (HSG) und 1994 zur Universität St. Gallen. Zwar hatte man damit kein einheitliches Hochschulsystem geschaffen, andererseits konnten die kantonalen Behörden unmittelbar in die Hochschulpolitik eingreifen und so kurzfristige innovative Entwicklungen und die Aufnahme neuer Fächer ermöglichen.

Bei der Gründung der Universität Freiburg hatte Georges Python, Staatsrat und Nationalrat, die Initiative ergriffen im Bemühen, eine staatliche katholische Hochschule als Bollwerk gegen die moderne Wissenschaftsgläubigkeit zu schaffen und zugleich die Bildungskluft zwischen reformierten und katholischen Kantonen zu verringern. Zum Erfolg des Vorhabens hatten im Kanton Freiburg erste Erfolge bei der Industrialisierung beigetragen, so dass man sich von der Gründung der Universität zusätzliche Impulse für den Wirtschaftsstandort erhoffte.

Im 19. Jahrhundert nahm die Bedeutung eines Studiums für das berufliche Fortkommen generell zu, was sich im Wachstum der Universitäten zeigte: Die Zahl der Studierenden an den Universitäten Zürich, Genf, Bern und Basel stieg von 554 im Jahr 1850 auf 5233 im Jahr 1912/13.[24] Zum Aufblühen des Hochschulsektors trugen die zahlreichen ausländischen, insbesondere deutschen Hochschullehrer bei, die nach den gescheiterten Revolutionen von 1848 in der Schweiz Zuflucht gefunden hatten und an den Universitäten unterrichteten. Zudem wurden die strukturelle und die finanzielle Entwicklung durch die zahlreichen ausländischen Studierenden gefördert, deren Anteil in Genf im Jahr 1880 rund 44 Prozent betrug, 1910 gar 80 Prozent. Im Jahr 1900 waren schweizweit 47 Prozent der Studierenden ausländischer Herkunft und 1910 stellten sie mit 57 Prozent sogar eine klare Mehrheit.[25]

Auch zahlreiche Frauen nutzten die Möglichkeit, hier zu studieren, denn Schweizer Universitäten waren im späten 19. Jahrhundert neben denjenigen in Paris die einzigen, die Frauen zum Studium und zum regulären akademischen Abschluss zuliessen. Den Anfang hatten russische

**Graphik zur Entwicklung des Frauenstudiums**, in: Schweizerischer Verband der Akademikerinnen (Hg.), Das Frauenstudium an den Schweizer Hochschulen, Zürich 1928.

Studentinnen gemacht, die bereits 1864 an der Universität Zürich um Zulassung nachsuchten. 1867 schloss dort die erste Frau mit einem Doktorexamen in Medizin ihr Studium ab. Ihr folgten weitere Ausländerinnen, die auch an anderen Schweizer Universitäten den Anfang des Frauenstudiums einleiteten. Die erste Schweizer Studentin, die spätere Ärztin Marie Heim-Vögtlin, begann ihr Studium 1868. In den Jahren unmittelbar vor 1914 waren 20 bis 25 Prozent der Studierenden weiblichen Geschlechts, ein Anteil, der erst in den 1970er Jahren wieder erreicht wurde. Nachdem zwischen 1900 und 1908 die deutschen und österreichischen Universitäten, vor allem aber die russischen Universitäten begonnen hatten, Frauen zum Studium zuzulassen, ging dieser Anteil wieder zurück.

Interessant ist die Schweizer Entwicklung nicht zuletzt deshalb, weil sie der Entwicklung in anderen Bereichen und Institutionen so diametral entgegensteht: Erst 1909 liess ja der *Kaufmännische Verein* Frauen zu den Abschlussprüfungen zu, die Maturitätsprüfung an öffentlichen Gymnasien konnten Frauen in Zürich erst gegen 1900 und in Basel erst nach 1913 ablegen, privatrechtlich und im Bereich der politischen Rechte blieben Schweizerinnen noch bis ins letzte Drittel des 20. Jahrhunderts benachteiligt.[26]

Die Bundesverfassung von 1848 hatte die Gründung eidgenössischer Universitäten vorgesehen. In den 1850er Jahren wuchs jedoch die Opposition gegen dieses Vorhaben: Konservative Katholiken und Protestanten witterten eine ideologische Stärkung des Freisinns, die Föderalisten der französischen Schweiz empfanden es als Gefahr für die romanischen Kulturen, und bestehende Hochschulkantone fürchteten die Konkurrenz neuer Einrichtungen. Mehrheitsfähig wurde das Projekt erst mit der Reduktion auf technische Fächer. In diesem Sinne wurde 1854 in Zürich anstelle einer Hochschule und eines Polytechnikums nur die *Technische Hochschule* gegründet und mit einer kleinen geisteswissenschaftlichen Abteilung versehen. Damit vermied die später *Eidgenössische Technische Hochschule* (ETH) genannte Ausbildungsstätte die Konkurrenz zu bereits existierenden Institutionen. Sie schuf die Voraussetzungen für die Wissensvermittlung in den aufstrebenden Ingenieurwissenschaften, von denen sich die Wirtschaft dringend benötigtes Wissen erhoffte, hatte aber gleichzeitig den Nimbus einer Volluniversität. Den kantonalen Universitäten machte sie zunächst keine Konkurrenz und erfüllte doch die Erwartungen, die zur Aufnahme des bereits seit der Mitte des 18. Jahrhunderts diskutierten Planes[27] einer eidgenössischen Universität in die Bundesverfassung geführt hatten. Der Erfolg zeigte sich an der Zahl der Studierenden, die von 71 im Anfangsjahr 1855/56 auf 1376 im Jahr 1913/14 anstieg.

## Emilie Kempin-Spyri
### (1853 in Altstetten – 1901 in Basel)

Emilie Spyri, Tochter eines Pfarrers und Nichte der Schriftstellerin Johanna Spyri, immatrikulierte sich 1883 im Alter von 32 Jahren an der Universität Zürich als erste Frau für das Studium der Rechtswissenschaft. Sie war verheiratet mit dem Pfarrer Walter Kempin und hatte bereits drei Kinder, als sie die Matura nachholte. 1887 promovierte sie und war damit die erste Juristin Europas. Jedoch wurde ihr von den Behörden untersagt, als Anwältin ihres Mannes tätig zu sein; ihre Klage dagegen wurde vom Bundesgericht abgewiesen. Die Universität verweigerte ihr die Zulassung als Dozentin. Sie emigrierte daraufhin mit ihrer Familie in die USA. In New York gründete sie eine Rechtsschule für Frauen und erwirkte die Zulassung von Frauen zum Rechtsstudium und zur Advokatur. 1891 kehrte sie aus familiären Gründen in die Schweiz zurück und wurde nun doch als erste Privatdozentin an der Universität Zürich zugelassen. Auch hier kämpfte sie für die Zulassung von Frauen zum Anwaltsberuf, erteilte Rechtsunterricht, machte unentgeltliche Rechtsberatungen und verfasste Eingaben anlässlich der Vorarbeiten zum neuen Schweizerischen Zivilgesetzbuch. Finanzielle Probleme veranlassten sie zum erneuten Wegzug, diesmal nach Berlin. Aufgrund ihres Gesundheitszustandes kehrte sie jedoch in die Schweiz zurück und wurde im Jahr 1899 mit psychischen Problemen in die Basler psychiatrische Klinik Friedmatt eingewiesen, wo sie zwei Jahre später an Krebs starb.

**Emilie Kempin-Spyri als Dozentin in New York, undatierte Photographie** *(New York University Archives).*

### Tourismus

Der Tourismus wurde im 19. Jahrhundert für die Schweiz zu einem wichtigen Wirtschaftsfaktor. Als insgesamt grösste Einnahmequelle trug er in hohem Mass zur Entwicklung der Bergregionen bei. Waren die Alpen bis zum 18. Jahrhundert nur eine Durchgangsregion zwischen Mitteleuropa und Italien, so häuften sich bald Schilderungen über die Schönheit und Erhabenheit der alpinen Natur. Zu Beginn des 19. Jahrhunderts setzte ein adeliger und bürgerlicher Tourismus ein, in dessen Fokus die Naturschönheiten des Landes standen, etwa der Rheinfall bei Schaffhausen oder der Vierwaldstättersee, der Genfersee oder die Berner Alpen (siehe Beitrag von Laurent Tissot, S. 482).

Eine Intensivierung des Naturerlebnisses versprach der Alpinismus. Um die Mitte des Jahrhunderts kam es zu einem regelrechten Wettrennen um die Erstbesteigung der Alpengipfel. Besonders englische Bergsteiger wetteiferten miteinander. Die Besteigung des Matterhorns durch Edward Whymper 1865 war in England ein Medienereignis, obwohl die Tatsache, dass dabei vier von sieben Bergsteigern ums Leben kamen, die Kritik an dieser neuen Mode nährte. So schrieb die «Times» 1865 nach dem «Whymper-Debakel» in einem Editorial:[28] «What is he doing there and what right has he to throw away the gift of life and ten thousand golden opportunities in an emulation which he shares only with skylarks, apes and squirrels?» («Was tut er [der Bergsteiger] dort und welches Recht hat er, das Leben und zehntausend goldene Möglichkeiten wegzuwerfen, indem er den Lerchen, Affen und Eichhörnchen nacheifert?») In der zweiten Hälfte des 19. Jahrhunderts entwickelten sich trotz dieser Kritik die alpinen Vereine, die durch intensiven Hütten- und Wegebau den Alpinismus ankurbelten.

Der britische Reiseunternehmer Thomas Cook führte Gruppen von Touristen ab 1863 auch durch die Schweiz. Angeboten wurde folgende Route: Genfersee–Wallis–Leukerbad–Gemmipass–Berner Oberland–Giessbachfall–Brünigpass–Luzern–Rigi–Bern–Neuenburg. Damit begann in der Schweiz das Zeitalter des Massentourismus.

In seinen Anfängen war der Fremdenverkehr beschränkt auf wenige Sommermonate. Das Hotel Rigi-Kulm beherbergte um 1850 durchschnittlich 2000 Gäste pro Jahr, um 1860 zählte man in Zermatt jeden Sommer etwa 4000 Gäste. Mit dem Aufschwung des Wintersports gegen 1900 entwickelte sich der Tourismus in rasantem Tempo; St. Moritz, Davos und Arosa waren die Vorreiter. Zahlreiche andere Orte nutzten die Gunst der Stunde und investierten in touristische Infrastruktur. Hotelbauten entstanden und ersetzten oder ergänzten die bisher eher einfachen Gasthöfe.

Einen wesentlichen Anteil an diesem Aufblühen hatte die Eisenbahn: Sie ermöglichte den Touristen, die Schweiz in vergleichsweise kurzer Zeit zu erreichen; Schmalspur-, Zahnrad- und Drahtseilbahnen führten die Gäste an bisher kaum erreichbare Orte. Die erste Zahnradbahn war die zwischen 1868 und 1871 erbaute Bahn auf die Rigi. Im dritten Betriebsjahr wurden mit ihr mehr als 100 000 Fahrgäste befördert. Damit begann ein bis zum Ersten Weltkrieg währender Boom des Baus von Zahnradbahnen, die einerseits die Täler erschlossen und andererseits die Gipfel und Pässe, die bis dahin der Bezwingung durch Alpinisten vorbehalten waren, zugänglich machten.[29] Fast gleichzeitig mit den Zahnradbahnen erlebten seit den 1870er Jahren die Standseilbahnen einen Aufschwung, weil mit ihnen viel steilere Strecken überwunden werden konnten. Diese technischen Neuerungen waren nicht nur für den Tourismus wichtig. Die Zahnrad- und Standseilbahnen begründeten mit ihrer hervorragenden Qualität den Nimbus des Schweizer Maschinenbaus und füllten zusammen mit Eisenbahnen, Dampfschiffen und Turbinen die Auftragsbücher der sich in der zweiten Hälfte des 19. Jahrhunderts langsam entwickelnden Firmen wie Escher-Wyss, Sulzer, Rieter oder Brown, Boveri & Cie. (BBC).

Eine besondere Bedeutung für den Tourismus hatten die mehrheitlich im Kanton Graubünden liegenden Schmalspurlinien, die sich 1895 zur Rhätischen Bahn zusammenschlossen. Auf Initiative des Niederländers Willem Jan Holsboer wurde 1888 zunächst die Schmalspurbahn Landquart-Davos AG gegründet, deren Linie bereits 1889 in Betrieb genommen wurde. Die Eröffnung der Albula-Linie von Thusis nach St. Moritz erfolgte 1904, und die Bernina-Linie bis Tirano wurde 1910 vollendet. Diese Linien, die sowohl durch ihre spektakulären Brückenbauten wie auch durch die Anpassung an die Topographie der schönen Landschaft bestechen, erschlossen das Oberengadin dem internationalen Tourismus und wurden auch selbst zum touristischen Erlebnis. Seit 2008 zählen die Albula- und die Bernina-Linie zum UNESCO-Welterbe.

Die Entfaltung des Tourismus und der Bau immer neuer Bergbahnen wurden nicht nur freudig begrüsst. Je mehr Spuren der Tourismus in den Landschafts- und Ortsbildern hinterliess, desto grösser wurde auch der Widerstand gegen ihn. Die Gründung von Organisationen wie der *Schweizerischen Vereinigung für Heimatschutz* (1905) und des *Bundes für Naturschutz* (1914) waren Reaktionen auf diese Entwicklung. Neben dem Schutz von Flora und Fauna standen für diese soziale Bewegung ästhetische Fragen im Zentrum; man widmete sich dem Schutz von gefährdeten Bauten und anderen kulturellen Objekten, dem Widerstand gegen besonders gewagte Bergbahnen und der Einrichtung von Naturschutzgebieten. Dabei konnte man durchaus Erfolge verzeichnen, zum Beispiel 1908 mit der Verhinderung einer Bahn auf das Matterhorn oder mit der Schaffung des Nationalparks im Engadin im Jahr 1914.

**Hotel Rigi-Kulm, um 1900, auf einer zeitgenössischen Ansichtskarte** (*Privatbesitz*).

**Personal des Hotels Carlton-Tivoli in Luzern, undatierte Photographie** (*Stadtarchiv Luzern, F2a/Haldenstrasse 57*). — Neben den niedrigen Löhnen und der Unsicherheit saisonaler Engagements waren auch die langen Arbeitszeiten im Gastgewerbe ausserordentlich belastend. So arbeiteten Kellnerinnen gemäss einer Umfrage im Kanton Freiburg durchschnittlich 17 Stunden, ein Portier klagte gar über Arbeitszeiten von bis zu 20 Stunden.

Bis zum Ersten Weltkrieg lebte der Tourismus vorwiegend von einer gutgestellten wirtschaftlichen Elite, doch die Anzahl der Gäste nahm stetig zu und mit ihnen diejenige der Beschäftigten: 1912 waren 43 000 Personen in diesem Wirtschaftssektor tätig. Die Zahl der Hotels war seit 1880 von 1002 auf 3585 angewachsen, die Zahl der Betten im gleichen Zeitraum von 58 119 auf 168 625. Die in Hotels getätigten Investitionen in der Höhe von 1,13 Milliarden Franken im Jahr 1912 machten über 3 Prozent des Gesamtvolumens aus, die Bruttoeinnahmen betrugen 320 Millionen Franken. Die Wertschöpfung stieg von 8,2 Millionen Franken im Jahr 1850 auf 156,8 Millionen im Jahr 1913.[30] Ein solcher Höhepunkt in der Geschichte des Schweizer Fremdenverkehrs wurde erst wieder nach 1960 erreicht.[31]

Die Entwicklung der Lage der Angestellten im Gastgewerbe kann hingegen kaum als Erfolgsgeschichte gewertet werden. Die Löhne waren niedrig, zudem waren die Stellen meist nur für die vier bis sechs Monate der touristischen Saison ausgeschrieben, für den Rest des Jahres mussten die Angestellten in ihren Dörfern und Familien Unterschlupf finden. Neben den niedrigen Löhnen trug die Tatsache, dass Trinkgelder als Lohnbestandteil gewertet wurden, viel zur Unsicherheit der ökonomischen Situation der Beschäftigten bei, obgleich die Einkommensunterschiede gross waren: So verdiente ein Zimmermädchen, das den niedrigsten Lohn hatte, um die Jahrhundertwende in einem Luzerner Hotel im Monat 20 Franken, also 80 Franken in der vier Monate dauernden Saison, während der Chef de cuisine immerhin 375 Franken und ein Koch 200 Franken verdiente, in der Kategorie der weiblichen Beschäftigten die Chefköchin 150 Franken und die Erste Kellnerin 40 Franken pro Monat während der Saison. Zum Vergleich: ein gutsituierter Beamter verdiente im Monat 260 bis 300 Franken – das ganze Jahr über.[32] Die finanzielle Unsicherheit im Leben der Hotelangestellten wurde nicht selten durch willkürliche Anstellungsbedingungen verschärft, da vielfach keine Arbeitsverträge abgeschlossen wurden und eine «schlechte Saison» vor allem den Angestellten schadete. Schliesslich waren die Wohnverhältnisse schlecht und die Arbeitszeiten gingen oft über ein erträgliches Mass hinaus; von einer gesetzlichen Regelung war man noch weit entfernt. Der Erfolg des Schweizer Tourismus wurde also auch mit diesen prekären Arbeitsbedingungen erkauft.

### Die Wirtschaft an der Schwelle zum 20. Jahrhundert

Im letzten Drittel des 19. Jahrhunderts verlor die Schweizer Industrie langsam ihren ländlichen Charakter. Der Maschinenbau löste die Textilproduktion als Schlüsselindustrie ab, wobei gegen Ende des Jahrhunderts die chemische und die Elektroindustrie dieselbe Stärke erreichten. Obwohl diese neuen Industrien sich in den Städten ansiedelten, konnte die Landwirtschaft ihre Beschäftigtenzahlen interessanterweise halten. Der Bevölkerungszuwachs zwischen 1888 und 1910 kam jedoch der Industrie zugute, die 250 000 neue Arbeitskräfte einstellte, davon mehr als 200 000 in Fabriken.[33] Insgesamt stieg der Anteil der erwerbstätigen Bevölkerung an, was einerseits auf die starke Einwan-

**Fabrikhalle der BBC Brown Boveri, Photographie um 1910** (*Historisches Archiv ABB Schweiz*). — Anders als in der Textilindustrie stellten Frauen in der Maschinenindustrie, in der im Allgemeinen bessere Löhne gezahlt wurden, nach 1900 eher eine Minderheit dar, die sich aber offensichtlich auf diesem Bild mit ihren Arbeitsgeräten zeigen wollte. Der Hammer, den die beiden Frauen halten, diente dazu, die Wicklungen der Motorspulen einzupassen.

**Arbeiterin bei der Herstellung von Rotorspulen im Werk der BBC Brown Boveri in Münchenstein (BL), circa 1915**, aus einer Serie von Aufnahmen, die Frauen an ihren Arbeitsplätzen und mit ihren Arbeitsgeräten zeigen (*Historisches Archiv ABB Schweiz*).

derung zurückzuführen ist, anderseits darauf, dass Frauen, die zuvor in der Protoindustrie oder in der Hauswirtschaft tätig gewesen waren, nun verstärkt in den industriellen Sektor einbezogen wurden, wo die statistische Erfassung genauer war. Im Jahr 1910 jedenfalls befand sich die Erwerbsquote der Frauen mit 37 Prozent auf einem sehr hohen Stand, wenn man bedenkt, dass sich diese Quote auf alle Frauen im Alter von über 15 Jahren bezieht, die voll erwerbstätig waren.[34]

Ein wichtiger Faktor, der zum Aufschwung der neuen Industrien beitrug, war die Nutzung der Wasserkraft. Mit ihr gelang es, das Handicap der fehlenden Rohstoffe auszugleichen. Seit dem Ende der 1880er Jahre konnte die Schweiz zunehmend auf die «weisse Kohle», die Elektrizität, setzen. Beim Bau der grossen Kraftwerke und Staudämme kamen die Maschinen- und die Elektroindustrie gemeinsam zum Zuge, womit sie den zweiten Industrialisierungsschub einleiteten. Das erste grössere Flusskraftwerk entstand 1864 für mehrere Fabriken in Biberist an der Emme. Die erste Betonstaumauer Europas, «le barrage de la Maigrauge», wurde im Jahr 1879 an der Sarine am Ortseingang von Freiburg errichtet. In Zürich an der Limmat (Letten, Inbetriebnahme 1878) und in Genf (La Coulouvrenière, in Betrieb ab 1886) baute man die ersten Niederdruckkraftwerke, während das Stauwerk Taulan bei Montreux aus dem Jahr 1887 mit 250 Metern Fallhöhe als erstes Hochdruckkraftwerk für den Betrieb elektrischer Generatoren errichtet wurde. Die Stauwerke dienten auch dazu, Eisenbahnen mit Strom zu versorgen. So bezog die Burgdorf-Thun-Bahn ab 1899 vom Kraftwerk Spiez und die Rhätische Bahn ab 1913 vom Kraftwerk Campocologno im Puschlav elektrische Energie.[35] Das erste grosse europäische Flusskraftwerk, das 1898 in Rheinfelden den Betrieb aufnahm, legte den Grundstein für länderübergreifende Stromlieferungen und Netzwerke.

Insbesondere bei der Stromübertragung und beim Bau elektromechanischer Anlagen erarbeitete sich die Schweiz eine Führungsposition. Diese Entwicklungen führten zu einem im internationalen Vergleich starken Wirtschaftswachstum vom ausgehenden 19. Jahrhundert bis ins Jahr 1914. Die

Errungenschaften der Technik riefen in der Bevölkerung zwar grosse Bewunderung hervor, wovon die Landesausstellungen ein beredtes Zeugnis ablegen, führten aber zugleich zu Protesten, wenn sie wie die Stauwerke stark in das Natur- und Landschaftsbild eingriffen.

**Aussenhandel**

An der wirtschaftlichen Blüte vor dem Ersten Weltkrieg war der Aussenhandel stark beteiligt. 1913 stand die Schweiz an der Spitze der Weltrangliste im Bereich der Maschinenexporte, und zwar nicht nur relativ zur Gesamtheit ihrer Exporte, sondern ebenso in absoluten Zahlen. Unternehmen wie beispielsweise die seit 1834 in Winterthur angesiedelte Sulzer fertigten und exportierten seit Ende der 1850er Jahre Dampfmaschinen und später auch Dampfschiffe. 1860 eröffnete die Firma ihr erstes Verkaufsbüro im Ausland, im Jahr 1898 wurden die ersten Dieselmotoren gefertigt, welche die bis dahin dominierenden Dampfmaschinen ablösten. In der jungen Industriestadt Ludwigshafen in der Pfalz wurde ein Filialbetrieb gegründet, der einen rasanten Aufschwung erlebte. Weitere Verkaufsbüros entstanden in Mailand, Paris, Kairo, London, Moskau, Bukarest und 1914 sogar im japanischen Kobe. Rasant verlief der Aufstieg der 1891 in Baden gegründeten Brown, Boveri & Cie. (BBC), die sich durch zahlreiche Innovationen auf dem Gebiet der Elektrotechnik hervortat. Das Startkapital – die Banken hatten den Kredit verweigert – stellte der Seidenbandindustrielle Conrad Baumann zur Verfügung, dessen Tochter Victoire Walter Boveri 1891 geheiratet hatte. Bereits 1893 baute das Unternehmen in Frankfurt am Main das erste für Wechselstrom konzipierte thermische Grosskraftwerk Europas. Nach der Umwandlung in eine Aktiengesellschaft um 1900 expandierte die Firma ebenfalls stark ins Ausland.[36]

Die chemische Industrie ging erst verhältnismässig spät aus kleinen Basler Unternehmen zur Produktion von Farbstoffen für die Seidenbandindustrie hervor. 1859 wurde die Firma Clavel gegründet, die sich 1884 mit anderen Unternehmen zur Ciba (Gesellschaft für Chemische Industrie in Basel) zusammenschloss. 1864 folgte die Firma von Johann Rudolf Geigy-Merian, 1886 die Firma Kern & Sandoz. Während diese Chemiefirmen sich gegen die Jahrhundertwende langsam der pharmazeutischen Produktion zuwandten, setzte die 1896 gegründete F. Hoffmann-La Roche von Anfang an auf diese neue Sparte. Dabei waren die Basler Firmen so erfolgreich, dass im Jahr 1895 das Volumen der Basler Chemieproduktion einem Fünftel der deutschen entsprach und gleich gross war wie die Gesamtproduktion aller übrigen europäischen Länder.[37] Auch die Exporte der Nahrungsmittelindustrie wuchsen nicht unbeträchtlich. Der ursprünglich aus Frankfurt am Main stammende Pharmazeut Henri Nestlé hatte unter anderem in Vevey und in Payerne lösliches Milchpulver und Kondensmilch herzustellen begonnen; allerdings verlegte sich die Firma bald vom Export auf die Produktion in Fabriken, die sie in den Verbrauchsländern errichtete. Diese Niederlassungen wurden jedoch weiterhin zentral aus der Schweiz gesteuert.

Der grosse Aufschwung bei der Herstellung von Schokolade, die bald zum Sinnbild eines Schweizer Produktes werden sollte, ging auf die Produktionsveränderungen der Firma Lindt in den 1880er Jahren zurück, und zwar auf die Verwendung von Milch und die Technik des Conchierens, das heisst des langen Rührens und Reibens des Produktes.[38] Bis 1901 stieg das Exportvolumen von Schokolade, das sich 1881 noch auf 1,9 Millionen Franken belaufen hatte, auf 15,5 Millionen Franken an. Allerdings generierte auch dieser Industriezweig Firmen im Ausland, so dass der Export bis nach dem Zweiten Wetkrieg nicht mehr weiter anstieg.

Das Verbleiben der Verwaltung und der Leitungsgremien dieser Unternehmen in der Schweiz verstärkte die Rolle, die der Dienstleistungssektor innerhalb der Wirtschaft nach und nach zu spielen begann. Gemessen am Anteil der Arbeitskräfte überholte nach 1910 der Dienstleistungssektor den Landwirtschaftssektor.

Der Uhrenindustrie, einem Industriezweig, in dem Heimarbeit und Fabrikarbeit, qualifizierte und unqualifizierte Arbeit, Kunsthandwerk und Massenproduktion lange Zeit nebeneinander bestanden, gelang es trotz starker ausländischer Konkurrenz, die insbesondere um 1900 auf dem amerikanischen Markt entstand, ihre Absatzmärkte mit

**Milchpulverreklame, circa 1890** (*Historisches Archiv Nestlé, Vevey*). — Henri Nestlé war es 1867 gelungen, mit «Nestle's Kindermehl» ein lösliches Milchpulver herzustellen, das Säuglingen als Muttermilchersatz gegeben werden konnte.

einer Mischung von Modernisierung und Beharrungsvermögen zu erhalten.[39]

Die Steigerung der industriellen Produktion und der Anschluss an das europäische Eisenbahnnetz, insbesondere durch die Eröffnung des Gotthardtunnels im Jahr 1882, hatten in der Schweiz bis zum Ersten Weltkrieg eine florierende offene Volkswirtschaft geschaffen. Die Verflechtung der Güter-, Dienstleistungs-, Kapital- und Arbeitsmärkte begünstigte allerdings die Entstehung einer Abhängigkeit vom Weltmarkt, die in den Krisen des 20. Jahrhunderts immer wieder Erfolg und Misserfolg der Schweizer Wirtschaft bestimmen sollte (siehe Beitrag von Béatrice Veyrassat, S. 426).

## DER NEUE STAAT (1848–1874)

### Tragfähige Kompromisse und Differenzen

Der Kompromiss zwischen verschiedenen Kräften, den die Gründung des Bundesstaates und die Verfassung von 1848 bedeuteten, blieb in den ersten zwanzig Jahren auf der Ebene des Bundes fast völlig unangetastet. Man war von Anfang an um einen Ausgleich zwischen den Kantonen und Regionen bemüht, und zwar sowohl bei der Besetzung der Ämter als auch bei der Schaffung und Ansiedlung der neuen Institutionen. So gaben die eidgenössischen Räte Bern als Bundesstadt und Sitz von Parlament und Regierung den Vorzug gegenüber Zürich und Luzern, die sich ebenfalls darum beworben hatten (siehe Bild im Kapitel von Irène Herrmann, S. 415). Für Bern sprach in erster Linie die Nähe zur französischsprachigen Schweiz. Ausserdem hatte sich die Stadt verpflichtet, der Eidgenossenschaft die benötigten Räumlichkeiten kostenlos zur Verfügung zu stellen. Als «Verlierern» wurde Zürich zum Ausgleich eine Eidgenössische Hochschule zugesprochen, Luzern sollte eine andere, noch nicht näher bestimmte Bundesanstalt erhalten; erst 1917 wurde dort das Versicherungsgericht eingerichtet.

Die Vereinigte Bundesversammlung wählte die sieben Bundesräte gemäss der entsprechenden Verfassungsbestimmung[40] aus sieben verschiedenen Kantonen – allerdings stellten die katholischen «Sonderbundskantone» mit Josef Martin Knüsel erst 1855 ihren ersten Bundesrat. Zum ersten Bundespräsidenten wurde der Winterthurer Jurist und Zürcher Ständerat Jonas Furrer gewählt, ein Vertreter einer neuen Politikergeneration, die auf eidgenössischer Ebene mehrheitlich durch kantonale Magistraten, Advokaten und Unternehmer präsent war.[41] Damit hatte das radikale, mehrheitlich protestantische Bürgertum nach der wirtschaftlichen auch die politische Macht erlangt. Bis 1891 gehörten alle Bundesräte der grossen liberal-radikalen Strömung des Freisinns an, welche die politische Neuordnung herbeigeführt hatte; ein Einbezug der katholisch-konservativen Opposition war zunächst kein Thema. Wichtig für die Zusammensetzung der Landesregierung war hingegen von Anfang an die Berücksichtigung der sprachlichen Minderheiten.

Die internationale Lage hatte einen wesentlichen Einfluss auf die Gründung des Bundesstaates. In einer gemeinsamen Protestnote hatten Österreich, Preussen, Frankreich und Russland im Januar 1848 zwar erklärt, dass man keine Veränderung der damals vom Wiener Kongress gutgeheissenen Bundesakte von 1815 zulassen

**Wichtigste Exportgüter der Schweiz (in Prozent des gesamten Exportvolumens)** [a]

|  | 1840 | 1890 | 1900 | 1912 | 1937 | 1953 | 1970 | 1989 | 1999 | 2009 |
|---|---|---|---|---|---|---|---|---|---|---|
| **Textilien, Bekleidung** | 72,5 | 57,2 | 53,9 | 44,1 | 20,1 | 16,0 | 9,2 | 5,5 | 3,1 | 1,9 |
| Seidenwaren | 39,4 | 30,1 | 29,3 | 20,6 |  |  |  |  |  |  |
| Baumwollprodukte | 31,3 | 22,4 | 20,0 | 20,3 |  |  |  |  |  |  |
| davon Stickereiwaren | 9,6 | 11,1 | 12,9 | 15,6 | 5,4 | 2,0 | 0,7 | 0,3 | 0,2 | 0,2 |
| **Metallwaren/elektrische Geräte** | 10,0 | 21,3 | 25,5 | 28,1 | 50,3 | 56,8 | 51,4 | 61,2[b] | 52,0 | 45,3 |
| Maschinen | 0,1 | 3,2 | 5,9 | 8,1 | 16,1 | 20,7 | 30,4 | 29,6 | 17,0 | 18,7 |
| Uhren | 8,2 | 14,2 | 15,0 | 13,0 | 18,1 | 21,2 | 11,8 | 7,4 | 7,0 | 7,6 |
| Präzisionsinstrumente/Apparate |  |  |  | 1,0 | 2,8 | 7,0 | 3,1 | 5,3 | 5,7 | 7,1 |
| **Chemieprodukte** | 0,4 | 2,3 | 3,6 | 4,7 | 15,5 | 16,3 | 21,0 | 21,4 | 27,0 | 36,3 |
| Farben |  | 1,6 | 2,0 | 2,1 | 2,9 | 4,9 | 4,6 | 2,8 | 1,8 | 1,0 |
| Pharmaprodukte |  |  |  | 0,7 | 2,6 | 6,0 | 5,3 | 9,0 | 16,0 | 28,8 |
| **Landwirtschaftliche Erzeugnisse** | 5,6 | 11,3 | 12,4 | 14,6 | 6,2 | 5,6 | 4,3 | 3,2 | 3,0 | 4,2 |
| Käse |  | 5,6 | 3,7 | 5,0 | 3,8 | 2,1 | 1,4 | 0,7 | 0,4 | 0,3 |
| Schokolade |  | 0,3 | 1,3 | 3,7 | 0,2 | 0,4 | 0,4 | 0,3 | 0,4 | 0,4 |
| Kondensmilch |  | 1,9 | 3,2 | 3,3 |  |  |  |  |  |  |
| **Total** | 88,5 | 92,1 | 95,4 | 91,5 | 92,1 | 94,7 | 85,9 | 91,3 | 85,1 | 87,7 |

würde. Die Tagsatzung hatte diese Intervention jedoch zurückgewiesen. Dass die umliegenden Staaten keine weiteren Interventionen folgen liessen, war der angespannten innenpolitischen Lage in Frankreich und in den deutschen Staaten zuzuschreiben, insbesondere in Preussen, Baden, Holstein, Sachsen und Bayern, die selbst zu Zentren der 1848er Revolutionen wurden; dazu kam, dass England den Protest nicht unterstützte. Die Niederschlagung der Aufstände in den deutschen Staaten löste eine Flüchtlingswelle in die Schweiz aus, die zum einzigen Land mit einer erfolgreichen 1848er Bewegung avancierte.

Auf dem Höhepunkt der Flüchtlingswelle im Frühsommer 1849 hielten sich 12 000 Flüchtlinge in der Schweiz auf, grösstenteils deutsche Aufständische aus dem Grossherzogtum Baden und der Pfalz. In den Kantonen mit radikaler Mehrheit wie Zürich, Bern, Genf oder Basel-Landschaft wurden sie als Gleichgesinnte gerne aufgenommen oder zumindest geduldet. Den Konservativen hingegen waren die Flüchtlinge suspekt, sie drängten auf ihre Ausweisung. Auf Druck der europäischen Grossmächte, die an der Grenze Truppen zusammenzogen, um ihrer Forderung Nachdruck zu verleihen, beschloss der Bundesrat im Sommer 1849 gegen den Protest der Radikalen, zunächst wichtige politische und militärische Führer nach England abzuschieben und später auch Freischärler und Soldaten auszuweisen. Einen grossen Teil der Flüchtlinge konnte man dazu bringen, freiwillig auszureisen, indem man ihnen eine Durchreiseerlaubnis nach England oder in die USA verschaffte.

Im eigenen Land flossen die Grundsätze der neuen Verfassung bald in ausführende Gesetze ein, selbst wenn dies nicht ohne Konflikte vonstattenging. Sowohl die Mass- und Gewichtfrage wie auch die Münzfrage führten zu heftigen Auseinandersetzungen. In der Münzfrage fand man mit der Entscheidung für den Franken und das Dezimalsystem schnell eine einheitliche Lösung, die vor allem die Westschweiz befriedigte, weil damit die Verbindung zu Frankreich einfacher wurde. Andererseits konnte in der Kontroverse um die Beibehaltung oder Aufgabe der alten Einheiten Fuss, Mass und Pfund lange keine Einigkeit erzielt werden. Da die Waadt am moderneren französischen Meter- und Litersystem festhielt, wurde noch 1868 ein Gesetz erlassen, das beide Systeme nebeneinander zuliess. Erst in der Bundesverfassung von 1874 siegte das «Westschweizer System».[42] Die Übernahme des Postwesens durch den Bund gemäss Artikel 33 der Bundesverfassung, welche die Zersplitterung in 14 Postunternehmen aufhob, wurde in den ausführenden Gesetzen ohne Opposition konkretisiert. Das Postregal sicherte den Kantonen, ab 1874 dem Bund wichtige Einnahmen und stellte mit dem Anstieg der Poststellen und einem Sortierbetrieb auf den Eisenbahnwagen bald die schnelle und zuverlässige Nachrichtenübermittlung sicher. Die Post kann zudem als staatsbildendes Element bezeichnet werden: Sie repräsentierte anfänglich als einzige Institution landesweit den neuen Staat.

Die Vision einer «gleichsam energetisch verbundenen Schweiz»[43] wird in den Debatten um die Einrichtung der neuen Telegraphenlinien deutlich: Für den Bundesrat war neben dem ökonomischen Nutzen und der internationalen Anbindung auch die private Kommunikation innerhalb der Schweiz wichtig.[44] In der Telegraphie, die in der Schweiz zu

**Erste Briefmarke der neu geschaffenen Eidgenössischen Post aus dem Jahr 1850; hier die für die Postämter der deutschsprachigen Schweiz konzipierte Version**
*(Museum für Kommunikation Bern)*, © Photo Die Post.

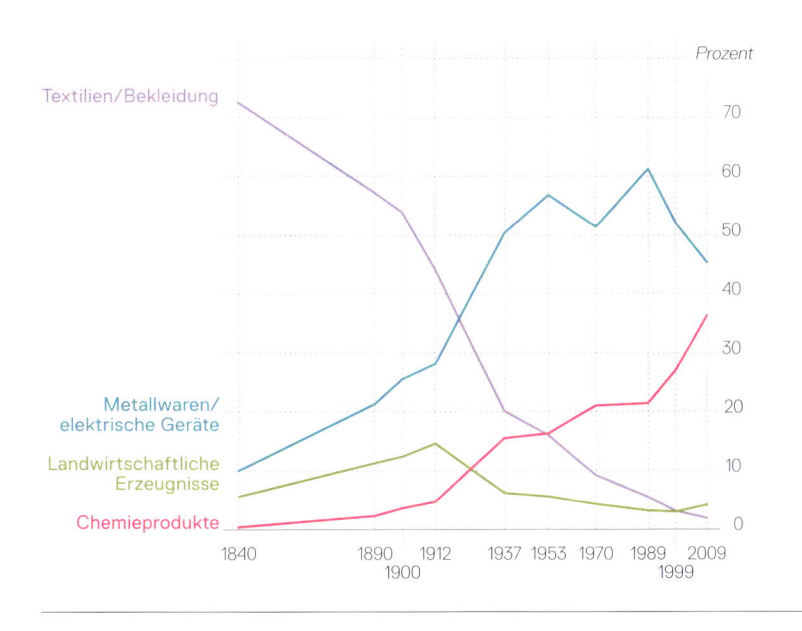

[a] Die Berechnungen für die zitierten Jahre basieren auf einem Dreijahresmittel. Im Verlauf der Zeit erfuhr das Warenverzeichnis der Aussenhandelsstatistik zahlreiche Änderungen, so dass die vorliegenden Zahlen nur begrenzt vergleichbar sind.
[b] Die Zahlen ab 1989 umfassen das Total der Warengruppen Metalle, Maschinen/Apparate/Elektronik, Fahrzeuge, Präzisionsinstrumente/Uhren/Bijouterie.
Quellen: HLS, Bd. 1, S. 598, «Aussenwirtschaft»; eidg. Zollverwaltung, © 2013 Historisches Lexikon der Schweiz, Bern, Schwabe AG, Verlag, Basel, und Marc Siegenthaler, Bern.

günstigeren Tarifen als in anderen Ländern angeboten werden und breiteren Schichten zur Verfügung stehen sollte, sah man eine Möglichkeit, die Landesteile einander näherzubringen, das heisst, sie wurde als Medium räumlicher Transformation erkannt.⁴⁵ Nach einer längeren Debatte in den Räten darüber, ob die Linien privat oder öffentlich-rechtlich zu betreiben seien, wurden die Errichtung und Betriebsbewilligung 1851 gemäss dem Antrag des Bundesrates in Analogie zum Postregal dem Bund übertragen. Sowohl die Eisenbahn als auch die Telegraphie machten eine einheitliche gesamtschweizerische Zeitrechnung und die Angleichung der Uhren notwendig.

### Der Franken

Die Bezeichnung «Franken» stammt von einer französischen Goldmünze aus dem Jahr 1360, die die lateinische Inschrift «Rex francorum» («König der Franken») trug. Bereits in der Helvetischen Republik hatte man – allerdings vergeblich – versucht, die Währung vom bisherigen System, mehrheitlich einem Zwölfersystem, auf das Dezimalsystem umzustellen und zu vereinheitlichen. Mit der Übernahme des ↑Münzregals durch den Bund 1848 wurde ein Nebeneinander zahlreicher verschiedener Münzen – einschliesslich des Frankens – mit unterschiedlichem Wert beendet. Das Gewicht und der Silberwert des Frankens entsprachen nun dem französischen Franc. Er wurde zunächst in Paris, ab 1855 in Bern geprägt.

1865 bildete die Schweiz mit Frankreich, Belgien und Italien die Lateinische Münzunion, um Turbulenzen auf dem Edelmetallmarkt – durch grosse Goldvorkommen in Australien verursacht – entgegenzuwirken. Man ging dabei von einer Silberwährung zu einer Gold- und Silberwährung (Doppelwährung) über, legte ein festes Gold-Silber-Verhältnis fest und nahm als Basis den französischen Franc. Damit wurde die Schweiz Teil des französischen Währungsraumes und für Jahrzehnte vertraglich von Frankreich abhängig. Auch die Zinspolitik wurde bis zur Aufnahme der Geschäftstätigkeit der Nationalbank im Jahr 1907 in Frankreich bestimmt. Bis zum Ersten Weltkrieg kursierten in der gesamten Münzunion alle analogen Silbermünzen der Mitgliedsländer zu einem gesetzlichen Kurswert. Zusammen mit der Münzunion wurde auch der Übergang von der Doppelwährung zum Goldstandard vollzogen. Der Feingoldgehalt der Goldmünzen in Schweizer Franken wurde 1870 per Gesetz demjenigen des französischen Franc angeglichen.

Im Jahr 1907 gab die Nationalbank ihre erste Notenserie heraus, die sogenannten Interimsnoten; zuvor wurde Papiergeld unter kantonaler Hoheit von über dreissig sogenannten Emissionsbanken herausgegeben. Im Bundesgesetz über die Schweizerische Nationalbank legte das Parlament 1905 die Golddeckung der Noten auf 40 Prozent fest; bis 1914 waren die Banken verpflichtet, Banknoten in Gold einzutauschen. Diese Pflicht wurde zu Beginn des Ersten Weltkriegs aufgehoben, aber erst 1999 beschloss der Gesetzgeber, die Goldbindung des Frankens ganz zu beenden, nachdem schon beim Zusammenbruch des Bretton-Woods-Systems im Jahr 1971 das Gold als Grundlage des internationalen Währungssystems seine Bedeutung verloren hatte (siehe Kapitel von Georg Kreis, S. 554f.).

Die Verfügbarkeit von Kapital für Investitionen im Inland und für die Exportindustrie sowie die Stabilität der Wechselkurse waren offensichtlich wichtiger als die Eigenständigkeit der Währungspolitik, wie die späte Gründung der Nationalbank zeigt, die erst ab 1907 die Führung der Geld- und Währungspolitik der Schweiz von der Französischen Nationalbank übernahm.

Hatte sich die Schweiz im Zusammenhang mit der Eisenbahnfinanzierung noch mit der Gründung nationaler Bankinstitute gegen die Dominanz von ausländischem Kapital wehren müssen, so war sie zu Beginn des 20. Jahrhunderts zu einem der wichtigsten Kapitalexportländer geworden: Das vor Beginn des Ersten Weltkriegs von schweizerischen Unternehmen im Ausland investierte Kapital wird auf 11 bis 17 Milliarden Franken geschätzt. Die Schweiz stand damit – gemessen an

**Detail des 1881 geschaffenen Bourbaki-Panoramas, Luzern,** © *Photo Emanuel Ammon/AURA.* — Dem 112 × 10 Meter grossen Bourbaki-Rundpanorama von Edouard Castres, der als freiwilliger Rotkreuzhelfer den Deutsch-Französischen Krieg miterlebte, ist ein plastisch gestaltetes Gelände vorgelagert, das der gesamten Szenerie eine dreidimensionale, realistische Wirkung gibt.

Verwundete der Bourbaki-
armee werden in der
alten Kirche von Terreaux
bei Lausanne gepflegt,
Photographie von 1871
*(ICRC Historical Archives),*
© CICR / *Boissonnas, Frédéric.*

ihrer Einwohnerzahl – an der Spitze der internationalen Investorenländer.[46]

### Aussenpolitische Konflikte

Nach der Flüchtlingsproblematik war es die Situation des Fürstentums Neuenburg, die 1856 zu neuen aussenpolitischen Spannungen führte. Neuenburg, seit 1815 sowohl Schweizer Kanton wie preussisches Fürstentum, war während der 1848er Revolution zu einer liberal-radikalen Republik geworden und hatte damit die Bindung an den preussischen König Friedrich Wilhelm IV. einseitig aufgelöst. Im September 1856 versuchten Royalisten, diese Loslösung rückgängig zu machen. Ihr Versuch scheiterte kläglich, und sie wurden in Neuenburg gefangen gesetzt. Friedrich Wilhelm wiederum fühlte sich ihrem Schicksal verpflichtet und traf militärische Vorbereitungen zu ihrer Befreiung. Es wurde schliesslich ein Kompromiss ausgehandelt: Der König verzichtete auf das Fürstentum und im Gegenzug wurden die Gefangenen freigelassen.

Weniger glücklich agierte die Schweiz 1859 in der sogenannten Savoyerfrage. Radikal-liberale Schweizer konnten nicht verhindern, dass Savoyen in einer Volksabstimmung den Anschluss an Frankreich guthiess; dabei hatte man gehofft, von einer unklaren Rechtslage profitieren und mit Nordsavoyen das eigene Territorium arrondieren zu können.[47] Zur Zeit des Deutsch-Französischen Krieges in den Jahren 1870 und 1871 wurde vom Bundesrat tatsächlich erwogen, in dieser Sache noch einmal aktiv zu werden und einen Anschluss der französischen Region an die Schweiz anzustreben. Aus Sorge um militärische Komplikationen liess man die Idee jedoch wieder fallen.

Dass der Deutsch-Französische Krieg nicht in die Schweiz überschwappte, ist einer Mischung aus schier unverdientem Glück, schlauem Kalkül und Täuschung zu verdanken. In der irrigen Annahme, der Krieg sei insgesamt beendet, wollte Bundesrat Emil Welti die Truppen von der Grenze zu Frankreich abziehen und entlassen, der Oberkommandant hatte den bereits erteilten Befehl aber schlicht ignoriert. Als die französische Ostarmee – die sogenannte Bourbakiarmee – gegen die Schweizer Grenze gedrängt wurde, gelang es, den mutmasslichen Hauptübergang bei Les Verrières im Val-de-Travers mit Truppen notdürftig zu schützen. In der falschen Annahme, dass hinter diesen Grenztruppen weitere gut ausgerüstete Schweizer Truppen stünden, die den Plan der Franzosen, über Genf zu den übrigen französischen Truppen zu stossen, verhindern würden, unterzeichnete Bourbakis Stellvertreter, General Justin Clinchant, die Internierungserklärung: Waffen, Munition und Material mussten an der Grenze abgegeben werden. Insgesamt überschritten in dieser ersten Internierungsaktion der Schweiz 87 000 Männer und 12 000 Pferde bei Les Verrières, Sainte-Croix, Vallorbe und im Vallée de Joux die Grenze. Der Vertrag ersparte der Schweiz das Eingreifen deutscher Truppen, die zu Beginn des Krieges gewarnt hatten, französische Heeresteile selbst auf neutralem Boden zu verfolgen, falls sie nicht entwaffnet würden.

Überall leistete die Bevölkerung grosszügig Hilfe für die Soldaten, die auf alle Kantone verteilt wurden. Diese Aktion ging als wichtige Leistung der humanitären Schweiz in die kollektive Erinnerung ein und ist im Luzerner Bourbaki-Panorama[48] festgehalten. Die Kosten der Internierung übernahm später Frankreich. Die schlechte Ausrüstung der Schweizer Armee, die keineswegs für eine Grenzverteidigung geeignet gewesen wäre, wurde zu einem wichtigen Argument für eine Reorganisation und stärkere Zentralisierung des Heerwesens.

Die humanitäre Haltung bei der Internierung der gesundheitlich schwer angeschlagenen Soldaten nahm im Schweizer Selbstverständnis lange Zeit eine ähnliche Rolle ein wie die auf die Initiative des Genfers Henry Dunant zurückgehende Gründung des Roten Kreuzes. Dunant, der 1859 als Zeuge der Schlacht von Solferino südlich des Gardasees beobachtet hatte, wie sich niemand um die verletzten Soldaten kümmerte und der deshalb selbst Hilfe organisiert hatte, unterbreitete in seinem Buch *Eine Erinnerung an Solferino*[49] 1862 zwei Vorschläge, die als Grundlage der Rotkreuzidee grosse internationale Wirkung entfalteten. Sie bildeten einen Ausgangspunkt für die Entwicklung des späteren humanitären Völkerrechts und erlangten für das internationale Ansehen der Schweiz eine zentrale Bedeutung: Dem medizinischen Personal sollte im Kriegsfall ungehinderter Zugang zu den Verwundeten ermöglicht und in jedem Land sollten Hilfsgesellschaften zu deren Pflege geschaffen werden.

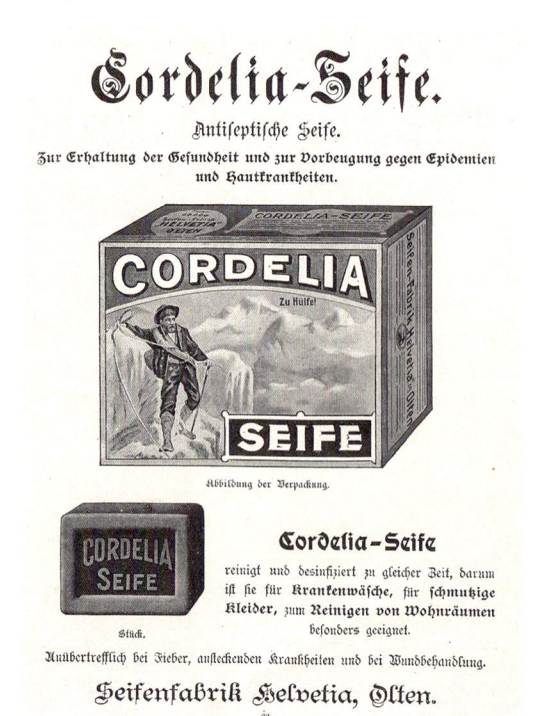

**Seifenwerbung aus dem «Sunlight-Kalender», herausgegeben von der Seifenfabrik Helvetia, Olten, 1908** *(ZHB Luzern, Sondersammlung).*

## Wissenschaftliche Grundlagen der Staats- und der Lebensführung

Der neue Staat und die Staatsführung förderten den Wunsch nach möglichst genauen Angaben über den räumlichen, sozialen und wirtschaftlichen Zustand der Schweiz. «Die Pflege der Statistik wird zur Staatsaufgabe gemacht»[50], hielt der Bundesrat fest, sie sollte zum Planungs- und Entscheidungsinstrument staatlichen Handelns werden. Dieses Ziel entsprach sowohl der Vorstellung einer rationalen Staatsführung auf wissenschaftlicher Grundlage als auch dem Bedürfnis, neue Einteilungen – etwa der Wahlkreise oder des Zollwesens – vorzunehmen und transparent zu begründen. Die zahlreichen statistischen Veröffentlichungen der folgenden Jahre zeugen von der Vereinigung wissenschaftlicher und administrativer Praktiken: Sie sind gleichermassen auf Wissen und Handelns wie auf Beschreiben und Vorschreiben ausgerichtet.[51]

Die Statistik wurde zur Aufgabe des Departementes des Innern unter Bundesrat Stefano Franscini, der 1850 eine erste Volkszählung durchführen liess. Offensichtlich war dieses Geschäft für den Bundesrat so wichtig, dass er die Gestaltung der Befragung nicht den ausführenden Kantonen überlassen wollte. Wie er in seiner Botschaft vom 30. Dezember 1850 festhielt, erteilte er deshalb «theils den Kantonsregierungen, theils deren Beamten» genaue Instruktionen und verlangte von ihnen «besondere Sorgfalt in der Ausführung und hinsichtlich der Zusammenstellung» sowie «Beschleunigung» bei der Zusendung der Ergebnisse.[52]

Neben der Erhebung der Bevölkerungszahl wurde erstmals nach Geschlecht, Alter, Zivilstand, Beruf, Gewerbe und Konfession der Einwohner gefragt. 1860 erfolgte die Gründung des Eidgenössischen Statistischen Büros, des Vorgängers des heutigen Bundesamtes für Statistik. Im gleichen Jahr wurde das Gesetz über die alle zehn Jahre durchzuführenden Volkszählungen erlassen.[53]

Statistiken dienten aber nicht nur als Grundlage für staatliche Tätigkeit und Planung, sondern sie bildeten im Kontext dessen, was man mit «Verwissenschaftlichung des Alltags»[54] als eine zentrale Entwicklung der zweiten Hälfte des 19. Jahrhunderts bezeichnet hat, wichtige Informationsquellen. Neben den Angaben über die Häufung und das Vorkommen bestimmter Phänomene, Verhaltensweisen oder Missstände dienten sie als Grundlage und Legitimation für Verhaltensnormen und politische Vorstellungen über die Behebung von Problemen.

Artikel über den Gesundheitszustand der Bevölkerung, die Verbreitung von Krankheiten wie über öffentliche und private Hygiene wurden von den zahlreichen Schriften der Populärpresse verbreitet, die in der zweiten Hälfte des 19. Jahrhunderts einen starken Zuwachs verzeichnen konnten. Es waren allerdings bei weitem nicht nur die Veröffentlichungen des Statistischen Büros: Die Wissenschaftler selbst – Ärzte, Naturwissenschaftler und Sozialreformer – bemühten sich, neue Erkenntnisse in verständlicher Form in Vorträgen und in Artikeln in populären Zeitschriften und Kalendern darzustellen, die als «Unterhaltungs- und Belehrungsblätter» zum Teil selbständig oder als Zeitungsbeilagen erschienen. Die traditionellen Volkskalender widmeten sich ebenfalls vermehrt der Verbreitung neuer naturwissenschaftlicher Erkenntnisse, die für Kindererziehung, Haus- und Landwirtschaft, Krankenpflege, Ernährung oder Hygiene nützlich sein sollten.[55] In ganz Europa lässt sich eine eigentliche «Hygienerevolution» beobachten, die den Alltag der Menschen veränderte und insbesondere in der zweiten Hälfte des 19. Jahrhunderts wesentlich zur Verbesserung der Gesundheit der Bevölkerung beitrug.[56]

Aufgrund der wissenschaftlichen Erkenntnisse über die Ursachen ansteckender Krankheiten, wie etwa der Cholera oder der Tuberkulose, verstärkte man die Bemühungen, im öffentlichen Raum durch Abfallentsorgung, den Bau von Abwasserleitungen und sauberes Trinkwasser die Verbreitung von Krankheiten zu vermeiden. Die Bauvorhaben waren aber trotzdem Gegenstand heftiger politischer Auseinandersetzungen.[57]

Gleichzeitig formierte sich eine Bewegung für die häusliche und körperliche Hygiene, die in der Schweiz erstaunlich schnell eine grosse Breitenwirkung entfaltete. Initianten waren wiederum Ärzte, vor allem sozialpolitisch engagierte Praktiker wie Jakob Laurenz Sonderegger in St. Gallen oder Adolf Vogt in Bern, der erste Professor für Hygiene auf einem schweizerischen Lehrstuhl. Zur Verbreitung des Hygienegedankens wurden eigens Gesellschaften gegründet, wie etwa 1868 die *Gesellschaft für öffentliche Gesundheitspflege*. Der Erfolg dieser Bewegung ist nicht zuletzt darauf zurückzuführen, dass es ihr gelang, die Gesundheit als Mittel zu Erreichung höherer staatspolitischer Ziele zu etablieren, ja, man bezeichnete sie als «Kapital aller Kapitale, die Grundlage unserer bürgerlichen und militärischen Leistungsfähigkeit».[58] Die Sauberkeit galt als Voraussetzung für die Gesundheit, und der Gebrauch von Wasser und Seife, die körperliche Reinigung, das Wechseln der Wäsche und das Reinhalten der Wohnung wurden heftig propagiert und in der Schule kontrolliert. In der Schweiz reichte diese Bewegung so weit und durchdrang den Alltag vieler Menschen so stark, dass die Sauberkeit zu einem Element der nationalen Identität wurde. Sauberkeit und Hygienebewusstsein entwickelten sich zu

» *Was kann gegenwärtig in Beziehung auf Gesundheitspflege von der Volksschule verlangt werden? Reinlichkeit! Es ist bald gesagt. Der mächtigste Feind unseres Lebens ist der Schmutz, und wer ihn zu besiegen wüsste, der hätte die grösste Aufgabe der Gesundheitspflege gelöst. [...] Je höher die Geistesbildung, desto grösser die Empfindlichkeit gegen den Schmutz, und desto kräftiger die Abwehr desselben. Der Orientale ist überall schmutzig, der halbgebildete Abendländer jedenfalls da, wo man es nicht sieht; wer auch im Verborgenen sauber ist, physisch, logisch und moralisch, der hat Bildung.»*

Jakob Laurenz Sonderegger, Vorposten der Gesundheitspflege, 5. Aufl. (1. Aufl. 1873), Berlin 1901, S. 333.

einem Bildungsmerkmal, durch das man sich von «den anderen», den Ungebildeten, abhob, und zu einem Zeichen gehobener Moral. Die Vorträge und Schriften richteten sich an Männer und Frauen. Sie trugen aber insofern zur Verfestigung der Geschlechterordnung bei, als die Beiträge zur öffentlichen Gesundheitspflege sich an den männlichen Aktivbürger richteten, während man mit Themen wie Körperpflege, Hygiene in der Kindererziehung, in der Krankenpflege und in den Wohnräumen die Frauen ansprach[59] und an ihr Verantwortungsbewusstsein für die Gesundheit der Nation appellierte.

### Die Demokratische Bewegung in den Kantonen und im Bundesstaat

Die relative Ruhe im Bereich der Verfassungsnormen verdankte die neue Ordnung nicht zuletzt der Ausgrenzung der «Verlierer», in der Regel der katholisch-konservativen Opposition. Trotz der in der Verfassung angelegten Möglichkeit der Revision wurden die politischen Entscheidungen nach den oft heftig geführten und mit knappen Resultaten entschiedenen Gesetzesdebatten zumeist akzeptiert. Andererseits bestand offensichtlich bei einer Mehrheit der Entscheidungsträger Vertrauen in den demokratischen und föderalistischen Nationalstaat und den einheitlichen Wirtschaftsraum als politisch-ökonomisches Modell der Zukunft, in dem das, was als «öffentliches Interesse» galt, am besten zu verwirklichen wäre.[60] Trotz Interessengegensätzen lag das allgemein geteilte Ziel in dieser ersten Phase des Bundesstaates in der Sicherung und Umsetzung der Verfassung und nicht in der Erweiterung der Bundeskompetenzen oder in Ergänzungen der politischen Rechte.

Auf der Kantonsebene wurden die Konflikte offener ausgetragen. Hier veränderte die Demokratische Bewegung[61] mit ihrem Ruf nach stärkerer Berücksichtigung des «Volkswillens» und nach Partizipation bei Entscheidungen die kantonalen Verfassungen ganz direkt. Insgesamt gewann das liberale Repräsentativsystem an Bedeutung, und es erfolgte eine Ausweitung der demokratischen Rechte.

## Die politische Struktur der Kantone vor 1874

| homogene Regierungssysteme | 1. Landsgemeindekantone | | katholisch-konservative Vorherrschaft |
|---|---|---|---|
| | 2. Kantone mit reiner Repräsentativverfassung | Ⓕ | freisinnige Vorherrschaft |
| gemischte Regierungssysteme | 3. Kantone mit beschränkter Repräsentativverfassung | Ⓧ | Beteiligung von zwei oder mehr Parteien |
| | 4. Kantone mit erweiterten Volksrechten (neue direkte Demokratie) | Ⓓ | demokratische Vorherrschaft |
| | | ⓓ | demokratischer Einfluss |

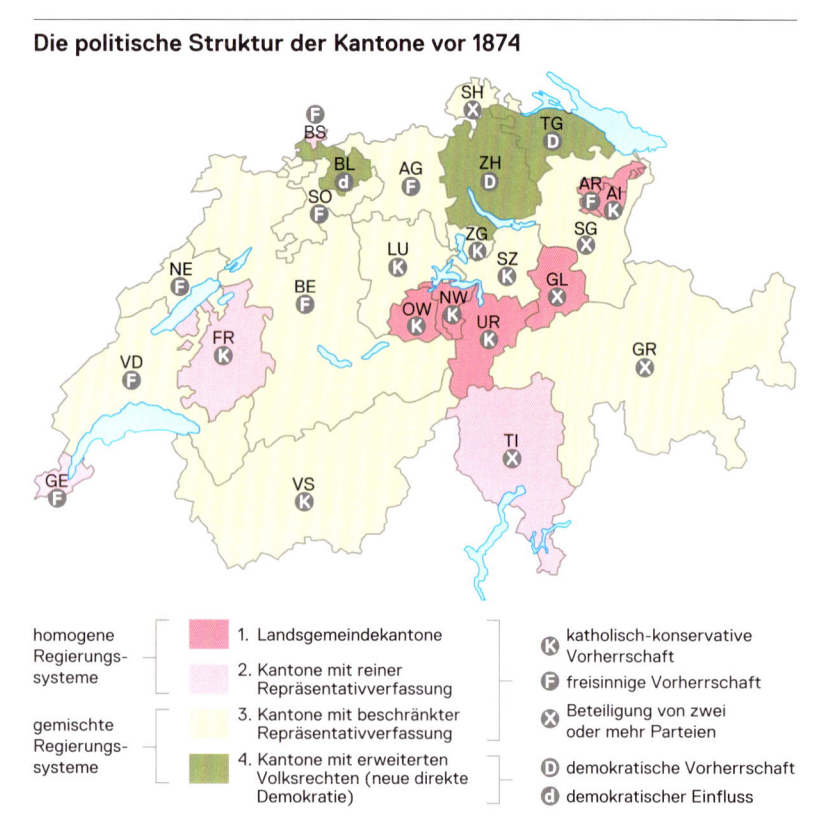

Im Jahr 1874 kennen 1. die Landsgemeindekantone Gesetzesreferendum und Gesetzesinitiative, 2. die Kantone mit reiner Repräsentativverfassung trotz Verfassungsrevisionen weder Gesetzesreferendum noch Gesetzesinitiative noch Direktwahl der Regierung, 3. die Kantone mit beschränkter Repräsentativverfassung mindestens Gesetzesreferendum, 4. die Kantone mit erweiterten Volksrechten Gesetzesreferendum, Gesetzesinitiative und Direktwahl der Regierung.
Quelle: Roland Ruffieux, Die Schweiz des Freisinns (1848–1914), in: Beatrix Mesmer et al. (Hg.), Geschichte der Schweiz und der Schweizer, Basel 1986, S. 667, © 2013 Schwabe AG, Verlag, Basel, und Kohli Kartografie, Kiesen.

Im Kanton Basel-Landschaft veränderte die neue Verfassung von 1863 das System grundlegend, indem sie den Stimmbürgern das Recht einräumte, die Regierungsräte sowie die unteren Richter und Verwaltungsbeamten direkt zu wählen, den Landrat abzuberufen und mit Initiativen Gesetzes- und Verfassungsänderungen einzuleiten. Vor allem aber wurde das obligatorische Gesetzesreferendum eingeführt.[62] Der Kanton Zürich beschloss 1867 nach heftigen Auseinandersetzungen ebenfalls die Volkswahl der Behörden, das Referendum und die Gesetzesinitiative, die Volkswahl der Regierungsräte, die Schaffung einer Kantonalbank und ein Arbeiterschutzgesetz. Auch in den Kantonen Aargau, Thurgau und Bern entschied man sich für die Einführung des Gesetzesreferendums.

Diese kantonalen Entwicklungen hatten insofern Auswirkungen auf die Bundesebene, als sie den Wunsch nach der Erweiterung der Partizipation des (rein männlichen) Stimmvolkes durch die Revision der Bundesverfassung verstärkten. Dazu kam, dass ein Handelsabkommen mit Frankreich ohnehin eine Verfassungsänderung notwendig zu machen schien. Das Abkommen garantierte nämlich die gegenseitige Niederlassungsfreiheit aller Bürger, die französischen Juden eingeschlossen. Gerade Letztere hätte man mit diesem Staatsvertrag bessergestellt als die Schweizer Juden, was offensichtlich nicht akzeptabel war. Zudem verweigerte das holländische Parlament die Zustimmung zum bereits ratifizierten holländisch-schweizerischen Staatsvertrag mit dem Hinweis auf die Diskriminierung der jüdischen Bevölkerung. Die deshalb als notwendig erachtete Teilrevision der Verfassung nahm der Bundesrat zum Anlass, noch acht weitere Postulate zur Rechtsgleichheit und zu Wirtschaftsfragen zur Abstimmung zu bringen, darunter die Kultusfreiheit, das Recht des Bundes auf Erlass eines schweizerischen Handelsrechts und die Anerkennung des Stimmrechts von kantonsfremden Schweizern in Gemeindeangelegenheiten.[63]

Von diesen ausgearbeiteten Reformvorschlägen wurde nach heftiger Debatte und mit äusserst knapper Mehrheit 1866 nur einer angenommen: die volle Niederlassungsfreiheit für Angehörige aller Konfessionen. Mit dem Recht, ihren Aufenthaltsort frei zu wählen, waren die jüdischen Einwohner, deren Aufenthaltsrechts bisher auf die Aargauer Gemeinden Lengnau und Endingen beschränkt war und deren Anträge auf Bürgerrecht und freien Aufenthalt in der Debatte um die Helvetische Verfassung abgelehnt worden waren, erstmals in die Rechtsgleichheit einbezogen. Die Kultusfreiheit wurde den Juden erst 1877 zugestanden. Die Debatte um die Rechtsgleichheit hatte aber auch gezeigt, dass die judenfeindliche Haltung, die bereits in der Helvetischen Republik Juden das Bürgerrecht verwehrte, durchaus noch virulent war, machten doch vor allem katholische Politiker wie der Luzerner Nationalrat Philipp Anton von Segesser den Genuss der staatsbürgerlichen Rechte vom «rechten Glauben» abhängig. Besonders unpopulär war die Vorlage in den Kantonen Bern, Luzern, Schwyz, Graubünden, St. Gallen und Wallis.[64] Der knappe Abstimmungsausgang bestätigt, dass die im Artikel 4 der Bundesverfassung garantierte Rechtsgleichheit für Juden im Jahr 1866 noch keine gesellschaftliche Selbstverständlichkeit war.

Das Gleiche galt für die sogenannten Heimatlosen. So wurden Menschen bezeichnet, die kein Gemeindebürgerrecht besassen, sei es weil sie es verpasst hatten, ihr Schweizer Bürgerrecht immer wieder zu erneuern, weil sie keinen «Heimatschein» besassen oder weil sie aus dem Ausland zugewandert waren. Zwar hatte das Bundesgesetz über Heimatlosigkeit von 1850 die Kantone zur Einbürgerung von Heimatlosen verpflichtet, sie liessen sich jedoch sehr viel Zeit damit. Der Kanton Wallis erliess als letzter Kanton sein Gesetz im Jahr 1870 und schloss den Einbürgerungsprozess erst 1878 ab.[65]

Die Ablehnung von acht Vorschlägen des Bundesrates zur Teilrevision der Verfassung zeigte, dass gegen eine weitere Rechtsvereinheitlichung und gegen die Stärkung der Kompetenzen des Bundes mit starker Opposition zu rechnen war. Als Reaktion auf die Ablehnung der Postulate des Bundesrates brachte der *Juristenverein* eine Petition ein, welche die Rechtsvereinheitlichung und die Reorganisation des Bundesgerichts forderte. Somit blieb die Verfassungsrevision auf der politischen Agenda.

## NEUE DEMOKRATIE UND NEUE GESELLSCHAFT (1874–1914)

### Referendumsdemokratie und Verstärkung der Bundeskompetenzen

Die National- und Ständeratswahlen von 1869 hatten die (revisionswillige) freisinnige Mehrheit verstärkt. Im Jahr 1870 nahm der Bundesrat eine weitere Motion für die Revision des Eherechts[66] zum Anlass, dem Parlament eine Verfassungsänderung mit dem Ziel der Rechtsvereinheitlichung und der Erweiterung und Stärkung der Volksrechte vorzuschlagen.[67] Der Verfassungsentwurf der Bundesversammlung unterlag am 12. Mai 1872 in der Volksabstimmung nur knapp einer Gegnerschaft aus Föderalisten der katholischen Innerschweiz und der reformierten welschen Schweiz. Bereits am 14. Dezember 1872 lud der Nationalrat den Bundesrat zur Wiederaufnahme der Revisionsarbeit ein. Durch geschickte Zugeständnisse – die Milderung zentralistischer Tendenzen in den Bereichen Armee, Recht und Schule und die Verstärkung kulturkämpferischer Postulate – wurde die Zustimmung weiter Kreise gesichert, obwohl die Vorlage in wesentlichen Fragen nicht verändert worden war. Die Verfassung wurde am 19. April 1874 bei einer Stimmbeteiligung von 80 Prozent mit einer Zustimmung von 340 199 gegen 198 013 und 14½ gegen 7½ Kantone angenommen.

Die neue Verfassung hatte die föderalistische Struktur der Eidgenossenschaft beibehalten, trotz der Verstärkung der Bundeskompetenz. Deutlich wird dieser Mittelweg in der Organisation der Armee (siehe Beitrag von Rudolf Jaun, S. 540). Der erste Versuch einer Verfassungsrevision war nicht zuletzt an der geplanten Zentralisierung des Militärwesens gescheitert. Die offensichtlich mangelhafte Tauglichkeit einiger kantonaler Kontingente, die vor allem im Zusammenhang mit der Grenzbesetzung im Deutsch-Französischen Krieg 1870/71 zutage getreten war, hatte aber die Notwendigkeit von Veränderungen deutlich gemacht. Die Gesetzgebung über die Armee wurde in der neuen Verfassung dem Bund übertragen, der den Vollzug durch die Kantone überwachte. Infanterie und Kavallerie blieben weiterhin kantonale Truppenkörper. Die allgemeine (männliche) Wehrpflicht wurde nun so umgesetzt, dass nicht mehr die Grösse der kantonalen Kontingente, sondern die Militärdiensttauglichkeit darüber entschied, ob ein junger Mann aufgeboten wurde oder nicht. Erst mit diesen Schritten wurde die seit 1848 als Teil der politischen Neuerung geplante Schaffung einer nationalen Armee an die Hand genommen. Es war übrigens ein teurer Prozess: Hatten die Militärausgaben des Bundes 1870 gut 3 Millionen Franken betragen, so wuchsen sie nach der Reform auf 15 Millionen Franken und damit auf drei Viertel der Bundesausgaben an.[68]

Mit der Gewährleistung der Glaubens- und Gewissensfreiheit und der Übergabe der Zivilstandsregister, die in einigen Kantonen noch von den Pfarrämtern geführt wurden, an «bürgerliche», das heisst weltliche Behörden sowie mit dem Verbot der Gründung neuer Orden oder Klöster und der Genehmigungspflicht für Bistumsgründungen hatte das Staatswesen ein deutlich säkulares Gesicht angenommen. Die Handels- und Gewerbefreiheit sowie die Erweiterung der Niederlassungsfreiheit entsprachen sowohl Forderungen der Demokratischen Bewegung als auch

Flugblatt gegen die «überhastete» Totalrevision der Bundesverfassung von 1872 *(ZHB Luzern, Sondersammlung).*

wirtschaftsliberalen Vorstellungen. Mit der Aufnahme des fakultativen Referendums war ein zentrales Postulat der Demokratischen Bewegung erfüllt: 30 000 Schweizer Bürger oder acht Kantone konnten eine Abstimmung über Bundesgesetze oder allgemeinverbindliche Bundesbeschlüsse erzwingen. Zwar ging die Ausgestaltung der «Volksrechte» nicht so weit wie in den Kantonen, welche diese Verfassungsänderung vorgespurt hatten: Es wurde weder die Gesetzesinitiative noch die Volkswahl der Regierung eingeführt, und mit der Aufnahme des Initiativrechts wartete man auf Bundesebene bis 1891.

Die Verfassung schuf aber mit dieser Erweiterung der Volksrechte im Jahr 1874 die Referendumsdemokratie, ein prägendes und dauerhaftes Element der politischen Kultur der Schweiz. Dass dieses Recht als Instrument zur direktdemokratischen Kontrolle des Parlaments effektiv war, zeigt ein Überblick über seine Nutzung. So wurde bis zum Februar 2011 über 167 Vorlagen abgestimmt, in 74 Fällen wurde die Vorlage des Parlaments angenommen, in 93 Fällen wurde sie abgelehnt. Das erste Referendum unmittelbar nach der Verfassungsrevision im Jahr 1874 wurde gegen das Gesetz über Ehe und Zivilstand ergriffen, mit dem in allen Kantonen die Führung der Zivilstandsregister den weltlichen Behörden übertragen, die Scheidung ermöglicht und die Scheidungsgründe gesamtschweizerisch geregelt werden sollten. Nach einem heftigen Abstimmungskampf lehnten die Stimmbürger das Referendum ab beziehungsweise nahmen das Gesetz an und erzwangen die Zivilehe sowie die Einführung der Scheidung in den katholischen Kantonen, in denen bisher diese Möglichkeit nicht bestanden hatte.[69]

Hier zeigte sich bereits eine Strategie, die nach 1874 immer wieder gegen die Überführung von Verfassungsbestimmungen auf die Gesetzesstufe angewendet wurde: Mit dem Referendum versuchten die in der Verfassungsrevision unterlegenen Gruppierungen Gesetze zu verhindern. Die Bedeutung des Referendums beschränkt sich aber nicht auf das Recht der Stimmbürger, über Gesetzesvorlagen des Parlaments zu entscheiden. Es erwies sich sehr bald als wichtiges Element der politischen Gestaltung, indem mit der Drohung des Referendums sogenannte «referendumsfähige Gruppen» bereits bei der Ausgestaltung von Gesetzen Rücksichtnahme auf ihre Anliegen einfordern konnten.

Die Bezeichnung «Referendumsdemokratie» als *label* für das politische System der modernen Schweiz ist jedoch insofern zu eng, als das Referendum nur ein Element der direkten Schweizer Demokratie darstellt. Auf der Gemeinde- wie auf der Kantonsebene stehen neben dem Referendum und der Initiative vielfältige Partizipationsrechte zur Verfügung, die insbesondere Entscheidungen in Sach- und Finanzfragen einschliessen. Zudem wurde auf Bundesebene mit der Verfassungsinitiative bereits 1891 ein weiteres Instrument der Partizipation geschaffen. Allerdings gehört das Referendum zu den politischen Instrumenten, die das 19. und 20. Jahrhundert unangefochten überdauert haben und denen durchaus ein identitätsstiftender Charakter beigemessen werden kann: Schon der Hinweis darauf, dass eine politische Entscheidung die Einschränkung des Referendumsrechts nötig machen könnte, war beispielsweise im Kontext der Debatten rund um den Beitritt zum *Europäischen Wirtschaftsraum* (EWR) oder zur *Europäischen Union* ein gewichtiges Argument, das zur ablehnenden Haltung der Stimmenden beitrug (siehe Kapitel von Georg Kreis, S. 590f.).

Dass das Referendum nicht nur einen Machtverlust von Regierung und Parlament mit sich bringen würde, sondern insbesondere aussenpolitische Entscheidungen behindern könne, brachten seine Gegner schon vor 1874 vor.[70] Allerdings blieb das die Ansicht einer Minderheit. Schliesslich wurde im Zusammenhang mit dem Staatsvertrag über den Bau des Gotthardtunnels im Jahr 1909 versucht, den Spielraum der Regierung wei-

## Konkordanzdemokratie

Die Konkordanz ist ein wesentliches Element der Schweizer Demokratie. Im Gegensatz zur Konkurrenzdemokratie gilt nicht das Mehrheitsprinzip als zentraler Entscheidungsmechanismus, sondern der breit abgestützte Kompromiss. Volksrechte und das spezifische System der Regierungsbildung sind wesentliche und zusammengehörige Elemente einer politischen Kultur, in der die Kooperation im Vordergrund steht. Erste Grundlagen für die Schweizer Konkordanz wurden bereits mit der Schaffung des National- und des Ständerates im Rahmen der Gründung des Bundesstaates gelegt. Die Prinzipien von Machtteilung und Machtbeschränkung sowie der Ausgleich zwischen Landesteilen, Sprachregionen und politischen Ausrichtungen wurden zu zentralen Elementen des politischen Systems. Auch die direktdemokratischen Elemente (Referendum und ↑Initiative) und die in der Schweiz übliche Berücksichtigung der zum Beispiel in einer Volksabstimmung unterlegenen Kräfte fanden Eingang in dieses Regelwerk, das sich im Laufe der Zeit weiterentwickelte. Erweitert wurde die Konkordanz durch die Mechanismen der Bildung der Bundesregierung, in die seit 1891, dem Ende der freisinnigen Alleinherrschaft, schrittweise alle grösseren Parteien einbezogen wurden. Im Jahr 1959 wurde die Konkordanz mit der Aufnahme eines zweiten sozialdemokratischen Bundesrates in der sogenannten Zauberformel verfestigt, die die Regierungsbeteiligung gemäss Parteienstärken festlegte. Nach dem Parteiausschluss einer als Vertreterin der *Schweizerischen Volkspartei* (SVP) gewählten Bundesrätin im Jahr 2007 mussten dieser Anspruch sowie die Bedeutung und Ausgestaltung der Konkordanz insgesamt neu diskutiert werden.

ter zu verkleinern und auch unkündbare Staatsverträge dem Referendum zu unterstellen. Dieses Ziel wurde 1921 mittels einer Initiative erreicht.

## Freiheit und Gleichheit und das Recht der Frauen

Wenn von Freiheit und Gleichheit, von der Partizipation und der Verwirklichung von Volksrechten die Rede war, so meinte man damit selbst im liberalen Denken durchaus nicht die Rechte aller, wie oben bereits am Beispiel der jüdischen Bevölkerung gezeigt worden ist. Dem «Volk», einer gleichsam «mythischen Grösse»[71], kamen als Gesamtheit Rechte zu, nicht aber jedem oder gar jeder Einzelnen. Frauen konnten diesen Anspruch nicht persönlich geltend machen.

Die ständische Ordnung hatte die Verbindung zwischen Staat und Individuum durch eine Korporation oder einen Haushalt hergestellt. Gemäss liberalem Rechtsverständnis sollte jedoch jedes Individuum, unabhängig von Herkunft und «Stand», gleich sein vor dem Gesetz und selbst politischen Einfluss nehmen können. Die Haushalte waren nicht mehr Teil der staatlichen Ordnung, sondern zählten nun zur Privatsphäre; das individuelle Verhältnis zum Staat kennzeichnete den Staatsbürger. Frauen wurden in der Geschlechterordnung dieser neu definierten Privatsphäre zugerechnet, Staatsbürger modernen Zuschnitts und somit Teil der neuen Öffentlichkeit waren nur Männer.[72] Die Frauen waren mit der Begründung, dass sie von Natur aus anders seien und daher andere Pflichten hätten als die Männer, von den politischen Rechten ausgeschlossen.[73]

Nur zögerlich und ausnahmsweise wurde in den Debatten der 1830er Jahre die rechtliche und ökonomische Gleichheit der Frauen angesprochen. So wurde zumindest die Abschaffung der «Geschlechtsvormundschaft» gefordert. Die Geschlechtsvormundschaft beinhaltete, dass alle unverheirateten, verwitweten oder geschiedenen Frauen einen männlichen Vormund erhielten, ohne dessen Einwilligung sie keine rechtsgültigen Geschäfte tätigen, also auch nicht über ihren Besitz, ihr Vermögen oder ihren Aufenthalt verfügen konnten. Einige Kantone hatten sich tatsächlich zur Abschaffung entschliessen können, so der Kanton Bern 1847, im jurassischen Teil des Kantons bereits 1839,[74] auf Bundesebene erfolgte sie erst 1881. Zu diesem Zeitpunkt bestand sie noch in fünf Kantonen: Appenzell (Inner- und Ausserrhoden), Uri, Graubünden, St. Gallen und Wallis. Die beiden Basler Halbkantone schafften die Geschlechtsvormundschaft 1874 (Basel-Stadt) und 1881 (Basel-Landschaft) mit Verweis auf die kommende Bundesregelung ab, die Westschweizer Kantone kannten die Geschlechtsvormundschaft nicht.[75] Die «eheliche Vormundschaft», also das Bestimmungsrecht des Ehemannes über den Besitz der Frau, sollte allerdings von dieser Aufhebung explizit nicht betroffen sein.[76] Sie wurde im Zivilgesetzbuch (ZGB), das 1907 verabschiedet wurde und 1912 in Kraft trat, wieder bestätigt und galt im Prinzip bis zur Einführung des neuen Eherechts 1988.

Die Bundesverfassung von 1848 äusserte sich ebenso wenig zu den politischen Rechten der Frauen wie zu ihrer Niederlassungsfreiheit. Das Postulat der Gleichheit und Freiheit der Bundesverfassung wurde auf die Schweizerinnen nicht angewendet: Frauen durften nicht wählen und waren nicht wählbar, die Kantone konnten ihnen die Niederlassung verwehren.[77]

In den Auseinandersetzungen um die Erweiterung der politischen Partizipation in Zürich war es in den 1860er Jahren auch zu Eingaben von Frauen gekommen, die die volle politische Gleichberechtigung gefordert hatten, einschliesslich des aktiven und passiven Wahlrechts. Ihre Eingaben wurden von den Verfassungsräten ignoriert.[78] Im Kanton Basel-Landschaft wandten sich Frauen 1862 an den Verfassungsrat des Kantons und verlangten eine Besserstellung, allerdings ohne auf die politischen Rechte zu verweisen.[79]

Auf Bundesebene kam es anlässlich der Revisionsarbeiten und im Hinblick auf die für die neue Verfassung vorgesehene gesamtschweizerische Regelung des Privatrechts zu Eingaben. Die Präsidentin der neugegründeten *Association internationale des femmes*, die Genferin Marie Goegg-

**Wohnbevölkerung nach Heimat und Konfession (Stichjahr 1910)**

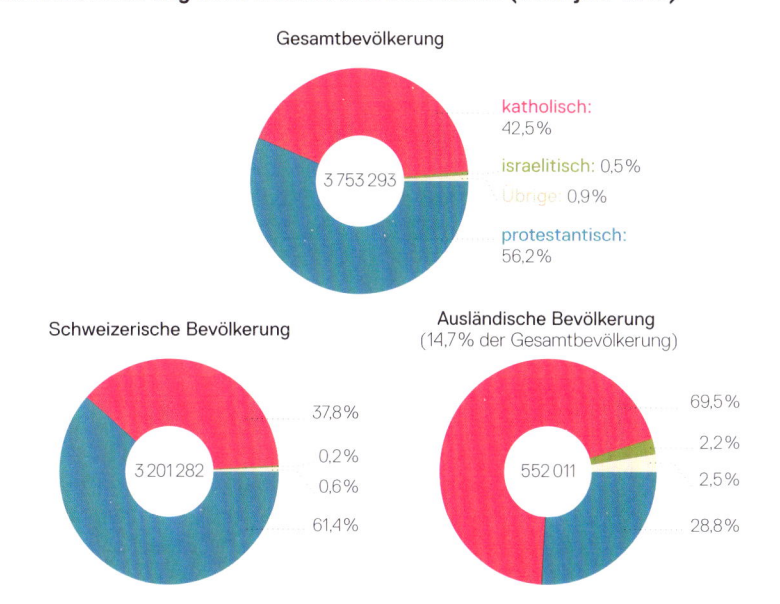

Gesamtbevölkerung: 3 753 293
- katholisch: 42,5%
- israelitisch: 0,5%
- Übrige: 0,9%
- protestantisch: 56,2%

Schweizerische Bevölkerung: 3 201 282
- 37,8%
- 0,2%
- 0,6%
- 61,4%

Ausländische Bevölkerung (14,7% der Gesamtbevölkerung): 552 011
- 69,5%
- 2,2%
- 2,5%
- 28,8%

Quelle: Zahlen nach Hansjörg Siegenthaler, Heiner Ritzmann-Blickenstorfer (Hg.), Historische Statistik der Schweiz, Zürich 1996, S. 153, © 2013 Schwabe AG, Verlag, Basel, und Marc Siegenthaler, Bern.

Pouchoulin, gelangte 1868 im Namen der Association an den Nationalrat, 1872 schaltete sich die Bernerin Julie von May, ebenfalls Mitglied der Association, ein, mit der Forderung «der unbedingten Gleichstellung der Frau mit dem Mann in allen sozialen und privatrechtlichen Verhältnissen»[80], die sie als «Grundbedingung unserer neuen Verfassung» bezeichnete. Beide Vorstösse fanden kein Gehör.

**Kirche und Staat**
Die Schweiz hatte sich mit ihrer neuen Verfassung und mit den ersten Volksabstimmungen nach 1874 als laizistischer Staat definiert. Auseinandersetzungen mit der katholischen Kirche hatte es schon vor der Abstimmung über die Bundesverfassung im Zusammenhang mit der Verkündung des Dogmas der Unfehlbarkeit des Papstes im Jahr 1870 gegeben. Dabei waren ältere Differenzen über die Staatsverfassung sowie über die Modernisierung und die Lebensführung wieder aufgeflammt, die bereits in der ↑Helvetik bestanden hatten, jedoch mit dem Aufkommen des Liberalismus und insbesondere mit dem Sonderbund eine neue Dimension angenommen hatten. Zum offenen Streit kam es nach der Absetzung eines Pfarrers, der das Unfehlbarkeitsdogma ablehnte, durch den Basler Bischof Eugène Lachat im Jahr 1872 und infolge der Einsetzung von Gaspard Mermillod als apostolischer Vikar ohne Vorwissen der Genfer Regierung im folgenden Jahr. Die Mehrheit der Weihbischöfe reagierte darauf mit der Absetzung von Lachat und der Bundesrat wies Mermillod aus. Ausserdem brach die Schweiz die diplomatischen Beziehungen zum Vatikan ab – erst 1920, beinahe ein halbes Jahrhundert später, sollten sie wieder aufgenommen werden.

Vor diesem Hintergrund gelangten im Jahre 1847 die konfessionellen ↑Ausnahmeartikel in die Bundesverfassung; zugleich wurde das seit 1848 bestehende Jesuitenverbot verschärft. Unter dieser nach einer deutschen Begrifflichkeit als «Kulturkampf» bezeichneten Situation litten die konfessionell gemischten Kantone Genf und Bern am meisten; insgesamt aber führte sie zu einer verstärkten Aussenseiterrolle der katholischen Bevölkerung. Mit der Annahme der Bundesverfassung, der Etablierung der weltlichen Organisation der Zivilstandsregister und der staatlichen Lenkung des Schulwesens entschärfte sich die Situation allmählich, und schliesslich trug der Pontifikatswechsel im Jahr 1878 nochmals zur Entspannung bei. Die faktische Rückgängigmachung der Ausweisungen jurassischer Priester und Mermillods beendete den Kampf.[81] Dies darf aber nicht darüber hinwegtäuschen, dass das, was als «katholisches Ghetto» oder «katholische Subgesellschaft» bezeichnet wird – also katholische Spitäler, Kindergärten, Vereine und politische Parteien –, das gesellschaftliche Leben und die Vorstellungswelt in der Schweiz bis weit ins 20. Jahrhundert hinein mitprägte.[82]

**Parteien und Gewerkschaften**
Das Parteiensystem, das sich bis zum letzten Drittel des 19. Jahrhunderts herausgebildet hatte, lässt sich in drei Gruppen oder «Familien» einteilen: die freisinnige Grossfamilie mit ihren drei Flügeln (Liberale, Radikale, Demokraten), die katholisch-konservative und christlichsoziale Familie und die sozialdemokratisch-gewerkschaftliche.

Auf nationaler Ebene vollzog sich die Parteienbildung in der Schweiz zögerlich und spät. Für den gesamten Zeitraum seit der Gründung des Bundesstaates blieben die Freisinnigen in den eidgenössischen Räten und im Bundesrat dominant. Die liberale Bewegung hatte sich seit den 1830er Jahren in die sich in der linken Mitte einordnenden Freisinnig-Radikalen, die rechtsstehenden Liberalen und die für die direkte Demokratie eintretenden Demokraten aufgespalten. 1873 wurde von freisinnig-radikalen Kräften im Hinblick auf die Verfassungsrevision der *Schweizerische Volksverein*, der bereits 1848 eine Rolle gespielt hatte, reaktiviert. Es gelang, unter Einbezug zahlreicher geselliger und berufsbezogener Vereinigungen eine hohe Mitgliederzahl für die in der neuen Verfassung formulierten Forderungen zu mobilisieren. Nach der erfolgreichen Verfassungsrevision verschwand dieser Verein wieder. Im Bundesrat und in den eidgenössischen Räten war der freisinnig-radikale Flügel trotzdem weiterhin bestimmend, indem er die wichtigsten Positionen und Ämter besetzte und dadurch, dass es einzelnen Exponenten in den Räten gelang, eine grössere Anzahl Gleichgesinnter für ihre Anliegen hinter sich zu scharen. So konnte Alfred Escher jeweils mit 70 bis 80 Stimmen für seine politischen Vorstösse rechnen, und nach den Wahlen von 1878 verfügte die zwei der drei Flügel des Freisinns vereinigende radikal-demokratische Fraktion über das absolute Mehr im Parlament.[83] Der Bundesrat bestand ausschliesslich aus Freisinnigen. Eine eigentliche freisinnige Partei existierte jedoch auf Bundesebene weiterhin nicht; das Parteienspektrum war noch kaum verfestigt, und eine Bewegung wie der *Grütliverein*, welcher der Arbeiterbewegung genauso wie der liberalen Demokratischen Bewegung zugerechnet wird, fusionierte mit der *Sozialdemokratischen Partei* (SP) erst im Jahr 1901.

Der 1838 in Genf gegründete *Grütliverein*, ein patriotischer Zusammenschluss, dessen Namen vom Rütli am Urnersee hergeleitet wurde, ist ein guter Gradmesser für die Besonderheiten, die Veränderungen und die Verfestigung der Schweizer Parteienlandschaft. In ihm hatten sich zunächst Handwerksgesellen und später immer mehr Arbeiter organisiert, deren gemeinsames Ziel in der Vermittlung von Bildung bestand. Dazu unterhielt der Verein Bibliotheken und Lokale, ja sogar Institutionen zur Reiseunterstützung sowie Krankenkassen und Sparkassen. 1843 gab er sich nationale Strukturen. Er setzte sich für einen starken Nationalstaat ein und identifizierte sich mit dem liberalen Gedankengut der Gründer des Bundesstaats. 1851 hatte er 34 Sektionen und über 1000 Mitglieder, meist Handwerksgesellen, aber auch Fabrikarbeiter, Handwerksmeister, Angestellte, Beamte sowie vereinzelte Kleinunternehmer und Akademiker. Mit dem Erstarken der Arbeiterbewegung gestaltete sich das Verhältnis zwischen den vor allem national ausgerichteten Grütlianern und der Arbeiterbewegung zunehmend problematisch. Letztere suchte die internationale Zusammenarbeit, und ihren zum Teil ausländischen Mitgliedern war die Verbesserung der Lebensbedingungen der Arbeitenden das zentrale Ziel. Zum Kampfmittel der Gewerkschaften, dem Streik, hatten die Grütlianer ebenfalls ein äusserst ambivalentes Verhältnis. Sie lehnten 1868 einen Beitritt zur *Internationalen Arbeiterassoziation* (IAA) ebenso ab wie später den Zusammenschluss mit dem *Arbeiterbund* zu einer gemeinsamen Partei, wirkten aber in den 1880er Jahren bei der Gründung selbständiger Arbeiterparteien und Gewerkschaften mit.

Der *Grütliverein* blieb lange Teil des linken, «demokratischen» Flügels der liberalen Grossfamilie und stand gleichzeitig am Anfang der Organisation der schweizerischen Arbeiterbewegung, aus der die *Sozialdemokratische Partei* hervorging. Er beeinflusste die schweizerische Arbeiterbewegung langfristig und verstärkte in ihr die Tendenzen zu einer nationalen Orientierung. Um 1850 hatten politische Exponenten wie Johann Jakob Treichler, Karl Bürkli und Herman Greulich in Zürich und Basel, Pierre Coullery in Bern und Albert Galeer in Genf versucht, vermehrt die Fabrikarbeiterschaft in den immer noch vorwiegend aus Schneider-, Schuhmacher-, Schreiner- und anderen Handwerksgesellen bestehenden *Grütliverein* einzubeziehen – allerdings mit wenig Erfolg. Die kleinräumige Struktur des Landes, das Fehlen der Schwerindustrie und grosser städtischer Ballungszentren sowie die Möglichkeit politischer Mitbestimmung führten zu einer späten und im 19. Jahrhundert relativ schwachen Organisation der Schweizer Arbeiterschaft. In den 1860er Jahren erregten die Streiks der Genfer Bauarbeiter und der Basler Seidenbandweber Aufsehen und beförderten die Gründung neuer Organisationen. Den Rahmen bildete die 1864 ins Leben gerufene *Internationale Arbeiterassoziation*, die in ihrer Blütezeit in der Schweiz etwa 10 000 Mitglieder hatte, davon circa 3000 bis 4000 in Genf und rund 3000 in Basel.

Die Basler Sektion hatte wesentlich zur erfolgreichen Durchsetzung des kantonalen Fabrikgesetzes im Jahr 1869 beigetragen. Die organisatorische Struktur der *Internationalen Arbeiterassoziation* zerfiel aber schweizweit bald, unter anderem aufgrund von Richtungskämpfen. 1873 wurde in Olten der *Schweizerische Arbeiterbund* gegründet. Ihm gelang es, die verschiedenen Organisationen zusammenzuführen und im Abstimmungskampf um das Fabrikgesetz im Jahr 1877, der schliesslich knapp mit 181 204 zu 170 857 Stimmen gewonnen wurde, erfolgreich hervorzutreten. 1880 beschloss der *Arbeiterbund* die Auflösung und Überführung in eine rein gewerkschaftliche Organisation, den *Schweizerischen Gewerkschaftsbund*. Die geplante gleichzeitige und komplementäre Gründung der *Sozialdemokratischen Partei* scheiterte nicht zuletzt deshalb, weil der *Grütliverein* nicht beitreten wollte. 1888 erfolgte dann – im dritten Anlauf – die Parteigründung. Die SP war damit die erste nationale Partei der Schweiz. Allerdings waren die Strukturen der Dachorganisation zu Beginn noch schwach.[84]

1890 regelte der *Gewerkschaftsbund* die Mitgliedschaft von Regionalsektionen und Branchen, gab sich ein Programm, das weitgehende soziale Reformen forderte, und leitete damit ein rasches Wachstum der Mitgliederzahlen ein. *Gewerkschaftsbund*,

**Der *Arbeiterinnenverein Zürich* am 1.-Mai-Umzug in Zürich, Photographie von 1911** (*Gretlers Panoptikum zur Sozialgeschichte*). — Die Veranstaltungen zum 1. Mai gestalteten sich in den grösseren Ortschaften dreiteilig: Neben einer Kundgebung mit politischen Reden und einem Fest, das in einem Lokal, auf einem Platz oder auch im Wald stattfinden konnte, bildete der von Musik, Transparenten und Fahnen begleitete Umzug der Arbeiter und Arbeiterinnen, die jeweils in Sonntagskleidern teilnahmen, einen Höhepunkt.

*Sozialdemokratische Partei* und *Grütliverein* begannen zusammenzuarbeiten.

Der *Schweizerische Arbeiterinnenverband* (SAV) war ebenfalls 1890 aus einem Zusammenschluss von fünf Vereinen in Basel, Bern, St. Gallen, Winterthur und Zürich hervorgegangen. Seine Mitglieder waren vor allem Dienstmädchen, Heimarbeiterinnen, Hausfrauen und Lehrerinnen, die nicht gewerkschaftlich organisiert waren und deren zentrale Postulate im Versicherungs- und Wöchnerinnenschutz, ab 1893 auch im Frauenstimmrecht bestanden. Der SAV war in seinen Anfangsjahren im *Gewerkschaftsbund* integriert, hatte dort eine eigene Gewerkschaftssekretärin und gewann mit der ersten Amtsinhaberin Margarethe Hardegger (1905–1909) und den von ihr gegründeten Zeitschriften «Die Vorkämpferin» und «L'Exploitée» an politischem Profil. Spannungen mit der Dachorganisation entzündeten sich immer wieder, nicht nur an der Person der Gewerkschaftssekretärin,[85] sondern insbesondere an der Lohnpolitik. Die Gewerkschaftler wollten die Verbesserung der ökonomischen Bedingungen der Arbeiterfamilien durch die Erhöhung der Männerlöhne erreichen: Der «Familienlohn» des Mannes wurde zu einer zentralen Forderung. Er sollte es einer Arbeiterfamilie ermöglichen, ohne den Verdienst der Ehefrau auszukommen. Gleicher Lohn für gleiche Arbeit und die Verbesserungen der Arbeitsbedingungen der Frauen waren für sie eher zweitrangig. Arbeiterinnen sah man als Lohndrückerinnen oder gar Streikbrecherinnen, und viele Gewerkschaftssektionen waren nur ungern bereit, Frauen aufzunehmen. Gerade die starken Gewerkschaften wehrten sich nicht nur gegen ihre Aufnahme, sondern verhinderten, dass sie eine Ausbildung erhielten, wie beispielsweise die Druckergewerkschaft *Typographia*, der *Schweizerische Metall- und Uhrenarbeiterverband* (Smuv) und die *Gewerkschaft der Chemiearbeiter*. Durch Arbeitsverträge und Absprachen mit den Arbeitgebern erreichten sie den Ausschluss der Frauen aus qualifizierten Berufen. Der schwache Organisationsgrad der Arbeiterinnen und ihre rechtliche Stellung verhinderten, dass sie sich gegen diese Diskriminierungen wehren konnten. Im Jahr 1912 trat der *Arbeiterinnenverband* der *Sozialdemokratischen Partei* bei, und 1917 erfolgte die Auflösung des Verbands und der Vereine.

Die Bildung autonomer Berufs- und Angestelltenverbände, wie des *Verbands Schweizerischer Eisenbahnangestellter* oder der Gewerkschaften der PTT, begann kurz nach der Gründung des *Schweizerischen Gewerkschaftsbundes* (SGB). Nach der Jahrhundertwende fusionierten einige Berufsverbände, zum Beispiel der *Textilarbeiterverband*, die spätere *Gewerkschaft Textil, Chemie, Papier* (GTCP). Solche Zusammenschlüsse ermöglichten die Einrichtung von ständigen Sekretariaten und weiteren Verwaltungsstrukturen. Anders als in den Parteien, in denen Ausländer durch das Fehlen der politischen Rechte ausgeschlossen oder zumindest behindert waren, spielten in den Gewerkschaften insbesondere deutsche Einwanderer bis zum Ersten Weltkrieg eine wichtige Rolle.

Nur widerwillig gestanden die Freisinnigen zuerst ihren einstigen Hauptgegnern aus der Zeit des Sonderbundskriegs im Jahr 1891 einen Sitz in der Landesregierung zu: Der Luzerner Josef Zemp wurde der erste katholisch-konservative Bundesrat. Dessen Basis besass zu dieser Zeit ebenfalls noch nicht die Struktur einer nationalen Partei. Erst nach dem Eintritt in den Bundesrat erfolgte 1892 die Bildung einer Fraktion; die Gründung der *Katholisch-Konservativen Volkspartei* glückte erst 1912. Frühere Versuche, sich zu formieren, in den Jahren 1874, 1881 und 1894, waren nicht zuletzt an den im Kulturkampf verstärkten Meinungsverschiedenheiten zwischen einer katholisch-konfessionellen ultramontanen und einer politisch-konservativen Richtung[86] und an der nach der verlorenen Verfassungsabstimmung von 1874 nochmals verstärkten Isolierung der Katholiken gescheitert. Ihre Einbindung in den Bundesstaat, symbolisiert durch ihren ersten Sitz im Bundesrat, erfolgte erst nach mehreren Abstimmungssiegen, welche die konservative Bewegung in unterschiedlichen Zusammenschlüssen erreicht hatte. Angesichts des Erstarkens der Sozialdemokraten wurde für die freisinnigen Politiker der Zusammenschluss mit den ehemaligen Gegnern des Bundesstaates opportun.

Im Bereich der Arbeitsgesetzgebung wollte man von katholisch-konservativer Seite den linken Gewerkschaften keinesfalls das Feld überlassen. Zu Beginn des 20. Jahrhunderts entstand deshalb

**Abstimmungsplakat für die Einführung des Proporzwahlrechts (Detail), gestaltet von Melchior Annen** (*Museum für Gestaltung Zürich, Plakatsammlung*). — Mutter Helvetia verteilt das Essen beim Proporz in gerechten Portionen. Das Plakatmotiv wurde zweimal, anlässlich der Abstimmungen vom 23. Oktober 1910 und vom 13. Oktober 1918, verwendet.

eine christliche Gewerkschaftsbewegung, die sich 1907 mit dem *Christlichsozialen Gewerkschaftsbund der Schweiz* (CSG) eine eigene Dachorganisation gab.

Mit der Möglichkeit des Referendums und dem 1891 angenommenen Initiativrecht gewannen Arbeiterbewegung und Gewerkschaften zunehmend an Einfluss im Bereich der Sozialpolitik. Dazu trug auch das ↑Proporzwahlrecht bei, das zuerst in den Kantonen – allen voran im Kanton Tessin – eingeführt wurde. 1902 zog die SP mit einer siebenköpfigen Fraktion in den Nationalrat. Zwei Initiativen zur Einführung des Proporzwahlrechtes auf Bundesebene, das eine angemessene politische Beteiligung aller Gruppierungen garantieren sollte, waren 1900 und 1910 gescheitert. Zur ersten der beiden Niederlagen hatte zweifellos beigetragen, dass man das Proporzwahlrecht mit der Direktwahl des Bundesrates in einer Doppelinitiative verbunden hatte. Die zweite Initiative, die zehn Jahre später nur die Nationalratsreform forderte, wurde nur noch äusserst knapp verworfen. 1918 schliesslich wurde das Proporzwahlverfahren in der Volksabstimmung angenommen, nachdem der Nationalrat der Initiative bereits 1913 zugestimmt hatte (siehe Kapitel von Sacha Zala, S. 499). Diese Reform kostete die liberale Bewegung auf der Bundesebene ihre absolute Parlamentsmehrheit. Infolge dieser Entwicklung konnten die Forderungen der Arbeiterbewegung nach Mithilfe des Staates bei der Bewältigung elementarer Existenzprobleme auf parlamentarischem Weg erstritten und seit der Mitte des 20. Jahrhunderts auch in der Schweiz durch sozialstaatliche Institutionen eingelöst werden.

**Die Frauenbewegung**

Eine Statistik, die bereits für die Weltausstellung in Chicago des Jahres 1893 erstellt, jedoch erst für den Schweizerischen Kongress für die Interessen der Frau 1896 veröffentlicht wurde, zählte für die Schweiz 5695 Vereinigungen von Frauen mit nahezu 100 000 Mitgliedern.[87] Das heisst, dass ein Zehntel der erwachsenen weiblichen Bevölkerung in der einen oder anderen Form organisiert war, sehr oft in traditionellen lokalen Armen- und Hilfsvereinen, Arbeitsschulkomitees, die sich um die Schulausbildung von Mädchen nach der obligatorischen Primarschule kümmerten, oder Kranken- und Sterbekassen.[88] Das Nichtvorhandensein einer ausgebauten Zentralverwaltung und die föderalistische Verfassung der Schweiz hatten die Zivilgesellschaft zu einer starken Selbstorganisation in Vereinen und Gesellschaften geführt. Den Frauenvereinen war dabei die Aufgabe zugedacht, die Härten der Industriegesellschaft abzumildern und mit sozialem Engagement ein Auffangnetz zu bilden, welches das Auseinanderbrechen der Gesellschaft verhindern sollte.

So zahlreich diese Vereine waren, so vielfältig waren ihre Zielsetzungen und die von ihnen übernommenen Aufgaben. Der 1888 gegründete *Gemeinnützige Frauenverein* (SGF) war – wie die *Gemeinnützige Gesellschaft* (SGG) der Männer – auf das Wohl der Allgemeinheit und auf die Hilfe für bedürftige Menschen ausgerichtet, nahm sich aber ebenso der «geistigen, sittlichen, ökonomischen und sozialen Hebung der Frau» an. Der *Verband Deutschschweizerischer Frauenvereine zur Hebung der Sittlichkeit* sah in der Verbesserung der gesetzlichen Bestimmungen zum Schutze von Frauen seine Hauptaufgabe. Der 1886 gegründete *Verein der Freundinnen junger Mädchen* kümmerte sich vor allem um junge Frauen, die auf Stellensuche waren, und vermittelte preisgünstige Unterkünfte, um sie vor den Gefahren der Städte zu schützen. Die abolitionistischen Vereine kämpften gegen Alkoholismus und Prostitution, die Arbeiterinnenvereine bemühten sich um bessere Ausbildung und Löhne. Zu dieser Vielfalt der Vereinigungen kamen gegen die Jahrhundertwende die konfessionellen Frauenvereine, die in ihren Statuten kirchliche Vorstellungen der Rolle von Frauen aufnahmen. Gemeinsam war all diesen verschiedenartigen Zusammenschlüssen nicht nur, dass sie alle für die Verbesserung der Situation der Frauen eintraten, sondern auch, dass sie schon in dieser frühen Phase internationale Kontakte pflegten. Einige waren überhaupt erst aufgrund solcher Beziehungen gegründet worden.

Obwohl Frauen aufgrund ihres Geschlechts vom Stimm- und Wahlrecht ausgeschlossen waren, partizipierten sie über ihre Vereine – von Fall zu Fall – bei der Ausgestaltung der politischen Ordnung. Da der Bundesstaat seit den 1880er Jahren zunehmend Kompetenzen in Bereichen wie der So-

Karikatur «Ehmann-cipation der Frauen» im «Postheiri» vom 21. August 1868 *(UB Basel)*.

zialpolitik und dem Gesundheitswesen übernahm, die bis dahin bei den Gemeinden und Kantonen gelegen hatten, kam es zu einer Politisierung solcher weiblich konnotierter Tätigkeitsfelder. Die unentgeltliche Frauenarbeit wurde dadurch zwar aufgewertet, aber gleichwohl zunehmend von den «Parteifamilien» mit ihren jeweiligen ideologischen Ausrichtungen vereinnahmt.[89]

Waren die Frauenvereine vorerst auf kantonaler oder Gemeindeebene tätig, so kam es seit den 1890er Jahren, entsprechend der Tendenz anderer politischer Vereine und der nationalen Organisation der Politik, vermehrt zu nationalen Zusammenschlüssen. Vorausgegangen war eine Welle von Neugründungen feministischer Organisationen, die sich «von West nach Ost» über die Schweiz bewegte. Nach der Gründung der *Union de Femmes de Genève* im Jahr 1891 und des *Frauenkomitees* in Bern 1892 erschien erstmals in einer Deutschschweizer Tageszeitung, der «Züricher Post», eine Beilage, die «Fraueninteressen» zur «öffentlichen Besprechung» brachte.[90] Die Redakteurin der Beilage «Frauenrecht» war Emilie Kempin-Spyri, die erste Schweizer Juristin. Kempin-Spyri stand in engem Kontakt mit Vertreterinnen der deutschen Frauenbewegung und mit der amerikanischen *Women's Legal Education Society*, die sie gegründet hatte. Die Diskussion in der Beilage konzentrierte sich zwar auf die zivilrechtliche Stellung der Frauen, die Forderung des Stimm- und Wahlrechts war aber Bestandteil der Argumentation.

Im Herbst 1892 erschütterte ein Rechtsstreit die Öffentlichkeit, der verdeutlichte, dass insbesondere emanzipierte Frauen, die sich in der Öffentlichkeit bewegten, mit absurden Anschuldigungen rechnen mussten: Die Ärztin Caroline Farner und ihre Lebensgefährtin Anna Pfrunder waren auf offener Strasse unter dem Vorwurf der Unterschlagung verhaftet worden. Farner, die aus einer gutsituierten Müllersfamilie im Thurgau stammte und nach Auslandsaufenthalten in Zürich die Matur nachgeholt und Medizin studiert hatte, setzte sich der Kritik aus, weil sie in der Frauenbewegung aktiv war, aber auch, weil sie entgegen der Vorstellung, dass Frauen nur Frauen behandeln sollten, als Allgemeinpraktikerin auch männliche Patienten hatte. Als sich Farner gegen diese Anschuldigung wehrte, kam eine Klage wegen Ehrverletzung des zuständigen Oberrichters hinzu. Das gleiche Schicksal widerfuhr Meta von Salis, die ein Traktat gegen diesen Oberrichter veröffentlicht hatte, mit dem Ziel, seine Wiederwahl zumindest zu erschweren. Was den ursprünglichen Vorwurf der Unterschlagung betrifft, so wurde Farner freigesprochen, dafür aber wegen Ehrverletzung verurteilt. Dieser Justizfall provozierte die Historikerin Meta von Salis zu einer für jene Zeit ungewohnt heftigen Kritik am patriarchalen System und zur vehementen Forderung nach den politischen Rechten der Frauen. Obwohl von Salis damit kaum die allgemeine Stimmung unter ihren Mitkämpferinnen, geschweige denn unter den Schweizerinnen insgesamt wiedergab, zeigt ihre Stellungnahme, dass sich der Anspruch der Frauen von einer vagen Besserstellung hin zu konkreten politischen Rechten verlagerte.

Im Zusammenhang mit diesem Justizskandal wurden in Zürich ein *Schweizerischer Verein Frauenbildungsreform* und ein *Frauenrechtsschutzverein* gegründet. Mit diesem neuen Schub in der Entwicklung der Bewegung ging einerseits eine vermehrte Arbeitsteilung unter den verschiedenen Verbänden einher, andererseits wurde spürbar, dass ein Zusammenschluss den Erfolg erhöhen würde. Allerdings waren erste Schritte dazu nicht erfolgreich: Zwar gelang es, anlässlich der Landesausstellung in Genf 1896 den ersten Schweizerischen Kongress für die Interessen der Frau zu

---

**Meta von Salis als etwa Zwanzigjährige, undatierte Photographie (Detail), Verbleib unbekannt, in: Brigitta Klaas Meilier, Hochsaison in Sils-Maria, Basel 2005, S. 90.**

### Meta von Salis (1855 auf Schloss Marschlins – 1929 in Basel)

Barbara Margaretha von Salis-Marschlins studierte ab 1883 als erste Frau an der Universität Zürich Geschichte und Philosophie und promovierte im Jahr 1887. Aus einer Bündner Patrizierfamilie stammend, stiess sie immer wieder an die Grenzen dessen, was aufgrund ihres Geschlechts und ihrer Herkunft erlaubt und möglich war. Angespornt durch diese Erfahrungen setzte sie sich in vielerlei Hinsicht für die Gleichstellung der Frau ein. Unter anderem als Redaktorin der «Philanthropin», des Organs des Schweizer Frauenverbands *Fraternité*, formulierte sie erstmals die Forderung eines vollen Stimm- und Wahlrechts sowie der privatrechtlichen Gleichstellung der Frauen. Grosse Aufmerksamkeit erregte ihre Stellungnahme für die Zürcher Ärztin und Frauenrechtlerin Caroline Farner in den Jahren 1892 bis 1894. Da der Kanton Graubünden drohte, sie wegen des Rechtsstreits an den Kanton St. Gallen auszuliefern, verkaufte sie Schloss Marschlins, wo sie bis zu diesem Zeitpunkt mit ihrer Freundin Hedwig Kym gelebt hatte, und zog sich vermehrt ins Privatleben zurück. In anderen Fragen war von Salis äusserst konservativ eingestellt. So verteidigte sie die sozialen Ungleichheiten und verachtete die demokratische Staatsform. Mit zunehmendem Alter entfernte sich von Salis von der Frauenbewegung und fühlte sich zu eugenischem und antisemitischem Gedankengut hingezogen.[91] Über ihre Begegnungen mit Friedrich Nietzsche veröffentlichte sie 1897 das erfolgreiche Buch *Philosoph und Edelmensch*. Als Hedwig Kym 1910 den katholisch-konservativen Basler Nationalrat Ernst Feigenwinter heiratete, zog sie mit dem Ehepaar nach Basel und lebte auch nach dem Tod Feigenwinters im Jahr 1919 dort mit ihrer Freundin zusammen.

organisieren, an dem die Organisatorinnen die ganze Spannweite des Engagements von der Gemeinnützigkeit bis zur politischen Partizipation sichtbar machen konnten. Die Einrichtung einer permanenten gemeinsamen Kommission gelang jedoch ebenso wenig wie die eines übergreifenden Dachverbands, der auf die Ausarbeitung des eidgenössischen Zivilgesetzbuchs und des Strafgesetzbuchs sowie auf das Kranken- und Unfallgesetz hätte Einfluss nehmen sollen. Man scheiterte an der Heterogenität der Anliegen, der Vereins- und Lebensformen und des politischen Hintergrundes der organisierten Frauen. Erst im Jahr 1900 glückte schliesslich die Gründung einer Dachorganisation, des späteren *Bundes Schweizerischer Frauenorganisationen* (BSF). Allerdings traten ihm zunächst weder der *Gemeinnützige Frauenverein* (SGF) noch der *Verband der Frauenvereine zur Hebung der Sittlichkeit* noch die katholischen Vereine bei, obwohl man sich bemühte, den kleinsten gemeinsamen Nenner zu finden und strittige Fragen wie das Wahlrecht, das von vielen Frauen abgelehnt wurde, auszuklammern. Der erste gesamtschweizerische Verein, der diese Forderung zur klaren Zielsetzung erhob, war der 1909 gegründete *Verband für Frauenstimmrecht* (SVF).

Trotz der Schwierigkeit des organisatorischen Zusammenschlusses und der Heterogenität der Forderungen und Aufgaben kam es zu Beginn des 20. Jahrhunderts vor allem über Doppelmitgliedschaften zu einer Form der Zusammenarbeit, die es ermöglichte, in politischen, rechtlichen und ökonomischen Fragen Stellung zu beziehen und sich als «Staatsbürgerinnen ohne Stimmrecht»[92] von Fall zu Fall Gehör zu verschaffen.

### «Soziale Frage» und Sozialpolitik

Bei der «Sozialen Frage» – so wurden die sozialen Probleme bezeichnet, die durch die rasche Industrialisierung insbesondere für die Arbeiterschaft entstanden waren – stand nicht mehr der Pauperismus der ländlichen Gesellschaft des 18. und beginnenden 19. Jahrhunderts im Zentrum, sondern die Not der schnell wachsenden Schicht der Arbeiter und Arbeiterinnen und ihrer Familien. Ihre Situation wollte man durch gezielte sozialpolitische Massnahmen verbessern. Eine speziell auf die dringendsten Bedürfnisse der Betroffenen abgestimmte Arbeitsgesetzgebung sollte Schutz gegen die Risiken der Industriearbeit und vor Krankheit, Unfall und Arbeitslosigkeit bieten.

In den Kantonen hatte man nur zögerlich begonnen, die Arbeitszeit der Fabrikarbeiter und Fabrikarbeiterinnen zu begrenzen, nachdem in den Anfängen der Industrialisierung die Arbeitszeit eine massive Ausdehnung erfahren hatte. Der

» *Hat sie [die Frau] einen privaten Feind, einen beutegierigen Verwandten, brodneidige Kollegen, so sieht sie sich auf einen Wink der Behörde verhaftet, und während der Dauer des Prozesses dem öffentlichen Feind, dem Mann im Allgemeinen preisgegeben. Denn, dass die Feindschaft des Mannes gegen die Frau die Regel ist, sobald er die Frau nicht braucht, das wird der Betroffenen schmerzlich klar. [...] Es steht mir nunmehr als Thatsache fest, dass die Frauen unseres Vaterlandes, wenn sie dem Manne rechtlich gleichgestellt sein wollen, stimm- und wahlfähig sein müssen. [...] Gleichviel, ob man das allgemeine Stimmrecht als einen Vorzug betrachtet, oder nicht, so lange es von der Allgemeinheit der Männer allein ausgeübt wird, so lange schwankt der Boden, auf welchem die physische, moralische und berufliche Existenz der Frau steht. [...] Stimmen, wählen und gewählt werden sei fortan unsere Devise und unser Ziel.»*

Meta von Salis, Die Moral von der Geschichte, in: Die Philantropin, 12. Sept. 1893.[93]

Wunsch der Industriellen, die Maschinen auszulasten, und die mit der künstlichen Beleuchtung geschaffenen Möglichkeiten hatten eine «bis ins letzte gehende Ausnutzung der menschlichen Arbeitskraft»[94] zur Folge. Arbeitstage von 14 bis 16 Stunden waren keine Seltenheit, die oft langen Arbeitswege, die in der Regel zu Fuss bewältigt wurden, verkürzten die Ruhezeit zusätzlich. Die Doppel- oder Dreifachbelastung durch Haushalt, Kinder und Lohnerwerb ruinierte die Gesundheit der Frauen. Kinderarbeit verhinderte nicht nur den regelmässigen Schulbesuch, sondern führte oft zu gravierenden gesundheitlichen Schäden.

Ärzte wie der spätere Fabrikinspektor Fridolin Schuler, aber auch Statistiker und Lehrer hatten beängstigende Berichte über die gesundheitlichen Folgen der Fabrikarbeit und die kurze Lebenserwartung der «Fabrikbevölkerung» veröffentlicht und gezeigt, dass es sich dabei nicht um individuelle Probleme, sondern um die Auswirkungen der prekären Lebensbedingungen in diesen sozialen und ökonomischen Lagen handelte. In den folgenden Jahrzehnten wurde die Reduktion der Arbeitszeit zu einem zentralen Thema der Sozial- und der Wirtschaftspolitik.[95]

Dem Kanton Glarus kam bei diesem Prozess eine Pionierrolle zu. Vorläufer der richtungweisenden Fabrikgesetzgebung war ein Gesetz des Jahres 1848, das die Arbeitszeit in den Spinnereien auf 15 Stunden beschränkte. Im Jahr 1864 beschloss das Glarner Parlament die Einführung eines Zwölfstundentages für Frauen und das Verbot der Nachtarbeit für Frauen und Kinder. In der Landsgemeinde, die abschliessend über das Gesetz zu beraten hatte, gelang es den Fabrikarbeitern zusammen mit den Ärzten und Lehrern, den Zwölfstundentag ebenso wie das Nachtarbeitsverbot auf Männer auszudehnen.[96] Damit war erstmals in einer allgemeinen gesetzlichen Regelung die Arbeitszeit in Fabriken festgelegt worden, ebenso eine Al-

> *Art. 15. Frauenspersonen sollen unter keinen Umständen zur Sonntags- oder zur Nachtarbeit verwendet werden. Wenn dieselben ein Hauswesen zu besorgen haben, so sind sie eine halbe Stunde vor der Mittagspause zu entlassen, sofern diese nicht mindesten $1^{1}/_{2}$ Stunden beträgt. Vor und nach ihrer Niederkunft dürfen Wöchnerinnen im Ganzen während acht Wochen nicht in der Fabrik beschäftigt werden. Ihr Wiedereintritt in dieselbe ist an den Ausweis geknüpft, daß seit ihrer Niederkunft wenigstens sechs Wochen verflossen sind.*
>
> *Art. 16. Kinder, welche das vierzehnte Altersjahr noch nicht zurückgelegt haben, dürfen nicht zur Arbeit in Fabriken verwendet werden.»*

«Bundesgesez betreffend die Arbeit in den Fabriken» vom 23. März 1877, in: Schweizerisches Bundesblatt, 29. Jg., Bd. 2, Nr. 18, 25. April 1877, S. 490f.

tersgrenze für Kinder und ein Fabrikinspektorat. Das Gesetz enthielt unter anderem die Bestimmung, dass Frauen während der Zeit von Geburt und Wochenbett für sechs Wochen nicht in den Fabriken arbeiten durften. Die Arbeiterbewegung in anderen Kantonen hatte diese Entwicklung genau beobachtet und erreichte in der Folge im Kanton Basel-Stadt im Jahr 1869 nach einem Streik eine ähnliche Gesetzgebung, das Tessin folgte 1873. Das 1868 erlassene basellandschaftliche Gesetz und weitere kantonale Gesetze regelten vornehmlich die Arbeitszeit von Kindern und enthielten keine gesetzliche Regelung der Arbeitszeit Erwachsener und auch keine Bestimmung über die Arbeit von Frauen während des Wochenbetts.

Für diesen Anspruch hatte die Bundesverfassung von 1874 weitreichende Folgen, da dem Bund nach Artikel 34 Kompetenzen bei der entsprechenden Gesetzgebung zugesprochen wurden. Im Jahr 1877 nutzte der Bund diese neue Gesetzgebungskompetenz. Das eidgenössische Fabrikgesetz, das nach dem Vorbild des Glarner Gesetzes gestaltet war, legte den Elfstundentag fest, verbot die Nachtarbeit und die Arbeit von Kindern unter 14 Jahren, führte ein Arbeitsverbot von acht Wochen für Frauen während des Wochenbetts sowie eine Haftpflicht der Unternehmer ein. Die Einhaltung des Gesetzes wurde einem Fabrikinspektorat übertragen. Das Gesetz wurde nach einem heftigen Abstimmungskampf, erzwungen durch ein Referendum der Arbeitgeber, schliesslich knapp mit 181 204 gegen 170 857 Stimmen angenommen. Zum ersten eidgenössischen Fabrikinspektor wurde der Glarner Arzt Fridolin Schuler gewählt, der dieses Amt bereits in Glarus ausgeübt hatte.[97] Die Schweiz war damit das erste Land, das eine Gesetzgebung geschaffen hatte, die Arbeitsverhältnisse in den Fabriken umfassend regelte. Andere Länder wie England, das als Pionier auf dem Gebiet der Fabrikgesetze («Factory Law») gilt, regelten ausschliesslich die Arbeitszeit der Frauen und Kinder, und Deutschland, dessen Regelung sich inhaltlich zwar stark an das Schweizer Gesetz anlehnte, schreckte ebenfalls davor zurück, die Arbeitszeit erwachsener Männer einzuschränken.[98]

Durch die Ergänzung von Artikel 34 erhielt der Bund im Jahr 1890 zusätzliche Kompetenzen und Aufgaben im Bereich der Sozialpolitik, unter anderem durch den Auftrag, Sozialversicherungen zu schaffen. Zuerst wurde 1902 die Militärversicherung realisiert. Die Kranken- und Unfallversicherung scheiterte 1900 im Referendum und konnte erst 1914 für Krankheiten und 1918 für Unfälle verwirklicht werden. Die Einführung einer Alters- und Invalidenversicherung in Deutschland 1891 hatte in der Schweiz die Forderung nach der Absicherung des Alters wieder aufleben lassen. Bei der Beratung von Artikel 34[bis], der 1890 in die Verfassung aufgenommen wurde, hatte man zunächst auch diese Versicherung festgeschrieben, dann aber darauf verzichtet. Erst 1912 kam es aufgrund einer parlamentarischen Motion zur Wiederaufnahme der Forderung. Die Verwirklichung liess allerdings noch lange auf sich warten. Die Alters- und Hinterlassenenversicherung (AHV) wurde – nach mehreren Anläufen im ersten Drittel des 20. Jahrhunderts – schliesslich 1948 verwirklicht, nachdem bereits zuvor in mehreren Kantonen ein Obligatorium eingeführt worden war (siehe Kapitel von Georg Kreis, S. 576f.).

### Die soziale und ökonomische Lage der bürgerlichen Mittel- und Oberschicht

In Bezug auf die soziale Lage der Bevölkerung kann man von einer Zweiteilung[99] des Landes ausgehen, und zwar im geographisch-regionalen wie im sozioökonomischen Sinn. Auf der einen Seite gab es die Regionen des Mittellandes, die durch Binnenmigration, das Wachstum der Städte und den Zustrom ausländischer Arbeitskräfte geprägt waren und die an der dynamischen Wirtschaftsentwicklung im Industriesektor teilhatten. Auf der anderen Seite verloren die Voralpen und Alpen durch Binnenwanderung und starke Auswanderung an Bevölkerung und stagnierten in ihrer wirtschaftlichen Entwicklung. Die sozioökonomische Teilung entsprach allerdings nur teilweise dieser Struktur. Bereits im ↑Ancien Régime hatte sich eine aus Kaufleuten, Verlegern, Unternehmern und Bankiers zusammengesetzte Bourgeoisie gebildet, die Ämter und politische Macht für sich beanspruchte und in kleinen, geschlossenen Kreisen weniger Familien unter sich weitergab. Diese einflussreichen Positionen wurden nach kurzer Unterbrechung in der Helvetik von der gleichen ökonomischen Elite wiedererlangt.

Die Ausweitung der politischen Partizipation der 1830er und 1860er Jahre liess allerdings ein breiteres Bürgertum[100] erstarken, das zum Träger der politischen und wirtschaftlichen Entwicklung wurde. Zu dieser Schicht, in der auch die ehemaligen Herrengeschlechter des Ancien Régime, das Patriziat sowie die Handels- und Finanzaristokratie aufgegangen waren, gehörten das städtische und ländliche Unternehmertum, gutsituierte Selbständige in Handwerk und Gewerbe, die freien oder liberalen Berufe wie Ärzte oder Rechtsanwälte, höhere Beamte und leitende Angestellte. Sie grenzten sich durch ihren Lebensstil, eine eigene Werthaltung, Mentalität und Kultur sowie durch Bildung und Konsum von den anderen Schichten, insbesondere von der traditionellen Handwerkerschicht und von der Arbeiterschicht ab. Dabei standen die berufliche Stellung, Leistung und Qualifikation der Männer zwar im Zentrum, und Arbeitsamkeit, Fleiss und Ordnung gehörten zu den Kardinaltugenden, aber ohne gesellschaftliche Aktivitäten war dieser bürgerliche Lebensstil nicht denkbar. Gegenseitige private Besuche und Feste, Lesungen, der Besuch oder die Veranstaltung musikalischer Darbietungen, mit denen man die hohe Wertschätzung von Bildung und Wissenschaft demonstrierte, dienten dem Statuserhalt.

In diesen gesellschaftlichen und kulturellen Belangen kam Frauen und Töchtern als Organisatorinnen gesellschaftlicher Anlässe, bei denen sie gelegentlich selbst für musikalische Darbietungen verantwortlich zeichneten, sowie als Hüterinnen und Konsumentinnen von Kultur eine zentrale Rolle zu. Sie bestimmten in hohem Masse das kulturelle Niveau einer Familie. Das bürgerliche Heim war nicht nur der Ort, an dem sich die männlichen Mitglieder der Familie von ihren beruflichen Tätigkeiten erholen sollten, sondern war auch Mittelpunkt des sozialen Lebens. Waren diese Geselligkeiten anfangs noch recht ungezwungen, so formalisierten sie sich in der zweiten Hälfte des 19. Jahrhunderts zunehmend. Besuche zu machen und Besuche zu empfangen, zu Tee, Kaffee oder Abendgesellschaften, zu Soirées oder einem Dîner einzuladen oder zu gehen, entwickelte sich zur Verpflichtung, die neben der Pflege der verwandtschaftlichen und freundschaftlichen Beziehungen dem geschäftlichen Fortkommen diente.[101]

Gegen Ende des 19. Jahrhunderts gehörten Reisen in die zunehmend gefragten Schweizer Kur- und Ferienorte wie Vevey, Montreux, Interlaken, Luzern und St. Moritz ebenso zum Jahresrhythmus eines (gross)bürgerlichen Lebensstils wie sportliche Aktivitäten. Um 1900 waren das Reiten und mehr noch das Tennisspielen für Frauen des gehobenen Bürgertums akzeptierte Beschäftigungen. Wintersportarten wie das Ski- und Bobfahren fanden erste Anhängerschaft,

**Vornehme Basler Familie, posierend vor einkopiertem Hintergrund, Photographie/Photomontage von August Höflinger, um 1860** (*Staatsarchiv BS, Photoarchiv Höflinger, Hö C 147*).

während sich das Eislaufen schnell grosser Beliebtheit erfreute. Neben einer gewissen ökonomischen Unabhängigkeit war die Erwerbsfreiheit der Ehefrau und allenfalls der Tochter Voraussetzung für diesen Lebensstil und gleichzeitig ein Distinktionsmerkmal, etwa gegenüber Handwerkern und Ladenbesitzern, bei denen die Mitarbeit der Frauen unerlässlich war.

Mit den kulturellen Aktivitäten verband das Bürgertum nicht nur Geschäft und Familie, sondern manifestierte auch seine spezielle Beziehung zum Bundesstaat. Die Bundesfeier und die Erfindung eines Gründungsdatums für die Schweiz, des 1. Augusts 1291, kann hier als Beispiel dienen. Das Bedürfnis nach historischen Jubiläen und Erinnerungsorten war im Laufe des 19. Jahrhunderts – als Ausgleich zu den allenthalben feststellbaren Modernisierungstendenzen – allgemein gewachsen, und kurz vor 1891 kam die Idee auf, eine 600-Jahr-Feier der Eidgenossenschaft zu inszenieren. Die Grundlage für die Festlegung des Datums und damit die Erfindung einer Tradition bildete ein Dokument, das erst im 18. Jahrhundert wiederentdeckt worden war. Eine jährliche Wiederholung war vorerst nicht geplant, wurde dann aber 1899 beschlossen, indem man die Kantone aufforderte, jeweils am Abend des 1. August die Glocken läuten zu lassen.[102]

Als weiteres Beispiel einer bürgerlichen Festkultur, die beanspruchte, alle Bevölkerungsschichten mit einzubeziehen, kann die Basler St. Jakobsfeier genannt werden.[103] Bei ihr wird das Bedürfnis nach einem Fest mit identitätsstiftendem Charakter sichtbar: Die Schlachtfeier im Jahr 1824, der einige studentische Feiern vorausgegangen waren, war ein neugeschaffener, moderner Akt des Erinnerns, den einzelne Vereine organisierten. In den folgenden Jahrzehnten fand eine Umdeutung und Popularisierung der Geschichte der Schlacht bei St. Jakob im Jahr 1444 statt. Zudem versuchte man, weitere Vereine unterschiedlichster Art an der Ausrichtung zu beteiligen. 1894 wurde vom Regierungsrat beschlossen, das Fest im Fünfjahresrhythmus staatlich zu organisieren. Daneben gab es bis 1921 jährliche private Feiern.

Die Erinnerung an historische Ereignisse, deren in Reden durch Persönlichkeiten aus der Politik gedacht wurde, und die Verbindung mit Festspielen und Volksfesten waren typisch für diese Festkultur. Zwischen 1885 und 1905 erlebte die Schweiz eine Welle historischer Festspiele und Theaterveranstaltungen unter freiem Himmel, die Zehntausende anzogen und begeisterten. Ob diese Festspiele tatsächlich den identitätsstiftenden Charakter hatten, der ihnen zugeschrieben wurde, ist zweifelhaft. So fällt auf, dass bei der Basler Schlachtfeier die Gewerkschaften nie einbezogen wurden und das Pathos der Festspiele den Spott der sozialdemokratischen Presse hervorrief. 1906 hatte der Vorstand der *Sozialdemokratischen Partei* beschlossen, nicht mehr an den offiziellen Feierlichkeiten teilzunehmen, und eine eigene Feier begründet, deren Durchführung allerdings nur ein einziges Mal überliefert ist.[104]

Das Bürgertum war zwar prinzipiell offen für Aufsteiger, die sich durch Einkommen und Lebensstil als zugehörig auswiesen. Allerdings hatte sich innerhalb des Bürgertums insbesondere in den Städten eine Klasse herausgebildet, die über grossen Reichtum und politische Macht verfügte und es verstand, sich diese auf Vermögen und Stellung beruhende gesellschaftliche Macht zu erhalten und sie durch Heirat und familiäre Bande innerhalb eines engen Kreises zu tradieren. In dieser Schicht galten Regeln und Verhaltensnormen, die von den übrigen Bürgern und Bürgerinnen nicht erfüllt werden konnten.

Die wirtschaftlichen Umstände dieser Gesellschaftsschicht waren durchaus heterogen. Für die Stadt Basel wurde auf der Grundlage der Steuerregister errechnet, dass etwa 17 Prozent der Einkommenssteuerpflichtigen gegen Ende des 19. Jahrhunderts 2000 bis 6000 Franken im Jahr versteuerten, 4,8 Prozent lebten von 6000 bis 20 000 Franken, und eine schmale Schicht von 1,9 Prozent hatte ein Einkommen von 20 000 bis weit über 100 000 Franken. Das Einkommen von 2400 Franken, das eine Bandweberfamilie erwirtschaftete, wenn vier Erwachsene ihre Einkommen zusammenlegten, wurde als «mittelmässig» bezeichnet. Ein einzelner Musterweber verdiente etwa 1300 Franken, eine erfahrene Weberin allenfalls 1000 Franken Jahreslohn und ein Postbote erreichte nach 16 Jahren ein Besoldungsmaximum von 2040 Franken. So können wir die Grenze, bei der eine bürgerliche Lebensweise finanzierbar erscheint, bei etwa 4000 Franken pro Haushalt ansetzen.[106] Gerade einmal 10 Prozent der Basler Steuerpflichtigen sind ökonomisch dieser Schicht zuzurechnen. Für den Grossraum Zürich geht man – allerdings für einen etwas früheren Zeitraum – von einem Anteil von 8–10 Prozent aus. Ein ähnliches Ergebnis erhält man, wenn statt der Einkommensverhältnisse der Grundbesitz oder das Vermögen zugrunde gelegt werden. Für die Stadt Bern wird geschätzt, dass 1872 aufgrund der Grundbesitzverhältnisse etwa 8 Prozent der Bevölkerung der bürgerlichen Schicht zuzurechnen sind.[107] Obwohl diese Schicht klein war, übten ihre Werte und Normen, ihre Leitbilder und Lebensformen auf die übrigen Bevölkerungskreise eine hohe Anziehungskraft aus, und sie wurde seit der Mitte des 19. Jahrhunderts zunehmend zum Vorbild für weite Kreise des Bürgertums und im 20. Jahrhundert selbst der Arbeiterschicht.

### Die soziale und ökonomische Lage der Arbeiterschaft

Im 19. Jahrhundert orientierte sich die Arbeiterschaft noch kaum an solchen Verhältnissen. Grosse Teile dieser Bevölkerungsschicht lebten in den Städten unter erbärmlichen Bedingungen. Zwar war die Massenarmut, die in der ersten Hälfte des

### Verdingkinder

Mittellose Waisenkinder und Halbwaisen, aber auch Kinder, deren Eltern aus ökonomischen Gründen nicht für sie sorgen konnten, sowie nichteheliche Kinder, deren Mütter ihren Lebensunterhalt allein verdienen mussten, wurden in fremden Familien untergebracht, «verdingt», wie man sagte. Die Familien – meist Bauernbetriebe – erhielten einen geringen Betrag von den Eltern oder von der Armenbehörde der Heimatgemeinde. Sobald die Kinder gross genug waren, mussten sie auf dem Hof oder im Familienbetrieb mitarbeiten, oft über ihre Kräfte hinaus. Die Unterbringung wurde zwar im 19. und 20. Jahrhundert zum Teil von den Sozialbehörden der Gemeinden oder von Pfarrämtern kontrolliert, nur wenige Kantone schufen jedoch eine gesetzliche Regelung. Missstände – von der Vernachlässigung des Schulunterrichts aufgrund von Arbeitsüberlastung über Mangelernährung bis hin zu Schlägen und Vergewaltigungen – wurden selten rechtzeitig wahrgenommen. Auch hatten die Kinder kaum die Möglichkeit, eine Lehre oder eine andere Ausbildung zu absolvieren. Ein Pflegekind zu sein bedeutete oft den Anfang eines Lebens in Armut. Eine gewisse Erleichterung bot die Einführung der AHV im Jahr 1948, durch die Kinder eine Rente erhalten konnten. Eine gesetzliche Kontrolle des Pflegekinderwesens auf eidgenössischer Ebene wurde erst im Zusammenhang mit dem neuen Kindesrecht im Jahr 1978 eingeführt.[105]

19. Jahrhunderts in den Hungerkrisen von 1816 bis 1817 und von 1846 bis 1847 gipfelte, nach 1850 zurückgegangen, als Eisenbahnbau und Fabrikindustrie neue Erwerbsmöglichkeiten schufen. Die Depression von 1876 mit grossen Beschäftigungseinbrüchen bis 1885 liess die Armut[108] unter den Arbeitern und Arbeiterinnen jedoch wieder ansteigen, darüber konnten die sozialpolitischen Errungenschaften und die ersten Schritte in Richtung sozialer Sicherheit nicht hinwegtäuschen. Ein Elfstundentag bot kaum ausreichend Zeit zur körperlichen Regeneration. Zudem wurden die gesetzlichen Bestimmungen von Unternehmern häufig unterlaufen, indem zusätzlich Arbeit mit nach Hause gegeben wurde.[109] Die engen und schlechten Wohnverhältnisse – oft wurden Zimmer, ja sogar einzelne Betten untervermietet, um die Mietkosten zu senken – liessen ebenfalls kaum Entspannung zu. Der Alkoholkonsum in Schankstätten, Restaurants oder zu Hause war bei den Männern eine beliebte Fluchtmöglichkeit, schmälerte jedoch das Haushaltsbudget zusätzlich und verschlechterte ihren Gesundheitszustand. Im Jahrfünft 1880–1884 betrug der Konsum reinen Alkohols pro Kopf der Bevölkerung über 14 Liter; im Vergleich dazu betrug er 2009 noch 8,6 Liter.[110]

Der in den kantonalen Fabrikgesetzen vorgesehene Arbeitsausschluss der Frauen von sechs beziehungsweise, nach der eidgenössischen Gesetzgebung von 1877, acht Wochen während Schwangerschaft und Wochenbett, für die es wohlgemerkt keine Lohnfortzahlung gab, wurde oft zu einem finanziellen Problem, und Frauen versuchten die Kontrolle der Fabrikinspektoren zu umgehen, indem sie nach der Niederkunft eine andere Arbeitsstelle suchten, um den Lohnausfall schneller zu kompensieren. Die Familienbudgets und statistische Aufzeichnungen zeigen deutlich, dass der weitaus grösste Teil der Arbeiterfamilien ohne den Lohn der Frauen nicht auskommen konnte. Damit wird offensichtlich, dass die bürgerliche Vorstellung der Erwerbsfreiheit der Ehefrau, genauso wie die gewerkschaftliche Forderung vom «Ernährerlohn» des Mannes, eine Illusion war und die Probleme der Arbeiter und Arbeiterinnen eher verstärkte als löste. So führte diese Vorstellung dazu, dass ein Frauenlohn immer als «Zuverdienst» angesehen wurde und die grosse Differenz zu den Löhnen der Männer, die in der Zeit zwischen 1890 und 1914 rund 50–60 Prozent betrug, damit legitimiert wurde. Beim Tod des Familienvaters oder der Familienmutter musste die Familie oft «aufgelöst» werden, das heisst, die jüngeren Söhne und Töchter wurden als sogenannte Verdingkinder zu meist bäuerlichen Familien gegeben. Dort mussten sie – nach Massgabe

**Taunerfamilie mit Ziege, Münchenstein (BL), undatierte Photographie** (*Staatsarchiv BL*). — Wer sich wie dieser Tauner eine Ziege halten konnte, zählte noch nicht zu den Ärmsten. Photographien der wirklich Armen gibt es kaum, denn man hatte kein Interesse, sie zu porträtieren.

ihrer Kräfte und nicht selten darüber hinaus – zum Lebensunterhalt beitragen. Es waren aber nicht nur Waisen oder Halbwaisen, die in andere Familien verteilt wurden, auch ökonomische Probleme von Familien mit beiden Elternteilen versuchte man auf diese Weise zu lösen.

Die Arbeit von Kindern in den Fabriken hatte man frühzeitig zu reglementieren begonnen: Das erste Kinderschutzgesetz, das allerdings wenig auszurichten vermochte, stammt aus dem Jahr 1815. Die kantonalen Fabrikgesetze begrenzten die Arbeitszeit der Kinder während der Schulzeit, das eidgenössische Fabrikgesetz untersagte ab 1877 die Arbeit von Kindern unter 14 Jahren in Fabriken. Diese Regelung war übrigens ein Grund, warum nicht wenige Arbeiter gegen das Gesetz gestimmt hatten und es nur äusserst knapp angenommen wurde: Die Familien waren auf die Löhne der Kinder angewiesen. Das Verbot der Fabrikarbeit bedeutete aber nicht, dass Kinderarbeit generell verboten gewesen wäre. Untersuchungen in den Kantonen Appenzell Ausserrhoden im Jahre 1904 und in St. Gallen in den Jahren 1893 und 1909 zeigten, dass viele Kinder bereits zwischen dem siebten und neunten Altersjahr eine Erwerbstätigkeit aufnahmen. Im Durchschnitt gingen in St. Gallen rund 40 Prozent der Kinder unter 14 Jahren einer Erwerbstätigkeit nach, in Appenzell sogar noch weit mehr. In den Altersgruppen über zwölf Jahren wurden über 90 Prozent der Kinder als erwerbstä-

> *« Wir gehen von dem Gedanken aus, dass die Erhaltung und Stärkung der Landwirtschaft und einer zahlreichen Bauersame die erste Voraussetzung für das Gedeihen eines Volkes ist. Die Landwirtschaft ist nicht nur notwendig im Hinblick auf die Produktion von Lebensmitteln und zur Sicherung der Volksernährung in Kriegszeiten, nicht nur für die Blutauffrischung der städtisch-industriellen Kreise und zur Erhaltung der physischen und geistigen Kraft der Völker, wir müssen auch die Erhaltung des Bauernstandes fordern als der besten Pflanzstätte für das Innenleben des Menschen. [...] Wir glauben, dass ein Volk ohne Bauernstand physisch, geistig und moralisch zurückgehen muss und dass in ihm der Nährboden vertrocknet, auf dem das Seelenleben gedeiht. »*

Ernst Laur, Die schweizerische Bauernpolitik im Lichte einer höheren Lebensauffassung, Verlag des Schweizerischen Bauernverbandes, Brugg 1918, S. 23.

tig bezeichnet.¹¹¹ Ihr wichtigstes Arbeitsfeld war schweizweit die Landwirtschaft. Kinder waren nach 1877 auch weiterhin in der protoindustriellen Textilproduktion tätig, wo man sie Hilfsarbeiten wie das «Spulenmachen», also das Aufwickeln von Garn, «Fädeln» oder «Ausschneiden» ausführen liess.

Arbeitslosigkeit, Auftragsmangel oder Krankheit konnten – wenn die eigene finanzielle Situation schon angespannt war – das Abgleiten in völlige Armut bedeuten. Ein garantiertes Recht auf Armenunterstützung, wie die Fürsorgeleistungen genannt wurden, gab es in den meisten Kantonen nicht; die Unterstützung selbst wurde von den Herkunftsgemeinden ausgerichtet. Obwohl schon 1860 lediglich 59 Prozent und 1910 nur noch 34 Prozent der Schweizer in ihrer Herkunftsgemeinde wohnten, setzte sich das Prinzip der Übertragung auf die Wohngemeinde nur langsam durch. Die Leistungen der Gemeinden waren sehr unterschiedlich, und nicht selten verlangten die Heimatorte die Rückkehr, besonders wenn ihnen die Lebenshaltungskosten in den Städten zu hoch erschienen. Dies stellte vor allem für Frauen, die durch die Heirat das Bürgerrecht ihrer Männer erhalten hatten und kaum eine Beziehung zu diesen Bürgergemeinden besassen, eine zusätzliche Hürde dar, die sie nicht selten auf die Unterstützung verzichten liess. Neben den Bürgergemeinden gab es private und kirchliche Hilfsvereine, die Unterstützungen vor allem für Nichtbürger ausrichteten.

Die Organisation und die Durchführung der Hilfszahlungen wurden oft Frauenvereinen übertragen, deren Mitglieder solche Aufgaben in ehrenamtlicher Tätigkeit ausführten. Da es auf diese Unterstützungsleistungen keinen rechtlichen Anspruch gab, wurden sie immer wieder dazu missbraucht, ihre Empfänger und Empfängerinnen zu disziplinieren. Während die individuellen Repressionsmöglichkeiten, wie die Kontrolle der Lebenshaltung und Lebensführung durch die Fürsorger und Fürsorgerinnen, noch lange weiter bestanden, nahm man – wenngleich nur langsam – Abschied von den institutionellen Möglichkeiten der Repression, die in Bettel- und Heiratsverboten, Geldbussen bei unehelichen Schwangerschaften oder im Verlust der bürgerlichen Rechte bestanden hatten. Die Bundesverfassung von 1874 hatte die Heiratsverbote abgeschafft, mit denen man lange versucht hatte, die «Vermehrung» der armen Bevölkerung zu verhindern. Die Praxis der Behörden hinkte der Gesetzgebung aber vielfach hinterher.

### Die soziale und ökonomische Lage der Landbevölkerung

Die Not der Fabrikbevölkerung war augenfällig. Die überfüllten städtischen Arbeiterquartiere bildeten Auffangbecken für ein ländliches Proletariat, das der Armut durch Landflucht oder Auswanderung zu entkommen versuchte. Aber damit verschwand die Not nicht aus den ländlichen Regionen. Zwar konnte man auf dem Lande – insbesondere in denjenigen Regionen, in denen die Landwirtschaft mit Heimindustrie verbunden war – von den konjunkturellen Aufschwüngen der 1850er bis 1870er Jahre profitieren. Ende der 1870er Jahre setzte aber in der Landwirtschaft erneut eine Krise ein. Sinkende Preise und hohe Hypothekarzinsen hatten eine deutliche Verringerung der landwirtschaftlichen Einkommen zur Folge. Zahlreiche Bauernbetriebe mussten aufgegeben werden, und viele der Beschäftigten sahen sich zur Auswanderung gezwungen. Besonders hart betroffen waren die unterbäuerlichen Schichten, da die Heim- und die Fabrikindustrie in manchen Regionen keine Arbeitsmöglichkeiten boten. Die in weiten Teilen der ländlichen Regionen übliche Form des Nebeneinanders von Industriearbeit und Landwirtschaft der sogenannten «Rucksackbauern», die in der Fabrik ausserhalb der Erntezeiten ihr Einkommen aufbesserten, bot zwar über einen gewissen Zeitraum einen Ausweg, konnte aber die durch den allgemeinen Strukturwandel bedingten Gründe der Krise in der ländlichen Peripherie nicht beheben.

Erst am Ende des 19. und zu Beginn des 20. Jahrhunderts führten Bevölkerungswachstum, steigende Konsumkraft breiter Kreise und die bäuerliche Interessenpolitik zu einer spürbaren Verbesserung der Situation in der Landwirtschaft. Jetzt begann die Verbandspolitik der Bauern Früchte zu tragen, zunächst regional, dann, nach der Gründung des Dachverbands der landwirtschaftlichen Organisationen, des 1897 gegründeten *Schweizerischen Bauernverbands*, auch auf nationaler Ebene.¹¹² Mit der Schaffung dieser Interessenvertretung und insbesondere mit der Ideologie des Mitbegründers

Ernst Laur begann die Prägung eines neuen bäuerlichen Selbstverständnisses und eines Mythos der Bedeutung der Landwirtschaft für die Schweiz, der bis heute Bestand hat.

### Arbeitervereine und Gewerkschaften

In einer Phase des Wirtschaftswachstums, die bis zum Ersten Weltkrieg anhielt, gelang es den Gewerkschaften, durch Streikaktionen und Verhandlungen eine Erhöhung der Reallöhne zu erreichen, dank der sich die Lebensverhältnisse breiter Schichten verbesserten.

Vereinzelte Streiks – oder Strikes, wie man aufgrund des englischen Ursprungs des Wortes noch meist schrieb – hatte es bereits in der ersten Hälfte des 19. Jahrhunderts gegeben. Aber erst mit den Aktivitäten der *Internationale*, der internationalen Vereinigung der Arbeiterbewegungen, wurde der Streik zu einem häufig eingesetzten Mittel des Arbeitskampfes. Die erste grössere Streikwelle mit einem Schwerpunkt in Genf umfasste zwischen 1868 und 1876 fast hundert Aktionen, vor allem im Baugewerbe, aber ebenso im graphischen, im Schneider- und Schuhmachergewerbe sowie in der Uhrenfabrikation. Auf dem Höhepunkt der Proteste im Jahr 1870 streikten in der Schweiz circa 3300 bis 5300 Arbeiter während insgesamt über 120 000 Arbeitstagen. Zwischen 1880 und 1914 weitete sich die Streikwelle auf die kleinstädtischen Regionen aus. Am stärksten war die Streikbewegung unter den Maurern, sie spielte jedoch auch in der Textil-, Metall-, Maschinen- und Uhrenindustrie eine zunehmende Rolle, während die Angestellten im Dienstleistungssektor (mit Ausnahme der Eisenbahner und Strassenbahner) kaum zu dieser Kampfmassnahme griffen. Zentrale Streikforderungen waren die Reduktion der Arbeitszeit, Lohnerhöhungen und die Rechte der Gewerkschaften. Die Unternehmer erwirkten oft Polizeieinsätze; im Zeitraum zwischen 1880 und 1914 kam es ausserdem zu 38 Armee-Einsätzen.[113]

Trotz der teilweise erfolgreichen Streiks und der erfolgreichen Politik der Gewerkschaften blieben die Unterschichten existentiell bedroht. Im Jahr 1890 zählte die Statistik 119 000 Personen, die öffentliche Unterstützung erhielten. Neben den klassischen Risiken der Krankheit, der Arbeitslosigkeit, des Alters und der Witwenschaft führten rechtliche und soziale Diskriminierungen (Heimatlosigkeit, nichteheliche Geburt) zu Armut und bewirkten, dass Frauen unter den Bedürftigen stets übervertreten waren.

Der Wunsch, kulturelle und gesellschaftliche Aktivitäten unter der Arbeiterschaft zu fördern, hatte bereits die Anfänge der Arbeitervereine, insbesondere des *Grütlivereins,* geprägt. Innerhalb der verschiedenen Organisationen war die Bestrebung spürbar, mit Bildung und Unterhaltung das kulturelle Interesse zu fördern und das Angebot an Freizeitgestaltungsmöglichkeiten für die Arbeiterschaft zu fördern. Gegen Ende des 19. Jahrhunderts kam es erneut zu zahlreichen Vereinsgründungen, etwa von Arbeiterschützen- und Sängerbünden sowie von Turnvereinen, aber auch der *Arbeiterradfahrerbund* oder die noch heute bestehenden *Naturfreunde*, die nach deutschen und österreichischen Vorbildern organisiert waren, erlebten eine erste Blüte. 1912 wurde von der SP und dem *Schweizerischen Gewerkschaftsbund* die *Schweizerische Arbeiterbildungszentrale* gegründet, die einerseits die Schulung der Funktionäre der eigenen Organisationen betrieb, andererseits die lokalen Bildungsausschüsse und Arbeiterbibliotheken betreute.

Unter den Manifestationen und Festen der Arbeiterschaft kommt dem 1. Mai, der in der Schweiz im Jahr 1890 erstmals gefeiert wurde, besondere Bedeutung zu. Der Internationale Arbeiterkongress hatte 1889 dazu aufgefordert, am

Streikkomitee des Schreiner-Streiks, Photographie von 1887, Verbleib unbekannt, in: Bruno Fritzsche et al., Damals in der Schweiz. Kultur, Geschichte, Volksleben der Schweiz im Spiegel der frühen Photographie, Frauenfeld/Stuttgart 1980, S. 242.

» *wenn [...] die jährliche Bürgernutzung, welche denselben von dem Gemeindewald gegeben werden muß, so wie die jährliche Unterstützung aus dem Armengut an Hauszins, Lebensunterhalt, Lehrgeld usw. in Rechnung gebracht würde, so würde es nicht am unrechten Orte sein, denselben zur Abreise zu verhelfen. [...] Daß im Fall diese Auswanderung vor sich ginge, die hiesige schulpflichtige Kinderzahl sich auf höchstens 90 reduzieren wird, so daß dann ein neuer Schulhausbau für mehrere Jahre vermieden werden könnte & und ebenso einen zweiten Lehrer [sic] nicht eingestellt werden müßte.*»

Der Gemeinderat von Schneisingen (AG) im Jahr 1851, zit. in: Berthold Wessendorf, Die überseeische Auswanderung aus dem Kanton Aargau im 19. Jahrhundert, Aarau 1973, S. 237.

**Auswanderungsagentur in der Aeschenvorstadt Basel, Photographie von Jakob Koch, um 1880** *(Staatsarchiv BS, Neg. 6486).* — Basel war als Grenzstadt für die Auswanderungswilligen auf dem Weg zu den Überseehäfen eine wichtige Station. Daher gab es hier zahlreiche Auswanderungsagenturen, die mit grossen Lettern auf Hauswänden oder auch in Zeitungsinseraten für sich warben. Ab 1880 wurde die Überwachung der Agenturen gesetzlich dem Bund übertragen. Das Ziel war, Auswanderer vor Betrug durch solche Agenturen zu schützen.

1. Mai für den Achtstundentag zu demonstrieren. Daraus entwickelte sich die in der Schweiz ungebrochene Tradition der 1.-Mai-Feier. In den grösseren Orten bestand eine solche Feier aus drei Programmteilen: einer Demonstration mit Musik, Transparenten, Fahnen und Tafeln mit Forderungen, einer Kundgebung mit politischen Reden und einem anschliessenden Fest in einem Lokal, auf einem Platz oder im Wald. So gesehen entspricht die 1.-Mai-Feier in ihrem Ablauf durchaus einer «bürgerlichen» (Schlacht-)Feier, als Feier im Monat Mai schliesst sie zudem an ältere Brauchtumselemente an.[114]

### Ein- und Auswanderung

Bis in die 1890er Jahre war die Schweiz ein Auswanderungsland. Das heisst, die Auswanderung von Schweizern übertraf zahlenmässig die Einwanderung von Ausländern.

Zwischen 1851 und 1860 wanderten rund 50 000 Personen nach Übersee aus, in den 1860er und 1870er Jahren je 35 000 und 1881 bis 1890 über 90 000. Nach 1891 stabilisierte sich diese Zahl mit 40 000 bis 50 000 pro Jahrzehnt. Die Anzahl der Schweizer Auswanderer und Niedergelassenen zweiter Generation in Europa ging in die Zehntausende: Für die Zeit um 1850 schätzt man rund 68 000, um 1900 dürften es rund 170 000 gewesen sein, davon 87 000 in Frankreich.

Die Auswanderungsströme waren nicht überall in der Schweiz gleich stark: Wenige Westschweizer, ein mittelstarkes Kontingent aus dem Mittelland – darunter zahlreiche Aargauer – und viele Bewohner des Baselbiets, der Zentralschweiz, der östlichen Alpentäler und des Tessins verliessen ihre Heimat. Im Verhältnis zu den Einwohnerzahlen kamen die meisten Auswanderer aus den Kantonen Tessin und Glarus. Die Gemeinden förderten die Auswanderung oder zwangen ihre Einwohner praktisch dazu. Dabei zahlten sie ihnen manchmal die Überfahrt, um die Armenkassen zu entlasten, wie das Beispiel aus der Gemeinde Schneisingen im Aargau zeigt, wo im Jahr 1851 elf Familien auf Gemeindekosten auswandern wollten. Die Gemeinde beurteilte die Gesuche positiv.[115]

Die Organisation der Auswanderung übernahmen häufig sogenannte Auswanderungsagenturen, die seit den 1850er Jahren als profitorientierte Unternehmen gegründet wurden. 1882 gab es bereits deren neun – davon sechs alleine in Basel, da die Auswanderung meist über die dortigen Grenzübergänge erfolgte. Die Agenturen warben mit Zeitungsannoncen und Flugblättern für die Auswanderung und für ihre Leistungen. Der Bund nahm – anders als die Kantone und die Gemeinden – eher eine ablehnende Haltung ein. Missbräuche bei den Auswanderungsagenturen trugen zur Schaffung des Artikels 34 der Bundesverfassung bei, der den Bundesrat unter anderem ermächtigte, die Auswanderungsagenturen zu kontrollieren.

Die Kontinentalauswanderung ist statistisch schwerer zu erfassen, sie entsprach aber mindestens der Überseeauswanderung. Vor 1850 lebten über 60 Prozent der Auslandschweizer im europäischen Ausland (der grösste Teil in Frankreich), zwischen 1850 und 1870 sank dieser Anteil auf unter 50 Prozent und pendelte sich dann auf etwas über 50 Prozent ein. Der Anteil der in den USA wohnhaften Auslandschweizer belief sich um 1870 auf rund 35 Prozent. Gleichzeitig mit der starken Auswanderung nahm die Einwanderung zu, die schliesslich ab 1880 die Auswanderung übertraf (siehe auch Graphik im Kapitel von Georg Kreis, S. 559).

Obwohl viele Schweizer gezwungen waren, ihre Heimat zu verlassen, weil sie keine Arbeit und kein Auskommen fanden, wanderten gleichzeitig Arbeitskräfte aus dem Ausland ein. Arbeitskräftenachfrage und Arbeitskräfteüberhang bestanden oft nicht in den gleichen Branchen, und die Arbeitskräfte waren nicht einfach austauschbar. Insbesondere der Strukturwandel vom Agrarland zum Industriestaat hatte eine Nachfrage in Bereichen zur Folge, in denen die einheimischen Arbeitskräfte nicht ausreichten beziehungsweise in die sie nicht wechseln wollten. Die Entwicklung der Industrie – insbesondere der Metall- und der chemischen Industrie – schuf einen Bedarf an Arbeitskräften, der im Inland nicht gedeckt werden konnte. Dies ermöglichte auch einen internen Strukturwandel. So verliessen zum Beispiel Schweizer Fabrikarbeiter die schlecht bezahlende Textilindustrie, Schweizerinnen und italienische Arbeiterinnen traten an ihre Stelle. Dienstmädchen aus den umliegenden Regionen, insbesondere aus Baden-Württemberg, Bayern oder dem Elsass, ersetzten Schweizerinnen, die Arbeitsstellen mit grösserer persönlicher Unabhängigkeit und besseren Löhnen in der Industrie vorzogen. Zudem machte die Ungleichzeitigkeit in der wirtschaftlichen und politischen Entwicklung der Nachbarstaaten die Schweiz zwischen 1850 und 1880 zu einem Anziehungspunkt insbesondere für qualifizierte Fachkräfte, grösstenteils aus Deutschland. Die Konjunktur der 1890er Jahre und die arbeitsintensiven Bahnbauten erforderten auch wenig qualifizierte und billige Arbeitskräfte, die vor allem in Italien rekrutiert wurden. Damit stieg der Anteil der ausländischen Wohnbevölkerung, und zwar von 3 Prozent im Jahr 1850 auf 7,4 Prozent im Jahr 1880 und schliesslich auf 14,7 Prozent bis 1910.[116]

Ein Hauptmerkmal dieser Einwanderungsbewegung war die Konzentration auf die Städte (siehe Beitrag von Philipp Sarasin, S. 610). Die Ballungsgebiete Zürich, Genf und Basel nahmen zusammen 30 Prozent aller in der Schweiz wohnhaften Ausländer und Ausländerinnen auf. Im Kanton Basel-Stadt erreichte ihr Anteil im Jahr 1910 36,6 Prozent, in Genf 40,4 Prozent. Vor dem Hintergrund der gleichzeitig stattfindenden Landflucht innerhalb der Schweiz bildete die Einwanderung nur einen Aspekt eines grösseren Phänomens, nämlich einer Migrationsbewegung in die Städte, bei der sich die ausländische Bevölkerung gleich verhielt wie die inländische: Ein Grossteil der Einwanderer stammte aus den benachbarten nahe gelegenen Gebieten, die Deutschen aus Baden, Württemberg und Bayern, die Italiener aus der Lombardei, Venetien und dem Piemont, die Franzosen aus der Haute-Savoie und dem französischen Jura. Fehlende Sprachbarrieren erleichterten den Gang über die Grenze (siehe Beitrag von Georg Kreis, S. 486).

In der konjunkturellen Aufschwungphase um die Jahrhundertwende kamen neben dieser regionalen Wanderung noch andere Faktoren mit ins Spiel: Der Bedarf an billigen unqualifizierten Arbeitskräften führte zu einer Zunahme der Einwanderung aus weiter entfernten Gebieten. Zudem hatte diese Einwanderung nicht mehr ausschliesslich die Städte zum Ziel und führte nicht immer in die Regionen der Muttersprache, wie insbesondere die Einwanderung der Italiener – sei es für saisonale oder dauerhafte Aufenthalte – in die Deutschschweiz zeigt. Um 1900 kam es zu offenen Konflikten, bei denen die Italiener als Sündenböcke für die negativen Folgen des wirtschaftlichen Umbruchs angegriffen wurden.[117]

Die steigende Zahl der Ausländer und Ausländerinnen wurde durchaus schon in den 1880er Jahren als Problem wahrgenommen, weil diese Bürger «die Wohlthat des Bürgerrechts entbehren mussten»[118] und weil der Fremde «ein Stück heimatlichen Herrschafts- und Rechtsgebietes» repräsentiere, wie es der Nationalrat Emil Göttisheim formulierte.[119] Mit vermehrten Einbürgerungen versuchten die Behörden für Abhilfe zu sorgen. In der Einbürgerung sah man das einfachste Mittel gegen die «Überfremdung», machte sie doch aus Ausländern Schweizer (siehe Beitrag von Silvia

**Überseeauswanderung nach Destinationen 1845–1939: Kontinente und wichtige Länder (Mittel mehrerer Jahre)**

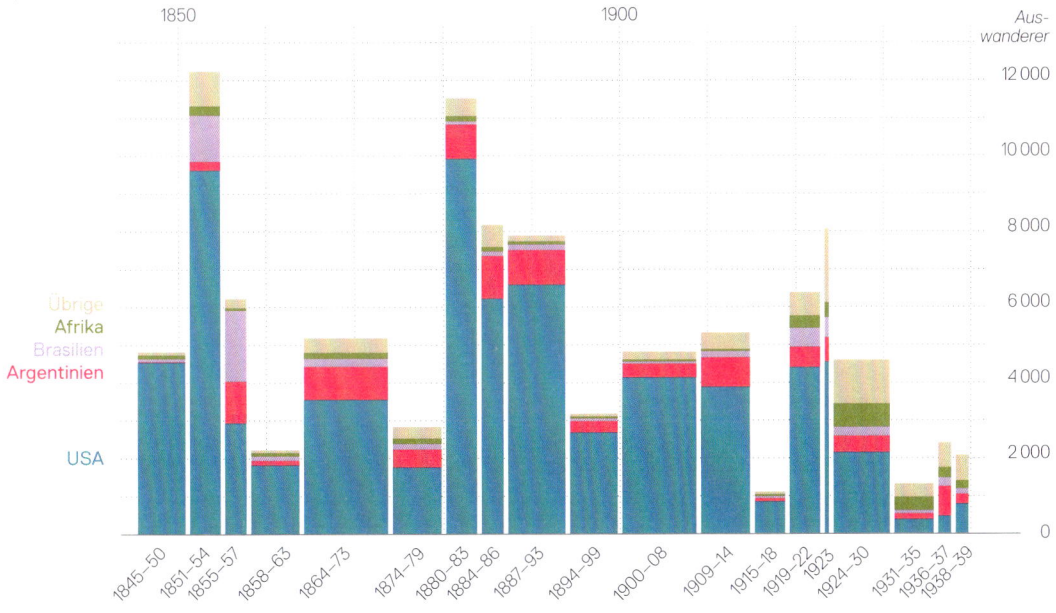

*Quelle: Zahlen nach Hansjörg Siegenthaler, Heiner Ritzmann-Blickenstorfer (Hg.), Historische Statistik der Schweiz, Zürich 1996, S. 368, © 2013 Schwabe AG, Verlag, Basel, und Marc Siegenthaler, Bern.*

Antisemitische Karikatur «Der erste Schächter» im «Nebelspalter» vom 19. August 1893 (*Schweizerische Nationalbibliothek*). – Die Initiative zum Schächtverbot wurde 1893 bei geringer Stimmbeteiligung mit einer Mehrheit von 60 Prozent der Stimmenden und einem knappen ↑Ständemehr angenommen. In der Abstimmungskampagne wurden die antijüdischen Legenden des Ritualmords in neuer, antisemitischer Variante der Schächtlegenden aufgenommen und in einem Feldzug gegen die Juden verwendet. Die Karikatur erschien einen Tag vor der Abstimmung.

Arlettaz, S. 362). Man diskutierte auch eine automatische Einbürgerung für im Lande geborene Ausländer und Ausländerinnen und schuf die rechtlichen Voraussetzungen, damit die Kantone ein *ius soli* einführen konnten: Das Bundesgesetz von 1903[120] räumte den Kantonen das Recht zu solchen «Zwangseinbürgerungen» ein, schrieb sie aber nicht zwingend vor. Die Folge war, dass sich kein Kanton je für die automatische Einbürgerung entschied. Die vom Bundesstaat für eine Einbürgerung vorgeschriebene Mindestaufenthaltsdauer betrug zwei Jahre. Allerdings stand es den Gemeinden frei, längere Fristen vorzuschreiben. Bei der Nutzung dieser Möglichkeit brachten manche Behörden ohne gesetzliche Grundlage sehr selektive Kriterien zur Anwendung, beispielsweise wurde 1912 die Mindestaufenthaltsdauer für «Ostjuden» in der Stadt Zürich auf zehn Jahre heraufgesetzt. Auf eine öffentliche Bekanntmachung dieser Regelung verzichtete man.[121]

Zeitgleich mit den Diskussionen um die Senkung der Ausländerzahlen durch Einbürgerung verstärkte sich um 1900 die Angst vor einer anderen Art der «Überfremdung» – von geistiger, wirtschaftlicher und politischer Überfremdung war nun die Rede.[122] In diesem Konzept waren selbst schon lange in der Schweiz ansässige Ausländer nicht mehr potentielle zukünftige Schweizer. Das «Ausländerproblem» lag nicht mehr darin, dass die «Wohlfahrt» der Ausländer gefährdet war beziehungsweise die Hoheitsrechte der Schweiz bedroht waren, sondern darin, dass Fremde den «Fortbestand der Schweizer Eigenart» gefährdeten. Spielte die «nationale Eigenart» bei Einbürgerungen bis dahin keine Rolle, so taucht dieser Begriff in den Quellen nun vermehrt auf, zum Beispiel unter den Anforderungen an Neubürger, bis er schliesslich im Jahr 1920 Eingang in die amtlichen Verlautbarungen fand.[123] Assimilation und Integration waren nicht mehr die gewünschte Folge der Einbürgerung, sondern wurden zu ihrer unverzichtbaren Voraussetzung.

Was diese «nationale Eigenart» ausmachte, bleibt in den historischen Dokumenten der Zeit freilich unscharf definiert. Die Etablierung von Konzepten wie «Überfremdung» und «nationale Eigenart» verweist auf den Beginn einer neuen Phase der Identitätssuche der Schweiz. Diese Grössen eigneten sich für die nun einsetzende stärkere Abgrenzung gegen aussen, genauso wie als Mittel der politischen Integration im Innern.

### Gesamtschweizerische Gesetzeskodifizierungen

Die Bundesverfassung von 1874 erteilte mit Artikel 64 dem Bund Kompetenzen auf dem Gebiet des Wirtschaftsrechts, die es erlaubten, 1883 das Obligationenrecht (OR) als ersten gesamtschweizerischen Rechtskodex einzuführen. Die grossen kantonsübergreifenden Infrastrukturen wie das Eisenbahn- und das Telegraphennetz hatten die interkantonalen Handelsbeziehungen verstärkt und die Notwendigkeit eines nationalen Schuld-, Sachen-, Handels- und Wechselrechts erhöht.

Damit hatte auch der Wunsch, das Zivilrecht (Personenrecht, Familienrecht, Erbrecht, Sachenrecht) zu vereinheitlichen, neuen Auftrieb erhalten. Mit seinem vierbändigen Werk *System und Geschichte des schweizerischen Privatrechts* (1886–1893) schuf Eugen Huber eine Grundlage für die gesamtschweizerische Zivilrechtskodifikation, die die kantonalen Gesetzbücher ablöste. Diese waren seit Beginn des 19. Jahrhunderts zum Teil nach dem Vorbild des französischen *Code civil* (Genf, Waadt, Neuenburg, Tessin und Berner Jura) oder des österreichischen Zivilgesetzbuches (Bern, Solothurn, Aargau, Luzern) entstanden. Huber gelang es, die verschiedenen kantonalen Lösungen einzubeziehen und einen Ausgleich zu schaffen zwischen den Gesetzbüchern der Westschweiz und denjenigen der Zentral- und Ostschweiz. Dabei kam dem von Johann Caspar Bluntschli geschaffenen und 1853 bis 1855 in Kraft gesetzten *Zürcher Privatrechtlichen Gesetzbuch*, das bereits eine eigenständige schweizerische Kodifikation darstellte, besondere Bedeutung zu.

Nachdem in einer Volksabstimmung im Jahr 1898 mit einer Ergänzung von Artikel 64 dem Bund die Kompetenz zur Gesetzgebung auf dem Gebiet des gesamten Privatrechts zugestanden worden war, konnte die Arbeit in den Räten und Expertenkommissionen fortgeführt werden. Das Parlament nahm das *Zivilgesetzbuch* (ZGB) im Jahr 1907 einstimmig an, ein Referendum wurde nicht ergriffen. Dies zeigt deutlich, dass die Bemühungen, möglichst viele Gruppierungen durch Vernehmlassungen und Beteiligungen in den Expertenkommissionen einzubeziehen, offensichtlich erfolgreich waren. Ein interessantes Beispiel dieser Bemühungen stellt der Einbezug der Frauenverbände dar. Allerdings überliess man ihre Vertretung nicht einer Juristin des Verbandes, sondern dem Privatrechtsprofessor Max Gmür. Die Anträge des *Bundes Schweizerischer Frauenverbände* (BSF) auf eine Verbesserung der Stellung der Frauen im Ehe- und Scheidungsrecht und im ehelichen Güterrecht sowie auf Mündigkeit der verheirateten Frauen in allen Rechtsbelangen fanden kein Gehör. Hier blieb das ZGB hinter einigen kantonalen Lösungen zurück, da es mehrheitlich das konservative Zürcher Recht übernahm. Es verfestigte die geschlechtsspezifische Rollenteilung, indem es den Mann als «Haupt der Familie» hervorhob, die Pflicht der Ehefrau zur Haushaltsführung festlegte und den Ehemann zum Lohnerwerb verpflichtete.[124]

Nachdem auch das Obligationenrecht angepasst und ins ZGB integriert worden war, trat das Gesetz 1912 in Kraft. Für die Herstellung eines einheitlichen schweizerischen Rechtsraumes kommt dem ZGB grosse Bedeutung zu. Es wurde zudem richtungsweisend für weitere europäische und aussereuropäische Kodifikationen.

Weniger erfolgreich war das Vorhaben, ein gesamtschweizerisches Strafgesetzbuch zu schaffen. Zwar war dem Bund im Jahr 1898 diese Kompetenz zugestanden worden, aber bis 1916 lagen erst zaghafte Entwürfe vor. Die kontroversen Auffassungen der Anhänger der Sühnegerichtsbarkeit auf der einen Seite und derjenigen der Besserungsstrafe auf der anderen führten immer wieder zu Verzögerungen, so dass die Einführung erst 1942 nach einer Referendumsabstimmung erfolgen konnte. Bis zu diesem Zeitpunkt kamen in Strafrechtsfällen stets die kantonalen Strafgesetze zu Anwendung.

## VOM ANFANG ZUM ENDE EINER EPOCHE?

Was macht nun den Zeitraum zwischen 1848 und 1914 zu einer Epoche? Oder anders gefragt: Welches sind die für diesen und nur für diesen Zeitraum typischen Entwicklungen? Am deutlichsten lässt sich der «Epochencharakter» wohl für die politische Entwicklung feststellen. Die Entstehung des Bundesstaates war eine Zäsur, selbst wenn diese – wie jede historische Entwicklung – nicht voraussetzungsfrei war, und sicher haben die Helvetik und mit ihr die Erfahrung eines Zentralstaates sowie die kantonalen Entwicklungen der liberalen Regeneration der 1830er Jahre eine wichtige Rolle gespielt.

Zudem wird im historischen Rückblick deutlich, wie lange die Entwicklung vom Staatenbund zum Bundesstaat dauerte und dass immer wieder – und zum Teil mit Erfolg – versucht wurde, die Zentralisierung in wichtigen Fragen der Staatsorganisation zu verhindern: Von einem Nationalstaat kann man allenfalls ab 1900, also fünfzig Jahre nach seiner Gründung, sprechen.

Die im europäischen Vergleich so frühe Einführung des allgemeinen Stimm- und Wahlrechts für Männer liess die Scheidung zwischen den Wahlberechtigten und den Nichtwahlberechtigten – anders als zum Beispiel in Deutschland oder England, wo noch lange ein Zensuswahlrecht galt – entlang der Geschlechtergrenze verlaufen. Auch dies blieb bestimmend für die weitere Entwicklung der Frauenrechte und trug neben der direkten Demokratie dazu bei, dass die Schweiz die politische Gleichberechtigung der Frauen erst spät im 20. Jahrhundert zuliess. Mit der politischen Bevormundung ging eine privatrechtliche Unterstellung der Ehefrau einher, die eine Rollenteilung zwischen der ausserhäuslichen und ökonomischen Aktivität des Ehemannes und der innerhäuslichen Verantwortung der Ehefrau postulierte – allerdings ohne dass die wirtschaftlichen Voraussetzungen dafür gegeben gewesen wären, denn nur eine Minderheit der Familien konnte mit einem Verdienst auskommen.

Der Ausbau der Volksrechte und der direkten Demokratie, die Referendumsdemokratie und die Formung einer Konkordanzdemokratie waren ebenfalls typisch und zentral für diesen Zeitraum. Diese Instrumente sollten die Schweizer Politik des 20. Jahrhunderts bestimmen. Das Schicksal des Frauenwahlrechts war mit dieser Weichenstellung entschieden: Konkordanz und Volksrechte erhielten einen höheren Stellenwert als die Menschenrechte.

Die Vorherrschaft des Freisinns war epochentypisch und endete mit der Einführung des Proporzwahlrechts, die auf eidgenössischer Ebene zwar erst nach dem Ersten Weltkrieg vollzogen, in den Kantonen jedoch im Untersuchungszeitraum vorbereitet wurde. Die Parteienlandschaft hatte sich in derjenigen Form ausgestaltet, in der sie über weite Strecken des 20. Jahrhunderts Bestand hatte.

Seit 1850 wuchs die Schweizer Bevölkerung von 2 392 740 Einwohner auf 3 753 293 Einwohner bei der Zählung von 1910 an. Das Bevölkerungswachstum ist jedoch kein Alleinstellungsmerkmal der Epoche, diese Entwicklung hatte bereits im 18. Jahrhundert begonnen, um sich im 20. Jahrhundert fortzusetzen. Allerdings wurde die Schweiz im letzten Drittel des 19. Jahrhunderts erstmals von einem Auswanderungs- zu einem Einwanderungsland. Auch die Binnenwanderung, eine gewisse Verstädterung und der Bevölkerungsverlust der Berggebiete können als epochentypisch gelten, ohne dass sie mit dem Ende des Zeitraums zu einem Abschluss gekommen wären.

Wirtschaftshistorisch war der Einschnitt etwas weniger prägnant. Einen Zäsurcharakter hatte allenfalls der strukturelle Wandel der Beschäftigungsverteilung: Fortan schrumpfte der primäre Sektor in absoluten Zahlen, und die Verlagerung in Richtung Industrie beschleunigte sich. Andererseits hatte die Industrialisierung bereits vorher eingesetzt und die etablierten Leitbranchen der ersten Industrialisierungsphasen, die Textil- und die Uhrenproduktion, blieben noch lange Zeit dominant: Um 1900 absorbierten die Textilindustrie, das Bekleidungsgewerbe und die Uhrenindustrie zusammen rund 50 Prozent der Beschäftigten, während bei den «Neulingen» Metall- und Maschinenindustrie erst 10 Prozent ihr Auskommen fanden, beim Zukunftsträger Chemie noch nicht einmal 1 Prozent.[125] Mit dem Bau der Eisenbahnen aber wurden sowohl für den Untersuchungszeitraum als auch für die Entwicklungen des 20. Jahrhunderts insgesamt wichtige Weichen gestellt.

Das Gleiche gilt für den Aufschwung des Bankensektors. In der zweiten Hälfte des 19. Jahrhunderts wurde das Prinzip der Eigenfinanzierung durch das Kapital der Familien der Unternehmer zunehmend von der Fremdfinanzierung durch Banken abgelöst, da für die Projekte immer grössere Beträge benötigt wurden. Regionale Banken und Kreditinstitute mit eher gemeinnützigen Zielen und später Grossbanken, die mit den Banken von Frankreich und Deutschland konkurrierten, strebten danach, den immensen Kapitalbedarf der aufstrebenden Industrie zu decken. Die Schweiz wurde allerdings bis zum Ersten Weltkrieg auch zum Kapitalexportland, das die Erträge aus seiner Wirtschaftstätigkeit und die in seinen Banken angelegten ausländischen Vermögen exportierte. An diese Erfolge konnte man nach einer schwierigen Phase in der Zwischenkriegszeit erst nach dem Zweiten Weltkrieg wieder anknüpfen. Die Weichen für den Aufstieg zu einem der führenden Finanzplätze der Welt wurden im 19. Jahrhundert gestellt – die problematische Seite dieser Entwicklung sollte sich erst viel später in aller Deutlichkeit zeigen.

Die Frauenerwerbsquote erreichte am Ende des Zeitraumes einen Höhepunkt. Die niedrigen Frauenlöhne sorgten für die weiterhin dominante Stellung der Textilindustrie, verhinderten aber ebenso eine rechtzeitige Strukturbereinigung. Dieser Zusammenhang weist auf Probleme und Schwierigkeiten des 20. Jahrhunderts hin, die nicht nur die Textilindustrie, sondern ebenso und viel umfassender die ökonomisch und gesellschaftlich sinnvolle Gestaltung des Arbeitsmarktes und den Einbezug der weiblichen Arbeitskräfte betreffen. Billige Arbeitskräfte aus dem Ausland, deren bewusst unsicher gehaltener Aufenthaltsstatus die gesellschaftliche Integration und die politische Partizipation verhinderte, dienten, zusammen mit der Verschärfung der Einbürgerungsbedingungen, als Konjunkturpuffer. Dieses Modell wurde im weiteren Verlauf des 20. Jahrhunderts zum Vorbild der Einwanderungspolitik.

In der Aussenpolitik gelang es der Schweiz, die von den europäischen Grossmächten im Jahr 1815 auferlegte Neutralität zum eigenen Vorteil zu interpretieren und die politischen Konstellationen zu nutzen – beginnend mit der Gründung des Bundesstaates, die ohne die 1848er Revolutionen und die innenpolitischen Probleme der europäischen Mächte so nicht hätte verlaufen können. Dies zeigte sich im Neuenburger Konflikt und nicht zuletzt in der Savoyer Frage, als der Bundesrat 1870 zwar darauf verzichtete, eine Änderung der Grenzziehung zu erwirken, zugleich aber den Anspruch reklamierte, im Kriegsfall die Neutralität dieses Ge-

**Richard Kissling in seinem Zürcher Atelier mit dem Gipsmodell des Telldenkmals, Photographie von 1893** (*Staatsarchiv Uri*). — Die Berufung auf den Gründungsmythos der Schweiz, die insbesondere im letzten Drittel des 19. Jahrhunderts durch die Bundesfeier oder in Form von Schauspielen und Denkmälern zum Ausdruck kam, bestärkte die nationale Einheit und half, die Innerschweizer Kantone, die durch den Sonderbundskrieg und die wirtschaftliche Entwicklung ins Abseits gedrängt worden waren, in das Konzept des neuen Bundesstaates einzubinden. Dabei wurde die ländliche Tradition der Schweiz betont, wie das Beispiel des Telldenkmals in Altdorf zeigt, bei dessen Ausschreibung explizit festgelegt wurde, dass Wilhelm Tell in «landesüblicher Bauerntracht seiner Zeit» darzustellen sei.

biets mit einer Besetzung sicherzustellen. In diesen Jahren wurde die Neutralität zu einem wichtigen Element des schweizerischen Selbstverständnisses.

Die Tatsache, dass in der Schweiz im Jahr 1848 politische Veränderungen dank einer erfolgreichen Revolution umgesetzt werden konnten, was sonst in keinem europäischen Land gelang, verschaffte ihr durch Zuwanderung insbesondere aus Deutschland, wo die Revolution gescheitert war, neues «Humankapital», das beim Aufbau der Bildungsinstitutionen und Universitäten eine zentrale Rolle spielte und dem wichtige kulturelle Impulse zu verdanken sind.

Mit der Gründung des *Internationalen Komitees der Hilfsgesellschaften für die Verwundetenpflege* im Jahr 1863, aus dem das *Internationale Komitee vom Roten Kreuz* (IKRK) hervorging, wurde die Grundlage des späteren humanitären Völkerrechts geschaffen – ein Vorgang, der insgesamt für die transnationalen Beziehungen von grosser Bedeutung war, wesentlich zum internationalen Ansehen der Schweiz beitrug und ihre Rolle als Sitz internationaler Organisationen begründete. So wurde zum Beispiel 1897 das *Internationale Arbeitsamt* (IAA) in Basel begründet, das später zur Einrichtung der *International Labour Organisation* (ILO) in Genf führte. Die Schweiz wurde auch zum Durchführungsort internationaler Konferenzen, wie zum Beispiel des Internationalen Arbeiterschutzkongresses 1897 in Zürich, des Internationalen Basler Friedenskongresses 1912 oder der Konferenz der Telegraphen- und Telefonverwaltungen in Bern 1914. Desgleichen beteiligte sich die Schweiz an zahlreichen internationalen Konferenzen im Ausland. Damit entstanden im 19. und zu Beginn des 20. Jahrhunderts in ganz unterschiedlichen Bereichen Grundlagen eines Netzwerkes, das zu einem wesentlichen Instrument der Schweizer Aussenpolitik des 20. und 21. Jahrhunderts werden sollte.[126]

Die Abhängigkeit von Entwicklungen im Ausland – oder, positiver formuliert: die Reaktion auf die Anforderungen neuer politischer Konstellationen – zeigte sich ferner in der Innenpolitik und in der Wirtschaftspolitik. Der Industrie- und der Agrarsektor wurden vom Export abhängig, die Eisenbahnen zunächst mit ausländischem Kapital finanziert, die Streckenführungen aus dem Ausland mitbestimmt. Das Rechtssystem veränderte sich unter ausländischem Druck, wie das Beispiel der Gleichstellung der Juden zeigt – ein Prozess der sich im 20. Jahrhundert noch mehrmals wiederholen sollte.

Auch mentalitätsgeschichtlich war die Schweiz kein Solitär. Auf Entwicklungen im Ausland reagierte sie geschickt mit Nachahmungen oder indem sie sie – wie beim Staatsbürgerrecht oder später beim Frauenstimmrecht – konterkarierte. Die Betonung des Nationalen, der Eigenheit und der Eigenständigkeit kommt beispielsweise in der Etablierung der Repräsentationsfigur Helvetia[127] und gegen Ende des Jahrhunderts in Erfindungen von Traditionen, etwa im Zusammenhang mit dem Gründungsmythos, zum Ausdruck. Diese Hinwendung zur Nation korrespondiert mit Entwicklungen in den anderen europäischen Ländern, ebenso wie die Angst, die Schweiz könne durch Geburtenrückgang «verschwinden» oder durch «Überfremdung» ihre Eigenheit verlieren.

Der Topos der bäuerlichen Schweiz, des Bauern als des wahren Schweizers, sowie der Mythos der «drei Gebirgsbauernrepubliken» und des Ursprungs der Schweiz im Bauernstande wurden just in der Epoche geschaffen, als die Landwirtschaft an Bedeutung verlor. Sogar dazu gibt es ideologische Entsprechungen in anderen Ländern. Allerdings war dieser Topos in der Schweiz besonders früh ausgeprägt und hält sich lange – wohl nirgendwo sonst klaffen Realität und Wunschdenken so stark auseinander. Geschichtsschreibung und politische Kräfte knüpften im 20. Jahrhundert erfolgreich an diese Vorstellung an und tun dies bis heute. Und bis heute hat sich auch die im Zeitraum zwischen 1848 und 1914 wenn nicht geprägte, so doch zumindest verstärkte Vorstellung halten können, dass all dies typisch schweizerisch – und nur schweizerisch – sei.

Das Bewusstsein für die Leistungen der Gründung des Bundesstaates von 1848, die, bei aller Widersprüchlichkeit, der Schweiz zu einer aussergewöhnlichen Stellung in Europa verholfen hatte – als einziger Staat, der aus einer erfolgreichen Bürgerrevolution hervorgegangen war, als einzige Demokratie mit einem Wahlrecht, das nur noch wenige Männer ausschloss, als Republik in einem Europa der Monarchien, als Vorbild für aussereuropäische Staaten –, dieses Bewusstsein scheint dagegen in der Öffentlichkeit zu schwinden. Die «Erfindung» des 1. August 1291 als Gründungsdatum und die seit 1891 langsam etablierte «Bundesfeier» haben es erfolgreich verdrängt. Im 20. Jahrhundert wurde die Geschichtsnarration des Gründungsmythos weitergeschrieben – in der ↑Geistigen Landesverteidigung ebenso wie in der Diskussion um die Stellung der Schweiz im Zweiten Weltkrieg oder in der Europadebatte. 1848 als Gründungsdatum hat dagegen einen schweren Stand, wie die politischen Diskussionen im Jubiläumsjahr 1998 und die am Anfang dieses Beitrags angeführte Interpellation aus dem Jahr 2009 gezeigt haben.

## ZUM STAND DER FORSCHUNG

Die zweite Hälfte des 19. Jahrhunderts und der Zeitabschnitt bis zum Ersten Weltkrieg sind ein Teil des «langen 19. Jahrhunderts», wie es der britische Historiker Eric Hobsbawm genannt hat. Damit sprach Hobsbawm allerdings nicht die Einheitlichkeit des gesamten Zeitraumes an, sondern die Vorstellung, dass der Abschnitt des 20. Jahrhunderts bis zum Ersten Weltkrieg eher dem 19. Jahrhundert zuzurechnen ist und der Bruch und der Beginn des 20. Jahrhunderts erst im Ersten Weltkrieg erfolgt. Dennoch kann auch für die Zeit seit der Gründung des Bundesstaates nicht von einer einheitlichen Entwicklung, von einer Ära oder Epoche gesprochen werden, wie die folgenden Beispiele zeigen, die stellvertretend für viele weitere stehen: So wird oft entweder ein Teil des Zeitraumes beschrieben, etwa 1880 bis 1914 wie in Erich Gruners dreibändigem Werk *Arbeiterschaft und Wirtschaft in der Schweiz, 1880–1914,* oder es wird weit über die Zäsur von 1914 hinausgegangen, wie etwa in Jakob Tanners Ernährungsgeschichte *Fabrikmahlzeit. Ernährungswissenschaft, Industriearbeit und Volksernährung in der Schweiz 1890–1950*[128] und in *Brave Frauen, aufmüpfige Weiber. Wie sich die Industrialisierung auf Alltag und Lebenszusammenhänge von Frauen auswirkte (1820–1940)*[129] von Elisabeth Joris und Heidi Witzig – ungeachtet der Vorstellungen der Zäsur von 1914 oder von 1848.

Insgesamt gehört der Untersuchungszeitraum 1848–1914 zu den seit längerem historiographisch gut erforschten Zeiträumen der Schweizer Geschichte, was allerdings gravierende Forschungslücken in einzelnen Bereichen nicht ausschliesst. Hinweise auf einen allgemeinen Forschungsrückstand sind jedoch inzwischen nicht mehr zutreffend. Sehr viele neuere historiographische Ansätze gingen zunächst von spezifischen Fragestellungen zu diesem Zeitraum aus und wurden an ihm «erprobt» oder beziehen ihn zumindest ein. Dazu gehören unter anderem diskursanalytische, mikrohistorische, mentalitätsgeschichtliche oder quantitative Methoden und Ansätze, mit denen Themen aus Sozialgeschichte, Alltagsgeschichte, Geschlechtergeschichte, Historischer Anthropologie, Kulturgeschichte, Wissenschaftsgeschichte und Körpergeschichte erforscht wurden. Es ist diese Vielfalt der methodischen und thematischen Zugänge, die die neuere Historiographie zum Untersuchungszeitraum geprägt hat.

Sozialgeschichte, die sich dem Primat der Politik entgegenstellte, das die historische Forschung über weite Strecken dominiert hatte, begann in der Schweizer Geschichtsforschung erst vergleichsweise spät – um 1960 – Fuss zu fassen. Hier waren zunächst insbesondere die Auswirkungen der Industrialisierung auf die Wirtschafts- und Sozialstruktur und deren Bedeutung für die sich neu herausbildende Arbeiterschicht von Interesse. Sozialgeschichte, Arbeitergeschichte und die Geschichte der Arbeiterbewegung traten zunächst fast synonym auf. Allerdings wurde – insbesondere von Rudolf Braun – in diesem Kontext bereits früh die Entstehung einer neuen ländlich-bürgerlichen Sozialordnung thematisiert. Als der Forschungsansatz auch durch die Übertragung von Professuren an die Pioniere der Sozialgeschichte Rudolf Braun, Erich Gruner, Markus Mattmüller und Alain Dubois Fuss gefasst hatte, folgten Darstellungen etwa über den Wandel der Berufswelt der Angestellten und Akademiker sowie über die Bedeutung der wirtschaftlichen und politischen Entwicklung für das Schweizer Bürgertum[130], die inzwischen durch differenzierte Studien zu einzelnen Unternehmen und Unternehmern ergänzt wurden.[131] Dabei kam gerade in den letzten Jahren auch die biographische Darstellung «grosser Männer», seltener «grosser Frauen» wieder zu Ehren, die im Kontext der sozialgeschichtlichen Ansätze als überholt gegolten hatte. Allerdings wurden die Protagonisten und Protagonistinnen – wie es Mario König ausdrückte – nicht mehr als «Macher», sondern als «Gemachte» dargestellt, deren kommunikatives Handeln als Ergebnis eines sozialen Kontextes verstanden wird.[132] Bei der Sozialgeschichte der akademischen Berufe muss allerdings weiterhin ein starker Forschungsbedarf vermerkt werden; das Gleiche gilt für diejenige der bäuerlichen Bevölkerung.

Sozialgeschichtliche Forschung hat – nach einer relativ kurzen Zeit der Dominanz – seit dem Ende der 1980er Jahre nicht mehr die gleiche Bedeutung; trotzdem hat sie auch die neuere Geschichtsschreibung über den Untersuchungszeitraum deutlich geprägt. Das mag daran liegen, dass die Schweizer Sozialgeschichte vergleichsweise wenig nationalstaatlich ausgerichtet war und zudem relativ früh sozialgeschichtliche Analysen mit der Darstellung von politischen und kulturellen Entwicklungen verband.

Die Kritik der Frauengeschichte an der Sozialgeschichte war, dass sie, entgegen ihrem Versprechen, die gesamte geschichtliche Wirklichkeit unter einem sozioökonomischen Blickwinkel zu betrachten, die Hälfte der Bevölkerung ausgeklammert hatte. Sie hätte damit das Ungleichgewicht der traditionellen politischen Geschichte weiter aufrechterhalten. Dieser Ausschluss beziehungsweise der Kampf um den Einschluss, der Kampf ums Frauenstimm- und Wahlrecht, der im Untersuchungszeitraum deutlichere Konturen annahm, wurde zu einem wichtigen Thema der Frauengeschichte, das allerdings in der Schweizer Forschung in Verbindung mit den vielfältigen Formen weiblichen Arbeitens und dem Wandel der gesellschaftlichen und rechtlichen Stellung von Frauen analysiert wurde.¹³³ Zudem war die Erschliessung von Quellen, deren angebliche Inexistenz das Defizit legitimiert hatte, zentral für die Forschung:¹³⁴ «Von der Spurensuche zur thematisch ausdifferenzierten Analyse gesellschaftlicher Verhältnisse» – so umreisst Elisabeth Joris den Weg des Forschungsansatzes in ihrem bibliographischen Überblick.¹³⁵

Die Betonung von Geschlecht («gender») als Analysekategorie seit den 1990er Jahren hat dazu geführt, dass sich die Forschung methodisch stark auf diskursanalytische Ansätze konzentrierte. Dadurch wurde der Fokus thematisch von der Diskriminierung von Frauen auf die Geschlechterbeziehungen verschoben, das heisst auf die vielfältige Bedeutung von Geschlecht in gesellschaftlichen und politischen Machtkonstellationen, auf die Heteronormativität der Gesellschaftsordnung und deren Untrennbarkeit von der Geschlechterordnung.¹³⁶ Mit dieser Ausweitung der Perspektive hat die Geschlechtergeschichte die Geschichtswissenschaft nachhaltig geprägt; Körpergeschichte, aber auch Wissenschaftsgeschichte sind ohne diesen Ansatz inzwischen nicht mehr denkbar. Dennoch ist das Ziel einer allgemeinen Geschichte, in der Geschlecht als Kategorie und die Geschlechterordnung als bestimmender Teil der Gesellschaftsordnung in die Analysen und Darstellungen einbezogen wird, selbst für den Untersuchungszeitraum, für den umfangreiche Forschung vorliegt, nicht erreicht.

Kritik an der Sozialgeschichte und vor allem an ihrer starken Ausrichtung auf strukturelle Fragen wurde auch von Seiten der Alltagsgeschichte, der Kulturgeschichte, der Mikrogeschichte und der Historischen Anthropologie geäussert. Bei aller Verschiedenheit dieser Ansätze ging die Kritik vielfach übereinstimmend davon aus, dass die Menschen aus der Geschichte zu verschwinden schienen, dass infolge der Dominanz struktureller Prozesse andere Faktoren nicht berücksichtigt wurden. Auf dieses Defizit wollte man mit einem subjektzentrierten, auf die Handlungen und Erfahrungen der Menschen Bezug nehmenden Zugang zu kulturellen und gesellschaftlichen Prozessen reagieren. Gemeinsam ist diesen Arbeiten der Anspruch, Geschichten zu erzählen und dabei die Geschichte von Individuen in ihrer Alltagswelt, den «Eigensinn» sozialer und kultureller Praxis und die «Aneignung», das heisst die Gestaltungsmöglichkeiten der Realität durch Individuen, zu berücksichtigen.

Die vielfältigen Zugänge zu historischen Entwicklungen orientieren sich kaum an Zäsuren der politischen Geschichte: So umfasst die Forschung unterschiedlich weite Zeiträume, wie etwa Untersuchungen zur Geschichte einer Bauernfamilie, zu Geschichte und Schicksal von Schweizer Auswanderern in den USA, zur Geschichte der Arbeiter- und Gewerkschaftsbewegung im 19. und 20. Jahrhundert oder zur Geschichte des Körpers.¹³⁷ Auch beziehen sich die Arbeiten oft nur am Rande spezifisch auf die Geschichte der Schweiz und analysieren vielmehr Prozesse, die nicht an Staatsgrenzen enden.¹³⁸ In ihrer methodischen Ausrichtung wurden die neueren Ansätze – insbesondere die Geschlechter- und die Körpergeschichte sowie die Historische Anthropologie – stark durch die Diskurstheorie Michel Foucaults beeinflusst, das heisst, sie interpretieren historische Ereignisse und Prozesse als untrennbar mit ihrer sprachlichen oder symbolischen Repräsentation verknüpft.¹³⁹ Die Kritik an diesem «linguistic turn», dass nämlich damit das Objekt und die «Kategorie Erfahrung» erneut aus der historischen Analyse verschwindet und die soziale Wirklichkeit auf rein diskursive Konstruktionen und sprachliche Interpretationen reduziert wird, ist durch den Versuch abgelöst worden, «Erfahrung» und «Diskurs» nicht als Gegensatzpaare aufzufassen, sondern ihre gegenseitige Beeinflussung und Bedingtheit ins Zentrum zu stellen.¹⁴⁰

Einen wichtigen Anstoss für die Forschung zum Untersuchungszeitraum gaben die Jubiläumsfeiern im Jahr 1998. Sie haben dazu beigetragen, dass sich die Geschichtswissenschaft vermehrt mit «1848 und den Folgen» auseinandergesetzt hat.¹⁴¹ Ein weiterer Schwerpunkt historischer Darstellungen liegt in der Periode von den 1860er Jahren und der Demokratischen Bewegung bis zur Bundesverfassungsrevision von 1874.¹⁴²

Eine gewisse Verdichtung der Forschung ist für die Zeit zwischen 1880 und 1914 festzustellen. Auffallend viele Untersuchungen beziehen diesen Zeitraum mit ein oder beschränken sich gar ausschliesslich auf das «Fin de siècle», etwa der von Aram Mattioli und Michael Graetz herausgegebene Sammelband mit entsprechend lautendem Titel¹⁴³ oder die Monographie *Entzweiungen* von Caroline Arni über die Bedeutung und den Kontext von Ehe und Scheidung. Diese Untersuchungen stellen – wie viele andere auch – das Krisenhafte dieses Zeitraumes in den Vordergrund. Dabei bleibt es allerdings fraglich, ob das «eigentlich» Krisenhafte und das Krisenbewusstsein sich hauptsächlich in den allerletzten Jahren vor dem Beginn des Weltkriegs so zuspitzte, wie es Hansjörg Siegenthaler¹⁴⁴ mit Hinweis auf den Zürcher Landesstreik 1912 dargestellt hat, oder ob es sich um ein über längere Zeit schwelendes Unbehagen handelte, eine Antimodernisierungsstimmung, die besonders in der Westschweiz zum Ausdruck kam, wie Georg Kreis gezeigt hat – eine Stimmung, die indes um 1900 von den Zeitgenossen allgemein als Verfallserscheinung, Dekadenz, Degeneration und Zeichen einer Auflösung der bürgerlichen Gesellschaftsordnung interpretiert wurde, wie Jakob Tanner beschreibt.¹⁴⁵ Je nach Perspektive und Untersuchungsgegenstand wird auch unterschiedlich beurteilt, ob sich ab 1890 institutionelle und ideologische Veränderungen anbahnten, die eine eigentliche Trendwende einleiteten und bis hin zur Geistigen Landesverteidigung und zum «Helvetischen Totalitarismus» führten, wie es Hans-Ulrich Jost mit seinem Bild der Geburt einer «reaktionären Avantgarde» umreisst, oder ob in dieser Phase eine Öffnung begann, die die Parteienlandschaft – Stichwort Proporz – und die Sozialpolitik des Folgezeitraums nachhaltig prägen sollte.

## ANMERKUNGEN

**1**—Botschaft des Bundesrates an die Bundesversammlung betreffend Subventionierung der schweizerischen Landesausstellung in Bern (Vom Mai 1911), in: Schweizerisches Bundesblatt, Bd. 3, Nr. 19, 1911, S. 27.
**2**—Georg Kreis, Schweizerische Landesausstellungen – zu welchem Zweck? Ein Überblick über die Entwicklung 1804 – 2002, in: ders., Vorgeschichte zur Gegenwart, Bd. 1, Basel 2003, S. 13–21; Claudio Jörg, Die schweizerische Landesausstellung 1914 in Bern zwischen Fortschrittsglaube und Kulturkritik, in: Schweizerisches Bundesarchiv (Hg.), expos.ch. Ideen, Interessen, Imitationen, Bern 2000, S. 131–149.
**3**—Schweizerisches Bundesarchiv, Die Landesausstellungen 1883, 1896, 1914, 1939 und 1964. Bericht zuhanden der Geschäftsprüfungskommission des Ständerats, in: Bundesblatt, Bd. 1, Nr. 25, 2001, S. 2601; Jörg, Landesausstellung, S. 137–144.
**4**—Georg Kreis, Krisenreaktionen in der französischen Schweiz vor 1914, in: Andreas Ernst / Erich Wigger (Hg.), Die neue Schweiz? Eine Gesellschaft zwischen Integration und Polarisierung (1910–1930), Zürich 1996, S. 21–39.
**5**—David Gugerli / Daniel Speich, Der Hirtenknabe, der General und die Karte. Nationale Repräsentationsräume in der Schweiz des 19. Jahrhunderts, in: Verein für kritische Geschichtsschreibung (Hg.), Werkstatt Geschichte, Bd. 23, 1999, S. 61.
**6**—NZZ vom 15. Mai 1914; s. auch Gugerli, Hirtenknabe, S. 61.
**7**—Amtliches Bulletin der Bundesversammlung, Geschäft 09.1167 (Anfrage), Gründungsdatum der Schweizerischen Eidgenossenschaft, eingereicht von Margret Kiener Nellen am 9.12.2009, Antwort des Bundesrates vom 17.2.2010; vgl. auch Christian Simon, Die Helvetik in der nationalen Historiographie, in: ders. (Hg.), Dossier Helvetik, Bd. 5/6, Basel 2000, S. 239–263.
**8**—Hansjörg Siegenthaler, Regelvertrauen, Prosperität und Krisen. Die Ungleichmässigkeit wirtschaftlicher und sozialer Entwicklung als Ergebnis individuellen Handelns und sozialen Lernens, Tübingen 1993.
**9**—Roland Ruffieux, Die Schweiz des Freisinns, in: Beatrix Mesmer et al. (Hg.), Geschichte der Schweiz und der Schweizer, Basel 1982–1983, Bd. 3, S. 28.
**10**—Jean-François Bergier, Die Wirtschaftsgeschichte der Schweiz. Von den Anfängen bis zur Gegenwart, Zürich/Köln 1983, S. 201.
**11**—Regina Wecker, Zwischen Ökonomie und Ideologie. Arbeit im Lebenszusammenhang von Frauen im Kanton Basel-Stadt 1870–1910, Zürich 1997.
**12**—Max Baumann, Schiffe, Fuhrwerke und Eisenbahn. Zur Konkurrenz zwischen Fluss- und Landverkehr, in: Hans Ulrich Schiedt et al. (Hg.), Verkehrsgeschichte / Histoire des transports, Zürich 2010, S. 137–148.
**13**—Bergier, Wirtschaftsgeschichte, S. 308–320.
**14**—Ebd., S. 311; zu Escher s. Joseph Jung, Alfred Escher, 1819–1882. Aufstieg, Macht, Tragik, Zürich 2006.
**15**—Botschaft des Bundesrates an die Bundesversammlung betreffend Abänderung vom Artikel 9 des Gesetzes über den Bau und Betrieb der Eisenbahnen auf dem Gebiet der schweizerischen Eidgenossenschaft vom 23. Dezember 1872, vom 29. Januar 1878, Bundesblatt, 1878, S. 166–170; Placid Weissenbach, Das Eisenbahnwesen der Schweiz, Bremen 2012, (Repr. von 1913), S. 66–68.
**16**—Elisabeth Joris / Katrin Rieder / Béatrice Ziegler (Hg.), Tiefenbohrungen. Frauen und Männer auf den grossen Tunnelbaustellen der Schweiz 1870–2005, Baden 2006.
**17**—Judith Schueler, Materialising Identity. The co-construction of the Gotthard railway and Swiss national identity, Den Haag 2008; vgl. auch Kilian T. Elsasser / ViaStoria (Hg.), Der direkte Weg in den Süden. Die Geschichte des Gotthardbahn, Zürich 2007; Joris/Rieder/Ziegler (Hg.), Tiefenbohrungen.
**18**—Hans-Ulrich Schiedt, Einführung zu den Beiträgen zur Verkehrsgeschichte des 19. Jahrhunderts, in: Schiedt et al. (Hg.), Verkehrsgeschichte, S. 151–154.
**19**—Martin Lengwiler / Verena Rothenbühler / Cemile Ivedi, Schule macht Geschichte. 175 Jahre Volksschule im Kanton Zürich, 1832–2007, Zürich 2007.
**20**—Werner Lustenberger, Pädagogische Rekrutenprüfungen, Chur 1996.
**21**—Emil Wettstein, Die Entwicklung der Berufsbildung in der Schweiz, Aarau 1987.
**22**—Regina Wecker / Brigitte Studer / Gaby Sutter, Die «schutzbedürftige Frau». Zur Konstruktion von Geschlecht durch Mutterschaftsversicherung, Nachtarbeitsverbot und Sonderschutzgesetzgebung, Zürich 2001, S. 28, 29 sowie Anm. 50.
**23**—Mario König / Hannes Siegrist / Rudolf Vetterli, Warten und Aufrücken. Die Angestellten in der Schweiz, 1870–1950, Zürich 1985, S. 39; Wecker, Die «schutzbedürftige Frau», S. 24.
**24**—Hansjörg Siegenthaler, Heiner Ritzmann-Blickenstorfer (Hg.), Historische Statistik der Schweiz, Zürich 1996, S. 1185.
**25**—Walter Rüegg (Hg.), Geschichte der Universität in Europa, Bd. 3: Vom 19. Jahrhundert bis zum Zweiten Weltkrieg, München 2004, S. 72f.
**26**—Regina Wecker, Die Schweiz, das europäische Land des Frauenstudiums, in: Ilse Nagelschmidt (Hg.), 100 Jahre Frauenstudium an der Alma Mater Lipsiensis, Leipzig 2007, S. 235–252.
**27**—www.unigeschichte. unibas.ch/lokal-global/der-nationale-und-internationale-kontext/vom-nutzen-und-nachteil-einer-eidgenoessischen-universitaet, Zugriff: 14. November 2011.
**28**—London Times vom 27. Juli 1865, zit. nach David Roberts, On the ridge between life and death: a climbing life reexamined, New York 2005, S. 357; vgl. Franz Berktold-Fackler, Überblick über die Geschichte des Reisens in Mitteleuropa, speziell in Deutschland, Diss. Univ. Augsburg 1993, S. 79.
**29**—Wolfgang König, Geschichte der Konsumgesellschaft, Stuttgart 2000, S. 284–287.
**30**—Siegenthaler/Ritzmann-Blickenstorfer, Historische Statistik, S. 740–741.
**31**—Bergier, Wirtschaftsgeschichte S. 322.
**32**—Paul Huber / Hansruedi Brunner, Die Welt der Luzerner Hotelangestellten, in: Schweizerisches Sozialarchiv (Hg.), Arbeitsalltag und Betriebsleben. Zur Geschichte industrieller Arbeits- und Lebensverhältnisse in der Schweiz, Diessenhofen 1981, S. 181–185.
**33**—Ruffieux, Freisinn, S. 78
**34**—Regina Wecker, «... ein wunder Punkt für das Volkszählungswesen». Frauenarbeit und Statistik an der Wende vom 19. zum 20. Jahrhundert, in: Schweizerische Zeitschrift für Geschichte (SZG), 1995, Bd. 45, Nr. 1, S. 80–93.
**35**—HLS, Peter Kaiser: «Stauwerke».
**36**—Norbert Lang / Tobias Wildi, IndustrieWelt: Historische Werkfotos der BBC, 1890–1980, Zürich 2006, S. 13.
**37**—Bergier, Wirtschaftsgeschichte, S. 253.
**38**—Roman Rossfeld, Schweizer Schokolade. Industrielle Produktion und kulturelle Konstruktion eines nationalen Symbols, 1860–1920, Zürich 2007.
**39**—Remo Grolimund, «Amerikanische Herausforderung» für die «Zukunftsstadt». Modernisierungsprozesse in der Bieler Uhrenindustrie am Ende des 19. Jahrhunderts, Liz.-Arb. Univ. Basel 2008.
**40**—Bundesverfassung der Schweizerischen Eidgenossenschaft vom 12. September 1848, Art. 84, Abs. 1.
**41**—Ruffieux, Freisinn, S. 19.
**42**—Hans von Greyerz, Der Bundesstaat seit 1848, in: Handbuch der Schweizer Geschichte, Bd. 2, Zürich 1977, S. 1026f.
**43**—Regine Buschauer, Mobile Räume. Medien- und diskursgeschichtliche Studien zur Tele-Kommunikation, Bielefeld 2010, S. 107.
**44**—Botschaft des schweizerischen Bundesrates an die hohe Bundesversammlung zum Gesezentwurfe über die Erstellung von Telegraphen (Vom 10. Dezember 1851), in: Bundesblatt, Bd. 3, Nr. 62, S. 289; Generaldirektion der PTT (Hg.), Hundert Jahre elektrisches Nachrichtenwesen in der Schweiz 1852–1952, 3 Bde., Bern 1952–1962.
**45**—Buschauer, Mobile Räume, S. 105.
**46**—Louis H. Mottet, Geschichte der Schweizer Banken, Zürich 1987; Schweizerische Nationalbank (Hg.), Die Schweizerische Nationalbank, 1907–2007, Zürich 2007; HLS, Jakob Tanner: «Schweizerische Nationalbank»; ders., Frankenmythos und Eurokrise, in: Basler Zeitung vom 24.10.2011.
**47**—Rita Stöckli, Der Savoyerhandel von 1860. Die mediale Konstruktion eines politischen Ereignisses, Zürich 2008.
**48**—Weitere Literatur zum Bourbaki-Panorama bei Georg Kreis, Schweizer Erinnerungsorte. Aus dem Speicher der Swissness, Zürich 2010, S. 115–121.
**49**—Jean-Henry Dunant, Un souvenir de Solferino, Genf 1862.
**50**—Bericht des schweiz. Bundesrathes an die h. Bundesversammlung über seine Geschäftsführung im Jahr 1858, in: Bundesblatt, Bd. 12, 1859, S. 545.
**51**—Alain Desrosières, Die Politik der grossen Zahlen. Eine Geschichte der statistischen Denkweise, Berlin 2005 (frz. Orig. La politique des grands nombres, Paris 1993).
**52**—Bundesblatt, 1850, Bd. 3, S. 543.
**53**—Bundesblatt, 1860, Bd. 1, S. 299. Das Gesetz wurde am 3. Februar 1860 angenommen.
**54**—Beatrix Mesmer (Hg.), Die Verwissenschaftlichung des Alltags. Anweisungen zum richtigen Umgang mit dem Körper in der schweizerischen Populärpresse 1850–1900, Zürich 1997.
**55**—Jon Mathieu / Jakob Messerli, Populäre Medien, in: Mesmer, Verwissenschaftlichung, S. 19–36.
**56**—Beatrix Mesmer, Reinheit und Reinlichkeit. Bemerkungen zur Durchsetzung des häuslichen Hygiene in der Schweiz, in: Nicolai Bernard / Quirinus Reichen (Hg.), Gesellschaft und Gesellschaften, Bern 1982, S. 470–494.
**57**—Regina Wecker, Die Entwicklung zur Grossstadt 1833–1910, in: Georg Kreis / Beat von Wartburg (Hg.), Basel. Geschichte einer städtischen Gesellschaft, Basel 2000, S. 207f.
**58**—Laurenz Sonderegger / Schweizerische Ärztekommission, Das Schweizerische Hygiene-Institut. Eine Hochschule der Völksgesundheitspflege, St. Gallen 1889, S. 1; dazu Mesmer, Reinheit, S. 474; siehe auch Geneviève Heller, «Propre en ordre». Habitation et vie domestique 1850–1930. L'example vaudois, Lausanne 1979.
**59**—Mesmer, Verwissenschaftlichung, S. 239–244.
**60**—Hans Ulrich Jost, Der schweizerische Bundesstaat von 1848 im Kontext des «langen» 19. Jahrhunderts, in: Andreas Ernst et al. (Hg.), Revolution und Innovation. Die konfliktreiche Entstehung des schweizerischen Bundesstaates, Zürich 1998, S. 91–101.
**61**—Martin Schaffner, Die demokratische Bewegung der 1860er Jahre. Beschreibung und Erklärung der Zürcher Volksbewegung von 1867, Basel/Frankfurt a. M. 1982; ders., Direkte Demokratie. «Alles für das Volk – alles durch das Volk», in: Manfred Hettling et al. (Hg.), Eine kleine Geschichte der Schweiz, Frankfurt a.M. 1998, S. 189–226.
**62**—Rudolf Epple et al. (Hg.), Nah dran, weit weg. Geschichte des Kantons Basel-Landschaft, Bd. 5, Liestal 2001, S. 221–225; www.geschichte.bl.ch/politik/herrschaft-im-kanton, Zugriff: 19. März 2012.
**63**—Von Greyerz, Bundesstaat, S. 1060, Anm. 219.
**64**—Holger Böning, Die Emanzipationsdebatte in der Helvetischen Republik, in: Aram Mattioli (Hg.), Antisemitismus in der Schweiz 1848–1960, Zürich 1998, S. 83–110; Aram Mattioli, Die Schweiz und die jüdische Emanzipation 1798–1874, in: ebd., S. 73f.
**65**—Thomas Wolfensberger / Rolf Meier, «Eine Heimat und doch keine». Heimatlose und Nicht-Sesshafte in der Schweiz (16.–19. Jahrhundert), Zürich 1998.
**66**—Die Motion wurde von Nationalrat Louis Ruchonnet getragen, siehe von Greyerz, Bundesstaat, S. 1064, insbes. Anm. 247 und 248.
**67**—Botschaft des Bundesrathes an die h. Bundesversammlung betreffend die Revision der Bundesverfassung (Vom 17. Juni 1870), in: Bundesblatt, 1870, Bd. 23, S. 665–710.
**68**—Thomas Maissen, Geschichte der Schweiz, Baden 2010, S. 237.
**69**—Caroline Arni, Entzweiungen. Die Krise der Ehe um 1900, Köln 2004; Wecker, Zwischen Ökonomie und Ideologie.
**70**—Jakob Dubs, Die Schweizerische Demokratie in ihrer Fortentwicklung, Zürich 1868.
**71**—Schaffner, Direkte Demokratie, S. 218.
**72**—Elisabeth Joris, Mündigkeit und Geschlecht. Die Liberalen und das «Recht der Weiber», in: Thomas Hildebrand / Albert Tanner (Hg.), Im Zeichen der Revolution, Zürich 1997, S. 75–90.

73 — Andrea Maihofer, Dialektik der Aufklärung. Die Entstehung der modernen Gleichheitsidee, des Diskurses der qualitativen Geschlechterdifferenz und der Rassentheorien, in: Zeitschrift für Menschenrechte, Bd. 3, Nr. 1, 2009, S. 20–36.
74 — Regula Gerber Jenni, Die Emanzipation der mehrjährigen Frauenzimmer. Frauen im bernischen Privatrecht des 19. Jahrhunderts, Frankfurt a. M. 1997.
75 — Beatrix Mesmer, Ausgeklammert – eingeklammert. Frauen und Frauenorganisationen in der Schweiz des 19. Jahrhunderts, Basel 1988; Annamarie Ryter, Als Weibsbild bevogtet. Zum Alltag von Frauen im 19. Jahrhundert. Geschlechtsvormundschaft und Ehebeschränkungen im Kanton Basel-Landschaft, Liestal 1994; Regina Wecker, Geschlechtsvormundschaft im Kanton Basel-Stadt, in: Rudolf Jaun / Brigitte Studer (Hg.), Weiblich-männlich. Geschlechterverhältnisse in der Schweiz, Zürich 1995, S. 87–110.
76 — Bundesgesez betreffend die persönliche Handlungsfähigkeit (Vom 22. Brachmonat 1881), in: Bundesblatt, Bd 3, 1881, S. 439–442; Staatsarchiv St. Gallen, P 319.
77 — Regula Argast, Staatsbürgerschaft und Nation. Ausschliessung und Integration in der Schweiz 1848–1933, Göttingen 2007, S. 133.
78 — Joris, Mündigkeit, S. 88.
79 — Petition von 30 Sissacherinnen an den Verfassungsrat des Kantons Baselland vom 29. August 1862, in: Pascale Meyer / Sabine Kubli (Hg.), Alles was RECHT ist! Baselbieterinnen auf dem Weg zu Gleichberechtigung und Gleichstellung, Liestal 1992, S. 17.
80 — Julie von May, Die Frauenfrage in der Schweiz. Zur Bundesrevision am 12. Mai 1872, Biel 1872, zit. nach Joris, Mündigkeit, S. 88f.
81 — HLS, Franz Xaver Bischof: «Kulturkampf»; Peter Stadler, Der Kulturkampf in der Schweiz. Eidgenossenschaft und Katholische Kirche im europäischen Umkreis 1848–1888, Zürich 1996.
82 — Urs Altermatt, Der Weg der Schweizer Katholiken ins Ghetto. Die Entstehungsgeschichte der nationalen Volksorganisationen im Schweizer Katholizismus 1848–1919, Freiburg 1972; ders., Katholizismus und Moderne. Zur Sozial- und Mentalitätsgeschichte der Schweizer Katholiken im 19. und 20. Jahrhundert, Zürich 1989.
83 — Ruffieux, Freisinn, S. 52.
84 — Karl Lang et al., 100 Jahre Sozialdemokratische Partei der Schweiz. Nachdenken über Konstanten und Brüche, Spannungen und Harmonien, in: dies. (Hrsg.), Solidarität, Widerspruch, Bewegung, Zürich 1988, S. 9–29.
85 — Regula Bochsler, Ich folgte meinem Stern. Das kämpferische Leben der Margarethe Hardegger, Zürich 2004.
86 — HLS, Urs Altermatt: «Katholisch-Konservative».
87 — Julie Ryff, Bericht des Frauenkomitee Bern über seine Erhebungen der Frauenthätigkeit auf dem Gebiete der Philanthropie u.a.m., Bern 1896.
88 — Mesmer, Ausgeklammert, S. 225; Elisabeth Joris / Heidi Witzig, Frauengeschichte(n). Dokumente aus zwei Jahrhunderten zur Situation der Frauen in der Schweiz, Zürich 1986, S. 449.
89 — Beatrix Mesmer, Staatsbürgerinnen ohne Stimmrecht. Die Politik der schweizerischen Frauenverbände 1914–1971, Zürich 2007, S. 11–13.
90 — Sibylle Hardmeier, Frühe Frauenstimmrechtsbewegung in der Schweiz (1890–1930), Zürich 1997, S. 53.
91 — Doris Stump, Sie töten uns – nicht unsere Ideen. Meta von Salis-Marschlins, 1855–1929, Schweizer Schriftstellerin und Frauenrechtskämpferin, Thalwil/Zürich 1986; Brigitta Klaas Meilier, Hochsaison in Sils-Maria. Meta von Salis und Friedrich Nietzsche, Basel 2005.
92 — Mesmer, Staatsbürgerinnen ohne Stimmrecht.
93 — Vgl. Hardmeier, Frauenstimmrechtsbewegung, S. 54–56.
94 — Erich Gruner, Die Arbeiter in der Schweiz im 19. Jahrhundert, Bern 1968, S. 120.
95 — Jakob Messerli, «Nach grosser Kraftanstrengung bedarf der ermüdete Mensch der Ruhe». Zur Verwissenschaftlichung von Arbeit und Ruhe im letzten Drittel des 19. Jahrhunderts, in: Hansjörg Siegenthaler (Hg.), Wissenschaft und Wohlfahrt, Zürich 1997, S. 77–94.
96 — Regina Wecker, Normalarbeitstag, Gesundheitsschutz und Nachtarbeitsverbot. Zwischen Schutz und Konstruktion von Weiblichkeit und Männlichkeit, in: Siegenthaler, Wissenschaft, S. 218f.
97 — Hansjörg Siegenthaler, Fridolin Schuler und die Anfänge des modernen Wohlfahrtsstaates, in: Siegenthaler, Wissenschaft, S. 9–33.
98 — Regina Wecker, Equality for men? Factory laws, protective legislation for women in Switzerland and the Swiss effort for international protection, in: Ulla Wikander et al. (Hg.), Protecting women. Labor legislation in Europe, the United States and Australia, 1880–1920, Urbana 1995, S. 63–90.
99 — Ruffieux, Freisinn, S. 85.
100 — Albert Tanner, Bürgertum und Bürgerlichkeit in der Schweiz. Die «Mittelklassen» an der Macht, in: Jürgen Kocka / Ute Frevert (Hg.), Bürgertum im 19. Jahrhundert, Bd. 1, München 1988, S. 193–223; ders., Arbeitsame Patrioten – wohlanständige Damen. Bürgertum und Bürgerlichkeit in der Schweiz 1830–1914, Zürich 1995.
101 — Albert Tanner, Freizeitgestaltung und demonstrativer Müssiggang im Bürgertum, in: Ueli Gyr (Hg.), Soll und Haben. Alltag und Lebensformen bürgerlicher Kultur, Zürich 1995, S. 113–129.
102 — Georg Kreis, Der Mythos von 1291, Basel 1991.
103 — Werner Geiser (Hg.), Ereignis, Mythos, Deutung: 1444–1994, St. Jakob an der Birs, Basel 1994.
104 — Philipp Sarasin, Stadt der Bürger. Bürgerliche Macht und städtische Gesellschaft, Basel 1846–1914, 2., erw. Aufl. (1. Aufl. 1990), Göttingen 1997, S. 274–321.
105 — Marco Leuenberger / Loretta Seglias (Hg.), Versorgt und vergessen. Ehemalige Verdingkinder erzählen, Zürich 2008.
106 — Carl Landolt, Zehn Basler Arbeiterhaushaltungen, in: Zeitschrift für Schweizerische Statistik, Bd. 27, Nr. 3, 1891, S. 281–372; Wecker, Zwischen Ökonomie und Ideologie.
107 — Sarasin, Stadt, S. 72 und 89.
108 — Rudolf Epple / Eva Schär, Stifter, Städte, Staaten. Zur Geschichte der Armut, Selbsthilfe und Unterstützung in der Schweiz, Zürich 2010; Joseph Mooser / Simon Wenger (Hg.), Armut und Fürsorge in Basel. Armutspolitik vom 13. Jahrhundert bis heute, Basel 2011; Brigitte Schnegg, Armutsbekämpfung durch Sozialreform. Gesellschaftlicher Wandel und sozialpolitische Modernisierung Ende des 19. Jahrhunderts am Beispiel der Stadt Bern, in: Berner Zeitschrift für Geschichte und Heimatkunde, Bd. 69, Nr. 4, 2007, S. 233–259; Jakob Tanner, Der Kampf gegen die Armut. Erfahrungen und Deutungen aus historischer Sicht, in: Ursula Renz (Hg.), Zu wenig. Dimensionen der Armut, Zürich 2007, S. 80–109.
109 — Erich Gruner, Arbeiterschaft und Wirtschaft in der Schweiz, Bd. 1, Zürich 1987, S. 214–300.
110 — HLS, Jakob Tanner: «Alkoholismus»; Eidgenössische Alkoholverwaltung (Hg.), Alkohol in Zahlen 2010, Bern 2010.
111 — Gruner, Arbeiterschaft, Bd. 1, S. 222.
112 — Epple et al. (Hg.), Nah dran, weit weg, S. 45–52.
113 — HLS, Bernard Degen: «Streiks».
114 — Bernard Degen, Les mutations sociales, politiques et culturelles de la fête du premier mai en Suisse, in: Madeleine Rébérioux (Hg.), Fourmies et les premier mai, Paris 1994, S. 383–401; Georg Kreis, Der Triumph des 1. Mai. Zur Offizialisierung des Arbeiter Feiertages im Jahre 1923, in: Basler Zeitschrift für Geschichte und Altertumskunde, Bd. 84, 1984, S. 207–235.
115 — Kreis, Der Weg zur Gegenwart, S. 171–179.
116 — Gruner, Arbeiterschaft, Bd. 1, S. 239–272.
117 — HLS, Stefan Hess: «Italienerkrawall».
118 — Hermann Kinkelin, Die Bevölkerung des Kantons Basel-Stadt am 1. Dezember 1880, Basel 1884, S. 12.
119 — Emil Göttisheim, Das Ausländerproblem: eine nationale Frage, NZZ 28.9. bis 1.10 1919; Gaetano Romano, Zeit der Krise – Krise der Zeit. Identität, Überfremdung und verschlüsselte Zeitstrukturen, in: Andreas Ernst / Erich Wigger (Hg.), Die neue Schweiz? Eine Gesellschaft zwischen Integration und Polarisierung (1910–1930), Zürich 1996, S. 44–52.
120 — Bundesgesetz betreffend die Erwerbung des Schweizerbürgerrechtes und den Verzicht auf dasselbe, in: Bundesblatt, Bd. 3, 1903, S. 718–724.
121 — Christian Dütschler, Das Kreuz mit dem Pass. Die Protokolle der «Schweizermacher», Zürich 1998, S. 238.
122 — Romano, Zeit der Krise, S. 54–58; Patrick Kury, «Man akzeptierte uns nicht, man tolerierte uns!». Ostjudenmigration nach Basel 1890–1930, Basel 1998.
123 — Botschaft des Bundesrates an die Bundesversammlung betreffend Revision des Art. 44 der Bundesverfassung (Massnahmen gegen die Überfremdung) (Vom 9. November 1920), in: Bundesblatt, Bd. 5, 1920, S. 1–80.
124 — Sibylle Benz, Die Forderungen der frühen Frauenbewegung an ein schweizerisches Zivilgesetzbuch, in: Arbeitsgruppe Frauengeschichte Basel (Hg.), Auf den Spuren weiblicher Vergangenheit, Zürich 1988, S. 125–147; Wecker, Geschlechtsvormundschaft.
125 — Hansjörg Siegenthaler, Die Schweiz 1850–1914, in: Wolfram Fischer et al. (Hg.), Handbuch der europäischen Wirtschafts- und Sozialgeschichte, Stuttgart 1985, S. 443.
126 — Madeleine Herren / Sacha Zala, Netzwerk Aussenpolitik. Kongresse und Organisationen als Instrumente der schweizerischen Aussenpolitik 1914–1950, Zürich 2002.
127 — Georg Kreis, Helvetia im Wandel der Zeiten. Die Geschichte einer nationalen Repräsentationsfigur, Zürich 1991.
128 — Jakob Tanner, Fabrikmahlzeit, Zürich 1999.
129 — Elisabeth Joris / Heidi Witzig, Brave Frauen, aufmüpfige Weiber, Zürich 1992.
130 — Vgl. König/Siegrist/Vetterli, Warten und Aufrücken; Tanner, Arbeitsame Patrioten.
131 — Mario König, Bürger, Bauern, Angestellte, alte und neue Eliten in der sozialen Schichtung, in: traverse, Jg. 18 (2011), Nr. 1: Sozialgeschichte in der Schweiz – eine historiografische Skizze, S. 104–136 (bibl. Überblick).
132 — Ebd., S. 109; z.B. Joseph Jung, Alfred Escher, 1819–1882 – Aufstieg, Macht, Tragik, Zürich 2007; Klaas Meilier, Hochsaison.
133 — Z.B. Mesmer, Ausgeklammert.
134 — Joris/Witzig, Frauengeschichte(n).
135 — Elisabeth Joris, Geschlechtergeschichte, in: traverse, Jg. 18 (2011), Nr. 1, S. 238–269.
136 — Z.B. Veronika Aegeter et al. (Hg.), Geschlecht hat Methode. Ansätze und Perspektiven in der Frauen- und Geschlechtergeschichte, Zürich 1999.
137 — Z.B. Max Baumann, Kleine Leute. Schicksale einer Bauernfamilie 1670–1970, Zürich 1986; ders., «Ich lebe einfach, aber froh». Erfolge und Misserfolge von Schweizer Ausgewanderten in Amerika, Baden, 2012; Valerie Boillat et al. (Hg.) Vom Wert der Arbeit. Schweizer Gewerkschaften – Geschichte und Geschichten, Zürich 2006; Esther Fischer-Homberger, Krankheit Frau und andere Arbeiten zur Medizingeschichte der Frau, Bern 1979; Silvia Hofmann et al. (Hg.), Frauen-Körper. Beiträge zur Frauen- und Geschlechtergeschichte Graubündens im 19. und 20. Jahrhundert, Zürich 2005; Miriam Spörri, Die Diagnose des Geschlechts. Hermaphroditismus im sexualwissenschaftlichen Diskurs zwischen 1886 und 1920, Liz.-Arb. Univ. Zürich 2000.
138 — So z.B. Claudia Honegger, Die Ordnung der Geschlechter. Die Wissenschaften vom Menschen und das Weib, 1750–1850, Frankfurt a. M./New York 1991; Sarasin Philipp, Reizbare Maschinen. Eine Geschichte des Körpers 1765–1914, Frankfurt a. M. 2001.
139 — Ders., Geschlechterwissenschaft und Diskursanalyse, Frankfurt a. M. 2003.
140 — Marguérite Bos et al. (Hg.), Erfahrung: Alles nur Diskurs? Zur Verwendung des Erfahrungsbegriffs in der Geschlechtergeschichte, Zürich 2004.
141 — Z.B. Andreas Ernst et al. (Hg.), Revolution und Innovation. Die konfliktreiche Entstehung des schweizerischen Bundesstaates von 1848, Zürich 1998; Schweizerisches Landesmuseum (Hg.), Die Erfindung der Schweiz 1848–1998. Bildentwürfe einer Nation, Zürich 1998.
142 — Martin Schaffner, Die demokratische Bewegung der 1860er Jahre. Beschreibung und Erklärung der Zürcher Volksbewegung von 1867, Basel/Frankfurt a. M. 1982.
143 — Michael Graetz / Aram Mattioli (Hg.), Krisenwahrnehmungen im Fin de siècle. Jüdische und katholische Bildungseliten in Deutschland und der Schweiz, Zürich 1997.
144 — Hansjörg Siegenthaler, Die Schweiz in der «Krise des Fin de siècle», in: Graetz/Mattioli (Hg.), Krisenwahrnehmungen, S. 55–64.
145 — Kreis, Krisenreaktionen; Jakob Tanner, Historische Anthropologie zur Einführung, Hamburg 2004, S. 52–63.

**Seit den Anfängen des alpinen Tourismus bedeutet die Eroberung der Höhe die Vollendung einer jeden Reise in die Alpen. Physische und symbolische, ja spirituelle Beherrschung des Berges fallen hier in eins.**

*Alpinisten am Grindelwaldgletscher, Photographie, um 1905, Verbleib unbekannt (aus: Bruno Fritzsche et al., Damals in der Schweiz. Kultur, Geschichte, Volksleben der Schweiz im Spiegel der frühen Photographie, Frauenfeld/Stuttgart 1980, S. 312).*

# Alpen, Tourismus, Fremdenverkehr — *Laurent Tissot*

Der moderne Tourismus ist nicht von heute auf morgen entstanden. Vielmehr handelte es sich um ein Zusammentreffen verschiedener, mehr oder weniger deutlich erkennbarer Vorgänge, die einer neuartigen Wahrnehmung Ausdruck verliehen – einer Wahrnehmung, die entstehen konnte, weil eine zuvor nie dagewesene Reiselust plötzlich auf entsprechende Angebote traf.

Im Englischen, Deutschen, Französischen und Italienischen treten die Bezeichnungen für den Tourismus in einer genau bestimmbaren Zeitspanne erstmals auf: Ende des 18. Jahrhunderts stossen wir auf das englische Wort «tourist», Anfang des 19. Jahrhunderts auf den Begriff «tourism»; kurz darauf erfolgte die Verbreitung in den Nachbarsprachen. Das heisst nicht, dass es touristische Aktivitäten zuvor nicht gegeben hätte. In Anbetracht der komplexen Genese des Phänomens Tourismus bestätigten die in diesem Zusammenhang aufgekommenen Neologismen gewissermassen nur eine bereits vorausgegangene Entwicklung. Indem aber eine Sache mit einem Wort bezeichnet wird, wird sie als solche überhaupt erst abgegrenzt und fassbar, wodurch sich wiederum ein Feld für die (sei es positiv, sei es negativ wertende) Verwendung dieses Wortes eröffnet. Somit lässt sich an den Wortschöpfungen ermessen, wie gewaltig die Veränderungen in der Art zu reisen seit der Mitte des 18. Jahrhunderts waren. Indes gilt es zu betonen, dass es sich hier um Entwicklungen handelte, die vor dem Hintergrund einer politisch unruhigen Zeit als fragil, ja als stets gefährdet betrachtet werden müssen und vielerlei Beschränkungen – politischen, sozialen, militärischen, wirtschaftlichen und kulturellen – unterlagen. Die Umstände des Reisens, des Logierens, des durch eine fremde Umgebung ermöglichten Erkenntnisgewinns und Genusses für den Reisenden blieben noch lange Zeit erheblich erschwert, so dass sich eine Ausweitung des Tourismus vorerst nicht abzeichnete.

In welchen Kontexten entstanden die neuen Wörter? Im 18. Jahrhundert wandelte sich das Verhältnis des Menschen zur Welt, zur Natur, zum Anderen, aber auch zu sich selbst; ein neues Gesundheitsbewusstsein und neue Erkenntnisse führten zu einer veränderten Wahrnehmung und zu Bedürfnissen, die offenbar nur darauf gewartet hatten, sich zu manifestieren. Da die Reisemotive immer auch individuell geprägt waren, entstanden spezifische Formen wie Kur- und Badeaufenthalte, Städte- und Kulturreisen. Je nach Region war der eine oder andere Typus häufiger; alle gehorchten aber stets denselben Wünschen: Reisen sollte einen Mehrwert bringen, Wohlbefinden schaffen und den Horizont erweitern. Was als relativ kleinräumige Modeerscheinung entstand, nahm rasch internationale Dimensionen an, eine Entwicklung, die auch durch die Napoleonischen Kriege nur vorübergehend gebremst wurde. Einmal in Gang gebracht, erfasste der Trend im 19. Jahrhundert – besonders in Friedenszeiten – immer weitere Kreise. Im 20. Jahrhundert wurde die touristische Bewegung schliesslich zu einem eigenständigen Phänomen mit eigenen Regeln, Protagonisten und Orten.

## Die Alpen und die Geburt des Gebirgstourismus

Welche Rolle spielten die Alpen in diesem Zusammenhang? Weshalb riefen die Gipfel, die man bisher fürchtete, floh, ja hasste, plötzlich neuartige Gefühle hervor? Als sich die Forschung für die Ursachen des Gipfelstürmer-Tourismus zu interessieren begann, tat sich ihr bald ein komplexes Feld auf. Nicolas Giudici hat in seiner Studie *La philosophie du Mont Blanc. De l'alpinisme à l'économie immatérielle* auf einen zentralen, den Drang nach oben folgendermassen erklärenden Aspekt hingewiesen: In die Höhe gelangt man – anders als ans Meeresufer, in eine Stadt oder in ein Bauwerk – nur im Schweisse seines Angesichts und nicht ohne sich dabei Gefahren auszusetzen.[1] Mit der damals äusserst riskanten Besteigung des Mont Blanc, des höchsten Berges von Europa, im Jahre 1787 verschaffte Horace-Bénédict de Saussure dem Gebirge eine besondere Rolle im Weltverständnis seiner Zeit. Zwar hatten Botaniker, Schriftsteller, Maler, Naturforscher und Geologen im Laufe des 18. Jahrhunderts diesbezüglich bereits wesentliche Vorarbeiten geleistet, doch de Saussures Wagnis verlieh dieser Sonderstellung die endgültige Legitimation.

Die Aufwertung der Berge ging einher mit dem Wunsch nach Beherrschung der Umwelt, einem Wunsch, der sich auch in der beginnenden Industrialisierung ausdrückte: Man huldigte dem Fortschritts- und Wissenschaftsglauben und suchte die Bestätigung des menschlichen «Genies». Das Gebirge wurde aber auch attraktiv, weil es im Naturverständnis der Romantik als Ort der Inspiration und Empfindung, von Erfahrungen und Naturschauspielen galt.

So entwickelten sich die Berge, neben den Heil- und Kurbädern sowie den urbanen Zentren, zum beliebten Reiseziel. Ein Zusammenspiel sehr verschiedener Faktoren stärkte die Attraktion der Bergwelt und sicherte ihren nachhaltigen Aufschwung und Erfolg: Wissenschaftlich-technische, ökonomische, politische, soziale, geographisch-geologische, medizinische, symbolische, pädagogische und kulturelle Aspekte verbanden sich hier zu einem neuen Tourismusmodell. Dieses fusste auf menschlichen und materiellen Ressourcen, die unermüdlich zu dem Zweck eingesetzt wurden, das Gebirge zu zähmen und zu nutzen. Jenes Erschliessungsmodell war als Teil einer touristischen Gesamtbewegung so gestaltet, dass es sich auch auf andere, ausserhalb der Alpen gelegene Berggegenden anwenden liess. Zwar blieb der Bezug auf die Alpen sowohl ideell als auch auf der Ebene konkreter alpinistischer Kenntnisse stark, doch liess er Weiterentwicklungen und Übertragungen auf andere Kontexte ohne weiteres zu.

## Zunehmende Verbreitung (1750–1881)

Warum suchte man das Erlebnis der Bergwelt vor allem in der Schweiz? Warum wurde gerade sie ein derart beliebtes Reiseziel? Kunsthistoriker, Literaturwissenschaftler und Kenner der Mentalitätsgeschichte sind sich einig, dass es tatsächlich der Schweizer Alpenraum war, in dem sich eine neue Einstellung herausbildete, die zur «Entdeckung» der Berge führte. Dabei ist dieser

Raum in einem weiteren, also nicht nur politisch-territorialen Sinn zu verstehen, das heisst, er umfasste etwa auch Savoyen und mitunter die gesamten Westalpen.[2] Das Gebirgsland Schweiz wurde schrittweise zum Sinnbild für wahre und ewige Werte wie Freiheit, Demokratie, Friede, Eintracht, Glück und Einfachheit, was schliesslich in einen regelrechten Mythos mündete.[3] Diese symbolische Besetzung des Alpenraums barg in sich zugleich den Keim zur Herausbildung einer schweizerischen Identität als der eines einigen und einzigartigen Landes, eines «Sonderfalles», welcher der ganzen Welt als Vorbild dienen könne.[4]

Auf diese Weise entstand ein unauflösliches symbolisches Band zwischen Alpenraum und Schweizer Hoheitsgebiet,[5] eine Gleichsetzung, auf deren Grundlage der Alpentourismus seine spezifischen Züge annahm, die ihn wiederum zum Ausgangspunkt des Bergtourismus überhaupt prädestinierten. Die Alpen zu bereisen bedeutete, ein soziales und politisches Modell zu würdigen, das auf den Bergen als einem nationalen Gründungs- und Einigungsraum basierte und diesen Raum zugleich als Wiege allgemein nützlicher Universaltugenden, seien sie kultureller, medizinischer oder naturwissenschaftlicher Art, definierte. Auf besondere Resonanz stiess dieses Idealbild in der angelsächsischen Welt, namentlich in Grossbritannien, wo man die Alpen als einen Ort entdeckte, der scheinbar nur darauf gewartet hatte, dergestalt wahrgenommen und anerkannt zu werden.[6] Schon bald nach den Napoleonischen Kriegen begannen die Briten, die als Erfinder des Tourismus gelten können, verstärkt in die Alpen zu reisen und mit ihren diesbezüglichen Aktivitäten den Tourismus, aber auch die Landschaft nachhaltig zu verändern.

Die Bezwingung der Alpen verlief nicht in jeder Region auf die gleiche Weise und mit gleicher Intensität. Eine wesentliche Rolle spielte die verkehrstechnische Erschliessung, insbesondere der Ausbau des Eisenbahnnetzes ab 1850. Sinkende Reisekosten, schwindende Distanzen und eine bessere Erreichbarkeit trugen dazu bei, dass die sogenannte Eisenbahnrevolution des 19. Jahrhunderts auch die «Tourismusrevolution» förderte. Eine Bahnverbindung schuf gewissermassen das Reiseziel und führte diesem zugleich die Gäste zu.

**Verflechtung von Technik und Wirtschaft (1882–1914)**
Die Eröffnung des Gotthardtunnels im Jahre 1882 war in der touristischen Entwicklung ein Meilenstein, ja sie gilt als Gründungsakt einer regelrechten Fremdenverkehrsindustrie, die bis zu diesem Zeitpunkt von den grösseren Bahnbetrieben nur vereinzelt unterstützt worden war. Hatte schon die Errichtung der Vitznau-Rigi-Bahn 1871 als technische Meisterleistung grosses Aufsehen erregt, so löste der Gotthard-Eisenbahntunnel weltweite Resonanz aus. Die Reise in die Schweizer Alpen wurde für Besucher aus allen Gegenden Europas nun erheblich günstiger und leichter zu bewältigen; sogar in Reifrock und mit Zylinder konnte man jetzt die Besteigung der Gipfel wagen. Die Alpen waren kein Unort mehr, nicht einmal mehr ein Hindernis.[7] Der Durchstich machte den Berg zum gestaltbaren Objekt, das man von innen bemeisterte, um es von aussen besser bewirtschaften zu können.

Nachdem sie zum Anziehungspunkt verschiedenster Interessen geworden waren, stattete man die Schweizer Alpen so aus, dass daraus weiterer Nutzen gezogen werden konnte: mit Hotels und Herbergen in allen Alpentälern, mit Angeboten für kulturelle und sportliche Aktivitäten, insbesondere Wandern und Klettern, mit Kliniken und Sanatorien für Kuraufenthalte, mit Spazierwegen und Aussichtsplattformen, Panorama- und Orientierungstafeln bis in höchste Höhen und nicht zuletzt mit Verkehrswegen, die buchstäblich über Berg und Tal führten. Die klug inszenierte Alpenbegeisterung erfasste nach und nach auch die einheimische Bevölkerung, sei es im Gebirge selbst oder in den anderen Landesteilen, nicht zuletzt, weil ihr das ökonomische Potential der Alpen bewusste wurde.

Die von der touristischen Fremdwahrnehmung geprägte «Philosophie» des «Bergvolkes beim Gotthard», dessen Territorium sich als Reisedestination allmählich einen Namen machte, wurde bald zu einem Referenzmodell für den internationalen Tourismus. Dieses Modell verband Technik, Wirtschaft und Politik und bildete damit ein solides Fundament, auf dem der Bergtourismus, ja der Schweizer Tourismus überhaupt, aufbauen und sich entwickeln konnte. Dessen Aufblühen wirkte sich wiederum auf andere Wirtschaftssektoren aus, denn der Tourismussektor war angewiesen auf eine bauliche Infrastruktur und Transportmöglichkeiten sowie auf kaufmännisch und sprachlich gut geschultes Personal. So diente der Tourismus gleichzeitig dem Selbstfindungs- und Konsolidierungsprozess des modernen Staates, der seinerseits die Voraussetzungen für das weitere Wachstum des Fremdenverkehrs schuf: das Eisenbahnnetz und die Aussenpolitik als Werbeträgerin.[8]

Neben diesen dynamischen Aspekten pflegte man indes eine spezifische Exotik, die dem Schweizer Modell europa-, ja weltweit Besonderheit verlieh. Die Modernität der Schweiz, so die Botschaft, beruhe auf der physischen, moralischen und geistigen Bewahrung universeller Züge, die sich auch in ihrem Landschaftsbild widerspiegelten. So gesehen wäre der Tourismus nicht zuletzt ein Mittel, das ermöglicht, dieser Universalität zu begegnen.

**Krisen, Kriege und Zwischenkriegszeit (1914–1945)**
Der Erste Weltkrieg kostete nicht nur Millionen Menschen das Leben, sondern brachte auch den Tourismus zum Erliegen: leere Hotels, verlassene Berge, eingestellte Bahnen, unvollendete Baustellen, geschlossene Casinos, verstummte Musikkapellen – der Tourismus war nur noch ein Schatten seiner selbst, die Erinnerung an ein verlorenes Paradies. Für eine ganze Generation von Unternehmern, welche die goldenen Jahre erlebt hatten und sich an den Vorbildern der Belle Epoque ausrichteten, musste die Entwicklung in der kriegsgeschüttelten ersten Hälfte des 20. Jahrhunderts zwangsläufig enttäuschend ausfallen. Der Fremdenverkehr litt unter den grossen Nachfrageschwankungen und der politischen Instabilität im Ausland, die der Erste und schliesslich auch der Zweite Weltkrieg zwei Jahrzehnte später mit sich brachten.

Während die Touristen Hürden wie den Einkauf von Fremdwährungen, Formalitäten und den Papierkrieg bei der Einreise sowie komplizierte Eisenbahntarife zu bewältigen hatten, mussten sich die Tourismusanbieter dem volatilen Geschmack der Reisenden anpassen. Unter solchen Umständen neigte man beiderseits zur Vorsicht: Die Kunden gaben nicht wahllos Geld für ihren Aufenthalt aus, und die Anbieter zögerten mit Renovations-, Verbesserungs- und Ausbauarbeiten. Kundentreue suchte man in erster Linie mit stabilen oder gar sinkenden Preisen zu schaffen, was dem Gedeihen der Branche freilich nicht zuträglich war. Staatliche Eingriffe in dieser Periode zeugen davon, wie stark dieser Wirtschaftszweig, der bis dahin nicht zum klassischen Wirkungskreis der Wirtschaftsförderung von Bund und Kantonen gehört hatte, eingebrochen war. Die Schaffung der *Schweizerischen Verkehrszentrale* (SVZ) im Jahre 1917 – seit 1996 *Schweiz Tourismus* – bestätigte die Trendwende, wobei sich die Präsenz des Bundes mit der Krise der 1930er Jahre noch verstärken sollte.

Doch gab es selbst in diesen schwierigen Phasen Lichtblicke: Wann immer sich die allgemeine Konjunktur verbesserte, war dies auch im Tourismus zu spüren. In den Jahren 1923, 1926 bis 1929 und 1936 bis 1939 bereisten zahlreiche unternehmungslustige in- und ausländische Touristen die Schweiz. Reiseziele waren nicht nur Berge und Seen im Sommer, sondern zunehmend auch die verschneiten Hänge im Winter, die man für den Skisport zugänglich gemacht und präpariert hatte. Der schon um die Jahrhundertwende aufgekommene Wintersport fand in der Zwischenkriegszeit immer mehr Anhängerinnen und Anhänger und erlaubte es den Anbietern, die zuvor auf etwa vier Monate beschränkte Saison weiter auszudehnen. Doch obwohl sich die Verhältnisse von Jahr zu Jahr und von Region zu Region sehr unterschiedlich präsentierten, orientierte man sich im Grossen und Ganzen weiterhin an der Vergangenheit, wartete ab und verhielt sich defensiv. Die Rückkehr zu den Verhältnissen der Blütezeit blieb das ersehnte Ziel, das allen Anstrengungen zum Trotz immer dann wieder entschwand, wenn es gerade in Griffweite zu rücken schien.

### Sechzig erfolgreiche Jahre?

Nach einer kurzen Übergangsphase setzte mit den 1950er Jahren ein Wirtschaftsboom von ungeahntem Ausmass ein, der laut historischer Lehrmeinung dreissig Jahre anhielt. Zu diesen dreissig Jahren – oft als «glorious» bezeichnet – darf man für den Tourismus dreissig weitere hinzurechnen, die zwar bewegter, aber wirtschaftlich gesehen ebenso positiv waren – und dies, obwohl die Branche nach 1973 mehrere Rückschläge zu verzeichnen hatte. Auch wenn die Schweiz ein beliebtes Reiseziel geblieben ist, muss sie sich heute gegen eine starke Konkurrenz behaupten, deren Exotik aus mehr – und anderem – als Fondue und Alphorn besteht. Als touristische Destination muss sie ihren Platz in einer Welt finden, die man nun kreuz und quer bereisen kann.

Die wiedererlangte Dynamik beruht auf einem Wandel in der gesamten Tourismuskultur: Gereist wird heute auf ganz individuelle Weise, sei es mit dem Privatauto oder zunehmend per Flugzeug. Dank stark gesunkener Preise für Flugtickets und einer auf den Massentourismus ausgerichteten Hotelinfrastruktur können sich heutige Konsumenten Reisen leisten, die für die vorige Generation noch unerschwinglich waren oder die nur einige wenige Abenteurer zu unternehmen wagten. Nach Ansicht vieler Beobachter haben die neuen Reisegewohnheiten mit dem «American Way of Life» zu tun, der sich als eine Art Referenzmodell herausgeschält hat. Die aus den USA nach Westeuropa strömenden Besucher trugen wesentlich zum Boom der schweizerischen Tourismusbranche in der Nachkriegszeit bei. Diese neue konsumorientierte Kundschaft wünschte Aktivferien in spektakulären Landschaften. Sie war vorbildhaft für nachfolgende Generationen von Touristen, die kosmopolitischer und ihrer Kaufkraft nach stärker differenziert sind. Vermehrt werden nun Reisen nachgefragt, die verschiedene Bedürfnisse – Kultur, Sport und Erholung – zugleich befriedigen. Diesem Konsumverhalten tragen neue Angebote Rechnung, welche mit dem Besuch von Musik-, Theater- oder Filmfestivals oder auch Sportanlässen verbunden sind, bis hin zum Geschäftsreisetourismus, auf den sich Kongresszentren mit Wellness-Oasen spezialisiert haben.

Die seit einigen Jahren weltweit zunehmende Ausrichtung des Tourismus auf die Masse führt, zusammen mit dem Umstand, dass immer mehr Anbieter an einem Produkt beteiligt sind, einerseits zu einer Standardisierung und Homogenisierung der Angebotspalette, andererseits zur Überlastung gewisser Kurorte. Zugleich wird die Auswahl immer stärker diversifiziert: Man will möglichst viele Destinationen anbieten und damit neue Kunden gewinnen, die herkömmlicher Urlaubsformen überdrüssig oder von den Anbietern bisher vernachlässigt worden sind. So erlaubte es etwa das Aufkommen verschiedener «Fun»-Sportarten, etwa Snowboard oder Carving, seit dem Ende der 1980er Jahre vielen Wintersportorten, Kunden zurückzugewinnen oder zu behalten, die dem traditionellen Alpinskifahren nichts mehr abgewinnen konnten.

Inzwischen haben Klimawandel und übermässige Bautätigkeit in vielen Bergdörfern einen zusätzlichen Paradigmenwechsel eingeläutet (siehe Beitrag von Christian Pfister, S. 34). Die Sehnsucht nach einer intakten Alpenlandschaft führt zu alternativen Reisemodellen, die an das Naturbewusstsein appellieren. Die neueste Kundengeneration will nicht mehr Teil eines massenhaften Besucheransturms sein, sondern wählt vermehrt den Ökotourismus für umweltgerechte Ferien.

---

[1] Nicolas Giudici, La philosophie du Mont Blanc. De l'alpinisme à l'économie immatérielle, Paris 2000.
[2] Claude Reichler, La découverte des Alpes et la question du paysage, Genève 2002 (dt. Entdeckung einer Landschaft, Zürich 2005).
[3] Paul Guichonnet, L'homme devant les Alpes, in: ders. (Hg.), Histoire et Civilisations des Alpes, Bd. 2: Destin humain, Toulouse/Lausanne 1980, S. 246.
[4] Oliver Zimmer, In search of natural identity: Alpine landscape and the reconstruction of the Swiss nation, in: Comparative studies in society and history, Bd. 40, Nr. 4, 1998, S. 637–665.
[5] François Walter, La montagne des Suisses. Invention et usage d'une représentation paysagère (XVIII$^c$–XX$^c$ siècles), in: Etudes rurales, Nr. 121, 1991, S. 91–107.
[6] Patrick Vincent, La Suisse vue par les écrivains de langue anglaise, Lausanne 2009.
[7] Georg Kreis, St. Gotthard, in: ders., Schweizer Erinnerungsorte. Aus dem Speicher der Swissness, Zürich 2010, S. 179–191; ders., Die Alpen – ein europäischer Erinnerungsort?, in: Pim den Boer et al. (Hg.), Europäische Erinnerungsorte, Bd. 2, München 2012, S. 383–390.
[8] Judith Schueler, Materialising identity. The co-construction of the Gotthard railway and Swiss national identity, Amsterdam 2008.

Insbesondere ausländische Beobachter stellen fasziniert fest, dass die kleine Landessprache des Rätoromanischen mit einem Anteil von 0,5 Prozent nochmals in fünf Untergruppen zerfällt. In den 1980er Jahren wurde auf der Grundlage der drei stärksten Idiome Unterengadinisch (Vallader), Surmeirisch (Surmiran) und Surselvisch (Sursilvan) das Rumantsch Grischun als gemeinsame Kunstsprache geschaffen. Die naheliegende Grundidee bestand darin, den Rückgang der Lokalsprachen durch eine Fusion der Varianten aufzuhalten. Das Projekt stiess zum Teil auf erbitterten Widerstand. Dennoch wurde das Rumantsch Grischun 2001 als Amtssprache eingeführt, der staatliche Regionalsender ging ebenfalls zu dieser Sprache über, und bis 2009/10 entschieden sich insgesamt vierzig Gemeinden (etwa die Hälfte) für das halbneue Idiom als Unterrichtssprache ihrer Grundschulen. Seit 2011 ist die Akzeptanz wieder rückläufig, vierzehn dieser Gemeinden unterrichten jetzt wieder in ihrer regionalen Schriftsprache. In jüngster Zeit musste sich sogar das Bundesgericht mit der Frage befassen. Mit Entscheid vom 12. Juli 2013 wurde der Beschluss der Bündner Regierung geschützt, dass ein Wechsel der Schulsprache vom Rumantsch Grischun zum Idiom oder umgekehrt nicht während der obligatorischen Schulzeit erfolgen kann.

*Ein Landwirt in Ramosch (GR) liest im April 1994 das rätoromanische Blatt «Fögl Ladin», die erste gemeinsame Zeitung für das Engadin, das Bergün und das Münstertal, entstanden aus einer Fusion des 1857 gegründeten «Fögl d'Engiadina» und der 1922 gegründeten «Gazetta Ladina», © Photo KEYSTONE / Arno Balzarini.*

# Mehrere Sprachen – eine Gesellschaft — *Georg Kreis*

Es sei zu verwundern, «wie so verschiedene Menschen in der Religion, in den Sitten und in der Sprache ungleich, sich miteinander in eine so genaue und unverbrüchliche Vereinigung haben einlassen können».[1] Diese aus dem frühen 18. Jahrhundert stammende und auf die Schweiz bezogene Bemerkung des Frankfurter Gelehrten Johann Michael von Loen lässt uns vermuten, dass die soziale und kulturelle Vielfalt des eidgenössischen Staatenverbundes zunächst vor allem von auswärtigen Beobachtern thematisiert worden ist. 250 Jahre später prägte wiederum ein Nichtschweizer, der amerikanische Politologe Karl W. Deutsch, ein ähnliches Wort: «The Swiss may speak different languages but act as one people.»[2]

Externe Kommentatoren gingen und gehen tendenziell stets von der Annahme aus, dass Nationalstaaten eine gleichartige soziale Substanz, vor allem die gleiche Sprache, als konstituierende Grundlage besitzen müssten. Die Alte Eidgenossenschaft war zunächst ein Bund unter Deutschsprachigen, obwohl es Überlappungen in den italienisch- und französischsprachigen Gebieten gab: in den «ennetbirgischen» (transalpinen) Untertanengebieten und Vogteien des Tessins, nach seiner Aufnahme im zunächst mehrheitlich deutschsprachigen Freiburg und in der von Bern eroberten Waadt. Ein höheres politisches Gewicht erhielt die Frankophonie erst 1815 mit der Aufnahme der Kantone Wallis, Neuenburg und Genf ins eidgenössische Bündnissystem.

Auf der institutionellen Ebene wurde die Dreisprachigkeit in der ↑Helvetik (1798–1803) in Verfassung und Gesetzgebung verankert. Die Verkündung solcher Prinzipien war aber einfacher als deren Umsetzung.[3] So ist es nicht weiter erstaunlich, dass die Bundesverfassung von 1848 die drei «Hauptsprachen» wiederum zu «Nationalsprachen des Bundes» erklärte. Um 90 Jahre später den irredentistischen Ambitionen des faschistischen Italien entgegenzuwirken, erhob man aufgrund eines bündnerischen Vorstosses von 1934 und nach einer Volksabstimmung im Jahr 1938 das Rätoromanische ebenfalls in den Rang einer Nationalsprache, aber mit einem eingeschränkten Status als praktizierte Amtssprache. Die Vorlage wurde mit 91,6 Prozent der Stimmen gutgeheissen.

**Alte Viersprachigkeit**

Der Romanist Georges Lüdi unterscheidet einleuchtend die *territoriale* und die *institutionelle* von der *individuellen* Mehrsprachigkeit.[4] Die ersten beiden Phänomene sind wesentlich leichter zu erfassen als das Letztere. An der territorialen Mehrsprachigkeit der Schweiz interessieren zunächst die relative Grösse der Sprachgruppen und aus historischer Sicht natürlich deren Veränderungen. Damit geraten auch die allfälligen Verschiebungen der Sprachgrenzen, die bis etwa 1914 immer wieder für Irritationen sorgten, sowie das Verhältnis der Landesteile zueinander in den Blickwinkel.[5]

Die Grössen der Sprachgruppen blieben in der modernen Schweiz mehr oder weniger stabil. Angesichts der besonderen Bedeutung des politischen Gleichgewichts zwischen den Landesteilen – wie schon zu Zeiten des konfessionellen Gegensatzes – können bis heute auch kleine Veränderungen alarmierend wirken. Von 1910 bis 2000 veränderten sich die Anteile der Landessprachen an der gesamten Wohnbevölkerung folgendermassen: Deutsch sank von 69,1 auf 63,7 Prozent, Französisch von 21,1 auf 20,4 Prozent, Italienisch von 8,1 auf 6,5 Prozent (wegen der italienischen Immigration mit einem Maximum von 11,9 Prozent im Jahr 1970), Rätoromanisch von 1,1 auf 0,5 Prozent oder 35 000 Sprecher und Sprecherinnen.[6] Im gleichen Zeitraum stieg der Anteil der Nicht-Landessprachen von 0,6 auf 9,0 Prozent.

Zu minimalen Verschiebungen der Sprachgrenze kam es zu bestimmten Zeitpunkten in den gemischtsprachigen Kantonen Freiburg, Wallis[7] und Bern.[8] Das in der Bundesverfassung verankerte Territorialitätsprinzip besagt, dass in einem bestimmten Gebiet jeweils eine Landessprache als offiziell gilt. Dieses Prinzip soll vor Überfremdung schützen, die insbesondere von deutschschweizerischer Binnenwanderung hätte ausgehen können. In der Praxis bedeutet das Territorialitätsprinzip, dass sich Zuwanderer aus anderen Landesteilen nicht auf ihre Landessprache berufen können, sondern sich in Schulen und im Verkehr mit Behörden der lokalen Amtssprache bedienen müssen.

Die Bundesverfassung von 1999 nennt im Artikel 4 die vier Landessprachen und garantiert im Abschnitt über die «Grundrechte» mit Artikel 18 die Sprachenfreiheit. Dieses Recht ist aber einer anderen, das Verhältnis von Bund, Kantonen und Gemeinden regelnden Bestimmung (Artikel 70) untergeordnet, der zufolge die Kantone und Gemeinden die Amtssprache ihrer Gebiete festlegen können, jedoch «angestammten» – das heisst nicht zugewanderten – sprachlichen Minderheiten Rechnung tragen müssen.

Die Grössen der Sprachgruppen spielen insofern eine Rolle, als die kleineren Landesteile durch den grösseren majorisiert werden können. Dem wirken einerseits das Prinzip der proportionalen Zusammensetzung von Gremien und andererseits ein institutionalisierter Minoritätenschutz entgegen. Auch wenn der Proporz nicht strikt eingehalten wird, sorgt er dafür, dass in der Bundesverwaltung und in den Post- und Eisenbahnbetrieben in Auswahlverfahren wenn möglich das sprachliche Kriterium beachtet wird. Am deutlichsten kommt der Minderheitenschutz bei der Verteilung der Gelder für die staatlichen Radio- und Fernsehsender zum Zug, die den Minderheiten einleuchtenderweise überproportional zukommen: Die italienischsprachige Schweiz erhält beispielsweise 22,7 Prozent der Mittel bei 6,5 Prozent der Bevölkerung.

Schwieriger steuerbar ist das deutschschweizerische Übergewicht in wirtschaftlicher Hinsicht. Die französisch- und die italienischsprachige Schweiz fühlen sich mitunter von Grossunternehmen mit Hauptsitz in der Deutschschweiz fremdbestimmt. Aus Rentabilitätsüberlegungen vorgenommene Betriebsschliessungen werden auch mit sprachräumlichen Argumenten bekämpft; ohne Erfolg etwa im Falle des Freiburger Bierbrauers

Cardinal oder erfolgreich bei den SBB-Werkstätten in Bellinzona, den Officine. Deutschschweizer Sanierungsopfern steht der Rekurs auf kulturelle Substanz nicht zur Verfügung.

In den Kommentaren zu den gesamtschweizerischen Volksabstimmungen wird regelmässig darauf geachtet, ob sich – aufgrund gegensätzlicher Mehrheiten beziehungsweise Mentalitäten und Grundüberzeugungen – ein «Graben» auftue. Der Politologe Wolf Linder hat festgestellt, dass sich diese Kluft im ausgehenden 19. Jahrhundert am weitesten öffnete, 1905 bis 1945 stetig geringer wurde und dann bis 2006 wieder leicht zunahm.[9] Historischer Referenzpunkt ist der 1914 durch gegenläufige Sympathien für die Kriegsgegner Deutschland und Frankreich entstandene Gegensatz.[10] Dieser Gegensatz bestand aber schon Jahre zuvor. Im Deutsch-Französischen Krieg von 1870/71 war die «Rivalität der romanischen und germanischen Race» bereits ein Thema, ohne dass jedoch die Kohäsion innerhalb der Eidgenossenschaft in Frage gestellt worden wäre.[11]

Die in der Deutschschweiz geläufige Bezeichnung «Welsche» für die Bewohner der französischsprachigen Schweiz wird dort teilweise als negativ konnotiert und pejorativ verstanden; nicht zuletzt deshalb spricht man heute meist von der «Westschweiz» oder der «Romandie», wobei letzterer Ausdruck als ethnisierende Bezeichnung – wie etwa die Normandie – strenggenommen auch nicht zutreffend ist.

Eine besondere Schwierigkeit im Umgang der Sprachgruppen miteinander bilden die deutschschweizerischen Dialekte (die Diglossie), die zur Folge haben, dass sich diejenigen französisch- oder italienischsprachigen Schweizerinnen und Schweizer, deren deutsche Sprachkompetenzen sich auf die in den Schulen gelehrte Standardsprache beschränken, den in Deutschschweizer Dialekten geführten Gesprächen nur schwer folgen können. Zugleich wechseln manche Dialekt sprechende Deutschschweizer nur ungern in die deutsche Standardsprache, die für sie doch bis zu einem gewissen Grad eine Fremdsprache ist. In der Suisse romande, aber auch in Zürich werden deshalb seit einigen Jahren Sprachkurse in «Schwyzerdütsch» angeboten.

**Individuelle Sprachkontakte**
Direkte Sprachkontakte zwischen Angehörigen unterschiedlicher Sprachgemeinschaften finden seltener statt und die Kompetenzen in anderen Landessprachen sind schwächer, als es das Bild der mehrsprachigen Nation suggeriert. Darum konnte der Lausanner Bürgermeister und spätere Bundesrat Georges-André Chevallaz auch den Witz machen, dass sich die Angehörigen der verschiedenen Sprachgemeinschaften so gut verstehen, weil sie sich so schlecht verstehen («Ils s'entendent parce qu'ils ne se comprennent pas»).[12]

Die Oberschicht des 18. Jahrhunderts sprach mit einer gewissen Selbstverständlichkeit mehrere Sprachen. Auch Angehörige der Mittel- und Unterschicht verfügten zuweilen über ein erstaunlich breites Sprachenrepertoire, wenn vielleicht auch mit beschränkterem Wortschatz. Norbert Furrer hat mit der historischen Soziolinguistik innovative Recherchen zur Sprachkompetenz der breiten Bevölkerungsschicht in der Zeit des Ancien Régime durchgeführt und ist dabei auf eine erstaunliche Sprachenvielfalt gestossen.[13] Um die Vielfalt der vorindustriellen Sprachlandschaft hervorzuheben, werden die Verhältnisse des Industriezeitalters (19./20. Jahrhundert) allerdings homogener dargestellt, als sie es waren. Eine spezielle Forschungsfrage bezieht sich auf die Art der Verständigung in den im 19. Jahrhundert wichtig werdenden gesamtschweizerischen Vereinen.[14]

Die Frage, was die Volksschule für die Kommunikation zwischen Schweizerinnen und Schweizern unterschiedlicher Sprachgruppen leistete, ist möglicherweise für die Schulen der französischsprachigen Schweiz besser erforscht als für die der Deutschschweiz.[15] In den 1830er Jahren wurde jeweils eine zweite Landessprache in die kantonalen Lehrpläne aufgenommen. Mehrsprachigkeit müsse auch in der Armee vorausgesetzt werden, wurde argumentiert, sobald man es mit militärischen Einheiten zu tun hatte, deren Angehörige aus verschiedenen Landesteilen stammten.[16]

Eine gute Möglichkeit, französische Sprachkenntnisse zu verbessern oder auch erst zu erwerben, war das sogenannte Welschlandjahr für Deutschschweizer Jugendliche, das die «jeunes filles» in Haushalten oder auf Bauernhöfen[17] und junge Männer ebenfalls in der Landwirtschaft und in höheren Berufszweigen absolvierten, sei es in Advokaturen, Spitälern oder Handelshäusern. Über die umgekehrte Bewegung in die Deutschschweiz wissen wir wenig. Aufgrund der erleichterten Mobilität sind die längeren Aufenthalte in anderssprachigen Landesteilen heute bis zu einem gewissen Grad durch Kurzaufenthalte und arbeitsbedingte Pendlerbewegungen ersetzt worden, was sich negativ auf die Mehrsprachigkeit auswirkt.

In jüngster Zeit hat die Bedeutung des Englischen als *lingua franca* stark zugenommen, was die Bereitschaft, Landessprachen zu erlernen, zurückgehen lässt. In den 1990er Jahren setzte sich – national wie international – die Einsicht durch, dass die Schulen die Mehrsprachigkeit mit Frühunterricht und dem Einbezug einer zweiten Fremdsprache vermehrt fördern sollten. Der Kanton Zürich, der mit entsprechenden Massnahmen vorausging, gab 1998 dem Englischen den Vorzug und zog damit die Empörung der französischen Schweiz auf sich. Bevor das Zürcher Programm im ganzen Kanton obligatorisch wurde, musste es sogar, wie so oft, eine Volksabstimmung überstehen, die 2006 jedoch gewonnen wurde.[18]

**Neue Vielsprachigkeit**
Die traditionelle Viersprachigkeit ist in den letzten Jahrzehnten infolge der Zuwanderung von Menschen, die keine der Landessprachen zur Muttersprache haben, um eine neue Vielsprachigkeit erweitert worden. Diese neue Kategorie betrifft etwa 9 Prozent der Wohnbevölkerung, also rund 700 000 Personen, darunter auch Menschen mit Schweizer Bürgerrecht.[19] Der heutige Diskurs über die Sprachenvielfalt ist aber noch immer ganz auf die historische Mehrsprachigkeit ausgerichtet und blendet dabei die moderne Vielfalt aus.[20]

Diese neue Multikulturalität lässt sich statistisch an der Zunahme der Bevölkerung ablesen, die keine Landessprache als Muttersprache angibt: Von 1910 bis 1930 blieb deren Anteil mit 0,6 Prozent konstant. 1940, im Krieg, ging er sogar auf 0,4 Prozent zurück. Ab 1950, bei einem Stand von 0,7 Prozent, nahm er stetig zu: 1960 verzeichnete man 1,4 Prozent, 1970 4,3 Prozent, 1980 6 Prozent, 1990 8,9 Prozent und 2000 9 Prozent. Die sechs am stärksten vertretenen Sprachen in dieser Bevölkerungsgruppe werden bis zu dreimal häufiger gesprochen als die kleinste Landessprache, das Rätoromanische, nämlich: slawische Sprachen von 1,53 Prozent (111 500), Albanisch von 1,3 Prozent (95 000), Portugiesisch von 1,23 Prozent (89 500), Spanisch von 1,06 Prozent (77 500), Englisch von 1,1 Prozent (60 786) und Türkisch von 0,61 Prozent (44 500).[21] Aberdutzende von anderen Sprachen mit Anteilen unter 0,2 Prozent bilden unter diesen Nicht-Landessprachen eine kleine Gruppe mit insgesamt 1,7 Prozent, darunter, um nur gerade ein Beispiel für eine im öffentlichen Bewusstsein kaum je auftauchende Gruppe zu nennen, 4419 Dänisch sprechende Menschen für das Jahr 2009.[22]

In der Schweiz leben etwa 100 000 niedergelassene Kosovo-Albaner und etwa weitere 100 000 mit Flüchtlingsstatus. Ihre Einwanderung gehört ebenfalls zur Schweizer Geschichte der jüngsten Zeit. Um ihre Bedeutung und zugleich auch das ihr fehlende Territorium bewusst zu machen, ist von der kosovo-albanischen Bevölkerung gesagt worden, dass sie eigentlich einen 27. Kanton ausmachen würde.[23] Dies, obwohl sie in doppelter Weise als politische Kraft eben nicht ins Gewicht fällt: zum einen, weil sie – trotz einer Konzentration im östlichen Mittelland – auf das ganze Land, das heisst auf alle 26 Kantone verteilt lebt; und zum anderen, weil sie ohne Schweizer Bürgerrecht keine politischen Rechte besitzt. Die Grösse der albanischsprachigen Ausländergruppe entspricht etwa der Wohnbevölkerung der drei Gründungskantone Uri, Schwyz und Unterwalden, die im politischen Geschäft sehr wohl zählen und beachtet werden, weil sie, wie man in der Politikwissenschaft sagt, *voice* haben.

Die Sprachanforderungen für Zugewanderte dürften je nach Alltagssituation stark variieren. Ein Albaner, um bei dieser Gruppe zu bleiben, wird kaum in seiner Muttersprache nach dem Weg fragen; er wird sich vielleicht in seiner Muttersprache über einen Verkehrsteilnehmer auslassen, und er wird sicher in seiner Muttersprache mit dem Landsmann reden, der ihn begleitet. Er wird sich, sofern er zu den 70 Prozent muslimischen Albanern gehört, in seiner Moschee in der Muttersprache die Freitagspredigt anhören. Er wird aber, sofern er einen Elternabend seiner schulpflichtigen Kinder besucht, sich die Ansprache des Rektors in der jeweiligen Landessprache anhören müssen. Er wird, wenn er vom Arbeitsplatz her vor allem Schweizer Dialekt gewohnt ist, Mühe haben, weil der Rektor, um der Multikulturalität Rechnung zu tragen, hochdeutsch spricht. Umgekehrt wird er, wenn er nur Hochdeutsch gelernt hat, Mühe haben, Dialekt zu verstehen, wenn ein Redner oder eine Rednerin darauf beharrt, dass man in der eigenen Gemeinde wohl noch so reden dürfe, «wie einem der Schnabel gewachsen ist».

Wie weit Einheimische Zugewanderten in solchen Situationen sprachlich entgegenkommen, hängt von der jeweiligen Interessenlage ab. Wenn eine Schulleitung verstanden werden und das Vermittelte auch einfordern will, kommt sie den Fremdsprachigen sprachlich unter Umständen entgegen. Lösungsorientiert dürfte auch das Verhalten beispielsweise eines Abwarts sein, wenn er die Hausbewohner anleiten will, wie sie mit dem Abfall oder mit der Waschmaschine umgehen sollen.

Benutzen Immigranten ihre Herkunftssprache in Anwesenheit von Einheimischen, können sich Letztere daran stören; zum Beispiel wenn sich nach 1968 tschechoslowakische Schüler und Schülerinnen im Klassenzimmer in ihrer Herkunftssprache unterhielten; wie es auch heute irritiert, wenn sich Verkäuferinnen in Geschäften vor den Kunden in ihrer serbokroatischen Muttersprache unterhalten, weil diese Verständigung die dieser Sprache nicht mächtigen Einheimischen ausschliesst und die in der Regel Superiorität geniessenden Menschen in eine inferiore Position bringt. Und auf vereinzelten Pausenhöfen wird, um die Gräben zwischen den Sprachgemeinschaften nicht zu vertiefen, neuerdings die deutsche Hochsprache zur Verkehrssprache erklärt.

In jüngster Zeit wird auf die Sprachkompetenz nicht nur bei Einbürgerungen geachtet, sondern auch bei der Erteilung von Niederlassungsbewilligungen. Das Bundesgesetz vom 16. Dezember 2006 über die Ausländerinnen und Ausländer fordert in Artikel 34, Absatz 4 «gute Kenntnisse» einer Landessprache. Die Tendenz, die Anforderungen weiter zu erhöhen, hält an und führt – vor allem infolge von Eheschliessungen und Familiennachzügen – zur Frage, ob man nicht sogar für die Einreise bestimmte Sprachfähigkeiten voraussetzen will. Andererseits sollte man nicht nur auf Fehlendes achten, sondern auch darauf, was diese Einwanderer gerade an Sprachkenntnissen mitbringen.

---

1 — Johann Michael von Loen, Die Schweiz im Jahre 1719 und 1924, in: J. C. Schneidern (Hg.), Des Herrn von Loen gesammlete kleine Schrifften, Bd. 3, Frankfurt 1749; zit. nach Hans Trümpy, Schweizerdeutsche Sprache und Literatur im 17. und 18. Jahrhundert, Basel 1955, S. 102.
2 — Zit. nach Wolf Linder / Regula Zürcher / Christian Bolliger, Gespaltene Schweiz – geeinte Schweiz, Baden 2008, S. 60.
3 — Oliver Zimmer, Wie viel Sprachen braucht die Nation?, in: NZZ, 12./13. Januar 2002.
4 — HLS, Georges Lüdi: «Mehrsprachigkeit».
5 — Hans-Peter Müller, Die schweizerische Sprachenfrage vor 1914, Wiesbaden 1977.
6 — Bundesamt für Statistik (www.bfs.admin.ch/bfs/portal/de/index/dienstleistungen/forumschule/them/02/03b.html, Zugriff: 7. April 2013. Die Angaben beschränken sich auf das Jahr 2000, weil für 2010 nur noch Stichprobenerhebungen durchgeführt wurden.
7 — Uli Windisch, Alltagsbeziehungen zwischen Romands und Deutschschweizern, 2 Bde., Basel 1994; Bernhard Altermatt, Zweisprachigkeit und Sprachenterritorialität im Kanton Freiburg, Freiburg 2003.
8 — Iwar Werlen (Hg.), Der zweisprachige Kanton Bern, Bern 2000.
9 — Linder/Zürcher/Bolliger, Gespaltene Schweiz – geeinte Schweiz.
10 — Ulrich Im Hof, Mythos Schweiz, Zürich 1991, S. 203–208; Christophe Büchi, «Röstigraben», Zürich 2000.
11 — Botschaft des Bundesrats vom 8. Dezember 1870, in: Schweizerisches Bundesblatt, 22. Jg., Bd. 3, Nr. 25, 1870, S. 789–861.
12 — Chevallaz an Autor, 15. April 1992 (Privatarchiv des Autors).
13 — Norbert Furrer, Die vierzigsprachige Schweiz, 2 Bde., Zürich 2002.
14 — Ulrich Im Hof / Nicolai Bernard, Les relations des communautés linguistiques au sein des associations nationales suisses avant la création de la nouvelle Confédération de 1848, in: Pierre du Bois (Hg.), Union et division des Suisses, Lausanne 1983, S. 9–24.
15 — Hanspeter von Flüe-Fleck, Deutschunterricht in der Westschweiz, Aarau 1994.
16 — Bernhard Altermatt, Der Umgang der Schweizer Armee mit der Mehrsprachigkeit, Bern 2004.
17 — Elisabeth Fröhlich, Les Schönfilles, Basel 1980; Ueli Gyr, Das Welschlandjahr, Basel 1992.
18 — Martin Lengwiler / Verena Rothenbühler / Cemile Ivedi, Schule macht Geschichte. 175 Jahre Volksschule im Kanton Zürich, 1832–2007, S. 283–285; Max Mittler (Hg.), Wieviel Englisch braucht die Schweiz?, Frauenfeld 1998.
19 — Dazu eine Zahl von 1990: von den 8,9 Prozent Anderssprachigen besassen immerhin 1,3 Prozent (mehrheitlich wohl über Eheschliessungen) die schweizerische Staatsbürgerschaft.
20 — So z.B. Paul Widmer, Die Schweiz als Sonderfall, Zürich 2007; realistischer dagegen: Martin Schuler et al., Atlas des räumlichen Wandels der Schweiz, Zürich 2007.
21 — Andere ausgewiesene Sprachen sind Arabisch (17 721) und Niederländisch (11 895).
22 — Aus den von Zugewanderten verfassten Studien vgl. etwa Ali Yilmaz, Mehrsprachigkeit in der Schweiz. Gewinn oder Nachteil, [Basel] Januar 2004 (www.sncweb.ch/migration/themen/mehrsprachigkeit.pdf, Zugriff: 3. Juni 2012). Yilmaz hat, um die Bedeutung der Sprachen im Stadtleben zu betrachten, den Kanton Basel-Stadt mit hundert Sprachen als Modellfall ausgesucht.
23 — Dossier «Kosovo: 27ᵉ Canton Suisse», in: L'Hebdo, Nr. 8, 22. Februar 2007.

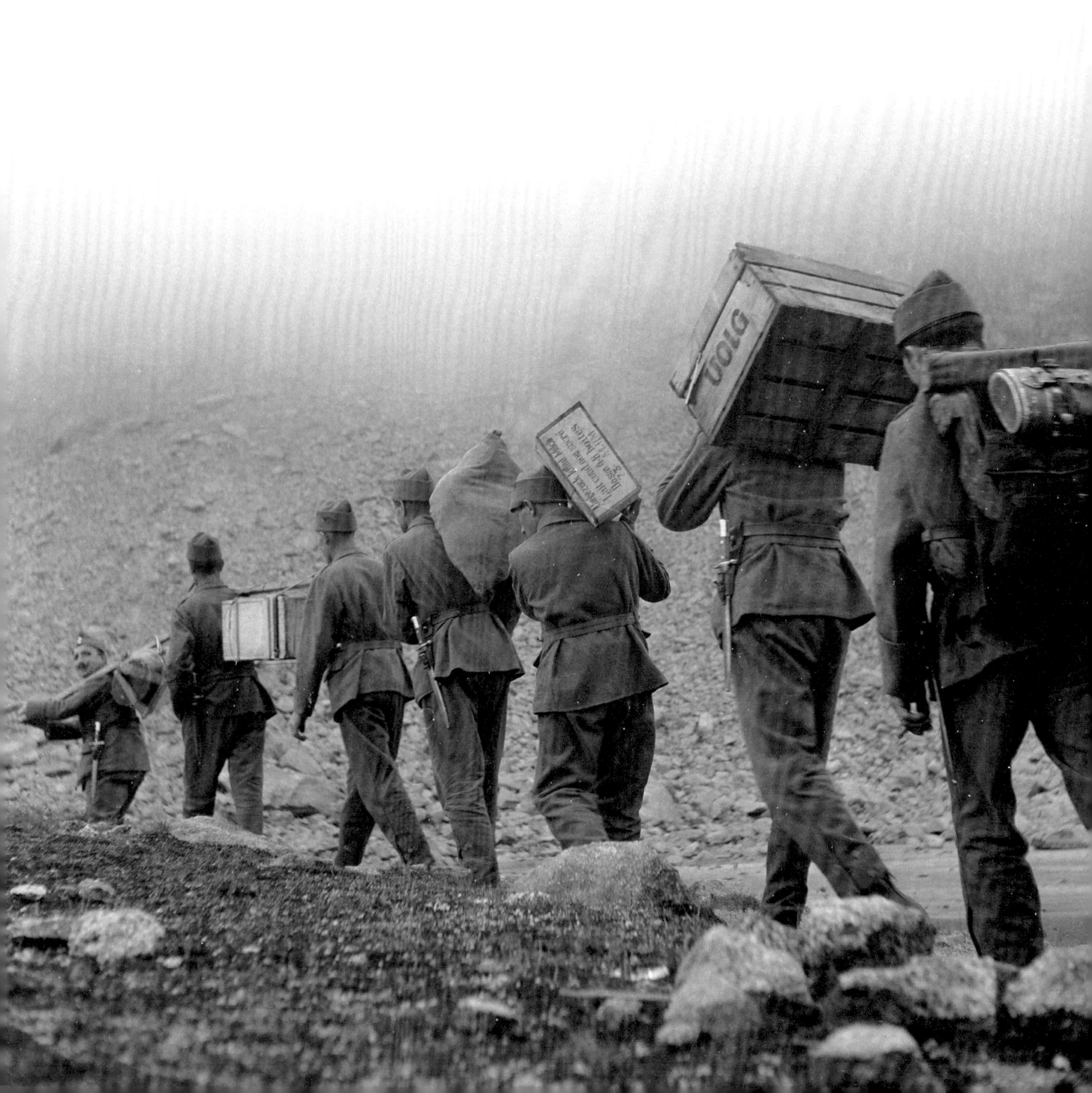

# Krisen, Konfrontation, Konsens (1914–1949) — *Sacha Zala*

Wirtschaftskrisen, politische Konfrontationen im Inneren sowie gegen aussen und ein aus dieser Ausgangslage entwickelter gesellschaftlicher Konsens prägen die Schweiz in der ersten Hälfte des 20. Jahrhunderts. Die beiden Weltkriege setzten zwar markante Zäsuren, wurden jedoch von Entwicklungen überlagert, die bezüglich der politischen und ökonomischen Strukturen einige Kontinuitäten zur vorhergehenden Epoche und zur Nachkriegszeit sichtbar machten. Die ungebrochene technische Innovationskraft wirkte sich zunehmend auf alle Bereiche des menschlichen Lebens aus. Der bedeutendste Schritt auf dem Weg zur Konkordanz wurde durch die Integration der Arbeiterschaft in das politische System vollzogen; hingegen scheiterte die politische Gleichberechtigung der Frauen. Die aussenpolitische Orientierung bewegte sich deutlich weg von Frankreich und via Italien hin zu Deutschland. Dieser Prozess verlief nicht ohne innenpolitische Auseinandersetzungen, die sich schon während des Ersten Weltkrieges zwischen den sprachlich geteilten Landesteilen heftig entluden. Mit der Politik der Geistigen Landesverteidigung gelang es, die Kohäsion des Landes gegen innen zu stärken und den faschistischen, nationalsozialistischen und kommunistischen Gesellschaftsentwürfen und Machtansprüchen entgegenzutreten. Diese Politik ging jedoch mit gesellschaftlichen Ausschliessungstendenzen einher.
In der Darstellung wird den Krisen und aussenpolitischen Herausforderungen des Zeitraumes besondere Aufmerksamkeit geschenkt. Die jüngeren Forschungen zu Wirtschafts- und Finanzbeziehungen sowie zu Fragen der Sozial- und Geschlechtergeschichte erlauben es, das diese Epoche bislang dominierende Narrativ der Neutralität zu überwinden.

**Mobilmachung im Gebirge beim 3. Armeekorps, Photographie von Paul Senn, 20. September 1943** (*Schweizerisches Bundesarchiv, Sign. CH-BAR#E 5792#1988/204#111*, Nr. 4227*). — In der Folge der Kapitulation Frankreichs und der Umkreisung durch die Achsenmächte bezog vom Juli 1940 bis Herbst 1944 der grösste Teil der Schweizer Armee in den Alpen das «Réduit national». Ein Widerstandskampf der Zivilbevölkerung war nicht vorgesehen, jedoch die Zerstörung von Industrieanlagen. Die Einrichtung der Sperrstellen war im Herbst 1940 abgeschlossen. Wichtige Alpenfestungen wurden zwar erst 1943 vollendet, nahmen aber auf der symbolischen und diskursiven Ebene eine überhöhte Stellung ein. Der Mythos des Réduits, einer Schweiz in Igelstellung, wirkte noch lange in den Kalten Krieg hinein und verdeutlicht eine in alle gesellschaftlichen Bereiche hineinwirkende Verengung des schweizerischen Selbstverständnisses.

## KONSOLIDIERUNG UNTER DEM DRUCK VON KRISEN

Die Zwischenkriegszeit gilt mit den beiden Weltkriegen als Periode der Krisen, des «Bürgerkriegs der Ideologien», ausgelöst durch die «Urkatastrophe» des 20. Jahrhunderts, den Ersten Weltkrieg. Die Schweiz war als gut vernetztes Land eingebunden in die globalen Entwicklungen und somit von vielen grenzübergreifenden Strömungen und Ereignissen ebenfalls betroffen. So lässt sich die Zeit von 1914 bis 1949 auch chronologisch entlang der europäischen Zäsuren gliedern, obschon die Schweiz nicht zu den kriegführenden Staaten gehörte. Nach den Vorkriegskrisen in Nordafrika und auf dem Balkan sowie den Kriegsjahren 1914 bis 1918, die in der Schweiz durch eine wachsende soziale Not und die Virulenz der Sprachenfrage gekennzeichnet waren, folgten die Wehen der Nachkriegszeit bis 1923/24. In der Schweiz wie in der Welt kennzeichneten eine Nachkriegswirtschaftskrise und politische Spannungen diese Phase. Verschiedene politische Folgekrisen, die beispielsweise vom Osmanischen Reich oder von Russland ausgingen, schlossen sich nahtlos an den Weltkrieg an. Die Oktoberrevolution der Bolschewiki im Jahr 1917 bedeutete eine Konkurrenz für das bereits durch den Krieg geschwächte liberale Gedankengut. In Italien kam es 1922 zum Marsch auf Rom und in Deutschland 1923 zum Hitlerputsch: Es formierte sich eine faschistische Herausforderung. Mit der Gründung des Völkerbunds versuchte man, den Spannungen ein System der kollektiven Friedenssicherung entgegenzusetzen, was angesichts der strukturellen Schwächen dieser Institution sowie des mangelnden politischen Willens ein schwieriges Unterfangen war.

In der Schweiz beherrschten nach dem Krieg bis in die Mitte der 1920er Jahre zuerst Themen wie die Armut und die Spanische Grippe mit ihren sozialen Auswirkungen sowie die politischen Folgen des Landesstreiks die öffentliche Debatte. Innerhalb der Linken spalteten sich die Kommunisten von der Sozialdemokratie ab, wie dies auch in anderen Staaten nach der Oktoberrevolution geschah. Gleichzeitig erstarkten rechtskonservative Bewegungen. Mit dem Beitritt zum Völkerbund blieb die Schweiz ihrer Tradition des Engagements in internationalen Organisationen treu und konnte mit Genf als Sitz der neuen Organisation ein Zeichen der Stärke setzen. Allerdings stellten sich bereits zu diesem Zeitpunkt Fragen bezüglich des politischen Umgangs mit der Neutralität. Innenpolitisch bedeutete die Umstellung auf die Proporzwahl im Jahr 1919 die grösste Neuerung, welche die politischen Kräfteverhältnisse nachhaltig veränderte.

Relativ ruhig verlief die Periode zwischen 1924 und 1929. 1925 setzten die Verträge von Locarno einen wichtigen Meilenstein der Versöhnung unter ehemaligen Kriegsgegnern, indem das Deutsche Reich seine neue Westgrenze (nicht aber die Ostgrenze) anerkannte und dafür seinen Platz im Kreis der Grossmächte zurückerhielt. Deutschland wurde am 10. September 1926 Mitglied des Völkerbunds und erhielt Sitze in dessen wichtigsten Kommissionen. Die politische Normalisierung auf internationaler Ebene war begleitet von einer wirtschaftlichen Erholung, die neue Hoffnung auf eine Entspannung der sozialen Konflikte im Innern der Gesellschaften aufkeimen liess. Innovative Kunst- und Kleidungsstile eroberten die grossen Städte der Welt und liessen eine internationale urbane Kultur entstehen. Die Kolonien gewannen an Bedeutung und profitierten von Investitionen, während sich gleichzeitig in manchen Gebieten erste Unabhängigkeitsbewegungen formierten. 1928 wurde der Krieg mit dem Briand-Kellogg-Pakt international geächtet. Starke Gegentendenzen zeigten sich aber in Italien, in Japan und in der Sowjetunion, wo schliesslich totalitäre Regime an die Macht gelangten.

Die Schweiz erlebte in diesen Jahren ebenfalls einen wirtschaftlichen Aufschwung, der sich insbesondere in der Finanz- und in der Baubranche zeigte. Gleichzeitig konnten sich die Wirtschaftsverbände enger mit der Bundespolitik vernetzen, wobei auch die während des Krieges etablierten kriegswirtschaftlichen Regelungen eine Rolle spielten.

Der Beginn der Weltwirtschaftskrise 1929 und ihre Auswirkungen trafen die Welt und die Schweiz unerwartet und schockartig. Das liberale Wirtschaftsmodell erhielt – nach dem Ersten Weltkrieg – einen zweiten Schlag. Der kommunistischen Sowjetunion schien die Krise wenig anzuhaben, und in Deutschland gelang es den Nationalsozialisten, die Depression für ihre eigenen Zwecke zu instrumentalisieren. Die Krise führte zu einer Verschärfung des Tonfalls zwischen den Staaten und zu neuem Protektionismus. Der Völkerbund verlor durch die Austritte Deutschlands und Japans im Jahr 1933 und 1937 Italiens weiter an politischem Gewicht. Für die Schweiz stellten sich durch diese Konstellation aus neutralitätspolitischer Sicht erneut Fragen, und verschiedene Optionen standen zur Disposition, wie bereits in der Debatte über den Beitritt zum Völkerbund zu Beginn der 1920er Jahre, als die ehemaligen Mittelmächte noch nicht Teil der internationalen Ordnung und von deren Organisation waren.

Innenpolitisch bedeutete die Zeit der Weltwirtschaftskrise in der Schweiz ebenso wie in den

**«Sissach in der Zukunft», Postkarte von 1920 mit der Zukunftsvision eines unbekannten Künstlers**
*(Arbeitsgemeinschaft Natur und Heimatschutz, Sissach).*

europäischen Staaten eine Phase der Herausforderung des liberalen Wirtschafts- und Gesellschaftsmodells. Die Angriffe gingen von linken und insbesondere rechten Bewegungen mit antiliberalen Staatskonzepten aus. Diesen Infragestellungen begegnete der Bundesrat seinerseits mit einer Politik des Staatsinterventionismus und nicht gerade liberalen Massnahmen, beispielsweise dem Vollmachtenregime ab 1939, wobei der Regierung bereits seit dem Deutsch-Französischen Krieg, dann 1914 und 1936 anlässlich der Weltwirtschaftskrise in der Verfassung nicht vorgesehene Vollmachten übertragen worden waren. Ein weiterer Eingriff bestand in einem Verbot der Vergrösserung und Neugründung von Warenhäusern und Filialgeschäften (1933–1945); die Vorlagen zum sogenannten Umsturzgesetz (Lex Häberlin I) im Jahr 1922 und zum Ordnungsgesetz (Lex Häberlin II) 1934, die dem Staatsschutz hätten dienen sollen, wurden hingegen vom Volk abgelehnt. Die von konservativen Kräften unterstützten, mit dem Faschismus sympathisierenden Fronten (↑Frontenbewegung) forderten mit einer ↑Initiative für die Totalrevision der Bundesverfassung das politische System der Schweiz grundlegend heraus. Die deutliche Ablehnung der Initiative an der Urne am 8. September 1935 war ein wichtiges Bekenntnis der Stimmbevölkerung zum bestehenden Staatsverständnis und ebnete den Weg zur politischen Integration der Sozialdemokraten und der gewerkschaftlich organisierten Arbeiterschaft, die sich ihrerseits programmatisch auf die bürgerlichen Kräfte zubewegt hatten.

In der Mitte der 1930er Jahre zeichnete sich immer deutlicher ab, dass sich die faschistischen Staaten mit der Umgestaltung im Innern nicht zufrieden geben würden. 1935 führte das nationalsozialistische Deutschland die allgemeine Wehrpflicht wieder ein und verletzte damit den Versailler Vertrag. Im gleichen Jahr startete Italien seinen Angriff auf das noch unabhängige Abessinien, während Japan gegenüber China bereits seit 1931 eine hegemoniale Politik verfolgte. In Spanien nahm im Juli 1936 General Francisco Franco seinen Krieg gegen die Republik auf. Während die demokratischen Staaten mit der sogenannten ↑Appeasement-Politik noch versuchten, den Ansprüchen des deutschen Diktators Adolf Hitler entgegenzukommen, standen die Weichen bereits auf Krieg. Dieser Stimmung entkam auch die Schweiz nicht.

Seit der Beruhigung der Wirtschaftslage mit der Abwertung des Schweizer Frankens im September 1936 standen Innen- und Aussenpolitik unter dem Eindruck der zunehmenden Spannungen in Europa. Im Innern kam es zu einer Rüstungskonjunktur und einem Zusammenrücken im Zeichen der ↑Geistigen Landesverteidigung, versinnbildlicht in der Landesausstellung von 1939 in Zürich. Gegen aussen war die Politik ambivalenter. Während die Schweiz einerseits nach der Abessinienkrise und dem Anschluss Österreichs am 14. Mai 1938 zur integralen ↑Neutralität zurückkehrte (siehe Beitrag von Georg Kreis, S. 306), versuchte sie auf der anderen Seite, die grossen Nachbarn nicht zu provozieren. Diese Politik war charakterisiert

Kaiser Wilhelm II. mit dem künftigen General Ulrich Wille und dem künftigen Generalstabschef Theophil Sprecher von Bernegg 1912 anlässlich eines Manövers in der Schweiz (*ZB Zürich*). — Der Wandel in der Kriegsführung hin zu industriell ausgerüsteten Massenheeren wirkte sich in der Schweiz wie in ganz Europa auf das Verständnis des Offizierskorps und die Organisation von Ausbildung und Dienst aus. Sprecher war 1911/12 wesentlich an der neuen Organisation der schweizerischen Truppen beteiligt. Wille prägte 1907/08 die neue Kampfausbildung und -führung und leitete 1912 die «Kaisermanöver» anlässlich des Staatsbesuchs des deutschen Kaisers Wilhelms II. 1914 verzichtete Sprecher trotz Stimmenmehrheit zugunsten von Wille auf die Generalswürde. Wille stiess mit seiner Anlehnung an den preussischen Drill in der Arbeiterschaft und in der Westschweiz auf heftige Kritik.

durch ein opportunistisches Taktieren und Lavieren und zog sich bis in den Kalten Krieg hinein, wobei der Neutralitätsbegriff einem steten Wandel unterlag.

Als 1939 der Krieg in Europa ausbrach, zeigte sich, dass die Schweiz aufgrund ihrer Importabhängigkeit auf eine Zusammenarbeit vor allem mit den Achsenmächten angewiesen war. Diese Situation verschärfte sich dramatisch nach der Niederlage Frankreichs 1940. In der Wirtschaftspolitik kam die Schweiz daher den deutschen Bedürfnissen entgegen, um Handlungsspielraum zu gewinnen sowie geschäftliche Möglichkeiten für private Unternehmen im von Deutschland kontrollierten Gebiet zu erhalten und zu eröffnen. Die wirtschaftlichen Verflechtungen, genauso wie das Verhalten der Akteure, waren dabei so vielfältig, dass verallgemeinernde Aussagen dazu schwierig sind. Insgesamt profitierten die Nationalsozialisten jedoch von den Wirtschaftsbeziehungen mit der Schweiz, insbesondere beim Devisenhandel.

Während mit der Geistigen Landesverteidigung, der Anbauschlacht und dem ↑Réduit der innere Widerstand propagiert wurde, gab es ebenso Momente und Signale der Anpassung wie die Pressezensur. Ausserdem zeigte die sogenannte «Eingabe der Zweihundert» deutlich, dass es eine starke Strömung für eine weitere Annäherung an das nationalsozialistische Deutschland gab. Das Parlament reagierte wie im Ersten Weltkrieg mit Notrecht und übertrug dem Bundesrat extrakonstitutionelle Vollmachten.

Nach der sich abzeichnenden Niederlage Deutschlands konnte die Schweiz nur unzureichend auf die neue Situation reagieren. Die Annäherung an die Alliierten geschah zögerlich und war nicht ohne Hindernisse, da sowohl die Sowjetunion wie auch die USA der Schweiz misstrauten. Erst 1948, begünstigt durch den heraufziehenden Kalten Krieg, gelang eine Normalisierung der Beziehungen mit den USA und den westlichen Alliierten.

Am 11. September 1949 nahmen Volk und Stände gegen die Empfehlung des Bundesrates und des Parlaments die von konservativ-föderalistischen Kreisen 1946 eingereichte Initiative zur «Rückkehr zur direkten Demokratie» knapp an. Das überraschende Resultat setzte eine deutliche Zäsur und läutete das Ende des Vollmachtenregimes des Bundesrates ein, welches die Zeit von 1914 bis 1949 stark geprägt hatte.

Die Schweiz ging aus dieser kriegerischen Epoche als Staat letztlich gestärkt hervor. Im Vergleich zum Zustand zu Beginn des Zeitabschnitts – während und nach dem Ersten Weltkrieg – hatte sich ihr politisches System konsolidiert. Kulturell konnten die Spannungen zwischen den Sprachgruppen durch die gemeinsame Erfahrung der Bedrohung überwunden werden. Die ideologischen Gräben in der politischen Landschaft waren im Vergleich zu 1918 gering und sozialpolitische Vorhaben umsetzbar. Die schweizerische Wirtschaft befand sich durch die Verschonung vom Krieg in einer vorzüglichen Ausgangslage, um vom Wirtschaftswunder der Nachkriegszeit zu profitieren. Die Innenpolitik zeichnete sich fortan durch eine starke Kontinuität aus, und in der Aussenpolitik gelang vor dem Hintergrund des Kalten Krieges der Anschluss an das westliche Lager erfolgreich – trotz Neutralitätsdiskurs im Innern und ohne sich international gänzlich zu binden.

## DER LANGE SCHATTEN DES ERSTEN WELTKRIEGS

1912 besuchte Kaiser Wilhelm II. offiziell die Schweiz und ein Manöver der Schweizer Armee. Die Anwesenheit des deutschen Staatsoberhaupts löste unterschiedliche Reaktionen aus, die als vielsagender Auftakt der innenpolitischen Auseinandersetzungen während des Krieges gedeutet werden können. Während die französischsprachige Schweiz und die Sozialisten protestierten, wurde der deutsche Kaiser in der Deutschschweiz wohlwollend begrüsst. Der Staatsbesuch Wilhelms II. verdeutlichte in den Augen mancher Zeitgenossen eine seit dem Deutsch-Französischen Krieg von 1871 einsetzende Entwicklung – hin zu einer Schweiz, die über weite Strecken im Banne Deutschlands stand.

### Die Schweiz und der Erste Weltkrieg

Der Erste Weltkrieg bedeutete auch für die am Krieg nicht beteiligte Schweiz eine Zeit wirtschaftlicher und politischer Krisen. Die wirtschaftliche und soziale Not war gross, die Versorgung mangelhaft organisiert und die wirtschaftliche Unabhängigkeit durch die Kriegsparteien praktisch ausser Kraft gesetzt. Innenpolitisch waren die Kriegsjahre geprägt durch die Spannungen zwischen deutsch- und französischsprachiger Schweiz, das Notstandsrecht und die Vollmachten des Bundesrates sowie die durch das ↑Majorzwahlrecht auf nationaler Ebene verhinderte Integration der Sozialdemokratie in das politische System. Aussenpolitisch standen Fragen der Auslegung der Neutralität und der Souveränität, insbesondere im wirtschaftlichen Bereich, im Vordergrund.

Gesellschaftlich waren die Kriegsjahre gekennzeichnet von einer Verarmung breiter Bevölkerungsschichten sowie – nach einer kurzen Phase des Burgfriedens zwischen linken und bürgerlichen Kräften – vom wachsenden Graben zwischen den politischen Vertretern des Bürgertums und der Arbeiterschaft. Auch bei den Unternehmen zeigten sich grosse Unterschiede zwischen Gewinnern und Verlierern der Kriegswirtschaft. Traditionelle gesellschaftliche Bilder veränderten sich durch den Krieg kaum, obwohl viele Frauen die Arbeit der mobilisierten Männer übernahmen. Die Kultur profitierte von den Immigranten aus den Nachbarstaaten; diese gründeten zum Beispiel das Cabaret Voltaire, das zur Zürcher Dada-Bewegung gehörte.

1918 schliesslich erlebte auch die Schweiz mit dem Landesstreik soziale Unruhen, welche diese Zeit europaweit prägten. Die schweren kulturellen, politischen und sozialen Konflikte führten aber nicht zu einer fundamentalen Umgestaltung, sondern in Einzelfällen zu notwendigen Reformen, in anderen zu einer vorübergehend erfolgreichen Verdrängung der Probleme.

Militärisch betrachtet war die Schweiz ab dem Kriegseintritt Italiens auf der Seite der Entente im Jahr 1915 von kriegführenden Staaten gänzlich umgeben. Gemäss dem völkerrechtlich anerkannten Neutralitätsrecht war das Land verpflichtet,

» *Die harte Zeit der Prüfung, die wir jetzt durchleben, muss der Ausgangspunkt eines geistigen, wirtschaftlichen und politischen Aufschwungs werden; hierzu bedürfen wir der Zusammenfassung aller im Volke schlummernden Kräfte. Deshalb darf es in ihm keine unversöhnlichen Gegensätze der Rasse und der Sprache geben. Wir erblicken das Ideal unseres Landes in einer über Rassen und Sprachen stehenden Kulturgemeinschaft. Zuerst und allem weit voraus sind wir Schweizer, erst in zweiter Linie Romanen und Germanen. Höher als alle Sympathien für diejenigen, mit denen uns Stammesgemeinschaft verknüpft, steht uns das Wohl des einen, gemeinsamen Vaterlandes; ihm ist alles andere unterzuordnen.»*

Bundespräsident Arthur Hoffmann am 1. Oktober 1914 (Diplomatische Dokumente der Schweiz [DDS], Bd. 6, Dok. 54).

den Ein- und den Durchmarsch fremder Truppen zu verhindern. Am 31. Juli 1914 beschloss der Bundesrat die Mobilisierung der ganzen Armee und am 4. August 1914 veröffentlichte er eine strikte Neutralitätserklärung.[1]

Für die wehrpflichtigen Männer begann mit der ersten Generalmobilmachung eine lange Zeit des Grenzdienstes. An die Spitze der Armee wählte die Bundesversammlung gegen den Widerstand insbesondere von sozialdemokratischen und französischsprachigen Parlamentariern den bereits 66-jährigen umstrittenen Ulrich Wille, der dem deutschen Kaiserhaus freundschaftlich verbunden war. Seine Bewunderung für die preussischen Siege in den Jahren 1866 und 1870 führte zu einer weitgehenden Übernahme deutscher Konzepte für die schweizerische Milizarmee, die jedoch nicht diskussionslos über die Bühne ging.[2] General Wille war überzeugt, dass die Schweizer Armee ihren Aufgaben nicht genüge, und verordnete einen preussisch inspirierten militärischen Drill, der bei den Soldaten unbeliebt war. Zudem stand das elitäre und autoritäre Armeeverständnis des Generals im Gegensatz zur Idee einer Volksarmee (siehe Beitrag von Rudolf Jaun, S. 540). Bezeichnenderweise entstammte der überwiegende Teil der Offiziere höheren sozialen Schichten. Dadurch verstärkten sich die Klassenkonflikte, die sich später im Landesstreik mit der Forderung unter anderem nach einer Armeereform entluden. Als Wille im Verlauf des Krieges aufgrund seines Alters Anzeichen von Senilität zeigte, verlor er allmählich das Vertrauen eines Teils des Offizierskorps.

Die Unzufriedenheit hatte ausserdem mit der mangelhaften Ausstattung der Truppen mit Waffen und Munition zu tun, die den Anforderungen des modernen Stellungskrieges nicht mehr genügte. Als für die Soldaten anstrengend und unangenehm erwies sich schliesslich der stete Wechsel von Mobilisierung und Demobilisierung. Die Zahl der aufgebotenen Truppen schwankte zwischen circa 220 000 im Jahr 1914 und circa 38 000 im Jahr 1916.

Die tatsächliche Gefahr von Grenzverletzungen seitens der kriegführenden Nachbarstaaten wurde und wird unterschiedlich eingeschätzt. Die Schweiz hätte als Aufmarsch- oder Durchmarschterritorium genutzt werden können, wofür sowohl bei den Mittelmächten wie bei der Entente die üblichen Generalstabsplanungen angestellt wurden. Im Winter 1915/16 schien mit dem «Plan H» (Hélvétie) des französischen Oberkommandos eine Grenzverletzung unmittelbar bevorzustehen; zu keinem anderen Zeitpunkt des Krieges war diese Gefahr so imminent. Beide Seiten, Entente und Mittelmächte, wollten jedoch vor allem dafür gewappnet sein, im Falle eines gegnerischen Vorstosses in die Schweiz reagieren zu können. Nervosität erzeugte auf Schweizer Seite das Zögern der zu dieser Zeit ebenfalls neutralen USA, was die Anerkennung der schweizerischen Neutralität betraf.[3]

Insgesamt war die Schweiz, deren Neutralität 1914 von den Nachbarstaaten bestätigt wurde, jedoch weniger durch militärische Entwicklungen als durch politische und wirtschaftliche Handlungen gefährdet. Genauso wie die Kriegsparteien keine militärischen Vorteile des Gegners in der Schweiz zulassen wollten, achteten sie darauf, dass wirtschaftlich keine Bevorzugung entstand. Mit der Einrichtung von Kontrollorganen im Jahr 1915 – der *Treuhandstelle Zürich,* ab 1918 *Schweizerische Treuhandstelle für Überwachung des Warenverkehrs,* und der *Société Suisse de Surveillance économique* – überwachten Mittelmächte und Entente die Import- und Exportaktivitäten. Die Schweiz verlor somit ihre aussenwirtschaftliche Souveränität. Als stark von Importen – insbesondere der Kohle – abhängiges Land konnte es sich die Schweiz nicht leisten, die Nachbarn zu provozieren. Trotz der Kontrollen gelang es verschiedenen Schweizer Unternehmen, zum Beispiel der Chemie- und der Uhrenindustrie, sich in den Handel mit kriegsrelevanten Gütern einzuschalten und Gewinne zu erzielen.

Während sich wirtschaftspolitisch durch die Kontrollen die Nervosität der Nachbarstaaten verminderte, wuchs an der Schnittstelle zwischen Innen- und Aussenpolitik die Unruhe. Seit 1914 waren die Sympathien für die Kriegsparteien entlang der Sprachgrenzen geteilt. Während Deutschschweizer mehrheitlich die Mittelmächte unterstützten, neigten die französischsprachige und die italienischsprachige Bevölkerung der Entente zu. Die Virulenz dieser zentrifugalen Spannungen führte im Gegenzug mancherorts zu einer Rückbesinnung auf den multikulturellen und politisch voluntaristischen Charakter der Eidgenossenschaft. So konstituierte sich im Februar 1914 noch vor dem Krieg die *Neue Helvetische Gesellschaft,* und der Schriftsteller Carl Spitteler, der Nobelpreisträger für Literatur des Jahres 1919, richtete im Dezember 1914 mit seiner Rede «Unser Schweizer Standpunkt» einen flammenden Appell an die Öffentlichkeit, in dem er die Einheit des Landes mit der Neutralität als gemeinsamer Grundlage beschwor.

Ähnliche Bestrebungen zur Stärkung der nationalen Einheit entfalteten sich in den Grenzregionen. So gründeten Intellektuelle aus ↑Italienischbünden noch während des Krieges im Jahr 1918 den Verein *Pro Grigioni Italiano* und kurz danach, 1919, die Rätoromanen die *Lia Rumantscha.* Die beiden Organisationen besassen eine deutlich patriotische Stossrichtung und verfolgten das Ziel, die sprachlichen Minderheiten Graubündens als konstitutive Elemente der Nation zu stärken.

Wie die Bevölkerung war auch die offizielle Schweiz während des Krieges gespalten; der Bundesrat und die Armeeführung waren mehrheitlich deutlich deutschfreundlich, was ausserhalb der Deutschschweiz für Unruhen und Irritationen sorgte. Einen Höhepunkt bildete die sogenannte Obersten-Affäre. Die Generalstabsobersten Karl Egli und Friedrich Moritz von Wattenwyl hatten Informationen an die Mittelmächte weitergegeben. Für dieses Vergehen wurden sie von einem Divisionsgericht strafrechtlich freigesprochen und von General Wille im Anschluss disziplinarisch zu milden 20 Tagen Arrest verurteilt. Dieser Ausgang bestätigte die Befürchtungen in den nicht deutschsprachigen Landesteilen, dass die Armeeführung mit Deutschland sympathisierte. Die vorherrschende Germanophilie hatte sich bereits ein Jahr zuvor gezeigt, als General Willes Vorschlag einer Beteiligung am Krieg auf der Seite der Mittelmächte bekannt wurde.

International bedeutsamer war die Grimm-Hoffmann-Affäre. Der freisinnige Bundesrat Arthur Hoffmann versuchte bereits seit 1916, einen Krieg zwischen den Mittelmächten und den USA zu verhindern, indem er sich in die Friedensbemühungen des Präsidenten Woodrow Wilson einschaltete und über die Schweizer Gesandtschaft in Washington direkt an den Präsidenten gelangte. Die Entente reagierte auf diese Vorstösse irritiert.[4] Im Sommer 1917 verschlimmerte sich die Lage für die Schweiz weiter, als Bundesrat Hoffmann zusammen mit dem sozialdemokratischen Nationalrat Robert Grimm, der gerade in Russland auf Besuch weilte, einen Separatfrieden zwischen Deutschland und Russland zu vermitteln versuchte. Diese offensichtliche Begünstigung Deutschlands führte zu einer ernsthaften Verstimmung bei der Entente und ausserhalb der Deutschschweiz. Der öffentliche Druck im In- wie im Ausland zwang Bundesrat

## Jahresteuerung in der Schweiz 1890–2011

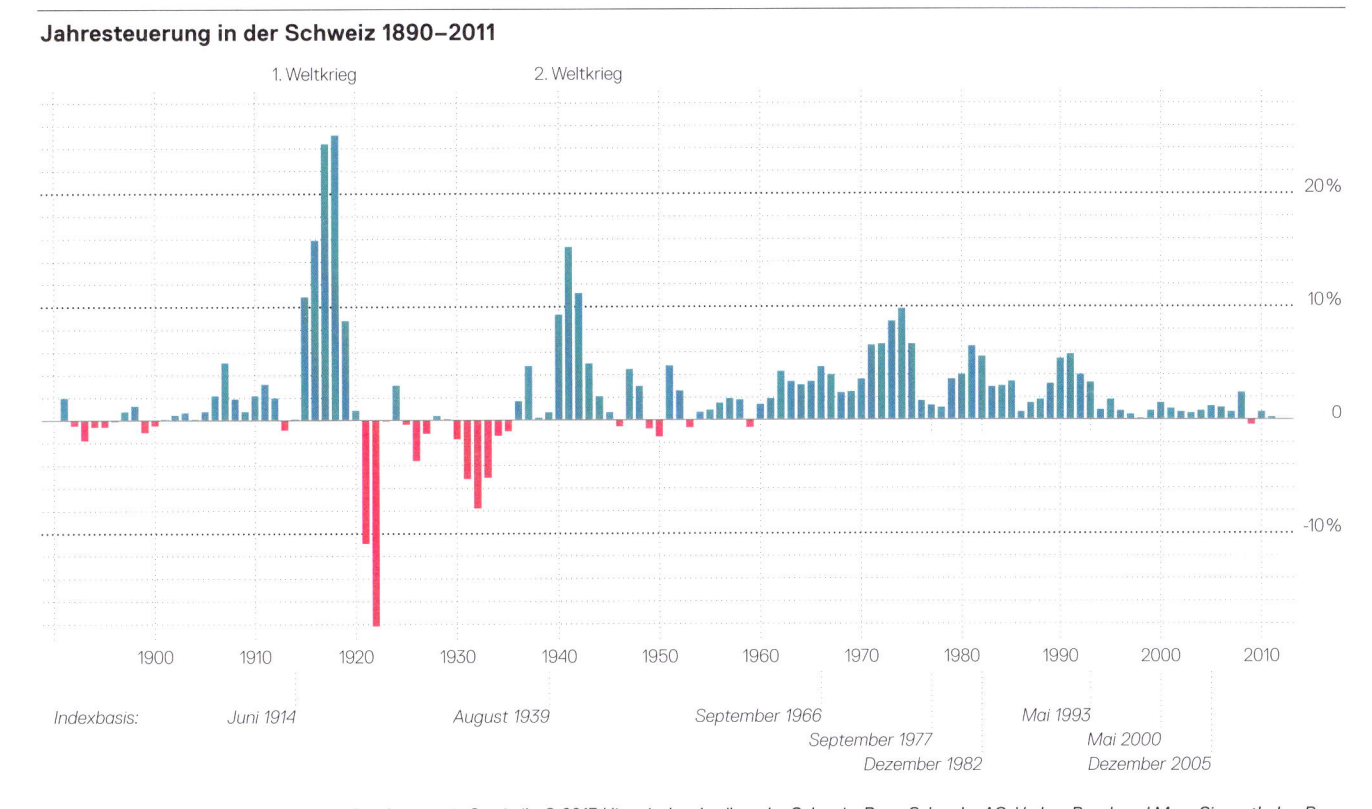

1. Weltkrieg    2. Weltkrieg

Indexbasis: Juni 1914 · August 1939 · September 1966 · September 1977 · Dezember 1982 · Mai 1993 · Mai 2000 · Dezember 2005

Quellen: HLS, Bd. 6, S. 628, «Inflation»; Bundesamt für Statistik, © 2013 Historisches Lexikon der Schweiz, Bern, Schwabe AG, Verlag, Basel, und Marc Siegenthaler, Bern.

Hoffmann schliesslich zum Rücktritt. Die im Juni 1917 erfolgte Wahl eines Anhängers der Entente, des Genfers Gustave Ador, zum Nachfolger beruhigte die innen- und aussenpolitische Lage wieder.

Im Unterschied dazu blieb die soziale Situation angespannt. Mit dem Kriegsbeginn in Europa wurde in der Schweiz das Fabrikgesetz als wichtigstes Element des eidgenössischen Arbeitnehmerschutzes aufgehoben. Durch den Einsatz der Männer in der Armee, damals noch ohne wirksamen Erwerbsersatz, sowie durch die steigenden Preise gerieten viele Menschen in existentielle Not. Die Inflation stieg zwischen 1916 und 1918 praktisch unkontrolliert an, was die Lebenshaltungskosten, zum Beispiel für Nahrungsmittel und Mieten, markant in die Höhe trieb, in den Städten um bis zu 150 Prozent. Am Ende des Krieges bezog rund ein Sechstel der Schweizer Bevölkerung Notstandsunterstützung und die Geburtenrate sank.

Unter dem Eindruck dieser Entwicklungen, des Fehlens staatlicher Massnahmen und des Auftauchens von Berichten über Kriegsgewinnler und Spekulation rückte die Linke vom selbstgewählten Burgfrieden von 1914 ab. Ab 1916 kam es zu einer Radikalisierung der Arbeiterschaft und ersten Protesten von Frauen gegen die Teuerung. Ideologische Unterstützung erhielt die Linke auch von ausserhalb, befördert durch die internationale Entwicklung und dank einflussreicher Exilanten: So kam es auf Anregung des Berner Nationalrats und Herausgebers der «Tagwacht», Robert Grimm, 1915 zu einer geheimen Konferenz in Zimmerwald bei Bern mit Beteiligung von Lenin und Trotzki und im folgenden Jahr in Kiental im Kandertal zu einer ebenfalls geheimen Folgekonferenz mit sozialistischen Kriegskritikern aus neun Ländern. Dass Lenin und führende Bolschewiki in der Schweiz gelebt hatten und im April 1917 durch Vermittlung des Schweizer Sozialisten Fritz Platten in einem extraterritorialen Eisenbahnwagen nach Russland gelangten, verlieh der Oktoberrevolution einen direkten Bezug zur Schweiz, was die Revolutionsangst im bürgerlichen Lager verstärkte. Auf der anderen Seite führte die offensichtliche Untätigkeit der Politik angesichts der ungelösten und verschärften sozialen Frage zu politischen Frustrationen.

Die Frauen der Unter- und Mittelschicht, deren Männer Dienst leisten mussten, waren von der Not besonders betroffen. Sie versuchten, die Familien mit Gelegenheitsarbeiten oder mehreren Anstellungen durch die schwierige Zeit zu bringen. Je nach Lebenssituation waren die Erfahrungen unterschiedlich, jedoch litten viele Frauen neben den Einkommenseinbussen und der Teuerung zusätzlich unter der Mehrfachbelastung, so wie beispielsweise viele Bauernfrauen, welche die gesamte Bewirtschaftung des Hofes übernehmen mussten.

Die bürgerlichen Frauenverbände sahen im Krieg hingegen eine Chance, soziales Engagement zu zeigen und Verbandspolitik zu betreiben. Frauen waren aus eigener Initiative und über Organisationen in Männerdomänen aktiv, beispielsweise in der Armee, wo sie sich in verschiedenster Weise in der Betreuung der Soldaten betätigten.[5]

Im Gegensatz zur sozialen Not breiter Bevölkerungskreise überstanden die industriellen Exportunternehmen den Ersten Weltkrieg – trotz aller Schwierigkeiten bei der Bewertung der Daten – gut, teilweise sogar mit überdurchschnittlichen Gewinnen. Nach einem ersten Schock 1914, als der Zusammenbruch traditioneller Handelsströme die Schweizer Wirtschaft und Politik unvorbereitet traf und die männlichen Arbeitskräfte einrücken mussten, erholte sich die Wirtschaft, insbesondere der Exportsektor, ab 1915 bereits wieder. In diesem Zusammenhang ist insbesondere die Uhrenindustrie zu erwähnen, in der sich kartellartige Strukturen herausbildeten.[6] Auch der landwirtschaftliche Sektor erwirtschaftete durch die kriegsbedingte Nachfrage gute Gewinne. Der Finanzplatz Schweiz konnte ebenfalls vom Krieg profitieren.[7]

Eine weitgehende Normalität zeichnete während des Krieges die Tätigkeit in der Schweiz angesiedelter internationaler Organisationen aus, die wie der Weltpostverein oder der Internationale Telegraphenverein zu den ältesten der Welt gehörten und ihre Sitze in Bern behielten. Die Kontinuität der internationalen Vernetzung selbst in Krisen- und Kriegszeiten ist ein kaum beachtetes Phänomen, das der Aussenpolitik der Schweiz einen unverhofften Handlungsspielraum verschaffte.[8]

**Die Krisenjahre bis 1924 und weitere Folgeprobleme des Ersten Weltkriegs**
Die während des Krieges entstandene oder verstärkte soziale Not schwächte die Menschen physisch, so dass sie 1918 die Spanische Grippe erbarmungslos traf. Die Pandemie erfasste die Schweiz in zwei Wellen, die zwischen Juli 1918 und Juni 1919 fast 25 000 Todesopfer – vor allem junge Menschen zwischen 20 und 40 Jahren – forderten, was für die Schweiz die grösste demographische Katastrophe des Jahrhunderts bedeutete. Als Folge und aus Furcht vor weiteren Pandemien kam es zu einer verstärkten Abgrenzung gegenüber dem Ausland, sanitarischen Kontrollen und Fremdenfeindlichkeit.

Die sozialen Spannungen hatten sich seit 1917 entscheidend verstärkt und sich in verschiedenen Streiks und Demonstrationen entladen. Weltweit beflügelten die erfolgreichen Revolutionen in Russland die Phantasien der Linken, liessen den Anteil der gewerkschaftlich organisierten Arbeiter anwachsen und den radikalen Arbeiterflügel erstarken. Die Streiktätigkeit intensivierte sich mit dem sich abzeichnenden Kriegsende, und in Zürich kam es von Ende September bis Anfang Oktober 1918 gar zu einer Arbeitsniederlegung der Bankangestellten. Im Lager der Bürgerlichen machte sich eine oft irrationale Revolutionsangst breit. General Wille und sein Generalstabschef Theophil Sprecher von Bernegg, mit der noch immer mobilisierten Armee im Rücken, drängten den Bundesrat zu einer erhöhten Alarmbereitschaft und zu Truppenverlegungen in die urbanen Zentren. Am 31. Oktober 1918 verlangte der Kanton Zürich nach Truppen. Der Bundesrat zögerte in dieser Frage, da er eine Provokation der Arbeiterschaft vermeiden wollte.

Der Bundesrat stand aber auch unter Druck von aussen. Die Ententemächte warnten vor einer revolutionären Erhebung und verlangten die Ausweisung der sowjetischen diplomatischen Mission. In Deutschland begann Ende Oktober der Aufstand der Soldaten und Arbeiter. Viele bürgerlich denkende Menschen in der Schweiz nahmen die revolutionären Vorgänge in Russland, Deutschland und dem übrigen Europa undifferenziert und diffus wahr und empfanden sie als direkte Bedrohung. Nicht weniger verzerrt war die Wahrnehmung der bolschewistischen Revolution durch die politische Linke. Obschon über offizielle Wege wie über in die Heimat geflüchtete Russlandschweizer Nachrichten von Terror und Bürgerkrieg ins Land drangen, heiligte der Zweck des Klassenkampfes für manche überzeugte Sozialisten die Mittel.

Als der Bundesrat am 6. November 1918 dem Druck von innen und aussen nachgab und die Verschiebung von Truppen nach Zürich anordnete, rief das Oltener Aktionskomitee (OAK) einen 24-stündigen Proteststreik aus. Das OAK war im Februar 1918 von Funktionären des *Schweizerischen Gewerkschaftsbundes* und der *Sozialdemokratischen Partei* gegründet worden und entwickelte sich im Verlauf dieser Ereignisse im November zur Koordinatorin des Landesstreiks. Die rasant ansteigenden Spannungen der nachfolgenden Tage entluden sich, trotz Versammlungsverbot, am 10. November 1918, unmittelbar nach dem ersten Jahrestag der Oktoberrevolution, kurz vor der Abdankung des deutschen Kaisers sowie zeitgleich mit der Ausweisung der Sowjetmission, in einer Demonstration in Zürich mit Tausenden von Arbeiterinnen und Arbeitern. Zusammenstösse mit der Armee führten zu einem toten Soldaten und Verwundeten auf beiden Seiten.

Die Ereignisse in Zürich und der Beschluss der dortigen Anführer, den Streik unbefristet fortzuführen, setzten die Mitglieder des OAK unter Zugzwang. Unter dem Eindruck der Dynamik, welche die Bewegung in wenigen Tagen gewonnen hatte, proklamierte das OAK am 11. November 1918 den Landesstreik als unbefristeten Generalstreik, bis seine neun Forderungen erfüllt seien. In diesen verlangte es neben der sofortigen Neuwahl des Nationalrats nach dem Proporzsystem auch das aktive und passive Frauenwahlrecht, eine allgemeine Arbeitspflicht, die Einführung der 48-Stunden-Woche, die Reorganisation der Armee, die Sicherung der Lebensmittelversorgung, eine Alters- und Invalidenversicherung, ein Staatsmonopol für Import und Export sowie die Tilgung aller Staatsschulden durch die Besitzenden.

Der Bundesrat und das bürgerlich dominierte Parlament reagierten scharf auf die Vorkommnisse und formulierten ein Ultimatum. In verschiedenen Orten bildeten sich nationalkonservative Bürgerwehren. Trotzdem blieb die Lage insgesamt relativ ruhig und – abgesehen von der Arbeitsniederlegung der Eisenbahner – waren weite Teile des Landes von den Streikereignissen unberührt; nur vereinzelt kam es zu gewalttätigen Zusammenstössen mit der Armee oder Bürgerwehren. In der Folge beschloss das OAK am 14. November, den Streik abzubrechen. Trotzdem ereignete sich in Grenchen ein Zwischenfall, bei dem drei Demonstranten ums Leben kamen.[9]

Die Interpretation des Landesstreiks als «schwerste politische Krise des Bundesstaates»[10] prägte die Schweizer Historiographie für Jahrzehnte. Aus heutiger Sicht lässt sich sagen, dass der Landesstreik Ausdruck einer sich europa-, wenn nicht sogar weltweit manifestierenden Stärkung der Arbeiterschaft als politische Kraft war, nachdem sie im Weltkrieg an Bedeutung gewonnen hatte, während gleichzeitig die soziale Not gestiegen war. Die Arbeiterschaft wurde machtpolitisch zu einem nicht mehr negierbaren Faktor des politischen Systems.[11] Obwohl die Bedeutung des Landesstreiks als einschneidendes Ereignis der Schweizer Geschichte zu relativieren ist, reichen seine propagandistischen Wirkungen bis in die Zeit nach dem Zweiten Weltkrieg hinein. Er diente als politischer Bezugspunkt sowohl für Bürgerliche als auch für Linke, prägte Vorstellungen und Vorsichtsmassnahmen. Insbesondere der sehr harte Umgang der Justiz mit den Anführern und einfachen Streikenden im Nachgang der Ereignisse spielte eine bedeutende Rolle, die – nebst dem Einsatz der Armee – die linke Sicht des Staats als Machtinstrument der bürgerlichen Allianz verstärkte, während für die Bürgerlichen der Antisozialismus im Anschluss an die Erfahrungen von 1917/18 zu einer Konstante wurde. Dagegen spiegelt sich der Landesstreik in den Unternehmensarchiven, und damit in der realen Erfahrung vieler Arbeitnehmer und Arbeitgeber, interessanterweise kaum wider.[12]

Der Mythos hingegen, dass das ↑Proporzwahlrecht und die 48-Stunden-Woche dank des Landesstreiks eingeführt worden seien, ist zu dekonstruieren. Die Forderung nach dem Proporz als Mittel gegen die freisinnige Dominanz im Bundesparlament tauchte in konservativen wie in sozialistischen Kreisen bereits im 19. Jahrhundert auf. Im Oktober 1918 hatten Volk und Stände nach zwei erfolglosen Versuchen in den Jahren 1900 und 1910 eine entsprechende ↑Volksinitiative angenommen. Das Proporzwahlrecht war also bereits vor dem Landesstreik eine im Grundsatz beschlossene Sache. Der Streik beschleunigte die Einführung des neuen Wahlsystems jedoch unbestritten. Die 48-Stunden-Woche auf der anderen Seite war bereits eine Forderung der *Charta der Internationalen Arbeitsorganisation* (ILO), deren Mitglied die Schweiz mit ihrem Beitritt zum Völkerbund 1920 automatisch wurde. So kann man schliesslich sagen, dass die Einführung des Proporzwahlrechts im Oktober sowie die unter dem Druck der Ereignisse von 1918 um ein Jahr, auf 1919, vorgezogenen Nationalratswahlen eine tiefgreifende Reform bedeuteten, die durch die Verschiebung der politischen Kräfteverhältnisse zustande kam.

Die ersten Wahlen nach dem neuen Proporzwahlrecht führten tatsächlich zu einer radikalen Wende in der bisher freisinnig dominierten Bundespolitik. Die Freisinnigen verloren fast die Hälfte ihrer Sitze im Nationalrat und damit klar die absolute Mehrheit. Gewinnerinnen der Wahlen waren die *Sozialdemokratische Partei* (SP), die ihre Sitzzahl mit 41 Mandaten verdoppelte, sowie die erstmals im Parlament vertretenen kantonalen *Bauern-, Gewerbe- und Bürgerparteien* (BGB), die auf Anhieb 30 Sitze erreichten. Durch diese Entwicklungen geschwächt, gestanden die Freisinnigen der katholischen *Konservativen Volkspartei*, die mit 41 Sitzen faktisch stabil blieb, einen zweiten Bundesratssitz zu,

**«Einbringen von Ruhestörern», Landesgeneralstreik im November 1918**, aus: Fritz Schoellhorn (Hg.), **Dragoner-Regiment 6, 1875–1924, 50 Jahre**, s.l. 1926, S. 195. — Der Landesstreik von 1918 unterschied sich von konventionellen Streiks durch seine politische Ausrichtung, die in den neun Forderungen des Oltener Aktionskomitees zum Ausdruck kam und über das Erreichen ökonomischer Ziele hinausging. Daher hatte das teilweise gewaltsame Aufeinandertreffen von Arbeiterschaft und Armee auch eine hohe symbolische Bedeutung, die klassenkämpferisch aufgeladen war. Ein grosser Teil der eingesetzten Truppen stammte entweder aus ländlichen Gebieten oder aus Landesteilen, die vom Streik nicht direkt betroffen waren.

**Geburten und Sterblichkeit 1900–2011**

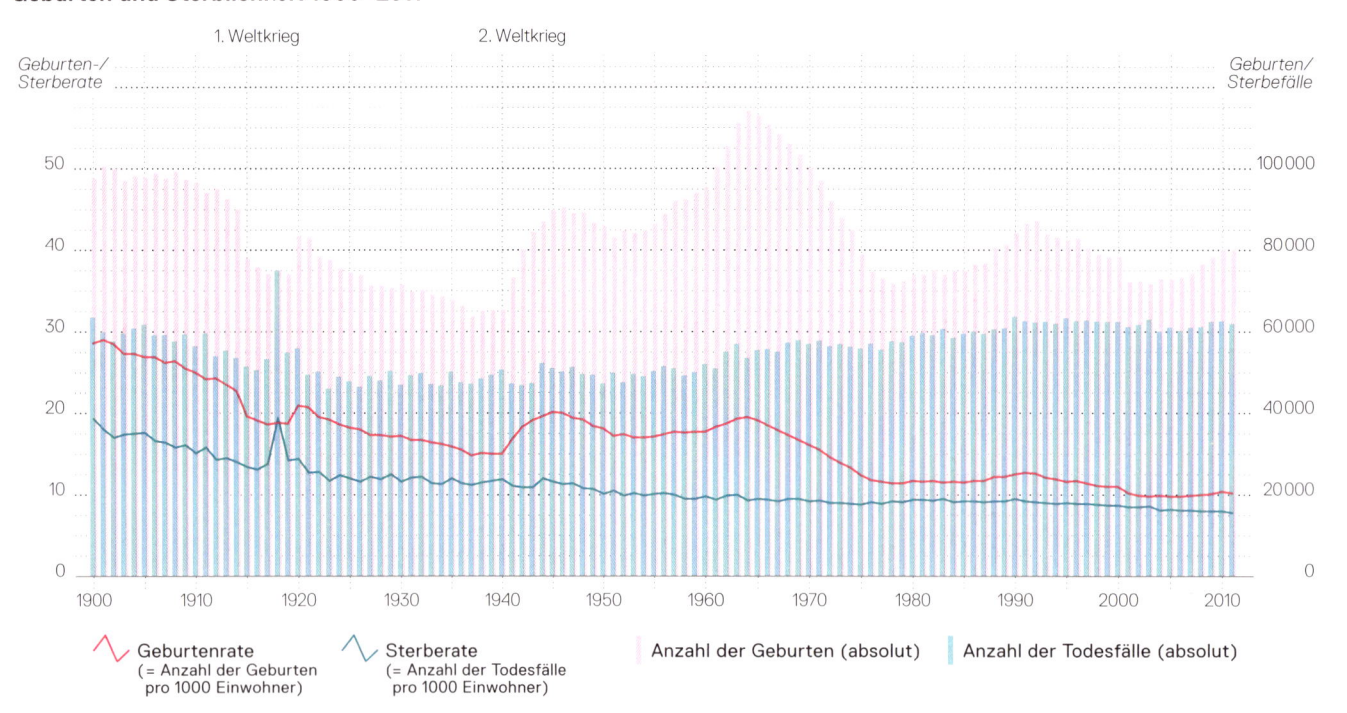

Die Zahl der Geburten ging – mit einem deutlichen Einbruch in der Zeit des Ersten Weltkriegs – zunächst laufend zurück. Zur Zeit des Zweiten Weltkriegs erfuhr sie eine erste starke Steigerung, und eine Generation später setzte in den 1960er Jahren der zweite Babyboom ein. Dieser wirkte sich wiederum etwa 25 Jahre später aus, allerdings weniger deutlich. Die Sterberate sank über die gesamte Zeitdauer beinahe kontinuierlich, abgesehen von einem Ausschlag infolge der Spanischen Grippe um 1918.
Quellen: Bundesamt für Statistik / Observatoire démographique européen; Hansjörg Siegenthaler, Heiner Ritzmann-Blickenstorfer (Hg.), Historische Statistik der Schweiz, Zürich 1996, S. 190–192, © 2013 Schwabe AG, Verlag, Basel, und Marc Siegenthaler, Bern.

womit die Fortsetzung einer bürgerlichen Politik gesichert wurde. Der Graben zwischen der Arbeiterschaft und dem konservativen Bürgertum förderte so die Integration der *Konservativen Volkspartei* und später der BGB, die 1929 einen ersten Bundesratssitz erhielt.

Obschon entsprechende Vorstösse auf kantonaler Ebene und im Rahmen des Landesstreiks unternommen wurden, gelang beim Frauenstimmrecht kein Durchbruch. Bemerkenswerterweise führte die Stärkung der Linken nach dem Ersten Weltkrieg auch zu einem Zurückdrängen der Frauen in der Arbeiterbewegung. Einige von ihnen fanden eine neue politische Heimat in der 1921 gegründeten *Kommunistischen Partei der Schweiz* (KPS), die sich – wie praktisch in ganz Europa – in der unmittelbaren Nachkriegszeit von der SP abspaltete, was zu einer Schwächung der Arbeiterbewegung zu Beginn der 1920er Jahre führte.

Im Rahmen der Pariser Friedensverhandlungen kam es am 28. April 1919, sozusagen als Frucht der Bemühungen um eine internationale Rechtsordnung, zur Gründung des Völkerbunds mit seinen Unterorganisationen. Als Sitz wurde Genf ausgewählt, das sich damit als Zentrum internationaler Politik etablierte, insbesondere für aussereuropäische Staaten an der Peripherie der europäischen Machtsphären, die oftmals noch keine volle Souveränität erlangt hatten. Nach einem heftigen Abstimmungskampf mit knappem Ausgang trat die Schweiz 1920 dem Völkerbund bei.[13] Trotz ihrer wirtschaftlich und politisch starken Vernetzung war für die Schweiz die Eingliederung in die neue internationale Organisation nicht nur einfach. Die Siegerstaaten schufen nämlich ein System von Netzwerken internationaler Organisationen, die zum Teil in Konkurrenz zu traditionellen Organisationen standen, in denen die Schweiz ihre Interessen bislang erfolgreich hatte einbringen können. Diese Rivalität zwischen dem System des Völkerbundes und den traditionellen internationalen Netzwerken aus dem 19. Jahrhundert verschärfte sich mit dem sukzessiven Aufkommen faschistisch und nationalsozialistisch dominierter internationaler Organisationen massiv, was für die Schweizer Aussenpolitik eine grosse Herausforderung darstellen sollte.[14]

Eine zweite Schwierigkeit im Zusammenhang mit dem Beitritt zum und der Mitgliedschaft im Völkerbund war die Frage der Neutralität. Obwohl die diesbezüglichen Diskussionen erst später einsetzten, stellte für die exportorientierte Schweiz bereits der anfängliche Ausschluss der Verliererstaaten, insbesondere des Nachbarn Deutschland, ein Problem dar. So zeigte sich in der ententefreundlichen Suisse romande in der Beitrittsabstimmung eine grössere Zustimmung als in der Deutschschweiz, und generell nahm die anfängliche Begeisterung für die Idee des US-Präsidenten Woodrow Wilson wieder ab. Tatsächlich kann man den Beitritt deshalb als «Spätlese einer günstigen Konjunktur»[15] bezeichnen, ausgelöst durch eine kurzfristige Aufbruchstimmung. Beigetragen zum Abstimmungserfolg hatte sicherlich das Ergebnis der Londoner Erklärung vom 13. Februar 1920, die festlegte, dass die Neutralität eigentlich völkerbundswidrig sei, dass die Schweiz allerdings in einer «situation unique» sei und deshalb nur an wirtschaftlichen und finanziellen Sanktionen des Völkerbunds teilzunehmen habe.[16] Militärische Aktionen musste sie nicht mittragen und den Durchmarsch fremder Truppen nicht gewähren. Dieser politische Entscheid bedeutete für die Schweiz eine Entlastung von einem grossen Teil ihrer Pflichten als Mitglied des Völkerbunds und wurde mit dem neu kreierten Begriff der «differentiellen ↑Neutralität» legitimiert (siehe Beitrag von Georg Kreis, S. 306).

Die Pariser Friedensordnung stellte die Schweiz vor weitere Herausforderungen. Die Einwohner Vorarlbergs sprachen sich angesichts der Verunsicherung bezüglich der Zukunft Österreich-Ungarns zu 80 Prozent für einen Anschluss an die Schweiz aus. Dieser Entscheid stiess in der Schweiz auf grosse Ablehnung, denn die Integration von 200 000 deutschsprachigen Katholiken hätte das Gleichgewicht sowohl in sprachlicher als auch in konfessioneller Hinsicht verändert. Schliesslich legten die Verhandlungsführer im Vertrag von Saint-Germain am 10. September 1919 für Vorarlberg eine Zukunft im neu geschaffenen Deutsch-Österreich vor. Die Umorientierung nach Westen, nach dem Zerfall der Habsburgermonarchie, gelang hingegen dem Fürstentum Liechtenstein, das sich 1923 mit einem Vertrag an das schweizerische Zollgebiet anschloss.[17]

Das gestärkte Frankreich verband die Anerkennung der schweizerischen Neutralität mit der Forderung, die für die Schweiz vorteilhafte Neutralität Nordsavoyens aufzuheben. Ebenso stellte es das 1815 der Schweiz eingeräumte Besatzungsrecht für die dortigen Zollfreizonen und den Gotthardvertrag von 1909 in Frage. Die Schweiz hatte diesen Vertrag mit Deutschland und Italien als Kompensation für die Übernahme der fremdfinanzierten Eisenbahn durch den Bund abgeschlossen und darin den Vertragsparteien Zugeständnisse im Tarifbereich gemacht. Dies hatte in der Schweiz aus Sorge über die Souveränität zu grossen Protesten und 1913 zur Einreichung einer Initiative für ein Staatsvertragsreferendum geführt. Die Frage verlor allerdings rasch an politischer Bedeutung und wurde zu einer technischen Angelegenheit, so dass der Vertrag bis heute in Kraft ist. Das fakultative Staatsvertragsreferendum für langfristige Verträge wurde hingegen 1921 von Volk und Ständen deutlich angenommen.

Der Konflikt mit Frankreich um die Zukunft der Neutralitätszone und der Zollfreizonen in Savoyen, die 1815 eingerichtet worden waren, erwies sich als komplex und zog sich hin. Frankreich stellte sich auf den Standpunkt, dass beide Statuten aufgehoben werden sollten. Die Schweiz war bereit, auf die Neutralitätszone zu verzichten, nicht aber auf die Zollfreizonen von Nordsavoyen und im Pays de Gex. Ein erstes französisch-schweizerisches Abkommen von 1921 scheiterte zwei Jahre später am neu eingeführten Staatsvertragsreferendum in der Volksabstimmung. Nach erbitterten Verhandlungen gelangten die Parteien an das internationale Schiedsgericht in Den Haag, das 1932 definitiv zugunsten der Schweiz entschied, womit die Zollfreizonen um Genf bis heute Bestand haben.

Die Umstellung auf die Friedenswirtschaft war ein schwieriger und langwieriger Prozess. In einer ersten Phase ab 1918 kam es zuerst zu einem konjunkturellen Aufschwung aufgrund des nachholenden Konsums. Die darauffolgende Periode von 1921 bis 1923 war hingegen von einer Wirtschaftskrise geprägt, die sich weltweit durch einen starken Währungszerfall und eine hohe Inflation bemerkbar machte. Die nicht mehr benötigten Kriegsvorräte, die billigen Importgüter – vor allem aus Deutschland – sowie der hohe Kurs des Schweizer Frankens belasteten die Exportwirtschaft und die Binnenkonjunktur, während der Finanzplatz profitierte. Die Nachkriegskrise erschütterte die durch Kriegshandlungen weitgehend zerstörten globalen wirtschaftlichen

**In den Jahren 1929 bis 1936 errichteter und heute von der UNO genutzter Völkerbundpalast in Genf,** © *UN Photo Library.* — Von der Gründung des Völkerbundes im Jahr 1920 bis zum Umzug in das Palais des Nations befand sich der Sitz des Völkerbundes im Genfer Palais Wilson. Ein erst 1926 ausgeschriebener Architekturwettbewerb hatte zunächst keine Lösung gebracht; die Grundsteinlegung für das schliesslich aus einer Kooperation italienischer, schweizerischer, französischer und ungarischer Architekten hervorgegangene Projekt erfolgte im September 1929. Es ist eine Ironie der Geschichte, dass das kolossale neoklassische Gebäude zu einem Zeitpunkt bezugsbereit war, als der Völkerbund gerade an Einfluss verlor.

Strukturen nachhaltig. In der Schweiz erreichte die Arbeitslosigkeit mit rund 100 000 Personen einen Höhepunkt. Ab 1924 setzte die Erholung der Welt- und somit auch der Binnenwirtschaft ein.[18]

Der Bundesrat reagierte auf diese Herausforderung einerseits – wie andere Staaten – mit einem verstärkten Protektionismus (zum Beispiel 1921 mit neuen Zolltarifen), der die Verbindungen zwischen Politik und Wirtschaft intensivierte, und andererseits mit dem Ausbau der Sozialstatistik und der Einrichtung des Eidgenössischen Arbeitsamts im Jahr 1921, des späteren Bundesamtes für Industrie, Gewerbe und Arbeit (BIGA, ab 1930). Drei Jahre danach, am Ende der Krise, regelte der Bundesrat die Subventionierung der Arbeitslosenkasse. Da eine Volksinitiative der SP zur gesetzlichen Verankerung der 1915 als Kriegsgewinnsteuer provisorisch eingeführten direkten Bundessteuer 1918 knapp abgelehnt worden war, musste sich der Bund seine Einnahmen neben den Zöllen vor allem über befristete Sondersteuern – Kriegssteuern, ausserordentliche Kriegssteuern, Krisenabgaben – und Warensteuern sichern. Das Misstrauen gegenüber einer politischen Zentralmacht mit eigenen Einnahmen war in föderalistisch gesinnten Kreisen gross. 1922 wurde eine Volksinitiative der SP für die Erhebung einer einmaligen Vermögensabgabe von Volk und Ständen mit einem Nein-Stimmenanteil von 87 Prozent wuchtig verworfen.

Über die eben eingeführte 48-Stunden-Woche entbrannte angesichts der Wirtschaftskrise eine lebhafte politische Debatte. Eine Erhöhung der Arbeitszeit als Mittel der Krisenbekämpfung (Lex Schulthess), die im Parlament eine Mehrheit fand, wurde 1924 in einer Volksabstimmung abgelehnt. Trotzdem waren Ausnahmen von der Regelarbeitswoche möglich. Die intensiv geführte Auseinandersetzung bedeutete eine politische Fortsetzung der Konfrontationen rund um den Landesstreik.

Neben den wirtschaftlichen Problemen zeigte sich in der Schweiz noch eine weitere Parallele zu den Entwicklungen im Ausland. Während sich mit der entstehenden Sowjetunion eine Systemkonkurrenz von links etablierte, erstarkte im Gegenzug die Rechte. Im Oktober 1922 setzte sich in Italien mit der Machtübernahme Mussolinis der Faschismus durch. Von nun an gab es auf dem Feld der politischen Ideologien eine rechte, sich im Gegensatz zum Konservatismus als modern verstehende Alternative zum liberalen Modell. In der Schweiz entstand aus den konservativen Bürgerwehren gegen den Landesstreik der *Vaterländische Verband*, und es entwickelte sich eine rechtsgerichtete Bewegung, die sich gegen das Ausland, gegen das Fremde und gegen den – im Landesstreik verkörperten – Sozialismus wandte. In Genf gründete Théodore Aubert die *Entente Internationale contre la III$^e$ Internationale*, «Liga Aubert» genannt.

**Arbeitslose und Arbeitslosenquote 1920–2011**

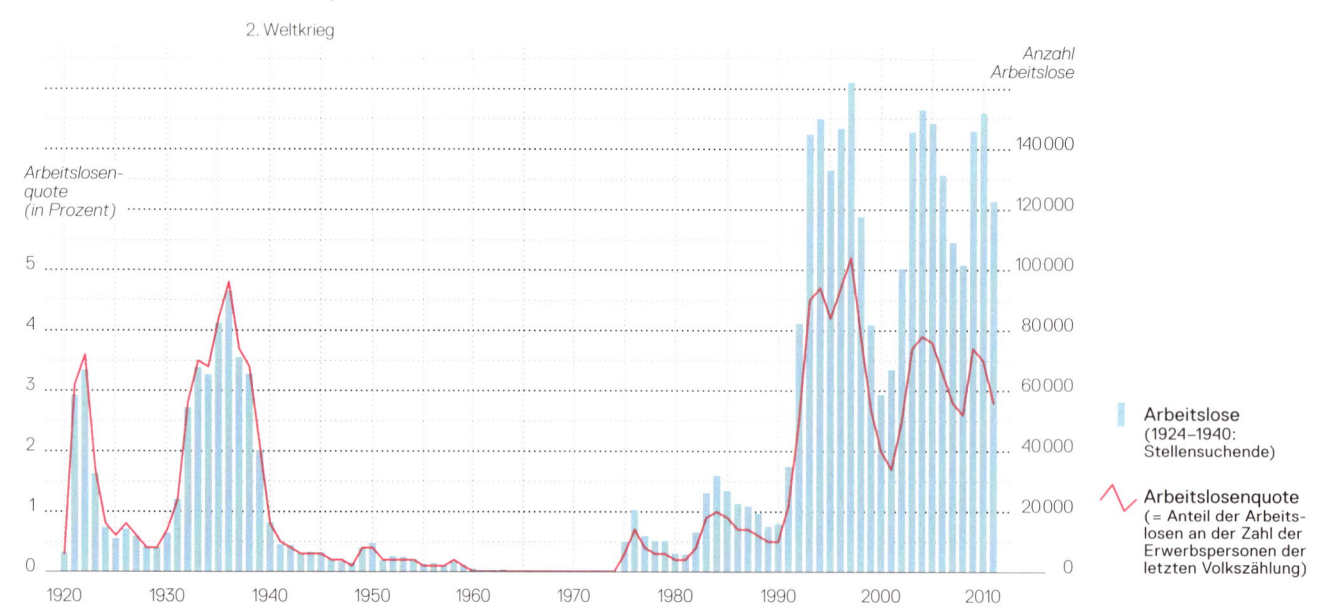

Die Zahlen zur Arbeitslosigkeit und die entsprechende Quote (im Verhältnis zu den Beschäftigten) weisen zunächst zwei Ausschläge in der Zeit der Nachkriegs- und der Weltwirtschaftskrise auf, wobei sich Letztere in der Schweiz erst verspätet auswirkte. Nach einer Phase der Vollbeschäftigung in den 1960er Jahren mit ausgetrocknetem Arbeitsmarkt und dem Ölpreisschock von 1973 stieg die Arbeitslosigkeit in Wellen wieder an. Da die Anzahl der Beschäftigten – insbesondere auch der Teilzeitbeschäftigten – im Dienstleistungssektor bereits ab den 1960er Jahren stark zunahm, hatten die steigenden Arbeitslosenzahlen nicht mehr denselben Effekt auf die Arbeitslosenquote wie zu Beginn des Jahrhunderts.
Quellen: HLS, Bd. 1, S. 460, «Arbeitslosigkeit»; Bundesamt für Statistik, © 2013 Schwabe AG, Verlag, Basel, und Marc Siegenthaler, Bern.

Genährt wurden patriotische Bewegungen in dieser frühen Phase einerseits durch die Anziehungskraft der faschistischen Ideologie, andererseits durch den verbreiteten Antikommunismus. Allerdings entwickelte der italienische Faschismus auch für die Schweiz eine bedrohliche Seite. Im Tessin entstand 1921 unter italienischen Immigranten eine erste faschistische «Zelle», und Benito Mussolini nahm später irredentistische Elemente (↑Irredentismus) in sein politisches Arsenal auf und forderte ab Mitte der 1930er Jahren offen eine Staatsgrenze entlang des «mittleren Alpenkammes».[19] Der Druck aus Italien auf das Tessin und Italienischbünden stärkte nun die Position der italienischen Schweiz in der Eidgenossenschaft. Ab 1924 stellten die Tessiner Regierung und die Vertreter Italienischbündens eine Reihe wirtschaftspolitischer Forderungen und verlangten Massnahmen zugunsten der italienischen Sprache und Kultur. Schliesslich gelang es, den Schutz der *italianità* als Bundesaufgabe zu verankern. Seit 1931 unterstützt der Bund Sprache und Kultur der autochthonen italienischsprachigen Gebiete der Schweiz.

Auf der anderen Seite waren die Beziehungen mit der Sowjetunion von Anfang an belastet. Im Nachgang der Revolution forderte die Schweiz eine Entschädigung für die enteigneten Schweizer Bürger, was für die Sowjetunion nicht in Frage kam. Zudem nutzten jetzt Gegnerinnen und Gegner der bolschewistischen Herrschaft in der Sowjetunion, darunter viele Exilanten, die Schweiz als Ausgangspunkt für Propagandaaktionen, wie dies früher die Kommunisten selbst getan hatten. Die Ermordung des sowjetischen Diplomaten Vaclav Worowsky in Lausanne durch den repatriierten Russlandschweizer Moritz Conradi, der von einem Geschworenengericht trotz gestandener Tat freigesprochen wurde, kühlte die Atmosphäre zusätzlich ab. Der unhaltbare Freispruch von Conradi schadete dem Ruf der Schweiz und belastete Genf als Sitz des Völkerbunds. Obwohl seitens der SP entsprechende Vorstösse unternommen wurden, anerkannte die Schweiz die Sowjetunion diplomatisch nicht an, was sich als grosse Hypothek erweisen sollte, als sich im Zweiten Weltkrieg der Sieg der Alliierten abzuzeichnen begann.[20]

Im Zusammenhang mit dem System des Völkerbunds war für die Schweiz aber nicht das Fernhalten der Sowjetunion das zentrale Problem. Als eines von drei Ländern hatte sie, hauptsächlich aus innenpolitischen Gründen, 1934 gegen die Aufnahme der Sowjetunion gestimmt. Anfänglich, das heisst bis zu den Verträgen von Locarno im Jahr 1925, machte die Abwesenheit Deutschlands die Situation für die Schweiz schwieriger. Daher versuchte ihre Diplomatie im Rahmen internationaler Netzwerke bei mehreren Gelegenheiten, den Einbezug der Mittelmächte zu erreichen, während sie sich gleichzeitig aktiv am alliierten Internationalismus beteiligte. Diese ambivalente Position hatte einen doppelten Grund: Zum einen lief der Ausschluss einer Grossmacht der Idee des Völkerbundes eigentlich zuwider. Zum anderen empfand man diese Anomalie umso stärker, als eine traditionell enge kulturelle und wirtschaftliche Bindung an Deutschland bestand.

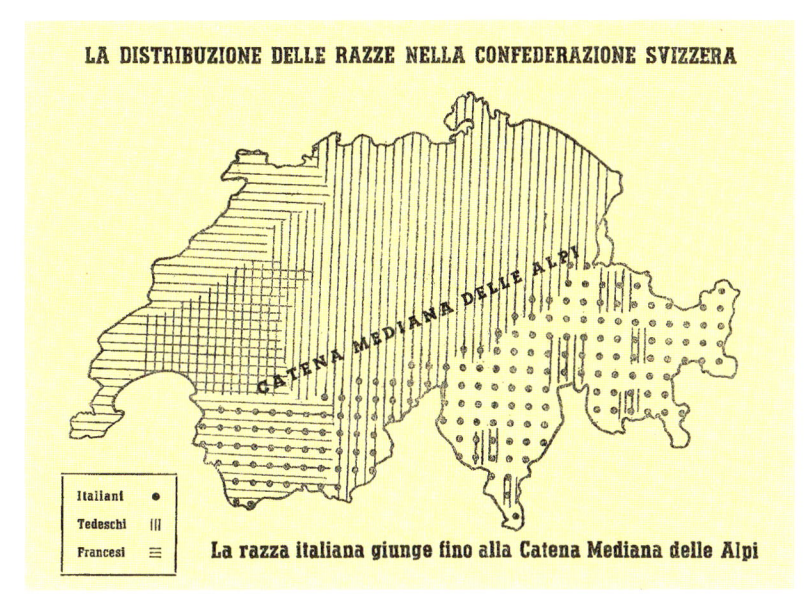

Die Situation beruhigte sich um 1925/26, als den Verliererstaaten der Zugang zu den internationalen Organisationen und Kongressen schrittweise wieder ermöglicht wurde. Deutschland war ab 1926 Mitglied im Völkerbund, bis zu seinem Austritt nach der nationalsozialistischen Machtergreifung 1933; sein Status als Grossmacht wurde international anerkannt, was in den internationalen Beziehungen eine Phase relativer Stabilität und konsolidierter Ruhe in der sonst krisenreichen Zwischenkriegszeit einläutete. Diese kurze Phase sollte bis zum Beginn der Weltwirtschaftskrise 1929 dauern.

## WIRTSCHAFT UND POLITIK IN DER ZWISCHENKRIEGSZEIT

Ab der Machtübernahme der Nationalsozialisten in Deutschland 1933 stand die Schweiz definitiv unter dem Eindruck der Ereignisse in ihrem nördlichen Nachbarland. Die Fluchtbewegungen von Menschen und Gütern, die beschleunigte Aufrüstung und die Errichtung einer Diktatur, die allen demokratischen Werten widersprach, verstärkten den Rückzug ins Innere, der mit der Weltwirtschaftskrise eingesetzt hatte. Der Druck von aussen begünstigte die Integration der politischen Akteure auf dem Weg zur ↑Konkordanz.

**«Die Verteilung der Rassen in der Eidgenossenschaft – Die italienische Rasse reicht bis zum mittleren Alpenkamm»** (*Civiche Raccolte Storiche, Milano, Fondo «Aurelio Garobbio», Schachtel 37*). — Irredentistische Kreise in Italien entwickelten nach dem Ersten Weltkrieg die Theorie einer natürlichen Grenze beim mittleren Alpenkamm, um die Annexion Graubündens, des Tessins und des Wallis durch Italien zu legitimieren. Die übrige Schweiz hätte nach dieser Vorstellung zwischen Deutschland und Frankreich aufgeteilt werden sollen.

**Arbeitslosendemonstration in Zürich am 6. Januar 1936, Photographie von Hans Staub,** © *Fotostiftung Schweiz.* — Im Jahr 1936 verfügten nur circa 28 Prozent der Arbeitnehmerinnen und Arbeitnehmer über eine Arbeitslosenversicherung; die Kassen waren zudem sehr unterschiedlich organisiert. Arbeitslose ohne Anschluss an eine dieser Kassen waren oftmals auf die Fürsorge angewiesen. 1942 vereinheitlichte der Bundesrat die bestehenden Arbeitslosenversicherungen. Der Versicherungsschutz gegen Arbeitslosigkeit blieb in der Schweiz bis zum Bundesbeschluss von 1976 freiwillig.

### Wirtschaftliche Entwicklung

Wirtschaftlich und politisch stabilisierte sich die Lage ab 1924 international und auch in der Schweiz zunehmend. Das Land durchlebte eine Phase günstiger Konjunktur, die insbesondere von der Bauwirtschaft gestützt wurde. So geriet die Schweiz relativ spät in den Sog der Weltwirtschaftskrise. Der Franken erreichte seine frühere Parität gegenüber dem Gold beziehungsweise dem Dollar bereits 1924 wieder, während das Bruttoinlandprodukt bis zum Ende des Jahrzehnts im Vergleich zu anderen Ländern Westeuropas überdurchschnittlich anstieg. Die Wirtschaftsverbände konnten ihre Rolle im politischen System weiter stärken. Sie nahmen in den zunehmend wichtiger werdenden Expertenkommissionen Einsitz, und viele politische Geschäfte wurden zwischen den Behörden und den Sozialpartnern vorverhandelt. Insbesondere der *Schweizerische Bauernverband* konnte seine Stellung in der nationalen Politik stärken und spielte mit seinem Generalsekretär Ernst Laur eine bedeutende Rolle in der internationalen Landwirtschaftspolitik. Dem offiziellen Bauernverband erwuchs in der zweiten Hälfte der 1920er Jahre jedoch Konkurrenz durch die sogenannten Jungbauern (*Bauernheimatbewegung*). Die Bauern krönten 1929 ihren politischen Aufstieg mit der Wahl des Berner BGB-Politikers Rudolf Minger zum Bundesrat.

Die wirtschaftliche Erholung der späten 1920er Jahre fand im Anschluss an den Zusammenbruch der Börse in New York am 25. Oktober 1929 ein jähes Ende. Der Absturz der Konjunktur kam unerwartet, und er war im Vergleich zum Wachstum im Inland in den vorhergehenden Jahren besonders drastisch, auch wenn er die Schweiz zeitlich verzögert traf.[21] Die Ursachen für diese weltweite Grosse Depression waren vielfältig, der Schwarze Freitag nur der Auslöser. Der Protektionismus, der nach dem Ersten Weltkrieg um sich gegriffen hatte, zog – zusammen mit den Geldströmen aus den gegenseitigen Verpflichtungen in der Folge des Krieges – eine strukturelle Schwäche nach sich. Der Herausforderung durch die Wertpapierspekulation in den USA schliesslich war die Weltwirtschaft nicht mehr gewachsen.

Während die Krise in vielen Regionen der Welt unmittelbar spürbar war, fiel die Schweiz erst ab 1931 in die Rezession und erholte sich deswegen vergleichsweise spät und langsam, wobei die Arbeitslosigkeit erst 1936, nach Jahren der Stagnation, ihren Höhepunkt erreichte. Die Wirtschaft litt weit weniger stark als in anderen Staaten, dafür war auch der darauffolgende Aufschwung bescheidener, so dass die wirtschaftliche Entwicklung von 1929 bis 1938 im internationalen Vergleich insgesamt deutlich unterdurchschnittlich blieb.[22] Besonders die Exportwirtschaft litt unter der tiefen internationalen Nachfrage, und nicht zuletzt mussten der Tourismus und die Landwirtschaft grosse Einbussen hinnehmen.

Die Abkehr von multilateralen Lösungen und die Probleme des internationalen Zahlungsverkehrs in der Krise führten zu einem System von bilateralen sogenannten Clearingverträgen (↑Clearing) und somit zu einem kontrollierten Zahlungsverkehr über die Zentralbanken. Die Schweiz schloss 1931 die weltweit ersten Clearingverträge mit Österreich und Ungarn sowie 1934 das für die Zukunft bedeutendste Abkommen mit dem nationalsozialistischen Deutschland ab. Die Anwendung des Clearingsystems erklärt sich mit der schweizerischen Krisenbewältigungsstrategie, die sich auf mengenmässige Einfuhrbeschränkungen und Exportförderungsmassnahmen konzentrierte, die der Bund zuerst einseitig ergriff und dann als Pfand in die Verhandlungen um die Clearingverträge einbrachte (siehe Graphik S. 530).[23]

Die Krisenpolitik des Bundesrates wirkte zuerst insgesamt konzeptlos und war auf Deflation und Währungsstabilität ausgerichtet, wobei die konjunkturpolitische Hilflosigkeit auch viele andere Regierungen kennzeichnete. Verschiedene Einzelmassnahmen, wie das die Verletzung des Bankgeheimnisses zu einem Offizialdelikt erhebende Bankengesetz (1934), die Exportrisikogarantie oder Verbote im Bereich des Detailhandels (1933), wurden zwar ergriffen, blieben jedoch zusammenhanglos, genauso wie mehrere Initiativen auf kantonaler und kommunaler Ebene. Erst 1936, auf dem Höhepunkt der Arbeitslosigkeit und nach heftigem Ringen, erfolgte die notwendige Abwertung des Schweizer Frankens. Es war eine Allianz aus Linken, Gewerkschaften, Angestelltenverbänden und den Jungbauern, die im Jahr zuvor mit einer Volksinitiative, der sogenannten Kriseninitiative, eine aktive Konjunkturpolitik gefordert hatte.[24] Die Initiative erhielt 1935 rund 40 Prozent Ja-Stimmen bei einer sehr hohen Stimmbeteiligung, die auf die hohe politische Mobilisierung der Krisenjahre verweist, während zugleich Bundesrat und Parlament viele Entscheidungen mit Dringlichkeitsrecht dem demokratischen Prozess entzogen.

### Macht und Ohnmacht

In der Zwischenkriegszeit erfuhr die Schweiz eine Erweiterung des politischen Spektrums durch die Bildung neuer Parteien und Bewegungen. Es handelte sich um eine Folge des Proporzwahlrechts sowie der Erfahrungen des Krieges und der Nachkriegskrisen. Die nach dem Landesstreik von der SP abgespaltene *Kommunistische Partei der Schweiz* (KPS) erhielt auf Bundesebene nie mehr als 3 Prozent Wähleranteil. Die in mehreren Kantonen seit dem Ersten Weltkrieg in Abgrenzung von der FDP entstandenen rechtskonservativen *Bauern-, Gewerbe- und Bürgerparteien* schlossen sich 1937 zu einer nationalen Partei zusammen. Ihr Wähleranteil betrug zwischen 11 und 16 Prozent. Die Wahl eines BGB-Vertreters in den Bundesrat im Jahr 1929 verhinderte einen sozialdemokratischen Bundesrat, der angesichts der Wähleranteile gerechtfertigt gewesen wäre und von der SP gefordert wurde. Die SP legte in den Schweizer Städten stark zu und erreichte sogar politische Mehrheiten; sie war nun in kantonalen und kommunalen Regierungen vertreten. Auf Bundesebene entwickelte sich die SP zur wählerstärksten Partei und erreichte 1931 einen Wähleranteil von beinahe 29 Prozent. Ihr Anspruch auf einen Sitz im Bundesrat wurde im Parlament von der kleinen Fraktion der Demokraten unterstützt, die sich als Erben der Demokratischen Bewegung des 19. Jahrhunderts verstanden. Sie standen links der FDP, unterstützten die Kriseninitiative und waren gegen den Faschismus und den politischen Katholizismus. Ihr Wähleranteil schwankte zwischen 1 und 3 Prozent.

Die *Freisinnig Demokratische Partei* (FDP) verlor zwischen 1919 und 1939 laufend an Wähleranteilen. In den Nationalratswahlen sank ihr Anteil von rund 29 auf 21 Prozent, während sich im Ständerat die Anzahl ihrer Sitze von 23 (52 Prozent) auf 14 (32 Prozent) massiv verringerte. Dennoch behielt die FDP – auch in Zusammenarbeit mit der *Liberalen Partei* – nach wie vor eine starke und staatstragende Stellung. Die *Konservative Volkspartei* (KVP), wie sich die *Katholische Volkspartei* seit 1912 nannte, hielt konstant circa 20 Prozent Wähleranteil in der Grossen Kammer und zwischen 17 und 19 Sitze in der Kleinen Kammer. 1939 sank ihr Wähleranteil auf 17 Prozent. Die FDP, die KVP, die SP und die BGB waren somit die vier grossen Parteien, welche das politische System der Schweiz im 20. Jahrhundert weitgehend prägten.

Die durchschnittliche Stimmbeteiligung lag in den 1920er und 1930er Jahren mit 61 Prozent sehr hoch.[25] Die Politisierung war nicht zuletzt eine Folge der Radikalisierung der politischen Lager, bevor die äussere Bedrohung zu einer Annäherung zwischen der SP und den bürgerlichen Parteien führte. Die Krise des Liberalismus seit dem Ersten Weltkrieg wurde durch die Erfahrung des Versagens des liberalen Wirtschaftssystems ab 1929 verschärft. Die sich bereits in den 1920er Jahren formierende rechtsgerichtete Bewegung, die von namhaften Intellektuellen der reaktionären Avantgarde unterstützt wurde,[26] erhielt ab den 1930er Jahren mit den sogenannten Fronten eine radikale Ergänzung. Diese orientierten sich, wenn auch in unterschiedlichem Ausmass, an den faschistischen Modellen des Auslands – in der französisch- und italienischsprachigen Schweiz mehr am italieni-

**Nationalratswahlen 1919–2011: Stärke der Parteien**

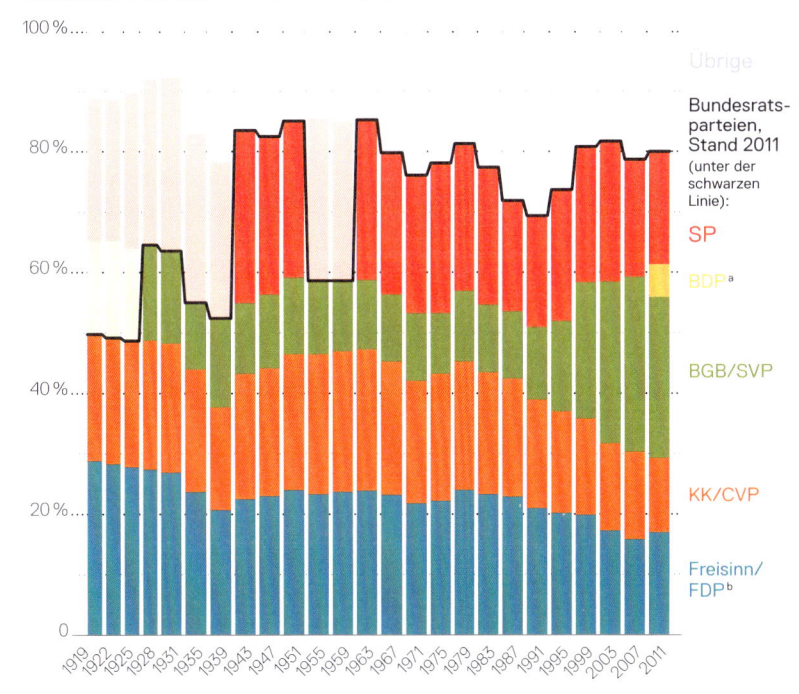

Bundesratsparteien, Stand 2011 (unter der schwarzen Linie):
- Übrige
- SP
- BDP[a]
- BGB/SVP
- KK/CVP
- Freisinn/FDP[b]

[a] Neugründung am 1. November 2008.
[b] Fusion von FDP und LPS zu «FDP. Die Liberalen» am 1. Januar 2009.
Quellen: Bundesamt für Statistik (Daten); avenir suisse / NZZ-Infographik, © 2013 Schwabe AG, Verlag, Basel, und Marc Siegenthaler, Bern.

**Kundgebung der *Nationalen Front* vor dem Bundeshaus in Bern 1937** *(Ringier Bildarchiv, Sign. RBA10-112_Rechtsradikalismus_1)*, © StAAG/RBA. — Demonstrationen als Mittel, politische Ziele zu artikulieren und durchzusetzen, wurden in der Zwischenkriegszeit mehrheitlich von der Linken genutzt. Eine wichtige Ausnahme bildeten die Kundgebungen der Frontenbewegung, die sich nicht zuletzt an faschistischen und nationalsozialistischen Vorbildern orientierten: So nutzten die Fronten Fahnen und Uniformen, Gesänge und Hetzreden für ihre Propaganda und schreckten auch nicht vor Gewalt und Strassenschlachten zurück. Dieser politische Stil fand im politischen System der Schweiz kaum Resonanz, und die Fronten blieben im Unterschied zur Entwicklung in den Nachbarstaaten eine Randerscheinung.

schen Faschismus, in der Deutschschweiz mehr am Nationalsozialismus. Trotz der fliessenden Übergänge zwischen der autoritären Rechten und den Fronten sind die beiden Bewegungen zu unterscheiden. Die Fronten vertraten einen virulenten Antikommunismus und einen ausgeprägten Antisemitismus. Sie strebten eine Umgestaltung der Schweiz zu einem autoritär und korporativ organisierten Staat an. Die Vielzahl der Vereinigungen, die im sogenannten Frontenfrühling im Jahr 1933 aufkamen, erschwert allerdings eine klare Charakterisierung. Die Fronten zählten Menschen aus allen sozialen Schichten, Landesteilen und jeden Alters zu ihren Mitgliedern. So war die Bewegung durch ein unübersichtliches Wechselspiel von heterogenen Gruppen gekennzeichnet, die auftauchten, fusionierten, sich spalteten und wieder untergingen.[27]

Die Bedeutung der Frontenbewegung lag weniger in ihrem tatsächlichen politischen Gewicht als in der Ideologie, mit der sie zentrale Werte schweizerischer Demokratie und Wirtschaftspolitik in Frage stellte, sowie in ihrer lärmenden Agitation. Nach dem Vorbild der Sturmabteilung (SA) in Deutschland oder der «Camicie nere» in Italien provozierten die Fronten bisweilen Schlägereien, organisierten Aufmärsche und attackierten Personen und Institutionen, die ihnen als zu links oder zu «unschweizerisch» erschienen, beispielsweise 1934 das Schauspielhaus Zürich. Besonders tragisch verliefen die Auseinandersetzungen der Front *Union nationale* mit Teilen der Linken in Genf. Von früheren Zusammenstössen der beiden Gruppen alarmiert, mobilisierte die Genfer Regierung nach erneuten Unruhen die Armee, die am 9. November 1932 aus bis heute nicht ganz geklärten Gründen das Feuer auf linke Demonstranten eröffnete. Die Folge waren dreizehn Tote und viele Verwundete. Diese sogenannten «Genfer Unruhen» führten ein Jahr später bei den Wahlen zu einer sozialistischen Mehrheit im Genfer Regierungsrat.

Im September 1934 reichten diverse Frontisten und Jungkonservative eine Initiative zur «Totalrevision der Bundesverfassung» ein. In den Augen der Initianten sollte das schweizerische Staatswesen grundlegend umgestaltet und nach faschistischen Vorstellungen aufgebaut werden. Ein autoritärer Ständestaat und ein korporatives Wirtschaftssystem sollten Arbeitgeber und Arbeitnehmer in einer «Volksgemeinschaft» vereinen. Erfolge bei Wahlen erreichten die Fronten insbesondere dann, wenn es ihnen gelang, mit bürgerlichen Parteien Wahlbündnisse zu schliessen, wie in Schaffhausen oder in Zürich. Als sie 1935 zu ihren ersten und einzigen Nationalratswahlen antraten, erhielten sie gerade einmal zwei Sitze, einen in Zürich und einen in Genf. Danach begann ihr politischer Abstieg, wobei Elemente ihres Gedankenguts in rechtskonservativen Kreisen weiterhin gepflegt wurden. Bezeichnenderweise hielt sich die *Union nationale* in Genf länger, da das faschistische Italien Mussolinis unter dem Vorzeichen der Appeasement-Politik in die «Stresa-Front» – ein kurzlebiges Abkommen zwischen Grossbritannien, Frankreich und Italien – eingebunden und somit «salonfähiger» als das nationalsozialistische Deutschland war. Entsprechend genoss der Duce durchaus gewisse Sympathien in führenden politischen Kreisen, zum Beispiel bei den Bundesräten Giuseppe Motta oder Jean-Marie Musy oder dem späteren General Henri Guisan. 1937 verlieh die Universität Lausanne Benito Mussolini die Ehrendoktorwürde.

Die Fronten scheiterten einerseits am verbreiteten Gefühl einer wachsenden Bedrohung durch die faschistischen Nachbarstaaten und andererseits daran, dass es ihnen, die den Einheitsstaat, vielleicht gar mit einem Führer, anstrebten, nicht gelang, die föderalistischen Abwehrreflexe zu überwinden. Ein Zusammenschluss der Fronten über alle Kantone und Landesteile hinweg kam nicht zustande. Die Tatsache, dass die Fronten in allen vier Sprachregionen auftraten, verweist hingegen auf eine gemeinsame, wenn auch durch die unterschiedlich schattierten Zielsetzungen nicht einheitliche Erfahrung in der Auseinandersetzung mit den politischen Herausforderungen der 1930er Jahre.

Im Sommer 1937 veranstaltete die einflussreichste Partei der Frontenbewegung, die *Nationale Front,* einen Marsch auf Bern und besetzte den Bundesplatz, wobei es zu gewalttätigen Zusammenstössen mit der Polizei kam. Die deutlichen Ablehnungen der Initiativen von 1935 für eine Totalrevision der Bundesverfassung sowie von 1937 für das Verbot der Freimaurerei setzten ein klares Signal gegen die Anliegen der Frontenbewegung. Ab 1936 kämpfte mit dem von Gottlieb Duttweiler, dem Gründer des Grossverteilers Migros, ins Leben gerufenen *Landesring der Unabhängigen* (LdU) zudem eine Protestpartei mit anderer Ausrichtung um die Wählerstimmen. Der LdU verstand sich als Interessenvertretung der Konsumentinnen und Konsumenten und verfügte bald über eine breite Basis von der Arbeiterschaft bis zu den selbständig Erwerbenden. 1935 erreichte er in den Nationalratswahlen auf Anhieb rund 4 Prozent und 1939 rund 7 Prozent Wähleranteil.

Parallel zur Entstehung der Frontenbewegung und begleitet von einem anwachsenden Gefühl der äusseren Bedrohung, insbesondere infolge der Verfolgung von Kommunisten und Sozialdemokraten in Deutschland und Italien, vollzog sich eine für die Schweiz zentrale und bedeutendere Entwicklung: die Annäherung der Linken, vornehmlich der SP und der Gewerkschaften, ans bürgerliche Lager. Dieser Prozess gilt in der Schweiz als Weg in die Konkordanz (siehe Kapitel von Regina Wecker, S. 458). Er hatte auf eidgenössischer Ebene, im Gefolge ähnlicher Entwicklungen in verschiedenen Kantonen, bereits vor den 1930er Jahren eingesetzt und verlief keineswegs reibungslos und ohne Rückschläge.[28] Der Begriff der «Integration» muss daher mit Vorsicht verwendet werden. Zentral war die Revision des Parteiprogramms der SP von 1935, die vor dem Hintergrund der internationalen Entwicklungen und des Konzepts der Volksfront vorgenommen wurde. Unter einer Volksfront verstand man ein Bündnis linker mit anderen antifaschistischen liberalen und bürgerlichen Kräften. Die Partei öffnete sich von der Arbeiterpartei zur Volkspartei, gab das Konzept der Diktatur des Proletariats auf und bekannte sich zur Landesverteidigung, wobei der letzte Punkt immer wieder zu innerparteilichen Diskussionen führte. Die Anpassung des Parteiprogramms ermöglichte die Annäherung an das bürgerliche Lager.

Von sozialdemokratischer Seite wurden – nicht zuletzt nach den Erfahrungen der Weltwirtschaftskrise – vor allem die Schritte in Richtung Arbeitsfrieden begrüsst. Die Friedensabkommen von 1937 für die Uhren- sowie die Maschinen- und Metallindustrie, abgeschlossen zwischen Gewerkschaften und Arbeitgebern, erlangten eine geradezu symbolische Bedeutung. Auf der bürgerlichen Seite bereitete die Geistige Landesverteidigung (siehe S. 519) den Boden für die Annäherung, indem

### Migros, Duttweiler und LdU

Gottlieb Duttweiler gründete 1925 den Lebensmitteldiscounter Migros als Aktiengesellschaft. Durch die Umgehung des Zwischenhandels, den Einkauf grosser Mengen, einfache Verpackungen und kleine Margen sollten, so das Konzept, Produkte billiger verkauft werden können. Zu Beginn wurden Kaffee, Reis, Zucker, Teigwaren, Kokosfett und Seife mit Verkaufswagen zu den Kunden gebracht. 1926 wurde in Zürich der erste Laden eröffnet. Zahlreiche Gewerbetreibende fühlten sich durch das neue Vertriebskonzept bedroht, und auch die Organisationen der Arbeiterschaft standen ihm ablehnend gegenüber. In einigen Kantonen wurde die Migros gar verboten. Bei den Konsumenten hatte sie mit ihrer Preis- und Verkaufspolitik jedoch Erfolg. 1935 kam mit Hotelplan ein Reisebüro zum Unternehmen hinzu. Gottlieb Duttweiler gründete 1936 mit dem *Landesring der Unabhängigen* (LdU) eine eigene Partei, mit der er die Interessen der Konsumentinnen und Konsumenten sowie der Arbeitnehmenden vertrat. Er war ein Verfechter der Idee des «sozialen Kapitals» und setzte ab 1941 jeweils einen Teil der Gewinne für soziale und kulturelle Projekte ein. Im gleichen Jahr wurden die regionalen Migros-Aktiengesellschaften in selbständige Regionalgenossenschaften überführt und im *Migros-Genossenschafts-Bund* (MGB) vereinigt. Der 1890 gegründete *Verband Schweizerischer Konsumvereine* (VSK, seit 1970 Coop) vollzog aus fiskalischen Gründen im Jahr 1941 ebenfalls die Umwandlung zu einem Genossenschaftsverband örtlicher und regionaler Konsumvereine.

**Frauen beim Einkaufen in der Migros, 1942** (*Ringier Bildarchiv, Sign. RBA4-3-112-1372_1), © StAAG/RBA.* — Die moderne Konsumgesellschaft und der Konsumentenschutz sind Entwicklungen der Nachkriegszeit. Lange dominierten auch in der Schweiz die Erfahrung der Knappheit und das Konzept der Sparsamkeit den Alltag. Die Interessen der Konsumentinnen und Konsumenten vertraten neben Konsumvereinen wie der Migros hauptsächlich Frauen- und Arbeitnehmerverbände.

die bürgerlichen Parteien und insbesondere der Freisinn das Prinzip der nationalen Verständigung zunehmend in den Vordergrund rückten.[29] Am Ende der Wirtschaftskrise und vor dem Krieg gab es also in beiden politischen Lagern Bewegung.

Die Annäherung der sich bisher antagonistisch gegenüberstehenden Lager hatte sich bereits in der «Richtlinienbewegung» abgezeichnet, die sich im Zuge der Kampagne für die Kriseninitiative zwischen Arbeitnehmerorganisationen und der Bauernheimatbewegung gebildet hatte. Sie war nach ihrer offiziellen Gründung im Jahr 1937 eine breite Bewegung von verschiedenen Arbeitnehmer- und Bauernorganisationen über Sozialisten und Demokraten bis hin zu jungen Katholiken, die sich für die Demokratie und gegen totalitäre Ansprüche von links und rechts einsetzte. Obschon agrarpolitische Anliegen weder in der Kriseninitiative noch in der daraus entstehenden Richtlinienbewegung im Zentrum standen, waren beide für die organisierte Bauernschaft wichtig, denn sie erschlossen ein politisches Feld, auf welchem sie die Rolle der Landwirtschaft in einer modernen Industriegesellschaft artikulieren konnte.[30]

Dagegen rückte die Partizipation der Frauen an der politischen Macht angesichts der Wirtschaftskrise und der rechtskonservativen Stimmung der 1930er Jahre in weite Ferne. Nach dem Scheitern sämtlicher Vorstösse für das Frauenstimmrecht in den ersten Nachkriegsjahren reichte der *Schweizerische Verband für das Frauenstimmrecht* (SVF) mit der Unterstützung der SP und der Gewerkschaften 1929 wieder eine Petition ein, die aber keine konkreten Folgen zeitigte (siehe Beitrag von Brigitte Studer, S. 544). Das Konstrukt der «Staatsbürgerarmee» und des «Bürgers in Uniform», das aus Ideen der Französischen Revolution und nach dem Beispiel der Massenheere des 19. Jahrhunderts geschaffen wurde, band politische Partizipation eng an den Militärdienst und war somit geschlechtskonnotiert, obwohl nicht alle Männer dienstpflichtig waren. Der Konnex zwischen politischen Partizipationsrechten und Wehrdienst wurde in der Schweiz nie in Frage gestellt oder durch die Kriegserfahrung widerlegt. Solange dieses Paradigma nicht erschüttert war, erschien die politische Exklusion der Frauen gerecht und legitim, sowohl in den Kantonen als auch auf Bundesebene, und sämtliche Proteste prallten an diesem ideologischen Konstrukt mehr oder weniger wirkungslos ab.

## Aufbruch und Beharrung in der Aussenpolitik

In einer Zeit des wirtschaftspolitischen Protektionismus, wie er von sämtlichen Staaten gepflegt wurde, erhielt die schweizerische Aussenpolitik eine besondere Ausrichtung. Der von den 1930er bis in die 1950er Jahre dominierende Bilateralismus war im Grunde ein «alternativer Multilateralismus», weil das bilateral eng geknüpfte Netz von Handels- und Zahlungsabkommen einem umfassenden System gleichkam, das schliesslich bis 1944 vom nationalsozialistischen Deutschland dominiert wurde.[31] Tatsächlich ist in den 1930er Jahren in der strategischen Ausrichtung des internationalen Engagements der Schweiz eine starke Kontinuität feststellbar. Dabei blieb man traditionellen Vorstellungen verhaftet, obschon man in dieser Zeit der Krisen mit einer zunehmenden faschistischen und nationalsozialistischen Unterwanderung der internationalen Netzwerke konfrontiert wurde. Die Vermischung der Grenzen zwischen Staat und Gesellschaft in den totalitären Staaten stellte dabei ein zentrales und insbesondere für internationale Nichtregierungsorganisationen akutes Problem dar, weil sie nun mit staatlich kontrollierten Partnern zusammenarbeiten mussten. Grundsätzlich war in der schweizerischen Politik eine Tendenz zur Distanzierung vom Völkerbund feststellbar, die mit der Kritik der Achsenmächte an dieser Organisation einherging. Es mochte um die Sicherung traditioneller Positionen des Vorkriegsinternationalismus gehen – die Abwendung vom Völkerbund, dessen Sitz in Genf lag, hatte zumindest einen schalen Beigeschmack.[32]

Die Schwierigkeit der Abgrenzung gegenüber nationalsozialistischen Ansprüchen zeigte sich auch an der Genfer Abrüstungskonferenz, die von 1932 bis 1934 dauerte und an der unter anderem die Sowjetunion und die USA teilnahmen. Das Ziel der Rüstungsbegrenzung ging auf die Pariser Friedensverhandlung im Jahr 1919 zurück und erhielt angesichts der sich verschärfenden internationalen Lage neues Gewicht. Die Konferenz zeigte, dass der deutsche Revisionismus in der Kriegsschuldfrage nicht erfolglos gewesen war.³³ US-Präsident Herbert Hoover verlangte eine Neubeurteilung der Situation, was eine Stärkung der Verlierer des Ersten Weltkrieges bedeutete. Ähnlich äusserte sich Bundesrat Giuseppe Motta, der seit 1920 und bis zu seinem Tode 1940 die schweizerische Aussenpolitik leitete und verkörperte. Frankreich und Grossbritannien stemmten sich vehement gegen diese Vorschläge. Mit der nationalsozialistischen Machtergreifung in Deutschland im Januar 1933 spitzte sich die Situation zu. Im Oktober trat das nationalsozialistische Deutschland von der Abrüstungskonferenz zurück und verliess den Völkerbund. Eine kollektive Friedenssicherung ohne den mächtigen Nachbarn Deutschland ergab jedoch für die Schweiz keinen Sinn mehr.

Ein weiterer Schritt des schweizerischen Rückzugs aus der kollektiven Friedenssicherung wurde durch den Abessinienfeldzug des faschistischen Italien eingeläutet. Als Benito Mussolini im Oktober 1935 den unabhängigen afrikanischen Staat angriff, ein Mitglied des Völkerbunds, stellte sich die Frage nach Sanktionen. Angesichts der Bedeutung Italiens in der Mitte der 1930er Jahre im Rahmen der Appeasement-Politik fielen diese aber milde aus. Trotzdem tat sich die politische Schweiz sehr schwer damit. Teile der Wirtschaft erwarteten, dass der Bundesrat den guten Handelsbeziehungen mit dem italienischen Nachbarn Rechnung trage. So erklärte die Schweiz vor dem Völkerbund, die wirtschaftlichen Massnahmen nur teilweise mitzutragen. Als der Völkerbund die Sanktionen 1936 aufhob, entschärfte sich der Loyalitätskonflikt. Bundesrat Motta setzte sich daraufhin für eine schnelle Anerkennung der italienischen Herrschaft in Äthiopien ein, die noch im Dezember 1936 erfolgte. Die Dankbarkeit Mussolinis zeigte sich in der Disziplinierung irredentistischer Kreise inner- und ausserhalb der Schweiz.

Die Erfahrungen dieser Krise sowie der Wunsch, die grossen Nachbarstaaten nicht zu provozieren, führten am 14. Mai 1938 zur Rückkehr von der differentiellen zu einer integralen ↑Neutralität (siehe Beitrag von Georg Kreis, S. 306), als die Schweiz sich von den wirtschaftlichen und finanziellen Sanktionspflichten für befreit erklärte und der Völkerbundsrat diesen Regelverstoss akzeptierte.³⁴ Nach den Austritten von Deutschland, Japan und Italien bedeutete dieser Schritt der Schweiz eine weitere Schwächung der Institution.

Die traditionell ebenfalls engen Beziehungen zu Frankreich und Grossbritannien traten angesichts der wachsenden Dominanz des nationalsozialistischen Deutschland seit 1933 politisch – nicht militärisch – in den Hintergrund. Im Falle Frankreichs spielte auch die kritische Haltung gegenüber den verschiedenen Pariser Volksfrontregierungen eine Rolle. Zahlreiche Künstler und Intellektuelle blieben hingegen auf Paris ausgerichtet. Obwohl die Grundhaltung der Geistigen Landesverteidigung eine Annäherung an die Staaten mit liberalen politischen Systemen nahelegte, bestimmte die Auseinandersetzung mit den Diktaturen den aussenpolitischen Alltag.

## DIE GESELLSCHAFT ZWISCHEN INTEGRATION UND AUSGRENZUNG

Die auf das Innere fokussierte nationalistische Identitätssuche verstärkte in der Schweiz bereits bestehende Tendenzen der Fremdenfeindlichkeit, des Rassismus und des Antisemitismus. Konservative Familien- und Frauenbilder bestimmten die Diskussionen. Als ideologische Grundlage fungierte die Geistige Landesverteidigung, die einen neuen gemeinschaftlichen Grundkonsens über alle Landesteile hinweg schaffen sollte. Sie diente als zeittypische Abgrenzung gegen die Bedrohungen durch Nationalsozialismus, Faschismus und Kommunismus.

### Soziale Lage und Sozialpolitik

Die zwei Dekaden der Zwischenkriegszeit waren charakterisiert durch ein Zusammentreffen ökonomischer Stagnation, konservativer Konsolidierung bürgerlicher Herrschaft und eines starken Rückgangs der Geburtenzahlen.³⁵ Die schweizerische Bevölkerung wuchs zwischen 1914 und 1945 nur um eine halbe Million, was im Vergleich zur vorhergehenden und zur nachfolgenden Periode ein geringer Wert ist. Der kurze wirtschaftliche Aufschwung in der zweiten Hälfte der 1920er Jahre

**Vergantung (Versteigerung) eines Bauernhofes, Buttisholz, Entlebuch, Photographie von Hans Staub, 1934,** © *Fotostiftung Schweiz.* — Der Photograph Hans Staub hielt die Versteigerung des Bauernhofes in einer Serie von Aufnahmen fest. Eine Auswahl, darunter die hier zu sehende Vorführung einer trächtigen Ziege, erschien im Rahmen einer Reportage in der «Zürcher Illustrierten», Nr. 15, 1934.

**Briefmarke zur Saffa, Bern 1928**, © www.bern-1914.org. — Für die unteren sozialen Schichten stellte in der Zwischenkriegszeit die Erwerbsarbeit der Frauen eine Notwendigkeit dar. Dennoch wurde die Frauenarbeit sowohl im idealisierten bürgerlichen Familienmodell als auch in der organisierten Arbeiterschaft als Fremdkörper betrachtet. Der Anteil der arbeitenden weiblichen Bevölkerung im Alter von 15 bis 64 Jahren sank zwischen 1920 und 1941 von 45 auf 35 Prozent, denn viele verheiratete Frauen gaben, unter anderem wegen des Verbots von Doppelverdiensten, ihre Stelle auf. Für Frauen existierten nur wenige Erwerbsmöglichkeiten, da sie von Berufsausbildungen weitgehend ausgeschlossen waren und die von Männern dominierten Arbeitnehmerorganisationen sich kaum für ihre Belange einsetzten. Nicht zuletzt deshalb begannen erwerbstätige Frauen, sich in eigenen Vereinen zu organisieren, die ihrerseits die Saffa ins Leben riefen.

reichte nicht aus, um eine positivere Grundstimmung zu schaffen, bevor die Weltwirtschaftskrise einsetzte. Der Geburtenrückgang löste demographische Befürchtungen aus und führte zu politischen Forderungen, etwa jener nach einer Unterstützung kinderreicher Familien. Während in den 1920er Jahren im öffentlichen Diskurs noch sozialpolitische Ziele im Vordergrund standen, kamen in den 1930er Jahren nationalistische Überlegungen hinzu.[36] Insbesondere im Rahmen der Geistigen Landesverteidigung spielten auch Geburtenzahlen eine Rolle. So war die Debatte über den Schwangerschaftsabbruch, der in einigen grösseren Städten legal war, von demographischen und eugenischen Argumenten geprägt. Ein Familienschutzartikel fand allerdings erst 1945 Eingang in die Verfassung, nachdem die Wende bei den Geburten bereits im Krieg eingesetzt hatte. Es ist nicht nachzuweisen, dass die seit 1939 wieder ansteigenden Geburtenzahlen ausschliesslich eine Folge der ideologischen Vereinnahmung der Mutterschaft waren, aber es ist offenkundig, dass der steigende Druck auf die Frauen die Mentalität und das Verhalten einer ganzen Generation geprägt hat.[37]

Die Jahre zwischen 1914 und 1945 waren für viele Menschen in der Schweiz insgesamt oder zumindest vorübergehend eine Zeit sozialer Not. Nach dem Krieg und der Nachkriegskrise folgten bald die Weltwirtschaftskrise und die Rationierungen des Zweiten Weltkriegs. Sozialpolitische Anliegen erhielten folglich eine zunehmende Dringlichkeit, was den Staatsinterventionismus in dieser Zeit im Allgemeinen merklich zunehmen liess. Am bedeutendsten für die Sozialversicherungen war die Annahme der Alters- und Hinterlassenenversicherung (AHV), die bereits im Landesstreik gefordert worden war, mit deutlichem Mehr in einer Volksabstimmung im Jahr 1925. Das sehr bescheidene Ausführungsgesetz befriedigte jedoch beide politischen Lager aus gegensätzlichen Gründen nicht und scheiterte 1931 unter dem Eindruck der Weltwirtschaftskrise an der Urne deutlich, so dass die AHV eine Verfassungsfiktion blieb. In einigen wenigen Kantonen existierten bereits obligatorische Altersversicherungen (Glarus seit 1916, Appenzell Ausserrhoden seit 1925 und Basel-Stadt seit 1932) oder solche auf freiwilliger Basis (Neuenburg seit 1898 und Waadt seit 1907).

Wie in anderen Bereichen füllten oftmals private Initiativen die Lücken des staatlichen Netzes sozialer Sicherheit. Eine nicht unwichtige Rolle spielten in diesem Zusammenhang die aufkommenden Gesamtarbeitsverträge. Das Bewusstsein für die sozialen und arbeitsrechtlichen Probleme war in der Zwischenkriegszeit zwar ausgeprägt, die Umsetzung entsprechender Vorhaben hielt damit jedoch nicht Schritt. Diese konnten erst unter dem Druck des Zweiten Weltkrieges – wie die Lohnersatzordnung im Dezember 1939 – oder nach dessen Ende – wie die AHV nach gescheitertem Referendum im Jahr 1947 – auf breiter Front realisiert werden.

Augenfällig ist der geschlechtsspezifische Aspekt der Sozialpolitik, vor allem angesichts ihrer Ausrichtung auf und Anbindung an die Lohnarbeit und vor dem Hintergrund der demographischen Debatten. Ein Beispiel ist die Diskussion um die Einführung einer Mutterschaftsversicherung, die letztlich scheiterte, weil es sich scheinbar um eine Angelegenheit der Frauen handelte, die über keine durchsetzungsfähige politische Interessenvertretung verfügten. Die Frauen konnten höchstens über Stellungnahmen oder in Expertenkommissionen mitwirken. Selbst in den Gewerkschaften und bei den Sozialdemokraten war das Interesse an dieser Thematik gering. Eine Versicherung hätte die Mutterschaft von einer biologischen zu einer sozialen Funktion verändert, die entsprechend hätte unterstützt werden müssen. Die Mutterschaftsversicherung wurde schliesslich 1945 als zu prüfendes Ziel in den Familienschutzartikel aufgenommen, dann allerdings in mehreren Volksabstimmungen immer wieder abgelehnt.[38]

Die Rolle der Frau erwies sich somit als ambivalent. Einerseits trugen die Mode und das Selbstbewusstsein einzelner Frauen in den Städten zu einem modernen und polarisierenden Erscheinungsbild bei. Andererseits setzte sich das bürgerliche Familienmodell einer geschlechtsspezifisch funktionalen Ordnung mit dem Mann als alleinigem Lohnbezüger weitgehend durch. Dazu trug

## Die Schweizerische Ausstellung für Frauenarbeit (Saffa) im Jahr 1928

Vom 26. August bis zum 30. September 1928 fand in Bern die Schweizerische Ausstellung für Frauenarbeit (Saffa) statt. Der *Bund Schweizerischer Frauenvereine* (BSF) organisierte, gestützt auf Erfahrungen in einzelnen Kantonen, eine gesamtschweizerische Ausstellung mit dem Ziel, die Bedeutung der Frauenarbeit in all ihren Formen für die Volkswirtschaft und die Gesellschaft der Schweiz aufzuzeigen. Auffallend war die schwache Präsenz von Sozialdemokratinnen und Gewerkschafterinnen. Neben Gewerbe, Industrie und Heimarbeit präsentierten sich die Bäuerinnen und sogar die Hausfrauen, etwa im «Persil-Pavillon». Die Zürcher Architektin Lux Guyer entwarf die Pavillonanlage der Ausstellung. Angesichts des breiten Spektrums der Frauenverbände gab es auch Streitpunkte, beispielsweise hinsichtlich der Präsenz der Frauenstimmrechtsverbände oder des Umgangs mit Alkohol. Die Kämpferinnen für das Frauenstimmrecht erhielten schliesslich nur eine kleine Ecke in der Ausstellung. Die Saffa konnte mit rund 800 000 Eintritten einen grossen Erfolg feiern. Mit dem Gewinn wurde unter anderem eine Bürgschaftsgenossenschaft gegründet, die Frauen den Zugang zu Krediten erleichterte und bis heute besteht.

auch der von den Sozialdemokraten bis zur *Nationalen Front* getragene Diskurs eines sozial ungerechten «Doppelverdienertums» bei. Die Quote der erwerbstätigen Frauen zwischen 15 und 64 Jahren sank beständig, von 47 Prozent im Jahr 1910 auf 45 Prozent 1920 und 36 Prozent 1941. Sie sollte erst 1960 wieder 40 Prozent erreichen, die Teilzeitarbeit eingerechnet 47 Prozent. Diese Tendenz widerlegt das oftmals gepflegte Bild, dass der Erste Weltkrieg die Erwerbsarbeit der Frauen gestärkt habe. Für den Rückgang der Frauenerwerbsquote waren strukturelle und konjunkturelle Faktoren ausschlaggebend, wie statistisch nicht erfasste Nebenerwerbstätigkeiten, die Verkürzung der Lebensarbeitszeit oder der geringere Anteil junger Frauen an der Gesamtbevölkerung.[39] Obschon die beruflichen Möglichkeiten für Frauen vielfältiger wurden, standen weiterhin angestammte Frauenberufe im Zentrum, oder die Frauen verzichteten auf eine Erwerbstätigkeit. Daran konnte selbst die von Frauenvereinigungen organisierte Schweizerische Ausstellung für Frauenarbeit (Saffa) 1928 nichts ändern.

Die Urbanisierung der Schweiz, die sich seit der Industrialisierung vollzog, nahm zu, wobei vor allem die kleineren Städte wuchsen. Damit verbunden war der weitere Rückgang des Landwirtschaftssektors, in dem immer weniger Menschen arbeiteten. Der Aufbruch, insbesondere in der ersten Hälfte der 1920er Jahre, war geprägt von neuen Bildern der Moderne, verkörpert nicht zuletzt in den Städten. Während der Faschismus wie der Kommunismus in der Sowjetunion diese Moderne für sich beanspruchten, erlebten auch die liberalen Staaten einen gesellschaftlichen Wandel, der jedoch längst nicht alle Menschen erfasste. Die Moderne fand ihren Ausdruck in der Architektur, zum Beispiel bei Le Corbusier, in der Musik, wo insbesondere der Jazz in der Schweiz Verbreitung fand, und in der Bildenden Kunst, mit Künstlern wie Paul Klee oder Alberto Giacometti.

In den Unternehmen setzte sich seit den 1920er Jahren vermehrt der aus den USA kommende Taylorismus und damit eine wissenschaftliche Betriebsführung im Sinne eines modernen Managements durch, die sowohl in der industriellen Produktion als auch in den privaten Haushalten zu einer Rationalisierung führte. Die moderne Hausfrau sollte durch die wirtschaftliche Organisation ihres Haushalts Zeit und Geld sparen, moderne Küchen und Haushaltsgeräte waren zur Unterstützung vorgesehen. Staubsauger, Waschmaschinen oder Bügeleisen kamen in der Zwischenkriegszeit auf den Markt. Die Verbreitung scheiterte nicht selten an unerschwinglichen Preisen, fehlendem Stromzugang oder aber an konservativen Vorstellungen der Hausfrauenrolle. Erst nach dem Zweiten Weltkrieg setzten sich die Haushaltsgeräte in breiten Schichten durch. Die Frauen waren ebenso für die Hygiene in den Wohnungen zuständig. Während fliessendes Wasser und von den Bewohnern geteilte Toiletten bereits vor dem Ersten Weltkrieg in vielen Häusern Einzug hielten, folgten Badewannen oder Duschen mit warmem Wasser in der Zeit danach.

Die Elektrifizierung erfuhr in der Zwischenkriegszeit einen rapiden Ausbau, ausgelöst nicht zuletzt durch den Schock der schwierigen Kohleversorgung im Ersten Weltkrieg. 1939 waren praktisch alle Fabriken und 77 Prozent des schweizerischen Eisenbahnnetzes elektrifiziert, während der europäische Durchschnitt bei den Eisenbahnen bei 5 Prozent lag. Auch die Anzahl elektrischer Boiler und Kochherde stieg stetig an.[40]

In der Kommunikation waren Radioempfangsgeräte seit den 1920er Jahren weit verbreitet. Die Schweiz zählte international zu den Rundfunkpionieren. In Lausanne, Zürich, Genf, Bern und Basel wurden nichtkommerzielle Radioveranstalter zugelassen, und 1930 bezahlten schweizweit bereits 100 000 Konzessionäre Empfangsgebühren. Das Radio ermöglichte die Verbreitung von Informationen, Musik und Literatur. Als die kleinen Sender in finanzielle Schwierigkeiten gerieten, rief der Bundesrat 1931 die *Schweizerische Rundspruchgesellschaft* (SRG) als mit Empfangsgebühren finanzierte nationale Monopolorganisation ins Leben. Die Konzessionen stiegen im Jahr 1937 auf 500 000 (siehe Beitrag von Theo Mäusli, S. 606).

### Inklusion und Exklusion
Die Fremdenfeindlichkeit war eine Konstante der Zwischenkriegszeit. Bereits während des Ersten Weltkrieges wurde das Fremde «sprachlich zum

**Telefonzentrale von Arosa zwischen 1933 und 1951, Photo Homberger Arosa**
*(Museum für Kommunikation, Bern).* — In der Schweiz entwickelte sich das Telefonnetz seit dem letzten Viertel des 19. Jahrhunderts. Das Herstellen der telefonischen Verbindungen war äusserst komplex; für diese in Telefonzentralen ausgeübte Tätigkeit wurden ausschliesslich ledige Frauen eingestellt. Der Ausbau der technischen Voraussetzungen für direkte automatische Verbindungen kam nur langsam voran (1923–1959). Verantwortlich für den Telefondienst waren die in den 1920er Jahren vereinigten Post-, Telefon- und Telegraphenbetriebe (PTT). Der korrekte Umgang mit dem Telefon wurde sogar in Schulen geübt. Während des Zweiten Weltkrieges gelang es der Schweiz, sich im internationalen Telefonverkehr über eigene Sende- und Empfangsstationen vom Ausland unabhängig zu machen.

Problem gemacht, zum Problem geredet».[41] Mit der Gründung der Eidgenössischen Fremdenpolizei 1917 verlagerte sich der bereits früher einsetzende Diskurs der «Überfremdung» auf die gesamteidgenössische Ebene, obwohl der Ausländeranteil in der Schweiz nach dem Krieg stark zurückging. Die Abnahme war nicht zuletzt auf die ab 1920 geltende Zwangseinbürgerung aller hier Geborenen zurückzuführen – eine Strategie der Behörden, welche die Bevölkerung allerdings nicht zu überzeugen und die xenophobe Stimmung nicht zu dämpfen vermochte. Im selben Jahr reichten rechtsbürgerliche Kreise zwei fremdenfeindliche Initiativen ein, welche die Einbürgerung erschweren und die Ausweisung erleichtern sollten. Beide wurden allerdings 1922 von Volk und Ständen abgelehnt. Die günstigere Konjunktur ab 1924 liess diesen Diskurs für einige Jahre in den Hintergrund rücken.

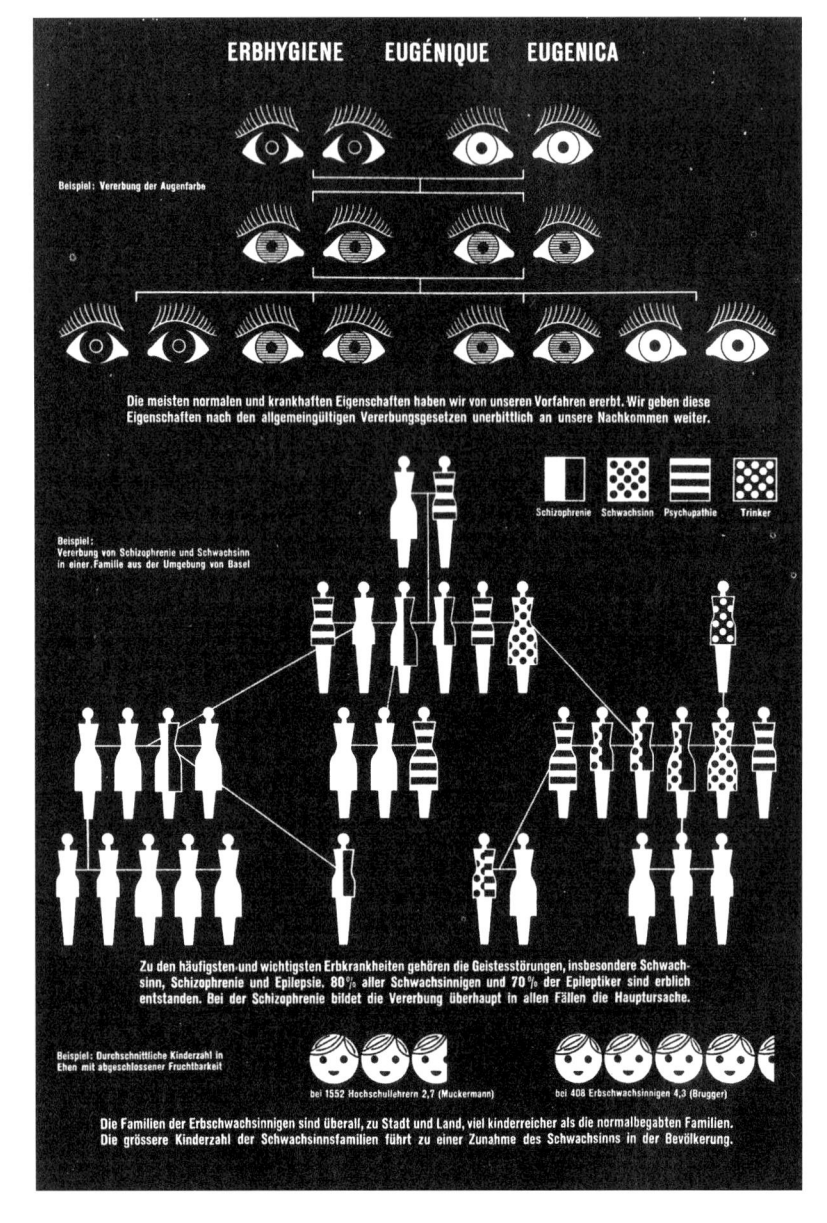

1925 erhielt der Bund das Recht, in Ausländerfragen Gesetze zu erlassen. 1931 wurde ein Gesetz über Aufenthalt und Niederlassung verabschiedet, das die Migration regeln sollte. Das bei dieser Gelegenheit eingeführte harte Saisonnierstatut (↑Saisonnier) wurde erst im Rahmen der bilateralen Abkommen mit der *Europäischen Union* im Jahre 2002 abgeschafft. Zur allgemeinen Fremdenfeindlichkeit gesellten sich nun ein latenter Rassismus und Antisemitismus.

Auch eugenische Vorstellungen fanden in der Schweiz der Zwischenkriegszeit eine breite Akzeptanz. Die schweizerische Heilpädagogik, Psychiatrie und Fürsorge waren in den europäischen Eugenikdiskurs eingebunden. Dieser erlebte in der Zeit nach dem Ersten Weltkrieg und bis 1945 seine grösste Verbreitung, da er brauchbare Antworten auf unterschiedlichste gesellschaftliche Fragen der Zeit zu geben schien. Man erhoffte sich Kosteneinsparungen in der Fürsorge durch Sterilisationen und Eheverbote. Dem Geburtenrückgang sollte mit der Förderung erwünschter Kinder begegnet werden.

Die eugenischen Massnahmen und Überlegungen entsprachen der als modern empfundenen Vorstellung einer «reinen Nation» und eines «reinen Volkskörpers». Anlässlich der Landesausstellung 1939 wurde publikumswirksam mit Schautafeln eugenische «Aufklärung» betrieben. Der Eugenikdiskurs machte aus sozialen Problemen biologische und rückte sie folglich aus dem Feld der Politik in dasjenige der Medizin. Durch diese Objektivierung in der Sphäre der Wissenschaft konnte eine grössere Akzeptanz sozialpolitischer Massnahmen in breiteren Kreisen erreicht werden. Allerdings kam es zu einer Distanzierung von der nationalsozialistischen Rassenhygiene, und zwar im Zuge der Abgrenzungsbemühungen der Geistigen Landesverteidigung, die sich auf liberale Werte wie diejenigen der Demokratie und der Menschenwürde stützte.[42]

Diese Distanzierung wirkte sich jedoch nicht auf die eigenen rassistischen und eugenischen Massnahmen oder Programme aus. Ein Beispiel, das über den Zweiten Weltkrieg hinausweist, war das 1926 gegründete und bis 1973 aktive *Hilfswerk für die Kinder der Landstrasse* der Stiftung *Pro Juventute*. Unter dem Vorwand des Kindswohls und der Bekämpfung des Vagabundentums wurden Fahrenden in der Schweiz die Kinder entzogen und in Heimen und Pflegefamilien platziert. Dieses Vorgehen im Innern korrespondierte mit einer bereits vor dem Ersten Weltkrieg einsetzenden und sich auf «wissenschaftliche Befunde» über «Zigeuner» stützenden Politik, die Fahrende von einer Einreise in die Schweiz abhalten sollte.[43]

**Schautafel mit eugenischen Theorien von Carl Brugger, 1937, ausgestellt im Pavillon «Ärztliche Fürsorge» an der Schweizerischen Landesausstellung, Zürich 1939, Reproduktion aus:** Schweizerische Landesausstellung 1939, Bd. 2: Die Schweiz im Spiegel der Landesausstellung, Zürich 1940, S. 361.

Ein wichtiges Element der Integration im Innern bildeten die Einbürgerungen, wobei nach dem Ersten Weltkrieg eugenische und rassistische Überlegungen eine Rolle zu spielen begannen. Mit dem Gesetz über Aufenthalt und Niederlassung von 1931 bekam die Fremdenpolizei einen stärkeren Einfluss auf die Migrationspolitik, und bei Einbürgerungen rückte zunehmend das Kriterium der Assimilation in den Vordergrund. Opfer dieser Politik waren speziell jüdische, insbesondere ostjüdische Menschen. Damit war eine administrative Judenfeindschaft begründet, die später in der Fremden- und Flüchtlingspolitik ihre Fortsetzung fand.

Eine politische Plattform hatte der Antisemitismus in der Frontenbewegung erhalten. Es fanden sich aber auch immer liberale, humanistische und linke Kräfte, die dem Antisemitismus entgegentraten. Internationale Beachtung erhielt der Prozess zu den sogenannten «Protokollen der Weisen von Zion» in Bern von 1933 bis 1937, welcher vom *Israelitischen Gemeindebund* gegen Frontisten wegen der Verbreitung dieser Schriften geführt wurde. Die gefälschten Protokolle sollten eine angebliche jüdische Weltverschwörung belegen und fanden in antisemitischen Kreisen grossen Anklang. Das Gericht bestätigte in seinem Urteil die Fälschung der Schriften.[44]

Als wichtiges Mittel der Inklusion erweiterte und systematisierte die Geistige Landesverteidigung die spätestens in den 1860er Jahren wichtiger werdende Vorstellung der Schweiz als «Sonderfall», welche die Einzigartigkeit der Schweiz im Vergleich zu allen anderen Staaten betonte. Die Ausgrenzung von Individuen und Gruppen im Innern und die Abgrenzung gegen aussen bildeten die negative Seite der inneren Konsolidierung. Zu Beginn als Bewegung von unten verstanden, gab die «Botschaft des Bundesrates über die Organisation und die Aufgabe der schweizerischen Kulturwahrung und Kulturwerbung» der Geistigen Landesverteidigung im Dezember 1938 eine offizielle politische und rechtliche Grundlage. Zugleich bedeutete dieses Programm die Herausbildung einer zunehmend alle Lebensbereiche durchdringenden nationalen Gesinnung, die sich um ein historisch reduziertes Bild der Schweiz gruppierte – ein Bild, in dem «vormoderne Gemeinschaftsformen, idealisierte Kleinstaatlichkeit, verklärte Autarkieideen sowie ein eingeschränktes Kulturverständnis»[45] gepflegt wurden. Unterstützt wurde dieser Diskurs insbesondere auch von der Sektion Heer und Haus, die 1939 auf Befehl von General Henri Guisan ins Leben gerufen wurde. Eine Geistige Landesverteidigung eigener und zuweilen spitzig antifaschistischer Art wurde vom erfolgreichen, 1934 gegründeten Cabaret Cornichon betrieben.[46]

Eine wichtige staatliche Motivation für die Geistige Landesverteidigung war die Abwehr der ununterbrochenen Propagandaflut aus Italien und Deutschland. Eine zentrale Rolle spielte dabei die 1931 aus mehreren regionalen Gesellschaften entstandene *Schweizerische Rundspruchgesellschaft* (SRG). Diese war in drei separate Organisationen mit je einem Monopolsender für jede der drei Landessprachen aufgeteilt. Dieses Konzept passte vortrefflich zur Idee der Geistigen Landesverteidigung, in der die Sprachenvielfalt – mehr als die Meinungsvielfalt – der Schweiz ein wichtiges Argument darstellte. Die SRG sollte mit ihren Sendungen zum Verständnis der jeweils anderen Landesteile beitragen.[47] Bezeichnend für die mentale Haltung der Zeit war, dass 1938 das Rätoromanische zur Abwehr von faschistischen Vereinnahmungsversuchen aus Italien vom Volk mit 92 Prozent der Stimmen als vierte Landessprache in die Verfassung aufgenommen wurde. Gleichzeitig begannen grosse Teile der Bevölkerung in der Deutschschweiz die Dialekte stärker zu pflegen, um sich mit der Mundart gegen Deutschland abzugrenzen. Mit der Idee der «Suisse romande» betonte die französischsprachige Schweiz ihre eigene Identität gegenüber der deutschsprachigen Mehrheit, aber nicht zuletzt auch gegenüber Frankreich. In der «Svizzera italiana» schliesslich wurde zur selben Zeit mit der Bewegung des *Elvetismo* die Zugehörigkeit zur

**Szene aus dem Stück *Schöni Ussicht* des Cabaret Cornichon, April 1943** (Stadtarchiv Zürich, Bestand Michael Wolgensinger/VII.271). — Während der Klage über den steigenden Index und den sinkenden Wert des Frankens sinkt auch die Helvetia, gespielt von Voli Geiler, in sich zusammen und singt zur Melodie der Nationalhymne «Mich, die Helvetia, die man auf Franken sah …».[48]

Die Geschichte der Schweiz — *Sacha Zala*

« *Die Aufgabe der geistigen Verteidigung unseres Landes [...] besteht darin, in unserem eigenen Volke die geistigen Grundlagen der Schweizerischen Eidgenossenschaft, die geistige Eigenart unseres Landes und unseres Staates neu ins Bewusstsein zu rufen, den Glauben an die erhaltende und schöpferische Kraft unseres schweizerischen Geistes zu festigen und neu zu entflammen und dadurch die geistige Widerstandskraft unseres Volkes zu stählen. [...] Gerade daraus, dass wir die Auffassung, als ob die Rasse den Staat gebären und seine Grenzen bestimmen würde, ablehnen, gerade hieraus fliesst die Freiheit und die Kraft, uns unserer kulturellen Verbundenheit mit den grossen geistigen Lebensräumen bewusst zu bleiben. Der schweizerische Staatsgedanke ist nicht aus der Rasse, nicht aus dem Fleisch, er ist aus dem Geist geboren. Es ist doch etwas Grossartiges, etwas Monumentales, dass um den Gotthard, den Berg der Scheidung und den Pass der Verbindung, eine gewaltig grosse Idee ihre Menschwerdung, ihre Staatswerdung feiern durfte, eine europäische, eine universelle Idee: die Idee einer geistigen Gemeinschaft der Völker und der abendländischen Kulturen!* »

Botschaft des Bundesrates an die Bundesversammlung über die Organisation und die Aufgaben der schweizerischen Kulturwahrung und Kulturwerbung, 9. Dezember 1938.

Eidgenossenschaft betont und zugleich die empfundene Germanisierung durch Deutschschweizer Einwanderer bekämpft. Die Betonung der vier Kulturen als konstitutive Elemente einer dennoch dank der Geistigen Landesverteidigung einheitlichen und homogenen Volksgemeinschaft stärkte sowohl die nationale Identität wie auch jene der einzelnen Kulturräume.

Neben den Sprachen erlebte die Pflege des Brauchtums eine neue Blüte. Den Höhepunkt bildete hier die Schweizerische Landesausstellung in Zürich von Mai bis Oktober 1939, während der – wie schon 1914 (siehe Kapitel von Regina Wecker, S. 432 f.) – jenseits der Schweizer Grenzen der Krieg ausbrach. Die 1926 gegründete *Schweizerische Trachtenvereinigung* hatte ihre Auftritte; Volkslieder und Volkskunst wurden dargeboten. Die Inszenierung einer zum Teil neu erfundenen Tradition, wie sie in Zürich zelebriert wurde, hinterliess bei einem grossen Teil der Besucherinnen und Besucher einen bleibenden Eindruck. Neben der schweizerischen Wirtschaft präsentierte sich die Armee prominent, und weil die Mobilisierung der Armee noch während der Ausstellung stattfand, sah man unter den Besuchern viele uniformierte Männer. Die «Landi» bildete damit für eine ganze Generation einen starken *lieu de mémoire*.

Die Idee der Geistigen Landesverteidigung prägte die Landesausstellung von 1939. Die angespannte politische Lage der 1930er Jahre hatte die Wehrbereitschaft und den Zusammenhalt der Schweizer Bevölkerung ins Zentrum rücken lassen. In der Erinnerung vieler Besucher der Landi blieb – auch dies wie 1914 – das «Dörfli», durch das diesmal ein künstlich angelegter Bach führte, der «Schifflibach», der von den Besuchern befahren werden konnte. Während die Ausstellung 1914 rund 3,2 Millionen Besucherinnen und Besucher zählte, verzeichnete die Landi 1939 rund 10,2 Millionen Eintritte.

## DIE SCHWEIZ IM ZWEITEN WELTKRIEG

Während des Zweiten Weltkriegs geriet die Schweiz in eine wirtschaftliche und politische Abhängigkeit von Deutschland, die ihr Handeln weitgehend determinierte. Vorformen dieses Verhaltens finden sich jedoch bereits vor Kriegsausbruch und kamen beispielsweise im Ausbau der geschäftlichen Beziehungen oder in der restriktiven Flüchtlingspolitik zum Ausdruck. Das sehr weitgehende Vollmachtenregime des Bundesrats mit dem Ausschluss der von der Verfassung vorgesehenen Organe des Gesetzgebungsprozesses während des Krieges führte zu einer autoritär konnotierten Demokratie, die gewissermassen als helvetische Variante totalitärer Entwicklungen interpretiert werden kann.

### Antizipierte Entwicklungen

Seit der Weltwirtschaftskrise waren die internationalen Beziehungen rauer geworden. Die Machtübernahme der Nationalsozialisten in Deutschland im Januar 1933 stellte die Schweizer Behörden jedoch vor neue Herausforderungen. War der aggressive Umgangston durch die Erfahrungen mit dem italienischen Faschismus bereits bekannt, so erwies sich der Kontakt mit dem nationalsozialistischen Deutschland als noch heikler. Die umfassende Verhöhnung der ideellen Grundlagen von Demokratie und Rechtsstaat, verbunden mit offensichtlich expansionistischen Ansprüchen, widersprach – selbst unter dem Vollmachtenregime

**Frau in Tracht an der Schweizerischen Landesausstellung, Zürich 1939**
(*Ringier Bildarchv, Sign. RBA4-3-112-4979_1*), © StAAG/RBA. — Die Tracht als nationales Symbol entstand erst gegen Ende des 19. Jahrhunderts. Insbesondere im Umfeld der Geistigen Landesverteidigung wurden seit den 1920er Jahren verschiedene Trachten neu erfunden. Die seit 1926 eigenständige *Schweizerische Trachtenvereinigung* verfolgte das Ziel, die Tracht in der ländlichen Bevölkerung zu propagieren. In diesen Zusammenhang gehört auch das 1930 im Auftrag des Bundesrates durch den *Schweizerischen Bauernverband* gegründete *Heimatwerk*. Die Landesausstellung von 1939 war ein Höhepunkt der schweizerischen Trachtenbewegung.

des Bundesrates – grundsätzlich schweizerischen Prinzipien. Auf der anderen Seite war die Schweiz auf den wichtigsten Handelspartner angewiesen. Während also im Innern mit der Geistigen Landesverteidigung erfolgreich eine ideologische Abgrenzung betrieben wurde, arrangierte sich die Schweiz in ihren Finanz- und Wirtschaftsbeziehungen weitgehend mit ihren bedrohlichen Nachbarn.

Als sich die wirtschaftliche Situation in Deutschland 1933 zu stabilisieren begann, schrieben dies vorerst viele Beobachter der nationalsozialistischen Machtübernahme zu, welche die innenpolitische und wirtschaftliche Lage zu beruhigen schien, obschon die Rechtswidrigkeit des Regimes den schweizerischen Behörden rasch bewusst wurde. Angesichts der konjunkturellen Aussichten begannen zahlreiche Schweizer Unternehmen, ihre Geschäfte in Deutschland auszubauen; auch die Investitionen in deutsche Firmen nahmen zu. Die Schweizer Geschäftsleute passten sich dem neuen Umgangston und Stil in Deutschland an. Jüdische Angestellte und Führungskräfte wurden – selbst in der Schweiz – in vielen Fällen entlassen, jüdische Aktionäre zum Rückzug gedrängt. Dies geschah weitgehend freiwillig und obwohl die Schweizer Behörden den Unternehmen mitteilten, dass sie keine Informationen über die «rassische» Zugehörigkeit ihrer Mitarbeitenden und Investoren weitergeben sollten.

Zur Absicherung des Handels in der wirtschaftlich noch unsicheren Zeit nach der Weltwirtschaftskrise schloss die Schweiz mit dem nationalsozialistischen Deutschland im Jahr 1934 das umfangreichste und für sie wichtigste Clearingabkommen ab. 1935 folgte dasjenige mit Italien. Das Abkommen mit Deutschland war eine Reaktion auf deutsche Transfermoratorien für Zahlungen ins Ausland und wurde in der Schweiz vorerst positiv aufgenommen. Argumentiert wurde innenpolitisch vor allem mit der Sicherung von Arbeitsplätzen, wenn der Export nach Deutschland möglich blieb.

Zahlreiche Schweizer Banken waren im Gegensatz zur Industrie und zu den Versicherungen in den 1930er Jahren eher mit dem Abbau ihres Deutschland-Geschäfts beschäftigt, da ihre Guthaben in der Weltwirtschaftskrise eingefroren worden waren und sie ihre Risiken verkleinern wollten. Gleichzeitig versuchten sie, sicherere Anlagemöglichkeiten zu finden, die sie in Grossunternehmen oder parteinahen Betrieben zu finden glaubten, was bald zur Involvierung in fragwürdige Geschäfte und Entwicklungen führte. Die Schweizer Wirtschaft baute also bereits vor dem Krieg die wirtschaftlichen Strukturen und Handlungsmuster auf, die spätestens ab 1938 problematisch wurden.[49]

Nationalsozialistische Propaganda und Ideen gelangten nicht nur über Medien ins Land. Seit 1931 organisierten sich niedergelassene deutsche Parteimitglieder in lokalen Gruppen, ab 1932 unter dem Dach der sogenannten Landesgruppe Schweiz, die der deutschen Mutterpartei NSDAP unterstellt war. Nach der Machtübernahme der Nationalsozialisten 1933 nahm der Druck auf in der Schweiz ansässige Deutsche zu, sich den NS-Organisationen anzuschliessen, und es entfaltete sich eine rege Propagandatätigkeit. Die Behörden reagierten nicht mit einem Verbot der nationalsozialistischen Gruppen, sondern mit verschiedenen Massnahmen, die ihre Aktivitäten einschränkten. Die wichtigsten davon waren die «Massnahmen gegen staatsgefährliche Umtriebe und zum Schutze der Demokratie» vom 5. Dezember 1938. Bereits 1935 war zudem die Bundespolizei gegründet worden, die fortan Staatsschutzaufgaben wahrnahm. Den konkreten Anlass dazu bot die Jacob-Affäre, die Entführung des deutschen Journalisten Berthold Jacob durch die Gestapo nach Deutschland. Nach einer Intervention des Bundesrates wurde Jacob schliesslich freigelassen. Der Schweizer Staatsschutz hatte folglich eine wichtige Aufgabe in der Überwachung der rechten Umtriebe, behielt jedoch stets auch auf linke Verbindungen ein Augenmerk.

Zu erheblichen Spannungen mit Berlin kam es 1936 in der Gustloff-Affäre. Am 4. Februar erschoss der in der Schweiz studierende Österreicher David Frankfurter in Davos den Landesgruppenleiter Wilhelm Gustloff. Gegenüber den Bündner Behörden nannte der jüdische Student, der selbst Zeuge von Misshandlungen gewesen war, als Grund für seine Tat den Hass gegenüber dem nationalsozialistischen Regime und dessen antisemitischer Politik. In Deutschland wurde Gustloff als Opfer einer jüdisch-marxistischen Weltverschwörung bezeichnet und als Märtyrer geehrt. Der Schweizer Presse wurde eine Mitschuld unterstellt. Der international viel beachtete Prozess endete mit der Verurteilung Frankfurters wegen Mordes, aber der Verneinung einer Verschwörung. 1938 wurde in Deutschland der Neuenburger Maurice Bavaud verhaftet, der Adolf Hitler ermorden wollte, weil er ihn für eine Bedrohung für die Menschheit hielt. Der Volksgerichtshof verurteilte Bavaud zum Tode, 1941 wurde er in Berlin-Plötzensee hingerichtet. Die Schweizer Gesandtschaft hielt sich in dieser Angelegenheit weitgehend zurück, was nach dem Krieg heftig kritisiert wurde.[50]

Die nationalsozialistische Politik trieb ab 1933 zahlreiche Menschen in die Flucht, viele von ihnen in die Schweiz. Dabei handelte es sich um politische Gegner, insbesondere Kommunisten und Sozialdemokraten, jedoch auch Intellektuelle oder Künstler sowie Personen, die aufgrund ihrer «Rasse» diskriminiert wurden. Die Schweizer Behörden reagierten 1933 auf den Zustrom, auf den sie nicht vorbereitet waren, mit der Unterscheidung zwischen politischen und anderen Flüchtlingen. Als politische Flüchtlinge wurden primär hohe Staatsbeamte, Führer von Linksparteien und bekannte Schriftsteller angesehen, «rassisch» Verfolgte fielen nicht darunter. Zwar verfügten die Behörden in den 1930er Jahren über einen grossen Ermessensspielraum, doch nutzten sie diesen zu Lasten der Verfolgten. Es handelte sich letztlich um politische Entscheidungen, wie die Rechtsnormen im Flüchtlingsbereich ausgelegt wurden; die rechtlichen Kategorien bildeten nur den Rahmen. Die Zahl der Flüchtlinge sollte möglichst klein und ihre Aufenthaltszeit in der Schweiz möglichst kurz gehalten werden. Eine Analyse aufgrund von Klasse, Geschlecht und «Rasse» zeigt die besondere Diskriminierung von Frauen sowie von Opfern der «rassischen» Verfolgung.[51]

Der Umgang der schweizerischen Behörden mit Flüchtlingen während des Zweiten Weltkriegs muss in den Kontext des Überfremdungsdiskurses, des Antisemitismus und des Antikommunismus der Zwischenkriegszeit eingeordnet werden. Spielten zu Beginn der 1930er Jahre noch wirtschaftliche Überlegungen[52] eine grosse Rolle und somit der Schutz des Schweizer Arbeitsmarktes, traten zunehmend fremdenfeindliche Argumente in den Vordergrund, bei denen man sich auf das Niederlassungsgesetz von 1931 berufen konnte. In diesen Kontext ist auch das Interesse der Schweizer Behörden an der Kennzeichnung der Pässe «nichtarischer» deutscher Staatsbürger einzuordnen. Der berüchtigte «Judenstempel» oder «J-Stempel» wurde vom nationalsozialistischen Deutschland im Jahr 1938 eingeführt. Die schweizerische Beteiligung an dieser Massnahme ist heute nicht mehr zu bestreiten.[53]

Die nochmalige Verschärfung der schweizerischen Flüchtlingspolitik fiel mit dem Anschluss Österreichs an das Deutsche Reich am 12. März 1938 und der Reichspogromnacht am 9. November 1938 zusammen. Diese beiden Ereignisse trieben wiederum zahlreiche Menschen in die Flucht. Die Schweizer Behörden reagierten mit einer Abriegelung der Landesgrenzen. Eine Wegweisung an der Grenze kam einer Asylverweigerung gleich, wobei die Abschottung des schweizerischen Territoriums und der Umgang mit den Flüchtlingen nicht überall und zu jeder Zeit gleich rigoros gehandhabt wurden. So weigerte sich der Polizeihauptmann Paul Grüninger in St. Gallen, die Anordnungen der Bundesbehörden zur Grenzsperre umzusetzen, und rettete damit Hunderten von jüdischen und anderen Flüchtlingen aus Österreich das Leben. Er bezahlte seinen Einsatz mit der fristlosen Entlassung und einer Verurteilung wegen Amtspflichtverletzung. Erst 1995 erfolgte seine offizielle Rehabilitierung.[54] Generell erwies sich die Praxis gegenüber Flüchtlingen an der Schweizer Südgrenze als weniger restriktiv.[55]

Im Gegensatz zur Situation in den Kriegsjahren gelangten Informationen über die nationalsozialistische Innenpolitik und die Verfolgung von politischen Gegnern und «rassisch» Unerwünschten vor 1939 vergleichsweise frei über die Grenzen. Zudem war die Schweiz über ihre engen wirtschaftlichen Kontakte gut vernetzt. Das Eintreffen der Flüchtlinge blieb der Bevölkerung nicht verborgen, und ihre sich oft ähnlichen Geschichten waren bekannt. Diese Feststellung ist wichtig, wenn das konkrete Handeln und die Handlungsspielräume in den 1930er Jahren untersucht werden. Die Schweiz war durchaus nicht das einzige Land, das sich bei der Aufnahme von Flüchtlingen aus Deutschland restriktiv verhielt. Die von den USA initiierte Konferenz von Evian am französischen Südufer des Genfersees im Juli 1938 mit dem Ziel, die Fluchtbewegung aus Deutschland zu regulieren und den Betroffenen Aufnahme zu ge-

**Halt-Schild an der Schweizer Grenze zur Zeit des 2. Weltkriegs** (*Ringier Bildarchiv, Sign. RBA10-112_Landesgrenze_Deutschschweiz_1*), © *StAAG/RBA*. — Bis zur Herausbildung der Nationalstaaten im 19. Jahrhundert gab es vielschichtige, sich überlappende und überlagernde Typen von Grenzen. Dementsprechend waren auch die schweizerischen Grenzen weitgehend offen und die Beziehungen zwischen den Bewohnern der Grenzregionen sehr eng. Die neuen Nationalstaaten verdichteten diese unterschiedlich stratifizierten Grenzen zunehmend auf die geographischen Staatsgrenzen, und diese wurden mit dem Ausbruch des Krieges 1914 erstmals hermetisch verschlossen. Damit wurden insbesondere in den Grenzregionen traditionelle Handelsbeziehungen und -wege abgeschnitten und in Richtung des eigenen Staates umgepolt. Im Zweiten Weltkrieg wiederholte sich dieser Vorgang des Abschliessens. Besonders betroffen waren nun auch Menschen auf der Flucht. Die Handhabung der immer strikter werdenden Vorschriften erfolgte jedoch regional und individuell unterschiedlich.

*Zwei Schweizer Soldaten stützen einen verwundeten italienischen Soldaten beim Grenzübertritt in Campocologno im Puschlav, Photographie von Adolf Meier, circa 20. September 1943* (Schweizerisches Bundesarchiv, Sign. CH-BAR E5792 1988/204, Nr. 14720). — Im Unterschied zu den zivilen Flüchtlingen war der Umgang mit Militärpersonen völkerrechtlich geregelt. Entsprechend nahm die Schweiz über 100 000 Militärangehörige auf. Rund 20 000 Soldaten, mehrheitlich Italiener, kamen 1943, nach dem Sturz Mussolinis und der Besetzung des Nordens Italiens durch deutsche Truppen, in die Schweiz.

währen, ging ohne konkretes Ergebnis zu Ende. Der Umgang mit den Flüchtlingen passte ins Bild der fremdenfeindlichen Mentalität der Zeit, widersprach aber der seit dem 19. Jahrhundert gepflegten humanitären Tradition der Schweiz.[56]

Neben der Flüchtlingspolitik geriet die Schweiz auch in anderen Bereichen des staatlichen Handelns ins Fahrwasser der durch die nationalsozialistische Politik erzeugten Strömungen. Bereits länger bestehende Verwaltungsbereiche erhielten durch die Einmischung der Nationalsozialisten eine neue Dimension. Dies galt beispielsweise für den Umgang mit den Fahrenden. Die 1923 in Wien gegründete Internationale Kriminalpolizeiliche Kommission (IKPK), welche die Bekämpfung des grenzüberschreitenden Verbrechertums zum Ziel hatte und in der die Schweiz aktiv mitarbeitete, befasste sich früh mit der «Zigeunerpolitik» und beschloss 1932 die Einrichtung einer «Zigeunerzentrale» in Wien. Die Folge war eine Verschärfung des Kampfes gegen die fahrende Lebensweise und der Versuch aller beteiligten Staaten, Angehörige der Volksgruppen der Sinti und der Roma nicht einwandern zu lassen oder zu vertreiben.[57] Es folgte ein würdeloses Hin- und Herschieben von fahrenden Familien zwischen den Staaten, wobei eine Abschiebung nach Deutschland oder Italien für die Betroffenen zunehmend zu einem Risiko wurde. Die internationale Zigeunerregistratur in Wien, von der IKPK 1935 beschlossen, erleichterte die transnationale Fahndung. 1938 übernahm Deutschland die Leitung der IKPK, und die nationalsozialistischen Häscher erhielten damit Zugang zu allen gesammelten Daten. Die Schweiz beteiligte sich weiterhin an der IKPK: Der Chef der Polizeiabteilung des Justiz und Polizeidepartements, Heinrich Rothmund, besuchte noch 1942 den Hauptsitz der Kommission in Berlin.[58]

In diesem schwierigen Umfeld kamen auf die Behörden neue Aufgaben zu. So stellte sich die Frage des Schutzes von Schweizer Staatsbürgerinnen und Staatsbürgern jüdischen Glaubens im Ausland, vorerst in Deutschland und ab dem Anschluss im Jahr 1938 ebenfalls im ehemaligen Österreich. Zunächst ging es insbesondere um den Schutz des Eigentums. Mit dem Beginn der «Arisierung» jüdischer Geschäfte im Deutschen Reich waren auch jüdische Schweizer tangiert. Die diplomatische Schutzfunktion für die Betroffenen und ihr Vermögen wurde zwar unterschiedlich, aber generell ungenügend wahrgenommen,[59] obschon ein engagiertes Eintreten für die eigenen Bürger zu Erleichterungen führen konnte. So setzte sich der Generalkonsul in Wien, Walter von Burg, für von der «Arisierung» betroffene Schweizer Bürgerinnen und Bürger mehrmals erfolgreich ein, während Hans Frölicher, der Schweizer Gesandte in Berlin, zurückhaltend agierte.[60]

In den 1930er Jahren war die Schweiz auch im Bereich des Kunsthandels stark involviert. Die Weltwirtschaftskrise und später die nationalsozialistische Verfolgung führten zu einer spürbaren Erhöhung der Bewegungen auf dem Kunstmarkt. Dabei ist zu unterscheiden zwischen Raubgut und Fluchtgut. Unter Raubgut sind die von deutschen Institutionen in Deutschland oder später in den besetzten Gebieten geraubten, beschlagnahmten oder anderweitig ihren Besitzern entzogenen Kulturgüter zu verstehen. Wenn teilweise starker psychischer oder physischer Druck ohne klassischer Raub im Spiel war, kann von «Entziehung» gesprochen werden. Mit Fluchtgut werden Kulturgüter bezeichnet, die von ihren rechtmässigen Eigentümern oder in ihrem Auftrag in die Schweiz gebracht wurden, um sie vor der Beschlagnahmung zu schützen. Obwohl genaue Zahlen schwierig zu ermitteln sind, kam unter den Augen der Behörden insgesamt mehr Flucht- als Raubgut in die Schweiz oder durchquerte das Land. Der schweizerische Kunstmarkt profitierte in verschiedener Hinsicht von diesen Import- und Transitaktivitäten. Einerseits gelangten im Zuge dieser Bewegungen gute Stücke zu den Händlern und boten sich für Museen und Private günstige Kaufgelegenheiten. Andererseits verfügten die deutschen Emigranten und Sammler über ein grosses Wissen und ein breites Beziehungsnetz, das man erfolgreich zu nutzen wusste.[61]

Die Beispiele der Flüchtlingspolitik, der Fahrenden und des Kunsthandels verdeutlichen, dass wesentliche Probleme der eigentlichen Kriegsjahre ihre Vorgeschichte in den 1930er Jahren hatten. Manche Entwicklungen liefen nach 1939 unter veränderten Vorzeichen weiter, beispielsweise der Kunsthandel; andere Probleme verschärften sich, etwa die Flüchtlingspolitik, oder tauchten erst jetzt auf, wie der Umgang mit dem sogenannten Raubgold.

Schliesslich muss für die 1930er Jahre noch auf ein weiteres Thema hingewiesen werden, das für die Auseinandersetzung der Schweizer Behörden mit dem Faschismus, aber auch mit dem Kommunismus bezeichnend ist. Im Juli 1936 begann General Francisco Franco in Spanien seinen Krieg gegen die demokratisch gewählte republikanische Regierung. Das faschistische Italien und das nationalsozialistische Deutschland unterstützten ihn dabei mit Truppen, Geld und Waffen. Auf der Seite der Republik kämpften die *Internationalen Brigaden*, bestehend aus Freiwilligen aus zahlreichen Staaten, darunter gegen 800 Schweizerinnen und Schweizer – gemessen an der Bevölkerungszahl eines der grössten Kontingente.[62] Es handelte sich um Kommunisten, Sozialisten und Idealisten, die ein Zeichen gegen den Faschismus setzen wollten. 1939 gewannen Francos Truppen den blutigen Bürgerkrieg. Es folgte eine lange Zeit der Diktatur in Spanien, die bis zum Tod des Generalissimo im Jahr 1975 andauern sollte.

Der Bundesrat beschloss bereits bei Ausbruch der Feindseligkeiten, neutral zu bleiben, und verbot die Waffenausfuhr und die Teilnahme am Krieg, anerkannte jedoch bereits am 14. Februar 1939, noch vor dem Kriegsende, das neue Regime, zu welchem bereits informelle Kontakte bestanden, während die Aufnahme von republikanischen Flüchtlingen abgelehnt wurde. Die zurückkehrenden sogenannten Spanienfreiwilligen wurden strafrechtlich verfolgt und verurteilt.[63]

Die Schweizer Spanienkämpfer begannen den Kampf um ihre Rehabilitierung bereits 1939. Da in der Regierung der Republik Kommunisten sassen und sich die Sowjetunion auf die Seite der Republik gestellt hatte, galten die Freiwilligen für viele generell als Kommunisten, was ihren Kampf gegen den Faschismus in den Hintergrund treten liess. Während des Kalten Krieges schien eine Anerkennung ihrer Leistung kaum möglich, und sogar nach dessen Ende scheiterten verschiedene Vorstösse in dieser Sache, unter anderem unter Berufung auf das immer noch gültige Verbot von fremdem Kriegsdienst. Erst 2009 wurde das Bundesgesetz über die Rehabilitierung der Schweizer im Spanischen Bürgerkrieg in beiden Kammern des Parlaments angenommen. Sämtliche Urteile wurden aufgehoben, was allerdings nur den wenigen noch Lebenden zugutekam.

### Eckpunkte der Innen- und Aussenpolitik

Das Verhalten der Behörden wie der Volksvertreter wurde in den Kriegsjahren von aussen- und sicherheitspolitischen Überlegungen bestimmt. Am 30. August 1939 erhielt der Bundesrat vom Parlament weitgehende Vollmachten, und einen Tag später bekräftigte er die schweizerische Neutralität.[64] Insgesamt führte das Vollmachtenregime zu einer autoritär konnotierten Demokratie, die sich primär in einer Schwächung des Parlaments und einer klaren Tendenz zur Zentralisierung manifestierte, während die Exekutive unter einen verstärkten Einfluss durchsetzungsfähiger Interessenvertretungen geriet.

Die Nationalratswahlen von 1939 standen unter dem Eindruck des beginnenden Krieges und brachten Verschiebungen zugunsten der *Bauern-, Gewerbe- und Bürgerpartei* (BGB) und des *Landesrings der Unabhängigen* (LdU), die um je rund 3 Prozent Wähleranteil zulegen konnten. 1943 gewannen die FDP, *Konservative Volkspartei* und die SP wieder an Wählerstärke, wobei die Sozialdemokraten mit 29 Prozent die mit Abstand stärkste Partei wurden. Zum linken Erfolg trugen nicht zuletzt die deutsche Niederlage in Stalingrad sowie die 1942 im neuen Parteiprogramm unter dem Titel «Die Neue Schweiz» erfolgte Ausrichtung der SP bei. Mit diesem Programm setzte sich die SP das Ziel, mit einer sozialistischen Nachkriegsordnung die tieferen Ursachen des Weltkriegs zu beseitigen, was offensichtlich viele Wähler ansprach. Die sozialdemokratische Wählerschaft liess sich nun nicht mehr ignorieren, und im Dezember gestand ihnen die bürgerliche Parlamentsmehrheit den ersten Bundesrat zu. Ernst Nobs, der sich 1918 noch für den Landesstreik engagiert hatte, übernahm das Finanz- und Zolldepartement. Während die bürgerlichen Parteien auf diese Weise das Konkordanzregime für die SP öffneten und sie an der Regierungsverantwortung teilhaben liessen, wurden die Parteien der extremen Linken und der extremen Rechten bereits 1940 verboten. Die extreme Linke formierte sich 1944 neu als *Partei der Arbeit* (PdA).

Während des Krieges fanden insgesamt nur sieben Abstimmungen auf Bundesebene statt, von denen zwei Volksinitiativen betrafen, welche das politische System umgestalten wollten. Sowohl die Verkleinerung des Nationalrats, eingebracht vom LdU, als auch die Volkswahl des Bundesrates, eingebracht von der SP, scheiterten jedoch an der Urne.

Ein zentrales Anliegen der Behörden war die Versorgungssicherheit. Bereits im September 1939 wurde die Wirtschaft auf Kriegsbedingungen umgestellt. Im Gegensatz zur vielkritisierten Untätigkeit während des Ersten Weltkriegs richtete man frühzeitig ein organisiertes Rationierungssystem wichtiger Lebensmittel ein. Darunter fielen beispielsweise Brot, Fleisch, Milch oder Eier. Für die Bevölkerung psychologisch bedeutsam war die sogenannte Anbauschlacht, die im «Plan Wahlen» gipfelte. Propagiert wurde dieser im November 1940 vom Chef der Abteilung für landwirtschaftliche Produktion und Hauswirtschaft im Eidgenössischen Kriegsernährungsamt, Friedrich Traugott Wahlen, dem späteren Bundesrat (1958–1965). Gemäss diesem Plan sollte der Anbau von landwirtschaftlichen Produkten ausgebaut und der Ertrag

### Geistige Landesverteidigung

Begriff und Bedeutung der Geistigen Landesverteidigung sind vielschichtig und komplex. Vorläufer des in den 1930er Jahren offiziell geschaffenen Konstrukts gehen bis in die Zeit des Ersten Weltkriegs zurück. Erst unter dem Eindruck der direkten Bedrohung durch die nationalsozialistische Ideologie und deren expansiven Charakter konkretisierten sich jedoch diese Vorstellungen in einer neukonservativen Ausrichtung, wie sie von Bundesrat Philipp Etter 1938 formuliert wurde. Die Geistige Landesverteidigung suchte die Stärkung der Schweiz im Innern durch die Benennung und Propagierung von sogenannt typisch schweizerischen Werten, um damit der faschistischen, nationalsozialistischen, aber auch kommunistischen Propaganda entgegenzutreten. Sprach- und Klassengegensätze sollten durch ein neu belebtes Gefühl der nationalen Zusammengehörigkeit überwunden werden. Demokratie, kulturelle Vielfalt und Menschenwürde, ebenso wie die Heimatliebe – insbesondere zur Natur und zur Geschichte – galten als wesentliche Elemente der schweizerischen Identität. Die Medien, namentlich das Radio, Institutionen wie die 1938 gegründete *Pro Helvetia* und die *Neue Helvetische Gesellschaft* und nicht zuletzt die Kulturschaffenden und Intellektuellen sollten eine aktive Rolle bei der Verbreitung der Ideen der Geistigen Landesverteidigung übernehmen. Auf der anderen Seite führten diese Bestrebungen zu Fremdenfeindlichkeit und Ausgrenzung von scheinbar nicht in jenes neue Konzept passenden Personen. Zudem verstärkte sich der Konformitätsdruck, beispielsweise auf die Frauen, und es kam zur Anwendung eugenischer Praktiken. Die Auswirkungen der Geistigen Landesverteidigung reichten bis weit in den Kalten Krieg hinein.

---

gesteigert werden. Von einer wirtschaftlichen Autarkie blieb die Schweiz trotz einer gewissen Steigerung der Selbstversorgung auf 59 Prozent dennoch weit entfernt und somit weiterhin stark von Nahrungsmittelimporten abhängig.

Als bedeutender erwies sich die immanent psychologische und die interventionspolitische Wirkung des «Plans Wahlen»: Die allgemein sichtbare Umwandlung von Sportplätzen und Parkanlagen in Kartoffelfelder und Getreideäcker sowie der Landdienst der städtischen Schuljugend förderten das Zusammengehörigkeitsgefühl und den Widerstandswillen der Schweizer Bevölkerung. Gleichzeitig bedeutete der Plan mit seinen Agrarsubventionen, Preisverbilligungen und Produktionsquoten einen staatlichen Eingriff in einen wesentlichen Bereich der Wirtschaft, der noch wenige Jahre zuvor nicht möglich gewesen war, wie es sich bei der Ablehnung der Kriseninitiative und mit dem Scheitern der Richtlinienbewegung gezeigt hatte.

Verbunden mit der Rationierung von Lebensmitteln, Vorratshaltung und dem nie unterbrochenen Import war die Ernährungslage in den Kriegsjahren vergleichsweise gut. Das Konzept der «Anbauschlacht» war in verschiedener Hinsicht ambivalent. Einerseits orientierte es sich offensichtlich auch an faschistischen und nationalsozialistischen Vorbildern nationaler Autarkie; anderer-

«Anbauschlacht» im Kreuzgang des Basler Münsters, Photographie von Bernhard Wolf-Grumbach, 1942 *(Staatsarchiv BS, Neg. 21274).* — Mit dem Ziel eines höheren Eigenversorgungsgrades wurden im Rahmen des sogenannten «Plan Wahlen» bisher anderweitig genutzte Flächen aller Art – propagandistisch erfolgreich – für die Nahrungsmittelproduktion (Getreide, Kartoffeln und Gemüse) verfügbar gemacht.

seits war es nicht ohne Importe aus Deutschland, zum Beispiel von Düngemitteln, zu verwirklichen. Der symbolische Ausdruck des Widerstandswillens war paradoxerweise auf Kooperation mit dem potentiellen Feind angewiesen. Der Bedeutungszuwachs der Landwirtschaft im Krieg übte schliesslich einen erheblichen Einfluss auf die Modernisierung und Formulierung der Agrarpolitik in der Zeit des Kalten Krieges aus.[65]

Konjunkturell ging es der Schweizer Volkswirtschaft in den Kriegsjahren vergleichsweise gut. Im Allgemeinen herrschte eher ein Mangel als ein Überschuss an Arbeitskräften. Die Reallöhne sanken jedoch, da die Preise trotz Preisbindungen anstiegen. Die soziale Not war dennoch nicht mit derjenigen während des Ersten Weltkrieges zu vergleichen. Dazu trug unter anderem die 1939 eingeführte Erwerbsersatzordnung (EO) bei, welche alle Soldaten für den Lohnausfall während des Militärdienstes entschädigte und erstmals im Februar 1940 Gelder ausbezahlte.

Der Einsatz der Männer in der Armee und die dadurch verstärkte Nachfrage nach Arbeitskräften führten allerdings nicht zu einem Anstieg der Frauenerwerbsquote. Im Gegenteil erreichte die Zahl der erwerbstätigen Frauen während des Zweiten Weltkriegs ihren tiefsten Stand in der gesamten hier analysierten Epoche. Die bessere soziale Absicherung und die Kampagnen gegen die Frauenerwerbsarbeit in der Zwischenkriegszeit zeigten Wirkung. Dafür stieg die Geburtenrate wieder an, während der Ausländeranteil mit 5,1 Prozent einen Tiefstand erreichte. Als wichtigstes sozialpolitisches Werk wurde die Vorlage für die Alters- und Hinterlassenenversicherung (AHV) vorbereitet, zumal sich auch die FDP unter dem Druck der internationalen und nationalen Entwicklung Richtung Sozialpolitik öffnete. Zur Finanzierung der verschiedenen Ausgaben setzte der Bund die «Krisenabgabe» der Jahre 1936 bis 1940 ab 1941 als «Wehrsteuer» fort und führte im gleichen Jahr die Warenumsatzsteuer ein, um direkte Einnahmen zu erhalten. Zusätzlich wurden Kriegsgewinnsteuern von Unternehmen und zweimal ein «Wehropfer» auf Vermögen eingezogen.[66]

Im Gegensatz zu den Spannungen während des Ersten Weltkrieges gab es diesmal keinen Graben zwischen deutscher und romanischer Schweiz. Der Nationalsozialismus wurde grossmehrheitlich abgelehnt, und die Geistige Landesverteidigung unter dem Banner einer absoluten Neutralität hatte viel zur Stärkung der kollektiven Identität beigetragen. Die antifaschistische Einstellung weiter Teile der Öffentlichkeit und insbesondere vieler Intellektueller spiegelte sich in manchen Presseerzeugnissen stark wider. Der Bundesrat reagierte auf diese Tendenz mit der Pressezensur, welche die Zeitungen auf einen weniger deutschlandkritischen, sprich auf einen neutralitätspolitischen Kurs bringen sollte, den man unter den gegebenen Umständen beibehalten zu können glaubte. Die meisten Zensurmassnahmen richteten sich somit gegen die linke Presse, und sie erfolgten nicht nur repressiv von oben. Viele Redaktionen, Verlage oder Autorinnen und Autoren unterzogen sich aus verschiedenen Gründen einer freiwilligen Selbstzensur.[67] Der Informationsstand der Bevölkerung war jedoch trotz Zensur im internationalen Vergleich hoch. Dazu trugen nicht zuletzt die Rolle der Schweiz als Knotenpunkt für Nachrichten und Nachrichtendienste während des Krieges sowie die wirtschaftlichen Kontakte bei.

Die Kultur stand in dieser Zeit unter dem Eindruck der Geistigen Landesverteidigung, die in der Bevölkerung schon damals unterschiedlich verstanden wurde. Für konservative Kreise bedeutete diese Kulturpolitik die Pflege des Brauchtums, die Produktion von Filmen, welche die Wehrbereitschaft förderten (zum Beispiel *Gilberte de Courgenay*, 1941), oder die Anlässe zur 650-Jahr-Feier der Eidgenossenschaft. Für Liberale oder Linke konnten das Festhalten an der demokratischen Gesinnung, die Aufführung und Darbietung von in Deutschland verbotenen Autoren oder Komponisten (zum Beispiel Bertold Brecht oder Felix Mendelssohn Bartholdy) sowie der Besuch von Jazzkonzerten Widerstand gegen den Nationalsozialismus bedeuten. Zahlreiche in die Schweiz geflohene Künstler, Schriftsteller, Sammler und Intellektuelle belebten das hiesige Kulturgeschehen auf vielfältige Weise. Neben das Radio trat nun die Schweizer Filmwochenschau, die den Menschen Informationen vermittelte, aber auch die Sichtweise der Regierung verbreitete.

Aussenpolitisch stand die Schweiz über die ganzen Jahre im Banne der nationalsozialistischen Bedrohung. Am 25. Juni 1940 hielt Bundespräsident Marcel Pilet-Golaz nach der Niederlage Frankreichs gegen die deutschen Truppen eine Rede, die in der Bevölkerung für Irritationen sorgte, da sie Passagen enthielt, die auf eine Anpassung an die veränderten Machtverhältnisse unter nationalsozialistischer Hegemonie in Europa hindeuteten. Tatsächlich gab es Personen, die eine engere Anbindung an die Achsenmächte forderten. Im November 1940 erfolgte die von rechtsbürgerlichen Persönlichkeiten unterzeichnete «Eingabe der Zweihundert», die einerseits eine Stärkung der schweizerischen Neutralität und andererseits gute Beziehungen zu Deutschland und Italien forderte. Insbesondere sollten verschiedene liberale und linke Zeitungen einer strengeren Zensur unterzogen oder verboten werden. Der Bundesrat ging nicht auf die Eingabe ein, minimierte jedoch die Kontakte mit dem Völkerbund, der von den Achsenmächten als alliierte Institution angesehen wurde.

Im zentralen Bereich der Aussenwirtschaftspolitik spielte der Bundesrat trotz Vollmachtenregime eine mehr ausführende als lenkende Rolle und folgte dem Druck und den Begehrlichkeiten seitens der Unternehmen und ihrer gut vernetzten Interessenvertreter. Die Kontakte verliefen häufig über die Wirtschaftsverbände und einzelne Beamte. Den grössten Einfluss hatte der ↑Vorort, das heisst die Geschäftsleitung des *Schweizerischen Handels- und Industrievereins*. Sein Direktor, Heinrich Homberger, sass in der sogenannten Ständigen Verhandlungsdelegation des Bundesrates mit dem Ausland und konnte auf diese Weise bei allen Abkommen mitreden.[68]

Ein zweiter Bereich der Aussenpolitik, der von Verbänden stark mitgeprägt wurde, betraf die transnationalen und internationalen Netzwerke. Im Krieg waren diese Netzwerke ständigen Veränderungen ihres Umfeldes unterworfen. Einerseits erwies sich die Schweiz als Fluchtort, und internationale Organisationen gelangten mit ihren Niederlassungen, ihrem Personal und Material aus Kriegsgebieten in die Schweiz. So trafen 1940 die Akten des Ständigen Internationalen Gerichtshofs aus den Niederlanden ein, um sie der deutschen Kontrolle zu entziehen. Andererseits flohen andere Organisationen des Völkerbundes aus der Schweiz.

Die schweizerischen Behörden waren über diese Entwicklung nicht unglücklich, da der Völkerbund seit dem Austritt Deutschlands, Italiens und Japans nach der neutralitätspolitischen Beurteilung der Schweizer Behörden den Alliierten zu nahe stand. Die Abwanderung der internationalen Organisationen nach Übersee erwies sich allerdings in doppelter Hinsicht als verheerend. Erstens bekundete die Schweiz in der Folge zunehmend Mühe, sich dem vom nationalsozialistischen Deutschland in Europa geschaffenen und von ihm kontrollierten Netzwerk zu entziehen.[69] Diese Schwierigkeit der Abgrenzung, die zur Abwanderung der Völkerbundsorganisationen hinzukam, rückte die Schweiz zusehends in ein schiefes Licht. Zweitens fanden die Vorbereitungen für den Aufbau der internationalen Nachkriegsordnung nicht mehr auf europäischer, sondern auf globaler Ebene statt, was die schweizerischen Anliegen in den Hintergrund treten liess. Zu erwähnen ist jedoch, dass die älteren internationalen Organisationen des 19. Jahrhunderts, wie der Weltpostverein in Bern oder die 1930 gegründete Bank für Internationalen Zahlungsausgleich (BIZ)

> « *Deshalb schiene es uns ratsam, den Ereignissen nicht vorzugreifen und zu versuchen, wenn möglich bis zum Ende des Krieges sich weder so noch anders festzulegen.»*

Aus einem Brief des Chefs der Abteilung für Auswärtiges im Politischen Departement, Pierre Bonna, zur Frage einer schweizerischen Beteiligung im deutsch dominierten Internationalen Verband für Wohnungswesen und Städtebau, Bern, 12. September 1942 (Schweizerisches Bundesarchiv, E 2001 [D], -/3, Bd. 494).

## Die Internierung ausländischer Armeeangehöriger

Gemäss der Haager Konventionen von 1907 hatten nicht kriegführende Staaten die Pflicht, fremde Militärpersonen zu internieren. Armeeteile oder einzelne Soldaten konnten einen neutralen Staat um Asyl bitten. Sobald sie die Grenze überquert hatten, wurden sie entwaffnet und interniert. Eine Internierung verbot eine Ausreise und die erneute Teilnahme an Kampfhandlungen, bedeutete aber nicht zwingend eine Unterbringung in Lagern. Im Ersten Weltkrieg nahm die Schweiz rund 12 000 Kriegsgefangene aller Kriegsparteien auf, um ihnen eine Erholung von Kriegsverletzungen zu ermöglichen. Rund 104 000 Militärpersonen internierte die Schweiz zwischen 1939 und 1945. Die Lebensbedingungen waren für die einzelnen Internierten unterschiedlich. Die meisten wurden in Lager eingewiesen und arbeiteten als Hilfskräfte in der Landwirtschaft oder auf dem Bau. Dabei kam es zu vielerlei Kontakten mit der einheimischen Bevölkerung. Als problematisch galten Liebesbeziehungen mit Schweizer Frauen. Französische Internierte wurden mit dem Einverständnis des Vichy-Regimes und Deutschlands bereits im Januar 1941 repatriiert, während die meisten anderen Internierten erst nach dem Krieg in ihre Heimatländer zurückkehren konnten. Aus Furcht vor Repressalien verweigerten sowjetische Internierte die Heimreise, wurden aber im Rahmen der Verhandlungen um Aufnahme diplomatischer Beziehungen mit der Sowjetunion trotzdem repatriiert.

mit Sitz in Basel, in der Schweiz blieben und während des ganzen Krieges von beiden Seiten finanziert wurden.

Eine vom Krieg in besonderer Weise betroffene Organisation war das *Internationale Komitee vom Roten Kreuz*. Das IKRK begann bereits beim Ausbruch des Krieges mit der Betreuung von Kriegsgefangenen, sofern die Kriegsparteien seinen Delegierten den Zutritt zu Gefangenenlagern gewährten. Die Arbeit des IKRK erwies sich unter den Bedingungen des totalen Krieges als schwierig. Zum Holocaust und zur Vernichtungspolitik der Nationalsozialisten schwieg es weitgehend, was ihm nach dem Krieg vorgeworfen wurde.[70]

### Die Schweiz und die Flüchtlinge

Die Basis für die Flüchtlingspolitik im Zweiten Weltkrieg wurde bereits in der Zwischenkriegszeit gelegt. Mit der Unterscheidung zwischen politischen Flüchtlingen und anderen sowie der Einführung des J-Stempels und der internationalen Zigeunerregistratur war der rechtliche Rahmen für die Umsetzung einer restriktiven Einwanderungspolitik gelegt worden. Die Schweiz verstand sich als Transitland für zivile Flüchtlinge im Hinblick auf eine baldige Weiterreise. Damit sollte der angeblichen Überfremdung vorgebeugt werden. Für Zivilpersonen existierte bis nach dem Zweiten Weltkrieg noch kein völkerrechtlicher Schutz. Das internationale Recht orientierte sich in der Zwischenkriegszeit an Kollektiven und nicht an Individuen.

Im Fall von Militärpersonen, als Vertretern von Staaten, war die Rechtslage hingegen durch die Haager Konvention von 1907 geregelt. Die Schweiz hielt sich an diese Bestimmung und nahm Militärflüchtlinge auf. Zu dieser Kategorie zählten auch Deserteure, Refraktäre, das heisst Dienstpflichtige, die gar nicht zum Kriegsdienst eingerückt waren, und entwichene Kriegsgefangene. Zu grösseren Grenzübertritten kam es nach der Niederlage Frankreichs 1940, als rund 42 600 Soldaten in die Schweiz flohen, im Herbst 1943 mit der Aufnahme von über 20 000 italienischen Soldaten und gegen Kriegsende. Die fremden Militärpersonen wurden in der Schweiz zumeist in Internierungslagern untergebracht. Darüber hinaus wurden rund 10 000 aus deutschen Arbeitslagern entflohene sowjetische Zwangsarbeiterinnen und -arbeiter aufgenommen, allerdings bestanden gegenüber diesen grössere Vorbehalte.[71]

Der Umgang mit zivilen Flüchtlingen gestaltete sich wesentlich komplexer. Wir können heute davon ausgehen, dass bis zum Kriegsende rund 50 000 Zivilpersonen für kürzere oder längere Zeit in der Schweiz Unterschlupf fanden. Unter den aufgenommenen zivilen Flüchtlingen befanden sich 19 495 Juden und Jüdinnen sowie 1809 Personen anderer Konfession, die aufgrund ihrer jüdischen Herkunft verfolgt wurden. Darüber hinaus wurden etwa 60 000 Kinder aus Kriegsgebieten für Erholungsferien in die Schweiz geholt und circa 66 000 Grenzflüchtlinge für kurze Zeit aufgenommen.[72]

Obwohl die Schweiz mit ihrer Politik keine internationalen oder nationalen Rechtsnormen

**Im Zweiten Weltkrieg aufgenommene Zivilflüchtlinge**

|  | 1939 | 1940 | 1941 | 1942 | 1943 | 1944 | 1945 |
|---|---|---|---|---|---|---|---|
| Januar |  |  | 4 | 3 | 38 | 468 | 858 | 356 |
| Februar |  |  | 3 | 3 | 32 | 814 | 577 | 1452 |
| März |  |  |  | 2 | 49 | 777 | 1032 | 422 |
| April |  |  | 7 | 3 | 55 | 557 | 1206 | 6032 |
| Mai |  |  | 4 | 4 | 77 | 477 | 1180 | 1793 |
| Juni |  |  | 12 | 2 | 95 | 511 | 640 |  |
| Juli |  |  | 3 | 3 | 243 | 530 | 682 |  |
| August |  |  |  | 9 | 475 | 699 | 908 |  |
| September | 26 | 4 | 15 | 2895 | 4519 | 1520 |  |
| Oktober | 5 | 3 | 17 | 1845 | 1814 | 6678 |  |
| November | 6 | 5 | 39 | 1031 | 1537 | 777 |  |
| Dezember | 8 | 2 | 20 | 1601 | 1817 | 1848 |  |
| **Total** | **45** | **47** | **120** | **8436** | **14520** | **17906** | **10055** |

Die Tabelle umfasst alle Zivilpersonen, die vom EJPD als Flüchtlinge interniert wurden. Emigranten, Grenzflüchtlinge und Refraktäre (das heisst Zivilpersonen, die als Militärflüchtlinge galten) sind darin nicht enthalten. Insgesamt wurden vom 1. September 1939 bis zum 8. Mai 1945 51 129 Zivilflüchtlinge aufgenommen.
Quelle: Unabhängige Expertenkommission Schweiz – Zweiter Weltkrieg (UEK), Die Schweiz und die Flüchtlinge zur Zeit des Nationalsozialismus, Zürich 2001 (Veröffentlichungen der UEK, Bd. 17), S. 35.

**Hauptverlesen für Internierte in Gstaad, Photographie von Theo Frey, 1940,** © *Fotostiftung Schweiz.* — Militärische und zivile Flüchtlinge durchliefen meist verschiedene Stationen. In der Regel kamen sie zunächst in ein Sammellager nahe der Grenze, danach in ein Quarantänelager, dann in ein Auffanglager, um eventuell später in ein ziviles Lager oder ein Heim zu gelangen. Viele Auffanglager wurden militärisch geführt und waren sehr einfach, teils auch ungenügend ausgestattet. Die Flüchtlinge wurden zudem streng kontrolliert. Besser war die Situation in den zivilen Einrichtungen. Für die Flüchtlinge galt wie für die Schweizer Bevölkerung ab 1940 die Arbeitspflicht.

verletzte, war das behördliche Handeln in verschiedenen Punkten zumindest moralisch fragwürdig und wies unverkennbar eine antisemitische Tendenz auf. Die Problematik zeigte sich beispielsweise im Umgang mit Schweizerinnen, die durch eine Heirat mit einem Ausländer ihr Schweizer Bürgerrecht verloren. Während des Krieges und angesichts der Verfolgung war dies in solchen Fällen besonders dramatisch, in denen die Frau mit einem jüdischen Mann verheiratet oder selber Jüdin war. Im Zuge ihrer Rassenpolitik entzogen die Nationalsozialisten den Juden in Deutschland das Bürgerrecht. Diese wurden damit staaten- und entsprechend weitgehend schutzlos. Trotz Kenntnis der Verfolgung verweigerten die Schweizer Behörden jenen Frauen die Wiedereinbürgerung, obschon sie ab Ende 1942 als Härtefälle teilweise aufgenommen wurden. Die Betroffenen waren als Frauen und Jüdinnen somit doppelt diskriminiert.[73]

Ein weiterer Bereich, in dem sich die antisemitische Tendenz der Politik zeigte, war die Kinderhilfe, die in der Schweiz auf eine längere Tradition zurückblicken konnte. Während des Ersten Weltkrieges waren Kinder aus Kriegsgebieten in Schweizer Ferienkolonien eingeladen worden. Dies wollte man nun wiederholen, und 1942 übernahm das Kinderhilfswerk des *Schweizerischen Roten Kreuzes* (SRK) die zentrale Leitung des Projekts.[74] Vor allem Kinder aus Belgien und Frankreich durften für jeweils drei Monate in die Schweiz kommen. Die Schweizer Fremdenpolizei schloss jedoch Kinder «nichtarischer» Herkunft explizit aus, mit der Begründung, dass eine Rückführung problematisch sein könnte. Diese Haltung führte dazu, dass ein «Schmuggel» von Kindern, insbesondere aus Vichy-Frankreich, über die Schweizer Grenze einsetzte, in dessen Rahmen sich zahlreiche Helferinnen und Helfer auf beiden Seiten der Grenze engagierten.

Symbolisch und bezüglich der Auswirkungen am bedeutsamsten war aber der Beschluss der Grenzschliessung im August 1942. Zwar sollten illegal eingereiste Flüchtlinge seit 1939 zurückgewiesen werden, aber diese Anordnung wurde vor Ort nicht strikt befolgt. Dies wollte die Fremdenpolizei unter der Leitung von Heinrich Rothmund ändern. 1942, auf einem dramatischen Höhepunkt des Krieges und der Verfolgung, stieg die Zahl der

> *« In der ersten Zeit des Krieges kamen praktisch keine jüdischen Flüchtlinge zu uns. Als dann aber Deutschland begann, die im Reich noch ansässigen Juden nach Polen zu deportieren, kamen wieder vereinzelte jüdische Flüchtlinge über die Grenze. Die ersten wurden ohne weiteres zurückgewiesen. In letzter Zeit konnten wir uns jedoch zu solchen Rückweisungen nicht mehr entschliessen. Die übereinstimmenden und zuverlässigen Berichte über die Art und Weise, wie die Deportationen durchgeführt werden, und über die Zustände in den Judenbezirken im Osten sind derart grässlich, dass man die verzweifelten Versuche der Flüchtlinge, solchem Schicksal zu entrinnen, verstehen muss und eine Rückweisung kaum mehr verantworten kann. Besonders schlimm scheint heute die Lage der Juden in den von Deutschland besetzten Gebieten, im Protektorat, in Holland, Belgien und Nordfrankreich zu sein. Die dort lebenden Juden wissen keine Stunde, ob sie in der folgenden Stunde deportiert, als Geisel verhaftet, oder gar unter irgendeinem Vorwand hingerichtet sind. »*

Bericht von Robert Jezler von der Polizeiabteilung des Justiz- und Polizeidepartementes, 30. Juli 1942 (DDS, Bd. 14, Dok. 222, Anhang 1, Anm. 7, dodis.ch/35731).

in die Schweiz Flüchtenden. Angesichts der Kriegslage war sie eines der wenigen Ziele, die für eine Flucht überhaupt in Frage kamen. Zu dieser Zeit verfügten die Schweizer Behörden bereits über Informationen zur nationalsozialistischen Vernichtungspolitik im Osten.[75]

Der Beschluss zur Grenzschliessung entsprach letztlich der bereits seit den 1930er Jahren mit zunehmender Konsequenz verfolgten Politik im Spannungsfeld zwischen Staatsraison, Neutralitätspolitik und humanitärer Tradition, wobei Letztere häufig blosser Diskurs blieb. Wegen der angeblich zu knappen Verfügbarkeit von Lebensmitteln und Raum, der inneren und äusseren Sicherheitslage und der Schwierigkeit, aufnehmende Drittländer zu finden, sollten Flüchtlinge an der Grenze zurückgeschickt werden. Dabei wurde nochmals bekräftigt, dass Flüchtlinge aus «Rassegründen», wie Juden, keine politischen Flüchtlinge seien. Bundesrat Eduard von Steiger prägte in der Folge das Bild des «stark besetzten kleinen Rettungsboots mit beschränktem Fassungsvermögen». Die Zahl der Wegweisungen an der Grenze ist nach wie vor unklar. Dokumentiert sind rund 24 000 Rückweisungen während der Dauer des Krieges, aber nicht jeder Vorfall wurde schriftlich festgehalten. Zu berücksichtigen ist ebenfalls die Ablehnung von Visa-Anträgen auf den schweizerischen Konsulaten. Die Anzahl der aufgrund der schweizerischen Flüchtlingspolitik verhafteten und deportierten Menschen lässt sich wegen der unvollständigen Aktenlage nicht mehr klären.[76]

Die offizielle Politik blieb nicht ohne Widerspruch. Einerseits wurde sie teilweise aktiv unterlaufen, indem Hilfe beim Grenzübertritt geleistet wurde. Andererseits gab es politischen Druck auf den Bundesrat. Letzterer führte zu einer gewissen Lockerung der Handhabung, aber erst im Sommer 1944 fielen die antisemitischen Bestimmungen in der Flüchtlingspolitik. Im selben Jahr half der Schweizer Vizekonsul Carl Lutz in Budapest, durch das Ausstellen von Schutz- und Kollektivpässen circa 62 000 ungarische Juden vor der Deportation zu retten.[77]

### Die Armee im Zweiten Weltkrieg

Die Debatte über die Rolle und die Bedeutung der Armee und ihres Generals, Henri Guisan, begann bereits kurz nach dem Krieg und erhielt ab den 1970er Jahren zunehmend eine militärpolitische Dimension.[78] Im Kern drehte sich die Diskussion um die Frage, ob und wie die militärische Landesverteidigung dazu beigetragen habe, dass die Schweiz vom Krieg verschont blieb. Die Interpretationen reichten von der Armee als ausschlaggebendem Faktor bis zur Armee als vollkommen irrelevantem Faktor, da die wirtschaftlichen Vorteile einer unbesetzten Schweiz für Deutschland überwogen hätten.[79]

Am 30. August 1939 erfolgte die allgemeine Kriegsmobilmachung der Schweizer Armee. Rund 430 000 Wehrmänner wurden aufgeboten, deren Bestand sich später auf die Hälfte reduzierte und sich nach einem zwischenzeitlichen Anstieg infolge der Niederlage Frankreichs im Juni 1940 bei circa 120 000 einpendelte. Die durchschnittliche Dienstzeit der Soldaten im ↑Aktivdienst betrug insgesamt 800 Tage, aufgeteilt in mehrere Einsätze. Die Bundesversammlung wählte mit grosser Mehrheit den Waadtländer Oberstkorpskommandanten Henri Guisan zum General und damit zum Oberbefehlshaber der Schweizer Armee. Mit der Wahl eines französischsprachigen Generals setzte das Parlament ein wichtiges Zeichen. Im Gegensatz zu Ulrich Wille während des Ersten Weltkriegs war Guisan in der Bevölkerung nicht umstritten. Spannungen innerhalb des höheren Offizierskorps blieben allerdings nicht aus, wobei sich der General in diesem Machtkampf gegen deutschfreundliche Offiziere durchsetzte. Zu diesen zählte auch Ulrich Wille Jr., der zusammen mit dem deutschen Gesandten eine Intrige zur Absetzung Guisans angestiftet hatte.[80]

Zu Beginn des Krieges in Europa setzte das Militär vor allem auf die Verteidigung gegen Angriffe im Westen und im Norden. General Guisan traf in dieser Phase Absprachen mit der französischen Armee für den Fall eines deutschen Einmarsches in Frankreich. Die Akten über diese neutralitätspolitisch heiklen Verhandlungen fielen nach der Eroberung den Deutschen in die Hände.[81] Die Niederlage Frankreichs im Sommer 1940 veränderte die Lage für die Schweiz entscheidend. Mit Ausnahme der Grenze zu Liechtenstein war die Schweiz nun fast vollständig von Achsenmächten umgeben. Zudem beendete Italien im Juni 1940 seinen Zustand der «Nichtkriegsführung» und nahm im Mittelmeerraum und in Ostafrika den Kampf gegen Grossbritannien auf. In der Schweiz mehrten sich Anzeichen der Anpassung an die neue politische Situation. General Guisan gab hier ein deutlich entgegengesetztes Signal, als er am 25. Juli 1940 alle höheren Offiziere auf der Rütliwiese versammelte und die neue Strategie der Armee darlegte. Die genauen Worte des sogenannten Rütli-Rapports sind nicht überliefert, und die Besammlung der gesamten Armeeführung an einem Ort grenzte an militärischen Leichtsinn. Das Ereignis imponierte aber der Öffentlichkeit und blieb – nach der Landesausstellung von 1939 – als weiterer *lieu de mémoire* des Widerstands im kollektiven Gedächtnis.

Die neue Strategie sah neben der Grenzverteidigung insbesondere die Verteidigung des Alpenraumes vor. Mit dem Réduit sollten die potentiellen Angreifer einen langen und intensiven Kampf um die zentralen Passagen durch die Alpen befürchten. Zudem war die allfällige Zerstörung von Alpentransversalen vorgesehen; für diese Option war man allerdings erst ab 1944 tatsächlich gerüstet. In den Alpen, im Mittelland und entlang der Grenzen liess die Armee Befestigungsanlagen errichten. Das schweizerische Verteidigungsdispositiv beschränkte sich somit nie auf den Alpenraum. Mit einer teilweisen Konzentration der Verteidigung auf bestimmte Orte und Grenzabschnitte begegnete man der Schwierigkeit einer allgemeinen Grenzbefestigung. Symbolisch besass das Réduit eine grosse Ausstrahlungskraft und fügte sich als Idee nahtlos in das Konstrukt der Geistigen Landesverteidigung ein, obwohl es bereits damals, zum Beispiel von Max Frisch, kritisiert wurde.

Ein wichtiges Ziel der Politik war die Vermeidung von sozialen Spannungen, wie sie aus der Zeit des Ersten Weltkrieges noch gut in Erinnerung waren. Die neu eingeführte Lohnausfallentschädigung war in diesem Zusammenhang besonders wichtig. Zum Tragen kam ferner, dass im Gegensatz zu damals mit einer stärkeren sozialen Durchmischung des Offizierskorps die Idee einer Volksarmee besser zur Geltung kam. Insgesamt war die Unzufriedenheit unter den Soldaten, genauso wie in der Zivilbevölkerung, deutlich geringer als zwischen 1914 und 1918, obschon mit der Abnahme der Kriegsgefahr die Motivation sank. Die Verringerung der Zahl der aufgebotenen Soldaten sowie Urlaubsmöglichkeiten sorgten für eine bessere Versorgung von Landwirtschaft und Industrie mit Arbeitskräften. 1940 wurde der freiwillige zivile und militärische Frauenhilfsdienst (FHD) geschaffen, der auf seinem Höhepunkt 23 000 Angehörige zählte.

Während die tatsächliche militärische Bedrohungslage bis heute umstritten ist, war die Angst in grossen Teilen der Bevölkerung real. Die Schweiz wurde aber militärisch nur über den Luftraum direkt tangiert. Dieser wurde mehrmals verletzt, und es kam vereinzelt zu Bombardierungen. Im November 1940 wurde die Verdunkelung eingeführt, das heisst, ab 10 Uhr abends durfte kein Licht mehr brennen und in den Stunden der Dämmerung war die öffentliche Beleuchtung eingeschränkt. Die Massnahme erschwerte den alliierten Piloten die Orientierung. Der verheerendste Vorfall

**Ansprache des Generals Henri Guisan, 1945** (*Ringier Bildarchiv, Sign. RBA1-4_HenriGuisan_1*), © StAAG/RBA. — Durch eine rege Präsenz in der Öffentlichkeit und den Einsatz der Presse für seine Imagepflege gelang es General Henri Guisan, als starke Integrationsfigur den Wehrwillen der Schweiz zu verkörpern.

> « [Schulratspräsident, zitiert aus dem Schülerbrief] ‹Es kann ja sein, dass Sie den Befehl erhalten haben, keine Juden mehr aufzunehmen, aber der Wille Gottes ist es bestimmt nicht ...› Weisst Du die schwerwiegende Bedeutung dieses Satzes nicht?
> [Heidi] Ich wollte mit diesem Satze sagen, dass wir verstehen, wenn der Bundesrat auf die Deutschen Rücksicht genommen hat, wie er auch bei der Einführung der Verdunkelung auf sie Rücksicht nehmen musste, denn für die Schweiz selbst wäre es doch nicht notwendig gewesen, zu verdunkeln.
> [Schulratspräsident] Woher weisst Du das?
> [Heidi] Ja das sagt man überall.»

Die 14-jährige Heidi Weber im Untersuchungsprotokoll vom 23. Oktober 1942 (dodis.ch/35365). Auslöser war ein Protestschreiben gegen die offizielle Flüchtlingspolitik, gerichtet von Sekundarschülerinnen aus Rorschach an den Bundesrat (dodis.ch/12054).

ereignete sich im April 1944 in Schaffhausen mit 40 Toten durch alliierte Bomben.

Die Schweiz entwickelte sich während des Krieges zu einer wichtigen Drehscheibe für Informationen. Verschiedenste Nachrichtendienste nutzten die Vorteile eines neutralen Staates im Herzen Europas. Der Schweizer Nachrichtendienst war 1939 erst schwach ausgebaut; sein Mitarbeiterbestand verzehnfachte sich bis zum Ende des Krieges auf 120 Personen. Die Nachrichtensektion der Generalstabsabteilung spielte eine wichtige Rolle bei der Vermittlung der Geheimgespräche zwischen den USA und der Wehrmacht im Zusammenhang mit der deutschen Teilkapitulation in Norditalien, aber auch bei den politisch sehr heiklen Kontakten zwischen General Guisan und dem deutschen SS-General Walter Schellenberg im März 1943. Neben dem professionellen Nachrichtendienst entwickelte sich an der Schweizer Grenze eine rege Spionagetätigkeit durch Schweizer, die aus irgendwelchen Gründen regelmässig die Grenzen überschritten oder sonst über gute Kontakte verfügten.[82]

Umgekehrt sah das schweizerische Militärstrafgesetz unter anderem für die Weitergabe von militärischen Geheimnissen ans Ausland während des Krieges die Todesstrafe vor. Zwischen 1939 und

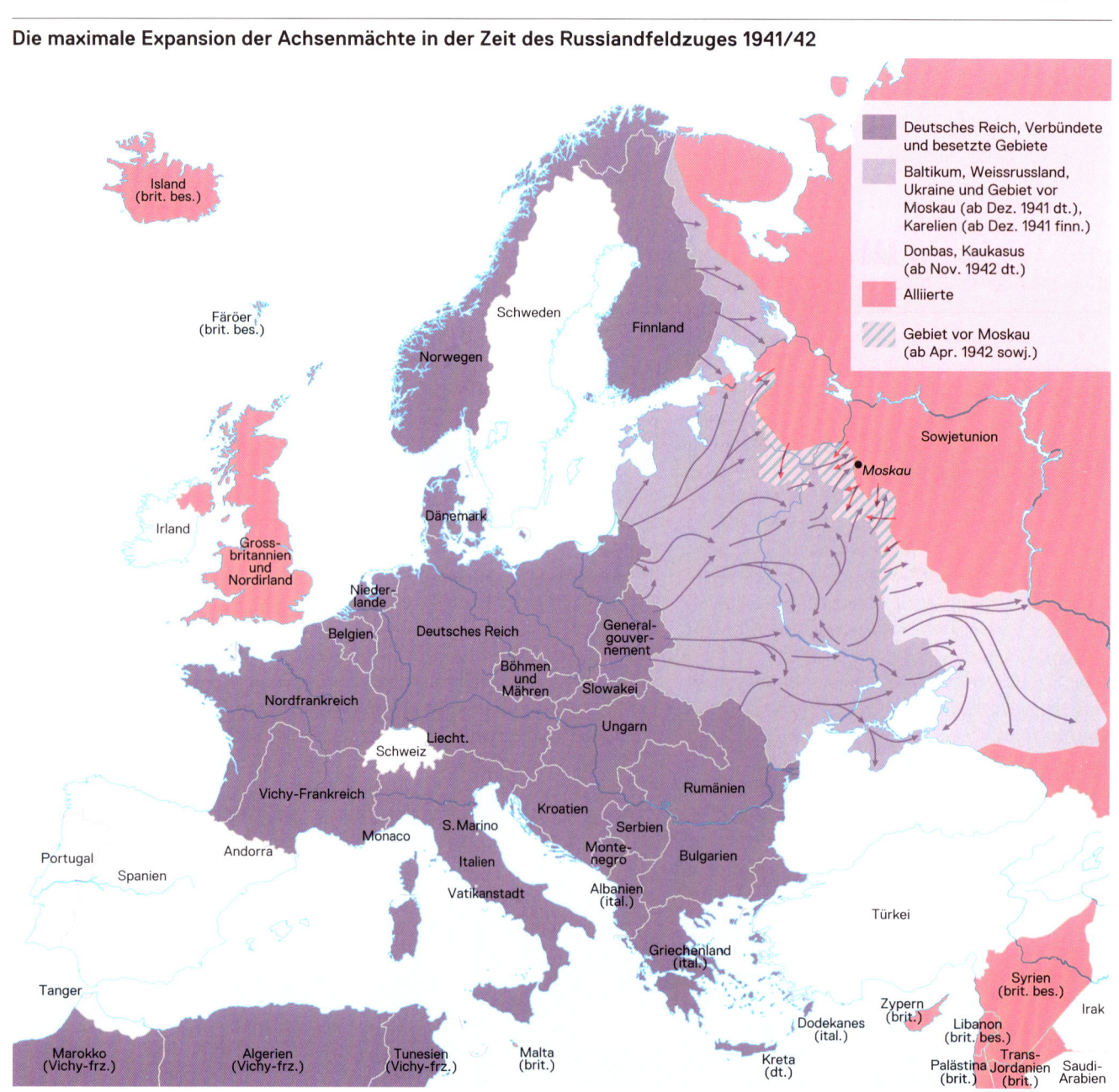

**Die maximale Expansion der Achsenmächte in der Zeit des Russlandfeldzuges 1941/42**

Quelle: http://commons.wikimedia.org/wiki/File:Second_world_war_europe_1941-1942_map_de.png (geändert); © 2013 Schwabe AG, Verlag, Basel, und Kohli Kartografie, Kiesen.

1945 wurden aufgrund dieses Paragraphen 33 Todesurteile gesprochen und 17 vollzogen. Nach 1970 führte die Bewertung dieser Urteile zur Kritik, dass die Schweiz die kleinen Verräter hingerichtet habe, während alle bedeutenden Verfechter einer Anpassung an die Achsenmächte oder Kriegsgewinnler verschont geblieben seien.[83]

### Die wirtschaftliche Verflechtung

Zwischen 1940 und 1944 betrug der Export an die Achsenmächte rund 59 Prozent der gesamten schweizerischen Ausfuhren. 65 Prozent der Importe stammten aus diesem Raum. Der Handel mit den alliierten Mächten war wesentlich bescheidener. Die wirtschaftlichen Beziehungen mit Deutschland begannen sich erst 1943 abzuschwächen, blieben aber wichtig. Zusammengefasst handelte die Schweiz von 1940 bis 1944 zu drei Vierteln mit kriegführenden Staaten: Zwei Drittel des gesamten Aussenhandels liefen über die Achsenmächte, ein Zehntel über die Alliierten und rund ein Viertel betraf Drittländer.[84]

Die Aussenhandelsbeziehungen der Schweizer Wirtschaft und insbesondere das Verhalten privater Unternehmen führten später zu heftigen Kontroversen. Die wirtschaftliche und finanzielle Bedeutung der Schweiz für die Achsenmächte, namentlich für das nationalsozialistische Deutschland, trug wesentlich dazu bei, dass das Land vom Krieg verschont wurde. Die vor dem Krieg etablierten Strukturen und Kontakte blieben auch während der Kampfhandlungen bestehen. Ein zentrales Ziel der Wirtschaftspolitik war die Sicherung des Imports von Rohstoffen, Nahrungsmitteln und Waren, um die Versorgung und die Produktion zu sichern. Die Geschäftsbeziehungen der Schweizer Unternehmen im Ausland waren zahlreich und vielfältig.

Wenn wir unseren Blick auf die wirtschaftlichen Verflechtungen richten, sind staatlicherseits zum einen die Clearingkredite und zum anderen die Goldgeschäfte der Nationalbank zu erwähnen. Beide waren für die Devisenbeschaffung des Dritten Reiches zwecks Versorgung mit Rohstoffen zentral.[85] Im Rahmen des Clearingsystems gewährte die Schweiz Deutschland rund 1,121 Milliarden Franken Kredit, die sogenannte Clearingmilliarde, die für den Erwerb von kriegswichtigen Gütern eingesetzt wurde. Dieser Betrag entsprach rund 10 Prozent der gesamten Bundesausgaben in den Kriegsjahren. Schon damals wurden in diesem Zusammenhang neutralitätspolitische Bedenken geäussert. Die Schweiz schloss zudem weitere Clearingabkommen mit Deutschland, welche die eroberten und annektierten Gebiete in die schweizerisch-deutschen Wirtschaftsbeziehungen integrierten. Mit diesen Verträgen anerkannte der Bundesrat implizit die «Neuordnung Europas» unter nationalsozialistischen Vorzeichen. Das Clearingsystem und die Kriegskredite dienten in der Schweiz jedoch vor allem innenpolitischen und volkswirtschaftlichen Zwecken. Sie verschafften der Exportwirtschaft Aufträge von den Achsenmächten und sicherten somit Arbeitsplätze und Gewinne. Zweitens vergrösserten sie den Verhandlungsspielraum, um Deutschland und Italien bei Rohstofflieferungen Konzessionen abzuringen.[86]

Die Goldtransaktionen der Schweizerischen Nationalbank (SNB), aber auch privater Banken ermöglichten dem Deutschen Reich ebenfalls, Devisen für Importe zu beschaffen. Insbesondere nach dem Kriegseintritt der USA bot der Schweizer

**Grenzmarkierung durch Fesselballone bei Chiasso, März 1945** (*Ringier Bildarchiv, Sign. RBA10-112_Landesgrenze_Chiasso_1945_1*), © StAAG/RBA. — Obwohl sich die meisten Kriegsschauplätze des Zweiten Weltkrieges nicht in unmittelbarer Nähe der Schweizer Grenze befanden, war auch die Schweiz von Kriegshandlungen betroffen. Insbesondere der Luftkrieg führte zu verschiedenen Grenzverletzungen. Das Gebiet der Schweiz wurde 77 Mal bombardiert. Dabei starben 84 Personen, 40 davon allein bei der Bombardierung Schaffhausens.

**Monatliche Ausfuhrwerte nach Machtblöcken 1939–1945**

Achse
(hier: Deutschland, Österreich, Italien, Albanien)

Alliierte
(hier: Grossbritannien, USA)

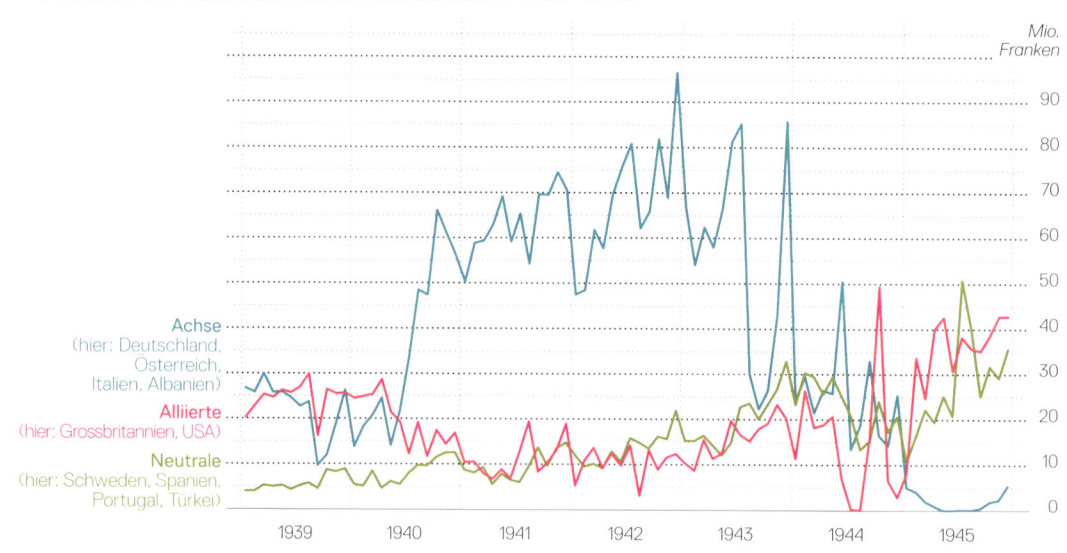

Neutrale
(hier: Schweden, Spanien, Portugal, Türkei)

Bis zur deutschen Besetzung von Frankreich befanden sich die Ausfuhren in die Länder der Achse und jene in die Länder der westlichen Alliierten weitgehend im Gleichgewicht. Danach ist bis Ende 1943 eine deutliche Zunahme der Ausfuhren in die Länder der Achse feststellbar, hauptsächlich nach Deutschland, mit einer Verdreifachung innerhalb dreier Jahre. Das Blatt wendete sich erst 1944 mit einer Zunahme der Ausfuhren zugunsten der Alliierten und der Neutralen.
Quelle: Martin Meier / Stefan Frech / Thomas Gees / Blaise Kropf, Schweizerische Aussenwirtschaftspolitik 1930–1948, Zürich 2002 (Veröffentlichungen der UEK, Bd. 10), S. 68, © 2013 Schwabe AG, Verlag, Basel, und Marc Siegenthaler, Bern.

Franken dem nationalsozialistischen Regime eine der wenigen Möglichkeiten, auf dem Weltmarkt Güter zu kaufen. Zwischen 1940 und 1945 veräusserte die Deutsche Reichsbank Gold im Wert von rund 1231,1 Millionen Franken an die Schweizerische Nationalbank; daneben floss Gold für rund 101,2 Millionen Franken an die Schweizer Geschäftsbanken. Die Lieferungen entstammten teilweise regulären deutschen Beständen, enthielten jedoch Anteile von Raubgold. Damit ist einerseits Gold gemeint, das nach Kriegsbeginn in den besetzten und annektierten Gebieten konfisziert und geplündert wurde. Zum anderen umfasst der Begriff Raubgold das sogenannte Opfergold oder «Totengold», das die Nationalsozialisten durch Vermögenskonfiskationen, beruhend auf den Rassegesetzen, den ermordeten oder überlebenden Opfern ihrer Vernichtungspolitik abgenommen hatten.

Den Verantwortlichen der Nationalbank war bereits 1941 klar, dass Raubgold in die Schweiz gelangte. Ab 1943 wusste die Nationalbank von Beständen aus den Zentralbanken der besetzten Staaten, die über Deutschland in die Schweiz verkauft wurden. Massnahmen wurden jedoch erst auf Druck der Alliierten ergriffen. So verlangte die SNB von Deutschland ab 1943 eine Bestätigung, dass es sich um «sauberes» Gold handelte.[87] Die Nationalbank argumentierte während des Krieges mit der Neutralität und der Sicherung der Währungsstabilität, um die Annahme des Goldes aus Deutschland zu legitimieren. Es war dies jedoch ebenso eine Dienstleitung für das Deutsche Reich, welche die Beziehung zum nördlichen Nachbarn verbesserte. Zudem ging es um ein rentables Geschäft.[88]

In der Debatte um das Raubgold in den 1990er Jahren drehte sich die emotionalste Frage darum, ob diese Goldlieferungen nicht nur Raubgold aus kriegerischer Eroberung, sondern auch Opfergold oder «Totengold» enthielten. Die Unabhängige Expertenkommission Schweiz – Zweiter Weltkrieg (UEK) konnte die Lieferung von Opfergold im Wert von 581 899 Franken nachweisen. Sie fand aber keinen Hinweis, dass die Verantwortlichen der SNB Kenntnis von dieser spezifischer Herkunft hatten, obschon sie 1943 wohl von den Konfiskationen wussten.[89]

Die schweizerischen Rüstungslieferungen nach Deutschland waren schon vor der Machtübernahme der Nationalsozialisten bedeutend. In der Zeit, in der Deutschland durch den Versailler Vertrag in seiner eigenen Produktion von Rüstungsgütern eingeschränkt war, organisierte es eine verdeckte Rüstungsindustrie, die sich im Osten bis zur Sowjetunion erstreckte. Die Schweiz und andere Staaten ermöglichten so dem Deutschen Reich die Entwicklung und Herstellung von Kriegsmaterial. Diese Vorbereitungen in der Weimarer Zeit erlaubten es den Nationalsozialisten, nach 1933 in kurzer Zeit eine funktionstüchtige und moderne Armee einzurichten. Ein Standortvorteil der Schweiz war die nicht vorhandene behördliche Kontrolle. Bis 1938 fehlten die gesetzlichen Grundlagen und die administrativen Kapazitäten, um den Kriegsmaterialexport zu kontrollieren. Auch nach 1938 prägten informelle Netzwerke das Geschäft mit Kriegsmaterial. Das Neutralitätsrecht spielte dabei eine untergeordnete Rolle.

Der Wert der Exporte von Waffen, Munition und Zündern betrug zwischen 1940 und 1944 rund 980 Millionen Franken, er umfasste damit 13,8 Prozent der gesamten Warenausfuhr. Von 1938 bis zum Sommer 1940 belieferte die Schweizer Rüstungsindustrie vor allem die Westmächte. Da sie die Kriegsgüter teilweise mit Rohstoffen aus Deutschland herstellte, verstärkte sich mit der Niederlage Frankreichs ihre Abhängigkeit von den Achsenmächten, die sie nun vermehrt zu beliefern versuchte. Aufgrund der deutschen Bemühungen um Autarkie gelang dies aber erst im Vorfeld des Russlandfeldzuges. Der unternehmerische Handlungsspielraum der Schweizer Rüstungsindustrie war während des ganzen Krieges relativ gross, allerdings musste sie im Handel mit Deutschland kriegsbedingt mit Schwierigkeiten rechnen. Dennoch produzierte sie fast ausschliesslich für den profitableren Export und trug nur wenig zur schweizerischen Landesverteidigung bei.[90]

Die Aktivitäten des Finanzsektors während des Krieges waren in den 1990er Jahren Gegenstand einer grossen Geschichtsdebatte, obgleich es eigentlich um die Restitutionsproblematik in der Nachkriegszeit ging. Der Schweizer Finanzplatz etablierte sich seit dem Ersten Weltkrieg als bedeutende Kapitaldrehscheibe. 1934 verabschiedete das Parlament das Bankengesetz, mit dem das erstmals erwähnte Bankgeheimnis fest verankert wurde. Das Gesetz sollte der Vermögensverwaltung rechtliche Rahmenbedingungen verschaffen, die Kompetenzen der neu geschaffenen Eidgenössischen Bankenkommission (EBK) regeln sowie das Ausspionieren von Banken durch ausländische Nachrichtendienste wegen auf Schweizer Konten versteckten Kundengeldern eindämmen.[91]

Die Geschäfte der Schweizer Banken mit Deutschland liefen also während des Krieges weiter. Insbesondere gewährten sie Kredite zugunsten von Geschäftsbanken und Unternehmen, von denen einzelne in die Kriegsmaterialwirtschaft oder sogar in die Vernichtungspolitik der Nationalsozialisten involviert waren. Ein weiterer wichtiger Geschäftsbereich des Finanzsektors war der Wertschriftenhandel. Viele der nach Kriegsausbruch gehandelten Titel stammten aus eroberten Gebieten und waren somit Raubgut, wovon die Banken auch Kenntnis hatten. Mit ihrem Handeln trugen die Schweizer Banken somit zur «Gleichschaltung» der Wirtschaft im nationalsozialistisch besetzten Europa bei.[92]

Einen eigenen Bereich bildeten die Versicherungsgesellschaften, die ihre Geschäfte während des gesamten Krieges ebenfalls uneingeschränkt fortsetzten. Die Versicherungen verfügten im Unterschied zu den Banken in der Regel über Zweigniederlassungen in Deutschland und waren deshalb sehr gut über alle Vorgänge und Rechtsbrüche informiert. Sie passten sich jedoch im für sie bedeutenden deutschen Markt den nationalsozialistischen Massnahmen ohne Widerstand an. So wirkten sie bei «Arisierungen» mit und verteidigten die Ansprüche ihrer jüdischen Kundschaft in der Regel nicht. Im Zuge der deutschen Eroberungen versuchten die Schweizer Versicherungen, nach Ost- und Westeuropa zu expandieren. Über persönliche Beziehungen ermöglichten die Hauptniederlassungen in der Schweiz ihren deutschen Partnern zudem, weiterhin in neutralen oder alliierten Staaten geschäftlich tätig zu sein. Im Gegensatz zu den nachrichtenlosen Vermögen gab es nie «nachrichtenlose Policen», da die Namen der Versicherungsnehmer immer bekannt waren und die Ansprüche aus den Versicherungen zwei Jahre nach Eintreten des leistungspflichtigen Ereignisses verjährten. Nach Kriegsende zeigten die Schweizer Versicherer wenig Bereitschaft, finanzielle und moralische Konsequenzen aus dem eigenen Geschäftsgebaren zu ziehen.[93]

Mit ihren Tochtergesellschaften waren ferner zahlreiche Schweizer Industrieunternehmen direkt in Deutschland oder im deutschen Machtbereich tätig. Zwar waren die Bedingungen je nach Branche oder Produktionsstruktur unterschiedlich, aber insgesamt integrierten sich die Tochtergesellschaften in die deutsche Kriegswirtschaft, versuchten zu expandieren und beschäftigten auch Zwangsarbeiter, die sie nicht anders behandelten, als es die rein deutschen Unternehmen taten.[94] Das Wissen über den Einsatz von Zwangsarbeiterinnen und -arbeitern war in den Schweizer Konzernleitungen vorhanden, da die Kommunikation zwischen Mutterhaus und Tochtergesellschaft in der Regel ohne Probleme funktionierte. Für die Konzernleitungen stand allerdings die Produktion im Vordergrund, und sie mischten sich deshalb nicht in die Bedingungen vor Ort ein. Aber genauso wie in anderen Bereichen bestanden auch in der Industrie Handlungsspielräume. So versuchte das Basler Chemieunternehmen Roche sehr lange, seine jüdischen Angestellten und Aufsichtsräte zu schützen und unterlief in Warschau mit der Anstellung von jungen Polen, die sonst deportiert worden wären, die deutsche Rassenpolitik. Allerdings durften diese Massnahmen den Geschäftsinteressen nicht zuwiderlaufen. Roche bemühte sich jedoch, selbst mit in Konzentrationslager deportierten Geschäftspartnern in Kontakt zu bleiben.[95]

Die Rolle der Schweizer Wirtschaft war für das nationalsozialistische Deutschland durchaus re-

## Schematische Darstellung des deutsch-schweizerischen Clearingverkehrs

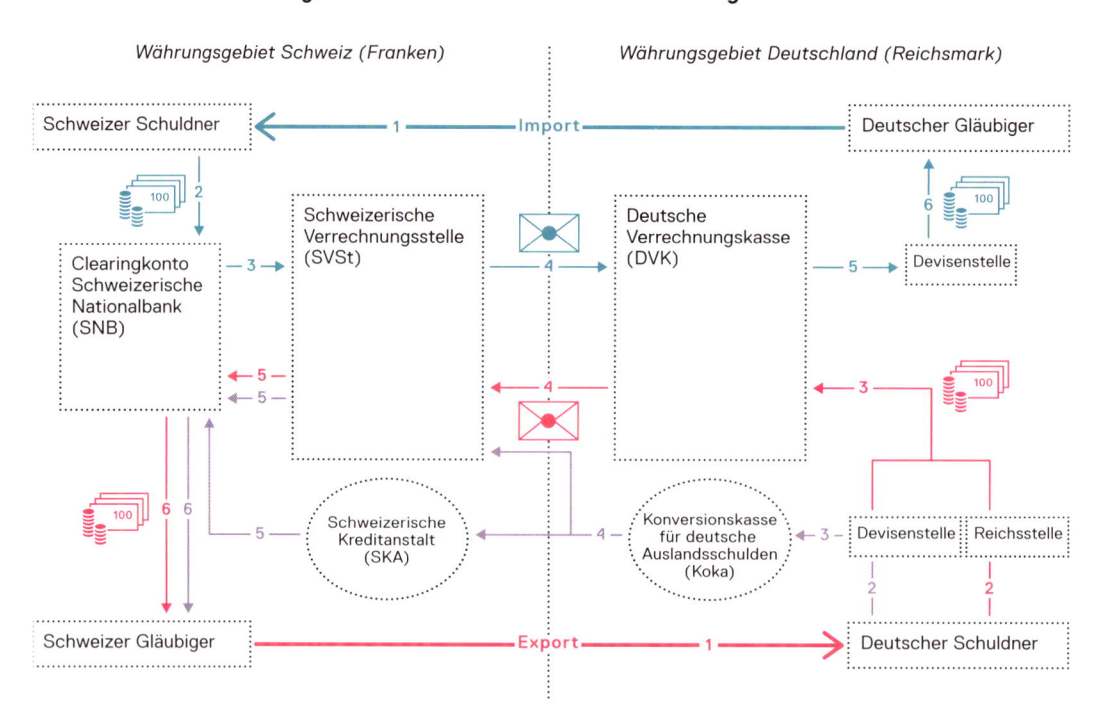

*Währungsgebiet Schweiz (Franken)* | *Währungsgebiet Deutschland (Reichsmark)*

Um die Sicherheit von Importeuren und Exporteuren zu gewährleisten, wurde für den Zahlungsverkehr zwischen Deutschland und der Schweiz ein kompliziertes Regelwerk mit eigenen Institutionen geschaffen.

### Import in die Schweiz
Eine Schweizer Firma (Schuldner) kauft ein deutsches Produkt (1) und zahlt den Gegenwert in Schweizer Franken an die SNB (2). Die SNB meldet der SVSt diese Einzahlung (3), und diese wiederum dem Partnerinstitut, hier der DVK (4). Die DVK zahlt den in Reichsmark umgerechneten Betrag dem deutschen Produzenten (Gläubiger), welcher bereits vor Versand seiner Ware eine Bewilligung der zuständigen Devisenstelle einzuholen hatte (5/6).

### Export aus der Schweiz
Eine deutsche Firma kauft ein Schweizer Exportprodukt (1) und zahlt mit der zuvor eingeholten *Devisenbescheinigung* der zuständigen Reichsstelle (2) den Gegenwert in Reichsmark an die DVK (3). Die DVK verständigt die SVSt von der erfolgten Einzahlung (4). Die SVSt veranlasst die SNB (5), den in Franken umgerechneten Betrag an den Schweizer Exporteur auszuzahlen (6).

### Zins-Transfer
Ein deutscher Kapitalschuldner zahlt die Tilgungszahlung, den Zins oder die Dividende (2) mit der Bewilligung der Devisenstelle an die Koka (3). Diese informiert die SVSt (Mietzins, Kredittilgung) oder die SKA (Wertschriften) (4), welche den Frankenbetrag über die SNB (5) an die Schweizer Gläubiger ausbezahlen (6).

*Quelle: Stefan Frech, Clearing. Der Zahlungsverkehr der Schweiz mit den Achsenmächten, Zürich 2001 (Veröffentlichungen der UEK, Bd.3), S. 34, © 2013 Schwabe AG, Verlag, Basel, und Marc Siegenthaler, Bern.*

levant. Neben den importierten Rüstungsgütern und der funktionierenden Infrastruktur, den Finanzdienstleistungen und Möglichkeiten der Devisenbeschaffung waren insbesondere die Transporte durch die Schweiz von und nach Italien von Bedeutung. Es durchquerten zwar nachweislich keine Deportationszüge das Land, aber der Gütertransitverkehr der Achsenmächte erreichte ein hohes Volumen und dauerte bis zum Februar 1945 an. Die Schweizer Behörden handelten zögerlich und reaktiv und begannen erst ab 1943, die Züge energischer zu kontrollieren.[96]

Die wirtschaftlichen Beziehungen mit der Schweiz waren für die Achsenmächte wichtig, aber nicht kriegsentscheidend. Dafür war die wirtschaftliche Dimension dieses Krieges viel zu gigantisch, und die Einflussfaktoren waren zu vielfältig, um einen solchen Schluss zuzulassen. Die Frage, ob und inwiefern die Schweiz vom Krieg profitiert habe, hängt hingegen vom Bewertungsmassstab ab und muss differenziert betrachtet werden. Generelle Aussagen über die gesamte Volkswirtschaft lassen sich nicht machen; vielmehr muss nach Branchen, Landesteilen und Bevölkerungsgruppen unterschieden werden. Unbestritten ist, dass die Schweiz, weil sie nicht direkt vom Krieg betroffen war, indirekt profitierte und 1945 wirtschaftlich über eine sehr gute wirtschaftliche Ausgangsposition verfügte, die sie optimal auszunutzen verstand.

## AUFBRUCH IN DIE NACHKRIEGSZEIT

Ab 1943 begann sich die Möglichkeit einer Niederlage der Achsenmächte abzuzeichnen, und die Schweiz versuchte wieder vermehrt Kontakte zu den Alliierten aufzubauen, was sich als schwierig erwies. Während die Schweiz bis zur Niederlage Frankreichs im Sommer 1940 die Westmächte mit Gütern beliefert hatte, konzentrierten sich danach die Exporte durch die geographische Abschottung zwangsläufig weitgehend auf die Achsenmächte mit ihrer Kriegswirtschaft. Diese Zusammenarbeit bot durchaus Vorteile, zum Beispiel eine gute Verhandlungsposition, die die Schweiz so gegenüber den Alliierten, die kaum auf Schweizer Produkte und Dienstleistungen angewiesen waren, nicht besessen hatte. So kam es, dass die schweizerische Industrie die nationalsozialistische Kriegswirtschaft noch bis im April 1945 belieferte.[97]

Die alliierten Staaten beobachteten das Verhalten der Schweiz daher mit Misstrauen. Die diplomatischen Beziehungen zur Sowjetunion waren abgebrochen. Die innenpolitische Forderung der Linken, aber auch der Wirtschaft, Verbindungen mit Moskau zu suchen, erhielt nach der deutschen Niederlage in Stalingrad Auftrieb. Aussenminister Marcel Pilet-Golaz tat dies ohne Begeisterung. Der im Spätherbst 1944 unternommene Versuch, offiziellen Kontakt mit der Sowjetunion aufzunehmen, wurde von Josef Stalin barsch mit dem Argument zurückgewiesen, die Schweiz habe sich im Krieg entgegen ihrer alten demokratischen Tradition auf die Seite der Faschisten gestellt.[98]

Auf der anderen Seite misslang es ebenso, freundschaftliche Beziehungen zu den Westmächten aufzubauen. Die USA sperrten noch vor ihrem Kriegseintritt im Dezember 1941 private schweizerische Guthaben in der Höhe von 4,5 Milliarden Franken, die zunehmend als Druckmittel eingesetzt werden konnten. Die finanzpolitische Bedeutung der Schweiz für Deutschland rückte das Land ins Blickfeld des amerikanischen «Safe Haven»-Programms, das verhindern sollte, dass die Deutschen im Hinblick auf die Nachkriegszeit Kapital und Produktionsmittel ins Ausland verschoben.

Da er mit der gewandelten aussenpolitischen Lage nur schwer zurechtkam, trat Bundesrat Pilet-Golaz mit dem expliziten Verweis auf das Scheitern der Annäherung an die Sowjetunion am 10. November 1944 zurück. Sein Nachfolger wurde der ebenfalls freisinnige Neuenburger Max Petitpierre, der die schweizerische Aussenpolitik bis 1961 prägte. Ihm gelang es in mehreren Schritten, bis 1948 die Beziehungen zu den Alliierten zu normalisieren, wenngleich nicht ganz zu harmonisieren. Anfang März 1945 musste die Schweiz einer alliierten Delegation, der «Currie-Foot Mission», wesentliche Zugeständnisse machen. Die deutschen Guthaben und Vermögenswerte in der Schweiz wurden gesperrt, der Handel mit den Achsenmächten auf ein Minimum beschränkt und die Goldkäufe weitgehend eingestellt. Damit war die Schweiz für die letzten Kriegsmonate faktisch in den alliierten Wirtschaftskrieg eingebunden. Die deutschen Vermögenswerte in der Schweiz wurden beim Kriegsende offiziell auf rund eine Milliarde Franken beziffert. Die Dunkelziffer war aber schwer abschätzbar und der tatsächliche Betrag wahrscheinlich doppelt so hoch. Rund 60 Prozent der deutschen Guthaben waren erst nach Kriegsausbruch in die Schweiz transferiert worden, insbesondere ab 1943, als ein deutscher «Endsieg» zunehmend illusorisch erschien.[99]

Dem starken Druck der Alliierten konnte die Schweiz in den letzten beiden Kriegsjahren wenig entgegensetzen. Allerdings spielte sie in dieser Zeit eine zunehmend wichtige Rolle als sogenannte Schutzmacht: Sie vertrat die Interessen von über 35 Staaten – darunter ausser der Sowjetunion alle Grossmächte –, die ihre diplomatischen Beziehungen zu anderen abgebrochen hatten, und ermöglichte eine minimale Kommunikation zwischen den Kriegsgegnern. Die Schweiz verstand diese Vertretungen als «Gute Dienste» eines neutralen Staates, und tatsächlich halfen sie, die Schweiz in den Augen der Alliierten wieder in ein etwas positiveres Licht zu rücken.

Mit dem Ziel, das Image der Schweiz zu verbessern, organisierte der Bundesrat im Februar 1944 die *Schweizer Spende an die Kriegsgeschädigten*, die als unabhängiges Hilfswerk des Schweizer Volkes humanitäre Hilfe und Wiederaufbauhilfe in den vom Krieg betroffenen Gebieten leistete. Zudem setzte die Regierung auf den Ruf des IKRK. Gegen Kriegsende, während des Rückzugs der deutschen Armeen, konnte die Schweiz mit ihrer vermittelnden Tätigkeit in einigen Fällen erfolgreich weitere Zerstörungen und Repressalien gegen die Zivilbevölkerung in den Kriegsgebieten verhindern. Zu erwähnen sind beispielsweise die Initiative des Schweizer Majors Max Waibel zugunsten Norditaliens im Rahmen der als «Operation Sunrise» bekannten Kapitulationsverhandlungen oder der Einsatz des Diplomaten Walter Stucki, dank dessen geschickten Verhandelns zwischen französischen Partisanen, deutschen Verbänden und den Alliierten die Stadt Vichy vor der Zerstörung bewahrt wurde.

Auf einem anderen traditionellen Feld ihrer Aussenpolitik verlor die Schweiz hingegen den Anschluss. Im November 1943 wurde die *United Nations Relief and Rehabilitation Administration* (UNRRA) gegründet, aus der später das *Flüchtlingshochkommissariat der Vereinten Nationen* (UNHCR) hervorging, und damit die Basis für einen neuen alliierten Internationalismus gelegt. Obwohl die Wirtschaft ein Interesse an der Mitarbeit in dieser auf die Nachkriegsordnung ausgerichteten Organisation zeigte, lehnte das Politische Departement

**Letzte Völkerbundversammlung in Genf, April 1946** (Ringier Bildarchiv, Sign. RBA4-2_UNO_Völkerbund_1), © StAAG/RBA. — Am Gründonnerstag 1946 wurden die Pforten des Versammlungssaales im Völkerbundgebäude in Genf geschlossen. Kurz zuvor hatte Präsident Carl Joachim Hambro den Völkerbund nach einer Lebensdauer von 26 Jahren als aufgelöst erklärt. Das Gebäude behielt aber seine Bedeutung, indem es zum europäischen Sitz der Vereinten Nationen wurde.

unter der Leitung von Bundesrat Marcel Pilet-Golaz eine Beteiligung mit dem Hinweis auf die Neutralität 1944 ab, was angesichts der Mitwirkung im totalitären Internationalismus Deutschlands und Italiens ein zweifelhaftes Argument war. Als die Schweiz im selben Jahr den Antrag der USA auf eine offizielle Anerkennung der UNRRA abwies, verärgerte sie die Amerikaner zusätzlich. Die Abkopplung von den alliierten Bestrebungen zur Schaffung einer neuen internationalen Staatenordnung wies bereits auf die schwierige Nachkriegsdebatte rund um den Schweizer Beitritt zur UNO voraus.

Am Ende des Zweiten Weltkrieges fiel es der Schweiz also nicht leicht, sich in der neuen Weltordnung zu positionieren. Ihre lange im Banne Deutschlands stehende Politik erwies sich als schwerwiegende Hypothek. Die nun dominierenden Mächte, die USA und die UdSSR, beurteilten die Politik der Schweiz während des Krieges äusserst negativ und hielten nichts mehr von der Neutralität, obschon beide bei Kriegsbeginn selbst neutral gewesen waren. Der Bundesrat und die Verwaltung hatten diese aussenpolitisch unangenehme Situation vorausgesehen und bereits 1944 eine Rechtfertigungsstrategie entwickelt, welche die Nachkriegszeit stark prägen sollte. Ein zur Staatsmaxime emporstilisierter Neutralitätsbegriff rückte dabei ins Zentrum der Argumentation. Neben die Neutralität traten die Prinzipien der Unabhängigkeit, der gemeinsamen Wohlfahrt und der internationalen Solidarität in den Fokus des neuen schweizerischen aussenpolitischen Diskurses, wobei die Unabhängigkeit nach der Neutralität die wichtigste Position einnahm.[100] Diese beiden Prinzipien erhielten im beginnenden Kalten Krieg eine neue Bedeutung.

Aus politischen und wirtschaftlichen Gründen strebte die Schweiz nach dem Krieg weiterhin die Aufnahme diplomatischer Beziehungen mit der Sowjetunion an. Nach zähen Verhandlungen konnten im März 1946 schliesslich offizielle Beziehungen aufgenommen werden.[101] Im gleichen Monat begannen Wirtschaftsverhandlungen mit den Alliierten, die sich zum Ziel gesetzt hatten, die deutschen Vermögenswerte in der Schweiz für Reparationen zu nutzen, und die Herausgabe des von der Schweiz übernommenen Raubgutes forderten. Auch diese Verhandlungen verliefen äusserst harzig. Erstaunlicherweise fiel das daraus resultierende Washingtoner Abkommen im Mai 1946 angesichts der Zeitumstände und machtpolitischen Verhältnisse für die Schweiz sehr günstig aus. Ohne Anerkennung einer Schuld musste sie nur die Hälfte der deutschen Vermögenswerte abgeben und durfte diese selber liquidieren. Dazu kamen 250 Millionen Franken als Entschädigung für das Raubgold, die in den europäischen Wiederaufbau flossen. Das amerikanische Interesse an einer pragmatischen Beendigung der Auseinandersetzung mit einem potentiellen Partner im sich abzeichnenden Kalten Krieg wog stärker als prinzipielle Überlegungen.

Das Abkommen liess Lücken bezüglich der Umsetzung offen und war teilweise zweideutig, was zu einer zähen und schwierigen Abwicklung führte.[102] Der erfahrene Genfer Professor, Politiker und Diplomat William Emmanuel Rappard, der in der Schweizer Delegation an den Verhandlungen teilnahm, scheint in seinem Brief an Aussenminister Max Petitpierre die Tragweite des Abkommens zumindest geahnt zu haben: «Je ne sais pas trop comment les historiens de l'avenir apprécieront l'opération à laquelle nous avons procédé ici en exécution de vos instructions. J'ai le sentiment qu'ils seront tentés de nous féliciter de nous être tirés à si bon compte dans la question de l'or.

D'autre part, en acceptant de liquider les avoirs allemands en Suisse et de partager leur produit avec les vainqueurs, je prévois qu'il seront sensiblement moins indulgents.»*103

Obwohl sich die Schweiz über den Druck aus den USA nach dem Krieg heftig beklagte, vollzog sie, trotz offizieller Neutralität, den Schritt ins westliche Lager, als sie sich im Sommer 1947 am Marshallplan und damit auch am Aufbau der *Organisation for European Economic Cooperation* (OEEC), der späteren OECD, beteiligte. Die Teilnahme an solchen Netzwerken half der Schweizer Wirtschaft, auf dem sich neu formierenden europäischen Markt Fuss zu fassen. Die Banken und Unternehmen verfügten dafür über genügend Kapital und eine funktionierende Infrastruktur. Während der ersten Nachkriegsjahre zeugte eine Vielzahl von Handels-, Zahlungs- und Kreditabkommen mit grosszügigen Beteiligungen des Bundes von der guten wirtschaftlichen Ausgangslage der Schweiz.

Demgegenüber blieb die Schweiz der internationalen Währungs- und Finanzkonferenz von Bretton Woods und den Verträgen über die Errichtung des *Internationalen Währungsfonds* (IWF) und der *Internationalen Bank für Wiederaufbau und Entwicklung* (Weltbank) fern. Ausserdem entschied der Bundesrat, von einem Beitritt zu der am 26. Juni 1945 gegründeten UNO abzusehen, da er auf einer Anerkennung eines Spezialstatuts im Zeichen einer integralen Neutralität beharrte, welches die Charta der neuen Organisation nicht zuliess (siehe Beitrag von Georg Kreis, S. 306). Selbst als die UNO im darauffolgenden Jahr die Aufnahme neutraler Staaten erlaubte und Schweden, Island und Afghanistan sofort beitraten, blieb die Schweiz bei ihrer ablehnenden Haltung. Das Argument der Neutralität hielt das Land aber nicht davon ab, den «technischen» Organisationen des UN-Systems beizutreten. Ab 1948 unterhielt die Schweiz eine offizielle akkreditierte Mission bei der UNO. In der Öffentlichkeit wurde jedoch die Frage eines möglichen UNO-Beitritts – anders als nach dem Ersten Weltkrieg im Falle des Völkerbunds – kaum thematisiert, was die Langzeitwirkung der Geistigen Landesverteidigung mit der Zementierung des «Sonderfall-Denkens» veranschaulicht.

Das Hilfswerk *Schweizer Spende an die Kriegsgeschädigten* führte seine humanitären Aktionen auch nach Kriegsende fort, um ein internationales Engagement angesichts der grossen Not zu demonstrieren. Man besann sich auf die Tradition und Erfahrung des Kinderhilfswerks des *Schweizerischen Roten Kreuzes* und nahm in der «Buchenwald-Aktion» überlebende Jugendliche aus den aufgelösten Konzentrationslagern auf – in den meisten Fällen aber nur vorübergehend. Dabei war die Erkenntnis ausschlaggebend, dass es sich das Land angesichts der neuen politischen Situation nicht leisten konnte, nichts zu tun.104

Widerspenstig zeigten sich die Schweizer Banken nach dem Krieg gegenüber Forderungen, die Guthaben von Opfern des nationalsozialistischen Regimes zu deklarieren. Der Umgang mit den als «nachrichtenlos» bezeichneten Vermögen ist ein dunkles Kapitel der Schweizer Finanzgeschichte. Mit Berufung auf das Bankgeheimnis und das Eigentumsrecht widersetzten sich viele Banken der Suche nach nachrichtenlosen Konten und wiesen Rückerstattungsgesuche von Erben und Organisationen zurück, die keinen formellen Nachweis des Todes des Kontoinhabers – zum Beispiel einen Totenschein – vorlegen konnten oder die Kontonummer nicht kannten.105 Erst 1962 mit dem Meldebeschluss wurden die Vermögensverwalter in der Schweiz verpflichtet, nachrichtenlose Vermögen offenzulegen. Die Umsetzung kam jedoch nur äusserst schleppend voran; sie stiess auf Unwillen und Widerstand. So erstaunt es nicht, dass es in den 1990er Jahren die Frage der Vermögen von Opfern des Nationalsozialismus war, welche die Debatte über die Rolle der Schweiz im Zweiten Weltkrieg auslöste. Die genaue Höhe der nachrichtenlosen Vermögen konnte aber nicht mehr eruiert werden.106

Problematisch gestaltete sich nach dem Krieg auch das Verhältnis zu Deutschland respektive zu den Besatzungsmächten. Die Schweiz hatte bis zuletzt diplomatische Beziehungen mit der Reichs-

**Briefmarke Gedenkausgabe** *Schweizer Spende an die Kriegsgeschädigten*, 1945, Entwurf Victor Surbek (*Museum für Kommunikation, Bern*), © *Photo Die Post*. — Das Hilfswerk *Schweizer Spende an die Kriegsgeschädigten* wurde 1944 vom Bundesrat gegründet, mit dem Ziel, anknüpfend an die humanitäre Tradition der Schweiz in Europa Hilfe zu leisten und gleichzeitig das durch die Beziehungen mit den Achsenmächten angeschlagene Image des Landes zu verbessern. Zu den Aktionen der *Schweizer Spende* gehörte auch die Aufnahme von Jugendlichen aus dem Konzentrationslager Buchenwald.

---

* «Ich weiss nicht, wie die Historiker dereinst die Operation einschätzen werden, die wir hier aufgrund Ihrer Anweisungen durchgeführt haben. Ich habe das Gefühl, sie werden versucht sein, uns zu gratulieren, dafür, dass wir in der Goldangelegenheit so gut weggekommen sind. Anderseits werden sie wohl weniger nachsichtig sein in Bezug auf unsere Einwilligung, die deutschen Vermögenswerte zu liquidieren und den Ertrag mit den Siegern zu teilen.»

regierung gepflegt. Erst am 8. Mai 1945 beorderte der Bundesrat den schweizerischen Vertreter aus Berlin zurück in die Schweiz. Gleichzeitig wurde die deutsche Gesandtschaft in Bern geschlossen und im Aussenministerium eine ganze Abteilung eingerichtet, welche die deutschen Interessen treuhänderisch für eine künftige deutsche Regierung wahrnahm, denn die Schweiz weigerte sich im Alleingang, die Autorität des Alliierten Kontrollrats über Deutschland anzuerkennen. Selbst nach der bedingungslosen Kapitulation blieb die Schweiz im Banne Deutschlands.

Zu einer Diskussion über die eigene Rolle während des Weltkrieges kam es nur während einer kurzen Zeitspanne bis 1948, unter dem Eindruck der intensiven Debatten und Prozesse im Ausland über Verrat und Widerstand. Die Kommunisten verlangten als einzige Gruppierung eine grundlegende politische Säuberung. Sonst begnügten sich die politischen Akteure und die Öffentlichkeit weitgehend damit, einzelne Verräter zu identifizieren, ohne das Verhalten der Schweizer Behörden oder der Wirtschaft als Ganzes in Frage zu stellen. Auf diese Weise konnte eine starke politische Kontinuität gesichert werden. Von einer Kontinuität der «Dienstleistungen» für die Achsenmächte kann in Bezug auf die neuen Identitäten – gleichsam Persilscheine – gesprochen werden, die gewisse Nationalsozialisten, Faschisten und Kollaborateure nach dem Krieg erhielten, um sich via Schweiz in andere Länder abzusetzen.[107]

Eine Wirtschaftskrise wie nach dem Ersten Weltkrieg sollte in jedem Fall verhindert werden, wozu man sich auch der während des Krieges aufgebauten staatlichen Steuerungsmechanismen bediente. Gleichzeitig stand die politische Forderung im Raum, das Vollmachtenregime des Bundesrates möglichst schnell abzuschaffen. Obschon die Schweiz nicht direkt vom Krieg betroffen war, erfassten sie die gesellschaftlichen, wirtschaftlichen und politischen Strömungen der kriegsversehrten Nachbarstaaten. Die Weiterentwicklung und der Ausbau des Wohlfahrtsstaates waren angesichts der Systemkonkurrenz im Kalten Krieg unvermeidlich und überfällig, obwohl mit Krisen in der Wirtschaft gerechnet wurde. Das Volk forderte die Einlösung der in die Zwischenkriegszeit zurückreichenden Versprechungen sozialer Gerechtigkeit, und die Politik konnte diese Begehren nach den erbrachten Opfern nicht länger ignorieren. In der Schweiz manifestierte sich diese Tendenz einerseits in der überwältigenden Annahme des auf dem Verfassungsartikel von 1925 basierenden AHV-Gesetzes in der Volksabstimmung im Juni 1947. Andererseits stimmten Volk und Stände am gleichen Tag den Wirtschaftsartikeln in der

**«Die Fortschritte des Frauenstimmrechts in der Schweiz», Skulptur an der Schweizerischen Ausstellung für Frauenarbeit (Saffa), Bern 1928**
*(Archiv zur Geschichte der schweizerischen Frauenbewegung, Photosammlung A/232).* — Der politische Kampf um das Frauenstimmrecht zog sich lange hin. Im Unterschied zu den Nachbarländern erwiesen sich die beiden Weltkriege in der Schweiz diesbezüglich nicht als beschleunigendes Element. Die in der Zwischenkriegszeit vorherrschende nationalkonservative Grundhaltung, die bis ins linke Lager hineinreichte, bremste jede emanzipatorische Entwicklung. Entsprechend wurden alle Vorstösse zugunsten politischer Rechte für die Frauen abgelehnt. Es entstanden auch Gruppen von Frauen, die sich engagiert gegen das Frauenstimmrecht wehrten.

Bundesverfassung zu, die dem Staat Eingriffe in die Wirtschaft zur Krisenvermeidung sowie sozialpolitische Massnahmen ermöglichen. Bereits 1945 nahm der Bundesrat die Mutterschaftsversicherung in den sogenannten Familienartikel und damit in die Verfassung auf, um der Linken die Annahme der Vorlage zu erleichtern. Die Aufbruchsstimmung nach dem Krieg ermöglichte also die Einführung vieler sozialpolitischer Instrumente, die in der Zwischenkriegszeit vorbereitet oder vorberaten worden waren.

Neben dem Ausbau des Wohlfahrtsstaates fand wie nach dem Ersten Weltkrieg ein Demokratisierungsprozess statt. So sorgte in der Schweiz die Weiterführung des Dringlichkeitsrechts für breiten Unmut. Als der Bundesrat von sich aus keine sichtbaren Anstrengungen zu dessen Aufhebung unternahm, versuchte man ihn mit der Volksinitiative «Rückkehr zur direkten Demokratie» dazu zu zwingen; im September 1949 wurde über sie abgestimmt. Zur Überraschung des politischen Establishments wurde sie knapp angenommen. In der Folge begann der Abbau der bundesrätlichen Vollmachten. Die Rede von einer Welle der Demokratisierung nach 1945 vernachlässigt jedoch den ungebrochenen Ausschluss der Frauen aus dem politischen Leben. Alle kantonalen und kommunalen Abstimmungen über die Einführung des Frauenstimmrechts in der unmittelbaren Nachkriegszeit verliefen negativ (siehe Beitrag von Brigitte Studer, S. 544). Im Gegensatz zu vielen europäischen Ländern, welche auf parlamentarischem Weg die indirekte Demokratie mit dem Frauenwahlrecht vervollständigten, bewegte sich in diesem Bereich in der Schweiz zumindest auf Bundesebene bis Ende der 1950er Jahre nichts.

## ZUM STAND DER FORSCHUNG

Die zunehmende Tendenz in der europäischen Historiographie, die Jahre 1914 bis 1945 als Krisenjahre, als «Zeitalter der Weltkriege» oder gar als «europäischen Bürgerkrieg» und insofern als losgelöste und zusammenhängende Epoche zu beschreiben und somit von der Vorstellung des «kurzen 20. Jahrhunderts» von 1914 bis 1989 abzugrenzen, hat sich in der Schweizer Geschichtsschreibung mit gutem Grund noch nicht niedergeschlagen.[108] Zwar gibt es überzeugende Argumente für eine Anwendung der Weltkriegszäsuren auch für die Schweiz, insbesondere im Hinblick auf die Einordnung in eine allgemeine Geschichte Europas und der Welt. Ihre Nichtbeteiligung an den kriegerischen Auseinandersetzungen rückt allerdings die Kontinuitäten vom 19. Jahrhundert bis in den Kalten Krieg in den Vordergrund.

Das *master narrative* für die Geschichte der Schweiz in der ersten Hälfte des 20. Jahrhunderts stand lange im Banne der Neutralität und des 1970 vorliegenden mehrbändigen Neutralitätsepos von Edgar Bonjour, das für die Kriegsjahre im Auftrag des Bundesrates verfasst worden war.[109] Die Fixierung auf die Neutralität entsprang grundsätzlich einem verbreiteten Rechtfertigungsdiskurs, der wichtige Aspekte ausblendete, zum Beispiel die Wirtschafts- und Finanzbeziehungen mit Deutschland. Der Beitrag von Hans Ulrich Jost in der *Geschichte der Schweiz und der Schweizer*[110] von 1983 eröffnete einen kritischen Blick vor dem Hintergrund dieser und anderer neuer Fragen und synthetisierte den Forschungsstand – entsprechend kontrovers wurde er in der Öffentlichkeit aufgenommen. Die zwei darauffolgenden Dekaden wurden durch eine Vielzahl von Forschungsbeiträgen geprägt, welche die unterschiedlichen internationalen historiographischen und methodischen Entwicklungen des Faches auf den Schweizer Fall anwandten und disziplinäre *turns* reflektierten. Begünstigt durch den baldigen Abschluss des *Historischen Lexikons der Schweiz* sind hingegen in den letzten Jahren wieder mehrere geschichtliche Darstellungen für ein breiteres Publikum erschienen, die Überblicke über die Jahre 1914 bis 1945 bieten.[111]

Die wissenschaftliche Erforschung der Zeitgeschichte wird entscheidend vom Zugang zu den Quellen bestimmt; die Bundesbestände über den Ersten Weltkrieg wurden erst 1968 und jene zum Zweiten Weltkrieg – nach einer Petition – 1973 zugänglich gemacht. Die fast gleichzeitige Öffnung der Archive für beide Weltkriege erklärt wohl, weshalb bisher mit Ausnahme von militärischen und teilweise sozialgeschichtlichen Themen nach wie vor über den Ersten Weltkrieg und die Schweiz vergleichsweise wenig geforscht worden ist; der Boom der Literatur zur «Urkatastrophe» des Ersten Weltkriegs, wie er in Europa zu beobachten ist, hat bislang in der Schweiz keinen Niederschlag gefunden. Die Frage, ob und inwiefern 1914 für das Land einen Einschnitt bedeutete, ist daher von der Forschung kaum diskutiert worden. Wichtige Beiträge zur Wirtschaftsgeschichte in dieser Zeit haben in den letzten Jahren Roman Rossfeld und Tobias Straumann mit ihrer Studie über die Schweizer Unternehmen im Krieg sowie Alain Cortat und Pierre-Yves Donzé geleistet.[112]

Als grösster Bruch in der Zwischenkriegszeit galt, lange unbestritten, der Landesstreik von 1918. Die wichtigste Studie dazu ist nach wie vor jene von Willi Gautschi.[113] Seine Interpretation der bisher umfassendsten Arbeitsniederlegung und ihrer gewaltsamen Bekämpfung durch den Staat und rechtsstehende Bürgerwehren als Ursache eines tiefgehenden Zerwürfnisses zwischen Arbeiterschaft und Bürgertum, das die Zwischenkriegszeit prägte und bis in den Kalten Krieg hinein fortwirkte, fand in der sozialgeschichtlich geprägten Historiographie der 1970er und 1980er Jahre eine weite Verbreitung und ist bis heute dominant. Sind auch die zeitgenössische Wahrnehmung und die Folgen nicht in Frage zu stellen, so bedarf die Geschichte dieses zentralen Ereignisses einer breiteren demokratiegeschichtlichen Perspektive.

Viele Studien haben sich inzwischen mit der Frage der Integration im Innern und der Abgrenzung gegen aussen, das heisst des Selbstverständnisses und des Zusammenhalts der Schweiz als multikultureller Staat, auseinandergesetzt. Für dieses Thema bilden die Zeit der Weltkriege und die Zwischenkriegszeit im Spannungsfeld von Krisen, Nationalismus und Ideologien ein interessantes Untersuchungsfeld, das seit den 1990er Jahren, nach dem Ende des Kalten Krieges, einen neuen Schub erlebte. Verstärkt thematisiert wurde nun der Gegensatz zwischen deutschsprachigem und französischsprachigem Landesteil während des Ersten Weltkriegs. In der Historiographie der Zwischenkriegszeit und des Zweiten Weltkriegs begannen die nationale Sprachen- und Kulturpolitik, die Auseinandersetzung der politischen und sozialen Lager[114] sowie der Umgang mit dem Fremden[115] zu interessieren.

Lange ein Forschungsdesiderat, liegen zur Geschichte des Antisemitismus inzwischen mehrere Werke vor.[116] Dieser historiographische Aspekt hat in den Auseinandersetzungen um die Rolle der Schweiz im Zweiten Weltkrieg und insbesondere um ihre damalige Flüchtlingspolitik an Bedeutung gewonnen. Zu diesem Themenkomplex gehören auch diverse wertvolle Einzelstudien über Xenophobie, Rassismus und Eugenik.[117] In der Regel werden die zeitlichen Kontinuitäten dieser Strömungen hervorgehoben. Analog betonte ein neuer Blick auf die Geistige Landesverteidigung deren Wurzeln in den 1920er Jahren und ihre Fortdauer in der Zeit des Kalten Krieges.[118]

Dank eines Nationalen Forschungsprogramms erhielt seit den 1990er Jahren die Rolle der Schweiz im internationalen Kontext während der Zwischenkriegszeit mehr Aufmerksamkeit. In Abgrenzung zur Neutralitätsdebatte wurden der technische Internationalismus[119] und die ambivalente Haltung der offiziellen Schweiz zum in Genf beheimateten Völkerbund[120] untersucht. Während sich im Fall der technischen Zusammenarbeit wiederum Kontinuität finden lässt, zeigen sich im Vergleich der Beitrittsdebatten zum Völkerbund und zur 1945 neu gegründeten UNO Unterschiede. Trotzdem wies auch hier die Rückkehr der Schweiz zur integralen Neutralität vor dem Zweiten Weltkrieg bereits in die Nachkriegszeit voraus.

Betrachtet man die Gesamtheit der seit den 1980er Jahren erschienenen Einzelstudien zu diesem Zeitraum, kann festgestellt werden, dass die von Georg Kreis im Jahr 1992 aufgestellte Forderung nach dem vermehrten Aufzeigen von Kontinuitäten weitgehend Resonanz gefunden hat. Demgegenüber wurde sein Desiderat nach der Erforschung des Verlusts des bürgerlichen Selbstverständnisses nach 1914 erst partiell eingelöst, indem die Frage nach der Identität in verschiedene Analysen Eingang fand.[121]

Die Forschung zur Geschichte der Schweiz im Zweiten Weltkrieg stand bis 1973 vor geschlossenen Archiven. So verwundert es nicht, dass die ersten dokumentierten Studien, die sich bereits zuvor mit dem Zweiten Weltkrieg befassten, amtlich initiierte und kontrollierte Aufarbeitungen der Geschichte waren, basierend auf einem Aktenprivileg der Autoren, so zum Beispiel der Ludwig-Bericht[122] zur Flüchtlingspolitik aus dem Jahr 1957 oder der Bonjour-Bericht von 1970, das heisst die den Zeitabschnitt von 1939 bis 1945 behandelnden, vom Bundesrat beauftragten Bände 4 bis 6 seiner Geschichte der Neutralität. Zudem vermochten es Schweizer Behörden mittels diplomatischer Demarchen erfolgreich zu verhindern, dass Forscher im Ausland Zugang zu als problematisch erachteten, die Rolle der Schweiz betreffenden Quellen erhielten, etwa den deutschen Beständen in alliiertem Besitz.[123] Nach der Öffnung der Akten im Bundesarchiv erschienen bald die ersten Studien, die einen kritischen Blick auf die Schweizer Politik und die enge wirtschaftliche und finanzielle Verflechtung mit den Achsenmächten warfen.[124]

Einen eigentlichen Boom erlebte die Forschung zur Schweiz im Zweiten Weltkrieg[125] aber seit Mitte der 1990er Jahre mit der sogenannten Bergier-Debatte (↑Bergier-Bericht), mit der die Ergebnisse der Geschichtswissenschaft erstmals eine breite Öffentlichkeit erreichten. Voraussichtlich zum letzten Mal beteiligten sich an diesen teils gehässig geführten Auseinandersetzungen Angehörige der Aktivdienstgeneration mit ihren Erinnerungen. Georg Kreis sprach in Bezug auf diese «Verräterdebatte», Neutralitätsdebatte, Armeedebatte sowie Flüchtlings- und Antisemitismusdebatte treffend von «Bewährungsdebatten»,[126] die teilweise vor dem Hintergrund massiven internationalen Drucks vor allem aus den USA geführt wurden.[127] Der privilegierte Aktenzugang der Unabhängigen Expertenkommission Schweiz – Zweiter Weltkrieg (UEK) unter anderem in privaten Unternehmen ermöglichte in vergleichsweise kurzer Zeit einen erweiterten Blick der UEK. Während der Schlussbericht die Ergebnisse in gut lesbarer Sprache zusammenfasst, bieten die 25 Bände eine Fülle von Fallstudien und Material.[128] Dabei wurden in der Regel keine fundamental neuen Erkenntnisse dargeboten, sondern willkommene Vertiefungen zu wesentlichen Aspekten und Präzisierungen von Fakten, darüber hinaus fand eine Auseinandersetzung mit populären Thesen statt. Ein zentraler Befund war auch hier die Kontinuität nach der Zwischenkriegszeit, sei es in der Flüchtlingsfrage, den offiziellen und privaten Wirtschaftsbeziehungen, in Bezug auf die Raub- und die Fluchtkunst oder die Anpassung an die internationale Situation.

Parallel und im Nachgang zu diesen Publikationen erschienen weitere Studien, die sich teils bestätigend, teils ergänzend und teils kritisch mit den Resultaten der UEK auseinandersetzten. Das Aktenprivileg der Kommission und die Tatsache, dass beinahe sämtliche privaten Archive, die ihr offen standen, ihre Bestände für die freie Forschung weiterhin verschlossen halten, erschweren bis heute die Überprüfung ihrer Resultate. Zudem hat die Erfahrung, dass weit zurückliegende Handlungen finanzielle Konsequenzen haben können, viele private Unternehmen und politische Entscheidungsträger der Geschichtswissenschaft gegenüber negativ gestimmt. Insofern entpuppte sich das «Quellenglück» der UEK für die historische Forschung als von kurzer Dauer.

Die Fokussierung der sogenannten Bergier-Debatte auf spezifische Fragestellungen hat bestimmte andere Themen in den Hintergrund treten lassen. Dies gilt insbesondere für innenpolitische, sozialgeschichtliche oder alltagsgeschichtliche Fragen, die erst partiell aufgearbeitet sind. Besser sieht es bezüglich des Überganges in den Kalten Krieg aus, dessen politische Implikationen auf internationaler Ebene, insbesondere die Differenzen mit den Supermächten USA und Sowjetunion oder die UNO-Debatte, inzwischen gründlich erforscht sind.[129]

## ANMERKUNGEN

**1** — Protokolle des Bundesrates vom 31.7.1914 und 4.8.1914, in: Diplomatische Dokumente der Schweiz (DDS), Bd. 6, Dok. 11, 16.
**2** — Rudolf Jaun, Preussen vor Augen. Das schweizerische Offizierskorps im militärischen und gesellschaftlichen Wandel des Fin de siècle, Zürich 1999, S. 210.
**3** — Vgl. DDS, Bd. 6, Dok. 363, 364.
**4** — Vgl. DDS, Bd. 6, Dok. 235, 236, 254.
**5** — Beatrix Mesmer, Staatsbürgerinnen ohne Stimmrecht. Die Politik der schweizerischen Frauenverbände 1914–1971, Zürich 2007, S. 26f., 40–50; Elisabeth Joris / Heidi Witzig, Brave Frauen, aufmüpfige Weiber. Wie sich die Industrialisierung auf Alltag und Lebenszusammenhänge von Frauen auswirkte (1820–1940), 3. Aufl. (1. Aufl. 1992), Zürich 1995, S. 150; Markus Furrer / Kurt Messmer / Bruno H. Weder / Béatrice Ziegler, Die Schweiz im kurzen 20. Jahrhundert. 1914 bis 1989 – mit Blick auf die Gegenwart, Zürich 2008, S. 38.
**6** — Alain Cortat (Hg.), Contribution à une histoire des cartels en Suisse, Neuchâtel 2010.
**7** — Sébastien Guex, La politique monétaire et financière de la Confédération suisse. 1900–1920, Lausanne 1993; Roman Rossfeld / Tobias Straumann (Hg.), Der vergessene Wirtschaftskrieg. Schweizer Unternehmen im Ersten Weltkrieg, Zürich 2008, S. 53–57; Marc Perrenoud, Banquiers et diplomates suisses (1938–1946), Lausanne 2011.
**8** — Madeleine Herren / Sacha Zala, Netzwerk Aussenpolitik. Internationale Kongresse und

Organisationen als Instrumente der schweizerischen Aussenpolitik 1914–1950, Zürich 2002.
9 — Willi Gautschi, Der Landesstreik 1918, Zürich 1968.
10 — HLS, Bernard Degen: «Landesstreik».
11 — Sébastien Guéx et al. (Hg.), Krisen und Stabilisierung. Die Schweiz in der Zwischenkriegszeit, Zürich 1998, S. 35; Jakob Tanner, Fabrikmahlzeit. Ernährungswissenschaft, Industriearbeit und Volksernährung in der Schweiz 1890–1950, Zürich 1999.
12 — Rossfeld/Straumann (Hg.), Wirtschaftskrieg, S. 57.
13 — Carlo Moos, Ja zum Völkerbund – Nein zur UNO. Die Volksabstimmungen von 1920 und 1986 in der Schweiz, Lausanne/Zürich 2001.
14 — Herren/Zala, Netzwerk Aussenpolitik, S. 124.
15 — Moos, Ja zum Völkerbund, S. 157.
16 — DDS, Bd. 7/1, Dok. 177, 178; ebd., Bd. 7/2, Dok. 211, 228, 247.
17 — Stefan Frey / Lukas Ospelt, Wirtschaftskrise, Nationalsozialismus und Krieg. Dokumente zur liechtensteinischen Geschichte zwischen 1928 und 1950, Zürich 2011.
18 — Rossfeld/Straumann (Hg.), Wirtschaftskrieg, S. 28, 46.
19 — Mauro Cerutti, Le Tessin, la Suisse et l'Italie de Mussolini: fascisme et antifascisme 1921–1935, Lausanne 1988; DDS, Bd. 11, Dok. 133, 138–142, 199, 236.
20 — Christine Gehrig-Straube, Beziehungslose Zeiten. Das schweizerisch-sowjetische Verhältnis zwischen Abbruch und Wiederaufnahme der Beziehungen (1918–1946) aufgrund schweizerischer Akten, Zürich 1997.
21 — Patrick Halbeisen / Margrit Müller / Béatrice Veyrassat (Hg.), Wirtschaftsgeschichte der Schweiz im 20. Jahrhundert, Basel 2012, S. 143.
22 — HLS, Bernard Degen: «Weltwirtschaftskrise».
23 — Peter Hug / Martin Kloter, Der «Bilateralismus» in seinem multilateralen Kontext. Die Aussenpolitik der Schweiz zur Sicherung ihres Aussenhandels und Zahlungsverkehrs 1920/30–1958/60, in: dies. (Hg.), Aufstieg und Niedergang des Bilateralismus. Schweizerische Aussen- und Aussenwirtschaftspolitik 1930–1960: Rahmenbedingungen, Entscheidungsstrukturen, Fallstudien, Zürich 1999, S. 50.
24 — Pietro Morandi, Krise und Verständigung. Die Richtlinienbewegung und die Entstehung der Konkordanzdemokratie 1933–1939, Zürich 1995; Philipp Müller, La Suisse en crise (1929–1936). Les politiques monétaire, financière, économique et sociale de la Confédération helvétique, Lausanne 2010.
25 — HLS, Leonhard Neidhart: «Stimm- und Wahlbeteiligung».
26 — Hans Ulrich Jost, Die reaktionäre Avantgarde. Die Geburt der neuen Rechten in der Schweiz um 1900, Zürich 1992; Aram Mattioli (Hg.), Intellektuelle von rechts. Ideologie und Politik in der Schweiz 1918–1939, Zürich 1995.
27 — Tobias Kästli, Selbstbezogenheit und Offenheit – Die Schweiz in der Welt des 20. Jahrhunderts. Zur politischen Geschichte eines neutralen Kleinstaates, Zürich 2005, S. 193; Hans Ulrich Jost, Bedrohung und Enge (1914–1945), in: Geschichte der Schweiz und der Schweizer, Basel 1986 (1. Ausg. 1982/83), S. 784f.; Roland Butikofer, Le refus de la modernité. La Ligue vaudoise: une extrême droite et la Suisse (1919–1945), Lausanne 1996.
28 — Bernard Degen / Markus Kübler, Die Gewerkschaften zwischen Integration und Ausgrenzung, in: Guex et al. (Hg.), Krisen und Stabilisierung, S. 127.
29 — Adrian Zimmermann, Von der Klassen- zur Volkspartei? Anmerkungen zum ideologischen Selbstverständnis und zur gesellschaftlichen Basis der SPS im «kurzen 20. Jahrhundert», in: Traverse, Jg. 14, Nr. 1, 2007, S. 98; Michael Gehrken, «Werfen wir nicht unsere liberale Gesinnung über Bord», in: Guex et al. (Hg.), Krisen und Stabilisierung, S. 124f.; Josef Mooser, Die «Geistige Landesverteidigung» in den 1930er Jahren. Profile und Kontexte eines vielschichtigen Phänomens der schweizerischen politischen Kultur in der Zwischenkriegszeit, in: Schweizerische Zeitschrift für Geschichte (SZG), Jg. 47, Nr. 4, 1997, S. 685–708.
30 — Werner Baumann / Peter Moser, Bauern im Industriestaat. Agrarpolitische Konzeptionen und bäuerliche Bewegungen in der Schweiz 1918–1968, Zürich 1999, S. 218f.
31 — Hug/Kloter, Der «Bilateralismus», S. 138.
32 — Herren/Zala, Netzwerk Aussenpolitik, S. 142f., 151–156.
33 — Sacha Zala, Geschichte unter der Schere politischer Zensur. Amtliche Aktensammlungen im internationalen Vergleich, München 2001.
34 — Vgl. DDS, Bd. 11, Dok. 282 (Beilage 2), 310, 316 (insbes. Anm. 7), 337, 338 sowie DDS, Bd. 12, Dok. 164, 187; Gilbert Grap, Differenzen in der Neutralität. Der Volksbund für die Unabhängigkeit der Schweiz (1921–1934), Zürich 2011.
35 — Jost, Bedrohung und Enge, S. 741f.
36 — HLS, François Höpflinger: «Bevölkerungspolitik».
37 — Mesmer, Staatsbürgerinnen, S. 197.
38 — Brigitte Studer / Regina Wecker, Die Debatten um den gesetzlichen Sonderschutz für Frauenarbeit und um eine Mutterschaftsversicherung, 1920–1945, in: Regina Wecker / Brigitte Sutter / Gaby Sutter (Hg.), Die «schutzbedürftige Frau». Zur Konstruktion von Geschlecht durch Mutterschaftsversicherung, Nachtarbeitsverbot und Sonderschutzgesetzgebung, Zürich 2001, S. 137f.
39 — Brigitte Studer, Umschichtungen und Umstrukturierungen der weiblichen Erwerbstätigkeit in der Schweiz 1900–1960, in: ebd., S. 73–82.
40 — Serge Paquier, Histoire de l'électricité en Suisse, la dynamique d'un petit pays européen, 1875–1939, 2 Bde., Genève 1998.
41 — Patrick Kury, Über Fremde reden. Überfremdungsdiskurs und Ausgrenzung in der Schweiz 1900–1945, Zürich 2003, S. 101, 185.
42 — Carlo Wolfisberg, Heilpädagogik und Eugenik. Zur Geschichte der Heilpädagogik in der deutschsprachigen Schweiz (1800–1950), Zürich 2002, S. 164f.; Regina Wecker, Eugenik – individueller Ausschluss und nationaler Konsens, in: Guex et al. (Hg.), Krisen und Stabilisierung, S. 177.
43 — Walter Leimgruber / Thomas Meier / Roger Sablonier, Das «Hilfswerk für die Kinder der Landstrasse». Historische Studie aufgrund der Akten der Stiftung Pro Juventute im Schweizerischen Bundesarchiv, Bern 1998; Thomas Huonker / Regula Ludi, Roma, Sinti und Jenische. Schweizerische Zigeunerpolitik zur Zeit des Nationalsozialismus, Zürich 2001 (Veröffentlichungen der UEK, Bd. 23), S. 42f.
44 — Jacques Picard, Die Schweiz und die Juden 1933–1945. Schweizerischer Antisemitismus, jüdische Abwehr und internationale Migrations- und Flüchtlingspolitik, 3. Aufl. (1. Aufl. 1994), Zürich 1997, S. 62–70; Wolfgang Benz, Die Protokolle der Weisen von Zion. Die Legende von der jüdischen Weltverschwörung, München 2007, S. 80–82.
45 — Lucien Criblez, Sprachliche Vielfalt als nationales Bildungsprogramm. Zur Sprachen- und Bildungspolitik als Mittel der Krisenintervention in der Schweiz der 30er Jahre, in: Guex et al. (Hg.), Krisen und Stabilisierung, S. 181f.
46 — Peter Michael Keller, Cabaret Cornichon. Geschichte einer nationalen Bühne, Zürich 2011.
47 — Edzard Schade, Sprachföderalismus und demokratische Meinungsbildung beim Schweizer Rundfunk. Das Radio im Dienst der geistigen Landesverteidigung, in: Guex et al. (Hg.), Krisen und Stabilisierung, S. 198–201.
48 — Elsie Attenhofer (Hg.), Cabaret Cornichon. Erinnerungen an ein Cabaret, Bern 1975, S. 245.
49 — Unabhängige Expertenkommission Schweiz – Zweiter Weltkrieg (UEK), Die Schweiz, der Nationalsozialismus und der Zweite Weltkrieg. Schlussbericht, Zürich 2002, S. 526–532.
50 — Daniel Thürer, Die Schweiz, der Nationalsozialismus und das Recht, Bd. 1: Öffentliches Recht, Zürich 2001 (Veröffentlichungen der UEK, Bd. 18), S. 232–237; Klaus Urner, Der Schweizer Hitler-Attentäter. Drei Studien zum Widerstand und seinen Grenzbereichen, Frauenfeld/Stuttgart 1980.
51 — Guido Koller, Entscheidungen über Leben und Tod. Die behördliche Praxis in der schweizerischen Flüchtlingspolitik während des Zweiten Weltkriegs, in: Schweizerisches Bundesarchiv (Hg.), Die Schweiz und die Flüchtlinge. La Suisse et les réfugiés, 1933–1945, Bern 1996, S. 22–29; UEK, Die Schweiz und die Flüchtlinge zur Zeit des Nationalsozialismus, Zürich 2001 (Veröffentlichungen der UEK, Bd. 17), S. 36f., 180f.; Gérald und Silvia Arlettaz, La Suisse et les étrangers. Immigration et formation nationale (1848–1933), Lausanne 2004; Philippe Hebeisen, Une histoire de la frontière neuchâteloise durant la Seconde Guerre mondiale. Administration et politique face aux réfugiés, les Verrières (1939–1945), Neuchâtel 2007.
52 — Jeanne Lätt, Refuge et écriture. Les écrivains allemands réfugiés en Suisse 1933–1945, Neuchâtel 2003.
53 — Georg Kreis, Die Rückkehr des J-Stempels. Zur Geschichte einer schwierigen Vergangenheitsbewältigung, Zürich 2000; vgl. ferner DDS, Bd. 12, Dok. 414, dodis.ch/15384.
54 — Stefan Keller, Grüningers Fall. Geschichten von Flucht und Hilfe, Zürich 1993.
55 — Renata Broggini, La frontiera della speranza. Gli ebrei dall'Italia verso la Svizzera, 1943–1945, Milano 1998; Christian Favre, Une frontière entre la guerre et la paix. Les échanges au quotidien autour de l'Arc jurassien (1937–1945), Neuchâtel 2010; Robert Belot (Hg.), Guerre et frontière. La frontière franco-suisse pendant la Seconde guerre mondiale, Neuchâtel 2007.
56 — Vgl. DDS, Bd. 12, Dok. 247, dodis.ch/14317; Dok. 262, dodis.ch/14318; Dok. 346, dodis.ch/14319; Dok. 353, dodis.ch/14320; UEK, Schlussbericht, S. 523.
57 — Huonker/Ludi, Roma, Sinti und Jenische, S. 45–50.
58 — Vgl. DDS, Bd 14, Dok. 260 (Anhang).
59 — UEK, Schlussbericht, S. 525.
60 — Gregor Spuhler / Ursina Jud / Peter Melchiar / Daniel Wildmann, «Arisierungen» in Österreich und ihre Bezüge zur Schweiz, Zürich 2002 (Veröffentlichungen der UEK, Bd. 20), S. 170–171; Picard, Die Schweiz und die Juden, S. 162f.
61 — Esther Tisa Francini / Anja Heuss / Georg Kreis, Fluchtgut – Raubgut. Der Transfer von Kulturgütern in und über die Schweiz 1933–1945 und die Frage der Restitution, Zürich 2001 (Veröffentlichungen der UEK, Bd. 1), S. 465f., 476f.
62 — Peter Huber, Die Schweizer Spanienfreiwilligen. Biografisches Handbuch, Zürich 2009; Nic Ulmi / Peter Huber, Les combattants Suisses en Espagne républicaine (1936–1939), Lausanne 2001; Mauro Cerutti et al. (Hg.), La Suisse et l'Espagne de la République à Franco (1936–1946). Relations officielles, solidarités de gauche, rapports économiques, Lausanne 2001.
63 — Vgl. DDS, Bd. 11, Dok. 274, 277; ebd., Bd. 13, Dok. 7, 27, 29.
64 — Vgl. DDS, Bd. 13, Dok. 139.
65 — Baumann/Moser, Bauern im Industriestaat, S. 333f.
66 — Jakob Tanner, Bundeshaushalt, Währung und Kriegswirtschaft. Eine finanzsoziologische Analyse der Schweiz zwischen 1938 und 1953, Zürich 1986.
67 — Georg Kreis, Zensur und Selbstzensur. Die schweizerische Pressepolitik im Zweiten Weltkrieg, Frauenfeld 1973; Stefan Andreas Keller, Im Gebiet des Unneutralen. Die schweizerische Buchzensur im Zweiten Weltkrieg zwischen Nationalsozialismus und Geistiger Landesverteidigung, Zürich 2009.
68 — Kästli, Selbstbezogenheit und Offenheit, S. 305.
69 — Madeleine Herren, «Weder so noch anders». Schweizerischer Internationalismus während des Zweiten Weltkrieges, in: SZG, Jg. 47, Nr. 4, 1997, S. 621–643.
70 — Jean-Claude Favez, Une mission impossible? Le CICR, les déportations et les camps de concentration nazis, Lausanne 1988 (dt. Das Internationale Rote Kreuz und das Dritte Reich. War der Holocaust aufzuhalten? Zürich 1989).
71 — UEK, Die Schweiz und die Flüchtlinge, S. 32–37.
72 — Guido Koller, Entscheidungen über Leben und Tod. Die behördliche Praxis in der schweizerischen Flüchtlingspolitik während des Zweiten Weltkrieges, in: Schweizerisches Bundesarchiv (Hg.), Die Schweiz und die Flüchtlinge, S. 85–91.
73 — Picard, Die Schweiz und die Juden, S. 211–217; Carl Ludwig, Die Flüchtlingspolitik der Schweiz seit 1933 bis zur Gegenwart. Beilage zum Bericht

des Bundesrates an die Bundesversammlung über die Flüchtlingspolitik der Schweiz seit 1933 bis zur Gegenwart, Bern 1957, S. 229–231.

74 — Antonia Schmidlin, Eine andere Schweiz. Helferinnen, Kriegskinder und humanitäre Politik 1933–1942, Zürich 1999; Helena Kanyar Becker (Hg.), Die Humanitäre Schweiz 1933–1945. Kinder auf der Flucht, Basel 2004.

75 — Vgl. z.B. DDS, Bd. 14, Dok. 125, mit Anhang 1 u. 2.

76 — UEK, Die Schweiz und die Flüchtlinge, S. 120, 371.

77 — Bericht der Schutzmachtabteilung der Schweizerischen Gesandtschaft, Budapest, über ihre Aktion zur Rettung der jüdischen Bevölkerung im Kriegswinter 1944, dodis.ch/14327; Georg Kreis, Carl Lutz oder die Bedeutung von «heroes», in: Helena Kanyar Becker (Hg.), Verdrängung, Verklärung, Verantwortung. Schweizerische Flüchtlingspolitik in der Kriegs- und Nachkriegszeit 1940–2007, Basel/Zürich 2007, S. 25–37.

78 — Rudolf Jaun, Die militärische Landesverteidigung 1939–1945, in: Georg Kreis / Bertrand Müller (Hg.), Die Schweiz und der Zweite Weltkrieg. La Suisse et la Seconde Guerre mondiale, Basel 1997, S. 644–661.

79 — Z.B. Markus Heiniger, Dreizehn Gründe. Warum die Schweiz im Zweiten Weltkrieg nicht erobert wurde, Zürich 1989.

80 — Willi Gautschi, General Henri Guisan, Die schweizerische Armeeführung im Zweiten Weltkrieg, Zürich 1989.

81 — Georg Kreis, Auf den Spuren von «La Charité». Die schweizerische Armeeführung im Spannungsfeld des deutschfranzösischen Gegensatzes 1936–1941, Basel/Stuttgart 1976.

82 — Sacha Zala, Spionaggio militare svizzero «di milizia» in Valtellina 1940–1945, in: Archivio storico ticinese, Jg. 40, Nr. 134, 2003, S. 355–372.

83 — Niklaus Meienberg, Die Erschiessung des Landesverräters Ernst S., 2., erw. Aufl. (1. Aufl. 1976), Zürich 1977 (Verfilmt von Richard Dindo 1976 unter demselben Titel).

84 — Hans Ulrich Jost, Politik und Wirtschaft im Krieg. Die Schweiz 1938–1948, Zürich 1998, S. 102–104.

85 — Linus von Castelmur, Schweizerisch-alliierte Finanzbeziehungen im Übergang vom Zweiten Weltkrieg zum Kalten Krieg. Die deutschen Guthaben in der Schweiz zwischen Zwangsliquidierung und Freigabe (1945–1952), Zürich 1992, S. 399f.

86 — Stefan Frech, Clearing. Der Zahlungsverkehr der Schweiz mit den Achsenmächten, Zürich 2001 (Veröffentlichungen der UEK, Bd.3), S. 107–114, 184, 286.

87 — UEK, Die Schweiz und die Goldtransaktionen im Zweiten Weltkrieg, Zürich 2002 (Veröffentlichungen der UEK, Bd. 16), u.a. S. 42f., 312.

88 — Jost, Politik und Wirtschaft, S. 113.

89 — UEK, Die Schweiz und die Goldtransaktionen im Zweiten Weltkrieg, Zürich 2002 (Veröffentlichungen der UEK, Bd. 16), S. 42f., 311f.

90 — UEK, Schlussbericht, S. 205, 223; Peter Hug, Schweizer Rüstungsindustrie und Kriegsmaterialhandel zur Zeit des Nationalsozialismus. Unternehmensstrategien – Marktentwicklung – politische Überwachung, 2 Bde., Zürich 2002 (Veröffentlichungen der UEK, Bd. 11), S. 796, 811f.

91 — Sébastien Guex, Les origines du secret bancaire suisse et son rôle dans la politique de la Confédération au sortir de la Seconde Guerre mondiale, in: Genèses, Jg. 34, Nr. 4, 1999, S. 4–27.

92 — Marc Perrenoud / Rodrigo López / Florian Adank / Jan Baumann / Alain Cortat / Suzanne Peters, La Place financière et les banques suisses à l'époque du national-socialisme. Les relations des grandes banques avec l'Allemagne (1931–1946), Zürich 2002 (Veröffentlichungen der UEK, Bd. 13), S. 578; Hanspeter Lussy / Barbara Bonhage / Christian Horn, Schweizerische Wertpapiergeschäfte mit dem «Dritten Reich». Handel, Raub und Restitution, Zürich 2001 (Veröffentlichungen der UEK, Bd. 14), S. 393.

93 — Stefan Karlen / Lucas Chocomeli / Kristin D'haerner / Stefan Laube / Daniel C. Schmid, Schweizerische Versicherungsgesellschaften im Machtbereich des «Dritten Reichs», 2 Bde., Zürich 2002 (Veröffentlichungen der UEK, Bd. 12), S. 735–747.

94 — Christian Ruch / Myriam Rais-Liechti / Roland Peter, Geschäfte und Zwangsarbeit: Schweizer Industrieunternehmen im «Dritten Reich», Zürich 2001 (Veröffentlichungen der UEK, Bd. 6), S. 263.

95 — Lukas Straumann / Daniel Wildmann, Schweizer Chemieunternehmen im «Dritten Reich», Zürich 2001 (Veröffentlichungen der UEK, Bd. 7), S. 203, 238f.

96 — Gilles Forster, Transit ferroviaire à travers la Suisse (1939–1945). Der Eisenbahntransit durch die Schweiz (1939–1945), Zürich 2001 (Veröffentlichungen der UEK, Bd. 4), S. 161.

97 — Castelmur, Finanzbeziehungen, S. 400.

98 — Vgl. DDS, Bd. 15, Dok. 257, 277, 288.

99 — Christiane Uhlig / Petra Barthelmess / Mario König / Peter Pfaffenroth / Bettina Zeugin, Tarnung, Transfer, Transit. Die Schweiz als Drehscheibe verdeckter deutscher Operationen (1938–1952), Zürich 2001 (Veröffentlichungen der UEK, Bd. 9), S. 442f.

100 — Hans Ulrich Jost, Europa und die Schweiz 1945–1950. Europarat, Supranationalität und schweizerische Unabhängigkeit, Zürich/Lausanne 1999, S. 109; Daniel Möckli, Neutralität, Solidarität, Sonderfall. Die Konzeptionierung der schweizerischen Aussenpolitik der Nachkriegszeit, 1943–1947, Zürich 2000.

101 — DDS, Bd. 16, Dok. 14, dodis.ch/1914; Dok. 51, dodis.ch/53; Dok. 64, dodis.ch/50.

102 — DDS, Bd. 16, Dok. 61, dodis.ch/65; Dok. 65, dodis.ch/66; Dok. 66, dodis.ch/67; Dok. 67, dodis.ch/68; Dok. 72, dodis.ch/69; Dok. 79, dodis.ch/80 sowie Dok. 87, dodis.ch/1956; Castelmur, Finanzbeziehungen, Zürich 1992, S. 89.

103 — DDS, Bd. 16, Dok. 75, dodis.ch/17.

104 — Madeleine Lerf, «Buchenwaldkinder» – eine Schweizer Hilfsaktion. Humanitäres Engagement, politisches Kalkül und individuelle Erfahrung, Zürich 2010.

105 — UEK, Schlussbericht, S. 537.

106 — Barbara Bonhage / Hanspeter Lussy / Marc Perrenoud, Nachrichtenlose Vermögen bei Schweizer Banken. Depots, Konten und Safes von Opfern des nationalsozialistischen Regimes und Restitutionsprobleme in der Nachkriegszeit, Zürich 2001 (Veröffentlichungen der UEK, Bd. 15), S. 419; Peter Hug / Marc Perrenoud, In der Schweiz liegende Vermögenswerte von Nazi-Opfern und Entschädigungsabkommen mit Oststaaten. Bericht über historische Abklärungen, Bern 1997.

107 — Luc Van Dongen, Un purgatoire très discret. La transition «helvétique» d'anciens nazis, fascistes et collaborateurs après 1945, Paris 2008.

108 — Furrer/Messmer/Weder/Ziegler, Die Schweiz im kurzen 20. Jahrhundert.

109 — Edgar Bonjour, Geschichte der Schweizerischen Neutralität, 9 Bde., Basel 1965–1976.

110 — Jost, Bedrohung und Enge.

111 — Vgl. z.B. Kästli, Selbstbezogenheit und Offenheit; Thomas Maissen, Geschichte der Schweiz, Baden 2010; François Walter, Histoire de la Suisse, Bd. 5: Certitudes et incertitudes du temps présent (de 1930 à nos jours), Lausanne 2010.

112 — Rossfeld/Straumann (Hg.), Wirtschaftskrieg; Alain Cortat, Un cartel parfait: réseaux, R&D et profits dans l'industrie suisse des câbles, Neuchâtel 2009; Pierre-Yves Donzé, Histoire de l'industrie horlogère suisse: de Jacques David à Nicolas Hayek (1850–2000), Neuchâtel 2009.

113 — Gautschi, Landesstreik.

114 — Thomas David, Philipp Müller (Hg.), Geschichte der politischen Parteien, Zürich 2007 (traverse, Jg. 14, Nr. 1); Jost, Reaktionäre Avantgarde; Mattioli (Hg.), Intellektuelle von rechts; Brigitte Studer, Un parti sous influence. Le Parti communiste suisse, une section du Komintern, 1931 à 1939, Lausanne 1994.

115 — Kury, Über Fremde reden.

116 — Z.B. Picard, Die Schweiz und die Juden; Aram Mattioli (Hg.), Antisemitismus in der Schweiz 1848–1960, Zürich 1998.

117 — Z.B. Leimgruber/Meier/Sablonier, Hilfswerk; Sara Galle / Thomas Meier, Von Menschen und Akten. Die Aktion «Kinder der Landstrasse» der Stiftung Pro Juventute, Zürich 2009.

118 — Z.B. Mooser, Geistige Landesverteidigung.

119 — Herren/Zala, Netzwerk Aussenpolitik.

120 — Moos, Ja zum Völkerbund.

121 — Georg Kreis, Die Schweiz der Jahre 1918 bis 1948, in: SZG (Hg.), Geschichtsforschung in der Schweiz. Bilanz und Perspektiven – 1991, Basel 1992, S. 378–396.

122 — Ludwig, Flüchtlingspolitik.

123 — Sacha Zala, Gebändigte Geschichte. Amtliche Historiographie und ihr Malaise mit der Geschichte der Neutralität, 1945–1961, Bern 1998.

124 — Z.B. Daniel Bourgeois, Le Troisième Reich et la Suisse, 1933–1941, Neuchâtel 1974.

125 — Vgl. Kreis/Müller (Hg.), Die Schweiz und der Zweite Weltkrieg.

126 — Georg Kreis, Vier Debatten und wenig Dissens, in: SZG, Jg. 47, Nr. 4, 1997, S. 451–476.

127 — Thomas Maissen, Verweigerte Erinnerung. Nachrichtenlose Vermögen und die Schweizer Weltkriegsdebatte 1989–2004, Zürich 2005.

128 — UEK, Schlussbericht. Einzelstudien unter www.uek.ch, Zugriff: 2. Okt. 2012.

129 — Sacha Zala, Publications sur les relations internationales de la Suisse parues depuis la fin de la Guerre froide, in: Relations internationales, Nr. 113, 2003, S. 115–133.

Auf der Thuner Allmend treffen 1939 zwei militärische Welten aufeinander: Die erste Serie Panzer (Panzerwagen 39 «Praga») für die Schweizer Armee ist ausgeliefert worden und wird von zwei berittenen Offizieren skeptisch gemustert. Erst nach dem Zweiten Weltkrieg sollte die Schweizer Armee unter schwierigen Bedingungen weitere Panzer beschaffen können. – Diese Photographie ist nicht nur eine Momentaufnahme. Die Szenerie kann als Symbol für eine im Jahr 1803 einsetzende Entwicklung gelesen werden, denn damals begann die Schweiz, dem kampforganisatorischen und rüstungstechnologischen Trend der führenden europäischen Armeen zu folgen. Damit setzte sie sich unter Anpassungsstress und verstrickte sich in politisch-militärische Streitigkeiten um die adäquate Kampfweise und Rüstung sowie um die zu erreichenden militärischen Ziele.

*Photographie von 1939, © Schweizer Armee – ZEM.*

# Die Schweizer Armee
# 1803 bis 2011 — *Rudolf Jaun*

Im November 1989 fiel nicht nur die Berliner Mauer, ein gutes Drittel der Schweizer Stimmbürger und Stimmbürgerinnen wollte damals auch nichts mehr von ihrer Armee wissen und stimmte der «Volksinitiative für eine Schweiz ohne Armee» zu. Fünf Jahre später wurde die Konzeption zur militärischen Landesverteidigung vom 6. Juni 1966 ausser Kraft gesetzt. Die «Konzeption 66» war das oberste Leitbild der Schweizer Milizarmee im ausgehenden Kalten Krieg und beschrieb, wie unter den Bedingungen eines möglichen Einsatzes von Atomwaffen die hochmechanisierten Divisionen des Warschauer Paktes bekämpft werden sollten, so dass diese die Schweizer Grenzen schon gar nicht überschreiten würden.

Diesem tiefgreifenden Umbruch ging eine lange Entwicklung voraus. Seit dem frühen 19. Jahrhundert wurde um ein vertretbares Verhältnis von Kampfkraft, Bezahlbarkeit und angemessener Kampfweise gerungen, um einen eingedrungenen Gegner zusammen mit dem Feind des Feindes oder alleine zu bekämpfen. Anpassungsstress und Richtungsstreitigkeiten kennzeichnen diese Entwicklung seit dem frühen 19. Jahrhundert.[1] Umfasste die Bundesarmee nach 1815 keine 50 000 Mann, zählte die Schweizer Armee 1989 einen Bestand von über 800 000 Mann. Seit der strategischen Wende von 1989 bis 1991 entschwindet die Konzeption der Mobilisierung aller gesellschaftlichen Kräfte immer mehr aus dem Blickfeld, und die Staatsbürger-Armee scheint vorläufig nur noch eine sekundäre Aufgabe in der Unterstützung des Grenzschutzes und kantonaler Polizeikorps zu finden.

## Von der eidgenössischen Kontingentsarmee zur Schweizer Armee (1803–1914)

Nach der Eroberung der Alten Eidgenossenschaft 1798 durch die damals modernste Armee der Welt – die französische – stellte sich die Frage der Restrukturierung der schweizerischen Streitkräfte nach modernen Standards ein erstes Mal. Sollte der so erfolgreichen Kriegsführung Napoleons gefolgt werden oder eher den in dieser Zeit in Spanien und Österreich entstandenen Formen der Kleinkriegsführung? Zwischen 1804 und 1840 wurde die eidgenössische Miliz an die napoleonische Kampfweise mit Tirailleuren, Bataillonskolonnen und Armeedivisionen angepasst. Mit der Übertragung der Kampfweise stehender Söldner- und Wehrpflichtarmeen auf die kantonalen Kontingente der eidgenössischen Milizarmee wurde das grundlegende Spannungsfeld geschaffen, das deren Entwicklung bis heute bestimmt.

Die nur kurzzeitig ausgebildete und nur bei akuter Kriegsgefahr aufgebotene Staatsbürgerstreitkraft folgte mit ihrer Bewaffnung und Kampfweise fortan dem Beispiel der stehenden Armeen Europas. Damit setzte sie sich einem Anpassungsdruck aus, der sie periodisch in Adaptionskrisen stürzte und der ebenso periodisch den Ruf nach einer sich auf den einfachen Widerstandskampf spezialisierenden Armee auslöste. So beklagte sich 1841 der ehemalige Oberstquartiermeister Johann Ludwig Wurstemberger in seinen *Nachtgedanken eines Invaliden über schweizerische Kriegerei*: «Schweizerisch, ja, soll Alles heissen, aber nicht mehr seyn [...] so sehen wir jetzt französische Einrichtungen, Verwaltungsformen, Benennungen, Kriegsübungen, Kleiderzuschnitte [...] so glauben jetz hunderte von *excellens militaires Suisses* ganz Europa zu mystifizieren, wenn sie unsere Entlibucher oder Prättigauer, als *enfants de Paris* herausgeputzt, auftrampeln lassen können.» Anstelle des französischen Vorbildes sollte dasjenige der «Kriegsnationalität» der Schweizer treten, die im Mittelalter zu den «Originalkriegsvölkern» gehört hätten. Dies hätte bedeutet, die ausländischen Organisations- und Kampfformen über Bord zu werfen und zu eidgenössisch inspirierten Formen der Volksbewaffnung und des Volkskrieges zu greifen. Insbesondere sollte das gesamte wehrfähige Volk für den Widerstandskrieg vorbereitet werden.

Mit der ersten, 1874 zusammen mit der Verfassungsreform realisierten Wehrreform gelang es, dieses Konzept mit den neu aufkommenden, vor allem preussischen Kampfformen zu vereinen. Durch die Förderung des öffentlichen Schulwesens und die Durchsetzung der allgemeinen Wehrpflicht für Männer sollte das gesamte militärische Potential ausgeschöpft und – dank der Ausrüstung mit modernen Hinterladergewehren – eine unüberwindbare nationale Verteidigungsarmee geformt werden. Dieses Projekt stiess jedoch infolge der rasanten Revolution der Feuerwaffentechnik bald an Grenzen. Spätestens zu Beginn der 1890er Jahre wurde klar, dass die Armee nicht nur gross sein, sondern sich auch an die vielfach gesteigerte Feuerwaffenwirkung anpassen musste.

Das schematische, oft nachsichtig praktizierte eidgenössische Exerzieren genügte nicht mehr, um diesem modernen Feuerkampf gewachsen zu sein. Dies war die Stunde Ulrich Willes und der rasch wachsenden Anhängerschaft seines «neuen Geistes» im Offizierskorps: Zur Verbesserung der Kampfkraft sollte den Soldaten mittels Drill nach preussisch-deutschem Vorbild «Appell» und den Offizieren «Adresse» beigebracht werden.[2] Mit schneidigen Kommandos sollten sich die Offiziere der gespannten, reflexhaften Reaktion der Soldaten bedienen und durch virtuose, situative Truppenführung die Gefechte mit Erfolg bestehen. Diese neue Art der Truppenerziehung und -führung spaltete das Offizierskorps in eine Neue und eine Nationale Richtung, wobei Letztere dem traditionellen Exerzieren und der patriotischen Erziehung verpflichtet blieb.

Als Gegenbewegung zur Wille-Schule entfachte sich erneut die Begeisterung für alternative Kampfweisen. So führten die Nachrichten über den Kampf der Buren gegen das imperiale Britannien in Südafrika zu einer richtiggehenden «Burenbegeisterung». Die Wille-Schule hatte für das «Burenunwesen» dagegen nur Hohn und Spott übrig. Kurz vor dem Ersten Weltkrieg konnte sie sich durchsetzen – gegen den Widerstand der Nationalen Richtung im Offizierskorps und einen sich immer stärker artikulierenden sozialdemokratischen Antimilitarismus.

## Armee unter Stress (1914–1918 und 1939–1945)

Der Erste Weltkrieg warf die Schweizer Armee um Jahre zurück. Die erstmals in der Geschichte der Schweiz vollumfänglich mobilisierte Armee verbrauchte sich in langwierigen Ablösungsdiensten zum Schutze der Neutralität des schweizerischen Territoriums und stagnierte bei der Anpassung der Gefechtstechniken. Dazu kamen eine überforderte Militärjustiz und ein überzogenes Aufgebot von Ordnungsdiensten im November 1918, welches zum Landesstreik führte und erstmals einen politischen Keil in die Armee der Staatsbürger trieb. Nach dem Krieg nahm die Armee die Umstellung auf die flexiblere Kampfführung vor, sie verfügte aber nicht über die Mittel für die Ausstattung mit modernen Waffen, um mit den europäischen Armeen mitzuhalten.

In der zweiten Hälfte der 1930er Jahre wurde jedoch klar, dass eine klassisch infanteristisch dominierte Kampfführung angesichts der zunehmenden Mechanisierung der gegnerischen Bodentruppen und der Feuerwirkung aus der Luft nicht mehr möglich war.[3] Obwohl nun die politische und finanzielle Basis – dank der Unterstützung seitens der SP und der Gewerkschaften – durch die Verbindung von Arbeitsbeschaffungs- und Aufrüstungsprojekten gegeben war, fehlte es der Schweizer Armee zu Beginn des Zweiten Weltkrieges an Flieger- und Panzerabwehrwaffen, Kampfpanzern und moderner schwerer Artillerie. Dies führte im Zweiten Weltkrieg zuerst zum Bezug der Aare-Limmat-Stellung und – nach der Einkreisung durch die Achse – der Réduitstellung.[4] Beides waren Notlösungen, weil die Waffen fehlten, um einem gleichzeitig mit mobiler Infanterie, Panzern und Flugzeugen angreifenden Gegner wie der deutschen Wehrmacht entgegenzutreten. Mit den reichlich vorhandenen finanziellen Mitteln wurden intensiv Sperrstellen mit unzähligen Bunkersystemen gebaut. Arbeitsbeschaffung und Verteidigung ergänzten sich in idealer Weise. Ob die Aare-Limmat-Stellung oder das Réduit zwischen Sargans und Saint-Maurice einen Gegner abgehalten oder einem Angriff standgehalten hätten oder ob sie nur symbolischen Charakter hatten, ist in der Geschichtsschreibung umstritten.[5]

## Richtungsstreitigkeiten und Mirageskandal (1945–1966)

Bereits 1939 und insbesondere 1944/45 brach erneut eine Debatte um die Kampfführung aus, in der die Vor- und Nachteile des Partisanenkrieges für die Schweiz debattiert und sogar von der Kombination von Kleinkriegsformationen und Raketenformationen geträumt wurde. Während des ↑Aktivdienstes bildeten sich wie vor dem Ersten Weltkrieg zwei Richtungen im Offizierskorps. Die eine Richtung hielt am deutschen Vorbild der Truppenerziehung und -führung auch nach 1945 fest, die andere brach mit dem in ihren Augen militärisch, politisch und moralisch diskreditierten deutschen Militär. Stattdessen propagierte sie eine Armee auf der Grundlage der sozialen, politischen und kulturellen Gegebenheiten, die sich eine spezifisch schweizerische Kampfweise zu eigen machen würde.[6]

Dieser «Konzeptionsstreit» zwischen den an deutsch-amerikanischen Kampfweisen und den an einem eigenständigen Konzept orientierten Offizieren verebbte nach dem Ausbruch des Kalten Krieges 1948, um jedoch nach 1955 eine Neuauflage zu erleben. Die am Primat des Militärs orientierten Exponenten forderten nicht nur Atomwaffen, sondern auch eine mechanisierte Armee samt Luftschirm, die fähig sein sollte, den Kampf beweglich zu führen und möglichst viele punktuelle Siege anzustreben. Die Vertreter der an der schweizerischen Staatsbürgergesellschaft orientierten Armeekonzeption hielten für die Schweizer Armee jedoch lediglich einen hinhaltenden Widerstand für operativ möglich und bekämpften die Entwicklung einer am atlantisch-europäischen Standard orientierten Armee. Sie sollten unterliegen, so dass 1959/60 die Beschaffung einer beträchtlichen Anzahl Schweizer Panzer, amerikanischer Schützenpanzer und französischer Kampfflugzeuge vom Typ Mirage III S die Räte passierte. Der «Mirageskandal» – das heisst die exorbitante Kostenüberschreitung und der nicht gewährte Nachtragskredit – sollte 1964 die Entwicklung der Schweizer Armee nach westlichen Militärstandards stoppen und auch den Träumen einer eigenen atomaren Kriegsführung ein Ende bereiten.

## Die Vorbereitung des totalen Krieges (1966–1994)

Schliesslich wurde mit der «Konzeption 66» ein Konsens gefunden, der bis zum Ende des Kalten Krieges hielt.[7] Die infanterielastige Armee sollte gegen einen einbrechenden Gegner flächendeckend einen Abnützungskampf führen. Die Gegenschläge von drei mechanisierten Divisionen sollten den Gegner stoppen, massiv schädigen und zurückdrängen, derweil das Gebirgsarmeekorps über die Transversalen zu wachen und allenfalls ein Restterritorium zu verteidigen hatte. Diese «Abhaltestrategie» sollte auf mögliche Gegner so viel Eindruck machen, dass sie aufgrund des zu erwartenden Aufwandes darauf verzichten würden, in die Schweiz einzufallen.[8]

Zwischen 1966 und 1994 wurde die «Konzeption 66» materiell durch bedeutende Rüstungsvorhaben und personell durch intensives Training in den ↑Wiederholungskursen optimiert. Noch bevor die Mauer in Berlin fiel, musste jedoch damit begonnen werden, dieses Leitbild zu revidieren. Es war vorhersehbar, dass der Pillenknick bis spätestens Mitte der 1990er Jahre den Ausfall einer von zwölf Divisionen verursachen würde. Die Entwicklung der US-amerikanisch dominierten Gefechtsfeldkonzepte legte nahe, auf das flächendeckende Abwehrdispositiv zu verzichten und einem starken konventionellen Gegner – man ging immer noch von den Streitkräften des Warschauer Pakts aus – ein anderes Potential entgegenzusetzen. Zudem liessen es das Resultat der «Volksinitiative für eine Schweiz ohne Armee» 1989 (siehe Kapitel von Georg Kreis, S. 570) und der Ruf nach einer «Friedensdividende» geraten erscheinen, Reformwillen zu zeigen und das Image der Armee mit Marketingstrategien aufzubessern. Diese Bemühungen führten zur restrukturierten Armee mit dem Label «Armee 95».[9]

## Die strategische Wende 1989–1991: Von der Kriegstauglichkeit zum volkseigenen Sicherheitsunternehmen

Die in den Jahren 1989/90 entworfene «Armee 95» wurde so konzipiert, dass sie einem konventionellen Gegner im grenznahen Gebiet operative Niederlagen zufügen können und zugleich die Wehrpflichtigen mit wesentlich weniger Diensttagen und -jahren belasten sollte: «Mehr Muskeln, weniger Fett!» Der Aufbau von «Muskeln» hätte jedoch massive Rüstungsprogramme für die Beschaffung «operativen Feuers» aus der Luft und zu Land – Raketenartillerie und Kampfhelikopter – sowie eine Intensivierung des militärischen Trainings der Staatsbürger notwendig gemacht. Doch so weit kam es nicht. Die globale strategische Wende nach dem Ende des West-Ost-Konfliktes und der Fortschritt der europäischen Integration nach Mittel- und Osteuropa machten die Aufrechterhaltung eines autonomen Kriegspotentials in den Augen vieler Schweizerinnen und Schweizer obsolet.

Versehen mit dem Label «Armee XXI», wurde die Schweizer Armee unter dem sicherheitspolitischen Slogan «Sicherheit durch Kooperation» seit Ende der 1990er Jahre in eine modulare, für verschiedene Zwecke einsetzbare Armee umgebaut, wobei die zu absolvierenden Diensttage und -jahre der Wehrpflichtigen noch einmal heruntergesetzt wurden. Neu wurden Frauen zu allen für den direkten Kampf vorgesehenen Waffengattungen und zur Generalstabsausbildung zugelassen. Diese Restrukturierung folgte weitgehend dem Beispiel von Armeen anderer westlicher Länder und den entsprechenden betriebswirtschaftlichen Ansätzen, einschliesslich der Marketingstrategien. Die Armee wurde als «Unternehmen» aufgefasst, gedacht, reorganisiert und kommuniziert. Bezüge zu den staatsrechtlichen Gegebenheiten beliess man dort, wo sie nicht zu beseitigen waren. Damit wurde ein fundamentaler Paradigmenwechsel eingeleitet. Der nationale Souverän in seiner staats- und geschichtsbildenden Funktion war nun nicht mehr Basis der Armee, sondern Ressourcenlieferant und Kunde des «Unternehmens» Armee, welches komplementär zu Polizei- und Bevölkerungsschutz «Sicherheit» produzieren sollte. Implizierte die Kriegsbereitschaft der Staatsbürgerstreitkraft und der gesamten Nation im Namen der Verteidigung von Freiheit, Recht und Demokratie seit dem Ende des 19. Jahrhunderts höchste «Unsicherheit», wurde die allgemeine Wehrpflicht fortan mit der Produktion von «Sicherheit» legitimiert.

Anstelle der mit der «Konzeption 66» während Jahrzehnten angestrebten, operativ definierten «Kriegstauglichkeit» trat ein Ausfasern in eine Vielzahl von Aufträgen, Operationstypen, Einsatzarten, Doktringrundlagen und aus diesen abgeleiteten Fähigkeiten der Armee, die selbstreferentiell betriebswirtschaftlich und militärtechnokratisch «gecheckt und gebenchmarkt» wurden. Die propagierte «Sicherheit durch Kooperation» liess sich angesichts des grossen Misstrauens gegenüber der NATO und der EU nur in der Form von Militärbeobachtern realisieren, zum Beispiel in Palästina und seit 1999 mit einem Kontingent von Freiwilligen zur Stützung des Friedens im Kosovo. Gegen diese Restrukturierung der Armee formierte sich Widerstand, und was sich schon seit den 1990er Jahren abgezeichnet hatte, wurde nun Realität: Konservative Kräfte ergriffen im Jahr 2003 das Referendum gegen die Reformvorlage, unterlagen jedoch der Allianz der eine Modernisierung anstrebenden Mitteparteien und der auf Abbau und Abrüstung bedachten Linksparteien.

Die Restrukturierungsprojekte «A95» und «AXXI» zeichneten sich dadurch aus, dass sie in einer Phase der Unsicherheit und Reorientierung die Möglichkeiten der Reform militärisch bestimmbar, öffentlich vermarktbar und politisch legitimierbar machten. Das Projekt «A95» legte die kühne Zielsetzung eines «operativen Siegs» mittels «dynamischer Raumverteidigung» fest und vervielfachte die Armeeaufgaben. Unter dem Regime der «Armee XXI» wurden vor dem Hintergrund der vom Pentagon entwickelten These einer «Revolution in Military Affairs» (RMA) eine Vielzahl von Projekten gestartet und Beschaffungen in die Wege geleitet: FIS (Führungsinformationssystem), NEO (Network Enabled Operations), IMESS (Integriertes Modulares Einsatzsystem Schweizer Soldat). Die Projekte erwiesen sich aber nicht nur als nicht finanzierbar, sondern werfen auch die Frage auf, ob hier nicht losgelöst von den gesellschaftlichen und politischen Grundlagen der schweizerischen Staatsbürgerarmee geplant und experimentiert wurde. Unter massivem Finanzdruck sieht sich die Armee seit 2010 erneut gezwungen, sich zu restrukturieren und Waffensysteme und Truppenbestände abzubauen.[10] Die Durchhaltefähigkeit für Einsätze zugunsten unterdotierter kantonaler Polizeikorps wird nun zum bestimmenden Mass der Grösse der Armee. Ersatz und Neubeschaffung von Waffensystemen erfolgen nur noch zur Erhaltung der Einsatzfähigkeit von stark reduzierten Kampftruppen – zu gross ist der Finanzbedarf der Erneuerung der Luftwaffe, welche für kurze Zeit Luftkämpfe bestreiten, primär aber den Luftraum überwachen soll.

Zum vierten Mal nach 1804–1815, 1890–1907, 1945–1961 sieht sich die Schweizer Armee seit 1994 durch den Gegensatz zwischen technokratischer Adaption an den militärischen Mainstream und einer national orientierten Entwicklung der Streitkräfte herausgefordert. Eine wirkliche Anpassung an die militärischen Standards würde die Integration der Schweizer Milizarmee in einen europäischen Verband der Streitkräfte bedingen. Aus politischen Gründen – der hohen Wertschätzung der Neutralität und der Skepsis gegenüber einer Integration in die EU – ist dies zu Beginn des 21. Jahrhunderts nicht möglich. Im Laufe des 19. und 20. Jahrhunderts gelang es immer wieder, wenn auch mit Abstrichen, eine einfache Lowtech-Verteidigung auf der Grundlage des Staatsbürgerpotentials mit Elementen moderner Hightech-Kampfführung politisch und militärisch unter einen Hut zu bringen. Inzwischen ist die zentrale Voraussetzung dieser Konzeption weggebrochen: die Notwendigkeit, die «Kriegsfähigkeit» von Armee und Staatsvolk in einem autonomen Kampf um die Behauptung der selbstbestimmten staatlichen Verfassung oder um die Integrität und Neutralität des Territoriums auszuweisen.

---

1 — Grundlegend: Historischer Dienst der Armee (Hg.), Der Schweizerische Generalstab, 11 Bde., Basel/Baden 1983–2010; Rudolf Jaun, Milizarmee im Anpassungsstress, in: Schweizer Monatshefte, Bd. 89, Nr. 974, 2009, S. 29.
2 — Rudolf Jaun, Preussen vor Augen, Zürich 1999.
3 — Hans Senn, Erhaltung und Verstärkung der Verteidigungsbereitschaft zwischen den beiden Weltkriegen, Basel 1991.
4 — Ders., Anfänge einer Dissuasionsstrategie während des Zweiten Weltkrieges, Basel 1995.
5 — Ders., Unsere Armee im Zweiten Weltkrieg, Zürich 1998; Jakob Tanner, Or et Granit, in: Les Annuelles. Histoire et société contemporaines, Nr. 1, 1990, S. 31.
6 — Peter Braun, Von der Réduitstrategie zur Abwehr, Baden 2006.
7 — Ders. / Hervé de Weck (Hg.), Die Planung der Abwehr in der Armee 61, Bern 2009.
8 — Christoph Breitenmoser, Strategie ohne Aussenpolitik, Bern 2002.
9 — Hansheiri Dahinden et al., Armee 95, Genf 1997.
10 — Eidgenössisches Departement für Verteidigung, Bevölkerungsschutz und Sport (VBS), Armeebericht 2010, 1. Oktober 2010.

# In ganz Europa haben die Frauen das Wahlrecht, nur nicht in der Schweiz

## Schweizerfrauen, verlangt eure politischen Rechte
## Schweizermänner, gebt den Frauen das Stimm- und Wahlrecht

### Schweiz. Verband für Frauenstimmrecht

■ Politische Gleichberechtigung   ■ Beschränkte politische Rechte   ■ Politische Rechtlosigkeit

**MATINEE**
Sonntag, den 11. Juni 1950, 10.30 Uhr
im Kammermusiksaal des Kongreßhauses, Gotthardstraße 5, Eingang U

W. A. MOZART
Trio in E-dur
1. Satz

Ausführende
Lis Keller, Andreae, Klavier
Vreni Howald, Violine
Eric Guignard, Cello

**Die Menschenrechte**
Vortrag von
STADTRAT HANS SAPPEUR

F. SCHUBERT
Trio in Es-dur
1. Satz

Eintritt frei

Frauenstimmrecht-Verein Zürich
(Klein für Frauenbestrebungen)

Kümmerly & Frey, B.

Dieses Plakat zeigt, was die Mehrheit der Männer – Politiker und Stimmberechtigte – nicht wahrhaben wollte: Die Schweiz bildete in puncto Stimmberechtigung einen schwarzen Fleck auf der Karte Europas. Schweizerinnen waren «Bürger zweiter Ordnung, die staatlich unter dem Diktat der Männer» lebten.[1] Damit übertraf man noch die Diktaturen Spanien und Portugal, das damals im Bürgerkrieg stehende Griechenland sowie die Zwergstaaten Monaco und Liechtenstein. Während die Befürworterinnen und Befürworter des Frauenstimmrechts den Schweizer Sonderfall anprangerten, richtete sich der Ärger der Gegner gegen die «Demagogie» dieses Plakats, das die Musterdemokratie Schweiz verunglimpfe – eine Demokratie, in der die Stimmberechtigung exakt entlang der Geschlechtergrenze verlief.

*Plakat des Schweizerischen Verbands für Frauenstimmrecht aus dem Jahr 1950 (Museum für Gestaltung Zürich, Plakatsammlung).*

# Die Geschichte des Frauenstimm- und -wahlrechts: Ein Misserfolgsnarrativ

— *Brigitte Studer*

Was den Schweizer Männern 1848 zugestanden worden war, erhielten die Schweizer Frauen erst rund 120 Jahre später. Es dauerte mehr als 80 Jahre – von der Formulierung der Forderung nach politischen Rechten im ausgehenden 19. Jahrhundert bis zu ihrer Annahme mit Zweidrittelmehrheit durch den (männlichen) Souverän am 7. Februar 1971 –, bis die Schweiz, in den Worten des Staatsrechtlers Thomas Fleiner, «menschenrechtskonventionswürdig» wurde.[2] Und es dauerte 90 Jahre, von der ersten kantonalen Abstimmung am 4. November 1900 über die Frage der Wählbarkeit von Frauen in Schulkommissionen im Kanton Bern, bis das Frauenstimmrecht am 25. März 1990 auch in Appenzell Innerrhoden als letztem Kanton eingeführt wurde, erzwungen durch einen Bundesgerichtsentscheid.

Dazwischen lagen rund 70 Abstimmungen auf kommunaler, kantonaler und eidgenössischer Ebene zu diesem Thema – darunter auch die niederschmetternde erste gesamtschweizerische Volksabstimmung vom 1. Februar 1959, in der die Einführung des Frauenstimmrechts mit einer Zweidrittelmehrheit abgelehnt wurde. Es gab unzählige öffentliche Interventionen, Petitionen und Aktionen von Frauenorganisationen wie auch parlamentarische Motionen, Postulate, Interpellationen von männlichen Befürwortern auf allen Ebenen des föderalen Staats. Begleitet waren die Auseinandersetzungen von mäandrierenden Debatten über Berechtigung und Sinn, Formen und Modalitäten einer weiblichen politischen Partizipation am Staat. Um ihr Ziel zu erreichen, erprobte die Frauenbewegung zahlreiche institutionelle Strategien, von der Verfassungsänderung über deren Neuinterpretation bis zur Stimmrechtsgesetzesreform. Sie nutzte eine Taktik der kleinen Schritte, um ihre staatspolitische Reife zu beweisen, seltener auch konfrontative Mittel wie den Streik und die nationale Demonstration. Erst in den 1950er Jahren gelang es den bislang parteipolitisch gespaltenen Frauenverbänden, eine einheitliche Befürworterinnenfront zu bilden. Durch diesen jahrzehntelangen Kampf wurde die Schweizer Frauenbewegung selbst zum Sonderfall, ging doch die «alte» Frauenbewegung direkt in die «neue» über – ein internationales Unikum.

Die Singularität des Schweizer Falls als ältester moderner Demokratie Europas mit universellem Stimm- und Wahlrecht für Männer und zugleich als jüngster – Liechtenstein ausgenommen – mit Stimm- und Wahlrecht für Frauen, stellt die Forschung vor Fragen. Die demokratiepolitische Verspätung oder, anders gesagt, der sture Widerstand gegen eine Erweiterung der politischen Rechte auf das weibliche Geschlecht sind erklärungsbedürftig. Das Beispiel der Schweiz vermag exemplarisch zu zeigen, wie nachhaltig Staatsbürgerschaft in der Moderne geschlechtsspezifisch geprägt war. Die Staatsbürgerschaft ist die zentrale strukturierende Kategorie demokratischer Staaten. Sie bezeichnet sowohl eine juristische Norm als auch einen sozialen Status und eine politische Praxis. Aus der subjektiven Perspektive impliziert sie auch ein Zugehörigkeitsgefühl. Obwohl den Schweizerinnen über Jahrzehnte die politische Partizipation, der öffentlich-rechtliche Mitgliedsstatus und die symbolische Anerkennung als vollberechtigte Bürgerinnen verweigert wurden, bewiesen sie durch ihr langjähriges Engagement, dass es ihnen keineswegs an Identifikation mit diesem Staat mangelte.

## Demokratiepolitisch unnötig, geschlechterpolitisch unerwünscht

Erstaunlich ist die Permanenz der in dieser Debatte seit ihren Anfängen angeführten Argumente, was auch die «Neue Zürcher Zeitung» schon nach dem Ersten Weltkrieg konstatierte.[3] Diese sind auf wenige Prinzipien oder Anschauungen reduzierbar, trotz aller schillernden Nuancierungen und Erweiterungen. Im Kern drehten sie sich um die Definition der sozialen Geschlechterordnung und der biologischen Geschlechterdifferenz mit ihren dahinter stehenden Repräsentationen des Staates und ihren Konkretisierungen im politischen und gesellschaftlichen Alltag, das heisst letztlich um die Problematik der unterschiedlichen «Naturen» von Frau und Mann und der ihnen je zugewiesenen Aufgaben. Die tragenden Elemente des dichotomen Geschlechterentwurfs der bürgerlich-liberalen Moderne, der Männern die öffentliche und rationale, Frauen die häusliche und emotionale Sphäre zuordnete, sind bekannt; ihre schweizerische Variante zeigte sich jedoch aus Gründen, die noch zu diskutieren sind, beständiger als in anderen Ländern. Die Forderung nach dem Frauenstimmrecht wurde von der Mehrheit der Schweizer Männer – aber auch von vielen Frauen – in einen Deutungszusammenhang mit Emanzipation, vermännlichten Karrierefrauen und schlechten Müttern gestellt. Politik als letzte intakte Männerdomäne wurde quasi verdinglicht. Während der politische Kampf den Mann sozusagen adelte – als Kandidat und Parlamentarier galt er als durchsetzungsfähiger Politiker, und als Stimmbürger handelte er als pflichtbewusster Staatsbürger –, zogen dieselben Aktivitäten die Frau hinab: Die debattierende Politikerin wurde zum keifenden Weib, die Stimmbürgerin zur Rabenmutter.

Die intellektuellen Anstrengungen zur Untermauerung dieses Konstrukts auf der einen Seite und zu seinem Abbau respektive Umbau auf der anderen waren beachtlich. Daran beteiligt waren nicht nur die Politiker, sondern auch die Wissenschaft, die Presse, allerlei Interessengruppen und Vereinigungen sowie der Stammtisch.[4] Das Konzept des «natürlichen Unterschieds der Geschlechter» geisterte durch alle Debatten. Es nährte die Angst vor der «Verpolitisierung» der Frau, legitimierte ihren symbolischen Ausschluss aus der politischen Rationalität und stützte die im 19. Jahrhundert von Johann Caspar Bluntschli geprägte Kodierung «Der Staat ist der Mann»,[5] die 1957 den Bundesrat in seiner Botschaft zur Frage drängte, «ob der Unterschied des

Geschlechts trotz der Anerkennung der Menschenrechte auch heute noch als erheblich genug betrachtet werden [müsse], um eine Differenzierung der politischen Rechtsstellung zu rechtfertigen».[6] Gegen das argumentative Grundmuster eines unterschiedlichen Wesens von Mann und Frau hatten frühe egalitäre Positionen keine Chance. Dazu gesellten sich in allen Parteien ein Nützlichkeitsdenken beziehungsweise die Befürchtung, bei einer Beteiligung der Frauen anteilsmässig Stimmen zu verlieren, sowie Argumente mit epochenspezifischer Färbung der Geschlechterdifferenz: *Ständestaatlich-korporatistische* Begründungen wurden in den 1930er Jahren angeführt (Familienwahlrecht statt Individualrecht), *antikommunistische* in der Zeit des Kalten Krieges (Frauenemanzipation als Erfindung des Ostblocks), *xenophobe* in den 1950er und 1960er Jahren (das Stimmrecht würde den vielen mit einem Schweizer verheirateten Ausländerinnen zugutekommen); es gab *regionalistisch-antiurbane* (Majorisierung des Lands durch die Stadt wegen der voraussichtlich höheren Stimmabstinenz der Landfrauen) und *parteipolitische* Begründungen (künftiges Schattendasein des Liberalismus, da die sozialistische und die katholisch-konservative Bewegung die Frauen als Kampftruppen einsetzen würden).

Die Seite der Gegner oszillierte in ihrer Argumentation zwischen apokalyptischen Szenarien eines Zusammenbruchs der fragilen Balancen des politischen Systems und Beteuerungen, dass die Frauen an der Politik gar nicht interessiert seien und lieber bei ihren «natürlichen» Aufgaben bleiben würden. Die Befürworterinnen und Befürworter waren in erster Linie damit beschäftigt, solche Gegenargumente zu entkräften. Auch sie stützten ihre Argumentation mehrheitlich nicht auf eine Semantik der Geschlechtergleichheit. Nur gingen sie davon aus, dass die Unterschiede zwischen den Geschlechtern eine politische Beteiligung nicht verhinderten. Die Pole der Argumentation lauteten also: Differenz versus Gerechtigkeit, und nicht: Differenz versus Gleichheit.[7]

Vor allem betonte die Seite der Gegner immer wieder den Sonderstatus der schweizerischen staatsbürgerlichen Rechte: Während im Ausland die Demokratie parlamentarisch sei und Frauen dort bislang stets nur eine Minderheit darstellten, beinhalteten politische Rechte in der Schweiz viel mehr. Die Praxis des Politischen sei hierzulande bedeutend anspruchsvoller, denn der politische Bürger entscheide über jeden Gesetzesparagraphen. «Wir wären also das erste Land, wo die Politik nicht mehr von den Männern allein gemacht wird. Das wäre etwas ganz Neues, sozusagen ein welthistorisches Experiment!», sagte kurz vor der Abstimmung von 1959 der katholisch-konservative Nationalrat Karl Hackhofer in einer Rede vor dem *Schweizerischen Frauenkomitee gegen das Frauenstimmrecht*.[8]

## Machtabschottung, Systemkonsolidierung und sich selbst legitimierende politische Praktiken

Das Zitat zeigt exemplarisch, dass die Teilung politischer Rechte immer auch Machtteilung ist, worauf 1951 die Zeitung «Die Nation» hinwies: «Frauenstimmrecht bedeutet für das männliche, souveräne Volk Teilung der Macht. Zu allen Zeiten war diese eines der letzten Dinge, zu dem sich ein Souverän entschliessen konnte.»[9] Ein Aspekt, der in der Schweiz umso schwerer wog, als eine Verfassungsänderung der Zustimmung des Souveräns bedurfte, zumal Regierung und Parlament den parlamentarischen Weg als mit dem schweizerischen politischen System und Demokratieverständnis nicht vereinbar ablehnten! In der Tat diente die Eigenheit des demokratischen Systems als Legitimationsstütze und war gleichzeitig der Grund für die Verspätung.

Überdies war es in der Schweiz nicht zu einem Systemwechsel gekommen, der eine Erweiterung des Souveräns hätte opportun erscheinen lassen, wie in Deutschland 1918 oder in Frankreich und Italien 1944/45. Das politische System förderte im Gegenteil institutionelle Bremswirkungen. Die Politikwissenschaftlerinnen Lee Ann Banaszak und Sibylle Hardmeier haben in ihren Forschungen die Fragmentierung der Reformkräfte durch den Föderalismus und die retardierende Wirkung der Referendumsdemokratie konstatiert.[10] Eine andere Position nimmt die Historikerin Yvonne Voegeli ein. Die stets evozierte Spaltung zwischen Behörden, Verwaltung und Parlament einerseits und dem Souverän andererseits vermag sie nicht zu erkennen, und sie widerspricht dem Argument, wonach das Frauenstimmrecht ohne direkte Demokratie, also als simpler Parlamentsakt, viel früher eingeführt worden wäre. Hardmeier und Banaszak betonen aber auch die Grenzen des politischen Handlungsrepertoires der Stimmrechtlerinnen. Aktionsformen, die in anderen Ländern effizienten Protest erlaubt hätten wie Streiks und Demonstrationen, seien in der Schweiz schneller als Störung der öffentlichen Ordnung empfunden worden als im Ausland. Erst unter dem Druck der «neuen» Frauenbewegung sei das normative Korsett gesprengt worden. Sie meinen auch, dass es der Frauenbewegung nicht gelungen sei, in die Breite zu mobilisieren. Letzteres sieht auch die Historikerin Beatrix Mesmer. Sie unterstreicht jedoch den Nutzen, welchen die Stimmrechtsaktivistinnen aus ihrer engen Einbindung in den bürgerlichen Staat – oft auf familiärer Ebene – zu ziehen gewusst hätten. Doch trotz ihrer europaweit einmalig frühen Organisiertheit führten ihre nicht konfrontativen Strategien nicht zum Erfolg, sondern scheiterten an der Beharrlichkeit der Gegnerschaft.

Fast alle Autorinnen und Autoren schreiben der politischen Kultur der Schweiz mit ihren traditionellen Rollenvorstellungen und dem bipolaren Muster folgenden Geschlechterdiskursen grosse Bedeutung zu. Die Politik funktionierte als homosoziale Lebenswelt, von der die Frauen insgesamt ausgeschlossen bleiben sollten. Dieses Erklärungsmuster, das von der historischen Forschung auch für Frankreich angeführt worden ist, trifft auf die Verhältnisse in der Schweiz besonders zu. Das Demokratieverständnis, welches das fehlende Frauenstimmrecht zu einem Gütesiegel der heilen Schweiz stilisierte, setzte sich in den 1930er und 1940er Jahren durch und blieb bis zum Niedergang der ↑Geistigen Landesverteidigung in den 1960er Jahren in Stein gemeisselt.

Um dieses Selbstverständnis rankten sich ältere republikanische und konservative Repräsentationen, die mit der schubweise zunehmenden Militarisierung der Gesellschaft seit dem Ersten und vor allem dem Zweiten Weltkrieg diskursives Gewicht erhielten.[11] So findet sich in der Botschaft des Bundesrates von 1957, jenem Jahr, in dem ein Zivilschutzgesetz mit obligatorischem Einbezug der Frauen zur Debatte stand, der Topos, das

Stimmrecht sei ein Korrelat der Wehrpflicht (siehe Kapitel von Sacha Zala, S. 508). Diese Entsprechung habe ihre Wurzeln in der ↑Landsgemeinde, an der nur der waffenfähige Bürger mitreden konnte. Damit strickte die Landesregierung an einem nationalen Mythos, stand doch hinter der Bundesverfassung von 1848 nicht die direkte Demokratie und noch weniger die Landsgemeinde, sondern die parlamentarische repräsentative Demokratie. Allerdings hatte der liberale Bundesstaat darauf verzichtet, dieses Prinzip auch den Kantonen und Gemeinden aufzuzwingen und ihnen stattdessen weitgehende Spielräume bei der Gewährung des Aktivbürgerrechts gelassen, was den langjährigen Ausschluss zahlreicher Schweizer Männer, die nicht zu den solventen Ortsbürgern zählten, zur Folge hatte. Hier zeigt sich die demokratiepolitisch problematische Seite des schweizerischen Föderalismus und der Gemeindeautonomie, die auch für die Erklärung der Resistenzen gegenüber der Einführung des Frauenstimmrechts Relevanz besitzt.

Die Gemeindeebene ist nicht nur der Ort, wo wichtige politische Entscheide getroffen werden, sondern auch derjenige, wo die stärksten Widerstände gegen die Partizipation neuer politischer Akteure respektive Akteurinnen und deren Interessenvertretung auszumachen sind.[12] Hier kommen etablierte Machthierarchien und partikulare Interessen am unmittelbarsten zum Ausdruck – in unserem Zusammenhang diejenigen der Männer als politische Machtträger. Die ideologische Überhöhung dieser politischen Praxis der lokalen direktdemokratischen Entscheidungsfindung legitimierte die weibliche Exklusion. Der Verweis auf die Tradition der Landsgemeinde und die Identität von Armee und Staatsvolk erscheint daher nicht nur als konservatives nationales Identitätskonstrukt, sondern auch als politischer Vorwand zur Erhaltung geschlossener Machtstrukturen. Er ignorierte die lateinische und die urbane Schweiz, wo es diese Tradition nie gab. Das Modell traf auch keineswegs die Realität, wurde doch den nicht dienstpflichtigen Männern weder das Stimmrecht entzogen, noch hatte im Bundesstaat seit 1848 diesbezüglich je eine «zwingende rechtliche Korrelation» bestanden, wie Werner Kägi 1956 in seinem Gutachten festhielt.[13] Wenn militärische Pflichten nicht ohne Rechte denkbar sind, heisst das noch nicht, dass diese Rechte sich aus den Pflichten ableiten lassen.

## Frauen als Konkordanzverliererinnen

Es stellt sich daher die Frage, weshalb eine solche Argumentation dennoch Bestand hatte und weshalb eine gesellschaftlich progressive, auf Rechtsgleichheit und Rechtsansprüche bauende Sichtweise sich nicht früher politisch Raum verschaffen konnte. Eine mögliche Antwort rückt die schweizerische Konkordanzpolitik und darin die ambivalente Rolle des Freisinns in den Fokus. Nicht nur, dass es im Schweizer Konkordanzsystem keine Partei nötig hatte, die Frauenbewegung zu unterstützen und die Frauen zu umwerben, um die eigene Position in der Regierung zu sichern, eine Mehrheit zu erlangen oder andere Parteien herauszufordern. Es zeigt sich auch, dass die FDP aus Rücksicht auf die konservativen Werte der beiden Mitregierungsparteien, der Katholisch-Konservativen und der *Bauern-, Gewerbe- und Bürgerpartei* (BGB), für welche die Geschlechterdifferenz symbolisch zentral war, auf jeglichen Reformanstoss in diese Richtung verzichtete – abgesehen von der jahrzehntelang versenkten Motion des freisinnigen Nationalrats Emil Göttisheim aus dem Jahr 1918. Während sie als staatstragende Macht, die bis 1943 auf Exekutivebene über die absolute Mehrheit verfügte, es in der Hand gehabt hätte, eine Frauenstimmrechtsvorlage zu präsentieren oder diese sogar im Verbund mit der Sozialdemokratie und später dem *Landesring der Unabhängigen* im Nationalrat durchzusetzen, opferte sie um der Kohäsion und des Konsenses im bürgerlichen Lager willen die Integration der Frauen als aktive Staatsbürgerinnen. Die Frauen müssen daher als Konkordanzverliererinnen bezeichnet werden. Die Schweiz war vielleicht «die fortgeschrittenste Männerdemokratie», wie der Katholisch-Konservative Karl Wick 1958 im Nationalrat meinte – deren Kosten trugen aber die Schweizerinnen.[14] Erst als sich Ende der 1960er Jahre der Widerspruch zwischen demokratischem Selbstbild und europäischen Menschenrechtsprinzipien als zu gross erwies, die Frauenbewegung zu radikalen Mobilisierungsformen griff und sich angesichts des sozialstrukturellen Wandels eine Öffnung des dichotomen Geschlechtermodells nicht mehr länger verhindern liess, fand die Verweigerung des modernen Gleichberechtigungsprinzips ein Ende.

---

1 — Elisabeth Thommen, Schweizerfrau 1945, in: Neue Helvetische Gesellschaft (Hg.), Die Schweiz: Ein nationales Jahrbuch, Jg. 17, Bern 1946, S. 138–144.
2 — Tagesanzeiger, 8. Februar 1971. Zur Geschichte des Frauenstimmrechts siehe Sibylle Hardmeier, Frühe Frauenstimmrechtsbewegung in der Schweiz (1890–1939), Zürich 1997; Yvonne Voegeli, Zwischen Hausrat und Rathaus, Zürich 1997; für einen Überblick Brigitte Studer, Universal suffrage and direct democracy, in: Christine Fauré (Hg.), Political and historical encyclopedia of women, New York et al. 2003, S. 447–457; aus der Perspektive der Frauenverbände Beatrix Mesmer, Staatsbürgerinnen ohne Stimmrecht, Zürich 2007.
3 — NZZ, Nr. 950, 26. Juni 1919.
4 — Zur Argumentation der Gegner und Befürworter siehe Regina Wecker, The oldest democracy and women's suffrage, in: Joy Charnley et al. (Hg.), 25 years of emancipation?, Bern 1998, S. 25–39 und Brigitte Studer, «L'Etat c'est l'homme», in: Schweizerische Zeitschrift für Geschichte (SZG), Jg. 46, Nr. 3, 1996, S. 356–382.
5 — Johann Caspar Bluntschli, Allgemeine Statslehre, 5., umgearb. Aufl., Stuttgart 1875, S. 34.
6 — Bundesblatt 1957, Bd. 1, S. 737, 739–740.
7 — Jost Aregger, Presse, Geschlecht, Politik, Bern 1998.
8 — Archiv zur Geschichte der Schweizerischen Frauenbewegung (Gosteli-Stiftung, Worblaufen), Privatarchiv Gertrud Haldimann, Schachtel 4, Dossier 4, Sitzungsprotokoll vom 10. Sept. 1958, S. 557.
9 — Die Nation, Nr. 26/27, Juni 1951.
10 — Lee Ann Banaszak, Why movements succeed or fail, Princeton 1996; Hardmeier, Frauenstimmrechtsbewegung.
11 — Rudolf Jaun, «Weder Frauen-Hauswehr noch Frauen-Stimmrecht», in: Brigitte Studer et al. (Hg.), Frauen und Staat, Basel 1998, S. 125–136; Regula Ludi, Gendering citizenship and the state in Switzerland after 1945, in: Vera Tolz / Stephanie Booth (Hg.), Nation and gender in contemporary Europe, Manchester 2005, S. 53–79.
12 — Mario König, Politik und Gesellschaft im 20. Jahrhundert, in: Manfred Hettling et al. (Hg.), Eine kleine Geschichte der Schweiz, Frankfurt a.M. 1998, S. 82–90.
13 — Werner Kägi, Der Anspruch der Schweizerfrau auf politische Gleichberechtigung, Zürich 1956, S. 34f.
14 — Amtliches Bulletin der Bundesversammlung. Nationalrat, 1958, Bd. II, S. 264.

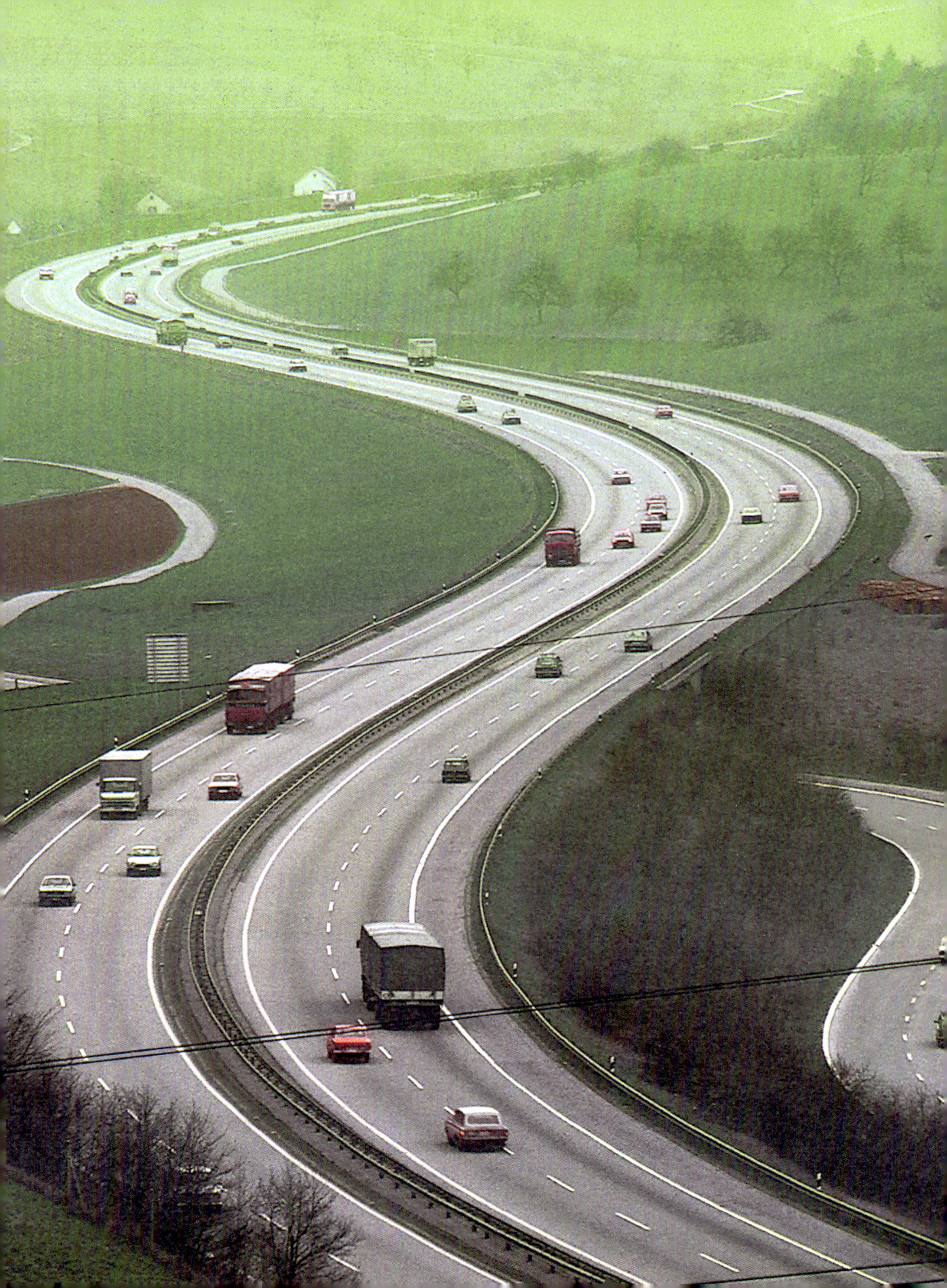

# Viel Zukunft – erodierende Gemeinsamkeit. Die Entwicklung nach 1943 — *Georg Kreis*

Während des hier dargestellten Zeitraums gelangte die Menschheit auf den Mond und wurde die Transplantation von Herzen zur Routinearbeit. Beides ging nicht von der Schweiz aus, wirkte aber auf sie zurück. Die Hauptcharakteristika dieser Zeit sind das enorme Wirtschaftswachstum und der tiefgreifende kulturelle Wandel. Das Wachstum führte bis in die siebziger Jahre zu einer Steigerung der Lebensqualität, zugleich aber zu einer Pluralisierung individueller Lebensentwürfe, wodurch grundsätzliche Fragen des Zusammenlebens aufgeworfen wurden. Dennoch blieb das politische System stabil. Die Möglichkeiten der formellen politischen Partizipation veränderten sich kaum, die informelle Partizipation erfuhr jedoch durch neue Aktivitätsformen eine Erweiterung. Die 1970er Jahre bildeten eine wichtige Zäsur. Bis dahin erlebte die Schweiz vor dem Hintergrund eines stetigen Wirtschaftswachstums eine ausgesprochen stabile Phase; danach folgten Jahrzehnte mit starken Schwankungen und entsprechenden Unsicherheiten. Während in der ersten Phase aufgrund extrapolierter Annahmen klare Zukunftsvorstellungen mit weiten Horizonten das gesellschaftliche Denken bestimmten, kam diese Klarheit später abhanden.

Der jüngste Abschnitt der Schweizer Geschichte ist in besonderem Masse eine historiographische Baustelle. Die Geschichte seit 1945 steht erst im Begriff, Geschichte zu werden. Aus diesem Grund kommt hier in der Art der Darstellung der Konstruktions- und Inszenierungscharakter stärker zum Ausdruck. Die vielfältigen Fakten und Mikrogeschichten sollen eigene Interpretationen der Zeitgeschichte erlauben. Ziel der Ausführungen ist es, diese Epoche ansatzweise chronologisch und thematisch zu strukturieren.

**Autobahn A2 bei Arisdorf (BL), Photographie von Walter Studer,** © *Peter Studer, Bern.* — Dieses Bild wurde bereits im Vorgängerwerk *Geschichte der Schweiz und der Schweizer* von 1983 publiziert. Seine Wiederaufnahme darf auch als Hinweis darauf verstanden werden, in welche historiographische Abfolge sich das hier vorliegende Werk stellt. Inzwischen bewegen sich auf der A2 allerdings wesentlich mehr Fahrzeuge. Die Nationalstrassen sind von grosser volkswirtschaftlicher Bedeutung und fördern in gewisser Hinsicht auch die Kohäsion des Landes. Die Abbildung mag die rasante Mobilität und den intensiven Austausch zwischen den Landesteilen zum Ausdruck bringen. Was sie allerdings nicht zeigt, sind die vielen anderen Strassen und Wege, die es im Land auch noch gibt, und sie zeigt auch nicht, dass heutzutage kaum auszumachen ist, worin der gemeinsame «Weg der Schweiz» besteht und wohin er führen soll.

## ALS DER KRIEG ZU ENDE WAR

Die Glocken läuteten, Menschen lachten und tanzten auf der Strasse, Fremde sprachen sich an, man leistete sich etwas Besonderes, vielleicht sogar ein Festessen. An diesen Moment erinnerte man sich noch lange, und Nachgeborene wurden auch Jahrzehnte später noch an ihn erinnert. Die Tage um den 8. Mai 1945 waren von einer besonders intensiven Zukunftserwartung geprägt. Ein Zeitzeuge mit Jahrgang 1917 gab fünfzig Jahre später zu Protokoll: «Als der Krieg zu Ende war, waren wir so glücklich, dass wir uns ein zweites Kind wünschten.»[1]

Die hohen Erwartungen paarten sich da und dort aber mit Enttäuschungen, weil das Kriegsende in der Schweiz – im Gegensatz zur Situation in den Nachbarländern – keinen wirklichen Neubeginn brachte. In Anlehnung an die deutschsprachige Erstaufführung von Thornton Wilders *Wir sind noch einmal davongekommen* – 1944 in Zürich – wurde der Vorwurf erhoben, wichtige Erfahrungen aus den vergangenen Jahren schon wieder vergessen und Wesentliches nicht hinzugelernt zu haben. Überall sei bloss derselbe zähe Teig der menschlichen Natur, der alte Lehm, die alte Schlammlava festzustellen. «Wäre es doch», klagte ein Zeitgenosse, «flüssiger Stahl, der aus dem Hochofen der Zeit hervorschiessen würde, ein weissglühender Strom von Erz, das in neue Formen hineinsprudelt und Gestalt gewänne!»[2]

Mit dem Kriegsende kam auch die Stunde der Abrechnung. Exponenten des faschistischen Italien und des nationalsozialistischen Deutschland verwies man nach «kurzen Prozessen» des Landes. Auch mit eigenen «Anpassern» und «Verrätern» wurden Rechnungen beglichen. Von den ersten Stunden nach Kriegsende an wurden über mehrere Monate die grösseren und kleineren Sympathisanten des Dritten Reichs zur Verantwortung gezogen. Auf der Strasse wie in Parlaments- und Gerichtssälen und Verwaltungsstuben wurden Säuberungsaktionen vorgenommen.[3]

Die Einsicht, dass man die Rettung der Schweiz neben den eigenen Verteidigungsanstrengungen zum grösseren Teil den Alliierten verdankte, war damals stärker verbreitet als fünfzig Jahre später. Die Dankbarkeit fand ihren konkreten Ausdruck in einer stark verbreiteten Hilfsbereitschaft. Als «Schweizer Spende» standen rund 200 Millionen Franken – nach heutigem Wert über eine Milliarde Franken – für die Soforthilfe und den Wiederaufbau des zerstörten Europa zur Verfügung, davon waren 47 Millionen private Spendengelder.[4]

Neben dem Gefühl der Erleichterung darüber, dass die Bürde des ↑Aktivdienstes weggefallen war, gab es auch nostalgische Gefühle: Man musste von einer Zeit Abschied nehmen, in der die kollektive Sinngebung durch eine gemeinsame, durch die äusseren Verhältnisse eindeutig definierte Aufgabe bestimmt war. Der dadurch entstandene tragende Gemeinschaftsgeist hatte es manchen erspart, sich persönliche Fragen stellen zu müssen. Aber bereits von 1944 bis 1946 kam es zu einem markanten Anstieg der Scheidungshäufigkeit. Während sie im vorangegangenen Jahrzehnt ziemlich stabil bei 10 Prozent gelegen hatte, schnellte sie nun auf etwa 13 Prozent hinauf, um sich von 1948 bis 1968 auf einem Niveau von rund 12 Prozent zu bewegen. Nach 1968 sollte sie dann innert zweier Jahrzehnte auf über 30 Prozent klettern. Heute liegt sie bekanntlich etwa bei 50 Prozent – eine Zahl, die wohlgemerkt nur die formellen Partnerschaften erfasst.[5]

### Zwei gegenläufige Zukunftserwartungen

Die 1945 in der Schweiz vorherrschenden Zukunftserwartungen galten nicht einer eigentlichen Renaissance des Menschen. Sie konzentrierten sich auf die wirtschaftliche Zukunft des Landes, auf die künftigen Sozialleistungen des Staates und auf die persönlichen Interessen, das heisst auf die Normalisierung des Berufs- und Familienlebens nach dessen Einschränkung während des Krieges, sowie auf die Möglichkeit, endlich wieder Auslandsreisen unternehmen zu können. Der Schriftsteller Max Frisch, der selbst 650 Diensttage als Kanonier geleistet und seine ersten Erfahrungen Ende 1939 unter dem Titel *Blätter aus dem Brotsack* veröffentlicht hatte, bezeugte nach dem Krieg in einem

**Kinderdorf Pestalozzi im Bau, Trogen 1946** *(Ringier Bildarchiv, Sign. Reimann: RBA1-1_BauKinderdorfPestalozzi_1946_1)*, © StAAG/RBA. — Ein Ausdruck der offenen Einstellung der Schweiz gegenüber den Menschen in den kriegsversehrten Ländern war die Gründung des Pestalozzi-Kinderdorfes im appenzellischen Trogen 1944/45. In ihm finden bis heute Waisen aus aller Welt eine neue Heimat.

Tagebucheintrag vom März 1946 seine Sehnsucht nach der Welt, das Heimweh nach der Fremde.

Das Kriegsende setzte unterschiedlichste Hoffnungen und Ängste frei. Die einen hofften oder befürchteten, man werde zu den alten Verhältnissen der Zeit vor 1939 zurückkehren. Andere dagegen hofften oder befürchteten, man werde zu neuen Ufern aufbrechen. Eine Befürchtung bestand darin, dass die schweizerische Exportwirtschaft die Märkte der unmittelbaren Nachbarländer wieder mit der angelsächsischen Konkurrenz würde teilen müssen, dass auf das Kriegsende – wie 1918 – eine grosse Krise einsetzen und diese in Kombination mit politischer Agitation soziale Unruhen auslösen würde.

Die Hoffnungen galten vor allem den in der Zwischenkriegszeit steckengebliebenen Reformprojekten, insbesondere dem Obligatorium der staatlichen Altersvorsorge (AHV) und den staatlichen Instrumenten zur Steuerung der Wirtschaft. Einige meinten sogar, dass es nun gelegentlich Zeit für die Einführung des Frauenstimmrechts sei. Bei Kriegsende markierte der bürgerliche Bundesrat Reformbereitschaft und bekannte sich – dem Zeitgeist und der politischen Stimmung entsprechend – zu einer sozialstaatlichen Politik.[6] In Grossbritannien war bereits im November 1942 der in diesem Sinne verfasste Beveridge-Plan vorgelegt worden.

In dem Masse, wie die akute Kriegsgefahr in den Hintergrund trat, erodierte seit 1943 der 1938/39 geschlossene Burgfriede und erfuhren der ideologische Gegensatz sowie der parteipolitische Kleinkrieg eine Wiederbelebung. Die Spannungen wurden dadurch verstärkt, dass sich beide grossen Lager der Reaktivierung des Klassenkampfes bezichtigten. Schon zu diesem Zeitpunkt standen hohe Erwartungen in die Zukunft einem Mangel an gemeinsamen Perspektiven gegenüber. 1948 rief eine Schrift der *Neuen Helvetischen Gesellschaft* (NHG) dazu auf, «verhärtete Gegensätze» aufzuweichen und den «Geist der Schicksalsgemeinschaft der Kriegszeit» zu erhalten, ja zu erneuern und fruchtbar zu machen. Die Hochkonjunktur und viele andere Dinge würden den Bürger vom Wesentlichen ablenken.[7]

Beim Kriegsende trat die militante Linke mit scharfen Reden an die Öffentlichkeit. Sie wollte, nachdem im Ausland der Krieg gewonnen war, im Inland nicht den Frieden verlieren. Ihre Tiraden richteten sich gegen Kriegsgewinner und Finanzbarone, und für die schweizerische Arbeiterbewegung beanspruchte sie das historische Verdienst, inmitten eines faschistischen Europa die Fahne der Freiheit hochgehalten zu haben. Ähnlich wie 1918 wurden radikale Forderungen laut: Schuldentilgung durch die Besitzenden, Mitsprache in den Betrieben, Nationalisierung der Banken und der «monopolistischen Industrie».

Eine gewisse Kontinuität gab es bei dem auf Zeit gewählten General. Am 20. Juni 1945 trat Henri Guisan als Oberbefehlshaber der Armee zurück. In seiner Umgebung und wohl auch bei ihm selbst bestand der Eindruck, gewissen Leuten könne es mit der Beendigung des Aktivdienstes nicht schnell genug gehen. Gegen den anfänglichen Widerstand der zivilen Behörden wurden am 19. August 1945 in einer letzten Manifestation sämtliche Fahnen der Armee in Bern versammelt und in einem feierlichen Akt im Bundeshaus deponiert, das damit vorübergehend zu einem Sanktuarium wurde. Der damals 71-jährige General blieb aber über diesen Tag hinaus als verehrte Vatergestalt und Symbol einer Zeit des gemeinsamen Widerstandes gegenwärtig. Dies nicht nur in den Porträts, die in Wirtshäusern, Schulstuben und auf Polizeiposten hingen; auch an Volksfesten und militärischen Anlässen war er nach wie vor präsent, bis hin zu seinen persönlichen Briefwechseln, deren gewissenhafte Erledigung für ihn eine Art Weiterführung seiner hohen Funktion war. 1960 musste sich die Schweiz von ihrem General und in gewissem Sinne auch von einer heroischen Zeit verabschieden. Die Trauerfeierlichkeiten vom 12. April 1960 übertrafen alles, was in der modernen Schweiz an Gedenken dieser Art je stattgefunden hatte, und erinnerten an die Bestattung eines Monarchen. Der Abschied von der Aktivdienstzeit sollte allerdings noch viele Jahrzehnte länger dauern.

**Nach der auferlegten die freiwillige Isolation**
1946 waren bezüglich der aussenpolitisch dringlichsten Frage, die damals nicht das Verhältnis zu Europa, sondern das Verhältnis zur UNO betraf, 64,2 Prozent der Deutschschweizer und sogar 84,8 Prozent der Romands selbst dann gegen eine Zusammenarbeit, wenn sich aus deren Ablehnung für die Schweiz wirtschaftliche Schwierigkeiten ergeben hätten. Während die Schweiz in ihren Wirtschaftsbeziehungen mit einem kurzen Unterbruch von der einen Kooperation zur anderen überging, von derjenigen mit den Achsenmächten zu derjenigen mit den Westmächten, wechselte sie im Bereich der Politik von einer Isolation in die nächste; allerdings mit dem wesentlichen Unterschied, dass es im einen Fall – der Einkreisung durch die Achsenmächte – eine auferlegte und im anderen Fall – der sich nach und nach herausbildenden *Europäischen Gemeinschaft* sowie der sich neu konstituierenden Weltgemeinschaft – eine freiwillige Isolation war.

Bei der militärischen Landesverteidigung gönnte man sich eine kleine Verschnaufpause. 1946 wurden keine ↑Wiederholungskurse durchgeführt, 1947 wurden sie auf zwei Wochen beschränkt. Im Gegensatz zu 1918 wurde aber die Notwendigkeit einer schlagkräftigen Armee nicht in Frage gestellt. Mit der Verschärfung des Ost-West-Gegensatzes nahm man 1950/51 sogar eine beträchtliche Erhöhung der Militärausgaben vor. Bereits zuvor hatte sich der Zukunftshorizont wieder verdunkelt.

Das schon beinahe immer auf einer Grundhaltung von Ablehnung und Abgrenzung beruhende Selbstverständnis der Schweiz begünstigte die Vorstellung, dass man sich nun gegen die «roten Fäuste» wehren müsse, nachdem man das Land gegen die «braunen Fäuste» hatte verteidigen müssen.[8] Das Bild vermittelt den Eindruck, dass es nach dem Krieg aus dem Bedürfnis nach einem neuen Feind zu einer einfachen Auswechselung des Feindbildes des Nationalsozialismus durch das des Kommunismus und Sozialismus gekommen sei. Gegen diese «Übertragungsthese» spricht, dass die Sowjetunion beim Kriegsende in bemerkenswert hohem Ansehen stand und dass in den Jahren 1943 bis 1948 traditionell linke sozialpolitische Postulate bis tief ins bürgerliche Lager vorübergehend auf gute Resonanz stiessen.

## DIE JÜNGSTE VERGANGENHEIT: NAH UND DOCH IN WEITER FERNE

Die Lebensverhältnisse einer durchschnittlichen Schweizer Familie – sofern es so etwas gibt – im Jahr 1945 unterschieden sich recht stark von den heutigen. Der Alltag der ersten Jahre des hier vorzustellenden Zeitraums war allerdings demjenigen in der Zwischenkriegszeit des vorangegangenen Zeitraums recht ähnlich. Eine Mehrheit der Menschen dürfte, bei einer mittleren Lebenserwartung von 63 Jahren bei den Männern und 67 Jahren bei den Frauen, an dem Ort gestorben sein, wo sie zur Welt gekommen war. Sie dürfte, nachdem sie in grossen Schulklassen von gut und gern 35 Schülern und Schülerinnen unterrichtet worden war, einen Beruf ergriffen haben, den man ein Leben lang auszuüben gedachte. Man war in eine Familie mit mehreren Kindern beziehungsweise Geschwistern eingebunden, praktizierte den katholischen oder protestantischen Glauben und war Mitglied oder Anhänger einer durch familiäre Tradition vorgegebenen politischen Partei. Von dieser Mehrheit der Menschen hatte die eine Hälfte noch kein Stimmrecht, dafür hatten die Frauen als Hausfrauen mit Kinderbetreuung, Kochen, Waschen, Putzen, Nähen und Flicken ein volles Tagesprogramm. Die Mehrheit verfügte über keine höhere Schulbildung und bekam zur Konfirmation oder zum Schulabschluss als Anschaffung für mehrere Jahre ein Sonntagskleid.

Die hypothetische Durchschnittsfamilie dürfte das Mittagessen noch zu Hause eingenommen haben, aber vielleicht noch ohne dabei die Mittagsnachrichten der Landessender Beromünster, Sottens oder Monte Ceneri gehört zu haben. Mit grösserer Wahrscheinlichkeit war man Mitglied eines Turnvereins, betrieb aber keinen Wintersport, leistete sich keinen Ferntourismus, war aber mit der Schule zum Rütli gereist, lebte bis ins Erwachsenenalter bei den Eltern und unterhielt erst nach der Heirat mit dem Lebenspartner einen gemeinsamen Haushalt, dies nach einer Hochzeitsreise, die kaum je über die Schweizer Grenzen hinausführte. Während in diesem Durchschnittshaushalt des Jahres 1945 die Kosten für Nahrungsmittel rund 35 Prozent der Ausgaben ausmachten, sind es heute noch 7 Prozent, und diese liegen unter den Ausgaben für Unterhaltung, Erholung und Kultur. Umgekehrt nahmen die Versicherungen bei einem heutigen Anteil von über 25 Prozent damals weniger als 10 Prozent des Budgets in Anspruch.[9]

Vier Jahrzehnte später konnte man sich in Anbetracht der rasanten Entwicklung zu Recht die Frage stellen, ob es diese Schweiz noch gab, und darüber diskutieren, ob das Leben der ländlichen Dorfgemeinschaft noch nach dem Rhythmus der Glocken funktioniere. Der Historiker Urs Altermatt verneinte dies im Jahr 1986 erwartungsgemäss und bestätigte doch eine Kontinuität, indem er auf die noch heute bestehende Überschaubarkeit des dörflichen Lebens, die starke Integration und die damit verbundene soziale Kontrolle verwies.[10] Beispielhaft erwähnte er die bloss 15 Kilometer von Luzern entfernt gelegene Landgemeinde Ruswil mit ihren 4767 Einwohnern und rund 280 Bauernbetrieben im Jahr 1950. Im Jahr 2012 zählt sie 6614 Einwohner und als grösste Bauerngemeinde der Schweiz immerhin noch 245 Landwirtschaftsbetriebe, über achtzig Vereine und eine eigene Musikschule sowie einen vergleichsweise niedrigen Ausländeranteil von 5,3 Prozent. Ruswil stellt in der heutigen urbanen Schweiz in mancher Hinsicht nicht mehr – wie 1945 – die Regel, sondern eine Ausnahme dar. Seine Eckdaten sprechen aber für ein gewisses Fortleben der traditionell geprägten dörflichen Schweiz.

Zugleich wird uns bewusst, wie fern uns nicht nur die erste Nachkriegszeit, sondern auch die weniger weit zurückliegende Moderne von 1986 bereits ist. Während zu Beginn der Epoche in Ruswil die Milch noch mit einem Pferdegespann in die Haushaltungen verteilt wurde, besorgte dies in den siebziger Jahren ein motorisiertes Milchwägelchen, das mittlerweile auch sehr altertümlich erscheint, zumal die Milch heutzutage zum allergrössten Teil in den Selbstbedienungsläden gekauft wird –

sogar in Ruswil.[11] Da die Zeit bekanntlich nicht stehenbleibt, stellt sich die Frage, wie in ein paar Jahren die Bestandsaufnahme der heutigen Zeit wirkt.

## Wachsende Durchmischung

Die Zeit nach 1945 brachte eine wachsende Durchmischung der Bevölkerung, was eine Folge der zunehmenden Binnenwanderung hin zu den urbanen Zentren und der starken Zunahme der Einwanderung war. 1850 hatten noch rund 94 Prozent der schweizerischen Bevölkerung in ihrem Heimatkanton gelebt; 1970 waren es nur noch 60 Prozent, in einzelnen Kantonen noch wesentlich weniger: 23 Prozent in Zug, 26 Prozent im Kanton Basel-Landschaft, 28 Prozent in Genf. Es war ein Zeichen einer zunehmenden Disparität, dass andere Kantone – nicht nur in dieser Hinsicht – ein wesentlich homogeneres Bild abgaben: das Wallis mit etwa 79 Prozent, Appenzell Innerrhoden mit rund 77 Prozent und Uri mit rund 68 Prozent Einheimischen in der kantonalen Wohnbevölkerung.

Die Gebirgskantone erlitten fast durchwegs Wanderungsverluste, die Binnenwanderung liess die Agglomerationen anwachsen. Der Anteil der Bevölkerung in Gemeinden mit über 10 000 Einwohnern stieg von 1850 bis 1980 von 6,4 Prozent auf 43,4 Prozent,[12] und 1975 lebten rund 60 Prozent der erwerbstätigen Wohnbevölkerung in Gemeinden, die zusammen nur 1,6 Prozent der Fläche der Schweiz einnahmen. Die Konzentration auf die Zentren verlängerte für viele die Arbeitswege, die Pendlerströme nahmen zu. 1950 betrug der Anteil der ausserhalb der Wohngemeinde Arbeitenden noch 17 Prozent, 1980 waren es 40 Prozent. Nach der Landflucht des 19. Jahrhunderts setzte in den siebziger Jahren des 20. Jahrhunderts eine Stadtflucht ein, doch führte diese nur bedingt «aufs Land»; vielmehr beschleunigte sie die Verstädterung weiter Teile des Mittellandes (siehe Beitrag von Philipp Sarasin, S. 610).

Die wachsende Durchmischung mag eine gewisse kulturelle Homogenisierung der Gesellschaft zur Folge gehabt haben. Parallel dazu trat im Zuge zunehmender Liberalisierung und Modernisierung aber auch eine Pluralisierung und Heterogenisierung der privaten Lebensgestaltung ein. Dies erschwert die Vermittlung eines verallgemeinernden Bildes der Schweiz. Der Künstler Ben Vautier sorgte mit seinem Beitrag zur Weltausstellung in Sevilla 1992 bei seinen Landsleuten für Empörung, als er zu behaupten wagte: «La Suisse n'existe pas.» Tatsächlich gab er damit nur den in der Westschweiz gängigen Standpunkt, dass es *die* Einheitsschweiz nicht gebe, in etwas reduzierter oder zugespitzter Form wieder. Genauso wenig gibt und gab es die Einheitsschweizer und -schweizerinnen, obwohl die Markt- und Meinungsforschung im untersuchten Zeitraum mit zunehmendem Aufwand nach ihnen Ausschau zu halten begann.

Die erste moderne Umfrage bei einer «repräsentativen Auswahl» der schweizerischen Bevölkerung wurde 1946 durchgeführt und produzierte beispielsweise quantitative Angaben zur Durchschnittszufriedenheit.[13] Die etwa zwei Jahrzehnte später, an der Landesausstellung in Lausanne 1964 durchgeführte und doch ähnliche Umfrage «Gulliver» erregte grösseres Aufsehen, weil sie gemäss den ursprünglichen Plänen unter anderem auch Tabuthemen wie die Abtreibung oder die Einstellung zu Europa ansprechen wollte.[14] Wiederum zwei Jahrzehnte später erschien 1987 unter dem Titel *Dessine-moi un Suisse* ein witzig-ernstes, postmodernes Büchlein mit Auskünften etwa zur Durchschnittsgrösse und zum Durchschnittsgewicht der Schweizer und Schweizerinnen – immerhin nach Landesteilen unterschieden.

## Mehrere Blicke auf den gleichen Zeitraum

Unser erster Blick hat der gesamtgesellschaftlichen Ausgangslage am Ende der Kriegszeit im Mai 1945 gegolten. Mit dem zweiten Blick auf die individuellen Lebensverhältnisse vor fünfzig Jahren sind die Differenzen zu den heutigen sichtbar gemacht worden. Ein dritter Blick wird sich im Folgenden auf die strukturellen und sektoriellen Entwicklungen entlang der *longue durée* konzentrieren. Und ein vierter Blick wird sich dann den einzelnen Zeitabschnitten zuwenden. Denn obwohl das Hauptcharakteristikum der zweiten Hälfte des

**«Rotes Tuch», Karikatur im «Nebelspalter» vom 20. Mai 1978** *(UB Basel).* — Die Schweiz – eine Zeitinsel? Die Frage der Souveränität oder der Fremdbestimmung durch die europäische Nachbarschaft konnte anlässlich der vorgesehenen Einführung einer saisonalen Zeitumstellung durchexerziert werden. Erwartungsgemäss war anfänglich eine Mehrheit dagegen. Selbst die am Morgen zu melkenden Kühe mussten als Argument dienen. Die Referendumsabstimmung vom Mai 1978 ergab ein Nein von 52,1 Prozent.[15] Keine zwei Jahre später verabschiedeten die Eidgenössischen Räte jedoch erneut ein «Zeitgesetz» im Sinne der unterlegenen Minderheit. Das Referendum blieb aus; die Sommerzeit wurde im März 1981 eingeführt, und die Kühe hatten offenbar nichts dagegen.

20. Jahrhunderts das enorme Wachstum in den verschiedensten Bereichen ist, weist gerade diese Entwicklung auch Einbrüche auf, die sich auf das gesellschaftspolitische Klima auswirkten oder umgekehrt von diesem mitbestimmt wurden. Die hier vorgeschlagene Periodisierung will diese Wechselhaftigkeit sichtbar machen. Allerdings lassen sich kaum klare Zäsuren eruieren, die für alle gesellschaftlichen Bereiche gleichermassen gelten; die Entwicklungen in den einzelnen Sektoren haben ihre eigenen Gesetzmässigkeiten, Einschnitte und Etappen. Zudem erweisen sich die Zäsuren, je näher man an die Gegebenheiten heranrückt, meist als weiche Übergänge mit längeren Vorlauf- und Übergangszeiten. In acht eingestreuten Abschnitten innerhalb dieser sechs Entwicklungsphasen, sogenannten «Zooms», wird etwas ausführlicher auf ausgewählte Momente der ereignisgeschichtlichen Ebene eingegangen. Ein letzter Blick gilt einigen Herausforderungen, die sich in der Gegenwart stellen.

Besondere Aufmerksamkeit wird – neben den Wahlen und sonstigen politischen Vorgängen – den im behandelten Zeitraum immer häufiger werdenden Volksabstimmungen zuteil. An ihnen zeigt sich, welche Probleme zu den jeweiligen Zeitpunkten als entscheidungsbedürftig angesehen wurden und mit welchen Lösungen man darauf reagierte.

Zukunftsperspektiven haben nicht zu jeder Zeit die gleiche Bedeutung. Ein Wesensmerkmal des hier vorgestellten Zeitabschnitts ist die mindestens phasenweise besonders intensive Auseinandersetzung mit der Zukunft. Ein weiteres Merkmal: Die während der Weltkriegsjahre und der Jahre des Kalten Kriegs bestehenden Gemeinsamkeiten innerhalb der Gesellschaft wurden seit den sechziger Jahren schwächer. Die Gesellschaft ging alles in allem in einen Zustand über, in dem die Zukunftsgestaltung vermehrt eine Bündelung der Kräfte verlangt hätte, zugleich aber die Zukunftsvorstellungen immer stärker divergierten.

## SEKTORIELLE ENTWICKLUNGEN

Die sektoriellen Entwicklungen lassen sich in drei Bündel unterteilen, die mehrere teils separate und doch zusammengehörende, weil stärker aufeinander einwirkende Stränge zusammenfassen.

Die Wirtschafts-, Bevölkerungs-, Verkehrs- und Energieentwicklung bilden ein erstes Bündel. Der wirtschaftlichen Entwicklung kam für viele andere Prozesse, insbesondere für die demographische, die verkehrs- und die energiepolitische Entwicklung, eine Schlüsselrolle zu. Es war das enorme Wachstum, das zusätzliche Arbeitskräfte anzog, die Siedlungsstrukturen mitbestimmte und zusammen mit diesen auch den Bedarf an Mobilität und Energie steigerte.

Ein zweites Bündel bilden die Umwelt-, die Ausländer- und die Parteipolitik. In diesem Bereich sind durch zuvor nicht gekannte Protestbewegungen insbesondere in den sechziger und siebziger Jahren massive Umbrüche zu verzeichnen, welche die politische Landschaft nachhaltig verändert haben.

Auch die Entwicklungen in der Staats-, Sicherheits- und Aussenpolitik lassen sich zu einem Bündel gruppieren. Hier geht es in verschiedenen Zusammenhängen um die Frage, welche Funktionen dem Staat zukommen und wie sich der Nationalstaat in seinem Verhältnis zum internationalen Umfeld definiert hat.

### Die wirtschaftliche Entwicklung

Der enorme Wirtschaftsaufschwung vollzog sich in Konjunkturzyklen, die in hohem Mass von der Weltwirtschaft abhängig waren und sich dann auch auf die Entwicklung des Binnenmarktes auswirkten.[16] 1945 bildete der intakte Produktionsapparat in einem vom Krieg zerstörten Umfeld eine günstige Ausgangslage für die schweizerische Wirtschaft. Hinzu kamen Kapitalreserven und eine geringe Steuerbelastung. Impulse für den nachfolgenden Konjunkturzyklus gaben ab 1948 der Marshallplan der Vereinigten Staaten, die Abwertung des britischen Pfunds und die erhöhte Güternachfrage infolge des Koreakriegs. Die Spitze eines weiteren Zyklus fiel 1957 in das Jahr der Gründung der *Europäischen Wirtschaftsgemeinschaft* (EWG), dieser Zyklus lebte von der seit 1952 spürbaren Liberalisierung des Welthandels. Der nächste Aufschwung prägte die langen «goldenen» Sechziger und erfuhr 1973 ein brüskes Ende. Die Möglichkeit der Produktivitätssteigerung durch Mengenwachstum hatte in diesen ersten Jahrzehnten seit dem Kriegsende Innovation und Rationalisierung als entbehrlich erscheinen lassen, was sich nun rächen sollte: In den 1970er Jahren musste die überfällige Modernisierung mit besonderem Effort nachgeholt werden.

Die Beschreibung der wirtschaftlichen Entwicklung im untersuchten Zeitraum hat sich auch an den konjunkturellen Einbrüchen zu orientieren. Die grosse Krise von 1974/75 war eine Folge von drei Vorgängen ausserhalb der Schweiz: Erstens des definitiven Zusammenbruchs des Bretton-Woods-Systems flexibler Wechselkurse, was zu einer Aufwertung des Schweizer Frankens und einer entsprechenden Verteuerung des Exports führte; zweitens der Anhebung des Ölpreises durch die *Organisation erdölexportierender Länder* (OPEC) um mehr als das Doppelte nach dem Jom-Kippur-Krieg von

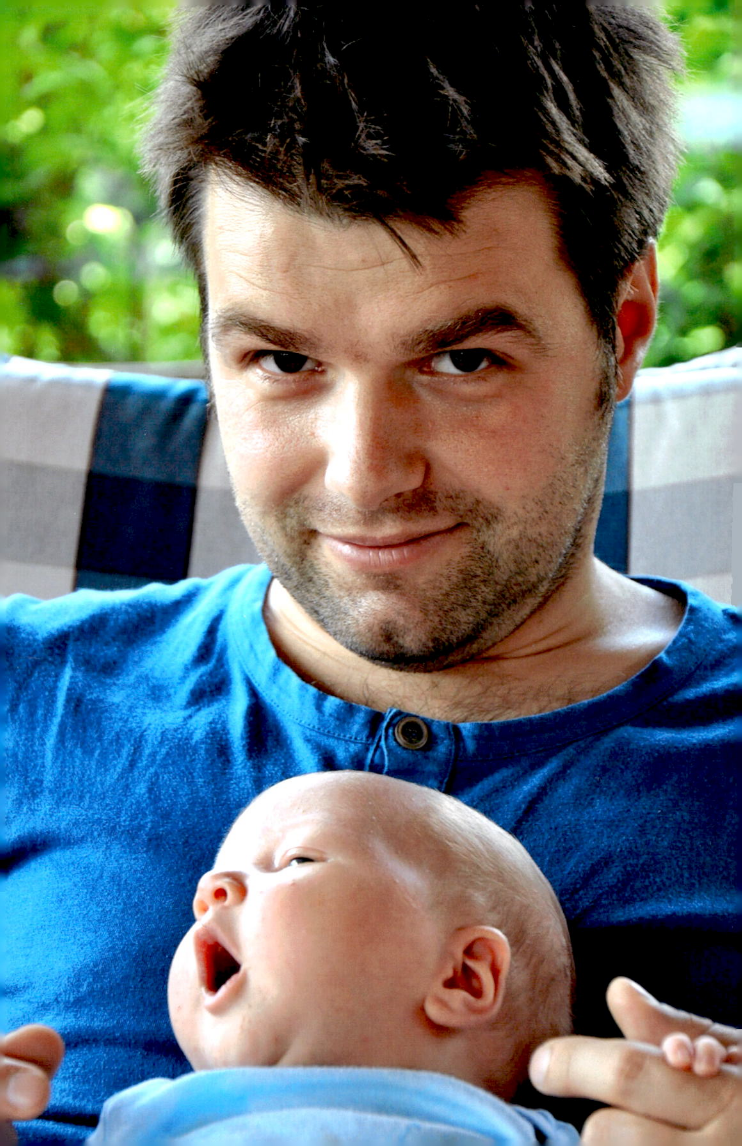

1973; drittens der analogen Krisen in den traditionellen Abnehmerländern, die einen Rückgang bei der Nachfrage mit sich brachten. Die weitere Entwicklung war von wiederkehrenden konjunkturellen Einbrüchen gezeichnet, zu Beginn der 1980er Jahre, in der Mitte der 1990er Jahre, dann erneut zu Beginn des neuen Jahrhunderts und zuletzt vom massiven Einbruch von 2008/09.

Das durchschnittliche Wachstum der Jahre 1974 bis 1986 betrug mit 2,2 Prozent etwa noch die Hälfte des Durchschnittswerts der Jahre 1946 bis 1974 von 4,3 Prozent. Die Nachkriegsschweiz erlebte zwei Phasen grösserer Arbeitslosigkeit: 1973 bis 1975, mit einem Arbeitslosenmaximum von allerdings bloss 0,7 Prozent, und 1990 bis 1997, mit einem Höchststand von 5,4 Prozent im Jahr 1995. Der tiefe Wert des Maximums in den 1970er Jahren verlangt nach einer Erklärung: Der Verlust von rund 340 000 Stellen – über 10 Prozent der Beschäftigten – führte zu einem Export der Arbeitslosigkeit; rund 250 000 Ausländer mussten in ihre Herkunftsländer zurückkehren. Hinzu kam, dass einheimische Frauen, die ihre Stellen verloren, sich nicht als arbeitslos meldeten. Die jungen Menschen waren von der Arbeitslosigkeit jeweils besonders stark betroffen. 1960 lag die Jugendarbeitslosigkeit nahe bei null, 1994 bei 8,6 Prozent und in jüngerer Zeit etwa bei 3,4 Prozent.

Wegen des Importüberschusses bei traditionellen Güterkategorien wäre die *Handelsbilanz* negativ gewesen, wenn diese nicht durch einen Exportüberschuss von Dienstleistungen, insbesondere des Tourismus, und Kapitalerträgen mehr als ausgeglichen worden wäre. Das Wachstum machte sich vor allem im Dienstleistungssektor bemerkbar: Von 1950 bis 1985 nahmen die Dienstleistungsexporte um das 20fache und die entsprechenden Importe gar um das 25fache zu. Während des gesamten Zeitraumes floss sehr viel ausländisches Geld – zum Teil auch unversteuertes Fluchtkapital – in die Schweiz und sorgte für vergleichsweise niedrige Zinsen. 1971 wurde der Schweizer Franken aufgewertet, um den Geldzufluss etwas zu bremsen. Ein Vergleich der Import- und Exportwerte 1950 bis 2000 zeigt, dass sich die grenzüberschreitende Verflechtung der Warenströme in diesem Zeitraum insgesamt verdoppelte.

Die Entwicklung führte zu der bekannten Verschiebung in den Anteilen der Wirtschaftssektoren (siehe Graphik im Kapitel von Regina Wecker, S. 435): Im primären Sektor der Landwirtschaft waren schon zu Beginn der Periode nur noch 20 Prozent der Beschäftigten tätig; sein Anteil sank bis 2007 auf unter 5 Prozent. Der sekundäre Sektor der Industrie konnte sich noch längere Zeit recht gut halten und erreichte 1963/64 mit 51 Prozent der Beschäftigten seinen maximalen Anteil, der in der Folge bis 2011 auf knapp 23 Prozent sank. Der tertiäre Sektor war der grosse Gewinner: 1971 überholte er den sekundären Sektor und hat heute einen Anteil von etwa 70 Prozent. Die Krise von 1973 beschleunigte den ohnehin laufenden Prozess der Deindustrialisierung.

Verschiebungen gab es auch innerhalb der Sektoren: Die Zahl der handwerklich Arbeitenden nahm ab, diejenige der Büroangestellten zu. Das traditionelle Arbeitermilieu erodierte, der Anteil der Hilfsarbeiter stieg anfänglich an, um dann wieder zu sinken: Von 1980 bis 2000 erlebte die Anzahl der unqualifizierten Beschäftigten eine Halbierung von 31,5 Prozent auf 15,7 Prozent. Andererseits wuchs in den letzten Jahren im Detailhandel, im Transportgewerbe und im Bereich der Infrastrukturunterhaltung, etwa der Reinigungs- und Sicherheitsdienste, ein neues Dienstleistungsproletariat heran.

Die grössten Veränderungen spielten sich im schmalen Sektor der Landwirtschaft ab. Hier kam es zu einer Verlagerung von Klein- zu Grossbetrieben, zu einer weiteren Mechanisierung und Motorisierung, die mit einer starken Reduktion des menschlichen Arbeitseinsatzes einherging, sodann zu einer Konzentration auf einige wenige Kulturpflanzen und Tiergattungen und zu modernem Landwirtschaftsmanagement, das den Direktverkauf

**Reales BIP und jährliche Wachstumsraten der Schweiz 1948–2012**

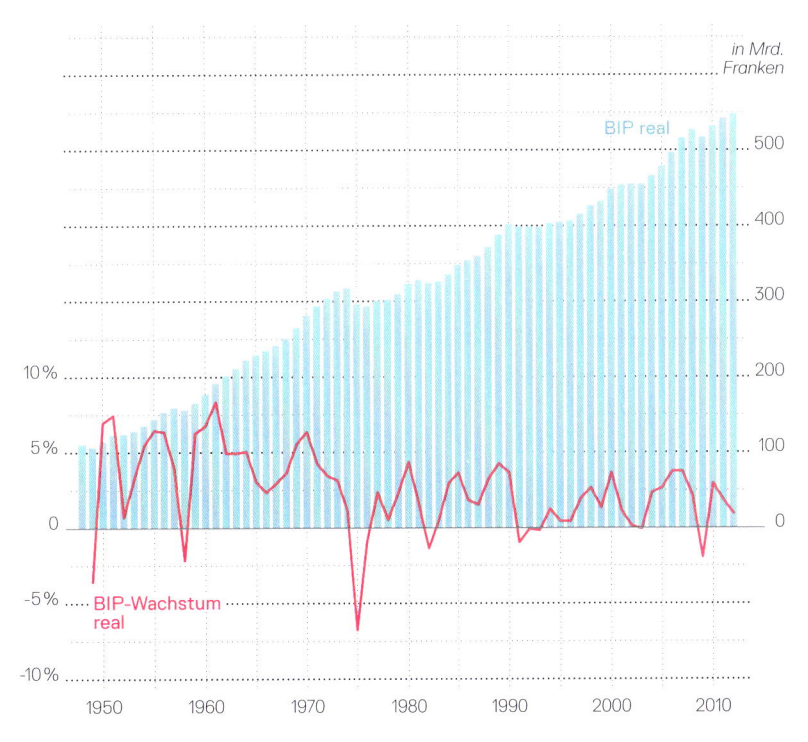

Quellen: Staatssekretariat für Wirtschaft SECO; Die Volkswirtschaft. Das Magazin für Wirtschaftspolitik, Jg. 83, Nr. 1/2, 2010, S. 10, © 2013 Schwabe AG, Verlag, Basel, und Marc Siegenthaler, Bern.

und sogenannte «Buurezmorge» auf dem Hof mit einschloss. Trotz des Rückgangs der Anzahl der Bauernbetriebe wuchs der landwirtschaftliche Ertrag, und der Selbstversorgungsgrad des Landes erfuhr eine leichte Erhöhung (siehe Beitrag von Jon Mathieu, S. 184).

Zu einer elementaren Beschreibung der wirtschaftlichen Verhältnisse gehört neben dem allgemeinen Hinweis auf die infolge der beschleunigten Globalisierung zunehmenden Verflechtungen mit dem Ausland auch derjenige auf den nun deutlich wahrnehmbaren Konzentrationsprozess infolge von Unternehmensfusionen. Spektakulär war die «Elefantenhochzeit» der Basler Chemieunternehmen Geigy und Ciba von 1970; sie erregte möglicherweise mehr Aufsehen als die Fusion dieser beiden mit Sandoz 1996 zu Novartis. Aufkäufe und Zusammenschlüsse verzeichneten auch die bekannten Grossbanken: 1993 ging die Schweizerische Volksbank in der Credit Suisse auf; 1997 schlossen sich die Schweizerische Bankgesellschaft und der Schweizerische Bankverein, die beiden grössten Schweizer Banken, zur UBS zusammen. Weniger Beachtung findet der analoge Konzentrationsprozess, der sich seit den siebziger Jahren auf der Ebene der vielen kleinen und mittleren Unternehmen, der sogenannten KMU, abspielt.[17]

### Die Bevölkerungsentwicklung

Das Bevölkerungswachstum wurde unter dem Aspekt der volkswirtschaftlichen Produktivität als sehr erwünscht eingestuft, obwohl sich seit den 1960er Jahren immer auch Stimmen erhoben, welche eine Überbevölkerung befürchteten. Die stärkste Wachstumsrate erlebte die Schweiz in den Jahren 1950 bis 1970 mit Jahresdurchschnitten von über 1,4 Prozent. Das schwächste Wachstum mit einem Plus von 0,15 Prozent war im Jahrzehnt von 1970 bis 1980 als Folge der Wirtschaftskrise und der Einwanderungsbeschränkung zu verzeichnen. In den 1980er Jahren kam es wieder zu einer Zunahme mit einem Jahresdurchschnitt von 0,6 Prozent. In den 1990er Jahren folgte ein leicht verstärkter Anstieg von durchschnittlich 0,7 Prozent. Ab 2000 lag das Wachstum im Jahresdurchschnitt bei 0,9 Prozent und zwischen 2007 und 2008 erfolgte ein Sprung auf 1,4 Prozent. Die folgenden Jahreswerte lagen erneut tiefer, bei 1,1 Prozent (siehe Beitrag von Luigi Lorenzetti, S. 128).[18]

Das demographische Wachstum ergab sich nicht aus einer Zunahme der Geburten; diese waren im Gegenteil alles in allem stark rückläufig. Zu einem kleinen Teil resultierte es aus dem Rückgang der Sterblichkeit infolge der Verlängerung der durchschnittlichen Lebensdauer und zu einem grossen Teil aus einer positiven Wanderungsbilanz.

Die *Geburtenzahlen* waren innerhalb des sinkenden Trends bemerkenswerten Schwankungen ausgesetzt (siehe Graphik im Kapitel von Sacha Zala, S. 500). Auf den Tiefpunkt in den Jahren 1936 bis 1940 folgte bis zum Kriegsende ein markanter Geburtenberg mit einem Höhepunkt Mitte der 1940er Jahre und einem Rückgang bis Mitte der 1950er Jahre; die Entwicklung kumulierte Mitte der 1960er Jahre in einem weiteren Geburtenberg und ging von da an stetig zurück. Der erste «Berg» im statistischen Verlauf, der auf einen «Kriegsbabyboom» hinweist, erklärt sich aus verschiedenen Umständen: dem Nachholeffekt nach der Wirtschaftskrise, dem innergesellschaftlichen Frieden in Kombination mit der Bedrohung durch den Krieg und der Idealisierung der Familie. Hinzu kommt, in auf- wie in absteigender Richtung, stets eine Tendenz zur Selbstverstärkung solcher Trends, die sich daraus erklärt, dass sich Individuen teilweise am Verhalten ihres Umfeldes orientieren und sich Strukturen – von gesellschaftlichen Normen bis zu Wohnungsgrössen – kollektivem Verhalten anpassen und diese wiederum das Verhalten mitbestimmen.

Der zweite «Berg» im statistischen Verlauf, Zeichen eines «Wohlstandsbabybooms», zeigte sich zwanzig Jahre später, teils als Konsequenz des Umstandes, dass die Kinder des ersten «Bergs» das klassische Reproduktionsalter zwischen 25 und 40 erreichten, teils weil der Wohlstand eine frühere Verwirklichung des Familien- beziehungsweise Kinderwunsches ermöglichte. Das heisst, die geburtenstarken Kriegsjahrgänge gründeten nun, ab

**Ständige und nichtständige Wohnbevölkerung der Schweiz 1900–2010**

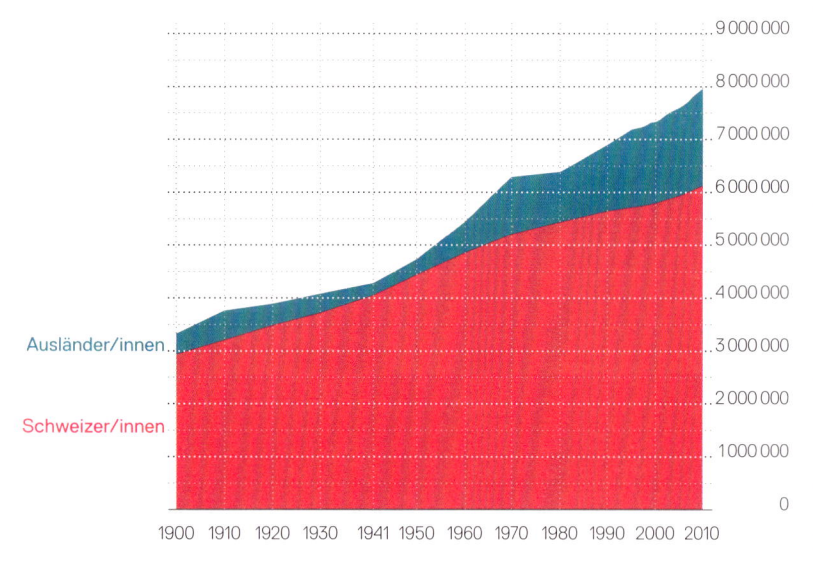

*Quelle (Daten): Bundesamt für Statistik / Statistisches Lexikon der Schweiz,*
*© 2013 Schwabe AG, Verlag, Basel, und Marc Siegenthaler, Bern.*

Mitte der sechziger Jahre, ihre Familien. Zwischen 1937 und 1945 sowie zwischen 1965 und 1976 lag die Fruchtbarkeitsrate je bei 2,6 Geburten, dazwischen bei 1,8 Geburten und nach 1976 bei 1,2 Geburten pro Frau; 2007 lag der Wert bei 1,42 und damit leicht unter dem europäischen Mittel, das sich zwischen 1,24 in Polen und 1,88 in Frankreich bewegt. In absoluten Zahlen: Der tiefste Punkt in diesem Zeitraum wurde 1937 mit 62 480, der höchste 1964 mit 112 890 Geburten erreicht.

Die Natalität einer Gesellschaft ist ein komplexes Phänomen, das von verschiedensten Faktoren beeinflusst wird: Heiratsalter, Ehe- und Partnerschaftsdauer, erstes Schwangerschaftsalter, Anzahl der Kinder, Möglichkeiten der Verhütung und des Schwangerschaftsabbruchs, Berufstätigkeit der Frau, Freizeitverhalten, Wohnungsmarkt und anderem mehr. Sie kann nicht mit einem einzelnen Faktor, zum Beispiel der Einführung der Antibabypille um 1960 und dem sogenannten «Pillenknick», erklärt werden. Die Beschränkung der Kinderzahl wird unter anderem darauf zurückgeführt, dass Eltern Quantität durch «Qualität» zu substituieren beabsichtigen, ihre Zuneigungskapazität und ihr Erziehungspotential auf Einzelkinder konzentrieren und doch das Kinderhaben bei geringerem Aufwand erleben wollen.[19]

Gleich neben dem Schreckgespenst der Überbevölkerung lauert jeweils das Zwillingsgespenst des «aussterbenden Volkes». Dies war nicht nur in den völkisch gestimmten 1930er Jahren so,[20] sondern auch wieder Mitte der 1980er Jahre und zu Beginn der 21. Jahrhunderts. Als das Bundesamt für Statistik 1999 die neuesten Zahlen zum Geburtenrückgang bekanntgab, konnte man in einer grossen Tageszeitung lesen, wenn es so weitergehe, «dann erfolgt die Schrumpfung unseres Volkes von 7 000 000 auf 0 in ziemlich genau 1000 Jahren (bzw. in 34 Generationen)».[21]

Ein ebenso wichtiger demographischer Faktor ist die *Mortalität*. Im gleichen Zeitraum erfuhr das Leben eine enorme Verlängerung: Die durchschnittliche Lebenserwartung für Frauen und Männer lag 1950 noch bei 70,9 und 66,4, im Jahr 2007 bei 84,2 und 79,4 Jahren. Einen starken Rückgang erlebte auch die Säuglingssterblichkeit: Starben um 1875 noch rund 20 Prozent im ersten Lebensjahr, waren es hundert Jahre später noch rund 1 Prozent. Die Geburtenrate blieb stets über der Sterberate. Aber es kam zu einer relevanten Verschiebung der Altersanteile: Derjenige der über 65-Jährigen wuchs von 9,6 Prozent im Jahr 1950 auf 16,4 Prozent 2007, derjenige der unter 20-Jährigen schrumpfte im gleichen Zeitraum von 30,6 auf 21,5 Prozent. Dies hat verschiedene Konsequenzen, unter anderem für die Finanzierung der Altersvorsorge, die Liegenschaftsnutzungen, die Entwicklung der Altersmedizin als eigenes Fachgebiet, die Geriatrie, sowie in Bezug auf die Kräfteverhältnisse zwischen den Generationen im politischen Prozess. Schliesslich hatte die Verschiebung auch Auswirkungen auf das Durchschnittsalter der Landesregierung. Die Verlängerung der gesamten Lebensdauer führte zu einer speziell für die Frauen spürbaren Verlängerung der Nachkinderphase – Fachleute sprachen von der der sogenannten *empty nest*-Phase. Die klassische Unterteilung der Lebensalter in eine Lern-, eine Erwerbs- und eine Mussephase erlebte eine gewisse Auflösung: Im mittleren Alter widmet man sich heute häufiger der Weiterbildung, während man bis ins höhere Alter erwerbstätig bleibt.

Wenn die Schweiz kein «sterbendes Volk» ist, dann hat sie dies der Einwanderung zu verdanken. Es fand seit dem Zweiten Weltkrieg allerdings stets auch *Auswanderung* statt; so zogen Bauern für immer weg, weil die fortschreitende Siedlungsexpansion ihre Existenzgrundlage einschränkte. Zur Hauptsache handelte es sich aber um berufsbedingte Austauschwanderung in international ausgerichteten Wirtschaftssektoren, die jeweils in beiden Richtungen stattfand. In den letzten zehn Jahren wanderten rund 30 000 aus und rund 24 000 kehrten zurück. Der stets negative Wanderungssaldo hat in den letzten sechs Jahren zu einem Verlust von über 45 000 Bürgern und Bürgerinnen geführt.[22]

Während der Hochkonjunktur der 1960er Jahre förderte das attraktive Stellenangebot die Neigung, wie ein Bundesbeamter sich ausdrückte, im «Wohlstandsgärtli» zu bleiben.[23] Mit dem Einsetzen der Rezession im Jahr 1974 nahm die Aus-

**Eine Passantin betrachtet in Freiburg i. Br. das von unbekannter Hand zensurierte Plakat «Muba – Mutter aller Messen»,** © *Keystone / dpa / Rolf Haid*. — Im Jahr 2000 visualisierte die Schweizerische Mustermesse Basel ihren bereits bestehenden Slogan «muba – Mutter aller Messen» mit diesem Plakat und löste so eine heftige Kontroverse aus. Einerseits konnte man darin einen weiteren Missbrauch des Frauenkörpers zu Werbezwecken sehen. Andererseits liess sich das Bild als Ausdruck eines natürlichen Stolzes auf die Schwangerschaft verstehen; eine Haltung, die damals zunehmend beobachtet werden konnte, nachdem der schwangere Bauch zuvor eher versteckt worden war. Die Zeitschrift «Wir Eltern» stellte im April 2001 unter dem Titel «Wir zeigen Bauch!» fest: «Aus dem einst schamhaft verhüllten Beweisstück vollzogener körperlicher Liebe ist ein stolzes Vorzeigeobjekt geworden.» Jedenfalls fällt auf: Während in Zeiten mit vergleichsweise hoher Geburtenrate die Schwangerschaft meist unter viel Stoff aufwendig verhüllt worden ist, werden bei eher niedriger Geburtenrate dicke Bäuche demonstrativ zur Schau getragen – und nimmt die Natalität wieder zu. Das Photo des hier durch einen dicken schwarzen Balken (mit der Aufschrift «Erst die Moral macht die Ästhetik zum Tabu») zensurierten Plakats stammt vom damals 77-jährigen amerikanischen Starphotographen Richard Avedon; graphisch verarbeitet wurde es vom Berner Werbebüro Lang Gysi Knoll.

**Italienische Landarbeiter bei der Ankunft in Brig, Photographie von Hermann Freytag, 1956** (*Ringier Bildarchiv, Sign. RBA4-3-112-31_1*), © StAAG/RBA. — Die Nachfrage nach Arbeitskräften auf der einen Seite und fehlende Arbeitsmöglichkeiten auf der anderen bewogen schon in den 1950er Jahren zahlreiche Italiener, in die Schweiz zu kommen.

wanderung wieder zu, obwohl auch Destinationsländer von der Wirtschaftskrise in Mitleidenschaft gezogen wurden. «Schweizer fliehen», titelte im Juli 1978 eine Zeitung und meldete, dass in den Jahren 1974 bis 1977 die grösste Auswanderungszunahme seit 1950 zu verzeichnen gewesen sei.[24] Stark abgeschwächt sollte sich das gleiche Phänomen in den 1990er Jahren wiederholen. Zugleich

### Neuer Auswanderungstypus

In den letzten Jahrzehnten entwickelte sich ein neuer Auswanderungstypus: Es sind die Pensionierten und die wegen des betrieblichen Strukturwandels Frühpensionierten, die in Ländern des Südens ihren Sonn- und Lebensabend geniessen wollen. Diesen Auswanderungstypus finden wir nicht nur in den obersten Einkommensklassen. Zu ihm gehört beispielsweise auch der 50-jährige Schlosser, der sich nach Spanien absetzt und dort auf einem eigenen Bauernhof Selbstversorger wird. Die Neigung, dem «miesen Wetter in der Schweiz» zu entfliehen, wurde von Expertenseite bereits 1970 als Auswanderungsmotiv genannt, und zwar in Verbindung mit dem Hinweis, dass es schon vor 2000 Jahren die Helvetier nach dem sonnigen Gallien gezogen habe.[25]

machte sich die Tendenz bemerkbar, in Anlehnung an die Auswanderungsproblematik des 19. Jahrhunderts und an die Asylproblematik der Gegenwart von «Wirtschaftsflüchtlingen» zu sprechen.[26] Richtigerweise wurde dann aber jeweils beigefügt, dass es sich nicht um Massenarmutswanderung, sondern um Einzelauswanderung hochqualifizierter Leute handle. 1988/89 wurden in der Kategorie der Wehrpflichtigen mit rund 5400 und 5800 Personen die höchsten Werte beim Auswanderungsüberschuss seit 1926 registriert.

Die Schweiz wurde, ohne dass dies wirklich wahrgenommen wurde, schon früh, das heisst bereits um 1948, wegen der Nachfrage nach schwach qualifizierten Arbeitskräften ein *Einwanderungsland*.[27] Dieser mit den Jahren stark weiterwachsende Bedarf wurde zunächst vor allem über das Anwerben italienischer, dann auch spanischer und portugiesischer Arbeitskräfte gedeckt. Später kam noch die Arbeitseinwanderung aus der Türkei und aus Jugoslawien hinzu, die im zweiten Fall auch durch den dortigen Bürgerkrieg bedingt war.

Die Zahl der Ausländer betrug 1950 erst 0,3 Millionen, 1970 lag sie etwa bei einer Million und Ende 2012 bei 1,8 Millionen. Wie kam es zu diesem Zuwachs? Bis in die 1970er Jahre war er fast vollständig durch die Nachfrage an Arbeitskräften bestimmt. Später kamen die Möglichkeit des Familiennachzugs hinzu und – kaum ins Gewicht fallend – die Migration Asylsuchender, die in diesen Zahlen nicht berücksichtigt ist. Warum konnte die Schweiz diese Nachfrage nicht mit «eigenen» Arbeitskräften decken? Dafür lassen sich im Wesentlichen vier Gründe nennen: Erstens spürte man in den Boomjahren das in der Wirtschaftskrise der späten 1930er Jahre entstandene Geburtendefizit. Zweitens konnte wegen der Zurückhaltung gegenüber der ausserhäuslichen Frauenarbeit diese Arbeitskraftreserve nicht ausgeschöpft werden. Drittens setzte die blühende Wirtschaft auf traditionelles, das heisst arbeitsintensives Mengenwachstum. Und schliesslich führte viertens die Einwanderung zu einer sich selbst verstärkenden Nachfrage nach Gütern und Wohnungen und erforderte den Ausbau der Infrastruktur, die wiederum nur mit dem Einsatz ausländischer Arbeitskräfte zu bewältigen war.

Zunächst war die Schweiz vor allem auf den Zuzug von wenig qualifizierten Arbeitskräften angewiesen. Die 2002 in Kraft getretene Personenfreizügigkeit führte dann, wegen des neuerlichen Bedarfs der boomenden Wirtschaft, zu einer Zuwanderung von gut qualifizierten Arbeitskräften insbesondere aus Deutschland.[28] Heute ist jeder dritte Einwohner aus dem Ausland zugewandert oder ein direkter Nachkomme von Zugewanderten in der zweiten oder dritten Generation. Mit Blick auf die *longue durée* stellt die im Sommer 2009 neu eröffnete Dauerausstellung des Landesmuseums in Zürich am Anfang des historischen Parcours treffend fest: «Niemand war schon immer da.»[29]

Zwischen 1946 und 1961 wanderten über eine Million Italiener und Italienerinnen ein.[30] Viele kehrten wieder in ihr Heimatland zurück, noch mehr blieben hier und wurden zu einem festen Bestandteil der Schweiz. Sofern man das pauschal so feststellen kann und will: Sie brachten – natürlich ohne dass dies ihr persönliches Motiv gewesen wäre – objektiv der Schweiz mehr Positives, als dass sie ihr zur Last fielen.[31] Die Italiener bilden – mit 15,9 Prozent im Jahr 2011 – bis heute die grösste Kategorie der ständigen ausländischen Wohnbevölkerung der Schweiz.[32]

Man geht davon aus, dass transnationale Migration alle Beteiligten herausfordert. Indes kann auch die *Binnenmigration* – etwa von alpinen Regionen in städtische Ballungszentren – in der kleinen, aber ausgesprochen plurikulturellen Schweiz mindestens ebenso grosse soziale Konflikte mit sich bringen wie diejenige zwischen zwei gleichartigen und nur durch Landesgrenzen getrennten Regionen. Die Geschichte der in andere Teile der Schweiz abgewanderten Schweizer ist noch nicht geschrieben. Die Abwanderung von Deutschschweizern in den französischen oder italienischen Landesteil erwies sich im Allgemeinen als bemerkenswert unproblematisch. Die Bewegung in der entgegengesetzten Richtung dagegen belastete die Einzelnen stärker und wurde von den Herkunftsregionen mitunter als Substanzverlust empfunden, zumal sie vor dem Hintergrund der wirtschaftlich grösseren Leistungsfähigkeit der Deutschschweiz stattfand.[33]

Es erstaunt nicht, dass die Gebirgskantone Wanderungsverlierer, Städte und ihre Agglomerationen Wanderungsgewinner waren.[34] Die für das Verständnis der schweizerischen Verhältnisse noch immer wichtige Kategorie des Stadt-Land-Gegensatzes wird in dieser Phase immer fragwürdiger.[35] Zudem zeigen Kantonsstatistiken nicht immer die realen Verhältnisse. So rangieren die Kantone Schwyz und Nidwalden unter den Wanderungsgewinnern, weil ihre Nachbarn Zürich und Luzern wachsen.

Die schon in den 1970er Jahren getroffene Feststellung, dass auf relativ kleinem Raum von unter 2 Prozent der gesamten Fläche der Schweiz eine Bevölkerung lebt, die für über 50 Prozent des Bruttosozialprodukts verantwortlich ist, dürfte sich inzwischen noch weiter akzentuiert haben.[36]

Rasantes Wachstum ist das fast alles prägende Charakteristikum der zweiten Hälfte des 20. Jahr-

**Einwanderung in die Schweiz nach Staatsangehörigkeit 1900–2010**

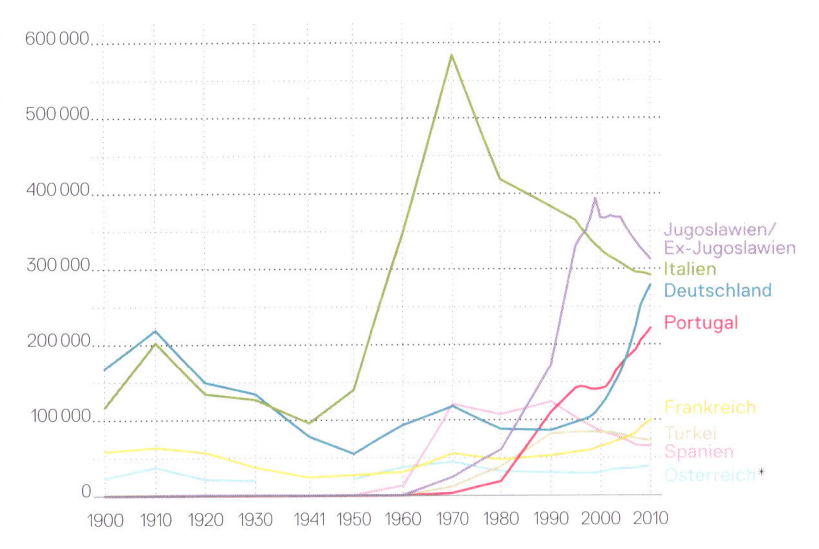

*1941 Deutschland zugeteilt
Quelle (Daten): Bundesamt für Statistik / Statistisches Lexikon der Schweiz,
© 2013 Schwabe AG, Verlag, Basel, und Marc Siegenthaler, Bern.

hunderts. Die Entwicklungen der meisten Bereiche lassen sich in Diagrammen abbilden, die unten links beginnen und oben rechts aus dem Bild laufen. Das gilt sogar für den politischen Bereich mit der Zunahme von ↑Initiativen und ↑Referenden.[37] Quantifizierbares Wachstum führt in vielen Bereichen zu Qualitätsverbesserungen; in Gestalt von unerwünschten Nebeneffekten bedeutet es aber auch Qualitätsminderung. Und diese lässt sich wiederum in ähnlichen Kurven abbilden wie die positiven Wachstumskurven – von unten links nach oben rechts. In den folgenden beiden Abschnitten werden diese Entwicklungen auf den Gebieten der Energieversorgung und des Verkehrs beleuchtet, wo sie besonders deutlich zur Geltung kommen.

### Die Energieversorgung

1940 wurden 129 400 Terajoule verbraucht, 1986 waren es 740 090 und 2010 911 440 Terajoule. Dass der Energiekonsum dank günstiger Bedingungen derart zunehmen konnte, wurde nicht nur von Kapitalinteressen bestimmt, sondern auch von politischen Kräften gefordert, welche die Interessen der breiten Bevölkerung vertraten.

Der Import von Kohle, in der Zwischenkriegszeit der wichtigste Energielieferant, ging in den 1960er Jahren stark zurück. Die Stromerzeugung wurde bereits während des Kriegs ausgebaut;[38] sie wahrte ihren Anteil bis 1970 und erfuhr dann nochmals eine beträchtliche Steigerung. Der wichtigste Vorgang ist aber darin zu sehen, dass das Erdöl von beinahe 0 Prozent im Jahr 1945 bis 1973 einen Anteil am Gesamtenergieverbrauch von 80 Prozent erreichte und dieser Verbrauch die Schweiz in eine mehrfache Abhängigkeit führte, die versorgungspolitisch, für die Handelsbilanz und ökologisch problematisch ist.[39] Abgeschwächt wurde diese einseitige Ausrichtung durch andere Abhängigkeiten: zum einen durch das seit 1980 in zunehmender Menge bezogene Erdgas und zum anderen durch die seit 1970 wichtiger werdende Kernenergie.[40]

Bisher wurden in der Schweiz fünf Kernkraftwerke unterschiedlicher Bauweise errichtet: 1969 Beznau I, 1972 Beznau II und Mühleberg, 1979 Gösgen, 1984 Leibstadt. Ein weiteres Atomkraftwerk, Kaiseraugst, «fehlt» in dieser Aufzählung, weil es in den 1970er und 1980er Jahren durch eine grosse Volksbewegung verhindert wurde.[41] Während der Störfall in einem unterirdischen Versuchsreaktor im waadtländischen Lucens im Jahr 1969 die Bevölkerung nur wenig aufschreckte, verstärkte 1986 der Supergau von Tschernobyl die Ablehnung der Kernenergie nachhaltig. 1990 lehnte der Souverän eine Ausstiegsinitiative zwar mit nur 47,1 Prozent Ja-Stimmen ab, eine Mehrheit von 54,5 Prozent war aber für die Moratoriumsinitiative, die einen zehnjährigen Baustopp für AKWs verlangte. Die Initiativen «Strom ohne Atom» für die schrittweise Stilllegung und «Moratorium Plus» für eine zehnjährige Verlängerung des Baustopps wurden an der Urne im Mai 2003 mit nur 33,7 Prozent und 41,6 Prozent Ja-Stimmen klar verworfen.

Bei einigen der Schweizer Kernkraftwerke stellte sich bereits die Frage der Stilllegung beziehungsweise einer Verlängerung der Betriebsdauer. Bis vor kurzem waren, um Energielücken zu schliessen, Pläne für weitere Anlagen in der «Pipeline»; so reichten die Betreiber im Juni 2008 ein Gesuch für Gösgen II und im Dezember 2008 Gesuche für den Ersatz von Beznau und Mühleberg ein. Nach der Reaktorkatastrophe von Fukushima im März 2011 wurde nun aber auch in der Schweiz der Atomausstieg verkündet. Für die Endlagerung arbeitet die *Nationale Genossenschaft für die Lagerung radioaktiver Abfälle* (NAGRA) seit Jahren an Lösungsvorschlägen – die Standortfrage ist aber weiterhin offen.

Weiterhin wichtig blieb die Nutzung der Wasserkraft zur Stromerzeugung. Mit dem Projekt Urseren aus dem Jahr 1943 sollten die Dörfer Andermatt, Hospental und Realp in einem grossen Stausee untergehen. Der lokale Widerstand des Jahres 1946 mit Krawallaktionen, die man heute als patriotische Heldentaten feiert, der Widerstand der Urner Regierung und die Aufmerksamkeit eines Teils der gesamtschweizerischen Öffentlichkeit zwangen die Elektrizitätsindustrie und den Bund 1951 zum Verzicht auf das Vorhaben. Kurz zuvor musste bereits ein analoges Projekt aufgegeben werden, mit dem am Hinterrhein die ganze Region von Splügen unter Wasser gesetzt werden sollte. An anderen Orten gelangen die Vorhaben: Am Julierpass verschwand 1954 das Dorf Marmorera, im Valsertal 1958 das Dorf Zervreila, im Verzascatal 1965 der Weiler Tropino und Teile des Dorfes Vogorno. Im Kanton Uri musste man sich anstelle des Urseren-Projekts mit dem 1963 fertiggestellten Werk Göscheneralp zufriedengeben. Auf die Ereignisse rund um den Bau des Flusskraftwerks Rheinau wird weiter unten eingegangen.

### Der Verkehr

Auch beim Verkehr kam es in der zweiten Hälfte des 20. Jahrhunderts zu einer gewaltigen Zunahme. Diese lässt sich teils mit der Steigerung der Wirtschaftstätigkeit, teils mit der Verlängerung der

> «*Nachdem feststeht, dass elektrische Energie in absehbarer Zeit auch mit Atomkraft erzeugt werden kann, hat die Wirtschaft nicht das geringste Recht mehr, zur Ausnützung der Wasserkraft bewohnte Täler zu vernichten.*»
>
> Meinrad Inglin (1893–1971), Schwyzer Schriftsteller, über das Staudammprojekt Göscheneralp, in seinem Roman *Urwang*, Zürich 1954, S. 289.

Arbeitswege der sogenannten Berufspendler, teils aber auch mit der zunehmenden Freizeitmobilität erklären. Die gestiegene Bedeutung der Mobilität fand ihren Ausdruck auch im 1959 eingeweihten Verkehrshaus in Luzern.

Von den Eisenbahnen wurde 1985 mit 400 000 Sitzplätzen insgesamt nur ein Viertel mehr Transportkapazität zur Verfügung gestellt als 1940 mit 300 000, obwohl die Bevölkerung in diesem Zeitraum um mehr als die Hälfte zugenommen hatte und viel mobiler geworden war. Das Wachstum des öffentlichen Verkehrs blieb damit weit hinter demjenigen des privaten Strassenverkehrs zurück. Ein aussagekräftiger Indikator ist die Entwicklung der Anzahl Personenwagen von 147 000 im Jahr 1950 auf 2,6 Millionen 1985 und 4,2 Millionen 2012. Während sich die Bevölkerung in den Jahren 1970 bis 1990 um knapp 10 Prozent vergrösserte, verzeichnet der Motorfahrzeugbestand einen Anstieg um 127 Prozent.

Nach offizieller Lesart wurde mit dem Bau des Nationalstrassennetzes 1960 begonnen. In Wirklichkeit wurde nach Vorabklärungen und Diskussionen, die bis in die Zwischenkriegszeit zurückreichen, ein erstes, vier Kilometer langes Teilstück schon 1953/54 zwischen Luzern und Ennethorw, einem Ortsteil von Horw, realisiert. Eine zweite Premiere eines «ersten» Teilstücks sollte ein Jahrzehnt später anlässlich der Landesausstellung «Expo 64» mit der Eröffnung der Autobahn Genf–Lausanne stattfinden.

Mit dem Motto, das Auto müsse sich nicht der Strasse, sondern die Strasse müsse sich dem Auto anpassen und die Schweiz müsse einen zwanzigjährigen Rückstand gegenüber dem Ausland aufholen, erhöhten die Autoverbände in den folgenden Jahren den Druck so weit, dass 1958 der Nationalstrassenbau in der Bundesverfassung verankert wurde. Die Entscheidungskompetenz in der Finanzierung, aber auch in der Linienführung wurde dem Bund zugewiesen; die kantonale Strassenhoheit, von Zeitgenossen als «Rudiment aus romantischer Postkutschenzeit» bezeichnet, beschränkte sich auf die Durchführung und den Unterhalt. Bis 1959 kam die Schweiz übrigens ohne Vorschriften zur Höchstgeschwindigkeit aus. Ein weiterer Effekt: Beim Bau der Autobahnen kamen zahlreiche prähistorische Relikte zum Vorschein – als hätte sich die tiefe Vergangenheit, gewissermassen als Reaktion auf die zunehmende Autoraserei, bewusst in Erinnerung rufen wollen.

Die Linienführung brachte ähnliche Auseinandersetzungen, wie sie die Schweiz bereits im Zeitalter des Eisenbahnbaus erlebt hatte. So entbrannte ein erbitterter Streit zwischen den Kantonen St. Gallen und Thurgau um die Linienführung zwischen Winterthur und der Stadt St. Gallen. Schwyz lehnte die Vorlage als einziger Kanton ab, weil die Nord-Süd-Transversale auf der Seelisberg-Seite und nicht an der Axenstrasse vorgesehen war. Und die Bauern waren anfänglich gegen Autobahnen, da diese zu viel Kulturland in Anspruch nähmen; doch schwenkten sie schliesslich ein, weil sie sich eine Entlastung des von ihnen selbst benutzten alten Strassennetzes versprachen.

Der katholisch-konservative Bundesrat Philipp Etter fasste die allgemein herrschenden Erwartungen in Worte, als er vor der Volksabstimmung im Juli 1958 den Nutzen von Nationalstrassen pries, die über Anschlussstrassen «sich überall ins Land hinein verästeln und das letzte Dorf am Segen des Verkehrs werden teilnehmen lassen»[42]. In den liberal-konservativen «Basler Nachrichten» kamen die Modernisierungsfreunde ebenfalls zu Wort: Der Abstimmungssonntag solle «ein Tag des Dankes sein für alle Kämpfe der Modernisierung unseres Strassennetzes, er soll vor allem auch ein Ehrentag unserer Demokratie sein, die ihre Reife zu fortschrittlichen Lösungen einmal mehr beweisen wird.»[43] Die «Ehre» und «Reife» drückten sich in einer Zustimmung von 85 Prozent aus.

Verschiedene Vorschläge, zusammen mit punktuellen Fahrverboten, zum Beispiel am Eidgenössischen Buss- und Bettag, bezweckten, den stetig ansteigenden Strassenverkehr etwas einzudämmen. Von den Abstimmungen zu drei Verkehrsinitiativen

### Endenergieverbrauch der Schweiz nach Energieträgern 1930–2011

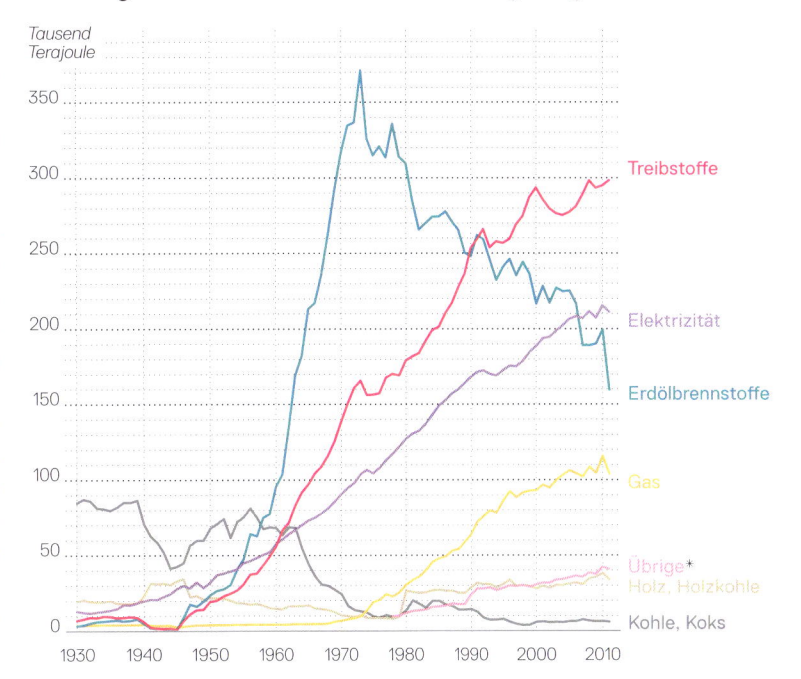

*Tausend Terajoule*

* Fernwärme, Müll und Industrieabfälle, übrige erneuerbare Energien
Quelle (Daten): Bundesamt für Energie, © 2013 Schwabe AG, Verlag, Basel, und Marc Siegenthaler, Bern.

**Plakat der Schweizerischen Konferenz für Sicherheit im Strassenverkehr, 1964; Gestaltung Hans Hartmann** (*Museum für Gestaltung Zürich, Plakatsammlung*). — Das fast kopflose Huhn als Kontrastfigur zum disziplinierten Fussgänger: Die Zunahme des Verkehrs erforderte auch einen Ausbau entsprechender Regulierungsmassnahmen.

## Neue Alpentunnel

Eine besondere Bedeutung – im Praktischen wie im Symbolischen – kam den Alpentunneln zu, die es zuvor nur für die Eisenbahn gegeben hatte. Der Grosse St. Bernhard (5,8 Kilometer) wurde 1964 als erster eröffnet, 1967 folgte der San Bernardino (6,6 Kilometer), 1980 der St. Gotthard (16,3 Kilometer) in Verbindung mit dem Seelisberg (9,2 Kilometer) und 1982 der 14,5 Kilometer lange Furka-Eisenbahntunnel. Aus jüngerer Zeit stammen zwei weitere Eisenbahntunnel durch die Alpen, Basistunnel genannt, weil sie das Gebirgsmassiv mit wenig Steigungen im davor- und danachliegenden Bereich praktisch an seiner Basis durchqueren, dafür umso länger sind: Der Lötschberg-Basistunnel (34,6 Kilometer) ist seit 2007 in Betrieb, am Gotthard-Basistunnel, mit 57 Kilometern der vorläufig längste Tunnel der Welt, und an dessen südlichem Zubringer, dem Ceneri-Basistunnel (15 Kilometer), wird noch gebaut, mit den Fertigstellungshorizonten 2016 und 2019. Die Finanzierung der Neuen Alpentransversale (NEAT) beschäftigte die Politik über Jahre. Schliesslich wurden regionalpolitische Gründe, das heisst der Interessenausgleich zwischen den Landesteilen, als Hauptgrund für die gleichzeitige Realisierung der beiden Tunnel am Gotthard und am Lötschberg angeführt.

gingen innert weniger Jahre unterschiedliche Signale aus. Weil es dabei um die «Alpen» ging und sie gegen den Transit gerichtet war, also weniger den eigenen Verkehr tangierte, wurde im Februar 1994 gegen die Empfehlung von Bundesrat und Parlament mit einem Volksmehr von 52 Prozent die Alpen-Initiative angenommen, welche die Verlagerung des Transitgüterverkehrs von der Strasse auf die Schiene und den Verzicht auf einen Ausbau der Transitstrassen forderte. Die im März 2000 zur Abstimmung gebrachte Volksinitiative, die eine Halbierung des motorisierten Strassenverkehrs innerhalb von zehn Jahren vorsah, hatte nicht den Hauch einer Chance und wurde mit 78,7 Prozent der Stimmen und von allen Kantonen verworfen. Nur wenig besser erging es im Mai 2003 der Initiative, mit der für den Privatverkehr und für eine Versuchszeit von vier Jahren vier Sonntagsfahrverbote – eines je Saison – eingeführt werden sollten: 62,4 Prozent der Stimmenden und wiederum alle Kantone lehnten das Ansinnen ab.

In der Zeit der Hochkonjunktur war auch vom Ausbau der Wasserwege die Rede, von der Hochrheinschifffahrt bis zum Bodensee und vom «Canal transhelvétique», der den Neuenburgersee mit dem Genfersee und auf diese Weise die Nordsee über Rhein, Aare und Bielersee mit dem Mittelmeer verbinden sollte. Diese Pläne gelangten aber nie zur Projektreife.

Das 1969 in Angriff genommene Projekt, mit einem Furka-Eisenbahntunnel das entwicklungsschwache Goms im Oberwallis und das Urserental – und damit indirekt auch die Wirtschaftsmetropole Zürich! – wintersicher zu verbinden, war eine Frucht der modernisierungsfreundlichen Machbarkeitseuphorie der 1960er Jahre. Kritik gab es wegen der vermuteten Vetternwirtschaft und vor allem wegen der massiven Kreditüberschreitung, denn statt der veranschlagten 80 Millionen kostete das Projekt schliesslich 318,5 Millionen Franken. Das Projekt wurde als staatspolitisches Bekenntnis zur Unterstützung benachteiligter Randregionen akzeptiert.[44] Im Nationalrat erklärte Walter Degen von der Baselbieter *Bauern, Gewerbe- und Bürgerpartei* (BGB) als Berichterstatter der beauftragten Kommission und zugleich als Fraktionsredner, dass man die Menschen, die in den Alpentälern «weit weg von den reichen Arbeitsplätzen» ausharrten, nicht verlassen dürfe: «Wir bekennen uns von dieser Stelle aus zu einer Volksgemeinschaft, der alle angehören.»[45]

### Die Umweltpolitik

Die Modernisierungsfolgen in Form von rücksichtslosen Eingriffen in die Landschaft, zunehmenden Schäden an der Umwelt und einer rasant anwachsenden Einwanderung führten schon früh und wiederholt zu Protestaktionen.

Die Konzession für den Bau und die Nutzung des Flusskraftwerks Rheinau war bereits 1944 vergeben und 1948 in Kraft gesetzt worden. Im Zuge der Ausführungsplanungen setzte Anfang der 1950er Jahre ein erheblicher Widerstand gegen den Aufstau des Rheins zwischen Rheinfall und Kraftwerk und die damit verbundene Veränderung der Landschaft ein. Demonstrationen mit Kirchengeläut, auf Halbmast gesetzte und mit Trauerflor versehene Fahnen, eine Massenpetition, ein Kantonsratsbeschluss und eine Volksabstimmung im benachbarten Kanton Schaffhausen mit gegen 66 Prozent Oppositionsstimmen, all das konnte den Bau nicht verhindern.

Der lokale Widerstand machte seine Sorgen zu einer Sache der Schweiz, lancierte zwei Volksinitiativen und erhielt Unterstützung von gesamtschweizerischen Organisationen: vom *Schweizerischen Bund für Naturschutz* (SNB, heute *Pro Natura*), vom *Schweizerischen Alpen-Club* (SAC), von der *Schweizerischen Vereinigung für Heimatschutz*, aber auch von konservativen Organisationen wie dem *Schweizerischen Vaterländischen Verband* (SVV) und der *Neuen Helvetischen Gesellschaft*.

Dagegen befürworteten alle grossen Parteien den Bau des Rheinau-Kraftwerkes. Auch die Gewerkschaften brachten wenig Verständnis für Naturschützer, «Heimatphilosophen» und Gegner des schrankenlosen Wachstums auf. Walther Bringolf, Schaffhauser Stadtpräsident und Nationalrat sowie Präsident der *Sozialdemokratischen Partei* (SP), gestand den Initianten zwar zu, «dass darunter viele wertvolle Menschen, die nur aus ideellen Gründen kämpfen, zu finden sind», fügte jedoch hinzu: «An ihre Rockschössen haben sich auch Querulanten und geistig anderweitig Beeinträchtigte gedrängt.»[46] Bringolf wollte vor allem den Rheinfall retten. Die erste «grüne» Massenbewegung der Nachkriegszeit blieb in der Minderheit. Die Rheinau-Initiative wurde im Dezember 1954 wuchtig mit 68,8 Prozent der Stimmen verworfen und einzig im Kanton Schaffhausen angenommen – zu einem Zeitpunkt, da das zu einem grossen Teil mit ausländischen Arbeitskräften errichtete Kraftwerk bereits zur Hälfte gebaut war.

Im Laufe der 1960er Jahre wuchs die Ungehaltenheit über den grassierenden Bau- und Verkehrslärm, dann die Sorge über das verschmutze Wasser – 1967 wurde eine entsprechende Initiative lanciert und 1972 zugunsten eines Gegenentwurfs zurückgezogen – sowie über die verunreinigte Luft.[47] In den 1970er Jahren wurde aus dem traditionellen Naturschutz mit seinen punktuellen und lokalen Rettungsbemühungen der moderne, landesweite und später internationale Umweltschutz mit einem umfassenden Schutzdenken. Die Umweltschutzbewegung wurde nicht nur von der Linken mitgetragen – anfänglich von dieser überhaupt nicht –, sondern auch von bürgerlichen Kräften, dies in enger Verbindung mit dem um 1900 wichtig gewordenen Heimatschutz.

Begriffe wie «Ökologie» und «Ökosystem» wurden aber erst in den 1980er Jahren populär. Der Mitgliederbestand des 1961 von Briten und Holländern in der Schweiz gegründeten *World Wildlife Fund* (WWF) wuchs von 1971 bis 1986 von 25 000 auf rund 140 000 Mitglieder an; 2010 waren es etwa 220 000. Auch in diesem Bereich lässt sich die wachsende Sensibilität in der Bevölkerung teilweise auf transnationale Strömungen zurückführen. 1970 wurde das Europäische Umweltschutzjahr begangen, 1972 publizierte der *Club of Rome* seinen stark beachteten Report *The limits to growth*.

Im Juni 1971 wurde ein Umweltschutzartikel, der auf eine Motion aus dem Jahre 1964 zurückging und Schutz vor «schädlichen und lästigen Einwirkungen» forderte, mit Glanz und Gloria angenommen. Die Zustimmung von 92,7 Prozent der Stimmenden und sämtlichen Kantonen konnte allerdings nicht verhindern, dass es bis zum Inkrafttreten eines entsprechenden Gesetzes nochmals über ein Jahrzehnt, bis 1983, dauerte. Die Garantie des inzwischen wieder in Frage gestellten Beschwerderechts für Verbände kam nur nach massiven Referendums- und Initiativdrohungen in das Gesetz.

1983 wurde eine schockierte Öffentlichkeit auf das «Waldsterben» aufmerksam; 1985 führte der Nationalrat diesbezüglich sogar eine Sondersession durch. Im Laufe der 1990er Jahre setzte eine starke Relativierung des Problems ein; das «Waldsterben» wurde, nun in entgegengesetzter Richtung, auf ein Medienphänomen reduziert.[48]

«Kaiseraugst» wurde in den siebziger Jahren zum Symbol des Widerstandes gegen die Atomkraftwerke. Der erste Widerstand regte sich bereits 1963. Im April 1975 – zuvor waren das Initiativrecht und der Rechtsweg bis zum Bundesgericht ausgeschöpft worden – besetzten Tausende von Leuten aus den verschiedensten Bevölkerungsgruppen das Gelände, um den Beginn der Bauarbeiten zu verhindern. Dieser auf Vermeidung von Gewaltanwendung bedachte Bürgerprotest wurde nach 75 Tagen abgebrochen, nachdem von der Gegenseite – der Bauherrschaft und dem Bund – erste Zugeständnisse gemacht worden waren. Die Besetzung erregte enormes Aufsehen. Selbst im bürgerlichen Lager sprachen sich in der Nordwestschweiz prominente Persönlichkeiten für das «Recht auf zivilen Ungehorsam» aus,[49] während man jenseits des Juras, wo man für die «egoistische Haltung» der Nordwestschweizer kein Verständnis hatte, laut darüber nachdachte, ob man das Militär zur Räumung des Geländes einsetzen solle.

Am Oberrhein bildete sich eine grenzüberschreitende Widerstandsgemeinschaft: 1971 fand in der französischen Gemeinde Fessenheim die erste Anti-AKW-Demo Europas statt, in diesem Fall al-

**Volkskundgebung in Rheinau am 27. Januar 1952** *(Ringier Bildarchiv, Sign. Feld: RBA1-1_VolkskundgebungRheinau_1952_1).* © StAAG/RBA. — Im kalten Januar 1952 protestierten rund 10 000 Personen – im Namen des «Volkes» und mit einem aufgesteckten Gesslerhut – erstmals gegen das in Rheinau geplante Flusskraftwerk. Später sollte sich der analoge, an die eidgenössische Mythologie anknüpfende Kampf gegen die «Atomvögte» richten.

## Temporäre Endlagerung

Die Sondermülldeponie von Kölliken (AG) – sie steht hier stellvertretend für zahlreiche andere Deponien – ist wegen ihrer enormen Dimension und des entsprechenden Sanierungsaufwands ein besonders drastischer Fall einer problematischen Praxis der «Entsorgung» ebenfalls problematischer Reststoffe, vor allem von Chemieabfällen. Die Deponie wurde seit 1978 in einer alten Tongrube betrieben. Geruchsbelästigungen und ein Fischsterben machten bald auf die ungenügenden Sicherheitsvorkehrungen aufmerksam, so dass die Gemeinde 1985 die Schliessung verfügen musste. In den folgenden vier Jahren wurde der Ist-Zustand erfasst, weitere zehn Jahre nahmen die Sicherungsmassnahmen in Anspruch. 2002 sollte mit dem Rückbau begonnen werden, 2005 wurde schliesslich die Gesamtsanierung aufgenommen. Um Lärm und Geruchsbelästigungen zu vermeiden, errichtete man über der Deponie die grösste Halle der Schweiz. Die Sanierung wird gemäss aktueller Planung rund 770 Millionen Schweizer Franken kosten (Stand März 2011).[50]

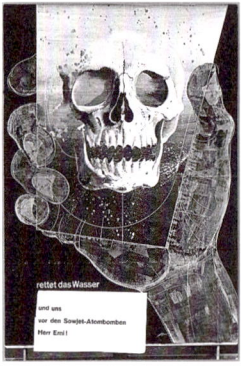

**Überklebtes Plakat «Rettet das Wasser» von Hans Erni, Luzern 1961** (*Archiv Karl Bühlmann, Luzern*). — Umweltschutz als «linkes» Postulat schien dazu zu berechtigen, dessen Befürworter mit «Gegenargumenten» zu konfrontieren. In Anspielung an die vor allem vor 1945 bekundeten Sympathien Hans Ernis für die Sowjetunion überklebte ein anonymer Patriot in Luzern das von Erni 1961 gestaltete Plakat zur Rettung des Wassers mit einem Papierstreifen, auf dem zu lesen war, dass man vor allem vor den sowjetischen Atombomben gerettet werden wolle. Der Ficheneintrag des Staatsschutzes vom 30. Juli 1949 zum Maler Hans Erni lautete: «E. ist als einer der gefährlichsten Linksextremisten der Schweiz zu betrachten». Von Erni bereits 1943 gestaltete Banknoten wurden wegen dieser Einordnung zurückgezogen und schon gedruckte Noten eingestampft.[51]

lerdings vergeblich – das Atomkraftwerk wurde gebaut. Erfolgreich war dagegen der Widerstand im südbadischen Wyhl, wo das vorgesehene Baugelände im Februar 1975 besetzt wurde. Ein ernstes Signal bildeten 1977 die Ausschreitungen an einer Demonstration bei der AKW-Baustelle in Gösgen. Im Falle von Kaiseraugst führte ein langer Weg über zwei eidgenössische Volksabstimmungen, zwei kantonale Volksabstimmungen, Monsterdebatten in den eidgenössischen Räten, eine Sondersession, Petitionen und Delegationen, Klimastudien und Gegenexpertisen, Resolutionen und Pressekonferenzen, verschiedene Sachbeschädigungen und Bedrohungen von Exponenten der Elektroindustrie sowie erneute Demonstrationen – am 1. August 1981 beispielsweise mit 7000 Teilnehmenden – im Herbst 1981 schliesslich zu ersten Verzichtssignalen und im Dezember 1988 zu einem definitiven, aus öffentlicher Kasse mit 350 Millionen Franken als Abfindung erkauften Verzicht.

Im Falle der Freisetzung des hochgiftigen Dioxins TCDD in einer zum Basler Chemieunternehmen Hoffmann-La Roche gehörenden Fabrik im norditalienischen Seveso im Juli 1976 – 20 Kilometer südlich der Schweizer Grenze – beschränkte sich die schweizerische Betroffenheit weitgehend auf die Imagefrage, obwohl das Ausmass der Katastrophe verheerend war. Ganz anders war es um die Betroffenheit bestellt, als im November 1986 ein Grossbrand eine Lagerhalle des zweiten grossen Basler Chemieunternehmens Sandoz im Industriegebiet Schweizerhalle zwischen Muttenz und Pratteln am Rhein zerstörte. Das verseuchte Löschwasser gelangte direkt in den Rhein und vernichtete auf einer Länge von 400 Kilometern die gesamte Aalpopulation. Entgegen ersten Befürchtungen erholte sich der Rhein schnell. Die zwanzig Jahre später durchgeführten Erinnerungsveranstaltungen stiessen trotz gleich gebliebener Problematik auf geringe Resonanz.

Die Besorgnis, soweit vorhanden, hat sich in jüngerer Zeit auch den schmelzenden Gletschern zugewandt, die immerhin zum alpinen Identitätskern der Schweiz gehören, sowie dem Steigen der Schneegrenze, das immerhin einen Teil des Wintertourismus in Gefahr bringt. Nicht einbezogen in diese Beunruhigung ist die schleppende Umsetzung der 1994 angenommenen Volksinitiative zum Schutze des Alpengebietes vor dem Transitverkehr, der Alpen-Initiative. 1999 wurde zwar nach 16 Jahren ein Verlagerungsgesetz und 2008 ein Nachfolgegesetz verabschiedet; Letzteres mit der Vorgabe, dass 2017/18, nach der Eröffnung des Gotthard-Basistunnels, nur noch 650 000 Lastwagen auf der Strasse den Gotthard passieren dürfen. Die Alpen-Initiative hatte die Umsetzung des Verlagerungsziels bereits für das Jahr 2004 vorgeschrieben.

### Die Ausländerpolitik

Anfänglich setzte die Schweiz in der Ausländerpolitik auf das Rotationssystem, das davon ausging, dass die temporär beschäftigten Ausländer wieder in ihr Herkunftsland zurückkehren würden, was im Übrigen auch den hoffnungsvollen Vorstellungen vieler «Fremdarbeiter» entsprach.

Erst mit dem Eintreten von Rekrutierungsschwierigkeiten aufgrund erster Massnahmen zur Förderung der Personenfreizügigkeit innerhalb der *Europäischen Gemeinschaft* (EG) und des zusätzlichen Bedarfs der Bundesrepublik Deutschland an Arbeitskräften nach der Errichtung der innerdeutschen Mauer im Jahr 1961 öffnete sich die Schweiz dem Niederlassungsprinzip. Die sogenannten Saisonniers mit einem «Ausweis A», die nur während neun Monaten im Jahr ohne Arbeitsplatz- und Kantonswechsel und ohne Familiennachzug in der Schweiz arbeiten durften, die Schweiz aber jedes Jahr für drei Monate verlassen mussten, erhielten nach vierjähriger Erfüllung dieser bis 1991 gültigen Vorgaben die Niederlassungsbewilligung, den «Ausweis C». 1970 fielen rund 250 000 Arbeitskräfte unter die Kategorie der Saisonniers, die als flexibler Konjunkturpuffer diente. Ein Drittel der eingewanderten Arbeitskräfte waren Frauen, was in der Regel übersehen wurde, weil die Männer auf den Baustellen und abends im Ausgang deutlicher wahrnehmbar waren.

Die damals grösstenteils schwach ausgebildeten Einwanderer übernahmen die Arbeiten der untersten Qualifikationsstufe, was manchen Schweizern gestattete, sozial aufzusteigen. Die Einwanderungsordnung und die vorherrschende Einstellung gegenüber den fremden Arbeitskräften waren ganz auf den volkswirtschaftlichen Nutzen ausgerichtet. Max Frisch hielt dem im Jahr 1964 das berühmte Wort entgegen: «Ein kleines Herrenvolk sieht sich in Gefahr: Man hat Arbeitskräfte gerufen, und es kommen Menschen.»[52]

Der Unmut über die «vielen» Ausländer nahm im Laufe der 1960er Jahre stark zu. Bereits Ende der 1950er Jahre wurde – zuerst von gewerkschaftlicher und sozialdemokratischer Seite – nach Einschränkungen gerufen. 1961 akzentuierte der Gewerkschaftsbund seine Vorbehalte: «Um die politische, kulturelle und sprachliche Eigenart der Schweiz zu erhalten und eine Überfremdung zu verhindern, ist der Zuzug ausländischer Arbeitskräfte einer Kontrolle zu unterstellen und der Aufnahmefähigkeit des Arbeitsmarktes anzupassen.»[53] Zunächst verlief der Trend in der Politik aber in entgegengesetzter Richtung. Um weiterhin ein attraktives Einwanderungsland zu bleiben, musste die Schweiz in einem mit Rom ausgehandelten Abkommen bessere Aufenthaltsbedingungen für die italienischen Immigranten zugestehen. In Opposition zu diesem auf sehr fragwürdige Weise in Kraft gesetzten Abkommen vom 10. August 1964[54] entstand die rechtspopulistische Bewegung, aus der die erste Überfremdungsinitiative hervorging; angeführt wurde sie von dem seit 1967 dem Nationalrat angehörenden Zürcher Politiker James Schwarzenbach.[55]

Die Schwarzenbach-Initiative forderte bei einem Ausländeranteil von 16 Prozent – zum Vergleich: 2012 sind es 23 Prozent – die Beschränkung auf 10 Prozent, was bedeutete, dass innerhalb von vier Jahren etwa 300 000 Ausländer und Ausländerinnen die Schweiz hätten verlassen müssen. Obwohl sozusagen die gesamte Öffentlichkeit, vom Bundesrat bis zur Boulevardpresse, von den Wirtschaftsspitzen bis zur Linken, gegen die Initiative antrat und den wirtschaftlichen Ruin des Landes im Falle einer Annahme prognostizierte, gelang es den heimatbesorgten und fremdenfeindlichen Initianten am 7. Juni 1970 über eine halbe Million Stimmen und damit 46 Prozent der Abstimmenden hinter sich zu bringen. Die Resultate zeigten erhebliche kantonale Unterschiede: Uri, ohne «Fremdarbeiterproblem», stand mit einer Zustimmung von 63 Prozent an der Spitze der annehmenden Kantone, gefolgt von Nidwalden und Obwalden mit 56 und 55 Prozent. Geringste Zustimmungen beziehungsweise höchste Verwerfungen verzeichneten das Tessin mit 36 und Neuenburg mit 39 Prozent. Mit einer Mobilisierung von insgesamt 75 Prozent der Stimmberechtigten kam es zur höchsten Beteiligung seit der Abstimmung über die AHV im Jahr 1947. Überboten wurde dies erst wieder 1992 in der Abstimmung über den Beitritt zum *Europäischen Wirtschaftsraum* (EWR). Auf den Versuch von 1969/70 folgten in kürzeren Intervallen mit sinkender Unterstützung vier weitere Initiativen ähnlicher Art, bis zur eidgenössischen Volksinitiative für eine Regelung der Zuwanderung, die sogenannte 18-Prozent-Initiative, die im September 2000 von 64 Prozent der Stimmenden abgelehnt wurde. Mit dem weiteren Anstieg der Zuwanderung, insbesondere infolge der 2002 in Kraft getretenen Personenfreizügigkeit gegenüber der EU, haben die Überbevölkerungsbedenken neuen Auftrieb bekommen. Im Jahr 2012 wurden darum gleich zwei Volksinitiativen eingereicht: von der *Schweizerischen Volkspartei* (SVP) eine, welche jährliche Obergrenzen für die Einwanderung vorsieht, und von der überparteilichen Organisation *Ecopop* eine, welche die Einwanderung auf jährlich 0,2 Prozent der Bevölkerung beschränken und mit verstärkter Entwicklungszusammenarbeit den aussereuropäischen Migrationsdruck abbauen will.

Die Behörden erwarteten von dauerhaft niedergelassenen Ausländern schnelle Assimilation bei minimalster Integrationshilfe. Die den Italienern entgegengebrachte Ablehnung war anfänglich gross, und ebenso gross waren die Anpassungsleistungen, welche die neuen Lebensverhältnisse von den Zugewanderten abforderten. Inzwischen werden diese Einwanderer im Vergleich mit später ins Land gekommenen Türken und Jugoslawen als vorbildlich eingestuft, wobei sie selbst sich zum Teil über die nachfolgenden Einwanderer aufhalten. In der schweizerischen Aufnahmegesellschaft hat seither ein kollektiver Lernprozess stattgefunden: Während in den 1960er Jahren selbst geringe kulturelle Differenz noch scharfe Distanzierung auslöste, hat die schweizerische Gesellschaft inzwischen gelernt, mit grösseren kulturellen Unterschieden alles in allem gelassener umzugehen.

### Die Parteipolitik

Mit einer nicht zufälligen Symmetrie bildeten sich in den 1960er Jahren an den äusseren Flügeln des politischen Spektrums zwei unterschiedliche an-

> «*Ich hatte keine persönlichen Begegnungen mit Ausländern. Aber ich bin der Natur begegnet, und da habe ich gesehen, was die Bevölkerungsexplosion anrichten konnte. Es ist doch logisch: Die Wirtschaft hat rücksichtslos Fremdarbeiter angeworben, dadurch konnte und musste immer mehr gebaut werden, Wohnblöcke, Fabriken, Lagerhäuser, Strassen. Die Luft ist verpestet, die Gewässer sind verschmutzt. Jede Sekunde wird ein Quadratmeter Kulturboden zubetoniert. Hunderte von Hektaren Wald werden geopfert. [...] Wenn die Sache gutgeht, glaube ich an eine Gesundung für das ganze Land. Dann wird mir auch persönlich wohler. Wenn es bachab geht, habe ich Angst, nicht für mich, ich bin jetzt fünfundsechzig, aber für unsere Kinder und Kindeskinder.*»

Der Zuger Gemeinde- und Kantonsrat der *Nationalen Aktion* (NA), Alois Keller, vor der Abstimmung über die vierte Überfremdungsinitiative «zum Schutze der Schweiz», Luzerner Neue Nachrichten vom 19. Februar 1977.

## Typhus in Zermatt

Im Frühjahr 1963 geriet der Kurort Zermatt nicht nur in die schweizerischen, sondern auch in die internationalen Schlagzeilen – dies für einmal nicht wegen seines wunderbaren Hausbergs, sondern wegen einer Typhusepidemie, die über 450 Hospitalisierte und drei Tote zur Folge hatte. Wie konnte es zu dieser Epidemie kommen? Dazu stehen vor allem zwei Erklärungen zur Verfügung: Entweder wird auf einen Ausländer verwiesen, der die Krankheit eingeschleppt habe – kein Tourist, sondern ein italienischer Saisonnier –, oder man macht das rückständige Kanalisationssystem und die Vertuschungshaltung der einheimischen Behörden verantwortlich. Der Vorfall führte zur Revision des eidgenössischen Epidemiengesetzes vom 18. Dezember 1970.[56]

timodernistische Protestbewegungen heraus: auf der rechten Seite die nationalistische, vor allem von älteren Jahrgängen getragene Bewegung gegen Überfremdung und auf der linken Seite die internationalistische, von jüngeren Jahrgängen getragene Bewegung gegen Entfremdung. Der einen ging es um die Bewahrung vertrauter Heimat und auch um den Schutz der Natur, der anderen um Autonomie und Selbstbestimmung. Die politischen Gegensätze trugen Züge eines Generationenkonflikts: Die radikale rechte Reaktion der 1960er Jahre empörte sich über die «heutige Jugend», die linke erging sich im Protest gegen die alten Rechtsnationalen – und störte gerne deren Veranstaltungen.

Beide Seiten starteten als monothematische Bewegungen und entwickelten sich später zu Parteigebilden mit erweitertem Themenspektrum.[57] Beide traten als ausserparlamentarische Opposition auf, liessen sich aber mit Teilnahmen an Parlamentswahlen in den Kantonen und auf Bundesebene schnell auf das Repräsentationssystem ein. Die Kräfte der 1961 gegründeten *Nationalen Aktion* (NA) lebten in Formationen mit anderen Namen (*Republikaner, Freiheits-Partei, Auto-Partei, Schweizer Demokraten*) weiter und wurden nach 2000 weitgehend von der SVP aufgesogen. Die äussere Linke formierte sich teils als *JungsozialistInnen Schweiz* (JUSO) innerhalb der SP, teils als *Progressive Organisationen* (POCH), deren Restbestand gegen Ende der 1990er Jahre in der *Grünen Partei der Schweiz* (GPS) aufging. Die autoritäre kommunistische *Partei der Arbeit* (PdA) lehnte hingegen die junge Linke stets ab.

Daneben gab es die traditionellen Parteien, deren politische Positionen sich insgesamt nur wenig veränderten. Die Sitzanteile der Bundesratsparteien im Nationalrat blieben über die lange Zeitspanne von 1959 bis 2003 konstant (siehe Graphik im Kapitel von Sacha Zala, S. 505). Die sogenannte Zauberformel in der Zusammensetzung der Landesregierung war zugleich Voraussetzung und Resultat dieser bemerkenswerten Kontinuität. In den letzten 20 bis 30 Jahren ist es allerdings zu beträchtlichen Verschiebungen in den Kräfteverhältnissen gekommen. Die vormals beherrschende *Freisinnig-Demokratische Partei* (FDP), die bei den Nationalratswahlen im Jahr 1983 zusammen mit der *Liberaldemokratischen Partei* (LDP) noch 26 Prozent der Wählerstimmen auf sich vereinigt hatte, erreichte 2011 gerade noch 15 Prozent. Die SVP dagegen konnte stets zulegen: von 14,9 Prozent (1995) über 22,6 Prozent (1999) und 26,8 Prozent (2003) auf 29 Prozent (2007).

Der Zauberformel, die zu Beginn im Jahr 1959 eigentlich nur das Produkt einer bestimmten Konstellation war, wurde mit zunehmendem Abstand zu ihrer Einführung immer höhere Gültigkeit zugeschrieben. Zugleich wurde wegen erodierender Gemeinsamkeiten spätestens seit 1991 ihr baldiges Ende prognostiziert. Bei den Bundesratswahlen im Dezember 2003 wurde die Zauberformel im Prinzip noch einmal bekräftigt, erhielt jedoch einen anderen Inhalt: Die Mehrheit der Bundesversammlung befand, dass sich die *Christliche Volkspartei* (CVP) mit einer Einervertretung begnügen solle und der SVP nach ihren Wahlerfolgen eine Zweiervertretung zustünde: Ruth Metzler, die als mit Abstand jüngstes Regierungsmitglied seit 1999 Justizministerin gewesen war, wurde in ihrem Amt nicht bestätigt; dafür wurde Christoph Blocher als zweiter Bundesrat der SVP in die Landesregierung gewählt. Als das Parlament im Dezember 2007 Blocher nicht wiederwählte und ihm eine Sprengkandidatin der SVP vorzog, die Bündnerin Eveline Widmer-Schlumpf, Tochter eines Bundesrats, blieb die neue Zauberformel zunächst gewahrt. Erst mit dem Ausschluss der neuen Bundesrätin beziehungsweise der mit ihr solidarischen Kantonalsektion aus der SVP ging die Ära der Zauberformel wirklich zu Ende.

Während der langen Zeit der Stabilität mit der Zauberformel gab es gleichwohl wichtige Veränderungen: Sowohl auf eidgenössischer wie auf kantonaler Ebene kam es seit den sechziger Jahren zu einer Zunahme von politischen Kleingruppen, die sich als «Splitterparteien» um Parlamentsmandate bewarben. Dieser Tendenz lag unter anderem das Aufkommen von zunächst monothematischen «neuen sozialen Bewegungen»[58] in den sechziger Jahren zugrunde, die sich rund um die Jugend- und Frauenfrage, später die Friedens- und Armeefrage, die Energie-, Verkehrs- und Umweltfragen, die Fragen rund um die «Dritte Welt», die Menschenrechte oder die Europafrage bildeten, bis hin zu Gruppierungen wie den *Grauen Panthern*, die sich speziell für die Interessen der älteren Generation einsetzen.

Das Themenspektrum der gegen Ende der 1960er Jahre aufgekommenen Protestbewegung erweiterte sich im Laufe der Zeit.[59] Die neuen Betä-

*Wahlplakat zu den Nationalratswahlen im Herbst 1967* (Museum für Gestaltung Zürich, Plakatsammlung). — Die von der Wirtschaft in die Schweiz geholten Fremdarbeiter gerieten ins Visier der wirtschaftskritischen Überfremdungsgegner, hier auf einem Plakat der 1867 aus der Demokratischen Bewegung hervorgegangenen und bis 1971 bestehenden *Demokratischen Partei der Schweiz*.

tigungsfelder können auf der politischen Skala jedoch weniger eindeutig eingeordnet werden. Für die politische Wahrnehmung dieser Interessen bildeten sich meist eigene Organisationen, für die sich das zuvor unbekannte Kürzel NGO für «Nichtregierungsorganisation» einbürgerte. Neben dem klassischen Repertoire der politischen Kampfmittel – der Petition, der Initiative und dem Referendum – griffen diese Gruppierungen auf neue Aktionsformen wie das Strassentheater, symbolische Besetzungen und an prominenten Stellen angebrachte Spruchbänder zurück. Seit den 1970er Jahren mussten sich die traditionellen Parteien die Politik mit diesen jüngeren und freier organisierten Kräften teilen. Das nichtinstitutionelle Mobilisierungspotential erreichte in den 1980er Jahren ein Maximum, zeigte danach eine abnehmende Tendenz und hat sich seither auf deutlich höherem Niveau als in der Zeit vor 1965 eingependelt.[60]

Das während Jahrzehnten stabile politische Gefüge geriet mit dem für schweizerische Verhältnisse beinahe kometenhaften Aufstieg der SVP von 1991 bis 2007 ins Wanken.[61] Ihren Erfolg verdankte die SVP drei Faktoren: erstens einem populistischen Politikstil, der Besetzung skandalträchtiger Themen, einem nationalistischen Patriotismus und der Abwehr alles Fremden sowie der Pflege eines antietatistischen, gegen «Bundesbern» als Symbol von Regierung und Bundesverwaltung gerichteten Reflexes. Dazu kamen, zweitens, die Unfähigkeit der anderen Grossparteien, diesem Phänomen etwas Überzeugendes entgegenzuhalten, und drittens die Logik der Medien, die den auf Spektakel bedachten SVP-Auftritten zusätzlichen Auftrieb gab.

Als ob die selbstverständliche Zusammenarbeit auf kommunaler und kantonaler Ebene nicht bestünde, wird seit einigen Jahren aus eidgenössischer Perspektive die ↑Konkordanz, das heisst ein auf minimalem Konsens beruhendes gemeinsames Wahrnehmen von Regierungsverantwortung, auf die Frage der Zusammensetzung der Landesregierung reduziert. Wie die SP in den frühen 1980er Jahren versteht sich die SVP neuerdings in akzentuierter Art nicht nur als Regierungspartei, sondern zugleich auch als Oppositionspartei und betreibt einen permanenten Wahlkampf.[62] Obwohl es in den Parlamentsgeschäften noch immer zu wechselnden Allianzen kommt, ist die Grundfrage ins Zentrum gerückt, ob man eine Mitte-rechts- oder eine Mitte-links-Mehrheit haben will. Der CVP und den neuen Mitteparteien, der *Bürgerlich-Demokratischen Partei* (BDP) und der *Grünliberalen Partei* (GLP), kommt dabei eine Schlüsselrolle zu.

Den im Bundesrat vertretenen Flügelparteien – der SP und der SVP – bereitete es verschiedentlich Mühe zu akzeptieren, dass die politischen Mitspieler zwar die Sitze zugestanden, deren Besetzung aber nicht als alleinige Sache der jeweiligen Partei betrachteten. Überstieg die Unzufriedenheit über den Ausgang von Bundesratswahlen ein gewisses Mass, meldeten sich wiederholt zwei Spielarten von Enttäuschten: Die einen stellten das Konkordanzsystem als solches in Frage und wollten die über Jahrzehnte stabile «grosse Koalition» durch ein System mit zwei antagonistischen Lagern ersetzen beziehungsweise ganz in die Opposition gehen. Davon erhofften sie sich zusätzliche Stimmen, dank deren sie gestärkt würden zurückkehren können. Die anderen forderten – wie das die SP schon um 1900 und 1942 getan hatte – die Volkswahl der Landesregierung. Die SP dachte 1983 erneut laut über diesen Schritt nach, nachdem anstelle ihrer offiziellen Kandidatin Lilian Uchtenhagen, die als erste Frau in die Landesregierung hätte einziehen sollen, der Sprengkandidat Otto Stich, ebenfalls aus der SP, gewählt worden war. Die Exponenten des Verliererlagers fragten sich, ob angesichts der «Verhärtung des Bürgerblocks [...] die vordergründig gleichberechtigte Teilhabe der SP an der Regierungsmacht» in Form der Zauberformel nicht ein fauler Zauber sei[63] (siehe auch Zoom 3 unten, S. 580).

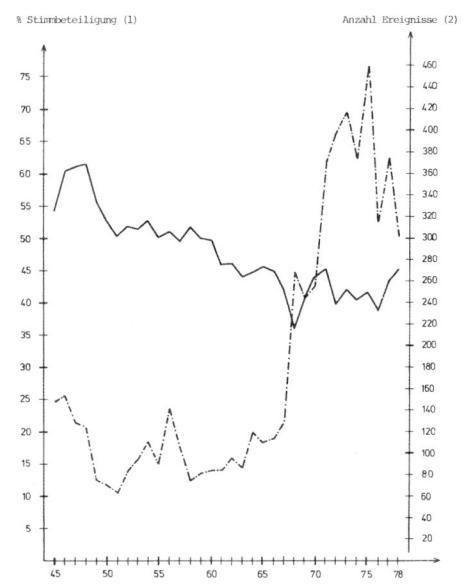

Ähnlich verhielt sich die SVP, die bei der Nichtwahl ihres populistischen Volksführers, des Unternehmers Christoph Blocher, im Jahr 1999 mit einer Initiative drohte. Nach dessen Abwahl als Bundesrat im Dezember 2007 machte sie ihre Drohung wahr und lancierte eine Volksinitiative zur Volkswahl des Bundesrates, die sie 2011 einreichte. Sie begründete ihr Vorgehen in erster Linie damit, dass ein für die

«**Entwicklung der Stimmbeteiligung an eidgenössischen Abstimmungen und der Häufigkeit politischer Aktivierung in weniger traditionellen Formen von 1945 bis 1978**», Graphik in: Hanspeter Kriesi et al. (Hg.) **Politische Aktivierung in der Schweiz 1945–1978**, Diessenhofen 1981, S. 4. — Die Wissenschaft, in diesem Fall die Politologie, interessiert sich speziell für neu auftauchende Phänomene. Deren Schicksal ist es freilich, dass auch sie gelegentlich historisch werden. Im Jahr 1981 schien die traditionelle und formelle Partizipation durch den Gang an die Urne (und noch kaum auf dem Korrespondenzweg) rückläufig zu sein, stark zunehmend dagegen die weitgehend neuartige und informelle Partizipation durch die Mitwirkung in Basisbewegungen, die sogenannte Aktivierungsereignisse produzierten (Demonstrationen, Streiks, Besetzungen, Flugblattaktionen, Boykotte etc.). Wie die Graphik aus Kriesis Studie für die letzten hier erfassten Jahre zeigt, lag diesem Phänomen keine anhaltende Dynamik zugrunde.

Zusammensetzung der Kantonsregierungen bewährter Wahlmodus auch im Falle der Landesregierung zum Zug kommen solle. Der Bundesrat empfahl im Mai 2012 die Initiative zur Ablehnung.

**Die Staatspolitik**

Die staatspolitische Entwicklung ergab sich aus einer Vielzahl von Einzelvorstössen und mündete in eine am 1. Januar 2000 in Kraft getretene «nachgeführte», das heisst vorübergehend «à jour» gebrachte Bundesverfassung. Die erste Totalrevision nach 1874 war Tatsache geworden.

Die zum Jubiläum des Bundesstaats im Jahr 1998 verabschiedete Verfassung hat eine Vorgeschichte, die bis in die bewegten 1960er Jahre zurückgeht. Zunächst waren es eher konservative Geister, welche mit einer Reform die traditionelle Staatsordnung wiederbeleben und festigen wollten. Zu Beginn der 1970er Jahre geriet das Projekt in die Hände progressiver Experten. Der Entwurf von 1977 trug den fortschrittlichen Zukunftserwartungen der Aufbruchsjahre zu stark Rechnung. Nachdem die politische Stimmung gedreht hatte, wurde er als nicht mehrheitsfähig beziehungsweise als den «helvetischen Gegebenheiten» nicht genügend Rechnung tragend eingestuft. Neue Impulse der 1980er Jahre führten dann doch zu einer bescheidenen, in ihrem Gehalt aber auch unterschätzten Reform. Bei einer schwachen Stimmbeteiligung von nur 35,3 Prozent kam am 18. April 1999 ein komfortables Volksmehr von 59,2 Prozent, jedoch nur ein knappes Ständemehr von zwölf Kantonen und zwei Halbkantonen (von insgesamt 23 Standesstimmen) zustande. Hätten lediglich je rund 2000 Bürger und Bürgerinnen in Zug und in Graubünden anders gestimmt, wäre es zu einem negativen Ständemehr und damit zu einer Ablehnung der Verfassungsrevision gekommen. Mit Argumenten, die der Bundesrat als unwahr auszuräumen versuchte, führten die Gegner eine Kampagne gegen die Vorlage: Die neue Verfassung würde die Eigenstaatlichkeit der Schweiz gefährden, eine neue Rechtslage bezüglich des EU-Beitritts schaffen, die Einführung des Ausländerstimmrechts präjudizieren, das Elternrecht abschaffen und die Wehrmänner entwaffnen. Auf der Befürworterseite konnte man im Gegenzug auf den Mut der Architekten der neuen Verfassung hinweisen, die es gewagt hätten, nicht nur alle Schweizer, sondern alle Menschen als vor dem Gesetz gleichgestellt zu erklären (Art. 8).[64] Inzwischen ist mindestens ein Drittel der heutigen Verfassung nach weiteren Partialreformen bereits wieder «geflickter» Neubestand.

Wie bereits in der Zwischenkriegszeit war auch in der Zeit nach 1945 ein Hauptdiskussionspunkt die Frage, welche Rolle dem Staat richtigerweise zukommen solle – zum Beispiel in der Wirtschaftspolitik. In den ersten Nachkriegsjahren war die Bereitschaft, dem Staat diesbezüglich Regulierungskompetenzen einzuräumen, bemerkenswert gross. Die im Juni 1947 gleichzeitig mit dem AHV-Gesetz angenommenen Wirt-

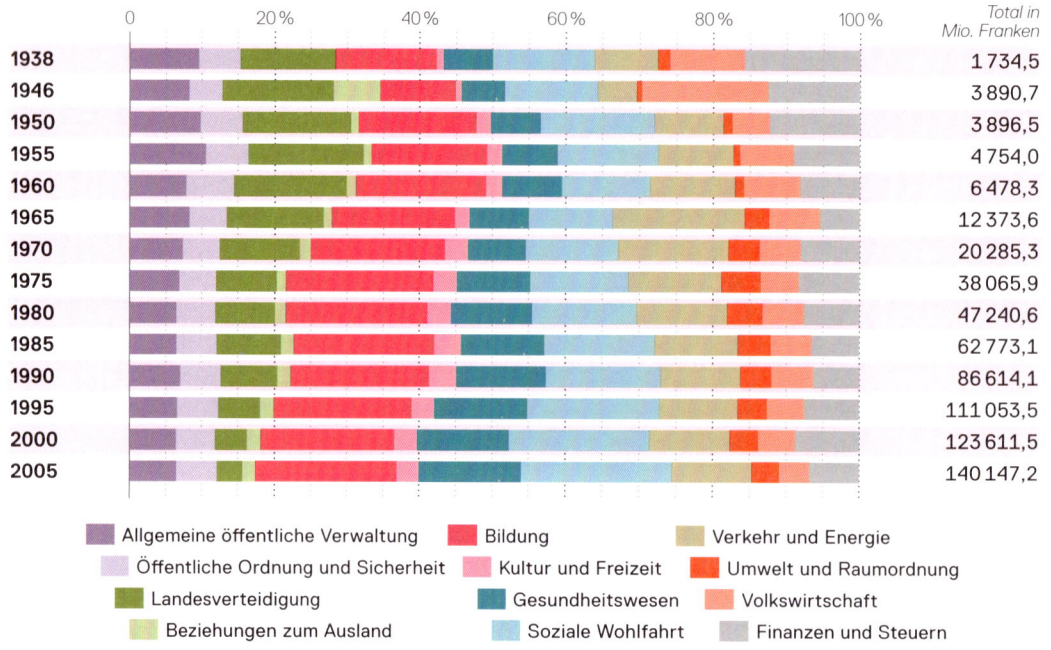

**Funktionale Gliederung der öffentlichen Ausgaben (Bund, Kantone, Gemeinden) 1938–2005**

| Jahr | Total in Mio. Franken |
|---|---|
| 1938 | 1 734,5 |
| 1946 | 3 890,7 |
| 1950 | 3 896,5 |
| 1955 | 4 754,0 |
| 1960 | 6 478,3 |
| 1965 | 12 373,6 |
| 1970 | 20 285,3 |
| 1975 | 38 065,9 |
| 1980 | 47 240,6 |
| 1985 | 62 773,1 |
| 1990 | 86 614,1 |
| 1995 | 111 053,5 |
| 2000 | 123 611,5 |
| 2005 | 140 147,2 |

- Allgemeine öffentliche Verwaltung
- Öffentliche Ordnung und Sicherheit
- Landesverteidigung
- Beziehungen zum Ausland
- Bildung
- Kultur und Freizeit
- Gesundheitswesen
- Soziale Wohlfahrt
- Verkehr und Energie
- Umwelt und Raumordnung
- Volkswirtschaft
- Finanzen und Steuern

Quellen (Daten): Eidgenössische Finanzverwaltung EFV; Hansjörg Siegenthaler, Heiner Ritzmann-Blickenstorfer (Hg.), Historische Statistik der Schweiz, Zürich 1996, S. 958, © 2013 Schwabe AG, Verlag, Basel, und Marc Siegenthaler, Bern.

schaftsartikel (Art. 31/32) räumten den Verbänden zwar ein Vernehmlassungsrecht ein, das die Parteien in dieser Form nie erhielten, und sie garantierten die Handels- und Gewerbefreiheit, aber sie sahen auch Staatsinterventionen zur Krisenbekämpfung vor. 1947 als Mittel zur wirtschaftlichen Belebung gedacht, bildeten die Artikel in der wirtschaftlich überhitzten Phase der 1960er und noch zu Beginn der 1970er Jahre die verfassungsrechtliche Basis für konjunkturdämpfende Massnahmen. Ein eigentlicher Konjunkturartikel kam nach einer knapp gescheiterten Vorlage von 1975 erst 1978 zustande.

Bereits in den 1970er Jahren trat die FDP mit der Parole «Mehr Freiheit – weniger Staat» an; trotzdem wuchs die Staatsquote, also die Höhe der Staatsausgaben im Verhältnis zur Wirtschaftsleistung. Der im Geiste des Neoliberalismus vor allem von der SVP, aber weiterhin auch von der FDP geforderte Abbau staatlicher Leistungen insbesondere im Bereich der Sozialhilfe erzielte in den folgenden Jahrzehnten einige Resonanz. Nach der Bankenkrise im Jahr 2008 und dem darauffolgenden massiven Einbruch der Wirtschaft erwarteten teils dieselben politischen Kräfte jedoch eine massive Unterstützung von Unternehmen durch den Staat nach dem Motto «too big to fail», weil deren Ruin aufgrund ihrer schieren Grösse der ganzen Volkswirtschaft geschadet hätte. Staatliche Beihilfen für die Landwirtschaft blieben ohnehin eine sonderbare Selbstverständlichkeit.

## Die Sicherheitspolitik

In der Sicherheitspolitik galt bis 1990 das Prinzip der völlig autarken Landesverteidigung (siehe Beitrag von Rudolph Jaun, S. 539). Dies schloss nicht aus, dass in den Jahren 1947/48 mit den Westmächten (insbesondere mit dem britischen Feldmarschall Bernard Montgomery) im Hinblick auf den Ernstfall, das heisst eine sowjetische Invasion, Gespräche über eine Unterstützung der Schweiz vor allem mit schweren Waffen geführt wurden.[65] Die Schweiz war im Infanteriebereich traditionell gut ausgestattet, sie hatte eine etwa 15 Mal höhere militärische Belegungsdichte (Anzahl Soldaten pro Quadratkilometer) als andere europäische Länder.[66] Nachdem die Militärausgaben bereits 1947 stark in die Höhe geklettert waren, erklommen sie 1950 die 500-Millionen-Marke. 1951 bewilligte das Parlament vor dem Hintergrund des Koreakriegs den Rekordkredit von 1464 Millionen Franken für die Armee. Nach dem Ungarnaufstand im Jahr 1956 erreichten diese Ausgaben sogar einen Anteil von 42 Prozent des Bundesetats. Mitte der 1970er Jahre betrug dieser Wert jedoch nur noch rund 20 Prozent.

Bis in die 1960er Jahre war es der Schweizer Armee ein Anliegen, über eigene Atomwaffen zu verfügen; die Anschaffung von französischen Flugzeugen des Typs «Mirage» hätte es ermöglichen sollen, einen Atomschlag gegen Moskau auszuführen. Ein Militärstratege forderte Bergsilos für Interkontinentalraketen («mörderischstes Kriegsgerät») und sah darin «die modernisierte Formel für Morgarten».[67] Solchen Plänen vermochten die Abstimmungen über zwei Initiativen in den Jahren 1962 und 1963 gegen schweizerische Atomwaffen kein Ende zu bereiten; hingegen führte das wachsende Interesse an der von den USA abhängigen zivilen Nutzung der Kernenergie die Wende herbei. 1969 unterzeichnete die Schweiz den Atomsperrvertrag, sie wartete aber mit der Ratifizierung bis 1976, was eine Verzögerung bei der Lieferung der Reaktordruckbehälter für das Werk Gösgen zur Folge hatte. In den 1970er Jahren kam es zu einem massiven Ausbau des Zivilschutzes mit der Entwicklung einer entsprechenden Organisation, der Errichtung grossangelegter Schutzbauten, wie zum Beispiel der in Kombination mit der Luzerner Tunnelröhre durch den Sonnenberg geschaffenen Anlage für 20 000 Personen, sowie der Pflicht, selbst in Einfamilienhäusern Schutzräume einzurichten.[68]

Alles in allem trieb man die Modernisierung der Armee voran: 1958 wurden die Truppen mit automatischen Sturmgewehren ausgestattet, und da mit diesen nicht mehr in traditioneller Weise exerziert werden konnte, musste zwangsläufig mit dem Ersatz des Karabiners auch der Gewehrgriff abgeschafft werden. Schon 1946 war der Taktschritt abgeschafft, 1948 der Ausgang in zivilen Halbschuhen erlaubt worden; 1949 erhielten die Soldaten eine neue Uniform mit offenem Rockkragen, Hemd und Krawatte. Gewisse in dieser Zeit vorherrschende Grundeinstellungen konnten sich

**Das letzte Aufgebot der 1972 abgeschafften Kavallerie in Avenches, Photographie von Heinz Dieter Finck** *(Archiv Georg Kreis).*

**Zeichnung von Patrick Chappatte in der «Weltwoche», circa 1995,** © *Weltwoche/Chapatte, www.globecartoon.com.* — Militärs mutieren von Verfechtern zu Relativierern der Neutralität.

auch nach 1959 noch halten. Trotz eines weiteren Ausbaus der Alpenfestungen (↑Réduit) setzte das Konzept «Armee 61» stark auf die Motorisierung der im Mittelland operierenden Truppen. 1971 wurde das Frühwarnradarnetz «Florida» in Betrieb genommen und 1972 die Kavallerie trotz einer Petition mit über 430 000 Unterschriften aufgehoben. Bemühungen, neue Kampfflugzeuge selbst zu bauen, scheiterten: 1955 stürzte der Prototyp des Düsenflugzeugs P-16 über dem Bodensee ab. Obwohl mit einem zweiten Prototyp bis 1960 weitere Testflüge durchgeführt wurden, ging dieser spektakuläre Zwischenfall als Endpunkt der Bemühungen, ein eigenes Erdkampfflugzeug zu bauen, in die Geschichte ein.

1961 genehmigte das Parlament 871 Millionen Franken – gemäss heutigem Wert (2012) über 3,5 Milliarden Franken – für die Beschaffung von hundert Kampfflugzeugen des Typs Mirage III. Als sich massive Budgetüberschreitungen abzeichneten, beantragte der Bundesrat 1964 einen Zusatzkredit von 576 Millionen Franken. Das Parlament opponierte und setzte – erstmals in der Geschichte des Bundesstaats – unter dem Präsidium des nachmaligen Bundesrats Kurt Furgler eine Parlamentarische Untersuchungskommission (PUK) ein. Diese kam zu folgendem Schluss: «Die Botschaft 1961 war zum Teil tendenziös, zum Teil unsorgfältig und an einzelnen Stellen geradezu irreführend abgefasst.» Durch den Mirage-Skandal wurden gleich mehrere Problemfelder offenbar: das beinahe blinde Vertrauen, das die Armee damals genoss, die Überforderung der für solche Einkäufe zuständigen Dienststelle und die Schwäche des Milizparlaments. Die Affäre hatte – wie in der stabilen Schweiz ansonsten wenig üblich – personelle Konsequenzen: Zunächst wurde der Chef der Luftwaffe Etienne Primault seines Amtes enthoben, dann trat der Generalstabschef Jakob Annasohn zurück, und am Ende verzichtete der Vorsteher des Eidgenössischen Militärdepartements (EMD), Bundesrat Paul Chaudet, auf eine Wiederwahl. Man begnügte sich schliesslich mit 57 neuen Flugzeugen, stellte nochmals 150 Millionen Franken zur Verfügung und schuf zudem den von der Verwaltung unabhängigen parlamentarischen Dokumentationsdienst, der für die Ratsmitglieder Informationen und Entscheidungsgrundlagen sammelt.

Bis gegen 1990 waren die Armeeverantwortlichen die vehementesten Verfechter des militärischen Alleingangs, das heisst einer sicherheitspolitischen Konzeption, die auf eine möglichst autarke Verteidigung im Ernstfall ausgerichtet war. Begründet wurde diese Strategie stets mit der Neutralitätspflicht. In der Folgezeit kamen jedoch von der gleichen Seite starke Impulse für eine Öffnung; der Divisionär und Militärpublizist Gustav Däniker schuf in diesem Zusammenhang die Parole «Sicherheit durch Kooperation». 2003 gelang es der Exekutive, am Parlament vorbei die Mitgliedschaft in der NATO-Struktur *Partnership for Peace* (PfP) zu erlangen. Die Partizipation an Einsätzen im Rahmen von friedenserhaltenden Massnahmen der UNO mit sogenannten Blauhelmen stiess zunächst auf Hindernisse: 1995 obsiegten die Gegner solcher Engagements in einer Volksabstimmung mit 54 Prozent. Ein 2001 knapp angenommenes neues Militärgesetz ebnete den Auslandseinsätzen schliesslich dennoch den Weg. Die militärische Kooperation und Einsätze jenseits der Landesgrenzen blieben jedoch stets ein brisantes Thema. Im Jahr 2005 lehnte das Parlament den Kauf von Truppentransportflugzeugen ab, und die im Jahr 2009 von heftigen Diskussionen begleitete Weigerung des Parlaments, seine Zustimmung zur im Zusammenhang mit Piraterie stehenden Abkommandierung von dreissig Wehrmännern für den Geleitschutz im Golf von Aden zu geben, zeigte, wie prekär die Grundlagen für die internationale Zusammenarbeit sind, zumal es in solchen Fragen zu Allianzen zwischen der äusseren Rechten und der Linken kommen kann.

Eine bemerkenswerte Wende in der Einstellung gegenüber der Armee offenbarte das Resultat der Abstimmung von 1989 zur 1985 lancierten Armeeabschaffungsinitiative der *Gruppe für eine Schweiz ohne Armee* (GSoA). Obwohl im August 1989 bei den «Diamantfeiern» zum fünfzigsten Jahrestag der Mobilmachung von 1939 die Verdienste der Armee nach Kräften beschworen wurden, stimmte im folgenden November ein beachtlicher Anteil von 35,6 Prozent für die Abschaffung der Armee. Umfragen zeigten, dass sogar zwei Drittel der Soldaten in der Altersklasse von 21 bis 32, des sogenannten ↑Auszugsalters, für die Abschaffung waren. Wer nach 1950 geboren war, tendierte dazu, in der Armee weder eine Sicherheitsgarantie noch eine sinnvolle Schule der Nation zu sehen.

Bereits zuvor war es zu einem denkwürdigen Volksentscheid gekommen, der – nachträglich – wie eine Vorankündigung der Ereignisse des Jahres 1989 erschien, jedoch nicht nur Vorbehalte gegenüber der Armee, sondern auch ein Bekenntnis zu Umweltanliegen beinhaltete: Mit 57,8 Prozent wurde im Dezember 1987 die Errichtung eines Waffenplatzes in Rothenthurm im Kanton Schwyz abgelehnt und die Unterschutzstellung dieses und anderer Hochmoore in der Verfassung verankert. In diesem Entscheid drückte sich ein Wertewandel aus, der sich in den vorangegangenen zwei Jahrzehnten nach und nach vollzogen hatte.

Männer, die sich der in der Verfassung festgeschriebenen Wehrpflicht entziehen wollten, hatten es lange Zeit schwer: Sie wurden hart bestraft, einen zivilen Ersatzdienst gab es nicht. Prominente Intellektuelle wie der Philosoph Hans Saner übernahmen die Verteidigung solcher Dienstverweigerern.[69] In den Zahlen der Dienstverweigerer aus Gewissensgründen spiegelte sich in den siebziger und achtziger Jahren – mit Maxima 1974 von 520 und 1984 von 788 wehrpflichtigen Männern – die Konjunktur eines bestimmten Zeitgeistes. Von 1972 an waren zudem «Soldatenkomitees» bemüht, das herrschende Selbstverständnis der Armee von innen heraus in Frage zu stellen.

Die ersten zwei Volksinitiativen zur Einführung eines zivilen Ersatzdienstes – die erste war 1970 von Lehrern des Gymnasiums Münchenstein (BL) lanciert worden – hatten 1977 und 1984 keine Chance und überzeugten nur 37,6 respektive 36,2 Prozent der Stimmenden. Erst die dritte Initiative wurde 1992 mit 82,5 Prozent angenommen und 1996 in ein Bundesgesetz gefasst. Inzwischen geht das Militär, wenn ein Dienstpflichtiger aus welchen Gründen auch immer keinen Militärdienst leisten will, weniger konfrontativ vor. Die Hürden, um aus physischen oder psychischen Gründen für dienstuntauglich erklärt zu werden, werden bewusst tief gehalten, so dass nur noch rund die Hälfte der Schweizer Männer ihre gesamte Dienstpflicht absolviert. Diese Entwicklung kommt zwar den Plänen einer starken Reduktion der Bestände entgegen, wirft jedoch die Frage auf, wie man unter diesen Umständen am Prinzip der allgemeinen Wehrpflicht noch festhalten kann. Seit April 2009 entfällt auch die Gewissensprüfung und genügt der «Tatbeweis» für Militärdienstverweigerer, die bereit sind, einen um die Hälfte längeren Zivildienst zu leisten. Man ging damals davon aus, dass mit dieser Reform die Nachfrage nach dem zivilen Ersatzdienst von rund 1700 auf 2500 jährlich ansteigen würde; in den ersten zwölf Monaten nach der Gesetzesänderung reichten aber 8500 Wehrpflichtige ein entsprechendes Gesuch ein. Deshalb wurde das Prozedere wieder etwas verschärft, die Antragsteller müssen seitdem ihr Gesuch in einem «Gespräch» wieder begründen.

### Die Aussenpolitik

Die vordringlichsten Aufgaben der Aussenpolitik bestanden 1945 darin, die Isolation der Schweiz zu überwinden, den Anschluss an das westliche Lager herbeizuführen und die Beziehungen zur Sowjetunion zu normalisieren.[70] Die Annäherung an die Westmächte erfolgte vor allem mit zwei wichtigen Schritten, dem Washingtoner Abkommen im Mai 1946 und der Teilnahme am Marshallplan und seiner 1948 geschaffenen Institution, der *Organisation for European Economic Cooperation* (OEEC). Die Schweiz benötigte keine Hilfskredite, war aber auf die Güterzufuhr aus den USA angewiesen. Auf der anderen Seite, im Verhältnis zum Ostblock, blieb der Grad der Zusammenarbeit bescheiden. Der bedeutendste Schritt war hier die im März 1946 erfolgte Normalisierung der diplomatischen Beziehungen mit der Sowjetunion und in der Folge mit anderen Regierungen im sowjetischen Einflussbereich – dies nach der problematischen Auslieferung internierter Sowjetsoldaten, die nicht in ihre Heimat zurückkehren wollten (siehe Kapitel von Sacha Zala, S. 522).

Auch in dieser Phase blieb die Schweiz ihrer bisherigen, auf völlige Unabhängigkeit ausgerichteten Grundhaltung treu. Man unterschied damals zwischen technischer und politischer Kooperation: Die OEEC, obwohl mindestens teilweise ein politi-

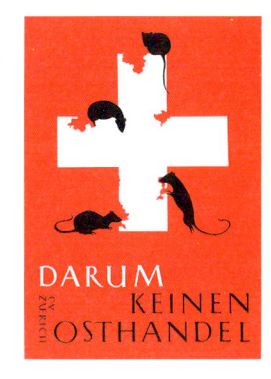

**Plakat des Schweizerischen Aufklärungsdienstes aus der Zeit des Kalten Krieges** (*Museum für Gestaltung Zürich, Plakatsammlung*). — Die schweizerische Wirtschaft befand sich bezüglich des Handels mit den Staaten des Warschauer Pakts in einem Dilemma: Einerseits wollte man auf diesen Markt nicht verzichten, andererseits sah man sich – vor allem nach der Niederschlagung des Aufstandes in Ungarn 1956 und dem Bau der Berliner Mauer 1961 – im eigenen Land mit Boykottaufrufen konfrontiert. Mehr Wirkung zeigten, bereits zu einem früheren Zeitpunkt amerikanische Forderungen: 1951 musste die Schweiz einem neutralitätspolitisch problematischen Geheimabkommen zustimmen, das die Belieferung des Ostblocks mit strategisch sensiblen Gütern stark einschränkte oder gar untersagte.[71]

« *Rein wirtschaftlich gesehen, wird die Einspinnung der Schweiz in diese internationalen Organisationen zu einer ungeheuer gefährlichen Sache. Ich bin ebenfalls der Ansicht, dass wir uns nicht übermütig isolieren dürfen und der Sache folgen müssen. Unsere Lage ist aber in mancher Hinsicht einzigartig und wir dürfen es wagen, unsere wirtschaftliche Gesundheit mit unseren eigenen Mitteln zu verteidigen. Wir haben bisher nicht eine egoistische Politik betrieben, sondern einen ansehnlichen Beitrag an den Wiederaufbau geleistet und es besteht kein Grund, nicht in gleicher Weise weiterzufahren. Die Schweiz sollte sich von diesem handelspolitischen Kollektivismus fern halten. Wir müssen daher eine Formel finden, die es uns ermöglicht, dabei zu sein, ohne eine Verantwortung zu übernehmen. Es ist auf jeden Fall eine schwierige Lage als einziger Gesunder in Gesellschaft von Patienten zu sitzen und bei allen Hilfsbegehren immer nein sagen zu müssen. Ich frage mich daher, ob man sich nicht auf eine beobachtende Position zurückziehen und vorläufig abwarten kann.* »

Heinrich Homberger, Direktor des *Vororts* (des Schweizerischen Handels- und Industrievereins), am 23. September 1947 zur Beteiligung an der OEEC (www.dodis.ch, Nr. 1948).

sches Gremium, wurde entproblematisiert, indem man sie als «technisch» einstufte. Der 1949 geschaffene Europarat dagegen wurde als «politisch» problematisiert, um ein Fernbleiben zu rechtfertigen. Erst 1961, nach dem Ende der OEEC beziehungsweise ihrer Ablösung durch die *Organisation for Economic Cooperation and Development* (OECD), wurde der Europarat gewissermassen als Ersatzforum interessant, und so wurde die Schweiz 1963 doch Mitglied desselben.

Die gleiche Unterscheidung galt für die Beziehungen zur UNO: Auf der einen Seite lehnte man die politische Vollmitgliedschaft ab, auf der anderen pflegte man «technische Teilmitgliedschaften» in der UNICEF, UNHCR, FAO, WHO und anderen Unterorganisationen. Ohne dass sie es angestrebt hätte, nahm die Schweiz 1956 indirekt an der ersten bewaffneten *Peacekeeping*-Operation der UNO teil: Die Swissair war anlässlich der Suezkrise informell angefragt worden, ob sie sich am Truppentransport in den Sinai beteiligen würde. Damit die Schweiz nicht als Krisengewinnlerin dastünde, übernahm der Bundesrat die Kosten.

Und doch gab es schon in den 1960er Jahren erste Bestrebungen, das Verhältnis zur UNO zu überdenken. Bis über die erste Vorlage abgestimmt werden konnte, sollte es allerdings noch eine Weile dauern. Die zögerliche Vorgehensweise führte 1986 zu einem Abstimmungsdebakel mit 75 Prozent verwerfender Stimmen.[72] In diesem Umfeld entstand die *Aktion für eine Unabhängige und Neutrale Schweiz* (AUNS), die in den 1990er Jahren gegen europapolitische Vorlagen aktiv wurde, jedoch im Jahr 2002 die Zustimmung zur UNO-Mitgliedschaft mit einem Volksmehr von 54,6 Prozent nicht verhindern konnte. Bei diesem zweiten Anlauf bestand ein wichtiges Argument darin, dass man die Interessen der Schweiz – ihre Neutralität innerhalb der «Weltlandsgemeinde» – mit «gleichberechtigter» Mitwirkung besser wahrnehmen könne als ausserhalb.

Tatsächlich hatte die Schweiz bereits 1990 einen wichtigen Schritt in Richtung Solidarität mit der Staatengemeinschaft getan, indem sie sich bereit erklärte, von der UNO einhellig beschlossene Wirtschaftssanktionen gegen einen einzelnen Rechtsbrecher trotz der Neutralität mitzutragen. In der Abstimmung im Jahr 2002 hing der positive Ausgang in Anbetracht des Ständeverhältnisses von 12 zu 11 Kantonen wie schon drei Jahre zuvor, bei der Abstimmung über die neue Bundesverfassung, vom Abstimmungsverhalten des am knappsten annehmenden Kantones ab, diesmal von 1350 Wallisern. Auch 1920 waren die Stimmenverhältnisse in der Frage des Beitritts zum Völkerbund mit einem Volksmehr von 56,3 Prozent und einem Ständemehr von 12 zu 11 Kantonen ähnlich. Hätten damals in Appenzell Ausserrhoden nur 94 Bürger anders gestimmt, hätte die Schweiz dem Völkerbund nicht beitreten können.

Schon 1977 hatten die rechtsnationalen Kräfte des Landes eine verstärkte Mitsprache der Stimmbürger und Stimmbürgerinnen beim Abschluss von internationalen Verträgen erwirkt. Die Volksinitiative der *Nationalen Aktion* «über die Neuordnung des Staatsvertragsreferendums», welche sämtliche (!) je mit dem Ausland abgeschlossenen Verträge rückwirkend dem fakultativen ↑Referendum unterstellen wollte, wurde an der Urne zwar abgelehnt; sie bewirkte aber, dass in einem mit 66,1 Prozent der Stimmen angenommenen Gegenvorschlag die Kategorie der Abkommen mit obligatorischem Referendum erweitert wurde. In Wirklichkeit ging es den Initianten um die Rückgängigmachung des «Italienerabkommens» von 1964, das einen Schritt zur Verbesserung der rechtlichen Stellung der ausländischen Arbeiterschaft bedeutete.

Nach der Niederlage in der Abstimmung über den Beitritt zum *Europäischen Wirtschaftsraum* (EWR) im Jahr 1992 wurde den Kantonen und den Eidgenössischen Räten ein Mitspracherecht bei der Formulierung der Verhandlungsmandate eingeräumt, und im Februar 2003 wurde im Zuge der kleinen Reform der Volksrechte das Staatsvertragsreferendum von 1977, das heisst das Mitspracherecht der Bürger bei internationalen Abkommen, nochmals leicht ausgebaut. Die AUNS nahm mit einer 2009 eingereichten Volksinitiative erneut einen Anlauf, um «alle wichtigen» Staatsverträge dem obligatorischen Referendum und damit dem unter Umständen schwer zu erreichenden Ständemehr zu unterwerfen. Das Begehren wurde aber im Juli 2012 mit über 75 Prozent überraschend deutlich abgelehnt.

Die Entstehung der westeuropäischen Staatengemeinschaften – insbesondere der *Europäischen Gemeinschaft für Kohle und Stahl* (EGKS) und der *Europäischen Wirtschaftsgemeinschaft* (EWG) – wurde in der Schweiz mit einer gewissen Sorge verfolgt, weil zu

**Inserat (Detail) der Initiative «Besorgte Bürger» aus der «Neuen Zürcher Zeitung», Nr. 60/1986**
*(UB Basel).* — März 1986: Wieder einmal tritt Wilhelm Tell, der ewige Wiedergänger, den Bürgerinnen und Bürgern entgegen, diesmal gemäss der prägenden Darstellung von Ferdinand Hodler (1897) aus der von Wolken umrahmten Hohlen Gasse. In diesem Abstimmungsinserat gebietet er dem UNO-Beitritt Einhalt.

erwarten war, dass das Zusammengehen der Nachbarstaaten zu einem zollpolitischen Zusammenschluss und zu einem entsprechenden Ausschluss der Aussenstehenden führen würde. Die Schweiz beteiligte sich 1960 als Gründungsmitglied an der alternativen Europäischen Freihandelsassoziation (*European Free Trade Association*, EFTA). Die Ziele dieser kleinen Freihandelsassoziation mit Grossbritannien, Schweden, Norwegen, Dänemark, Österreich und Portugal gingen viel weniger weit als diejenigen der EWG; sie bezweckten nur den Abbau von Zollschranken und nicht die Schaffung einer Zollunion. Insofern kam ihre Ausrichtung der aussenpolitischen Strategie der Schweiz in diesen Jahren entgegen. Zuvor hatte man sich sehr aktiv, wenig neutral und schliesslich erfolglos zusammen mit Grossbritannien für den Aufbau einer grossen Freihandelszone engagiert, welche die Entstehung der EWG hätte verhindern sollen.[73] Als Grossbritannien bereits zu Beginn der 1960er Jahre erste Schritte in Richtung EWG unternahm, zog die Schweiz mit einem weitgehenden Assoziationsprojekt nach. Das Veto des französischen Staatspräsidenten Charles de Gaulle gegen einen Beitritt der Briten ersparte der Schweiz schliesslich diese Annäherung. Man konnte sich mit einem im Dezember 1972 vom Volk mit 72,5 Prozent der Stimmen problemlos angenommenen Freihandelsabkommen mit der EWG begnügen.

Erst Ende der 1980er Jahre kam wieder Bewegung in das Verhältnis, als der Beitritt zum *Europäischen Wirtschaftsraum* (EWR) zur Debatte stand (siehe unten Zoom 7, S. 590).[74] Anstelle des im Dezember 1992 abgelehnten EWR mussten eine Reihe von Einzelabkommen abgeschlossen werden, die sogenannten ↑Bilateralen I und II sowie rund 120 weitere bilaterale Verträge. Das politisch gewichtigste Dossier in diesen bilateralen Verträgen war dasjenige zur Personenfreizügigkeit. Die darin enthaltenen Bestimmungen wurden in drei Volksabstimmungen in den Jahren 2000, 2006 und 2009 gutgeheissen. Der Bilateralismus wird bis heute von vielen politischen Exponenten als der richtige und der Schweiz angemessene Weg verstanden, als «Königsweg». Es stellt sich aber die Frage, ob nicht tiefergreifende Annäherungsschritte nötig werden – mit einem umfassenden Rahmenabkommen, mit institutionellen Anpassungen (und entsprechender Übernahme des Europarechts), mit einer Zweitauflage des EWR oder schliesslich gar mit einem EU-Beitritt.[75]

Ein besonderer Konfliktpunkt des Verhältnisses mit anderen Staaten betrifft die von Schweizer Banken entgegengenommenen Fluchtgelder aus der EU, in noch höherem Mass aus den USA und aus weiteren Ländern; Geld, das in den Heimatländern der Eigentümer an den Steuerbehörden vorbeigeschmuggelt wurde. Im Falle der EU schien für diesen Punkt mit dem Zinsbesteuerungsabkommen der Bilateralen II zunächst eine Lösung gefunden worden zu sein. Von bestimmten Zinserträgen sollten Rückbehalte an das Land der Eigentümer ohne Preisgabe der zugehörigen Kundendaten überwiesen werden. Inzwischen hat sich die Schweiz, um nicht auf eine Schwarze Liste gesetzt zu werden, den allgemeinen OECD-Standards des Informationsaustauschs bezüglich Bankkundendaten in begründeten Fällen anpassen müssen. Darüber hinaus sollen bilaterale Abgeltungssteuerabkommen, die eine anonyme Besteuerung von Auslandsvermögen vorsehen, das Problem regeln. Das zum angeblich unveräusserlichen Identitätskern der Schweiz oder zumindest zu ihrem Image gehörende Bankgeheimnis wurde im Zuge dieser Entwicklungen gleitend gelockert oder – je nach Sprachgebrauch – «wie ein Emmentaler durchlöchert»; dies betraf aber die ausländischen und – noch – nicht die inländischen Kontoinhaber.

Die schweizerische Hilfe für die Entwicklungsländer nahm mit der Solidaritätsaktion für den Wiederaufbau im kriegszerstörten Europa ihren Anfang. Von 1950 an beteiligte sich die Schweiz am multilateralen Entwicklungshilfeprogramm der UNO – im Rahmen der technischen Koopera-

Direktinvestitionen im Ausland
in Europa: 3. Rang
weltweit: 5. Rang

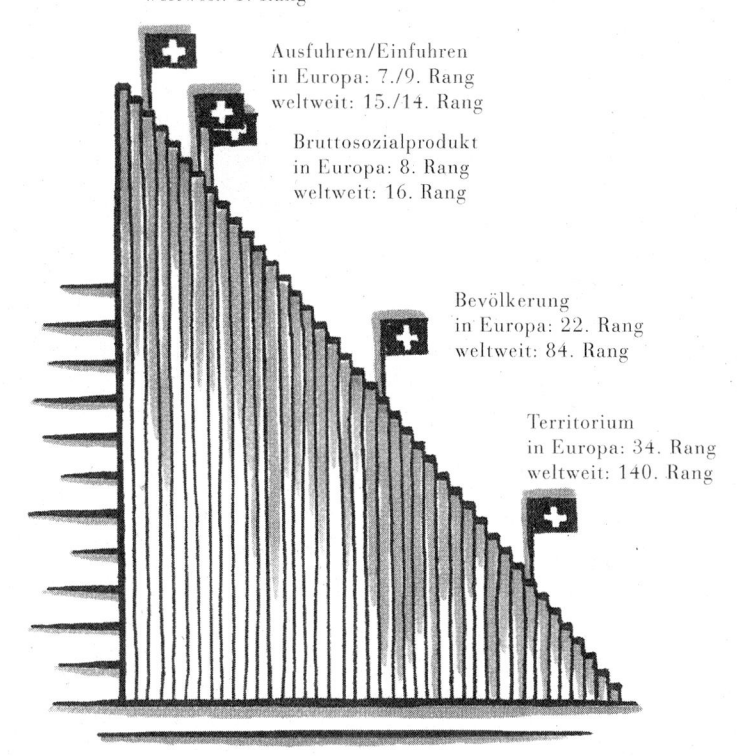

Ausfuhren/Einfuhren
in Europa: 7./9. Rang
weltweit: 15./14. Rang

Bruttosozialprodukt
in Europa: 8. Rang
weltweit: 16. Rang

Bevölkerung
in Europa: 22. Rang
weltweit: 84. Rang

Territorium
in Europa: 34. Rang
weltweit: 140. Rang

**Rangordnung der Schweiz in Europa, Darstellung aus: Schweizerischer Bundesrat, Bericht über die Aussenpolitik der Schweiz in den 90er Jahren, [Bern] 1993, S. 27** (*Staatsarchiv Bern, Sign. StAB BA 159/12*). — Diese Darstellung in einer offiziellen Publikation des Bundes versucht die Vorstellung zu relativieren, wonach die Schweiz ein Kleinstaat sei.

tion, ohne UNO-Mitglied zu sein. Nach 1957 wurde die bilaterale Direkthilfe bevorzugt. Das Jahr 1961 brachte eine markante Steigerung der Hilfsgelder und die Schaffung eines speziellen «Dienstes für technische Zusammenarbeit».[76] Kurz zuvor waren viele ehemalige Kolonien in die formelle Unabhängigkeit entlassen worden. Die Entwicklungshilfe, inzwischen in Entwicklungszusammenarbeit umbenannt, setzt sich sowohl im staatlichen wie im privaten Bereich aus verschiedenen Leistungskategorien zusammen. Sie wird im eigenen Land unterschiedlich beurteilt: Für die einen ist sie, gemessen am Bruttosozialprodukt und am objektiven Bedarf, zu gering, für andere zu hoch. Abgesehen von der Höhe des finanziellen Engagements ist auch die Art ihrer Gestaltung umstritten.

1976 wurde aufgrund einer unheiligen Allianz zwischen nationalistischen Solidaritätsverweigerern und internationalistischen Drittweltfreunden ein von Regierung und Parlament sozusagen einstimmig gutgeheissener Kredit im Rahmen eines Abkommens zwischen der Schweiz und der *Internationalen Entwicklungsorganisation* (IDA) in einer Referendumsabstimmung mit 56,4 Prozent der Stimmen abgelehnt. 1992 hingegen billigte das Volk überraschend deutlich mit 55,8 Prozent den Beitritt der Schweiz zum *Internationalen Währungsfonds* (IWF) und zur Weltbank. Es entsprach dann aber dem schweizerischen Selbstverständnis, dass man in beiden Institutionen der multilateralen Entwicklungshilfe einen Direktorenposten beanspruchte. Zu diesem Zweck versammelte die Schweiz eine ironisch als «Helvetistan» bezeichnete Weltbankgruppe, der neben der Schweiz und Polen die zentralasiatischen Staaten Aserbeidschan, Turkmenistan, Usbekistan, Kirgistan und Tadschikistan angehören.

Ein spezielles Thema bilden die schweizerisch-südafrikanischen Beziehungen. Diese folgten einem bereits bekannten Muster: In einer Kombination aus Wirtschaftsliberalismus, Antikommunismus und Postkolonialismus pflegten Banken, Industrieunternehmen und Militärstellen, von der Parlamentsmehrheit stets unterstützt, gute Beziehungen mit dem Apartheidregime.[77]

Zum Bereich der Aussenbeziehungen gehört auch die Flüchtlingspolitik. Von der Arbeitsmigration ist weiter oben bereits die Rede gewesen. Bis Ende der 1960er Jahre reagierte die Schweiz auf Asylanträge alles in allem mit bemerkenswerter Aufnahmebereitschaft. Dies erklärt sich aus drei Umständen: Erstens kam auch diese Art der Zuwanderung dem durch die Hochkonjunktur bewirkten Interesse an Arbeitskräften entgegen, zumal es sich in der Regel um gut ausgebildete Leute handelte. Zweitens stammten die Asylsuchenden zum allergrössten Teil aus dem kommunistischen Machtbereich und genossen als Opfer jener Regime einen ideologisch bedingten Sympathiebonus. Drittens konnte man auf diese Weise das Image des Asyllandes Schweiz, das unter der restriktiven Flüchtlingspolitik der Jahre 1933 bis 1945 gelitten hatte, wieder aufbessern. Bereits 1957 war es nach der Publikation des Ludwig-Berichts zu einer Debatte über die schweizerische Flüchtlingspolitik während des Zweiten Weltkriegs gekommen, in welcher der Bundesrat erklärte, Asylgewährung sei nicht nur eine Tradition, sondern eine staatspolitische Maxime der Schweiz.[78]

Aus diesen Gründen wurden nach der Niederschlagung der Reformbewegungen in Ungarn 1956 und in der Tschechoslowakei 1968 in kürzester Zeit je über 10 000 Flüchtlinge aufgenommen, ohne dass dies zu grösseren Diskussionen Anlass gegeben hätte. Nach 1965 flüchteten in Folge der chinesischen Annexion rund 1300 Tibeter in die Schweiz. Die um 1973 erfolgte Aufnahme von rund 4500 Chilenen kam hingegen nur gegen Widerstände zustande, weil man in ihnen marxistische Extremisten sah und wegen einer hängigen Überfremdungsinitiative die rechtsnationalen Kräfte nicht reizen wollte. Zudem hatte die wirtschaftliche Konjunktur gerade einen markanten Einbruch erfahren.[79] Ähnlich wäre es zu einer Ablehnung der in den Jahren 1958 bis 1961 in die Schweiz geflohenen Algerier gekommen, wenn man diese als Gruppe wahrgenommen hätte. Im Falle der rund 8200 südvietnamesischen *boat people* in den Jahren 1975 bis 1983 zeigte sich die Schweiz wieder von ihrer humanitären Seite, ebenso bei den rund 1800 Polen, die 1981 nach dem Militärputsch in ihrer Heimat in die Schweiz flüchteten.

Lange Zeit wurden Asylmigration und Arbeitsmigration als zwei getrennte Politikfelder verstanden. Um 1973 fielen diese Sphären in einem Überfremdungsdiskurs zusammen, und von da an wurde die Diskussion der Abwehr gegen das Fremde vor allem mit Bezug auf die Asylproblematik geführt. Die negative Einstellung gegenüber Flüchtlingen fand ihren Niederschlag in der Verbreitung von Begriffen wie «Asylant» statt Asylsuchender, «Asylmissbrauch», «Wirtschaftsflüchtlinge», «Scheinasylanten», «Asyltouristen» und jüngst «Abenteuermigranten». Das Unbehagen wegen des vergleichsweise hohen Ausländeranteils in der Schweiz richtete sich gegen die kleine Gruppe der Asylsuchenden, die damals bloss etwa 2 Prozent der Ausländer und weniger als 1 Prozent der gesamten in der Schweiz lebenden Bevölkerung ausmachten.

Im Falle der Einwanderung aus dem ehemaligen Jugoslawien in den 1990er Jahren fielen die beiden Migrationskategorien tatsächlich zusammen: Flüchtlinge kamen in die Schweiz, weil hier bereits Landsleute lebten, die als Arbeitsmigranten in die Schweiz eingewandert waren. Abgesehen davon, dass man aus europapolitischen Gründen die Arbeitsmigration aus der EU vorzog, wollte man nach dieser Erfahrung davon absehen, Arbeitskräfte aus potentiellen Krisengebieten zuzulassen.

Nach einer in liberalem Geist erfolgten Neufassung im Jahr 1979 wurde das Asylrecht in der Folge Schritt für Schritt verschärft. In einer Volksabstimmung vom Dezember 1994 wurden Zwangsmassnahmen gegen abgewiesene Asylbewerber mit einem grossen Mehr von 72,9 Prozent gutgeheissen. Im September 2006 sprachen sich 68 Prozent für eine Revision aus, die als völkerrechtlich bedenklich erachtet wird und im Widerspruch zur UNO-Konvention von 1951 steht. Um die «Attraktivität» des Asyllandes Schweiz einzuschränken, beschloss der Nationalrat im Juni 2012, anstatt der ohnehin reduzierten Sozialhilfe allen Asylsuchenden nur noch Nothilfe zur Verfügung zu stellen, was aber vom Ständerat in der folgenden Session abgelehnt wurde. Und schon drohte die SVP mit einer weiteren Volksinitiative, mit der sie insbesondere die Internierung aller Asylbewerber in geschlossenen Lagern während des ganzen Verfahrens erreichen will.

Da die Fluchtbewegungen stets von wechselvollen Verhältnissen in den Herkunftsländern abhingen, verzeichneten die Asylzahlen bei einem allgemeinen Trend zur Zunahme starke Schwankungen: Während die Zahlen der Asylgesuche in den siebziger Jahren zwischen 1000 und 1300 pro Jahr schwankten, kam es in den achtziger Jahren zu einem starken Anstieg: von 7500 (1984) auf 24 500 Gesuche (1989). In den neunziger Jahren gab es zwei Maxima von 36 000 und 42 000 (1990/91) sowie von 43 000 und 48 000 Anträgen (1998/99) im Zusammenhang mit den Kriegen im ehemaligen Jugoslawien. Die letzten Zahlen liegen bei 23 000 und 29 000 Gesuchen für die Jahre 2011/12.[80]

Nach der Darstellung der Entwicklung in einzelnen Sachbereichen befassen sich die weiteren Ausführungen mit den wechselnden Entwicklungsdynamiken in den verschiedenen Zeiträumen.

## 1943–1948: DIE AUFBRUCHJAHRE

Einen ersten Entwicklungsbogen bilden die Jahre 1943 bis 1948. Sie sind geprägt von der Suche nach einer Nachkriegsordnung, die man auf unterschiedliche Weise zu finden hoffte: Die einen wollten eher zur Normalität der Vorkriegszeit zurückkehren, die anderen zu neuen Ufern aufbrechen, wobei mit diesen «Ufern» zum Teil Ziele gemeint waren, die man bereits mit den Reformforderungen der Zwischenkriegszeit angestrebt hatte.

Die eidgenössischen Wahlen im Herbst 1943 waren stark bestimmt von diesen Fragen. Sie brachten eine Stärkung der Linken und machten den Weg frei für eine erste Beteiligung der Sozialdemokraten an der Regierungsverantwortung nun auch auf eidgenössischer Ebene. Nicht zufällig war Ernst Nobs, der erste SP-Bundesrat, auch der Autor der im Jahr seiner Wahl publizierten Schrift *Helvetische Erneuerung*. Selbst konservativer gestimmte Geister wie der damals 36-jährige Kantonsschullehrer und Historiker Georg Thürer sprachen sich für «Verjüngung» aus, meinten damit aber etwas, was angesichts der Bedrohung von aussen bereits stattgefunden habe: «Der Baum des Bundes trieb neue Reiser, die Rütliquellen rannen wieder und die Eidgenossen tranken aus dem Jungbrunnen.»[81] Der im selben Jahr vom Uhrenindustriellen und liberalen Juden Georges Braunschweig in La Chaux-de-Fonds ins Leben gerufene *Club 44* suchte mit seinen von Wissenschaftlern, Künstlern und Politikern gehaltenen Vorträgen dagegen eher die Auseinandersetzung mit der Welt und, statt eidgenössische Gleichgestimmtheit, die offene Debatte mit Andersdenkenden.

Der für die Nachkriegsjahre erwartete Wirtschaftseinbruch blieb aus. Die Schweiz konnte mit ihrer Exportproduktion schnell der einsetzenden Auslandsnachfrage entsprechen. 1950 spürte auch die Schweiz den im Kontext des Krieges im Fernen Osten europaweit eingetretenen und als «Koreaboom» bezeichneten Aufschwung. Das Jubiläum zum hundertjährigen Bestehen des Bundesstaats kann man als Dreh- und Angelpunkt in der politischen Entwicklung der Nachkriegsjahre auffassen: Es wurde recht heftig über die Vergangenheit gestritten beziehungsweise über die Haltung, die die Parteien der jeweiligen Gegenseite in den vorangegangenen Bewährungsjahren eingenommen hatten.[82]

Ein zukunftsträchtiges Ergebnis dieser Phase war der Beschluss zum Bau eines Interkontinentalflughafens. Im Kanton Bern setzte sich der SP-Regierungs- und Nationalrat Robert Grimm für einen Zentralflughafen in Jegenstorf zwölf Kilometer nördlich der Stadt oder im Grossen Moos zwischen Neuenburger-, Murten- und Bielersee ein, doch er hatte die örtliche *Bauern-, Gewerbe und Bürgerpartei* (BGB) und die Naturschützer gegen sich. In Zürich bildete sich im November 1943 ein Aktionskomitee für einen Flughafen – noch bevor die Alliierten in Europa Fuss gefasst hatten. Die Zürcher BGB konnte eingebunden, die Arbeiterschaft mit der Aussicht gewonnen werden, dass auch sie später einmal von der Fliegerei profitieren werde und

**Werbeplakat für den Bau des Flughafens Kloten, 1946** (*Museum für Gestaltung Zürich, Plakatsammlung*). — Kantonale Abstimmung über ein internationales Vorhaben von nationaler Bedeutung: Im Mai 1946 hiessen die Stimmbürger die Flughafenvorlage gut, und Stadtpräsident Adolf Lüchinger konnte triumphieren, dass sich Zürich «den Anschluss an die Weltstrasse der Luft» gesichert habe.[83]

diese kein Privileg der Reichen bleibe. Anfänglich war es aber keineswegs sicher, dass die Armee den nördlich der Stadt gelegenen Artillerieschiessplatz Kloten abtreten würde.

**Zoom 1: Die AHV und ihre verschiedenen Väter**

Die beiden wichtigsten Ergebnisse dieser ersten Aufbruchphase waren jedoch die Zustimmung zum Gesetz über die Alters- und Hinterlassenenversicherung (AHV) und die Annahme der Wirtschaftsartikel im Juli 1947. Beide Gesetzesvorlagen räumten dem Staat bisher nicht zugestandene Kompetenzen ein und brachten zugleich die Reformbereitschaft jener Jahre zum Ausdruck. Das Datum muss für die Anfänge der AHV allerdings relativiert und die Sache selbst präzisiert werden. Zum einen ging es um ein AHV-Obligatorium auf eidgenössischer Ebene; solche Obligatorien waren auf kantonaler Ebene verschiedenenorts schon vorher eingeführt worden. Und zum anderen war der Grundsatz in der Verfassung (Art. 34$^{quater}$) nach einer Volksabstimmung bereits im Dezember 1925 festgeschrieben worden. Diese Abstimmungshürde war 1925 höher und niedriger zugleich. Höher, weil auch das Ständemehr erforderlich war, das jedoch mit 15 3/2 Stimmen problemlos erreicht wurde, zusammen mit einem Volksmehr von über 65 Prozent. Niedriger, weil es in diesem Bundesbeschluss einzig um das Prinzip und nicht um die eigentliche Gestaltung ging. Ein erster konkreter Gesetzesvorschlag wurde sechs Jahre später, im Dezember 1931, mit über 60 Prozent abgelehnt; der zweite, im März 1944 in Auftrag gegebene Vorschlag erhielt in einer Referendumsabstimmung im Juli 1947 eine Zustimmung von immerhin 80 Prozent bei einer hohen Stimmbeteiligung von 79,7 Prozent. In der Presse der Romandie war zu lesen: «Un vote qui fait honneur au peuple Suisse»,[84] und in der Deutschschweiz «Ein Ehrentag der Demokratie: Der Sozialversicherung eine Krone aufgesetzt».[85] Befriedigt stellten Kommentatoren fest, dass die Vorlage auch von der stärker föderalistisch eingestellten französischen Schweiz deutlich angenommen worden war und dass es in dieser wichtigen Frage keinen Graben zwischen «deutschem und welschem Landesteil» gebe. Das Ständemehr spielte zwar keine Rolle, als Ausdruck der regionalen Akzeptanz war es dennoch ein wichtiger Indikator: Obwalden war der einzige verwerfende Kanton.

Wie kam es zu diesem Umschwung? Die Wirtschaftslage war 1947 um vieles besser als 1931. Das war nicht unwichtig, ging es doch darum, sowohl von Arbeitgebern als auch von Arbeitnehmern erhebliche Versicherungsbeiträge – je 2 Prozent der Lohnsumme – zu verlangen. Nicht weniger wichtig war der Mentalitätswandel, zu dem es durch das Erlebnis des Aktivdienstes gekommen war.[86] Die «Basler Nachrichten» stellten fest: «Es kommt darin doch wohl zum Ausdruck, dass die Jahre der schwersten Bedrohung für unsere gesamte wirtschaftliche, soziale und politische Existenz ihre tiefen Spuren hinterlassen, die Kräfte der Gemeinschaft und der Zusammengehörigkeit, mit einem Wort, das Gefühl, dass wir eine Schicksalsgemeinschaft sind, gestärkt haben.»[87]

Damit wurde ein Bundesgesetz angenommen, das nur eine Basisrente in der Höhe von etwa 25 Prozent des Durchschnittslohns garantierte, also keine existenzsichernde Rente und auch keine Einheitsrente, sondern nach drei Kategorien abgestufte Bezüge. 90 Prozent der Ansprüche wurden über das sogenannte Umlageverfahren finanziert, die restlichen 10 Prozent über das Kapitaldeckungsverfahren mit einem auch durch Staatsbeiträge – unter anderem aus der Tabaksteuer – gespeisten Fonds. Das Sozialwerk beruhte auf dem Prinzip der Solidarität zwischen den verschiedenen Einkommensklassen, aber auch zwischen den verschiedenen Einkommensregionen und vor allem zwischen den Generationen. Es beruhte auf der Grundidee, dass in jedem Fall ein Rechtsanspruch bestehen sollte und nicht bloss bei nachgewiesenem Bedarf fürsorgliche Almosen verteilt werden sollten.

Die Vorlage war indes von links wie von rechts angegriffen worden. Die Linke – inklusive des *Lan-*

**Die Entwicklung der staatlichen Altersrenten 1948–2013**

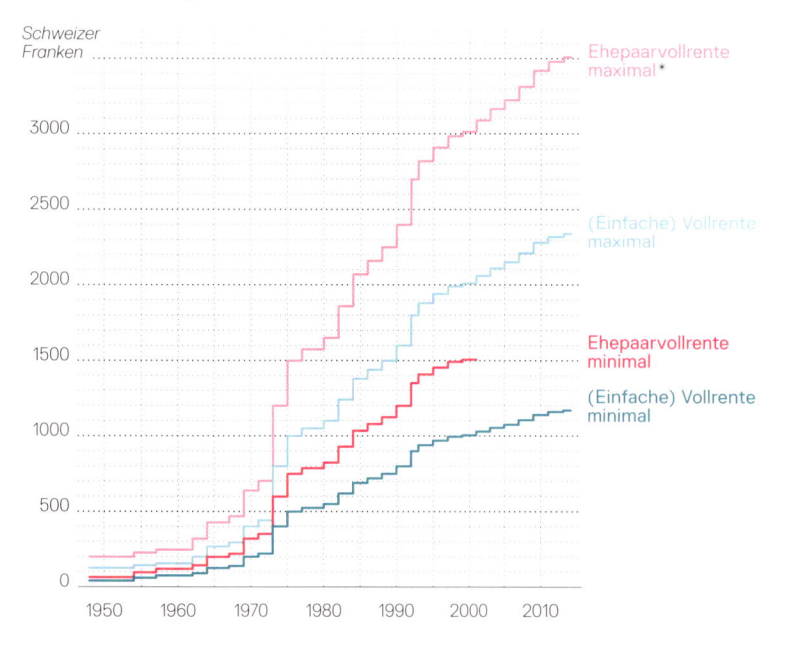

*Schweizer Franken*

* Die 10. AHV-Revision hat die Ehepaarrenten abgeschafft. Bei den ab 2001 eingesetzten Beträgen handelt es sich um den maximalen Plafond, den zwei Ehepartner mit vollständiger Versicherungszeit zusammen erhalten können.
Quelle (Daten): Informationsstelle AHV/IV; Bundesamt für Sozialversicherung, Sektion Statistik, © 2013 Schwabe AG, Verlag, Basel, und Marc Siegenthaler, Bern

*desrings der Unabhängigen* (LdU) – forderte Einheitsrenten und eine Besteuerung nicht nur der Löhne, sondern mit dem gleichen Ansatz von 4 Prozent auch der Kapitaleinkommen. Der rechte Flügel des politischen Systems, angeführt von den föderalistischen Liberalen der französischen Schweiz, dem *Schweizerischen Handels- und Industrieverein* (SHIV) und dem Zentralverband der Unternehmer, stemmte sich gegen den Ausbau des Sozialstaats und prophezeite den Bankrott des Unternehmens beziehungsweise Steuererhöhungen, die zu dessen Sanierung nötig würden. Man sah darin eine unakzeptable Umverteilungsaktion und eine «Überspitzung des Wohlfahrtsstaates als Vorstufe zur Diktatur».[88]

Der Bundesrat und Vorsteher des Volkswirtschaftsdepartements Walther Stampfli und seine Experten verteidigten die Vorlage gegen links wie gegen rechts. Dem Genfer Liberalen Albert Pictet, Teilhaber der gleichnamigen Bank, alt Regierungsrat und Handelskammermitglied, warf Stampfli oberflächliche Kenntnisnahme der Vorlage und Unehrlichkeit vor und rief ihm zu: «Hoffentlich kommt über Sie noch die Erleuchtung, bevor es zu spät ist.» Dem Basler Kommunisten Carl Miville senior, Nationalrat und Erziehungsdirektor, hielt er vor, ein «terrible simplificateur» zu sein.[89]

Nach dem Abstimmungserfolg wurde darüber gestritten, wer denn nun der «Vater» der AHV sei – eine Diskussion, die bis heute geführt wird. Der dem Solothurner Freisinn entstammende Bundesrat Stampfli entzog sich der Antwort mit dem lateinischen Sprichwort «Pater semper incertus est», «Die Vaterschaft ist immer ungewiss.»[90] Die Linke hatte zwar bereits 1918 in ihrem Streikprogramm ein AHV-Obligatorium gefordert; der nächste Impuls ging 1919 aber vom freisinnigen Nationalrat Christian Rothenberger aus. Darüber hinaus kommen dem SP-Bundesrat Ernst Nobs in seiner Eigenschaft als Finanzminister und dem SP-Nationalrat Robert Bratschi als Kommissionspräsident wesentliche Anteile zu. Die «Solothurner Zeitung» schrieb das Hauptverdienst dem Bundesrat ihres Kantons zu, bemerkte aber, es gebe «keine Extrakuchen für diese oder jene Partei. Die AHV ist ein Werk des gesamten fortschrittlichen Schweizervolkes».[91]

1947 – das war bekanntlich nur ein Anfang: Die AHV erlebte inzwischen bereits zehn Revisionen und eine elfte wird seit längerem diskutiert. Weil der Basler SP-Bundesrat Hans-Peter Tschudi mit der fünften, sechsten, siebten und achten Revision einen substantiellen Ausbau der AHV herbeigeführt hat, nebst der Einführung der bedarfsabhängigen Ergänzungsleistungen im Jahr 1965, wird auch er mitunter als «Vater» dieses wichtigen Sozialwerks bezeichnet. Eine Umfrage von 1979/80 ergab, dass alle Befragten, speziell aber die ältere Generation, das Ja zur AHV von 1947 als «das Ereignis des Jahrhunderts» einstuften.[92] Weitere Obligatorien folgten: 1976 für die Arbeitslosenversicherung, 1985 für Pensionskassen (↑zweite Säule), 1996 für die Krankenversicherung und 2004 für die Mutterschaftsversicherung (siehe Beitrag von Martin Lengwiler, S. 422).

## 1948–1959: WACHSTUM UND POLITISCHE STABILITÄT

Den zweiten Entwicklungsbogen bilden die Jahre 1948 bis 1959. Dieser Zeitraum ist gekennzeichnet durch rasantes Wirtschaftswachstum und politische Stabilität im Zeichen des sozialen Friedens im Innern und des Kalten Krieges. Zu Beginn dieser Phase, 1950, rechnete man mit dem Ausbruch eines Dritten Weltkriegs – eine Tatsache, die bisher in den historischen Rückblicken nicht in ihrer ganzen Tragweite wahrgenommen wurde. In dieser Erwartung bereitete man vor allem die Neutralisierung des «inneren Feindes» vor.[93] Zwei wichtige Vorgänge markieren 1959 das Ende dieser Phase: die hohe Ablehnung des Frauenstimmrechts – gesamtschweizerisch mit 67 Prozent, in Innerrhoden gar mit 95 Prozent – sowie die Öffnung des Bundesrats für eine Doppelvertretung der Sozialdemokratie, was eine weitere Stabilisierung des politischen Systems zur Folge hatte.

In diesen Jahren sprach sich der männliche Souverän in bemerkenswerter Einigkeit für staatliche Deregulierung und gegen die zur Zeit des Vollmachtenregimes (siehe Kapitel von Sacha Zala, S. 518f.) zur Tendenz gewordene Regulierung aus: 1951 wurde die Beibehaltung der Konzessionspflicht für Strassentransporte abgelehnt, 1952 die Fortführung der Hotelsubventionierung zurückgewiesen, 1954 die Forderung nach einem obligatorischen Fähigkeitsausweis für Schuhmacher, Coiffeure, Sattler und Wagner nicht gutgeheissen, 1956 die Verlängerung der Subventionierung der Holzverzuckerung AG im bündnerischen Ems, der späteren Ems-Chemie, nicht gebilligt; Letztere hatte seit dem Zweiten Weltkrieg aus Holz Ethanol produziert, das als Treibstoff Verwendung fand. Schon in den Jahren 1944 und 1946 hatte der Bundesrat die in der Zwischenkriegszeit eingeführten Verbote neuer Warenhäuser und Filialen sowie neuer Schuhfabriken aufgehoben. 1955 musste die Sonderbesteuerung der Warenhäuser und Versandgeschäfte aufgehoben werden.

Die 1950er Jahre waren in praktischer Hinsicht durchaus modernisierungsfreundlich. Damals setzte auch in der Schweiz das «Fernsehzeitalter» ein, und es wurde die Basis für das Nationalstrassennetz

**Stimmplakat für die Freigabe des Pastmilchverkaufs, 1965** (*Museum für Gestaltung Zürich, Plakatsammlung*). — Heftig umstrittener Ersatz für das traditionelle Milchkesseli: die in Etappen 1959/1962 eingeführte Tetra-Packung. Das wichtigste Argument der Befürworter war die den Hausfrauen durch die neue Verpackungsart in Aussicht gestellte grössere Freiheit.

gelegt. In diesen Jahren des Wachstums wandelte sich auch die Art der Urlaubsgestaltung: Hatte man die Ferien zuvor mehrheitlich separat verbracht, die Kinder in Schulkolonien, die Väter im Vereinsverbund, die Mütter – falls überhaupt – mit Erholungsaufenthalten, so fuhr nun die ganze Familie zusammen in die Ferienwohnung.[94]

Die Zahl der Konzessionen für den Radioempfang verdoppelte sich von 1945 bis 1960 von rund 740 000 auf 1 450 000; die Landessender waren in diesen Jahren Medien, die Generationen prägten und landesweit als Autorität galten, allerdings strikt getrennt nach den drei grossen Landesteilen. Später ging diese Funktion vom Radio auf das Fernsehen über.

Wenn man vom Frühversuch an der «Landi 39» absieht, begann das Fernsehleben in der Schweiz 1953 – einstündig und dreimal pro Woche.[95] Der Einführung war eine grosse Debatte über die Gefahren des neuen Mediums vorausgegangen. Befürchtet wurden die Zerstörung des Familienlebens, eine Vermassung, die Schädigung von Kultur und Religion sowie die Verbreitung ausländischer Propaganda. Das Fernsehen konnte, auch wenn es sich nur um die Übertragung der Krönung Königin Elisabeths II. von England handelte, tatsächlich die geschlossene und nach innen gerichtete Welt der ↑Geistigen Landesverteidigung in Frage stellen und seine Zuschauer vermehrt sinnlich wahrnehmbaren Welten aussetzen, die sich nicht auf den heimatlichen Raum beschränkten.

Eine grössere Debatte fand auch hinsichtlich der Standortwahl der Fernsehstudios statt. In der Romandie konkurrenzierten sich Genf und Lausanne, in der Deutschschweiz Zürich und Basel. Für die schliesslich getroffenen Entscheidungen zugunsten Zürich und Genf war wegen des damals noch als Frachtgut transportierten Filmmaterials unter anderem die Nähe interkontinentaler Flughäfen ausschlaggebend.

Das neue Medium brauchte seine Zeit, bis es sich in der Schweiz durchsetzte. Ein Fernsehapparat kostete anfänglich zwei bis drei Monatslöhne. 1953 waren 920 Empfänger registriert. Anfänglich bildeten sich kleine «TV-Gemeinden» um Apparate, die in den Restaurants standen. Radio und Fernseher waren mehr als nur technische Geräte; sie schufen Öffentlichkeit, brachten unvertraute oder tabuisierte Themen in die Familienstube und lösten dort Gespräche aus, zum Beispiel über die Stellung der Frau, die Hygiene, die Sexualität. Seit 1959 hatte das Deutschschweizer Publikum ausserdem die Möglichkeit, mit dem «Blick» ein im eigenen Land hergestelltes und helvetische Vorkommnisse aufgreifendes Boulevardblatt zu rezipieren.[96]

## Zoom 2: Ungarnaufstand – ein doppelter Aufstand, tief im Kalten Krieg

Der Ungarnaufstand im November 1956 wirkte sich auf die politische Stimmung in der Schweiz zugleich aufputschend und stabilisierend aus; die Reaktionen auf seine Niederschlagung bildeten den emotionalen Höhepunkt der Ära des Kalten Kriegs. Zu Zehntausenden suchten Schweizerinnen und Schweizer nach einer Möglichkeit, persönlich etwas für die ungarischen Freiheitskämpfer zu tun. Man spendete Blut und Geld, man sammelte Lebensmittel, Kleider, Medikamente, sogar Fensterscheiben zum Schutz vor der Kälte in der von Kämpfen in Mitleidenschaft gezogenen ungarischen Hauptstadt. Kinder strickten oder häkelten Topflappen, aus denen bunte Wolldecken zusammengenäht wurden. In der Schule hiess man sie, Aufsätze zum Thema «Warum wir Ungarn helfen» zu schreiben. Anlässlich einer landesweit anberaumten Schweigeminute wurde in der Presse die folgende Szene aus einer Schulstube geschildert: «Viele der blonden und dunkeln Köpfe haben sich gesenkt. Einige Kinder haben die Hände gefaltet wie in der Kirche. Ernst liegt auf den jungen Gesichtern.»[97] Am stärksten engagierten sich – wohl nicht zufällig – die Studenten. In Bern verteilte die studentische Aktion «Niemals vergessen» eine Anleitung zur Herstellung von Molotowcocktails und lieferte auch gleich 15 000 Initialzünder mit. Ein einziger Eidgenosse, der in Zürich tätige 33-jährige Anwalt Niklaus Bernoulli, liess sich dazu hinreis-

**Hilfspakete einer Naturaliensammlung für Ungarnflüchtlinge, Dezember 1956 in Bern,** © *Keystone / Photopress-Archiv / Kr.* — Die zumeist antikommunistisch eingestellten Studierenden engagierten sich in besonderem Mass in der Ungarnhilfe, und das Denkmal für den Schultheissen Adrian von Bubenberg, den Verteidiger von Murten, bot sich als idealer Ort zur Einrichtung einer Sammelstelle für Hilfspakete an.

sen, mit seinem Karabiner und 24 Schuss Taschenmunition nach Ungarn aufzubrechen. Nach kurzem Gefecht trat er den Heimweg an und wurde zu Hause wegen Verschleuderung von Armeematerial (es ging um das Patronenmagazin) zu einer Busse von 50 Franken verurteilt.

Der Bundesrat publizierte am 4. November 1956 – wie in anderen «weltgeschichtlichen» Momenten – ein Communiqué zu den Geschehnissen in Ungarn, in welchem eine Mischung aus Sympathie und neutralitätspolitischer Zurückhaltung zum Ausdruck kam: «Der Bunderat weiss sich einig mit dem Empfinden des Schweizervolkes, wenn es seinem Schmerz Ausdruck gibt darüber, dass die Unabhängigkeit, Freiheit und das Selbstbestimmungsrecht des mit der Schweiz befreundeten ungarischen Volkes unterdrückt werden.»[98] Die Presse konnte diesbezüglich etwas deutlicher werden: «Das freiheitsdurstige ungarische Volk schmachtet erneut unter der russischen Knechtschaft.»[99]

Die Waren, die in der Schweiz in einem «Aufstand der Hilfsbereitschaft» zusammenkamen, wurden in Transportkolonnen nach Ungarn geschafft, und in den gleichen Camions reisten anschliessend die ersten Flüchtlinge in die Schweiz. In der kurzen Zeit bis zur Schliessung der ungarischen Grenze im Januar 1957 gelangten gegen 14 000 Flüchtlinge in die Eidgenossenschaft. Nur ein Bruchteil von ihnen hatte sich im Budapester Strassenkampf engagiert; sie alle wurden aber als Opfer des sowjetischen Imperialismus gesehen, weshalb man ihnen einen entsprechend begeisterten Empfang bereitete, wie später, 1968, den tschechoslowakischen Flüchtlingen.[100] Die Schweizer Kommunisten bemerkten, dass rund dreissig Jahre zuvor das von Franco unterdrückte spanische Volk keine derartige Anteilnahme erhalten habe. Bei allen Sympathien für den «David», der gegen den «Goliath» antrat, übersah man, dass die Aufständischen am Sozialismus, wenn auch demokratischer Prägung, festhalten wollten, also an einer Gesellschaftsordnung, die in der Schweiz mehrheitlich abgelehnt wurde. Das Hauptmotiv der Solidarität war eben nicht Sympathie für die Aufständischen, sondern Antipathie gegen die Unterdrücker.

Der Chefredaktor der «Neuen Zürcher Zeitung» und FDP-Nationalrat Willy Bretscher nahm folgende Einordnung vor: «Der West-Ost-Konflikt ist nicht ein blosser Machtkampf, er reicht in die Bezirke des Irrationalen hinein, er ist [...] ein Religionskrieg. [...] Die aggressive Heilslehre des Kommunismus steht der Gesittung und der Gedankenwelt des Abendlandes so feindselig und unversöhnlich gegenüber wie einst der Islam dem Christentum.»[101] Die Unversöhnlichkeit war je-

### Das Zivilverteidigungsbüchlein

1961 in Auftrag gegeben, wurde das sogenannte Zivilverteidigungsbüchlein 1969 nach einigen Überarbeitungen mit einem vom Bundesrat und Chef des Justiz- und Polizeidepartements Ludwig von Moos unterzeichneten Begleitbrief in 2,5 Millionen Exemplaren an die Bevölkerung verteilt. Die Aktion kostete den Bund über vier Millionen Franken. Das immerhin 320 Seiten starke, dunkelrot gebundene «Büchlein» enthielt zum einen nützliche Informationen für den Kriegsfall, über Erste Hilfe, Brandbekämpfung, den Notvorrat und anderes mehr, zum anderen aber auch Warnungen vor dem «inneren Feind» – vergleichbar mit der «fünften Kolonne» während des Zweiten Weltkriegs – und Empfehlungen, wie man mit diesem umgehen solle. Dazu gehörte die Diskreditierung der politischen Dissidenten, Intellektuellen und Pazifisten. Das Zivilverteidigungsbüchlein war ein typisches Produkt des Kalten Krieges. Es pflegte ein doppeltes Feindbild – eines gegen aussen, eines gegen innen. Entgegen der zeitgenössischen Vorstellung war die politische Disziplinierung im eigenen Lager sogar die wichtigere Funktion als der Schutz vor dem äusseren Feind. Die Aktion kam in der Öffentlichkeit mehrheitlich nicht gut an. Die Ablehnung in der Suisse romande war besonders gross. Einige Eidgenossen schickten die Post an den Absender – das Bundeshaus – zurück. Weniger Kontroversen als das «rote Büchlein» löste das – durchaus ähnliche Züge aufweisende – feldgrüne Soldatenbuch aus, das in den Jahren 1958 bis 1974 an alle Wehrmänner abgegeben wurde. Es rief dazu auf, die Neutralität hochzuhalten, und gab zugleich zu bedenken, dass der Feind «überall» sei; für die Hebung der Moral sorgten ein paar Schweizer Lieder.[102]

doch durchaus gegenseitig. Der damalige Sekretär des *Schweizerischen Verbandes des Personals öffentlicher Dienste* (VPOD) und spätere Präsident der SP Helmut Hubacher empfahl in seiner «Grabrede auf die PdA» eine direkte Verfrachtung nach Moskau «dieses politischen Lumpengesindels», das nicht würdig sei, einen Schweizer Pass auf sich zu tragen.[103]

Die Hassgefühle gegenüber der Sowjetunion entluden sich konkret auf deren Anhänger im eigenen Land. In Zürich wurde die kommunistische Buchhandlung gestürmt, wurden Bücher verbrannt und PdA-Mitglieder mit Telefonterror eingeschüchtert. Bekanntestes Opfer war der marxistische Philosoph Konrad Farner. Er und seine Familie mussten in Thalwil einige bedrohliche Momente erleben. Später zogen andere Protest und Ächtung auf sich: kommunistische Jugendliche, die von den Weltjugendfestspielen in Moskau zurückkehrten; der Sänger Vico Torriani, weil er in Moskau aufgetreten war; der sowjetische Geiger David Oistrach, der in Zürich auftreten wollte; der Kabarettist Alfred Rasser, weil er China bereist hatte. Sowjetische Spielfilme wurden boykottiert. Der *Schweizerische Lichtspieltheaterverband* rief im November 1956 seine Mitglieder eindringlich auf, keinen Meter kommunistischen Films laufen zu lassen, weil dieser wie bei Tauwetter «das Erdreich» für die kommunistische Ideologie auflockere. Die künst-

267

«Wir machen den Igel», Detail von Seite 267 aus dem Zivilverteidigungsbüchlein, Ausgabe 1969.

**Armeepavillon an der Landesausstellung 1964 in Lausanne,** © *Keystone / Jakob Braem.* — Was gerne als «Réduit-Geist» des Zweiten Weltkriegs bezeichnet wird, jedoch auf die Inselsituation im Ersten Weltkrieg zurückgeht und in der Ära des Kalten Kriegs munter weiterlebte, fand seinen Ausdruck im Armeepavillon der Landesausstellung «Expo 64», der als imposanter «Beton-Igel» gestaltet war. Der diesen Bau inspirierende Geist machte 1969 auch die Belieferung aller Haushalte mit einem «Zivilverteidigungsbüchlein» möglich.

lerische Qualität des Spielfilms *Wenn die Kraniche ziehen*, der 1958 in Cannes mit der Goldenen Palme ausgezeichnet worden war, wurde vom «Filmberater» zwar anerkannt, dennoch erging die Empfehlung: «Auch wenn man glaubt, dass dieser russische Film schön ist, braucht man ihn nicht zu sehen. Man kann das Eintrittsgeld zum Beispiel auch den Ungarn schenken. Das ist eine viel schönere Verherrlichung der Liebe, als irgendein Film sie geben könnte.»[104] Das Jahr 1956 brachte eine starke Reduktion der Anhängerschaft der PdA, manche ihrer prominenten Mitglieder traten zur SP über. Auch der Maler Hans Erni, der 1944 für die Pflege der schweizerisch-sowjetischen Freundschaft eingetreten war, ging nun auf Distanz.

Wenig später, im Herbst 1957 – genau am 4. Oktober, denn das Ereignis blieb lange Zeit mit seinem Datum in Erinnerung – erlebte auch die Schweiz den «Sputnikschock». Mit der erfolgreichen Entsendung eines Satelliten in die Erdumlaufbahn war der UdSSR ein Erfolg gelungen, der die – punktuell zugespitzte – Leistungsfähigkeit des sowjetischen Systems demonstrierte und im Westen das Gefühl der Bedrohung verstärkte. In der Schweiz, wo man sich zu einem grossen Teil von der Supermacht USA mit ihrem Abschreckungspotential beschützt sah, fragte man sich unweigerlich nach den militärischen Implikationen dieses Erfolges.[105] Entsprechend wurde das Budget für die Schweizer Armee aufgestockt.

**Zoom 3: Der Zauber der Zauberformel**
Einen Schlüsselmoment in der politischen Entwicklung der Nachkriegszeit bilden die Bundesratswahlen vom 17. Dezember 1959: Damals waren gleich vier Bundesratssitze neu zu besetzen; eine derartige Situation war bisher nur einmal, im Jahr 1875, eingetreten. Diese Ausgangslage schuf besonders viel politischen Spielraum und wurde trotzdem – zeittypisch – bemerkenswert eindeutig gelöst. Schon Tage vor der Wahl war in den Medien von «magischer Formel», «formule magique» statt «formule proportionnelle», die Rede.

Bereits im Dezember 1953 war Max Weber als einziger SP-Vertreter in der Landesregierung zurückgetreten, nachdem eine Finanzvorlage aus seinem Departement im Volk keine Mehrheit gefunden hatte. In der Folge übernahmen die Freisinnigen den freigewordenen Sitz; sie verfügten für rund ein Jahr wieder über eine Vierervertretung und damit erneut über die absolute Mehrheit im Bundesrat. 1954 ging dieser Sitz vorübergehend an die Katholisch-Konservativen, so dass die beiden alten Bundesratsparteien je drei Sitze innehatten. Es war klar, dass sich diese Verhältnisse nicht dauerhaft halten liessen und die Anteile im Bundesrat den Wählerstärken entsprechen sollten. 1959 verfügte die SP über einen Wähleranteil von 26 Prozent, die FDP von 24 Prozent, die *Konservativ-Christlichsoziale Volkspartei* (KCVP) von 23 Prozent und die *Bauern-, Gewerbe- und Bürgerpartei* (BGB) von 12 Prozent. Die SP war bereit, mit einer Zweiervertretung in die Regierungsverantwortung zurückzukehren. Dies war aber nur mit der uneingeschränkten Unterstützung der *Konservativ-Christlichsozialen Volkspartei*, der heutigen CVP, möglich. Deren Generalsekretär, Martin Rosenberg, wirkte als «Königsmacher»[106] und gilt als Vater der Zauberformel «2:2:2:1»: je zwei Sitze für die FDP, die KCVP und die SP und einen für die BGB (seit 1971 SVP). Ein Teil der Freisinnigen wehrte sich gegen die Zurückstufung auf zwei Sitze und versuchte – die «Neue Bündner Zeitung» sprach von einer «angezettelten Schaffnerei» –, den freisinnigen Berner Chefbeamten Hans Schaffner zu lancieren, der anderthalb Jahre später tatsächlich Bundesrat wurde.

Drei der vier Neuen wurden je im ersten Wahlgang gewählt, der vierte im dritten Wahlgang. Zuerst wurde als Nachfolger des katholisch-konservativen Bundesrats Philipp Etter, der während eines Vierteljahrhunderts im Siebnergremium gesessen hatte, problemlos der Freiburger Jean Bourgknecht gewählt. An zweiter Stelle musste wegen des Rücktritts des FDP-Vertreters Hans Streuli der zur Tradition gewordene Zürcher Sitz besetzt werden. Dieser ging ebenfalls problemlos an den SP-Ständerat Willy Spühler. Im dritten Wahlgang musste ein Ersatz innerhalb des politischen Katholizismus bestimmt werden: Für den St. Galler Thomas Hollenstein schaffte es der Obwaldner Ludwig von Moos – beinahe – ohne Probleme in die Landesregierung. In kleineren «Störmanövern» griffen Kritiker bei dieser Wahl zwei Punkte auf: zum einen von Moos' in den 1930er Jahren für das frontistische Gedankengut gehegte Sympathien, was später wohl ein echtes Wahlhindernis gewesen wäre und zehn Jahre später tatsächlich zu Rücktrittsforderungen führte;[107] zum anderen seinen Vorstoss zur Aufhebung der konfessionellen ↑Ausnahmeartikel, was militante Protestanten als Angriff auf den konfessionellen Frieden fehlinterpretierten; 1973 wurde deren Aufhebung doch möglich.

Die vierte Vakanz betraf den zuvor vom katholisch-konservativen Tessiner Bundesrat Giuseppe Lepori eingenommenen Platz. Die SP strebte diesen Sitz mit der Nomination ihres Parteipräsidenten Walther Bringolf aus Schaffhausen an. Für die bürgerliche Rechte – Teile der FDP, die Liberalen, die Gewerbevertreter der BGB und die NZZ – war Bringolf wegen seiner über dreissig Jahre zurückliegenden kommunistischen Vergangenheit, aber auch aufgrund seines Charakters und seines Alters von 65 Jahren nicht wählbar. Diese Gründe boten willkommene Ansatzpunkte, um den Sitz mit der erwähnten Portierung Schaffners für die Bürgerlichen zu retten. Nach dem zweiten Wahlgang standen die Sozialdemokraten vor der Alternative, entweder an ihrem offiziellen Kandidaten festzuhalten und damit den zweiten Sitz zu verspielen oder einen SP-Kandidaten mit besseren Wahlchancen zu unterstützen und damit endlich eine Zweiervertretung zu erzielen. Ein solcher Kandidat stand schon bereit: Hans-Peter Tschudi, der sozialdemokratische Basler Regierungs- und Ständerat, Professor für Arbeits- und Sozialversicherungsrecht an der Universität Basel, war von Anfang an die inoffizielle Alternative zu Bringolf. Bringolf zog sich zurück und machte den Weg frei für Tschudi.[108]

Die «Zuger Nachrichten» bezeichneten wie viele andere Pressestimmen die Wahl als historisch und empfanden die Wahlsitzung als ähnlich spannend wie eine Papstwahl. Die «Gotthard-Post» war glücklich darüber, dass mit der Wahl eines Obwaldners erstmals ein Mann aus der Urschweiz in den Bundesrat gelangte und nun die drei «Gründerstaaten» eine Vertretung in der obersten Landesbehörde hatten. Die Zusammensetzung eines «Proporzbundesrats» nach der Zauberformel empfand sie dagegen als weniger erfreulich; sie wünschte eine Wahl von Persönlichkeiten. Die «Neue Bündner Zeitung» stellte mit Befriedigung fest, dass der «Vorortfreisinn» (↑Vorort) eine Schlappe erlitten habe. Die «Solothurner Zeitung» war mit der «grossen Koalition», aber auch mit der Bildqualität der erstmals durchgeführten Liveübertragung im Fernsehen zufrieden. Kritik kam aus Genf von «La Suisse»: «Les jeux des partis avec leurs bas calculs et leurs tristes marchandages», was man in etwa übersetzen könnte mit «Die Ränkespiele der Parteien mit ihrem berechnenden Vorgehen und ihren traurigen Kuhhändeln».[109]

Die Zauberformel als Produkt des freiwilligen Proporzes nun auch auf eidgenössischer Ebene wurde möglich, weil sich die Programme der grossen Parteien in den wesentlichen Punkten – insbesondere bezüglich der sozialen Marktwirtschaft und der militärischen Landesverteidigung – weitgehend deckten und damit auch das realisierbar werden liessen, was man Regierungskonkordanz nannte. Die sozialdemokratische Seite hatte sich mit ihrem Winterthurer Programm vom Juni 1959 zum Reformsozialismus auf dem Boden der Demokratie bekannt, analog zum Godesberger Programm der SPD in Deutschland, und sich damit in Richtung Mitte bewegt. Deshalb war die bürgerliche Seite nun bereit, nach sechs Jahren ohne SP-Vertretung im Bundesrat die sozialdemokratische «Regierungsfähigkeit» mit einer Doppelvertretung anzuerkennen.

Jene Formel, die ein halbes Jahrhundert Bestand haben sollte, schuf eine permanente grosse Koalition, in der alle referendumsfähigen Kräfte eingebunden waren, insgesamt rund 80 Prozent des Wählerpotentials. In Momenten stärkerer sozialer Unrast – insbesondere im nachfolgenden Zeitabschnitt – wurde das Zusammenspiel der etablierten Parteien als «Kuhhandel» und «Päckli-Politik» kritisiert, was Kleinparteien wie den *Landesring der Unabhängigen* und in den siebziger und achtziger Jahren den POCH, den *Progressiven Organisationen der Schweiz*, einen gewissen Auftrieb gab.

## 1959–1973: REFORMBEREITSCHAFT UND SOZIALE UNRAST

Einen dritten Entwicklungsbogen bilden die Jahre von 1959 bis 1973 mit einem auf allen Ebenen und in vielen Bereichen zum Ausdruck kommenden Reformwillen und entsprechenden Ergebnissen, aber auch mit einer sozialen Unrast an den äusseren Flügeln des politischen Spektrums. Die Schweiz befand sich aber nicht als einziges Land in diesem Zustand, sondern war von einem gesellschaftlichen Klima geprägt, das beinahe globale Dimensionen hatte und sich auf praktisch sämtliche Bereiche der Gesellschaft auswirkte. Dieses Klima manifestierte sich zum Beispiel auch im Reformgeist des unter Papst Johannes XXIII. von 1962 bis 1965 durchgeführten Zweiten Vatikanischen Konzils.

Der in Basel lehrende und in der FDP politisierende Rechtsprofessor Max Imboden trat 1964 mit seiner stark beachteten Schrift *Helvetisches Malaise* an die Öffentlichkeit. Er empfahl darin der Schweiz mehr Reformwillen und utopisches Denken und etwas weniger einfallslosen Pragmatismus, dessen Vertreter, so Imboden, fatalerweise davon ausgingen, dass es nur eine einzige sachlich richtige Lösung gebe, und die Angst vor ihrem eigenen Mut hätten. Klagen über zunehmende Missstände und der Wille zu deren Behebung liegen in dieser Schrift nahe beieinander; konkret etwa die Kritik am Rückgang der Stimm- und Wahlbeteiligung von über 50 auf unter 35 Prozent bei Sachgeschäften und von 70 auf 40 Prozent bei Wahlen sowie Rezepte zur Vitalisierung der Demokratie.[110] Heute liegt die durchschnittliche Stimmbeteiligung ohne offensichtlichen Trend in die eine oder andere Richtung – bezogen auf eidgenössische Vorlagen der Jahre 1990 bis 2011 – bei 43,4 Prozent.

Der erstarkende Reformwille zeigte sich an mehreren unterschiedlichen und doch von der gleichen Bereitschaft zur Veränderung getragenen Geschäften. 1965 wurde, wie bereits erwähnt, der Prozess der Totalrevision der Bundesverfassung in Gang gesetzt, 1966 der erste Bundesbeitrag zur Hochschulförderung ausgeschüttet, 1967 die Debatte um den UNO-Beitritt angeschoben. Schon 1961 hatte die Entwicklungshilfe durch die Schaffung des Dienstes für technische Zusammenarbeit eine Institutionalisierung erfahren. In diesen Jahren entstanden auch die Pläne für das 1973 gegründete *Katastrophenhilfekorps* (SKH), das spätere *Schweizerische Korps für humanitäre Hilfe*. Bereits 1963 war der an sich längst fällige Beitritt zum Europarat vollzogen worden. Auf kantonaler Ebene wurde ernsthaft an der Zusammenführung der beiden Basler Halbkantone gearbeitet, und 1969/70 setzte sich im Kanton Bern – nach einem negativen Plebiszit im Jahr 1959 – die Einsicht durch, dass dem Jura das Selbstbestimmungsrecht nicht länger vorenthalten werden konnte.[111] Bis zum Ende des Jahrzehnts hatten in städtischen Regionen die ersten gemischten Schulklassen bereits gute Erfahrungen gesammelt. In kleinen Gemeinden hingegen hatte es nicht nur die Koedukation schon immer gegeben, sondern wurden auch mehrere Jahrgänge in Gesamtklassen gleichzeitig unterrichtet.

1969 erhielt eine Reformkommission der Schweizer Armee den Auftrag, Vorschläge für eine kriegstaugliche Ausbildung und für zeitgemässe militärische Umgangsformen vorzulegen. Die unter dem Namen «Oswald-Bericht» bekannt gewordenen Vorschläge gingen der Armeeleitung aber zu weit; die für die unteren Kommandostufen bestimmte Version des Berichtes wurde zensuriert.[112]

Die reformfreudigen «Sechzigerjahre» dauerten bis etwa 1973. Die Einführung des Frauenstimmrechts im Jahr 1971 – nach der Abfuhr von 1959 – entsprach dem Trend und verstärkte ihn zugleich. So stimmte das Volk 1972 dem Ausbau der Altersvorsorge mit einer ↑zweiten Säule und einem Freihandelsabkommen mit der *Europäischen Gemeinschaft* (EG) zu und hiess im Mai 1973 die Aufhebung der konfessionellen Ausnahmeartikel aus den Jahren 1848 und 1874 gut (siehe Kapitel von Regina Wecker, S. 460). Bemerkenswert war im Falle letzterer Reform allerdings, wie viele Vorbehalte gegenüber dem Katholizismus in der ablehnenden Minderheit von 45,1 Prozent noch immer zum Ausdruck kamen.[113] Hätte man die «Jesuitenartikel» später im Jahr oder erst im folgenden Jahr zur Abstimmung gebracht, hätte das Ergebnis anders ausfallen können. Bis die letzten Relikte des ↑Kulturkampfes in der Verfassung getilgt waren, sollte es allerdings noch einmal beinahe dreissig Jahre dauern: Die Aufhebung der Bewilligungspflicht für die Bistumsorganisation wurde erst im Juni 2001 zur Abstimmung gebracht. Eine frühere Unterbreitung des Aufhebungsantrags im Zusammenhang mit der Revision der Bundesverfassung von 1999, die immerhin das Wahlverbot für Geistliche aufhob, hatten die Verantwortlichen für das gesamte Revisionsprojekt als zu riskant eingestuft.

Ein letztes Ergebnis dieser Reformphase war der 1974 vom Parlament beschlossene und nicht dem Volk unterbreitete Beitritt der Schweiz zur *Europäischen Menschenrechtskonvention* (EMRK), der das Land in entsprechenden Fragen «fremden Richtern» unterwarf.[114] Ein «Bildungsartikel», in dem der Grundsatz des Rechts auf Bildung mit ausgebauten Bundeskompetenzen hätte verankert werden sollen, war ebenfalls ein Produkt dieser Aufbruchphase. Er wurde im März 1973 zur Abstimmung gebracht und erlangte zwar ein Volksmehr (52,8 Prozent), scheiterte aber mit 10½ von 22 Standesstimmen am Ständemehr. Es dauerte rund dreissig Jahre, bis im Mai 2006 mit 85,6 Prozent ein Bildungsartikel angenommen wurde.

Generell lässt sich – dies auch als Überleitung zu den folgenden Ausführungen – sagen, dass die 1960er Jahre der Schweiz wie anderen europäischen Ländern eine Fundamentalliberalisierung der Gesellschaft brachten. Nach dem Jazz, der in der vorangegangenen Phase eine ähnliche Rolle gespielt hatte, waren nun die Rock- und dann auch die Popmusik die Medien, über die man sich mit der weiten Welt identifizierte und mit denen man die bürgerlich-konservative Kultur provozierte.

### Zoom 4: Die Globuskrawalle und die kulturelle Wende der sechziger Jahre

Im sogenannten Globuskrawall vom Juni 1968 entlud sich die damals bereits seit Tagen angestiegene und von den Medien mit anheizenden Beiträgen verschärfte Spannung. Obwohl es sich um zwei völlig unterschiedliche Veranstaltungen handelte, wurden im Nachhinein die Ausschreitun-

**Fans nach dem Rolling-Stones-Konzert im April 1967**, Photographie von Peter Schudel (*Fotostiftung Schweiz*), © Peter Schudel. — Etwas unberechenbar waren die neuartigen grösseren Musikveranstaltungen. Nach dem Auftritt der Rolling Stones im April 1967 im Zürcher Hallenstadion kam es zu massiven Tumulten, nach denen ein besorgter Stadtrat derlei Veranstaltungen als «verantwortungslose Verführung Jugendlicher zu totalem Blödsinn» bezeichnete. Ein Jahr später, im Mai 1968, bildete ein ähnlicher Krawall nach einem Jimi-Hendrix-Konzert eine Art Auftakt zu den Zürcher Sommerunruhen.

gen, die sich nach dem «Monsterkonzert» von Jimi Hendrix einen Monat zuvor ereignet hatten, als Vorboten interpretiert. Die während Jahren vom «Establishment» wenig ernst genommene Forderung nach einem selbstverwalteten Jugendhaus wurde zu einem Streitfall, mit dem die Jugendlichen im Namen einer – gemäss ihrer festen Überzeugung – guten und gerechten Sache gegenüber den Behörden ultimativ auftraten. Die von verschiedensten Kräften getragene, zwar jugendliche, aber nicht primär studentische Bewegung fühlte sich dabei im Einklang mit einer weltweiten Welle des Protests, bei der man sich Selbstbestimmung, soziale Gerechtigkeit und Antiimperialismus auf die Fahnen schrieb.[115]

Beide Seiten, die Behörden wie die Protestierenden, orientierten sich an ausländischen Vorgängen, speziell in Deutschland und Frankreich. Indem die für die öffentliche Ordnung – und den normalen Verkehrsfluss – zuständigen Stellen «ausländische Verhältnisse» vermeiden wollten, führten sie diese erst recht herbei. Nach der Krawallnacht verhängte die Regierung «bis auf weiteres» ein Demonstrationsverbot. Exponenten des rechten Bürgertums deuteten die Unruhen als Produkt kommunistischer Agitation. Die «Neue Zürcher Zeitung» interpretierte die Vorgänge als Exzesse der Moderne: «Der Funke der Gewalttätigkeit, die sich wie eine Seuche über die grossen Städte der modernen Wohlstandsgesellschaft ausgebreitet hat, scheint auf die Schweiz übergesprungen zu sein.»[116] Die NZZ wies auch darauf hin, dass dies der erste Krawall seit den Zusammenstössen mit den Kommunisten und Frontisten in den 1930er Jahren sei; ein Ereignis, wie es nur ein Jahr zuvor noch völlig undenkbar gewesen sei. Und im Berner «Bund» konnte der freisinnige Zürcher Nationalrat Ernst Bieri aus der «Frontstadt» Zürich direkt berichten und über die «linksextremistischen Drahtzieher» und die «Hilfstruppe der Halbstarken» herziehen.[117]

Der Jugendprotest stiess bei liberalen Kräften der Gesellschaft auch auf Verständnis, insbesondere bei der unmittelbar vorausgehenden Generation, die ähnlich empfunden, aber noch keinen offenen Widerstand geleistet hatte. Der damals 34-jährige Adolf Muschg erklärte, die Schuldigen solle man nicht hinter den Barrikaden suchen, man könne sie sehen, wenn man in den Spiegel blicke. «In den Jahren des Kalten Krieges verblödeten bei uns die Probleme; man gab ein Terrain preis, auf dem sich nun jeder Pflastersteinwerfer unangefochten einrichten kann.» Angesichts des totalitären Charakters des etablierten Konsensus müsse man sich nicht wundern, «dass die Jungen das Gefühl haben, gegen etwas ‹Ganzes›, gegen ein ‹System› angehen zu müssen».[118]

Als Reaktion auf den Jugendprotest und die mitunter brutale Vorgehensweise der Polizei fand sich eine Gruppe von Intellektuellen und Künstlern zusammen, die mit dem «Zürcher Manifest» eine alternative Sicht vermittelte: «Die Zürcher Ereignisse dürfen nicht isoliert beurteilt werden. Sie sind eine Folge unzulänglicher Gesellschaftsstrukturen.» Im Manifest forderten sie die Bereitstellung eines zentral gelegenen, autonom verwalteten Diskussionsforums für Jung und Alt sowie den Verzicht auf Sanktionen für registrierte Teilnehmer und Teilnehmerinnen an den Protesten – Sanktionen wie den Entzug von Stipendien, die Ausweisung von Ausländern und Entlassungen –, sofern nicht schwerwiegende Delikte vorlägen; ferner verlangten sie die Wiederherstellung des verfassungsmässigen Demonstrationsrechts sowie die Fortsetzung der Gespräche mit allen Minderheiten.[119]

Auf die Strassenschlachten im Zentrum der Stadt folgte an der grünen Peripherie, im «Le Corbusier-Zentrum» am Zürichhorn, eine sechstägige, unter grosser Beteiligung und sehr intensiv geführte Debatte über den Zustand der Gesellschaft, insbesondere zu den Themen Demokratie, Autorität, Sexualität, Militär, Stadtplanung und anderen mehr.

Das schweizerische «68» begann aber nicht in Zürich, es begann im März im Lehrerseminar von Locarno mit einem dreitägigen Massenprotest gegen den autoritären Schulbetrieb und gegen den Umstand, dass der Seminardirektor zugleich Bürgermeister der Stadt war.[120] In Genf entzündete sich der Protest im April 1968 am Abbau der Stipendienleistungen und weitete sich schnell zu einer Bewegung aus, die eine demokratische Reform der erstarrten Universitätsstrukturen forderte. Die in Genf und in Lausanne am 13. Mai durchgeführten Kundgebungen zur Unterstützung der viel grösseren Bewegung in Paris verliefen ruhig; die tags darauf gegen den Genfer Militärtag veranstaltete Protestkundgebung artete dagegen auf beiden Seiten in Gewaltaktionen aus.[121]

Das Postulat der Demokratisierung der Universitäten galt im Grundsatz als unbestritten. Es fragte sich bloss, wie weit die entsprechende Umsetzung gehen sollte: Bis zum gemeinsamen Festlegen der Lehrinhalte, bis zur Abschaffung der Examen oder bis zur Verpflichtung, alle Kategorien von Universitätsbürgern an der Vorbereitung von Entscheiden mitwirken zu lassen?[122] Das neue Gesetz der *Eidgenössischen Technischen Hochschule* (ETH) zur Fusion der Standorte von Zürich und Lausanne, das im Oktober 1968 von National- und Ständerat einstimmig gutgeheissen wurde, gewährte den Studierenden nur ein Anhörungsrecht, aber kein Mitbestimmungsrecht. Zu Beginn waren es die Architekturstudierenden der ETH, die am heftigsten protestierten. Aufgrund dieser Entwicklung der Protestbewegung von unten war es ein «wildes» Studierendenkomitee und nicht die offizielle Studierendenvertretung, welche das Referendum gegen das neue ETH-Gesetz ergriff und damit eine gesamtschweizerische Hochschuldiskussion auslöste, aber auch eine zusätzliche Mobilisierung der Studierenden an den verschiedenen Universitäten bewirkte. Die Übergabe der Unterschriften an die Bundeskanzlei wurde im 68er-Stil als Happening inszeniert, mit einer Medienaktion, wie sie inzwischen zum Normalfall geworden ist. Im Juni 1969 folgte eine Mehrheit von 65,5 Prozent der Stimmenden dem Appell der Studierenden und verwarf die Vorlage zum neuen ETH-Gesetz.

Die heftigsten Umtriebe an den Universitäten, die mit der 68er-Bewegung in Verbindung ge-

**Inszenierter Schauprozess, der die Polizeigewalt anprangert; Photographie, entstanden im Umfeld des Globuskrawalls** (*Schweizerisches Nationalmuseum / ASL, Inv.-Nr. LM-110014.1*). — Am Samstagabend, dem 29. Juni 1968, versammelten sich rund 1000 Jugendliche auf der Zürcher Bahnhofbrücke. Ein provisorisches Komitee hatte zu einer Demonstration für ein «Autonomes Jugendzentrum» (AJZ) aufgerufen. Auf dem Flugblatt war ausser der Bekanntmachung des Ortes – eines leerstehenden, zuvor vom Warenhaus «Globus» als Provisorium genutzten Gebäudes – und der Zeitangabe – 19 Uhr – zu lesen: «Wir sind brave Kinder – wir bauen uns ein Altersheim». Die Menge wurde um 19.07 Uhr per Megaphon ultimativ aufgerufen, bis 19.15 Uhr den Ort zu verlassen. Die Demonstranten begannen tatsächlich mit dem Abzug; am Bellevue war die Durchführung einer sogenannten Vollversammlung geplant. Nach dem Ablauf des Ultimatums war aber erst ein Teil der Demonstranten abgezogen; daraufhin erging an die polizeilichen Einsatzkräfte der Befehl, mit Wasserwerfern – damals gewöhnlichen Feuerwehrschläuchen – gegen die bis zu diesem Zeitpunkt völlig gewaltlosen Demonstranten vorzugehen.

bracht werden, fanden allerdings erst in den Jahren 1971/72 statt und hatten mit universitätspolitischen Fragen nur noch wenig, umso mehr aber mit politischer Agitation zu tun, bei der Themen wie Vietnam oder Palästina der Verbreitung revolutionärer Propaganda dienten. Damals erlebte auch der Trotzkismus mit der Gründung der *Revolutionären Marxistischen Liga* (RML) eine kleine Renaissance.

Was hat «1968» gebracht? Ein bekannter Staatsanwalt meinte vierzig Jahre danach: «Spürbarste Folge der 68er Unruhen ist eine besser gerüstete Polizei.»[123] Der Schriftsteller Peter Bichsel bemerkte im Rückblick, die 68er hätten die Welt nicht verändert, «aber das Denken einer Welt schon».[124] Wichtig waren die wegbereitenden Impulse von Nonkonformisten, etwa des Schriftstellers Walter Matthias Diggelmann oder des Journalisten Roman Brodmann, und die Pionierleistungen des «nouveau cinéma suisse» von Henry Brandt, Alain Tanner, Claude Goretta und Yves Yersin. Bei diesen Wegbereitern fällt im Rückblick allerdings auf, dass sie allesamt zwischen 1920 und 1929 geboren wurden, 1968 also bereits über Erfahrungen verfügten, dank deren sie ihre besondere Rolle einnehmen und ihren Einfluss ausüben konnten. Der kulturelle Umbruch dieser Jahre war also keineswegs nur eine Leistung der Jugend. «1968» bedeutete dann nur noch den Durchbruch, eine mächtige Realisierung, die zu einer fundamentalen Liberalität führte, hinter welche die Gesellschaft später, selbst in konservativen Phasen, nicht mehr zurückfallen konnte.[125]

Die intensiven Erfahrungen des gesellschaftlichen und kulturellen Aufbruchs prägten eine ganze Generation, mehrheitlich im liberalen Sinn und in wesentlich geringerem Masse auch im reaktionären Sinn. Für die beiden Varianten stehen zwei ehemalige Bundesräte, beide Pfarrerssöhne, die vorübergehend in der Landesregierung sassen: Moritz Leuenberger von den Sozialdemokraten und Christoph Blocher von der SVP.[126] Der Bevölkerungssoziologe François Höpflinger, damals 20-jährig und beim Globuskrawall unter den Verhafteten, warnte davor, den heutigen Einfluss der 68er zu überschätzen; zugleich machte er 2008 aber darauf aufmerksam, dass die damalige Jugend unabhängig von ihrer politischen Einstellung dreissig Jahre später zwei Drittel der Parlamentssitze besetzte.[127]

Nachdem der ökonomische Aufschwung in den 1950er Jahren eine politische Entspannung und damit eine soziale Stabilisierung ausgelöst hatte, führte er in den 1960er Jahren zu einem sozialen Umbruch und in den 1970er Jahren zu einem starken Einbruch im traditionellen Normengefüge; er bewirkte damit indirekt eine Destabilisierung auch in der Politik. Die dem Erwerbsleben beigemessene Rolle erfuhr eine tiefe Veränderung, zunächst jedoch nur bei einem Teil der jüngeren Generation. Auch die Einstellung zur Sexualität und zu den Geschlechterverhältnissen änderte sich in weiten Teilen der Bevölkerung. Noch in den fünfziger Jahren wurden die Geschlechter in den meisten öffentlichen Gartenbädern strikt separiert; noch in den frühen sechziger Jahren gab es erregte Debatten darüber, ob Mädchen in Hosen zur Schule gehen dürften; und noch 1968 galten Wohngemeinschaften und unverheiratetes Zusammenleben als anrüchig. Das sogenannte Konkubinat war gesetzlich verboten. Der Film *Wunder der Liebe* des Deutschen Oswald Kolle aus dem Jahr 1968 war – nach dem amerikanischen Kinsey-Report II über die weibliche Sexualität von 1953 – ein wichtiger, im Rückblick rührend vorsichtig erscheinender Schritt in Richtung Enttabuisierung des Sexuellen.

Als kleine Revolution war schon der 1964 lancierte Minirock empfunden worden. Die 1961 auf den Markt gekommene Antibabypille schien das Verhältnis zwischen den Geschlechtern zu entproblematisieren. 1973 gaben in einer Umfrage immerhin beinahe 60 Prozent an, mit den «wilden Ehen» kein Problem zu haben, während 20 Prozent der Meinung waren, dass dies «zu weit» gehe. Inzwischen sind «Probeehen» selbstverständlich und sogenannte Konsensualpartnerschaften bis hin zur Bundesratsetage salonfähig geworden. Nach dem kulturellen Umbruch jener Jahre erhielt in der katholischen Kirche auch die Forderung nach einer Lockerung der Ehelosigkeit der Priester, des Zölibats, ein gewisses Gewicht. Eine Initiative, die dem Schwangerschaftsabbruch mit der sogenannten Fristenlösung einen rechtlichen Rahmen geben sollte, verpasste 1977 mit 48,3 Prozent knapp

**Kondom, präsentiert vom Moderator Charles Clerc in der Tagesschau vom 3. Februar 1987,** © *Schweizer Radio und Fernsehen (SRF).* — Die Enttabuisierungen der sexuellen Revolution von 1968 wurden schnell und laufend überboten. Aber erst im Februar 1987 konfrontierte der Tagesschau-Moderator Charles Clerc das unvorbereitete Abendpublikum mit dem «Ding» und verlieh so der eben gestarteten «STOP AIDS»-Kampagne die erwünschte Aufmerksamkeit.

das Volksmehr, aber mit 7 zu 15 Kantonen deutlich das Ständemehr, so dass zunächst weiterhin nur die medizinische und die «soziale» Indikation von einer Strafandrohung befreit waren. Im März 1996 hob das Wallis als letzter Kanton die Strafbestimmungen gegen das Konkubinat auf.

**Zoom 5: Endlich das Frauenstimmrecht**

Der 7. Februar 1971 war für viele Schweizerinnen und Schweizer ein Moment grosser Genugtuung. Für den *Schweizerischen Verband für das Frauenstimmrecht* ging damals ein Kampf, der 78 Jahre gedauert hatte, zu Ende. Für andere hingegen war dies nur ein erster Schritt zu einem weiter, jetzt mit Hilfe des errungenen Stimm- und Wahlrechts voranzutreibenden Ausbau der Gleichstellung. Die Verankerung des Gleichstellungsprinzips in der Bundesverfassung, am 14. Juni 1981 mit 60 Prozent angenommen, wäre ohne das Frauenstimmrecht nicht möglich gewesen. Wie weit der Weg noch war und bleiben sollte, machte zehn Jahre später, im Jahr 1991, ein landesweiter «Frauenstreik» zum «14. Juni» sichtbar. Rund 500 000 Frauen demonstrierten damals für Chancengleichheit, für einen Mutterschaftsschutz sowie gegen berufliche Benachteiligung, Lohndiskriminierung und anderes mehr. Noch einmal zehn Jahre später spürte man allerdings nur noch wenig von diesem Elan; jetzt musste sogar gegen den Rückbau von Stellen für Gleichstellungsbeauftragte gekämpft werden.

1959 hatte das abstimmende Männervolk die politische Gleichstellung der Frau noch mit einer Zweidrittelmehrheit abgelehnt, zwölf Jahre später, 1971, stimmte es jedoch der gleichen Vorlage mit einer Zweidrittelmehrheit zu. Wie ist dieser Wandel zu erklären? Es gilt zunächst, die lange bestehende Ablehnungsfront gegen das Frauenstimmrecht genauer zu betrachten. Die Tatsache, dass die «älteste Demokratie der Welt» eine Männerdemokratie war, verstärkte den patriarchalen Zug der schweizerischen kleinräumigen Gesellschaft und stand der Einführung einer modernen egalitären Demokratie eher im Weg (siehe Kapitel von Sacha Zala, S. 508). Wäre diese einzig Sache des Parlaments gewesen, sie wäre bereits in den 1950er Jahren realisiert worden. Die einfachste Erklärung für den Durchbruch von 1971 ist jene, dass die Modernisierung der Gesellschaft die archaische Ungleichbehandlung der Geschlechter auf Dauer erodieren liess und Platz für ein modernes Frauenbild schuf. Es muss diesbezüglich aber auch auf weitere Vorgänge hingewiesen werden.

Erstens liess sich – wie auch bei anderen Vorlagen – beobachten, dass die Kantone vorausgingen: In den Jahren 1959 bis 1971 hatten neun Kantone das Frauenstimmrecht bereits eingeführt, so dass man die Auswirkungen dieser Reform sehen und dabei feststellen konnte, dass die verschiedenen Negativprognosen – etwa einseitige Gewinne für einzelne Parteien und unmittelbare Auswirkungen auf die traditionelle Frauenrolle – nicht eingetreten waren. Damit verschiebt sich der Erklärungsbedarf auf die Frage, warum die Einführung in den Kantonen möglich wurde. Dies führt uns wieder zurück zum eingangs genannten gesellschaftlichen Wandel.

Zweitens darf die Herausforderung durch den internationalen Kontext nicht unterschätzt werden. Man empfand es mehr und mehr als störend und beschämend, als einziges Land in Europa den Frauen das Stimmrecht zu verweigern. Wegen dieser anhaltenden Diskriminierung war es der Schweiz nicht möglich, die *Europäische Menschenrechtskonvention* (EMRK) ohne gravierenden Vorbehalt zu unterzeichnen. In einem diffusen Prozess des politischen Abwägens von Vor- und Nachteilen der Beibehaltung des Status quo standen dem kleinen innenpolitischen «Risiko» wachsende aussenpolitische Unannehmlichkeiten gegenüber.

Drittens kam die demokratisierende Wirkung des gesellschaftlichen Aufbruchs der späten 1960er Jahre hinzu. Sie gab der Bewegung einen letzten Impuls. Die neu gegründete *Frauenbefreiungsbewegung* (FBB) lancierte am 1. März 1969 ohne Zustimmung des traditionellen *Schweizerischen Verbands für Frauenstimmrecht* (SVF) mit grossem Erfolg eine Massendemonstration auf dem Berner Bundesplatz.

Viertens wurden die Frauen, in der Hochkonjunktur ein geschätztes Arbeitskräftereservoir, auch in der immer weniger attraktiv erscheinenden Politik benötigt. Der Zürcher SP-Nationalrat Ulrich Götsch erklärte: «Die Vergrösserung des Rekrutierungsfeldes und die Verschärfung des Wettbewerbs bei der Besetzung politischer Ämter ist eine dringende Notwendigkeit. Allein die volle Mitarbeit der Frauen kann uns jene zusätzlichen Begabungen und auch Impulse bringen, derer unsere Demokratie bedarf.»[128]

Mit dem 7. Februar 1971 wurde nach jahrzehntelangen Bemühungen ein wichtiges Etappenziel erreicht. Erste Abstimmungen hatten auf lokaler Ebene bereits 1919/20 stattgefunden. Im Rückblick sind die ablehnenden Argumente kaum mehr nachvollziehbar. Das Basler Kommunistenblatt «Vorwärts» reproduzierte am 29. Juni 1946, nachdem die Einführung des kantonalen Frauenstimmrechts zum dritten Mal abgelehnt worden war, auf einer ganzen Seite die ablehnenden Inserate und empfahl den verehrten Lesern und Leserinnen dringend, diese Seite sorgfältig aufzubewahren:

Schaffhauser Abstimmungsplakat zur eidgenössischen Abstimmung über das Stimm- und Wahlrecht der Frau von 1971 (*Museum für Gestaltung Zürich, Plakatsammlung*). — Das Frauenstimmrecht – ein Anspruch oder eine Gunsterweisung?

## Die Einführung des Frauenstimmrechts in Bund und Kantonen

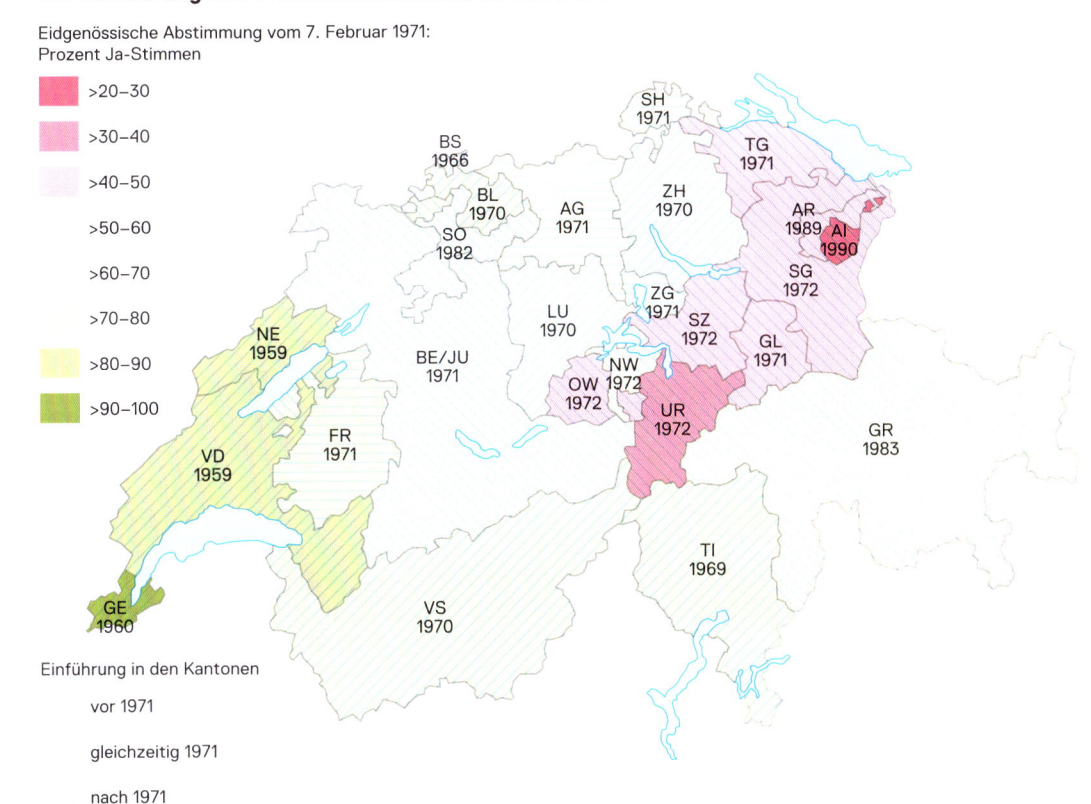

Eidgenössische Abstimmung vom 7. Februar 1971:
Prozent Ja-Stimmen

- >20–30
- >30–40
- >40–50
- >50–60
- >60–70
- >70–80
- >80–90
- >90–100

Einführung in den Kantonen
- vor 1971
- gleichzeitig 1971
- nach 1971

Quellen: Georg Kreis, Die Schweiz in der Geschichte 1700 bis heute. Band 2, Zürich 1997, S. 221; Swissvotes / Datenbank der eidgenössischen Volksabstimmungen, © 2013 Schwabe AG, Verlag, Basel, und Kohli Kartografie, Kiesen.

«Sie besitzt heute schon Seltenheitswert auf dem Weltmarkt und wird dereinst für unsere Nachkommen ein äusserst interessantes, wenn auch unverständliches Kulturdokument aus der Zeit ihrer Urahnen darstellen.»

Gegen die Gleichstellung wurden unter anderem folgende Argumente vorgebracht: «Die Frau gehört ins Haus.» – «Die Frauen leisten keinen Militärdienst.» – «Die Frauen sind politisch unbegabt.» – «Die Frauen wollen das Stimmrecht gar nicht.» – «Die Konkurrenz im Erwerbsleben wird verschärft.» – «Gewisse Parteien (Linke und Katholiken) werden profitieren.» – «Eingeheiratete Schweizerinnen bringen Unschweizerisches in die Politik» (siehe Beitrag von Brigitte Studer, S. 544).

Um die Einführung des Frauenstimmrechts nicht zu belasten, verzichtete man zunächst auf die Verdoppelung der für fakultative Referenden und für Volksinitiativen erforderlichen Unterschriftenzahlen. Diese Anpassung erfolgte erst 1977 mit der Erhöhung der Zahl der notwendigen Unterschriften von 30 000 auf 50 000 für Referenden und von 50 000 auf 100 000 für eidgenössische Volksinitiativen. Bei der Einführung der Verfassungsinitiative im Jahr 1891 hatten 50 000 Unterschriften noch einem Anteil von 7,6 Prozent der Stimmberechtigten entsprochen; bei den gegenwärtigen Verhältnissen entsprechen die erforderlichen 100 000 Unterschriften nicht einmal mehr 2 Prozent der Stimmberechtigten.[129]

### 1973–1986: VERLANGSAMUNG UND GRÖSSERE UNEINHEITLICHKEIT

Bereits gegen Ende der 1960er Jahre schwächte sich die Konjunktur ab; 1973 brach sie nach der starken Drosselung des aus dem Nahen Osten gelieferten Erdöls völlig ein. Es gibt allerdings Experten, die sagen, dass es auch ohne Erdölschock zu diesem konjunkturellen Umschwung gekommen wäre.

In der Zeit des zunächst stagnierenden, dann verlangsamten wirtschaftlichen Wachstums verstärkte sich das nostalgische Bedürfnis nach einer heilen Welt, nach Geborgenheit; zugleich drückte sich in der Popularität von Secondhand-Produkten und «Dritte-Welt-Läden» ein verstärktes Bewusstsein für die Widersprüche der Industriegesellschaft und die Grenzen des Wachstums aus. Während die Flohmärkte in der französischen Schweiz, speziell in Genf, bereits Tradition hatten, kamen sie in den Städten der Deutschschweiz als feste Einrichtung erst damals auf. Zur punktuellen Rettung der rasant entschwindenden Vergangenheit wurde 1978 in Brienz das Freilichtmuseum Ballenberg geschaffen, in dem typische Originalbauten aus der ganzen Schweiz konserviert werden, die an ihren ursprünglichen Standorten dem «Fortschritt» weichen mussten. Besucher können dort auch der Ausübung ursprünglicher handwerklicher Techniken (etwa dem Weben) beiwohnen, die sonst weitgehend verschwunden sind, und deren Erzeugnisse kaufen. Nach dem Einzug von Grossrechnern in Grossbetrieben stattete man nun auch die Arbeitsplätze des Personals mit Computern aus. Diese modernen Maschinen wurden aber von den Angestellten vielfach mit privaten Nippfiguren wie Plüschtierchen, Schlümpfen, Garfields und anderem mehr dekoriert und auf diese Weise individualisiert.

Die konjunkturelle Abkühlung bedeutete nicht, dass diese Jahre eine ruhige Phase gewesen wären. Wie in den politisch vergleichsweise stabilen 1950er Jahren kam es durchaus zu Konflikten, nur wurden diese wieder zwischen klar voneinander abgegrenzten Lagern mit festen Positionen ausgetragen. So fanden 1977/78 mehrere Grossdemonstrationen gegen das AKW Gösgen statt. Im Juni 1977 beispielsweise trafen 2500 Protestierende auf 1000 Polizisten – eine Konfrontation, welche von beiden Seiten als heroisch eingestuft wurde.[130]

In diese Zeit fällt auch die sich bewusst chaotisch gebende Bewegung für Autonome Jugendzentren, sogenannte AJZ, die im Gegensatz zur 68er-Bewegung ausdrücklich keine gesamtgesellschaftlichen Veränderungen anstrebte und es vorzog, in exterritorialen Inseln eine «no future»-Kultur zu pflegen. Eine Schlüsselparole hiess: «Macht aus dem Staat Gurkensalat». Und ein Spruch, der sich unter den damals verbreiteten Graffiti mit gesellschaftskritischem Inhalt fand, lautete: «Die Schwajz hat ihren Rajz». Bereits 1978 hatte der durch seine Strichmännchen berühmte Sprayer Harald Nägeli seine nächtlichen Aktionen gestartet.[131] Ein Zeichen für die nachlassende Verbindlichkeit sozialer Normen und wachsende Ansprüche bezüglich der Erfüllung individueller Bedürfnisse war die Popularität des von einer grossen Fangemeinde unterstützten, ab 1979 ohne Konzession aus Italien, vom Pizzo Groppera sendenden Radio 24; dies war zwar nicht der erste, jedoch der bei weitem wichtigste Piratensender. Die Ära der konzessionierten Privatradios begann im November 1983. Etwa zur gleichen Zeit erholte sich die nach der zweiten Ölkrise im Jahr 1979 eingebrochene Wirtschaft. Zu Beginn der 1980er Jahre legte vor allem die neu geschaffene Société de microéléctronique et d'horlogerie SA unter Nicolas Hayek mit ihrer revolutionären Plastikuhr Swatch einen fulminanten Start hin.

Gegen Ende der 1980er Jahre wurde der Platzspitz-Park im Zürcher Stadtzentrum zum gesamtschweizerischen, ja internationalen Treffpunkt für zeitweise an die 3000 Drogenkonsumenten. Die Schliessung dieser «offenen Drogenszene» am 5. Februar 1992 zeigte, dass Repression allein das Drogenproblem nicht aus der Welt zu schaffen vermochte: Bis zu ihrer Auflösung im Februar 1995 verlagerte sich die Szene lediglich auf den stillgelegten Bahnhof Letten. Erst dann anerkannten die Behörden die Notwendigkeit von Überlebenshilfe und Wiedereingliederungsprogrammen. Auswärtige Konsumenten wurden nun konsequent in ihre Heimatkantone zurückgeführt, flächendeckend wurde die Ersatzdroge Methadon abgegeben, Programme für die kontrollierte Heroinabgabe wurden ins Leben gerufen und sogenannte «Fixerstübli» eingerichtet, in denen Drogen unter medizinischer Aufsicht konsumiert werden können und niederschwellige Beratungsangebote zur Verfügung stehen. Die so erzielten Erfolge, die auch für den Kampf gegen die Ausbreitung von AIDS bedeutsam waren, fanden international Beachtung.[132]

## 1986–1992: NEUE ÖFFNUNG IM ZEICHEN EUROPAS

Eine unterteilende Binnenstruktur der beiden letzten Jahrzehnte des 20. Jahrhunderts lässt sich derzeit noch nicht klar ausmachen. Einiges spricht dafür, dass nach der vorhergehenden Phase tendenzieller Unbewegtheit um 1986 wieder eine gewisse Dynamik um sich griff, die bis etwa 1992 anhielt. Diese Bewegtheit setzte nicht erst mit der weltpolitischen «Wende» von 1989 ein, die selbst nicht nur ein Auslöser, sondern bereits auch eine Folge dieses Umschwungs war.

Die politisch kühnste Aktion dieser Aufbruchphase war der 1985 gestartete und 1989 zur Abstimmung gelangte Versuch, mit der bereits erwähnten Volksinitiative die Armee abzuschaffen. In diese Zeitspanne fielen auch die Atomkatastrophe im ukrainischen Tschernobyl im April 1986 und die Chemie-Brandkatastrophe von Schweizerhalle im November 1986. Die durch die beiden Ereignisse ausgelösten politischen Erschütterungen hielten jedoch nicht lange an.

1989 war man schliesslich – auch in der Schweiz – im Zuge der «Wende» mit der Frage konfrontiert, welche Konsequenzen diese fundamentale Veränderung haben würde. Wer auf einen entsprechenden Reformschub gehofft hatte, wurde aber enttäuscht. Der altgediente Chefkolumnist Oskar Reck klagte, die Haltung und das Vokabular der Schweiz seien von vorgestern. Die Zukunft der Schweiz sei horizontlos geworden:

«Es wimmelt von Warnern, während rings um uns Bewegung herrscht. Zu fürchten ist nicht die körperliche, sondern die geistige Vergreisung.»[133]

### Zoom 6: Die plötzliche Empörung im Fichenskandal

Eine grössere innenpolitische Erschütterung wurde im November 1989 durch das Bekanntwerden, genauer: das deutlichere Wahrnehmen der Tatsache ausgelöst, dass die Bundespolizei eine Kartei mit rund 900 000 fichierten Personen unterhielt. Im Zuge des sogenannten Fichenskandals war man auf weitere Registraturen im Eidgenössischen Militärdepartement (EMD) und in zahlreichen kantonalen Sicherheitsdiensten gestossen. Die allgemeine Entrüstung führte zur Einsetzung von zwei Parlamentarischen Untersuchungskommissionen (PUK), zur Lancierung einer Volksinitiative und zur Ausrufung eines Kulturboykotts gegen die 700-Jahr-Feier von 1991. Die Medien beschäftigten sich intensiv mit dem Thema des Fichenskandals. Der Bundesrat beauftragte einige Historiker und eine eigens gebildete Arbeitsgruppe mit der Abklärung der Fragen rund um die lange unbeachtet gebliebene und zuvor mehrheitlich als unproblematisch erachtete Staatsschutztätigkeit.[134] Der gleichen Sensibilisierung entsprang die Entrüstung über die wenig später, im November 1990, enttarnten militärischen Geheimorganisationen P-26 und P-27, die ab etwa 1979 nach Vorbildern aus der NATO als Widerstandstruppen gegen allfällige Besatzer aufgebaut worden waren. Knapp zwei Jahrzehnte später wurden die Veteranen dieser Organisationen durch den von der Landesregierung offiziell bekundeten Dank für «ihr stilles Dienen» rehabilitiert.[135]

Zu den Ereignissen, die sich rund um die Fichenaffäre zutrugen, gehört auch die Demission von Elisabeth Kopp, der ersten, im Oktober 1984 mit Glanz und Gloria gewählten Bundesrätin und Vorsteherin des Eidgenössischen Justiz- und Polizeidepartementes. Weil sie in einer Geldwäschereiaffäre ihren Mann telefonisch über laufende Ermittlungen informiert und so zu schützen versucht hatte, geriet sie im Dezember 1988 derart unter Druck, dass sie im Januar 1989 ihre Demission einreichen und das Bundeshaus von einem auf den anderen Tag verlassen musste.[136]

Als die im Mai 1990 vom Bundesrat eingesetzte Forschergruppe zum Fichenskandal im Juni 1993 die Resultate ihrer Untersuchung vorlegte, war die mediale Aufmerksamkeit bereits stark gesunken.[137] Der Auftraggeber, der 1989/90 von der Affäre und der Vergangenheit überrollt worden war, hatte zweifelsohne ein ehrliches Interesse an den eingeleiteten Abklärungen. Der Nebeneffekt eines solchen Vorgehens bestand und besteht aber auch darin, einen Aufschub der Diskussion zu erwirken, was sich beim ↑Bergier-Bericht (siehe Kapitel von Sacha Zala, S. 537) über das Verhalten der Schweiz im Zweiten Weltkrieg wiederholen sollte. Man gewann Zeit, konnte mit heiklen Stellungnahmen zuwarten, bis die Resultate vorlagen, und sich darauf verlassen, dass sich bis dahin ein grosser Teil des Interesses verflüchtigt haben würde.

Zu Beginn der 1990er Jahre wurden, um die Überwachung in Grenzen zu halten, einerseits Negativlisten mit Überwachungsverboten, zum Beispiel im Falle der Ausübung demokratischer Rechte, und andererseits Positivlisten, etwa für

Das vom Tessiner Architekten Mario Botta entworfene Zelt auf dem Castel Grande in Bellinzona, wo im Januar 1991 die offizielle Eröffnung der 700-Jahr-Feier der Eidgenossenschaft stattfand, © Keystone/Str.

> «  *Was ist das Rütli für uns? Es war vor 700 Jahren der Ort des Aufbegehrens und des Aufbruchs. [...] Das Rütli war nicht Rückzug, sondern Ausgangspunkt. [...] Wohin brechen wir auf? Die Antwort kann nur lauten: Europa. [...] Wir sind heute stolz darauf, eine funktionierende multikulturelle Demokratie zu sein. Dieser Stolz aber ist eine Verpflichtung: Es ist die Verpflichtung, in Europa aktiv und mit grossem Einsatz mitzuwirken an der Lösung der gewaltigen Probleme, mit denen unser Kontinent konfrontiert ist. [...] Noch sind wir Schweizer sehr auf uns selbst bedacht. [...] Aber ich weiss, dass wir auf dem Weg sind, eine wahrhaft europäische Nation zu werden. [...] Das Schweizer Volk ist nicht eigennützig. Es ist zu Solidarität fähig, zu grosser Hingabe und zu echter Freundschaft. Auf dem Rütli wurde vor 700 Jahren der Grundstein gelegt zu unserem Bund der Eidgenossen. Das Rütli muss auch in dieser Zeit zum Ausgangspunkt werden für eine moderne europäische Schweiz. Wenn es uns mit dem Rütli ernst ist, dann nehmen wir heute die Herausforderung an, wieder eine entschlossen handelnde, eine europäisch handelnde Schweiz zu werden.»*

Ulrich Bremi, Nationalratspräsident, anlässlich der 700-Jahr-Feier der Schweiz auf dem Rütli (www.bremi.ch/s_m/s_m_augsutrede91.html, Zugriff: 14. Dezember 2012).

Rechtsextremismus, Terrorismus und den Handel mit Massenvernichtungswaffen, zusammengestellt, die einer laufenden Überprüfung unterzogen werden.[138]

Die Volksinitiative «S.o.S. – Schweiz ohne Schnüffelpolizei», welche die Abschaffung der politischen Polizei forderte, wurde am 7. Juni 1998, acht Jahre nach ihrer Lancierung, mit 75,4 Prozent der Stimmen und in allen Kantonen massiv abgelehnt. Nach dem Platzen des Fichenskandals im Jahr 1989 dürfte es eine grosse Mehrheit gewesen sein, welche fest davon überzeugt war, dass die Schweiz «geheilt» sei und sich künftig keine wuchernde Observation und Registrierung von Bürgerinnen und Bürgern durch Schweizer Behörden mehr entfalten könne. Es gab sogar Stimmen, die eine «Überkorrektur» ins andere Extrem fürchteten und davor warnten, dass nun – da der Staat in seinem Handlungsspielraum derart eingeschränkt sei – nicht einmal mehr der minimale Schutz sichergestellt wäre.

Das 700-Jahr-Jubiläum von 1991 wurde zwar, wie erwähnt, von Kulturschaffenden aus Empörung über den Fichenskandal öffentlichkeitswirksam boykottiert. Die dennoch zustande gekommenen Manifestationen zeugen aber trotz des archaischen Bezugspunkts von 1291 alles in allem von einem offenen und liberalen Geist.[139]

### Zoom 7: Ein knappes Nein zum EWR

Am 6. Dezember 1992 ging mit der Ablehnung des Beitritts zum *Europäischen Wirtschaftsraum* (EWR) der wenig glückliche Versuch einer Annäherung an die *Europäische Gemeinschaft* (EG), die künftige *Europäische Union* (EU), zu Ende. Aufgeschreckt von der plötzlich in Reichweite geratenen Realisierung der seit 1985 vorangetriebenen Pläne, nach denen bis Ende 1992 ein Binnenmarkt unter den zwölf Mitgliedern der *Europäischen Gemeinschaft* geschaffen werden sollte, hatte mit einiger Verzögerung um 1989 eine Debatte darüber eingesetzt, wie die derart eingekreiste Schweiz reagieren solle. Die Kernaussage des ersten bundesrätlichen Integrationsberichts aus dem Jahr 1988 lautete noch, «dass sich zum heutigen Zeitpunkt keine grundsätzliche Neuorientierung der schweizerischen Integrationspolitik aufdrängt». Zugleich wurde der vage Slogan laut, man müsse «europafähig» oder «europafähiger» werden.[140] In seinem zweiten Integrationsbericht vom November 1990 erklärte der Bundesrat: «Die derzeitige Entwicklung Europas lässt erkennen, dass der Zeitpunkt kommen könnte, da die Schweiz als EG-Mitglied de facto besser in der Lage wäre, ihre Interessen zu wahren, als wenn sie ausserhalb bliebe.»[141] Der Bundesrat wechselte in diesen Jahren mehrfach seine europapolitische Parole. Wollte die Schweiz, die bisher auf dem internationalen Parkett stets mit einigem Erfolg als Einzelkämpferin agiert hatte, den Anschluss nicht verpassen, blieb ihr nichts anderes übrig, als im wenig geschätzten Kollektiv in der Europäischen Freihandelsassoziation (*European Free Trade Association*, EFTA) mit der EG über eine Einheitsmitgliedschaft im EWR bis spätestens Ende 1992 abstimmen zu lassen. Österreich, damals grosso modo in der gleichen Situation, aber bereits im Juli 1989 mit einem Beitrittsgesuch an die EG herangetreten, wurde wenig später, im Jahr 1995, EU-Mitglied.

Die Gegnerschaft der Vorlage konnte im Lauf des Jahres viel Terrain gewinnen. Am 19. Mai 1992, unmittelbar nach der erfolgreichen Abstimmung über die schweizerische Mitgliedschaft beim *Internationalen Währungsfonds* (IWF) und bei der Weltbank, beschloss der Bundesrat mit 4 zu 3 Stimmen, die Aufnahme von Beitrittsverhandlungen mit der EG zu beantragen. Das liess den EWR nur noch als Zwischenlösung («Trainingslager») erscheinen. Die Eidgenössischen Räte hiessen relativ spät, am 9. Oktober 1992, den über 1000 Seiten umfassenden EWR-Vertrag gut: der Nationalrat mit 127 gegen 61 Stimmen, der Ständerat mit 39 gegen 4 Stimmen.

Am 6. Dezember 1992 sagten dann 14 4/2 beziehungsweise 16 Kantone nein, nur 6 2/2 beziehungsweise 7 Kantone sagten ja zum EWR. Das Volksmehr wurde mit nur 49,7 Prozent knapper verpasst.[142] Mit 78,3 Prozent kam eine der höchsten Stimmbeteiligungen in der Geschichte des beinahe 150-jährigen Bundesstaats zustande.[143] Die ganze französische Schweiz sowie die meisten Städte – auch Luzern und Winterthur, nicht aber St. Gallen – stimmten zu. Das Tessin mit seiner Krisen-

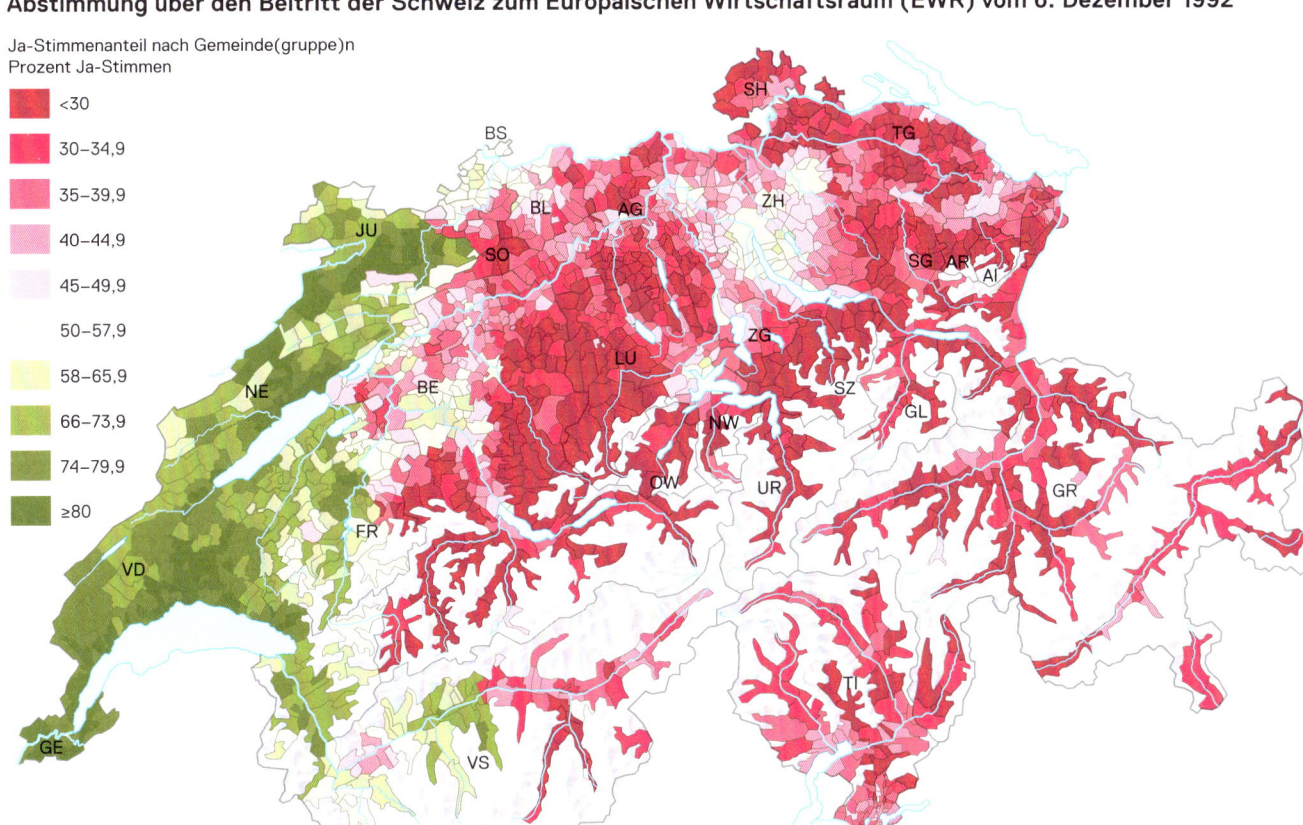

## Abstimmung über den Beitritt der Schweiz zum Europäischen Wirtschaftsraum (EWR) vom 6. Dezember 1992

Ja-Stimmenanteil nach Gemeinde(gruppe)n
Prozent Ja-Stimmen

- <30
- 30–34,9
- 35–39,9
- 40–44,9
- 45–49,9
- 50–57,9
- 58–65,9
- 66–73,9
- 74–79,9
- ≥80

Bereits auf den ersten Blick ist die Zweiteilung des Landes – EWR-Befürwortung in der französischen und EWR-Ablehnung in der deutschen und italienischen Schweiz – auszumachen. Erst auf den zweiten Blick fallen auch die urbanen Inseln der EWR-Befürwortung – selbst in der Innerschweiz, mit Luzern, und gegen Osten bis Winterthur, aber ohne St. Gallen – ins Auge.
Kartengrundlage: BFS, ThemaKart; Daten: Bundesamt für Statistik / Abstimmungsstatistik, © 2013 Schwabe AG, Verlag, Basel, und Kohli Kartografie, Kiesen.

anfälligkeit und seinem Abgrenzungsbedürfnis gegenüber dem italienischen Nachbarn verwarf die EWR-Vorlage massiv – wie übrigens auch alle folgenden europapolitischen Vorlagen. Das Volksmehr wäre indes höher ausgefallen, wenn man nicht das entmutigende, schwerer erreichbare Ständemehr vor sich gehabt hätte. Aufgrund bisheriger Erfahrungen mit internationalen Verträgen war die Annahme durch die Stände nicht zwingend, aber man hielt sie in Analogie zur Abstimmung von 1972 zum Freihandelsabkommen mit der EWG für angemessen.

Mit der EWR-Mitgliedschaft hätte die Schweiz zwar die «vier Freiheiten» gewonnen, das heisst den freien Verkehr von Waren, Dienstleistungen, Kapital und Personen, sie hätte aber auch eine grössere Anpassung an die Rechtsordnung der *Europäischen Gemeinschaft* vornehmen und gewisse, erst später eingeführte Regelungen automatisch übernehmen müssen. In einem bemerkenswerten Kraftakt musste im Hinblick auf den vermeintlich bevorstehenden EWR-Beitritt mit dem Projekt «Eurolex» in kürzester Zeit die Anpassung einer Vielzahl von Gesetzen vorbereitet werden. Nach dem Nein zum EWR wurde vom Parlament ein reduziertes Gesetzespaket unter dem Namen «Swisslex» verabschiedet.

Die Befürworter des EWR rechtfertigen ihre Zustimmung vor allem mit den Argumenten der Öffnung, der Horizonterweiterung, der Zukunftssicherung und vor allem mit Wirtschaftsinteressen. Die Gegner argumentierten ebenfalls mit Wirtschaftsinteressen, aber auch mit dem Verlust der Unabhängigkeit, mit drohender Masseneinwanderung und ökologischen Zusatzbelastun-

> « *C'est un dimanche noir aussi pour la jeunesse de ce pays qui se trouve privé d'un projet. La Suisse aujourd'hui change complètement de cap de la politique économique européenne. Un îlot au cœur de l'Europe. Un magnifique autogoal. L'Europe ne nous attendra pas*».

«Auch für die Jugend ist dies ein schwarzer Tag, denn sie findet sich nun ausgeschlossen von diesem Projekt. Die Schweiz hat heute ihren wirtschaftspolitischen Kurs in Europa vollständig geändert. Sie ist nun eine kleine Insel im Herzen von Europa. Ein sagenhaftes Eigengoal. Europa wird nicht auf uns warten.» — Bundesrat Jean-Pascal Delamuraz nach der EWR-Abstimmung am 6. Dezember 1992 (Auszüge).[144]

**Die Angst des vermeintlich Kleinen vor der Elefantenrunde:** Zeichnung von Raymond Burki in «24 heures» vom 21. April 1990, © Burki, 24 heures.

**Plakat der SVP zur Ausschaffungsinitiative 2007,** © Goal AG, Dübendorf ZH. — Ein scheinbar harmloses Bildchen ermunterte bereits 2007 zur Unterstützung der eidgenössischen Volksinitiative «für die Ausschaffung krimineller Ausländer» der SVP und zu weniger harmlosen Unterscheidungen zwischen Gut und Böse im Sinne der Initianten – und war als Abstimmungsplakat derart erfolgreich, dass es im Ausland (etwa in Tschechien, Norditalien, Deutschland und Spanien) von rechtsnationalen Kräften abgewandelt übernommen wurde und im Inland in vielen gegen die ursprüngliche Intention gewandten kritischen Varianten wieder auftauchte (siehe www.cmic.ch/2007/09/28/appel-du-mouvement-moutons-de-garde/).[145]

gen, womit vor allem der Lastwagentransit gemeint war. Letzteres war ein Grund, warum die *Grüne Partei der Schweiz* (GPS) gegen den EWR war. Während man in der französischen Schweiz erwartete, dass der EWR die bestehende Arbeitslosigkeit reduziere, rechneten manche in der deutschen Schweiz damit, dass der EWR die hier geringere Arbeitslosigkeit erhöhe.[146] Nachdem man in früheren Phasen vor allem in der Neutralität ein ernsthaftes Hindernis für den Beitritt zu internationalen Institutionen und Abkommen gesehen hatte, standen in den 1990er Jahren in dieser Hinsicht eher die direkte Demokratie und der Föderalismus im Vordergrund. National gesinnte Beitrittsgegner appellierten, angeführt von SVP-Nationalrat Christoph Blocher und unter Einsatz grosser Treicheln (Kuhglocken), mit archaischen Parolen, die sich auf Marignano und Bruder Klaus bezogen, an alte Verteidigungsinstinkte.

Die schwierige Erarbeitung einer Ersatzlösung dauerte sechs Jahre, bis zum Dezember 1998; bis sie in Kraft trat, vergingen noch einmal dreieinhalb Jahre. Im Mai 2000 wurden in einer Volksabstimmung sieben Dossiers der Bilateralen I mit 67,2 Prozent angenommen; am 1. Juni 2002 traten die Abkommen in Kraft. Auf diesen grossen Schritt – vor allem mit der Einführung der Personenfreizügigkeit, aber auch mit der Öffnung des Landverkehrs und des Beschaffungswesens – folgten kleinere, aber ebenfalls wichtige Schritte: im Juni 2005 die Zustimmung zu den Abkommen von Schengen/Dublin als Teil der Bilateralen II, im September 2005 die Zustimmung zur Erweiterung der Personenfreizügigkeit auf zehn EU-Neumitglieder, im Februar 2009 die Zustimmung zu einer weiteren Erweiterung der Personenfreizügigkeit auf Bulgarien und Rumänien. Die wiederholte Bekräftigung der Personenfreizügigkeit zeigte, wie weit die Zeiten zurücklagen, in denen, wie in den 1960er und 1970er Jahren, Überfremdungsinitiativen drohten. Das schliesst nicht aus, dass jene Vergangenheit zurückkehren kann, wie bereits die Annahme der Anti-Minarett-Initiative im November 2009 gezeigt hat.

## DIE JAHRE NACH 1992: VERSTÄRKTE POLARISIERUNG

Im Blick auf diese Phase – die letzte, die wir gesondert betrachten – fällt auf, dass frühere Debatten gleichsam zurückkehrten, ohne dass dies eine simple Wiederholung der Geschichte bedeutet hätte. Nationale Themen feierten in einem Mass Urstände, wie man es nur wenige Jahre zuvor kaum für möglich gehalten hätte. Der Sonderfall Schweiz wurde wieder beschworen, nachdem er zu Beginn der 1990er Jahre selbst von Bundesräten in öffentlichen Reden verabschiedet worden war.[147] Man könnte auch von einer Rückkehr des Religiösen sprechen, wenn es denn je weg gewesen wäre.

In dieser Zeit erzielte die SVP bei allen nationalen Parlamentswahlen Stimmengewinne. Mit ihrer populistischen Agitation und Wortschöpfungen wie «heimatmüde» oder «scheininvalid» prägte sie das politische Tagesgeschehen; dies auch, da die übrigen Parteien dem wenig bis nichts entgegenzusetzen hatten. Die rechtsnationale Bewegung verstand es als ihre Aufgabe, die in den 1990er Jahren angeblich begangenen Fehler zu korrigieren. Mit der im Titel dieses Abschnittes genannten «verstärkten Polarisierung» ist die vor allem von der SVP vorangetriebene Politik gemeint, bei der sich die Kräfte rechts der Mitte im Kampf gegen die Linke unter der Führung der SVP vereinen sollten; eine Konstellation, wie sie in ähnlicher Form, allerdings ohne Führungsanspruch der SVP, bereits in den Jahren des Kalten Krieges mit ungefähr gleichen Kräfteverhältnissen zwischen Rechts und Links geherrscht hatte.

Eine andere, jedoch wenig wahrgenommene Polarisierung erlebte in jüngster Zeit eine weitere Steigerung: diejenige zwischen Arm und Reich. 3 Prozent der privaten Steuerpflichtigen verfügen heutzutage über ebenso viel Nettovermögen wie die restlichen 97 Prozent.[148]

Dass sich politische Vorgänge nicht nach einem einfachen Schema den verschiedenen Zeiträumen zuordnen lassen, zeigt etwa die Implementierung des vom Staat mitgetragenen antirassistischen Engagements: Die bundesrätliche Botschaft zum Beitritt der Schweiz zum 1965 getroffenen internationalen Übereinkommen zur Beseitigung von Rassendiskriminierung datiert vom März 1992, ist also ein Produkt der vorangegangenen Reformphase, die Zustimmung in der Volksabstimmung (mit 54,6 Prozent) erfolgte aber erst im September 1994.[149]

Eine weitere grosse, wenngleich sehr verschieden verlaufende Entwicklungslinie steht in Verbindung mit offiziellen Stellungnahmen gegenüber ethischen Engagements, die zuvor sogar verurteilt worden waren: So wurde im Jahr 1995 der St. Galler Fluchthelfer Paul Grüninger[150] und wurden in der Folge zahlreiche anonyme «Schlepper» von vor dem Nationalsozialismus Geflohenen rehabilitiert. Zuletzt, im Mai 2009, wurde diese Genugtuung auch den Freiwilligen des Spanischen Bürgerkriegs zuteil. Von den rund 500 Verurteilten waren zu diesem Zeitpunkt gerade noch fünf am Leben.[151] Zuvor hatte die durch massive Drohungen aus den USA angestossene, von Bundesrat und Parlament aber mutig in Angriff genommene Aufarbeitung der «dunklen Seiten» der schweizerischen Kriegsjahre heftige landesinterne Kontroversen provoziert. Ein mit besonderen Vollmachten und einem grossen Forschungskredit von 22 Millionen Franken ausgestattetes Gremium, die Unabhängige Expertenkommission Schweiz – Zweiter Weltkrieg (UEK), nach ihrem Präsidenten kurz «Bergier-Kommission» genannt, übernahm in fünfjähriger Arbeit (1996 bis 2001) die Aufgabe, zu den Fällen von nachrichtenlosen Konten von Holocaust-Opfern und den Ankäufen von Gold des nationalsozialistischen Regimes durch die Nationalbank sowie zu den Wirtschaftsbeziehungen und zur Flüchtlingspolitik zu recherchieren (siehe Kapitel von Sacha Zala, S. 527 f.).[152]

Im jüngsten Zeitabschnitt, den Jahren seit 1992, sind noch drei weitere Vorgänge zu verzeichnen, die gemäss der hier vorgenommenen Charakterisierung eigentlich in die vorangegangene Periode gehören, weil in ihnen eine verstärkte Reformbereitschaft zum Ausdruck kommt: In der zweiten Hälfte der 1990er Jahre wurden kurz nacheinander gleich drei Landsgemeinden über Urnenabstimmungen abgeschafft – 1996 in Nidwalden mit 69 Prozent der Stimmen, 1997 in Appenzell Ausserrhoden mit 54 Prozent und 1998 in Obwalden mit 53 Prozent –, so dass es heute nur noch die Landsgemeinden in Appenzell Innerrhoden und in Glarus gibt.

### Zoom 8: Verletzter Nationalstolz – das Swissair-Grounding

Der 2. Oktober 2001 war ein «schwarzer Tag» in der jüngsten Geschichte der Schweiz: An diesem Tag, um 15.45 Uhr, stellte die Swissair ihren Flugbetrieb ein, weil sie keine Eigenmittel mehr hatte, keinen Kredit mehr erhielt und Pfändungen der Maschinen in fremden Airports riskierte. Die «Schande» war eine mehrfache: einmal die Zahlungsunfähigkeit in Kombination mit der Kreditunwürdigkeit und zum anderen die erzwungene Preisgabe des legendären Dienstleistungsprinzips: Hunderte von Passagieren, die bereits in Swissair-Maschinen sassen, mussten wieder aussteigen, noch mehr mussten an den Gates warten, bis sie das bereits verladene Gepäck zurückerhielten; die gekauften Flugtickets waren wertlos, 18 000 Passagiere steckten wegen der Swissair – oder wegen der Schweiz – weltweit auf Flughäfen fest.

Der Niedergang der schweizerischen Airline erfolgte in Raten: Ein schwerer Schicksalsschlag war 1998 der Absturz einer McDonnell Douglas MD-11 bei Halifax in Neuschottland, der 229 Todesopfer forderte. Die vermutete Ursache der Katastrophe war ein Kabelbrand, möglich geworden

**Das «Shoah»-Denkmal des Solothurner Künstlers Schang Hutter auf dem Zürcher Paradeplatz,** © *Keystone / Iris A. Stutz.* — Die Schweiz hat kein Mahnmal, das an die während des Zweiten Weltkriegs von der Schweiz abgewiesenen Flüchtlinge erinnert. 1998 lieferte der Solothurner Künstler Schang Hutter einen Gedenk-Kubus unbestellt vor das Bundeshaus. Nachdem das Werk in einer Nacht-und-Nebel-Aktion von rechtsnationalen Patrioten der sogenannten Freiheits-Partei wieder beseitigt worden war, trat es eine kleine Rundreise an. Hier steht es auf dem Paradeplatz im Zürcher Bankenviertel und wird von Passanten examiniert. Die aufgeklebten ablehnenden Flugblätter der Freiheits-Partei sind nun ihrerseits teils von Willkommensbotschaften überdeckt worden.

durch die Installation neuer Unterhaltungsspiele für die Flugpassagiere. Ein weiterer Schlag war der weltweite Einbruch des Fluggeschäfts nach dem Attentat vom 11. September 2001 auf die New Yorker Twin Towers. Kurz darauf folgte schliesslich das Grounding vom 2. Oktober 2001.

Der Bund und die Banken wollten in der akuten Notlage nicht helfen. Erstmals in der Schweiz richtete sich der Unmut gegen eine Grossbank, mit der man sich ansonsten so gerne identifizierte: Am 4. Oktober 2001 fand in Glattbrugg bei Zürich vor der Vertretung der UBS, welche die bestehenden Finanzierungserleichterungen gekündigt hatte, eine Demonstration von über 10 000 Mitarbeitern und Sympathisanten der Swissair statt. Am 5. Oktober 2001 kam es auf dem Bundesplatz in Bern zu einer weiteren Grossdemonstration. Tausende von Kunden der UBS kündigten aus Protest gegen das Verhalten der Grossbank ihre Konten. Es folgte der gegen 19 prominente Personen wegen Urkundenfälschung, ungetreuer Geschäftsführung, Misswirtschaft und Gläubigerschädigung durch Vermögensverminderung geführte Prozess, der jedoch im Juni 2007 mit vollumfänglichen Freisprüchen – und stolzen Prozessentschädigungen – finanziert durch die öffentliche Hand – endete.

War die Swissair für die Schweiz mehr, als es andere nationale Airlines für andere Länder sind – die Lufthansa, die Austrian Airlines, die Air France, die Alitalia, die British Airways? Es gehört zu jedem nationalen Selbstverständnis, sich als einzigartig zu verstehen. Im konkreten Fall könnte die nationale Verbundenheit jedoch auf dem augenfälligen und spannungsreichen Gegensatz von Kleinheit und Grösse, das heisst auf einer Selbstwahrnehmung als kleiner «Insel» in Europa und gleichzeitiger Offenheit zur und Anerkennung in der grossen Welt beruhen. Die Swissair verband die zwar universalen, in der Schweiz aber in besonders ausgeprägter Form existierenden Stimmungen von Heimweh und Fernweh. Wohl deshalb betonte sie stärker als andere nationale Fluggesellschaften, dass sie einerseits ein «Brückenkopf zur Welt» und andererseits «tief im Volk» verwurzelt sei.

Die Swissair, so kann man sagen, war in besonderem Masse nationales Eigentum. Das Aktienkapital war breit gestreut zwischen der Eidgenossenschaft, Kantonen, Städten und rund 40 000 Kleinaktionären, die sich an den jährlichen Generalversammlungen in spezifischer Weise als Miteigentümer fühlen konnten. Diesbezüglich waren die Verhältnisse zwar ähnlich wie in anderen Schweizer Unternehmen, insbesondere den Grossbanken; im Fall der Swissair handelte es sich aber um ein Unternehmen von anerkannt nationalem Status mit einem explizit internationalen Tätigkeitsfeld. Auf die Swissair konnte man – wie auf die Bundesbahnen und die Postautos – stolz sein. Ihre Flugzeuge mit dem Schweizerkreuz, aber auch das Unternehmen als solches verkörperten die tüchtige, die kühne, die verlässliche, die freundliche und die weltoffene Schweiz. Eine gekonnte Mischung von Swissness und Internationalität gehörte zu ihrem Erfolgsrezept. Sicher steckten dahinter ein gutes Marketing und suggestive Werbemittel. Die Swissair-Plakate hingen schon in den 1950er Jahren in Klassenzimmern und beflügelten Kinderträume während langweiliger Schulstunden.

Die Swissair bestand nach dem Grounding noch während eines halben Jahres weiter. Die 71 Jahre ihrer Firmengeschichte gingen erst am Ostermontag, dem 1. April 2002, mit dem letzten Swissair-Linienflug SR145 aus São Paulo zu Ende. Darauf folgte die Zwischenphase der bereits am 1. März 2002 gegründeten Auffanggesellschaft Swiss. Die NZZ schrieb anlässlich des ersten Fluges der Swiss am 31. März hoffnungsfroh: «Ostern, mit der christlichen Botschaft der Auferstehung, darf vor dem Hintergrund der zertrümmerten Symbole in der schweizerischen Zivilluftfahrt als ein gutes Omen für das neue Unternehmen gelten.»[153] Dilettantisch war der Neustart jedoch bezüglich des Schweizerkreuzes auf dem Heckflügel: Die Schenkel des Kreuzes entsprachen nicht den offiziellen Normen; sie waren zu dünn und mussten nachgebessert werden.

Es gibt das Bild des mythischen Vogels, der sich nach seinem Tod aus der Asche zu neuem Leben erhebt. Die Swiss war aber kein nationaler Phoenix. Drei Jahre später übernahm die deutsche Lufthansa die Gesellschaft, und es kam bemerkenswerterweise nicht zu einem kollektiven Aufschrei

**Buchstaben des Schriftzugs «Swissair» liegen nach der Demontage vom Terminal A des Flughafens Zürich Kloten am 27. März 2002 auf der Strasse,** © *Keystone / Steffen Schmidt.* — Scherbenhaufen nach dem Ende eines Unternehmens mit grosser Vergangenheit. Der Bildkommentar der Agentur Keystone lautet: «Ein Mythos liegt am Boden.»

der Nation – die einstmals stolze schweizerische Fluggesellschaft war bereits seit über drei Jahren tot. Der Verkauf vom 1. März 2005 wurde von drei Nichtschweizern unterzeichnet: vom Deutschen Christoph Franz als CEO der Swiss, vom Holländer Pieter Bouw als Verwaltungsratspräsidenten der Swiss und vom Österreicher Wolfgang Mayrhuber als Vorstandsvorsitzendem der Deutschen Lufthansa. In der Presse wurde das Ereignis als ein «trauriger Moment in der schweizerischen Wirtschaftsgeschichte», aber auch als «einzig vernünftige Möglichkeit» bezeichnet und die Schuld auf alle Schultern verteilt: auf die der Manager und Verwaltungsräte wie auf die der Politiker und Medienleute, ja sogar auf die der Stimmbürger, die mit dem Nein zum EWR die wirtschaftlichen Rahmenbedingungen für die Swissair wie für ihre Nachfolgegesellschaft mitbestimmt hätten. «Deshalb tragen wir selbst Mitverantwortung für den steten Sinkflug.»[154]

## ZWISCHEN GESTERN UND MORGEN

Zum Schluss ein Ausblick – aus der Gegenwart, aber ausgehend von Gegebenheiten der Vergangenheit. Zukunftserwartungen sind nicht zu jeder Zeit gleich wichtig. In gewissen Zeiten und insbesondere bei gewissen Zeitgenossen sind jedoch die Reflexion über die Zukunft und der diesbezügliche Gestaltungswille intensiver ausgeprägt als in anderen Momenten und als in den Reihen der breiten Bevölkerung. In den 1970er Jahren erlebte auch die Schweiz das plötzliche Auftreten der Futurologen. Bei diesen handelte es sich nicht um junge Hitzköpfe, um «Stürmi», sondern um arrivierte Mitvierziger, hauptsächlich Ökonomen. Sie fanden aufmerksame Resonanz bei noch älteren Jahrgängen, die plötzlich ebenfalls Lust auf Zukunft verspürten. Während die Zukunft als Fortschreibung beziehungsweise Extrapolation bisheriger Entwicklungen die Gesellschaftstheoretiker bereits zu Beginn der 1960er Jahre beschäftigte, erhielt das Nachdenken über die weitere Entwicklung gegen Ende der 1960er Jahre auch die Funktion, gerade diese «Gegenwartsverlängerung» in Frage zu stellen. Es verstärkte sich das Bedürfnis, mit einem Sprung in eine ganz andere, etwas utopische Zukunft zu gelangen. Die bemerkenswert breite Hinwendung zu Zukunftsfragen veranlasste selbst die bürgerliche *Neue Helvetische Gesellschaft* (NHG), in den Jahren 1970 bis 1973 Zukunftskonferenzen durchzuführen, bei denen normativ – also nicht nur prognostisch – Zukunftsvisionen für die Schweiz im Jahr 2000 formuliert wurden.[155] Das schweizerische Zukunftsinteresse entsprach einem transnationalen Trend. 1967 hatte der Amerikaner Herman Kahn das Buch *The Year 2000* publiziert, das bald darauf auch Europa erreichte und 1971 in einer Publikation über die «Schweiz von morgen» als «epochemachendes Werk» gewürdigt wurde.[156]

Der quantitative und qualitative Schub in der Auseinandersetzung mit der Zukunft äusserte sich auch in der Ambition, die Zukunft zum Gegenstand wissenschaftlicher Auseinandersetzung zu machen. Davon zeugte etwa die Gründung der *Schweizerischen Vereinigung für Zukunftsforschung* (SZF) im März 1970. Deren erster Präsident, Bruno Fritsch, war Professor für Wirtschaftsforschung an der ETH. Im April 1970 hatte er als einziger Schweizer an der bis dahin grössten internationalen Konferenz über Zukunftsforschung in Kyoto (Japan) teilgenommen. Nicht weniger wichtig war ein anderer Ökonom: Francesco Kneschaurek, Professor für Volkswirtschaftslehre und Statistik an der Hochschule St. Gallen und ebenfalls im vorgerückten Alter. Er hatte sich sogar schon etwas früher der Zukunftsforschung zugewandt: Bereits 1968 hatte er sich vom Bundesrat den Auftrag erteilen lassen, eine alle wesentlichen Aspekte des wirtschaftlichen Lebens umfassende Perspektivstudie für die Schweiz zu erstellen. Acht Berichte erschienen in den Jahren 1969 bis 1973. 1968 schuf er das *St. Galler Zentrum für Zukunftsforschung* (SGZZ), und 1974 erhielt er den Auftrag, solche Perspektivstudien im Sinne einer im öffentlichen Interesse stehenden Daueraufgabe weiterzuführen und zu vertiefen und insbesondere auch den internationalen Vergleich zu pflegen. 1973 bis 1976 war er vorübergehend auch der erste vollamtliche Delegierte des Bundesrats für Konjunkturfragen. Die «Daueraufgabe» ging 2007 zu Ende, als das SGZZ aufgelöst wurde.

Das Nachdenken über Zukunft lebte auch von der Einsicht, dass «systemisch» gedacht werden musste, weil Fragen nicht mehr als Einzelfragen isoliert betrachtet werden konnten und der Grundtatsache der Interdependenz Rechnung

> « *Wir leben provisorisch, das heisst: ohne Plan in die Zukunft. Unsere politischen Parteien sind passiv. Sie kümmern sich gerade noch um die Gegenwart, um Amtsperioden und die nächsten Wahlen; dabei nehmen sie die Gegenwart ganz und gar als Gegebenheit, und es geht nur darum, innerhalb dieser Gegebenheiten möglichst vorteilhaft abzuschneiden. Es fehlt ihnen jede Grösse eines gestalterischen Willens, und darum sind sie so langweilig, dass die jungen Menschen nicht von ihnen sprechen. Unsere Politik ist nicht Gestaltung, sondern Verwaltung, weit davon entfernt, aus den Gegebenheiten der Gegenwart eine andere Zukunft zu planen. Wozu soll die Zukunft anders sein? Sie wird aber anders sein, ohne unser Zutun; gegen uns. Es ist, wie gesagt, kein Zufall, dass die Schweiz immer eine heimliche Angst vor der Zukunft hat; wir leben ohne Plan, ohne Entwurf einer schweizerischen Zukunft.* »

Zit. aus: Lucius Burckhardt / Markus Kutter / Max Frisch, achtung: die Schweiz, Basel 1955, S. 18.

getragen werden musste. Insofern war Zukunftsdenken stets ein wenn nicht gleich alles miteinbeziehendes, so doch wenigstens Zusammenhänge zwischen verschiedenen Faktoren berücksichtigendes Denken.

Die damals in Griffnähe gelangten technischen Innovationen – insbesondere die der Informatik – förderten eine verstärkte Auseinandersetzung mit Entwicklungen in grösseren Zeiträumen. Die Möglichkeit, Simulationen von Veränderungen der Rahmenbedingungen vorzunehmen, förderte das Denken in Zukunftsszenarien. Die Zukunftsforschung hatte jedoch, insbesondere in ihren Anfängen, auch Kritiker. Als viel beachteter «Lapsus» ging 1969 Kneschaureks angebliche Prognose einer Bevölkerungszahl von 10 Millionen für das Jahr 2000 in die Geschichte ein; dies bei einem damaligen Bevölkerungsstand von 6,2 Millionen. Bei der kritisierten Zahl handelte es sich jedoch bloss um eine Extremvariante. Die Normalvariante rechnete mit 7,5 Millionen; im Jahr 2012 wurde die 8-Millionen-Grenze überschritten.

Fachleute wie Kneschaurek wurden speziell von Exponenten des rechten politischen Flügels, etwa dem Gewerbedirektor Otto Fischer oder dem Überfremdungspolitiker James Schwarzenbach, als Spinner und Zahlenakrobaten abgetan. Verfolgt von seiner «Fehlleistung» hielt es Kneschaurek noch 1982 für nötig, auf die «Tücken der Prognosen» hinzuweisen. Er gab dabei zu verstehen, dass nicht das Wesen der Prognosen, sondern der laienhafte Umgang mit diesen das Problem sei.[157] Das Denken in Alternativen sei wichtiger als das Sich-Fixieren auf eine als möglichst plausibel erachtete Entwicklung. In den 1980er Jahren kam schliesslich der Begriff des «Szenarios» auf. 1989 setzte der Bundesrat im Hinblick auf das Jubiläumsjahr 1991 eine Expertenkommission «Schweiz morgen» ein und beauftragte sie, verschiedene Szenarien für die Entwicklung der Schweiz nach dem Jahr 2000 zu erarbeiten.[158] Seither liegt nun auch dieser Zukunftshorizont in stets grösser werdendem Abstand hinter uns.

1987 publizierte – wiederum am Rande der bestehenden Positionen, jedoch eher zeittypisch – der Wirtschaftsprofessor, FDP-Politiker und in der französischen Schweiz lebende Deutschschweizer Peter Tschopp das Buch *Politik als Projekt*. Seine Diagnose des Problemstaus, des Staatsverdrusses und des Kulturpessimismus bezog sich auf die vorangegangene Phase, die er als «nun bald fünfzehn Jahre dauernde [...] Zeit des Zögerns und des Nörgelns» charakterisierte. Sein Aufruf war ein Indikator für den beinahe hoffnungsvollen Aufbruch der nachfolgenden Phase mit Blick auf die langsam am Horizont auftauchende Jahrhundertwende. Tschopps Schrift ging davon aus, dass ein dynamischer Konsens zur Verwirklichung einer «neuen und besseren Schweiz» herbeigeführt werden könne.

Mittlerweile ist das Spähen nach den weiten Zukunftshorizonten infolge der Beschleunigung des Wandels paradoxerweise zugunsten kurzfristiger Optimierung – man denke an die heute üblichen Quartalsabschlüsse börsenkotierter Unternehmen – zurückgetreten. Man ist froh, wenn man die unmittelbar anstehenden Herausforderungen bewältigt.[159] Von den vielen Herausforderungen, auf die die Schweiz mit gestaltenden Antworten reagieren sollte, seien hier abschliessend vier angesprochen: der Föderalismus, die Staatsleitung, Bildung und Forschung sowie die Raumplanung.

### Erneuerbarer Föderalismus?

In wichtigen Bereichen fehlt nicht die Einsicht, dass bestehende Verhältnisse verändert werden müssen; es fehlt vielmehr – und möglicherweise nicht zu Unrecht – der Glaube, dass sie verändert werden können. Dies gilt in besonderem Mass für die Grundstruktur des eidgenössischen Föderalismus. Mit viel Aufwand wurde ein System des Finanzausgleichs zwischen den Kantonen ausgehandelt (Neuer Finanzausgleich, NFA). Die in der Volksabstimmung vom 28. November 2004 mit 64 Prozent der Stimmen gutgeheissene und 2008 in Kraft getretene Ordnung zeichnet sich dadurch aus, dass sie die bisherige Aufgabenteilung zwischen Bund und Kantonen, die sogenannten «Gemeinschaftsaufgaben», entflechtet und fünfzehn dieser Aufgaben vollständig den Kantonen, sechs vollständig dem Bund zuweist. Der Finanzausgleich zwischen den Kantonen bemisst sich nun nicht mehr nach den zum Teil bewusst tief gehaltenen Steuereinnahmen, sondern nach dem Steuerpotential. Ausserdem legte er Regeln fest, nach denen die Nutzung öffentlicher Leistungen anderer Kantone abgegolten werden soll.

Eine Gebietsreform, die man im Zusammenhang mit dem Föderalismus auch diskutieren könnte, wurde dagegen bisher nicht angegangen, ebenso wenig das zunehmend störende Ungleichgewicht im Verhältnis zwischen den auf nationaler Ebene politisch untervertretenen Metropolregionen, die den grössten Teil des Brutto-

> « *Vor lauter Fachkenntnissen verschwindet das soziale und politische Gesamtübersichtsvermögen zusehends. Im Zuge dieser Entwicklung fällt es unserer Zivilisation schwer, den sozialen Stellenwert und die Tragweite der neuen Erkenntnisse festzustellen, und wir haben immer mehr Mühe, die anfallende Information zu strukturieren, mit dem Ziel, aus ihr eine bessere Welt zu machen.* »

Peter Tschopp, Politik als Projekt. Plädoyer für eine Schweiz von morgen, Basel/Frankfurt a. M. 1987, S. 157.

inlandprodukts erwirtschaften, und den mehrheitlich finanzschwachen kleinen Kantonen. Eine Neuregelung der Stimmkraft im Ständerat und in den Volksabstimmungen mit Ständemehr ist kaum denkbar, weil eine solche Reform von den Ständen mit den bestehenden Kräfteverhältnissen angenommen werden müsste und diese Besitzstände nur schwer verändert werden können.

In den vergangenen Jahren konnten zahlreiche Gemeindefusionen erstaunlich leicht bewerkstelligt werden, obwohl es doch von den Gemeinden heisst, sie seien die Urzelle des eidgenössischen Staats. Man denke nur an den sensationellen Beschluss der Glarner Landsgemeinde von 2006/07, die 25 Gemeinden zu drei Gemeinden zusammenzulegen. Die Vielzahl der Gemeinden, 1964 an der «Expo 64» noch mit etwa 3200 Fahnen stolz manifestiert, ist inzwischen – bis zum August 2012 – auf 2485 gesunken und wird weiter zurückgehen, zumal Fusionen im Hinblick auf die damit verbundene Effizienzsteigerung von kantonalen Behörden subventioniert werden. Eine Zusammenlegung von Kantonen ist dagegen noch immer bloss ein papierenes Postulat. Über das 1997 lancierte Projekt einer Fusion der Kantone Waadt und Genf wurde im Juni 2002 abgestimmt. Die Ablehnung durch 79,9 Prozent der Stimmenden in Genf und 77,3 Prozent in der Waadt war nicht gerade ermutigend. Eine Zustimmung hätte eine Kettenreaktion in der ganzen Schweiz ausgelöst und eine Gliederung des Landes in etwa sieben Regionen bewirkt.

Stattdessen wurden im Sommer 2009 als wirtschaftliche Interessenverbände je nach Zählung drei bis fünf Metropolitanregionen geschaffen. Möglicherweise verstärkt dies die umstrittene, weil von den kantonalen Parlamenten schwer kontrollierbare interkantonale Kooperation «auf der vierten Staatsebene» (Stichwort Genehmigungsdemokratie). Als im August 2008 in Bern das «Haus der Kantone» eingeweiht wurde, musste Vorbehalten dieser Art sowie Bedenken wegen der Stärkung des von den Kantonsregierungen ausgehenden «Kantönligeistes» begegnet werden. Die 1993 aufgrund der Erfahrungen mit den EWR-Verhandlungen gegründete Konferenz der Kantone ist Ausdruck der Bestrebungen, den kantonalen Föderalismus gegenüber dem Bund zu stärken, hat bisher aber noch keinen Platz in der Bundesverfassung gefunden.

Die Schaffung des Kantons Jura auf den 1. Januar 1978 war ein Spätprodukt der vorangegangenen Aufbruchphase.[160] Sie wurde – auch von solchen, die dagegen waren – als Beweis für die Reformfähigkeit des eidgenössischen Föderalismus gefeiert, von den wirklichen Promotoren des Projekts aber nur als halbe Sache angesehen. Die seit 1994 bestehende *Assemblée interjurassienne* (AIJ), die den Dialog zwischen den beiden Juratelen – dem Berner Jura und dem neu geschaffenen Kanton Jura – fördern soll, räumte 2008/09 immerhin ein, dass unter Umständen dereinst ein Kanton denkbar sei, dem auch der bei Bern verbliebene Südjura mit Moutier als künftiger Hauptstadt angehören würde. Im Februar 2012 gab die Berner Seite die Zustimmung zu einem weiteren «letzten» Juraplebiszit, das am 24. November 2013 durchgeführt werden soll. Dann können die drei Bezirke des Südjuras und ihre Gemeinden erneut in einer differenzierten Abstimmungskaskade bestimmen, ob sie bei Bern bleiben oder zum Kanton Jura wechseln wollen.

### Pendente Staatsleitungsreform

Es ist eine stark verbreitete Einsicht, dass ein Regierungsgremium mit nur sieben Mitgliedern den heutigen Anforderungen nicht mehr genügt. Speziell umstrukturierungsbedürftig ist das Departement des Innern, das die Dossiers von gleich mehreren «Ministerien» umfasst (Erziehung, Gesundheit, Altersvorsorge, Kultur, Umwelt und andere mehr). Der Politologe Raimund E. Germann stellte in den 1990er Jahren fest, seit den 1960er Jahren gelte – wie eine Expertenkommission unter der Leitung von Otto Hongler bereits 1967 festgehalten habe – die These, dass der Bundesrat «überlastet» sei. Man schuf in vier Etappen Staatssekretariate; 1978 eines für die auswärtigen Angelegenheiten, 1979 eines für Wirtschaft, 1991 eines für Wissenschaft und Forschung und 2010 eines für internationale Finanzfragen. Anfänglich galt die Regel, dass die als «unschweizerisch» erachteten Titel der Staatssekretäre nur auf Auslandsreisen getragen werden durften. 1996 scheiterte die Einführung eines regulären Systems von Staatssekretären in einer Referendumsabstimmung.

**Ein Abstimmungsplakat wirbt für eine Gemeindefusion im Maggiatal, Aufnahme vom 16. September 2002,** © *Keystone / Karl Mathis*. — Am 22. September 2002 stimmten sieben Gemeinden im Maggiatal in einer konsultativen Abstimmung der Fusion zu einer Grossgemeinde Maggia zu. Den vier im Tessin anstehenden Fusionsprojekten standen insgesamt 33 Millionen Franken als Starthilfe zur Verfügung. Das Fusionsprojekt im Maggiatal wurde im April 2004 realisiert.

## Die Entstehung des Kantons Jura

Das Jurawappen zeigt neben dem Bischofsstab auf der rechten Seite als rot-weisse Streifen veranschaulicht die sieben Bezirke des historischen Jura. Drei dieser Bezirke bildeten den neuen Kanton Jura, drei blieben beim Kanton Bern, und einer ging an den Kanton Basel-Landschaft. Der neue Kanton wurde im September 1978 durch eine eidgenössische Volksabstimmung in den Bund aufgenommen. Umstritten blieb die Frage des Kantonswechsels einzelner Gemeinden. In einem besonderen Vorgang konnte 1996 die Gemeinde Vellerat vom Berner Teil in den neuen Kanton wechseln.
Quelle: Jean-Claude Wacker, Die Schweiz von 1848 bis zur Gegenwart, in: Helmut Meyer et al. (Hg.), Die Schweiz und ihre Geschichte, Lehrmittelverlag des Kantons Zürich 1998, S. 366, © 2013 Schwabe AG, Verlag, Basel, und Kohli Kartografie, Kiesen.

Im Dezember 2001 präsentierte der Bundesrat ein Projekt für eine Staatsleitungsreform, das eine «Zwei-Kreise-Regierung» vorsah, eine Ergänzung des Kerns des bestehenden Kollegialgremiums um einen äusseren Kreis von delegierten Ministern, je einen für jedes Departement und eine Legislaturperiode, vom Bundesrat gewählt und vom Parlament bestätigt. 2004 wiesen die eidgenössischen Räte das Reformprojekt jedoch an den Bundesrat zurück und bekräftigten zugleich, dass der Bundesrat in seiner politischen Führung gestärkt und von Verwaltungsaufgaben entlastet werden müsse. In einer Zusatzbotschaft weitere sechs Jahre später, im Oktober 2010, schlug der Bundesrat die Verlängerung des Bundespräsidiums um ein Jahr vor, eventuell in Kombination mit der Zuständigkeit für die Aussenbeziehungen, wie man es bereits vor 1914 kannte. Dieser Plan ist zwischenzeitlich von den Eidgenössischen Räten wieder verworfen worden, und jüngst, am 14. März 2013, hat der Ständerat eine Standesinitiative mit 21 zu 20 Stimmen bei zwei Enthaltungen abgelehnt, mit welcher die Zahl der Bundesräte auf neun erhöht werden sollte, um dem Tessin einen Sitz zu sichern.

### Baustelle Bildung und Forschung

Ein im Mai 2006 von 85,6 Prozent der Stimmenden angenommener Rahmenartikel verpflichtete die Kantone, wichtige Eckwerte im Bildungsbereich national einheitlich zu regeln, und gab dem Bund die Kompetenz, im Falle des Misslingens entsprechende Vorschriften zu erlassen. Dieser Weichenstellung war im September 1985 eine weitere Volksabstimmung vorausgegangen, welche den Weg zu einer Vereinheitlichung des Schuljahresbeginns im Spätsommer freimachte. Zuvor hatten die Kantone der vielstaatlichen kleinen Eidgenossenschaft ihre eigenen Schulordnungen verteidigt. Mit der interkantonalen Vereinbarung über die Harmonisierung der obligatorischen Schule, dem «HarmoS-Konkordat» von 2007, erfüllten die meisten Kantone, insbesondere die bevölkerungsreichen, den Verfassungsauftrag und harmonisierten die Dauer und die wichtigsten Ziele der verschiedenen Schulstufen. Ausserdem verpflichteten sie sich zur Einführung von Blockzeiten auf Vor- und Primarschulstufe und von Tagesstrukturen zur Betreuung der Kinder.

Die politische Rechte opponierte zum Teil vehement gegen «HarmoS». Ihre Hauptkritikpunkte waren die frühe obligatorische Einschulung anstelle des zumeist freiwilligen Kindergartens, die zunehmende «Verstaatlichung der Erziehung» zu Lasten der Erziehungsberechtigung der Eltern sowie die Verschiebung der Schulhoheit von den Kantonen auf nicht demokratisch gewählte Gremien wie die Erziehungsdirektorenkonferenz (EDK). Aus diesen Gründen lehnten sieben Kantone in der Inner- und in der Ostschweiz das Projekt ab. Da trotzdem eine genügende Anzahl an Kantonen zustimmte – bis Ende 2012 sind fünfzehn beigetreten – konnte das Konkordat am 1. August 2009 für diese Kantone in Kraft treten.

Seit dem Jahr 2000 werden in den meisten Mitgliedstaaten der OECD in dreijährigem Turnus die sogenannten PISA-Studien (Programme for International Student Assessment) durchgeführt, um alltags- und berufsrelevante Kenntnisse und Fähigkeiten 15-jähriger Jugendlicher zu messen. Die Tests in den Jahren 2003 und 2006 zeigten, dass Schweizer Jugendliche in Mathematik klar über dem OECD-Durchschnitt liegen, ihre Lesefähigkeit hingegen deutlich schlechter ist, aber noch immer über dem Durchschnitt der OECD-Länder rangiert. Insgesamt nimmt die Schweiz – je nach Fachbereich – Positionen zwischen Rang 8 und 14 unter den dreissig Mitgliedern der OECD ein. Spitzenreiter ist Finnland. Die niedrigeren Leistungen an Schweizer

Schulen im Sprachbereich lassen sich mit den grösseren Schwierigkeiten der Kinder aus fremdsprachigen Einwanderungsfamilien erklären. Eine Tageszeitung titelte deshalb: «Immigranten drücken auf die Pisa-Noten».[161] Hier zeigt sich, dass die Nation – verstärkt durch die zunehmende Bedeutung solcher statistischer Betrachtungen – in der modernen Form eines Leistungskollektivs eine Schicksalsgemeinschaft ist.

Das Hochschulwesen hat in den vergangenen Jahren einen tiefgreifenden Wandel erfahren, dessen Ende noch nicht abzusehen ist. Die unvermeidliche, aber durch keine Parlaments- oder Volksabstimmung sanktionierte Übernahme des internationalen Bologna-Reformprozesses mit seiner stärker strukturierten und formalisierten Studienordnung sowie die sich sachte abzeichnende Aufgabenteilung unter den schweizerischen Universitäten haben dem Lehrbetrieb ihren Stempel aufgedrückt. Noch ist die Schweiz aber weit entfernt von einem Gesamtsystem «Hochschule Schweiz», von dem schon in den 1960er Jahren die Rede war. Inzwischen sind zudem neue Hochschulzentren entstanden: in Luzern[162] und in Lugano Universitäten, ferner eine kaum überblickbare Vielzahl an Fachhochschulen für wiederum vielzählige Anwendungsbereiche, von der Technik und Wirtschaft über Soziales und Pädagogik bis hin zur Kunst. Auch bei dieser Ausweitung des Bildungsangebots ging es unter anderem darum, sich den internationalen Standards anzupassen.

Forschung – auch diejenige zur Vergangenheit – hat idealerweise der besseren Zukunftsbewältigung zu dienen. Sie wird sowohl auf nationaler wie auf internationaler Ebene betrieben, wobei der internationale Forschungsbetrieb auf eine gesunde Basis in den einzelnen Nationalstaaten angewiesen ist. Unter dem Eindruck der verstärkten internationalen Konkurrenz zwischen Forschungsstandorten und – noch mehr – der Abwanderung schweizerischer Forscher in die USA setzte sich zu Beginn der 1950er Jahre die Meinung durch, dass Forschung national gefördert werden müsse, jedoch nicht im direkten Auftrag der Politik und im Abhängigkeitsverhältnis mit dieser, sondern im Rahmen einer zwar von Bundesgeldern gespeisten, aber von der schweizerischen Forschungsgemeinschaft selbst verwalteten Stiftung. Mit dieser Leitidee wurde im Jahr 1952 der *Schweizerische Nationalfonds zur Förderung der wissenschaftlichen Forschung* (SNF) gegründet.[163] Seine ursprünglichen Hauptaufgaben bestanden in der Grundlagenforschung und in der Nachwuchsförderung. Seit 1975 unterstützt der SNF auch praxisorientierte Forschungsprogramme, die von der Wissenschaft vorgeschlagen, von politischen Gremien beschlossen und wiederum von der Wissenschaft umgesetzt werden. Die über sechzig Nationalen Forschungsprogramme (NFP), die im Laufe der letzten 35 Jahre in Paketen mit Laufzeiten von drei bis fünf Jahren durchgeführt wurden, bilden sowohl hinsichtlich der Themen als auch der Realisierung so etwas wie einen Katalog, in dem sich ein Teil des kollektiven Problembewusstseins der jeweiligen Zeit spiegelt. Selbstverständlich wurde auch die Forschung selbst erforscht, das heisst, man evaluierte den Nutzen der geleisteten Arbeiten für die schweizerische Gesellschaft. Dieser aber hing und hängt noch immer zu einem grossen Teil wiederum von ausserwissenschaftlichen Umständen ab – vom politischen Willen, die untersuchten Probleme auch ernst zu nehmen und von den Lösungsvorschlägen Gebrauch zu machen. Solche praxisorientierte Problem- und Zukunftsforschung betraf beispielsweise die «Gleichstellung der Geschlechter» (NFP 60), «Nachhaltige Wassernutzung» (NFP 61), «Intelligente Materialien» (NFP 62), «Stammzellen und regenerative Medizin» (NFP 63), «Chancen und Risiken von Nanomaterialien» (NFP 64) oder war mit «Neue urbane Qualität» (NFP 65) betitelt.

## Zersiedelte Schweiz

1969 wurde erstmals ein Raumplanungsartikel in die Bundesverfassung aufgenommen. Das in der Folge ausgearbeitete Raumplanungsgesetz trug stark föderalistische Züge; die Kantone konnten Richtpläne, die Gemeinden Nutzungspläne festlegen. Von diesem Regelwerk ging indes kaum eine Bremswirkung auf die starke Siedlungsexpansion aus. Ebenso wenig konnten visuelle Gegenüberstellungen von früher wenig berührten und heute völlig zersiedelten Landschaften bewirken, wie sie beispielsweise im Photoband *Verwandelte Schweiz – Verschandelte Schweiz? Suisse transformée – Suisse bouleversée?* aus dem Jahr 1975 zu finden sind.[164]

Weitgehend wirkungslos sind auch die alarmierenden Hinweise darauf, wie viel Naturfläche pro Tag, Stunde und Sekunde überbaut wird. Die älteste Schweizer Naturschutzorganisation *Pro Natura* warnte: «Dörfer und Städte begraben pro Jahr eine Fläche von 3000 Fussballfeldern unter sich.»[165] Und die Grüne Partei sagte voraus: «Geht die Zersiedelung im heutigen Tempo weiter, wird in rund 340 Jahren der allerletzte Quadratmeter Landwirtschaftsland in der Schweiz überbaut sein.»[166] Die Raumplanung ist ein Dauerthema, und ähnlich dauerhaft ist die Unwirksamkeit dieses Diskurses. 1972 beschieden die eidgenössischen Räte einstimmig, dass Massnahmen in diesem Bereich dringlich seien, und Nationalrat Ernst Akeret von der Zürcher SVP erklärte, wie wichtig diese seien, um sich gegen die Spekulation mit bäuerlichem Boden,

**Muttenz bei Basel aus der Vogelschau, Aufnahme um 1890 und 1972** *(oben: Bauverwaltung Muttenz, unten: ETH-Bibliothek Zürich, Bildarchiv).* — Inzwischen könnte man von vielen Orten der Schweiz ähnlich eindrückliche vergleichende Aufnahmen zwischen 1972 und der Gegenwart zeigen.

die fortschreitende Zersiedelung und die Zerstörung unersetzlicher Landschaften zu wehren. Vor dem Hintergrund der manifesten Folgenlosigkeit jenes Bundesbeschlusses ist es pikant, dass Akeret es damals schon bedauerte, dass dieser «20 Jahre zu spät» komme.[167] Der Prozess der Zersiedelung schreitet munter voran, und parallel dazu werden die Wege länger, die Pendler zwischen Arbeitsplatz und Wohnort zurücklegen müssen: Die durchschnittliche Fahrzeit (ohne Warte- und Umsteigezeiten) betrug 1994 77,5 Stunden; 2010 waren es 83,4 Stunden.[168]

Im August 2008 reichte eine Gruppe von Organisationen und Institutionen *(Pro Natura, Stiftung für Landschaftsschutz, WWF, Bio Suisse, Heimatschutz, Greenpeace)* die Landschaftsinitiative ein, welche fordert, dass die Gesamtfläche der heutigen Bauzonen, die immerhin für zusätzliche 2,5 Millionen Einwohner Wohnraum bieten würde, in den nächsten zwanzig Jahren nicht vergrössert werden dürfe. Der Bund reagierte mit einem Gegenvorschlag, der aber den Kantonen noch immer zu weit geht. Da der Gegenvorschlag die Kernanliegen der Initiative aufgenommen hat, ist die Initiative im Juni 2012 bedingt zurückgezogen worden; sie würde gemäss Artikel 73a des Bundesgesetzes über die politischen Rechte reaktiviert, wenn in einer Referendumsabstimmung der Gegenvorschlag verworfen würde.

Aus diesem exemplarischen und zentralen Geschäft lässt sich die einfache Einsicht gewinnen, dass es zwischen gestern und morgen eine wichtige Gegenwart gibt. Zwar existieren in der sich über 41 285 Quadratkilometer erstreckenden Schweiz in solchen konkreten Fragen kaum gemeinsame politische Haltungen – dem Land steht aber noch immer einiges an gestaltbarer Zukunft zur Verfügung.

## ZUM STAND DER FORSCHUNG

Die Zeitgeschichte deckt einen Zeitraum ab, der von vielen Zeitgenossen miterlebt wurde und zu dem erst seit kurzem historische Forschung möglich ist. Historische Kontroversen sind in diesem Fall weniger wissenschaftlicher als politischer Natur. Bemerkenswerterweise konzentrieren sich die Debatten – nicht nur wegen der Arbeiten der Unabhängigen Expertenkommission Schweiz – Zweiter Weltkrieg (UEK) oder «Bergier-Kommission» – weiterhin auf die Zeit vor 1945. Die Jahre nach 1945 bilden im historischen Bewusstsein noch immer einen wenig bekannten Zeitraum. Die Diskussion über die 1983 erschienene *Geschichte der Schweiz und der Schweizer* – das Vorgängerwerk des vorliegenden Buches – konzentrierte sich ganz auf das von Hans-Ulrich Jost verfasste Kapitel zu den Jahren 1914 bis 1945 und hat die bedenkenswerten und brisanten Ausführungen von Peter Gilg und Peter Hablützel zum nachfolgenden Zeitraum weitgehend unbeachtet gelassen. So gibt es denn auch, analog zu anderen Ländern, für die Zeit nach 1945 keine Streitfragen, die in ihrer Heftigkeit den Kontroversen über die Zeit vor 1945 entsprächen. Ein Punkt könnte im weiteren Verlauf der Auseinandersetzung noch stärker ins Zentrum rücken: die Frage, welches angesichts der «multikulturellen» Herausforderungen, die aus der Mischung zwischen unterschiedlichen Individual- und Gruppeninteressen und unterschiedlichen Auffassungen von Gesamtinteressen angefallen sind, die «richtigere» Integrationspolitik gewesen wäre. Dies betrifft durchaus beide Integrationsprozesse: denjenigen der Schweiz im europäischen Umfeld wie denjenigen, den die Schweiz als Einwanderungsland braucht. Diese Fragen können nicht einzig der Politik überlassen werden, sondern müssen auch wissenschaftlich diskutiert werden.

Historisches Arbeiten ist von Gegenwartsinteressen bestimmt, nähert sich aber aus der Vergangenheit der eigenen Zeit. Darum stellt sich zuweilen die Frage, wie nahe die Geschichtsforschung an die Gegenwart herangehen soll. In anderen Disziplinen, der Politologie, Soziologie, Volkskunde, Ökonomie, Geographie, aber auch der Linguistik, bildet in der Regel die gegenwärtige Situation den Ausgangspunkt, von dem aus die Vorgeschichte betrachtet wird. So treffen die beiden Vorgehensweisen aufeinander, überschneiden sich und können füreinander nützlich sein. Die schweizerische Zeitgeschichte verdankt zahlreiche wichtige Arbeiten anderen Disziplinen. Das bis zu einem gewissen Grad immer, in dieser Zeit möglicherweise aber in besonderem Masse spannungsreiche Verhältnis zwischen Tradition und Moderne wird in einem vom Volkskundler Paul Hugger herausgegebenen dreibändigen Handbuch dokumentiert und erörtert.[169] Gleich mehrere wertvolle Beiträge hat die historische Soziologie beigesteuert, und zwar mit Arbeiten zur Bevölkerungsentwicklung von François Höpflinger[170], zur sozialen Struktur von René Levy[171] und zur Medienwelt von Kurt Imhof.[172] Aus der historischen Politologie stammen wichtige Werke insbesondere von Leonhard Neidhart[173], Hanspeter Kriesi[174] und von Wolf Linder.[175] Gesamtdarstellungen mit historischen Dimensionen sind auch den Geographen Jean-Bernard Racine und Claude Raffestin sowie Daniel Wachter zu verdanken.[176] Um die historische Sprachforschung haben sich vor allem die Linguisten Hans Bickel und Robert Schläpfer verdient gemacht (siehe Fensterbeitrag von Georg Kreis, S. 486).[177] Von Bedeutung sind auch die religionswissenschaftlichen Studien zur jüngsten Entwicklung.[178]

Die Geschichtsforschung basiert einerseits auf Einzeluntersuchungen, zugleich ist sie eine synthetisierende Integrationswissenschaft par excellence und kann, zumal wenn es um die Erarbeitung eines Gesamtbildes geht, Ergebnisse anderer Wissenschaften aufnehmen. Andererseits hat sie – nicht nur in der Zeitgeschichte, aber hier besonders ausgeprägt – allgemein eine sozialwissenschaftliche Ausrichtung angenommen, mit theoretisch geklärten Ausgangslagen, quantitativen Interessen und stringenten Argumentationsweisen.

Das dem vorliegenden Kapitel zugrunde gelegte Hauptinteresse gilt der Frage nach dem Wechselverhältnis von Reformbereitschaft und Reformfeindlichkeit beziehungsweise der Frage, was in welcher Zeit realisierbar war.[179] Bei diesen Reformen handelte es sich zumeist um Projekte, welche mit Hilfe staatlicher Regulierung auf die Schaffung oder Erhaltung von sozialer Gerechtigkeit ausgerichtet waren. Gegen Ende des 20. Jahrhunderts kam daneben ein anderes Reformverständnis auf, das nicht nur im Dienste von Partikularinteressen, sondern durchaus des Gemeinwohls sozusagen in entgegengesetzter Richtung Deregulierung anstrebte und teilweise auch durchsetzte.

Der Auseinandersetzung mit der schweizerischen Zeitgeschichte stehen wichtige Grundlagen zur Verfügung, insbesondere das seit 1965 erscheinende *Année politique*, das Jahrbuch des Instituts für Politikwissenschaft der Universität Bern, mit seiner systematisch geordneten breiten Dokumentation der politischen Prozesse. Auch die Edition der *Diplomatischen Dokumente der Schweiz* (DDS) und deren vorbildlich ausgebaute elektronische Dokumentation (Dodis) schreitet stets voran und ist mittlerweile in den 1960er Jahren angelangt. Im Weiteren verdienen die in verschiedenen Generationen erschienenen Atlanten hervorgehoben zu werden. Eine wichtige Erneuerung im Bereich der Gesamtdarstellungen und der weiterführenden Erschliessung der jüngsten Zeit hat auf der kantonalen Ebene stattgefunden, wo seit 1983, dem Erscheinungsjahr der letzten grossen Gesamtdarstellung der Schweizer Geschichte, etwa acht neue Kantonsgeschichten entstanden sind.[180] Hier ist (nochmals) auf die Frage zu verweisen, ob die sogenannte Schweizer Geschichte nicht eigentlich aus 23 beziehungsweise 26 Teilgeschichten besteht, das heisst, ob sich eine Schweizer Geschichte auf die Bundesgeschichte beschränken kann und inwiefern sie gesamtschweizerische Vorgänge in einer regional ausgewogenen Verteilung abbilden und sogar kantonale Separatentwicklungen berücksichtigen sollte.

Wenig beachtet liegt seit einiger Zeit für das 20. Jahrhundert eine ausgezeichnete Gesamtdarstellung aus dem Umfeld der Lehrerinnen- und Lehrerbildung vor. Der gut lesbare Text *Die Schweiz im kurzen 20. Jahrhundert* geht in manchem über das hinaus, was dieses Kapitel bietet. Besonders anerkennenswert ist die konsequente Einbettung in den internationalen Kontext und die gebührende Berücksichtigung der Geschlechterproblematik.[181] Beides verdient auch in künftigen Forschungsprojekten weiterverfolgt zu werden. Bei der Geschlechterfrage geht es einerseits um den Aspekt der Gleichstellung beziehungsweise um das Aufzeigen diskriminierender Ungleichheit, andererseits aber auch um das Sichtbarmachen von Geschlechterdifferenz.

Auf dem Feld der Aussenbeziehungen steht nicht nur die Einbettung in den internationalen Kontext im Fokus, sondern auch die systematische Erfassung der Austauschbeziehungen und insbesondere das konsequente Fragen nach den Einflüssen des europäischen Umfeldes auf den helvetischen Entwicklungsweg und die im Hinblick auf diesen beobachteten sozialen Phänomene. Die konfessionellen Fragen verdienen es ebenfalls, vermehrt beachtet zu werden. Dabei sind zwei Ebenen zu unterscheiden: die der aktuell gelebten Religiosität, die weit weniger zurückgegangen ist, als man es vor Jahrzehnten noch angenommen hat, und das noch immer starke Weiterbestehen konfessionell geprägter Milieus, dies obwohl die Kirchen für das Gemeindeleben nicht mehr dieselbe Bedeutung haben wie früher.

Ein besonderes Interesse gilt der Wende von 1989, und zwar in einer nicht untypischen doppelten Weise. Zum einen stellt sich die Frage, inwiefern sich dieser Epochenwechsel auf das kleine Land ausgewirkt hat. Nicht weniger wichtig ist zum anderen die Frage, inwiefern sich dieser transnationale Wandel bereits zuvor auch in der Schweiz bemerkbar gemacht hat. Eine naheliegenderweise vor allem auf den Wandel ausgerichtete Darstellung enthält indes keine vertiefte Abklärung zur Frage, was sich *nicht* verändert und was – ob zum Guten oder zum weniger Guten – mit bemerkenswerter Kontinuität gleich geblieben ist.

**ANMERKUNGEN**

1 — Simone Chiquet et al. (Hg.), Nach dem Krieg. Grenzen in der Regio 1944–1948, Zürich 1995, S. 51.
2 — A. K. (Leserbriefschreiber), Kommentar zu Wilders Stück, in: Neue Zürcher Zeitung (NZZ), 11. Mai 1945; Georg Kreis, Der allmähliche Übergang vom Krieg zum Frieden, in: NZZ, 8. Mai 1985.
3 — Vgl. etwa Ruedi Brassel-Moser, «Das Schweizerhaus muss sauber sein». Das Kriegsende 1945 im Baselbiet, Liestal 1999; Eduard Joos / Bernhard Ott, Der Schaffhauser Fenstersturm, in: Historischer Verein des Kantons Schaffhausen (Hg.), Schaffhauser Kantonsgeschichte des 19. und 20. Jahrhunderts, Bd. 2., Schaffhausen 2002, S. 811–815; Riccardo Carazzetti / Rodolfo Huber (Hg.), La Svizzera e la lotta al nazifascismo 1943/1945, Locarno 1998.
4 — Anne Yammine, Humanitäre Propaganda am Ausgang des Zweiten Weltkriegs. Die Schweizer Spende für die Kriegsgeschädigten 1944–1948, in: Georg Kreis (Hg.), Erinnern und Verarbeiten. Zur Schweiz in den Jahren 1933–1945, Basel 2004, S. 141–154.
5 — Für statistische Angaben siehe auch www.fsw.uzh.ch/hstat/nls/overview.php (Portal *historical statistics of switzerland online* der Universität Zürich).
6 — Radioansprachen Bundespräsident Eduard von Steiger (Beromünster), Bundesrat Max Petitpierre (Sottens) und Bundesrat Enrico Celio (Monte Ceneri), vgl. NZZ, 10. Mai 1945.
7 — Werner Kägi / René Lalive d'Epinay, Die Schweiz hält durch. Buch der Volksumfrage unter dem Patronat der Neuen Helvetischen Gesellschaft, Zürich 1948, S. 10/11.
8 — Gegen rote und braune Fäuste. 380 Zeichnungen gesammelt aus den Nebelspalter-Jahrgängen 1932 bis 1948, Rorschach 1949.
9 — Zu Haushaltsangaben nach Hauptgruppen bis 1989 siehe Jakob Tanner, Lebensstandard, Konsumkultur und American Way of Life seit 1945, in: Walter Leimgruber / Werner Fischer (Hg.), «Goldene Jahre». Zur Geschichte der Schweiz seit 1945, Zürich 1999, S. 101–131, Zit. S. 113.
10 — Urs Altermatt, Leben auf dem Land: Nach dem Rhythmus der Glocken? Zum religiösen Mentalitätswandel im Luzernbiet um 1950, in: Fridolin Kurmann / Martin Leuenberger / Regina Wecker (Hg.), «Lasst hören aus neuer Zeit». Gesellschaft, Wirtschaft und Politik im Kanton Luzern seit dem Ersten Weltkrieg, Luzern 1986, S. 115–123.
11 — Peter Moser / Beat Brodbeck, Milch für alle. Bilder, Dokumente und Analysen zur Milchwirtschaft und Milchpolitik in der Schweiz im 20. Jahrhundert, Baden 2007.
12 — Hansjörg Siegenthaler, Heiner Ritzmann-Blickenstorfer (Hg.), Historische Statistik der Schweiz, Zürich 1996, S. 97.
13 — Niklaus Stettler, Demoskopie und Demokratie in der Nachkriegszeit. Die «Volksumfrage 1946» der Neuen Helvetischen Gesellschaft als demokratische Herausforderung, in: Schweizerische Zeitschrift für Geschichte (SZG), Jg. 47, Nr. 4, 1997, S. 730–758.
14 — Luc Boltanski, Le bonheur suisse, Paris 1966.
15 — Wolf Linder et al. (Hg.), Handbuch der eidgenössischen Volksabstimmungen 1848 bis 2007, Bern 2010 (www.swissvotes.ch).
16 — Margrit Müller / Ulrich Woitek, Wohlstand, Wachstum und Konjunktur, in: Patrick Halbeisen / Margrit Müller / Béatrice Veyrassat (Hg.), Wirtschaftsgeschichte der Schweiz im 20. Jahrhundert, Basel 2012, S. 91–222, insbes. S. 157.
17 — Beat Kappeler, Das 20. Jahrhundert, Zürich 2000.
18 — Bundesamt für Statistik, Medienmitteilung vom 2. August 2012 (www.bfs.admin.ch/bfs/portal/de/index/news/medienmitteilungen.Document.161853.pdf).
19 — François Höpflinger, Bevölkerungswandel in der Schweiz. Zur Entwicklung von Heiraten, Geburten, Wanderungen und Sterblichkeit, Grüsch 1986, S. 68f. und 80f.; ders., Gesellschaft im Umbau, in: Leimgruber/Fischer (Hg.), «Goldene Jahre», S. 133–149; ders., Der demographische Wandel – am Beispiel der Schweiz, in: Volker Schumpelick / Bernhard Vogel (Hg.), Alter als Last und Chance, Freiburg i. Br./Basel 2005, S. 175–196; Pasqualina Perrig-Chiello / François Höpflinger, Eine Generation revolutioniert das Alter, Zürich 2009.
20 — Werner Schmid, Jung-Schweizer! Jung-Schweizerinnen! Das Schicksal des Vaterlandes ruht in Euch!, Erlenbach-Zürich 1940; Albert Studer-Auer, Die Offensive des Lebens. Zum Neuaufbau der Familie, Bern 1941.
21 — Mathias Ninck, Sterben die Schweizer bald aus?, in: Tages-Anzeiger, 14. Juli 1999; Otmar Tönz, Mutter Helvetia mit Nachwuchssorgen – stirbt die Schweiz, stirbt Europa aus?, in: Haus zum Dolder / Stiftung Dr. Edmund Müller (Hg.), Schweizer sein – Schweizer werden, Beromünster 2000; Rolf Ribi, Stirbt die Schweiz aus?, in: Schweizer Revue. Die Zeitschrift für Auslandschweizer, J. 29, Nr. 6, 2002.
22 — Bundesamt für Statistik (www.bfs.admin.ch/bfs/portal/de/index/themen/01/07/blank/key/02/01.html, Zugriff: 3. April 2013).
23 — René Gerber, Sachbearbeiter der BIGA-Unterabteilung für Arbeitskraft und Auswanderung, zit. in: Die Weltwoche, 13. November 1970; vgl. auch Georg Kreis, Schweizer wandern aus. Zu den schweizerischen Migrationsbewegungen nach 1945, in: ders., Vorgeschichten zur Gegenwart. Ausgewählte Aufsätze, Bd. 2, Basel 2004, S. 429–461.
24 — Die Tat. Schweizerische unabhängige Tageszeitung, 18. Juli 1978 (Boulevardblatt der Migros).
25 — René Gerber, zit. in: Die Weltwoche, 13. November 1970.
26 — Jürg Wegelin, in: Handelszeitung. Die Schweizer Wochenzeitung für Wirtschaft, 16. Mai 1991.
27 — Hans-Rudolf Wicker et al. (Hg.), Migration und die Schweiz. Ergebnisse des Nationalen Forschungsprogramms «Migration und interkulturelle Beziehungen», Zürich 2003; Hans Mahnig (Hg.), Histoire de la politique de migration, d'asile et d'intégration en Suisse depuis 1948, Zürich 2005; Etienne Piguet, L'immigration en Suisse depuis 1948. Une analyse des flux migratoires, Zürich 2005; ders., L'immigration en Suisse. Cinquante ans d'entrouverture, Lausanne 2004 (dt. Einwanderungsland Schweiz.

Fünf Jahrzehnte halb geöffnete Grenzen, Bern 2006).
28 — Daniel Müller-Jentsch (Hg.), Die Neue Zuwanderung. Die Schweiz zwischen Brain-Gain und Überfremdungsangst, Zürich 2008; Georg Kreis (Hg.), Schweiz–Europa: wie weiter? Kontrollierte Personenfreizügigkeit, Zürich 2009.
29 — Schweizerisches Nationalmuseum (Hg.), Geschichte Schweiz. Katalog zur Dauerausstellung im Landesmuseum Zürich 2009, S. 20.
30 — Paolo Barcella, «Venuti qui per cercare lavoro». Gli emigrati italiani nella Svizzera del secondo dopoguerra, Bellinzona 2012.
31 — Ernst Halter (Hg.), Das Jahrhundert der Italiener in der Schweiz, Zürich 2003.
32 — Bundesamt für Statistik (www.bfs.admin.ch/bfs/portal/de/index/themen/01/07/blank/key/01/01.html, Zugriff: 3. April 2013).
33 — Christophe Büchi, «Röstigraben». Das Verhältnis zwischen deutscher und französischer Schweiz. Geschichte und Perspektiven, Zürich 2000; Zeitschrift für Schweizerische Archäologie und Kunstgeschichte, Bd. 60, H. 1/2, 2003: «Zwischen Rhein und Rhone – verbunden und doch getrennt?».
34 — René L. Frey, Starke Zentren – starke Alpen. Wie sich die Städte und ländlichen Räume der Schweiz entwickeln können, Zürich 2008.
35 — Georg Kreis, Der Stadt-Land-Gegensatz. Ein fragwürdiges Erklärungsmuster, in: Pascal Maeder et al. (Hg.), Wozu noch Sozialgeschichte? Eine Disziplin im Umbruch, Göttingen 2012, S. 89–110.
36 — Walter Wittmann, Eine zweigeteilte Schweiz. Agglomerationen und wirtschaftliche Randgebiete, Bern 1976.
37 — Gabriela Rohner, Die Wirksamkeit von Volksinitiativen im Bund, 1848–2010, Zürich 2012.
38 — Jean-Daniel Kleisl, Electricité suisse et Troisième Reich, Lausanne/Zürich 2001 (Veröffentlichungen der UEK, Bd. 5).
39 — Daniele Ganser, Europa im Erdölrausch. Die Folgen einer gefährlichen Abhängigkeit, Zürich 2012.
40 — Jean-Claude Favez / Ladislas Mysyrowicz, Le nucléaire en Suisse. Jalons pour une histoire difficile, Lausanne 1987.
41 — Patrick Kupper, Atomenergie und gespaltene Gesellschaft. Die Geschichte des gescheiterten Projektes Kernkraftwerk Kaiseraugst, Zürich 2003.
42 — Hanspeter Schmid, Die Schweiz nach dem Krieg. Vom Landigeist zur Hochkonjunktur: zehn Ereignisse, die das Bild der modernen Schweiz prägten, Glattbrugg 1987, S. 28–33; Stefan Studer, Nationalstrasse – Nationalstrafe, oder: Die Demokratie bleibt auf der Strecke. Macht und Ohnmacht im schweizerischen Nationalstrassenbau, Zürich 1985.
43 — Letzter Aufruf des Schweizerischen Autostrassen-Vereins, in: Basler Nachrichten, 3. Juli 1958; Lukas Märki (Hg.), Mit Vollgas ins 20. Jahrhundert. Eine Geschichte über die Auto-Mobilmachung im Schweizer Mittelland, Büren 2010.
44 — Frey, Starke Zentren.
45 — Amtliches Bulletin der Bundesversammlung, Geschäft 10578, 24. Juni 1971, S. 925; zum 30-Jahr-Jubiläum siehe Frank Sieber, Ein Tunnel als Entwicklungshilfe, in: NZZ, 25. Juni 2012.
46 — Walter Wolf, Walther Bringolf. Eine Biografie. Sozialist, Patriot, Patriarch, Schaffhausen 1995, S. 356–358.
47 — NZZ (Hg.), Die Bedrohung unseres Lebensraumes, Zürich 1969.
48 — Peter Moser, «Der Wald stirbt!» – «Der Wald stirbt nicht. Das steht heute fest.» Aufstieg und Niedergang des Waldsterbens 1983 bis 1990, in: Manuel Eisner / Nicole Graf / Peter Moser, Risikodiskurse. Die Dynamik öffentlicher Debatten über Umwelt- und Risikoprobleme in der Schweiz 2003, S. 152–182.
49 — René Rhinow, Widerstandsrecht im Rechtsstaat?, Bern 1984.
50 — Martin Forter, Falsches Spiel. Die Umweltsünden der Basler Chemie vor und nach «Schweizerhalle», Zürich 2010; vgl. auch www.smdk.ch, Zugriff: 9. Februar 2013.
51 — Karl Bühlmann, Zeitzeuge Hans Erni, Dokumente einer Biografie von 1909 bis 2009, Zürich 2009, S. 151–152.
52 — Max Frisch, Vorwort, in: Alexander Seiler, «Siamo italiani» – Die Italiener. Gespräche mit italienischen Arbeitern in der Schweiz, Zürich 1965 (Begleitpublikation zum gleichnamigen Film von 1964).
53 — Gewerkschaftliche Rundschau, Jg. 53, Nr. 3/4, 1961, zit. nach Gaetano Romano, Vom Sonderfall zur Überfremdung. Zur Erfolgsgeschichte gemeinschaftsideologischen Denkens im öffentlichen politischen Diskurs der späten fünfziger und der sechziger Jahre, in: Kurt Imhof et al. (Hg.), Vom Kalten Krieg zur Kulturrevolution. Analysen von Medienereignissen in der Schweiz der 50er und 60er Jahre, Zürich 1999, S. 80.
54 — www.admin.ch/ch/d/sr/i1/0.142.114.548.de.pdf, Zugriff: 29. März 2013.
55 — Thomas Buomberger, Kampf gegen unerwünschte Fremde. Von James Schwarzenbach bis Christoph Blocher, Zürich 2004; Isabel Drews, «Schweizer erwacht!». Der Rechtspopulist James Schwarzenbach, Frauenfeld 2005.
56 — Marie-France Vouilloz Burnier, 1963, Typhus in Zermatt: eine regionale Epidemie mit internationalen Folgen, Visp 2010; Christoph Geiser, Grünsee, Zürich 1978.
57 — Urs Altermatt, Rechte und linke Fundamentalopposition. Studien zur Schweizer Politik 1965–1990, Basel 1994.
58 — Martin Dahinden (Hg.), Neue soziale Bewegungen – und ihre gesellschaftlichen Wirkungen, Zürich 1987; Joachim Raschke, Soziale Bewegungen. Ein historisch-systematischer Grundriss, Frankfurt a. M. 1985.
59 — Laurent Duvanel / René Lévy, Politique en rase-mottes. Mouvements et contestation suisses 1945–1978, Lausanne 1984 (dt. Politik von unten. Bürgerprotest in der Nachkriegsschweiz, Basel 1984).
60 — Hanspeter Kriesi et al. (Hg.), Politische Aktivierung in der Schweiz 1945–1978, Diessenhofen 1981.
61 — Ders. et al. (Hg.), Der Aufstieg der SVP. Acht Kantone im Vergleich, Zürich 2005; Line Rennwald, Le vote ouvrier pour les partis nationaux-populistes. Le cas de l'UDC en Suisse et dans le canton de Neuchâtel, Courrendlin 2005.
62 — Mario König, Rasanter Stillstand und zähe Bewegung. Schweizerische Innenpolitik im Kalten Krieg und darüber hinaus, in: Leimgruber/Fischer (Hg.), «Goldene Jahre», S. 151–172.
63 — Ruedi Brassel et al. (Hg.), Zauberformel: Fauler Zauber? SP-Bundesratsbeteiligung und Opposition in der Schweiz, Basel 1984; Arnold Koller, Die Zauberformel im Bundesrat und politische Konkordanz, in: Bruno Gehrig et al. (Hg.), Aufgaben von Wissenschaft und Praxis im nächsten Jahrzehnt, St. Gallen 2000.
64 — Georg Kreis (Hg.), Erprobt und entwicklungsfähig. Zehn Jahre Bundesverfassung, Zürich 2009.
65 — Mauro Mantovani, Schweizerische Sicherheitspolitik im Kalten Krieg (1947–1963). Zwischen angelsächsischem Containment und Neutralitäts-Doktrin, Zürich 1999.
66 — Jakob Tanner, Militär und Gesellschaft in der Schweiz nach 1945, in: Ute Frevert (Hg.), Militär und Gesellschaft im 19. und 20. Jahrhundert, Stuttgart 1997, S. 314–341.
67 — Markus Heiniger, Die schweizerische Antiatombewegung 1958–1963. Eine Analyse der politischen Kultur, Liz.-Arb. Univ. Zürich 1980; Daniel Alexander Neval, «Mit Atombomben bis nach Moskau». Gegenseitige Wahrnehmung der Schweiz und des Ostblocks im Kalten Krieg 1945–1968, Zürich 2003; Peter Braun, Von der Reduitstrategie zur Abwehr. Die Militärische Landesverteidigung der Schweiz im Kalten Krieg 1945–1966, Baden 2006.
68 — Yves Meier / Martin Meier, Zivilschutz – Ein Grundpfeiler der Schweizer Landesverteidigung im Diskurs, in: SZG, Jg. 60, Nr. 2, 2010, S. 212–236; anlässlich des zehnjährigen Gedenkens an die Luzerner Zivilschutzübung «Ameise»: Der grösste Zivilschutz-Flop der Schweiz, in: Basler Zeitung, 25. November 1997.
69 — Hans Saner, Unpolitisches Gewissen – gewissenlose Politik, in: Marc Häring / Max Gmür, Soldat in Zivil? Militärdienst, Militärdienstverweigerung, Zivildienst, Militärjustiz, Zürich 1970, S. 93–102.
70 — Peter Hug, Vom Neutralismus zur Westintegration. Zur schweizerischen Aussenpolitik in der Nachkriegszeit, in: Leimgruber (Hg.), «Goldene Jahre», S. 59–100; Laurent Goetschel / Magdalena Bernath / Daniel Schwarz, Schweizerische Aussenpolitik. Grundlagen und Möglichkeiten, Zürich 2002.
71 — André Schaller, Schweizer Neutralität im West-Ost-Handel. Das Hotz-Linder-Agreement vom 23. Juni 1951, Bern 1987; Christoph Lukas Meyer, Innenpolitische Aspekte des schweizerischen Osthandels 1950–1971, Basel 1997.
72 — Leonhard Neidhardt, Hintergründe der Uno-Verwerfungslawine, in: NZZ, 4. April 1986.
73 — Roland Maurhofer, Die schweizerische Europapolitik vom Marshallplan zur EFTA 1947 bis 1960. Zwischen Kooperation und Integration, Bern 2001; Annette Enz, Die Schweiz und die Grosse Europäische Freihandelszone, in: Studien und Quellen. Veröffentlichungen des Schweizerischen Bundesarchivs, Bd. 16/17, Bern 1990/91, S. 157–258.
74 — Dieter Freiburghaus, Königsweg oder Sackgasse? Sechzig Jahre schweizerische Europapolitik, Zürich 2009; René Schwok, Suisse – Union européenne. L'adhésion impossible?, Lausanne 2006 (dt. Schweiz – Europäische Union. Beitritt unmöglich?, Zürich 2007).
75 — Dieter Freiburghaus / Georg Kreis (Hg.), Der EWR – verpasste oder noch bestehende Chance?, Zürich 2012.
76 — Albert Matzinger, Die Anfänge der schweizerischen Entwicklungshilfe 1948–1961, Bern 1991; Peter Hug / Beatrix Mesmer, Von der Entwicklungshilfe zur Entwicklungspolitik, Bern 1993; Daniele Waldburger, Lukas Zürcher, Urs Scheidegger, «Im Dienst der Menschheit». Meilensteine der Schweizer Entwicklungszusammenarbeit seit 1945, Bern 2012.
77 — Georg Kreis, Die Schweiz und Südafrika 1948–1994. Schlussbericht des im Auftrag des Bundesrats durchgeführten NFP 42+, Bern 2005.
78 — Carl Ludwig, Die Flüchtlingspolitik der Schweiz seit 1933 bis zur Gegenwart. Beilage zum Bericht des Bundesrates an die Bundesversammlung über die Flüchtlingspolitik der Schweiz seit 1933 bis zur Gegenwart, Bern 1957; Aleš Hubáček, Der «Bericht Ludwig» (1957) in der Retrospektive, in: Carsten Goehrke / Werner G. Zimmermann (Hg.), «Zuflucht Schweiz». Der Umgang mit Asylproblemen im 19. und 20. Jahrhundert, Zürich 1994, S. 345–367.
79 — Damir Skenderovic / Gianni d'Amato, Mit dem Fremden politisieren. Rechtspopulistische Parteien und Migrationspolitik in der Schweiz seit den 1960er Jahren, Zürich 2008; Maurizio Rossi, Solidarité d'en bas et raison d'Etat. Le Conseil fédéral et les réfugiés du Chili (septembre 1973 – mai 1976), Neuchâtel 2013; Hans Mahnig (Hg.), Histoire de la politique de migration, d'asile et d'intégration en Suisse depuis 1948, Zürich 2005.
80 — Bundesamt für Migration (www.bfm.admin.ch/content/dam/data/migration/statistik/asylstatistik/uebersichten/gesuche-nation-1986-2013-d.pdf, Zugriff: 29. März 2013).
81 — Georg Thürer, in: Genossenschaftliches Volksblatt, Jg. 43, 29. Januar 1944.
82 — Georg Kreis, Das Verfassungsjubiläum von 1948, in: Studien und Quellen, Bd. 24: Jubiläen der Schweizer Geschichte 1798–1848–1998, Bern 1998, S. 131–169.
83 — Mario König, Internationale Drehscheibe Kloten, in: Geschichte des Kantons Zürich, Bd. 3, Zürich 1994, S. 362.
84 — La Liberté, 7. Juli 1947.
85 — Neue Bündner Zeitung, 7. Juli 1947.
86 — Matthieu Leimgruber / Martin Lengwiler (Hg.), Umbruch an der «inneren Front». Krieg und Sozialpolitik in der Schweiz, 1938–1948, Zürich 2009.
87 — Peter Dürrenmatt, Epilog zum 6. Juli, in: Basler Nachrichten, 12./13. Juli 1947.
88 — Hans Sulzer, Präsident des Schweizerischen Handels- und Industrievereins am 29. September 1945, zit. nach Georg Hafner, Bundesrat Walther Stampfli (1884–1965). Leiter der Kriegswirtschaft im Zweiten Weltkrieg, bundesrätlicher Vater der AHV, Olten 1986, S. 415.
89 — Amtliches Bulletin der Bundesversammlung, Nationalrat, Geschäft 4865, 29. August 1946, S. 694.
90 — Hafner, Walther Stampfli, S. 418.
91 — Solothurner Zeitung, 12. Juli 1947.
92 — NZZ, 27. Februar 1980 (Umfrage des Soziologischen Instituts der Universität Zürich).
93 — Georg Kreis (Hg.), Staatsschutz in der Schweiz: Die Entwicklung von 1935–1990. Eine multidisziplinäre Unter-

94 — Beatrice Schumacher, Ferien. Interpretationen und Popularisierung eines Bedürfnisses: Schweiz 1890–1950, Wien 2002.
95 — Hanspeter Danuser / Hans Peter Treichler, Show, Information, Kultur. Schweizer Fernsehen: Von der Pionierzeit ins moderne Medienzeitalter, Aarau 1993; Markus T. Drack (Hg.), Radio und Fernsehen in der Schweiz. Geschichte der Schweizerischen Rundspruchgesellschaft SRG bis 1958, 2 Bde., Baden 2000; Theo Mäusli / Andreas Steigmeier (Hg.), Radio und Fernsehen in der Schweiz. Geschichte der Schweizerischen Radio- und Fernsehgesellschaft SRG 1958–1983, Baden 2006; Theo Mäusli / Andreas Steigmeier / François Valloton (Hg.), Radio und Fernsehen in der Schweiz. Geschichte der Schweizerischen Radio- und Fernsehgesellschaft SRG 1983–2011, Baden 2012.
96 — Annika Wellmann, «... als schweizerisch deklariertes Produkt». Die Boulevardzeitung «Blick» im Kreuzfeuer der Kritik 1959–1969, in: SZG, Jg. 58, Nr. 2, 2008, S. 198–211.
97 — NZZ, 20. November 1956, zit. nach: Berthold Rothschild, Einleitung, in: Martha Farner et al., «Niemals vergessen!». Betroffene berichten über die Auswirkungen der Ungarn-Ereignisse 1956 in der Schweiz, Zürich 1976, S. 20.
98 — Dietrich Schindler (Hg.), Dokumente zur schweizerischen Neutralität seit 1945. Berichte und Stellungnahmen der schweizerischen Bundesbehörden zu Fragen der Neutralität 1945–1983, Bern 1984, S. 428.
99 — Basellandschaftliche Zeitung, 5. November 1956.
100 — David Tréfás, Die Illusion, dass man sich kennt. Schweizerisch-ungarische Beziehungen zwischen 1945 und 1956, Zürich 2008.
101 — Der grosse Konflikt unserer Zeit, in: NZZ, 14. November 1956, auch zu finden in: Willy Bretscher, Spannungsfeld kalter Krieg. Neue Zürcher Zeitung 1945–1967, Zürich 1991, S. 174–178; ähnlich bereits zuvor in der NZZ vom 11. Dezember 1951.
102 — SZG, Jg. 54, Nr. 2, 2004: «Aus der Ära des Kalten Krieges»; darin insbes. Rolf Löffler, «Zivilverteidigung» – die Entstehungsgeschichte des «roten Büchleins», S. 173–187.
103 — A-Z Arbeiter Zeitung (AZ), 8. November 1956.
104 — «Zum Problem der Russenfilme», in: Der Filmberater, Jg. 19, 1959, S. 164.
105 — Thomas Bürgisser, «Im Banne des Satelliten». Zur medialen Rezeption des Sputnik-Schocks in der Schweiz, in: SZG, Jg. 57, Nr. 4, 2007, S. 387–416.
106 — Ihm ging in seiner Partei ein anderer Politiker voraus, der in diesem Rufe stand: Peter Menz, Der «Königsmacher» Heinrich Walther. Zur Wahl von 14 Bundesräten 1917–1940, Freiburg 1976.
107 — Angelo Garovi, Bemerkungen zur politischen Haltung von Ludwig von Moos in den 30er Jahren, in: SZG, Jg. 62, Nr. 1, 2012, S. 156–163; Repliken von Thomas Maissen und Urs Altermatt, SZG, Jg. 62, Nr. 2, 2012, S. 311–319 u. 320–334.
108 — Wolf, Walther Bringolf; Hans Peter Tschudi, Im Dienste des Sozialstaates. Politische Erinnerungen, Basel 1993, S. 100–106.
109 — Alle Zitate aus den Ausgaben vom 18./19. Dezember 1959.
110 — Georg Kreis, Das «Helvetische Malaise». Max Imbodens historischer Zuruf und seine überzeitliche Bedeutung, Zürich 2011.
111 — Jean-François Aubert, Exposé des institutions politiques de la Suisse à partir de quelques affaires controversées, Lausanne 1978 (dt. So funktioniert die Schweiz. Dargestellt anhand einiger konkreter Beispiele, Bern 1980); Georg Kreis, Konjunkturen in der Bewegung für die Schaffung eines Kantons Jura. Entwurf einer Erklärungsversuches, in: Bernard Prongué et al. (Hg.), Passé pluriel: en hommage au professeur Roland Ruffieux, Fribourg 1991, S. 117–130.
112 — Stephan Zurfluh, Turn-Around in der Milizarmee. Verkannt – erkannt – vollzogen, Zürich 1999.
113 — Alan Canonica, Die Aufhebung der konfessionellen Ausnahmeartikel, 1973. Vom «meterhohen Schutt konfessionellen Haders», in: SZG, Jg. 59, Nr. 4, 2009, S. 423–440.
114 — Georg Kreis, Warum und wie die Schweiz der EMRK beitrat. Abklärungen mit einem Blick auf die aktuellen Fragen der direkt-demokratischen Problematik, in: Bernhard Altermatt / Gilbert Casasus (Hg.), Die Schweiz im Europarat 1963–2013, Chur/Zürich 2013.
115 — Angelika Linke / Joachim Scharloth (Hg.), Der Zürcher Sommer 1968. Zwischen Krawall, Utopie und Bürgersinn, Zürich 2008; Damir Skenderovic / Christina Späti (Hg.), 1968 – Revolution und Gegenrevolution. Neue Linke und Neue Rechte in Frankreich, der BRD und der Schweiz, Basel 2008; dies., Die 1968er-Jahre in der Schweiz. Aufbruch in Politik und Kultur, Baden 2012.
116 — NZZ, 1. Juli 1969.
117 — Der Bund, 2. Juli 1969.
118 — Die Weltwoche, 19. Juli 1968.
119 — Erstpublikation in: Volksrecht. Sozialdemokratisches Tagblatt, 5. Juli 1968.
120 — Francesco Veri, Au Tessin, il fait chaud, in: Cahiers d'histoire du mouvement ouvrier, Nr. 21, 2005, S. 173–183.
121 — International.Ink. Journal d'étudiants en science politique et relations internationales, Nr. 3, Mai 2008: Mai 68. Au-delà de la commémoration, la réhabilitation.
122 — René A. Rhinow, Was heisst Demokratisierung der Universität?, in: NZZ, 25. August 1969.
123 — Interview mit Marcel Bertschi, in: NZZ, 1. Juli 2008.
124 — NZZ, 25. April 2008.
125 — Louis Bosshart, Nouveau cinéma suisse et communication entre les régions linguistiques, Basel 1991; Stephan Portmann, Der Neue Schweizerfilm (1965–1985). Ein Studienbericht zur Analyse ausgewählter Spiel- und Dokumentarfilme, Freiburg 1992.
126 — Balz Spörri, Unter uns Pfarrerssöhnen, in: Sonntagszeitung, 14. Januar 2001, zum bevorstehenden Rededuell im Albisgüetli.
127 — Interview im Tages-Anzeiger, 20. Juni 2009.
128 — Amtliches Bulletin der Bundesversammlung, Nationalrat, Geschäft 10476. 23. Juni 1970, S. 443.
129 — Werner Seitz, Dreissig Jahre Frauen in der Politik. Stand und Entwicklung der politischen Frauenvertretung, in: NZZ, 7. Februar 2001; Claude Longchamp / Regula Stämpfli, Männer und Frauen kommen sich an der Urne immer näher. Zu den Differenzen im Abstimmungsverhalten, in: Basler Zeitung, 7. Februar 2001; Silke Redolfi, Frauen bauen Staat. 100 Jahre Bund Schweizerischer Frauenorganisationen, Zürich 2000.
130 — Noemi Landolt: «Wir kommen wieder!», in: WOZ. Die Wochenzeitung, Nr. 25, 21. Juni 2007.
131 — Sambal Oelek, Der Sprayer von Zürich, Bern 1993.
132 — Peter J. Grob, «Needle-Park». Ein Stück Drogengeschichte und -politik 1968–2008, Zürich 2009.
133 — Basler Zeitung, 3. November 1989.
134 — Kreis (Hg.), Staatsschutz.
135 — Martin Matter, P-26. Die Geheimarmee, die keine war. Wie Politik und Medien die Vorbereitung des Widerstandes skandalisierten, Baden 2012.
136 — Catherine Duttweiler, Kopp & Kopp. Aufstieg und Fall der ersten Bundesrätin, Zürich 1990; Andres Brütsch, Elisabeth Kopp. Eine Winterreise (Film), Zürich 2007.
137 — Kreis (Hg.), Staatsschutz; Medienberichte vom 12. Juni 1993, z.B. Basler Zeitung, mit einem Beitrag des Verf.
138 — Ders., Staatsschutz im Laufe der Zeit. Von der Skandalisierung zur Gleichgültigkeit – ein Blick zurück auf die Fichenaffäre vor zwanzig Jahren, in: digma. Zeitschrift für Datenrecht und Informationssicherheit, Jg. 9, Nr. 2, Juni 2009, S. 54–59.
139 — Urs Altermatt et al., 1991, Das Jahr der Schweiz: die Chronik des Jubiläums, Basel 1991.
140 — Schweizerischer Bundesrat, Bericht über die Stellung der Schweiz im europäischen Integrationsprozess vom 24. August 1988, Bern 1988, S. 3 und 131; Georg Kreis, Der hastige Aufbruch nach Europaland, in: Dieter Freiburghaus / Georg Kreis (Hg.), Der EWR – verpasste oder noch bestehende Chance?, Zürich 2013. S. 13–42.
141 — Schweizerischer Bundesrat, Informationsbericht des Bundesrats über die Stellung der Schweiz im europäischen Integrationsprozess vom 26. November 1990 [2. Integrationsbericht], Bern 1990, S. 59.
142 — Ralf Langejürgen, Die Eidgenossenschaft zwischen Rütli und EWR. Der Versuch einer Neuorientierung der Schweizer Europapolitik, Chur 1993.
143 — Die höchste Stimmbeteiligung kam bei der Abstimmung von 1923 zur einmaligen Vermögensabgabe mit 86,3 Prozent zustande.
144 — Journal de Genève und Gazette de Lausanne, 7. Dezember 1992.
145 — David Vonplon, Das SVP-Schaf reist um die Welt, in: Tages-Anzeiger, 13. August 2008.
146 — Hanspeter Kriesi / Claude Longchamp / Florence Passy / Pascal Sciarini, Analyse der eidgenössischen Abstimmung vom 6. Dezember 1992, Bern 1993.
147 — Thomas S. Eberle / Kurt Imhof (Hg.), Sonderfall Schweiz, Zürich 2007; aus traditionellem Verständnis: Paul Widmer, Die Schweiz als Sonderfall. Grundlagen, Geschichte, Gestaltung, Zürich 2007.
148 — Ueli Mäder / Ganga Jey Aratnam / Sarah Schilliger, Wie Reiche denken und lenken. Reichtum in der Schweiz: Geschichte, Fakten, Gespräche, Zürich 2010.
149 — Eidgenössische Kommission gegen Rassismus (Hg.), «Zehn Jahre gegen Rassismus», Bern 2005 (www.ekr.admin.ch/shop/00008/00048/index.html?lang=de, Zugriff: 30. April 2013).
150 — Wulff Bickenbach, Gerechtigkeit für Paul Grüninger. Verurteilung und Rehabilitierung eines Schweizer Fluchthelfers (1938–1998), Köln 2009.
151 — Peter Huber, Die Spanienfreiwilligen. Biografisches Handbuch, Zürich 2009.
152 — Thomas Maissen, Verweigerte Erinnerung. Nachrichtenlose Vermögen und Schweizer Weltkriegsdebatte 1989–2004, Zürich 2005.
153 — Zit. nach der zum 5. Jahrestag des Groundings sich selbst zitierenden NZZ vom 2. Oktober 2006.
154 — Peter Hartmeier, Ende und Anfang, in: Tages-Anzeiger, 23. März 2005.
155 — Neue Helvetische Gesellschaft, Anno 709 p. R. Schlussbericht der Prospektivkonferenz der Neuen Helvetischen Gesellschaft, Aarau 1973 [p. R. = post Rütli].
156 — Niklaus Flüeler / Richard Schwertfeger, Die Schweiz von morgen. Gespräche über die Zukunft der Schweiz, Zürich 1971.
157 — NZZ, 15. April 1982.
158 — Christian Lutz, Leben und arbeiten in der Zukunft, München 1995; Gottlieb Duttweiler Institut für Trends und Zukunftsgestaltung (Hg.), GDI-Szenarien 2010, Rüschlikon 1998.
159 — Hartmut Rosa, Beschleunigung. Die Veränderung der Zeitstrukturen in der Moderne, Frankfurt a. M. 2005.
160 — Bernard Prongué (Hg.), L'écartèlement. Espace jurassien et identité plurielle, St-Imier 1991; Claude Hauser, L'aventure du Jura. Cultures politiques et identité régionale au XXᵉ siècle, Lausanne 2004; Clément Crevoisier, Atlas historique du Jura, Porrentruy 2012.
161 — Tages-Anzeiger, 4. Dezember 2007.
162 — Aram Mattioli / Markus Ries, «Eine höhere Bildung thut in unserem Vaterlande Noth». Steinige Wege vom Jesuitenkollegium zur Hochschule Luzern, Zürich 2010.
163 — Antoine Fleury / Frédéric Joye, Die Anfänge der Forschungspolitik in der Schweiz. Gründungsgeschichte des Schweizerischen Nationalfonds zur Förderung der wissenschaftlichen Forschung, 1934–1952, Baden 2002; Schweizerischer Nationalfonds zur Förderung der wissenschaftlichen Forschung (Hg.), 50 Jahre Schweizerischer Nationalfonds, Bern 2002.
164 — Dokumentation der Documenta Natura der Jahre 1987 bis 2010 in der Bibliothek der ETH; Erich Schwabe, Verwandelte Schweiz – verschandelte Schweiz? 100 Beispiele aus dem 19. und 20. Jahrhundert, Zürich 1975; Jörg Müller, Alle Jahre wieder saust der Presslufthammer nieder oder Die Veränderung der Landschaft, Aarau 1973 (1974 ausgezeichnet mit dem Deutschen Jugendliteraturpreis).
165 — Medienmitteilung «Startschuss für die ‹Landschaftsinitiative›» vom 7. Juli 2007, www.pronatura.ch/mediencommuniques-2007, Zugriff: 21. Dezember 2012.
166 — www.gruene.ch/web/gruene/de/positionen/umwelt/raumplanung.html, Zugriff: 21. Dezember 2012.
167 — Amtliches Bulletin der Bundesversammlung, Nationalrat, Geschäft 11084, 8. März 1972, S. 201.

**168** — Bundesamt für Statistik (BFS), Mobilität in der Schweiz: Ergebnisse des Mikrozensus Mobilität und Verkehr 2010, Neuchâtel 2012.
**169** — Paul Hugger (Hg.), Handbuch der schweizerischen Volkskultur. Leben zwischen Tradition und Moderne. Ein Panorama des schweizerischen Alltags, 3 Bde., Zürich 1992.
**170** — Höpflinger, Bevölkerungswandel in der Schweiz; ders., Gesellschaft im Umbau.
**171** — René Levy, Die schweizerische Sozialstruktur, Zürich 1982 (aktualisierte Ausgabe Zürich 2009).
**172** — Kurt Imhof / Heinz Kleger / Gactano Romano (Hg.), Krise und sozialer Wandel, Bd. 2: Konkordanz und Kalter Krieg. Analyse von Medienereignissen in der Schweiz der Zwischen- und Nachkriegszeit, Zürich 1996, Bd. 3: Vom Kalten Krieg zur Kulturrevolution. Analyse von Medienereignissen in der Schweiz der 50er und 60er Jahre, Zürich 1999.
**173** — Leonhard Neidhart, Politik und Parlament in der Schweiz. Ein Rückblick in das 20. Jahrhundert, Zürich 2013.
**174** — Kriesi et al. (Hg.), Politische Aktivierung.
**175** — Wolf Linder / Regula Zürcher / Christian Bolliger, Gespaltene Schweiz – geeinte Schweiz. Gesellschaftliche Spaltungen und Konkordanz bei den Volksabstimmungen seit 1874, Baden 2008; Linder et al. (Hg.), Handbuch der eidgenössischen Volksabstimmungen.
**176** — Jean-Bernard Racine / Claude Raffestin, Nouvelle géographie de la Suisse et des Suisses, 2 Bde., Lausanne 1990; Daniel Wachter, Schweiz – eine moderne Geographie, Zürich 1995.
**177** — Hans Bickel / Robert Schläpfer, Mehrsprachigkeit – eine Herausforderung, Aarau 1994.
**178** — Alfred Dubach / Roland J. Campiche (Hg.), Jede(r) ein Sonderfall? Religion in der Schweiz. Ergebnisse einer Repräsentativbefragung, Zürich/Basel 1993; Christoph Bochinger (Hg.), Religionen, Staat und Gesellschaft. Die Schweiz zwischen Säkularisierung und religiöser Vielfalt, Zürich 2012 (NFP 58).
**179** — Hansjörg Siegenthaler, Entscheidungshorizonte im sozialen Wandel, in: SZG, Jg. 33, Nr. 4, 1983, S. 414–431; ders., Regelvertrauen, Prosperität und Krisen. Die Ungleichmässigkeit wirtschaftlicher und sozialer Entwicklung als Ergebnis individuellen Handelns und sozialen Lernens, Tübingen 1993.
**180** — In Zürich 1994, im Tessin 1998, in Graubünden 2000, in Basel-Stadt 2000, in Basel-Landschaft 2001, in Schaffhausen 2001/02, in St. Gallen 2003 und in Bern 2011. Zurzeit ist eine grössere Luzerner Geschichte des 20. Jahrhunderts in Arbeit. Vgl. auch das Themenheft zur Problematik der Kantons- und Regionalgeschichte, SZG, Jg. 43, Nr. 4, 1993; Beatrice Schumacher, Sozialgeschichte für alle? Ein Blick auf die neuere Kantonsgeschichtsschreibung, in: Traverse, Jg. 18, Nr. 1, 2011, S. 270–299.
**181** — Markus Furrer / Kurt Messmer / Bruno H. Weder / Béatrice Ziegler, Die Schweiz im kurzen 20. Jahrhundert. 1914 bis 1989 – mit Blick auf die Gegenwart, Zürich 2008 (mit weiterführender Bibliographie).

Dem Medium Radio wurde seit seinen Anfängen ein volksverbindender Charakter zugesprochen, anfänglich mit internationalistischer, seit den dreissiger Jahren mit zunehmend nationalpatriotischer Note. Ursprünglich lagen die Ambitionen der Radiopioniere eher im Bereich der Kultur und der Volkserziehung. Mit den wachsenden politischen und militärischen Spannungen gewannen jedoch Information und Unterhaltung an Bedeutung.

In den Kriegsjahren besass bereits die Mehrzahl der Schweizer Familien ein Radioempfangsgerät, und das Medium wurde zu einem tragenden Instrument der Geistigen Landesverteidigung. Das gemeinsame Anhören der Mittagsnachrichten bürgerte sich ein, etwa – wie hier – in Betriebskantinen.
*Arbeiter einer Zementfabrik, 1942, Photographie, vermutlich von Paul Senn (Zentralarchiv GD SRG, Bern; Sign. ZAR GD SRG 1.01.1).*

# Audiovisuelle Überlieferung —*Theo Mäusli*

Photo- und Filmaufnahmen aus den Schweizer Landesausstellungen von 1896 bis 2002; der Schweizer Film *Frauennot – Frauenglück* (1930) zum Thema Abtreibung; die Radioansprache von Bundesrat Albert Pilet-Golaz zur Notwendigkeit der Anpassung an die neuen Verhältnisse im Sommer 1940; Amateurfilme seit den 1920er Jahren, welche das Schweizer Fernsehen bei Familien gesammelt hat; Heiner Gautschys emotional geladene Radiomeldung zur Ermordung John F. Kennedys; die in ihrer Nähe beinahe unerträglichen Bilder aus Vietnam, aber auch die nicht vorhandenen Bilder aus der Sowjetunion; «Sgt. Pepper's Lonely Hearts Club Band»; die Bilder, Videos und Radiosendungen zu den Zürcher Jugendunruhen …

Diese Aufzählung gibt uns eine Vorstellung von den Dingen und Themen, mit denen wir es im Zusammenhang mit der audiovisuellen Überlieferung zu tun haben: mit medienvermittelten Bildern und Tönen, die helfen, sich an Vergangenes zu erinnern, darüber nachzudenken und auch davon zu erzählen.[1] Kaum eines der genannten audiovisuellen Dokumente bringt der Geschichtswissenschaft neue Fakten, hingegen vermitteln sie Stimmungen und Atmosphären, erlauben Erkundigungen zu Mentalitäten und zur Kultur, zur «Populärkultur»: Was war möglich und bekannt, was interessierte, berührte und gefiel, wo lagen Tabugrenzen? Ausgeprägter als beim Schriftgut wird bei audiovisuellen Quellen die Diskursanalyse zur zentralen Untersuchungsmethode. Aus der schriftlich dokumentierten Entstehungsgeschichte der «Anpasserrede» Pilet-Golaz' kann man mehr über deren Autor und seine Motive erfahren. Wichtiger ist hingegen die Rede selbst, dass sie zu einem bestimmten Zeitpunkt gehalten und öffentliches Gut wurde, und zwar in der Originalversion wie auch in ihren Übersetzungen, verlesen (in welchem Ton?) von den Bundesratskollegen Philipp Etter und Enrico Celio und ausgestrahlt zu einer Zeit, als ein Grossteil der Bevölkerung Radio hörte.[2]

Zu den audiovisuellen Quellen gehören Begleitmaterialien, die ihre Entschlüsselung erlauben. Entschlüsselung im *technischen* Sinn erfordert Apparaturen. Schon heute können gewisse analoge, geschweige denn digitale Aufzeichnungen nicht mehr entziffert werden, weil die entsprechenden Lesegeräte fehlen. Zum korrekten Verständnis sind vor allem *inhaltliche* Schlüssel der Kontextualisierung im Produktions- wie auch im Rezeptionsbereich notwendig. Zeitzeugenberichte, Presseartikel (Achtung: Zensur!), interne Unterlagen der *Schweizerischen Rundspruchgesellschaft* (SRG), Kenntnisse über die Rezeptionsgeschichte des Radios und Berichte der Armeeinformationsabteilung «Heer und Haus» zeigen, dass die «Anpasserrede» vom 25. Juni 1940, mit Unterschieden in den Landesteilen, einer allgemeinen Stimmung entsprach; die heftige Debatte mit den Vorwürfen an Pilet-Golaz setzte erst später ein (siehe Kapitel von Sacha Zala, S. 521).

Zur audiovisuellen Erinnerung tragen auch schriftliche Materialien bei, die es erlauben, audiovisuelle Begebenheiten zu rekonstruieren. So sind die Nachrichtenbulletins der *Schweizerischen Depeschenagentur*, die von der ganzen Schweizer Bevölkerung und auch im Ausland, zum Beispiel während des Zweiten Weltkriegs, täglich mit grösster Aufmerksamkeit am Radio angehört wurden, zwar nicht als Tondokumente, aber wenigstens in der schriftlichen Vorlage erhalten, zusammen mit Abhörberichten der Armee von Nachrichtensendungen aus dem Ausland.[3]

Audiovisuelle Dokumente müssen nicht zwingend die Schweiz thematisieren, um vieles über die Schweiz auszusagen, etwa über die Möglichkeiten von Journalisten, im Kontext des Kalten Kriegs kritisch über die westliche Vietnampolitik zu berichten. Ja, für die Schweizer Geschichtsschreibung interessante audiovisuelle Dokumente müssen nicht einmal zwingend in der Schweiz oder von Schweizerinnen oder Schweizern produziert worden sein: Was letztlich zählt, ist deren Rezeption und Wirkung. Darum ist die erfolgreichste Langspielplatte der Beatles für die Schweizer Geschichte des zwanzigsten Jahrhunderts von Bedeutung. Das Album wurde auch in der Schweiz verkauft, begeisterte die Jugend, konfrontierte sie mit neuen Bildern und Werten und trug dazu bei, dass Pop von breiten Kreisen als Kultur wahrgenommen wurde

## Bilderwelten und Weltbilder

Bekannte Schweizer oder in der Schweiz wirkende Photographen wie Fred Boissonas, Hans Finsler, Walter Bosshard, Gertrud Fehr, Hans Staub, Ernst Mettler, Paul Senn, Gotthard Schuh, Theo Frey, Jakob Tuggener, Werner Bischof, Robert Frank und René Burri haben das Bild der Schweiz und der Welt mitgeprägt und in Zeitschriften wie der «Zürcher Illustrierten» und im 1941 gegründeten «DU» vermittelt.[4] Als historische Quellen können ebenso die Sammlungen und Nachlässe weniger bekannter Filmer und Photographen von Bedeutung sein, zum Beispiel das Firmenarchiv der Kinofamilie Leuzinger und die Sammlung des Tessiner Photographen Roberto Donetta. Zwischen privatem Œuvre und Produktion für das Fernsehen angesiedelt sind Sammlungen von Filmern und Kameramännern wie dem Tessiner Enzo Regusci, der vor allem für das Schweizer Fernsehen die ganze Welt bereiste und für die italienische Rai über die Schweiz berichtete. Die Photosammlung der Basler Ruth und Peter Herzog zeichnet sich dadurch aus, dass sie die Entwicklung der Photographie von den Anfängen an durch Meisterwerke repräsentiert und zugleich mittels Amateurphotographien historischen Wandel schlechthin dokumentiert. Amateur- oder ganz einfach Familienphotographien und -filme können über eine Aussagekraft weit über das Individuelle und Familiäre hinaus verfügen. Sie dokumentieren Örtlichkeiten, Berufe, Gebräuche, Festlichkeiten und Riten (Hochzeit, Taufe) oder Ferien, in den Anfangsjahren hauptsächlich privilegierter Schichten. Im Hintergrund zeigen sie Landschaften, und zwar jeweils diejenigen, die nach dem Geschmack der Zeit als schön oder aussergewöhnlich galten.

Das professionelle Filmschaffen mag durch die Persönlichkeit der Autoren geprägt sein, doch fördern die hohen Kosten der

Filmproduktion eine starke Ausrichtung an einem politischen Konsens und am kommerziellen Erfolg. Filmgeschichte ist somit auch ein Indikator für diesen Konsens.

Die ersten bekannten in der Schweiz gedrehten Stummfilme der 1890er Jahre gehen auf Casimir Sivan und François-Henri Lavanchy-Clarke, Konzessionär der Gebrüder Lumière, zurück. Themen der zahlreichen frühen Dokumentarfilme waren die Schweizer Städte und Fremdenverkehrsorte, die Eisenbahnlinien, alpine Landschaften, Folklore und Traditionen, Sportaktivitäten und Umzüge, Ausstellungen und andere Ereignisse. Bei der Spielfilmproduktion standen patriotische und soziale Themen im Vordergrund. 1921 wurde mit der Gründung des *Vereins Schweizer Schul- und Volkskino* eine bis heute mit der *Schweizerischen Stiftung für audiovisuelle Bildungsangebote* (SSAB) fortbestehende Tradition eingeleitet, audiovisuelle Medien koordiniert für Erziehungs- und Bildungszwecke einzusetzen. Ab September 1923 berichtete das «Ciné-Journal» des *Office cinématographique* in Lausanne in den Schweizer Kinosälen über aktuelle Ereignisse aus der Schweiz. 1936 stellte das «Ciné-Journal» aufgrund der ausländischen Konkurrenz den Betrieb ein. Die aktuelle Berichterstattung in den Kinos wurde 1940 im Rahmen der ↑Geistigen Landesverteidigung als Filmwochenschau zu neuem Leben erweckt und bestand mit zunehmendem Magazincharakter bis 1975.[5]

Es gelang nie, etwa nach skandinavischem oder italienischem Vorbild eine nationale Filmindustrie zu gründen. Immerhin, Kristallisationspunkte für die erste Entwicklung und Verbreitung des Schweizer Films waren die 1912 gegründete Eos-Film und die 1919 von Milton Ray Hartmann ins Leben gerufene Eagle Film Enterprise. Die wichtigsten Spielfilmproduzenten in der Schweiz waren bis 1936 die deutsche, teils vom NS-Propagandaministerium subventionierte Terrafilm und vor allem die 1924 in Zürich von Lazar Wechsler gegründete Praesens Film AG, welche das Schweizer Filmschaffen zu einer national-populären Blüte der 1930er bis in die 1950er Jahre führen konnte. Diese Schweizer Kinoproduktion brach in den sechziger Jahren ein und wurde weitgehend abgelöst durch neue, zeitkritische Ansätze, die sich vorerst in der Westschweiz, orientiert an der französischen Nouvelle Vague, manifestierten. Die enge Verknüpfung der Westschweizer «Groupe 5» mit dem Fernsehen wies Wege zur heutigen Förderung und Finanzierung des Filmschaffens durch den «Pacte de l'audiovisuel», der den Bund, die Kantone und die *Schweizerische Radio- und Fernsehgesellschaft* (SRG SSR) involviert.

Schon in der Frühzeit des Films gaben Firmen und Institutionen die Produktion von Filmen in Auftrag, zu Promotionszwecken, zur Instruktion ihrer Mitarbeiterinnen und Mitarbeiter, zur Dokumentation ihrer Tätigkeit oder für wissenschaftliche Zwecke. So besitzen die *Schweizerische Gesellschaft für Volkskunde*, das *Rote Kreuz*, die Armee, die Post und die Bundesbahnen Filme, die ihre Geschichte und die ihres Tätigkeitsfelds in ein neues Licht rücken können.

Man war sich schon früh bewusst, dass es sich beim Filmschaffen um ein erhaltenswertes Kulturgut handelt. 1943 wurde in Basel das *Schweizerische Filmarchiv* gegründet, das 1949 nach Lausanne verlegt und als *Cinémathèque Suisse* bekannt wurde. Seit 2002 bildet die ursprünglich 1941 von den Landeskirchen gegründete *Zürcher Dokumentationsstelle zum Film in der Schweiz* ein Deutschschweizer Zentrum der *Cinémathèque Suisse*. 2011 wurden in Penthaz bei Lausanne die Bauarbeiten für das durch den Bund finanzierte neue Zentrum für die Filmarchivierung aufgenommen.

### Klangwelten

Die Sammlung der 1983 in Lugano gegründeten *Schweizerischen Landesphonothek* (heute: *Schweizer Nationalphonothek*) zeigt deutlich, dass sich die gehörte Geschichte der Schweiz nur sehr bedingt in der relativ bescheidenen Schweizer Schallplattenindustrie, deren wichtigste Vertreterin die 1930 gegründete Turicaphon AG war, widerspiegelt.[6] Nur gerade vor und während des Zweiten Weltkriegs existierte aus materiellen und ideologischen Gründen so etwas wie eine autarke Schweizer Musikproduktion. Klang ist jedoch nicht nur Musik: Von besonderem Wert sind Aufnahmen, die im Rahmen musikwissenschaftlicher, volkskundlicher, sprachwissenschaftlicher oder historischer Feldforschung entstanden sind und zum Teil noch in einer Vielzahl von Institutionen verteilt liegen.

### Radio und Fernsehen

Die ersten Schweizer Radiostationen entstanden zunächst auf regionaler Ebene und auf private Initiative, sie wurden aber 1931 mit der Gründung der *Schweizerischen Rundspruchgesellschaft* und der Vergabe der eidgenössischen Sendekonzessionen national institutionalisiert.[7] Eine der wesentlichsten Grundlagen der SRG war der Sprachföderalismus, der den Minderheiten der Schweiz die Gestaltung und Verbreitung von vollwertigen Programmen ermöglichte. War die Radiobewegung anfänglich, begünstigt durch die Verbreitung über Mittel- und Langwellen, international ausgerichtet, wurde das Radiohören in den dreissiger und vierziger Jahren aus politischen und kulturellen Gründen zum nationalen Erlebnis. Die 1956 in der Schweiz eingeführte Diffusion der Ultrakurzwellen brachte eine deutlich bessere Tonqualität mit sich und verstärkte aufgrund der begrenzten Reichweite dieser Signale die Tendenz, fast ausschliesslich das Schweizer Radio zu hören, das nun in den drei grossen Sprachregionen je auch ein zweites Programm anbot. Seit den sechziger Jahren allerdings vermochte das Schweizer Radio Jugendliche mit seiner konservativen Musikauswahl nicht mehr zu befriedigen. Als Alternativen schwirrten, über Mittel- und Kurzwelle, international ausgerichtete Sender wie Radio Luxemburg im Äther. Das Terrain war reif für illegale oder in ihrer Legalität umstrittene Sender wie Radio 24, das ab 1979 vom italienischen Pizzo Groppera aus Pop, mit besonderer Vorliebe Reggae, nach Zürich einstrahlte. Die 1982 eingeleitete schrittweise Liberalisierung der Rundfunkpolitik ermöglichte die Verbreitung von privaten, meist werbefinanzierten Sendern auf regionaler und lokaler Ebene. Seit den achtziger Jahren verfügt die SRG in den verschiedenen Landesteilen über ein drittes Radioprogramm, das sich gezielt an junge Hörerinnen und Hörer richtet.

Das gegenüber den Nachbarländern in den fünfziger Jahren etwas später in Betrieb genommene Schweizer Fernsehen sah sich von Anfang an einer internationalen Konkurrenz gegenüber, war aber auch abhängig von dieser. Es wäre undenkbar gewesen, genügend Haushalte zum Kauf eines Fernsehgeräts und zum Bezahlen einer Empfangskonzession zu motivieren, wenn nur das Schweizer Programm im Angebot gewesen wäre, und selbst dieses war für die Spielfilme und zunehmend auch für die Nachrichten und den Sport, zum Teil auch für die Unterhaltung auf internationale Zusammenarbeit angewiesen. Die Einführung von regional und lokal ausgerichteten Privatfernsehsendern fand weitgehend über Kabelnetze statt.

**Radio- und Fernseharchive**
Anfänglich wurden nur einzelne Beiträge sowie Sendungen aufgezeichnet, die für eine Wiederholung oder zumindest eine teilweise weitere Nutzung vorgesehen waren. Die sich massiv verringernden Kosten der Speichermedien, die direkte Übernahme von digitalen Dateien aus den Produktionssystemen sowie die sich abzeichnenden Möglichkeiten der halbautomatischen und automatischen Indexierung der Inhalte haben seit den achtziger Jahren zu einer Zunahme der archivierten Bestände geführt und lassen für die nahe Zukunft die systematische Aufbewahrung des gesamten Sendevolumens der Radio- und Fernsehanstalten wahrscheinlich werden. Zur Überlieferung regionaler und lokaler Gegebenheiten oder von Alternativkulturen ist ausserdem die Pflege von Archiven der privaten Radio- und Fernsehsender notwendig, die nicht über die Mittel und die kritische Masse zur Investition in moderne Archivsysteme verfügen. Darauf zielt auch das Radio- und Fernsehgesetz vom März 2006 ab. Noch unklar ist, wie multimediale, mehrdimensionale, nur über das Internet abrufbare und oft kurzlebige Dateien archiviert werden sollen.

Die ersten Projekte zur Digitalisierung der überlieferten analogen Radio- und Fernsehbestände der SRG – ihr Umfang kann auf rund eine Million Stunden geschätzt werden – gehen auf die Zusammenarbeit mit der Schweizer Nationalphonothek und dem Bundesamt für Kultur zurück.

**Ein Museum des zwanzigsten und einundzwanzigsten Jahrhunderts**
Diese Zusammenarbeit führte 1996 zur Gründung des Vereins *Memoriav* durch das Schweizerische Bundesarchiv, die Schweizerische Nationalbibliothek, das Schweizer Filmarchiv, die Schweizer Nationalphonothek, das Bundesamt für Kommunikation und die SRG SSR; seit 1998 ist auch das *Schweizerische Institut zur Erhaltung der Fotografie* (ISCP) beteiligt. Seither werden Projekte zur Erhaltung und Valorisierung der audiovisuellen Erinnerung über Kompetenznetzwerke, welche sich auf die wichtigsten spezialisierten Institutionen und Fachleute stützen, mit Bundesmitteln gefördert und koordiniert. Damit setzte sich ein international beachtetes Modell durch, welches die Verantwortung für die Archivierung dort belässt, wo die Kompetenzen vorhanden sind, anstatt sie an eine zentrale Institution zu delegieren. Dank der Initiative von städtischen, kantonalen und nationalen Archiven und Institutionen werden relevante audiovisuelle Privatarchive erhalten und sichtbar gemacht, so etwa im Fall des Lausanner «Radio Acidule», der Agenturbildersammlung des Landesmuseums oder der Photodokumentation der Swissair. Über ein öffentlich zugängliches Suchinstrument sind sämtliche mit Hilfe von *Memoriav* restaurierten oder digitalisierten Bestände erschlossen.[8]

Bis gegen 2010 war der Zugang zu den audiovisuellen Archiven in der Regel umständlich, im besten Fall zeitraubend und oft teuer. Vor der Digitalisierung brachte die Nutzung von Film-, Video- und Tondokumenten oft eine Abnutzung der Datenträger beziehungsweise einen Verschleiss der gespeicherten Daten mit sich; zudem war man auf die Unterstützung eines Technikers angewiesen. Damit lässt sich erklären, warum beispielsweise die Bergier-Kommission zur Klärung der Rolle der Schweiz während des Zweiten Weltkriegs zwar Zeitungen systematisch analysierte, nicht aber das gesamtschweizerisch relevante und repräsentative Radio.

Dank der Digitalisierung ist es bedeutend einfacher geworden, audiovisuelle Dokumente zu selektionieren, anzuhören oder einzusehen. Um sich in der Menge der Daten zurechtzufinden, ist eine gute Aufbereitung, einschliesslich Kontextualisierung und Klärung von Rechtsfragen, eine neue Herausforderung. Heute zeigen die Publikumserfolge des holländischen *Instituut voor Beeld en Geluid* oder des französischen *Institut national de l'audiovisuel* das Potential von audiovisuellen Dokumenten für ein Museum des zwanzigsten und einundzwanzigsten Jahrhunderts. Auch in der Schweiz wächst das Bewusstsein für die Bedeutung der audiovisuellen Überlieferung für die historische Forschung und Darstellung, genauso wie für die Bereiche der Bildung und der Unterhaltung und nicht zuletzt für die gesellschaftliche Selbstreflexion insgesamt.

---

1 — Edmondson Ray, Audiovisual Archiving: Philosophy and Principles, 2., überarb. Aufl. (1. Aufl. 1998)., Paris 2004. Siehe die Website von *Memoriav* mit Literaturhinweisen und Links zu in diesem Beitrag genannten Archiven, http://de.memoriav.ch/memobase, Zugriff: 1. November 2011.
2 — Schweizer Nationalphonotek, DAT 2430 (nur frz. u. ital.); André Lasserre, La Suisse des années sombres. Courrants d'opinion pendant la Deuxième Guerre mondiale 1939–1945, Lausanne 1989, S. 87–95.
3 — Die Bulletins der Schweizerischen Depeschenagentur befinden sich in der Nationalbibliothek, die Abhörberichte im Unternehmensarchiv der SRG, Bern.
4 — Jean-Christophe Blaser, Switzerland, in: Robin Lenmann (Hg.), The Oxford Companion to the Photograph, Oxford 2005; Dieter Bachmann, Schweizerische Landesmuseen (Hg.), Aufbruch in die Gegenwart. Die Schweiz in Fotografien 1840–1960, Zürich 2009.
5 — Rémy Pithon (Hg.), Cinéma suisse muet. Lumières et ombres, Lausanne 2002; Hervé Dumont, Geschichte des Schweizer Films: Spielfilme 1896–1965, Lausanne 1987; Hervé Dumont / Maria Tortajada (Hg.), Histoire du cinéma suisse 1966–2000, Lausanne 2007; Eric Jeanneret / Stephan Portmann, Nouveau cinéma suisse et communication entre les régions linguistiques, Basel 1991; Rebekka Fränkel, Bilder der Aktualität. Die Schweizer Filmwochenschau in der Ära des Kalten Kriegs, Liz.-Arb. Univ. Zürich 2003; Felix Aeppli, Vom unerreichbaren Ort des unerreichbaren Glücks. Die 80er Bewegung im Spiegel des Schweizer Spielfilms, in: Heinz Nigg (Hg.), Wir wollen alles, und zwar subito! Die Achtziger Jugendunruhen in der Schweiz und ihre Folgen, Zürich 2001, S. 408–417.
6 — Frank Erzinger / Hanspeter Woessner, Geschichte der schweizerischen Schallplattenaufnahmen, 5 Bde., Zürich 1989–1994.
7 — Markus T. Drack (Hg.), Radio und Fernsehen in der Schweiz (bis 1958), Baden 2000; Theo Mäusli / Andreas Steigmeier (Hg.), Radio und Fernsehen in der Schweiz (1958–1983), Baden 2006; Theo Mäusli et al. (Hg.), Radio und Fernsehen in der Schweiz (1983–2010), Baden 2012. Dieser Band liegt auch in multimedialer Form vor, mit der Möglichkeit der direkten Konsultation von im Band zitierten audiovisuellen Archivbeständen: www.storiassr.ch, Zugriff: 8. Mai 2013.
8 — Siehe oben, Anm. 1.

Im kleinen Bauerndorf Schlieren im Zürcher Limmattal setzte in den 1890er Jahren mit der Gründung der Schweizerischen Wagons- und Aufzügefabrik AG («Wagi») und dem Bau des Gaswerks der Stadt Zürich die Industrialisierung ein. In unmittelbarer Nähe zur Grossstadt gelegen, wurde Schlieren damit nicht nur innerhalb kurzer Zeit zu einem Industrievorort, sondern seit dem Ende des Zweiten Weltkriegs auch zu einem baulich weitgehend mit der Stadt verbundenen Teil der «Agglo». Während des Wachstumsschubs der Nachkriegszeit verdoppelte sich die Bevölkerungszahl in zwanzig Jahren von 4761 (1941) auf 10 043 (1960). Die etwa aus dem Jahr 1965 stammende Postkarte zeigt, mit Blick in Richtung Zürich, die Kreuzung Badenerstrasse/Kesslerstrasse/Freiestrasse und die neuen Wohnblocks aus diesen Boomjahren. Mit der Schliessung des Gaswerks 1974, der «Wagi» 1985 und dem Wegzug von Industriebetrieben wie dem Kühlgerätehersteller Sibir wandelte sich Schlieren zu einem postindustriellen Standort von Distributions-, Dienstleistungs-, IT- und Biotech-Firmen und zählt heute rund 16 000 Einwohner bei einem hohen Ausländeranteil von 44 Prozent.

*Postkarte Schlieren in den 1960er Jahren (Privatbesitz).*

# Stadtgeschichte der modernen Schweiz — *Philipp Sarasin*

Wie urban ist die Schweiz? Das Bild, das seit dem Schwabenkrieg am Ende des 15. Jahrhunderts in Europa von den Eidgenossen im Umlauf war und mit dem viele Schweizerinnen und Schweizer sich bis heute identifizieren, wird von Kühen, Bergen und einigen Käsesorten dominiert. Wer als Fremder mit einem «Swiss»-Flug in Zürich-Kloten landet und im kühl-urbanen Glaskubus des Terminal E den *Skytrain* besteigt, um zum *Baggage Claim* und zum *Exit Zurich* zu fahren, wird in dieser kleinen U-Bahn während dreissig Sekunden akustisch mit Vogelgezwitscher, Geissenglockengebimmel und dem Muhen von Kühen auf jene Welt vorbereitet, die ihn bei seiner Ankunft vermeintlich erwartet: *Heidiland*. Tatsächlich aber landet man in der Zürcher «Agglo», jenem «Siedlungsbrei»[1] zwischen Grossstadt und ehemaligen Dörfern, der durch ein ungeordnetes Ineinanderwachsen von Einfamilienhausquartieren, Gewerbezonen, Resten von Landwirtschaft, Wohnblöcken und dichter Verkehrsinfrastruktur längst zu einer erweiterten Stadt geworden ist, die keine sein will. Denn die Schweiz träumt vom «Land», nicht von der Stadt.

### Eine kleinstädtische Welt

Die Paradoxien jenes Werbeauftritts am Flughafen verweisen auf die Strukturgeschichte der schweizerischen Städte und Stadtlandschaften.[2] Während das rein agrarische «platte Land» fehlt und bis in den Voralpenraum hinein ein dichtes Netz von Städten und Städtchen die Landschaft ordnet, sucht man vergeblich, was andernorts seit dem 18. Jahrhundert Urbanität überhaupt definiert und prägt: die Grossstadt. Denn verglichen mit den grossen Residenz- und Hauptstädten Europas waren die Städte der Schweiz am Ende des 18. Jahrhunderts ausgesprochen klein. Während Paris um 1796 rund 556 000 Einwohner zählte, Wien 235 000 und Berlin 161 000, beherbergte Genf als grösste der heutigen Schweizer Städte 1798 nur 24 331 Bewohner; Zürich folgte mit rund 21 000 und Basel mit 15 500 Einwohnern, Bern und Lausanne waren noch kleiner.[3]

Dennoch waren dies unbestreitbar urbane Orte mit einer wirtschaftlichen, kulturellen und – seit der Reformation – auch konfessionellen Ausstrahlung weit über den Raum der damaligen Schweiz hinaus. Im Falle der beiden Grenzstädte Basel und Genf gilt, dass ihre Luxusgüterindustrien – Uhren und Bijouterie in Genf, Seidenbänder in Basel – so sehr auf den europäischen, ja zum Teil schon auf den Weltmarkt ausgerichtet und ihre intellektuellen und künstlerischen Aktivitäten so eng mit jenen in Frankreich oder den deutschen Staaten verbunden waren, dass sie sich noch bis weit ins 19. Jahrhundert hinein eher als freie Republiken fühlten denn als Schweizer Städte. Aber auch Zürich als – mit seinen nahen Vororten – grösste Stadt der Alten Eidgenossenschaft wurde nicht durch sein binnenwirtschaftliches Gewerbe reich, das wie in allen Schweizer Städten durch ein strenges Zunftregiment auf kleinstädtische Dimensionen beschränkt blieb, sondern durch den Fernhandel, für den die übrige Schweiz blosses Durchgangsgebiet war.

Diese Wirtschaftsstruktur – ein kleinstädtisches lokales Gewerbe neben patrizischen oder grossbürgerlichen Kaufleuten mit Handelskontakten nach Übersee und in diverse Kolonialgebiete (siehe Beitrag von Béatrice Veyrassat, S. 426) – hatte innerhalb dieser Städte zur Entstehung einer politisch und kulturell dominierenden Oberschicht geführt, die durch den Bau von grossen Stadtpalästen demonstrierte, dass sie sich – mit der wichtigen Ausnahme von Berns «Burgern» – kulturell und sozial weit mehr an den städtischen Grossbürgern und Aristokraten in Paris, Berlin oder Wien, von Lyon, London oder Hamburg orientierte als am Lebensstil der ländlichen, im 18. Jahrhundert nicht selten noch vom Solddienst lebenden «Herren» in der Schweiz selbst. Und es waren diese Grosskaufleute, die damals dazu übergingen, entweder als Banquiers aufzutreten oder als «Verleger» die Verarbeitung von Rohstoffen selbst in die Hand zu nehmen und eine schnell wachsende Zahl von Heimarbeitern in den ländlichen Gebieten rund um Basel, Zürich und St. Gallen im sogenannten ↑Verlagssystem zu organisieren. Dieser als Protoindustrialisierung bekannte Prozess führte noch nicht zur Fabrikindustrie und löste auch noch keinen Urbanisierungsschub aus, war aber doch deren Vorbote und Voraussetzung: Mit ihrer Suche nach neuen Verwertungsmöglichkeiten für die angehäuften Handelskapitalien verbreiteten städtische Entrepreneure unter ihren Heimarbeitern in der umliegenden Landschaft neue, intensivere Arbeitsweisen und schufen neue Verdienstmöglichkeiten für Landlose und Kleinbauern. Der wöchentlich ausbezahlte Lohn führte zu einer Abkehr von subsistenzorientierten Lebensweisen hin zu einer verstärkten Abhängigkeit von der Geldwirtschaft und damit zu neuen Formen des Konsums. Das urbane Netzwerk des Fernhandels, der arbeitsteiligen Produktion für den Weltmarkt und des Konsums von Weltmarktprodukten – farbige Baumwollkleider, aber auch Zucker und Kaffee – begann sich zu Beginn des 19. Jahrhunderts auf der Schweizer Landschaft langsam zu verdichten.[4]

### Die Urbanisierungsschübe im langen 19. Jahrhundert

Die Schweiz des Jahres 1798 war gleichwohl noch ländlich in jedem Sinne des Begriffs. Zwar gliederten viele Kleinstädte mit mittelalterlichen Befestigungsanlagen und Marktrecht das Strassen- und Wegnetz zwischen Jura und Voralpen, aber in den fünf grössten Städten lebten erst 5 Prozent der Bevölkerung. Bis 1837 hatte sich dieser Urbanisierungsgrad auf bloss 6 Prozent erhöht; Städte wie Luzern oder St. Gallen zählten noch immer weniger als 10 000 Einwohner.

Verfolgt man die Bevölkerungsentwicklung der fünf Städte Zürich, Basel, Genf, Bern und Lausanne im 19. Jahrhundert, fällt zuerst das ausserordentliche Wachstum Zürichs auf. Auch ohne den besonderen Effekt der Eingemeindungen von 1893 (und 1934), sondern von Anfang an mit Einbezug der Vorortsgemeinden, überschritt Zürich um 1860 und noch im Gleichschritt mit Genf die Zahl von 50 000 Einwohnern. Ab 1870 koppelte sich das Bevölkerungswachstum der grössten Schweizer Stadt jedoch von jenem aller anderen ab: 1880 wohnten in Zürich rund 87 000 Menschen, 1888 waren es 104 000 und zur Jahrhundertwende schon 168 000. Deutlich geringer war das Wachstum Basels, das um 1900 mit 109 000 Einwohnern zur zweitgrössten, allerdings im Vergleich zu Zürich stärker industrialisierten Stadt der Schweiz wurde. Auch in Genf, Bern und Lausanne hatte sich die Bevölkerungszunahme in den 1890er Jahren, das heisst während der dritten grossen Wachstumsphase nach den 1850er und den 1870er Jahren, beschleunigt, doch keine dieser Städte erreichte bis zum Beginn des 20. Jahrhunderts die Zahl von 100 000 Einwohnern. Sie waren trotz eines gewissen Wachstums im 19. Jahrhundert immer noch Kleinstädte, die kaum neue Industrien und die entsprechenden Massen von Arbeitswilligen anzulocken vermochten. In dieser Hinsicht war eine Reihe anderer, ebenfalls kleiner Städte wichtiger: Zwischen 1870 und 1910 wuchs Biel um insgesamt 153 Prozent, Winterthur um 110 Prozent, St. Gallen und Luzern um je 103 Prozent und La Chaux-de-Fonds um 72 Prozent. Das in diesem Zeitraum der Hochindustrialisierung stärkste Wachstum erlebte jedoch Zürich mit 228 Prozent, während Basel zwischen 1870 und 1910 um immerhin 194 Prozent wuchs, seine Bevölkerungszahl also knapp verdreifachte.[5]

Diese Zahlen verweisen deutlich auf die beispiellose demographische, soziale und kulturelle Dynamik in vielen Schweizer Städten in den Jahrzehnten vor dem Ersten Weltkrieg. Die von den Zeitgenossen als überaus hektisch erlebten Wachstumsphasen namentlich der 1870er und der 1890er Jahre waren in sehr typischer Weise mit dem intensiven wirtschaftlichen Wandel der Zeit verbunden: Die Städte wuchsen im Wesentlichen nicht durch den Geburtenüberschuss, sondern aufgrund einer positiven Bevölkerungsbilanz. In sehr grossen Migrationsströmen gelangten Arbeitssuchende aus den ländlichen Gebieten der Schweiz wie des nahen Auslandes sowie den regionalen Kleinstädten in die industriellen und kommerziellen Zentren, insbesondere nach Zürich und Basel; zugleich fand eine kaum weniger starke Migration in umgekehrter Richtung statt.[6] Im Falle von Zürich war der Geburtenüberschuss vom letzten Drittel des 19. Jahrhunderts bis in die 1920er Jahre weitgehend irrelevant; entscheidend war der Überschuss aus den Wanderungsbewegungen.

Die verfügbaren Daten zeigen, dass vor allem in den hektischen Jahren am Ende des 19. Jahrhunderts sich pro Jahr meist etwa 40 Prozent, oft sogar mehr als 50 Prozent der Bevölkerung einer grossen Stadt an der Zu- oder Abwanderung beteiligten, dass also, mit anderen Worten, im Laufe eines Jahres die Hälfte aller Einwohner entweder in die Stadt zog oder aus ihr heraus. Das galt besonders für Zürich als grösster Schweizer Stadt: Hier erreichte der Migrationsanteil bis zu 60 Prozent; in Basel oder Bern waren diese Werte etwas kleiner; aber auch eine Stadt wie Luzern mit nur rund 30 000 Einwohnern um 1900 hat diese enormen Zu- und Abwanderungsbewegungen erlebt. Dabei gilt es allerdings eine statistische Unschärfe dieser Zahlen zu beachten: Viele dieser hochmobilen Menschen zogen im *selben* Jahr in die Stadt und verliessen sie wieder, insbesondere wandernde Handwerksburschen, Dienstmädchen oder junge Fabrikarbeiter. Sie alle hatten kaum einen festen Wohnsitz, sondern zogen von Ort zu Ort, um Arbeit zu finden, und bildeten eine Gruppe von Arbeitsnomaden, denen am anderen Ende der sozialen Skala die seit Generationen sesshaften Bürger gegenüberstanden, die jenes «wurzellose» Proletariat der Umherziehenden als Bedrohung ihrer ehemals ruhigen und überschaubaren Welt empfanden.[7]

Der Wanderungsgewinn, der die Städte so stark wachsen liess, stellte damit nur die Spitze des Eisbergs der gesamten Bevölkerungsbewegung dar. Während im Jahr 1898 das gesamte Wanderungs*volumen* zum Beispiel der Stadt Zürich rund 77 000 Menschen umfasste, betrug der Wanderungs*saldo* 2951 Personen – das sind nur 1,4 Prozent der gesamten Migration! Die Städte um 1900 waren also von einem Kommen und Gehen geprägt, demgegenüber die heutigen Migrations-«Ströme» wie Rinnsale erscheinen. So betrug am Ende des 20. Jahrhunderts in Zürich das Wanderungsvolumen nur rund 13 Prozent der städtischen Gesamtbevölkerung und erreichte damit bloss knapp ein Viertel der Werte der 1890er Jahre.

Der Urbanisierungsgrad in Europa hatte um 1900 einen Wert von rund 40 Prozent erreicht, in Schweden am untern Ende der Skala nur knapp 10 Prozent, während für England ein Verstädterungsgrad von knapp 80 Prozent errechnet wurde.[8] Solche Daten sind allerdings insofern schwierig zu interpretieren, als in den nationalen Zählweisen jeweils unterschiedliche Siedlungsgrössen als «Stadt» qualifiziert werden. Die Daten der *Historischen Statistik der Schweiz* weisen für die Schweiz um 1910 einen Urbanisierungsgrad von 48 Prozent aus, schliessen dabei aber auch sehr kleine Orte von 2000 Einwohnern mit ein. Eine Schätzung nur mit Städten über 5000 Einwohnern ergibt für das Jahr 1910 einen Wert von circa 40 Prozent; die Schweiz lag damit im europäischen Mittelfeld, und sie war so gesehen vor 1914 noch eine mehrheitlich dörflich strukturierte und ländlich geprägte Gesellschaft. Rechnet man nur die Bewohner der zehn grössten Schweizer Städte zur eigentlichen urbanen Bevölkerung der Schweiz, reduziert sich der Urbanisierungsgrad um 1910 auf 22,5 Prozent.[9]

Doch auch diese Zahlen sind nur beschränkt aussagekräftig. Denn zum einen zirkulierten viele hochmobile Menschen vor allem in jungen Jahren beständig zwischen Stadt, Kleinstadt und Dorf; zum anderen unterhielten viele Städter immer noch enge Beziehungen zu ihren ländlichen Herkunftsorten und gründeten in den Städten Vereine, in denen sich die Urner, Walliser oder Aargauer trafen, um das kulturelle Erbe ihrer agrarischen Heimat zu pflegen. Und weil sich eigentliche städtische Industrievirtel und industrielle Grossstädte in der Schweiz auch während des Industrialisierungsschubs gegen Ende des 19. Jahrhunderts nicht herausbildeten, blieben die Städte im europäischen Vergleich klein und die Grenzen zwischen Stadt und Land durchlässig, ja verwischt.[10]

**Wachsen und Schrumpfen der Städte im 20. Jahrhundert**
Im weiteren Verlauf des 20. Jahrhunderts setzten sich diese Entwicklungen vorerst fort, wenn auch nicht mehr in einem derart hohen Tempo wie in den 1890er Jahren. Alleine Zürich wuchs weiterhin stark und erreichte 1960 sein Bevölkerungsmaximum von rund 466 000 Menschen; Basel zählte 1970 einen Höchststand von 212 000 Einwohnerinnen und Einwohnern. Dann trat

die Trendwende ein: Eine markante Abwanderung, aber auch kontinuierlich negative Geburtensaldi liessen in Zürich schon in den 1960er Jahren, in Basel ab 1970 die Bevölkerung massiv schrumpfen. Zwischen 1970 und 2000 verlor die Stadt Basel 21 Prozent ihrer Einwohnerschaft, Zürich in den Jahren von 1960 bis 1990 sogar rund 24 Prozent.

Betrachtet man den Urbanisierungsgrad der Schweiz, gemessen wiederum an den zehn grössten städtischen Gemeinden zusammen, so erreichte dieser schon 1950 mit 26,5 Prozent sein schweizerisches Allzeithoch. Bis 1960 stagnierten diese Werte, dann brachen sie ein: Bis 1970 sank der Anteil der zehn grössten Städte an der Gesamtbevölkerung auf 23,6 Prozent, im Jahr 1990 lag er bei 19 Prozent; jener der fünf grossen Städte Zürich, Genf, Basel, Bern und Lausanne zusammen erreichte gar nur noch 14,4 Prozent – und lag damit wieder auf demselben Stand wie im Jahr 1900! Eine Trendwende ist nicht in Sicht: Zwar wächst die Stadt Genf, und Zürich konnte die bis 1996 anhaltenden Verluste seither durch ein leichtes Wachstum gerade wieder ausgleichen, aber die Stadt Basel auf der anderen Seite hat in den vergangenen zwanzig Jahren weitere 5,3 Prozent ihrer Einwohner verloren. Der an den fünf grössten Stadtgemeinden gemessene Urbanisierungsgrad sank daher bis 2009 auf 12,5 Prozent.

Hinter diesen angesichts des anhaltenden Bevölkerungswachstums (siehe Beitrag von Luigi Lorenzetti, S. 128) offenkundig paradox anmutenden Zahlen stehen zwei grosse Trends: Der eine, der namentlich seit den 1970er Jahren die Städte schrumpfen liess, war der durch die damalige Wirtschaftskrise beschleunigte Übergang von der Industrie- zur postindustriellen Dienstleistungs-, Wissens- und Informationsgesellschaft. Der Verlust vieler industrieller Arbeitsplätze in Verbindung mit der Krise des Baugewerbes in den 1970er Jahren führte zu einer starken Abwanderung von ausländischen Arbeitsimmigranten, was auch in kleineren Industriestädten wie Winterthur, Biel oder La Chaux-de-Fonds zu massiven und nachhaltigen Bevölkerungsverlusten führte.

Der andere – und wohl wichtigere Trend jedoch manifestierte sich seit den 1960er Jahren zuerst und besonders stark in Zürich als Wunsch vor allem junger Familien, «ins Grüne» und damit in die ländlichen, aber dennoch stadtnahen Gebiete zu ziehen. Diese durch zunehmend leistungsfähige Strassen und die zum Beispiel im Raum Zürich ab 1981 stark ausgebaute S-Bahn neu erschlossenen Wohngebiete lockten mit dem Versprechen, dass sich hier die Vorteile des Arbeitens in der Stadt mit dem Charme einer zumindest dem Schein nach ländlichen Umgebung verbinden liessen. Der Ausbau des Strassennetzes für den seit den 1950er Jahren rasant zunehmenden motorisierten Individualverkehr wie auch der seit den 1980er Jahren mehrheitsfähige Ausbau des öffentlichen Verkehrs beförderten diesen säkularen Trend zum Wohnen im Grünen – ein Trend, der auch als ein vielfaches Echo der Debatten und Pläne zur «Gartenstadt» seit 1900 beziehungsweise zur «funktionalen Trennung» von Wohnen und Arbeiten, wie sie Le Corbusier seit den 1920er Jahren propagierte, verstanden werden kann.[11] Nach dem bloss vorübergehenden kriegsbedingten Anstieg der in der Landwirtschaft tätigen Personen um 1940 konnte es sich nun in der Nachkriegszeit eine wachsende Zahl von Arbeitnehmern leisten, Wohn- und Arbeitsplatz zu trennen und mit dem Auto zur Arbeit zu fahren, während die Familien in an Gartenstädte erinnernden Neubauquartieren und Siedlungen ausserhalb der Dorfkerne ländlicher Gemeinden lebten. Mit dem Aufstieg dieser neuen, hybriden Existenzform verwischten sich die Grenzen zwischen Stadt und Land nachhaltig. Die Klage, dass die Siedlungsentwicklung ungeplant und ungebremst landwirtschaftliches Kulturland «wegfrisst», verstummt seither nicht, hat aber bezeichnenderweise kaum zur gezielten Verdichtung der städtischen Gebiete geführt.

## «Metropolitanregionen»

Vor diesem Hintergrund ist der seit der Mitte des 20. Jahrhunderts wieder sinkende Urbanisierungsgrad nur mit der Einschränkung zu verstehen, dass sich die Städte und die ehemals spezifisch urbane Wohn- und Lebensweise längst über die Grenzen der Stadtgemeinden hinaus in ländliche Gebiete ausdehnen.[12] Bezieht man die Bevölkerungen aller Orte mit mehr als 5000 Einwohnern in die Analyse mit ein, so ergeben die Daten für das Jahr 1990 einen Urbanisierungsgrad von 50,2 Prozent, gegenüber dem Maximum von 55 Prozent 1970. Relevanter ist jedoch die Frage nach zusammenhängenden Agglomerationen und urbanen Ballungsräumen, die seit 1990 zum Konzept der «Metropolitanregion» führte.[13] Das Bundesamt für Statistik[14] definiert fünf solche Räume: Zürich und Bern-Mittelland sowie die transnationalen Regionen Basel, Lausanne-Genf und Tessin. Auf der Basis verschiedener zur Verfügung stehender Daten lässt sich grob schätzen, dass 2009 etwas mehr als 4 Millionen Menschen oder – wiederum – rund 52 Prozent der Gesamtbevölkerung der Schweiz in diesen Metropolitanregionen wohnten, in Gebieten also, die ausserhalb der alten Kernstädte vollständig hybrid sind: trotz der Nähe zur Stadt ländlich und trotz den Kühen in der Nähe städtisch. *Welcome*, oh Fremder, *to Heidiland*.

---

1 — Jacques Herzog, Träume im Siedlungsbrei, in: Die Zeit, Nr. 25, 17. Juni 2006 (www.zeit.de/2010/25/CH-Herzog, Zugriff: 9. April 2013).
2 — François Walter, La Suisse urbaine, 1750–1950, Carouge-Genève 1994.
3 — Für diese und alle folgenden statistischen Angaben: *the swiss economic and social history online database* (www.fsw.uzh.ch/histstat).
4 — Rudolf Braun, Sozialer und kultureller Wandel in einem ländlichen Industriegebiet (Zürcher Oberland) unter Einwirkung des Maschinen- und Fabrikwesens im 19. und 20. Jahrhundert, Erlenbach 1965.
5 — Berechnungen nach Tab. B 37 von *histstat online* (www.fsw.uzh.ch/histstat).
6 — Hans-Jörg Gilomen et al. (Hg.), Migration in die Städte, Zürich 2000.
7 — Vgl. Philipp Sarasin, Stadt der Bürger, 2., überarb. und erw. Aufl. (1. Aufl. Basel 1990), Göttingen 1997, S. 29–48.
8 — Paul M. Hohenberg / Lynn Hollen Lees, The Making of Urban Europe, Cambridge (Mass.)/London 1985, S. 219, Fig. 7.2; vgl. Jean-Luc Pinol (Hg.), Histoire de l'Europe urbaine, Paris 2003, Bd. 2, S. 25–30.
9 — Berechnungen nach Tab. B 37 von *histstat online* (www.fsw.uzh.ch/histstat).
10 — Vgl. z.B. Othmar Birkner, Bauen und Wohnen in der Schweiz 1850–1920, Zürich 1975.
11 — Daniel Kurz, Die Disziplinierung der Stadt, Zürich 2008; Angelus Eisinger, Städte bauen, Zürich 2004.
12 — Vgl. Henri Lefèbvre, Die Revolution der Städte, München 1972 (frz. Orig.: La révolution urbaine, Paris 1970).
13 — Roger Diener / Jacques Herzog / Marcel Meili / Pierre de Meuron / Christian Schmid, Die Schweiz – ein städtebauliches Portrait, Basel 2006.
14 — Bundesamt für Statistik (www.bfs.admin.ch/bfs/portal/de/index/regionen/11/geo/analyse–regionen/04.html, Zugriff: 20. März 2013).

# Anhang

## VERZEICHNIS DER KANTONSKÜRZEL

*Die Kantonskürzel werden wie folgt aufgeführt: zuerst die drei ehemaligen ↑ Vororte, dann in der Reihenfolge der Bundesbeitritte.*

| | | | |
|---|---|---|---|
| ZH | Zürich | SH | Schaffhausen |
| BE | Bern | AR | Appenzell Ausserrhoden (vor 1597 AP) |
| LU | Luzern | AI | Appenzell Innerrhoden (vor 1597 AP) |
| UR | Uri | SG | Sankt Gallen |
| SZ | Schwyz | GR | Graubünden |
| UW | Unterwalden | AG | Aargau |
| OW | Obwalden | TG | Thurgau |
| NW | Nidwalden | TI | Tessin |
| GL | Glarus | VD | Waadt |
| ZG | Zug | VS | Wallis |
| FR | Freiburg | NE | Neuenburg |
| SO | Solothurn | GE | Genf |
| BS | Basel-Stadt (vor 1833 BA) | JU | Jura |
| BL | Basel-Landschaft (vor 1833 BA) | | |

## CHRONOLOGIE ZUR SCHWEIZER GESCHICHTE

*vor Chr.*

| | |
|---|---|
| vor 100 000 | Vereinzelte Geröllgeräte und Faustkeile belegen Begehungen durch den *Homo erectus* in der Schweiz |
| circa 35 000 | Neandertalergruppe campiert im Wildenmannlisloch (SG) |
| um 22 000 | Würmeiszeit-Pleniglazial: Über Bern liegt eine knapp einen Kilometer dicke Schicht Gletschereis |
| circa 15 500 | Erste Spuren des *Homo sapiens* in Höhlen des Schweizer Juras |
| circa 13 000 | Rentier- und Wildpferdjäger durchstreifen das Mittelland und den Jura |
| circa 13 000 | Erste Kunst, etwa die Rentiergravierung vom Kesslerloch (SH) |
| um 9500 | Beginn der Mittelsteinzeit, vermehrt Jagd mit Pfeil und Bogen |
| circa 8000 | Wildbeutergruppen durchstreifen das haselbewaldete Wauwilermoos (LU) |
| circa 5200 | Erste Dörfer im Klettgau, Tessin und Wallis: Sesshaftigkeit, Ackerbau, Viehhaltung |
| circa 4300 | Feuchtbodensiedlungen (sogenannte Pfahlbauten) entlang der Seeufer und in Mooren |
| 3704 | Sommer: In der Pfahlbausiedlung Pfyn-Breitenloo (TG) wird ein getrüffelter Gerstenbrei zubereitet |
| 3370 | Brandkatastrophe in der Pfahlbausiedlung Arbon-Bleiche 3 (TG) |
| circa 3300 | «Ötzi» wird auf dem Tisenjoch (Südtirol) – allenfalls auf dem Weg in den Bodenseeraum – ermordet |
| circa 3000 | In Zürich rollen die ersten Räder der Schweiz |
| circa 2400 | Anthropomorphe Stelen der Glockenbecherkultur am Fundort Sion-Petit Chasseur (VS) |
| um 2200 | Beginn der Bronzezeit |
| circa 1700 | Erste Hinweise auf Reitpferde |
| 1411 | Quellfassung in St. Moritz (GR) mit bronzenen Weihegaben, unter anderem Schwertern |
| 1009 | Bau der spätbronzezeitlichen Pfahlbausiedlung Cortaillod-Est (NE) |
| um 800 | Beginn der älteren Eisenzeit (Hallstattzeit) |
| circa 580 | Kostbare Grabbeigabe: die «Hydria von Grächwil», ein Bronzegefäss |
| circa 380 | Sieben Goldringe werden bei Erstfeld (UR) deponiert |
| um 450 | Beginn der jüngeren Eisenzeit (Latènezeit), benannt nach dem Fundort La Tène (NE) |
| circa 200 | Geldsystem entsteht – erste Goldmünzen in der Schweiz |
| 194 | Unterwerfung der Insubrer (Sottoceneri) durch die Römer, Eingliederung in die Provinz Gallia Cisalpina |
| 121 | Niederlage der Allobroger (bei Genava); Schaffung der Provincia Narbonensis |
| 107 | Sieg der Tiguriner (*pagus* der Helvetier) unter Divico gegen die Römer bei Agen (F) |
| circa 100 | Korisios: ein früher Eigenname im Gebiet der Schweiz, eingraviert auf einem bei Port (BE) gefundenen Eisenschwert |
| 58 | Auswanderungsversuch der Helvetier und Rauriker; Niederlage bei Bibracte (Mont Beuvray, Burgund) gegen Caius Julius Caesar |
| 57 | Niederlage des Servius Sulpicius Galba gegen Stämme des Wallis |
| 52 | Niederlage der Helvetier und Rauriker unter Vercingetorix gegen Caesar in Alesia; Integration beider Stämme in das Römische Reich |
| 45/44 | Gründung der Colonia Iulia Equestris (Nyon) durch Caesar |
| 44 | Lucius Munatius Plancus besiegt die Räter am Oberrhein und gründet die Colonia Raurica (Augst?) |
| 40–15 | Römische Vorstösse in die Zentralalpen |
| 25 | Sicherung der Westalpenpässe durch die Gründung der Colonia Augusta Praetoria (Aosta, I) |
| 16 | Feldzug des Publius Silius Nerva in das Rheintal |
| 15 | Niederwerfung der Zentralalpen und Voralpen bis zur Donau durch Drusus und Tiberius; endgültige Eroberung des Gebiets der heutigen Schweiz |
| 16–13 | Neuorganisation Galliens, einschliesslich der *civitates* der Helvetier, der Rauriker sowie der römischen Kolonien Nyon und Augst; Schaffung einer grossen Alpenprovinz (Wallis, oberes Tessin, Graubünden) |
| 12 | 1. August: Einweihung des Rom und Augustus gewidmeten Altars in Lyon, dabei Anwesenheit von Drusus und der Delegierten der *civitates* Galliens |

*nach Chr.*

| | |
|---|---|
| 6/7 | *Vici* in der Ostschweiz, unter anderem Tasgetium (Eschenz), Vitudurum (Oberwinterthur) und Curia (Chur) |
| 14–17 | Errichtung des Legionslagers in Vindonissa (Windisch) (Legio XIII Gemina, Hilfstruppen unter anderem in Zurzach); zugleich Neuordnung der *civitas Helvetiorum* mit der Hauptstadt Aventicum (als Forum Tiberii) |
| 43 | Caius Iulius Camillus aus Avenches nimmt auf Einladung von Kaiser Claudius am Britannienfeldzug teil |
| 47 | Ausbau der Strasse über den Grossen St. Bernhard Vereinigung der Walliser Stämme zur *civitas Vallensium*, Gründung des Forum Claudii Vallensium (Martigny) neben Octodurus; das Wallis wird mit der Tarentaise zur selbständigen Provinz |
| 69 | Die Legio XXI Rapax auf Seiten des Kaisers Vitellius besiegt die Helvetier, Anhänger von Kaiser Galba, beim Bözberg (Vocetius); Aventicum wird beinahe zerstört |
| 71 | Vespasian, der neue Kaiser, erhebt die *civitas* der Helvetier zur latinischen Kolonie und verleiht Aventicum den Namen Colonia Pia Flavia Constans Emerita Helvetiorum (Foederata) |
| circa 85 | Errichtung der Provinz Obergermanien (Germania Superior) |
| 98 | Bei der Inspektion der Truppen an Rhein und Donau besucht Trajan (98–117) auch Vindonissa |
| 101 | Abzug der Legio XI Claudia Pia Fidelis aus Vindonissa an die Donau, das Lager wird nicht mehr wieder besetzt Quintus Otacilius Pollinus aus Avenches wird von Hadrian (117–138) begünstigt |
| 212 | Alle freien Einwohnern des Reiches erhalten das römische Bürgerrecht (Constitutio Antoniniana) |
| 260 | Gallienus lässt die Mauern des *vicus* von Vindonissa wiederaufbauen |
| 275–277 | Einfälle der Alamannen; 275 Zerstörung von Augusta Raurica (Oberstadt); Befestigung des Kastelenplateaus; Avenches wird geplündert; Alamannen aus dem Wallis zurückgedrängt |
| um 300 | Aufgabe des obergermanisch-rätischen Limes; der Rhein ist wieder Grenze |
| 290–300 | Errichtung des Castrum Rauracense (Kaiseraugst); Legio I Martia als Besatzung Ummauerung des *vicus* von Vitudurum (Oberwinterthur) (294) Bau eines Kastells auf Tasgetium/Burg (Stein am Rhein) |
| 297 | Reorganisation des Reiches durch Diokletian; das Gebiet der heutigen Schweiz wird zwei Präfekturen (Gallia, Italia) zugeordnet |
| circa 300 | Genf wird zur *civitas* erhoben |
| 302 | Constantius I. (Chlorus) schlägt die Alamannen vernichtend bei Vindonissa |
| 313 | Die Mailänder Vereinbarung («Toleranzedikt von Mailand») erlaubt den christlichen Kult |
| 325 | In Yverdon Errichtung einer grossen Festung (*castrum*) |
| 346 | Iustinianus Bischof der Rauriker (Kaiseraugst) |

| | |
|---|---|
| 350 | Erhebung des Flavius Magnentius zum Gegenkaiser; Kaiseraugst liegt in seinem Einflussbereich. Für seinen Feldzug gegen Constantius II. wird die Festung geräumt, dabei wird auch der Silberschatz vergraben |
| 352 | Zerstörung des Castrum Rauracense (Kaiseraugst) durch germanische Stämme |
| 354–356 | Siegreiche Feldzüge des Constantius II. gegen die Alamannen |
| 371 | Ausbau der Verteidigung entlang des Rheins durch *burgi* (Wachttürme) zwischen Bodensee und Basel, aber auch in Aegerten (BE) (368/69) |
| 377, 381 | Christentum im Wallis: Pontius Asclepiodotus Statthalter; Theodorus Bischof von Octodurus (Martigny) |
| 380, 391 | Das Christentum wird Staatsreligion; die nichtchristlichen Kulte werden verboten |
| gegen 400 | Isaak Bischof von Genf |
| 401/02 | Truppen werden für den Kampf in Oberitalien von der Rheingrenze abgezogen |
| 443 | Aëtius, Oberbefehlshaber Galliens, siedelt die Burgunder in Savoyen und in der Westschweiz an *(Sapaudia)* |
| 476 | Absetzung des letzten weströmischen Kaisers Romulus Augustulus; Übergabe der kaiserlichen Insignien an den oströmischen Kaiser |
| 493 | Rätien und Teile der Nord- und Ostschweiz kommen unter die Schirmherrschaft Theoderichs, des Königs der Ostgoten in Italien |
| gegen 506 | Alemannen lassen sich im Norden der heutigen Schweiz nieder |
| 515 | Gründung des Klosters Saint-Maurice |
| 517 | Es gibt einen Bischof in Avenches, der später nach Lausanne zieht |
| 534 | Das Burgunderreich geht im Frankenreich auf |
| 574 | Lombarden dringen in das Wallis ein und zerstören Octodurus (Martigny) |
| 568 | Langobarden lassen sich im Tessin nieder |
| gegen 600 | Gründung des Bistums Konstanz |
| 614 | Gründung des Klosters St. Gallen |
| 744 | Unterwerfung der Alemannen durch die Franken |
| 800 | Der Frankenkönig Karl wird zum Kaiser gekrönt |
| 888 | Während das Frankenreich untergeht, entsteht das Reich der Rudolfinger mit Zentrum in Saint-Maurice |
| 912 | Tod von Notker, Bibliothekar in St. Gallen, Historiker Karls des Grossen |
| 962 | Der deutsche König Otto errichtet das Heilige Römische Reich, das auch die heutige Schweiz umfasst. Titulatur nicht ganz zutreffend; *Sacrum Imperium* erst 1157. Payerne wird cluniazensisch |
| 999 | Rudolf III. von Burgund übergibt die Grafschaftsrechte im Wallis dem Bischof von Sitten und Moutier-Grandval dem Bischof von Basel |
| circa 1000 | Zürich erhält das Marktrecht |
| 1006 | Rudolf III. setzt Heinrich II. als Erben ein und gibt Basel als Pfand dem Reich |
| 1011 | Rudolf III. übergibt die Grafschaftsrechte in der Waadt dem Bischof von Lausanne |
| 1032 | Das Aussterben der Rudolfinger führt nach sechs Jahren Erbfolgekrieg zur Vereinigung ihres Reichs mit dem Heiligen Römischen Reich |
| 1099 | 15. Juli: Eroberung Jerusalems im Ersten Kreuzzug |
| 1127 | Die Zähringer erhalten Kaiserrechte über das ehemalige Burgunderreich |
| gegen 1157 | Gründung von Freiburg |
| 1179 | Das dritte Laterankonzil festigt die päpstliche Suprematie innerhalb der Kirche |
| 1182 | Antikaiserlicher Schwur von Torre im Bleniotal (TI) |
| 1187 | Rückeroberung von Jerusalem durch die Araber |
| gegen 1190 | Kathedrale von Lausanne, erste Kirche in gotischem Stil im Gebiet der Schweiz |
| gegen 1191 | Gründung von Bern |
| 1196 | Tod des Minnesängers Rudolf II. von Neuenburg, der Gedichte der Langue d'oc und der Langue d'oïl ins Deutsche übertragen hat |
| 1204 | In Konstantinopel wird nach der Eroberung der Stadt im Vierten Kreuzzug ein Lateinisches Kaiserreich errichtet |
| 1215 | Viertes Laterankonzil, wichtigstes Konzil des Mittelalters |
| 1218 | Aussterben der Zähringer. Handfeste von Bern, die das Zähringerrecht bekräftigt |
| 1230 | Weihung der Kapelle auf dem St. Gotthard, Zeichen für die neue Bedeutung des Passes. Erstes Dominikanerkloster (Zürich) |
| um 1230 | Erstes Franziskanerkloster (Locarno) |
| 1235 | Erste Erwähnung der Kapelle auf dem Simplon |
| 1249 | Handfeste von Freiburg |
| 1261 | Ende des Lateinischen Kaiserreichs in Konstantinopel |
| 1263 | Aussterben der Kyburger; um ihr Erbe streiten sich die Habsburger und Savoyer |
| 1273 | Wahl Rudolfs IV., Graf von Habsburg, zum deutschen König (Rudolf I.) |
| 1281 | Tod des Sängers Konrad von Mure in Zürich |
| 1282/83 | Krieg zwischen Rudolf von Habsburg und Savoyen; Rudolf erobert Murten und Payerne |
| 1283 | Rudolf von Habsburg erobert Pruntrut und gliedert es dem Bistum Basel an |
| 1285 | Handfeste von Moudon, deren Artikel vielerorts übernommen werden |
| 1288 | Rudolf von Habsburg belagert Bern |
| 1291 | Tod des Rudolf von Habsburg nach 18 Jahren Herrschaft. Datum des ältesten erhalten gebliebenen Dokuments über ein Bündnis zwischen den Talschaften Uri, Schwyz und Unterwalden |
| 1291–1293 | Antihabsburgische Kriege. Verdoppelung des Verkehrs durch das Wallis |
| 1293 | Aufhebung der Habsburger Blockade gegen den Transitverkehr über den Gotthard |
| 1307/08 | Überlieferte Daten des Aufstandes der Schweizer gegen die Habsburger Vögte |
| 1308 | Ermordung König Albrechts, Sohn Rudolfs von Habsburg, bei Windisch |
| 1309 | Kaiser Heinrich VII. ernennt einen Pfleger (*phleger, curator*) für die Waldstätte |
| 1314 | Doppelwahl von Friedrich dem Schönen von Habsburg und Ludwig dem Bayern zum deutschen König. Überfall der Schwyzer auf das Kloster Einsiedeln (Marchenstreit) |
| 1315 | Überfall am Morgarten (Morgartenkrieg), erstes in einer Chronik festgehaltenes Ereignis der Schweizer Geschichte |
| 1332 | Bündnis der Waldstätte mit Luzern |
| 1336 | Brun'sche Zunftrevolution in Zürich |
| 1348/49 | Schwarzer Tod (Pest) und Judenpogrome in den Städten |
| 1351 | Bündnis der Waldstätte und Luzerns mit Zürich |
| 1352 | Bündnis der Waldstätte, Luzerns und Zürichs mit Glarus und Zug |
| 1353 | Bündnis der Waldstätte mit Bern |
| 1370 | Pfaffenbrief als erste gemeinsame eidgenössische Rechtssatzung (ohne Bern) |
| ab 1375 | Inquisitionsprozesse gegen Beginen |
| 1378 | Grosses abendländisches Schisma |
| 1386 | Schlacht bei Sempach |
| 1393 | Zürcher Schönohandel |
| ab 1399 | Inquisitionsprozesse gegen Waldenser |
| 1401–1429 | Appenzellerkriege |
| 1403 | Bündnis von Uri und Unterwalden mit der Leventina |
| 1414–1418 | Konzil von Konstanz |
| 1415 | Eroberung des Aargaus durch die Eidgenossen (ohne Uri) |
| 1428 | Erste Berichte zu Hexenverfolgungen |

| | |
|---|---|
| 1431–1449 | Konzile von Basel und Ferrara-Florenz |
| 1439 | Wahl von Amadeus VIII., Herzog von Savoyen, zum Papst (Felix V.) in Basel |
| 1436–1450 | Alter Zürichkrieg |
| 1445–1451 | Böser Bund im Berner Oberland |
| 1454 | Schutzbündnisse mit Schaffhausen und St. Gallen |
| 1458 | Plappartkrieg gegen Konstanz |
| 1460 | Eidgenössische Oberherrschaft über den Thurgau |
| 1461 | Krönung Ludwigs XI. zum französischen König |
| 1467 | Karl der Kühne wird Herzog von Burgund (Generalstatthalter seit 1465) |
| 1469 | Vertrag von Saint-Omer zwischen Karl dem Kühnen und Sigmund von Österreich über die Verpfändung der vorderösterreichischen Besitzungen im Elsass |
| 1469–1471 | Twingherrenstreit in Bern |
| 1474 | Ewige Richtung zwischen den Eidgenossen und Habsburg, vermittelt durch Ludwig XI. |
| | Schlacht von Héricourt (Burgunderkriege) |
| 1476 | Schlacht bei Grandson |
| | Schlacht bei Murten |
| 1477 | Schlacht bei Nancy |
| | Saubannerzug nach Genf |
| 1478 | Amstaldenhandel in Luzern |
| | Urner Sieg bei Giornico sichert die Herrschaft über die Leventina |
| 1481 | Stanser Verkommnis |
| | Bündnis mit Freiburg und Solothurn |
| 1488 | Schwäbischer Bund und Ritterbund zum Jörgenschild |
| 1489 | Waldmannhandel (Zürich) |
| | Tagsatzungsbeschluss, Juden per 1491 aus der ganzen Eidgenossenschaft auszuweisen |
| 1494 | Zug Karls VIII. von Frankreich nach Oberitalien (Beginn der Mailänderkriege) |
| 1495 | Einnahme des Bleniotals und der «Riviera» durch Uri |
| 1497/98 | Oberer Bund und Gotteshausbund werden gleichberechtigte Partner der Eidgenossenschaft |
| 1499 | Schwaben- oder Schweizerkrieg: Schlachten bei Triesen, bei Hard bei Bregenz, am Bruderholz bei Basel, im Schwaderloh vor Konstanz, bei Frastanz, an der Calven bei Glurns und bei Dornach |
| | April: Ausrufung des Reichskriegs |
| | September: Ausrufung des Friedens von Basel |
| 1500 | Sogenannter «Verrat von Novara» ausserhalb Mailands |
| | Übernahme der Herrschaft in Bellinzona durch die Eidgenossen |
| 1501 | Beitritt Basels und Schaffhausens zur Eidgenossenschaft |
| 1503 | Friede von Arona zwischen Frankreich und den Eidgenossen |
| | Pensionenbrief (1508 wieder ausser Kraft gesetzt) |
| 1507 | Herausgabe von Petermann Etterlins Kronica von der loblichen Eydtgnoschaft |
| | Jetzerhandel: Im Berner Dominikanerkloster werden Visionen der Jungfrau Maria inszeniert |
| 1511 | Erbeinung mit Österreich weitet die Ewige Richtung aus |
| 1511–1513 | Heilige Liga Venedigs, Spaniens und Englands gegen Frankreich |
| 1512 | Schlachten von Cremona, Pavia und Mailand (Mailänderkriege) |
| | Bündnis mit Papst Julius II., der den Eidgenossen neue Wappen verleiht |
| | Die Drei Bünde erobern und halten das Veltlin, Bormio und Chiavenna |
| 1513 | Appenzell tritt der Eidgenossenschaft als dreizehnter Ort bei |
| | Schlacht von Novara |
| | Zug der Eidgenossen gegen Dijon |
| | Könizer Aufstand der Berner Landschaft gegen die Stadt |
| 1514 | Herausgabe von Heinrich Loritis *Helvetiae Descriptio* |
| 1515 | Schlacht von Marignano |
| | Zürcher Landschaft erhebt sich im Lebkuchenkrieg gegen die Stadt |
| 1516 | Ewiger Frieden zwischen Frankreich und den Eidgenossen (mit Zugewandten); endgültige Sicherung der Herrschaft über das Tessin |
| | Huldrych Zwingli vertiefte seine theologischen Studien nach seiner Berufung nach Einsiedeln |
| | Druck des griechischen Neuen Testaments durch Erasmus von Rotterdam |
| 1519 | Zwingli, am Ende des Vorjahrs von Einsiedeln fortberufen, predigt in Zürich |
| 1521 | Französisches Soldbündnis (ohne Zürich) |
| | Martin Luther wird vom Wormser Reichstag verurteilt |
| | Erasmus von Rotterdam zieht nach Basel |
| 1522 | Schlacht von Bicocca, Niederlage der Franzosen und der Schweizer Söldner |
| | Mit Zwinglis Zustimmung verspeisen Christoph Froschauer und seine Arbeiter Würste während der Fastenzeit |
| | Tagsatzung verurteilt «Innovation» in religiösen Fragen |
| | Herausgabe von Zwinglis *Usslegen und Gründ der Schlussreden* |
| 1523 | 29. Januar: Religionsdisputation in Zürich gegen den Bischof; die Räte entscheiden für die Stadt und verteidigen Zwingli |
| | 26. Oktober: Religionsdisputation in Zürich gegen Bilderstürmer |
| 1524 | Bauernsturm zerstört Ittinger Kloster im Thurgau |
| 1524–1526 | Erste Ilanzer Artikel, Bundesbrief und Zweite Ilanzer Artikel vereinigen die Drei Bünde und überlassen den Gemeinden die Entscheidung über die konfessionelle Zugehörigkeit |
| 1525 | Deutscher Bauernkrieg |
| | Eidgenössische Söldner in der Schlacht von Pavia geschlagen |
| | Abschaffung der Messe und Entfernung der Bilder aus den Kirchen in Zürich |
| | Die Tagsatzung erlässt Artikel über Fragen von Religion und Konfession, die von Zürich zurückgewiesen werden |
| | Konrad Grebel und Georg «Blaurock» Cajakob taufen sich gegenseitig |
| 1526 | Mai–Juni: Eidgenössische Religionsdisputation in Baden, Bestätigung der alten Lehre |
| 1527 | Felix Manz wird in Zürich als erster Wiedertäufer durch Ertränken hingerichtet |
| | Erste Feier des reformierten Abendmahls in der Stadt St. Gallen |
| 1528 | Januar: Berner Religionsdisputation, Einführung der Reformation in Bern |
| 1529 | Einführung der Reformation in Basel und Schaffhausen |
| | Stadt St. Gallen besetzt die Abtei |
| | Erster Kappelerkrieg (endet ohne Schlachten); 26. Juni: Erster Kappeler Landfrieden |
| | Oktober: Religionsgespräch in Marburg kann theologische Differenzen zwischen Luther und Zwingli nicht überbrücken |
| 1530 | Bern und Freiburg befreien Genf von savoyischer Belagerung; Erster Frieden von Saint-Julien zwischen Bern, Freiburg und Savoyen |
| | Reformation in Neuenburg |
| 1531 | September–Oktober: Zweiter Kappelerkrieg zwischen Zürich und Schwyz |
| | 11. Oktober: Niederlage Zürichs in der Schlacht bei Kappel, Tod Zwinglis |
| | 24. Oktober: Zürich in der Schlacht am Gubel erneut geschlagen |
| | 20. November: Zweiter Kappeler Landfrieden |
| | 9. Dezember: Heinrich Bullinger wird Antistes in Zürich |

| | |
|---|---|
| 1532 | Guillaume Farel beginnt, die neue Lehre in Genf zu predigen |
| 1536 | Bern und Freiburg fallen ins Waadtland ein und besetzen Genf |
| | Erster Druck von Calvins *Christianae Religionis Institutio* |
| | 12. Juli: Tod des Erasmus von Rotterdam kurz nach seiner Rückkehr nach Basel |
| | Erstes Helvetisches Bekenntnis der deutschsprachigen neuen Kirchen |
| 1540 | Calvin wird endgültig Vorsteher der Genfer Kirche |
| 1542–1563 | Konzil von Trient (in drei Hauptsessionen mit langen Unterbrechungen) |
| 1545 | Herausgabe von Konrad Gessners *Bibliotheca Universalis* |
| 1549 | Consensus Tigurinus zwischen Zürcher und Genfer Kirchen |
| 1553 | Hinrichtung Michel Servets in Genf |
| 1553–1559 | Englische Protestanten finden in reformierten Schweizer Städten Asyl |
| um 1560 | Beginn einer klimatischen Verschlechterung |
| 1564 | Zweites Helvetisches Bekenntnis wird von Heinrich Bullinger dem Zürcher Rat übergeben |
| | Vertrag von Lausanne anerkennt die Berner Herrschaft über das Waadtland, stellt jedoch Savoyens Herrschaft über das Chablais und weitere Territorien wieder her |
| | Glarnerhandel endet mit konfessionell gespaltener Regierung des Orts |
| 1565 | Im Engadiner Aufruhr drängen reformierte Engadiner auf ein Bündnis mit Spanien |
| 1570 | Erzbischof Carlo Borromeo von Mailand pilgert nach Disentis und Einsiedeln |
| | Rothenburger Aufstand der Luzerner Untertanen |
| 1571 | Äusserst harter Winter, der Zürichsee ist zugefroren |
| 1572 | Plantahandel im Veltlin und in Chur endet mit der Hinrichtung des Johann von Planta |
| 1576 | Erster Druck von Josias Simmlers *De Republica Helvetiorum libri duo* |
| 1577 | Einrichtung eines Kollegiums in Luzern durch die Gesellschaft Jesu (Jesuiten) |
| 1582 | Einrichtung eines Kollegiums in Freiburg durch die Jesuiten; Peter Canisius ist in Freiburg tätig bis zu seinem Tod 1597 |
| 1586 | Goldener Bund der katholischen Orte setzt Konfession über ältere Bünde |
| 1587 | Spanisches Bündnis der katholischen Orte |
| | Im Mittelland schneit es bis in den Sommer hinein |
| 1597 | Teilung Appenzells in zwei durch die Konfession geteilte Rhoden |
| 1598 | Edikt von Nantes |
| 1602 | 12. Dezember: Escalade von Genf; gescheiterter Versuch Savoyens, seine Herrschaft über die Stadt wiederherzustellen |
| 1608–1618 | Fähnlilupfe, Parteikämpfe und Konfessionsstreitigkeiten bringen die Drei Bünde zum Erliegen |
| 1610 | Ländliche Konfessionsstreitigkeiten in Gachnang (TG) |
| 1615, 1618 | Bündnis Berns und Zürichs mit Venedig |
| 1617 | Bündnis Berns mit Savoyen |
| 1618 | Beginn des Dreissigjährigen Krieges |
| | Bergsturz von Plurs (GR) |
| 1620 | Dem Veltliner Mord (*sacro macello*, dt. «heiliges Schlachthaus») fallen 600 Protestanten zum Opfer |
| | Hans Conrad Gyger: Militärkarte der Nordostschweiz |
| 1625 | Projekt der neuen Idealstadt Henripolis (NE) |
| 1627 | In Freiburg Stopp der Neuaufnahmen in die Bürgerschaft |
| 1629 | Restitutionsedikt von Kaiser Ferdinand II. verlangt Rückgabe aller durch die Protestanten konfiszierten Bistümer, Klöster und Güter |
| 1632 | Badener Vertrag: Schiedsgericht für konfessionelle Fragen in den Gemeinen Herrschaften |
| 1632 | Kluserhandel zwischen Bern und Solothurn |
| | Rottweil zieht sich vom Bündnis mit den Eidgenossen zurück |
| 1634 | Kesselringhandel um den Thurgauer Kilian Kesselring |
| | Bündnis von Luzern, Uri, Schwyz, Unterwalden, Zug, Freiburg und Appenzell Innerrhoden mit Spanien (Mailänder Kapitulat) |
| 1639 | Erstes (Mailänder) Kapitulat zwischen den Drei Bünden und den habsburgischen Mächten |
| | 24. Januar: Ermordung des Bündner Politikers Jörg Jenatsch (GR) |
| 1643 | In Bern Stopp der Neuaufnahmen in die Bürgerschaft |
| 1647 | Defensionale von Wil |
| 1648 | Westfälischer Frieden: Der Basler Bürgermeister Johann Rudolf Wettstein erreicht für die Eidgenossenschaft die «volle Freiheit und Exemtion vom Reich» |
| 1651 | Bündnis von Luzern, Uri, Schwyz, Unterwalden, Zug und Freiburg mit Savoyen |
| 1652 | Eröffnung einer Filiale der Genfer Bank Calandrini in London |
| 1653 | Bauernkrieg in Luzern, Bern, Solothurn und Basel |
| 1654/55 | Reformierte Orte lehnen das Projekt einer Einigung der reformierten Konfessionen, die *Harmonia confessionum* des Schotten John Dury, ab |
| 1655 | Versuch einer Bundeserneuerung durch den Zürcher Johann Heinrich Waser |
| 1656 | Erster Villmergerkrieg und Dritter Landfrieden |
| 1656–1661 | Zwyerhandel um den Innerschweizer Staatsmann Sebastian Peregrin Zwyer von Evibach |
| 1663 | Erneuerung des Bündnisses zwischen Frankreich und den Dreizehn Orten |
| 1664 | Bündnis von Luzern, Uri, Schwyz, Unterwalden, Zug, Freiburg und Appenzell Innerrhoden mit Spanien (Mailänder Kapitulat) |
| | Ermordung des englischen Politikers John Lisle in seinem Lausanner Exil |
| 1667 | Einführung des mehrgängigen Bandwebstuhls (Kunststuhls) in Basel |
| 1667/68 | Devolutionskrieg zwischen Spanien und Frankreich |
| 1667–1670 | Letzte Pestwelle in der Schweiz |
| 1671 | Erste stehende Regimenter im Dienste Frankreichs |
| | Bündnis von Luzern, Uri, Schwyz, Unterwalden, Zug, Freiburg mit Savoyen |
| 1672–1678 | Französisch-Holländischer Krieg |
| 1674 | Annexion der Franche-Comté durch Ludwig XIV. |
| | Ausbau des Defensionale von Wil |
| 1675 | *Formula Consensus Helvetica* |
| | Beat Fischer (BE) schafft das erste gesamtschweizerische Postnetz |
| 1678 | Schwyz zieht sich vom Defensionale von Wil zurück |
| | Sturz von Kaspar Stockalper (VS) |
| 1681 | Annexion Strassburgs durch Ludwig XIV. |
| | Die Tagsatzung beschliesst die Zuständigkeit der Heimatgemeinden für Armengenössige |
| 1683 | Ein Vertrag trennt in Glarus die katholische und die reformierte Verwaltung |
| 1684/85 | Bündnis von Luzern, Uri, Schwyz, Unterwalden, Zug, Freiburg, Katholisch-Glarus, Appenzell Innerrhoden und Solothurn mit Savoyen |
| 1685 | Aufhebung des Edikts von Nantes |
| 1688–1697 | Pfälzischer Krieg |
| 1688–1698 | Teuerung und Verknappung des Korns in der Schweiz |
| 1688–1701 | Höhepunkt der Kleinen Eiszeit |
| 1689 | «Glorieuse rentrée» der Waldenser |
| 1691 | Hinrichtung von Johannes Fatio in Basel |
| 1701 | Übernahme des gregorianischen Kalenders durch die Mehrheit der reformierten Orte |

|  |  |
|---|---|
| 1701–1714 | Spanischer Erbfolgekrieg |
| 1705 | Bündnis von Luzern, Uri, Schwyz, Unterwalden, Zug, Freiburg, Appenzell Innerrhoden mit Spanien (Mailänder Kapitulat) |
| 1706 | Bündnis Berns und Zürichs mit Venedig |
| 1707 | Bürgerbewegungen in Genf, Hinrichtung von Pierre Fatio Der preussische König wird Fürst von Neuenburg |
| 1708 | Hinrichtung von Josef Stadler in Schwyz |
| 1709 | Schlacht von Malplaquet (F) im Spanischen Erbfolgekrieg, mit Schweizer Söldnern auf beiden Seiten |
| 1712 | Zweiter Villmergerkrieg und Vierter Landfrieden Bündnis Berns mit den Vereinigten Niederlanden |
| 1713 | Bürgerbewegungen in Zürich |
| 1714 | Friedenskongress und Friedensvertrag von Baden (AG) zwischen Frankreich und dem Reich zur Beendigung des Spanischen Erbfolgekrieges |
| 1715 | Erneuerung der Allianz mit Frankreich einzig durch die katholischen Orte; geheimes Zusatzabkommen (sogenannter Trücklibund) |
| 1717–1729 | Unruhen im schaffhausischen Wilchingen |
| 1721/22 | Unruhen in der Glarner Landvogtei Werdenberg |
| 1726–1740 | «Troublen» im Fürstbistum Basel |
| 1728–1736 | Erster Harten- und Lindenhandel in Zug |
| 1732/34 | Landhandel in Appenzell Ausserrhoden |
| 1734–1738 | Bürgerbewegungen in Genf («Tamponnement») |
| 1740–1748 | Österreichischer Erbfolgekrieg |
| 1746 | Gründung der *Naturforschenden Gesellschaft in Zürich* (*Physikalische Gesellschaft*) |
| 1749 | Henzi-Verschwörung gegen das Berner Patriziat, benannt nach Samuel Henzi |
| 1755 | Unruhen in der Urner Landvogtei Leventina |
| 1756–1763 | Siebenjähriger Krieg, mit Beteiligung von Schweizer Söldnern |
| 1758 | Herausgabe von Franz Urs Balthasars *Patriotische Träume eines Eidgenossen*; Zweitauflage von Isaak Iselins *Philosophische und patriotische Träume eines Menschenfreunds* |
| 1759 | Gründung der *Ökonomischen Gesellschaft zu Bern* Gründung der *Ökonomischen Kommission der Naturforschenden Gesellschaft* in Zürich |
| 1761/62 | Gründung der *Helvetischen Gesellschaft* in Schinznach |
| 1762–1768 | Bürgerbewegungen in Genf |
| 1763–1765 | Harten- und Lindenhandel in Schwyz |
| 1764–1768 | Zweiter Harten- und Lindenhandel in Zug |
| 1770/71 | Ernte-, Teuerungs- und Hungerkrise |
| 1775–1783 | Amerikanischer Unabhängigkeitskrieg |
| 1777 | Erneuerung der Allianz zwischen Frankreich und sämtlichen Orten und Zugewandten der Eidgenossenschaft Bürgerbewegungen in Zürich |
| 1781 | Aufstand der Freiburger Untertanen (Chenauxhandel) |
| 1781/82 | Unruhen in Genf |
| 1784 | Sutterhandel in Appenzell Innerrhoden |
| 1787 | Proklamation der Verfassung der Vereinigten Staaten von Amerika |
| 1789 | Beginn der Französischen Revolution |
| 1790/91 | Unruhen in Hallau, Aarau, im Unterwallis und in der Waadt |
| 1792 | Massaker an der Schweizer Garde in Paris Revolution im Fürstbistum Basel und in Genf |
| 1792–1797 | Erster Koalitionskrieg zwischen Frankreich und den verbündeten Monarchien |
| 1793–1795 | Politische Bewegungen auf der Alten Landschaft St. Gallen und Abschluss des «Gütlichen Vertrags» |
| 1794/95 | Memorial- und Stäfnerhandel am oberen Zürichsee |
| 1797/98 | Dezember bis März: Besetzung der Eidgenossenschaft durch die französische Armee |
| 1798 | Januar bis April: Helvetische Revolutionen 5. März: Fall Berns 12. April: Ausrufung der Helvetischen Republik 7.–9. September: Schreckenstage von Nidwalden |
| 1799 | Zweiter Koalitionskrieg; die Schweiz wird europäischer Kriegsschauplatz |
| 1800–1802 | Vier Staatsstreiche in der Helvetischen Republik |
| 1801 | 29. Mai: Verfassung von Malmaison (F) für die Helvetische Republik |
| 1802 | 25. Mai: Erste dem Volk zur Abstimmung vorgelegte Verfassung der Schweiz Stecklikrieg zwischen Föderalisten und Unitariern |
| 1803 | 19. Februar: Übergabe der Mediationsakte durch Napoleon Bonaparte Aargau, Graubünden, St. Gallen, Thurgau, Tessin, Waadt werden selbständige Kantone |
| 1804 | Bockenkrieg: Revolte auf der Zürcher Landschaft |
| 1806 | Beginn der Kontinentalsperre |
| 1807 | Besetzung des Tessins durch französische Truppen |
| 1810 | Wallis wird französisches Departement |
| 1812 | Russlandfeldzug Napoleons |
| 1813 | Durchmarsch der alliierten Truppen durch die Schweiz |
| 1814 | Erster Pariser Frieden 2. April–31. August: «Lange Tagsatzung» Aufnahme der Kantone Wallis, Neuenburg und Genf in den Bund |
| 1814/15 | Wiener Kongress |
| 1815 | Erste gesetzliche Vorschriften zur Kinderarbeit im Kanton Zürich 7. August: Beschwörung des neuen, von der Tagsatzung am 9. September 1814 verabschiedeten Bundesvertrags in Zürich (ohne Nidwalden) Nach dem 18. August: Nach dem Einmarsch der Bundestruppen schliesst sich Nidwalden dem Bundesvertrag an Eingliederung des Juras in den Kanton Bern |
| 1816/17 | Hungerkrise |
| 1817 | Beitritt der Schweiz zur Heiligen Allianz |
| 1818 | Eröffnung der Offiziersschule in Thun |
| 1819 | Gründung der Kolonie Nova Friburgo in Brasilien Eingliederung der Genfer Pfarreien in die Diözese Lausanne und Freiburg |
| 1822 | Schweizer Kolonie in Bessarabien |
| 1823 | 14. Juli: Presse- und Fremdenkonklusum |
| 1824 | Oktober: Aufgabe der Idee einer Schweizer Zollunion Erstes eidgenössisches Schützenfest in Aarau |
| 1825 | Aargau, Basel, Bern, Freiburg, Solothurn und Waadt nehmen den Franken als Einheitswährung an Politik des sogenannten graduellen Fortschritts durch Jean-Jacques Rigaud (GE) |
| 1829 | Beginn politischer Reformen in Appenzell Innerrhoden, Luzern, Waadt und Zürich Aufhebung des Presse- und Fremdenkonklusums |
| 1830 | 4. Juli: Verfassungsrevision im Kanton Tessin 27.–29. Juli: Julirevolution in Paris Oktober–Dezember: Volksversammlungen in den Kantonen Aargau, Freiburg, Luzern, St. Gallen, Waadt und Zürich |
| 1831 | Regeneration: Verfassungsänderung in den Kantonen Bern, Solothurn, Zürich, Luzern, Aargau, Thurgau, Waadt, Freiburg und Schaffhausen |
| 1832 | Siebnerkonkordat und Sarnerbund Annahme einer Verfassung in der Basler Landschaft 15. August: Enzyklika «Mirari vos» von Papst Gregor XVI. verurteilt den Liberalismus 22. November: Usterbrand, Maschinensturm (ZH) |
| 1833 | Basel-Landschaft wird eigenständiger Halbkanton Gründung der Universität Zürich |
| 1834 | Badener Artikel liberaler Kantone über das Verhältnis von Kirche und Staat Gründung der Universität Bern |
| 1835 | 17. Mai: Päpstliche Enzyklika «Commissum divinitus» verurteilt die Badener Artikel |

| | |
|---|---|
| 1836 | Konkordat zur Beschränkung des Asylrechts |
| 1837 | Gesetz zur Reglementierung der Kinderarbeit im Kanton Zürich |
| 1838 | Gründung des *Grütlivereins* |
| | Napoleonhandel rund um die Auslieferung von Charles Louis Napoléon Bonaparte an Frankreich |
| 1839 | 6. September: Züriputsch |
| 1841 | Aargauer Klosterstreit |
| | Konservative Revolution in Luzern |
| 1843 | Erste Gasfabrik in Bern |
| 1844 | 14. Juni: Erste Eisenbahnlinie in der Schweiz (Basel) |
| | 8. Dezember: Erster Freischarenzug gegen die katholisch-konservative Luzerner Regierung |
| 1845 | 31. März: Zweiter Freischarenzug |
| | Gründung des Sonderbunds (erst im Juni 1846 bekannt geworden) |
| 1847 | 4.–29. November: Sonderbundskrieg |
| 1848 | Februar–Juni: Ausarbeitung der Bundesverfassung |
| | Juli/August: Abstimmungen in den Kantonen |
| | 12. September: Tagsatzung erklärt Bundesverfassung für angenommen |
| 1850 | März: Erste eidgenössische Volkszählung |
| 1854 | 7. Februar: Bundesgesetz über die *Eidgenössische polytechnische Schule* (die spätere ETH) |
| | 22. Oktober: Tod von Jeremias Gotthelf |
| 1854/55 | Veröffentlichung von Gottfried Kellers *Der grüne Heinrich* (erste Fassung) |
| 1856 | Dezember–Januar: Grenzbesetzung im Neuenburger Konflikt mit Preussen |
| 1857 | 25. Mai: Vertrag von Paris, Verzicht Preussens auf Neuenburg |
| 1858 | Gründung des *Schweizerischen Typographenbunds* (STB), der ersten gesamtschweizerischen Gewerkschaft |
| 1860 | Beginn der Demokratischen Bewegung in den Kantonen |
| 1864 | 22. Mai: Glarner Fabrikgesetz |
| | 22. August: Genfer Konvention |
| | 23. Dezember: Beitritt zur Lateinischen Münzunion |
| 1866 | Gründung der Firma Nestlé: Farine Lactée Henri Nestlé lk.A. |
| | 14. Januar: Annahme der Niederlassungsfreiheit für Angehörige aller Konfessionen und Ablehnung der Glaubens- und Kultusfreiheit |
| 1867 | 1. Februar: Nadeschda Suslowa immatrikuliert sich als erste Frau an der Medizinischen Fakultät der Universität Zürich |
| 1868–1871 | Bau der Vitznau-Rigi-Bahn, erste Zahnradbahn Europas |
| 1870 | Gründung des *Schweizerischen Handels- und Industrievereins* (SHIV) |
| 1871 | 1. Februar: Aufnahme der Bourbakiarmee |
| 1872–1882 | Bau der Gotthardbahn |
| 1872 | 12. Mai: Ablehnung der Totalrevision der Bundesverfassung |
| 1873 | Vereinigung von Sektionen des *Grütlivereins* und Arbeitervereinen zum *Alten Schweizerischen Arbeiterbund* |
| 1874 | 19. April: Annahme der Totalrevision der Bundesverfassung |
| 1875 | 23. Mai: Annahme des Bundesgesetzes betreffend Zivilstand und Ehe (Einführung der Scheidung auch in katholischen Kantonen) |
| | Juli: Streikunruhen in Göschenen beim Gotthardtunnelbau mit Todesopfern |
| 1877 | Kultusfreiheit für die Juden |
| 1880 | Gründung des *Schweizerischen Gewerkschaftsbundes* |
| 1881 | Abschaffung der Geschlechtsvormundschaft auf Bundesebene |
| 1882 | 26. November: Ablehnung der Bundesaufsicht durch Erziehungssekretär («Schulvogt») |
| 1883 | Inkrafttreten des Eidgenössischen Obligationenrechts (OR) |
| | Mai–Oktober: Erste Landesausstellung in Zürich |
| 1888 | 21. Oktober: Gründung der *Sozialdemokratischen Partei der Schweiz* (SP) |
| 1889 | 4. Oktober: Gründung der Universität Freiburg |
| 1890 | März: Basler Regierungsrat lässt Frauen «versuchsweise» zum Studium zu |
| 1891 | 5. Juli: Annahme der Einführung der Verfassungsinitiative (Initiative für die Partialrevision der Verfassung) |
| | 1. August: Bundesfeier zum 600-jährigen Bestehen der Eidgenossenschaft |
| | 17. Dezember: Josef Zemp wird erster katholisch-konservativer Bundesrat |
| 1894 | 3. Juni: Ablehnung der Initiative «Recht auf Arbeit» |
| 1896 | Mai–Oktober: Zweite Landesausstellung in Genf |
| | 8.–12. September: Erster Schweizerischer Kongress für die Interessen der Frau im Rahmen der Landesausstellung in Genf |
| | Gründung der Firma F. Hoffmann-La Roche in Basel |
| 1900–1905 | Carl Spitteler (Nobelpreisträger 1919) verfasst das Versepos *Olympischer Frühling* |
| 1900 | 4. November: Ablehnung der ersten Proporzinitiative und der Initiative zur Volkswahl des Bundesrates |
| 1901 | Beginn der Eisenbahnverstaatlichung (Übernahme der Zentralbahn) |
| 1904 | Veröffentlichung von Auguste Forels *Die sexuelle Frage* |
| 1905 | Fusion von Nestlé mit der Anglo-Swiss Condensed Milk Company in Cham (ZG) |
| 1907 | 10. Dezember: Schweizerisches Zivilgesetzbuch (ZGB) von den eidgenössischen Räten verabschiedet (Inkraftsetzung am 1. Januar 1912) |
| 1909 | 28. Januar: Gründung des *Schweizerischen Verbandes für Frauenstimmrecht* |
| 1909–1912 | Veröffentlichung von Gonzague de Reynolds *Histoire littéraire de la Suisse au XVIII$^e$ siècle* |
| 1910 | 23. Oktober: Ablehnung der zweiten Proporzinitiative |
| 1912 | 4. Februar: Annahme des Bundesgesetzes über die Kranken- und Unfallversicherung |
| | 22. April: Gründung der *Schweizerischen Konservativen Volkspartei* (SKV, spätere CVP) |
| | 24./25. November: Basler Friedenskongress der *Sozialistischen Internationale* |
| 1913 | 27. Mai: Ablehnung des ersten Vorstosses für ein integrales Frauenstimmrecht in einem Kantonsparlament (SG) |
| 1914 | 15. Mai–2. Dezember: Dritte Landesausstellung in Bern |
| | 28. Juli: Beginn des Ersten Weltkriegs |
| | 1. August: Mobilmachung und Grenzbesetzung |
| | 3. August: Bundesrat erhält «ausserordentliche Vollmachten»; Ulrich Wille wird General |
| | 4. August: Schweiz erklärt Neutralität |
| 1917 | Schaffung der Eidgenössischen Fremdenpolizei |
| 1918 | Spanische Grippe |
| | 13. Oktober: Annahme des Proporzwahlrechts |
| | 12.–14. November: Generalstreik |
| 1919 | Genf wird Sitz des Völkerbundes |
| 1920 | 13. Februar: Londoner Erklärung bringt Übergang zur differentiellen Neutralität |
| | 16. Mai: Beitritt zum Völkerbund in einer Volksabstimmung angenommen |
| 1921 | März: Gründung der *Kommunistischen Partei der Schweiz* (KPS) |
| 1924 | 17. Oktober: Bundesgesetz zur Arbeitslosenversicherung |
| | «Rivendicazioni ticinesi»: Forderungen des Kantons Tessin zur Unterstützung der lokalen Wirtschaft und zum Schutz der italienischen Sprache und Kultur |
| 1925 | Gründung der Migros |
| | 5.–16. Oktober: Verträge von Locarno |
| | 6. Dezember: Annahme des Verfassungsartikels zur Alters- und Hinterbliebenenversicherung (AHV) |
| 1929 | 25. Oktober: «Schwarzer Freitag», Börsenkrach in New York |
| | 12. Dezember: Rudolf Minger wird als erster Vertreter der *Bauern-, Gewerbe- und Bürgerpartei* (BGB) in den Bundesrat gewählt |

| | | | |
|---|---|---|---|
| 1931 | 6. Dezember: Ablehnung des AHV-Gesetzes | 1948 | 14. Juni: Eröffnung der neuen Westpiste des Zürcher Flughafens |
| | Gründung der *Schweizerischen Rundspruchgesellschaft* (seit 1960 *Schweizerische Radio- und Fernsehgesellschaft*, SRG) | | 10. Dezember: UNO-Menschenrechtserklärung |
| 1932 | 2. Februar: Beginn der Abrüstungskonferenz des Völkerbundes in Genf | 1949 | 28. Januar: Gründung des Europarates |
| | | | 4. April: Gründung der NATO |
| 1933 | 30. Januar: Machtübernahme der NSDAP in Deutschland | | 12. August: Unterzeichnung von vier Konventionen zum Schutze der Kriegsopfer |
| | «Frontenfrühling» | | 11. September: Annahme der Initiative für eine Rückkehr zur direkten Demokratie |
| 1934 | 11. Juni: Scheitern der Abrüstungskonferenz des Völkerbundes in Genf | 1952 | Gründung des *Schweizerischen Nationalfonds zur Förderung der wissenschaftlichen Forschung* (SNF) |
| 1935 | 2. Juni: Ablehnung der Kriseninitiative | 1953 | Juni: Mitwirkung in den Waffenstillstandskommissionen in Korea |
| | 8. September: Ablehnung der Initiative auf Totalrevision der Bundesverfassung | | 23. November: Beginn des Versuchsbetriebs im Fernsehstudio Zürich-Bellerive |
| 1936 | Januar: Rekordzahl bei Arbeitslosen (6,4 Prozent) | 1954 | 5. Dezember: Ablehnung der Rheinau-Initiative zum Schutz der Stromlandschaft |
| | 26. September: Abwertung des Schweizer Frankens | 1956 | November: Kundgebungen gegen die Unterdrückung des Aufstands in Ungarn |
| 1937 | 19. Juli: Friedensabkommen in der Maschinen- und Metallindustrie | 1958 | 6. Juli: Zustimmung zu Bundeskompetenzen beim Nationalstrassenbau |
| 1938 | 20. März: Anerkennung des Rätoromanischen als Nationalsprache in einer Volksabstimmung | 1959 | 1. Februar: Ablehnung des Frauenstimmrechts auf Bundesebene in einer Volksabstimmung |
| | 14. Mai: Rückkehr zur integralen Neutralität | | 14. Oktober: Erstausgabe des Boulevardblatts «Blick» |
| | 18. August: Rückweisung von Flüchtlingen ohne Visum beschlossen | | 17. Dezember: Zauberformel für die Zusammensetzung des Bundesrats |
| | 9. Dezember: Bundesrat Philipp Etter hält Rede zur Geistigen Landesverteidigung (Gründung der *Pro Helvetia*) | 1960 | 4. Januar: Schweiz wird Gründungsmitglied der *Europäischen Freihandelsassoziation* (EFTA) |
| 1939 | 6. Mai–29. Oktober: Vierte Landesausstellung in Zürich | | 12. April: Trauerfeier zum Ableben von General Henri Guisan |
| | 29. August: Bundesrat erhält ausserordentliche Vollmachten | | 7. Juli: Der Grossverteiler Migros beginnt mit dem Verkauf von Pastmilch |
| | 30. August: Henri Guisan wird General | 1961 | 17. März: Institutionalisierung der Entwicklungshilfe mit dem «Dienst für technische Zusammenarbeit» |
| | 31. August: Neutralitätserklärung der Schweiz | 1962 | 1. April: Ablehnung der Initiative für ein Verbot von Atomwaffen |
| | 1. September: Beginn des Zweiten Weltkriegs in Europa; in der Schweiz Generalmobilmachung | 1963 | März: Ausbruch einer Typhusepidemie in Zermatt |
| | 4. September: Einführung der Kriegswirtschaft | | 6. Mai: Schweiz wird Mitglied des Europarats |
| | 17. Oktober: Beschluss, «illegale» Flüchtlinge zurückzuweisen | | 26. Mai: Ablehnung der Initiative für Mitbestimmung bei der Beschaffung von Atomwaffen |
| | 20. Dezember: Bundesrat beschliesst eine Lohnersatzordnung (LEO) | 1964 | 13. März: Dringliche Bundesbeschlüsse zur Konjunkturdämpfung |
| 1940 | 25. Juni: Radioansprache von Bundesrat Marcel Pilet-Golaz | | April–Oktober: Fünfte Landesausstellung Expo in Lausanne |
| | 25. Juli: Rütli-Rapport von General Henri Guisan | | Juni–Oktober: Mirage-Affäre um die Beschaffung neuer Kampfflugzeuge |
| | 15. November: Plan Wahlen («Anbauschlacht»); «Eingabe der Zweihundert» | 1965 | 18. März: Nachträgliche Zustimmung des Nationalrats zum «Italienerabkommen» vom 10. August 1964 |
| | 26. November: Verbot der *Kommunistischen Partei der Schweiz* | 1967 | 1. Dezember: Erster Alpen-Strassentunnel wird am San Bernardino eröffnet |
| | 9. Dezember: Nationale Verteidigungssteuer | 1968 | 28./29. Juni: Globuskrawall in Zürich |
| 1942 | 30. August: Bundesrat Eduard von Steiger prägt das Bild des «stark besetzten kleinen Rettungsboots mit beschränktem Fassungsvermögen» | 1969 | Betriebsaufnahme des ersten kommerziellen Atomkraftwerks in Beznau (Döttingen) |
| 1943 | 15. Dezember: Ernst Nobs wird als erster Sozialdemokrat in den Bundesrat gewählt | | September: Verteilung des Zivilverteidigungsbüchleins in alle Haushalte |
| 1944 | 1. April: Bombenangriff auf Schaffhausen | 1970 | 20. Oktober: Fusion der Basler Chemieunternehmen Ciba und Geigy |
| | 12. Juli: Weisung, alle «an Leib und Leben gefährdeten» Zivilpersonen aufzunehmen | | 1. März: Mehrheit im Kanton Bern für das Selbstbestimmungsrecht des Juras |
| 1945 | 7./8. Mai: Kapitulation Deutschlands | | 7. Juni: Ablehnung der ersten Schwarzenbach-Initiative gegen «Überfremdung» |
| | 25. Juni: Gründung der UNO | 1971 | 7. Februar: Annahme des Frauenstimmrechts auf Bundesebene |
| | 19. August: Tag der Fahnenehrung | | |
| | 20. August: Ende des Aktivdienstes | | 6. Juni: Mehrheit für einen Verfassungsartikel zum Schutz der natürlichen Umwelt |
| | 31. Oktober: Einsetzung zweier Kommissionen zur Prüfung der UNO-Mitgliedschaft | 1972 | 2. Dezember: Annahme eines Freihandelsabkommens mit der *Europäischen Gemeinschaft* (EG) |
| 1946 | 18. März: Aufnahme der diplomatischen Beziehungen mit der UdSSR | | 5. Dezember: Nationalrat beschliesst die Abschaffung der Kavallerie |
| | März: Schliessung der Flüchtlingslager | | |
| | 28. April: Grundsteinlegung des Kinderdorfs Pestalozzi in Trogen (AR) | | |
| | 25. Mai: Washingtoner Abkommen zur Verrechnung der deutschen Guthaben auf Schweizer Banken und zur Abgeltung der Raubgoldkäufe der Nationalbank | | |
| | 19. September: Europarede Winston Churchills in Zürich | | |
| 1947 | Mitwirkung am Aufbau der *Organisation for European Cooperation* (OEEC) | | |
| | 6. Juli: Annahme der Wirtschaftsartikel und des AHV-Gesetzes | | |

1973 20. Mai: Mehrheit für die Aufhebung der Ausnahmeartikel gegen die Jesuiten
21. November: Autofreier Sonntag wegen Ölkrise
1974 28. November: Beitritt zur *Europäischen Menschenrechtskonvention* (EMRK)
1975 April–Juni: Besetzung des Baugeländes des geplanten Atomkraftwerks in Kaiseraugst
1976 10. Juli: Dioxin-Freisetzung in Seveso (I) bei einer Tochterfirma des Basler Chemieunternehmens Hoffmann-La Roche
1977 25. September: Ablehnung der Initiative für die Fristenlösung beim Schwangerschaftsabbruch
1978 Eröffnung des Freilichtmuseums Ballenberg in Brienz
1979 1. Januar: Jura wird der 26. Kanton der Eidgenossenschaft
1980 30. Mai: Opernhauskrawall in Zürich und darauf folgend AJZ-Experiment bis März 1982
1981 14. Juni: Annahme des Verfassungsartikels zur Gleichstellung von Frau und Mann
1983 1. November: Einführung privater Lokalradios
7. Dezember: SP-Nationalrätin Lilian Uchtenhagen wird nicht zur Bundesrätin gewählt
1984 2. Oktober: Elisabeth Kopp (FDP) wird die erste Frau im Bundesrat
1985 6./7. Februar: Sondersession des Nationalrats zum Waldsterben
1986 1. Jan.: Verschärfung des Asylrechts
16. März: Volks- und Ständemehr gegen den UNO-Beitritt
1. November: Chemiebrand-Katastrophe von Schweizerhalle (Sandoz)
1989 August: «Diamant»-Feiern zur Mobilmachung von 1939
November: Staatsschutz-Skandal («Fichenaffäre»)
26. November: Keine Mehrheit für die Armeeabschaffungsinitiative
1990 August: Rückkehr zur differentiellen Neutralität
November: Enttarnung der Geheimarmee P-26/27
1991 Jubiläumsfeier «700 Jahre Eidgenossenschaft»
1992 17. Mai: Mehrheit stimmt für die Möglichkeit, dass Militärdienstpflichtige Zivildienst leisten dürfen
17. Mai: Annahme des Beitritts zu den Abkommen von Bretton Woods (IWF und Weltbank)
27. September: Mehrheit für die Alpentransversale
6. Dezember: Ablehnung des Beitritts zum *Europäischen Wirtschaftsraum* (EWR)
1994 20. Februar: Annahme der Alpen-Initiative
25. September: Mehrheit für das Antirassismusgesetz
1996 1. Dezember: Nidwaldner Mehrheit für die Abschaffung der Landsgemeinde
13. Dezember: Einsetzung der Unabhängigen Expertenkommission Schweiz – Zweiter Weltkrieg (UEK)
1999 18. April: Annahme der neuen Bundesverfassung

2000 21. Mai: Annahme der bilateralen Verträge zwischen der Schweiz und der *Europäischen Union* (Bilaterale I)
2001 2. Oktober: Swissair-Grounding
2002 3. März: Annahme der Initiative für einen UNO-Beitritt
2. Juni: Ablehnung der vorgeschlagenen Kantonsfusion zwischen Genf und Waadt
Mai–Oktober: Sechste Landesausstellung Expo 02 im Gebiet von Biel, Murten, Neuenburg und Yverdon
2003 10. Dezember: Christoph Blocher wird Bundesrat, Ruth Metzler wird abgewählt
2004 28. November: Abstimmung zum Neuen Finanzausgleich (NFA)
2005 5. Juni: Annahme der bilateralen Verträge zwischen der Schweiz und der *Europäischen Union* (Bilaterale II)
2007 16. Juni: Eröffnung des Lötschberg-Basistunnels der Neuen Alpentransversale (NEAT)
2008 16. Oktober: Bund rettet die UBS mit 6 Milliarden Franken in Form einer Pflichtwandelanleihe
2009 29. November: Annahme der Anti-Minarett-Initiative
2010 12. Juni: Joseph Deiss wird Präsident der UNO-Generalversammlung
2011 1. Januar: Glarner Gemeindefusion (aus 25 werden 3 Gemeinden)
13. Februar: Deutliche Ablehnung der Waffenschutz-Initiative
März: Erste Reaktionen auf die Atomkatastrophe von Fukushima
27. Juni: Pfahlbausiedlungen der Schweiz werden UNESCO-Weltkulturerbe
September: Nationalbank führt Untergrenze für den Euro-Wechselkurs ein (1.20 Franken)
2012 9. Januar: Skandal-Rücktritt des Präsidenten der Schweizerischen Nationalbank Philipp Hildebrand
11. März: Annahme der Zweitwohnungs-Initiative
14. April: Beschränkung in der Personenfreizügigkeit osteuropäischer EU-Bürger
Oktober: Erneute Debatte um NAGRA-Vorschläge für Endlager
20. November: Fusion der Rohstoffkonzerne Glencore und Xstrata
2013 Februar: Pferdefleischskandal trifft auch die Schweiz
11. April: Offizielle Entschuldigung betreffend Zwangsmassnahmen bei Verdingkindern
9. Juni: Deutliche Verwerfung der Volksinitiative zur Volkswahl des Bundesrats
6. Juli: Schweiz und China unterzeichnen ein Freihandelsabkommen
18. September: Parlament beschliesst den Kauf von 22 neuen Kampfflugzeugen (Gripen)

# GLOSSAR

*Die Auswahl und Erläuterung der in das Glossar aufgenommenen Begriffe erklären sich aus dem Kontext der einzelnen Beiträge, mögliche weitere Bedeutungen eines Begriffs sind ggf. nicht erfasst. Das Glossar erhebt keinen Anspruch auf Vollständigkeit. Ein Verweis auf das Glossar ist nur beim jeweils ersten Auftreten des Begriffs in einem Beitrag zu finden.*

**Abschiede** — Protokolle der von der ↑Tagsatzung gefassten Beschlüsse oder der zu treffenden Entscheide, die den kantonalen Gesandten bei der Abreise mitgegeben wurden.

**Ädil** — Beamter in Kolonien mit Polizeifunktion und Marktaufsicht. Jährliches Amt, zwei Amtsinhaber.

**Ägyptisch Blau** — Aus Quarzsand, Kupfererz und Natron hergestelltes blaues, anorganisches Mineralpigment. Das Mineral besteht aus Cuprorivait ($CaCuSi_4O_{10}$).

**Aktivdienst** — Angeordneter Einsatz der Armee zur Verteidigung gegen aussen oder zur Sicherung von Ruhe und Ordnung im Landesinneren. Im allgemeinen Gebrauch wird darunter oft der Einsatz an der Grenze zwischen 1939 und 1945 verstanden.

**Allmend, Allmende** — Gemeinsames, vor allem als Weidegebiet genutztes Land einer Siedlung oder Gemeinde.

**Allod** — Lehnsrechtlich nicht gebundenes Eigentum, meist liegende Güter; Familienerbgut mit umfassenden Herrschaftsrechten.

**Alprodel** — Verzeichnis (↑Rodel), in dem die Milchproduktion oder andere Informationen zu einer Alpwirtschaft festgehalten wurden. Da auf einer Alp die Kühe verschiedener Besitzer gemeinsam sömmerten, waren genaue Aufzeichnungen für die Zuteilung der Alpprodukte (Käse usw.) am Ende des Alpsommers essentiell.

**Alte Eidgenossenschaft** — Bund vor 1798.

**Altes Herkommen** — «Von alters» hergebrachtes und noch geltendes Recht eines jeweiligen Rechtskreises, das neben dem Gewohnheitsrecht andere erworbene Rechte einschloss, insbesondere ↑Privilegien und Freiheiten.

**Ancien Régime** — Ursprünglich liberaler Kampfbegriff zur Bezeichnung des als überholt betrachteten Zeitalters vor der Französischen beziehungsweise Helvetischen Revolution (1789/1798), später neutraler Epochenbegriff für das 17. und 18. Jahrhundert.

**Anerbenrecht** — Spezifische Form des bäuerlichen Erbrechtes, wobei der Hof ungeteilt auf einen von mehreren gleichberechtigten Erben – den Anerben – überging, um die Geschlossenheit der Höfe in der Erbfolge zu gewährleisten.

**Antistes** — Vorsitzender der Pfarrsynode der reformierten ↑Orte Zürich, Basel und Schaffhausen mit Pfarrstelle an einer der Hauptkirchen; Vertreter der Kirche nach aussen.

**Appeasement-Politik** — Beschwichtigungspolitik gegenüber aggressivem Verhalten, um Konflikte zu vermeiden. Gemeint ist die britische Politik gegenüber dem Revisionismus des nationalsozialistischen Deutschlands (Münchner Abkommen von 1938).

**Armagnaken** — Söldnerkompanien aus verschiedenen Ländern im Dienste des französischen Königtums.

**Ausburger** — Auch Pfahlburger. Bürger, die das Bürgerrecht einer Stadt besassen, ohne dauerhaft dort zu wohnen.

**Ausnahmeartikel** — Betätigungs- und Organisationsverbote für Jesuiten aus den Jahren 1848 und 1874; 1973 aufgehoben.

**Auszug, Auszugsalter** — Jüngste Altersklasse und erste Kategorie der Wehrpflichtigen im Alter zwischen 20 und 30 Jahren, die zu jährlichen ↑Wiederholungskursen (WK) einberufen werden.

**Barchentweberei** — Herstellung eines Mischgewebes aus Leinen und Baumwolle.

**Beginen** — Weibliche und männliche Mitglieder einer freien Gemeinschaft christlicher Laien; teilweise von der Inquisition verfolgt.

**Beisassen** — Auch Hintersassen. Regional variierende, grundsätzlich synonyme Bezeichnungen für die lokal längerfristig niedergelassenen Personen ohne oder mit beschränktem Bürger-, Land- oder Dorfrecht; Personen mit fehlenden oder eingeschränkten politischen Mitwirkungs- und wirtschaftlichen Nutzungsrechten.

**Bergier-Bericht, Bergier-Kommission** — 1996 eingesetzte Unabhängige Expertenkommission Schweiz – Zweiter Weltkrieg, benannt nach ihrem Präsidenten Jean-François Bergier; ihr Schlussbericht erschien 2002.

**Bilaterale, bilaterale Abkommen** — In zwei Paketen abgeschlossene Vereinbarungen zwischen der Schweiz und der EU, die nach dem Nein zur multilateralen Lösung des EWR im Dezember 1992 nötig wurden; in rechtlichen Kategorien waren bereits zuvor über hundert «Bilaterale» abgeschlossen worden.

**Brandschatz, Brandschatzung** — Geldzahlung zum Abkauf von Plünderung.

**Burgrecht** — Vertragsverhältnis zwischen einer Stadt und anderen Städten, Dörfern, Klöstern, Einzelpersonen oder Personenverbänden, das eine Bürgerrechtsklausel enthielt.

**Chorherren** — Kleriker, die unter einem Bischof oder Erzpriester Gottesdienste abhielten und in der Regel gemeinschaftlich zusammenlebten, ohne einem Orden anzugehören.

**Civitas** — Stamm, dann Stammesgemeinde, Stadtgemeinde. Untere römische Verwaltungseinheit. Eine Provinz bestand aus *civitates* sowie Kolonien (und Munizipien).

**Clearing** — Devisenfreier Zahlungsverkehr im internationalen Handel. Die Verrechnung der Forderungen erfolgt über eine festgelegte Zahlungsstelle, in der Schweiz die Schweizerische Nationalbank (SNB).

**Codex Iustinianus** — Einer von vier Teilen des *Corpus Iuris Civilis*, 528 vom römischen Kaiser Justinian in Auftrag gegeben, 533 in Kraft gesetzt.

**Defensionale** — Eigentlich Defensionalordnungen; in der zweiten Hälfte des 16. und im 17. Jahrhundert von ↑Orten und ↑Zugewandten vertraglich geschlossene Vereinbarungen, die der Landesverteidigung der Eidgenossenschaft dienten.

**Dekurionenrat** — Der aus Beamten, ehemaligen Beamten und weiteren Mitgliedern nach dem Vorbild des Senats in Rom gebildete Rat einer Kolonie.

**Devotio moderna** — Dt. «Neue Frömmigkeit»; spätmittelalterliche Reformbewegung, deren Anhänger durch gemeinschaftliches Leben, Arbeit, Gebet und vor allem persönliche Lektüre zur meditativen Verinnerlichung des Lebens und Leidens Christi gelangen wollten.

**Digesten** — Zweiter Teil des *Corpus Iuris Civilis*. Zusammenstellung von Schriften klassischer Juristen, die Rechtsgutachten mit verbindlicher Wirkung für die Gerichte abgegeben hatten; 533 n.Chr. von Kaiser Iustinian in Kraft gesetzt.

**Direktorium** — In der Helvetischen Republik (↑Helvetik) die fünfköpfige nationale Exekutive, geschaffen nach dem Vorbild des revolutionären französischen Direktoriums in Paris.

**Dolmen** — Bretonisch «Steintisch»; ein aus grossen Blöcken oder Platten errichtetes Steinkistengrab.

**Dorfflur** — Landwirtschaftliches Nutzland eines Dorfes, besonders die intensiver genutzten Teile (Äcker, Wiesen).

**Drei Bünde** — Bestehend aus dem Oberen oder Grauen Bund, dem Gotteshausbund und dem Zehngerichtenbund; diese bildeten einen «Freistaat», der seit den späten 1490er Jahren mit der Eidgenossenschaft verbündet war. 1803 erfolgte die Gründung des Kantons Graubünden.

**Dreizehn Orte** — Die vollberechtigten Kantone der Alten Eidgenossenschaft (bis 1798) mit Sitz und Stimme an der ↑Tagsatzung und mit (unterschiedlicher) Teilhabe an der kollektiven Regierung der ↑Gemeinen Herrschaften.

**Dreizelgensystem, Dreizelgen(brach)wirtschaft** — Landwirtschaftliche Bewirtschaftungsform, bei der die Äcker in drei Zelgen gegliedert und im Dreijahresrhythmus bebaut wurden, wobei eine Zelge stets brachlag.

**Duumvir** — Einer der beiden obersten Verwaltungsbeamten in den Kolonien, entsprechend den beiden Konsuln in Rom. Jährliches Amt.

**Ewige Einwohner** — In bernischen Städten die Stadtbürger minderen Rechts mit Niederlassungs- und weitgehender Gewerbefreiheit, aber ohne Zugang zu Räten und Ämtern (in anderen Kantonen: Habitanten, Kleinburger oder Neubürger).
**Ewige Richtung** — Friedens- und Bündnisvertrag von 1474 zwischen den Acht ↑Orten der Eidgenossenschaft und Herzog Sigmund von Österreich, beendete zwischenzeitlich die militärischen Auseinandersetzungen der beiden Parteien.

**Fallrecht** — Der (Tod)Fall musste von den Erben der Lehnsbauern dem Grundherren in Form eines fixierten Anteils am Nachlass entrichtet werden; meist handelte es sich um die kostbarsten Stücke des beweglichen Besitzes.
**Flurzwang** — Normen im System der ↑Dreizelgenbrachwirtschaft, welche zum Beispiel die Zeiten der Feldbestellung und Ernte sowie die Überfahrts- und Beweidungsrechte regelten und in Dorfrechten (Offnungen) festgehalten wurden.
**Freischaren** — Nicht zur regulären Armee gehörende Truppe.
**Frontenbewegung** — Sammelbegriff für verschiedene rechtsradikale Gruppierungen der 1930er Jahre, die, angelehnt an faschistische Vorbilder, eine Veränderung des politischen Systems der Schweiz anstrebten.

**Geistige Landesverteidigung** — Nationalistische Ideologie zur Stärkung von sogenannt schweizerischen Werten und Abwehr faschistischer und kommunistischer Bedrohungen.
**Gemeine Herrschaften** — Untertanengebiete, die in der Zeit vor 1798 von mehreren der regierenden ↑Orte gemeinsam erobert und im Turnus als Vogteien verwaltet wurden.
**Gemeiner Pfennig** — 1495 auf vier Jahre beschränkte kombinierte Kopf-, Vermögens- und Einkommenssteuer für alle Reichsangehörigen ab dem 15. Altersjahr.
**Gesellenschiessen** — Vorläufer der Schützenfeste, bei denen sich die wehrpflichtigen Stadtbürger im Armbrust- und Büchsenschiessen massen.
**Gült** — Schuldverschreibung auf Grundstück.

**Handfeste** — Meist auf Pergament festgehaltene Urkunde mit Stadtrechten, ursprünglich durch Handauflegen bestätigt, auch Freiheitsbrief.
**Harnischschau** — Waffenschau, Musterung. Der Harnisch war die den Körper bedeckende Rüstung eines Ritters.
**Heimatlose** — Personen, die ihr Bürgerrecht verloren hatten und daher kein Recht auf Unterstützung durch die Gemeinde beanspruchen konnten.
**Heimindustrie** — ↑Protoindustrie
**Helvetik** — Epochenbegriff für die Zeit der Helvetischen Republik (1798–1802/03); Staatswesen, das die ↑Alte Eidgenossenschaft ablöste.
**Hintersassen** — ↑Beisassen
**Homo novus** — Emporkömmling, auch Neuling oder Aufsteiger.
**Honoratioren** — Begriff aus Max Webers Herrschaftssoziologie zur Kennzeichnung von Personen, die abkömmlich, das heisst wirtschaftlich in der Lage sind, nebenberuflich Ämter in Regierung und Verwaltung einzunehmen.

**Illuminismus** — Philosophische und religiöse Bewegung seit Ende des 18. Jahrhunderts, die sich für ein stärker verinnerlichtes geistiges Verhältnis zu Gott einsetzte und gegen den Materialismus wandte.
**Incastellamento** — Verdichtete Ansiedlung von Bewohnern eines Gebiets in Dörfern mit einer Befestigungsanlage, in die sich diese bei Gefahr flüchten konnten; allgemeiner der Prozess des Burgenbaus.
**Initiative** — ↑Volksinitiative
**Insula** — Häuserblock in einer von rechtwinklig sich kreuzenden Strassen durchzogenen Stadt.

**Interdikt** — Kirchliche Sanktion im Falle eines Vergehens gegen das Kirchenrecht, beinhaltete die Vorenthaltung von gottesdienstlichen Handlungen und Sakramenten.
**Irredentismus** — Panitalienische Bewegung nach der Einigung Italiens 1861; diese forderte die Eingliederung der italienischsprachigen «unerlösten» Gebiete, insbesondere des Trentino, Istriens und Dalmatiens. Nach deren weitgehender Realisierung nach dem Ersten Weltkrieg forderte der I. auch den Anschluss des Tessins sowie Romanisch- und Italienischbündens.
**Italienischbünden** — Mit Deutsch- und Romanischbünden bildet I. den Kanton Graubünden. Territorial bezeichnet es die vier bündnerischen Regionen italienischer Sprache: Misox, Calanca, Bergell, Puschlav.
**Itinerar** — Wegverzeichnis, insbesondere für den Parcours von Herrschern mit wechselnden Domizilen.
**Ius commune** — Dt. «Gemeines Recht»; bezeichnete allgemein geltendes Recht (insbesondere im Bereich des Zivilrechts, des kanonischen Rechts und des Lehnsrechts), im Gegensatz zum Sonderrecht für bestimmte Personen, Stände oder Gebietsteile.
**Ius Latii** — Dt. «das Recht von Latium, latinisches Recht»; Vorstufe des römischen Bürgerrechts, an Stadtgemeinden verliehen; diese wurden zu Kolonien latinischen Rechts befördert.

**Kameralismus** — Wirtschaftspolitische Lehre und Regierungspraxis des frühneuzeitlichen Staates mit dem Ziel, die produktiven Kräfte des Territoriums zu entwickeln und für die Stärkung der Macht des Staates zu nutzen.
**Kammerknecht** — Durch kaiserliches ↑Privileg geschaffenes Rechtsstatut zur Regelung der Rechte der Juden und ihres Schutzes.
**Kanzlei** — Behörde eines Regenten oder einer Stadt, die den Kern der Verwaltung bildete und für den Schriftverkehr, dessen Archivierung und für die Beurkundung zuständig war.
**Kapitulation** — Im ↑Ancien Régime gebräuchlicher Begriff für einen Vertrag, der vor allem das Engagement von Truppen in Fremden Diensten regelte. Unterschieden wurden Standeskapitulationen zwischen Staaten und Privatkapitulationen zwischen Privaten und ausländischen Herrschern.
**Kastellan** — Verwalter einer Kastellanei, das heisst eines Schlosses mit Umgebung, das der häufig nicht dort wohnende Herr verwalten liess. Die Kastellanei war vor allem im savoyischen Herrschaftsbereich eine Grundeinheit, auf der im 13. und 14. Jahrhundert entstandene Staaten beruhten.
**Kawertschen** — Ursprünglich aus dem südfranzösischen Cahors (beziehungsweise im Fall der Lombarden aus Norditalien) stammende Geldhändler, die aufgrund von Privilegien trotz des kirchlichen Wucherverbotes als Kreditgeber, Pfandleiher und Wechsler tätig waren.
**Kirchherr** — Landes- oder Grundherr, der die Schirmherrschaft über eine Kirche ausübte, die auf seinem Gebiet lag.
**Klarissen** — Franziskanischer Frauenorden, benannt nach Klara von Assisi.
**Kompaktaten, Basler bzw. Prager** — Vereinbarungen, die die Beziehungen der Hussiten zur römischen Kirche nach dem Konzil von Basel 1433 regelten. Den Hussiten wurde dadurch die Kommunion unter beiderlei Gestalt gestattet.
**Konklusum** — Alle Kantone verpflichtendes ↑Konkordat.
**Konkordanz** — Zentrales Element des politischen Systems der Schweiz, das auf einem Grundkonsens zwischen den Regierungsparteien beruht.
**Konkordat** — Allianz oder Vertrag zwischen einzelnen Kantonen.
**Kulturkampf** — Zuständigkeitskonflikt zwischen Staat und katholischer Kirche, der vor allem in den 1870er Jahren und nicht nur in der Schweiz ausgetragen wurde.

**Landammann** — Im ↑Ancien Régime Titel der Vorsitzenden eidgenössischer ↑Orte mit Landsgemeinden. In der ↑Mediation Präsident der Schweiz.
**Landarme, Landlose** — Personen beziehungsweise Haushalte mit geringem oder gar keinem Landbesitz; ländliche Unterschicht, die ihre Existenz mit ausseragrarischer Tätigkeit sichern musste (Tauner, Heimarbeiter, Landhandwerker).

**Länderorte** — Als Länderorte gelten Uri, Schwyz, Ob- und Nidwalden, Glarus, Appenzell und Zug mit jährlich stattfindenden ↑Landsgemeinden. Den L. gegenübergestellt werden die von Zünften oder einer patrizischen Oberschicht regierten Städteorte. Als solche gelten in der Dreizehnörtigen Eidgenossenschaft (↑Dreizehn Orte) Zürich, Bern, Luzern, Freiburg, Solothurn, Basel und Schaffhausen.

**Landfrieden** — Auch Reichsfriede, Reichslandfriede. Rechtssatzungen zur Einschränkung der adeligen Fehde und der Blutrache sowie zur Sicherung des allgemeinen Friedens seit dem 12. Jahrhundert; durch eine Einung vereinbart und beschworen.

**Landrecht** — Die Rechtsordnung des Landes (↑Länderortes) sowie der subjektive Rechtsstatus des im Land vollberechtigt angesessenen erwachsenen Mannes (Landmann beziehungsweise Landleute).

**Landsgemeinde** — Versammlung aller Männer im waffenfähigen Alter, die die meisten Souveränitätsrechte durch offenes Handmehr ausüben; Versammlungsdemokratie.

**Landstände** — Die korporativ organisierten ↑Stände des Landes (Klerus, Adel, Städte), die bei Ständeversammlungen (Landtagen) gegenüber dem Landesfürsten ihre und des Landes Interessen vertraten. Landständische Verfassungen bestanden in der Waadt unter savoyischer Herrschaft sowie im Fürstbistum Basel im 17./18. Jahrhundert.

**Landvogt** — Amtsträger, der von einem ↑Ort der Eidgenossenschaft zur Ausübung von Herrschaft (Verwaltung des Reichsgutes, Einzug von Abgaben, Rechtsprechung, militärische Aufgaben etc.) in einem bestimmten Bereich (Vogtei) delegiert wurde; die Vergütung wurde aus den Einkünften der Vogteien oder durch Überlassung von Reichsrechten beziehungsweise Reichspfandschaften geregelt.

**Leutpriester** — Weltgeistlicher, im Unterschied zu einem Klostergeistlichen.

**Löss** — Vom Wind während des Pleistozän transportiertes und abgelagertes Sediment, das aus quarz- und kalkhaltigem Feinmaterial – vor allem Silt – besteht. Im Gebiet der Schweiz findet man das sehr fruchtbare Sediment ganz im Norden.

**Magister** — Titel, den ab dem 11. Jahrhundert vor allem Geistliche, aber auch Weltliche trugen und der ein gewisses, später grundsätzlich an einer Universität erworbenes Wissen voraussetzte.

**Mailänder Kapitulat** — Name verschiedener Verträge zwischen dem Herzogtum Mailand und den eidgenössischen ↑Orten und ↑Zugewandten (15. bis Anfang 18. Jahrhundert).

**Majorzwahl, Majorzwahlrecht** — ↑Proporzwahl, Proporzwahlrecht.

**Mediation** — In der Schweizer Geschichte die Zeit von 1803 bis 1813, in der die von Napoleon Bonaparte und Vertretern der Eidgenossenschaft, der sogenannten Helvetischen Consulta, ausgearbeitete Mediationsakte die verfassungsmässige Grundlage bildete.

**Menhir** — Bretonisch *maen* «Stein», *hir* «lang»; vom Menschen aufgerichteter Monolith, auch Hinkelstein genannt. Er kommt in der Schweiz sowohl einzeln als auch in Reihen angeordnet vor.

**Militaria** — Typische Elemente der militärischen Ausrüstung (Kleidung, Offensiv- und Defensivwaffen), die für die römische Epoche Rückschlüsse auf den Durchzug oder die Präsenz von Soldaten erlauben.

**Militärtribun** — Vom Kaiser unter den Söhnen von Senatoren oder Rittern ausgewählter höherer Offizier. Sechs Militärtribune (ein Senator, fünf Ritter) bildeten den Stab einer Legion.

**Ministerialität** — Status der höhergestellten Diener der Mächtigen im Heiligen Römischen Reich, im Allgemeinen keine Adeligen, sondern Inhaber von bedeutenden Ämtern und Ländereien. Ging im 13. Jahrhundert im Lehnswesen auf.

**Minoriten** — Einer von drei eigenständigen Zweigen des Ersten Ordens der Franziskaner; auch Franziskaner-Konventualen oder Schwarze Franziskaner genannt.

**Mithräum** — Kultstätte des Mysterienkultes des Mithras, einer ursprünglich aus Persien stammenden Gottheit; der Grundriss bestand aus einem zentralen Gang, an dem sich beidseitig Bänke für die Mitglieder der Kultgemeinschaft befanden.

**Münzregal** — Recht, die Münzordnung und damit die Währung zu bestimmen, Münzen zu prägen und den Gewinn zu nutzen.

**Neutralität, differentielle** — Auslegung der schweizerischen Neutralität infolge des Beitritts zum Völkerbund: Die Schweiz beteiligte sich an wirtschaftlichen Sanktionen, war aber von der Teilnahme an militärischen befreit.

**Neutralität, integrale** — Auslegung der Neutralität, die jede Beteiligung an internationalen Sanktionen ausschliesst. Die Schweiz kehrte 1938 von der differentiellen Neutralität zu diesem Status zurück.

**Offizialat, Offizial** — Institution (und entsprechendes Amt) der Rechtsprechung, die in Europa Ende des 12. Jahrhunderts auftaucht, die richterlichen Funktionen der Bischöfe übernimmt und das Notariat kontrolliert.

**Oppidum** — Eine befestigte keltische Siedlung (2.–1. Jahrhundert v. Chr.) auf einer Anhöhe (zum Beispiel Mont Vully, Basel-Münsterhügel oder Genf), an einer Flussschleife (zum Beispiel Bern-Enge) oder an einem Seeufer (Yverdon), die man als «keltische Stadt» bezeichnen kann.

**Ort** — Ältere deutschschweizerische Bezeichnung für Kantone, ab der ersten Hälfte des 15. Jahrhunderts häufig verwendet für die Benennung der eidgenössischen Bündnispartner. Als französische Entsprechung fand der Begriff *canton* (auch «Winkel», «Landschaft») zuerst in der Westschweiz Verwendung und verbreitete sich ab den 1490er Jahren zunächst im französischen und italienischen Sprachgebiet, dann auch in anderen Teilen Europas.

**Pastoral** — Hirtendienst im Sinne christlicher Seelsorge.

**Patrimonium** — Ländereien, die dem Herrscher gehörten, im Gegensatz zu den Besitzrechten, die den Unterhalt seiner lokalen Verwalter sicherten, und den Herrschaften, die er sich durch die Kirchen übertragen lassen konnte.

**Patronatsherr** — Erwarb in der Regel bei der Stiftung oder Ausstattung einer Kirche das Recht, dem zuständigen Bischof einen Pfarrer zur Einsetzung vorzuschlagen, und war zugleich zum Unterhalt der Kirche und des Geistlichen verpflichtet.

**Peregrinus** — Freier Reichseinwohner, Nicht-Römer.

**Pfrund, Pfründe** — Mit Vermögensrechten ausgestattetes kirchliches Amt; auch das Vermögen und Einkommen eines Geistlichen, lateinisch *beneficium* oder *praebenda* im Zusammenhang mit Dom- und Stiftskirchen.

**Posamenter** — (Städtische oder ländliche) Seidenbandweber in der Basler Heimindustrie.

**Prädikatur** — Ein von Laien gestiftetes kirchliches Amt, das der Predigt zu einem höheren Stellenwert im Gottesdienst verhelfen sollte.

**Privileg** — Einer einzelnen Person oder einer Personengruppe zugestandenes Vorrecht; Urkunde, die die Rechte einer Person oder Institution gewährte oder anerkannte.

**Proporzwahl, Proporzwahlrecht** — In Proporzwahlen werden die Sitze eines Wahlkreises gemäss den Anteilen der Parteistimmen verteilt, während in Majorzwahlen alle Sitze an die Mehrheitspartei gehen.

**Prosopographie** — Soziologische beziehungsweise sozialgeschichtliche Methode zur Analyse von Gruppen und Personenverbänden; Kollektivbiographie.

**Protoindustrie** — Auch Heimindustrie. Die komplex organisierte, das zünftische Einzelhandwerk übersteigende, von städtischen Verlegern (↑Verlagssystem) kontrollierte, meist auf dezentraler Heimarbeit basierende, exportorientierte gewerbliche Produktion vor der zentralisierten Fabrikindustrie (15.–19. Jahrhundert). Sie führte zur Entstehung von meist ländlichen Regionen mit verdichteter gewerblicher Warenproduktion (Textilien, Uhren).

**Quästor** — Unterster Beamter in Stadtgemeinden, zuständig vor allem für Finanzen. Jährliches Amt, zwei Amtsinhaber.

**Quinar** — Römische Silbermünze mit dem Gegenwert eines halben Denars; seit dem Ende des 3. Jahrhunderts v. Chr. von einigen keltischen Stämmen, unter anderem den Helvetiern, kopiert.

**Réduit** — Militärische Rückzugsstellung in den Alpen.

**Referendum, fakultatives** — Volksabstimmung, die durch eine Unterschriftensammlung zu einem vom Parlament beschlossenen Gesetz verlangt werden kann; ausschlaggebend ist das einfache Volksmehr, das ↑Ständemehr spielt dabei keine Rolle.

**Referendum, obligatorisches** — Eine Volksabstimmung, die bei einer bestimmten Materie trotz Parlamentsbeschluss durchgeführt werden muss; ausschlaggebend ist das doppelte Mehr (gezählt nach den Stimmen des Volks und der Kantone).

**Reformationskammer** — Ratsausschuss, der in den 1650er Jahren in evangelischen ↑Orten mit der Durchführung der Sittenmandate beauftragt wurde.

**Regal** — Weltliche Hoheits- und Sonderrechte, Besitzungen und Güter eines Königs.

**Regeneration** — Liberale Bewegung, deren Ziel die Revision der kantonalen Verfassungen und Gesetzgebungen zwecks Einführung der indirekten Demokratie und Modernisierung der Wirtschaft war. Der Begriff bezeichnet im Allgemeinen die Zeit zwischen 1830 und 1848.

**Reichsacht** — Besondere Form der allgemeinen Acht (Verfolgung, Ächtung); im Namen des Königs beziehungsweise des Kaisers und des Reiches ausgesprochen, mit Geltung im ganzen Reichsgebiet.

**Reichsfreiheit** — Rechtlicher Status von Personen und Institutionen, die keiner anderen Herrschaft, sondern direkt und unmittelbar dem Kaiser unterstanden.

**Reichsfrieden** — ↑Landfrieden

**Reichskammergericht** — Eines der beiden höchsten Gerichte des Heiligen Römischen Reichs, sollte als erste Instanz bei Konflikten zwischen reichsunmittelbaren Landesfürsten und Reichsstädten dienen.

**Reichsstadt, Reichsunmittelbare Stadt** — ↑Reichsfreiheit

**Reichsunmittelbarkeit** — ↑Reichsfreiheit

**Reichsvikariat** — Der Reichsvikar übernahm die Statthalterschaft, wenn der Thron vakant oder der König abwesend oder amtsunfähig war.

**Rennofen** — Aus Lehm und Steinen bestehender Schachtofen zur Gewinnung von Eisen aus Eisenerz. Im Schacht wurden Holzkohle und Eisenerz vermischt.

**Restauration** — Von Karl Ludwig von Haller geprägter Begriff, mit dem in der Regel für ganz Europa die Zeit der konservativen Rückwendung nach den Napoleonischen Kriegen bezeichnet wird.

**Revindikationspolitik** — Versuch von Herrschern, vormals dem Königtum angehörende und zwischenzeitlich in andere Hände gelangte Reichsgüter und Vorrechte wieder an sich zu bringen.

**Rodel** — Schriftliches Verzeichnis (Register) über Rechtsbestände beziehungsweise Verwaltungssachverhalte (Satzungen, Güter und Einkünfte, Bussen, Geburten, Taufen, Heiraten, Todesfälle, Zugehörigkeiten zu Korporationen usw.) zum Zweck der Wirtschaftsführung, Verwaltung, Rechts- und Besitzstandssicherung.

**Römischer König** — Lat. *rex Romanorum*; Betitelung des Kaisers zwischen seiner Wahl durch die deutschen Fürsten und seiner Krönung durch den Papst; bis ins 10. Jahrhundert war der Begriff *rex Francorum* üblich.

**Säckelamt** — Das Säckelamt führte die Hauptkasse des Stadtstaates.

**Saisonnier** — Ausländische Arbeitskraft mit eng begrenzter Aufenthaltsgenehmigung. Das 1931 eingeführte Saisonnierstatut wurde schrittweise 1991 bis 2002 abgeschafft.

**Sander** — Isländisch *sandur*; breite, ausgedehnte Schotterebenen, die im Vorfeld des skandinavischen Inlandeises und der alpinen Vorlandgletscher während der Eiszeiten gebildet wurden.

**Sapaudia** — Spätantike Bezeichnung für Savoyen; erstreckte sich von Hochsavoyen über Genf bis nach Vindonissa; Region, in der 443 die Burgunder angesiedelt wurden.

**Schirmvertrag** — Regelte das Verhältnis zwischen dem Schirmherrn und den ihm unterstellten Gebieten. In Hinblick auf die Eidgenossenschaft werden nur diejenigen Gebiete als Schirmgebiete bezeichnet, die langfristig auswärtigen Schirmherren unterstanden.

**Schultheiss** — Von einem Stadt-, Grund- oder Landesherren eingesetzter Herrschaftsvertreter im Bereich des Gerichtswesens, der die Mitglieder der Gemeinde zur Leistung ihrer Schuldigkeit anzuhalten hatte.

**Seviri Augustales** — In den Kolonien mit dem Kaiserkult betrautes sechsköpfiges Kollegium, bestehend vornehmlich aus zu Wohlstand gekommenen Freigelassenen; im Tessin *Seviri Juniores*, bestehend auch aus Freien.

**Simultaneum, Simultankirche** — Kirche, die sowohl von Katholiken als auch von Protestanten benutzt wurde.

**Spolien** — Aus anderen Bauten stammende, wiederverwendete Bauteile, zum Beispiel Säulen.

**Stadtort, Städteorte** — ↑Länderorte

**Stand, Stände** — In der Schweiz auch Bezeichnung für die Eidgenossenschaft als Ganzes, besonders aber für die eidgenössischen ↑Orte; seit der ↑Mediation für die Kantone und Halbkantone.

**Ständemehr** — Mehrheit der Kantone, wobei Halbkantone nur eine halbe Standesstimme haben. Das Ständemehr muss bei obligatorischen ↑Referenden und ↑Volksinitiativen erreicht werden, nicht aber bei fakultativen ↑Referenden.

**Störbetrieb, Störarbeit** — Die vor allem auf dem Land verbreitete, von den städtischen Zünften verbotene Berufstätigkeit von Handwerkern (Störern) im Haus des Kunden.

**Streifenhaus** — Langrechteckiger Häusertyp in *vici* (↑*vicus*), dessen Schmalseite auf die Strasse ging; im rückwärtigen Bereich oft ein Hof mit Ofen.

**Subsistenzwirtschaft** — Wirtschaftsweise, in der die Haushalte primär für den Eigenbedarf produzieren (Selbstversorgung).

**Syndic** — Dt. «Prokurator»; von 1387 bis zum Ende des ↑Ancien Régime hohes politisches Amt in Genf, 1847 endgültig abgeschafft. Beinhaltete das Ratspräsidium und Verwaltungsaufgaben.

**Tagsatzung** — Regelmässige Versammlung der kantonalen Gesandten, in der die Bundesangelegenheiten geregelt wurden.

**Thebäische Legion** — Der Legende nach eine Legion von circa 6500 koptischen Soldaten aus der Gegend von Theben in Ägypten, angeführt vom heiligen Mauritius.

**Totenrodel** — ↑Rodel

**Tschachtlan** — Stellvertreter des Landesherrn; Aufsichtsbeamter eines grösseren Anwesens, auch ↑Kastellan genannt.

**Twingherr** — Grund- und Gerichtsherr von Niedergerichten.

**Ultramontanismus** — Richtung innerhalb des Katholizismus, die die Vorrangstellung des Papstes in Fragen der Religion betonte, im Gegensatz zum Gallikanismus oder Episkopalismus. Wurde vor allem von den Jesuiten unterstützt.

**Urbar** — Verzeichnis von Gütern und Einkünften, wirtschaftlichen, administrativen und rechtlichen Zwecken dienend.

**Vennerkammer** — Einflussreiche Wirtschaftskammer der Berner Obrigkeit, unterteilt in welsche und deutsche Kammer.

**Verlagssystem** — Produktionssystem, bei dem der Unternehmer dem Handwerker das Rohmaterial zur Verarbeitung lieferte und nachher den Vertrieb des Endprodukts respektive des Halbfabrikats übernahm.

**Vernehmlassung** — Formell eingeleitetes Verfahren, in dem wichtige Kräfte des Landes (Verbände, Partei, Kirchen, Nichtregierungsorganisationen etc.) eingeladen werden, zu Entwürfen von wichtigen Regelungen (insbesondere Gesetzen) schriftlich Stellung zu nehmen.

**Vicus** — Von der Hauptstadt einer ↑*civitas* abhängige kleinere Stadt mit Landwirtschaft, Handel, Handwerk und kultischen Einrichtungen; Zwischenglied zwischen dem Land und den grossen Städten, teilweise Selbstverwaltung (lokale Beamte).

**Villa** — Gutshof, monumentale Anlage nach römischem Vorbild innerhalb eines Landgutes, die im Allgemeinen zwei Bereiche umfasste: die *pars urbana* mit der Residenz des Gutsherren und die *pars rustica* mit den Wirtschaftsgebäuden und den Wohnbauten für das Personal und die Landarbeiter.

**Visitation** — Besuch von Pfarreien durch den Bischof, um an Ort und Stelle die kirchlichen Zustände zu examinieren.

**Vogt** — ↑Landvogt

**Volksinitiative** — Volksabstimmung, die mit einer Unterschriftensammlung zu einer vorgeschlagenen Verfassungsreform verlangt wird; ausschlaggebend für eine Annahme ist das Erreichen des «doppelten Mehr», also des Volks- und des ↑Ständemehrs.

**Vorort** — 1. Kanton, in dem die ↑Tagsatzung stattfand und wo zwischen den Sitzungsperioden die Bundesverwaltung tätig war. Ab 1815 alternierend Bern, Luzern und Zürich. — 2. Zur Tagsatzung einladender, geschäftsführender und diese präsidierender ↑Ort. — 3. Ab 1870 Bezeichnung für die Geschäftsleitung des *Schweizerischen Handels- und Industrievereins* (SHIV), später des Verbands als solchem.

**Waldenser** — Anhänger einer um 1170 vom Lyoner Kaufmann Petrus Valdes ausgehenden religiösen Bewegung, die sich zu evangelischer Armut und einem Leben in apostolischer Nachfolge bekannte.

**Wiederholungskurs, WK** — Jährlich durchgeführter Militärdienst des ↑Auszugs.

**Würm-Eiszeit** — Die jüngste Vergletscherung, die praktisch die gesamte heutige Schweiz bedeckte. Sie ist nach dem Fluss Würm in Bayern benannt und dauerte etwa von 100 000 v. Chr. bis 9500 v. Chr.

**Zehnden** — Bezeichnung für die Bezirke im Wallis, erstmals 1355 urkundlich erwähnt.

**Zehnt** — Abgabe in Naturalien (in der Regel 10 Prozent des jeweiligen Ertrags) für die Leistungen der Kirche (Infrastruktur, Armenfürsorge, Seelsorge), ausgenommen waren Kleriker und Gemeinschaften mit Exemtionstitel; als «Kreuzzugszehnt» zeitlich begrenzte Belastung auch der kirchlichen Einkünfte zur Finanzierung der Kreuzzüge der französischen und englischen Könige; als «Papstzehnt» auch allgemeiner zur Deckung des päpstlichen Finanzbedarfs.

**Zelge** — Verband von landwirtschaftlichen Parzellen, welche gemeinsamen Nutzungsregeln unterworfen waren (Anbau, Ernte, Beweidung).

**Zensuswahlrecht** — Wahlsystem, in dem das Wahlrecht denjenigen Bürgern vorbehalten ist, deren Steuerleistung eine bestimmte Höhe (Zensus) überschreitet.

**Zugewandte, Zugewandte Orte** — Städte, Länder, geistliche oder weltliche Herrschaften im Macht- und Einflussbereich der eidgenössischen ↑Orte, die meist mit mehreren dieser Orte in einer engen bündnispolitischen Beziehung standen, ohne selber vollberechtigte Orte zu sein. Sie galten als Teil des Corpus helveticum.

**Zweite Säule** — Obligatorische Versicherung für die berufstätige Bevölkerung (Pensionskasse); als Teil des schweizerischen «Drei-Säulen-Modells» zwischen der staatlichen Vorsorge (erste Säule) und den privaten Ersparnissen (dritte Säule).

# ALLGEMEINE BIBLIOGRAPHIE ZUR SCHWEIZER GESCHICHTE

## Themen- und epochenübergreifende Literatur

Altermatt, Urs (Hg.): Die Schweizer Bundesräte. Ein biographisches Lexikon, Zürich 1991.
Andrey, Georges: L'histoire de la Suisse pour les nuls, Paris 2007.
Bergier, Jean-François: Histoire économique de la Suisse, Lausanne 1984 (dt. Die Wirtschaftsgeschichte der Schweiz. Von den Anfängen bis zur Gegenwart, Zürich/Köln 1983).
Büchi, Christophe: «Röstigraben». Das Verhältnis zwischen deutscher und französischer Schweiz. Geschichte und Perspektiven, Zürich 2000.
Bundesamt für Statistik (Hg.): Strukturatlas der Schweiz, Zürich 1997.
Favez, Jean-Claude et al. (Hg.): Geschichte der Schweiz und der Schweizer, 3 Bde., Basel/Frankfurt a.M. 1982–1983 (Studienausgabe in einem Band: Basel/Frankfurt a.M. 1986).
Felder, Pierre / Meyer, Helmut / Staehelin, Heinrich / Sieber-Lehmann, Claudius / Steinböck, Walter / Wacker, Jean-Claude: Die Schweiz und ihre Geschichte, Zürich 1998.
Flüeler, Niklaus et al. (Hg.): Die Schweiz vom Bau der Alpen bis zur Frage nach der Zukunft. Ein Nachschlagewerk, das Auskunft gibt über Geographie, Geschichte, Gegenwart und Zukunft eines Landes, Zürich 1975.
Fritzsche, Bruno et al.: Historischer Strukturatlas der Schweiz. Die Entstehung der modernen Schweiz, Baden 2001.
Furrer, Markus / Messmer, Kurt / Weder, Bruno H. / Ziegler, Béatrice: Die Schweiz im kurzen 20. Jahrhundert. 1914 bis 1989 – mit Blick auf die Gegenwart, Zürich 2008.
Furrer, Norbert: Die vierzigsprachige Schweiz. Sprachkontakte und Mehrsprachigkeit in der vorindustriellen Gesellschaft (15.–19. Jahrhundert), 2 Bde., Zürich 2002.
Halbeisen, Patrick et al. (Hg.): Wirtschaftsgeschichte der Schweiz im 20. Jahrhundert, Basel 2012.
Hardegger, Joseph / Bolliger, Markus / Ehrler, Franz / Kläy, Heinz / Stettler, Peter: Das Werden der modernen Schweiz. Quellen, Illustrationen und andere Materialien zur Schweizergeschichte, 3 Bde., Basel/Luzern 1986–1989.
Helbling, Hanno et al.: Handbuch der Schweizer Geschichte, 2 Bde., Zürich 1972–1977.
Hettling, Manfred / König, Mario / Schaffner, Martin / Suter, Andreas / Tanner, Jakob: Eine kleine Geschichte der Schweiz. Der Bundesstaat und seine Traditionen, Frankfurt a.M. 1998.
Historisches Lexikon der Schweiz, hg. von der Stiftung Historisches Lexikon der Schweiz (HLS), 13 Bde., Basel 2002–2014.
Hugger, Paul (Hg.): Handbuch der schweizerischen Volkskultur. Leben zwischen Tradition und Moderne, ein Panorama des schweizerischen Alltags, 3 Bde., Basel 1992.
Im Hof, Ulrich: Mythos Schweiz. Identität, Nation, Geschichte, 1291–1991, Zürich 1991.
Kreis, Georg: Kleine Neutralitätsgeschichte der Gegenwart, Bern 2004.
Linder, Wolf / Zürcher, Regula / Bolliger, Christian: Gespaltene Schweiz – geeinte Schweiz. Gesellschaftliche Spaltungen und Konkordanz bei den Volksabstimmungen seit 1874, Baden 2008.
Linder, Wolf et al. (Hg.): Handbuch der eidgenössischen Volksabstimmungen 1848 bis 2007, Bern 2010.
Maissen, Thomas: Geschichte der Schweiz, Baden 2010.
Meyer, Werner / Kreis, Georg: Die Schweiz in der Geschichte, 2 Bde., Zürich 1995–1997.
Racine, Jean-Bernard / Raffestin, Claude (Hg.): Nouvelle géographie de la Suisse et des Suisses, 2 Bde., Lausanne 1990.
Reinhardt, Volker: Die Geschichte der Schweiz. Von den Anfängen bis heute, München 2011.
Schuler, Martin et al., Bundesamt für Statistik (Hg.): Atlas des räumlichen Wandels der Schweiz, Zürich 2007.
Schweizerisches Bundesarchiv (Hg.), Studien und Quellen. Veröffentlichungen des Schweizerischen Bundesarchivs, Bd. 30: Die Erfindung der Demokratie in der Schweiz, Zürich 2004.
Schweizerisches Nationalmuseum (Hg.): Geschichte Schweiz. Katalog der Dauerausstellung im Landesmuseum Zürich, Zürich 2009.
Siegenthaler, Hansjörg: Die Schweiz 1850–1914, in: Wolfram Fischer (Hg.), Europäische Wirtschafts- und Sozialgeschichte von der Mitte des 19. Jahrhunderts bis zum Ersten Weltkrieg, Stuttgart 1985, S. 443–473.
Siegenthaler, Hansjörg: Die Schweiz 1914–1984, in: Wolfram Fischer (Hg.), Europäische Wirtschafts- und Sozialgeschichte vom Ersten Weltkrieg bis zur Gegenwart, Stuttgart 1987, S. 482–512.
Siegenthaler, Hansjörg / Ritzmann-Blickenstorfer, Heiner (Hg.): Historische Statistik der Schweiz, Zürich 1996.
Studer, Brigitte (Hg.): Etappen des Bundesstaates. Staats- und Nationsbildung der Schweiz, 1848–1998, Zürich 1998.
Walter, François: Histoire de la Suisse, 5 Bde., Neuchâtel 2009–2011.

## Epochenspezifische Literatur

### Ur- und Frühgeschichte

Antiquarische Gesellschaft in Zürich (Hg.): Pfahlbaufieber. Von Antiquaren, Pfahlbaufischern, Altertümerhändlern und Pfahlbaumythen, Zürich 2004.
Crotti, Pierre et al. (wiss. Leitung): Die ersten Menschen im Alpenraum von 50 000 bis 5000 vor Christus, Sion/Zürich 2002.
Della Casa, Philippe / Trachsel, Martin (Hg.): WES'04. Wetland economies and societies, Zürich 2005.
Drack, Walter / Fellmann, Rudolf: Die Römer in der Schweiz, Stuttgart 1988.
Furger, Andres: Die Helvetier. Kulturgeschichte eines Keltenvolkes, Zürich 1984.
Furger, Andres / Fischer, Calista / Höneisen, Markus: Die ersten Jahrtausende. Die Schweiz von den Anfängen bis zur Eisenzeit, Zürich 1998.
Hochuli, Stefan et al. (Hg.): Die Schweiz vom Paläolithikum bis zum frühen Mittelalter (SPM), Bd. 3: Bronzezeit, Basel 1998.
Kaeser, Marc-Antoine: Les Lacustres. Archéologie et mythe national, Lausanne 2004.
Le Tensorer, Jean-Marie (Hg.): Die Schweiz vom Paläolithikum bis zum frühen Mittelalter (SPM), Bd. 1: Paläolithikum und Mesolithikum, Basel 1993.
Le Tensorer, Jean-Marie: Le Paléolithique en Suisse, Grenoble 1998.
Menotti, Francesco (Hg.): Living on the lake in prehistoric Europe, 150 years of lake-dwelling research, London/New York 2004.
Müller, Felix et al. (Hg.): Die Schweiz vom Paläolithikum bis zum frühen Mittelalter (SPM), Bd. 4: Eisenzeit, Basel 1999.
Müller, Felix / Lüscher, Geneviève: Die Kelten in der Schweiz, Stuttgart 2004.
Stöckli, Werner E. et al. (Hg.): Die Schweiz vom Paläolithikum bis zum frühen Mittelalter (SPM), Bd. 2: Neolithikum, Basel 1995.
Stöckli, Werner E.: Chronologie und Regionalität des jüngeren Neolithikums (4300–2400 v. Chr.) im Schweizer Mittelland, in Süddeutschland und in Ostfrankreich, aufgrund der Keramik und der absoluten Datierungen, ausgehend von den Forschungen in den Feuchtbodensiedlungen der Schweiz, Basel 2009.

### Römische Epoche

Fellmann, Rudolf / Drack, Walter: Die Römer in der Schweiz, Stuttgart 1988.
Fellmann, Rudolf: La Suisse gallo-romaine. Cinq siècles d'histoire, Lausanne 1992.
Flutsch, Laurent et al. (Hg.): Die Schweiz vom Paläolithikum bis zum frühen Mittelalter (SPM), Bd. 5: Römische Zeit, Basel 2002.
Müller, Felix et al. (Hg.): Die Schweiz vom Paläolithikum bis zum frühen Mittelalter (SPM), Bd. 4: Eisenzeit, Basel 1999.

Walser, Gerold: Römische Inschriften in der Schweiz, 3 Bde., Bern 1979–1980.
Windler, Renata et al. (Hg.): Die Schweiz vom Paläolithikum bis zum frühen Mittelalter (SPM), Bd. 6: Frühmittelalter, Basel 2005.

*Früh- und Hochmittelalter*

Allgemeine Geschichtforschende Gesellschaft der Schweiz (Hg.): Quellenwerk zur Entstehung der Schweizerischen Eidgenossenschaft (QW), Abt. I: Urkunden, 3 Bde., 1933–64; Abt. II: Urbare und Rödel bis zum Jahre 1400, 4 Bde., 1941–57; Abt. III: Chroniken und Dichtungen, 4 Bde., 1947–75.
Allgemeine Geschichtforschende Gesellschaft der Schweiz (Hg.): Quellen zur Schweizer Geschichte, Neue Folge, Abt. 1, Bd. 7: Aegidius Tschudi, Basel 1968–2001.
Andenmatten, Bernard: La maison de Savoie et la noblesse vaudoise (XIII$^e$–XIV$^e$ s.). Supériorité féodale et autorité princière, Lausanne 2005.
Archiv der Stadt Freiburg i. Br. / Landesgeschichtliche Abteilung des Historischen Seminars der Albert-Ludwigs-Universität (Hg.): Die Zähringer, 3 Bde., Sigmaringen 1986–1990.
Bergier, Jean-François: Guillaume Tell, Paris 1988.
Borgolte, Michael: Die Grafen Alemanniens in merowingischer und karolingischer Zeit. Eine Prosopographie, Sigmaringen 1986.
Demotz, François: La Bourgogne, dernier des royaumes carolingiens (855–1056). Roi, pouvoirs et élites autour du Léman, Lausanne 2008.
Euw, Anton von: Die St. Galler Buchkunst vom 8. bis zum Ende des 11. Jahrhunderts, St. Gallen 2008.
Favrod, Justin: Histoire politique du royaume burgonde (443–534), Lausanne 1997.
Geuenich, Dieter: Geschichte der Alemannen, Stuttgart 1997.
Historischer Verein der Fünf Orte (Hg.): Innerschweiz und frühe Eidgenossenschaft. Jubiläumsschrift 700 Jahre Eidgenossenschaft, 2 Bde., Olten 1990.
Institut für Denkmalpflege an der Eidgenössischen Technischen Hochschule Zürich (Hg.): Zisterzienserbauten in der Schweiz. Neue Forschungsergebnisse zur Archäologie und Kunstgeschichte, 2 Bde., Zürich 1990.
Institut für Denkmalpflege an der Eidgenössischen Technischen Hochschule Zürich (Hg.): Stadt- und Landmauern, 3 Bde., Zürich 1995–1999.
La Corbière, Matthieu de: L'invention et la défense des frontières dans le diocèse de Genève. Étude des principautés et de l'habitat fortifié (XII$^e$–XIV$^e$ siècle), Annecy 2002.
Marchal, Guy P.: Schweizer Gebrauchsgeschichte. Geschichtsbilder, Mythenbildung und nationale Identität, Basel 2006.
Marti, Reto: Zwischen Römerzeit und Mittelalter. Forschungen zur frühmittelalterlichen Siedlungsgeschichte der Nordwestschweiz (4.–10. Jahrhundert), 2 Bde., Liestal 2000.
Menna, François / Steiner, Lucie: La nécropole du Pré de la Cure à Yverdon-les-Bains, (IV–VII$^e$ s. ap. J.-C.), 2 Bde., Lausanne 2000.
Morerod, Jean-Daniel: Genèse d'une principauté épiscopale. La politique des évêques de Lausanne (IX$^e$–XIV$^e$ siècle), Lausanne 2000.
Niederhäuser, Peter (Hg.): Die Habsburger zwischen Aare und Bodensee, Zürich 2010.
Paravicini Bagliani, Agostino et al. (Hg.): Les pays romands au Moyen Age, Lausanne 1997.
Paravy, Pierrette (Hg.): Des Burgondes au Royaume de Bourgogne (V$^e$–XI$^e$ siècle), Grenoble 2002.
Plessier, Marc: La Loi des Burgondes, la Loi de Gondebaud, Villeneuve d'Ascq 2002.
Poudret, Jean-François: Coutumes et coutumiers. Histoire comparative des droits des pays romands du XIII$^e$ à la fin du XVI$^e$ siècle, 6 Bde., Bern 1998–2006.
Raemy, Daniel de: Châteaux, donjons et grandes tours dans les Etats de Savoie (1230–1330). Un modèle: le château d'Yverdon, Lausanne 2004.

Sablonier, Roger: Adel im Wandel. Eine Untersuchung zur sozialen Situation des ostschweizerischen Adels um 1300, Zürich 1979.
Schwinges, Rainer Christoph: Berns mutige Zeit. Das 13. und 14. Jahrhundert neu entdeckt, Bern 2003.
Windler, Renata et al. (Hg.): Die Schweiz vom Paläolithikum bis zum frühen Mittelalter (SPM), Bd. 6: Frühmittelalter, Basel 2005.
Zettler, Alfons: Geschichte des Herzogtums Schwaben, Stuttgart 2003.

*Spätmittelalter*

Beer, Ellen J. et al. (Hg.): Berns grosse Zeit. Das 15. Jahrhundert neu entdeckt, Bern 1999.
Blauert, Andreas: Frühe Hexenverfolgungen. Ketzer-, Zauberei- und Hexenprozesse des 15. Jahrhunderts, Hamburg 1989.
Demotz, Bernard: Le Comté de Savoie du XI$^e$ au XV$^e$ siècle. Pouvoir, Château et Etat au Moyen Age, Genève 2000.
Dubuis, Pierre: Fin du Moyen Age, XIV$^e$–XV$^e$ siècles, in: Société d'histoire du Valais romand (Hg.), Histoire du Valais, Bd. 2, Sion 2002, S. 237–261.
Eggenberger, Christoph und Dorothee: Malerei des Mittelalters, Disentis 1989.
Elsener, Ferdinand et al.: 500 Jahre Stanser Verkommnis. Beiträge zu einem Zeitbild, Stans 1981.
Flüeler, Niklaus / Flüeler-Grauwiler, Marianne (Hg.): Geschichte des Kantons Zürich, Bd. 1: Frühzeit bis Spätmittelalter, Zürich 1994.
Gamboni, Dario: Kunstgeographie, Disentis 1987.
Helvetia Sacra, hg. v. Kuratorium der Helvetia Sacra, 28 Bde., Basel 1972–2007.
Historischer Verein der Fünf Orte (Hg.): Innerschweiz und frühe Eidgenossenschaft, Bd. 2, Olten 1990.
Jucker, Michael: Gesandte, Schreiber, Akten. Politische Kommunikation auf eidgenössischen Tagsatzungen im Spätmittelalter, Zürich 2004.
Körner, Martin: Solidarités financières suisses au XVI$^e$ siècle. Contribution à l'histoire monétaire, bancaire et financière des cantons suisses et des Etats voisins, Lausanne 1980.
Marchal, Guy P.: Sempach 1386. Von den Anfängen des Territorialstaates Luzern, Basel 1986.
Marchal, Guy P.: Schweizer Gebrauchsgeschichte. Geschichtsbilder, Mythenbildung und nationale Identität, Basel 2006.
Meier, Bruno: Ein Königshaus aus der Schweiz. Die Habsburger, der Aargau und die Eidgenossenschaft im Mittelalter, Baden 2008.
Niederhäuser, Peter / Sieber, Christian: Ein «Bruderkrieg» macht Geschichte. Neue Zugänge zum Alten Zürichkrieg, Zürich 2006.
Peyer, Hans Conrad: Verfassungsgeschichte der alten Schweiz, Zürich 1978.
Peyer, Hans Conrad: Könige, Stadt und Kapital, Zürich 1982.
Quarthal, Franz: Residenz, Verwaltung und Territorialbildung in den westlichen Herrschaftsgebieten der Habsburger während des Spätmittelalters, in: Peter Rück (Hg.), Die Eidgenossen und ihre Nachbarn im Deutschen Reich des Mittelalters, Marburg a.d.L. 1991, S. 61–85.
Rauschert, Jeannette: Herrschaft und Schrift. Strategien der Inszenierung und Funktionalisierung von Texten in Luzern und Bern am Ende des Mittelalters, Berlin 2006.
Rizzi, Enrico: Geschichte der Walser, Anzola d'Ossola 1993.
Rogg, Matthias: Landsknechte und Reisläufer. Bilder vom Soldaten. Ein Stand in der Kunst des 16. Jahrhunderts, Paderborn 2002.
Romer, Hermann: Herrschaft, Reislauf und Verbotspolitik. Beobachtungen zum rechtlichen Alltag der Zürcher Solddienstbekämpfung im 16. Jahrhundert, Zürich 1995.
Sablonier, Roger: Gründungszeit ohne Eidgenossen. Politik und Gesellschaft in der Innerschweiz um 1300, Baden 2008.
Schatzmann, Niklaus: Verdorrende Bäume und Brote wie Kuhfladen. Hexenprozesse in der Leventina 1431–1459 und die Anfänge der Hexenverfolgung auf der Alpensüdseite, Zürich 2003.
Schwinges, Rainer C. (Hg.): Berns mutige Zeit. Das 13. und 14. Jahrhundert neu entdeckt, Bern 2003.

Sieber-Lehmann, Claudius / Wilhelmi, Thomas: In Helvetios – Wider die Kuhschweizer. Fremd- und Feindbilder von den Schweizern in antieidgenössischen Texten aus der Zeit von 1386 bis 1532, Bern 1998.

Stettler, Bernhard: Die Eidgenossenschaft im 15. Jahrhundert. Die Suche nach einem gemeinsamen Nenner, Menziken 2004.

Teuscher, Simon: Erzähltes Recht. Lokale Herrschaft, Verschriftlichung und Traditionsbildung im Spätmittelalter, Frankfurt a. M. 2007.

Utz Tremp, Kathrin: Von der Häresie zur Hexerei. «Wirkliche» und imaginäre Sekten im Spätmittelalter, Hannover 2008.

Verein für Bündner Kulturforschung (Hg.): Handbuch der Bündner Geschichte, Bd. 1: Frühzeit bis Mittelalter, Chur 2000.

Vischer, Lukas et al. (Hg.): Ökumenische Kirchengeschichte der Schweiz, Bd. 1: Spätmittelalter und Kirche und religiöses Leben im ausgehenden Mittelalter, 2., korr. Aufl. (1. Aufl. 1994), Freiburg i.Ue./ Basel 1998.

## 16. Jahrhundert

Bierbrauer, Peter: Freiheit und Gemeinde im Berner Oberland, 1300–1700, Bern 1991.

Blickle, Peter: Die Revolution von 1525, München/Wien 1975.

Blickle, Peter: Gemeindereformation. Die Menschen des 16. Jahrhunderts auf dem Weg zum Heil, München 1985.

Bolzern, Rudolf: Spanien, Mailand und die katholische Eidgenossenschaft. Militärische, wirtschaftliche und politische Beziehungen zur Zeit des Gesandten Alfonso Casati (1594–1621), Luzern/Stuttgart 1982.

Burghartz, Susanna: Zeiten der Reinheit, Orte der Unzucht. Ehe und Sexualität in Basel während der Frühen Neuzeit, Paderborn 1999.

Burnett, Amy Nelson: Teaching the reformation. Ministers and their message in Basel, 1529–1629, New York 2006.

Campi, Emidio / Opitz, Peter (Hg.): Heinrich Bullinger. Life – thought – influence, Zürich 2007.

Christin, Olivier: La paix de religion. L'autonomisation de la raison politique au XVI$^e$ siècle, Paris 1997.

Eire, Carlos: War against the idols. The reformation of worship from Erasmus to Calvin, Cambridge 1986.

Gagliardi, Ernst: Der Anteil der Schweizer an den italienischen Kriegen 1494–1516, Zürich 1919.

Gordon, Bruce: Clerical discipline and the rural reformation. The synod in Zurich, 1532–1580, Bern et al. 1992.

Gordon, Bruce: The Swiss Reformation, Manchester 2002.

Gordon, Bruce / Campi, Emidio (Hg.): Architect of Reformation: An introduction to Heinrich Bullinger, 1504–1575, Grand Rapids 2004.

Groebner, Valentin: Gefährliche Geschenke. Ritual, Politik und die Sprache der Korruption in der Eidgenossenschaft im späten Mittelalter und am Beginn der frühen Neuzeit, Konstanz 2000.

Groebner, Valentin: Ungestalten. Die visuelle Kultur der Gewalt im Mittelalter, München 2003.

Groebner, Valentin: Der Schein der Person. Steckbrief, Ausweis und Kontrolle im Europa des Mittelalters, München 2004.

Hacke, Daniela: Koexistenz und Differenz. Konfession, Kommunikation und Konflikt in der Alten Eidgenossenschaft (1531–1712), Manus. Univ. Zürich 2011.

Head, Randolph C.: Early modern democracy in the Grisons. Social order and political language in a Swiss mountain canton, 1470–1620, Cambridge 1995.

Hürlimann, Katja: Soziale Beziehungen im Dorf. Aspekte dörflicher Soziabilität in den Landvogteien Greifensee und Kyburg um 1500, Zürich 2000.

Kingdon, Robert M.: Geneva and the coming of the Wars of Religion in France, 1555–1563, Genève 1956.

Kingdon, Robert M.: Adultery and divorce in Calvin's Geneva. Cambridge Mass./London 1995.

Körner, Martin: Luzerner Staatsfinanzen, 1415–1798. Strukturen, Wachstum, Konjunkturen, Luzern 1981.

Maissen, Thomas: Die Geburt der Republik. Staatsverständnis und Repräsentation in der frühneuzeitlichen Eidgenossenschaft, Göttingen 2006.

Mathieu, Jon: Eine Agrargeschichte der Inneren Alpen. Graubünden, Tessin, Wallis 1500–1800, Zürich 1992.

Mathieu, Jon: Geschichte der Alpen 1500–1900. Umwelt, Entwicklung, Gesellschaft, Wien 1998.

Mattmüller, Markus: Bevölkerungsgeschichte der Schweiz, Teil 1: Die frühe Neuzeit, 1500–1700, Basel 1987.

Mauelshagen, Franz Matthias: Wunderkammer auf Papier. Die «Wickiana» zwischen Reformation und Volksglaube, Epfendorf 2011.

Mazzali, Tiziana: Il martirio delle streghe. Una nuova drammatica testimonianza dell'inquisizione laica del Seicento, Milano 1988.

Mommsen, Karl: Eidgenossen, Kaiser und Reich. Studien zur Stellung der Eidgenossenschaft innerhalb des heiligen römischen Reiches, Basel 1958.

Monter, E. William: Ritual, myth and magic in early modern Europe, Brighton/Sussex 1983.

Peyer, Hans Conrad: Verfassungsgeschichte der alten Schweiz, Zürich 1978.

Pfister, Christian: Klimageschichte der Schweiz, 1525–1860. Das Klima der Schweiz von 1525–1860 und seine Bedeutung in der Geschichte von Bevölkerung und Landwirtschaft, 2 Bde., Bern 1984.

Pfister, Ulrich: Protoindustrialisierung: Die Herausbildung von Gewerberegionen, 15.–18. Jahrhundert, in: Schweizerische Zeitschrift für Geschichte (SZG), Jg. 41, Nr. 2, 1991, S. 149–160.

Puff, Helmut: Sodomy in Reformation Germany and Switzerland, 1400–1600, Chicago 2003.

Romer, Hermann: Herrschaft, Reislauf und Verbotspolitik. Beobachtungen zum rechtlichen Alltag der Zürcher Solddienstbekämpfung im 16. Jahrhundert, Zürich 1995.

Schmidt, Heinrich Richard: Dorf und Religion. Reformierte Sittenzucht in Berner Landgemeinden der Frühen Neuzeit, Stuttgart 1995.

Schnyder, Caroline: Reformation und Demokratie im Wallis (1524–1613), Mainz 2002.

Sieber, Dominik: Jesuitische Missionierung, priesterliche Liebe, sakramentale Magie. Volkskulturen in Luzern, 1563–1614, Basel 2005.

Taric Zumsteg, Fabienne: Les sorciers à l'assaut du village. Gollion (1615–1631), Lausanne 2000.

Teuscher, Simon: Bekannte – Klienten – Verwandte. Soziabilität und Politik in der Stadt Bern um 1500, Köln et al. 1998.

Volkland, Frauke: Konfession und Selbstverständnis. Reformierte Rituale in der gemischtkonfessionellen Kleinstadt Bischofszell im 17. Jahrhundert, Göttingen 2005.

Wandel, Lee Palmer: Always among us. Images of the poor in Zwingli's Zurich, Cambridge et al. 1990.

Wandel, Lee Palmer: Voracious idols and violent hands. Iconoclasm in Reformation: Zurich, Strasbourg and Basel, Cambridge 1994.

Würgler, Andreas: Die Tagsatzung der Eidgenossen. Politik, Kommunikation und Symbolik einer repräsentativen Institution im europäischen Kontext (1470–1798), Epfendorf 2013.

## 17. Jahrhundert

Bock, Heike: Konversionen in der frühneuzeitlichen Eidgenossenschaft. Zürich und Luzern im konfessionellen Vergleich, Epfendorf 2009.

Braun-Bucher, Barbara: Der Berner Schultheiss Samuel Frisching (1605–1683). Schrifttum, Bildung, Verfassung und Politik des 17. Jahrhunderts auf Grund einer Biographie, Bern 1991.

Forclaz, Bertrand: Religiöse Vielfalt in der Schweiz seit der Reformation, in: Martin Baumann / Jörg Stolz (Hg.), Eine Schweiz – viele Religionen. Risiken und Chancen des Zusammenlebens, Bielefeld 2007, S. 89–99.

Furrer, Norbert et al. (Hg.): Gente ferocissima. Solddienst und Gesellschaft in der Schweiz (15.–19. Jahrhundert), Zürich/Lausanne 1997.

Gamboni, Dario / Germann, Georg (Hg.): Zeichen der Freiheit. Das Bild der Republik in der Kunst des 16. bis 20. Jahrhunderts, Bern 1991.

Guggisberg, Daniel: Das Bild der «Alten Eidgenossen» in Flugschriften des 16. bis Anfang 18. Jahrhunderts (1531–1712), Bern et al. 2000.

Head, Anne-Lise et al. (Hg.): La pauvreté en Suisse (XVII$^e$–XX$^e$ siècles), Zürich 1989.

Hersche, Peter: Katholische Opulenz kontra protestantische Sparsamkeit. Das Beispiel des barocken Pfarrkirchenbaus, in: Beat Kümin (Hg.), Landgemeinde und Kirche im Zeitalter der Konfessionen, Zürich 2004, S. 111–127.

Hersche, Peter: Musse und Verschwendung. Europäische Gesellschaft und Kultur im Barockzeitalter, Freiburg i. Br. 2006.

Holenstein, André: Die Huldigung der Untertanen. Rechtskultur und Herrschaftsordnung 800–1800, Stuttgart/New York 1991.

Jorio, Marco (Hg.): 1648, die Schweiz und Europa: Aussenpolitik zur Zeit des Westfälischen Friedens, Zürich 1999.

Körner, Martin: Die Schweiz 1650–1850, in: Ilja Mieck (Hg.), Europäische Wirtschafts- und Sozialgeschichte von der Mitte des 17. Jahrhunderts bis zur Mitte des 19. Jahrhunderts, Stuttgart 1993, S. 589–618.

Lau, Thomas: «Stiefbrüder». Nation und Konfession in der Schweiz und in Europa (1656–1712), Köln 2008.

Maissen, Thomas: Die Geburt der Republik. Staatsverständnis und Repräsentation in der frühneuzeitlichen Eidgenossenschaft, Göttingen 2006.

Mattmüller, Markus: Bevölkerungsgeschichte der Schweiz, Tl. I., Bd. 1, Basel 1987.

Pfister, Ulrich: Konfessionskonflikte in der frühneuzeitlichen Schweiz. Eine strukturalistische Interpretation, in: Schweizerische Zeitschrift für Religions- und Kulturgeschichte, Jg. 101, 2007, S. 257–312.

Pibiri, Eva / Poisson, Guillaume (Hg.): Le diplomate en question (XV$^e$–XVIII$^e$ siècles), Lausanne 2010.

Pitassi, Maria-Cristina: De l'orthodoxie aux Lumières, Genève 1670–1737, Genève 1992.

Römer, Jonas (Hg.): Bauern, Untertanen und «Rebellen». Eine Kulturgeschichte des Schweizerischen Bauernkrieges von 1653, Zürich 2004.

Schlaeppi, Daniel: «In allem übrigen werden sich die Gesandten zu verhalten wissen». Akteure in der eidgenössischen Aussenpolitik des 17. Jahrhunderts. Strukturen, Ziele und Strategien am Beispiel der Familie Zurlauben von Zug, in: Der Geschichtsfreund, Bd. 151, 1998, S. 5–90.

Schneller, Daniel: Der Ambassadorenhof in Solothurn: Kunstgeschichte und historische Hintergründe. Eine Monographie zur ehemaligen Residenz des französischen Botschafters (1530–1792) und zum Modell im Schloss Waldegg, Solothurn 1993.

Suter, Andreas: Der schweizerische Bauernkrieg von 1653. Politische Sozialgeschichte – Sozialgeschichte eines politischen Ereignisses, Tübingen 1997.

Tosato-Rigo, Danièle: La chronique de Jodocus Jost. Miroir du monde d'un paysan bernois au XVII$^e$ siècle, Lausanne 2009.

Vischer, Lukas et al. (Hg.): Histoire du christianisme en Suisse. Une perspective œcuménique, Genève/Fribourg 1995 (dt. Ökumenische Kirchengeschichte der Schweiz, Freiburg/Basel 1994).

Volkland, Frauke: Konfession und Selbstverständnis: Reformierte Rituale in der gemischtkonfessionellen Kleinstadt Bischofszell im 17. Jahrhundert, Göttingen 2005.

Wendland, Andreas: Der Nutzen der Pässe und die Gefährdung der Seelen. Spanien, Mailand und der Kampf ums Veltlin (1620–1641), Zürich 1995.

Wendland, Andreas: Mission und Konversion im kommunalen Kontext. Die Kapuziner als Träger der Konfessionalisierung (17. Jahrhundert), in: Georg Jäger / Ulrich Pfister (Hg.), Konfessionalisierung und Konfessionskonflikt in Graubünden, 16.–18. Jahrhundert, Zürich 2006, S. 207–231.

Wicki, Hans: Staat, Kirche, Religiosität. Der Kanton Luzern zwischen barocker Tradition und Aufklärung, Luzern/Stuttgart 1990.

Windler, Christian: Ohne Geld keine Schweizer. Pensionen und Söldnerrekrutierung auf den eidgenössischen Patronagemärkten, in: Hillard von Thiessen et al. (Hg.), Nähe in der Ferne. Personale Verflechtung in den Aussenbeziehungen der Frühen Neuzeit, Berlin 2005, S. 105–133.

Windler, Christian: Diplomatie als Erfahrung fremder politischer Kulturen. Gesandte von Monarchen in den eidgenössischen Orten (16. und 17. Jahrhundert), in: Geschichte und Gesellschaft, Jg. 32, Nr. 1, 2006, S. 5–44.

Villiger, Verena / Steinauer, Jean / Bitterli, Daniel: Im Galopp durchs Kaiserreich. Das bewegte Leben des Franz Peter König, Baden 2006.

Würgler, Andreas: Die Tagsatzung der Eidgenossen. Politik, Kommunikation und Symbolik einer repräsentativen Institution im europäischen Kontext (1470–1798), Epfendorf 2013.

*18. Jahrhundert und Helvetik*

Altorfer-Ong, Stefan: Staatsbildung ohne Steuern. Politische Ökonomie und Staatsfinanzen im Bern des 18. Jahrhunderts, Baden 2010.

Böhler, Michael et al. (Hg.): Republikanische Tugend. Ausbildung eines Schweizer Nationalbewusstseins und Erziehung eines neuen Bürgers, Genf 2000.

Böning, Holger: Der Traum von Freiheit und Gleichheit. Helvetische Revolution und Republik (1798–1803) – Die Schweiz auf dem Weg zur bürgerlichen Demokratie, Zürich 1998.

Brandli, Fabrice: Le nain et le géant. La République de Genève et la France au XVIII$^e$ siècle. Cultures politiques et diplomatie, Rennes 2012.

Brändle, Fabian: Demokratie und Charisma. Fünf Landsgemeindekonflikte im 18. Jahrhundert, Zürich 2005.

Candaux, Jean-Daniel et al. (Hg.): L'Encylopédie d'Yverdon et sa résonance européenne, Genève 2005.

Denzel, Markus: Die Geschäftsbeziehungen des Schaffhauser Handels- und Bankhauses Amman 1748–1779. Ein mikroökonomisches Fallbeispiel, in: Vierteljahrsschrift für Sozial- und Wirtschaftsgeschichte 89 (2002), S. 1–40.

Erne, Emil: Die schweizerischen Sozietäten. Lexikalische Darstellung der Reformgesellschaften des 18. Jahrhunderts in der Schweiz, Zürich 1988.

Flückiger Strebel, Erika: Zwischen Wohlfahrt und Staatsökonomie. Armenfürsorge auf der bernischen Landschaft im 18. Jahrhundert, Zürich 2002.

Godel, Eric: Die Zentralschweiz in der Helvetik (1798–1803). Kriegserfahrungen und Religion im Spannungsfeld von Nation und Religion, Münster 2009.

Graber, Rolf: Bürgerliche Öffentlichkeit und spätabsolutistischer Staat. Sozietätenbewegung und Konfliktkonjunktur in Zürich 1746–1780, Zürich 1993.

Graber, Rolf: Zeit des Teilens. Volksbewegungen und Volksunruhen auf der Zürcher Landschaft 1794–1804, Zürich 2003.

Hartmann, Anja Victorine: Reflexive Politik im sozialen Raum. Politische Eliten in Genf zwischen 1760 und 1841, Mainz 2003.

Hentschel, Uwe: Mythos Schweiz. Zum deutschen literarischen Philhelvetismus zwischen 1700 und 1850, Tübingen 2002.

Holenstein, André et al. (Hg.): Nützliche Wissenschaft und Ökonomie im Ancien Régime, Heidelberg 2007.

Holenstein, André et al. (Hg.): Berns goldene Zeit. Das 18. Jahrhundert neu entdeckt, Bern 2008.

Kälin, Urs: Die Urner Magistratenfamilien. Herrschaft, ökonomische Lage und Lebensstil einer ländlichen Oberschicht, 1700–1850, Zürich 1991.

Kempe, Michael: Wissenschaft, Theologie, Aufklärung. Johann Jakob Scheuchzer und die Sintfluttheorie, Epfendorf 2003.

Kümin, Beat: Drinking matters. Public houses and social exchange in early modern Central Europe, Basingstoke 2007.

Lütteken, Anett / Mahlmann-Bauer, Barbara (Hg.): Johann Jakob Bodmer und Johann Jakob Breitinger im Netzwerk der europäischen Aufklärung, Göttingen 2009.

Maissen, Thomas: Die Geburt der Republik. Staatsverständnis und Repräsentation in der frühneuzeitlichen Eidgenossenschaft, Göttingen 2006.

Peter, Roger: Wie die Kartoffel im Kanton Zürich zum «Heiland» der Armen wurde. Ein Beitrag zur Sozialgeschichte der Kartoffel in der Schweiz, Zürich 1996.

Pfister, Ulrich: Die Zürcher Fabriques. Protoindustrielles Wachstum vom 16. bis 18. Jahrhundert, Zürich 1992.

Pfister, Ulrich: Politischer Klientelismus in der frühneuzeitlichen Schweiz, in: Schweizerische Zeitschrift für Geschichte (SZG), Jg. 42, Nr. 1, 1992, S. 28–68.

Radeff, Anne: Du café dans le chaudron. Economie globale d'Ancien Régime (Suisse occidentale, Franche-Comté et Savoie), Lausanne 1996.
Rásonyi, Peter: Promotoren und Prozesse institutionellen Wandels. Agrarreformen im Kanton Zürich im 18. Jahrhundert, Berlin 2000.
Reichler, Claude: La découverte des Alpes et la question du paysage, Genève 2002.
Rosenblatt, Helena: Rousseau and Geneva. From the «First Discourse» to the «Social Contract», 1749–1762, Cambridge et al. 1997.
Schläppi, Daniel: Das Staatswesen als kollektives Gut. Gemeinbesitz als Grundlage der politischen Kultur in der frühneuzeitlichen Eidgenossenschaft, in: Historical Social Research, Bd. 32, Nr. 4, 2007, S. 169–202.
Schläppi, Daniel (Hg.): Umbruch und Beständigkeit. Kontinuitäten in der Helvetischen Revolution, Basel 2009.
Schlup, Michel (Hg.): La société typographique de Neuchâtel (1769–1789). L'édition neuchâteloise au siècle des Lumières, Neuchâtel 2002.
Schnyder, Marco: Famiglie e potere. Il ceto dirigente di Lugano e Mendrisio tra Sei e Settecento, Bellinzona 2011.
Stark, Jakob: Zehnten statt Steuern. Das Scheitern der Ablösung von Zehnten und Grundzinsen in der Helvetik. Eine Analyse des Vollzugs der Grundlasten- und Steuergesetze am Beispiel des Kantons Thurgau, Zürich 1993.
Steinauer, Jean: Patriciens, fromagers, mercenaires. L'émigration fribourgeoise sous l'Ancien Régime, Lausanne 2000.
Stuber, Martin et. al (Hg.): Hallers Netz. Ein europäischer Gelehrtenbriefwechsel zur Zeit der Aufklärung, Basel 2005.
Tanner, Albert: Spulen – Weben – Sticken. Die Industrialisierung in Appenzell Ausserrhoden, Zürich 1982.
Vettori, Arthur: Finanzhaushalt und Wirtschaftsverwaltung Basels (1689–1798). Wirtschafts- und Lebensverhältnisse einer Gesellschaft zwischen Tradition und Umbruch, Basel/Frankfurt a. M. 1984.
Veyrassat, Béatrice: Négociants et fabricants dans l'industrie cotonnière suisse, 1760–1840. Aux origines financières de l'industrialisation, Lausanne 1982.
Weber, Nadir: Zusammengesetzte Diplomatie. Das Fürstentum Neuchâtel und die Aussenbeziehungen der Könige von Preussen (1707–1806), Diss. phil.-hist. Univ. Bern 2013.
Wicki, Hans: Staat, Kirche, Religiosität. Der Kanton Luzern zwischen barocker Tradition und Aufklärung, Luzern 1990.
Würgler, Andreas: Die Tagsatzung der Eidgenossen. Politik, Kommunikation und Symbolik einer repräsentativen Institution im europäischen Kontext (1470–1798), Epfendorf 2013.
Zimmer, Oliver: A contested nation. History, memory and nationalism in Switzerland, 1761–1891, Cambridge 2003.
Zumkeller, Dominique: Le paysan et la terre. Agriculture et structure agraire à Genève au XVIII$^e$ siècle, Genève 1992.
Zurbuchen, Simone: Patriotismus und Kosmopolitismus. Die Schweizer Aufklärung zwischen Tradition und Moderne, Zürich 2003.

### Von der Helvetik bis zum Bundesstaat 1848

Adler, Benjamin: Die Entstehung der direkten Demokratie. Das Beispiel der Landsgemeinde Schwyz 1789–1866, Zürich 2006.
Altermatt, Urs et al. (Hg.): Die Konstruktion einer Nation. Nation und Nationalisierung in der Schweiz, 18.–20. Jahrhundert, Zürich 1998.
Bonjour, Edgar: Geschichte der schweizerischen Neutralität. Drei Jahrhunderte eidgenössischer Aussenpolitik, Basel 1946.
Bucher, Erwin: Die Geschichte des Sonderbundskrieges, Zürich 1966.
Dufour, Alfred et al. (Hg.): Bonaparte, la Suisse et l'Europe. Actes du Colloque européen d'histoire constitutionnelle pour le bicentenaire de l'Acte de médiation (1803–2003), Bruxelles et al. 2003.
Ernst, Andreas et al. (Hg.): Revolution und Innovation. Die konfliktreiche Entstehung des schweizerischen Bundesstaates von 1848, Zürich 1998.
FemmesTour (Hg.): Mit Geld, Geist und Geduld. Frauen und ihre Geschichte zwischen Helvetik und Bundesstaat, Bern 1998.
Fritzsche, Bruno et al.: Historischer Strukturatlas der Schweiz. Die Entstehung der modernen Schweiz, Baden 2001.
Gruner, Erich: Die Arbeiter in der Schweiz im 19. Jahrhundert. Soziale Lage, Organisation, Verhältnis zu Arbeitgeber und Staat, Bern 1968.
Herrmann, Irène: Les cicatrices du passé. Essai sur la gestion des conflits en Suisse (1798–1918), Bern 2006.
Hildbrand, Thomas / Tanner, Albert (Hg.): Im Zeichen der Revolution. Der Weg zum schweizerischen Bundesstaat 1798–1848, Zürich 1997.
Humair, Cédric: Développement économique et Etat central (1815–1914). Un siècle de politique douanière suisse au service des élites, Bern et al. 2004.
Humair, Cédric: 1848. Naissance de la Suisse moderne, Lausanne 2009.
Jost, Hans Ulrich / Tanner, Albert (Hg.): Geselligkeit, Sozietäten und Vereine – Sociabilité et faits associatifs, Zürich 1991.
Kaestli, Tobias: Die Schweiz – eine Republik in Europa. Geschichte des Nationalstaates seit 1798, Zürich 1998.
Kölz, Alfred: Neuere Schweizerische Verfassungsgeschichte. Ihre Grundlinien vom Ende der Alten Eidgenossenschaft bis 1848, Bern 1992.
Kreis, Georg (Hg.): Der Weg zur Gegenwart. Die Schweiz im 19. Jahrhundert, Basel 1986.
Maissen, Thomas: Vom Sonderbund zum Bundesstaat. Krise und Erneuerung 1798–1848 im Spiegel der NZZ, Zürich 1998.
Marchal, Guy P.: Schweizer Gebrauchsgeschichte. Geschichtsbilder, Mythenbildung und nationale Identität, Basel 2006.
Pfister, Christian: Klimageschichte der Schweiz, 1525–1860. Das Klima der Schweiz von 1525–1860 und seine Bedeutung in der Geschichte von Bevölkerung und Landwirtschaft, 2 Bde., Bern 1985.
Simon, Christian (Hg.): Dossier Helvetik, 6 Bde., Basel/Frankfurt a. M. 1995–2000.
Tanner, Albert: Arbeitsame Patrioten – wohlständige Damen. Bürgertum und Bürgerlichkeit in der Schweiz, 1830–1914, Zürich 1995.
Wyss, Arthur: Die Post in der Schweiz. Ihre Geschichte durch 2000 Jahre, Bern/Stuttgart 1987.
Zimmer, Oliver: A contested nation. History, memory and nationalism in Switzerland, 1761–1891, Cambridge 2003.

### Vom Bundesstaat 1848 bis 1914

Altermatt, Urs: Der Weg der Schweizer Katholiken ins Ghetto. Die Entstehungsgeschichte der nationalen Volksorganisationen im Schweizer Katholizismus 1848–1919, 3. Aufl. (1. Aufl. 1972), Freiburg 1995.
Argast, Regula: Staatsbürgerschaft und Nation. Ausschliessung und Integration in der Schweiz 1848–1933, Göttingen 2007.
Arni, Caroline: Entzweiungen. Die Krise der Ehe um 1900, Köln 2004.
Baumann, Max: Kleine Leute. Schicksale einer Bauernfamilie 1670–1970, Zürich 1986.
Bergier, Jean-François: Die Wirtschaftsgeschichte der Schweiz. Von den Anfängen bis zur Gegenwart, Zürich/Köln 1983.
Buschauer, Regine: Mobile Räume. Medien- und diskursgeschichtliche Studien zur Tele-Kommunikation, Bielefeld 2010.
Desrosières, Alain: Die Politik der grossen Zahlen. Geschichte einer statistischen Denkweise, Berlin et al. 2005.
Elsasser, Kilian T. / ViaStoria (Hg.): Der direkte Weg in den Süden. Die Geschichte der Gotthardbahn, Zürich 2007.
Epple, Rudolf et al. (Hg.): Nah dran, weit weg. Geschichte des Kantons Basel-Landschaft, Bd. 5, Liestal 2001.
Epple, Rudolf / Schär, Eva: Stifter, Städte, Staaten. Zur Geschichte der Armut, Selbsthilfe und Unterstützung in der Schweiz, Zürich 2010.
Ernst, Andreas / Wigger, Erich (Hg.), Die neue Schweiz? Eine Gesellschaft zwischen Integration und Polarisierung (1910–1930), Zürich 1996.
Greyerz, Hans von: Der Bundesstaat seit 1848, in: Hanno Helbling et al., Handbuch der Schweizer Geschichte, Bd. 2, Zürich 1977, S. 1019–1246.
Gruner, Erich: Die Arbeiter in der Schweiz im 19. Jahrhundert. Soziale Lage, Organisation, Verhältnis zu Arbeitgeber und Staat, Bern 1968.
Gruner, Erich / Wiedmer, Hans-Rudolf: Arbeiterschaft und Wirtschaft in der Schweiz, Bd. 1: Demographische, wirtschaftliche und soziale Basis und Arbeitsbedingungen, Zürich 1987.
Hardmeier, Sibylle: Frühe Frauenstimmrechtsbewegung in der Schweiz (1890–1930), Zürich 1997.

Heller, Geneviève: «Propre en ordre». Habitation et vie domestique 1850–1930. L'exemple vaudois, Lausanne 1979.

Hettling, Manfred / König, Mario / Schaffner, Martin / Suter, Andreas / Tanner, Jakob: Eine kleine Geschichte der Schweiz. Der Bundesstaat und seine Traditionen, Frankfurt a. M. 1998.

Joris, Elisabeth / Rieder, Katrin / Ziegler, Béatrice: Tiefenbohrungen. Frauen und Männer auf den grossen Tunnelbaustellen der Schweiz 1870–2005, Baden 2006.

Joris, Elisabeth / Witzig, Heidi: Frauengeschichte(n). Dokumente aus zwei Jahrhunderten zur Situation der Frauen in der Schweiz, Zürich 1986.

Jost, Hans Ulrich: Die reaktionäre Avantgarde. Die Geburt der neuen Rechten in der Schweiz um 1900, Zürich 1992.

Jost, Hans Ulrich: Der Bundesstaat von 1848 im Kontext des «langen» 19. Jahrhunderts, in: Andreas Ernst et al. (Hg.), Revolution und Innovation. Die konfliktreiche Entstehung des schweizerischen Bundesstaates, Zürich 1998, S. 91–101.

Jung, Joseph: Alfred Escher, 1819–1882. Aufstieg, Macht, Tragik, 3. Aufl. (1. Aufl. 2006), Zürich 2008.

König, Mario / Siegrist, Hannes / Vetterli, Rudolf: Warten und Aufrücken. Die Angestellten in der Schweiz, 1870–1950, Zürich 1985.

Kreis, Georg: Der Mythos von 1291, Basel 1991.

Lang, Karl et al.: 100 Jahre Sozialdemokratische Partei der Schweiz. Nachdenken über Konstanten und Brüche, Spannungen und Harmonien, in: Sozialdemokratische Partei der Schweiz (Hg.), Solidarität, Widerspruch, Bewegung. 100 Jahre Sozialdemokratische Partei Schweiz, Zürich 1988, S. 9–29.

Mattioli, Aram (Hg.): Antisemitismus in der Schweiz 1848–1960, Zürich 1998.

Mesmer, Beatrix: Ausgeklammert – eingeklammert. Frauen und Frauenorganisationen in der Schweiz des 19. Jahrhunderts, Basel 1988.

Mesmer, Beatrix (Hg.): Die Verwissenschaftlichung des Alltags. Anweisungen zum richtigen Umgang mit dem Körper in der schweizerischen Populärpresse 1850–1900, Zürich 1997.

Mesmer, Beatrix, Staatsbürgerinnen ohne Stimmrecht. Die Politik der schweizerischen Frauenverbände 1914–1971, Zürich 2007.

Rüegg, Walter (Hg.): Geschichte der Universität in Europa, Bd. 3: Vom 19. Jahrhundert bis zum Zweiten Weltkrieg, München 2004.

Ruffieux, Roland: Die Schweiz des Freisinns, in: Jean-Claude Favez et al. (Hg.), Geschichte der Schweiz und der Schweizer, Bd. 3, Basel 1983, S. 9–100.

Ryter, Annamarie: Als Weibsbild bevogtet. Zum Alltag von Frauen im 19. Jahrhundert. Geschlechtsvormundschaft und Ehebeschränkungen im Kanton Basel-Landschaft, Liestal 1994.

Sarasin, Philipp: Stadt der Bürger. Bürgerliche Macht und städtische Gesellschaft, Basel 1846–1914, 2., erw. Aufl. (1. Aufl. 1990), Göttingen 1997.

Schaffner, Martin: Die demokratische Bewegung der 1860er Jahre. Beschreibung und Erklärung der Zürcher Volksbewegung von 1867, Basel/Frankfurt a. M. 1982.

Schueler, Judith: Materialising identity. The co-construction of the Gotthard railway and Swiss national identity, Den Haag 2008.

Siegenthaler, Hansjörg: Die Schweiz 1850–1914, in: Wolfram Fischer (Hg.), Europäische Wirtschafts- und Sozialgeschichte von der Mitte des 19. Jahrhunderts bis zum Ersten Weltkrieg, Stuttgart 1985, S. 443–473.

Siegenthaler, Hansjörg: Regelvertrauen, Prosperität und Krisen. Die Ungleichmässigkeit wirtschaftlicher und sozialer Entwicklung als Ergebnis individuellen Handelns und sozialen Lernens, Tübingen 1993.

Siegenthaler, Hansjörg / Ritzmann-Blickenstorfer, Heiner (Hg.): Historische Statistik der Schweiz, Zürich 1996.

Siegenthaler, Hansjörg (Hg.): Wissenschaft und Wohlfahrt. Moderne Wissenschaft und ihre Träger in der Formation des Schweizerischen Wohlfahrtsstaates während der zweiten Hälfte des 19. Jahrhunderts, Zürich 1997.

Tanner, Albert: Bürgertum und Bürgerlichkeit in der Schweiz. Die «Mittelklassen» an der Macht, in: Jürgen Kocka / Ute Frevert (Hg.), Bürgertum im 19. Jahrhundert. Deutschland im europäischen Vergleich, Bd. 1, München 1988, S. 193–223.

Tanner, Albert: Arbeitsame Patrioten – wohlanständige Damen. Bürgertum und Bürgerlichkeit in der Schweiz, 1830–1914, Zürich 1995.

Tanner, Jakob: Der Kampf gegen die Armut. Erfahrungen und Deutungen aus historischer Sicht, in: Ursula Renz (Hg.), Zu wenig. Dimensionen der Armut, Zürich 2007, S. 80–109.

Wecker, Regina: Die Entwicklung zur Grossstadt 1833–1910, in: Georg Kreis / Beat von Wartburg (Hg.), Basel. Geschichte einer städtischen Gesellschaft, Basel 2000, S. 196–224.

Wecker, Regina: Zwischen Ökonomie und Ideologie. Arbeit im Lebenszusammenhang von Frauen im Kanton Basel-Stadt 1870–1910, Zürich 1997.

Wecker, Regina / Studer, Brigitte / Sutter, Gaby: Die «schutzbedürftige Frau». Zur Konstruktion von Geschlecht durch Mutterschaftsversicherung, Nachtarbeitsverbot und Sonderschutzgesetzgebung, Zürich 2001.

### Vom Ersten Weltkrieg bis 1949

Baumann, Werner / Moser, Peter: Bauern im Industriestaat. Agrarpolitische Konzeptionen und bäuerliche Bewegungen in der Schweiz 1918–1968, Zürich 1999.

Castelmur, Linus von: Schweizerisch-alliierte Finanzbeziehungen im Übergang vom Zweiten Weltkrieg zum Kalten Krieg. Die deutschen Guthaben in der Schweiz zwischen Zwangsliquidierung und Freigabe (1945–1952), Zürich 1992.

Cerutti, Mauro: Le Tessin, la Suisse et l'Italie de Mussolini: fascisme et antifascisme 1921–1935, Lausanne 1988.

David, Thomas / Müller, Philipp (Hg.): Geschichte der politischen Parteien, Zürich 2007.

Diplomatische Dokumente der Schweiz. Documents Diplomatiques Suisses. Documenti Diplomatici Svizzeri (DDS), 1848–1972, 25 Bde., Zürich 1979–2013 (Online Datenbank Dodis, www.dodis.ch).

Favez, Jean-Claude: Das Internationale Rote Kreuz und das Dritte Reich. War der Holocaust aufzuhalten? Zürich 1989 (frz. Une mission impossible? Le CICR, les déportations et les camps de concentration nazis, Lausanne 1988).

Gautschi, Willi: Der Landesstreik 1918, Zürich 1968.

Guex, Sébastien et al. (Hg.): Krisen und Stabilisierung. Die Schweiz in der Zwischenkriegszeit, Zürich 1998.

Guex, Sébastien: La politique monétaire et financière de la Confédération suisse 1900–1920, Lausanne 1993.

Herren, Madeleine / Zala, Sacha: Netzwerk Aussenpolitik. Internationale Kongresse und Organisationen als Instrumente der schweizerischen Aussenpolitik 1914–1950, Zürich 2002.

Hug, Peter / Kloter, Martin (Hg.): Aufstieg und Niedergang des Bilateralismus. Schweizerische Aussen- und Aussenwirtschaftspolitik, 1930–1960. Rahmenbedingungen, Entscheidungsstrukturen, Fallstudien, Zürich 1999.

Jaun, Rudolf: Preussen vor Augen. Das schweizerische Offizierskorps im militärischen und gesellschaftlichen Wandel des Fin de siècle, Zürich 1999.

Jost, Hans Ulrich: Politik und Wirtschaft im Krieg. Die Schweiz 1938–1948, Zürich 1998.

Jost, Hans Ulrich: Europa und die Schweiz 1945–1950. Europarat, Supranationalität und schweizerische Unabhängigkeit, Zürich/Lausanne 1999.

Kästli, Tobias: Selbstbezogenheit und Offenheit – Die Schweiz in der Welt des 20. Jahrhunderts. Zur politischen Geschichte eines neutralen Kleinstaates, Zürich 2005.

Keller, Stefan Andreas: Im Gebiet des Unneutralen. Schweizerische Buchzensur im Zweiten Weltkrieg zwischen Nationalsozialismus und Geistiger Landesverteidigung, Zürich 2009.

Kreis, Georg / Müller, Bertrand (Hg.): Die Schweiz und der Zweite Weltkrieg. La Suisse et la Seconde Guerre mondiale, Basel 1997.

Kreis, Georg: Die Rückkehr des J-Stempels. Zur Geschichte einer schwierigen Vergangenheitsbewältigung, Zürich 2000.
Kury, Patrick: Über Fremde reden. Überfremdungsdiskurs und Ausgrenzung in der Schweiz 1900–1945, Zürich 2003.
Lasserre, André: Schweiz: Die dunklen Jahre. Öffentliche Meinung 1939–1945, Zürich 1992 (frz. La Suisse des années sombres. Courants d'opinion pendant la Deuxième Guerre mondiale, 1939–1945, Lausanne 1989).
Leimgruber, Walter / Meier, Thomas / Sablonier, Roger: Das «Hilfswerk für die Kinder der Landstrasse». Historische Studie aufgrund der Akten der Stiftung Pro Juventute im Schweizerischen Bundesarchiv, Bern 1998.
Mattioli, Aram (Hg.): Intellektuelle von rechts. Ideologie und Politik in der Schweiz 1918–1939, Zürich 1995.
Mesmer, Beatrix: Staatsbürgerinnen ohne Stimmrecht. Die Politik der schweizerischen Frauenverbände 1914–1971, Zürich 2007.
Moos, Carlo: Ja zum Völkerbund – Nein zur UNO. Die Volksabstimmungen von 1920 und 1986 in der Schweiz, Lausanne/Zürich 2001.
Perrenoud, Marc: Banquiers et diplomates suisses (1938–1946), Lausanne 2011.
Picard, Jacques: Die Schweiz und die Juden 1933–1945. Schweizerischer Antisemitismus, jüdische Abwehr und internationale Migrations- und Flüchtlingspolitik, 3. Aufl. (1. Aufl. 1994), Zürich 1997.
Rossfeld, Roman / Straumann, Tobias (Hg.): Der vergessene Wirtschaftskrieg. Schweizer Unternehmen im Ersten Weltkrieg, Zürich 2008.
Schweizerisches Bundesarchiv (Hg.): Die Schweiz und die Flüchtlinge. La Suisse et les réfugiés, 1933–1945, Bern 1996.
Tanner, Jakob: Bundeshaushalt, Währung und Kriegswirtschaft. Eine finanzsoziologische Analyse der Schweiz zwischen 1938 und 1953, Zürich 1986.
Unabhängige Expertenkommission Schweiz–Zweiter Weltkrieg (UEK): Veröffentlichungen der Unabhängigen Expertenkommission Schweiz – Zweiter Weltkrieg, 25 Bde., Zürich 2001–2002.
Unabhängige Expertenkommission Schweiz – Zweiter Weltkrieg (UEK): Die Schweiz, der Nationalsozialismus und der Zweite Weltkrieg. Schlussbericht, Zürich 2002.
Valär, Rico Franc: Weder Italiener noch Deutsche! Die rätoromanische Heimatbewegung 1863–1938, Baden 2013.
Wecker, Regina / Studer, Brigitte / Sutter, Gaby: Die «schutzbedürftige Frau». Zur Konstruktion von Geschlecht durch Mutterschaftsversicherung, Nachtarbeitsverbot und Sonderschutzgesetzgebung, Zürich 2001.
Wolfisberg, Carlo: Heilpädagogik und Eugenik. Zur Geschichte der Heilpädagogik in der deutschsprachigen Schweiz (1800–1950), Zürich 2002.
Zala, Sacha: Geschichte unter der Schere politischer Zensur. Amtliche Aktensammlungen im internationalen Vergleich, München 2001.

### 1943 bis zur Gegenwart
Altermatt, Urs: Rechte und linke Fundamentalopposition. Studien zur Schweizer Politik 1965–1990, Basel 1994.
Andersen, Arne (Hg.): Perlon, Petticoats und Pestizide. Mensch-Umwelt-Beziehung in der Region Basel der 50er Jahre, Basel/Berlin 1994.
Barcella, Paolo: «Venuti qui per cercare lavoro». Gli emigrati italiani nella Svizzera del secondo dopoguerra, Bellinzona 2012.
Blanc, Jean-Daniel / Luchsinger, Christine (Hg.): achtung: die 50er Jahre! Annäherung an eine widersprüchliche Zeit, Zürich 1994.
Brassel-Moser, Ruedi: «Das Schweizerhaus muss sauber sein». Das Kriegsende 1945 im Baselbiet, Liestal 1999.
Braun, Peter: Von der Reduitstrategie zur Abwehr. Die Militärische Landesverteidigung der Schweiz im Kalten Krieg 1945–1966, Baden 2006.
Buomberger, Thomas: Kampf gegen unerwünschte Fremde. Von James Schwarzenbach bis Christoph Blocher, Zürich 2004.
Buomberger, Thomas / Pfrunder, Peter (Hg.): Schöner Leben, mehr haben. Die 50er Jahre in der Schweiz im Geiste des Konsums, Zürich 2012.
Chiquet, Simone et al. (Hg.): Nach dem Krieg. Grenzen in der Regio 1944–1948, Zürich 1995.
Dahinden, Martin (Hg.): Neue soziale Bewegungen – und ihre gesellschaftlichen Wirkungen, Zürich 1987.
Dejung, Christoph: Schweizer Geschichte seit 1945, Frauenfeld 1984.
Dejung, Christoph: Widerspruch. Auch eine Schweizer Geschichte seit 1945, Frauenfeld 2008.
Drack, Markus T. (Hg.): Radio und Fernsehen in der Schweiz. Geschichte der Schweizerischen Rundspruchgesellschaft SRG bis 1958, 2 Bde., Baden 2000.
Drews, Isabel: «Schweizer erwache!». Der Rechtspopulist James Schwarzenbach (1967–1978), Frauenfeld 2005.
Ewald, Klaus C. / Klaus, Gregor: Die ausgewechselte Landschaft. Vom Umgang der Schweizer mit ihrer wichtigsten natürlichen Ressource, Bern 2009.
Favez, Jean-Claude / Mysyrowicz, Ladislas: Le nucléaire en Suisse. Jalons pour une histoire difficile, Lausanne 1987.
Fleury, Antoine / Joye, Frédéric: Die Anfänge der Forschungspolitik in der Schweiz. Gründungsgeschichte des Schweizerischen Nationalfonds zur Förderung der wissenschaftlichen Forschung 1934–1952, Baden 2002.
Freiburghaus, Dieter: Königsweg oder Sackgasse? Sechzig Jahre schweizerische Europapolitik, Zürich 2009.
Ganser, Daniele: Europa im Erdölrausch. Die Folgen einer gefährlichen Abhängigkeit, Zürich 2012.
Gesellschaft für Schweizerische Kunstgeschichte (Hg.): Die vierziger Jahre, in: Unsere Kunstdenkmäler. Mitteilungsblatt für die Mitglieder der Gesellschaft für Schweizerische Kunstgeschichte, Jg. 42, Nr. 3, 1991.
Gesellschaft für Schweizerische Kunstgeschichte (Hg.): Die fünfziger Jahre, in: Unsere Kunstdenkmäler. Mitteilungsblatt für die Mitglieder der Gesellschaft für Schweizerische Kunstgeschichte, Jg. 43, Nr. 3, 1992.
Goetschel, Laurent / Bernath, Magdalena / Schwarz, Daniel: Schweizerische Aussenpolitik. Grundlagen und Möglichkeiten, Zürich 2002.
Grob, Peter J.: Zürcher «Needle-Park». Ein Stück Drogengeschichte und -politik 1968–2008, Zürich 2009.
Halter, Ernst (Hg.): Das Jahrhundert der Italiener in der Schweiz, Zürich 2003.
Hauser, Claude: L'aventure du Jura. Cultures politiques et identité régionale au XX$^e$ siècle, Lausanne 2004.
Heiniger, Markus: Die schweizerische Antiatombewegung 1958–1963. Eine Analyse der politischen Kultur, Liz.-Arb. Univ. Zürich 1980.
Hermann, Michael / Leuthold, Heiri: Atlas der politischen Landschaften. Ein weltanschauliches Porträt der Schweiz, Zürich 2003.
Hersche, Peter: Agrarische Religiosität. Landbevölkerung und traditioneller Katholizismus in der voralpinen Schweiz 1945–1960, Baden 2013.
Höpflinger, François: Bevölkerungswandel in der Schweiz. Zur Entwicklung von Heiraten, Geburten, Wanderungen und Sterblichkeit, Grüsch 1986.
Hug, Peter / Mesmer, Beatrix (Hg.): Von der Entwicklungshilfe zur Entwicklungspolitik, Bern 1993.
Imhof, Kurt / Kleger, Heinz / Romano, Gaetano (Hg.): Krise und sozialer Wandel, Bd. 2: Konkordanz und Kalter Krieg. Analyse von Medienereignissen in der Schweiz der Zwischen- und Nachkriegszeit, Zürich 1996; Bd. 3: Vom Kalten Krieg zur Kulturrevolution. Analyse von Medienereignissen in der Schweiz der 50er und 60er Jahre, Zürich 1999.
König, Mario et al. (Hg.): Dynamisierung und Umbau. Die Schweiz in den 60er und 70er Jahren, Zürich 1998.
König, Mario: Wohlhabenheit. Vom Erfolg einer kleinen offenen Volkswirtschaft, in: Manfred Hettling / Mario König / Martin Schaffner / Andreas Suter / Jakob Tanner, Eine kleine Geschichte der Schweiz, Frankfurt a.M. 1998, S. 265–289.
Kreis, Georg (Hg.): Staatsschutz in der Schweiz. Die Entwicklung von 1935–1990. Eine multidisziplinäre Untersuchung im Auftrage des schweizerischen Bundesrates, Bern 1993.

Kreis, Georg: Die Schweiz und Südafrika 1948–1994. Schlussbericht des im Auftrag des Bundesrats durchgeführten NFP 42+, Bern 2005.

Kreis, Georg (Hg.): Erprobt und entwicklungsfähig. Zehn Jahre Bundesverfassung, Zürich 2009.

Kreis, Georg (Hg.): Schweiz – Europa: wie weiter? Kontrollierte Personenfreizügigkeit, Zürich 2009.

Kriesi, Hanspeter et al. (Hg.): Politische Aktivierung in der Schweiz 1945–1978, Diessenhofen 1981.

Kriesi, Hanspeter et al. (Hg.): Der Aufstieg der SVP. Acht Kantone im Vergleich, Zürich 2005.

Kroll-Schretzenmayr, Martina: Gelungen – misslungen? Die Geschichte der Raumplanung Schweiz, Zürich 2008.

Kupper, Patrick: Atomenergie und gespaltene Gesellschaft. Die Geschichte des gescheiterten Projektes Kernkraftwerk Kaiseraugst, Zürich 2003.

Kurmann, Fridolin / Leuenberger, Martin / Wecker, Regina: Lasst hören aus neuer Zeit. Gesellschaft, Wirtschaft und Politik im Kanton Luzern seit dem Ersten Weltkrieg, Luzern 1986.

Langejürgen, Ralf: Die Eidgenossenschaft zwischen Rütli und EWR. Der Versuch einer Neuorientierung der Schweizer Europapolitik, Chur 1993.

Leimgruber, Walter / Christen, Gabriela: Sonderfall? Die Schweiz zwischen Réduit und Europa. Ausstellung im Schweizerischen Landesmuseum Zürich, 19. August bis 15. November 1992: Begleitband, Zürich 1992.

Leimgruber, Walter (Hg.): «Goldene Jahre». Zur Geschichte der Schweiz seit 1945, Zürich 1999.

Levy, René: Die schweizerische Sozialstruktur, Zürich/Chur 2009.

Mahnig, Hans (Hg.): Histoire de la politique de migration, d'asile et d'intégration en Suisse depuis 1948, Zürich 2005.

Maissen, Thomas: Verweigerte Erinnerung. Nachrichtenlose Vermögen und Schweizer Weltkriegsdebatte 1989–2004, Zürich 2005.

Mantovani, Mauro: Schweizerische Sicherheitspolitik im Kalten Krieg (1947–1963). Zwischen angelsächsischem Containment und Neutralitäts-Doktrin, Zürich 1999.

Märki, Lukas (Hg.): Mit Vollgas ins 20. Jahrhundert. Eine Geschichte über die Auto-Mobilmachung im Schweizer Mitteland, Büren 2010.

Matzinger, Albert: Die Anfänge der schweizerischen Entwicklungshilfe 1948–1961, Bern 1991.

Maurhofer, Roland: Die schweizerische Europapolitik vom Marshallplan zur EFTA 1947 bis 1960. Zwischen Kooperation und Integration, Bern 2001.

Mäusli, Theo / Steigmeier, Andreas (Hg.): Radio und Fernsehen in der Schweiz. Geschichte der Schweizerischen Radio- und Fernsehgesellschaft SRG 1958–1983, Baden 2006.

Mäusli, Theo / Steigmeier, Andreas / Valloton, François (Hg.): Radio und Fernsehen in der Schweiz. Geschichte der Schweizerischen Radio- und Fernsehgesellschaft SRG 1983–2011, Baden 2012.

Moser, Peter / Brodbeck, Beat: Milch für alle. Bilder, Dokumente und Analysen zur Milchwirtschaft und Milchpolitik in der Schweiz im 20. Jahrhundert, Baden 2007.

Neval, Daniel Alexander: «Mit Atombomben bis nach Moskau». Gegenseitige Wahrnehmung der Schweiz und des Ostblocks im Kalten Krieg 1945–1968, Zürich 2003.

Pfister, Christian (Hg.), Das 1950er Syndrom. Der Weg in die Konsumgesellschaft, Bern/Stuttgart 1996.

Piguet, Etienne: L'immigration en Suisse. Cinquante ans d'entrouverture, Lausanne 2004 (dt. Einwanderungsland Schweiz. Fünf Jahrzehnte halb geöffnete Grenzen, Bern 2006).

Piguet, Etienne: L'immigration en Suisse depuis 1948. Une analyse des flux migratoires, Zürich 2005.

Prongué, Bernard (Hg.): L'écartèlement. Espace jurassien et identité plurielle, St. Imier/Lausanne 1991.

Rohner, Gabriela: Die Wirksamkeit von Volksinitiativen im Bund, 1848–2010, Zürich 2012.

Schweizerische Bankgesellschaft (Hg.): Die Schweizer Wirtschaft 1946–1986. Daten, Fakten, Analysen, Zürich 1987.

Schwok, René: Suisse – Union européenne. L'adhésion impossible?, Lausanne 2006 (dt. Schweiz – Europäische Union. Beitritt unmöglich?, Zürich 2009).

Skenderovic, Damir / Späti, Christina (Hg.): 1968 – Revolution und Gegenrevolution. Neue Linke und Neue Rechte in Frankreich, der BRD und der Schweiz, Basel 2008.

Skenderovic, Damir / Späti, Christina (Hg.): Die 1968er-Jahre in der Schweiz. Aufbruch in Politik und Kultur, Baden 2012.

Tanner, Jakob: Militär und Gesellschaft in der Schweiz nach 1945, in: Ute Frevert (Hg.): Militär und Gesellschaft im 19. und 20. Jahrhundert, Stuttgart 1997, S. 314–341.

Unabhängige Expertenkommission Schweiz – Zweiter Weltkrieg (UEK): Die Schweiz, der Nationalsozialismus und der Zweite Weltkrieg. Schlussbericht, Zürich 2002.

Voegeli, Yvonne: Zwischen Hausrat und Rathaus. Auseinandersetzungen um die politische Gleichberechtigung der Frauen in der Schweiz 1945–1971, Zürich 1971.

Waldburger, Daniele / Zürcher, Lukas / Scheidegger, Urs: «Im Dienst der Menschheit». Meilensteine der Schweizer Entwicklungszusammenarbeit seit 1945, Bern 2012.

Wicker, Hans-Rudolf et al. (Hg.): Migration und die Schweiz. Ergebnisse des Nationalen Forschungsprogramms «Migration und interkulturelle Beziehungen», Zürich 2003.

## AUTORINNEN UND AUTOREN

**Silvia Arlettaz** — Jg. 1955, Dr. phil., Titularprofessorin für Neuere Allgemeine Geschichte und Schweizer Geschichte an der Universität Freiburg, silvia.arlettaz@unifr.ch

**Susanna Burghartz** — Jg. 1956, Dr. phil., Professorin für Geschichte der Renaissance und Frühen Neuzeit an der Universität Basel, susanna.burghartz@unibas.ch

**Olivier Christin** — Jg. 1961, Dr. phil., Titularprofessor für Geschichte der Neuzeit an der Universität Neuenburg, olivier.christin@unine.ch

**Justin Favrod** — Jg. 1963, Dr. phil. in Alter Geschichte und Journalist, justin.favrod@24heures.ch

**Bertrand Forclaz** — Jg. 1974, Dr. phil., Lehrbeauftragter an den Universitäten Neuenburg und Genf und Privatdozent an der Universität Freiburg, bertrand.forclaz@unine.ch

**Regula Frei-Stolba** — Jg. 1940, Dr. phil., Professorin em. für Alte Geschichte an der Universität Lausanne, regula.freistolba@unil.ch

**Randolph Head** — Jg. 1957, Dr. phil., Professor für Europäische Geschichte der Frühen Neuzeit an der Universität von Kalifornien in Riverside, randolph.head@ucr.edu

**Irène Herrmann** — Jg. 1965, Dr. phil., Professorin für Geschichte der Neuzeit an der Universität Genf, irene.herrmann@unige.ch

**André Holenstein** — Jg. 1959, Dr. phil., Professor für Ältere Schweizer Geschichte und vergleichende Regionalgeschichte an der Universität Bern, andre.holenstein@hist.unibe.ch

**Rudolf Jaun** — Jg. 1948, Dr. phil., Professor für Geschichte der Neuzeit und Militärgeschichte an der Universität Zürich, rjaun@hist.uzh.ch

**Elisabeth Joris,** Jg. 1946, Dr. phil., freischaffende Historikerin, ejoris@bluewin.ch

**Marc-Antoine Kaeser** — Jg. 1966, Dr. phil., Assoziierter Professor für Urgeschichte an der Universität Neuenburg und Direktor des Laténiums, Hauterive, marc-antoine.kaeser@unine.ch

**Béla Kapossy** — Jg. 1965, Dr. phil., Professor für Moderne Geschichte an der Universität Lausanne, bela.kapossy@unil.ch

**Georg Kreis** — Jg. 1943, Dr. phil., Professor em. für Neuere Allgemeine Geschichte und Schweizer Geschichte an der Universität Basel, georg.kreis@unibas.ch

**Martin Lengwiler** — Jg. 1965, Dr. phil., Professor für Neuere Allgemeine Geschichte an der Universität Basel, martin.lengwiler@unibas.ch

**Urs Leuzinger** — Jg. 1966, Dr. phil., Stellvertretender Kantonsarchäologe im Kanton Thurgau und Privatdozent an der Leopold-Franzens-Universität Innsbruck, urs.leuzinger@tg.ch

**Luigi Lorenzetti** — Jg. 1964, Dr. S.E.S., Professor für die Geschichte der Alpen an der Università della Svizzera italiana, luigi.lorenzetti@usi.ch

**Anna Pia Maissen** — Jg. 1957, Dr. phil., Direktorin des Stadtarchivs Zürich, Präsidentin des Berufsverbands der Schweizerischen Archivarinnen und Archivare VSA (2007–2013), annapia.maissen@zuerich.ch

**Jon Mathieu** — Jg. 1952, Dr. phil., Professor für Geschichte mit Schwerpunkt Neuzeit an der Universität Luzern, jon.mathieu@unilu.ch

**Theo Mäusli** — Jg. 1960, Dr. phil., Leiter Archivverwertung der Radiotelevisione Svizzera di lingua italiana und Dozent an der Università della Svizzera italiana, theo.maeusli@rsi.ch

**Jean-Daniel Morerod** — Jg. 1956, Dr. phil., Professor für Geschichte des Mittelalters und der Renaissance an der Universität Neuenburg, jean-daniel.morerod@unine.ch

**Daniel Paunier** — Jg. 1936, Dr. phil., Professor em. für Provinzialrömische Archäologie an der Universität Lausanne, daniel.paunier@unil.ch

**Christian Pfister** — Jg. 1944, Dr. phil., Professor em. für Wirtschafts-, Sozial- und Umweltgeschichte an der Universität Bern, christian.pfister@hist.unibe.ch

**Philipp Sarasin** — Jg. 1956, Dr. phil., Professor für Neuere Allgemeine und Schweizer Geschichte an der Universität Zürich, psarasin@hist.uzh.ch

**Lucie Steiner** — Jg. 1966, Dr. phil., Archäologin bei Archaeodunum SA; Redaktorin der französischen Ausgabe von «Archäologie Schweiz» (AS), l.steiner@archeodunum.ch

**Brigitte Studer** — Jg. 1955, Dr. phil., Professorin für Schweizer und Neueste Allgemeine Geschichte an der Universität Bern, brigitte.studer@hist.unibe.ch

**Andreas Suter** — Jg. 1953, Dr. phil., Professor für Allgemeine Geschichte unter besonderer Berücksichtigung der Frühen Neuzeit an der Universität Bielefeld, andreas.suter@uni-bielefeld.de

**Laurent Tissot** — Jg. 1953, Dr. rer. pol., Professor für Neuere Allgemeine Geschichte und Schweizer Geschichte an der Universität Neuenburg, laurent.tissot@unine.ch

**Danièle Tosato-Rigo** — Jg. 1960, Dr. phil., Professorin für Geschichte der Neuzeit an der Universität Lausanne, daniele.tosato-rigo@unil.ch

**Béatrice Veyrassat** — Jg. 1942, Dr. phil., Lehr- und Forschungstätigkeit am Institut d'histoire économique Paul Bairoch, Universität Genf, beatrice.veyrassat@bluewin.ch

**Regina Wecker** — Jg. 1944, Dr. phil., Professorin em. für Frauen- und Geschlechtergeschichte an der Universität Basel, regina.wecker@unibas.ch

**Andreas Würgler** — Jg. 1961, Dr. phil., Privatdozent für Neuere Geschichte an der Universität Bern, andreas.wuergler@hist.unibe.ch

**Sacha Zala** — Jg. 1968, Dr. phil., Direktor der Forschungsstelle Diplomatische Dokumente der Schweiz (Dodis) und Dozent an der Universität Bern, sacha.zala@hist.unibe.ch

## ORTSREGISTER

*Die Erfassung der Namen im Ortsregister beschränkt sich in der Regel auf die Schweiz; unspezifische Nennungen sind nicht berücksichtigt.*

Aarau 269, 354, 620
Aargau 88, 95, 112, 133, 143, 146f., 155f., 162, 268, 318, 408, 410f., 414, 436, 456, 474, 617, 620f.
Aegerten 617
Aeschi (BE) 164
Agaune 84
Aime 47
Alesia 42f., 616
Aletschgletscher 35
Alt St. Johann (SG), Wildenmannlisloch 9, 616
Altdorf 142, 476
Amsoldingen 100
Andelfingen 27
Andermatt 560
Antre 31
Aosta 44, 616
Appenzell 163f., 175, 208, 233, 248, 618f., 626
Appenzell Ausserrhoden 233, 285, 366, 459, 469, 572, 620
Appenzell Innerrhoden 233, 260, 285, 366, 459, 545, 619f.
Arbon 10, 13f., 20, 52, 270, 616
Arisdorf 549
Arona 177, 229, 618
Arosa 446, 511
Arth 261
Ascona 102, 200
Augst, s. auch Kaiseraugst 31, 33, 39, 41, 43, 45, 49f., 54, 56, 61, 63, 65, 67, 83f., 616
Auvernier 13, 16
Avenches 31, 33, 41f., 46–50, 52, 54–56, 59–61, 63, 66–67, 83f., 86, 88f., 104, 123f., 569, 616f.
Avignon 86, 106

Baar 74
Baden 47, 62, 132f., 155, 158, 206, 219, 258–262, 335f., 400, 407f., 436, 449, 618–621
Bar-sur-Aube 120
Basel 9, 25, 28, 31, 43, 67, 84, 90f., 107, 154, 169, 171, 173, 176, 202, 205, 207f., 211–214, 223f., 130, 248, 256–258, 261f., 277, 282f., 296f., 317, 320, 325, 328, 331, 347, 352–354, 378, 386, 393, 404, 414, 436f., 441, 444f., 449, 461, 467f., 472, 520, 522, 557, 578, 581f., 608, 617–621, 624–626
Basel-Landschaft 386f., 405, 436, 451, 456, 459, 466, 582, 598, 621
Basel-Stadt 386f., 436, 459, 466, 473, 477, 582
Basel-Gasfabrik 25, 27
Basel-Münsterhügel 25, 28, 42, 44f., 626
Baulmes 90
Beckenried 219

Bellinzona 12, 51, 155, 177, 488, 589, 618
Beresina 377
Bern 22, 122, 145–147, 149f., 155, 162–164, 172f., 218, 221–223, 226f., 257–265, 275–278, 282–284, 288f., 302, 314, 323, 326, 336, 341, 345, 354, 397, 407, 451, 456, 459f., 474, 477, 582, 597f., 616–621, 623, 626, 628
Bern (Stadt) 25, 31, 56, 81, 93, 100f., 149f., 152, 169, 188, 208, 210, 218, 221f., 226f., 240f., 272–276, 289, 295f., 323, 327, 329, 332f., 350, 372, 380, 397, 415, 432f., 441, 444, 450, 455, 468, 498, 506f., 510, 513, 521, 534, 551, 578, 594, 597, 616f., 621, 628
Bern-Engemeistergut 27
Bern-Reichenbach 27
Besançon 60
Bettingen 8
Bevaix 20
Bex 90
Beznau 560, 622
Biberist 57, 448
Bibracte 27, 41f., 616
Bicocca 209, 618
Biel 105, 195, 218, 223, 284, 623
Bière 403
Bioggio 74
Blenio 102, 617f.
Boécourt 57
Bözberg 616
Bois-de-Châtel 42f.
Bottmingen 12
Bregenz 44, 618
Bremgarten 141, 155, 222
Brienz 140, 588, 623
Brig 291f., 558
Brig-Glis 23f., 56
Brugg 158
Brüttelen 322
Buchenwald 533
Budapest 524
Bülach 232
Büren (BE) 105, 162, 326
Burgdorf 8, 100, 162f.
Buttisholz 509

Campocologno 448, 517
Carouge 313
Châbles 62f.
Cham 10, 100, 621
Chamblandes 17
Champréveyres 9
Châtillon-sur-Glâne 23
Chiasso 527
Chur 44, 51, 55, 63, 83f., 87f., 90–94, 212, 218, 616, 619
Col de Jougne 81f., 84
Colombier 57
Concise 14, 20, 62

Cornaux 25
Cortaillod 12, 16, 20, 616
Courtedoux 39
Cressier 284
Cudrefin 97
Cunter 28

Daillens 84
Dappental 378
Därstetten 100
Davos 212, 446, 515
Develier-Courtételle 75
Diessenhofen 152, 158, 172
Dietikon 57
Disentis 149, 290, 619
Dittingen 62
Dornach 176, 618
Drei Bünde 177, 195f., 200, 206f., 230f., 240, 248, 256f., 284, 314, 336, 618f., 624

Echallens 173, 246, 286
Eclépens 25
Egolzwil 14, 16
Einsiedeln 102, 116, 118f., 142f., 290, 617–619
Ems 577
Endingen 257, 456
Engadin 446, 486, 619
Engelberg 108, 142
Entlebuch 147, 165, 175, 282, 291, 340
Erguel 284
Erstfeld 25f., 616
Eschenbach (LU) 290
Eschenz 19, 27, 45, 616
Estavayer-le-Lac 384
Evian 516

Falera 21
Fällanden 21
Ferrera 22, 618
Fieschergletscher 35
Flüelen 118
Flüeli-Ranft 168
Frasses 23
Frastanz 618
Fraubrunnen 372
Frauenfeld 27, 133, 172
Freiburg 175, 226f., 265, 279, 347, 384, 447, 618–620, 626
Freiburg (Stadt) 93, 101, 106, 191, 213, 279, 292, 323, 332, 342, 347, 384, 444, 448, 487, 617, 619–621
Fukushima 560, 623
Furka 34, 562

Gächlingen 12
Gachnang 14, 231, 619
Gamsen 52, 56
Genf 83–86, 210, 222–227, 261, 268–271, 276, 278, 283, 286–289, 311, 317f., 322, 339, 348–353, 375, 378, 395, 441, 451, 460, 473f., 584, 597, 616, 618–623
Genf (Stadt) 24f., 27, 41f., 55, 58, 60f., 63f., 67, 83f., 86, 89, 91, 171f., 130, 222–227, 260–262, 278, 286–289, 293, 295f., 311, 313, 317f., 322, 329, 341f., 348–353, 432, 441, 444, 448, 461, 471, 473, 477, 492, 500–506, 532, 561, 578, 581, 584, 587, 616–623, 627
Giornico 175, 177, 618
Giubiasco 27
Glarus 130f., 135, 144, 210, 218, 234f., 248, 260, 266, 272f., 284, 334, 342, 366, 441, 465f., 472, 617, 619, 621, 623, 626
Glurns 618
Goldau 385
Gollion 277
Goppenstein 439
Göschenen 438, 621
Gösgen 560, 564, 588
Gotthard 117, 120, 153f., 155, 161, 202, 257, 372, 438f., 450, 458, 484, 514, 562, 564, 617, 621
Grächwil 23, 616
Grandfey 431
Grand-Pressigny 16
Grandson 20, 173f., 618
Grasburg/Schwarzenburg 110, 149
Graubünden, s. auch Drei Bünde 446, 456, 459, 503, 616, 620, 624f.
Grauholz 372
Grenchen 499
Grimsel 34
Grindelwaldgletscher 482
Grosser St. Bernhard 43, 47, 54, 64, 81f., 90, 97, 202, 616
Grub 325
Gunzwil 23

Halifax 593
Hallau 280, 352, 620
Haslital 340
Hauterive 14, 20f.
Henripolis 257f., 619
Héricourt 173, 618
Hofstetten 22
Horgen 16
Horw 561
Hospental 143, 560
Hüttwilen-Nussbaumen 14

Ilanz 218, 618
Ins 23
Interlaken 100, 120, 162, 164, 467
Ittingen (Kartause) 217f., 618

Jegenstorf 23, 575

Jougne, s. auch Col de Jougne 111, 113, 173
Julier 202
Jura 9, 22, 42, 50, 61, 73, 87, 90, 113, 248, 407f., 616, 620
Jura (Kanton) 195, 582, 597f., 622f.

Kaiseraugst, s. auch Augst 43, 50, 65, 83f., 560, 563f., 616f., 623
Kaisten 22
Kappel am Albis 109, 220f., 336, 618f.
Kloten 575f., 594, 611
Kölliken 564
Königsfelden 109, 139, 158, 167, 171
Köniz 109, 179, 209, 618
Konstanz 84, 88f., 91, 99f., 168f., 258, 617f.
Kyburg 347
Kyoto 595

La Chaux-de-Fonds 395, 575
La Neuveville 284
La Tour-de-Peilz 74
Lampenberg 16
Laufenburg 105
Laupen 146
Lausanne 55f., 59, 61, 63f., 67, 84, 89, 91, 96, 105–109, 112, 227, 239, 246, 276, 288f., 295, 329, 444, 453, 553, 561, 578, 580, 584, 608, 617, 619f., 622
Lavaux 101, 269
Le Landeron 284
Leibstadt 560
Lengnau 257, 456
Lenk 17, 20
Lenzburg 17, 55f.
Les Clées 110f.
Les Verrières 453
Leventina 101f., 340, 347, 617f. 620
Lichtensteig 327
Liestal 12, 58
Locarno 177, 492, 503, 584, 617, 621
London 271, 296, 318, 320, 619
Lötschberg 432, 434, 438, 562, 623
Löwenberg bei Murten 21
Lucens 560
Lugano 177, 276, 283, 315, 328f., 337, 599, 608
Luzern 139, 143–145, 147, 155, 165, 211, 220, 241, 258, 261–264, 273, 291, 332, 407, 411f., 456, 474, 617–621, 626, 628
Luzern (Stadt) 116, 151, 165, 203, 213, 219, 225, 262, 266, 269, 332, 349, 351, 380, 398f., 415, 447, 450, 467, 561, 564 , 590f., 619

Madrano 20
Magden 8
Maggia 597

Mailand 153, 256, 262, 616, 618–620, 626
Maisprach 401
Maloja 202
Malplaquet 265, 620
Marignano 177, 180, 204, 206f., 209, 214, 307f., 592, 618
Marin-Epagnier, La Tène 7, 14, 22, 25, 616
Marmorera 560
Marsens 56, 63
Martigny 47, 55, 63f., 83f., 90, 616f.
Massongex 55
Matterhorn 445f.
Meilen 221f., 352
Meilen, Obermeilen 13, 32
Mesocco 12
Mistail 95
Mont Terri 19, 25
Mont Vully 25, 28, 626
Montlingerberg 19
Montreux 448, 467
Montricher 51
Montriond 98
Moosseedorf, Moosbühl 9
Morgarten 116–120, 143f., 617
Morges 20
Mörigen 21
Moudon 314, 617
Moutier 597, 617
Moutier-Grandval (Kloster) 84, 88, 90, 98
Mühleberg 23, 560
Mülhausen 196, 206, 208, 258, 436
Münchenstein 448, 469, 571
Münsingen 27
Muralto 55
Muri (Kloster) 290
Muri bei Bern 58, 162
Murten 14, 21, 57, 100, 161, 174, 617f., 623
Müstair 74f., 92, 95
Muttenz 406, 600

Näfels 147, 261
Nancy 174, 618
Nantes 263, 619
Naters 290
Neftenbach 57
Neuenburg 9, 106, 223, 256–261, 269, 284, 287, 378, 395, 404f., 453, 474, 476, 618, 620f., 623
Neuenburg (Stadt) 77f., 318, 320, 329, 347, 444
Neuenegg 372
Nevers 86
Nidau 326
Nidwalden 260, 339, 372, 378, 413, 620, 626
Nova Friburgo 384, 620
Novara 207, 214, 618
Nyon 28, 41, 45, 54, 56, 63, 67, 74, 83, 86, 616

Obwalden 141, 165, 235, 339, 260, 283, 576, 626
Olten 56, 271, 454, 461
Orbe 31, 56f., 64, 90, 92, 97, 173, 191
Orny 60
Otelfingen 23
Ottenbach 268
Ouchy 394

Paris 13, 103, 109, 223, 266f., 296, 354, 367, 373, 376, 388f., 416, 444, 452, 500f., 509, 541, 584, 620f., 624
Penthaz 608
Peterlingen/Payerne 97, 99, 100, 102, 161, 449, 617
Pfäfers 94f., 149
Pfäffikon 52
Pfyn 12, 14, 16f., 52, 63, 616
Pizzo Groppera 608
Pleigne, Löwenburg 16
Plurs 256, 619
Port, Alte Zihl 24f., 616
Pratteln 8
Pruntrut/Porrentruy 39, 106, 230, 286, 617
Puschlav 286, 448, 517, 625

Ramosch 20, 486
Rapperswil 20, 144, 147, 336
Realp 560
Reichenau 93, 95
Reiden 143
Reigoldswil 397
Reinach (BL) 8, 436
Remetschwil 66
Rhäzüns 236
Rheinau 23, 25, 560, 562f., 622
Rheineck 324
Rheinfelden 157, 448
Riehen 8, 22
Rigi 379, 446, 484, 621
Riom 55
Robenhausen 14
Rochefort 9
Romainmôtier (Kloster) 74, 84, 90, 96, 98, 102f.
Rossinière 316
Rothenburg 147, 236, 619
Rothenthurm 571
Rottweil 48, 196, 206, 619
Rümlang 270
Ruswil 552f.
Rütli 460, 525, 590, 622

Saanen 163f., 340
Saint-Blaise 19
Saint-Brais 9
Saint-Imier (Kloster) 90
Saint-Maurice 54f., 61, 74, 84, 87, 90, 95f., 111, 149, 173, 542, 617
Saint-Prex, Vieux Moulin 74
Saint-Sulpice 22, 27, 74
Saint-Ursanne (Kloster) 84, 90
San Bernardino 202, 562, 622
Sargans 22, 542

Sarmenstorf 17
Sarnen 166
Savognin 20
Schaffhausen 172, 175, 207f., 258, 441, 506, 562f., 618, 620, 622, 624, 626
Schaffhausen (Stadt) 9, 17, 201, 218, 269, 271, 296, 320, 384, 445, 526f., 581, 622
Schinznach 620
Schleitheim 42, 56
Schlieren 8, 610
Schneisingen 471f.
Schönholzerswilen 19
Schüpfheim 286
Schweizerhalle 564, 588, 623
Schwende 9
Schwyz 115, 118, 140, 143, 155f., 220, 260, 264, 366, 347, 378, 404, 406, 456, 561, 617–620, 626
Seedorf 110
Selz 100
Sempach 119, 138f., 146, 148, 155, 617
Sermuz 42
Sévaz 23
Seveso 564, 623
Sierre 55, 82
Sils im Domleschg, Carschenna 21f.
Simplon 202, 371, 432, 434, 438, 617
Sissach 387, 493
Sitten/Sion 12, 17, 19, 27, 55, 58, 72, 75, 83f., 90, 92, 100, 150, 616f.
Solduno 27
Solferino 454
Solothurn 147, 173, 175, 258, 263, 291, 407, 474, 617–620, 626
Solothurn (Stadt) 56, 98f., 133, 135, 191, 262, 266, 283, 338
Sonnenberg (TG) 19
Splügen 202, 560
St. Gallen 93f., 153, 163f., 172, 175, 212, 258, 261, 268, 366–369, 426, 441, 456, 459, 469, 516, 618, 620
St. Gallen (Stadt) 163f., 208, 218, 220, 367, 318, 335f., 444, 455, 590f., 593, 618
St. Gallen (Kloster) 74, 77, 84, 102f., 108, 163f., 261, 335f., 617
St. Jakob an der Birs 156, 467f.
St. Jakob an der Sihl 157
St. Moritz 21f., 446, 467, 616
Stabio 91
Stadelhofen 219
Stalingrad 519, 531
Stans 118, 195, 307, 618
Stein am Rhein 50, 75, 258, 347, 616
Steinmaur 268
Strassburg 193, 223, 256, 261, 436f.
Studen 39, 52, 64
Sursee 155
Sutz-Lattrigen 14, 19

Tessin  88, 90, 130, 135, 354, 357, 376, 386, 407, 417, 441, 463, 466, 472, 474, 503, 590f., 597f., 616–621, 627
Thalwil  579
Thayngen, Kesslerloch  9, 616
Thun  52f., 59, 64, 100, 162f., 540, 620
Thurgau  88, 172, 221, 237f., 268, 385, 389, 441, 456, 618, 620
Thusis  231
Tiefencastel  28
Toggenburg  261, 335f., 340, 441
Trient  290, 292, 619
Triesen  618
Trimmis  234
Trogen  550, 622
Tropino  560
Trun  27
Tschernobyl  560, 588
Tumegl/Tomils  75
Twann  15

Uesslingen  233
Üetliberg  23
Undervaz  234
Unterseen  164
Unterwalden, s. auch Ob- und Nidwalden  261, 617–620
Uri  116, 118, 130, 206, 260f., 264, 339, 343, 347, 438, 459, 560, 617–620, 626
Ürschhausen  20
Uster  386, 395, 441, 620

Valeyres-sous-Rances  255
Vallon  57
Vallorbe  453
Vandœuvres  58, 74
Vättis, Drachenloch  9
Vellerat  598
Veltlin  196, 206, 256f., 378, 618f.
Venedig  202, 207, 229–231, 263, 265f., 272, 320, 618–620
Vevey  61, 287f., 296, 449, 467
Veyrier  9
Vidy  17
Villmergen  261f., 284, 336, 619f.
Vinelz  19
Vogorno  560
Vorarlberg  501

Waadt  31, 173, 208, 223, 226f., 229, 240, 246, 289, 354, 373, 451, 474, 597, 617, 619f., 623, 626
Wädenswil  280f.
Wallis  84, 111, 200, 230, 239, 284, 357, 371, 376, 378, 388, 407, 456f., 459, 503, 586, 616f., 620, 628
Wangen an der Aare  88
Wangen (SO)  16
Wartau  25
Wauwil  11, 616
Weesen  43, 147
Weiningen  21f.
Werdenberg  347, 620
Wil (SG)  260, 280, 290, 619
Wilchingen  347, 620
Wildhaus  214
Windisch  45f., 48, 84, 89, 104, 139, 616f.
Wintersingen  442
Winterthur  45, 50, 63, 120, 160, 441, 449, 590f., 616f.
Wittnauer Horn  19
Wohlen  403
Wolhusen  147
Wollishofen  20
Würenlos  62
Wynigen  288

Yverdon-les-Bains  25, 50, 56, 60f., 65, 74, 83, 86, 616, 623, 626
Yvonand  31, 57

Zeiningen  8

Zeneggen  20
Zermatt  61f., 446, 566, 622
Zervreila  560
Zimmerwald  497
Zizers  231, 234
Zug  144, 147, 172, 174, 260f., 264, 348, 413, 424, 617, 619f., 626
Zuoz  241
Zürich  107, 144f., 147, 155–160, 163–165, 219–224, 240, 258, 261, 264, 291, 297, 312, 322, 335f., 349, 350, 385, 396, 399, 407, 409, 441, 456, 459, 488, 506, 616–622, 624, 626, 628
Zürich (Stadt)  14f., 25, 33, 61, 81, 92, 100f., 120, 138, 146, 153, 156f., 164, 166f., 193, 199, 207, 211, 214f., 217–224, 241, 257, 262, 268f., 271, 273, 283, 320, 331f., 334, 340, 349, 351, 372, 380, 397, 415, 432, 441, 444f., 448, 450f., 461, 468, 473f., 477, 488, 493, 495, 498f., 507, 512, 514, 550, 559, 562, 575, 578f., 583f., 608, 617–623, 628
Zurzach  45, 52, 153

# NAMENSREGISTER

Adelheid 96f., 100
Adolf von Nassau 113, 116
Ador, Gustave 433, 497
Aëtius, Flavius 51, 86, 617
Agnelli (Familie) 329
Agnes von Ungarn, s. Habsburg
Akeret, Ernst 599f.
Alarich 50
Albrecht I., s. Habsburg
Albrecht II., s. Habsburg
Albrecht IV. 175
Alembert, Jean Le Rond d' 329
Aletheus 90
Alexander I. 378, 388
Allobrogicus, Quintus Fabius Maximus 42
Amadeus 102
Amadeus V., s. Savoyen
Amadeus VIII., s. Savoyen
Amberbach, Basilius 31
Amberg, Josef 217
Ambrosius 84
Amerbach, Bonifacius 190, 203, 213
Ammann (Familie) 320
  Johannes 267
Amstalden, Peter 165
Amyraut, Moyse 287
Anhorn, Bartholomäus 297
Anker, Albert 443
Annasohn, Jakob 570
Annen, Melchior 462
Aprilis 54
Arnaud, Henri 288
Arnold von Brienz 110
Asclepiodotus, Pontius 617
Asper, Hans 189–191, 211, 226
Attila 86
Attinghausen, von (Hochfreiengeschlecht) 118, 140
  Werner II. 118
Aubert, Théodore 502
Aubigné, Théodore Agrippa de 259
Augustulus, Romulus 617
Augustus 28, 41, 46, 54
Avedon, Richard 557

Bachelin, Rodolphe-Auguste 13
Bächler, Emil 9
Bachofen, Matthias 397
Balthasar, Franz Urs 350, 620
Barberini, Antonio 267
Barbeyrac, Jean 332, 293
Bary, de (Familie) 252
  Johann 252
Baulacre, Elisabeth 271
Baumann, Conrad 449
Baumann, Victoire 449
Baumgartner, Gallus Jakob 398
Bavaud, Maurice 515
Bayle, Pierre 295
Beccaria, Cesare 332
Belp-Montenach, von (Hochadelsgeschlecht) 106

Bergeries, Jacob Girard des 267
Bergier, Jean-François XI, 624
Bernhard von Clairvaux 102
Bernhard von Marseille 99
Bernoulli (Familie) 328
  Jakob 296f.
  Johannes 296
Bernoulli, Niklaus 578
Beroldingen, von (Familie) 227
Bertha, s. Rudolfinger
Berthold von Regensburg 107
Bertrand, Elie 332
Besenval, Johann Viktor 271
Beza, Theodor 191, 225
Bianchi, Vendramino 262
Bibliander, Theodor 191
Bichsel, Peter 585
Bieri, Ernst 583
Bischof, Werner 607
Bleuler, Johann Heinrich 394
Blocher, Christoph 566f., 585, 592, 623
Bluntschli, Johann Caspar 474, 545
Bodenstein, Andreas 217
Bodin, Jean 304, 355
Bodmer, Johann Jakob 305, 326, 331f., 350
Boethius, Heinrich 102
Boissonas, Fred 607
Bonaparte, Charles Louis, Napoleon III. 389f., 621
Bonaparte, Napoleon I. 77, 371, 373, 376, 380, 541, 620, 626
Bonifatius 99
Bonjour, Edgar 308
Bonna, Pierre 521
Bonnet, Théophile 296
Bonstetten, Albrecht von 213
Bonstetten, Karl Viktor von 334, 350
Borromeo, Carlo 619
Bosshard, Walter 607
Botero, Giovanni 307
Botta, Mario 589
Bourgeois, Benjamin 267
Bourgknecht, Jean 580
Bourguet, Louis 296
Bouw, Pieter 595
Boveri, Walter 449
Boyvin, René 191, 225
Braght, Tieleman Jansz van 287
Bräker, Ulrich 324, 327
Brandt, Henry 585
Bratschi, Robert 577
Braunschweig, Georges 575
Brecht, Bertold 521
Breitinger, Johann Jakob 258
Bremi, Ulrich 590
Brennwald, Heinrich 139
Bresslau, Harry 114
Bretscher, Willy 521
Bringolf, Walther 562f., 581
Brodmann, Roman 585
Bruder Klaus, s. Niklaus von Flüe

Brugger, Carl 512
Brun, Rudolf 144, 617
Brunhilde 90
Brunner, Johann Konrad 296
Brunner, Urs 258
Bubenberg, Adrian von 578
Bubenberg, Johannes II. von 146
Bucer, Martin 191
Bullinger, Heinrich 216, 222f., 225, 233, 237, 251, 618f.
Buol-Schauenstein, Rudolf von 399
Burchard II. 95
Burckhardt (Familie) 320
  Salome 277
Burg, Walter von 518
Burki, Raymond 592
Bürkli, Karl 461
Burlamaqui, Philippe 271
Burnet, Gilbert 262, 278
Burri, René 607
Bussi, Daniel 260

Caecina Alienus, Aulus 47
Caesar, Caius Julius 24–28, 32, 41, 43, 52, 616
Cajakob, Georg 217, 618
Caligula 42
Calvin, Jean 189–191, 210f., 216, 222, 225, 619
Camillus, Caius Iulius 46f., 52, 616
Canisius, Peter 230, 291, 619
Capito, Wolfgang 222
Caracalla 53
Cardinaux, Emile 433
Caretene 87
Casati (Adelsgeschlecht) 262
Cassiodor, Flavius Magnus Aurelius 87
Castelberger, Andreas 217
Castella, François-Pierre 272
Castellio, Sebastian 225
Castres, Edouard 452
Cato d.Ä. 24
Celio, Enrico 607
Cerialis, Quintus Otacilius 48
Cerutti, Mauro 362
Chalon, de (Adelsgeschlecht) 111
Chandieu, Charles de 265
Chandieu, Esaïe de 277
Chappatte, Patrick 570
Charpigny, Géraud de 108
Charpigny, Jean de 108
Chaudet, Paul 570
Chenaux, Pierre Nicolas 332
Chevallaz, Georges-André 488
Childe, Vere Gordon 11
Childebert I. 89
Childebert II. 91
Chlodwig 51, 87–89
Chlothar I. 88f.
Chlothar II. 90
Chouet, Jean-Robert 295f.
Chramnelenus 90

Churchill, Winston 622
Cicero, Marcus Tullius 42f.
Cingria, Charles-Albert 97
Claudius 47, 55, 616
Clemens, Cnaeus Pinarius Cornelius 48
Clerc, Charles 585
Clinchant, Justin 453
Closener, Fritsche 112
Comenius, Johann Amos 293
Cono von Stäffis (Conon d'Estavayer) 103
Conradi, Moritz 503
Constantius I. 50, 616
Constantius II. 50, 617
Cook, Thomas 446
Cordier, Mathurin 293
Coullery, Pierre 461
Coxe, Thomas 262f.
Crolet, Pierre 279
Cromwell, Oliver 263, 287f.
Cruseilles, Aymon de 108
Cysat, Renward 36, 211, 235, 237, 241

Dagobert I. 88, 100
Däniker, Gustav 570
Darwin, Charles 8
Decker, Henri 296
Degen, Walter 562
Deiss, Joseph 623
Delamuraz, Jean-Pascal 591
Descartes, René 295
Deutsch, Karl Wolfgang 487
Diderot, Denis 329
Diesbach, von (Familie) 227
  Niklaus 173
Diethelm, Wilhelm Heinrich 426
Diggelmann, Walter Matthias 585
Dio, Cassius 67
Diodati, Jean 286
Diodor 24
Diokletian 50, 616
Disteli, Martin 407
Divico 616
Domitian 48
Donetta, Roberto 607
Drusus 28, 44, 616
Dufour, Guillaume-Henri 377, 403, 412
Dunant, Henry 454
Dunker, Balthasar Anton 311, 334
Dunod, Pierre-Joseph 31
Dury, John 287, 619
Duttweiler, Gottlieb 507

Ebroin 90
Eck, Johannes 219
Egli, Bernhard 414
Egli, Karl 496
Ekkehard IV. 102
Elisabeth, s. Habsburg
Elisabeth II. 578
Emmanuel Philibert, s. Savoyen

641

Erasmus von Rotterdam 189f., 209, 211, 213, 215, 293, 618
Erlach, von (Familie) 227
  Rudolf 147
Erni, Hans 564, 580
Escher, Alfred 436f., 441, 460
Escher, Hans Conrad 383
Escher, Johann Heinrich 263
Escher, Johann Kaspar 347
Escherny, Jean-François 277
Etter, Philipp 253, 519, 561, 580, 607, 622
Etterlin, Petermann 138, 234f., 240, 618
Eucherius von Lyon 84
Eugen IV. (Gabriele Condulmer, Papst) 169
Euler, Leonhard 328

Faber, Johannes 219
Fabri, Felix 158
Falk, Jacob 224
Farel, Guillaume 223f., 226, 619
Farner, Caroline 464
Farner, Konrad 579
Fatio, François 271
Fatio, Jean Christophe 296
Fatio, Johannes 283, 619
Fatio, Pierre 620
Faustus, Lucius Camillius 59
Favre, Louis 438
Fazy, James 415
Feer (Familie) 227
Feh (Familie) 250
Fehr, Gertrud 607
Feigenwinter, Ernst 464
Felice, Fortunato Bartolomeo de 329, 332
Felix 92
Felix V. (Papst), s. auch Savoyen 169, 618
Fellenberg, Philipp Emanuel von 385
Ferdinand I., s. Habsburg
Ferdinand II., s. Habsburg
Ferdinand III., s. Habsburg
Fieschi, Giuseppe 389
Finck, Heinz Dieter 569
Finsler, Hans 607
Fischart, Johann 222
Fischer, Beat 271, 619
Fischer, Otto 596
Flachslanden, Johann von 169
Forcart-Iselin, Margaretha 387
Forel, Auguste 621
Forrer, Ludwig 422, 424
Förster, Karl 433
Franco, Francisco 493, 518, 579
Frank, Robert 607
Frankfurter, David 515
Franscini, Stefano 129, 454
Franz I. 177, 206
Franz, Christoph 595
Frey, Theo 523, 607
Freytag, Hermann 558
Friedrich der Schöne, s. Habsburg

Friedrich I. Barbarossa 99–101
Friedrich II. 107
Friedrich II. der Grosse 338
Friedrich III., s. Habsburg
Friedrich IV., s. Habsburg
Friedrich VII. 156
Friedrich Wilhelm IV. 453
Frisch, Max 525, 550, 565, 595
Fritsch, Bruno 595
Froben, Johannes 213
Frohburg, von (Grafengeschlecht) 140
Frölich, Wilhelm 226
Frölicher, Hans 518
Froschauer d.Ä., Christoph 196, 215, 618
Frowin 108
Fründ, Hans 169
Fuhlrott, Johann Carl 8
Funk, Hans 179
Furgler, Kurt 570
Furrer, Jonas 415, 450
Füssli, Johann Caspar 333
Füssli, Johann Melchior 329

Gaisberg, Franz von 220
Galba, Servius Sulpicius 43, 47, 616
Galeer, Albert 461
Gallienus 49
Gallus 84, 88, 90
Gaulle, Charles de 573
Gautschy, Heiner 607
Geigy-Merian, Rudolf 449
Geiler, Voli 513
Gellius, Aulus 43
Gemella, Pompeia 54
Gemellianus 62f.
Georg I. 264
Georg III. 303
Germann, Raimund E. 597
Gertschen (Familie) 290
Gessler (Landvogt in der Tellsage) 138, 563
Gessner, Konrad 214, 619
Giacometti, Alberto 511
Gieng, Hans 188, 191
Girard, Gregor 385
Glarean, s. Loriti, Heinrich
Gmür, Max 475
Goegg-Pouchoulin, Marie 459f.
Goethe, Johann Wolfgang von 31
Göldi, Anna 334
Goretta, Claude 585
Götsch, Ulrich 586
Gotthard 110
Gotthelf, Jeremias 408, 621
Göttisheim, Emil 473, 547
Gozbert 93
Graf, Urs 178f., 210, 238
Graffenried, Emanuel von 276
Grandson, Otto von 106
Graves, Robert 25
Grebel, Konrad 217, 618
Gregor von Tours 83
Gregor X. (Tedaldo Visconti, Papst) 105

Gregor XVI. (Bartolomeo Alberto Capellari, Papst) 389, 399, 407f., 620
Grenus, Théodore 293
Greulich, Herman 461
Grimm, Johann 345
Grimm, Robert 496f., 575
Grimmelshausen, Hans Jakob Christoffel von 257
Gross, Victor 13
Grotius, Hugo 332
Grüninger, Paul 516, 593
Guenée, Bernard 114
Guicciardini, Francesco 304
Guisan, Henri 507, 513, 524–526, 551, 622
Güldin, Samuel 296
Gundahar 86
Gundoin 88
Guntram 82, 89f.
Gustav II. Adolph 258
Gustloff, Wilhelm 515
Guyer, Lux 510
Gwalther, Rudolf 189, 191
Gwalther-Zwingli, Regula 211
Gyger, Hans Conrad 257, 260, 619

Habicht, Hans Thomas 201
Habsburg, von (Dynastengeschlecht) 99, 104f., 111–120, 140, 145, 162, 617
  Agnes von Ungarn 158, 167
  Albrecht I. 106, 109f., 113, 116, 139, 161, 167, 617
  Albrecht II. 144, 156
  Elisabeth 167
  Ferdinand I. 219
  Ferdinand II. 258, 265, 619
  Ferdinand III. 264
  Friedrich der Schöne 113, 116, 119f., 140, 143, 617
  Friedrich III. 156, 173, 175
  Friedrich IV. 155, 158f., 162
  Karl V. 221, 225, 228
  Leopold I. 113, 118–120, 143
  Leopold III. 138f., 147
  Maximilian I. 138, 174, 176, 205, 209, 236
  Philipp II. 228, 265
  Rudolf I. 92, 101, 105f., 139, 144, 161, 178, 617
  Sigmund 172f., 618, 625
Hadlaub, Johannes 108
Hadrian 616
Hadrian VI. (Hadrian von Utrecht, Papst) 209
Haito 94
Hales, Christopher 191
Haller, Albrecht von 328, 330, 332–334
Haller, Berchtold 219
Haller, Karl Ludwig von 627
Hambro, Carl Joachim 532
Hamilton, Alexander 304
Hardegger, Margarethe 462
Harder, Johann Jakob 296

Harrington, James 303
Hartmann, Hans 561
Hartmann, Milton Ray 608
Harvey, William 294
Hayek, Nicolas 588
Hazard, Paul 295
Heer, Johannes 324
Heierli, Jakob 22
Heim-Vögtlin, Marie 445
Heinrich (Bischof von Lausanne) 97
Heinrich (Prior des Cluniazenserklosters St. Alban in Basel) 108
Heinrich (Prior des dominikanischen Predigerklosters Basel) 107
Heinrich I. 95f.
Heinrich II. (Kaiser) 97–99
Heinrich II. (König von Frankreich) 228, 617
Heinrich III. 98f., 101, 235
Heinrich IV. (Kaiser) 101
Heinrich IV. (König von Frankreich/Navarra) 265, 230, 235
Heinrich VII., s. Luxemburg
Heinrich VIII. 209
Heinrich von Guise 235
Helvétius, Claude Adrien 396
Hemmerli, Felix 138, 235
Henchoz, Jean-David 316
Hendrix, Jimi 583
Henzi, Samuel 620
Hermann, Jakob 296
Herpo 90
Hertenstein, von (Familie) 227
Herzog, Peter 607
Herzog, Ruth 607
Hess, Hieronymus 398
Hickel, Anton 331
Hildebrand, Philipp 623
Hirter, Johann Daniel 422
Hirzel, Hans Kaspar 305
Hirzel, Salomon 350
Hitler, Adolf 493, 515
Hobbes, Thomas 294f.
Hobsbawm, Eric 308
Hodler, Ferdinand 142, 572
Hoffmann, Arthur 433, 495–497
Hoffmann, Emanuel 270
Hoffmeister, Sebastian 218
Höflinger, August 467
Hofmann, Samuel 270
Hohenfels, Ita von 109
Holbein d.J., Hans 189f., 213
Hollenstein, Thomas 580
Holsboer, Willem Jan 446
Homberg, Werner von 100, 117, 119, 140, 178
Homberger, Heinrich 521, 571
Hongler, Otto 597
Honnecourt, Villard de 109
Hoover, Herbert 509
Horn, Gustav Karlsson 258
Hottinger, Johann Heinrich 293
Hottinger, Klaus 219
Hubacher, Helmut 579
Huber, Eugen 474

Huber, Johann Kaspar 268
Hubmaier, Balthasar 217
Hugo (Bischof) 98
Hummel, Johann Heinrich 295
Hunfrid 93
Hunwil, von (Ministerialengeschlecht) 141
Hürlimann (Familie) 250
  Frieda 250
  Gustav 250
  Luise (-Wehrli) 250
Hurter, Leonhard 296
Hus, Jan 168f.
Hutter, Schang 593

Ignatius von Loyola 213
Imboden, Max 581
Indermühle, Karl 433
Inglin, Meinrad 560
Irmingard, s. Rudolfinger
Isaak 617
Iselin, Isaak 305, 326, 331, 350, 620
Iustinianus (Bischof) 616

Jacob, Berthold 515
Jaillot, Alexis Hubert 260
Jauslin, Karl 30
Jenatsch, Jörg 619
Jetzer, Hans 210, 618
Jezler, Robert 524
Johannes VIII. (Papst) 94
Johannes XXIII. (Angelo Giuseppe Roncalli, Papst) 581
Johannes XXIII. (Baldassare Cossa, Papst) 155, 168
Johannes von Winterthur 107, 112, 120
Jörg auf der Flüe, s. Supersaxo, Georg
Jud, Leo 222
Julian 50
Julius II. (Giuliano della Rovere, Papst) 177, 205, 209, 618
Jussie, Jeanne de 189
Justinger, Konrad 149, 162
Justinian 88, 624

Kägi, Werner 547
Kahn, Herman 595
Karl der Grosse 92, 94, 100, 617
Karl der Kühne 172, 174, 206, 618
Karl I. 288
Karl III., s. Savoyen
Karl IV. (Kaiser), s. Luxemburg
Karl IV. (König von Frankreich/Navarra) 120
Karl V., s. Habsburg
Karl VIII. 175, 177, 618
Karlstadt, s. Bodenstein, Andreas
Keller, Alois 565
Keller, Augustin 410f.
Keller, Ferdinand 13, 32
Keller, Gottfried 411, 621
Keller, Jörg 168
Keller, Meinrad 159
Kempin, Walter 445

Kempin-Spyri, Emilie 445, 464
Kennedy, John F. 607
Kesselring, Kilian 258, 619
Kirner, Johann Baptist 389
Kissling, Richard 142, 441, 476
Kistler, Peter 164
Klara von Assisi 107, 625
Klee, Paul 511
Klingenfuss, Niklaus 271
Kneschaurek, Francesco 595f.
Knüsel, Josef Martin 450
Knut 97
Koch, Jakob 472
Kolle, Oswald 585
Kolumban 84, 90
Kölz, Alfred 367
König, Emanuel 296
König, Franz Peter 265
König, Samuel 331
Konrad, s. Rudolfinger
Konrad II. (Kaiser) 97, 99, 101
Konrad II. 93
Konrad III. 101
Konrad von Baumgarten 196
Konrad von Mure 108, 617
Konstantin 50f.
Kopp, Elisabeth 589, 623
Korisios 23–25, 616
Kramer, Heinrich 36
Kreuel, Carl Franz 337
Küng, Hans 234
Kyburg, von (Grafengeschlecht) 99, 105, 112f., 119, 140, 143, 145, 162, 617
  Hartmann II. 113
Kym, Hedwig 464

La Barde, Jean de 263
La Chapelle, Jean de 262
La Harpe, Frédéric-César de 378
Labadie, Jean de 287
Labrune, Jean de 297
Lachat, Eugène 460
Landis, Hans 287
Laur, Ernst 187, 470f., 504
Lavanchy-Clarke, François-Henri 608
Lavater, Johann Kaspar 305, 332
Le Clerc, Daniel 296
Le Corbusier (Charles-Edouard Jeanneret) 511, 613
Le Franc, Martin 170
Léger, Antoine 348
Leibniz, Gottfried Wilhelm 296
Lenin, Wladimir Iljitsch 497
Lenzburg, von (Grafengeschlecht) 99–101, 140, 143
Leodegar 90
Leopold I., s. Habsburg
Leopold III., s. Habsburg
Lepori, Giuseppe 581
Lerjen (Familie) 290
Leu, Josef 410f.
Leudesius 90
Leuenberger, Moritz 585
Leuzinger (Familie) 607
Lindtberg, Leopold 143

Lipsius, Justus 277
Lisle, John 288, 619
Livius, Titus 304
Lochmann, Hans Heinrich 202
Lochmann, Heinrich 266
Loen, Johann Michael von 487
Loriti, Heinrich 31, 213, 235, 618
Lory, Gabriel 371
Lothar I. 94f.
Louis Philippe 389
Loys, Judith de 277
Lüchinger, Adolf 575
Ludwig der Bayer 93, 113, 116f., 119f., 140, 143f., 617
Ludwig der Deutsche 92
Ludwig IV., s. Ludwig der Bayer
Ludwig XI. 172f., 618
Ludwig XIV. 31, 259f., 267, 288, 294, 320, 336, 354, 619
Lumière, Auguste Marie Louis Nicolas 608
Lumière, Louis Jean 608
Luther, Martin 189, 191, 209–211, 214–219, 223, 225, 239, 618
Lutz, Carl 524
Luxemburg, von (Dynastengeschlecht)
  Heinrich VII. 113, 116f. 140, 161, 617
  Karl IV. (Kaiser) 144
  Sigismund (Kaiser) 155f., 160, 162, 168
  Wenzel 177
Luyken, Jan 287

Machiavelli, Niccolò 177, 303–305
Magnentius, Flavius 50, 617
Magnus 90
Majolus 98
Manesse (Ministerialengeschlecht) 108
Manuel, Niklaus 179, 189, 208, 241
Manz, Felix 217, 224, 618
Marc Aurel 33, 67
Marcellinus, Ammianus 49f.
Marchand, Xavier 36
Mareschet, Humbert 190
Margarete von Navarra 237
Maria I. Tudor 224
Maria von Burgund 174
Marius von Avenches 83
Martin V. (Oddo di Colonna, Papst) 168
Martin, David 286
Martyr Vermigli, Petrus 191
Marx, Karl 369
Matthias von Neuenburg 120
Matzingen, Elisabeth von 166
Mauritius 84, 87, 627
Maximilian I., s. Habsburg
May, von (Familie) 227
  Julie 460
Mayrhuber, Wolfgang 595
Mazzini, Giuseppe 307, 389

Mechel, Jean Conrad 296
Medici, Katharina von 237
Megander, Kaspar 222
Meier, Adolf 517
Mendelssohn Bartholdy, Felix 521
Merian, Matthäus 256, 259
Mermillod, Gaspard 460
Metternich, Clemens von 379
Mettler, Ernst 607
Metz, François de 172
Metzler, Ruth 566, 623
Meyer, Johannes d.J. 295
Michael, Mageran 284
Michelet, Jules 416
Midart, Laurent Louis 338
Milton, John 303, 304
Minger, Rudolf 504, 621
Miville, Carl 577
Monnard, Charles 401
Mont, de (Adelsgeschlecht) 97
Montesquieu, Charles Louis de 304, 350
Montgomery, Bernard 569
Monvert, César-Henri 405
Moos, Ludwig von 579, 580f.
Morus, Thomas 33
Moser, Jost 281
Mosis, Hans Conrad 283
Motta, Giuseppe 507, 509
Moustier, Marquis Clément-Edouard de 388
Müller, Jakob 411
Müller, Johannes 283
Müller, Johannes von 305, 350
Müller, Jörg 37
Munatius Plancus, Lucius 31, 43, 616
Müntzer, Thomas 217
Muralt, Beat Ludwig von 305, 326, 235
Muralt, Johannes von 296
Murena, Aulus Terentius Varro 44
Murer, Christoph 190
Murner, Thomas 210, 219
Muschg, Adolf 583
Musculus, Wolfgang 191
Müslin, Johann Heinrich 292
Mussolini, Benito 502f., 507, 509, 517
Musy, Jean-Marie 507

Nägeli (Familie) 250
Nägeli, Harald 588
Neander, Joachim 8
Necker, Jacques 322
Nehracher, Heinrich 352
Nero 47
Nerva, Publius Silius 616
Nespler, Michel 232
Nestlé, Henri 449, 621
Neuenburg, Rudolf II. von (Rudolf von Fenis) 100, 108, 617
Nicati, Jean 314
Nider, Johannnes 169

Nietzsche, Friedrich  464
Niklaus von Flüe  168, 261, 307, 410, 592
Ninno  42
Nobs, Ernst  519, 575, 577, 622
Nordoalaus  75
Notker  94, 617
Notker der Deutsche  102
Nutting, Joseph  329

Ocellio, Lucius Cusseius  63
Ochs, Peter  354, 373
Ochsenbein, Ulrich  411
Octavian, s. Augustus
Octavius, Lucius  43
Odilo  96–98
Odo II. von Blois-Champagne  98f.
Odoaker  87
Oechsli, Johannes  217f.
Oekolampad, Johannes  191, 213, 216, 219
Oistrach, David  579
Olry, Johann Franz Anton von  388
Orgetorix  27, 42
Oser, M.  401
Ostervald, Jean-Frédéric  295f.
Otho, Marcus Salvius  47
Otmar  90, 118
Otto I.  96, 98, 617
Otto III.  100
Ötzi  10, 17, 19f., 616

Paternus, Caius Camillius  54
Paul V. (Camillo Borghese, Papst)  265
Pellikan, Konrad  191, 213
Perdriau, Pierre  271
Pesmes, François-Louis de (de Saint-Saphorin)  264
Pestalozzi (Familie)  320
  Johann Heinrich  305, 350, 385
Peter II., s. Savoyen
Peter von Hagenbach  173
Petitpierre, Max  531f.
Peyer, Johann Conrad  296
Pfenninger, Johann Kaspar  352
Pfrunder, Anna  464
Pfyffer, Kasimir  398f.
Pfyffer, Ludwig  203, 227
Philipp, s. Savoyen
Philipp I.  216
Philipp II., s. Habsburg
Pictet, Albert  577
Pictet, Bénédict  296
Pierrefleur, Guillaume de  191
Pilet-Golaz, Albert  521, 531f., 607, 622
Pirmin  84
Piscatorius, Johannes (Johannes Fischer)  286
Pius II. (Enea Silvio Piccolomini, Papst)  169
Planta, Johann von  230, 236, 619
Platten, Fritz  497
Platter, Felix  286

Plessis, Armand-Jean du (de Richelieu)  265
Plinius d. Ä.  24
Pollinus, Quintus Otacilius  48, 616
Polynices, Camillius  63
Poseidonios  24, 42
Pourtalès, de (Familie)  320
Primault, Etienne  570
Ptolemaios, Klaudios  60
Pufendorf, Samuel von  332
Purtschert (Familie)  291
Puysieux, Robert Brulart de  262f.
Python, Georges  444

Quinet, Edgar  416

Radegg, Rudolf von  118
Ragnachar  90
Rahn, Johann Heinrich  296
Rappard, William Emmanuel  532
Rapperswil, von (Hochadelsgeschlecht)  140, 143
  Elisabeth  116
Rasser, Alfred  579
Rebeur, Pierre  276
Reboulet, Paul  297
Reck, Oskar  588
Reding (Familie)  227
Regula  92
Regusci, Enzo  607
Reimann, Heini  224
Reinerth, Hans  33
Reinhard, Wolfgang  247
René II.  174
Rengger, Albrecht  312
Reublin, Wilhelm  217
Reynold, Gonzague de  621
Rhagor, Daniel  278, 280
Rhenanus, Beatus  31, 213
Rigaud, Jean-Jacques  386, 620
Rihlindis  75
Ringgenberg, von (Adelsgeschlecht)  140
Rivaz, Marie-Julienne de  251
Rochemont, Charles Pictet de  378
Roll, Philipp von  258
Rösch, Ulrich  212
Rosenberg, Martin  580
Rossi, Pellegrino  398f., 404, 415
Rost, Heinrich  166
Rothenberger, Christian  577
Rothmund, Heinrich  517, 523
Rousseau, Jean-Jacques  33, 304f., 326, 331, 333f., 348, 350
Ruchat, Abraham  334
Rüd, Benjamin  128
Rüd, Hans Conrath  128
Rudolf I. (dt.-röm. König), s. Habsburg
Rudolf I. (König von Hochburgund), s. Rudolfinger
Rudolf II., s. Rudolfinger

Rudolf III., s. Rudolfinger
Rudolf IV., s. Rudolf I. (dt.-röm. König)
Rudolf von Ems  108
Rudolf von Rheinfelden  101
Rudolfinger (Adelsgeschlecht)  93–100, 617
  Bertha  95–97, 100
  Irmingard  97
  Konrad  95f.
  Rudolf I. (König von Hochburgund)  93, 95, 112–118
  Rudolf II.  95–97
  Rudolf III.  95–99, 617
Ruf, Jakob  214, 241
Ruff, Johannes  411
Rusca, Nicolò  231
Rye, Marc Claude de (Marquis d'Ogliani)  256
Ryff, Andreas  132, 201

Sabinilla, Licinia  58
Salat, Hans  307
Salis, von (Niederadelsgeschlecht)  231
  Hortensia  278
  Johann Ulrich (Soglio)  413
  Meta  464f.
Saner, Hans  571
Sanson, Nicolas  260
Sarasin, Susette  252
Sarasin-Forcart, Esther Emilie  387
Sartoris, David  276
Saussure, Horace-Bénédict de  483
Savoyen, von (Dynastengeschlecht)  99, 106, 110–114, 617
  Amadeus V.  113
  Amadeus VIII., s. auch Felix V. (Papst)  161, 169, 618
  Emmanuel Philibert  229
  Karl III.  226
  Peter II.  102
  Philipp  113
Sax, Ulrich von  103
Schaffner, Hans  580f.
Schauenburg, Alexis Balthasar Henri Antoine von  373
Schellenberg, Walter  526
Scherr, Thomas  409
Scheuchzer, Johann  296
Scheuchzer, Johann Jakob  295–297, 329f.
Schiller, Johann Christoph Friedrich von  142
Schilling d. Ä., Diebold  147, 149, 152, 162, 235
Schilling, Diebold  137, 151, 165
Schilling, Heinz  247
Schiner, Matthäus  177, 209, 230
Schmid, Marie  50
Schmidlin, Jakob  331
Schmidt, Heinrich Richard  247
Schneider, Johann Jakob  437

Schodoler, Werner  157
Schön, Rudolf  145, 148, 617
Schraut, Franz Alban von  388
Schriber, Hans  138
Schricker, August  193
Schudel, Peter  583
Schuh, Gotthard  607
Schuler, Fridolin  465f.
Schumacher, Hänsli  164
Schwarzenbach, James  565, 596, 622
Schweizer, Paul  308
Scotti, Ranuccio  262
Screta, Heinrich  296
Scudéry, Madeleine de  278
Seele, Johann Baptist  372
Segesser, Philipp Anton von  456
Senn, Paul  491, 606f.
Septimus Severus, Lucius  49
Serodine, Cristoforo  200
Servet, Michel  224f., 619
Sforza, Bianca Maria  175
Sforza, Ludovico  175, 177
Siegwart-Müller, Konstantin  410, 413
Sigibert II.  90
Sigismund (Burgunderkönig)  84, 87
Sigismund (Kaiser), s. Luxemburg
Sigmund, s. Habsburg
Simmler, Josias  142, 194, 196f., 211, 213f., 227, 231, 234, 237, 241, 619
Singer (Familie)  291
Sivan, Casimir  608
Snell, Ludwig  398
Sonderegger, Jakob Laurenz  455
Spinoza, Baruch de  294f.
Spitteler, Carl  496, 621
Spleiss, Stephan  296
Sprecher, Heini  268
Sprecher, Ruedi  268
Sprecher, Theophil (von Bernegg)  494, 498
Spross, Balthasar  175
Spühler, Willy  580
Spyri, Johanna  445
Stadler, Josef Anton  283, 620
Staël-Holstein, Anne Louise Germaine de  378
Stagel, Elsbeth  168
Stalin, Josef  531
Stampfer, Jakob  203
Stämpfli, Jakob  436
Stampfli, Walther  424, 577
Stanyan, Abraham  262, 349
Stapfer, Philipp Albert  305, 357, 374, 397, 401
Staub, Andreas  352
Staub, Hans  504, 509, 607
Steiger, Eduard von  524, 622
Stein, Charlotte  31
Steiner, August  439
Stich, Otto  567
Stilicho, Flavius  50
Stimmer, Tobias  193, 209, 214, 222

Stockalper, Kaspar  264f., 283f., 619
Strabo, Walahfrid  94
Strabon/Strabo von Amaseia  24, 28
Strassberg, Otto von  119
Strauss, David Friedrich  408f.
Streuli, Hans  580
Strickler, Johann Franz  262
Stucki, Walter  531
Studer, Walter  549
Stumpf, Johannes  190, 207, 236
Stüssi, Rudolf  156f.
Sulzer, Johann Georg  328
Supersaxo, Georg  209
Surbek, Victor  533
Sury, Gertrud  277
Suslowa, Nadeschda  621
Süsskind von Trimberg  153
Syagorius  51

Tanner, Alain  585
Teiling, Frischhans  165
Tell, Walterli  196
Tell, Wilhelm  138, 142, 194, 196, 262, 234, 236, 240f., 572
[T]ello  75, 87
Theoderich der Grosse  51, 87f., 90, 617
Theodorus  73, 617
Theodosius I.  73
Theodul  92, 100
Theudebert I.  88f.
Theudebert II.  90
Theuderich  75, 87
Thévet, André  191
Thomann, Heinrich  217, 219, 224
Thorberg, von (Adelsgeschlecht)  100
  Ulrich  106
Thürer, Georg  575
Tiberius  28, 44f., 55, 616
Tillman, Bernhard  189
Titus  47, 54
Tocqueville, Alexis de  303
Töpffer, Adam  375
Töpffer, Rodolphe  378

Torriani, Giovanni  291
Torriani, Vico  579
Torricelli, Rocco  315
Toussaint, Peter  406
Trajan  48, 616
Travers, Johann (Gian)  241
Treichler, Johann Jakob  461
Tronchin, Louis  295
Trotzki, Leo  497
Troxler, Ignaz Paul Vital  414f.
Troyes, Chrétien de  108
Troyon, Frédéric-Louis  73
Tschachtlan, Benedikt  162
Tscharner, Vinzenz Bernhard von  332
Tschopp, Peter  596
Tschudi (Familie)  227
  Aegidius  31, 142, 213
  Valentin  234
Tschudi, Hans-Peter  577, 581
Tuggener, Jakob  607
Turrettini, Jean-Alphonse  295
Turrettini, Jean-Baptiste  294

Uchtenhagen, Lilian  567, 623
Undinho  75, 87
Usteri, Paul  387
Usteri, Paul Emil  422

Vadianus, s. Watt, Joachim von
Vaefarius  82
Valdes, Petrus  628
Valentinian I.  50
Valentinian III.  51
Valerian  49
Varus  45
Vatico  42f.
Vattel, Emer de  307, 332
Vautier, Ben  553
Veiras, Hans Franz  282
Vercingetorix  43, 616
Vergerio, Pier Paolo  232
Vespasian  47, 55, 616
Vico Pisano, Roger de  106
Vigée-Lebrun, Elisabeth  378
Vinne, Vincent Laurensz van der  281

Vintimille du Luc, Charles-François de  336
Viret, Pierre  223
Viros  42
Vischer, Hieronymus  201
Visconti (Adelsgeschlecht)  139, 157, 177f.
  Gian Galeazzo  177
Vitellius, Aulus  47, 616
Vittet, Daniel  362
Vogt, Adolf  455
Voltaire  305, 333

Wäber, Johann Rudolf  322
Wädenswil, von (Hochfreiengeschlecht)  100
Wagner, Abraham  334
Wagner, Ferdinand  143
Wagner, Johann Jakob  294, 296
Wahlen, Friedrich Traugott  519f., 622
Waibel, Max  531
Waldmann, Hans  165, 178, 618
Waser, Johann Heinrich (Bürgermeister von Zürich)  267, 619
Waser, Johann Heinrich (Statistiker)  334, 351
Watt, Joachim von  214, 218
Wattenwyl, Albrecht von  278
Wattenwyl, Friedrich Moritz von  496
Weber, Hans Ulrich  268
Weber, Max  580, 625
Wechsler, Lazar  608
Wehrli, Robert  250
Weissenburg, von (Hochfreiengeschlecht)  146, 162
Welti, Emil  453
Wenzel, s. Luxemburg
Wepfer, Johann Jakob  296
Werenfels, Samuel  295
Werner, Joseph  302
Wettstein, Johann Rudolf  264, 619
Whymper, Edward  445f.
Wiborada  90
Wick, Johann Jakob  199, 211, 239
Wick, Karl  547

Widmer-Schlumpf, Eveline  566
Wild, Marquard  31
Wilder, Thornton  550
Wilhelm II.  494f.
Wilhelm III. von Oranien  263
Wille, Ulrich  494–498, 524, 541, 621
Wille, Ulrich Jr.  524
Willibad  90
Wilson, Woodrow  496, 501
Winkelried  138f.
Wipo  99
Wirz (Familie)  227
  Melchior  283
Witz, Konrad  171f., 190
Woeiriot, Pierre  191
Wolf, Caspar  334, 34
Wolff, Christian  332
Wolf-Grumbach, Bernhard  520
Worowsky, Vaclav  503
Wurstemberger, Johann Ludwig  541
Wyss, David von  351
Wyttenbach, Jakob Samuel  334

Yersin, Yves  585

Zacconen-Viktoriden (Familie)  88, 93
Zähringer, von (Adelsgeschlecht)  99–106, 617
  Berchtold IV.  190
Zeiner, Lukas  206
Zelger (Familie)  227
Zemp, Josef  462, 621
Zimmermann, Johann Georg  328
Zingg, Michael  295
Zschokke, Heinrich  387, 401, 441
Zurlauben (Häuptergeschlecht)  251, 264, 266
Zwinger, Theodor  295f.
Zwingli, Huldrych  167, 179, 189–191, 210, 225, 237, 618f.
Zwyer von Evibach, Sebastian Peregrin  264f., 619

## IMPRESSUM

**Beirat**
Prof. Dr. Josef Mooser, Schweizerische Gesellschaft
  für Geschichte (SGG)
Marcel Müller, Verein Schweizerischer Geschichtslehrerinnen
  und Geschichtslehrer (VSGs)
PD Dr. Paolo Ostinelli, Verein Schweizerischer Archivarinnen
  und Archivare (VSA)
Dr. Marco Jorio, Historisches Lexikon der Schweiz (HLS)
Dr. David Marc Hoffmann, Schwabe Verlag (bis 2012)
Prof. Dr. Regina Wecker, Prof. Dr. Georg Kreis,
  Autorenvertreter

**Redaktion, Übersetzungen**
Koordination, Bildredaktion, Karten- und Infographik-
  redaktion: Iris Becher, Schwabe
Lektorat: Dominic Vögtli, Basel, www.texere.ch
Korrektorat: Christoph Meyer, Basel; Marianne Nägelin-
  Andersson, Arlesheim
Übersetzungen aus dem Französischen:
  Marianne Derron Corbellari (Beiträge Tissot, Veyrassat),
  Marco Fähndrich (Kapitel Tosato-Rigo, Abschnitt For-
  schungsstand, drei Themenkästen), Ernst Grell (Beitrag
  Arlettaz), Silvia Hirsch (Kapitel Frei-Stolba/Paunier,
  Abschnitte Paunier; Kapitel Morerod/Favrod, Abschnitt
  Forschungsstand), Alice Holenstein-Beereuter (Kapitel
  Herrmann), Christoph Neuenschwander (Kapitel
  Morerod), Andreas Rüdisüli (Kapitel Frei-Stolba/Paunier,
  Abschnitte Frei-Stolba; Beiträge Kaeser, Steiner), Caroline
  Schnyder (Beiträge Forclaz, Christin), Pia Todorovic
  (Kapitel Tosato-Rigo)
Übersetzung aus dem Italienischen: Pia Todorovic (Beitrag
  Lorenzetti)
Übersetzung aus dem Englischen: Ernst Grell (Kapitel Head)

**Dank für weitere Mitarbeit und Hinweise**
Barbara Braun-Bucher, Jegenstorf; Werner Bosshard,
  Redaktion HLS, Bern; Katrin Grünepütt, Berlin;
  Christine Staehelin, Basel; Andreas Thier, Zürich
Schwabe-Mitarbeiter/innen: Julia Grütter, Stephan Holzer,
  Thomas Lutz, Stephanie Mohler, Marlies Pichler,
  Wolfgang Rother, Urs Stöcklin, Pascale Streit,
  Marianne Wackernagel, Reto Zingg

**Publiziert mit finanzieller Unterstützung**

Ernst Göhner Stiftung
**ERNST GÖHNER** STIFTUNG

Pro Helvetia, Schweizer Kulturstiftung
prohelvetia

Schweizerische Akademie
der Geistes- und Sozialwissenschaften

Beiträge durch Kulturämter/Swisslos-Fonds folgender
Kantone: Aargau, Appenzell Innerrhoden,
Basel-Landschaft, Basel-Stadt, Bern, Glarus, Graubünden,
Jura, Nidwalden, Obwalden, Schwyz, Solothurn, Tessin,
Thurgau, Uri, Zug

Copyright © 2014 Schwabe AG, Verlag, Basel, Schweiz
Copyright © für Abbildungen, Karten, Graphiken:
siehe Nachweise im Inhalt
Dieses Werk ist urheberrechtlich geschützt. Das Werk einschliesslich seiner Teile darf ohne schriftliche Genehmigung
des Verlages in keiner Form reproduziert oder elektronisch
verarbeitet, vervielfältigt, zugänglich gemacht oder
verbreitet werden.

Layout und Graphiken: Marc Siegenthaler, Bern,
  www.lesgraphistes.ch
Karten: Camillo Kohli, Kiesen, www.kohlikarto.ch
Gesamtherstellung: Schwabe AG, Muttenz/Basel, Schweiz
Schriften: Lexikon, Replica
Papier: Arctic Volume White, 1.12, FSC Mix, 115 g/m$^2$
Printed in Switzerland
ISBN 978-3-7965-2772-2

rights@schwabe.ch
www.schwabeverlag.ch

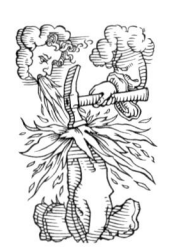

Das Signet des 1488 gegründeten
Druck- und Verlagshauses Schwabe
reicht zurück in die Anfänge der
Buchdruckerkunst und stammt aus
dem Umkreis von Hans Holbein.
Es ist die Druckermarke der Petri;
sie illustriert die Bibelstelle
Jeremia 23,29: «Ist nicht mein Wort
wie Feuer, spricht der Herr,
und wie ein Hammer, der Felsen
zerschmettert?»